Windows Scripting

net.com
networking & communications

Netzwerke, Betriebssysteme, Sicherheit ... hierzu bietet Ihnen die Reihe net.com umfassende, praxisnahe Information. Neben Fragen der Systemverwaltung greift sie auch Themen wie Protokolle, Technologien und Tools auf. Profitieren Sie bei Ihrer täglichen Arbeit vom Praxiswissen unserer erfahrenen Autoren.

Windows PowerShell 2.0

Holger Schwichtenberg
ca. 800 Seiten, € 49,80 [D]
ISBN 978-3-8273-2926-4

Dieses Handbuch zur Windows PowerShell 2.0 bietet eine fundierte Einführung in die automatisierte Windows-Administration und zeigt darüber hinaus anhand zahlreicher auch weiterführender Beispiele, wie die PowerShell in der Praxis eingesetzt wird. Das Buch behandelt alle wichtigen Neuerungen wie die grafische Oberfläche und die vollständige Intergration in Windows 7 und Windows Server 2008 R2.

Windows 7 Prodessional im Unternehmen

H. Schwichtenberg, M. Reiss, J. Ruhland
ca. 1104 Seiten, € 59,80 [D]
ISBN 978-3-8273-2886-1

Fortgeschrittene Anwender und Administratoren erhalten hier fundierte Informationen für den Einsatz von Windows 7 im Unternehmen. Die Autoren beschreiben die Benutzeroberfläche und deren Konfigurationsmöglichkeiten ebenso wie Konzeption und Einrichtung von Benutzer- und Systemverwaltung im Netzwerk sowie Sicherheitsaspekte. Weitere neue und wichtige Themen sind u.a. der Remote-Zugriff aufs Netzwerk, die Zweigstellenverwaltung und die Automatisierung mit PowerShell 2.0.

Holger Schwichtenberg

Windows Scripting

Automatisierte Systemadministration
mit dem Windows Script Host und
der Windows PowerShell

 ADDISON-WESLEY

An imprint of Pearson Education

München • Boston • San Francisco • Harlow, England
Don Mills, Ontario • Sydney • Mexico City
Madrid • Amsterdam

Bibliografische Information der Deutschen Nationalbibliothek

Die Deutsche Nationalbibliothek verzeichnet diese Publikation in der Deutschen Nationalbibliografie;
detaillierte bibliografische Daten sind im Internet über *http://dnb.d-nb.de* abrufbar.

Die Informationen in diesem Produkt werden ohne Rücksicht auf einen eventuellen Patentschutz
veröffentlicht. Warennamen werden ohne Gewährleistung der freien Verwendbarkeit benutzt.
Bei der Zusammenstellung von Texten und Abbildungen wurde mit größter Sorgfalt vorgegangen.
Trotzdem können Fehler nicht vollständig ausgeschlossen werden. Verlag, Herausgeber und Autoren
können für fehlerhafte Angaben und deren Folgen weder eine juristische Verantwortung noch
irgendeine Haftung übernehmen.
Für Verbesserungsvorschläge und Hinweise auf Fehler sind Verlag und Herausgeber dankbar.

Alle Rechte vorbehalten, auch die der fotomechanischen Wiedergabe und der Speicherung in
elektronischen Medien. Die gewerbliche Nutzung der in diesem Produkt gezeigten Modelle und
Arbeiten ist nicht zulässig.

Fast alle Hard- und Softwarebezeichnungen und weitere Stichworte und sonstige Angaben,
die in diesem Buch verwendet werden, sind als eingetragene Marken geschützt.
Da es nicht möglich ist, in allen Fällen zeitnah zu ermitteln, ob ein Markenschutz besteht,
wird das ® Symbol in diesem Buch nicht verwendet.

Umwelthinweis:
Dieses Buch wurde auf chlor- und säurefreiem PEFC-zertifiziertem Papier gedruckt.
Die Einschrumpffolie – zum Schutz vor Verschmutzung – ist aus umweltverträglichem
und recyclingfähigem Material.

10 9 8 7 6 5 4 3 2 1

12 11 10

ISBN 978-3-8273-2909-7

© 2010 by Addison-Wesley Verlag,
ein Imprint der Pearson Education Deutschland GmbH,
Martin-Kollar-Straße 10–12, D-81829 München/Germany
Alle Rechte vorbehalten
Einbandgestaltung: Marco Lindenbeck, mlindenbeck@webwo.de
Lektorat: Sylvia Hasselbach, shasselbach@pearson.de
Korrektorat: Sandra Gottmann, sandra.gottmann@t-online.de
Herstellung: Claudia Bäurle, cbaeurle@pearson.de
Satz: mediaService, Siegen, www.media-service.tv
Druck und Verarbeitung: Kösel, Krugzell (www.KoeselBuch.de)
Printed in Germany

Überblick

Teil A	Einführung	1
1	Über den Autor Dr. Holger Schwichtenberg	3
2	Vorwort	5
3	Leser-Portal (Dienstleistungen für Leser nach dem Kauf)	15
4	Fragen und Antworten zu diesem Buch (FAQ)	17
5	Einführung in das Windows Scripting	41
6	Scripting-Schnellstart	55

Teil B	Active Scripting (insbes. WSH 5.8)	61
7	Das Component Object Model (COM)	63
8	Die Visual Basic-Sprachfamilie	139
9	Die Scripting Hosts	211
10	Basisfunktionen	321
11	Verzeichnisdienste	371
12	Universal-Scripting-Komponenten	507
13	Benutzerschnittstelle	625
14	Daten und Dokumente	645
15	Netzwerk und Kommunikation	721
16	Sicherheitskomponenten	745
17	Sonstige Scripting-Komponenten	749
18	Werkzeuge	765
19	Fortgeschrittene Active Scripting-Techniken	829
20	Fallbeispiele	921

Überblick

Teil C PowerShell — 929

- 21 .NET Framework — 931
- 22 PowerShell-Basiswissen — 939
- 23 PowerShell-Aufbauwissen — 1063
- 24 PowerShell im Einsatz — 1147

Teil D Anhang — 1313

- A Grundlagen objektorientierter Komponentenarchitekturen — 1315
- B Kurzeinführung in XML — 1331
- C Visual Basic-Funktionen — 1347
- D Literaturverzeichnis — 1357
- E Abkürzungsverzeichnis — 1369

Stichwortverzeichnis — 1379

Inhaltsverzeichnis

Teil A	**Einführung**	**1**
1	**Über den Autor Dr. Holger Schwichtenberg**	**3**
2	**Vorwort**	**5**
2.1	Vorwort zur 6. Auflage	5
2.2	Vorwort zur 5. Auflage (2006)	6
2.3	Auszug aus dem Vorwort zur 4. Auflage (2004)	7
2.4	Auszug aus dem Vorwort zur 3. Auflage (2002)	8
2.5	Auszug aus dem Vorwort zur 2. Auflage (2001)	10
2.6	Auszug aus dem Vorwort zur 1. Auflage (2000)	11
2.7	Auszug aus dem Feedback zu den bisherigen Auflagen	12
3	**Leser-Portal (Dienstleistungen für Leser nach dem Kauf)**	**15**
4	**Fragen und Antworten zu diesem Buch (FAQ)**	**17**
4.1	Fragen zum Inhalt des Buchs	17
	4.1.1 Wer ist die Zielgruppe dieses Buchs?	17
	4.1.2 Welche Kenntnisse werden in diesem Buch vorausgesetzt?	17
	4.1.3 Woher kann ich diese Grundlagenkenntnisse bekommen?	17
	4.1.4 Für wen ist dieses Buch nicht geeignet?	17
	4.1.5 Was ist der Schwerpunkt dieses Buchs?	18
	4.1.6 Was bedeutet der Titel der Buchreihe „net.com"?	18
	4.1.7 Wie positioniert sich dieses Buch zu Ihren anderen Büchern?	18
	4.1.8 Finde ich in diesem Buch Informationen, die es nicht in der MSDN-Bibliothek gibt?20	
	4.1.9 Woher beziehen Sie Informationen, die Sie in diesem Buch niederschreiben?	20
	4.1.10 Warum lassen Sie manche Details aus?	20

Inhaltsverzeichnis

- 4.1.11 Wie treffen Sie die Entscheidung, welche Themen in das Buch kommen und welche nicht? ... 20
- 4.1.12 Sind Teile des Buchs aus anderen Büchern übernommen? ... 21
- 4.1.13 Wie sollte ich dieses Buch lesen? ... 21
- **4.2 Fragen zu den sprachlichen Konventionen** ... **21**
  - 4.2.1 Wie halten Sie es mit Anglizismen? ... 21
  - 4.2.2 Wie grenzen Sie die Windows-Versionen sprachlich ab? ... 22
  - 4.2.3 Wie grenzen Sie die verschiedenen Visual Basic-Dialekte und Versionen voneinander ab? ... 22
  - 4.2.4 Wie grenzen Sie die Begriffe Automation und Automatisierung ab? ... 22
  - 4.2.5 Was bedeutet MINFU? ... 22
- **4.3 Fragen zur Gestaltung des Buchs** ... **23**
  - 4.3.1 Wie werden die Informationen in diesem Buch dargestellt? ... 23
  - 4.3.2 Welche Formatierungen kommen in diesem Buch zum Einsatz? ... 23
  - 4.3.3 Sind die Bildschirmabbildungen in diesem Buch in Deutsch oder Englisch? ... 24
  - 4.3.4 Welche grafische Notation verwenden Sie in den Objektdiagrammen?24
  - 4.3.5 Wie vollständig sind die Objektdiagramme? ... 28
  - 4.3.6 Was bedeutet es, wenn hinter einem Wort ein leeres Klammernpaar steht? ... 28
  - 4.3.7 Wieso verweisen Sie bei Querverweisen nur auf Themen, nicht aber direkt auf die Kapitelnummer? ... 28
- **4.4 Fragen zur Buch-CD-ROM** ... **28**
  - 4.4.1 Was befindet sich auf der CD-ROM? ... 28
  - 4.4.2 Wie finde ich die Codebeispiele auf der Begleit-CD-ROM wieder? ... 29
  - 4.4.3 Was kann ich tun, wenn die CD-ROM zu meinem Buch fehlt oder defekt ist? ... 31
- **4.5 Fragen zu den Programmcodebeispielen** ... **31**
  - 4.5.1 Warum gibt es in diesem Buch nur Beispielcode in Visual Basic Script und nicht auch in JavaScript (JScript)? ... 31
  - 4.5.2 Nach welchen Richtlinien erstellen Sie Codebeispiele? ... 31
  - 4.5.3 Was bedeutet die Methode say(), die in einigen Listings steht? ... 32

	4.5.4	Was bedeuten die unterschiedlichen Kommentar-Arten?	32
	4.5.5	Was bedeuten die Kommentare, in denen „as" vorkommt?	33
	4.5.6	Welche Infrastruktur haben Sie für dieses Buch verwendet?	33
	4.5.7	Wie kann ich feststellen, welche Scripting-Komponenten auf meinem System installiert sind?	35
	4.5.8	Woher bekomme ich die notwendigen Scripting-Komponenten?	36
	4.5.9	Was muss ich tun, wenn die Fehlermeldung „Projekt oder Bibliothek nicht gefunden" erscheint?	38
4.6	**Fragen zur Qualitätssicherung**		**38**
	4.6.1	Gibt es eine Qualitätssicherung für die Inhalte in diesem Buch?	38
	4.6.2	Wie kann es sein, dass trotz der Qualitätssicherungsmaßnahmen Programmbeispiele aus Ihrem Buch auf meinem Rechner nicht funktionieren?	39
4.7	**Fragen zur Unterstützung nach dem Kauf**		**39**
	4.7.1	Gibt es Unterstützung nach dem Kauf eines Buchs?	39
	4.7.2	Antworten Sie auf E-Mails, in denen ein Leser eine inhaltliche Frage stellt?	40
	4.7.3	Wenn ich einen Fehler in dem Buch finde, möchten Sie dann, dass ich Sie darauf hinweise?	40
	4.7.4	Bieten Sie auch kommerzielle Unterstützung für Scripting, .NET und PowerShell?	40

5 Einführung in das Windows Scripting — 41

5.1	Der Automatisierungsbedarf	**41**
5.2	Was ist Scripting?	**41**
5.3	Automatisierungslösungen auf der Windows-Plattform	**43**
5.4	Die DOS-Batchsprache	**44**
5.5	Die Active Scripting-Architektur	**44**
	5.5.1 Active Scripting Hosts	46
	5.5.2 Active Scripting Engines	47
	5.5.3 COM-Komponenten	48
	5.5.4 Werkzeugunterstützung	50
	5.5.5 Active Scripting versus VBA	50
5.6	Scripting im .NET Framework	**50**

Inhaltsverzeichnis

5.7	Die Windows PowerShell	51
5.8	Neuerungen in Windows Vista und Windows Server 2008 im Überblick	53
	5.8.1 Scriptumgebungen	53
	5.8.2 Scriptbibliotheken	53
5.9	Neuerungen in Windows 7 und Windows Server 2008 R2 im Überblick	54

6 Scripting-Schnellstart — 55

6.1	Ein einfaches Script für den Windows Script Host	55
6.2	Ein komplexeres Script mit zwei Sprachen für den Internet Explorer	56
6.3	Benutzer aus dem Active Directory exportieren	57
6.4	Ein PowerShell-Beispiel	59

Teil B Active Scripting (insbes. WSH 5.8) — 61

7 Das Component Object Model (COM) — 63

7.1	Binärstandard	63
7.2	Programmiersprachen für COM	64
7.3	COM-Laufzeitumgebungen	64
7.4	COM-Bausteine	66
	7.4.1 Die wichtigsten Bausteine im Kurzüberblick	67
	7.4.2 Global Unique Identifier (GUIDs)	68
	7.4.3 Moniker	70
7.5	COM-Dienste	70
7.6	COM-Konfigurationsdaten	71
	7.6.1 Die Registrierungsdatenbank als Konfigurationsspeicher	71
	7.6.2 XML-Konfigurationsdateien	72
7.7	Komponentenarten	72
7.8	Verpackungsformen	74
	7.8.1 EXE-Server im Vergleich zu DLL-Server	76
	7.8.2 Der Zusammenhang zwischen Komponentenart und Verpackungsform	76
	7.8.3 Zusatzinformationen	77

7.9	Registrierung von Komponenten	**78**
7.10	COM-Klassen	**78**
	7.10.1 Klassenidentifikation mit CLSIDs	79
	7.10.2 Programmatic Identifier	79
	7.10.3 Friendly Class Name	80
	7.10.4 Klassen in der Registrierungsdatenbank	80
7.11	COM-Schnittstellen	**82**
	7.11.1 Standardschnittstelle einer COM-Klasse	82
	7.11.2 Namensgebung	82
	7.11.3 Schnittstellen in der Registrierungsdatenbank	83
	7.11.4 Virtuelle Tabellen	83
	7.11.5 Die Grauzone zwischen Klasse und Schnittstelle	83
	7.11.6 Mangelnde Selbsterkenntnis bei den Schnittstellen	84
	7.11.7 Bullet-and-Stick-Diagramme	86
7.12	Klassenmitglieder	**86**
7.13	Typinformationen	**87**
	7.13.1 Interface Definition Language (IDL)	89
	7.13.2 Typbibliotheken	91
7.14	Statischer Aufruf versus Automation	**93**
7.15	COM-Standardschnittstellen	**95**
	7.15.1 Statisches Binden mit IUnknown	95
	7.15.2 Automation mit IDispatch	97
	7.15.3 Duale Schnittstellen	98
	7.15.4 DispatchEx	99
7.16	Distributed COM (DCOM)	**99**
	7.16.1 DCOM-Protokoll	100
	7.16.2 DCOM-Installation und -Konfiguration	101
	7.16.3 DCOM im Internet	101
7.17	Objektaktivierung	**103**
	7.17.1 Service Control Manager (SCM)	103
	7.17.2 Erzeugung neuer Instanzen	103
	7.17.3 Zugriff auf bestehende Instanzen	106
	7.17.4 Aktivierungsfehler	107
7.18	COM-Anwendungen	**108**
7.19	COM-Assemblies	**109**

Inhaltsverzeichnis

7.20 COM-Kategorien	**113**
7.21 Persistenz und Structured Storage	**114**
7.22 COM-Sicherheit	**115**
7.22.1 Authentifizierung	116
7.22.2 Identität	117
7.22.3 Impersonifizierung	118
7.22.4 Zugriffsberechtigungen	119
7.23 Active Scripting	**120**
7.23.1 Entwicklung von Scripting Engines	121
7.23.2 Installierte Scripting Engines	121
7.23.3 Entwicklung von Scripting Hosts	122
7.23.4 COM-Komponenten beim Active Scripting	122
7.23.5 Eingebaute Objekte	123
7.24 Microsoft Transaction Server (MTS)	**123**
7.24.1 MTS-Administration	124
7.24.2 Interception	124
7.24.3 Packages	125
7.24.4 Programmierung	125
7.25 COM+	**125**
7.25.1 Änderungen gegenüber dem MTS	126
7.25.2 Neue Dienste in COM+	127
7.25.3 COM+-Administration	127
7.26 Objektmodelle in COM-Komponenten	**127**
7.26.1 Objektorientierte Konzepte in COM	128
7.26.2 Bausteine von COM-Objektmodellen	129
7.26.3 Empfehlungen für Objektmodelle	130
7.26.4 Metaobjektmodelle	131
7.27 Bewertung von COM	**134**
7.27.1 Vorteile von COM	135
7.27.2 COM auf anderen Plattformen	135
7.27.3 Unzulänglichkeiten von COM	135
7.28 .NET Framework („DOTNET")	**138**

8 Die Visual Basic-Sprachfamilie — 139

- 8.1 Die Visual Basic-Sprachfamilie — **140**
  - 8.1.1 Visual Basic for Applications (VBA) — 141
  - 8.1.2 Visual Basic Script (VBS) — 142
  - 8.1.3 Embedded Visual Basic (eVB) — 143
  - 8.1.4 Visual Basic .NET — 144
  - 8.1.5 Anwendungsgebiete — 144
- 8.2 Grundlagen — **144**
  - 8.2.1 Grundlegendes zur Syntax — 144
  - 8.2.2 Speicherung des Programmcodes — 145
  - 8.2.3 Startpunkt eines Programms — 146
- 8.3 Einfache Ein- und Ausgabefunktionen — **146**
  - 8.3.1 Ausgaben mit MsgBox() — 146
  - 8.3.2 Eingaben mit InputBox() empfangen — 148
- 8.4 Variablen — **148**
  - 8.4.1 Gültigkeitsbereich von Variablen — 149
  - 8.4.2 Benennung von Variablen — 149
- 8.5 Datentypen — **150**
  - 8.5.1 Datentypen in VBS — 150
  - 8.5.2 Datentypen in VB 6.0/VBA — 151
  - 8.5.3 Startwerte von Variablen — 153
- 8.6 Darstellung von Werten — **153**
  - 8.6.1 Literale — 153
  - 8.6.2 Symbolische Konstanten — 154
- 8.7 Operatoren — **156**
- 8.8 Typkonvertierung — **158**
- 8.9 Datenfelder (Arrays) — **160**
  - 8.9.1 Statische Arrays — 161
  - 8.9.2 Dynamische Arrays — 161
  - 8.9.3 Array-Operationen — 161
- 8.10 Bedingungen — **165**
  - 8.10.1 If...Then — 165
  - 8.10.2 Select...Case — 166

8.11 Schleifen — **168**
- 8.11.1 For...Next — 168
- 8.11.2 For Each...Next — 170
- 8.11.3 Do...Loop — 171

8.12 Unterroutinen — **173**
- 8.12.1 Prozeduren — 173
- 8.12.2 Funktionen — 175
- 8.12.3 Die Last mit den Parametern — 175

8.13 Codegenerierung zur Laufzeit — **177**

8.14 Objektbasierte Programmierung — **179**
- 8.14.1 Definition von Klassen in VBS — 179
- 8.14.2 Definition von Klassen in VB 6.0/VBA — 181
- 8.14.3 Objektvariablen — 181
- 8.14.4 Instanziierung — 182
- 8.14.5 Objektverwendung — 183
- 8.14.6 Objektoperationen — 184
- 8.14.7 Property-Routinen — 186
- 8.14.8 Objektvernichtung — 190
- 8.14.9 Objektmengen (Collections) — 190
- 8.14.10 Ereignisse — 192
- 8.14.11 Vererbung und Mehrfachschnittstellen — 194

8.15 Nutzung von COM und DCOM — **197**
- 8.15.1 Instanziierung von COM-Komponenten — 197
- 8.15.2 Zugriff auf bestehende Instanzen — 200
- 8.15.3 Verwendung von COM-Objekten — 200
- 8.15.4 Verwendung von Mehrfachschnittstellen — 201
- 8.15.5 Datentypprobleme beim Zugriff auf COM-Komponenten — 202

8.16 Eingebaute Funktionen und Klassen — **202**

8.17 Fehlerbehandlung — **202**

8.18 Allgemeine Hilfsroutinen — **204**
- 8.18.1 Scripteinbindung — 205
- 8.18.2 Umwandlungsroutinen — 205
- 8.18.3 Rückumwandlung von Konstanten — 206
- 8.18.4 Ausgabe — 207
- 8.18.5 Schreiben in eine Log-Datei — 208
- 8.18.6 Fehlerüberprüfung — 208
- 8.18.7 COM-Funktionen — 208

9 Die Scripting Hosts — 211

9.1 Windows Script Host (WSH) — 213
- 9.1.1 Verfügbare Versionen — 214
- 9.1.2 WSH-Installation — 215
- 9.1.3 WSH-Konfiguration — 216
- 9.1.4 WScript versus CScript — 219
- 9.1.5 Scriptdateien — 223
- 9.1.6 Start eines Scripts — 229
- 9.1.7 Befehlszeilenparameter für Scripts — 231
- 9.1.8 Einbinden von anderen Scriptdateien — 234
- 9.1.9 Statische Objekte und Einbinden von Typbibliotheken — 235
- 9.1.10 Die eingebauten Objekte des WSH — 236
- 9.1.11 Bildschirmmasken für den WSH — 245
- 9.1.12 Sicherheitseinstellungen — 246
- 9.1.13 Sicherheit in Windows Vista und Windows Server 2008 — 253
- 9.1.14 Sicherheit in Windows 7 und Windows Server 2008 R2 — 257

9.2 DHTML-Scripting im Internet Explorer — 257
- 9.2.1 Grundlagen des Browser-Scripting — 257
- 9.2.2 Einbindung von Scriptcode — 259
- 9.2.3 Hello World im Browser — 260
- 9.2.4 Sicherheitseinstellungen — 260
- 9.2.5 DOM-Ereignisbehandlung — 265
- 9.2.6 Eingebaute Objekte (Intrinsic Objects) — 267
- 9.2.7 Zugriff auf externe COM-Komponenten — 270
- 9.2.8 HTML-Applications (HTAs) — 271

9.3 Microsoft Gadgets — 272

9.4 Active Server Pages (ASP) — 274
- 9.4.1 Grundlagen dynamischer Webserveranwendungen — 274
- 9.4.2 Installation von ASP — 281
- 9.4.3 IIS-Konfiguration — 282
- 9.4.4 Aufbau von ASP-Seiten — 284
- 9.4.5 Start einer ASP-Seite — 284
- 9.4.6 Ausgaben in ASP — 285
- 9.4.7 Render-Funktionen — 287
- 9.4.8 Eingebaute Objekte — 287
- 9.4.9 Global.asa und ASP-Ereignisse — 302

	9.4.10 Einbinden von Dateien	305
	9.4.11 Einbinden von Typbibliotheken	307
	9.4.12 Fehlermeldungen	308
	9.4.13 Sicherheitseinstellungen	309
	9.4.14 Transaktionssteuerung	310
9.5	**Job Scripting im Microsoft SQL Server 7.0/2000/2005/2008**	**310**
	9.5.1 Überblick über den SQL Server-Agent	310
	9.5.2 Definition von Aufträgen	312
	9.5.3 Erstellung von Job Scripts	315
	9.5.4 Eingebaute Objekte (Intrinsic Objects)	317
9.6	**Data Transformation Service (DTS) im Microsoft SQL Server 7.0/2000**	**318**
9.7	**SQL Server Integration Services (SSIS) im Microsoft SQL Server ab Version 2005**	**318**
9.8	**Scripting im Microsoft Operations Manager (MOM)**	**318**
9.9	**Event Scripting Agent im Microsoft Exchange Server**	**319**
9.10	**Microsoft Outlook Forms**	**319**
9.11	**XSLT-Scripting**	**319**
9.12	**Scripting Hosts anderer Anbieter**	**319**

10 Basisfunktionen 321

10.1	**WSH-Laufzeitbibliothek (WSH Runtime Library)**	**322**
	10.1.1 Objektmodelle der WSH Runtime Library	323
	10.1.2 WSHNetwork und untergeordnete Klassen	330
	10.1.3 WSHShell und untergeordnete Klassen	332
10.2	**Scripting-Laufzeitumgebung (Scripting Runtime Library)**	**347**
	10.2.1 Daten speichern in der Dictionary-Klasse	347
	10.2.2 File System Objects (FSO)	350
	10.2.3 Zugriff auf die Dateisystemstruktur	352
	10.2.4 Zugriff auf Dateiinhalte (Textstreams)	366

11 Verzeichnisdienste 371

11.1	**Active Directory Service Interface (ADSI)**	**374**
	11.1.1 Verzeichnisdienste	374
	11.1.2 Die ADSI-Grundlagen	379

11.1.3	Das ADSI-Meta-Objektmodell	382
11.1.4	Grundlagen der ADSI-Programmierung	390
11.1.5	ADS Namespaces Container	405

11.2 ADSI-Provider „WinNT" für SAM-basierte Benutzerdatenbanken **407**

11.2.1	WinNT-Objektmodell	408
11.2.2	Identifikation und Bindung	408
11.2.3	Verwaltung von NT-Domänen	409
11.2.4	Die WinNT-Klasse „Computer"	411
11.2.5	Benutzerkonten verwalten mit der „User"-Klasse	411
11.2.6	Gruppenverwaltung	416
11.2.7	Verwaltung von Windows-Diensten	417
11.2.8	Verzeichnisfreigaben verwalten	418
11.2.9	Benutzersitzungen und geöffnete Ressourcen	419
11.2.10	Druckersteuerung	420

11.3 Active Directory-Administration mit ADSI **420**

11.3.1	Allgemeine Informationen zum Active Directory	421
11.3.2	Active Directory Application Mode (ADAM) – Active Directory Lightweight Directory Services (AD LDS)	425
11.3.3	Programmierschnittstellen	426
11.3.4	Das Objektmodell des Active Directory	427
11.3.5	Identifikation und Bindung	428
11.3.6	Suchanfragen im Active Directory	432
11.3.7	Besondere ADS-Datentypen	435
11.3.8	Vergleich zum WinNT-Provider	437
11.3.9	Benutzerverwaltung im Active Directory	437
11.3.10	Benutzerauthentifizierung	448
11.3.11	Benutzer suchen	449
11.3.12	Gruppenverwaltung im Active Directory	451
11.3.13	Verwaltung der Organisationseinheiten im Active Directory	455
11.3.14	Computerverwaltung im Active Directory	456
11.3.15	Gruppenrichtlinienverwaltung	458
11.3.16	Schemazugriff	458

11.4 Administration eines Exchange Servers 5.5 mit ADSI **459**

Inhaltsverzeichnis

11.5	Administration des Internet Information Servers mit ADSI	**459**
	11.5.1 IIS-Objektmodell	461
	11.5.2 Identifikation und Bindung	462
	11.5.3 Arbeit mit virtuellen Webservern	463
	11.5.4 Sicherung der IIS-Metabase	466
11.6	System-Info-Klassen für ADSI	**467**
	11.6.1 WinNTSystem	467
	11.6.2 ADSystemInfo	467
11.7	Zusatzkomponenten für ADSI	**468**
	11.7.1 ADSI-Versionsabfrage mit ADsVersion	468
	11.7.2 Detaillierte Fehlermeldungen mit ADsError	469
	11.7.3 GetObject() durch die Hintertür mit ADsFactory	470
	11.7.4 RAS-Konfiguration mit ADsRAS	471
	11.7.5 Zugriff auf Sicherheitseinstellungen mit ADsSecurity	473
	11.7.6 Beispiel	483
	11.7.7 IADsTools	484
11.8	Group Policy Objects (GPO)	**485**
	11.8.1 Grundlagen zur Gruppenrichtlinienverwaltungskonsole	486
	11.8.2 GPO-Objektmodell	489
	11.8.3 Hilfsroutinen	491
	11.8.4 Informationen ausgeben	493
	11.8.5 Verknüpfungen verwalten	497
	11.8.6 Weitere Möglichkeiten	506

12 Universal-Scripting-Komponenten 507

12.1	Windows Management Instrumentation (WMI)	**507**
	12.1.1 WMI-Grundlagen	507
	12.1.2 Metaobjektmodell in der WMI-COM-Komponente	533
	12.1.3 Arbeit mit der WMI-Komponente	542
	12.1.4 Abfragen mit WQL	555
	12.1.5 WMI ODBC-Treiber	561
12.2	WMI im Einsatz	**562**
	12.2.1 Computerverwaltung	562
	12.2.2 Dateisystemverwaltung	570
	12.2.3 Registrierungsdatenbank (Registry)	576
	12.2.4 Hardware	580

12.2.5	Softwareverwaltung	580
12.2.6	Prozesse	584
12.2.7	Zeitplandienst	586
12.2.8	Benutzer und Gruppen	588
12.2.9	Druckerverwaltung	590
12.2.10	Systemdienste	592
12.2.11	Netzwerkkonfiguration	596
12.2.12	Leistungsdaten	602
12.2.13	Terminaldienste	603
12.2.14	Ereignisprotokolle	604
12.2.15	Exchange Server-Administration mit WMI	607
12.2.16	IIS-Administration mit WMI	613
12.2.17	Beispiel	613
12.2.18	Informationen über WMI selbst	614
12.2.19	Ihre Expedition in die WMI	616

12.3 Windows Remote Management (WinRM) — 616

12.3.1	Nutzung von WinRM	617
12.3.2	Objektmodell der WinRM Scripting Objects	618
12.3.3	Adressierung	619
12.3.4	WinRM im Einsatz	619

13 Benutzerschnittstelle — 625

13.1 Microsoft Shell Objects — 625

13.1.1	Objektmodell der Shell Objects	626
13.1.2	Arbeit mit Explorer-Fenstern	628
13.1.3	Arbeiten mit Ordnern und Dateien	630

13.2 Microsoft Internet Controls — 633

13.2.1	Objektmodell des Webbrowser Control	634
13.2.2	Anwendungsbeispiele	634

13.3 Microsoft Common Dialog Control — 636

13.3.1	Objektmodell	637
13.3.2	Einfaches Beispiel	638
13.3.3	Öffnen-Dialog	640
13.3.4	Speichern-Dialog	641
13.3.5	Schriftarten-Dialog	643

14 Daten und Dokumente — 645

- 14.1 ActiveX Data Objects (ADO) — **646**
  - 14.1.1 Von ODBC zu OLE DB — 646
  - 14.1.2 Einführung in die ActiveX Data Objects (ADO) — 649
  - 14.1.3 Beschreibung von Datenverbindungen — 651
  - 14.1.4 Das ADO-Objektmodell — 656
  - 14.1.5 Tabellenzugriff mit Recordsets — 658
  - 14.1.6 Befehlsausführung mit der Command-Klasse — 668
  - 14.1.7 Dauerhafte Verbindungen mit der Connection-Klasse — 671
  - 14.1.8 Zugriff auf einzelne Elemente mit der Record-Klasse — 673
  - 14.1.9 Transaktionssteuerung — 675
  - 14.1.10 ADO-Fehlerbehandlung — 677
- 14.2 SQL Server Distributed Management Objects (DMO) — **678**
  - 14.2.1 DMO-Objektmodell — 680
  - 14.2.2 Application-Klasse — 684
  - 14.2.3 SQLServer-Klasse — 685
  - 14.2.4 Anlegen einer neuen Datenbank — 686
  - 14.2.5 Anlegen einer neuen Tabelle — 689
  - 14.2.6 Datensicherung — 691
- 14.3 DTS-Paketobjekte — **693**
- 14.4 Microsoft Office-Komponenten — **695**
- 14.5 Document Object Model (DOM) — **695**
  - 14.5.1 HTML Document Object Model (MSHTML) — 696
  - 14.5.2 XML Document Object Model (MSXML) — 703
- 14.6 OLE File Property Reader 2.0 (DSOFile) — **716**
  - 14.6.1 Klassen — 717
  - 14.6.2 Daten auslesen — 718
  - 14.6.3 Daten ändern — 719
  - 14.6.4 Selbst definierte Eigenschaften — 719
  - 14.6.5 Selbst definierte Eigenschaften löschen — 720
- 14.7 Microsoft Office-Komponenten — **720**

15 Netzwerk und Kommunikation — 721

- 15.1 Collaboration Data Objects (CDO) — 721
- 15.2 Komponenten für den Exchange Server 2000/2003/2007 — 722
- 15.3 SMTP-Mail-Komponenten — 722
  - 15.3.1 CDONTS für NT4 — 723
  - 15.3.2 CDO for Windows 2000 — 725
  - 15.3.3 JMAIL — 728
- 15.4 Microsoft WinSock-Komponente — 730
- 15.5 Internet Transfer-Komponente — 733
- 15.6 ASPInet (FTP) — 738
- 15.7 Mabry FTPX — 739
- 15.8 HTTP-Download — 741
- 15.9 NETCon (Windows Firewall) — 742
  - 15.9.1 Objektmodell — 743
  - 15.9.2 Beispiele — 743

16 Sicherheitskomponenten — 745

- 16.1 CAPICOM — 745
  - 16.1.1 Verschlüsselung — 745
  - 16.1.2 Hashing — 746
- 16.2 Scripting Password-Komponente — 746
  - 16.2.1 Klassen — 747
  - 16.2.2 Beispiel — 747

17 Sonstige Scripting-Komponenten — 749

- 17.1 Reguläre Ausdrücke mit RegExp — 749
  - 17.1.1 RegExp-Objektmodell — 750
  - 17.1.2 Klasse „RegExp" — 750
  - 17.1.3 Einfacher Mustervergleich mit Test() — 751
  - 17.1.4 RA-Symbole — 752
  - 17.1.5 Ausführlicher Mustervergleich mit Execute() — 754
  - 17.1.6 Submatches — 757
  - 17.1.7 Musterersetzung mit Replace() — 758

17.2 WindowsScripting-Komponente 759
    17.2.1 Klasse „IniFile" 759
    17.2.2 Klasse „WinNTUser" 760
    17.2.3 Klasse „Util" 761
    17.2.4 Klasse „ADSI" 761
    17.2.5 Klasse „CSV" 762
17.3 API-Funktionsaufrufe mit DynaCall 762

18 Werkzeuge 765

18.1 Editoren und Entwicklungsumgebungen 765
    18.1.1 Microsoft Visual InterDev 765
    18.1.2 Scripteditor in Microsoft Office 767
    18.1.3 PrimalScript 767
    18.1.4 SystemScripter 772
    18.1.5 OnScript Editor 775
    18.1.6 Visual Basic 6.0 und VB-IDE 776
    18.1.7 Notepad und Notepad Plus 776
    18.1.8 Admin Script Editor (ASE) 777
    18.1.9 VBsEdit/JsEdit 777
    18.1.10 Vergleich der Editoren 778
18.2 Scriptdebugger 782
    18.2.1 Microsoft Scriptdebugger 782
    18.2.2 Visual InterDev-Debugger 783
    18.2.3 Visual Basic-Debugger 784
    18.2.4 Andere Debugger 784
18.3 COM-Werkzeuge 784
    18.3.1 Microsoft Registrierungsdatenbank-Editoren 784
    18.3.2 Registry Crawler 785
    18.3.3 Regsvr32, SWBregsvr und CliReg 786
    18.3.4 COM Viewer 787
    18.3.5 COM-Explorer 791
    18.3.6 Dependency Walker 792
    18.3.7 Objektkatalog 792
    18.3.8 comTLBrowser 794
    18.3.9 DCOM-Konfigurationswerkzeug 795
    18.3.10 MTS Explorer 798

18.3.11	Snap-In „Komponentendienste"	799
18.3.12	ROT-Viewer	800
18.3.13	Scripting Spy 2.11	801

18.4 WMI-Werkzeuge — **804**

18.4.1	WMI Object Browser	804
18.4.2	WMI CIM Studio	806
18.4.3	WMI Event Registration Tool	808
18.4.4	WMI Event Viewer	810
18.4.5	WMI Command Line Utility (WMIC)	810
18.4.6	WMI Scriptomatic	811
18.4.7	WMI Code Creator	812
18.4.8	VBInstance	813
18.4.9	WMI-Testprogramm	814
18.4.10	MOF Compiler	815

18.5 ADSI-Werkzeuge — **815**

18.5.1	MMC-Snap-In „Active Directory-Benutzer und -Computer"	815
18.5.2	Active Directory Service Browser (ADB)	816
18.5.3	ADSI Explorer	817
18.5.4	ADSI Edit	818
18.5.5	ADSI Schema Browser	820
18.5.6	ADSI Scriptomatic	820

18.6 MAPI-/CDO-Werkzeuge — **821**

18.6.1	Script Director	821
18.6.2	MAPI Explorer	822

18.7 XML-Werkzeuge — **822**

18.7.1	XML Notepad 2007	823
18.7.2	XLST-Transformationen mit MSXSL.EXE	823
18.7.3	IE Tools for Validating XML and Viewing XSLT Output	825

18.8 Sonstige Scripting-Assistenten — **827**

18.8.1	HTA Helpomatic	827
18.8.2	Do-It-Yourself Script Center Kit	828

19 Fortgeschrittene Active Scripting-Techniken 829

19.1 Fehlersuche in Scripts (Debugging) 829
19.1.1 Fehlerarten 829
19.1.2 Active Scripting-Debugger 830
19.1.3 Auswahl des Debugger 830
19.1.4 Aufruf des Debugger 831
19.1.5 Aktivierung des Debugging 831

19.2 Scriptcodierung mit dem Script Encoder 833
19.2.1 Codierung per Kommandozeile 835
19.2.2 Codierung per Script mit der Klasse Scripting.Encoder 836

19.3 Digitale Signaturen für Scripts 837
19.3.1 Grundlagen digitaler Signaturen 837
19.3.2 Erstellen von Signaturen mit den CryptoAPI-Werkzeuge 839
19.3.3 Aktivierung der automatischen Prüfung 846
19.3.4 Digitale Signaturen und Softwareeinschränkungen 848
19.3.5 Digitale Signaturen und Scriptcodierung 849

19.4 Login- und Logoff-Scripts 850

19.5 Entwicklung von Automatisierungslösungen in Visual Basic 6 852
19.5.1 VB-EXE versus Scripting 853
19.5.2 Erstellung einer VB-EXE 855
19.5.3 Eingabehilfen 858
19.5.4 Einbindung von Typbibliotheken 860
19.5.5 Debugging 860
19.5.6 Eingebaute Objekte (Intrinsic Objects) 861
19.5.7 Grafische Benutzeroberflächen mit VB-Forms 863
19.5.8 WSH-kompatible Programmierung in VB 864

19.6 Die VBA-Hosts in Microsoft Office 866
19.6.1 Entwicklungsumgebung 868
19.6.2 Start einer VBA-Routine 869
19.6.3 Eingebautes Objekt 870
19.6.4 VBA-UserForms 870
19.6.5 Microsoft Office Developer Edition 871

19.7 Prototyping von Exchange Event Agents innerhalb der VB 6.0-IDE 871

19.8	**Erzeugung eigener COM-Komponenten**	**877**
	19.8.1 Erzeugung von Komponenten mit VB 6.0	877
	19.8.2 Windows Script Components (WSCs)	883
19.9	**Ausführung entfernter Scripts**	**890**
	19.9.1 Remote Scripting mit dem WSH	890
	19.9.2 Remote Scripting im Web	898
19.10	**Nutzung entfernter COM-Komponenten**	**898**
	19.10.1 Remote Scripting via DCOM	899
	19.10.2 Remote Scripting mit Windows Script Components (WSCs)	901
	19.10.3 Remote Data Service (RDS)	907
19.11	**Programmierung eigener Scripting Hosts**	**908**
19.12	**Komponentenerforschung**	**910**
	19.12.1 Suche nach Komponenten	910
	19.12.2 Analyse von Komponenten	915

20 Fallbeispiele 921

20.1	**ADS-Organisationsstrukturwerkzeug**	**921**
	20.1.1 Aufgabenstellung	921
	20.1.2 Lösung	922
20.2	**Massenbenutzerimport**	**924**
	20.2.1 Aufgabenstellung	924
	20.2.2 Lösung	925
20.3	**Login-Script**	**926**
	20.3.1 Aufgabenstellung	926
	20.3.2 Lösung	927

Teil C PowerShell 929

21 .NET Framework 931

21.1	Was ist das .NET Framework?	**931**
21.2	Weitere Eigenschaften des .NET Frameworks	**933**
21.3	.NET-Klassen	**933**
	21.3.1 Namensgebung von .NET-Klassen (Namensräume)	934
	21.3.2 Namensräume und Software-Komponenten	935

21.3.3 Bestandteile einer .NET-Klasse ... 936
21.3.4 Vererbung ... 937
21.3.5 Schnittstellen ... 937
21.3.6 Dokumentation ... 937

22 PowerShell-Basiswissen 939

22.1 Erste Schritte mit der Windows PowerShell 939
22.1.1 Was ist die Windows PowerShell? ... 939
22.1.2 Geschichte ... 939
22.1.3 Eine Motivation ... 940
22.1.4 Betriebssysteme mit PowerShell ... 943
22.1.5 PowerShell herunterladen und installieren ... 944
22.1.6 Die Windows PowerShell testen ... 945
22.1.7 PowerShell Community Extensions herunterladen und installieren ... 949
22.1.8 ISE verwenden ... 952

22.2 Architektur der Windows PowerShell 954

22.3 PowerShell versus WSH 956

22.4 Das .NET Framework als Grundlage der PowerShell 957
22.4.1 Was ist das .NET Framework? ... 958
22.4.2 Eigenschaften des .NET Frameworks ... 960
22.4.3 .NET-Klassen ... 961

22.5 Einzelbefehle der PowerShell 964
22.5.1 Commandlets ... 965
22.5.2 Aliase ... 967
22.5.3 Ausdrücke ... 973
22.5.4 Externe Befehle ... 974
22.5.5 Dateinamen ... 975

22.6 Hilfefunktionen 976
22.6.1 TechNet-Dokumentation ... 976
22.6.2 Verfügbare Befehle ... 977
22.6.3 Erläuterungen zu den Befehlen ... 978
22.6.4 Dokumentation der .NET-Klassen ... 980

22.7 Objektorientiertes Pipelining 981
22.7.1 Grundlagen ... 982
22.7.2 Objektorientierung ... 982

22.7.3	Pipeline Processor	986
22.7.4	Komplexe Pipelines	987
22.7.5	Analyse des Pipeline-Inhalts	987
22.7.6	Filtern	997
22.7.7	Zusammenfassung von Pipeline-Inhalten	999
22.7.8	Kastrierung von Objekten in der Pipeline	1000
22.7.9	Sortieren	1000
22.7.10	Gruppierung	1000
22.7.11	Berechnungen	1001
22.7.12	Zwischenschritte in der Pipeline	1002
22.7.13	Verzweigungen in der Pipeline	1002
22.7.14	Vergleiche zwischen Objekten	1003
22.7.15	Beispiele	1003

22.8 Das PowerShell-Navigationsmodell — **1004**

22.8.1	Navigation in der Registrierungsdatenbank	1004
22.8.2	Provider und Laufwerke	1005
22.8.3	Navigationsbefehle	1007
22.8.4	Pfadangaben	1007
22.8.5	Eigene Laufwerke definieren	1008

22.9 PowerShell-Skripte — **1009**

22.9.1	Hilfe zu der PowerShell-Skriptsprache	1009
22.9.2	Befehlstrennung	1009
22.9.3	Kommentare	1009
22.9.4	Variablen	1009
22.9.5	Zahlen	1012
22.9.6	Zeichenketten	1014
22.9.7	Datum und Uhrzeit	1017
22.9.8	Arrays und assoziative Arrays (Hashtable)	1018
22.9.9	Operatoren	1020
22.9.10	Kontrollkonstrukte	1021
22.9.11	Skriptdateien	1024
22.9.12	Start eines Skripts	1025
22.9.13	Skripte einbinden	1025
22.9.14	Sicherheitsfunktionen für PowerShell-Skripte	1026
22.9.15	Commandlets für Skriptausführung	1028
22.9.16	Fehlerbehandlung	1029

22.10 Ausgabefunktionen — 1035
- 22.10.1 Standardausgabe — 1037
- 22.10.2 Seitenweise Ausgabe — 1038
- 22.10.3 Einschränkung der Ausgabe — 1038
- 22.10.4 Ausgabe einzelner Werte — 1038
- 22.10.5 Ausgabe von Methodenergebnissen und Unterobjekten — 1039
- 22.10.6 Unterdrückung der Ausgabe — 1040
- 22.10.7 Out-GridView — 1040
- 22.10.8 Weitere Ausgabefunktionen — 1041

22.11 Eingabefunktionen — 1042

22.12 PowerShell-Werkzeuge — 1043
- 22.12.1 PowerShell-Konsole — 1043
- 22.12.2 PowerShell Integrated Scripting Environment (ISE) — 1047
- 22.12.3 PowerShellPlus — 1049
- 22.12.4 PoshConsole — 1053
- 22.12.5 PowerGUI — 1054
- 22.12.6 PowerShell Analyzer — 1055
- 22.12.7 PrimalScript — 1056
- 22.12.8 PowerShell Help — 1058
- 22.12.9 PowerShell Help Reader — 1059
- 22.12.10 PowerTab — 1059
- 22.12.11 VS Command Shell — 1060
- 22.12.12 PowerShell Remoting — 1060
- 22.12.13 Vergleich der Skripteditoren — 1060

23 PowerShell-Aufbauwissen — 1063

23.1 Verwendung von .NET-Klassen — 1063
- 23.1.1 Parameterbehaftete Konstruktoren — 1064
- 23.1.2 Statische Mitglieder in .NET-Objekten/Statische .NET-Klassen — 1064
- 23.1.3 Laden von Assemblies — 1064

23.2 Verwendung von COM-Klassen — 1065

23.3 Zugriff auf die Windows Management Instrumentation (WMI) — 1066
- 23.3.1 WMI in der Windows PowerShell — 1066
- 23.3.2 Zugriff auf einzelne WMI-Objekte — 1066

23.3.3	Der PowerShell-WMI-Objektadapter	1068
23.3.4	Umgang mit Datumsangaben	1070
23.3.5	Zugriff auf WMI-Objektmengen	1070
23.3.6	Filtern und Abfragen	1071
23.3.7	Zugriff auf Mitglieder von WMI-Klassen	1072
23.3.8	Werte setzen mit Set-WmiInstance	1075
23.3.9	Methodenaufrufe mit Invoke-WmiMethod	1075
23.3.10	Instanzen entfernen	1075
23.3.11	Ermittlung der Mitglieder des WMI-Objekts	1075
23.3.12	Liste aller WMI-Klassen	1077
23.3.13	Instanziieren von WMI-Klassen	1077
23.4	**Einbinden von C# und VB.NET**	**1078**
23.5	**Win32-API-Aufrufe**	**1079**
23.6	**Fernausführung (Remoting)**	**1081**
23.6.1	Fernabfrage ohne WS-Management	1082
23.6.2	Anforderungen	1083
23.6.3	Rechte für Fernaufrufe	1084
23.6.4	Einrichten von WinRM	1084
23.6.5	Überblick über die Commandlets	1085
23.6.6	Interaktive Fernverbindungen im Telnet-Stil	1085
23.6.7	Fernausführung von Befehlen	1086
23.6.8	Fernausführung von Skripten	1088
23.6.9	Ausführung auf mehreren Computern	1089
23.6.10	Abbrechen einen Fernbefehls	1090
23.6.11	Sitzungen	1090
23.6.12	Zugriff auf entfernte Computer außerhalb der eigenen Domäne	1094
23.7	**Fehlersuche**	**1097**
23.8	**Transaktionen**	**1100**
23.8.1	Commandlets für Transaktionen	1100
23.8.2	Start und Ende einer Transaktion	1100
23.8.3	Zurücksetzen der Transaktion	1102
23.8.4	Mehrere Transaktionen	1102
23.9	**Verwaltung des WS-Management-Dienstes**	**1103**

Inhaltsverzeichnis

23.10 Hintergrundaufträge ("Jobs")	**1104**
23.10.1 Voraussetzungen	1104
23.10.2 Architektur	1105
23.10.3 Starten eines Hintergrundauftrags	1105
23.10.4 Hintergrundaufträge abfragen	1106
23.10.5 Warten auf einen Hintergrundauftrag	1106
23.10.6 Abbrechen und Löschen von Aufträgen	1107
23.10.7 Analyse von Fehlermeldungen	1107
23.10.8 Fernausführung von Hintergrundaufträgen	1107
23.11 Ereignissystem	**1107**
23.11.1 WMI-Ereignisse	1108
23.11.2 WMI-Ereignisabfragen	1108
23.11.3 WMI-Ereignisse mit PowerShell 1.0	1109
23.11.4 Registrieren von WMI-Ereignisquellen	1109
23.11.5 Auslesen der Ereignisliste	1110
23.11.6 Reagieren auf Ereignisse	1112
23.11.7 Registrieren von .NET-Ereignissen	1113
23.11.8 Erzeugen von Ereignissen	1114
23.12 Datenbereiche und Datendateien	**1114**
23.12.1 Datenbereiche	1115
23.12.2 Datendateien	1115
23.12.3 Mehrsprachigkeit/Lokalisierung	1116
23.13 Commandlet-Erweiterungen	**1118**
23.13.1 Einbinden von Snap-Ins	1118
23.13.2 Liste der Commandlets	1122
23.13.3 Doppeldeutige Namen	1123
23.13.4 Verfügbare Commandlet-Erweiterungen	1123
23.14 PowerShell-Module	**1135**
23.14.1 Überblick über die Commandlets	1135
23.14.2 Modularchitektur	1135
23.14.3 Module installieren	1136
23.14.4 Importieren von Modulen	1137
23.14.5 Entfernen von Modulen	1139
23.15 Tipps und Tricks zur PowerShell	**1139**
23.15.1 Befehlsgeschichte	1139
23.15.2 System- und Hostinformationen	1140
23.15.3 Alle Anzeigen löschen	1141

23.15.4	Profileinstellungen für die PowerShell-Konsole	1141
23.15.5	Aufzählungen	1145

24 PowerShell im Einsatz — 1147

24.1 Dateisystem — 1147
- 24.1.1 Laufwerke — 1147
- 24.1.2 Ordnerinhalte — 1149
- 24.1.3 Dateisystemoperationen — 1150
- 24.1.4 Dateieigenschaften lesen — 1150
- 24.1.5 Dateieigenschaften verändern — 1151
- 24.1.6 Verknüpfungen im Dateisystem — 1153
- 24.1.7 Komprimierung — 1155
- 24.1.8 Dateisystemfreigaben — 1155

24.2 Dokumente — 1160
- 24.2.1 Textdateien — 1161
- 24.2.2 Binärdateien — 1161
- 24.2.3 CSV-Dateien — 1162
- 24.2.4 XML-Dateien — 1163
- 24.2.5 HTML-Dateien — 1171

24.3 Datenbanken — 1171
- 24.3.1 ADO.NET-Grundlagen — 1171
- 24.3.2 Beispieldatenbank — 1176
- 24.3.3 Datenzugriff mit den Bordmitteln der PowerShell 1.0 — 1177
- 24.3.4 Datenzugriff mit den PowerShell-Erweiterungen — 1185

24.4 Registrierungsdatenbank (Registry) — 1189
- 24.4.1 Schlüssel auslesen — 1189
- 24.4.2 Schlüssel anlegen und löschen — 1189
- 24.4.3 Laufwerke definieren — 1190
- 24.4.4 Werte anlegen und löschen — 1190
- 24.4.5 Werte auslesen — 1191
- 24.4.6 Praxisbeispiel — 1191

24.5 Computerverwaltung — 1192
- 24.5.1 Computerinformationen — 1192
- 24.5.2 Computername und Domäne — 1194
- 24.5.3 Herunterfahren und Neustarten — 1194
- 24.5.4 Wiederherstellungspunkte verwalten — 1194

Inhaltsverzeichnis

24.6	**Hardwareverwaltung**	**1195**
	24.6.1 Hardwarebausteine	1195
	24.6.2 Druckerverwaltung	1196
24.7	**Softwareverwaltung**	**1196**
	24.7.1 Softwareinventarisierung	1197
	24.7.2 Installation von Anwendungen	1199
	24.7.3 Deinstallation von Anwendungen	1199
	24.7.4 Praxisbeispiel: Installationstest	1200
	24.7.5 Versionsnummer ermitteln	1201
	24.7.6 Servermanager	1202
	24.7.7 Softwareeinschränkungen mit dem PowerShell-Modul „AppLocker"	1207
24.8	**Prozessverwaltung**	**1213**
24.9	**Systemdienste**	**1215**
24.10	**Netzwerk**	**1217**
	24.10.1 Ping	1217
	24.10.2 Netzwerkkonfiguration	1218
	24.10.3 Namensauflösung	1219
	24.10.4 Abruf von Daten von einem HTTP-Server	1220
	24.10.5 E-Mail	1221
	24.10.6 Aufrufe von Webdiensten	1222
24.11	**Ereignisprotokolle**	**1223**
	24.11.1 Protokolleinträge auslesen	1223
	24.11.2 Ereignisprotokolle erzeugen	1225
	24.11.3 Protokolleinträge erzeugen	1225
	24.11.4 Protokollgröße festlegen	1225
	24.11.5 Protokolleinträge löschen	1225
24.12	**Leistungsdaten**	**1225**
	24.12.1 Zugriff auf Leistungsindikatoren über WMI	1225
	24.12.2 Get-Counter	1226
	24.12.3 Grundlagen	1227
	24.12.4 Zugriffsrechtelisten auslesen	1232
	24.12.5 Einzelne Rechteeinträge auslesen	1233
	24.12.6 Besitzer auslesen	1234
	24.12.7 Benutzer und SID	1235
	24.12.8 Hinzufügen eines Rechteeintrags zu einer Zugriffsrechteliste	1238

Inhaltsverzeichnis

24.12.9	Entfernen eines Rechteeintrags aus einer Zugriffsrechteliste	1240
24.12.10	Zugriffsrechteliste übertragen	1241
24.12.11	Zugriffsrechteliste über SDDL setzen	1241

24.13 Verzeichnisdienste (insbes. Active Directory) — **1242**

24.13.1	Fallbeispiel „FBI"	1243
24.13.2	Benutzer- und Gruppenverwaltung mit WMI	1244
24.13.3	Einführung in System.DirectoryServices	1244
24.13.4	Basiseigenschaften	1254
24.13.5	Benutzer- und Gruppenverwaltung im Active Directory	1256
24.13.6	Verwaltung der Organisationseinheiten	1263
24.13.7	Suche im Active Directory	1263
24.13.8	Navigation im Active Directory mit den PowerShell Extensions	1270
24.13.9	Verwendung der Active Directory-Erweiterungen von www.IT-Visions.de	1270
24.13.10	PowerShell-Modul „Active Directory" (ADPowerShell)	1272
24.13.11	Informationen über die Active Directory-Struktur	1286

24.14 Gruppenrichtlinien — **1288**

24.14.1	Verwaltung der Gruppenrichtlinien	1289
24.14.2	Verknüpfung der Gruppenrichtlinien	1290
24.14.3	Berichte	1291
24.14.4	Gruppenrichtlinienvererbung	1292
24.14.5	Weitere Möglichkeiten	1293

24.15 Internet Information Server (IIS) — **1294**

24.15.1	Überblick	1294
24.15.2	Navigationsprovider	1295
24.15.3	Anlegen von Websites	1297
24.15.4	Massenanlegen von Websites	1298
24.15.5	Ändern von Eigenschaften von Websites	1300
24.15.6	Anwendungspool anlegen	1300
24.15.7	Virtuelle Verzeichnisse und IIS-Anwendungen	1301
24.15.8	Website-Zustand ändern	1301
24.15.9	Anwendungspools starten und stoppen	1302
24.15.10	Löschen von Websites	1302

24.16 Microsoft Exchange Server 2007/2010 — **1302**

24.17 Optimierungen und Problemlösungen	**1304**
24.17.1 PowerShell-Modul „TroubleShootingPack"	1304
24.17.2 PowerShell-Modul „Best Practices"	1307
24.18 Grafische Benutzeroberflächen	**1309**
24.18.1 Eingabemasken	1309
24.18.2 Universelle Objektdarstellung	1310
24.18.3 Zwischenablage	1312

Teil D Anhang 1313

A Grundlagen objektorientierter Komponentenarchitekturen 1315

A.1 Objektorientierung	**1315**
A.1.1 Objekte	1315
A.1.2 Schnittstellen (Interfaces)	1316
A.1.3 Klassen	1317
A.1.4 Vererbung (Inheritance)	1319
A.1.5 Beziehungen zwischen Objekten und Klassen	1320
A.1.6 Objektmodelle	1324
A.1.7 Polymorphismus	1326
A.1.8 Dynamische Bindung	1326
A.2 Komponentenarchitekturen	**1326**

B Kurzeinführung in XML 1331

B.1	Elemente und Attribute	1331
B.2	Processing Instructions (PIs)	1332
B.3	Wohlgeformtheit und Gültigkeit	1332
B.4	Zeichensätze	1334
B.5	XML-Namensräume	1335
B.6	Datentypen	1336
B.7	XML-Beispiele	1337
B.8	Darstellung von XML-Dokumenten	1340
B.9	XML und Scripting	1345

C Visual Basic-Funktionen — 1347

- C.1 Numerische Funktionen — 1347
- C.2 Finanzmathematische Funktionen — 1348
- C.3 Formatierungsfunktionen — 1349
- C.4 String-Funktionen — 1349
- C.5 Datum/Uhrzeit — 1350
- C.6 Array-Funktionen — 1351
- C.7 Funktionen zur Arbeit mit COM — 1352
- C.8 Systemfunktionen und Ein-/Ausgabe — 1352
- C.9 Typprüfung und -umwandlung — 1354
- C.10 Sonstige Funktionen — 1355

D Literaturverzeichnis — 1357

- D.1 Gedruckte Literatur — 1357
- D.2 Quellen im Internet — 1359
- D.3 Requests for Comment (RFCs) — 1366
- D.4 Newsgroups — 1367
- D.5 Websites zur PowerShell — 1367
- D.6 Weblogs zur PowerShell — 1368
- D.7 Andere Quellenangaben — 1368

E Abkürzungsverzeichnis — 1369

Stichwortverzeichnis — 1379

Einführung

1	Über den Autor Dr. Holger Schwichtenberg	3
2	Vorwort	5
3	Leser-Portal (Dienstleistungen für Leser nach dem Kauf)	15
4	Fragen und Antworten zu diesem Buch (FAQ)	17
5	Einführung in das Windows Scripting	41
6	Scripting-Schnellstart.	55

1 Über den Autor
Dr. Holger Schwichtenberg

- Ausbildung:
  - Studium Diplom-Wirtschaftsinformatik an der Universität Essen
  - Promotion an der Universität Essen im Gebiet komponentenbasierter Softwareentwicklung
  - Tätig in der Softwareentwicklung seit 1996
- Aktuelle Tätigkeit:
  - Leitung der Firma *www.IT-Visions.de*
  - Softwareentwicklung und Softwarearchitektur im Kundenauftrag
  - Beratung und Schulung von Softwareentwicklern
  - Individueller Support für Softwareentwicklungsprojekte
  - Gutachter in den Wettbewerbsverfahren der EU gegen Microsoft
- Kernkompetenzen:
  - Objektorientierung, Komponentenorientierung, Serviceorientierung
  - Softwarearchitektur, Mehrschichtige Softwareentwicklung, Verteilte Systeme
  - .NET Framework, ASP.NET, Visual Studio
  - C#, Visual Basic .NET
  - Component Object Model (COM)
  - Relationale Datenbanken, XML
  - Windows Scripting, Windows PowerShell
  - Active Directory-Programmierung
  - Windows Management Instrumentation (WMI)
- Veröffentlichungen und Vorträge:
  - Über 30 Fachbücher bei Addison-Wesley, Microsoft Press und dem Carl Hanser-Verlag
  - Mehr als 400 Beiträge in Fachzeitschriften
  - Ständiger Mitarbeiter der Zeitschriften iX, dotnetpro und Windows IT Pro
  - Sprecher auf nationalen und internationalen Fachkonferenzen (z. B. TechEd, OOP, Microsoft Launch Event, MSDN Summit, Advanced Developers Conference, Microsoft IT Forum, Microsoft Launch, Wirtschaftsinformatik, Net.Object Days, VS One, Online, Windows Forum, DOTNET-Konferenz, BASTA, XML-in-Action)
- Ehrenamtliche Community-Tätigkeiten:
  - Vorstandsmitglied bei codezone.de
  - Sprecher für die International .NET Association (INETA)
  - Betrieb der Community-Websites *www.dotnetframework.de* und *www.windows-scripting.de*

- Zertifikate und Auszeichnungen von Microsoft:
  - Most Valuable Professional (MVP)
  - Microsoft Certified Solution Developer (MCSD)
  - .NET Code Wise Community-Experte
  - Codezone Premier Site Member
- Firmen-Website:
  - *http://www.IT-Visions.de*
- Weblog:
  - *http://www.dotnet-doktor.de* (bei Heise.de)
- Kontakt:
  - *hs@IT-Visions.de*
  - 0201 7490-700 (Büro *www.IT-Visions.de*)

2 Vorwort

Damit Sie etwas Einblick in die Geschichte dieses Buchs (und damit der Windows Scripting-Technologien) erhalten, finden Sie in diesem Kapitel nicht nur das Vorwort zur aktuellen Auflage, sondern auch Ausschnitte aus den Vorwörtern der vorherigen Auflagen.

2.1 Vorwort zur 6. Auflage

Liebe Leserinnen und Leser,

das vor Ihnen liegende Buch „Windows Scripting" wird bald zehn Jahre alt. Im Herbst 1999 habe ich mit der Arbeit an dem Werk begonnen, das dann im Juli 2000 unter dem Titel „Windows- und BackOffice-Scripting" erschienen ist. Für ein Computerbuch ist das ein stattliches Alter, denn üblicherweise leben Computertechnologien gar nicht so lange.

Der Windows Script Host (WSH), der immer Mittelpunkt dieses Werkes stand, ist in den letzten Jahren kaum noch verändert worden. Aber die Betriebssysteme und die Softwarekomponenten, die der WSH nutzen kann (insbesondere die Windows Management Instrumentation (WMI)), haben sich weiterentwickelt. Seit der Windows PowerShell gibt es einen Nachfolger für den WSH. Trotzdem lebt der Windows Script Host (WSH) in IT-Abteilungen weiter, und er wird wohl auch noch einige Betriebssystemgeneratoren lang dort zu finden sein. Daher ist auch weiterhin der größere Teil dieses Werks dem WSH gewidmet.

Die PowerShell wird durch die Version 2.0 und die Tatsache, dass sie in Windows 7 und Windows Server 2008 Release 2 zum Standardlieferumfang gehört, im Markt zunehmend wichtiger werden. Dieser Entwicklung trägt auch der Buchklassiker „Windows Scripting" Rechnung, indem die PowerShell einen größeren Anteil in dieser Auflage einnimmt. Wobei Sie schnell merken werden, dass Seitenzahlen nicht der alleinige Maßstab sind, denn zum Thema PowerShell kann man auf weniger Raum viel mehr sagen kann. Das liegt an der Prägnanz der PowerShell: Oft reicht ein einzeiliges Commandlet, wo man früher eine A4-Seite voll Skriptcode brauchte.

Neu in diesem Buch gegenüber der Vorauflage sind insbesondere:
- Windows PowerShell Version 2.0
- Windows PowerShell-Module mit zahlreichen Commandlets in Windows 7 und Windows Server 2008 Release 2

Da in diesen wirtschaftlich schlechten Zeiten auch bei den Buchverlagen gespart werden muss, hat das Buch weniger Seiten als die Vorauflage. Folgende Themen mussten aus dem Buch daher leider entfernt werden:
- Scripting des Microsoft Exchange Servers (mit Collaboration Data Objects und Spezialkomponenten wie CDOEXM)
- Scripting mit Microsoft Outlook (sowohl der Oulooks Forms Scripting Host als auch die Collaboration Data Objects)
- Scripting mit Microsoft SQL Server (außer als Datenquelle)
- Scripting mit Microsoft Operations Manager (MOM)
- Scripting der SQL Server Data Transformation Services und SQL Server Integration Services
- Scripting Hosts anderer Anbieter

Kapitel 2 Vorwort

FAQ Weitere Informationen über Zielgruppe und Aufbau dieses Buchs sowie den Inhalt der beiliegenden CD-ROM finden Sie in Form eines FAQ im Anschluss an das Vorwort.

Danksagungen

Dank Im Rahmen dieser Auflage möchte ich meinen besonderen Dank aussprechen an:
- der Korrektorin Sandra Gottmann, die in dieser Auflage die sprachlichen Unebenheiten beseitigt hat.
- der Lektorin Sylvia Hasselbach, die dieses Buchprojekt seit 1999 bei Addison-Wesley betreut
- alle Leser, die mit ihrem Feedback zu den bisherigen fünf Auflagen dazu beigetragen haben, dass dieses Buch immer besser wurde.

Leser-Website

Feedback Ich freue mich auch dieses Mal wieder über Feedback zu meinem Buch und werde dieses Feedback gerne bei der nächsten Auflage berücksichtigen. Nutzen Sie dazu bitte die Leser-Website:

http://www.windows-scripting.de/leser

Bei der Erstanmeldung müssen Sie das Losungswort **DOCTORWHO** angeben. Dort gibt es nicht nur einen Fragebogen zum Buch und Möglichkeiten, Fehler zu melden, sondern es existieren auch Foren für Fragen zu den Themen dieses Buchs. Darüber hinaus steht Ihnen meine E-Mail-Adresse *hs@IT-Visions.de* für Anfragen zu Projektunterstützung und Schulungen zur Verfügung.

Dr. Holger Schwichtenberg

2.2 Vorwort zur 5. Auflage (2006)

Liebe Leserinnen und Leser,

mit der fünften Auflage ist dieses Buch nun endgültig ein Klassiker im IT-Fachbuchmarkt. Zu Verdanken ist diese Langlebigkeit neben den Verkäufen natürlich auch der (für Microsoft ungewöhnlichen) Technologiekontinuität. Der Windows Script Host (WSH) arbeitet auch in Windows Vista nach dem gleichen Grundkonzept wie in Windows 2000. Seitdem sind natürlich viele Bibliotheken hinzugekommen (Scripting-Komponenten), die dem „alten" WSH-Scripting immer neue Möglichkeiten eröffnen.

Die Nachfolgetechnologie – die Windows PowerShell – erreicht in diesen Tagen das Produktionsstadium der Version 1.0. Die PowerShell basiert nicht mehr auf COM, sondern auf dem .NET Framework und setzt neue Maßstäbe in Hinblick auf Kompaktheit und Einfachheit.

Veränderungen an diesem Buch Die zweite bis vierte Auflage dieses Buchs beschäftigten sich ausführlich mit dem .NET Framework und den in der .NET-Klassenbibliothek enthaltenen Funktionen zur automatisierten Systemadministration. Die Windows PowerShell basiert zwar auf dem .NET Framework, abstrahiert jedoch von vielen Mechanismen dieser Laufzeitumgebung. Die Auseinandersetzung mit .NET ist daher in dieser Auflage auf die für die PowerShell-Nutzung notwendigen Teile beschränkt. Mehr aktuelles Wissen zu .NET finden Sie in meinem Buch .NET 2.0 Crashkurs.

Neue Themen Den gewonnenen Freiraum in diesem Buch nutze ich für die Aufnahme folgender Themen:
- Zugriff auf Daten und Dokumente mit ADO, DMO, MSHTML, MSXML und OLE File Property Reader
- Netzwerkkonfiguration mit WMI
- Windows Remote Management (WinRM)

- Kommunikation via TCP/IP, SMTP und HTTP
- Zugriff auf Microsoft Exchange mit CDO und CDOEXM
- Nutzung regulärer Ausdrücke (RegExp)
- Verschlüsselung und Hashing mit CAPICOM
- Steuerung mit Windows Firewall mit NETCon
- Weitere Scripting-Werkzeuge (insbesondere Assistenten/Code-Generatoren)
- Remote Scripting mit Windows Script Components (WSCs)
- Neuerungen in Windows Vista

FAQ Weitere Informationen über Zielgruppe und Aufbau dieses Buchs sowie den Inhalt der beiliegenden CD-ROM finden Sie in Form eines FAQ im Anschluss an das Vorwort.

Dank Im Rahmen dieser Auflage möchte ich meinen besonderen Dank aussprechen an: **Danksagungen**
- die Korrektorinnen Petra Kienle und Astrid Schürmann, die abwechselnd in den bisherigen Auflagen meine Tippfehler gefunden und sprachliche Ungenauigkeiten eliminiert haben,
- meine Lektorin Sylvia Hasselbach, die dieses Buchprojekt seit sieben Jahren bei Addison-Wesley betreut,
- alle Leser, die mit ihrem Feedback zu den bisherigen Auflagen dazu beigetragen haben, dass dieses Buch immer besser wurde.

Feedback Ich freue mich wieder über Feedback zu dieser Auflage und werde dieses bei der nächsten Neuauflage berücksichtigen. Nutzen Sie dazu bitte die Leser-Website: **Leser-Website**

http://www.windows-scripting.de/leser

Dort existieren auch Foren für Fragen zu den Themen dieses Buchs. Darüber hinaus steht Ihnen meine E-Mail-Adresse *hs@IT-Visions.de* für Anfragen zu Projektunterstützung und Schulungen zur Verfügung.

Holger Schwichtenberg

Essen, im November 2006

2.3 Auszug aus dem Vorwort zur 4. Auflage (2004)

…

Sie halten die vierte Auflage von „Windows Scripting" in Händen, die im Januar 2005 – zwei Jahre nach der dritten Auflage – erscheint. Zwar hat Microsoft inzwischen keine neue Version des Windows Script Host (WSH) veröffentlicht, aber es gibt mittlerweile neue Komponenten und Werkzeuge für das Scripting. Außerdem ist diese Neuauflage um viele anschauliche Beispiele ergänzt worden.

Veränderungen an diesem Buch Neu in dieser Auflage sind insbesondere Kapitel zu den folgenden Themen: **Neue Kapitel**
- Scripting von Gruppenrichtlinien mit der GPO-Komponente
- Scripting des Microsoft Exchange Server 2003
- Die Microsoft Shell (MSH) als kommender Nachfolger des WSH
- Script-Werkzeuge (SystemScripter, OnScript, Scriptomatic etc.)

Kapitel 2 **Vorwort**

Stark erweiterte Kapitel Erheblich erweitert wurden die Kapitel über:
- Active Directory Service Interface (ADSI) und
- Windows Management Instrumentation (WMI)

Das Buch ist um über 150 Seiten angewachsen. Aus drucktechnischen Gründen hat Addison-Wesley daher die Papierstärke etwas verringert. Alle Kapitel aus den vorherigen Auflagen sind in aktualisierter Form erhalten geblieben; lediglich das Kapitel über den Exchange Server 5.5 ist aus Platzmangel entfernt worden.

...

Gliederung des Buchs Die Erfahrungen seit Erscheinen des .NET Framework haben gezeigt, dass viele Unternehmen den Schritt von COM zu .NET nicht oder nur sehr zögerlich vollziehen. Die Neuauflage dieses Buchs trägt dem Rechnung, indem das COM- und das .NET-basierte Scripting durch zwei Buchteile (A und B) voneinander getrennt werden. Sie haben so die Möglichkeit, die Teile unabhängig voneinander zu studieren und zu praktizieren. In jedem Buchteil finden Sie die methodisch klare Trennung zwischen:
- den Grundlagen des Softwarekomponentenmodells,
- den Script-/Programmiersprachen
- den Ablaufumgebungen (Hosts)
- den nutzbaren Softwarekomponenten
- sinnvollen Werkzeugen
- fortgeschrittenem Wissen und
- Fallbeispielen

Den beiden Teilen ist eine Einführung vorangestellt, die Ihnen einen Überblick über die Möglichkeiten der automatisierten Systemadministration gibt.

Holger Schwichtenberg

Essen, im November 2004

2.4 Auszug aus dem Vorwort zur 3. Auflage (2002)

[...]

Motivation 6000 verkaufte Exemplare in zwei Jahren und der kontinuierliche Platz als Bestseller unter den Scripting-Büchern bei *Amazon.de* haben mich sehr erfreut. Gerne hätte ich mich bei meinen Lesern mit einer um 400 zusätzliche Seiten erweiterten 3. Auflage bedankt – genug Material schlummert auf meinem Fileserver. Aus wirtschaftlichen und produktionstechnischen Gründen sind der Ausdehnung eines Werks leider Grenzen gesetzt. Auf den ersten Blick hat die 3. Auflage nur 130 Seiten mehr als die vorherige Auflage, auf den zweiten Blick werden Sie jedoch feststellen, dass durch einen geänderten Satzspiegel erheblich mehr Inhalt auf den gleichen Raum gedruckt werden konnte.

[...]

Was neu ist Seit den ersten beiden Auflagen dieses Buchs in den Jahren 2000 und 2001 hat sich im Bereich des Windows Scripting eine Menge getan.

Auszug aus dem Vorwort zur 3. Auflage (2002)

Die Windows Management Instrumentation (WMI) ist viel mächtiger geworden und bietet neben der Abfrage von Systeminformationen auch immer mehr Möglichkeiten der Veränderung von Einstellungen. Daneben gibt es eine Vielzahl neuer spezialisierter COM-Komponenten, die abgegrenzte Bereiche besser und (noch) mächtiger ansteuern können als die Allround-Komponente WMI. **WMI**

Mit dem .NET Framework hat Microsoft inzwischen eine neue Programmierplattform veröffentlicht, die nicht nur für „große" Anwendungen, sondern auch für „kleine" Scripts neue Möglichkeiten bietet. Dementsprechend hat das .NET Framework mehr Raum in diesem Buch bekommen. **.NET Framework**

WMI & Co. bieten dennoch weit mehr, als in diesem Buch explizit erwähnt werden kann. Umso wichtiger sehe ich meinen Ansatz, Ihnen das Handwerk zur Selbsthilfe zu vermitteln. Referenztabellen finden Sie in diesem Buch nur selten. Vielmehr versuche ich Ihnen zu vermitteln, wie Sie selbst die Objekte, die Attribute, die Methoden und die notwendigen Parameter finden. **Hilfe zur Selbsthilfe**

Trotzdem bietet die 3. Auflage vor allem mehr Beispiele. Besonders die Bereiche ADSI, WMI und .NET Framework wurden ausgebaut mit vielen Scripts aus dem Bereich Benutzerverwaltung, Computerverwaltung, Netzwerkkonfiguration, Zugriff auf die Registrierungsdatenbank, Dateisystemverwaltung, Druckerverwaltung, Leistungsdatenerfassung und Softwareinstallation. Diese Scripts bieten Ihnen einen idealen Ausgangspunkt für Ihre individuellen Scriptinglösungen.

[...]

Weiterführende Literatur Das „COM-Komponenten-Handbuch" kann ich Ihnen als Ergänzung zu diesem Buch nahe legen: Dort werden zahlreiche weitere Klassen behandelt, die Ihnen das Leben als Administrator oder systemnaher Softwareentwickler leichter machen.

Wenn Sie lieber weiter mit dem .NET Framework arbeiten wollen, dann gibt es für Sie mit dem Buch „Programmieren mit der .NET-Klassenbibliothek" auch schon die richtige Antwort.

Gerade mit dem .NET Framework sind die Möglichkeiten der automatisierten Systemadministration noch vielfältiger geworden. Das Windows Scripting-Buch entwickelt sich immer mehr zu einem Nachschlagewerk, das einen systematischen und weniger einen didaktischen Aufbau hat. Daher finden Sie z.B. die Darstellung aller relevanten Werkzeuge vereint in einem Kapitel, statt verstreut über das ganze Buch. Wenn Sie einen didaktischen Aufbau bevorzugen, habe ich auch eine Lösung für Sie: „Windows Scripting Lernen" ist ein weiteres Buch mit didaktischer Aufbereitung für Einsteiger, das Ende des Jahres 2002 bei Addison-Wesley erscheinen wird.

Leser-Website Über Ihr Feedback freue ich mich auf der Leser-Website *http://www.Windows-Scripting.de/Leser*. Sofern Fehler in diesem Buch gefunden werden, werden diese dort dokumentiert. Ergänzungen und Änderungen in den Programmbeispielen finden Sie im Download-Bereich. Auf der Leser-Website können Sie auch Ihre Meinung zu diesem Buch abgeben und verbliebene Fragen in ein Diskussionsforum setzen.

Die 2. Auflage hat sich in Rekordzeit verkauft. Ich hoffe, auch diese 3. Auflage kommt so gut bei Ihnen an.

Holger Schwichtenberg

Essen-Byfang im Oktober 2002

2.5 Auszug aus dem Vorwort zur 2. Auflage (2001)

Im Juli 2000 ist mein Buch „Windows- und BackOffice-Scripting" erschienen. Die guten Verkaufszahlen und das durchweg positive Feedback in Rezensionen und in zahlreichen E-Mails von Lesern haben mich motiviert, das Buch schon nach weniger als einem Jahr zu aktualisieren und erheblich zu erweitern. Microsoft hat seit dem Erscheinen von „Windows- und BackOffice-Scripting" nicht nur einige neue Scripting Hosts und einige neue COM-Komponenten veröffentlicht, sondern mit .NET (sprich „DOTNET") ein völlig neues Programmierkonzept vorgestellt. Der Themenkomplex Scripting/Automatisierte Administration ist dadurch so umfangreich geworden, dass mein Buch vom Umfang her aus der Bindung geplatzt wäre.

Die Lösung dieser Herausforderung lag darin, zwei Bücher daraus zu machen, die beide ihren etwas eigenen Weg gehen:

- **Alles rund um das Scripting** — Das Buch „Windows-Scripting" umfasst weiterhin alles um das Active Scripting. Das Buch habe ich erweitert um die aktuelle Version des Windows Scripting Host (WSH 5.6), den SQL Server 2000, den Exchange Server 2000 und den neuen Microsoft Operations Manager (MOM) 2000. Neu sind auch die Themen Remote Scripting, digitale Signierung von Scripts und das Prototyping für Exchange Ereignis-Scripts. Ebenso berücksichtigt sind die Änderungen in Windows Whistler (Windows XP und Windows .NET Server) sowie neue COM- und Scripting-Werkzeuge.

- **.NET** — Völlig neu ist auch ein umfangreiches Kapitel zu Microsoft .NET. Das .NET Framework wird nicht nur die Arbeit der Softwareentwickler, sondern auch die Arbeit der Administratoren verändern. Das Kapitel behandelt die Grundlagen der .NET-Laufzeitumgebung und liefert Beispiele in Visual Basic.NET.

    Bezüglich der COM-Komponenten beschränkt sich dieses Buch jetzt auf die Kernkomponenten für das Scripting (WSHRuntime, FSO, ADSI, WMI und WSHController).

- **Komponenten** — Parallel dazu erscheint als Auskopplung das Buch „COM-Komponentenhandbuch". Dieses Buch stellt eine Vielzahl von existierenden COM-Komponenten von Microsoft und anderen Anbietern dar. Gegenüber dem Komponententeil des alten Buchs ist es aktualisiert und erweitert: ADO 2.7, CDO 3.0, CDO for Exchange Management, MSXML 4 sowie das Common Dialog Control und die OnePoint-Komponenten des Microsoft Operations Manager (MOM). Das Komponentenhandbuch ist die ideale Ergänzung zu diesem Scripting-Buch – sowohl für Administratoren als auch Softwareentwickler. Bestimmte Redundanzen zwischen beiden Büchern sind jedoch notwendig, damit jedes der beiden Bücher auch für sich allein ein abgeschlossenes Werk ergibt.

[...]

Viel Spaß und Erfolg mit diesem Buch wünscht Ihnen

Holger Schwichtenberg

Essen, im August 2001

2.6 Auszug aus dem Vorwort zur 1. Auflage (2000)

[...]

Motivation

Mussten Sie schon einmal einhundert NT-User gleichzeitig einrichten? Sollen nach der Benutzeranmeldung bestimmte Aktionen automatisch ausgeführt werden? Haben Sie tagtäglich Dateien zu aktualisieren? Dann sollten Sie das komponentenbasierte Active Scripting (kennen) lernen!

Aus meiner Praxis als Administrator einer Farm von NT-basierten (Internet-)Servern weiß ich einerseits die funktionale Benutzeroberfläche von Windows zu schätzen und kenne andererseits den Bedarf nach Automatisierung. Leider hat Microsoft die Automatisierung administrativer Aufgaben in seinen Betriebssystemen und Anwendungen lange Zeit kaum unterstützt.

Mit Active Scripts beschäftige ich mich intensiv seit den Anfängen dieser noch jungen Microsoft-Technologie und ich habe mich stets darüber geärgert, dass es in der Fachliteratur nur einige isolierte Darstellungen von ASP, DHTML und dem WSH gab. Unberücksichtigt blieben die zahlreichen anderen Scripting Hosts und die gemeinsame Basis aller Scripting Hosts, die es möglich macht, Scripts und Komponenten zwischen verschiedenen Umgebungen auszutauschen. Der Windows Script Host (WSH) hat unter Windows-Nutzern (nicht zuletzt durch den Love-Letter-Virus) eine gewisse Bekanntheit erreicht; selbst viele Windows-Profis wissen aber nicht, dass der WSH nur einer von vielen Scripting Hosts ist.

Nach einer Serie von Veröffentlichungen in der iX habe ich mich dazu entschlossen, selbst das erste Buch zu schreiben, das die breite Palette der Automatisierungsmöglichkeiten auf Basis von Scripts und Komponenten dokumentiert. Sie finden in diesem Buch daher zahlreiche verschiedene Scripting Hosts und werden lernen, die für Ihre Automatisierungsaufgabe passende Umgebung auszuwählen.

COM

Was dieses Buch erreichen will Da die gesamte Scripting-Architektur auf dem Component Object Model (COM) basiert, ist COM ein zentrales Thema in diesem Buch. Man kann unter Windows Scripts erstellen, ohne COM zu verstehen; wenn man aber die Grundgedanken von COM und die in Komponenten gekapselten (Meta-)Objektmodelle versteht, dann eröffnen sich zusätzliche Möglichkeiten. Selbst wenn Sie schon Scripts geschrieben haben, werden die ersten beiden Kapitel dieses Buchs bei Ihnen eine Serie von Groschen fallen lassen.

Komponenten

Sie finden in diesem Buch eine interessante Auswahl von Komponenten für die Erstellung von Automatisierungslösungen unter Windows NT, 9x und Windows 2000 sowie für die Microsoft Backoffice-Produkte. Systematisch werde ich Ihnen die Grundideen und Anwendungsgebiete jeder einzelnen Komponente darlegen. Durch grafische Darstellung der Objektmodelle und insgesamt über 500 Codebeispiele werde ich die Arbeitsweise der Komponenten erläutern. Viele Scripts in diesem Buch sind didaktischer Natur: Sie sind bewusst kurz gehalten und fokussieren auf einen bestimmten Aspekt. Das ermöglicht ein besseres Erlernen der Techniken als Mammut-Beispiele, die zwar viel Funktionalität bieten, aber schwer durchschaubar sind. Umfangreiche Automatisierungslösungen, die auf dem Zusammenspiel mehrerer Komponenten beruhen, finden Sie in Kapitel 10 „Fallbeispiele".

Dieses Buch ist jedoch keine vollständige Referenz für die einzelnen Komponenten und nicht zu jedem Attribut oder jeder Methode gibt es ein Beispiel. Viele der hier vorgestellten Komponenten sind so umfangreich, dass eine Referenz ein eigenes 1000-seitiges Buch füllen würde.

Hilfe zur Selbsthilfe Der Schwerpunkt dieses Buchs liegt vielmehr darauf, Ihnen Hilfe zur Selbsthilfe zu geben: Auf einem Markt, auf dem fast täglich neue Softwarekomponenten erscheinen, ist es wichtiger, ein Grundverständnis für die Technologie zu entwickeln, als Ihnen eine Referenz für Komponenten zu liefern, welche sowieso ständig aktualisiert werden. Dieses Buch zeigt zu jeder Komponente die Anwendungsmöglichkeiten auf und liefert Ihnen einen Einstieg, so dass Sie nachher mit beiden Beinen fest in der Materie stehen. Wenn Sie ganz in einer Komponente versinken möchten, dann sind das Studium der MSDN-Entwicklerbibliothek bzw. der jeweiligen Dokumentation des Herstellers und eine intensive Recherche im Web unerlässlich. Gehören Sie zu den Leuten, die nicht gerne in die MSDN-Entwicklerbibliothek schauen, so wird Ihnen dieses Buch den Weg dorthin ebnen. Zusätzlich liefert Ihnen Kapitel 6 ein Vorgehensmodell zur Suche und Erforschung von Komponenten.

VB und VBA Das Buch spannt einen Bogen zwischen dem echten Scripting und der Erstellung von Automatisierungslösungen auf Basis von kompilierten Visual Basic-Anwendungen und selbst erstellten COM-Komponenten. Daher wird dieses Buch nicht nur VBScript behandeln, sondern Ihnen auch VBA und die Visual Basic-Vollversion näher bringen.

[...]

Holger Schwichtenberg

Essen, im Juli 2000

2.7 Auszug aus dem Feedback zu den bisherigen Auflagen

Mit Windows Scripting in der neuen, 5. Auflage hat Dr. Schwichtenberg sein Standard-Werk wieder neu definiert und seinen Ruf als erfolgreicher Fach-Buch und -Artikelschreiber für Windows-Technologie weiter gefestigt – vor allem für Windows-Administratoren ist und bleibt die Lektüre seines Scripting-Doppeldeckers unverzichtbar. –Wolfgang Treß (textico.de)

Wer Windows-Server und -Workstations administriert, kommt an Windows-Scripting kaum vorbei. Man spürt die praktische Erfahrung des Autors, ebenso wie seine journalistische Erfahrung.

Frank Müller (Amazon.de)

Holger Schwichtenberg, der Windows Scripting-Guru: Gut gegliedert und umfassend beschrieben kann das Buch sowohl als Einführungskurs in die Skript-Programmierung für den Systemverwalter als Nachschlagewerk für viele Fragen im Zusammenhang mit Skripting und COM (Component Object Model) dienen. Gerade die ausführliche Behandlung von COM/DCOM und COM+ ist es, die dieses Buch von anderen Werken abhebt. Ein sehr empfehlenswertes Werk für Systemadministratoren, die ihre Windows-Systeme mittels Skripting verwalten wollen.

L. Huber bei Amazon.de

Ich hatte mir schon die 2. Auflage gekauft und ich bereue es nicht, nochmal die 60 Euro für die dritte Auflage ausgegeben zu haben. Ich bin wieder begeistert. Fast 1200 Seiten voller Infos zum Scripting. Im Gegensatz zu Konkurrenzwerken werden hier auch die Hintergründe erklärt, sodass man sich nachher in ADSI, WMI und anderen Klassen wirklich zurecht findet.

Rezensentin/Rezensent bei Amazon.de

Mit diesem umfangreichen Werk gut 1000 Seiten plus weitere Informationen auf der beiliegenden CD-ROM hat Holger Schwichtenberg so etwas wie eine Skripting-Bibel für den Systemadministrator geschrieben. Gut gegliedert und umfassend beschrieben kann das Buch sowohl als Einführungskurs in die Script-Programmierung für den Systemverwalter als auch wie bei uns in der Redaktion als Nachschlagewerk für viele Fragen im Zusammenhang mit Skripting und COM (Component Object Model) dienen. Gerade die ausführliche Behandlung von COM/DCOM und COM+ ist es, die dieses Buch von anderen Werken abhebt. Ein sehr empfehlenswertes Werk für Systemadministratoren, die ihre Windows-Systeme mittels Skripting verwalten wollen.

Rezension in Windows 2000-Magazin, Ausgabe 09/2002

Das Buch ist eine wertvolle Ressource für alle, die Windows NT4- und Windows 2000-Systeme verwalten müssen. Es liefert überdurchschnittlich viel Know-how und bereitet das Wissen sehr strukturiert und verständlich auf. Darüber hinaus ist es ein hervorragendes Nachschlagewerk, wenn es um COM-Details oder den Einsatz der enthaltenen Komponenten geht. Ein vergleichbares Werk, das eine so große Anzahl von Komponenten übersichtlich und detailliert behandelt, ist in deutscher Sprache sonst nicht erhältlich. Dadurch wird es auch für Programmierer interessant, die nur Visual Basic nutzen und keine Administrationsaufgaben haben.

Rezension in BasicPro – Das Fachmagazin für Basic-Profis, Ausgabe 4/2000

Nachdem ich zuerst Windows-Scripting-Lernen 2. Auflage gelesen hatte, habe ich mir dieses Buch gekauft. Der Preis ist zwar hoch, aber das Buch ist sein Geld wert. Über 1000 Skripte werden mit dem Buch (auch auf CD) mitgeliefert. Während andere Bücher einfach nur ein paar Skripte aufdrucken und Zeile für Zeile erklären, findet man hier die Hintergründe, z.B. wie genau GetObject und CreateObject funktionieren. Der Autor ist auch nicht sparsam mit Kritik an Microsoft. Immer wieder zeigt er auf, wo Microsoft dem Admin unnötig schwer macht. Das Buch war sehr hilfreich für mich, um zu erkennen, was die Regeln und was die Ausnahmen beim Scripting Host sind. Der Autor ist ein sehr bekannter Scripting-Experte, den ich auch schon mal auf einem Windows-Forum als engagierten Dozenten erlebt habe.

Rezensentin/Rezensent bei Amazon.de

Ich hatte mir schon die 2. Auflage gekauft und ich bereue es nicht, nochmal die 60 Euro für die dritte Auflage ausgegeben zu haben. Ich bin wieder begeistert. Fast 1200 Seiten voller Infos zum Scripting. Im Gegensatz zu Konkurrenzwerken werden hier auch die Hintergründe erklärt, so dass man sich nachher in ADSI, WMI und anderen Klassen wirklich zurecht findet. Zudem gibt der Autor auf seiner Website für seine Leser einen erstklassigen Support, wenn man sich dort registriert.

Rezensentin/Rezensent bei Amazon.de

Wow wenn es nur mehr so Bücher gäbe... Nach wenigen Seiten wird einem klar, dass man hier übersichtlich und absolut verständlich quer durch die aktuellen COM-Komponenten geführt wird.

Eine Leserin oder ein Leser aus Feldkirch (Österreich), bei Amazon.de

Nach der ersten Durchsicht Ihres Buchs kann ich nur sagen: SEHR GUT! Vergleichbares habe ich weder auf dem deutschen noch englischsprachigen Markt gefunden! Ein Meilenstein, der hoffentlich allen Scripting-Ignoranten die Augen öffnen wird!

Thomas Sohnrey (GE CompuNet, Frankfurt), per E-Mail

Zu groß, zu dick, zu viel drin! Was andere in mehreren Büchern unterbringen, findet man hier endlich mal zusammengefasst in knapp 1000 Seiten. Das Buch gehört zu den Besten, die ich bisher gelesen habe!

c.polzin@chripo.de, bei Amazon.de

Geniales Buch für professionelles Scripting. Der Autor bringt die Sachen verständlich auf den Punkt. Trotzdem sind es 950 Seiten in dem Buch steht verdammt viel drin!

Rezensentin/Rezensent bei Amazon.de

So wie bei den Kleinkindern beginnt man ja auch mit kleinen Schritten, dasselbe habe ich bei Ihrem Buch entdeckt und als das erste Script funktionierte, war die Begeisterung noch viel größer.

Loreto Di Salvatore (MPK, Zürich), per E-Mail

In dieser Konstellation einzigartiges Buch, welches ausgenommen von Grundlagen, ein sehr breites Know-how vermittelt. Der Stil ist sehr fachlich orientiert und vermeidet weitgehend inhaltslose Passagen. Die einzelnen Kapitel vermeiden geschickt den zusammenhaltslosen Aufbau vieler anderer Bücher.

Ein Leser in der Leserumfrage auf *www.windows-scripting.de*

Sehr gute Übersicht + Hintergrundinfo zu den einzelnen Themen; Hervorragend strukturiert! gut visualisiert! Grundlegende Beispiele für jedes Modul geben guten Einstieg.

Ein Leser in der Leserumfrage auf *www.windows-scripting.de*

Sehr übersichtlich, das einzige seiner Art (in Deutsch), auch für Einsteiger gut geeignet, sehr gut erklärende Grafiken.

Ein Leser in der Leserumfrage auf *www.windows-scripting.de*

Sehr gute Einleitung, guter Aufbau der Themen. Der Einstieg ins Scripting gelingt einfach und trotzdem kann man sich sehr viel Backgroundinformationen holen.

Ein Leser in der Leserumfrage auf *www.windows-scripting.de*

Viele verschiedene Themen und immer ein kleines Beispiel dazu leicht verständlich und nicht vom Thema abschweifend

Ein Leser in der Leserumfrage auf *www.windows-scripting.de*

Ich finde das Buch verständlich und auch für nicht Profi-Programmierer geeignet. Ohne jedoch in die Banalität abzugleiten.

Ein Leser in der Leserumfrage auf *www.windows-scripting.de*

Verständliche und dennoch praxisnahe Beispiele, die sich leicht für eigene Bedürfnisse anpassen lassen.

Ein Leser in der Leserumfrage auf *www.windows-scripting.de*

Ich habe Windows Scripting lernen (gelesen) und Windows Scripting (bin am durcharbeiten) von Ihnen. Auch habe ich mir das COM Komponenten-Handbuch bestellt. Vielen Dank für die KLASSE Bücher. Das beste, was es gibt.

Thorsten Losinski, per E-Mail

3 Leser-Portal (Dienstleistungen für Leser nach dem Kauf)

Den Lesern dieses Buches werden vom Autor folgende Serviceleistungen im Rahmen einer zugangsbeschränkten Leser-Portal-Website angeboten:

- **Downloads:** Die Programmcodebeispiele aus diesem Buch werden bei Bedarf aktualisiert und erweitert. Laden Sie im Leser-Portal Aktualisierungen des Programmcodes herunter.
- **Diskussionsrunde:** Ein webbasiertes Forum bietet die Möglichkeit, Fragen an den Autor zu stellen. Bitte beachten Sie jedoch, dass dies eine freiwillige Leistung des Autors ist und kein Anspruch auf eine kostenlose Betreuung besteht.
- **Newsletter:** Alle registrierten Leser erhalten mehrmals jährlich einen Newsletter mit aktuellen Terminen und Publikationshinweisen.
- **Leser-Bewertung:** Geben Sie Noten für dieses Buch und lesen Sie nach, was andere Leser von diesem Buch halten.
- **Errata:** Trotz eines erprobten Vorgehensmodells und der mehrfachen Qualitätskontrolle ist es möglich, dass sich einzelne Fehler in dieses Buch eingeschlichen haben. Im Webportal können Sie nachlesen, welche Fehler gefunden wurden. Sie können hier auch selbst Fehler melden, die Ihnen auffallen.

Zugang zum Leser-Portal

Die WWW-Adresse für den Zugang zum Leser-Portal lautet:

http://www.IT-Visions.de/leser

Bei der Erstanmeldung müssen Sie das Losungswort **DOCTORWHO** angeben. Sie erhalten dann per E-Mail Ihr persönliches Zugangskennwort, mit dem Sie das Leser-Portal betreten und verwenden können.

4 Fragen und Antworten zu diesem Buch (FAQ)

Dieses Kapitel liefert Informationen über dieses Buch in Frage-Antwort-Form. Es beantwortet im Vorfeld viele Fragen, die dem Autor zu anderen Buchprojekten gestellt wurden, und enthält Informationen, die sonst üblicherweise Teil des Vorworts sind.

4.1 Fragen zum Inhalt des Buchs

4.1.1 Wer ist die Zielgruppe dieses Buchs?

Zielgruppen dieses Buches sind:
- System- und Netzwerkadministratoren in Unternehmensnetzwerken jeglicher Größe,
- Softwareentwickler, die primär mit klassischem Visual Basic arbeiten,
- fortgeschrittene Endanwender.

4.1.2 Welche Kenntnisse werden in diesem Buch vorausgesetzt?

Sie sollten Vorkenntnisse in zwei Gebieten mitbringen, um dieses Buch effektiv einsetzen zu können:
- Grundlegende Programmierkenntnisse in einer beliebigen Programmiersprache sind vorteilhaft, da dieses Buch nicht den Raum bietet, die Grundzüge des Programmierens und der Realisierung von Standardalgorithmen zu erläutern. Sie müssen allerdings nicht Visual Basic bzw. VBScript beherrschen, denn diese Sprachfamilie wird ausführlich vorgestellt.
- Zum Zweiten sollten Sie die Installation und Administration von Windows beherrschen. Das Buch setzt an dem Punkt an, an dem Sie die Administration dieser Umgebungen verinnerlicht haben und nunmehr durch (Script-)Programmierung mehr erreichen möchten.

4.1.3 Woher kann ich diese Grundlagenkenntnisse bekommen?

Eine Einführung für Administratoren ohne Programmierkenntnisse bietet das Werk „Windows Scripting lernen" an, das ebenfalls bei Addison-Wesley erschienen ist. Aktuell ist die 3. Auflage, im Winter 2009 wird die vierte Auflage erscheinen.

4.1.4 Für wen ist dieses Buch nicht geeignet?

Das Buch ist nicht geeignet für Personen, die eine Schritt-für-Schritt-Anleitung („Klick-Anleitung") benötigen und keinerlei Vorkenntnisse in der Programmierung („Was ist eine Variable?") besitzen. Personen, die bereits über jahrelange Erfahrung mit Windows Scripting verfügen, können dieses Buch allenfalls als punktuelle Referenz bzw. Einarbeitung in die PowerShell einsetzen.

4.1.5 Was ist der Schwerpunkt dieses Buchs?

Das Buch ist ein Nachschlagewerk für die Erstellung und den Aufbau von Scripting-Lösungen. Zielsetzung dieses Buchs ist es, Ihnen Hilfe zur Selbsthilfe zu geben. Sie werden daher sehr viel über den Aufbau der verschiedenen Scripting-Umgebungen und Softwarekomponenten sowie über deren Einsatzgebiete erfahren. Selbstverständlich enthält dieses Buch auch zahlreiche Codebeispiele (in dieser Auflage sind es insgesamt über 900). Viele Beispiele können Sie direkt in Ihren Automatisierungslösungen einsetzen. Bei anderen Beispielen steht im Vordergrund, Ihr Verständnis für die Technologie zu schärfen.

Dieses Buch verwendet durchgängig die in Windows am weitesten verbreitete Programmier- und Scriptsprache Visual Basic – genauer gesagt, die Dialekte Visual Basic Script 5.6 und Visual Basic 6.0. Für in der Programmierung wenig erfahrene Personen stellt diese Sprache den leichtesten Zugang zur automatisierten Systemadministration dar.

Bei „Windows Scripting" handelt es sich also um ein konzeptionelles Nachschlagewerk, weil dieses Buch keine vollständige Referenz aller Scripting-Klassen und deren Attribute und Methoden enthält. Inzwischen existieren über 10.000 Klassen mit über 100.000 Attributen/Methoden. Diese hinreichend zu behandeln, geht weit über das Ansinnen dieses Buchs hinaus; ein Buch wäre dafür auch nicht das geeignete Medium.

4.1.6 Was bedeutet der Titel der Buchreihe „net.com"?

Nachdem die erste Auflage in der „BackOffice"-Reihe und die zweite sowie die dritte in der sogenannten „WinTec"-Reihe erschienen sind, hat „Windows Scripting" seit der vierten Auflage seinen Platz in einer Reihe gefunden, die sich „net.com" nennt. Das ist eine treffende Zuordnung, weil dieses Buch sowohl das .NET Framework als auch das Component Object Model (COM) behandelt – wenngleich der eigentliche Hintergrund des Reihennamens die Wörter „network" und „communication" sind.

4.1.7 Wie positioniert sich dieses Buch zu Ihren anderen Büchern?

„Windows Scripting" steht zwischen den Büchern „Windows Scripting lernen" und „Programmieren mit der .NET-Klassenbibliothek". Das Buch „Windows Scripting lernen" richtet sich an Scripting-Einsteiger ohne Vorerfahrung in der Programmierung. Danach sollte man „Windows Scripting" lesen. Das Buch „Programmieren mit der .NET-Klassenbibliothek" kann als Aufbauliteratur verwendet werden, um die Möglichkeiten der Windows PowerShell besser zu nutzen.

Das Buch „COM-Komponenten-Handbuch", das im Jahr 2000 als eine Abspaltung dieses Buchs entstanden ist, wurde von mir aus Zeitgründen nicht mehr weiterentwickelt. Die 5. Auflage von „Windows Scripting" umfasst nahezu alle Themen, die auch im „COM-Komponenten-Handbuch" enthalten sind.

Fragen zum Inhalt des Buchs

Titel	Zielgruppe
Windows Scripting lernen 4. Auflage Holger Schwichtenberg ca. 496 Seiten ISBN 978-3-8273-2910-3 Dezember 2009	Administratoren ohne Programmierkenntnisse, die primär Windows Scripting Host einsetzen wollen
Windows PowerShell 2.0 – Das Praxisbuch 2. Auflage Holger Schwichtenberg ca. 800 Seiten ISBN 978-3-8273-2926-4 Februar 2010	Administratoren ohne Programmierkenntnisse, die Windows PowerShell einsetzen wollen
Windows Scripting 6. Auflage Holger Schwichtenberg 1456 Seiten ISBN 978-3-8273-2909-7 November 2009	Administratoren mit Programmierkenntnissen, die Windows Script Host und/oder Windows PowerShell einsetzen wollen Visual Basic-Softwareentwickler
Programmierung mit der .NET-Klassenbibliothek 2. Auflage Frank Eller, Holger Schwichtenberg 1129 Seiten ISBN 978-3-8273-2128-2 September 2003 Als eBook erhältlich	.NET-Softwareentwickler Fortgeschrittene PowerShell-Nutzer Fortgeschrittene Scriptentwickler

Tabelle 4.1
Die Produktfamilie der Windows Scripting- und PowerShell-Bücher bei Addison-Wesley

4.1.8 Finde ich in diesem Buch Informationen, die es nicht in der MSDN-Bibliothek gibt?

Bitte kaufen Sie dieses Buch nicht, wenn Sie der Meinung sind, dass die MSDN-Entwicklerbibliothek eine Informationsquelle ist, in der Sie *schnell alles* finden, was Sie brauchen. In diesem Buch stehen nur wenige Dinge, die Sie nicht auch irgendwo in den mehreren Hunderttausend Seiten der MSDN-Entwicklerbibliothek finden können. Tatsächlich gibt es fast keine Bücher zu Microsoft-Technologien, die Themen behandeln, die nicht auch durch die MSDN-Bibliothek abgedeckt sind, denn ein Buch kann natürlich auf rund 1400 Seiten nicht den Inhalt der MSDN-Bibliothek überbieten. Dieses Buch bietet Informationen in einer *anderen Form*. Komprimiert, praxisnäher und selektiver. Sie brauchen dieses Buch, wenn Sie nicht die Zeit haben, lange in der MSDN-Bibliothek zu suchen und sich durch lange Texte zu arbeiten, aber komprimierte und praxisnahe Informationen aus einer Hand zu schätzen wissen.

4.1.9 Woher beziehen Sie Informationen, die Sie in diesem Buch niederschreiben?

Erste Informationen zu neuen Microsoft-Produkten erhalte ich meist auf Veranstaltungen von Microsoft (sowohl öffentliche Entwicklerveranstaltungen wie die Professional Developer Conference und der TechEd als auch „interne" Veranstaltungen) oder durch Dokumente, die mir Microsoft im Rahmen des MVP-Programms zur Verfügung stellt. Weitere Informationsquellen sind darüber hinaus die MSDN-Entwicklerbibliothek, Artikel auf Websites, Weblogs und Newsgroups.

Meine wichtigste Informationsquelle sind aber eigene Erfahrungen, die ich mit dem Produkt sammle. In früheren Produktstadien sind es meist nur kleinere Testanwendungen. In der Beta-Phase entwickle ich oft bereits Lösungen für „mutige" Kunden, die dann bald nach dem endgültigen Veröffentlichungstermin des Produkts in auslieferungsfertige Lösungen münden. Bücher anderer Autoren stehen mir meist nicht zur Verfügung, weil ich viele Bücher schon zu einem frühen Produktstadium beginne.

4.1.10 Warum lassen Sie manche Details aus?

Windows Scripting ist ein komplexes und sehr umfangreiches Thema. Ich schätze, für eine komplette Darstellung des Themas müsste man ca. 9000 Seiten schreiben. Folglich musste ich auswählen, welche Themen in das Buch kommen und welche nicht. Die Seitenzahl eines Buchs lässt sich leider aus betriebswirtschaftlichen und produktionstechnischen Gründen nicht unbegrenzt nach oben erweitern.

4.1.11 Wie treffen Sie die Entscheidung, welche Themen in das Buch kommen und welche nicht?

Die Entscheidung, welche Themen ich in das Buch nehme und welche nicht, basieren auf vier Punkten:
- meine eigene Projekterfahrung, welche Funktionen man braucht und welche nicht
- meine Erfahrung, welche Funktionen Kunden einsetzen, die ich bei der Nutzung von Windows-Technologien berate
- Nachfragen von Schulungsteilnehmern und Vortragszuhörern
- Auswertung des Feedbacks zu vorherigen Büchern auf der Leser-Website

4.1.12 Sind Teile des Buchs aus anderen Büchern übernommen?

Ein kleiner Teil dieses Buchs ist aus dem „COM-Komponentenhandbuch" entnommen. Sie benötigen das „COM-Komponentenhandbuch" nicht als Zusatzliteratur.

Außerdem ist der Buchteil „C" dieses Buchs sehr ähnlich zu dem Buch „Windows PowerShell 2.0 – Das Praxisbuch". In „Windows PowerShell 2.0 – Das Praxisbuch" wird der Stoff ausführlicher erklärt, es gibt mehr Grundlagenwissen zum Thema objektorientiertes Programmieren sowie zahlreiche Beispiele aus der Praxis. Das Buch wird ca. 800 Seiten umfassen.

4.1.13 Wie sollte ich dieses Buch lesen?

Es besteht keine Notwendigkeit, dieses Buch sequenziell zu lesen. Auf unvermeidliche Abhängigkeiten zwischen den Kapiteln möchte ich aber hinweisen. **Lesehilfe**

Allen Lesern empfehle ich die Lektüre der Buch-FAQ (Kapitel 4 in Buchteil A) sowie des Einführungskapitels (Kapitel 5).

Kapitel 6 und 21 konzentrieren sich auf die Theorie zu COM und .NET. Die Theorie sollte Sie nicht abschrecken, da sie sehr viele konzeptionelle Grundlagen zum Verständnis der restlichen Kapitel enthält.

Die Kapitel über die Sprachsyntax von Visual Basic (Kapitel 8) sollten Sie nur dann überspringen, wenn Sie schon viel in dem jeweiligen Visual Basic-Dialekt programmiert haben. **Teil B**

Die Reihenfolge, in der Sie die Kapitel zu den einzelnen Scripting Hosts (Kapitel 3), zu Softwarekomponenten (Kapitel 10 bis 17) und Werkzeugen (Kapitel 18) lesen, können Sie frei wählen, da jedes dieser Unterkapitel in sich abgeschlossen ist.

Die Auseinandersetzung mit den fortgeschrittenen Techniken (Kapitel 19) setzt die Lektüre der vorhergehenden Kapitel voraus.

Die Kapitel zur PowerShell (Buchteil C, Kapitel 22 bis 24) können Sie unabhängig vom Buchteil B lesen. **Teil C**

Bitte beachten Sie auch den Anhang: Dort finden Sie eine Einführung in das objektorientierte Programmieren und in die Softwarekomponentenarchitekturen, eine Liste der Visual Basic-Funktionen sowie einige hilfreiche Erläuterungen zu den in diesem Buch verwendeten (Sprach-)Konventionen und zur grafischen Notation. **Anhang**

4.2 Fragen zu den sprachlichen Konventionen

4.2.1 Wie halten Sie es mit Anglizismen?

Ich versuche, Anglizismen zu vermeiden. Dies bedeutet zum Beispiel, dass ich *Schaltfläche* statt *Button*, *Zwischenspeicher* statt *Cache*, *entfernter Computer* statt *Remotecomputer*, *Performanz* oder *Leistung* statt *Performance* und *Protokollierung* statt *Logging* verwende. Begriffe habe ich nicht immer wörtlich, sondern zum Teil sinngemäß übersetzt.

In Fällen, wo englische Begriffe sehr etabliert sind (z.B. Client, Server, Scripting) und die deutschen Übersetzungen kaum verständlich wären, bleibe ich bei den englischen Begriffen. Auch Produktbezeichnungen (z.B. Microsoft SQL Server) und Technologiekonzepte (z.B. Programmatic Identifier) übersetze ich nicht.

Kapitel 4 Fragen und Antworten zu diesem Buch (FAQ)

4.2.2 Wie grenzen Sie die Windows-Versionen sprachlich ab?

Um nicht immer wieder alle relevanten Windows-Versionen aufzählen zu müssen, verwendet das Buch folgende sprachlichen Abkürzungen:

NT
: Die Verwendung des Begriffs „Windows NT" oder einfach „NT" umfasst auch – sofern nicht anders erwähnt – später erschienene, auf NT basierende Betriebssysteme, also Windows 2000, Windows XP, Windows Server 2003, Windows Vista, Windows 7 und Windows Server 2008 (einschließlich „R2"). Die Betriebssystemnamen sind nur Marketingbegriffe. Intern verstehen sich die Betriebssysteme als NT 5.0, 5.1, 5.2, 6.0 und 6.1. (Hinweis: Windows 7 versteht sich intern nicht als „7.0", sondern als „6.1")

Windows 9x
: Windows 9x steht für Windows 95 und Windows 98. Windows 9x/ME schließt auch Windows ME mit ein.

4.2.3 Wie grenzen Sie die verschiedenen Visual Basic-Dialekte und Versionen voneinander ab?

Bezüglich der Visual Basic-Sprachfamilie werden folgende Sprachregelungen angewandt:

VB
: Visual Basic (oder kurz „VB") wird als Oberbegriff für die Sprachfamilie verwendet.

VB 6.0
: Die Bezeichnung *VB-Vollversion* wird für die kompilierungsfähige Programmiersprache im Rahmen von Visual Studio 98 verwendet. VB 6.0 bezeichnet die Version 6.0.

VB.NET
: Wie üblich, wird Visual Basic .NET mit *VB.NET* abgekürzt. Visual Basic .NET (alias VB.NET) wird auch für die Version 8.0 verwendet, die nicht Visual Basic .NET 2005, sondern nur Visual Basic 2005 heißt, da diese Version trotzdem auf .NET basiert.

VBA
: Das Kürzel *VBA* steht für Visual Basic for Applications, die in Microsoft Office und anderen Produkten enthaltene Makrosprache.

VBS
: Die Ausdrücke *Visual Basic Script*, *VBScript* und *VBS* bezeichnen die nichtkompilierte (also interpretierte) Scriptsprache.

4.2.4 Wie grenzen Sie die Begriffe Automation und Automatisierung ab?

Automation versus Automatisierung
: Automation und Automatisierung: Die Abgrenzung dieser beiden Begriffe ist bei vielen Autoren unklar. Einerseits verstehen Autoren darunter die Durchführung administrativer Aufgaben durch Programme, andererseits stehen die Begriffe für ein spezielles Verfahren innerhalb des Component Object Model (COM). Dabei sind diese Bedeutungen keineswegs gleichzusetzen. In diesem Buch wird das COM-Verfahren stets Automation, der allgemeine Begriff jedoch Automatisierung genannt. Zwar ist COM-Automation ein Hilfsmittel zur Automatisierung, aber keineswegs das einzige.

4.2.5 Was bedeutet MINFU?

MINFU
: Sie werden in diesem Buch hin und wieder eine Ihnen sicherlich bisher nicht bekannte Buchstabenkombination finden: MINFU. MINFU steht für **MI**crosoft **N**omenclature **F**oul-**U**p und bezeichnet Fälle, in denen Microsoft Probleme mit der adäquaten Benennung der eigenen Produkte und Konzepte hat. Urheber dieses Begriffs ist der amerikanische Autor David S. Platt, der sich um die Aufnahme von MINFU als *Wort* in das Oxford English Dictionary (OED) bemüht. Jede Verwendung von MINFU bringt ihn ein Stückchen näher an die Verewigung im OED.

4.3 Fragen zur Gestaltung des Buchs

4.3.1 Wie werden die Informationen in diesem Buch dargestellt?

Wann immer sinnvoll und möglich, erfolgt die Darstellung in diesem Buch in Grafiken, Auflistungen und Tabellen. Tendenziell wird auf umfangreichen Fließtext zugunsten dieser Darstellungsformen verzichtet.

4.3.2 Welche Formatierungen kommen in diesem Buch zum Einsatz?

Quellcode sowie die Namen von Klassen, Schnittstellen, Attributen, Methoden und Ereignissen erkennen Sie an der nichtproportionalen Schrift.

In *kursiver proportionaler Schrift* finden Sie Textausgaben von Scripts.

Kursiv gesetzt sind Namen und Werte, sofern der Begriff aus mehreren Wörtern besteht und es zu Missverständnissen kommen könnte, welche Wörter zu dem Begriff gehören. Oft wird ein Begriff nur bei der ersten Verwendung kursiv geschrieben. **Fett** geschrieben sind Wörter, die besonders betont werden sollen.

Ebenfalls in *kursiv* finden Sie jegliche Form von Ressourcenpfaden, also Dateinamen, Dateipfade, URLs und Moniker sowie alle Namen, die Bildschirmelementen entsprechen (z.B. Registerkarten, Menüeinträge, Schaltflächen).

Hinweise zur Formatierung des Textes

Wichtige Hinweise und Einschübe sind durch einen grauen Kasten hinterlegt.

Zusätzlich werden vier Symbole verwendet, um Ihre Aufmerksamkeit zu wecken:

Warnung vor Fehlern oder möglichen Schwierigkeiten

Interessante Hintergrundinformationen

Verweis auf die dem Buch beiliegende CD-ROM

Tipp

4.3.3 Sind die Bildschirmabbildungen in diesem Buch in Deutsch oder Englisch?

Aus verschiedenen Gründen sind in diesem Buch die Bildschirmabbildungen (engl. Screenshots) gemischt. Einerseits gibt es viele Scripting-Werkzeuge nicht in einer deutschen Version. Andererseits habe ich beim Entstehen der ersten Auflagen dieses Buchs noch deutsche Versionen bei der täglichen Arbeit verwendet. Inzwischen nutze ich – wie viele meiner Kunden übrigens auch – nur noch englische Versionen, weil

- viele Aktualisierungen schneller für die englischen Systeme verfügbar sind,
- einige Erweiterungen gar nicht in deutschen Versionen laufen,
- die deutschen Übersetzungen (insbesondere der Dokumentation) so schlecht sind, dass sie die Produktivität mit den Systemen beinträchtigen.

4.3.4 Welche grafische Notation verwenden Sie in den Objektdiagrammen?

Grafische Notation in den Objektdiagrammen
Eine wichtige Leistung dieses Buchs ist es, Ihnen zu den Komponenten grafische Darstellungen der Objektmodelle in Form von Objektdiagrammen an die Hand zu geben, die es ermöglichen, die grundsätzliche Navigation im Objektmodell einer Komponente wesentlich schneller zu erfassen als mit einer textlichen Beschreibung.

Da die Objektmodelle oft sehr umfangreich und die Navigationspfade komplex sind, beschränkt sich die Darstellung in der Regel auf die wichtigsten Klassen und deren Zusammenhänge.

Objektmodelle
Die Objektmodelle stellen die typische Hierarchie der Objekte zur Laufzeit dar, nicht die Vererbungshierarchie der Klassen. Allerdings müssen nicht alle in den Objektmodellen dargestellten Beziehungen zu jedem Zeitpunkt existieren. Die Darstellung ist die abstrakte Darstellung möglicher Beziehungen (vgl. Kapitel 7, „Das Component Object Model"). Kann-Beziehungen werden von Muss-Beziehungen in der grafischen Notation nicht unterschieden.

Als Notation wurde bewusst nicht die Unified Modeling Language (UML) gewählt, sondern eine eigene Notation, die sich an der üblichen Microsoft-Dokumentation orientiert und in diesem speziellen Fall wesentlich übersichtlicher ist als UML.

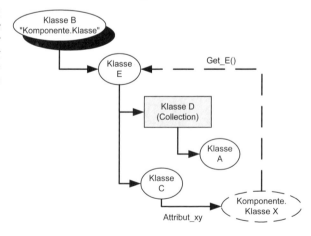

Bild 4.1 Grafische Elemente zur Darstellung von Objektdiagrammen

Ein Objektdiagramm ist ein Graph mit Knoten und Kanten. Die Knoten sind Klassen oder elementare Datentypen, die hier als geometrische Formen dargestellt werden. Die Kanten drücken Beziehungen zwischen den Klassen/Datentypen aus; sie sind als Verbindungslinien in Form von Pfeilen dargestellt. Bemerkungen sind als Sprechblasen mit schwarzem Hintergrund dargestellt.

Grundsätzlicher Aufbau

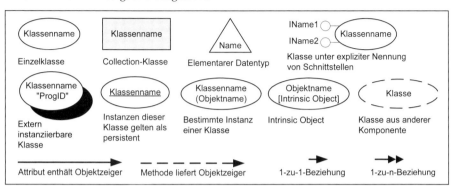

*Bild 4.2
Beispiel für die grafische Darstellung eines Objektmodells in diesem Buch*

Knoten (geometrische Formen) In den Objektdiagrammen werden folgende Bausteine als Knoten verwendet:
- Einfache Klassen sind als Ovale dargestellt.
- Objektmengen (Collection/Container) sind dagegen in Form von Rechtecken dargestellt.
- Elementare Datentypen (z.B. Zeichenketten, Zahlen) sind Dreiecke.

Sofern eine Klasse in einem Objektmodell mehrfach eingezeichnet ist, bedeutet dies, dass Instanzen dieser Klasse in verschiedenen Zusammenhängen vorkommen können. Allerdings bedeutet das im Umkehrschluss nicht, dass mehrere Verweise auf ein und den gleichen grafischen Baustein immer ein und die gleiche Instanz repräsentieren.

Zusätze In den Knoten können folgende Zusätze vorkommen:
- Sofern ein Oval, ein Rechteck oder ein abgerundetes Rechteck eine gestrichelte Umrandung haben, bedeutet dies, dass die Klasse bzw. die Schnittstellen nicht in dieser, sondern in einer anderen Komponente definiert ist bzw. sind. Es gibt also eine Verbindung zu einem anderen Objektmodell. Der Name ist dann in der Form *Komponente.Klassenname* bzw. *Klasse::Komponente.Schnittstellenname* angegeben.
- Eine mit einem Schatten hinterlegte Klasse ist eine von außen instanziierbare COM-Klasse. Alle anderen Klassen können nur von anderen Klassen der Komponente erzeugt werden. — *Schatten*
- Bei Klassen, deren Klassenname unterstrichen ist, ist es möglich, auf einzelne Instanzen direkt über COM-Moniker zuzugreifen. — *Unterstreichung*
- Eingebaute Objekte sind mit dem in eckigen Klammern stehenden Zusatz *[Intrinsic Object]* versehen. — *Eckige Klammern*
- Namen in runden Klammern hinter dem Klassennamen bezeichnen eine einzelne, konkrete Instanz dieser Klasse (also ein Objekt) mit dem in runden Klammern angegebenen Namen. Der Name einer Instanz ist in der Regel nur dann angegeben, wenn es nur eine einzige Instanz dieser Klasse gibt. — *Runde Klammern*
- Namen in Anführungszeichen sind von dem Klassennamen abweichende Programmatic Identifier, die im HKEY_CLASSES_ROOT registriert sind. — *Anführungszeichen*

Bullet&Stick ▸ Sofern alle Mitglieder der Klasse über eine Standardschnittstelle mit IDispatch-Unterstützung angeboten werden, sind Schnittstellen nicht explizit eingezeichnet. In einigen wenigen Fällen, in denen die Mehrfachschnittstellen auch bei der Scriptprogrammierung von Bedeutung sind, sind diese in der üblichen Bullet&Stick-Form an Klassen angehängt.

Icons ▸ Die Objektdiagramme von Verzeichnisdienstobjektmodellen sind mit zusätzlichen Symbolen versehen, die nur der Illustration dienen und keine inhaltliche Bedeutung haben.

> In einigen Fällen sind in den Objektdiagrammen Klassen eingezeichnet, obwohl es sich auf der Implementierungsebene um Schnittstellen von ein und derselben Klasse handelt. Aus der Sicht von Visual Basic und den Scriptsprachen gibt es jedoch keine Schnittstellen, sondern nur Klassen. Da dieses Buch sich aber auf das Rapid Application Development (RAD) konzentriert, mögen die C++-Programmierer es verzeihen, wenn die Dokumentation der Objektmodelle an einigen Stellen nicht ihren Bedürfnissen entspricht.

Kanten **Kanten (Verbindungslinien)** Die Kanten stellen Nutzungsbeziehungen auf Basis von Attributen oder Methoden dar. Die Kanten sind als gerichtete Pfeile dargestellt, wobei der Pfeil immer bei der Klasse beginnt, in der das Attribut bzw. die Methode implementiert ist. Die Pfeilspitze weist auf die Klassen, deren Instanz von dem Attribut oder der Methode als Ergebnis geliefert wird.

Attributzugriff versus Methodenzugriff Die Notation unterscheidet nicht zwischen Assoziationen und Aggregationen, da Letztere zum einen sehr selten vorkommen und sich zum anderen von der Nutzung her nicht von den Assoziationen unterscheiden. Verbindungslinien stellen Nutzungsbeziehungen dar. Die Notation unterscheidet allerdings zwischen dem Zugriff über ein Attribut und dem über eine Methode.

Nutzungsbeziehungen auf Basis von Attributen Die durchgezogenen Pfeile sind Nutzungsbeziehungen auf Basis von Attributen:

▸ Ein durchgezogener Pfeil von einem Oval zu einem Rechteck bedeutet, dass eine Klasse eine Objektmenge enthält. Sofern diese Linie nicht beschriftet ist, ist die Objektmenge über ein Attribut der Klasse erreichbar, das genauso heißt wie die Objektmenge. Heißt das Attribut anders, steht der Attributname als Beschriftung an der Linie.

▸ Ein durchgezogener Pfeil von einem Rechteck zu einem Oval bedeutet, dass eine Objektmenge aus Objekten der im Oval genannten Klasse besteht. Hier erfolgt üblicherweise der Zugriff auf die untergeordneten Objekte über das Attribut Item; nur wenn dies nicht zutrifft, ist das Attribut explizit angegeben. Auch in den Fällen, in denen Item als Methode implementiert ist, wird konsistent eine durchgezogene Linie verwendet.

▸ Ein durchgezogener Pfeil von einem Rechteck zu einem Dreieck bedeutet, dass eine Objektmenge aus Werten eines elementaren Datentyps besteht.

▸ Ein durchgezogener Pfeil von einer Klasse zu einer anderen Klasse bedeutet, dass eine Instanz der übergeordneten Klasse genau ein Unterobjekt der untergeordneten Klasse erhalten wird. Auch hier erfolgt die Angabe des Attributs nur, wenn dies nicht gleich dem Klassennamen ist.

Von Klassen, die Objektmengen repräsentieren, können Pfeile mit einer doppelten Pfeilspitze ausgehen. Dies bedeutet, dass die Objektmenge n Unterobjekte dieser Klasse enthalten kann (1-zu-n-Beziehung). Eine einfache Pfeilspitze ist die Beschränkung auf eine Instanz (1-zu-1-Beziehung). Sind an dem Pfeil allerdings mehrere Attribut- bzw. Methodennamen genannt, so kann jedes der genannten Attribute eine andere Instanz liefern.

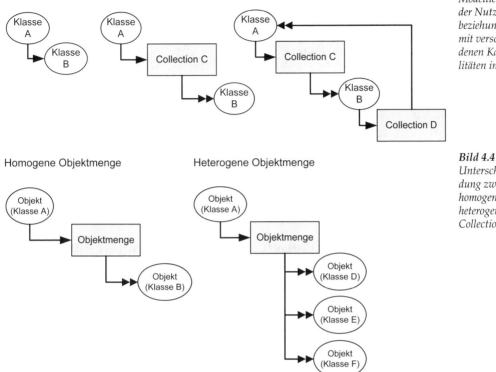

Bild 4.3
Modellierung der Nutzungsbeziehungen mit verschiedenen Kardinalitäten in COM

Bild 4.4
Unterscheidung zwischen homogener und heterogener Collection

Nutzungsbeziehungen auf Basis von Methoden Gestrichelte Pfeile sind Zugriffspfade auf Basis von Methodenaufrufen. Eine gestrichelte Linie mit der Beschriftung MName() bedeutet, dass ein Aufruf der Methode MName() auf einer Instanz der Ausgangsklasse eine Instanz der Klasse liefert, auf die die Spitze des Pfeils zeigt. Der Methodenname ist aus Gründen der Übersichtlichkeit ohne Parameterliste angegeben. Nicht dargestellt sind Nutzungsbeziehungen auf Basis von Methodenaufrufen, die als Parameter eine Instanz einer bestimmten Klasse erwarten.

Gestrichelte Linien

▹ Eine gestrichelte Linie, die nicht bei einem Objekt beginnt, sondern aus dem leeren Raum kommt, bedeutet, dass der Zugriff über eine in einer Komponente definierte globale Methode erfolgt, die nach Einbindung der Komponente global zur Verfügung steht.

▹ Sofern der Weg von Instanzen einer Klasse zu Instanzen anderer Klassen auf mehreren Wegen beschritten werden kann, sind die Attribut- bzw. Methodennamen durch Kommata getrennt als Beschriftung der Linie angegeben. Im Normalfall beziehen sich alle genannten Attribute bzw. Methoden auf eine andere Instanz der Zielklasse. Sofern es sich um einen Verweis auf ein und dieselbe Instanz handelt, sind die synonymen Attribute und Methoden in Klammern gesetzt.

Weitere Hinweise Eine sich gabelnde Linie bedeutet, dass das Attribut bzw. die Methode Instanzen verschiedener Klassen zurückliefern kann.

Gabelung

4.3.5 Wie vollständig sind die Objektdiagramme?

Vollständigkeit

Auf eine vollständige Auflistung aller Attribute, Methoden und Ereignisse innerhalb der Grafiken wurde bewusst verzichtet, da diese sonst sehr unübersichtlich geworden wären. Mitglieder sind in Form der Verbindungslinien nur insofern dargestellt, als sie Zeiger auf andere Objekte zurückliefern und damit das Objektmodell bestimmen. Hinweise zu weiteren Attributen, Methoden und Ereignissen finden Sie im Text oder in der MSDN-Dokumentation.

4.3.6 Was bedeutet es, wenn hinter einem Wort ein leeres Klammernpaar steht?

Methodennamen werden stets – unabhängig von der Parameteranzahl – durch ein Klammernpaar „()" kenntlich gemacht und damit von Attributnamen abgegrenzt. Bitte beachten Sie aber, dass Visual Basic die Verwendung von Klammern nur bei Funktionen und Methoden mit Rückgabewert zulässt. Nur in Visual Basic .NET sind die Klammern immer zu setzen.

4.3.7 Wieso verweisen Sie bei Querverweisen nur auf Themen, nicht aber direkt auf die Kapitelnummer?

Keine genauen Verweise

Der Grund für die Verweise auf Namen anstelle von Kapitel- oder Seitennummern liegt darin, dass ein umfangreiches Buch wie dieses zunächst in verschiedenen Word-Dokumenten erstellt und anschließend mit Framemaker gesetzt wird. In diesem Produktionsprozess ist es leider nicht möglich, kapitelübergreifende Querverweise, die man in Word gesetzt hat, zu erhalten.

Daher habe ich mich ab der 3. Auflage entschlossen, entweder nur auf Oberkapitelnummern oder auf Kapitelnamen zu verweisen. Soweit möglich, habe ich die Verweise auf naheliegende Elemente durch relative Verweise („siehe nächste Abbildung", „siehe die folgenden beiden Tabellen") ersetzt.

4.4 Fragen zur Buch-CD-ROM

4.4.1 Was befindet sich auf der CD-ROM?

Die diesem Buch beiliegende CD-ROM enthält folgende Verzeichnisse:

\CODE	Das Verzeichnis enthält alle Programmbeispiele aus dem Buch, geordnet nach Programmiersprachen (insbes. VBScript, VB 6.0 und PowerShell) und Kapiteln. Die Kapitel 10 bis 17 sind nach Komponenten unterteilt. Der auf der CD enthaltene Code für Visual Basic .NET stammt aus der 2. bis 4. Auflage und ist in dieser Auflage des Buchs weder im Buch abgedruckt noch dokumentiert.
\INSTALL	Erweiterungen, Komponenten, Sprachen und Werkzeuge für das Windows Scripting (zum Teil als Vollversionen, zum Teil als Demo-Versionen). Dieses Verzeichnis ist nach Kapiteln (in denen das Programm besprochen wurde) und Produktnamen weiter untergliedert. Das \INSTALL-Verzeichnis enthält zum Teil auch .REG-Dateien und Scripts, die im Buch beschriebene Änderungen an der Registrierungsdatenbank durchführen.

\KONSTANTEN-LISTEN	Bei der Besprechung einiger Komponenten wird Bezug auf Konstantenlisten genommen, die sich aufgrund ihrer Größe nicht für den Abdruck im Buch geeignet haben. Diese finden Sie als Textdateien in diesem Verzeichnis.
\UMGEBUNG	Dieses Verzeichnis enthält Dateien, die von einigen Scripts als Arbeitsdateien verwendet werden. In vielen Scripts haben diese Dateien immer den Pfad D:\BUCH. Kopieren Sie die Dateien dieses Verzeichnisses vorzugsweise auch nach D:\BUCH auf Ihre Festplatte. Andernfalls müssen Sie die Pfade in den Scripts anpassen.
\WEBSITE_ZUM_BUCH	Hier finden Sie eine HTML-Datei, die Ihnen sagt, wie Sie sich in dem geschützten Leserbereich auf der Website zu diesem Buch anmelden können.
\WEITERE_INFORMATIONEN	Dieses Verzeichnis enthält das ActiveX Scripting FAQ von Mark M. Baker, die Microsoft VBScript-Dokumentation, das Portable Script Center und eine HTML-Seite mit WWW-Links.

4.4.2 Wie finde ich die Codebeispiele auf der Begleit-CD-ROM wieder?

Alle größeren Listings sind auf der CD-ROM im Verzeichnis \CODE enthalten. In der Regel finden Sie unter dem Listing eine eckige Klammer, die auf den Namen einer WSH-Datei (Erweiterung .VBS oder .WSF) verweist, die das Script enthält. Der genaue Pfad ist nicht angegeben, sofern er sich aus der Verzeichnisstruktur der CD-ROM ergibt, die der Kapitelstruktur des Buchs entspricht. Die Kapitelnamen sind auf der CD-ROM aber zumeist abgekürzt.

Bild 4.5
Ausschnitt aus der Verzeichnisstruktur der Codebeispiele auf der CD-ROM (hier: VBScript-Lösungen für das Active Directory-Scripting mit der ADSI-Komponente)

Kapitel 4 Fragen und Antworten zu diesem Buch (FAQ)

Hilfsroutine und Bibliotheken Innerhalb eines jeden Unterkapitels gibt es noch einen Ordner /HILFSROUTINEN, der die zu diesem Thema vorgestellten Hilfsroutinen in einer Datei mit dem Namen [KAPITELKURZNAME]_HELPER.VBS enthält. Jedes Script bindet diese Datei ein, unabhängig davon, welche Hilfsroutinen wirklich für das Script verwendet werden. Außerdem bindet jedes Script die Bibliotheken *WS_scriptLIB* (siehe Kapitel 8.18) und *WS_vbwshLIB* (siehe Kapitel 19.5.8) ein. Die Bibliotheken sind zum Teil mehrfach auf der CD-ROM enthalten (Verzeichnisse /_BIBLIOTHEKEN).

Codebeispiele im VB 6.0-Projekt Die Beispiele der Kapitel 10 bis 17 sind zusätzlich im Rahmen eines Visual Basic-Projekts (.VBP) zusammengefasst, das Sie im Unterverzeichnis /CODE_VB6/ des jeweiligen Kapitels finden. Das VB-Projekt ist in Module gegliedert, die den Unterkapiteln entsprechen. Einige Scripte, die besondere Funktionen des WSH oder des IE nutzen (z.B. die Ereignisbehandlung), sind nicht im VB-Projekt enthalten. Diese Scripte beginnen mit einem Unterstrich „_".

Sie können die Scripte innerhalb von Visual Basic 6.0 mithilfe des Direktfensters einzeln starten, indem Sie den Namen der Unterroutine im Direktfenster eingeben (in der nachstehenden Abbildung ist dies `WMI_Dienstzustand_Umkehren`).

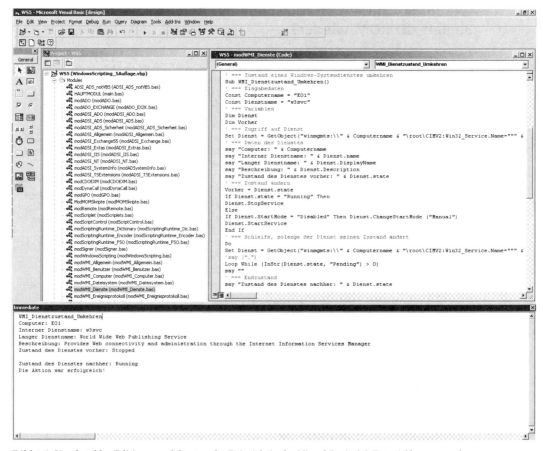

Bild 4.6: *Komfortables Editieren und Starten der Beispiele in der Visual Basic 6.0-Entwicklungsumgebung*

4.4.3 Was kann ich tun, wenn die CD-ROM zu meinem Buch fehlt oder defekt ist?

Schreiben Sie in diesem Fall bitte eine E-Mail an den Verlag:

support@pearson.de

4.5 Fragen zu den Programmcodebeispielen

4.5.1 Warum gibt es in diesem Buch nur Beispielcode in Visual Basic Script und nicht auch in JavaScript (JScript)?

Visual Basic Script (VBS) ist die bei Weitem am meisten eingesetzte Scriptsprache in der Windows-Welt. Die meisten Beispiele von Microsoft sind in VBScript geschrieben. Einige Werkzeuge unterstützen nur VBS. JavaScript (JScript) ist wichtig für das Browser-Scripting, jedoch unbedeutend für die Automatisierung administrativer Aufgaben in Windows.

Zitat von Microsoft: „VBScript will always remain our primary focus simply because most Windows administrators who write system administration scripts use VBScript … If our focus had been on something other than system administration (for example, if we focused on scripting for Web developers) we likely would have taken a different tack." [MSDN56]

4.5.2 Nach welchen Richtlinien erstellen Sie Codebeispiele?

Ich verwende auf Basis meiner Erfahrung und auf Basis von Leser-Feedback folgende Richtlinien bezüglich der Programmcodebeispiele in diesem Buch:

- Die Beispiele sollen möglichst autonom sein, d.h., ein abgedrucktes Listing soll alle notwendigen Elemente enthalten, auch wenn dies auf Kosten der Wiederverwendung von Programmcode geht.
- Alle notwendigen Konfigurationsinformationen (z.B. Computernamen, Verbindungszeichenfolgen) sollen Teil des Listings sein, auch wenn dies dazu führt, dass diese Daten im Quelltext statt in einer Konfigurationsdatei abgelegt werden.
- Beispiele sollen dann nicht autonom sein, wenn es explizit darum geht, die Wiederverwendbarkeit von Programmcode, die Nutzung von Konfigurationsdateien oder eine gute Softwarearchitektur darzustellen.
- Die Variablennamen in den Codebeispielen sollen einfach sein. Kurznamen, die nur aus einem oder zwei Buchstaben stehen, sind entgegen den üblichen Gepflogenheiten erlaubt, um Platz zu sparen und Zeilenumbrüche in abgedruckten Listings zu vermeiden (dies erhöht die Lesbarkeit von Listings in einem Buch!).
- Bei allen Codebeispielen steht die Funktionalität im Vordergrund, nicht die Gestaltung der Ein- und Ausgabe.

Variablennamen Aus Platzgründen wurde in den Listings in diesem Buch auf lange Variablennamen verzichtet. Die Listings sind in der Regel so kurz, dass dies nicht zu Nachteilen bei der Lesbarkeit führt. Für Laufvariablen wurden einbuchstabige Namen

Variablennamen

wie a, b, x und y verwendet. Namen für Objektvariablen sind meist Abkürzungen der Klassennamen, wobei das Präfix obj oder o vorangestellt wurde. Sofern der Klassenname nicht eindeutig ist, werden auch o und obj als einzelne Variablen verwendet. Namen für Objektmengen (Collections) beginnen häufig mit dem Präfix col.

Deklarationen und Datentypen **Deklarationen und Typisierung** In den meisten Listings sind die Variablen mit Dim deklariert, und es ist als Kommentar der Datentyp in der VB-Form („As xy") angegeben. Sie können zwar diese Typisierung in VBScript nicht nutzen, jedoch unterstützt der Hinweis auf den Datentyp das Verständnis der Listings. Außerdem haben Sie es so leichter, die Scripts von der Buch-CD in typisierten Umgebungen wie VB 6.0, VB.NET und VBA zu verwenden.

Konstanten **Konstanten** In der Regel werden in den Listings numerische Konstanten verwendet und die zugehörigen symbolischen Konstanten nur als Kommentar angegeben. Dies ermöglicht es, dass die Scripts auch ohne Einbindung einer Typbibliothek lauffähig sind, zumal noch nicht alle Scripting Hosts die Einbindung von Typbibliotheken erlauben. Variablendeklarationen erfolgen grundsätzlich ohne Typdefinitionen, da dies in VBScript nicht unterstützt wird. Oft sind aber die Klassen- bzw. Schnittstellennamen in einem Kommentar angegeben, um Ihnen die Entwicklung in VB 6.0/VBA/VB.NET zu erleichtern.

4.5.3 Was bedeutet die Methode say(), die in einigen Listings steht?

Die Listings in diesem Buch sind weitestgehend Scripting-Host-neutral gehalten. Als Ausgabefunktion wird die Kapselungsroutine say() verwendet. Bitte beachten Sie, dass Sie je nach Scripting Host die passende Implementierung von say() mit in das Script aufnehmen müssen, da kein Scripting Host die Prozedur von sich aus kennt. Die Implementierungen finden Sie im Kapitel zu den Scripting Hosts.

> Bitte bedenken Sie, dass Bildschirmausgaben in einigen Scripting Hosts gänzlich verboten sind. Sie werden aber in der Regel die hier abgedruckten Scripte auch nicht in einem komplexen Scripting Host wie dem Exchange Event Service testen wollen.

4.5.4 Was bedeuten die unterschiedlichen Kommentar-Arten?

Kommentare Für die Kommentarzeilen habe ich eine bestimmte Notation entwickelt, die in der folgenden Tabelle dokumentiert ist.

Tabelle 4.2 Kommentarzeichen

Kommentarzeichen	Bedeutung
' ===	Kommentar zu einem eigenständigen Script
' ###	Kommentar zu einer Hilfsroutine, die von einem eigenständigen Script oder einer anderen Hilfsroutine aufgerufen wird
' %%%	Beginn einer Liste von Konstantendefinitionen
' ---	Zentraler Kommentar innerhalb einer Routine
'	Sonstige Kommentare innerhalb einer Routine

4.5.5 Was bedeuten die Kommentare, in denen „as" vorkommt?

Das Schlüsselwort „as" wird in Visual Basic 6.0, VBA und VB.NET verwendet, um eine Variable zu typisieren. VBScript erlaubt diese Typisierung nicht. Es ist jedoch sinnvoll, den Typ als Kommentar anzugeben, um die erwarteten Informationen zu dokumentieren und um leichter Hilfe in der Dokumentation zu finden.

4.5.6 Welche Infrastruktur haben Sie für dieses Buch verwendet?

Viele administrative Scripte benötigen Informationen über Ihr Arbeitsumfeld wie zum Beispiel Servernamen und Anmeldeinformationen. Die Scripte in diesem Buch bzw. auf der CD-ROM zu diesem Buch enthalten die konkreten Namen für eine Rechnerinfrastruktur, in der diese Scripte entwickelt und getestet wurden. Für den Test der Scripte haben Sie zwei Möglichkeiten:

Aufbau der Testumgebung

- Nachbau der Testumgebung oder
- Anpassung der Umgebungsinformationen in den Scripten

Die Anpassung der Scripte ist problemlos. Die folgende Beschreibung der Testumgebung hilft Ihnen zu erkennen, welche Angaben in den Scripten Schlüsselwörter sind und welche Eigennamen sind, die Sie ersetzen müssen. Wenn Sie aber sowieso gerade dabei sind, eine Testumgebung aufzubauen, erwägen Sie doch den Nachbau dieser Umgebung.

Die Testumgebung dreht sich um die beliebte Fernsehserie „Akte X" (engl. X-Files). Die Active Directory-Domäne heißt „FBI.net" mit dem NETBIOS-Namen „FBI". Die beiden Domänen-Controller heißen „XFilesServer01" und „XFilesServer02". In der vierten Auflage war der Domänen-Controller ein Windows Server 2003. In der fünften Auflage sind sie mit Windows Server 2003 Release 2 neu aufgesetzt worden. Die Namen der Clients haben die Form „EXX", wobei die beiden X für jeweils eine Ziffer stehen (z.B. „E51"). Ab der sechsten Auflage gibt es eine zusätzliche Domäne FBI.org mit zahlreichen (virtualisierten) Clients, die die Nummern F150 bis F179 tragen.

	Server #1	Server #2	Server #3	Server #4	Client-Gruppe #1	Client-Gruppe #2	Client-Gruppe #3
Namen der Computer	XFiles-Server01	XFiles-Server02	F111	F112	F150 bis F159	F160 bis F169	F170 bis F179
Betriebssystem	Windows Server 2003	Windows Server 2003 Release 2	Windows Server 2008 R2	Windows Server 2008	Windows XP	Windows Vista Ultimate	Windows 7 Ultimate
Rollen/Dienste	Domänencontroller FBI.net Exchange Server 2003 Internet Information Server 6.0	Domänencontroller FBI.net Microsoft SQL Server 2000 Microsoft SQL Server 2005 Internet Information Server 6.0	Domänencontroller FBI.org Active Directory Domain Controller Alle Rollen mit Ausnahme von "HyperV"	Domänencontroller FBI.org Active Directory Domain Controller Microsoft SQL Server 2008			

Tabelle 4.3: Überblick über die Testsysteme

Kapitel 4 **Fragen und Antworten zu diesem Buch (FAQ)**

	Server #1	Server #2	Server #3	Server #4	Client-Gruppe #1	Client-Gruppe #2	Client-Gruppe #3
Domänenmitglied	Ja	Ja	Ja	Ja	Ja	Ja	Ja
WSH-Version	5.6	5.6	5.8	5.8	5.6	5.7	5.8
PowerShell-Version	1.0	1.0	2.0	2.0	1.0	1.0	2.0

Tabelle 4.3: Überblick über die Testsysteme (Forts.)

Als Organisationseinheiten und Benutzer existieren bzw. werden im Rahmen dieses Buchs verwendet:

- Organisationseinheit „Agents" mit Benutzern wie „Fox Mulder", „Dana Scully", „John Doggett" und „Monica Reyes"
- Organisationseinheit „Directors" mit Benutzern wie „Walter Skinner" und „Alvin Kersh"
- Organisationseinheit „Conspirators" mit „Smoking Man" und „Deep Throat"
- Organisationseinheit „Aliens" mit zahlreichen Außerirdischen
- Organisationseinheit „The Lone Gunmen" mit den drei Benutzern „John Fitzgerald Byers", „Melvin Frohike" und „Richard Langly"
- Im Benutzercontainer gibt es außerdem den Benutzer „HS".

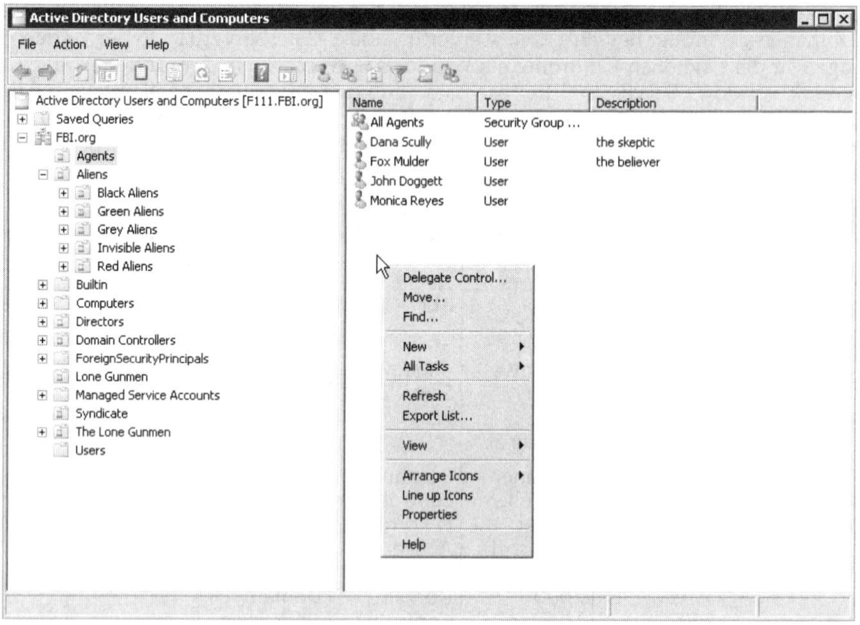

Bild 4.7
Ein Blick in das Verzeichnis FBI.net

Zwischen den Auflagen hat sich die Testumgebung verändert. Sie finden in diesem Buch sowohl Beispiele mit der alten als auch der neuen Testumgebung. Es ist möglich, dass Sie in Programmcode und Bildschirmabbildungen auch noch Computernamen finden, die in Vorauflagen verwendet wurden. Dies sind insbesondere die Computernamen „Sonne", „XFilesServer01", „Saturn", „Mars", „Erde", „Narn", „Minbar" und „Zentrum" sowie die Domänennamen „Sonnensystem" und „IT-Visions".

Aus wirtschaftlichen Gründen ist es leider nicht möglich, die Funktionen und Codebeispiele auf „allen" Plattformen und Systemkonfigurationen zu testen. Die folgende Tabelle nennt die Testplattformen, die in der sechsten Auflage zum Einsatz kamen. Alle diese Testsysteme wurde virtualisiert mit „HyperV".

Viele Scripte, die aus älteren Auflagen stammen, wurden in der Vergangenheit mit älteren Betriebssystemen (Windows NT 4.0, Windows 9x/ME, Windows 2000) erprobt. Durch inzwischen erschienene Ergänzungen und die Schwachstellenbeseitigungen ist es möglich, dass die Scripte nunmehr dort nicht mehr lauffähig sind.

4.5.7 Wie kann ich feststellen, welche Scripting-Komponenten auf meinem System installiert sind?

Die Informationen über die installierten Scripting-Komponenten stehen in der Registrierungsdatenbank. Sie werden in diesem Buch sowohl lernen, wie man diese Information direkt aus der Registrierungsdatenbank entnimmt, als auch Werkzeuge wie den COM-Explorer kennenlernen, die diese Informationen einfacher auslesen. Außerdem enthält die Buch-CD-ROM ein Script, das prüft, ob die wichtigsten Komponenten auf Ihrem System vorhanden sind. Das Script befindet sich im Verzeichnis /Code_VBScript/Allgemein/Komponententest.wsf.

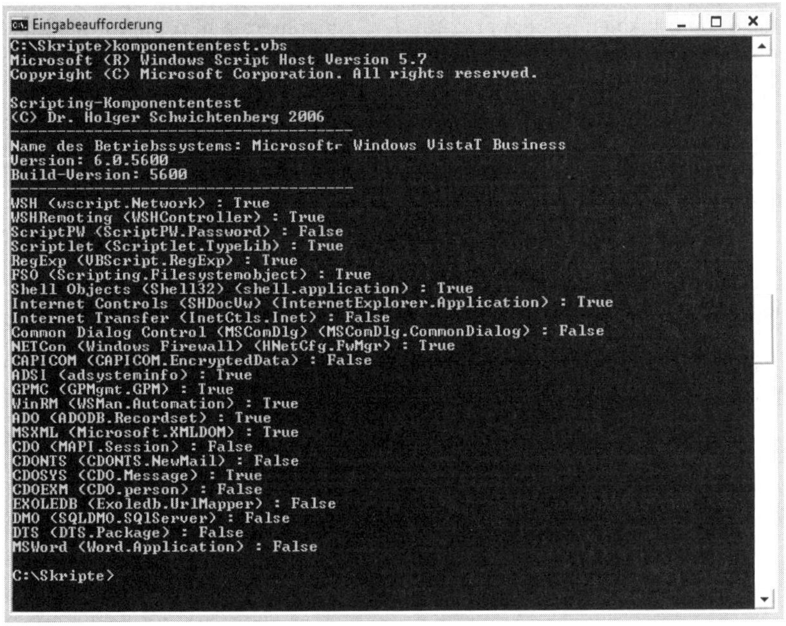

Bild 4.8
Ergebnis des Komponententests für eine „jungfräuliche" Installation von Windows Vista Business

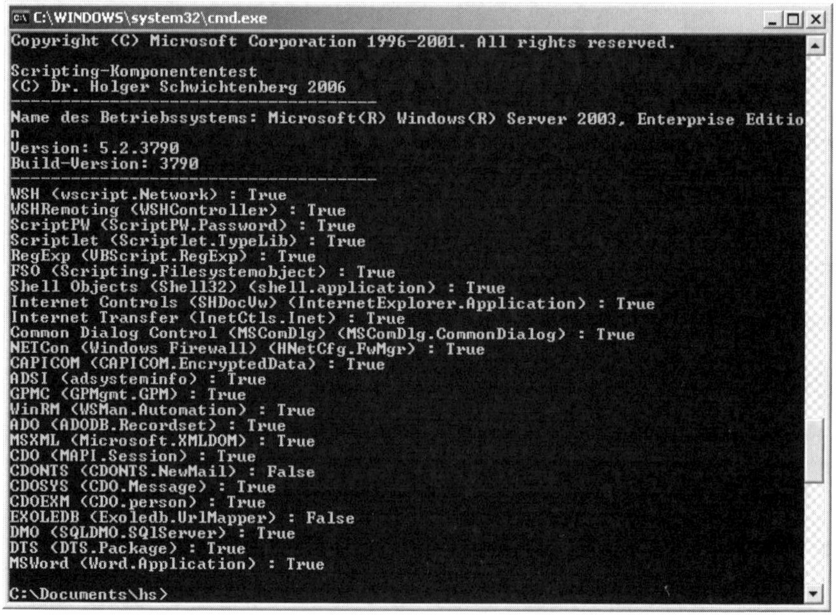

Bild 4.9
Ergebnis des Komponententests für mit Exchange Server und SQL Server ausgestatteten Windows Server 2003 Release 2

4.5.8 Woher bekomme ich die notwendigen Scripting-Komponenten?

Komponenten-Schnellinfo

In diesem Buch finden Sie zu jeder besprochenen Komponente eine „Schnellinfo". Diese gibt Ihnen die wichtigsten Informationen zur jeweiligen Komponente auf einen Blick. Unter anderem finden Sie dort den Hinweis auf die Verfügbarkeit und gegebenenfalls notwendige Installation der Komponenten. Oftmals ist das Problem nur, die Komponente auf dem lokalen System aufzufinden. Auch hierbei hilft die Schnellinfo, denn sie nennt die verschiedenen Namen, die eine Komponente besitzen kann.

Name und Abkürzung	Hier stehen der Name und die Abkürzung, mit dem bzw. der die Komponente üblicherweise in der Dokumentation und in Fachkreisen bezeichnet wird.
Name der Komponentendatei	Name der DLL oder EXE, die die Komponente implementiert. Sofern die Typbibliothek nicht Teil der Komponente ist, steht ihr Name in Klammern dahinter.
Interner Name der Typbibliothek	Hier steht der Name der Typbibliothek, wie Sie ihn im Microsoft-Objektkatalog finden und wie Sie ihn auch zur Instanziierung in der Visual Basic-IDE verwenden.
Helpstring der Typbibliothek	Hier steht der ausführliche Name der Typbibliothek (der in der IDL als „Helpstring" angegeben wird). Dies ist der Name, der in den „Verweise"-Dialogen der Entwicklungsumgebungen erscheint.

Tabelle 4.4: Aufbau einer Komponenten-Schnellinfo

Name und Abkürzung	Hier stehen der Name und die Abkürzung, mit dem bzw. der die Komponente üblicherweise in der Dokumentation und in Fachkreisen bezeichnet wird.
Abweichender Programmatic Identifier (ProgID)	(Optionale Angaben) Normalerweise setzt sich die ProgID aus dem Namen, der als interner Name der Typbibliothek verwendet wird, und dem Klassennamen der jeweiligen instanziierbaren Klasse zusammen. Nur wenn die ProgIDs der (Stamm-) Klassen nicht dem in der Typbibliothek verwendeten Komponenten- bzw. Klassennamen entsprechen, nennt Ihnen dieser Eintrag die abweichenden ProgIDs.
Hersteller	Name des Herstellers
Lizenzierung	z.B. Freeware, Shareware, kostenloses Add-On, kommerzielle Komponente
Besprochene Version	Diese Information sagt Ihnen, welche Version der Komponente in diesem Buch besprochen wird.
Windows 9x/ME/NT/ 2000/XP/2003/Vista/ 2008/W7	Installationshinweise für die jeweilige Windows-Version
Dokumentation	Hier finden Sie den wichtigen Hinweis auf die Dokumentation der Komponente. Bei Microsoft-Komponenten finden Sie in der Regel einen Verweis auf die Microsoft Developer Network (MSDN) Library. Dabei wird einerseits der Weg im MSDN-Inhaltsverzeichnis angegeben und andererseits der URL für die CD-ROM-Fassung der MSDN Library in der Form [MSDN:dateiname.chm::/pfad/datei.htm]. (siehe auch Erläuterungen im Literaturverzeichnis)

Tabelle 4.4: Aufbau einer Komponenten-Schnellinfo (Forts.)

Sofern die Komponente auf der Buch-CD-ROM enthalten ist, finden Sie einen entsprechenden Verweis bei den Installationshinweisen.

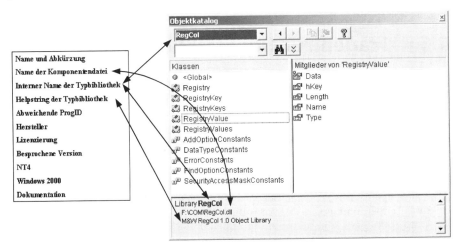

Bild 4.10
Entsprechung zwischen der Komponenten-Schnellinfo in diesem Buch und der Anzeige im Microsoft-Objektkatalog (VB 6.0)

4.5.9 Was muss ich tun, wenn die Fehlermeldung „Projekt oder Bibliothek nicht gefunden" erscheint?

Wenn beim Start einer Routine in der Visual Basic 6.0-Entwicklungsumgebung der Fehler *Projekt oder Bibliothek nicht gefunden* auftritt, dann liegt dies daran, dass nicht alle in das Projekt eingebundenen Komponenten auf Ihrem System registriert sind. Diese Fehlermeldung heißt allerdings nicht, dass eine für das konkrete Script notwendige Komponente fehlt: Es kann auch sein, dass irgendeine der eingebundenen Komponenten fehlt.

Die Lösung: Deaktivieren Sie in diesem Fall unter PROJEKT/VERWEISE den Verweis auf die nicht vorhandenen Komponenten. Diese sind mit „NICHT VORHANDEN:" eindeutig gekennzeichnet.

Bild 4.11
Fehlermeldung in der VB 6.0-Entwicklungsumgebung, wenn irgendeine eingebundene COM-Komponente fehlt

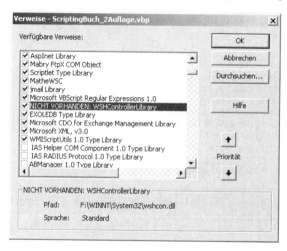

Bild 4.12
Anzeige der fehlenden COM-Komponenten im Verweise-Dialog

4.6 Fragen zur Qualitätssicherung

4.6.1 Gibt es eine Qualitätssicherung für die Inhalte in diesem Buch?

Ja. Informationen zu Verfahren und Funktionen werden grundsätzlich nicht übernommen, ohne dass sie durch mich ausprobiert wurden. Codebeispiele werden selbst erstellt und getestet. Zitierte Aussagen, die nicht mit vertretbarem Aufwand verifiziert werden konnten, werden als solche gekennzeichnet („Microsoft sagt .." etc.).

Code wird grundsätzlich in einem geeigneten Editor erstellt, kompiliert und ausgeführt. Erst dann wird der Code per *Kopieren/Einfügen* in das Manuskript (ein Word-Dokument) übernommen, aus dem das Buch entsteht. Die Eingabe von Code direkt in das Word-Dokument kommt nur bei einzelnen Bezeichnernamen (z.B. Klassennamen) vor. So ist sichergestellt, dass der im Buch abgedruckte Code übersetzbar ist.

4.6.2 Wie kann es sein, dass trotz der Qualitätssicherungsmaßnahmen Programmbeispiele aus Ihrem Buch auf meinem Rechner nicht funktionieren?

Trotz der Qualitätssicherung hat es immer wieder Fälle gegeben und wird es wohl auch immer Fälle geben, in denen vorher getesteter Code auf dem Zielsystem nicht läuft (Fehler erzeugt oder nicht das gewünschte Verhalten zeigt). Dies gilt nicht nur für EDV-Bücher, sondern auch für echte Anwendungen in der Praxis.

Diese technischen Schwierigkeiten können verschiedene Ursachen haben:

1. Die Ursache liegt in der Systemkonfiguration (z.B. nicht vorhandene Softwarekomponenten, Rechtebeschränkungen).
2. Das Beispiel benötigt systemspezifische Angaben (z.B. Pfade, Computernamen, Domänennamen), die nicht auf die Zielumgebung angepasst wurden.
3. Sie verwenden eine Betriebssystemversion/-variante, die die Funktionalität nicht unterstützt. (Aus wirtschaftlichen Gründen können leider nicht alle Beispiele auf allen Plattformen getestet werden.)
4. Sie verwenden eine andere Version einer Software, die eine (leicht) andere Funktionalität besitzt.
5. Auf Ihrem System sind andere Anwendungen vorhanden, die die Funktionalität beeinflussen (Seiteneffekte).

Außerdem ist es grundsätzlich natürlich möglich, dass Autor, Fachlektor und Testleser etwas übersehen.

4.7 Fragen zur Unterstützung nach dem Kauf

4.7.1 Gibt es Unterstützung nach dem Kauf eines Buchs?

Hier ist grundsätzlich zu unterscheiden zwischen der technischen Unterstützung des Verlags und der inhaltlichen Unterstützung.

Der Verlag bietet Ihnen Hilfe bei Fragen zur Handhabung des Buchs (z.B. bei Fehlern auf der mitgelieferten CD-ROM).

http://www.Addison-Wesley.de

Für inhaltliche Fragen stelle ich als Autor eine Website

http://www.IT-Visions.de/Leser

und Diskussionsforen

http://www.IT-Visions.de/Foren

bereit.

Weitergehende Informationen finden Sie auch auf meiner Community-Website

http://www.Windows-Scripting.de

Bitte beachten Sie zwei Dinge:
1. Der Betrieb dieser Websites ist eine völlig freiwillige Leistung, für die keine Rechtspflicht besteht und die ich auch in keinster Weise entlohnt bekomme. Bitte sehen Sie es mir nach, falls es mal etwas länger dauert.
2. Ich halte es für fairer gegenüber anderen Lesern, wenn Sie Ihre Fragen in den öffentlichen Foren stellen. Bitte nutzen Sie den direkten Kontakt nur, wenn Sie Fragen haben, die nicht an die Öffentlichkeit dringen dürfen.

Ich biete auch einen kommerziellen Support an, wenn Sie eine zeitnahe Antwort benötigen:

http://www.IT-Visions.de/Support

4.7.2 Antworten Sie auf E-Mails, in denen ein Leser eine inhaltliche Frage stellt?

Ja. Aber ich antworte mit einer Standardnachricht, die besagt, dass man die Frage bitte in meinem öffentlichen Webforum

http://www.IT-Visions.de/Foren

stellen möge, wenn es möglich ist. Dort beantworte ich gerne inhaltliche Fragen. Der Grund meiner Abneigung gegen E-Mails als Medium für inhaltliche Fragen liegt in der Fairness, die ich von den Fragestellern gegenüber anderen Lesern erwarte. Wer eine Antwort möchte, sollte dazu bereit sein, dass andere auch einen Nutzen von der Antwort haben können. Dieses Fairnessprinzip wende ich auch bei meinen Hochschulstudenten an, was im Allgemeinen akzeptiert wird.

Leider kann ich – auch wenn Sie das Forum verwenden – nicht garantieren, dass ich alle Fragen beantworten kann. Damit ich auch noch Zeit für andere Tätigkeiten habe (Projekte, Schulungen und Bücher), kann ich nur einen begrenzten Zeitraum pro Woche für das Forum verwenden. In manchen Wochen bin ich aufgrund von Geschäftsreisen leider gar nicht in der Lage, das Forum zu betrachten (wenn Sie mich über ein Projekt gebucht haben, würden Sie auch nicht wollen, dass ich zwischendurch anderen Leuten innerhalb Ihres Zeitbudgets helfe).

4.7.3 Wenn ich einen Fehler in dem Buch finde, möchten Sie dann, dass ich Sie darauf hinweise?

Ja, bitte. Unbedingt! Auf meiner Leser-Website

http://www.IT-Visions.de/Leser

gibt es dazu ein Formular, das in strukturierter Form Daten abfragt. Bitte wählen Sie diesen Weg, da es mir dann einfacher fällt, die Informationen zu katalogisieren und weiterzuverarbeiten.

4.7.4 Bieten Sie auch kommerzielle Unterstützung für Scripting, .NET und PowerShell?

Ja, das ist eigentlich mein Beruf (die Tätigkeit als Buchautor ist eher ein Hobby!). Ich biete Beratung, individuelle Schulungen, Workshops sowie die Entwicklung von Prototypen und Lösungen an. Außerdem biete ich individuelle Unterstützung bei technischen Fragen und Problemen.

http://www.IT-Visions.de/Produkte

5 Einführung in das Windows Scripting

5.1 Der Automatisierungsbedarf

Microsoft spielt auf dem Weltmarkt der Betriebssysteme die zentrale Rolle, sowohl im Unternehmenseinsatz als auch im Heimbereich, sowohl auf dem Client als auch dem Server. Ein Grund für den Siegeszug von Windows sind die grafischen Benutzeroberflächen (engl. Graphical User Interfaces, kurz GUIs), die eine sehr einfache Bedienung ermöglichen. Fast alle administrativen Funktionen des Windows-Betriebssystems lassen sich durch ein GUI verwalten. Die Windows-GUIs zeichnen sich durch eine hohe Konsistenz aus, d.h., sie sind nach dem gleichen Prinzip aufgebaut: Sie haben alle ähnliche Menüs, Symbolleisten und Dialogfenster.

GUIs

Die Installation und Konfiguration eines Windows-Systems ist daher vergleichsweise einfach und intuitiv. Sofern grundsätzliche Erfahrung in der Administration eines Windows-Systems vorhanden ist, fällt die Einarbeitung in neue Aufgaben leicht. Auch Personen, die nur selten administrative Aufgaben ausführen müssen, können diese schnell erledigen, ohne komplexe Befehle beherrschen zu müssen.

Ein gutes GUI ist aber nur ein Aspekt der Systemadministration. Auf der anderen Seite der Medaille stehen Aufgaben, die sich nicht oder nur schlecht durch ein GUI lösen lassen:

Automatisierungsbedarf

- Zum einen sind dies Aufgaben, die unbeaufsichtigt, d.h. ohne Beisein eines Menschen, von der Maschine automatisch ausgeführt werden sollen (z.B. Überwachungsaufgaben, Systemstart-Scripts sowie rechenintensive Prozesse, die nur nachts durchgeführt werden können).
- Zweitens sind dies wiederkehrende Administrationsaufgaben, die in definierten Intervallen ausgeführt werden sollen (z.B. Backup, Datenabgleich, Login-Scripts).
- In die dritte Gruppe gehören Administrationsaufgaben, die zu einem bestimmten Zeitpunkt in großer Menge anfallen (z.B. Benutzereinrichtung bei einer Systemumstellung).
- Viertens will ein Administrator auch bestimmte Aufgaben an andere Personen delegieren. Diesen Personen möchte er eine Routine zur Verfügung stellen, die abseits der vielfältigen Möglichkeiten eines GUI in einem fest vorgeschriebenen Dialogpfad eine bestimmte isolierte Aufgabe erledigt.
- Schließlich wird es immer wichtiger, Anpassbarkeit und Erweiterbarkeit in Betriebssysteme und Anwendungen zu integrieren, da es immer komplexere und individuellere Wünsche der Anwender und Administratoren gibt, die man als Softwareanbieter nicht alle in die Softwareprodukte integrieren kann.

Derartige Aufgaben wollen Systemadministratoren üblicherweise durch ein Command Line Interface (CLI) ausführen bzw. dort automatisiert ablaufen lassen. Während unter Linux das GUI mehr als ein Add-on für das CLI zu verstehen ist, stand bei Windows immer das GUI im Mittelpunkt. Es existieren verschiedene Kommandozeilenwerkzeuge, die im Folgenden kurz besprochen werden.

CLI

5.2 Was ist Scripting?

Scripting ist das Schreiben eines Programms mit Hilfe einer Scriptsprache; das Programm wird in diesem Zusammenhang Script genannt. Diese Definition führt zu der Frage, was eine Scriptsprache ist. Die Antwort darauf ist jedoch nicht einfach. [FIS99] nennt folgende Kriterien zur Unterscheidung einer Scriptsprache von anderen Sprachen:

Scripting und Scriptsprachen

- Die Sprache wird interpretiert (keine Kompilierung notwendig).
- Scripts werden normalerweise im Quellcode gespeichert und weitergegeben.
- Scriptsprachen haben in der Regel einen geringen Sprachumfang. Viele typische Funktionalitäten sind in externe Bibliotheken und Komponenten ausgelagert.
- Die Syntax ist einfach zu verwenden und zu erlernen.
- Es gibt nur ein sehr schwaches Typsystem.
- Die Abstraktion von technischen Details wie z.B. Zeigern und Speicherverwaltung ist hoch.
- Eine Scriptsprache ist der Maschinensprache und der Computer-Hardware ferner als eine normale Programmiersprache und kann daher einen Computer nicht so leicht zum Absturz bringen.
- Die Sprache dient dem Ad-hoc-Gebrauch.

Beispiele für Scriptsprachen sind REXX, Perl, Python, AppleScript, PHP, JavaScript/JScript und VBScript. Gemäß obiger Definition sind auch die Unix-Shellsprachen wie *sh* und *csh* als Scriptsprachen zu betrachten.

ALP Zur Betonung der Anwendungsnähe und Abstraktion von technischen Details wird Scripting häufig als Application Level Programming (ALP) bezeichnet

Glue Code für Komponenten Scriptsprachen kommt in Zusammenhang mit komponentenorientierter Softwareentwicklung oft die Rolle zu, als Verbindung (so genannter *Glue Code*) zwischen Komponenten zu fungieren. Diese Rolle nehmen die Scriptsprachen auch beim Active Scripting ein.

Oftmals sprechen Fachleute auch von *Scripting*, wenn keine Scriptsprache im engeren (oben definierten) Sinne eingesetzt wird. Dann wird Scripting mit Automatisierung gleichgesetzt, selbst wenn zur Implementierung der Automatisierungslösung eine Sprache eingesetzt wird, die keine Scriptsprache ist.

Automatisierbarkeit Eine Anwendung wird *automatisierbar* (synonym: *fernsteuerbar*, *programmierbar* oder *scriptable*) genannt, wenn es möglich ist, die Anwendung durch Programmcode zu steuern.

Scriptsprache versus Batchsprache versus Makrosprache

Die Begriffe Scriptsprache und Batchsprache werden leider nicht einheitlich verwendet und oft vermischt. In diesem Buch wird die Grenze zwischen Scripting und Batch hinsichtlich der Ausdrucksfähigkeit der Programmiersprache bezogen.

Eine Scriptsprache ist eine vollständige Programmiersprache, die verschiedene Vereinfachungen gegenüber „echten" Programmiersprachen für die Softwareentwicklung besitzt.

Eine Batchsprache hingegen ist eine Aneinanderreihung von eigenständigen Befehlen. Dabei fehlen oft typische Programmierkonstrukte wie Bedingungen, Schleifen und Variablen.

Makrosprachen sind Scriptsprachen, die innerhalb von Anwendungen zur Automatisierung der jeweiligen Anwendung dienen.

5.3 Automatisierungslösungen auf der Windows-Plattform

Das lange vernachlässigte Thema der kommandozeilenbasierten Systemadministration hat Microsoft Mitte der 90er Jahre stärker in den Fokus genommen. Microsoft bietet folgende Lösungsansätze für die automatisierte Systemadministration durch Scripting an:

- DOS-Batchsprache (nur im erweiterten Sinne als Scriptsprache zu bezeichnen, vgl. Erläuterung im vorherigen Kapitel)
- Active Scripting-Architektur, insbesondere der Windows Script Host (WSH)
- Scripting mit .NET Framework-basierten Programmiersprachen wie C# und Visual Basic .NET
- Windows PowerShell

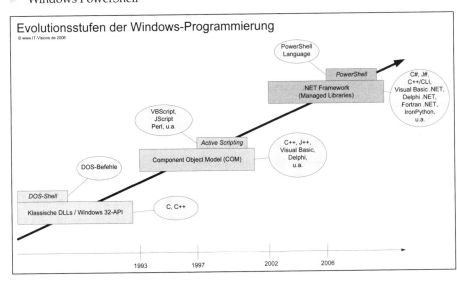

Bild 5.1
Entwicklungsstufen der Programmierschnittstellen in Windows

Da Microsoft die Schwächen der Automatisierung mit Hilfe der DOS-Batchsprache lange Zeit nicht erkannt hat, haben sich eine Reihe anderer Ansätze entwickelt. Zu nennen sind hier insbesondere:

- KiXtart [KIX04]
- Perl for Win32 [ACT00]
- REXX [IBM01]
- AutoIt [AUT04]
- WinBatch [WINB04]
- WinRobots [WINR04]
- GnuWin32 (Portierung von Unix-Werkzeugen auf Windows) [GNUW04] und
- Bash-Shell im Rahmen von Cygwin, einer Linux-ähnlichen Umgebung für Windows [CYG04].

In diesem Buch werden Sie das von Microsoft entwickelte Active Scripting, das .NET Framework und die Microsoft Shell (MSH) als Alternative kennen lernen.

5.4 Die DOS-Batchsprache

DOS-Batch Die Microsoft DOS-Batchsprache, die in Einzelbefehlen im Befehlszeilenfenster oder in Form von *.bat*-Dateien ausgeführt werden kann, gibt es seit den Anfängen von MS-DOS. Sie war damals – zu einer Zeit, als es noch keine grafische Benutzeroberfläche namens Windows gab – ein adäquates Instrument zur Systemadministration. Sie ist auch heute noch in allen Windows-Versionen integriert, in Form des Kommandozeilenfensters (alias DOS-Fenster oder DOS Command Prompt).

Die DOS-Batchsprache hat in all diesen Jahren allerdings nur wenige Veränderungen erfahren, obwohl die Anforderungen stets gestiegen sind. Windows war daher in diesem Bereich gegenüber Unix lange Zeit im Nachteil. In Unix gibt es mächtige Shells (z.B. bash, Bourne-Shell, Korn-Shell, C-Shell, tcsh), in denen so genannte Shell-Scripts ausgeführt werden können, mit denen sich alle administrativen Aufgaben durchführen lassen.

Schwachpunkte Die wesentlichen Schwachpunkte der DOS-Batchprogrammierung sind:
- Die DOS-Batchsprache ist keine vollständige Programmiersprache. Daher sind viele Aufgaben nur umständlich zu bewältigen.
- Die Kommunikation zwischen Befehlen ist textorientiert.
- Ein- und Ausgabe sind zeilenorientiert.
- Es gibt keine Möglichkeit, Programmierschnittstellen (Application Programming Interfaces – APIs) des Betriebsystems oder von Anwendungen (weder komponentenbasierte noch nichtkomponentenbasierte) anzusprechen.
- Die Sprache ist nur über neue *.cmd*- oder *.exe*-Dateien erweiterbar.
- Die DOS-Befehle decken zwar die Anforderungen der DOS-Ebene ab, auf viele GUI-Funktionen des Windows-Betriebssystems gibt es jedoch keinen Zugriff.

Die mangelnden Fähigkeiten der DOS-Batchsprache hat Microsoft immer wieder durch neue Kommandozeilenwerkzeuge auszugleichen versucht. Insbesondere ist hier die Werkzeugsammlung zu nennen, die Microsoft unter dem Namen Support Tool oder Resource Kit zu den verschiedenen Betriebssystemen ausgeliefert hat.

Microsoft macht kein Geheimnis daraus, dass man im Zuge der Entwicklung des Windows Server 2003 einigen Unix-Administratoren über die Schulter geschaut hat, um Ideen für die Verbesserung der befehlsbasierten Administration zu sammeln. Die Erkenntnisse aus dieser Studie manifestieren sich in einer Vielzahl neuer Kommandozeilenwerkzeuge im Windows Server 2003. Die langfristige Erkenntnis dieser Studie zeigt sich jedoch in der neuen Microsoft Shell (siehe Kapitel 10).

Eine gute Darstellung der Anwendung der DOS-Sprache ist das nachfolgend empfohlene Buch.

> **Buchtipp** Armin Hanisch:
> Windows 2003 Shell Scripting
> Abläufe automatisieren ohne Programmierkenntnisse
> Addison-Wesley 2006, ISBN 978-3-8273-2413-9, als eBook erhältlich

5.5 Die Active Scripting-Architektur

ActiveX Scripting Interessanterweise hat sich Microsoft des Themas Windows Scripting erst im Zuge der Besinnung auf das Internet und der dortigen Popularität von Scriptsprachen angenommen. Seit Mitte der 90er Jahre stellen die Redmonder eine eigene modulare Scripting-Architektur für Internetanwendungen und Windows bereit.

Die Active Scripting-Architektur

Die Windows Scripting-Architektur heißt bei Microsoft auch *ActiveX Scripting*, *Active Scripting* oder *Windows Script*. In diesem Buch wird vorzugsweise der Begriff Active Scripting verwendet. Grundlage der gesamten Architektur ist Microsofts Komponentenarchitektur – das *Component Object Model (COM)*.

Das *Component Object Model* ist Microsofts Technologie für die Entwicklung und Nutzung von objektorientierten Softwarekomponenten (zum Begriff Softwarekomponente siehe Anhang A), die *COM-Komponenten* genannt werden. ActiveX ist ein Marketingbegriff für einen Teil dieser Komponentenarchitektur. COM wird ausführlich in Kapitel 7 vorgestellt.

COM ist objektbasiert. Daher dreht sich auch beim Active Scripting alles um Objekte und Klassen.

Die Active Scripting-Architektur besteht aus folgenden drei Bausteinen:
- **Active Scripting Hosts** sind die Ablaufumgebungen für Scripts.
- **Active Scripting Engines** stellen einen Sprachinterpreter für eine bestimmte Scriptsprache bereit.
- **Automationsfähige COM-Komponenten** ermöglichen den Zugriff auf Systemkomponenten oder stellen bestimmte Funktionalitäten in gekapselter Form bereit.

Active Script Ein Script, das innerhalb der Active Scripting-Architektur ausgeführt wird, heißt *Active Script*.

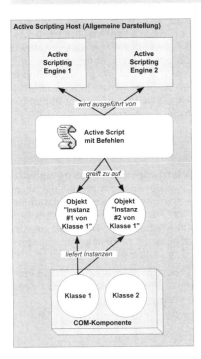
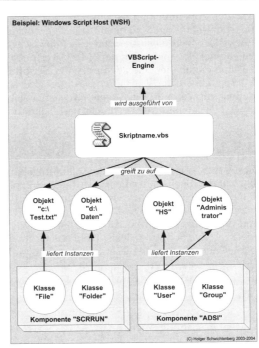

Bild 5.2
Die Active Scripting-Architektur von Microsoft

Kapitel 5 **Einführung in das Windows Scripting**

Plug&Play
Die Active Scripting-Architektur ist so konzipiert, dass die einzelnen Bausteine untereinander austauschbar sind: Jeder Scripting Host kann jede Scripting Engine verwenden. Jede automationsfähige COM-Komponente kann von jedem Scripting Host und jeder Scriptsprache benutzt werden. Dies wird über wohldefinierte Schnittstellen sichergestellt. Damit ist Plug&Play zwischen Hosts und Engines verschiedener Hersteller möglich. Die Scriptsprache kann auch innerhalb eines einzigen Scripts variieren: So können etwa einzelne Unterroutinen in einer anderen Sprache als das Hauptprogramm geschrieben werden, wenn die besten Funktionen der jeweiligen Sprache genutzt werden sollen.

COM versus ActiveX
Auch Active Scripting Hosts und Active Scripting Engines sind COM-Komponenten, die spezielle Schnittstellen implementieren. Dass die Architektur *ActiveX Scripting* und nicht *COM Scripting* heißt, beruht darauf, dass Microsoft aus Marketinggründen den Begriff ActiveX gefördert hat. ActiveX wurde eine Zeit lang mit dem Begriff COM sogar völlig gleichgesetzt. In Kapitel 7 erhalten Sie eine detaillierte Einführung in COM.

> **Host versus Sprache** Die Trennung in Host und Sprache ist in vielen Scriptsprachen nicht gegeben. So steht der Begriff *Personal Home Page Tools* (PHP) sowohl für eine Sprache als auch für einen Scripting Host. Gleiches gilt für viele Unix-Shells.

Vielfältige Möglichkeiten
Die Möglichkeiten der Windows-Automatisierung mit der Active Scripting-Architektur sind vielfältig, deshalb kommt es besonders auf die Auswahl von Scriptsprache und Komponenten an, wenn es um die Frage geht, wie aufwändig ein Automatisierungsprojekt wird. Eine intensive Recherche nach vorhandenen COM-Komponenten ist ein entscheidender Erfolgsfaktor.

Mit der zunehmenden Verbreitung des Komponentengedankens werden Make-or-Buy-Entscheidungen zu einem ständigen Begleiter im Softwareentwicklungsprozess. Entwickler werden sich fragen lassen müssen, ob es notwendig war, eigene Routinen zu entwickeln, anstatt auf dem Markt verfügbare Komponenten zu einer Anwendung zusammenzubauen. Gerade der Active Scripting-Bereich zeigt, dass eine unterlassene Internetrecherche dazu führt, dass man sich tagelang mit Problemen beschäftigt, die andere mit wesentlich geringeren Kosten längst gelöst haben. In Kapitel 12 erhalten Sie einen Leitfaden für die Recherche nach Komponenten für das Scripting.

5.5.1 Active Scripting Hosts

Ablaufumgebung
Ein Active Scripting Host ist die Ablaufumgebung für ein Script und insofern vergleichbar mit den Shells unter Unix. Der Internet Explorer war der erste Scripting Host überhaupt; mit dem Windows Scripting Host (WSH) gibt es inzwischen einen eigenständigen Scripting Host für die Windows-Plattform. Der *Windows Scripting Host* sollte keinesfalls mit dem allgemeinen Begriff *Scripting Host* verwechselt werden. Er ist nur einer von vielen Active Scripting Hosts. Wohl aus Gründen der besseren namentlichen Abgrenzbarkeit nennt Microsoft diesen Scripting Host seit Version 2.0 *Windows Script Host*.

Verfügbare Scripting Hosts
Microsoft integriert Scripting Hosts in immer mehr Produkte, insbesondere in die Produkte des „Windows Server System" (früher: „.NET Enterprise Server" und davor „BackOffice"). Aktuell sind folgende Scripting Hosts verfügbar:

- Active Server Pages (ASP) im Internet Information Server (IIS) (seit Version 3.0)
- Event Scripting Agent im Exchange Server (seit Version 5.5)
- Job Scripting im Server-Agent im SQL Server (seit Version 7.0)
- Data Transformation Scripts im SQL Server-Data Transformation Service (seit Version 7.0)
- Dynamic HTML-Scripting im Internet Explorer (seit Version 3.0)

- Outlook Forms in Microsoft Outlook (seit Version 8.0)
- XSL-Scripting im Microsoft XSL-Processor
- Installer Scripts im Windows Installer
- Transformationsscripts im Microsoft BizTalk Server
- Scriptor Component im Microsoft Commerce Server
- Scripts im Microsoft Operations Manager (MOM)

Scripting Hosts werden inzwischen auch von anderen Anbietern bereitgestellt. Mit dem *Script Control* bietet Microsoft zudem die Möglichkeit, auf einfache Weise einen Scripting Host in eigene Anwendungen zu integrieren. **Script Control**

Zwar sind die VBA-Umgebungen (VBA steht für *Visual Basic for Applications*) nicht nach der Windows Scripting-Architektur konstruiert, in der Praxis sind sich die Architekturen aber sehr nahe: Ein Scriptprogrammierer, der auf Visual Basic Script (VBScript) setzt, kann mit Cut&Paste des Quelltexts sowie mit ein paar einfachen Änderungen seine Scripts auch in VBA laufen lassen. Mit anderen Scriptsprachen geht das allerdings nicht. **VBA**

5.5.2 Active Scripting Engines

Eine Active Scripting Engine ist ein Sprachinterpreter für eine Scriptsprache mit der Nebenbedingung, dass der Interpreter **Sprachinterpreter**
- in Form einer COM-Komponente vorliegt,
- bestimmte Schnittstellen implementiert und
- für eine der entsprechenden Komponentenkategorien registriert ist.

> **COM-fähige Sprache versus Active Scripting-Sprache** Die Anforderungen an eine Active Scripting-Sprache sind abzugrenzen von dem allgemeinen Begriff einer COM-fähigen Programmiersprache (Microsoft spricht von „COM-enabled Languages" – ins Deutsche zum Teil mit „COM-aktivierten Sprachen" übersetzt). Eine COM-fähige Sprache unterstützt die Nutzung von COM-Komponenten. Nicht jede COM-fähige Sprache ist auch eine Active Scripting-fähige Sprache. Beispielsweise unterstützen auch Delphi und PHP4 die Nutzung von COM-Komponenten. Dennoch sind beide Sprachen nicht im Rahmen des Active Scripting als Scriptsprachen einsetzbar.

Verfügbare Scriptsprachen Microsoft selbst hat bislang zwei Active Scripting Engines veröffentlicht: **Sprachen von Microsoft**
- VBScript (eine abgespeckte Version der Programmiersprache Visual Basic)
- JScript (eine Erweiterung der auf Netscape JavaScript basierenden Sprachspezifikation ECMA 262, die auch ECMAScript genannt wird)

Es gibt weitere Scriptsprachen von anderen Anbietern (zum Großteil als Free- oder Shareware) in Form von Active Scripting Engines: **Sprachen von anderen Herstellern**
- PerlScript, Active Scripting-fähige Perl-Implementierung der Firma ActiveState [ACT00]
- PScript, Active Scripting-fähige Perl-Implementierung der Firma MKS [MKS00]
- IBM unterstützt im Rahmen seiner REXX-Implementierung unter dem Namen Object REXX Active Scripting. *Object REXX* ist seit Version 2.1 eine Active Scripting Engine [IBM01] [CAW01].
- PythonScript, Active Scripting-fähige Version von Python [PYT00a] [PYT00b]
- HaskellScript, Active Scripting-fähige Version der funktionalen Scriptsprache Haskell [HAS00]

Kapitel 5 **Einführung in das Windows Scripting**

- ActiveScriptRuby, Active Scripting-fähige Implementierung der objektorientierten Scriptsprache Ruby [RUB01b]
- LUAScript, Active Scripting-fähige Implementierung der in Brasilien entwickelten Sprache LUA [LUA01a]
- TclScript ist ein Active Scripting-Wrapper für die Nutzung des Tcl-Interpreters [TCL04].
- ForthScript von Mark Baker [BAK04]

Gerüchte um die Active Scripting-fähigen Implementierungen von Lisp und TCL konnten zum Zeitpunkt des Redaktionsschlusses dieser Auflage nicht bestätigt werden.

Welche Scriptsprachen auf einem System installiert sind, erfährt man aus der Registrierungsdatenbank. Details dazu können Sie in Kapitel 7 nachlesen.

| VBScript | **Hinweise zur Auswahl der Scriptsprache in diesem Buch** In diesem Buch wird durchgängig VBScript benutzt. VBScript ist die am häufigsten verwendete Sprache beim Windows Scripting. Auch auf Grund der weitgehenden Kompatibilität mit der Vollversion von Visual Basic ist VBScript die erste Wahl bei den Scriptsprachen unter Windows. Kapitel 8 stellt die Sprache ausführlich vor. |

5.5.3 COM-Komponenten

Verfahren für den Systemzugriff
Ein Script benötigt den Zugriff auf das es umgebende System, um administrative Aufgaben und die Interaktion mit dem Anwender durchzuführen. Grundsätzlich gibt es für eine Scriptsprache zwei Möglichkeiten, wie sie diesen Zugriff herstellen kann: Zum einen können in der Sprache selbst Sprachkonstrukte und Funktionen integriert sein, die den Zugriff auf das System ermöglichen. Zum anderen kann die Sprache aber auch einen Mechanismus bereitstellen, um vorhandene Programmierschnittstellen (Application Programming Interfaces – APIs) anzusprechen.

Zugriffsmöglichkeiten auf APIs
Die erste Möglichkeit wird von fast allen Scriptsprachen hinsichtlich rudimentärer Ein- und Ausgabebefehle genutzt. Die Bereitstellung darüber hinausgehender Systemfunktionen bereitet jedoch Unannehmlichkeiten. Einerseits kann die Sprache kaum plattformunabhängig sein, da jedes Betriebssystem seine eigenen spezifischen Systemfunktionen bereitstellt. Andererseits muss die Sprache ständig erweitert werden, um mit den Veränderungen der System-APIs Schritt halten zu können. Beliebter ist daher die zweite Möglichkeit (Bereitstellung eines API-Zugriffsmechanismus), die jedoch dann beschwerlich ist, wenn unterschiedliche Arten von Programmierschnittstellen unterstützt werden müssen. Microsoft geht in der ActiveX Scripting-Architektur den zweiten Weg, mit der Prämisse der Einschränkung auf eine einzige Art von Programmierschnittstellen, nämlich auf *automationsfähige COM-Softwarekomponenten*. Man spricht auch von *Scriptingfähigen Komponenten* oder einfach *Scripting-Komponenten*. COM steht – wie schon oben erwähnt – für „Component Object Model".

COM-Komponenten
Im Kapitel zu COM werden Sie den Unterschied zwischen automationsfähigen und nichtautomationsfähigen COM-Komponenten genauer kennen lernen. So viel vorweg: COM-Automation ist in etwa gleichzusetzen mit einem späten Binden zur Laufzeit.

Das Active Scripting mit COM ist objektbasiert („COM-Objekte") mit instanziierbaren Klassen, die aus Methoden und Attributen bestehen. Die Klassen sind in der Regel in hierarchischen Objektmodellen angeordnet; für das Script ist die Komponente eine Objektbibliothek. Auf einen Zugriff auf Nicht-COM-APIs (z. B. DLLs, die keine COM-Komponenten sind) hat Microsoft ausdrücklich verzichtet. Es gibt jedoch inzwischen Ansätze, dies zu ermöglichen (vgl. DynaWrap).

Die Arbeit mit COM-Objekten verlangt einer Programmiersprache die Unterstützung einiger grundlegender Mechanismen ab. Sofern diese jedoch implementiert sind, kann die Sprache mit einer Vielzahl unterschiedlicher COM-Objekte aus unterschiedlichen COM-Komponenten zusammenarbeiten. Dies wird im Kapitel zu COM erklärt.

Auch wenn viele COM-Komponenten COM-Automation unterstützen, gibt es dennoch Komponenten, die den Dienst nicht anbieten und daher im Windows Scripting nicht verwendbar sind.

Komponententypen Komponenten erweitern die eingebauten Funktionen der Scriptsprachen und lassen sich aus Scripting-Sicht in zwei Typen einteilen:

Typisierung

- Einige Komponenten kapseln den Zugriff auf bestehende Programmierschnittstellen (APIs) von Betriebssystem und Anwendungen. Die Komponenten sind hier Stellvertreter, die die (komplexen) API-Funktionen kapseln. Als positiver Nebeneffekt entsteht dabei in der Regel ein einfaches Objektmodell als Ersatz für komplexe Reihen von API-Aufrufen.
- Andere Komponenten implementieren eigenständige Funktionalitäten, für die keine weiteren Anwendungen nötig sind.

Es sind bereits zahlreiche Komponenten für den Zugriff auf unterschiedliche Betriebssystem- und Anwendungsfunktionen verfügbar: So ermöglichen COM-Komponenten unter Windows beispielsweise den Zugriff auf

Zahlreiche Komponenten

- Betriebssystemfunktionen wie Windows-Benutzeroberfläche, Verzeichnisdienste, Dateisystem, Registrierungsdatenbank, Eventlog, Hardware, Scheduler, MTS/COM+, Dokumente (z.B. Text, HTML, XML) und Netzwerkprotokolle (z.B. TCP, IP, HTTP, FTP),
- Anwendungen wie Microsoft Office, Microsoft Exchange Server, Microsoft SQL Server, Internet Information Server, aber auch auf Produkte wie Lotus Notes, Corel Draw und SAP R/3.

Nicht alle Komponenten stammen von Microsoft selbst: Es gibt inzwischen unzählige Komponenten anderer Anbieter – zum Teil auch als Share- und Freeware. Auch selbst entwickelte COM-Komponenten können unabhängig von der Programmiersprache, in der sie implementiert wurden, verwendet werden. Anwendungen, die direkt komponentenbasiert entwickelt werden, lassen sich sehr einfach per Script ansteuern. Das Ende dieses Einleitungskapitel liefert einen Überblick über die wichtigsten Komponenten.

Windows Script Components (WSCs) *Windows Script Components (WSCs)* sind in Scriptsprachen geschriebene COM-Komponenten. Der Begriff WSC steht weder allgemein für Komponenten, die von Scripts aus genutzt werden können, noch für die Bausteine der Windows Scripting-Architektur. WSCs werden in Kapitel 19 behandelt.

Ausblick auf die Scripting-Komponenten in diesem Buch In den Kapiteln 10 bis 17 werden verschiedene COM-Komponenten zur Automatisierung administrativer Aufgaben in den Windows-Betriebssystemen sowie in Produkten der Microsoft Server System-Produktfamilie (ehemals BackOffice-Server und .NET Enterprise Server) beschrieben. Die Ausführlichkeit der Darstellung in diesem Buch richtet sich vor allem nach Bedeutung und Komplexität der Komponenten. Das *Active Directory Service Interface (ADSI)* zur Verzeichnisdienstverwaltung und die *Windows Management Instrumentation (WMI)* als übergreifender Ansatz zum Systemmanagement nehmen daher den größten Raum ein. In Wichtigkeit und Umfang folgen die *Scripting Runtime Library* für den Dateisystemzugriff und die *WSH Runtime*. Darüber hinaus werden in den oben genannten Kapiteln auch zahlreiche weitere (kleinere) Scripting-Komponenten beschrieben.

WSC

Kapitel 5 Einführung in das Windows Scripting

Ein repräsen- Gerade bei großen Komponenten kann in diesem Buch nur ein repräsentativer Aus-
tativer Aus- schnitt der Komponente besprochen werden. Besonderes Ziel ist es daher, Ihnen ein
schnitt Grundverständnis jeder einzelnen Komponente zu geben, damit Sie sich anschließend
selbst weiter orientieren können. Zur Veranschaulichung ist das Objektmodell in Form
einer Grafik wiedergegeben. Hinweise zu der dort verwendeten Notation sowie zu den
Listings finden Sie im Anhang.

> **Auf eigener Suche** Mit Sicherheit werden Sie nach der Lektüre dieses Kapitels noch
> die eine oder andere Funktionalität vermissen. Auf der Suche nach Komponenten
> hilft Ihnen das in Kapitel 18 vorgestellte Vorgehensmodell.

5.5.4 Werkzeugunterstützung

Editoren, Die Werkzeugunterstützung der Scriptentwicklung unter Windows ist noch verbesse-
Debugger rungswürdig. Mit Visual InterDev liefert Microsoft zwar eine Scriptentwicklungs-
und andere umgebung; diese unterstützt aber bislang fast nur die Scriptprogrammierung im Web.
Werkzeuge In vielen Scripting Hosts (z.B. SQL Server Agent, Microsoft Outlook) stehen nur sehr
primitive Editoren bereit, so dass die Scriptprogrammierung sehr mühsam ist.

Auch hinsichtlich des Debugging ist die Werkzeugunterstützung noch nicht optimal,
wenn man die Entwicklungsumgebungen wie Visual C++ 6.0 und Visual Basic 6.0 als
Maßstab nimmt. Inzwischen gibt es zum Teil bessere Lösungen von Drittanbietern.
Einen Überblick über die verfügbaren Werkzeuge liefert Kapitel 18.

5.5.5 Active Scripting versus VBA

Das in Microsoft Office und vielen Anwendungen anderer Hersteller enthaltene Visual
Basic for Applications (VBA) kann zum Teil als eine Konkurrenztechnologie zum Active
Scripting angesehen werden. Auch VBA ist eine Interpreter-Sprache, die es ermöglicht,
auf einfache Weise Anwendungen um Automatisierungsfähigkeit zu erweitern.

Die Unterschiede zwischen VBA und Active Scripting aus der Sicht eines Software-
herstellers, der seine Software anpassbar und erweiterbar machen möchte, zeigt die folgende Tabelle.

Visual Basic for Applications (VBA)	Active Scripting
• nur eine Programmiersprache (Visual Basic for Applications) • komfortable Entwicklungsumgebung wird von Microsoft bereitgestellt • Softwarehersteller zahlt an Microsoft	• viele Programmiersprachen (alle Active Scripting-fähigen Sprachen) • keine Entwicklungsumgebung (muss gegebenenfalls vom Softwarehersteller selbst erstellt werden) • kostenlos

5.6 Scripting im .NET Framework

Das .NET Das Microsoft .NET Framework ist eine Programmierplattform, die Microsoft im Jahre
Framework 2002 als Nachfolgeprodukt für das Component Object Model (COM) eingeführt hat. Das
.NET Framework bietet gegenüber COM viele neue Möglichkeiten, umfasst jedoch andererseits in den ersten Versionen noch nicht alle Einsatzgebiete von COM. Echtes Scripting
(interpretierter Code zur Ad-hoc-Programmierung) ist im .NET Framework grundsätzlich möglich, wird aber von dem Framework bisher nur rudimentär unterstützt. Es gibt

von Microsoft noch keinen „Windows Script Host .NET (WSH.NET)", der auf dem .NET Framework aufsetzend eine Scripting-Architektur bereitstellt.

Scripting im .NET Framework ist durch zwei Ansätze möglich:

- Der Autor dieses Buchs hat selbst einen Scripting Host auf Basis des .NET Framework entwickelt, den DOTNET Scripting Host (DSH). Der DSH ist hinsichtlich seiner Nutzung dem COM-basierten WSH sehr ähnlich, steht aber auf einer ganz anderen technologischen Basis und bietet daher viele Vorteile. Der DSH ist Freeware; die Version 1.1 finden Sie auf der CD im Verzeichnis [CD:/install/dotnet/DSH]. Beschrieben ist der DSH in der 4. Auflage dieses Buchs. Zugunsten der Windows PowerShell ist dieses Kapitel in der 5. Auflage entfallen.
- Microsofts Ansatz zum Scripting mit dem .NET Framework ist die Windows PowerShell (PS), siehe nächstes Kapitel.

5.7 Die Windows PowerShell

Das Active Scripting ist einigen Administratoren zu komplex, weil es viel Wissen über objektorientiertes Programmieren und das Component Object Models (COM). Die vielen Ausnahmen und Ungereimtheiten (daher ist dieses Buch auch so dick) erschweren das Erlernen von Windows Script Host und seinen Host-Kollegen.

Mit dem Erscheinen des .NET Framework im Jahre 2002 wurde lange über einen WSH.NET spekuliert. Microsoft hat die Neuentwicklung des WSH für das .NET Framework aber eingestellt, weil abzusehen war, dass die Verwendung von .NET-basierten Programmiersprachen wie C# und Visual Basic .NET dem Administrator nur noch mehr Kenntnisse über objektorientierte Softwareentwicklung abverlangen würde.

Microsoft hat beobachtet, dass in der Unix-Welt eine hohe Zufriedenheit herrscht mit den dortigen Kommandozeilen-Shells. Microsoft hat sich daher entschlossen, das Konzept der Unix-Shells, insbesondere das Pipelining, mit dem .NET Framework zusammenzubringen und daraus eine .NET-basierte Windows Shell zu entwickeln, die so einfach ist wie eine Unix-Shell, aber so mächtig sein kann wie das .NET Framework.

In einer ersten Beta-Version wurde die neue Shell schon unter dem Codenamen „Monad" auf der Professional Developer Conference (PDC) im Oktober 2003 in Los Angeles vorgestellt. Nach den Zwischenstufen „Microsoft Shell (MSH)" und „Microsoft Command Shell" trägt die Scriptumgebung seit Mai 2006 den Namen „Windows PowerShell".

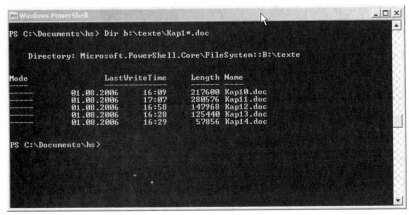

Bild 5.3
Verzeichnisauflistung in der Windows PowerShell Version 1.0

Kapitel 5 Einführung in das Windows Scripting

Die PowerShell sieht auf den ersten Blick aus wie ein DOS-Kommandozeilenfenster (siehe Bild 5.3), nur mit blauem statt schwarzem Hintergrund. Unter der Haube bietet sie jedoch folgende Highlights:
- eine den Unix-Shells ähnliche Scriptsprache,
- wahlweise starke oder schwache Typisierung sowie eine dynamische Erweiterung von Typen,
- über einhundert vordefinierte Befehle, die Commandlets genannt werden,
- typisiertes Pipelining (Objekt-Pipelining) zwischen Commandlets,
- einheitliches Navigationsmodell für Datenmengen (sowohl flache als auch hierarchische Datenmengen, z.B. Dateisystem, Registrierungsdatenbank, Active Directory, Umgebungsvariablen),
- Zugriff auf alle Objekte, die das .NET Framework, COM-Komponenten und die Windows Management Instrumentation (WMI) zur Verfügung stellen,
- eingebaute Vereinfachungen für ausgewählte Komponenten (insbesondere ADSI, WMI und System.Xml),
- eingebaute Sicherheitsfunktionen zum Schutz vor „bösen" Scripts,
- eigene Commandlets zur Erweiterung der Fähigkeiten der Powershell können in jeder .NET-basierten Programmiersprache geschrieben werden.

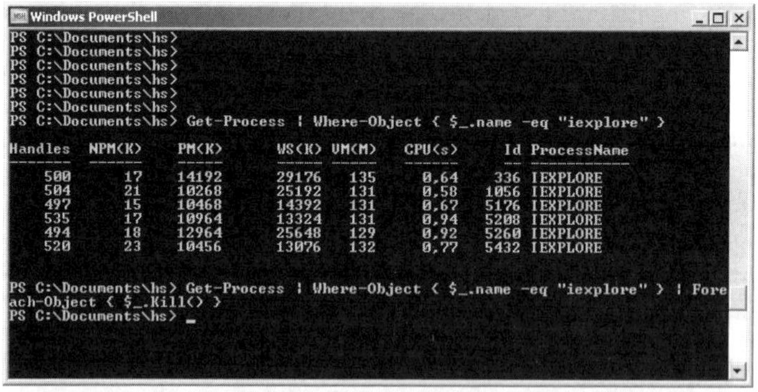

Bild 5.4
Objekt-Pipelining in Aktion in der PowerShell

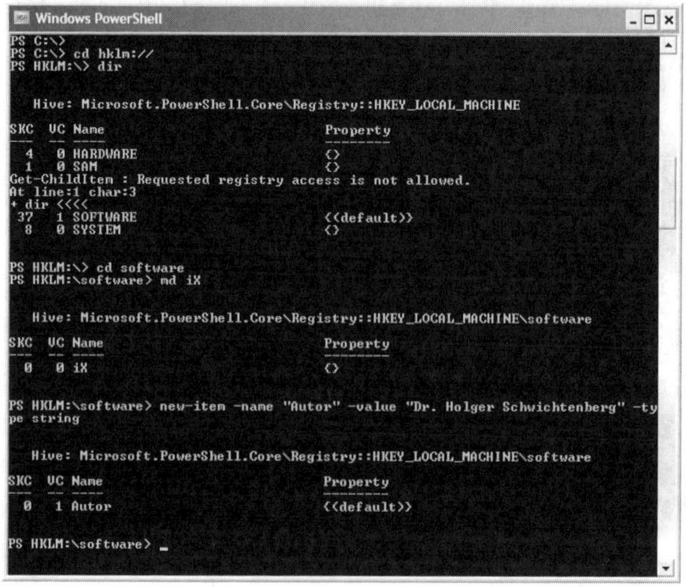

Bild 5.5
Navigieren in der Registrierungsdatenbank

Die PowerShell wird ausführlich im Buchteil C behandelt.

5.8 Neuerungen in Windows Vista und Windows Server 2008 im Überblick

5.8.1 Scriptumgebungen

Der **Windows Script Host (WSH)** trägt in Windows Vista und Windows Server 2008 die Versionsnummer 5.7 (gegenüber 5.6 in Windows XP und Windows Server 2003). Neue Funktionen sind aber im Release Candidate 1 weder erkennbar noch dokumentiert. Als neue Active Scripting-basierte Scriptumgebung sind die **Microsoft Gadgets** hinzugekommen. Gadgets sind scriptbasierte Mini-Anwendungen für Desktop und die neue Sidebar.

Die **Windows PowerShell 1.0**, die einmal geplant wurde als ein Teil von Windows Vista, ist weder im Installationsumfang von Vista noch auf der CD-ROM enthalten, sondern muss separat aus dem Internet heruntergeladen und installiert werden.

In Windows Server 2008 ist die Windows PowerShell 1.0 als optionales „Feature" auf der Betriebsstem-Installations-CD enthalten.

5.8.2 Scriptbibliotheken

Windows Vista enthält zahlreiche neue Programmierschnittstellen. Interessanterweise sind darunter nicht nur moderne .NET-basierte Schnittstellen, sondern auch viele Schnittstellen, die auf alten Techniken wie C++ und COM basieren. Im Folgenden werden nur die Neuerungen genannt, die für das Thema dieses Buchs relevant sind.

COM-basierte Schnittstellen

- Erweiterungen in der **Windows Management Instrumentation (WMI)** sowohl beim Metaobjektmodell als auch bei den WMI-Klassen
- **Windows Remote Management (WinRM)** zum entfernten Zugriff auf WMI-Objekte über Webservices (XML/HTTP) (auch verfügbar für Windows Server 2003 Release 2)
- **Windows RSS Platform** („Microsoft Feeds, Version 1.0") zum Zugriff auf Nachrichtenkanäle, die Really Simple Syndication (RSS) (auch für Windows XP und Windows Server 2003, wenn Internet Explorer ab Version 7.0 installiert wird)
- **Task Scheduler 2.0 Scripting Objects** zum Zugriff auf den neuen Zeitplandienst in Vista
- **OLEDB Provider for Windows Search (MSIDXS)** zur Suche im Vista-Dateisystem

.NET-basierte Schnittstellen

Die .NET-basierten Schnitsttellen in Windows Vista sind im **.NET Framework 3.0** zusammengefasst. Gegenüber dem .NET Framework 2.0 bietet die Version 3.0 folgende neuen Bibliotheken:

- Die **Windows Presentation Foundation (WPF)** für grafische Benutzerschnittstellen (Codename Avalon)
- Die **Windows Communication Foundation (WCF)** für Fernaufruf und Anwendungskopplung (Codename Indigo)
- Mit der **Windows Workflow Foundation (WF)** können Entwickler eigene Anwendungen um rechnergesteuerte Arbeitsabläufe erweitern.
- **Windows Cardspaces** ist eine Bibliothek zur Verwaltung digitaler Identitäten.

> **.NET Framework 3.0**
>
> Das .NET Framework 3.0 besteht aus der gleichen Laufzeitumgebung (Common Language Runtime – CLR) wie das .NET Framework 2.0. Auch die Syntax der Programmiersprachen ist gleich. Neu sind lediglich die zusätzlichen Bibliotheken, die optional verwendet werden können.
>
> Das .NET Framework 2.0 kann auch auf älteren Windows-Versionen als Add-on installiert werden. Allerdings lassen sich die neuen oben genannten Bibliotheken nur auf Windows XP und Windows Server 2003 installieren.

5.9 Neuerungen in Windows 7 und Windows Server 2008 R2 im Überblick

Windows 7 und Windows Server 2008 Release 2 („R2") enthalten:
- .NET Framework 3.5 (das genau wie .NET Framework 3.0 eine echte Erweiterung zu .NET Framework 2.0 ist)
- Windows PowerShell 2.0 mit erheblichen Erweiterungen gegenüber der Version 1.0
- Zahlreiche PowerShell-Module (z.B. Active Directory, DHCP, BITS, Clustering, IIS, Network Load Balancing, Server Manager, Server Migration, Remote Desktop, Server Backup), mit denen sich Bereiche des Betriebssystems mit Commandlets und PowerShell-Navigationsprovidern automatisieren lassen, die bisher nur umständlicher über .NET-, ADSI- oder WMI-Klassen verwendet werden konnten.
- Windows Script Host (WSH) Version 5.8 (mit neuen Funktionen nur für JScript, was in diesem Buch nicht besprochen wird)

6 Scripting-Schnellstart

Wenn Sie noch nie ein Script unter Windows erstellt haben, werden Ihnen die folgenden vier Beispiele erste Erfolgserlebnisse bereiten.

Voraussetzung für das erste Beispiel ist, dass Sie den Windows Script Host (WSH) installiert haben. Sie sollten in Ihrem Windows-Verzeichnis eine Datei *WScript.exe* finden. Diese Voraussetzung ist in Windows-Betriebssystemen ab Windows 2000 automatisch erfüllt. Unter Windows 98 ist der WSH in der Version 1.0 eine Installationsoption; unter NT 4.0 gibt es den WSH nur als separates Add-on. Wenn der WSH 2.0 (oder höher) nicht vorhanden ist, installieren Sie ihn bitte von der Buch-CD aus dem Verzeichnis */install/hosts/wsh*. Voraussetzung für das zweite Beispiel ist ein installierter Internet Explorer ab Version 5.0.

WSH ab 2.0 und IE ab 5.0

Die beiden Scripts befinden sich natürlich auch auf der Buch-CD [CD:/Code/Einfuehrung/]. Jedoch sollten Sie sich an dieser Stelle durchaus die Mühe machen, die Scriptdateien selbst zu erstellen.

6.1 Ein einfaches Script für den Windows Script Host

So erstellen Sie Ihr erstes Script für den Windows Scripting Host in der Sprache Visual Basic Script:

Ihr erstes Script

- Legen Sie eine Textdatei an, indem Sie irgendwo auf dem Desktop oder in einem Verzeichnis im Dateisystem im Kontextmenü *Neu|Textdatei* wählen. Es erscheint eine Datei *Neue Textdatei.txt*.
- Benennen Sie die Datei in *ErstesSkript.vbs* um. Bestätigen Sie die Nachfrage des Betriebssystems, ob die Dateierweiterung wirklich geändert werden soll.
- Wählen Sie aus dem Kontextmenü der Datei *Bearbeiten*, so dass sich der Notepad öffnet. (Sofern Sie einen anderen Editor installiert haben, mag jetzt dieser gestartet werden.)
- Geben Sie Folgendes in die erste Zeile ein:

```
MsgBox "Ab heute kann ich skripten!"
```

- Speichern Sie die Änderungen ab. Sie können den Editor schließen, müssen es aber nicht.
- Doppelklicken Sie auf die Datei *ErstesSkript.vbs*. Wenn Sie alles richtig gemacht haben und das System Ihnen wohlgesonnen ist, wird die nachstehend abgebildete Dialogbox erscheinen.

Bild 6.1
Ausgabe des Scripts „ErstesSkript.vbs" (Ausgabe auf Windows 2000)

Kapitel 6 **Scripting-Schnellstart**

Bild 6.2
Ausgabe des Scripts „Erstes-Skript.vbs" (Ausgabe auf Windows Server 2008 R2)

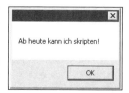

Bild 6.3
Ausgabe des Scripts „Erstes-Skript.vbs" (Ausgabe auf Windows 7)

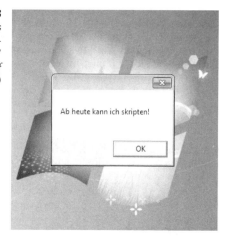

HINWEIS: Auf neueren Betriebssystemen wird man nicht nur eine andere Gestaltung des Fensters (einschließlich der Fensterbreite) feststellen, sondern auch der Entfall der automatischen Dialogfensterüberschrift, wenn kein Fenstertitel angegeben ist. Einen Fenstertitel kann man als dritten Parameter angeben: `MsgBox "Ab heute kann ich skripten!",,"Mein erstes Skript"`

Bild 6.4
Ausgabe mit der zusätzlichen Angabe des Dialogfenstertitels

6.2 Ein komplexeres Script mit zwei Sprachen für den Internet Explorer

Ihr zweites Script Das zweite Beispiel wird Ihnen bereits zeigen, wie Sie zwei Scriptsprachen innerhalb einer Scriptdatei mischen können. Als Scripting Host wird der Internet Explorer eingesetzt.

- Legen Sie eine Textdatei an, indem Sie irgendwo auf dem Desktop oder in einem Verzeichnis im Dateisystem im Kontextmenü *Neu | Textdatei* wählen. Es erscheint eine Datei *Neue Textdatei.txt*.
- Benennen Sie die Datei um in *ZweitesSkript.htm*. Bestätigen Sie die Nachfrage des Betriebssystems, ob die Dateierweiterung wirklich geändert werden soll.
- Wählen Sie aus dem Kontextmenü *Öffnen mit* und dort *Notepad*. (Wenn Sie einen HTML-Quelltexteditor auf Ihrem System haben, können Sie auch diesen nutzen.)
- Geben Sie die folgenden Zeilen ein:

```
<HTML>Beispiel für die Mischung von ActiveX-Sprachen
<SCRIPT language="JavaScript">
// ----- Unterroutine in Jscript
function jadd(a,b)
{ return(a+b) }
</script>
<script language="VBScript">
' ------ Hauptprogramm in VBScript
x = 5
y = 6
Ergebnis = jadd(x,y) ' JScript zur Addition nutzen
msgbox x & " + " & y & " = " & ergebnis
</SCRIPT></HTML>"
```

- Speichern Sie die Änderungen ab. Sie können den Editor schließen, müssen es aber nicht.
- Doppelklicken Sie auf die Datei *ZweitesSkript.htm*. Wenn Sie alles richtig gemacht haben und das System korrekt arbeitet, wird der Internet Explorer mit nachstehend abgebildeter Dialogbox erscheinen.

Bild 6.5
Ausgabe des Scripts im Internet Explorer

6.3 Benutzer aus dem Active Directory exportieren

Zur Einstimmung auf die großen Möglichkeiten im Scripting des Active Directory soll hier ein Beispiel dienen, das eine Liste aller Benutzer in einem bestimmten Active Directory-Container, z.B. dem Users-Container, oder einer Organisationseinheit (OU) ausgibt. Das Script umfasst die folgenden Schritte:

1. Festlegung des aufzulistenden Ordners in einer Konstanten zu Beginn des Scripts. In dieser Konstante müssen Sie einen gültigen Active Directory-Container Ihres

Kapitel 6 Scripting-Schnellstart

eigenen Netzwerks in Form eines LDAP-Pfads eintragen. Der Pfad muss mit `LDAP://` beginnen, wobei die komplette Großschreibweise des Worts LDAP zu beachten ist.

2. `GetObject()` holt eine Referenz auf den Verzeichniscontainer und speichert diese in der Variablen `oContainer`.
3. Der Befehl `oContainer.Filter = Array("user")` dient dazu, die folgende Ausgabe auf die Benutzerkonten zu beschränken. Sonst würden auch in dem Container enthaltene Benutzergruppen und andere Verzeichnisdienstobjekte ausgegeben. Sowohl Gruppen als auch Benutzer erhalten Sie mit `oDomain.Filter = Array("user", "group")`.
4. `WScript.Echo` gibt den Namen des aufzulistenden Containers aus.
5. `For Each...Next` bildet eine Schleife, in der nacheinander alle Benutzerkonten an die Variable `oUser` gebunden werden.
6. Innerhalb der Schleife wird zu jedem Benutzer der Verzeichnisname, der Anzeigename und der Beschreibungstext ausgegeben.

Listing 6.1
Liste der Benutzer in einem Active Directory-Container [Benutzerliste.vbs]

```
Const Pfad = "LDAP://ou=Agents,dc=fbi,dc=org"
Set oContainer = GetObject(Pfad)
oContainer.Filter = Array("user")
wscript.echo "Liste der Benutzer in: " & oContainer.Name
For Each oUser In oContainer
    wscript.echo oUser.Name & ";" & _
    oUser.DisplayName & ";" & _
    oUser.Description
Next
```

Schritte Geben Sie das Script in einem Editor ein (oder verwenden Sie das Script auf der Buch-CD-ROM). Vergessen Sie nicht, den Pfad in der ersten Zeile auf Ihre Umgebung anzupassen. Speichern Sie das Script unter dem Namen *benutzerliste.vbs*. Das Script sollte man unbedingt mit *cscript.exe* in der DOS-Eingabeaufforderung starten, also z.B. mit

```
cscript.exe benutzerliste.vbs
```

Würde man das Script mit dem Standardhost *wscript.exe* starten, würde für jedes Benutzerkonto ein Dialogfenster erscheinen. Die nächste Abbildung zeigt die mögliche Ausgabe, die man auch sehr einfach in eine Textdatei umleiten kann:

```
cscript.exe benutzerliste.vbs >Ausgabedatei.cvs
```

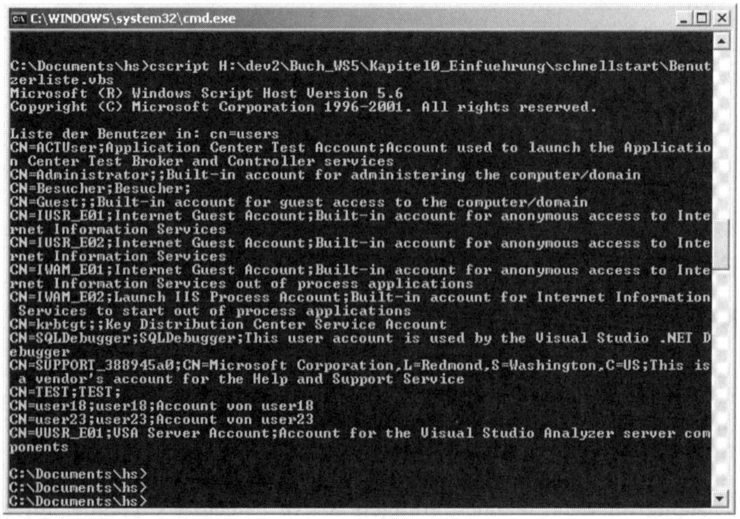

Bild 6.6
Ausgabe der Liste der Benutzer im Active Directory-Container „Users"

58

Wenn Microsoft Excel installiert ist, lädt ein Doppelklick auf die durch Semikola getrennte Datei die Daten in Excel. Aus Microsoft Access heraus kann die Datei sehr einfach mit der Import-Funktion in eine Datenbank eingelesen werden.

Das obige Script im Listing kann auch in NT 4.0-Domänen eingesetzt werden. Dann ist als Pfad aber „WinNT://domaenenname" anzugeben. Auch hier ist die Groß-/Kleinschreibung von WinNT exakt zu beachten.

6.4 Ein PowerShell-Beispiel

Für dieses Beispiel müssen Sie zunächst einmal die Windows PowerShell installieren (außer wenn Sie Windows 7 oder Windows Server 2008 R2 benutzen, wo die PowerShell schon im Standard installiert ist). Die PowerShell ist auf der Buch-CD-ROM enthalten (*/install/powershell*) bzw. bei Windows Server 2008 unter den optionalen Features zu finden.

1. Starten Sie die PowerShell.
2. Geben Sie folgenden Befehl ein:
   ```
   get-wmiobject Win32_useraccount | where-object {$_.passwordexpires -eq 0 } | select-object Name,Domain
   ```
3. In der Ausgabe sehen Sie dann eine Liste der Benutzerkonten, deren Kennwort nicht abläuft.

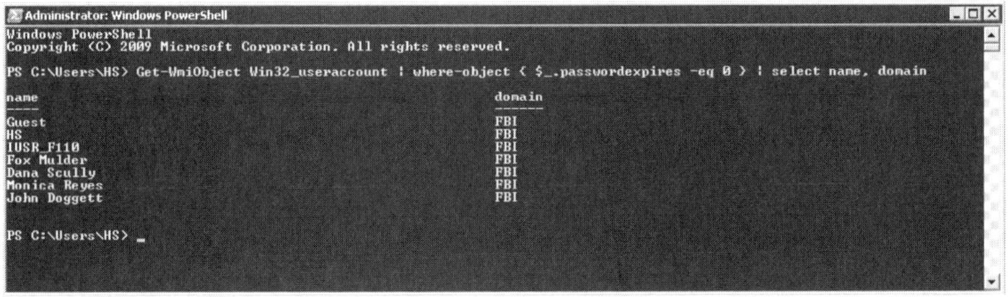

Bild 6.7
Liste der Benutzerkonten, bei denen man das Kennwort nicht wechseln muss

Active Scripting (insbes. WSH 5.8)

7	Das Component Object Model (COM)	63
8	Die Visual Basic-Sprachfamilie	139
9	Die Scripting Hosts	211
10	Basisfunktionen	321
11	Verzeichnisdienste	371
12	Universal-Scripting-Komponenten	507
13	Benutzerschnittstelle	625
14	Daten und Dokumente	645
15	Netzwerk und Kommunikation	721
16	Sicherheitskomponenten	745
17	Sonstige Scripting-Komponenten	749
18	Werkzeuge	765
19	Fortgeschrittene Active Scripting-Techniken	829
20	Fallbeispiele	921

7 Das Component Object Model (COM)

Dieses Kapitel stellt die Aspekte von COM dar, die aus der Sicht eines Komponentennutzers wichtig sind. Dazu gehört auch ein gewisses Maß an Theorie. Die in diesem Zuge vermittelten theoretischen Grundlagen werden Sie in den Stand versetzen, COM-Komponenten wesentlich besser verstehen und gebrauchen zu können. Außerdem werden Sie lernen, die Dokumentationen von Komponenten besser zu verstehen.

Inhalt

Das Kapitel beginnt mit einer zunächst kurzen Erklärung grundlegender Begriffe wie *Binärstandard*, *Laufzeitumgebungen*, *Komponente*, *Klasse*, *Schnittstelle*, *Typbibliothek*, *GUID*, *Moniker* etc. Auf diesen knappen Definitionen aufbauend folgt die ausführlichere Darstellung aller wichtigen Bausteine und Konzepte von COM. Das Kapitel ist eher referenzartig aufgebaut – scheuen Sie sich nicht, einem der zahlreichen Querverweise zu folgen, wenn Sie nähere Erläuterungen zu einem Begriff benötigen.

Aufbau

Wenn Sie darüber hinaus mehr über die Interna von COM oder die Komponentenprogrammierung mit C++ erfahren wollen, so sind das Buch des COM-Experten Don Box [BOX98] und das COM+-Werk von Eddon und Eddon [EDD00] zu empfehlen. Detaillierte Informationen erhalten Sie auch auf der Microsoft COM-Site [MCO00], in der MSDN Library [MSD01d] und bei der Open Group [ATX00].

Weitere Informationen

Das Component Object Model (COM) hat in dem .NET Framework (NET FX) seit dem Jahr 2002 einen mächtigen Nachfolger. Allerdings basiert das Active Scripting weiterhin auf .NET und Microsoft stellt auch in Windows 7 und Windows Server 2008 R2 einige Funktionen weiterhin nur in Form von COM-Komponenten zur Verfügung.

7.1 Binärstandard

COM ist ein Binärstandard für Komponenten und daher programmiersprachenunabhängig. Binärstandard bedeutet, dass

Binärstandard

- es einen definierten Satz von Datentypen gibt,
- es eine definierte Umsetzung dieser Datentypen in Byte-Folgen gibt (z.B. wie eine Zeichenkette im Speicher abgelegt wird),
- es einen festgelegten Mechanismus gibt, wie ein bestimmter Block von Programmcode lokalisiert und aufgerufen wird.

7.2 Programmiersprachen für COM

COM ist grundsätzlich programmiersprachenunabhängig. Die Arbeit mit COM-Komponenten verlangt einer Programmiersprache die Unterstützung des COM-Binärstandards ab. Sofern diese Unterstützung implementiert ist, kann die Sprache mit einer Vielzahl unterschiedlicher COM-Objekte aus verschiedenen COM-Komponenten zusammenarbeiten.

Es sind inzwischen viele Sprachen verfügbar, die COM unterstützen. Diese Sprachen werden als COM-fähige Sprachen (engl. COM-enabled languages) bezeichnet.

Dabei bieten die meisten Sprachen eine Zwei-Wege-Unterstützung. Das bedeutet, dass es sowohl möglich ist, bestehende Komponenten zu nutzen als auch in dieser Sprache eigene Komponenten zu erzeugen.

Verfügbare Sprachen Die folgende Liste zeigt eine Auswahl der COM-fähigen Programmiersprachen. Bei einigen dieser Sprachen ist die COM-Fähigkeit allerdings nicht integraler Bestandteil, sondern ein Add-on, das zusätzlich installiert werden muss.

- Visual Basic
- VBScript
- Visual Basic for Applications
- Delphi
- Visual C++ (Microsoft C++-Variante)
- Visual J++ (Microsoft Java-Variante)
- JScript
- Haskell
- Perl
- REXX
- PHP4
- DialogAPL
- alle .NET-Sprachen (C#, VB.NET, JScript .NET, J# etc.)

> **Scriptsprachen** Früher boten die ActiveX-Scriptsprachen wie VBScript und JScript nur eine Ein-Weg-Unterstützung für COM. Durch das Konzept der Scriptlets können aber inzwischen auch in Scriptsprachen neue COM-Komponenten geschaffen werden.

7.3 COM-Laufzeitumgebungen

Vereinfachungen für COM COM ist ein komplexes Modell und der direkte Zugriff auf COM ist entsprechend anspruchsvoll. Als Entwickler ist eine bessere Unterstützung bei der Nutzung und Erstellung von Komponenten wünschenswert. Dies fasst Griffel in dem Satz „DCOM liefert ... kein Komponentenframework im eigentlichen Sinne" [GRI98, Seite 84] zusammen.

Daher existieren für verschiedene Programmiersprachen Laufzeitumgebungen, die den Zugriff auf die Funktionen der COM-Bibliothek und den Umgang mit einzelnen COM-Komponenten ebenso wie die Implementierung neuer COM-Komponenten vereinfachen. Diese Laufzeitumgebungen bieten Implementierungen für verschiedene COM-Standardschnittstellen (insbesondere IUnknown und IDispatch) und ermöglichen somit die einfache Nutzung zahlreicher COM-Dienste.

COM-Laufzeitumgebungen

Die Laufzeitumgebungen der verschiedenen COM-fähigen Programmiersprachen sind nicht zu verwechseln mit der COM-Bibliothek, welche das Application Programming Interface (API) von COM verkörpert (siehe Kapitel 7.15).

Leider hat bisher jede COM-fähige Sprache ihre eigene Laufzeitumgebung und daher ihre eigene Weise der COM-Programmierung. Eine einheitliche Laufzeitumgebung für COM-Komponenten ist bislang nicht vorhanden. Der COM-Standard definiert nur, wie Komponenten auf binärer Ebene genutzt werden sollen; aus der Sicht des Programmierers ergeben sich jedoch je nach Sprache, in der der COM-Client implementiert werden soll, große Unterschiede in der Art des Umgangs mit den Komponenten.

Uneinheitlichkeit

Die *VB Runtime* für Visual Basic und *Active Template Library (ATL)* für Visual C++ sind zwei Ansätze für eine Laufzeitumgebung. Die ATL befreit den C++-Entwickler beispielsweise davon, den QueryInterface()-Mechanismus und die Referenzzählung mit AddRef() und Release() für jede COM-Klasse selbst zu implementieren. (Diese Funktionen werden in Kapitel 7.15 erläutert!)

VB Runtime, ATL

Es wäre wünschenswert, wenn COM selbst eine solche Laufzeitumgebung bereitstellen würde, damit diese Laufzeitumgebung für alle Sprachen gleich wäre. Dieses Feature war ursprünglich für COM+ angekündigt (vgl. die inzwischen berühmte Ankündigung einer COM+-Laufzeitumgebung von Mary Kirtland aus dem Microsoft Systems Journal [KIR98]), wurde jedoch nicht realisiert.

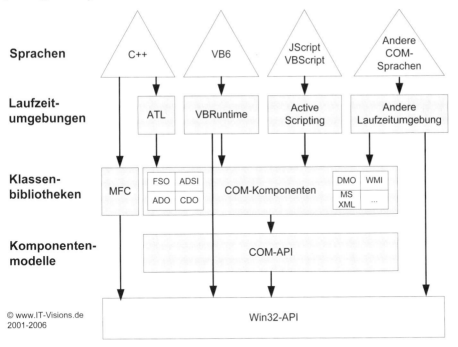

Bild 7.1 Verschiedene Laufzeitumgebungen in COM

Kapitel 7 Das Component Object Model (COM)

7.4 COM-Bausteine

Bausteine Die COM-Spezifikation definiert eine Reihe von Bausteinen (hier sollte man nicht von „Objekten" sprechen, weil der Begriff Objekt in der objektorientierten Programmierung bereits als Bezeichnung für die Instanz einer Klasse benutzt wird – vgl. Anhang A). Diese Bausteine betreffen einerseits den Aufbau einer Komponente, andererseits auch die mit einer Komponente in Beziehung stehenden Konfigurationsdaten. Die wichtigsten COM-Bausteine und ihre Beziehungen zueinander sind in der folgenden Grafik in Form eines aus der Datenmodellierung bekannten Entity-Relationship-Diagramms (ER-Diagramm) dargestellt. Das ER-Diagramm zeigt auch weitere COM-spezifische Konzepte, die in diesem Kapitel noch erläutert werden (siehe folgende Abbildung).

Bild 7.2
ER-Diagramm der Bausteine von COM (Windows 9x/ME/2000)

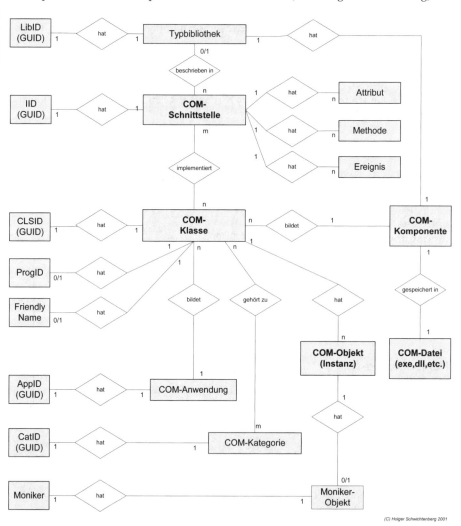

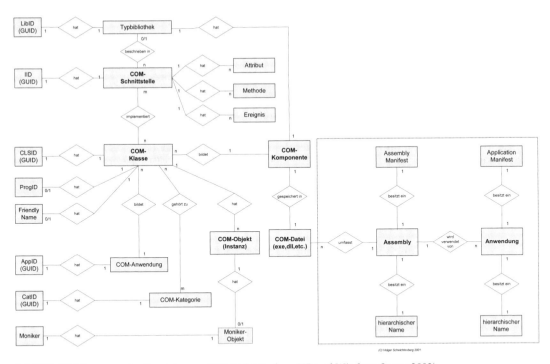

Bild 7.3: *ER-Diagramm der Bausteine von COM (ab Windows XP und Windows Server 2003)*

7.4.1 Die wichtigsten Bausteine im Kurzüberblick

COM-Komponenten sind objektorientierte Komponenten in dem in Anhang A beschriebenen Sinne. Sie sind die binäre Form einer Menge von COM-Klassen.

Komponente

 Nicht jede Ansammlung von Klassen im objektorientierten Sinne ist aber eine (COM-)Komponente. So kann eine Anwendung auf Klassen basieren, die mangels der Implementierung von COM-Standardschnittstellen keine COM-Klassen sind und daher auch keine COM-Komponente bilden.

Eine weitere Verwirrung in der COM-Begrifflichkeit entsteht dadurch, dass zum Teil die Begriffe Klassenbibliothek, Objektbibliothek oder COM-Bibliothek synonym mit COM-Komponente benutzt werden. Dabei ist der Begriff COM-Bibliothek natürlich besonders ungeeignet, da er in Konflikt mit der eigentlichen COM-Bibliothek steht, die Teil der Standardimplementierung von COM ist.

Klassenbibliothek

Eine *COM-Komponente* fasst COM-Klassen zu einer Einheit zusammen. Eine COM-Komponente enthält mindestens eine COM-Klasse; in der Regel sind es jedoch mehrere Klassen. Weitere Informationen zu COM-Klassen finden Sie in Kapitel 7.10.

Klasse

Wenn eine COM-Klasse instanziiert wird, entsteht ein COM-Objekt (Instanz der Klasse).

Objekt

Eine *COM-Klasse* ist die Implementierung einer oder mehrerer COM-Schnittstellen, wobei jede Schnittstelle eine beliebige Anzahl von Methoden umfasst. Weitere Informationen zu COM-Schnittstellen finden Sie in Kapitel 7.11.

Schnittstelle

Eine *Typbibliothek* (engl. Type Library, kurz: TypeLib) enthält eine formale Beschreibung der Klassen und ihrer Schnittstellen und deren Mitglieder. Eine COM-Komponente kann

Typbibliothek

eine Typbibliothek haben, sie muss aber keine haben. Typinformationen sind Thema in Kapitel 7.13.

COM-Anwen- Eine *COM-Anwendung* fasst eine oder mehrere COM-Klassen zusammen und ermög-
dungen licht die gemeinsame Konfiguration dieser Klassen. Zahlreiche Einstellungen (z.B. Sicherheitseinstellungen) sind nur auf Anwendungsebene, nicht jedoch für eine einzelne Klasse konfigurierbar. Jede COM-Klasse kann nur einer COM-Anwendung angehören. Alle Einstellungen einer COM-Anwendung gelten für alle zugehörigen Klassen. Mehr Informationen zu COM-Anwendungen finden Sie in Kapitel 7.18.

Kompo- *COM-Kategorien* stellen eine Möglichkeit dar, COM-Klassen zu kategorisieren. Die
nenten- Kategorisierung dient dazu, leichter feststellen zu können, ob ein COM-Client und ein
kategorien COM-Server zusammenpassen. Mehr Informationen zu COM-Komponentenkategorien finden Sie in Kapitel 7.19.

Assembly Eine *Assembly* ist eine feste Ansammlung von einer oder mehreren Komponentendateien, die zum Zwecke der Versionierung zusammengefasst werden. Eine Assembly besitzt eine Konfigurationsdatei, die Assembly Manifest heißt. Ein Assembly Manifest ist eine XML-Datei.

Eine Assembly soll einen hierarchischen Namen besitzen in der Form

```
Firmenname.Anwendungsname.Anwendungsteil.Komponentenname
```

Das Konzept der Assemblies wurde erst mit Windows „Whistler" (Windows XP und Windows Server 2003) eingeführt. Assemblies und Manifeste in COM sind ähnlich, aber nicht gleich den Assemblies und Manifesten im .NET Framework.

Client und **COM-Server und COM-Client** Oft wird auch der Begriff *COM-Server* für eine Kompo-
Server nente verwendet. Dieser Begriff stellt in den Vordergrund, dass eine Komponente ein Dienstanbieter ist. In Abgrenzung dazu heißt der Nutzer *COM-Client*. Ein COM-Client kann eine „normale" Anwendung, ein Script oder wiederum eine Komponente sein.

Die Begriffe *COM-Server* und *COM-Client* werden immer dann benutzt, wenn klar abgegrenzt werden soll, wer Dienstnutzer und wer Dienstanbieter ist. Ein COM-Client kann natürlich selbst wiederum ein COM-Server für einen anderen COM-Client sein. Aus der Sicht eines COM-Clients ist ein COM-Server lokal (d.h. auf dem gleichen Rechnersystem) oder entfernt (engl. remote, d.h. auf einem anderen physikalischen Rechner).

Oft werden die Begriffe COM-Server und COM-Client auch für einzelne COM-Objekte und nicht nur für ganze COM-Komponenten verwendet.

7.4.2 Global Unique Identifier (GUIDs)

GUIDs Die Spezifikation von COM verlangt, dass zentrale Bausteine der Komponentenarchitektur eindeutig identifizierbar sind. Diese Kennung soll nicht nur innerhalb eines Systems, sondern über Raum und Zeit eindeutig sein. Derartige Kennungen werden in COM *Global Unique Identifier* (kurz: *GUIDs*) genannt. Einige Autoren sprechen auch von Universal Unique Identifier (kurz: UUID). Der Nummernraum soll theoretisch ausreichen, um in der Zukunft auch über unseren eigenen Planeten hinaus Eindeutigkeit zu gewährleisten.

DCE- GUIDs werden mit Hilfe eines im *Distributed Computing Environment (DCE)* der *Open*
Algorithmus *Software Foundation (OSF)* spezifizierten Algorithmus aus dem Netzwerknamen des Computers und der genauen aktuellen Uhrzeit gebildet. Sofern der Computer über keinen Netzwerknamen verfügt, wird eine Zufallszahl gebildet, die höchstwahrscheinlich eindeu-

tig ist. Die Eindeutigkeit ist wahrscheinlich auf Grund der Größe der GUIDs: Sie umfasst 16 Byte (128 Bit), also einen Bereich von rund 3,4028236e+38 Werten (2 hoch 128). Im Kontext mit einem bestimmten Baustein haben die GUIDs besondere Namen (vgl. Tabelle 7.1).

> Die OSF ist ein Konsortium von Soft- und Hardwareherstellern. DCE definiert eine Umgebung für verteilte Systeme mit Werkzeugen und Diensten für verteilte Anwendungen. Zentraler Dienst im DCE ist der Remote Procedure Call (RPC), der entfernte Aufruf von Unterroutinen.

COM-Baustein	GUID-Name
COM-Klasse	Class Identifier (CLSID)
COM-Schnittstelle	Interface Identifier (IID) oder Interface Pointer Identifier (IPID)
COM-Typbibliothek	Library Identifier (LibID)
COM-Komponentenkategorie	Category Identifier (CatID)
COM-Anwendung	Application Identifier (AppID)

Tabelle 7.1 Verschiedene Typen von GUIDs in COM

GUIDs werden in der Regel als eine 16-stellige hexadezimale Zahl dargestellt, eingerahmt in geschweifte Klammern. GUIDs können mit dem Werkzeug GUIDGEN (*guidgen.exe*) erzeugt werden. GUIDGEN wird u.a. mit Visual Studio 6.0 ausgeliefert.

GUIDGEN

Beispiel	GUID
VBScript Scripting Engine	{B54F3741-5B07-11cf-A4B0-00AA004A55E8}
Microsoft Word 2000	{000209FF-0000-0000-C000-000000000046}
Klasse für LDAP Namespace	{228D9A82-C302-11cf-9AA4-00AA004A5691}
IUnknown-Schnittstelle	{00000000-0000-0000-C000-000000000046}
IDispatch-Schnittstelle	{00020400-0000-0000-C000-000000000046}

Tabelle 7.2 Beispiele für GUIDs in COM

Folgende Identifikatoren in Zusammenhang mit COM sind keine GUIDs:
- so genannte *Local Identifier (LCID)*, die Regionen bezeichnen
- Dispatch-IDs (vgl. Kapitel 7.14)
- ProgIDs (vgl. Kapitel 7.10)

Manchmal benötigt man in Scripts eine zufällige, aber eindeutige Bezeichnung. In diesem Fall kann man mit dem Script in dem nachfolgenden Listing einen GUID erzeugen.

```
' === Teste das Erzeugen eines GUID
Sub GUIDTest()
MsgBox CreateGUID(), , "Eine neue GUID"
End Sub

' ### Hilfsfunktion: Erzeugen eines GUID
Function CreateGUID()
    Set o = CreateObject("Scriptlet.TypeLib")
    tg = o.guid
    ' letzte zwei Zeichen abziehen
    CreateGUID = Left(tg, Len(tg) - 2)
End Function
```

Listing 7.1 Erzeugen eines GUID

7.4.3 Moniker

Moniker Die Namen für Instanzen heißen in der COM-Welt *Moniker* (engl.: Spitzname). Moniker sind eine textliche Repräsentation der Pfadangabe zu einem Objekt. Sie sind keine GUIDs. Es ist keine Pflicht für eine Instanz, einen Moniker zu haben.

Moniker haben die Form einer im Internet gebräuchlichen Uniform Resource Locator (URL). Eine URL hat die allgemeine Form

```
Protokoll:Protokoll-spezifischer Teil
```

Ein Moniker hat die Form

```
Moniker-Typ:Moniker-Typ-spezifischer Teil
```

Ein Moniker-Typ wird auch als Moniker-ProgID bezeichnet.

Tabelle 7.3
Ausgewählte Beispiele für Moniker-Typen

Moniker-Typ	Erläuterung
File://	Datei oder Ordner im Dateisystem
WinNT://	Objekt im NT 4.0-Verzeichnisdienst
LDAP://	Objekt in einem LDAP-Verzeichnisdienst
HTTP://	Objekt in einem Webordner bzw. im Exchange-Webstore

Tabelle 7.4
Beispiele für Moniker

Objekt	Moniker-Beispiel
Moniker für eine Word-Datei	*file://server/freigabe/verzeichnis/datei.xls*
Moniker für einen Registrierungsschlüssel	*rgy://hkey_local_machine\software\it-visions*
Moniker für ein Verzeichnisobjekt	*ldap://XFilesServer01/cn=FoxMulder,ou=Agents,dc=fbi, dc=org*
Moniker für eine WWW-Adresse	*http://www.windows-scripting.de/book*

Weitere Informationen zu Monikern finden Sie in der MSDN Library [MSD01b].

7.5 COM-Dienste

Dienste Während Dienste im Rahmen der CORBA-Architektur eine zentrale Rolle einnehmen, ist der Begriff *Dienst* in der COM-Spezifikation unscharf. Folglich kommt es zu sehr unterschiedlichen Abgrenzungen der COM-Dienste. Diese sind keineswegs Windows-Dienste, sondern basieren darauf, dass COM-Klassen bestimmte COM-Standardschnittstellen implementieren. Ein COM-Objekt kann einen Dienst nutzen, wenn seine Klasse die für den Dienst notwendigen Schnittstellen implementiert. Als COM-Dienste werden in der Regel betrachtet:

- Statischer Methodenaufruf via Standardschnittstelle IUnknown (siehe Kapitel 7.14)
- Automation: dynamischer Methodenaufruf über die Standardschnittstelle IDispatch (siehe Kapitel 7.14)

- Namensdienst: Identifizierung bestehender Instanzen (siehe Kapitel 7.17.3)
- Sicherheit: Sicherheitseinstellungen für Komponenten (siehe Kapitel 7.22)
- Ereignisse: Objekte melden das Eintreten von Zuständen an ihren Client (siehe Kapitel 7.12)
- ActiveX-Steuerelemente: visuelle Elemente
- ActiveX-Dokumente (Object Linking and Embedding): Zusammensetzung von Dokumenten aus unterschiedlichen Dokumententypen
- Structured Storage: Persistenz für Objekte (siehe Kapitel 7.21)
- Distributed COM (DCOM): Zugriff auf entfernte Komponenten (siehe Kapitel 7.16)

Der Microsoft Transaction Server und COM+ erweitern COM um einige weitere Dienste (siehe Kapitel 7.24 und 7.25).

7.6 COM-Konfigurationsdaten

Die Informationen über die Komponenten und deren Konfiguration müssen an einem zentralen Ort gespeichert werden. Konfigurationsspeicher für COM war bis Windows XP allein die Registrierungsdatenbank. Ab Windows XP können Konfigurationsdaten auch in XML-Konfigurationsdateien im Pfad der Anwendung gespeichert werden. Die ursprünglichen Pläne eines in den Active Directory-Verzeichnisdienst integrierten *Class Store* sind bisher entgegen anders lautender Vorankündigungen nicht umgesetzt worden.

COM in der Registrierungsdatenbank

7.6.1 Die Registrierungsdatenbank als Konfigurationsspeicher

Folgende Orte in der Registrierungsdatenbank enthalten für COM relevante Informationen:

- *HKEY_CLASSES_ROOT* (äquivalent zu *HKEY_LOCAL_MACHINE\software\classes*) ist der Hauptstandort für COM-Informationen.
- *HKEY_LOCAL_MACHINE\software\Microsoft\OLE* enthält globale COM-Konfigurationseinstellungen.
- *HKEY_LOCAL_MACHINE\software\microsoft\rpc* enthält die Konfiguration der DCOM-Netzwerkprotokolle.

Referenz

> Dieses Buch dokumentiert nur ausgewählte Schlüssel und Unterschlüssel. Die MSDN Library enthält eine komplette Referenz der COM-Registrierungsdatenbankschlüssel [MSD01e]. Allgemeine Informationen zur Registrierungsdatenbank als Informationsspeicher für COM gibt es in [MS01f].

HKEY_CLASSES_ROOT Der Inhalt des Registrierungsdatenbankwurzelschlüssels HKEY_CLASSES_ROOT ist sehr unübersichtlich, weil dort verschiedenartige Informationen abgelegt sind:

HKEY_CLASSES_ROOT

- Dateierweiterungen (File Extension Keys): Da diese mit einem Punkt beginnen, stehen sie am Anfang der Liste (z.B. *.wri*).
- Die den Dateierweiterungen zugeordneten Dateitypen (z.B. *wrifile* für die Erweiterung *.wri*)
- ProgIDs der COM-Klassen (z.B. *Word.Document.8*)

- Moniker-Typen, z.B. HTTP://, FTP://, LDAP://, OUTLOOK://
- Unterschlüssel, in denen andere COM-Bausteine registriert sind (*CLSID*, *Interface*, *AppID*, *CATID*, *TypeLib*). Es wäre besser gewesen, für alle diese Informationstypen solche Unterschlüssel zu bilden, weil die Registrierungsdatenbank dann übersichtlicher wäre.

7.6.2 XML-Konfigurationsdateien

Manifest Windows „Whistler" (Windows XP und Windows Server 2003) unterstützen auch die Ablage von COM-Konfigurationsdaten in XML-Dateien. Diese XML-Dateien heißen *Manifeste*.

Assembly Gleichzeitig wird ein neues Konzept in COM eingeführt: Eine Assembly ist eine feste Ansammlung von einer oder mehreren Komponentendateien. Eine *Assembly* hat eine Konfigurationsdatei, die *Assembly Manifest* heißt. Ein *Assembly Manifest* umfasst folgende Daten:
- Ein Name der Assembly
- Eine Versionsnummer
- Die Typangabe „win32"
- Liste der Komponentendateien, die zu der Assembly gehören
- COM-Konfigurationsdaten, die COM für die Lokalisierung und Aktivierung dieser Komponenten benötigt
- Liste der abhängigen Assemblies – jeweils mit Versionsnummer

Application Manifest Eine Anwendung besitzt eine XML-Datei, die *Application Manifest* heißt. Ein *Application Manifest* umfasst folgende Daten:
- Ein Name der Anwendung
- Eine Versionsnummer
- Liste der abhängigen Assemblies – jeweils mit Versionsnummer

Ein ähnliches Konzept wird auch im .NET Framework verfolgt. Dort werden auch die Namen Assembly und Manifest verwendet. Das kann zu Verwirrung führen, da ein .NET-Manifest anders ist als ein COM-Manifest.

7.7 Komponentenarten

Bezüglich der Art und Weise, wie und wo COM-Komponenten gestartet werden, unterscheidet man verschiedene Arten von COM-Komponenten:
- prozessintern (engl. in-process, kurz: in-proc)
- prozessextern (engl. out-process, kurz: out-proc)
- lokal (engl. local)
- entfernt (engl. remote)

Prozessintern versus prozessextern **Prozessinterne** Komponenten laufen im Prozess des COM-Clients, während **prozessexterne** Komponenten in einem separaten Prozess mit einem eigenen Adressraum ausgeführt werden. Da prozessexterne COM-Komponenten keinen gemeinsamen Adressraum mit dem COM-Client besitzen, ist der Datenaustausch zwischen COM-Client und COM-Server sehr viel aufwändiger und damit langsamer als bei prozessinternen Komponenten. Prozessexterne Komponenten haben jedoch auch Vorteile: Ein Absturz der Komponente reißt nicht zwangsläufig auch den gesamten COM-Client in den Abgrund. Prozessexterne Komponenten sind also robuster. Außerdem können sie unabhängig von einem Client gestartet werden.

Eine lokale Komponente läuft auf demselben Rechner wie der COM-Client, eine entfernte Komponente auf einem anderen System. Eine Komponente, die ein entferntes COM-Server ist, muss natürlich immer in einem eigenen Prozess laufen, da ein Prozess mit einem rechnerübergreifenden Adressraum nicht möglich ist.

Lokal versus entfernt

Arten des Prozeduraufrufs Der direkte Aufruf einer Unterroutine ist nur dann standardmäßig möglich, wenn die Unterroutine im gleichen Adressraum wie die aufrufende Routine liegt. Man spricht dann von einem *Local Procedure Call (LPC)*. Nur In-process-Komponenten erfüllen diese Anforderung. Sobald die aufzurufende Unterroutine in einem anderen Prozess liegt, läuft sie in einem anderen Adressraum und ist daher über LPC nicht mehr erreichbar.

LPC

Der Aufruf einer Unterroutine in einem anderen Adressraum wird *Remote Procedure Call (RPC)* genannt. Dabei wird üblicherweise davon ausgegangen, dass diese Unterroutine sich auch auf einem anderen Rechner befindet.

RPC

In COM wird ein RPC aber auch bei der Verwendung von Objekten in Out-process-Komponenten auf demselben Rechner und zwischen verschiedenen Threads innerhalb eines Prozesses eingesetzt. Da allerdings die Inter-process-Kommunikation noch wesentlich einfacher ist als die Inter-system-Kommunikation, spricht man in solchen Fällen von einem *Lightweight RPC (LRPC)* oder *unechtem RPC*. Die grundsätzlichen Herausforderungen sind aber ähnlich wie beim *echten RPC*. Zusätzlich gilt es beim echten RPC jedoch, die Netzwerklast möglichst gering zu halten.

LRPC

Marshalling Der Funktionsaufruf erfolgt beim RPC/LRPC durch Nachrichtenaustausch. Der Vorgang ist aber für den Aufrufer und Empfänger transparent, d.h., er unterscheidet sich in der Form nicht von dem Aufruf der gleichen Funktion auf dem lokalen Rechner. Die Verteiltheit soll allenfalls am Performance-Unterschied erkennbar sein.

Marshalling

Um einen RPC/LRPC auszuführen, ist es notwendig, den Funktionsnamen und die Parameter in eine Nachricht (Paket) zu verpacken, die über das Netzwerk dem entfernten System bzw. dem anderen Prozess zugestellt wird. Ebenso müssen die Rückgabewerte nach Ende der Prozedur an den Aufrufer zurückgegeben werden. Eine besondere Herausforderung sind dabei Zeiger. Hier müssen Speicherbereiche übergeben werden, da eine Übergabe eines Zeigers zwischen Prozess- und Systemgrenzen hinweg sinnlos wäre. Der Vorgang der Parameterübergabe wird als *Marshalling* bezeichnet und findet im so genannten *Proxy* statt. Auf der Gegenseite erfolgt im *Stub* ein DeMarshalling. Das Format, in dem die Daten übertragen werden, heißt Network Data Representation (NDR).

Proxy und Stub

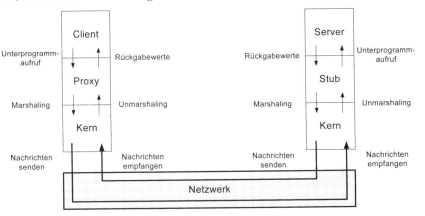

Bild 7.4
Ablauf eines RPC

Für Proxy und Stub sind auch einige andere Bedeutungen im Umlauf. So wird der Marshaller auf der Client-Seite auch *Client-Stub* oder *Server-Proxy* (Stellvertreter des Servers) genannt, während die Gegenseite jeweils analog *Server-Stub* oder *Client-Proxy* genannt wird.

Proxys und Stubs **Proxy- und Stub-Objekte** Proxys bzw. Stubs sind in COM/DCOM selbst COM-Objekte. Die COM-Bibliothek *ole32.dll* enthält für die meisten COM-Standardschnittstellen bereits fertige Proxy- und Stub-Objekte.

Es gibt drei Möglichkeiten des Marshalling für benutzerdefinierte Schnittstellen (siehe auch [GRM97]):

IDL-basiert
- **Standard Marshalling**
  Bei diesem Verfahren wird der so genannte MIDL-Compiler eingesetzt, um Proxy und Stub automatisch zu generieren. Dazu wird eine Schnittstellenbeschreibung in der Interface Definition Language (IDL) benötigt (zu IDL und MIDL siehe Kapitel 7.13).

IDispatch-basiert
- **TypLib Marshalling**
  Für das Marshalling von `IDispatch`-Schnittstellenzeigern sind keine eigenen Proxy-/Stub-Objekte nötig, da der so genannte *Automations-Marshaller* (auch: *Universal Marshaller*) von COM diese Aufgabe übernimmt. Er wird von Microsoft in Form der *OleAut32.dll* bereitgestellt.

Individuell
- **Custom Marshaller**
  Für spezielle Anwendungsfälle besteht auch die Möglichkeit, das Marshalling selbst zu implementieren. Custom Marshaller können bislang allerdings ausschließlich in C++ implementiert werden. Für einige wichtige Klassen liefern die Hersteller jedoch *Custom Marshaller* mit. Microsoft liefert im Rahmen der Data Access Components einen Custom Marshaller für die Klasse `ADODB.Recordset`, die relationale Tabellen speichern kann.

Proxy und Stub in Visual Basic Hochsprachen wie Visual Basic erzeugen Proxy- und Stub-Objekte automatisch. Ein Scriptprogrammierer braucht sich um das Marshalling nicht zu sorgen, da er sowieso nur `IDispatch` nutzen kann.

7.8 Verpackungsformen

COM-Dateien Eine sich aus COM-Klassen zusammensetzende COM-Komponente bildet eine abgeschlossene Einheit, die als solche in binärer Form in einer Datei im Dateisystem gespeichert wird.

Eine solche Komponentendatei enthält die Definition der Klassen und den Programmcode. Hier können jedoch keine Instanzen der Klassen gespeichert werden.

Dateiarten Es gibt inzwischen vier Dateiformen (Physical Packaging), die COM-Komponenten enthalten können:
- Dynamic Linking Libraries (*.dll*/*.ocx*)
- Ausführbare Windows-Dateien (*.exe*)
- Java-Klassen (*.class*)
- Scriptdateien (*Scriptlets* oder *Windows Script Components* genannt; *.sct* und *.wsc*)

Dabei ist *.dll* die häufigste Verpackungsform. Nicht jede *.exe*-, *.dll*- oder *.class*-Datei ist jedoch eine COM-Komponente. Die Dateierweiterung *.ocx* wird dagegen nur für COM-DLLs verwendet, die ActiveX-Steuerelemente enthalten.

Script Components *Windows Script Components (WSCs)* sind in Scriptsprachen geschriebene COM-Komponenten. Der Begriff WSC steht jedoch weder allgemein für Komponenten, die von Scripts aus genutzt werden können, noch für die Bausteine der Windows Scripting-Architektur.

J++ Nur mit Microsoft Visual J++ können Java-Klassen erzeugt werden, die auch COM-Komponenten sind. Da Microsoft die Weiterentwicklung von J++ nach einem Rechtsstreit mit Sun eingestellt hat, ist diese Variante von COM-Komponenten unwichtig. Microsoft bietet aber einen Migrationspfad von J++ zu Microsoft .NET unter dem Namen *JUMP* an.

In Anlehnung an den Begriff COM-Server spricht man auch von EXE-Servern für eine Komponente in einer *.exe*-Datei bzw. von DLL-Servern für eine Komponente in einer *.dll*-Datei.

Inhalt einer COM-DLL Eine COM-DLL erkennt man daran, dass sie die vier folgenden DLL-Funktionen (DLL-Einsprungpunkte) exportiert:

- DllRegisterServer

  Diese Funktion dient der Registrierung (d.h. der Eintrag in die Registrierungsdatenbank) der Komponente. Sie wird von der COM-Bibliothek aufgerufen. Es ist Aufgabe der Komponente, die Registrierung selbst zu implementieren. — *Registrierung*

- DllUnregisterServer

  Diese Funktion dient der Deregistrierung (d.h. die Entfernung aus der Registrierungsdatenbank) der Komponente. Sie wird von der COM-Bibliothek aufgerufen. Es ist Aufgabe der Komponente, die Deregistrierung selbst zu implementieren. — *Deregistrierung*

- DllGetClassObject

  Diese Funktion liefert einen Zeiger auf die Class Factory (siehe Kapitel 7.17) für eine bestimmte COM-Klasse zurück. Der Client kann danach die Class Factory aufrufen, die im Auftrag des Clients eine Instanz der COM-Klasse erzeugt. — *Instanz erzeugen*

- DllCanUnloadNow

  Mit dieser Funktion kann die COM-Bibliothek erfragen, ob die DLL nicht mehr gebraucht wird. Dies ist dann der Fall, wenn keine Instanzen von COM-Klassen in dieser Komponente mehr benutzt werden. Dazu gibt es in jeder Instanz eine Referenzzählung. Diese wird später im Zusammenhang mit der Standardschnittstelle IUnknown erläutert (Kapitel 7.14). — *Entfernbarkeit*

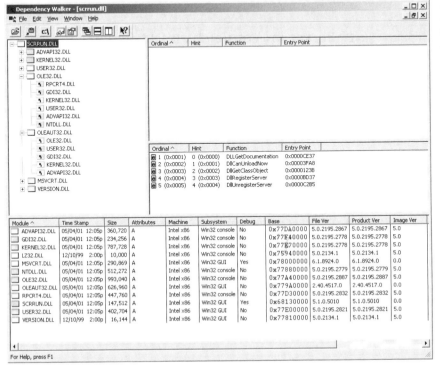

Bild 7.5 Betrachtung einer COM-DLL mit dem Werkzeug „Dependency Walker" (DEPENDS.EXE)

Kapitel 7 Das Component Object Model (COM)

Bei einer COM-EXE findet man diese Funktionen nicht.

Bild 7.6
Betrachtung einer COM-EXE mit dem Werkzeug „Dependency Walker" (DEPENDS.EXE)

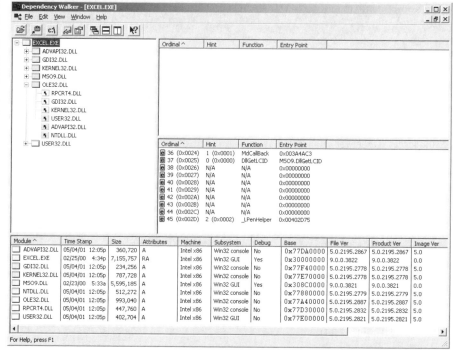

7.8.1 EXE-Server im Vergleich zu DLL-Server

EXE vs. DLL Ein EXE-Server hat gegenüber einem DLL-Server den Vorteil, dass die COM-Komponente unabhängig von einem Client gestartet und beendet werden kann. So kann ein EXE-Server schon gestartet werden, bevor es einen Client gibt. Bei der ersten Instanziierung eines Clients erfolgt der Aufruf dann wesentlich schneller, als wenn die Komponente erst dann geladen werden müsste. Eine Komponente in Form einer COM-EXE kann auch als Windows-Dienst laufen. Der Nachteil von EXE-Servern ist jedoch, dass diese immer in einem eigenen Prozess laufen, was Geschwindigkeitsnachteile bei jedem einzelnen Methodenaufruf mit sich bringt.

7.8.2 Der Zusammenhang zwischen Komponentenart und Verpackungsform

Versionsnummer und andere Metainformationen Die Verpackungsform der Komponente hat Einfluss auf die Komponentenart:
- Scriptlets sind immer prozess**intern**.
- Eine COM-**EXE** ist immer eine prozess**externe** Komponente.
- Eine COM-**DLL** ist normalerweise eine prozess**interne** Komponente. Allerdings kann eine COM-DLL mit Hilfe eines so genannten Surrogat-Prozesses auch in einem eigenen Prozess laufen. Ein *Surrogat-Prozess* ermöglicht es einem DLL-Server, in einem eigenständigen Prozess zu laufen.

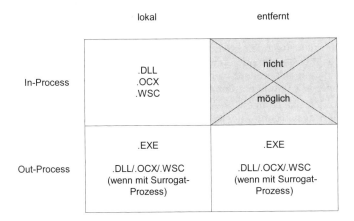

Bild 7.7
Zusammenhang zwischen Komponentenart und Verpackungsform

Es ist Zielsetzung von Microsoft, die Verpackungsform und die Aktivierungsform zunehmend voneinander zu trennen. Die Zukunft soll den COM-DLLs gehören – COM-EXEs sind eine von Microsoft zum Aussterben verdammte Art.

COM-EXEs sollen aussterben

7.8.3 Zusatzinformationen

Es ist üblich, in den erweiterten Dateiattributen der *.dll*- und *.exe*-Dateien Informationen über die Datei zu speichern, z.B. den Hersteller, die Versionsnummer und weitere Kommentare. Diese Informationen werden von den Werkzeugen wie dem Microsoft COM Viewer allerdings nicht angezeigt. Sie können diese Daten entweder über die Eigenschaften der Komponentendatei selbst oder aber über das Werkzeug COM-Explorer (siehe Kapitel 18 „Werkzeuge") einsehen.

Bild 7.8
Attribute einer typischen COM-DLL (Eigenschaftenfenster der Datei)

Kapitel 7 Das Component Object Model (COM)

7.9 Registrierung von Komponenten

Komponentenregistrierung Bevor Komponenten auf einem Rechnersystem benutzt werden können, müssen sie registriert werden, d.h., es müssen die passenden Einträge für Objekte, Schnittstellen etc. in der Registrierungsdatenbank erzeugt werden. Die Registrierung erfolgt bei den verschiedenen Komponenten-Dateitypen unterschiedlich:

- COM-EXE-Dateien sollten sich beim ersten Aufruf selbst registrieren. Einige erwarten für den Registrierungsvorgang die Kommandozeilenoption /*RegServer*. Mit /*UnregServer* wird die Registrierung aufgehoben.
- Komponenten in *.dll*- und *.ocx*-Dateien sowie *.sct*- und *.wsc*-Dateien werden mit dem Kommandozeilentool *regsvr32.exe* registriert. *regsvr32.exe* stößt den Aufruf der exportierten DLL-Funktionen `DllRegisterServer` bzw. `DllUnRegisterServer` in der Komponenten-DLL an.

Abhängige Komponenten **Fehlerursachen** Die erfolgreiche Registrierung der Komponente ist eine notwendige, aber nicht hinreichende Bedingung für das Funktionieren der Komponente. So kann eine Komponente andere Komponenten benötigen, die nicht vorhanden sind. Eine häufige Ursache für das Fehlschlagen der Komponentenregistrierung besteht darin, dass DLLs, von denen die Komponenten abhängig sind, nicht vorhanden sind.

> Eine Hilfe bei der Suche nach Abhängigkeitsproblemen ist das Werkzeug *Dependency Walker* (siehe Kapitel 18 „Werkzeuge"). Der Dependency Walker zeigt die Abhängigkeiten zwischen DLLs, wobei die Abhängigkeitsinformationen in so genannten Importlisten innerhalb jeder DLL gespeichert sind. Zu beachten ist aber, dass die DLL-Importlisten keine COM-Technologie sind. Man kann anhand der Listen nur erkennen, welche Abhängigkeiten zu Nicht-COM-DLLs existieren. Dagegen kann man aber nicht erkennen, welche COM-DLLs oder anderen COM-Komponenten eine DLL benutzt, weil diese Funktionalität innerhalb der COM-Spezifikation nicht vorgesehen ist.

Lizenz Einige Komponenten können nur funktionieren, wenn unter *HKEY_CLASSES_ROOT\Licenses* eine entsprechende Lizenz eingetragen ist.

Class Store und DOTNET **Zukunft** Es gab Gerüchte, dass Microsoft die Registrierungsdatenbank in Windows 2000 durch einen Klassenspeicher (Class Store) im Active Directory ablösen wollte. Dies wurde nicht realisiert. Im .NET Framework wird die Registrierungsdatenbank nicht mehr benötigt: Ein pfadbasierter Suchmechanismus und Konfigurationsdateien im XML-Format übernehmen die Aufgaben der Registrierungsdatenbank im .NET-Komponentenmodell.

7.10 COM-Klassen

COM-Klassen Es gibt in COM zwei Arten von Klassen. Sie unterscheiden sich darin, wer eine Instanz der Klasse erzeugen kann:

- (Öffentlich) erzeugbare Klassen (creatable classes) können direkt durch einen COM-Client erzeugt werden.
- Nicht (öffentlich) erzeugbare Klassen (non-creatable classes) können nur von Instanzen anderer COM-Klassen der gleichen Komponente erzeugt werden.

Man setzt gelegentlich *öffentlich* vor die Begriffe erzeugbare/nicht erzeugbare Klasse, um klarzustellen, dass sich die Erzeugbarkeit nur auf den COM-Client bezieht. Selbstverständlich sollte eine Klasse zumindest immer durch eine andere Klasse derselben

Komponente selbst erzeugbar sein. Eine Klasse, die weder durch den COM-Client noch innerhalb der Komponente selbst erzeugbar ist, ist nicht sinnvoll, weil sie nicht verwendet werden kann.

In der Regel verfügt eine Komponente nur über sehr wenige erzeugbare Klassen. Die meisten Klassen einer Komponente sind von bestimmten Initialisierungen abhängig, die durch die Instanziierung bzw. durch die Initialisierung in Folge der Instanziierung einer zentralen Stammklasse vorgenommen werden. Erzeugbare Klassen sind oft die Stammklassen von Objektmodellen (vgl. Kapitel 7.26).

Erzeugbare Klassen

> Ein COM-Objekt ist eine Instanz einer COM-Klasse. Dabei ist es in der Regel gewünscht, dass es mehr als nur eine Instanz jeder Klasse geben kann.

Es gibt drei verschiedene Arten von Bezeichnern für Klassen, wobei eine einzelne COM-Klasse alle drei Arten von Bezeichnern haben kann:

Bezeichner für Klassen

- Ein Class Identifier (CLSID)
- Ein Programmatic Identifier (kurz: ProgID)
- Ein Friendly Class Name

Diese Konzepte werden im Folgenden beschrieben.

7.10.1 Klassenidentifikation mit CLSIDs

Ein Class Identifier (CLSID) ist ein GUID für eine Klasse. Nicht jede COM-Klasse verfügt jedoch über einen CLSID. CLSIDs werden nur für so genannte *CoClasses* vergeben, für die in der Schnittstellendefinition (vgl. Kapitel 7.13) eine explizite Klassendefinition (*CoClass* genannt) vorliegt. Da, wie in Kapitel 7.11 beschrieben, Schnittstellen und nicht Klassen das Element für den Zugriff auf Objekte in COM sind, ist eine explizite Klassendefinition via CoClass mit CLSID nur für zwei Arten von Klassen notwendig:

CLSIDs, CoClass

- Für erzeugbare Klassen
- Für Klassen, die Ereignisse aussenden

Alle anderen Klassen können, müssen aber nicht als CoClass definiert werden.

7.10.2 Programmatic Identifier

Ein Programmatic Identifier (kurz: ProgID) ist eine Zeichenkette, die mit einer CLSID assoziiert werden kann. Die ProgID kann ebenso wie die CLSID benutzt werden, um auf eine Klasse zuzugreifen. Die COM-Bibliothek setzt eine ProgID mit Hilfe der Funktion `CLSIDFromProgID()` in eine CLSID um. Eine ProgID hat die Form `KomponentenName.KlassenName.Version`. Die Angabe einer Versionsnummer ist dabei optional. Eine ProgID ohne Versionsnummer heißt VersionIndependentProgID. Die Namensvergabe der ProgID ist leider nur eine Konvention, kein Automatismus. Daher gibt es auch ProgIDs, die nur aus dem Klassennamen bestehen (z. B. `ADsSecurity`, `ADsSID`, vgl. Kapitel 11.2 „ADSI-Provider").

ProgIDs

Eine ProgID kann man sich wesentlich einfacher merken als eine lange CLSID. Zweck der ProgID ist es, dem Benutzer (Programmierer) den Zugriff auf COM-Klassen zu vereinfachen. Eine ProgID ist jedoch weniger präzise als eine CLSID: Sie ist nicht weltweit eindeutig. Die ProgID kann jeder COM-Programmierer frei wählen; es besteht die Gefahr, dass mehrere Programmierer für unterschiedliche Klassen die gleiche ProgID verwenden!

Leider gibt es keine Konsistenzprüfung bezüglich des Aufbaus einer ProgID. Komponentenerzeuger sind daher nicht gezwungen, sich an die oben genannte Konvention KomponentenName.KlassenName zu halten.
- So kann eine Klasse in der ProgID einen Namen bekommen, der nicht dem Namen in der Typbibliothek entspricht.
- Es ist auch möglich, dass Klassen, die in einer Datei (also in einer Komponente) enthalten sind, in der ProgID verschiedene Komponentennamen erhalten.
- Manche ProgIDs bestehen auch nur aus einem Klassennamen (z.B. eine ProgID wie ADsSID).

Der COM Runtime sind diese Inkonsistenzen egal, weil intern sowieso nur mit eindeutigen CLSIDs gearbeitet wird. Sie sollten sich jedoch bei selbst erstellten Komponenten an die Konvention halten, dass jede COM-Datei genau einen Komponentennamen hat und der Klassenname der Typdefinition entspricht. Sie machen es damit dem Anwender leichter. Es gibt leider viele Komponentenprogrammierer, die sich nicht an diese Konvention halten.

7.10.3 Friendly Class Name

Friendly Class Name Neben der CLSID und der ProgID kann es noch eine weitere Bezeichnung für eine Klasse geben. Diese Bezeichnung ist ein beliebiger Text und heißt *Friendly Class Name*.

Dieser *Friendly Class Name* weicht leider häufig von der ProgID ab. So ist beispielsweise die Klasse {3FA7DEB3-6438-101B-ACC1-00AA00423326} der ProgID MAPI.Session zugeordnet, als Friendly Class Name ist jedoch Active Messaging Session Object eingetragen. Dieser Friendly Class Name wird vom *Microsoft COM Viewer* (siehe Kapitel 18 „Werkzeuge") zur Anzeige verwendet.

7.10.4 Klassen in der Registrierungsdatenbank

CLSIDs sind im Registrierungsdatenbankschlüssel *HKEY_CLASSES_ROOT\CLSID* abgelegt. Es würde dem Anwender das Verständnis der Zusammenhänge erleichtern, wenn für jede COM-Klasse eine CoClass existierte.

LocalServer32 und InProcServer32 **Komponentendatei** Wichtigste Aufgabe des CLSID-Schlüssels ist die Bindung an eine COM-Komponentendatei sowie an eine Typbibliothek. Bei In-process-Komponenten steht der Verweis auf die implementierende Datei im Unterschlüssel *InProcServer32*. Bei Out-of-process-Komponenten steht der Verweis auf die implementierende Datei im Unterschlüssel *LocalServer32*. Sofern beide Einträge angegeben sind, wird die Out-process-Komponente bevorzugt. Es ist nicht möglich, dass der Pfad zu der Datei als UNC-Pfad angegeben wird, selbst dann nicht, wenn der UNC-Pfad auf das lokale System verweist.

ProgIDs **ProgIDs in der Registrierungsdatenbank** Die ProgIDs befinden sich direkt unterhalb von *HKEY_CLASSES_ROOT* und machen diesen Hauptordner daher sehr unübersichtlich. Ein ProgID-Schlüssel enthält als einzigen Pflichteintrag den Verweis auf die zugehörige CLSID. Eine *VersionIndependentProgID* (eine ProgID ohne Versionsnummer) enthält, sofern mehrere Versionen der COM-Klasse installiert sind, im Unterschlüssel *CurVer* die ProgID der aktuellsten Version dieser Klasse.

Friendly Class Name **Friendly Class Name in der Registrierungsdatenbank** Der Friendly Class Name ist als Standardattribut des CLSID-Schlüssels gespeichert.

Weitere Werte Weiterhin enthält ein CLSID-Schlüssel die in nachstehender Tabelle aufgelisteten Werte.

Tabelle 7.5
Unterschlüssel einer CLSID

Schlüssel	Erläuterung
AppID	AppID der COM-Anwendung, zu der die Klasse gehört
AutoConvertTo	CLSID der Klasse, an die alle Aufrufe weitergeleitet werden sollen
AuxUserType	Kurzname der Klasse
Control	Identifiziert eine Klasse als ein ActiveX-Steuerelement
DefaultIcon	Verweis auf ein Symbol zur grafischen Repräsentation von Instanzen der Klasse
ImplementedCategories	Liste der COM-Kategorien, zu denen die Klasse gehört
InprocHandler	Verweis auf In-process-Handler (16 Bit)
InprocHandler32	Verweis auf In-process-Handler (32 Bit)
InprocServer	Verweis auf In-process-Komponente (16 Bit)
InprocServer32	Verweis auf In-process-Komponente (32 Bit)
Insertable	Zeigt an, dass diese Klasse per OLE in Dokumente eingefügt werden kann
Interface	Liste der implementierten Interfaces in Form von IIDs. Dieser Unterschlüssel wird leider in der Praxis nicht verwendet.
LocalServer	Verweis auf implementierende Out-process-Komponente (16 oder 32 Bit)
LocalServer32	Verweis auf implementierende Out-process-Komponente (32 Bit)
ProgID	Programmatic Identifier (ein Alias für eine CLSID in Form einer Zeichenkette)
RequiredCategories	Liste der COM-Kategorien, zu denen der aufrufende Client gehören muss
TypeLib	LibID der zugehörigen Typbibliothek
ToolBoxBitmap32	Verweis auf eine Bitmap zur Darstellung der Klasse in einer Toolbox (gilt hauptsächlich für visuelle, also ActiveX-Komponenten)
TreatAs	CLSID einer Klasse, die diese Klasse emulieren kann
Verb	Liste zu dieser Klasse gehörender Menüeinträge
Version	Versionsnummer

Schlüssel wie *Insertable* und *Control* stellen eine Kategorisierung dar, die jedoch veraltet ist. Heute ist es üblich, COM-Kategorien zu verwenden.

Interfaces

Für die Abbildung der n-zu-m-Verknüpfung zwischen Klassen und Schnittstellen ist unterhalb der CLSID ein Unterschlüssel mit dem Namen *Interface* vorgesehen. In der Praxis wird dieser Schlüssel jedoch nicht benutzt. Die implementierten Interfaces einer Klasse können durch IUnknown::QueryInterface() erfragt werden.

7.11 COM-Schnittstellen

Schnittstellen als zentrales Element in COM

Das zentrale Element in der COM-Architektur sind nicht die Klassen, sondern die Schnittstellen. Eine Schnittstelle definiert eine Menge von Attributen, Methoden und Ereignissen. Eine COM-Schnittstelle ist ein abstraktes Gebilde. Sie wird implementiert durch eine COM-Klasse. COM-Klassen implementieren eine oder mehrere COM-Schnittstellen; COM unterstützt also Mehrfachschnittstellen. Klassen sind bildlich gesehen eine Klammer um eine Menge von Schnittstellen. Man bezeichnet COM auch als *schnittstellenbasiertes Programmieren*.

Als Instanz einer Klasse erhält ein COM-Objekt ausnahmslos alle Schnittstellen, die die COM-Klasse implementiert. Die Funktionalität eines COM-Objekts ergibt sich also aus der Gesamtfunktionalität aller Schnittstellen.

> Der *Objektkatalog* in Visual Basic 6.0 und VBA erzeugt durch die Verheimlichung der Existenz von Schnittstellen bzw. durch die Erhebung aller Nichtstandardschnittstellen zu „Klassen" Verwirrung. Der *comTLBrowser* unterscheidet konsequent zwischen Klassen und Schnittstellen. Weitere Informationen zu diesen beiden Werkzeugen finden Sie im Kapitel 18 „Werkzeuge".

7.11.1 Standardschnittstelle einer COM-Klasse

Jede Klasse besitzt eine Standardschnittstelle, die verwendet wird, wenn keine Schnittstelle explizit verlangt wird. Leider verbirgt der Microsoft-Objektkatalog (vgl. Kapitel 18 „Werkzeuge") diese Standardschnittstelle vor dem Entwickler. Einige Sprachen (z.B. Visual Basic) fragen bei der Objektaktivierung immer nach dieser Standardschnittstelle.

> Die Bezeichnung *Standardschnittstelle einer Klasse* sollte nicht mit den so genannten *COM-Standardschnittstellen* (siehe Kapitel 7.15) verwechselt werden. Viele Mechanismen basieren auf der Implementierung bestimmter, von Microsoft vorgegebener Schnittstellen (z.B. IUnknown, IDispatch, IPersist). Diese COM-Standardschnittstellen müssen in Bezug auf eine konkrete Klasse keineswegs zwingend die Standardschnittstelle dieser Klasse sein.

7.11.2 Namensgebung

IID Jede Schnittstelle besitzt einen GUID, der Interface Identifier (IID) genannt wird, sowie einen textlichen Namen.

Namensgebung Bei der Namensgebung ist es üblich, die Namen der Schnittstellen mit einem großen I beginnen zu lassen. Sofern die Interface-Namen vor Attributen und Methoden genannt werden, werden diese durch zwei Doppelpunkte getrennt vorangestellt (z.B.: ISchnittstelle1::Methode()). Die Standardschnittstelle sollte den Namen der Klasse mit einem vorangestellten großen I tragen (Beispiel: Die Klasse File verfügt über die Standardschnittstelle IFile).

Mit Visual Basic 6.0 erstellte Komponenten bilden den Namen der Standardschnittstelle einer Klasse mit einem vorangestellten Unterstrich aus dem Klassennamen (Beispiel: File hat die Standardschnittstelle _File). In der Entwicklungsumgebung der Visual Basic-Vollversion werden die führenden Unterstriche jedoch verborgen, so dass auch hier der Unterschied zwischen Klasse und Schnittstelle verwischt wird. Sichtbar sind alle Schnittstellen im *comTLBrowser* (siehe Kapitel 18 „Werkzeuge").

7.11.3 Schnittstellen in der Registrierungsdatenbank

Interface-IDs

Schnittstellen werden ebenfalls in der Registrierungsdatenbank verzeichnet. Unterhalb von *HKEY_CLASSES_ROOT\interface* befindet sich eine Liste der Interface-IDs (IIDs) aller installierten Komponenten. Zu einem Interface werden in der Registrierungsdatenbank nur wenige Informationen abgelegt:

- Die CLSID der zugehörigen Proxy- und Stubklasse
- Optional die Anzahl der Methoden, die die Schnittstelle definiert
- Optional die LibID der zugehörigen Typbibliothek

7.11.4 Virtuelle Tabellen

Liste von Zeigern

In der binären Form sind Schnittstellen die aus der C++-Welt bekannten „Tabellen virtueller Funktionen" (kurz: vTable oder VTBL). Eine vTable-Struktur ist eine Liste von Zeigern auf die Implementierung von Funktionen (vgl. folgende Abbildung). Zwischen dem Zeiger auf eine Schnittstelle und der vTable liegt eine weitere Zwischenstufe. Das, was der COM-Client als Schnittstellenzeiger besitzt, ist nicht der Zeiger auf die vTable, sondern ein Zeiger auf einen Zeiger auf eine vTable. Die Position einer Methode innerhalb der vTable wird über einen Funktionsoffset ermittelt, der die relative Position innerhalb der vTable angibt.

Binärstandard

Die vTables in COM entsprechen den vTables des Microsoft C++-Compiler (vgl. [GRU00], Seite 262). Eine vTable ist das bestimmende Element des Binärstandards von COM. Diese vTable-Struktur macht COM programmiersprachenunabhängig, da jede Sprache COM nutzen kann, die diese vTable-Struktur verwenden kann.

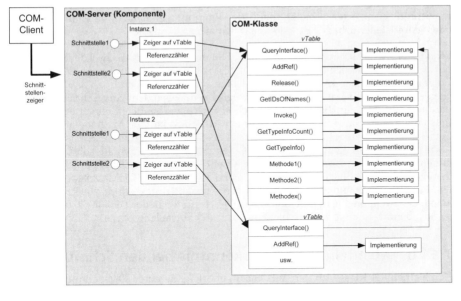

Bild 7.9 Interner Aufbau einer Komponente aus vTables

7.11.5 Die Grauzone zwischen Klasse und Schnittstelle

Klasse versus Schnittstelle

Während es in der Komponententheorie und auch in der COM-Spezifikation eine klare Abgrenzung zwischen Klasse und Schnittstelle gibt, wird dieser Unterschied in der Praxis der COM-Programmierung stark verwischt. Dabei muss man zwei Blickrichtungen unterscheiden: die Sicht der Implementierung des COM-Servers und die Sicht der Implementierung des COM-Clients.

Sicht des Servers Sicht des Servers Von der Implementierung der Komponente aus betrachtet gibt es in der Regel nur Klassen. Programmiersprachen wie C, C++, Java und Visual Basic kennen das Konzept der expliziten Schnittstellendefinition nicht. Die Sprachen verfügen nicht über ein Schlüsselwort, um eine Schnittstelle explizit zu definieren. In den Sprachen können nur Klassen definiert werden, deren Mitglieder genau eine Schnittstelle bilden. Mehrfachschnittstellen können nicht definiert werden. Dennoch existiert in jeder dieser Sprachen die Möglichkeit, im Zuge der Erzeugung von COM-Komponenten Mehrfachschnittstellen zu generieren. Schnittstellen werden dabei als abstrakte Basisklassen definiert (d.h. also als Klassen mit Funktionsrümpfen, aber ohne Implementierung). Eine Klasse x, die Mehrfachschnittstellen besitzen soll, erbt von einer oder mehreren dieser abstrakten Basisklassen (y und z). Die Klassen y und z bilden dann jeweils eine Schnittstelle in der Klasse x. Dieser umständliche Weg wurde gewählt, um Programmiersprachen COM-implementierungsfähig zu machen, unter der Bedingung, dass der Sprachumfang nicht oder nur gering erweitert werden muss.

Sicht des Clients Sicht des Clients Der COM-Client dagegen sieht nichts von der Implementierung einer Komponente. Er sieht lediglich das binäre Format der Komponente und gegebenenfalls eine Typinformation (vgl. Kapitel 7.13). Diese sprachunabhängigen Darstellungsformen kennen sehr wohl das Konzept von expliziten Schnittstellen und Mehrfachschnittstellen.

Programmiersprachen besitzen zur Verwaltung von Objekten Objektvariablen oder Objektzeiger. Diese zeigen bei der Arbeit mit COM aber nicht auf Objekte, sondern auf einzelne Schnittstellen. Dabei ist jeweils nur eine Schnittstelle (d.h. eine bestimmte Untermenge der Gesamtfunktionalität) zu einem bestimmten Zeitpunkt im Zugriff. Um auf andere Schnittstellen zugreifen zu können, muss die Schnittstelle gewechselt werden (*Interface Casting*). Sofern nicht die Programmiersprache ein besonderes Konstrukt für Schnittstellenzeiger anbietet, merkt der Programmierer nicht, ob er mit Objekten oder Schnittstellen arbeitet. Er merkt das allenfalls am Namen.

Schnittstellenwechsel Schnittstellenwechsel (Interface Casting) COM unterstützt den Wechsel der Schnittstelle mit dem Standardmechanismus IUnknown::QueryInterface() (vgl. Kapitel 7.15). Einige Programmiersprachen können diesen Mechanismus bedienen, andere – z. B. Scriptsprachen – nicht. Eine Klasse hat immer die Möglichkeit, neben dem vorgeschriebenen Standardmechanismus zum Schnittstellenwechsel auch einen benutzerdefinierten Mechanismus anzubieten. Dabei bietet die Klasse ein Attribut oder eine Methode an, die einen Zeiger auf die andere Schnittstelle liefert (aus der Sicht des Programmierers ist der Zeiger – wie oben erläutert – ein Zeiger auf ein Objekt, nicht auf eine Schnittstelle). Dieses Verfahren kann selbstverständlich jeder COM-Client – also auch eine Scriptsprache – nutzen, der überhaupt in der Lage ist, auf Attribute und Methoden von COM-Objekten zuzugreifen. Für den Programmierer der Komponente bedeutet dies jedoch zusätzlichen Aufwand. Die Komponente *Collaboration Data Objects (CDO)* in der Version 3.0 besitzt einen solchen benutzerdefinierten Mechanismus zum Schnittstellenwechsel.

7.11.6 Mangelnde Selbsterkenntnis bei den Schnittstellen

Schnittstellen ohne Zusammenhang Den Namen der Klasse, zu der das Objekt gehört, kennt eine COM-Schnittstelle nicht. Die Abbildung der 1-zu-n-Beziehung zwischen Klasse/Objekt und Schnittstellen kann nicht von einer Komponente erfragt werden. Wenn ein COM-Client also von einem bestehenden Objekt einen Schnittstellenzeiger bekommt, dann kann der Client nicht ohne weiteres erkennen, ob es sich dabei um den Zeiger auf eine andere Schnittstelle des gleichen Objekts oder um den Zeiger auf eine Schnittstelle eines anderen Objekts handelt. Der Client, der den IUnknown-Standardmechanismus zum Schnittstellenwechsel verwendet, könnte höchstens den Typ des neuen Schnittstellenzeigers dazu verwenden, auf einem anderen Schnittstellenzeiger mit IUnknown::QueryInterface() nach diesem Typ zu fragen. Sofern der dann ermittelte Schnittstellenzeiger mit dem zuvor von einem Objekt gelieferten Schnittstellenzeiger identisch ist, weiß der COM-Client, dass es sich um zwei Schnittstellen ein und desselben Objekts handelt. Dies ist ein komplizierter Weg, der zudem voraussetzt, dass der COM-Client den Typ des neuen Schnittstellenzeigers kennt.

Sie werden sich jetzt fragen, warum es denn nachteilig ist, dass eine Schnittstelle nichts über die Klasse weiß, die sie implementiert. Das Problem liegt nicht auf technischer Ebene, denn COM selbst benötigt den Zusammenhang zwischen Klasse und Schnittstelle nicht. Das Problem liegt allein bei dem Menschen, der einen COM-Client für diese Komponente schreiben will. Ein Programmierer muss wissen, über welche COM-Klasse eine bestimmte COM-Schnittstelle erreichbar ist, sonst erhält er nämlich keinen Schnittstellenzeiger zu dieser Schnittstelle.

Der Mensch ist der Leidtragende

Typinformationen Die COM-Schöpfer haben mit den Typinformationen, die in Kapitel 7.13 vorgestellt werden, eine Möglichkeit vorgesehen, den Zusammenhang zwischen Klassen und Schnittstellen auf formelle Art zu beschreiben. Leider ist es weder zwingend, alle Klassen und Schnittstellen vollständig zu beschreiben, noch überhaupt Typinformationen zu liefern. So beschränken sich viele Typinformationen darauf, die Schnittstellen der instanziierbaren Klassen zu listen; alle anderen Schnittstellen sind oft ohne die Klassennamen definiert. Leidtragender ist der Komponentennutzer, der im Zweifel durch Ausprobieren herausbekommen muss, wie er einen Zeiger zu einer bestimmten Schnittstelle bekommt.

Typinformationen

Spätestens an diesem Punkt ist eine absolut saubere Dokumentation einer COM-Komponente notwendig, da es sonst zu großen Begriffsverwirrungen kommt. Leider findet man solche Dokumentationen heute noch sehr selten mit der Konsequenz, dass die Einarbeitung in die meisten Komponenten unnötig verlängert wird.

Registrierungsdatenbank Die Registrierungsdatenbank stellt zwar mit dem Unterschlüssel *Interfaces* einer CLSID grundsätzlich eine Möglichkeit bereit, die implementierten Schnittstellen einer Klasse zu listen, jedoch wird von dieser Möglichkeit in der Praxis kein Gebrauch gemacht, zumal dies ja auch nur für die CoClasses von Nutzen wäre, da andere COM-Komponenten nicht in der Registrierungsdatenbank verzeichnet werden. Ein Client könnte auch versuchen, alle in der Registrierungsdatenbank gelisteten IIDs durch Ausprobieren mit IUnknown::QueryInterface() gegen eine Instanz einer bestimmten Klasse zu testen. Dies ist jedoch eine sehr langwierige Aufgabe (zu QueryInterface() siehe Kapitel 7.15.1).

Die Registrierungsdatenbank hilft nicht weiter

Schnittstellen in Scriptsprachen Das Ganze wird etwas einfacher, wenn man Sprachen betrachtet, die den Wechsel der Schnittstelle mit dem COM-Standardmechanismus gar nicht unterstützen. Zu diesem Typus von Programmiersprachen gehören die bislang vorhandenen ActiveX-Scriptsprachen. Diese Sprachen können immer nur das Standardinterface einer COM-Klasse sehen. Da sie keine weiteren Schnittstellen sehen können, ist aus der Blickrichtung dieser Sprachen ein Objekt das Gleiche wie eine Schnittstelle. Die Standardschnittstelle muss zudem eine bestimmte Form haben; sie muss nämlich eine direkte Implementierung der Standardschnittstelle IDispatch sein oder aber von IDispatch abgeleitet sein. Der dahinter stehende Mechanismus heißt *COM-Automation* (vgl. Kapitel 7.14 und 7.15.2).

Scriptsprachen sehen nur Klassen

Schnittstellenwechsel in Scriptsprachen Sofern alle beteiligten Schnittstellen IDispatch unterstützen, können auch Scriptsprachen dazu gebracht werden, die Schnittstelle zu wechseln. Es gibt dazu zwei Möglichkeiten:

Interface Casting in Scriptsprachen

> Das Objekt selbst stellt einen eigenen Mechanismus bereit, der dem Aufrufer einen Zeiger auf eine andere Schnittstelle liefert. Aus der Sicht der Scriptsprache besteht kein Unterschied darin, ob der Zeiger ein Zeiger auf ein neues Objekt oder ein Teil des alten Objekts ist. Wie bereits erwähnt, ist dies in CDO 3.0 genau auf diese Weise implementiert.

> Active Scripting-Sprachen können mit einer einzigen Zusatzkomponente durchaus dazu gebracht werden, bei allen COM-Klassen mit Mehrfachschnittstellen die Schnittstelle zu wechseln (vgl. [WES99c]). Diese Zusatzkomponente muss dann aber auf allen Systemen, auf denen ein derart geschriebenes Script eingesetzt werden soll, existieren.

7.11.7 Bullet-and-Stick-Diagramme

Grafische Darstellung Wenn die Zuordnung zwischen Klassen und Schnittstellen grafisch dargestellt werden soll, werden so genannte Bullet-and-Stick-Diagramme (siehe folgende Abbildung) verwendet. Solche Bullet-and-Stick-Diagramme können beispielsweise mit der Diagramming-Software Microsoft Visio erstellt werden. Leider gibt es in der üblichen grafischen Notation keine Unterscheidung zwischen Klasse und Objekt: Beide werden als ein Kasten dargestellt. Da – wie oben geschildert – aus der Sicht des Scriptings die Schnittstellen eine untergeordnete Rolle spielen, wird in der Darstellung der Objektmodelle auf die explizite Darstellung der Schnittstellen verzichtet.

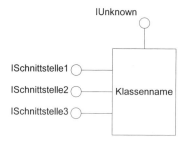

Bild 7.10 Bullet-and-Stick-Diagramm einer COM-Klasse mit Standardschnittstelle IUnknown und drei benutzerdefinierten Schnittstellen

7.12 Klassenmitglieder

Eine Klasse bzw. eine Schnittstelle besitzt Mitglieder. In COM gibt es drei verschiedene Typen: Attribute, Methoden und Ereignisse.

Die Klassenmitglieder näher betrachtet Auch wenn COM-Clients einen Unterschied zwischen Attributen, Methoden und Ereignissen sehen, so sind doch alle diese Mitglieder intern in Form von Methoden implementiert. So ist der Attributzugriff aus der Sicht von COM der Zugriff auf ein Paar von zwei Methoden, wobei die eine den Attributwert ausliest (die „Get"-Methode) und die andere den Attributwert setzt (die „Set"-Methode). Dies ist die einzig mögliche Implementierung, da sonst der COM-Client immer die Möglichkeit haben müsste, direkt in den Adressraum des COM-Servers zu schreiben.

Attribute werden in Methoden umgesetzt Entwicklungsumgebungen wie Visual Studio bieten dem Programmierer dennoch eine Attributsicht auf Basis von Typinformationen (vgl. Kapitel 7.13). Vom Programmierer kodierte Attribute werden automatisch in ein passendes Paar von Methoden umgewandelt. Wenn im Folgenden also nur noch von Methoden die Rede ist, sind die Attribute keineswegs vergessen worden.

Item-Attribut mit Parametern **Attribute mit Parametern** Verwirrend ist es für den Entwickler, Attribute mit Parametern zu sehen, denn es gibt in der objektorientierten Lehre normalerweise keine Attribute mit Parametern. In COM ist dies jedoch möglich und an einer Stelle auch sehr gebräuchlich: Objektmengen (Objektmengen) enthalten ein Attribut Item für den direkten Zugriff auf die enthaltenen Objekte (im Einzelfall auch auf die elementaren Datentypen). Item hat dabei einen Parameter zur Spezifikation des gewünschten Objekts anhand eines Schlüssels. Vorzufinden sind sowohl numerische als auch alphanumerische Schlüssel. Sehen Sie Item eher wie ein Array, dann können Sie das Vorgehen besser mit dem objektorientierten Weltbild vereinen.

> **Reduzierung der Rundgänge** Bei prozessexternen Komponenten besteht eine enorme Optimierungsmöglichkeit darin, die Anzahl der Methodenaufrufe zu minimieren: Da auch jeder Zugriff auf ein Attribut in einen Methodenaufruf umgesetzt wird, ist es günstiger, eine einzige Methode mit n Parametern aufzurufen, anstatt zunächst n Attribute zu setzen und dann eine Methode ohne Parameter aufzurufen. Dieser Aspekt ist jedoch irrelevant, wenn COM-Client und COM-Server im gleichen Adressraum liegen.

Ereignisse COM unterstützt das Aussenden von Ereignissen durch COM-Server und die Behandlung von Ereignissen durch COM-Clients. COM-Ereignisse werden beispielsweise eingesetzt zur Meldung von Zwischenständen bei länger andauernden Operationen oder zur Realisierung asynchroner Methodenaufrufe, bei denen der COM-Client direkt nach dem Aufruf einer Methode die Kontrolle zurückerhält. Über das Ergebnis der von ihm aufgerufenen Methode wird er nach Abschluss der Verarbeitung per Ereignis informiert.

Ereignisse

In Zusammenhang mit COM-Ereignissen wird folgende Terminologie verwendet:

- *Event Publisher* (Ereignisanbieter) ist ein Objekt, das ein Ereignis aussendet. Man kann den Publisher auch den Event Server nennen.
- *Event Subscriber* (Event Client, Ereigniskonsument) ist ein Objekt, das auf das Eintreten eines Ereignisses in einem Event Publisher wartet.
- *Event Sink* ist die Ereignisbehandlungsroutine im Event Subscriber, die in Reaktion auf das Ereignis Programmcode ausführt.

Publisher, Subscriber und Event Sink

Die Realisierung von Ereignissen basiert ebenfalls auf Methoden und der Unterstützung bestimmter Standardschnittstellen im COM-Client und im COM-Server. Der COM-Client liefert dem COM-Server einen Zeiger auf eine bestimmte Schnittstelle. Wenn im COM-Server ein Ereignis ausgelöst wird, ruft der COM-Server eine Methode der ihm gelieferten Schnittstelle auf. In diesem Zusammenhang sind auch Verbindungspunkte und die Standardschnittstellen IConnectionPoint und IConnectionPointContainer zu nennen; sie sollen hier nicht näher betrachtet werden.

Connection Points

COM-Clients, die Ereignisse abfangen wollen, müssen selbst COM-Komponenten sein. Scripting Hosts unterstützen in der Regel nur Ereignisse ihrer eingebauten Objekte. Eine Ausnahme bilden bisher nur der Windows Script Host (WSH) und der System Scripting Host (SSH), die Ereignisse beliebiger automationsfähiger Komponenten abfangen können.

Event Subscriber beim Scripting

Der *Connection Point*-Mechanismus ist ein Ereignismechanismus mit fester Kopplung, bei dem sowohl COM-Client als auch COM-Server zu allen Zeiten ausgeführt werden müssen. Lose gekoppelte Ereignisse werden erst durch COM+ ab Windows 2000 möglich.

COM+- Ereignisse

7.13 Typinformationen

Typinformationen sind eine formale Beschreibung der Klassen mit ihren Schnittstellen und deren Mitgliedern. Typinformationen umfassen insbesondere:

Typinformationen

- Namen der Klassen
- Namen der Schnittstellen

- Von einer Klasse implementierte Schnittstellen
- Namen der Mitglieder einer Schnittstelle
- Attribute mit ihrem Datentyp
- Methoden und Ereignisse mit den zugehörigen Parametern sowie dem Rückgabewert (jeweils inklusive Datentyp)

Für das statische Binden werden Typinformationen benötigt, um die Einsprungadressen zu ermitteln. Das dynamische Binden kommt dagegen ohne Typinformationen aus. Gleichwohl bilden Typinformationen auch beim dynamischen Binden die Grundlage für die Eingabehilfen, welche von modernen Entwicklungsumgebungen (z. B. Visual Studio 6.0) zur Verfügung gestellt werden. Schließlich kann ein COM-Client eine Komponente durch Typinformationen auch zur Laufzeit erforschen.

Leider sind aus der Sicht von COM selbst nicht alle oben genannten Typinformationen zwingend notwendig. Sie sind allesamt hilfreich für den Menschen, der eine Komponente nutzen will. Daran denken jedoch viele Komponentenentwickler nicht, die nur unvollständige Typinformationen zu ihren Komponenten liefern.

Speicherformen Es gibt drei Formen der Speicherung von Typinformationen: IDL-Dateien, Header-Dateien und Typbibliotheken. Ein COM-Client bedient sich entweder einer Header-Datei oder einer Typbibliothek, um an Typinformation zu kommen. Eine IDL-Datei kann er nicht verwenden. IDL-Dateien werden eingesetzt, um daraus Header-Dateien und Typbibliotheken automatisch zu erzeugen.

Header-Dateien werden von C/C++ verwendet und enthalten die notwendigen Deklarationen in Form von Quellcode im C/C++-Stil. Visual Basic und Scriptsprachen verwenden Typbibliotheken.

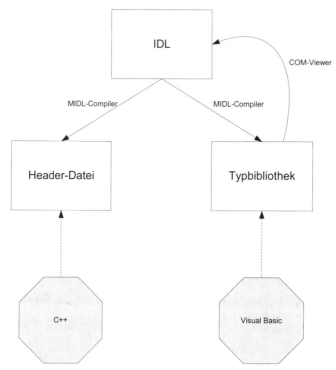

Bild 7.11
Speicherformen für Typinformationen

7.13.1 Interface Definition Language (IDL)

Es gibt eine formale Sprache zur Beschreibung von Typinformationen – die Interface Definition Language (IDL); sie wurde von der Open Software Foundation (OSF) entwickelt und garantiert eine programmiersprachenunabhängige Definition von Schnittstellen. IDL basiert auf der Syntax der Programmiersprache C. Microsoft verwendet eine erweiterte Form, die Microsoft Interface Definition Language (MIDL). Eine ältere Bezeichnung dafür ist auch Object Definition Language (ODL). Eine IDL-Datei kann Informationen über alle kompletten Komponenten enthalten. Sie hat die Dateierweiterung *.idl*. IDL-Dateien können problemlos mit Visual C++ erstellt werden.

IDL

> Die Ausdrucksfähigkeit von IDL reicht aus, um das Schema einer Komponente komplett zu beschreiben. Allerdings werden in der COM-Praxis die Typinformationen in der Regel nur dazu benutzt, die Schnittstellen zu beschreiben. Die Typinformationen beschreiben nur das, was der Client von der Komponente sehen soll. Die in der Komponente enthaltenen Objektmodelle sind nicht immer anhand der Typinformationen erkennbar. Grundsätzlich jedoch ermöglichen Typinformationen unter Einsatz eines entsprechenden Werkzeugs wie dem Microsoft Objektkatalog die Navigation in den Objektmodellen einer Komponente.

Typinformation, Schema und Objektmodell

Es folgen einige IDL-Beispiele. Das erste Beispiel zeigt die Definition einer von IDispatch abgeleiteten Schnittstelle mit Namen IWSHShell.

Beispiel 1

Listing 7.2
IDL-Beispiel 1: Eine IDL-Schnittstellendefinition

```
[
    odl,
    uuid(F935DC21-1CF0-11D0-ADB9-00C04FD58A0B),
    helpstring("Shell Object Interface"),
    hidden,
    dual,
    oleautomation
]
interface IWSHShell : IDispatch {
    [id(0x00000064), propget]
    HRESULT SpecialFolders([out, retval] IWSHCollection** out_Folders);
    [id(0x000000c8), propget]
    HRESULT Environment(
                [in, optional] VARIANT* Type,
                [out, retval] IWSHEnvironment** out_Env);
    [id(0x000003e8)]
    HRESULT Run(
                [in] BSTR Command,
                [in, optional] VARIANT* WindowStyle,
                [in, optional] VARIANT* WaitOnReturn,
                [out, retval] int* out_ExitCode);
    [id(0x000003e9)]
    HRESULT Popup(
                [in] BSTR Text,
                [in, optional] VARIANT* SecondsToWait,
                [in, optional] VARIANT* Title,
                [in, optional] VARIANT* Type,
                [out, retval] int* out_Button);
    [id(0x000003ea)]
    HRESULT CreateShortcut(
                [in] BSTR PathLink,
                [out, retval] IDispatch** out_Shortcut);
```

Kapitel 7 Das Component Object Model (COM)

```
            [id(0x000003ee)]
            HRESULT ExpandEnvironmentStrings(
                     [in] BSTR Src,
                     [out, retval] BSTR* out_Dst);
            [id(0x000007d0)]
            HRESULT RegRead(
                     [in] BSTR Name,
                     [out, retval] VARIANT* out_Value);
            [id(0x000007d1)]
            HRESULT RegWrite(
                     [in] BSTR Name,
                     [in] VARIANT* Value,
                     [in, optional] VARIANT* Type);
            [id(0x000007d2)]
            HRESULT RegDelete([in] BSTR Name);
      };
```

Beispiel 2 Das zweite Beispiel demonstriert Versionierung: IWSHShell2 ist eine neuere Version von IWSHShell. IWSHShell2 erbt daher von IWSHShell.

Listing 7.3
IDL-Beispiel 2:
Eine abgeleitete IDL-Schnittstellendefinition

```
      [
            odl,
            uuid(24BE5A30-EDFE-11D2-B933-00104B365C9F),
            helpstring("Shell Object Interface"),
            hidden,
            dual,
            oleautomation
      ]
      interface IWSHShell2 : IWSHShell {
            [id(0x00000bb8)]
            HRESULT LogEvent(
                     [in] VARIANT* Type,
                     [in] BSTR Message,
                     [in, optional] BSTR Target,
                     [out, retval] VARIANT_BOOL* out_Success);
            [id(0x00000bc2)]
            HRESULT AppActivate(
                     [in] VARIANT* App,
                     [in, optional] VARIANT* Wait,
                     [out, retval] VARIANT_BOOL* out_Success);
            [id(0x00000bc3)]
            HRESULT SendKeys(
                     [in] BSTR Keys,
                     [in, optional] VARIANT* Wait);
      };
```

Beispiel 3 Im dritten Beispiel wird eine Klasse WSHShell definiert, die genau eine Schnittstelle IWSHShell2 hat.

```
[
  uuid(72C24DD5-D70A-438B-8A42-98424B88AFB8),
  helpstring("Shell Object")
]
coclass WSHShell {
    [default] interface IWSHShell2;
};
```
Listing 7.4 IDL-Beispiel 3: Eine IDL-Klassendefinition mit einer Schnittstelle

Eine Klasse mit mehreren Schnittstellen sieht man im vierten Beispiel. Eine der Schnittstellen ist dabei die Standardschnittstelle.

Beispiel 4

```
[
  uuid(DFC33154-69A3-43EC-9EE7-BB12C9609E1F),
  version(1.0)
]
coclass AllInOne {
    [default] interface _AllInOne;
    interface _IPrinter;
    interface _IFax;
    interface _IScanner;
};
```
Listing 7.5 IDL-Beispiel 4: Eine IDL-Klassendefinition mit vier Schnittstellen

Mit Hilfe des Werkzeugs COM Viewer können die im Folgenden beschriebenen Typbibliotheken in IDL zurückgewandelt werden.

7.13.2 Typbibliotheken

Eine Typbibliothek (engl. Type Library, kurz: TypeLib) ist die kompilierte Version einer IDL-Datei, die binär gespeicherte Typinformationen enthält. Eine Typbibliothek kann als eigenständige Datei (Dateierweiterungen *.tlb* und *.olb,* zum Teil auch *.oca* oder *.rll*) oder als Bestandteil einer *.dll-*, *.ocx-* oder *.exe-*Datei realisiert werden. Eine derartige Datei kann mehrere Typbibliotheken enthalten, allerdings unterstützen nicht alle Umgebungen diese Funktion. Der Microsoft-Objektkatalog unterstützt diese Funktion nicht.

TypeLibs

Typbibliotheken sind für das Funktionieren von COM nicht unbedingt notwendig, bieten jedoch wertvolle Zusatzdienste. Sie wurden für Visual Basic geschaffen, um dieser Sprache, die keine Header-Dateien einbinden kann, das frühe Binden zu ermöglichen. Ebenso basieren viele Eingabehilfen und Werkzeuge (wie der Microsoft-Objektkatalog und der in diesem Buch vorgestellte *comTLBrowser* – siehe Kapitel 18 „Werkzeuge") auf Typbibliotheken. Leider können Typbibliotheken nicht den kompletten IDL-Sprachumfang wiedergeben.

Anwendungsgebiete

Werkzeuge Header-Dateien und Typbibliotheken können mit Hilfe des *Microsoft IDL-Compiler* (*MIDL-Compiler*) aus IDL-Dateien erzeugt werden. Typbibliotheken lassen sich mit Hilfe des Microsoft COM Viewers in IDL zurückverwandeln. Der COM Viewer enthält dazu eine spezielle Funktion mit dem Namen „View TypeLib", die ein Fenster mit dem Titel „ITypeLib Viewer" öffnet.

Konvertierungen

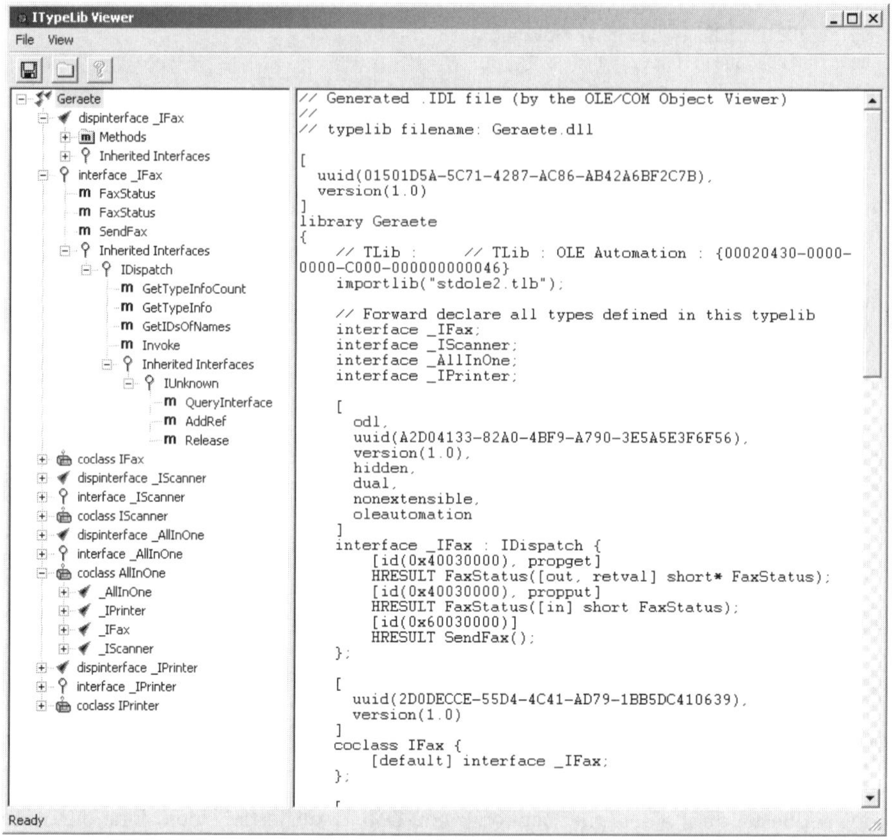

Bild 7.12
Anzeige einer Typbibliothek mit dem Type-Lib Viewer des COM Viewer

Symbolische Konstanten **Konstantenlisten** Eine Typbibliothek kann neben den Definitionen von Klassen, Schnittstellen und deren Mitgliedern auch symbolische Konstanten enthalten. Symbolische Konstanten (auch *Konstantenbezeichnungen* genannt) sind Zeichenketten, die einen beliebigen Wert repräsentieren (in der Regel eine Zahl) und als Alias für diesen Wert benutzt werden. Während der eigentliche (numerische) Konstantenwert aus der Sicht des Systems auf das Wesentliche fokussiert, nämlich sich von anderen Werten eindeutig zu unterscheiden, dabei aber wenig Speicherplatz zu verbrauchen, richtet sich eine symbolische Konstante an das Erinnerungsvermögen des Programmierers. Ein Mensch kann sich einen sprechenden Namen besser merken als Zahlen oder Abkürzungen. So repräsentiert beispielsweise die symbolische Konstante vbYes die Zahl 6, die die Visual Basic-Funktion MsgBox() zurückliefert, wenn der Benutzer auf die Schaltfläche *Ja* geklickt hat. Der Programmcode wird durch symbolische Konstanten lesbarer.

Constant Enumerations Symbolische Konstanten sind in Konstantenlisten (*Constant Enumerations*) angeordnet, was sinnvoll ist, da es in der Regel einen Block zusammenhängender Konstantenwerte gibt, die in einer bestimmten Methode oder in einem bestimmten Attribut verwendet werden. Dabei sind die Konstanten aus einer Konstantenliste nicht immer als alternative Werte zu sehen. Wenn ein Methodenparameter bzw. ein Attribut Mehrfachwerte erlaubt, spricht man von einem Flag. Ein solches Flag verwendet beispielsweise die VB-Funktion MsgBox() für den Parameter Buttons.

Voraussetzung für die Nutzung symbolischer Konstanten ist, dass die jeweilige Umgebung Typbibliotheken auslesen kann. Leider verfügen noch nicht alle Scripting Hosts über diese Fähigkeit. In diesem Fall bleibt dem Entwickler nichts anderes übrig, als die symbolischen Konstanten selbst im Quellcode zu definieren. Während Sie mit dem Microsoft-Objektkatalog jede symbolische Konstante nur einzeln in die Zwischenablage übernehmen können, ermöglicht der comTLBrowser die Übernahme ganzer Konstantenlisten.

Konstantendefinitionen in Typbibliotheken

Typbibliotheken in der Registrierungsdatenbank Die Informationen zu den Typbibliotheken befinden sich unterhalb des Schlüssels *HKEY_CLASSES_ROOT/TypeLib*. Dort sehen Sie eine Liste der LibIDs der installierten Typbibliotheken. Es können mehrere Versionen einer Typbibliothek auf einem System parallel bestehen, wobei die Versionsnummer die erste Ebene unterhalb der LibID bildet. Unterhalb der jeweiligen Versionsnummer finden Sie im Standardattribut des Schlüssels /Win32 den Pfad zur Typbibliothek. Die zweite wichtige Information ist das Standardattribut der Versionsnummer. Hier steht eine kurze textliche Beschreibung der Typbibliothek, die als Friendly Name (d. h., es ist eine für einen Menschen bestimmte Information, vgl. Kapitel 7.10.4) der Typbibliothek dient. Diese Zeichenkette wird in der IDL als so genannter *Helpstring* definiert.

TypeLib-Schlüssel

Der Mechanismus der COM-Automation (siehe Kapitel 7.14 und 7.15.2) stellt Methoden bereit, um Typinformationen aus Typbibliotheken zur Laufzeit zu ermitteln. Dadurch kann ein COM-Client zur Laufzeit den COM-Server erforschen und „interessante" Methoden aufrufen.

Dynamische Typinformationen

```
TypeLib =
   {00020905-0000-0000-C000-000000000046}
      8.0 = Microsoft Word 8.0 Object Library
         409
            win32 = E:\msoffice\Office\MSWORD8.OLB
         FLAGS = 0
         HELPDIR = E:\msoffice\Office\
      8.1 = Microsoft Word 9.0 Object Library
         0
            win32 = E:\office200\Office\MSWORD9.OLB
         FLAGS = 0
         HELPDIR = E:\office200\Office\
```

Bild 7.13
Aufbau der TypeLib-Informationen in der Registrierungsdatenbank anhand der Word-Komponente; die interne Versionsnummer der Typbibliothek entspricht nicht immer der Produktver-sionsnummer (hier 8.1 = 9.0)

7.14 Statischer Aufruf versus Automation

COM kennt – wie andere Verteilungsplattformen auch – zwei Formen des Methodenaufrufs:

- **Dynamischer Aufruf** (engl. Dynamic Method Invocation, COM-Automation): Die Entscheidung über den konkreten Methodenaufruf fällt erst zur Laufzeit. Dies ist immer dann nötig, wenn zur Zeit der Kompilierung nicht bestimmt werden kann, welche Methode aufgerufen werden soll. Dies ist insbesondere beim Einsatz von Polymorphismus gegeben und bei interpretierten Sprachen (wie Scriptsprachen), die nicht kompiliert werden.
- **Statischer Aufruf** (engl. Static Method Invocation): Bereits zur Zeit der Kompilierung ist festgelegt, welche Methoden aufgerufen werden.

Statischer Aufruf versus dynamischer Aufruf

Automation Server und Clients **Begriffe** Der dynamische Aufruf wird in COM *Automation* genannt. Ein COM-Server, der Automation unterstützt, ist ein *Automation Server*. Man spricht auch von automationsfähigen Klassen und automationsfähigen Komponenten, sofern eine Komponente automationsfähige Klassen unterstützt. Ein COM-Client, der Automation nutzt, heißt Automation Client oder Automation Controller. Frühere Begriffe, die Sie aber nicht mehr verwenden sollten, waren OLE Automation, OLE Server und OLE Client/OLE Controller.

Automation versus Automatisierung Statt des Begriffs *Automation* werden Sie in anderen Büchern auch *Automatisierung* lesen. Im Englischen heißt die Technologie *Automation*. In diesem Buch wird durch Verwendung des Begriffs *Automation* eine Abgrenzung zum allgemeinen Begriff *Automatisierung* vollzogen. *Automatisierung* steht hier allgemein für die programmgesteuerte Ausführung von administrativen Aufgaben.

Geschichte des Begriffs Automation Der Begriff *Automation* stammt aus der Zeit, in der *Dynamic Data Exchange (DDE)* und die erste Version von OLE zum Datenaustausch bzw. zur Fernsteuerung von Office-Anwendungen wie Word und Excel verwendet wurden. Die heutige COM-Automation ist eine Weiterentwicklung der Techniken, die bereits bei OLE eingesetzt wurden. Der Name ist geblieben, obwohl COM-Automation längst in anderen Bereichen als nur in der Fernsteuerung von Office-Anwendungen eingesetzt wird.

Statisches und dynamisches Binden in COM **Binden** Binden bedeutet in COM die Zuordnung eines Methodenaufrufs zu einer Adresse in der vTable einer Schnittstelle (zum Begriff „Binden" siehe auch Anhang A). Der Aufruf ist der folgende Schritt. Ein statischer Aufruf erfordert statisches Binden (frühes Binden, Early Binding), ein dynamischer Aufruf erfordert dynamisches Binden (spätes Binden, Late Binding). Die Unterscheidung zwischen dynamischem und statischem Binden ist Standard in objektorientierten Sprachen.

Beim *statischen Binden* kennt der COM-Client zur Entwicklungszeit die Position (*Offset*) einer Funktion innerhalb der vTable. Der Offset ist im Binärcode des COM-Clients festgelegt. Der statische Aufruf einer Methode erfolgt zur Laufzeit also über die Startadresse der vTable und den hinterlegten Offset. Die Startadresse der vTable der gewünschten Schnittstelle muss freilich auch beim statischen Binden zur Laufzeit bei der Komponente erfragt werden (vgl. den Abschnitt zu IUnknown im folgenden Kapitel). Auf Grund des direkten Zugriffs auf die vTable heißt das statische Binden auch *VTBL Binding*. Beim *dynamischen Binden* ist dagegen der Offset nicht bekannt. Die Bindung erfolgt durch verschiedene Mechanismen erst zur Laufzeit (vgl. den Abschnitt zu IDispatch in Kapitel 7.15).

Bewertung Der Vorteil des statischen Aufrufs durch dynamisches Binden ist eindeutig die sehr viel höhere Geschwindigkeit, da der COM-Client die Funktion direkt aufrufen kann. Allerdings ist der statische Aufruf durch statisches Binden unflexibel: Ein COM-Client muss bereits zur Entwicklungszeit wissen, welchen Objekttyp er vor sich hat. Wenn Polymorphismus eingesetzt werden soll, ist statisches Binden normalerweise nicht möglich.

Ausnahme in COM Allerdings bildet COM durch die Konzeption der Mehrfachschnittstellen eine Ausnahme. Hier ist ein dynamischer Methodenaufruf mit dem Ziel, Polymorphismus zu realisieren, auch durch statisches Binden möglich.

Wenn durch einen Methodenaufruf auf zwei Instanzen unterschiedlicher COM-Klassen, die die gleiche Schnittstelle unterstützen, zugegriffen werden soll, muss der Bindungsvorgang nicht dynamisch erfolgen, da der Funktionsoffset (relativ zur vTable der Schnittstelle) zur Entwicklungszeit ermittelt werden kann.

> Die Bindung ist also statisch möglich; der Methodenaufruf ist dennoch als dynamisch anzusehen, da zur Entwicklungszeit noch nicht feststeht, welche Implementierung aus welcher der beiden Klassen aufgerufen werden wird. Sobald zwei Klassen zwar die gleichen Methoden, diese aber in unterschiedlichen Schnittstellen unterstützen, ist immer dynamisches Binden notwendig, da die Funktionsoffsets verschieden sind.
>
> Hiermit haben Sie wieder ein Beispiel kennen gelernt, wie komplex die Welt der Objekte und Komponenten in COM sein kann.

7.15 COM-Standardschnittstellen

Microsoft hat inzwischen rund 200 Standardschnittstellen definiert, einen Teil davon bereits im Rahmen der COM-Spezifikation. Standardschnittstellen sind die Basis zur Erbringung von COM-Diensten: Ein COM-Dienst kann nur dann funktionieren, wenn die daran beteiligten Komponenten einheitliche Schnittstellen bieten. Alle Nichtstandard-Schnittstellen heißen *benutzerdefinierte Schnittstellen*.

Standardschnittstellen

COM liefert für die Mehrheit der Standardschnittstellen (noch) keine Implementierung. Standardschnittstellen sind in der Regel nur abstrakte Schnittstellendefinitionen; sie müssen also in jedem COM-Client neu implementiert werden. Nur für ausgewählte Standardschnittstellen enthält die COM-Bibliothek Standardimplementierungen. Entwicklungsumgebungen und programmiersprachenspezifische Laufzeitumgebungen stellen auf verschiedene Weisen (z. B. die Visual Basic-Laufzeitumgebung, die Active Template Library in Visual C++) Implementierungen bereit, die übernommen werden können, so dass der Programmierer diese Schnittstellen nicht selbst kodieren muss.

Die wichtigste Standardschnittstelle ist IUnknown. Ob etwas eine COM-Klasse ist, kann daran festgemacht werden, ob sie IUnknown unterstützt oder nicht. Auf dem zweiten Platz dieser Hitliste liegt IDispatch. Danach kommt lange erst einmal nichts mehr, weshalb dieses Buch sich auf die Darstellung dieser beiden zum Verständnis von COM wichtigsten Schnittstellen beschränkt. Mehr über diese und andere Standardschnittstellen erfahren Sie bei [BOX99] und [EDD00]. Die Typinformationen zu den Standardschnittstellen IUnknown und IDispatch müssen nicht in jede IDL-Datei aufgenommen werden. Dazu kann die Typbibliothek *stdole32.tlb* importiert werden. Sie können die Datei im COM Viewer (vgl. Kapitel 18 „Werkzeuge") öffnen, um sich die „rohe" Definition der beiden Standardschnittstellen anzusehen.

IUnknown und IDispatch

7.15.1 Statisches Binden mit IUnknown

IUnknown (IID= {00000000-0000-0000-C000-000000000046}) ist die wichtigste Schnittstelle in COM. Mit Hilfe dieser Schnittstelle können die Zeiger auf die vTables anderer Schnittstellen ermittelt werden. Dabei ist IUnknown die Basis für den statischen Methodenaufruf (*VTBL Binding*). Im Bullet-and-Stick-Diagramm wird die Schnittstelle IUnknown üblicherweise an exponierter Stelle (oben) auf der Komponente dargestellt, um der Besonderheit dieser Schnittstelle Ausdruck zu verleihen. Es gilt:

Unknown

▹ Jede COM-Klasse muss eine IUnknown-Schnittstelle besitzen.
▹ Alle COM-Schnittstellen sind von IUnknown abgeleitet. Das gilt sowohl für Standard- als auch für benutzerdefinierte Schnittstellen. Daher kann auf die Methoden von IUnknown von jeder Schnittstelle aus zugegriffen werden.

Die IUnknown-Methoden Die drei von IUnknown definierten virtuellen Methoden müssen daher von jeder einzelnen COM-Schnittstelle bereitgestellt werden. Sie stehen am Anfang der vTable einer jeden Schnittstelle. Üblicherweise erfolgt die Implementierung aber nur einmal pro Klasse. Die Funktionszeiger jeder einzelnen Schnittstelle verweisen dann auf diese Implementierung.

Query-Interface()
▶ QueryInterface() ermöglicht die Anfrage an ein COM-Objekt, ob das Objekt eine bestimmte Schnittstelle unterstützt. Wenn das Objekt das Interface anbietet, liefert QueryInterface() einen Zeiger auf die Schnittstelle zurück, sonst den Wert 0.

AddRef()
▶ Jede Schnittstelle benötigt einen Referenzzähler, der angibt, wie oft eine Schnittstelle zum aktuellen Zeitpunkt benutzt wird. Der Aufruf von AddRef() erhöht diesen Referenzzähler um eins. AddRef() wird automatisch aufgerufen, wenn QueryInterface() Erfolg hat. Ein manueller Aufruf von AddRef() ist nur notwendig, wenn der COM-Client selbst einen Schnittstellenzeiger dupliziert und die Laufzeitumgebung der betreffenden Sprache den Aufruf von AddRef() nicht automatisch vornimmt. Der COM-Server kann die Zählung in diesem Fall nicht vornehmen, da er an der Duplizierung nicht beteiligt ist.

Release()
▶ Der Aufruf von Release() vermindert den Referenzzähler der Schnittstelle um eins. Release() entfernt nicht automatisch das Objekt aus dem Speicher. Ein Objekt kann erst gelöscht werden, wenn der Referenzzähler der Schnittstelle, für die Release() aufgerufen wurde, auf 0 steht und die Referenzzähler aller anderen Schnittstellen auch auf 0 stehen.

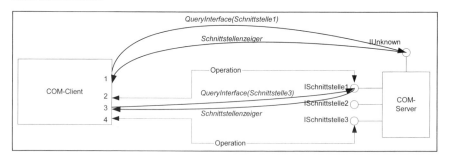

Bild 7.14
Darstellung des Query-Interface()-Mechanismus

vTable-Fähigkeit
Einschränkungen Ergebnis der Instanziierung einer Klasse ist in COM immer, dass der COM-Client einen Zeiger auf die IUnknown-Schnittstelle des erzeugten Objekts erhält. Für C++- und Java-Programmierer ist IUnknown der zentrale Dreh- und Angelpunkt der COM-Programmierung. Das große Visual Basic und VBA nutzen zwar IUnknown (diese Fähigkeit hat Visual Basic seit Version 4.0), verbergen dies jedoch vor dem Programmierer. Scriptsprachen können IUnknown nicht benutzen, weil sie üblicherweise nicht „vTable-fähig" sind. vTable-Fähigkeit bedeutet die Unterstützung des komplizierten Mechanismus, um von einem Schnittstellenzeiger über einen Zeiger auf einen weiteren Zeiger zu den Methodenimplementierungen zu gelangen. Nicht vTable-fähig ist gleichbedeutend mit der Unfähigkeit, verschiedene Schnittstellen eines Objekts voneinander unterscheiden zu können, und damit auch der Unfähigkeit, Mehrfachschnittstellen zu nutzen.

 Das große Visual Basic und VBA können IUnknown aber nur nutzen, wenn es für die Klasse und ihre Schnittstellen eine Typbibliotheksdefinition gibt. In der Regel kompilieren Komponentenentwickler eine Typbibliothek leider nur für automationsfähige Komponenten.

7.15.2 Automation mit IDispatch

Die bisherigen Ausführungen haben gezeigt, dass Scriptsprachen COM gar nicht nutzen könnten, wenn es nur IUnknown gäbe. Die Lösung heißt IDispatch (IID = {00020400-0000-0000-C000-000000000046}). Diese Standardschnittstelle ist die Basis für die COM-Automation, auf der das Active Scripting (siehe Kapitel 7.23) beruht. IDispatch ermöglicht den Aufruf einer Methode über ihren Namen in Textform. Ein Automation-Client muss keinen anderen Schnittstellenzeiger als den von IDispatch kennen und keine anderen Funktionsoffsets als diejenigen der wenigen IDispatch-Methoden. Diese Informationen sind fest in der Laufzeitumgebung der jeweiligen Sprache hinterlegt. IDispatch ist eine Form des dynamischen (späten) Bindens.

IDispatch

Der IDispatch-Mechanismus Genauer betrachtet funktioniert der Mechanismus folgendermaßen:

- Der Automation-Client beschafft sich zunächst einen Zeiger auf die Standardschnittstelle der Klasse. Dieser Mechanismus ist fest hinterlegt. Der Automation-Client kann nur mit diesem Schnittstellenzeiger arbeiten, sofern die Schnittstelle IDispatch entspricht oder zumindest von IDispatch abgeleitet ist.

- Der Automation-Client ruft zunächst die IDispatch-Methode GetIDsOfNames() auf. Dabei übergibt der Client den Namen der gewünschten Methode in Form einer Zeichenkette. GetIDsOfNames() liefert dem Automation-Client eine so genannte *Dispatch-ID (DispID)* zurück. Eine DispID ist eine eindeutige Zahl für eine Methode innerhalb einer COM-Schnittstelle. DispIDs sind jedoch keine GUIDs und daher nicht über Schnittstellen hinweg eindeutig.

GetIDsOf-Names()

- Der Methodenaufruf erfolgt dann mit IDispatch::Invoke(), wobei die DispID und die Parameter für die Methode übergeben werden müssen. Die Parameter werden in Form eines *Array of Variants* übergeben.

Invoke()

Variant

Der Datentyp *Variant* geht auf die Sprache Visual Basic zurück. Ein Variant ist ein universeller Behälter für prinzipiell alle Datentypen. Eine Variant-Variable kann zur Laufzeit zu jedem beliebigen Zeitpunkt ihren Inhaltstyp ändern. Sie trägt auch dazu bei, COM für (Script-)Sprachen zu vereinfachen, die keine strengen Datentypen kennen.

Typinformationen zur Laufzeit Weiterhin bietet IDispatch zwei Methoden, um zur Laufzeit Typinformationen auszulesen:

- Mit der Methode IDispatch::GetTypeInfoCount() kann ermittelt werden, ob für die Klasse Typinformationen verfügbar sind. Der Rückgabewert 1 bedeutet, dass Typinformationen zur Verfügung stehen. 0 bedeutet, dass keine Typinformationen verfügbar sind.

GetTypeInfo-Count()

- IDispatch::GetTypeInfo() liefert bei vorhandenen Typinformationen einen Zeiger auf die Schnittstelle ITypeInfo(), die ihrerseits dazu dient, Namen und Parameter der implementierten Mitglieder dieser Klasse zu ermitteln.

GetType-Info()

GetTypeInfoCount() und GetTypeInfo() sind für die Funktionsfähigkeit des IDispatch-Ablaufs nicht notwendig. Diese beiden Methoden werden nur dazu benutzt, dem Entwickler zur Entwicklungszeit Informationen über die verfügbaren Methoden und Attribute bereitzustellen. Die Eingabehilfen verschiedener Entwicklungsumgebungen greifen auf GetTypeInfoCount() und GetTypeInfo() zurück.

Da alle Schnittstellen von IUnknown abgeleitet sein müssen, besitzt natürlich auch eine IDispatch-Schnittstelle die drei IUnknown-Methoden. Diese sind aber für einen Automation-Client ohne Bedeutung. Natürlich können auch vTable-fähige Sprachen IDispatch verwenden. Sie sollten es jedoch nicht tun: Der geschilderte Weg des Methodenaufrufs über die IDispatch-Schnittstelle macht deutlich, dass COM-Automation wesentlich langsamer ist als VTBL Binding.

ID Binding **Binden mit bekannter DispID** Es gibt einen Weg, die Verwendung von IDispatch etwas zu beschleunigen: Wenn der COM-Client die DispID einer Methode bereits kennt, dann entfällt der Aufruf von GetIDsOfNames() und Invoke() kann direkt verwendet werden. Interpretersprachen, die nur zur Entwicklungszeit binden können, sind dazu angehalten, einmal zur Laufzeit ermittelte DispIDs in einem Cache zu halten und somit eine zweite Anfrage an GetIDsOfNames() zu vermeiden. Kompilierte Sprachen können eine DispID auch schon zur Entwicklungszeit aus einer Typbibliothek ermitteln und in die Binärform eines Clients hineinkompilieren. Dieses Verfahren wird auch als *ID Binding* bezeichnet. Da ID Binding eine Form des frühen Bindens ist, wird das VTBL Binding zur Abgrenzung vom ID Binding auch als *sehr frühes Binden* bezeichnet.

Grenzen von IDispatch Ein COM-Server kann natürlich neben IDispatch auch benutzerdefinierte Schnittstellen unterstützen. Über die COM-Automation sind jedoch in jedem Fall nur jene Methoden erreichbar, die in IDispatch unterstützt werden. Sofern die benutzerdefinierten Schnittstellen weitere Methoden unterstützen, sind diese nur via IUnknown und VTBL Binding erreichbar. IDispatch konterkariert also den Vorteil der Mehrfachschnittstellen – das ist der Tribut, den man beim Windows Scripting zahlen muss.

Viele verwirrende Begriffe **Automations-MINFU** Leider betreibt Microsoft auch an dieser Stelle wieder ein **MI**crosoft **N**omenclature **F**oul-**U**p (MINFU, vgl. Erläuterungen in Anhang B) und zeigt sich sehr einfallsreich und wenig konsistent darin, den Unterschied zwischen automationsfähigen und nichtautomationsfähigen Schnittstellen einer Komponente zu dokumentieren.

So findet man in der MSDN Library für automationsfähige Schnittstellen z.B. die Begriffe:
- *ActiveX Programming Objects* (XML-Dokumentation im Web Workshop)
- *Scripting API* (WMI-Dokumentation)
- *Visual Basic Object Model* (ASP-Dokumentation)

Dagegen heißen die nichtautomationsfähigen Schnittstellen oft:
- *COM Programming Interfaces* (XML-Dokumentation)
- *COM API* (WMI-Dokumentation)
- *Non-Automation Interfaces* (ADSI-Dokumentation)

Grundsätzlich können Sie als Anhaltspunkt nehmen: Die Verwendung des Begriffs Interface deutet eher auf nichtautomationsfähige Schnittstellen hin, während Objekte über IDispatch angesprochen werden können. Dies entspricht der eher auf Klassen bzw. Objekte gerichteten Sicht der Automation. Aber auch das ist nicht allgemein gültig, denn oft fehlt jeglicher Hinweis auf die IDispatch-Unterstützung. Als wäre es so schwer, jeder Komponentenreferenz IDispatch: *Ja* | *Nein* voranzustellen!

7.15.3 Duale Schnittstellen

Duale Schnittstellen Ein guter Ansatz ist die Implementierung aller Schnittstellen als so genannte *duale Schnittstellen*. Eine duale Schnittstelle ist eine benutzerdefinierte Schnittstelle, die nicht direkt von IUnknown, sondern von IDispatch abgeleitet wird. Da IDispatch von IUnknown abgeleitet ist, verfügt eine duale Schnittstelle natürlich auch über die nötige IUnknown-Implementierung. Die vTable einer dualen Schnittstelle besteht also aus mindestens sieben Methoden (drei von IUnknown, vier von IDispatch). Die weiteren Positionen der vTable enthalten dann direkte Zeiger auf die Methoden der Schnittstelle. Eine Klasse kann über mehrere duale Schnittstellen verfügen. Die IDispatch-Implementierung sollte jedoch jeweils dieselbe sein und natürlich sollten über jedes IDispatch::Invoke() alle benutzerdefinierten Methoden aller Schnittstellen zur Verfügung stehen.

COM-Clients haben dann die Auswahl, über die vTable direkt auf die benutzerdefinierten Methoden zuzugreifen oder aber über IDispatch::Invoke() den dynamischen Aufruf zu benutzen. Natürlich sollte ein entsprechend mächtiger Client immer den benutzerdefinierten Teil der Schnittstelle verwenden!

In der Regel werden heute COM-Objekte mit dualen Schnittstellen generiert. Beispielsweise erzeugt Visual Basic immer duale Schnittstellen für in VB erstellte COM-Klassen.

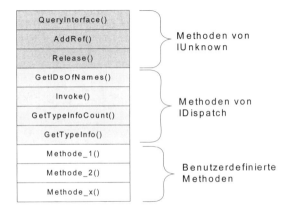

Bild 7.15
vTable einer dualen Schnittstelle

7.15.4 DispatchEx

IDispatchEx ist eine verbesserte Version von IDispatch, die zusätzlich folgende Funktionen unterstützt:

Erweiterte Version von IDispatch

- Ermittlung der Namen der von der Klasse bereitgestellten Methoden zur Laufzeit – auch ohne Typbibliothek
- Hinzufügen von Methoden zur Laufzeit
- Entfernen von Methoden zur Laufzeit

IDispatchEx wird bisher leider nur von wenigen COM-Klassen implementiert.

7.16 Distributed COM (DCOM)

Das *Distributed Component Object Model* (DCOM) ist ein Zusatzdienst zum Component Object Model (COM), der es ermöglicht, COM-Komponenten nicht nur auf dem lokalen Rechner, sondern auch auf entfernten Systemen zu benutzen (Fernaufruf oder engl. Remoting). Ein früherer Name von DCOM ist *Network OLE*. DCOM wurde mit NT 4.0 ausgeliefert, später aber auch als Add-on zu Windows 95 verfügbar gemacht. Seitdem gehört DCOM zum Standard jeder Betriebssystemversion bei Microsoft.

DCOM

Kapitel 7 Das Component Object Model (COM)

OSF DCE Dem Component Object Model und dem DCOM-Dienst liegt die Distributed Computing Environment (DCE) der Open Software Foundation (OSF) zu Grunde. DCE definiert eine Umgebung für verteilte Systeme mit Werkzeugen und Diensten für verteilte Anwendungen. Zentraler Dienst im DCE ist der Remote Procedure Call (RPC).

Eigenschaften Fernaktivierung Jede COM-Komponente kann ohne Veränderungen sofort mit DCOM eingesetzt werden. Es müssen lediglich die Sicherheitseinstellungen entsprechend konfiguriert werden. DCOM unterscheidet:

- Ausgehende Fernaktivierung – ein lokaler Client nutzt eine entfernte Komponente
- Eingehende Fernaktivierung – ein entfernter Client benutzt eine lokale Komponente

7.16.1 DCOM-Protokoll

DCOM-Protokoll DCOM ist ein Dienst, der mit Hilfe des *DCOM-Protokolls* realisiert wird. Das DCOM-Protokoll basiert auf den im Distributed Computing Environment (DCE) spezifizierten Remote Procedure Calls (RPC) und wird auch Object RPC (ORPC) genannt. Es ist im ISO/OSI-Referenzmodell auf der Schicht 7 (Anwendungsebene) angesiedelt und transportprotokollunabhängig; es kann auf verschiedenen Transportprotokollen (z.B. TCP/IP, UDP/IP, IPX/SPX, AppleTalk), aber auch auf Anwendungsprotokollen wie HTTP aufsetzen.

Bild 7.16 Einordnung von DCOM in das ISO/OSI-Referenzmodell

7 Anwendungsschicht (Application Layer)	DCOM
	RPC
6 Darstellungsschicht (Presentation Layer)	...
5 Kommunikationssteuerungsschicht (Session Layer)	...
4 Transportschicht (Transport Layer)	TCP/UDP/...
3 Netzwerkschicht (Network Layer)	IP/...
2 Sicherungsschicht (Data Link Layer)	...
1 physikalische Schicht (Physical Layer)	...

Anwendungsorientierte Schichten

Transportorientierte Schichten

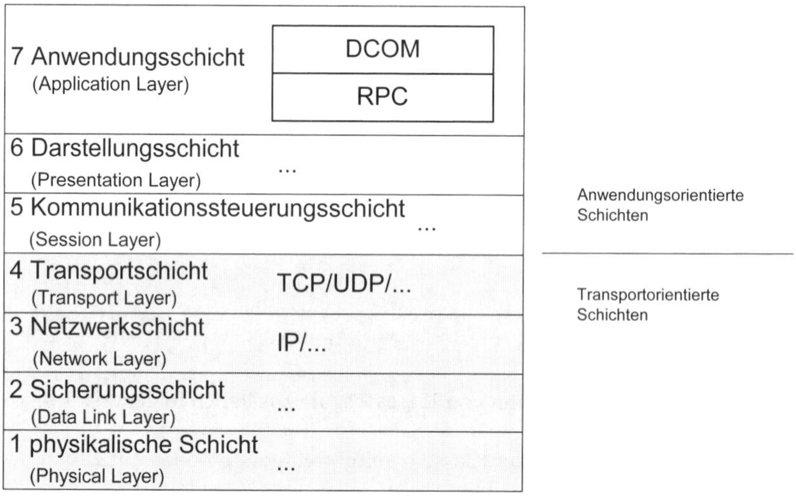

Ping Eigenschaften Zu den Funktionen von DCOM gehört eine verteilte Speicherverwaltung (Distributed Garbage Collection), die über einen *Ping*-Mechanismus realisiert wird. Ein COM-Client muss regelmäßig eine kurze Nachricht an den Computer senden, der den COM-Server hostet. Wenn dieser Ping mehrmals nicht eintrifft, dann reduziert COM den Referenzzähler der verwendeten Instanz des COM-Servers. Wenn der Referenzzähler den Wert 0 erreicht hat, verwirft COM die Instanz des COM-Servers. Der DCOM-Ping-Mechanismus ist nicht mit dem auf dem ICMP-Protokoll basierenden Netzwerk-Ping im TCP/IP-Protokollstack zu verwechseln.

Synchron Methodenaufrufe sind in COM/DCOM immer synchron. Zwar gibt es auch eine asynchrone Form des RPC, diese wird von DCOM jedoch nicht verwendet.

7.16.2 DCOM-Installation und -Konfiguration

DCOM gehört ab Windows 98 zum Basisumfang von Windows. Auf Windows 95 kann DCOM durch Installation des Internet Explorers ab Version 4.0 oder durch ein spezielles DCOM-Add-on für Windows 95 ermöglicht werden. Für das in Windows 98 enthaltene DCOM gibt es ein Update.

Installation und Konfiguration

> Alte 16-Bit-Windows-Betriebssysteme können über die alte Remote Automation-Technik auf COM-Komponenten zugreifen.

DCOM-Konfiguration Um DCOM auf einem PC zu ermöglichen, muss der Registrierungsdatenbankschlüssel *HKEY_LOCAL_MACHINE\SOFTWARE\Microsoft\Ole\Enable DCOM* auf den Wert *Y* (für *Yes*) gesetzt sein. Mit einem anderen Wert sind weder eingehende noch ausgehende Fernaktivierungen möglich. Lokale Aktivierungen sind dennoch erlaubt, sofern die der Klasse zugeordneten Startberechtigungen dies für den Benutzerkontext des Clients erlauben.

DCOM zulassen

Auf einem Windows 95/98/ME-System muss zusätzlich der Schlüssel *HKEY_LOCAL_ MACHINE\SOFTWARE\Microsoft\Ole\EnableRemoteConnections* auf *Y* gesetzt werden, damit COM-Objekte angesprochen werden können.

Die für die DCOM-Kommunikation zu verwendenden Protokolle befinden sich im Registrierungsdatenbankschlüssel *HKEY_LOCAL_MACHINE\Software\Microsoft\Rpc*.

Jeder Prozess, der ein COM-Objekt enthält, erhält dynamisch eine Portnummer zwischen 1024 und 65535. Das nachfolgende REGEDIT4-Listing zeigt die notwendigen Registrierungsdatenbankeinträge, um die Ports einzuschränken. Im folgenden Beispiel werden nur die Ports 4000–6000 erlaubt.

Ports

> Alle zuvor genannten Einstellungen können auch über das DCOM Configuration Utility (DCOMCNFG) vorgenommen werden.

```
REGEDIT4
[HKEY_LOCAL_MACHINE\Software\Microsoft\Rpc\Internet]
"Ports"="4000-6000"
"PortsInternetAvailable"="Y"
"UseInternetPorts"="Y"
```

Listing 7.6 Registrierungsdatenbankeinstellungen zur Einschränkung der DCOM-Ports [CD: /install/ com/portbeschraenkung.reg]

7.16.3 DCOM im Internet

DCOM kann nicht nur im LAN und WAN, sondern prinzipiell auch im Internet genutzt werden, da TCP/IP als Netzwerkprotokoll unterstützt wird. Dem stehen jedoch Firewalls entgegen, welche die für das DCOM-Protokoll notwendigen TCP-Ports sperren oder IP-Adressen aus Sicherheitsgründen umsetzen (DCOM-Stubs speichern die IP-Adressen). Oft kann oder will man aber die Konfiguration einer Firewall nicht ändern, um DCOM den Weg freizumachen.

Microsofts Lösung dafür heißt *COM Internet Service (CIS)* (in der deutschen Version: *COM-Internetdienste*). CIS meint das Tunneling des DCOM-Protokolls im Hypertext Transfer Protocol (HTTP). Dabei wird jedoch nur die erste DCOM-Nachricht in eine HTTP-Nachricht verpackt. Alle weiteren DCOM-Nachrichten werden direkt via Port 80 versendet. Auch das wird von einigen Firewalls nicht erlaubt. Eine weitere Einschränkung ist, dass CIS nur in Verbindung mit einem Internet Information Server ab Version 4.0 auf dem CIS-Server funktioniert. Ein Windows 9x/ME-Rechner kann also kein CIS-Server sein.

COM Internet Service (CIS)

Kapitel 7 Das Component Object Model (COM)

RDS

Die COM-Komponente, die auf CIS aufsetzt, heißt *Remote Data Service (RDS)*. RDS wird in diesem Buch nicht weiter behandelt. Nähere Informationen hierzu finden Sie in der MSDN Library [MSL00].

CIS-Installation **CIS-Installation** CIS ist in folgenden Systemen enthalten:
- NT 4.0 durch Installation von Service Pack 4
- Windows 95 ab DCOM Version 1.2
- Windows 98 ab DCOM Version 1.3
- Windows ME
- Ab Windows 2000 (Installationsoption)

CIS-Konfiguration **CIS-Konfiguration** Auf einem Windows 2000-Server erfolgt durch Auswahl der Installationsoption *Netzwerk-dienste/COM Internetdiensteproxy* nicht nur die Installation von CIS, sondern auch die korrekte Konfiguration des IIS. Auf einem NT 4.0-Server mussten Sie selbst sicherstellen, dass
- der ISAPI-Filter *rpcproxy.dll* aktiviert ist;
- unterhalb der Standardwebsite ein virtueller Pfad mit Namen RPC existiert, der eine Kopie der *rpcproxy.dll* enthält und auf dem Ausführungsrechte aktiviert sind;
- CIS aktiviert ist (in DCOMCNFG müssen Sie die Option *Internetdienste auf diesem Rechner grundsätzlich aktivieren* auf der Registerkarte *Standardeigenschaften* aktivieren);
- CIS den Standardprotokollen hinzugefügt ist (der Eintrag *Tunneling TCP/IP* auf der Registerkarte *Standardprotokolle* muss hinzugefügt sein, siehe folgende Abbildung).

Ab Windows Server XP heißt die Installationsoption „RPC over HTTP-Proxy".

Bild 7.17
Aktivierung von CIS mit Hilfe von DCOMCNFG auf einem NT-Client

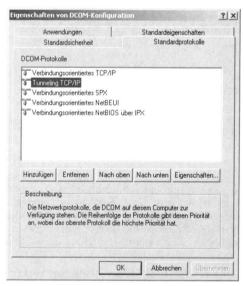

ciscnfg.exe Auf dem CIS-Client müssen nur die letzten beiden Schritte durchgeführt werden. Unter Windows 95/98/ME gibt es dafür das Kommandozeilentool *ciscnfg.exe*.

SOAP und XML RPC **Simple Object Access Protocol (SOAP)** Die Zukunft der Inter-process-Kommunikation im Internet gehört aber nicht DCOM, sondern dem *Simple Object Access Protocol (SOAP)*. SOAP realisiert einen Fernaufruf auf Basis des Austauschs von XML-Daten. In der Regel, aber nicht zwingend, werden diese XML-Daten mit HTTP übermittelt. SOAP will unabhängig von Plattformen, Komponentenarchitekturen, Programmiersprachen und Firewalls sein. SOAP wird im .NET Framework verwendet und kommt auch im Windows Remote Management (WinRM) zum Einsatz.

Weitere Informationen zu SOAP finden Sie bei [SOA01b]. XML RPC ist ein alternativer, auch sehr ähnlicher Ansatz zu SOAP [XRP00], der sich nicht durchgesetzt hat.

7.17 Objektaktivierung

Wesentliche Voraussetzung für die Ausführung eines Methodenaufrufs in einer Komponente ist die ordnungsgemäße Aktivierung des Objekts. Das ist notwendig, um einem COM-Client einen Schnittstellenzeiger auf einen bisher von ihm nicht benutzten COM-Server zu liefern. Diese Vorgänge sind sehr komplex und sollen hier nur in Grundzügen erläutert werden.

Aktivierung

COM unterstützt drei Formen der Aktivierung:
- Erzeugung neuer Objekte durch Instanziierung von Klassen
- Zugriff auf bestehende Instanzen im Speicher
- Zugriff auf persistente Objektinstanzen

7.17.1 Service Control Manager (SCM)

Der *Service Control Manager (SCM)* ist derjenige Teil der COM-Implementierung, der dafür zuständig ist, Anfragen von COM-Clients nach Schnittstellen entgegenzunehmen und mit einem Zeiger auf die entsprechende Schnittstelle zu antworten. COM-Client und COM-Server kommunizieren aber nicht direkt mit dem SCM; sie rufen Methoden in der COM-Bibliothek auf, die ihrerseits den SCM ansprechen.

SCM

Der SCM ist kein *Object Trader*, der in der Lage wäre, eine Anforderung der Form „Liefere mir irgendeine Komponente, die eine Textdatei lesen und schreiben kann und Unicode unterstützt" zu bearbeiten. Die Auswahl der Komponente muss der Client treffen. Das Component Object Model stellt bislang neben der Kategorisierung von Klassen in Component Categories (siehe Kapitel 7.20) keinen Trading-Mechanismus bereit. Auch der Standort der Komponente muss dem Client bekannt sein. Oft werden daher selbst programmierte Trader-Objekte zwischen Client und Server geschaltet.

Der SCM ist in *rpcss.exe* implementiert und im Task-Manager sichtbar, da er automatisch gestartet wird. Der SCM verwendet als festen TCP-/UDP-Port den Port Nummer 135. Nur so weiß ein SCM immer, wie er den SCM-„Kollegen" auf einem entfernten Rechner erreichen kann. Sofern ein Client eine Ferninstanziierung fordert, hat diese Anforderung für den SCM Vorrang vor den in der Registrierungsdatenbank konfigurierten lokalen Komponenten.

RPCSS.EXE

7.17.2 Erzeugung neuer Instanzen

Die Funktion der COM-Bibliothek, mit der eine neue Instanz angefordert werden kann, heißt CoCreateInstance(). Wichtigste Parameter von CoCreateInstance() sind die CLSID der gewünschten Klasse und die IID der gewünschten Schnittstelle; optional ist der Name des Computers, von dem das Objekt angefordert werden soll. Sofern ein Client eine ProgID statt einer CLSID übergibt, muss diese vorher umgewandelt werden.

CoCreate-Instance()

Kapitel 7   Das Component Object Model (COM)

Scriptsprachen fordern natürlich immer `IDispatch` an und erledigen die Umwandlung von der ProgID in die CLSID automatisch. Der Computername kann sowohl der Net-BIOS-Name des Rechners als auch der DNS-Name oder die IP-Adresse sein.

Eine wichtige Fragestellung im Rahmen von DCOM ist stets, auf welchem Computer eine COM-Klasse instanziiert werden soll. Es gibt zwei Möglichkeiten, den Aktivierungsort zu spezifizieren:

Remote-ServerName
> **Über einen Eintrag in der Registrierungsdatenbank:** In der Registrierungsdatenbank kann in einem AppID-Schlüssel *RemoteServerName* der DNS-Name des Rechners eingetragen werden, auf dem die Instanziierung erfolgen soll.

Parameter bei der Instanziierung
> **Als expliziter Parameter beim Aufruf der Instanziierungsroutine innerhalb des COM-Clients:** Die Angabe in der Registrierungsdatenbank ist ein Instrument, um Ortstransparenz herzustellen; ein COM-Client muss nicht wissen, wo sich das aufzurufende Objekt befindet. Dies ist in den Fällen von Nachteil, in denen der Client einen bestimmten Rechner ansprechen will. Der Client müsste dann vor der Instanziierung die Registrierungsdatenbank ändern. Dies birgt die Gefahr von Wechselwirkungen mit anderen Programmen, die ebenfalls dieses Objekt benutzen.

Viele Hochsprachen kapseln `CoCreateInstance()` hinter eigenen Funktionen:
- VBScript kapselt den Aufruf in `CreateObject()`.
- Visual Basic kapselt den Aufruf in `new` oder `CreateObject()`.
- JScript verwendet `new ActiveXObject()`.

```
Dim Objektvariable
set Objektvariable = CreateObject("Komponente.Klasse")
```
Listing 7.7: Instanziierung einer COM-Klasse in allen Visual Basic-Dialekten

```
Dim Objektvariable As Komponente.Klasse
set Objektvariable = new Komponente.Klasse
```
Listing 7.8: Alternative Möglichkeit zur Instanziierung einer COM-Klasse in Visual Basic 6.0/VBA

```
var Objektvariable;
Objektvariable = new ActiveXObject("Komponente.Klasse");
```
Listing 7.9: Instanziierung einer COM-Klasse in JScript

Dabei stehen jeweils weniger Optionen zur Verfügung als bei dem ursprünglichen `CoCreate Instance()`. Die verfügbaren Optionen reichen aber für die Scriptprogrammierung aus und verbergen viel von der Komplexität einer Instanziierung in COM.

Ablauf
Aktivierungsvorgang Durch einen Aufruf von `CoCreateInstance()` führt der SCM folgende Schritte aus:
1. Der SCM sucht in der Registrierungsdatenbank nach einem entsprechenden Eintrag für die gewünschte CLSID.
2. Der SCM stellt fest, ob die Komponente auf dem lokalen System oder auf einem entfernten System instanziiert werden soll. Dabei hat ein bei `CoCreateInstance()` übergebener Rechnername das größte Gewicht. Fehlt dieser, prüft der SCM in der Registrierungsdatenbank, ob dort für die AppID, zu der die Klasse gehört, ein `RemoteServer`-Eintrag besteht. Fällt auch diese Überprüfung negativ aus, erfolgt die lokale Instanziierung. Sofern eine Fernaktivierung gewünscht ist, leitet der SCM die Anfrage über DCOM an den SCM des entfernten Systems weiter.
3. Der betroffene (lokale oder entfernte) SCM stellt fest, welche Datei die Komponente implementiert. Er lädt diese Datei und startet – wenn nötig – einen Prozess für die Komponente.

4. Jede COM-Komponente besitzt für jede Klasse eine so genannte *Class Factory* in Form eines ClassFactory-Objekts (auch ClassObject genannt) mit einer Standardschnittstelle IClassFactory. Einen Zeiger auf die Class Factory erhält der SCM über die DLL-Funktion DllGetClassObject(), die von jeder COM-DLL bereitgestellt wird. Der SCM ruft die Methode IClassFactory::CreateInstance() auf. Die Class Factory erzeugt daraufhin eine neue Instanz der gewünschten COM-Klasse.
5. Das ClassFactory-Objekt übergibt dem SCM nach erfolgreicher Instanziierung einen Zeiger auf die gewünschte Schnittstelle des neuen Objekts.
6. Der SCM leitet diesen Schnittstellenzeiger an den Client weiter.

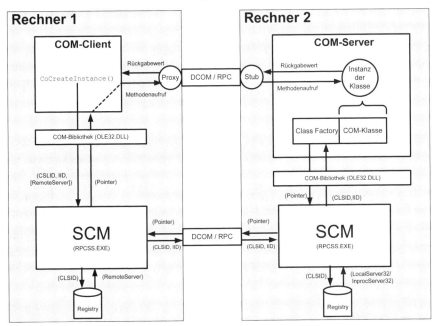

Bild 7.18 Ablauf der Aktivierung auf einem entfernten Rechner

Danach kann der Client ohne weitere Einschaltung des SCM direkt – über Proxy- und Stub-Objekte – mit der Komponente kommunizieren, da jede Schnittstelle IUnknown::Query-Interface() unterstützt und so zur weiteren Anfrage nach Schnittstellen verwendet werden kann.

Surrogat-Prozesse Eine EXE-Datei wird entfernt aufgerufen, indem sie auf dem entfernten Rechner gestartet wird. Dies ist mit DLLs nicht möglich.

Ausführung von DLLs in einem eigenen Prozess

Damit eine prozessinterne Komponente von einem anderen Rechner aus aufgerufen werden kann, ist ein so genannter *Surrogat-Prozess* (engl. *Surrogate Process*) notwendig, der die prozessinterne Komponente aufnimmt und ausführt.

Microsoft liefert zwei Standard-Surrogat-Prozesse: *dllhost.exe* und *mts.exe*. Dabei wird *mts.exe* nur innerhalb des Microsoft Transaction Server unter NT 4.0 verwendet. Unter COM+ ab Windows 2000 ist *dllhost.exe* der Standard-Surrogat-Prozess. *dllhost.exe* stand auch schon in NT 4.0 zur Verfügung, wenn eine Aufnahme in den MTS nicht gewünscht war. Sie konfigurieren eine Klasse einer In-process-Komponente für die Out-process-Verwendung, indem Sie die Klasse in ein MTS-Package (vgl. Kapitel 7.24) oder in eine COM+-Anwendung (vgl. Kapitel 7.25) integrieren. C++-Programmierer können einen solchen Surrogat-Prozess auch selbst schreiben.

| Windows 95/98/ME | Komponenten, die auf Windows 9x/ME-Plattformen laufen, können nicht fernaktiviert werden. Diese Plattformen machen es lediglich möglich, eine Fernverbindung zu bereits laufenden Objekten herzustellen. COM-Server müssen also auf diesen Systemen manuell gestartet werden. |

7.17.3 Zugriff auf bestehende Instanzen

COM-Namensdienst Die Basis für den Zugriff auf bestehende Instanzen ist der COM-Namensdienst. Mit diesem Namensdienst können einzelne Instanzen einer Klasse von anderen Instanzen unterschieden werden.

Moniker Instanzen haben in COM keine GUIDs, sondern Moniker (siehe Kapitel 7.4). Moniker werden intern selbst in Objekten (`Moniker`-Objekten mit der Schnittstelle `IMoniker`) gespeichert. Ein COM-Server kann einem COM-Client ein Moniker-Objekt übergeben, um es dem Client zu ermöglichen, zu einem späteren Zeitpunkt wieder eine Verbindung zu dieser Instanz aufzunehmen, nachdem die Objektreferenz zwischenzeitlich gelöscht wurde.

ROT **Running Objects Table (ROT)** Die Running Objects Table ist eine globale Tabelle auf einem Rechnersystem, in der instanziierte Objekte verzeichnet werden können. Es gibt nur genau eine ROT pro Rechner. COM-Clients können Instanzen aus der ROT mitverwenden. So kann beispielsweise erreicht werden, dass neu zu öffnende Dateien einer Anwendung mit Multi-Document-Interface (MDI; z.B. Word 97) in einem bestehenden Fenster geöffnet werden können. Die Aufnahme einer Instanz in die ROT erfolgt keineswegs automatisch, sondern ist eine Option, die das Objekt selbst wahrnehmen oder eben nicht wahrnehmen kann. Ein Objekt meldet sich beim SCM über ein Moniker-Objekt an oder ab. Natürlich kann ein COM-Server die Entscheidung für oder gegen eine Anmeldung dem COM-Client überlassen. Die ROT kann mit Hilfe des in Visual Studio enthaltenen ROT-Viewers (siehe Kapitel 18 „Werkzeuge") eingesehen werden.

Als Scriptprogrammierer haben Sie ebenso wenig wie ein Visual Basic-Programmierer die Möglichkeit, Instanzen an die ROT zu melden. Zumindest scheint sich noch niemand die Arbeit gemacht zu haben, eine COM-Komponente zu schreiben, die die entsprechenden API-Aufrufe kapselt.

File-Moniker **Aktivierung persistenter Instanzen aus Dateien** Mit Hilfe von File-Monikern der folgenden Form besteht eine Zugriffsmöglichkeit auf im Dateisystem persistent gemachte Objektinstanzen. Dazu dient die COM-Bibliotheksfunktion `CoGetInstanceFromFile()`.

```
file://pfad/dateiname.extension
```

Die Dokumente der Microsoft Office-Produktfamilie sind beispielsweise persistente Instanzen von COM-Klassen in Form von Compound Documents.

CoGetInstanceFromFile() Wenn ein Client mit Hilfe der COM-Bibliotheksfunktion `CoGetInstanceFrom_File()` (in Visual Basic und JScript: `GetObject()`) auf eine Datei zugreift, werden folgende Schritte vom SCM ausgeführt:

1. Anhand des Header der Datei bzw. der Dateierweiterung bestimmt der SCM die CLSID der COM-Klasse, die zur Verwaltung der angeforderten Datei fähig ist. Es ist auch möglich, bei `CoGetInstanceFromFile()` bzw. `GetObject()` eine CLSID (oder ProgID) für eine Klasse anzugeben, die zur Aktivierung verwendet werden soll.
2. Anschließend überprüft der SCM zunächst in der ROT, ob diese Objektinstanz bereits aktiviert wurde. Ist der zugehörige Moniker in der ROT eingetragen, so liefert der SCM den Schnittstellenzeiger an den Client.
3. War die Instanz nicht schon in Benutzung, so aktiviert der SCM eine neue Instanz der Klasse und fordert die Schnittstelle `IPersistFile` an.
4. Der SCM übergibt `IPersistFile::Load()` die Anforderung zum Laden der Datei und überlässt das weitere Vorgehen (also die Übernahme der Daten aus den Streams des Compound Documents in die internen Speicherstrukturen) der Objektinstanz der Klasse selbst. Dazu gehört auch der Eintrag in die ROT nach erfolgtem Laden der Datei.

Moniker oder nicht Moniker Die Frage, ob irgendetwas als eine bestehende Instanz angesehen wird oder erst eine Instanz erzeugt werden muss, ist eine philosophische Frage, die jeder Komponentenprogrammierer für sich selbst beantworten muss. Während viele Komponenten den Zugriff via Moniker ermöglichen, wird in anderen Fällen zunächst eine „leere" Instanz einer Klasse erzeugt und diese dann per Methodenaufruf an eine Entität gebunden. Wie die folgende Tabelle zeigt, gibt es keine konsistente Sichtweise darauf, ob etwas direkt per Moniker angesprochen werden kann oder instanziiert werden muss.

Auslegungssache

Instanz wird als persistent angesehen (Moniker-Zugriff via GetObject())	Instanz muss erzeugt werden (Indirekter Zugriff via CreateObject())
• Word-Datei • Verzeichnisobjekt • WMI-Objekt • Registrierungsdatenbankschlüssel in der Komponente „ADsSecurity"	• Access-Tabelle • SQL-Server-Tabelle • Ereignisprotokoll • Klasse im COM+-Katalog • Registrierungsdatenbankschlüssel in der Komponente „REGCOL"

Tabelle 7.6
Unterschiedliche Semantik hinsichtlich der Persistenz von Objekten in verschiedenen Komponenten

Teilweise gibt es auch für gleiche Entitäten der Realwelt zwischen verschiedenen Komponenten unterschiedliche Vorgehensweisen: So wird in der *ADsSecurity*-Komponente ein Registrierungsdatenbankschlüssel via Moniker angesprochen, in der Komponente *REGCOL* jedoch indirekt per Methodenaufruf.

7.17.4 Aktivierungsfehler

Es gibt eine Reihe möglicher Ursachen, warum eine Aktivierung fehlschlägt:
- Die Klasse ist gar nicht installiert.
- Die Klasse ist nicht richtig registriert.
- Die angegebene ProgID ist nicht mit der entsprechenden CLSID verbunden.
- Der Benutzer besitzt keine Rechte für die Nutzung der Klasse.

Bei einer Fernaktivierung kommen weitere Gründe hinzu:
- Der angesprochene Rechner existiert nicht oder ist nicht erreichbar.
- Auf dem angesprochenen Rechner ist DCOM deaktiviert.
- Für eine COM-DLL gibt es keinen Surrogat-Prozess.
- Die benötigten lokalen Registrierungsdatenbankeinträge sind nicht vorhanden.

Mögliche Fehlerquellen

Leider differenzieren viele Sprachen bzw. Hosts nicht genau zwischen all diesen Fehlerursachen. Mit Vorliebe melden sie einfach „Objekterstellung durch ActiveX-Komponente nicht möglich" (VB 6.0) oder „ActiveX-Komponenten kann kein Objekt erstellen" (WSH). Ganz abgesehen davon, dass die letzte Meldung grammatikalisch falsch ist, sind beides unglückliche Formulierungen, die einen Anfänger verwirren. Wieso will eine ActiveX-Komponente ein Objekt erstellen? Gemeint ist wohl, dass innerhalb einer Komponente eine bestimmte Klasse nicht instanziiert werden kann.

Bild 7.19
Wenig aussagekräftige Fehlermeldung beim Windows Scripting Host

7.18 COM-Anwendungen

COM-Anwendungen Eine COM-Anwendung fasst eine oder mehrere COM-Klassen zusammen und ermöglicht die gemeinsame Konfiguration dieser Klassen. Zahlreiche Einstellungen (z.B. Sicherheitseinstellungen) sind nur auf Anwendungsebene, nicht jedoch für eine einzelne Klasse konfigurierbar. Jede COM-Klasse kann nur einer COM-Anwendung angehören. Alle Einstellungen einer COM-Anwendung gelten für alle zugehörigen Klassen.

AppIDs Jede COM-Anwendung verfügt über eine so genannte Anwendungskennung, kurz AppID. AppIDs können mit einer CLSID identisch sein. Oft wird die erste CLSID einer Komponente auch als AppID benutzt.

> Eine COM-Anwendung ist nicht mit einer COM-Komponente gleichzusetzen. Eine COM-Anwendung kann Klassen aus mehreren COM-Komponenten umfassen. Allerdings müssen alle COM-Klassen, die in einer COM-EXE enthalten sind, auch zur gleichen COM-Anwendung gehören. Diese Beschränkung gilt nicht für COM-DLLs.

COM-Objekte, die Instanzen von Klassen mit derselben AppID sind, werden im gleichen Prozess ausgeführt. Die AppIDs befinden sich in der Registrierungsdatenbank unter HKEY_LOCAL_MACHINE\SOFTWARE\Classes\AppID\. Unterhalb einer AppID können die in der folgenden Tabelle genannten Einstellungen festgelegt werden.

Tabelle 7.7
Einstellungen für COM-Anwendungen

Schlüssel	Erläuterung
AuthenticationLevel	Individuelle Authentifizierungsstufe für diese COM-Anwendung
RemoteServerName	Hier kann ein Rechner oder eine IP-Adresse des Computers eingegeben werden, auf die die COM-Klassen instanziiert werden sollen (DCOM). Dieser Wert wird vom Service Control Manager (SCM) ausgelesen, wenn der Client bei den Instanziierungsaufforderungen keinen expliziten Remote Server angegeben hat. Ist auch RemoteServerName nicht gesetzt, wird die Klasse vom SCM lokal installiert.
AccessPermission	Zugriffsrechte in Form einer ACL
RunAs	Identitätseinstellung
LaunchPermission	Startberechtigungen in Form einer ACL
Endpoints	Zu verwendende Protokolle und Portnummern bzw. Pfade

Ein Wertname ist in der Registrierungsdatenbank nur vorhanden, wenn ein Wert existiert. Ist ein Wert nicht belegt, gelten die unter HKEY_LOCAL_MACHINE\ SOFTWARE\Microsoft\Ole festgelegten Standardeinstellungen.

Globale Einstellungen

AppID-Konfiguration Kompliziert aufgebaute ACLs direkt in der Registrierungsdatenbank zu manipulieren, ist kaum möglich. Die einfachste Möglichkeit der Konfiguration von bestehenden COM-Anwendungen ist das *DCOM Configuration Utility* (DCOMCNFG, vgl. Kapitel 18 „Werkzeuge"). Auch der *Microsoft COM Viewer* bietet viele Einstellungsmöglichkeiten für COM-Anwendungen. Beim Anlegen neuer COM-Anwendungen bzw. der Änderung der zu einer Anwendung gehörenden Klassen lassen Sie obige Werkzeuge weitgehend im Stich: Sie können mit dem DCOMCNFG keine COM-Anwendungen erzeugen oder Klassenzuordnungen vornehmen.

Werkzeuge

Mit dem COM Viewer können Sie nur COM-Anwendungen erzeugen, die aus genau einer Klasse bestehen. Es bleibt also nur der manuelle Eingriff in die Registrierungsdatenbank: Dazu nehmen Sie die CLSID einer der Klassen, die zur Anwendung gehören soll, und erzeugen einen neuen AppID-Schlüssel mit dem gleichen GUID. Danach tragen Sie diese AppID bei allen Klassen, die zur Anwendung gehören sollen, als AppID-Wert in deren CLSID-Schlüssel ein.

DCOMCNFG ermöglicht auch eine Einstellung *Konfigurationsberechtigungen*, die Sie nicht als Unterschlüssel einer AppID finden werden. Diese Berechtigungen sind die Rechte auf den AppID-Schlüssel selbst, die sonst nur mit dem älteren RegEdt32-Registrierungsdatenbank-Editor eingesehen werden können.

Konfigurationsberechtigungen

7.19 COM-Assemblies

COM hatte lange mit der DLL-Hölle zu kämpfen. Die DLL-Hölle entsteht im klassischen COM durch zwei Faktoren:

▹ Es kann nur eine Version einer bestimmten Komponente in der Registrierungsdatenbank registriert sein.

Dies bezieht sich insbesondere auf Unter-Versionen (Patches). Natürlich kann eine COM-Komponente grundsätzlich in zwei verschiedenen Versionen auf einem System existieren, wenn die beiden Versionen verschiedene GUIDs verwenden und andere Dateinamen haben. Dann handelt es sich nämlich aus der Sicht von COM um zwei verschiedene Komponenten.

Sobald aber von einer Komponente eine überarbeitete Version erscheint, die aus Kompatibilitätsgründen keine neuen GUIDs bekommen hat, kann nur eine der beiden Versionen auf dem System registriert sein.

▹ Eine Komponente, die in Benutzung ist, kann nicht aktualisiert werden. Beim Austausch der Komponentendatei (*dll*, *exe* etc.) kommt es zu einer Fehlermeldung. Komponenten sind teilweise auch noch lange nach ihrem tatsächlichen Nutzungsende vom System gesperrt.

Side-by-Side-Execution (SxS) Grundsätzlich wurde ab Windows 2000 die DLL-Hölle dadurch entschärft, dass nach DLLs zunächst im gleichen Verzeichnis gesucht wird, aus dem auch die EXE gestartet wurde. Allerdings funktionierte das Verfahren nicht mit COM-Komponenten.

SxS

Kapitel 7 Das Component Object Model (COM)

Windows XP und Windows Server 2003 **Assemblies** Ab Windows XP gibt es das neue Konzept der *Assemblies*, das es erlaubt, mehrere verschiedene Versionen einer Komponente parallel auf einem System zu verwenden, auch wenn die Komponenten den gleichen Dateinamen und die gleichen GUIDs verwenden. Weil Assemblies diese ermöglichen, spricht Microsoft auch von *Side-by-Side-Assemblies*. Die Installation einer neuen Version einer Assembly beeinflusst die vorhandenen Anwendungen nicht mehr, so dass Anwendungen besser als bisher voneinander isoliert sind.

Assembly Manifest Eine Assembly ist eine feste Ansammlung einer oder mehrerer Komponentendateien. Wie die folgende Grafik veranschaulicht, unterscheidet sich das Konzept der COM-Assembly von dem Konzept der COM-Anwendung. Eine COM-Assembly muss nicht die gleichen Komponenten zusammenfassen wie eine COM-Anwendung.

Die COM-Anwendung ist ein Instrument zur Zusammenfassung von Komponenten zu Prozessen und zur Konfiguration von Komponenten. Eine Assembly ist ein Instrument, um einen starken Zusammenhang zwischen verschiedenen Komponenten zu bilden, die sich gegenseitig nutzen. In vielen Fällen wird es aber sinnvoll sein, in COM-Anwendung und COM-Assembly die gleichen Komponenten zusammenzuschnüren.

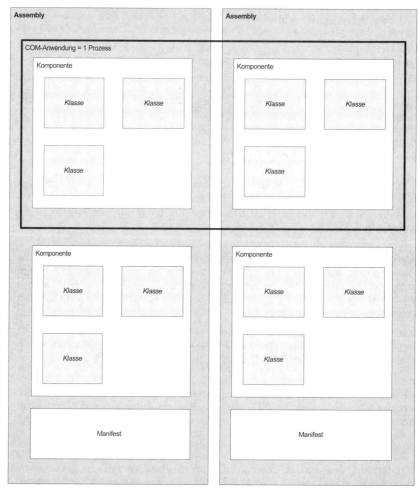

Bild 7.20 COM-Anwendung vs. COM-Assembly

COM-Assemblies

Manifeste Eine *Assembly* hat eine Konfigurationsdatei namens *Assembly Manifest*. Ein *Assembly Manifest* umfasst folgende Daten:
- Name der Assembly
- Jede Assembly hat eine viergliedrige Versionsnummer (a.b.c.d), z.B. 1.8.19.72.
- Die Typangabe *win32*
- Liste der Komponentendateien, die zur Assembly gehören
- COM-Konfigurationsdaten, die COM für die Lokalisierung und Aktivierung dieser Komponenten benötigt
- Liste der abhängigen Assemblies – jeweils mit Versionsnummer

Das folgende Listing zeigt ein Beispiel für ein in Windows XP mitgeliefertes Manifest für die MFC-Bibliothek (Microsoft Foundation Classes – die Laufzeitumgebung für Visual C++) in der Version 6.0. Die Assembly umfasst die Dateien *mfc42.dll*, *atl.dll* und *mfc42u.dll*.

```xml
<?xml version="1.0" encoding="UTF-8" standalone="yes"?>
<assembly xmlns="urn:schemas-microsoft-com:asm.v1" manifestVersion="1.0">
    <assemblyIdentity type="win32" name="Microsoft.Tools.VisualCPlusPlus.Runtime-Libraries" version="6.0.0.0" processorArchitecture="x86" publicKeyToken="6595b64144ccf1df"/>

    <dependency optional="yes">
        <dependentAssembly>
            <assemblyIdentity type="win32" name="Microsoft.Tools.VisualCPlusPlus.Runtime-Libraries.Resources" version="6.0.0.0" processorArchitecture="x86" publicKeyToken="6595b64144ccf1df" language="*"/>
        </dependentAssembly>
    </dependency>

    <file name="mfc42u.dll" hash="d9357dbe54a1f754cd8d662323acdeb100a0b0d1" hashalg="SHA1">
        <comClass description="Font Property Page" clsid="{0BE35200-8F91-11CE-9DE3-00AA004BB851}"/>
        <comClass description="Color Property Page" clsid="{0BE35201-8F91-11CE-9DE3-00AA004BB851}"/>
        <comClass description="Picture Property Page" clsid="{0BE35202-8F91-11CE-9DE3-00AA004BB851}"/>
    </file>
    <file name="mfc42.dll" hash="138a2057b090678d865720ed22276b00ede39168" hashalg="SHA1"/>
    <file name="atl.dll" hash="60f116cba40bf191e78dd71177de8de79d79c50b" hashalg="SHA1">
        <comClass description="Registrar Class" clsid="{44EC053A-400F-11D0-9DCD-00A0C90391D3}" progid="ATL.Registrar"/>
        <typelib tlbid="{44EC0535-400F-11D0-9DCD-00A0C90391D3}" version="1.0" helpdir=""/>
    </file>
    <file name="msvcp60.dll" hash="0d48860c3fdc649067ae29ef95635443d9d7064d" hashalg="SHA1"/>
    <comInterfaceExternalProxyStub name="IAxWinAmbientDispatch" iid="{B6EA2051-048A-11D1-82B9-00C04FB9942E}" proxyStubClsid32="{00020424-0000-0000-C000-000000000046}" numMethods="35" baseInterface="{00000000-0000-0000-C000-000000000046}"/>

</assembly>
```

Listing 7.10
Beispiel für ein Manifest

Kapitel 7 Das Component Object Model (COM)

Application Manifest **Anwendungen** Eine Anwendung ist ein COM-Client, der eine oder mehrere Assemblies verwendet. Eine Anwendung besitzt im neuen Konzept ebenfalls eine XML-Datei, die *Application Manifest* heißt. Ein *Application Manifest* umfasst folgende Daten:
- Name der Anwendung
- Eine viergliedrige Versionsnummer
- Liste der abhängigen Assemblies – jeweils mit Versionsnummer

Global Side-By-Side-Store **Finden einer Komponente** Die Versionsnummer und Abhängigkeitsdaten sind die zentrale Neuerung. COM sucht für den Client eine Komponente, die die angegebenen Bedingungen erfüllt. Gesucht wird im Pfad der Anwendung und in einem globalen Komponentenverzeichnis mit dem Namen *Global Side-By-Side-Store* (WinSXS). Der Global Side-By-Side-Store liegt unter \Windows\WinSXS. Dieses Verzeichnis gab es vor Windows XP nicht.

Bild 7.21: Verzeichnis WinSXS unter Windows XP

 Das Assembly-Konzept erfordert keine Änderung an der Implementierung der Komponente selbst. Es ist lediglich das Erstellen von Manifesten erforderlich. So kann eine Anwendung auch zu einem späteren Zeitpunkt durch einen Administrator umkonfiguriert werden, so dass die Anwendung andere Versionen bestimmter Komponenten verwendet.

Name Eine Assembly soll einen hierarchischen Namen besitzen in der Form

```
Firmenname.Anwendungsname.Anwendungsteil.Komponentenname
```

Ein Beispiel dafür ist

PearsonEducation.AddisonWesley.BuecherVerwaltung.Buch

Assembly-Typen COM (ab Windows XP) unterscheidet zwei Typen von Assemblies:

Private Assemblies Private Assemblies, die nur von einer einzigen Anwendung verwendet werden und die im Verzeichnis bzw. einem Unterverzeichnis der Anwendung gespeichert sind. Sie werden anhand ihres Dateinamens identifiziert und können einfach über das Kopieren per Dateisystem installiert werden. Microsoft spricht in diesem Zusammenhang von XCopy-Deployment.

Shared Assemblies Eine Shared Assembly kann – wie jede COM-Komponente bisher – von mehreren Anwendungen genutzt werden. Sie müssen digital signiert werden und im Global

Side-By-Side-Store (WinSXS) liegen. Shared Assemblies müssen mit Windows Installer 2.0 oder höher installiert werden. Im WinSXS gibt es für jede Assembly ein Manifest im Unterverzeichnis */Manifests* und ein Unterverzeichnis, das den Namen der Assembly zusammen mit dem öffentlichen Schlüssel trägt (z. B. *x86_Microsoft.Tools.Visual CPlusPlus.Runtime-Libraries_6595b64144ccf1df_6.0.0.0_x-ww_ff9986d7*). In diesem Verzeichnis werden die Komponentendateien dieser Assembly gespeichert. So sind die einzelnen Assemblies voneinander isoliert und gleichnamige Dateien stellen kein Problem mehr dar.

COM und .NET Assemblies und Manifeste in COM sind ähnlich, aber nicht gleich den Assemblies und Manifesten im .NET Framework. So heißt zum Beispiel der Global Side-By-Side-Store im .NET Framework Global Assembly Cache (*GAC*). Der Aufbau der XML-Dateien ist anders.

7.20 COM-Kategorien

COM-Kategorien stellen eine Möglichkeit dar, COM-Klassen zu kategorisieren. Die Kategorisierung dient dazu, leichter feststellen zu können, ob ein COM-Client und ein COM-Server zusammenpassen. Obwohl es Klassen betrifft, die kategorisiert werden, heißt diese Funktion *Komponentenkategorien (Component Categories)* – ein typischer Fall von großem MINFU (vgl. Vorwort).

Komponentenkategorien

Ein Client, der eine bestimmte Schnittstelle benötigt, aber keine COM-Klasse kennt, die diese implementiert, müsste normalerweise jede Klasse instanziieren und mit Hilfe von QueryInterface() anfragen, ob die betreffende Schnittstelle implementiert wird. Sofern der Client nicht nur eine einzelne Schnittstelle, sondern einen Satz von Schnittstellen benötigt, müsste er QueryInterface() bei jeder Klasse entsprechend oft aufrufen.

Durch die Zuordnung einer COM-Klasse zu einer Kategorie kann in der Registrierungsdatenbank hinterlegt werden, dass eine COM-Klasse einen bestimmten Satz von Schnittstellen implementiert. Ein Client muss dann lediglich in der Registrierungsdatenbank nach der entsprechenden Kategorie suchen.

Weitere Informationen finden Sie in der MSDN Library [MSD01c].

Benötigte und implementierte Kategorien Eine COM-Klasse kann zu beliebig vielen Kategorien gehören; diese Zuordnung wird *Implemented Categories* genannt. Eine Komponente kann aber auch selbst mit Hilfe von *Required Categories* fordern, dass ein COM-Client zu einer bestimmten Komponentenkategorie gehört. Dies ist eine wichtige Funktion, wenn COM-Server Funktionen innerhalb eines COM-Clients aufrufen sollen.

Required Categories und Implemented Categories

Jede Komponentenkategorie besitzt einen GUID, *CategoryID (CATID)* genannt. Eine Liste der definierten COM-Kategorien befindet sich in der Registrierungsdatenbank unter dem Schlüssel *HKEY_CLASSES_ROOT\Component Categories*.

Einsatzgebiete COM-Kategorien können eingesetzt werden, wenn Clients nicht auf eine bestimmte COM-Klasse festgelegt sind, sondern jede COM-Klasse akzeptieren würden, die eine bestimmte Funktionalität erbringt. Damit ließe sich ein einfacher Trader für COM-Komponenten realisieren (vgl. [NNI00]). Leider werden COM-Kategorien so heute noch nicht benutzt. Sie werden bislang nur verwendet, um eine grobe Einteilung in verschiedene Komponentenarten herzustellen. Entwicklungsumgebungen, die eine Liste von verfügbaren Komponenten anbieten, haben auf diese Weise einen schnellen Zugriff auf die Komponenten eines Typs. Denn es sollten in einem Dialogfenster, das die verfügbaren ActiveX-Steuerelemente zeigt, keine nichtvisuellen COM-Komponenten angezeigt werden.

Einsatzgebiete

Standard- Im Standard installierte Komponentenkategorien auf einem Windows-System sind bei-
kategorien spielsweise:
- Controls
- Controls that are safely scriptable („Steuerelemente, die sicher für das Scripting sind")
- Document Objects
- Embeddable Objects
- Java Classes
- Active Scripting Engines
- Automation Objects

Persistenz Durch Komponentenkategorien kann auch beschrieben werden, welchen Mechanismus eine Klasse verwendet, um Objekte persistent zu machen (siehe Tabelle). Ein Objektcontainer (z.B. ein Webbrowser oder ein Windows-Fenster) sollte eine Klasse, die einen Persistenzmechanismus verlangt, der von dem Container und seiner Umgebung nicht unterstützt wird, nicht erzeugen.

Tabelle 7.8 Komponentenkategorien für Objektpersistenz in COM

Name der Kategorie	CATID
RequiresDataPathHost	0de86a50-2baa-11cf-a229-00aa003d7352
PersistsToMoniker	0de86a51-2baa-11cf-a229-00aa003d7352
PersistsToStorage	0de86a52-2baa-11cf-a229-00aa003d7352
PersistsToStreamInit	0de86a53-2baa-11cf-a229-00aa003d7352
PersistsToStream	0de86a54-2baa-11cf-a229-00aa003d7352
PersistsToMemory	0de86a55-2baa-11cf-a229-00aa003d7352
PersistsToFile	0de86a56-2baa-11cf-a229-00aa003d7352
PersistsToPropertyBag	0de86a57-2baa-11cf-a229-00aa003d7352

Als Scriptentwickler sollten Sie sich besonders die verschiedenen, mit dem Begriff Active Scripting beginnenden Komponentenkategorien anschauen. Dort können Sie die installierten Scripting Engines entnehmen! Weiterhin ist natürlich die Liste der Automation Objects interessant. Benutzen Sie zur Betrachtung den Microsoft COM Viewer.

7.21 Persistenz und Structured Storage

Compound Unter dem Begriff *Structured Storage* bietet COM ein Verfahren an, um Objekte und
Files Objektmengen in strukturierter Form in Dateien zu speichern (Objektpersistenz). Die Persistenz erfolgt jedoch nicht automatisch oder durch eine einfache Deklaration. Sowohl der Programmierer des COM-Servers als auch der Programmierer des COM-Clients müssen die Persistenz explizit programmieren. *Structured Storage* definiert eine Reihe von Standardschnittstellen und damit Regeln, wie die Speicherung erfolgen kann.

Ein so genanntes *Compound File* ist eine Datei, die eine Sammlung von *Storages* und *Streams* enthält. Ein Compound File besteht aus einem Storage, der beliebig viele Sub-Storages enthalten kann. Jedes Storage kann aus Streams und weiteren Sub-Storages bestehen. Ein Compound File ist daher vergleichbar mit einem Dateisystem: Storages sind Verzeichnisse, Streams sind Dateien.

Persistenz- Der große Vorteil von Structured Storage besteht in der Möglichkeit, unterschiedliche
schnittstellen Arten von Daten in einer Datei zu speichern und einzelne Teile zu ändern, ohne das gesamte Compound File ändern zu müssen. COM definiert für Structured Storage die

Standardschnittstellen `IPersist`, `IStorage`, `IStream` und `IRootStorage` und liefert Standardimplementierungen im Rahmen der COM-Bibliothek.

Anwendungsgebiete

Viele Windows-Anwendungen (z.B. Word-Dateien (*.doc*) ab Version 6.0, Data Transformation Service-Dateien (*.dts*)) speichern ihre Daten in Compound Files. Die Structured Storage-Technologie ist auch die Basis für die Speicherung von Zusatzattributen zu Dateien (z.B. Autorenname, Firmenname, Kategorien, Versionsnummer).

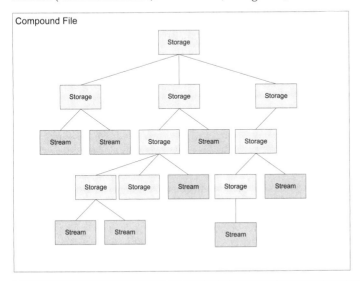

Bild 7.22
Eine durch Structured Storage gegliederte Datei

Structured Storage ist nicht zu verwechseln mit NTFS-Streams. Compound Files können auch im FAT-Dateisystem gespeichert werden.

Dateitypen

Ein Stream kann auch die CLSID der COM-Klasse enthalten, mit der die Datei geöffnet werden soll. In diesem Fall öffnet Windows eine Word-Datei auch dann mit Microsoft Word, wenn diese keine oder eine andere Dateierweiterung als *.doc* hat. Windows schaut bei einer Datei, die einen Stream mit einer CLSID besitzt, gar nicht in der Registrierungsdatenbank nach der Dateierweiterung nach.

7.22 COM-Sicherheit

Sicherheitsfunktionen

COM benutzt für die Realisierung von Sicherheitsfunktionen die RPC-Sicherheitsinfrastruktur. Diese basiert auf den so genannten Security Support Providern (SSP). Ein SSP ist in Form einer DLL installiert.

NT 4.0 unterstützt standardmäßig nur den NT LAN-Manager Security Support Provider (NTLMSSP), implementiert in *secur32.dll*. Ab Windows 2000 wird zusätzlich Kerberos unterstützt. Kerberos ist allerdings nur für entfernte, nicht für lokale Aufrufe verfügbar. Die Installation zusätzlicher SSPs ist jeweils möglich.

Weitere Informationen zur COM-Sicherheit finden Sie in der MSDN Library [MSD01a].

Das DCOM Configuration Utility (*DCOMCNFG*) ermöglicht eine einfachere und komfortablere Anzeige und Einstellung der Sicherheitsinformationen, als dies über eine direkte Manipulation der Registrierungsdatenbank möglich wäre).

Kapitel 7 Das Component Object Model (COM)

Konfiguration der COM-Sicherheit

Im Rahmen der COM-Sicherheit sind folgende Punkte konfigurierbar:

- Die Authentifizierungsstufe legt fest, wie stark die Kommunikation zwischen COM-Client und COM-Server gesichert wird. Die Authentifizierungsstufe umfasst in COM nicht nur die Authentifizierung, sondern auch den Schutz der Integrität und Vertraulichkeit.
- Die Identität einer Klasse bestimmt, unter welchem Benutzerkontext („Principal") die Instanzen einer Klasse agieren. Mit einem Benutzerkontext ist eine bestimmte Menge von Benutzerrechten verbunden. Ein COM-Objekt kann alle Aktionen ausführen, die den Benutzerrechten des Principal entsprechen.
- Die Impersonifizierungsstufe legt fest, inwiefern die Benutzerrechte des COM-Clients auf den COM-Server übertragen werden können.
- Im Rahmen der Zugriffskontrolle ist konfigurierbar, wer eine COM-Klasse aktivieren, nutzen oder konfigurieren kann.

All diese Einstellungen werden auf der Ebene einer COM-Anwendung konfiguriert und gelten damit für alle zu der COM-Anwendung gehörenden Klassen. Die Einstellungen können nicht direkt auf Klassenebene vorgenommen werden.

Mit Ausnahme der Identität können die Sicherheitseinstellungen auch global vorgegeben werden. Diese Standardeinstellungen gelten für alle nicht näher konfigurierten Komponenten. Die Standardeinstellungen liegen in der Registrierungsdatenbank unter *HKEY_LOCAL_MACHINE\SOFTWARE\Microsoft\Ole*.

Programmatische Sicherheit

Neben der deklarativen Sicherheit, also der Vorkonfiguration der Sicherheitseinstellungen, unterstützt COM auch programmatische Sicherheit, also das Lesen und Ändern von Sicherheitseinstellungen zur Laufzeit eines Programms. Diese Möglichkeit wird jedoch nur von wenigen Komponenten genutzt. Einen kompletten Zugriff auf die DCOM-Sicherheit bietet derzeit nur die WMI-Komponente.

7.22.1 Authentifizierung

Die folgende Tabelle zeigt die verfügbaren Authentifizierungsstufen.

Tabelle 7.9 COM-Authentifizierungsstufen

Name	Bedeutung	Wert
Default (Standard)	Es wird die gegenwärtige Verbindungsauthentifizierung verwendet.	0
None (kein)	Keine Authentifizierung	1
Connect (Verbinden)	Authentifizierung beim ersten Methodenaufruf, später kein Austausch mehr. Ein Angriff durch Nachrichtenwiederholung ist möglich.	2
Call (Aufruf)	Authentifizierung bei jedem RPC	3
Packet (Paket)	Zusätzlich: Verschlüsselung jedes einzelnen Netzwerkpakets (verbesserter Schutz gegen Nachrichtenwiederholung)	4
Packet Integrity (Paketintegrität)	Zusätzlich: Prüfsumme über Paketinhalt schützt vor Verfälschung der Nachrichten	5
Privacy (Paketvertraulichkeit)	Zusätzlich: Verschlüsselung des Paketinhalts (schützt Vertraulichkeit)	6

Die Stufen *Packet Integrity* und *Privacy* bieten zwar deutlich mehr Sicherheit, führen aber zu einer Verschlechterung der Performance und einer Erhöhung der Netzwerklast, da jedes übertragene Byte von dem Security Support Provider (SSP) verarbeitet werden muss.

7.22.2 Identität

Für jede einzelne COM-Anwendung kann in dem zugehörigen *AppID*-Schlüssel im Unterschlüssel *RunAs* spezifiziert werden, unter welchem Benutzerkontext die COM-Anwendung ausgeführt werden soll. **Identitätseinstellungen**

Für die Identität gibt es drei Möglichkeiten:

- **Interaktiver Benutzer:** Interaktiver Benutzer ist der Benutzer, der sich gerade an dem jeweiligen System angemeldet hat. Für den Client ist also nicht determinierbar, unter welchem Benutzer die Komponente ausgeführt wird. *RunAs* muss auf „Interactive User" gesetzt werden. Wenn sich kein Benutzer angemeldet hat, kann die Komponente nicht ausgeführt werden.
- **Benutzer, der die Anwendung startet:** Dies ist die Standardeinstellung (*RunAs* ist nicht gesetzt). Das COM-Objekt benutzt während der Ausführung den Benutzerkontext, unter dem auch der aufrufende Client ausgeführt wird. Für jeden Benutzer, der sich mit einer COM-Anwendung verbindet, muss Windows NT eine neue *Interactive Window-Session* eröffnen.
- **Dezidierter Benutzer:** Das COM-Objekt wird unter einem bestimmten Benutzerkonto ausgeführt, unabhängig davon, wer das Objekt nutzt. Eine Sonderform gibt es für Windows-Dienste, die auch unter dem Systemkonto laufen dürfen.

Auch in diesem Fall wird für jeden Benutzer eine interaktive Window-Session benötigt. Allerdings ist hier die Anzahl der nötigen Window-Sessions auf dem COM-Server bestimmbar und unabhängig von der Anzahl der aufrufenden Clients.

Diese Einstellung ermöglicht es auch, Zugriffsrechte zu kapseln. Indem die Komponente durch Zuweisung eines entsprechenden dezidierten Benutzerkontos mehr Rechte erhält, kann ein Benutzer über wohldefinierte Schnittstellen einzelne Aktionen ausführen, die über seine eigenen Rechte hinausgehen.

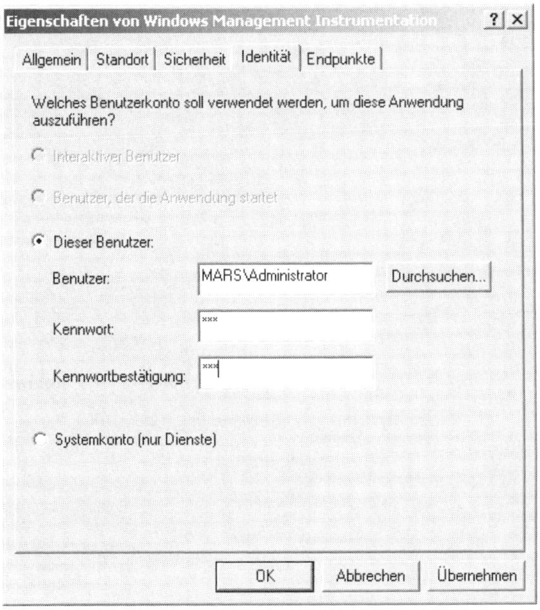

*Bild 7.23
Identitätseinstellung in DCOMCNFG für die WMI-Komponente*

Einem Benutzerkonto, das als dezidiertes Benutzerkonto für COM-Anwendungen verwendet wird, muss im Benutzermanager bzw. in den Windows-Sicherheitsrichtlinien das Recht *Anmelden als Stapelverarbeitungsauftrag* zugewiesen werden.

7.22.3 Impersonifizierung

Benutzerkontextwechsel

Die Impersonifizierungsstufe bestimmt, inwiefern ein Objekt Informationen über den Aufrufer erhält und inwiefern es unter dessen Benutzerrechten agieren kann.

Impersonifizierung (engl. Impersonation) bezeichnet die Fähigkeit einer Softwareroutine, den Benutzerkontext, unter dem sie agiert, zu wechseln. Einige Autoren benutzen statt des Kunstworts „Impersonifikation" auch die Begriffe „Imitation" oder „Identitätswechsel".

Die nachfolgende Tabelle zeigt die möglichen Impersonifizierungsstufen. Standard ist die Stufe *Identify*. *Delegate* wird erst ab Windows 2000 unterstützt, sofern Kerberos als SSP verwendet wird. Das Problem mit diesem Modus ist, dass die Rechte über eine endlose Kette weitergegeben werden können, so dass Aktionen, die unter dem Recht des Benutzers aufgerufen werden, kaum mehr kontrollierbar sind.

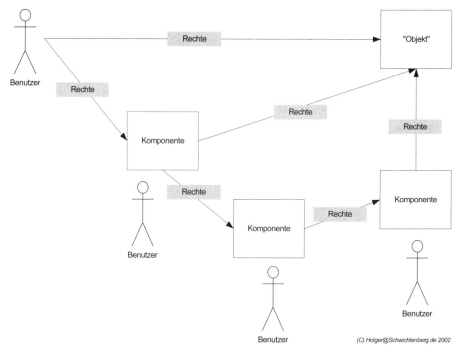

Bild 7.24 Impersonifizierung

Name	Bedeutung	Wert
Anonymous	Das COM-Objekt hat keinen Zugriff auf die Anmeldedaten des Aufrufers. Es hat keine Möglichkeit, in Erfahrung zu bringen, wer das Objekt aufgerufen hat.	1
Identify	Das COM-Objekt kann die Anmeldedaten abfragen.	2
Impersonate	Das COM-Objekt kann die Anmeldedaten ermitteln und auf Betriebssystemebene Operationen unter Verwendung des Benutzerkontextes des Aufrufers ausführen.	3
Delegate	Das COM-Objekt kann auf alle Ressourcen unter Verwendung des Benutzerkontextes des Aufrufers zugreifen.	4

Tabelle 7.10 Impersonifizierungsstufen

Eine Aufrufkette kann beliebig lang werden, da COM-Klassen wiederum COM-Klassen aufrufen können.

7.22.4 Zugriffsberechtigungen

Im Rahmen der Zugriffskontrolle ist konfigurierbar, wer die zu einer COM-Anwendung gehörenden COM-Klassen aktivieren, nutzen oder konfigurieren kann. COM unterscheidet folgende Sicherheitseinstellungen zu einer COM-Anwendung:

- Die Startberechtigungen legen fest, wer Instanzen der Klassen einer COM-Anwendung erzeugen darf. Mögliche Rechte sind *Starten zulassen* und *Starten verweigern*. **Startberechtigungen**

- Die Zugriffsberechtigungen bestimmen, wer auf die laufenden Instanzen der Klassen einer COM-Anwendung zugreifen darf. Mögliche Rechte sind *Zugriff erlauben* und *Zugriff verweigern*. **Zugriffsberechtigungen**

- Die Konfigurationsberechtigungen regeln, wer die Sicherheitseinstellungen einer COM-Anwendung verändern darf. Mögliche Rechte sind *Lesen* und *Uneingeschränkter Zugriff*. **Konfigurationsberechtigungen**

Start- und Zugriffsberechtigungen werden für jede COM-Anwendung in der Registrierungsdatenbank unterhalb ihres AppID-Eintrags in Form von drei Access Control Lists (ACLs) abgespeichert. Die Konfigurationsberechtigungen entsprechen der ACL des AppID-Eintrags in der Registrierungsdatenbank selbst. Diese Zugriffsrechte sind über die erweiterten Sicherheitseinstellungen RegEdt32 in feinerer Granularität konfigurierbar als über DCOMCNFG, das nur die Stufen *Lesen* und *Uneingeschränkter Zugriff* (in RegEdt32 *Vollzugriff* genannt) zulässt.

Zugriffsrechte auf Schnittstellen- und Methodenebene Programmgesteuert können die Zugriffsrechte auch auf Schnittstellenebene geprüft werden. Dazu dienen die Standardschnittstellen `IClientSecurity` und `IServerSecurity`. In COM+ ab Windows 2000 ist die Konfiguration von Zugriffsrechten auf Methodenebene möglich.

Kapitel 7 **Das Component Object Model (COM)**

Bild 7.25
Sicherheitsein-
stellungen in
DCOMCNFG

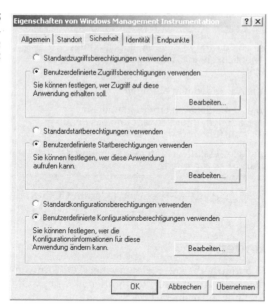

Windows **Sicherheit unter Windows 95/98/ME** Unter Windows 95/98/ME gibt es keine COM-
9x/ME Sicherheit bei der Nutzung lokaler Komponenten. Die Sicherheitsfunktionen greifen nur für die Fernnutzung und auch nur dann, wenn sich das Betriebssystem im Sicherheitsmodus „Zugriffskontrolle auf Benutzerebene" befindet. Die Zugriffskontrolle auf Ressourcenebene wird nicht unterstützt. Sofern die Zugriffskontrolle auf Ressourcenebene eingestellt ist, besteht nur die Möglichkeit, die Fernaktivierung von Komponenten grundsätzlich zu erlauben oder zu verbieten. Auch im Modus „Zugriffskontrolle auf Benutzerebene" sind nur die Standardzugriffsberechtigungen konfigurierbar. Die Authentifizierungsunterstützung in Windows 95/98/ME ist eingeschränkt, da eingehende Aufrufe höchstens bis zur Stufe „Connect" entgegengenommen werden können. Aufrufe mit einer höheren Stufe werden abgewiesen. Weitere Informationen dazu finden Sie im COM Security FAQ [Q158508].

7.23 Active Scripting

Das Grundkonzept des Active Scripting wurde bereits im Einführungskapitel erläutert. Die folgende Grafik stellt eine detaillierte Erläuterung des Zusammenhangs zwischen Scripts und COM-Komponenten dar. Die COM-Komponenten, die für Active Scripting verwendet werden sollen, müssen COM-Automation (`IDispatch`-Schnittstelle) unterstützen. COM-Komponenten, die nur `IUnknown` anbieten, können nicht verwendet werden.

Auch Active Scripting Hosts und Active Scripting Engines sind COM-Komponenten, die spezielle Schnittstellen implementieren.

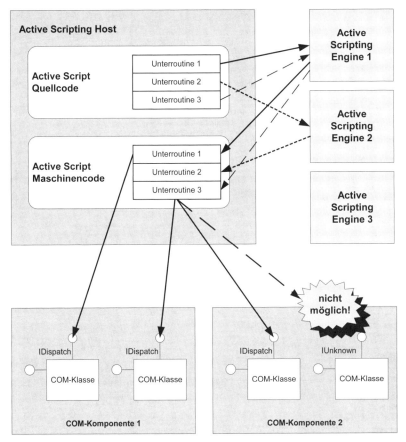

Bild 7.26
Die Active Scripting-Architektur

7.23.1 Entwicklung von Scripting Engines

Die Implementierung einer Scriptsprache ist dann kompatibel mit der Active Scripting-Architektur, wenn folgende Voraussetzungen erfüllt sind:

- Die Sprache ist in Form einer COM-Klasse implementiert.
- Die COM-Klasse unterstützt die COM-Schnittstellen IActiveScript, IActiveScript Parse.

Mit Sprachen, die COM-Komponenten mit Mehrfachschnittstellen implementieren können, kann man eigene Active Scripting Engines erstellen. Dies ist jedoch nicht Thema dieses Buchs.

IActiveScript-Parse

7.23.2 Installierte Scripting Engines

Scriptsprachen werden bei der Installation in der Registrierungsdatenbank unter einer speziellen Kategorie von Komponenten registriert. Am einfachsten kann man die auf einem System installierten Scriptsprachen mit Hilfe des Werkzeugs COM Viewer (siehe Kapitel 18 „Werkzeuge") einsehen. Dort existieren mehrere Einträge unter *Active Scripting Engine*, die die Sprachen nach ihren Fähigkeiten kategorisieren.

Ansicht der installierten Scriptsprachen

Kapitel 7 Das Component Object Model (COM)

Bild 7.27
Anzeige der installierten Scriptsprachen im COM Object Viewer

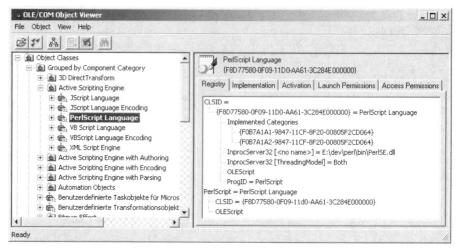

Bild 7.28
VBScript-ProgID in der Registrierungs-datenbank

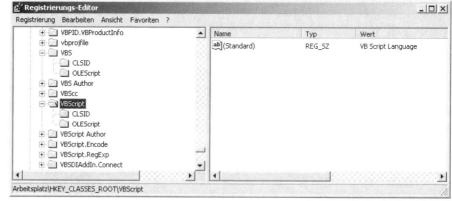

ProgID der Sprache
Zu jeder Sprache werden Sie einen Eintrag *ProgID* finden. Diese ProgID (Programmatic Identifier) ist in einigen Scripting Hosts wichtig zur Identifizierung der Scriptsprache. Visual Basic Script hat die ProgID *VBScript* und die Sprache JScript die ProgID JScript. Über einen Registrierungsdatenbankschlüssel der Form HKEY_CLASSES_ROOT\ ProgID wird der Zusammenhang zwischen der Sprache und der Binärdatei hergestellt, die die Sprache implementiert.

7.23.3 Entwicklung von Scripting Hosts

Ein Active Scripting Host in eine COM-Klasse, die die Schnittstelle IActiveScriptSite implementiert. Eine einfachere Möglichkeit ist die Verwendung des Microsoft Script Control (vgl. Kapitel 19 „Fortgeschrittene Active Scripting-Techniken").

7.23.4 COM-Komponenten beim Active Scripting

Nur COM-Automation
Die Active Scripting-Architektur ermöglicht es allen Active Scripting-Sprachen, auf alle COM-Komponenten zuzugreifen, die COM-Automation unterstützen. COM-Klassen, die keine IDispatch-Schnittstelle haben, können nicht genutzt werden. Zwar unterstützen viele COM-Komponenten COM-Automation, jedoch gibt es Komponenten, die den Dienst nicht anbieten und daher im Windows Scripting nicht verwendbar sind.

Auf einen Zugriff auf Nicht-COM-APIs (z.B. DLLs, die keine COM-Komponenten sind) hat Microsoft ausdrücklich verzichtet. Es gibt jedoch inzwischen Ansätze, dies zu ermöglichen (DynaWrap, siehe [BOR00]).

7.23.5 Eingebaute Objekte

Viele Scripting Hosts besitzen so genannte *Intrinsic Objects* (auch *Built-In Objects* oder *Internal Objects*) für den Zugriff auf den Scripting Host und dessen direkte Umgebung. Eingebaute Objekte sind COM-Objekte, die beim Start des Scripting Host oder beim Start eines konkreten Script automatisch durch den Scripting Host instanziiert werden. Dem Script steht die so erzeugte Instanz in Form eines bestimmten Bezeichners als Eingebautes Objekt zur Verfügung.

Eingebaute Objekte

- Die *Active Server Pages (ASP)* stellen eine Reihe von Eingebauten Objekten zur Kommunikation mit dem Webserver zur Verfügung (z.B. Request, Response, Server).
- Der *Windows Scripting Host (WSH)* liefert ein WScript-Objekt zum Zugriff auf den Host und Informationen über das aufgerufene Script.
- Der *Exchange Event Agent* bekommt über das Objekt EventDetails Zugriff auf die E-Mail, die seinen Aufruf getriggert hat, und auf das Verzeichnis, in dem die Nachricht steht.
- Ein *Transformation Script* im Data Transformation Service (DTS) hat über die Objekte DTSSource und DTSDestination die nötigen Informationen über die an der Transformation beteiligten Daten.

Beispiele für Eingebaute Objekte in verschiedenen Scripting Hosts

Jeder Scripting Host hat andere Eingebaute Objekte. Oft stehen die dazugehörigen Klassen nur diesem Scripting Host zur Verfügung, so dass eine Instanziierung durch andere Scripting Hosts oder Anwendungen unmöglich ist. Es kann aber natürlich auch vorkommen, dass eine Klasse, welche in einem Scripting Host ein Eingebautes Objekt ist, in einem anderen Scripting Host durch explizite Instanziierung erzeugt wird.

7.24 Microsoft Transaction Server (MTS)

Den *Microsoft Transaction Server* (MTS), früherer Codename *Viper*, hätte man besser *Microsoft Component Server* nennen sollen, denn den wesentlichen Mehrwert bietet er in der Bereitstellung einer Umgebung für COM-Komponenten und erst in zweiter Linie für die Transaktionsverarbeitung. Marketingtechnisch war der Name MTS aber sicherlich erste Wahl, denn Microsoft wollte das imageträchtige Feld der Transaktionsverarbeitung mit einem eigenen Produkt besetzen.

MTS

Der MTS Version 2.0 kann unter NT 4.0 im Rahmen des Option Packs installiert werden. Unter Windows 95/98/ME erhalten Sie den MTS durch Installation des Personal Webserver. Ab Windows 2000 ist die MTS-Funktionalität ein Teil von COM+ und damit fest im Betriebssystem verankert.

Zur Verwendung der MTS-Funktionalität ab Windows 2000 beachten Sie bitte auch die Ausführungen zu COM+ im nächsten Kapitel, da sich einige Aspekte des MTS ab Windows 2000 geändert haben.

Microsofts *Distributed InterNet Applications Architecture (DNA)* sieht eine moderne Unterteilung in Präsentationsschicht, Anwendungsschicht und Datenzugriffsschicht vor. Diese Architektur heißt auch Three-Tier-Architecture, die Anwendungsschicht, auf der der MTS zuhause ist, wird auch Middle-Tier genannt. Die Anwendungsschicht beherbergt

DNA

Geschäftsobjekte, die die von der Präsentationsschicht kommenden Benutzereingaben verarbeiten. Dabei sind in der Regel Zugriffe auf Datenbanken über die Datenzugriffsschicht notwendig.

Die Transaktionssteuerungsfunktion des MTS soll hier nicht thematisiert werden, da dies vor allem die Programmierung von eigenen COM-Servern betrifft. Zum Thema Transaktionsprogrammierung mit dem MTS sei auf [SCH00a] verwiesen. Der MTS wird hier aus drei Gründen behandelt:

- Der MTS übernimmt für COM-DLLs die Funktion eines Surrogat-Prozesses, was die Möglichkeit eröffnet, COM-DLLs als Out-process- oder Remote-Komponenten zu nutzen.
- Mit Hilfe des MTS sind erweiterte, rollenbasierte Sicherheitseinstellungen für Komponenten möglich.
- Der MTS kann per Programmcode administriert werden.

7.24.1 MTS-Administration

MTS Explorer Die Administration des MTS erfolgt unter NT 4.0 über ein Snap-In für die Microsoft Management Console (MMC) mit dem Namen Transaction Server Explorer. Den MTS Explorer gibt es auch als Stand-alone-Anwendung (*mtxexp.exe*) für Windows 95/98/ME – allerdings mit anderer Oberfläche und eingeschränkten Möglichkeiten.

Der MTS-Explorer wird im Kapitel 18 „Werkzeuge" behandelt.

7.24.2 Interception

Interception Der MTS arbeitet nach dem Interception-Prinzip: COM-Client und COM-Server kommunizieren nicht direkt, sondern über ein Interceptor-Objekt miteinander. Das Interceptor-Objekt ist wie ein Mantel um ein COM-Objekt gelegt, der die Methodenaufrufe des COM-Clients entgegennimmt und an das angesprochene COM-Objekt weiterleitet. Interception wird auch *Objektkontext* genannt, das Interceptor-Objekt heißt auch *Kontextobjekt* oder *Context-Wrapper-Objekt*. Interception erfolgt auf Klassenebene, nicht auf Komponentenebene.

mtx.exe Der MTS fügt dazu zwischen den Server-Stub und die Klasse ein Context-Wrapper-Objekt ein, wobei dies deutliche Spuren in der Registrierungsdatenbank hinterlässt: Der *LocalServer32*-Eintrag unterhalb der CLSIDs der Klassen weist nicht mehr auf die DLL, sondern auf einen Eintrag der Form *C:\WINDOWS\ SYSTEM\mtx.exe /p:{8FBA079C-B9A4-11D2-978B-0008C73ADEC0}*. Hinter *mtx.exe* verbirgt sich der Context-Wrapper, der gleichzeitig ein Surrogat-Prozess ist. Der MTS startet pro Package eine Instanz von *mtx.exe*; alle Objekte eines Package laufen also im gleichen Prozess.

Zusätzliche Dienste Neben den bereits erwähnten Transaktionsdiensten, dem Surrogat-Prozess und den erweiterten, rollenbasierten Sicherheitseinstellungen bietet der MTS auf Basis der Interception auch noch folgende Dienste an:

- **Connection Pooling für Datenbankverbindungen**: Wenn ein MTS-Objekt eine Datenbankverbindung verwirft, wird diese durch den Objektkontext nicht wirklich geschlossen, sondern für die weitere Verwendung vorgehalten.
- **Shared Properties**: Der Shared Property Manager ermöglicht gemeinsame Datenbereiche für alle Instanzen (auch verschiedener Klassen) innerhalb eines Package.
- **Just-in-Time-Activation**: Der MTS 2.0 kennt einen Object Caching-Mechanismus (Just-in-Time-Activation) – Komponenten verbleiben auch nach Deaktivierung der letzten Objektinstanz noch für eine bestimmte, definierbare Zeit im Speicher, um bei einer erneuten Anfrage schneller neue Instanzen bilden zu können. Dieser Mechanismus ist auch der Grund dafür, dass Entwickler oft vergeblich versuchen, COM-DLLs zu ersetzen. Solange die pro Package einstellbare Caching-Zeit seit der letzten Ver-

wendung nicht verstrichen ist, muss das Package im MTS Explorer manuell – mit Hilfe des Kontextmenüeintrags *Herunterfahren* – entladen werden. Object Caching ist kein Object Pooling, bei dem die einzelnen Instanzen erhalten bleiben. Dies ist erst in COM+ implementiert. Just-in-Time-Activation kann seine Wirkung erst in Zusammenhang mit zustandslosen Komponenten voll entfalten.

7.24.3 Packages

Der MTS unterscheidet zwischen nichtkonfigurierten und konfigurierten Klassen. Erstere sind Klassen, die lediglich installiert, also in der Registrierungsdatenbank als COM-Klasse registriert sind. Sie sind jedoch nicht Teil eines MTS-Packages. Konfigurierte Klassen sind in einem so genannten MTS-Package enthalten. **MTS-Packages**

Ein Package ist die zentrale Organisationseinheit des MTS. Es besteht aus einer oder mehreren COM-Klassen. Unterstützt werden nur Klassen aus COM-In-process-Komponenten (d.h. COM-DLLs). Jede Klasse gehört zu höchstens einem Package. Nur Klassen, die in einem Package eingetragen sind, können die MTS-Zusatzdienste nutzen.

Es gibt zwei Arten von Packages:

- Bei **Library Packages** laufen die Klassen im Prozess des Aufrufers, was voraussetzt, dass sich der aufrufende Prozess auf dem gleichen Computer befindet. **Library Packages**
- Der Normalfall sind jedoch die **Server Packages**, die in einem eigenen Prozess laufen. Nur dieser Typ unterstützt alle Funktionen. **Server Packages**

> Der gesamte Datenspeicher des MTS trägt den Namen *MTS-Katalog*.

7.24.4 Programmierung

Die Instanzen einer Klasse, die im MTS bzw. als COM+-Anwendung laufen, können Zugriff auf die Interception-Umgebung erhalten: Nach Einbindung der Microsoft Transaction Server Type Library (*mtxas.dll*) steht die globale Funktion `GetObjectContext()` zur Verfügung, die einen Zeiger auf ein `ObjectContext`-Objekt mit einer `IObjectContext`-Schnittstelle liefert. **GetObjectContext()**

Die Schnittstelle bietet hauptsächlich Funktionen zur Transaktionssteuerung (`SetComplete`, `SetAbort`, `EnableCommit`, `EnableAbort`, `IsInTransaction`) an. Während `SetComplete` und `SetAbort` das endgültige Ende einer Transaktion festlegen, kann mit `EnableCommit` und `EnableAbort` ein Zwischenstatus gesetzt werden. Zusätzlich kann der Komponentenprogrammierer Sicherheitsinformationen auslesen.

Die zuvor beschriebene Form der Sicherheitseinstellung wird in COM auch als deklarative Sicherheit bezeichnet, bei der programmatischen Sicherheit wird dagegen innerhalb der COM-Objekte auf Sicherheitsfunktionen zugegriffen. MTS stellt das Rollenkonzept auch für die programmatische Sicherheit bereit. Innerhalb einer Klasse kann der Komponentenprogrammierer über die `IObjectContext`-Schnittstelle auf die Sicherheitsinformationen zugreifen. `IObjectContext` bietet die Methoden `IsSecurityEnabled()` und `IsCallerInRole()` sowie das Unterobjekt `Security` vom Typ `Security Property`.

7.25 COM+

COM+ ist die Weiterentwicklung von COM, die mit Windows 2000 eingeführt wurde. COM+ umfasst COM und den Microsoft Transaction Server sowie weitere Dienste. Weitere Informationen zu COM+ finden Sie in [SCH00a] und [PLA99]. **COM+ ab Windows 2000**

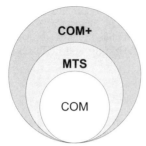

Bild 7.29
Verhältnis von COM, MTS und COM+

7.25.1 Änderungen gegenüber dem MTS

MTS versus COM+
- Die Funktionen des MTS 2.0 wurden aber nicht eins zu eins in COM+ übernommen. Folgende Dinge sind anders:

Application
- Das, was im MTS *Package* genannt wurde, heißt nun *COM+ Application* Der Name „Application" ist natürlich sehr ungünstig gewählt, da es dafür in der COM-Welt mindestens schon zwei Bedeutungen gibt.

Interception
- In COM+ unterliegt jede Klasse automatisch dem Interception-Modell. COM+ benötigt daher keine zwischengeschaltete *mtx.exe* mehr. Die Interception findet hier bereits vor dem Client-Proxy und vor dem Server-Stub statt. Die Erhebung einer DLL in einen eigenen Prozess leistet das bereits seit NT 4.0 Service Pack 2 ausgelieferte Standard-Surrogat *dllhost.exe*. Für Anwendungen, die 3 Gbyte Speicher unterstützen, wird *dllhst3g.exe* verwendet. Für den Komponentenprogrammierer vereinfachen sich durch die automatische Interception einige Funktionen.

Datenspeicher
- Der *COM+ Catalog* (der zentrale Datenspeicher von COM+, der dem MTS Catalog entspricht) wird nicht in der Registrierungsdatenbank, sondern in der so genannten COM+ Registration Database (RegDB) gespeichert. Die RegDB befindet sich im Verzeichnis */WinNT/Registration*.

Administration
- Die Administration erfolgt über ein geändertes Snap-In, das im Rahmen der MMC-Konfiguration *Komponentendienste* im Verwaltungsordner im Start-Menü zu finden ist.

Rollen
- Bei der rollenbasierten Sicherheit unterstützt COM+ nun sogar die Zuordnung von Rollen auf Methodenebene.

Aufrufketten
- Die Möglichkeiten des Zugriffs auf die Identität der Aufrufer in einer Kette von Objektaufrufen wurde verbessert: Während bei MTS nur die Identität des direkten und die des ursprünglichen Aufrufers in einer Kette von Objektaufrufen ermittelbar ist, besteht unter COM+ Zugriff auf die komplette Liste der Benutzerkontexte, über die ein Aufruf gelaufen ist. COM+ bietet ein eigenes Objektmodell für den Zugriff auf die Sicherheitsinformationen. Den Einstieg bildet ein SecurityCallContext-Objekt, das wie das ObjectContext-Objekt über eine globale Methode (GetSecurityCallContext()) im Zugriff ist.

MSI
- COM+-Anwendungen können als ein Microsoft Windows Installer-Paket (*.msi*) exportiert werden.

Objektmodelle
- Das Objektmodell für den Zugriff auf den Objektkontext hat sich geändert und heißt jetzt COM+ Service Type Library (*comsvcs.dll*). Unter COM+ verfügt das Object Context-Objekt über weitere Schnittstellen (IObjectContextInfo, IContextState und ISecurityCallContext), die den Zugriff auf Detailinformationen und ein Feintuning von Transaktionen ermöglichen.

- Ebenso hat sich das Objektmodell für die automatisierte Administration geändert. Es gibt nun eine Komponente mit Namen *COM+ Administration Objects*.

7.25.2 Neue Dienste in COM+

COM+ unterstützt die folgenden neuen Dienste:

- **Object Pooling:** Das Object Pooling geisterte schon in Zusammenhang mit dem MTS 2.0 durch die Fachwelt, war jedoch nicht implementiert. Object Pooling ist die Möglichkeit, einen bestimmten Vorrat an Instanzen dieser Ressourcen im Speicher vorzuhalten, die dann bei Bedarf aktiviert werden. In COM+ gibt es für das Object Pooling nun ein Eigenschaftenfenster, in dem eine Unter- und eine Obermenge von Instanzen einer jeden Klasse definiert werden können, die im Speicher gehalten werden. Allerdings funktioniert Object Pooling nur mit Objekten im Multithreaded oder Neutral Apartment – also nicht mit Visual Basic 6.0-Klassen.

  Jede Instanz hat selbst die Möglichkeit, zu kontrollieren, ob sie in den Pool aufgenommen werden möchte. Dazu dient die Schnittstelle `IObjectControl`.

  _{Object Pooling}

- **Object Construction String:** Eine einfache Möglichkeit zur Übergabe von Informationen an Klassen besteht in COM+ mit dem so genannten *Object Construction String*. Im Komponentendienste-Snap-In kann zu jeder Klasse ein beliebige Zeichenkette eingegeben werden, der der Klasse bei der Aktivierung übergeben wird, sofern sie die Schnittstelle `IObjectConstructionString` implementiert.

  Object Construction String

- **Compensating Resource Manager:** Der Compensating Resource Manager ermöglicht es, Ressourcen, für die kein eigener Resource Manager zur Verfügung steht, in Transaktionen zu integrieren. So kann auch das Ergebnis eines Verarbeitungsprozesses, der gar nicht auf Datenbanken beruht, Teil einer Gesamttransaktion sein.

  Compensating Resource Manager

- **COM+ Queued Components:** Queued Components sind eine Integration des Microsoft Message Queue Servers (MSMQ) und ermöglichen den asynchronen Aufruf von Methoden.

  Queued Components

- **COM+ Events:** In Abänderung zum klassischen COM ermöglicht ein spezieller Windows-Dienst, der COM+ Event Service, die Realisierung von lose gekoppelten Ereignissen. Dabei ist im Gegensatz zum Connection Point-Mechanismus (vgl. Kapitel 7.12) eine Filterung der Ereignisse möglich.

  Lose gekoppelte Ereignisse

Laufzeitumgebung Aus der ursprünglich in [KIR98] angekündigten einheitlichen Laufzeitumgebung für Komponenten und aus dem Class Store (Speicherung der Komponenteninformationen im Active Directory) ist in den COM+ Versionen 1.0 (Windows 2000) und 1.5 (ab Windows XP) nichts geworden.

Laufzeitumgebung

> Der Nachfolger von COM+ sollte ursprünglich COM+ Version 2.0 oder 3.0 heißen. Daraus wurde das .NET Framework. Die Dienste von COM+ leben aber auch im .NET Framework unter dem Namen .NET Enterprise Services weiter.

COM+ und .NET

7.25.3 COM+-Administration

Die Konfiguration von COM+-Anwendungen erfolgt über das Komponentendienste-Snap-In in der Management Console. Über das Snap-In kann auf entfernte COM+-Kataloge zugegriffen werden. Das Snap-In wird im Ka7pitel 18 „Werkzeuge" beschrieben.

Zusammensetzung einer COM+-Anwendung

7.26 Objektmodelle in COM-Komponenten

Unter den Entwicklern von COM-Komponenten ist die Verwendung von Objektmodellen sehr verbreitet. Die folgenden Ausführungen sind eine wichtige Grundlage für das Verständnis der in diesem Buch beschriebenen Objektmodelle administrativer Komponenten. Bitte beachten Sie auch die grafische Notation, die in Anhang B erläutert wird.

COM-Objektmodelle

7.26.1 Objektorientierte Konzepte in COM

Hier soll kurz dargestellt werden, wie Polymorphismus, Mehrfachschnittstellen und Vererbung durch COM realisiert werden.

Polymorphismus in COM

Polymorphismus

COM unterstützt Polymorphismus in drei Formen:
- Zwei Schnittstellen, die von der gleichen Schnittstelle abgeleitet sind, verhalten sich polymorph zueinander. So ist es möglich, dass ein Aufruf von QueryInterface() auf jeder von IUnknown abgeleiteten Klasse funktioniert.
- Zwei Klassen (und damit deren Instanzen) sind hinsichtlich jener Schnittstellen polymorph (siehe Anhang A), die beide Klassen implementieren. So kann auch ein früh bindender COM-Client Instanzen unterschiedlicher Klassen verwenden.
- Schließlich sind zwei Klassen auch dann polymorph, wenn sie über IDispatch-Schnittstellen verfügen, die jeweils eine Methode mit dem gleichen Namen und der exakt gleichen Signatur bereitstellen. So kann ein COM-Client via Automation eine Methode TueEtwas(was,wann) auch dann erfolgreich in zwei Instanzen unterschiedlicher Klassen ausführen, wenn die Methode TueEtwas() in beiden Klassen zu verschiedenen benutzerdefinierten Interfaces gehört. Voraussetzung ist lediglich, dass beide Methoden über die Parameter was und wann verfügen und die Datentypen gleich oder zumindest implizit konvertierbar sind.

Letzteres kann einen vTable-fähigen Client dazu veranlassen, freiwillig auf die langsamere COM-Automation zurückzugreifen.

Mehrfachschnittstellen und Versionierung

Mehrfachschnittstellen

Die Mehrfachschnittstellen in COM sind Grundlage der Versionierung (Versionierung bedeutet die parallele Bereitstellung verschiedener Versionen). Bei einer Änderung der Schnittstelle kann ein COM-Server neben der neuen auch die alte Schnittstelle unterstützen. Dadurch kann ein alter Client die Komponente weiterhin nutzen. Neuere Versionen einer Schnittstelle werden in COM oft durch Versionsnummern (z.B. IMachWas2) oder den Zusatz Ex für Extended (z.B. IMachWasEx) bezeichnet. Es ist dabei natürlich möglich, dass für Methoden, deren Implementierung unverändert geblieben ist, sowohl die Methode IAltesInterface::MethodeX als auch die Methode INeuesInterface::MethodeX auf die gleiche Implementierung verweist.

Dieses Verfahren wird üblicherweise bei der Standardmethode IUnknown::QueryInterface() angewendet, die von jeder Schnittstelle implementiert werden und per definitionem die gleiche Aufgabe erfüllen muss. Es ist auch möglich, IUnknown::QueryInterface() so zu implementieren, dass die Anfrage nach einer veralteten Schnittstelle automatisch einen Zeiger auf die vTable einer neueren Schnittstelle liefert.

Vererbung

Vererbung

COM unterstützt keine Implementierungsvererbung, sondern nur die Schnittstellenvererbung. Die Wiederverwendung von Komponenten ist dennoch durch Aggregation und Delegation möglich. Da dies jedoch sehr weit in den Bereich des Komponentenentwurfs hineingeht, soll es an dieser Stelle bei dieser Erwähnung belassen werden. Mit der Vererbung in Visual Basic .NET (ab Version 7.0) wird auch das Erben von COM-Klassen möglich. Diese Funktion wird allerdings nicht durch COM selbst, sondern durch den Visual Basic-Compiler bzw. die Visual Basic-Laufzeitumgebung bereitgestellt.

7.26.2 Bausteine von COM-Objektmodellen

Eine COM-Komponente kann beliebig viele Objektmodelle enthalten. Viele Komponenten bestehen jedoch aus nur einem einzigen großen Objektmodell. In COM bestehen Klassendefinitionen aus Attributen, Methoden und Ereignissen. Objektmodelle entstehen, indem Attribute auf andere Objekte verweisen oder Methoden Zeiger auf andere Objekte zurückliefern.

In COM-Objektmodellen gibt es üblicherweise vier Typen von Klassen, die auf Grund von zwei Kriterien gebildet werden: **Klassentypen**

- Einerseits unterscheidet man Klassen, die einen Behälter für eine Menge von Objekten darstellen (so genannte *Objektmengen*), und Klassen, die Einzelobjekte repräsentieren.
- Andererseits unterscheidet man, ob eine Klasse von außen durch den Komponentenbenutzer instanziierbar ist oder nur intern von Instanzen anderer Klassen instanziiert werden kann.

Objektmengenklassen versus Einzelklassen In COM wird die in Anhang A diskutierte Unterscheidung zwischen *Set*, *Bag* und *Collection* nicht vorgenommen. In der COM-Welt werden Objektmengen unabhängig davon, ob die enthaltenen Instanzen homogen oder heterogen sind, *Objektmengen* genannt. Man sagt auch, eine Objekthierarchie bestehe aus Objekten und Objektmengen (obwohl letztere natürlich auch Objekte sind). In der Regel ist die Anzahl der Unterobjekte einer Objektmenge variabel. Häufig gibt es in COM-Komponenten auch Objektmengen, die die Aufnahme von Unterobjekten auf Instanzen einer bestimmten Klasse beschränken (was in der Theorie ein *Set* genannt wird). **Collections**

Objektmengen in COM besitzen in der Regel eine Verwaltungsklasse. Diese Verwaltungsklassen werden in Abgrenzung zu Einzelklassen *Objektmengenklassen (engl. Collection)* genannt. Einzelklassen sind nicht in der Lage, eine Menge von Objekten zu verwalten. Der Begriff *Collection* wird insofern doppeldeutig verwendet, als damit einerseits nur die Verwalterklasse bezeichnet wird, andererseits auch alle in der Objektmenge enthaltenen Objekte. **Collectionklassen versus Einzelklassen**

In COM kommen n-zu-m-Beziehungen eher selten vor, da dies zirkuläre Referenzen bedingt. Zirkuläre Referenzen bringen Probleme bei der Freigabe von Speicherplatz mit sich. **Zirkuläre Referenzen**

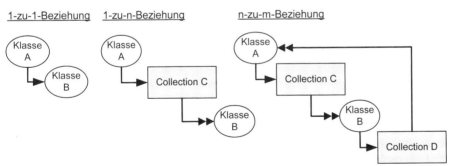

Bild 7.30 Modellierung der Nutzungsbeziehungen mit verschiedenen Kardinalitäten in COM

Es ist möglich, dass ein Objektmodell sich über Klassen aus mehreren Komponenten erstreckt. Dies kommt jedoch selten vor. Die *Microsoft Shell Objects* sind ein Beispiel dafür (siehe Kapitel 13.1 zu den Shell Objects).

| Instanziier-
barkeit | **Instanziierbare versus nichtinstanziierbare Klassen** COM-Komponenten verfügen in der Regel nur über wenige instanziierbare Klassen. In einigen Fällen ist nur das Stammobjekt selbst instanziierbar. Eine Komponente mit einer einzigen Stammklasse schließt die eigenständige Instanziierbarkeit von untergeordneten Klassen nicht aus. In diesem Fall wird in dem Objektbaum nicht an der Wurzel begonnen, sondern an einem Ast, Zweig oder Blatt. Dann sollte jedoch eine Navigationsmöglichkeit zurück zu den in dem Objektmodell übergeordneten Objekten angeboten werden. |

7.26.3 Empfehlungen für Objektmodelle

Gutes Objektmodelldesign	Microsoft hat mit den COM-Objektmodellen aus Objektmengen und Objekten ein Rahmenwerk geschaffen, das eine große Bandbreite möglicher Realweltsituationen abbilden kann. Es gibt einige Empfehlungen (Best Practices), wie diese Objektmodelle verwendet werden sollten:
Stammklasse	▷ Ein Objektmodell sollte genau eine Stammklasse besitzen, über deren Instanz der Zugriff auf die Instanzen der anderen Klassen möglich ist. Sofern es sich bei der COM-Komponente um eine eigenständige Anwendung handelt, sollte die Stammklasse `Application` heißen (vgl. [MIC98], S. 718).

Attributnamen	▷ Der Weg von einem Objekt zu einem untergeordneten Objekt oder einer Objektmenge sollte über ein Attribut erfolgen, das den gleichen Namen trägt wie der Klassenname des Objekts bzw. der Objektmenge.
	▷ Als Weg zurück von einem untergeordneten Objekt zu Objekten, die in der Objekthierarchie darüber liegen, werden folgende Möglichkeiten verwendet:
	   ▷ Über ein Attribut hält jede Klasse einen Verweis auf das Stammobjekt bereit. Dieses Attribut hat den Namen der Stammklasse (also meistens `Application`). Der Anwender kann dann vom Stamm aus zu allen Objekten navigieren.
	   ▷ Über ein Attribut `Parent` hält jede Klasse einen Verweis auf das im Baum nächsthöhere Objekt bereit. Dadurch ist eine schrittweise Navigation von den Blättern des Baums bis zurück zum Stamm möglich.

Benennung von Objektmengen	▷ Eine homogene Objektmenge sollte den gleichen Namen haben wie die Klasse der Objekte, die sie enthält, jedoch im Plural. (Beispiel: Eine Objektmenge von `File`-Objekten heißt `Files`.) Nur wenn Singular und Plural des Begriffs gleich sind (z.B. `Fenster`), sollte die Objektmenge durch ein Suffix (z.B. `FensterListe`) kenntlich gemacht werden (vgl. [MIC98], S. 706f.).
Objektmengenmethoden	▷ Eine Objektmenge sollte die Methoden `Add()`, `Insert()` und `Remove()` sowie das Attribut `Item()` anbieten. Außerdem sollte sie die zur Unterstützung von `For...Each` benötigte Methode `_NewEnum` besitzen. `_NewEnum` soll eine versteckte Methode sein ([MIC98], S. 716ff.). ▷ In einer Objektmenge sollte eine Methode, die ein extern erstelltes Objekt in eine Objektmenge aufnimmt, `Insert()` heißen. Die Methode `Add()` sollte selbst eine Instanz der gewünschten Klasse erzeugen und zurückgeben. ▷ `Item()` sollte den Zugriff sowohl über einen fortlaufenden numerischen Index als auch über einen alphanumerischen Schlüssel unterstützen. Da `Item()` immer einen Parameter erwartet, müsste es sich eigentlich um eine Methode und nicht um ein Attribut handeln.
Attribut oder Methode?	**Item()-Attribut oder Item()-Methode?** Die Frage, ob `Item()` ein Attribut oder eine Methode ist, ist nicht trivial. Die Tatsache, dass `Item()` einen Parameter hat, spricht für eine Methode. Die Tatsache, dass in vielen Komponenten Zuweisungen an `Item()` erfolgen können (z.B. `objDic.Item(key) = Wert` in der Klasse `Scripting.Dictionary`), spricht dagegen für ein Attribut.

> Microsoft selbst ist nicht ganz eindeutig: Einerseits spricht man von Item() als Methode (z.B. [MIC98, S. 717], [MSD01i], [MSD01k]), andererseits von einem Attribut (z.B. [MSD01h], [MSD01g]). Dass Microsoft sich nicht einig ist, wird ganz deutlich in [MSD01j]: Das Dokument heißt vbmth**ItemMethod**ActiveXControls.asp, die Überschrift lautet aber **Item Property**.
>
> Der Microsoft-Objektkatalog zeigt, dass in einigen Objektmengenklassen Item() als Attribut definiert ist (z.B. Scripting.Drives, ADODB.Parameters oder MAPI.Folders), während in anderen Objektmengenklassen Item() eine Methode ist (z.B. SQLDMO.Jobs, WbemScripting.SWbemObjectSet oder SHDocVw.ShellWindows). Für COM selbst ist der Unterschied egal, da es in COM auf der Binärebene nur Methoden gibt.

7.26.4 Metaobjektmodelle

Die Definition eines Objektmodells kann durch zwei Umstände erschwert werden: **Probleme mit Objektmodellen**
- **Komplexität:** Oft ist der durch Objektmodelle abgebildete Realweltausschnitt sehr komplex. Wenn es sehr viele Elementtypen in der Realwelt gibt, dann sind in der Regel auch viele Klassen nötig, um diese Welt zu modellieren.
- **Erweiterbarkeit:** Wenn es in der Realität vorkommt, dass Elementtypen sich in einem Zeitablauf in ihrem Aufbau ändern oder neue Elementtypen hinzukommen können, dann muss das Schema der Komponente (insbesondere das Objektmodell) angepasst werden. COM ist jedoch nicht darauf ausgelegt, dass sich das Schema einer Komponente zur Laufzeit ändert. Jede Änderung bedeutet also eine Neukompilierung der Komponente.

Diesen Anforderungen wird inzwischen in einigen Fällen durch ein Konzept begegnet, das hier *Metaobjektmodell* genannt werden soll. Ein Metaobjektmodell ist eine Abstraktion von einem konkreten Objektmodell. Ein solches Metaobjektmodell definiert einen allgemeinen Satz von *(Universal-)Klassen* (auch: *Metaklassen*), mit denen ein Zugriff auf ein anderes Objektmodell möglich ist. Dabei findet eine Abbildung statt: Eine Klasse des Metaobjektmodells wird auf n Klassen des Basisobjektmodells abgebildet. Diese Metaklasse bietet Funktionen, um auf die Schnittstellen der Basis-Klasse zuzugreifen.

Metaobjektmodelle

Eine Sonderform bilden Metaobjektmodelle, die eine 1-zu-n-Abbildung nur auf Ebene von Attributen und Methoden realisieren. Es gibt in diesen Objektmodellen zu jeder Basis-Klasse auch genau eine Klasse im Metaobjektmodell. Allerdings kann es in der Basis-Klasse mehr Mitglieder geben als in der Metaklasse. Für die zusätzlichen Mitglieder bietet die Metaklasse ein Konstrukt an.

> Wie auch schon bei dem Begriff Objektmodell ist an dieser Stelle der Hinweis notwendig, dass der Begriff Metaobjektmodell auf Modellierungsebene anders verwendet wird. Dort ist ein Metaobjektmodell eine weitere Abstraktionsebene über einer Beschreibung der Elemente einer objektorientierten Modellierung.

Andere Definition

Auch ein Metaobjektmodell wird in einer COM-Komponente implementiert. Dabei unterscheidet sich eine solche Metakomponente aus der Sicht von COM in keinster Weise von einer anderen Komponente. Der Unterschied liegt in der Semantik des implementierten Objektmodells. Ein Basisobjektmodell kann auch wieder in Form einer COM-Komponente implementiert sein, muss es aber nicht. In der Praxis sind die Basisobjektmodelle meist in anderer Form realisierte Objektmodelle.

Kapitel 7 Das Component Object Model (COM)

Bindung **Bindung in Metaobjektmodellen** In der Regel ist vorgesehen, dass der Client nur mit dem Metaobjektmodell, nicht auch mit dem konkreten Objektmodell arbeitet. Er instanziiert eine Klasse aus dem Metaobjektmodell und *bindet* diese Instanz dann an ein Objekt aus dem Basisobjektmodell, wobei die Bindung in der Regel an konkrete Instanzen dieses Modells erfolgt. Danach ermöglicht das Metaobjekt den Zugriff auf die Attribute und Methoden des konkreten Objekts.

Bild 7.31
Eine Metaklasse in einem Metaobjektmodell bildet eine Vielzahl von Klassen und Instanzen in einem konkreten Objektmodell ab.

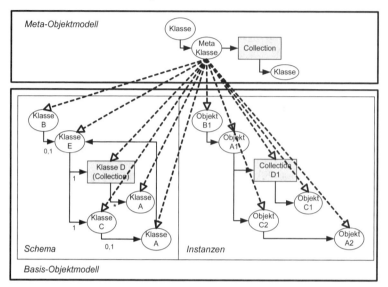

Sofern das Basisobjektmodell jedoch über ein transparentes Schema verfügt, ist es üblich, dass das Metaobjektmodell nicht nur eine Abbildung der Instanzen des Basisobjektmodells, sondern auch eine Abbildung der Schema-Informationen zulässt. Beide Möglichkeiten zeigt Bild 7.27. In einem Metaobjektmodell-Konzept ist eine Klasse des Metaobjektmodells auch dafür zuständig, Instanzen im Basisobjektmodell zu erzeugen bzw. zu vernichten.

Verfügbare Metaobjektmodelle **Metaobjektmodelle in COM** Es gibt inzwischen im Bereich der COM-Komponenten für Windows einige Metaobjektmodelle, z.B. das *Active Directory Service Interface (ADSI)* und das *Windows Management Instrumentarium Scripting API*. Die *ActiveX Data Objects (ADO)* sind ein Metaobjektmodell auf Attributebene.

Unzureichende Dokumentation Komponenten für Architekturen, die ein Provider-Konzept besitzen (z.B. ADSI, WMI, ADO, CDO/MAPI), sind geeignete Kandidaten für Metaobjektmodelle, da die Programmierschnittstelle mit unterschiedlichen Providern zusammenarbeiten kann. Allerdings zeigen die Dokumentationen dieser Komponenten, dass deren Autoren sich über die Unterschiede zwischen den Metaobjektmodellen und den Basisobjektmodellen wenig Gedanken gemacht haben; in der Regel wird dieser Unterschied stillschweigend übergangen. Dabei ist eine saubere Trennung der beiden Konzepte für das Verständnis einer COM-Komponente sehr wichtig.

Hinsichtlich der Frage, wie die Abbildung eines konkreten Basisobjekts auf Metaobjekte erfolgt, kann man verschiedene Typen unterscheiden:

Typ 1
▶ **Typ 1**: Attribute und Methoden werden selbst wieder durch Metaobjekte repräsentiert. Für die Attribute gibt es eine Objektmenge von Attribut-Metaobjekten, für die Methoden eine Objektmenge von Methoden-Metaobjekten. Die Attribut-Metaklasse stellt Methoden wie Get() und Set() bereit, um die Eigenschaften des konkreten Objekts zu

modifizieren. Die Methoden-Metaklasse stellt eine Methode wie Execute() bereit, um eine Methode auf dem konkreten Objekt aufzurufen. Diese Vorgehensweise führt zu einer sehr aufwändigen und widersinnig wirkenden Codierung. Der Vorteil besteht darin, dass die Attribut- und Methoden-Metaobjekte gleichzeitig Schemainformationen bereitstellen können. Ein Client kann so zur Laufzeit erforschen, welche Attribute und Methoden das konkrete Objekt besitzt.

Typ 2: Eine Modifikation vom Typ 1 besteht darin, Attribute und Klassen nicht durch eine eigene Metaklasse abzubilden, sondern die oben genannten Zugriffsmethoden direkt in der Metaklasse abzubilden, die das konkrete Objekt als Ganzes repräsentiert.

Typ 3 (*Direct Access*): Die dritte Möglichkeit ist, dass sich das Metaobjekt in Abhängigkeit von der aktuellen Bindung verwandelt, so dass der Nutzer keinen Unterschied zwischen dem Metaobjekt und dem konkreten Objekt bemerkt. Das bedeutet, dass eine Metaklasse wie CIMObject nach der Bindung an ein Grundobjekt die Mitglieder des Grundobjekts so in seine IDispatch-Schnittstelle einbindet, dass Attribute und Methoden doch wieder über die übliche Mitglieder-Zugriffsnotation (z.B. obj.Methode) aufgerufen werden können. Eine solche Metaklasse ist also in der Lage, zur Laufzeit ihre IDispatch-Schnittstelle zu erweitern und die Grundklasse zu emulieren. Der Programmierer sieht keinen Unterschied mehr zwischen Meta- und Basisobjekt und kann auf natürliche Weise programmieren. Dieses Verfahren hat im Gegensatz zu den anderen Typen einen Namen: *Direct Access*.

Der Nachteil des Direct Access ist, dass der Nutzer nicht mehr unterscheiden kann, welche Mitglieder der Metaklasse und welche der konkreten (emulierten) Klasse angehören. Kritisch könnte es bei Namensüberschneidungen werden. Es empfiehlt sich daher, per Namenskonvention eine Überschneidung zu verhindern.

Typ 4: Während alle oben beschriebenen Typen in der COM-Welt bereits vorkommen, ist dem Autor kein Metaobjektmodell bekannt, das eine Emulation über eine Mehrfachschnittstelle realisiert. Ein Metaobjekt würde neben der eigenen Standardschnittstelle, die unverändert bleibt, eine weitere Schnittstelle mit den Mitgliedern der Klasse des Basisobjektmodells anbieten. Damit COM-Automation-Clients davon Gebrauch machen können, müsste die Standardschnittstelle ein Attribut anbieten, um zu der zweiten Schnittstelle zu navigieren. Wenn das konkrete Objekt selbst Mehrfachschnittstellen besitzt, könnte das Metaobjekt auch diese abbilden: Für ein konkretes Objekt mit n Schnittstellen würde das Metaobjekt dann n+1 Schnittstellen anbieten. Das Metaobjekt ändert auch dabei seine Standardschnittstelle nicht, sondern fügt die Schnittstellen des konkreten Objekts hinzu. Damit COM-Automation-Clients davon Gebrauch machen können, müsste die Standardschnittstelle eine Methode GetInterface() anbieten, die die Navigation zu n Schnittstellen ermöglicht.

Probleme bei den Eingabehilfen Metaobjektmodelle haben hinsichtlich der Unterstützung bei der Programmcodeeingabe den Nachteil, dass das Konzept der Typbibliotheken nur für die direkt angesprochene Komponente, also das Metaobjektmodell, nicht aber für das Basisobjektmodell funktioniert. Metaobjektmodelle sind eine Form des späten Bindens; der bisherige Mechanismus zur Typermittlung auf Basis der Typdeklaration kann also nicht wirken, da die Typdeklaration stets für die Metaklasse erfolgt. Eine Unterstützung für die Funktionen der Grundklassen wäre zwar denkbar (z.B. durch den Zugriff auf das Schema des Basisobjektmodells), ist aber heute noch an keiner Stelle implementiert.

Beispiele für Metaobjektmodelle Im Folgenden sollen drei Beispiele für die Realisierung von Metaobjektmodellen vorgestellt werden. Die Realisierung ist dabei jeweils sehr unterschiedlich.

Beispiel 1: WMI

WMI Die Windows Management Instrumentation (WMI) abstrahiert am weitesten von den eigentlichen Klassen. Die WMI-COM-Komponente definiert nur Metaklassen wie `SWbemObject`, `SWbemMethod` und `SWbemProperty`, deren Instanzen an Basisobjekte gebunden werden können. Attributzugriffe und Methodenaufrufe sehen in WMI dann folgendermaßen aus:

```
wert = Obj.Properties_("Attributname") und
Obj.Properties_("Attributname") = wert.

Set method = process.Methods_("Create")
Set inParam = method.inParameters.SpawnInstance_()
inParam.CommandLine = "calc.exe"
Set outParam = process.ExecMethod_("Create", inParam)
```

Unterscheidung per Unterstrich Da aber zusätzlich auch der direkte Zugriff angeboten wird, ist WMI ein Metaobjektmodell sowohl vom Typ 1 als auch vom Typ 3. WMI verwendet zur Trennung der Mitglieder der Metaklasse von den emulierten Mitgliedern einen Unterstrich nach den Namen der Metaklassen-Mitglieder.

Beispiel 2: ADSI

ADSI Das Active Directory Service Interface (ADSI) definiert einen Satz von Standardschnittstellen. ADSI-Provider können Klassen aus diesen Standardschnittstellen zusammensetzen, aber auch neue Schnittstellen implementieren. Jede Klasse muss jedoch über eine bestimmte Standardschnittstelle verfügen, die Methoden zur Erweiterbarkeit bereitstellt. Im Fall von ADSI sind dies u.a. die Methoden `Put()` und `Get()`.

```
obj.Put("Attributname") = Wert
Wert = obj.Get("Attributname")
```

ADSI ist also ein Metaobjektmodell vom Typ 2. Ein dynamischer Methodenaufruf ist nicht vorgesehen.

Beispiel 3: DMO und ADO

DMO und ADO Die *Distributed Management Objects (DMO)* und die *ActiveX Data Objects (ADO)* bieten direkten Zugriff auf die Grundobjekte und zusätzlich eine Erweiterbarkeit hinsichtlich der Attribute. Jede Klasse verfügt über eine `Properties`-Objektmenge mit `Property`-Objekten, die jeweils ein Attribut repräsentieren. Ein `Property`-Objekt liefert Informationen über Name, Typ, Wert sowie Eigenschaften des Attributs und kann auch zur Veränderung des Werts verwendet werden. Somit lassen sich dynamische Attribute realisieren. Die Art des Zugriffs entspricht Typ 1.

Leider gibt es auch bei diesem Typ von dynamischen Objektmodellen keinen Standard. So verfügt ein `Property`-Objekt in ADO über die Attribute `Name`, `Type`, `Value` und `Attributes`. DMO verwendet dagegen `Name`, `Type`, `Value`, `Get` und `Set`.

7.27 Bewertung von COM

COM-Kritik Die COM-Welt könnte so schön sein, gäbe es da nicht einige Unzulänglichkeiten. Zunächst werden in diesem Unterkapitel Unzulänglichkeiten der COM-Spezifikation bzw. der COM-Implementierung angesprochen. Anhand einiger real existierender Objektmodelle sollen dann Beispiele für schlechte Objektmodelle und Typbibliotheken aufgezeigt werden. Dies ist jedoch nur eine beispielhafte Auflistung, um Sie grundsätzlich für Problembereiche zu sensibilisieren. Weitere Informationen erhalten Sie im Rahmen der detaillierten Beschreibung der Komponenten in den folgenden Kapiteln.

7.27.1 Vorteile von COM

Zunächst zu den unbestreitbaren Vorteilen von COM:
- COM ist ein Binärstandard für Komponenten und weitestgehend sprachunabhängig.
- COM ist in der Windows-Welt sehr weit verbreitet.
- COM unterstützt Mehrfachschnittstellen und bietet damit ein Instrument zur Versionierung (Versionierung bedeutet die parallele Bereitstellung verschiedener Versionen) von Komponenten.
- COM ist integriert in die Windows-Sicherheit.
- COM bietet mit dem Dienst Distributed COM (DCOM) eine transportprotokollneutrale Middleware zur entfernten Nutzung von Komponenten.
- COM ist ein objektorientierter Ansatz, der verschiedene Konzepte der Objektorientierung unterstützt.

7.27.2 COM auf anderen Plattformen

Auf anderen Plattformen hat COM bislang kaum Bedeutung. Neben *COMSource*, der COM-Referenzportierung der Open Group für Solaris und True64UNIX [COS00], gibt es jedoch inzwischen auch Ansätze von Softwareherstellern, COM auf anderen Plattformen verfügbar zu machen (z.B. *EntireX* von der Software AG). — **COMSource**

Die COM-Spezifikation hat Microsoft im Jahre 1996 offiziell in die Verantwortung der Active Group, einem Zusammenschluss im Rahmen der Open Group, übergeben. Allerdings wird die Active Group ihrem Namen nicht gerecht und ist äußerst passiv – wie ein Blick auf die seit Jahren nicht mehr gewartete Homepage schnell enthüllt [AGR00]. COM ist faktisch weiterhin eine proprietäre Architektur, deren Weiterentwicklung allein Microsoft bestimmt. Diese Bewertung wird von Gruhn/Thiel [GRU00, Seite 260] und Chappell [CHA97, Seite 56] unterstützt. — **Active Group**

Immerhin gibt es auf den Webseiten der Open Group inzwischen eine COM-Referenz unter dem Namen „ActiveX Core Technology Reference" [ATX00]. Auch hier wird also ActiveX nicht klar von COM abgegrenzt.

7.27.3 Unzulänglichkeiten von COM

Dieses Unterkapitel listet zunächst einige grundsätzliche Unzulänglichkeiten von COM auf. Danach folgt eine genauere Kritik an den Objektmodellen und Typbibliotheken vieler Komponenten.

Die allgemeinen Unzulänglichkeiten von COM sind:
- Nicht alle COM-Sprachen können alle COM-Komponenten nutzen, da es zwei unterschiedliche Mechanismen zum Methodenaufruf (IUnknown und IDispatch) gibt. Leider unterstützen nicht alle COM-Komponenten beide Verfahren. — **IDispatch**
- Nicht alle Klassen verfügen über eine ProgID oder einen Friendly Class Name, die dem Komponentennutzer die Bedeutung der Klasse offen legen. — **Namen**
- COM ermöglicht die Versionierung innerhalb einer Komponente durch Mehrfachschnittstellen. COM ermöglicht – zumindest vor Windows Whister – aber nicht die parallele Installation einer Komponente in verschiedenen (Unter-)Versionen und die — **DLL-Hölle**

eindeutige Zuordnung dieser Komponenten zu COM-Clients. So kommt es zur so genannten „DLL-Hölle" (engl.: DLL Hell), wenn verschiedene COM-Clients jeweils eine andere Version einer Komponente für den korrekten Betrieb benötigen. Dieses Problem ist aber ab Windows XP durch die so genannten *Side by Side Assemblies* gelöst.

- **Registrierungsdatenbank** ▹ Die Einstellungsmöglichkeiten in der Registrierungsdatenbank sind zu unstrukturiert bzw. zu flexibel. Beispielsweise kann ein Entwickler gegen die Konventionen zum Aufbau einer ProgID verstoßen und den Anwender durch Inkonsistenzen zwischen ProgID, Typbibliotheksname, Typbibliothek-Helpstring und Friendly Name einer Klasse vollkommen verwirren.

- **Komponenten-Repository** ▹ COM fehlt es an einem Komponenten-Repository, das Metainformationen über Komponenten in strukturierter Form speichert. Die COM-Informationen in der Registrierungsdatenbank werden den Anforderungen an Metainformationen über Komponenten nicht gerecht.

- **Object Trader** ▹ Es fehlt ein Object Trader, der auf Anfrage nach bestimmten Fähigkeiten eine entsprechende Klasse ermittelt. Die Möglichkeit der Zuordnung zu Komponentenkategorien ist unzureichend.

- **Laufzeitumgebung** ▹ Eine einheitliche Laufzeitumgebung für COM-Komponenten ist bislang nicht vorhanden. Es ist definiert, wie Komponenten auf binärer Ebene genutzt werden sollen; aus der Sicht des Programmierers ergeben sich jedoch je nach Sprache, in der der COM-Client implementiert werden soll, große Unterschiede in der Art des Umgangs mit den Komponenten.

- **Vererbung** ▹ COM bietet keine Mechanismen zur Implementationsvererbung. Diese kann bislang allenfalls durch eine sprachspezifische Laufzeitumgebung (z.B. Visual Basic ab 7.0) geschaffen werden.

- **Dokumentation** ▹ Nicht alle COM-Komponenten sind dokumentiert. Ohne Dokumentation bleibt nur die Selbsterforschung auf Basis von Typbibliotheken.

- **Typbibliothek** ▹ Nicht alle COM-Komponenten verfügen über eine Typbibliothek. Ohne eine solche ist die Erforschung einer (undokumentierten) Komponente allerdings nicht möglich. Ebenso stehen die Unterstützungsfunktionen zur Codeeingabe ohne Typbibliothek nicht zur Verfügung.

- **Objektmodelle** ▹ Die Objektmodelle in den COM-Komponenten sind oft so uneinheitlich, dass keine intuitive Nutzung möglich ist.

Schlechte Objektmodelle

Kritik an bestehenden Objektmodellen Der letzte der oben genannten Punkte wiegt besonders schwer aus der Sicht von Programmierern und Administratoren, die sich ständig in neue Komponenten einarbeiten sollen. Außer den wenigen Empfehlungen von Microsoft gibt es keine Richtlinien für die Umsetzung von Objektmodellen. Leider verstößt Microsoft selbst häufig gegen die eigenen Empfehlungen, wie folgende Beispiele für von Microsoft herausgegebene Komponenten zeigen:

▹ Einige Objektmengen (z.B. in der *WSH Runtime Library*) enthalten keine Objekte, sondern eine Menge elementarer Datentypen. Die Effizienz mag höher sein, wenn sowieso nur ein Attribut pro Objekt zu verwalten ist. Die Konsistenz leidet allerdings darunter.

Im Fall der Klasse `WSHNetwork` gibt es zwei Objektmengen, bei denen jeweils ein Unterobjekt mit zwei Attributen notwendig gewesen wäre. Statt einer korrekten Implementierung mit Unterobjekten hat sich Microsoft jedoch unverständlicherweise für eine Liste von Zeichenketten entschieden, in der die beiden notwendigen Attribute abwechselnd enthalten sind.

- Nicht immer heißt ein Attribut, das auf ein Unterobjekt verweist, wie die Klasse des Unterobjekts. Einen identischen Namen zu wählen, ist zwar grundsätzlich nur dann möglich, wenn maximal ein Objekt dieser Klasse existiert; dennoch hält sich Microsoft auch dann nicht daran, wenn es möglich wäre.
- Bei ADSI spricht Microsoft nicht von Objektmengen, sondern verwendet die aus der Welt der Verzeichnisdienste stammende Bezeichnung Container. Die Methode zur Erzeugung neuer Instanzen in einem Container heißt Create() und nicht Add(). Das Löschen erfolgt über Delete() statt über Remove().
- Die Klassen SecurityCallContext und SecurityIdentity in der *COM+ Services Library* wurden als Objektmengen implementiert, obwohl es nur eine feste Anzahl von Attributen bzw. Unterobjekten gibt. Dies führt dazu, dass Attribute nicht mehr über die übliche Punktnotation, sondern völlig untypisch über den Zugriff auf die Item()-Methode angesprochen werden können.
- In den *COM+ Administration Objects* sind alle Objektmengen beim ersten Zugriff zunächst einmal leer. Erst der Aufruf der Methode Populate() ermöglicht den Zugriff auf die enthaltenen Objekte.
- Und noch einmal die *COM+ Administration Objects*: Der Zugriff auf Objektmengen erfolgt nicht über Attribute des übergeordneten Objekts, sondern über die Methode GetCollection() auf der Ebene der Objektmenge, die über dem übergeordneten Objekt liegt. GetCollection() benötigt dazu einen eindeutigen Bezeichner für das übergeordnete Objekt und den Namen der diesem Objekt untergeordneten Objektmenge, auf die zugegriffen werden soll.
- Die unterschiedliche Art und Weise, Metaobjektmodelle zu implementieren, wurde schon im vorherigen Kapitel ausführlich besprochen.
- Leider kann man bei den Microsoft-Objektmodellen oft vom Namen eines Mitglieds nicht darauf schließen, ob es sich um ein Attribut oder eine Methode handelt: So ist GetFolder() in der Klasse Shell32.FolderItem ein Attribut; die Verweise auf untergeordnete Objektmengen sind dagegen in der gleichen Komponente als Attribute deklariert.
- Die vorhandenen Komponenten-Dokumentationen in der MSDN Library sind nicht einheitlich und oft zu wenig strukturiert. Die Art der Auflistung der Klassen, ihrer Schnittstellen, Methoden, Attribute und Ereignisse ist von Komponente zu Komponente grundverschieden. Zudem gibt es selten eine grafische Darstellung der Objektmodelle in der Dokumentation. Das erschwert die Einarbeitung in neue Komponenten und stellt den Microsoft-Kunden vor die Frage, wie es sein kann, dass ein solches Unternehmen keine Standards für die Dokumentation von Software hat.

Zukunft Leider werden diese schlechten Objektmodelle die Windows-Programmierer auf sehr lange Zeit verfolgen: Aus Kompatibilitätsgründen erfolgt ein grundsätzlicher Umbau von Objektmodellen nur selten. Umso wichtiger wäre es, Objektmodelle von Beginn an nach den festgesetzten Prinzipien zu erstellen. Man merkt, dass Microsoft zwar das Prinzip der Arbeitsteilung bei der Entwicklung der Komponenten beherrscht, jedoch nicht in der Lage ist, zwischen den Entwicklungsteams eine gute Kommunikation herzustellen. **Zukunft**

Ein wichtiger Tipp: Halten Sie sich bei Ihren selbst erstellten Objektmodellen an die Modellierungsempfehlungen!

Kritik an bestehenden Typbibliotheken

Schlechte Typbibliotheken

Kritikpunkte finden sich auch bei den COM-Typbibliotheken:

- Die Typbibliotheken geben manchmal nur einen Teil der vorhandenen Schnittstellen wieder.
- Anstatt Klassen und ihre Schnittstellen zu definieren, beschränken sich viele Typbibliotheken auf die Schnittstellen. Viele Typbibliotheken enthalten Klassenbeschreibungen nur für die instanziierbaren Klassen. Der Objektkatalog zeigt in diesem Fall die nichtzugeordneten Schnittstellen mit Namen der Form `IName` als Klassen an (z.B. *msxml.dll*, siehe [SCH01c]).
- Einige Klassennamen in den Typbibliotheken verhalten sich zu den Registrierungsdatenbankeinträgen inkonsistent (z.B. bei der *WSH Runtime Library*, *MSHTML* und der *Zeitplandienst-Komponente*).
- In einigen Typbibliotheken werden die Namenskonventionen verletzt. Zum Beispiel heißen Klassen in der *WSH Runtime Library* `IWSHShell_Class` und `IWSHNetwork_Class`. Ein anderes Beispiel sind die Schnittstellennamen in den *Collaboration Data Objects (CDO)*, die nicht mit einem großen I beginnen. In der *Zeitplandienst-Komponente* heißen einige Schnittstellen `Idisp[Name]`. Das „disp" soll dabei auf die Existenz einer `IDispatch`-Schnittstelle verweisen. Das ist insofern zu kritisieren, als dies entweder durchgängig bei allen Komponenten erfolgen sollte oder gar nicht.

Positivbeispiel

Um auch ein Beispiel zu nennen, in dem es richtig gemacht wurde: *scrrun.dll* (*Scripting Runtime Library*). Hier besitzt eine Klasse wie `File` eine Schnittstelle `IFile`.

7.28 .NET Framework („DOTNET")

Das Microsoft .NET Framework ist die Weiterentwicklung von COM und dennoch ein völlig neues Komponentenmodell. Das .NET Framework wird in Zusammenhang mit der PowerShell in Buchteil C besprochen.

8 Die Visual Basic-Sprachfamilie

Dieses Kapitel liefert Ihnen eine kompakte Einführung in die Programmiersprache Visual Basic, wobei der Schwerpunkt auf dem kleinsten Mitglied der Sprachfamilie, VBScript (VBS), liegt. Aber auch die großen Brüder, die „Vollversion" Visual Basic 6.0 (VB 6.0) und Visual Basic for Applications (VBA), finden Berücksichtigung. Soweit nicht anders erwähnt, sind alle Beispiele in diesem Buch in VBScript geschrieben, aber auch in den anderen Dialekten lauffähig.

VBS, VBA, VB 6.0

Das neue Visual Basic .NET (VB.NET) ist in vielen Punkten anders als die anderen Mitglieder der VB-Sprachfamilie. Die Aussagen in diesem Kapitel lassen sich nicht komplett auf VB.NET übertragen.

VB.NET

Auf die Darstellung anderer (Script-)Sprachen wird an dieser Stelle bewusst verzichtet, um die Komplexität der Komponentendokumentation und der Automatisierungslösungen nicht durch den Wechsel zwischen verschiedenen Sprachen zu erhöhen. VBScript ist die verbreitetste Scriptsprache im Windows-Bereich und bietet sich aufgrund der starken Synergieeffekte mit VB 6.0 und VBA als zentrale Sprache in diesem Buch an.

> Bewusst werden die Unterschiede zu VBA und der VB-Vollversion herausgearbeitet, die geringer sind, als oft vermutet wird. In der Praxis werden viele von Ihnen zwischen den verschiedenen Dialekten wechseln, denn die VB-Vollversion und VBA sind ernst zu nehmende Umgebungen für Automationslösungen und auch für das Prototyping von Scripts eine gute Wahl. Sie sollten also die Unterschiede zwischen VB 6.0, VBA und VBS gut kennen. Das gilt auch dann, wenn Sie nur Scripts programmieren wollen, denn Sie werden immer wieder Codebeispiele in VB 6.0 und VBA finden, die Sie in VBS umsetzen möchten.

Die großen Brüder sind beachtenswert.

Sprachregelungen in diesem Buch Der Begriff Visual Basic wird in der Fachwelt in drei unterschiedlichen Bedeutungen verwendet:

Begriffsabgrenzung

- Visual Basic meint eine Programmiersprache.
- Visual Basic bezeichnet eine Entwicklungsumgebung im Rahmen von Visual Studio.
- Visual Basic dient als Oberbegriff für die VB-Sprachfamilie.

Diese Mehrfachbedeutung macht es schwierig, sich eindeutig auszudrücken. In diesem Buch werden folgende Sprachregelungen verwendet:

- Visual Basic (oder kurz „VB") wird als Oberbegriff für die Sprachfamilie verwendet. **VB**
- Die Bezeichnung „VB-Vollversion" wird für die kompilierungsfähige Programmiersprache im Rahmen von Visual Studio verwendet, VB 6.0 für die Version 6.0 der VB-Vollversion. Zur Vereinfachung wird an einigen Stellen VB 6.0 synonym zu „VB-Vollversion" verwendet. Auf die Kompatibilität zu früheren Versionen wird nicht eingegangen. Grundsätzlich kann allerdings festgehalten werden, dass sich von VB5 zu VB 6.0 an der Sprache selbst nicht viel geändert hat. Der Schritt von VB 6.0 zu VB.NET ist wesentlich größer. **VB 6.0**
- Das Kürzel VB 6.0/A bedeutet: VB 6.0 und VBA. Dies ist sinnvoll, weil die meisten Aussagen für die VB-Vollversion häufig auch für VBA gelten. **VB 6.0/VBA**
- Die Ausdrücke Visual Basic Script, VBScript und VBS bezeichnen die Scriptsprache. **VBS**

Kapitel 8 **Die Visual Basic-Sprachfamilie**

Beispiele **Beispiele in diesem Kapitel** Die Beispiele in diesem Kapitel wurden in der Regel in VBScript für den *Windows Script Host (WSH)* geschrieben, weil dieser Scripting Host am einfachsten zu beherrschen ist. Wenn Sie noch keine Erfahrungen mit dem WSH haben, sollten Sie einen Blick in das Kapitel „Scripting Hosts" werfen.

> Die Beispiele zu diesem Kapitel finden Sie als WSH-Dateien mit der Erweiterung *.vbs* auf der Buch-CD [CD:/code/sprachen/vbs/]. Die Beispiele, die nicht in VBS lauffähig sind, finden Sie in einem VB 6.0-Projekt [CD:/code/sprachen/_alle/vb-beispiele.vbp]. Soweit dies aufgrund der Sprachunterschiede möglich ist, ist in dieser Projektdatei auch eine Kopie der VBS-Beispiele enthalten.

Die meisten Beispiele sind ohne Weiteres auch in VB 6.0/VBA lauffähig, wenn Sie beachten, dass anders als in VBS alle Befehle Teile einer Unterroutine sein müssen. Außerhalb einer Unterroutine dürfen nur Variablen und Typen deklariert werden.

Dazu ein Beispiel:

```
ausgabe = "Hallo"
MsgBox ausgabe
```

Listing 8.1: Ein VBS-Script für den WSH [helloworld.vbs]

Umsetzung in VB6/VBA Dieses Script müssen Sie in VB 6.0/VBA in folgenden Code umsetzen und dann die Unterroutine main() starten:

Listing 8.2 Umsetzung des vorherigen Scripts in VB 6.0/VBA
```
Sub main()
    ausgabe = "Hallo"
    MsgBox ausgabe
End Sub
```

> Jede Programmzeile muss Teil einer Unterroutine sein.

Sub Main() Wenn Sie eine VB 6.0-Anwendung starten, wird automatisch das Unterprogramm Sub Main() oder ein in der Projektkonfiguration ausgewähltes Formular aufgerufen. Aus der Entwicklungsumgebung heraus haben Sie die Möglichkeit, die Ausführung auch bei anderen Unterroutinen beginnen zu lassen.

8.1 Die Visual Basic-Sprachfamilie

Visual Basic ist Microsofts Weiterentwicklung der Programmiersprache Basic. Visual Basic ist inzwischen die beliebteste Programmiersprache in der Microsoft Windows-Welt [CWO99]. Sie zeichnet sich durch das *Rapid Application Development (RAD)* aus: die Fähigkeit, einfach und schnell Anwendungen zu entwickeln.

Geschichte

> Basic wurde 1965 entwickelt und ist die Abkürzung für Beginners All Purpose Symbolic Instruction Code. Diese Sprache war bei Computereinsteigern beliebt, unter Profis jedoch aufgrund ihrer mangelnden Strukturiertheit (Stichwort: Goto-Anweisung) verrufen. Microsoft hat Basic mit Visual Basic aus der Schmuddelecke unter den Programmiersprachen geholt und um Konstrukte der Objektorientierung erweitert.

Objektorientierung Visual Basic war bis einschließlich Version 6.0 nur eine klassenbasierte, nicht jedoch eine objektorientierte Programmiersprache, da das wesentliche objektorientierte Prinzip der Vererbung nicht vorhanden war (Klassifikation nach Wegner, siehe [WEG89], S. 245 ff. und [WEG90]).

Visual Basic .NET (VB ab Version 7.0) unterstützt jedoch Vererbung und die darauf aufbauenden Formen des Polymorphismus. Visual Basic bleibt aber weiterhin eine hybride Programmiersprache, da es ähnlich wie in C++ möglich ist, auch rein prozedural zu programmieren. Java und Smalltalk sind dagegen Sprachen aus der Gruppe der reinen objektorientierten Programmiersprachen. Auch wurde ab VB-Version 7.0 (VB.NET) endlich das letzte Einsatzgebiet der Goto-Anweisung eliminiert.

Visual Basic hat inzwischen zwei kleine Brüder bekommen: *Visual Basic for Applications* (VBA) und *Visual Basic Script* (VBS oder VBScript). Die folgende Grafik veranschaulicht den Umfang der Sprachdefinition in den verschiedenen VB-Dialekten in verschiedenen Versionen.

VBA und VBS

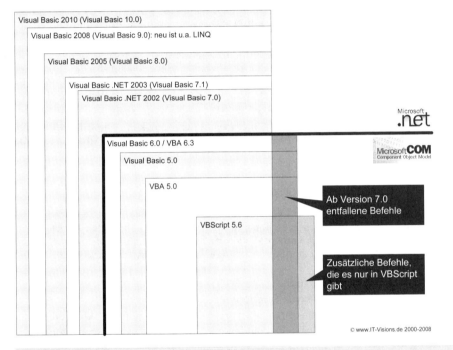

Bild 8.1
Sprachumfang der VB-Dialekte

Die Neugestaltung der Sprache Visual Basic ab Version 7.0 gefällt nicht allen Anwendern. Einige haben im Internet zu einer Petition an Microsoft aufgerufen, das alte Visual Basic 6.0 unter dem Name „VB.COM" weiterzuentwickeln [ClassicVB01].

8.1.1 Visual Basic for Applications (VBA)

Visual Basic for Applications (VBA) ist eine Interpretersprache zur Automatisierung der Bedienung einer Anwendung und ersetzt in vielen Fällen die früheren Makrosprachen der Anwendungen. Ein VBA-Programm läuft stets innerhalb eines VBA-Host. Dieser ist eine VBA-fähige Anwendung. Vorreiter bei der Integration von VBA in Anwendungen ist Microsoft mit seiner Office-Produktfamilie. Darüber hinaus unterstützen aber auch noch viele andere Anwendungen VBA:

- WordPerfect Office
- CorelDraw ab Version
- AGRESSO

Kapitel 8 Die Visual Basic-Sprachfamilie

- TurboCAD Professional
- IntelliCAD
- Micrografx iGrafx Professional
- Psipenta
- Rational Rose

Eine Liste aller VBA-fähigen Produkte findet man unter [VBA01].

VBA in MS Office In früheren Versionen der Microsoft Office-Produktfamilie hatten die Kernprodukte ihre eigenen Basic-Dialekte: Excel VBA, Word Basic, Access Basic. Mit Microsoft Office 97 erfolgte eine Vereinheitlichung hinsichtlich der Sprachsyntax. Außerdem wurde PowerPoint ebenfalls VBA-fähig. Uneinheitlich blieb jedoch die Entwicklungsumgebung. Die Funktionen der VBA-Entwicklungsumgebung werden im Rahmen der fortgeschrittenen Techniken besprochen.

Interpretation und Kompilierung Grundsätzlich gilt, dass VBA interpretiert wird. Während es in Office 97 keine Möglichkeit gab, VBA zu kompilieren, ist dieser Grundsatz ab Office 2000 in einigen Fällen aufgeweicht worden. Mit VBA können seitdem in zwei abgegrenzten Fällen COM-DLLs erstellt werden: zum einen bei der Erstellung von COM-Add-Ins, zum anderen bei der Erstellung von sogenannten Datenumgebungen.

Microsoft hat aber erklärt, VBA nicht mehr weiterzuentwickeln. Die Zukunft gehört hier den Visual Studio Tools for Microsoft Office (VSTO), die auf .NET basieren, siehe auch [VBA01].

8.1.2 Visual Basic Script (VBS)

„Light"-Version Visual Basic Script ist eine „Light"-Version von Visual Basic. Bewusstes Entwicklungsziel war es, eine einfache und speicherschonende Interpretersprache zu schaffen. Microsoft nennt Visual Basic Script in Dokumentationen auch häufig *Visual Basic Scripting Edition*. Gebräuchliche Abkürzungen sind VBScript und VBS. Die Kernunterschiede zu VB 6.0 und VBA sind:

- eingeschränkte Fehlerbehandlung
- keine Datentypen (daher keine Typisierung)
- keine direkten Aufrufe von durch DLLs exportierten Funktionen („API-Calls")
- lediglich Unterstützung des späten Bindens via IDispatch bei der Nutzung von COM-Komponenten
- weniger eingebaute Funktionen

Zusätzliche Features Allerdings gibt es – wie Bild 8.1 darstellt – auch einige Befehle in VBScript, die in anderen Dialekten von VB noch nicht auftreten. Dies sind insbesondere die Schlüsselwörter Execute, Eval, ExecuteGlobal und Class.

Einsatzgebiete Der erste Einsatzort von Visual Basic Script war der Microsoft Internet Explorer 3.0 als Microsofts Antwort auf das von Netscape entwickelte JavaScript. Dabei sollte VBScript schon damals zwei Aufgabengebiete abdecken: die Herstellung der Verbindung verschiedener ActiveX-Steuerelemente in Webseiten und die Erledigung kleinerer dynamischer Aufgaben innerhalb des Browsers. Naheliegend war das nächste Einsatzgebiet der Webserver innerhalb der Active Server Pages (ASP). Microsoft erkannte aber bald, dass VBScript mehr Potenzial bietet. Die Darstellung in diesem Buch basiert auf der Version 5.7, die funktional identisch ist mit den Versionen 5.5/5.6 und die sich von Version 5.1 nur um Erweiterungen bei der mitgelieferten Komponente *RegExp* zur Verarbeitung regulärer Ausdrücke unterscheidet.

VBScript-Version	Ausgeliefert mit
1.0	• Internet Explorer 3.0
2.0	• Internet Information Server 3.0
3.0	• Internet Explorer 4.0 • Internet Information Server 4.0 • Windows Scripting Host 1.0 • Outlook 98
4.0	• Visual Studio 6.0
5.0	• Internet Explorer 5.0
5.1	• Windows 2000
5.5	• Separates Add-On, siehe [MSSC04A]
5.6	• Windows XP • Windows Server 2003 • Internet Explorer 6.0 • Teil der WSH 5.6-Erweiterung für Windows NT 4.0/98/ • ME/2000, siehe [MSSC04A]
5.7	• Windows Vista • Windows Server 2008 • Update für Windows Server 2003 und Windows XP im Rahmen von "Windows Script 5.7" (auch enthalten in Service Pack 3)
5.8	• Windows 7 • Windows Server 2008 R2 • Internet Explorer 8.0 • (bis zum Redaktionsschluss war kein Update für andere Betriebssysteme verfügbar)

Tabelle 8.1
Auslieferung verschiedener VBS-Versionen

Ermittlung der Sprachversion

Mit den folgenden Codezeilen können Sie innerhalb eines Script die Versionsnummer von VBScript ermitteln. VBScript stellt dazu vier eingebaute Konstanten bereit. Diese sind in anderen VB-Dialekten allerdings nicht verfügbar.

Eingebaute Versionskonstanten

```
MsgBox "Dies ist die Sprache " & ScriptEngine _
& " Version " & ScriptEngineMajorVersion & _
"." & ScriptEngineMinorVersion & "." & _
ScriptEngineBuildVersion
```

Listing 8.3
Ermittlung der VBS-Version [_Sprachversion.vbs]

8.1.3 Embedded Visual Basic (eVB)

Embedded Visual Basic ist ein Visual Basic-Dialekt zur Entwicklung von Anwendungen für Windows CE. Die Sprache eMbedded Visual Basic hat Microsoft mit der Version 3.0 sterben lassen und empfiehlt die Migration auf Visual Basic .NET, das auch für das .NET Compact Framework für Windows CE/Pocket PC/Windows Mobile verfügbar ist.

eVB

Kapitel 8 Die Visual Basic-Sprachfamilie

8.1.4 Visual Basic .NET

.NET   Im Zuge von Visual Basic .NET (VB.NET) fusioniert Microsoft die drei Geschwister Visual Basic 6.0, Visual Basic for Applications (VBA) und VBScript zu einer Sprache. VB.NET wird in diesem Buch nicht behandelt. Bitte schauen Sie dazu in [SCH07].

8.1.5 Anwendungsgebiete

Bild 8.2 zeigt die Anwendungsgebiete der verschiedenen Visual Basic-Dialekte. Neu in Windows Vista ist der Einsatz von VBScript zur Erstellung von Sidebar Gadgets. In Windows 7 gibt es keine Sidebar mehr; Gadgets können hier überall auf dem Desktop platziert werden.

8.2 Grundlagen

Dieses Kapitel beschäftigt sich mit grundlegenden Syntaxregeln und dem Aufbau von Programmen in den verschiedenen VB-Dialekten.

8.2.1 Grundlegendes zur Syntax

Grundregeln   Zu Beginn die wichtigsten Regeln zur Visual Basic-Syntax im Überblick:
- Grundsätzlich enthält jede Zeile genau einen Befehl.
- Es ist möglich, mehrere Befehle getrennt durch einen Doppelpunkt in eine Zeile zu schreiben. Von dieser Möglichkeit sollten Sie aber aus Gründen der Übersichtlichkeit keinen Gebrauch machen.
- Wenn Befehle sich über mehr als eine Zeile erstrecken sollen, müssen alle Zeilen mit nicht abgeschlossenen Befehlen mit einem Unterstrich „_" enden.
- Leerzeilen, Leerzeichen und Tabulatoren werden ignoriert.
- Visual Basic ist *nicht* case-sensitive: Die Groß- und Kleinschreibung der Schlüsselwörter ist also ebenso ohne Bedeutung wie die Schreibweise Ihrer selbst gewählten Bezeichner für Variablen, Unterroutinen etc.

Bezeichner   Für Bezeichner gibt es folgende Regeln:
- Sie müssen mit einem Buchstaben beginnen.
- Sie dürfen nicht länger als 255 Zeichen sein.
- Sie dürfen nicht mit Schlüsselwörtern der Sprache identisch sein.
- Sie dürfen außer dem Unterstrich keine Satz- oder Sonderzeichen enthalten.

Kommentare   Kommentarzeilen werden mit einem Hochkomma (') eingeleitet. Alternativ können Sie als Markierung für Kommentare das Schlüsselwort REM verwenden.

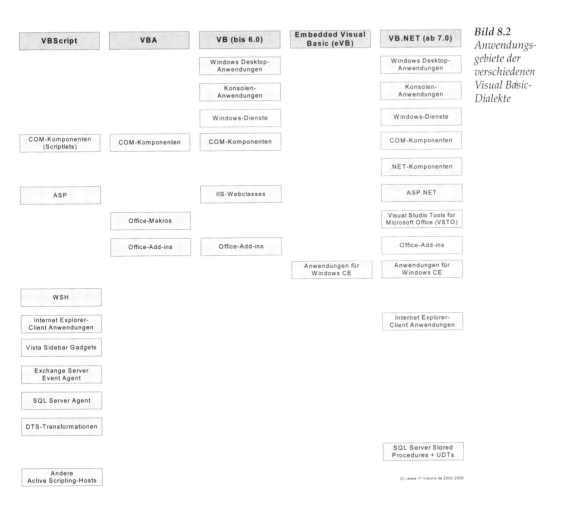

Bild 8.2
Anwendungsgebiete der verschiedenen Visual Basic-Dialekte

8.2.2 Speicherung des Programmcodes

In VB 6.0/VBA wird Visual Basic Code in Modulen (bzw. Forms und Klassenmodulen) angeordnet, wobei jedes Modul entweder in einer eigenen Datei (VB 6.0) gespeichert wird oder alle Module in einer Dokumentdatei (VBA). Bei VB 6.0 gibt es zusätzlich eine Projektdatei, die die Information enthält, welche Moduldateien zum Projekt gehören. In VBA hält die Dokumentendatei die einzelnen Moduldateien zusammen. **Module und Projekte**

In Zusammenhang mit VBS sind die Begriffe Modul und Projekt nicht gebräuchlich. Vielmehr spricht man von *Scripts*. Ein Script entspricht in etwa einem Modul. Die Anordnung und Speicherung der Scripts ist stark vom Scripting Host abhängig: In einigen Fällen sind die Scripts in eigenständigen Dateien abgelegt (z.B. beim Windows Scripting Host), in anderen Fällen sind sie nur Mitbewohner in anderen Dateien (z.B. ASP, DHTML). In einigen Umgebungen können Scripts andere Scripts einbinden, um Scriptcode wiederzuverwenden. **Scripts**

8.2.3 Startpunkt eines Programms

Programm-start

Die verschiedenen VB-Dialekte unterscheiden sich auch darin, wo ein Programm startet:

- In VB 6.0/VBA muss jede Zeile Programmcode Teil einer Unterroutine sein. Beim Aufruf des Programms in VB 6.0 wird die Ausführung mit der Unterroutine begonnen, die Sub Main() heißt. Alternativ dazu kann die Ausführung in VB 6.0 auch mit dem Start eines Formulars beginnen.
- In VBA ist die Ausführung komplett ereignisbasiert. Sie beginnt mit der Ereignisbehandlungsroutine, deren Ereignis zuerst getriggert wird. Manuell kann jede beliebige Unterroutine gestartet werden.
- In VBS kann es Programmcode geben, der nicht Teil einer Unterroutine ist. In Abhängigkeit vom Scripting Host gibt es zwei Möglichkeiten zum Start:
  - Üblicherweise beginnt die Ausführung bei der ersten Programmzeile, die nicht Teil einer Unterroutine ist.
  - Einige Scripting Hosts arbeiten jedoch ausschließlich ereignisgesteuert und starten das Script mit einer bestimmten Ereignisbehandlungsroutine.

8.3 Einfache Ein- und Ausgabefunktionen

Hello World

Wenn man sich neu mit einer Programmiersprache beschäftigt, dann interessieren zunächst nicht die mächtigen Sprachkonstrukte, sondern eine ganz einfache Funktion: Wie kann ich eine Ausgabe machen? Das erste Programm heißt dann traditionell „Hello World" und steht daher auch hier am Anfang. Nach der Erläuterung der Funktion MsgBox() folgt die Beschreibung der Funktion InputBox().

> Bitte beachten Sie, dass nicht alle Scripting Hosts die Ausführung von MsgBox() und InputBox() zulassen: Serverseitige Scripts, die unbeaufsichtigt laufen, sollten keine Dialogfenster ausgeben und auf keinen Fall modale Dialogfenster, die darauf warten, dass ein nicht vorhandener Benutzer sie wegklickt. Es gibt auch serverseitige Scripting Hosts (z.B. SQL Server Agent Job Scripting), die bei Verwendung von MsgBox() und InputBox() leider nicht protestieren. Sie laufen leicht in die Falle, dass Ihr Script „hängt", weil niemand das Dialogfenster beenden kann.

MsgBox() und InputBox() werden in den folgenden Beispielen zur Vorstellung der einzelnen Sprachkonstrukte immer wieder gute Dienste leisten.

8.3.1 Ausgaben mit MsgBox()

MsgBox()

Die einfachste Ausgabeprozedur, die in allen Visual Basic-Dialekten zur Verfügung steht, heißt MsgBox().

Listing 8.4
Ihr erstes VB-Programm

MsgBox "Hello World"

Die Ausgabe erfolgt in einem einfachen Dialogfenster. MsgBox() hat weitere Parameter, mit denen das Aussehen der Ausgabe beeinflusst werden kann.

MsgBox text[,buttons][,titel]

Buttons

Erforderlich ist nur der eigentliche Dialogfenstertext. Mithilfe des Parameters Buttons können die darzustellenden Schaltflächen und das das Dialogfenster zierende Symbol festgelegt werden. Für Buttons kann ein Wert angegeben werden, der sich aus der Addition von mehreren Werten aus Tabelle 8.2 und Tabelle 8.3 ergibt. Zusätzlich kann die Konstante 4096 (*vbSystem Modal*) hinzuaddiert werden. Dadurch steht das Meldungsfenster immer im Vordergrund.

Wert	Symbolische Konstante	Bedeutung
0	vbOKOnly	<OK>
1	vbOKCancel	<OK> + <Abbrechen>
2	vbAbortRetryIgnore	<Beenden> + <Wiederholen> + <Ignorieren>
3	vbYesNoCancel	<Ja> + <Nein> + <Abbrechen>
4	vbYesNo	<Ja> + <Nein>
5	vbRetryCancel	<Wiederholen> + <Abbrechen>

Tabelle 8.2
Konstanten für MsgBox()-Schaltflächen

Wert	Konstante	Symbol
16	vbCritical	Rotes Kreuz
32	vbQuestion	Fragezeichen
48	vbExclamation	Ausrufezeichen in gelbem Dreieck
64	vbInformation	Normales Ausrufezeichen

Tabelle 8.3
Konstanten für die MsgBox()-Symbole

Sprache

Die Sprache, in der die Schaltflächen beschriftet werden, hängt immer von der Sprachversion des Betriebssystems ab. So werden Sie auf einem englischen Betriebssystem immer „Cancel" statt „Abbrechen" lesen müssen, auch wenn Sie einen deutschen Text ausgeben wollen.

Rückgabewerte

Wenn MsgBox() mit mehr als nur einer Schaltfläche dargestellt wurde, interessiert es natürlich, welche Schaltfläche der Anwender gewählt hat. Dafür steht MsgBox() auch noch in einer Variante als Funktion mit Rückgabewert zur Verfügung.

antwort = MsgBox(text[,buttons][,titel])

Bitte beachten Sie dabei die Verwendung der Klammern im Gegensatz zur Verwendung von MsgBox() ohne Rückgabewert. Diese Spitzfindigkeit wird später näher erläutert. Es gibt für jeden der sieben Schaltflächentypen einen Rückgabewert (siehe folgende Tabelle).

Wert	Konstante	Gewählte Schaltfläche
1	vbOK	OK
2	vbCancel	Abbrechen
3	vbAbort	Beenden
4	vbRetry	Wiederholen
5	vbIgnore	Ignorieren
6	vbYes	Ja
7	vbNo	Nein

Tabelle 8.4
Konstanten für die MsgBox()-Rückgabewerte

Kapitel 8 Die Visual Basic-Sprachfamilie

„Hello World" in einer verbesserten Version könnte dann folgendermaßen aussehen:

Listing 8.5
„Hello World"
mit Antwort
```
antwort = MsgBox("Macht Ihnen das Lesen dieses Buches Spaß?", _
                vbYesNo + vbQuestion, "Hallo Leser")
MsgBox "Die Antwort war: " & antwort
```

8.3.2 Eingaben mit InputBox() empfangen

InputBox() Wenn das Klicken auf eine von sieben verschiedenen Schaltflächen als Antwort des Benutzers nicht reicht, können Sie auf die eingebaute InputBox()-Funktion zurückgreifen und erhalten ein Dialogfenster mit Eingabezeile.

```
antwort = InputBox(text[,titel][,vorgabewert])
```

Pflicht ist die Angabe des Fragetextes. Optional sind Dialogfenstertitel und Vorgabewerte für die Eingabezeile.

```
antwort = InputBox("Wie heißen Sie?", _
                  "Wichtige Frage", "Holger Schwichtenberg")
MsgBox "Sie heißen " & antwort
```

Listing 8.6: InputBox mit Vorgabewert [hello_world_3.vbs]

Bild 8.3
InputBox mit
Vorgabewert

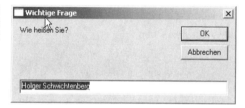

8.4 Variablen

Variablen Variablennamen unterliegen den erwähnten Regeln für Bezeichner. Es ist in keinem der VB-Dialekte Pflicht, Variablen zu deklarieren. Im Standardmodus ist die Deklaration optional. Sie erfolgt mit dem Schlüsselwort DIM, gefolgt vom Namen der Variablen. Weitere Variablen können durch Kommata abgetrennt werden.

```
DIM a
DIM name,vorname,strasse,ort
```

Option
Explicit Jedoch kann der Programmierer sich selbst die Pflicht auferlegen, alle Variablen deklarieren zu müssen. Dazu dient die Anweisung Option Explicit, die zu Beginn eines jeden Code-Moduls bzw. Scripts stehen muss. Nach einem Option Explicit führt jeder Zugriff auf eine nicht deklarierte Variable zu einem Fehler.

Listing 8.7
Verwendung
von Option
Explicit
[explicit-
Demo.vbs]
```
Option Explicit
Dim a
Dim b
a = 1
b = 2
' Fehler: c nicht deklariert!
c = b + a
```

Ohne die Verwendung von Option Explicit kann es leicht zu schweren Fehlern kommen. Im folgenden Beispiel führt ein Tippfehler (vergessenes t bei start) dazu, dass VB 1000 minus 0 statt 1000 minus 500 errechnet.

```
start = 500
ende = 1000
dauer = ende - sart
MsgBox ende & " - " & start & " = " & dauer
```

Listing 8.8
Ein Tippfehler kann schwere Folgen haben.

8.4.1 Gültigkeitsbereich von Variablen

Visual Basic kennt drei unterschiedliche Gültigkeitsbereiche (engl. Scope) von Variablen:
- Lokale (prozedurweite) Variablen gelten nur in einer Unterroutine.
- Modulglobale (modulweite) Variablen gelten in allen Unterroutinen eines Moduls.
- Globale (programmweite) Variablen gelten in allen Modulen eines Projekts.

Scope

Dies ist die Sichtweise von VB 6.0/VBA. In VBS laufen die Uhren – wie so oft – etwas anders:
- Da VBS keine Module kennt, sind alle globalen Variablen auch programmweite Variablen.
- Da in VBS Programmcode außerhalb von Unterroutinen existieren darf, besitzt das Hauptprogramm keine eigenen lokalen Variablen. Alle lokalen Variablen des Hauptprogramms sind globale Variablen.

Für alle VB-Dialekte gilt jedoch, dass lokale Variablen in Unterroutinen den gleichen Namen haben dürfen wie globale Variablen oder lokale Variablen in anderen Unterroutinen. Lokale Variablen überlagern globale Variablen, ohne diese zu beschädigen. Wenn also eine globale Variable x existiert und in einer Unterroutine eine lokale Variable x deklariert wird, so ist das globale x von dem lokalen x verdeckt. Jeder Zugriff auf x ist ein lokaler Zugriff. Nach dem Verlassen der Routine hat das globale x den gleichen Wert wie vorher.

Überlappung von Variablendeklarationen

> Visual Basic Script kennt ebenso wie die anderen VB-Dialekte die Einschränkung des Gültigkeitsbereichs mit den Schlüsselwörtern Private und Public. Dabei treten diese Schlüsselwörter an die Stelle des Dim. Allerdings hat die Einschränkung auf Private in den meisten Scripting Hosts keine Bedeutung, da es in der Regel nur ein Script in einer Datei gibt. Innerhalb eines Scripts sind ebenso wie in VB 6.0/VBA innerhalb eines Moduls alle Variablen öffentlich.

Public und Private

8.4.2 Benennung von Variablen

Gemäß der *ungarischen Notation* gibt es in Visual Basic einen Vorschlag zur Benennung von Variablen anhand des Datentyps. Dabei steht jeweils zu Beginn des Variablennamens in Kleinschrift ein dreibuchstabiges Präfix.

Ungarische Notation

(Unter-)Typ	Präfix	Beispiel
Boolean	bln	blnAktiviert
Byte	byt	bytAlter
Date	dtm	dtmGeburtstag
Double	dbl	dblUmsatz
Integer	int	intEinwohnerzahl
Long	lng	lngEinwohnerzahl
Single	sng	sngUmsatz
String	str	strBuchtitel
Object	obj	objBenutzer

Tabelle 8.5
Vorschläge für Variablennamen gemäß ungarischer Notation

8.5 Datentypen

Typisierungsgrad Ein wichtiges Kriterium für eine Programmiersprache ist der Grad der Typisierung. Er gibt an, inwieweit eine Variable an einen Datentyp gebunden wird und wie streng der Compiler oder Interpreter der Sprache es mit Zuweisungen an solche Variablen hält, die nicht dem zugewiesenen Datentyp entsprechen.

8.5.1 Datentypen in VBS

Schwache Typisierung in VBS Visual Basic Script ist eine sehr schwach typisierte Sprache: Es gibt in VBScript nur einen Datentyp mit Namen *Variant*, der alle möglichen Arten von Daten aufnehmen kann. Ein und dieselbe Variable kann während des Programmablaufs Daten unterschiedlichen Typs speichern. Je nach dem aktuellen Inhalt wird die Variable jedoch einem von zwölf sogenannten *Subtypen* zugeordnet.

Tabelle 8.6 Datentypen in VB 6.0/VBA bzw. Subtypen in VBS

(Unter-)Typ	Beschreibung	Symbolische Typkonstante	TypID
Boolean	Wahrheitswert; *True* oder *False*	vbBoolean	11
Byte	Ganzzahl (8 Bit); 0 bis 255	vbByte	17
Integer	Ganzzahl (16 Bit); –32.768 bis 32.767	vbInteger	2
Currency	Fließkommazahl; –922.337.203.685.477,5808 bis 922.337.203.685.477,5807	vbCurrency	3
Long	Ganzzahl (32 Bit); –2.147.483.648 bis 2.147.483.647	vbLong	4
Single	Fließkommazahl; –3,402823E38 bis –1,401298E–45 für negative Werte und von 1,401298E–45 bis 3,402823E38 für positive Werte	vbSingle	5
Double	Fließkommazahl; 1,79769313486232E308 bis –4,94065645841247E–324 für negative Werte und von 4,94065645841247E–324 bis 1.79769313486232E308 für positive Werte	vbDouble	6
Date	Datums- und Uhrzeitangaben; Speicherung in Form einer Fließkommazahl, die die Anzahl der Tage relativ zum 31.12.1899 angibt. Durch negative Werte können auch Daten vor diesem Bezugspunkt angegeben werden.	vbDate	7
String	Zeichenfolge mit variabler Länge	vbString	8
Object	Zeiger auf ein Objekt	vbObject	9
Variant	Kann einen beliebigen Wert aufnehmen	vbVariant	12

Typinformationen **Informationen über den aktuellen Subtyp** Mit den Funktionen TypeName(varname) und VarType(varname) kann ermittelt werden, welchen Subtyp eine Variable oder ein Wert aktuell hat. Während TypeName() den Namen des Datentyps als Zeichenkette liefert, gibt VarType() eine Typkonstante (vgl. Tabelle 8.6) zurück.

```
x = 2000
MsgBox typename(x) & "," & VarType(x)   ' liefert Integer, 2
x = "Holger Schwichtenberg"
MsgBox typename(x) & "," & VarType(x)   ' liefert String, 8
x = #8/1/1972#
MsgBox typename(x) & "," & VarType(x)   ' liefert Date, 7
MsgBox typename("1.8.72")    ' liefert String
MsgBox typename(1234.56)     ' liefert Double
```

Listing 8.9
Ermittlung des Datentyps einer Variablen [Datentypen1.vbs]

Für einzelne Datentypen kann auch mithilfe spezieller Funktionen direkt geprüft werden, ob eine Variable einen bestimmten Wertetyp enthält:

- isNumeric(varname)
- isDate(varname)

8.5.2 Datentypen in VB 6.0/VBA

Einer der wesentlichen Unterschiede von VB 6.0/VBA zu VBS ist die Möglichkeit, Variablen explizit einem Datentyp zuzuweisen. Damit kann der Programmierer eine strenge (obschon im Vergleich zu anderen Sprachen wie C/C++ und Java immer noch lockere) Form der Typisierung erreichen.

Starke Typisierung in VB 6.0/VBA

Wenn einer Variablen ein Typ zugewiesen wurde, dann kann diese Variable innerhalb ihres Gültigkeitszeitraums nur Werte des vorgegebenen Typs aufnehmen. Eine Missachtung führt zu einem Laufzeitfehler. Allerdings wird bei der Zuweisung von Variablen bzw. Werten unterschiedlichen Typs keine Fehlermeldung generiert, sondern eine automatische Typkonvertierung durchgeführt.

Typkonvertierung

Eine Typangabe erfolgt mit dem Schlüsselwort As im Rahmen einer Variablendeklaration. Da VBS keine Typisierung kennt, führt jegliche Verwendung des Schlüsselworts As in VBS zu einem Fehler!

Schlüsselwort „As"

```
Dim s As String
Dim x As Integer
Dim z As Long
Dim c As Currency
```

In VB 6.0/VBA gibt es aber auch den Datentyp *Variant*, der genauso flexibel ist wie *Variant* aus VBS. Die strengere Typisierung ist eine Option in VB 6.0/VBA, von der viele Entwickler gerne Gebrauch machen, um den Programmcode übersichtlicher und robuster zu gestalten. In VB 6.0/VBA gibt es drei Möglichkeiten, eine Variable vom Typ *Variant* zu erhalten:

Wählbarer Typisierungsgrad

- Die Variable wird gar nicht deklariert.
- Die Variable wird nur mit DIM varname deklariert.
- Die Variable wird mit DIM varname As Variant deklariert.

Eine beliebte Falle bei VB-Anfängern ist die Deklaration von mehreren Variablen in einer Zeile. Dabei muss zu jeder Variablen der Datentyp einzeln angegeben werden!

```
' In dieser Zeile sind a und b Variants!
Dim a, b, c As Integer
' Nur so sind alle drei Integer!
Dim a As Integer, b As Integer, c As Integer
```

Kapitel 8 Die Visual Basic-Sprachfamilie

Type **Definition eigener Datentypen** Eigene, zusammengesetzte Datentypen (in anderen Sprachen „Strukturen" genannt) können in VBA und VB 6.0 mit Type...End Type definiert werden. Diese Möglichkeit gibt es in VBS nicht, da dafür eine stärkere Typisierung der Sprache notwendig ist.

Listing 8.10
Definition und Nutzung eines eigenen Datentyps

```
Type Person
    Name As String
    Geb As Date
    Kinderanzahl As Byte
    Verheiratet As Boolean
End Type

' === Nutzung eines eigenen Datentyps
Sub EigenerTyp()
Dim HS As Person
HS.Name = "Holger Schwichtenberg"
HS.Geb = #8/1/1972#
HS.Kinderanzahl = 0
HS.Verheiratet = False

MsgBox HS.Name & Chr(13) & _
"ist am " & HS.Geb & " geboren," & Chr(13) & _
"ist " & IIf(Not HS.Verheiratet, "nicht ", "") & _
"verheiratet " & Chr(13) & _
"und hat " & HS.Kinderanzahl & " Kinder!"
End Sub
```

Bild 8.4
Ausgabe des obigen Beispiels

Zusammengesetzte Typen können wie jeder elementare Datentyp zum Aufbau von Arrays oder zur Übergabe an Unterroutinen verwendet werden.

Den Unterschied zwischen einem Typ und einer Klasse (Klassen werden später behandelt) zeigt die folgende Tabelle.

Tabelle 8.7
Typ versus Klasse

Eigenschaft	Typ	Klasse
Öffentliche Mitglieder	Ja	Ja
Private Mitglieder	Nein	Ja
Methoden	Nein	Ja
Ereignisse	Nein	Ja
Instanziierung	Wie elementarer Datentyp	Mit New-Operator
Möglich in VBS	Nein	Ja
Möglich in VB 6.0	Ja	Ja
Möglich in VBA	Ja	Ja

8.5.3 Startwerte von Variablen

Visual Basic belegt Variablen automatisch mit einem Startwert. Eine typisierte Variable hat zu Beginn den jeweiligen Grundwert des Typs (0, Leerzeichenkette oder 00:00:00).

Startwerte

Für Variant-Variablen kennt VB einen besonderen Startzustand: *Empty*. *Empty* bedeutet, dass eine Variant-Variable noch nicht mit einem Wert belegt wurde. Ob eine Variant-Variable bereits belegt wurde, kann mit `isempty (variablenname)` überprüft werden. Der Zustand *Empty* kann einer Variant-Variablen aber auch nach Gebrauch wieder explizit zugewiesen werden. Eine Variable im Zustand *Empty*, die in einem Ausdruck verwendet wird, nimmt dort den Wert 0 oder Leerzeichenkette an, jeweils passend zu dem Ausdruck.

Empty

```
MsgBox typename(x) ' liefert Empty
If IsEmpty(y) Then MsgBox "y ist Empty!"
MsgBox x          ' liefert Leerzeichenkette
MsgBox x + 5      ' liefert 5
If x = 0 Then MsgBox "x ist 0" ' liefert 5
If x = "" Then MsgBox "x ist Leerzeichenkette" ' liefert 5
x = 5 ' liefert Integer
MsgBox typename(x)
x = Empty
MsgBox typename(x) ' liefert Empty
```

*Listing 8.11
Beispiel für den Wert Empty
[datentypen-2.vbs]*

8.6 Darstellung von Werten

Statische Werte können in Visual Basic in zwei Formen vorkommen:

Literale und symbolische Konstanten

- Als **Literale**, also als direkte Angabe von Werten innerhalb eines Ausdrucks
  Beispiel: `MsgBox "Sie heißen:" & Name`
  Hier ist die Zeichenkette „*Sie heißen:*" ein Literal.
- Als **symbolische Konstanten**, die Literale repräsentieren
  Beispiel:
  ```
  Const AUSGABE = "Sie heißen: "
  MsgBox AUSGABE & Name.
  ```
  Hier ist AUSGABE eine symbolische Konstante für das Literal „*Sie heißen: "*.

8.6.1 Literale

Literale sind alle statischen Werte, die direkt im Programmcode hinterlegt, also nicht in Variablen oder symbolischen Konstanten (siehe nächstes Kapitel) gespeichert sind. In Visual Basic werden Literale wie folgt dargestellt:

- Ganzzahlige numerische Werte werden einfach durch die Aneinanderreihung von Ziffern dargestellt.

  Zahlen

- Bei Fließkommazahlen (nichtganzzahlige numerische Werte) wird das Dezimaltrennzeichen nicht durch ein Komma dargestellt, sondern – amerikanisch – durch einen Punkt.

- Hexadezimalzahlen werden durch ein vorangestelltes &h, Oktalzahlen durch ein &o kenntlich gemacht.

  Andere Zahlensysteme

- Begrenzer für Zeichenketten ist das doppelte Anführungszeichen. Zeichenketten innerhalb von Zeichenketten können durch zweifache doppelte Anführungszeichen dargestellt werden.

  Zeichenketten

- MsgBox "Hallo"
- Execute "MsgBox ""Hallo"""

Manche Umgebungen (z.B. HTML) und Komponenten (z.B. WMI) erlauben auch einfache Anführungszeichen als Alternative zu den unübersichtlichen zweifachen, doppelten Anführungszeichen.

Empty und Null
- Der Sonderzustand „Variable ist leer" wird durch das Wort *Empty* angezeigt, der Sonderzustand „Variable hat keinen gültigen Wert" durch das Wort *Null*. *Null* kann ebenso wie *Empty* nur Variant-Variablen zugewiesen werden.
- Zur Überprüfung auf diese Werte sollte nicht das Gleichheitszeichen verwendet werden, sondern die eingebauten Funktionen isNull() und isEmpty(). Sofern eine Variant-Variable die Werte *Empty* oder *Null* enthält, werden als Typen „*Empty*" (vbEmpty = 0) oder „*Null*" (vbNull = 1) zurückgeliefert.

Datum und Uhrzeit
- Datums- und Uhrzeitangaben werden mit dem Nummerzeichen (#) begrenzt und sind im amerikanischen Stil anzugeben (siehe Tabelle 8.9).

True und False
- Boolesche Werte (also die Wahrheitswerte wahr und falsch) werden durch die Konstanten *True* und *False* repräsentiert. Aber Achtung: Die Konstante *True* steht nicht – wie man vermuten könnte – für den Wert 1, sondern für –1. Zum Glück ist *False* wenigstens 0. 0 und –1 können alternativ zu den Konstanten *True* und *False* verwendet werden.

Währungsangaben
- VB sieht auch explizit einen Wertetyp für Währungen vor, die sich nach der jeweiligen Ländereinstellung des Systems richten. In Deutschland besteht ein gültiger Währungstyp aus einer Fließkommazahl mit nachgestelltem Währungssymbol €. Dabei ist das Dezimaltrennzeichen ein Komma, und zusätzlich ist als Tausendertrennzeichen ein Punkt erlaubt. Das Ganze wird wie eine Zeichenkette in Hochkommata gesetzt.

Aufgrund der Abhängigkeit von den Systemeinstellungen sollten Sie den Datentyp *Currency* (Währung) nicht verwenden. Sie können auch intern mit Fließkommazahlen arbeiten und dann für die Ausgabe das Währungssymbol anhängen bzw. eine der eingebauten Formatierungsfunktionen von VB nutzen.

Tabelle 8.8 Darstellung von Literalen in VB

Wertetyp	Beispiel
Ganzzahlige Zahl	1234
Fließkommazahl	1234.5678
Hexadezimalzahl	&h0AE1 (entspricht 2785)
Oktalzahl	&o77 (entspricht 63)
Zeichenkette (String)	"Holger Schwichtenberg"
Datum und/oder Uhrzeit	#8/1/1972# #2:30:00 PM# #12/30/1999 1:20:00 AM#
Wahrheitswerte	True, False, -1, 0
Währung	"22345,80 DM"
Sonderzustände	Null, Empty

8.6.2 Symbolische Konstanten

Const   Literale, die in einem Programm mehrfach vorkommen, sollten in Form von symbolischen Konstanten (auch *benannte Konstanten* genannt) definiert werden, sodass man sie an einem zentralen Ort ändern kann. Dazu dient in allen VB-Dialekten das Schlüsselwort const.

```
Const KonstantenName = Wert
```

Danach kann eine Konstante wie eine Variable verwendet werden, aber nur lesend. Eine Veränderung ist nicht gestattet. In VB 6.0/VBA kann in der Konstantendefinition als Wert auch ein Ausdruck angegeben werden. VBS unterstützt nur Literale.

> Symbolische Konstanten sollten Sie immer dann anwenden, wenn Werte entweder wiederholt verwendet werden oder aber besonders lang sind. Sie erhöhen mit symbolischen Konstanten die Verständlichkeit und Wartbarkeit Ihrer Scripts. Mit der gleichzeitigen Erzwingung der Variablendeklaration mit Option Explicit vermeiden Sie Fehler, da falsch geschriebene symbolische Konstanten dem Sprachinterpreter auffallen – Literale werden dagegen nicht überprüft.

Enum VB 6.0/VBA unterstützen die Definition von Aufzählungstypen (Enumerationen). Dazu dient das Schlüsselwort Enum. Enum definiert Aufzählungstypen mit n Konstanten. Das Schlüsselwort wird in VBScript nicht unterstützt. **Aufzählungstypen**

```
[Public | Private] Enum LISTENNAME
NAME [= WERT]
NAME [= WERT]
...
End Enum
```

Die Angabe eines Werts für die einzelnen Konstanten ist optional. Ohne diese Angabe werden die Konstanten automatisch mit fortlaufenden Zahlen belegt, wobei die erste Zahl 0 ist.

Das erste Beispiel zeigt die Definition von Aufzählungstypen mit expliziten Werten. **Beispiel 1**

```
Enum MitarbeiterTypen
    Professor = 3
    Wissenschaftlicher Mitarbeiter = 2
    StudentischeHilfskraft = 1
    Sonstiger = 0
End Enum
```

Erlaubt sind nur Werte vom Typ *Long*, keine Zeichenketten oder Datumsangaben.

Im zweiten Beispiel werden keine Werte explizit genannt. *Gelb* erhält daher den Wert 0, *schwarz* den Wert 3. **Beispiel 2**

```
Enum GrundFarben
    gelb
    rot
    gruen
    schwarz
End Enum
```

Beide Formen können gemischt werden. Visual Basic zählt nach einer expliziten Wertzuweisung von dem Wert aus weiter hoch. Grau ist also 0, rosa 101 und orange 102. **Beispiel 3**

```
Enum AndereFarben
    grau
    lila = 100
    rosa
    orange
End Enum
```

Verwendung Die folgende VB 6.0-Unterroutine zeigt die Anwendung der Aufzählungstypen:
- Die Aufzählungstypen sind ein Datentyp, der zur Deklaration von Variablen verwendet werden kann.
- Die einzelnen Konstanten der Aufzählungstypen können an beliebiger Stelle verwendet werden.
- Den mit dem Namen eines Aufzählungstyps typisierten Variablen kann auch direkt eine Zahl zugewiesen werden, auch eine Zahl, die nicht in den Aufzählungstypen vorkommt.

Listing 8.12 Verwendung von mit „Enum" definierten Aufzählungstypen [modEnum.bas]

```
Sub teste_enum()
Dim dieserMitarbeiter As MitarbeiterTypen
' --- Zuweisung mit Konstantennamen
dieserMitarbeiter = Professor
' --- Zuweisung mit Wert
dieserMitarbeiter = 3
' --- Zuweisung mit Wert
' außerhalb der Konstantenliste
dieserMitarbeiter = 9
' --- Verwendung
If dieserMitarbeiter <> StudentischeHilfskraft Then_
    MsgBox "Keine studentische Hilfskraft!"

MsgBox gruen ' ergibt 2
MsgBox orange ' ergibt 102
End Sub
```

(Führt nicht zum Fehler!)

Vordefinierte Konstanten **Vordefinierte Konstanten** Alle VB-Dialekte kennen eine Reihe von vordefinierten symbolischen Konstanten, beispielsweise die Konstanten für die MsgBox()-Funktion oder die Datentypkonstanten. Auf diese Konstanten kann ohne weitere Definition zugegriffen werden. Je nach Umgebung gibt es verschiedene Möglichkeiten, weitere Konstanten verfügbar zu machen:
- Immer besteht die Möglichkeit, Konstantendefinitionen mit dem Schlüsselwort const in den Quelltext zu übernehmen.
- Scripting Hosts ermöglichen die Einbindung externer Quellcodedateien, die Konstantendefinitionen enthalten können. Gegenüber der ersten Möglichkeit entfällt die Doppelspeicherung der Konstantendefinitionen.
- Entwicklungsumgebungen wie die von VB 6.0/VBA, aber auch einige Scripting Hosts (z.B. WSH ab Version 2.0) gestatten die Einbindung von Typbibliotheken. Dadurch stehen die dort in Konstantenlisten definierten symbolischen Konstanten zur Verfügung.

8.7 Operatoren

Operatoren Die nachfolgende Tabelle zeigt die wichtigsten Visual Basic-Operatoren. Eine Erläuterung der Operatoren auf Objektvariablen finden Sie in Kapitel 8.14.6.

Zweck	VB-Dialekte	Verfügbare Operatoren
Wertzuweisung unter elementaren Datentypen	VBS/VBA/VB 6.0	A = B oder Let A = B
Zuweisungen von Objektvariablen	VBS/VBA/VB 6.0	Set Obj1 = Obj2

Tabelle 8.9: Operatoren in VB

Zweck	VB-Dialekte	Verfügbare Operatoren
Grundrechenarten	alle	+ (Addition) - (Subtraktion) * (Multiplikation) / (Division)
Potenzierung	alle	^
Division ganzzahlig	alle	\
Divisionsrest	alle	mod
Vergleich unter elementaren Datentypen	alle	= < <= >= > <>
Vergleich von Objektvariablen	alle	Obj1 is Obj2 Obj1 is Nothing
Logische Operatoren	VBS/VBA/VB 6.0	and or not xor eqv imp
Bitweise Operatoren	VBS/VBA/VB 6.0	and or not xor
Zeichenverkettung	alle	& (Zeichenverkettung ist auch mit dem Pluszeichen möglich, sollte aber nicht verwendet werden!)

Tabelle 8.9: Operatoren in VB (Forts.)

Rechenoperationen sind sowohl mit Währungs- als auch mit Datumsangaben möglich. Bei den Datumsangaben ist die Grundeinheit immer ein Tag. Um beispielsweise die Datumsangabe um eine Stunde zu erhöhen, müssen Sie 1/24 addieren. Die folgende Tabelle zeigt einige Beispiele. Für die Arbeit mit Datumsangaben gibt es jedoch auch einfachere Datums-/Uhrzeitfunktionen (siehe Anhang C).

Rechnen mit Datumsangaben

Berechnung	Ergebnis
#5/1/2000 6:49:00 PM# + 1	02.05.00 18:49:00
#5/1/2000 6:49:00 PM# - 1 / 24	01.05.00 17:49:00
#5/1/2000 6:49:00 PM# + (1 / 24 / 60) * 50	01.05.00 19:39:00
"1234,56 DM" - 100	1134,56
"10,10 DM" * "20 DM"	202

Tabelle 8.10 Berechnungen mit Datums- und Währungswerten

Vollständige Auswertung In VBS/VB 6.0/VBA wird jeder Teilausdruck in einem logischen Ausdruck ausgewertet, auch wenn das Ergebnis durch einen vorherigen Teilausdruck bereits feststeht. Die folgenden Codebeispiele würden in VBS/VB 6.0/VBA mit einem „Division durch 0"-Fehler (Fehlernummer 11) abbrechen.

Listing 8.13
[short_circuit_demo1.wsf]

```
Sub short_circuit_demo1()
    Dim a, b
    a = 1
    b = 0
    If b = 0 Or a / b > 1 Then MsgBox "Bedingung erfüllt!"
End Sub
```

> Führt zum „Division durch 0"-Fehler.

Beispiel 2 Das zweite Beispiel zeigt dies mit einer AND-Verknüpfung. Hier werden unter VB 6.0/VBA/VBS beide Teilausdrücke ausgewertet, obwohl der erste (x <> 0) bereits falsch ist. Folge ist ein „Division durch 0"-Fehler beim Ausdruck y / x > 0.

Listing 8.14
[short_circuit_demo2.wsf]

```
Sub short_circuit_demo2()
    Dim x ' As Integer
    Dim y ' As Integer
    x = 0
    y = 5
    If (x <> 0) And y / x > 0 Then
        say ("Richtig!")
    Else
        say ("Falsch")
    End If
End Sub
```

> Führt zum „Division durch 0"-Fehler.

Gleichheitszeichen

Doppeldeutiges Gleichheitszeichen Das Gleichheitszeichen hat, wie in vielen anderen Sprachen auch, eine Doppelfunktion als Zuweisungs- und Vergleichsoperator. Einige Sprachen (z.B. C, C++, Java) trennen diese beiden Operatoren jedoch sauber, indem sie ein einfaches Gleichheitszeichen als Zuweisungsoperator und ein doppeltes Gleichheitszeichen (==) als Vergleichsoperator nutzen.

Kleines Rätsel

Zu den Aufgaben, die der Autor in seinen Schulungen am liebsten stellt, gehört das folgende Beispiel:

```
a = 5
b = 6
c = a = b
MsgBox c
```

Welcher Wert wird hier ausgegeben? Nun, für c wird der Wert *False* bzw. 0 ausgegeben. Überrascht? Hatten Sie vermutet, c wäre 6? Dass dies falsch ist, liegt daran, dass VB nur das erste Gleichheitszeichen einer Anweisung als Zuweisungsoperator interpretiert. Das zweite Gleichheitszeichen ist ein Vergleichsoperator. c wird also das Ergebnis des Vergleichs von a mit b zugewiesen. Da a und b verschiedene Werte haben, ist c also *False*.

8.8 Typkonvertierung

Implizite Typkonvertierung

Visual Basic besitzt eine implizite Datentypkonvertierung, die viele „unsaubere" Anweisungen erlaubt, die in anderen Sprachen verpönt sind. Es ist unter VB-Programmierern an vielen Stellen jedoch Usus, die implizite Typkonvertierung zu nutzen, anstatt die Werte vorher mit einer der eingebauten Konvertierungsfunktionen umzuwandeln.

```
Dim s, d, a
s = "Holger Schwichtenberg"
d = #8/1/1972#
a = 28
ausgabe = s & " ist am " & d & _
" geboren und daher jetzt " & a & " Jahre alt!"
MsgBox ausgabe
```

Listing 8.15
Beispiel zur impliziten Typkonvertierung

Die Verkettung von Zeichenkettenvariablen, Zeichenkonstanten, Datumsangaben und Zahlen funktioniert problemlos. Dabei wäre es besser gewesen, die Konvertierung von Datums- und Zahlenwerten explizit mit der Funktion CStr() vorzunehmen:

Explizite Typkonvertierung

```
ausgabe = s & " ist am " & CStr(d) & _
" geboren und daher jetzt " & _ CStr(a) & " Jahre alt!"
```

Listing 8.16: Beispiel zur expliziten Typkonvertierung [typkonv_1.vbs]

Während das vorherige Beispiel ja vielleicht gerade noch hinnehmbar gewesen ist, werden sich jetzt bei allen erfahrenen Programmierern die Haare sträuben:

```
Dim a As String
Dim b As String
Dim c As String
a = 10
b = 20.33
c = a + b         "1020,33"
MsgBox c
```

Listing 8.17
Unsauberes Programmieren in VB [typkonv_2.vbs]

Obwohl in dem Listing alle drei Variablen als Zeichenkette deklariert wurden, können Zahlen zugewiesen werden. Das Ergebnis ist dann aber nicht das, was der Programmierer sich wohl erhofft hat, denn das Pluszeichen addiert in diesem Fall nicht die Zahlen, sondern verbindet die Zeichenketten. Das Ergebnis ist also „1020,33". Aufgrund der Tatsache, dass VBS keine Deklaration von Variablen mit einem bestimmten Datentyp kennt, würde das Beispiel dann so aussehen:

```
Dim a
Dim b
Dim c
a = 10
b = 20.33
c = a + b         "30,33"
MsgBox c
```

Listing 8.18
Analog zum vorherigen Listing in VBS, aber mit anderem Ergebnis [typkonv_3.vbs]

Hier ist das Ergebnis dann 30,33. Der Subtyp der Variablen a, b und c wird ja jeweils über die letzte Wertzuweisung festgelegt. Dabei erhielten alle Variablen einen Zahlentyp als Subtyp. Um hier die Zeichenkettenverkettung zu erreichen, muss das kaufmännische Und (&) statt des Pluszeichens verwendet werden.

> Verwenden Sie nie das Pluszeichen zur Zeichenkettenverkettung, wenn Sie zwei Variablen miteinander verketten wollen, bei denen Sie davon ausgehen, dass Zeichenketten enthalten sind. Wenn nämlich durch Zufall beide Variablen eine Zahl enthalten, wird Visual Basic addieren und nicht verketten!

Explizite Typumwandlung Die folgende Tabelle zeigt Funktionen zur expliziten Typumwandlung. In VB 6.0/VBA gibt es darüber hinaus auch noch ältere Versionen der Konvertierfunktionen (Str(), Value() ...), die Sie aber nicht mehr verwenden sollten. Im Gegensatz zu CStr() fügt die ältere Funktion Str(), die in VB 6.0/VBA verfügbar ist, immer noch ein führendes Leerzeichen hinzu.

Explizite Typumwandlung

Tabelle 8.11
Funktionen zur Typumwandlung

Ergebnistyp	Funktion
Boolean	CBool()
Byte	CByte()
Currency	CCur()
Date	CDate()
Single	CSng()
Double	CDbl()
Integer	CInt()
Long	CLng()
String	CStr()

8.9 Datenfelder (Arrays)

Arrays sind Datenfelder in Form von Mengen von Variablen. Ein solches Datenfeld kann in VB bis zu 60 Dimensionen haben. Für jede Dimension kann jeweils eine Ausdehnung festgelegt werden.

VB kennt zwei Formen von Arrays:

Statische versus dynamische Arrays

- *Statische Arrays*, bei denen Dimensionen und deren Ausdehnung fest zur Entwicklungszeit vorgegeben werden
- *Dynamische Arrays*, bei denen die Anzahl der Dimensionen und deren Ausdehnung zur Laufzeit verändert werden können

Ein Array unterscheidet sich in VB von einer einfach skalaren Variablen durch an den Namen angehängte runde Klammern. Die runden Klammern enthalten den Index des Eintrags, auf den zugegriffen werden soll.

a(5,10,8) bezeichnet zum Beispiel in einem dreidimensionalen Array das Feld mit den Koordinaten 5, 10 und 8. Die Verwendung erfolgt analog zu normalen Variablen.

```
a(5,10,8) = wert
wert = a(5,10,8)
```

Ein Array muss – in allen VB-Dialekten, auch VBScript – immer deklariert werden. Das heißt, Sie müssen die Variable mit Dim deklarieren. Wenn Sie auf eine nicht deklarierte Variable unter Angabe der runden Klammern zugreifen, erhalten Sie einen Fehler.

Tabelle 8.12
Array-Deklarationen in den VB-Dialekten

Deklaration	VBS	VB 6.0/VBA
Statisches Array	Dim arrayname (x,y,z,...)	Dim arrayname ([x1 to] x2, [y1 to] y2, [z1 to] z2, ...) [As Datentyp]
Dynamisches Array ohne Vorgabewerte	Dim arrayname()	Dim arrayname() [As Datentyp]
Dynamisches Array mit Vorgabewerten	nicht unterstützt	nicht unterstützt

Wann und wie die Dimensionierung, d.h. die Festlegung der Anzahl der Dimensionen des Datenfelds und die Ausdehnung jeder Dimension, definiert wird, ist unterschiedlich zwischen dynamischen und statischen Arrays.

8.9.1 Statische Arrays

Bei der Deklaration werden zumindest die Anzahl der Dimensionen und die Obergrenze für jede Dimension angegeben. Standarduntergrenze ist 0. — **Grenzen**

`Dim a(x)` deklariert also ein Array von 0 bis x mit x + 1 Feldern.

In VB 6.0/VBA kann jedoch optional die Untergrenze gesetzt und ein Datentyp angegeben werden:

`Dim Lottozahlen(1 to 7) As Byte`

In VBS ist 0 als untere Grenze jeder Dimension vorgegeben.

8.9.2 Dynamische Arrays

Bei der Deklaration in VBS/VBA/VB 6.0 werden weder die Anzahl der Dimensionen noch die Grenzen für jede Dimension angegeben. — **VBS/VBA/VB 6.0**

`Dim arrayname() ' dynamisches Array`

Redimensionierung dynamischer Arrays Ein dynamisches Array kann mit dem Befehl `ReDim` zur Laufzeit dimensioniert werden, z.B. `ReDim d(10,10,10)`. Die Ausführung von `ReDim` auf einem statischen Array führt zu einem Fehler. — **ReDim**

`ReDim` kann auf ein und demselben Array mehrfach ausgeführt werden. Dabei können alle Eigenschaften (Dimensionen und deren Obergrenzen und – außer in VBS – auch deren Untergrenzen) verändert werden. In der Regel geht dabei jedoch der Inhalt des Arrays verloren. Mit dem Zusatz `Preserve` kann der Inhalt bewahrt werden, dann ist die Redimensionierung jedoch darauf beschränkt, die Obergrenze der letzten Dimension zu verändern. Mit `ReDim Preserve` können weder die Anzahl der Dimensionen noch die Grenzen anderer Dimensionen verändert werden. — **ReDim Preserve**

```
' Dynamisches Array deklarieren
Dim domains()
' Erste Dimensionierung
ReDim domains(10, 10, 10)
' Wert setzen
domains(1, 1, 1) = "www.it-visions.de"
' 1. Umdimensionierung
ReDim Preserve domains(10, 10, 20)
' Wert ist noch da
MsgBox domains(1, 1, 1)
' 2. Umdimensionierung
ReDim domains(10, 20, 20)
' Wert ist weg
MsgBox domains(1, 1, 1)
```

Listing 8.19 Redimensionierung dynamischer Arrays in VBScript [array1.vbs]

8.9.3 Array-Operationen

Dieses Kapitel behandelt die Verwendung von Arrays.

Füllen eines Array

Ein Array kann auf zwei Weisen gefüllt werden:
- elementweise (wie schon im vorherigen Kapitel dargestellt)
- durch die eingebaute Funktion Array()

Array() Array() erwartet als Parameter eine beliebig lange Liste von Werten und erzeugt daraus ein eindimensionales Array. Die Werte können Werte eines beliebigen elementaren Datentyps (Zahlen, Zeichenketten, Datumsangaben, Boolean) und auch Objektzeiger sein. Die Variable, die den Rückgabewert von Array() aufnimmt, muss in VBS als Variant deklariert sein. In VB 6.0 und VBA kann die Variable auch als Array gekennzeichnet sein. Das Array muss aber ein dynamisches Array vom Typ *Variant* sein.

Listing 8.20
[array_fuellen.wsf]

```
' ### Arrays füllen
Sub array_fuellen()
Dim domains1(6)
Dim domains2
Dim domain

Dim x As New Collection
' --- Elementweises Füllen
domains1(0) = "www.it-visions.de"
domains1(1) = "www.windows-scripting.de"
domains1(2) = "www.dotnetframework.de"
domains1(3) = "www.Schwichtenberg.de"
domains1(4) = "www.HolgerSchwichtenberg.de"
domains1(5) = "www.dotnet-lexikon.de"
' --- Array ausgeben
For Each domain In domains1
MsgBox domain
Next
' --- Füllen per Array-Funktion
domains2 = Array("www.IT-Visions.de", _
"www.windows-scripting.de", "www.dotnetframework.de", _
"www.Schwichtenberg.de", "www.HolgerSchwichtenberg.de", _
"www.dotnet-lexikon.de")
' --- Array ausgeben
For Each domain In domains2
MsgBox domain
Next

If IsArray(Domains1) Then MsgBox "Domains1 ist ein Array!"
If IsArray(domains2) Then MsgBox "Domains2 ist ein Array!"

End Sub
```

Typbestimmung

isArray() Ob eine Variable ein Array enthält, kann mit der eingebauten Funktion isArray() geprüft werden.

Listing 8.21
Ausschnitt aus
[array_fuellen.wsf]

```
If IsArray(Domains1) Then MsgBox "Domains1 ist ein Array!"
If IsArray(domains2) Then MsgBox "Domains2 ist ein Array!"
```

TypeName() und VarType() bei Arrays Sofern die übergebene Variable ein Array ist, hängt TypeName() an den Typnamen ein Klammernpaar „()" an. VarType() addiert den Wert 8192 hinzu.

TypeName() und VarType()

Listing 8.22 Datentypen bei Arrays [datentypen-3.vbs]

```
Dim z(10)
MsgBox TypeName(z)   ' liefert Variant()
MsgBox VarType(z)    ' liefert 8204
z(1) = "test"
MsgBox TypeName(z(1))  ' liefert String()
MsgBox VarType(z(1))   ' liefert 8
Dim y() As String  ' nur in VB6/VBA!
MsgBox TypeName(y)   ' liefert String()
MsgBox VarType(y)    ' liefert 8200 (8192 + 8)
```

Wertzuweisungen

Bei einer Zuweisung eines Arrays an ein anderes Array (oder eine Variant-Variable) mit dem Zuweisungsoperator (Gleichheitszeichen) wird das Array kopiert. Anders als bei Objekten wird also hier nicht ein Verweis kopiert, sondern tatsächlich die Inhalte. Dies beweist das folgende Beispiel, in dem nach dem Zuweisen des Arrays ein Element in der Kopie geändert wird. Dadurch bleibt das ursprüngliche Array unverändert.

Kopieren

Listing 8.23 Arrays kopieren [array_kopien.wsf]

```
' === Array kopieren
Sub array_kopie()
Dim domains1
Dim domains2
Dim domain

domains1 = Array("www.IT-Visions.de", _
"www.windows-scripting.de", "www.dotnetframework.de", _
"www.Schwichtenberg.de", "www.HolgerSchwichtenberg.de", _
"www.dotnet-lexikon.de")

' --- Kopie erzeugen
domains2 = domains1

If IsArray(domains1) Then MsgBox "Domains1 ist ein Array!"
If IsArray(domains2) Then MsgBox "Domains2 ist ein Array!"

MsgBox "--- Inhalt von domains2:"
' --- ausgeben
For Each domain In domains2
MsgBox domain
Next

' --- Ändern in der Kopie
domains2(1) = "www.windows-scripting.com"

' --- Vergleich der beiden Arrays
MsgBox "--- Vergleich der Arrays nach Änderung an domains2():"
MsgBox "domains1(1)=" & domains1(1)
MsgBox "domains2(1)=" & domains2(1)

' --- Das geht nicht!
'If Domains1 = domains2 Then MsgBox "gleich"

End Sub
```

Listing 8.24
Ausgabe des obigen Scripts

```
Domains1 ist ein Array!
Domains2 ist ein Array!
--- Inhalt von domains2:
www.IT-Visions.de
www.windows-scripting.de
www.dotnetframework.de
www.Schwichtenberg.de
www.HolgerSchwichtenberg.de
www.dotnet-lexikon.de
--- Vergleich der Arrays nach Änderung an domains2():
domains1(1)=www.windows-scripting.de
domains2(1)=www.windows-scripting.com
```

Arrays vergleichen

Arrays können nicht mit dem Gleichheitszeichen verglichen werden. Sie können selbst eine Routine schreiben, die die Inhalte elementweise vergleicht.

```
' --- Das geht nicht!
'If Domains1 = domains2 Then MsgBox "gleich"
```

Arrays als Funktionsrückgabewerte

Eine Funktion kann ein Array als Rückgabewert liefern. Dabei ist unter VBS zu beachten, dass die Variable, die den Rückgabewert aufnehmen soll, nicht als Array, sondern als einfacher Varianttyp definiert werden muss.

Listing 8.25 [_array_als_Funktionsrueckgabewert.vbs]

Beispiel VBS

```
Dim domain
Dim domains
domains = get_Domains
For Each domain In domains
MsgBox domain
Next

Function get_Domains()
Dim domains(5)
domains(0) = "www.it-visions.de"
domains(1) = "www.windows-scripting.de"
domains(2) = "www.dotnetframework.de"
domains(3) = "www.Schwichtenberg.de"
domains(4) = "www.HolgerSchwichtenberg.de"
domains(5) = "www.dotnet-lexikon.de"
get_Domains = domains
End Function
```

> In VBS ist hier kein Klammernpaar erlaubt!

Beispiel VB 6.0 untypisiert

Beispiel 2 In VB 6.0 und VBA kann die Variable auch als Array gekennzeichnet sein. Das Array muss aber ein dynamisches Array vom Typ *Variant* sein.

```
' === Arrays als Rückgabewerte von Funktionen (untypisiert)
Sub array_funktionen1()
Dim domain
Dim domains()
domains = get_Domains1
For Each domain In domains
MsgBox domain
Next
End Sub
```

```
' ### Diese Funktion liefert ein Array als Rückgabewert
Function get_Domains1()
ReDim domains(5)
domains(0) = "www.it-visions.de"
domains(1) = "www.windows-scripting.de"
domains(2) = "www.dotnetframework.de"
domains(3) = "www.Schwichtenberg.de"
domains(4) = "www.HolgerSchwichtenberg.de"
domains(5) = "www.dotnet-lexikon.de"
get_Domains1 = domains
End Function
```

Beispiel 3 Natürlich kann das Array in VB 6.0 und VBA auch typisiert werden. In dem folgenden Beispiel enthält das Array Elemente des Typs *String*.

Beispiel VB 6.0 typisiert

```
' === Arrays als Rückgabewerte von Funktionen (typisiert)
Sub array_funktionen2()
Dim domain As Variant
Dim domains() As String
domains = get_Domains2
For Each domain In domains
MsgBox domain
Next
End Sub
' ### Diese Funktion liefert ein Array als Rückgabewert
Function get_Domains2() As String()
ReDim domains(5) As String
domains(0) = "www.it-visions.de"
domains(1) = "www.windows-scripting.de"
domains(2) = "www.dotnetframework.de"
domains(3) = "www.Schwichtenberg.de"
domains(4) = "www.HolgerSchwichtenberg.de"
domains(5) = "www.dotnet-lexikon.de"
get_Domains2 = domains
End Function
```

8.10 Bedingungen

VB kennt zwei typische Sprachkonstrukte zur bedingten Ausführung von Programmteilen auf der Grundlage von Fallunterscheidungen:

Fallunterscheidungen

- If...Then
- Case...Select

8.10.1 If...Then

Die Grundstruktur von If...Then ist:

If...Then

```
If Bedingung Then Anweisung
```

Kapitel 8 Die Visual Basic-Sprachfamilie

Wenn anstelle einer einzelnen Anweisung ein ganzer Anweisungsblock bedingt ausgeführt werden soll,
- darf direkt nach Then kein Befehl stehen;
- muss das Ende des Anweisungsblocks mit End If gekennzeichnet werden.

```
If Bedingung Then
     Anweisung1
     Anweisung2
     ...
End If
```

Als Bedingung ist jeder Ausdruck erlaubt, der *True* oder *False* ergibt.

```
If Geschlecht = "w" Then MsgBox "Sie sind eine Frau!"
```

Bei Boolean-Werten, die sowieso *True* oder *False* enthalten, ist die Ausformulierung der Bedingung mit = *True* oder = *False* optional. Beide nachfolgenden Statements sind erlaubt.

```
If DebugMode = True Then MsgBox "Schritt 2 ausgeführt".
If DebugMode Then MsgBox "Schritt 2 ausgeführt".
```

Else, ElseIf Die typische Struktur If...Then kann mit den Schlüsselwörtern Else und ElseIf so erweitert werden, dass insgesamt mehrere Fälle in einer Struktur abgeprüft werden können. Sie können auch mehrere If...Then-Strukturen ineinander verschachteln.

```
If Bedingung Then
     Anweisungsblock
[ElseIf Bedingung2 Then
     Anweisungsblock]
[Else
     Anweisungsblock]
End If
```

Listing 8.26
Beispiel zu
If...Then...Else
[if_beispiel-
2.vbs]

```
Geschlecht = "n"
...
If Geschlecht = "w" Then
     Artikel = "die"
ElseIf Geschlecht = "m" Then
     Artikel = "der"
ElseIf Geschlecht = "n" Then
     Artikel = "das"
Else
     MsgBox "Fehler!"
End If
```

8.10.2 Select...Case

Select...Case Mit Select...Case können auf übersichtliche Art und Weise mehrere Fälle behandelt werden. Der Vorteil von Select...Case gegenüber verschachtelten If...Then-Ausdrücken ist die größere Übersichtlichkeit. Das Grundgerüst lautet:

```
Select Case Ausdruck
Case Wert1: Anweisungsblock
Case Wert2, Wert 3: Anweisungsblock
...
Case Bedingung n
[Case Else: Anweisungsblock]
End Select
```

Dabei ist Ausdruck üblicherweise eine Variable oder Konstante, die mit den folgenden Case-Anweisungen auf verschiedene Werte abgeprüft wird. Sofern eine Case-Anweisung zutrifft, wird der nach dem Doppelpunkt stehende Anweisungsblock ausgeführt. Wenn mehrere Bedingungen zutreffen, wird nur der erste zutreffende Case-Block ausgeführt. Wenn keine Bedingung zutrifft, wird der optionale Case-Else-Block ausgeführt. Wenn dieser nicht angegeben ist, wird keine Anweisung ausgeführt.

Case-Blöcke

```
Dim x
x = 10
'...
Select Case x
Case 0: text = "keine Person"
Case 1: text = "eine Person"
Case 2: text = "zwei Personen"
Case 3, 4, 5: text = "eine kleine Gruppe"
Case Else: text = "zu viele Leute!"
End Select
MsgBox text
```

*Listing 8.27
Beispiel zu
Select...Case
[selcase.vbs]*

Ein Case-Statement kann mehrere Werte enthalten. In Visual Basic Script kann das Case-Statement nur auf Gleichheit überprüfen. Operatoren wie < und > sind nicht erlaubt. VB 6.0/VBA gestatten auch andere Operatoren. Dies muss jedoch mit dem Schlüsselwort Is angezeigt werden.

Unterschiede zu VB 6.0/VBA

```
Case Is <= 5: text = "eine kleine Gruppe"
```

Ebenso erlauben nur VB 6.0/VBA die Angabe eines Wertebereichs mit To.

```
Case 3 To 5: text = "eine kleine Gruppe"
```

Auf keinen Fall darf der zu überprüfende Ausdruck in der Bedingung wiederholt werden. Dies ist zwar syntaktisch korrekt, hat jedoch logisch eine andere Bedeutung. Das folgende Programm ergibt unerwarteterweise den Wert „zu viele Leute":

```
x = 1
'...
Select Case x
Case x = 0: text = "keine Person"
Case x = 1: text = "eine Person"
Case x = 2: text = "zwei Personen"
Case x <= 5: text = "eine kleine Gruppe"
Case Else: text = "zu viele Leute!"
End Select
```

*Listing 8.28
Falsche
Anwendung
von Select...
Case [selcase_
falsch.vbs]*

Hier wird jede der Bedingungen nach Case logisch ausgewertet und ergibt einen booleschen Wert, also *True* oder *False*. Danach erfolgt der Vergleich mit dem hinter Select...Case angegebenen x. Da dieses x weder den Wert *True* noch den Wert *False* hat, wird der Anweisungsblock nach Case Else ausgeführt.

Kapitel 8 Die Visual Basic-Sprachfamilie

Es gibt jedoch einen Trick, `Select...Case` etwas vielseitiger zu verwenden. Dabei wird als zu überprüfender Ausdruck einfach *True* eingetragen. Jede `Case`-Anweisung darf dann eine komplette Bedingung enthalten. Die erste wahre Bedingung liefert *True*, was auf den zu überprüfenden Ausdruck zutrifft, sodass der korrekte `Case`-Block ausgeführt wird. Wenn keine Bedingung zutrifft, wird `Case...Else` ausgeführt.

```
Dim x
x = 6
Limit = 5
'...
Select Case True
    Case x = 0: text = "keine Person"
    Case x = 1: text = "eine Person"
    Case x = 2: text = "zwei Personen"
    Case x <= Limit and Limit < 10: text = "eine kleine Gruppe"
    Case Else: text = "zu viele Leute!"
End Select
```

Diese – zugegebenermaßen etwas quergedachte Möglichkeit – erlaubt
- den Einsatz anderer Operatoren auch in VBS,
- die Verwendung von Variablennamen in der Bedingung,
- die Verwendung komplexer, mehrgliedriger logischer Bedingungen (so können auch in VBS Wertebereiche abgeprüft werden).

8.11 Schleifen

Wiederholungen Wie andere Sprachen kennt auch Visual Basic zählergesteuerte und bedingungsgesteuerte Schleifen.

8.11.1 For...Next

For...Next Diese Schleifenkonstruktion wird in der Regel dann eingesetzt, wenn die Anzahl der Schleifendurchläufe bereits bei Eintritt in die Schleife bekannt ist.

```
For Laufvariable = Start To Ende [Step Schrittweite]
    Anweisungsblock
Next
```

Im nachfolgenden Listing werden also die Zahlen von 5 bis 10 ausgegeben.

Listing 8.29
Einfaches Beispiel für For...Next
[for_1.vbs]

```
For x = 5 To 10
    MsgBox x
Next
```

Mit dem optionalen Schlüsselwort `Step` kann die Schrittweite festgelegt werden. Im zweiten Beispiel wird die Zahlenreihe 1,4,7,10 ausgegeben.

Listing 8.30
Beispiel für For...Next mit Schrittweite
[for_2.vbs]

```
For x = 1 To 10 Step 3
    MsgBox x
Next
```

Die Angaben für Start, Ende und Schrittweite müssen keine Konstanten sein, sondern können auch zuvor festgelegte Variablen sein.

```
von = 1
bis = 10
Schritt = 3
For x = von To bis Step Schritt
    MsgBox x
Next
```

Listing 8.31 Beispiel für For...Next mit Variablen im Schleifenkopf [for_3.vbs]

Obwohl For...Next eigentlich für Anwendungsfälle gedacht ist, in denen die Anzahl der Schleifendurchläufe bekannt ist, bestehen auch folgende Möglichkeiten:

Exit For

- Vorzeitiger Abbruch der Schleife mit dem Schlüsselwort Exit For
- Verlängern der Schleife durch Manipulation der Laufvariablen
- Verkürzen der Schleife durch Manipulation der Laufvariablen

Die nachfolgende Schleife wird abgebrochen, sobald eine glatt durch sieben teilbare Zahl gefunden wurde. Das wäre in diesem Fall 504.

```
For x = 500 To 100000
    If x Mod 7 = 0 Then Exit For
Next
MsgBox "Erste durch 7 glatt teilbare Zahl: " & x
```

Die Verkürzung einer Zählschleife demonstriert das nachstehende Beispiel. Bei jeder glatt durch sieben teilbaren Zahl wird die Laufvariable um sechs erhöht. Somit gibt die Schleife nach der ersten gefundenen Zahl nur noch die weiteren glatt durch sieben teilbaren Zahlen aus. Alle anderen Zahlen werden übersprungen. Die Schleife hat 13 statt 50 Durchläufe und gibt die Zahlenreihe 1,2,3,4,5,6,7,14,21,28,35,42,49 aus.

```
For x = 1 To 100
    MsgBox x
    If x Mod 7 = 0 Then
        x = x + 6
    End If
Next
```

Listing 8.32 Verkürzung einer Zählschleife [for_4.vbs]

Achtung: Sie können die Schleifenlänge nicht verändern, indem Sie innerhalb der Schleife eine für das obere Ende angegebene Variable verändern.

```
Ende = 100
For x = 1 To Ende
   MsgBox x
   Ende = 50
Next
```

Listing 8.33: Das nachträgliche Verändern der Obergrenze ist nicht möglich: Diese Schleife läuft 100 Mal durch. [for_5.vbs]

Iteration über ein Array Ein Array kann mit For...Next durchlaufen werden. Wenn die Unter- und Obergrenzen nicht bekannt sind, können Sie diese mit LBound() und UBound() ermitteln. Der folgende Lottozahlengenerator, der Zufallszahlen erzeugt und verhindert, dass eine Kugel doppelt „gezogen" wird, zeigt die Anwendung von Arrays.

Arrays

```
' === Lottozahlengenerator
Dim lotto()         ' Array der Lottozahlen
Dim wochen          ' Obergrenzen
Dim w, k, i         ' Laufvariablen
Dim Doppelt         ' Flag
```

Listing 8.34 Lottozahlengenerator [array_3.vbs]

Kapitel 8 Die Visual Basic-Sprachfamilie

```
Dim Zahl              ' Zwischenspeicher
Const kugeln = 7

' --- Array erzeugen
wochen = InputBox("Anzahl der Wochen", , 52)
ReDim lotto(wochen - 1, kugeln - 1)

' --- Array füllen und ausgeben
' --- für jede Woche...
For w = LBound(lotto, 1) To UBound(lotto, 1)
    ' --- für jede Kugel...
    For k = LBound(lotto, 2) To UBound(lotto, 2)
        ' --- Suche eindeutige Zufallszahlen von 1 bis 49
        Do
            Zahl = Int((Rnd() * 48) + 1)
            Doppelt = False
            ' --- Wurde die Kugel schon gezogen?
            For i = 1 To k - 1
                Doppelt = Doppelt Or (Zahl = lotto(w, i))
            Next
            ' Wiederhole, wenn Ziehung doppelt
        Loop While Doppelt
        lotto(w, k) = Zahl
    Next
Next
MsgBox "Lottozahlen wurden für " & wochen & " Wochen generiert!"

' ---Anzeige
w = InputBox("Welche Woche soll ausgegeben werden?")
For k = LBound(lotto, 2) To UBound(lotto, 2)
   MsgBox lotto(w, k)
Next
say "Alle Lottozahlen:"
' --- Alle Lottozahlen ausgeben
For Each i In lotto
    MsgBox i
Next
```

8.11.2 For Each...Next

For Each-Schleife
Die For Each...Next-Schleife ist eine elegante Sprachkonstruktion zur Iteration über eine Menge von Elementen, ohne dass die Anzahl der Elemente angegeben werden muss. For Each...Next kann verwendet werden zur Iteration über:
- ein Array,
- eine Objektmenge (Collection).

Beispiel Das Beispiel zeigt die Iteration über ein Array.

Listing 8.35 Iteration mit „For...Each" über ein Array [Array_ForEach.vbs]

```
' === Arrays mit For...Each durchlaufen
Sub Array_ForEach()
Dim domains(5)
Dim domain ' As Variant ' NICHT As String !
domains(0) = "www.it-visions.de"
domains(1) = "www.windows-scripting.de"
domains(2) = "www.dotnetframework.de"
```

```
domains(3) = "www.Schwichtenberg.de"
domains(4) = "www.HolgerSchwichtenberg.de"
domains(5) = "www.dotnet-lexikon.de"
For Each domain In domains
MsgBox domain
Next
End Sub
```

Datentyp der Laufvariablen In typisierten Umgebungen (VB 6.0/VBA) muss die Laufvariable bei der Iteration über ein Array den Typ *Variant* haben. Bei der Iteration über eine Objektmenge muss ein Typ gewählt werden, der polymorph zu allen Elementen der Objektmenge ist. Im Zweifel kann der allgemeine Typ *Object* gewählt werden.

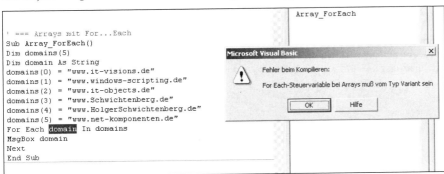

Bild 8.5
Bei der Iteration über ein Array muss die Laufvariable den Typ Variant haben.

8.11.3 Do...Loop

Mit Do...Loop kann der VB-Programmierer bedingungsgesteuerte Schleifen erzeugen, bei denen die Anzahl der Durchläufe zu Beginn nicht bekannt ist. Eine Do...Loop-Schleife gibt es in drei Varianten:

Do-Schleife

- kopfgeprüfte Schleife
- fußgeprüfte Schleife
- mittengeprüfte Schleife

> Eine Do...Loop-Schleife zählt im Gegensatz zu einer For...Next-Schleife nicht selbst. Wenn Sie eine Zählvariable als Bedingung verwenden, müssen Sie diese selber hochzählen, da Sie ansonsten eine Endlosschleife produzieren.

Kopfgeprüfte Schleife Bei der kopfgeprüften Schleife wird der Anweisungsblock keinmal, einmal oder mehrmals ausgeführt. Der Anweisungsblock wird nämlich niemals ausgeführt, wenn die Bedingung zu Beginn bereits falsch ist.

Kopfgeprüfte Schleife

```
Do While | Until Bedingung
    Anweisungen
Loop
```

Die Bedingung wird mit den Schlüsselwörtern While oder Until eingeleitet:
- Bei While wird der Anweisungsblock ausgeführt, wenn die Bedingung wahr ist.
- Bei Until wird der Anweisungsblock ausgeführt, wenn die Bedingung falsch ist.

Die folgenden beiden Schleifen sind äquivalent:

Listing 8.36
While versus Until [while_1.vbs]
```
x = 1
Do While x < 10
    MsgBox x
    x = x + 1
Loop

x = 1
Do Until x = 10
    MsgBox x
    x = x + 1
Loop
```

While..Wend Ein alternatives, äquivalentes Konstrukt zu Do While...Loop ist While...Wend.

Fußgeprüfte Schleife **Fußgeprüfte Schleife** Bei der fußgeprüften Schleife wird der Anweisungsblock mindestens einmal ausgeführt. Die Überprüfung der Bedingung erfolgt erst, nachdem der Anweisungsblock einmal ausgeführt wurde.

```
Do
    Anweisungen
Loop While | Until Bedingung
```

Die folgenden beiden Schleifen sind äquivalent zueinander und auch äquivalent zu den beiden kopfgeprüften Schleifen.

Listing 8.37
Beispiele für eine fußgeprüfte Schleife [while_2.vbs]
```
x = 1
Do
    MsgBox x
    x = x + 1
Loop While x < 10
x = 1
Do
    MsgBox x
    x = x + 1
Loop Until x = 10
```

Mittengeprüfte Schleife **Mittengeprüfte Schleife** Bei einer mittengeprüften Schleife enthält weder die Do- noch die Loop-Anweisung eine Bedingung. Diese wird vielmehr im Anweisungsblock selbst überprüft, und die Schleife wird mit dem Statement Exit Do beendet.

```
Do
    Anweisungen
    if Bedingung then
        Exit do
    End if
    Anweisungen
Loop
```

Endlosschleifen **Endlosschleifen** Eine Endlosschleife bedeutet, dass Ihr Programm regulär niemals enden wird. Ein Programm gerät überraschend schnell in eine Endlosschleife. Hier drei typische Beispiele für Endlosschleifen. Im ersten Beispiel bleibt die Schleife immer auf dem Wert 1 stehen, weil die Schrittweite gleich 0 ist.

```
Schritt = 0
For x = 1 To 10 Step Schritt
    MsgBox x
Next
```
*Listing 8.38
Beispiel 1 für
eine Endlosschleife
[endlos_1.vbs]*

Im zweiten Fall fängt die Schleife immer wieder von vorne zu zählen an, weil die Laufvariable immer wieder auf den Ausgangswert zurückgesetzt wird.

```
For x = 1 To 10
    MsgBox x
    If x = 10 Then x = 1
Next
```
*Listing 8.39
Beispiel 2 für
eine Endlosschleife
[endlos_2.vbs]*

Verbreiteter Fehler bei bedingungsgesteuerten Schleifen: Es wird vergessen, die Variable in der Bedingung in der Schleife zu modifizieren. Die Bedingung, die einmal wahr war, wird immer wahr sein.

```
x = 0
Do While x < 10
    MsgBox x
Loop
```
*Listing 8.40
Beispiel 3 für
eine Endlosschleife [endlos_3.vbs]*

Programmabbruch

Die Art und Weise, in der eine Endlosschleife beendet werden kann, hängt stark von der Ablaufumgebung ab.
- Einige Scripting Hosts haben einen Timeout, nach dessen Verstreichen ein Script automatisch terminiert wird.
- Einige Scripting Hosts stellen auch eine manuelle Abbruchmethode zur Verfügung.
- Ein in der Entwicklungsumgebung von VB 6.0/VBA interpretiertes Programm kann mit [Strg]+[Pause] beendet werden.
- Ein kompiliertes VB-Programm und viele Scripts können nur durch die harte Methode „Task beenden" über den Task-Manager gestoppt werden.

8.12 Unterroutinen

Es gibt üblicherweise zwei Arten von Unterroutinen, die beide von Visual Basic unterstützt werden:
- Prozeduren sind Unterroutinen ohne Rückgabewert.
- Funktionen geben einen Wert zurück.

Unterprogramme

Die Signatur einer Unterroutine besteht aus folgenden Informationen:
- Anzahl der Parameter
- Typen der Parameter
- Typ des Rückgabewerts

Signatur

8.12.1 Prozeduren

Eine Prozedur wird mit dem Schlüsselwort Sub deklariert und endet mit dem Schlüsselwort End Sub. Mit Exit Sub kann die Prozedur vorzeitig verlassen werden.

Sub

Kapitel 8 Die Visual Basic-Sprachfamilie

```
Sub name (parameter1, parameter2, ... ,parameterN)
   Anweisungsblock
End Sub
```

Listing 8.41
Beispiele für
Prozeduren
*[sage_dies_*
und_das.vbs]

```
' Prozedur ohne Parameter
Sub sage_hallo()
MsgBox "Hallo Holger!"
End Sub

' Prozedur mit einem Parameter
Sub sage_das(das)
MsgBox das
End Sub

' Prozedur mit zwei Parametern
Sub sage_dies_und_das(dies, das)
MsgBox dies & das
End Sub
```

Prozedur- **Prozeduraufruf** Eine Prozedur wird mit dem Prozedurnamen und der Liste der zu
aufruf ohne übergebenden Parameter aufgerufen. Im Gegensatz zu vielen anderen Programmier-
Klammern sprachen werden (in VBS/VBA/VB 6.0) *keine* Klammern um die Liste der Parameter
gesetzt. Die Anzahl der Parameter muss natürlich der Signatur der Prozedurdeklara-
tion entsprechen.

Listing 8.42
Prozedurauf-
rufe [prozedur-
aufruf.vbs]

```
' --- Hauptprogramm
sage_hallo
sage_das "Hallo Holger, wie geht es Dir?"
sage_dies_und_das "Hallo Holger", "Wie geht es Dir?"
```

Call() Wenn Sie die Schreibweise ohne Klammern merkwürdig finden, sind Sie damit nicht allein. Es besteht die Alternative, mit dem Schlüsselwort `Call` die Verwendung von Klammern zu ermöglichen.

```
call sage_dies_und_das("Hallo Holger", "Wie geht es Dir?")
```

Wenn die Prozedur nur einen Parameter hat, dann funktioniert die Klammersetzung auch ohne vorangestelltes `call`.

```
sage_das("Hallo Holger, wie geht es Dir?")
```

Allerdings laufen Sie damit unter Umständen in eine Falle (siehe Abschnitt „Die Ein-Parameter-Falle").

Weitere Funktionen in VB 6.0/VBA Nur VB 6.0/VBA machen es möglich, den Typ der Parameter zu deklarieren.

Typisierte
Parameter
nur in
VB 6.0/VBA

```
Sub name (parameter1 As Typ, ... ,parameterN As Typ)
    Anweisungsblock
End Sub
```

Auch die Möglichkeit, optionale Parameter zu definieren oder eine beliebige Anzahl von Parametern zu übergeben, besteht nur in VB 6.0/VBA mit den Schlüsselwörtern `optional` bzw. `paramarray`. In VB 6.0/VBA kann ein optionaler Parameter einen Standardwert haben.

8.12.2 Funktionen

Die Implementierung eigener Funktionen unterscheidet sich von den Prozeduren wie folgt:

Function

- Es ist das Schlüsselwort `Function` statt `Sub` zu verwenden.
- Es ist möglich, innerhalb der Funktion einen Rückgabewert zu definieren. Dazu muss dem Funktionsnamen ein Wert zugewiesen werden. Es gibt in VBS/VB 6.0/VBA nicht wie in anderen Sprachen ein explizites Schlüsselwort zur Übergabe des Rückgabewerts (z.B. `return()` in C/C++).
- Der Aufruf der Funktion muss mit Klammern um die Parameter erfolgen. Die Klammern sind hier Pflicht.

Ein Beispiel:
```
Function name (parameter1,parameter2,...,parameterN)
   Anweisungsblock
End Function
```

```
Function verbinde(vorname, nachname)
   verbinde = vorname & " " & nachname
End Function

' --- Hauptprogramm
MsgBox verbinde("Holger", "Schwichtenberg")
```

*Listing 8.43
Definition und
Aufruf einer
Funktion [verbinde.vbs]*

Die Zuweisung an den Funktionsnamen kann innerhalb einer Funktion mehrfach erfolgen, wenn sich der Rückgabewert ändert. Es wird immer der Wert zurückgegeben, der dem Funktionsnamen zuletzt zugewiesen wurde. Analog zu den Prozeduren ist ein vorzeitiger Rücksprung aus einer Funktion mit `Exit Function` möglich.

Exit Function

Wie oben bereits erwähnt, ist der Rückgabewert bei Funktionen eine Option, keine Pflicht. Bitte bedenken Sie jedoch, dass der Nutzer einer Funktion einen Rückgabewert erwartet. Er hat allerdings auch das Recht, den Rückgabewert zu ignorieren. Eine Funktion kann wie eine Prozedur aufgerufen werden, wenn die runden Klammern weggelassen werden.

In VB 6.0/VBA ist es möglich, den Typ des Rückgabewerts durch ein an die schließende Klammer angehängtes `As {Datentyp}` zu deklarieren:

```
Function name (parameter1 As Datentyp, ... ,parameterN As Datentyp) As Typ
   Anweisungsblock
End Function
```

8.12.3 Die Last mit den Parametern

Visual Basic hat eine ungewöhnliche Eigenart hinsichtlich der Parameter. Dazu zunächst wieder ein kleines Rätsel. Was wird das Dialogfenstern der letzten Zeile anzeigen?

Noch ein Rätsel

Listing 8.44
Beispiele zum Parameterproblem
[addiere.vbs]

```
Function addiere(a, b)
    a = a + b
    addiere = a
End Function

' --- Hauptprogramm
Dim x, y, z
x = 4
y = 6
z = addiere (x, y)
MsgBox x & " + " & y & " = " & z
```

„Merkwürdiges" Ergebnis
10 + 6 = 10

Viele erwarten hier die „korrekte" Ausgabe „*4 + 6 = 10*". Leider steht im Dialogfenster aber „*10 + 6 = 10*". Nein, VB hat sich nicht verrechnet, sondern sich gemäß seiner Vorgaben verhalten. Der Fehler ist durch die eigenwillige Art entstanden, die Funktion add() zu implementieren.

Call by Value versus Call by Reference Zum Verständnis dieser Problematik ist etwas Programmiersprachentheorie notwendig. Es gibt verschiedene Möglichkeiten, Parameter an Unterroutinen zu übergeben. Die beiden wichtigsten sind:

Werte versus Zeiger auf Werte

- **Call by Value:** Es werden die Werte übergeben.
- **Call by Reference:** Es werden Zeiger auf die Werte übergeben.

Auf Basis dieser Verfahren unterscheidet man in Programmiersprachen bei Unterroutinenaufrufen zwischen IN- und OUT-Parametern.

IN
- IN-Parameter enthalten Werte, die der Unterroutine übergeben werden. Dies entspricht einem Call by Value. Für IN-Parameter können bei einem Unterroutinenaufruf Variablen, symbolische Konstanten oder Literale angegeben werden.

OUT
- Für einen OUT-Parameter erwartet die Unterroutine dagegen keinen Wert, sondern einen Platzhalter, den sie mit einem Wert belegen kann. Der Wert, der vorher in dem Platzhalter stand, wird ohne Beachtung überschrieben. Dies ist ein Call by Reference, was bedingt, dass bei einem Unterroutinenaufruf eine Variable übergeben wird. Literale und Konstanten sind keine Platzhalter und können daher nicht als OUT-Parameter angegeben werden.

IN/OUT
- Es gibt gemischte IN-/OUT-Parameter, für die das zu OUT-Parametern Gesagte gilt – mit dem Unterschied, dass die Unterroutine den vorherigen Wert des Parameters berücksichtigt.

Standard ist Call by Reference.
IN und OUT in VB Visual Basic unterscheidet zwischen IN-Parametern auf Basis eines Call by Value und zwischen IN/OUT-Parametern auf Basis eines Call by Reference. Ein OUT-Parameter kann nicht explizit definiert werden, denn eine Unterroutine kann bei einem Call by Reference immer auch lesend auf die Parameter zugreifen. Im Gegensatz zu vielen anderen Sprachen, bei denen ein *Call by Value* der Standard ist, benutzen VBS/VBA/VB 6.0 im Standardfall den *Call by Reference*, d.h. IN-/OUT-Parameter.

VB hat also beim Aufruf addiere(x,y) der Funktion addiere() nicht die Werte 4 und 6 übergeben, sondern einen Zeiger auf die Variablen x und y aus der aufrufenden Routine. Innerhalb der Funktion addiere() wird nun der Parameter a an das x und b an das y gebunden. In dem Moment, in dem nun die Funktion addiere() dem übergebenen Parameter a einen neuen Wert zuweist, wird dieser Wert in den Speicherplatz für die Variable x im Hauptprogramm geschrieben. Daher hat x nach dem Verlassen von addiere() den Wert 10.

ByVal
Sie vermeiden dieses Problem, indem Sie in einer Unterroutine nicht schreibend auf die übergebenen Parameter zugreifen oder indem Sie das Schlüsselwort ByVal vor die Parameter setzen.

```
Function addiere (ByVal a, ByVal b)
a = a + b
addiere = a
End Function
```

Listing 8.45
Verbesserung zu Listing

Analog dazu können Sie mit dem Schlüsselwort `ByRef` einen Call by Reference explizit definieren. Da dies aber der Standard ist, dient das Schlüsselwort nur der Verschönerung.

Explizites ByRef

> **Sinnvoller Einsatz des Call by Reference**
>
> Natürlich können Sie sich diese Funktion von VB auch zunutze machen: Eine Funktion kann im Normalfall immer nur einen Rückgabewert zurückliefern. Wenn die Funktion aber mehrere Ergebniswerte hat, dann können Sie diese über den Call by Reference übergeben.

Beispiel:

```
Sub grundrechenarten(x, y, add, subt, mul, div)
add = x + y
subt = x - y
mul = x * y
div = x / y
End Sub
' --- Hauptprogramm
Dim x, y       ' In-Parameter (echte Parameter)
Dim a, s, m, d ' Out-Parameter (reine Platzhalter)
x = 4
y = 6
grundrechenarten x, y, a, s, m, d
MsgBox x & " + " & y & " = " & a
MsgBox x & " - " & y & " = " & s
MsgBox x & " * " & y & " = " & m
MsgBox x & " / " & y & " = " & d
```

Listing 8.46
Effektives Einsetzen des Call by Reference

Das Ganze hätte man auch über den Zugriff auf die globalen Variablen `a`, `s`, `m` und `d` lösen können, was aber weit weniger elegant gewesen wäre.

> **Die Ein-Parameter-Falle** Es gibt leider eine Ausnahme: Wenn beim Aufruf einer Prozedur (Sub) mit nur einem Parameter Klammern verwendet werden oder bei einer Funktion mit nur einem Parameter der Rückgabewert nicht verwertet wird, so ist das zwar ein gültiger Aufruf, allerdings wird der Unterroutine in diesem Fall nicht der Zeiger, sondern der Wert übergeben. Das liegt daran, dass in dem obigen Fall Visual Basic die in Klammern gesetzte Variable als einen Ausdruck interpretiert. Für diesen Ausdruck wird eine temporäre Variable auf dem Stack erzeugt. Die Unterroutine erhält nur eine Referenz auf diese temporäre Variable, sodass die Modifikation keine Auswirkungen auf das Hauptprogramm hat. Heikel wird das Ganze bei der Arbeit mit Objektvariablen.

8.13 Codegenerierung zur Laufzeit

Eine wichtige Neuerung ab VBS 5.0 sind drei Anweisungen (`Execute()`, `Eval()`, `Execute Global()`), die analog zur in JScript bereits bekannten Anweisung `Eval()` die Ausführung von zur Laufzeit hinzugefügtem Programmcode ermöglichen. Diese Anweisungen sind in VB 6.0 und VBA 5.0 nicht verfügbar.

Execute() **Execute()** Das `Execute()`-Statement erwartet eine Zeichenkette, in der die verschiedenen Befehlszeilen durch einen Zeilenumbruch voneinander getrennt sind. Diese wird zur Laufzeit mit `chr(13)` erzeugt; das gilt auch für andere Sonderzeichen, z.B. das Anführungszeichen `chr(34)`. Das Beispiel zeigt, wie Befehle zur Laufzeit generiert und anschließend ausgeführt werden können.

Listing 8.47
Einsatz von Execute() in VBS ab Version 5.0 [_Execute.vbs]

```
' Befehle definieren
befehl1 = "x = 1"
befehl2 = "y = 2"
befehl3 = "a = x + y"
befehl4 = "MsgBox " & chr(34) & "a = " & chr(34) &" & a"

' Befehle zusammensetzen
befehle = befehl1 & chr(13) & befehl2 & _
chr(13) & befehl3 & chr(13) & befehl4

' Befehle ausführen (Ausgabe ist: "a = 3")
Execute befehle
```

Eval() **Eval()** Aufgrund der Tatsache, dass das Gleichheitszeichen als Operator eine doppelte Bedeutung hat, stellt Microsoft ein zweites Schlüsselwort zur Laufzeitinterpretation bereit. Mit `Eval(befehle)` wird ein in der Befehlszeichenkette übergebenes Gleichheitszeichen als Vergleich und nicht als Zuweisung interpretiert.

```
MsgBox eval ("1 = 2")
```

ergibt *False* und entspricht folgendem Befehl:

```
Execute "MsgBox  (1=2)"
```

Execute- **ExecuteGlobal()** `ExecuteGlobal()` führt die übergebenen Befehle im Gegensatz zu `Execute()`
Global() im globalen Namensraum aus. Das bedeutet, dass alle in dem übergebenen Quelltext definierten globalen Variablen, Unterroutinen und Klassen ab sofort auch dem aufrufenden Script zur Verfügung stehen. Dies ist bei `Execute()` nicht der Fall. Für Befehle, die außerhalb einer Unterroutine stehen, ergibt sich kein Unterschied zu `Execute()`. `ExecuteGlobal()` eignet sich zur Einbindung von Funktionsbibliotheken.

Sofern der mit `ExecuteGlobal()` eingebundene Quellcode eine Unterroutine oder globale Variable definiert, die bereits in dem aufrufenden Script vorhanden ist, ersetzt der eingebundene Quellcode die bestehende Implementierung!

Beispiel für ExecuteGlobal() Das folgende Script führt zunächst die alte `Test()`-Routine aus. Nach dem Ausführen der Befehle mit `ExecuteGlobal()` wird die bestehende Implementierung ersetzt. Ebenso steht die dort definierte Konstante x zur Verfügung.

Listing 8.48
Beispiel für ExecuteGlobal() [_ExecuteGlobal.vbs]

```
' Befehle definieren
befehl1 = "const x = 5"
befehl2 = "Sub test"
befehl3 = "MsgBox " & chr(34) & " NEUE TEST() ROUTINE" & chr(34)
befehl4 = "End Sub"
' Befehle zusammensetzen
befehle = befehl1 & chr(13) & befehl2 & _
chr(13) & befehl3 & chr(13) & befehl4
test
ExecuteGlobal befehle ' Global einbinden
test
```

```
MsgBox x
' --- Unterroutine
Sub test
MsgBox "Alte test()-Routine"
End Sub
```

8.14 Objektbasierte Programmierung

Visual Basic setzt Objektorientierung auf zwei Ebenen ein. Einerseits können innerhalb der Sprache Klassen definiert und Instanzen davon erzeugt werden. Diese VB-Klassen sind aber nicht automatisch auch COM-Klassen. Andererseits können extern implementierte COM-Klassen genutzt bzw. eigene COM-Klassen definiert werden. Damit beschäftigt sich Kapitel 8.15. Hier geht es zunächst nur um die Objektorientierung innerhalb von VB.

Klassen und Objekte in VB

8.14.1 Definition von Klassen in VBS

Visual Basic Script kann seit jeher Instanzen von COM-Klassen erzeugen und nutzen. VBS verfügt jedoch erst seit Version 5.0 über die Möglichkeit, selbst VB-Klassen zu definieren. Dies sind jedoch VBS-eigene Klassen, die keine COM-Klassen sind; sie sind nur innerhalb eines Scripts und nicht durch COM-Clients verwendbar. Um COM-Klassen mit VBS zu erstellen, benötigen Sie die Scriptlet-Technologie.

Die Definition einer Klasse erfolgt in VBS mit dem Schlüsselwort `Class`. Das Ende der Klassendefinition wird durch `End Class` gekennzeichnet. Die Klassendefinition ähnelt im Aufbau einer Scriptdatei:

Class

- Attribute werden durch die Deklaration von öffentlichen Variablen festgelegt.
- Methoden werden durch die Deklaration von öffentlichen Prozeduren und Funktionen festgelegt.

Im Standard werden diese Attribute und Methoden zu einer impliziten Standardschnittstelle zusammengefasst, die den Namen der Klasse mit einem vorangestellten Unterstrich trägt. Beispiel: Die Klasse `Mathe` bekommt automatisch von Visual Basic eine Standardschnittstelle `_IMathe`.

Standardschnittstelle

Kapselung Mit den Schlüsselwörtern `Public` und `Private` wird gekennzeichnet, ob die Variable bzw. Unterroutine Teil der Schnittstelle der Klasse oder nur intern zugreifbar sein soll. Als `Public` deklarierte Unterroutinen sind Methoden der Klasse. Öffentliche globale Variablen sind Attribute der Klasse.

Public und Private

Klassenbestandteil	VB-Dialekt	Deklaration
Attribut	alle	`Public Name [As Datentyp]`

Nichtöffentliche, globale Variable	alle	`Private Name [As Datentyp]`
		oder:
		`Dim Name`

Methode mit Rückgabewert	Alle	`Public Function FuncName() [As Datentyp]`
		oder:
		`Function FuncName() [As Datentyp]`

Methode ohne Rückgabewert	Alle	`Public Sub SubName()`
		oder:
		`Sub SubName()`

Nichtöffentliche Unterroutine mit Rückgabewert	Alle	`Private Function FuncName() [As Datentyp]`

Tabelle 8.13: Syntax zur Definition verschiedener Mitglieder in VBS

Kapitel 8 Die Visual Basic-Sprachfamilie

Klassenbestandteil	VB-Dialekt	Deklaration
Nichtöffentliche Unterroutine ohne Rückgabewert	Alle	`Private Sub SubName()`

Öffentliche Konstanten (nur in Form von Konstantenlisten erlaubt)	Alle	`Enum MitarbeiterTypen`
		`    Professor = 3`
		`    WissenschaftlicherMitarbeiter = 2`
		`    StudentischeHilfskraft = 1`
		`    Sonstiger = 0`
		`End Enum`

Nichtöffentliche Konstanten	VB 6.0/VBA	`Const Name = Wert`

Tabelle 8.13: Syntax zur Definition verschiedener Mitglieder in VBS (Forts.)

Dabei gibt es leider eine Inkonsistenz hinsichtlich der Syntax:

- Bei Unterroutinendefinitionen wird `Public` oder `Private` den Schlüsselwörtern `Sub` oder `Function` vorangestellt. Dabei ist `Public` optional: Eine nicht mit `Private` oder `Public` spezifizierte Unterroutine ist also `Public`.
- Bei Variablendefinitionen ersetzen `Public` oder `Private` das Schlüsselwort `Dim`. Dieses kann als Alternative zu `Private` verwendet werden. Es ist also nicht erlaubt, `Public Dim x` zu schreiben.

Bei der Benennung von Attributen und Methoden sollten Sie berücksichtigen, dass die Namen dann für den Anwender einprägsamer sind, wenn Sie für Attributnamen Adjektive und für Methodennamen Verben verwenden.

Beispiel Das nachfolgende Listing zeigt die Definition einer einfachen Mathe-Klasse mit:
- zwei öffentlichen Attributen (`x` und `y`)
- einer privaten (internen) globalen Variablen (`count`)
- zwei öffentlichen Methoden (`add()` und `about()`)
- einer privaten (internen) Methode (`Version`)

Listing 8.49
Klassendefinition in VBS [_Mathe-Klasse.vbs]

```
Class Mathe
' --- Öffentliche Attribute
Public x, y
' --- Private globale Variable
Private Count
' --- Private Konstanten in vbs nicht erlaubt!
'Const VersionID = "1.0"
' ---Öffentliche Methoden
Public Function Add()
    Add = x + y
    Count = Count + 1
End Function
Sub About()
    MsgBox "Mathe-Klasse, " & Version & ", wurde " & _
        Count & " mal aufgerufen!"
End Sub
' --- Interne Unterroutinen
Private Function Version()
    Version = "Version 1.0"
End Function
End Class
```

Objektassoziationen **Unterobjekte** Ein Objekt kann Unterobjekte besitzen, wenn ein Attribut eines Objekts einen Zeiger auf ein anderes Objekt darstellt. Da Visual Basic-Objektvariablen Objekte

Selbstreferenzierung Jede Instanz kann über das Schlüsselwort Me einen Zeiger auf sich selbst erhalten. Me wird nicht benötigt, um Methoden des Objekts aus dem Objekt selbst heraus aufzurufen: Hier wird implizit ein Me vor den Aufruf gesetzt. Me kann aber benutzt werden, um anderen Instanzen einen Zeiger auf das aktuelle Objekt zu übermitteln.

Me

8.14.2 Definition von Klassen in VB 6.0/VBA

In VB 6.0 und VBA ist der Inhalt einer Klassendefinition der gleiche, die Hülle ist jedoch anders. Klassen werden in sogenannten *Klassenmodulen* gespeichert, die in der jeweiligen Entwicklungsumgebung als eigenständige Codefenster angelegt und verwaltet werden. Die Klasse hat den Namen des Klassenmoduls. Die Angabe der Schlüsselwörter Class/End Class ist nicht nur nicht möglich, sondern auch nicht erlaubt. Die Entwicklungsumgebung speichert die Klassen in Form einer reinen Textdatei, deren Syntax Sie auch mit einem beliebigen Texteditor nachbilden können.

Klassenmodule

Bei der Definition einer Klasse müssen in VB 6.0/VBA die Definitionen der Attribute und der internen globalen Variablen am Anfang stehen. In VBS können sie mit der Deklaration der Methoden gemischt werden. Nutzen Sie dieses Feature jedoch nicht, sondern trennen Sie auch in VBS sauber!

> In VB 6.0/VBA besteht zusätzlich die Möglichkeit, eine private Konstante für die Versionsnummer zu definieren. VBS erlaubt das leider nicht. Konstanten dürfen nicht Public sein. VB 6.0/VBA melden gegebenenfalls einen Fehler. VBS Version 5.0 erlaubt auch keine privaten Konstanten in Klassen.

8.14.3 Objektvariablen

Objektvariablen sind das Instrument in Visual Basic, um Objekte (also Instanzen von Klassen) zu verwenden. Genau genommen ist eine Objektvariable ein Zeiger auf ein Objekt. Dieser Umstand ist wichtig für das Verständnis von Operationen auf Objektvariablen. Im untypisierten VBS wird eine Objektvariable wie jede andere Variable auch deklariert. In VB 6.0/VBA kann eine Objektvariable typisiert werden, indem bei der Deklaration der Klassenname angegeben wird. Dabei nimmt der Klassenname die Stelle des elementaren Datentyps ein.

Zeiger auf Objekte

	VBS	VB 6.0/VBA
Untypisierte Objektvariable (spätes Binden)	Dim obj	Dim obj Dim obj as Variant Dim obj as Object
Typisierte Objektvariable (frühes Binden)	nicht möglich!	Dim obj As Klassenname

Tabelle 8.14 Deklaration von Objektvariablen

Frühes und spätes Binden Ob frühes oder spätes Binden angewendet wird, hängt von der Typisierung der Objektvariablen ab. Wenn eine typisierte Variable verwendet wird, bedingt dies frühes Binden. Polymorphismus ist dann nicht möglich. Bei untypisierten Variablen werden die Aufrufe erst zur Laufzeit an die Implementierung gebunden

Bindungszeitpunkt

(spätes Binden). Allerdings ist spätes Binden – wie üblich – erheblich langsamer als frühes Binden. Der Bindungszeitpunkt hat nichts damit zu tun, wann und wie die Instanziierung der Objekte durchgeführt wird.

 Frühes Binden ist nur in VB 6.0/VBA möglich. VBS verwendet immer spätes Binden!

objX **Benennung** Die übliche Benennung von Objektvariablen nach der ungarischen Notation besteht aus dem Präfix `obj` und dem nachfolgenden Klassennamen. Oft wird auch einfach ein kleines `o` verwendet. Sofern mehrere Instanzen einer Klasse verwendet werden, gehen Entwickler auch dazu über, den Klassennamen in Form eines Präfixes abzukürzen und den Rest des Namens zur Unterscheidung der Instanzen zu verwenden.

8.14.4 Instanziierung

New Instanzen einer VB-Klasse werden in allen Visual Basic-Dialekten mit dem `New`-Operator erzeugt. Nach der Instanziierung werden die Objekte in Objektvariablen gespeichert. Eine korrekte Vorgehensweise mit Deklaration und Instanziierung zeigt die folgende Tabelle.

Tabelle 8.15 Deklaration und Instanziierung im Vergleich

	VBS	VB 6.0/VBA
Deklaration	`Dim obj`	`Dim obj As Klassenname`
Instanziierung	`Set obj As New Klassenname`	`Set obj As New Klassenname`
Gleichzeitige Deklaration und Instanziierung	nicht möglich!	`Dim obj As New Klassenname`

Dim ... As New ... **Deklaration und Instanziierung** In VB 6.0/VBA (nicht aber in VBScript) können diese beiden Statements zu einer Zeile verkürzt werden: `Dim obj As New Klassenname`.

Dabei gibt es aber einen Unterschied: Während bei der getrennten Schreibweise die Instanziierung in dem Moment stattfindet, in dem das `New`-Statement ausgeführt wird, ist dies bei der verkürzten Schreibweise nicht der Fall. Die Instanziierung findet erst beim ersten Attribut- oder Methodenzugriff statt. Das können Sie selbst mithilfe der später in diesem Kapitel vorgestellten Ereignisse `Class_Initialize()` und `Class_Terminate()` überprüfen.

In VB 6.0 und VBA wird genau genommen bei jedem Zugriff auf ein Member geprüft, ob die Objektvariable gebunden ist oder nicht. Das führt zu der merkwürdigen Tatsache, dass nachfolgender Programmcode beim erneuten Zugriff auf die Objektvariable nach der Vernichtung des Objekts nicht abbricht.

Listing 8.50 Verhalten des „New"-Operators in VB 6.0 und VBA

```
Dim o As New Mathe
o.x = 1 ' Erst hier wird instanziiert!
o.y = 2
say o.Add
Set o = Nothing ' Vernichtung

o.x = 3 ' hier wird wieder instanziiert!
o.y = 4
say o.Add
```

8.14.5 Objektverwendung

Erst nach der Instanziierung können Objekte verwendet werden. Alle Zugriffe erfolgen über die Objektvariable, die einen Zeiger auf das Objekt enthält. Die Objektvariable wird jeder Anweisung vorangestellt, danach folgt – getrennt durch einen Punkt (.) – der Name des Attributs oder der Methode.

Punkt-operator

Methodenaufrufe Für Methodenaufrufe gelten die gleichen Regeln wie für VB-Prozeduren und VB-Funktionen. Eine Methode ohne Rückgabewert wird aufgerufen, ohne die Parameter in Klammern zu setzen.

Methoden

```
obj.Methodenname Parameter1,Parameter2,...
```

Die Angabe von runden Klammern zur Abgrenzung der Parameterliste führt zu einem Fehler. Wenn die Klammern verwendet werden, muss dem Methodenaufruf das Schlüsselwort Call vorangestellt werden.

```
Call obj.Methodenname(Parameter1,Parameter2,...)
```

Der Aufruf von Methoden mit Rückgabewerten muss immer mit Klammern erfolgen.

```
var = obj.Methodenname(Parameter1,Parameter2,...)
```

Attributzugriff Der Zugriff auf Attribute erfolgt wie der Zugriff auf normale Variablen.

Attribute

```
obj.Attributname = wert    ' Schreiben eines Attributs
var = obj.Attributname     ' Attribut lesen
```

Im folgenden Beispiel wird die zuvor definierte Mathe-Klasse verwendet:

```
' Test der Mathe-Klasse
Dim m   ' As Mathe
Set m = New Mathe
m.About
m.x = 5
m.y = 10
MsgBox m.Add
```

Listing 8.51
Beispiel zur Verwendung der Mathe-Klasse *[_ Mathe-Klasse.vbs]*

Zugriff auf Unterobjekte Über die Punktnotation kann auch auf Unterobjekte zugegriffen werden. Wenn obj ein Zeiger auf ein Objekt ist, das ein Attribut UnterObj besitzt, das wiederum ein Zeiger auf ein Objekt ist, dann kann auf die Methode TueEtwas() des UnterObj wie folgt zugegriffen werden:

Unterobjekte

```
obj.UnterObj.TueEtwas()
```

Dieses Verfahren ist über beliebig viele Hierarchieebenen in einem Objektmodell möglich:

```
obj.UnterObj.UnterUnterObj.UnterUnterUnterObj.TueEtwas()
```

Wenn mehrfach auf ein Unterobjekt zugegriffen werden soll, dann ist es nicht empfehlenswert, jeweils von einem Oberobjekt zu dem Unterobjekt herunterzureichen. Dieses Vorgehen macht den Programmcode unübersichtlich und ist zudem aus Performance-Gesichtspunkten schlecht. Es ist besser für ein Unterobjekt, das mehrfach verwendet werden soll, eine eigene Objektvariable bereitzustellen und über diese zuzugreifen

```
set uo = o.UnterObj.UnterUnterObj.UnterUnterUnterObj
uo.TueEtwas()
```

With-Statement

Tipparbeit sparen und Übersichtlichkeit gewinnen VB 6.0, VBA und VBS ab Version 5.0 verfügen auch über ein Sprachkonstrukt, um eleganter mit (Unter-)Objekten arbeiten zu können: Das With-Statement setzt die nachfolgenden Objektzugriffe in den Kontext eines bestimmten Objekts.

Listing 8.52
Beispiel zur
Verkürzung
mit With

```
With o.UnterObj.UnterUnterObj.UnterUnterUnterObj
    .TueEtwas()
    x = .Attribut
    .Attribut = wert
    MsgBox anderesObjekt.GibInformation()
End With
```

Innerhalb eines With-Blocks beziehen sich alle Ausdrücke, die mit einem Punkt beginnen, auf das nach With bezeichnete Objekt. Innerhalb des With-Blocks dürfen auch andere Befehle vorkommen. Objektausdrücke, die nicht mit einem Punkt, sondern mit einer Objektvariablen beginnen, werden nicht auf das With-Statement bezogen. Ein With-Block sollte aber nicht mit einem Sprungbefehl verlassen werden.

8.14.6 Objektoperationen

Es sind folgende Operationen mit Objektvariablen möglich:
- Wertzuweisung
- Vergleich
- Typüberprüfung

Wertzuweisung

Eine Wertzuweisung erfolgt mit dem Gleichheitszeichen, erfordert aber im Gegensatz zur Wertzuweisung für den elementaren Datentyp ein zusätzliches Schlüsselwort: Set. Dieses Schlüsselwort ist notwendig, um den Zugriff auf das Objekt selbst von dem Zugriff auf die Standardeigenschaft (Default Property) des Objekts zu unterscheiden.

```
Set obj2 = obj1
```

Wichtig: Diese Wertzuweisung verdoppelt nicht das Objekt, sondern kopiert nur den Zeiger. Es existiert anschließend nach wie vor nur ein Objekt, aber jetzt verweisen zwei Zeiger darauf. Eine Kopieroperation für Objekte gibt es nicht. Diese muss der Entwickler bei Bedarf selbst für jede Klassen individuell (als eine Methode der Klasse) erstellen.

Objektbasierte Programmierung

Objektvergleich Ein Vergleich kann mit dem Schlüssel Is durchgeführt werden. Dabei wird verglichen, ob die beiden Objektvariablen auf das gleiche Objekt zeigen.

Vergleich

```
if obj1 is obj2 then ...
```

Typüberprüfung Die Funktion TypeName() funktioniert auch mit Objektvariablen und liefert den Klassennamen der übergebenen Objektinstanz. TypeName() liefert Nothing, wenn die Objektvariable auf keine Instanz verweist. Die Funktion VarType() liefert bei Objektvariablen stets 9 (vbObject), da es nicht für jede Klasse eine Typkonstante geben kann.

TypeName() und Var-Type()

```
Set o = New Mathe
MsgBox typename(o)' liefert "Mathe"
MsgBox vartype(o)' liefert 9 = vbObject
```

Listing 8.53: Ermittlung des Klassennamens einer Objektvariablen

Nur in VB 6.0/VBA gibt es zusätzlich den TypeOf-Operator, mit dem eine Typüberprüfung in Ausdrücken stattfinden kann:

TypeOf

```
If TypeOf obj Is KlassenName Then ...
```

Beispiel Das folgende Beispiel demonstriert alle drei Operationen. Die Funktion vergleiche() führt den Vergleich aus und gibt eine entsprechende Meldung aus. Im Hauptprogramm werden zuerst zwei Instanzen einer Klasse erzeugt, sodass der erste Vergleich natürlich eine Ungleichheit feststellt. Nachdem dann die Zeiger O1 und O2 gleichgesetzt wurden, liefert der zweite Vergleich nun das Ergebnis, dass die beiden Zeiger auf ein und dasselbe Objekt verweisen.

Beispiel

```
' Deklaration
Dim o1
Dim o2
' Zwei Instanzen erzeugen
Set o1 = New Mathe
Set o2 = New Mathe
' --- Erster Vergleich
vergleiche o1, o2' Ergebnis: sind ungleich!
' --- Wertzuweisung
Set o1 = o2
' -- Zweiter Vergleich
vergleiche o1, o2' Ergebnis: sind gleich!
' -- Typüberprüfung
If typename(o1) = "Mathe" Then MsgBox "ja!"
' If TypeOf o1 Is Mathe Then MsgBox "ja!" ' Nur VB6/VBA

' ### Vergleich zwischen zwei Objektvariablen
Function vergleiche(o1, o2)
If o1 Is o2 Then
    MsgBox "Zeiger weisen auf das gleiche Objekt!"
Else
    MsgBox "Zeiger weisen auf verschiedene Objekte!"
End If
End Function
```

Listing 8.54 Beispiel zur Arbeit mit Objektvariablen [_Mathe-Klasse.vbs]

8.14.7 Property-Routinen

Gültigkeitsbereiche Der Nachteil bei einer Attributdefinition, wie sie im vorherigen Abschnitt vorgestellt wurde, besteht darin, dass der Benutzer des Objekts das Attribut mit jedem beliebigen Wert aus dem Gültigkeitsbereich des Attributdatentyps beschreiben kann. Bei Variant-Attributen (also bei allen Attributen in VBS-Klassen) kann der Benutzer also jeden beliebigen Wert übergeben. Aber auch in typisierten Umgebungen wie VB 6.0/VBA kann der Benutzer unerwünschte Werte schreiben, z.B.:

- Ein Attribut Alter, das als Datentyp *Byte* deklariert ist, kann von dem Objektbenutzer ohne Probleme mit dem Wert 250 beschrieben werden, auch wenn bisher nur Methusalem mit seinen 969 Jahren dieses Alter erreicht hat.
- Ein Attribut Kennwort, das als *String* deklariert ist, kann von einem Benutzer mit jedem String belegt werden. Es gibt keine Möglichkeit, Kennwortrichtlinien (z.B. Mindestlänge) durchzusetzen.

Berechnete Attribute

> Ein weitere, durch einfache Attribute nicht realisierbare Funktionalität sind berechnete Attribute. Berechnete Attribute sind Eigenschaften, die nicht im Objekt gespeichert, sondern beim Zugriff jeweils erst aus dem internen Zustand des Objekts berechnet werden.

Attributzugriffe kapseln Eine Lösung dafür ist, Methodenaufrufe anstelle von Attributen zu verwenden. Dies führt jedoch dazu, dass immer zwei Methoden pro Eigenschaft benötigt werden:

- eine zum Lesen (genannt *Getter* oder *Get-Routine*)
- eine zum Setzen (genannt *Setter* oder *Set-Routine*)

VB bietet eine Möglichkeit an, Attributzugriffe so in Methoden zu kapseln, dass der Benutzer der Klasse dies nicht bemerkt. Beim lesenden oder schreibenden Zugriff auf ein Attribut wird nicht direkt ein Speicherbereich beschrieben; vielmehr wird der Zugriff von einer Methode abgefangen. Der eigentliche Wert ist intern woanders, z.B. in einer privaten globalen Variablen gespeichert. Dies ist das übliche Vorgehen in COM, das aber auch für VB-Klassen angeboten wird.

Property-Routinen Das Instrument für die Attributkapselung sind sogenannte *Property-Routinen* oder kurz *Properties*. Im Gegensatz dazu spricht Microsoft bei Attributen, die nicht mit Programmcode (Getter/Setter) hinterlegt sind, von Fields.

Eine Property-Routine ist immer ein Codeblock, der mit dem Schlüsselwort Property beginnt und mit End Property abgeschlossen werden muss.

Varianten In VBScript/VB 6.0 und VBA gibt es drei Varianten von Property-Routinen:

- Property Get zum Auslesen von Attributwerten
- Property Let zum Setzen von Attributen auf elementare Datentypen
- Property Set zum Setzen von Attributen auf Objektzeiger

> Es kommt entweder Property Set oder Property Let vor. Beide können nicht zusammen auftreten.

Lesen von Attributen **Property Get** Property Get hat keine Parameter, aber einen Rückgabewert. Dieser wird aus einer privaten globalen Variablen ausgelesen. Property Get kann auch Zeiger auf Objekte zurückliefern; dann muss allerdings die Wertzuweisung an den Funktionsnamen mit Set erfolgen.

186

```
Public Property Get attributname() [As Variant]
    attributname = internesAttribut
End Property
```

Property Let und Property Set Bei `Property Let` und `Property Set` erhält die Property-Routine den dem Attribut zugewiesenen Wert als Parameter, der dann – nach einer optionalen Prüfung – in die private globale Variable gespeichert werden kann. In VB 6.0/VBA sollten die Schlüsselwörter `ByVal` und `As Variant` dabei angegeben werden. In VBS ist diese Spezifikation nicht erlaubt.

Setzen von Attributen

```
Public Property Let attributname([ByVal] NeuerWert [As Variant])
   internesAttribut = NeuerWert
End Property
```

`Property Set` ist ähnlich aufgebaut; bei der Wertzuweisung ist jedoch `Set` zu verwenden.

```
Public Property Set attributname (NeuerZeiger [As Object])
   set internesAttribut = NeuerZeiger
End Property
```

Mit Property-Routinen kann auch erreicht werden, dass ein Attribut nicht beschrieben (read-only) oder aber nicht gelesen (write-only) werden kann, da nicht zwingend vorgeschrieben ist, dass stets beide Property-Routinen implementiert werden müssen:

▷ Wenn ein Attribut vom Objektnutzer nur gelesen werden, aber der Wert von dem Nutzer nicht veränderbar sein soll (read-only), implementieren Sie `Property Get`, aber nicht `Property Let/Set`.

Read-only

▷ Wenn ein Attribut vom Objektnutzer zwar geschrieben werden, aber er den Wert danach nicht mehr auslesen können soll (write-only), implementieren Sie `Property Let/Set`, aber nicht `Property Get`.

Write-only

Ein Anwendungsfall für *Write-only-Attribute* ist beispielsweise die Versionsnummer einer Klasse. *Write-only-Attribute* sind seltener. Ein typischer Anwendungsfall sind Passwörter: Diese kann der Benutzer setzen, aber später nicht mehr auslesen, da sie nicht im Klartext abgespeichert, sondern üblicherweise in Form eines Hash-Codes abgelegt werden, aus dem das Klartextkennwort nicht mehr ermittelbar ist.

Anwendungsbeispiele

Beispiel Das Beispiel zur Veranschaulichung der Arbeitsweise der Property-Routinen ist naturgemäß etwas länger. Die VBS-Klasse `Benutzer` besitzt vier Attribute:

Die Klasse „Benutzer" ist mit Property-Routinen realisiert.

▷ `Name` ist ein normales Attribut, das ohne Property-Routinen realisiert ist und daher beliebig gelesen und beschrieben werden kann.
▷ `Geburtstag` kann gelesen und beschrieben werden. Beim Schreibzugriff findet jedoch eine Konsistenzprüfung statt. Bei einem Alter von über 150 Jahren wird nachgefragt. Der Wert wird intern in der Variablen `Intern_Geburtstag` gespeichert.
▷ `Alter` ist ein berechnetes Attribut, das nur gelesen werden kann. `Alter` berechnet sich aus der Differenz des Geburtstags und des aktuellen Datums.
▷ `Kennwort` ist ein Attribut, das nur gesetzt werden kann. Es wird überprüft, ob das Kennwort mindestens drei Buchstaben lang ist.

Zusätzlich besitzt die Klasse eine Methode `Info()`, die `Name` und `Alter` ausgibt.

Kapitel 8 Die Visual Basic-Sprachfamilie

Listing 8.55
Anwendungsbeispiel für Property-Routinen [_User-Klasse.vbs]

```
' === KLASSENDEFINITION
class Benutzer
' /// Interne Variablen
Private intern_Geburtstag ' As Date
Private intern_Kennwort ' As String
' /// Öffentliche Attribute (normale Attribute)
Public Name ' As String
' /// Öffentliche Attribute (Property-Routinen)
Public Property Get Geburtstag()
    Alter = intern_Alter
End Property
' --- Attribut Alter (write-only)
Public Property Let Geburtstag(ByVal vNewValue )
Dim Jahre
If Not IsDate(vNewValue) Then _
    MsgBox "Ungültiges Datum!": Exit Property
Const Nachfrage = _
  "Sie sind sicher, dass Sie älter als 150 Jahre sind?"
Jahre = DateDiff("yyyy", vNewValue, Now())
If Jahre > 150 Then
    If MsgBox(Nachfrage, vbyesno) = vbYes Then
        intern_Geburtstag = vNewValue
    Else
        intern_Geburtstag = Now
    End If
Else
    intern_Geburtstag = vNewValue
End If
End Property
' --- Attribut Alter (read-only)
Public Property Get Alter()
    Alter = DateDiff("yyyy", intern_Geburtstag, Now())
End Property
' --- Attribut Kennwort (write-only)
Public Property Let Kennwort(ByVal vNewValue )
If Len(vNewValue) < 3 Then
    MsgBox "Kennwort zu kurz!"
Else
    intern_Kennwort = vNewValue
End If
End Property
' /// Methoden
Sub info()
MsgBox "Benutzer " & Name & " ist " & Alter & " Jahre alt!"
End Sub
End class

' === Hauptprogramm
Dim u
set U = New Benutzer
u.Name = "Methusalem"
u.Geburtstag = #1/1/1031# ' Property Let
MsgBox "Alter = " & u.Alter ' Property Get -> "Alter = 969"
u.info  ' Methodenaufruf -> "Methusalem ist 969 Jahre alt!"
u.Kennwort = "123" ' Property Set ' -> Kennwort zu kurz!
'MsgBox u.Kennwort ' Property Get -> Nicht erlaubt!
```

Objektbasierte Programmierung

Das Problem mit den Standardeigenschaften Property-Routinen bieten auch die Möglichkeit, ein Standardattribut (Default Property) festzulegen, das immer dann verwendet wird, wenn auf eine Objektvariable ohne Angabe eines Mitgliedsnamens zugegriffen und zugleich ein elementarer Datentyp erwartet wird. Dies ist jedoch sehr schlechter Stil, denn eine Objektvariable bezeichnet normalerweise das ganze Objekt und nicht nur ein Attribut. Als Zeiger auf das ganze Objekt wird eine Objektvariable bei der Zuweisung an eine andere Objektvariable und bei der Übergabe als Parameter an eine Unterroutine verstanden.

Standardattribut

Gegeben sei eine Klasse clsProblem mit dem Standardattribut Name und dem zusätzlichen Attribut Bemerkung. Folgendes Codebeispiel macht die Verwirrung deutlich:

Beispiel

```
Sub attributausgabe(obj)
MsgBox obj
MsgBox obj.Bemerkung
End Sub
Sub teste_problem()
Dim p As New clsProblem
p.Name = "Default Property-Problem"
p.Bemerkung = "Bug oder Feature?"
MsgBox p ' Standardattribut
x = p ' Standardattribut
Set y = p ' Zeiger!
attributausgabe p ' Zeiger !
Call attributausgabe(p) ' Zeiger!
attributausgabe (p) ' Standardattribut
End Sub
' ### Unterroutine zum Default Property-Problem
Sub attributausgabe(obj)
MsgBox obj
MsgBox obj.Bemerkung
End Sub
```

Listing 8.56 Veranschaulichung des Default Property-Problems [_Problem-Klasse.vbs]

MsgBox p und die Zuweisung x = p sind Zugriffe auf das Standardattribut, die Zuweisung mit Set und die beiden ersten Prozeduraufrufe verwenden den Objektzeiger. Die Prozedur attributausgabe() erhält dabei einen Zeiger auf den Zeiger. MsgBox obj greift also wieder auf das Standardattribut zu.

Erläuterung

Beim letzten Aufruf tritt allerdings wieder ein Problem zutage, das es in ähnlicher Form auch bei elementaren Datentypen gibt (vgl. Kapitel 8.12): Wenn eine Unterroutine nur einen Parameter hat, dieser Parameter in runden Klammern steht und das Unterprogramm keinen Rückgabewert liefert oder das Hauptprogramm den gelieferten Rückgabewert nicht empfängt, dann wird nicht der Zeiger übergeben, sondern das Standardattribut!

Das ist für den ersten Befehl MsgBox obj in der Prozedur attributausgabe() noch kein Problem, aber beim Zugriff auf obj.Bemerkung kommt es zum Programmabbruch, denn die übergebene Zeichenkette hat keine Attribute. Das kann in einer anderen Konstellation noch unangenehmer werden: Wenn das Standardattribut selbst wieder ein Zeiger auf ein Objekt ist, dann erhält die Unterroutine zwar einen Zeiger, aber den falschen!

Achten Sie genau auf die Regeln für die Klammersetzung bei Prozeduren und Funktionen. Sie können das Problem auch vermeiden, indem Sie sich die Mühe machen, Standardattribute immer explizit anzugeben.

8.14.8 Objektvernichtung

Garbage Collection Alle Visual Basic-Dialekte verfügen über eine automatische Entsorgung des von Variablen belegten Speicherplatzes (Garbage Collection). Die Vernichtung einer Objektinstanz erfolgt, wenn es keinen Zeiger auf eine Objektinstanz mehr gibt. Nicht mehr benötigte Speicherbereiche werden so automatisch freigegeben, wenn der Geltungsbereich (Scope) einer Objektvariablen verlassen wird.

Auch wenn oft das Gegenteil behauptet wird: Die explizite Vernichtung mit der Anweisung `Set obj = Nothing` ist optional (siehe dazu [WES99b]).

Set obj = Nothing Sie können das Konstrukt `Set obj = Nothing` jedoch dazu nutzen, ein Objekt vor dem Verlassen des Geltungsbereichs wieder freizugeben. Wenn mehrere Objektvariablen auf die betreffende Instanz verweisen, müssen all diese Objektvariablen auf „*Nothing*" gesetzt werden. Erst dann gibt Visual Basic die Instanz frei.

Listing 8.57 Beispiel zur Lebensdauer von Objekten [oo_vernichtung.vbs]

```
' Deklaration
Dim o1
Dim o2
Dim o3
' Zwei Instanzen erzeugen
Set o1 = New Mathe
' Wertzuweisungen
Set o2 = o1
Set o3 = o2
' Zeiger zurücksetzen...
Set o1 = Nothing
Set o2 = Nothing
' Objekt lebt noch!
o3.About
' Endgültige Objektvernichtung
Set o3 = Nothing
```

8.14.9 Objektmengen (Collections)

Objektmengen Alle Visual Basic-Dialekte können in COM-Komponenten definierte Objektmengen nutzen. VB 6.0/VBA können darüber hinaus eigene Objektmengen erzeugen. Die Objektmengen können heterogen sein, d.h., sie können Instanzen verschiedener Klassen enthalten. Ebenso kann ein und dieselbe Instanz mehrfach enthalten sein. In VBS können Sie zur Verwendung von Objektmengen die COM-Klasse `Scripting.Dictionary` verwenden (siehe Kapitel 10.2).

Praktische Beispiele zur Arbeit mit Objektmengen finden Sie in der Beschreibung der einzelnen COM-Komponenten später in diesem Buch.

Lesezugriff auf Objektmengen Der Zugriff auf Objektmengen ist in allen VB-Dialekten gleich. Es gibt zwei Möglichkeiten des Zugriffs auf die enthaltenen Objekte:
- Zugriff über ein Schlüsselfeld
- Zugriff über Iteration über alle Elemente

Item() Voraussetzung für den Zugriff über ein Schlüsselfeld ist, dass ein solches überhaupt existiert. VB-Objektmengen besitzen ebenso wie die meisten COM-Objektmengen die Methode `Item()` (leider wird `Item()` oft auch als Attribut implementiert, die Syntax bleibt jedoch gleich; siehe die Erläuterungen in Kapitel 7).

```
Set obj = col.Item("key")
```

Diese Schreibweise lässt sich in der Regel verkürzen auf `col("key")`, da `Item` das Standardattribut ist. In VB 6.0/VBA ist eine weitere Verkürzung auf `col!key` möglich. Damit ist der Schlüsselname dann aber zur Entwicklungszeit vorgegeben. Bei der Schreibweise mit Klammern kann natürlich auch ein Variablenname angegeben werden.

```
key = "ID"
set obj = col.Item(key)
```

Als Schlüsselwert kann in der Regel auch ein Wert angegeben werden, um die enthaltenen Objekte gemäß ihrer Reihenfolge anzusprechen.

```
set obj = col.Item(1)' Das erste Element
set obj = col.Item(7)' Das siebte Element
```

VB-Objektmengen beginnen bei 1 zu zählen. Viele Objektmengen in COM-Objektmodellen starten dagegen bei 0!

`Count()` liefert die Anzahl der in einer Objektmenge enthaltenen Elemente. **Count()**

Iteration über die Elemente einer Objektmenge Wenn die Schlüssel nicht bekannt sind und ein Element gesucht werden soll oder alle Elemente der Objektmenge aufgelistet werden sollen, dann ist eine Iteration über alle Elemente notwendig. Visual Basic bietet mit `For...Each` eine sehr elegante Sprachkonstruktion an, um die Iteration über eine Objektmenge durchzuführen. Diese Möglichkeit funktioniert oft auch dann, wenn die Objektmenge keine oder unzuverlässige Informationen über die Anzahl der enthaltenen Objekte anbietet.

For...Each

```
For each obj in col
    obj.DoSomething
Next
```

Eine alternative Möglichkeit ist die Iteration mit `For...Next`, sofern die Objektmenge ein **For...Next** `Count()`-Attribut besitzt und numerische Indizes unterstützt.

```
For i = 0 To col.Count-1
    col.item(i).DoSomething
Next
```

Veränderung einer Objektmenge Das Anfügen neuer Elemente erfolgt über die Methode **Add()** `Add()`:

```
col.Add obj,[key],[Before],[After]
```

Erster Parameter ist ein Zeiger auf das Objekt, das der Objektmenge hinzugefügt werden soll. Optional ist die Angabe eines Schlüssels in Form einer Zeichenkette. Einige VB-Objektmengen und einige COM-Objektmengen bieten darüber hinaus auch die Möglich-

Remove() Zum Entfernen aus der Liste ist der Schlüssel notwendig.

```
col.Remove key
```

Erzeugung von Objektmengen in VB 6.0/VBA VB 6.0/VBA bringen eine vordefinierte Klasse Collection mit, von der Sie Instanzen erzeugen können. Im nachstehenden Beispiel wird eine Objektmenge mit zehn Instanzen der Klasse Mathe gefüllt. Anschließend gibt es zwei Iterationen über die Objektmenge. In der ersten Runde wird das Attribut x ausgelesen, in der zweiten Runde wird die Methode Add() bei allen ausgeführt.

Listing 8.58 Beispiel zur Erzeugung und Verwendung einer Collection [CD:/code/sprachen/_alle/vb-beispiele.vbp]

```
Sub oo_newcollection()
Dim m As Mathe
Dim col As New Collection
' -- Aufbau der Collection
For a = 1 To 10
    Set m = New Mathe
    m.x = a
    m.y = a + 100
    col.Add m, CStr(a)
Next
' -- Iteration über Collection
For i = 1 To col.Count
    say col(i).x
Next
For Each obj In col
    say obj.Add
Next
End Sub
```

8.14.10 Ereignisse

Die Fähigkeit, als Event Publisher oder Event Subscriber zu agieren, ist in den verschiedenen Visual Basic-Dialekten unterschiedlich stark ausgeprägt:

Klassen-Ereignisse ▶ Sowohl VB 6.0 und VBA als auch VBS ermöglichen es Klassen, auf die Ereignisse Class_Initialize() und Class_Terminate() zu reagieren.

Event Publisher ▶ VB 6.0-/VBA-Klassen können Event Publisher sein, die eigene Ereignisse definieren und an ihre Umwelt aussenden. VBS-Klassen können keine Event Publisher sein.

Event Subscriber ▶ VB 6.0-/VBA-Klassen können Event Subscriber für VB- und COM-Klassen sein. VB 6.0-Module können keine Event Subscriber sein. In VBS ist der Empfang von Ereignissen eine Funktion, die vom Scripting Host bereitgestellt wird. Das Abonnement auf ein Ereignis wird in jedem Scripting Host anders definiert (siehe Kapitel 9).

Class_Initialize() und Class_Terminate() **Klassenereignisse** Oft ist es sinnvoll, dass bei der Erzeugung einer neuen Objektinstanz oder bei deren Vernichtung Vorgänge ausgeführt werden, z.B. die Initialisierung von Variablen bei der Objekterzeugung oder die Freigabe von Ressourcen bei der Objektvernichtung. Sicherlich ist es möglich, dafür jeweils eine Methode anzubieten. Jedoch ist das Objekt dann auf die Disziplin seines Nutzers angewiesen.

Dies kann mit den Ereignissen Class_Initialize() und Class_Terminate() besser gelöst werden. Diese beiden Ereignisse stellen einen Sonderfall dar, bei dem das Schlüsselwort

Class für die Selbstreferenz auf die eigene Klasse steht. Ereigniserzeuger ist in diesem Fall die VB-Laufzeitumgebung. `Class_Intialize()` entspricht einem Konstruktor (ohne Parameter) und `Class_Terminate()` einem Desktruktor (vgl. Erläuterungen in Anhang A).

```
Private Sub Class_Initialize
End Sub
Private Sub Class_Terminate
End Sub
```

Das nachfolgende Listing zeigt ein Beispiel: Nacheinander sollen die drei Dialogfenster „Hallo, ich bin jetzt hier!", „Ich tue etwas..." und „Und Tschüss!" erscheinen.

Listing 8.59 Beispiel für Klassenereignisse in VBS [_hierundweg.vbs]

```
Class clsHierUndWeg
' -- Ereignisbehandlung
Private Sub Class_Initialize()
MsgBox "Hallo, ich bin jetzt hier!"
End Sub
Private Sub Class_Terminate()
MsgBox "Und Tschüss!"
End Sub
' -- Methode
Sub dosomething()
MsgBox "Ich tue etwas..."
End Sub
End Class
' --- Hauptprogramm
Dim o
set o = new clsHierUndWeg
e.dosomething
Set o = Nothing
```

Konstruktoren und Destruktoren

Das `Class_Initialize`-Ereignis ist nur ein Teil dessen, was in anderen objektorientierten Programmiersprachen als Konstruktor bezeichnet wird. Üblicherweise ist man in der Lage, bei der Objekterzeugung auch Parameter anzugeben, die dann einer bestimmten Routine, Konstruktor genannt, übergeben werden. Erst Visual Basic .NET unterstützt die Möglichkeit, bei der Instanziierung Parameter anzugeben, die `Class_Initialize` empfangen können.

Eigene Ereignisse in VB 6.0/VBA Die Ereignisunterstützung in Scripts wird im Zusammenhang mit den jeweiligen Scripting Hosts beschrieben werden. Die Ausführungen in diesem Abschnitt beziehen sich ausschließlich auf VB 6.0/VBA. Das grundsätzliche Vorgehen ist in VBS jedoch ähnlich.

Eine Klasse wird Event Publisher, indem sie ein Ereignis mit dem Schlüsselwort `Event` definiert und dieses Ereignis irgendwann mit `RaiseEvent()` auslöst.

Publisher

```
Event jetztistwaslos()
' ...
Sub dosomething()
' ...
RaiseEvent jetztistwaslos
' ...
End Sub
```

Listing 8.60 Definition und Aussenden eines Ereignisses im großen VB und in VBA (nicht in VBS!)

Subscriber Eine VB-Routine, die die Ereignisse von einem Event Publisher abonnieren will, gibt bei der Deklaration der Objektvariablen für diese Klasse an, dass sie sich für deren Ereignisse grundsätzlich interessiert. Sie wird dadurch Subscriber dieses Event Publishers. Der Subscriber definiert danach Ereignisbehandlungsroutinen für die Ereignisse, die ihn interessieren und die er behandeln möchte. Er ist nicht verpflichtet, alle Ereignisse des Publishers zu behandeln. Ereignisbehandlungsroutinen werden nicht wie Attribute und Methoden durch einen Punkt, sondern durch einen Unterstrich („_") von dem Namen der Objektvariablen getrennt.

Listing 8.61
Abo eines Ereignisses in VB 6.0/VBA (nicht in VBS!)
```
Dim WithEvents o As clsEventServer
Private Sub o_jetztistwaslos()
  MsgBox "Da war was los!"
End Sub
```

8.14.11 Vererbung und Mehrfachschnittstellen

Schnittstellenvererbung versus Implementierungsvererbung
Einer der Hauptkritikpunkte an der Umsetzung objektorientierter Prinzipien in Visual Basic war die fehlende Vererbung. VBS unterstützt keine Formen der Vererbung. Dieses Kapitel bezieht sich also nur auf VB 6.0/VBA.

VB 6.0 und VBA 6.0 unterstützen nur Schnittstellenvererbung, d.h., eine Unterklasse wird gezwungen, alle Mitglieder einer Oberklasse ebenfalls zu implementieren. Damit kann erreicht werden, dass die beiden Klassen polymorph zueinander sind; es ist jedoch kein Instrument zur Wiederverwendung.

In VB ab Version 5.0 und VBA ab Version 5.0 können Mehrfachschnittstellen für Klassen implementiert werden. Da die Unterstützung von Mehrfachschnittstellen nachträglich in VB aufgenommen wurde, werden Schnittstellen auf kleinen Umwegen über die Definition von abstrakten Basisklassen erstellt.

Visual Basic Script unterstützt weder die Definition noch die Nutzung von Mehrfachschnittstellen, da ein Schnittstellenwechsel in VBS nicht möglich ist. Dies ist aus sprachinterner Sicht kein Problem, denn wo keine Mehrfachschnittstellen definiert werden können, müssen sie auch nicht benutzt werden.

Implements Zunächst muss man für jede gewünschte Schnittstelle eine abstrakte Klasse definieren, also eine Klasse mit Attributdefinition und Methodenrümpfen, aber ohne Implementierung. Erst dann wird die eigentliche Klasse definiert, wobei mithilfe von Implements Bezug auf die zuvor fertiggestellten abstrakten Basisklassen genommen wird. Implements erzwingt, dass alle in den abstrakten Basisklassen definierten Attribute und Methoden hier implementiert werden müssen. Dabei ist syntaktisch Folgendes zu beachten:

▷ Die Attribute müssen mit Property-Routinen implementiert werden. Einfache Attributdefinitionen funktionieren hier leider nicht.

▷ Der Name der abstrakten Basisklasse, deren Attribut oder Methode implementiert werden soll, muss durch einen Unterstrich getrennt vorangestellt werden (leider gibt es damit neben der Verwendung in Ereignisbehandlungsroutinen eine zweite Bedeutung dieser Notation).

▷ Alle implementierten Attribute und Methoden müssen als privat (Private) deklariert sein. Wenn Sie sich darüber wundern, sind Sie nicht allein, denn diese Mitglieder sollen ja dem Objektnutzer zur Verfügung stehen. In diesem Fall sind die Mitglieder aber dann trotz der Private-Deklaration öffentlich. Ohne Auszeichnung als Private wären die implementierten Member zusätzlich Teil der Standardschnittstelle der Klasse – allerdings mit ihrem unnatürlichen Namen gemäß oben genannter Namenskonvention. Hier zeigt sich deutlich, dass man versucht hat, mit der bisher bekannten Menge an Schlüsselwörtern neue Funktionen zu realisieren, für die man besser ein neues Schlüsselwort eingeführt hätte.

Definition von Mehrfachschnittstellen Das folgende Beispiel handelt von einem Multifunktionsgerät, das sowohl als Drucker als auch als Fax und Scanner verwendet werden kann. Das komplette Beispiel finden Sie auf der CD als VB-Projektdatei [CD:/code/sprachen/vb_mehrfachschnittstellen/geraete.vbp]. Dort sind drei abstrakte Basisklassen IFax, IScanner und IPrinter definiert.

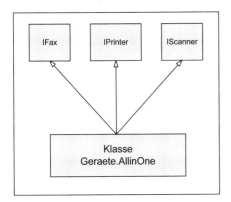

Bild 8.6
Die Abbildung zeigt die Definition der drei Schnittstellen IFax, IPrinter und IScanner.

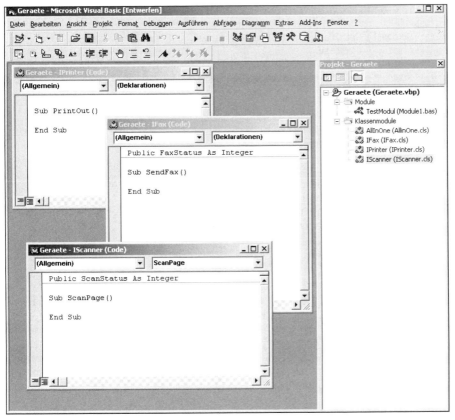

Bild 8.7
Mehrfachschnittstellen-Beispiel Multifunktionsgerät

Definition einer Klasse mit mehreren Schnittstellen Das folgende Listing zeigt die Klasse AllInOne:

Listing 8.62
Implementie-
rung einer
Klasse mit
Mehrfach-
schnittstellen
(nicht möglich
in VBS!)

```
' --- Festlegung der zu implementierenden Schnittstellen
Implements IFax
Implements IScanner
Implements IPrinter
' --- Private Variablen
Dim FaxStatus As Integer
Dim ScanStatus As Integer
' --- Implementierung der Scanner-Schnittstelle
Private Sub IScanner_ScanPage()
MsgBox "Seite wird gescannt..."
ScanStatus = 1
End Sub
Private Property Get IScanner_ScanStatus() As Integer
IScanner_ScanStatus = ScanStatus
End Property
Private Property Let IScanner_ScanStatus(ByVal vNewValue As Integer)
ScanStatus = vNewValue
End Property
' --- Implementierung der Fax-Schnittstelle
Private Sub IFax_SendFax()
MsgBox "Telefax wird gesendet..."
FaxStatus = 1
End Sub
Private Property Get IFax_FaxStatus() As Integer
IFax_FaxStatus = FaxStatus
End Property
Private Property Let IFax_FaxStatus(ByVal vNewValue As Integer)
FaxStatus = vNewValue
End Property
' --- Implementierung der Drucker-Schnittstelle
Private Sub IPrinter_PrintOut()
MsgBox "Dokument wird gedruckt!"
End Sub
```

Nutzung
von Mehr-
fachschnitt-
stellen

Nutzung von Objekten mit mehreren Schnittstellen Außerdem soll hier noch gezeigt werden, wie Mehrfachschnittstellen benutzt werden. Wenn ein Objekt über mehrere Schnittstellen verfügt, dann hat VB immer die Schnittstelle im Zugriff, die dem Typ der Objektvariablen entspricht. Ein Wechsel der Schnittstelle erfolgt also mit:

```
Dim x as neueSchnittstelle
set x = y
```

Hierbei ist y ein Zeiger auf die alte Schnittstelle, und x muss als eine Objektvariable vom Typ der neuen Schnittstelle deklariert worden sein.

```
Sub main()
Dim F As IFax
Dim S As IScanner
Dim P As IPrinter
Dim A As App
' Objekt instanziieren
```

```
Set F = New AllInOne
' Aufruf aus Interface IFax
F.SendFax
MsgBox F.FaxStatus
' Schnittstelle wechseln
Set P = F
P.PrintOut
' Schnittstelle wechseln
Set S = F
S.ScanPage
MsgBox S.ScanStatus
' Fehler: Methode nicht gefunden
S.SendFax
' Fehler: Typen unverträglich
Set A = F
End Sub
```

Listing 8.63: *Verwendung der im vorherigen Listing definierten Mehrfachschnittstellen (nicht möglich in VBS!)*

Der vorletzte Befehl führt zu einem Fehler, weil die Methode SendFax() über die Schnittstelle IScanner, auf die S zeigt, nicht im Zugriff ist. Der letzte Befehl führt zu einem Fehler, weil die Klasse AllInOne nicht über eine Schnittstelle App verfügt.

8.15 Nutzung von COM und DCOM

Alle Visual Basic-Dialekte verfügen über die Möglichkeit, auf dem System vorhandene COM-Komponenten zu nutzen. Allerdings gibt es einen entscheidenden Unterschied: VBS kann – wie andere Scriptsprachen auch – nur auf automationsfähige Komponenten via IDispatch-Schnittstelle zugreifen.

Nutzung

Die Erzeugung neuer COM-Komponenten wird in den verschiedenen Visual Basic-Dialekten allerdings unterschiedlich unterstützt:

Erstellung

- Das große VB kann seit Version 4.0 die wichtigsten Typen von COM-Komponenten in Form von COM-DLLs und COM-EXEs erstellen.
- VBA kann seit der Version 5.0 einige wenige ausgewählte Arten von COM-Komponenten erstellen.
- Mit VBS können COM-Komponenten nur in Form von Scriptlets erstellt werden.

	VB	VBA	VBS
New-Operator	Ja	Ja	nur für VBS-Klassen
CreateObject() (lokal)	Ja	Ja	Ja
CreateObject() (entfernt)	Ja, ab v6.0	Ja, ab v6.0	Ja, ab v5.0
GetObject()	Ja	Ja	Ja

Tabelle 8.16 Aktivierungsmöglichkeiten von COM-Objekten in VB-Dialekten im Vergleich

8.15.1 Instanziierung von COM-Komponenten

Für den Zugriff auf bestehende COM-Komponenten gibt es in Visual Basic zwei grundsätzliche Möglichkeiten:

Kapitel 8 Die Visual Basic-Sprachfamilie

- Erzeugung einer neuen Instanz einer COM-Klasse mit dem `New`-Operator oder der `CreateObject()`-Funktion
- Zugriff auf eine bestehende Instanz aus der Running Objects Table (ROT) oder auf eine persistente Instanz mit der `GetObject()`-Funktion

New versus CreateObject() Der Unterschied zwischen `New` und `CreateObject()` ist folgender:

- In VBS kann zur Instanziierung von COM-Klassen nur `CreateObject()` verwendet werden. Mit `New` können in VBS nur VBS-Klassen oder COM-Klassen instanziiert werden. Ausnahmen bilden COM-Klassen, die in der gleichen Komponente wie die Scripting Engine selbst interpretiert sind. Eine solche Klasse ist `RegExp`.
- Mit `CreateObject()` können nur COM-Klassen, aber keine VB-Klassen instanziiert werden.
- Bei `New` sind der Komponenten- und der Klassenname im Programmcode statisch festgelegt. `CreateObject()` erwartet eine Zeichenkette, für die auch eine zuvor zur Laufzeit belegte Variable verwendet werden kann.

```
Komponente = "Word"
Klasse = "Application"
ProgID = Komponente & "." & Klasse
Set o = CreateObject(ProgID)
```

- `CreateObject()` erlaubt auch die Angabe einer CLSID.
- `CreateObject()` sucht die angegebene ProgID bzw. CLSID direkt in der Registrierungsdatenbank unter `HKEY_CLASSES_ROOT`. `New` verlangt, dass die angegebene ProgID in einer in das VB 6.0-/VBA-Projekt eingebundenen Typbibliothek definiert ist. Sofern die Typbibliothek nicht den Registrierungsdatenbankeinträgen entspricht (vgl. Ausführungen zum Zeitplandienst im COM-Komponentenhandbuch), weicht die bei `New` zu verwendende ProgID von der ProgID bei `CreateObject()` ab. Sofern der Klassenname innerhalb der eingebundenen Typbibliothek eindeutig ist, ist die Angabe des Komponentennamens bei `New` nicht notwendig.
- Bei der Verwendung innerhalb eines Objekts, dessen Klasse im Microsoft Transaction Server 2.0 (siehe Kapitel 7) installiert ist, erzeugt `CreateObject()` eine Instanz in einem neuen Objektkontext und `New` eine Instanz ohne Objektkontext.
- Für COM-Klassen, die in mehreren Versionen installiert sind, kann mit `CreateObject()` explizit definiert werden, welche Version instanziiert werden soll. `New` verwendet immer die aktuelle Version.
- Mit `CreateObject()` können auch Instanzen auf entfernten Rechnern erzeugt werden.

CreateObject() **Instanziieren mit CreateObject()** `CreateObject()` kann nur in Zusammenhang mit der Set-Anweisung benutzt werden.

```
set o = CreateObject
(komponente.klasse.version [,computername])
```

Beispiele:

Listing 8.64
Beispiele für die lokale Instanziierung

```
Set o = CreateObject("Scripting.FileSystemObject")
Set o = CreateObject("MAPI.Session")
Set o = CreateObject("Word.Application")
Set o = CreateObject("Word.Application.12")
```

Fernaktivierung **Fernaktivierung** Ab VB 6/7, VBA 6.0 und VBS 5.0 unterstützt Visual Basic den zusätzlichen Parameter `Computername`. Somit ist es möglich, auf einfache Weise DCOM-Aufrufe zu realisieren.

Nutzung von COM und DCOM

```
set o = CreateObject("Word.Application","\\XFilesServer01")
set o = CreateObject("Scripting.FileSystemObject ","\\XFilesServer01")
```

Listing 8.65: Beispiele für die entfernte Instanziierung

Instanziieren mit dem New-Operator in VB 6.0/VBA Der New-Operator kann zur Erzeugung neuer Instanzen von COM-Klassen nur in VB 6.0/VBA benutzt werden. New benötigt immer Informationen aus der Typbibliothek der Komponente. Diese muss also zuvor eingebunden werden.

New

Dabei kann New entweder bei der Deklaration einer Variablen

```
Dim o as new Komponente.Klasse
```

oder mit einer Objektzuweisung mit Set verwendet werden.

```
Dim o As Komponente.Klasse
Set obj = new Komponente.Klasse
```

Die erste Variante ist marginal langsamer als die zweite, da Visual Basic intern bei jedem Objektzugriff eine zusätzliche Überprüfung der Objektvariablen durchführt.

Verwendung in Deklaration	Dim obj As new Word.Application
Verwendung mit Set	Dim obj As Word.Application Set obj = new Word.Application

Tabelle 8.17
Beispiele zur Anwendung des New-Operators

Frühes und spätes Binden Fälschlicherweise wird oft behauptet, der Unterschied zwischen dem New-Operator und der CreateObject()-Funktion sei der Bindungszeitpunkt. Der Bindungszeitpunkt wird in Visual Basic lediglich durch die Deklaration angegeben.

Bindungszeitpunkt

- Wird in der Deklaration der Variablen der Typ genannt, erfolgt frühe Bindung mit QueryInterface() und vTables.
- Nur wenn die Variable nicht typisiert (also vom Typ *Variant*) oder As Object deklariert ist, erfolgt späte Bindung mit IDispatch.

Visual Basic Script, das keine Typendeklaration kennt, verwendet folglich immer spätes Binden!

Die Typisierung einer Objektvariablen auf eine COM-Klasse erfordert immer die Einbindung der Typbibliothek der Komponente. Ohne eine Typbibliothek sind VB 6.0/VBA nicht besser dran als VBS und können nur spät mit IDispatch binden.

```
Dim obj As new TestKomponente.TestKlasse
Set obj = CreateObject("TestKomponente.TestKlasse")
```

Listing 8.66: Frühe Bindung mit CreateObject()

```
Dim obj As new TestKomponente.TestKlasse
Set obj = new TestKomponente.TestKlasse
```

Listing 8.67: Frühe Bindung mit New

```
Dim obj
Set obj = CreateObject("TestKomponente.TestKlasse")
```
Listing 8.68: Späte Bindung mit `CreateObject()`

```
Dim obj As Object
Set obj = new TestKomponente.TestKlasse
```
Listing 8.69: Späte Bindung mit `New`

TypeName() Die VB-Funktion `TypeName()` funktioniert auch bei COM-Klassen und liefert den Klassennamen der COM-Klasse.

8.15.2 Zugriff auf bestehende Instanzen

GetObject() Während `CreateObject()` eine neue Instanz einer Klasse erzeugt, ist mit `GetObject()` der Zugriff auf bereits bestehende Instanzen einer Klasse aus der Running Objects Table (ROT) oder einer persistenten Instanz (z.B. aus dem Dateisystem) möglich. `GetObject()` hat zwei Parameter, von denen mindestens einer angegeben sein muss: entweder ein Moniker für die gewünschte Instanz oder eine ProgID für die gewünschte Klasse.

```
set o = GetObject([moniker] [,class])
```

Moniker Wird nur ein Moniker angegeben, sucht `GetObject()` die entsprechende Instanz und gibt bei Erfolg einen Zeiger darauf zurück. Sofern bei `GetObject()` der optionale Parameter `ProgID` nicht angegeben ist, wird die Datei immer mit der Anwendung geöffnet, mit der die Dateierweiterung verknüpft ist. Die Verknüpfung ist in der Registrierungsdatenbank (in *HKEY_CLASSES_ROOT*) hinterlegt.

Class Wird nur eine `class` angegeben, sucht `GetObject()` irgendeine Instanz dieser Klasse in der Running Objects Table. Wird eine Instanz gefunden, wird der Zeiger darauf zurückgeliefert. Wird keine Instanz gefunden, verhält sich `GetObject()` wie `Create Obect()` und erzeugt eine neue Instanz.

Achtung: Diese Funktion funktioniert nicht in älteren VBScript-Implementierungen.

Dateierweiterung Sofern bei `GetObject()` der optionale Parameter `class` nicht angegeben ist, wird die Datei immer mit der Anwendung geöffnet, mit der die Dateierweiterung verknüpft ist. Die Verknüpfung ist in der Registrierungsdatenbank (in HKEY_CLASSES_ROOT) hinterlegt. Wenn sowohl ein Moniker als auch eine ProgID angegeben sind, wird die Instanz gesucht und mit der angegebenen Klasse gestartet – unabhängig davon, was in der Registrierungsdatenbank konfiguriert wurde. Soll die Datei durch eine andere als die in der Registrierungsdatenbank benannte Anwendung geöffnet werden, kann diese über die ProgID spezifiziert werden.

Listing 8.70 Beispiele zur Verwendung von `GetObject()` *[com_getobject.vbs]*
```
Set o = GetObject("d:\buch\docs\test.xls")
Set o = GetObject(, "Word.Application")
Set o = GetObject("d:\buch\docs\test.xls", "Excel.Sheet")
```

8.15.3 Verwendung von COM-Objekten

Die Verwendung von COM-Objekten entspricht der Arbeit mit Instanzen von VB-Klassen, d.h., die Objektvariable wird durch einen Punkt [.] von dem Mitgliedsnamen getrennt. Dies gilt sowohl für Attribute und Methoden als auch für Ereignisse. Zu beachten ist nur, dass nicht alle Scripting Hosts Ereignisse unterstützen und dass selbst die Scripting Hosts, die es können, nicht alle COM-Ereignisse behandeln können.

Beherzigen Sie bei der Verwendung von Objektmodellen aus COM-Komponenten den Tipp, der auch schon für VB-Objekte gilt: Für jeden Punkt in einem Statement müssen einmal QueryInterface() oder – noch schlimmer – die IDispatch-Methoden GetIDsof Names() und Invoke() aufgerufen werden. Vermeiden Sie also die Angabe von tiefen Pfaden (Anweisungen mit mehreren Punkten).

8.15.4 Verwendung von Mehrfachschnittstellen

Mehrfachschnittstellen sind unter COM ein wichtiges Thema. Ein Wechsel der Schnittstelle entspricht in der COM-Welt einem Aufruf von IUnknown::QueryInterface().

Mehrere COM-Schnittstellen

Da VBS nur IDispatch verwenden kann, bleibt die Welt der Mehrfachschnittstellen VBS auch hier vorenthalten. Das kann man positiv oder negativ sehen: Einerseits ist man von der Komplexität der Mehrfachschnittstellen entlastet, andererseits kann VBS nur automationsfähige COM-Klassen nutzen und innerhalb dieser Klassen auch nur die Methoden, die über IDispatch bereitgestellt werden. Sind nicht alle Methoden aller benutzerdefinierten Schnittstellen auch in IDispatch einbezogen, bleibt VBScript ein Teil der Funktionalität verborgen.

Anders bei VB 6.0/VBA: Dort stehen alle benutzerdefinierten Schnittstellen zur Verfügung. Ein expliziter Aufruf von QueryInterface() ist jedoch nicht vorgesehen. Er wäre zwar über einen direkten Aufruf der entsprechenden API-Funktion aus der COM-Bibliothek möglich – dieser schwierige Weg ist jedoch nicht nötig. VB ruft QueryInterface() immer dann neu auf, wenn eine Objektzuweisung an eine Objektvariable erfolgt.

Zum Glück werden heute viele – aber leider nicht alle – COM-Klassen mit dualen Schnittstellen ausgestattet, die sowohl Aufrufe über IUnknown als auch über IDispatch unterstützen (vgl. Kapitel 7).

Ausnahme: CDO 3.0 Mit CDO-Version 3.0 ist Microsoft einen anderen Weg gegangen, um Scriptsprachen den Umgang mit Mehrfachschnittstellen zu ermöglichen: Dort hat jede Schnittstelle eine eigene Implementierung von IDispatch und besitzt darüber hinaus eine Methode, die einen Zeiger auf eine andere Schnittstelle zurückliefern kann. So kann auch eine nicht vTable-fähige Sprache Mehrfachschnittstellen nutzen. Microsoft preist dieses Vorgehen als Vereinheitlichung der COM-Nutzung zwischen verschiedenen Sprachen (VB, C++ ...) an, allerdings auf Kosten der Konsistenz mit vielen anderen Komponenten.

Mehrfachschnittstellen beim Scripting

Der TypeOf-Operator Den Test, ob ein Objekt eine bestimmte Schnittstelle unterstützt, können Sie nur unter VB 6.0/VBA durchführen. Eine Möglichkeit besteht darin, den Schnittstellenwechsel mit Set zu versuchen und einen möglichen Fehler abzufangen. Eleganter ist die Verwendung des TypeOf-Operators, der sich durch das folgende Beispiel erklärt:

Schnittstellenprüfung

```
Set o = New IWSHNetwork_Class
say TypeName(o) ' IWSHNetwork2
If TypeOf o Is IWSHNetwork_Class Then MsgBox "IWSHNetwork_Class" ' Ja!
If TypeOf o Is IWSHNetwork Then MsgBox "IWSHNetwork" ' Ja!
If TypeOf o Is IWSHShell Then MsgBox "IWSHShell" ' Nein
```

Listing 8.71
Testen einer Instanz auf die Unterstützung von Schnittstellen

8.15.5 Datentypprobleme beim Zugriff auf COM-Komponenten

Typprobleme In einigen Fällen kommt es bei der Verwendung von COM-Komponenten zu leichten Problemen mit Datentypen: Wenn ein Attribut oder eine Methode in Form eines Parameters einen bestimmten Datentyp erwarten, werden sie mit dem VBS-Variant nicht immer glücklich sein.

Dazu ein Beispiel.

Listing 8.72
Ein Beispiel aus der Komponente „Microsoft Internet Control"
```
Const FTPSERVER = "ftp://1.1.1.20"
Set oiC = CreateObject("InetCtls.Inet")
oiC.Execute FTPSERVER, "DIR"
Do While oiC.StillExecuting
    DoEvents   ' WScript.Sleep()
Loop
```

Obige Befehle werden problemlos ausgeführt. Wenn jedoch der Aufruf von `Execute()` und die darauffolgende Warteschleife gekapselt werden sollen, kommt es zu einem Fehler.

Listing 8.73
Dieses Script hat Probleme mit den Datentypen. [CD:/code/komponenten/INET/inet_ftp.vbs]
```
Const FTPSERVER = "ftp://1.1.1.20"
inet_doit oiC, FTPSERVER, "DIR"
'--- Unterroutine
Sub inet_doit(oiC, url, command)
oiC.Execute url, command
Do While oiC.StillExecuting
    DoEvents   ' WScript.Sleep()
Loop
End Sub
```

Durch die Übergabe der Zeichenkette an eine Unterroutine geht die Information verloren, dass es sich um einen Untertyp `String` handelt, sodass `Execute()` die angegebene URL als „falsch formatiert" zurückweist. Abhilfe schafft in solchen Fällen eine explizite Typumwandlung, hier mit `CStr()`.

```
oiC.Execute CStr(url), CStr(command)
```

8.16 Eingebaute Funktionen und Klassen

Funktionen Alle VB-Dialekte enthalten eine Reihe von eingebauten Funktionen für die Bereiche Mathematik, Zeichenkettenbearbeitung, Datum/Uhrzeit sowie Typkonvertierung. Eine Tabelle finden Sie in Anhang C.

Reguläre Ausdrücke Außerdem bietet Visual Basic Script seit Version 5.0 eine eingebaute Klasse `RegExp`. Die Klasse wird nicht als eingebautes Objekt bereitgestellt; der Programmierer muss sie selbst instanziieren. `RegExp` steht aber auch außerhalb von VBS als COM-Klasse `VBScript.RegExp` zur Verfügung.

8.17 Fehlerbehandlung

On Error GoTo Alle VB-Dialekte verfügen über eine Möglichkeit, Laufzeitfehler abzufangen. Diese ist in VB 6.0/VBA jedoch deutlich besser als in VBS. Grundlegende Anweisung ist On

`Error GoTo...`, mit der festgelegt werden kann, dass das Programm im Fehlerfall nicht mit einer Fehlermeldung stehen bleiben, sondern an anderer Stelle weiterarbeiten soll.

Befehl	Bedeutung	Unterstützung
On Error Resume Next	Schaltet das Abfangen von Laufzeitfehlern ein, sodass misslungene Befehle übersprungen werden. Die Programmausführung macht dann beim nächsten Befehl weiter.	Alle VB-Dialekte
On Error GoTo 0	Schaltet die Laufzeitfehlerbehandlung aus: Jeder Fehler führt wieder zum Abbruch.	Alle VB-Dialekte

Tabelle 8.18 Befehle zur Aktivierung bzw. Deaktivierung der Laufzeitfehlerbehandlung

Err-Objekt Nachdem Sie mit `On Error GoTo...` den Abbruch des Programms verhindert haben, können Sie über das eingebaute Objekt `err` (verfügbar in allen VB-Dialekten) Informationen über den Fehler erhalten. Das eingebaute Objekt `Err` gehört zur Klasse `ErrObject` und verfügt u.a. über folgende Attribute:

Fehlerinformationen

- `Err.Number`: Fehlernummer des letzten aufgetretenen Fehlers
- `Err.Description`: textliche Beschreibung des Fehlers
- `Err.Source`: Quelle des Fehlers

Nach einem `On Error Resume Next` können Sie mit `Err.Number` feststellen, ob ein Fehler aufgetreten ist.

```
On Error Resume Next
MsgBox 1 / 0
If Err.Number <> 0 Then
    MsgBox "Fehler #" & Err.Number & " (" & Err.Description & _
    ") ist in " & Err.Source & " aufgetreten."
    Err.Clear
Else
    MsgBox "Befehl war erfolgreich!"
End If
```

Listing 8.74 Abfangen eines Fehlers [error_1.vbs]

Dieses Listing wird natürlich immer einen „*Division durch Null*"-Fehler melden. Nach einer Abfrage des Fehlers sollten Sie `err.Clear()` aufrufen, um anschließend nicht durcheinanderzukommen.

Achtung: Wenn es zwischen der Überprüfung von `Err.Number` und der Ausgabe zu einem weiteren Fehler bzw. zu einem Folgefehler kommt, dann wird die eigentliche Fehlerinformation überschrieben.

Sie können das `Err`-Objekt über seine `Raise()`-Methode auch dazu nutzen, selbst einen Fehler zu erzeugen.

```
err.Raise(number, source, description)
```

Beispiel:
```
err.raise "12345","Mein Skript","Nur ein Test-Fehler"
```

Fehlerbehandlung in VB 6.0/VBA Die Fehlerbehandlung in VBS ist etwas unbefriedigend, weil man im Prinzip nach jedem Befehl den Inhalt des `Err`-Objekts manuell auf möglicherweise aufgetretene Fehler überprüfen muss. VB 6.0/VBA können das besser.

VB 6.0/VBA

Tabelle 8.19
Zusätzliche Befehle zur Behandlung von Laufzeitfehlern in VB 6.0/VBA

Befehl	Bedeutung	Unterstützung
On Error GoTo Marke	Springt im Fehlerfall zu der mit Marke: spezifizierten Markierung innerhalb des gleichen Unterprogramms	Nur VB 6.0/VBA
Resume	Fehlgeschlagenen Befehl erneut versuchen (nur innerhalb einer Fehlerbehandlungsroutine möglich)	Nur VB 6.0/VBA
Resume Next	Weiterarbeiten bei dem auf den fehlgeschlagenen folgenden Befehl (nur innerhalb einer Fehlerbehandlungsroutine möglich)	Nur VB 6.0//VBA
Resume Marke	Weiterarbeiten bei Marke: (nur innerhalb einer Fehlerbehandlungsroutine möglich)	Nur VB 6.0//VBA

Beispiel Die nachstehende Routine MachEinenFehler() definiert nach *Fehler:* eine Fehlerbehandlungsroutine. Dabei besteht die Wahl, den fehlerverursachenden Befehl mit Resume Next zu überspringen oder aber (nach Beseitigung der Fehlerursache) den gleichen Befehl erneut zu versuchen (Resume). Eine derartige Fehlerbehandlungsroutine pro Unterroutine genügt. Man muss nur auf eins achten: Da die Fehlerbehandlungsroutine keine wirklich eigenständige Routine, sondern ein Teil der Gesamtroutine ist, muss mit einem Exit Sub verhindert werden, dass die Programmausführung zwangsläufig in den Fehlerbehandlungsteil läuft.

Listing 8.75
Beispiel zur Fehlerbehandlung (nur VB 6.0/VBA) [error_2.vbs]

```
x = 1
y = 0
On Error GoTo Fehler:
MsgBox x / y
Exit Sub 'Nicht vergessen!
' --- Fehlerbehandlung
Fehler:
MsgBox "Fehler #" & Err.Number & " (" & _
Err.Description & ") ist in " & Err.Source & " aufgetreten."
a = MsgBox("Nochmal versuchen?", vbYesNo, "Frage")
If a = vbYes Then
    y = 1
    Resume
Else
    Resume Next
End If
```

8.18 Allgemeine Hilfsroutinen

WS_scriptLIB Einige Hilfsroutinen werden Ihnen in den Beispielen immer wieder begegnen. Diese seien hier am Anfang zusammengestellt. Sie bilden die Funktionsbibliothek *WS_scriptLIB* [CD:/code/sprachen/_bibliotheken /WS_scriptLIB.vbs].

Sie können den Quelltext dieser Bibliothek in Ihre eigenen Scripts kopieren oder aber – besser – in Ihre eigenen Scriptdateien als externe Datei einbinden. Für die Scripting Hosts, die keine eigene Routine zur Einbindung liefern, wird im nächsten Unterkapitel eine Lösung vorgestellt. Einige der Routinen der *WS_ScriptLIB* sind auch in der Klasse Util der COM-Komponente *WindowsScripting* enthalten.

8.18.1 Scripteinbindung

Include()-Funktion für alle Scripting Hosts

Nicht alle Scripting Hosts unterstützen die Einbindung externer Scriptdateien. In diesen Scripting Hosts müssten Sie also Funktionsbibliotheken extern immer durch Cut&Paste im Quellcode in Ihre Scripts übernehmen. Mithilfe der ExecuteGlobal()-Methode aus VBS 5.0 und der in Kapitel 10.2 vorgestellten *Scripting Runtime-Komponente* zum Dateisystemzugriff kann man sich jedoch eine eigene Einbindungsroutine bauen. Die in Listing 8.76 gezeigte Funktion Include() öffnet die einzubindende Scriptdatei mithilfe der Klasse Scripting.TextStream aus der Scripting Runtime-Komponente und führt den eingelesenen Quellcode dann mit ExecuteGlobal() aus. Aufgrund der Eigenschaft von ExecuteGlobal(), alle enthaltenen globalen Variablen und Unterroutinen im globalen Namensraum des aufrufenden Scripts zur Verfügung zu stellen (vgl. Kapitel 8.13), eignet sich Include() also, um Funktionsbibliotheken einzubinden. Im Fehlerfall werden die Fehlerinformationen als Zeichenkette zurückgegeben.

```
' == Universelle Einbindung externer Scriptdateien
Function Include(skriptname)
dim fso ' As Scripting.FileSystemObject
dim oTX ' As Scripting.TextStream
On Error Resume Next
Set fso = CreateObject("Scripting.FileSystemObject")
If fso.FileExists(skriptname) Then
  Set oTX = fso.OpenTextFile(skriptname)
  ExecuteGlobal oTX.ReadAll
  If Err.Number <> 0 Then   ' Fehler
    Include = Err.Number & ":" & Err.Description
  Else ' kein Fehler
    Include = ""
  End If
  oTX.Close
Else   ' Datei nicht gefunden
  Include = "Datei existierte nicht!"
End If
End Function
```

Listing 8.76 Include-Funktion für alle Scripting Hosts [CD: /code/sprachen/_bibliotheken/WS_Script-LIB.vbs]

Diese Routine läuft nicht in VB 6.0/VBA!

Diese Routine ist die einzige, die Sie in den Quelltext jedes Ihrer Scripts duplizieren müssen. Alle anderen Routinen können Sie zentral in Dateien speichern und mit Include() einbinden.

8.18.2 Umwandlungsroutinen

Flat()

Eine hilfreiche Funktion, die Sie immer wieder dann brauchen werden, wenn Attribute fallweise entweder einen elementaren Wert oder ein Array zurückgeben, ist flat(). Diese Hilfsroutine überprüft, ob der übergebene Wert ein Array ist. Wenn dies zutrifft, wird aus dem Array eine durch Semikola getrennte Zeichenkette erzeugt. flat() bedient sich der Hilfsroutine CSVadd(), die eine Zeichenkette durch ein Semikolon getrennt an eine andere Zeichenkette anhängt. Die Gesamtzeichenkette wird bewusst sowohl durch einen Referenzparameter (Call by Reference) im ersten Parameter als auch über den Rückgabewert zurückgegeben; dies gibt dem Nutzer der Routine mehr Flexibilität in ihrem Gebrauch. Das Semikolon wird ausgelassen, wenn die erste Zeichenkette noch leer ist.

Listing 8.77
Macht aus einem Array eine CSV-Zeichenkette. [CD: /code/sprachen/ _bibliotheken / WS_Script-LIB.vbs]

```
Function flat(var) ' As String
On Error Resume Next
Dim i ' As Integer
If IsArray(var) Then ' Array flachklopfen
    flat = Join(var, ";")
Else                    ' War kein Array
    flat = var
End If
End Function
```

8.18.3 Rückumwandlung von Konstanten

Umwandlung numerischer Konstanten in Zeichenketten

Komponenten arbeiten in der Regel nicht mit symbolischen, sondern mit numerischen Konstanten. Eine Definition der Form `Const SymbolischerName = Wert` bietet dem Entwickler aber nur Unterstützung beim Setzen von Werten: Er kann bei der Wertzuweisung den symbolischen Konstantennamen statt eines numerischen Werts verwenden. Wenn jedoch eine Instanz einer Klasse einen numerischen Wert (zurück-)liefert, dann helfen die `Const`-Definitionen nicht, daraus eine symbolische Konstante oder einen sprechenden Begriff in Form einer Zeichenkette zu machen.

Auf Basis von Typbibliotheken gibt es Möglichkeiten, den symbolischen Konstantennamen zur Laufzeit durch das Auslesen der Typbibliothek zurückzugewinnen (vgl. [WES99a]). Dies ist jedoch entweder codeintensiv oder erfordert die Zusatzinstallation einer Komponente, die die Rückübersetzung kapselt. Außerdem funktioniert das Verfahren nur mit Typbibliotheken. In diesem Buch wird daher ein anderer, einfacherer Ansatz gewählt.

Parallel zu den Konstantendefinitionen werden zweidimensionale Arrays für die Konstantenlisten angelegt, wobei die erste Spalte jeweils den symbolischen Namen und die zweite Spalte den Wert enthält. Mithilfe der Routine `get_from_array(wert, feld)` wird aus einem bestimmten Feld anhand eines übergebenen Werts der passende symbolische Name herausgesucht. Da es auch Flags gibt, bei denen ein numerischer Wert mehrere symbolische Namen repräsentiert, existiert auch die Variante `get_from_array_mult(wert, feld)`, die durch eine bitweise Und-Verknüpfung alle Teilwerte ermittelt, aus denen ein Gesamtwert besteht.

Die Eingabe des zur Füllung der Arrays nötigen Programmcodes kann sehr mühsam sein. Dabei unterstützt Sie der mit diesem Buch mitgelieferte *comTLBrowser* (siehe Kapitel 18, „Werkzeuge"): Er erzeugt aus einem Aufzählungstyp in einer Typbibliothek den passenden Code, um ein Array so zu füllen, dass mit `get_from_array()` bzw. `get_from_array_mult()` eine Rückumwandlung möglich ist.

Der große Vorteil der Array-Methode ist, dass Sie die symbolischen Namen beliebig ändern können. Beim Zugriff auf die Typbibliothek bekommen Sie immer nur die dort definierten symbolischen Namen.

Listing 8.78
Standardroutinen zur Umwandlung einer numerischen Konstante in eine Zeichenkette

```
' ### Entnimmt aus einem zweidimensionalen Array einen passenden Wert
' ### Ermittelt Wert von Spalte1 anhand eines Wertes aus Spalte2
Function Get_From_Array(wert, feld)
Dim i ' As Integer
get_from_array = "n/a"
' -- Über alle Zeilen im Feld
For i = LBound(feld, 1) To UBound(feld, 1)
    If feld(i, 1) = wert Then ' gefunden!
```

```
            get_from_array = feld(i, 0)
            Exit For
        End If
    Next
End Function

' ### Entnimmt aus einem zweidimensionalen Array passende Werte
' ### Ermittelt Werte von Spalte1 anhand eines Wertes aus Spalte2
Function get_from_array_mult(wert, feld)
Dim i ' As Integer
get_from_array_mult = ""
' -- Über alle Zeilen im Feld
For i = LBound(feld, 1) To UBound(feld, 1)
    If feld(i, 1) And wert Then
        If get_from_array_mult <> "" Then _
            get_from_array_mult = get_from_array_mult & ";"
        end if
        get_from_array_mult = get_from_array_mult & feld(i, 0)
    End If
Next
End Function
```

8.18.4 Ausgabe

Ein guter Scriptprogrammierer kapselt alle Ausgaben in Unterroutinen, um die Scripts schnell an die Scripting Host-spezifischen Ausgabeweisen anpassen zu können. Zentral ist die Routine say(), die eine übergebene Zeichenkette ausgibt. Say() ist nicht Bestandteil der *WS_ScriptLIB*, da say() hostspezifisch ist und damit nicht den hostneutralen Anspruch der *WS_ScriptLIB* erfüllt. Die *WS_ScriptLIB* liefert jedoch einige Routinen, die auf say() aufbauen, und erwartet also, dass das Hauptprogramm oder eine andere Bibliothek say() implementiert. Sie werden in Kapitel 9 einige hostspezifische Bibliotheken (*WS_AspLIB*, *WS_VbWSHLIB*, *WS_ExAgLIB*) finden, die dieser Anforderung gerecht werden.

Fehlerausgabe Hilfreich ist eine Routine, die neben der übergebenen Zeichenkette auch den Zustand des Err-Objekts ausgibt.

sayerror ()

```
Sub sayerror(s)
say "FEHLER: " & Err.Number & _
" (" & Err.Description & "): " & s
End Sub
```

Listing 8.79
Ausgabe eines Fehlers

Bedingte Ausgabe während des Debugging Sie sollten berücksichtigen, dass Sie zur Entwicklungs- und Testzeit mehr Ausgaben benötigen als später im produktiven Einsatz. Dies können Sie über eine globale Konstante mit Namen DEBUGMODE steuern. Saydebug() macht nur eine Aussage, wenn dieser DEBUGMODE auf *True* gesetzt wurde.

saydebug ()

```
Const DEBUGMIODE = True
Sub saydebug(s)
If DEBUGMODE Then say s
End Sub
```

Listing 8.80
Bedingte Ausgabe (nur im Debugmodus)

Ausführliche Ausgabe Sayex() ist eine erweiterte Ausgabefunktion, die Ausgaben laufend durchzählt und zusammen mit Datum und Uhrzeit ausgibt. Dazu werden zwei globale Variablen benötigt. Die Möglichkeit statischer lokaler Variablen mit dem Schlüsselwort Static gibt es nur in VB 6.0/VBA.

sayex ()

Kapitel 8 Die Visual Basic-Sprachfamilie

Listing 8.81
Ausführliche Ausgabe

```
Dim sayall ' As String
Dim saycount ' As Integer
Sub sayex(s)
 On Error Resume Next
 Dim text ' As String
 saycount = saycount + 1
 text = saycount & ". (" & Now & "): " & s
 sayall = sayall & text & vbCr & vbLf
 say text
End Sub
```

8.18.5 Schreiben in eine Log-Datei

WriteTo() Dem Schreiben von Logs in Textdateien dient die Routine WriteTo(FilePath, Text). WriteTo() hängt den übergebenen Text an die bezeichnete Datei an. Die verwendeten COM-Klassen werden in Kapitel 10.2 erläutert.

Listing 8.82
Anhängen von Text an eine Protokolldatei

```
' ### Anhängen einer Zeichenkette an eine Datei
Sub WriteTo(FilePath, Text)
 Dim oTX ' As Scripting.TextStream
 Dim FSO ' As Scripting.FileSystemObject
 On Error Resume Next
 Set FSO = CreateObject("Scripting.FileSystemObject")
 Set oTX = FSO.OpenTextFile(FilePath, 8, True)  ' 8 = ForAppending
 oTX.WriteLine Text
 oTX.Close
 On Error GoTo 0
End Sub
```

8.18.6 Fehlerüberprüfung

Check() Wenn Sie die Fehlerüberprüfung mit On Error Resume Next ausgeschaltet haben, dann müssen Sie selbst regelmäßig den Status des Err-Objekts abfragen. Dies können Sie an eine Hilfsroutine delegieren, die Sie an zentralen Stellen in Ihren Scripts (Prüfpunkte) aufrufen. Eine von Ihnen übergebene Information über den zuletzt ausgeführten Vorgang wird bei der Protokollierung berücksichtigt.

Listing 8.83
Überprüfung, ob ein Fehler aufgetreten ist

```
Function Check(strStep) ' As Boolean
 If Err.Number <> 0 Then
  sayerror strStep
  Err.clear
  check = True
 Else
  If DEBUGMODE Then say "STEP OK: " & strStep
  check = False
 End If
End Function
```

8.18.7 COM-Funktionen

ExistsObject() Sehr hilfreich sind Funktionen, die überprüfen, ob eine bestimmte Instanz existiert (per Zugriff über einen Moniker) oder ob eine bestimmte Klasse instanziiert werden kann (per ProgID oder CLSID).

```
' ### Existiert eine COM-Instanz?
Function existsObject(moniker) ' As Boolean
Dim obj ' As Object
On Error Resume Next
Set obj = GetObject(moniker)
If obj Is Nothing Then
    ExistsObject = False
Else
    ExistsObject = True
End If
Err.Clear
On Error GoTo 0
End Function

' ### Testet, ob COM-Objekt mit CreateObject() instanziiert werden kann
Function checkCreate(progid) ' As Boolean
Dim obj ' As Object
On Error Resume Next
Set obj = CreateObject(progid)
If obj Is Nothing Then
    CheckCreate = False
Else
    CheckCreate = True
End If
Err.Clear
On Error GoTo 0
End Function
```

Listing 8.84
COM-Hilfsroutinen

Ausgabe von Objektmengen Bei der Erforschung von Komponenten wollen Sie häufig wissen, welche Objekte eine Objektmenge (Collection) enthält. Die folgende Hilfsroutine GetCol() liefert eine durch Semikolon getrennte Liste der Namen der Unterobjekte. Die Hilfsroutine funktioniert aber nur, wenn die Objekte in der Objektmenge ein Attribut Name besitzen.

GetCol()

```
Function GetCol(objcol)
Dim o ' As Object
For Each o In objcol
    CSVadd getCol, o.Name
Next
End Function
```

Listing 8.85
CSV-Liste der Elemente einer Objektmenge/ eines Containers

sayCol() gibt Informationen zu einer Objektmenge aus. Dabei sind die Abfrage des Namens der Objektmenge und der Zugriff auf das Count-Attribut bewusst fehlertolerant ausgelegt, da nicht alle Objektmengen diese Fähigkeiten besitzen. Zur Ausgabe einer Liste der Unterobjekte wird die von GetCol() gelieferte CSV-Liste in eine durch Zeilenumbrüche getrennte Liste umgewandelt.

sayCol()

```
Sub sayCol(objcol)
Dim s ' As String
On Error Resume Next
say "Objektmenge: " & objcol.Name
say "Anzahl Objekte: " & objcol.Count
On Error GoTo 0
s = GetCol(objcol)
say Replace(s, ";", Chr(13)) 'Zeilenumbruch statt Semikolon
End Sub
```

Listing 8.86
Universelle Ausgabe einer Objektmenge/ eines Containers

GetColEX() Schöner wäre es, diese Routine noch etwas allgemeiner zu halten und auch das auszugebende Attribut variabel zu gestalten. Leider gibt es dafür keine Lösung, die in allen VB-Dialekten gleichermaßen funktioniert. VB 6.0/VBA bieten die Funktion CallByName(), mit der auf ein Attribut bzw. eine Methode zugegriffen werden kann, deren Name in Form einer Zeichenkette übergeben wird.

Listing 8.87
Erweiterte Version von getCol() (nur VB 6.0/VBA)

```
Sub GetColEX(objcol, attribut)
Dim o ' As Object
For Each o In objcol
    CSVadd getColex, CallByName(o, attribut, VbGet)
Next
End Sub
```

Unter VBS gibt es CallByName() nicht; hier kann das eval-Statement verwendet werden.

Listing 8.88
Erweiterte Version von getCol() (nur VB 6.0/VBA)

```
Function GetColEX(objcol, attribut) ' As String
Dim o ' As Object
For Each o In objcol
    CSVadd getColex, eval("o." & attribut)
Next
End Function
```

GetItem() Wenn Sie nicht wissen, ob es ein Element in einer Objektmenge gibt, dann hilft Ihnen dieser fehlertolerante Zugriff auf ein durch einen Schlüssel spezifiziertes Unterobjekt.

Listing 8.89
Fehlertoleranter Zugriff auf ein Element einer Objektmenge

```
Function GetItem(Item, Key) ' As Variant
getItem = ""
On Error Resume Next
getItem = Item(Key)
End Function
```

9 Die Scripting Hosts

Dieses Kapitel stellt Ihnen verschiedene Active Scripting Hosts vor. Da die Scripting Hosts anderer Anbieter einen vergleichsweise geringen Verbreitungsgrad haben, liegt der Schwerpunkt auf den Scripting Hosts von Microsoft.

Einführung in die Scripting Hosts

HINWEIS: In den vorherigen Auflagen dieses Buchs konnten viel mehr Scripting Hosts berücksichtigt werden. Aufgrund von Platzmangel sind in dieser Auflage das ActiveX Scripting in Exchange Server, Microsoft Outlook, Microsoft SQL Server Data Transformation Services bzw. Integration Services sowie einigen Drittanbieterprodukten nicht mehr enthalten. Bitte greifen Sie auf die 5. Auflage zurück, wenn Sie hierzu Informationen benötigen.

An einigen Stellen ist der Scripting Host ganz offensichtlich, an anderen Stellen verbirgt er sich im tiefen Inneren einer größeren Anwendung. Um Ihnen diese Scripting Hosts zu erläutern, ist eine – wenn auch knappe – Einführung in die Umgebung des Host unerlässlich.

> Im Kapitel „Fortgeschrittene Techniken" werden Ihnen dann mit VBA und Visual Basic 6 auch zwei Umgebungen vorgestellt werden, die keine Active Scripting Hosts, aber hinsichtlich der Entwicklung von Automatisierungslösungen ähnliche, wenngleich mächtigere Umgebungen sind.

Ausblick

Unterscheidungskriterien Die Active Scripting Hosts unterscheiden sich vor allem in drei Punkten:

Merkmale der Scripting Hosts

▸ Speicherung der Scripts
▸ Komplexität
▸ Ein- und Ausgabebefehle

Speicherform Ein Script kann entweder in einer eigenständigen (Text-)Datei angelegt werden oder aber in eine andere (Text-)Datei eingebettet sein. Eingebettete Scripts findet man in der überwiegenden Zahl der Hosts. Eigenständige Dateien verwendet beispielsweise der Windows Script Host. Neben Dateien sind aber auch andere Speicherorte vorzufinden: Der Exchange Server speichert Ereignisscripts in Nachrichten im Message Store, der SQL Server-Agent in einer Systemdatenbank. Diese Scripts können natürlich nur über die entsprechenden Rahmenanwendungen bearbeitet werden.

Dateien und andere Medien

Komplexität Die Komplexität und damit auch die Bedienungsfreundlichkeit ist in den Scripting Hosts sehr verschieden. Die Unterschiede liegen vor allem darin, wie man ein Script an den Host übergibt, wie man Rückmeldungen des Scripts empfängt und in welcher Form das Debugging stattfindet.

Bedienungsfreundlichkeit

Der Windows Script Host (WSH) ist der einfachste Host, wie Sie an der schnellen Erstellung Ihres ersten Scripts in Kapitel 6 gesehen haben. Etwas komplizierter sind bereits Internet Explorer und ASP, weil die Scripts hier korrekt in HTML-Seiten eingebaut werden müssen. Sehr komplex sind das SQL Server Job Scripting und der Exchange Event Service, weil keine Bildschirmausgaben möglich sind.

Ein- und Ausgabe Die Unterschiede bei den Ein- und Ausgabebefehlen sind groß, da diese auf den eingebauten Objekten beruhen. So ist der Zugriff auf die an ein ASP-Script übergebenen Parameter vollkommen anders als auf die E-Mail, die ein Exchange Event

Ein- und Ausgabe

Kapitel 9 Die Scripting Hosts

Agent getriggert hat. Während dies noch nachzuvollziehen ist, könnte es bei den Ausgabefehlern eine Vereinheitlichung geben: Zurzeit erzeugt man Ausgaben im WSH mit `WScript.Echo()`, in ASP mit `Response.Write()`, im Internet Explorer mit `Document.Write()` und im Exchange Event Agent gar nicht über eine Methode, sondern über eine Wertzuweisung an das Attribut `Script.Response`.

say() Ein guter Tipp an dieser Stelle ist es, alle Ausgaben in eine eigene Unterroutine zu kapseln; beim späteren Wechsel des Scripting Hosts ist dann nur an einer zentralen Stelle eine Änderung nötig. In diesem Buch werden Sie bei der Beschreibung der Komponenten in der Regel als Ausgabebefehl nur `say()` finden. `say()` ist in keiner der heute verfügbaren Sprachen oder Scripting Hosts vordefiniert. `say()` ist der Name der Kapselungsfunktion nach dem oben geschilderten Prinzip.

In `saynb()` steht `nb` für *No Break* und ist eine Version von `say()`, in der nach der Angabe kein automatischer Zeilenumbruch erfolgt. Das ist nur in einigen Umgebungen möglich; meistens erzeugen die Ausgabebefehle automatisch einen Zeilenumbruch.

Scripting Host	Gekapselte Ausgabefunktion(en)	Name der Funktionsbibliothek
Internet Explorer / Windows Vista/Windows 7 Sidebar Gadgets	`Sub saynb(s)` `Document.Write s` `End Sub` `Sub say(s)` `Document.Write s & " "` `End Sub`	*WS_ieLIB.vbs*
Active Server Pages (ASP)	`Sub saynb(s)` `Response.Write s` `End Sub` `Sub say(s)` `Response.Write s & " "` `End Sub`	*WS_aspLIB.vbs*

Event Scripting Agent	`Sub say(s)`
	`Script.Response = _`
	`Script.Response & chr(13) & s`
	`End Sub`
		WS_exagLIB.vbs

Windows Script Host (WSH)	`Sub say(s)`
	`WScript.Echo s`
	`End Sub`
		WS_vbwshLIB.vbs

Microsoft Outlook Forms	Es gibt keine spezifische Ausgabefunktion. Ausgaben können entweder über die Steuerelemente in Outlook Forms oder aber über sprachspezifische Ausgabemethoden (z.B. `MsgBox()`) erfolgen.
	`Sub say(s)`
	`MsgBox s`
	`End Sub`
		Keine

SQL Server Job Scripting	`Sub say(s)`
	`SQLActiveScriptHost.Print(s)`
	`End Sub`
		Keine

Tabelle 9.1: say() *in verschiedenen Scripting Hosts*

Scripting Host	Gekapselte Ausgabefunktion(en)	Name der Funktionsbibliothek

Data Transformation Service (DTS)	Es gibt keine spezifische Ausgabefunktion. Ausgaben können nur über sprachspezifische Ausgabemethoden (z.B. `MsgBox()`) erfolgen.
	`Sub say(s)`
	`MsgBox s`
	`End Sub`
		Keine

Visual Basic 6.0 und VBA (Ausgabe im Debug-Fenster)	`Sub say(ausgabe)`
	`Debug.Print ausgabe`
	`End Sub`
		WS_vbwshLIB.vbs

Visual Basic 6.0 und VBA (Ausgabe als Dialogfenster)	`Sub say(ausgabe)`
	`MsgBox ausgabe`
	`Sub`
		Keine

Visual Basic .NET (Ausgabe im Debug-Fenster)	`Sub say(ausgabe)`
	`Debug.Writeline(ausgabe)`
	`End Sub`
		Keine

Visual Basic .NET (Ausgabe an der Kommandozeile)	`Sub say(ausgabe)`
	`Console.Writeline(ausgabe)`
	`End Sub`
		Keine

Visual Basic .NET (Ausgabe als Dialogfenster)	`Sub say(ausgabe)`
	`MsgBox(ausgabe)`
	`End Sub`
		Keine

Script Control	Hier kann man die eingebauten Objekte und die Ausgabefunktion individuell implementieren.	Keine

Tabelle 9.1: say() *in verschiedenen Scripting Hosts (Forts.)*

Einige Scripting Hosts (z.B. ASP, SQL Server Agent, Exchange Event Agent) sind darauf ausgelegt, als unbeaufsichtigte Serveranwendung zu laufen. Sie unterstützen keine Ausgabe von Dialogfenstern (z.B. mit den VB-Befehlen `MsgBox()` oder `InputBox()`) und von anderen Bildschirmelementen zur direkten Interaktion mit dem Benutzer.

Keine Dialogfenster

Funktionsbibliotheken Dieses Buch liefert Ihnen zu einigen Scripting Hosts vom Autor erstellte Funktionsbibliotheken. Darin ist auch `say()` definiert. Wenn Sie ein Script zwischen zwei Scripting Hosts portieren wollen, müssen Sie manchmal nur die Funktionsbibliothek austauschen. Im Fall von VB 6.0/VBA und dem WSH ist nicht einmal das nötig: Die Bibliothek ist darauf ausgelegt, in beiden Umgebungen zu arbeiten. Es müssen lediglich einzelne Zeilen aktiviert bzw. deaktiviert werden. Der Sinn dieser gemeinsamen Bibliothek liegt in der Verwendung von VB 6.0/VBA als Prototypumgebung für WSH-Scripts. Dies wird im Kapitel 19 „Fortgeschrittene Active Scripting-Techniken" näher beschrieben werden.

In der Regel beruhen die Funktionsbibliotheken auf der `WS_ScriptLIB`, die im Kapitel zu Visual Basic beschrieben wurde. Letztere müssen Sie also auch mit einbinden.

9.1 Windows Script Host (WSH)

Der *Windows Script Host (WSH)* ist der Scripting Host, der direkt auf dem Betriebssystem ausgeführt wird. Außer dem Scripting Host (zwei EXE-Dateien) und den zugehörigen DLLs ist keine weitere (BackOffice-)Anwendung notwendig. Der WSH ist

WSH

daher der unkomplizierteste Scripting Host. Andererseits ist er der komplexeste, weil er viele Funktionen (z.B. XML-Strukturierung, COM-Ereignisbehandlung) bietet, die in anderen Scripting Hosts (noch) nicht verfügbar sind.

Im Englischen werden Abkürzungen gerne mit Vokalen aufgefüllt, um sie aussprechen zu können. Insider nennen den WSH daher liebevoll „Wish".

Oft wird WSH mit dem allgemeinen Begriff Scripting Host gleichgesetzt. Dies ist jedoch nicht korrekt: Der WSH ist nur einer von vielen Scripting Hosts gemäß der Windows Scripting-Architektur.

9.1.1 Verfügbare Versionen

Kuriose Versionszählung Microsoft bietet inzwischen die dritte Version des WSH an. Zwischen Version 1.0 und Version 2.0 hat Microsoft eine kleine, aber entscheidende Namensänderung von *Windows Scripting Host* zu *Windows Script Host* vollzogen, die wohl der Abgrenzung zwischen dem allgemeinen Begriff Scripting Host und dem WSH dienen soll.

Die Versionsnummer der dritten Version des WSH verwundert: Das Microsoft-Einmaleins geht so: 1.0, 2.0, 5.6, 5.7, 5.8. Aber es gibt eine Erklärung: Schon der WSH 1.0 verstand sich intern als Version 5.0. Der WSH 2.0 antwortete auf eine Anfrage nach seiner Versionsnummer mit „WSH 5.5". Jetzt hat Microsoft dieses Kuriosum aufgelöst: Das Produkt hat intern und extern die gleiche Versionsnummer.

Die aktuellste WSH-Version ist zum Redaktionsschluss dieses Buchs die Version 5.8.7600 in Windows 7. Die nachfolgende Tabelle zeigt die Verfügbarkeit des WSH für die verschiedenen Windows-Versionen.

Betriebssystem	WSH-Verfügbarkeit
Windows 95	WSH nicht enthalten; WSH 1.0, 2.0 oder 5.6 können nachträglich installiert werden
Windows 98	WSH 1.0; Aktualisierung auf 2.0 oder 5.6 möglich
Windows ME	enthält WSH 2.0; Aktualisierung auf 5.6 möglich
Windows NT 4.0	WSH nicht enthalten; WSH 1.0, 2.0 oder 5.6 können nachträglich installiert werden
Windows 2000	enthält WSH 2.0; Aktualisierung auf 5.6 möglich
Windows XP	enthält WSH 5.6 (Version 5.6.6626); Aktualisierung auf Version 5.7 verfügbar im Rahmen des Updates "Windows Script 5.7" (wird installiert mit Service Pack 3)
Windows Server 2003	enthält WSH 5.6 (Version 5.6.8515) Aktualisierung auf Version 5.7 verfügbar im Rahmen des Updates "Windows Script 5.7" (wird installiert mit Service Pack 3)
Windows Preinstallation Environment (WinPE)	enthält WSH 5.6
Windows Vista	enthält WSH 5.7
Windows Server 2008	enthält WSH 5.7

Tabelle 9.2: Verfügbarkeit des WSH in verschiedenen Betriebssystemversionen

Betriebssystem	WSH-Verfügbarkeit
Windows 7	enthält WSH 5.8
Windows Server 2008 R2	enthält WSH 5.8

Tabelle 9.2: Verfügbarkeit des WSH in verschiedenen Betriebssystemversionen (Forts.)

Vermittlung der WSH-Version per WSH-Script Der WSH kann mit einem Einzeiler getestet werden. Das Attribut Version aus dem eingebauten Objekt WScript enthält die Versionsnummer. Das Codebeispiel ist in VBS geschrieben. Erstellen Sie eine Textdatei mit der Erweiterung *.vbs*, und hinterlegen Sie dort den nachfolgenden Code. Starten Sie das Script dann per Doppelklick.

Versionsermittlung

```
' WSH-Test-Skript (VBS)
WScript.Echo "Dies ist der " & WScript.Name & _
        " Version " & WScript.Version
```

Listing 9.1: Ausgabe der Versionsnummer des WSH [WSH_test.vbs]

Neue Funktionen im WSH 2.0 Gegenüber dem WSH 1.0 bietet der WSH 2.0 folgende neue Möglichkeiten bzw. Verbesserungen:

Features im WSH 2.0

- XML-Strukturierung der Dateien
- Mehrere Scripts pro Datei
- Mehrere Sprachen pro Script
- Einbindung anderer Scriptdateien
- Einbindung von Typbibliotheken
- Drag&Drop-Unterstützung
- In dem eingebauten Objekt WScript wurde Folgendes verbessert:
  - Warteschleife mit Sleep()
  - Zugriff auf Standard-I/O-Kanäle (StdIn, StdOut, StdErr)

Weitere Ergänzungen beziehen sich auf die *WSH Runtime Library*, die in Kapitel 10.1 besprochen wird.

Neue Funktionen im WSH 5.6 Die Neuerungen im WSH 5.6 sind:

WSH 5.6

- Digitale Signierung von Scripts (siehe Kapitel 19, „Fortgeschrittene Techniken")
- Entfernte Ausführung von Scripts (siehe Kapitel 19, „Fortgeschrittene Techniken")
- Selbstbeschreibende Parameter für XML-strukturierte WSH-Dateien (erläutert in diesem Kapitel)

Der Autor dieses Buchs freut sich, dass Microsoft mit den digital signierten Scripts genau das realisiert hat, was er in einem früheren Beitrag zur Scripting-Sicherheit [SCH00c] gefordert hat.

Signierung

Neue Funktionen im WSH 5.7 und 5.8 Die Versionen 5.7 und 5.8 des WSH enthalten gegenüber der Version 5.6 keine neuen Funktionen, sondern nur Fehlerbehebungen und Anpassungen an Veränderungen im Betriebssystem.

9.1.2 WSH-Installation

Das Setup zum WSH 2.0 und zum WSH 5.6 sowie WSH 5.7 finden Sie auf der Buch-CD [CD:/install/hosts/WSH]. Die jeweils aktuelle Version des WSH kann von der Microsoft Scripting-Website [MSSC04A] bezogen werden. Das Setup besteht jeweils aus einer einzigen Datei. Diese Installationsroutine bietet einige Kommandozeilenoptionen für die unbeaufsichtigte Installation. Das ist hilfreich, wenn man den WSH über ein

Optionen zur unbeaufsichtigten Installation

Kapitel 9 **Die Scripting Hosts**

DOS-Batch-Login-Script oder einen Auftrag im Microsoft System Management Server (SMS) automatisiert an Workstations von Endbenutzern verteilen möchte. Die Installation des WSH ist dann hoffentlich die letzte Batch-Datei, die Sie erstellen mussten; in Zukunft können Sie den Anwendern WSH-Scripts liefern.

HINWEIS: Die WSH-Version 5.8 stand bis zum Redaktionsschluss dieses Buchs als Teil von Windows 7 und Windows Server 2008 R2 zur Verfügung. Ein Update für andere Betriebssysteme war nicht verfügbar.

Tabelle 9.3 Kommandozeilenoptionen des WSH-Setup

Option	Bedeutung
/q	Softwarelizenzvertrag wird vor der Installation nicht angezeigt.
/q:a	Softwarelizenzvertrag wird vor der Installation nicht angezeigt, und die Fortschrittsanzeige unterbleibt. Der Anwender hat daher keinen Zugriff auf die *Abbruch*-Schaltfläche und kann die Installation nicht verhindern.
/r:s	Wenn ein Neustart nötig ist, wird dieser ohne Nachfrage durchgeführt.
/r:n	Ein Neustart wird auf keinen Fall durchgeführt.

9.1.3 WSH-Konfiguration

Registrierungsdatenbank

In der Registrierungsdatenbank gibt es Konfigurationseinträge für den WSH. Die Einträge befinden sich unterhalb folgender Schlüssel:

- HKEY_LOCAL_MACHINE\SOFTWARE\Microsoft\Windows Script Host
- HKEY_LOCAL_MACHINE\Software\Microsoft\Windows Scripting Host
- HKEY_CURRENT_USER\Software\Microsoft\Windows Script
- HKEY_CURRENT_USER\Software\Microsoft\Windows Script Host

Benutzerspezifische Einstellungen deaktivieren

Systemweite vs. benutzerspezifische Einstellungen Wie an den Schlüsselnamen zu erkennen ist, gibt es sowohl systemweite als auch benutzerspezifische Einstellungen. Der Eintrag HKEY_LOCAL_MACHINE\SOFTWARE\Microsoft\ Windows Script Host\ Settings\ IgnoreUserSettings legt fest, ob die benutzerspezifischen Einstellungen die systemweiten Einstellungen überlagern dürfen oder ob die benutzerspezifischen Einstellungen ignoriert werden.

Bild 9.1 Systemweite Einstellungen für den WSH

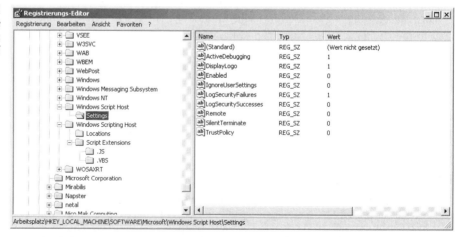

216

Windows Script Host (WSH)

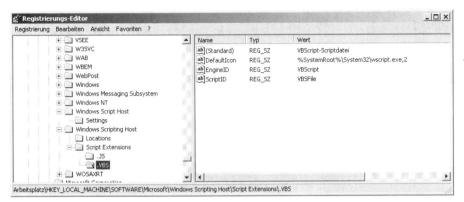

Bild 9.2
Systemweite Einstellungen für die Dateierweiterungen

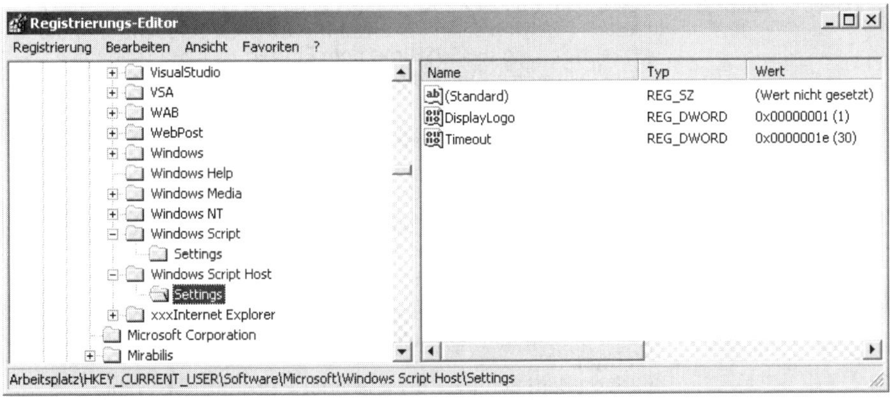

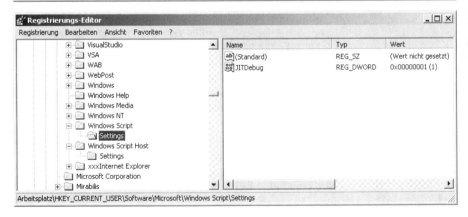

Bild 9.3
Benutzerspezifische Einstellungen

Bild 9.4
Weitere benutzerspezifische Einstellungen

Tabelle 9.4
WSH-Konfiguration in der Registrierungsdatenbank

Eintrag	Erläuterung
ActiveDebugging	Bei Fehlern wird der Debugger gestartet. (0 = Nein, 1 = Ja)
DisplayLogo	Bestimmt, ob beim Start von *CScript.exe* an der Kommandozeile ein Vorspann mit dem Namen und der Version des Scripting Hosts ausgegeben wird. (0 = Nein, 1 = Ja)
Enabled	Deaktivierung des WSH (0 = WSH deaktiviert, 1 = WSH aktiviert)
IgnoreUserSettings	Bestimmt, ob die benutzerspezifischen Einstellungen die systemweiten Einstellungen überlagern. (0 = Ja, 1 = Nein)
LogSecurityFailures	Legt fest, ob erfolglose Versuche, ein Script zu starten, protokolliert werden sollen. Grund für erfolglose Versuche sind die Deaktivierung des WSH mit dem Eintrag Enabled sowie die Einstellung für digital signierte Scripts (TrustPolicy). (0 = Nein, 1 = Ja)
LogSecuritySuccesses	Legt fest, ob erfolgreiche Scriptstarts protokolliert werden sollen. (0 = Nein, 1 = Ja)
Remote	Bestimmt, ob ein anderer Rechner Scripts auf diesen Rechner übertragen und hier ausführen darf. (0 = Nein, 1 = Ja)
TrustPolicy	Einstellung für die digital signierten Scripts: 0 ist die Standardeinstellung und bedeutet, dass alle Scripts laufen. 1 lässt dem Benutzer bei unsignierten Scripts die Wahl. 2 bedeutet, dass grundsätzlich die Ausführung aller Scripts unterbunden wird, die unsigniert sind, deren Integrität verletzt ist oder bei denen es Unzulänglichkeiten hinsichtlich der Zertifizierungsstellen oder der Vertrauenskette gibt.
TimeOut	Anzahl der Sekunden, nach denen ein Script automatisch beendet wird
UseWINSAFER	Legt fest, ob die Software Restriction Policies (SRP) auf WSH-Scripts angewendet werden sollen (vgl. Unterkapitel zur WSH-Sicherheit). (0 = Nein, 1 = Ja)

Das Setup des WSH 5.6 legt alle Einträge mit dem Registrierungsdatenbank-Datentyp *REG_SZ* an. Einige dieser Einträge (z.B. *Remote* und *TrustPolicy*) benötigen aber in Wirklichkeit den Typ *REG_DWORD*. Wenn eine Änderung eines Registrierungsdatenbankeintrags keine Wirkung hat, sollten Sie den Eintrag löschen und als *REG_DWORD* neu anlegen.

Enabled **Den WSH deaktivieren** Mit dem Eintrag *HKEY_LOCAL_MACHINE\SOFTWARE\Microsoft\Windows Script Host\Settings\Enabled* lässt sich der WSH deaktivieren. Wenn dieser Eintrag auf 0 steht, kann kein WSH-Script ausgeführt werden. Ein Aufruf von *CScript.exe* oder *WScript.exe* führt zu folgendem Fehler: „Windows Script Host access is disabled on this machine. Contact your administrator for details."

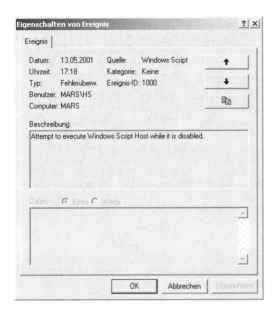

Bild 9.5
Protokollierung des Versuchs, trotz deaktiviertem WSH ein Script zu starten

9.1.4 WScript versus CScript

Der WSH ist genau genommen nicht nur ein Scripting Host, sondern umfasst zwei eng verwandte Scripting Hosts: WScript und CScript. Beide Scripting Hosts sind hinsichtlich ihres Befehlsumfangs fast gleich. Sie unterscheiden sich lediglich darin, wohin die Ausgaben gehen. Außerdem sind die eingebauten Objekte von CScript ein klein wenig mächtiger als die von WScript.

WScript Bei WScript (implementiert in *WScript.exe*) erfolgt die Ausführung als Windows-Anwendung. Alle Ausgaben werden in Form von Dialogfenstern dargestellt. Wenn das Script viele Ausgaben macht, kann dies sehr lästig sein, da jedes Dialogfenster einzeln bestätigt werden muss. Zudem ist jedes Dialogfenster modal: Das Script hält an und wartet auf die Bestätigung. WScript eignet sich also für die unbeaufsichtigte Ausführung nur dann, wenn das Script keine Ausgaben macht. Gut geeignet ist WScript jedoch dann, wenn der Benutzer über jeden einzelnen Schritt informiert werden und dabei die jeweils erfolgten Veränderungen überprüfen möchte (also beispielsweise beim Debugging von Scripts).

WScript.exe

WScript ist der Standard: Bei der Installation des WSH werden die WSH-Dateierweiterungen mit WScript verknüpft. Diese Verknüpfungen können in der Registrierungsdatenbank, in den Optionen des Windows Explorers oder mit der WSH-Kommandozeilenoption /H: geändert werden (siehe Tabelle 9.4).

Standard

Unter Windows Vista/Windows 7/Windows Server 2008 (inkl. R2) funktioniert das Ändern des Standard-Scripting Hosts nur, wenn Sie tatsächlich mit Administratorrechten den Befehl ausführen, d.h., die Benutzerkontensteuerung (alias User Account Control (UAC) und User Account Protection (UAP)) zumindest temporär deaktiviert haben!

CScript Bei CScript (implementiert in *CScript.exe*) erfolgt die Ausführung des Scripts im Kontext einer Kommandozeile (auch: Konsole oder DOS-Box). Die Form der Ausgabe hängt von den verwendeten Ausgabebefehlen ab: Alle Ausgaben über die Methode Echo() aus dem WSH-eingebauten-Objekt WScript erfolgen in die DOS-Box.

CScript.exe

Alle Ausgaben über die spracheigenen Ausgabemethoden (z.B. `MsgBox()` in VBScript) werden weiterhin als modale Dialogfenster dargestellt. Ein Vorteil von CScript ist, dass es mit der Methode `WScript.StdIn.ReadLine()` das Einlesen von Eingaben des Benutzers im DOS-Fenster unterstützt. Ausgaben können mit dem DOS-Befehl für Umleitungen (>) in eine Textdatei oder an einen Drucker umgeleitet werden.

CScript hat außerdem den Vorteil, dass die Scriptausführung mit [STRG]+[C] jederzeit vom Benutzer abgebrochen werden kann. Bei WScript hilft – wenn modale Dialogfenster angezeigt werden – nur das Beenden der Anwendung mit dem Windows Task-Manager.

Um CScript zum Standard für die Ausführung der Scripts zu machen, geben Sie nachfolgendes Kommando in der DOS-Box ein:

`C:\>cscript //H:cscript`

Darauf antwortet der WSH mit:

`"CScript.exe" ist jetzt Script Host-Standard.`

Logo Normalerweise gibt CScript beim Scriptstart immer den Vorspann aus, der über den WSH informiert:

```
Microsoft (R) Windows Script Host, Version 5.8 für Windows
Copyright (C) Microsoft Corporation 1996-2001. Alle Rechte vorbehalten.
```

Sie können diesen Vorspann mit der Kommandozeilenoption `//Nologo` ausschalten. Die Grundeinstellung für die Anzeige des „Logos" lässt sich in der Registrierungsdatenbank ändern: *HKEY_LOCAL_MACHINE\Software\Microsoft\Windows Script Host\ Settings\ DisplayLogo.* „1" bedeutet, das Logo wird angezeigt, „0" unterbindet die Anzeige.

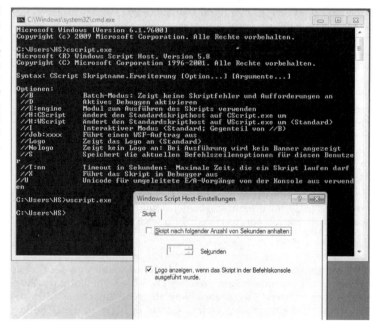

*Bild 9.6
Beim Start an der Kommandozeile (ohne Angabe eines Scriptnamens) zeigt cscript.exe die Optionen in Textform und wscript.exe ein Dialogfenster.*

Windows Script Host (WSH)

Diesem Irrtum unterliegen viele: Ein Script wird nicht automatisch deshalb mit CScript gestartet, weil Sie es an der Kommandozeile starten. CScript muss entweder voreingestellt sein, oder aber der Aufruf muss

CScript.exe <Scriptname>

lauten, sonst wird die Windows-Version gestartet.

Funktion	WScript.exe	CScript.exe
Anwendungstyp	Windows-Anwendung	DOS-Anwendung
Verhalten bei Start ohne Scriptname	Fenster zur Einstellung von Eigenschaften des WSH	Ausgabe eines Hilfetexts im DOS-Fenster
Ausgaben mit WScript.Echo() (Diese Methode wird in diesem Kapitel erklärt.)	Dialogfenster	DOS-Fenster
Länge der Ausgaben	begrenzt durch maximale Dialogfenstergröße (1023 Zeichen)	unbegrenzt
Ausgaben mit MsgBox() (Diese Methode wird in Kapitel 8 erklärt.)	Dialogfenster	Dialogfenster
Ausgaben mit WScript.StdOut.WriteLine() (Diese Methode wird in diesem Kapitel erklärt.)	Nicht möglich	DOS-Fenster
Umleitung der Ausgaben von WScript.Echo() oder WScript.StdOut.WriteLine()an einen Drucker oder eine Textdatei (Diese Methode wird in diesem Kapitel erklärt.)	Nicht möglich	Möglich, z.B. cscript.exe >d:\ausgabe.txt
Eingaben mit WScript.StdIn.ReadLine()(Diese Methode wird in diesem Kapitel erklärt.)	Nicht möglich	DOS-Fenster
Versteckte Eingaben mit ScriptPW.GetPassword() (Diese Methode wird in Kapitel 16.2 „Scripting-Password-Komponente" erklärt.)	Nicht möglich	DOS-Fenster
Eingaben mit Inputbox() (Diese Methode wird in Kapitel 8 erklärt.)	Dialogfenster	Dialogfenster

Tabelle 9.5 Zusammenfassung des Vergleichs zwischen WScript vs. CScript

WSH-Kommandozeilenoptionen Die folgende Tabelle zeigt alle Kommandozeilenoptionen, über die sowohl CScript als auch WScript verfügen. Bitte beachten Sie den doppelten Slash: Ein einfacher Schrägstrich wird dem Script als Argument übergeben. Durch den Doppelschrägstrich weiß der WSH, dass die Option für ihn gilt.

Kommandozeilenoptionen

Tabelle 9.6 Kommandozeilenoptionen für den WSH

Kommandozeilenoption	Bedeutung
//B	Batchmodus: Alle Ausgaben von WScript.Echo() werden unterdrückt. Dies gilt nicht für Ausgaben, die von Sprachen direkt erzeugt werden (z.B. MsgBox() in VBS).
//I	Interaktiver Modus: Ausgaben werden dargestellt. (Dies ist die Standardeinstellung.)
//D	Debugging wird aktiviert: Bei einem Fehler wird der Debugger gestartet, sofern einer installiert und das Debugging durch die Registrierungsdatenbankeinstellungen grundsätzlich zugelassen ist (siehe dazu das Kapitel 19, „Fortgeschrittene Techniken").
//X	Script wird im Debugger gestartet. Der Unterschied zur Option //D besteht darin, dass das Script in diesem Fall nicht auf einen Fehler wartet, sondern von der ersten Zeile an im Debugger startet.
//E:Engine	Unabhängig von der Dateierweiterung wird eine bestimmte Scripting Engine zur Ausführung der Scriptdatei verwendet.
//H:CScript	Einstellung der WSH-Variante, die verwendet wird, wenn ein Doppelklick oder Drag&Drop auf eine Datei erfolgt. Standard ist WScript. Diese Option verändert auf einfache Weise die Shell-Verknüpfung für zum WSH gehörende Dateierweiterungen auf CScript.
//H:WScript	Zurücksetzen der Standardstartoption auf WScript
//Job:jobname	Aus der angegebenen Scriptdatei wird nur ein bestimmter Job ausgeführt.
//T:nn	Timeout: Nach //T: kann angegeben werden, wie viele Sekunden das Script maximal laufen darf. Mit //T:2 wird das Script nach zwei Sekunden – sofern es nicht vorher regulär beendet wurde – mit der Meldung „Die Scriptausführungszeit wurde überschritten" zwangsweise beendet.
//Logo	WSH-Version und der Copyright-Vermerk werden bei CScript angezeigt. (Dies ist die Standardeinstellung.)
//Nologo	Die Ausgabe der WSH-Version und des Copyright-Vermerks in der Kommandozeile wird bei CScript unterdrückt. Bei WScript hat diese Option keine Relevanz, da dort sowieso kein „Logo" gezeigt wird.
//S	Speicherung der aktuellen Kommandozeileneinstellungen für diesen Benutzer
>Datei.txt	Umleiten aller Ausgaben in eine Textdatei
//U	Verwendung von Unicode-Zeichen bei der Umleitung der Ausgabe cscript.exe h:\Skript.vbs >h:\ausgabe.txt erzeugt aus den Ausgaben des Skripts eine ANSI-Textdatei cscript.exe h:\Skript.vbs >h:\ausgabe.txt //U erzeugt aus den Ausgaben des Skripts eine Unicode-Textdatei

Timeout bei Methodenaufrufen

Wenn das Script eine Methode in einem COM-Objekt aufgerufen hat und währenddessen die mit //T gesetzte Zeitgrenze abläuft, wird das Script nicht sofort abgebrochen, sondern es erwartet die Rückkehr des Methodenaufrufs. Wenn ein COM-Methodenaufruf „hängt", wird also ein Script trotz gesetzter Timeout-Zeit nicht ohne manuellen Eingriff enden.

9.1.5 Scriptdateien

Ein Script liegt beim WSH immer in einer Textdatei im Dateisystem vor. Dabei gibt es drei Formen der Sprachidentifikation:

Verschiedene Formen

- Identifizierung der Scriptsprache über die Dateierweiterung
- Identifizierung der Scriptsprache über eine beim Start des Hosts angegebene Kommandozeilenoption (//E)
- XML-Datei mit Identifizierung der Scriptsprache innerhalb der Scriptdatei

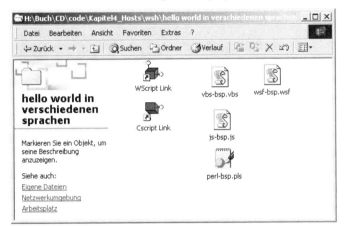

Bild 9.7
WSH-Symbole

WSH-Dateien werden entsprechend ihrer Dateierweiterung durch unterschiedliche Symbole repräsentiert. Die Symbole von *WScript.exe* und *CScript.exe* sehen aus wie ein Bullet-and-Stick-Diagramm (vgl. Kapitel 7): *WScript.exe* hat die IUnknown-Schnittstelle oben, *CScript.exe* unten.

Einfache WSH-Scriptdateien

Eine einfache Scriptdatei kann nur genau ein Script in genau einer Scriptsprache beinhalten. Die Scriptsprache wurde durch die Dateierweiterung festgelegt, z. B.:

Sprachidentifizierung per Dateierweiterung

- *.vbs* für Visual Basic Script
- *.js* für JScript
- *.pls* für PerlScript (sofern PerlScript installiert ist)

Wenn eine Datei eine andere Erweiterung hat, können Sie sie dennoch mit einem bestimmten Sprachinterpreter starten. Dazu müssen Sie die Scriptdatei explizit mit einer der beiden Umgebungen (*WScript.exe* oder *CScript.exe*) starten und hinter der Kommandozeile //E die ProgID der gewünschten Active Scripting Engine angeben.

Sprachidentifizierung per Kommandozeilenoption

```
WScript.exe "ich-bin-eine-Scriptdatei.txt" //E:VBScript
```

Sie finden dazu ein Beispiel auf der Buch-CD [CD:/code/hosts/WSH/Scriptdatei mit anderer Extension/], in dem eine Datei mit der Erweiterung *.txt* als VBS-Script gestartet wird.

XML-strukturierte WSF-Dateien

Ab WSH 2.0 sind die allgemeinen WSH-Scriptdateien mit der Erweiterung *.wsf* hinzugekommen (in der Beta-Version des WSH 2.0 trugen sie noch die aus zwei Buchstaben bestehende Erweiterung *.ws*). WSF-Dateien können mehrere Scripts in verschiedenen Sprachen

XML-strukturierte Scriptdateien

Kapitel 9 **Die Scripting Hosts**

enthalten und werden durch die Extensible Markup Language (XML) auf der Grundlage eines Satzes vordefinierter Elemente strukturiert. Eine WSF-Datei enthält genau ein Package. Jedes Package besteht aus einem oder mehreren Jobs. Jeder Job umfasst einen oder mehrere Scriptblöcke.

Das nachfolgende Listing zeigt die Grundstruktur einer WSF-Datei.

Listing 9.2
Grundstruktur
XML-struktu-
rierter WSH-
Dateien im
WSH 2.0

```
<?xml version="1.0"?>
<package id="WSFGrundStruktur">
    <job id="Job_1">
        <script language="VBScript">
        </script>
    </job>
    <job id="Job_2">
        <script language="VBScript">
        </script>
    </job>
</package>
```

Jobs Regeln Während die XML-Processing Instruction in der ersten Zeile und die Definition eines Package optional sind, ist der Aufbau aus mindestens einem Job- und einem Scriptblock zwingend. Im letzteren Fall ist dann `<job>` das Root-Element. Ein Job kann beliebig viele Scriptblöcke enthalten, die in unterschiedlichen Active Scripting Engines implementiert wurden. Gemäß den XML-Konventionen muss jedes geöffnete Element auch wieder geschlossen werden. Eine Ausnahme bildet nur die XML-Processing Instruction.

Alle Elementnamen müssen kleingeschrieben werden. Eine Ausnahme ist die Processing Instruction, die wahlweise in Groß- oder Kleinbuchstaben geschrieben werden kann. Wenn andere Elemente nicht komplett kleingeschrieben werden, dann werden diese Elemente einfach ignoriert. So kommt der Ausgabebefehl in dem folgenden Script nicht zur Ausführung, weil `<Script>` mit großem Anfangsbuchstaben geschrieben wurde. Der WSH liefert aber keine Fehlermeldung, weil die Bedingung erfüllt ist, dass Start- und Ende-Tag zueinander passen.

```
<?XML version="1.0"?>
<package id="falsche_Schreibweise">
    <job id="Job_1">
        <Script language="VBScript">
            msgbox "OK"
        </Script>
    </job>
</package>
```

Durch das Weglassen der Processing Instruction `<?xml version="1.0"?>` wird der WSH in einen Modus versetzt, der weniger strenge Anforderungen an die Wohlgeformtheit von XML stellt. So würde nachfolgende WSF-Datei akzeptiert, obwohl die Groß-/Kleinschreibung nicht stimmt und die Anführungszeichen bei der Attributwertzuweisung fehlen.

```
<job ID="test">
  <script language=vbscript>
    msgbox "OK"
  </script>
</job>
```

Mehrere Jobs Sofern von der Möglichkeit Gebrauch gemacht wird, durch die Definition eines Package mehrere Jobs in einer WSF-Datei zu vereinen, kann der Scriptbenutzer über die Kommandozeilenoption `//job:jobname` den auszuführenden Job auswählen. Fehlt die Angabe, wird der erste in der WSF-Datei enthaltene Job gestartet.

XML-Element	Erläuterung
`<?XML version="1.0" standalone="yes"?>`	Dieser Ausdruck ist immer gleich, da derzeit nur XML 1.0 und keine externe Document Type Definition für XML-strukturierte WSH-Dateien unterstützt wird.
`<?job Error="flag" debug="flag" ?>`	Diese Processing Instruction erlaubt die Deaktivierung des Debuggings, indem `Debug="False"` gesetzt wird. Das Flag `Error` funktioniert nicht.
`<job [ID=JobID]> </job>`	Definiert einen Job, optional kann eine JobID angegeben werden, die innerhalb einer Datei eindeutig sein muss.
`<script language="sprache" [src="datei"]> </script>`	Definiert einen Scriptblock. Wenn das Attribut `src` angegeben ist, wird die angegebene Datei eingebunden.
`<object id="name" [progid= "Komponente.Klasse" | classid="clsid:xx"> events="true|false"> </object>`	Dieses Tag dient der Instanziierung statischer Objekte, die von allen Scriptblöcken nutzbar sind. Angegeben werden muss entweder eine ProgID oder eine CLSID.
`<reference [object=" Komponente.Klasse" |guid="xxx"] [version="version"]> </reference>`	Zur Einbindung von Typbibliotheken mit dem Vorteil, dass alle darin definierten Konstanten im Script verfügbar sind. Angegeben werden muss entweder die ProgID einer Klasse oder die LibID der Typbibliothek. Sofern mehrere Versionen der Typbibliothek installiert sind, kann durch `version=` die entsprechende Version spezifiziert werden.
`<resource id="name"> wert </<resource>`	Definiert globale Konstanten, die scriptblockübergreifend verfügbar sein sollen
`<comment> Kommentar </comment>`	Definiert einen Kommentar. Der Kommentartext ist innerhalb des Elements angegeben.
`<signature> </signature>`	Digitale Signatur für das Script (siehe Kapitel 19, „Fortgeschrittene Techniken").

Tabelle 9.7
XML-Elemente mit ihren Attributen in WSF-Dateien

Sonderzeichen Es gibt einen Wermutstropfen bei den XML-strukturierten WSH-Dateien: XML-Dateien müssen durch und durch XML sein. Da XML aber einige Sonderzeichen mit speziellen Bedeutungen (z.B. &) definiert, führt ein Vorkommen dieser Sonderzeichen in einem Script zu einem Fehler.

Um dies zu umgehen, müssen Sie das spezielle XML-Element `<![CDATA[...]]>` verwenden. Dabei wird der komplette Scriptblock an die Stelle der drei Punkte gesetzt und damit vom XML-Parser ignoriert (siehe auch die Kurzeinführung zu XML in Anhang A).

CDATA-Sektion

```
<script language="VBScript">
 <![CDATA[
   Function sayerror(s)
     MsgBox "Fehler: " & s
   End Function
 ]]>
</script>
```

Listing 9.3
Einsatz einer CDATA-Sektion in WSF-Dateien

Kapitel 9 Die Scripting Hosts

Mehrsprachigkeit Ein XML-strukturiertes WSH-Script kann in mehreren Sprachen geschrieben sein. Für jeden <script>-Block kann über das Attribut language eine Sprache definiert werden. Es kann beliebig viele <script>-Blöcke innerhalb eines <job>-Elements geben. Die einzelnen Scripts werden in der Reihenfolge ihres Vorkommens aufgerufen, d.h., alle Scripts eines Jobs werden beim Start des Jobs abgearbeitet (sofern es nicht zu einem Laufzeitfehler kommt).

Listing 9.4
WSF-Datei mit Scripts in drei verschiedenen Sprachen

```
<?xml version="1.0"?>
<job id="test">
    <script id="VBScript-Bsp" language="VBScript">
<![CDATA[
WScript.echo "Hello World / VBScript in WSF-Datei"
]]>
    </script>
    <script id="JScript-Bsp" language="JScript">
<![CDATA[
WScript.Echo("Hello World / JScript in WSF-Datei");
]]>
    </script>
    <script id="PerlScript-Bsp" language="PerlScript">
<![CDATA[
$WScript->Echo("Hello World / PerlScript in WSF-Datei");
]]>
    </script>
</job>
```

Es ist sogar möglich, eine Unterroutine in einem anderen Scriptblock aufzurufen, selbst wenn dieser Block eine andere Sprache verwendet. Wichtig ist aber, dass Sie nur Unterroutinen in vorgehenden Blöcken, nicht in nachfolgenden Blöcken aufrufen können.

Listing 9.5
Aufruf einer JScript-Routine von VBScript aus [Mehrsprachigkeit.wsf]

```
<package id="TestPackage">
    <comment>
Dies ist ein Script von hs@windows-scripting.de
    </comment>
    <job id="Job1">

        <script language="JScript">

            // ----- Unterroutine in JScript
            function jadd(a,b)
            {
                return(a+b)
            }
        </script>
        <script language="VBScript">
msgbox "Berechnungsergebnis von JScript: " & jadd(1,2)

msgbox "Ende?", vbYESNO
        </script>
    </job>
    <job id="Job2">
        <script language="VBScript">
Msgbox "Job2"
        </script>
    </job>

</package>
```

Kommentare

Sie können Kommentarzeilen nicht nur mit dem `<comment>`-Element, sondern auch – wie in XML üblich – mit dem speziellen `<!--Text-->`-Element einfügen. Allerdings lässt sich dieses Element nicht innerhalb eines Scripts verwenden.

```
<!--- HEADER --->
<job id="Demo">
<?job error="true" debug="true" logo="false" validate="false" ?>
<comment>Hier koennte ein groeßerer Kommentar stehen!</comment>
<!--- /HEADER --->
<!--- JETZT KOMMT DAS SCRIPT ---->
<script id="demo" language="VBScript">
' Das Script startet...
MsgBox "OK",,"Beispiel mit vielen Kommentaren"
</script>
<!--- FOOTER ---> </job> <!--- /FOOTER --->
```

Listing 9.6
Verwendung verschiedener Kommentarmöglichkeiten [vieleKommentare.wsf]

Neuerung im WSH 5.6 Ab WSH 5.6 gibt es zahlreiche neue XML-Elemente. Alle diese nachstehend aufgeführten Elemente bis auf das Element `<signature>` dienen der Selbstbeschreibung eines Scripts, insbesondere der erwarteten Parameter.

XML-Element	Unterelement von	Erläuterung
`<runtime>` `</runtime>`	`<job>`	Dieses Element gruppiert die verschiedenen Elemente, die der Selbstbeschreibung des Scripts dienen. Es hat selbst keinen Inhalt.

`<named`
`name = "Name"`
`helpstring = "Hilfetext"`
`type = "string|boolean|simple"`
`required = boolean`
`/>`
	`<runtime>`	Beschreibung eines benannten Parameters, der in der Form `/argumentname:wert` übergeben wird

`<unnamed`
`name = "Name"`
`helpstring =`
`"Hilfetext"`
`Germany =`
`boolean`
`required =`
`boolean or integer`
`/>`
	`<runtime>`	Beschreibung eines unbenannten Parameters. Unbenannte Parameter sind alle Parameter, die nicht mit einem Slash beginnen.

`<description>`
`Beschreibung des Scripts`
`</description>`
	`<runtime>`	Beschreibungstext, in dem die Usage-Meldung vor der Liste der möglichen Parameter ausgegeben wird. In diesem Element enthaltene Leer- und Sonderzeichen werden bei der Ausgabe beachtet.

Tabelle 9.8
Neue XML-Elemente im WSH 5.6

XML-Element	Unterelement von	Erläuterung
`<example>` Anwendungsbeispiel `</example>`	`<runtime>`	Beschreibungstext, in dem die Usage-Meldung nach der Liste der möglichen Parameter ausgegeben wird. Dies muss nicht zwingend ein Beispiel sein, sondern kann auch weiterer „normaler" Beschreibungstext sein. In diesem Element enthaltene Leer- und Sonderzeichen werden bei der Ausgabe beachtet.
`<usage>` Benutzerdefinierter Hilfe-Text `</usage>`	`<runtime>`	Wenn dieses Element gefüllt ist, wird nur dieser Inhalt bei der Ausgabe der Usage-Nachricht verwendet. Die anderen Unterelemente von `<runtime>` werden dann ignoriert. In diesem Element enthaltene Leer- und Sonderzeichen werden bei der Ausgabe beachtet.

Tabelle 9.9 Verfügbarkeit der XML-Elemente in den WSH-Versionen. Im WSH 1.0 gab es noch keine XML-Elemente.

XML-Element	WSH 1.0 (5.0)	WSH 2.0 (5.5)	WSH 5.6/5.7
`<?XML ?>`		x	x
`<?job ?>`		x	x
`<description>`			x
`<example>`			x
`<job>`		x	x
`<named>`			x
`<object>`		x	x
`<package>`		x	x
`<reference>`		x	x
`<resource>`			x
`<runtime>`			x
`<script>`		x	x
`<usage>`			x

WSH-Konfigurationsdateien

Scriptbezogene Einstellungen in WSH-Dateien

Schon seit WSH 1.0 gibt es auch Dateien mit der Dateierweiterung *.WSH*. Dies sind Konfigurationsdateien für WSH-Scripts, ähnlich wie *.pif*-Dateien für DOS-Batch-Dateien. Man erzeugt eine .WSH-Datei, indem man im Explorer oder auf dem Desktop die Eigenschaften einer Scriptdatei (*.wsf*, *.vbs*, *.js*, *.pls* etc.) betrachtet. Sie sehen dann das in nachstehender Abbildung gezeigte Eigenschaftenfenster. Wenn Sie die Einstellungen für Timeout und Logo ändern, wird automatisch im selben Verzeichnis eine gleichnamige Datei mit der Erweiterung *.wsh* mit einer Verknüpfung zur Scriptdatei erzeugt. Diese Einstellungen sind äquivalent zu den WSH-Kommandozeilenoptionen //T, //LOGO und //NOLOGO. Zwar bestände die Möglichkeit, diese Einstellungen in Compound Files als erweiterte Dateiattribute abzulegen, davon macht der WSH aber keinen Gebrauch.

```
[ScriptFile]
Path=D:\CD\code\Hosts\WSH\WSH-datei\x.vbs
[Options]
Timeout=1
DisplayLogo=1
```

Listing 9.7
Inhalt einer WSH-Konfigurationsdatei

Sie finden Beispiele für WSH-Konfigurationsdateien auf der Buch-CD [CD:/code/hosts/WSH/WSH-Konfigurationsdateien].

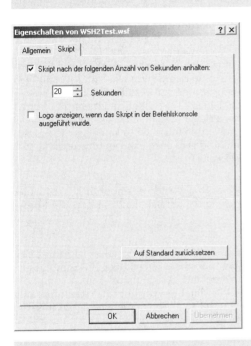

Bild 9.8
Eigenschaften eines WSH-Scripts, die in einer Datei mit der Erweiterung .WSH gespeichert werden

Bitte beachten Sie, dass diese Einstellungen nur dann wirken, wenn Sie die *.wsh*-Datei starten. Wenn Sie die eigentliche Scriptdatei aufrufen, wird nicht nach einer *.wsh*-Datei im selben Verzeichnis gesucht!

Wenn ein Doppelklick direkt auf *WScript.exe* ausgeführt wird, erscheint ein ähnlicher Konfigurationsdialog, der die Einstellungen global für alle Scripts ändert.

Globale Einstellungen

9.1.6 Start eines Scripts

Scripts können wie eine normale Anwendung gestartet werden, also:
- an der Kommandozeile
- durch Doppelklick auf die Scriptdatei bzw. auf *Öffnen* im Kontextmenü
- durch Drag&Drop beliebiger Dateien auf das Symbol einer Scriptdatei (seit WSH 2.0)
- über das Kontextmenü einer jeden Datei im Windows Explorer oder auf dem Desktop
- automatisiert durch den Zeitplandienst

Scripts starten

An der Kommandozeile und im Zeitplandienst hat der Benutzer die explizite Wahl, ob *CScript.exe* oder *WScript.exe* gestartet wird.

Konfiguration

Kapitel 9 **Die Scripting Hosts**

```
cscript scriptname.extension [option...] [arguments...]
wscript scriptname.extension [option...] [arguments...]
```

Welche Variante durch einen Doppelklick oder Drag&Drop gestartet wird, bestimmt die Anwendungsverknüpfung der zum WSH gehörenden Dateierweiterungen. Diese sind in der Registrierungsdatenbank unter `HKEY_CLASSES_ROOT` definiert, können jedoch mit der `//H`-Kommandozeilenoption auf einfache Weise geändert werden (siehe Tabelle 9.6).

Drag&Drop Die Möglichkeit des Drag&Drop besteht erst seit WSH 2.0. Die Pfade der fallen gelassenen Datei werden dem Script in diesem Fall als Parameter übergeben. Auf der gleichen Grundlage funktionieren die Möglichkeiten, ein Script in das Kontextmenü einer Datei einzubauen. Sie haben einerseits die Möglichkeit, für einen bestimmten Dateityp einen neuen Kontextmenüeintrag zu registrieren. Dies können Sie über den entsprechenden Registrierungsdatenbankschlüssel für die Dateierweiterung unter *HKEY_CLASSES_ROOT* oder komfortabler über *Extras/Ordneroptionen/Dateitypen* im Windows Explorer ausführen. Die zweite Möglichkeit ist, das Script in den *Senden An*-Eintrag anzufügen. Dazu müssen Sie das Script (oder eine Verknüpfung zu dem Script) in das *SendTo*-Verzeichnis im Benutzerprofil des Benutzers legen. Diese Möglichkeit hat den Vorteil, dass das Script sofort für alle Dateitypen zur Verfügung steht. Der Nachteil ist, dass das Script für jeden Benutzer einzeln eingetragen werden muss, da es kein allgemeines *Senden an*-Menü gibt (anders als das Start-Menü, für das es auch eine benutzerunabhängige Definition in Form des *All Users*-Verzeichnisses gibt).

Wenn Sie ein Script über ein Symbol mit einer Kommandozeilenoption starten wollen, dann müssen Sie eine Verknüpfung zu der Datei erstellen und dort die Kommandozeilenoption eintragen.

WScript oder CScript? **Prüfung auf die WSH-Variante** Welche Variante des WSH das Script ausführt, ist eine wichtige Frage, da einige Funktionen (insbesondere der Zugriff auf die Standardein- und -ausgabe) nur in CScript zur Verfügung stehen. Leider gibt es kein Attribut, das direkt zwischen den beiden Varianten unterscheidet. Das Attribut `FullName` enthält aber den kompletten Pfad zum aktuellen Host. Durch Extraktion der letzten elf Zeichen der Zeichenkette kann geprüft werden, ob *CScript.exe* oder *WScript.exe* ausgeführt wird.

Listing 9.8 Ein nützlicher Codeblock, der in vielen Scripts Verwendung findet, um zu prüfen, ob das Script mit der richtigen Variante des WSH gestartet wurde. [wsh_variante_pruefen.vbs]

```
if UCASE(right(wscript.fullname,11)) = "CSCRIPT.EXE" then
        variante = "CScript"
else
        variante = "WScript"
end if

if variante = "CScript" then
        Msgbox "Dieses Skript läuft mit der
        Kommandozeilenversion des WSH!"
else
        Msgbox "Dieses Skript läuft mit der Windows-Version des
        WSH!"
end if
```

Start mit Script erzwingen Auf Basis des vorherigen Scripts und unter Vorgriff auf ein Objekt (`WSHShell`), das erst in Kapitel 10 behandelt wird, kann man auch erzwingen, dass ein Script mit einer bestimmten der beiden WSH-Varianten gestartet wird.

```
If UCASE(right(wscript.fullname,11)) = "WSCRIPT.EXE" Then
    set WSHShell = CreateObject("WScript.Shell")
    Dim Befehl
    Befehl = "cscript.exe " & chr(34) & wscript.scriptfullname & chr(34)
    Msgbox "Start mit WSCRIPT.EXE nicht erlaubt. Skript startet daher nun mit
    CSCRIPT.EXE!"
    WSHShell.Run Befehl
else
    wscript.stdout.Writeline "Bitte ENTER drücken"
    wscript.stdin.readline
end if
```

Listing 9.9
Erzwingen des Starts mit CSCRIPT [CScript_erzwingen.vbs]

Entfernte Scriptausführung Neu seit dem WSH 5.6 ist die Möglichkeit, ein Script auf einen entfernten Rechner hochzuladen und dort zu starten. Diese Möglichkeit wird in Kapitel 19, „Fortgeschrittene Techniken", beschrieben.

Remote Scripting

9.1.7 Befehlszeilenparameter für Scripts

Administrative Scripts benötigen oft Eingabedaten, die via Kommandozeilenparameter übergeben werden. WSH 1.0 und 2.0 besitzen zwar über die Arguments-Objektmenge die Möglichkeit, auf die übergebenen Parameter zuzugreifen, die Prüfung und Auswertung der Parameter ist jedoch dem Scriptentwickler überlassen. Dabei ist gerade die Entwicklung der zugehörigen Prüfroutinen eine zeitraubende Aufgabe.

Parameter

Ab WSH 5.6 hat Microsoft die Möglichkeit eingebaut, in *.wsf*-Dateien per XML die erwarteten Parameter zu definieren, sodass die Scripts selbst beschreibend werden. Dabei können zu jedem Parameter folgende Angaben gemacht werden:

Neue Möglichkeiten ab WSH 5.6

- Argumenttyp (benannt oder unbenannt)
- Name
- Datentyp (String, Boolean oder Simple)
- ob ein Parameter erforderlich oder optional ist
- ob ein Parameter gleichen Namens mehrfach vorkommen darf (nur für Parameter des Typs „unbenannt")
- wie viele Parameter gleichen Namens benötigt werden (nur für Parameter des Typs „unbenannt")

Auf Basis dieser Informationen leistet der WSH zwei Dienste:
- Prüfung beim Start des Scripts, ob diese Bedingungen erfüllt sind
- Zusammenstellung einer Hilfeinformation („Usage"), die dem Aufrufer mitteilt, welche Parameter erwartet werden

Prüfung und Usage-Informationen

Die automatische Prüfung der Parameter war zwar zwischenzeitlich im Gespräch, ist jedoch auch im WSH 5.8 noch nicht realisiert.

Benannte versus unbenannte Argumente Der WSH unterstützt sowohl benannte als auch unbenannte Argumente:

Einschränkung

- Ein benanntes Argument beginnt mit einem Slash („/") und hat die allgemeine Form /Argumentname:Wert. Der WSH trennt beim Aufruf Argumentname und Wert, sodass der Zugriff für den Entwickler einfacher ist. Der Zugriff im Script erfolgt über die Objektmenge WScript.Arguments.Named.

Benannte Argumente

Argumente, die Leerzeichen enthalten, müssen in Anführungszeichen stehen. Bei benannten Parametern ist sowohl die Form "/Argumentname:Wert" als auch /Argumentname: "Wert" erlaubt.

Kapitel 9 **Die Scripting Hosts**

Es gibt folgende Sonderfälle:

/Argumentname:
übergibt eine Leerzeichenkette („").

/Argumentname
übergibt keinen Wert (isempty() liefert True).

/Argumentname+
übergibt den Boolean-Wert True.

/Argumentname-
übergibt den Boolean-Wert False.

Unbenannte Argumente
▶ Ein unbenanntes Argument ist jedes Argument, das nicht mit einem Slash beginnt. Der WSH lässt diese Argumente unberührt. Der Zugriff im Script erfolgt über die Objektmenge WScript.Arguments.Unnamed.

> **Zugriff auf die Argumente innerhalb des Scripts** Die aus WSH 1.0/2.0 bekannte Objektmenge WScript.Arguments enthält weiterhin alle Argumente in unberührter Form. WScript.Arguments wird in WScript.Arguments.Unnamed und WScript.Arguments.Unnamed in zwei disjunkte Teile aufgespaltet.

Usage **Usage-Informationen** Die Usage-Informationen werden in drei Fällen angezeigt:
▶ Der Aufrufer startet das Script mit der Option /?.
▶ Die Prüfung der Parameter war nicht erfolgreich.
▶ Das Script ruft selbst die Funktion WScript.Arguments.ShowUsage() auf.

Wenn in der XML-Datei das Element <usage> definiert ist, zeigt ShowUsage() dessen Inhalt. Sonst stellt der WSH den Hilfetext aus dem Inhalt der Elemente <description>, <named>, <unnamed> und <example> zusammen.

Beispiele Das folgende Script enthält eine Selbstbeschreibung. Es erwartet 1 bis n Pfade zu Eingabedateien, einen Pfad zu einer Ausgabedatei und – optional – den Schalter /ueberschreiben.

Listing 9.10
merge_file.wsf

```
<job id="MergeScript">
<Comment>
(C) Holger.Schwichtenberg@windows-scripting.de
</Comment>

<?job error="false" debug="false" logo="false" validate="false" ?>

<!-- ########## Selbstbeschreibung ######### -->
<runtime>

<description>
Dieses Skript kopiert den Inhalt von mehreren Textdateien in eine neue
Textdatei zusammen!
Autor: Holger Schwichtenberg
für das Buch "Windows- und BackOffice-Scripting"
siehe http://www.windows-scripting.de
--------------------------------------------
</description>

<unnamed
name="Quelle"
```

```
many=true
required="true"
helpstring="Name und Pfad der zu lesenden Datei(en)"
/>

<named
name="Ziel"
required="true"
helpstring="Name und Pfad der Ausgabedatei"
/>

<named
name="ueberschreiben" required="false"
helpstring="Mit dieser Option wird eine eventuell schon bestehende Zieldatei
überschrieben. Ohne diese Option werden die Quelldateien an die bestehende
Zieldatei angehängt!"
/>

<example>
-------------------------------------------
Anwendungsbeispiel:
merge_files.wsf c:\buch\WSH\datei1.txt c:\buch\WSH\datei2.txt e:\buch\WSH\datei3.txt
/Ziel:c:\buch\WSH\datei_ausgabe.txt /ueberschreiben
</example>

</runtime>

<!-- ########## Hauptteil ########## -->
<script language="vbscript">
...
</script>
</job>
```

Der Aufruf mit

`merge_files.wsf /?`

führt zu nachstehendem Dialogfenster. Die optionalen Parameter werden wie üblich durch eckige Klammern angedeutet.

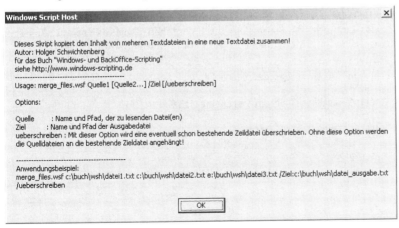

Bild 9.9
Usage-Informationen von merge_files.wsf

Wenn ein <usage>-Tag vorhanden ist, wird der Inhalt dieses Elements ausgegeben. Die Selbstbeschreibung der Attribute wird dann ignoriert.

Listing 9.11 Einsatz des <usage>- Elements [benutzer- definierte_ usage.wsf]

```
<job id="DemoScript" prompt="no">
    <?job error="false" debug="false" logo="false" validate="false" ?>
    <runtime>
        <unnamed helpstring="Name und Pfad der zu lesenden Datei"
name="Eingabedatei" many="false"/>
        <unnamed helpstring="Name und Pfad der Ausgabedatei"
name="Ausgabedatei" many="false"/>
        <named helpstring="0 = Script macht keine Ausgaben, 1 = Script
machtAusgaben" name="0 = Script macht keine Ausgaben, 1 = Script macht Ausgaben"
required="true" type="boolean"/>
        <usage>
Dies ist die benutzerdefinierte Usage-Information!
        </usage>

    </runtime>
    <script language="vbscript">
wscript.arguments.showusage
    </script>
</job>
```

Bild 9.10 Ausgabe von benutzer- definierte_ usage .wsf

9.1.8 Einbinden von anderen Scriptdateien

Include()   Der WSH 2.0 bietet für *.wsf*-Dateien einen eleganten Weg der Einbindung anderer Script- dateien. Allerdings können auf diesem Wege nur nicht-XML-strukturierte WSH-Dateien (*.vbs*, *.js* etc.) eingebunden werden. Man kann eine *.wsf*-Datei nicht in eine andere *.wsf*-Datei einbinden.

```
<script language="ProgID" src="pfad/datei">
</script>
```

Im folgenden Beispiel wird eine JScript-Scriptdatei eingebunden, die im selben Ver- zeichnis wie das einbindende Script liegt. Das Vorgehen über das <script>-Tag ent- spricht dem Vorgehen in DHTML (siehe Kapitel zum Internet Explorer Scripting).

Listing 9.12 main.wsf bindet die Datei inc.js ein.

```
<package id="main">
<comment>Skript von HS@it-visions.de</comment>
    <job id="Job1">
        <script language="JScript" src="inc.js">
        </script>
        <script language="VBScript">
            msgbox "1 + 2 = " & jadd(1,2)
        </script>
    </job>
</package>
```

```
// ----- Unterroutine in JScript
function jadd(a,b)
{ return(a+b) }
```

Listing 9.13
Einzubindende Datei [inc.js]

In nicht-XML-strukturierte *.vbs*-Scripts können Sie andere Scripts mithilfe der in Kapitel 8 vorgestellten Routine Include() einbinden, sofern Sie VBS 5.0 oder höher verwenden.

9.1.9 Statische Objekte und Einbinden von Typbibliotheken

Im Rahmen von *.wsf*-Dateien (also erst seit Version 2.0) unterstützt der WSH auch statische Objekte sowie die Einbindung von Typbibliotheken.

Statische Objekte Statische Objekte werden beim Start des Scripts durch den Scripting Host instanziiert. Jedem statischen Objekt wird ein Name zugewiesen. Über diesen Namen steht die Instanz allen Scripts eines Jobs zur Verfügung, so als wären sie eingebaute Objekte des Hosts. Ebenso wie bei eingebauten Objekten kann die Zuordnung durch ein Script nicht geändert werden.

`<OBJECT>`- Element

Statische Objekte werden mit dem `<OBJECT>`-Element erzeugt.

```
<object id="objID"
[classid="clsid:GUID"|progid="progID"]
events="true|false"/>
```

Das Element benötigt ein Attribut ID, das den Namen der Objektvariablen angibt, unter dem das instanziierte Objekt zur Verfügung stehen soll. Als zweites Attribut muss entweder die ProgID oder die CLSID der zu instanziierenden Klasse angegeben sein.

Optional ist das dritte Attribut Events. Wenn dieses auf True gesetzt wird, achtet der WSH auf Ereignisse, die das Objekt erzeugt. Die Ereignisse können dann mit einer Unterroutine abgefangen werden, deren Name so aufgebaut ist:

Ereignisse

`ID_Ereignisname`

Eine andere Alternative der Ereignisbindung bietet die Methode WScript.CreateObject(). Mehr dazu erfahren Sie im folgenden Kapitel.

Typbibliotheken Die Einbindung von Typbibliotheken (allgemeine Erläuterungen zum Thema Typbibliotheken finden Sie in Kapitel 7) ist für die Erstellung von Scripts interessant, weil damit die in einer Typbibliothek definierten symbolischen Konstanten im Script zur Verfügung stehen. Anders als bei VB 6.0/VBA ermöglichen die Typbibliotheken jedoch nicht das frühe Binden; das ist in Scripts grundsätzlich unmöglich.

`<REFERENCE>`- Element

```
<reference [object="progID"|guid="typelibGUID"] [version="version"] />
```

Angegeben werden muss entweder die ProgID einer Klasse oder die TypeLibID der Typbibliothek. Sofern mehrere Versionen der Typbibliothek installiert sind, kann durch version= die entsprechende Version spezifiziert werden.

Das folgende *.wsf*-Script zeigt die Verwendung beider Möglichkeiten. Das `<object>`-Element erzeugt eine statische Instanz der Klasse Scripting.FileSystemObject, sodass das Objekt unter FSO dem Script zur Verfügung steht. Außerdem bindet `<reference>` die passende Typbibliothek mit ein, sodass in der Methode OpenTextFile() die symbolischen Konstanten ForAppending und TristateUseDefault verwendet werden können. Mehr über diese Klasse erfahren Sie in Kapitel 10.2.

Beispiel

Kapitel 9 **Die Scripting Hosts**

Listing 9.14
Statische Objekte und Typbibliotheken in WSF-Dateien [typelib_verwendung.wsf]

```
<job id="LoginJob">
<?job error="true" debug="true" logo="false" validate="false" ?>
<!--- Statische Objekte --->
<object id="FSO" progid="Scripting.FileSystemObject"/>
<!--- Typbibliotheken --->
<reference id="FSOLIB"
object="Scripting.FileSystemObject"/>
<!--- Script --->
<script id="typelib_test" language="VBScript">
Dim tx ' As Scripting.TextStream
Set tx = FSO.OpenTextFile("d:\buch\docs\test2.txt", _
ForAppending, True, TristateUseDefault)
tx.WriteLine "Nur ein Test"
tx.Close
WScript.Echo "Gespeichert!"
</script> </job>
```

9.1.10 Die eingebauten Objekte des WSH

Eingebaute Objekte im WSH

Der WSH besitzt einige eingebaute Objekte, die von dem Stammobjekt WScript ausgehen. Das WScript-Objekt und seine Unterobjekte stellen folgende Funktionen bereit:

- Anzeige von Dialogfenstern und Ausgabe in das DOS-Fenster

Bild 9.11
Objektmodell der eingebauten Objekte im WSH 1.0

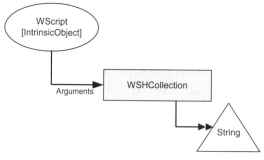

- Informationen über das Script und den Scripting Host
- Anhalten des Scripts für eine bestimmte Zeit

Bild 9.12
Objektmodell der eingebauten Objekte im WSH 2.0

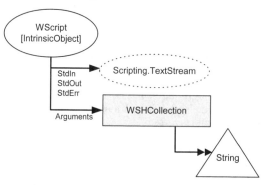

- Zugriff auf die übergebenen Parameter (Arguments-Objektmenge). Die untergeordneten Objektmengen NamedArguments und UnnamedArguments sind erst ab WSH 5.6 verfügbar.

- Zugriff auf Standardeingabe und Standardausgabe (StdIn, StdOut, StdErr)
- Zugriff auf Instanzen von COM-Klassen

Die Typbibliothek für die eingebauten Objekte des WSH steckt in der *wscript.exe*-Datei ("Library IHost"). Dies bedeutet aber nicht, dass die eingebauten Objekte auch aus anderen Anwendungen nutzbar wären. Die Typbibliothek dient lediglich dazu, Eingabehilfen in geeigneten Entwicklungsumgebungen bereitzustellen.

Typbibliothek

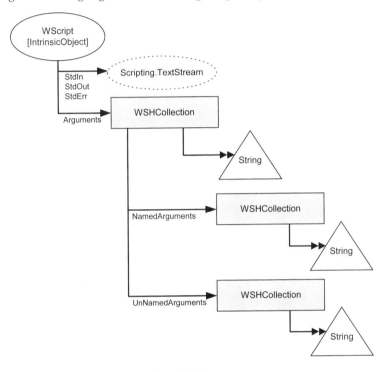

Bild 9.13
Objektmodell der eingebauten Objekte im WSH 5.6/5.7

Basisfunktionen im WScript-Objekt

WScript ist keine instanziierbare COM-Klasse: Es kann daher innerhalb des WSH immer nur genau ein WScript-Objekt geben, und die Klasse kann nicht außerhalb des WSH genutzt werden. WScript muss nicht instanziiert werden, sondern ist automatisch verfügbar.

Objektmodell

Ausgaben mit Echo() Die Methode Echo() ist der zentrale Ausgabebefehl des WSH.

Echo()

```
WScript.Echo Arg1, Arg2, Arg3, ...
```

Echo() erlaubt die Angabe mehrerer Zeichenketten oder Zeichenkettenvariablen, die nacheinander ausgegeben werden. Als Trennzeichen zwischen den Argumenten wird ein Leerzeichen eingefügt. Statt der Abtrennung der einzelnen Teile der Ausgabe in verschiedene Parameter wäre in Visual Basic auch eine Verknüpfung mit dem „&"-Operator möglich. Dann sind jedoch gewünschte Leerzeichen selbst zu setzen. Beide Möglichkeiten demonstriert das folgende Beispiel.

```
WScript.Echo "Heute ist der", date(), "!"
WScript.Echo "Heute ist der " & date() & " !"
```

Listing 9.15: Zwei äquivalente Verwendungen der Methode Echo() [echo_demo.vbs]

Bild 9.14
Ausgabe von Echo_Demo .vbs: Dieses Dialogfenster erscheint so zweimal.

Titelzeile Der Text in der Titelzeile des Dialogfensters kann bei `Echo()` nicht beeinflusst werden. Er ist immer „Windows Script Host" (im WSH 2.0, 5.6, 5.7 und 5.8) bzw. „Windows Scripting Host" im WSH 1.0.

Das Verhalten von `Echo()` unterscheidet sich bei *WScript* und *CScript*:

Echo() in WScript
- WScript öffnet ein Dialogfenster (ähnlich wie der Befehl `MsgBox()` in Visual Basic. Im Gegensatz zu `MsgBox()` erlaubt `Echo()` keine weitere Spezifikation der Gestaltung des Fensters. Der Titel ist immer „Windows Script Host" bzw. „Windows Scripting Host" (s. o.), einzige Schaltfläche ist immer die *ok*-Schaltfläche. Dementsprechend gibt `Echo()` auch keinen Wert zurück, der Auskunft darüber liefert, welche Schaltfläche gedrückt wurde.

Echo() in CScript
- CScript schreibt die übergebenen Texte in die Standardausgabe. Diese ist üblicherweise das DOS-Fenster, in dem das Script gestartet wurde. Die Standardausgabe kann jedoch mit dem „>"-Befehl umgeleitet werden. CScript sendet am Ende jedes `Echo()`-Befehls ein CR/LF (Carriage Return/Line Feed). Damit wird erreicht, dass jede `Echo()`-Ausgabe in einer neuen Zeile beginnt.

Wie bei anderen DOS-Befehlen auch ist es bei CScript möglich, die Ausgabe an einen Drucker oder in eine Datei umzuleiten.

```
cscript d:\buch\WSH\script1.vbs >prt
cscript d:\buch\WSH\script2.vbs >d:\buch\WSH\log.txt
```

Die Ausgaben von Script1 werden direkt auf dem Drucker ausgegeben. Die Ausgaben von Script2 werden in eine Textdatei geschrieben. In beiden Fällen gibt es keine Bildschirmausgabe!

Mehr Optionen als die `Echo()`-Methode bietet die Methode in der Klasse `WSHShell.Popup()` aus der *WSH Runtime Library*.

WScript öffnet bei jedem `Echo()`-Befehl ein neues Fenster. Das kann sehr lästig werden. Mit dem manuellen Einfügen eines `chr(13)` (alias vbCR; vbCR ist eine in allen VB-Dialekten vordefinierte Konstante) können Zeilenumbrüche bei WScript erzeugt werden, sodass mehrere Ausgaben übersichtlich in ein Fenster passen.

```
s = "Guten Tag!" & chr(13)
s = s & "Heute ist der " & date() & "!" & chr(13)
s = s & "Das Skript startet nach dem Klicken von OK..."
WScript.Echo s
```

Say() im WSH **Say()** Die Kapselungsfunktion `say()` ist im WSH über `WScript.Echo()` definiert.

```
Sub say(s)
WScript.Echo s
End Sub
```

ShowUsage() Die Methode `ShowUsage()` blendet ein Fenster ein, das Informationen über ein Script zeigt. Wenn in der XML-Datei das Element `<usage>` definiert ist, zeigt `ShowUsage()` den Inhalt dieses Elements.

Bild 9.15
Ausgabe von ShowUsage()

Die Methode ShowUsage() funktioniert auch bei nicht-XML-strukturierten WSH-Dateien, jedoch gibt das Dialogfenster dann keine Parameter, sondern nur den Namen des Scripts selbst aus, da die Definition der erwarteten Parameter nur in WSF-Dateien möglich ist.

Einschränkung

Informationen über den WSH und das Script Die Klasse WScript bietet sechs Attribute mit Informationen über den Scripting Host und das laufende Script.

Informationen über die Umgebung

Attributname	Erläuterung
Name	Name liefert den Namen des Scripting Hosts zurück, also trivialerweise „Windows Script Host", auch wenn das Script mit CScript gestartet wurde. Unter WSH 1.0 erhalten Sie die Zeichenkette „Windows Scripting Host".
FullName	FullName liefert den vollständigen Pfad zu dem Scripting Host, in dem das aktuelle Script ausgeführt wird. Damit kann unterschieden werden, ob das Script mit WScript oder CScript gestartet wurde.
Path	Path liefert den Pfad zu dem Scripting Host, unter dem das Script ausgeführt wird. Es enthält die gleichen Informationen wie FullName, jedoch ohne den Namen der Programmdatei.
ScriptFullName	ScriptFullName liefert den vollständigen Pfad (inklusive Dateinamen) des Scripts, das gerade ausgeführt wird.
ScriptName	Im Gegensatz zu ScriptFullName liefert dieses Attribut nur den Namen der Scriptdatei.
Version	Dieses Attribut liefert die Version des Scripting Hosts, in dem das aktuelle Script ausgeführt wird.

Tabelle 9.10
Attribute der Klasse WScript

```
WScript.Echo "Dieses Skript läuft in folgendem Scripting Host: ", WScript.Name
WScript.Echo  "Hier liegt der Scripting Host: ", WScript.Path
WScript.Echo "Hier liegt der Scripting Host (inkl. Dateiname):" _
WScript.FullName
WScript.Echo  "Version des Scripting Hosts: " & WScript.Version
WScript.Echo  "Hier liegt das Skript: " & WScript.ScriptFullName
WScript.Echo  "Dateiname des Skripts: " & WScript.ScriptName
```

Listing 9.16
Informationen über den Scripting Host und das Script [WSH_Info.vbs]

Viele Scripts benötigen Eingabedateien, die man sinnvollerweise in das gleiche Verzeichnis legt wie das Script selbst. Um dann auf diese Dateien zuzugreifen, braucht man aber oft den absoluten Pfad dahin. Leider hilft das WScript-Projekt hier nicht direkt, sondern man muss mithilfe der FileSystemScripts (die später in diesem Buch noch ausführlich besprochen werden) den Ordnerpfad aus dem Standort des Scripts extrahieren. Die beiden folgenden Hilfsroutinen sind in der Praxis wichtige Elemente vieler Scripts.

Wichtige Hilfsroutinen

Kapitel 9 Die Scripting Hosts

Listing 9.17
Hilfsroutinen zur Ermittlung des Pfades, in dem sich das Script derzeit befindet [WS_Sript-Lib.vbs]

```
' === Ermitteln des Ordners, in dem das Skript liegt
Function GetScriptFolder()
Dim objFSO
Set objFSO = CreateObject("Scripting.FileSystemObject")
GetScriptFolder = objFSO.GetFile(wscript.ScriptFullName).ParentFolder
End Function
' === Absoluter Pfad zu einer Datei, die im gleichen Verzeichnis wie das Skript
liegt
Function GetFullPathForLocalFile(filename)
GetFullPathForLocalFile = GetScriptFolder() & "/" & filename
End Function
```

StdIn, StdOut und StdErr

Neu seit WSH 2.0 ist, dass das eingebaute Objekt WScript nun drei Unterobjekte besitzt: StdIn, StdOut und StdErr bieten Zugriff auf die Standardeingabe- und -ausgabegeräte. WScript bedient sich hier der Komponente *Scripting Runtime*. StdIn, StdOut und StdErr sind jeweils Instanzen der Klasse Scripting.Textstream.

> Diese Unterobjekte funktionieren aber nur, wenn das Script durch CScript, also durch die Kommandozeilenversion des WSH, aufgerufen wurde. Beim Start mit WScript erscheint der Fehler 80070006: „Die Zugriffsnummer ist nicht definiert". Ab Windows XP lautet der Fehlertext: „Das Handle ist ungültig".

```
WScript.StdOut.WriteLine "Wie heissen Sie?"
name = WScript.StdIn.Readline
WScript.StdOut.WriteLine "Hallo " & name & "!"
WScript.StdErr.WriteLine "Kein Fehler!"
```

Listing 9.18: Beispiel zur Verwendung von StdIn, StdOut *und* StdErr *in der DOS-Eingabeaufforderung [WSH_StandardEinAusgabe.vbs]*

Mit dieser Funktion lassen sich WSH-Scripts nun auch in Umgebungen einsetzen, die nur über die Standard-I/O-Geräte kommunizieren können, beispielsweise als Common Gateway Interface(CGI)-Scripts für Webserver.

Sleep()

Das Script mit Sleep() schlafen schicken Seit Version 2.0 unterstützt der WSH die Methode Sleep(ms) im eingebauten Objekt WScript, die ein Script für eine bestimmte Anzahl von Millisekunden anhält. Dies ist beispielsweise sinnvoll in Zusammenhang mit der SendKeys()-Funktion in der Klasse WSHShell aus der *WSH Runtime-Komponente* (vgl. Kapitel 10.1).

Bild 9.16 Beispiel für Sleep()

```
wscript.echo "Skript startet..."
wscript.sleep(3000)
wscript.echo "3 Sekunden sind vergangen..."
```

Ein weiteres wichtiges Anwendungsgebiet von Sleep() ist die ereignisgesteuerte Programmierung im WSH (siehe Abschnitt „Ereignisbehandlung").

Quit()

Scriptende Die Quit()-Methode beendet die Ausführung des Scripts: WScript.Quit [ErrorCode]. Als optionaler Parameter kann eine Fehlernummer als Zahl angegeben werden. Im Standardfall wird 0 zurückgegeben. Der Befehl end aus VB 6.0/VBA steht in VBS nicht zur Verfügung und kann daher nicht zum Beenden eines WSH-Scripts verwendet werden.

Zugriff auf die Befehlszeilenparameter

Arguments-Objektmenge

Im WSH 1.0 und 2.0 gab es nur eine einfache Objektmenge WScript.Arguments, die alle Befehlszeilenparameter enthält. Ab WSH 5.6 sind die Parameter zusätzlich in die Objektmengen WScript.Arguments.Named und WScript.Arguments.Unnamed aufgespalten.

Die einfache Arguments-Objektmenge Das Attribut `Arguments` enthält einen Zeiger auf eine Objektmenge vom Typ `WSHCollection`, die automatisch beim Start eines Scripts angelegt und mit den Kommandozeilenparametern gefüllt wird. Die Objektmenge kann nur gelesen werden; es gibt keine Möglichkeit, eine eigene Instanz von `WSHArguments` anzulegen. Die Objektmenge enthält Zeichenketten, keine Unterobjekte (diese Ausnahme wird in Kapitel 10.1 in Zusammenhang mit den Objektmengen der *WSH Runtime Library* ausführlich erläutert). Die `WSHArguments`-Objektmenge bietet die üblichen Member `Count` und `Item` an. Das zusätzliche Attribut `Length` hat die gleiche Funktion wie `Count`. Das nachfolgende Beispiel listet alle übergebenen Parameter auf.

```
Set Args = WScript.Arguments
' Iteration über alle Argumente
For i = 0 to Args.Count - 1
      WScript.Echo Args(i)
Next
```

Listing 9.19: Liste der Parameter des WSH-Scripts [zieh_etwas_auf_mich.vbs]

Üblicherweise ist die Reihenfolge von Parametern bei Kommandozeilenbefehlen nicht relevant. Eine Prüfung auf das Bestehen von Schaltern in `WSHArguments` sollte daher unabhängig vom Index innerhalb der Objektmenge erfolgen. Die VBS-Funktion `inargs()` löst dies auf elegante Weise.

inargs()

```
function inargs(s)
dim a
inargs = False
for a = 1 to wscript.arguments.Count
  If UCase(wscript.arguments(a-1)) = _
  UCase(s) Then inargs = True
next
end function
```

Listing 9.20
`inargs()` *prüft auf die Existenz eines bestimmten Schalters.*

Das Hauptprogramm des Scripts kann diese Funktion nun aufrufen und erfragen, ob ein Schalter in den Kommandozeilenparametern vorkommt.

```
If inargs("/h") Then
' Drucke Hilfetext
...
End If
```

Listing 9.21
Beispiel für den Einsatz von `inargs()`

Wenn das Script dadurch gestartet wurde, dass eine oder mehrere Dateien per Drag&Drop auf das Symbol des Scripts gezogen wurden, so enthält die `Arguments`-Objektmenge die Pfade zu diesen Dateien, sodass das Script mit diesen Dateien arbeiten kann. Gleiches gilt, wenn Sie das Script über das *Senden An*-Menü aufrufen.

Die NamedArguments- und die UnnamedArguments-Objektmenge Die `NamedArguments`-Objektmenge enthält die Menge der benannten Parameter, während die `UnnamedArguments`-Objektmenge die unbenannten Parameter umfasst. Beide Objektmengen sind Unterobjekte der `WScript.Arguments`-Objektmenge.

Zwei Einzellisten

Die Objektmengen haben folgende Mitglieder:
- `Item(Index)` liefert ein bestimmtes Argument. Dabei ist zu beachten, dass in der `UnnamedArguments`-Objektmenge `Item()` als Index eine Zahl zwischen 0 und n erwartet, während die `NamedArguments`-Objektmenge als Index eine Zeichenkette mit dem Namen des gewünschten Befehlszeilenparameters erwartet.
- `Count` liefert die Anzahl der Befehlszeilenparameter in der Objektmenge.
- Zusätzlich stellt die `NamedArguments`-Objektmenge die Methode `Exists(Name)` bereit, mit der geprüft werden kann, ob ein bestimmter benannter Parameter übergeben wurde.

Kapitel 9 Die Scripting Hosts

Beispiele Das bereits zuvor verwendete Beispiel wird nun um Routinen erweitert, die alle drei Objektmengen ausgeben.

Listing 9.22
Unterscheidung der verschiedenen Argumenttypen im WSH [merge_files.wsf]

```
<job id="MergeScript">
<Comment>
(C) Holger.Schwichtenberg@windows-scripting.de
</Comment>

<?job error="false" debug="false" logo="false" validate="false" ?>

<!-- ########## Selbstbeschreibung ######### -->
<runtime>

<description>
Dieses Skript kopiert den Inhalt von mehreren Textdateien in eine neue Textdatei
zusammen!
Autor: Holger Schwichtenberg
für das Buch "Windows- und BackOffice-Scripting"
siehe http://www.windows-scripting.de
---------------------------------------------
</description>

<unnamed
name="Quelle"
many=true
required="true"
helpstring="Name und Pfad der zu lesenden Datei(en)"
/>

<named
name="Ziel"
required="true"
helpstring="Name und Pfad der Ausgabedatei"
/>

<named
name="ueberschreiben" required="false"
helpstring="Mit dieser Option wird eine eventuell schon bestehende Zieldatei
überschrieben. Ohne diese Option werden die Quelldateien an die bestehende
Zieldatei angehängt!"
/>

<example>
---------------------------------------------
Anwendungsbeispiel:
merge_files.wsf c:\buch\WSH\datei1.txt c:\buch\WSH\datei2.txt e:\buch\WSH\datei3.txt

/Ziel:c:\buch\WSH\datei_ausgabe.txt /ueberschreiben
</example>

</runtime>
<!-- ########## Hauptteil ######### -->

<script language="vbscript">
Set WSHArguments = WScript.Arguments
```

```
WScript.Echo "--------------------"
WScript.Echo "Alle Parameter:"
WScript.Echo "--------------------"
For I = 0 to WSHArguments.Count - 1
   WScript.Echo WSHArguments (I)
Next
WScript.Echo "--------------------"
WScript.Echo "Unbenannte Parameter:"
WScript.Echo "--------------------"
Set UnnamedArguments = WScript.Arguments.Unnamed
For I = 0 to UnnamedArguments.Count - 1
   WScript.Echo UnnamedArguments (I)
Next
WScript.Echo "--------------------"
WScript.Echo "Benannte Parameter:"
WScript.Echo "--------------------"
Set NamedArguments = WScript.Arguments.Named
For each n in NamedArguments
   if isempty(NamedArguments.item(n))   then
         WScript.Echo n & " hat keinen Wert"
   else
         WScript.Echo n & " = " & NamedArguments (n)
   end if
Next

   </script>
</job>
```

Zugriff auf externe COM-Komponenten

Das eingebaute Objekt `WScript` verfügt über eine eigene Methode zur Instanziierung von automatisierungsfähigen COM-Klassen. Diese Methode bietet gegenüber den Standardfunktionen der jeweiligen Scriptsprachen (`CreateObject()` in VBScript, `CreateActiveXObject()` in JScript etc.) den Vorteil, dass eine Bindung an Ereignisbehandlungsroutinen möglich ist. Der WSH kann sich also im Gegensatz zu vielen anderen Scripting Hosts, die nur Ereignisse von eingebauten Objekten verarbeiten können, auf Ereignisse beliebiger COM-Klassen registrieren.

CreateObject()

`WScript.CreateObject(ProgID, [Prefix])`

Ein häufiger Fehler ist die Verwechslung der VB-Funktion `CreateObject()` mit der Methode `CreateObject()` aus dem `WScript`-Objekt. Beide Funktionen haben einen zweiten, optionalen Parameter. Bei der VB-Funktion erlaubt dieser Parameter jedoch die Angabe eines entfernten Rechners, auf dem die Instanziierung ausgeführt werden soll. Bei `WScript.CreateObject()` wird der zweite Parameter für die Ereignisbindung verwendet. Wenn Sie die beiden `CreateObject()` miteinander verwechseln, werden Sie unerwartete Ergebnisse erhalten.

Ereignisbehandlung im WSH Neben der ProgID kann optional ein frei wählbarer Bezeichner angegeben werden, der Präfix genannt wird, weil er den entsprechenden Ereignisbehandlungsroutinen vorangestellt werden muss. Sofern das Objekt ein Ereignis auslöst, wird nach einer Ereignisroutine gesucht, die aus dem Präfix gefolgt vom Namen des ausgelösten Ereignisses besteht. Es ist üblich, aber nicht zwingend, das Präfix wie die Objektvariable zu nennen und auf einen Unterstrich „_" enden zu lassen, sodass eine typische VB-Ereignisbehandlungsroutine der Form „`Objekt_Ereignis`" entsteht. Natür-

Ereignisse

Kapitel 9 Die Scripting Hosts

lich ist man durch die Angabe des Präfixparameters nicht verpflichtet, zu allen Ereignissen, die das Objekt auslösen könnte, eine Ereignisbehandlung zu definieren.

Die Ereignisbindung kann in .*wsf*-Dateien auch über das <object>-Tag stattfinden. Wenn das Attribut Events auf True gesetzt wird, dann dient das ID-Attribut als Präfix für die Ereignisbehandlungsroutinen.

Warten auf Ereignisse

Allerdings funktioniert die Ereignisverarbeitung im WSH nur so lange, wie das Script noch läuft. Wenn also ein Vorgang gestartet wird, der asynchrone Ereignisse liefert (also die Kontrolle an das Script zurückgibt), muss in der Zwischenzeit das Script beschäftigt werden. Jedoch darf das Script auch nicht zu sehr beschäftigt sein, denn solange noch Befehle ausgeführt werden, können keine Ereignisbehandlungsroutinen abgearbeitet werden; der WSH kann Scriptbefehle nicht parallel ausführen. Das Script mit einer Zählschleife am Laufen zu halten, ist also kein Ausweg, weil dies der WSH-Ereignisbehandlung keine Zeit einräumt. Die Ereignisbehandlung kann nur in zwei Fällen Ereignisbehandlungsroutinen abarbeiten: Entweder zeigt das Script ein Dialogfenster an (Msgbox(), Inputbox(), WScript.Echo() etc.), oder es wartet mit WScript.Sleep().

Warten mit Dialogfenstern

Dabei ist die Anzeige eines Dialogfensters meist kein guter Ausweg, und es besteht die Gefahr, dass das Dialogfenster weggeklickt und damit das Script entweder beendet wird oder wieder beschäftigt ist. Andererseits kann das Script auch nach Abarbeitung aller Ereignisse erst enden, wenn das Dialogfenster geschlossen wird.

Warten mit Sleep()

Bei der Verwendung von Sleep() vermeiden Sie die lästige Anzeige eines Dialogfensters. Der Nachteil von Sleep() scheint zu sein, dass man damit das Script nur eine bestimmte Zeit ruhen lassen kann, man also vorhersehen muss, wie lange die Abarbeitung der Ereignisse wohl dauern wird. Wünschenswert ist ein bedingtes Warten: Das Script soll dann weiterarbeiten oder beendet werden, wenn alle Ereignisse abgearbeitet wurden. Dies kann man auf geschickte Weise erreichen, indem man eine globale Variable definiert und so lange Sleep() mit minimaler Zeitdauer (also eine Millisekunde) aufruft, bis die globale Variable einen bestimmten Wert einnimmt.

Hinweis zum Listing

Das folgende Listing ist Pseudocode. Sie finden konkrete Anwendungsbeispiele für die WSH-Ereignisbehandlung in späteren Kapiteln.

Listing 9.23 PseudoCode-Beispiel für die Behandlung asynchroner Ereignisse im WSH

```
' -- Globale Statusvariable
Dim fertig
' -- Ereignisbehandlung
Sub obj_Ereignis1()
    ...
End Sub
Sub obj_Ereignis2()
    ...
    If ... Then fertig = True ' Objekt ist fertig!
End Sub
' -- Hauptprogramm
ready = false
Set obj= WScript.CreateObject("ProgID","obj_")
...
obj.DoIt
' -- Warten...
do while not fertig
WScript.sleep 1
loop
...
WScript.disconnectobject obj
Set obj = Nothing
```

In Listing 9.23 werden über das frei wählbare Präfix obj_ die beiden Ereignisbehandlungsroutinen an das instanziierte Objekt obj gebunden. Dabei wird die asynchrone Methode DoIt() gestartet, die später ein Ereignis auslöst. Das WSH-Script erhält direkt nach dem Methodenaufruf die Kontrolle zurück. Würde sich das Script jetzt beenden, könnte es keine Ereignisse mehr empfangen. Das Script durchläuft so lange eine Schleife mit Sleep(1), bis von dem Objekt obj ein Ereignis2 ausgelöst wurde, das die globale Variable fertig auf True setzt.

Intelligente Warteschlange

Ein WSH-Script kann auch aus einer Ereignisbehandlungsroutine heraus mit WScript.Quit() abgebrochen werden. Im obigen Beispiel könnte man für den Fall, dass das Script nach der Abarbeitung der Ereignisse sowieso beendet werden soll, auch die Ereignisbehandlungsroutine obj_Ereignis2() WScript.Quit aufrufen, anstatt der Hauptroutine die Abbruchbedingung zu signalisieren. Wenn jedoch die Hauptroutine danach noch andere Aufgaben zu erledigen hat, muss die Ereignisbehandlungsroutine den Weg der Signalisierung wählen.

Natürlich könnte das Script in der Zwischenzeit auch noch andere Dinge erledigen – Hauptsache, es gibt mit einem regelmäßigen Aufruf von Sleep() der WSH-Ereignisbehandlung etwas Luft zum Arbeiten.

> Sofern das Ereignis Parameter übermittelt, muss dies bei der Definition der Ereignisbehandlungsroutine berücksichtigt werden. In untypisierten Umgebungen wie VBS muss die Anzahl der Parameter stimmen, in typisierten Umgebungen wie VB 6.0/VBA zusätzlich auch die Datentypen der Parameter. Sind diese Voraussetzungen nicht erfüllt, wird die Ereignisbehandlungsroutine weder dem Ereignis zugeordnet noch ausgeführt.

WScript definiert auch eine eigene Methode, eine Verbindung zu trennen: DisconnectObject(). Beim WSH wird zusätzlich zu set obj=Nothing dieser Methodenaufruf empfohlen.

DisconnectObject()

Zugriff auf persistente Instanzen WScript.GetObject() ist die analoge Erweiterung der VB-Funktion GetObject() um die WSH-Ereignisbehandlung. Während CreateObject() eine neue Instanz einer COM-Klasse erzeugt, ist mit GetObject() der Zugriff auf bereits bestehende COM-Instanzen einer Klasse möglich.

WScript.GetObject()

Set obj = WScript.GetObject(Moniker,[ProgID],[Prefix])

9.1.11 Bildschirmmasken für den WSH

Eine Schwäche des Windows Script Hosts ist die fehlende Möglichkeit, Bildschirmmasken zu generieren und darzustellen. WScript.Echo() und die PopUp()-Methode in der Klasse WSHShell der WSH-Runtime Library (siehe Kapitel 10.1) vermögen nur einfache Dialogfenster mit ausgewählten Schaltflächen darzustellen. VBScript bringt mit InputBox() wenigstens eine eingebaute Methode zur Darstellung einer einzeiligen Texteingabe mit. Von anderen Programmiersprachen wie JScript aus, die eine derartige Funktion nicht haben, können Sie gar keine Benutzereingaben empfangen. Grundsätzlich haben Sie folgende Möglichkeiten, diese Herausforderung zu meistern:

Der Dialog mit dem Benutzer

▷ Sie nutzen den Internet Explorer als Plattform zur Darstellung von Bildschirmmasken. Mit den Möglichkeiten der *Microsoft Internet Controls* und des *HTML Document Object Models (DOM)* können Sie HTML-Formulare fernsteuern.

▷ Sie können eigene ActiveX-Steuerelemente mit Visual Basic bzw. der Visual Basic Control Creation Edition erzeugen (siehe Kapitel 19, „Fortgeschrittene Techniken").

▷ Clevere Programmierer haben den Bedarf inzwischen erkannt und bieten eigene COM-Komponenten an, die Bildschirmmasken generieren.

Kapitel 9 **Die Scripting Hosts**

Komponen- Eine Besprechung dieser Oberflächenkomponenten würde den Rahmen dieses Buchs
ten anderer sprengen, daher seien an dieser Stelle nur drei empfehlenswerte Komponenten genannt:
Anbieter
- *WSHForm ActiveX Control* ist Freeware von Günther Born [BOR00].
- *WSHLiteWeightForm* ist Freeware von J. Warrington [WAR00].
- *QuickPrompts* ist ein kommerzielles Produkt der Firma TopTenSoftware [TOP00]. Diese Komponente ist die leistungsstärkste der drei genannten.

9.1.12 Sicherheitseinstellungen

WSH- Durch den Love-Letter-Virus ist die Sicherheit des Windows Script Hosts (WSH) in den
Sicherheit Brennpunkt des Interesses gerückt. Dieses Kapitel beschäftigt sich mit folgenden Fragestellungen:
- Wie kann man WSH-Scripts grundsätzlich deaktivieren?
- Wie kann man einzelne WSH-Scripts verbieten?
- Wie kann man steuern, unter welchen Benutzerrechten ein Script ausgeführt wird?

Zugriffsrechte

Da WSH-Scripts normale Dateien im Dateisystem sind und die Scripting Hosts als eigenständige EXE-Dateien vorliegen, können Sie – sofern Sie das NTFS-Dateisystem verwenden – die Dateisystemsicherheit benutzen, um den Zugriff auf einzelne Scripts bzw. auf den WSH insgesamt zu reglementieren.

Zum Start eines Scripts sind minimal die Rechte wie „Datei lesen", „Attribute lesen" und „Berechtigungen lesen" notwendig (siehe Bild 9.17). „Datei ausführen" wird nicht benötigt, da die ausführende Instanz beim WSH die wscript.exe bzw. cscript.exe ist (vgl. Teil 2 der Scripting-Kolumne). Um einem Benutzer die Berechtigung zu entziehen, eine WSH-Datei zu starten, müssen Sie also ihm das Recht „Datei lesen" nehmen, nicht das Recht „Datei ausführen".

Da der WSH keine eigene Sicherheitskonfiguration besitzt, haben Sie unter Windows 9x/ME bzw. einem FAT-Dateisystem unter der NT-Produktfamilie keine Möglichkeit, die Zugriffsrechte zu regeln.

Bild 9.17
Minimale
NTFS-
Sicherheitsein-
stellungen zum
Ausführen
eines WSH-
Scripts

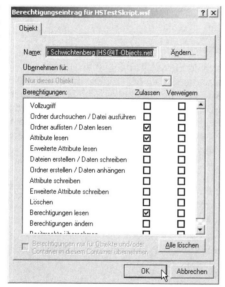

Die NTFS-Sicherheit wirkt nur auf vorhandene Scripts. Sie ist kein Schutz vor Scripts, die Benutzer über Disketten, USB-Sticks übertragen oder die aus dem Netzwerk eingeschleust und von der Festplatte oder einem mobilen Medium ausgeführt werden.

Deaktivierung des WSH

Den Zugriff auf den WSH insgesamt können Sie reglementieren, indem Sie die NTFS-Rechte auf die Dateien *WScript.exe* und *CScript.exe* beschränken. In diesem Fall müssen Sie die Startberechtigung über das Recht „Datei ausführen" steuern.

WSH komplett sperren

Wenn Sie WSH-Scripts für alle Benutzer (auch lokale Administratoren) verbieten wollen, können Sie diese beiden Dateien auch einfach löschen.

Eine noch bessere Möglichkeit zur Deaktivierung des WSH ist der Registrierungsdatenbankschlüssel *HKEY_LOCAL_MACHINE\SOFTWARE\Microsoft\Windows Script Host\Settings\ Enabled*. Mit der Zuweisung des Werts 0 ist der Start des WSH nicht mehr möglich – auch nicht, wenn der Benutzer sich *WScript.exe* oder *CScript.exe* an einem anderen Ort auf sein System gelegt hat, um die Sicherheitseinstellungen zu umgehen.

Selektive Ausführung mit Software Restriction Policies (SRP)

Microsoft hat die Sicherheitseinstellungen des Internet Explorers als Vorbild für ein neues Sicherheitsfeature (verfügbar ab Windows XP) verwendet. Der Internet Explorer erlaubt die Beschränkung von Programmcode (Scripts, ActiveX-Steuerelemente, Java) auf Basis der Herkunft des Programmcodes (Internet, Intranet, lokale Festplatte etc.).

Internet Explorer Sicherheit

Mit Windows XP wurde dann auch für Programmcode außerhalb des Internet Explorers eine Sicherheitskontrolle eingeführt: Mit Software Restriction Policies (SRP) kann Programmcode auf Basis seiner Herkunft gesperrt werden. Per lokaler Richtlinie oder Gruppenrichtlinie kann man Sicherheitsbeschränkungen für Programmcode einführen. Der Begriff *WinSafer* ist ein Alias für SRP.

Alternative Application Locker in Windows 7 und Windows Server 2008 R2 Ab Windows 7 und Windows Server 2008 R2 gibt es eine neue Variante der SRP-Funktion. Sie heißt Application Locker (AppLocker), alias „Application Control Policies". AppLocker funktioniert sehr ähnlich wie SRP, bietet aber ein paar mehr Möglichkeiten. AppLocker wird in diesem Buch in Zusammenhang mit dem AppLocker-Modul für die PowerShell beschrieben.

Zu beachten ist, dass AppLocker nur in Windows Server 2008 R2 sowie den Ultimate- und Enterprise-Varianten von Windows 7 funktioniert. SRP funktioniert hingegen in allen Betriebssystemen ab Windows XP. Auch in Windows 7 und Windows Server 2008 R2 ist SRP enthalten.

Aufbau von SRP Das Sicherheitssystem der SRP besteht aus genau einer Grundeinstellung und einer beliebigen Anzahl von Regeln.

Grundeinstellung In der Grundeinstellung lässt sich zunächst festlegen, ob grundsätzlich jeder Programmcode erlaubt werden oder verboten sein soll. Als Programmcode gelten alle Arten von ausführbaren Dateien, einschließlich Scripts. Die Grundeinstellung ist, dass die Ausführung erlaubt ist.

Kapitel 9 Die Scripting Hosts

Bild 9.18
SRP-Grund-einstellung (Windows Server 2003)

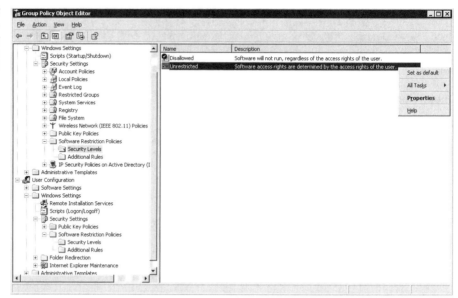

Die Grundeinstellung kann durch weitere Eigenschaften angepasst werden:
- Es kann festgelegt werden, ob die SRP auch für DLLs gelten soll.
- Es kann festgelegt werden, welche Dateitypen ausführbare Dateien enthalten.
- Es kann festgelegt werden, ob die SRP für Administratoren nicht gelten sollen.

Bild 9.19
Feineinstellungen zur SRP (Windows Server 2003)

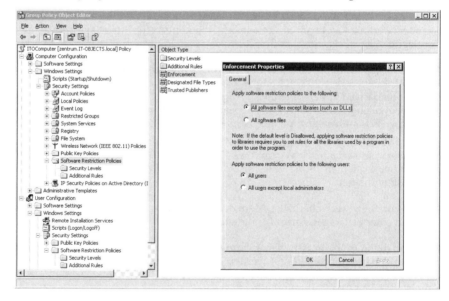

Windows Script Host (WSH)

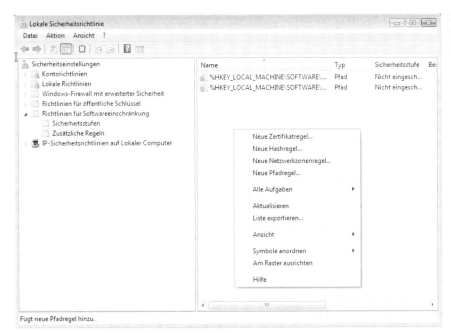

Bild 9.20
SRP-Einstellungen in Windows Vista

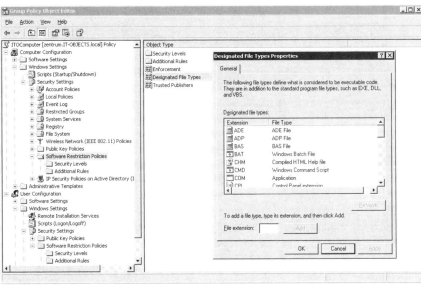

Bild 9.21
Festlegung der Dateitypen (Windows Server 2003)

Regeln Mit der Grundeinstellung „Disallowed" wäre es unmöglich, Windows zu benutzen, weil man keine Programme starten kann. Daher ist es notwendig, dass man Regeln definieren kann, für welche Software die Beschränkung nicht gelten soll.

Alles verbieten/einiges erlauben

Kriterien für die Beschränkung sind:
- Hash-Wert einer ausführbaren Datei
- In der ausführbaren Datei enthaltenes Zertifikat gemäß dem Microsoft Authenticode-Verfahren (vgl. Kapitel 19, „Fortgeschrittene Techniken/Digitale Signatur für Scripts")

249

Kapitel 9 Die Scripting Hosts

- Internet Explorer-Zone
- Dateisystempfad
- Dateierweiterung

In Windows Server sind vier Regeln vordefiniert, die die wichtigsten Pfade (Windows, System32, Programme) zum Start von Programmen zulassen. Man kann beliebig viele weitere Regeln hinterlegen.

Alles erlauben/einiges verbieten Eine Regel kann auch den Start von Software aus einer bestimmten Quelle verbieten. Dies macht Sinn, wenn die Grundeinstellung „Alles erlauben" ist. Diese Variante hat den Vorteil, dass man weniger Regeln hinterlegen muss. Es besteht aber die Gefahr, dass man Quellen übersieht. Beispielsweise kann ein Benutzer eine SRP, die den Start von Anwendungen von Laufwerk D: verbietet, dadurch umgehen, dass er einen anderen Laufwerksbuchstaben der Platte zuordnet, sich mit dem DOS-Befehl `subst` einen Alias für das Laufwerk anlegt oder eine Laufwerksverknüpfung zu einer lokalen Freigabe auf seinem eigenen Rechner anlegt.

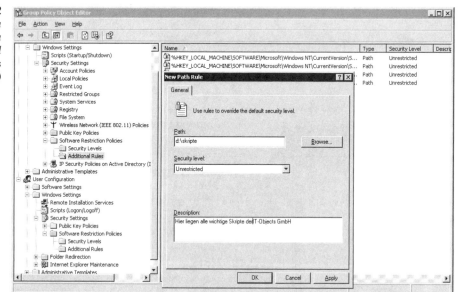

Bild 9.22 Definition einer neuen SRP-Regel (Windows Server 2003)

Man kann bei der SRP nur zwischen „nicht erlaubt" und „nicht eingeschränkt" wählen, d.h., die Anwendung startet oder startet nicht. Es ist nicht möglich, einer Anwendung Zugriffsrechte auf einzelne Ressourcen zu geben oder zu entziehen.

Dateien und Veränderungen an Dateien erkennen **Hash-Regeln** Mit einer Hash-Regel kann man einzelne Anwendungen/Scripts erlauben oder verbieten, unabhängig davon, wo sie liegen. Beim Anlegen einer Hash-Regel muss man eine Datei auswählen. Über diese Datei wird ein Hash-Wert gebildet. Der Algorithmus für den Hash-Wert ist so, dass jede kleinste Änderung an der Datei zu einem anderen Hash-Wert führt. Windows startet die Anwendung nur, wenn der Hash-Wert stimmt.

Wenn man zahlreiche Anwendungen und Scripts im Unternehmen verwendet, ist es lästig, für jede dieser ausführbaren Dateien eine Hash-Regel anzulegen. Außerdem muss man bedenken, dass die Hash-Regel nach jeder Änderung an einem Script erneuert werden muss. Es gibt noch keine Möglichkeit, das Anlegen von SRP-Regeln zu scripten. Eine Lösung für diese Herausforderung sind Zertifikatsregeln.

Zertifikatsregeln Das Microsoft Authenticode-Verfahren ermöglicht es, ausführbare Dateien digital zu signieren. Mit einer Zertifikatsregel kann man definieren, dass mit einem bestimmten digitalen Zertifikat signierte Anwendungen/Scripts ausgeführt werden dürfen. Damit entfällt die Definition für jede einzelne Datei.

Gruppen von Anwendungen

Im Kapitel 19, „Fortgeschrittene Techniken", erfahren Sie, wie man WSH-Scripts digital signiert.

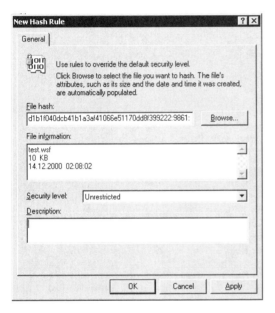

Bild 9.23
Anlegen einer Hash-Regel für SRP (Windows Server 2003)

Identität

Wie in Kapitel 7 zu „COM" vorgestellt, bezeichnet die „Identität" die Frage, unter welchem Benutzerkontext ein Script bzw. eine Komponente mit dem Betriebssystem und den Anwendungen interagiert. Das Script bzw. die Komponente besitzt dann alle Rechte auf Ressourcen, die auch der Benutzer auf diese Ressourcen hat.

Benutzerkontext

Ein WSH-Script, das von einem Benutzer manuell gestartet wird, läuft automatisch unter dessen Benutzerkontext. Der WSH selbst unterstützt nicht die Impersonifizierung, d.h. den Ablauf unter einem anderen Benutzerkontext als dem des Aufrufers.

Keine Impersonifizierung

Windows bietet jedoch verschiedene Möglichkeiten, eine ausführbare Datei unter einem anderen Benutzerkontext als unter dem des gerade angemeldeten Benutzers laufen zu lassen. Diese Möglichkeiten hat auch ein WSH-Script:

- Das Script läuft als geplanter Vorgang im Zeitplandienst, dem ein dezidiertes Benutzerkonto zugewiesen wurde (nur unter Produkten der NT-Familie).

Zeitplandienst

- Sie können das Tool su.exe aus den Resource Kits zu NT 4.0 bzw. das ab Windows 2000 mitgelieferte runas.exe nutzen, um WScript.exe bzw. CScript.exe unter einem anderen Benutzerkontext auszuführen.

su.exe

- Schließlich steht ab Windows 2000 eine eingebaute Möglichkeit zur Verfügung, bei einer Verknüpfung zu einer ausführbaren Datei einen dezidierten Benutzernamen für die Ausführung festzulegen (Funktion »Ausführen unter«).

Windows 2000 und höher

Bild 9.24
Impersonifizie-rung für ausführbare Dateien ab Windows 2000

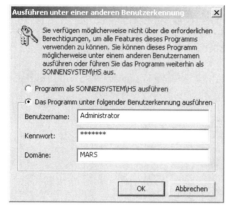

WSH kann nicht wechseln **Impersonifizierung** In all diesen Fällen erfolgt die Festlegung des Benutzerkontexts statisch, d.h. einheitlich für das gesamte WSH-Script. Ein WSH-Script ist – genauso wie andere Scripting Hosts – nicht in der Lage, während seines Programmablaufs den Benutzerkontext zu wechseln.

> Einige Komponenten, z.B. das *Active Directory Service Interface (ADSI)*, die *Windows Management Instrumentation (WMI)* und die *ISPSignup-Komponente* (siehe IIS Resource Kit), unterstützen die Impersonifizierung für die Operationen auf diesen Komponenten. Diese Impersonifizierung gilt dann aber nur für alle Methodenaufrufe in diesen Komponenten. Alle anderen Operationen laufen weiterhin unter dem Benutzerkontext, unter dem das Script gestartet wurde.

Sicherungen vor Einblicken in den Quellcode Die optionale Impersonifizierung in den Komponenten (z.B. ADSI und WMI) erfordert, dass Benutzername und Kennwort im Quelltext des Scripts stehen.

Kennwort-sicherung Ein Kennwort im Klartext irgendwo abzulegen, ist grundsätzlich ein Sicherheitsrisiko – nicht nur für Administrator-Konten. Sofern das Script nicht unbeaufsichtigt laufen muss, sollten Sie daher während der Scriptausführung nach dem Kennwort fragen (z.B. mit `InputBox()` – siehe Kapitel 8 – oder der Scripting Password-Komponente – siehe Kapitel 10.3).

Ungeeignet ist die Kennworteingabe natürlich dann, wenn das Script entweder unbeaufsichtigt laufen oder aber im Kontext eines normalen Benutzers gestartet werden soll, dann aber eine Impersonifizierung als Administrator notwendig wird. Dann ist es natürlich keine Alternative, den Benutzer das Kennwort des Administrators eingeben zu lassen.

Script Encoding Leider kann man auch bei WSH-Dateien nicht zwischen den Rechten „Ausführung" und „Lesen" unterscheiden. Das Starten einer WSH-Datei erfordert immer Leserechte auf eine Datei, und damit ist auch immer die Einsicht in den Quellcode möglich. Eine Möglichkeit – zumindest gegen weniger erfahrene Benutzer – ist dann nur das Script Encoding (vgl. Kapitel 19, „Fortgeschrittene Techniken"). Dabei wird der gesamte Quellcode einer Datei unkenntlich gemacht. Leider ist das Verfahren mit im Internet kursierenden Werkzeugen reversibel.

ASP Eine wirklich wirksame Sicherung vor dem Betrachten des Quellcodes bietet der WSH überhaupt nicht. Eine grundsätzliche Alternative sind ASP-Scripts: Sie laufen auf einem Webserver, und der Benutzer kann den Quellcode nicht betrachten, sofern er keinen Zugriff auf das Dateisystem des Webservers hat. In der Vergangenheit gab es zwar einige Bugs im IIS, die die Anzeige des Quellcodes ermöglicht haben, doch diese Lükken sollten nach der Sicherheitsinitiative von Microsoft inzwischen gestopft sein.

9.1.13 Sicherheit in Windows Vista und Windows Server 2008

Microsoft hat die Sicherheitseinstellungen ab Windows Vista erhöht, was auch den Start von administrativen Scripts einschränkt.

Sicherheitswarnung beim Start von Scripts von einem Netzlaufwerk

Windows Vista warnt beim Start von Scripts von einem Netzlaufwerk und fordert zur expliziten Bestätigung des Scriptstarts auf. Die Warnung erscheint sowohl beim Start an der Windows-Oberfläche als auch beim Start von der Kommandozeile. Die Warnung erscheint nicht bei Scripts, die im lokalen Dateisystem liegen.

Bild 9.25
Warnung beim Start von Scripts in Vista

User Account Protection (UAP)

Dem Problem, dass ein fortgeschrittener Benutzer, Administrator oder Entwickler in bisherigen Windows-Versionen nur reibungslos arbeiten konnte, wenn er immer als Administrator an seinem Rechner angemeldet war, begegnet Microsoft mit einer neuen Funktion, die „Benutzerkontensteuerung" (engl. User Account Protection (UAP) oder auch User Account Control (UAC)) heißt. Alle Anwendungen in Vista laufen immer unter normalen Benutzerrechten, auch wenn ein Administrator angemeldet ist. Dies bedeutet, dass viele Scripts (z.B. Starten und Stoppen von Diensten, Benutzerverwaltung) nicht mehr funktionieren können.

UAP-Grundlagen

Anwendungen, die spezielle Unterstützung für UAC/UAP besitzen, präsentieren dem Benutzer ein Dialogfeld, das nachfragt, ob die Anwendung gestartet werden kann. Bei Administratoren reicht zur Bestätigung ein Mausklick („Consent Prompt"), normale Benutzer müssen Name und Kennwort eines administrativen Kontos eingeben („Credential Prompt"). Erst nach der Bestätigung wird die Anwendung mit administrativen Rechten ausgestattet. Das Verhalten (Nachfrage mit oder ohne Kennworteingabe) kann durch die Systemrichtlinien (*Lokale Richtlinien/Sicherheitsoptionen*) gesteuert werden.

Nachfragedialog

Kapitel 9 **Die Scripting Hosts**

Bild 9.26
UAP-Bestäti-
gungsanforde-
rung bei
normalen
Benutzern

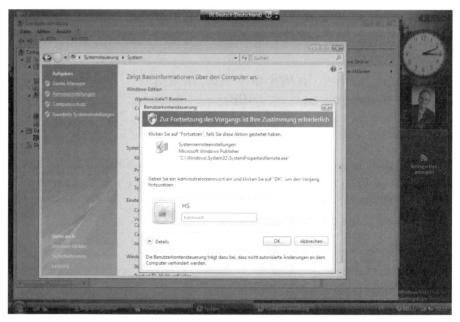

Bild 9.27
UAP-Bestäti-
gungsanforde-
rung bei
Administra-
toren

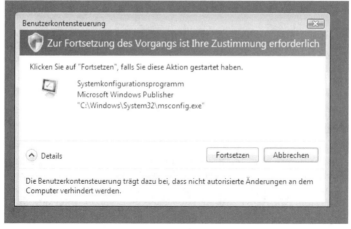

Scripts WSH-Scripts erfordern oft Administratorrechte. Ein Administrator wird aber in Vista
mit vollen mit den bisherigen Strategien, um ein Script zu starten (Doppelklick oder Ausführen
Admin- im Kommandozeilenfenster), scheitern. Das Script wird mit der Meldung, dass die
Rechten Rechte nicht ausreichen, abbrechen. Ein WSH-Script fragt bei Anwendern nicht nach
ausführen höheren Rechten, weil man eine Unterstützung für UAC/UAP leider in den WSH nicht
eingebaut hat.

> Leider sucht man vergeblich im Kontextmenü eines Scriptsymbols nach dem Befehl *Als Administrator ausführen*.

Ein Administrator hat fünf Möglichkeiten, ein Script dennoch mit vollen Rechten zu starten:

1. Start eines Konsolenfensters mit Administratorrechten. Diese Funktion ist im Kontextmenü des Symbols für die Eingabeaufforderung (sowohl auf dem Desktop als auch im Startmenü oder einem Windows Explorer-Fenster) verfügbar (*Als Administrator ausführen*).
2. Start des Skripts mit *runas.exe*. Der Nachteil ist, dass der Administrator dann bei jedem Skriptstart sein Kennwort neu eingeben muss.
3. Erstellen einer Verknüpfung zu einem Skript, wobei in der Verknüpfung explizit *cscript.exe* oder *wscript.exe* dem Skript voranzustellen sind. In den Eigenschaften der Verknüpfung kann hinterlegt werden, dass die verknüpfte Anwendung mit vollen Rechten starten soll.
4. Deaktivierung der UAC/UAP-Funktion für alle Skripte durch eine Anwendungskompatibilitätskonfiguration mit dem Application Compatiblity Toolkit. Da man dort die Einstellung nur für *cscript.exe* und *wscript.exe*, nicht aber für einzelne Skripte vornehmen kann, ist dies keine befriedigende Lösung.
5. Generelle Deaktivierung der UAC/UAP-Funktion für Administratoren durch Änderung der Systemrichtlinie. Diese Lösung ist nicht zu empfehlen, da damit viel von der erhöhten Sicherheit von Windows Vista außer Kraft gesetzt wird.

Bild 9.28
Starten eines Konsolenfensters mit Administratorrechten

Ein Konsolenfenster, das unter Administratorrechten läuft, zeigt im Gegensatz zu einem normalen Konsolenfenster auch das Wort „Administrator" in dem Fenstertitel.

Kapitel 9 Die Scripting Hosts

Bild 9.29
Zwei Konsolenfenster mit unterschiedlichen Rechten auf einem Desktop: Nur in der Konsole, die mit Administratorrechten gestartet wurde, kann der Befehl ausgeführt werden.

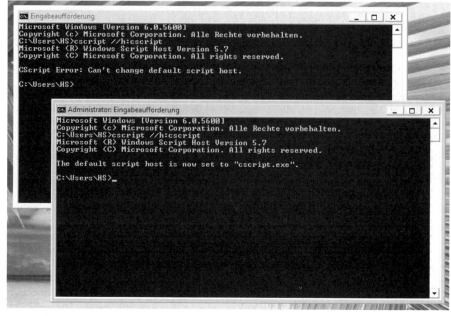

UAP deaktivieren

Die nächste Bildschirmabbildung zeigt, wie man die Benutzerkontenkontrolle für Administratoren deaktivieren kann. Davon ist aber abzuraten, weil damit das Sicherheitssystem von Vista für Administratoren außer Kraft gesetzt wird und die Systeme wieder genauso anfällig für Schädlinge sind, wie es die Vorgänger waren.

Bild 9.30
Ausschalten der Benutzerkontensteuerung für Administratoren in den Sicherheitsrichtlinien von Windows Vista (MMC-Konsole" Lokale Sicherheitsrichtlinien")

9.1.14 Sicherheit in Windows 7 und Windows Server 2008 R2

Für Windows 7 und Windows Server 2008 R2 gilt grundsätzlich das zu Vista und Server 2008 Gesagte. Allerdings gibt es für die Benutzerkontensteuerung jetzt vier Modi statt zwei (ein/aus). Standard ist, dass die Benutzerkontensteuerung sich nur noch meldet, wenn Programme Änderungen am System vornehmen. Sie fragt nicht mehr nach, wenn Benutzer die MMC oder andere Werkzeuge direkt mit Maus und Tastatur steuern.

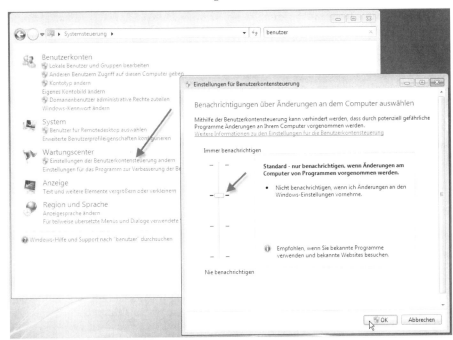

Bild 9.31
Feinere Einstellung der Benutzerkontensteuerung (hier in Windows 7)

9.2 DHTML-Scripting im Internet Explorer

Der Internet Explorer war der erste Active Scripting Host. Seit Version 3.0 unterstützt er nicht nur JavaScript bzw. JScript, sondern auch alle Active Scripting Engines. Das Scripting im Internet Explorer dient der Dynamisierung von Webseiten auf dem Client. Im Gegensatz dazu dynamisiert das im nächsten Kapitel dargestellte ASP auf dem Server.

9.2.1 Grundlagen des Browser-Scripting

Im Internet ist die Verwendung von Scriptsprachen zur Erstellung dynamischer Webanwendungen inzwischen sowohl auf dem Client als auch auf dem Server populär. Grundsätzliche Motivation ist dabei, den Vorteil der Client-Server-Architektur des Webs zu nutzen, indem Verarbeitungsprozesse sinnvoll zwischen Client und Server aufgeteilt werden. Es soll eben nicht die ganze Verarbeitung auf dem Server stattfinden und der Browser soll nicht nur eine verbesserte Variante des „dummen" Green-Screens aus dem Host-Zeitalter sein – allein mit dem Unterschied, dass er jetzt Farbe darstellen kann und mit der Maus bedient wird. Wenn die Dynamik auf den Server beschränkt ist, bedeutet jede – wenn auch noch so kleine – Veränderung des Bildschirminhalts einen

Dynamische Webseiten

kostspieligen Rundgang zum Server. Anwendungsfälle für clientseitige Webdynamik sind insbesondere:

Einsatzgebiete für Browser-Scripting
- Prüfung von Eingaben des Benutzers, bevor diese zum Server gesendet werden
- Erstellen von Navigationselementen, die Seitenbeschreibungssprachen wie HTML nicht bereitstellen (z.B. TreeViews)
- Animationen im weitesten Sinne. Damit sind Veränderungen des Bildschirminhalts gemeint, die vor allem aus ästhetischen Gesichtspunkten integriert werden sollen.
- Inzwischen sind die Möglichkeiten innerhalb des Webbrowsers so groß, dass auch komplette (Business-)Anwendungen im Browser laufen können, die auch standalone ohne Webserver arbeiten können.

Kriterien Wichtigste Voraussetzung für alle clientseitigen dynamischen Techniken ist die Plattformunabhängigkeit – zumindest dann, wenn sich das Angebot an alle Internetnutzer richtet und nicht nur an den vergleichsweise eng umgrenzten Nutzerkreis eines Intranets, dem man Betriebssystem und Browser-Typ von zentraler Stelle diktieren kann. An zweiter Stelle kommt die Sicherheit: Durch eine clientseitige Technik sollen weder die Integrität noch die Vertraulichkeit der Daten und Anwendungen eines Nutzers beeinträchtigt werden.

Java versus Scripting Dabei ist der bekannteste Ansatz für clientseitige Webdynamik die Programmiersprache Java mit ihrem plattformunabhängigen Bytecode, die in Form von Java-Applets im Browser zum Einsatz kommt. Es gibt aber Gründe, warum Java in vielen Fällen nicht die erste Wahl ist. Java-Applets sind zu schwergewichtig. Viele Anwendungsfälle lassen sich mit einem Zwei- oder Dreizeiler erschlagen. Der Aufwand, dafür ein Java-Applet zu programmieren, ist vergleichsweise groß. Scriptcode lässt sich im Quelltext in eine HTML-Seite einbetten und ist damit für das Rapid Application Development (RAD) wesentlich besser geeignet. Außerdem ist die Java Virtual Machine, die zur Ausführung des Bytecodes benutzt wird, ein Speicherplatzfresser im Vergleich zu den Scriptinterpretern.

VBS im Webclient VBS ist für die clientseitige Webprogrammierung nicht die erste Wahl, denn es erfüllt die Grundvoraussetzung der Plattformunabhängigkeit nicht. Lediglich der Internet Explorer unterstützt VBS standardmäßig. Im Rahmen eines Intranets, in dem alle relevanten Benutzer mit dem Microsoft-Browser arbeiten, ist VBS eine gute Wahl, denn Sie können wieder viele Routinen mit „Cut&Paste" aus VB und den Scripts anderer Scripting Hosts übernehmen.

Netscape Navigator
> Der Netscape Navigator ist kein Active Scripting Host, auch wenn er das clientseitige Scripting mit JavaScript unterstützt. Der Netscape Navigator kann keine COM-Komponenten ansprechen. Thema ist hier also nur der Internet Explorer, denn es soll eben aufgezeigt werden, wie man hilfreiche COM-Komponenten aus dem Browser heraus anspricht.

Outlook, InterDev und Frontpage **Integration des Internet Explorers** Der Internet Explorer kann in andere Anwendungen integriert werden. Beispiele dafür sind die Entwicklungsumgebungen Frontpage und Visual InterDev sowie Outlook Express und Outlook, die eine Darstellung von HTML-EHMails ermöglichen. Mit Hilfe des *Microsoft Internet Control* können Sie die Browser-Funktionalitäten in eigenen Anwendungen bereitstellen. In all diesen auf dem Internet Explorer basierenden Umgebungen ist auch die Ausführung von in HTML-Seiten eingebetteten Scripts möglich.

DHTML, CSS, DOM **Browser-Technologien** Browser-Scripting ist ein Teil der Technologie, die von einigen Herstellern – so auch von Microsoft – unter dem Begriff *Dynamic HTML (DHTML)* zusammengefasst wird. DHTML umfasst:

- die Seitenbeschreibungssprache HTML
- die Formatierungssprache Cascading Style Sheets (CSS)
- das Document Object Model (DOM)

DOM ist ein vom World Wide Web Consortium (W3C) [DOM00] standardisiertes Objektmodell für den Zugriff auf Dokumente vom Scriptcode aus. Auch HTML und CSS sind vom W3C standardisiert.

Natürlich gibt es – wie sollte es auch anders sein – ein *Microsoft DHTML*, eine Erweiterung der standardisierten Form. Zu Microsoft DHTML gehören auch noch die Techniken Data Binding (nicht Bestandteil dieses Buchs) und DHTML-Scriptlets (kurze Erläuterung in Kapitel 7).

9.2.2 Einbindung von Scriptcode

Scriptcode kann in eine HTML-Seite auf drei verschiedene Weisen eingebunden werden:

1. In einem speziellen Scriptblock innerhalb der Seite: **Scriptblock**
   ```
   <script language="VBScript">
   ...
   </script>
   ```

2. In Form einer externen Datei, die von dem Browser zur Ladezeit mitgeladen und verknüpft wird: **Externe Scriptdateien**
   ```
   <script language="VBScript" src="Datei.vbs"></script>
   ```

3. In Form einer in ein Tag eingebundenen Ereignisbehandlungsroutine: **Inline in HTML**
   ```
   <INPUT type="Schaltfläche" language="vbscript" onclick="msgbox 'Hello World'"
   value="Drück mich! Variante (1)">
   ```

In den Fällen 1 und 2 wird ein Script durch das Tag <SCRIPT> von dem üblichen Quelltext abgegrenzt. Das <SCRIPT>-Tag hat hier in DHTML seinen Ursprung. Microsoft hat sich dieses Tag später auch im Rahmen anderer Scripting Hosts zu Eigen gemacht.

Achtung: Im Gegensatz zu allen anderen Active Scripting Hosts ist VBS im Internet Explorer nicht die Standardsprache, sondern JScript. Sie müssen es also explizit definieren, wenn Sie VBS nutzen wollen.

Die Beispiele sind zunächst allesamt reine clientseitige Beispiele. Da keine Verknüpfung client- und serverseitiger Programmlogik stattfindet, brauchen Sie keinen Webserver, um die Beispiele zu testen. Erstellen Sie einfach eine Textdatei mit der Erweiterung *.htm* (oder *.html*) in Ihrem Dateisystem und laden Sie diese in den Webbrowser. Um eine HTML-Datei im Internet Explorer anzuzeigen, haben Sie folgende Möglichkeiten:

- Drag&Drop der Datei in das Internet Explorer-Fenster
- Doppelklick auf die Datei (sofern der Internet Explorer Ihr Standardbrowser ist)
- Eingabe des Pfads zu der Datei in der URL-Zeile
- Auswahl der Datei im *Datei/Öffnen*-Dialog

9.2.3 Hello World im Browser

Erstes Beispiel
Wie üblich soll das erste Beispiel nicht mehr leisten, als das allseits bekannte Dialogfenster mit dem Gruß an die Welt auszugeben. Der komplette Quellcode der Webseite liegt innerhalb eines <HTML>-Tag. Darin eingebettet ist ein <SCRIPT>-Tag mit einer einsamen Befehlszeile. Die Position des Scriptblocks ist in diesem Fall entscheidend für die Reihenfolge der Ausgabe. Der Browser gibt zunächst „Diese Seite sagt Ihnen Hallo..." aus, danach erscheint das Dialogfenster und am Ende wird „Fertig." an die obige Ausgabe angehängt.

Listing 9.24
DTHML-Seite für Hello World
```
<HTML>
Diese Seite sagt Ihnen HALLO...
<SCRIPT language=Vbscript>
Msgbox "Hello World!"
</SCRIPT>
Fertig.
</HTML>
```

Mischung von HTML und Script
Es kann beliebig viele Scriptblöcke in einem Dokument geben. Sofern diese Scriptblöcke nicht wie weiter unten beschrieben an ein Ereignis gebunden sind, werden sie sequenziell ausgeführt. HTML-Ausgaben zwischen den Scriptblöcken werden ebenso sequenziell dargestellt. In Scriptblöcken enthaltene Unterroutinen werden natürlich nicht sequenziell ausgeführt, sondern nur dann, wenn sie aufgerufen werden.

Listing 9.25
Script- und HTML-Blöcke können sich abwechseln.
```
<HTML>
Erste Ausgabe...<p>
<SCRIPT language=Vbscript>
Msgbox "Erste Dialogbox."
</SCRIPT>
Zweite Ausgabe...<p>
<SCRIPT language=Vbscript>
Msgbox "Zweite Dialogbox."
</SCRIPT>
Dritte Ausgabe...<p>
<SCRIPT language=Vbscript>
Msgbox "Dritte Dialogbox."
</SCRIPT>
</HTML>
```

HTML-Syntax
Dieses Buch kann keinen Kurs in Hypertext Markup Language (HTML) enthalten. Wenn Sie nicht mit HTML vertraut sind, mögen Ihnen die folgenden Hinweise helfen:
- Die „Befehle" in HTML heißen *Tags*.
- Ein Tag ist immer durch < und > von dem Inhalt abgegrenzt.
- Der Befehlsteil des Tag ist nicht case-sensitive. Aus Gründen der Übersichtlichkeit schreibt man den Tag-Namen aber oft nur in Großbuchstaben.
- Ein Zeilenumbruch im Quelltext ist kein Zeilenumbruch in der Ausgabe. Um einen Umbruch zu erzeugen, setzen Sie die Tags
 (einfacher Zeilenumbruch) oder <P> (Absatz).

9.2.4 Sicherheitseinstellungen

Gefährdung durch Viren und Würmer
Ein Script im Internet Explorer läuft stets unter der Identität des angemeldeten Benutzers. Allerdings kann ein Script nicht automatisch alle Aktionen ausführen, die der Benutzer auszuführen vermag. Es gibt detaillierte Sicherheitseinstellungen für die Zugriffsrechte

des Scripts wie in keinem anderen Scripting Host. Besondere Bedeutung beim Browser Scripting kommt dem Schutz des Browser-Nutzers vor der Gefährdung der Geheimhaltung und Integrität seiner Daten zu. Da jede (aus dem Internet geladene) HTML-Seite Script enthalten kann, besteht prinzipiell die Gefahr, bösartigen Programmcode durch den Aufruf einer Internetseite zu starten. Dies gilt auch für den Aufruf von E-Mails in E-Mail-Programmen wie Microsoft Outlook und Outlook Express bzw. Windows Mail, die in HTML formatierte E-Mails mit Hilfe der gleichen Komponenten wie der Internet Explorer darstellen. Auch in HTML-formatierten E-Mails enthaltener Scriptcode wird ausgeführt. Dass Script- und Makrosprachen sich zur Erstellung gefährlicher Viren und E-Mail-Würmer eignen, haben die Viren *Melissa* und *Love-Letter* gezeigt (vgl. [SCH00c]).

Zum Schutz vor derartigem Missbrauch bieten Scriptsprachen wie VBScript und JScript bewusst keinerlei Funktionen zum Zugriff auf Systeminformationen, Dateisystem und Netzwerkfunktionen. Solche Funktionalitäten können nur durch COM-Komponenten bereitgestellt werden, die einem besonderen Schutz unterliegen.

Die Sicherheitseinstellungen des Internet Explorers, die auch für alle Programme gelten, die Funktionen des Internet Explorers nutzen, können über *Extras/Internetoptionen/Sicherheit* innerhalb des Browsers oder über *Systemsteuerung/Internetoptionen/Sicherheit* aus dem Windows-Start-Menü heraus erreicht werden. **Internet-optionen/ Sicherheit**

Sicherheitszonen Es gibt verschiedene vordefinierte Zonen und Sicherheitsstufen. Der Internet Explorer achtet darauf, woher ein Script geladen wird. Dabei werden fünf Zonen unterschieden: **Zonen**

- Arbeitsplatz (Zone 0)
- lokales Intranet (Zone 1)
- vertrauenswürdige Sites (Zone 2)
- Internet (Zone 3)
- eingeschränkte Sites (Zone 4)

Diese Zonen finden Sie im IE5 unter *Extras/Internetoptionen/Sicherheit* und in der Registrierungsdatenbank unter HKEY_LOCAL_MACHINE\SOFTWARE\Microsoft\Windows\Current Version\Internet Settings\ Zones.

Die Zone 0, Arbeitsplatz, wird normalerweise nicht in den Internet Explorer-Sicherheitsoptionen angezeigt. Um diese Zone anzuzeigen, muss der Schlüssel HKEY_CURRENT_USER\SOFTWARE\Microsoft\Windows\CurrentVersion\Internet Settings\Zones\ 0*flags* auf 1 gesetzt werden. Für alle Benutzer ändert das auf der CD enthaltene WSH-Script *anzeige_der_Zone0.vbs* diese Einstellung.

In Outlook und Outlook Express bzw. Windows Mail kann jeweils unter den Sicherheitsoptionen festgelegt werden, ob für eingehende HTML-E-Mails die Zone „*Internet*" oder „*eingeschränkte Sites*" gelten soll (siehe [SCH00c]). **Zonen in den E-Mail-Programmen**

In den Internetsicherheitsoptionen werden zu jeder Zone vier vordefinierte Sicherheitsstufen angeboten: hoch, mittel, niedrig und sehr niedrig. Es gibt eine Vielzahl von Einzeleinstellungen, wobei jede der vier vordefinierten einer bestimmten Kombination der Einzeleinstellungen entspricht. Sie gelangen zu den Einzeleinstellungen über die Schaltfläche *Stufe anpassen*. In den meisten Sicherheitseinzeleinstellungen gibt es die Punkte *Aktivieren*, *Deaktivieren* und *Eingabeaufforderung* (siehe Bild 9.32). **Sicherheitsstufen**

Kapitel 9 Die Scripting Hosts

Bild 9.32
Sicherheits-
einzeloptionen
im Internet
Explorer 5.0

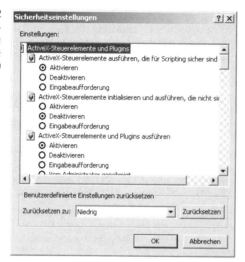

Scripting ist im Standard erlaubt
Aktivierung des Active Scripting Im Standard ist für alle Zonen und alle Sicherheitsstufen das Scripting aktiviert. Sie können dies jedoch über die Anpassung der Sicherheitsstufen über den Punkt *Scripting/Active Scripting* deaktivieren bzw. eine Einzelbestätigung des Benutzers verlangen.

Sicherheit
Sicherheitseinstellungen für COM-Komponenten Ob bei aktiviertem Scripting aus einem Script heraus eine konkrete COM-Klasse instanziiert werden kann, hängt von drei Faktoren ab:

- Speicherort des Script (es gelten die oben genannten Zonen)
- Komponentenkategoriezugehörigkeit der Klasse
- Einstellungen für die Sicherheitszone entsprechend dem Speicherort des Script

MINFU

> Im Internet Explorer ist stets von *ActiveX-Steuerelementen* die Rede. Dies ist jedoch der falsche Begriff: Die Einstellungen betreffen alle automatisierungsfähigen COM-Komponenten, nicht nur Steuerelemente mit GUI.

Sichere Komponenten
Komponentenkategorie Der Internet Explorer unterscheidet zwei Arten von COM-Klassen:

- COM-Klassen, die für Scripting sicher sind
- COM-Klassen, die nicht sicher sind

Was ist sicher?
Sicher bedeutet dabei nicht nur, dass die Klasse an sich kein Schädling ist, sondern auch, dass die Klasse nicht dazu missbraucht werden kann, Schaden anzurichten. Ein Beispiel für eine **sichere** Komponente ist die Klasse `Scripting.Dictionary`, die der temporären Speicherung von Informationen dient. Die Klasse `Scripting.FileSystemObject`, die den Zugriff auf das Dateisystem eröffnet, wird dagegen als *nicht sicher* registriert.

Zuordnung über die Komponentenkategorie
Der Internet Explorer ist selbst nicht in der Lage zu entscheiden, ob eine COM-Klasse sicher ist oder nicht. Die Einstufung ist abhängig von der Zuordnung zu den beiden Komponentenkategorien „*Safe for Initialization*" {7DD95802-9882-11CF-9FA9-00AA006C42C4} und „*Controls safely scriptable*" {7DD95801-9882-11CF-9FA9-00AA006C42C4}. Diese Zuordnungen kann eine Klasse natürlich bei ihrer Registrierung selbst vornehmen.

DHTML-Scripting im Internet Explorer

Ein Administrator kann jederzeit in der Registrierungsdatenbank einstellen, ob eine COM-Klasse als sicher gelten soll oder nicht. Beispielsweise macht die folgende Registrierungsdatei die erwähnte Klasse `Scripting.FileSystemObject` sicher. Bitte beachten Sie, dass die angegebene CLSID versionsabhängig ist. Prüfen Sie also vorher, welche CLSID die bei Ihnen installierte Version der *Scripting Runtime Library* ist (siehe Kapitel 10.2).

```
REGEDIT4
[HKEY_CLASSES_ROOT\CLSID\{0D43FE01-F093-11CF-8940-00A0C9054228}\Implemented
Categories\{7DD95801-9882-11CF-9FA9-00AA006C42C4}]
@=""
```

Listing 9.26: *Aufnahme der Klasse* `Scripting.FileSystemObject` *in die Menge der als sicher geltenden COM-Klassen*

Achtung: Wenn Sie diese Änderung vornehmen, könnten aus einer HTML-Seite oder HTML-E-Mail heraus Dateien auf Rechnern gelesen oder verändert werden. Diese Änderung sollte einhergehen mit der Deaktivierung von Scripting für alle Zonen außerhalb des Arbeitsplatzes.

Sicherheitseinzeleinstellungen für COM-Komponenten Im Browser sind die Sicherheitseinstellungen je Komponentenkategorie und Zone konfigurierbar (siehe Bild 9.32). Dabei ist einstellbar, ob COM-Objekte

- generell instanziiert werden dürfen,
- generell nicht instanziiert werden dürfen,
- nur nach Rückbestätigung durch den Benutzer instanziiert werden dürfen.

Internetoptionen

Ist die Instanziierung generell verboten oder wurde sie vom Benutzer abgelehnt, dann führt jeder Aufruf von `CreateObject()` zu dem Fehler „ActiveX-Komponente kann kein Objekt erstellen.". Leider ist dies die gleiche Fehlermeldung, die auch erscheint, wenn der Klassenname nicht stimmt oder die Registrierung der Komponente fehlerhaft ist.

Im Auslieferungszustand sind in allen Stufen nur die sicheren Steuerelemente aktiviert. Außer in der Stufe „sehr niedrig" sind die nichtsicheren Steuerelemente („*ActiveX-Steuerelemente initialisieren und ausführen, die nicht sicher sind*") deaktiviert. Die Deaktivierung der nichtsicheren Steuerelemente gilt aber auch für Zone 0, *Arbeitsplatz*. Auch Sie als Administrator oder Programmierer können also von Ihrer lokalen Festplatte keine Automatisierungslösungen auf Basis von DHTML-Scripts nutzen, da diese in der Regel nichtsichere Steuerelemente verwenden. Um dies für alle Komponenten für die lokale Ausführung zu aktivieren, benötigen Sie nachfolgende Registrierungsdatenbankeinstellungen.

Standardeinstellungen

```
[HKEY_CURRENT_USER\Software\Microsoft\Windows\CurrentVersion\Internet
Settings\Zones\0]
@=""
"1201"=dword:00000000
"1405"=dword:00000000
```

Listing 9.27 Aktivierung aller COM-Komponenten in der Zone Arbeitsplatz [CD:/install/hosts/ie/zone0_alle_Komponenten_aktivieren.reg]

263

Kapitel 9 Die Scripting Hosts

 Die generelle Aktivierbarkeit der Klasse `Scripting.FileSystemObject` durch die Änderung der Komponentenkategoriezugehörigkeit oder der Sicherheitszoneneinstellungen für alle Browser-Benutzer in Ihrem Netzwerk zuzulassen, ist kritisch. Denn während viele Benutzer bereits das Bewusstsein haben, dass eine lokal gestartete EXE-Datei prinzipiell auf alles zugreifen kann, vermuten die Benutzer beim Start einer HTML-Datei keine Gefahr. Mit der Beibehaltung dieser Beschränkung verbauen Sie sich aber auch nicht ganz die Möglichkeit, Automatisierungslösungen auf Basis von HTML-Scripts an Ihre Benutzer auszuliefern. Die in Kapitel 9 vorgestellten HTML-Applications (HTAs) unterliegen nicht den Sicherheitseinstellungen des Browsers.

Sicherheitseinstellungen ab Windows XP Service Pack 2 Mit Windows XP Service Pack 2 (und Nachfolger) hat Microsoft eine Verschärfung der Sicherheitseinstellungen des Internet Explorers eingeführt, ohne dabei die Versionsnummer des Internet Explorers zu erhöhen. Bei Webseiten, die Scripts oder ActiveX-Steuerelemente enthalten, zeigt der Internet Explorer eine Sicherheitsleiste. Durch einen Klick muss die Ausführung der dynamischen Elemente explizit bestätigt werden.

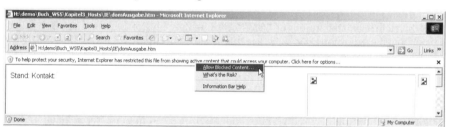

*Bild 9.33
Sicherheitsleiste im Internet Explorer (hier in Windows Server 2003 R2)*

Die Blockade für Scripts wirkt auch für Dateien in der Sicherheitszone „Arbeitsplatz", d.h. für Dateien auf dem lokalen System. Diese Blockade kann nicht in der Registerkarte *Sicherheit*, sondern in der Registerkarte *Erweitert* in der dortigen Rubrik *Sicherheit* ausgeschaltet werden (siehe Bildschirmabbildungen).

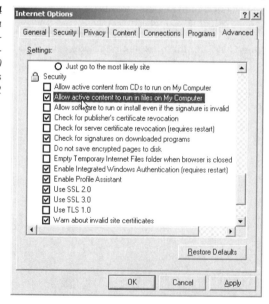

*Bild 9.34
Ausschalten der Sicherheitsleiste im Internet Explorer 6.0 unter Windows Server 2003 R2*

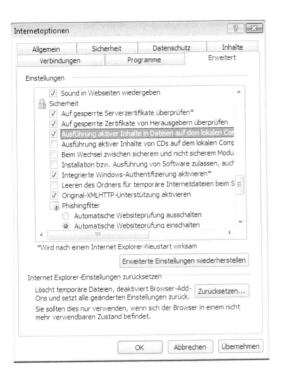

Bild 9.35
Ausschalten der Sicherheitsleiste im Internet Explorer ab 7.0 unter Windows Vista

9.2.5 DOM-Ereignisbehandlung

Jedes Element eines Dokuments löst eine Vielzahl von Ereignissen im Document Object Model aus (z.B. bei Mausklick, Mausbewegung, Änderungen), die mit einer Ereignisbehandlungsroutine belegt werden können. Es gibt verschiedene Möglichkeiten zur Definition einer DOM-Ereignisbehandlungsroutine:

DOM-Ereignisse

- **Inline-Ereignisbehandlung**: Das Element kann mit einem Attribut versehen werden, das den Namen des Ereignisses trägt. Der diesem Attribut zugewiesene Wert wird aus Programmcode ausgeführt, wenn das Ereignis eintritt. Wenn mehr als ein Befehl ausgeführt werden soll, steht hier üblicherweise der Name einer in einem Scriptblock implementierten Unterroutine. Es ist aber in VBS auch möglich, jeweils durch Doppelpunkte getrennt weitere Befehle anzugeben:

Ereignisbehandlungsroutine

```
<ELEMENTNAME EREIGNISNAME="BEFEHL">
```

- **Externe Ereignisbehandlung**: Wenn dem Element ein eindeutiger Name über das Attribut ID zugewiesen wurde, dann gibt es zwei weitere Möglichkeiten zur Bindung einer Ereignisbehandlungsroutine an ein Ereignis:
    - Über eine Unterroutine im Stil einer Ereignisbehandlungsroutine:
      ```
      Sub ID_EREIGNISNAME
      ```
      Dabei entspricht id der ID des Elements.
    - Über einen Scriptblock mit den zusätzlichen Attributen for und event:
      ```
      <SCRIPT for="ID" event="EREIGNISNAME" language="SPRACHNAME">
      ```
      Dabei folgen nach for= die ID des Elements und nach event= der Ereignisname.

Kapitel 9 Die Scripting Hosts

Beispiele

Beispiele für die Ereignisbehandlung In dem nachfolgenden Listing werden alle vier Varianten gezeigt. Das Ergebnis ist für den Anwender immer das Gleiche: Er erhält nach dem Klicken ein Dialogfenster. Bei den Inline-Ereignishandlern ist es grundsätzlich notwendig, die Scriptsprache anzugeben, sofern nicht die Standardsprache JScript verwendet wird. Dass Variante 2 auch ohne diese Angabe funktioniert, ist darauf zurückzuführen, dass der Befehl zum Aufruf einer Unterroutine in VBS und JScript gleich ist. Alternativ können Sie auch einen leeren Scriptblock der Form

```
<SCRIPT Language = "VBScript"> </SCRIPT>
```

an den Anfang des Dokuments setzen: Damit stellen Sie die Standardsprache auf VBS um.

Listing 9.28
Verschiedene Möglichkeiten für die Ereignisbehandlung in DHTML

```
<HTML>Inline... (kompletter Befehl)
<INPUT type="button" language="vbscript" onclick="msgbox 'Hello World - Variante 1'"
value="Drück mich! Variante (1)">
<p>Inline... (Funktionsaufruf)
<INPUT type="button" onclick="sageHallo1()" value="Drück mich! Variante (2)"
id=button1 name=button1>
<p>Extern... (über Prozedurnamen)
<INPUT type="button" id=link2
value="Drück mich! Variante (3)">
<p>Extern... (über <Script>-Tag)
<INPUT type="button" id=link3
value="Drück mich! Variante (4)"><p>
<SCRIPT Language = "VBScript">
SUB sageHallo1
msgbox "Hello World - Variante 2"
END SUB
SUB Link2_OnClick
msgbox "Hello World - Variante 3"
END SUB </SCRIPT>
<SCRIPT for=link3 event=onclick language=vbscript>
msgbox "Hello World - Variante 4"
</SCRIPT></HTML>
```

Die obige Bemerkung zu Variante 2 hat Ihnen schon gezeigt: Es ist auch im Internet Explorer möglich, verschiedene Scriptsprachen zu mischen.

Listing 9.29
Mischung verschiedener Scriptsprachen in einer HTML-Seite

```
<HTML> <SCRIPT language="JavaScript">
// ----- Unterroutine in JScript
function jadd(a,b)
{ return(a+b) }
</script>
<script language="VBScript">
' ------ Hauptprogramm in VBScript
' JScript zur Addition nutzen
x = 5
y = 6
Ergebnis = jadd(x,y)
msgbox x & " + " & y & " = " & ergebnis
</SCRIPT> </HTML>
```

Allerdings existiert eine Begrenzung hinsichtlich der Ebenentiefe bei Rekursionen, wenn sich dabei Funktionen aus zwei verschiedenen Sprachen gegenseitig aufrufen. Es sind dann maximal vierzehn Wechsel der Sprache innerhalb einer Rekursion erlaubt.

```
<HTML><SCRIPT language=JScript>
function f1 (x)
{ If (x > 1) f2 (x-1); }
</SCRIPT>
<SCRIPT language=VBScript>
function f2 (y)
If (y > 1) Then f1 y-1
end function
</SCRIPT>
<SCRIPT language=VBScript>
Msgbox "14 Rekursionen..."
f1(14) ' ist OK
Msgbox "15 Rekursionen..."
f1(15) ' Stack overflow!!
</SCRIPT></HTML>
```

Listing 9.30 Veranschaulichung des Rekursionsproblems

9.2.6 Eingebaute Objekte (Intrinsic Objects)

In den bisherigen Beispielen leben HTML und Script zwar im selben Haus, bemalen aber verschiedene Wände: Die Ausgaben von HTML landen im Browser-Fenster, das Script muss sich mit schlichten Dialogfenstern begnügen. Dabei haben Scripts im Internet Explorer zwei mächtige Objektmodelle über Eingebaute Objekte im Zugriff:

Eingebaute Objekte

- das *Webbrowser-Objektmodell* für den Zugriff auf den Browser
- das *Document Object Model (DOM)* für den Zugriff auf den dargestellten Inhalt („das Dokument")

Zugriff auf das Webbrowser-Objektmodell

Das Eingebaute Objekt für den Zugriff auf das Webbrowser-Objektmodell heißt Window. Das Objekt Window ermöglicht u.a. den Zugriff auf:

Window-Objekt

- das DOM des gerade gezeigten Dokuments (Unterobjekt document),
- die URL, der zum aktuellen Dokument führte (Unterobjekt location); über dieses Unterobjekt kann die aktuell gezeigte Seite auch verändert werden (location.assign(URL)),
- die Eigenschaften der Bildschirmdarstellung (height, width, colordepth etc.),
- die Navigationshistorie (Back, Forward etc.),
- Version und Funktionen des Browsers über die Unterobjekte Navigator und client Information,
- Befehle des Browsers (Open, Print, Close etc.),
- die Zwischenablage (Unterobjekt clipboarddata),
- einfache Dialogfenster (Alert für eine MessageBox, Confirm für eine Inputbox),
- Ereignisse des Browsers (z.B. onBeforePrint(), onAfterPrint(), onLoad(), onError(), onResize() etc.).

window.close() warnt vor der Ausführung: „Die angezeigte Webseite versucht, das Fenster zu schließen. Soll das Fenster geschlossen werden?"

Mehr über dieses Objektmodell erfahren Sie im Kapitel „Internet Explorer Controls".

Zugriff auf das Document Object Model (DOM)

document-Objekt Den Zugriff auf das DOM ermöglicht das Eingebaute Objekt document. document ist gleichzeitig über window.document erreichbar, so dass folgende Bedingung immer erfüllt ist:

```
If document is window.document Then msgbox "immer wahr!"
```

Wenngleich eng mit dem Explorer verbunden, so ist das DOM dennoch auch von anderen Anwendungen aus verwendbar. Aus Platzgründen kann das DOM in diesem Buch nicht ausführlicher beschrieben werden. Das DOM wird später besprochen.

Der nachfolgende Abschnitt stellt nur kurz die wichtigsten Ausgabemethoden des DOM vor.

document.write() und WriteLn() **Ausgaben direkt ins Dokument** Der Internet Explorer ist ein Werkzeug zur Darstellung von Dokumenten, die auch dynamisch erzeugt werden können. In der Regel wollen Sie Ihre Ausgaben nicht per Dialogfenster erzeugen, sondern direkt in das Dokumentenfenster schreiben.

Das document-Objekt bietet zur Ausgabe die Methoden Write() und WriteLn() an. Damit wird eine Ausgabe an der gerade aktuellen Stelle im Dokument erzeugt. Im Gegensatz zu Write() erzeugt WriteLn() auch einen Zeilenumbruch, allerdings im Quellcode. Es wird kein
- oder <p>-Tag erzeugt!

say() und saynb() Sie sollten neben einer Methode say() auch ein saynb() definieren, das keinen Zeilenumbruch in der Ausgabe erzeugt. Die Standardroutine say() sollte einen Zeilenumbruch setzen, um die Routine semantisch äquivalent zu Scripting Hosts zu halten, die automatisch einen Zeilenumbruch nach jedem Ausgabebefehl erzeugen. Das nb in saynb() steht für „no break".

Listing 9.31 Ausgabefunktionen für IE via DOM
```
' ### Ausgabe ohne Zeilenumbruch
Sub saynb(s)
document.write s
End Sub
' ### Ausgabe mit Zeilenumbruch
Sub say(s)
document.write s & "<br>"
End Sub
```

WS_ieLIB
> Diese beiden Routinen sind in der Funktionsbibliothek WS_ieLIB enthalten [CD:/code/hosts/ie/WS_ieLIB.vbs].

Beispiel Das folgende Script testet die Ausgaben mit say() und saynb(). Es zeigt auch, dass eine Ausgabe an einer gezielten Position erzeugt werden kann. Jedes HTML-Element, das ein ID-Attribut besitzt, ist aus der Sicht von DHTML ein Objekt. Es kann entweder über den bei id vergebenen Namen direkt verwendet werden oder aber über die document.all-Objektmenge, wobei hier der Name als Zeichenkette übergeben wird. Das Attribut innerhtml ändert den ganzen Inhalt des Tag. Mit der Methode insertAdjacentHTML() wird an einer zu definierenden Stelle (hier: „beforeEnd") Text an ein Tag angefügt. Auch können einzelne Attribute von benannten Elementen (hier das src-Attribut der <img>-Tags mit den Namen Foto und Logo) geändert werden, um die Anzeige zu beeinflussen.

```
<HTML>
<SCRIPT language=Vbscript src=ws_ielib.vbs></SCRIPT>
<font face=arial>
<!--- KOPFBEREICH --->
<img id=Foto align=right>
<DIV id="Ueberschrift"></DIV>
```

```
<!--- INHALT --->
<p><ul>
<SCRIPT language=Vbscript>
' --- Ausgabe an aktueller Position
say "<li>Leiter der Firma www.IT-Visions.de"
say "<li>Technologieberater, Softwarearchitekt, Fachjournalist, Dozent"
say "<li>Buchautor bei Addison Wesley und Microsoft Press"
saynb "<li>Ständiger Mitarbeiter der Zeitschrift 'iX', "
say "und 'DotNetPro'"
if date > #1/1/2008# then   say "<li>Herausgeber der .NET-Bibliothek im Carl Hanser-Verlag"
say "<li>Sprecher auf nationalen und internationalen Fachkonferenzen"
' --- Ausgabe an einer gezielten Position
Ueberschrift.innerhtml = "<h2>Aktuelle Tätigkeiten von Dr. Holger Schwichtenberg</h2>"
</SCRIPT>
<!--- FUSSBEREICH --->
</ul>
<img id=logo border=0 align=right width=250>
Stand: <SPAN id="Stand"></SPAN>Kontakt: <SPAN id="Kontakt"></SPAN>

<SCRIPT language=Vbscript>
' --- Ausgabe an einer gezielten Position
document.all("Kontakt").insertAdjacentHTML "beforeEnd","<a href='hs@IT-Visions.de'>hs@IT-Visions.de</a>"
document.all("Stand").insertAdjacentHTML "beforeEnd",date
for a = 1 to 5   ' Leerzeichen einfügen
                document.all("Stand").insertAdjacentHTML "beforeEnd"," "
next
' --- Attribut setzen, um Foto anzuzeigen
foto.src="hs.jpg"
logo.src="itvlogo.jpg"
logo.outerHTML = "<a href='http://www.IT-Visions.de'>" & logo.outerHTML & "</a>"
</SCRIPT>
</HTML>
```

Listing 9.32: Ausgaben ins Browser-Fenster mit Hilfe des Document Object Model
[CD: /code/hosts/ie/domausgabe.htm]

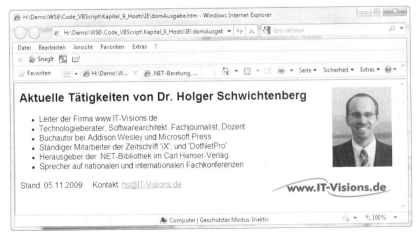

Bild 9.36
Bildschirmabbildung der Seite domAusgabe.html

Kapitel 9 **Die Scripting Hosts**

9.2.7 Zugriff auf externe COM-Komponenten

Die Methode `CreateObject()` steht generell auch beim Internet Explorer Scripting zur Verfügung. Allerdings unterliegt die Verfügbarkeit des Befehls den Sicherheitseinstellungen des Browsers.

Create
Object()

Instanziierung mit CreateObject() Die Klasse `Scripting.FileSystemObject` wird im nachfolgenden Beispiel dazu verwendet, eine Datei anzulegen, zu beschreiben und anschließend wieder zu löschen. Der Löschbefehl kann aber auch ein Verzeichnis betreffen, das es vorher schon gab, z.B. Ihr Datenverzeichnis!

Listing 9.33
Instanziierung
einer COM-
Klasse im
DHTML-Script

```
<HTML>
<title>Diese Seite testet COM im IE</title>
COM-Objekt wird erzeugt...<p>
<SCRIPT language=Vbscript>
const dateiname = "d:\buch\spionage.txt"
set fso = CreateObject("Scripting.FileSystemObject")
set tx = fso.CreateTextFile(dateiname)
tx.writeLine "Hier speichere ich jetzt Daten über Sie..."
tx.close
document.write "Eine Datei wurde angelegt!<p>"
fso.DeleteFile dateiname
</SCRIPT>
Die Datei wurde wieder gelöscht!<p>
Ein böser Geselle hätte mehr machen können...!<p>
</HTML>
```

Bitte beachten Sie, dass diese Gefahr aber nur besteht, wenn ein Benutzer die Sicherheitseinstellung im Browser herabsetzt oder die Klasse `Scripting.FileSystemObject` in der Registrierungsdatenbank als sicher markiert ist.

`<OBJECT>`

Statische Objekte Der Internet Explorer unterstützt ebenso wie der WSH statische Objekte. Es wird dasselbe Tag (`<OBJECT>`) verwendet. Allerdings gibt es nicht die Möglichkeit, eine ProgID anzugeben; die Klasse muss über eine CLSID spezifiziert werden.

Die folgende Codezeile zeigt die Einbindung der Klasse `Scripting.FileSystemObject`:

```
<OBJECT ID="fso" classid="clsid:0D43FE01-F093-11CF-8940-00A0C9054228"> </OBJECT>
```

Das `<OBJECT>`-Tag wird im Internet Explorer auch zur Einbindung visueller ActiveX-Steuerelemente verwendet. Daher besitzt es auch Attribute wie BORDER, VSPACE, HEIGHT und WIDTH, die aber hier nicht von Bedeutung sind. Ein `<OBJECT>`-Tag kann Unterelemente `<PARAM>` enthalten, mit denen Attribute des instanziierten Objekts nach der Instanziierung gesetzt werden, z.B.

```
<OBJECT ID="name" classid="clsid:xxxx-xxxx-xxxx-xxxx-xxxxxxxxxxxx">
<PARAM NAME="ParameterName" VALUE="Wert">
</OBJECT>
```

GetObject()

Bindung mit GetObject() Es ist im Internet Explorer unterbunden, auf bestehende Instanzen mit `GetObject()` zuzugreifen. Diese Funktion ist aus Sicherheitsgründen unabhängig von der Sicherheitseinstellung nicht verfügbar. Mit Hilfe der Komponente *ADsFactory* (vgl. Kapitel „Komponenten / ADSI") haben Sie die Möglichkeit, dies zu umgehen.

Bei der Ausführung eines DHTML-Script innerhalb der Entwicklungsumgebung Visual InterDev funktioniert die Funktion `GetObject()` jedoch. Sie sollten Ihre Scripts also immer mit einem richtigen Browser testen.

InterDev

Ereignisbehandlung Der Internet Explorer unterstützt die Behandlung von Ereignissen, die durch COM-Objekte ausgelöst wurden. Dies ist nicht zu verwechseln mit der Behandlung von Ereignissen aus dem Document Object Model. Voraussetzung für die Behandlung von COM-Ereignissen ist, dass die Instanz als statisches Objekt erzeugt wurde.

COM-Ereignisse

```
<object ID="objvar" CLASSID="CLSID:...> </object>
```

Für ein statisches Objekt können Ereignisbehandlungsroutinen der Form `objvar_ereignisname` definiert werden. Bei asynchronen Ereignissen, also Ereignissen, bei denen das Objekt die Kontrolle an den Aufrufer zurückgibt, bietet der Internet Explorer gegenüber dem Windows Script Host (WSH) den Vorteil, dass eine HTML-Seite im Internet Explorer fortwährend läuft und auf Ereignisse wartet. Es muss also nicht wie beim WSH das Script künstlich am Leben erhalten werden.

9.2.8 HTML-Applications (HTAs)

Die Anwendungsart *HTML-Application (HTA)* wurde mit dem Internet Explorer 5.0 eingeführt. HTAs sind HTML-Dateien, die zwar im Internet Explorer laufen, aber viele Funktionen einer eigenständigen Anwendung besitzen. So können Menüs, Symbolleisten und sogar die Fensterleiste des Internet Explorers ausgeblendet werden. Auch Symbol und Linienstärke des Fensters sind veränderbar, so dass der Anwender die HTA-Anwendung für eine eigenständige Windows-Anwendung halten kann. In der Tat wird eine HTA auch in einem eigenständigen Prozess ausgeführt. Dafür sorgt *mshta.exe*. Eine wichtige Funktion von HTAs ist, dass sie nicht wie HTML-Seiten den Sicherheitseinstellungen des Webbrowsers unterliegen. HTAs können auf alle COM-Objekte zugreifen, auch auf die als nichtsicher markierten. In HTAs können Sie dieselben Techniken verwenden wie in einer HTML-Seite (z.B. Scripts, Cascading Stylesheets, XML Data Island).

HTAs

HTML Applications sind eine gute Möglichkeit zur Umsetzung von Automatisierungslösungen, die eine reichhaltige grafische Benutzeroberfläche benötigen.

Eine HTA hat die Dateierweiterung *.hta*. Sie können jede HTML-Seite zu einer HTML-Anwendung machen, indem Sie die Dateierweiterung auf *.hta* ändern. Das Erscheinungsbild des Fensters können Sie dann über das spezielle Tag `<HTA:APPLICATION>` beeinflussen.

<HTA: APPLICATION>

```
<HTA:APPLICATION Caption="yes" BORDERSTYLE="normal"
BORDER="thin" SHOWINTASKBAR="no" windowstate="normal" sysmenu="no"
maximizebutton="no" minimizebutton="no">
```

Listing 9.34
Beispiel für ein `<HTA:APPLICA-TION>`-Tag

Beispiel Das Beispiel eines Anmeldedialogs als HTA finden Sie auf der Buch-CD [CD:/code/hosts/ie/hta/anmeldedialog.hta].

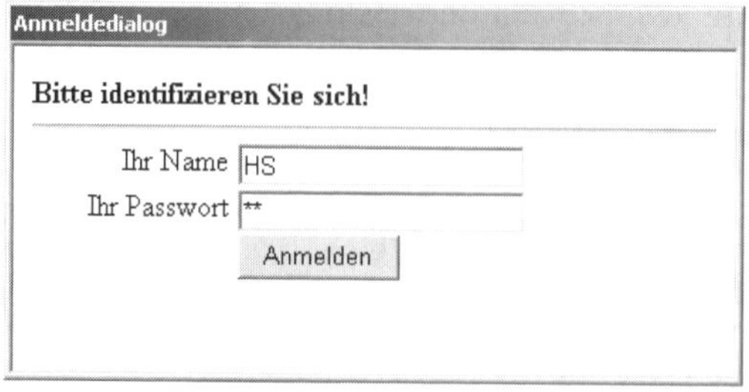

Bild 9.37
Anmeldedialog als HTA

Editor Sie können HTML Applications mit jedem beliebigen Editor erstellen. Komfortabler ist die Erstellung jedoch mit dem OnScript Editor (siehe Kapitel 18 „Werkzeuge").

Tipps & Tricks Das <HTA:APPLICATION>-Tag bietet leider keine Möglichkeit, ein Fenster auf eine bestimmte Größe zu setzen. Dies können Sie nur über ein Script erledigen, das automatisch beim Laden der HTA startet. Das Script funktioniert natürlich auch mit normalen HTML-Seiten.

Listing 9.35
Fixierung der Fenstergröße und Platzierung in der Mitte des Bildschirms [CD: /code/hosts/ie/hta/anmeldedialog.hta]

```
<SCRIPT Language = "VBScript">
Const gcLngAppWidth = 400
Const gcLngAppHeight = 200
Const gcLngAppTop = 100
Const gcLngAppLeft = 100
Sub window_onload
    Dim lngPosX, lngPosY
    ' -- Center on screen:
    lngPosX = screen.availWidth/2 - gcLngAppWidth/2
    lngPosY = screen.availHeight/2 - gcLngAppHeight/2
    window.moveTo lngPosX, lngPosY
    '-- Resize:
    window.resizeTo gcLngAppWidth, gcLngAppHeight
End Sub
</script>
```

Im Kapitel 18 „Werkzeuge" wird „HTA Helpomatic" vorgestellt, das einfache Beispiele zum Umgang mit DHTML und HTAs generiert.

9.3 Microsoft Gadgets

Gadgets in Windows Vista sowie Windows 7, die in der Sidebar oder auf dem Desktop leben können (in Windows 7 nur noch auf dem Desktop), sind Internet Explorer-basierte Mini-Webanwendungen, die eine Active Scripting-Sprache, DHTML und eine umfangreiche JavaScript-Bibliothek verwenden.

Aus Platzgründen kann dieses Thema hier nicht berücksichtigt werden. Weitere Informationen finden Sie unter [MSGAD01].

Microsoft Gadgets

Bild 9.38
Benutzeroberfläche von Windows Vista mit fünf Sidebar-Gadgets

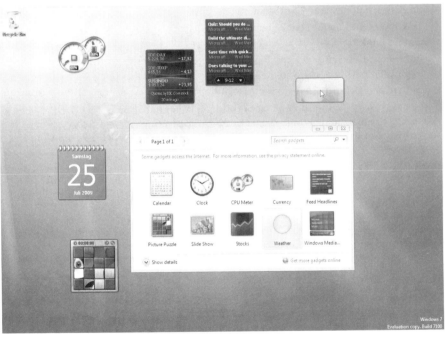

Bild 9.39
Anlegen von Gadgets auf dem Desktop in Windows 7

9.4 Active Server Pages (ASP)

Entwicklung von Webserveranwendungen

Active Server Pages – kurz ASP – ist die Bezeichnung für den Scripting Host innerhalb des Webservers im Microsoft Internet Information Server (IIS). ASP ist ein Verfahren zur Erzeugung serverseitiger dynamischer Webanwendungen (z.B. datenbankbasierte Produktkataloge und Webshops, aber auch administrative Webschnittstellen). Die große Kompatibilität zum WSH macht ASP attraktiv zur Gestaltung von webbasierten Administrationsoberflächen. Eine ausführlichere Darstellung von ASP finden Sie in [KRA98]. Auf dem Weg zum ASP-Profi führt kein Weg vorbei an [HOM99].

ASP ist wie der WSH eine COM-basierte Technologie. Im Zuge des Microsoft .NET Framework existiert der Nachfolger ASP.NET (siehe [SCH09] und [SCH10]).

9.4.1 Grundlagen dynamischer Webserveranwendungen

Einsatzgebiete von Webserveranwendungen

Der überwiegende Teil der Anwendungen im Web ist serverbasiert. Das bedeutet, dass der Webserver bei jedem Abruf einer Webseite (oder einer anderen Ressource, z.B. einer Grafik) den Inhalt dynamisch generiert. Man spricht auch von *Server-Side-Programmierung*. Dabei muss jedoch nicht der gesamte Inhalt der Seite veränderbar sein. Oft werden nur einzelne Elemente der Seite (z.B. Datum, Uhrzeit oder ein Zähler) dynamisch in eine Schablone eingesetzt. Das Hauptanwendungsgebiet dynamischer Webserveranwendungen sind datenintensive Prozesse, bei denen eine Übertragung der notwendigen Daten zum Client nicht in Frage kommt. Beispiele für datenintensive Webanwendungen sind:

Beispiele
- Produktkataloge/Warenkorbsysteme
- Dokumentenmanagementsysteme
- Online Banking
- Internet Bill Presentment and Payment
- Webbasierte Messagingsysteme
- Individuelle Informationssysteme (Profiling)

Remote Administration

Ein weiteres Anwendungsgebiet serverseitiger Webanwendungen ist der Bereich der *Web-based Remote Administration*, also der Administration von Betriebssystemen und Anwendungen durch eine Webschnittstelle. Das ist auch der Bereich, auf den dieses Buch abzielt.

Vor- und Nachteile

> Neben der Möglichkeit, auf serverseitige Ressourcen zugreifen zu können, ist ein weiterer großer Vorteil von Webserveranwendungen die Browser-Unabhängigkeit. Nachteilig ist, dass für jede Veränderung des Inhalts ein Rundgang zum Server notwendig ist. Dies führt zu einer hohen Belastung für Netzwerk und Server und zu langen Wartezeiten für den Nutzer. In der Praxis ist daher die Kombination clientseitiger und serverseitiger Dynamik die beste Lösung.

Statische versus dynamische Webanwendungen

Statisches Modell

Im Fall von statischen Webanwendungen besteht die zentrale Funktion des Webservers darin, eingehende Anfragen eines Clients mit Dateien zu beantworten, die der Webserver aus seinem lokalen Dateisystem entnimmt. Dazu bildet er auf Basis seiner Konfiguration die in der Anfrage übermittelte Uniform Resource Locator (URL) auf eine Datei im Dateisystem ab. Sofern vorhanden, übermittelt der Webserver diese Datei ohne weitere Bearbeitung an den Client.

Dynamisches Modell

Im Fall einer dynamischen Technik wie ASP reicht der Webserver die gefundene Datei nicht unbearbeitet an den Client weiter. Vielmehr wird die Datei im Rahmen eines zusätzlichen Vorgangs bearbeitet. Im Fall von ASP enthält diese Datei ein Active Script, das von einem Active Scripting Host ausgeführt wird. Die Ausgabe dieses Script, nicht die eigentliche Scriptdatei, wird an den Client übermittelt. Das Script kann dabei auf beliebige automationsfähige COM-Komponenten zugreifen, um z.B. andere Datenquellen zu nutzen.

Eine Technik wie ASP wird in diesem Zusammenhang auch als Middleware verstanden, weil sie in den Kommunikationsprozess zwischen Webclient und Webserver eingreift. Die Verwendung des Begriffs Middleware ist hier allgemeiner zu verstehen als bei der in Kapitel 8 gelieferten Definition.

Middleware

Im Rahmen der zuvor dargestellten Architektur sind zwei Kommunikationsschnittstellen von zentraler Bedeutung:
- die Kommunikation zwischen Webclient und Webserver
- die Kommunikation zwischen Webserver und Middleware

Kommunikationsschnittstellen

Kommunikation zwischen Webclient und Webserver

Da Webclient und Webserver normalerweise auf zwei verschiedenen Rechnern liegen, wird für den Datenaustausch ein Netzwerkprotokoll benötigt. Das Hypertext Transfer Protocol (HTTP) ist ein Anwendungsprotokoll (Schicht 7 im ISO/OSI-Referenzmodell) und basiert auf einem TCP/IP-Protokollstack.

HTTP

Der Webclient stellt einen HTTP-Request an einen Webserver, in dem spezifiziert ist, welche Ressource (in diesem Zusammenhang auch Entity genannt) er von dem Webserver anfordern möchte. Der Webserver antwortet mit einer HTTP-Response, in der entweder die gewünschte Ressource (Code 200) oder eine Fehlermeldung (z. B. Code 404 „Ressource nicht gefunden" oder 302 „Ressource wurde verlegt") übertragen wird. Jede HTTP-Übertragung besteht aus einem HTTP-Header und dem eigentlichen Inhalt. Der Header enthält einen HTTP-Befehl und die dazugehörigen Parameter. Ebenso wie andere Anwendungsprotokolle aus der TCP/IP-Protokollfamilie definiert HTTP eine Reihe von Befehlen, die in Form von ASCII-Zeichenketten zwischen Client und Server ausgetauscht werden. Die HTTP-Befehle werden auch HTTP-Methoden genannt, was nicht mit den Methoden im objektorientierten Sinn zu verwechseln ist.

Request und Response

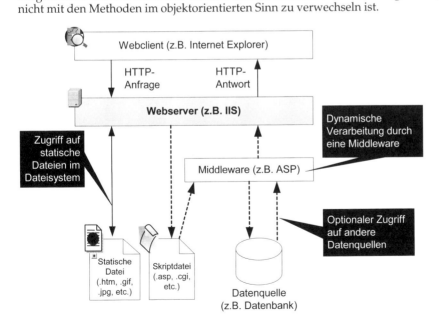

Bild 9.40
Statische versus dynamische Webserverarchitektur

Kapitel 9 Die Scripting Hosts

GET versus POST Beim HTTP-Request sind GET und POST die wichtigsten HTTP-Methoden.

GET ▸ GET ist eine einfache Anforderung einer bestimmten Ressource von einem Webserver. Dabei wird außer der URL der Ressource und Informationen über den Client (z.B. akzeptierte Dokumententypen) nichts weiter übertragen.

POST ▸ POST ist eine Erweiterung von GET. Dabei kann der Client eine Entity an den Server übertragen. Diese Methode wird eingesetzt, um in HTML-Formularen eingegebene Daten an einen Webserver zu übertragen.

An die URL angehängte Attribut-Wert-Paare **URL-Parameterlisten** Auch die GET-Methode bietet eine Möglichkeit, zusätzliche Daten an den Webserver zu übertragen. Dies geschieht durch Anhängen dieser Information an die URL und wird URL-Parameterliste genannt. Eine URL-Parameterliste wird durch ein Fragezeichen („?") von der URL abgetrennt und besteht aus Attribut-Wert-Paaren. Attribut und Wert werden dabei durch ein Gleichheitszeichen getrennt; die einzelnen Attribut-Wert-Paare durch ein kaufmännisches Und („&").

URL-Parameterliste-Beispiel Beispiel für eine URL inklusive URL-Parameterliste mit sechs Attribut-Wert-Paaren:

```
http://bochum/ws4/formbsp/eintragen.asp?
Vorname=Dr.+Holger&
Name=Schwichtenberg&
Organisation+Name=IT-Visions.de&
Organisation+Position=Freier+Berater%2C+Dozent+und+Fachautor&
email=hs@IT-Visions.de&
submit=Eintragen
```

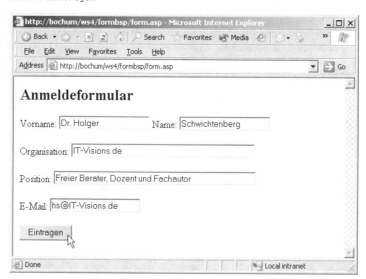

Bild 9.41
Das Formular, das obige URL-Parameterliste erzeugt hat

Formulardatenübertragung Zur Übermittlung von Formulareingaben besteht die Wahl zwischen GET und POST. Im Fall von POST sendet der Webbrowser die Formulardaten im Entity-Bereich des Requests, im Fall von GET erzeugt der Browser eine URL-Parameterliste. Die Verwendung von GET hat dabei zwei Nachteile:

▸ Die Länge der URL-Parameterliste ist auf 255 Zeichen begrenzt.

▸ Alle übermittelten Daten (auch versteckte Formularfelder und Passwortfelder) sind für den Benutzer in der Adresszeile des Browsers sichtbar.

Die Länge der Daten ist bei der Übertragung per POST unbegrenzt. Die Daten werden zwar auch hier nicht verschlüsselt, sind jedoch mit einem normalen Browser für den Benutzer nicht einsehbar.

POST kann aber nur in Formularen eingesetzt werden, die nach dem Auslösen einer HTML-Schaltfläche des Typs „Submit" an den Webserver gesendet werden. Bei der Navigation per Link verwendet der Browser immer die GET-Methode. Wenn bei dieser Navigationsform zusätzliche Daten übertragen werden sollen, dann muss eine URL-Parameterliste an die Ziel-URL angehängt werden. *(Zusätzliche Daten in Links)*

URLs dürfen nicht alle beliebigen ASCII-Zeichen enthalten. Dies gilt insbesondere für Sonderzeichen wie „&" und „=", die zur Abgrenzung der Attribut-Wert-Paare verwendet werden. [RFC1738] spezifiziert, welche Sonderzeichen (dazu gehört auch das Leerzeichen) kodiert werden müssen. Die Codierung (genannt URL-Codierung oder engl. „URL Encoding") erfolgt in der Regel durch die Umwandlung in die Hexadezimaldarstellung mit vorangestelltem Prozentzeichen (%). Leerzeichen werden in ein „+" umgesetzt. Die Codierung der Pfadangaben weicht etwas von der Codierung von Attributnamen und Werten in URL-Parameterlisten ab: In Pfadangaben wird ein Leerzeichen mit %20 kodiert, während in URL-Parameterlisten ein Leerzeichen durch ein Pluszeichen ersetzt wird. *(URL-Codierung)*

Bei der Übergabe von Formularfeldern über die HTTP-Methode GET erledigt der Browser die URL-Codierung. Wenn Sie allerdings in einer HTML-Seite einen Link mit angehängter URL-Parameterliste haben – egal, ob dieser Link dynamisch erzeugt wird oder statisch ist –, dann müssen Sie die Codierung der Werte selber vornehmen. *(Manuelle Codierung mit Server; UrlEncode())*

In diese Falle tappenn viele Webserver-Programmierer, zumal der Internet Explorer wesentlich toleranter ist als der Netscape Navigator. Letzterer schneidet die URL beim Auftreten eines Leerzeichens gnadenlos ab, während der Internet Explorer die fehlende Umwandlung hinnimmt.

(Beispiel)

Beispiel für die URL-Codierung des Werts „Freier Berater, Dozent & Fachautor" für das Attribut „Organisation Position":

Organisation+Position=Freier+Berater%2C+Dozent+%26+Fachautor

Cookies Eine weitere Möglichkeit des Datenaustauschs zwischen Webserver und Webclient sind Cookies. Der vollständige Name ist *Persistent Client State HTTP-Cookie*. Cookies sind kleine Informationseinheiten, die der Server im HTTP-Header an den Client überträgt und die der Client in Form von Textdateien in einem speziellen Verzeichnis auf seiner lokalen Festplatte sichert. Cookies sind einer Site bzw. Teilen einer Site zugeordnet. Beim nächsten Aufruf dieser Site werden alle von dieser Site gespeicherten Cookies im Header des HTTP-Request wieder an den Server übertragen. Dies wird durch den Webbrowser erledigt, der bei jeder Anfrage überprüft, ob einer der lokal gespeicherten Cookies mitversandt werden muss. Der Webserver nutzt also die Festplatte des Client als externen Speicher. *(Funktionsweise von Cookies)*

Cookies werden von Webserver-Anwendungen erzeugt und – bei den nächsten Anfragen – ausgewertet. Aber auch Webclient-Anwendungen können mit Cookies arbeiten. Für einen Cookie kann neben einem Namen und einem Wert auch ein Verfallsdatum und ein Gültigkeitsbereich (Domain und Pfad) angegeben werden. Ein Cookie kann auch aus mehreren benannten Werten bestehen. *(Cookie-Bestandteile)*

Der Sinn von Cookies liegt darin, die Verbindungs- und Zustandslosigkeit des HTTP-Protokolls zu überwinden (siehe Thema Zustandsverwaltung). *(Ziel)*

Ein Benutzer kann in seinem Browser einstellen, ob er Cookies grundsätzlich zulassen, grundsätzlich unterbinden oder gefragt werden möchte (vgl. folgende Abbildung). *(Browser-Einstellung)*

Kapitel 9 Die Scripting Hosts

Sicherheit

Ein Wort zur Sicherheit von Cookies: Viele Leute haben Angst vor Cookies. Dies ist insofern berechtigt, als Cookies ein Instrument sind, um Nutzerprofile zu erstellen, in denen Interesse und Verhalten eines Benutzers aufgezeichnet werden. Die Angst davor, dass durch Cookies Viren oder andere böse Routinen auf den Rechner gelangen, ist jedoch unberechtigt, da Cookies nicht ausgeführt, sondern nur hin- und herübertragen werden. Außerdem ist die Erstellung von Nutzerprofilen nur innerhalb einer Site möglich, da Cookies von anderen Sites nicht an den Webserver übergeben werden. Werbeunternehmen, die Banner-Server für verschiedene Sites betreiben, können allerdings unter Umständen ein übergreifendes Profil erstellen.

Bild 9.42
Nachfrage des Internet Explorers 5.0

Kommunikation zwischen Webserver und Middleware

Standardein-/-ausgabe und Umgebungsvariablen

Für die Kommunikation zwischen Webserver und Web-Middleware gibt es kein Netzwerkprotokoll, da vorgesehen ist, dass die Web-Middleware auf dem gleichen Computer wie der Webserver läuft. In den meisten Fällen erfolgt die Kommunikation zwischen Webserver und Middleware auf einem der folgenden beiden Wege:

- über die Standardein- und -ausgabe
- über Umgebungsvariablen

Unterschiede zwischen Request und Response

Dabei sendet die Middleware ihre Antwort an den Webserver immer über die Standardausgabe, niemals über Umgebungsvariablen. Bei den Eingaben für die Middleware gibt es einen Unterschied zwischen HTTP-GET- und HTTP-POST-Request: Bei Ersterem wird die URL-Parameterliste mit Hilfe der Umgebungsvariablen QUERY_STRING übergeben. Bei POST dagegen werden die Attribut-Wert-Paare von dem Webserver über die Standardeingabe an die Middleware übermittelt.

Umgebungsvariablen Ein Webserver definiert eine Reihe von Umgebungsvariablen (Environment-Variablen). Diese lassen sich in drei Gruppen einteilen:

Serverbezogen
- Serverbezogene Variablen repräsentieren Informationen, die den Webserver betreffen und weder vom Client noch von der Anfrage abhängig sind.

Clientbezogen
- Clientbezogene Variablen liefern Informationen über den Webclient, die auch zwischen zwei Anfragen gleich bleiben.

Anfragebezogen
- Anfragebezogene Variablen enthalten Informationen über eine konkrete Anfrage.

Tabelle 9.11 Ausgewählte Webserver-Umgebungsvariablen

Typ	Umgebungs-variable	Erläuterung/Beispiel
Serverbezogen	SERVER_PROTOCOL	z.B. HTTP/1.1
	SERVER_NAME	z.B. kom.wi-inf.uni-essen.de
	SERVER_SOFTWARE	z.B. Microsoft-IIS/5.0
	SERVER_PORT	z.B. 80
	LOCAL_ADDR	IP-Adresse des Webservers, z. B. 132.252.52.201
Clientbezogen	REMOTE_ADDR	IP-Adresse des Clients
	AUTH_TYPE	Authentifizierungsmethode (z.B. „Basic")
	HTTP_AUTHORIZATION	Benutzername und Kennwort
	HTTP_USER_AGENT	Browser-Typ z.B. Mozilla/4.0 (compatible; MSIE 4.01; Windows 95; PCW0498)
	HTTP_ACCEPT	Liste der Dokumenttypen, die der aufrufende WWW-Browser akzeptiert
Anfragebezogen	PATH_INFO	Pfad relativ zum Root des Webservers z.B. /verzeichnis/file.htm
	PATH_TRANSLATED	Pfad lokal auf dem Webserver z. B. e:\webs\ws\verzeichnis\file.htm
	QUERY_STRING	An die URL angehängte Informationen http://xy.de/seite1.htm? Vorname=Max& Nachname=Meier
	REQUEST_METHOD	GET oder POST
	HTTP_REFERER HTTP_COOKIE	Vorher besuchte Seite z.B. http://altavista.digital.com/cgi-bin/ query?pg=q&kl=de&q=Extranet Übermittelte Cookies

Die oben beschriebenen Kommunikationswege über die Standardein- und -ausgabe sowie über die Umgebungsvariablen werden von jedem Webserver unterstützt. Darüber hinaus benutzen einige Middleware-Techniken andere Verfahren (Server-APIs), die aber zum Teil sehr tief in den Webserverprozess eingreifen und daher stark Webserverhersteller-abhängig sind. — **Andere Techniken**

Zustandsverwaltung

Das HTTP-Protokoll ist ein verbindungs- und zustandsloses Protokoll. Verbindungslos bedeutet, dass es keine implizite Sitzung zwischen dem Browser und dem Webserver gibt, in deren Kontext die einzelnen Seiten abgerufen werden. Zustandslos bedeutet, dass der Server zwischen zwei Anfragen keine Informationen über den Client erhält. — **Verbindungs- und Zustandslosigkeit des HTTP-Protokolls**

Dies hat folgende Konsequenzen: Jede Anfrage ist für den Server neu; er weiß nicht, ob dieser Client zuvor schon eine Seite abgerufen hat oder ob es ein anderer Client ist. Weder die Identifizierung über die IP-Adresse noch die Keep-Alive-Funktion in HTTP 1.1 sind geeignete Instrumente, um die Verbindungs- und Zustandslosigkeit zu überbrücken.

Für die Webserver-Programmierung bedeutet dies im Grundsatz, dass es keine globalen scriptübergreifenden Variablen geben kann. Viele Webanwendungen, z.B. elektronische Warenkorbsysteme, benötigen aber eine Zustandshaftigkeit. Ein ohne Zustands- — **Keine globalen Variablen** haftigkeit programmierter Webshop würde bedeuten, dass der Kunde immer nur die Produkte bestellen kann, die er gerade auf der aktuellen Bildschirmseite sieht. Ein Ablegen bzw. Erinnern von Produkten wäre nicht möglich, da der Webserver beim nächsten Seitenaufruf ja schon wieder vergessen hat, was man zuvor ausgewählt hat.

Es gibt grundsätzlich zwei verschiedene Ansätze zur Zustandsverwaltung (d.h. zur Überbrückung der Zustandslosigkeit):

Übertragung durch Felder oder eine URL-Parameterliste
- Alle seitenübergreifenden Variablen müssen in die HTML-Ausgabe einer Seite (gegebenenfalls in Form versteckter Eingabefelder) eingebaut werden. Beim nächsten Seitenaufruf müssen diese Inhalte über Formularfelder oder die URL-Parameterliste wieder an den Server übertragen werden. Dabei muss sichergestellt werden, dass diese Inhalte wieder in die nächste Seite eingebaut werden. Dieser Weg ist sehr kompliziert und setzt voraus, dass jede einzelne Seite dynamisch generiert wird. Dies soll hier nicht weiter thematisiert werden.

Cookies
- Als einfachere Lösung wurden später Cookies eingeführt. Dadurch ist eine Webserver-Anwendung in der Lage, alle Werte, die zwischen zwei Aufrufen der Anwendung von einem Client aus erhalten bleiben sollen, an den Browser zu senden. Der Browser wird diese Werte dann beim nächsten Aufruf einer zu der Anwendung gehörenden Seite mitübertragen, so dass die Anwendung wieder in den vorherigen Zustand versetzt werden kann. Oft werden nicht alle Werte an den Client übertragen, sondern nur eine einzige eindeutige Identifikationsnummer, der dann innerhalb der Anwendung die Werte zugeordnet werden.

Zustandsverwaltung in ASP

> ASP bietet neben der Möglichkeit, Cookies explizit zu setzen, auch noch eine auf Cookies aufbauende einfachere Form der Zustandsverwaltung. Dabei erzeugt ASP die – oben bereits erwähnte – eindeutige Identifikationsnummer. Dies wird in Zusammenhang mit den Eingebauten Objekte `Application` und `Session` erläutert werden.

Überblick über dynamische Technologien

Common Gateway Interface
Die am weitesten verbreitetste Webserver-Middleware ist das *Common Gateway Interface* (CGI). CGI basiert allein auf der Kommunikation per Standardein-/-ausgabe und per Umgebungsvariablen. CGI ist keine Sprache, sondern lediglich die Bezeichnung für diese Form der Kommunikation mit einem Webserver. Die eigentliche Anwendung ist ein Script oder ein kompiliertes Programm in jeder beliebigen Sprache, die nur über die Voraussetzung verfügen muss, auf die Standardein-/-ausgabe und auf Umgebungsvariablen zugreifen zu können. Eine solche Anwendung wird CGI-Programm oder CGI-Script genannt. Nachteil von CGI ist, dass das CGI-Programm bzw. -Script als eigenständiger Prozess läuft, was einen großen Overhead bedeutet.

WSH-Script als CGI-Script
Seit Version 2.0 kann ein WSH-Script als CGI-Script eingesetzt werden, da nunmehr der Zugriff auf die Standardein- und -ausgabe implementiert ist. Allerdings besteht dieser Zugriff nur bei Verwendung von *CScript.exe*, nicht bei *WScript.exe*. Ein WSH-Script in der Funktion eines CGI-Script darf nicht verwechselt werden mit einem ASP-Script.

APIs
Auf Grund der geringen Performance des CGI-Verfahrens besitzen Webserver ein Application Programming Interface (API), mit dem eine direkte Einbindung von Anwendungen in den Webserverprozess möglich ist. Auf Server-APIs basierende Webserveranwendungen sind sehr schnell, aber stets plattform- und webserverabhängig. Die Programmierung ist meist sehr aufwändig.

SSI und IDC
Auf Grund der Tatsache, dass sowohl die Programmierung von CGI-Routinen als auch die von Server-API-Programmen sehr aufwändig ist, wurden Platzhaltersprachen wie die *Ser-*

ver Side Includes (SSI) und der *Internet Database Connector (IDC)* geschaffen. Dabei wird in einer HTML-Seite dem Webserver durch bestimmte Tags angezeigt, dass an dieser Stelle eine Ersetzung stattfinden soll, bevor die Seite an den Client weitergereicht wird. Diese Technik ermöglicht u.a. das Zusammenfügen von Dokumenten aus Teildokumenten.

Sowohl SSI als auch IDC sind keine vollständigen Programmiersprachen. Später erkannte man den Bedarf, eine Technologie zu entwickeln, die so einfach ist wie SSI und IDC und dennoch in der Lage ist, alle denkbaren Aufgaben zu erfüllen. Den letzten Anstoß zur Entwicklung der Active Server Pages (ASP) gab dann der Erfolg von clientseitigem Browser-Scripting: ASP ist die Übertragung der Philosophie von Browser-Scripting auf den Webserver. **Die Eltern von ASP**

ASP basiert ebenso wie SSI und IDC auf besonderen Tags (<% %>), die vom Webserver vor dem Versand der HTTP-Response ersetzt werden. Dabei ist aber ASP ein Active Scripting Host, der jede beliebige Active Scripting Engine einbinden kann. Die beliebteste Sprache ist in diesem Zusammenhang VBScript. **ASP**

Spätestens seit andere Hersteller ASP für andere Plattformen anbieten (*InstantASP* [HAL00], *ChiliASP* [CHI00] und die Freeware *OpenASP* [OAS]), steht der Begriff ASP nicht mehr nur für den konkreten Scripting Host innerhalb des IIS, sondern allgemein für ein Verfahren zur Webserverprogrammierung. Die ASP-Versionen dieser Hersteller sind zum Teil mächtiger als das Microsoft ASP, da sie auch Komponentenarchitekturen wie Java Beans und CORBA integrieren, während Microsoft allein auf das eigene Component Object Model (COM) setzt. Die folgenden Ausführungen basieren auf dem Microsoft-ASP. **ASP für andere Plattformen**

Mit PHP und den *JavaScript Server Pages (JSP)* gibt es zwei weitere Technologien, die dem Platzhalterprinzip folgen. Allerdings sind diese beiden Technologien jeweils an genau eine Scriptsprache gebunden. **PHP und JSP**

Mit *Java Servlets* gibt es inzwischen auch den Ansatz, in Java geschriebene Anwendungen als Web-Middleware einzusetzen. **Java Servlets**

Bewertung von ASP

Microsofts ASP hat innerhalb der Webentwicklerszene einen uneinheitlichen Ruf erlangt. ASP gilt als eine Methode, um sehr schnell zu Ergebnissen zu kommen. Dafür lassen sich folgende Gründe nennen: **Pro und kontra ASP**

- ASP ist vergleichsweise einfach zu erlernen.
- Die Programmierung mit ASP ist übersichtlich.
- ASP bietet häufig benutzte Funktionalitäten über eine Reihe von Eingebauten Objekte an.
- Es besteht ein Zugriff auf die ganze Welt der COM-Komponenten.

Auf der anderen Seite hat sich ASP im Internet Information Server als fehleranfällig erwiesen, was nicht verwundert, denn der ganze IIS hat Stabilitätsprobleme.

9.4.2 Installation von ASP

ASP 3.0 ist Teil des Internet Information Server (IIS) ab Version 5.0. Windows 2000 enthält den IIS 5.0, Windows XP den IIS 5.1, Windows Server 2003 den IIS 6.0 und Vista sowie Windows Server 2008 den IIS 7.0. Windows 7 und Windows Server 2008 R2 enthalten Version 7.5. Der IIS ist jeweils nicht Standardinstallationsumfang. Die nachträgliche Installation erfolgt über *Systemsteuerung/Software/Windows-Komponenten hinzufügen/ Internet-Informationsdienste*. Unter Windows 2000 Professional und Windows XP wird jeweils nur eine Website unterstützt. Ab Windows Vista ist diese Beschränkung der Client-Betriebssysteme aufgehoben. **IIS 5.x, 6.0, 7.0, 7.5**

Kapitel 9 **Die Scripting Hosts**

IIS 5.0 Für Windows NT 4.0 ist nur ASP 2.0 verfügbar und zwar als Teil des IIS 4.0. Den IIS 4.0 installieren Sie mit dem Option Pack für Windows NT 4.0 Server. Der durch das NT 4.0 Server-Standardsetup installierbare IIS 2.0 unterstützt kein ASP. Der – ebenfalls nur als Add-On verfügbare – IIS 3.0 unterstützt ASP nur mit einer Zusatzinstallation. Sie sollten die Versionen 2.0 und 3.0 des IIS jedoch nicht mehr benutzen, da Microsoft die Herstellung von Webservern damals scheinbar noch geübt hat. Inzwischen gehört der IIS jedoch zu den beliebtesten Webservern unter Windows.

PWS Sie können ASP auch unter Windows 95/98 und NT-Workstation nutzen, indem Sie den *Personal Webserver (PWS)* zusätzlich installieren. Der PWS ist eine stark reduzierte Variante des IIS.

Plattform	NT 4.0	Windows 95/98/ME	Windows 2000 Server und Professional	XP	Windows Server 2003	Vista / Windows Server 2008	Windows 7/ Windows Server 2008 R2
Webserver	IIS 4.0	PWS	IIS 5.0	IIS 5.1	IIS 6.0	IIS 7.0	IIS 7.5
ASP-Version	ASP 2.0	ASP 2.0	ASP 3.0 oder ASP.NET 1.x /2.0/3.5	ASP 3.0 oder ASP.NET 1.x/ 2.0/3.5	ASP 3.0 oder ASP.NET 1.x/ 2.0/3.5	ASP 3.0 oder ASP.NET 1.x/ 2.0/3.5	ASP 3.0 oder ASP.NET 1.x/ 2.0/3.5
Komponenten-modell/ -dienste	COM/ DCOM/ MTS	COM/ DCOM/ MTS	COM/DCOM/ COM+ oder .NET-	COM/DCOM/ COM+ oder .NET	COM/DCOM/ COM+ oder .NET	COM/DCOM/ COM+ oder .NET	COM/DCOM/ COM+ oder .NET

Tabelle 9.12: Übersicht über die ASP-Versionen

9.4.3 IIS-Konfiguration

W3SVC, Der Microsoft Internet Information Server (IIS) ist nicht nur ein Webserver, sondern
MMC auch ein FTP-, NNTP- und SMTP-Server. Alle Konfigurationsinformationen speichert der IIS in einer so genannten IIS Metabase. Der Webserver im IIS ist ein Windows Windows-Dienst mit dem internen Namen *W3SVC*, dem Anzeigenamen *WWW-Publishing-dienst* und der Implementierung in der Datei *inetinfo.exe*. Der IIS wird über das MMC-Snap-In *Internet-Informationsdienste* verwaltet.

MMC Die folgende Abbildung zeigt die Konfiguration eines Webservers unter dem Namen *windows-scripting.de* auf dem IIS-Server mit dem Namen *XFilesServer01*. Das Basisverzeichnis (Wurzelverzeichnis) ist mit dem Dateisystempfad *e:\webs\ws* verbunden, der sich auf das lokale Dateisystem des XFilesServer01-Servers bezieht.

Die innerhalb des Verzeichnisses *e:\webs\ws* abgelegten Dateien werden in der MMC im rechten Teilfenster angezeigt. Um die Datei *asptest.asp* aufzurufen, geben Sie im Browser-Fenster die URL *http://XFilesServer01/testasp.asp* ein.

Im IIS werden Sie den Begriff *Anwendung* häufiger finden. Eine IIS-Anwendung ist jede Form von serverseitiger Verarbeitung; ASP ist nur eine Form, um eine IIS-Anwendung zu entwickeln. Andere im Standard installierte Formen von IIS-Anwendungen sind *Server Side Includes (SSI)* und der *Internet Database Connector (IDC)*. Sie finden Informationen über die konfigurierten Anwendungsarten unter *Konfigurieren/Anwendungszuordnungen* im Eigenschaftenfenster einer Website.

Active Server Pages (ASP)

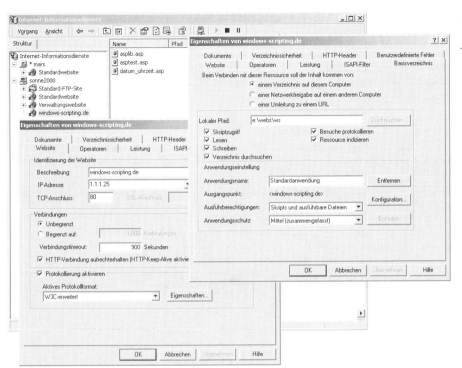

Bild 9.43
Eigenschaften-fenster einer Website im IIS-Snap-in

Bild 9.44
Unter den Konfigurationseinstellungen einer IIS-Anwendung legen Sie auch Einstellungen für den ASP-Scripting Host fest.

Man kann den Internet Information Server selbst per Script administrieren. Ab dem IIS 4.0 steht dafür ein ADSI-Provider zur Verfügung (vgl. Kapitel 11.5, Unterkapitel „IIS"). Ab dem IIS 6.0 ist auch per WMI die automatisierte Administration möglich.

9.4.4 Aufbau von ASP-Seiten

In HTML-Seiten eingebetteter Scriptcode

Im Gegensatz zu CGI-Scripts, in denen jede einzelne HTML-Anweisung durch einen Ausgabebefehl erzeugt werden muss, ist ein ASP-Script in erster Linie eine normale HTML-Seite, in die einzelne Scriptblöcke eingeschoben sind. So stehen die Bildschirmausgaben und nicht das Programm im Mittelpunkt. Scriptblöcke werden durch

```
<Script RUNAT="Server" language="VBScript"> ... </Script>
```

begrenzt. Die gebräuchliche Kurzform davon ist <% ... %>, wobei hier die Sprache durch die Anweisung <%@ language="VBScript" %> am Anfang der Seite gesetzt wird. Die lange Form hat jedoch den Vorteil, dass die Scriptsprache für einzelne Scriptblöcke gewechselt werden kann. Zwischen HTML-Blöcken und Scriptblöcken kann jederzeit gewechselt werden.

Erweiterung .asp

Eine ASP-Seite wird genau wie eine HTML-Seite über eine Uniform Resource Locator (URL) aufgerufen. Der Unterschied zwischen einem ASP-Script und einer HTML-Datei definiert sich aus der Sicht des IIS über den Dateinamen: Jede Datei mit der Erweiterung *.asp* wird auf der Serverseite zusätzlich geparst, und dabei werden alle Scriptblöcke ausgeführt. Kommen in einer Datei mit einer anderen Erweiterung ASP-Scriptblöcke vor, werden diese nicht interpretiert, sondern der Quelltext wird wie jeder andere Inhalt auch an den Client gesendet. Umgekehrt muss eine *.asp*-Datei nicht zwingend auch ASP-Code enthalten – sie kann aus reinem HTML bestehen. Dies hat keinen negativen Effekt, außer dass man den Server etwas verlangsamt hat. Der IIS parst jede *.asp*-Datei und sucht nach Scriptblöcken.

9.4.5 Start einer ASP-Seite

Ausführung immer über den Webserver

Viele ASP-Einsteiger machen einen Fehler: Sie erzeugen eine Datei mit der Erweiterung *.asp* und öffnen diese dann wie eine HTML-Seite direkt im Webbrowser. Der Webbrowser wird bei diesem falschen Vorgehen den Dialog *Dateidownload* (vgl. folgende Abbildung) einblenden, weil er mit der Dateierweiterung nichts anfangen kann. Unter der Voraussetzung, dass ein ASP-Entwicklungswerkzeug installiert und die Dateierweiterung *.asp* zum direkten Öffnen konfiguriert ist, kann auch statt des Dialogs direkt eine Anwendung erscheinen.

Bild 9.45
So reagiert der Internet Information Server, wenn man eine ASP-Datei direkt statt über den Webserver öffnet.

Ausführung versus Veränderung

Um eine ASP-Datei korrekt zu verwenden, muss diese innerhalb der Verzeichnisstruktur eines Webservers stehen und über das Hypertext Transfer Protocol (HTTP) von diesem abgerufen werden. In diesem Fall holt der Webserver die Datei aus dem Dateisystem und erkennt anhand der Dateierweiterung *.asp*, dass die Datei zunächst in dem

Active Server Pages Scripting Host abgearbeitet werden muss. Das Ergebnis dieses Verarbeitungsprozesses leitet der Webserver dann an den Client weiter, wobei durch den übermittelten MIME-Typ die korrekte Darstellung erreicht wird. Es gibt also zwei Sichten auf eine Datei:

- Um eine ASP-Datei anzulegen und zu verändern, verwenden Sie einen ganz normalen Dateisystempfad.
- Um eine ASP-Datei anzuzeigen, verwenden Sie eine HTTP-URL der Form *http://servername/pfad/datei.asp*.

Mit dem folgenden Script können Sie testen, ob ASP läuft.

```
<%@ LANGUAGE="VBSCRIPT" %>
<!---asptest.asp--->
<HTML>
<BODY>
<h4>ASP TEST</h4><hr>
Wenn Sie NUR diesen Text sehen, läuft ASP nicht!<p>
<%="Wenn Sie diesen Text und die Uhrzeit sehen, läuft ASP! (Zeit: " & _
now() & ")"%>
</BODY> </HTML>
```

Listing 9.36
Eine einfache Ausgabe testet ASP.

Wenn sich kein Fehler eingeschlichen hat, wird das Ergebnis der nächsten Abbildung erscheinen.

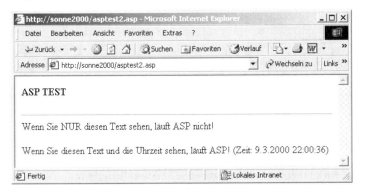

Bild 9.46
Erfolgreiche Ausführung der Datei asptest2.asp

9.4.6 Ausgaben in ASP

Das nachfolgende Listing enthält eine einfache ASP-Seite:

```
<%@ LANGUAGE="VBSCRIPT" %>
<HTML> <BODY>
<h4>Willkommen auf unseren WWW-Seiten!</h4>
Es ist jetzt <% Response.Write time%> am <%=date %>!<p>
</BODY> </HTML>
```

Listing 9.37
Datum und Uhrzeitausgabe in ASP

Das Listing zeigt zwei verschiedene Formen der Ausgabe in ASP. `Response.Write()` ist die vollständige Schreibweise, um Ausgaben an den Webclient zu senden. Die Schreibweise `<%=Variablenname%>` ist eine verkürzte Form, die aus Gründen der Übersichtlichkeit häufig angewendet wird. Zu beachten ist dabei, dass nach dem Variablennamen der Scriptkontext auf jeden Fall auch mit %> beendet werden muss; es ist also nicht möglich, durch einen einfachen Zeilenumbruch getrennt in der nächsten Zeile weitere ASP-Anweisungen zu setzen. Dies ist bei `Response.Write()` möglich. Das folgende Listing zeigt, was nicht erlaubt ist:

Response. Write()

Listing 9.38
Ungültige Verwendung des „<%=" Konstrukts
```
<%@ LANGUAGE="VBSCRIPT" %>
<HTML> <BODY>
<h4>Willkommen auf unseren WWW-Seiten!</h4>
Es ist jetzt <%=date
Response.Write "Zeit:   " & time
%> </BODY> </HTML>
```

Gestattet sind jedoch alle nachfolgend gezeigten Möglichkeiten:

Listing 9.39
Gültige ASP-Ausgaben
```
Es ist jetzt <%=date%>
<%Response.Write "am   " & date%>
Es ist jetzt <% Response.Write date%>
<%Response.Write "am   " & date%>
```

Ein <%...%> Abschnitt wird Render Block genannt. Im Kontrast dazu wird <%= %> als Display Block bezeichnet.

Beispiele Folgendes Listing geht über die einfache Ausgabe von Werten hinaus und zeigt eine Schleife in ASP:

Listing 9.40
Eine Schleife in ASP
```
<%@ LANGUAGE="VBSCRIPT" %>
<HTML>Hier kommen 10 Zahlen:<br>
<% for i = 1 to 10 %>
    Zeile <%=i%> <br>
<% next %>
Wieder normales HTML<br></HTML>
```

Dies kann alternativ auch so implementiert werden:

Listing 9.41
Eine Schleife in ASP (Variante)
```
<%@ LANGUAGE="VBSCRIPT" %>
<HTML>Hier kommen 10 Zahlen:<br>
<% for i = 1 to 10
 Response.Write "Zeile & " i & "<br>"
next %>
Wieder normales HTML<br></HTML>
```

Say() **Say() in ASP** Die in diesem Buch verwendete universelle Ausgabefunktion say() muss also mit Response.Write() abgebildet werden. Bitte beachten Sie, dass Zeilenumbrüche im Quellcode keinen Einfluss auf die Darstellung haben. Sie müssen also die Zeilenumbrüche durch HTML-Tags selber erzeugen. Es bietet sich an, verschiedene Varianten von say() zu verwenden.

Listing 9.42
Verschiedene Ausgabemethoden in ASP
```
Dim DebugMode
' === Einfache Ausgabe ohne Umbruch
Sub saynb(s)
Response.Write s
End Sub
' === Ausgabe mit Zeilenwechsel
Sub say (s)
say s & "<br>"
End Sub
' === Ausgabe eines Fehlers
Sub error(s)
say "<hr><h2>Fehler: " & s & "!</h2><hr><p>"
End Sub
' === Bedingte Ausgabe
```

```
Sub debug(s)
If DebugMode = True Then say(s)
End Sub
```

> Diese und andere hier vorgestellte Routinen sind Teil der Funktionsbibliothek WS_aspLIB *[CD:/code/hosts/asp/WS_aspLIB.vbs]*.

WS_aspLIB

9.4.7 Render-Funktionen

In ASP ist es möglich, Unterroutinen zu schreiben, die entweder reinen HTML-Code oder aber HTML-Code gemischt mit ASP-Anweisungen (Render-Funktionen genannt) enthalten. Dadurch ist es möglich, flexible Textbausteine zu definieren, die innerhalb einer Seite beliebig oft wieder verwendet werden können. In Zusammenhang mit Include-Dateien ist auch seitenübergreifende Wiederverwendung möglich.

Unterroutinen mit HTML

Durch `Sub...End Sub` oder `Function...End Function` ist eine Render-Funktion wie eine normale Funktion eingerahmt.

9.4.8 Eingebaute Objekte

ASP stellt sechs eingebaute Objekte (*Intrinsic Objects*) für die Kommunikation mit dem Webserver bereit:

- Request enthält Informationen über die HTTP-Anfrage des Browsers. **Request**
- Response nimmt die Informationen für die HTTP-Antwort des Webservers auf. **Response**
- Server stellt Funktionen bereit, die unabhängig von einer konkreten Anfrage sind. Ab ASP-Version 5.0 enthält Server ein Unterobjekt. **Server**
- Session ermöglicht Zustandsverwaltung durch die Speicherung von Werten auf Sitzungsebene. **Session**
- Application dient der Speicherung sitzungsübergreifender Werte. **Application**
- ObjectContext dient dem Zugriff auf das Kontextobjekt, wenn die Seite im MTS läuft (vgl. Ausführungen zum MTS in Kapitel 8). **Object-Context**

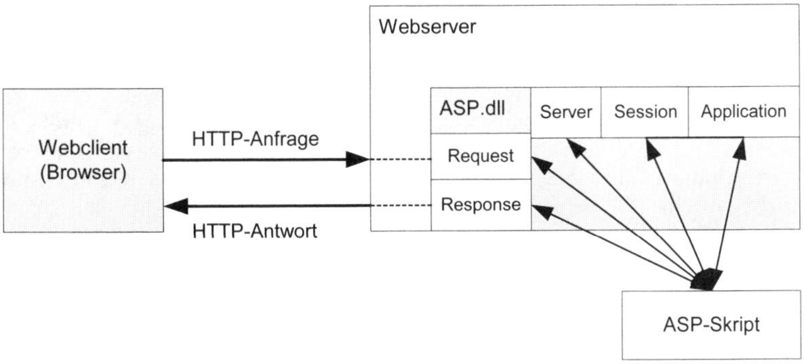

Bild 9.47 Darstellung der wichtigsten eingebauten Objekte

Diese Klassen sind in der Typbibliothek *ASPTypeLibrary* enthalten, so dass in einer geeigneten Entwicklungsumgebung (z.B. Visual InterDev) Eingabehilfen zur Verfügung stehen

Kapitel 9 Die Scripting Hosts

Tabelle 9.13
Schnellinfo
ASP-Objects

Name und Abkürzung	Active Server Pages Objects
Name der Komponentendatei	asp.dll
Interner Name der Typbibliothek	ASPTypeLibrary
Helpstring der Typbibliothek	Microsoft Active Server Pages Object Library
Hersteller	Microsoft
Lizenzierung	Teil von Windows bzw. kostenloses Add-on
Besprochene Version	5.0 (Windows 2000 Server)
NT 4.0	Version 4.0 im Internet Information Server 4.0 im NT 4.0 Server Option Pack
ab Windows 2000	Teil der Internet Information Services
Dokumentation	Plattform SDK|Web Services|Web Workshop| Internet Information Services SDK|Active Server Pages Guide [MSDN:IISRef.chm::/asp/aspguide.htm]

Scripting-Context
Die eingebauten Objekte in ASP stehen nicht nur in ASP selbst, sondern auch innerhalb von Objekten zur Verfügung, die aus ASP heraus instanziiert wurden. Die *asp.dll* definiert dazu eine weitere Klasse, `ScriptingContext`, die jedoch innerhalb von ASP nicht zur Verfügung steht, auch wenn Visual InterDev dafür Eingabehilfen anbietet. `ScriptingContext` enthält lediglich Zeiger auf fünf Eingebaute Objekte und dient dazu, dass externe Komponenten, die ASP-Ereignisse (siehe Kapitel 9) abfangen, über ein globales Objekt auf die Eingebauten Objekte zugreifen können. Diese Technik wird im vorliegenden Buch aber nicht näher besprochen. Die ASP-Objekte werden hier nur als Eingebaute Objekte von ASP betrachtet.

Objektmengen
Besondere Objektmengen Die eingebauten Objekte von ASP verwenden zwei eigene Typen von Objektmengen mit den Klassennamen `IRequestDictionary` und `IVariantDictionary`. Der erste Name lässt vermuten, dieser Typ von Objektmenge könne nur unterhalb des Request-Objekts vorkommen. Das ist jedoch nicht richtig: Auch das Response-Objekt besitzt eine Objektmenge dieses Typs. `IVariantDictionary` wird in Session- und Application-Objekten verwendet. Beide Objektmengen sind Mengen von Variants, meistens Zeichenketten. `IRequestDictionary` unterstützt die Attribute `Count` und `Key` sowie die Methode `Item()`. `IVariantDictionary` unterstützt zusätzlich `Remove()` und `RemoveAll()`.

Grundlage dieser Objektmengen ist die Klasse `Scripting.Dictionary` (vgl. Kapitel 10.2.1). An dieser Stelle sei nur kurz erwähnt, dass die Iteration über ein `Dictionary`-Objekt keine Objekte liefert, sondern nur die Schlüssel in Stringform, die benötigt werden, um dann via `Item()` direkt auf die Objekte zuzugreifen.

Request-Objekt

Objekt für die Anfrageinformationen
Ein ASP-Script kann grundsätzlich zwei Formen von Eingaben erhalten:
- Informationen, die der Webbrowser an den Server übermittelt hat
- Informationen über den Webserver und die Umgebung

Beide Typen von Informationen vereinen das Request-Objekt. Es besitzt fünf untergeordnete Objektmengen vom Typ `IRequestDictionary`:
- Sofern an die URL eine URL-Parameterliste angehängt wurde, enthält die `QueryString`-Objektmenge die übergebenen Attribute mit ihren Werten.

Active Server Pages (ASP)

- Sofern die aufrufende Seite ein Formular enthielt und die Navigation zu dem aktuellen Script mit einer *Submit*-Schaltfläche erfolgte, enthält die Form-Objektmenge die Feldnamen und Feldwerte des aufrufenden Formulars.
- Die Cookie-Objektmenge enthält die vom Client übergebenen Cookies für diese Site. Die Cookie-Objektmenge besteht aus Objekten des Typs ReadCookie.
- Sofern der Browser Zertifikate übermittelt hat, sind diese über ClientCertificate einsehbar.
- Auf jeden Fall existiert die ServerVariables-Objektmenge, die im Wesentlichen Informationen über den Webserver und die Umgebung, aber auch den HTTP-Request des Browsers liefert.

Gleichzeitig ist das Request-Objekt selbst eine Objektmenge vom Typ IRequestDictionary, das die in der Form- und QueryString-Objektmenge enthaltenen Zeichenketten vereint.

Item()

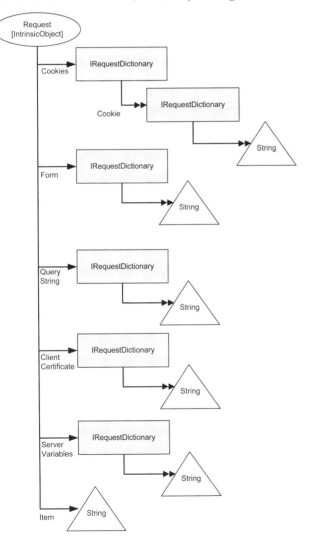

Bild 9.48
Das vom eingebauten Objekt „Request" ausgehende Objektmodell

Kapitel 9 Die Scripting Hosts

Inhalte aller untergeordneten Objektmengen ausgeben

Ausgaberoutinen für die Request-Objektmengen Die folgenden Unterroutinen zeigen, wie die einzelnen Objektmengen ausgegeben werden können. Aus der Art schlägt dabei nur die Cookies-Objektmenge, bei der zu berücksichtigen ist, dass ein Cookie aus einem einzigen String oder aus einer Menge von Zeichenketten bestehen kann. Die Unterscheidung ist möglich mit Hilfe des Attributs HasKeys der Klasse ReadCookie. Besonders inkonsequent ist dabei, dass Request.Cookies(key) einerseits einen Zeiger auf eine ReadCookie-Objektmenge liefert, andererseits aber auch den elementaren Stringwert, wenn es nur einen Wert gibt. Das liegt wieder an dem in Kapitel 8.14.7 besprochenen Problem der Standardmitglieder von COM-Klassen. In einem Kontext, in dem ein elementarer Wert erwartet wird, greift VBScript auf das Standardmitglied Item zurück.

Listing 9.43
Verschiedene Routinen zur Ausgabe der Inhalte eines Request-Objekts
[WS_asp LIB.asp]

```
' === Liste aller Servervariablen
Sub ListServerVars
say "<hr>ServerVariablen:"
For Each key In Request.ServerVariables
    say "- "& key & "= " & Request.ServerVariables(key)
Next
End Sub
' === Liste aller Clientzertifikate
Sub ListCert
say "<hr>ClientZertifikate:"
For Each key In Request.ClientCertificate
    say "- "& key & "= " & Request.ClientCertificate(key)
Next
End Sub
' === Liste aller Cookies
Sub ListCookies
say "<hr>Cookies:"
For Each key1 In Request.Cookies
set cookie = Request.Cookies(key1)
If Not cookie.HasKeys Then ' Cookie mit nur einem Wert
    say "- " & key1 & "= " & Request.Cookies(key1).Item
Else                      ' Cookie mit n Werten
  For Each key2 in Request.Cookies(key1)
    say "- " & key1 & "." & key2 & "= " & Request.Cookies(key1)(key2)
  Next
end if
next
End Sub
' === Liste aller übergebenen Formular-Felder
SUB ListForm
say "<hr>Form-Felder:"
for each key in request.form
    say "- "& key & "= " & Request.form(key)
next
End Sub
' === Liste aller übergebenen Attribut/Wert-Paare im Querystring
Sub ListQueryString
say "<hr>QueryString-Felder:"
for each key in Request.QueryString
    say "Feld "& key & "= " & Request.QueryString(key)
next
END SUB
```

Active Server Pages (ASP)

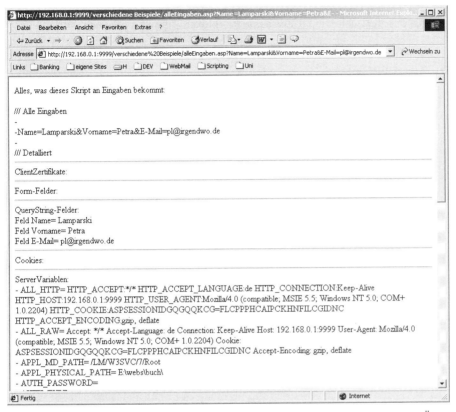

Bild 9.49
Ausgabe von
[alleEingaben
.asp]

Diese Routinen sind Teil der WS_aspLIB. Sie können verwendet werden, um die Übergabe von Werten zu testen.

```
<!--#include virtual="lib/ws_asplib.asp"-->

<html>
Alles, was dieses Skript an Eingaben bekommt:<p>
<%
say "/// Alle Eingaben"
say "-" & Request.Form.Item
say "-" & Request.QueryString.Item
say "-" & Request.Cookies.item

say "/// Detalliert"
ListCert
ListForm
ListQueryString
ListCookies
ListServerVars
%>

</html>
```

Listing 9.44
Test der verschiedenen Request-Ausgaberoutinen [AlleEingaben.asp]

Kapitel 9 Die Scripting Hosts

Sonder- Bei den Objektmengen Form, QueryString und Cookies liefert die Methode Item() bei Aus-
formen lassung des Parameters eine Zeichenkette mit der Verkettung seiner Attribute und
Werte.

Listing 9.45
Beispiele für die
Anwendung
von Item()

```
say Request.Form.Item
say Request.QueryString.Item
say Request.Cookies.item
```

Die Ausgabe hat in allen drei Fällen die übliche Form, bei der Attribut und Wert durch ein Gleichheitszeichen und die einzelnen Attribut-Wert-Paare durch ein kaufmännisches Und („&") getrennt sind.

Name=Schwichtenberg&Vorname=Holger&E-Mail=HS@IT-Visions.de

Response-Objekt

Antwort-
daten an
den Client

Response ist das Gegenstück zu Request: Über das Response-Objekt werden die Daten festgelegt, die der Client vom Server empfangen soll. Dies sind insbesondere:

- Die an den Client zu übertragenden Daten. Dies ist in der Regel eine HTML-Seite, es können auch binäre Daten, z.B. Grafikdaten, gesendet werden. Die Ausgabe wird mit Response.Write() bzw. Response BinaryWrite() erzeugt und über einige zusätzliche Methoden in ihrem Verhalten gesteuert.
- Der Auftrag zur Umlenkung auf eine andere Seite (Methode redirect())
- Das Setzen von Cookies
- Metainformationen über die Seite (Verfallsdatum, PICS-Rating, Zeichensatz, MIME-Inhaltstyp)
- Kontrolle des Sendepuffers

Es gibt zahlreiche Aktionen im Response-Objekt (z.B. Umleitung, Einrichtung des Puffers, Schreiben von Cookies), die nur **vor** der ersten Ausgabe des Script an den Client möglich sind, da diese Daten im HTTP-Header übertragen werden. Eine Missachtung dieser Bedingung führt zu dem Fehler 80004005: „Die HTTP-Header sind bereits in den Client Browser geschrieben. Änderungen am HTTP-Header müssen vorgenommen werden, bevor der Seiteninhalt geschrieben wird.".

Bild 9.50
Das vom einge-
bauten Objekt
„Response"
ausgehende
Objektmodell
ist sehr flach.

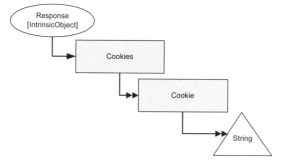

Response.
End()

Ausgabe und Response.End() Die Erzeugung von Ausgaben mit Response.Write() wurde schon besprochen. Response.End() dient dazu, das Script abzubrechen und die Ausgabe an den Client sofort abzuschließen.

Tödliche
Fehler

Ein Anwendungsbeispiel sind Fehler, bei denen das Script nicht weiter abgearbeitet werden soll. Da Response.End() sich nicht um den ordnungsgemäßen Abschluss der HTML-Seite kümmert, sollten Sie wenigstens das <BODY>- und das <HTML>-Tag schließen.

```
' === Fehlerausgabe und Skriptende
Sub fatalerror(s)
error(s)
Response.Write "</BODY></HTML>"
Response.End
End Sub
```

Listing 9.46
Die Routine `FatalError` *aus der ASP-Scriptbibliothek*

Caching-Einstellungen Sowohl Proxy-Server als auch Webbrowser verwalten einen Seitencache, um bei erneutem Abruf einer Seite diese schneller anzeigen zu können. Bei dynamischen Webseiten ist dies nicht immer gewünscht. Mit Hilfe des Attributs `CacheControl` steuern Sie das grundsätzliche Verhalten der Proxy-Server, mit `Expires` den Speicherzeitraum.

Caching in Browsern und Proxy-Servern

Befehl	Erläuterung
`Response.CacheControl = "public"`	Seiten dürfen in Browsern und Proxy-Servern gespeichert werden.
`Response.CacheControl = "private"`	Seiten dürfen in Browsern, nicht aber in Proxy-Servern gespeichert werden.
`Response.Expires = -1`	Seiteninhalt verfällt sofort.
`Response.Expires = 10`	Seiteninhalt verfällt in 10 Minuten.
`Response.ExpiresAbsolute = now+10`	Seiteninhalt verfällt in 10 Tagen.
`Response.AddHeader "Pragma", "no-cache"`	Dieser zusätzliche Befehl kann angewendet werden, um die Zuverlässigkeit der Cache-Verhinderung zu erhöhen.

Tabelle 9.14
Befehle für die Beeinflussung des Caching

Umlenkung des Browsers Die Methode `Redirect()` dient dazu, den HTTP-Code 301 „Object Moved" an den Client zu senden, damit dieser die Anfrage an eine andere Seite stellt. Die Syntax lautet:

`Response.Redirect URL`

Response. Redirect()

Die URL kann auch einen URL-Parameterliste enthalten, in dem Sonderzeichen automatisch durch Hexadezimalcodes kodiert werden. Es ist auch möglich, eine absolute URL inklusive Protokoll anzugeben.

```
<!--#include virtual="scriptlib/ws_asplib.asp"-->
<% Response.redirect "alleeingaben.asp?Name=Holger Schwichtenberg" %>
<html>Das sehen Sie nicht!</html>
```

Listing 9.47
Beispiel für den Einsatz von `Response.Redirect()`

Der Nachteil von `Response.Redirect()` ist, dass die Kontrolle an den Client zurückgegeben wird, also ein Rundgang zwischen Browser und Webserver notwendig ist. Die seit ASP 3.0 verfügbare Methode `Transfer()` in der Klasse `Server` vermeidet dies.

Cookies setzen ASP kann Cookies über das `Response`-Objekt an den Client senden. Cookies müssen vor der ersten Ausgabe gesetzt werden. Wie bereits beim `Request`-Objekt besprochen gibt es zwei Arten von Cookies: Cookies mit nur einem Wert und solche mit Unterwerten.

Response-Objekt

Cookies können natürlich nur gesetzt werden, wenn die Browser-Einstellungen dies zulassen. Eine Deaktivierung der Cookies bzw. eine Ablehnung durch den Benutzer führt jedoch nicht zu einem Fehler in ASP.

Kapitel 9 Die Scripting Hosts

Listing 9.48
Setzen von Cookies [CD:/code/hosts/asp/cookie/cookie.asp]

```
' -- Cookie mit einem Wert
Response.Cookies.Item("WS") = "Cookie für dieses Buch"
' -- Cookie mit n Werten und Verfallsdatum
Response.Cookies.Item("WSDetails")("Benutzer") = "HS"
Response.Cookies.Item("WSDetails")("Passwort") = "egal"
Response.Cookies.Item("WSDetails").Expires   = now +10
```

Im obigen Beispiel ist „WS" ein Cookie mit einem Wert und „WSDetails" ein Cookie mit zwei Unterwerten. Bitte beachten Sie, dass Sie nicht einerseits Unterwerte anlegen und andererseits ein und demselben Cookienamen auch direkt einen Wert zuweisen können.

Expires

Mit `Expires` geben Sie den Gültigkeitszeitraum an. Wie Ihnen die auf der Buch-CD enthaltene Datei *cookie.asp* zeigen wird, ist es möglich, Cookies direkt nach dem Setzen mit `Request.Cookies` wieder abzufragen, obwohl es ja gar keine neue Anfrage gegeben hat. Um zu prüfen, ob Ihre Cookies wirklich gesetzt wurden, rufen Sie noch eine andere Seite (z. B. *alleeingaben.asp*) auf.

Prüfung, ob der Benutzer Cookies zulässt

Auf Webseiten, die von Cookies abhängig sind, ist es geboten, direkt zu Beginn abzuprüfen, ob der Benutzer Cookies zulässt. Dies leistet das Script *checkcookie.asp*. Der Trick ist einfach: Auf einer Seite wird ein Cookie mit einem beliebigen Testwert gesetzt. Mit Hilfe der Browser-Umlenkung wird die Seite dann sofort wieder aufgerufen, wobei der Testwert als Parameter übergeben wird. Sofern die Seite einen Testwert empfängt, setzt sie keinen neuen Cookie, sondern versucht, einen Cookie zu lesen. Nur wenn der so ermittelte Wert dem übergebenen Wert entspricht, hat der Benutzer das Setzen des Cookies erlaubt.

Listing 9.49
checkcookie.asp prüft, ob der Benutzer Cookies zulässt [CD:/code/hosts/asp/cookie/checkcookie.asp]

```
<!--#include virtual="scriptlib/ws_asplib.asp"-->
<% CONST TESTWERT = "HolgersCookieTest"
   CONST TESTCOOKIENAME = "TestCookie"
If Request("TEST") = "" Then ' Seite wurde noch nicht besucht
     ' -- Testcookie setzen
     Response.Cookies.Item(TESTCOOKIENAME) = TESTWERT
     ' -- Erneut aufrufen
     Response.Redirect "cookiecheck.asp?Test=" & TESTWERT
else
     say "<HTML>"' Cookie wurde schon gesetzt
     ' -- Cookie mit dem übergebenen Wert vergleichen
     wert = Request.Cookies(TESTCOOKIENAME)
     If Wert <> Request("TEST") Then
           say "Um diese Website verwenden zu können, müssen Sie Cookies
           zulassen!"
           say "Nach Aktivierung <a href='cookiecheck.asp'>hier</a>
           klicken!"
     else
           say "Danke, dass Sie Ihr Cookie-Feature aktiviert haben!"
     end if
end if
%>
</html>
```

Pufferkontrolle

Kontrolle des Sendepuffers Im Normalfall sendet der Webserver jede mit `Response.Write()` (oder dessen Kurzform `<%=...%>`) erzeugte Ausgabe sofort an den Client weiter. Der Anwender sieht dabei, wie sich die Seite zeilen- bzw. abschnittsweise aufbaut. Dies kann gerade bei komplex gestalteten HTML-Seiten zu unerwünschten Effekten führen.

Buffer und Flush()

Die Ausgaben lassen sich daher in einem Puffer zwischenspeichern, der später als Ganzes an den Client übertragen wird. Zur Aktivierung des Puffers muss vor der ersten

Ausgabe (also auch vor dem <HTML>-Tag) das Attribut Buffer auf True gesetzt werden. Eine Verwendung dieser Anweisung zu einem späteren Zeitpunkt würde zu einem Fehler 80004005 führen: „Die HTTP-Header sind bereits in den Client Browser geschrieben. Änderungen am HTTP-Header müssen vorgenommen werden, bevor der Seiteninhalt geschrieben wird." Die Methode Response.Flush() bewirkt, dass der Puffer an den Client übergeben wird. Danach können Sie den Puffer erneut füllen und auf diese Weise genau kontrollieren, in welchen Blöcken die Ausgaben im Browser erscheinen sollen. Beim Scriptende wird ein Flush() automatisch ausgelöst. Gerade bei Scripts mit einer langen Verarbeitungsdauer empfiehlt es sich nicht, den kompletten Puffer erst am Ende zu übergeben, da der Anwender nichts sieht und glauben könnte, der Server wäre nicht erreichbar.

Beispiel

Im folgenden Beispiel wird der Puffer zu Beginn aktiviert. Die Überschrift wird mit Response.Flush() vorzeitig ausgegeben. Die folgenden Ausgaben werden zu Demonstrationszwecken durch eine Warteschleife verzögert. Wenn Sie Response.Buffer() und Response. Flush() in diesem Script auskommentieren, werden Sie sehen, wie sich die Ausgaben zeilenweise aufbauen.

```
<!--#include virtual="scriptlib/ws_asplib.asp"-->
<% Response.buffer = true %>
<html><h2>Bsp: Pufferung.</h2>Bitte warten Sie, während die weiteren Ausgaben
generiert werden.<p>
<% Response.Flush
' --- Ausgabe
for a = 1 to 30
        say "--------------" & a & "---------------"
        ' --- Warteschleife
        for b = 1 to 500000
        next
next  %>  </html>
```

Listing 9.50
Puffer.asp demonstriert die Verwendung des Puffers. [puffer.asp]

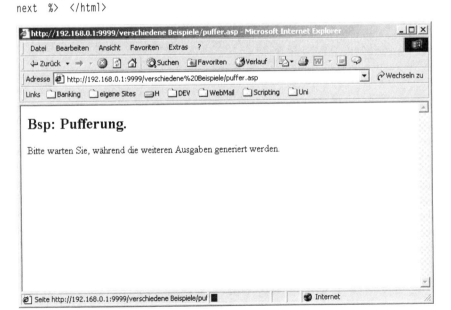

Bild 9.51
Zwischenergebnis von puffer.asp

Sie können den Puffer auch löschen (Response.Clear()) und damit bisherige Ausgaben (sofern sie noch nicht durch Response.Flush() an den Client übergeben wurden) wieder löschen.

Kapitel 9 **Die Scripting Hosts**

*Bild 9.52
Endergebnis
von puffer.asp*

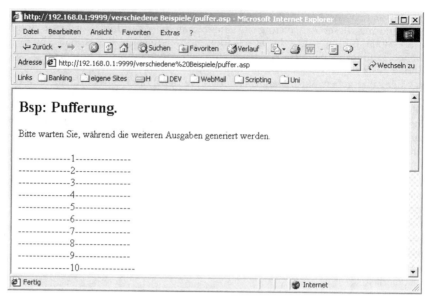

Server-Objekt

Features des Server-Objekts

Das Server-Objekt erfüllt folgende Aufgaben:

- Unterstützung bei der URL-Codierung (Methode URLEncode()) und Abbildung von Pfaden (Methode MapPath())
- Liefern eines Zeigers auf ein Fehlerobjekt. Die Methode GetLastError() liefert ein ASPError-Objekt.
- Festlegung der maximalen Laufzeit (Attribut Timeout für das Script)
- Einbindung einer anderen Seite (Methode Execute()) bzw. die komplette Übergabe an eine andere Seite (Methode Transfer())
- Bei Transaktionsverarbeitung wird die Erzeugung einer neuen Instanz einer Klasse innerhalb des gleichen Transaktionskontexts ermöglicht (Methode CreateObject()).

*Bild 9.53
Objektmodell
für das Server-
Objekt*

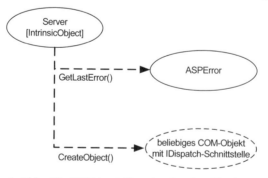

Instanziie-
rung von
COM-Klassen

CreateObject() ASP bietet über das Session-Objekt eine eigene Funktion zur Instanziierung von externen COM-Klassen an.

```
Set obj = Server.CreateObject("ProgID")
```

296

Diese Funktion bietet nicht wie die Visual Basic-Funktion die Möglichkeit, Klassen entfernter Komponenten zu instanziieren. Dennoch ist in zwei Fällen die Verwendung von `Server.CreateObject()` geboten:

- Wenn die ASP-Seite eine Transaktion bildet (vgl. Kapitel 9) und die neue Instanz Teil der Transaktion werden soll
- Wenn die Instanz via `ScriptingContext` auf die Eingebauten Objekte von ASP zurückgreifen möchte, beispielsweise um Ausgaben zu erzeugen

URL-Codierung in URL-Parameterlistes ASP stellt mit `Server.UrlEncode()` und `Server.UrlPathEncode()` zwei Hilfsfunktionen zur URL-Codierung bereit. Erstere Funktion dient der Codierung von URL-Parameterlisten, die zweite Funktion übernimmt die Codierung von Pfadangaben.

Server.UrlEncode()

> Bitte beachten Sie aber, dass mit `Server.UrlEncode()` nicht die Pfadangabe in der URL und auch nicht die ganze URL-Parameterliste, sondern nur die Werte und gegebenenfalls Attributnamen einzeln URL-kodiert werden dürfen.

Das folgende Beispiel zeigt sowohl das richtige als auch das falsche Vorgehen. Ohne Codierung wird der Firmenname nach dem „Meier" abgeschnitten und das Attribut „GF" bleibt leer.

Listing 9.51
Beispiel zur URL-Codierung [encoding test.asp]

```
<!--#include virtual="scriptlib/ws_asplib.asp"-->
<html>
<%
url1 = "encoding test.asp"
url2 = Server.URLPathEncode(url1)
qs1 = "Firma=Meier&müller&Gf=Herr Max Müller"
qs2 = "Firma=" & Server.URLEncode("Meier&Müller") _
 & "&Gf=" & Server.URLEncode("Herr Max Müller")
if Request("Firma") = "" then' -- Links ausgeben
%>
Test der Encoding-Funktionen:<hr><p>
<h2>So ist es falsch!</h2>
<%
    link = "<a href='" & url1 &"?" & qs1 &">"
    say Link & "'>falscher Link</a>" _
     & "<br>" & server.HTMLEncode(Link)
%>
<br>Der IE kann diese Pfadangabe verarbeiten,
nicht aber der Netscape, da die Kodierung fehlt!
Aber auch der IE wird die Werte falsch darstellen!<hr>
<h2> So ist es richtig!</h2>

<%
    Link = "<a href='" & url2 &"?" & qs2 & "'>"
    say Link & "richtiger Link</a>" _
     & "<br>" & server.HTMLEncode(Link)
else    ' übergebene Werte ausgeben
    Say "Willkommen, " & Request("Gf") _
     & " von der Firma " & Request("Firma")
    say "<a href='urlencode.asp'>zurück!</a><p>"
end if
%>
</html>
```

Bild 9.54
Ausgabe des Beispiels „encoding test.asp"

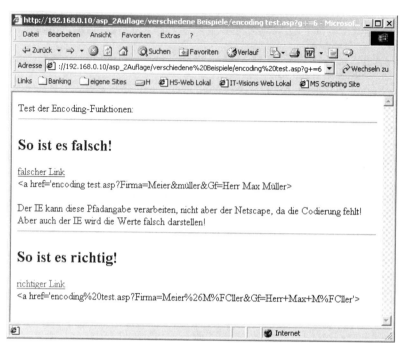

HTML-Encode() **HTML-Codierung** Das vorherige Beispiel hat noch eine Codierungsfunktion des Server-Objekts verwendet: HTMLEncode(). Diese Funktion muss verwendet werden, wenn Inhalte ausgegeben werden sollen, die der Browser als HTML-Code missverstehen könnte. Im obigen Beispiel [encoding test.asp] sollte der HTML-Quelltext des Links ausgegeben werden. Ohne die Anwendung von HTMLEncode() hätte der Browser dies als einen Link dargestellt. Durch die Codierung wurden jedoch die Größer-/Kleinerzeichen in die entsprechenden HTML-Umschreibungen umgesetzt. Ebenso setzt die Funktion deutsche Umlaute in die Umschreibungen um.

Beispiel Der folgende String

```
<a href='encoding test.asp?Firma=Meier&müller&Gf=Herr Max Müller>
```

wird so kodiert:

```
&lt;a href='encoding test.asp?
Firma=Meier&amp;m&#252;ller&amp;Gf=Herr Max M&#252;ller&gt;
```

Server.MapPath() **Pfadumwandlung** Das Server-Objekt stellt mit MapPath() eine äußerst nützliche Methode bereit, um einen relativen Pfad innerhalb einer Website auf den physikalischen Pfad innerhalb des Dateisystems des Webservers abzubilden.

```
pfad = server.mappath("relativerPfad")
```

Diese Funktion wird beispielsweise dann benötigt, wenn Sie von ASP aus per ActiveX Data Objects (ADO) auf eine Datenbankdatei zugreifen wollen, die innerhalb des Webverzeichnisses abgelegt ist. Sie müssen dann den Pfad zur Datenbankdatei im ADO-Connectionstring angeben. Natürlich ist es möglich, den Pfad als Konstante im Script zu kodieren. Besser ist es aber, den Pfad dynamisch zu ermitteln.

In nur einer Zeile ermitteln Sie, wo das aktuelle Script tatsächlich liegt:

```
say server.mappath(Request.ServerVariables("PATH_INFO"))
```

> Sofern der übergebene relative Pfad mit einem Schrägstrich oder Backslash beginnt, wird der absolute Pfad nicht relativ zur aktuellen Scriptdatei, sondern relativ zum Wurzelverzeichnis der Site ermittelt.

Timeout Sie können im Internet Information Server (IIS) einstellen, nach welcher Zeit ein Script automatisch beendet werden soll. Sie können aber auch alternativ `Server.Timeout` auf die gewünschte Anzahl von Sekunden setzen und damit für einzelne Scripts von der Voreinstellung im Webserver abweichen. Diese Abweichung ist allerdings nur nach oben erlaubt. Die in der Metabase des IIS gespeicherte Zeit ist die Mindestlaufzeit, die jedem Script zugestanden wird.

`Server.Timeout`

Execute() und Transfer() Diese beiden Methoden sind neu in ASP 3.0, also nur ab IIS 5.0 verfügbar. `Execute()` ermöglicht die Einbindung anderer ASP-Seiten in eine Seite. Die Funktionalität entspricht der SSI-Anweisung `Include`.

`Server.Execute()`

```
<% server.execute "Kopf.asp" %>
<p> Das ist der Inhalt... <p>
<% server.execute "Fuß.asp" %>
```

Listing 9.52: GesamtSeite.asp bindet zwei andere ASP-Seiten ein.

`Transfer()` ist hingegen ein Ersatz für `Response.Redirect()`, allerdings mit dem Unterschied, dass `Transfer()` keinen Status 302 „Object Moved" an den Browser zurückgibt, sondern die Umlenkung intern realisiert, so dass der Client davon nichts mitbekommt. Der Browser zeigt weiterhin die URL der aufrufenden Seite an, obwohl der Server eine andere Seite geliefert hat.

`Server.Transfer()`

> `Server.Transfer()` führt einen reinen serverseitigen Seitenübergang durch, indem die Programmausführung in einer anderen Datei fortgesetzt wird. Werte können hier allerdings *nicht* per URL-Parameterliste, sondern nur durch die Möglichkeiten der Zustandsverwaltung (`Session`- und `Application`-Objektmenge) übergeben werden. Es ist auch *nicht* möglich, in der vorgehenden Seite definierte globale Variablen auszulesen. Allerdings erhält die aufgerufene Seite die kompletten eingebauten Objekte (`Response`, `Request`, `Server` etc.) der aufrufenden Seite.

Session-Objekt und Application-Objekt

In Kapitel 9.4.8 wurde das Thema Zustandsverwaltung in Webanwendungen diskutiert. Ein Grund für den Erfolg von ASP ist der Umstand, dass ASP zwei Instrumente bietet, um die Zustandsverwaltung weiter zu vereinfachen. Dies sind die Eingebauten Objekte `Session` und `Application`, die globale, scriptübergreifende Variablen verwalten. Diese Variablen werden unter Web-Programmierern einfach `Session`- bzw. `Application`-Variablen genannt.

State Management mit Session- und Application-Variablen

Session-Variablen sind an eine Benutzersitzung innerhalb einer Site gebunden. Eine Benutzersitzung beginnt mit dem ersten Seitenabruf durch einen Benutzer und endet eine wohldefinierte Zeit nach dem letzten Seitenabruf. Zur Erinnerung: Auf Grund der Verbindungslosigkeit des HTTP-Protokolls muss sich ein Webclient bei einem Webserver nicht abmelden. Wenn also ein Benutzer die Site verlässt, erfährt der Server dies nicht. Er kann nur annehmen, dass dann, wenn innerhalb einer bestimmten Zeit kein weiterer Seitenabruf kommt, der Benutzer die Site verlassen hat.

Um eine Session definieren zu können, muss der Webserver den Client identifizieren können. Dies geschieht über einen Cookie. Wohlgemerkt: über genau einen Cookie. Die ASP-Zustandsverwaltung macht es überflüssig, jede globale Variable als Cookie zum Client zu

Grundlage ist ein Session-Cookie

übertragen. Sofern dies nicht deaktiviert ist, weist ASP jedem neuen Besucher eine so genannte Sitzungs-ID zu, die eindeutig ist. Intern verwaltet ASP dann eine Datenbank, in der festgelegt ist, welche Variablen und Werte einer bestimmten Sitzungs-ID zugeordnet sind. Beim nächsten Seitenabruf erkennt die ASP-Zustandsverwaltung den Benutzer anhand der Sitzungs-ID und stellt dem Script die zugehörigen Variablen(-werte) bereit. Die ASP-Zustandsverwaltung ist nichts, was man sich mit Hilfe von Cookies und einer Datenbank mit ASP nicht auch selbst programmieren könnte. Der Vorteil von ASP ist jedoch, dass diese Funktion schon eingebaut ist!

Bild 9.55
Eine Sitzungs-ID wird durch einen Session-Cookie an den Browser gesendet.

Eine ASP-Sitzungs-ID verliert nach einem bestimmten Zeitraum ihre Gültigkeit. Diese Timeout-Zeit kann in der Konfiguration der Website oder durch das Attribut Timeout im Session-Objekt (nicht zu verwechseln mit Server.Timeout) gesetzt werden. Es wird stets in Minuten angegeben. Erfolgt über die eingestellte Anzahl von Minuten hinweg keine Anfrage von einem Client, so verliert die Sitzungs-ID ihre Gültigkeit und alle Werte werden gelöscht. Sofern der Benutzer die Site dann doch wieder besucht, beginnt eine neue Benutzersitzung und er erhält eine neue Sitzungs-ID. Die ASP-Zustandsverwaltung ist also kein Instrument, um Benutzer über einen längeren Zeitraum hinweg wiederzuerkennen. Dazu müssen Sie selbst eine Benutzer-ID erzeugen und diese als Cookie an den Client senden.

Technisch gesehen sind Session-Variablen der Inhalt der Contents-Objektmenge des Session-Objekts. Die Contents-Objektmenge hat den Typ IVariantDictionary und kann sowohl numerische und alphanumerische Werte als auch Arrays und Objektzeiger aufnehmen.

Application-Variablen

Das Application-Objekt verwaltet Variablenwerte sitzungsübergreifend. Es lebt so lange, wie der Webserver läuft. Ein Anwendungsgebiet sind z.B. Counter, die ja nicht pro Sitzung, sondern global gezählt werden sollen.

Listing 9.53
Die Seite session1.asp setzt unterschiedliche Werte in das Session-Objekt und das Application-Objekt.

```
<!--#include virtual="scriptlib/ws_asplib.asp"-->
<HTML> <h2>Setzen der Session-Variablen</h2>
<% ' --- Session-Variablen füllen
session("ISBN") = "3-8273-1637-5"
session("Titel") = "Windows- und BackOffice-Scripting"
session("Menge") = 2
session("Stichwörter") = Array("NT", "Scripting", "VBScript")
set session("FSO") = Server.CreateObject("Scripting.FileSystemObject")
' --- Application-Variablen füllen
application("counter") = application("counter")+1
%>
<p>erledigt!<P><a href="session2.asp">Weiter</a> </html>
```

Active Server Pages (ASP)

Session2.asp gibt zunächst einige ausgewählte der gesetzten Variablen wieder aus. `List session()` und `listapp()` sind zwei Routinen aus der Scriptbibliothek, die alle Session- und Application-Variablen ausgeben.

```
<!--#include virtual="scriptlib/ws_asplib.asp"-->
<HTML> <h2>Auslesen der Session-Variablen</h2>
Sie haben bestellt:<p>
<%=session("Menge")%> Exemplare des Buchs <b><%=session("Titel")%></b>
mit ISBN <b><%=session("ISBN")%></b>
<p>Das haben wir alles dazu gespeichert:<p>
<% listsession
   listapp %> </html>
```

Listing 9.54
Session2.asp

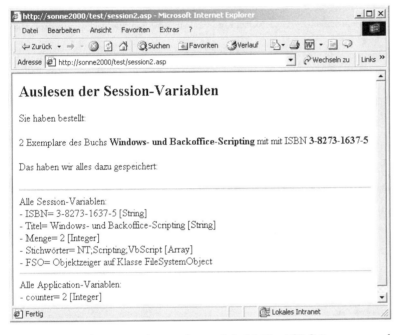

Bild 9.56
So sollte die Ausgabe von session2.asp aussehen, sofern das Session-Cookie zugelassen wurde und damit eine Benutzersitzung entstehen konnte.

Deaktivierung der Zustandsverwaltung Sobald Sie ASP-Seiten verwenden, ist auch die ASP-Zustandsverwaltung automatisch aktiv. Der Benutzer erhält also einen Session-Cookie auch dann, wenn Sie gar keine Zustandsverwaltung benötigen. So könnten überängstliche Webnutzer verschreckt werden. Die ASP-Zustandsverwaltung konnte bis IIS 4.0 gar nicht abgeschaltet werden. Seit ASP 4.0 ist dies möglich über eine @-Direktive:

Sessionstate

```
<%@ ENABLESESSIONSSTATE = False %>
```

Dieser Eintrag muss am Beginn jeder ASP-Seite stehen. Das Abschalten der Zustandsverwaltung erhöht die Ausführungsgeschwindigkeit von ASP-Seiten.

Einschränkung Es erscheint oft sinnvoll, Objektinstanzen in Application-Variablen global zu speichern. Instanzen von Objekten aus Komponenten, die nach dem Appartment-Threading arbeiten (also alle mit Visual Basic 6.0 erzeugten Komponenten), könnten nicht an Application-Variablen zugewiesen werden. Es ist aber möglich, diese als statische Objekte einzubinden (vgl. Kapitel 9.4.8).

Keine VB-COM-Objekte in Application-Variablen

Kapitel 9 Die Scripting Hosts

9.4.9 Global.asa und ASP-Ereignisse

Die Datei Global.asa *Global.asa* ist eine besondere Datei für ASP. Hier können zwei Arten von Informationen hinterlegt werden:

- Ereignisbehandlungsroutinen für vier im `Session`- bzw. `Application`-Objekt definierte Ereignisse (so genannte ASP-Ereignisse)
- Instanziierung statischer Objekte

Position der Global.asa Die *Global.asa* muss direkt im Wurzelverzeichnis eines virtuellen Webservers liegen (siehe Bildschirmabbildung). Wenn sich die Datei an einer anderen Stelle befindet, wird sie ignoriert. Jeder virtuelle Webserver kann demnach seine eigene *Global.asa* haben.

ASP-Ereignisse Die eingebauten ASP-Objekte `Session` und `Application` definieren insgesamt vier Ereignisse:

Serverstart
- `Application_OnStart`: Dieses Ereignis wird ausgelöst, wenn nach dem Start des Webservers die erste ASP-Seite aufgerufen wird. Dieses Ereignis wird noch nicht aufgerufen, wenn *InetInfo.exe* gestartet wird oder wenn Nicht-ASP-Seiten aufgerufen werden.

Servershutdown
- `Application_OnEnd`: Dieses Ereignis wird ausgelöst, wenn der Serverprozess heruntergefahren wird oder die Datei *global.asa* geändert wurde.

Sessionstart
- `Session_OnStart`: Dieses Ereignis wird ausgelöst, wenn eine neue Benutzersitzung beginnt.

Sessionende
- `Session_OnEnd`: Dieses Ereignis wird ausgelöst, wenn eine Benutzersitzung endet. Leider arbeitet diese Routine unzuverlässig: Wenn der Server heruntergefahren wird, wird `Session_OnEnd` nicht für alle noch offenen Sessions ausgelöst.

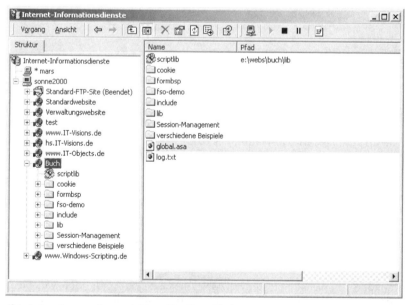

Bild 9.57
Die Global.asa im Wurzelverzeichnis des virtuellen Webservers „Buch"

Anwendungsbeispiele für ASP-Ereignisse Es gibt einige Anwendungsgebiete für diese Ereignisse, z.B.:
- Hochzählen eines Counters für die Anzahl der Benutzersitzungen in `Session_OnStart`. Der Counter muss dafür in einer Application-Variablen angelegt werden.
- Löschen von in Dateien oder Datenbanken gespeicherten, benutzerbezogenen Daten in `Session_OnEnd`

Active Server Pages (ASP)

- Benachrichtigung des Webmasters oder Schreiben eines Protokolls, wenn der Server gestartet oder gestoppt wird (`Application_OnStart` und `Application_OnEnd`).
- In `Application_OnEnd` sollten alle Application-Variablen, die beim Wiederanlauf des Servers erneut benötigt werden (z.B. Counter), in externen Datenspeichern (z.B. in einer Datei oder Datenbank) persistent gemacht werden. In `Application_OnStart` können diese Werte wieder eingelesen werden.
- `Session_OnStart` kann dazu genutzt werden, einen neu ankommenden Besucher auf eine Startseite zu zwingen, auch wenn eine andere Seite direkt angesprungen wurde. Dies ist möglich, da alle Funktionen der `Request`- und `Response`-Objekte (inklusive `Response.Redirect()`) in `Session_OnStart` zur Verfügung stehen.

Grundstruktur der Global.asa Listing 9.55 zeigt die Grundstruktur einer *global.asa*. Das `<SCRIPT>`-Tag wird auch hier zur Begrenzung eingesetzt.

```
<SCRIPT LANGUAGE=VBScript RUNAT=Server>
' === Start des Servers
Sub Application_OnStart
End Sub
' === Ende der Servers
Sub Application_OnEnd
End Sub
' === Start einer Sitzung
Sub Session_OnStart
End Sub
' === Ende einer Sitzung
Sub Session_OnEnd
End Sub
</SCRIPT>
```

Listing 9.55
Grundstruktur einer Global.asa

Die *Global.asa*-Seite unterliegt einigen Beschränkungen:

- In den Anwendungsereignissen sind nur die Objekte `Application` und `Server` verfügbar.
- Im `Session_OnEnd`-Ereignis sind nur die Objekte `Application`, `Server` und `Session` verfügbar.
- *Global.asa* darf keine Ausgaben an den Client erzeugen.
- Die Begrenzer `<%...%>` dürfen nicht verwendet werden.
- Es dürfen keine anderen ASP-Seiten mit der `Include`-Anweisung eingebunden werden.

Beispiel zu den ASP-Ereignissen Im folgenden Beispiel werden die ASP-Ereignisse dazu verwendet, ein gesondertes Protokoll in einer Textdatei zu erstellen, in dem das Herauf- und Herunterfahren der Anwendung sowie Anfang und Ende der Benutzersitzungen dokumentiert sind. Zu jeder Benutzersitzung werden die IP-Adresse des Clients und die angewählte Startseite protokolliert. `Session_OnStart` zählt auch die Benutzersitzungen in einer Application-Variablen; die Anzahl wird beim Herunterfahren in die Protokolldatei geschrieben.

Beispiel

```
writeto(filepath, text)
On Error Resume Next
Set FSO = CreateObject("Scripting.FileSystemObject")
Set
<SCRIPT LANGUAGE=VBScript RUNAT=Server>
' === Anhängen an Datei
Sub ts = FSO.OpenTextFile(filepath, 8, True)   ' 8 = ForAppending
ts.WriteLine text
ts.Close
```

Listing 9.56
Beispiel für eine global.asa

Kapitel 9 **Die Scripting Hosts**

```
            On Error GoTo 0
          End Sub
          const LOGFILE = "e:\webs\ws\log.txt"
          ' === Start des Servers
          Sub Application_OnStart
            writeto LOGFILE,now & ": Start der Site windows-scripting"
            application("start") = now
            application("sessions") = 0
          End Sub
          ' === Ende des Servers
          Sub Application_OnEnd
            writeto LOGFILE,now & ": Site windows-scripting wird heruntergefahren."
            writeto LOGFILE,"Start der Site war: " & application("start")
            writeto LOGFILE,"Anzahl der Benutzersitzungen: " & _
              application("sessions")
          End Sub
          ' === Start einer Sitzung
          Sub Session_OnStart
            writeto LOGFILE,now & ": Start einer Session von " & _
              Request.ServerVariables("REMOTE_ADDR")
            application("sessions") = application("sessions")+1
          End Sub
          ' === Ende einer Sitzung
          Sub Session_OnEnd
            writeto LOGFILE,now & ": Ende einer Session von " & _
              Request.ServerVariables("REMOTE_ADDR")
          End Sub
          </SCRIPT>
```

Die Datei *log.txt* könnte etwa so aussehen:

Listing 9.57
Ausgabe des obigen Listings

```
10.3.2000 23:30:45: Start der Site windows-scripting
10.3.2000 23:30:45: Start der Session 194133755 von 1.1.1.200
Startseite: /test/session2.asp
10.3.2000 23:31:11: Site windows-scripting wird heruntergefahren.
Start der Site war: 10.3.2000 23:30:45
Anzahl der Benutzersitzungen: 1
10.3.2000 23:31:59: Start der Site windows-scripting
10.3.2000 23:31:59: Start der Session 194133755 von 1.1.1.200
Startseite: /test/alleEingaben.asp
```

<OBJECT> **Statische Objekte** Die *Global.asa* bietet als zusätzliche Funktion die Instanziierung globaler Objekte (sie werden *statische Objekte* genannt). Diese können mit Hilfe des <OBJECT>-Tag außerhalb des <SCRIPT>-Tag definiert werden.

```
<OBJECT RUNAT=Server SCOPE=Session|Application ID=objVar
  PROGID="ProgID"|CLSID="CLSID">
</OBJECT>
```

Der Gültigkeitsbereich eines statischen Objekts ist entweder benutzersitzungsbezogen (SCOPE=Session) oder sitzungsübergreifend (SCOPE=Application). Die Klasse wird entweder über eine ProgID oder über eine CLSID spezifiziert. Die Instanz wird der nach ID= bezeichneten Objektvariablen zugewiesen. Jede ASP-Seite kann dann das statische Objekt über die Objektvariable direkt verwenden. Aus Sicht der ASP-Seite wird die Instanz zu einem Eingebauten Objekt.

```
<OBJECT RUNAT=Server SCOPE=Session ID=FSO
PROGID="Scripting.FileSystemObject">
</OBJECT>
```

Listing 9.58: Beispiel für eine sitzungsbezogene Objektinstanziierung in der Global.asa für die Klasse Scripting.FileSystemObject. Jede Seite kann danach die Instanz mit der Objektvariablen FSO benutzen.

Über das Session- bzw. Application-Objekt ist es möglich, die vorhandenen statischen Objekte aufzulisten.

```
Sub list_StatObjects
say "<hr>Alle statischen Objekte auf Session-Ebene:"
For Each Key in Session.StaticObjects
   say Key & ": Instanz der Klasse " & _
   typename(Session.StaticObjects(key))
Next
say "<hr>Alle statischen Objekte auf Application-Ebene:"
For Each Key in Application.StaticObjects
   say Key & ": Instanz der Klasse" & _
   typename(Application.StaticObjects(key))
Next
End Sub
```

Listing 9.59
Die Methode list_Stat Objects() ist Teil der ws_aspLib.

Für die obige Instanziierung von FSO würde folgende Ausgabe entstehen:

Ausgabe

```
Alle statischen Objekte auf Session-Ebene:
FSO: Instanz der Klasse FileSystemObject
```

9.4.10 Einbinden von Dateien

Eine große Schwäche von HTML ist, dass es keine Befehle gibt, um eine einzelne HTML-Seite aus mehreren Dateien zusammenzubauen. Diese Funktion wird aber häufig für wiederkehrende Elemente (z.B. Fußzeilen) benötigt, deren Pflege viel einfacher wäre, wenn sie zentral in einer einzigen Datei als Textbaustein abgelegt werden könnten, anstatt sie in jeder HTML-Datei redundant zu halten. HTML-Framesets sind eine Möglichkeit, diesen Mangel auszugleichen – jedoch kein sehr schöner und kein ausreichend flexibler Weg. Bei einem Frameset wird das Browser-Fenster in Rechtecke gegliedert und in jedes Rechteck eine andere HTML-Datei geladen. Auf Grund verschiedener Nachteile sind jedoch Framesets wenig beliebt und bieten wegen der Beschränkung auf Rechtecke auch nicht die notwendige Flexibilität.

Dateieinbindung

Eine Lösung besteht darin, verschiedene Textbausteine bereits auf dem Server zu einer Datei zusammenzubauen, so dass der Client überhaupt nicht bemerkt, dass die Informationen aus verschiedenen Dateien stammen.

ASP selbst bietet erst ab Version 5.0 einen eigenen Befehl in Form von Server.Execute(Pfad). In früheren ASP-Versionen kann jedoch auf ein *Server Side Includes*-Kommando zurückgegriffen werden. Das Kommando heißt #include. Die Syntax ist

Server. Execute (Pfad)

```
<!--#include file|virtual="pfad/dateiname.extension"-->
```

Der Unterschied zwischen der Angabe mit file= und der Angabe mit virtual= besteht darin, dass file= ein absoluter oder relativer Dateisystempfad ist, während virtual= sich auf die Pfade bezieht, die aus Sicht des Webserver-Prozesses verfügbar sind. Dazu gehören neben den direkten Unterverzeichnissen des Wurzelverzeichnisses des virtuellen Webservers auch alle konfigurierten virtuellen Verzeichnisse. Mit virtual= springen Sie also zu genau der Stelle im Dateisystem, zu der auch ein Webclient gelangen würde, wenn er diesen Pfad direkt nach dem Servernamen angeben würde.

Server-Side-Include

Kapitel 9 Die Scripting Hosts

Beispiele In einem Szenario, in dem der Webserver zwei Unterverzeichnisse /test und /lib besitzt und Letzteres als virtuelles Verzeichnis scriptlib gemappt ist, gibt es die in der nachstehenden Tabelle dargestellten Varianten des include-Befehls innerhalb einer Datei, die sich in /test befinden.

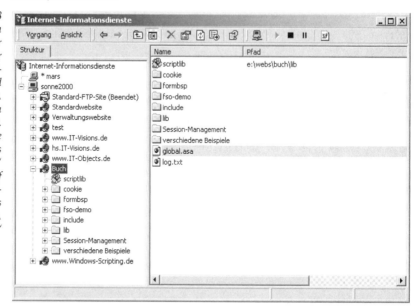

Bild 9.58 „Buch" ist ein virtueller Webserver für den Dateisystempfad „2e:\webs\buch" auf dem IIS-Computer. Das virtuelle Verzeichnis „scriptlib" verweist auf das Unterverzeichnis „e:\webs\buch\lib"

Tabelle 9.15 Verschiedene Varianten der Verwendung von Include

Include-Anweisung	Bemerkung
`<!--#include file="../lib/ws_asplib.asp"-->`	Ein gültiger Aufruf auf Basis eines relativen Pfads
`<!--#include file="/lib/ws_asplib.asp"-->`	Ein *ungültiger* Aufruf, da Include sich nicht mit dem vorangestellten Slash auf das Basisverzeichnis des Webservers beziehen darf
`<!--#include virtual="scriptlib/ws_asplib.asp"-->`	Ein gültiger Aufruf auf Basis des virtuellen Verzeichnisses scriptlib
`<!--#include virtual="lib/ws_asplib.asp"-->`	Auch dieser Aufruf ist erlaubt, da lib ein direktes Unterverzeichnis des Wurzelverzeichnisses des Webservers ist.

Die Variante mit virtuellen Pfaden hat grundsätzlich den Vorteil, dass die einbindenden Dateien unabhängig von ihrem Standort den gleichen Pfad verwenden können.

 Es können beliebige Textdateien eingebunden werden: Dateien, die nur HTML enthalten, reine Scriptdateien oder gemischte Dateien. Die Include-Anweisung kann allerdings nur innerhalb eines HTML-Blocks, aber nicht innerhalb eines Scriptblocks verwendet werden. Reine Scriptdateien müssen daher mit <%...%> begrenzt werden, da sonst der Programmcode als HTML-Inhalt betrachtet wird.

Neben der Einbindung von Textblöcken werden Include-Dateien häufig dazu verwendet, eine zentral abgelegte Bibliothek von Script-Routinen in verschiedenen ASP-Seiten zu nutzen. In einer solchen zentralen Scriptbibliothek sollten Sie Funktionen wie say() ablegen.

Scriptbibliotheken

Die Buch-CD enthält in dem oben geschilderten Szenario auch die kleine Bibliothek WS_aspLIB, die die Hilfsroutinen zu den hier abgedruckten Beispielen enthält [CD:/code/hosts/asp/WS_aspLIB.asp].

9.4.11 Einbinden von Typbibliotheken

ASP bietet ein spezielles Tag, um Konstantenlisten aus COM-Typbibliotheken in ASP-Scripts verfügbar zu machen.

METADATA

```
<!--METADATA TYPE="TypeLib"
FILE="file"
UUID="type_library_uuid"
VERSION="majorversionnumber.minorversionnumber"
LCID="locale_id"
-->
```

Um eine Typbibliothek zu identifizieren, kann entweder die entsprechende LibID oder aber der Dateiname verwendet werden. Wenn die Datei nicht im *%System%*-Verzeichnis liegt, muss der komplette Pfad angegeben werden.

Das Beispiel zeigt die Einbindung der Typbibliotheken der Komponenten

- ActiveX Data Objects (ADO) und
- Scripting Runtime Library (SCRRUN)

Beispiel

Aus jeder der beiden Komponenten wird jeweils eine Konstante ausgegeben.

```
<!--METADATA TYPE="typelib"
UUID="00000205-0000-0010-8000-00AA006D2EA4" -->
<!--METADATA TYPE="typelib"
file="scrrun.dll" -->

<html>

Einbinden von Typbibliotheken in ASP<p>
am Beispiel von Konstanten aus ADO und SCRRUN<hr>

<%
Response.Write "ADO:<br>adOpenDynamic = " & adOpenDynamic
Response.Write "<hr>"
Response.Write "SCRRUN:<br>ForAppending = " & ForAppending
%>

</html>
```

Listing 9.60
Einbinden einer Typbibliothek in ASP-Seiten [typelib-import.asp]

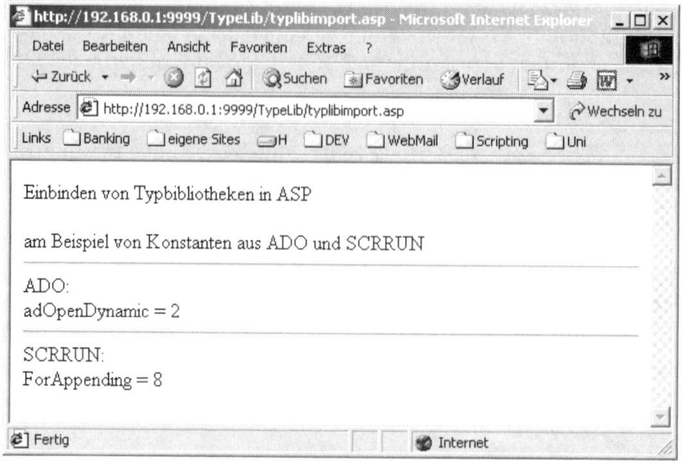

Bild 9.59
Ausgabe von typelibimport .asp

```
Einbinden von Typbibliotheken in ASP

am Beispiel von Konstanten aus ADO und SCRRUN

ADO:
adOpenDynamic = 2

SCRRUN:
ForAppending = 8
```

9.4.12 Fehlermeldungen

Wenn Sie ASP-Scripts entwickeln, wollen Sie verständlicherweise eventuell auftretende Fehler beseitigen. Dies geht am schnellsten, wenn man über detaillierte Fehlerinformationen verfügt. Im Normalfall gibt die ASP-Engine während des Parsen der Seite (Kompilierungsfehler) oder während der Ausführung (Laufzeitfehler) auftretende Fehler mit mindestens den folgenden Daten zurück:

- Fehlernummer
- Fehlerherkunft (verursachendes Modul)
- Fehlerbeschreibung
- Pfad und Name der Datei, in der der Fehler auftrat
- Fehlerverursachende Zeile

Zum Beispiel könnte eine solche Fehlermeldung wie folgt aussehen:

```
Laufzeitfehler in Microsoft VBScript- Fehler '800a0005'
Ungültiger Prozeduraufruf oder ungültiges Argument
/meineseite.asp, line 2
```

Wenn Sie mit dem Internet Explorer ab Version 5 arbeiten, kann es Ihnen aber passieren, dass Sie in etwa folgende Meldung sehen:

```
Die Seite kann nicht angezeigt werden.
... (weiterer Text)
HTTP 500 - Interner Serverfehler
```

Dies hat allerdings nichts damit zu tun, dass der Server diese Information sendet, sondern beruht auf der Tatsache, dass der Internet Explorer hier so genannte „Kurze HTTP-Fehlermeldungen" anzeigt. Das heißt, dass der Browser den Statuscode (hier 500), der vom Server geliefert wird, analysiert und dann eine bestimmte Seite mit Informationen zum Fehler anzeigt. Dies mag für den User selbst (also Ihre späteren Besucher) geeignet sein. Bei der Entwicklung stört dies aber ungemein.

> Zum Glück kann man diese Einstellung deaktivieren. Gehen Sie hierzu in das Menü *Extras/Internetoptionen/Erweitert* und deaktivieren Sie dort das Häkchen bei dem Punkt *Kurze HTTP-Fehlermeldungen anzeigen*. Dann sollte auch der Internet Explorer wieder wie gewohnt die detaillierten Fehlermeldungen vom Server anzeigen.

9.4.13 Sicherheitseinstellungen

Die Zugriffsrechte auf ein Script und die Identität, unter der ein Script läuft, hängen von dem Zusammenspiel zweier Einstellungen ab: einerseits von den Rechten auf der Scriptdatei (im NTFS-Dateisystem), andererseits von den Authentifizierungseinstellungen im Internetdienstemanager. Grundsätzlich unterscheidet man bei Webseiten den anonymen und den authentifizierten Zugriff.
Zugriffsrechte und Identität

Anonymer Zugriff bedeutet, dass sich der Webclient gegenüber dem Webserver nicht authentifizieren muss. Gleichwohl kann der Webserver nicht mit dem Dateisystem interagieren. Daher muss im Internetdienstemanager dem anonymen Zugriff ein spezielles Benutzerkonto zugeordnet werden. Dieses Konto heißt im Standard *IUSR_Servername*; es kann aber jedes beliebige andere NT-Konto zugeordnet werden.
Konfiguration des anonymen Zugriffs

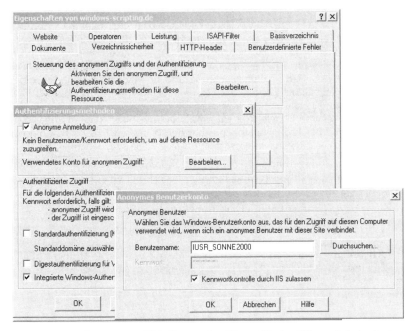

*Bild 9.60
Sicherheitseinstellung für einen virtuellen Webserver im IIS 5.0*

Wenn eine Anfrage eines Webclients eintrifft, prüft der IIS zunächst, ob der anonyme Zugriff grundsätzlich durch die im Internetdienstemanager für den jeweiligen virtuellen Webserver eingestellten Authentifizierungsmethoden erlaubt ist. Sofern „anonyme Anmeldung" aktiviert ist, verwendet der IIS das dem anonymen Zugriff zugeordnete Benutzerkonto, um auf die angeforderte Datei zugreifen zu können. Dieser Zugriff kann nur dann erfolgreich sein, wenn der *IUSR_Servername* Zugriffsrechte auf die angeforderte (ASP-)Datei besitzt. Wenn dieses Benutzerkonto Zugriffsrechte hat, wird das in der ASP-Seite enthaltene Script unter diesem Benutzerkontext ausgeführt.
Anonymer Zugriff

Wenn *IUSR_Servername* keine Zugriffsrechte hat oder aber die anonyme Anmeldung deaktiviert ist, dann verlangt der IIS eine Authentifizierung vom Webclient. Daher akzeptiert er die im Internetdienstemanager eingestellten Authentifizierungsmethoden (Basic-Authentication oder NTLM, unter Windows 2000 auch Kerberos). Sofern die Authentifizierung erfolgreich war und der authentifizierte Benutzer auch Zugriffsrechte auf die angeforderte Datei hat, wird das Script unter diesem Benutzerkontext ausgeführt. Auf diese Weise ist eine Impersonifizierung des Script in verschiedenen Benutzerkontexten möglich.
Impersonifizierung durch Authentifizierung

9.4.14 Transaktionssteuerung

<@TRANS-ACTION> ASP-Seiten können in Verbindung mit dem MTS bzw. mit COM+ eine Transaktion bilden. Die Transaktionssteuerung wird mit der @-Direktive aktiviert: `<%@ TRANSACTION=Typ %>` wobei `Typ = Required | Requires_New | Supported | Not_Supported`.

Dazu definiert das Eingebaute Objekt `ObjectContext` die Methoden `SetAbort()` sowie `SetComplete()` und stellt die Ereignisse `OnTransactionAbort` und `OnTransactionCommit` bereit.

9.5 Job Scripting im Microsoft SQL Server 7.0/2000/2005/2008

Scripting-Möglichkeiten im Microsoft SQL Server 7.0
Der Microsoft SQL Server (MSSQL) ist der Datenbankserver im Rahmen der Windows Server System-Produktreihe (früher: BackOffice-Reihe bzw. .NET Enterprise Server). Während der auf einem Sybase-Kernel basierende SQL Server 6.5 von vielen noch belächelt wurde, hat Microsoft mit der Version 7.0 ein gutes Produkt entwickelt. Der SQL Server 7.0 ist eine komplette Neuentwicklung und unterscheidet sich von seiner Vorgängerversion 6.5 viel stärker, als dies die Versionsnummer auszudrücken vermag. Hinsichtlich Stabilität und Performance stößt der SQL Server 7.0 in die Klasse der etablierten Datenbankserver von Oracle und Informix vor und bleibt dabei billiger. Seit dem SQL Server 7.0 sind Nachfolgeversionen unter den Namen Microsoft SQL Server 2000, Microsoft SQL Server 2005 und Microsoft SQL Server 2008 erschienen.

SQL-Agent und DTS
Zu den mit SQL Server 7.0 eingeführten Neuerungen gehören auch zwei Active Scripting Hosts. Beide haben keinen dezidierten Namen, sondern sind Teile einer Funktionalität.
- Der erste Scripting Host befindet sich im SQL Server-Agent.
- Der zweite Scripting Host ist Teil des Data Transformation Service (DTS).

Im Rahmen der Entwicklungsphase des SQL Servers 7.0 geisterte auch das Gerücht durch die Fachwelt, der Datenbankserver würde ActiveX Scripts als Trigger unterstützen. Diese Funktion ist jedoch bisher in keiner Version des SQL Servers verfügbar. Im SQL Server 2005/2008 kann man Trigger und Stored Procedures auch in .NET-Code schreiben.

9.5.1 Überblick über den SQL Server-Agent

Aufgaben des Server-Agents
Der SQL Server-Agent ist ein Teil des Microsoft SQL Servers, der als eigenständiger Windows Windows-Dienst läuft. Der Server-Agent findet sich im SQL Server Enterprise Manager unter *Management/SQL Server-Agent* (gilt für MSSQL 7.0 und 2000). Seit der Version 2005 heißt die Verwaltungsoberfläche SQL Server Management Studio. Hier befindet sich der SQL Server Agent direkt unterhalb des Wurzel eines Servers.

Die folgenden Ausführungen gelten für MSSQL 7.0, 2000, 2005 und 2008. Unter MSSQL 2005/2008 hat sich die Benutzeroberfläche nur leicht verändert.

Einsatzgebiete des Server-Agents sind:
- die Durchführung von regelmäßigen Wartungsaufgaben,
- unbeaufsichtigte Ausführung von (einmaligen) Aufgaben,
- automatische Reaktion auf Fehlerzustände (Alerts).

Job Scripting im Microsoft SQL Server 7.0/2000/2005/2008

Da es auch noch den NT-Scheduler bzw. Windows Task Scheduler gibt, stellt sich die Frage, wozu man das SQL Server-Agent Job Scripting einsetzen sollte. Zunächst einmal gilt: Wenn Fehlerzustände im SQL Server abgefangen werden sollen, ist Server-Agent Job die einzige Möglichkeit. Aber auch für andere zeitgesteuerte Aufgaben bietet sich der Einsatz des SQL Server-Agent als Scripting Host an, denn er bietet gegenüber dem NT-Scheduler folgende Vorteile:

Vergleich zu anderen Schedulern

- mehrere unabhängige Job Steps,
- Start von Jobs durch Fehlerereignisse (Alerts),
- einen integrierten Benachrichtigungsdienst,
- mehrere Schedules zu einer Aufgabe (diese Funktion hat der neue Zeitplandienst ab Windows 98 jedoch auch).

Nachteilig ist die schlechte Editor-Unterstützung; die Eingabemaske für die Scripts erreicht nicht einmal das Niveau des Windows Notepad.

Nachteil

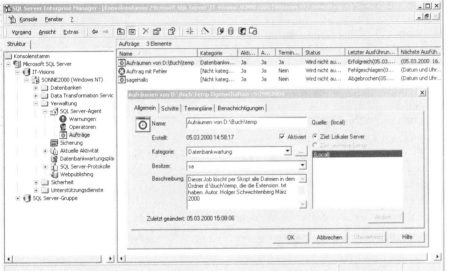

*Bild 9.61
Anzeige der Jobs im Enterprise Manager*

In obiger Abbildung des Enterprise Managers sind drei Jobs eingetragen. Der zweite Job ist bei der letzten Ausführung fehlgeschlagen. Das innere Fenster zeigt die Eigenschaften des Jobs „Aufräumen von D:\buch\temp".

Der Server-Agent verwendet folgende Begriffe:

Begriffe

- Ein *Auftrag (Job)* ist eine Folge von *Befehlsschritten (Job Steps)*.
- Eine *Warnung (Alert)* ist eine Fehlerüberwachung, die auf eine bestimmte Art von Fehlern achtet. Wenn der Fehler eintritt, dann wird der Alert ausgelöst. In der Folge eines Alert wird ein Job gestartet oder eine Benachrichtigung an einen Operator gesendet.
- Ein *Operator* ist eine Person, die benachrichtigt werden soll.
- Eine *Benachrichtigung (Notification)* definiert eine Nachricht an einen Operator.
- Ein *Terminplan (Schedule)* definiert Zeitpunkte, zu denen ein Job automatisch gestartet werden soll.

Ein Operator wird definiert über seinen Namen und bis zu drei verschiedene Möglichkeiten, den Operator zu unterrichten: per E-Mail, per Pager oder per Net Send-Befehl.

311

Kapitel 9 **Die Scripting Hosts**

9.5.2 Definition von Aufträgen

Job versus Job Step
Zentrales Instrument im Server-Agent sind Jobs. Ein *Job* ist eine Sammlung von Aktionen, die zusammen ausgeführt werden sollen. Ein Server-Agent Job besteht aus einem oder mehreren Job Steps. Ein *Job Step* ist nicht ein einzelner Befehl; vielmehr ist jeder Job Step eine eigenständige Routine mit einer Abfolge von Befehlen. Ein Job Step kann in Transaction SQL, ActiveX Script oder einem Befehl für die DOS-Kommandozeile geschrieben sein. Zusätzlich gibt es vier Typen von Replikationskommandos, die hier nicht näher betrachtet werden sollen.

Übergänge zwischen Job Steps
Die Job Steps werden im Normalfall sequenziell ausgeführt. Beim Start eines Jobs werden die Job Steps in der definierten Reihenfolge abgearbeitet. Die Reihenfolge kann aber jederzeit verändert werden. Sie können jedoch einen (kleinen) Workflow modellieren, da zu jedem Job Step festgelegt werden kann, was im Erfolgs- bzw. Fehlerfall passieren soll. Dabei gibt es vier Möglichkeiten:

- Ende des Jobs mit Fehlermeldung
- Ende des Jobs mit Erfolgsmeldung
- Weiter mit nächstem Job Step
- Fortsetzung bei einem bestimmten Job Step

Die folgende Abbildung zeigt einen Job, der aus zwei Scripts besteht. Bei der termingeplanten Ausführung beginnt der Job bei dem mit einem Fähnchen markierten Job Step. Beim manuellen Start des Jobs würde der Enterprise Manager nachfragen, wo begonnen werden soll. Die Einstellungen „Bei Erfolg" und „Bei Fehler" definieren das Vorgehen nach dem Ende eines Job Step.

Start eines Auftrags
Ein Job kann auf vier Arten gestartet werden:

- manuell über den Enterprise Manager durch den Befehl *Start Job* aus dem Kontextmenü des Eintrags *Jobs*,
- durch einen Schedule,
- durch einen Alert,
- durch ein externes Programm über die SQL Distributed Management Objects (DMO).

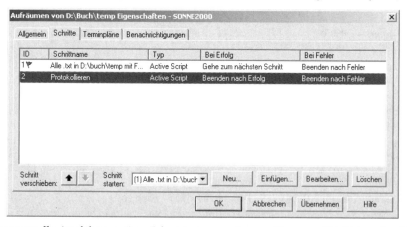

Bild 9.62 Registerkarte Schritte

Manuelle Ausführung
Die manuelle Ausführung eines Jobs ist ein asynchroner Vorgang. Der Enterprise Manager wartet nicht auf das Ende der Ausführung des Script. Sie können direkt weiterarbeiten. Über den Status der Ausführung werden Sie allerdings nur über die Spalten in der Job-Liste informiert.

Schedules und Alerts werden in den Eigenschaften des Jobs im Reiter *Schedule* definiert. Dabei können zu jedem Job mehrere Schedules und mehrere Alerts definiert werden.

Die Registerkarte *Terminpläne* eines Jobs zeigt nicht nur Termine, sondern Warnungen, die diesen Job auslösen. Der Job soll jeden Tag um 16.00 Uhr gestartet werden oder wenn es zu einem Speichermangel kommt. Es kann beliebig viele Termine und Warnungen zu einem Job geben.

Zeitpläne und Benachrichtigungen

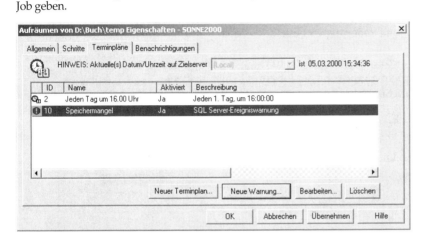

Bild 9.63
Registerkarte Terminpläne

Terminpläne für Aufträge Ein Schedule besitzt eine der vier folgenden Startoptionen:
- Einmalige Ausführung an einem bestimmten Tag zu einer bestimmten Uhrzeit
- Wiederkehrende Ausführung im Minuten-, Stunden-, Tages-, Wochen- oder Monatsrhythmus, wobei Tag und Uhrzeit der ersten und der letzten Ausführung festgelegt werden können
- Automatischer Start des Jobs beim Start des Server-Agents
- Start des Jobs, sobald die CPU nicht beschäftigt ist

Konfiguration von Zeitplänen

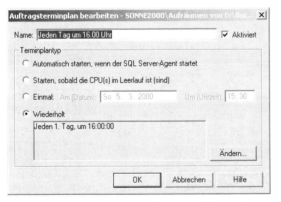

Bild 9.64
Bearbeitung eines Terminplaneintrags

Warnungen Ebenso kann eine Warnung (Alert) definiert werden. Über *Neue Warnung* in der Registerkarte *Terminpläne* gelangen Sie zum gleichen Eigenschaftenfenster, das Sie erhalten, wenn Sie im Enterprise Manager im Kontextmenü des Asts *Warnungen* den Punkt *Neue Warnung* wählen.

Konfiguration von Warnungen

Kapitel 9 **Die Scripting Hosts**

> Hinsichtlich der Bindung eines Alert an einen Job gibt es zwei identische Vorgehensweisen: Ein und dasselbe Ergebnis kann sowohl aus dem Eigenschaftenfenster eines Alert als auch aus dem Eigenschaftenfenster eines Jobs heraus erreicht werden.

Konfiguration von Benachrichtigungen

Benachrichtigungen Für die Benachrichtigung über E-Mail, Pager oder den DOS-Befehl Net Send bedarf es der Definition eines so genannten Operators innerhalb des Agent. Bei allen fünf Notifikationstypen besteht die Möglichkeit, zwischen drei Bedingungen zu wählen:

- Benachrichtigung, wenn der Job erfolgreich beendet wurde
- Benachrichtigung, wenn der Job einen Fehler meldete
- Benachrichtigung in jedem Fall nach Beendigung des Jobs

Bild 9.65
Registerkarte Benachrichtigungen

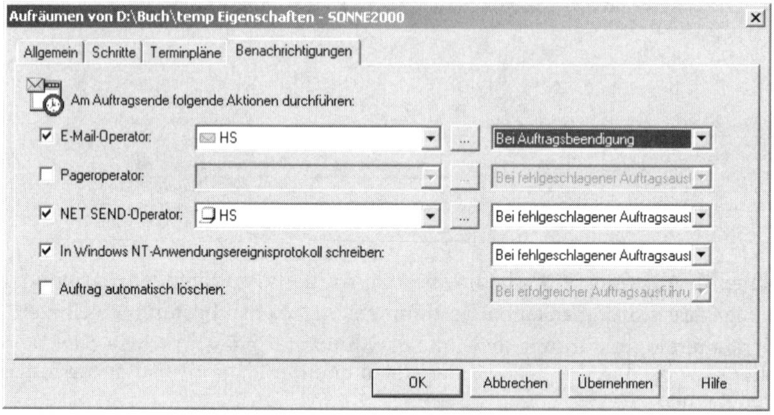

In obiger Abbildung ist zu einem Job definiert, dass im Fehlerfall ein Eintrag im Ereignisprotokoll erfolgen und eine Netzwerknachricht an den Operator HS gesendet werden soll. In jedem Fall (also auch im Erfolgsfall) wird eine E-Mail an HS gesendet.

Bild 9.66
So erscheint ein fehlgeschlagener Job im Ereignisprotokoll. Leider werden die Fehlermeldungen des Script hier nicht übernommen.

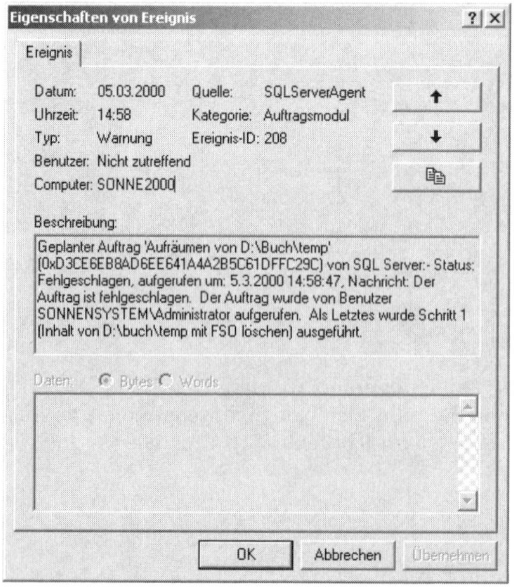

9.5.3 Erstellung von Job Scripts

Leider bietet das Job Scripting nur einen sehr primitiven Editor, der zwar Schlüsselwörter in einer anderen Farbe darstellen kann, dessen Eingabefeld sich aber nicht in der Größe verändern lässt. Die Anbindung eines externen Editors ist nicht möglich, wohl aber können zuvor in einem anderen Editor gespeicherte Dateien über die Schaltfläche *Öffnen* eingelesen werden. Mit *Analysieren* können die eingegebenen Befehle auf ihre syntaktische Korrektheit hin überprüft werden.

Editor für Job-Scripts

Der Editor hat einen lästigen Bug: Wenn Sie mit einem einfachen Anführungszeichen einen Kommentar eingeben, zeigt der Editor alle darunter liegenden Zeilen rot an. Sie umgehen dies, indem Sie das Schlüsselwort REM statt des einfachen Anführungszeichens verwenden.

Beispiel Die folgende Abbildung zeigt ein Script zum Löschen der TXT-Dateien in einem Verzeichnis, dargestellt in dem primitiven Scripteditor des SQL Server-Agents. Sie gelangen zu diesem Fenster, wenn Sie einen neuen Job Step eintragen oder einen bestehenden bearbeiten.

Dateien löschen

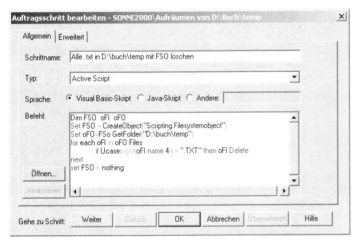

Bild 9.67
Editor im Job Agent (MSSQL 7.0/2000)

Achten Sie beim Erstellen eines Job Step darauf, dass der Job-Step-Typ auf *Active Script* (MSSQL 7.0/2000) bzw. *ActiveX Script* (MSSQL 2005/2008) steht. Sonst erhalten Sie sehr verwirrende Fehlermeldungen!

Kapitel 9 Die Scripting Hosts

Bild 9.68
Editor im Job Agent (MSSQL 2005)

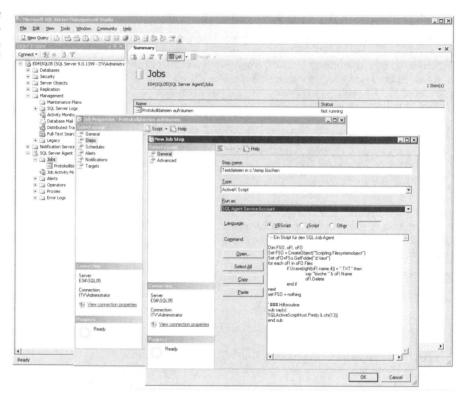

set obj = Nothing

Explizite Objektvernichtung Der Scripting Host weist eine Besonderheit auf: Mit `CreateObject()` instanziierte Objekte müssen mit `set obj = Nothing` explizit vernichtet werden. Wenn diese explizite Vernichtung nicht erfolgt, lehnt der Server-Agent eine Speicherung des Script mit der Fehlermeldung ab: „Fehler 14277: Das Befehlsscript zerstört nicht alle Objekte, die es erstellt hat. Ändern Sie das Befehlsscript. Der Auftrag wurde nicht gespeichert."

Diese Abfrage, die es in keinem anderen Scripting Host gibt, ist von zweifelhaftem Nutzen, denn der Host sollte mit dem Ende des Script alle Objekte automatisch vernichten. Hier war wohl einer der energischen „Man-braucht-Set-Nothing"-Hysteriker am Werk (siehe dazu [WES99b]). Allerdings erkennt der Host nicht, wenn ein Objektzeiger vervielfältigt wurde und ein `Set...Nothing` nicht reicht.

```
set x = CreateObject("Scripting.FileSystemObject")
set y = x
set x = Nothing
```

Listing 9.61: Dieses Script lässt der Scripting Host zu, selbst wenn hier das Objekt auch nicht zerstört wird.

FensterIn Auf keinen Fall darf ein Script dialogorientierte Befehle wie `MsgBox` oder `InputBox` enthalten. Der Job Scripting Host ignoriert diese Befehle leider nicht, sondern führt sie im Hintergrund aus, ohne sie anzuzeigen. Da jedoch dann niemand die Dialogfenster bestätigen kann, hängt der Server-Agent, bis der Job manuell gestoppt oder der Timeout erreicht wird.

Startpunkt des Script Das Script startet beim ersten Befehl, der nicht in einer Unterroutine steht. Wenn Sie also alle Befehle in eine Sub() oder eine Function() setzen, wird nichts passieren.

Erster Befehl

9.5.4 Eingebaute Objekte (Intrinsic Objects)

Der Scripting Host besitzt nur ein eingebautes Objekt (SQLActiveScriptHost) mit zwei Methoden:

SQLActiveScriptHost

- SQLActiveScriptHost.CreateObject() ist für lokale Objektaktivierungen äquivalent zu den Instanziierungsbefehlen der Scriptsprachen (z.B. CreateObject() in VBS). Eine Fernaktivierung via DCOM ist allerdings nicht möglich.
- SQLActiveScriptHost.Print() veranlasst eine Ausgabe in die so genannte Schrittchronik.

Ausgabe in die Schrittchronik mit Print()

Die Schrittchronik eines Job Step ist eine Tabelle in der MSDB, in der der Job Agent den Endzustand eines jeden Job Step speichert. Die Schrittchronik ist etwas versteckt. Im Kontextmenü eines Jobs finden Sie den Eintrag *Auftragschronik anzeigen*. Über diesen Punkt gelangen Sie zu dem in folgender Abbildung dargestellten Fenster. Hier müssen Sie das Kontrollkästchen *Schrittdetail anzeigen* aktivieren, um die Ausgaben der Print()-Methode betrachten zu können. Mehrere aufeinander folgende Aufrufe von Print() werden durch ein Leerzeichen getrennt aneinander gereiht. Die Anzeige ignoriert leider alle in der Ausgabe enthaltenen Zeilenumbrüche, so dass Sie keine Formatierungsmöglichkeiten haben.

Beispiel Dieses Script nimmt unter Verwendung der SQL DMO-Komponente (siehe [SCH01c]) die Verbindung zu einem anderen Server auf und gibt im Erfolgsfall den Namen des Servers und dessen Versionsnummer in die Schrittchronik aus.

Verbindungstest

```
Dim   objServ
Const SNAME = "XFilesServer01"
On Error Resume Next
say "Start:" & now
set  objServ = CreateObject("SQLDMO.SQLServer")
objServ.LoginSecure = True
objServ.Connect SNAME
If err.Number <> 0 Then
      say "Server " & SNAME & " nicht erreicht!"
else
      say "Verbunden mit  " & objServ.Name
      say "ServerVersion: " & objServ.VersionMajor & "." & _
      objServ.VersionMinor
end if
objServ.Disconnect
Set  objServ = Nothing
say "Ende: " & now

' ### Hilfsroutine
Sub say(s)
SQLActiveScriptHost.Print(s & chr(13))
End Sub
```

Listing 9.62
Test der Verbindung zu einem SQL Server
[CD: /code/hosts/SQL-agent/verbindungsaufbau.vbs]

Bild 9.69
Beispiel für eine Auftragschronik mit eingeblendeter Schrittchronik

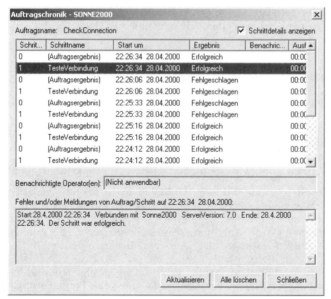

9.6 Data Transformation Service (DTS) im Microsoft SQL Server 7.0/2000

Aus Platzgründen wurde dieses Kapitel ab der sechsten Auflage entfernt. Bitte greifen Sie auf die Auflagen 1 bis 5 dieses Buchs zurück, falls Sie Skripte für DTS in SQL Server 7.0 oder 2000 entwickeln möchten.

9.7 SQL Server Integration Services (SSIS) im Microsoft SQL Server ab Version 2005

Aus Platzgründen wurde dieses Kapitel ab der sechsten Auflage entfernt. Bitte greifen Sie auf die Auflagen 1 bis 5 dieses Buchs zurück, falls Sie Skripte für SSIS entwickeln möchten.

9.8 Scripting im Microsoft Operations Manager (MOM)

Aus Platzgründen wurde dieses Kapitel ab der sechsten Auflage entfernt. Bitte greifen Sie auf die Auflagen 1 bis 5 dieses Buchs zurück, falls Sie Skripte für MOM entwickeln möchten.

9.9 Event Scripting Agent im Microsoft Exchange Server

Aus Platzgründen wurde dieses Kapitel ab der sechsten Auflage entfernt. Bitte greifen Sie auf die Auflagen 1 bis 5 dieses Buchs zurück, falls Sie Ereignis-Skripte für Microsoft Exchange Server entwickeln möchten.

9.10 Microsoft Outlook Forms

Aus Platzgründen wurde dieses Kapitel ab der sechsten Auflage entfernt. Bitte greifen Sie auf die Auflagen 1 bis 5 dieses Buchs zurück, falls Sie Skripte für Microsoft Outlook entwickeln möchten.

9.11 XSLT-Scripting

Aus Platzgründen wurde dieses Kapitel ab der sechsten Auflage entfernt. Bitte greifen Sie auf die Auflagen 1 bis 5 dieses Buchs zurück, falls Sie Skripte für XSLTentwickeln möchten.

9.12 Scripting Hosts anderer Anbieter

Aus Platzgründen wurde dieses Kapitel ab der sechsten Auflage entfernt. Bitte greifen Sie auf die Auflagen 1 bis 5 dieses Buchs zurück, falls Sie die Scripting Hosts anderer Anbieter kennenlernen möchten.

10 Basisfunktionen

Als Basisfunktionen werden der grundlegende Lese- und Schreibzugriff auf Basiselemente des Betriebssystems (Dateisystem, Prozesse, Registrierungsdatenbank, Systemdienste, Zeitplaner, Ereignisprotokolle und Leistungsindikatoren) definiert.

MOM vs. SMS

Prozesse verwalten kann man beim Active Scripting mit *WMI*. Externe Programme lassen sich auch mit der *WSH Runtime* starten. Im .NET Framework findet man diese Funktionalität im Namensraum System.Diagnostics (vgl. „Programmieren mit der .NET-Klassenbibliothek").

Prozess

Dateisystem Den Zugriff auf das Dateisystem ermöglichen in erster Linie die *File System Objects (FSO)*. Zum Teil ergänzt, zum Teil redundant abgebildet werden die Funktionen von FSO in den *Shell Objects*. Für den Zugriff auf die Rechte in NTFS-Dateisystemen benötigen Sie die *ADsSecurity-Komponente*. Auch *WMI* kann das. Freigaben anlegen kann man mit ADSI, aber die Rechte auf Freigaben setzen kann nur WMI.

Für den Zugriff auf entfernte Dateisysteme via FTP gibt es neben der *Internet-Transfer-Komponente* von Microsoft zahlreiche interessante Lösungen von Drittanbietern.

In .NET kann man mit System.IO auf Dateisysteme zugreifen. FTP steht zur Verfügung in System.Net. Das Dateisystem überwachen kann man mit WMI oder unter dem .NET Framework mit der Klasse System.IO.FileSystemWatcher.

Registrierungsdatenbank (Registry) Wieder bietet die *WSH Runtime-Komponente* nur rudimentäre Zugriffsmöglichkeiten auf die Registrierungsdatenbank. Als bessere Alternative wird im COM-Komponenten-Handbuch die Komponente *RegCol* vorgestellt. Rechte auf Registrierungsdatenbankschlüssel können nur mit der *ADsSecurity-Komponente* geändert werden.

Im .NET Framework findet man diese Funktionalität im Namensraum Microsoft.Win32 (vgl. „Programmieren mit der .NET-Klassenbibliothek").

Systemdienste (NT-Dienste) Windows-Dienste können gestartet, gestoppt, angehalten und fortgesetzt werden. Sie haben einen aktuellen Status und einen Starttyp. Den Zustand auslesen und ändern können:

- Das *Active Directory Service Interface (ADSI)*
- Die *Windows Management Instrumentation (WMI)*
- Die *OnePoint Utility Objects for Scripting* (siehe COM-Komponenten-Handbuch)

Im .NET Framework findet man diese Funktionalität im Namensraum System.ServiceProcess, siehe „Programmieren mit der .NET-Klassenbibliothek".

Zeitplandienste (Scheduler) Auch der Windows-Schedule-Dienst kann durch WMI automatisiert werden; einfacher in der Benutzung ist jedoch die *Task Scheduler-Komponente* (siehe COM-Komponenten-Handbuch) aus dem Site Server 3.0. Für den Zeitplandienst ab Windows Vista gibt es dort eine neue Bibliothek (*Task Scheduler 2.0 Scripting Objects*).

Ereignisprotokolle Die *WSH Runtime-Komponente* kann Einträge nur erzeugen und dies auch lediglich im Anwendungsprotokoll (nicht in anderen Protokollen). *WMI* bietet den universellen Zugriff.

Die Freeware-Komponente *STMAdmin* kann über ein Objektmodell Einträge in jedes beliebige NT-Ereignisprotokoll schreiben und auch Einträge lesen. Die Firma ACES bietet im Rahmen des *ACES WinNT Automation Kit* auch die Möglichkeit, auf das Ereignisprotokoll

Kapitel 10 Basisfunktionen

wie auf eine Datenbanktabelle zuzugreifen. In den *OnePoint Utility Objects for Scripting*, die mit dem Microsoft Operations Manager (MOM) mitgeliefert werden, gibt es eine Klasse, mit der man ein Ereignisprotokoll in eine Datei sichern und danach leeren kann. Die vier letztgenannten Komponenten werden im COM-Komponenten-Handbuch vorgestellt.

Im .NET Framework findet man diese Funktionalität im Namensraum System.Diagnostics. Dort kann man auch eigene Ereignisprotokolle anlegen (vgl. „Programmieren mit der .NET-Klassenbibliothek").

Leistungsindikatoren (Performance Counter) Daten aus den Leistungsindikatoren der NT-Produktfamilie kann man mit WMI oder mit der PerfCheck-Komponente aus dem Windows Resource Kit auslesen.

10.1 WSH-Laufzeitbibliothek (WSH Runtime Library)

WSH-Laufzeitkomponente

In der Literatur zum Windows Scripting Host wird oft nur die *WSH Runtime Library* (kurz: *WSH Runtime*) vorgestellt. Die WSH Runtime ist eine wichtige, aber keineswegs die einzige Komponente für das Scripting. Ebenso wird in Darstellungen (auch in der MSDN-Entwicklerbibliothek) oftmals vergessen zu erwähnen, dass diese COM-Komponente keineswegs ein untrennbarer Teil des WSH ist, sondern sehr wohl wie jede andere COM-Komponente auch aus anderen COM-fähigen Umgebungen heraus verwendet werden kann. Oft werden die Begriffe *WSH Objects* oder *WSH-Komponente* synonym für *WSH Runtime Library* verwendet. Die Komponente wird in *wshom.ocx* implementiert, was für heutige COM-Komponenten eine ungewöhnliche Dateierweiterung ist, der Funktionalität aber nicht schadet. Die WSH Runtime Library existiert komplett unabhängig von dem eingebauten Objekt WScript, das in *WScript.exe* bzw. *CScript.exe* implementiert wird.

Name und Abkürzung	WSH Runtime Library (WSH Objects)
Name der Komponentendatei	WSHOM.OCX
Interner Name der Typbibliothek	IWSHRuntimeLibrary
Helpstring der Typbibliothek	Windows Script Host Object Model
Abweichende ProgID	WScript
Hersteller	Microsoft
Lizenzierung	Kostenloses Add-On
Besprochene Version	5.8
NT 4 und Windows 9x	Durch Installation eines Add-Ons [CD:install/hosts/WSH]
Windows 2000	Version 2.0 enthalten; Version 5.6 als Add-On installierbar [CD:install/hosts/WSH]
Windows XP	Version 5.6.6626 enthalten, Update auf 5.7 möglich
Windows Server 2003	Version 5.6.7727 enthalten, Update auf 5.7 möglich
Windows Vista	Version 5.7.0 enthalten

Tabelle 10.1: Schnellinfo WSH Runtime Library

Name und Abkürzung	WSH Runtime Library (WSH Objects)
Windows 7/Windows Server 2008 R2	Version 5.8.7600 enthalten
Position der Originaldokumentation in der MSDN-Library	Web Development|Scripting|Documentation|Windows Script Technologies|Windows Script Host|References|Objects

Tabelle 10.1: Schnellinfo WSH Runtime Library (Forts.)

Die Typbibliothek zum WSH 2.0 hatte fälschlicherweise die Hilfezeichenkette „Windows Script Host Object Model 1.0".

10.1.1 Objektmodelle der WSH Runtime Library

Die WSH Runtime enthält nicht ein, sondern zwei unabhängige Objektmodelle. Stammobjekt ist einmal WSHNetwork und zum Zweiten WSHShell. WSHShell hat die ProgID „*WScript.Shell*", WSHNetwork die ProgID „*WScript.Network*".

ProgIDs

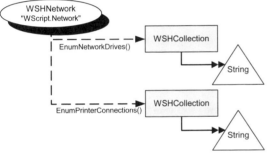

Bild 10.1
Objektmodell zu WScript.Network

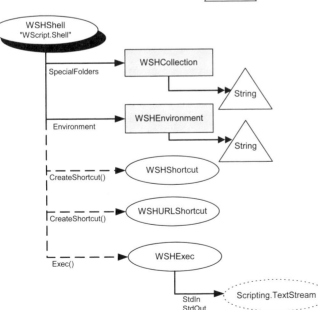

Bild 10.2
Objektmodell zu WScript.Shell

Kapitel 10 Basisfunktionen

Klassen Die WSH Runtime umfasst die in der Tabelle 10.2 dargestellten Klassen. Die Klasse *WSHExec* ist neu seit Version 5.6. Die WSH-Laufzeitbibliothek in der Version 5.7 (in Windows Vista/Windows Server 2008) enthält gegenüber der mit Windows XP und Windows Server 2003 ausgelieferten Version 5.6 keine Neuerungen. Gleiches gilt für Version 2.8 in Windows 7 und Windows Server 2008 R2.

Tabelle 10.2 Klassen der WSH Runtime Library

Klasse	Erläuterung
WSHCollection	Ein WSHCollection-Objekt ist ein Hilfsobjekt zur Verwaltung von Wertemengen, nicht wie üblich von Objekten. Die WSHCollection-Klasse ist nicht von außen instanziierbar, sondern wird von den Klassen WSHShell (im Attribut SpecialFolders) und WSHNetwork (EnumNetworkDrives, EnumPrinterConnections) verwendet.
WSHEnvironment	Dies ist eine Objektmengenklasse mit mehr Ähnlichkeit zu WSHCollection als zu einer richtigen Objektmengenklasse. Sie speichert Umgebungsvariablen.
WSHShell	Die WSHShell-Klasse ist inzwischen eine Mischung sehr verschiedener Funktionalitäten: Zugriff auf Umgebungsvariablen, Schreiben ins Ereignisprotokoll, Lesen und Schreiben der Registrierungsdatenbank, Senden von Tastendrücken an Fenster, Erzeugen und Verändern von Verknüpfungen im Dateisystem, Zugriff auf Spezialordner und Ausgabe von Dialogfenstern.
WSHNetwork	Mit dieser Klasse wird der Zugriff auf Netzwerkverbindungen und Drucker möglich. Sie ist daher bestens dafür geeignet, die nötigen Verbindungen beim Anmelden eines Benutzers vorzunehmen. WSHNetwork gehört zu den Klassen, von denen eigene Instanzen angelegt werden können.
WSHShortcut	Ein WSHShortcut-Objekt repräsentiert eine Datei- oder Ordnerverknüpfung. Ein Objekt dieser Klasse wird durch die Methode WSHShell.CreateShortcut() erzeugt.
WSHURLShortcut	Ein WSHURLShortcut-Objekt repräsentiert eine spezielle Verknüpfung zu einem Uniform Resource Locator (URL). Ein Objekt dieser Klasse wird durch die Methode WSHShell.CreateShortcut() erzeugt.
WSHExec	Ein WSHExec-Objekt ist das Ergebnis der Methode Exec() auf einem WSHShell-Objekt.

Kuriose Typbibliothek in Version 2.0 **Kuriose Typbibliothek in Version 2.0** In der Version 2.0 der Bibliothek hatte Microsoft alle eigenen Namenskonventionen gebrochen, indem den Klassen Namen der Form I[Name]_Class gegeben wurden. Anstatt die Klasse WSHShell zu nennen, heißt sie in der Typbibliothek IWSHShell_Class. Auch die Komponente selbst hat mit *IWSHRuntime Library* in der Typbibliothek einen ungewöhnlichen Namen.

WSH-Laufzeitbibliothek (WSH Runtime Library)

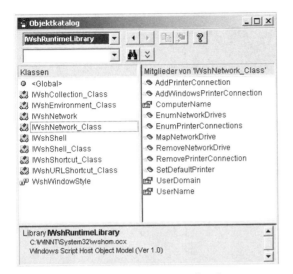

Bild 10.3
Ansicht der WSH 2.0-Typbibliothek im VB 6.0-Objektkatalog

In der Typbibliothek erscheinen außer den genannten Klassen auch noch IWSHShell und IWSHNetwork. Dies sind keine Klassen, sondern zusätzliche Schnittstellen der Klassen IWSHShell_Class und IWSHShell_Network. Diese Schnittstellen sind die Schnittstellen der Klassen aus WSH Version 1.0, die aus Kompatibilitätsgründen übernommen wurden. Sie sehen hier ein gutes Beispiel für Versionierung und auch dafür, wie der Microsoft Objektkatalog (siehe Kapitel 18, „Werkzeuge") durch eine eingeschränkte Sicht den Benutzer verwirren kann. Es wäre viel deutlicher, wenn der Objektkatalog anzeigen würde, dass die Klasse IWSHShell_Class zwei Schnittstellen IWSHShell und IWSHShell2 besitzt, anstatt die eine Schnittstelle zur Klasse zu erheben und die andere ganz zu verbergen.

Verwirrende Typbibliothek

Klassenname in der Typbibliothek zur WSH Runtime ab Version 5.6	Klassenname in der Typbibliothek zur WSH Runtime 2.0
WSHCollection	IWSHCollection_Class
WSHEnvironment	IWSHEnvironment_Class
WSHShell	IWSHShell_Class
WSHNetwork	IWSHNetwork_Class
WSHShortcut	IWSHShortcut_Class
WSHURLShortcut	IWSHURLShortcut_Class
WSHExec	nicht verfügbar

Tabelle 10.3
Klassennamen in Version 5.6 versus Version 2.0

Typbibliothek der WSH Runtime Version 5.6 Die Klassennamen sind in der Typbibliothek zur WSH Runtime 5.6 richtig, die Typbibliothek selbst heißt immer noch *IWSHRuntime Library*. Die Typbibliothek enthält nun auch die kompletten Typinformationen der Klassen der *Scripting Runtime Library*.

Kapitel 10 Basisfunktionen

Bild 10.4
Ansicht der
WSH 5.6/5.7-
Typbibliothek
im VB 6.0-
Objektkatalog

WSH-Collection **Objektmengen in der WSH Runtime** Die WSH Runtime Library ist Microsofts Meisterstück hinsichtlich der inkonsistenten Implementierung von Objektmengen. Anstatt die standardisierten Objektmengen zu verwenden, führt Microsoft zwei neue Typen von Objektmengen ein, die auch zueinander inkonsistent sind. Hier scheint eine „heiße Nadel" als Chefprogrammierer beschäftigt gewesen zu sein. Der neue Grundtyp ist dabei die WSHCollection: eine Objektmenge, die keine Objekte, sondern Zeichenkettenwerte enthält. Ein WSHCollection-Objekt verfügt über drei Attribute:

Attribute
▸ Item: Ermöglicht den Zugriff auf ein Element der Objektmenge über einen numerischen – in einigen Fällen auch alphanumerischen – Wert. Da Item das Standardattribut ist, kann es weggelassen werden.

```
wert = WSHCollection.Item(Index)
WSHCollection(Index) = Wert
```

Bitte beachten Sie, dass ein Zugriff der Form

```
wert = WSHCollection.Item(Index).Value
```

jedoch falsch ist, weil die Elemente der Objektmenge keine Objekte sind.

▸ Count: Anzahl der Elemente in der Objektmenge

▸ Length: Äquivalent zu Count. In der Microsoft-Dokumentation heißt es, dieses Attribut sei „aus Kompatibilitätsgründen zu JScript" vorhanden. Natürlich kann JScript das Attribut Count nutzen, es ist einfach nur üblich, im JScript das Attribut Length zu nennen. Dem kritischen Microsoft-Nutzer stellt sich die Frage, warum Microsoft ausgerechnet an dieser Stelle so viel Wert auf Kompatibilität legt.

Weitere Funktionen Die Enumeration mit For Each wird unterstützt, jedoch – wie Sie an den einzelnen Objektmengen sehen werden – mit zum Teil sehr unterschiedlichen Ergebnissen. Von der

WSHCollection abgeleitet ist die Objektmengenklasse `WSHEnvironment`, die zusätzlich die Methode `Remove()` unterstützt. Eine `Add()`-Methode fehlt immer. Das Hinzufügen wird in jedem Fall anders gehandhabt. Ein alphanumerischer Index existiert bei den Objektmengen `WSHShell.Environment` und `WSHShell.SpecialFolders`. Ein numerischer Index existiert bei `WSHNetwork.EnumPrinterConnections` und `WSHNetwork.EnumNetworkDrives`.

Verfügbarkeit von Elementen in verschiedenen Versionen Die folgende Tabelle enthält alle Klassennamen, Attributnamen und Methodennamen und zeigt an, in welcher Version der WSH-Laufzeitbibliothek sie eingeführt wurden. In allen späteren Versionen sind die Elemente dann auch verfügbar, weil keine Elemente entfernt wurden. Die Liste ist alphabetisch sortiert. Sofern ein Mitglied in mehreren Klassen vorkommt, ist der Klassenname in Klammern genannt.

Element	Typ	WSH 1.0	WSH 2.0	WSH ab 5.6
AddWindowsPrinterConnection	Methode		x	
AppActivate	Methode		x	
Arguments	Attribut	x		
AtEndOfLine	Attribut		x	
AtEndOfStream	Attribut		x	
Character	Attribut			X
Close	Methode		x	
Column	Attribut		x	
ComputerName	Attribut	x		
ConnectObject	Methode		x	
Count	Methode	x		
CreateObject	Methode	x		
CreateScript	Methode			X
CreateShortcut	Methode	x		
CurrentDirectory	Attribut			X
Description	Attribut	x		
Description (WSHRemote)	Attribut			X
DisconnectObject	Methode	x		
Echo	Methode	x		
EnumNetworkDrives	Methode	x		
EnumPrinterConnections	Methode	x		
Environment	Attribut	x		
Error (WSHRemote)	Attribut			X
Exec	Methode			X
Execute	Methode			X
Exists	Methode			X
ExitCode	Attribut			X
ExpandEnvironmentStrings	Methode	x		

Tabelle 10.4: Unterschiede zwischen den WSH-Versionen

Element	Typ	WSH 1.0	WSH 2.0	WSH ab 5.6
FullName	Attribut	x		
GetObject	Methode	x		
GetResource	Methode		x	
HotKey	Attribut	x		
IconLocation	Attribut	x		
Item	Attribut	x		
Item (WSHNamed)	Attribut			X
Item (WSHUnnamed)	Attribut			X
Length	Attribut	x		
Line	Attribut		x	
Line (WSHRemote)	Attribut			X
LogEvent	Methode		x	
MapNetworkDrive	Methode	x		
Name	Attribut	x		
Number	Attribut			X
Path	Attribut	x		
Popup	Methode	x		
ProcessID	Attribut			X
Quit	Methode	x		
Read	Methode		x	
ReadAll	Methode		x	
ReadLine	Methode		x	
RegDelete	Methode	x		
RegRead	Methode	x		
RegWrite	Methode	x		
Remove	Methode	x		
RemoveNetworkDrive	Methode	x		
RemovePrinterConnection	Methode	x		
Run	Methode	x		
Save	Methode	x		
ScriptFullName	Attribut	x		
ScriptName	Attribut	x		
SendKeys	Methode		x	
SetDefaultPrinter	Methode	x		
ShowUsage	Methode			X
Skip	Methode		x	
SkipLine	Methode		x	

Tabelle 10.4: Unterschiede zwischen den WSH-Versionen (Forts.)

Element	Typ	WSH 1.0	WSH 2.0	WSH ab 5.6
Sleep	Methode		x	
Source	Attribut			X
SourceText	Attribut			X
SpecialFolders	Attribut	x		
Status (WSHRemote)	Attribut			X
Status (WSHScriptExec)	Attribut			X
StdErr	Attribut		x	
StdErr (WSHScriptExec)	Attribut			X
StdIn	Attribut		x	
StdIn (WSHScriptExec)	Attribut			X
StdOut	Attribut		x	
StdOut (WSHScriptExec)	Attribut			X
TargetPath	Attribut	x		
Terminate (WSHScriptExec)	Methode			X
UserDomain	Attribut	x		
UserName	Attribut	x		
Version	Attribut	x		
WindowStyle	Attribut	x		
WorkingDirectory	Attribut	x		
Write	Methode		x	
WriteBlankLines	Methode		x	
WriteLine	Methode		x	
WScript	Objekt	x		
WSHArguments	Objekt	x		
WSHController	Objekt			X
WSHEnvironment	Objekt	x		
WSHNamed	Objekt			X
WSHNetwork	Objekt	x		
WSHRemote	Objekt			X
WSHRemoteError	Objekt			X
WSHScriptExec	Objekt			X
WSHShell	Objekt	x		
WSHShortcut	Objekt	x		
WSHSpecialFolders	Objekt	x		
WSHUnnamed	Objekt			X
WSHUrlShortcut	Objekt	x		

Tabelle 10.4: Unterschiede zwischen den WSH-Versionen (Forts.)

10.1.2 WSHNetwork und untergeordnete Klassen

WSHNetwork Mit der Klasse WSHNetwork wird der Zugriff auf Netzwerk- und Druckerverbindungen möglich. Sie ist daher dazu geeignet, die nötigen Verbindungen beim Anmelden eines Benutzers vorzunehmen.

Informationen über den Computer und den Benutzer WSHNetwork bietet drei Attribute an, mit denen Sie Informationen über den Computer und den angemeldeten Benutzer erhalten:

Computername
- ComputerName: Diese Eigenschaft liefert den NetBIOS-Namen des Computersystems als Zeichenkette zurück.

Domäne
- UserDomain: Diese Eigenschaft enthält den Namen der Anmeldedomäne des Benutzers.

Benutzername
- UserName: Diese Eigenschaft enthält den Anmeldenamen des aktuellen Benutzers.

```
Set WSHNetwork = CreateObject("WScript.Network")
say "Dieser Computer heißt:", WSHNetwork.ComputerName
say "Der angemeldete Benutzer hat sich an folgender Domain angemeldet:", _
WSHNetwork.UserDomain
say "Der angemeldete Benutzer hat diesen Benutzernamen:", WSHNetwork.UserName
```

Listing 10.1: Informationen via WSHNetwork [WSH_networkinfos.wsf]

Das Attribut UserDomain funktioniert nicht unter Windows 95/98/ME. Hier muss man diese Information aus der Registrierungsdatenbank auslesen: *HKey_Local_Machine\ System\Current ControlSet\Services\MSNP32\ NetworkProviderReg_SZ AuthenticatingAgent*. Wenn der Computer nicht in einer Domäne, sondern in einer Arbeitsgruppe ist, steht der Wert in *HKey_Local_Machine\System\CurrentControl Set\Services\VxD\ VNETSUP Reg_SZ Workgroup*.

Druckerverbindungen verwalten

Drucker Mit WSHNetwork können Sie Folgendes tun:
- die eingerichteten Drucker auflisten (die Methode EnumPrinterConnections() liefert einen Zeiger auf eine WSHCollection)
- neue Drucker einrichten (Methoden AddPrinterConnection() und AddWindowsPrinter Connection())
- eine Druckereinrichtung löschen (Methode RemovePrinterConnection())
- den Standarddrucker einstellen (Methode SetDefaultPrinter())

EnumPrinter Connections()
Druckerverbindungen auflisten EnumPrinterConnections() liefert ein WSHCollection-Objekt, in dem abwechselnd die Druckerports und die Druckernamen enthalten sind. Dies führt zu einer vergleichsweise komplizierten Iteration. Die Definition einer eigenen Klasse WSHPrinter und der Einsatz einer echten Objektmenge hätten die Verwendung intuitiver gemacht und zudem die Möglichkeit geboten, weitere druckerbezogene Attribute und Methoden zu implementieren.

Um die korrekte Anzahl der Druckerverbindungen zu ermitteln, muss der Wert der Count-Eigenschaft der WSHCollection durch zwei geteilt werden.

```
Dim WSHNetwork ' As IWSHNetwork_Class
Dim DruckerAnzahl ' As Integer
Dim DruckerListe ' As IWSHCollection_Class
```

```
Dim i ' As Integer
Set WSHNetwork = CreateObject("WScript.Network")
Set DruckerListe = WSHNetwork.EnumPrinterConnections
' -- Collection enthält abwechselnd Port und Druckername!
DruckerAnzahl = DruckerListe.Count / 2
If DruckerAnzahl = 0 Then
    say "Es gibt keine Druckerverbindungen!"
Else
    say "Anzahl der eingerichteten Netzdrucker: " & DruckerAnzahl
    For i = 0 To DruckerListe.Count - 1 Step 2
        say DruckerListe(i) & " " & DruckerListe(i + 1)
    Next
End If
Set WSHNetwork = Nothing
```

Listing 10.2: Liste der eingerichteten Drucker [WSH_listPrinters.wsf]

Druckerverbindungen verändern `AddWindowsPrinterConnection` verbindet einen Drucker, sodass dieser in der Systemsteuerung als Drucker erscheint. Mit `AddPrinterConnection()` wird dagegen ein Drucker einem Druckeranschluss zugeordnet, sodass dieser von DOS aus nutzbar ist. Dazu werden der Pfad des Druckers und ein Port benötigt. Optional ist die Angabe von Benutzername und Kennwort für die Verbindung sowie die Speicherung der Verbindung in dem Benutzerprofil durch Angabe von *True* als drittem Parameter.

AddPrinter-Connection

```
AddWindowsPrinterConnection Druckerpfad
AddPrinterConnection Port,Druckerpfad,[ProfilUpdate], [Benutzer],[Password]
```

Unter Windows 9x/ME muss der Druckertreiber vor dem Aufruf von `AddWindowsPrinterConnection()` schon installiert sein.

Verbindung aufheben Mit `RemovePrinterConnection()` wird eine Verknüpfung zu einem Netzdrucker wieder aufgehoben. Mit dem zweiten Parameter kann erreicht werden, dass die Verbindung trotz aktueller Verwendung beendet wird.

Remove-Printer-Connection()

```
RemovePrinterConnection Pfad, [TrotzBenutzung], [ProfilUpdate]
```

Neben der Angabe des Verknüpfungsnamens kann auch angegeben werden, ob die Ressource trotz aktueller Benutzung entfernt werden soll. Ein dritter Parameter bestimmt, ob die Veränderung in das aktuelle Benutzerprofil übernommen wird.

Standarddrucker setzen `SetDefaultPrinter()` erwartet als einzigen Parameter einen Druckernamen, wie er in der durch `EnumPrinterConnections()` zurückgelieferten `WSHCollection` enthalten ist.

SetDefault-Printer()

Netzlaufwerke verwalten

Hier gibt es die Methoden `EnumNetworkDrives()`, `MapNetworkDrive()` und `RemoveNetworkDrive()`, die wie die Methoden zur Druckereinrichtung arbeiten. Für `SetDefaultPrinter()` gibt es keine analoge Methode, denn es gibt kein Standardnetzlaufwerk. In der durch `EnumNetworkDrives()` gelieferten `WSHCollection` wechseln sich Laufwerksbuchstabe und Netzwerkpfad in UNC-Form ab.

Netzlaufwerke

Liste der verbundenen Netzlaufwerke Das folgende Script gibt eine Liste aller verbundenen Netzwerke aus:

Kapitel 10 **Basisfunktionen**

Listing 10.3
Liste der Netzlaufwerke
[WSH_listnetworkdrives.wsf]

```
Dim WSHNetwork ' As IWSHNetwork_Class
Dim LaufwerksAnzahl ' As Integer
Dim LaufwerksListe ' As IWSHCollection_Class
Dim i ' As Integer
Set WSHNetwork = CreateObject("WScript.Network")
Set LaufwerksListe = WSHNetwork.EnumNetworkDrives
' -- Collection enthält abwechselnd Laufwerksbuchstabe und UNC-Pfad
LaufwerksAnzahl = LaufwerksListe.Count / 2
If LaufwerksAnzahl = 0 Then
    say "Es gibt keine Netzlaufwerke!"
Else
    say "Anzahl der eingerichteten Netzlaufwerke: " & LaufwerksAnzahl
    For i = 0 To LaufwerksListe.Count - 1 Step 2
        say LaufwerksListe(i) & " " & LaufwerksListe(i + 1)
    Next
End If
Set WSHNetwork = Nothing
```

Laufwerke verbinden Das folgende Beispiel verbindet die Standardfreigabe „c$" und die Freigabe von *Daten* auf dem Rechner *XFilesServer01* mit den Laufwerksbuchstaben *S:* und *T:* und löst diese Verbindung danach wieder.

Listing 10.4
Demo für die Arbeit mit Netzlaufwerkszuordnungen
[WSH_networkdrives.wsf]

```
Dim WSHNetwork ' As IWSHNetwork_Class
Set WSHNetwork = CreateObject("WScript.Network")
list_networkdrives
WSHNetwork.MapNetworkDrive "S:", "\\XFilesServer01\c$", True, "HS", "egal"
WSHNetwork.MapNetworkDrive "T:", "\\XFilesServer01\Daten", True, "HS", "egal"
list_networkdrives
' Löschen; 1. True=TrotzBenutzung und 2.= mit ProfilUpdate
WSHNetwork.RemoveNetworkDrive "S:", True, True
WSHNetwork.RemoveNetworkDrive "T:", True, True
list_networkdrives
End Sub
```

Wenn der Laufwerksbuchstabe bereits belegt ist, erscheint die Fehlermeldung „Der lokale Gerätename wird bereits verwendet" oder „Es wurde versucht, eine bereits gespeicherte Verbindung zu einem Gerät zu speichern.".

10.1.3 WSHShell und untergeordnete Klassen

WSHShell Die WSHShell-Klasse ist eine bunte Sammlung verschiedener Funktionen, die hauptsächlich in Zusammenhang mit der Benutzeroberfläche, den Umgebungsvariablen, der Registrierungsdatenbank und dem Ereignisprotokoll stehen.

Aktuelles Arbeitsverzeichnis

CurrentDirectory Neu in WSH 5.6 ist das Attribut CurrentDirectory, das das aktuelle Arbeitsverzeichnis zurückliefert. Das Attribut ist auch beschreibbar, um das Verzeichnis zu wechseln.

```
Dim WSHShell
Set WSHShell = CreateObject("WScript.Shell")
say WSHShell.CurrentDirectory
WSHShell.CurrentDirectory = "c:\"
say WSHShell.CurrentDirector
```

Listing 10.5
Ausgabe des aktuellen Arbeitsverzeichnisses [WSH_workingDir.wsf]

CurrentDirectory gibt das aktuelle Verzeichnis aus, das beim Start aus dem Kommandozeilenfenster nicht gleichbedeutend ist mit dem Verzeichnis, in dem das Script liegt.

```
Dim WSHShell
Set WSHShell = CreateObject("WScript.Shell")
say "Aktuelles Verzeichnis:" & WSHShell.CurrentDirectory
curDir = Wscript.ScriptFullName
Dim fso
set fso = CreateObject("Scripting.FileSystemObject")
say "Verzeichnis, in dem sich das Script befindet:" & _
fso.GetParentFolderName(curdir)
```

Listing 10.6
[_Aktuelles-Verzeichnis.vbs]

Zeitgesteuerte Dialogfenster

Die Methode Popup() aus der WSHShell-Klasse stellt ein Dialogfenster zur Verfügung, das im Gegensatz zur Visual Basic-Funktion MsgBox() nach einer bestimmten Wartezeit automatisch abgebrochen werden kann. Es werden alle Optionen von MsgBox() unterstützt. Als zusätzlichen Rückgabewert liefert Popup() -1, wenn das Dialogfenster wegen Zeitüberschreitung beendet wurde.

Popup()

Ergebnis = WSHShell.Popup(strText [, Wartezeit], [Titel], [Typ])

Der folgende Programmcode kann am Anfang eines Script stehen, dessen Ausführung kritisch ist. Wenn der Benutzer nicht innerhalb von zehn Sekunden nach Aufruf des Scripts *ok* anklickt, bricht das Script ab, ohne die weiteren Befehle auszuführen.

```
Set WSHShell = CreateObject("WScript.Shell")
' Meldungsfenster mit Frage, maximal 10 Sekunden lang zeigen
Ergebnis = WSHShell.Popup("Wollen Sie dieses Script starten?", _
10, "Wichtige Frage", 48 + 4)
' Keine Antwort innerhalb von 10 Sekunden
If Ergebnis = -1 Then
    say "Sie haben sich nicht entschieden! Das Script bricht ab!"
    WScript.Quit
End If
' Antwort NEIN
If Ergebnis = 7 Then
    say "Sie haben Nein gedrückt! Das Script startet also nicht!"
    WScript.Quit
End If
' Antwort JA
If Ergebnis = 6 Then
    say "Script startet..."
End If
```

Listing 10.7
Dialogfenster mit Zeitbegrenzung [WSH_nachfrage.wsf]

Zugriff auf die Registrierungsdatenbank

Registry-Funktionen WSHShell bietet drei rudimentäre Funktionen zur Arbeit mit der Registrierungsdatenbank:

- `RegWrite(Pfad,Wert[,Typ])`: Erzeugung von Schlüsseln und Schreiben von Registrierungsdatenbankeinträgen
- `RegRead(Pfad)`: Mit dieser Methode können Registrierungsdatenbankeinträge ausgelesen werden.
- `RegDelete(Pfad)`: Mit dieser Methode können Einträge aus der Registrierungsdatenbank entfernt werden. Als Argument wird ein Schlüssel oder ein einzelner Eintrag angegeben. Wenn das Argument mit dem Backslash („\") endet, wird der ganze Schlüssel entfernt, sonst nur der Wert.

Schlüssel, Einträge und Werte

Registrierungsdatenbankbegriffe Innerhalb der Registrierungsdatenbank gibt es eine kleine Begriffsverwirrung. Die Registrierungsdatenbank besteht aus einer Liste von Registrierungsschlüsseln, die wiederum andere Schlüssel enthalten können. Ein Schlüssel kann neben Unterschlüsseln auch Werte enthalten. Die Registrierungsdatenbank arbeitet mit sogenannten *benannten Werten*, d. h., jeder einzelne Wert hat einen Namen, um ihn von anderen Werten innerhalb desselben Schlüssels unterscheiden zu können. Ein Eintrag in der Registrierungsdatenbank hat die Form eines Attribut-Wert-Paars, z.B. `Build="1085.0005"`. Leider wird mit dem Begriff *Registrierungsdatenbankwert* in der Literatur einerseits das gesamte Attribut-Wert-Paar bezeichnet, andererseits aber auch der eigentliche Wert (im obigen Beispiel `"1085.0005"`).

Wertname In diesem Buch wird die letztere Bedeutung von Wert verwendet. Der erste Teil des Ausdrucks wird als *Wertname* bezeichnet, der gesamte Ausdruck als *Eintrag*.

Jeder Schlüssel hat einen Standardwert. Dieser hat keinen Wertnamen, sondern wird über den Schlüsselnamen angesprochen.

Hives Die Registrierungsdatenbankmethoden erwarten einen kompletten Pfad zu einem Schlüssel oder einem Wert. Ein Pfad zu einem Schlüssel muss auf einen Backslash enden („\"). Für einige Registrierungsdatenbankwurzelschlüssel (*Hives*) gibt es Abkürzungen:
- HKCU = HKEY_CURRENT_USER
- HKLM = HKEY_LOCAL_MACHINE
- HKCR = HKEY_CLASSES_ROOT

Beispiele Beispiel für einen Pfad zu einem Schlüssel:

`HKEY_LOCAL_MACHINE\Software\IT-Visions\`

Beispiel für einen Pfad zu einem Wert:

`HKLM\Software\IT-Visions\Windows-Scripting\Autor`

Standardwert Normalerweise legt `RegWrite()` Wertenamen und Werte an. Wird jedoch statt eines Wertenamens ein Schlüsselname angegeben (also eine Zeichenkette, die mit einem Schrägstrich endet), so wird der Standardwert eines Schlüssels gesetzt. In beiden Fällen werden nicht existierende Schlüssel angelegt, und zwar auch dann, wenn mehrere Ebenen in dem angegebenen Schlüssel nicht existieren.

Datentypen Die folgenden Datentypen der Registrierungsdatenbank werden unterstützt: REG_SZ, REG_EXPAND_SZ, REG_DWORD und REG_BINARY. Diese Datentypen können als Zeichenketten (sie sind keine Konstanten, die Zahlen repräsentieren!) als dritter Parameter übergeben werden. Wird ein anderer Datentyp als Argument übergeben, gibt die Funktion den Fehler „Type Mismatch" zurück.

WSH-Laufzeitbibliothek (WSH Runtime Library)

Die WSH-Registrierungsdatenbankmethoden sind tolerant gegenüber Datentypfehlern, sofern eine automatische Konvertierung möglich ist. Aber Achtung: Während "1", "REG_DWORD" den gewünschten Wert 1 ergibt, steht nach "1.0", "REG_DWORD" eine 10 in der Registrierungsdatenbank. Binärwerte müssen in Form eines Array of Variant übergeben werden.

```
Dim WSHShell 'As IWSHRuntimeLibrary.IWSHShell_Class
Const firmenkey = "HKEY_LOCAL_MACHINE\Software\IT-Visions\"
' Objekt instanziieren
Set WSHShell = CreateObject("WScript.Shell")
' Wert eintragen
WSHShell.RegWrite firmenkey & "Windows-Scripting\Autor", _
"Holger Schwichtenberg"
WSHShell.RegWrite firmenkey & "Windows-Scripting\Version", _
"1", "REG_DWORD"
WSHShell.RegWrite firmenkey & "Windows-Scripting\Test\TestWert", _ "test", "REG_SZ"
' Das wäre falsch: Type Mismatch
'WSHShell.RegWrite firmenkey & "Windows-Scripting\Version", _
"Version 1.0", "REG_DWORD"
' Defaultwert eines Schlüssels setzen
WSHShell.RegWrite firmenkey & "Website\", "www.IT-Visions.de"
' Wert auslesen
say "Der Autor heißt:" & WSHShell.RegRead(firmenkey & _
"Windows-Scripting\Autor")
' Einen Wert löschen
WSHShell.RegDelete firmenkey & "Windows-Scripting\Test\TestWert"
' kompletten Schlüssel löschen
WSHShell.RegDelete firmenkey & "Windows-Scripting\Test\"
```

Listing 10.8
Beispiel verschiedener Registrierungsdatenbankoperatoren [WSH_reg1.wsf]

Es ist mit der Methode RegDelete() allerdings nicht möglich, Registrierungsdatenbankeinträge rekursiv zu löschen. Das bedeutet, dass der zu löschende Schlüssel keine Unterschlüssel mehr enthalten darf, wenn er gelöscht werden soll. Wenn dies versucht wird, dann kommt es zum Fehler Nr. 8007005: „Unable to Remove Registry Key".

CLSID_from_ProgID() Ein nützliches Anwendungsgebiet zeigt die Funktion CLSID_from_ProgID(): Sie ermittelt aus einer übergebenen ProgID die zugehörige CLSID. Im Fehlerfall wird eine Fehlermeldung zurückgegeben.

CLSID_from_ProgID()

```
Function CLSID_from_ProgID(progid)
Dim WSHShell ' As IWSHRuntimeLibrary.IWSHShell_Class
Set WSHShell = CreateObject("WScript.Shell")
On Error Resume Next
CLSID_from_ProgID = WSHShell.RegRead("HKCR\" & progid & "\clsid\")
If Err <> 0 Then
    CLSID_from_ProgID = "Fehler: " & Err.Description
End If
End Function

say "word.application = " & _
CLSID_from_ProgID("word.application")
say "quatsch.mitSoße = " & _
CLSID_from_ProgID("quatsch.mitSoße") ' -- Fehler
```

Listing 10.9
Hilfsroutine zur Ermittlung der CLSID anhand einer ProgID

Listing 10.10
Test für CLSID_from_ProgID() [WSH_testeCLSID_from_ProgID.wsf]

Schwächen

Die Registrierungsdatenbankmethoden der WSHShell-Klasse haben einige Schwächen. Mit der WSHShell-Klasse ist es nicht möglich, alle Unterschlüssel eines Schlüssels aufzulisten. Oft sind aber die Namen der zu lesenden Schlüssel nicht bekannt. So sind z.B. Mengen von Werten häufig als Unterschlüssel gespeichert. Die WSH Runtime kann daher beispielsweise nicht alle installierten COM-Klassen auflisten. Auch kann in der Registrierungsdatenbank nicht nach Schlüsseln, Wertnamen oder Werten gesucht werden. Diese Möglichkeiten bietet aber WMI, das auch in diesem Buch beschrieben wird.

Schreiben in das Anwendungsprotokoll

LogEvent() Seit Version 2.0 gibt es eine Methode in der WSHShell-Klasse, um Einträge in das Windows-Anwendungsprotokoll vorzunehmen. Allerdings existiert nach wie vor keine Methode, um in andere Ereignisprotokolle zu schreiben oder das Ereignisprotokoll auszulesen. Möglich ist dies mit WMI. In [SCH01c] wird dafür die Komponente *STM-Admin* vorgestellt.

Auf einem Windows 9x/ME-System wird der Eintrag mangels Ereignisprotokoll in eine Datei namens *wsh.log* im Windows-Verzeichnis geschrieben.

```
WSHShell.LogEvent(Typ, Nachricht [,Ziel])
```

Typ ist einer der in der folgenden Tabelle genannten Typen. Nachricht ist eine beliebige Zeichenkette. Auf NT-basierten Systemen kann der Eintrag wahlweise in ein entferntes System erfolgen. Ziel ist ein Rechnername oder eine IP-Adresse.

Tabelle 10.5 Eintragstypen für Ereignisprotokolle

Typ	Wert
0	Erfolg
1	Fehler
2	Warnung
4	INFORMATION
8	AUDIT_SUCCESS
16	AUDIT_FAILURE

Listing 10.11 Eintrag ins Ereignisprotokoll [WSH_log.wsf]

```
Dim WSHShell ' As IWSHRuntimeLibrary.IWSHShell_Class
Set WSHShell = CreateObject("WScript.Shell")
WSHShell.LogEvent 1, "Demo-Fehler"
```

Das obige Script führt auf einem deutschen Windows 98-System zu folgendem Eintrag in die *wsh.log*:

```
01.08.00 22:32:22 Fehler: Demo-Fehler
```

Auf Systemen der Windows NT-Produktfamilie (NT 4.0, XP, Windows Server 2003) wird bei der Methode LogEvent() als optionaler dritter Parameter auch der Name eines entfernten Computers akzeptiert, auf dem der Eintrag gespeichert werden soll.

Beispiel:

```
Set WSHShell = CreateObject("WScript.Shell")
WSHShell.LogEvent 1, "Demo-Fehler", "\\XFilesServer01"
```

WSH-Laufzeitbibliothek (WSH Runtime Library)

Programme ausführen

Mit der WSH Runtime 1.0 und der WSH Runtime 2.0 gab es nur eine Methode zur Ausführung von Konsolen- und Windows-Programmen aus einem Script heraus: Run().WSH Runtime 5.6 bietet eine bessere Methode: Exec(). Mit beiden Methoden wird ein neuer Prozess gestartet, in dem das angegebene Konsolen- oder Windows-Programm ausgeführt wird. Werden in dem Kommandopfad Umgebungsvariablen angegeben, werden diese vorher ausgewertet.

Mit Run() und Exec() können nur lokale Programme gestartet werden. Um entfernte Programme zu starten, besteht ab WSH 5.6 die Möglichkeit, über *WSHControllerLibrary* ein entferntes Script zu starten, das seinerseits ein Programm startet. Remote Scripting wird in Kapitel 19, „Fortgeschrittene Techniken", beschrieben.

Run() Run hat einen Pflichtparameter und zwei optionale Parameter und gibt einen *Long*-Wert zurück.

```
Function Run(Command As String, [WindowStyle], [WaitOnReturn]) As Long
```

Die Erscheinungsform des Programmfensters kann durch den zweiten Parameter gesteuert werden. Gültig sind hier Werte von 0 bis 10 (siehe Tabelle 10.6). Der dritte Parameter gibt an, ob Run() auf die Beendigung des gestarteten Programms warten soll. Im Fall von bWarten=True liefert Run() den Rückgabewert des Programms.

Run() Parameter

Konstante	Erläuterung
0	unsichtbar
1	normale Größe, Fenster wird aktiviert (Standardeinstellung)
2	minimiert und aktiviert
3	maximiert und aktiviert
4	letzte Größe, Fenster wird nicht aktiviert
5	letzte Größe, aktiviert
6	minimiert, Aktivierung des nächsten Fensters in der Fensterliste
7	minimiert, aber nicht aktiviert
8	letzte Größe, aber nicht aktiviert
9	wie 1: Diese Option soll für Fenster angewendet werden, die vorher minimiert waren.
10	belässt den derzeitigen Zustand des Anwendungsfensters

Tabelle 10.6 Fensterarten für die Run()-Methode

Beispiele Das folgende Script öffnet seinen eigenen Quelltext im Editor *Notepad*. Es ist nur im WSH lauffähig, da es auf das eingebaute Objekt WScript zugreift, um den Pfad zu dem Script zu ermitteln.

```
' === Ausführung einer EXE mit Run()
Dim WSHShell ' As IWSHRuntimeLibrary.IWSHSHELL_Class
Set WSHShell = CreateObject("WScript.Shell")
WSHShell.Run ("%windir%\notepad.exe " & WScript.ScriptFullName)
```

Listing 10.12 Ausführung einer EXE mit Run() [_WSH_run_notepad.vbs]

Auch Konsolen-Batch-Dateien können aufgerufen werden. Das folgende Script wartet, bis die Batch-Datei komplett ausgeführt wurde, und meldet, ob ein Fehler aufgetreten ist.

Kapitel 10 Basisfunktionen

Listing 10.13
Ausführung einer KONSOLEN-Batchdatei mit Run() [WSH_run_bat.wsf]

```
Dim WSHShell ' As IWSHRuntimeLibrary.IWSHSHELL_Class
Dim e   ' Ergebnis
Set WSHShell = CreateObject("WScript.Shell")
e = WSHShell.Run("d:\buch\dos\test.bat", , True)
' -- Ergebnistest
If e = 0 Then
    say "Batch-Routine erfolgreich ausgeführt!"
Else
    say "Fehler in der Batch-Routine: " & e
End If
```

Man kann auch ein anderes Script starten:

```
Dim Scriptname
Scriptname = "d:\Skripte\test.vbs"
CreateObject("Wscript.shell").Run "Wscript.exe " & Scriptname, True
```

Listing 10.14: Start eines Scripts aus einem anderen Script [WSH_ScriptStarten.wsf]

WSHExec **Exec()** Wesentlich verbessert hat Microsoft in Version 5.6 die Fähigkeit des WSH, andere lokale Scripts oder andere lokale Programme zu starten. Bisher gab es dafür schon die Methode Run() im Objekt WSHShell. Die neue Methode Exec() bietet im Gegensatz zu Run() die Möglichkeit, den Status des erzeugten Prozesses („läuft noch" oder „ist beendet") abzufragen. Außerdem kann der Entwickler auf die Standardein- und -ausgabe des Kindprozesses zugreifen. Der Vaterprozess darf in die Standardeingabe des Kindprozesses schreiben und die Standardeingabe des Kindprozesses lesen. Der Vaterprozess darf den Kindprozess auch vorzeitig beenden.

Exec() liefert zu diesem Zweck ein Objekt vom Typ WSHExec zurück.

```
Function Exec(Command As String) As WSHExec
```

Bild 10.5 Mitglieder der Klasse „WSHExec"

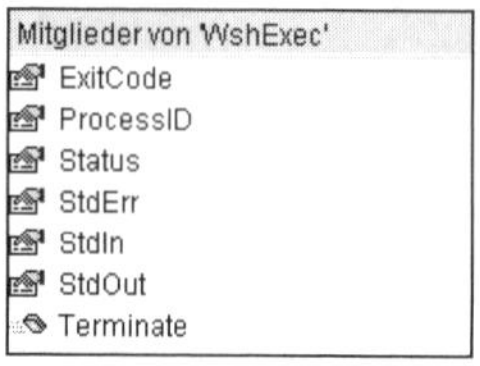

```
Mitglieder von 'WshExec'
  ExitCode
  ProcessID
  Status
  StdErr
  StdIn
  StdOut
  Terminate
```

Ping **Beispiel 1: Ausgaben des Prozesses auswerten** Im folgenden Beispiel wird das Konsolenprogramm *Ping.exe* aufgerufen. Die Ausgaben werden über das WSHExec-Objekt abgefangen und ausgewertet. Das Script zählt die Anzahl der korrekten bzw. fehlerhaften Antworten.

Listing 10.15
Einsatz der Methode Exec() [WSH56_exec.vbs]

```
' === Ausführen eines Pings und zählen, wie viele Pings einen Fehler lieferten!
Dim WSHShell
Dim WSHExec
Dim Counter
Dim CountOK
Dim CountFehler
Dim CountAnzahl

countOK = 0
CountFehler = 0

set WSHShell = WScript.CreateObject("WScript.Shell")

' -- Ping-Prozess starten...
```

338

```
set WSHExec = WSHShell.Exec("ping 192.168.0.1")

WScript.Echo "------- Ausgabe von Ping.exe:"
' -- Schleife über Ausgaben
While Not WSHExec.StdOut.AtEndOfStream
    ' --- Ausgabe des Kindprozesses einlesen
    Output= WSHExec.StdOut.Readline()
    ' --- Ausgabe auswerten
    if Instr(Output,"Antwort von") > 0 then ' nur Antworten zählen!
    if Instr(Output,"Zeit") = 0 then
    countFehler = CountFehler +1
    else
    countOK = CountOK +1
    end if
    end if
    ' --- Ausgabe weiterreichen
    WScript.Echo output
Wend
CountAnzahl = CountOK + CountFehler

WScript.Echo "------- Auswertung:"
WScript.Echo countFehler & " von " & CountAnzahl & _
" Pings waren fehlerhaft!"
```

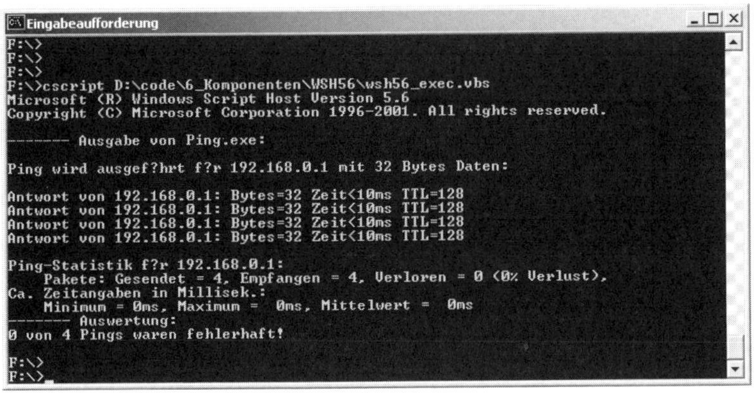

Bild 10.6
Ausgabe des Scripts whh56_exec.vbs: Die Umlaute werden verstümmelt.

Beispiel 2: Prozess gewaltsam beenden Das folgende Beispiel ist eine Modifikation des obigen Beispiels. Das Script enthält eine Unterroutine Ping(), die mithilfe eines Aufrufs von *Ping.exe* prüft, ob ein Host durch genau zehn Pings mindestens einmal erreicht werden kann. Sofern der Host erreicht wird, wird *Ping.exe* sofort beendet. Dabei kommt die Methode Terminate() der Klasse WSHExec zum Einsatz. *Ping.exe* führt im Standard nur vier Pings aus. Mit der Option „-t" werden die Pings endlos ausgeführt. Ohne den Einsatz von Terminate() würde das Script erst enden, wenn die WSH-TimeOut-Zeit erreicht ist.

Ping()-Hilfsroutine

```
' === Prüfen, ob ein Rechner erreichbar ist
dim ergebnis
Const ZIELHOST = "192.168.1.1"
ergebnis = Ping(ZIELHOST)

if ergebnis then
    WScript.echo "Zielhost " & ZIELHOST & " gefunden!"
else
```

Listing 10.16
Nützliche Routine zum Testen, ob ein Rechner erreichbar ist [WSH56_exec_Ping2.vbs]

Kapitel 10 Basisfunktionen

```
        WScript.echo "Zielhost " & ZIELHOST & " nicht erreichbar!"
end if

' ### Liefert True/False, ob Host mindestens 1x erreicht werden kann!
function ping(host)
Dim WSHShell
Dim WSHExec
Dim Fehler
Dim Count
Dim Output

Ping = False
Count = 0

set WSHShell = WScript.CreateObject("WScript.Shell")

' -- Ping-Prozess starten...
set WSHExec = WSHShell.Exec("ping " & host)

' -- Schleife über Ausgaben
do while Not WSHExec.StdOut.AtEndOfStream
    ' --- Ausgabe des Kindprozesses einlesen
    Output= WSHExec.StdOut.Readline()
    ' Antwort?
    if instr(Output,"Antwort von") > 0 then
      ' nur Antworten auswerten
        count = count + 1
          ' gefunden ?
        if Instr(Output,"Zeit") > 0 then
          Ping = True
        end if
    end if

    ' Abbruch?
    if Count = 10 or ping = True then
       WSHExec.Terminate ' sofort beenden
       exit do
    end if

Loop
End Function
```

Beispiel 3: Warten auf Prozessende Das Attribut Status zeigt an, ob der Kindprozess noch läuft. 0 bedeutet, der Prozess läuft. 1 bedeutet, der Prozess ist beendet. Im dritten Beispiel wird *Notepad.exe* gestartet. Das Script wartet so lange, bis der Editor wieder geschlossen wird.

Listing 10.17 Warten auf das Prozessende [WSH56_ notepad.vbs]

```
' === Warten, bis ein Prozess beendet ist

Dim WSHShell
Dim WSHExec

set WSHShell = WScript.CreateObject("WScript.Shell")

' --- Editor-Prozess starten...
set WSHExec = WSHShell.Exec("notepad.exe")
```

```
' --- Warten auf das Prozessende
While Not WSHExec.status = 1
Wend

WScript.echo "Notepad wurde beendet!"
```

>
> **Kritik**
> Die Auswertung der Ausgaben einer Konsolenanwendung wird auch als Screen Scraping bezeichnet. Die gleiche Bezeichnung wird auch verwendet, wenn Computeranwendungen den Inhalt von HTML-basierten Webseiten analysieren. Die Gefahr beim Screen Scraping ist, dass die aufgerufene Anwendung bzw. Webseite das Ausgabeformat ändern und das Screen Scraping dann zu unerwarteten Ereignissen führen kann. Dieses Problem ergibt sich gerade in multinationalen Unternehmen, bei denen die Betriebssystemsprache nicht eindeutig ist. Wenn Sie dann auf die oben dokumentierte Weise die Ausgaben einer Konsolenanwendung auslesen, müssen Sie jede Sprachversion, die vorkommen kann, einzeln behandeln.

Fernsteuerung von Windows-Fenstern

Die WSH Runtime enthält seit Version 2.0 zwei Methoden, um Anwendungen über simulierte Tastatureingaben fernzusteuern. Damit ist es in eingeschränktem Maße möglich, auch Anwendungen ohne COM-Schnittstellen zu automatisieren. **Fenstersteuerung**

- `AppActivate(fenstername)` aktiviert ein Windows-Fenster.
- `SendKeys(tastenfolge)` sendet eine bestimmte Tastenfolge an das aktive Fenster.

Wenn bei `AppActivate()` kein Fenster gefunden wird, das exakt den angegebenen Namen enthält, so wird zunächst ein Fenster gesucht, das mit dem Namen beginnt. Ein letzter Versuch besteht darin, ein Fenster zu finden, das auf diesen Namen endet. Es wird nur das erste Fenster aktiviert, das nach dieser Regel gefunden wird. **AppActivate()**

`SendKeys()` kann neben den üblichen ASCII-Zeichen auch Sondertasten übermitteln. Diese werden durch Kürzel in geschweiften Klammern umschrieben (vgl. Tabelle 10.7). ⇧ (Umschalttaste) wird durch „+" dargestellt, Strg durch „^" und Alt durch „%". Mit runden Klammern können Tasten gruppiert werden, sodass diese als gleichzeitig gedrückt gelten. Sofern ein ASCII-Zeichen gesendet werden soll, das einem der Symbole (~, +, ^, &, (,)) entspricht, muss dieses in geschweifte Klammern gesetzt werden. Die Angabe einer Zahl innerhalb der geschweiften Klammern bedeutet eine Wiederholungsanzahl (Beispiel: {x 10} bedeutet zehnmal „x"). **SendKeys()**

Taste	Umschreibung
←	{BACKSPACE}, {BS}, oder {BKSP}
Pause	{BREAK}
⇧	{CAPSLOCK}
Entf / DEL	{DELETE} oder {DEL}
↓	{DOWN}
Ende	{END}
↵	{ENTER} oder ~
Esc	{ESC}

Tabelle 10.7: Umschreibungen von Sondertasten für `SendKeys()`

Kapitel 10 Basisfunktionen

Taste	Umschreibung
`HELP`	{HELP}
`HOME`	{HOME}
`Einfg` or `INSERT`	{INSERT} oder {INS}
`←`	{LEFT}
`Num⇩`	{NUMLOCK}
`Bild↓`	{PGDN}
`Bild↑`	{PGUP}
`PRINT SCREEN`	{PRTSC}
`→`	{RIGHT}
`SCROLL LOCK`	{SCROLLLOCK}
`⇥`	{TAB}
`↑`	{UP}
`F1`, `F2`, usw.	{F1}, {F2}, usw.

Tabelle 10.7: Umschreibungen von Sondertasten für `SendKeys()` *(Forts.)*

Weiterhin gibt es folgende Sonderbefehle:
- ^{ESC} bedeutet das Aufklappen des Startmenüs.
- ^+{F10} bedeutet das Aufklappen des Kontextmenüs.

Das Problem beim Einsatz der `SendKeys()`-Funktion liegt darin, dass man die Tastatursteuerung sehr exakt nachbilden und sich auf die gleichbleibende Reihenfolge verlassen muss. Wenn ein Fenster geöffnet wird, muss das Script einige Zeit warten, bis es eine Eingabe für das neue Fenster senden kann, da `SendKeys()` keinerlei Feedback empfangen kann oder abwartet. Außerdem kann der Anwender während der Abarbeitung der `SendKeys()`-Befehle das aktive Fenster wechseln und die Tastatureingaben in das falsche Fenster lenken. Die Folgen können katastrophal sein. `SendKeys()` ist also mit großer Vorsicht zu genießen.

```
Dim WSHShell ' As IWSHRuntimeLibrary.IWSHShell_Class
Set WSHShell = CreateObject("WScript.Shell")
' - 5. Eintrag des Start-Menüs auswählen
WSHShell.SendKeys "^{ESC}{UP 5}~~"
```

Listing 10.18: Öffnet aus dem Startmenü den fünften Eintrag von unten. [WSH_tasten.wsf]

Umgebungsvariablen lesen und bearbeiten

WSH-Environment Der Zugriff auf Umgebungsvariablen erfolgt über die Objektmengenklasse `WSHEnvironment`, die eine Erweiterung einer `WSHCollection` ist. Auch hier gibt es eine Zuordnung von zwei Zeichenketten, genau wie bei den Netzlaufwerken und den Druckern. Microsoft hat hier aber eine ganz andere Implementierung gefunden: Innerhalb der Objektmenge sind die einzelnen Einträge über den Namen der Umgebungsvariablen ansprechbar und liefern den Wert zurück. Wird die Objektmenge jedoch mit `For Each` durchlaufen, liefert sie nicht die Namen der Umgebungsvariablen zurück, sondern eine Zeichenkette der Form „Umgebungsvariable=Wert". Diese Zeichenkette muss manuell getrennt werden.

List_env() Das Attribut `Environment()` (wieder einmal ein Attribut mit Parametern!) liefert einen Zeiger auf eine `WSHEnvironment`-Objektmenge. Da es mehrere Rubriken von Umgebungsvariablen gibt, erwartet Environment() einen Parameter, der den Rubriknamen angibt. Es ist aber nicht möglich, die vorhandenen Rubriken von Umgebungen aufzulisten. Es gibt vier Umgebungen: *System, User, Volatile, Process*. Wird keine Umgebung angegeben (Parameter wird weggelassen), dann wird *System* als Standard verwendet.

Die Routine list_env() listet alle Variablen einer bestimmten Rubrik auf. Dabei wird die VB-Funktion Split() eingesetzt, um Name und Wert zu trennen.

```
Sub list_env(rubrik) ' as String
Dim WSHShell ' As IWSHRuntimeLibrary.IWSHShell_Class
Dim envvar, wert ' As String
Dim objEnv 'As IWSHRuntimeLibrary.IWSHEnvironment_Class
Set WSHShell = CreateObject("WScript.Shell")
' Zugriff auf Umgebung
Set objEnv = WSHShell.Environment(rubrik)
say "Anzahl der Umgebungsvariablen: " & objEnv.Count
' Iteration über alle U-Variablen
For Each envvar In objEnv
    wert = Split(envvar, "=")
    say wert(0) & " = " & wert(1)
Next
End Sub
```

Listing 10.19
Auslesen aller Environment-Variablen einer Rubrik [list_env.wsf]

```
Dim WSHShell ' As IWSHRuntimeLibrary.IWSHShell_Class
Dim envvar, neuevar, wert ' As String
Set WSHShell = CreateObject("WScript.Shell")
Dim objEnv ' As IWSHRuntimeLibrary.IWSHEnvironment_Class
' - Auswahl der Umgebung
Set objEnv = WSHShell.Environment("PROCESS")
' -- Zugriff auf Path-Variable
envvar = "Path"
wert = objEnv.Item(envvar)
say envvar & " hat den Wert " & wert
' -- Ändern bzw. Anlegen einer neuen Variablen
say "-- Neue Variable..."
envvar = "ScriptingBuch"
objEnv.Item(envvar) = "d:\buch"
wert = objEnv.Item(envvar)
list_env ("PROCESS")
' -- Entfernen einer Variablen
say "-- Wieder entfernt..."
objEnv.Remove "ScriptingBuch"
list_env ("PROCESS")
```

Listing 10.20
Demo zur Arbeit mit Environment-Variablen [WSH_createEnv.wsf]

Wenn eine Umgebungsvariable nicht existiert, kommt es nicht zu einem Fehler. Als Wert wird lediglich eine leere Zeichenkette zurückgeliefert. Der Schreibzugriff ist möglich. Wenn die Variable nicht existiert, wird sie neu angelegt. WSHEnvironment bietet gegenüber WSHCollection zusätzlich die Methode Remove() an. Remove() liefert keine Fehlermeldung, wenn die Variable, die angesprochen wurde, gar nicht existierte!

```
say "Alle Umgebungsvariablen: (Stand" & Now & ")"
list_env ("SYSTEM")
list_env ("USER")
list_env ("PROCESS")
list_env ("VOLATILE")
```

Listing 10.21: *Ausgabe aller Umgebungsvariablen mithilfe der Routine list_env() [WSH_listEnv.wsf]*

Kapitel 10 Basisfunktionen

ExpandEnvironmentStrings()	Eine Auflösung von Umgebungsvariablen ist auch möglich über WSHShell.ExpandEnvironmentStrings(), wobei dabei in einer Zeichenkette durch „%" eingeschlossene Namen als Umgebungsvariablen interpretiert und aufgelöst werden. Sofern die Umgebungsvariable nicht existiert, unterbleibt die Auflösung.
Listing 10.22 Verwendung von ExpandEnvironmentStrings() [WSH_expand-Env.wsf]	```Dim WSHShell 'As IWSHRuntimeLibrary.IWSHShell_Class
Set WSHShell = CreateObject("WScript.Shell")
say WSHShell.ExpandEnvironmentStrings("Windows ist installiert im %windir% !")
say WSHShell.ExpandEnvironmentStrings("Sie nutzen ein %OS%-System auf einem %PROCESSOR_ARCHITECTURE%") ' Nur NT!
say WSHShell.ExpandEnvironmentStrings("%SYSTEMROOT%\System32")```

Zugriff auf Sonderordner

Special Folders	Die Standorte der Sonderordner des Betriebssystems sind über eine WSHCollection ermittelbar. Sie erhalten einen Zeiger auf die Objektmenge über das Attribut WSHShell.SpecialFolders.
Listing 10.23 Liste aller Sonderordner [WSH_spez-FoldList.wsf]	```Dim WSHShell ' As IWSHRuntimeLibrary.IWSHShell_Class
Set WSHShell = CreateObject("WScript.Shell")
Dim OName ' As String
say "Anzahl der Sonderordner: " & WSHShell.SpecialFolders.Count
For Each OName In WSHShell.SpecialFolders
say OName
Next
End Sub```

Item() ermöglicht den Zugriff auf den Pfad eines Sonderordners, sofern dessen interner Name bekannt ist. Leider gibt es keine Möglichkeit, alle verfügbaren internen Namen aufzulisten!

```
say "Hier liegen Ihre Favoriten:", WSHShell.SpecialFolders.Item("Favorites")
```

Die folgende Liste enthält die internen Namen der Windows-Sonderordner. Dabei sind nicht alle diese Sonderordner in jedem Betriebssystem vorhanden. Der Aufruf von Item() mit einem nicht vorhandenen Sonderordnernamen liefert eine leere Zeichenkette zurück. Achtung: Eine leere Zeichenkette kommt auch zurück, wenn man sich verschreibt!

Tabelle 10.8 Liste der internen Namen der Windows-Sonderordner

AllUsersDesktop	Desktop	NetHood
AllUsersStartMenu	Favorites	PrintHood
AllUsersPrograms	Fonts	Programs
AllUsersStartup	MyDocuments	Recent
SendTo	StartMenu	Templates

Verknüpfungen erstellen

Verknüpfungen verwalten	Die Klasse WSHShell bietet eine Methode CreateShortcut(), die entweder ein Objekt der Klasse WSHShortcut oder WSHURLShortcut liefert. Die WSHShortcut-Klasse ermöglicht die Erstellung von Datei- und Verzeichnisverknüpfungen sowie den Zugriff auf bestehende Verknüpfungen. Ein WSHURLShortcut-Objekt repräsentiert eine Verknüpfung zu einem *Uniform Resource Locator* (URL).
WSHShortcut	**Verknüpfungen zu Ordnern und Dateien**
	Die Klasse bietet folgende Attribute:

- FullName: In dieser Eigenschaft steht der vollständige Suchpfad zum Shortcut-Objekt.
- TargetPath: Der Pfad zum Zielobjekt der Verknüpfung steht in dieser Eigenschaft.
- Hotkey: Hier steht die Definition der Abkürzungstaste zum Aufruf der Verknüpfung.
- Description: Hier steht eine kurze textliche Beschreibung des Verknüpfungsobjekts.
- Arguments: Mit dieser Eigenschaft werden einem Verweis Aufrufargumente zugeordnet.

  WSHShortcut.Arguments = "Arg1 Arg2 Arg3"

  Auch wenn der Name dieses Attributs es suggeriert – WSHShortcut.Arguments ist keine Objektmenge und darf nicht mit WScript.Arguments verwechselt werden. WSHShortcut.Arguments ist ein einfaches Zeichenketten-Attribut, das die Kommandozeilenparameter, die in der Verknüpfung abgelegt werden sollen, in Form einer durch Leerzeichen getrennten Zeichenkette erwartet.
- IconLocation: Ort, an dem das Programmsymbol der Verknüpfung zu finden ist. Die Angabe erfolgt als Paar „Pfad, Index".

  WSHShortcut.IconLocation = "Pfad,Index"
- WindowStyle: Der Stil, mit dem das Programmfenster geöffnet wird, wenn die Aktivierung der Verknüpfung erfolgt, steht in dieser Eigenschaft. Der Stil wird durch einen Zahlwert dargestellt: 1 = normal, 3 = maximiert, 7 = minimiert.
- WorkingDirectory: Arbeitsverzeichnis der Verknüpfung

Speichern von Verknüpfungen

WSHShortcut unterstützt nur eine Methode: Save(). Mit dieser Methode wird das Verweisobjekt an dem im FullName angegebenen Ort gespeichert.

Die Erzeugung neuer Instanzen eines WSHShortcut-Objekts erfolgt mithilfe der Methode CreateShortcut() aus der WSHShell-Klasse.

Set shortcut_obj = WSHShell.CreateShortcut(strFullName)

Als Parameter strFullName muss eine Zeichenkette angegeben werden, die den vollständigen Pfad des Ausgangspunkts der Verknüpfung enthält. Das Ziel der Verknüpfung wird dann jedoch über den Zugriff auf die Attribute des WSHShortcut-Objekts festgelegt. FullName wird beim Erzeugen automatisch auf den Namen gesetzt, der bei CreateShortcut() als Parameter angegeben wurde. Danach kann FullName noch gelesen und neu beschrieben werden.

> Wenn bereits eine Verknüpfung unter diesem Namen existiert, wird sie ohne Vorwarnung überschrieben.

Festlegung eines Hotkeys

Die Definition eines Hotkeys besteht aus der Kombination einer Sondertaste und eines ASCII-Zeichens. Die Sondertasten werden umschrieben durch Zeichenkombinationen (z.B. *ALT+*, *CTRL+*, *SHIFT+*, *EXT*, *ESC*, *ENTER*, *TAB*, *SPACE*, *PRINT SCREEN*, *BACKSPACE*, *TAB*, *CLEAR*).

> Um die Umschreibungen zu ermitteln, legen Sie manuell eine Verknüpfung an und ordnen dieser über das Eigenschaftenfenster eine Tastenkombination manuell zu. Dann lesen Sie diese mithilfe eines Scripts aus!

Notepad-Verknüpfung

Beispiel Das folgende Script erstellt eine Verknüpfung zu dem bei allen Windows-Versionen mitgelieferten einfachen Editor auf dem Desktop. Die Objektmenge Special Folders wird benutzt, um den Pfad des Desktop zu ermitteln, in dem dann mit CreateShortcut() die Verknüpfung erstellt wird.

Listing 10.24
Erstellen einer Verknüpfung [WSH_newshortcut.wsf]

```
Set WSHShell = CreateObject("WScript.Shell")
strDesktop = WSHShell.SpecialFolders("Desktop")
Set ObjShortcut = 
WSHShell.CreateShortcut(strDesktop & "\notepad.lnk")
ObjShortcut.TargetPath = "%windir%\notepad.exe"
ObjShortcut.Hotkey = "ALT+CTRL+F"
ObjShortcut.Arguments = "d:\buch\docs\test.txt"
ObjShortcut.Description = "Ich bin ein sehr einfacher Editor"
ObjShortcut.Save
say "Die Verknüpfung zu Notepad wurde erstellt."
```

Vorhandene Shortcuts bearbeiten Nicht bei Microsoft dokumentiert ist die Möglichkeit, auf bestehende Verknüpfungen zuzugreifen und sie zu verändern. Wenn CreateShortcut() mit dem Pfad einer bestehenden Verknüpfung aufgerufen wird, enthält das zurückgegebene Objekt dessen Eigenschaften. Diese Funktionalität mit CreateShortcut() zu ermöglichen, ist natürlich ungeschickt. Dazu wäre eine zweite Methode namens GetShortcut() besser gewesen (vgl. CreateObject() und GetObject()). Diese Funktionalität ist aber mit Vorsicht zu genießen, da nicht klar ist, ob es sich um eine absichtliche Implementierung oder einen ungewollten Seiteneffekt handelt.

Listing 10.25
Auslesen einer bestehenden Verknüpfung [WSH_shortcutlesen.wsf]

```
Set WSHShell = CreateObject("WScript.Shell")
strDesktop = WSHShell.SpecialFolders("Desktop")
Set ObjShortcut = WSHShell.CreateShortcut(strDesktop & "\notepad.lnk")
say "FullName:" & objshortcut.FullName
say "TargetPath:" & objshortcut.TargetPath
say "Arguments:" & objshortcut.Arguments
say "WindowStyle:" & objshortcut.WindowStyle
say "HotKey:" & objshortcut.Hotkey
say "Description:" & objshortcut.Description
say "WorkingDirectory:" & objshortcut.WorkingDirectory
say "IconLocation:" & objshortcut.IconLocation
```

WSHURLShortcut **URL-Verknüpfungen** Wenn der Parameter bei CreateShortcut() die Endung *.url* hat, ist das Ergebnis von CreateShortcut() kein WSHShortcut-Objekt, sondern ein WSHURLShortcut-Objekt. Die Ziel-URL wird in TargetPath geschrieben. Mithilfe einer URL-Verknüpfung können Sie komplexe URLs auf einfache Weise im Dateisystem speichern und wie eine Datei weitergeben.

Listing 10.26
Anlegen einer URL-Verknüpfung [WSH_urlshortcut.wsf]

```
Set WSHShell = CreateObject("WScript.Shell")
strDesktop = WSHShell.SpecialFolders("Favorites")
Set objshortcut = WSHShell.CreateShortcut(strDesktop & _
"\ Die Website zum Buch.url")
objshortcut.TargetPath = "http://www.windows-scripting.de"
objshortcut.Save
say "Dieser Link wurde gespeichert in: " & objshortcut.FullName
say "Der Link verweist auf " & objshortcut.TargetPath
```

10.2 Scripting-Laufzeitumgebung (Scripting Runtime Library)

Die *Scripting-Laufzeitumgebung* ist eine bunte Mischung von Funktionen aus folgenden Bereichen:

Bestandteile der Scripting Runtime Library

- Zugriff auf Dateien und Ordner (komplexe Objekthierarchie mit der Stammklasse FileSystemObject). Dieser Teil der Scripting-Laufzeitumgebung wird auch *File System Objects (FSO)* genannt.
- Zugriff auf die Textdateien sowie die Standardein- und -ausgabe (Klasse Textstream)
- Speicherung beliebiger Daten in verketteten Listen (Klasse Dictionary)
- Verschlüsselung von Script-Quellcode (Klasse Encoder). Diese Klasse wird im Kapitel 19 „Fortgeschrittene Techniken" besprochen.

Die Scripting Runtime Library ist längst nicht mehr nur eine Unterstützungsbibliothek für das Scripting, sondern auch im großen Visual Basic eine häufig genutzte Komponente.

Name und Abkürzung	Scripting Runtime Library / File System Objects (FSO)
Name der Komponentendatei	SCRRUN.DLL
Interner Name der Typbibliothek	Scripting
Helpstring der Typbibliothek	Microsoft Scripting Runtime
Hersteller	Microsoft
Lizenzierung	Bestandteil des Betriebssystems/ kostenloses Add-on
Besprochene Version	5.8
NT 4.0 und Windows 9x	Installation WSH 5.6 [CD:install/hosts/WSH] oder [MSSC04A]
Windows 2000	Version 5.1 enthalten; Update auf 5.6 durch WSH 5.6-Setup [CD:install/hosts/WSH] oder [MSSC04A]
Windows XP	Version 5.6.6626 enthalten, Update auf 5.7 möglich
Windows Server 2003	Version 5.6.7727 enthalten, Update auf 5.7 möglich
Windows Vista/Windows Server 2008	Version 5.7.0 enthalten
Windows 7/Windows Server 2008 R2	Version 5.8.7600 enthalten
Position der Originaldokumentation in der MSDN-Library	Web Development|Scripting|Documentation|Windows Script Technologies|Script Runtime

Tabelle 10.9 Schnellinfo Scripting Runtime Library

10.2.1 Daten speichern in der Dictionary-Klasse

Ein Dictionary-Objekt ist ein Container zur Speicherung einer beliebigen Art von Daten. Da jedem Eintrag nicht nur eine Zahl, sondern auch eine Zeichenkette als Schlüssel zugeordnet werden kann, entspricht ein Dictionary-Objekt den assoziativen Arrays in der Scriptsprache PERL bzw. einem Teil der Funktionalität dynamischer Objekte in JScript.

Dictionaries

Kapitel 10 · **Basisfunktionen**

Instanzi- Die Klasse Dictionary wird von der Scripting Runtime-Komponente angeboten:
ierung Set objDic = CreateObject("Scripting.Dictionary")

Bild 10.7
Ansicht der
Dictionary-
Klasse im
VB 6.0-Objekt-
katalog

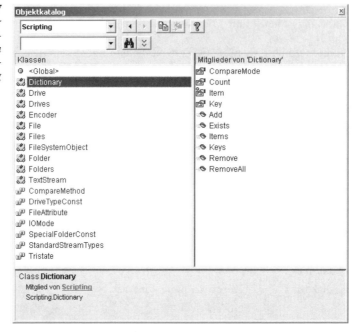

Vergleich zu **Dictionary versus Collection** Die Dictionary-Klasse ähnelt der Klasse Collection, die in
Objekt- VB 6.0 und VBA verfügbar ist. Die Unterschiede sind folgende:
mengen
- Eine Collection kann nur Objektzeiger aufnehmen, ein Dictionary-Objekt kann Objektzeiger und jeden beliebigen Datentyp aufnehmen.
- Die Leistung des Dictionary-Objekts ist wesentlich höher als die Leistung einer Visual Basic-Collection.
- Ein Dictionary-Objekt implementiert einige zusätzliche Methoden und Attribute.
- Die Iteration mit For...Each hat eine andere Semantik.

Gemein- Folgende Dictionary-Funktionalitäten entsprechen der Klasse Collection in VB 6.0/VBA:
same Funk-
tionen
- Das Einfügen neuer Elemente erfolgt mit der Methode add(), wobei zuerst ein Schlüssel und dann der Wert übergeben werden muss.

  objDic.Add key, item

- Das Entfernen von Elementen erfolgt mit Remove().

  objDic.Remove key

- Das Count-Attribut liefert die Anzahl der enthaltenen Elemente.

  objDic.Count

- Der Zugriff auf ein bestimmtes Element über den Schlüssel ist realisiert mit Hilfe von Item().

  objDic.Item(key)

Weitere Funktionen der Dictionary-Klasse

Darüber hinaus werden folgende Funktionen nur in Dictionary-Objekten bereitgestellt:

- Die Überprüfung, ob ein bestimmter Schlüssel existiert

  objDic.Exists(key)

- Das nachträgliche Ändern eines Schlüssels

  objDic.Key(key) = newkey

- Die Übergabe aller Schlüssel in Form eines Array

  objDic.Keys

- Die Übergabe aller Werte in Form eines Array

  objDic.Items

- Das Löschen aller Einträge mit einem Befehl

  objDic.RemoveAll

- Die Festlegung, ob die Schlüssel case-sensitive oder case-insensitive sind. Groß- und Kleinschreibung wird folgendermaßen unterschieden:

  objDic.CompareMode = 0 'vbBinaryCompare

  Und so gibt es keinen Unterschied zwischen Groß- und Kleinschreibung:

  objDic.CompareMode = 1 'vbTextCompare

Ein großer Unterschied besteht bei der Verwendung von For Each: Während in VB-Objektmengen damit eine Iteration über die enthaltenen Objektzeiger erfolgt, liefert das Dictionary-Objekt immer die *Schlüssel* – nicht die Werte! – in Form von elementaren Zeichenkettenvariablen zurück. Das passiert also auch dann, wenn das Dictionary-Objekt Objektzeiger enthält. Die Iteration muss demnach folgendermaßen aussehen:

```
For Each key In objDic
  say key & " = " & objDic.Item(key)
Next
```

Beispiel

Dictionary-Beispiel Das Beispiel zeigt die Verwendung von Add(), Remove(), Item() und Count: Zunächst werden fünf Elemente eingefügt, davon bewusst zwei mit gleichem Text, aber unterschiedlicher Groß-/Kleinschreibung. Alle Elemente werden mit For Each ausgegeben. Danach wird ein Element gelöscht. Daraufhin meldet das Script, dass sich nun noch vier Elemente in dem Dictionary-Objekt befinden. Am Ende werden alle Elemente gelöscht, so dass die letzte Ausgabe „0 Elemente" ist.

Listing 10.27 Jonglieren mit Zeichenketten in einem Dictionary-Objekt [dic_test.wsf]

```
Dim objDic ' As Scripting.Dictionary
Dim key
' --- Instanziieren
Set objDic = CreateObject("Scripting.Dictionary")
' --- Vergleichsmodus setzen: Unterscheidung ein
objDic.CompareMode = 0 'vbBinaryCompare
' --- Füllen
objDic.Add "Buch", "Windows- und BackOffice-Scripting"
objDic.Add "Autor", "Holger Schwichtenberg"
objDic.Add "Verlag", "Addison-Wesley"
objDic.Add "bemerkung", "erschienen im Jahr 2000"
objDic.Add "Bemerkung", "Ein gutes Buch"
' --- Ausgabe
For Each key In objDic
    say key & " = " & objDic.Item(key)
Next
```

Kapitel 10 **Basisfunktionen**

```
' --- Ein Element löschen
objDic.Remove ("Bemerkung") ' Selbstbeweihräucherung raus ;-)
' --- Ausgabe
say "Jetzt sind noch " & objDic.Count & " Elemente drin!"
' --- Alle Elemente löschen
objDic.RemoveAll
' --- Ausgabe
say "Jetzt sind noch " & objDic.Count & " Elemente drin!"
```

Listing 10.28
Ausgabe des
obigen Script

```
Buch = Windows- und BackOffice-Scripting
Autor = Holger Schwichtenberg
Verlag = Addison-Wesley
bemerkung = erschienen im Jahr 2000
Bemerkung = Ein gutes Buch
Selbstbeweihräucherung raus... ;-)
Jetzt sind noch 4 Elemente drin!
Jetzt sind noch 0 Elemente drin!
```

10.2.2 File System Objects (FSO)

File System
Objects

Die *File System Objects (FSO)* sind eine Ansammlung von COM-Klassen innerhalb der Scripting Runtime-Komponente. Sie bieten einen eleganten Zugang zum Windows-Dateisystem. FSO ist ein Objektmodell im Rahmen der Scripting Runtime-Komponente; seinen Namen hat es von seiner Stammklasse.

Während das große Visual Basic und VBA seit jeher über eigene Dateisystemzugriffsfunktionen verfügen (z.B. `Dir()`, `Open()`,...), wurden diese in Visual Basic Script bewusst nicht implementiert. Das erste Anwendungsfeld für VBScript war der Internet Explorer, und dort sollte aus Sicherheitsgründen kein Zugriff auf das lokale Dateisystem des Webclients möglich sein. Andernfalls hätte ein Internet Content Provider leicht ein Script schreiben können, das den Inhalt der Festplatte des Surfers scannt und beim nächsten Seitenabruf gezielt Informationen an den Webserver überträgt.

Für andere Anwendungsgebiete des Scripting (z.B. ASP, WSH) ist jedoch der Zugriff auf das Dateisystem eine wichtige Funktion. Mit FSO stellt Microsoft eine Komponente zur Verfügung, die einen objektbasierten Zugriff auf das Dateisystem ermöglicht und damit weit komfortabler ist als die traditionellen Zugriffsmethoden aus VB und VBA. Daher ist seit den Versionen 6.0 FSO auch die empfohlene Vorgehensweise für den Dateizugriff im großen VB und VBA.

Funktionsüberblick

Funktionen

FSO bietet folgende Möglichkeiten:
- Direkter Zugriff auf einzelne Laufwerke, Ordner und Dateien
- Direkter Zugriff auf Sonderordner
- Iteration über Laufwerke und Ordner
- Zusammensetzung und Aufspaltung von Pfadangaben
- Anlegen, Verschieben, Kopieren und Löschen von Ordnern
- Verschieben, Kopieren und Löschen von Dateien jeden Typs
- Anlegen, Lesen und Beschreiben von Textdateien
- Lesen und Verändern von Laufwerks-, Ordner- und Dateieigenschaften
- Direkter Zugriff auf Sonderordner
- Zugriff auf die Standardein- bzw. -ausgabe
- Ändern von Dateiattributen

- Zugriff auf Dateilänge und Daten (DateCreated, DateLastAccessed, DateLastModified)
- Versionsinformationen von DLLs

Folgende Funktionen, die in Zusammenhang mit dem Dateisystem anfallen, deckt FSO jedoch nicht ab:

Fehlende Funktionen

- Anlegen, Lesen und Beschreiben von binären Dateien
- Suchfunktion über das Dateisystem
- Zugriff auf den Sperrstatus einer Datei
- Zugriff auf Sicherheitsinformationen
- Zugriff auf Verzeichnisfreigaben
- Zugriff auf erweiterte Dateiattribute (z.B. Autorenname bei Word-Dokumenten)
- Zugriff auf die Kontextmenüeinträge einer Datei
- Meldung von Dateisystemereignissen (neue Datei, Dateiänderung etc.)

Die Unterstützung binärer Dateien ist für eine kommende Version von FSO geplant. Für den Zugriff auf die Sicherheit gibt es mit *ADSSecurity.dll* inzwischen eine eigene Komponente. Den Zugriff auf Verzeichnisfreigaben ermöglichen die Komponenten *ADSI* und *WMI*.

Andere Komponenten für das Dateisystem

Den Zugriff auf die Kontextmenüeinträge ermöglicht die Komponente *Shell Objects*. Diese Komponente überschneidet sich hinsichtlich der Funktionalität zum Teil mit FSO, realisiert den Zugriff auf das Dateisystem jedoch in einem etwas anderen Objektmodell.

Auch WMI ermöglicht den Zugriff auf das Dateisystem. Hier sind auch die Suche (auf Basis von WQL) und das Abfangen von Ereignissen möglich.

FSO-Objektmodell

Zentrale Klasse ist FileSystemObject, die das ganze Dateisystem repräsentiert und zentrale Methoden bereitstellt. Von FileSystemObject aus gibt es grundsätzlich zwei Wege zu den Unterelementen:

FSO-Objektmodell

- Das Entlanghangeln anhand der Objekthierarchie
- Den direkten Zugriff auf ein Dateisystemelement über dessen Pfad

FileSystemObject ist die Stammklasse und einzige instanziierbare Klasse im FSO-Objektmodell, so dass deren Instanziierung immer der erste Schritt sein muss. FSO besitzt keine Attribute mit elementaren Werten, sondern neben zahlreichen Methoden nur den Verweis auf vier Unterobjekte.

> Als Pfadangaben können bei FSO grundsätzlich auch UNC-Pfade verwendet werden. Dabei kann man auch auf entfernte Rechner über Freigaben zugreifen, ohne dass zuvor ein Netzlaufwerk verbunden werden muss, z.B. *computername*\c$*Verzeichnis*. Voraussetzung ist natürlich, dass der Benutzer, unter dem das Script läuft, die notwendigen Rechte für die Nutzung der Freigabe hat.

```
DIM FSO ' As Scripting.FileSystemObject
Set fso = CreateObject("Scripting.FileSystemObject")
```

FSO ist leicht zu erlernen, weil es für jeden Windows-Nutzer sehr anschaulich ist: Es spiegelt Elemente wider, die der Anwender jeden Tag an seinem PC vor Augen hat. FSO eignet sich daher gut für Übungen zu Objekten und Objektmengen, insbesondere auch zum Erlernen rekursiver Funktionen.

Drives, Folders, Files Die Laufwerke bilden eine Objektmenge Drives, die einzelne Drive-Objekte enthält. Über das Attribut RootFolder gelangt man zu einem Folder-Objekt. Ein Folder-Objekt enthält zwei Objektmengen. In der einen sind die Dateien enthalten (Files), in der anderen die Ordner. Dabei weicht hier der Attributname (Subfolders) von dem Klassennamen (Folders) ab. Eine Folders-Objektmenge enthält wieder Folder-Objekte, so dass eine Rekursion in dem Objektbaum entsteht. Ein File-Objekt repräsentiert eine einzelne Datei beliebigen Typs.

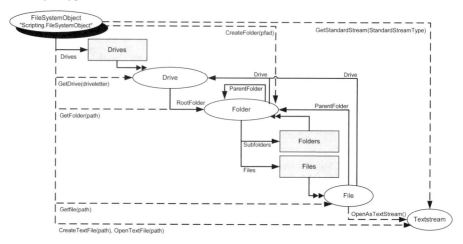

Bild 10.8 Das FSO-Objektmodell

Tabelle 10.10 FSO-Klassen

Klasse	Erläuterung
FileSystemObject	Stammklasse, die als einzige instanziierbar ist. Diese Klasse dient auch der Erzeugung neuer Instanzen der anderen Klassen.
Drive	Repräsentiert ein Laufwerk.
Drives	Liste aller verfügbaren Laufwerke (nicht nur Festplatten, sondern alle Arten von Laufwerken, die im Windows-Explorer angezeigt werden können), also Diskettenlaufwerk, Festplatte, CD, andere Wechselmedien und auch Laufwerksverknüpfungen.
File	Repräsentiert eine Datei.
Files	Liste aller Dateien in einem Ordner
Folder	Repräsentiert einen Ordner.
Folders	Liste aller Ordner in einem Laufwerk oder einem übergeordneten Ordner
TextStream	Repräsentiert eine Textdatei oder einen Standard-I/O-Stream.

10.2.3 Zugriff auf die Dateisystemstruktur

Zunächst wird diskutiert, wie man mit Ordnern und Dateien arbeitet. In Kapitel 11.2.3 folgt dann das Lesen und Schreiben von Dateiinhalten.

Lesezugriff auf das Dateisystem

Drives Das erste FSO-Script listet alle Laufwerke auf. Wie das Beispiel zeigt, gibt es nur wenige Eigenschaften, die auf jeden Fall ausgelesen werden können (Driveletter, DriveTyp, ShareName und Path). Der Zugriff auf medienabhängige Eigenschaften ist dagegen nur möglich, wenn sich auch ein lesbares Medium in dem Laufwerk befindet. Dies sollte mit isready() überprüft werden, bevor ein Zugriff auf die medienabhängigen Eigenschaften erfolgt.

```
Dim FSO       ' As Scripting.FileSystemObject
Dim oDrive    ' As Scripting.Drive
Set FSO = CreateObject("Scripting.FileSystemObject")
For Each oDrive In FSO.Drives
    say "--- Allgemeine Daten"
    say "DriveLetter: " & oDrive.DriveLetter
    say "DriveType: " & oDrive.DriveType
    say "ShareName: " & oDrive.ShareName
    say "Path: " & oDrive.Path
    If oDrive.IsReady Then
        say "--- Medienabhängige Daten"
        say "IsReady: " & oDrive.IsReady
        say "SerialNumber: " & oDrive.SerialNumber
        say "FileSystem: " & oDrive.FileSystem
        say "VolumeName: " & oDrive.VolumeName
        say "--- Mediengröße"
        say "TotalSize: " & oDrive.TotalSize
        say "FreeSpace: " & oDrive.FreeSpace
        say "AvailableSpace: " & oDrive.AvailableSpace
    End If
Next
```

Listing 10.29
Ausführliche Liste der Laufwerke [fso_drives.wsf]

Ordnerinhalte auflisten Eine der wichtigsten Aufgaben beim Umgang mit dem Dateisystem ist sicherlich das Auflisten der Dateien in einem Ordner im Dateisystem. Das Script in folgenden Listing gibt alle Unterordner und Dateien des Verzeichnisses *c:\temp* aus. Nach den Variablendeklarationen wird ein FileSystemObject-Objekt erstellt und die Referenz in der Variablen FSO gespeichert.

Mit der Methode FSO.FolderExists() prüft das Script zur Vermeidung von Laufzeitfehlern zunächst, ob das aufzulistende Verzeichnis überhaupt existiert. Nun wird durch die FSO.GetFolder()-Methode eine Referenz auf das Verzeichnis in Form eines Folder-Objekts in der Variablen Verzeichnis gespeichert. Die erste For Each-Schleife durchläuft die SubFolders-Objektmenge des Folder-Objekts. Die Menge enthält einzelne Folder-Objekte für jeden einzelnen Unterordner. Die Files-Objektmenge enthält für jede einzelne im Ordner vorhandene Datei einzelne File-Objekte. Die zweite For Each-Schleife durchläuft die Files-Objektmenge des Folder-Objekts und gibt die Namen der enthaltenen Dateien aus. Dabei wird durch die Echo-Methode des WScript-Objekts das Attribut Name jedes einzelnen File-Objekts bzw. Folder-Objekts ausgegeben.

```
Option Explicit
' Deklaration der Variablen
Dim FSO, Verzeichnis, UnterVerzeichnis, Datei
' Konstanten definieren
Const VerzeichnisName="C:\temp"
'Objekt erzeugen
Set FSO = CreateObject("Scripting.FileSystemObject")
' Wenn das Verzeichnis existiert
if FSO.FolderExists(VerzeichnisName) then
    Set Verzeichnis = FSO.GetFolder(VerzeichnisName)
    WScript.Echo "Inhalt von " & Verzeichnis
    'Alle Unterverzeichnisse auflisten
    for each UnterVerzeichnis in Verzeichnis.subfolders
```

Listing 10.30
Das Script listet den Inhalt eines Ordners ohne Rekursion auf. [fso_OrdnerInhalt.wsf]

```
        Wscript.echo UnterVerzeichnis.Name
      next
      'Alle Dateien auflisten
      'Über alle Dateien im Verzeichnis iterieren
      For Each Datei In Verzeichnis.Files
          WScript.Echo Datei.Name
      Next
    else
      WScript.Echo "Fehler: Das Verzeichnis " & VerzeichnisName & " existiert nicht!"
    end if
```

Listfolder() **Rekursion über Unterordner** Der kleine Olymp der FSO-Programmierung ist die Rekursion über einen ganzen Verzeichnisbaum. Dabei wird nicht nur der Inhalt eines Ordners aufgelistet, sondern – sofern der Ordner Unterordner enthält – auch der Inhalt der Unterordner und der Inhalt der Unterordner der Unterordner usw.

Das Listing ist kürzer, als man vielleicht meint. Die Rekursion steckt in der Methode Listfolder(), die sich immer wieder selbst aufruft. Übergeben werden der Pfad eines Ordners und eine Ebenennummer, wobei diese optional ist.

Listing 10.31
Rekursive Liste von Ordnerinhalten [fso_rekInhalt.wsf]

```
Option Explicit
' Deklaration der Variablen
Dim FSO, Verzeichnis, UnterVerzeichnis, Datei
' Konstanten definieren
Const VerzeichnisName="c:\temp"
'Objekt erzeugen
Set FSO = CreateObject("Scripting.FileSystemObject")
' Wenn das Verzeichnis existiert
if FSO.FolderExists(VerzeichnisName) then
  WScript.Echo "Inhalt von " & Verzeichnis
  listfolder VerzeichnisName, 0
else
  WScript.Echo "Fehler: Das Verzeichnis " & VerzeichnisName & " existiert nicht!"
end if

' ### Hilfsroutine: Rekursion über Ordnerinhalte
Sub listfolder(Verzeichnis, ebene)
  Set Verzeichnis = FSO.GetFolder(Verzeichnis)
  'Alle Dateien auflisten
  'Über alle Dateien im Verzeichnis iterieren
  For Each Datei In Verzeichnis.Files
      WScript.Echo ebene & Space(ebene) & Datei.Name
  Next
  'Alle Unterverzeichnisse auflisten
  For Each UnterVerzeichnis in Verzeichnis.subfolders
     Wscript.echo ebene & Space(ebene) & UnterVerzeichnis.Name
     ' Rekursion
     listfolder UnterVerzeichnis.Path, ebene + 1
  next
End Sub
```

Bild 10.9
Beispielausgabe des rekursiven Script

Direkter Zugriff mit den Get-Methoden Der ebenenweise Abstieg im Verzeichnisbaum ist dann sinnvoll, wenn eine Datei gesucht oder eine Liste erstellt werden soll. Für den Zugriff auf eine bestimmte Datei, deren Pfad und Namen man kennt, ist der ebenenweise Abstieg vergleichbar mit dem Abstieg in Serpentinen von einem Berg, anstatt den Sessellift zu benutzen. Sicherlich hat das seinen Reiz, es ist aber nicht besonders effizient.

Direkter Abstieg

Die Klasse FileSystemObject stellt daher drei Methoden für den direkten Zugriff auf die Dateisystemeinträge bereit:

GetDrive(), GetFolder(), GetFile()

- GetDrive(laufwerksname)
- GetFolder(pfad)
- GetFile(pfad)

Das folgende Listing zeigt dementsprechend drei gültige und drei ungültige Aufrufe. In den letzten drei Beispielen entspricht die Spezifikation des Pfads nicht dem Typ des Dateisystemeintrags. Tolerant ist FSO jedoch hinsichtlich dessen, ob Sie einen Laufwerksbuchstaben als einfachen Buchstaben (D), mit Doppelpunkt (D:) oder mit Doppelpunkt und Backslash (D:\) angeben. Grundsätzlich kann die Funktion von GetDrive() auch immer mit GetFolder() abgebildet werden. Wenn allerdings kein Medium in einem Laufwerk ist, schlägt ein GetFolder() auf dieses Laufwerk fehl, während GetDrive() keinen Fehler liefert.

```
' - gültige Aufrufe
Set x = FSO.GetDrive("D:\")
Set x = FSO.GetFolder("D:\")
Set x = FSO.GetFile("D:/buch/vertrag.txt")
' - ungültige Aufrufe
'Set x = fso.GetDrive("D:/buch")
'Set x = fso.GetFolder("D")
'Set x = fso.GetFile("D:/buch/")
```

Listing 10.32
Verwendung von Pfaden in den Get-Methoden [fso_pfade.wsf]

FSO ist tolerant hinsichtlich der Verwendung von Slash („/") und Backslash („\") in Pfadangaben. Beide Schreibweisen werden akzeptiert, anders also als bei der Kommandozeilenebene, die dafür nur den Backslash akzeptiert und die Verwendung eines Slash als Kommandozeilenparameter interpretiert. Alle von FSO zurückgelieferten Pfadangaben verwenden jedoch immer den korrekten Backslash.

Eigenschaften **Datei- und Ordnereigenschaften** In der `File`- und in der `Folder`-Klasse gibt es im Wesentlichen die gleichen Attribute für Informationen über die Datei- bzw. Ordnereigenschaften.

Jede Datei verfügt über Eigenschaften in Datumsform (`DateCreated`, `DateLastAccessed`, `DateLastModified`) sowie Eigenschaften in Ja/Nein-Form (z.B. Schreibschutz, Archiv, System).

Das folgende Script funktioniert daher sowohl mit einem `File`- als auch mit einem `Folder`-Objekt. Beachten Sie, dass die Eigenschaft `ParentFolder` nicht den Pfad, sondern den Zeiger auf ein `Folder`-Objekt liefert. Sie erhalten den Pfad daher über `obj.ParentFolder.Path`.

Listing 10.33
Ausgabe von Dateiattributen [fso_Dateieigenschaften.wsf]

```
Dim FSO      ' As Scripting.FileSystemObject
Dim obj      ' File oder Folder
' -- FSO erzeugen
Set FSO = CreateObject("Scripting.FileSystemObject")
' -- Bindung an Datei oder Ordner
Set obj = FSO.GetFile("d:\buch\docs\test.xls")
'Set obj = FSO.GetFolder("d:\buch\docs")
' -- Ausgabe der Eigenschaften
say "Standort: " & obj.ParentFolder.Path
say "Typ: " & obj.Type
say "Größe: " & obj.Size
say "Erzeugt am: " & obj.DateCreated
say "Zuletzt geändert am: " & obj.DateLastModified
say "Zuletzt gelesen am: " & obj.DateLastAccessed
say "Attribute: " & fileatt_to_string(obj.Attributes)
```

Bit-Flag-Eigenschaften Das Auslesen und Setzen der Ja/Nein-Dateieigenschaften erfordert etwas mehr Programmierverständnis. Diese Eigenschaften werden in Form von Bit-Flags (siehe Tabelle 10.11) in einem einzigen Objektattribut abgelegt. Das Attribut `Attributes` enthält eine Zahl, die die Summe der gesetzten Dateieigenschaften repräsentiert. Eine Datei, die schreibgeschützt, versteckt und komprimiert ist, besitzt in `Attributes` den Wert 131 (1+ 2+128). Um die eigentlichen Attribute zu ermitteln, wird der numerische Attributwert mit dem logischen AND-Operator in die einzelnen Flags zerlegt. Für jeden gefundenen Wert wird eine passende Zeichenkette in der Variablen `Ausgabe` abgelegt. Am Schluss des Script werden störende Leerzeichen durch die `Trim()`-Funktion entfernt und die Attributwerte ausgegeben (siehe Bild 10.10).

Tabelle 10.11 Dateieigenschaften, die in Attributes gespeichert sind

Attributwert	Beschreibung
1	schreibgeschützt
2	versteckt
4	System
8	Laufwerk
32	Archiv
64	Verknüpfung
128	komprimiert

Scripting-Laufzeitumgebung (Scripting Runtime Library)

```
' Deklaration der Variablen
Dim FSO, Datei, Ausgabe
' Konstanten definieren
Const Dateiname="d:\buch\docs\test.xls"
'Objekt erzeugen
Set FSO = CreateObject("Scripting.FileSystemObject")
' Gibt es die Datei?
if FSO.FileExists(Dateiname) then
  Set Datei = FSO.GetFile(Dateiname)
  say "Größe der Datei: " & Datei.Size & " Bytes."
  say "Typ der Datei: " & Datei.Type
  say "Attribute der Datei: " & Datei.Attributes
  say "Erstellt am " & Datei.DateCreated
  say "Geändert am " & Datei.DateLastAccessed
  say "Letzter Zugriff " & Datei.DateLastModified
  ' Dateiattribute ermitteln
  If Datei.attributes and 0 Then   Ausgabe = Ausgabe & "Normal "
  If Datei.attributes and 1 Then   Ausgabe = Ausgabe & "Nur-Lesen "
  If Datei.attributes and 2 Then   Ausgabe = Ausgabe & "Versteckt "
  If Datei.attributes and 4 Then   Ausgabe = Ausgabe & "System "
  If Datei.attributes and 32 Then  Ausgabe = Ausgabe & "Archiv "
  If Datei.attributes and 64 Then  Ausgabe = Ausgabe & "Link "
  If Datei.attributes and 128 Then Ausgabe = Ausgabe & "Komprimiert "
else
  say "Datei " & Dateiname & " wurde nicht gefunden!"
end if
say "Die Datei " & Dateiname & _
  " besitzt die Attribute [" & Trim(Ausgabe) & "]"
```

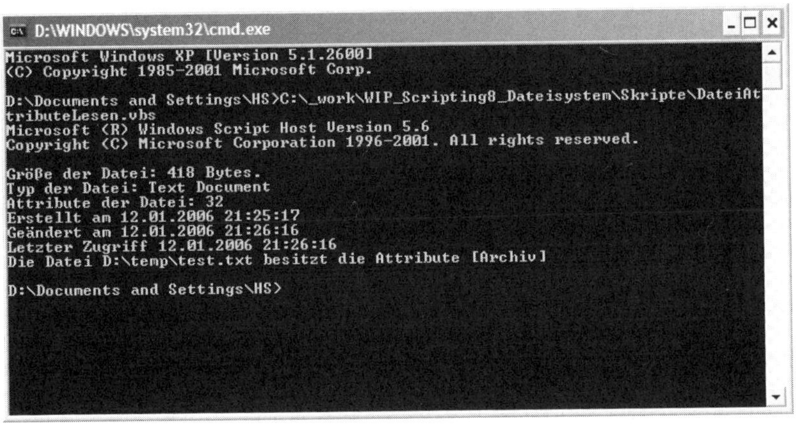

Listing 10.34
Auslesen von Dateieigenschaften [FSO_Dateieigenschaften_Lesen.wsf]

Bild 10.10
Ausgabe von Dateieigenschaften

Die Methode fileatt_to_string() ist eine allgemeine Hilfsroutine für die Umwandlung.

```
Function fileatt_to_string(att)
  ' Att as Long
  ' -- Array mit Konstanten für FileAttribute
  Dim arrFileAttribute(8, 2)
  arrFileAttribute(0, 0) = "Normal"
  arrFileAttribute(0, 1) = 0
  arrFileAttribute(1, 0) = "ReadOnly"
  arrFileAttribute(1, 1) = 1
```

Listing 10.35
Diese Hilfsroutine liefert die Dateieigenschaften als Zeichenkette. [fileatt_to_string.wsf]

Kapitel 10 Basisfunktionen

```
                arrFileAttribute(2, 0) = "Hidden"
                arrFileAttribute(2, 1) = 2
                arrFileAttribute(3, 0) = "System"
                arrFileAttribute(3, 1) = 4
                arrFileAttribute(4, 0) = "Directory"
                arrFileAttribute(4, 1) = 16
                arrFileAttribute(5, 0) = "Archive"
                arrFileAttribute(5, 1) = 32
                arrFileAttribute(6, 0) = "Alias"
                arrFileAttribute(6, 1) = 1024
                arrFileAttribute(7, 0) = "Compressed"
                arrFileAttribute(7, 1) = 2048
                ' -- Umwandlung
                fileatt_to_string = get_from_array_mult(att, arrFileAttribute)
                End Function
```

Dateieigenschaften setzen Ein Script kann selbstverständlich auch schreibend auf die Dateieigenschaften zugreifen, wie das folgende Beispiel zum Umbenennen einer Datei zeigt. Die Benennung einer Datei ist einfach möglich, indem man dem Attribut Name eine neue Zeichenkette zuweist. Unbedingt beachten muss man dabei, dass als neuer Name nur der Dateiname, nicht der komplette Pfad anzugeben ist.

Listing 10.36
Umbenennen einer Datei [FSO_Datei_Umbenennen.wsf]

```
' Deklaration der Variablen
Dim Dateisystem, Datei
' Konstanten definieren
Const DateiPfadAlt="d:\buch\docs\test.xls"
Const DateiNameNeu="d:\buch\docs\neuertest.xls "
'FSO-Objekt erzeugen
Set DateiSystem = CreateObject("Scripting.FileSystemObject")
'File-Objekt gewinnen
Set Datei = Dateisystem.GetFile(DateiPfadAlt)
'Neuen Namen setzen
Datei.Name = DateiNameNeu
'Erfolgsmeldung ausgeben
say "Datei wurde umbenannt!"
```

Auch die in Attributes gespeicherten Flags kann man beeinflussen (Listing 10.37). Das Entfernen von Flags erfolgt durch die logische UND-Verknüpfung des aktuellen Werts mit dem zu entfernenden Flag (NOT x). Das Setzen von Attributen ist kürzer zu erzielen durch die logische OR-Verknüpfung des aktuellen Werts mit dem Flag.

Listing 10.37
Dateiflags ändern [FSO_Dateieigenschaften_Setzen.wsf]

```
' Deklaration der Variablen
Dim FSO, Datei, Ausgabe
' Konstanten definieren
Const Dateiname="d:\buch\docs\test.xls"
'Objekt erzeugen
Set FSO = CreateObject("Scripting.FileSystemObject")
' Gibt es die Datei?
if FSO.FileExists(Dateiname) then
  Set Datei = FSO.GetFile(Dateiname)
Datei.Attributes = Datei.Attributes and not 1 ' Schreibschutz-Flag entfernen
Datei.Attributes = Datei.Attributes and not 32 ' Archiv-Flag entfernen
Datei.Attributes = Datei.Attributes or 1 ' Schreibschutz setzen
Datei.Attributes = Datei.Attributes or 32' Archiv-Flag setzen
else
  say "Datei " & Dateiname & " wurde nicht gefunden!"
end if
```

Scripting-Laufzeitumgebung (Scripting Runtime Library)

Neu in Version 5.1 der Scripting Runtime Library wurde eine Funktion zur Ermittlung der Dateiversionen eingeführt.

Dateiversion

```
Dim FSO ' As Scripting.FileSystemObject
Dim strSystemFolder ' As String
Set FSO = CreateObject("Scripting.FileSystemObject")
strSystemFolder = FSO.GetSpecialFolder(1)
say FSO.GetFileVersion(strSystemFolder & "\scrrun.dll")
```

Listing 10.38: Mit diesem Script ermittelt FSO selbst seine eigene Version. GetSpecialFolder(1) liefert den Pfad zum Systemverzeichnis. [fso_filevers.wsf]

GetSpecialFolder() kennt als weitere mögliche Parameter nur den Windows-Ordner (0) und den *Temp*-Ordner (2). GetFileVersion() liefert keine Fehlermeldung, sondern eine leere Zeichenkette zurück, wenn die Datei nicht existiert.

Dateisystemoperationen

Dateisystemoperationen wie Kopieren, Verschieben oder Löschen sind einerseits auf der Ebene des FileSystemObject, andererseits auf der Ebene der File- bzw. Folder-Klasse möglich. Sowohl die Klasse File als auch die Klasse Folder stellt die Methoden Copy(), Move() und Delete() bereit. Die FileSystemObject-Klasse bietet die Methoden CopyFile(), CopyFolder(), MoveFile(), MoveFolder(), DeleteFile() und DeleteFolder() an.

Veränderungen

Aufgabe	Verfügbare Methoden
Ordner erstellen	FileSystemObject.CreateFolder(Pfad)
Ordner löschen	Folder.Delete([Erzwingen]) oder FileSystemObject.DeleteFolder(Pfad,[Erzwingen]
Ordner verschieben	Folder.Move(Ziel) oder FileSystemObject.MoveFolder(Quelle,Ziel)
Ordner kopieren	Folder.Copy(Ziel,Überschreiben) oder FileSystemObject.CopyFolder(Quelle,Ziel)

Tabelle 10.12 Methoden für Ordneroperatoren

Aufgabe	Verfügbare Methoden
Datei verschieben	File.Delete([Erzwingen]) oder FileSystemObject.DeleteFile(Pfad,[Erzwingen])
Datei kopieren	File.Move(Ziel) oder FileSystemObject.MoveFile(Quelle,Ziel)
Datei löschen	File.Copy(Ziel,Überschreiben) oder FileSystemObject.CopyFile(Quelle,Ziel)

Tabelle 10.13 Methoden für Dateioperatoren

Operationen in der File- und Folder-Klasse Das folgende Script nutzt die Delete()-Methode der File-Klasse, um alle Dateien mit den Erweiterungen *.htm* und *.html* aus *c:\temp* zu löschen.

Delete()

```
Dim FSO       ' As Scripting.FileSystemObject
Dim oFile     ' As Scripting.File
Dim oFolder   ' As Scripting.Folder
' -- FSO erzeugen
Set FSO = CreateObject("Scripting.FileSystemObject")
' -- Bindung Ordner
Set oFolder = FSO.GetFolder("c:\temp")
```

Listing 10.39 Löschen aller HTML-Dateien in c:\ temp [fso_ selektives Loeschen.wsf]

Kapitel 10 Basisfunktionen

```
' -- Iteration
For Each oFile In oFolder.Files
    If UCase(Right(oFile.Name, 4)) = ".HTM" _
    Or UCase(Right(oFile.Name, 5)) = ".HTML" Then ' Löschen
        say "Loesche " & oFile.Name
        oFile.Delete
    End If
Next
```

Ordner und Dateien kopieren, verschieben und löschen

Operationen in der FileSystemObject-Klasse In dem folgenden Script wird eine Instanz von FileSystemObject verwendet, um verschiedene Dateisystemoperationen auszuführen. Ergebnis dieses Scripts ist, dass eine Kopie der auf der Buch-CD mitgelieferten Datei *text.txt* unter einem zufälligen Namen in *c:\temp* liegt. Die Parameter der eingesetzten Methoden bedürfen keiner näheren Erklärung, da – wie in Kommandozeilenbefehlen – der erste Parameter stets die Quelle und der zweite Parameter stets das Ziel ist. Die Methode GetTempName() erzeugt einen zufälligen Namen für eine temporäre Datei in 8.3-Form.

Listing 10.40
Ausführung von Dateisystemoperationen mit der FSO-Stammklasse [FSO_operationen.wsf]

```
Dim FSO  ' As Scripting.FileSystemObject
Dim temp ' As String
Const ziel = "d:\buch\docs_kopie"
' --- FSO erzeugen
Set FSO = CreateObject("Scripting.FileSystemObject")
If Not FSO.FolderExists("d:\buch\docs") Then
    say "Testumgebung zu diesem Buch existiert nicht!"
    Exit Sub
End If
' --- Ausführung von Dateisystemoperationen
say "Kopiere Verzeichnis..."
FSO.CopyFolder "d:\buch\docs", ziel
temp = FSO.GetTempName
say "Kopie Datei in neue temporäre Datei: " & temp
FSO.CopyFile ziel & "\test.txt", ziel & "\" & temp
say "Verschiebe Datei in nach c:\temp"
FSO.MoveFile ziel & "\" & temp, "c:\temp\"
say "Lösche Ordnerkopie"
FSO.DeleteFolder ziel
```

Suche im Dateisystem

Die Scripting Runtime-Komponente enthält Scripting-fähige Klassen für das Erstellen, Löschen, Bewegen und Kopieren von Dateien und Ordnern sowie für die Veränderungen von Eigenschaften. Nicht vorimplementiert in dieser Komponente sind jedoch Suchfunktionen: Es stehen keine Funktionen zum Auffinden von Dateien und Ordnern anhand des Namens oder anderer Eigenschaften zur Verfügung. Ein Scriptentwickler muss solche Suchfunktionen auf Basis eines rekursiven Durchlaufs durch den Verzeichnisbaum selbst implementieren. Wie die folgenden Beispiele zeigen, ist dies jedoch mit vertretbarem Aufwand realisierbar.

Suche anhand des Namens

Das erste Beispiel demonstriert die Suche nach Dateien und Ordnern, die eine bestimmte Zeichenfolge im Namen enthalten. Das Script benötigt zwei Eingabeparameter: Die zu suchende Zeichenfolge und das Verzeichnis, in dem die Suche starten soll. Die Parameter können wahlweise an der Kommandozeile übergeben werden oder aber statisch im Script hinterlegt werden. Ein Script kann die Kommandozeilenparameter mit WScript.Arguments abrufen.

Der Kern der Suche steckt in der Routine Suche(), die einen Pfad für die Suche erwartet. Der Suchtext und die Instanz der Klasse FileSystemObject, die für alle Dateisystemzugriffe benötigt wird, sind als globale Variable definiert. Innerhalb der Suche()-Routine durchläuft das Script zunächst alle enthaltenen Dateien und dann die Unterverzeichnisse. Die Prüfung des Dateinamens mit If InStr(1, Datei.Name, SuchText, 1) realisiert einen Teilzeichenkettenvergleich, der nicht zwischen Groß- und Kleinschreibung unterscheidet. Alternativ könnte mit Datei.Name = SuchText auf Identität einschließlich Unterscheidung zwischen Groß- und Kleinschreibung geprüft werden. Die Schleife über die Unterverzeichnisse ruft die Suche()-Routine rekursiv auf und ermöglicht so, dass auch die Unterverzeichnisse durchsucht werden.

Listing 10.41 Durchsuchen eines Verzeichnisbaums nach Dateien und Ordnern, die einen bestimmten Text im Namen enthalten [Suche_Name.wsf]

```
Dim StartVerzeichnis
Dim Unterverzeichnis
Dim SuchText
Dim FSO

If WScript.Arguments.Count = 2 Then
' Suchtext aus erstem Parameter lesen
SuchText = WScript.Arguments(0)
StartVerzeichnis = WScript.Arguments(1)
Else
SuchText = "test"
StartVerzeichnis = "c:\Daten"
End If

' Wurzelobjekt erzeugen
Set FSO = CreateObject("Scripting.FileSystemObject")
' Aufruf der Suchfunktion
Suche StartVerzeichnis

' --- Rekursive Suche
Function Suche(VerzeichnisPfad)
Dim Datei
Dim Unterverzeichnis
Dim Verzeichnis
Set Verzeichnis = FSO.GetFolder(VerzeichnisPfad)

' Schleife über Dateien
For Each Datei In Verzeichnis.Files
If InStr(1, Datei.Name, SuchText, 1) Then
Say "Datei: " & Datei.Path
End If
Next

' Unterverzeichnisse rekursiv durchsuchen
For Each Unterverzeichnis In Verzeichnis.SubFolders
If InStr(1, Unterverzeichnis.Name, SuchText, 1) Then
Say "Ordner: " & Unterverzeichnis.Path
End If
Suche Unterverzeichnis
Next
End Function
```

Suche der Datei mit dem längsten Pfad

In manchen Anwendungen bereiten lange Pfadangaben Probleme. Mit den Windows-eigenen Kommandozeilenwerkzeugen ist es nicht einfach, in einer gegebenen Verzeichnisstruktur den längsten Pfad zu ermitteln. Diese Aufgabe löst das Script im folgenden Listing. Das Script durchläuft ausgehend von einem definierbaren Wurzelverzeichnis eine Verzeichnisstruktur rekursiv. Die Rekursion steckt in der Routine HoleLaengsten(). Mit Len(fi.Path) bzw. Len(fo.Path) wird jeweils die Länge des Pfads für alle enthaltenen Dateien und Ordner ermittelt und mit dem vorher in max abgelegten Maximum verglichen. Wenn die aktuelle Länge größer ist als max, wird die Länge in der globalen Variablen max und der Pfad in maxPfad gespeichert.

Listing 10.42
Ermittlung des längsten Pfads in einer Verzeichnisstruktur [Suche_Pfadlaenge.wsf]

```
' Ermittelt den längsten Pfad in einem Dateisystem
' ausgehend von einem Basispfad

Dim max ' Länge des längsten Pfades
Dim maxPfad ' Pfad des Objekts mit längstem Pfad
Dim BasisPfad ' Wurzelpfad für die Suche
Dim FSO

BasisPfad = "c:\Daten"

Set FSO = CreateObject("Scripting.Filesystemobject")

HoleLaengsten BasisPfad
Say "Längster Pfad: " & maxPfad

' --- Rekursive Hilfsroutine
Function HoleLaengsten(Pfad)
Dim fo
Set fo = FSO.GetFolder(Pfad)

' Schleife über Dateien
For Each fi In fo.Files
If Len(fi.Path) > max Then
max = Len(fi.path)
maxPfad = fi.path
End If
Next

' Schleife über Unterverzeichnisse
For Each sfo In fo.Subfolders
    If Len(fo.Path) > max Then
max = Len(fo.path)
maxPfad = fo.path
End If
HoleLaengsten sfo.path
Next
End Function
```

Suche der Datei mit dem tiefsten Pfad

Manchmal ist nicht die Länge des Pfads das Problem, sondern die Tiefe des Pfads, also die Anzahl der Unterverzeichnisse in einem Pfad. Das nächste Script ist etwas kürzer als die vorherigen Scripts, weil in diesem Fall die Dateien nicht betrachtet werden müssen. Die Routine HoleTiefstenPfad() erwartet als Parameter neben dem Wurzelpfad auch eine

Zahl, die die aktuelle Tiefe angibt. Beim Einsprung in die Routine wird jeweils geprüft, ob die aktuelle Tiefe größer ist als das bisher ermittelte Maximum der Suche, das in maxTiefe abgelegt ist. Die globale Variable maxPfad nimmt wieder den Pfad zu dem Verzeichnis auf, das die maximale Tiefe besitzt.

Listing 10.43 Ermittlung des tiefsten Pfads in einer Verzeichnisstruktur [Suche_TiefsterPfad.wsf]

```
' Ermittelt den längsten Pfad in einem Dateisystem
' ausgehend von einem Basispfad

Dim maxPfad
Dim maxTiefe
Dim BasisPfad
Dim FSO

BasisPfad = "c:\Daten"

Set FSO = CreateObject("Scripting.Filesystemobject")

HoleTiefstenPfad BasisPfad,0
Say "Tiefster Pfad: " & maxPfad & "(" & maxTiefe & ")"

' --- Hilfsroutine
Function HoleTiefstenPfad(Pfad, Tiefe)
Dim fo
Set fo = FSO.GetFolder(Pfad)
If Tiefe > maxTiefe Then
maxTiefe = Tiefe
maxPfad = Pfad
End If

' Schleife über Unterverzeichnisse
For Each sfo In fo.Subfolders
HoleTiefstenPfad sfo.path, Tiefe +1
Next

End Function
```

Suche nach der größten Datei

Eine weitere interessante Funktion ist die Ermittlung der größten Datei in einem Verzeichnisbaum. Das Attribut Size eines File-Objekts enthält die Größe einer Datei in Byte. Im nächsten Listing dient wieder max der Speicherung des aktuellen Maximalwerts und maxPfad der Speicherung des zugehörigen Pfads.

Listing 10.44 Ermittelt die größte Datei in einem Dateisystem [Suche_GroessteDatei.wsf]

```
' Ermittelt die größte Datei in einem Dateisystem
' ausgehend von einem Basispfad
' Autor: Holger Schwichtenberg

Dim max ' Größe der größten Datei
Dim maxPfad ' Pfad zur größten Datei
Dim BasisPfad ' Wurzelpfad für die Suche
Dim FSO

BasisPfad = "c:\Daten"

Set FSO = CreateObject("Scripting.Filesystemobject")
```

Kapitel 10 Basisfunktionen

```
HoleGroessteDatei BasisPfad
Say "Größte Datei: " & maxPfad
Say "Größe der Datei: " & max/1024 & " KB"

' --- Rekursive Hilfsroutine
Function HoleGroessteDatei(Pfad)
Dim fo
Set fo = FSO.GetFolder(Pfad)

' Schleife über Dateien
For Each fi In fo.Files
If fi.Size > max Then
max = fi.Size
maxPfad = fi.path
End If
Next

' Schleife über Unterverzeichnisse
For Each sfo In fo.Subfolders
HoleGroessteDatei sfo.path
Next
End Function
```

Löschen bestimmter Dateien

Ein rekursiver Durchlauf des Dateisystems muss sich nicht auf die Suche beschränken; er kann auch Aktionen ausführen, zum Beispiel eine Datei löschen, die bestimmte Kriterien erfüllen. Das folgende Script löscht alle Dateien, die eine bestimmte Dateinamenerweiterung (hier: „.tmp") besitzen.

Das File-Objekt besitzt eine Eigenschaft Type. Diese liefert jedoch nicht die Dateinamenerweiterung, sondern den in der Registrierungsdatenbank von Windows hinterlegten langen Namen für den Dateityp, also für „.tmp"-Dateien – in einem deutschen Windows – die Zeichenkette „TMP-Datei". Ein Vergleich darauf bietet sich wegen der Unterschiede in verschiedenen Sprachversionen nicht an. Besser ist es, die sprachneutrale Dateinamenerweiterung selbst zu verwenden. Die Dateinamenerweiterung kann aus dem File-Objekt direkt nicht ermittelt werden. Die Klasse FileSystemObject bietet aber eine Hilfsroutine GetExtensionName() an, die aus einem vollständigen Dateinamen die Erweiterung extrahiert.

Listing 10.45
Löscht alle Dateien mit einer bestimmten Dateinamenerweiterung [Suche_loeschen.wsf]

```
Dim StartVerzeichnis
Dim Unterverzeichnis
Dim Dateityp
Dim FSO

If WScript.Arguments.Count = 2 Then
' Suchtext aus erstem Parameter lesen
Dateityp = WScript.Arguments(0)
StartVerzeichnis = WScript.Arguments(1)
Else
Dateityp = "tmp"
StartVerzeichnis = "c:\temp"
End If

' Wurzelobjekt erzeugen
Set FSO = CreateObject("Scripting.FileSystemObject")
```

Scripting-Laufzeitumgebung (Scripting Runtime Library)

```
' Aufruf der Suchfunktion
Suche StartVerzeichnis

' --- Rekursive Suche
Function Suche(VerzeichnisPfad)
Dim Datei
Dim Unterverzeichnis
Dim Verzeichnis
Set Verzeichnis = FSO.GetFolder(VerzeichnisPfad)
For Each Datei In Verzeichnis.Files
If FSO.GetExtensionName( Datei.Name) = Dateityp Then
Say "Lösche Datei: " & Datei.Path
Datei.Delete
End If
Next

' Unterverzeichnisse rekursiv durchsuchen
For Each Unterverzeichnis In Verzeichnis.SubFolders
Suche Unterverzeichnis
Next
End Function
```

Kopieren bestimmter Dateien

In diesem Script werden Dateien kopiert, die nach einem bestimmten Datum verändert wurden.

```
Const STARTDATUM = "24.6.2006 09:00"
Const ZIEL = "c:\SkripteWS4"
Const QUELLE = "c:\SkripteWS5"
SelektivesKopieren QUELLE, ZIEL, STARTDATUM

' ### Rekursive Suche nach neuen Dateien
Sub SelektivesKopieren(QUELLE, ZIEL, STARTDATUM)
' Deklaration der Variablen
Dim FSO, Verzeichnis, Unterverzeichnis, Datei
' FSO-Objekt erstellen
Set FSO = CreateObject("Scripting.FileSystemObject")
' Referenz auf Verzeichnis holen
Set Verzeichnis = FSO.GetFolder(QUELLE)

' --- Schleife über die Dateien
For Each Datei In Verzeichnis.Files

    If DateDiff("s", Datei.DateLastModified, STARTDATUM) < 0 Then
        ' Zielordner errechnen
        Dim RELPFAD, ZIELORDNER
        RELPFAD = Replace(LCase(Verzeichnis.Path), LCase(QUELLE), "")
        ZIELORDNER = ZIEL & RELPFAD
        wscript.echo Datei.Path & " (" & Datei.DateLastModified & ") wird kopiert
nach: " + ZIELORDNER
        If Not FSO.FolderExists(ZIELORDNER) Then
            FSO.CreateFolder ZIELORDNER
        End If
        FSO.CopyFile Datei.Path, ZIELORDNER & "\" & Datei.name
```

Listing 10.46
Script zum Kopieren aller Dateien, die nach einem bestimmten Datum verändert wurden [KopiereNeueDateien.wsf]

```
        End If
    Next
    ' --- Unterordner in Suche einbeziehen
    For Each Unterverzeichnis In Verzeichnis.SubFolders
        SelektivesKopieren Unterverzeichnis.Path, ZIEL, STARTDATUM
    Next
End Sub
```

10.2.4 Zugriff auf Dateiinhalte (Textstreams)

Zugriff auf Textdateien Die Scripting Runtime-Komponente ermöglicht die Bearbeitung von Textdateien über eine so genannte `TextStream`-Klasse. Diese Klasse wird in der Regel als Teil der FSO angesehen, besitzt aber keinen statistischen Link (also einen Link über ein Attribut) zu einer anderen Klasse von FSO und hat inzwischen auch Aufgaben außerhalb des Dateisystems. Eine `TextStream`-Klasse repräsentiert eine geöffnete Textdatei. Es ist zwar möglich, binäre Dateien zu öffnen, es gibt jedoch in FSO keine Verfahren, um binäre Dateien korrekt zu verarbeiten.

Standardein- und Standardausgabe Seit Version 5.1 der Scripting Runtime Library gibt es ein weiteres Einsatzgebiet der `Textstream`-Klasse. Auch die Standardein- und Standardausgabe werden über `Textstream`-Objekte repräsentiert. Dies macht sich auch der Windows Scripting Host in seinem Eingebauten Objekt `WScript` zu Nutze.

> Eine Textdatei ist eine Datei, in der nur gültige ASCII-Zeichen und ASCII-Steuercodes enthalten sind, so dass eine Textdatei mit einem Texteditor lesbar und veränderbar ist. Als Alternative zum ASCII-Zeichensatz können Textdateien inzwischen auch den neueren Unicode enthalten.
>
> Eine binäre Datei hingegen kann alle möglichen Byte-Werte enthalten, auch solche, die auf dem Bildschirm nicht als Zeichen oder Formatierung darstellbar sind.

Wege zu einem Textstream Es gibt vier Möglichkeiten, ein `Textstream`-Objekt zu erhalten:

OpenTextFile()
1. Mit der Methode `OpenTextFile()` auf der Ebene der `FileSystemObject`-Klasse kann eine Datei direkt über ihren Pfad geöffnet werden.

   ```
   OpenTextFile(FileName As String, [IOMode As IOMode = ForReading], [Create As
   Boolean = False], [Format As Tristate = TristateFalse]) As TextStream
   ```

CreateTextFile()
2. Auf der Ebene der FSO-Stammklasse steht mit `CreateTextFile()` ebenso eine Möglichkeit zur Verfügung, eine neue Textdatei zu erzeugen.

   ```
   CreateTextFile(FileName As String,   [Overwrite As Boolean = True],   [Unicode   As
   Boolean = False]) As TextStream
   ```

OpenAsTextStream()
3. Die `File`-Klasse bietet mit `OpenAsTextStream()` eine Möglichkeit an, eine Datei, die bereits in Form eines `File`-Objekts im Zugriff ist, als Textdatei zu öffnen.

   ```
   OpenAsTextStream([IOMode As IOMode = ForReading], [Format As Tristate =
       TristateFalse]) As TextStream
   ```

GetStandardStream()
4. Die Methode `GetStandardStream(Typ)` in der `FileSystemObject`-Klasse liefert ein `Textstream`-Objekt für die Standardeingabe (Typ = 0), Standardausgabe (1) und Standardfehlerausgabe (2).

`OpenTextFile()` und `CreateTextFile()` erwarten als Pflichtparameter einen Dateinamen. Bei `OpenAsTextStream()` ist die Angabe eines Dateinamens nicht notwendig. Dieser ist bereits durch das `File`-Objekt, auf dem die Methode ausgeführt wird, spezifiziert. Die Angabe, in welchem Modus die Datei geöffnet werden soll, ist immer optional. Standard ist `ForWriting` (vgl. Tabelle 10.14).

Tabelle 10.14
Konstanten für `Tristate`

Symbolische Konstante	Numerische Konstante	Erläuterung
TristateTrue	-1	Unicode-Datei
TristateFalse	0	ASCII-Datei
TristateUseDefault	-2	Verwendung der Standardeinstellung des Systems

Mit dem Parameter `Create` kann bestimmt werden, ob die Datei erzeugt werden soll, wenn sie nicht existiert. Der Standardwert ist `False`: Wenn die angegebene Datei nicht existiert, kommt es zu einer Fehlermeldung. Beim Wert `True` wird die Datei erzeugt – allerdings wirklich nur dann, wenn es sie noch nicht gibt. Die Frage, ob die Datei existiert, stellt sich bei `OpenAsTextStream()` nicht, da über das `File`-Objekt ja bereits ein Zugriff darauf besteht.

Parameter

Der `Modus` `ForAppending` funktioniert also auch dann korrekt und lässt den bisherigen Inhalt bestehen, wenn `Create` auf `True` gesetzt ist. Mit dem Parameter `Tristate` kann zwischen ASCII- und Unicode-Dateien unterschieden werden.

Während der ASCII-Zeichensatz auf einer 8-Bit-Darstellung beruht, verwendet Unicode 16 Bit. Mit Unicode können daher wesentlich mehr Sonderzeichen eindeutig dargestellt werden. Unicode-Dateien sind nicht in allen Texteditoren darstellbar. Der Microsoft Notepad unterstützt nur ASCII. Microsoft Visual InterDev, kann jedoch auch Unicode-Dateien verarbeiten.

Tabelle 10.15
Konstanten für `IOMode`

Symbolische Konstante	Numerische Konstante	Erläuterung
ForReading	1	Datei lesen
ForWriting	2	Datei lesen und schreiben
ForAppending	8	An Datei anfügen

Verarbeitung von Textdateien Die `TextStream`-Klasse stellt Methoden bereit, um

Funktionen

- ein Zeichen aus Textdateien zu lesen,
- ein Zeichen in Textdateien zu schreiben,
- die aktuelle Position in der Textdatei zu ermitteln und zu verändern.

Dem Auslesen dienen die nachfolgenden Funktionen, die alle eine Zeichenkette zurückliefern:

Lesen

- `Function ReadAll()`
- `Function ReadLine()`
- `Function Read(Characters As Long)`

`ReadAll()` liest die komplette Textdatei in einer Zeichenkette ein, `ReadLine()` dagegen nur eine Zeile. Noch feiner granuliert werden kann das Einlesen mit `Read()`: Der Parameter `Characters` bestimmt die Anzahl der nächsten n Zeichen, die eingelesen werden sollen.

Analog zu den Lesemethoden gibt es Methoden für den Schreibzugriff.

Schreiben

- `Sub Write(Text As String)`
- `Sub WriteLine([Text As String])`
- `Sub WriteBlankLines(Lines As Long)`

Es ist möglich, eine Textdatei zeilenweise (WriteLine()) oder zeichenweise (Write()) zu schreiben. Es gibt jedoch keine explizite Methode, um eine komplette Textdatei mit Hilfe eines Methodenaufrufs zu speichern. WriteBankLines() schreibt eine beliebige Anzahl von Leerzeilen. Das folgende Script schreibt die Buchstaben des deutschen Alphabets (a bis z) in eine Zeile einer Textdatei. Würde Write() durch WriteLine() ersetzt, würde jeder Buchstabe in einer eigenen Zeile stehen.

Listing 10.47
Schreiben der Buchstaben von a bis z in eine Datei [fsotx_writeletters.wsf]

```
Dim FSO 'As Scripting.FileSystemObject
Dim oTX ' As Scripting.TextStream
Dim a ' As Byte
Set FSO = CreateObject("Scripting.FileSystemObject")
Set oTX = FSO.OpenTextFile("d:\buch\docs\alphabet.txt", ForWriting,- True,
TristateUseDefault)
For a = 1 To 26
    oTX.Write Chr(96 + a)
Next
oTX.Close
```

Listing 10.48
Anhängen einer Textzeile an eine bestehende Datei [fsotx_append.wsf]

```
Dim FSO 'As Scripting.FileSystemObject
Dim oTX ' As Scripting.TextStream
Set FSO = CreateObject("Scripting.FileSystemObject")
Set oTX = FSO.OpenTextFile("d:\buch\docs\append.txt", ForAppending, True,-
TristateTrue)
oTX.Writeline "Letzter Eintrag am " & Now
oTX.Close
```

Positionsbestimmung Sehr wichtig für den Zugriff (insbesondere beim Lesen) ist die Bestimmung der aktuellen Position innerhalb der Datei. Alle vier nachfolgend genannten Eigenschaften sind read-only. Sie können also nicht benutzt werden, um die Position innerhalb der Datei zu verändern.

Column und Line

Column und Line geben die Spalte bzw. Zeile an, in der sich der virtuelle Cursor des Textstream-Objekts befindet. Es ist immer die Position, an der als Nächstes gelesen oder geschrieben werden würde. Die Zählung beginnt bei 1. Eine neu geöffnete Datei steht also bei Column = 1 und Line = 1.

AtEndOf

Mit AtEndOfLine und AtEndOfStream (beide liefern nur *True* oder *False*) kann bestimmt werden, ob das Ende der Zeile oder gar das Ende der Datei erreicht ist.

Listing 10.49
Das Script zeigt, wie eine komplette Zeile zeichenweise ausgelesen werden kann. [fsotx_readletters.wsf]

```
Dim FSO 'As Scripting.FileSystemObject
Dim oTX ' As Scripting.TextStream
Set FSO = CreateObject("Scripting.FileSystemObject")
Set oTX = FSO.OpenTextFile("d:\buch\docs\test.txt", ForReading, True, _
TristateUseDefault)
Do While Not oTX.AtEndOfLine
    say oTX.Read(1)
Loop
oTX.Close
```

AtEndOfStream muss immer dann verwendet werden, wenn man nicht vorher schon ganz genau weiß, wie lang die Textdatei ist. Um alle Zeilen einer Textdatei auszugeben, müssen Sie im obigen Listing nur die Schleife ersetzen:

```
Do While Not oTX.AtEndOfStream
    say oTX.ReadLine
Loop
```

Listing 10.50: Schleife zur Iteration über alle Zeilen einer Textdatei

Positionsveränderung Die Position des Cursors ändert sich mit jedem Schreib- und Lesezugriff. Sie kann auch durch zwei Skip()-Methoden beeinflusst werden, jedoch nur in eine Richtung: zum Dateiende hin. Eine Rückwärtsbewegung erlaubt Textstream leider nicht.

Positionsveränderung

Skip(lngCharacters) setzt den Cursor n Zeichen nach vorne. Ein negativer Wert für lngCharacters (was einer Rückwärtsbewegung gleichkäme) ist nicht erlaubt. SkipLine() überspringt alle Zeichen bis zum Ende der Zeile. Leider kann man hier nicht angeben, dass mehrere Zeilen zugleich übersprungen werden sollen. Dies muss der Scriptprogrammierer über eine Schleife, die SkipLine() n-fach aufruft, nachbilden.

Skip() und SkipLine()

Inhaltssuche Im nächsten Script wird eine CVS-Datei mit Benutzerdaten ausgelesen. Eine Zeile enthält jeweils Benutzername, Vorname, Nachname, Geburtsdatum und Abteilung. Die mit Readline() eingelesene Zeile wird mit der in VBScript eingebauten Funktion Split() anhand des Trennzeichens (Semikolon) in ein Array aufgespalten. Eine mögliche Weiterverarbeitung wäre das Anlegen des Benutzerskontos (vgl. Kapitel 20 „Fallbeispiele").

```
' Konstanten definieren
Const ForReading = 1
' Variablen deklarieren
Dim FSO, Datei, Benutzer, Zeile
'Objekt erzeugen
Set FSO=CreateObject("Scripting.FileSystemObject")
'Öffnen der Datei zum Lesen
Set Datei = FSO.OpenTextFile("benutzerliste.csv", ForReading, False)
'Datei bis zum Ende durchlaufen
While Not Datei.AtEndOfStream
    'Lesen einer Zeile
Zeile=Datei.Readline()
'Zeile trennen
    Benutzer=Split(Zeile,";")
'Ausgabe der Benutzerdaten
    Say Benutzer(0) & " (" & Benutzer(1) & " " & Benutzer(2) & ") " & Benutzer(3) &
", " & Benutzer(4)
Wend
'Schliessen der Datei
Datei.Close
```

Listing 10.51 Auslesen einer Textdatei mit Benutzerdaten [FSO_CSVDatei_Lesen.wsf]

Das letzte Script in diesem Kapitel demonstriert die Suche nach einer Zeichenkette in allen Dateien in einem bestimmten Verzeichniszweig. Hier kommt ReadAll() zum Einsatz, um die gesamte Datei einzulesen. Danach wird InStr() verwendet, um festzustellen, ob die gesuchte Zeichenkette in den eingelesenen Daten enthalten ist. InStr() liefert die Position der Zeichenkette oder -1, wenn sie nicht gefunden wurde.

```
' Deklaration der Variablen
Dim Verzeichnis, Unterverzeichnis
Dim SuchText, FSO, Startordner

' Suchtext
SuchText = "Holger Schwichtenberg"
' Startordner
Startordner = "c:\temp"
'Objekt erzeugen
Set FSO = CreateObject("Scripting.FileSystemObject")
' Zu durchsuchendes Verzeichnis aus der Kommandozeile lesen
Set Verzeichnis = FSO.GetFolder(Startordner)
```

Listing 10.52 Suchen in Textdateien [Suche_Datei-inhalt.wsf]

Kapitel 10 Basisfunktionen

```
' Aufruf der Suchfunktion
Say "Der Text " & SuchText & " wurde gefunden in:"
Suche Verzeichnis,SuchText

Function Suche(Verzeichnis,SuchText)
Dim Dateien,Textstream,Dateiinhalt
For Each Dateien in Verzeichnis.Files
  Set Textstream = FSO.OpenTextFile(Dateien.Path,1)
  Dateiinhalt = Textstream.ReadAll
  Textstream.Close
  If InStr(1, Dateiinhalt, SuchText, 1) then
    Say Dateien.Path
  End If
Next

' Unterverzeichnisse rekursiv durchsuchen
For Each Unterverzeichnis in Verzeichnis.SubFolders
  Suche Unterverzeichnis,SuchText
Next
End Function
```

11 Verzeichnisdienste

Eine der wichtigsten Scripting-Komponenten ist das *Active Directory Service Interface (ADSI)*, mit dem Verzeichnisdienste unterschiedlicher Art (z.B. Active Directory, Exchange Server, IIS) verwaltet werden können. Neben der Verwaltung des Active Directory gehört dazu auch die Benutzer- und Ressourcenverwaltung unter Windows NT 4.0-Domänen und aller Windows-Systeme ohne Active Directory. Ausgewählte Funktionen zum Umgang mit dem Active Directory bietet auch die Komponente *OnePoint Utility Objects for Active Directory* (siehe „COM-Komponenten-Handbuch"). Funktionen zur Benutzerverwaltung findet man ebenfalls in WMI.

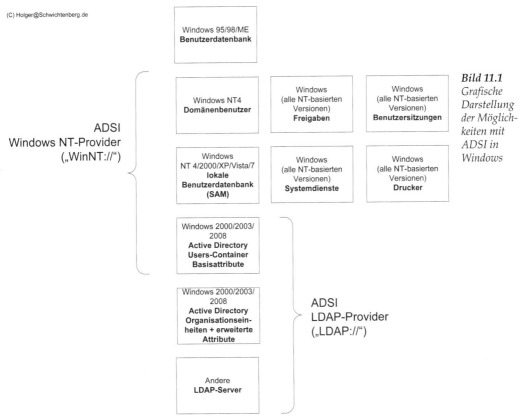

Bild 11.1
Grafische Darstellung der Möglichkeiten mit ADSI in Windows

Das Scripting von Active Directory-Gruppenrichtlinien ist mit ADSI nicht möglich. Microsoft bietet zusammen ab dem Windows Server 2003 ein neues Werkzeug mit dem Namen „Group Policy Management Console" an. Dieses Werkzeug ermöglicht eine viel komfortablere Zuordnung von Gruppenrichtlinien zu Verzeichniseinträgen, als dies mit dem MMC-Snap-In „Active Directory-Benutzer und -Computer" möglich war. Das Werkzeug ist komplett scriptingfähig durch die *Group Policy Objects*. Allerdings können Gruppenrichtlinien weiterhin nicht per Script definiert werden. Die Komponente ermöglicht nur die Zuordnung von vordefinierten Gruppenrichtlinien.

Gruppenrichtlinien

DNS ADSI kann den Domain Name Service (DNS) in Windows nicht verwalten. Diese Fähigkeit besitzt aber die *ISPSignup-Komponente* aus dem IIS Resource Kit.

IIS **Internet Information Server (IIS)** Der IIS wird über seine Metabase konfiguriert, die wie ein Verzeichnisdienst behandelt wird; die Automatisierung erfolgt hier also über das *Active Directory Service Interface (ADSI)*. Ab dem IIS 6.0 steht auch ein WMI-Provider zur Verfügung. Die *Admin Base Objects (ABOs)*, die allen Programmierschnittstellen des IIS zugrunde liegen, können nur von C++ aus genutzt werden. Die Admin Base Objects sind nicht mit dem Begriff *IIS Admin Objects* zu verwechseln, der synonym zum ADSI-Provider für den IIS verwendet wird.

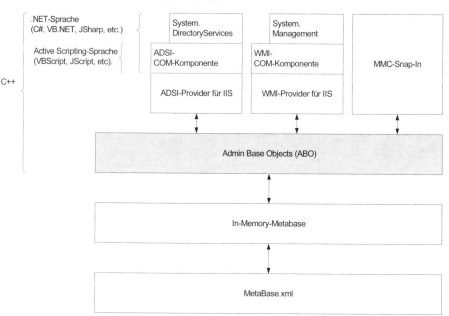

Bild 11.2 Programmierschnittstellen des IIS

Im .NET Framework findet man den Zugriff auf Verzeichnisdienste im Namensraum `System.DirectoryServices`. Für den IIS 7.0 gibt es ab Windows Vista auch eine neue, .NET-basierte Konfigurationsschnittstelle (Namensräume Microsoft.Web.Management.Server, Microsoft.Web.Management.Host und Microsoft.Web.Management.Client in Microsoft.Web.Management.dll).

Microsoft Exchange Server Beim Microsoft Exchange Server sind die Scripting-Funktionen zu differenzieren zwischen dem älteren Exchange Server mit eigenem Verzeichnisdienst (Exchange 5.5) und den neueren, Active Directory-basierten Versionen (Exchange Server 2000, 2003, 2007).

ADSI **Exchange Server 5.5** Für den Zugriff auf den Exchange Server 5.5 gibt es inzwischen mehrere Lösungen, die zum Teil redundant sind. Da der Exchange-Verzeichnisdienst LDAP-fähig ist, kann auch hier das *Active Directory Service Interface (ADSI)* eingesetzt werden.

ADsSecurity, ACL Für die Konfiguration der Rechte auf Exchange-Verzeichnisobjekte benötigen Sie die *ADsSecurity-Komponente*. Eine Ausnahme bilden auch hier die öffentlichen Ordner, deren Rechte Sie nur über die *ACL-Komponente* aus dem Exchange Resource Kit setzen können. Die ebenfalls mit dem Exchange Resource Kit gelieferte *AcctCrt-Komponente* bietet dagegen nur Funktionen, die sich auch mit ADSI und der *ADsSecurity-Komponente* realisieren lassen.

CDO, Rule, ESConfig Primär auf die Inhalte, also den Message Store, fokussiert die Komponente *Collaboration Data Objects (CDO)* (siehe COM-Komponenten-Handbuch). Zum Teil kann CDO aber auch auf den Verzeichnisdienst zugreifen. Für spezielle, versteckte Nachrichten wie Regeln und Event Agents gibt es eigene Automatisierungskomponenten in Form der *Rule-Komponente* und der *ESConfig-Komponente*. Öffentliche Ordner können nur mit CDO, nicht aber mit ADSI eingerichtet werden.

OnePoint

Die *OnePoint Utility Objects for Exchange* (siehe COM-Komponenten-Handbuch) bieten eine wichtige Funktion, die man in allen Microsoft-Automatisierungskomponenten vergeblich sucht: Mit dieser Komponente kann man ermitteln, wie groß die einzelnen Postfächer und öffentlichen Ordner auf einem Exchange Server sind.

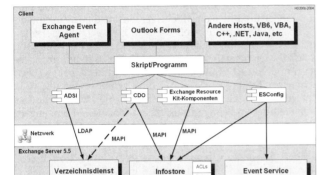

Bild 11.3
Komponenten für die Automatisierung des Exchange Server 5.5

CDO 3.0, ADSI, ADO, CDOEXM

Microsoft Exchange Server 2000/2003/2007 An dieser Aufteilung der Automatisierungsschnittstellen hat sich ab Exchange Server 2000 einiges geändert. Die *Collaboration Data Objects 3.0* haben sich gegenüber den CDO-Versionen für Exchange 5.5 deutlich gewandelt (siehe COM-Komponenten-Handbuch). Das Active Directory Service Interface (ADSI) spielt aufgrund der Integration von Exchange Server 2000/2003/2007 in das Active Directory weiterhin eine zentrale Rolle. Hinzu gekommen ist einerseits der Zugriff auf den Exchange Infostore via *ActiveX Data Objects (ADO)* und andererseits eine neue Komponente mit dem Namen *CDO for Exchange Management (CDOEXM)*.

WMI

Ab Exchange Server 2000 steht auch WMI für den Zugriff auf den Exchange Server zur Verfügung, allerdings wurden zentrale Funktionen erst mit Exchange Server 2003 eingeführt. In diesem Buch wird sowohl das Scripting des Exchange Server 2003 mit WMI als auch die Steuerung via ADO/CDOEXM behandelt.

CDOWF

Für den Bereich der Workflow-Funktionen bietet Exchange Server 2000/2003/2007 die Komponente *Microsoft CDO Workflow Objects for Microsoft Exchange (CDOWF)*.

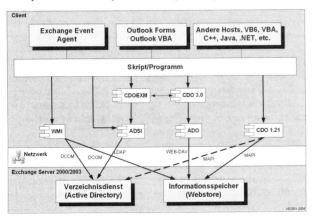

Bild 11.4
Überblick über die Programmierschnittstellen des Exchange Server 2000/2003/2007

11.1 Active Directory Service Interface (ADSI)

Verzeichnisdienste
In Unternehmen werden heute üblicherweise mehrere Verzeichnisdienste (z.B. Windows NT-Domänen, Novell Directory Service, Microsoft Exchange Server) parallel betrieben. Jeder Verzeichnisdienst hat sein eigenes, proprietäres *Application Programming Interface (API)*, was die Entwicklung von Automatisierungslösungen erschwert.s

ADSI
Microsoft stellt mit dem *Active Directory Service Interface (ADSI)* eine Programmierschnittstelle zur Verfügung, mit der der Zugriff auf unterschiedliche Verzeichnisdienste in einheitlicher Weise möglich ist. ADSI ist ein Metaobjektmodell, da es mit wenigen universellen COM-Schnittstellen den Zugriff auf die Objektmodelle aller Verzeichnisdienste ermöglicht. Dieses Kapitel beschreibt das ADSI-Metaobjektmodell sowie die grundsätzlichen Eigenschaften von Verzeichnisdiensten und von ADSI. Als konkrete Verzeichnisdienste werden nacheinander NT 4.0, Active Directory (unter Windows 2000 und Windows Server 2003), Microsoft Exchange und der Internet Information Server (4.0/5.0/5.1/6.0) vorgestellt. Das letzte Unterkapitel liefert die Darstellung von einigen Zusatzkomponenten, die in engem Zusammenhang mit ADSI stehen.

> Mit ADSI stellt Microsoft endlich eine leistungsstarke Schnittstelle zur Automatisierung vieler administrativer Aufgaben zur Verfügung. Man merkt allerdings, dass ADSI erst für Windows 2000 geschrieben wurde. Die Möglichkeiten unter NT 4.0 sind eingeschränkt.

11.1.1 Verzeichnisdienste

Was ist ein Verzeichnisdienst?
Ein Verzeichnis ist – sehr allgemein gesagt – ein hierarchischer Speicher für Informationen. Der Begriff *Verzeichnisdienst* umfasst neben der Speicherung auch den Zugriff auf die Informationen.

Verzeichnisdienste sind in Unternehmensnetzwerken sehr populär, weil sie eine zentrale Verwaltung ermöglichen. Ein Verzeichnisdienst *(Directory Service)* dient in Unternehmen der Verwaltung von Benutzern und Ressourcen (z.B. Computer, Drucker, Dienste) in einem Netzwerk. Sein Aufbau ist üblicherweise hierarchisch, sodass ein Verzeichnisbaum *(Directory Tree)* entsteht – nicht zu verwechseln mit dem Verzeichnisbaum des Dateisystems, obwohl er prinzipiell sehr ähnlich ist. Einem Verzeichnisdienst liegt eine Datenbank zugrunde, die aber nicht notwendigerweise eine relationale Datenbank ist.

DAS und DUA
Ein Verzeichnisdienst ist in der Regel ein verteiltes System. Rechner, die Leistungen im Rahmen eines Verzeichnisdienstes erbringen, werden *Directory System Agents (DAS)* genannt. Rechner, die Leistungen nutzen, heißen dagegen Directory User Agents *(DUA)*.

X.500
> Die hier verwendete Begrifflichkeit orientiert sich an dem Standard ITU X.500 (ISO/IEC 9594), der heute Basis für viele Verzeichnisdienste ist. X.500 definiert den Aufbau eines Verzeichnisses, verschiedene Dienste für die Arbeit mit dem Verzeichnis und ein Zugriffsprotokoll. Eine vollständige Implementierung von X.500 ist jedoch aufgrund der Komplexität des Standards nur in wenigen Verzeichnisdiensten vorhanden. Weitere Informationen zu X.500 finden Sie in [CHA96].

Verzeichnisdienste in der Praxis
Verzeichnisdienste sind heute in viele Systeme integriert, allen voran Betriebssysteme und Messaging-Systeme. Ob man die Verwaltung der Benutzer und Ressourcen in Windows NT 4.0 einen Verzeichnisdienst nennen darf, ist aber oft eine Streitfrage, weil die Möglichkeit fehlt, Ressourcen hierarchisch zu organisieren. Verzeichnisdienste für Unternehmens-

netzwerke bieten die Firmen Banyan (mit dem Produkt Banyan Vines) und Novell (mit dem Novell Directory Service NDS) schon lange an. Microsoft ist mit dem Active Directory eher spät dran.

Aufbau eines Verzeichnisbaums

Ein Verzeichnisbaum enthält Verzeichniseinträge, wobei es drei Typen von Einträgen gibt: *Root (Wurzel)*, *Container (Knoten)* und *Leaves (Blätter)*. Die Wurzel eines Verzeichnisbaums ist darin das oberste Element und bildet den Einstiegspunkt zu den weiteren Einträgen. Container können andere Einträge enthalten, während Blätter das Ende eines Zweigs in einem Verzeichnisbaum darstellen.

Verzeichnisbäume

> Ein Namensraum ist eine Zusammenfassung mehrerer Verzeichnisbäume eines Verzeichnisdienstes. Beispielsweise bildet Windows NT 4.0 einen Namensraum, der aus den Domänen und Arbeitsgruppen besteht.

Namensraum

Jeder Eintrag in einem Verzeichnisbaum hat bestimmte Attribute. Jedes Attribut hat einen Wert, manche Verzeichnisdienste erlauben auch Mehrfachwerte für Attribute, z.B. Ablage mehrerer Nummern für die Telefonnummer).

Attribute

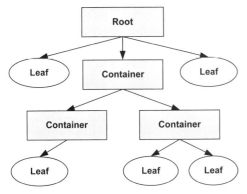

Bild 11.5
Aufbau eines Verzeichnisdienstes

Objekte und Klassen Einträge in Verzeichnisdiensten werden oft auch Objekte genannt. Im Vergleich zum Objektbegriff in der objektorientierten Programmierung verfügen Objekte in Verzeichnisdiensten nur über Eigenschaften in Form von Attributen, nicht aber über ein Verhalten in Form von Methoden. Operationen auf einem Verzeichnisdienst werden durch Zugriffsprotokolle wie das Lightweight Directory Access Protocol (LDAP) bzw. Verzeichnisdienstwerkzeuge definiert. Jeder Eintrag in einem Verzeichnisdienst wird auf Basis einer bestimmten Vorlage erzeugt. Die Vorlage wird üblicherweise Klasse genannt.

Objekte und Klassen

> Die Verwendung der Begriffe Objekt und Klasse für Verzeichnisdiensteinträge bedeutet nicht, dass der Verzeichnisdienst mit objektorientierten Methoden implementiert wurde. Dies verhält sich genauso wie bei einer grafischen Benutzeroberfläche, die von einigen auch schon objektorientiert genannt wird, nur weil jedes Symbol ein anderes Kontextmenü hat.

Semistrukturierung Anders als in einer strukturierten Datenbank kann es in Verzeichnisdiensten optionale Attribute geben. Ein konkretes Objekt muss für ein optionales Attribut keinen Wert bereitstellen. Ein Verzeichnisdienst ist also vergleichbar mit einer semistrukturierten Datenbank wie einem Message Store (vgl. Kapitel 15.1, CDO).

Semistrukturierung

Verzeichnisdienstschemata

Verzeichnisdienste besitzen ein Schema, das eine abstrakte Beschreibung des Verzeichnisdienstes auf einer Metaebene darstellt. Das Schema ähnelt einem Wörterbuch und enthält:

Attribute
- Die Definition der Attribute und ihrer Syntax

  Die Syntax besteht aus den erlaubten Datentypen, dem erlaubten Wertebereich und der Unterscheidung zwischen einem Einfach- und einem Mehrfachattribut.

Klassen
- Die Definition der Klassen

  Dabei wird auch definiert, ob eine Klasse ein Container oder ein Leaf ist, welche Attribute eine Klasse enthalten muss (Pflichtattribute) und welche enthalten sein können (optionale Attribute).

Vererbungshierarchie
- Die Vererbungshierarchie der Klassen

  Auch in Verzeichnisdiensten können Klassen von anderen Klassen abgeleitet sein. Meist ist auch Mehrfachvererbung möglich.

Containment-Hierarchie
- Die Containment-Hierarchie

  Es wird definiert, welche Instanzen einer anderen Klasse ein konkretes Objekt enthalten können (Beispiel: ein Eintrag *Familie* kann Objekte der Klasse *Kinder* enthalten, nicht aber Objekte der Klasse *Garten*). Daraus ergibt sich zur Laufzeit die Objekthierarchie des Verzeichnisdienstes.

Transparenz und Schemamodifikationen

Das Schema ist in der Regel transparent, also selbst wiederum Teil des Verzeichnisdienstes und oft auch auslesbar. In vielen Verzeichnisdiensten ist darüber hinaus sogar der Aufbau des Schemas selbst wieder Teil des Schemas. Hier kann man also die bekannte Huhn-Ei-Frage stellen: Was war zuerst da? Einige Verzeichnisdienste ermöglichen es, das Schema zu verändern oder zu erweitern. Dies nennt man eine *Schemamodifikation*.

Objektidentifikation

DN und RDN

Verzeichnisdienste sind in der Regel hierarchisch. Einzelne Einträge in einem Verzeichnisdienst werden daher über hierarchische Pfadangaben, sogenannte *Fully Qualified Distinguished Names (FQDN)* oder einfacher *Distinguished Names (DN)*, gebildet. Davon abzugrenzen ist der *Relative Distinguished Name (RDN)*. Der RDN identifiziert (in der Regel) einen Eintrag innerhalb eines Containers eindeutig. In einem anderen Container darf der RDN sehr wohl erneut vorkommen. Der DN besteht aus dem RDN eines Eintrags und dem DN des übergeordneten Eintrags. Auf diese Weise gibt es zu jedem Eintrag einen eindeutigen Pfad. Die Bildung des DN ist abhängig vom Verzeichnisdienst. Der RDN ist vergleichbar mit einem Dateinamen, der DN mit einem kompletten Dateipfad.

Objektidentifizierung bei NT 4.0

Es gibt Verzeichnisdienste, die keine Eindeutigkeit des RDN innerhalb eines Containers fordern. Bei NT 4.0 ist die Kombination aus RDN und Klassenname der „Schlüssel". Innerhalb eines Containers darf es sehr wohl mehrfach den gleichen RDN geben, solange die gleichnamigen Objekte jeweils zu einer anderen Klasse gehören.

Meta-Directories

Ein Meta-Directory ist ein Dienst, der verschiedene Verzeichnisdienste zu einem zusammenfasst. Anstatt Konnektoren zwischen verschiedenen Verzeichnisdiensten zu schaffen, setzt der Meta-Directory-Ansatz auf eine übergeordnete Kontrollinstanz. Microsoft bietet hier als Produkt den Identity Integration Server.

Meta-Directories

Lightweight Directory Access Protocol (LDAP)

Über X.500 definiert ist auch ein Zugriffsprotokoll, mit dem DSAs und DSUs kommunizieren können. Dieses Protokoll heißt *Directory Access Protocol (DAP)*. Wie viele andere Protokolle der X-Serie konnte sich DAP aufgrund seiner Komplexität nicht durchsetzen. Von Yeong, Hoews und Kille wurde daher 1995 an der University of Michigan eine abgewandelte Form von DAP entwickelt, das *Lightweight Directory Access Protocol (LDAP)*. LDAP wurde von der Internet Engineering Task Force (IETF) standardisiert. Aktuell ist die Version 3.0 (zu LDAP 2.0 vgl. [RFC1777] bis [RFC1779] sowie [RFC1798], zu LDAP 3.0 vgl. [RFC2254] bis [RFC2256]). LDAP beruht auf TCP/IP und verwendet die Portnummer 389. LDAP in Verbindung mit dem Secure Socket Layer-Protokoll (LDAP over SSL) benutzt Port 636.

LDAP

Während LDAPv1 nur in der Lage war, nach Einträgen zu suchen und deren Attribute zurückzuliefern, unterstützt LDAPv3 folgende Verzeichnisoperationen: search, compare, add, delete, modify, modifyRDN.

Versionen

> LDAP definiert im Gegensatz zu DAP nicht den Aufbau eines Verzeichnisdienstes, sondern nur ein Kommunikationsprotokoll. Mit LDAP kann sowohl auf X.500-kompatible Verzeichnisse als auch auf proprietäre Verzeichnisse zugegriffen werden. Voraussetzung ist lediglich die Unterstützung des LDAP-Protokolls.

Akzeptanz von LDAP Die Akzeptanz von LDAP steigt ständig: Zum einen sind viele öffentliche Verzeichnisdienste im Internet durch LDAP ansprechbar (z.B. *ldap. bigfoot.com*, *ldap.whowhere.com*, *ldap. infospace.com*, *ldap.yahoo.com*). Zum anderen integrieren die Hersteller von Verzeichnisdiensten LDAP in ihre Systeme (z.B. Active Directory, Microsoft Exchange seit Version 5.0, Microsoft Site Server, Lotus Notes, Netscape Directory Server).

Akzeptanz

LDAP-Clients Ein einfacher LDAP-Client befindet sich inzwischen – von vielen bislang unbemerkt – auf fast jedem Windows-PC. Sowohl der Microsoft Internet Explorer (ab Version 4.0) als auch der Netscape Communicator (ab Version 4.0) enthalten einen LDAP-Client. Bei installiertem Internet Explorer ist der LDAP-Client auf drei Wegen erreichbar:

LDAP-Anwendungen

▷ Durch Eingabe einer beliebigen LDAP-URL in der URL-Zeile des Internet Explorers (z.B. LDAP://x500.bund.de)

LDAP im IE

▷ Durch den Menüpunkt *Bearbeiten/Personen suchen* in Outlook Express
▷ Mit dem Windows-Start-Menü über *Suchen/Personen*

In allen drei Fällen erscheint der LDAP-Client in Form eines *Personen suchen*-Fensters. Die zu durchsuchenden LDAP-Server können Sie in Outlook Express unter *Extras/Konten/Verzeichnisdienst* einrichten.

Bild 11.6
Die Suche nach Bill Clinton liefert einige Ergebnisse im LDAP-Client des Internet Explorers 5.0.

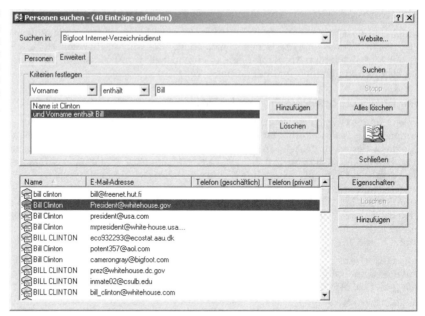

ADB Der mit der ADSI-Installation mitgelieferte *Active Directory Browser (ADB)* ist dagegen ein vollwertiger LDAP-Client. Der ADB wird im Kapitel 18, „Werkzeuge", vorgestellt.

WLDAP-32.DLL **LDAP-Programmierung** LDAP bietet eine eigene Programmierschnittstelle, die in RFC-1823 spezifiziert ist. Unter Windows findet sich das API in der C-basierten *wldap32.dll*. Im Zusammenhang mit der Microsoft-Strategie, von der Komplexität verschiedener APIs durch einfachere COM-Komponenten zu abstrahieren, die auch für den Einsatz in Scripting-Umgebungen geeignet sind, wird LDAP durch die COM-Komponente ADSI gekapselt.

Attribute **LDAP-Standardattributnamen** Der LDAP-Standard definiert Standardattribute für Benutzer auf Grundlage von X.500 [RFC2256]. Diese Attributnamen sind eine Empfehlung, aber keine Vorschrift. Einige dieser Namen sind sehr kurz, andere kurioserweise sehr lang.

Tabelle 11.1
Ausgewählte LDAP-Standardattribute für Benutzer

LDAP-Name	Erläuterung
C	Country
O	Organization
OU	Organizational Unit
DC	Domain Component
CN	Common Name
L	Locality Name
facsimileTelephoneNumber	*(Ausdruck hat keine Abkürzung)*
physicalDeliveryOfficeName	*(Ausdruck hat keine Abkürzung)*

Die verschiedenen Verzeichnisdienste verwenden intern jedoch andere, proprietäre Namen.

Objektidentifikation bei LDAP In LDAP sind alle Verzeichnisobjekte über eine URL ansprechbar. Eine komplette LDAP-URL besteht aus der Namensraum-ID *ldap*, dem Namen des anzusprechenden LDAP-Servers sowie einem Distinguished Name (DN). Der LDAP-Server muss mit angegeben werden, da der DN keinen Aufschluss darüber gibt, welcher Server den Verzeichnisdienst bereitstellt. Ein Verzeichnisdienst kann auch von mehreren Servern bereitgestellt werden, sodass mit diesem Parameter zwischen den Servern gewählt werden kann. Der Aufbau der LDAP-URL ist in [RFC1959] dokumentiert.

LDAP-URLs

Ein LDAP-DN wird durch Attribut-Wert-Paare gebildet. Ein Relative Distinguished Name (RDN) ist genau ein Attribut-Wert-Paar der Form `Attributname=Wert`. Ein Distinguished Name (DN) besteht aus der Aneinanderreihung solcher Attribut-Wert-Paare. Der DN unterscheidet eine *Top-down-* und eine *Bottom-up-Form*. Bei der Top-down-Form wird das höchste Objekt im Verzeichnisbaum zuerst genannt, bei der Bottom-up-Form zuletzt. Für die Bezeichnungen Top-down-Syntax und Bottom-up-Syntax gibt es in Anlehnung an die Frage in Gullivers Reisen, an welchem (dem großen oder dem kleinen) Ende das Ei aufzuschlagen sei, auch die Bezeichnungen *Big Endian* und *Little Endian*.

Attribut-Wert-Paare

Der im DN zu verwendende Attributname wird in jeder Klasse einzeln als Schlüsselattribut festgelegt und ist keineswegs vorgegeben. Es ist üblich, die Attributnamen `O`, `OU` und `CN` als Schlüsselattribute zu verwenden. Der Wert eines Schlüsselattributs wird auch als *Common Name* eines Eintrags bezeichnet. Auch der Attributname `CN` steht für Common Name, was ein wenig verwirrend ist. Letztlich bedeutet es aber, dass man üblicherweise dem Attribut, das den Common Name enthält, den Namen *Common Name* gibt. Die Beispiele `O` und `OU` zeigen aber, dass es auch Abweichungen davon geben kann.

Ein Schlüsselattribut für jede Klasse

Eintragsart	Beispiel Top-down-Syntax (auch: Big Endian)	Beispiel Bottom-up-Syntax (auch: Little Endian)
Wurzelelement eines LDAP-Servers	`LDAP://XFilesServer01`	`LDAP://XFilesServer01`

Benutzer in einem Active Directory	`LDAP://XFilesServer01/`
	`dc=net/`
	`dc=FBI/`
	`cn=Users/cn=HS`
		`LDAP://XFilesServer01/`
		`cn=HS,cn=Users,`
		`dc=FBI,dc=net`

Konfiguration des POP3-Protokolls eines Exchange Servers	`LDAP://XFilesServer01/`
	`dc=net/`
	`dc=FBI/`
	`cn=Configuration/`
	`cn=Protocols/`
	`cn=POP3`
		`LDAP://XFilesServer01/`
		`cn=POP3,`
		`cn=Protocols,`
		`cn=Configuration,`
		`dc=FBI,`
		`dc=net`

Tabelle 11.2 Beispiele für LDAP-Pfade in einem Active Directory

11.1.2 Die ADSI-Grundlagen

Das *Active Directory Service Interface* (ADSI) ist eine COM-Komponente für den Zugriff auf Verzeichnisdienste. Dabei ist ADSI nicht, wie der Name vermuten ließe, auf das Active Directory beschränkt. Die ADSI-Architektur (Bild 11.7) ermöglicht es, auf unterschiedliche Arten von Verzeichnisdiensten zuzugreifen. Das allgemeine ADSI-Metaobjektmodell bietet eine einheitliche Sichtweise auf verschiedene Verzeichnisdienste. Unter dem Namen JADSI gibt es auch eine Java-Implementierung von ADSI.

ADSI-Architektur

Kapitel 11 **Verzeichnisdienste**

Tabelle 11.3
Schnellinfo
ADSI-Komponente

Name und Abkürzung	Active Directory Service Interface (ADSI)
DLL	*activeds.DLL* (zugehörige Typbibliothek: *activeds.tlb*)
Name der Typbibliothek	Active DS
Helpstring der Typbibliothek	Active DS Type Library
Hersteller	Microsoft
Besprochene Version	2.5
NT 4.0	Installation des ADSI-Add-On, Version 2.5 [CD:/install/komponenten/adsi/]
Windows 9x/ME	Installation in einer speziellen Version des ADSI-Add-On, Version 2.5 [CD:/install/komponenten/adsi/]
Windows 2000	Version 2.5 enthalten
Windows XP	Version 2.5 enthalten (Dateiversion 5.1.2600.0)
Windows Server 2003	Version 2.5 enthalten (Dateiversion 5.2.3663.0)
Windows Vista	Version 2.5 enthalten (Dateiversion 6.0.5600)

Position der Originaldokumentation in der MSDN-Library	⊟ Networking and Directory Services
	  ⊟ Active Directory, ADSI and Directory Services
	    ⊟ SDK Documentation
	      ⊟ Directory Services
	        ⊞ Active Directory
	        ⊞ Active Directory Service Interfaces
	        ⊞ Lightweight Directory Access Protocol (LDAP) API
	        ⊞ Glossary

Architektur

ADSI-Provider sind Stellvertreter.
ADSI bedient sich des Provider-Konzepts. Ein ADSI-Provider ist eine Stellvertreterkomponente für den Zugriff auf einen Verzeichnisdienst. Er implementiert den Zugriff auf einen bestimmten Verzeichnisdienst, indem er das ADSI-Objektmodell auf die API-Ebene des Verzeichnisdienstes umsetzt. Ein Verzeichnisdienst kann also durch ADSI ausgelesen und verändert werden, wenn ein ADSI-Provider für diesen Verzeichnisdienst existiert. ADSI-Provider werden in Form einer In-Process-Komponente (COM-DLL) ausgeliefert. Im Gegensatz zum Begriff ADSI-Provider wird ein Programm, das ADSI nutzt, ADSI-Client genannt. Da ADSI in weiten Teilen COM-Automation unterstützt, können auch Scripts als ADSI-Clients eingesetzt werden.

Vergleich mit ADO
ADSI kann auf konzeptioneller Ebene verglichen werden mit ADO in der Universal Data Access-Architektur; die ADSI-Provider entsprechen dann den OLE DB-Providern. In ADSI definiert ein Provider einen Namensraum. Jeder Namensraum hat eine Namensraum-ID.

ADSI-Erweiterungen
Die in ADSI-Providern implementierten Klassen können durch sogenannte *ADSI Namespace Extensions* um zusätzliche Schnittstellen erweitert werden. Beispiel für eine ADSI-Erweiterung ist die RAS-Komponente (vgl. Kapitel 11.7, „ADSI-Zusatzkomponenten", und CDO for Exchange Management (vgl. [SCH01c]). ADSI-Erweiterungen können allerdings nicht mit Scriptsprachen oder Visual Basic entwickelt werden.

Active Directory Service Interface (ADSI)

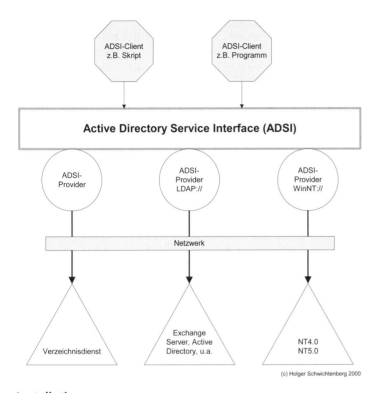

Bild 11.7
ADSI-Architektur

Installation

Als Plattform für 32-Bit-ADSI-Clients unterstützt Microsoft natürlich nur die eigenen 32-Bit-Betriebssysteme. Es gibt verschiedene Add-Ons für Windows 9x und für NT 4.0. ADSI ist fester Bestandteil von Windows ab Version 2000, unabhängig davon, ob das Active Directory installiert ist. Die entsprechenden Add-Ons für die anderen Plattformen finden Sie auf der Buch-CD [CD:/code/komponenten/adsi/]. Kommende Updates erhalten Sie auch über die Microsoft ADSI-Website [ADS00]. Aktuell ist die ADSI-Version 2.5.

Verfügbarkeit für verschiedene Plattformen

> ADSI muss nur auf dem Computer installiert sein, auf dem der ADSI-Client läuft. Eine Installation auf den anzusprechenden Verzeichnisdienst-Servern ist nicht notwendig. Zur Kommunikation verwendet ADSI das jeweilige Kommunikationsprotokoll des Verzeichnisdienstes.

Verfügbare ADSI-Provider

Für ADSI 2.5 liefert Microsoft die in der nachstehenden Tabelle genannten ADSI-Provider:

Provider	Namensraum-ID	Provider-DLL
Windows NT	WinNT	Adsnt.dll
Lightweight Directory Access Protocol	LDAP und GC	Adsldp.dll
Novell NetWare 3.x	NWCOMPAT	Adsnw.dll
Netware Directory Service 4.x	NDS	Adsnds.dll
Microsoft Internet Information Server Metabase	IIS	Adsiis.dll

Tabelle 11.4
Verfügbare ADSI-Provider von Microsoft

Ausnahme IIS-Provider Mit Ausnahme des IIS-Providers werden alle Provider durch das ADSI-Add-On bzw. durch das Windows-Setup installiert. Der IIS-Provider wird mit dem Internet Information Server bzw. den entsprechenden Client-Werkzeugen (MMC-Snap-In) installiert.

Installierte Provider Eine Liste der installierten ADSI-Provider befindet sich in der Registrierungsdatenbank unter *HKEY_LOCAL_MACHINE\SOFTWARE\Microsoft\ADs\Providers*. Die obige Tabelle enthält auch die Namensraum-ID, die aus Sicht von COM die ProgID der Provider-Komponente ist und in Monikern verwendet wird, um den Namensraum oder Objekte in dem Namensraum anzusprechen. Zu der einen ADSI-Provider implementierenden DLL hangelt man sich wie üblich über ProgID und CLSID durch (siehe Kapitel 7, „COM").

LDAP und GC Mit dem LDAP-Provider ist grundsätzlich der Zugriff auf alle LDAP-fähigen Verzeichnisdienste möglich, also insbesondere auf Active Directory, Microsoft Exchange Server, Netscape Directory Server und Lotus Notes. Die Namensraum-ID *GC* bezeichnet den Global Catalogue im Active Directory und ermöglicht einen domänenübergreifenden Zugriff.

WinNT Der WinNT-Provider dient sowohl dem Zugriff auf ein Windows NT 4.0-Verzeichnis als auch dem auf ein Windows-System ohne installiertes Active Directory. Ein Windows Server-Rechner ohne ADS ist nicht per LDAP ansprechbar. Der WinNT-Provider kann auch das Active Directory ansprechen, allerdings unterliegt die Arbeit mit dem AD über diesen Provider großen Einschränkungen und ist daher nicht empfehlenswert.

ADSI Software Development Kit

ADSI-SDK Microsoft bietet zu ADSI ein Software Development Kit (SDK) an, in dem Include-Dateien, Beispiele und ein Resource Kit mit nützlichen zusätzlichen COM-Objekten zu finden sind (z.B. für Zugriff auf Verzeichnis- und Registrierungsdatenbanksicherheit, Benutzer-RAS-Konfiguration und ADSI-Fehlerinformationen, siehe Kapitel 11.7, „ADSI-Zusatzkomponenten"). Das ADSI-SDK ist Teil des Plattform-SDK im Microsoft Developer Network (MSDN), aber auch separat verfügbar [ADS00]. Mit dem SDK können ADSI-Provider für eigene Verzeichnisdienste entwickelt werden; das kann für Business-Anwendungen oder eigene Dienste durchaus auch sinnvoll sein, wenn deren Informationsraum eine bestimmte Komplexität erreicht. Allerdings müssen solche Provider mit C++ geschrieben werden.

11.1.3 Das ADSI-Meta-Objektmodell

ADSI und COM Einen Verzeichnisdienst in einer COM-Komponente abzubilden, ist ein naheliegender Ansatz, da Syntax und Semantik von Verzeichnisdienstklassen und -objekten ähnlich sind. Die einzelnen Klassen eines Verzeichnisdienstes lassen sich als COM-Klassen mit Attributen und Methoden gut abbilden. Dabei werden die Methoden nicht durch das Verzeichnis selbst (Verzeichnisklassen haben kein Verhalten), sondern durch die COM-Komponente oder die API des Verzeichnisdienstes bereitgestellt.

Standardschnittstellen Der ADSI-Kern definiert einen Satz von abstrakten ADSI-Standardschnittstellen, liefert aber keine Implementierung dazu. Die Aufgabe der Implementierung fällt den ADSI-Providern zu, die aus diesen abstrakten Schnittstellen Klassen für den jeweiligen Verzeichnisdienst zusammenstellen. ADSI arbeitet sehr intensiv mit Mehrfachschnittstellen. Die Klassen heißen in jedem Verzeichnisdienst anders. Der COM-Polymorphismus auf Schnittstellenbasis (vgl. Kapitel 7, „COM") ermöglicht es dennoch, diese unterschiedlichen Klassen gleich zu behandeln.

Entsprechend dem Aufbau eines Verzeichnisdienstes kennt ADSI zwei Typen von Klassen:
- *Directory Container-Objekte*, die andere Objekte enthalten können
- *Directory Leaf-Objekte*, die die Blätter des Baums bilden und keine weiteren Objekte enthalten

Active Directory Service Interface (ADSI)

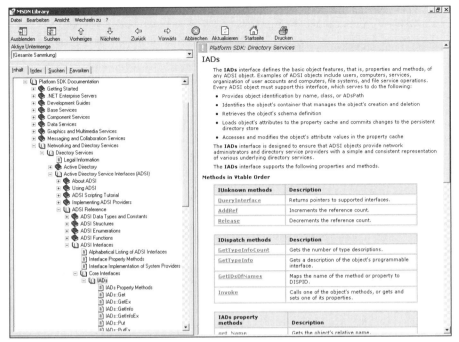

Bild 11.8
Die MSDN-Entwicklerbibliothek dokumentiert ADSI-Schnittstellen, keine Klassen.

Metaschnittstellen Unter den ADSI-Schnittstellen gibt es einige, die Metaschnittstellen sind. Diese Schnittstellen ermöglichen es, auf die gesamte Funktionalität einer ADSI-Klasse zuzugreifen. Solche Metaschnittstellen sind

- IADs (für alle Objekte) und
- IADsContainer (für Container-Objekte).

Metaschnittstellen

Ein ADSI-Provider hat die Wahl, nur diese Metaschnittstellen zur Verfügung zu stellen oder aber auch andere konkrete Schnittstellen in den ADSI-Klassen zu implementieren.

Die in der folgenden Abbildung dargestellte Klasse Computer aus dem WinNT-Provider besitzt neben den beiden Metaschnittstellen IADs und IADsContainer auch noch zwei konkrete Schnittstellen IADsComputer und IADsComputerOperations.

Beispiel

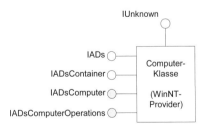

Bild 11.9
Eine ADSI-Klasse mit Metaschnittstellen und konkreten Schnittstellen

Die ADSI-Schnittstellen decken nur einen Standardfall ab. In der Praxis geht die Funktionalität eines konkreten Verzeichnisdienstes immer über die Möglichkeiten der ADSI-Standardschnittstellen hinaus. Um die darüber hinausgehenden spezifischen Eigenschaften eines Verzeichnisdienstes abzudecken, kann ein ADSI-Provider folgende Maßnahmen ergreifen:

Erweiterbarkeit

383

Kapitel 11 Verzeichnisdienste

- Der Provider kann zusätzliche (verzeichnisdienstspezifische) Attribute definieren, die dann nur über die Metaschnittstelle IADs verwendet werden können.
- Der Provider kann auch einzelne Attribute aus den ADSI-Standardschnittstellen nicht implementieren. Dies steht natürlich dem Vertragscharakter einer Schnittstelle entgegen, ist aber in diesem Fall akzeptabel, da sonst eine unübersichtlich große Anzahl von Schnittstellen notwendig wäre, um die Eigenarten aller Verzeichnisdienste abzudecken.

Schließlich kann der Provider auch eigene Schnittstellen definieren. Dies ist notwendig, wenn eine ADSI-Klasse Methoden bereitstellen will, die in keiner ADSI-Standardklasse existieren. Die Metaschnittstellen IADs und IADsContainer stellen nämlich keinen Mechanismus bereit, um verzeichnisdienstspezifische Methoden abzubilden!

Scriptentwickler haben es leichter. An dieser Stelle gäbe es dann Probleme für den Scriptentwickler, denn er könnte diese zusätzlichen Schnittstellen ja nicht nutzen. Die IDispatch-Methoden von IADs machen aber genau das, was von einer Standardschnittstelle im Rahmen der COM-Automation verlangt wird: Die IADS-Schnittstelle bildet die gesamte Funktionalität der Klasse ab, also auch die Methoden aus den zusätzlichen Schnittstellen. Fazit: Als Scriptentwickler müssen Sie sich um die Schnittstelle keine Sorgen machen. Beim frühen Binden in anderen Umgebungen können Sie über IADs zwar auf einige Attribute, aber nicht auf alle Methoden zugreifen.

Die Erweiterungsfähigkeit von ADSI ist in der nachstehenden Grafik veranschaulicht: Das Schema des Active Directory definiert für die Klasse User zahlreiche Attribute, z.B. cn, DisplayName und samAccountName. Das User-Objekt in ADSI, das durch Bindung an einen LDAP-Pfad entsteht, enthält die Attribute der User-Klasse im Active Directory und zusätzlich noch die Attribute der ADSI-Schnittstellen IADs und IADsUser. Die zusätzlichen Attribute sind dabei zum Teil Abbildungen der Active Directory-Attribute; z.B. entspricht das IADsUser-Attribut FullName dem Active Directory-Attribut DisplayName und das IADsUser-Attribut FirstName dem Active Directory-Attribut GivenName. Außerdem ergänzt ADSI das Objekt um Methoden; im Active Directory selbst haben Objekte keine ausführbaren Operationen.

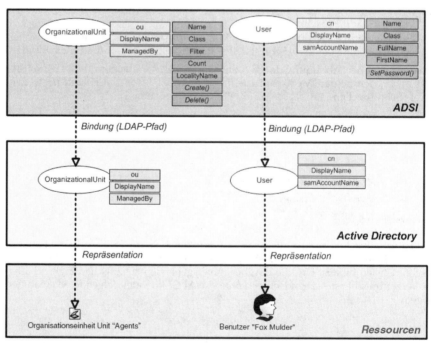

Bild 11.10 ADSI-Objekte versus Active Directory-Objekte

Active Directory Service Interface (ADSI)

Metaobjektmodell Die folgende Abbildung zeigt das ADSI-Metaobjektmodell. Neben den konkreten Container-Klassen Namespaces und Namespace enthält dieses Metaobjektmodell eine Container-Klasse und eine Leaf-Klasse. Beide haben keinen konkreten Namen, da diese Klassen ja erst durch den Provider realisiert werden. Dargestellt sind aber die Schnittstellen, die Container- bzw. Leaf-Klasse implementieren müssen.

Metaobjektmodell

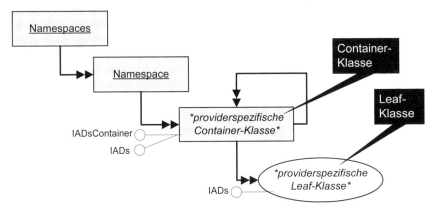

Bild 11.11
ADSI-Metaobjektmodell

ADSI durchbricht das Prinzip der üblichen COM-Objektmodelle, die aus der Abfolge Objekt und Objektmenge bestehen. Ein ADSI-Container unterscheidet sich von einer normalen COM-Objektmenge insofern, als die einzelnen Unterobjekte selbst direkt wieder Unterobjekte enthalten können.

Container versus Objektmengen

Der ADSI-Kern implementiert selbst auch einige wenige Klassen (z.B. Namespace, Namespaces, SecurityDescriptor, AccessControlList und AccessControlEntry). Die drei letztgenannten Klassen sind extern instanziierbar, wobei als ProgID nur der Klassenname und kein Komponentenname verwendet wird.

Klassen des ADSI-Kerns

Überblick über die ADSI-Standardschnittstellen

ADSI definiert neben den Metaschnittstellen eine Reihe weiterer konkreter Schnittstellen für viele übliche Anwendungsfälle in Verzeichnisdiensten wie die Benutzer- und Gruppenverwaltung, den Zugriff auf Computer, Drucker, Verzeichnisfreigaben, Windows-Dienste und geöffnete Ressourcen. Darüber hinaus gibt es noch Schnittstellen für den Zugriff auf das Schema, auf komplexe Datentypen und providerspezifische Erweiterungen.

ADSI-Schnittstellen

Kapitel 11 Verzeichnisdienste

Bild 11.12
Die wichtigsten ADSI-Standardschnittstellen im VB 6.0-Objektkatalog

Schnittstellentypen

Die Standardschnittstellen lassen sich in fünf Gruppen einteilen:
- Schnittstellen, die Basisfunktionalitäten für ADSI bereitstellen und den Metazugriff auf ADSI-Klassen ermöglichen (Tabelle 11.5)
- Schnittstellen, die persistente Daten in Verzeichnisobjekten widerspiegeln (Tabelle 11.6). Zu einigen Verzeichnisobjekten gibt es dabei eine weitere Schnittstelle, die Aktionen auf diesen Verzeichnisobjekten bereitstellt (Tabelle 11.7).
- Schnittstellen, die keine persistenten Daten in Verzeichnisobjekten widerspiegeln, sondern dynamische Daten beinhalten und Funktionen auf Verzeichnisobjekten implementieren. In der MSDN-Entwicklerbibliothek werden sie *Dynamic Object Interfaces* genannt. Objekte mit diesen Schnittstellen haben, da sie nicht persistent sind, keinen DN und können nicht direkt angesprochen werden (Tabelle 11.8).
- Schnittstellen zur Implementierung von Sicherheitsfunktionalitäten (Tabelle 11.9)
- Schnittstellen zur Schemaverwaltung (Tabelle 11.10)

Active Directory Service Interface (ADSI)

Schnittstelle	Erläuterung
IADs	Diese Schnittstelle implementiert die absoluten Basisfunktionalitäten für ADSI-Objekte und muss bei der Implementierung des Providers daher in jede ADSI-Klasse (sowohl in Blatt- als auch in Container-Klassen) aufgenommen werden.
IADsContainer	Die Schnittstelle IADsContainer wird nur von Container-Klassen benutzt. IADsContainer realisiert Attribute und Methoden zur Verwaltung der enthaltenen Objekte.

Tabelle 11.5
ADSI-Metaschnittstellen

Schnittstelle	Erläuterung
IADsUser	Dient der Verwaltung von Benutzern
IADsMembers	Dient der Darstellung von Abhängigkeiten zwischen Verzeichnisobjekten (z.B. Benutzer <-> Gruppe)
IADsGroup	Dient der Verwaltung von Benutzergruppen
IADsCollection	Dient der Gruppierung von dynamischen Objekten zu Listen
IADsComputer	Zur Verwaltung einzelner Computer
IADsDomain	Zur Verwaltung einer Ansammlung von (Windows-)Domänen
IADsService	Zur Verwaltung von Diensten auf einem bestimmten Computer
IADsFileservice	Spezieller Dateisystemdienst
IADsFileShare	Zur Verwaltung einer Verzeichnisfreigabe
IADsLocality	Dient der Verwaltung von Benutzern nach geografischen Gesichtspunkten
IADsO	Dient der Verwaltung von Organisationen
IADsOU	Dient der Verwaltung von Organisationseinheiten
IADsPrintQueue	Zur Verwaltung von Druckerwarteschlangen

Tabelle 11.6
ADSI-Schnittstellen für persistente Daten in Verzeichnissen

Schnittstelle	Erläuterung
IADsPrintQueueOperations	Operationen auf Druckerwarteschlangen: Statusinformationen, Anhalten eines Druckers, Weiterlaufenlassen, Löschen der Warteschlange
IADsComputerOperations	Abruf von Statusinformationen sowie das Herunterfahren und Neustarten von Computern
IADsServiceOperations	Operationen auf Diensten: Statusinformationen, Starten und Stoppen, Anhalten und Weiterlaufenlassen eines Dienstes
IADsFileserviceOperations	Analog zu IADsServiceOperations, jedoch für den speziellen Fall eines Fileservice; enthält Auflistungen der zugehörigen Sitzungen und Ressourcen

Tabelle 11.7
Zusatzschnittstellen für Methoden auf persistenten Verzeichnisobjekten

Tabelle 11.8
49 ADSI-Schnittstellen für nichtpersistente Daten in Verzeichnissen

Schnittstelle	Erläuterung
IADsPrintJob	Ein Druckauftrag in einer Druckerwarteschlange
IADsPrintJobOperations	Statusinformationen, Dauer, Seitenzahl, Position eines Druckauftrags, Anhalten und Weiterlaufenlassen eines Druckauftrags
IADsResource	Informationen über eine geöffnete Ressource auf einem Fileservice (z.B. Datei)
IADsSession	Informationen über eine geöffnete Sitzung (Session) auf einem Fileservice (z.B. verbundene Freigabe)

Tabelle 11.9
ADSI-Schnittstellen, die der Sicherheit dienen

Schnittstelle	Erläuterung
IADsOpenDSObject	Diese Schnittstelle dient der Impersonifizierung (d. h. dem Wechsel des Benutzerkontextes). IADsOpenDSObject stellt lediglich eine Methode zur Verfügung: OpenDSObject(). Bei OpenDSObject() können neben dem zu öffnenden Objekt auch ein Benutzername und ein Kennwort eines Kontos angegeben werden, unter dem die Operationen auf dem zu öffnenden Objekt ausgeführt werden sollen.
IADsSecurityDescriptor	Informationen darüber, wer welche Zugriffsrechte auf ein Objekt hat; verwalten einen NT Security Descriptor mit. Ein Security Descriptor besteht u.a. aus einer Access Control List (ACL).
IADsAccessControlEntry	Diese Schnittstelle dient der Verwaltung eines Access Control Entry (ACE) in einer Access Control List (ACL). Ein ACE legt fest, welche Rechte ein einzelner Benutzer oder eine einzelne Gruppe auf ein Objekt hat.
IADsAccessControlList	Liste aller IADsControlEntries, die eine ACL bilden.

Tabelle 11.10
ADSI-Schnittstellen zur Schemaverwaltung

Schnittstelle	Erläuterung
IADsClass	Repräsentiert eine Klassendefinition in einem Verzeichnisdienstschema
IADsProperty	Repräsentiert eine Attributdefinition in einem Verzeichnisdienstschema
IADsSyntax	Repräsentiert eine Syntaxbeschreibung, die einem Attribut zugeordnet werden kann
IADsPropertyList IADsPropertyEntry IADsPropertyValue	Diese drei Schnittstellen sind die Möglichkeit einer ADSI-Klasse, Informationen über die unterstützten Attribute direkt über eine Instanz der Klasse bereitzustellen, ohne explizit auf das Verzeichnisschema zuzugreifen.

Die Metaschnittstellen IADs und IADsContainer

IADs und IADsContainer
Zwei Schnittstellen bilden das Grundgerüst von ADSI: IADs und IADsContainer. Jede ADSI-Klasse muss IADs implementieren, um die Grundfunktionen für den Zugriff auf einen Verzeichniseintrag zur Verfügung zu stellen (siehe Tabelle 11.11 und 11.12). Alle Container-Objekte müssen zusätzlich IADsContainer implementieren (siehe Tabelle 11.13 und 11.14).

Attribut	Erläuterung
Name	Name des ADSI-Objekts; entspricht dem Relative Distinguished Name (RDN)
Class	Name der Klasse, zu der das Verzeichnisdienstobjekt gehört; hier werden Namen von Backend-Klassen ausgegeben, nicht solche der Frontend-Klasse
GUID	Global Unique Identifier des Objekts
ADsPath	ADSI-Pfad des Verzeichnisobjekts
Parent	ADSI-Pfad des übergeordneten Container-Objekts
Schema	ADSI-Pfad zur Schemadefinition der Klasse, zu der das Objekt gehört

Tabelle 11.11
Attribute der Standard-schnittstelle IADs

Methode	Erläuterung
GetInfo()	Einlesen aller Attribute eines Verzeichnisobjekts in den Zwischenspeicher
GetInfoEx()	Einlesen einzelner Attribute eines Verzeichnisobjekts in den Zwischenspeicher
SetInfo()	Schreiben des Zwischenspeichers in das Verzeichnisobjekt
Get()	Auslesen eines Attributs aus dem Zwischenspeicher; nur mehrwertige Attribute werden als *Array of Variant* zurückgegeben
Put()	Schreiben eines einwertigen Attributs in den Zwischenspeicher
GetEx()	Auslesen eines Attributs aus dem Zwischenspeicher. Im Gegensatz zu Get() werden alle Attribute als *Array of Variant* zurückgegeben.
PutEx()	Verändern eines mehrwertigen Attributs im Zwischenspeicher

Tabelle 11.12
Methoden der Standard-schnittstelle IADs

Attribut	Erläuterung
Count	Anzahl der untergeordneten Objekte
Filter	Möglichkeit, einen Filter auf einem Container zu definieren und so die Ergebnismenge auf die Instanzen bestimmter Klassen einzuschränken. Filter erwartet als Parameter ein *Array of String* mit den Klassennamen.

Tabelle 11.13
Attribute der Standard-schnittstelle IADsContainer

Methode	Erläuterung
GetObject()	Zugriff auf Zeiger eines untergeordneten Objekts anhand eines relativen Namens. Als erster Parameter muss der Name der Backend-Klasse übergeben werden, aus der das Objekt stammt, da einige Verzeichnisdienste nicht die Eindeutigkeit des RDN verlangen.
Create()	Erzeugen eines untergeordneten Objekts
Delete()	Löschen eines untergeordneten Objekts
CopyHere()	Kopieren eines ADSI-Objekts in diesen Container
MoveHere()	Verschieben eines ADSI-Objekts in diesen Container

Tabelle 11.14
Methoden der Standard-schnittstelle IADsContainer

Kapitel 11 **Verzeichnisdienste**

Einschränkungen mit CopyHere() und MoveHere() `CopyHere()` und `MoveHere()` können nur innerhalb eines Verzeichnisdienstes verwendet werden. Objekte können nicht von einem Verzeichnisdienst zu einem anderen kopiert oder verschoben werden. Nicht alle Verzeichnisdienste unterstützen diese Operationen. Zum Beispiel kann der Exchange Server 5.5 keine Empfänger zwischen Containern verschieben. Dies kann aber das Active Directory und damit auch Exchange Server ab Version 2000. `CopyHere()` wird derzeit nur durch den Novell Directory Service (NDS) unterstützt.

11.1.4 Grundlagen der ADSI-Programmierung

Die in diesem Unterkapitel dargestellten Verfahren sind die Grundlage der Arbeit mit allen ADSI-Providern.

Objektidentifikation und Bindung

ADSI-Pfade ADSI bedient sich COM-Moniker, um einzelne Einträge in verschiedenen Verzeichnisdiensten anzusprechen und einen Zeiger auf das Stellvertreterobjekt zu erhalten. Der Moniker hat die Form

`<Namensraum-ID>:<providerspezifischer Teil>`

und wird in diesem Zusammenhang *ADSI-Pfad* genannt.

DN und RDN Der providerspezifische Teil enthält in der Regel den Distinguished Name (DN) des Verzeichnisobjekts und dazu einen Servernamen. Es gibt jedoch auch andere Formen, gerade im Zusammenhang mit dem Active Directory. Bei der Namensraum-ID werden Groß- und Kleinschreibung berücksichtigt! Beispiele für vollständige ADSI-Pfade zeigt Tabelle 11.15.

Tabelle 11.15
Beispiele für ADSI-Pfade in verschiedenen Verzeichnisdiensten

Namensraum	Beispiele für ADSI-Pfade
LDAP	*LDAP://server/cn=Agents,dc=FBI,dc=NET* *LDAP://XFilesServer01.FBI.net/cn=Fox Mulder,* *OU=Agents,dc=FBI,dc=NET*
NT 4.0	*WinNT://Domaene/Computer/Benutzer* *WinNT://Computername/Gruppenname* *WinNT://Domaene/Benutzer*
Novell 3.x	*NWCOMPAT://NWServer/Druckername*
Novell 4.x (NDS)	*NDS://Server/O=FBI/OU=Washington/cn=Agents*
IIS	*IIS://ComputerName/w3svc/1*

Bei einigen Providern kann der Klassenname des gewünschten Objekts durch ein Komma getrennt mit angegeben werden, falls Mehrdeutigkeiten zwischen den Unterobjekten bestehen (beispielsweise kann unter NT 4.0 ein Computer genauso heißen wie ein Benutzer). Die Angabe des Klassennamens beschleunigt in einigen Fällen die Lokalisierung des Verzeichnisobjekts (z.B. beim WinNT-Provider bei der Frage, ob `WinNT://`*name* eine Domain oder ein Computer ist).

Bindung **Bindung der Universalklasse an ein Verzeichnisobjekt** Voraussetzung für den Zugriff auf Objekte des Verzeichnisdienstes ist die Bindung eines ADSI-Objekts an ein Objekt des Verzeichnisdienstes. Die Bindung erfolgt nicht über die Instanziierung einer Klasse mit anschließendem Methodenaufruf, sondern über die bereits beschriebenen ADSI-Pfade (Moniker). In Visual Basic ist also die Funktion `GetObject()` zu verwenden.

```
Set objADS = GetObject(ADSIPfad)
```

Ausblick

Das Active Directory kennt noch einige besondere Formen des Bindens, z.B. das serverlose Binden oder das Binden über einen GUID.

Ein konkretes Unterobjekt kann von einem Container aus auch über seinen relativen Namen (RDN) direkt angesprochen werden. Dazu dient die Methode `GetObject()` aus der IADsContainer-Schnittstelle. Allerdings ist dabei die Angabe des Klassennamens (hier: user) obligatorisch:

Bindung über RDN

```
Set container = GetObject("WinNT://XFilesServer01")
Set objUser = container.GetObject("user", "FoxMulder")
```

Der Zugriff auf das User-Objekt in einem Schritt würde dagegen lauten:

```
Set objUser = GetObject("WinNT://FBI/XFilesServer01/FoxMulder")
```

Oder mit Angabe der Objektklasse, falls der Objektname nicht eindeutig ist:

```
Set objUser = GetObject("WinNT://XFilesServer01/FoxMulder,user")
```

Leider sind die Fehlermeldungen, die `GetObject()` bei erfolglosem Aufruf liefert, nicht immer aussagekräftig: Ein „Syntax Error" kann einerseits bedeuten, dass der ADSI-Pfad nicht korrekt aufgebaut ist, andererseits aber auch, dass das angesprochene Objekt nicht existiert.

Test auf Objektexistenz Da ADSI keine eingebaute Funktion besitzt, um auf die Existenz eines Verzeichnisobjekts zu prüfen, kann die in Kapitel 8, „Visual Basic", vorgestellte Hilfsroutine `ExistsObject()` verwendet werden. Der Nachteil an dieser Try-and-Error-Methode ist, dass die Entscheidung sehr lange dauern kann. Wird beispielsweise ein Rechner angesprochen, der nicht erreichbar ist, meldet `GetObject()` erst nach einigen Sekunden einen Fehler.

ExistsObject()

Methodenaufrufe und Attributzugriffe

Bei ADSI gibt es einen wichtigen Unterschied zwischen dem Zugriff auf Methoden und dem Zugriff auf Attribute: Alle Methoden sind im direkten Zugriff (Punktnotation in Visual Basic), während auf Attribute zum Teil über Methoden der Metaschnittstelle IADs zugegriffen werden muss. Das liegt daran, dass ein Verzeichnisdienst keine eigenen Methoden bereitstellt. Die Methoden werden von ADSI-Schnittstellen zur Verfügung gestellt.

Unterschiede beachten

Voraussetzung vor dem Zugriff auf eine Methode oder ein Attribut ist – natürlich – die Bindung einer Objektvariablen an ein Verzeichnisobjekt. Das folgende Beispiel zeigt den Aufruf von Methoden. So kann beispielsweise ein Windows-Dienst wie der Scheduler mit ADSI gestartet und gestoppt werden, wie das nachfolgende WSH-Script zeigt.

Beispiel zum Methodenaufruf

```
computer = Inputbox("Welcher Computer?")
Set servObj = GetObject("WinNT://" & computer & "/schedule")
servObj.Stop' Dienst stoppen
servObj.Start ' Dienst starten
```

Listing 11.1: Bindung an den Scheduler-Dienst und Ausführung von zwei Methoden

Kapitel 11 Verzeichnisdienste

In Sprachen, die frühe Bindung verwenden, kann es nötig sein, die Schnittstelle zu wechseln, da die Methoden auf ein Verzeichnisobjekt zum Teil durch verschiedene Schnittstellen bereitgestellt werden. Bei der Scriptprogrammierung bietet Ihnen die Standardschnittstelle IADs per IDispatch-Zugriff die volle Funktionalität (mit einigen wenigen Ausnahmen).

Direkter Zugriff **Attributzugriff** Auf ein Attribut kann nur direkt (über die Punktnotation) zugegriffen werden, sofern es in einer ADSI-Schnittstelle definiert ist.

```
Objektvariable.Attribut
```

Put(), Get() Auf alle Verzeichnisattribute, für die es keine Entsprechung in ADSI-Standardschnittstellen gibt, müssen die IADs-Methoden Put() und Get() angewendet werden.

ADSI unterscheidet zwischen zwei Arten von Attributen:

```
objMailbox.Put "Attributname", Wert
Variable = u.Get("Attributname")
```

▶ Einwertige Attribute haben genau einen Wert.
▶ Mehrwertige Attribute können mehrere Werte gleichzeitig haben.

Mehrwertige Attribute Ein Beispiel für ein mehrwertiges Attribut ist eine E-Mail-Adresse. Ein Benutzer kann neben der Adresse *Holger.Schwichtenberg@it-visions.de* auch noch Aliase haben, z.B. *hs@it-visions.de* und *hs@windows-scripting.de*.

Optionale Attribute Anders als Datensätze in einer relationalen Datenbank besitzen Verzeichniseinträge optionale Attribute. In vielen Verzeichnisdiensten sind nicht verwendete optionale Attribute nicht mit einem Nullwert belegt, sondern gelten als nicht vorhanden. Ein Zugriff darauf führt zu einem Fehler (8000500d: „Die Active Directory-Eigenschaft wurde nicht im Zwischenspeicher gefunden"). Dieser Fehler kann auch mit Attributen auftreten, die im Rahmen einer ADSI-Standardschnittstelle definiert sind, denn ADSI hat – wie bereits erwähnt – ein eher lockeres Verständnis vom Vertragscharakter einer Schnittstelle.

In diesem Umstand steckt eine heimtückische Falle, wenn Sie bei der Entwicklung nicht beachten, dass in einer anderen Umgebung nicht notwendigerweise alle Attribute vorhanden sind, die es in Ihrer Testumgebung gibt. Beim Arbeiten mit frühem Binden in Visual Basic 6 oder VBA sind Sie davon noch stärker betroffen beim Zugriff via IDispatch (in VBScript). Es ist daher häufig sinnvoll, den Attributzugriff fehlertolerant zu kapseln:

```
Function ADSIGet(obj, attribut)
ADSIGet = ""
On Error Resume Next
ADSIGet = obj.Get(attribut)
End Function
```

Listing 11.2: Fehlertolerantes Auslesen eines Attributs in einem Verzeichnisobjekt [ADSI_Allgemein_Funktionen.vbs]

GetEx(), PutEx() **Mehrwertige Attribute** Mehrwertige Attribute werden über Arrays zugewiesen und benötigen die speziellen IADs-Methoden GetEx() und PutEx(). PutEx() kennt dabei vier verschiedene Modi (siehe Tabelle 11.16).

```
' -- Definition des Arrays
Dim mehrwert(2)
' -- Füllen des Arrays
mehrwert(0) = "hs@it-visions.de"
mehrwert(1) = "hs@windows-scripting.de"
mehrwert(2) = "hs@it-visions.de"
modus = 2 ' Werte ersetzen
' -- Setzen des mehrwertigen Attributs
obj.PutEx modus, "AttributName", mehrwert
```

Listing 11.3
Pseudocode für den Zugriff auf ein mehrwertiges Attribut

Symbolische Konstante	Numerische Konstante	Erläuterung
ADS_PROPERTY_CLEAR	1	Löscht alle Werte.
ADS_PROPERTY_UPDATE	2	Die übergebenen Werte ersetzen die alten Werte.
ADS_PROPERTY_APPEND	3	Die übergebenen Werte werden angefügt.
ADS_PROPERTY_DELETE	4	Die übergebenen Werte werden aus dem Attribut entfernt.

Tabelle 11.16
Die vier Modi der PutEx()-Methode. Diese Konstanten sind leider nicht in der Typbibliothek definiert.

Beim Auslesen mehrwertiger Attribute mit Get() ist eine Fallunterscheidung notwendig. Ein mehrwertiges Attribut, das nur einen Wert enthält, wird nicht als Array übergeben, sondern direkt als einzelner Wert. Die bereits in Kapitel 8, „Visual Basic", vorgestellte Funktion join() kann grundsätzlich eingesetzt werden, um einen mehrwertigen ADSI-Attributwert in eine Zeichenkette umzuwandeln. GetEx() liefert dagegen immer ein Array, auch dann, wenn das Attribut nur einwertig ist.

Sonderbehandlung für Arrays

Die Hilfsroutine ADSIGet() kann so erweitert werden, dass sie auch mehrwertige Attribute korrekt zurückliefert.

```
' ### Fehlertolerantes Auslesen eines Attributs in einem Verzeichnisobjekt
Function ADSIGet(obj, attribut)
Dim val
ADSIGet = ""
On Error Resume Next
val = obj.Get(attribut)
If IsArray(val) Then val = Join(obj.Get(attribut), ";")
ADSIGet = val
End Function
```

Listing 11.4
[ADSI_ Allgemein_ Funktionen .vbs]

OctetArray Attribute, die als OctetArray abgelegt sind (z.B. objectSID), müssen mit der nachstehenden Hilfsroutine zunächst in eine lesbare Form (geeignet sind hier Hexadezimalzahlen) umgewandelt werden.

Umwandlung

```
' #### OctectArray in Hex umwandeln
Function OctetToHex(ByteArray)
OctetToHex = ""
For k = 1 To LenB(ByteArray)
OctetToHex = OctetToHex & Right("0" & Hex(AscB(MidB(ByteArray, k, 1))), 2)
Next
End Function
```

Listing 11.5
[ADSI_ Allgemein_ Funktionen .vbs]

ADSI Property Cache Da ADSI-Objekte nur Stellvertreter für Verzeichniseinträge sind, werden die Attributwerte in einem Property Cache verwaltet. Beim ersten Zugriff auf ein Attribut lädt ADSI alle Attributwerte in den Zwischenspeicher. Schreibzugriffe sind durch Zuweisungen an die Attribute möglich.

Caching

GetInfo(), SetInfo() Alle Schreibzugriffe müssen mit einem Aufruf der Methode `SetInfo()` (aus der IADs-Schnittstelle) abgeschlossen werden. Erst dann wird der Zwischenspeicher an den zugrunde liegenden Verzeichnisdienst übergeben. Damit wird auch die Transaktionssicherheit gewährleistet: Entweder werden alle Änderungen ausgeführt oder keine. Auch für das Einlesen der Attribute in den Zwischenspeicher gibt es eine Methode: `GetInfo()`. Das Script sollte sie explizit aufrufen, wenn nicht sicher ist, ob die Werte im Zwischenspeicher noch aktuell sind. Mit `GetInfo()` können auch Änderungen verworfen werden, wenn zwischen den Änderungen und dem `GetInfo()` kein `SetInfo()` steht. Mit `GetInfoEx()` können vor einem ersten Attributzugriff gezielt einzelne Werte in den Zwischenspeicher gelesen werden, um zur Verringerung der Netzwerklast die Übertragung aller Attribute zu vermeiden.

Listing 11.6
Arbeit mit dem Property Cache

```
Set UsrObj = GetObject("WinNT://XFilesServer01/FoxMulder")
' -- Deaktivierung
UsrObj.AccountDisabled = True
' -- Cache schreiben
UsrObj.SetInfo
say "Konto deaktiviert"
...
UsrObj.GetInfo
say "Zustand des Kontos: " & UseObj.AccountDisabled
```

Notwendige Typkonvertierungen **Probleme mit dem Datentyp** Bei bestimmten Konstellationen kann es zu Problemen hinsichtlich des Datentyps bei der Übergabe von Werten an `Put()` kommen. So übergibt VBScript eine Variable vom Subtyp *Variant* per Zeiger; der LDAP-Provider unterstützt aber diese Form der Übergabe nicht. Sie müssen mit einem Trick VBScript dazu zwingen, keinen Zeiger, sondern den Wert direkt zu übergeben.

- Eine Möglichkeit ist, beim Aufruf von `Put()` die Variable explizit in den passenden Subtyp zu konvertieren.

  ```
  u.Put "samAccountName", CStr(un)
  ```

- Eine andere Möglichkeit besteht darin, den Wert einfach in Klammern zu setzen. Wie in Kapitel 7, „COM", beschrieben, sieht VBScript dann einen Ausdruck, der ausgewertet wird, und ein Ausdruck wird immer als sein Wert übergeben, nicht als Zeiger.

  ```
  u.Put "samAccountName", (un)
  ```

Natürlich ist die erste Möglichkeit die bessere, weil sie einfacher nachvollziehbar ist.

Zugriff auf Container-Objekte

Container-Objekte Der Zugriff auf die Container-Objekte und ihre Eigenschaften ist vollkommen identisch mit dem Zugriff auf Leaf-Objekte. Die Iteration durch ADSI-Container erfolgt in Visual Basic analog zur Iteration durch Objektmengen mit der `For Each`-Schleife. Sie bindet die Laufvariable `obj` nacheinander an die Objekte im Container:

```
Set container = GetObject("WinNT://XFilesServer01")
For Each obj In container
    say obj.class & ":" & obj.name
Next
```

Listing 11.7: Iteration über einen Computer-Container im WinNT-Provider

Filter Die `For Each`-Schleife durchläuft grundsätzlich alle in dem Container enthaltenen Objekte. Eine Einschränkung kann jedoch mit dem `Filter`-Attribut aus der `IADsContainer`-Schnittstelle gegeben sein. Das `Filter`-Attribut erwartet ein Array mit den Namen der Klassen, auf die die Objektmenge beschränkt werden soll.

```
Set container = GetObject("WinNT://XFilesServer01")
container.Filter = Array("User","Group")
For Each u In container
    say u.name
Next
```

Listing 11.8: Filterung eines Containerinhalts: Der Inhalt des Computer-Containers wird auf die Klassen User und Group beschränkt.

Leider trifft man auch in ADSI 2.5 noch auf einen bekannten Bug: ADSI hat Probleme mit der Grundschulmathematik und verzählt sich beim Auflisten eines Containers mit For Each gelegentlich. Obwohl bereits alle Unterobjekte durchlaufen wurden, wird eine neue Iteration begonnen, die dann aber beim ersten Objektzugriff mit einem „Objektvariable nicht gesetzt" jäh beendet wird. Dagegen hilft nur eine tolerante Fehlerbehandlungsroutine.

Prüfung, ob Kind-Element existiert Die nachfolge hilfreiche Routine prüft, ob ein Container ein bestimmtes Kind-Element besitzt.

```
' ### Prüft ob es im Container ein Unterobjekt mit dem angegebenen RDN gibt
Function ADSI_HasChild(CONTAINER, Classname, RDN)
Dim objCON, objChild
Set objChild = Nothing
Set objCON = GetObject(CONTAINER)
On Error Resume Next
Set objChild = objCON.GetObject(Classname, RDN)
On Error GoTo 0
ADSI_HasChild = Not (objChild Is Nothing)
End Function
```

Listing 11.9 Hilfsroutine: Rekursiver Durchlauf durch einen Verzeichnisdienst-Container [ADSI_Allgemein_Funktionen.vbs]

Rekursion über einen Verzeichnisdienst-Container Eine interessante Aufgabe ist auch hier die rekursive Ausgabe eines Verzeichnisbaums. Bei der Scriptprogrammierung gibt es ein Problem bei der Feststellung, ob ein Objekt ein Container oder ein Blatt ist, denn ein Test auf die Existenz der IADsContainer-Schnittstelle kann in der typenlosen Welt von VBScript nicht durchgeführt werden. Eine Möglichkeit wäre der Zugriff auf die Schemainformationen. Der hier dargestellte Weg ist etwas direkter: Es wird die Iteration über ein Verzeichnisobjekt versucht. Schlägt sie fehl, handelt es sich offensichtlich um ein Blattobjekt.

Rekursion mit ADSI

```
Sub ADSI_RekList(oContainer, ebene)
Dim obj ' As IADs
Dim c ' As IADsContainer
say Space(ebene * 2) & oContainer.Name
On Error Resume Next
For Each obj In oContainer
If Err.Number <> 0 Then          ' Leaf-Objekt
    Err.clear
    Exit Sub
Else                             ' Container
    ADSI_RekList obj, ebene + 1  ' Rekursion !
End If
Next
End Sub
```

Listing 11.10 Hilfsroutine: Rekursiver Durchlauf durch einen Verzeichnisdienst-Container [ADSI_Allgemein_Funktionen.vbs]

Kapitel 11 Verzeichnisdienste

Listing 11.11
Testfunktion für
ADSI_RekList()
```
Dim obj ' As IADs
Set obj = GetObject("WinNT://FBI")
ADSI_RekList obj, 0
```

Objekt- **Objektmengen** Neben den Containern gibt es in ADSI auch noch einige konventionelle
mengen Objektmengen, z.B. die Members-Objektmenge innerhalb der Schnittstelle IADsGroup. Eine
Objektmenge unterscheidet sich dadurch von einem Container, dass sie nicht über einen
ADSI-Pfad, sondern über ein Attribut eines Verzeichnisobjekts angesprochen wird.

Create() **Instanzenverwaltung** Die IADsContainer-Schnittstelle stellt die Methoden zur Verwaltung von Objekten bereit: Create() erzeugt neue Objekte, Delete() löscht bestehende
Objekte. In beiden Fällen ist der Klassenname anzugeben.

Listing 11.12
Erzeugung eines
neuen Benutzers
im WinNT-
Provider
```
Set NTDomain = GetObject("WinNT://XFilesServer01")
Set newuser = NTDomain.Create("user", "FMulder")
newuser.Fullname = "Fox Mulder"
newuser.Description = "Agent"
newuser.SetInfo
```

Delete() Ein Objekt wird nicht durch einen Methodenaufruf auf sich selbst, sondern über die Ausführung von Delete() auf einem Container-Objekt unter Angabe von Klassennamen und
RDN des zu löschenden Objekts entfernt. Der Aufruf von SetInfo() ist nicht nötig.
```
Set NTDomain = GetObject("WinNT://XFilesServer01")
NTDomain.Delete "user", "FoxMulder"
```
Listing 11.13: Löschen eines Benutzers aus einer WinNT-Domäne

Vor der Ausführung von Create() und Delete() sollten Sie auf die Existenz eines Objekts
prüfen, um einen Laufzeitfehler zu vermeiden.

Rekursives **Komplexe Löschvorgänge** Üblicherweise können Container-Objekte erst dann gelöscht
Löschen werden, wenn sie leer sind. Die ADSI-Schnittstelle IADsDeleteOps stellt die Methode DeleteObject() bereit. die einen Container mit allen seinen Unterobjekten entfernt. Die Routine
ADSI_DeleteThis() löscht in dem Fall, dass der übergebene ADSI-Pfad einen Container
darstellt, zunächst rekursiv alle Unterobjekte. Die Routine ist aber auch eine Erleichterung
für Blattobjekte, da ein Verzeichnisobjekt direkt über seinen Pfad gelöscht werden kann.

Listing 11.14
Rekursives
Löschen in
einem Ver-
zeichnisdienst
```
Sub ADSI_DeleteThis (this)
Dim objthis ' As IADs
' -- Wenn es nicht existiert, mache nichts!
If Not ExistsObject(this) Then Exit Sub
' --- Zugriff auf zu löschendes Objekt
Set objthis = GetObject(this)
objthis.DeleteObject (0)
say "Gelöscht: " & this
End Sub
```

Für Container-Objekte wird häufig eine Routine benötigt, um alle Unterobjekte des
Containers zu entfernen, den Container selbst aber nicht zu löschen.

Listing 11.15
Säubern eines
Containers
```
Sub ADSI_Clear (this)
Dim objthis ' As IADs
Dim objchild ' As IADs
' -- Zugriff auf zu säubernden Container
Set objthis = GetObject(this)
For Each objchild In objthis
    ' -- Unterobjekt löschen
```

```
    ADSI_DeleteThis objchild.adspath
Next
End Sub
```

ADSI-Sicherheit

Sicherheitsfragen spielen beim Zugriff auf Verzeichnisdienste via ADSI eine große Rolle. Es gilt zu verhindern, dass Unbefugte Verzeichnisobjekte lesen oder gar verändern. ADSI bietet zwei Sicherheitsmodi: den Standardmodus und den Impersonifizierungsmodus. — *Sicherheitsfragen*

Standardsicherheit Im Standardmodus werden alle ADSI-Operationen unter dem Sicherheitskontext ausgeführt, unter dem der ADSI-Client läuft. Welcher Sicherheitskontext das ist, hängt von der Identitätskonfiguration des (Scripting) Hosts ab. In der Regel ist es jedoch der gerade angemeldete Benutzer. — *Standardmodus*

Impersonifizierungsmodus Das Wort *Impersonifizierung* (engl.: impersonification) sucht man in Wörterbüchern (noch) vergeblich. In Fachkreisen (so auch in Microsoft-Dokumentationen) wird dieser Begriff für einen Wechsel des Benutzerkontexts im laufenden Betrieb verwendet. Ein Benutzer kann also in die Rolle eines anderen Benutzers wechseln, ohne sich neu am System anmelden zu müssen. Diese Funktion ist besonders wichtig für Administratoren, die nur gelegentlich bestimmte administrative Aufgaben ausführen müssen. — *Impersonifizierung*

Der ADSI-Client verwendet den ADSI-Impersonifizierungsmodus durch die ADSI-Standardschnittstelle `IADsOpenDSObject`, um im laufenden Programm den Benutzerkontext zu wechseln. Diese Schnittstelle wird beim Zugriff auf ein `Namespace`-Objekt – also auf den ADSI-Pfad ohne Distinguished Name – zurückgegeben. `IADsOpenDSObject` stellt nur eine Methode zur Verfügung: `OpenDSObject()`. Diese Methode erfüllt zunächst einmal die gleiche Funktion wie die VB-Funktion `GetObject()`. Zusätzlich kann ein Benutzerkonto angegeben werden, unter dem die folgenden ADSI-Zugriffe ausgeführt werden. Anzugeben sind ein Benutzername und ein Kennwort. Der letzte Parameter `Flags` gibt im Wesentlichen die Authentifizierungsmethode an (vgl. Tabelle 11.17). Der Regelfall ist *ADS_SECURE_AUTHENTICATION* (1). Beim Windows NT 4.0 Provider wird dann die *NT LAN Manager-(NTLM-)*Authentifizierung benutzt. Bei Windows Server mit Active Directory wird zunächst versucht, *Kerberos* zu benutzen, bevor auf NTLM zurückgegriffen wird. — *IADsOpenDSObject::OpenDSObject()*

```
Dim MyNamespace ' as IADsOpenDSObject
Set MyNamespace = GetObject("LDAP:") ' Namespace
Set objX = MyNamespace.OpenDSObject(DN, UserName, Password, Flags) '
Impersonifizierung
```

Alle folgenden Operationen auf dem ADSI-Objekt, auf das `objX` verweist, werden dann unter dem angegebenen Benutzerkonto ausgeführt. Der Nachteil dieser Methode besteht darin, dass `OpenDSObject()` das Kennwort im Klartext erwartet. Das Kennwort muss also im Klartext im Quellcode abgelegt oder durch den Client selbst verschlüsselt abgelegt und dekodiert werden. — *Kennwort im Klartext*

Symbolische Konstante	Wert	Erläuterung
ADS_SECURE_AUTHENTICATION	1	Beim Windows NT 4.0 Provider wird dann die NT LAN Manager-(NTLM-)Authentifizierung benutzt. Bei Windows-Server mit ADS wird zunächst versucht, Kerberos zu benutzen, bevor auf NTLM zurückgegriffen wird.
ADS_USE_ENCRYPTION	2	Die Übertragung wird mit SSL verschlüsselt, sofern ein Server-Zertifikat vorhanden ist.

Tabelle 11.17: Konstanten für Sicherheitsflags bei OpenDSObject(). Diese Konstanten sind leider nicht in der Typbibliothek definiert.

Kapitel 11 Verzeichnisdienste

Symbolische Konstante	Wert	Erläuterung
ADS_READONLY_SERVER	4	Es wird angezeigt, dass der Server das Ändern von Einträgen nicht unterstützen muss.
ADS_NO_AUTHENTICATION	16	Es wird eine anonyme Verbindung aufgebaut (vom WinNT-Provider nicht unterstützt).
ADS_FAST_BIND	32	Fast-Bind bedeutet, dass nur die Standardschnittstellen des Objekts, nicht aber die zusätzlichen Schnittstellen zur Verfügung stehen. Dieser Modus erhöht die Zugriffsgeschwindigkeit.
ADS_USE_SIGNING	64	Stellt Datenintegrität sicher.
ADS_USE_SEALING	128	Verwendet Kerberos zur Authentifizierung (ab Windows 2000).

Tabelle 11.17: Konstanten für Sicherheitsflags bei OpenDSObject(). Diese Konstanten sind leider nicht in der Typbibliothek definiert. (Forts.)

Ein Kennwort im Klartext irgendwo abzulegen, ist ein Sicherheitsrisiko – nicht nur für Administratorkonten. Sofern das Script nicht unbeaufsichtigt laufen muss, sollten Sie daher nach dem Kennwort fragen (z.B. mit `InputBox()` – siehe Kapitel 8, „Visual Basic" – oder der Scripting Password-Komponente). Ungeeignet ist die Kennworteingabe natürlich dann, wenn das Script entweder unbeaufsichtigt laufen oder aber im Kontext eines normalen Benutzers gestartet werden soll, dann aber eine Impersonifizierung als Administrator notwendig wird. Im Kapitel „Scripting Host" werden zum Thema „WSH-Sicherheit" entsprechende Alternativen besprochen.

Benutzerpfade unter NT

Bei `OpenDSObject()` können Benutzernamen beim WinNT-Provider wie folgt angegeben werden:
- *Benutzername*
- *Domain\Benutzername*
- *Computer\Benutzername*

Benutzerpfade im Active Directory

Im Active Directory beim Zugriff via LDAP gibt es darüber hinaus folgende Möglichkeiten:
- Distinguished Name, z.B. *cn=FoxMulder,ou=Agents,dc=FBI,dc=org*
- User Principal Name (UPN), z.B. *foxmulder@fbi.org*. Dies ist der Name, der sich aus dem Windows-Anmeldenamen und der Domain zusammensetzt. Auch wenn der Aufbau daran erinnert, ist dies nicht notwendigerweise die E-Mail-Adresse des Benutzers. Der UPN ist in dem Verzeichnisattribut `userPrincipalName` gespeichert.

Access Control Lists

Zugriffsrechte auf Objektebene In Verzeichnisdiensten können üblicherweise Blätter und/oder Knoten durch *Access Control Lists (ACLs)* geschützt werden. ADSI unterstützt diese Funktion durch die Schnittstellen `IADsSecurityDescriptor`, `IADsAccessControlEntry` und `IADsAccessControlList` – allerdings nur ab Windows 2000. NT 4.0 verfügt ohnehin nicht über eine derart fein granulierte Sicherheit, aber ADSI hat auch Probleme mit den ACLs im Exchange Server. Sie müssen dafür auf die Zusatzkomponente *ADsSecurity* (vgl. Kapitel 11.7, „ADSI-Zusatzkomponenten") zurückgreifen.

Schemazugriff

Zugriff auf das transparente Schema

Das Schema eines Verzeichnisdienstes kann auch per ADSI ausgelesen werden. Der Aufbau des Schemas ist von Verzeichnisdienst zu Verzeichnisdienst verschieden. So definiert WinNT Klassen durch Instanzen der Klasse `class` und Attribute durch Instanzen der Klasse `property`. Bei Active Directory heißen diese Schemaklassen `classSchema` und `attribute Schema`.

Active Directory Service Interface (ADSI)

Zum polymorphen Zugriff auf diese unterschiedlichen Klassen definiert ADSI die Standardschnittstellen `IADsClass`, `IADsProperty` und `IADsSyntax`. Sofern ein Verzeichnisdienst Schemamodifikationen zulässt, können diese Schnittstellen auch dazu verwendet werden, um neue Klassen und Attribute zu erstellen.

ADSI-Metaschnittstellen

Das nächste Listing zeigt eine Funktion, die für ein beliebiges Objekt ausgibt, welche Attribute es besitzt. Dabei wird zwischen Pflichtattributen und optionalen Attributen unterschieden. Für Container-Objekte wird mithilfe des Attributs `Containment` zusätzlich ausgegeben, welche Unterklassen sie enthalten können. Die Funktion `ADSI_SchemaInfo()` erwartet als Parameter einen gültigen ADSI-Pfad, also auch die Namensraum-ID.

ADSI_SchemaInfo

Die Routine `ADSI_SchemaInfo()` gibt zu Attributen auch die Werte aus. Bitte beachten Sie jedoch die notwendige Fehlertoleranz mit `On Error Resume Next`: Einige Attribute lassen sich nicht auslesen, es kommt beim Zugriff mit `Get()` zu einer Fehlermeldung. Auch ist für einen Sonderfall im Active Directory eine besondere Variante der `Flat()`-Funktion notwendig, da es im Active Directory mehrwertige Attribute gibt, deren einzelne Werte wieder Objekte sind, die GUIDs repräsentieren. `AdsFlat()` wiederum benötigt eine Umwandlungsroutine für einen GUID aus einem binären Format in eine Zeichenkette (Routine `binGUIDtoSTR()`).

Notwendige Fehlertoleranz

```
Function ADSI_SchemaInfo(adsipfad)
Dim obj ' As IADs
Dim Cl ' As IADs
Dim Name ' As Variant
Dim Wert ' As Variant
' -- Bindung an Verzeichnisobjekt
Set obj = GetObject(adsipfad)
' -- Zugriff auf Schemaobjekt
Set Cl = GetObject(obj.Schema)
say "Schema-Informationen für: " & adsipfad
say "------------------------"
say "Klasse: " & Class.Name
say "GUID: " & Class.guid
say "------------------------"
' ----------------------- Unterklassen und Unterobjekte
If Cl.container Then
    say "-- Unterobjekte:"
    For Each Name In Cl.Containment
        say Name
    Next
Else
    say "-- Klasse ist ein Leaf-Objekt."
End If
' ----------------------- Pflicht-Attribute
say "-- Pflichtattribute:"
For Each Name In Cl.MandatoryProperties
    Wert = ""
    On Error Resume Next
    Wert = obj.Get(Name)
    On Error GoTo 0
    Wert = ADSflat(Wert)
    If Wert <> "" Then
        say Name & " = " & Wert
    Else
        say Name
    End If
```

Listing 11.16
Zeigt die Schemainformationen zu einem Verzeichnisobjekt an.
[ADSI_Schemainfo.wsf]

Kapitel 11 Verzeichnisdienste

```
            Next

            Dim oBinVal 'As ActiveDs.DNWithBinary
            ' ----------------------- Optionale Attribute
            say "-- Optionale Attribute:"
            For Each Name In Cl.OptionalProperties
                Wert = ""
                On Error Resume Next
                Wert = obj.Get(Name)
                On Error GoTo 0
                Wert = ADSflat(Wert)
                If Wert <> "" Then
                    say Name & " = " & Wert
                Else
                    say Name
                End If
        Next
        End Function
```

Listing 11.17
Besondere Variante von flat()

```
        Function ADSflat(var)
        'On Error Resume Next
        Dim i 'As Integer
        ' -- Mehrfachattribut?
        If IsArray(var) Then ' Array flachklopfen
            ADSflat = ""
            For i = LBound(var) To UBound(var)
                If ADSflat <> "" Then ADSflat = ADSflat & ";"
                ' -- Prüfen auf ActiveDs.DNWithBinary
                If IsObject(var(i)) Then
                  ADSflat = ADSflat & var(i).DNString & " == " & _ binGUIDtoSTR(var(i).
        BinaryValue)
                Else
                    ADSflat = ADSflat & var(i)
                End If
            Next
        Else                        ' War kein Array
            ADSflat = var
        End If
        End Function
```

Listing 11.18
Umwandlung eines binären GUID in eine Zeichenkette

```
        Function binGUIDtoSTR(guid)
        Dim i ' As Integer
        For i = (LBound(guid) + 1) To (UBound(guid) + 1)
         binGUIDtoSTR = binGUIDtoSTR & Hex(AscB(MidB(guid, i, 1)) \ 16) _
        & Hex(AscB(MidB(guid, i, 1)) Mod 16)
        Next
        End Function
```

Listing 11.19
Test der Routine ADSI_SchemaInfo() [teste_ADSI_SchemaInfo.wsf]

```
        ADSI_SchemaInfo "WinNT://XFilesServer01"
        ADSI_SchemaInfo "WinNT://XFilesServer01/w3svc"
        ADSI_SchemaInfo "LDAP://XFilesServer01/OU=IT-Visions,dc=FBI,dc=net"
        ADSI_SchemaInfo "LDAP://XFilesServer01/dc=FBI,dc=net"
        ADSI_SchemaInfo "LDAP://<WKGUID=a9d1ca15768811d1aded00c04fd8d5cd,dc=
        it-visions,dc=de>"
```

Die Buch-CD [CD:/code/komponenten/adsi/schemabrowser/] enthält auch das in Visual Basic 6.0 geschriebene Werkzeug *ADSISchemaBrowser* (*SchemaBrowser.exe*). Der Quellcode wird an dieser Stelle nicht erläutert, weil er im Kern der Routine `ADSI_SchemaInfo()` entspricht und darüber hinaus im Wesentlichen nur Routinen für die Steuerung des GUI enthält.

ADSI-Suchanfragen

ADSI unterstützt neben der schrittweisen Iteration durch Container auch den Mengenzugriff auf Verzeichniseinträge über OLE DB. Der *OLE DB-Provider für den Active Directory Service* gestattet es, per ActiveX Data Objects (ADO) auf Verzeichnisinformationen zuzugreifen. Der OLE DB-Provider wandelt dabei das hierarchische Objektmodell eines Verzeichnisdienstes in eine flache relationale Tabellenstruktur um.

OLE DB-Provider für Active Directory

Diese Zugriffsart hat zwei Vorteile:
- Die Menge der Verzeichniseinträge kann bereits auf Serverseite eingeschränkt werden.
- Die Abfrage kann Einträge aus mehreren Ebenen im Verzeichnisbaum zurückgeben.

Da ein Verzeichnisdienst eine semistrukturierte Datenbank ist, in der nicht alle Objekte die gleichen Attribute besitzen, bleiben bei der Umwandlung in eine relationale Tabelle zwangsläufig einige Felder der Tabelle leer.

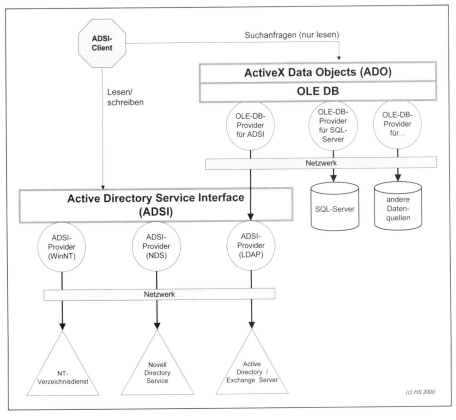

Bild 11.13
Architektur für den Zugriff auf Verzeichnisdienste via ADO

Dieser OLE DB-Provider basiert auf der ADSI-Komponente, ohne die er nicht verwendbar ist. Der Provider wird durch das ADSI-Setup installiert, nicht durch das MDAC-Setup.

Aus Platzgründen kann die Komponente „ActiveX Data Objects – ADO" in diesem Buch nicht ausführlicher besprochen werden. Eine Beschreibung von ADO finden Sie im COM-Komponenten-Handbuch [SCH01c].

Einschränkungen   Der Provider unterliegt derzeit folgenden Beschränkungen:
- Es ist nur ein Lesezugriff möglich. Es hieß zwar aus Microsoft-Kreisen, mit Windows 2000 würde ein Schreibzugriff möglich, diese Funktionalität ist jedoch bis heute nicht verfügbar.
- Es können derzeit nur LDAP-fähige Verzeichnisdienste abgefragt werden. Zur Unterstützung von OLE DB muss ein ADSI-Provider die `IDirectorySearch`-Schnittstelle unterstützen. Das leistet derzeit nur der LDAP-Provider.

Nicht alle Versionen von ADSI und ADO sind kompatibel miteinander. Verwenden Sie bei ADSI 2.0 auch Version 2.0 von ADO. ADSI 2.5 benötigt mindestens ADO 2.1!

Syntax   **Syntax für Suchanfragen**   Der Ablauf ist wie bei ADO üblich: Der Benutzer führt eine Abfrage aus und erhält ein `Recordset`-Objekt zurück. ADSI-Queries auf LDAP-Verzeichnissen sind in zwei Syntaxformen möglich: in der LDAP-Abfragesyntax nach [RFC1960] und [RFC2254] oder in einer SQL-ähnlichen Syntax.

LDAP-Abfragesyntax   **LDAP-Abfragesyntax**   Die allgemeine Vorschrift lautet:

`"Start; [Filter]; Attribute [; Scope]"`

Dabei ist:
- *Start* ein LDAP-Pfad inkl. *ldap://*. Der Pfad kann sowohl in Little Endian- als auch in Big Endian-Form angegeben werden.
  Beispiel: `LDAP://XFilesServer01/dc=FBI,dc=net`
- *Filter* eine Bedingung in umgekehrt polnischer Notation (UPN oder Postfix-Notation). Diese Notation zeichnet sich dadurch aus, dass die Operatoren am Anfang stehen. Erlaubte Operationen sind & (und), | (oder) und ! (nicht). Zum Vergleich stehen =, <= und >= zur Verfügung, nicht aber < und >.
  Beispiel: `(&(objectclass=user)(name=h*))`
- *Attribute* eine durch Komma getrennte Attributliste der gewünschten Verzeichnisattribute, die in die Tabelle aufgenommen werden sollen. Diese Angabe ist nicht optional, der Sternoperator („*") wie bei SQL ist nicht erlaubt.
  Beispiel: `AdsPath,Name,SamAccountname`
- *Geltungsbereich* eine der in der folgenden Tabelle genannten Konstanten.

Tabelle 11.18 Suchtiefen bei ADSI-Queries

Konstante (LDAP-Syntax)	Konstante (ADO)	Wert	Erläuterung
BASE	ADS_SCOPE_BASE	0	Es wird nur der angegebene Eintrag gesucht. Die Ergebnismenge umfasst keinen oder einen Datensatz.
ONELEVEL	ADS_SCOPE_ONELEVEL	1	Es wird in den Einträgen gesucht, die dem angegebenen Eintrag untergeordnet sind.
SUBTREE	ADS_SCOPE_SUBTREE	2	Es werden alle darunter liegenden Ebenen durchsucht.

Active Directory Service Interface (ADSI)

In dem Active Directory-MMC-Snap-In „Benutzer- und Computer" gibt es ab Windows Server 2003 einen neuen Ast „Gespeicherte Abfragen", mit dem LDAP-Abfragen entworfen und ausgeführt werden können.

SQL-Abfragesyntax Zunächst die Vorschrift: **SQL-Syntax**

`"SELECT Attribute FROM 'Start' WHERE Bedingung order by SortierAttribute"`

Dabei ist:
- *Attribute* eine durch Komma getrennte Attributliste,
- *Start* ein LDAP-Pfad inklusive *ldap://* in einfachen Anführungszeichen,
- *Bedingung* eine Bedingung in SQL-Syntax,
- *SortierAttribute* eine durch Komma getrennte Attributliste.

Die Syntax entspricht also der SQL-Syntax mit der Ausnahme, dass an die Stelle des Tabellennamens der LDAP-Pfad rückt. Der Vorteil der LDAP-Syntax liegt in der Möglichkeit, die Suchtiefe zu definieren; der Vorteil der SQL-Syntax ist die Sortiermöglichkeit. Der Nachteil der SQL-Syntax kann allerdings durch die Übergabe eines Werts an das durch den OLE DB-Provider für die Command-Klasse definierte Attribut „searchscope" ausgeglichen werden.

`objCMD.Properties("searchscope") = ADS_SCOPE_SUBTREE`

	LDAP-Syntax	SQL-Syntax
Active Directory: Alle Benutzer, deren Name mit h beginnt	`<LDAP://XFilesServer01/ dc=FBI,dc=net>; (&( objectclass=user) (name=h*)); adspath, SamAccountname; subtree`	`Select adspath, SamAccountname FROM 'LDAP:// XFilesServer01/ dc=FBI, dc=DE' where objectclass='user' and name = 'h*'`

Tabelle 11.19 Beispiele für LDAP-Abfragen im Active Directory

Eine Abfrage, die nur aus der Bedingung `class=*` besteht, funktioniert nicht. Um alle Verzeichnisobjekte zurückzuliefern, muss der Sternoperator auf ein anderes Attribut angewendet werden.

Das folgende Listing zeigt die Hilfsroutine `ADSI_ADOQuery() (strLDAPQuery)`, die eine beliebige ADO/ADSI-Query ausführt. Auffällig ist, dass die Verbindungszeichenfolge nur aus der Angabe des Providers besteht. Im Gegensatz zu anderen Datenverbindungen ist hier kein Servername anzugeben. Der Servername wird erst im Rahmen der ADSI-Query mitgeteilt, die hier in LDAP-Syntax angegeben ist. Nach dem Ausführen der Abfrage mit `Execute()` steht ein `Recordset`-Objekt zur Verfügung.

Hilfsroutinen ADSI_ADO-Query() ()

```
' ### Ausführung einer ADSI/ADO-Query
Sub ADSI_ADOQuery() (strLDAPQuery)
Dim objCon ' As ADODB.Connection
' -- ADO-Connection-Objekt erzeugen
Set objCon = CreateObject("ADODB.Connection")
' -- Verbindung zu dem OLEDB-Provider für ADSI
CONSTRING = "Provider=ADSDSOObject"
objCon.Open CONSTRING ', "administrator", ""
```

Listing 11.20 Anfrage an ein Active Directory via ADO [ADO_ADSI_Funktionen .vbs]

Kapitel 11 Verzeichnisdienste

```
' -- Selektion aller User, deren Verzeichnisname mit H beginnt
' --- Ausführen der Abfrage
say "Starting Query..." & strLDAPQuery
Set rs = objCon.Execute(CStr(strLDAPQuery))
' --- Ausgabe der Ergebnisse
list_table rs
' -- Schließen der Objekte
rs.Close
objCon.Close
End Sub
```

In dieser Hilfsroutine wird eine andere Hilfsroutine aufgerufen, die einen ADO-RecordSet komplett ausgibt.

Listing 11.21
Ausschnitt aus
[ADO_Funk-
tionen.vbs]

```
' ### Hilfsroutine: Universelle Tabellenausgabe
Sub list_table(rs)
Dim a ' Ausgabe
' --- Ausgabe der Feldnamen
a = ""
For Each f In rs.Fields
    ' --- Zusammensetzen der Ausgabe
    If a <> "" Then a = a & ";"
    a = a & f.name
Next
say a
' --- Iteration über alle Datensätze
Do While Not rs.EOF
    a = ""
    ' --- Iteration über alle Felder
    For Each f In rs.Fields
        ' --- Zusammensetzen der Ausgabe
        If a <> "" Then a = a & ";"
        If Not IsNull(rs(f.name)) Then
                a = a & CStr(rs(f.name))
        End If
    Next
' --- Ausgabe
say a
' --- nächster Datensatz
rs.MoveNext
Loop
End Sub
```

Beispiele Das folgende Script testet die Hilfsroutine mit Active Directory.

Listing 11.22
Testet Anfrage
an ein Active
Directory via
*ADO [adoadsi_*
test.wsf]

```
' - Beispiel Active Directory
ADSI_ADOQuery() "<LDAP://XFilesServer01/dc=FBI,dc=net>;
(&(objectclass=user)(cn=H*));cn,givenname,sn,samaccountname,adspath; subtree"
```

Werkzeuge ADSI-Abfragen können auch im Active Directory Browser ausgeführt werden. Im Windows Server 2003 wurde in der MMC-Konsole *Active Directory-Benutzer und -Computer* ein Ast *Gespeicherte Abfragen* zur Ausführung und Speicherung von LDAP-Abfragen ergänzt.

Active Directory Service Interface (ADSI)

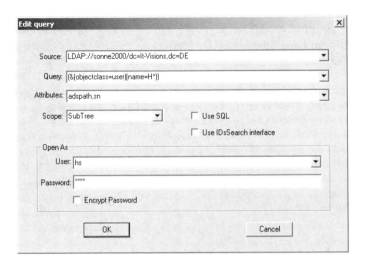

Bild 11.14
ADSI-Abfragen im Active Directory Browser

11.1.5 ADS Namespaces Container

Der *ADS Namespaces Container* steht über allen ADSI-Providern und ist daher im ADSI-Kern implementiert (siehe ADSI-Metaobjektmodell). Der *Namespaces Container* wird – wie fast alle anderen Objekte in ADSI auch – als eine persistente Instanz angesehen. Daher erfolgt die Aktivierung mit GetObject(), nicht mit CreateObject().

Namespaces

Set Obj = GetObject("ADs:")

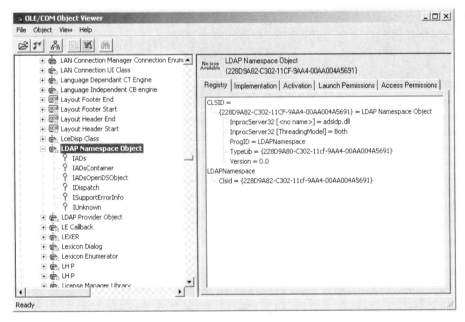

Bild 11.15
Das Namespace-Objekt für LDAP im COM Viewer

405

Kapitel 11 **Verzeichnisdienste**

Auch wenn die Microsoft-Dokumentation in diesem Zusammenhang immer vom Active Directory spricht und den Moniker „*ADs*" verwendet, ist dieser Container auf allen Clients verfügbar, die ADSI installiert haben.

Namespace-Objekte

Der Namespaces-Container enthält Namespace-Objekte für die verfügbaren Namensräume. Jedes Namespace-Objekt enthält die Wurzelobjekte aller erreichbaren Verzeichnisbäume (also z.B. NT-Domänen oder IIS-Server). Namespace-Objekte unterstützen neben den Schnittstellen IADs und IADsContainer auch die Schnittstelle IADsOpenDSObject, die der Impersonifizierung dient. Die Namespace-Objekte sind in der Registrierungsdatenbank eingetragen: Sie finden im COM Viewer z.B. „WinNT Namespace Object" und „LDAP NamespaceObject".

Listing 11.23
Liste der Namensräume mit den Wurzeln der Verzeichnisbäume [ADSI_Namespaces.wsf]

```
' === Liste der Namespaces
Dim objNSCont ' as IADsNamespaces
Dim objNS ' as IADs
Dim objRoot ' as IADs
Set objNSCont = GetObject("ADS:")
' --- SChleife für die Namespaces
say "verfügbare Namespaces:"
For Each objNS In objNSCont
   say "-" & objNS.Name
   ' --- Liste der Wurzelcontainer
   For Each objRoot In objNS
      On Error Resume Next
      say "   - " & objRoot.Name
   Next
Next
```

Das Script liefert in der Testumgebung folgende Ausgabe:

Listing 11.24
Ausgabe des Scripts ADSI_Namepaces.wsf

```
Verfügbare Namespaces:
- WinNT:
   - ARBEITSGRUPPE
   - FBI
- NWCOMPAT:
- NDS:
- LDAP:
   - dc=FBI
- IIS:
   - XFilesServer01
   - XFilesServer02
```

Der WinNT-Namensraum enthält die verfügbaren Domänen und Arbeitsgruppen, der IIS-Namensraum die verfügbaren Webserver, LDAP die Domain des Active Directory. Ein Novell-Verzeichnisdienst wurde nicht gefunden.

Das Abschalten der Fehlerüberprüfung mit On Error Resume Next im vorhergehenden Listing ist notwendig, da ein leerer Namensraum beim For Each-Zugriff einen Fehler liefert. Ein Count-Attribut, mit dem vorher geprüft werden könnte, ob es Inhalte gibt, steht auf einem Namespace-Objekt nicht zur Verfügung.

11.2 ADSI-Provider „WinNT" für SAM-basierte Benutzerdatenbanken

Ob Windows NT 4.0 überhaupt einen Verzeichnisdienst hat, ist eine Frage, an der sich die Geister scheiden, weil die Verwaltung von Benutzern und Ressourcen sehr „flach" ist. Es gibt nur wenige Container, und es können keine eigenen (Unter-)Container angelegt werden. Das Schema ist nicht erweiterbar. In diesem Buch wird zur Vereinfachung dennoch der Begriff Verzeichnisdienst verwendet.

NT 4.0-Verzeichnisdienst?

Mit dem WinNT-Provider können folgende Objekte im NT-Verzeichnis verwaltet werden: NT-Domänen, Computer, Benutzer (sowohl Domänen- als auch lokale Benutzer), Benutzergruppen (sowohl Gruppen in Domänen als auch Gruppen auf Computern), Windows-Dienste, Druckerwarteschlangen, Druckaufträge, Verzeichnisfreigaben, Benutzersitzungen und Dateien, die in Benutzung sind.

Funktionen

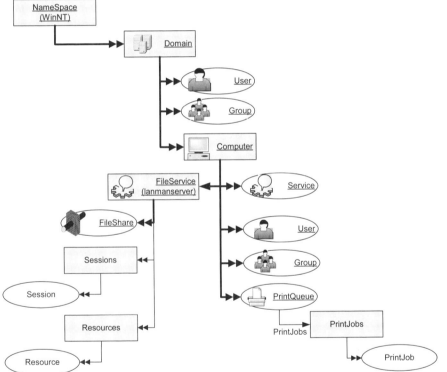

Bild 11.16
Objekte im WinNT-Namensraum

Der WinNT-Provider dient auch dem Zugriff auf die lokalen Benutzer einer Workstation (Windows XP, Windows 2000 Professional, Vista, Windows 7) oder eines 2000-/2003-/2008-Servers ohne Active Directory. Das Schema des WinNT-Verzeichnisdienstes wurde dabei nicht geändert. Der WinNT-Provider kann auch auf das Active Directory zugreifen. Mit dem WinNT-Provider kann man keine Benutzerkonten unter Windows 95/98 oder ME verwalten.

11.2.1 WinNT-Objektmodell

Wo kommt das Schema her? Die nachfolgende Grafik stellt die hierarchische Anordnung der Objekte im WinNT-Verzeichnis dar. Dies ist das Basis-Objektmodell des WinNT-Verzeichnisdienstes. Der WinNT-Provider ist insofern eine Ausnahme, als dieses Basisobjektmodell nicht durch den Verzeichnisdienst, sondern durch den Provider selbst realisiert wird. NT 4.0 besitzt kein Schema. Der WinNT-Provider kapselt jedoch die NT 4.0-API-Funktionen so, dass ADSI-Clients ein Schema sehen.

Objekthierarchie Domain-Objekte enthalten Computer-, User- und Group-Objekte. Ein Computer-Objekt enthält User-, Group-, Service-, Fileservice-, PrintQueue- und PrintJob-Objekte. Fileservice-Objekte enthalten wiederum FileShare-, Session- und Resource-Objekte. Auffallend ist, dass User- und Group-Objekte direkt unter der Domain und auch innerhalb jedes Computer-Containers zu finden sind.

Service-Objekte sind in den meisten Fällen Blattobjekte, ein Fileservice ist jedoch auch selbst ein Container.

Klassen und Schnittstellen

Implementierte Standardschnittstellen Pflichtgemäß implementieren alle Leaf-Klassen die Standardschnittstelle IADs und alle Container-Objekte die Standardschnittstellen IADs und IADsContainer. Darüber hinaus implementiert der WinNT-Provider für alle Verzeichnisobjekte weitere ADSI-Standardschnittstellen, die den Zugriff komfortabler machen und zusätzliche Methoden anbieten.

Tabelle 11.20 Weitere Schnittstellen der Objekte im WinNT-Provider

Klasse	Typ	Implementierte Zusatzschnittstellen
Domain	Container	IADsDomain
Computer	Container	IADsComputer IADsComputerOperations
File Service	Container	IADsFileservice IADsFileserviceOperations
Service	Blatt	IADsService IADsServiceOperations
User	Blatt	IADsUser
Group	Blatt	IADsGroup
PrintQueue	Blatt	IADsPrintQueue IADsPrintQueueOperations
PrintJob	Blatt	IADsPrintJob IADsPrintJobOperations
Service	Blatt	IADsService IADsServiceOperations
FileShare	Blatt	IADsFileShare
Resource	Blatt	IADsResource
Session	Blatt	IADsSession

11.2.2 Identifikation und Bindung

Objektidentifikation Der WinNT-Provider benutzt die Namensraum-ID „WinNT", wobei Groß- und Kleinschreibung exakt zu beachten sind. Der providerspezifische Teil entspricht der Form /oberste Ebene/ebene1/ebene2.

ADSI-Provider „WinNT" für SAM-basierte Benutzerdatenbanken

Tabelle 11.21
ADSI-Pfade im WinNT-Provider

WinNT-Objekttyp	ADSI-Pfad
WinNT-Root	*WinNT://*
Domäne	*WinNT://DomainName*
Computer	*WinNT://DomainName/ComputerName* oder *WinNT://ComputerName*
Domänenbenutzer (entsprechend für Gruppen)	*WinNT://DomainName/BenutzerName* oder *WinNT://PDCName/BenutzerName*
Domänenbenutzer (entsprechend für Gruppen)	*WinNT://ComputerName/BenutzerName*
Windows-Dienste	*WinNT://ComputerName/DienstName*
Druckerwarteschlangen	*WinNT://ComputerName/DruckerName*
Verzeichnisfreigabe	*WinNT:// ComputerName /lanmanserver/Freigabename*
WinNT-Schema	*WinNT://ComputerName/Schema* oder *WinNT://DomainName/Schema*

Viele Aktionen, die auf einem Domain-Objekt möglich sind, sind auch auf einem Computer-Objekt möglich. In Scripts, die keine Typdeklaration verwenden, müssen Sie nur den ADSI-Pfad ändern. Haben Sie in einer typisierten Umgebung jedoch die Objektvariable auf IADsDomain deklariert, müssen Sie den Typ anpassen, da Sie sonst die Meldung „Typen unverträglich" erhalten.

Da Doppeldeutigkeiten möglich sind, weil eine Domain einen Computer und einen Benutzer mit dem gleichen Namen enthalten kann, ist es möglich, hinter dem ADSI-Pfad durch ein Komma getrennt den Klassennamen anzugeben:

Angabe des Klassennamens

- Der Computer mit dem Namen „XFilesServer01"

    WinNT://FBI/XFilesServer01,computer

- Der Benutzer mit dem Namen „XFilesServer01"

    WinNT://FBI/XFilesServer01,user

Die Angabe des Klassennamens erhöht außerdem die Geschwindigkeit, mit der ein Objekt gefunden wird, zum Teil erheblich. Dies ist besonders bei Domänen und Computern wichtig, da der WinNT-Provider hier stets darauf angewiesen ist, die Objekte im Netz zu lokalisieren.

11.2.3 Verwaltung von NT-Domänen

Die Domain-Klasse repräsentiert eine Windows NT-Domäne. Ein Domain-Objekt kann nicht via ADSI erzeugt werden (um eine Domäne zu erzeugen, muss ein Rechner mit Windows NT Server und der Option „Domain Controller" installiert werden!). ADSI kann Attribute einer Domäne auslesen und verändern.

Domain-Klasse

Tabelle 11.22
Attribute von
IADSDomain

Attribut	Erläuterung
MinPasswordLength	Mindestanzahl der Stellen in einem Kennwort
MinPasswordAge	Zeitraum, nach dem das Kennwort frühestens geändert werden kann (0 = sofortige Änderung erlaubt). Das Attribut erwartet den Wert in Sekunden. Die Tage müssen also mit 86400 multipliziert werden!
MaxPasswordAge	Anzahl der Sekunden, nach denen das Kennwort spätestens geändert werden muss (–1 = Kennwort läuft nie ab)
MaxBadPasswordsAllowed	Anzahl der fehlerhaften Kennworteingaben, nach denen eine Sperre erfolgen soll
PasswordHistoryLength	Anzahl der Kennwörter, die aufbewahrt werden sollen, um zu verhindern, dass der Benutzer bereits verwendete Passwörter erneut benutzt. Das Maximum ist 24.
AutoUnlockInterval	Dauer der Sperre in Sekunden (–1 bedeutet, dass das Konto so lange gesperrt bleibt, bis ein Administrator es wieder aktiviert). Der Benutzermanager zeigt hier nur Minutenwerte an. Die Anzeige wird gegebenenfalls auf volle Minuten aufgerundet.
LockoutObservationInterval	Anzahl der Sekunden, nach denen ein Konto zurückgesetzt wird. Mit diesem Attribut kann bestimmt werden, wie groß die Zeitspanne zwischen zwei Fehlversuchen sein kann, damit diese als zusammenhängend gesehen werden. Der Benutzermanager zeigt hier nur Minutenwerte an. Die Anzeige wird gegebenenfalls auf volle Minuten aufgerundet.

Kontenrichtlinien ändern

Richtlinien

Das folgende Script setzt die Kontenrichtlinien einer Domain so, dass die Benutzer ihre Passwörter jeweils zwischen dem 30. und dem 60. Tag wechseln müssen.

Listing 11.25
Zugriff auf
Kontoricht-
linien via
Domain-Objekt
*[ADSINT_*
Kontoricht-
linien.wsf]

```
Set oDomain = GetObject("WinNT://FBI")
' -- Gewünschte Zeitspannen
iMinTage = 30 ' Tage
iMaxTage = 60 ' Tage
iUnlock = 100 ' Minuten
Observation = 50 ' Minuten
' -- Umrechnung auf Sekunden
iMinTage = iMinTage * 60 * 60 * 24
iMaxTage = iMaxTage * 60 * 60 * 24
iUnlock = 100 * 60
Observation = 50 * 60
' -- Wertzuweisung
oDomain.MinPasswordAge = iMinTage
oDomain.MaxPasswordAge = iMaxTage
oDomain.AutoUnlockInterval = iUnlock
oDomain.LockoutObservationInterval = Oberservation
' Schreiben des Caches
oDomain.SetInfo
say "Kontorichtlinien geändert!"
```

Auflisten aller Domänen

Es ist möglich, alle Domänen eines NT-Netzwerks aufzulisten. Dazu ist ein Zugriff auf das WinNT-Namespace-Objekt nötig.

```
Dim oDS ' As ActiveDs.IADsOpenDSObject
' -- Zugriff auf NameSpace
Set oDS = GetObject("WinNT:")
' -- Liste ausgeben
For Each oDomain In oDS
    say oDomain.Name
Next
```

Listing 11.26 Liste aller erreichbaren Windows-Domänen [ADSINT_AlleDomaenen.wsf]

Auflistung aller Unterobjekte einer Domäne

Das folgende Script listet alle Unterobjekte einer Domain mit ihrem Klassennamen auf.

```
' -- Zugriff auf Domain-Objekt
Set oDomain = GetObject("WinNT://FBI")
' -- kein Filter, alle auflisten
For Each obj In oDomain
    say obj.Name & " (" & obj.Class & ")"
Next
```

Listing 11.27: Liste aller Unterobjekte eines Domain-Objekts mit den Klassennamen [ADSINT_AlleDomainUnterobjekte.wsf]

11.2.4 Die WinNT-Klasse „Computer"

Ein Computer-Objekt implementiert unter WinNT zwar neben der Schnittstelle IADsComputer auch die Schnittstelle IADsComputerOperations, die darin definierten Methoden Shut-Down() und Status() jedoch nicht.

Computer-Klasse

Liste aller Computer in einer Domäne

Die Auflistung der Computer in einer Domain ist über den Zugriff auf das Domain-Objekt mit dem Filter auf die Computer-Klasse möglich. Viele Attribute von IADsComputer (z.B. Model, Site) sind unter dem WinNT-Provider nicht verfügbar.

Alle Computer

```
' -- Zugriff auf Domain-Objekt
Set oDomain = GetObject("WinNT://FBI")
' -- Filter auf Computer
oDomain.Filter = Array("computer")
' -- Auflisten
For Each oComputer In oDomain
    say oComputer.Name & _
    " mit " & oComputer.OperatingSystem & _
    " " & oComputer.OperatingSystemVersion
Next
```

Listing 11.28 Liste der Computer in einer Domäne [ADSINT_Computerliste.wsf]

11.2.5 Benutzerkonten verwalten mit der „User"-Klasse

Das User-Objekt repräsentiert ein Windows NT-Benutzerkonto in einer Domäne oder ein lokales Benutzerkonto auf einem einzelnen NT-Computer (Server oder Workstation).

Benutzerkonten

Kapitel 11 Verzeichnisdienste

 Sie können mit ADSI keine Benutzer auf einem Windows 9x/ME-System verwalten, die innerhalb der Systemsteuerung eingerichtet werden.

Tabelle 11.23
Attribute der WinNT-Klasse „User"

Attribut	Erläuterung
AccountDisabled	Der Wert *True* bedeutet, dass das Konto deaktiviert ist. Dieses Attribut wird durch ADSI bereitgestellt und besitzt keine Entsprechung im WinNT-Verzeichnisdienst.
AccountExpirationDate	Datum und Uhrzeit, an dem/zu der das Benutzerkonto ungültig wird
BadPasswordAttempts	Anzahl der Fehlversuche bei der Kennworteingabe
Description	Textliche Beschreibung des Benutzers
FullName	Vollständiger Name
HomeDirDrive	Laufwerksbuchstabe für das Homeverzeichnis
HomeDirectory	Homeverzeichnis
LastLogin	Datum und Uhrzeit der letzten Anmeldung
LastLogoff	Datum und Uhrzeit der letzten Abmeldung
LoginHours	Stunden, zu denen sich der Benutzer anmelden darf
LoginScript	Name des Login-Scripts
LoginWorkstation	Arbeitsstationen, an denen sich dieser Benutzer anmelden darf
MaxLogins	Maximale Anzahl der gleichzeitigen Anmeldungen
MaxPasswordLength	Maximale Länge des Kennworts
MaxStorage	Speicher, den der Benutzer maximal belegen darf. Diese Funktion ist unter NT 4.0 noch nicht verfügbar. Das Attribut steht daher immer auf unendlich (Wert –1).
MinPasswordLength	Mindestlänge für das Kennwort
ObjectSID	Security Identifier des Benutzerkontos
Parameters	Zeichenkette, in der Anwendungen Daten zum Benutzer abspeichern können. Hier wird z.B. die Callback-Nummer für den RAS-Zugang abgelegt.
PasswordAge	Alter des aktuellen Kennworts
PasswordExpired	*True* bedeutet, dass das Kennwort abgelaufen ist.
Profile	Profilverzeichnis
UserFlags	Hier können die aus dem Benutzermanager bekannten Einstellungen *Kennwort läuft nie ab* (Flagwert: &H10000) und *Benutzer kann Passwort nicht ändern* (Hexadezimalwert &H40) gesetzt werden. Die beiden Einstellungen können durch ein bitweises ODER miteinander verknüpft werden.

Tabelle 11.24
Auf der WinNT-Klasse User ausführbare Methoden

Methode	Erläuterung
ChangePassword()	Setzen des Kennworts unter Angabe des alten Kennworts. Diese Methode kann jeder Benutzer für sich selbst aufrufen.
SetPassword()	Setzen des Kennworts ohne Angabe des alten Kennworts. Diese Methode können nur Administratoren aufrufen.

Liste der Benutzer einer Domäne

Das nachfolgende Beispiel listet alle Benutzer einer Domain auf. Dabei werden auch der vollständige Name und die Beschreibung ausgegeben.

```
Set oDomain = GetObject("WinNT://FBI")
oDomain.Filter = Array("user")
say "-- Benutzerliste:"
For Each oUser In oDomain
    say oUser.Name & "," & oUser.FullName & "," & _
    oUser.Description
Next
```

Listing 11.29
Liste aller Benutzer einer NT-Domäne [ADSINT_Benutzer-Liste.wsf]

Anlegen eines neuen Benutzerkontos

Vor dem Anlegen eines neuen NT-Benutzerkontos muss zunächst die Bindung an den übergeordneten Domain- oder an einen Computer-Container hergestellt werden. Bei der Methode Create() sind der Klassenname user und als zweiter Parameter der gewünschte Benutzername anzugeben. Der Benutzername ist der Relative Distinguished Name eines NT-Benutzers. Erst mit dem Aufruf von SetInfo() wird der Benutzer tatsächlich angelegt. Die User-Klasse verlangt keine Pflichtattribute.

Benutzer anlegen

```
' -- Zugriff auf Domain-Objekt
Set oDomain = GetObject("WinNT://FBI")
' -- Benutzer anlegen
Set oUser = oDomain.Create("user", "FoxMulder")
' -- Setzen von Eigenschaften
oUser.FullName = "Fox Mulder (FBI-Agent)"
oUser.Description = "Nur ein Test-User"
oUser.HomeDirectory = "e:\homes\username"
oUser.AccountExpirationDate = Now()
oUser.LoginScript = "test.bat"
' -- Cache schreiben
oUser.SetInfo
say "Benutzer angelegt!"
```

Listing 11.30
Umbenennung eines Benutzers [ADSINT_BenutzerUmbenennung.wsf]

> An dieser Stelle zeigt sich eine Tücke von ADSI, die auch in anderen Verzeichnisdiensten auftritt. Per Programmcode lassen sich Konfigurationen erzeugen, die von den grafischen Benutzeroberflächen nicht behandelt werden können. Mit ADSI ist es möglich, ein NT-Benutzerkonto mit einer Länge von mehr als 20 Zeichen anzulegen. Der Verzeichnisdienst lässt das offensichtlich zu, der NT-Benutzermanager verweigert aber jeglichen Zugriff auf das Konto. Um solche Probleme wieder zu bereinigen, bedarf es eines weiteren ADSI-Programms.

Die Zeile oUser.AccountExpirationDate = Now() bewirkt, dass der Benutzer sein Kennwort bei der nächsten Anmeldung ändern muss.

Ändern des Kennworts

Das Kennwort für einen Benutzer kann erst gesetzt werden, nachdem das Anlegen mit SetInfo() vollzogen wurde. Grundsätzlich gibt es zwei Möglichkeiten, ein Kennwort mit ADSI zu setzen:

- Mit der Methode ChangePassword() unter Angabe des bisherigen Kennworts

  ```
  Set oU = GetObject("WinNT://FBI/FoxMulder")
  oU.ChangePassword "alteskennwort", "neueskennwort"
  ```

  Change-Password()

Kapitel 11 **Verzeichnisdienste**

SetPass-
word()
- Bei SetPassword() ist die Angabe des bisherigen Kennworts nicht nötig.
  ```
  Set oU = GetObject("WinNT://FBI/FoxMulder")
  oU.SetPassword "neueskennwort"
  ```

ChangePassword() kann jeder normale Benutzer für sein eigenes Konto aufrufen. SetPassword() können nur Administratoren aufrufen.

ChangePassword() sollte angewendet werden, wenn sichergestellt werden soll, dass nur der betreffende Benutzer selbst das Kennwort ändert. Die Methode lässt sich nur ausführen, wenn die Kontorichtlinien dies erlauben (wenn Sie das Script ausgeführt haben, das die minimale Kennwortdauer auf zehn Tage setzt, dann kann ChangePassword() erst nach zehn Tagen zum ersten Mal ausgeführt werden!).

SetPassword() und ChangePassword() können nur auf Benutzerobjekte angewendet werden, die bereits persistent im Verzeichnis existieren. Nach dem Neuanlegen eines Benutzerkontos mit Create() muss also erst der Zwischenspeicher mit SetInfo() in das Verzeichnis geschrieben werden. Erst dann können SetPassword() und ChangePassword() verwendet werden. Die Methoden machen die Änderungen automatisch persistent, sodass für die Kennwortänderung kein SetInfo() nötig ist.

Umbenennen eines Benutzers

Namens-
änderung
Der WinNT-Verzeichnisdienst erlaubt die Umbenennung eines Benutzerkontos nach dem Anlegen, da für die eindeutige Identifizierung nicht der Kontoname, sondern der *Security Identifier (SID)* des Kontos maßgeblich ist. Das Konto verliert also nicht seine Gruppenzuordnungen oder Rechte. Das folgende Script gibt zur Kontrolle den SID und den GUID des Kontos vor und nach der Umbenennung aus. Der SID ist eine Zahlenreihe, die als Array zurückgeliefert wird und die vor der Ausgabe mit OctetToHex() umgewandelt werden muss.

Verschieben
nicht
möglich
Die Methode zur Umbenennung heißt in ADSI MoveHere() und ist eine der Methoden der Standardschnittstelle IADsContainer. Es ist nicht möglich, ein Benutzerkonto im WinNT-Verzeichnisdienst zu verschieben, da es nur einen Container für Benutzer geben kann. Eine Verschiebung zwischen Domänen ist ebenfalls nicht möglich.

Listing 11.31
Umbenennung
eines Benutzers
*[ADSINT_*
Benutzer-
Umbenen-
nung.wsf]
```
Const strDomain = "FBI"
Const strAlterName = "FoxMulder"
Const strNeuerName = "DanaScully"
' -- SID und GUID vorher
Set oUser = GetObject("WinNT://" & strDomain & "/" & strAlterName)
say OctetToHex(oUser.Get("objectSID")) & "," & oUser.Guid
' -- Zugriff auf Domain !
Set oDomain = GetObject("WinNT://" & strDomain)
' -- MoveHere auf Domain ausführen
oDomain.MoveHere "WinNT://" & strDomain & "/" & strAlterName, _
 strNeuerName
say "Benutzer umbenannt!"
' -- SID und GUID nachher
Set oUser = GetObject("WinNT://" & strDomain & "/" & strNeuerName)
say OctetToHex(oUser.Get("objectSID")) & "," & oUser.Guid
```

Achtung vor einer verwirrenden Fehlermeldung: Der Fehler „Der Netzwerkpfad wurde nicht gefunden." kann auch bedeuten, dass der für das Benutzerkonto vorgesehene neue Name bereits existiert.

Benutzerkonto löschen

Ein Benutzer wird gelöscht durch den Aufruf der Delete()-Methode des Containers, in dem er enthalten ist. Das Beispiel zeigt das Löschen eines Domänenbenutzers. Bei der Delete()-Methode ist – wie beim Erzeugen – der Klassenname user anzugeben, um Verwechslungen mit eventuell gleichnamigen Group-Objekten zu vermeiden. Der Aufruf von SetInfo() ist nicht notwendig, Delete() wird sofort ausgeführt!

Delete()

```
Set DomainObj = GetObject("WinNT://FBI")
DomainObj.Delete "user", "FoxMulder"
say "Benutzer gelöscht!"
```

Listing 11.32: Löschen eines Benutzerkontos [ADSINT_BenutzerLoeschen.wsf]

Deaktivieren eines Benutzerkontos

Das nachfolgende Beispiel zeigt, wie mithilfe des Attributs AccountDisabled ein Benutzer deaktiviert werden kann, sodass er sich nicht mehr am Netz anmelden kann. Die Umkehrung der Aktion ist mit der Zuweisung von *False* möglich.

AccountDisabled

```
' -- Zugriff auf User-Objekt
Set oUser = GetObject("WinNT://FBI/FoxMulder")
' -- Deaktivierung
oUser.AccountDisabled = True ' = False zum reaktivieren!
' -- Cache schreiben
oUser.SetInfo
```

Listing 11.33 Deaktivieren eines Benutzerkontos [ADSINT_BenutzerDeaktivieren.wsf]

Benutzerrechte

Benutzerrechte (Benutzerprivilegien) wie „Lokale Anmeldung" und „Herunterfahren" sind leider bislang durch keine COM-Komponente abgedeckt. Eine Lösung bietet nur das NT 4.0- bzw. Windows Resource Kit mit dem Kommandozeilentool *ntrights.exe*. Die Liste der verfügbaren Rechte zeigt das Werkzeug beim Aufruf ohne Parameter an.

NTRights.Exe

```
NTRights.Exe
Grants/Revokes NT-Rights to a user/group
usage: -u xxx   User/Group
       -m \\xxx machine to perform the operation on (default local machine)
       -e xxxxx Add xxxxx to the event log
       -r xxx   revokes the xxx right
       +r xxx   grants the xxx right
```

Terminalserver-Einstellungen

Der Kern von ADSI unterstützt das Auslesen oder Setzen der Benutzereinstellungen für die Windows Terminal Services leider nicht. Microsoft hat lange Zeit die Benutzer im Regen stehen lassen. Erst in Zusammenhang mit der Entwicklung der Windows Server 2003 wurde eine ADSI-Erweiterung für die Terminalserver-Einstellungen veröffentlicht. Diese Erweiterung mit Namen *TSUserEx* ist implementiert in der *Tsuserex.dll*. Diese DLL wird mit Windows Server 2003 ausgeliefert, kann aber auch unter Windows NT 4.0 und Windows 2000 registriert (regsvr32 Tsuserex.dll) werden. Diese Erweiterung implementiert eine zusätzliche Schnittstelle IADsTSUserEx für Benutzerobjekte.

TSUserEx

Ein Beispiel dazu finden Sie in Kapitel 11.3.11 zur Active Directory-Benutzerverwaltung.

11.2.6 Gruppenverwaltung

Die Group-Klasse repräsentiert eine in einer Domain oder auf einem Computer angelegte Benutzergruppe.

Tabelle 11.25 Attribute einer WinNT-Gruppe

Attribut	Erläuterungen
ObjectType	2 = globale Gruppe, 4 = lokale Gruppe
ObjectSID	Security Identifier der Gruppe (wird vom System vergeben)
Description	Textliche Beschreibung der Gruppe

Tabelle 11.26 Auf einer WinNT-Gruppe ausführbare Methoden

Methode	Erläuterungen
isMember()	Prüft, ob der angegebene Benutzer Mitglied der Gruppe ist. Zurückgeliefert wird *True* (ist vorhanden) oder *False* (ist nicht vorhanden).
Add()	Fügt einen Benutzer zu der Gruppe hinzu.
Remove()	Löscht einen Benutzer aus der Gruppe.

Gruppenzugehörigkeit anzeigen

Jedes User-Objekt hat ein Attribut namens Groups, das eine Liste (Collection) der Gruppen darstellt, denen der Benutzer angehört.

Listing 11.34 Gruppenzuordnung eines Benutzerkontos [ADSINT_Gruppenzugehoerigkeit.wsf]

```
' -- Zugriff auf User-Objekt
Set oUser = GetObject("WinNT://FBI/FoxMulder")
' -- Iteration über alle Elemente der Group-Liste
For Each oGroup In oUser.Groups
   say oGroup.Name
Next
```

Aus der anderen Richtung können über die Members-Objektmenge eines Group-Objekts alle enthaltenen Unterobjekte aufgelistet werden. Da eine Gruppe nicht nur Benutzer, sondern auch selbst wieder Gruppen enthalten kann, darf im Fall einer Typdeklaration die Laufvariable nicht auf IADsUser gesetzt sein, sondern muss neutral auf die Schnittstelle IADs deklariert werden.

```
Dim obj ' as ActiveDs.IADs
' -- Zugriff auf Group-Objekt
Set oGroup = GetObject("WinNT://FBI/Administratoren")
' -- Iteration über alle enthaltenen User
For Each obj In oGroup.Members
   say obj.Name & " (" & obj.Class & ") "
Next
```

Listing 11.35: Liste der in einer Gruppe enthaltenen Benutzer und Gruppen [ADSINT_Gruppenzusammensetzung.wsf]

Erstellen einer neuen Gruppe

Benutzergruppen anlegen und füllen

Das Einrichten einer Gruppe erfolgt analog zur Erstellung eines User-Objekts. Beachten Sie aber den bei Create() anzugebenden Klassennamen group. GroupType ist ein Pflichtattribut des WinNT-Verzeichnisdienstes, das aber automatisch auf den Wert 2 (globale Gruppe) gesetzt wird, wenn der ADSI-Client keinen Wert angibt.

Das Hinzufügen eines Benutzers zu einer Gruppe geht nicht vom User-Objekt, sondern vom Group-Objekt aus. Im Group-Objekt muss die Methode Add() aufgerufen werden. Als einziger Parameter wird der vollständige ADS-Pfad des User-Objekts angegeben, das in die Gruppe aufgenommen werden soll. Wenn der Benutzer bereits Mitglied der Gruppe ist, gibt ADSI den Fehler „Der angegebene Kontenname ist bereits ein Mitglied der Gruppe." zurück.

```
' -- Gruppe erstellen
Set oDomain = GetObject("WinNT://FBI")
Set oGroup = oDomain.Create("group", "FBIAgenten")
oGroup.Put "Grouptype", 4 ' 4 = Lokale Gruppe
oGroup.SetInfo
' -- Gruppe füllen
oGroup.Add "WinNT://FBI/FoxMulder"
oGroup.Add "WinNT://FBI/DanaScully"
' -- Gruppenmitglieder auflisten
For Each oUser In oGroup.Members
    say oUser.Name
Next
```

Listing 11.36 Erstellen und Füllen einer neuen Gruppe [ADSINT_ NeueGruppe .wsf]

Um ein unerwünschtes Gruppenmitglied loszuwerden, reicht ein Einzeiler, sofern die Bindung an die Gruppe erfolgt ist:

```
oGroup.Remove "WinNT://FBI/DanaScully"
```

Entfernen von Gruppenmitgliedern

11.2.7 Verwaltung von Windows-Diensten

Die Service-Klasse repräsentiert einen Windows-Dienst. Windows-Dienste laufen im Hintergrund und sind auch aktiv, ohne dass ein Benutzer an der Konsole angemeldet ist. Ein Dienst ist ein Unterobjekt eines Computer-Containers.

Windows-Dienst verwalten

Ein Fileservice-Objekt ist ein spezielles Service-Objekt, das einen Dienst zum Zugriff auf ein Dateisystem bereitstellt. Ein Fileservice-Objekt ist von dem allgemeinen Service-Objekt abgeleitet und erweitert dieses um einige Funktionalitäten, insbesondere um den Zugriff auf Sessions, Resources und FileShares. Der Fileservice in Windows NT heißt *lanmanserver*. Der Zugriff auf den NT-Fileservice erfolgt folgendermaßen: WinNT://computer name/lanmanserver. Ein Fileservice-Objekt ist im Gegensatz zu einem Service-Objekt ein Container: Ein Fileservice kann FileShares enthalten. Außerdem enthält ein Fileservice-Objekt zwei Objektmengen:

Fileservice-Objekt

- Sessions verweist auf die offenen Benutzersitzungen.
- Resources enthält die geöffneten Ressourcen.

Attribut	Erläuterung
Starttype	Legt den Zeitpunkt fest, zu dem der Dienst startet: automatisch (2), manuell (3), deaktiviert (4)
ServiceType	Repräsentiert die Art des Prozesses
DisplayName	Angezeigter Name im Dienstmanager
Path	Pfad zu der zugehörigen EXE-Datei
ErrorControl	Legt die Maßnahmen im Fehlerfall fest
HostComputer	ADSI-Pfad des Computers, auf dem der Dienst läuft
LoadOrderGroup	Legt die Load Order Group fest
ServiceAccount Name	Name des NT-Benutzers, unter dem sich dieser Dienst am System anmeldet. Der Wert „*LocalSystem*" repräsentiert den Systemaccount.
Dependencies	Name der Dienste, von denen dieser Dienst abhängig ist

Tabelle 11.27 Attribute der WinNT-Klassen Service bzw. Fileservice

Kapitel 11 Verzeichnisdienste

Attribut	Erläuterung
Status	Aktueller Betriebszustand des Dienstes: nicht gestartet (1), gestartet (4), angehalten (7). Dieses Attribut kann nur gelesen werden. Um den Status zu verändern, stehen die Methoden `Start()`, `Stop()`, `Pause()` und `Continue()` zur Verfügung.
Description	Nur bei Fileservices: textliche Beschreibung
MaxUserCount	Nur bei Fileservices: maximale Anzahl der Benutzer; −1 = unbestimmt

Tabelle 11.28 Methoden der WinNT-Klassen Service und Fileservice

Methode	Erläuterung
Start()	Starten des Dienstes
Stop()	Stoppen des Dienstes
Pause()	Anhalten des Dienstes
Continue()	Fortsetzen des Dienstes
SetPassword()	Setzen des Kennworts des Dienstkontos

Liste aller Dienste

Das folgende Script gibt die installierten Dienste mit ihrem Startverhalten und dem aktuellen Zustand aus. Status und Starttype liefern Konstanten zurück

Listing 11.37 Ausgabe aller Windows-Dienste mit „Status" und „Starttype" [ADSINT_Services.wsf]

```
Set oComputer = GetObject("WinNT://XFilesServer01")
' -- Filter setzen
oComputer.Filter = Array("Service")
' -- alle Windows-Dienste auflisten
For Each oService In oComputer
    say oService.Name & " (" & oService.Class & ")  Status: " & _ oService. Status & " Start: " & oService.StartType
Next
```

Das Starten und Stoppen eines Dienstes ist mit den durch die Service-Klasse implementierten Methoden aus IADsService schnell erledigt.

Listing 11.38 Starten und Stoppen des Internet Information Server-Dienstes [ADSINT_W3SVCRestart.wsf]

```
' -- Bindung an Webserver-Dienst
Set oService = GetObject("WinNT://XFilesServer01/w3svc")
' -- Dienst stoppen
oService.stop
Say "Dienst gestoppt!"
' -- Dienst starten
oService.start
Say "Dienst wieder gestartet!"
```

11.2.8 Verzeichnisfreigaben verwalten

Verzeichnisfreigabe verwalten

Ein Fileshare-Objekt repräsentiert eine Verzeichnisfreigabe. Der Zugriff auf diese Objekte erfolgt ausschließlich über den Fileservice *ntlanmanserver*. Eine Freigabe ist direkt über einen ADSI-Pfad der Form *WinNT://ComputerName/lanmanserver/Freigabename* erreichbar.

Tabelle 11.29
Attribute der WinNT-Klasse „FileShare"

Attribut	Erläuterung
CurrentUserCount	Anzahl der aktuell mit dieser Verzeichnisfreigabe verbundenen Benutzer
Description	Textliche Beschreibung der Freigabe
HostComputer	ADSI-Pfad des Computers, auf dem die Freigabe eingerichtet ist
Name	Name der Verzeichnisfreigabe
Path	Lokaler Pfad, auf den die Freigabe abgebildet wird
MaxUserCount	Maximale Anzahl der Benutzer (–1 = unbestimmt)

Mit ADSI können zwar die Freigaben aufgelistet sowie Freigaben erzeugt und gelöscht werden, aber die Rechte können nicht gesetzt werden – auch nicht mit der *ADsSecurity-Komponente* aus dem ADSI Resource Kit. Das Erzeugen von Verzeichnisfreigaben und die Vergabe von Rechten ist möglich mit der Windows Management Instrumentation (WMI).

```
Set oFS = GetObject("WinNT://XFilesServer01/lanmanserver")
For Each oShare In oFS
    say oShare.Name & " zeigt auf " & oShare.Path
Next
```

Listing 11.39: *Liste aller Freigaben [ADSINT_ListeFreigaben.wsf]*

```
Set oFS = GetObject("WinNT://XFilesServer01/lanmanserver")
' -- Erstellen der Freigabe
Set OShare = oFS.Create("fileshare", "test")
OShare.Path = "f:\"
OShare.SetInfo
say "Freigabe wurde erstellt!"
' -- Löschen der Freigabe
oFS.Delete "fileshare", "test"
say "Freigabe wurde wieder gelöscht!"
```

Listing 11.40: *Anlegen und Löschen einer Freigabe [ADSINT_NeueFreigabe.wsf]*

11.2.9 Benutzersitzungen und geöffnete Ressourcen

Der Service LanManServer eröffnet über die Objektmengen Sessions und Resources aus der IADsFileserviceOperations-Schnittstelle den Zugriff auf Benutzersitzungen und geöffnete Ressourcen. Die in den Objektmengen enthaltenen Session- bzw. Resource-Objekte besitzen keinen ADSI-Pfad, da sie keine persistenten Verzeichnisobjekte sind. Sie sind daher nicht über GetObject() direkt ansprechbar.

Sitzungen und Ressourcen

```
' -- Bindung an Fileservice
Set oFSop = GetObject("WinNT://XFilesServer01/lanmanserver")
' -- Sitzungen
For Each oSession In oFSop.Sessions
    say oSession.User & " ist verbunden von " & _
    oSession.Computer & " seit " & _
    oSession.ConnectTime & " Sekunden"
Next
' -- Ressourcen
For Each oResource In oFSop.Resources
    say oResource.User & " verwendet " & _
    oResource.Path
Next
```

Listing 11.41
Ausgabe der Benutzersitzungen und offenen Ressourcen [ADSINT_SessionsUndResources.wsf]

Kapitel 11 Verzeichnisdienste

 Es ist mit ADSI nicht möglich, Benutzersitzungen zu trennen und geöffnete Ressourcen zu schließen. In Tests kam es zu Problemen mit den Session-Objekten, die zum Teil mit der Fehlermeldung „Datei nicht gefunden" den Dienst verweigerten.

11.2.10 Druckersteuerung

ADSI definiert vier COM-Schnittstellen für den Druckerzugriff:

IADSPrint-Queue
- IADSPrintQueue ermöglicht den Zugriff auf die persistenten Eigenschaften eines Druckers und der zugehörigen Druckerwarteschlange.

IADSPrint-Queue-Operations
- IADSPrintQueueOperations definiert den nichtpersistenten Status einer Druckerwarteschlange, einen Zeiger auf die Objektmenge (verkettete Liste) der Druckaufträge sowie Methoden, um die Warteschlange zu beeinflussen.

IADSPrintJob
- IADSPrintJob liefert Informationen über einen Druckauftrag, die diesem bei seiner Erzeugung mitgegeben wurden.

IADSPrintJob Operations
- IADSPrintJobOperations liefert im Gegensatz zu IADSPrintJob dynamische Informationen über den Druckauftrag (Position in der Warteschlange, Status des Druckauftrags, gedruckte Seiten). Außerdem definiert diese Schnittstelle Methoden, um einen einzelnen Druckauftrag zu manipulieren.

Implementierung im WinNT-Provider

PrintQueue und PrintJob
Im ADSI-Provider für Windows NT sind diese vier Schnittstellen in zwei Objekten implementiert. Ein PrintQueue-Objekt implementiert IADSPrintQueue und IADSPrintQueueOperations, wohingegen ein PrintJob-Objekt die Schnittstellen IADSPrintJob und IADSPrintJobOperations realisiert. In der Objekthierarchie ist ein PrintQueue-Objekt einem Computer-Objekt untergeordnet. Das PrintQueue-Objekt wiederum enthält einen Verweis auf eine Objektmenge von PrintJob-Objekten.

Identifikation und Zugriff
Voraussetzung für alle ADSI-Operationen ist ein Zeiger auf das passende PrintQueue-Objekt. Jede Warteschlange ist über einen ADSI-Pfad in der Form *WinNT://rechnername/druckername* eindeutig adressierbar. Lästig ist in diesem Zusammenhang, dass die PrintJobs-Objektmenge nur sequenziell durchlaufen werden kann und nicht wie üblich über ein Item-Attribut verfügt; ein direkter Zugriff auf einen bestimmten Druckauftrag ist also nicht möglich.

Druckerstatus
Auskunft über den aktuellen Zustand des Druckers gibt das Attribut Status. Windows kennt 25 verschiedene Zustände für Drucker (z.B. PRINTING, PAUSED, PAPER_OUT, PAPER_JAM, OUTPUT_BIN_FULL), wobei mehrere Zustände gleichzeitig gelten können. Jeder Zustand repräsentiert daher ein Bit in dem vier Byte umfassenden Status-Attribut; der Gesamtzustand ergibt sich durch die bitweise Oder-Verknüpfung der Einzelzustände.

Anwendungsbeispiel
Ein Anwendungsbeispiel zu diesen Schnittstellen finden Sie bei den Fallbeispielen in Kapitel 20, „Fallbeispiele", unter dem Namen *WebPrinterManager*.

11.3 Active Directory-Administration mit ADSI

Das Active Directory ist der Verzeichnisdienst, den Microsoft erstmalig mit Windows 2000 (NT 5.0) ausgeliefert und in Windows Server 2003 (NT 5.2) verbessert hat. Mit dem Active Directory Application Mode (ADAM) alias Active Directory Lightweight Directory Services existiert inzwischen auch eine funktionsreduzierte Version, die Softwarehersteller als Basis für selbst entwickelte Anwendungen nutzen können.

11.3.1 Allgemeine Informationen zum Active Directory

Umfang des Schemas

Das Active Directory ist ein sehr leistungsstarker, aber auch sehr komplizierter Verzeichnisdienst. Dies zeigt sich schon am Umfang des AD-Schemas (siehe Tabelle) im Vergleich zum Schema eines Windows NT 4.0-Systems. Das Zugriffsprotokoll für das Active Directory ist LDAP. Sie sollten in ADSI daher den LDAP-Provider verwenden. Ein Zugriff auf das Active Directory ist über den WinNT-Provider möglich, gibt Ihnen aber nur sehr eingeschränkte Möglichkeiten.

Die Anzahl der Klassen und Attribute ist abhängig von der Windows-Version, den Funktionsebenen des Active Directory (siehe unten) und installierten Zusatzprogrammen wie Microsoft Exchange Server.

Verzeichnisdienst	Anzahl der Klassen	Anzahl der Attribute
NT 4.0/2000/XP	15	77
Windows 2000 Active Directory	142	863
Windows 2000 Active Directory mit Exchange Server 2000	299	1705
Windows Server 2003 Active Directory	191	1070
Windows Server 2003 Release 2 Active Directory	221	1153
Windows Server 2003 Active Directory mit Exchange Server 2003	361	1980
Windows Server 2008 Active Directory	231	1288
Windows Server 2008 R2 Active Directory	234	1314
Active Directory Application Mode (ADAM)	56	348

*Tabelle 11.30
Beispiele für den Umfang der Verzeichnisdienst-Schemata*

Aufbau eines Active Directory

Ein Active Directory hat eine komplexe Struktur. Grundbaustein eines Active Directory sind die aus NT 4.0 bekannten Domänen. Eine Domäne besitzt einen oder mehrere im Wesentlichen gleichberechtigte Domänen-Controller (DC). Eine Unterscheidung in Primary Domain Controller (PDC) und Backup Domain Controller (BDC) findet nicht mehr statt. Nach dem Multi-Master-Prinzip kann auf jedem Domänen-Controller das Verzeichnis nicht nur gelesen, sondern auch verändert werden. Lediglich die Modifikation des Schemas ist nur auf einem bestimmten ausgewählten DC, dem Schema-Master, möglich.

Sonderrollen

AD kennt einige wenige Sonderrollen, die nur ein Server haben kann. Diese werden *Flexible Single Master Operations (FSMO)* genannt. In der deutschen MMC findet man den Begriff „Betriebsmaster".

Bäume zu Wäldern zusammenfassen

Domänen können zu sogenannten *Trees* (Bäumen) und diese wiederum zu *Forests* (Wäldern) zusammengefasst werden. Eine Site ist dagegen kein logisches Strukturierungsmittel für den Verzeichnisdienst, sondern spiegelt die physikalische Struktur des Rechnernetzes wider. Die Definition von Sites dient vor allem dazu, die Replikationslast zwischen den Domänen-Controllern eines Active Directory zu regulieren.

Auf das Active Directory kann auch mithilfe des WinNT-Providers zugegriffen werden. Für die Benutzerverwaltung ist davon jedoch abzuraten, da dieses Vorgehen großen Einschränkungen unterworfen ist:

- Es werden nur die im WinNT-Schema bekannten Klassen angezeigt.
- Es besteht nur Zugriff auf die im WinNT-Schema bekannten Attribute.
- Die Hierarchisierung in Organisationseinheiten ist nicht sichtbar: Alle Benutzer und Gruppen werden wie in NT 4.0 üblich in einer flachen Liste angezeigt.

Diese Einschränkung gilt jedoch nur für die Verwaltung von Benutzern, Gruppen, Computern und Organisationseinheiten sowie für die im Active Directory abgebildeten Konfigurationsinformationen. Die Verwaltung von anderen Verzeichnisobjekten wie Windows-Diensten, Freigaben, Sitzungen etc. ist im Active Directory nicht möglich, sodass dafür weiterhin ausschließlich der WinNT-Provider verwendet werden kann.

Neuerungen

Neuerungen gegenüber dem NT 4.0-Verzeichnis sind insbesondere:

- Wesentlich mehr Klassen von Verzeichniseinträgen
- Wesentlich mehr Attribute für die einzelnen Einträge
- Die beliebig tiefe hierarchische Strukturierung der Einträge. Strukturierungsmöglichkeiten bestehen speziell durch die vordefinierten Container-Klassen Organizational-Unit und Container.
- Fein granulierte Zugriffsrechte auf jeder Ebene und auch für jedes Attribut, sodass eine Delegation von administrativen Aufgaben möglich wird
- Ein erweiterbares, objektorientiertes Schema

ADS Version 2 in Windows Server 2003

In der zweiten Version des Active Directory, die mit Windows Server 2003 ausgeliefert wird, hat Microsoft einige lästige Einschränkungen aus der mit Windows 2000 ausgelieferten Debüt-Version beseitigt. Offiziell gibt es keine eigene Versionsnummer für das verbesserte AD – „Active Directory 2.0" oder „Active Directory 2003" sind daher als Hilfsnamen im Umlauf.

Wesentliche Verbesserungen der zweiten Version sind:

- Verbesserungen in der MMC-basierten Verwaltung (Mehrfachauswahl, Drag&Drop-Unterstützung, dynamische Sichten)
- Gruppenrichtlinienverwaltung durch ein eigenes Werkzeug (Group Policy Management Console – GPMC)
- Deaktivierung von Schemaänderungen
- Umbenennen von Domänen
- Vertrauensstellungen zwischen Gesamtstrukturen (Forests)
- Replikation via Medium (statt nur über das Netzwerk)
- Verbesserung in der Inter-Site-Berechnung
- Application Directory Partitions zur Speicherung beliebiger Anwendungsdaten
- Programmierschnittstelle für Terminaldienste-Einstellungen

ADS Version 3 in Windows Server 2008

Ab Windows Server 2008 wurde „Active Directory" zur Dachmarke über einige verwandte Dienste, z.B.
- Active Directory Application Mode (eine abgespeckte Version des ADS-Verzeichnisdienstes) wurde zu „Active Directory Lightweight Directory Services"
- Windows Certificate Services wurde zu „Active Directory Certificate Service"
- Identity Integration Feature Pack wurde zu „Active Directory Metadirectory Services"
- Der bisherige Funktionsumfang des Active Directory heißt nun „Active Directory Domain Services" (AD DS)

In diesem Buch geht es stets um die „Active Directory Domain Services", auch wenn nur kurz „Active Directory" geschrieben wird.

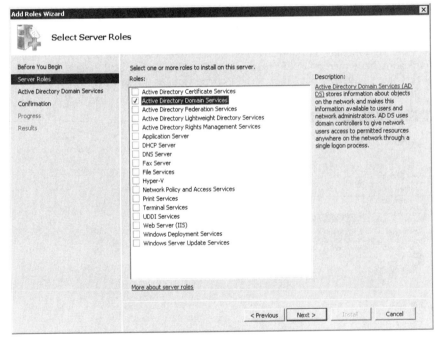

Bild 11.17
Installation der „Active Directory"-Rollen in Windows Server 2008

Wesentliche Verbesserungen der dritten Version sind:
- Read-Only-Domain-Controller (RODC) (für nichtvertraute Umgebungen): Definition, was hierhin repliziert wird. Beim Schreiben Umleitung auf vollen DC (Write-Referall)
- dcpromo-Assistent mit vielen weiteren Optionen (z.B. Replikation, RODC, Global Catalog)
- Attribute Editor: Alle Attribute direkt in MMC (wie in ADSI Edit), aber mit Interpretation der Zahlen (insbes. Datumsangaben)
- MMC-Konsolen besser integriert
- Objekte in der MMC können durch ein einfaches Häkchen vor wesentlichem Ändern und Verschieben geschützt werden.
- Diagnose für AD DS in Servermanager
- AD DS lässt sich nun stoppen und neu starten ohne Windows.

Kapitel 11 Verzeichnisdienste

- Kennwortrichtlinien nicht mehr nur domänenweit, sondern auch auf Benutzer- und Gruppenebene (nicht aber OU-Ebene)
- Snapshots: Kopie der AD-Datenbank kann als einständiges AD unter anderem Port gestartet werden.
- Überwachungsrichtlinien

ADS in Windows Server 2008 R2

In Release 2 von Windows Server 2008 gibt es weitere Verbesserungen:
- Neue Verwaltungsoberfläche („Active Directory Administrative Center")
- PowerShell-Module für das Active Directory mit einem Navigationsprovider und zahlreichen Commandlets
- Webservices für den Zugriff auf das Active Directory als Alternative zu LDAP

Funktionsebenen

Allerdings erfordern einige viele der neuen Funktionen jeweils Änderungen am Active Directory, die nicht kompatibel mit der Vorgängerversion sind. Das Active Directory kennt daher verschiedene Funktionsebenen („functional level"). Mit dem Heraufstufen der Funktionsebene werden in der Regel ältere Betriebssysteme als Domänencontroller (nicht als Clients!) ausgeschlossen. Funktionsebenen gibt es für den Wald („Forest") und die Domäne.

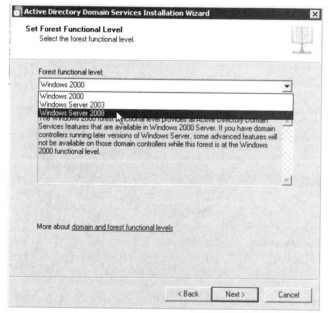

Bild 11.18
Festlegung der Funktionsebene bei der Installation der Active Directory Domain Services in Windows Server 2008 R2 mit dcpromo.exe

Hilfe für die Erstellung von LDAP-Suchabfragen

Für die Erstellung von Scripts, die Suchen im Active Directory ausführen, bietet die MMC-Konsole *Active Directory Benutzer- und Computer* ab Windows Server 2003 eine schöne Hilfe an. Der Ast *Gespeicherte Abfragen* erlaubt es, dynamische Sichten auf das Active Directory zu erstellen. Diese Abfragen basieren auf der LDAP-Abfragesyntax. Ein Assistent hilft beim Erstellen der Abfragen. In den meisten (aber nicht in allen Fällen) wird der Quelltext der Abfrage anschließend im Bearbeitungsfenster dargestellt

Active Directory-Administration mit ADSI

und kann per Kopieren&Einfügen in eigene Scripts übernommen werden. Gespeicherte Abfragen können auch in XML-Dateien gesichert werden.

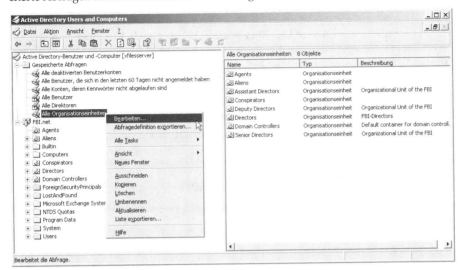

Bild 11.19
Gespeicherte Abfragen in der MMC-Konsole „Active Directory-Benutzer und -Computer" in Windows Server 2003

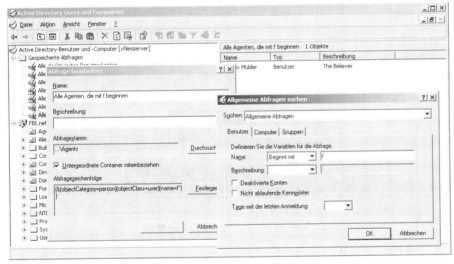

Bild 11.20
Der Assistent zur Erstellung gespeicherter Abfragen

11.3.2 Active Directory Application Mode (ADAM) – Active Directory Lightweight Directory Services (AD LDS)

ADAM steht für Active Directory Application Mode und ist eine kostenlose Light-Version des Active Directory 2003. Im Zuge von Windows Server 2008 wurde ADAM in „Active Directory Lightweight Directory Services (AD LDS)" umbenannt.

Im Gegensatz zum großen Bruder ADS (ab Windows 2008: Active Directory Domain Services) ist ADAM nicht dazu geeignet, Windows-Domänen aufzubauen, weil die Windows-Benutzeranmeldung nicht darüber abgewickelt werden kann.

425

ADAM ist als eine leichtgewichtige, objektorientierte Datenbank zu verstehen, die – wie der große Bruder – in hierarchischen Strukturen organisiert werden kann. Grundsätzlich kann ADAM als Datenspeicher für beliebige Daten dienen. ADAM läuft nicht nur auf den Produkten der Windows Server 2003-Familie, sondern auch auf Windows XP. Im Gegensatz zum Active Directory können beliebig viele Instanzen von ADAM parallel existieren und jeweils ein eigenes Schema besitzen. Jede Instanz läuft als ein Windows-Dienst, der also getrennt steuerbar ist. ADAM kann aber nicht Basis für die Installation eines Microsoft Exchange Servers 2000/2003/2007 sein. Ein Anwendungsfall für ADAM ist zum Beispiel die Benutzerverwaltung und Authentifizierung auf Websites. Ein Webhoster könnte für jeden Kunden eine eigene ADAM-Instanz erzeugen. Eine Integration mit Windows-Benutzerkonten in Intranet-Szenarien ist möglich.

Das Setup finden Sie auf der Buch-CD: [CD:/Install/Sonstige Windows-Add-ons/ADAM].

11.3.3 Programmierschnittstellen

Für das Active Directory existieren drei unterschiedliche Programmierschnittstellen:
- Das LDAP-API in *wldap.dll*
- Die COM-Softwarekomponente Active Directory Service Interface (ADSI) in der *activeds.dll*
- Die .NET-Softwarekomponente System.DirectoryServices in der *System.DirectoryServices.dll*

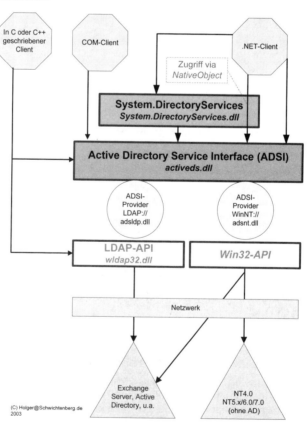

Bild 11.21
Programmierschnittstellen für das Active Directory

Die *wldap.dll* ist eine Low-Level-Schnittstelle, die sich nur an C/C++ richtet. Für das COM-basierte Scripting ist ADSI die beste Wahl. .NET-Clients können alternativ auch die Komponente System.DirectoryServices nutzen, wobei es sich dabei in .NET 1.x lediglich um einen relativ schwachen Wrapper für ADSI handelt. Wesentliche Innovationen stehen erst ab .NET 2.0 zur Verfügung. In der .NET-Klassenbibliothek 2.0 existiert ein neuer Namensraum System.DirectoryServices.ActiveDirectory mit Klassen zur Verwaltung von Domänen, Forest und Replikation.

11.3.4 Das Objektmodell des Active Directory

Oberstes Element jedes Active Directory ist das Objekt rootDSE. Der Verzeichnisdienst teilt sich darunter in drei Partitionen:

- Der DefaultNamingContext ist die Sicht auf den Verzeichnisdienst, wie sie das MMC-Snap-In *Active Directory-Benutzer und -Computer* bietet.
- Im ConfigurationNamingContext werden Einstellungen zu den dem Active Directory zuarbeitenden Diensten, den Sites und dem Inter-Site-Transport, den erweiterten Rechten, den *Display Specifiers* (ein *Display Specifier* legt fest, mit welchen Eigenschaftsfenstern eine Klasse in der MMC angezeigt wird) und den *Well Known Security Principals* (z.B. *Everybody, System*) abgelegt.
- Der SchemaNamingContext enthält das Schema des Active Directory.

rootDSE ist der Einsprungpunkt in ein Microsoft Active Directory. Es ist ein virtuelles Objekt, das nicht physikalisch im ADS gespeichert wird.

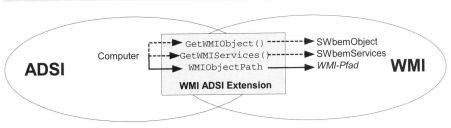

*Bild 11.22
Ein kleiner Ausschnitt aus dem komplexen Objektmodell des Active Directory Service*

Mit dem folgenden Script ermitteln Sie die ADSI-Pfade der Partitionen in einem Active Directory:

```
Dim root ' As IADs
Set root = GetObject("LDAP://XFilesServer/RootDSE")
say "Servername: " & root.Get("Servername")
say "defaultNamingContext: " & root.Get("defaultNamingContext")
say "ConfigurationNamingContext: " & _ root.Get("ConfigurationNamingContext")
say "SchemaNamingContext: " & root.Get("SchemaNamingContext")
```

*Listing 11.42
Ausgabe der Partitionen
[ADSIADS_Partitionen.wsf]*

Das Script liefert in der Testumgebung die folgende Ausgabe:

```
Servername: cn=XFilesServer,cn=Servers,cn=Standardname-des-ersten-Standorts,cn=Sites,cn=Configuration,dc=FBI,dc=net
defaultNamingContext: dc=FBI,dc=net
ConfigurationNamingContext: cn=Configuration,dc=FBI,dc=net
SchemaNamingContext: cn=Schema,cn=Configuration,dc=FBI,dc=net
```

*Listing 11.43
Ausgabe des Listings*

Ausgewählte Klassen im Active Directory

Alle vordefinierten Klassen im Active Directory sind Container-Klassen und unterstützen daher IADs und IADsContainer. Die nachfolgende Tabelle zeigt eine Auswahl der wichtigsten der 191 AD-Klassen mit ihren Schlüsselattributen (fast immer cn) und den unterstützten ADSI-Schnittstellen.

Tabelle 11.31 Die wichtigsten Klassen im Active Directory

Verzeichniseintrag	Klassenname (LDAP-Name)	Schlüsselattribut	Unterstützte Zusatzschnittstellen
Benutzer	user	cn	IADsUser
Gruppe	group	cn	IADsGroup
Container	container	cn	(keine)
Organisationseinheit	organizationalUnit	ou	IADsOU
Domänenbestandteil	domainDNS	dc	(keine)
Verzeichnisfreigabe	volume	cn	(keine)
Computer	computer	cn	IADsComputer IADsUser
Drucker	printQueue	cn	IADsPrintQueue IADsPrintQueueOperations
Kontakt	contact	cn	IADsUser
AD-Schema	dmD	cn	(keine)
Attribut im Schema	attributeSchema	cn	(keine)
Klasse im Schema	classSchema	cn	(keine)
Konfigurationscontainer	configuration	cn	(keine)

11.3.5 Identifikation und Bindung

Für die Adressierung der Einträge in einem Active Directory werden COM-Moniker der Form LDAP://server:port/DN verwendet. Dabei sind alle Bestandteile optional:

▷ Ohne Servername wird der sogenannte *Locator Service* verwendet. Beim serverlosen Binden sucht der Active Directory Locator Service mithilfe des Domain Name Service (DNS) den besten Domänen-Controller für den angegebenen Verzeichniseintrag. Dabei erhalten Domain Controller, zu denen eine schnelle Verbindung besteht, den Vorzug.

▷ Ohne Portangabe wird der Standard-LDAP-Port 389 verwendet.

▷ Ohne DN wird der *DefaultNamingContext* in der aktuellen Domäne angesprochen.

Die Praxiserfahrung zeigt: Das serverlose Binden ist deutlich langsamer als das Binden mit Servernamen.

Außerdem gibt es Schwierigkeiten in Scripts, wenn Sie das serverlose Binden und das serverbehaftete Binden mischen. Auf diese Weise könnten zwei verschiedene Domänen-Controller angesprochen werden. Da die Replikation zwischen den Domänen-Controllern in der Regel langsamer ist als der Scriptablauf, würde es zu kuriosen Fehlermeldungen kommen, z.B. dass ein gerade erfolgreich angelegtes Verzeichnisobjekt als „Nicht vorhanden" gemeldet wird.

Bindung über GUIDs

Bei der Adressierung über einen Textpfad besteht die Gefahr, dass Verzeichnisobjekte zwischenzeitlich umbenannt wurden. Active Directory ermöglicht daher die Bindung über einen GUID, der für ein Verzeichnisobjekt unveränderlich ist. Der GUID muss natürlich für ein Objekt bekannt sein.

```
LDAP://XFilesServer01/<GUID=228D9A87C30211CF9AA400AA004A5691>
```

Well Known Objects

Für die Standardcontainer in einem Active Directory gibt es eine besondere Unterstützung. Für diese sogenannten *Well Known Objects* besteht ein vordefinierter GUID (Well Known GUID), der in jedem Active Directory gleich ist.

```
LDAP://<WKGUID=a9d1ca15768811d1aded00c04fd8d5cd,dc=fbi,dc=net>
```

Bitte beachten Sie, dass hierbei die Ansprache über WKGUID= erfolgt und der dahinter angegebene GUID nicht der wirkliche GUID des Objekts ist. Auch die Standardcontainer erhalten bei der Installation eines Active Directory einen individuellen GUID; der WKGUID ist ein allgemeingültiger Alias.

Well Known Object	GUID
cn=Deleted Objects	18E2EA80684F11D2B9AA00C04F79F805
cn=Infrastructure	2FBAC1870ADE11D297C400C04FD8D5CD
cn=LostAndFound	AB8153B7768811D1ADED00C04FD8D5CD
cn=System	AB1D30F3768811D1ADED00C04FD8D5CD
OU=Domain Controllers	A361B2FFFFD211D1AA4B00C04FD7D83A
cn=Computers	AA312825768811D1ADED00C04FD8D5CD
cn=Users	A9D1CA15768811D1ADED00C04FD8D5CD

Tabelle 11.32
Liste der Well Known Objects

Ermittlung der Well Known GUIDs (WKGUIDs)

Das nächste Listing zeigt die Ermittlung der WKGUIDs per Programmcode. Diese Automatisierungslösung erscheint auf den ersten Blick überflüssig. Auf den zweiten Blick ist diese knifflige Aufgabe jedoch ein gutes Anschauungsobjekt, da hier der ADS-Datentyp DNWithBinary verwendet wird. Die WKGUIDs sind in dem mehrwertigen Attribut WellKnownObjects gespeichert, wobei jeder einzelne Wert wiederum ein Objekt des Typs ActiveDs.DNWithBinary ist. Der von diesem Objekt in binärer Form zurückgegebene GUID muss mit binGUIDtoSTR() vor der Ausgabe in eine Zeichenkette umgewandelt werden. binGUIDtoSTR() wurde in diesem Kapitel bereits vorgestellt.

```
Dim binarray
Dim obj ' As IADs
Dim strGUID ' As String
Dim oBinVal 'As ActiveDs.DNWithBinary
Set obj = GetObject("LDAP://XFilesServer/dc=FBI,dc=net")
' -- Auslesen der Liste der WellKnownObjects
binarray = obj.Get("wellKnownObjects")
For Each oBinVal In binarray
    ' -- Umwandlung in String
    strGUID = binGUIDtoSTR(oBinVal.BinaryValue)
    say oBinVal.DNString & " = " & strGUID
Next
```

Listing 11.44
Ermittlung der WKGUIDs der Well Known Objects
[ADSIADS_GetWellKnown Objects.wsf]

Kapitel 11 Verzeichnisdienste

Bei einigen Operationen (z.B. Anlegen neuer Objekte) kommt es zu Problemen, wenn die Bindung über einen WKGUID erfolgt ist. Nutzen Sie in diesem Fall den WKGUID nur, um den DN des Objekts zu ermitteln. Binden Sie danach neu über den DN.

Schnelles Binden

Das Active Directory unterstützt das sogenannte schnelle Binden (Fast Bind) von ADSI. Dabei fordert ADSI nur die Daten für die Metaschnittstellen IADs bzw. IADsContainer an. Alle speziellen Schnittstellen wie IADsUser, IADsComputer und IADsGroup sind nicht verfügbar. Der Zugriff erfolgt aber schneller. Der Einsatz von Fast Bind ist sinnvoll, wenn die speziellen Schnittstellen nicht benötigt werden.

Listing 11.45
Binden ohne Zugriff auf spezielle Schnittstelle [ADSIADS_FastBind.wsf]

```
Const ADS_FAST_BIND = 32
Const PFAD = "LDAP://XFilesServer/cn=Fox Mulder,ou=Agents,dc=FBI,dc=net"
Set OpenDSObject = GetObject("LDAP:")
Set Eintrag = OpenDSObject.OpenDSObject(PFAD, "", "", ADS_FAST_BIND)
say Eintrag.cn
' Zugriff auf IADsUser nicht möglich!
' Eintrag.SetPassword "test"
```

Für das Lesen/Schreiben von Verzeichnisattributen ist ein Zugriff auf die speziellen Schnittstellen nicht erforderlich. Hierbei können immer Get(), GetEx(), Put() und PutEx() aus IADs verwendet werden. Der Zugriff auf die speziellen Methoden ist jedoch immer dann erforderlich, wenn Methoden ausgeführt werden sollen. Wenn Methoden aufgerufen werden sollen, kann also Fast Bind nicht verwendet werden.

Referenzen

Der Grund dafür ist, dass ADSI eine Verbindung zu einem Domänen-Controller behält, solange es ein Objekt gibt, das diesen Domänen-Controller nutzt. Wenn das Objekt vernichtet wird, baut ADSI die Verbindung ab und muss sie beim nächsten Zugriff „teuer" wieder aufbauen.

Ein anderer wichtiger Tipp zur Steigerung der Performance von ADSI-Scripts ist, immer eine Referenz zu einem Domänen-Controller zu halten. Wenn Sie nacheinander auf verschiedene Objekte zugreifen wollen, dann sollten Sie das nicht immer mit derselben Objektvariablen tun, sondern Sie sollten mindestens eine Referenz nicht lösen.

Tabelle 11.33
Gute und schlechte Vorgehensweise bei der Bindung mehrerer Objekte

Gut	Schlecht

`Set o1 = GetObject("LDAP://ou=Agents,dc=FBI,dc=de")`
`Set o2 = GetObject("LDAP://cn=Fox Mulder,ou=Agents,dc=FBI,dc=net")`
`Set o3 = GetObject("LDAP://cn=Dana Scully,ou=Agents,dc=FBI,dc=de")`
…
`set o1 = Nothing`
`set o2 = Nothing`
`set o3 = Nothing`
	`Set o = GetObject("LDAP://ou=Agents,dc=FBI,dc=de")`
	…
	`Set o = GetObject("LDAP://cn=Fox Mulder,ou=Agents,dc=FBI,dc=net")`
	…
	`Set o = GetObject("LDAP://cn=Dana Scully,ou=Agents,dc=FBI,dc=de")`
	…
	`set o = nothing`

Active Directory-Administration mit ADSI

Verzeichnisattribute

Welche Verzeichnisattribute die einzelnen Active Directory-Klassen besitzen, kann man in der Dokumentation des Active Directory-Schemas nachlesen. Dabei sind im Script die LDAP-Namen der Eigenschaften zu verwenden, die in der Dokumentation als „LDAP-Display-Name" eingetragen sind (siehe Abbildung).

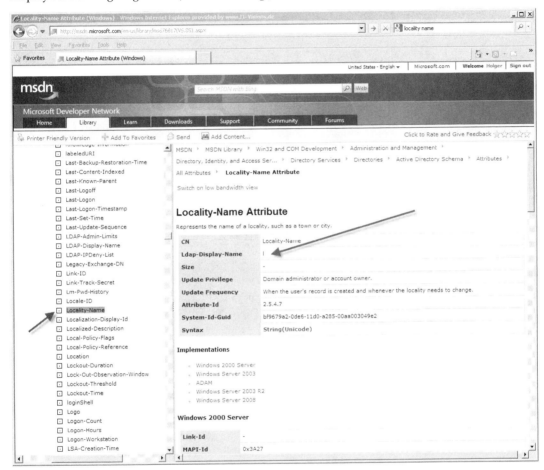

Bild 11.23: Dokumentation des Active Directory-Schemas

Der LDAP-Eigenschaftsname ist leider zum Teil sehr weit entfernt von den Namen in der MMC-Konsole. Es gibt sowohl unglaublich kurze Namen, wie z.B. „l" für Stadt, als auch unglaublich lange Namen wie „physicalDeliveryOfficeName" für das Büro. Das Dokument „User Object User Interface Mapping" [MSDN65] hilft beim Auffinden der richtigen LDAP-Namen. Eine andere Möglichkeit ist, mit dem Werkzeug „ADSI Edit" direkt auf das „rohe" Verzeichnis zu blicken und dort die LDAP-Namen herauszusuchen. ADSI Edit wird in Windows Server 2008 mitgeliefert. In Windows 2000 Server und Windows Server 2003 war es in den „Support Tools" enthalten.

Kapitel 11 Verzeichnisdienste

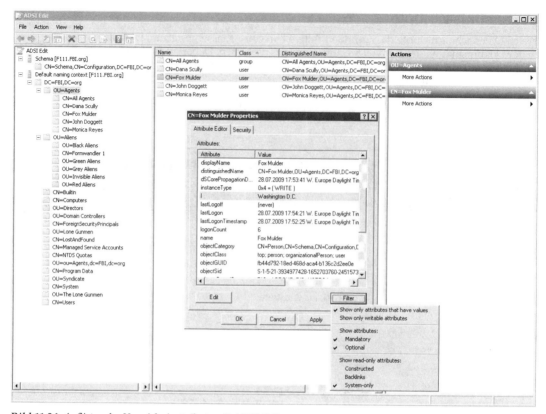

Bild 11.24: *Auflisten der Verzeichnisattribute mit ADSI-Edit*

11.3.6 Suchanfragen im Active Directory

Da der LDAP-Provider eine Unterstützung für ADSI-Suchanfragen bietet, können Sie auf elegante Art und Weise alle Objekte aus dem Active Directory ermitteln, auf die eine bestimmte Bedingung zutrifft. Allgemeine Hinweise zu ADSI-Suchanfragen erhalten Sie im allgemeinen Kapitel zu ADSI. An dieser Stelle finden Sie einige spezielle Hinweise zu Suchanfragen im Active Directory.

Die folgende Anweisung enthält eine gültige Suchanfrage nach allen user-Objekten im Active Directory, deren Name mit „F" oder „f" beginnt. Zurückgegeben werden nur der Anzeigename und der LDAP-Pfad.

```
<LDAP://XFilesServer/dc=FBI,dc=net>;
(&(objectCategory=person)(objectClass=user)(name=f*));
displayname,adspath
```

objectClass   Auffällig in dieser Anfrage ist, dass neben der objectClass auch Bezug auf das Attribut objectCategory in der Anfrage enthalten ist. Der Grund dafür liegt darin, dass objectClass ein mehrwertiges Attribut ist, das die komplette Vererbungshierarchie der Verzeichnisklasse abbildet. Beispielsweise ist dort für ein user-Objekt abgelegt „top, person, organizationalPerson, user". Bei einem computer-Objekt erkennt man interessanterweise, dass ein Computer eine Spezialisierung eines Benutzers ist, weil objectClass für einen Computer enthält: „top, person, organizationalPerson, user, computer". Eine Suche über ein mehrwertiges Attribut ist sehr zeitaufwendig. Leider existiert im Active Directory kein Attribut, das den Klassennamen in einem einwertigen Attribut enthält.

Neben der Klasse existiert aber auch eine Kategorisierung der Verzeichnisobjekte. Kategorien sind person, group, computer und organizationalUnit. Person umfasst die Klassen user und contact. Die Kategorie eines Verzeichnisobjekts ist in objectCategory abgelegt, und objectCategory ist ein indiziertes Attribut, das eine sehr schnelle Suche ermöglicht. Aus diesem Grund ist es sinnvoll, sowohl objectClass als auch objectCategory in die Bedingungen aufzunehmen.

object-Category

Vergleichen Sie die Abfragen

```
<LDAP://XFilesServer/dc=FBI,dc=net>;(
&(objectClass=user)(name=f*));
name,adspath
```

und

```
<LDAP://XFilesServer/dc=FBI,dc=net>;(
&(objectCategory=person)(objectClass=user)(name=f*));
displayname,adspath
```

Sie werden feststellen, dass die zweite Abfrage wesentlich schneller ausgeführt wird. Dabei ist die Reihenfolge der Attribute in der Bedingung beliebig; das Active Directory optimiert selbst.

Die folgende Liste zeigt die korrekten Bedingungen für eine schnelle Suche für verschiedene Verzeichnisklassen:

Die wichtigsten Bedingungen

- Kontakte: (&(objectclass=contact) (objectcategory=person)
- Benutzer: (&(objectclass=user) (objectcategory=person)
- Gruppen: (&(objectclass=group) (objectcategory=group)
- Organisationseinheiten: (&(objectclass=organizationalUnit)
- (objectcategory=organizationalUnit)
- Computer: (&(objectclass=user) (objectcategory=computer)

Begrenzung für Suchanfragen

Das Active Directory begrenzt in der Standardkonfiguration die Anzahl der Suchergebnisse auf 1000. Diese Einstellung können Sie in den Domänenrichtlinien ändern.

```
C:\> ntdsutil
ntdsutil: ldap policies
ldap policy: connections
server connections: connect to server SERVERNAME
Connected to SERVERNAME using credentials of locally logged on user
server connections: q
ldap policy: show values

Policy                   Current(New)

...MaxPageSize           1000...

ldap policy: set maxpagesize to ##### (for example, 50000)
ldap policy: commit changes
ldap policy: q
ntdsutil: q
Disconnecting from SERVERNAME ...
```

Listing 11.46 Änderung der Domänenrichtlinie für die Suchbegrenzung durch ntdsutil.exe

Kapitel 11 **Verzeichnisdienste**

*Bild 11.25
Änderung der
Domänen-
richtlinie für
die Such-
begrenzung
durch die
MMC*

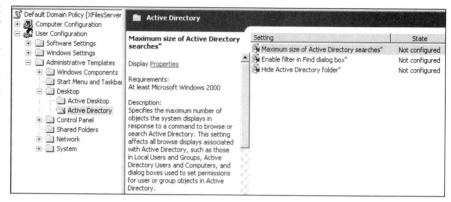

Tipps zur Suche

Tipps Sie sollten möglichst viele indizierte Attribute in Suchanfragen verwenden. Welche Attribute indiziert sind, erfahren Sie in der Dokumentation des Active Directory. Die folgende Abbildung zeigt, wo Sie die Dokumentation der Active Directory-Attribute im Active Directory-Schema in der MSDN-Bibliothek finden. Der Eintrag „Is Indexed: True" zeigt indizierte Attribute an.

*Bild 11.26
Dokumenta-
tion der AD-
Attribute in
der MSDN-
Entwickler-
bibliothek*

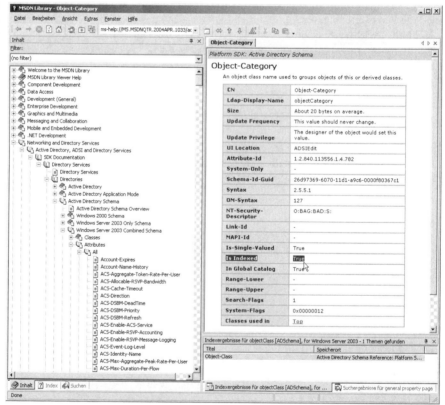

Als weiteren Tipp zur Suche sollten Sie die Verwendung von Platzhaltern (Stern-Operator *) am Anfang einer Zeichenkette vermeiden.

434

11.3.7 Besondere ADS-Datentypen

Das Active Directory kennt zwei besondere Datentypen: INTEGER8 und OctetString, die nicht ohne Weiteres in VBScript verwendet werden können.

INTEGER8

An zahlreichen Stellen verwendet das Active Directory Werte vom Datentyp INTEGER8 (alias Large Integer), einen 64 Bit langen Zahlenwert. Als 64-Bit-Zahlenwert werden im Active Directory z.B. Datumsangaben und fortlaufende Nummern abgelegt:

Große Zahlen

- Zahlreiche Zeitangaben (wie beim Verzeichnisattribut CreationDate) sind abgespeichert als eine Ganzzahl, die die Anzahl der Intervalle von 100 Nanosekunden seit dem 1.1.1601 00:00 Uhr bezeichnet. Weitere Beispiele sind:
  - Ablaufdatum des Kontos: AccountExpires
  - Letzte erfolgreiche Anmeldung: lastLogon
  - Letzter Anmeldefehler: badPasswordTime
  - Letzte Kennwortänderung: pwdLastSet
- Das Attribut uSNCreated enthält nicht den Benutzernamen des Benutzers, der einen anderen Benutzer angelegt hat, sondern eine fortlaufende Änderungsreihenfolgenummer. Das AD zählt beim Anlegen eines Objekts einen Zähler hoch, sodass ermittelt werden kann, in welcher Reihenfolge die Objekte im AD angelegt wurden.

Leider kann VBScript nicht mit 64 Bit langen Zahlen umgehen. ADSI bietet für die Handhabung von INTEGER8-Werten ein spezielles Objekt LargeInteger mit den Attributen HighPart und LowPart.

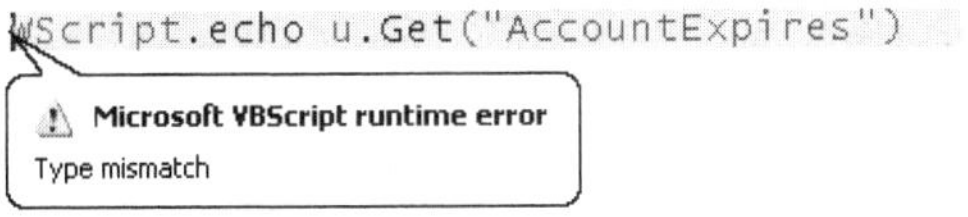

```
WScript.echo u.Get("AccountExpires")
```

Microsoft VBScript runtime error
Type mismatch

Bild 11.27: Fehlermeldung beim Versuch, auf einen INTEGER8-Wert direkt zuzugreifen (im Editor SystemScripter)

Da die Anwendung nicht ganz trivial ist, erhalten Sie an dieser Stelle zwei universelle Hilfsroutinen.

Listing 11.47
Hilfsroutinen

```
' ### Konvertiert ein INTEGER8 in Datum
Function Int8ToDate(LargeInt)
On Error Resume Next
Set objLargeInt = LargeInt
If Err.Number <> 0 Then
    On Error GoTo 0
    Int8ToDate = #1/1/1601#
Else
    On Error GoTo 0
    Set objLargeInt = LargeInt
    ' Hole lokale Zeitzone aus der Registrierungsdatenbank
    Set objShell = CreateObject("Wscript.Shell")
    lngBiasKey = objShell.RegRead("HKLM\System\CurrentControlSet\Control\" _
    & "TimeZoneInformation\ActiveTimeBias")
    If UCase(TypeName(lngBiasKey)) = "LONG" Then
        lngBias = lngBiasKey
    ElseIf UCase(TypeName(lngBiasKey)) = "VARIANT()" Then
        lngBias = 0
```

Kapitel 11 Verzeichnisdienste

```
        For k = 0 To UBound(lngBiasKey)
            lngBias = lngBias + (lngBiasKey(k) * 256 ^ k)
        Next
  End If
  ' Spalte Datum in zwei Teile auf
  lngHigh = objLargeInt.HighPart
  lngLow = objLargeInt.LowPart
  ' Wandle in Zahl um
  If lngLow < 0 Then
    lngHigh = lngHigh + 1
  End If
  If (lngHigh = 0) And (lngLow = 0) Then
    Int8ToDate = #1/1/1601#
  Else
    Int8ToDate = #1/1/1601# + ((( lngHigh * (2 ^ 32)) _
       + lngLow) / 600000000 - lngBias) / 1440
  End If
  ' --- Prüfe auf unendlich
  If lngHigh = 2147483648# Then
   Int8ToDate = #12/31/9999# ' UNENDLICH
  End If
  End If
  End Function
```

Listing 11.48 Hilfsroutine aus [ADSI_ADS_Funktionen.vbs]

```
' ### Konvertiert ein Datum in einen INTEGER8
Function DateToInt8(dtmDateValue)
' Hole lokale Zeitzone
Set objShell = CreateObject("Wscript.Shell")
lngBiasKey = objShell.RegRead("HKLM\System\CurrentControlSet\Control\" _
   & "TimeZoneInformation\ActiveTimeBias")
If UCase(TypeName(lngBiasKey)) = "LONG" Then
  lngBias = lngBiasKey
ElseIf UCase(TypeName(lngBiasKey)) = "VARIANT()" Then
  lngBias = 0
  For k = 0 To UBound(lngBiasKey)
     lngBias = lngBias + (lngBiasKey(k) * 256 ^ k)
  Next
End If
' --- Konvertiere Zeit nach UTC
dtmAdjusted = DateAdd("n", lngBias, dtmDateValue)
' -- Anzahl der Sekunden seit 1/1/1601.
lngSeconds = DateDiff("s", #1/1/1601#, dtmAdjusted)
' Umwandlung in Zeichenkette
str64Bit = CStr(lngSeconds) & "0000000"
DateToInt8 = str64Bit
End Function
```

Nicht alle Datumsangaben in einem „user"-Objekt sind jedoch als Integer8 abgelegt. Andere Felder wie z.B.

- Eintrag erzeugt am: whenCreated
- Eintrag zuletzt geändert am: whenChanged

liegen als GeneralizedTime (eine Zeichenkette) vor.

OctetString

Für die Darstellung der Security Identifier (SID) wird im Active Directory ein sogenannter OctetString verwendet. Dafür ist kein besonderer Datentyp in ADSI notwendig: ADSI übermittelt den OctetString als ein Array von Bytes. Die zur Umwandlung in eine Kette von Hexadezimalzahlen notwendige Hilfsroutine OctetToHex() wurde bereits im allgemeinen ADSI-Kapitel beschrieben.

OctetString für SIDs

```
Set o = GetObject("LDAP://XFilesServer/cn=Fox Mulder,OU=Agents,dc=FBI,dc=net")
say OctetToHex(o.ObjectSID)
```

Listing 11.49
Auslesen der SID eines Benutzers [ADSIADS_SID.wsf]

Weitere Informationen zu SIDs erhalten Sie in Kapitel 11.7, „ADSI-Zusatzkomponenten". Weitere Informationen zu den Datentypen im Active Directory erhalten Sie in [ADS02a].

11.3.8 Vergleich zum WinNT-Provider

Viele Aufgaben im Active Directory (z.B. Löschen eines Objekts, Umbenennen eines Objekts, Auflisten der Container, Hinzufügen eines Benutzers zu einer Gruppe) sind völlig analog zu den entsprechenden Scripts mit dem WinNT-Provider – mit Ausnahme der Tatsache, dass der Verzeichnisdienstpfad anders gebildet wird. Aus Platzgründen werden diese Scripts hier nicht alle noch einmal wiederholt.

WinNT vs. LDAP

Andere Aufgaben wie das Anlegen eines Benutzerkontos und einer Gruppe sind ähnlich, es gilt aber verzeichnisdienstspezifische Besonderheiten (insbesondere Pflichtattribute) zu berücksichtigen.

Daneben gibt es aber auch einige zusätzliche Aufgaben (z.B. Verschieben eines Objekts, Verwaltung von Organisationseinheiten, Gruppenrichtlinien oder ADSI-Suchabfragen), die im WinNT-Verzeichnisdienst nicht zur Verfügung standen.

> **Hilfsroutinen**
>
> Die im allgemeinen Teil des ADSI-Kapitels beschriebenen Hilfsroutinen wie ADSI_RekList(), ADSI_DeleteThis(), ADSI_SchemaInfo() und ADSI_ADOQuery() können unter dem LDAP-Provider verwendet werden und werden in diesem Kapitel auch benutzt, um die Listings prägnant zu halten.

11.3.9 Benutzerverwaltung im Active Directory

Die Benutzerverwaltung gehört zu den wichtigsten Aufgaben in einem Active Directory. Dabei werden in diesem Unterkapitel insbesondere die Unterschiede zum WinNT-Provider hervorgehoben.

Bitte beachten Sie, dass die lokalen Benutzerkonten auf Windows 2000 Professional, Windows XP, Windows Vista sowie Windows 2000 und Windows Server 2003/2008 nicht per LDAP, sondern nur mit dem WinNT-Provider verwaltet werden können (siehe folgende Grafik).

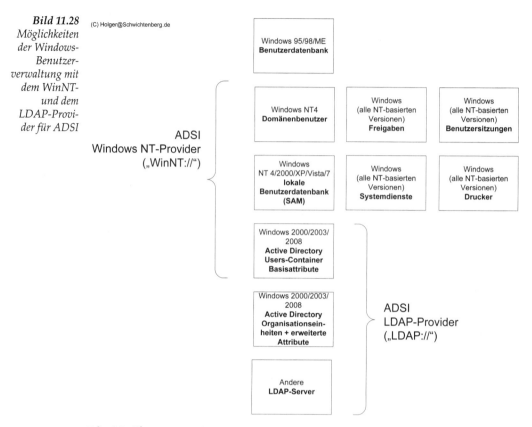

Bild 11.28 Möglichkeiten der Windows-Benutzerverwaltung mit dem WinNT- und dem LDAP-Provider für ADSI

Die AD-Klasse „user"

Ein Benutzerobjekt im Active Directory (AD-Klasse "user") besitzt zahlreiche Verzeichnisattribute. Ein Pflichtattribut, das alle Benutzerobjekte besitzen, ist SAMAccountName, das den NT3.51-/NT 4.0-kompatiblen Anmeldenamen enthält.

Die folgende Tabelle zeigt weitere Verzeichnisattribute eines Benutzerobjekts im Active Directory.

Name	Pflicht	Mehrwertig	Datentyp (Länge)
cn	Ja	Nein	DirectoryString (1–64)
nTSecurityDescriptor	Ja	Nein	ObjectSecurityDescriptor (0–132096)
objectCategory	Ja	Nein	DN
objectClass	Ja	Ja	OID
ObjectSid	Ja	Nein	OctetString (0–28)
SAMAccountName	Ja	Nein	DirectoryString (0–256)
accountExpires	Nein	Nein	INTEGER8
accountNameHistory	Nein	Ja	DirectoryString

Tabelle 11.34: Ausgewählte Attribute der Active Directory-Klasse „user"

Name	Pflicht	Mehrwertig	Datentyp (Länge)
badPwdCount	Nein	Nein	INTEGER
comment	Nein	Nein	DirectoryString
company	Nein	Nein	DirectoryString (1–64)
createTimeStamp	Nein	Nein	GeneralizedTime
department	Nein	Nein	DirectoryString (1–64)
description	Nein	Ja	DirectoryString (0–1024)
desktopProfile	Nein	Nein	DirectoryString
displayName	Nein	Nein	DirectoryString (0–256)
displayNamePrintable	Nein	Nein	PrintableString (1–256)
DistinguishedName	Nein	Nein	DN
division	Nein	Nein	DirectoryString (0–256)
employeeID	Nein	Nein	DirectoryString (0–16)
EmployeeType	Nein	Nein	DirectoryString (1–256)
expirationTime	Nein	Nein	UTCTime
FacsimileTelephoneNumber	Nein	Nein	DirectoryString (1–64)
givenName	Nein	Nein	DirectoryString (1–64)
homeDirectory	Nein	Nein	DirectoryString
HomeDrive	Nein	Nein	DirectoryString
homeMDB	Nein	Nein	DN
Initials	Nein	Nein	DirectoryString (1–6)
internationalISDNNumber	Nein	Ja	NumericString (1–16)
l	Nein	Nein	DirectoryString (1–128)
lastLogoff	Nein	Nein	INTEGER8
LastLogon	Nein	Nein	INTEGER8
logonCount	Nein	Nein	INTEGER
LogonHours	Nein	Nein	OctetString
logonWorkstation	Nein	Nein	OctetString
manager	Nein	Nein	DN
middleName	Nein	Nein	DirectoryString (0–64)
Mobile	Nein	Nein	DirectoryString (1–64)
name	Nein	Nein	DirectoryString (1–255)
objectGUID	Nein	Nein	OctetString (16–16)
ObjectVersion	Nein	Nein	INTEGER
otherFacsimileTelephoneNumber	Nein	Ja	DirectoryString (1–64)
OtherHomePhone	Nein	Ja	DirectoryString (1–64)
physicalDeliveryOfficeName	Nein	Nein	DirectoryString (1–128)
PostalAddress	Nein	Ja	DirectoryString (1–4096)

Tabelle 11.34: Ausgewählte Attribute der Active Directory-Klasse „user" (Forts.)

Name	Pflicht	Mehrwertig	Datentyp (Länge)
postalCode	Nein	Nein	DirectoryString (1–40)
PostOfficeBox	Nein	Ja	DirectoryString (1–40)
profilePath	Nein	Nein	DirectoryString
SAMAccountType	Nein	Nein	INTEGER
scriptPath	Nein	Nein	DirectoryString
street	Nein	Nein	DirectoryString (1–1024)
streetAddress	Nein	Nein	DirectoryString (1–1024)
TelephoneNumber	Nein	Nein	DirectoryString (1–64)
title	Nein	Nein	DirectoryString (1–64)
userWorkstations	Nein	Nein	DirectoryString (0–1024)
whenChanged	Nein	Nein	GeneralizedTime
whenCreated	Nein	Nein	GeneralizedTime
wWWHomePage	Nein	Nein	DirectoryString (1–2048)

Tabelle 11.34: Ausgewählte Attribute der Active Directory-Klasse „user" (Forts.)

Einige mehrwertige Eingabefelder aus den Dialogen des MMC-Snap-Ins „Active Directory Benutzer- und Computer" werden im Active Directory in mehr als einem Attribut gespeichert. Ein gutes Beispiel dafür ist die Liste der Telefonnummern. Die Haupttelefonnummer ist in dem einwertigen Attribut telephoneNumber gespeichert, während die weiteren Telefonnummern in dem mehrwertigen Attribut otherTelephone stehen. Andere Fälle dieser Art sind

- mobile/otherMobile,
- mail/otherMailbox und
- logonWorkstation/otherLoginWorkstations.

Übrigens handelt es sich bei den beiden letztgenannten Attributen nicht um Tippfehler des Buchautors (Login – Logon), sondern Inkonsistenzen im Active Directory, für die man die Verantwortlichen in Redmond suchen muss.

Herausforderung: Integer8

Integer8 Das Active Directory speichert insbesondere Datumsangaben im Integer8-Format. In dieser Form abgelegt sind zu einem Benutzerkonto z.B.:

- Ablaufdatum des Kontos: AccountExpires
- Letzte erfolgreiche Anmeldung: lastLogon
- Letzte Abmeldung: lastLogoff
- Letzter Anmeldefehler: badPasswordTime
- Letzte Kennwortänderung: pwdLastSet

Nicht alle Datumsangaben in einem "user"-Objekt sind jedoch als Integer8 abgelegt. Andere Felder wie z.B.

- Eintrag erzeugt am: whenCreated
- Eintrag zuletzt geändert am: whenChanged

liegen als GeneralizedTime (eine Zeichenkette) vor.

```
Dim u ' As IADsUser
Const PFAD_BENUTZER = "LDAP://XFilesServer/cn=Fox Mulder,OU=Agents,dc=FBI,dc=net"

Set u = GetObject(PFAD_BENUTZER)
' --- Allgemeine Angaben
say "Benutzer: " & ADSIGet(u, "DisplayName")
' schlecht: say "Beschreibung: " & u.Description
say "Beschreibung: " & ADSIGet(u, "Description")

say "NT-4-kompatibler Kontoname: " & u.Get("samAccountName")
' --- Datumsangaben
say "Konto läuft ab am: " & Int8ToDate(u.Get("AccountExpires"))
say "Zuletzt angemeldet am: " & Int8ToDate(u.Get("lastLogon"))
say "Zuletzt abgemeldet am: " & Int8ToDate(u.Get("lastLogoff"))
say "Letzter fehlerhafter Anmeldeversuch: " & Int8ToDate(u.Get("badPasswordTime"))
say "Kennwort zuletzt gesetzt am: " & Int8ToDate(u.Get("pwdLastSet"))
say "Erzeugt am: " & (u.Get("whenCreated"))
say "Zuletzt geändert am: " & (u.Get("whenChanged"))
' --- Mehrwertige Attribute
say "Telefonnummer: " & ADSIGet(u, "TelephoneNumber")
say "Weitere Telefonnummern: " & ADSIGet(u, "OtherTelephone")
say "Weitere Webadresse: " & ADSIGet(u, "Url")
```

Listing 11.50
Informationen zu einem Benutzer [ADSIADS_Benutzer-Info.wsf]

Liste der Benutzerkonten

Die Ausgabe der Benutzerliste unterscheidet sich von dem Listing aus dem Kapitel zum WinNT-Provider nur hinsichtlich des ADSI-Pfads. Beachten Sie jedoch, dass dieses Script nur die User-Objekte erfasst, die sich in einem bestimmten Container, hier im Standardcontainer Users, befinden. Unter WinNT gab es immer nur einen Container pro Domain; im Active Directory können beliebig viele Container in einer Hierarchie erzeugt werden.

Im AD gibt es natürlich zusätzliche Attribute: Das Attribut SAMAccountName ist der Benutzeranmeldename für alte NT3.51- und NT 4.0-Clients. Department und telephonenumber sind zwei der vielfältigen neuen Attribute, die das Active Directory bietet. Da beide optionale Attribute sind, sollten Sie die zuvor vorgestellte Hilfsroutine ADSIGet() verwenden.

```
Dim c ' As IADsContainer
Dim u ' As IADsUser
Set c = GetObject("LDAP://XFilesServer/cn=users,dc=FBI,dc=net")
c.Filter = Array("User")
For Each u In c
    say u.ADsPath & " : " & u.Get("SAMAccountname")
    say ADSIGet(u, "Department") & "," & ADSIGet(u, "telephonenumber")
Next
```

Listing 11.51
Benutzer in einem Container auflisten [ADSIADS_Benutzer-Liste.wsf]

Benutzerliste via ADSI-Query

Um mit einer Anweisung mehrere Container zu durchsuchen, können Sie ADSI-Queries verwenden.

Listing 11.52
Liste aller Benutzer in einem Active Directory [ADSIADS_ADOuery.wsf]

```
Dim strLDAPQuery ' As String
Dim objcon ' As ADODB.Connection
' -- ADO-Connection-Objekt erzeugen
Set objcon = CreateObject("ADODB.Connection")
' -- Verbindung zu dem OLEDB-Provider für ADSI
ConString = "Provider=ADSDSOObject"
objcon.Open ConString ', "administrator", ""
' -- Selektion aller User im ganzen Active Directory
strLDAPQuery = "<LDAP://XFilesServer/dc=FBI,dc=net>;
(objectclass=user);samaccountname,adspath;subtree"
' --- Ausführen der Abfrage
Set rs = objcon.Execute(strLDAPQuery)
' --- Ausgabe der Ergebnisse
While Not rs.EOF
    say rs("adspath") & ";" & rs("samaccountname")
    rs.MoveNext
Wend
' -- Schließen der Objekte
rs.Close
objcon.Close
```

Mit der nachfolgenden Abfragezeichenkette können Sie alle Objekte eines Active Directory auflisten:

```
strLDAPQuery = "<LDAP://XFilesServer>;;adspath;subtree"
```

LDAP-Pfad zu NT 4.0-Benutzername ermitteln

Suche nach samAccountname
Wenn zu einem Benutzer dessen NT 4.0-kompatibler Anmeldename, aber nicht der Pfad des Verzeichnisdiensteintrags bekannt ist, dann hilft nur die Suche im Active Directory mit einer ADSI-Suchanfrage über das Attribut SAMAccountName. Wichtig ist dabei, dass hier nur der Benutzername ohne den NT 4.0-kompatiblen Domänennamen anzugeben ist (also: „Fox Mulder" statt „FBI\Fox Mulder").

Listing 11.53
Liefert den LDAP-Pfad zu einem NT 4.0-kompatiblen Anmeldenamen [ADSI_ADS_LDAPPfad_von_NT 4.0 Benutzername .wsf]

```
ADSI_ADOQuery() _
"Select distinguishedName FROM 'LDAP://dc=FBI,dc=de' " _
& "where samaccountname='Fox Mulder'"
```

Eine alternative Vorgehensweise ist die Methode TranslateNT 4.0ToDN() in der Klasse DCFunctions in der *IADsTools*-Komponente (vgl. Kapitel 11.7.7, „Zusatzkomponenten/IADsTools").

Benutzer im Active Directory anlegen

Ähnlich, aber dennoch nicht identisch zu NT 4.0 ist das Anlegen eines Benutzers im Active Directory. Neben dem Verzeichnisnamen benötigt jeder AD-Benutzer als Pflichtattribut einen SAMAccountName. Da bei LDAP anders als bei NT 4.0 der Attributname Teil des RDN ist, muss dem neuen Benutzernamen in der Create()-Methode getrennt durch ein Gleichheitszeichen der Attributname vorangestellt werden, der zur Identifizierung der Instanzen dieser Klasse dient (hier: cn).

Die Hilfsroutine prüft, ob das anzulegende ADS-Objekt bereits vorhanden ist, und löscht das vorhandene Objekt, wenn der Parameter UEBERSCHREIBEN auf True gesetzt wurde.

Listing 11.54 Anlegen eines neuen Benutzers im AD [ADSI_ADS_Funktionen.vbs]

```
' ### Anlegen eines neuen Benutzers im Active Directory
Function ADSIADS_BenutzerAnlegen(CONTAINER, BENUTZER, KENNWORT, UEBERSCHREIBEN)
' CONTAINER As String
' un As String
Dim c ' As IADsContainer
Dim u ' As IADsUser
Dim RDN ' as string
Const CLASSNAME = "User"
' --- Vorarbeiten
say "Anlegen des Benutzers " & BENUTZER & " in " & CONTAINER
RDN = "cn=" & BENUTZER
' --- Prüfung, ob Objekt schon vorhanden
Set ADSIADS_BenutzerAnlegen = ADSI_GetChild(CONTAINER, CLASSNAME, RDN)
If Not ADSIADS_BenutzerAnlegen Is Nothing Then
    say "Objekt ist bereits vorhanden!"
    If UEBERSCHREIBEN Then
        ADSI_DeleteThis ADSIADS_BenutzerAnlegen.ADsPath
    Else
        Exit Function
    End If
End If
' --- Bindung an Container
Set c = GetObject(CONTAINER)
' --- Erzeugung des neuen Benutzers
Set u = c.Create("user", RDN)
' --- Attribute setzen
u.Put "samAccountName", CStr(BENUTZER)
u.SetInfo
' --- Kennwort setzen
say "Benutzer wurde angelegt: " & u.ADsPath
u.SetPassword KENNWORT
say "Benutzerkennwort wurde gesetzt!"
' --- Jetzt erst: Konto aktivieren
u.AccountDisabled = False
u.SetInfo
' --- Neues Benutzerobjekt zurückgeben
Set ADSIADS_BenutzerAnlegen = u
End Function
```

Bitte beachten Sie, dass zur Umgehung von Datentypproblemen bei Put() die übergebenen Werte mit Typkonvertierungsfunktionen „behandelt" werden müssen (vgl. Ausführungen in Kapitel 8, „Visual Basic").

Der Container ist natürlich in LDAP-Form zu spezifizieren. Ein Aufruf der Routine könnte folgendermaßen aussehen:

```
Const CONTAINER = "LDAP://XFilesServer/ou=Agents,dc=FBI,dc=net"
Dim u
Set u = ADSIADS_BenutzerAnlegen(CONTAINER, "John Doggett", "SehrGeheim123", True)
say "Benutzer ist angelegt: " & u.cn
Set u = ADSIADS_BenutzerAnlegen(CONTAINER, "Dana Scully", "NochGeheimer123", True)
say "Benutzer ist angelegt: " & u.cn
```

Listing 11.55 Legt zwei Benutzerkonten mithilfe von ADSIADS_BenutzerAnlegen() an. [ADSIADS_BenutzerAnlegen_Testen.wsf]

Das Script legt zwei bekannte FBI-Agenten in der Organisationseinheit „Agents" an. Bitte passen Sie die LDAP-Pfade am Beginn des Scripts entsprechend Ihrer Umgebung an.

```
Anlegen des Benutzers John Doggett in LDAP://XFilesServer/ou=Agents,dc=FBI,dc=net
Objekt ist bereits vorhanden!
Gelöscht: LDAP://XFilesServer/cn=John Doggett,ou=Agents,dc=FBI,dc=net
Benutzer wurde angelegt: LDAP://XFilesServer/cn=John Doggett,ou=Agents,dc=FBI,dc=net
Benutzerkennwort wurde gesetzt!
Benutzer ist angelegt: John Doggett
Anlegen des Benutzers Dana Scully in LDAP://XFilesServer/ou=Agents,dc=FBI,dc=net
Objekt ist bereits vorhanden!
Gelöscht: LDAP://XFilesServer/cn=Dana Scully,ou=Agents,dc=FBI,dc=net
Benutzer wurde angelegt: LDAP://XFilesServer/cn=Dana Scully,ou=Agents,dc=FBI,dc=net
Benutzerkennwort wurde gesetzt!
Benutzer ist angelegt: Dana Scully
```

Verschieben oder Umbenennen eines Benutzerkontos

MoveHere() — Anders als unter Windows NT 4.0 kann im Active Directory jedes Objekt nachträglich in einen anderen (geeigneten) Container verschoben werden. Dies soll hier am Beispiel eines Benutzerkontos gezeigt werden. Zum Verschieben kann MoveHere() eingesetzt werden, wobei die Methode auf dem Zielcontainer anzuwenden ist und als ersten Parameter den LDAP-Pfad des zu verschiebenden Objekts und als zweiten Parameter den neuen relativen Namen (RDN) des zu verschiebenden Objekts erwartet. Beim reinen Verschieben bleibt der Name gleich; durch MoveHere() kann man aber auch ein Objekt umbenennen. In diesem Fall ist der Zielcontainer gleich dem aktuellen Container, der zweite Parameter gibt jedoch den neuen Verzeichnisnamen an.

In dem folgenden Script wird „Walter Skinner" vom Agenten zum Assistenzdirektor befördert.

Listing 11.56 Verschieben eines Benutzerkontos [ADSIADS_KontoVerschieben.wsf]

```
Const ZIELCONTAINER = "LDAP://XFilesServer/ou=Assistant
Directors,ou=Directors,dc=FBI,dc=net"
Const QUELLOBJEKT = "LDAP://XFilesServer/cn=Walter Skinner,ou=Agents,dc=FBI,dc=net"
Const ZIELNAME = "cn=Walter Skinner"
Dim objContainer ' As IADsContainer
Set objContainer = GetObject(ZIELCONTAINER)
objContainer.MoveHere QUELLOBJEKT, ZIELNAME
say "Benutzer " & QUELLOBJEKT & " verschoben in " & ZIELCONTAINER
```

Hinweis — Bitte bedenken Sie, dass nicht jeder Container jede Art von Objekt enthalten kann. Es gibt im Schema Beschränkungen für die möglichen Unterobjekte (vgl. Attribut mayContain eines Eintrags vom Typ classSchema).

Das zweite Beispiel für die Anwendung von MoveHere() benennt den „Smoking Man" in „The Cigarette Smoking Man" um.

Listing 11.57 Umbenennen eines Benutzerkontos [ADSIADS_BenutzerUmbenennen.wsf]

```
Const ZIELCONTAINER = "LDAP://XFilesServer/ou=Conspirators,dc=FBI,dc=net"
Const QUELLOBJEKT = "LDAP://XFilesServer/cn=Smoking
Man,ou=Conspirators,dc=FBI,dc=net"
Const ZIELNAME = "cn=The Cigarette Smoking Man"
Dim objContainer ' As IADsContainer
Set objContainer = GetObject(ZIELCONTAINER)
objContainer.MoveHere QUELLOBJEKT, ZIELNAME
say "Benutzer " & QUELLOBJEKT & " umbenannt in " & ZIELNAME
```

Kopieren eines Benutzerkontos

CopyHere() — Das Duplizieren von Objekten mit CopyHere() ist im Active Directory weder unter Windows 2000 noch unter Windows Server 2003 möglich. Es bleibt nur die Variante, ein neues Objekt anzulegen und die einzelnen Eigenschaften mühsam von einem zum anderen Objekt zu kopieren.

Active Directory-Administration mit ADSI

Kontoeigenschaften

Die Einstellungen, die man in der MMC-Konsole *Active Directory-Benutzer und -Computer* auf der Registerkarte *Konto* im Bereich *Kontooptionen* findet, sind per Script zum Teil nicht so einfach festzulegen. Die folgenden Scripts zeigen, wie man die wichtigsten Einstellungen vornimmt.

Ablaufdatum

Das Ablaufdatum wird durch Schreiben eines Datums in Form einer amerikanischen Datumsangabe (*MM/DD/YYYY*) in das Attribut AccountExpirationDate gesetzt. Dabei bedeutet das Datum "1/1/1970", dass das Benutzerkonto niemals ablaufen soll.

```
Dim objUser ' As IADsUser
Set objUser = GetObject("LDAP://XFilesServer/cn=Fox Mulder,ou=Agents,dc=FBI,dc=net")
objUser.AccountExpirationDate = "01/01/2004" ' 1.1.1970 = kein Ablauf
objUser.SetInfo
say "Ablaufdatum wurde gesetzt!"
```

Listing 11.58: Festlegung der Kontoeigenschaft: Ablaufdatum festlegen [ADSIADS_Benutzer-Konto-ablaufdatum.wsf]

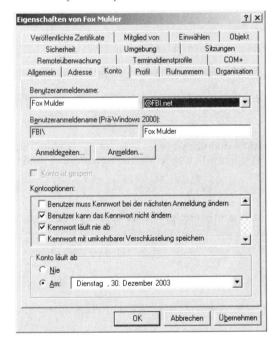

Bild 11.29
Kontoeigenschaften im Active Directory des Windows Servers 2003

Kontooptionen

Das Attribut userAccountControl erlaubt zahlreiche Einstellungen über Flags. Der Begriff „Flag" bedeutet, dass verschiedene Ja-/Nein-Eigenschaften über die Anordnung der Bits gesetzt werden. Wenn Sie mehrere Eigenschaften gleichzeitig setzen wollen, müssen Sie die verschiedenen Flag-Werte bzw. den bestehenden Wert des Attributs userAccountControl mit OR verknüpfen.

User Account Control

445

Kapitel 11 Verzeichnisdienste

Listing 11.59
Auszug aus
*[ADSI_ADS_*
Funktionen
.vbs]

```
' *** Constant Definitions for: ADS_USER_FLAG
CONST ADS_UF_SCRIPT = 1
CONST ADS_UF_ACCOUNTDISABLE = 2
CONST ADS_UF_HOMEDIR_REQUIRED = 8
CONST ADS_UF_LOCKOUT = 16
CONST ADS_UF_PASSWD_NOTREQD = 32
CONST ADS_UF_PASSWD_CANT_CHANGE = 64
CONST ADS_UF_ENCRYPTED_TEXT_PASSWORD_ALLOWED = 128
CONST ADS_UF_TEMP_DUPLICATE_ACCOUNT = 256
CONST ADS_UF_NORMAL_ACCOUNT = 512
CONST ADS_UF_INTERDOMAIN_TRUST_ACCOUNT = 2048
CONST ADS_UF_WORKSTATION_TRUST_ACCOUNT = 4096
CONST ADS_UF_SERVER_TRUST_ACCOUNT = 8192
CONST ADS_UF_DONT_EXPIRE_PASSWD = 65536
CONST ADS_UF_MNS_LOGON_ACCOUNT = 131072
CONST ADS_UF_SMARTCARD_REQUIRED = 262144
CONST ADS_UF_TRUSTED_FOR_DELEGATION = 524288
CONST ADS_UF_NOT_DELEGATED = 1048576
CONST ADS_UF_USE_DES_KEY_ONLY = 2097152
CONST ADS_UF_DONT_REQUIRE_PREAUTH = 4194304
CONST ADS_UF_PASSWORD_EXPIRED = 8388608
```

Listing 11.60
Setzen verschiedener Kontoeigenschaften [ADSIADS_ BenutzerSonstigeEigenschaften.wsf]

```
Dim objUser ' As IADsUser
Set objUser = GetObject("LDAP://XFilesServer/cn=Fox Mulder,ou=Agents,dc=FBI,dc=net")
' -- Anmeldung nur per SmartCard
objUser.userAccountControl = objUser.userAccountControl Or ADS_UF_SMARTCARD_REQUIRED
' -- Kennwort läuft nie ab
objUser.userAccountControl = objUser.userAccountControl Or ADS_UF_DONT_EXPIRE_PASSWD
objUser.SetInfo
say "Eigenschaften geändert!"
```

Leider funktionieren einige dieser in ADSI definierten Flags (z.B. ADS_UF_PASSWD_CANT_CHANGE) beim Active Directory nicht, weil das AD eigene Mechanismen dafür implementiert.

Entsperren eines Benutzerkontos

IsAccountLocked

Die Entsperrung eines gesperrten Benutzerkontos erfolgt über IsAccountLocked.

```
Dim objUser ' As IADsUser
Set objUser = GetObject("LDAP://XFilesServer/cn=Fox Mulder,ou=Agents,dc=FBI,dc=net")
objUser.IsAccountLocked = False
objUser.SetInfo
say "Kennwort wurde entsperrt!"
```

Listing 11.61: Entsperren eines gesperrten Benutzerkontos [ADSIADS_BenutzerEntsperren.wsf]

Kennwortänderung erzwingen

pwdLastSet

Die Änderung des Kennworts bei der nächsten Anmeldung erzwingt man mit einer 0 im Attribut pwdLastSet.

```
Dim objUser ' As IADsUser
Set objUser = GetObject("LDAP://XFilesServer/cn=Fox Mulder,ou=Agents,dc=FBI,dc=net")
objUser.Put "pwdLastSet", 0
objUser.SetInfo
say "Kennwortänderung wird erzwungen!"
```

Listing 11.62: Festlegung der Kontoeigenschaft: Kennwortänderung erzwingen [ADSIADS_ BenutzerKennwortaenderungErzwingen.wsf]

Kennwortänderung verbieten

Unglaublich kompliziert ist es, das Häkchen „Benutzer kann das Kennwort nicht ändern" zu setzen. Dazu ist es notwendig, die Access Control List (ACL) des Benutzerobjekts zu ändern. Die Arbeit mit Access Control Lists wird zwar erst in Kapitel 11.7.5, „Zusatzkomponenten/Zugriff auf Sicherheitseinstellungen", beschrieben, das entsprechende Script soll aber dennoch hier abgedruckt werden, um die Ausführungen über Kontoeigenschaften zu vervollständigen.

ACL verändern

```
Dim objUser, objSD, objDACL, objTrustee, objACE
Const ADS_ACETYPE_ACCESS_DENIED_OBJECT = &H6
Const ADS_ACEFLAG_OBJECT_TYPE_PRESENT = &H1
Const CHANGE_PASSWORD_GUID = "{ab721a53-1e2f-11d0-9819-00aa0040529b}"
Const ADS_RIGHT_DS_CONTROL_ACCESS = &H100
' --- Zugriff auf Benutzer
Set objUser = GetObject("LDAP://XFilesServer/cn=Dana
Scully,ou=Agents,dc=FBI,dc=net")
' --- ACL aus SD holen
Set objSD = objUser.Get("ntSecurityDescriptor")
Set objDACL = objSD.DiscretionaryAcl
' --- für jeden Trustee eine ACE erzeugen
arrTrustees = Array("nt authority\self", "EVERYONE")
For Each strTrustee In arrTrustees
  Set objACE = CreateObject("AccessControlEntry")
  objACE.Trustee = strTrustee
  objACE.AceFlags = 0
  objACE.AceType = ADS_ACETYPE_ACCESS_DENIED_OBJECT
  objACE.Flags = ADS_ACEFLAG_OBJECT_TYPE_PRESENT
  objACE.ObjectType = CHANGE_PASSWORD_GUID
  objACE.accessmask = ADS_RIGHT_DS_CONTROL_ACCESS
  objDACL.AddAce objACE
Next
' --- ACL in SD schreiben
objSD.DiscretionaryAcl = objDACL
objUser.Put "nTSecurityDescriptor", objSD
objUser.SetInfo
say "OK"
```

*Listing 11.63
Verbietet einem Benutzer die Änderung seines Kennworts [ADSIADS_Benutzer-Kennwort-aenderungs-verbot.wsf]*

Terminaldiensteeinstellungen mit TSUserEx

Für die Einstellungen der Registerkarte *Terminaldienstprofile* zu einem Benutzerobjekt im Active Directory gelten die gleichen Ausführungen wie beim WinNT-Provider: Die Registrierung der in *TSUserEx.dll* [CD:/install/Komponenten/ADSI/ADSI Extensions for Terminal Services] implementierten ADSI-Erweiterung ist notwendig. Man kann per Programmcode sogar mehr Einstellungen setzen, als die Registerkarte „Terminaldienstprofile" des MMC-Snap-Ins „Active Directory-Benutzer und -Computer" zeigt.

TSUserEx

```
Dim objUser
Set objUser = GetObject("LDAP://XFilesServer/cn=Fox Mulder,ou=Agents,dc=FBI,dc=net")
say "Terminal Server-Einstellungen für Benutzer: " & objUser.NAME
say "Anmeldung erlaubt: " & objUser.AllowLogon
say "Terminal Services Heimatverzeichnis: " & objUser.TerminalServicesHomeDirectory
say "Terminal Services Heimatlaufwerk: " & objUser.TerminalServicesHomeDrive
say "Terminal Services Profilpfad: " & objUser.TerminalServicesProfilePath
```

Listing 11.64: Auslesen von Terminaldiensteeinstellungen für ein Benutzerkonto [ADSIADS_Benutzer_TerminalEigenschaften_Lesen.wsf]

```
Dim objUser
Set objUser = GetObject("LDAP://XFilesServer/cn=Fox Mulder,ou=Agents,dc=FBI,dc=net")
objUser.AllowLogon = 1
objUser.TerminalServicesProfilePath = "\\XFilesServer\profiles\fm"
objUser.TerminalServicesInitialProgram = "start.exe"
objUser.TerminalServicesHomeDrive = "Z:"
objUser.TerminalServicesHomeDirectory = "\\XFilesServer\daten\fm"
objUser.MaxIdleTime = 10 ' Minuten
objUser.SetInfo
say "OK"
```

Listing 11.65: *Setzen von Terminalservereinstellungen für ein Benutzerkonto [ADSIADS_Benutzer_TerminalEigenschaften_Setzen.wsf]*

Bild 11.30
Registerkarte „Terminaldienstprofile"

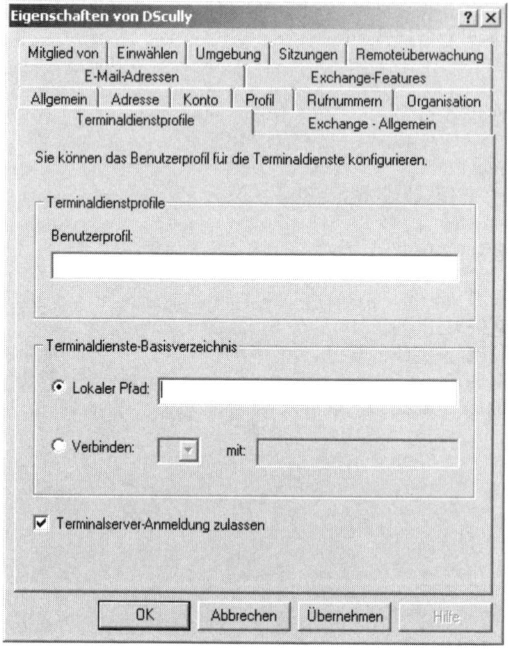

Ab Windows Server 2003 gibt es als Alternative und Zusatz zu dieser ADSI-Erweiterung einen WMI-Provider für die Windows Terminal Services.

11.3.10 Benutzerauthentifizierung

Das Anlegen von Benutzerkonten mit Kennwörtern in einem Verzeichnisdienst ist nicht Selbstzweck. Primäre Aufgabe eines Benutzerkontos ist die Authentifizierung der Benutzeranmeldung. Nun würde man erwarten, dass die Schnittstelle IADsUser eine Methode Authenticate() oder Ähnliches zur Verfügung stellen würde. Leider sucht man eine solche Methode vergebens. Das Win32-API stellt die Methode LogonUser() bereit. Aber auf die Ebene des Win32-API begibt man sich als Scriptautor nur ungern aufgrund der großen Mühen.

Mit einem kleinen Trick kann man die Authentifizierung dennoch ermöglichen: Die Methode OpenDSObject() in IADsOpenDSObject erlaubt die Impersonifizierung für ADS-Zugriff und dabei die Angabe einer Benutzername-Kennwort-Kombination (vgl. Kapitel „ADSI-Sicherheit"). Dies können Sie sich zunutze machen, um per „Try-and-Fail"-Methode einen Benutzer gegen das Active Directory zu authentifizieren. Gelingt der Aufruf von OpenDSObject() mit einer Benutzername-Kennwort-Kombination, so ist das Konto ein gültiges Konto.

Dazu wird die Methode OpenDSObject() in der Schnittstelle IADsOpenDSObject aufgerufen. Man muss im ersten Parameter ein Objekt übergeben, für das man einen Aufruf versuchen möchte. Hier verwendet man das Wurzelobjekt des Verzeichnisbaums. Der zweite und dritte Parameter sind der Benutzername (in der Form „Domäne\Benutzer") und das entsprechende Kennwort. Als vierter Parameter ist eine 1 anzugeben. Die Hilfsroutine ADS_Authentifizierung() kapselt dies in eine Funktion, die True oder False zurückliefert.

Listing 11.66 Authentifizierung eines Benutzers gegen das Active Directory [ADSI_ADS_Funktionen.vbs]

```
' ### Authentifizierung eines Benutzers gegen das Active Directory
Function ADSIADS_Authentifizierung(PFAD, NETBIOSDOMAIN, BENUTZERNAME, KENNWORT) '
As Boolean
' ByVal pfad As String, ByVal DOMAIN As String, ByVal benutzername As String, ByVal
Kennwort As String
    Dim VollstaendigerBenutzerName ' As String
    VollstaendigerBenutzerName = NETBIOSDOMAIN + "\" + BENUTZERNAME
    Dim OpenDSObject ' As IADsOpenDSObject
    Dim Eintrag ' As IADs
    Set OpenDSObject = GetObject("LDAP:")
    say "Authentifiziere " & VollstaendigerBenutzerName & "..."
    On Error Resume Next
    Set Eintrag = OpenDSObject.OpenDSObject(PFAD, VollstaendigerBenutzerName,
KENNWORT, 1)
    If Err.Number <> 0 Then
        ADS_Authentifizierung = False
        say "Anmeldung fehlgeschlagen!"
    Else
        ADS_Authentifizierung = True
        say "Anmeldung OK!"
    End If
End Function
```

Zum Test der obigen Routine dient das folgende Script. Von der Hinterlegung von Kennwörtern in Scriptquelltexten ist in produktiven Umgebungen dringend abzuraten! Auch die offene Kennworteingabe mit InputBox() ist nicht ratsam. Die verdeckte Kennworteingabe an der Kommandozeile wird in Kapitel 16, „Sicherheitskomponenten", behandelt.

Listing 11.67 ADSIADS_Authentifizierung_Testen.wsf

```
' --- Anmeldung mit hardcodiertem Kennwort
say (ADSIADS_Authentifizierung("LDAP://XFilesServer/dc=FBI,dc=net", "FBI", "Fox
Mulder", "I+Love+Dana"))
' --- Anmeldung mit erfragten Daten
Dim BENUTZER, KENNWORT ' As String
BENUTZER = InputBox("Ihr Benutzername?")
KENNWORT = InputBox("Ihr Kennwort?")
say (ADSIADS_Authentifizierung("LDAP://XFilesServer/dc=FBI,dc=net", "FBI", BENUTZER,
KENNWORT))
```

11.3.11 Benutzer suchen

Dieses Kapitel zeigt Ihnen einige interessante LDAP-Abfragen, die zum Teil über die Benutzerschnittstelle nicht möglich sind.

Das erste Beispiel sucht nach deaktivierten Benutzerkonten. Die Herausforderung besteht darin, dass diese Information in einem einzelnen Bit in `userAccountControl` abgelegt ist. Ein Vergleich auf einen bestimmten Wert nur mit dem Gleichheitszeichen würde nicht zum Ziel führen. Notwendig ist ein bitweises UND. Leider wird dies in LDAP kompliziert durch die Angabe „1.2.840.113556.1.4.803" ausgedrückt. Ein bitweises ODER wäre der Wert „1.2.840.113556.1.4.804".

Listing 11.68 Auflisten aller deaktivierten Benutzerkonten [ADSI_LDAPQuery_Deaktivierte-Konto.wsf]
```
ADSI_ADOQuery "<LDAP://XFilesServer/
dc=FBI,dc=net>;(&(objectCategory=person)(objectClass=user)(userAccountControl:1.2.84
0.113556.1.4.803:=2));cn,givenname,sn,samaccountname,adspath;subtree"
```

Weitere Beispiele für die Suche im Active Directory Die folgende Auflistung zeigt weitere Suchanfragen nach Benutzerkonten.

▶ Alle Benutzer, deren Name mit h beginnt:

```
(&(objectCategory=person)(objectClass=user)(name=h*))
```

▶ Alle Benutzer, für die es keine Beschreibung gibt:

```
(&(objectCategory=computer)(!description=*))
```

▶ Alle Benutzer, bei denen „Kennwort läuft nie ab" gesetzt ist:

```
(&(objectCategory=person)(objectClass=user)
(userAccountControl:1.2.840.113556.1.4.803:=65536))
```

▶ Alle Benutzer, die nach dem 10.11.2004 angelegt wurden:

```
(&(objectCategory=person)(objectClass=user)
(whenCreated>=20041110000000.0Z))
```

Für die Suche nach Benutzerkonten, die sich in einem bestimmten Zeitraum im Netzwerk angemeldet oder nicht angemeldet haben, muss man das Attribut `lastLogon` verwenden, das ein INTEGER8-Wert ist. Hier ist die vorherige Konvertierung des Datums mit der Hilfsroutine `DateToInt8()` notwendig.

Listing 11.69 Alle Benutzer, die sich in einem bestimmten Zeitraum (nicht) angemeldet haben [ADSI_LDAPQuery_Anmeldezeitraum.wsf]
```
t = 30  ' Tage
h = 24 * t ' Stunden
d = DateAdd("h", -h, Now())
i = DateToInt8(d)

say "= Alle Benutzer, die sich in den letzten h Tagen nicht angemeldet haben"
ADSI_ADOQuery "<LDAP://XFilesServer/dc=FBI,dc=net>;" & _
"(&(objectCategory=person)(objectClass=user)(lastLogon<=" & i & _
"));cn,givenname,sn,samaccountname,adspath;subtree"

say "= Alle Benutzer, die sich in den letzten h Stunden angemeldet haben"
ADSI_ADOQuery "<LDAP://XFilesServer/dc=FBI,dc=net>;" & _
"(&(objectCategory=person)(objectClass=user)(lastLogon>=" & i & _
"));cn,givenname,sn,samaccountname,adspath;subtree"
```

Suche in öffentlichen LDAP-Servern Das letzte Beispiel zeigt, dass auch Suchanfragen an öffentliche LDAP-Server gerichtet werden können. Hier werden Personen im Verzeichnis „x500.bund.de" gesucht, deren Name mit „Schm" beginnt.

```
ADSI_ADOQuery "<LDAP://x500.bund.de:389>;(sn=schm*);mail,sn;subtree"
```

Listing 11.70: Abfrage an öffentlichen LDAP-Server [ADSI_LDAPQuery_PublicLDAP.wsf]

11.3.12 Gruppenverwaltung im Active Directory

Das Active Directory kennt verschiedene Arten von Gruppen. Einerseits wird zwischen

- Sicherheitsgruppen (Security Groups) und
- Verteilergruppen (Distribution Groups)

unterschieden.

Nur Sicherheitsgruppen können Rechte auf Systemressourcen wie Dateien, Freigaben und Schlüssel in der Registrierungsdatenbank erhalten.

Andererseits wird nach dem Gültigkeitsbereich unterschieden:

- Lokal
- Global
- Universal

Für die Gruppentypen gibt es in ADSI Konstanten. Der Wert `ADS_GROUP_TYPE_SECURITY_ENABLED` kann mit anderen Werten bitweise verknüpft werden (OR-Operator).

```
' *** Constant Definitions for: ADS_GROUP_TYPE_ENUM
Const ADS_GROUP_TYPE_GLOBAL_GROUP = 2
Const ADS_GROUP_TYPE_DOMAIN_LOCAL_GROUP = 4
Const ADS_GROUP_TYPE_LOCAL_GROUP = 4
Const ADS_GROUP_TYPE_UNIVERSAL_GROUP = 8
Const ADS_GROUP_TYPE_SECURITY_ENABLED = -2147483648
```

Beispiele:

- 4 ist eine lokale Verteilergruppe.
- -2147483644 (entspricht 4 or -2147483648) ist eine lokale Sicherheitsgruppe.

Gruppen anlegen

Das Anlegen einer Gruppe ist fast analog zum Anlegen eines Benutzerkontos. Unterschiede sind:

- Die zu erzeugende Active Directory-Klasse ist `group` statt `user`.
- Es darf kein Kennwort vergeben werden.
- Es muss der Gruppentyp festgelegt werden. (Wenn das Attribut `GroupType` nicht gesetzt wird, ist der Standardwert -2147483646, was einer globalen Sicherheitsgruppe entspricht.)

Listing 11.71 Ausschnitt aus [ADSI_ADS_Funktionen.vbs]

```
' ### Anlegen einer neuen Gruppe im Active Directory
Function ADSIADS_GruppeAnlegen(CONTAINER, GRUPPENNAME, GRUPPENTYP, SICHERHEIT, UEBERSCHREIBEN)
' CONTAINER As String
' un As String
Dim c ' As IADsContainer
Dim g ' As IADsGroup

Dim RDN ' as string
Const CLASSNAME = "Group"
' --- Vorarbeiten
say "Anlegen der Gruppe " & GRUPPENNAME & " in " & CONTAINER
RDN = "cn=" & GRUPPENNAME

' --- Prüfung, ob Objekt schon vorhanden
Set ADSIADS_GruppeAnlegen = ADSI_GetChild(CONTAINER, CLASSNAME, RDN)
If Not ADSIADS_GruppeAnlegen Is Nothing Then
    say "Objekt ist bereits vorhanden!"
    If UEBERSCHREIBEN Then
        ADSI_DeleteThis ADSIADS_GruppeAnlegen.ADsPath
```

Kapitel 11 **Verzeichnisdienste**

```
            Else
                Exit Function
            End If
    End If

    ' --- Bindung an Container
    Set c = GetObject(CONTAINER)
    ' --- Erzeugung der Gruppe
    Set g = c.Create("group", "cn=" & GRUPPENNAME)
    ' --- Attribute setzen
    g.Put "samAccountName", CStr(GRUPPENNAME)
    If SICHERHEIT Then GRUPPENTYP = GRUPPENTYP Or ADS_GROUP_TYPE_SECURITY_ENABLED
    g.Put "grouptype", GRUPPENTYP
    ' --- Konto aktivieren
    g.SetInfo
    say "Gruppe wurde angelegt:" & Chr(13) & g.ADsPath
    Set ADSIADS_GruppeAnlegen = g
End Function
```

Beispiel   Im folgenden Script wird die obige Hilfsroutine verwendet, um eine globale Sicherheitsgruppe namens „All Agents" anzulegen.

Listing 11.72
Testet
*ADSIADS_*
CreateGroup()
*[ADSIADS_*
Neue-
Gruppe.wsf]

```
Dim g
Set g = ADSIADS_GruppeAnlegen("LDAP://XFilesServer/ou=Agents,dc=FBI,dc=net", "All
    Agents", 4, True, True)
```

Gruppenmitglieder auflisten

Über die Members-Objektmenge eines Group-Objekts können alle enthaltenen Unterobjekte aufgelistet werden. Da eine Gruppe nicht nur Benutzer, sondern auch selbst wieder Gruppen enthalten kann, muss man beim Zugriff auf die Objekte aufpassen, welchen Objekttyp man in Händen hält. Der Objekttyp kann über class ermittelt werden. Mit dem folgenden Script werden alle Sicherheitskonten aufgelistet, die zu einer Gruppe gehören.

Listing 11.73
Sicherheitskonten auflisten,
die zu einer
Gruppe gehören
*[ADSIADS_*
Gruppen-
zusammen-
setzung.wsf]

```
Dim obj ' as ActiveDs.IADs
' --- Zugriff auf Group-Objekt
Const LDAP = "LDAP://XFilesServer/cn=All Agents,ou=Agents,dc=FBI,dc=de"
Set oGroup = GetObject(LDAP)
' --- Iteration über alle enthaltenen User
For Each obj In oGroup.Members
    say obj.name & " (" & obj.Class & ") "
Next
```

Benutzer einer Gruppe hinzufügen

Benutzer einer Gruppe hinzufügen   Das Hinzufügen von Benutzern zu einer Gruppe (mit Add()) und das Löschen aus einer Gruppe (mit Remove()) funktionieren völlig analog zum WinNT-Provider.

Das Hinzufügen eines Benutzers zu einer Gruppe geht nicht vom User-Objekt, sondern vom Group-Objekt aus. Im Group-Objekt muss die Methode Add() aufgerufen werden. Als einziger Parameter wird der vollständige ADS-Pfad des User-Objekts angegeben, das in die Gruppe aufgenommen werden soll. Wenn der Benutzer bereits Mitglied der Gruppe ist, gibt ADSI den Laufzeitfehler „Der angegebene Kontenname ist bereits ein Mitglied der Gruppe." zurück.

```
Dim g ' as IADsGroup
Set g = GetObject("LDAP://XFilesServer/cn=All Agents,ou=Agents,dc=FBI,dc=net")
g.Add "LDAP://XFilesServer/cn=Fox Mulder,ou=Agents,dc=FBI,dc=net"
g.Add "LDAP://XFilesServer/cn=Dana Scully,ou=Agents,dc=FBI,dc=net"
say "Benutzer zu Gruppe hinzugefügt!"
```

Listing 11.74: Benutzer einer Gruppe zuordnen [ADSIADS_BenutzerInGruppeAufnehmen.wsf]

Gruppe aus einer LDAP-Abfrage aufbauen

Die folgende nützliche Hilfsroutine dient zum Erzeugen einer neuen Gruppe, die sich aus der Ergebnismenge einer beliebigen LDAP-Abfrage zusammensetzt. Die Routine erwartet als Parameter eine LDAP-Abfrage, einen Container, in dem die Gruppe angelegt werden soll, und den Namen der anzulegenden Gruppe. Das Script prüft zunächst, ob die Container und die Gruppe existieren.

Gruppe erzeugen aus LDAP-Abfrage

Wenn die Gruppe schon existiert und der Parameter UEBERSCHREIBEN auf True gesetzt ist, wird sie gelöscht. Dies ist insofern sinnvoll, als man dieses Script in regelmäßigen Abständen laufen lassen kann, um sicherzustellen, dass die Gruppenzusammensetzung aktuell ist. Eventuelle manuelle Einträge gehen dabei jedoch verloren.

Danach wird die Gruppe angelegt und die LDAP-Abfrage ausgeführt. In der Schleife der Suchergebnisse muss vor dem Einfügen des Objekts in die Gruppe geprüft werden, ob das übergebene Objekt zur ADS-Klasse "user" gehört.

```
' ### Erzeugen einer Gruppe aus dem Ergebnis einer LDAP-Abfrage
Sub ADSIADS_GruppeAnlegenAusAbfrage(ABFRAGE, LDAPCONTAINER, GRUPPENNAME, 
UEBERSCHREIBEN)
Dim strLDAPQuery ' As String
Dim objCON ' As ADODB.Connection
Dim oGruppe ' As IADsGroup
Dim oOU ' As IADsOU

say ABFRAGE & " -> " & GRUPPENNAME

' --- Prüfung, ob es den Container gibt
If Not ExistsObject(LDAPCONTAINER) Then say "Container existiert nicht": Exit Sub
' --- Prüfung, ob Objekt schon vorhanden
Set oGruppe = ADSI_GetChild(LDAPCONTAINER, "Group", "cn=" & GRUPPENNAME)
If Not oGruppe Is Nothing Then
    say "Objekt ist bereits vorhanden!"
    If UEBERSCHREIBEN Then
        ADSI_DeleteThis oGruppe.ADsPath
    Else
        Exit Sub
    End If
End If

' --- Gruppe anlegen
Set oOU = GetObject(LDAPCONTAINER)
Set oGruppe = oOU.Create("group", "cn=" & GRUPPENNAME)
oGruppe.Put "sAMAccountName", GRUPPENNAME
oGruppe.SetInfo
say "Gruppe wurde angelegt: " & oGruppe.ADsPath

' --- Abfrage vorbereiten
Set objCON = CreateObject("ADODB.Connection")
Dim CONNSTRING ' as String
CONNSTRING = "Provider=ADSDSOObject"
objCON.Open CONNSTRING ', "administrator", ""
say "Ausführung der Abfrage: " & ABFRAGE

' --- Ausführen der Abfrage
Dim rs ' as Recordset
Set rs = objCON.Execute(ABFRAGE)
```

*Listing 11.75
Ausschnitt aus
[ADSI_ADS_
Funktionen
.vbs]*

Kapitel 11 Verzeichnisdienste

```
        If rs.EOF Then say "Keine Benutzer gefunden!": Exit Sub

        say "In die Gruppe wurden aufgenommen:"
        ' --- Schleife über alle Benutzer der OU
        While Not rs.EOF
            ' --- Prüfe vor der Aufnahme, ob Objekt ein Benutzer ist
            If GetObject(rs("Adspath")).Class <> "user" Then
                say "Objekt " & rs("Adspath") & " ist kein Benutzer und kann daher nicht in
die Gruppe aufgenommen werden!"
            Else
                oGruppe.Add rs("ADsPath")
                say "Objekt in Gruppe aufgenommen: " & rs("ADsPath")
            End If
            rs.MoveNext
        Wend
        ' --- Schließen der Abfrage-Objekte
        rs.Close
        objCON.Close
End Sub
```

Erzeugen einer Gruppe aus den Personen in einer OU

Von OU zu Gruppe

Das folgende Beispiel zur Anwendung der Routine ADSIADS_GruppeAnlegenAusAbfrage() erzeugt eine Gruppe aus allen Benutzerkonten, die in einer bestimmten Organisationseinheit existieren. Dies ist sinnvoll, weil Organisationseinheiten ja keine Sicherheitsprinzipale sind und daher keine Rechte an Organisationseinheiten gebunden werden können.

Listing 11.76
*[ADSIADS_*
GruppeAnlegen
AusOUMit-
glieder.wsf]

```
Dim LDAPOU, LDAPGROUP, ABFRAGE
LDAPOU = "LDAP://XFilesServer/ou=Agents,dc=FBI,dc=net"
LDAPCONTAINER = "LDAP://XFilesServer/ou=Agents,dc=FBI,dc=net"
ABFRAGE = "<" & LDAPOU & ">;(objectclass=user);adspath;subtree"
If Not ExistsObject(LDAPOU) Then
    say "Fehler: OU existiert nicht!": Exit Sub

Else
    ADSIADS_GruppeAnlegenAusAbfrage ABFRAGE, LDAPCONTAINER, "Alle Agenten", True
End If
```

Das folgende Listing zeigt die Ausgabe des obigen Scripts:

Listing 11.77
Ausgabe des
Scripts
*ADSIADS_*
GruppeAnlegen
AusOUMit-
glieder.wsf

```
ADSIADS_GruppeAnlegenAusOUMitglieder
<LDAP://XFilesServer/
ou=Agents,dc=FBI,dc=net>;(objectclass=user);adspath,objectClass;subtree -> Alle
Agenten
Objekt ist bereits vorhanden!
Gelöscht: LDAP://XFilesServer/cn=Alle Agenten,ou=Agents,dc=FBI,dc=net
Gruppe wurde angelegt: LDAP://XFilesServer/cn=Alle Agenten,ou=Agents,dc=FBI,dc=net
Ausführung der Abfrage: <LDAP://XFilesServer/
ou=Agents,dc=FBI,dc=net>;(objectclass=user);adspath,objectClass;subtree
In die Gruppe wurden aufgenommen:
Objekt in Gruppe aufgenommen: LDAP://XFilesServer/cn=John
Doggett,OU=Agents,dc=FBI,dc=net
Objekt in Gruppe aufgenommen: LDAP://XFilesServer/cn=Dana
Scully,OU=Agents,dc=FBI,dc=net
Objekt in Gruppe aufgenommen: LDAP://XFilesServer/cn=Fox
```

Mulder,OU=Agents,dc=FBI,dc=net
Objekt in Gruppe aufgenommen: LDAP://XFilesServer/cn=Monica
Reyes,OU=Agents,dc=FBI,dc=net

11.3.13 Verwaltung der Organisationseinheiten im Active Directory

Eine hervorstechende Eigenschaft des Active Directory ist es, beliebige Organisationsstrukturen in Form von Verzeichnis-Containern nachzubilden. Ein solcher Container heißt im AD Organisationseinheit (OrganizationalUnit).

OU-Verwaltung

Eine Organisationseinheit ist kein Sicherheitsprinzipal, d.h., es können keine Rechte auf Ressourcen an Organisationseinheiten zugewiesen werden. Sicherheitsprinzipale sind nur Benutzer und Gruppen. Organisationseinheiten dienen lediglich der Gruppierung von Benutzern und Gruppen.

Anlegen von Organisationseinheiten

Beachten Sie beim Anlegen von Organisationseinheiten im Vergleich zum Anlegen von Benutzern den anderen Klassennamen (organizationalUnit) im ersten Parameter und den anderen Attributnamen (OU) im zweiten Parameter bei Create(). Mit Locality wird ein Verzeichnisattribut gesetzt, das in der Schnittstelle IADsOU definiert ist, während ManagedBy verzeichnisdienstspezifisch ist. ManagedBy erwartet den Distinguished Name eines Benutzers oder einer Gruppe.

In dem folgenden Script werden direkt drei Organisationseinheiten (für die verschiedenen Typen von FBI-Direktoren) angelegt. Die Namen sind in einem Array gespeichert. Alle weiteren Attribute werden für alle anzulegenden Organisationseinheiten gleichgesetzt.

```
Dim OUListe ' Array der anzulegenden OUs
Dim objCON ' As IADsContainer
Dim objOU ' As IADsOU
Const CONTAINER = "LDAP://XFilesServer/ou=directors,dc=FBI,dc=net"
Const MANAGER = "cn=Administrator,cn=users,dc=FBI,dc=net"
OUListe = Array("Assistant Directors", "Deputy Directors", "Senior Directors")
' --- Bindung an Container
Set objCON = GetObject(CONTAINER)
For Each OU In OUListe
    ' --- Erzeugung der neuen OU
    Set objOU = objCON.Create("organizationalunit", "ou=" & OU)
    ' --- Attribute setzen
    objOU.LocalityName = "Washington D.C."
    objOU.Description = "Organizational Unit of the FBI"
    objOU.Put "ManagedBy", MANAGER
    objOU.SetInfo
    say "OU wurde angelegt:" & Chr(13) & objOU.ADsPath
Next
```

Listing 11.78
Anlegen von Organisationseinheiten im Active Directory [ADSIADS_OUMehrereAnlegen.wsf]

Eine allgemeine Hilfsroutine zum Anlegen von Organisationseinheiten im Stil der bereits vorgestellten Hilfsroutinen zum Anlegen von Benutzern und Gruppen zeigt das folgende Listing.

Listing 11.79
Ausschnitt aus [ADSI_ADS_Funktionen .vbs]

```
' ### Anlegen einer neuen Organisationseinheit im Active Directory (NEU)
Function ADSIADS_OUAnlegen(CONTAINER, OU)
    Dim OUListe ' Array der anzulegenden OUs
    Dim objCON  As IADsContainer
    Dim objOU   ' As IADsOU
    Dim rdnOU
    Const CLASSNAME = "organizationalunit"
    ' --- Vorarbeiten
    say "Anlegen der OU " & OU & " in " & CONTAINER
    rdnOU = "ou=" & OU
    ' --- Prüfung, ob Objekt schon vorhanden
    If ADSI_HasChild(CONTAINER, CLASSNAME, rdnOU) Then
        say "Objekt ist bereits vorhanden!"
        Set ADSIADS_OUAnlegen = objCON.GetObject(CLASSNAME, rdnOU)
        Exit Function
    End If
    ' --- Bindung an Container
    Set objCON = GetObject(CONTAINER)
    ' --- Erzeugung der neuen OU
    Set objOU = objCON.Create(CLASSNAME, rdnOU)
    ' --- Attribute setzen
    objOU.SetInfo
    trace "OU wurde angelegt:" & Chr(13) & objOU.ADsPath
    ' --- Rückgabewert
    Set ADSIADS_OUAnlegen = objOU
End Function
```

Organisationseinheiten anlegen gemäß einer XML-Datei

In den Fallbeispielen finden Sie ein Script, das eine Organisationsstruktur gemäß den Vorgaben einer XML-Datei anlegt.

11.3.14 Computerverwaltung im Active Directory

Computerverwaltung

Dieses Unterkapitel enthält einige Beispiele zur Verwaltung von Computerkonten im Active Directory.

Liste der Domänen-Controller

Mit einer Suchanfrage können die LDAP-Pfade aller Domänen-Controller einer Active Directory-Domäne ermittelt werden.

Listing 11.80
Liefert eine Liste aller Domänen-Controller einer ADS-Domäne [ADSI_ADS_DomainControlerListe.wsf]

```
ADSI_ADOQuery "Select distinguishedName FROM 'LDAP://cn=Configuration,dc=FBI,dc=de where objectClass='nTDSDSA'"
```

Computerkonto anlegen

Das Anlegen eines Computerkontos im Active Directory ist dem Anlegen eines Benutzers sehr ähnlich. Dies ist auch nicht verwunderlich, wenn man weiß, dass die Active Directory-Klasse "computer" von der Klasse "user" abgeleitet ist. Die Vererbungshierarchie im Active Directory lautet:

```
top->person->organizationalPerson->user->Computer
```

Ein Computerkonto muss ebenso wie ein Benutzerkonto nach dem Anlegen aktiviert werden. Man muss aber kein Kennwort zuweisen.

```
' ### Anlegen eines neuen Computerkontos im Active Directory
Function ADSIADS_ComputerAnlegen(CONTAINER, computername)
' CONTAINER As String
' un As String
Dim con ' As IADsContainer
Dim c ' As IADsComputer
' --- Bindung an Container
Set con = GetObject(CONTAINER)
' --- Erzeugung des neuen Computerkontos
Set c = con.Create("computer", "cn=" & computername)
' --- Attribute setzen
c.Put "samAccountName", CStr(computername)
c.SetInfo
' --- Konto aktivieren
c.AccountDisabled = False
c.SetInfo
say "Computerkonto wurde angelegt:" & Chr(13) & c.ADsPath
Set ADSIADS_ComputerAnlegen = c
End Function
```

Listing 11.81
Ausschnitt aus [ADSI_ADS_Funktionen.vbs]

In der folgenden Routine wird im Container „Computers" ein neues Computerkonto mit dem Namen „XFilesBackupServer" angelegt. Falls dieses Computerkonto schon vorhanden ist, wird es vorher mit ADSI_DeleteThis() gelöscht.

```
Const CONTAINER = "LDAP://XFilesServer/cn=Computers,dc=FBI,dc=net"
Const PFAD = "LDAP://XFilesServer/cn=XFilesBackupServer,cn=Computers,dc=FBI,dc=net"
Dim c
ADSI_DeleteThis PFAD
Set c = ADSIADS_ComputerAnlegen(CONTAINER, "XFilesBackupServer")
say "Computerkonto ist angelegt: " & c.cn
```

Listing 11.82
Legt ein Computerkonto an [ADSIADS_Computer-Anlegen_Testen.wsf]

(De-)Aktivieren eines Computerkontos

Das Script (de-)aktiviert ein Computerkonto in einer Domäne. AccountDisabled = True bedeutet, dass das Konto deaktiviert wird. Das Gegenteil wird mit False bewirkt.

Account Disabled

```
Set l = GetObject("LDAP://cn=Workstation10,cn=computers,dc=FBI,dc=de")
l.AccountDisabled = True  ' False = aktiviert
l.SetInfo
say "Computerkonto ist deaktiviert!"
```

Listing 11.83: Deaktivieren eines Computerkontos in der Domäne [ADSIADS_ComputerDeaktivieren.wsf]

Ermittlung der FSMO-Rollen

Dieses Script ermittelt, welche Domänen-Controller im Active Directory die einzelnen Flexible Single Master Operations-(FSMO-)Rollen wahrnehmen.

FSMO

Kapitel 11 Verzeichnisdienste

Listing 11.84
Ermittlung der Domänen-Controller mit FSMO-Rollen [ADSIADS_Computer-rollen.wsf]

```
say "FSMO Rollen:"
Set objRootDSE = GetObject("LDAP://rootDSE")

' Schema Master
Set objSchema = GetObject("LDAP://" & objRootDSE.Get("schemaNamingContext"))
strSchemaMaster = objSchema.Get("fSMORoleOwner")
say "Forest Schema Master: " & strSchemaMaster

' Domain Naming Master
Set objPartitions = GetObject("LDAP://cn=Partitions," & _
                        objRootDSE.Get("configurationNamingContext"))
strDomainNamingMaster = objPartitions.Get("fSMORoleOwner")
say "Forest Domain Naming Master:" & strDomainNamingMaster

' PDC Emulator
Set objDomain = GetObject("LDAP://" & objRootDSE.Get("defaultNamingContext"))
strPdcEmulator = objDomain.Get("fSMORoleOwner")
say "Domain PDC Emulator: " & strPdcEmulator

' RID Master
Set objRidManager = GetObject("LDAP://cn=RID Manager$,cn=System," & _
        objRootDSE.Get("defaultNamingContext"))
strRidMaster = objRidManager.Get("fSMORoleOwner")
say "Domain RID Master: " & strRidMaster

' Infrastructure Master
Set objInfrastructure = GetObject("LDAP://cn=Infrastructure," & _
        objRootDSE.Get("defaultNamingContext"))
strInfrastructureMaster = objInfrastructure.Get("fSMORoleOwner")
say "Domain Infrastructure Master: " & strInfrastructureMaster
```

11.3.15 Gruppenrichtlinienverwaltung

GPO

Das Scripting von Active Directory-Gruppenrichtlinien ist mit ADSI nicht möglich, da die Gruppenrichtlinien selbst nicht im Active Directory gespeichert werden. Seit dem Jahr 2003 bietet Microsoft dafür eine Zusatzkomponente mit Namen *Group Policy Objects (GPO)*, die in Kapitel 11.8 beschrieben wird.

11.3.16 Schemazugriff

Dieses Unterkapitel enthält verschiedene Scripts zum Zugriff auf das Active Directory-Schema. Eingangs wurde bereits geschildert, wie man den Pfad zum Schema des Active Directory ermittelt:

Listing 11.85
Ausgabe der Partitionen [ADSIADS_Partiti-onen.wsf]

```
Dim root ' As IADs
Set root = GetObject("LDAP://XFilesServer/RootDSE")
say "SchemaNamingContext: " & root.Get("SchemaNamingContext")
```

Das Script bringt in der Testumgebung die folgende Ausgabe hervor:

SchemaNamingContext: cn=Schema,cn=Configuration,dc=FBI,dc=net

Das folgende Script liefert eine Statistik über die Anzahl der Klassen und Attribute im Active Directory.

```
Dim c ' As IADsContainer
Dim o ' As IADs
Dim a, k
a = 0 ' Anzahl Attribute
k = 0 ' Anzahl Klassen
Set c = GetObject("LDAP://XFilesServer/cn=Schema,cn=Configuration,dc=fbi,dc=net")
For Each o In c
    If o.Class = "classSchema" Then
        k = k + 1
    ElseIf o.Class = "attributeSchema" Then
        a = a + 1
    Else
        say o.Class & o.ADsPath
    End If
Next
say "Das Schema enthält:"
say k & " Klassen"
say a & " Attribute"
```

Listing 11.86 Ermittlung der ADS-Schema-Größe [ADSIADS_Schema_Statistik.wsf]

Das Schema kann auch über folgende Kurzformen angesprochen werden:

LDAP://user, schema oder *LDAP://schema/user*: Schema der Klasse User
LDAP://schema: alle Schema-Informationen

11.4 Administration eines Exchange Servers 5.5 mit ADSI

Aus Platzgründen wurde dieses Kapitel ab der vierten Auflage entfernt. Bitte greifen Sie auf die Auflagen 1 bis 3 dieses Buchs zurück, falls Sie Skripte für einen Exchange Server Version 5.5 entwerfen wollen. Scripts zur Verwaltung eines Exchange Servers 2000/2003/2007 finden Sie im Kapitel 12.2, „WMI".

11.5 Administration des Internet Information Servers mit ADSI

Auch die Konfiguration des Internet Information Servers (IIS) ist in einem Verzeichnisdienst, der *IIS Metabase* (in der deutschen Dokumentation Metabasis genannt), abgespeichert. Es gibt einen ADSI-Provider für IIS ab Version 4.0 (implementiert in der *adsiis.dll*). Microsoft nennt die ADSI-Objekte in der Dokumentation auch *IISAdmin-Objekte*. Die im IIS Resource Kit mitgelieferten WSH-Scripts beruhen auf ADSI. Im Gegensatz zu anderen ADSI-Providern enthält die *adsiis.dll* auch eine Typbibliothek. Diese fällt jedoch sehr spärlich aus und enthält nur einige wenige Klassendefinitionen. Die Ausführungen in diesem Kapitel gelten für alle IIS-Versionen ab Version 4.0:

IIS Metabase

- IIS 4.0 (Windows NT 4.0)
- IIS 5.0 (Windows 2000)
- IIS 5.1 (Windows XP)
- IIS 6.0 (Windows Server 2003) und
- IIS 7.0 (Windows Vista, Windows Server 2008)
- IIS 7.5 (Windows 7, Windows Server 2008 R2)

Tabelle 11.35 Schnellinfo ADSI-Provider für IIS

Name und Abkürzung	IISAdmin-Objekte (ADSI-Provider für IIS)
DLL	adsiis.dll
Komponentenname	IISOle
ProgID	Keine. Die Klassen sind nur über ADSI-Moniker nutzbar.
Helpstring	Active DS IIS Namespace Provider
Hersteller	Microsoft
Besprochene Version	6.0.3663.0
Windows 9x/Windows ME	Nicht verfügbar
NT 4.0	Installation Version 4.0 durch Installation des Internet Information Servers 4.0 bzw. Client Tool
Windows 2000	Version 5.0 enthalten, wenn IIS durch das Setup installiert wurde
Windows XP	Version 5.1 enthalten, wenn IIS durch das Setup installiert wurde
Windows Server 2003	Version 6.0 enthalten, wenn der IIS durch das Setup installiert wurde
Windows Vista	Version 7.0 enthalten, wenn der IIS durch das Setup aktiviert wurde
Windows Server 2008	Version 7.0 enthalten, wenn der IIS durch das Setup aktiviert wurde
Windows 7/Windows Server 2008 R2	Version 7.5 enthalten, wenn der IIS durch das Setup aktiviert wurde
Position der Originaldokumentation in der MSDN-Library	Web Development|Server Technologies|Internet Informationen Services (IIS)|Internet Information Services 6.0|Reference|Programmatic Administration Reference|IIS ADSI-Provider Reference

Ab Version 6.0 kann der IIS alternativ zum Zugriff über den ADSI-Provider auch über einen WMI-Provider administriert werden. Der WMI-Namensraum ist im IIS 6.0 „root/microsoftiis" und ab IIS 7.0 „root/appserver". Ab der Version 7.0 gibt es auch eine .NET-Bibliothek (Microsoft.Web.Management.dll) zur Verwaltung sowie PowerShell Commandlets.

Im IIS 7.0 müssen die IIS 6.0-kompatiblen Verwaltungswerkzeuge mitinstalliert werden, damit der ADSI-Zugriff möglich ist.

Administration des Internet Information Servers mit ADSI

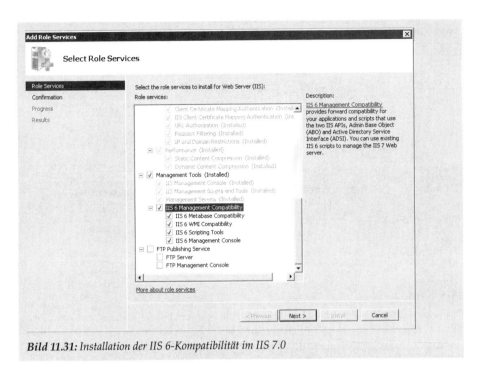

Bild 11.31: *Installation der IIS 6-Kompatibilität im IIS 7.0*

11.5.1 IIS-Objektmodell

Schema der IIS-Metabase

Die Objekthierarchie des IIS ist komplex, hier soll daher nur ein Ausschnitt betrachtet werden. Jedes IISComputer-Objekt enthält jeweils genau ein Unterobjekt für die verschiedenen Dienste:

- Ein Objekt mit Namen W3Svc aus der Klasse IISWebService
- Ein Objekt mit Namen MSFTPSvc aus der Klasse IISFTPService
- Ein Objekt mit Namen NNTPSvc aus der Klasse IISNntp
- Ein Objekt mit Namen SmtpSvc aus der Klasse SmtpService

Das W3Svc-Objekt enthält jeweils genau ein Objekt der Klasse IISWebInfo (Name Info) und IISFilters (Name Filters) sowie beliebig viele Objekte der Klasse IISWebServer. Das MSFTPSvc-Objekt enthält genau ein Objekt der Klasse IISFTPServer (Name Info) und beliebig viele Objekte der Klasse IISFTPServer. In Version 6.0 des IIS, der im Windows Server 2003 enthalten ist, beheimatet das W3SVC-Objekt zusätzlich noch einen Container AppPools mit einzelnen Objekten vom Typ IISApplicationPool.

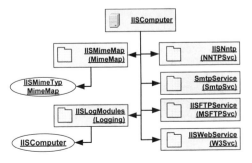

*Bild 11.32
Oberste Ebene des IIS-Metabase-Objektmodells*

Kapitel 11 **Verzeichnisdienste**

Bild 11.33
Der W3Svc-*Zweig des IIS-Metabase-Objektmodells*

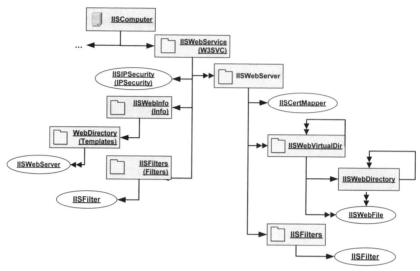

IIS-Schema

Erweiterbarkeit Das Schema der IIS-Metabase ist erweiterbar. Sie können eigene Klassen mit Attributen anlegen. Informationen dazu finden Sie unter [MSDN: IISRef.chm::/asp/adse550z.htm].

Bild 11.34
Blick ins Schema des IIS 6.0

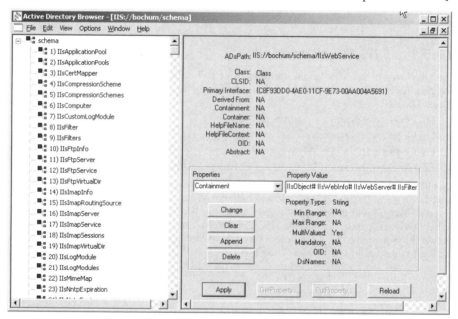

11.5.2 Identifikation und Bindung

ADSI-Pfade im IIS Der Webservice wird über den ADSI-Pfad *IIS://ComputerName/w3svc* erreicht. Die einzelnen Webserver werden dann leider nicht über den Namen adressiert, der in der Objekthierarchie der Management Console erscheint, sondern über eine fortlaufende interne Nummer (*Server-ID*), z.B. *IIS://ComputerName/w3svc/2*. IIS-Administratoren bekommen es mit dieser unglücklichen Identifizierung zu tun, wenn sie die Protokolldatei eines virtuellen Webservers suchen müssen. Der Zugriff erfolgt wie üblich mit GetObject().

```
Set objvirtweb = GetObject("IIS://XFilesServer01/w3svc/1")
say objvirtweb.servercomment
```

Listing 11.87: Ausgabe des Namens des ersten virtuellen Webservers

In typisierten Umgebungen können Objektvariablen leider nur allgemein als IADs deklariert werden; eine Typbibliothek mit dezidierten Klassendefinitionen steht nicht zur Verfügung.

```
Dim objWWWService As IADs
Dim objVirtWeb As IADs
```

Keine Klassendefinitionen

11.5.3 Arbeit mit virtuellen Webservern

Die Beispiele in diesem Buch beschränken sich auf die automatisierte Verwaltung von Webservern. Mit diesem Wissen werden Sie in der Lage sein, sich in die Administration der anderen Dienste des IIS (FTP, SMTP und NNTP) schnell einzuarbeiten.

Liste der konfigurierten virtuellen Webserver

Das nachfolgende Listing zeigt, wie alle virtuellen Webserver aufgelistet werden können, indem mit For Each der W3Svc-Container durchlaufen wird. Da dort auch andere Objekte enthalten sein können, wird der Klassenname auf IISWebServer überprüft.

Virtuelle Webserver auflisten

Listing 11.88 Liste aller virtuellen Webserver eines IIS [ADSIIIS_liste.wsf]

```
Dim objvirtweb ' As IADs
Dim objWWWService ' as IADS
Dim state(7) ' As String ' Serverzustände
Dim Port ' As String
Dim Binding ' As String
Dim IP ' As String
' -- Konstantendefinition für Serverzustand
Const MD_SERVER_STATE_STARTING = 1 'starting
Const MD_SERVER_STATE_STARTED = 2 'Server started
Const MD_SERVER_STATE_STOPPING = 3 'Server stopping
Const MD_SERVER_STATE_STOPPED = 4 'Server stopped
Const MD_SERVER_STATE_PAUSING = 5 'Server pausing
Const MD_SERVER_STATE_PAUSED = 6 'Server paused
Const MD_SERVER_STATE_CONTINUING = 7 'Server continuing
state(MD_SERVER_STATE_STARTING) = "starting"
state(MD_SERVER_STATE_STARTED) = "started"
state(MD_SERVER_STATE_STOPPING) = "stopping"
state(MD_SERVER_STATE_STOPPED) = "stopped"
state(MD_SERVER_STATE_PAUSING) = "pausing"
state(MD_SERVER_STATE_PAUSED) = "paused"
state(MD_SERVER_STATE_CONTINUING) = "continuing"
' -- Bindung an Webservice
Set objWWWService = GetObject("IIS://XFilesServer01/w3svc")
' -- Iteration über alle virtuellen Webserver
For Each objvirtweb In objWWWService
    If objvirtweb.Class = "IIsWebServer" Then
        ' -- Binding-String IP:Port:Hostname auflösen
        Binding = objvirtweb.ServerBindings(0)(0)
```

Kapitel 11 Verzeichnisdienste

```
            IP = Left(Binding, InStr(Binding, ":") - 1)
            Binding = Right(Binding, Len(Binding) - InStr(Binding, ":"))
            Port = Left(Binding, InStr(Binding, ":") - 1)
            ' -- Ausgabe
            say objvirtweb.name & ":" & objvirtweb.servercomment & ":" & _
state(objvirtweb.ServerState) & ":" & IP & ":" & Port
        End If
Next
```

Zustände eines Webservers

Zustände Ein virtueller Webserver kann sieben verschiedene Zustände einnehmen, die als Zahlenwerte zurückgeliefert werden (vgl. Tabelle 11.37). Im obigen Listing erfolgt die Umsetzung in einen Text mithilfe eines Zeichenketten-Arrays (state).

Tabelle 11.36 Mögliche Zustände eines virtuellen Webservers im IIS

Symbolische Konstante	Wert
MD_SERVER_STATE_STARTING	1
MD_SERVER_STATE_STARTED	2
MD_SERVER_STATE_STOPPING	3
MD_SERVER_STATE_STOPPED	4
MD_SERVER_STATE_PAUSING	5
MD_SERVER_STATE_PAUSED	6
MD_SERVER_STATE_CONTINUING	7

Webserver anlegen

Neuer virtueller Webserver Das Anlegen eines neuen Webservers ist etwas aufwendiger als der Achtzeiler beim Anlegen eines neuen NT-Benutzers. Zunächst muss die nächsthöhere verfügbare eindeutige Server-ID durch eine Iteration über alle bestehenden virtuellen Webserver ermittelt werden. Danach kann mit einem Create() innerhalb des übergeordneten "w3svc"-Containers ein neuer Webserver angelegt werden. Das Attribut ServerComment nimmt den Anzeigenamen des Webservers auf, der in der Microsoft Management Console (MMC) erscheint. Server Binding erwartet die IP-Adresse nebst Portnummer, der der Webserver zugeordnet werden soll.

Listing 11.89 Anlegen eines virtuellen Webservers: Es fehlt allerdings die Erzeugung des Wurzelverzeichnisses. [ADSIIIS_neuesWeb.wsf]

```
' -- Bindung an Webservice
Set objWWWService = GetObject("IIS://XFilesServer01/w3svc")
For Each objVirtWeb In objWWWService
If objVirtWeb.Class = "IIsWebServer" Then
max = objVirtWeb.Name
End If
Next
Name = max + 1
Set objNewWeb = objWWWService.Create("IIsWebServer", Name)
objNewWeb.servercomment = ServerName
objNewWeb.KeyType = "IIsWebServer"
Binding(0) = IP & ":" & Port & ":"
objNewWeb.ServerBindings = Binding
objNewWeb.SetInfo
```

Auf diesem Stand ist der Webserver aber weder funktionsfähig noch in der MMC administrierbar. Es fehlt die Zuordnung zu einem Verzeichnis auf der Festplatte. Jedes WebServer-Objekt muss mindestens ein Unterobjekt vom Typ IISWebVirtualDir mit dem Namen Root enthalten.

Virtuellen Pfad hinzufügen

```
Set objRootDir = objNewWeb.Create("IISWebVirtualDir", "ROOT")
objRootDir.Path = RootDir
objRootDir.AccessScript = True
objRootDir.SetInfo
```

Listing 11.90: Erzeugung eines Wurzelverzeichnisses für den virtuellen Webserver [ADSIIS_ neuesWeb.wsf]

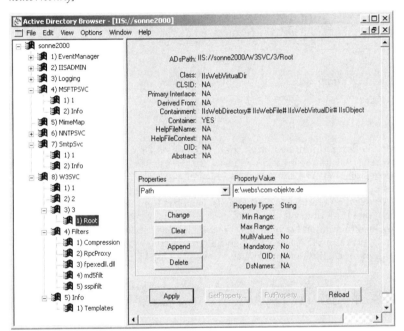

Bild 11.35 Der Pfad für das Wurzelverzeichnis des Webservers mit der ID „3" im Active Directory Browser

Illegales wird möglich

Wird das Anlegen des Wurzelverzeichnisses vergessen oder schlägt es fehl, erscheint in der Management Console zwar ein neuer Eintrag für den angelegten virtuellen Webserver, es ist dort jedoch weder möglich, seine Eigenschaft zu verändern, noch ihn wieder zu löschen. Der ungültige Webservereintrag muss wieder per ADSI gelöscht werden.

Löschen und Zustandsänderungen

Das Entfernen eines virtuellen Webservers ist in einer Zeile erledigt:

Delete()

`objWWWService.Delete "IISWebServer", objWebSvr.Name`

Auch die Zustandsänderungen sind Einzeiler: `objVirtWeb.Start()`, `objVirtWeb.Stop()`, `objVirtWeb.Pause()` oder `objVirtWeb.Continue()`.

Zustandsänderungen

Bei `Pause()` und `Stop()` sollte man vorher prüfen, ob der Webserver wirklich läuft. Wenn es nämlich nichts anzuhalten gibt, weil der Webserver schon inaktiv ist, dann braucht ADSI unerträglich lange, bis die Fehlermeldung erscheint.

Kapitel 11 **Verzeichnisdienste**

SimpleIIS-Admin Auf der Buch-CD befindet sich der *SimpleIISAdmin*, ein einfaches Werkzeug, um virtuelle Webserver zu starten, zu stoppen, anzulegen und zu löschen (Bild 11.36). Der SimpleIIS-Admin ist in Visual Basic 6.0 geschrieben und liegt im kompletten Quelltext auf der CD vor [CD:/code/komponenten/ADSI/SimpleIISAdmin].

Bild 11.36 SimpleIIS-Admin

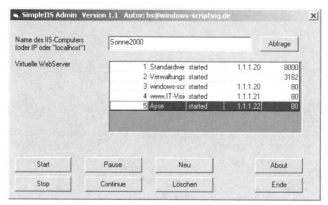

Info-Objekt

Properties des WWW-Dienstes Eine besondere Stellung nimmt das Info-Objekt ein. Dieses Objekt der Klasse IISWebInfo enthält zusätzliche Attribute des W3Svc-Objekts und ist gleichzeitig Container für die Master Properties des WWW-Dienstes. Diese Master Properties können im Eigenschaftenfenster des *Computer*-Asts in der Management Console eingestellt und an alle untergeordneten Webserver vererbt werden. Die IIS Metabase enthält dazu unterhalb von IISWebInfo ein Objekt mit dem Namen Templates (Klasse IISWebDirectory), darunter wiederum liegen Objekte mit den Namen PublicWebSite und SecureWebSite. Darin ist jeweils ein Objekt Root vom Typ IISWebDirectory enthalten, das die Standardvorgaben für das Wurzelverzeichnis enthält. Gleiches gilt für das Info-Objekt unterhalb des MSFTPSvc-Objekts.

> Verwechseln Sie die Master Properties nicht mit der Default-FTP bzw. WWW-Site.

11.5.4 Sicherung der IIS-Metabase

Metabase-Backup Der Konfigurationsspeicher des Internet Information Servers (IIS) ist nicht die Registrierungsdatenbank, sondern eine Datei mit Namen *Metabase*. Die Metabase ist bis IIS 6.0 eine binäre Datei (*Metabase.bin*). Ab IIS 6.0 ist die Metabase eine XML-Datei (*Metabase.xml*). Es ist geboten, regelmäßig eine Sicherung der Metabase durchzuführen.

Dazu bietet die Klasse IISComputer eine Methode Backup() an. Es kann eine Versionsnummer angegeben werden. Diese muss allerdings eindeutig sein. Die Angabe von -1 lässt den IIS selbst die nächste verfügbare Versionsnummer ermitteln.

Listing 11.91 Datensicherung der IIS-Metabase erzeugen [ADSI_IIS_MetaBase_Backup.wsf]
```
Dim iis, versionsnummer
Set iis = GetObject("IIS://localhost")
' z. B. Versionsnummer = 10
Versionsnummer = -1 ' nächste verfügbare Versionsnummer
iis.backup "Sicherung220902", Versionsnummer, 0
say "Backup OK"
```

Gespeichert werden die Sicherungskopien unter *%WINDOWS%\system32\inetsrv\MetaBack*.

11.6 System-Info-Klassen für ADSI

Die ADSI-Komponente bietet neben den eigentlichen ADSI-Klassen zwei weitere Klassen, die auf einfache Weise zentrale Informationen über die Windows-Domäne bereithalten:
- WinNTSystemInfo
- ADSystemInfo

Beide Klassen besitzen eine ProgID, in der der Komponentenname fehlt.

WinNTSystemInfo ist implementiert im ADSI-Provider für WinNT (*adsnt.dll*). ADSystem Info ist implementiert im ADSI-Provider für LDAP (*adsldp.dll*).

11.6.1 WinNTSystem

WinNTSystemInfo liefert die Informationen, die in einer Windows NT 4.0-Domäne relevant sind (Benutzername, Computername, Domain-Name, PDC). Die Klasse funktioniert natürlich auch in einer Active Directory-Domäne, zeigt dann aber nur die Informationen, die ein Windows NT 4.0-Client sehen würde.

Informationen über Windows NT-Umgebung

Listing 11.92 Informationen über die NT-Domäne ausgeben [winntsysteminfo.wsf]

```
Dim a As ActiveDs.WinNTSystemInfo
Set a = CreateObject("WinNTSystemInfo")
say "Benutzer: " & a.Username
say "Computer: " & a.ComputerName
say "Domäne: " & a.DomainName
say "PDC: " & a.PDC
```

Das obige Script liefert zum Beispiel folgende Ausgabe:

```
Benutzer: hs
Computer: BYFANG
Domäne: FBI
PDC: XFilesServer01
```

11.6.2 ADSystemInfo

ADSystemInfo liefert Informationen über ein Active Directory.

Informationen über das Active Directory

```
Dim a ' As ADSystemInfo
Set a = CreateObject("ADSystemInfo")

say "User name: " & a.Username
say "Computer name: " & a.ComputerName
say "Site name: " & a.SiteName
say "Domain short name: " & a.DomainShortName
say "Domain DNS name: " & a.DomainDNSName
say "Forest DNS name: " & a.ForestDNSName
say "PDC role owner: " & a.PDCRoleOwner
say "Schema role owner: " & a.SchemaRoleOwner
say "Domain is in native mode: " & a.IsNativeMode

say "Pfad zu einem DC: " & a.GetAnyDCName
say "Sitename eines Servers: " & a.GetDCSiteName("XFilesServer01")
For Each t In a.GetTrees
  say "Tree: " & t
Next
```

Listing 11.93: Informationen über das Active Directory ausgeben [adsysteminfo.wsf]

Das obige Script liefert zum Beispiel folgende Ausgabe:
```
User name: cn=Holger Schwichtenberg,OU=Geschaeftsleitung,dc=FBI,dc=net
Computer name: cn=BYFANG,OU=Standort Essen,dc=FBI,dc=net
Site name: Default-First-Site
Domain short name: FBI
Domain DNS name: FBI.net
Forest DNS name: FBI.net
PDC role owner: cn=NTDS Settings,cn=XFilesServer01,cn=Servers,cn=Default-First-
Site,cn=Sites,cn=Configuration,dc=FBI,dc=net
Schema role owner: cn=NTDS Settings,cn=XFilesServer01,cn=Servers,cn=Default-First-
Site,cn=Sites,cn=Configuration,dc=FBI,dc=net
Domain is in native mode: Falsch
Pfad zu einem DC: XFilesServer01.FBI.net
Sitename eines Servers: Default-First-Site
Tree: FBI.net
```

11.7 Zusatzkomponenten für ADSI

Es gibt inzwischen sechs Zusatzkomponenten von Microsoft, die die Funktionalität von ADSI erweitern.

ADSI Resource Kit
- Zum einen sind dies fünf Komponenten aus dem ADSI Resource Kit, das wiederum Teil des ADSI SDK ist. Dies sind sehr kleine Komponenten, die nur aus einer einzigen Klasse bestehen.

AdsiTools
- Zum anderen ist es die sehr mächtige Komponente *AdsiTools* (Teil der Windows Server Support Tools).

> Alle sechs Komponenten sind bislang nicht in der MSDN-Entwicklerbibliothek dokumentiert. Das ADSI SDK enthält jedoch Beispiele und eine Datei *rtk.htm* mit kurzen Erläuterungen.

11.7.1 ADSI-Versionsabfrage mit ADsVersion

ADSI-Version ermitteln Die Komponente *ADsVersion* mit genau einer Klasse gleichen Namens liefert die Versionsnummer des installierten Active Directory Service Interface (ADSI). Auch die Abfrage entfernter Systeme ist möglich. *ADsVersion* stellt fünf für sich selbst sprechende Methoden bereit: `GetVersion()`, `GetMajor Version()`, `GetMinorVersion()`, `GetLocale()` und `Connect ("Computername")`.

Name und Abkürzung	ADsVersion-Komponente
Name der Komponentendatei	ADsVersion.dll
Interner Name der Typbibliothek	ADsVersion
Abweichender Komponentenname in der Registrierungsdatenbank	Die ProgID besteht abweichend von der üblichen Schreibweise Komponente.Klasse nur aus dem Begriff ADsVersion.
Helpstring der Typbibliothek	ADsVersion 1.0 Type Library
Hersteller	Microsoft

Tabelle 11.37: Schnellinfo ADsVersion-Komponente

Zusatzkomponenten für ADSI

Name und Abkürzung	ADsVersion-Komponente
Lizenzierung	Kostenloses Add-On; die Komponente ist im ADSI SDK 2.5 enthalten.
Besprochene Version	1.0.0.1
Alle Windows-Versionen	Nicht enthalten, Installation durch `regsvr32 ADSVERSION.DLL`
Dokumentation	Kurzbeschreibung in der Datei *rtk.htm* im ADSI SDK

Tabelle 11.37: Schnellinfo ADsVersion-Komponente (Forts.)

```
Set vs = CreateObject("ADsVersion")
' -- Verbindungsaufbau
vs.Connect "\\XFilesServer01"
' -- Versionsausgabe
say "Genaue Version: " & vs.GetVersion
say "Sprache:        " & vs.GetLocale
```

Listing 11.94: Ermittlung der ADSI-Version auf einem entfernten System. Ohne die Methode Connect() arbeitet die Routine lokal. [ADSIEXTRAS_version.wsf]

> Wichtig: *ADsVersion* liefert die internen Versionsnummern, die mit den DLL-Versionsnummern übereinstimmen. Dies ist für ADSI 2.5 immer die Nummer 5.0.

11.7.2 Detaillierte Fehlermeldungen mit ADsError

Die Klasse `ADsError` stellt nur eine Methode bereit. `GetErrorMessage (lngFehlernummer)` liefert die Beschreibung zu einer gegebenen Fehlernummer. Diese Beschreibung ist meistens ausführlicher als die Beschreibung, die Visual Basic in seinem `Err`-Objekt speichert.

ADSI-Fehlerinformationen

Name und Abkürzung	ADsError-Komponente
Name der Komponentendatei	ADsError.DLL
Interner Name der Typbibliothek	AdsErrorLib
Abweichender Komponentenname in der Registrierungsdatenbank	Die ProgID besteht abweichend von der üblichen Schreibweise `Komponente.Klasse` nur aus dem Begriff `ADsError`.
Helpstring der Typbibliothek	ADsError 1.0 Type Library
Hersteller	Microsoft
Lizenzierung	Kostenloses Add-On; die Komponente ist im ADSI SDK 2.5 enthalten.
Besprochene Version	1.0.0.1
Alle Windows-Versionen	Nicht enthalten, Installation durch `regsvr32 ADSERROR.DLL`
Dokumentation	Kurzbeschreibung in der Datei *rtk.htm* im ADSI SDK

Tabelle 11.38 Schnellinfo AdsError-Komponente

Listing 11.95
Verwendung von ADsError
[ADSIEXTRAS_error.wsf]

```
Set adsErr = CreateObject("ADsError")
On Error Resume Next
Set rec = GetObject("LDAP://dc=nichtda, dc=nirgendwo")
' -- Fehlerbehandlung
If Err <> 0 Then
        say "Fehler: " & Err.Description
        say "ADSI-Fehler: " & adsErr.GetErrorMessage(Err.Number)
End If
```

Die Ausgabe sieht dann etwa so aus:

```
VB-Fehler   : Automatisierungsfehler
Eine Referenzauswertung wurde vom Server zurückgesendet.
ADSI-Fehler: Eine Referenzauswertung wurde vom Server zurückgesendet.
  -- Extended Error:LDAP Provider : 0000202B: RefErr: DSID-031006A4, data 0, 1 access points
      ref 1: 'nichtda.nirgendwo'
```

11.7.3   GetObject() durch die Hintertür mit ADsFactory

Umgehung der GetObject()-Blockade

Die Komponente *ADsFactory* stellt die Klasse `ADsFactory` bereit, die den Zugriff auf Objekte via Moniker aus Umgebungen ermöglicht, die zwar die Instanziierung von Komponenten mit `CreateObject()`, nicht aber den Zugriff auf bestehende Instanzen mit `GetObject()` unterstützen. Eine solche Umgebung ist z.B. der Internet Explorer. Umgebungen, die `GetObject()` verwenden können, brauchen die *ADsFactory-Komponente* nicht. ADsFactory kapselt die Funktionalität von `GetObject()` in einer Klasse, die mit `CreateObject()` erzeugt werden kann.

Tabelle 11.39 Schnellinfo ADsFactory

Name und Abkürzung	AdsFactory
Name der Komponentendatei	ADsFACTR.DLL
Interner Name der Typbibliothek	ADsFACTRLib
Abweichender Komponentenname in der Registrierungsdatenbank	Die ProgID besteht abweichend von der üblichen Schreibweise `Komponente.Klasse` nur aus dem Begriff `ADsFactory`.
Helpstring der Typbibliothek	ADsRAS 1.0 Type Library
Hersteller	Microsoft
Lizenzierung	Kostenloses Add-On; die Komponente ist im ADSI SDK 2.5 enthalten.
Besprochene Version	1.0.0.1
Alle Windows-Versionen	Nicht enthalten, Installation durch `regsvr32 ADSFACTR.DLL`
Dokumentation	Kurzbeschreibung in der Datei *rtk.htm* im ADSI SDK

Methoden

ADsFactory stellt nur zwei Methoden bereit, die jeweils einen Objektzeiger zurückliefern:
- `Function GetObject(strADsPath) As Object`
- `Function OpenDSObject(strADsPath, strUser, bstrPassword, lFlag) As Object`

Anwendungsgebiete

Die beiden Methoden entsprechen dem aus ADSI bekannten Vorgehen zur Erzeugung eines Zeigers auf ein ADSI-Objekt. Interessant ist, dass `ADsFactory.GetObject()` nicht nur für ADSI-Verzeichniseinträge, sondern auch für jedes andere persistente COM-Objekt verwendet werden kann. Das folgende Listing zeigt die Verwendung in einer HTML-Seite: Das Ergebnis einer Verzeichnisabfrage wird in einer vorhandenen Word-Datei protokolliert.

```
Set oFact = CreateObject("ADsFactory")
' --- msgbox "Beispiel 1: Word"
Set w = oFact.GetObject("d:\buch\vertrag.doc")
w.application.visible = True msgbox "Word wartet..."
w.application.quit
' --- msgbox "Beispiel 2: ADSI"
Set oCont = oFact.GetObject("WinNT://" & domainName )
say "Container name = " & oCont.Name
say "Container path = " & oCont.ADsPath
for each obj in oCont
say "Object name = " & obj.Name
say "Object path = " & obj.ADsPath
Next
```

Listing 11.96
Einsatz von
ADsFactory
[ADSIEXTRA
_factory.htm]

Bitte beachten Sie: `GetObject()` ist nicht ohne Grund gesperrt. Mit der Installation von ADsFactory verringern Sie die Sicherheit Ihres Browsers. Bitte beachten Sie die Sicherheitshinweise zum Internet Explorer in Kapitel 9, „Scripting Hosts".

11.7.4   RAS-Konfiguration mit ADsRAS

Die *ADsRAS* ermöglicht den Zugriff auf die *Remote Access Service-(RAS-)*Konfiguration eines Benutzers über den WinNT-Provider. Im Gegensatz zu den anderen Komponenten des ADSI Resource Kits, die eigenständig instanziierbare Klassen anbieten, ist ADsRas eine sogenannte *ADSI Namespace Extension*, die die Fähigkeiten des WinNT-Providers erweitert. ADSI Namespace Extensions sind in der Registrierungsdatenbank unterhalb der Einträge der einzelnen Namensräume verzeichnet. ADsRas ist registriert unter *HKEY_LOCAL_MACHINE\ SOFTWARE\Microsoft\ADs\Providers\WinNT\Extensions\ User\{F1F533F0-F118-11D2-BC88-00 C04FD430AF}*. Wie dem Schlüssel zu entnehmen ist, erweitert *ADsRAS* die Klasse User.

Namespace Extension

Die Erweiterung besteht darin, dass *ADsRas* die Klasse User um ein Attribut und drei Methoden ergänzt:

Attribute und Methoden

▷ Das Attribut DialinPrivilege enthält *True*, wenn der Benutzer sich einwählen darf. Das Attribut darf verändert werden.

▷ Die Methode GetRasCallBack() ermittelt den aktuellen Zustand der Rückrufeinstellung. Es gibt drei selbst erklärende Werte (siehe Listing 5.156).

▷ GetRasPhoneNumber() liefert im Fall von ADS_RAS_ADMIN_SETCALLBACK die gesetzte Telefonnummer.

▷ Die Methode SetRasCallBack(lCallBack As Long, [szPhoneNumber As String]) ermöglicht das Setzen der Rückrufeinstellung einschließlich der Telefonnummer für den Rückruf.

```
Const ADS_RAS_ADMIN_SETCALLBACK = 2
Const ADS_RAS_CALLER_SETCALLBACK = 4
Const ADS_RAS_NOCALLBACK = 1
```

Listing 11.97: Konstanten für GetRasCallBack() *und* SetRasCallBack()

Kapitel 11 Verzeichnisdienste

Tabelle 11.40
Schnellinfo
ADsRAS

Name und Abkürzung	ADsRAS
Name der Komponentendatei	ADsRAS.dll
Interner Name der Typbibliothek	ADsRASLib
Helpstring der Typbibliothek	ADsRAS 1.0 Type Library
Abweichende ProgID	Keine ProgID, da keine Klasse der Komponente instanziiert werden kann!
Hersteller	Microsoft
Lizenzierung	Kostenloses Add-On; die Komponente ist im ADSI SDK 2.5 enthalten.
Besprochene Version	1.0.0.1
NT 4.0, Windows 2000, Windows XP und Windows Server 2003	Nicht enthalten, Installation durch `regsvr32 adsras.dll`
Windows 9x/Windows ME	Diese Komponente kann unter Windows 95/98 nicht registriert werden.
Dokumentation	Kurzbeschreibung in der Datei *rtk.htm* im ADSI SDK

RAS-Konfigurationsstatistik

Beispiel 1 Das Beispiel für den Lesezugriff auf die RAS-Konfiguration ist ein statistisches Werkzeug. Es listet nicht nur für jeden Benutzer in einem Container die RAS-Konfiguration auf, sondern zählt auch mit. Es gibt insgesamt vier Möglichkeiten für die RAS-Konfiguration.

Listing 11.98
Statistik über
RAS-Einwahl
[ADSIEXTRAS_RAS-
Statistik.wsf]

```
Dim oUser ' As IADs
Dim oCon ' As iadscontainer
Dim Status
Dim s ' As string
Dim c_nicht, c_ohne, c_var, c_fest
Set oCon = GetObject("WinNT://XFilesServer01")
oCon.Filter = Array("User")
For Each oUser In oCon ' -- für alle Nutzer
    s = "Benutzer " & oUser.Name & ": "
    If (oUser.DialinPrivilege = False) Then
        say s & " darf sich NICHT einwählen"
        c_nicht = c_nicht + 1
    Else ' --- hat Rechte...
        Status = oUser.GetRasCallBack
        If Status And ADS_RAS_NOCALLBACK Then
            say s & "Einwahl, ohne Rückruf"
            c_ohne = c_ohne + 1
        End If
        If Status And ADS_RAS_CALLER_SETCALLBACK Then
            say s & "Benutzer setzt Rückrufnummer"
            c_var = c_var + 1
        End If
        If Status And ADS_RAS_ADMIN_SETCALLBACK Then
            say s & "Rückruf an " & oUser.GetRasPhoneNumber
            c_fest = c_fest + 1
        End If
    End If
```

```
Next
say "--- Statistik:"
say "Benutzer ohne Einwahlrechte: " & c_nicht
say "Benutzer mit Einwahlrechten, ohne Rückruf: " & c_ohne
say "Benutzer mit festem Rückruf: " & c_fest
say "Benutzer mit variablem Rückruf: " & c_var
```

Einstellungen ändern

Im zweiten Beispiel wird der Rückruf für den Benutzer XFilesServer01\HS auf eine feste Telefonnummer gesetzt. Die anderen Möglichkeiten sind auskommentiert.

Beispiel 2

```
Set x = GetObject("WinNT://XFilesServer01/hs,user")
x.DialinPrivilege = True
'x.SetRasCallBack ADS_RAS_NOCALLBACK
'x.SetRasCallBack ADS_RAS_CALLER_SETCALLBACK
x.SetRasCallBack ADS_RAS_ADMIN_SETCALLBACK, "0201/7490700"
```

Listing 11.99
RAS-Konfiguration ändern [ADSIEXTRAS_RASAendern.wsf]

11.7.5 Zugriff auf Sicherheitseinstellungen mit ADsSecurity

ADsSecurity ist eine sehr hilfreiche Komponente, auf die die Entwicklergemeinde leider sehr lange warten musste. Es heißt, man wäre in Redmond lange uneins darüber gewesen, ob Dateisystemsicherheit ein Teil von FSO oder von ADSI sein sollte. Das Kern-ADSI ermöglicht die Erstellung von *Access Control Lists (ACLs)*. Die Bindung an ein Verzeichnisobjekt wird nur für das Active Directory unterstützt, nicht jedoch für den Exchange Server 5.5. *ADsSecurity* kann Exchange 5.5-Objekten ACLs zuweisen und mehr: *ADsSecurity* kann ACLs auch an Ordner, Dateien und Registrierungsdatenbankeinträge zuweisen. Die Komponente funktioniert aber auch mit Active Directory.

ACLs für Exchange, Dateien, Registrierungsdatenbank

Name und Abkürzung	ADsSecurity-Komponente
Name der Komponentendatei	ADsSecurity.DLL
Interner Name der Typbibliothek	ADsSecurityLib
Helpstring der Typbibliothek	ADsSecurity 2.5 Type Library
Abweichende ProgID	Die ProgID besteht abweichend von der üblichen Schreibweise Komponente.Klasse nur aus den Klassennamen ADsSecurity und ADSSID
Hersteller	Microsoft
Lizenzierung	Kostenloses Add-On; die Komponente ist im ADSI SDK 2.5 enthalten.
Besprochene Version	1.0.0.1
NT 4.0, Windows 2000, Windows XP und Windows Server 2003	Nicht enthalten, Installation durch `regsvr32 ADsSecurity.DLL`
Windows 9x/Windows ME	Diese Komponente kann unter Windows 95/98/ME nicht registriert werden.
Dokumentation	Kurzbeschreibung in der Datei *rtk.htm* im ADSI SDK

Tabelle 11.41 Schnellinfo ADsSecurity-Komponente

EXKURS: Grundlagen der Windows-Sicherheit

EXKURS Zum besseren Verständnis des Umgangs mit der *ADsSecurity.dll* seien an dieser Stelle kurz die Grundlagen der Windows-Sicherheit dargestellt.

SD und SID Jeder Benutzer und jede Benutzergruppe besitzt einen sogenannten *Security Identifier* (kurz: *SID*), der den Benutzer bzw. die Gruppe eindeutig identifiziert. Ein SID ist ein Zahlenarray variabler Länge. Jedes Objekt (z.B. eine Datei, ein Dateiordner, ein Eintrag im Active Directory, ein Registrierungsschlüssel) besitzt zur Speicherung der Zugriffsrechte einen sogenannten *Security Descriptor* (kurz: *SD*; dt. Sicherheitsbeschreibung). Ein SD besteht aus drei Teilen:

- Aus dem *Security Identifier (SID)* des Besitzers. Ein SID ist ein Zahlenarray variabler Länge.
- Aus einer *Discretionary ACL (DACL)*, die die Zugriffsrechte beschreibt.
- Aus einer *System ACL (SACL)*, die die Überwachungseinstellungen enthält.

ACL und ACE Eine *Access Control List (ACL)* (sowohl DACL als auch SACL) besteht aus *Access Control Entries (ACE)*. Eine ACE wiederum enthält folgende Informationen:

- Trustee: der SID des Benutzers bzw. der Gruppe.
- AceType: Der Typ ist entweder *ACCESS_ALLOWED_ACE* (0) oder *ACCESS_DENIED_ACE* (1). ACEs in einer SACL haben immer den Typ *SYSTEM_AUDIT_ACE*.
- AccessMask: Die AccessMask definiert die Rechte. Für jeden Objekttyp gibt es unterschiedliche Rechte. Jedes Recht ist dabei ein Bit bzw. eine Kombination von Bits in diesem Long-Wert. Eine AccessMask besteht in der Regel aus der Addition mehrerer einzelner Zugriffsrechte.
- AceFlags: Über die AceFlags wird die Vererbung der Rechte gesteuert.

Tabelle 11.42 AceFlags

Symbolische Konstante	Wert	Erläuterung
OBJECT_INHERIT_ACE	1	Der ACE wird vererbt.
CONTAINER_INHERIT_ACE	2	Der ACE wird vererbt (gilt für Container).
NO_PROPAGATE_INHERIT_ACE	4	Der ACE wird vererbt, darf aber nicht weitervererbt werden.
INHERIT_ONLY_ACE	8	Der ACE wird vererbt, hat aber keinen Einfluss auf das Objekt, bei dem er gespeichert ist.
INHERITED_ACE	16	Wird vom System gesetzt, um einen geerbten ACE anzuzeigen.

AccessMask-Werte

Die folgenden Tabellen zeigen die Konstanten der AccessMask für Registrierungsdatenbank-, Datei-, Ordner- und Exchange-Objekte sowie für Objekte im Active Directory.

Symbolische Konstante	Wert
ADS_RIGHT_EXCH_ADD_CHILD	1
ADS_RIGHT_EXCH_MODIFY_USER_ATT	2
ADS_RIGHT_EXCH_MODIFY_ADMIN_ATT	4
ADS_RIGHT_EXCH_DELETE	65536
ADS_RIGHT_EXCH_MAIL_SEND_AS	8
ADS_RIGHT_EXCH_MAIL_RECEIVE_AS	16

Tabelle 11.43: Konstanten für Rechte auf Exchange-Objekte (ADS_RIGHT_EXCH_ENUM)

Zusatzkomponenten für ADSI

Symbolische Konstante	Wert
ADS_RIGHT_EXCH_MAIL_ADMIN_AS	32
ADS_RIGHT_EXCH_DS_REPLICATION	64
ADS_RIGHT_EXCH_MODIFY_SEC_ATT	128
ADS_RIGHT_EXCH_DS_SEARCH	256

Tabelle 11.43: Konstanten für Rechte auf Exchange-Objekte (ADS_RIGHT_EXCH_ENUM) (Forts.)

Symbolische Konstante	Wert
ADS_RIGHT_RGY_KEY_READ	131097
ADS_RIGHT_RGY_KEY_WRITE	131078
ADS_RIGHT_RGY_KEY_EXECUTE	131097
ADS_RIGHT_RGY_KEY_ALL_ACCESS	983103
ADS_RIGHT_RGY_KEY_QUERY_VALUE	1
ADS_RIGHT_RGY_KEY_SET_VALUE	2
ADS_RIGHT_RGY_CREATE_SUB_KEY	4
ADS_RIGHT_RGY_ENUMERATE_SUB_KEYS	8
ADS_RIGHT_RGY_NOTIFY	16
ADS_RIGHT_RGY_CREATE_LINK	32

Tabelle 11.44 Konstanten für Rechte auf Registrierungsschlüssel (ADS_RIGHT_RGY_ENUM in der ADsSecurity.dll)

Symbolische Konstante	Wert	Bezeichnung in der Windows-Benutzeroberfläche
FILE_READ_DATA (Datei) bzw. FILE_LIST_DIRECTORY (Ordner)	1	Datei lesen bzw. Ordner auflisten
FILE_WRITE_DATA (Datei) bzw. FILE_ADD_FILE (Ordner)	2	Daten schreiben bzw. Dateien erstellen
FILE_APPEND_DATA (Datei) bzw. FILE_ADD_SUBDIRECTORY (Ordner)	4	Daten an Datei anhängen bzw. Ordner erstellen
FILE_READ_EA	8	Erweiterte Attribute lesen
FILE_WRITE_EA	16	Erweiterte Attribute schreiben
FILE_EXECUTE (Datei) bzw. FILE_TRAVERSE (Ordner)	32	Datei ausführen bzw. Ordner durchsuchen
FILE_DELETE_CHILD (nur Ordner)	64	Unterordner und Dateien löschen
FILE_READ_ATTRIBUTES	128	Attribute lesen
FILE_WRITE_ATTRIBUTES	256	Attribute schreiben
DELETE	65536	Löschen
READ_CONTROL	131072	Berechtigungen lesen
WRITE_DAC	262144	Berechtigungen ändern
WRITE_OWNER	524288	Besitzrechte übernehmen
SYNCHRONIZE	1048576	(wird zur Synchronisierung verwendet)

Tabelle 11.45 Konstanten für Rechte auf Dateien und Ordner. Diese Konstanten sind leider weder in der ADsSecurity.dll noch in der ActiveDS.tlb definiert.

Tabelle 11.46
Konstanten für Rechte auf Active Directory-Einträge (ADS_RIGHTS_ENUM in der ActiveDS.tlb)

Symbolische Konstante	Wert
ADS_RIGHT_DELETE	65536
ADS_RIGHT_READ_CONTROL	131072
ADS_RIGHT_WRITE_DAC	262144
ADS_RIGHT_WRITE_OWNER	524288
ADS_RIGHT_SYNCHRONIZE	1048576
ADS_RIGHT_ACCESS_SYSTEM_SECURITY	16777216
ADS_RIGHT_GENERIC_READ	-2147483648
ADS_RIGHT_GENERIC_WRITE	1073741824
ADS_RIGHT_GENERIC_EXECUTE	536870912
ADS_RIGHT_GENERIC_ALL	268435456
ADS_RIGHT_DS_CREATE_CHILD	1
ADS_RIGHT_DS_DELETE_CHILD	2
ADS_RIGHT_ACTRL_DS_LIST	4
ADS_RIGHT_DS_SELF	8
ADS_RIGHT_DS_READ_PROP	16
ADS_RIGHT_DS_WRITE_PROP	32
ADS_RIGHT_DS_DELETE_TREE	64
ADS_RIGHT_DS_LIST_OBJECT	128
ADS_RIGHT_DS_CONTROL_ACCESS	256

Well Known Security Principals

Bekannte Benutzer Neben Benutzern und Gruppen kennt Windows auch Pseudogruppen wie „Jeder", „Interaktive Benutzer" und „System". Diese Gruppen werden *Well Known Security Principals* genannt. Für die Änderungen von Sicherheitseinstellungen werden die in Tabelle 11.47 gezeigten SIDs benötigt. Im Active Directory sind die *Well Known Security Principals* im *ConfigurationNamingContext* im Container cn=Well Known Security Principals abgelegt. Sie finden diese Benutzer jedoch nicht im *DefaultNamingContext*.

Verwechseln Sie die *Well Known Security Principals* nicht mit den *BuiltIn-Konten* (z.B. *Gäste, Administratoren, Benutzer*). Letztere finden Sie in Active Directory im *DefaultNamingContext* in cn=BuiltIn.

Well Known Security Principal	SID
Anonymous Logon	1;1;0;0;0;0;0;5;7;0;0;0
Authenticated Users	1;1;0;0;0;0;0;5;11;0;0;0
Batch	1;1;0;0;0;0;0;5;3;0;0;0
Creator Group	1;1;0;0;0;0;0;3;1;0;0;0
Creator Owner	1;1;0;0;0;0;0;3;0;0;0;0

Tabelle 11.47: SIDs der Well Known Security Principals

Zusatzkomponenten für ADSI

Well Known Security Principal	SID
Dialup	1;1;0;0;0;0;0;5;1;0;0;0
Enterprise Domain Controllers	1;1;0;0;0;0;0;5;9;0;0;0
Everyone	1;1;0;0;0;0;0;1;0;0;0;0
Interactive	1;1;0;0;0;0;0;5;4;0;0;0
Network	1;1;0;0;0;0;0;5;2;0;0;0
Proxy	1;1;0;0;0;0;0;5;8;0;0;0
Restricted	1;1;0;0;0;0;0;5;12;0;0;0
Self	1;1;0;0;0;0;0;5;10;0;0;0
Service	1;1;0;0;0;0;0;5;6;0;0;0
System	1;1;0;0;0;0;0;5;18;0;0;0
Terminal Server User	1;1;0;0;0;0;0;5;13;0;0;0

Tabelle 11.47: SIDs der Well Known Security Principals (Forts.)

Ermittlung der SIDs der Well Known Security Principals

Das folgende Script zeigt, wie die Tabelle 11.47 ermittelt wurde.

```
Set c = GetObject("LDAP://xfileserver/cn=WellKnown Security
Principals,cn=Configuration,dc=FBI,dc=net")
For Each o In c
    say o.cn & ": " & OctetToHex(o.Get("objectsid"))
Next
```

Listing 11.100 Ermittlung der SIDs der Well Known Security Principals [ADSIExtras_WellKnown-SIDs.wsf]

Das ist das Ende des Exkurses zur Windows-Sicherheit – zurück zur Komponente *ADsSecurity*.

Klassen der ADsSecurity-Komponente

Die Komponente *ADsSecurity* stellt zwei Klassen bereit:

- ADsSecurity
- ADsSID

Klassen

Klasse ADsSecurity

Die Klasse ADsSecurity ist eng verzahnt mit den Klassen SecurityDescriptor, AccessControlList und AccessControlEntry des ADSI-Kerns.

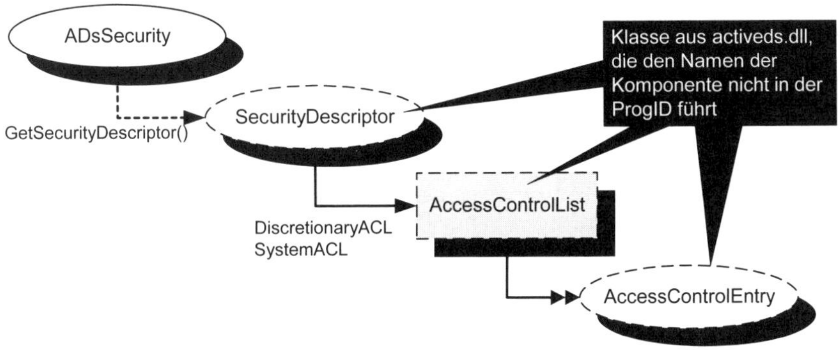

ADsSecurity

Bild 11.37 Verzahnung der ADsSecurity-Klasse mit dem ADSI-Kern

Kapitel 11 Verzeichnisdienste

Nur Methoden

Die Klasse `ADsSecurity` implementiert vier Methoden und keine Attribute:
- `GetSecurityDescriptor(pfad)` liefert den Security Descriptor (SD) als Zeiger auf die Schnittstelle des Typs `ActiveDs.SecurityDescriptor`.
- `GetSecurityDescriptorAs (Format_Konst, pfad)` liefert den SD in einem bestimmten Format. Möglich sind
  - RAW (0),
  - HEXSTRING (1),
  - Security Descriptor Definition Language (SDDL) (2),
  - ein Zeiger auf `ActiveDs.SecurityDescriptor` (3).

  Mit dem Wert 3 ist die Methode äquivalent zu `GetSecurityDescriptor()`.
- `SetSecurityDescriptor (oSD, [pfad])` setzt den SD. Der Parameter `oSD` ist dabei ein Zeiger des Typs ActiveDs.SecurityDescriptor. Die Pfadangabe ist optional: Ohne Pfad wird der SD dorthin geschrieben, wo er zuvor mit `GetSecurityDescriptor()` hergeholt wurde.
- `GetSID(pfad)` liest den SID eines Verzeichniseintrags aus und liefert eine Instanz der Klasse `ADsSID`. Hier sind nur WinNT und LDAP-Pfade erlaubt.

Klasse ADsSID

ADsSID

Die Klasse `ADsSID` speichert einen Security Identifier (SID) und ermöglicht es, diesen in einem bestimmten Format auszugeben bzw. zu setzen. Die Klasse dient also der Umwandlung von verschiedenen Darstellungen eines Benutzerkontos, insbesondere der Umwandlung eines textlichen Benutzernamens in einen SID.

- `GetAs(SID_Format)` gibt den SID in dem angegebenen Format aus.
- `SetAs(SID_Format, wert)` belegt die Instanz von `ADsSID` mit einem neuen Wert. Dabei muss der Wert im angegebenen Format übergeben werden. Diese Methode initialisiert lediglich den internen Zustand von `ADsSID` neu. Damit wird keine Veränderung in einem persistenten Objekt bewirkt.

Tabelle 11.48 Mögliche Werte für SID-Formate (ADS_SID_FORMAT)

Konstante	Wert	Erläuterung
ADS_SID_RAW	0	Internes Format (nicht druckbar)
ADS_SID_HEXSTRING	1	Hexadezimaldarstellung
ADS_SID_SAM	2	Form domain\user
ADS_SID_UPN	3	Form user@domain
ADS_SID_SDDL	4	Security Descriptor Definition Language (SDDL)
ADS_SID_WINNT_PATH	5	WinNT-ADSI-Pfad
ADS_SID_ACTIVE_DIRECTORY_PATH	6	LDAP-ADSI-Pfad
ADS_SID_SID_BINDING	7	FormGC://<SID=...>

Identifikation und Bindung

ADSI-Pfade

Auch `ADsSecurity` verwendet ADSI-Pfade zur Identifikation der Objekte, deren ACL bearbeitet werden soll. Es gibt dabei für Exchange Server- und Active Directory LDAP-Objekte keinen Unterschied zwischen den Pfaden, die der ADSI-Kern auch benutzt. Sie können also direkt aus einem Exchange-Objekt dessen Pfad auslesen und damit auch auf die ACL zugreifen. Für Dateisystem und Registrierungsdatenbank gibt es eigene Moniker: `File://` und `RGY://`.

- Zugriff auf eine Datei

  File://f:\test\test.txt
- Zugriff auf einen Ordner

  File://f:\test\
- Zugriff auf einen lokalen Registrierungsdatenbankschlüssel

  RGY://HKEY_LOCAL_MACHINE\SOFTWARE\IT-Visions\
- Zugriff auf einen entfernten Registrierungsdatenbankschlüssel

  RGY://XFilesServer01/HKEY_LOCAL_MACHINE\SOFTWARE\IT-Visions\

Arbeit mit der Komponente

Die grundsätzliche Vorgehensweise sieht folgendermaßen aus:

Vorgehensweise

- Erzeugen einer Instanz ADsSecurity. Bitte beachten Sie, dass die ProgID nicht wie üblich aus zwei Gliedern besteht.

  Set oADSSEC = CreateObject("ADsSecurity")
- Auslesen des Security Descriptors (SD) aus einem Objekt, dessen ADSI-Pfad übergeben wird

  Set oSD = oADSSEC.GetSecurityDescriptor(pfad)
- Zugriff auf die Discretionary Access Control List (DACL)

  Set oDACL = oSD.DiscretionaryAcl
- Danach kann die DACL ausgelesen werden, indem über den in der DACL enthaltenen ACE iteriert wird.

Ausgabe des Security Descriptors

Für die Ausgabe eines SD seien zunächst zwei Hilfsroutinen definiert.

Einen SD ausgeben

- list_acl() gibt anhand eines übergebenen Objekts des Typs AccessControlList die ACL an. list_acl() benötigt die Angabe des Objekttyps, damit der richtige Aufzählungstyp für die Rechte angewendet werden kann. Der Objekttyp ist nicht aus dem Objektpfad eindeutig ablesbar, da verschiedene Objekttypen die gleiche ProgID verwenden (z.B. Exchange und Active Directory verwenden *ldap://*, Datei und Ordner *file://*).
- list_sd() setzt eine Ebene höher an und liefert den Besitzer und die ACL zu einem gegebenen Objektpfad. Dabei ist auch hier der Typ anzugeben, da dieser an list_acl() weitergereicht werden muss.

```
Sub list_sd(ByVal pfad, typ)
Dim oSD ' As ActiveDs.SecurityDescriptor
Dim oADSSEC ' As ADsSecurity
Dim oACL ' As ActiveDs.AccessControlList
' -- Instanz erzeugen
Set oADSSEC = CreateObject("ADsSecurity")
' -- Security Descriptor holen
Const filepfad = "FILE://f:\test\1.txt"
Set oSD = oADSSEC.GetSecurityDescriptor(filepfad)
say "----- Rechte auf " & pfad
' Dim oACL As AccessControlList
say "Besitzer: " & oSD.Owner
' -- Zugriff auf Discretionary Access Control List
Set oACL = oSD.DiscretionaryAcl
list_acl oACL, typ
End Sub
```

Listing 11.101
Ausgabe eines Security Descriptors
[list_sd.wsf]

Listing 11.102
Ausgabe der ACL. Die umfangreiche Array-Definition für die Rechtekonstante ist hier aus Platzgründen nur ausschnittsweise abgedruckt, auf der Buch-CD jedoch enthalten. [ADSI_Extras_Funktionen.vbs]

```
' ### Ausgabe einer ACL
Sub list_acl(oACL, typ)
' oACL As AccessControlList
Dim oACE ' As AccessControlEntry
Dim Ausgabe ' As String
Dim Rechtearray()
' *** Konstanten für Registry-Rechte
Dim arrADS_RIGHT_RGY_ENUM(10, 2)
arrADS_RIGHT_RGY_ENUM(0, 0) = "KEY_READ"
arrADS_RIGHT_RGY_ENUM(0, 1) = 131097
arrADS_RIGHT_RGY_ENUM(1, 0) = "KEY_WRITE"
...
' *** Konstanten für Dateirechte
Dim arrFile(14, 2)
arrFile(0, 0) = "READ_DATA"
arrFile(0, 1) = 1
arrFile(1, 0) = "WRITE_DATA"
...
' *** Konstanten für Ordnerrechte
Dim arrFolder(15, 2)
arrFolder(0, 0) = "ADD_FILE "
arrFolder(0, 1) = 1
arrFolder(1, 0) = "ADD_SUBDIRECTORY "
...
' *** Konstanten für AD-Rechte
Dim arrADS_RIGHTS_ENUM(19, 2)
arrADS_RIGHTS_ENUM(0, 0) = "ADS_RIGHT_DELETE"
arrADS_RIGHTS_ENUM(0, 1) = 65536
...
' *** Konstanten für AD-Rechte
Dim arrADS_RIGHTS_ENUM(19, 2)
arrADS_RIGHTS_ENUM(0, 0) = "DELETE"
arrADS_RIGHTS_ENUM(0, 1) = 65536
arrADS_RIGHTS_ENUM(1, 0) = "READ_CONTROL"
...
' *** Konstanten für Exchange-Rechte
Dim arrADS_RIGHT_EXCH_ENUM(10, 2)
arrADS_RIGHT_EXCH_ENUM(0, 0) = "EXCH_ADD_CHILD"
arrADS_RIGHT_EXCH_ENUM(0, 1) = 1
arrADS_RIGHT_EXCH_ENUM(1, 0) = "EXCH_MODIFY_USER_ATT"
...
' -- Fallunterscheidung: Bindung an richtiges Array
Select Case LCase(typ)
    Case "file": Rechtearray = arrFile
    Case "folder": Rechtearray = arrFolder
    Case "registry": Rechtearray = arrADS_RIGHT_RGY_ENUM
    Case "exchange": Rechtearray = arrADS_RIGHT_EXCH_ENUM
    Case "ad": Rechtearray = arrADS_RIGHTS_ENUM
    Case Else: MsgBox "Ungültiger Typ!"
               Exit Sub
End Select

say "Anzahl der ACEs: " & oACL.AceCount
' -- Iteration über die Einträge
For Each oACE In oACL
```

```
    If oACE.AceType = 0 Then   ' ACCESS_ALLOWED_ACE
      Ausgabe = oACE.Trustee & " darf "
    Else                       ' ACCESS_DENY_ACE
      Ausgabe = oACE.Trustee & " darf NICHT "
    End If
    Ausgabe = Ausgabe & get_from_array_mult(oACE.accessmask, Rechtearray)
    Ausgabe = Ausgabe & "(" & oACE.Flags & ")"
    say Ausgabe
  Next
End Sub
```

```
Sub adsiextras_printacls()
' Konstanten bitte anpassen!
Const filepfad = "FILE://f:\test\1.txt"
Const folderpfad = "FILE://f:\test"
Const regpfad = "RGY://XFilesServer01/HKEY_LOCAL_MACHINE\SOFTWARE\IT-Visions"
Const adspfad = "LDAP://XFilesServer01/cn=Schema,cn=Configuration,dc=FBI,dc=net"
list_sd filepfad, "file"
list_sd folderpfad, "folder"
list_sd regpfad, "Registry"
list_sd adspfad, "AD"
list_sd expfad, "Exchange"
End Sub
```

Listing 11.103
Beispiel für die Ausgabe der Rechte auf verschiedenen Objekten mithilfe der Routinen list_sd() *und* list_acl() *[ADSI_Extras_Funktionen.vbs]*

Rechteänderung

Die Rechte auf ein Objekt können geändert werden, indem der Security Descriptor (SD) mit GetSecurityDescriptor() gelesen wird, danach die ACEs in der ACL geändert werden und anschließend der SD mit SetSecurityDescriptor() zurückgeschrieben wird. Ein ACE-Objekt wird extern instanziiert und mit der Methode AddAce() an ein AccessControlList-Objekt angefügt.

Einen SD verändern

```
' ### Anfügen eines Rechts an ein Objekt
Sub perm_add(pfad, Trustee, Mask, Typ, Flags)
say "--- Rechte setzen für " & Trustee
Dim oSD ' As ActiveDs.SecurityDescriptor
Dim oADSSEC ' As ADsSecurity
Dim oACL ' As ActiveDs.AccessControlList
Dim oACE ' As ActiveDs.AccessControlEntry
' --- Instanz erzeugen
Set oADSSEC = CreateObject("ADsSecurity")
' --- Security Descriptor holen
Set oSD = oADSSEC.GetSecurityDescriptor(CStr(pfad))
' --- Zugriff auf DACL
Set oACL = oSD.DiscretionaryAcl
'say "Recht vorher: "
'list_acl oACL, "file"
' --- Neuer ACE
Set oACE = CreateObject("AccessControlEntry")
' --- Werte eintragen
oACE.Trustee = Trustee
oACE.accessmask = Mask
oACE.AceType = Typ
oACE.AceFlags = Flags
' --- ACE anfügen
oACL.AddAce oACE
```

Listing 11.104
Auszug aus [ADSI_Extras_Funktionen.vbs]

Kapitel 11 Verzeichnisdienste

```
' --- ACL neu sortieren!
'list_acl oACL, "file"
say "Sortieren der ACL..."
SortACL oACL
'list_acl oACL, "file"
' --- Neuer SD schreiben
oADSSEC.SetSecurityDescriptor oSD
say "Recht für " & Trustee & " eingetragen"
End Sub
```

Leider dürfen die ACEs in einer ACL nicht beliebig angeordnet sein.

Ordnung muss sein
- Zugriffsverweigerungen für das Objekt selbst
- Zugriffsverweigerung für Attribut und Unterobjekte
- Zugriffserlaubnisse für das Objekt selbst
- Zugriffserlaubnisse für Attribut und Unterobjekte
- Alle geerbten ACEs

ACEs sortieren Die Einhaltung dieser Ordnung ist bei der Neuerstellung eines SD recht einfach zu handhaben. Wenn aber zu einer bestehenden ACL weitere ACE hinzugefügt werden sollen, kann der Vorgang des Einfügens an der richtigen Stelle sehr komplex werden. Eine effiziente Lösung des Problems besteht darin, die ACE zunächst am Ende anzufügen und dann einen Algorithmus anzuwenden, der die komplette ACL sortiert. Diesen Algorithmus dokumentiert Microsoft in [Q269159]. Dabei wird die ACL erst in verschiedene Teil-ACLs zerlegt, die dann später in der richtigen Reihenfolge zusammengebaut werden.

Die Routine SortACL() sortiert eine ACL und gibt sie sortiert per Call-by-Reference an den Aufrufer zurück. perm_add() ruft SoftACL() auf. Dass SortACL() nicht als Funktion implementiert ist, liegt daran, dass ein schreibender Zugriff auf das Attribut DiscretionaryAcl der Klasse AccessControlList in verschiedenen Tests nicht funktionierte. Man kann aber die dort enthaltene ACL direkt modifizieren

Listing 11.105
Auszug aus [ADSI_Extras_Funktionen.vbs]

```
' ### Hilfsroutine zum korrekten Sortieren der ACEs in einer ACL
Sub SortACL(ACL)
' Teile dieser Routine stammen von Microsoft
Dim sec ' As New ADsSecurity
Dim sd ' As IADsSecurityDescriptor
Dim dacl ' As IADsAccessControlList
Dim ace ' As IADsAccessControlEntry
Dim newAce ' As New AccessControlEntry

Dim newdacl ' As New AccessControlList
Dim ImpDenyDacl ' As New AccessControlList
Dim ImpDenyObjectDacl ' As New AccessControlList
Dim InheritedDacl ' As New AccessControlList
Dim ImpAllowDacl ' As New AccessControlList
Dim impAllowObjectDacl ' As New AccessControlList

Set newdacl = CreateObject("AccessControlList")
Set InheritedDacl = CreateObject("AccessControlList")
Set ImpAllowDacl = CreateObject("AccessControlList")
Set InhAllowDacl = CreateObject("AccessControlList")
Set ImpDenyDacl = CreateObject("AccessControlList")
Set ImpDenyObjectDacl = CreateObject("AccessControlList")
Set impAllowObjectDacl = CreateObject("AccessControlList")
```

```
' --- Aufteilung der ACL in mehrere Teil-ACL
For Each ace In ACL
 ' geerbte ACE
   If ((ace.AceFlags And ADS_ACEFLAG_INHERITED_ACE) = ADS_ACEFLAG_INHERITED_ACE) Then
      InheritedDacl.AddAce ace
   Else ' nicht geerbte ACR
      Select Case ace.AceType
      Case ADS_ACETYPE_ACCESS_ALLOWED
         ImpAllowDacl.AddAce ace
      Case ADS_ACETYPE_ACCESS_DENIED
         ImpDenyDacl.AddAce ace
      Case ADS_ACETYPE_ACCESS_ALLOWED_OBJECT
         impAllowObjectDacl.AddAce ace
      Case ADS_ACETYPE_ACCESS_DENIED_OBJECT
         ImpDenyObjectDacl.AddAce ace
      Case Else
         say "Fehlerhafte ACE" & Hex(ace.AceType)
      End Select
   End If
Next

' --- Korrekte Anordnung der ACE
For Each ace In ImpDenyDacl
   newdacl.AddAce ace
Next
For Each ace In ImpDenyObjectDacl
   newdacl.AddAce ace
Next
For Each ace In ImpAllowDacl
   newdacl.AddAce ace
Next
For Each ace In impAllowObjectDacl
   newdacl.AddAce ace
Next
For Each ace In InheritedDacl
   newdacl.AddAce ace
Next
' --- geordnete ACL zurückgeben
Set ACL = newdacl

End Sub
```

11.7.6 Beispiel

Das folgende Beispiel zeigt die Ergänzung von ACEs für ein Verzeichnis im Dateisystem mithilfe von perm_add().

```
' --- Bitte anpassen!
'Const pfad = "RGY://HKEY_LOCAL_MACHINE\Software\it-visions"
Const pfad = "file://d:\daten"
perm_add pfad, "fbi\DanaScully", FULL, ADS_ACETYPE_ACCESS_ALLOWED, ADS_ACEFLAG_
INHERIT_ACE
perm_add pfad, "fbi\JohnDoggett", FILE_READ_DATA, ADS_ACETYPE_ACCESS_ALLOWED,
ADS_ACEFLAG_INHERIT_ACE
perm_add pfad, "S-1-1-0", FULL, ADS_ACETYPE_ACCESS_DENIED, ADS_ACEFLAG_INHERIT_ACE
```

Listing 11.106
Test von Perm_Add() [ADSI-EXTRAS_file-permadd.wsf]

Kapitel 11 Verzeichnisdienste

Die folgende Abbildung zeigt die Sicherheitseinstellung des Ordners nach der Ausführung des Scripts.

Bild 11.38
Rechte nach
Ausführung
des Scripts

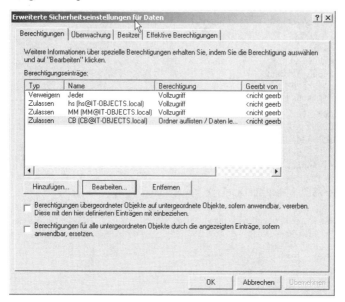

ACE entfernen Ein ACE kann mit der Methode `RemoveAce(oACE)` auf einem `AccessControlList`-Objekt unter Angabe eines `AccessControlEntry`-Objekts entfernt werden.

Die Klasse `ActiveDs.AccessControlEntry` erwartet im Attribut `Trustee` eine Zeichenkette, keinen SID in Array-Form. Es gibt eine textliche Umschreibung eines SID. Wichtig ist dies bei den *Well Known Security Principals*, die nicht wie alle Benutzer in der Form *domain/user* spezifiziert werden können. Der textliche SID für *Well Known Security Principals* hat die Form *S-x-y-z*, wobei

- x die erste Zahl im SID
- y die achte Zahl im SID
- z die neunte Zahl im SID
- ist. Aus *1;1;0;0;0;0;0;1;0;0;0;0* (Everyone) wird so *S-1-1-0* und aus *1;1;0;0;0;*
- *0;0;5;18;0;0;0* (System) wird *S-1-5-18*.

11.7.7 IADsTools

Im Rahmen der „Windows Server Support Tools", die auf der Windows Installations-CD-ROM enthalten sind, liefert Microsoft eine automationsfähige COM-Komponente, die viele Funktionen für die Programmierung mit dem Active Directory bereitstellt.

Name und Abkürzung	IADsTools
Name der Komponentendatei	IADsTools.dll
Interner Name der Typbibliothek	IADsTools
Helpstring der Typbibliothek	IADsTools

Tabelle 11.49: Schnellinfo IADsTools

Name und Abkürzung	IADsTools
Hersteller	Microsoft
Lizenzierung	Kostenloses Add-On; die Komponente ist im ADSI SDK 2.5 enthalten.
Besprochene Version	1.0.0.2182
NT 4.0, Windows 2000, Windows XP und Windows Server 2003	Installation der Windows 2000 Support Tool aus dem Verzeichnis /Support/Tool der Windows Server-Installations-CD
NT 4.0, Windows 9x, Windows ME	nicht verfügbar
Dokumentation	Teilweise dokumentiert in einer mit den Support Tools mitgelieferten .doc-Datei (iadstools.doc)

Tabelle 11.49: Schnellinfo IADsTools (Forts.)

IADsTools definiert 32 Klassen. Allein die Klasse `DCFunctions` implementiert 74 Methoden. Da eine ausführliche Besprechung den Rahmen dieses Buchs sprengen würde, seien an dieser Stelle nur einige der Möglichkeiten von *IADsTools* aufgelistet:

Feature-Überblick

- Umformung von Namen (z.B. zwischen AD-RDN und WinNT-RDN, zwischen LDAP-Syntax und DNS-Syntax, Extraktion eines RDN aus einem DN, GUID in ADSI-Pfad)
- Unterstützung der Arbeit mit Standorten und Servern
- Ermittlung der Server, die eine bestimmte Flexible Single Master Operations-(FSMO-)Rolle realisieren (z.B. Schema-Master, PDC-Emulator)
- Arbeit mit Group Policy Objects (GPO)
- Arbeit mit Vertrauensstellungen
- Test einer LDAP-Verbindung (Methode `TestBind()`)
- Senden einer Netzwerknachricht (Methode `NetSendMessage()`)
- Informationen über Replikationseinstellungen und -abläufe
- Informationen über IP-Konfiguration

11.8 Group Policy Objects (GPO)

Gruppenrichtlinien sind ein mächtiges Werkzeug zum Customizing von Windows und für die Rechtebeschränkung von Benutzern in Active Directory-basierten Windows-Netzwerken. Gruppenrichtlinien wurden mit Windows 2000 Server eingeführt und in jeder neuen Server-Version steht es erweitert.

Gruppenrichtlinien

Das Scripting von Gruppenrichtlinien ist mit dem Active Directory Service Interface (ADSI) nicht möglich. Lange Zeit gab es gar keine Scripting-Objekte für Gruppenrichtlinien. Im Zuge des Windows Server 2003 hat Microsoft die Gruppenrichtlinienverwaltungskonsole (Group Policy Management Console – GPMC) und ein zugehöriges Scripting-Objektmodell, die Group Policy Objects (GPO), entwickelt.

Name und Abkürzung	Group Policy Objects (GPO)
DLL	gpmgmt.dll
Name der Typbibliothek	GPMGMTLib
Helpstring der Typbibliothek	gpmgmt 1.0 Type Library

Tabelle 11.50: Schnellinfo GPO-Komponente

Name und Abkürzung	Group Policy Objects (GPO)
Hersteller	Microsoft
Besprochene Version	6.0
Windows NT 4.0	nicht installierbar
Windows 9x/ME	nicht installierbar
Windows 2000	nicht installierbar
Windows XP	Installation des .NET Frameworks 1.1 [CD:/install/DOTNET/DOTNET Framework Redistributable 1.1] und der Gruppenrichtlinienverwaltungskonsole (gpmc.msi) [CD:/install/komponenten/GPMC]
Windows Server 2003 und Windows Vista und Windows 7	Installation der Gruppenrichtlinienverwaltungskonsole (gpmc.msi) [CD:/install/komponenten/GPMC] bzw. der Remote Server Administration Tools (RSAT) [CD:/install/Komponenten/RSAT]
Windows Server 2008 (inkl. R2)	Enthalten
Dokumentation	gpmc.chm (enthalten in gpmc.msi)

Tabelle 11.50: Schnellinfo GPO-Komponente (Forts.)

> Die Scripts in diesem Kapitel laufen nur auf Betriebssystemen ab Windows XP, da Microsoft für die GPMC-Komponente keine Installation auf älteren Windows-Versionen anbietet. Ein Windows 2000 Server-basiertes Active Directory kann aber durch diese Scripts fernverwaltet werden.

11.8.1 Grundlagen zur Gruppenrichtlinienverwaltungskonsole

GPMC Die MMC-Konsole „Gruppenrichtlinienverwaltung" ist in Windows Server 2008 enthalten. Für Windows XP und Windows Server 2003 gibt es ein Add-On. Obwohl die Konsole nicht auf Windows 2000 gestartet werden kann, können damit dennoch Windows Server 2000-basierte Active Directory-Installationen verwaltet werden.

Funktionsüberblick

Die GPMC bietet sechs Grundfunktionen:

▷ Zuweisung von Gruppenrichtlinien zu Organisationseinheiten
▷ Definition von WMI-Filtern zur bedingten Ausführung von Gruppenrichtlinien
▷ Importieren und Exportieren sowie Kopieren und Einfügen von Gruppenrichtlinienobjekten
▷ Berichte über die Einstellungen in einer Gruppenrichtlinie in HTML- oder XML-Form
▷ Berichte in HTML-Form über die auf eine OU, einen Benutzer oder eine Gruppe einwirkenden Richtlinien und Einstellungen (Gruppenrichtlinienergebnisse – Resultant Set of Policies kurz: RSoP)
▷ Sichern und Wiederherstellen von Gruppenrichtlinienobjekten

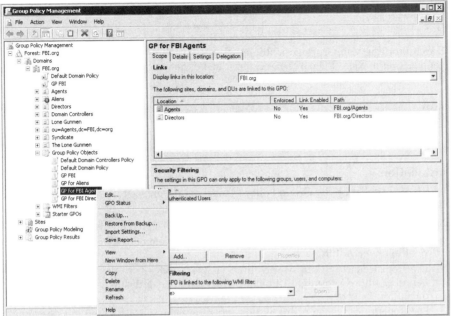

Bild 11.39
Gruppenricht-linienverwaltung in der GPMC (hier in Windows Server 2008 R2)

Ein Gruppenrichtlinienobjekt (Group Policy Object – GPO) ist dabei die Zusammenfassung einer Menge von Gruppenrichtlinieneinstellungen. Nicht zu den Funktionen der GPMC gehört die Konfiguration der einzelnen Gruppenrichtlinieneinstellungen; diese Funktion wird wie bisher über den „Gruppenrichtlinieneditor" (Group Policy Editor) bereitgestellt. Daher können Gruppenrichtlinien weiterhin nicht per Programmcode/Script definiert werden. Die GPO-Komponente ermöglicht nur die Zuordnung von vordefinierten Gruppenrichtlinien. Die Funktionen des Gruppenrichtlinieneditors sind leider nicht Scripting-fähig.

Dynamische Zuordnung mit WMI-Filtern

Die klassische Zuordnung zwischen Gruppenrichtlinien und Containern ist statisch allein durch die Position im Active Directory-Baum bestimmt; eine flexible Reaktion auf Eigenschaften des Computers und des Benutzers ist nicht möglich. Eine neue Funktion der GPMC ist die Definition sogenannter WMI-Filter. Windows Management Instrumentation (WMI) wird in diesem Buch in einem eigenen Kapitel ausführlich behandelt.

Ein WMI-Filter umfasst einen oder mehrere in der WMI Query Language (WQL) festgelegte Suchausdrücke. WQL hat sehr große Ähnlichkeit mit SQL: Statt eines Tabellennamens ist der Name einer WMI-Klasse anzugeben. An die Stelle der Spaltennamen treten die Attributnamen. Auch der Stern-Operator (`Select * from…`) ist erlaubt. WMI-Filter können dazu verwendet werden, Gruppenrichtlinien fallweise auszuführen. Wenn eine Gruppenrichtlinie an einen WMI-Filter gebunden ist, dann wird sie nur ausgeführt, wenn alle WQL-Abfragen des Filters ein Ergebnis liefern.

Ein Beispiel für einen sinnvollen WMI-Filter ist die Abfrage, ob auf dem System die Internet Information Services (IIS) installiert sind. Die WMI-Klasse `Win32_Service` repräsentiert einen Windows-Dienst. Der HTTP-Dienst des IIS heißt „w3svc".

```
Select *
from Win32_Service
where name="w3svc" and state="running"
```

Durch Bindung von Gruppenrichtlinien an diesen WMI-Filter wirken die Einstellungen aus diesen Richtlinien auf alle Computer, bei denen die obige WQL-Abfrage mindestens ein Objekt zurückliefert.

WMI-Filter funktionieren nur auf Betriebssystemen ab Windows XP und sind auch nicht sehr schnell. Rechner mit älteren Betriebssystemen werden eine Richtlinie mit WMI-Filter auf jeden Fall ausführen, auch wenn der Filter nicht zutrifft.

Installation

Durch die Installation der Group Policy Management Console (*gpmc.msi*) wird auch die GPMC-Scripting-Komponente installiert.

Veränderungen nach der Installation

Nach der Installation der *gpmc.msi* gibt es vier Veränderungen im System:

- Im Ordner „Verwaltung" im Startmenü findet man ein neues Werkzeug „Gruppenrichtlinienverwaltung".
- Die Registerkarte „Gruppenrichtlinie" in der MMC-Konsole „Active Directory-Benutzer und -Computer" ist nicht mehr verfügbar und durch einen Hinweis auf die GPMC ersetzt.
- Die Registrierungsdatenbank wurde um zahlreiche COM-Klassen mit dem Präfix „GPMGMT" ergänzt.
- Man findet im Unterverzeichnis */Programme/GPMC/Script* eine Reihe von Beispielscripts.

Aktualisierung von Gruppenrichtlinien

secedit.exe/ gpupdate.exe

Normalerweise werden Gruppenrichtlinien nur in längeren Intervallen aktualisiert (fünf Minuten auf Domänen-Controllern, 90 Minuten zuzüglich einer zufälligen Verzögerung von 0 bis 30 Minuten auf anderen Computern). Diese für Testzwecke (und auch einige Realweltsituationen) unbefriedigende Wartezeit kann durch die Nutzung der Kommandozeilenwerkzeuge *secedit.exe* bzw. *gpupdate.exe* oder durch die Herabsetzung des Aktualisierungsintervalls gelöst werden.

Die Kommandozeilenwerkzeuge *secedit.exe* (Windows 2000) bzw. *gpupdate.exe* (ab Windows XP) erzwingen die sofortige Aktualisierung aller Gruppenrichtlinien auf einem System (siehe folgende Tabelle). Leider gibt es keine Scriptbefehle zum Erzwingen der Gruppenrichtlinienaktualisierung. Man kann aber diese Befehle aus einem Script heraus als externe Prozesse starten.

Gruppenrichtlinienaktualisierung in Windows 2000	Gruppenrichtlinienaktualisierung ab Windows XP
`secedit /refreshpolicy user_policy /enforce` `secedit /refreshpolicy machine_policy /enforce`	`gpupdate /force`

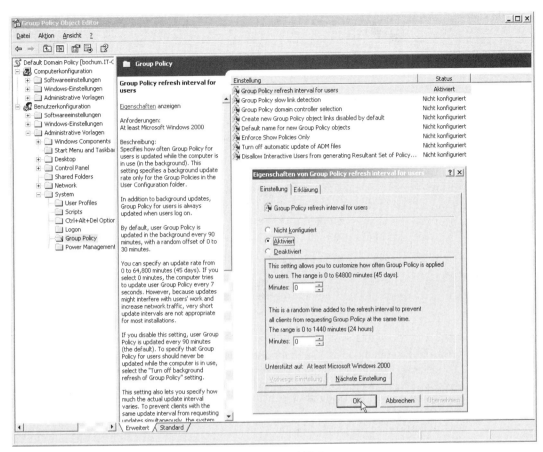

Bild 11.40: Setzen des Aktualisierungsintervalls für Gruppenrichtlinien

Group refresh interval

Eine andere Alternative (nur für Benutzerrichtlinien) besteht darin, das Aktualisierungsintervall herabzusetzen. Es ist möglich, durch die Gruppenrichtlinieneinstellung */Benutzerkonfiguration/Administrative Vorlagen/System/Group Policy/Group refresh interval for users* das Aktualisierungsintervall auf wenige Sekunden (Einstellung 0, vgl. Abbildung) zu verringern.

11.8.2 GPO-Objektmodell

Die GPO-Komponente implementiert zahlreiche Klassen, die ein umfangreiches Objektmodell bilden (siehe Bild 11.41). Der Name einer jeden Klasse beginnt mit den Großbuchstaben „GPM". Der Name der Wurzelklasse des Objektmodells besteht nur aus diesen drei Großbuchstaben. Das Wurzelobjekt, von dem alle weiteren Aktionen ausgehen, wird instanziiert mit `CreateObject("GPMgmt.GPM")`.

Bild 11.41
GPO-Objekt-
modell

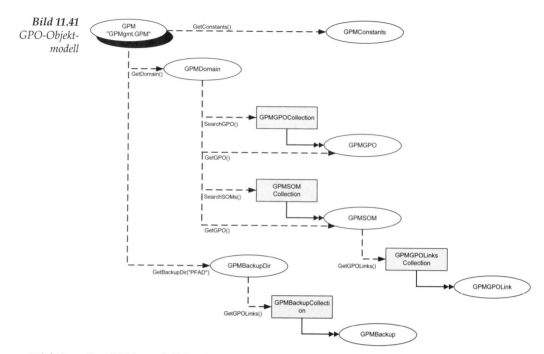

Wichtige Klassen

Das Objektmodell der GPMC-Komponente ist sehr geradlinig:
- Über GetDomain() erhält man von dem GPM-Objekt aus ein GPMDomain-Objekt.
- Das GPMDomain-Objekt liefert über SearchGPOs() eine Liste aller Gruppenrichtlinien in Form einzelner GPMGPO-Objekte.
- Das GPMDomain-Objekt liefert außerdem über SearchSOMs() eine Liste aller AD-Container in Form einzelner GPMSOM-Objekte.
- Ein einzelnes GPMGPO-Objekt kann über den GUID der Gruppenrichtlinie als Parameter für die Methode GetGPO() direkt angesprochen werden.
- Ein einzelnes GPMSOM-Objekt kann über den LDAP-Pfad des Containers als Parameter für die Methode GetSOM() direkt angesprochen werden.
- Jedes GPMSOM-Objekt besitzt eine GPMGPOLinkCollection mit einzelnen GPMGPOLink-Objekten, die jeweils eine Verknüpfung des Containers mit einer Gruppenrichtlinie repräsentieren.

Verknüpfungen

Ein GPMGPOLink-Objekt enthält laut Objektmodell zwar einen Verweis auf ein GPMSOM-Objekt, nicht jedoch auf ein GPMGPO-Objekt. Die Beziehung zu dem zugehörigen Gruppenrichtlinienobjekt wird hergestellt über die Attribute GPMDomain und GPOID. GPMDomain enthält den voll qualifizierten Domänennamen als Zeichenkette, GPOID den GUID des Gruppenrichtlinienobjekts. Diese Informationen reichen aus, um gezielt ein einzelnes GPMGPO-Objekt ermitteln zu können. Der nachfolgende Befehl liefert das Objekt für die „Default Domain Controllers Policy" in der Domäne „FBO.org":

```
GPM.GetDomain("FBO.org", "", Constants.UseAnyDC). _
GetGPO("{6AC1786C-016F-11D2-945F-00C04fB984F9}")
```

Tabelle 11.51
Die wichtigsten GPMC-Klassen

Klasse	Erläuterung
GPM	Wurzelobjekt der GPMC-Komponente, wird erzeugt mit `CreateObject("GPMgmt.GPM")`
GPMConstants	`GPMConstants` ist ein Objekt, das alle für die Arbeit mit der GPMC-Komponente wichtigen Konstanten zusammenfasst.
GPMDomain	Eine Active Directory-Domäne
GPMGPO	Ein einzelnes Gruppenrichtlinienobjekt
GPMGPOCollection	Menge aller Gruppenrichtlinienobjekte in einer Domäne
GPMGPOLink	Eine Verknüpfung zwischen einer Gruppenrichtlinie und einem AD-Container
GPMGPOLinksCollection	Menge aller Verknüpfungen eines AD-Containers zu Gruppenrichtlinien
GPMSOM	Ein Active Directory-Container
GPMSOMCollection	Menge aller Active Directory-Container in einer Domäne
GPMBackupDir	Ein Verzeichnis im Dateisystem mit Sicherungskopien von Gruppenrichtlinienobjekten
GPMBackupCollection	Eine Menge von Sicherungskopien von Gruppenrichtlinienobjekten in einem Verzeichnis im Dateisystem
GPMBackup	Eine einzelne Sicherungskopie eines Gruppenrichtlinienobjekts
GPMSearchCriteria	Eine Suchanfrage, die Eingabeparameter für die Methoden `SearchBackups()`, `SearchGPOs()` oder `SearchSOMs()` ist

Container im Active Directory (Sites, Domänen und Organisationseinheiten) werden innerhalb der GPMC-Komponente Scopes of Management (SOMs) genannt.

11.8.3 Hilfsroutinen

In diesem Kapitel werden vorab einige Hilfsroutinen dokumentiert, die von den folgenden Scripts verwendet werden.

Suche nach einem GPO

Einzelne Gruppenrichtlinienobjekte können im GPO-Objektmodell nur über ihre GUIDs direkt angesprochen werden. Dazu steht die Methode `GetGPO()` in einem `GPMDomain`-Objekt zur Verfügung. Wenn man eine Gruppenrichtlinie über ihren Namen ansprechen will, muss man leider eine Suche starten. Dazu erzeugt die Hilfsroutine `GetGPOByName()` ein `GPMSearchCriteria`-Objekt.

GetGPOByName()

Die Definition der Bedingung ist leider gewöhnungsbedürftig, da nicht eine Zeichenkette der Form `"DisplayName = xy"` übergeben werden darf, sondern sowohl das zu durchsuchende Attribut (`gpm.GetConstants().SearchPropertyGPODisplayName`) als auch das Gleichheitszeichen (`gpm.GetConstants().SearchOpEquals`) durch eine Konstante zu spezifizieren sind.

Kapitel 11 Verzeichnisdienste

Listing 11.107
GPO_Funktionen.vbs

```
' ### Suche ein GPO anhand seines Namens
Function GetGPOByName(Domain, GPOName)
Dim objGPMSearchCriteria
Dim Liste
Dim gpm
' Wurzelobjekt erstellen
Set gpm = CreateObject("GPMgmt.GPM")
' Suchkriterium erzeugen
Set objGPMSearchCriteria = gpm.CreateSearchCriteria()
' Suche nach allen verlinkten SOMs
objGPMSearchCriteria.Add gpm.GetConstants().SearchPropertyGPODisplayName, _
gpm.GetConstants().SearchOpEquals, GPOName
' Suche ausführen
Set Liste = Domain.SearchGPOs(objGPMSearchCriteria)
' Zugriff auf das erste Element (Liste beginnt bei 1)
Set GetGPOByName = Liste.Item(1)
End Function
```

Informationen über ein GPO

GPOInfo() Die Basisdaten eines GPO ermittelt die Hilfsroutine `GPOInfo()`. Jedes `GPMGPO`-Objekt besitzt die Eigenschaften `Name`, `ID` (ein GUID), `Path` (ein LDAP-Pfad), `IsUserEnabled` und `IsComputerEnabled` (zwei Ja-Nein-Attribute) sowie Datumsangaben wie `CreationTime` und `ModificationTime`.

Listing 11.108
GPO_Funktionen.vbs

```
' ### Ausgabe von Informationen zu einem GPO
Sub GPOInfo(objDomain, objGPO)
say "-----------------------------------"
say "Name:" & objGPO.DisplayName
say "ID:" & objGPO.ID
say "Path:" & objGPO.Path
say "Einstellungen für Benutzer:" & objGPO.IsUserEnabled
say "Einstellungen für Computer:" & objGPO.IsComputerEnabled
say "Erstellungsdatum:" & objGPO.CreationTime
say "Letztes Änderungsdatum:" & objGPO.ModificationTime
GPOLinks objDomain, objGPO
End Sub
```

GPO-Verknüpfungen auflisten

GPOLinks() Die Ausgabe der verknüpften Container ist gekapselt in die nachstehende Hilfsroutine `GPOLinks()`. Sie liefert für ein übergebenes GPO die Liste der SOMs, mit denen das GPO verknüpft ist. Dazu muss zunächst ein Suchkriterium (eine Instanz des Typs `GPMSearchCriteria`) definiert werden. In diesem Fall werden alle Gruppenrichtlinienobjekte gesucht, die das übergebene GPO als Verknüpfungen zu einem SOM besitzen. Danach kann die Suche ausgeführt und eine Liste der Suchergebnisse ausgegeben werden. Besonders interessant bei einem SOM sind der LDAP-Pfad (`Path`) und der SOM-Typ (`Type`).

Listing 11.109
GPO_Funktionen.vbs

```
' ### Ausgabe aller SOMs, mit denen ein GPO verknüpft ist
Sub GPOLinks(objDomain, objGPO)

    Dim objGPMSearchCriteria
    Dim SOMList
    Dim SOM
    Dim strSOMType
    Dim gpm
```

```
    say "Diese Gruppenrichtlinie wird benutzt in:"

    ' Wurzelobjekt
    Set gpm = CreateObject("GPMgmt.GPM")
    ' Suchkriterium erzeugen
    Set objGPMSearchCriteria = gpm.CreateSearchCriteria()
    ' Suche nach allen verlinkten SOMs
    objGPMSearchCriteria.Add gpm.GetConstants().SearchPropertySOMLinks,
gpm.GetConstants().SearchOpContains, objGPO
    ' Suche starten

    Set SOMList = objDomain.SearchSOMs(objGPMSearchCriteria)

    If SOMList.Count = 0 Then
        say "keine"
    Else

    ' Schleife für alle SOM-Objekte in den Suchergebnissen
     For Each SOM In SOMList
        Select Case SOM.Type
            Case gpm.GetConstants().somSite
                strSOMType = "Site"
            Case gpm.GetConstants().somDomain
                strSOMType = "Domain"
            Case gpm.GetConstants().somOU
                strSOMType = "OU"
        End Select
        say "- " & SOM.Path & " (" & strSOMType & ") "
     Next
    End If
End Sub
```

11.8.4 Informationen ausgeben

Dieses Kapitel enthält Scripts, um Daten über Gruppenrichtlinienobjekte und ihre Verknüpfungen zu Active Directory-Containern auszugeben.

Informationen über ein einzelnes GPO

Das erste Script-Beispiel in diesem Kapitel liefert Basisinformationen zu einem einzelnen Gruppenrichtlinienobjekt (GPO). Das Script instanziiert zunächst das Wurzelobjekt mit `CreateObject("GPMgmt.GPM")`. Von dort kann mit `GetDomain()` eine einzelne Domäne angesprochen werden, die durch eine Instanz der Klasse `GPMDomain` repräsentiert wird.

Listing 11.110
GPO_Info-UeberEinGPO.wsf

```
' === Informationen über ein Gruppenrichtlinienobjekt
Dim GPM
Dim objDOMAIN
Dim GPO

' Parameter setzen
Const DOMAIN = "FBO.org"
Const GPOGUID = "{6AC1786C-016F-11D2-945F-00C04fB984F9}" ' Default Domain
Controllers Policy
Const GPOName = "Default Domain Controllers Policy"
```

```
say "Zugriff auf Domain " & DOMAIN

' Zugriff auf das Wurzelobjekt
Set GPM = CreateObject("GPMgmt.GPM")

' Zugriff auf Domäne
Set objDOMAIN = GPM.GetDomain(DOMAIN, "", GPM.GetConstants().UseAnyDC)

' Zugriff auf GPO über GUID
Set GPO = objDOMAIN.GetGPO(GPOGUID)
GPOInfo objDOMAIN, GPO

' Zugriff auf GPO über Name
Set GPO = GetGPOByName(objDOMAIN, GPOName)
GPOInfo objDOMAIN, GPO
End Sub
```

Alle GPOs in einer Domäne auflisten

Das zweite Script in diesem Kapitel listet alle Gruppenrichtlinienobjekte (GP-Objekte oder GPOs) in einer Active Directory-Domäne auf. Außerdem zeigt das Script an, mit welchen Containern im Active Directory die jeweilige Richtlinie verbunden („verknüpft" oder „verlinkt") ist.

Search-GPOs() Das Script instanziiert zunächst das Wurzelobjekt mit CreateObject("GPMgmt.GPM"). Von dort kann mit GetDomain() eine einzelne Domäne angesprochen werden. Innerhalb der Domäne kann durch die Methode SearchGPOs() eine Liste der Gruppenrichtlinienobjekte gewonnen werden. Bei SearchGPOs() bedeutet die Übergabe von nothing als Parameter, dass keine Einschränkung bei der Suche erfolgen und alle Gruppenrichtlinienobjekte zurückgegeben werden sollen.

Ergebnis von SearchGPOs() ist eine GPMGPOCollection mit einzelnen GPMGPO-Objekten, die Eigenschaften wie Name, ID (ein GUID), Path (ein LDAP-Pfad), IsUserEnabled und IsComputerEnabled (zwei Ja-Nein-Attribute) sowie Datumsangaben wie CreationTime und ModificationTime besitzen.

Listing 11.111
GPO_Alle-GPOs.wsf

```
' === Auflisten aller Gruppenrichtlinienobjekte und ihrer Verknüpfungen in einer
Domain
Dim GPM
Dim Constants
Dim gpmDomain
Dim GPOList
Dim GPMSearchCriteria
Dim GPO

' Zu untersuchende AD-Domain
Const DOMAIN = "FBO.org"

say "Zugriff auf Domain " & DOMAIN

' Zugriff auf das Wurzelobjekt
Set GPM = CreateObject("GPMgmt.GPM")
```

Group Policy Objects (GPO)

```
' Zugriff auf Konstanten
Set Constants = GPM.GetConstants()

' Zugriff auf Domain
Set gpmDomain = GPM.GetDomain(DOMAIN, "", Constants.UseAnyDC)

' Liste aller Gruppenrichtlinienobjekte (GPMGPOCollection) holen
Set GPOList = gpmDomain.SearchGPOs(Nothing)

say "Anzahl GPO-Objekte: " & GPOList.Count

' Schleife für die Gruppenrichtlinienobjekte
For Each GPO In GPOList
    say "-----------------------------------"
    say "Name:" & GPO.DisplayName
    say "ID:" & GPO.ID
    say "Path:" & GPO.Path
    say "Einstellungen für Benutzer:" & GPO.IsUserEnabled
    say "Einstellungen für Computer:" & GPO.IsComputerEnabled
    say "Erstellungsdatum:" & GPO.CreationTime
    say "Letztes Änderungsdatum:" & GPO.ModificationTime
    GPOLinks gpmDomain, GPO
Next
```

Ausgabe

Das Script liefert die nachfolgende Ausgabe für den Fall, dass neben den Standardrichtlinien „Default Domain Policy" und „Default Domain Controllers Policy" drei weitere Gruppenrichtlinien definiert wurden. Von den neuen Gruppenrichtlinien besitzt ein GPO vier Links und die anderen beiden zwei Links.

GPOs für einen Container auflisten

Man kann zur Auflistung der aktuellen Gruppenrichtlinien auch die Sichtweise eines einzelnen Active Directory-Containers wählen und sich per Script alle Gruppenrichtlinienobjekte auflisten lassen, die einer Domain, einer Site oder einer OU zugeordnet sind.

GPMGPO-LinkObjektmenge

Das folgende Script bezieht zunächst ein GPOSOM-Objekt über den in der Konstante CONTAINER festgelegten LDAP-Pfad. Durch GetGPOLinks() erhält man von dort eine GPMGPOLinksCollection mit einzelnen GPMGPOLink-Objekten, die jeweils eine Verknüpfung des Containers mit einer Gruppenrichtlinie repräsentieren. Ein GPMGPOLink-Objekt enthält die Attribute GPMDomain und GPOID zur Bezeichnung der verknüpften Gruppenrichtlinie. GPMDomain enthält den voll qualifizierten Domänennamen als Zeichenkette, GPOID den GUID des Gruppenrichtlinienobjekts. Diese Informationen reichen jedoch aus, um das zugehörige GPMGPO-Objekt durch GetDomain() und GetGPO() zu ermitteln.

Wenn man GetSOM() eine leere Zeichenkette übergibt, indem man die Konstante CONTAINER auf "" setzt, liefert die Methode das SOM-Objekt für die ganze Domäne.

Kapitel 11 Verzeichnisdienste

Bild 11.42
Ausgabe des Scripts GPMC_GPOListe.vbs

```
Z:\>Z:\Kapitel_10bis17_Komponenten\GPO\GPO_AlleGPOs.wsf
Microsoft (R) Windows Script Host Version 5.8
Copyright (C) Microsoft Corporation. All rights reserved.

Zugriff auf Domain FBI.org
Anzahl GPO-Objekte: 6
-------------------------------------
Name:GP for Aliens
ID:{1208D8DB-E12F-40F9-BB6A-53B6D276869F}
Path:cn={1208D8DB-E12F-40F9-BB6A-53B6D276869F},cn=policies,cn=system,DC=FBI,DC=o
rg
Einstellungen für Benutzer:True
Einstellungen für Computer:True
Erstellungsdatum:28.07.2009 17:13:28
Letztes Änderungsdatum:03.08.2009 11:28:06
Diese Gruppenrichtlinie wird benutzt in:
- OU=Aliens,DC=FBI,DC=org (OU)
-------------------------------------
Name:Default Domain Policy
ID:{31B2F340-016D-11D2-945F-00C04FB984F9}
Path:cn={31B2F340-016D-11D2-945F-00C04FB984F9},cn=policies,cn=system,DC=FBI,DC=o
rg
Einstellungen für Benutzer:True
Einstellungen für Computer:True
Erstellungsdatum:21.07.2009 00:12:52
Letztes Änderungsdatum:21.07.2009 02:02:32
Diese Gruppenrichtlinie wird benutzt in:
- DC=FBI,DC=org (Domain)
-------------------------------------
Name:GP FBI
ID:{685A9EAA-2CA5-4552-B553-92A027F9E2B6}
Path:cn={685A9EAA-2CA5-4552-B553-92A027F9E2B6},cn=policies,cn=system,DC=FBI,DC=o
rg
Einstellungen für Benutzer:True
Einstellungen für Computer:True
Erstellungsdatum:28.07.2009 17:13:22
Letztes Änderungsdatum:03.08.2009 16:22:32
Diese Gruppenrichtlinie wird benutzt in:
- DC=FBI,DC=org (Domain)
-------------------------------------
Name:Default Domain Controllers Policy
ID:{6AC1786C-016F-11D2-945F-00C04FB984F9}
Path:cn={6AC1786C-016F-11D2-945F-00C04FB984F9},cn=policies,cn=system,DC=FBI,DC=o
rg
Einstellungen für Benutzer:True
Einstellungen für Computer:True
Erstellungsdatum:21.07.2009 00:12:52
Letztes Änderungsdatum:25.07.2009 01:44:00
Diese Gruppenrichtlinie wird benutzt in:
- OU=Domain Controllers,DC=FBI,DC=org (OU)
-------------------------------------
Name:GP for FBI Directors
ID:{71C4B797-894B-4CB8-9165-B61848C01EBD}
Path:cn={71C4B797-894B-4CB8-9165-B61848C01EBD},cn=policies,cn=system,DC=FBI,DC=o
rg
Einstellungen für Benutzer:True
Einstellungen für Computer:True
Erstellungsdatum:28.07.2009 17:13:27
Letztes Änderungsdatum:28.07.2009 17:13:26
Diese Gruppenrichtlinie wird benutzt in:
- OU=Directors,DC=FBI,DC=org (OU)
-------------------------------------
Name:GP for FBI Agents
ID:{C74BFC65-41B0-49DA-A900-2F2E1395830C}
Path:cn={C74BFC65-41B0-49DA-A900-2F2E1395830C},cn=policies,cn=system,DC=FBI,DC=o
rg
Einstellungen für Benutzer:True
Einstellungen für Computer:True
Erstellungsdatum:28.07.2009 17:13:27
Letztes Änderungsdatum:03.08.2009 13:20:50
Diese Gruppenrichtlinie wird benutzt in:
- OU=Directors,DC=FBI,DC=org (OU)
- OU=Agents,DC=FBI,DC=org (OU)
-------------------------------------
Z:\>^R
```

Neben den Ausgaben des vorherigen Scripts zeigt dieses Script als erste Information zu jeder Gruppenrichtlinie auch die relative Position des GPO innerhalb des SOM an. Diese kann über das Attribut SOMLinkOrder in einem GPMGPOLink-Objekt ermittelt werden.

Listing 11.112
GPO_Alle-GPOsFuerEinenContainer.wsf

```
' === Auflisten aller GPOs zu einem AD-Container
Dim GPM
Dim gpmDomain
Dim GPO
Dim Links, Link
```

```
Dim objContainer

' Zu untersuchende AD-Domain
Const DOMAIN = "FBO.org"
Const CONTAINER = "ou=Agents,dc=FBI,dc=net"

say "Zugriff auf Domain: " & DOMAIN

' Zugriff auf das Wurzelobjekt
Set GPM = CreateObject("GPMgmt.GPM")

' Zugriff auf Domain
Set gpmDomain = GPM.GetDomain(DOMAIN, "", GPM.GetConstants().UseAnyDC)

' Zugriff auf den Container
Set objContainer = gpmDomain.GetSOM(CONTAINER)

say "Zugriff auf Container: " & objContainer.Path

' Zugriff auf GPOLinks
Set Links = objContainer.GetGPOLinks()

say "Anzahl GPO-Objekte: " & Links.Count

' Schleife über alle Links in dem Container
For Each Link In Links
    Set GPO = gpmDomain.GetGPO(Link.GPOID)
    say "-------------------------------------"
        say "GPO-Position: " & Link.SOMLinkOrder
    say "Name:" & GPO.DisplayName
    say "ID:" & GPO.ID
    say "Path:" & GPO.Path
    say "ID:" & GPO.ID
    say "Einstellungen für Benutzer:" & GPO.IsUserEnabled
    say "Einstellungen für Computer:" & GPO.IsUserEnabled
    say "Erstellungsdatum:" & GPO.CreationTime
    say "Letztes Änderungsdatum:" & GPO.ModificationTime
    GPOLinks gpmDomain, GPO
Next
```

Da die Ausgabe dieses Scripts sich nicht wesentlich von der Ausgabe des vorherigen unterscheidet, sei hier auf die Bildschirmabbildung verzichtet.

11.8.5 Verknüpfungen verwalten

Dieses Kapitel enthält Scripts, um Verknüpfungen zwischen Gruppenrichtlinienobjekten und Active Directory-Containern herzustellen bzw. zu entfernen.

GPO-Verknüpfungen einrichten

In der GPMC werden Gruppenrichtlinienobjekte nicht direkt in Organisationseinheiten gespeichert, sondern zentral im Ast „Gruppenrichtlinienobjekte". Die Organisationseinheiten erhalten nur Verknüpfungen zu den GPOs. Im Kontextmenü einer Organisationseinheit in der GPMC findet man daher die Einträge „Vorhandenes Gruppenrichtlinienobjekt verknüpfen" und „Gruppenrichtlinienobjekt hier erstellen und verknüpfen".

Kapitel 11 Verzeichnisdienste

CreateGPO-Link() Um eine neue Verknüpfung einer Gruppenrichtlinie zu einem AD-Container per Script herzustellen, braucht man im Vergleich zu den beiden vorherigen Scripts nur einen neuen Befehl: `CreateGPOLink(-1, GPO)`.

Dabei ist es wichtig, die Parameter zu verstehen: Der erste Parameter gibt an, an welcher Position das neue Objekt in die Liste der Gruppenrichtlinienobjekte eingefügt werden soll. Die Positionszählung beginnt bei 1. Eine –1 bedeutet, dass das neue Objekt am Ende angefügt werden soll.

Viele andere Objektmengen beim Windows Scripting beginnen die Zählung bei 0. Die GPMC-Komponente bildet hier eine Ausnahme!

Das folgende Script hängt das GPO mit dem GUID {152B91EC-72A3-4FD0-B988-046DCA578D17} und dem Namen „GP for FBI Agents" an die Organisationseinheit „ou=Agents,dc=FBI,dc=net" an.

Listing 11.113
GPO_Verknuepfen.wsf

```
' === Verknüpfen eines GPO mit einem AD-Container
Dim GPM
Dim gpmDomain
Dim GPO
Dim Links, Link
Dim objContainer

' Zu untersuchende AD-Domain
Const DOMAIN = "FBO.org"
Const CONTAINER = "ou=Agents,dc=FBI,dc=net"
Const GPOGUID = "" ' oder z.B. {152B91EC-72A3-4FD0-B988-046DCA578D17}"
Const GPOName = "GP for FBI Agents"

say "Zugriff auf Domain: " & DOMAIN

' Zugriff auf das Wurzelobjekt
Set GPM = CreateObject("GPMgmt.GPM")

' Zugriff auf Domain
Set gpmDomain = GPM.GetDomain(DOMAIN, "", GPM.GetConstants().UseAnyDC)


' Zugriff auf den Container
Set objContainer = gpmDomain.GetSOM(CONTAINER)

' Zugriff auf das GPO
If GPOGUID <> "" Then
    Set GPO = gpmDomain.GetGPO(GPOGUID)
Else
    Set GPO = GetGPOByName(gpmDomain, GPOName)
End If

' Verknüpfung herstellen
Set Link = objContainer.CreateGPOLink(-1, GPO)

say "Das GPO " & GPO.DisplayName & " wurde dem Container " & objContainer.Path & " zugewiesen!"
```

Die folgende Abbildung zeigt die Ausgabe des Scripts nach zweimaligem (!) Starten. **Ausgabe**
Die erste Ausführung ist erfolgreich. Durch die zweite Ausführung wird versucht, eine
bereits vorhandene Verknüpfung erneut zu setzen. Dies führt zu der Fehlermeldung
„Cannot create a file when that file already exists". Diese Fehlermeldung erklärt sich
dadurch, dass jedes Gruppenrichtlinienobjekt und jede Gruppenrichtlinienverknüpfung
intern durch eine Datei im /SYSVOL-Verzeichnis repräsentiert wird.

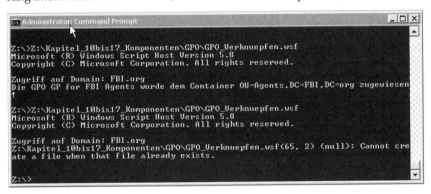

Bild 11.43
Ausgabe des Scripts GPMC_Link-GPO.vbs

GPO-Verknüpfungen löschen

Gruppenrichtlinien muss man auch wieder von einem Container lösen können. Das
folgende Script entfernt ein durch einen GUID oder einen Namen bezeichnetes Gruppenrichtlinienobjekt aus der Verknüpfungsliste eines Containers. Das Gruppenrichtlinienobjekt selbst bleibt dabei auf jeden Fall im System erhalten, auch wenn es mit
keinem anderen Container mehr verknüpft ist.

Eine Verknüpfung wird gelöscht durch den Aufruf der Methode Delete() in dem entsprechenden GPMGPOLink-Objekt. Man muss also aus der Menge der einem Container zugeordneten GPMGPOLink-Objekte zunächst das richtige Objekt herausfiltern. Da eine Suche nur über die relative Position (über Item() in der GPMGPOLinksCollection), nicht aber über Name oder GUID des GPO ausführbar ist, bleibt lediglich die Möglichkeit einer Schleife über alle Elemente der GPMGPOLinksCollection und eines Vergleichs von GPOID bzw. DisplayName.

Delete()

```
' === Entfernen einer Verknüpfung eines GPO mit einem AD-Container
Dim GPM
Dim gpmDomain
Dim GPO
Dim Links, Link
Dim objContainer

' Zu untersuchende AD-Domain
Const DOMAIN = "FBO.org"
Const CONTAINER = "ou=Agents,dc=FBI,dc=net"
Const GPOGUID = "{152B91EC-72A3-4FD0-B988-046DCA578D17}"
Const GPOName = "GP for FBI Agents"

say "Zugriff auf Domain: " & DOMAIN

' Zugriff auf das Wurzelobjekt
Set GPM = CreateObject("GPMgmt.GPM")

' Zugriff auf Domain
```

Listing 11.114
GPO_Verknuepfung-Loeschen.wsf

Kapitel 11 Verzeichnisdienste

```
    Set gpmDomain = GPM.GetDomain(DOMAIN, "", GPM.GetConstants().UseAnyDC)

    ' Zugriff auf den Container
    Set objContainer = gpmDomain.GetSOM(CONTAINER)
    say "Zugriff auf Container: " & CONTAINER

    ' Zugriff auf GPOLinks
    Set Links = objContainer.GetGPOLinks()

    say "GPOs vor dem Löschen:"
    ' Schleife über alle Links in dem Container
    For Each Link In Links
        Set GPO = gpmDomain.GetGPO(Link.GPOID)
        say "Name:" & GPO.DisplayName
    Next

    say vbCrLf

    ' Suche des zu entfernenden GPOs
    For Each Link In Links
        Set GPO = gpmDomain.GetGPO(Link.GPOID)
        If Link.GPOID = GPOGUID Or GPO.DisplayName = GPOName Then ' Link gefunden ->
löschen!
            Link.Delete
            say "GPO-Verknüpfung " & GPO.DisplayName & " wurde entfernt!"
            Exit For
        End If
    Next

    say vbCrLf

    ' Zugriff auf GPOLinks
    Set Links = objContainer.GetGPOLinks()

    say "GPOs nach dem Löschen:"
    ' Schleife über alle Links in dem Container
    For Each Link In Links
        Set GPO = gpmDomain.GetGPO(Link.GPOID)
        say "Name:" & GPO.DisplayName
    Next
```

Ausgabe Die folgende Bildschirmabbildung zeigt die Ausgabe des obigen Scripts.

Bild 11.44
Ausgabe von
*GPMC_*
Remove-
LinkGPO.vbs

```
Z:\>Z:\Kapitel_10bis17_Komponenten\GPO\GPO_VerknuepfungLoeschen.wsf
Microsoft (R) Windows Script Host Version 5.8
Copyright (C) Microsoft Corporation. All rights reserved.

Zugriff auf Domain: FBI.org
Zugriff auf Container: OU=Agents,DC=FBI,DC=org
GPOs vor dem Löschen:
Name:GP for FBI Agents
GPOs nach dem Löschen:
Name:GP for FBI Agents

Z:\>
```

GPOs löschen

Gruppenrichtlinien sind per Script endgültig aus dem System entfernbar. Die Klasse GPMGPO bietet dazu die Methode Delete() zum Löschen der Gruppenrichtlinie, die durch das aktuelle GPO repräsentiert wird. Allerdings ist diese Aufgabe nicht so trivial, wie sie scheint: Delete() entfernt die Gruppenrichtlinie, nicht aber die Verknüpfungen der Gruppenrichtlinie zum Container. In der Folge könnte es zu verwaisten Verknüpfungen kommen (siehe folgende Abbildung).

Delete()

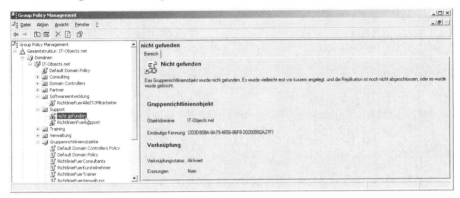

Bild 11.45
Eine verwaiste Gruppenrichtlinienverknüpfung in der GPMC

Aus dem vorgenannten Grund ist es sehr wichtig, alle Verknüpfungen herauszusuchen und zu entfernen, bevor man ein GPO löscht. Leider kann man zu einem GPO nicht direkt die GPMGPOLink-Objekte ermitteln; diese erhält man nur von den GPMSOM-Objekten.

Verknüpfungen vorher löschen

Daher sind zwei Schleifen notwendig:

- Für die zu löschende Gruppenrichtlinie sind zunächst über eine Suchanfrage alle GPMSOM-Objekte zu ermitteln, mit denen das GPMGPO-Objekt verknüpft ist.
- Innerhalb der SOMs sind alle GPMGPOLink-Objekte nach dem korrekten GUID des GPMGPO-Objekts zu durchsuchen.

In dem folgenden Script ist aus Gründen der Übersichtlichkeit die erste Schleife in der Unterroutine GPORemoveLinks(GPO) gekapselt und die zweite in der Unterroutine RemoveLink(SOM, GPO). Die Funktion von RemoveLink(SOM, GPO) entspricht dabei im Kern dem Script *GPMC_RemoveLinkGPO.vbs* aus dem vorherigen Unterkapitel.

```
' === Löschen eines GPO und seiner Verknüpfungen in einer Domain
Dim GPM
Dim gpmDomain
Dim GPO

' Zu untersuchende AD-Domain
Const DOMAIN = "FBO.org"
Const GPOName = "GP for FBI Agents"

say "Zugriff auf Domain " & DOMAIN

' Zugriff auf das Wurzelobjekt
Set GPM = CreateObject("GPMgmt.GPM")
' Zugriff auf Domain
Set gpmDomain = GPM.GetDomain(DOMAIN, "", GPM.GetConstants().UseAnyDC)
' Zugriff auf GPO
Set GPO = GetGPOByName(gpmDomain, GPOName)
```

Kapitel 11 Verzeichnisdienste

```
            say "GPO " & GPO.DisplayName & " wird endgültig gelöscht..."
            GPORemoveLinks gpmDomain, GPO
            GPO.Delete
            say "Skript erfolgreich beendet!"
```

Listing 11.115
*GPO_*
Loeschen.wsf

```
' ### Entfernen aller Verknüpfungen für ein GPO
Function GPORemoveLinks(gpmDomain, GPO)
    Dim objGPMSearchCriteria
    Dim SOMs, SOM
    Dim GPM
    ' Wurzelobjekt erstellen
    Set GPM = CreateObject("GPMgmt.GPM")

    say "Links:"

    ' Suchkriterium erzeugen
    Set objGPMSearchCriteria = GPM.CreateSearchCriteria()
    ' Suche nach allen verlinkten SOMs
    objGPMSearchCriteria.Add GPM.GetConstants().SearchPropertySOMLinks,
GPM.GetConstants().SearchOpContains, GPO
    ' Suche starten
    Set SOMs = gpmDomain.SearchSOMs(objGPMSearchCriteria)

    ' Schleife für alle SOM-Objekte in den Suchergebnissen
    For Each SOM In SOMs
        say "- Entfernte GPO aus: " & SOM.Path
        RemoveLink SOM, GPO
    Next

End Function


' ### Entfernen einer Verknüpfung eines GPOs aus einem SOM
Function RemoveLink(SOM, GPO)

Dim Links, Link
' Zugriff auf GPOLinks
Set Links = SOM.GetGPOLinks()

' Suche des zu entfernenden GPOs
For Each Link In Links
    If Link.GPOID = GPO.ID Then ' Link gefunden -> löschen!
        Link.Delete
        say "  GPO-Verknüpfung " & GPO.DisplayName & " wurde entfernt!"
        Exit For
    End If
Next

End Function
```

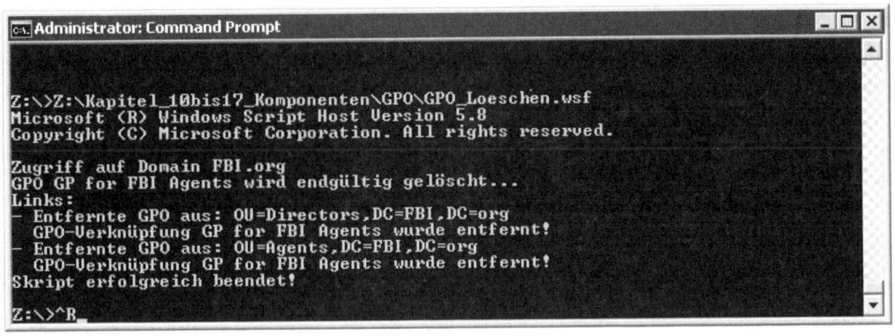

Group Policy Objects (GPO)

Bild 11.46
Korrektes Löschen eines GPO mit GPMC_Delete-GPO.vbs

```
Z:\>Z:\Kapitel_10bis17_Komponenten\GPO\GPO_Loeschen.wsf
Microsoft (R) Windows Script Host Version 5.8
Copyright (C) Microsoft Corporation. All rights reserved.

Zugriff auf Domain FBI.org
GPO GP for FBI Agents wird endgültig gelöscht...
Links:
 - Entfernte GPO aus: OU=Directors,DC=FBI,DC=org
   GPO-Verknüpfung GP for FBI Agents wurde entfernt!
 - Entfernte GPO aus: OU=Agents,DC=FBI,DC=org
   GPO-Verknüpfung GP for FBI Agents wurde entfernt!
Skript erfolgreich beendet!
Z:\>^R
```

Die GPMC erlaubt das Anlegen und Wiederherstellen von Sicherungskopien („Backups") von Gruppenrichtlinien im Dateisystem. Ebenso unterstützt die GPO-Komponente diese Funktionen für das Scripting.

Sicherung und Wiederherstellung

Sicherung von GPOs

Das Sichern eines Gruppenrichtlinienobjekts ist möglich durch die Methode Backup() in der Klasse GPMGPO. Anzugeben ist lediglich ein Pfad im Dateisystem. An jede Sicherungskopie wird automatisch ein GUID vergeben.

Backup()

> In der Sicherungskopie wird nur die Gruppenrichtlinie selbst abgelegt, nicht jedoch deren Verknüpfungen zu AD-Containern.

Listing 11.116
GPO_Sichern.wsf

```vbscript
' === Erstellen einer Sicherungskopie eines GPO
Dim GPM
Dim objDOMAIN
Dim GPO

' Parameter setzen
Const DOMAIN = "FBO.org"
Const GPOName = "GP for FBI Agents"
Const DIR = "d:\demo\gpmcbackup"

say "Zugriff auf Domain " & DOMAIN

' Zugriff auf das Wurzelobjekt
Set GPM = CreateObject("GPMgmt.GPM")

' Zugriff auf Domäne
Set objDOMAIN = GPM.GetDomain(DOMAIN, "", GPM.GetConstants().UseAnyDC)

' Zugriff auf GPO über Name
Set GPO = GetGPOByName(objDOMAIN, GPOName)

say "Sicherung " & GPO.DisplayName & " " & GPO.ID & " startet..."
GPO.Backup DIR, "Sicherung " & Now
say "Sicherung beendet!"
```

Auflisten vorhandener Sicherungskopien

GPMBackupDir Über die GPMC-Komponente kann man alle Sicherungskopien zu einer bestimmten Gruppenrichtlinie auflisten, die sich in einem Dateisystemverzeichnis befinden. Dazu sind folgende Schritte notwendig:

- Erzeugung eines `GPMBackupDir`-Objekts mithilfe der Methode `GetBackupDir(DIR)` aus einer Instanz der Klasse GPM.
- Erstellung eines `GPMSearchCriteria`-Objekts, durch das festgelegt wird, welche Gruppenrichtlinien-Sicherungskopien aufgelistet werden sollen. Es kann bestimmt werden, ob alle Sicherungskopien gelistet werden sollen oder nur die aktuellste Sicherungskopie.
- Ausführung der Suche durch `SearchBackups(SearchCriteria)` auf dem `GPMBackupDir`-Objekt. Ergebnis ist eine `GPMBackupCollection`.
- Iteration in einer `For Each`-Schleife über die `GPMBackupCollection`, die einzelne `GPMBackup`-Objekte liefert.

Das nachfolgende Script listet zunächst alle und danach die letzte Sicherung einer anhand des Namens spezifizierten Gruppenrichtlinie auf.

Listing 11.117 *GPO_SicherungAuflisten*

```
' === Auflisten aller Backups eines GPO in einem bestimmten Verzeichnis
Dim GPM
Dim objDOMAIN
Dim GPO

' Parameter setzen
Const DOMAIN = "FBO.org"
Const GPOName = "GP for FBI Agents"
Const DIR = "d:\demo\gpmcbackup"

say "Zugriff auf Domain " & DOMAIN

' Zugriff auf das Wurzelobjekt
Set GPM = CreateObject("GPMgmt.GPM")

Dim BackupDir ' GPMBackupDir
Dim Backupliste ' GPMBackupCollection
Dim Backup
Dim SearchCriteria

Set BackupDir = GPM.GetBackupDir(DIR)

say vbCr & "Alle Backups von " & GPOName
' === Suchen aller Backups
Set SearchCriteria = GPM.CreateSearchCriteria()
SearchCriteria.Add GPM.GetConstants().SearchPropertyGPODisplayName, 
GPM.GetConstants().SearchOpEquals, GPOName
Set Backupliste = BackupDir.SearchBackups(SearchCriteria)

For Each Backup In Backupliste
    say Backup.GPOID & ";" & Backup.comment & ";" & Backup.TimeStamp
Next

say vbCr & "Das aktuellste Backup von " & GPOName

' === Suchen des aktuellsten Backups
```

Group Policy Objects (GPO)

```
Set SearchCriteria = GPM.CreateSearchCriteria()
SearchCriteria.Add GPM.GetConstants().SearchPropertyBackupMostRecent,
GPM.GetConstants().SearchOpEquals, True
SearchCriteria.Add GPM.GetConstants().SearchPropertyGPODisplayName,
GPM.GetConstants().SearchOpEquals, GPOName
Set Backupliste = BackupDir.SearchBackups(SearchCriteria)

For Each Backup In Backupliste
    say Backup.GPOID & ";" & Backup.comment & ";" & Backup.TimeStamp
Next
```

Bild 11.47
Die Ausgabe zeigt sechs verschiedene Sicherungskopien der Gruppenrichtlinie „Default Domain Controllers Policy".

Wiederherstellung von GPOs

Zum Wiederherstellen von Gruppenrichtlinien muss man zunächst ein `GPMBackup`-Objekt erzeugen – wie in dem vorherigen Script dargestellt. Das nachfolgende Script ermittelt die letzte Sicherung für eine anhand des Namens identifizierbare Gruppenrichtlinie. Zur Wiederherstellung muss das `GPMBackup`-Objekt an die Methode `RestoreGPO()` übergeben werden, die die Klasse `GPMDomain` bereitstellt. Dadurch werden vorher vorhandene Einstellungen der Gruppenrichtlinie überschrieben.

RestoreGPO()

```
' === Wiederherstellen der letzten gesicherten Version eines GPO
Dim GPM ' GPM
Dim DOMAIN ' GPMDomain
Dim GPO ' GPMGPO
Dim BackupDir ' GPMBackupDir
Dim Backupliste ' GPMBackupCollection
Dim Backup ' GPMBackup
Dim SearchCriteria ' GPMSearchCriteria

' Parameter setzen
Const DOMAINSTRING = "FBO.org"
Const GPOName = "GP for FBI Agents"
Const DIR = "d:\demo\gpmcbackup"

say "Zugriff auf Domain " & DOMAINSTRING

' Zugriff auf das Wurzelobjekt
Set GPM = CreateObject("GPMgmt.GPM")

Set BackupDir = GPM.GetBackupDir(DIR)

say vbCr & "Das aktuellste Backup von '" & GPOName & "' wird gesucht..."
```

Listing 11.118
GPO_Wiederherstellen.wsf

```
Set SearchCriteria = GPM.CreateSearchCriteria()
SearchCriteria.Add GPM.GetConstants().SearchPropertyBackupMostRecent,
GPM.GetConstants().SearchOpEquals, True
SearchCriteria.Add GPM.GetConstants().SearchPropertyGPODisplayName,
GPM.GetConstants().SearchOpEquals, GPOName
Set Backupliste = BackupDir.SearchBackups(SearchCriteria)

If Backupliste.Count = 0 Then
    say "Kein Backup gefunden!"
Else
  For Each Backup In Backupliste
     say "Gefunden: " & Backup.GPOID & ";" & Backup.comment & ";" & Backup.TimeStamp
     ' Zugriff auf Domäne
     Set DOMAIN = GPM.GetDomain(DOMAINSTRING, "", GPM.GetConstants().UseAnyDC)
     ' Wiederherstellung
     DOMAIN.RestoreGPO Backup, 0
     say "GPO wurde wiederhergestellt!"
  Next
End If
```

11.8.6 Weitere Möglichkeiten

Ausblick Die GPMC-Komponente bietet auch die Möglichkeit, Zugriffsrechte auf Gruppenrichtlinien zu vergeben, Gruppenrichtlinien zwischen Domänen zu kopieren, und die Option, Pfad und Benutzerrechte während der Wiederherstellung einer Gruppenrichtlinie zu verändern und damit eine im Dateisystem abgelegte Gruppenrichtlinie an anderer Stelle als dem Ursprungsort einzusetzen. Dies wird möglich durch eine XML-basierte Migrationstabelle.

12 Universal-Scripting-Komponenten

Die *Windows Management Instrumentation (WMI)* ist ein übergreifender Ansatz für den Zugriff auf alle möglichen Arten von System- und Netzwerkinformationen. WMI ermöglicht auch den Zugriff auf Informationen aus Quellen wie Registrierungsdatenbank, Dateisystem und Ereignisprotokollen, die durch andere Einzelkomponenten bereits abgedeckt sind. Während WMI den Vorteil der Einheitlichkeit bietet, sind die speziellen Komponenten im konkreten Anwendungsfall oft etwas einfacher zu handhaben. Eine bunte Mischung ausgewählter Funktionen bieten auch die in drei Komponenten aufgeteilten *OnePoint Utility Objects* (beschrieben im COM-Komponenten-Handbuch).

Im .NET Framework findet man WMI im Namensraum System.Management. Ab Windows Server 2003 Release 2 ermöglicht Microsoft mit *Windows Remote Management (WinRM)*, dass man WMI-Objekte auch über Webservices (XML/HTTP) aufrufen kann.

12.1 Windows Management Instrumentation (WMI)

Die *Windows Management Instrumentation (WMI)* ist ein übergreifender Ansatz für den Zugriff auf alle möglichen Arten von System- und Netzwerkinformationen. WMI ermöglicht auch den Zugriff auf Informationen aus Quellen wie Registrierungsdatenbank, Dateisystem und Ereignisprotokollen, die durch andere Einzelkomponenten bereits abgedeckt sind. Während WMI den Vorteil der Einheitlichkeit bietet, sind die speziellen Komponenten im konkreten Anwendungsfall oft etwas einfacher zu handhaben. WMI ist weitaus komplexer als andere Komponenten, denn hier stehen zwischen 7000 und 12000 Klassen zur Verfügung (abhängig von der Windows-Version, den installierten Diensten/Features/Rollen sowie installierten Anwendungen).

WMI

> Der Microsoft Systems Management Server (SMS) verwendet WMI für den Zugriff auf Systeminformationen. Auch der Microsoft Operations Manager (MOM) bzw. der Nachfolger System Center Operations Manager (SCOM) unterstützt WMI zur Überwachung von Systemen.

12.1.1 WMI-Grundlagen

WMI ist die Microsoft-Implementierung des *Web Based Enterprise Managements (WBEM)*. WBEM ist ein Standard der Desktop Management Task Force (DMTF) für das Netz- und Systemmanagement, also zur Verwaltung von Netzwerk- und Systemressourcen (z.B. Hardware, Software, Benutzer). WBEM wurde ursprünglich von BMC Software, Cisco Systems, Compaq, Intel und Microsoft entwickelt und später an die DMTF übergeben. Aus historischen Gründen findet man in den WMI-Werkzeugen häufig noch die Bezeichnung WBEM.

WBEM versus WMI

Kern von WBEM ist das *Common Information Model (CIM)*, das die durch WBEM zu verwaltenden Ressourcen durch objektorientierte Methoden modelliert. CIM ist ein Framework zur Beschreibung sowohl physischer als auch logischer Objekte. Die DMTF versteht CIM als eine Vereinigung bestehender Managementarchitekturen wie dem OSI

CIM

Kapitel 12 Universal-Scripting-Komponenten

Management Framework X.700 (Common Management Information Protocol – CMIP) und dem Simple Network Management Protocol (zu CMIP und SNMP siehe [STA93]).

Managed Objects WBEM ist ein konsequent objektorientierter Ansatz. Alle Ressourcen werden durch Objekte repräsentiert, die in Klassen zusammengefasst sind. Ebenso wie bei dem ISO Management Framework nennt man auch im WBEM die Repräsentation einer (Hardware- oder Software-)Ressource ein *Managed Object (MO)*.

Der Name *Web Based Enterprise Management* ist irreführend, weil er nahelegt, dass es sich bei WBEM um eine grafische Benutzerschnittstelle auf Webbasis für das Management von Systeminformationen handelt. WBEM ist jedoch lediglich eine Architektur mit Programmierschnittstelle, also weder Werkzeug noch Anwendung.

Da sich dieses Buch nur mit der Windows-Plattform beschäftigt, wird im Folgenden nicht WBEM, sondern hauptsächlich der Begriff WMI verwendet. Als deutsche Übersetzung für Windows Management Instrumentation verwendet Microsoft „Windows-Verwaltungsinstrumentation".

WMI-Funktionsumfang

Funktionen Die Informationsfülle, die WMI auf modernen Betriebssystemen (XP, 2003, Vista, 2008, Windows 7) liefert, ist riesig. Beispiele für Bereiche, aus denen WMI Informationen liefert, zeigt die folgende Tabelle.

Grundkonfiguration	BIOS Boot-Konfiguration Installiertes Betriebssystem (z.B. Betriebssystemname, Build-Version, Installationsdatum, Datum und Uhrzeit des letzten Boot-Vorgangs) Umgebungsvariablen Performance Monitor-Daten SNMP-Daten Eingerichtete Zeitzonen Drucker und Druckerwarteschlangen Auslagerungsdateien Datum und Uhrzeit Clustering
Hard- und Software	Installierte Software Installierte Updates und Hotfixes Installierte Hardware (z.B. Netzwerkkarten, Grafikkarten) einschließlich Treiber und deren Zuordnung zu LoadOrderGroups, belegter Ressourcen (IRQ, Port, DMA), Konfiguration (z.B. Druckereinstellungen) Installierte COM-Komponenten einschließlich Zuordnung zu Komponentenkategorien und DCOM-Einstellungen Laufende Prozesse Geplante Vorgänge (Zeitplandienst) Programmgruppen im Startmenü Windows-Systemdienste
Sicherheit	Benutzerkonten (inklusive deren Gruppenzuordnung, Desktop-Einstellungen und Ereignisprotokolleinträge) Security Configuration Editor (SCE)

Tabelle 12.1: Überblick über WMI-Informationen

Dateisystem und Datenspeicher	Ordner und Dateien des Dateisystems Netzlaufwerksverbindungen Dateisicherheit, Freigabesicherheit Registrierungsdatenbank Ereignisprotokoll ODBC-Einstellungen Disk Quotas Ausführung von CHKDSK Distributed File System (DFS)
Netzwerk	IP-Routing Ausführung eines Ping Netzwerkverbindungen und Sitzungen Terminal Services Active Directory DNS-Server Network Load Balancing (NLB) Microsoft Exchange Server Internet Information Server (IIS) ("Webadministration") ASP.NET Windows Communication Foundation (WCF)

Tabelle 12.1: Überblick über WMI-Informationen (Forts.)

Die Informationsfülle, die WMI dem Administrator bietet, lässt sich auch gut in der Anzahl der verfügbaren Klassen ausdrücken. Nachstehend einige Beispiele.

Betriebssystem/Konfiguration	Anzahl der WMI-Namensräume	Anzahl der WMI-Klassen
Windows XP Professional (Basisinstallation)	39	6070
Windows Server 2003 R2 mit Internet Information Services 6.0, Active Directory, Microsoft SQL Server 2005 und 2008, Microsoft Office 2003 und 2007	57	10263
Windows Vista Ultimate (Basisinstallation)	38	5684
Windows Vista (SP2) mit Internet Information Services 7.0, Microsoft SQL Server 2005/2008, Microsoft Office 2003 und 2007	76	14044
Windows 7 Ultimate (Basisinstallation)	58	9905
Windows Server 2008 R2 mit allen installierten Rollen und Features (außer HyperV)	69	11448

Tabelle 12.2 Anzahl der WMI-Klassen in verschiedenen Windows-Konfigurationen

WMI ab Windows XP und Windows Server 2003 Ab Windows XP und Windows Server 2003 gibt es eine erweiterte Version von WMI. Neu sind folgende Funktionen: **Neue Funktionen**

- Event Correlation (Zusammenfassung von Ereignissen)
- Garantierte Zustellung von Ereignissen durch optionale Integration mit dem Microsoft Message Queue Service (MSMQ)
- Zahlreiche neue WMI-Klassen (z.B. für IIS, DNS, Netzwerk und Dateisystem)
- Erweiterungen im WMI-Meta-Objektmodell
- Verbesserung des Zugriffs auf das Active Directory
- Neue Syntax zur Objektidentifikation: Universal Management Interface (UMI) Syntax

WMI ab Windows Vista Ab Windows Vista wurde WMI wie folgt erweitert:
- Eigenschaft ItemIndex() zum direkten Zugriff auf Elemente in einer Liste über ihre Position
- Neue Klasse bzw. Klassenmitglied für Computerinformationen, das Windows System Assessment Tool (WinSAT), Offline-Dateien, Internet Information Server 7.0, Network Access Protection (NAP), Distributed File System Replication (DFSR) und installierte Spiele.

WMI-Troubleshooting Die meisten Schwierigkeiten mit WMI resultieren daraus, dass WMI mit jeder Windows-Version (stark) erweitert wurde, die erweiterten WMI-Klassen und -Funktionen aber nicht als Add-On für ältere Windows-Versionen bereitgestellt werden. Viele Scripts laufen daher nur auf den jeweils neuesten Windows-Versionen, auf älteren Plattformen erhält man nichtssagende Fehlermeldungen wie „Automatisierungsfehler".

Es ist aufgrund des begrenzten Umfangs dieses Buchs nicht möglich, hier eine Referenz aller der mehr als 10000 WMI-Klassen (Anzahl abhängig vom Betriebssystem und von installierten Zusatzprogrammen) und ihrer unzähligen Attribute und Methoden abzudrucken. Auf der Homepage des Autors finden Sie jedoch eine WMI-Klassenreferenz, die genau dokumentiert, welche Klassen und Klassenmitglieder in welcher Windows-Version verfügbar sind [WCR04].

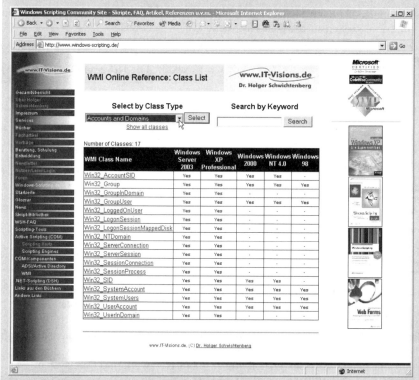

Zu beachten ist, dass bei WMI-Klassen immer die Versionsnummer des Zielsystems ausschlaggebend ist, d.h., Sie können von einem Windows 2000-System aus Klassen auf einem entfernten Windows XP-System verwenden, auch wenn diese Klassen unter Windows 2000 noch gar nicht existierten.

Installation und Konfiguration

WMI ist in Windows ME, Windows 2000 und den Nachfolgeversionen (Windows XP/ Windows Server 2003/Windows Vista/2008/Windows 7) integriert und als Add-On verfügbar für Windows 95/98 und NT 4.0. Die WMI-Kernel für NT 4.0 und Windows 9x sind auf der CD enthalten *[CD:/install/komponenten/wmi/]*. Im Gegensatz zu ADSI muss WMI bei entfernten Operationen sowohl auf dem Client als auch auf dem Server installiert sein. Bei Windows 95 muss erst DCOM installiert werden, bevor man WMI installieren kann.

Bei den Versionsnummern für WMI sorgt Microsoft für große Verwirrung. Anfangs hat Microsoft in üblichen 0.x-Schritten gezählt. Seit Windows XP hat WMI aber als einzige Versionsnummer die Versions- und Build-Nummer des Betriebssystems.

Versionsnummern

Tabelle 12.3
WMI-Versionsnummern

Version	Enthalten in
1.0	Microsoft Windows 98 Windows NT 4.0 Service Pack 3 (SP3)
1.1	Windows 98 SE Windows NT 4.0 Service Pack 3 (SP4) Systems Management Server (SMS) 2.0
1.2	Windows 2000 Beta 3 Windows NT 4.0 Service Pack 3 (SP5)
1.5	Windows 2000 Microsoft Windows Millennium Edition (ME).
5.1	Windows XP
5.2	Windows Server 2003
6.0	Windows Vista / Windows Server 2008
6.1	Windows 7 / Windows Server 2008 R2

```
Dim objWO         ' As WbemScripting.SWbemObject
Set objWO = GetObject("winmgmts:root\default:__cimomidentification=@")
Wscript.echo "WMI-Version: " & objWO.versionusedtocreatedb
```

Listing 12.1: Ermittlung der WMI-Version [wmi_vers.wsf]

> Ob WMI installiert ist oder nicht, erkennt man daran, ob der Registrierungsdatenbankschlüssel *HKEY_LOCAL_MACHINE\SOFTWARE\Microsoft\WBEM* existiert oder nicht.

WMI wird durch die ausführbare Datei *WinMgmt.exe* implementiert. *WinMgmt.exe* läuft unter der NT-Produktfamilie als Dienst unter dem Namen „WinMgmt (Windows-Verwaltungsinstrumentation)". Auf Windows 9x wird *WinMgmt.exe* beim ersten WMI-Aufruf als normaler Prozess gestartet. Das ist auch unter NT möglich.

WinMgmt .exe

```
winmgmt [/exe] [/regserver] [/unregserver]
```

WMI wird unterhalb des Systemverzeichnisses in einem Unterverzeichnis mit dem Namen *\WBEM* installiert. Dort finden sich in dem Unterverzeichnis *Log* zahlreiche Logfiles. Die WMI-Registrierungsdatenbankeinstellungen finden Sie unter *HKEY_LOCAL_ MACHINE\SOFTWARE\ Microsoft\WBEM*.

Kapitel 12 **Universal-Scripting-Komponenten**

wbemcntl **WMI-Konfiguration in der MMC** Zur Konfiguration von WMI liefert Microsoft ab Win-
.exe dows 2000 ein MMC-Snap-In und für NT 4.0 sowie für Windows 9x die eigenständige
WMI Control Application (wbemcntl.exe).

MMC Das MMC-Snap-In heißt *WMI-Steuerung*. Das Snap-In implementiert bislang nur einen
Snap-In einzelnen Ast ohne Untereinträge. Einstellungen sind lediglich über das Eigenschaftenfenster dieses Asts möglich. Der Ast *WMI-Steuerung* ist auch Teil des Computerverwal-
tungs-Snap-Ins.

Bild 12.1
WMI-Steue-
rung in der
MMC (hier in
Windows 7)

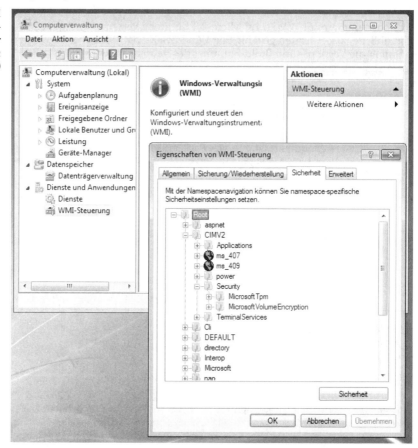

Das Register *Sicherheit* ermöglicht die Einstellung der Zugriffsrechte auf Ebene jedes
einzelnen WMI-Namensraums.

 WMI Software Development Kit Microsoft bietet zu WMI ein Software Development Kit (SDK) an, das Dokumentation, Beispielcode, C++-Include-Dateien und
einen Teil der im Kapitel 18, „Werkzeuge", beschriebenen Werkzeuge enthält. Das
SDK ist auf der Buch-CD enthalten. Die jeweils aktuellste Version erhalten Sie unter
[SDK00].

Windows Management Instrumentation (WMI)

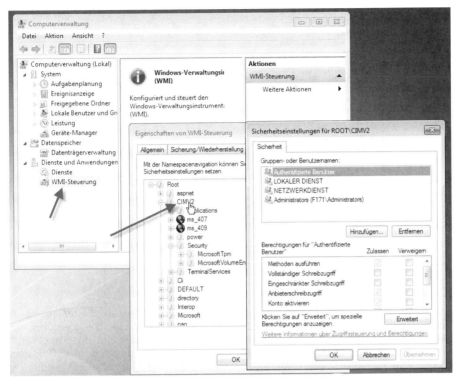

Bild 12.2
Standardrechte der Administratoren auf dem Namensraum /root/cimv2. Die Rechte werden alle von /root geerbt.

Weitere Werkzeuge Die Erläuterung zu den WMI-Werkzeugen finden Sie in Kapitel 18, „Werkzeuge". Bitte lesen Sie jedoch vorher das nächste Unterkapitel, da Sie die grundlegenden WMI-Konzepte zum Verständnis der Werkzeuge benötigen.

Wichtige WMI-Konzepte im Überblick

In diesem Unterkapitel erhalten Sie eine Einführung in die wichtigsten Konzepte von WMI.

Schema WMI besitzt ein Schema (ähnlich wie ADSI). Ein WMI-Schema (alias CIM-Schema) definiert die Klassen mit ihren Attributen und Methoden, die Vererbungs- und Containment-Hierarchie. Zur Laufzeit existieren von diesen Klassen Instanzen (Managed Objects). Managed Objects können durch Assoziationen miteinander verbunden sein, sodass eine Containment-Hierarchie entsteht. WMI-Klassen erlauben Vererbung (Einfachvererbung), sodass die Klassen auch in einer Vererbungshierarchie zueinander stehen können.

Schema

Genau genommen besitzt WMI mehrere Schemata, da jeder WMI-Namensraum ein eigenes Schema hat. Ein WMI-Schema ist oft sehr umfangreich und enthält auch Hilfeinformationen, wahlweise in verschiedenen Sprachen. Das Schema für Windows heißt „Win32 Schema Version 2" und ist eine Microsoft-Erweiterung des CIM-Schemas Version 2.

WMI-Repository

Auch der Aufbau des Schemas ist Teil des Schemas. Dieser Teil des Schemas wird als *Metamodell* bezeichnet.

Bild 12.3
Die Objekthierarchie von Win32_LogicalDisk über CIM_DataFile bis zur Win32_SID

CIM-Repository Das CIM-Repository (alias WMI-Repository) ist der Datenspeicher/ die Datenbank von WMI. Im Repository werden das Schema und auch Daten über die Instanzen gespeichert. WMI erzeugt einige Instanzen ad hoc, wenn diese angefragt werden, weil es keinen Sinn machen würde, diese zwischenzuspeichern (z.B. Daten über die laufenden Prozesse). Andere Daten werden im Repository abgelegt, weil diese sich selten oder nie ändern (z.B. Hardwaredaten).

Das CIM-Repository liegt in einem gleichnamigen Verzeichnis unterhalb von *%SystemRoot%\ System32\WBEM\Repository*. Mit der MMC-Konsole „WMI-Steuerung" kann man diese Datenbank sichern und wiederherstellen.

Bild 12.4
Sichern und Wiederherstellen des CIM-Repositorys in WMI

Namensräume (Namespaces) Ein WMI-Namensraum ist ein Instrument zur Gruppierung von WMI-Klassen und deren Instanzen in logische Einheiten. Ein Namensraum ist der Startpunkt sowohl für eine Vererbungshierarchie von WMI-Klassen als auch für eine Containment-Hierarchie von WMI-Objekten. Jeder Namensraum hat also sein eigenes Schema. Klassennamen in zwei Namensräumen dürfen theoretisch gleich sein, sollten es aber nicht, da in zukünftigen WMI-Versionen geplant ist, namensraumübergreifende Operationen zu ermöglichen. In WMI 1.5 sind keine Objektassoziationen zwischen verschiedenen Namensräumen möglich. Um gleiche Klassennamen zu vermeiden, gibt es die Konvention, dass den Klassennamen stets der Namensraumname vorangestellt werden soll. Ein Namensraum ist selbst eine Klasse, die direkt oder indirekt von der Systemklasse `__Namespace` geerbt hat.

Namensräume

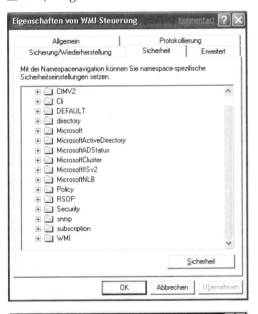

Bild 12.5
WMI-Namensräume in Windows Server 2003

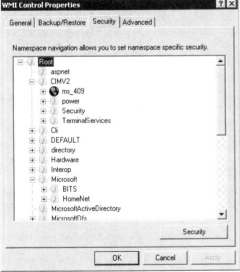

Bild 12.6
WMI-Namensräume in Windows Server 2008 R2 (Teil 1)

Namensräume können hierarchisch angeordnet werden, sodass eine Namensraumhierarchie entsteht. Diese Hierarchie dient aber nur der Übersichtlichkeit; sie impliziert keine Vererbung von Klassen. Ein bestimmter Namensraum wird über einen hierarchischen Pfad der Form *Wurzelnamensraum\Namensraum1\Namensraum2*... usw. angesprochen.

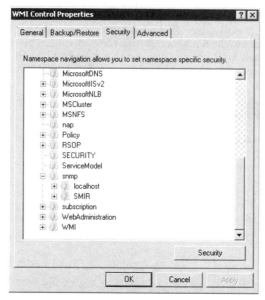

Bild 12.7
WMI-Namensräume in Windows Server 2008 R2 (Teil 2)

Namensraum versus Provider Ein Namensraum ist unabhängig von einem WMI-Provider: Ein Provider kann mehrere Namensräume realisieren, ebenso wie ein Namensraum Klassen aus mehreren Providern enthalten kann.

Lokalisierung WMI erlaubt Lokalisierung (d.h. landesspezifische Anpassung) von Schemainformationen und die Speicherung mehrerer lokalisierter Versionen eines Namensraums innerhalb des WMI-Repositorys. WMI speichert dazu die sprachneutralen Teile der Klassendefinition getrennt von den landesspezifischen Teilen. Landesspezifische Informationen sind insbesondere die Hilfeinformationen zu den Klassen und Eigenschaften.

LocaleID Die landesspezifischen Informationen werden in Unter-Namensräumen gespeichert. Jedes Land hat eine *LocaleID*.

- *ms_407* steht für Deutsch.
- *ms_409* steht für amerikanisches Englisch.

Der Namensraum *root**CIMV2**ms_407* ist also der *root**CIMV2*-Namensraum mit deutschen Hilfeinformationen, *root**CIMV2**ms_409* der gleiche mit englischen Texten.

Beim Zugriff auf den übergeordneten Namensraum *root**CIMV2*\ ist die Sprache abhängig von Ihren Computereinstellungen.

In einigen Werkzeugen werden diese Unter-Namensräume durch eine Weltkugel angezeigt, in anderen Werkzeugen gibt es keinen Unterschied zu den normalen Namensräumen.

Windows Management Instrumentation (WMI)

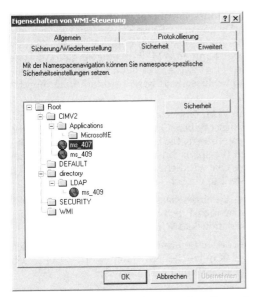

Bild 12.8
Anzeige der installierten Länderinformationen in der WMI-Namensraumhierarchie im WMI-Snap-in in der MMC (Eigenschaftenfenster des Eintrags WMI-Steuerung)

Klassen *CIM-Klassen* sind eine sehr allgemeine, betriebssystemunabhängige Beschreibung von Ressourcen. *WMI-Klassen* sind eine konkrete, in der Windows-Umgebung implementierte Repräsentation von Ressourcen. Die meisten WMI-Klassen sind von CIM-Klassen abgeleitet und erweitern den Standard. Einige Ressourcen in einem Windows-System können auch direkt durch CIM-Klassen abgebildet werden. WMI 1.5 enthält ca. 600 Klassen. In WMI 1.1 waren es 400.

Klassen

Es ist eine Konvention, dass ein kompletter WMI-Klassenname aus dem Namensraumnamen und dem eigentlichen Klassennamen besteht, getrennt durch einen Unterstrich.

Namenskonvention

NamespaceName_ClassName

WMI-Klassen können sogenannte statische Methoden implementieren, die direkt auf einer Klasse ausgeführt werden können, ohne dass eine Instanz der Klasse benötigt würde. Statische Methoden sind z.B. Konstruktormethoden wie die Methode Create() auf der Klasse Win32_Process. Es gibt auch abstrakte Klassen in WMI, von denen keine Instanzen erzeugt werden können.

Statische Methoden

Es gibt drei Arten von Klassen:
- Abstrakte Klassen, von denen es keinen Instanzen geben kann und die nur der Vererbung dienen
- Statische Klassen: Instanzen dieser Klassen werden im CIM-Repository gespeichert
- Dynamische Klassen: Instanzen dieser Klasen werden dynamisch von einem WMI-Provider geliefert.

Schlüsselattribute Schlüsselattribute (*Keys*) sind Attribute, die der eindeutigen Identifizierung einer Instanz innerhalb einer Klasse dienen. Ein Key entspricht dem Primärschlüssel einer relationalen Tabelle. Ebenso wie ein Primärschlüssel aus mehreren Spalten einer Datenbanktabelle bestehen kann, kann auch ein Key in WMI aus mehreren Attributen bestehen. Einen Schlüsselwert darf es innerhalb aller Instanzen einer Klasse nur einmal geben. Wenn der Key aus mehreren Attributen besteht, müssen nur alle Attributwerte zusammen eindeutig sein. Welche Attribute Schlüsselattribute sind, wird in der Klassendefinition festgelegt, damit alle Instanzen einer Klasse die gleichen Schlüsselattribute besitzen.

Keys

517

Kapitel 12 Universal-Scripting-Komponenten

Einige WMI-Klassen besitzen keine Schlüsselattribute (z.B. /root/default:__cimomidentification und /root/cimv2:NetDiagnostics). Diese Klassen sind sogenannte Singleton-Klassen. Eine Singleton-Klasse ist in der objektorientierten Programmierung eine Klasse, von der es nur eine Instanz geben kann. In WMI wird eine Singleton-Klasse mit dem Qualifier (vgl. nächster Abschnitt) Singleton = True gekennzeichnet. Anstelle eines Paars aus Schlüsselattributname und Schlüsselwert wird zur Identifizierung des einen Objekts das Zeichen [@] verwendet.

Qualifier Qualifier sind Zusatzinformationen, die in WMI eine Klasse, ein Objekt, ein Attribut, eine Methode oder einen Parameter näher beschreiben. Qualifier dienen im derzeitigen WMI nur der Informationsversorgung des Nutzers. Sie ermöglichen keine verbindlichen Einstellungen für die WMI-Provider. (Beispiel: Ein Attribut, das einen Qualifier read-only besitzt, muss nicht notwendigerweise wirklich schreibgeschützt sein.) Durch den Qualifier Key wird festgelegt, ob ein Attribut ein Schlüsselattribut ist.

An einem Qualifier erkennt man auch die Art einer Klasse: Die Existenz der Qualifier abstract und dynamic weist auf die entsprechenden Typen hin. Ist keiner dieser Qualifier vorhanden, ist die Klasse statisch. Eine Assoziationsklasse hat einen assocation-Qualifier.

Qualifier sind Metadaten. Im .NET Framework hat man für ein ähnliches Konzept den ungünstigen Namen „Attribut" gewählt (vgl. Kapitel 21, „.NET Framework"). Der Object Browser und das CIM Studio ermöglichen eine Betrachtung der Qualifier.

Weitere interessante Qualifier:
- Provider zeigt für eine Klasse den Namen des WMI-Providers an, der die Klasse bereitstellt.
- EnumPrivileges legt eine Liste von Privilegien fest, die gesetzt sein müssen, um diese Klasse zu nutzen.
- Singleton kennzeichnet eine WMI-Klasse, von der es nur eine Instanz geben kann.

Assoziationen **Objektassoziationen** Instanzen von Managed Objects können durch Assoziationen miteinander verbunden sein. Eine Objektassoziation ist selbst eine WMI-Klasse, die entweder abstrakt, statisch oder dynamisch ist.

Ein Beispiel für eine Assoziation ist CIM_DirectoryContainsFile. Diese Klasse stellt eine Assoziation zwischen CIM_Directory und CIM_DataFile dar.

Systemklassen **Systemklassen** WMI definiert eine Reihe von Systemklassen, die der Verwaltung von WMI selbst und insbesondere dem Ereignisdienst dienen. Die Systemklassen sind in jedem Provider implementiert; sie sind daran erkennbar, dass der Name mit einem doppelten Unterstrich beginnt. Beispiele für Systemklassen sind:
- __EventConsumer
- __Namespace
- __Event
- __InstanceDeletionEvent

Datentypen CIM definiert sechzehn Standarddatentypen.

Symbolische Konstante	Wert
wbemCimtypeSint8	16
wbemCimtypeUint8	17
wbemCimtypeSint16	2

Tabelle 12.4: CIM-Standarddatentypen (definiert im Aufzählungstyp WbemCimtypeEnum in wbemdisp.tlb)

Symbolische Konstante	Wert
wbemCimtypeUint16	18
wbemCimtypeSint32	3
wbemCimtypeUint32	19
wbemCimtypeSint64	20
wbemCimtypeUint64	21
wbemCimtypeReal32	4
wbemCimtypeReal64	5
wbemCimtypeBoolean	11
wbemCimtypeString	8
wbemCimtypeDatetime	101
wbemCimtypeReference	102
wbemCimtypeChar16	103
wbemCimtypeObject	13

Tabelle 12.4: CIM-Standarddatentypen (definiert im Aufzählungstyp WbemCimtypeEnum *in wbemdisp.tlb) (Forts.)*

Datum und Uhrzeit

Datum und Uhrzeit werden als Zeichenkette der Form yyyymmddHHMMSS.mmmmmmsUUU gespeichert, wobei neben dem selbst erklärenden Kürzel anzumerken ist, dass mmmmmm die Anzahl der Millisekunden ist und UUU die Anzahl der Minuten, die die lokale Zeit von der Universal Coordinated Time (UTC) abweicht. Das s ist das Vorzeichen. In Deutschland steht daher für UUU der Wert +060.

WMI bietet die Klasse WbemScripting.SWbemDateTime zum Konvertieren von Datumsangaben von dem WMI-Format in das unter COM übliche Format bzw. umgekehrt. Leider ist die Handhabung dieser Klasse etwas unkomfortabel. Die beiden folgenden Hilfsroutinen kapseln daher diese Konvertierungsaufgabe.

```
' ### Konvertieren eines WMI-Datums in ein VB-Datum
Function WMI_WMIDateToVBDate(DATUM)
Dim WMIDatum 'As WbemScripting.SWbemDateTime
Set WMIDatum = CreateObject("WbemScripting.SWbemDateTime")
WMIDatum.Value = DATUM
WMI_WMIDateToVBDate = WMIDatum.GetVarDate
End Function
```

Listing 12.2: Konvertieren eines WMI-Datums in ein VB-Datum [WMI_Allgemein_Funktionen.vbs]

```
' ### Konvertieren eines VB-Datums in ein WMI-Datum
Function WMI_VBDateToWMIDate(DATUM)
Dim WMIDatum 'As WbemScripting.SWbemDateTime
Set WMIDatum = CreateObject("WbemScripting.SWbemDateTime")
WMIDatum.SetVarDate DATUM
WMI_VBDateToWMIDate = WMIDatum.Value
End Function
```

Listing 12.3: Konvertieren eines VB-Datums in ein WMI-Datum [WMI_Allgemein_Funktionen.vbs]

WMI kennt auch ein eigenes Format für Zeitintervalle: dddddddHHMMSS.mmmmmm:000. Auch ein Zeitintervall wird als Zeichenkette abgelegt. Dabei repräsentiert ddddddd die Anzahl der Tage. Die Zeichenkette endet immer auf :000.

Kapitel 12 Universal-Scripting-Komponenten

System-attribute Alle WMI-Klassen und alle Instanzen dieser Klasse besitzen eine Reihe von Systemeigenschaften. Sie beginnen mit einem doppelten Unterstrich und können über die WMI-Komponente nicht direkt abgefragt werden. Die wichtigsten dieser Eigenschaften werden aber durch das Unterobjekt `Path_` der `SWbemObject`-Klasse bereitgestellt.

Tabelle 12.5 WMI-Systemeigenschaften

Attribut	Erläuterung
__Class	Name der Klasse. Dieser Wert kann für Klassen geändert werden.
__Derivation	Ein Array of String, das die Vererbungshierarchie wiedergibt. Der erste Eintrag ist die direkte Oberklasse.
__Dynasty	Name der obersten Klasse der Vererbungshierarchie. Bei der obersten Klasse steht hier keine leere Zeichenkette, sondern der gleiche String wie bei __Class.
__Genus	1 = SWbemObject ist eine Klasse. 2 = SWbemObject ist eine Instanz.
__Namespace	Namensraum, in dem die Klasse oder die Instanz existiert
__Path	Vollständiger WMI-Pfad einschließlich Server und Namensraum
__Property_Count	Anzahl der Attribute der Klasse. Dabei werden diese Systemattribute nicht mitgezählt.
__Relpath	WMI-Pfad ohne Server und Namensraum
__Server	Name des Servers
__Superclass	Name der direkten Oberklasse

Provider **WMI-Provider** WMI basiert ebenso wie ADSI und ADO auf einem Provider-Konzept, das eine Erweiterbarkeit ermöglicht. Provider sind COM-Komponenten (DLL oder EXE), die beim Aufruf einer Ressource, die durch den Provider bereitgestellt wird, in den Speicher geladen werden. Die WMI-Provider spielen aber im Vergleich zu den ADSI-Providern eine untergeordnete Rolle bei der praktischen Anwendung von WMI, da alle Informationen in ein globales Schema aufgenommen werden, sodass es beim konkreten Zugriff auf eine Klasse kaum Unterschiede zwischen den Providern gibt.

WMI-Provider	Erläuterung
Directory Services Provider	Zugriff auf die ADSI-Informationen aus Verzeichnisdiensten
Event Log Provider	Zugriff auf die Windows-Ereignisprotokolle (nur NT-Produktfamilie)
Exchange Queue Provider, Exchange Routing TableProvider, ExchangeClusterProvider	Zugriff auf Microsoft Exchange Server ab Version 2000
Microsoft Windows Installer Provider	Zugriff auf Software, die durch den Windows Installer (MSI) installiert wurde
Performance Counters Provider	Zugriff auf rohe Leistungsindikatordaten
Performance Monitor Provider	Zugriff auf Performance-Daten, wie sie der NT-Performance Monitor sieht
Power Management Event Provider	Ereignisse aus dem Bereich Power Management

Tabelle 12.6: Ausgewählte WMI-Provider

Windows Management Instrumentation (WMI)

WMI-Provider	Erläuterung
Registry Event Provider	Ereignisse bei Änderungen in der Registrierungsdatenbank
Registry Provider	Zugriff auf die Registrierungsdatenbank
Security Provider	Zugriff auf Sicherheitsinformationen im NTFS-Dateisystem
SMS Provider	Zugriff auf Microsoft System Management Server
SNA Provider	Zugriff auf Microsoft SNA Server
SNMP Provider	Zugriff auf SNMP-Daten
View Provider	Dient der Erzeugung neuer Klassen
Windows Installer Provider	Softwareinstallation/-deinstallation
WDM Provider	Zugriff auf Gerätetreiber via Windows Driver Model (WDM)
Win32 Provider	Zugriff auf das Win-32-Subsystem

Tabelle 12.6: Ausgewählte WMI-Provider (Forts.)

Nicht alle WMI-Provider werden automatisch registriert und im CIM Repository eingetragen. In der MSDN-Entwicklerbibliothek finden Sie die Informationen darüber, wie die einzelnen Provider registriert werden.

Wie die folgende Tabelle zeigt, sind die vorinstallierten Treiber abhängig von Betriebssystem und installierten Komponenten und Zusatzsoftware. Die Namen sind manchmal sehr lang und manchmal auch leider sehr kurz. *OffProv11* heißt der Provider für Microsoft Office 2003 (Version 11.0). Der IIS-Provider (*IIS__PROVIDER*) ist erst ab IIS Version 6.0 verfügbar. Die beiden folgenden Tabellen zeigen einen Vergleich der Provider für drei typische Systemkonfigurationen.

Installierte Treiber

Kürzel	Installationen
XP SP2	Windows XP Tablet PC Edition Service Pack 2 Microsoft Office 2003 Internet Information Server 5.1 Internet Explorer 6.0 .NET Framework 1.0 .NET Framework 2.0 .NET Framework 3.0 Visual Studio 2005 Team Suite Microsoft SQL Server 2005 Express
2003 R2	Windows Server 2003 Release 2 Microsoft Office 2003 Internet Information Server 6.0 Internet Explorer 6.0 .NET Framework 1.1 .NET Framework 3.0 Visual Studio 2005 Team Suite Microsoft SQL Server 2005 Express

Tabelle 12.7: Installationsumfang für den Providervergleich

Kapitel 12 Universal-Scripting-Komponenten

Kürzel	Installationen
Vista Business	Windows Vista Business .NET Framework 3.0 Internet Information Server 7.0 Internet Explorer 7.0
Windows Server 2008 R2	Windows Server 2008 Release 2 Alle Rollen außer HyperV Internet Explorer 8.0

Tabelle 12.7: Installationsumfang für den Providervergleich (Forts.)

Provider	Windows XP SP2	Windows 2003 R2	Windows Vista Business	Windows Server 2008 R2
AAGProvider				X
ACT_EventProvider		X		
ACTBroker		X		
ACTControllerMethodProvider		X		
ActiveScriptEventConsumer	X	X	X	X
ApplianceManager		X		
BcdProv			X	X
BitsClientProv				X
BitsLightweightServerProv				X
BrokerMethodProv		X		
CIMWin32	X	X	X	X
Cimwin32A	X	X		X
ClearClientConfigAlertConsumer		X		
Cluster Event Provider		X		
CmdTriggerConsumer	X	X		
CommandLineEventConsumer	X	X	X	X
DecoupledEventProvider	X	X	X	X
DFSProvider		X	X	X
DfsrConfigProv			X	X
DfsrMonitorProv			X	X
DskQuotaProvider	X	X	X	X
EventTraceProv	X	X		
EventViewerConsumer	X	X		
FsrmEventProvider				X
HiPerfCooker_v1	X	X	X	X

Tabelle 12.8: Vergleich der Provider in Windows XP, Windows Server 2003, Windows Vista und Windows 2008 R2

Provider	Windows XP SP2	Windows 2003 R2	Windows Vista Business	Windows Server 2008 R2
ieinfo5	X	X		
IIS__PROVIDER		X	X	X
IPMIPrv		X		X
LogFileEventConsumer	X	X	X	X
Microsoft WMI Forwarding Consumer Provider	X			
Microsoft WMI Forwarding Event Provider	X			
Microsoft WMI Template Association Provider	X			
Microsoft WMI Template Event Provider	X			
Microsoft WMI Template Provider	X			
Microsoft WMI Transient Event Provider	X			
Microsoft WMI Transient Provider	X			
Microsoft WMI Transient Reboot Event Provider	X			
Microsoft WMI Updating Consumer Assoc Provider	X			
Microsoft WMI Updating Consumer Event Provider	X			
Microsoft WMI Updating Consumer Provider	X			
Microsoft_SA_AlertEmail ConsumerProvider		X		
Microsoft_SA_DiskProvider		X		
Microsoft|DSLDAPClass AssociationsProvider|V1.0	X	X	X	
Microsoft|DSLDAPClass-AssociationsProvider|V1.0				X
Microsoft|DSLDAPClass-Provider|V1.0				X
Microsoft|DSLDAPClass-Provider|V1.0	X	X	X	
Microsoft|DSLDAPInstanceProvider|V1.0	X	X	X	
Microsoft|DSLDAPInstanceProvider|V1.0				X

Tabelle 12.8: Vergleich der Provider in Windows XP, Windows Server 2003, Windows Vista und Windows 2008 R2 (Forts.)

Provider	Windows XP SP2	Windows 2003 R2	Windows Vista Business	Windows Server 2008 R2
Microsoft|NLB_Provider|V1.0		X		
Microsoft|ServerComponentProvider|V1.0				X
MS_CLUSTER_CLASS_PROVIDER		X		
MS_CLUSTER_PROVIDER		X		
MS_InstalledGameProv			X	
MS_NT_DNS_PROVIDER				X
MS_NT_EVENTLOG_EVENT_PROVIDER	X	X	X	
MS_NT_EVENTLOG_EVENT_PROVIDER				X
MS_NT_EVENTLOG_PROVIDER	X	X	X	X
MS_Power_Management_Event_Provider	X	X	X	
MS_Power_Management_Event_Provider				X
MS_Shutdown_Event_Provider	X	X	X	X
MS_SNMP_CLASS_PROVIDER				X
MS_SNMP_ENCAPSULATED_EVENT_PROVIDER				X
MS_SNMP_INSTANCE_PROVIDER				X
MS_SNMP_REFERENT_EVENT_PROVIDER				X
MS_VIEW_INSTANCE_PROVIDER		X	X	X
Msft_ProviderSubSystem	X	X	X	X
MSIProv	X	X	X	X
MSiSCSIInitiatorProvider			X	X
MSiSNSServerProvider				X
MSNFS_PROVIDER				X
MSSQL_ManagementProvider	X	X		
MSVDS__PROVIDER		X	X	X
MSVSS__PROVIDER		X	X	X

Tabelle 12.8: Vergleich der Provider in Windows XP, Windows Server 2003, Windows Vista und Windows 2008 R2 (Forts.)

Windows Management Instrumentation (WMI)

Provider	Windows XP SP2	Windows 2003 R2	Windows Vista Business	Windows Server 2008 R2
NamedJobObjectActgInfoProv	X	X	X	X
NamedJobObjectLimitSettingProv				X
NamedJobObjectLimitSettingProv	X	X	X	
NamedJobObjectProv	X	X	X	X
NamedJobObjectSecLimitSettingProv	X	X	X	
NamedJobObjectSecLimitSettingProv				X
Nap_ClientProvider			X	X
NetDiagProv	X			
NetFrameworkv1Provider	X			
NlbsNicProv		X		
NT5_GenericPerfProvider_V1	X	X		
NTEventLogEventConsumer	X	X	X	X
OffProv11	X	X		
PolicSOM	X	X	X	X
PolicStatus	X	X	X	
PowerMeterProvider				X
PowerPolicyProvider				X
ProfileAssociationProvider CimV2				X
ProfileAssociationProvider Interop				X
ProviderSubSystem	X	X	X	X
RegistryEventProvider	X	X	X	X
RegPropProv	X	X	X	X
RegProv	X	X	X	X
ReliabilityMetricsProvider				X
ReplProv1		X		X
RouteEventProvider	X	X	X	X
RouteProvider	X	X	X	X
Rsop Logging Mode Provider	X	X	X	X
Rsop Planning Mode Provider	X	X	X	X

Tabelle 12.8: Vergleich der Provider in Windows XP, Windows Server 2003, Windows Vista und Windows 2008 R2 (Forts.)

Provider	Windows XP SP2	Windows 2003 R2	Windows Vista Business	Windows Server 2008 R2
SANTEventLogFilterEventConsumerProvider		X		
SCM Event Provider	X	X	X	X
SECRCW32	X	X	X	X
ServerFeatureProvider				X
ServiceModel	X	X	X	X
SessionBrokerTargetEventProvider				X
SessionProvider	X	X	X	X
SmonlogProv	X	X		
SMTPEventConsumer	X	X	X	X
SoftwareLicensingProduct_Provider			X	
SoftwareLicensingService_Provider			X	
SoftwareLicensingToken-ActivationLicense_Provider				X
SppProvider				X
SQLServerEventProvider	X	X		
SrmEventProvider		X		
Standard Non-COM Event Provider	X	X	X	
Standard Non-COM Event Provider				X
SystemConfigurationChangeEvents	X	X	X	
SystemConfiguration-ChangeEvents				X
SystemRestoreProv	X		X	
TrustPrv		X		X
UserProfileProvider				X
VolumeChangeEvents	X	X	X	X
WBEMCORE	X	X	X	X
WebAdministrationProvider			X	X
WhqlProvider	X	X	X	X
Win32_EncryptableVolume-Provider				X
Win32_OfflineFilesProvider			X	X

Tabelle 12.8: Vergleich der Provider in Windows XP, Windows Server 2003, Windows Vista und Windows 2008 R2 (Forts.)

Provider	Windows XP SP2	Windows 2003 R2	Windows Vista Business	Windows Server 2008 R2
Win32_OsBaseline			X	
Win32_SDVirtualDesktopServer_Prov				X
Win32_TpmProvider			X	X
Win32_TSCentralPublisher_Prov				X
Win32_TSPublishedApplication_Prov				X
Win32_WIN32_PROXY_Prov	X	X		
Win32_WIN32_SESSIONBROKERFARM_Prov				X
Win32_WIN32_SESSIONBROKER FARMACCOUNT_Prov				X
Win32_WIN32_SESSIONBROKERSERVICE PROPERTIES_Prov				X
Win32_WIN32_SESSIONBROKERTARGET_Prov				X
Win32_WIN32_SESSION DIRECTORYCLUSTER_Prov				X
Win32_WIN32_SESSION DIRECTORYSERVER_Prov				X
Win32_WIN32_SESSION DIRECTORYSESSION_Prov				X
Win32_WIN32_SESSION DIRECTORYVMMPLUGIN_Prov				X
Win32_WIN32_TERMINAL_Prov	X	X	X	X
Win32_WIN32_TERMINALSERVICE_Prov	X	X	X	X
Win32_WIN32_TERMINAL SERVICESETTING_Prov	X	X	X	X
Win32_WIN32_TERMINAL SERVICETOSETTING_Prov	X	X	X	X
Win32_WIN32_TERMINAL TERMINALSETTING_Prov	X	X	X	X
Win32_WIN32_TERMSERVLICENSING_Prov				X
Win32_WIN32_TSACCOUNT_Prov	X	X	X	X

Tabelle 12.8: Vergleich der Provider in Windows XP, Windows Server 2003, Windows Vista und Windows 2008 R2 (Forts.)

Provider	Windows XP SP2	Windows 2003 R2	Windows Vista Business	Windows Server 2008 R2
Win32_WIN32_TSCLIENTSETTING_Prov	X	X	X	X
Win32_WIN32_TSENVIRONMENTSETTING_Prov	X	X	X	X
Win32_WIN32_TSGENERALSETTING_Prov	X	X	X	X
Win32_WIN32_TSLOGONSETTING_Prov	X	X	X	X
Win32_WIN32_TSNETWORKADAPTERLISTSETTING_Prov	X	X	X	X
Win32_WIN32_TSNETWORKADAPTERSETTING_Prov	X	X	X	X
Win32_WIN32_TSPERMISSIONSSETTING_Prov	X	X	X	X
Win32_WIN32_TSREMOTECONTROLSETTING_Prov	X	X	X	X
Win32_WIN32_TSSESSIONDIRECTORY_Prov	X	X	X	X
Win32_WIN32_TSSESSIONDIRECTORYSETTING_Prov	X	X	X	X
Win32_WIN32_TSSESSIONSETTING_Prov	X	X	X	X
Win32_WIN32_TSVIRTUALIP_Prov				X
Win32_WIN32_TSVIRTUALIPSETTING_Prov				X
Win32_WIN32_WINDOWSPRODUCTACTIVATION_Prov	X	X		
Win32_WinSAT			X	
Win32ClockProvider	X	X	X	X
WMI Kernel Trace Event Provider	X	X	X	X
WMI Self-Instrumentation Event Provider	X	X	X	X
WMIEventProv	X	X	X	X
WmiPerfClass			X	X
WmiPerfInst			X	X
WMIPingProvider	X	X	X	X
WMIProv	X	X	X	X

Tabelle 12.8: Vergleich der Provider in Windows XP, Windows Server 2003, Windows Vista und Windows 2008 R2 (Forts.)

Managed Object Format (MOF) Das *Managed Object Format (MOF)* ist eine Sprache zur Definition von Managed Objects. MOF basiert auf der Interface Definition Language (IDL) und ist ein Textformat. MOF-Dateien können mithilfe des MOF-Compilers (*mofcomp.exe*) in das CIM-Repository übernommen werden.

MO-Beschreibung durch MOF

Das nachfolgende Listing zeigt Ausschnitte aus der Datei *msioff9.mof*, die die MOF-Beschreibung für Informationen über Microsoft Office liefert. Die dort definierten Klassen entsprechen den im MS Info anzeigbaren Daten. Das MOF-File definiert zunächst einen neuen Namensraum *MSAPPS* und dann über eine CLSID den Provider, der die Funktionalität der im Folgenden definierten Klassen implementiert.

MOF für Microsoft Office

```
//****************************************************************
//* File: MSIOff9.mof - Office Extension MOF File for MSInfo 5.0
//****************************************************************
//***Creates namespace for MSAPPS
#pragma namespace ("\\\\.\\Root")
instance of __Namespace
{
    Name = "MSAPPS";
};
//* Declare an instance of the __Win32Provider so as to "register" the
//* Office provider.
instance of __Win32Provider as $P
{
    Name = "OffProv";
    ClsId = "{D2BD7935-05FC-11D2-9059-00C04FD7A1BD}";
};

//* Class: Win32_WordDocument
//* Derived from:
[dynamic: ToInstance, provider("OffProv")]
class Win32_WordDocument
{
    [key, read: ToInstance ToSubClass] string Name;
    [read: ToInstance ToSubClass] string Path;
    [read: ToInstance ToSubClass] real32 Size;
    [read: ToInstance ToSubClass] datetime CreateDate;
};
//* Class: Win32_AccessDatabase
//* Derived from:
 [dynamic: ToInstance, provider("OffProv"), Singleton: DisableOverride ToInstance
ToSubClass]
class Win32_AccessDatabase
{
    [read: ToInstance ToSubClass] string Name;
    [read: ToInstance ToSubClass] string Path;
    [read: ToInstance ToSubClass] real32 Size;
    [read: ToInstance ToSubClass] datetime CreateDate;
    [read: ToInstance ToSubClass] string User;
    [read: ToInstance ToSubClass] string JetVersion;
};
```

Listing 12.4
Ein kleiner Ausschnitt aus dem MOF-File MSIOff9.mof

Kapitel 12 **Universal-Scripting-Komponenten**

Der WMI-Provider für Microsoft Office 2000 gehört zu den WMI-Providern (implementiert durch *offprov.exe*), die nicht automatisch in WMI eingebunden werden. Sie können dies jedoch selbst vornehmen, indem Sie die mit Office 2000 mitgelieferte MOF-Datei *msioff9.mof* kompilieren:

```
mofcomp.exe MSIOFF9.mof
```

Danach steht Ihnen eine Reihe interessanter Informationen über MS Office zur Verfügung.

Instanzenbeschreibung Auch Instanzen können in MOF beschrieben werden, dabei werden die Attribute mit ihren Werten angeführt. Nachstehend sieht man die MOF-Repräsentation einer Instanz der Klasse Win32_ComputerSystem.

Später in diesem Kapitel erfahren Sie, wie man die MOF-Beschreibung eines beliebigen WMI-Objekts mit einfachen Mitteln ausgeben kann.

```
instance of Win32_ComputerSystem
{
    AdminPasswordStatus = 3;
    AutomaticResetBootOption = TRUE;
    AutomaticResetCapability = TRUE;
    BootROMSupported = TRUE;
    BootupState = "Normal boot";
    Caption = "BYFANG";
    ChassisBootupState = 3;
    CreationClassName = "Win32_ComputerSystem";
    CurrentTimeZone = 120;
    DaylightInEffect = TRUE;
    Description = "AT/AT COMPATIBLE";
    Domain = "FBI.net";
    DomainRole = 1;
    EnableDaylightSavingsTime = TRUE;
    FrontPanelResetStatus = 3;
    InfraredSupported = FALSE;
    KeyboardPasswordStatus = 3;
    Manufacturer = "System Manufacturer";
    Model = "System Name";
    Name = "BYFANG";
    NetworkServerModeEnabled = TRUE;
    NumberOfProcessors = 1;
    OEMStringArray = {"0", "0"};
    PartOfDomain = TRUE;
    PauseAfterReset = "-1";
    PowerOnPasswordStatus = 3;
    PowerState = 0;
    PowerSupplyState = 3;
    PrimaryOwnerName = "Holger Schwichtenberg";
    ResetCapability = 1;
    ResetCount = -1;
    ResetLimit = -1;
    Roles = {"LM_Workstation", "LM_Server", "Print", "NT", "Potential_Browser"};
    Status = "OK";
    SystemStartupDelay = 30;
    SystemStartupOptions = {"\"Microsoft Windows XP Professional\" /fastdetect"};
```

```
    SystemStartupSetting = 0;
    SystemType = "X86-based PC";
    ThermalState = 3;
    TotalPhysicalMemory = "536309760";
    UserName = "FBI\\hs";
    WakeUpType = 6;
};
```

Sicherheitsfunktionen WMI basiert auf COM und verwendet die COM-Sicherheitsfunktionen und die entsprechend verfügbaren Security Provider. Sicherheitseinstellungen können auf der Ebene eines jeden Namensraums festgelegt werden. Diese Einstellung erfolgt im WMI-Snap-In in der MMC. Ein COM-Client, der auf ein WMI-Objekt zugreifen will, wird zunächst gegen die Sicherheitseinstellung des Namensraums geprüft, zu dem das Objekt gehört. Die Vergabe von Zugriffsrechten auf Objekt- oder Klassenebene unterstützt WMI bislang nicht.

Sicherheit

WMI unterstützt Impersonifizierung für den Zugriff auf entfernte Rechner. Es ist also möglich, beim Aufruf von WMI-Objekten auf einem entfernten Rechnersystem den Benutzerkontext zu wechseln und als ein anderer Benutzer aufzutreten als der, unter dem der COM-Client läuft. Dies ist allerdings beim Zugriff auf das lokale WMI nicht möglich. Ein Versuch, den Benutzerkontext vor dem Zugriff auf lokale WMI-Objekte zu wechseln, wird von WMI mit dem Fehler 80041064 quittiert: „Benutzeranmeldeinformationen können für lokale Verbindungen nicht verwendet werden".

Impersonifizierung

Im Gegensatz zu anderen Komponenten erlaubt WMI Vorgaben für die COM-Sicherheit durch den Client. Sowohl Impersonifizierungs- als auch Authentifizierungsmodus (vgl. Kapitel 7, „COM") können beim Verbindungsaufbau eingestellt werden. Der Client kann ab Windows 2000 auch den Security Service Provider (SSPI) zwischen der NT 4.0-LAN-Manager (NTLM)- und der Kerberos-Authentifizierung wählen. Wird kein SSPI explizit angegeben, verhandelt WMI den SSPI beim Verbindungsaufbau. Es wird zunächst versucht, Kerberos zu verwenden. Kerberos kann allerdings nie für lokale Aufrufe verwendet werden.

Programmatische Sicherheit

Privilegien sind Zusatzrechte, die bei Nutzung einiger WMI-Klassen benötigt werden und bei der Instanziierung gesetzt werden müssen. Ohne diese Zusatzangaben ist die Klasse nicht nutzbar. Die Zusatzangaben werden entweder im WMI-Pfad gesetzt oder aber über das Unterobjekt Security_.Privileges in der Klasse SWbemLocator. Welche Privilegien eine WMI-Klasse erwartet, erfährt man durch den Klassen-Qualifier Enum Privileges.

Privilegien

WMI Query Language (WQL) WMI erlaubt es, Suchanfragen in einer Syntax zu stellen, die auf der ANSI Standard Structured Query Language (SQL) basiert. Der SQL-Dialekt heißt WMI Query Language, kurz: WQL. Es wird allerdings nur Lesezugriff mit dem SQL-Befehl SELECT unterstützt. Weder DDL (Data Definition Language) noch DML (Data Manipulation Language) werden unterstützt. WQL Queries werden später genauer besprochen.

WQL

Ereignissystem WMI bietet ein komplexes System für Ereignisse. Es gibt zwei Gruppen von Ereignissen:

Ereignisarten

▸ **Intrinsic Events** sind Ereignisse, die direkt Klassen oder Objekte im WMI-Repository verändern oder betreffen, z.B. das Löschen einer Instanz (__InstanceDeletion Event), das Verändern einer Instanz (__InstanceModificationEvent) oder der Aufruf einer Methode (__MethodInvocationEvent). Zu den Intrinsic Events gehören auch Zeitgeberereignisse (Timer Events), z.B. __AbsoluteTimerInstruction und __IntervalTimerInstruction. Der Name dieser Ereignisse beginnt mit einem doppelten Unterstrich. Alle Klassen sind direkt oder indirekt abgeleitet von __Event.

- **Extrinsic Events** sind speziellere Ereignisse, die von irgendeinem Teil des Systems ausgelöst werden, aber nicht direkt auf das CIM-Repository wirken müssen, z.B. Ändern eines Schlüssels in der Registrierungsdatenbank (RegistryValueChangeEvent), Ändern der Systemkonfiguration (Win32_SystemConfigurationChangeEvent) und Herunterfahren des Computers (Win32_ComputerShutdownEvent). Alle diese Klassen sind abgeleitet von __ExtrinsicEvent.
- WMI-Ereignisse werden ausgelöst von *Ereignisprovidern (Event Provider)*, die im CIM-Repository einmalig registriert werden müssen.

Konsumenten WMI-Ereignisse werden behandelt von *Ereigniskonsumenten (Event Consumers)*. Ereigniskonsumenten registrieren sich bei WMI für bestimmte Ereignisse. Der Ereigniskonsument führt beim Eintritt eines Ereignisses eine bestimmte Aktion aus.

Permanente versus temporäre Konsumenten WMI unterscheidet zwei Arten von Ereigniskonsumenten: *temporäre Event Consumer* und *permanente Event Consumer*. Der Unterschied zwischen den beiden Typen ist, dass ein temporärer Event Consumer nur Ereignisbenachrichtigungen erhält, wenn er aktiv ist. Ein temporärer Event Consumer wird durch ein Script oder ein Programm implementiert. Nach Beendigung des Scripts/Programms ist der Konsument nicht mehr vorhanden. Dagegen ist ein permanenter Konsument in Form eines Managed Objects im Repository gespeichert und kann zu jedem Zeitpunkt Ereignisbenachrichtigungen empfangen, da WMI den Consumer bei Bedarf selbst startet und dann das Ereignis übermittelt.

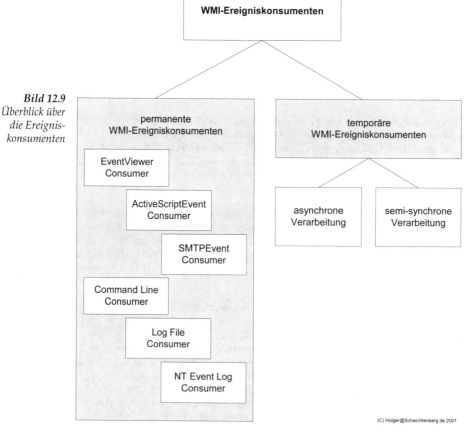

Bild 12.9 Überblick über die Ereigniskonsumenten

Permanente Ereigniskonsumenten sind z.B.:

- Der `EventViewerConsumer` (im Namensraum */root/cimv2*), der die aufgetretenen Ereignisse in einem Bildschirmfenster, dem WMI Event Viewer, darstellt. Der Event Viewer wird in Kapitel 18, „Werkzeuge", vorgestellt. — **EventViewer-Consumer**
- Der `ActiveScriptEventConsumer` (im Namensraum */root/default*), der bei Auftreten eines Ereignisses ein Active Script ausführt. — **ActiveScript-EventConsumer**
- Mithilfe des `SMTPEventConsumer` können bei Ereignissen E-Mails über den Microsoft SMTP-Server (der Bestandteil des Internet Information Servers ab Version 4.0 ist) versendet werden. Der `SMTPEventConsumer` ist standardmäßig nicht registriert. Um ihn benutzen zu können, muss die Datei *smtpcons.mof*, die sich im Verzeichnis *%System-Root%\Winnt\wbem* befindet, mithilfe des MOF-Compilers *(mofcomp.exe)* kompiliert und ins WMI-Repository aufgenommen werden. Der Provider wird im Namensraum *root\default* registriert. — **SMTPEventConsumer**

Ab Windows XP gibt es drei weitere permanente Ereigniskonsumenten:

- `Command Line Event Consumer`: Start einer Anwendung
- `NT Event Log Event Consumer`: Eintrag in das NT-Ereignisprotokoll
- `Log File Event Consumer`: Eintrag in eine Protokolldatei

Der Ereigniskonsument definiert sein Interesse gegenüber WMI in Form eines WMI-Filters. Ein WMI-Filter ist im Wesentlichen eine *WQL Event Query* (vgl. Unterkapitel zu WQL-Abfragen). — **Filter**

Ein Ereigniskonsument ist eine Instanz einer von der Systemklasse `__EventConsumer` erbenden Klasse. Ein WMI-Filter ist eine Instanz der Systemklasse `__EventFilter`. Die Bindung zwischen einem Consumer und einem Filter ist als Instanz von `__FilterToConsumerBinding` gespeichert. — **Administration**

Es gibt zwei Möglichkeiten, Ereigniskonsument und Filter zu definieren und aneinander zu binden:

- Über das Werkzeug „WMI Event Registration"
- Über Programmcode. Dadurch, dass Consumer, Filter und Bindungen selbst wieder als WMI-Objekte gespeichert werden, können diese leicht auch per WMI automatisiert verwaltet werden.

Kern des Ereignissystems ist der *Event Provider*. Er informiert WMI über Veränderungen in der Managementumgebung oder im Repository. WMI leitet die Ereignisse an die für dieses Ereignis registrierten Konsumenten weiter. — **Provider**

12.1.2 Metaobjektmodell in der WMI-COM-Komponente

Vom eigentlichen WMI ist die WMI-COM-Komponente abzugrenzen. Sie realisiert ein Metaobjektmodell (vgl. Erläuterungen dazu in Kapitel 7, „COM"), um die sehr große Anzahl von WMI-Grundklassen ansteuern zu können und es zu ermöglichen, dass zusätzliche WMI-Provider ohne Veränderung der WMI-COM-Komponente adressiert werden können. — **WMI Scripting API**

In der Dokumentation spricht Microsoft von einem *WMI Scripting API* und einem *WMI COM API*. Als Scripting API bezeichnet Microsoft die `IDispatch`-fähigen Schnittstellen, als COM API die Schnittstellen, die nicht via `IDispatch` und damit nicht per Script angesprochen werden können. Das vorliegende Buch macht diesen MINFU nicht mit und spricht von der WMI-Komponente.

Kapitel 12 Universal-Scripting-Komponenten

 Dieses Kapitel verfolgt zwei Ziele: Sie sollen zum einen die Grundkonzepte von WMI, zum anderen den Einsatz der WMI-Komponente verstehen. Das Buch liefert keine vollständige Darstellung der Managed Objects. Das liegt nicht nur daran, dass eine solche Referenz ein eigenes, mehrere Hundert Seiten starkes Buch füllen würde, sondern auch daran, dass es gute Werkzeuge für den Zugriff auf das Schema und eine gute Online-Dokumentation der Managed Objects gibt. Mit den hier vermittelten grundlegenden Informationen werden Sie in der Lage sein, auch die hier nicht besprochenen Managed Objects schnell einzusetzen.

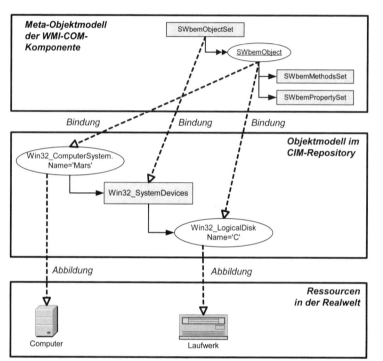

Bild 12.10
Das WMI-Meta-Objektmodell: Die Klasse SWbemObject kann sowohl an Instanzen der Klasse Win32_ComputerSystem als auch an Instanzen der Klasse Win32_LogicalDisk gebunden werden. Win32_ComputerSystem und Win32_LogicalDisk sind jeweils Abbildungen von realen Ressourcen.

Name und Abkürzung	Windows Management Instrumentation (WMI)
Name der Komponentendatei	wbemdisp.dll (Typbibliothek: wbemdisp.tlb)
Interner Name der Typbibliothek	WbemScripting
Helpstring der Typbibliothek	Microsoft WMI Scripting Library
Hersteller	Microsoft
Lizenzierung	Bestandteile des Betriebssystems bzw. kostenloses Add-On
Besprochene Version	6.1 (aus Windows Server 2008 R2)
NT 4.0 und Windows 9x	WMI-Add-On [CD:/install/komponenten/wmi/]
Windows 2000	Version 1.5 enthalten
Windows XP	Version 5.1 enthalten

Tabelle 12.9: Schnellinfo Windows Management Instrumentation (WMI)

Name und Abkürzung	Windows Management Instrumentation (WMI)
Windows Server 2003	Version 5.2 enthalten
Windows Vista	Version 6.0 enthalten
Windows 7/Windows Server 2008 R2	Version 6.1 enthalten

Position der Originaldokumentation in der MSDN-Library	Setup and System Administration
	  Microsoft Management Console (MMC)
	  PC Health
	  Policies and Profiles
	  Setup
	  System Restore
	  Systems Management Server (SMS)
	  Task Scheduler
	  Windows Management Instrumentation (WMI)
	    SDK Documentation
	      About WMI
	      Using WMI
	      WMI Reference
	      WMI Glossary

Tabelle 12.9: Schnellinfo Windows Management Instrumentation (WMI) (Forts.)

Programmiermöglichkeiten

WMI unterstützt sowohl den Zugriff auf einzelne Managed Objects als auch den Zugriff auf Objektmengen. Weiterhin unterstützt WMI folgende Vorgehensweisen: **Programmierung**

- Transparentes Schema zur Erforschung der Managed Objects
- Möglichkeit zur Definition eigener Ereignisse auf jede beliebige Veränderung in einem Managed Object
- Asynchrone Befehlsausführungen, die ihre Ergebnisse durch Ereignisse zurückliefern
- Erstellen von Abfragen im SQL-Stil durch die Abfragesprache WQL

Bindung an Managed Objects

Bindung ist in WMI der Vorgang der Zuordnung eines Metaobjekts aus der WMI-COM-Komponente zu einem konkreten Managed Object aus dem CIM-Repository.

Auch in WMI werden Objekte durch Moniker identifiziert. Ein WMI-Moniker besteht aus: **Objektidentifizierung**

- der ProgID *WinMgmts*
- einer Sicherheitseinstellungsdefinition (optional)
- einer Lokalisierungsangabe (optional)
- dem WMI-Pfad (nur im Ausnahmefall nicht vorhanden)

WMI-Pfade Grundsätzlich gibt es zwei Arten von WMI-Pfaden: Klassenpfade und Instanzenpfade

- **Pfade für Klassen:** Pfade für Klassen bestehen lediglich aus dem Klassennamen und optional der Angabe eines Computernamens und/oder eines Namensraums. Ohne Computernamen wird der lokale Computer benutzt, ohne Namensraumangabe der Standardnamensraum (*Default Namespace*). Als Trennstrich kann sowohl der Slash („/") als auch der Backslash („\") verwendet werden. Ein Punkt (".") anstelle des Computernames steht für den lokalen Computer. **Klassenpfade**

```
\\Computername\Namespace:Class
Class
```

Instanzen-
pfade
> **Pfade für Objekte:** Pfade für WMI-Objekte (Instanzen von WMI-Klassen) bestehen zusätzlich aus der Angabe der Schlüsselattribute zur eindeutigen Identifizierung der Instanz. Die allgemeine Form lautet:

`\\Computername\Namespace:Class.Key="wert"`

Für den Fall, dass die Klasse mehrere Attribute als Schlüsselattribute definiert hat, sind alle Schlüsselattribute anzugeben, da ein einzelnes dieser Attribute ja keine eindeutigen Werte besitzen muss.

`\\Computername\Namespace:Class.Key1="wert1",Key2="Wert2"`

Für den Fall, dass die Klasse nur ein Schlüsselattribut besitzt, kann die Schreibweise verkürzt werden, indem der Name des Schlüsselattributs weggelassen wird.

`\\Computername\Namespace:Class ="wert"`

Für die Verwendung von Servernamen und Namensraumnamen gilt das für Klassenpfade Gesagte.

SONDERFALL: Singleton-Klassen (Klassen, die nur eine Instanz besitzen) verwenden anstelle des Paars aus Schlüsselattributname und Schlüsselwert zur Identifizierung des einzigen Objekts das Zeichen @ .

Der Standardnamensraum ist in der Registrierungsdatenbank festgelegt (*HKEY_LOCAL_MACHINE\ Software\Microsoft\WBEM\Scripting\Default Namespace*) und über das WMI-Snap-In in der MMC oder die WMI-Klasse `Win32_WMISetting` in dem Attribut `ASPScriptDefaultNamespace` veränderbar.

Tabelle 12.10
Beispiele für
WMI-Moniker

Objekt	Pfad
Lokaler Standardnamensraum	*WinMgmts:*
Der Standardnamensraum auf dem Rechner *XFilesServer01*	*WinMgmts:\\XFilesServer01*
Der Namensraum *root/cimv2* auf dem lokalen System	*WinMgmts:root/cimv2*
Der Namensraum *root/cimv2* auf dem Rechner *XFilesServer01*	*WinMgmts:\\XFilesServer01/root/cimv2*
Die Klasse `Win32_LogicalDisk` aus dem Namensraum \root\cimv2: auf dem Computer *XFilesServer01*	*WinMgmts:\\XFilesServer01\root\cimv2: Win32_LogicalDisk*
Die Instanz der Klasse `Win32_LogicalDisk` aus dem Namensraum \root\cimv2: auf dem Computer *XFilesServer01* mit dem Namen „D:"	*WinMgmts:\\XFilesServer01\root\cimv2: Win32_LogicalDisk.DeviceID="D:"*
Die Instanz der Klasse `Win32_LogicalDisk` aus dem Standardnamensraum auf dem lokalen Computer mit dem Namen „D:"	*WinMgmts: Win32_LogicalDisk.DeviceID="D:"*

Die Richtung der Querstriche (Slash oder Backslash) im WMI-Pfad ist egal: Man kann sogar beide Notationen mischen.

LocaleID **Lokalisierungsangabe** Innerhalb des WMI-Monikers kann ein Unter-Namensraum, d.h. eine bestimmte landesspezifische Version eines Namensraums, ausgewählt werden. Die LocaleID wird in eckigen Klammern vor dem WMI-Pfad ergänzt.

```
WinMgmts:[locale=ms_407]!root/cimv2:Win32_LogicalDisk
WinMgmts:[locale=ms_409]!root/cimv2:Win32_LogicalDisk
```
Beispiele

Sicherheitseinstellungen Alle Sicherheitseinstellungen können wahlweise über den Moniker bei Objektbindung oder über spezielle Verwaltungsklassen vorgenommen werden. Die Sicherheitseinstellungen erfolgen vor der Angabe des WMI-Pfads in geschweiften Klammern. Sie werden durch ein Ausrufezeichen vom WMI-Pfad abgetrennt. Mehrere Sicherheitsangaben werden durch Kommata getrennt. Folgende Eigenschaften können gesetzt werden:

Sicherheit

▸ **AuthenticationLevel**

DCOM- und Authentifizierungsstufe; mögliche Werte sind: `default`, `none`, `connect`, `call`, `pkt`, `pktIntegrity` und `pktPrivacy` (vgl. DCOM-Sicherheit in Kapitel 7, „COM")

AuthenticationLevel

▸ **ImpersonationLevel**

DCOM-Impersonifizierungsstufe; mögliche Werte sind: `anonymous`, `identify`, `impersonate` und `delegate` (vgl. Ausführungen zur DCOM-Sicherheit in Kapitel 7, „COM")

ImpersonationLevel

▸ **Authority**

Gibt den zu verwendenden SSPI an; möglich sind `authority=kerberos:domainname\servername` und `authority=ntlmdomain:domainname`

Authority

▸ **Privileges**

Privileges sind Einzelrechte, die beim lokalen Zugriff zum Tragen kommen. Mögliche Werte sind: *CreateToken, PrimaryToken, LockMemory, IncreaseQuota, MachineAccount, Tcb, Security, TakeOwnership, LoadDriver, SystemProfile, SystemTime, ProfileSingle Process, IncreaseBasePriority, CreatePagefile, CreatePermanent, Backup, Restore, Shut down, Debug, Audit, SystemEnvironment, ChangeNotify, RemoteShutdown, Udock, Sync Agent, Enable-Delegation.*

Privileges

Da mehrere Werte gleichzeitig erlaubt sind, werden die Werte in runden Klammern zusammengefasst. Dabei wird das Schlüsselwort `Privileges` nicht vorangestellt.

Objekt	Pfad
Zugriff auf den CIMV2-Namensraum auf dem Server *XFilesServer01* unter Verwendung bestimmter Impersonifizierungs- und Authentifizierungsstufen	winmgmts: {impersonationLevel=impersonate, authenticationLevel=pktPrivacy} !//XFilesServer01/root/cimv2
Zugriff auf den CIMV2-Namensraum auf dem Server *XFilesServer01* unter Verwendung der Impersonifizierungsstufe *Impersonate* und unter Verwendung des NTLM-SSPI	winmgmts: {impersonationLevel=impersonate, authority=ntlmdomain:XFilesServer01} !\\XFilesServer01/root/ cimv2

Tabelle 12.11 Beispiele für WMI-Moniker mit Sicherheitseinstellungen

Objektmodell der WMI-Komponente

Den Kern des Objektmodells der WMI-Komponente bildet die WMI-Metaklasse `SWbemObject`, deren Instanzen an jedes Managed Object (MO) gebunden werden können. `SWbemObject` ist dabei in der Lage, das MO zu emulieren und wie ein Proxy-Objekt aufzutreten, sodass die zusätzliche Ebene für den Programmierer transparent ist.

Objektmodell

> `SWbemObject` kann auch an eine Klassendefinition im WMI-Schema gebunden werden. Da es schwierig ist, diesen Umstand in der Beschreibung des Objektmodells stets zu berücksichtigen, soll hier als Konvention eingeführt werden, dass der Begriff MO nicht nur die Instanzen, sondern auch die Klassendefinition eines MO umfassen soll.

Bindung auch an Klassen

Kapitel 12 Universal-Scripting-Komponenten

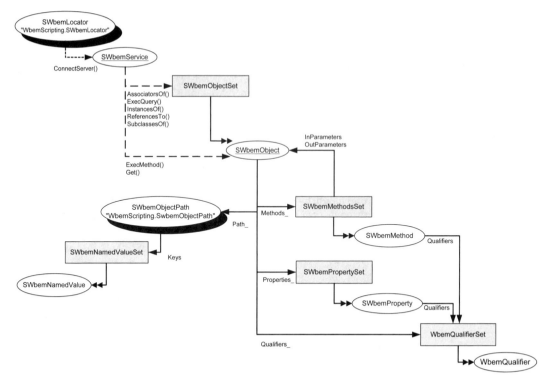

Bild 12.11: *Objektmodell der WMI-Komponente*

WbemScripting-Klassen Die WMI-Komponente besitzt fünf instanziierbare Klassen:
- WbemScripting.SWbemLocator
- WbemScripting.SWbemLastError
- WbemScripting.SWbemObjectPath
- WbemScripting.SWbemNamedValueSet
- WbemScripting.SWbemSink

Klasse	Erläuterung
SWbemLocator	Diese Klasse stellt eine (von mehreren) Möglichkeiten dar, die Verbindung zu einem WMI-Server aufzubauen und Zugriff auf einen Namensraum zu nehmen. Diese Klasse ist instanziierbar durch WbemScripting.SWbemLocator.
SWbemObject	SWbemObject ist die zentrale Metaklasse für den Zugriff auf WMI-Instanzen und WMI-Klassen.
SWbemObjectSet	Eine Objektmenge von Objekten des Typs SWbemObject.
SWbemServices	Ein SWbemServices-Objekt repräsentiert einen WMI-Namensraum als Ganzes.
SWbemMethod	Repräsentiert eine Methode in einem MO
SWbemMethodSet	Objektmenge aller Methoden in einem MO

Tabelle 12.12: *Klassen der WMI-COM-Komponente*

Klasse	Erläuterung
SWbemProperty	Repräsentiert ein Attribut in einem MO
SWbemPropertySet	Objektmenge aller Attribute in einem MO
SWbemObjectPath	Dient dem Lesen und Schreiben von WMI-Pfaden
SWbemNamedValue	Ein SWbemNamedValue speichert ein Attribut-Wert-Paar. Die Klasse besitzt nur zwei Attribute (Name und Value).
SWbemNamedValueSet	Liste von SWbemNamedValue-Objekten, repräsentiert also eine Liste von Attribut-Wert-Paaren. Dieses Instrument wird z.B. eingesetzt, um die Schlüsselwerte eines MO zu ermitteln und um bei asynchronen Aufrufen Informationen an die Ereignisbehandlungsroutinen zu übermitteln.
SWbemPrivilege	Repräsentiert ein einzelnes Privileg
SWbemPrivilegeSet	Liste aller Privilegien
SWbemQualifier	Repräsentiert einen Qualifier
SWbemQualifierSet	Repräsentiert eine Liste von Qualifiern
SWbemSecurity	Sicherheitseinstellungen, die aber auch über den WMI-Pfad vorgenommen werden können. Die Klassen SWbemLocator, SWbemServices, SWbemObject, SWbemObjectSet, SWbemObjectPath, SWbemLastError und SWbemEventSource besitzen ein Attribut Security_ vom Typ SWbemSecurity.
SWbemEventSource	Ein Objekt dieser Klasse ist das Ergebnis der Methode ExecNotificationQuery() aus der Klasse SWbemServices. Nach der Ausführung einer Aktion dient das SWbemEventSource-Objekt dazu, die auftretenden Ereignisse nacheinander abzugreifen.
SWbemLastError	Informationen über den letzten Fehler. Der Aufbau der Klasse entspricht exakt dem der Klasse SWbemObject.
SWbemSink	SWbemSink dient COM-Clients dazu, Benachrichtigungen von Ereignissen und im Rahmen von asynchronen WMI-Operationen zu empfangen.

Tabelle 12.12: Klassen der WMI-COM-Komponente (Forts.)

Änderungen ab Windows XP und Windows Server 2003 Seit Windows XP und Windows Server 2003 sind drei weitere Klassen verfügbar: **Neue Methoden**
- SWbemServices (erweitert um zahlreiche Methoden zur Klasse SWbemServicesEx)
- SWbemObject (erweitert um zahlreiche Methoden zur Klasse SWbemObjectEx)
- SWbemSink (erweitert um eine Methode)

Typbibliothek Die Typbibliothek definiert nur die Metaklassen der WMI-COM-Komponente, nicht aber die Klassen der Managed Objects. Eine solche Definition in der Typbibliothek hätte auch wenig Wert, da das Konzept eines Metaobjektmodells eine Form des späten Bindens ist. Entwicklungsumgebungen können IntelliSense-Unterstützung nur für die Mitglieder der Metaklassen anbieten. Eine Unterstützung für die Funktionen der Managed Objects wäre zwar über einen Zugriff auf das WMI-Schema denkbar, ist aber heute leider noch in keiner Entwicklungsumgebung implementiert. **WMI-Typbibliothek**

*Bild 12.12
Ansicht der Klasse „SWbem-Object" in der Typbibliothek der WMI-COM-Komponente*

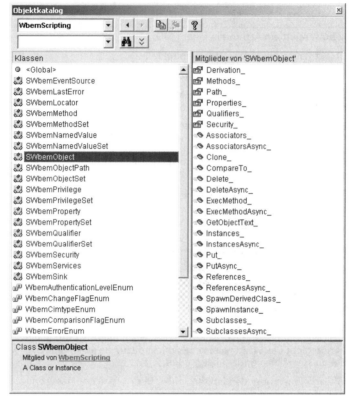

System. Management

.NET Framework Im .NET Framework ist das WMI-Metaobjektmodell Bestandteil der .NET Framework Class Library (FCL) in Form des Namensraums System.Management. Dieser FCL-Namensraum wird im Buchteil zur Windows PowerShell besprochen.

Die Metaklasse SWbemObject

SWbem-Object

SWbemObject ist die zentrale Klasse von WMI, deren Instanzen Proxy-Objekte für WMI-MOs sind. SWbemObject ermöglicht den direkten Zugriff auf die Attribute und Methoden der MOs. Die Klasse SWbemObject bietet aber eine Reihe von Attributen und Methoden zur Verwaltung der Managed Objects. Alle diese Mitglieder enden auf einen Unterstrich „_", um sie von den Mitgliedern der Managed Objects abzugrenzen.

Ein SWbemObject-Objekt besitzt eine Properties-Objektmenge, in der die Attribute des Managed Objects gelistet werden, eine Methods-Objektmenge für die Methoden des MO und eine Qualifier-Objektmenge für Qualifier-Objekte. Ein Qualifier ist die Beschreibung eines Attributs oder einer Methode.

Attribut	Erläuterung
Derivation_	Entspricht dem Systemattribut _Derivation, enthält also die Vererbungshierarchie der Klasse, zu der das Objekt gehört
Properties_	Verweis auf die zugehörige SWbemPropertySet-Objektmenge, die alle Attribute der MO-Klasse enthält

Tabelle 12.13: Attribute von SWbemObject

Attribut	Erläuterung
Methods_	Verweis auf die zugehörige SWbemMethodSet-Objektmenge, die alle Methoden der MO-Klasse enthält
Qualifiers_	Verweis auf die zugehörige SWbemQualifierSet-Objektmenge
Path_	Verweis auf ein SWbemObjectPath-Objekt, das den WMI-Pfad des MO enthält
Security_	Verweis auf das zugehörige SWbemSecurity-Objekt

Tabelle 12.13: Attribute von SWbemObject *(Forts.)*

Methode	Erläuterung
Associators_() AssociatorsAsync_()	Liefert einen SWbemObjectSet aller mit diesem MO assoziierten MOs. Dies sind alle Assoziationen, bei denen das aktuelle MO der **Ausgangspunkt** ist.
References_() ReferencesAsync_()	Liefert einen SWbemObjectSet aller MOs, die auf dieses MO verweisen. Dies sind alle Assoziationen, bei denen das aktuelle MO der **Endpunkt** ist.
Clone_()	Erzeugt eine Kopie des SWbemObject
CompareTo_()	Prüft bei zwei SWbemObject-Instanzen, ob sie an das gleiche MO gebunden sind.
Delete_() DeleteAsync_()	Löscht das an SWbemObject gebundene MO
ExecMethod_() ExecMethodAsync_()	Ausführen einer Methode auf diesem MO
GetObjectText_()	Liefert die Beschreibung des MO in MOF-Syntax. Für eine Instanz enthält die MOF-Beschreibung alle konkreten Werte.
Instances_() InstancesAsync_()	Liefert einen SWbemObjectSet der Instanzen einer WMI-Klasse. Diese Methode ist nur verfügbar, wenn das MO eine Klasse ist.
Put_() PutAsync_()	Speichert die Änderungen im MO ab
SpawnDerivedClass_()	Erzeugt eine neue, abgeleitete Klasse von der aktuellen WMI-Klasse. Diese Methode ist natürlich nur für MOs verfügbar, die Klassen sind.
SpawnInstance_()	Erzeugt eine neue Instanz einer WMI-Klasse. Diese Methode ist natürlich nur für MOs verfügbar, die Klassen sind.
Subclasses_() SubclassesAsync_()	Liefert einen SWbemObjectSet der Unterklasse einer WMI-Klasse (nur für MOs verfügbar, die WMI-Klassen sind)

Tabelle 12.14: Methoden von SWbemObject. *Zur Vereinfachung sind die entsprechenden asynchronen Methoden ohne weiteren Kommentar mitgenannt.*

SWbemServices

Ein SWbemServices-Objekt repräsentiert einen WMI-Namensraum als Ganzes. Sie erhalten ein SWbemServices-Objekt, wenn Sie einen WMI-Moniker ohne Angabe einer konkreten Klasse oder Instanz verwenden.

```
Set objServ = GetObject("winmgmts:")
```

Viele Methoden von SWbemServices entsprechen Methoden aus der Klasse SWbemObject, wobei bei SWbemServices natürlich ein gültiger WMI-Pfad angegeben werden muss, da sonst der Bezug nicht klar ist. SWbemServices bietet nur eine Eigenschaft an: Security_ ist ein Verweis auf das SWbemSecurity-Unterobjekt.

Tabelle 12.15 Methoden von SWbemServices. Die zweite Spalte gibt an, ob die Methode ein Einzelobjekt, einen ObjectSet oder gar keinen Wert zurückgibt. Zur Vereinfachung ist die eventuell vorhandene asynchrone Variante einer Methode jeweils durch einen Querstrich getrennt genannt.

Methode	Ergebnis	Erläuterung
AssociatorsOf() AssociatorsOfAsync()	ObjectSet/ Kein	Liefert die Associators_Objektmenge eines MO
Delete() DeleteAsync()	Kein	Löscht eine Instanz oder Klasse.
ExecMethod() ExecMethodAsync()	Object / Kein	Führt eine Methode auf einem Objekt aus.
ExecNotificationQuery() ExecNotificationQueryAsync()	EventSource / Kein	Ausführung einer Ereignisabfrage. Das Ergebnis ist ein SWbemEvent Source-Objekt.
ExecQuery() ExecQueryAsync()	ObjectSet/ Kein	Ausführung einer WQL-Datenabfrage oder Schema Query
Get() GetAsync()	Object/ Kein	Zugriff auf ein einzelnes MO
InstancesOf() InstancesOfAsync()	ObjectSet/ Kein	Liefert die Menge der Instanzen einer Klasse.
ReferencesTo() ReferencesToAsync()	ObjectSet/ Kein	Liefert die References_Collection eines MO.
SubclassesOf() SubclassesOfAsync()	ObjectSet/ Kein	Liefert die Subclasses_Collection eines MO.

12.1.3 Arbeit mit der WMI-Komponente

Dieses Kapitel stellt verschiedene Vorgehensweisen in WMI an konkreten Beispielen vor.

Zugriff auf lokale Managed Objects

Es gibt folgende Möglichkeiten, ein SWbemObject an ein Managed Object zu binden:

Direkter Zugriff
- Direkter Zugriff auf ein Einzelobjekt mit GetObject() und dem WMI-Pfad
  ```
  Set objWO = GetObject("winmgmts:Win32_ComputerSystem='XFilesServer01'")
  ```

SWbemServices.Get()
- Zugriff auf ein Einzelobjekt über ein SWbemServices-Objekt. Die SWbemServices-Klasse stellt eine Methode Get() bereit, mit der ein WMI-Objekt über den relativen Pfad angesprochen werden kann.
  ```
  Set objServ = GetObject("winmgmts:")
  Set objWO = objServ.Get("Win32_ComputerSystem='XFilesServer01'")
  ```

InstancesOf()
- Einlesen aller Instanzen einer Klasse in ein SWbemObjectSet-Objekt. Die Methode InstancesOf() liefert ein SWbemObjectSet-Objekt, das eine Objektmenge von SWbemObject ist. Die Objektmenge kann mit For Each durchlaufen werden und bietet auch eine Item()-Methode. Dabei ist aber zu beachten, dass nicht nur der Wert des Schlüsselattributs anzugeben ist, sondern der komplette relative Pfad inklusive Klassenname. Indexwerte sind bei Item() erst ab Windows Vista möglich!
  ```
  Set objServ = GetObject("winmgmts:")
  Set menge = objServ.InstancesOf("Win32_ComputerSystem")
  ' -- Zugriff auf WMI-Objekt
  Set objWO = menge.Item("Win32_ComputerSystem='XFilesServer01'")
  ```

WQL-Query
- Die vierte Möglichkeit ist die Ausführung einer WQL-Abfrage über die Methode ExecQuery() aus der Klasse SWbemServices. Das Ergebnis der Abfrage ist ebenfalls ein SWbemObjectSet-Objekt.
  ```
  Set objServ = GetObject("winmgmts:")
  ```

```
Set menge = _
    objServ.ExecQuery("SELECT * FROM Win32_ComputerSystem")
    Set objWO = menge.Item("Win32_ComputerSystem='XFilesServer01'")
```

Das folgende Listing zeigt alle vier Möglichkeiten am Beispiel des `Win32_ComputerSystem`-Objekts des Rechners „XFilesServer01". Dabei werden nur im ersten Fall mehrere Eigenschaften des `Win32_ComputerSystem`-Objekts ausgegeben.

> Mit der vorgestellten Syntax können nur die Computerinformationen des lokalen Systems ermittelt werden. Trotzdem muss stets der Name des lokalen Systems angegeben werden (hier: „XFilesServer01"). Entspricht der Name nicht dem Namen des lokalen Systems, wird das WMI-Objekt nicht gefunden. Dies ist damit zu erklären, dass die gesamte Architektur darauf ausgelegt ist, dass es mehrere Instanzen einer Klasse gibt. Im Fall `Win32_ComputerSystem` gibt es auf jedem Computer natürlich nur eine Instanz, die aber trotzdem stets über ihren Namen angesprochen werden muss. Die Verfahren zum Zugriff auf entfernte Systeme werden später in diesem Unterkapitel vorgestellt.

```
Dim objWO    ' As WbemScripting.SWbemObject
Dim objServ  ' As WbemScripting.SWbemServices
Dim menge    ' As WbemScripting.SWbemObjectSet

' --- 1. Möglichkeit ---------------
' -- Zugriff auf WMI-Objekt
Set objWO = GetObject("winmgmts:Win32_ComputerSystem='XFilesServer01'")
' -- Ausgabe von Eigenschaften des Managed Objects
say "Der Computer heißt: " & objWO.Caption
say "Der Computer gehört: " & objWO.PrimaryOwnerName
say "Domain: " & objWO.domain
say "Typ: " & objWO.SystemType

' --- 2. Möglichkeit ---------------
' -- ServiceObject ermitteln
Set objServ = GetObject("winmgmts:")
' -- Zugriff auf WMI-Objekt
Set objWO = objServ.Get("Win32_ComputerSystem='XFilesServer01'")
say "Der Computer heißt: " & objWO.Caption

' --- 3. Möglichkeit ---------------
' -- ServiceObject ermitteln
Set objServ = GetObject("winmgmts:")
' -- Zugriff auf WMI-Objekt
Set menge = objServ.InstancesOf("Win32_ComputerSystem")
' -- Zugriff auf WMI-Objekt
Set objWO = menge.Item("Win32_ComputerSystem='XFilesServer01'")
say "Der Computer heißt: " & objWO.Caption

' --- 4. Möglichkeit ---------------
' -- ServiceObject ermitteln
Set objServ = GetObject("winmgmts:")
' -- Ausführung einer WQL-Abfrage
Set menge = objServ.ExecQuery("SELECT * FROM Win32_ComputerSystem")
' -- Zugriff auf WMI-Objekt
Set objWO = menge.Item("Win32_ComputerSystem='XFilesServer01'")
say "Der Computer heißt: " & objWO.Caption
```

Listing 12.5
Vier Wege zu einem WMI-Objekt [wmi_computer-info.wsf]

Zugriff auf das erste und einzige WMI-Objekt Eine WMI-Klasse (z.B. Win32_ComputerSystem und Win32_OperatingSystem) besitzt nur genau eine Instanz. Für den Zugriff auf eine Instanz muss man ihren Namen kennen. Was aber, wenn man diesen gerade in Erfahrung bringen möchte? Dann würde man sich folgende Operation wünschen:

- Hole alle Instanzen.
- Greife auf die erste Instanz zu.

Direkt ist das erst ab Windows Vista möglich, mit dem dort neu eingeführten Attribut ItemIndex(). In früheren Betriebssystemen baut man sich am besten eine Hilfsroutine WMI_GetFirstObject(), die eine Schleife über die Ergebnismenge beim ersten Element verlässt.

Listing 12.6 Einsatz von WMI_GetFirstObject() [WMI_Computerinfo.wsf]

```
' --- 5. Möglichkeit ---------------
' Erstes Objekt holen mit Hilfsroutine
Set objWO = WMI_GetFirstObject("XFilesServer01", "\root\cimv2", "Win32_ComputerSystem")
say "Der Computer heißt: " & objWO.Caption
```

Listing 12.7 Hilfsroutine zur Beschaffung des ersten Objekts einer WMI-Objektmenge (nur relevant für Betriebssysteme vor Windows Vista) [WMI_Allgemein_Funktionen.vbs]

```
' ### Holt das erste Objekt aus einer Objektmenge (Ergebnis einer WQL-Abfrage)
Function WMI_GetFirstObjectFromWMIQuery(Query, COMPUTER, NAMESPACE)
Dim Menge ' As SWbemObjectSet
Set WMI_GetFirstObjectFromWMIQuery = Nothing
' --- alle Instanzen einlesen
Set Menge = WMI_Query(Query, COMPUTER, NAMESPACE)
If Menge Is Nothing Then
    Set WMI_GetFirstObjectFromWMIQuery = Nothing
Else
    ' --- die lästige Schleife über alle
    For Each o In Menge
        Set WMI_GetFirstObjectFromWMIQuery = o
        Exit For ' Rausprung nach ersten Fundstelle!
    Next
End If
End Function
```

Ab Windows Vista ist die Hilfsroutine nicht notwendig. Hier kann man über ItemIndex(0) direkt das gewünschte Element ansprechen. Microsoft nennt diese neue Funktion *WMI-Indexer*.

Listing 12.8 Direktzugriff auf ein Element einer WMI-Menge mit ItemIndex() – nur ab Windows Vista [WMI_Computerinfo.wsf]

```
' --- 6. Möglichkeit (nur Vista) ---------------
' --- ServiceObject ermitteln
Set objServ = GetObject("winmgmts:")
' --- Zugriff auf WMI-Objekt
Set Menge = objServ.InstancesOf("Win32_ComputerSystem")
' --- Zugriff auf WMI-Objekt
Set objWO = Menge.ItemIndex(0)
say "Der Computer heißt: " & objWO.Caption
```

Das Property ItemIndex() steht tatsächlich nur auf Systemen ab Windows Vista zur Verfügung. Es kann nicht genutzt werden für den Fernzugriff von einem älteren System auf Vista. Dies ist anders als mit WMI-Klassen, die auf dem Zielsystem im Repository vorhanden sein müssen. ItemIndex() ist keine Funktion des WMI-Repositorys, sondern des WMI-Metaobjektmodells in der WMI-COM-Komponente (alias WMI Scripting API).

Systemattribute ausgeben

Die wichtigsten Systemattribute werden über das Unterobjekt `Path_` vom Typ `SWbemObjectPath` geliefert. Im nachfolgenden Beispiel werden zu einem Objekt der WMI-Pfad und der Klassenname ausgegeben.

Bitte beachten Sie, dass die Syntax in dieser Form keinen Fernzugriff ermöglicht: Sie müssen den Namen des lokalen Computers eintragen. Der Fernzugriff wird später besprochen.

```
' -- Zugriff auf ein WMI-Objekt
Set objWO = GetObject("winmgmts:Win32_ComputerSystem='XFilesServer01'")
' -- Ausgabe von Systemeigenschaften
say "WMI-Pfad: " & objWO.Path_.DisplayName
say "ist eine Instanz der Klasse: " & objWO.Path_.Class
```

Listing 12.9: Ausgabe von Systemattributen und einer MOF-Beschreibung am Beispiel eines WMI-Objekts [wmi_sysatt_objekt.wsf]

Alle Attribute ausgeben

Zwei sehr mächtige Methoden in der Klasse `SWbemObject` sind `GetObjectText_()` und `GetText_()`. Beide liefern die vollständigen Daten zu einem WMI-Objekt oder einer WMI-Klasse. Zu einem Objekt werden alle Attribute mit ihren aktuellen Werten zurückgeliefert. Für eine WMI-Klasse gibt es das komplette Schema einschließlich der Hilfeinformationen, die im Repository gespeichert sind.

GetObjectText_() und GetText_()

Der Unterschied zwischen den beiden Methoden ist:

- `GetObjectText_()` liefert die Informationen im MOF-Format.
- `GetText_()` liefert eine XML-Beschreibung.

Das folgende Script speichert für eine beliebige WMI-Klasse oder ein beliebiges WMI-Objekt die kompletten Beschreibungsdaten zweier Dateien mit den Erweiterungen *.mof* und *.xml*.

Beispiel

Die Methoden `GetObjectText_()` und `GetText_()` eignen sich nicht nur hervorragend für Testzwecke, sondern auch für den produktiven Einsatz. Gerade für die XML-Darstellung bieten sich unzählige Weiterverarbeitungsmöglichkeiten, z.B. mit Extensible Style Sheet Language (XSLT).

```
Const OBJECT = "Win32_ComputerSystem='byfang'"
Const COMPUTER = "."
Const NAMESPACE = "root\cimv2"
WMI_InfoSpeichern OBJECT, COMPUTER, NAMESPACE

' ### WMI-Information als MOF und XML ausgeben
Sub WMI_InfoSpeichern(OBJECT, COMPUTER, NAMESPACE)
Dim XML, XMLDatei
Dim MOF, MOFDatei

Const wbemFlagUseAmendedQualifiers = &H20000
Const wbemObjectTextFormatWMIDTD20 = 2

Set objWMIService = GetObject("winmgmts:\\" & COMPUTER & "\" & NAMESPACE)
Set obj = objWMIService.Get(OBJECT, wbemFlagUseAmendedQualifiers)

' --- MOF ermitteln
MOF = obj.GetObjectText_
' --- MOF-Datei speichern
WriteTo "d:\Daten\" & OBJECT & ".mof", MOF
```

Listing 12.10 [WMI_Alle-Daten.wsf]

Listing 12.11 [WMI_Allgemein_Funktionen .vbs]

Kapitel 12 **Universal-Scripting-Komponenten**

```
say "MOF-Datei erzeugt!"

' --- XML ermitteln
Set nvs = CreateObject("Wbemscripting.SWbemNamedValueSet")
nvs.Add "LocalOnly", False
nvs.Add "IncludeQualifiers", True
nvs.Add "ExcludeSystemProperties", False
nvs.Add "IncludeClassOrigin", True
XML = obj.GetText_(wbemObjectTextFormatWMIDTD20, 0, nvs)
' --- XML-Datei speichern
XMLDateiname = "d:\Daten\" & OBJECT & ".xml"
WriteTo XMLDateiname, "<?xml version=""1.0"" encoding=""ISO-8859-1"" ?>"
WriteTo XMLDateiname, XML
say "XML-Datei erzeugt!"
End Sub
```

Damit der Internet Explorer die XML-Datei anzeigen kann, ist der Zusatz „<?xml version="1.0" encoding="ISO-8859-1" ?>" notwendig. Dieser wird von WMI nicht erzeugt und in vorstehendem Script daher vor die Datei gesetzt.

Die nachfolgende Abbildung zeigt die XML-Beschreibung einer Instanz von Win32_Computer System. Die Darstellung im MOF-Format der gleichen Instanz wurde bereits zuvor in diesem Kapitel abgedruckt. Aus Platzgründen wird daher hier darauf verzichtet.

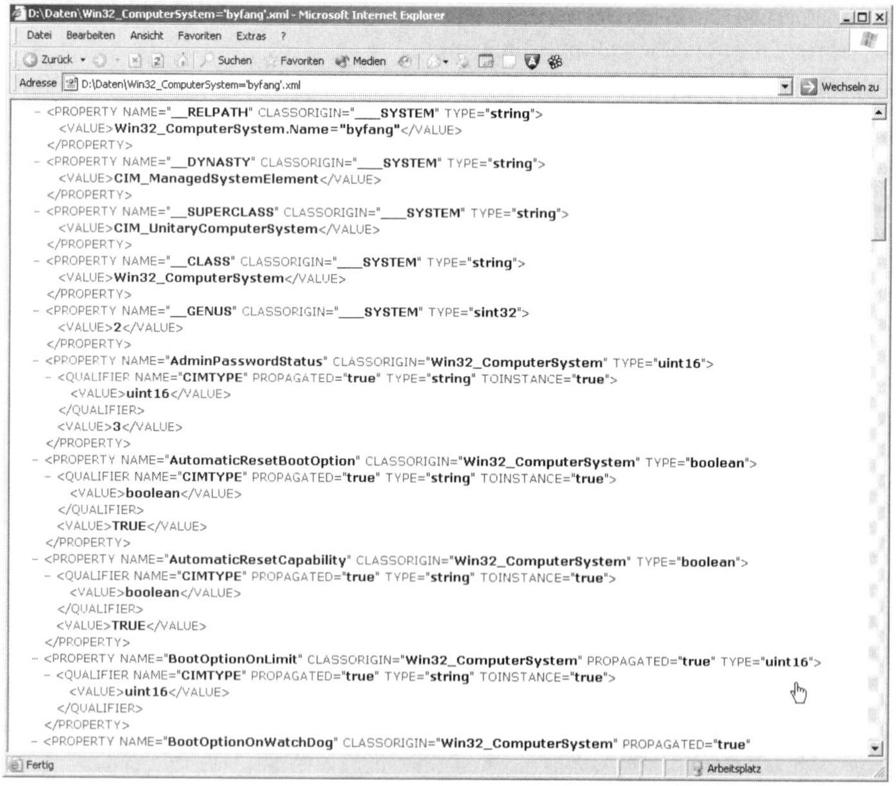

Bild 12.13 XML-Darstellung einer Instanz von Win32_ComputerSystem

Zugriff auf entfernte Systeme (WMI-Remoting)

Für den Zugriff auf entfernte Systeme gibt es zwei Wege:

- Spezifikation des entfernten Systems über einen WMI-Pfad
  `Set objServ = GetObject("winmgmts://XFilesServer01")`
- Alternativ dazu kann auch erst ein `Locator`-Objekt instanziiert werden, um dann mit der Methode `ConnectServer()` die Verbindung aufzunehmen.
  `Set objLoc = CreateObject("Wbemscripting.SWbemlocator")`
  `Set objServ = objLoc.ConnectServer("XFilesServer01")`

WMI-Fern-zugriff

Als Synonym für den jeweiligen lokalen Computer (also den Computer, auf dem das Script läuft) kann ein Punkt angegeben werden.

Die Methode `ConnectServer()` ermöglicht auch die Angabe eines Benutzernamens, eines Kennworts und eines Namensraums. Benutzername und Kennwort können für lokale Aufrufe nicht angegeben werden!

Connect-Server()

```
Server = "XFilesServer01"
UserName = "Administrator"
Password = "ds9"
namespace = "root\CIMV2"
Set objLoc = CreateObject("WbemScripting.SWbemLocator")
Set objServ = objLoc.ConnectServer(Server, namespace, UserName, _ Password)
Const MBFaktor = 1048576 ' 1024 * 1024
' -- Instanzen einlesen
Set menge = objServ.InstancesOf("Win32_logicaldisk")
' -- Instanzen auflisten
For Each objWO In menge
   say objWO.Name & " " & objWO.Description & _
   " (" & Int(objWO.FreeSpace / MBFaktor) & " MB free)"
Next
```

Listing 12.12 Abfrage des freien Speichers aller Laufwerke auf einem entfernten System [WMI_laufwerk_remote.wsf]

Änderung von Attributwerten

Einige, aber nicht alle Attribute von Managed Objects können geändert werden. Viele Attributwerte sind nur über Methodenaufrufe beeinflussbar. Beim Schreibzugriff auf Attribute der Managed Objects ist zu beachten, dass diese erst persistent werden, nachdem die Methode `Put_()` aufgerufen wurde. Dies ist bei Metaobjektmodellen wie ADSI und WMI üblich. In ADSI heißt die entsprechende Methode allerdings `SetInfo()`.

Werte ändern

```
Dim objDisk ' As WbemScripting.SWbemObject
' -- Zugriff auf Objekt
Set objDisk = GetObject("winmgmts:{impersonationLevel=impersonate}!
Win32_LogicalDisk='C:'")
' -- Wert zuweisen
objDisk.VolumeName = "Laufwerk C"
' -- Änderungen persistent machen
objDisk.Put_
```

Listing 12.13 Ändern der Laufwerks-bezeichnung für Laufwerk C: [wmi_laufwerksnamen-aenderung.wsf]

Aufruf von Methoden

Auch für den Methodenaufruf haben Sie die Wahl zwischen dem direkten Aufruf oder der umständlichen Variante über die `Methods_`-Objektmenge. Die folgenden Beispiele zeigen die einfachere Variante.

WMI-Methodenaufrufe

547

Kapitel 12 **Universal-Scripting-Komponenten**

Prozesse

Prozesse beenden Im ersten Beispiel werden alle Prozesse, die *Notepad.exe* heißen, gelöscht. Dazu wird zunächst eine WQL-Abfrage ausgeführt. Auf allen Objekten in dem SWbemObjectSet wird dann die Methode Terminate() ausgeführt.

Listing 12.14
Beenden aller
Instanzen von
Notepad.exe
[WMI_Prozess-
loeschen.wsf]

```
Dim obj    ' As WbemScripting.SWbemObject
Dim menge ' As WbemScripting.SWbemObjectSet
Dim a ' Zähler
a = 0
Set menge = GetObject("winmgmts:").ExecQuery("SELECT * FROM Win32_Process where Name='notepad.exe'")
For Each obj In menge
    obj.Terminate
    a = a + 1
Next
say a & " Instanzen des Prozesses beendet!"
```

Methoden-
aufrufe auf
Klassen-
ebene

Ausführung einer statischen Methode Das bereits zuvor erwähnte Beispiel einer statischen Methode, die auf einer Klasse und nicht auf einer Instanz ausgeführt wird, ist die Konstruktormethode Create() in der Klasse Win32_Process. Das folgende Script startet *Notepad.exe*.

Listing 12.15
Startet
Notepad .exe
[WMI_Neuer-
Prozess.wsf]

```
Dim class ' As WbemScripting.SWbemObject
Dim Ergebnis
Dim ProcessID
' --- Neuen Notepad-Prozess erzeugen
Set class = GetObject("winmgmts:\\XFilesServer01\root\cimv2:Win32_Process")
Ergebnis = class.create("notepad", Null, Null, ProcessID)
say "Rückgabewert von Create(): " & Ergebnis
say "Prozess-ID: " & ProcessID
```

Sie können mit diesem Script auch auf einem entfernten System einen Prozess erzeugen. Dafür müssen Sie lediglich im WMI-Pfad nach \\ den Namen oder die IP-Adresse des entfernten Systems angeben. Die Prozesserzeugung funktioniert auch dann, wenn an dem Computer niemand angemeldet ist. Jedoch wird die grafische Benutzeroberfläche erst nach der nächsten Anmeldung angezeigt.

Windows-
Dienste

Windows-Dienste starten und stoppen Das nächste Script gibt zunächst eine Liste aller Dienste mit dem Status und dem Startzustand aus. Im Vergleich zum Zugriff auf Dienste in ADSI fällt auf, dass die Zustände in Form von Zeichenketten zurückgegeben werden. Eine Umwandlung einer numerischen Konstante in eine für den Nutzer verständliche Zeichenkette entfällt also.

Danach experimentiert das Script mit dem *Fax*-Dienst. Bitte beachten Sie folgende Besonderheiten:

▶ Ein direkter Zugriff auf das Attribut StartMode bleibt ohne Fehler, aber auch ohne Wirkung.

```
' So geht es nicht:
objWO.StartMode = "Automatic"
objWO.Put_
```

▶ Sie müssen die Methode ChangeStartMode() verwenden.

Windows Management Instrumentation (WMI)

▶ StartMode liefert u. a. den Wert „*Auto*" zurück. Sie müssen jedoch beim Aufruf von ChangeStartMode() die Zeichenkette „*Automatic*" übergeben. Dies ist eine sehr hässliche Inkonsistenz, die dazu führt, dass Sie sich bei der WMI-Programmierung nicht auf die Werte verlassen können, die Sie bei bestehenden Instanzen sehen. Wenigstens liefern der WBEM Object Browser und das CIM Studio nicht nur die Namen der Attribute, sondern auch eine Liste der möglichen Werte.

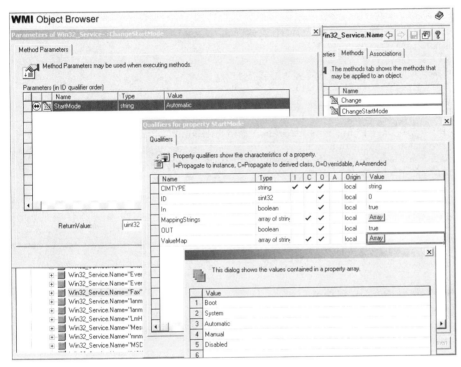

Bild 12.14
Im WBEM Object Browser in verschiedenen Fenstern, hier alles auf einen Blick: Die Methode ChangeStartMode() aus dem WMI-Objekt „Fax" (Klasse Win32_Service) erwartet einen Parameter StartMode. Dazu gibt es im Schema eine ValueMap mit den fünf möglichen Werten.

```
Dim objWO       ' As WbemScripting.SWbemObject
Dim objServ     ' As WbemScripting.SWbemServices
Dim menge       ' As WbemScripting.SWbemObjectSet
Dim objLocator  ' As WbemScripting.SWbemLocator
Const strServer = "XFilesServer01"
' -- Verbindungsaufbau
Set objLocator = CreateObject("WbemScripting.SWbemLocator")
Set objServ = objLocator.ConnectServer(strServer)

' -- Liste aller Dienste
Set menge = objServ.ExecQuery("SELECT * FROM Win32_Service")
say "Status aller Dienste:"
For Each objWO In menge
    say objWO.Name & " (" & objWO.Description & "): " & objWO.State & ", Startmode: " & objWO.StartMode
Next
```

Liste aller Dienste

Listing 12.16 Arbeit mit Diensten unter WMI [wmi_Services.wsf]

Starten und Stoppen

```
' -- Veränderungen am Fax-Dienst...
Set objWO = objServ.Get("Win32_Service='Fax'")
say "Dienst wird angehalten..."
objWO.PauseService
say "Dienst läuft weiter..."
objWO.ResumeService
say "Dienst wird gestoppt..."
objWO.StartService
say "Dienst neu gestartet..."
objWO.StopService
say "Setze Startmodus auf DISABLED..."
objWO.ChangeStartMode ("DISABLED")
say "Setze Startmodus auf MANUAL..."
objWO.ChangeStartMode ("MANUAL")
say "Setze Startmodus auf AUTO..."
objWO.ChangeStartMode ("Automatic")
```

Für die Verwendung von Attributen und Methoden gibt es neben dem direkten Zugriff auch die Möglichkeit, über die Properties_- bzw. Methods_-Objektmenge auf die Mitglieder zuzugreifen. Dies ist jedoch umständlich, wie nachfolgende Codeausschnitte belegen.

```
wert = Obj.Properties_("Attributname") und
Obj.Properties_("Attributname") = wert.
Set method = process.Methods_("Create")
Set inParam = method.inParameters.SpawnInstance_()
inParam.CommandLine = "calc.exe"
Set outParam = process.ExecMethod_("Create", inParam)
```

Arbeit mit Objektmengen

Ausgabe eines ObjectSet

Die Routinen WMI_PrintObject() und WMI_PrintMenge() dienen dazu, die Attribute eines gebundenen MO bzw. die in einem SWbemObjectSet enthaltenen MOs auszugeben.

Listing 12.17 Hilfsroutine zur Ausgabe eines SWbemObjectSet [WMI_PrintMenge.wsf]

```
Sub WMI_PrintMenge(menge)
' menge As WbemScripting.SWbemObjectSet
Dim objprop ' As WbemScripting.SWbemProperty
say "OSet enthält " & menge.Count & " MOs"
' -- Iteration über alle MOs
For Each objWO In menge
   say "----------- "
   WMI_PrintObject objWO
Next
End Sub

Sub WMI_PrintObject(objWO)
' objWO     As WbemScripting.SWbemObject
Dim objprop ' As WbemScripting.SWbemProperty
' -- Iteration über alle Eigenschaften
For Each objprop In objWO.Properties_
   say objprop.Name & "=" & flat(objprop.Value)
Next
End Sub
```

Listing 12.18: Ausgabe aller Attribute eines einzelnen MO. flat() wird verwendet, da mehrwertige Attribute möglich sind. [WMI_Allgemein_Funktionen.vbs]

Zugriff auf Schemainformationen

Während in den vorhergehenden Beispielen an eine WMI-Instanz gebunden wurde, können Sie auch über den WMI-Pfad direkt an eine Klasse binden, um die Schemainformationen auszugeben. Zu den Schemainformationen gehören insbesondere die von der Klasse bereitgestellten Attribute und Methoden.

Schemazugriff via Objekt und via Klasse

Die Auflistung der Schemainformationen ist im nächsten Script am Beispiel der Klasse Win32_LogicalDisk gezeigt.

```
' -- Zugriff auf eine WMI-Klasse
Dim cl     ' As WbemScripting.SWbemObject
Set class = GetObject("winmgmts:Win32_LogicalDisk")
' -- Ausgabe von Systemeigenschaften
say "WMI-Pfad: " & cl.Path_.DisplayName
say "Ist eine Klasse von Typ: " & cl.Path_.class
say cl.GetObjectText_
```

Listing 12.19: Ausgabe von Systemattributen und einer MOF-Beschreibung am Beispiel der Klasse Win32_LogicalDisk [wmi_sysatt_klasse.wsf]

Liste der Attribute und Methoden Über die Objektmengen Properties_ und Methods_, das Unterobjekt Path_ sowie über dessen untergeordnete Objektmenge Keys können Schemainformationen eines WMI-Objekts ermittelt werden. Die Keys-Objektmenge enthält Objekte des Typs WbemScripting.SWbemNamedValue. Die Klasse WbemScripting.SWbemNamedValue verfügt nur über die Attribute Name und Value.

*Properties_, Methods_*

WMI_List_Schema(obj) ist eine Hilfsroutine, die das Schema für ein übergebenes Objekt des Typs SWbemObject auflistet. list_schema() bedient sich der Hilfsroutine CIM_TypeAs String(), um den Datentyp als Zeichenkette auszugeben.

wmi_list_ schema()

```
Sub WMI_List_Schema(obj)
'obj As WbemScripting.SWbemObject
Dim objProp  ' As WbemScripting.SWbemProperty
Dim objmeth  ' As WbemScripting.SWbemMethod
Dim objPath  ' As WbemScripting.SWbemObjectPath
Dim objNV    ' As WbemScripting.SWbemNamedValue
' -- Zugriff auf das Path-Unterobjekt
Set objPath = obj.Path_
' -- Ausgabe von Systemeigenschaften
say "Klassename: " & objPath.Class
say "Pfad: " & objPath.DisplayName
say "relativer Pfad: " & objPath.RelPath
say "Namespace: " & objPath.Namespace
say "Server: " & objPath.Server
say "IsClass: " & objPath.IsClass

say "---------- Attribute:"
For Each objProp In obj.Properties_
    say objProp.name & " (" & CIM_TypeAsString(objProp) & _
    "); Ursprung:" & objProp.Origin
Next
say "---------- Schlüsselattribute:"
For Each objNV In objPath.Keys
    say objNV.name
Next
say "---------- Methoden:"
For Each objmeth In obj.Methods_
    say objmeth.name & "; Ursprung:" & objmeth.Origin
Next
End Sub
```

Listing 12.20 Hilfsfunktion zur Ausgabe des Schemas eines WMI-Objekts [WMI_ Allgemein_ Funktionen .vbs]

Kapitel 12 Universal-Scripting-Komponenten

Listing 12.21
Die Funktion CIM_TypeAs-String() konvertiert einen CIM-Type in eine Zeichenkette. [WMI_Allgemein_Funktionen .vbs]

```
Function CIM_TypeAsString(Property)
' -- Fallunterscheidung mit CIMType
Select Case Property.CIMType
    Case 19:    CIM_TypeAsString = "uint32"
    Case 16:    CIM_TypeAsString = "sint8"
    Case 17:    CIM_TypeAsString = "uint8"
    Case 2:     CIM_TypeAsString = "sint16"
    Case 18:    CIM_TypeAsString = "uint16"
    Case 3:     CIM_TypeAsString = "uint32"
    Case 20:    CIM_TypeAsString = "sint64"
    Case 21:    CIM_TypeAsString = "uint64"
    Case 4:     CIM_TypeAsString = "real32"
    Case 5:     CIM_TypeAsString = "real64"
    Case 11:    CIM_TypeAsString = "boolean"
    Case 8:     CIM_TypeAsString = "string"
    Case 101:   CIM_TypeAsString = "datetime"
    Case 103:   CIM_TypeAsString = "char16"
    Case 102:   CIM_TypeAsString = "ref"
        Set qualifier = Property.Qualifiers_("cimtype")
        StrongRefArray = Split(qualifier.Value, ":")
        If (UBound(StrongRefArray) > 0) Then
            CIM_TypeAsString = CIM_TypeAsString & " " & _
            StrongRefArray(1)
        End If
    Case 13
        CIM_TypeAsString = "object"
        Set qualifier = Property.Qualifiers_("cimtype")
        StrongObjArray = Split(qualifier.Value, ":")
        If (UBound(StrongObjArray) > 0) Then
            CIM_TypeAsString = CIM_TypeAsString & " " & _
            StrongObjArray(1)
        End If
    Case Else
        MsgBox "Fehler: CIMType=" & Property.CIMType
End Select
' -- Ist das ein Array?
If Property.IsArray = True Then
    CIM_TypeAsString = "Array of " & CIM_TypeAsString
End If
End Function
```

Das nächste Listing testet WMI_list_schema() mit einer Klasse und einem Objekt.

Listing 12.22
Ausgabe des Schemas einer Klasse und eines Objekts [wmi_Schema-ausgabe.wsf]

```
Dim obj 'As WbemScripting.SWbemObject
Dim class 'As WbemScripting.SWbemObject
' -- Schema einer Klasse
Set class = GetObject("winmgmts:Win32_LogicalDisk")
wmi_list_schema class
' -- Schema eines Objekts
Set obj = GetObject("winmgmts:Win32_LogicalDisk='C:'")
wmi_list_schema obj
```

Die Ausgabe dieses Scripts sieht in gekürzter Form so aus:

```
Klassenname: Win32_LogicalDisk
Pfad: WINMGMTS:{authenticationLevel=pktPrivacy,impersonationLevel=impersonate}!\\
XFilesServer01\root\cimv2:Win32_LogicalDisk.DeviceID="C:"
relativer Pfad: Win32_LogicalDisk.DeviceID="C:"

Namespace: root\cimv2
Server: XFilesServer01
IsClass: Falsch
----------- Attribute:
Access (); Ursprung:CIM_StorageExtent
Availability (); Ursprung:CIM_LogicalDevice
BlockSize (); Ursprung:CIM_StorageExtent
Caption (); Ursprung:CIM_ManagedSystemElement
...
DeviceID (); Ursprung:CIM_LogicalDevice
...
----------- Schlüsselattribute:
DeviceID
----------- Methoden:
SetPowerState; Ursprung:CIM_LogicalDevice
Reset; Ursprung:CIM_LogicalDevice
```

Listing 12.23 Ausgabe des Scripts aus dem Listing Asynchrone Aufrufe mit SWbem-Sink

Asynchrone Vorgänge

Die Klasse SWbemSink dient COM-Clients dazu, Benachrichtigungen von Ereignissen im Rahmen von asynchronen WMI-Operationen zu empfangen. Asynchron bedeutet, dass WMI nach der Ausführung einer Aktion die Kontrolle an den WMI-Client zurückgibt und die Ergebnisse per COM-Ereignis meldet. Ein asynchron arbeitender WMI-Client ist aus der Sicht von WMI ein temporärer Ereigniskonsument.

SWbemSink unterstützt vier COM-Ereignisse (die nicht mit den WMI-Ereignisklassen zu verwechseln sind) und eine einsame Methode: Cancel() dient dem Abbruch aller mit dem SWbemSink-Objekt verbundenen asynchronen Operatoren. Cancel() hat keine Parameter.

Ereignisse für synchrone Verarbeitung

Jedes der in der folgenden Tabelle beschriebenen Ereignisse übergibt einen Parameter Kontext. Kontext ist eine Objektmenge vom Typ SWbemNamedValueSet. Diese Objektmenge ermöglicht es, Werte beim Start der asynchronen Bearbeitung an die Ereignisbehandlungsroutinen zu übergeben. Der Sinn liegt darin, dass beim gleichzeitigen Aufruf mehrerer asynchroner Vorgänge die Ereignisbehandlungsroutine die Möglichkeit erhält, den Auslöser dieses Ereignisses zu identifizieren. Freilich ist die Angabe eines SWbemNamedValueSet beim Start eines asynchronen Vorgangs kein Muss.

Ereignis	Erläuterung
OnObjectReady (Objekt, Kontext)	Dieses Ereignis wird für jede einzelne Instanz der Ergebnismenge einer asynchronen Operation ausgelöst. Sie liefert jeweils ein SWbemObject.
OnObjectPut (Objekt, Kontext)	Bei asynchronen Schreibzugriffen wird dieses Ereignis für jedes gespeicherte Objekt ausgelöst.
OnCompleted (HResult, Last Error, Kontext)	Dieses Ereignis zeigt an, dass eine asynchrone Operation beendet ist. HResult liefert im Erfolgsfall eine 0, im Fehlerfall eine Fehlernummer. LastError ist ein Zeiger auf ein SWbemLastError-Objekt.
OnProgress(Anzahl, Aktuell, Nachricht, Kontext)	Dieses Ereignis zeigt den Fortschritt einer Operation an. Dabei werden die Gesamtzahl der abzuarbeitenden Operationen und die aktuell bereits abgearbeitete Anzahl übergeben sowie eine Nachricht, die den Fortschritt beschreibt. Dieses Ereignis wird nur ausgelöst, wenn beim Start der asynchronen Operation das Flag wbemFlagSendStatus (= 128) angegeben wurde.

Tabelle 12.16 Ereignisse in der Klasse SWbemSink

Kapitel 12 **Universal-Scripting-Komponenten**

Listing 12.24
WSH-Beispiel für einen asynchronen Aufruf (Liste der Prozesse ausgeben) [_wmi_asynchroner-Aufruf.vbs]

```
Dim objWO     ' As WbemScripting.SWbemObject
Dim objServ ' As WbemScripting.SWbemServices
' -- Dieses Ereignis wird für jedes Objekt gefeuert
Sub objWO_OnObjectReady(objObject, objAsyncContext)
    say (objObject.Name)
End Sub
' -- Dieses Ereignis wird nur am Ende gefeuert
Sub objWO_OnCompleted(HResult, objErrorObject, objAsyncContext)
    Msgbox "Alle Daten wurden ausgegeben!"
End Sub
' -- Hauptprogramm
Set objServ= GetObject("winmgmts:")
Set objWO= WScript.CreateObject("WbemScripting.SWbemSink","objWO_")
' -- asynchrone Ausführung starten
objServ.InstancesOfAsync objWO, "Win32_process"
msgbox "Skript wartet..."
```

Ereignisse zusammenfassen (Correlation/Aggregation) Windows XP und Windows Server 2003 unterstützen die Zusammenfassung verschiedener Ereignisse zu einem Ereignis (alias Event Correlation oder Event Aggregation). So können ähnliche Ereignisse innerhalb eines bestimmten Zeitintervalls zu einem Ereignis zusammengefasst werden.

Tipps zur Objektbindung

Dieses Kapitel enthält einige hilfreiche Hinweise zum Thema Objektbindung in WMI.

Schlüsselattribute Ein Objekt aus einer Menge kann über die Schlüsselattribute direkt angesprochen werden. Allerdings ist eine Identifizierung **ausschließlich** über diese Schlüsselattribute möglich.

Im Objekt `Win32_Printer` ist `DeviceID` das Schlüsselattribut.

Richtig:

```
Set objDrucker = _
GetObject("winmgmts:\\COMPUTER"\root\cimv2:Win32_Printer.DeviceID='HP2100')
```

Falsch:

```
Set objDrucker = _
GetObject("winmgmts:\\COMPUTER"\root\cimv2:Win32_Printer.Name='HP2100')
```

Das Objekt kann nicht über das Attribut `Name` gebunden werden, weil `Name` nicht Schlüsselattribut ist. Dies geht auch dann nicht, wenn – wie in diesem Fall – die beiden Attribute den gleichen Inhalt haben.

Über andere Attribute ist die Bindung nur mit einer WQL-Abfrage (siehe nächstes Kapitel) oder mit der Methode `Get()` möglich.

Schleife auch, wenn es nur ein Objekt gibt

Bindung von Einzelinstanzen In manchen Fällen ist es leider notwendig, eine Schleife in WMI-Scripts einzubauen, auch wenn es nur eine Instanz gibt (und geben kann). Wenn man aber den Schlüsselwert dieses einen Attributs nicht kennt, hat man keine andere Wahl, als alle Instanzen einer Klasse anzufordern. Da das Attribut `Item()` der SWbemObjectSet-Klasse zu allem Überfluss auch noch keine numerischen Indizes unterstützt (`Item(0)` funktioniert also nicht), bleibt nur, eine Schleife über alle zu bilden.

Es lohnt sich, für diesen Anwendungsfall eine Hilfsroutine zu implementieren (siehe folgendes Listing). In `WMI_GetFirstObject()` wird dabei durch ein `Exit For` innerhalb der Schleife sichergestellt, dass auch im Fall, dass eine Klasse mit mehr als einer Instanz übergeben wird, immer die erste Instanz zurückgeliefert wird.

```
' === Holt das erste Objekt aus einer Objektmenge
Function WMI_GetFirstObject(COMPUTER, NAMESPACE, KLASSE)
Dim objOSet As SWbemObjectSet
Set objServ = GetObject("winmgmts:\\" & COMPUTER & NAMESPACE)
' --- alle Instanzen einlesen
Set objOSet = objServ.InstancesOf(KLASSE)
' --- die lästige Schleife über alle
For Each o In objOSet
    Set WMI_GetFirstObject = o
    Exit For ' Rausprung nach ersten Fundstelle!
Next
End Function
```

*Listing 12.25
Hilfsroutine
für Klassen mit
einer Instanz
[WMI_
Allgemein_
Funktionen
.vbs]*

Namensraumangaben Da der Standardnamensraum geändert werden kann, sollte man in produktiven Scripts immer den Namensraum explizit angeben, um sicherzustellen, dass die Klasse gefunden werden kann.

Standardnamensraum

Den eingestellten Namensraum kann man über das Attribut `ASPScriptDefaultNamespace` in der Klasse `Win32_WMISettings` abfragen und setzen.

Es ist übrigens auch möglich, eine Klasse in einen anderen Namensraum einzuhängen. Wer das macht, ist aber selber schuld, wenn Scripts dann nicht mehr laufen.

```
Set o = WMI_GetFirstObject(".", "\root\cimv2", "Win32_WMISetting")
say o.ASPScriptDefaultNamespace
```

*Listing 12.26
Abfrage des
aktuellen Standardnamensraums von
WMI [WMI_
StandardName
space_abfragen
.wsf]*

12.1.4 Abfragen mit WQL

WMI erlaubt Suchanfragen in einer Syntax, die auf der ANSI Standard Structured Query Language (SQL) basiert. Der SQL-Dialekt heißt WMI Query Language, kurz: WQL. Es wird allerdings nur Lesezugriff mit dem SQL-Befehl `SELECT` unterstützt. Weder DDL (Data Definition Language) noch DML (Data Manipulation Language) werden unterstützt.

Das WQL-`SELECT` unterstützt neben den Standardschlüsselwörtern `FROM`, `WHERE`, `GROUP BY`, `HAVING` und `WITHIN` auch die nicht in ADSI-SQL definierten Schlüsselwörter `ASSOCIATORS OF` und `REFERENCES OF`.

Unterstützte Operatoren sind =, <, >, <=, >=, != (alternativ: <>) sowie `IS NULL`, `IS NOT NULL` und `ISA`. Der `ISA`-Operator ermöglicht die Abfrage nach Unterklassen einer bestimmten Klasse. Wenn `Dorf` eine Unterklasse von `Stadt` ist, dann erfüllt ein Objekt `GallischesDorf` die Bedingung `ISA Stadt`. Der `like`-Operator für den Zeichenkettenmustervergleich wird erst ab Windows XP unterstützt.

Operatoren

Beispiele für Abfragen mit WQL sind:

Beispiele

```
SELECT * FROM Win32_Service where state='running' and startmode='manual'

SELECT * FROM __InstanceModificationEvent within 5 where TargetInstance isa "Win32_Service" AND TargetInstance.State="Stopped"
```

> Der Microsoft Systems Management Server (SMS) enthält eine erweiterte Fassung von WQL unter dem Namen *Extended WQL*.

Typen von WQL-Anfragen

WMI-Suchanfragen

WMI unterstützt drei Typen von WQL-Anfragen:
- Anfragen nach Instanzen (*Data Queries*)
- Anfragen nach Schemainformationen (*Schema Queries*)
- Definitionen von Ereignisfiltern (*Event Queries*), die nach Änderungen von Klassen und Instanzen fragen

Hilfsroutinen

`WMI_Query()` liefert die Ergebnismenge als ein `SWbemObjectSet` zurück. `WMI_PrintQuery()` gibt alle Attribute der gefundenen Objekte aus. Bei der ersten Routine können Computername und Namensraumname angegeben werden, letztere Routine greift immer auf den lokalen Computer und den Namensraum \root\cimv2 zu. Sie wurde zu Testzwecken für Abfragen entwickelt. `WMI_PrintQuery()` lässt sich auf einen Aufruf von `WMI_Query()` und `WMI_PrintMenge()` zurückführen. `WMI_PrintMenge()` wurde schon zuvor in diesem Kapitel vorgestellt. `WMI_PrintQuery()` ist die Vereinfachung für den lokalen Zugang zum Namensraum *Root\cimv2*. `WMI_PrintQuery2()` ermöglicht den Zugriff auf andere Systeme und Namensräume.

Listing 12.27
Hilfsroutinen für WQL-Abfragen [WMI_Allgemein_Funktionen.vbs]

```
' ### Ausführen einer WQL-Anfrage
Function WMI_Query(QUERY, COMPUTER, NAMESPACE)
Dim objServ ' As WbemScripting.SWbemServices
Dim Menge ' As WbemScripting.SWbemObjectSet
Set objServ = GetObject("winmgmts:\\" & COMPUTER & NAMESPACE)
Set Menge = objServ.ExecQuery(QUERY)
Set wmi_PrintQuery2 = Menge
End Function

' ### Ausführen und Ausgeben einer WQL-Anfrage
Sub WMI_PrintQuery(QUERY)
WMI_PrintMenge WMI_Query(QUERY, ".", "\root\cimv2")
End Sub

' ### Ausführen und Ausgeben einer WQL-Abfrage
Function WMI_PrintQuery2(Query, COMPUTER, NAMESPACE)
WMI_PrintMenge WMI_Query(Query, COMPUTER, NAMESPACE)
End Function
```

> Wenn Sie WMI-Abfragen verwenden, sollten Sie anschließend das Windows-Ereignisprotokoll überprüfen. WMI schreibt eine Fehlermeldung in das Ereignisprotokoll, wenn Probleme mit Ihrer Abfrage auftreten.

Datenabfragen (Data Queries)

Data Queries

Eine Datenabfrage hat die allgemeine Form:

`SELECT attributliste FROM class WHERE bedingung`

Dabei ist `Class` ein beliebiger WMI-Klassenname. Die Ergebnismenge lässt sich durch die Angabe von Attributnamen und die Verwendung einer `FROM`-Klausel hinsichtlich der Breite und Länge einschränken. Andere Schlüsselwörter werden nicht unterstützt.

Beispiele für Datenabfragen zeigt die folgende Tabelle.

WQL	Erläuterung
SELECT * FROM Win32_Service WHERE state='running' and startmode='manual'	Alle Windows-Dienste, die laufen, aber manuell gestartet wurden
SELECT Name, CategoryId FROM Win32_ComponentCategory	Name und CATID aller Komponentenkategorien
SELECT IPAddress FROM Win32_NetworkAdapterConfiguration WHERE IPEnabled=TRUE	Das mehrwertige Attribut IPAddress einer Netzwerkkarte, die für das IP-Protokoll zugelassen ist
SELECT RecordNumber, Message FROM Win32_NTLogEvent WHERE Logfile='Application'	Eintragsnummer und Nachricht aller Einträge in das Application-Ereignisprotokoll

Beispiele

Tabelle 12.17
Beispiele für WQL-Datenabfragen

WMI_WQL-Anfragen()

```
WMI_PrintQuery "SELECT IPAddress FROM Win32_NetworkAdapterConfiguration where
IPEnabled=TRUE"
WMI_PrintQuery "SELECT * FROM Win32_Service where state='running' and startmode
='manual'"
WMI_PrintQuery "Select Name, CategoryId FROM Win32_ComponentCategory"
WMI_PrintQuery "SELECT RecordNumber, Message FROM Win32_NTLogEvent where Logfile
='Application'"
WMI_PrintQuery "SELECT * FROM __InstanceModificationEvent WITHIN 5 WHERE
TargetInstance isa 'Win32_Service' AND TargetInstance.State='Stopped'"
```

Listing 12.28
Dieses Script führt nacheinander die vier in der Tabelle beschriebenen Abfragen aus, die mithilfe von WMI_PrintQuery() ausgegeben werden.

Wollen Sie wissen, wie viele Dateien Sie in Ihrem Dateisystem haben? Bringen Sie aber bitte etwas Zeit und genügend RAM mit, um eine Antwort zu erhalten. Sie sollten bei diesen Datenmengen auf keinen Fall alle Attribute abrufen, sondern nur ein „schlankes" Attribut; es geht ja schließlich nur um die Anzahl der Objekte. Im folgenden Listing wurde das Boolean-Attribut compressed verwendet.

```
Set objServ = GetObject("winmgmts:")
Set menge = objServ.ExecQuery("SELECT compressed FROM CIM_DataFile")
say "Anzahl der Dateien: " & menge.Count
```

Abfrage unter erbenden Klassen Wenn man eine Abfrage über eine Oberklasse stellt, dann erhält man auch alle Instanzen der Unterklassen. Beispiel: SELECT * FROM Win32_Account liefert alle Instanzen der Unterklassen Win32_UserAccount, Win32_SystemAccount und Win32_Group.

Bild 12.15
Vererbungshierarchie der Klasse Win32_Account.

Beziehungsabfragen Mit dem Schlüsselwort associators of kann man Objekte abfragen, die zu einem anderen Objekt in Beziehung stehen.

Ermittle die von dem Systemdienst „iisadmin" abhängigen Dienste

```
associators of {Win32_Service.name='iisadmin'}
where resultclass = win32_service role = Antecedent
```

Beispiel

Kapitel 12 Universal-Scripting-Komponenten

Schemaabfragen (Schema Queries)

Schema-Queries Anfragen zum Schema haben die Form:

`SELECT attributliste FROM META_CLASS WHERE bedingung`

wobei `META_CLASS` hier ein feststehender Ausdruck ist. Andere Schlüsselwörter werden nicht unterstützt. Mit der `WHERE`-Klausel werden das zu beobachtende Managed Object und die in dem MO zu beobachtenden Attribute definiert. Schemaabfragen können mit `WMI_PrintQuery (WQL)` ausgegeben werden.

Tabelle 12.18
Beispiele für
Schemaabfragen

WQL	Erläuterung
SELECT * FROM meta_class WHERE __Class = "Win32_LogicalDisk"	Zugriff auf die WMI-Klasse `Win32_LogicalDisk`
SELECT * FROM meta_class WHERE __this ISA "Win32_LogicalDisk"	Zugriff auf alle von `Win32_LogicalDisk` abgeleiteten Klassen

Ereignisabfragen (Event Queries)

Ereignis-abfragen Eine Ereignisabfrage bezieht sich immer auf eine Ereignisklasse. Mit der `WHERE`-Klausel werden das zu beobachtende Managed Object (MO) und die in dem MO zu beobachtenden Attribute definiert.

`SELECT * FROM eventklasse WHERE bedingung`

Alle Ereignisklassen sind Unterklassen eines Ereignistyps. Die Ereignistypen wiederum sind Unterklassen der Klasse `_Event`. Sie sind in der Regel an dem führenden doppelten Unterstrich und der Endung auf `Event` erkennbar. WMI unterscheidet vier Typen von Ereignissen (siehe Tabelle).

Tabelle 12.19
WMI-Ereignis-
klassen. Die
Ereignistypen
sind die Ober-
klassen zu den
rechts genann-
ten Ereignis-
klassen.

Ereignistyp (Oberklasse)	Ereignisklasse
__ClassOperationEvent	__ClassCreationEvent __ClassDeletionEvent __ClassModificationEvent
__ExtrinsicEvent	__SystemEvent Win32_PowerManagementEvent
__InstanceOperationEvent	__InstanceCreationEvent __InstanceDeletionEvent __InstanceModificationEvent
__NamespaceOperationEvent	__NamespaceCreationEvent __NamespaceDeletionEvent __NamespaceModificationEvent

Bitte beachten Sie, dass das Ereignis `__InstanceModificationEvent` wirklich nur ausgeführt wird, wenn sich ein Attributwert ändert. Wenn Sie beispielsweise die Prozessorlast auf die Überschreitung der 80%-Grenze prüfen, dann bekommen Sie ein Ereignis beim Überschreiten der Grenze. Wenn danach der Wert konstant bei 100% liegt, bekommen Sie keine weiteren Ereignisse. Sie erhalten erst wieder ein Ereignis, wenn der Wert sich nochmals ändert (z.B. von 100% auf 99%).

Ereignisabfragen unterstützen als zusätzliche SQL-Schlüsselwörter WITHIN, GROUP BY und HAVING:

Zusätzliche Schlüsselwörter

- Dabei gibt WITHIN 10 das Abfrageintervall in Sekunden an (wird immer gebraucht, wenn es keinen speziellen Ereignissender gibt!).
- GROUP bündelt eine Anzahl von Einzelereignissen zu einem Gesamtereignis.
- HAVING dient der Definition einer Bedingung innerhalb der Gruppierung.

Tabelle 12.20 Beispiele für Ereignisabfragen

WQL	Erläuterung
Select * From __InstanceCreationEvent within 3 Where TargetInstance ISA 'Win32_Process'	Alle drei Sekunden wird geprüft, ob ein Prozess gestartet wurde.
Select * From __InstanceDeletionEvent within 2 Where TargetInstance ISA 'Win32_Process'	Alle zwei Sekunden wird geprüft, ob ein Prozess beendet wurde.
SELECT * FROM __InstanceCreationEvent WITHIN 30 WHERE TargetInstance ISA 'win32_process' AND TargetInstance.Name = 'notepad.exe'	Alle dreißig Sekunden wird geprüft, ob ein Notepad gestartet wurde.
SELECT * FROM __InstanceModificationEvent WITHIN 5 where TargetInstance ISA 'Win32_Service	Alle fünf Sekunden wird geprüft, ob sich etwas an einem Systemdienst geändert hat.
SELECT * FROM __InstanceModificationEvent WITHIN 5 WHERE TargetInstance ISA "Win32_Service" AND TargetInstance.State="Stopped"	Alle fünf Sekunden wird geprüft, ob ein Systemdienst den Status *Stopped* bekommen hat.
SELECT * FROM __InstanceCreationEvent WHERE TargetInstance ISA "Win32_NTLogEvent" AND TargetInstance.Logfile="Application" OR TargetInstance.Logfile="System"	Jeder neue Eintrag in den Ereignisprotokollen *System* und *Application* löst ein Ereignis aus.
SELECT * from Win32_SystemConfigurationChangeEvent	Es wird ständig geprüft, ob sich die Systemkonfiguration ändert (z.B. Anstecken eines USB-Sticks).

Sie können eine WMI-Ereignisabfrage nicht auf die für die anderen beiden Abfragetypen beschriebene Weise mit WMI_PrintQuery() ausführen, da eine Ereignisabfrage keine direkten Ergebnisse liefert. Sie können sie durch semisynchrone Verarbeitung per ExecNotificationQuery() ausführen. Die semisynchrone Verarbeitung wird im nächsten Abschnitt vorgestellt.

Semisynchrone Verarbeitung Die Arbeit mit ExecNotificationQuery() aus der SWbemServices-Klasse wird als halbsynchrone Verarbeitung bezeichnet, da Ereignisse nicht durch Ereignisbehandlungsroutinen (wie bei der zuvor vorgestellten asynchronen Verarbeitung), sondern durch eine spezielle Wartefunktion (NextEvent()) in Empfang genommen werden.

ExecNotificationQuery()

ExecNotificationQuery() erwartet eine *WQL-Ereignisabfrage*. Ergebnis ist ein SWbemEventSource-Objekt, das die Methode NextEvent(zeit) anbietet. NextEvent() wartet die angegebene Anzahl von Millisekunden auf ein Ereignis. Sofern ein Ereignis eintritt, wird ein SWbemObject dafür geliefert. Wenn kein Ereignis eintritt, wird der Fehler „80043001: Zeitüberschreitung" ausgelöst.

Kapitel 12 Universal-Scripting-Komponenten

Listing 12.29
Semisynchrone
Abfrage neuer
Ereignisproto-
kolleinträge
[wmi_
Enotification_
Click.wsf]

```
Dim oServ       ' As WbemScripting.SWbemServices
Dim oSource     ' As WbemScripting.SWbemEventSource
Dim strAbfrage  ' As String
Dim objEvent    ' As WbemScripting.SWbemObject
Dim objTarget   ' As WbemScripting.SWbemObject
Const Wartezeit = 10 ' Sekunden
' -- Bindung mit Privilege Security Operator
Set oServ = GetObject("winmgmts:{(security)}")
strAbfrage = "SELECT * FROM __instancecreationevent WHERE TargetInstance ISA 'Win32_NTLogEvent'"
' -- Ausführung der Abfrage
Set oSource = oServ.ExecNotificationQuery(strAbfrage)
On Error Resume Next
' -- Warten...
Set objEvent = oSource.NextEvent(Wartezeit * 1000)
' -- Fehlerabfrage
If Err <> 0 Then
    If Err.Number = &H80043001 Then   ' wbemErrTimedout
        say "Es ist nichts passiert!"
    Else                              ' Fehler!
        say "Fehler: " & Err.Description
    End If
Else        ' Es ist etwas passiert!
    Set objTarget = objEvent.TargetInstance
    say objTarget.Message
End If
```

ActiveScriptEventConsumer

Script starten beim Eintreten von WMI-Ereignissen

Bisher wurde in diesem Kapitel schon gezeigt, wie Sie ein Script schreiben können, das auf Veränderungen in Managed Objects wartet. WMI stellt auf Basis der WMI-Ereignismechanismen noch einen eleganteren Weg bereit. Die Klasse ActiveScriptEventConsumer ist ein permanenter Ereigniskonsument, der in der Lage ist, beim Auftreten eines bestimmten Ereignisses ein Script zu starten. In einer Instanz von ActiveScriptEventConsumer wird entweder direkt eine Folge von Scriptbefehlen oder ein Verweis auf ein WSH-Script hinterlegt.

Bild 12.16
Eine Instanz der Klasse Active Script-Event Consumer im CIM Studio

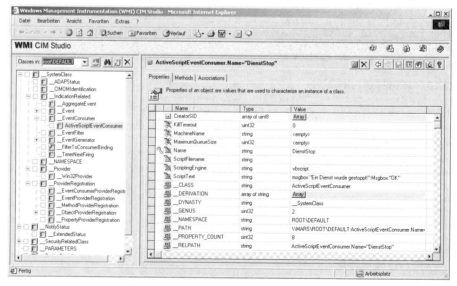

560

Windows Management Instrumentation (WMI)

Wie üblich in WMI wird das zu überwachende Managed Object in Form einer Ereignisabfrage spezifiziert. Die Ereignisabfrage wird in einer Instanz von _EventFilter hinterlegt. Die Bindung einer Instanz von ActiveScriptEventConsumer an eine Instanz von _Event Filter kann mit dem WMI Event Registration Tool erfolgen (siehe Kapitel 18, „Werkzeuge").

Filter

Der große Vorteil gegenüber anderen Methoden ist, dass Sie für die Reaktion auf ein Ereignis kein Script im Hintergrund warten lassen müssen. Die Klasse ActiveScript EventConsumer ermöglicht es vielmehr, ein Script genau dann zu starten, wenn es wirklich benötigt wird.

Vorteil

Die Klasse ActiveScriptEventConsumer befindet sich im Namensraum /root/default, nicht wie sonst üblich im Namensraum /root/cimv2. Die Klasse ist aber im Standard nicht im CIM-Repository installiert. Mit der nachfolgend genannten Zeile nehmen Sie die Information des zugehörigen MOF-Files in das CIM Repository auf:

mofcomp.exe scrcons.mof

Das MOF-File Scrcons.mof gehört zum Standardinstallationsumfang von WMI und liegt im Verzeichnis /WinNT/System32/wbem. Erst danach können Sie die Klasse ActiveScript EventConsumer verwenden.

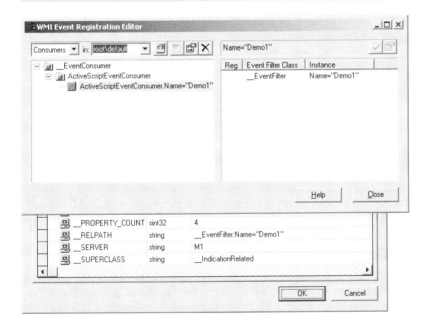

Bild 12.17
Bindung einer Instanz von ActiveScript EventConsumer *an einen Filter*

12.1.5 WMI ODBC-Treiber

Der WMI ODBC-Treiber ermöglicht die Ausführung von Datenbankabfragen via ODBC auf WMI-Providern. Der ODBC-Treiber unterstützt allerdings – wie die WMI Queries auch – nur den Lesezugriff mit dem SQL-Befehl SELECT. Außerdem unterstützt der Treiber nur ODBC 2.0 und daher keinen Unicode. Der WMI ODBC-Treiber wird auch unter dem Namen *WBEM ODBC Treiber* und *WMI ODBC Adapter* geführt.

WMI via ODBC

Kapitel 12 Universal-Scripting-Komponenten

OLE DB-Unterstützung

Einen OLE DB-Provider für WMI gibt es noch nicht.

Der WMI ODBC-Treiber läuft nur unter der NT-Produktfamilie (Windows NT 4.0, 2000, XP, Server 2003). Der Treiber wird nicht automatisch installiert. Sie installieren ihn durch ein separates Setup-Programm, das Sie auf jeder Windows 2000/Server 2003-CD im Verzeichnis \Valueadd\Msft\Mgmt\Wbemodbc finden. Dieses Setup installiert den Treiber unter dem Namen WBEM ODBC Driver in der Version 1.50.1084.01 (vgl. ODBC-Einstellungen in der Systemsteuerung bzw. im Ordner *Verwaltung* unter Windows 2000/Server 2003).

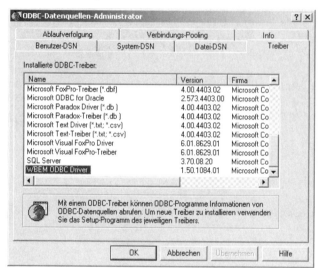

Bild 12.18 Anzeige der installierten ODBC-Treiber

12.2 WMI im Einsatz

Nachdem das vorherige Kapitel Architektur und Vorgehensweisen in WMI erläutert hat, werden nun konkrete Einsatzgebiete für WMI-Klassen gezeigt.

12.2.1 Computerverwaltung

Die Schaltstelle für die Computerverwaltung sind die WMI-Klassen Win32_ComputerSystem und Win32_OperatingSystem. Es kann immer nur je eine Instanz dieser Klassen geben. Neu ab Vista (aber nur auf den Client-Betriebssystemen, also nicht verfügbar in Windows Server 2008) ist die Klasse Win32_WinSAT.

WMI im Einsatz

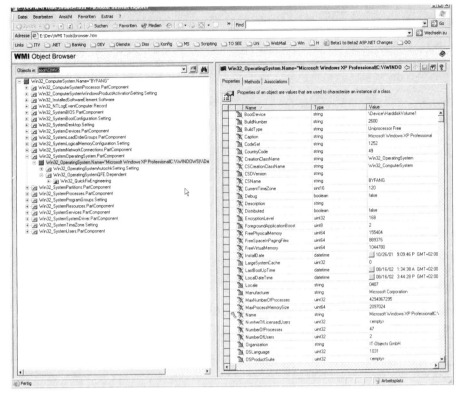

Bild 12.19
Die Klassen Win32_ComputerSystem und Win32_OperatingSystem im WMI Object Browser

Informationen über Computer

Das folgende Script listet einfach alle Attribute der einzigen Instanz von Win32_Computer System auf. Dabei kommt die im allgemeinen Teil vorgestellte Hilfsroutine WMI_GetFirst Object() zum Einsatz.

Alle Attribute

```
Const COMPUTER = "."
Set oComputerSystem = WMI_GetFirstObject(COMPUTER, "/root/cimv2", _
"Win32_ComputerSystem")
say oComputerSystem.GetObjectText_
```

Listing 12.30: Alle Daten über den Computer anzeigen [WMI_ComputerAlleDaten .wsf]

Computerrolle Das folgende Script ermittelt, welche Rolle ein Computer (in einer Domäne) hat.

Rolle

```
Const COMPUTER = "."
Set oComputerSystem = WMI_GetFirstObject(COMPUTER, "/root/cimv2", _
"Win32_ComputerSystem")
Select Case oComputerSystem.DomainRole
   Case "0"
      role = "Standalone Workstation"
   Case "1"
      role = "Member Workstation"
   Case "2"
      role = "Standalone Server"
   Case "3"
```

Listing 12.31
Rolle eines Computers ermitteln [WMI_ComputerRolle.wsf]

563

Kapitel 12 Universal-Scripting-Komponenten

```
         role = "Member Server"
      Case "4"
         role = "Backup Domain Controller (BDC)"
      Case "5"
         role = "Domain Controller or PDC"
      Case Else
         role = "Unknown"
   End Select
   say oComputerSystem.Name & " hat die Rolle: " & role
```

Computertyp Neu ab Windows Vista ist die Eigenschaft `PCSystemType` in der Klasse `Win32_ComputerSystem`, die Informationen über die Art des Computers liefert. Die Rückgabewerte sind Zahlen, wobei die folgende Tabelle die Bedeutung der Zahlen nennt.

Tabelle 12.21 Werte für PCSystemType

Wert	Bedeutung
0	Unspecified
1	Desktop
2	Mobile
3	Workstation
4	Enterprise Server
5	Small Office and Home Office (SOHO) Server
6	Applicance PC
7	Performance Server
8	Role Maximum

Anzahl der Prozessoren Mit `NumberOfProcessors` ermittelt man die Anzahl der physikalischen Prozessoren in einem PC. Neu in Vista ist `NumberOfLogicalProcessors`, mit der man die Anzahl der logischen Prozessoren ermittelt, die auf Hyperthreading-Systemen größer ist als die Anzahl der physikalischen Prozessoren.

Listing 12.32 Daten über den Computer anzeigen (nur Vista!) [WMI_Computer_Computertyp-Prozessoren.wsf]

```
' === Daten über den Computer anzeigen (nur Vista!)
Const COMPUTER = "XFilesServer02"
Set objWO = WMI_GetFirstObject(COMPUTER, "/root/cimv2", "Win32_ComputerSystem")
wscript.Echo "Anzahl der physikalischen Prozessoren: " & objWO.NumberOfProcessors
wscript.Echo "Anzahl der logischen Prozessoren: " & objWO.NumberOfLogicalProcessors
wscript.Echo "PC-Typ: " & objWO.PCSystemType
```

Leistung des Computers Windows Vista und Windows 7 enthält in der Systemsteuerung ein Systembewertungswerkzeug (*Windows System Assessment Tool – WinSAT*), das für Prozessor, Speicher, Grafikkarte und Festplatte eine Note vergibt und den Benutzer durch einen Link auf *www.WindowsMarketplace.com* führt, wo er für sein System geeignete Software kaufen kann. Bei schlechten Leistungen liefert das Werkzeug „Zuverlässigkeits- und Leistungsüberwachung" eine detaillierte Systemanalyse

Das WinSAT-Werkzeug führt auf Ihrem Computer eine Reihe von Tests durch und bewertet ihn anschließend auf einer Skala von 1 bis 5 (wobei 1 das schlechteste und 5 das beste Ergebnis ist). Genau genommen bewertet das Werkzeug Komponenten Ihres Computersystems, so z.B. den Prozessor und den Speicher, die primäre Festplatte, die Grafikleistung und die Qualität von Gaming-Grafiken. Mit diesen Werten und einem speziellen Algorithmus (keine einfache Durchschnittsrechnung) wird dann die Gesamtleistung des Windows-Systems bewertet. Deshalb kann es leicht vorkommen, dass die Gesamtnote niedriger ist als der Durchschnitt der einzelnen Komponentenbewertungen (siehe Bild 12.20).

WMI im Einsatz

Das WinSAT-Werkzeug wird während der Installation von Windows Vista automatisch ausgeführt und stellt dabei einen Ausgangswert für den Computer auf. Wenn Sie die Hardwarekonfiguration ändern oder einfach die Bewertung überprüfen möchten, können Sie das System Assessment-Werkzeug jederzeit erneut ausführen. Entweder geben Sie an der Eingabeaufforderung *winsat.exe* ein, oder Sie rufen die Systemsteuerung auf und klicken unter *System Maintenance* (Systemwartung) auf *Performance Ratings and Tools* (Leistungsbewertungen und Tools). Bei schlechten Leistungen liefert das Werkzeug „Zuverlässigkeits- und Leistungsüberwachung" eine detaillierte Systemanalyse.

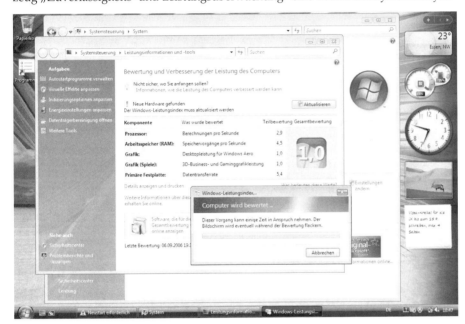

Bild 12.20
Bewertung der Leistung des Computersystems in Windows Vista (ähnlich auch in Windows 7)

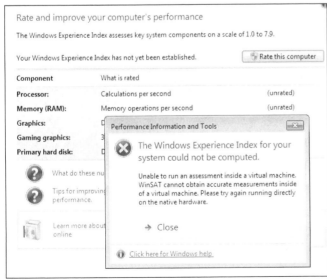

Bild 12.21
WinSAT ist nicht verfügbar, wenn das System virtualisiert ist.

Kapitel 12 Universal-Scripting-Komponenten

In WMI stehen diese Daten in der Klasse `Win32_WinSAT` zur Verfügung. Es gibt immer nur eine Instanz der Klasse, dennoch verwendet das folgende Script nicht `ItemIndex()`, sondern die klassische Iterationsmethode, sodass das Script auch von einem älteren System aus Vista abfragen kann.

Listing 12.33 Abrufen der Daten des Windows System Assessment Tool – WinSAT (nur Vista!) [WMI_Computer_WinSAT.wsf]

```
' === Abrufen der Daten des Windows System Assessment Tools - WinSAT (ab Vista!)
Server = "F167"
Username = "hs"
Password = "xxx"
NAMESPACE = "root\CIMV2"
Set objLoc = CreateObject("WbemScripting.SWbemLocator")
Set objServ = objLoc.ConnectServer(Server, NAMESPACE, Username, Password)
' -- Instanzen einlesen
Set Menge = objServ.InstancesOf("Win32_WinSAT")
' -- Instanzen auflisten
For Each objWO In Menge
 say "Bewertung des Prozessor: " & objWO.CPUScore
 say "Bewertung des Speichers: " & objWO.MemoryScore
 say "Bewertung des primären Festplatte: " & objWO.DiskScore
 say "Bewertung der Grafikkarte: " & objWO.GraphicsScore
 say "Bewertung der Grafikkarte in Bezug auf Spiele: " & objWO.D3DScore
 say "Gesamtbewertung: " & objWO.WinSPRLevel
Next
```

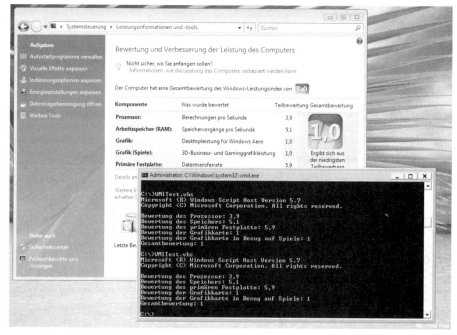

Bild 12.22 Anzeige der WinSAT-Bewertung im GUI und per Script

Abmelden, Herunterfahren, Neustarten

Abmelden, Herunterfahren und Neustart

Mit der Methode `Reboot()` in der Klasse `Win32_OperatingSystem` kann ein System heruntergefahren werden. Wenn Sie den genauen Namen einer Instanz nicht kennen, können Sie nicht direkt an das einzelne Objekt binden. Die Lösung besteht darin, alle Instanzen der Klasse anzusprechen. Sie iterieren dann mit `For Each`, auch wenn es, wie in diesem

WMI im Einsatz

Fall, nur eine Instanz geben kann. Bitte beachten Sie die notwendige Angabe des Privilegs *RemoteShutdown*. Mit Win32Shutdown(0,0) wird der aktuelle Benutzer abgemeldet, mit Shutdown() der Rechner heruntergefahren.

```
' -- Bindung an Menge der Betriebssysteme
Set OSet = _
GetObject("winmgmts:{impersonationLevel=impersonate,(RemoteShutdown)}//
XFilesServer01").ExecQuery("SELECT * FROM Win32_OperatingSystem where Primary=
true")
' -- Neustart "aller" BS (ist aber immer nur eins!)
For Each o In OSet
    say "Betriebssysteme: " & o.Name
    'o.Win32shutdown 0, 0 ' Abmelden
    'o.Shutdown ' Herunterfahren
    o.Reboot ' Neustarten
    say "Aktion wurde ausgelöst!"
Next
```

Listing 12.34
Neustart eines Systems [WMI_Reboot.wsf]

Computer umbenennen

Die Methode Rename() kann zur Umbenennung eines Computers verwendet werden. Bitte beachten Sie, dass genau wie bei einer manuellen Änderung in der Systemsteuerung die Änderung erst durch einen Neustart wirksam wird.

Rename()

```
Const NAME_ALT = "E51"
Const NAME_NEU = "F162"
say "Computername ändern..."
Set objComputer = _
GetObject("winmgmts:{impersonationLevel=Impersonate}!\\" & _
NAME_ALT & "\root\cimv2:Win32_ComputerSystem.Name='" & _
NAME_ALT & "'")

Ergebnis = objComputer.Rename(NAME_NEU)

If Ergebnis = 0 Then
  say "erfolgreich."
Else
  say "Fehler: " & Ergebnis
End If
```

Listing 12.35
Name eines Computers ändern [WMI_Computer_umbenennen.wsf]

Einer Domäne beitreten

Auch die Aufgabe, einen Computer in eine Domäne einzuhängen, kann man mit WMI erledigen. Die Methode JoinDomainOrWorkGroup() steckt interessanterweise nicht in Win32_OperatingSystem, sondern in Win32_ComputerSystem.

JoinDomainOrWorkGroup()

```
Const JOIN_DOMAIN = 1
Const ACCT_CREATE = 2
Const ACCT_DELETE = 4
Const WIN9X_UPGRADE = 16
Const DOMAIN_JOIN_IF_JOINED = 32
Const JOIN_UNSECURE = 64
Const MACHINE_PASSWORD_PASSED = 128
Const DEFERRED_SPN_SET = 256
Const INSTALL_INVOCATION = 262144

Const DOMAIN = "FBI"
```

Listing 12.36
Einen Computer in einer Domäne einhängen [WMI_Domainbeitreten.wsf]

Kapitel 12 Universal-Scripting-Komponenten

```
Const ADMINKENNWORT = "xxx"
Const ADMIN = "administrator"
Const COMPUTER = "Byfang"

Set objComputer = _
GetObject("winmgmts:{impersonationLevel=Impersonate}!\\" & _
COMPUTER & "\root\cimv2:Win32_ComputerSystem.Name='" & _
COMPUTER & "'")
say "Domäne " & DOMAIN & " beitreten..."
Ergebnis = objComputer.JoinDomainOrWorkGroup(DOMAIN, ADMINKENNWORT, DOMAIN & "\"_&
ADMIN, Null, JOIN_DOMAIN + ACCT_CREATE)
say "Ergebnis:" & Ergebnis
End Sub
```

Hardware inventarisieren

In Kapitel 20, „Fallbeispiele", finden Sie ein Script zur Inventarisierung der Hardware auf einem Computer.

WMI-ADSI-Integration

WMI versus ADSI Die Funktionalitäten von WMI und ADSI (vgl. Kapitel 11 zu ADSI) überschneiden sich zum Teil. Verzeichnisobjekte wie Computer, Benutzer, Gruppen und Windows-Dienste können sowohl durch WMI als auch durch ADSI verwaltet werden. Die zur Verfügung stehenden Funktionalitäten sind aber keineswegs gleich, sodass innerhalb von Automatisierungslösungen oft beide Komponenten zum Einsatz kommen.

Bild 12.23
Schnittmenge zwischen ADSI und WMI

Unterschiede Beide Komponenten besitzen keine gemeinsamen COM-Schnittstellen, sodass ein polymorpher Zugriff nicht möglich ist. Zwar nutzen beide Komponenten Moniker zur Identifikation; jedoch unterscheiden sich WMI-Pfade sehr stark von ADSI-Pfaden.

Brückenschlag **WMI ADSI-Erweiterung** Hilfreich ist eine Komponente, die die Brücke zwischen ADSI und WMI schlägt. Diese Komponente heißt *WMI ADSI Extension*. Der Brückenschlag erfolgt zwischen der Active Directory-Klasse Computer und der WMI-Klasse Win32_ComputerSystem.

ADSI-Extension Die *WMI ADSI Extension* ist eine ADSI Namespace Extension für die Klasse Computer im LDAP-Namensraum. Weitere Informationen zur Arbeitsweise von ADSI Namespace Extensions finden Sie in Kapitel 11 zu ADSI.

Durch diese Erweiterung wird die Computer-Klasse um ein Attribut und zwei Methoden erweitert. Alle drei Attribute bzw. Methoden haben keine Parameter.

Neue Mitglieder
- WMIObjectPath liefert den WMI-Pfad zu dem gegebenen ADS-Computer-Objekt.
- GetWMIObject() liefert eine Instanz der WMI-Klasse Win32_ComputerSystem zu dem gegebenen ADS-Computer-Objekt. Die Instanz der WMI-Klasse wird wie üblich durch eine Instanz der Metaklasse WbemScripting.SWbemObject gekapselt.

▶ `GetWMIServices()` liefert eine Instanz von `WbemScripting.SWbemServices` für das gegebene ADS-Computer-Objekt. Damit ist ein Zugriff auf in der Objekthierarchie untergeordnete WMI-Objekte möglich.

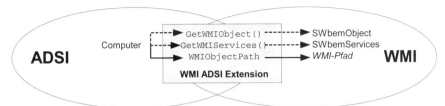

Bild 12.24
Brückenschlag zwischen ADSI und WMI

Dieser Brückenschlag funktioniert nur für `Computer`-Objekte im Active Directory. `Computer`-Objekte aus dem WinNT-Provider bekommen diese zusätzlichen Mitglieder nicht. Hier bleibt nichts anderes übrig, als die Pfade von Hand umzusetzen. Auch unterstützt die *WMI ADSI Extension* nicht den umgekehrten Weg von einem `Win32_ComputerSystem` zu einem AD-Computer-Objekt.

Beispiel Im folgenden Script wird zunächst ein `Computer`-Objekt via ADSI gebunden. Danach werden die drei oben vorgestellten Mitglieder verwendet.

```
Dim obj    ' As IADs
Dim objWO  ' As WbemScripting.SWbemObject
Dim objServ ' As WbemScripting.SWbemServices
' -- Zugriff auf ein Computer-Objekt via ADSI
Set obj = GetObject("LDAP://XFilesServer01/
cn=XFilesServer01,cn=Computers,dc=FBI,dc=net")
' -- Ausgabe der Pfade
say "ADSI-Pfad: " & obj.ADsPath
say "WMI-Pfad: " & obj.WMIObjectPath
' -- Ermittlung eines Zeigers auf das MO für diesen Computer
Set objWO = obj.GetWMIObject
say "Systemtyp: " + objWO.Systemtype
say "Speicher: " & objWO.TotalPhysicalMemory
' --- Ermittlung eines Zeigers auf ein WMI-Service-Objekt
Set objServ = obj.GetWMIServices
Set objWO = objServ.Get("Win32_LogicalDisk.DeviceID=""C:""")
say "Freier Speicher auf C: " + objWO.FreeSpace
```

Listing 12.37
Nutzung der WMI ADSI Extension [WMI_ADSIEX.wsf]

```
ADSI-Pfad: LDAP://XFilesServer01/cn=XFilesServer01,cn=Computers,dc=FBI,dc=net
WMI-Pfad: WINMGMTS:{impersonationLevel=impersonate}!//XFilesServer01/root/
cimv2:Win32_ComputerSystem.Name="XFilesServer01"
Systemtyp: X86-based PC
Speicher: 267952128
Freier Speicher auf C: 764121088
```

Listing 12.38
Beispiel für die Ausgabe des vorherigen Scripts

Wichtiger Hinweis Die WMI ADSI Extension wurde in Windows Server 2003 aus dem Betriebssystem entfernt.

12.2.2 Dateisystemverwaltung

Dateien und Ordner verwalten

WMI bietet auch den Zugriff auf Dateien und Ordner im Dateisystem. Win32_Directory ist ein Ordner, CIM_DataFile eine einzelne Datei. Beide Klassen verwenden als Schlüsselattribut das Attribut Name (was an der gemeinsamen Oberklasse CIM_LogicalFile liegt), in dem aber nicht der lokale Name, sondern der komplette Pfad gespeichert sein muss.

Beispiel: winmgmts://.\root\cimv2:Win32_Directory.Name='d:\daten'

Alle Methoden von Win32_Directory und CIM_DataFile verwenden die Rückgabewerte der nachfolgenden Tabelle.

Tabelle 12.22 Rückgabewerte für Methoden von Win32_Directory und CIM_DataFile

Wert	Bedeutung
0	Die Anforderung war erfolgreich.
2	Der Zugriff wurde verweigert.
8	Ein unbekannter Fehler ist aufgetreten.
9	Der angegebene Name ist ungültig.
10	Das angegebene Objekt ist bereits vorhanden.
11	Kein NTFS-Dateisystem
12	Keine Windows NT- oder Windows 2000-Plattform
13	Anderes Laufwerk
14	Das Verzeichnis ist nicht leer.
15	Freigabeverletzung
16	Die angegebene Startdatei ist ungültig.
17	Eine für den Vorgang erforderliche Berechtigung wurde aufgehoben.
21	Ein angegebener Parameter ist ungültig.

Die WMI-Klassen erlauben viele der Dateisystemoperationen, die in diesem Buch schon mit den FileSystemObjects demonstriert wurden. Auf eine Wiederholung hier wird daher verzichtet.

Hinzuweisen ist nur darauf, dass es in der Klasse Win32_Directory ab Windows XP Service Pack 2 bzw. Windows Server 2003 SP1 eine wichtige Änderung im Verhalten der Delete()-Methode gibt: Diese löscht nun keine Unterordner mehr, wenn diese nicht leer sind. Dies ist ein gutes Beispiel dafür, dass Sie alle Scripts bei jedem neuen Service Pack intensiv testen und die Dokumentation aller verwendeten Komponenten noch einmal intensiv studieren müssen. Dieser Aufwand ist leider nicht zu vermeiden, wenn Microsoft solche Änderungen implementiert.

Ordner komprimieren, dekomprimieren, umbenennen

Ordner verändern

Das folgende Script zeigt die Operationen Komprimierung, Dekomprimierung und Umbenennen auf einem Ordner. Das Objekt wird immer wieder neu geladen, damit der aktuelle Status des Attributs Compressed ausgegeben werden kann. Ohne die erneute Bindung würde immer der Wert, der beim ersten Laden vorliegt, ausgegeben werden.

```
Dim objWO As SWbemObject
Set objWO = GetObject("winmgmts://.\root\cimv2:Win32_Directory.Name='d:\daten'")
Ergebnis = objWO.compress
say "Ordner wurde komprimiert!" & Ergebnis
Set objWO = GetObject("winmgmts://.\root\cimv2:Win32_Directory.Name='d:\daten'")
say objWO.Compressed
Ergebnis = objWO.uncompress
say "Ordner wurde dekomprimiert!" & Ergebnis
Set objWO = GetObject("winmgmts://.\root\cimv2:Win32_Directory.Name='d:\daten'")
say objWO.Compressed
Ergebnis = objWO.rename("D:\Daten2")
say "Ordner wurde umbenannt!" & Ergebnis
```

Listing 12.39
Ordner verändern [WMI_Ordner.wsf]

Weitere (selbst erklärende) Methoden sind `Delete()`, `Copy()` und `TakeOwnerShip()`.

Dateien zählen

Mithilfe einer WQL-Query kann man alle Dateien ermitteln, die ein bestimmtes Kriterium erfüllen. Das nachfolgende Script ermittelt die Anzahl der komprimierten Dateien auf einem System.

Anzahl der Dateien

```
Dim objServ   ' As WbemScripting.SWbemServices
Dim menge     ' As WbemScripting.SWbemObjectSet
Set objServ = GetObject("winmgmts:")
Set menge = objServ.ExecQuery("SELECT name FROM CIM_DataFile where compressed=true")
say "Anzahl der Dateien: " & menge.Count
```

Listing 12.40: Anzahl der Dateien auf einem System ermitteln (kann lange dauern!) [WBEM_Anzahl_Files.wsf]

Sicherheitsdeskriptoren zusammensetzen

Ein Sicherheitsdeskriptor (Security Descriptor, SD) beschreibt die Rechte auf ein Objekt in Windows (zu den Grundlagen der Windows-Sicherheit siehe Kapitel 11.7.5 zur ADs-Security-Komponente). Für die Rechtevergabe auf Dateien, Ordner und Freigaben werden SDs eingesetzt. WMI unterstützt die Zusammensetzung von SDs, jedoch gehört dies sicherlich zu den schwierigsten Aufgaben in WMI.

Rechte definieren

Das Objektmodell zum Aufbau eines SD ist in WMI ähnlich, aber im Detail anders als in der *ADsSecurity-Komponente*. Ein Unterschied liegt darin, dass es keine Klasse zur Kapselung einer Access Control List (ACL) gibt. Eine ACL ist in WMI nur ein Array von `Win32_ACE`-Objekten. Ein anderer Unterschied ist, dass das Benutzerkonto beim Aufbau einer ACE nicht als Zeichenkette übergeben werden kann, sondern eine Instanz von `Win32_Trustee` erwartet wird. Beim Aufbau einer ACL unterstützen Sie die im folgenden Listing implementierten Funktionen `MakeACE()` und `MakeTrustee()`.

Um eine Instanz von `Win32_Trustee` zu erstellen, benötigt man die SID des Benutzerkontos. In `MakeTrustee()` wird dazu ADSI verwendet. Alternativ könnte man auch `Win32_Account` verwenden. Mit jeder Instanz von `Win32_Account` ist eine Instanz von `Win32_SID` verbunden.

`MakeTrustee()` muss für die Well Known Security Principals eine Fallunterscheidung durchführen, wobei im nachstehenden Quelltext nur „Jeder" berücksichtigt wird.

Kapitel 12 Universal-Scripting-Komponenten

Listing 12.41
Hilfsroutinen zur Änderung von Sicherheitseinstellungen [WMI_Allgemein_Funktionen.vbs]

```
' ### Erzeugung eines WIN32_Trustee-Objekts
Function MakeTrustee(strDomain, strName)
Dim objTrustee ' As WbemScripting.SWbemObject
Dim objUser 'As IADsUser
Dim Sid
If UCase(strName) = "EVERYONE" Then 'Sonderfall Jeder
    Sid = Array(1, 1, 0, 0, 0, 0, 0, 1, 0, 0, 0, 0)
Else ' SID via ADSI ermitteln
    Set objUser = GetObject("WinNT://" & strDomain & "/" & strName)
    Sid = objUser.Get("ObjectSID")
End If
Set objTrustee = GetObject("Winmgmts:{impersonationlevel=impersonate}!root/
    cimv2:Win32_Trustee").SpawnInstance_
objTrustee.domain = strDomain
objTrustee.Name = strName
objTrustee.Properties_.Item("SID") = Sid
Set MakeTrustee = objTrustee
End Function

MakeACE()
' ### Erzeugung eines WIN32_ACE-Objekts
Function MakeACE(accessmask, AceFlags, AceType, objTrustee)
Dim objACE ' As WbemScripting.SWbemObject
Set objACE = GetObject("Winmgmts:{impersonationlevel=impersonate}!root/cimv2:Win32_
    Ace").SpawnInstance_
objACE.Properties_.Item("AccessMask") = accessmask
objACE.Properties_.Item("AceFlags") = AceFlags
objACE.Properties_.Item("AceType") = AceType
objACE.Properties_.Item("Trustee") = objTrustee
Set MakeACE = objACE
End Function
```

Rechtetypen Die erlaubten Werte für AccessMask, AceFlags und AceType zeigen die folgenden Auszählungstypen:

Listing 12.42
Konstanten zur Änderung von Sicherheitseinstellungen [WMI_Allgemein_Funktionen.vbs]

```
' *** Dateirechte
Const FULL = 2032127
Const NONE = 0
Const CHANGE = 1245462

Const FILE_READ_DATA = 1
Const FILE_LIST_DIRECTORY = 1
Const FILE_WRITE_DATA = 2
Const FILE_ADD_FILE = 2
Const FILE_APPEND_DATA = 4
Const FILE_ADD_SUBDIRECTORY = 4
Const FILE_READ_EA = 8
Const FILE_WRITE_EA = 16
Const FILE_EXECUTE = 32
Const FILE_TRAVERSE = 32
Const FILE_DELETE_CHILD = 64
Const FILE_READ_ATTRIBUTES = 128
Const FILE_WRITE_ATTRIBUTES = 256
Const Delete = 65536
Const READ_CONTROL = 131072
```

```
Const WRITE_DAC = 262144
Const WRITE_OWNER = 524288
Const Synchronize = 1048576

' *** ACEFLAG-Flags
Const ACEFLAG_INHERIT_ACE = 2
Const ACEFLAG_NO_PROPAGATE_INHERIT_ACE = 4
Const ACEFLAG_INHERIT_ONLY_ACE = 8
Const ACEFLAG_INHERITED_ACE = 16
Const ACEFLAG_VALID_INHERIT_FLAGS = 31
Const ACEFLAG_SUCCESSFUL_ACCESS = 64
Const ACEFLAG_FAILED_ACCESS = 128
' *** ACETYPE-Flags
Const ACETYPE_ACCESS_ALLOWED = 0
Const ACETYPE_ACCESS_DENIED = 1
Const ACETYPE_SYSTEM_AUDIT = 2
```

Eine ACL ist ein Array von Win32_ACE-Objekten, zum Beispiel:

Aufbau einer ACL

```
dACL = Array(oACE4, oACE3, oACE2, oACE1)
```

Wichtig ist, dass die ACEs nicht beliebig angeordnet sein dürfen, sondern eine bestimmte Reihenfolge einzuhalten ist.

- Zugriffsverweigerungen für das Objekt selbst
- Zugriffsverweigerungen für Attribut und Unterobjekte
- Zugriffserlaubnisse für das Objekt selbst
- Zugriffserlaubnisse für Attribut und Unterobjekte
- Alle geerbten ACEs

In Kapitel 11 zu ADSI wird ein Algorithmus zur Automatisierung dieser Sortierung vorgestellt.

Rechte auf Dateisystemeinträge vergeben

Die Methode ChangeSecurityPermissions() ermöglicht es, einer Instanz von Win32_Directory oder CIM_DataFile einen Sicherheitsdeskriptor (SD) zuzuweisen. In dem folgenden Script wird eine ACL aus drei ACEs erzeugt. Die ACL wird nicht direkt dem Systembaustein zugewiesen, sondern wandert über das Attribut DACL in eine Instanz von Win32_Security-Descriptor. Durch den zweiten Parameter wird festgelegt, welche Sicherheitsinformation geändert werden soll (1 = Besitzer, 2 = Gruppe, 4 = DACL, 8 = SACL).

Rechte vergeben

Listing 12.43 Rechte auf Ordner verändern [WMI_Ordner-Rechte.wsf]

```
' --- AccessMasks für Freigaben
Const CHANGE = 1245462
Const FULL = 2032127
Const NONE = 1

' --- Bindung
Set objServ = GetObject("WINMGMTS:{impersonationLevel=impersonate,(Security)}!\\.\ROOT\CIMV2")
' ----- Erzeugung eines neuen SD
' --- Neue Instanz von Win32_SecurityDescriptor
Set objSDClass = objServ.Get("Win32_SecurityDescriptor")
Set oSD = objSDClass.SpawnInstance_()
oSD.Properties_.Item("ControlFlags") = 4
' --- ACEs erzeugen
```

Kapitel 12 Universal-Scripting-Komponenten

```
Set oACE3 = MakeACE(CHANGE, 0, 0, MakeTrustee("FBI.net", "Domain Admins"))
Set oACE2 = MakeACE(FULL, 0, 0, MakeTrustee("FBI.net", "HS"))
Set oACE1 = MakeACE(0, 0, 0, MakeTrustee("byfang", "Everyone"))
' --- ACL zusammensetzen als Array von ACEs
dACL = Array(oACE3, oACE2, oACE1)
' --- ACL an SD zuweisen
oSD.Properties_.Item("DACL") = dACL

' --- SD an Ordner zuweisen
Set objWO = GetObject("winmgmts://./root\cimv2:Win32_Directory.Name='d:\daten'")
objWO.ChangeSecurityPermissions oSD, 4

say "Rechte geändert!"
```

Bild 12.25
Rechte auf einen Ordner im Dateisystem nach dem Hinzufügen von Rechten

Die beiden vorletzten Zeilen können alternativ durch folgenden Code ersetzt werden, da die Methode `SetSecurityDescriptor()` in der Klasse `Win32_LogicalFileSecuritySetting` den gleichen Effekt hat wie `ChangeSecurityPermissions()` in `Win32_Directory`. Zu beachten ist aber, dass bei `Win32_LogicalFileSecuritySetting` das Schlüsselattribut `Path` heißt.

WMI im Einsatz

```
Set objWO = GetObject("winmgmts://.\root\cimv2:Win32_
LogicalFileSecuritySetting.Path='d:\daten'")
objWO.SetSecurityDescriptor oSD
```

Win32_LogicalFileSecuritySetting bietet noch eine Möglichkeit, sich das Leben leichter zu machen: Mit GetSecurityDescriptor() kann man sich von einer Datei einen SD holen und dann auf eine andere Datei übertragen. So kann man sich einen Prototyp-SD basteln, statt einen SD mühsam aus ACEs zusammenzusetzen.

Freigaben auflisten

Das folgende Script listet alle eingerichteten Freigaben mithilfe der Klasse Win32_Share auf.

Freigaben

```
Dim objWO         ' As SWbemObject
Dim objServ       ' As WbemScripting.SWbemServices
Dim menge         ' As WbemScripting.SWbemObjectSet
Dim o
Dim sd
' --- ServiceObject ermitteln
Set objServ = GetObject("winmgmts:")
' --- Zugriff auf WMI-Objekt
Set menge = objServ.InstancesOf("Win32_Share")
' --- Zugriff auf WMI-Objekt
For Each o In menge
 say o.name & ":" & o.Path
Next
```

*Listing 12.44
Liste aller Freigaben auf einem System [wmi_shares.wsf]*

Erzeugung einer Freigabe mit Rechteeinstellung

Mit ADSI kann eine Freigabe erzeugt werden, ohne jedoch die Berechtigungen auf einer Freigabe festzulegen. In WMI gibt es diese Beschränkung nicht.

Freigabe erzeugen

Aufwendigste Aufgabe bei der Erzeugung einer Freigabe ist die Zusammensetzung eines korrekt aufgebauten Sicherheitsdeskriptors. Es gibt nur vier Rechte (*lesen* = 1179817, *ändern* = 1245462, *Vollzugriff* = 2032127, *kein Recht* = 1), wobei eine Kombination von Lesen und Ändern möglich wird, indem zwei getrennte ACEs für den Trustee angelegt werden.

> **Wichtiger Hinweis** Die Methode Create() der Klasse Win32_Share dürfen nur Mitglieder der Gruppen „Administratoren", „Server-Operatoren" und „Konten-Operatoren" aufrufen.

Im nachfolgenden Beispiel wird eine neue Freigabe für den Ordner *c:\temp* angelegt.

```
' -- AccessMasks für Freigaben
Const SHARE_READ = 1179817
Const SHARE_CHANGE = 1245462
Const SHARE_FULL = 2032127
Const SHARE_NONE = 1
' -- Bindung
Set objServ = GetObject("WINMGMTS:{impersonationLevel=impersonate,(Security)}!\\
XFilesServer01\ROOT\CIMV2")
' ----- Erzeugung eines neuen SDs
' -- Neue Instanz von Win32_SecurityDescriptor
Set objSDClass = objServ.Get("Win32_SecurityDescriptor")
Set oSD = objSDClass.SpawnInstance_()
```

*Listing 12.45
Erzeugung einer neuen Freigabe inklusive Sicherheitseinstellungen [WMI_CreateShare.wsf]*

Kapitel 12 Universal-Scripting-Komponenten

```
oSD.Properties_.Item("ControlFlags") = 4
' -- ACEs erzeugen
Set oACE1 = MakeACE(SHARE_NONE, 3, 0, MakeTrustee("XFilesServer01", "Everyone"))
Set oACE2 = MakeACE(SHARE_READ, 3, 0, MakeTrustee("XFilesServer01", "HS"))
Set oACE3 = MakeACE(SHARE_CHANGE, 3, 0, MakeTrustee("XFilesServer01", "HS"))
' -- ACL zusammensetzen als Array von ACEs
dACL = Array(oACE1, oACE2, oACE3)
' -- ACL an SD zuweisen
oSD.Properties_.Item("DACL") = dACL
' ----- Erzeugung der Freigabe
' -- Neue Instanz von WIN32_Share
Set oFreigabe = objServ.Get("Win32_Share")
Set objInParam = oFreigabe.Methods_("Create").InParameters.SpawnInstance_()
' -- Attribute setzen
objInParam.Properties_.Item("Name") = "temp-freigabe8"
objInParam.Properties_.Item("Path") = "C:\temp"
objInParam.Properties_.Item("Type") = 0
objInParam.Properties_.Item("Description") = "Per Skript erzeugt!"
objInParam.Properties_.Item("Access") = oSD
objInParam.Properties_.Item("MaximumAllowed") = 10 _
'Standard ist 'max allowed'
' objInParam.Properties_.Item("Password") = "Password"    'optional
' -- Anlegen der Freigabe
Set objOutParams = oFreigabe.ExecMethod_("Create", objInParam)
' -- Ergebnisauswertung
Select Case objOutParams.returnValue
    Case 0: say "Freigabe wurde angelegt!"
    Case 22: say "Fehler: Freigabe existierte schon!"
    Case Else: say "Fehler: #" & objOutParams.returnValue
End Select
```

12.2.3 Registrierungsdatenbank (Registry)

StdRegProv Die mächtigen Möglichkeiten zur Bearbeitung der Registrierungsdatenbank konzentrieren sich in WMI auf eine einzige Klasse: StdRegProv im Namensraum \root\default.

Diese Klasse besitzt keine eigenen Attribute, und von dieser Klasse werden auch keine Instanzen erzeugt. Sie bietet ihre komplette Leistung über folgende Methoden an:

- CreateKey()
- DeleteKey()
- EnumKey()
- EnumValues()
- DeleteValue()
- SetDWORDValue()
- GetDWORDValue()
- SetStringValue()
- GetStringValue()
- SetMultiStringValue()
- GetMultiStringValue()
- SetExpandedStringValue()
- GetExpandedStringValue()
- SetBinaryValue()

- GetBinaryValue()
- CheckAccess()

Dabei gilt für alle diese Methoden:

Gemeinsame Parameter

- Im ersten Parameter wird der HIVE, der verwendet werden soll, in Form eines LONG-Werts übergeben.
- Im zweiten Parameter wird der Schlüsselpfad als Zeichenkette übergeben.
- Die Methoden zum Zugriff auf einzelne Werte haben im dritten Parameter den Namen des Werts.
- Die Methoden zum Schreiben von Werten erwarten im vierten Parameter den zu schreibenden Wert.
- Die Methoden zum Lesen von Werten erwarten im vierten Parameter eine leere Variant-Variable, in der sie per Call-by-Reference den gelesenen Wert zurückliefern können.

Werttyp in der Registrierungs-datenbank	Methode zum Schreiben	Methode zum Lesen	Hinweis
Zeichenkette	SetStringValue()	GetStringValue()	Vierter Parameter ist Variant/String
DWORD-Wert (Zahl)	SetDWORDValue()	GetDWORDValue()	Vierter Parameter ist Variant/Long
Erweiterte Zeichenkette	SetExpandedStringValue()	GetExpandedStringValue()	Vierter Parameter ist Variant/String
Mehrwertige Zeichenkette	SetMultiStringValue()	GetMultiStringValue()	Vierter Parameter ist ein Array
Binärwert	SetBinaryValue()	GetBinaryValue()	Vierter Parameter ist ein Array

Tabelle 12.23 Überblick über die Methoden zum Schreiben und Lesen von Werten

Für die Basisschlüssel der Registrierungsdatenbank gibt es die Konstanten:

```
Const HKEY_CURRENT_USER = &H80000001
Const HKEY_LOCAL_MACHINE = &H80000002
```

Registry-Konstanten

Beispiel 1

Das folgende Beispiel zeigt:

Arbeit mit der Registry

- Das Anlegen eines Schlüssels mit CreateKey(). Dabei kann der im zweiten Parameter anzugebende Pfad beliebig tief sein, ohne dass die Zwischenebenen vorher existieren müssen.
- Das Schreiben einer Zeichenkette mit SetStringValue(). Ein Wert muss nicht zuvor angelegt werden, der Schlüsselpfad muss aber existieren.
- Analog zum Schreiben eines DWORD-Werts mit SetDWORDValue()
- Das Auslesen mit GetStringValue() und GetDWORDValue()
- Das Entfernen eines einzelnen Werts aus einem Schlüssel mit DeleteValue()
- Das Entfernen eines kompletten Schlüssels mit DeleteKey(). Dabei muss man beachten, dass ein Schlüssel nur dann entfernt wird, wenn er keine Unterschlüssel mehr hat. In dem nachfolgenden Beispiel, bei dem beim Anlegen drei Ebenen erzeugt wurden, müssen auch drei DeleteKey() ausgeführt werden (für jede Ebene einer).

Listing 12.46
Registrierungs-datenbank schreiben und lesen [WMI Registry_Wert-SetzenLesen .wsf]

```
Const COMPUTER = "."
Const pfad = "SOFTWARE\www.IT-Visions.de\Buecher\WS"

Set oReg = GetObject("winmgmts:{impersonationLevel=impersonate}!\\" & _
 COMPUTER & "\root\default:StdRegProv")

say "Schlüssel anlegen"
oReg.CreateKey HKEY_CURRENT_USER, pfad

    say "Werte schreiben"
    oReg.SetStringValue HKEY_CURRENT_USER, pfad, "Titel", "Windows Scripting,
    3. Auflage"
    oReg.SetDWORDValue HKEY_CURRENT_USER, pfad, "Erscheinungsjahr", "2002"

    say "Werte auslesen:"
    oReg.GetStringValue HKEY_CURRENT_USER, pfad, "Titel", name
    oReg.GetDWORDValue HKEY_CURRENT_USER, pfad, "Erscheinungsjahr", jahr

    say "Titel: " & name
    say "Erscheinungsjahr: " & jahr

    say "Einzelnen Wert löschen"
    oReg.DeleteValue HKEY_CURRENT_USER, pfad, "Erscheinungsjahr"

    say "Schlüssel wieder löschen"
    ' oReg.DeleteKey HKEY_CURRENT_USER, "SOFTWARE\www.IT-Visions.de\" geht nicht!!!
    oReg.DeleteKey HKEY_CURRENT_USER, "SOFTWARE\www.IT-Visions.de\Buecher\WS\"
    oReg.DeleteKey HKEY_CURRENT_USER, "SOFTWARE\www.IT-Visions.de\Buecher\"
    oReg.DeleteKey HKEY_CURRENT_USER, "SOFTWARE\www.IT-Visions.de\"
```

Der Befehl oReg.DeleteKey HKEY_CURRENT_USER, "SOFTWARE\www.IT-Visions.de\" führt nicht zu einer Fehlermeldung, sondern bleibt ohne Wirkung.

Beispiel 2

Array als Datenbasis
Im zweiten Beispiel wird ein Array als Datenbasis für Schlüssel und Werte verwendet.

```
Dim BuecherKuerzel, BuecherListe
Dim i
Const COMPUTER = "."
Const pfad = "SOFTWARE\www.IT-Visions.de\Buecher\"

Set oReg = GetObject("winmgmts:{impersonationLevel=impersonate}!\\" & _
 COMPUTER & "\root\default:StdRegProv")

BuecherKuerzel = Array("WBS", "WS2", "WS3", "CKH", "FCL", "WF")
BuecherTitel = Array("Windows- und BackOffice-Scripting", "Windows Scripting 2.
Auflage", "Windows Scripting 3. Auflage", "COM-Komponenten-Handbuch",
"Programmierung mit der .NET Klassenbibliothek", "Web Forms")

For i = 0 To UBound(BuecherKuerzel)
  Dim Schluessel
  Schluessel = "SOFTWARE\www.IT-Visions.de\Buecher\" & BuecherKuerzel(i)
  oReg.CreateKey HKEY_CURRENT_USER, Schluessel
  oReg.SetStringValue HKEY_CURRENT_USER, Schluessel, "Titel", _
```

```
    BuecherTitel(i)
    say "Schlüssel & " & Schluessel & " anlegen"
Next
```

Listing 12.47: Mehrere Schlüssel und Werte anhand eines Arrays anlegen [WMIRegistry_ SchluesselAnlegen.wsf]

Beispiel 3

Das vorherige Beispiel bildet die Basis für den Einsatz von EnumKey(). Diese Methode gibt im dritten Parameter ein Array of Zeichenkette mit den Namen der Unterschlüssel zurück.

EnumKey()

```
Dim Schluessel, SchluesselMenge
Set oReg = GetObject("winmgmts:{impersonationLevel=impersonate}!\\.\root\default:StdRegProv")
pfad = "SOFTWARE\www.IT-Visions.de\Buecher\"
oReg.EnumKey HKEY_CURRENT_USER, pfad, SchluesselMenge
For Each Schluessel In SchluesselMenge
    say Schluessel
Next
```

Listing 12.48 Unterschlüssel auflisten [WMI Registry_Auflisten.wsf]

Rekursives Löschen von Schlüsseln (Löschen über beliebig viele Ebenen)

Die Limitation der DeleteKey()-Methode, nicht über beliebig viele Ebenen löschen zu können, wird durch die nachfolgende Unterroutine beseitigt, die mittels EnumKey() die Unterschlüssel auflistet und rekursiv löscht.

DeleteKey()

```
' === Rekursives Schlüssel-Löschen (Löschen über beliebig viele Ebenen)
Sub WMIRegistry_RekLoeschen(Hive, OberSchluessel)
Dim Schluessel, SchluesselMenge

OberSchluessel = Replace(OberSchluessel, "\\", "\")
Set oReg = GetObject("winmgmts:{impersonationLevel=impersonate}!\\.\root\default:StdRegProv")

oReg.EnumKey Hive, OberSchluessel, SchluesselMenge

If IsArray(SchluesselMenge) Then
For Each Schluessel In SchluesselMenge
    WMIRegistry_RekLoeschen Hive, OberSchluessel & "\" & Schluessel
Next
End If

oReg.DeleteKey Hive, OberSchluessel
say OberSchluessel & " gelöscht"
End Sub
```

Listing 12.49 Hilfsroutine für rekursives Löschen von Registrierungs- datenbank- schlüsseln [WMI_ Registry_ Funktionen .vbs]

Mithilfe dieser Routine kann das Löschen aus Beispiel 1 einfacher gestaltet werden:
```
WMIRegistry_RekLoeschen HKEY_CURRENT_USER, _
"SOFTWARE\www.IT-Visions.de\"
```

Kapitel 12 **Universal-Scripting-Komponenten**

12.2.4 Hardware

WMI enthält zahlreiche Klassen mit Informationen über die installierte Hardware (siehe folgende Tabelle).

Tabelle 12.24
Abruf von Hardwareinformationen in der PowerShell

Hardwarebaustein	WMI-Klasse
Prozessoren	Win32_Processor
Speicher	Win32_MemoryDevice
Grafikkarte	Win32_Videocontroller
Soundkarte	Win32_SoundDevice
Festplatte	Win32_Diskdrive
Bandlaufwerke	Win32_Tapedrive
Optische Laufwerke (CD/DVD)	Win32_CDRomdrive
Netzwerkkarten	Win32_NetworkAdapter
USB-Controller	Win32_USBController
Tastatur	Win32_Keyboard
Maus	Win32_PointingDevice

Das folgende Script fragt die vorhandenen Hardwarebausteine mittels WQL-Abfragen ab und verwendet dabei die bereits im allgemeinen WMI-Teil eingeführte Hilfsroutine WMI_Print Query2().

Listing 12.50
Abfrage verschiedener Hardwarebausteine [WMI_HardwareAbfrage.wsf]

```
' === Abfrage von verschiedenen Hardwarebausteinen
Const COMPUTER = "XFilesServer01"
WMI_PrintQuery2 "select name,CurrentClockSpeed,L2CacheSize from Win32_Processor", COMPUTER, "root\cimv2"
WMI_PrintQuery2 "select caption from Win32_VideoController", COMPUTER, "root\cimv2"
WMI_PrintQuery2 "select caption from Win32_SoundDevice", COMPUTER, "root\cimv2"
WMI_PrintQuery2 "select caption,size from Win32_DiskDrive", COMPUTER, "root\cimv2"
WMI_PrintQuery2 "select caption from Win32_TapeDrive", COMPUTER, "root\cimv2"
WMI_PrintQuery2 "select caption from Win32_NetworkAdapter where adaptertype='Ethernet 802.3'", COMPUTER, "root\cimv2"
```

12.2.5 Softwareverwaltung

Programme und Patches WMI bietet eine sehr einfache Möglichkeit, auf Funktionen des Windows Installers zuzugreifen. Dazu dienen folgende Klassen:

- Win32_Product: installierte Programme
- Win32_SoftwareFeature: Teilkomponenten einer Software
- Win32_QuickFixEngineering: installierte Hotfixes

Windows Installer Provider fehlt in Windows Server 2003 Die oben genannten Klassen sind Teil des Microsoft Windows Installer Providers für WMI (kurz MSI-Provider). Dieser Provider ist in Windows XP ebenso wie in Windows 2000 im Standardinstallationsumfang von WMI enthalten. In Windows Server 2003 jedoch muss man den Provider unter *Systemsteuerung/Software/Verwaltungs- und Überwachungsprogramme/WMI-Anbieter für Windows Installer* nachinstallieren.

Dies gilt unabhängig davon, ob das Script auf einem Windows Server 2003 laufen soll oder ob ein Windows Server 2003 von einem Windows XP-Rechner abgefragt wird. Wenn Sie den Fehler *0x80041010* (wbemErrInvalidClass) von dem Script erhalten, fehlt der MSI-Provider auf dem angesprochenen System.

Wenn der Microsoft Systems Management Server (SMS) 2003 installiert ist, gibt es eine alternative Zugangsmöglichkeit zu diesen Daten über die Klasse win32Reg_AddRemove Programs.

Programme auflisten

Über die Klasse Win32_Product kann man alle installierten Programme auflisten. Die Klasse Win32_SoftwareFeature kann man detailliert alle Teilkomponenten der installierten Programme (z. B. Filter, Treiber, Wörterbücher) auflisten lassen. Win32_Product und Win32_SoftwareFeature sind über den Associator Win32_ProductSoftwareFeature miteinander verbunden.

Beispiel 1 Das folgende Script erstellt eine CSV-Liste der installierten Software:

```
Const COMPUTER = "."
Set Software = WMI_Query("SELECT * FROM Win32_Product", COMPUTER, "\root\cimv2")

say "Caption" & ";" & _
    "Description" & ";" & "Identifying Number" & ";" & _
    "Install Date" & ";" & "Install Location" & ";" & _
    "Install State" & ";" & "Name" & ";" & _
    "Package Cache" & ";" & "SKU Number" & ";" & "Vendor" & ";" _
        & "Version"
For Each s In Software
    say s.Caption & ";" & _
    s.Description & ";" & _
    s.IdentifyingNumber & ";" & _
    s.InstallDate2 & ";" & _
    s.InstallLocation & ";" & _
    s.InstallState & ";" & _
    s.name & ";" & _
    s.PackageCache & ";" & _
    s.SKUNumber & ";" & _
    s.Vendor & ";" & _
    s.Version
Next
End Sub
```

Listing 12.51
Installierte Software auflisten (nur MSI) [WMI_InstallierteSoftware.wsf]

Hier ein Beispiel für die Ausgabe:

```
Caption;Description;Identifying Number;Install Date;Install Location;Install
State;Name;Package Cache;SKU Number;Vendor;Version
Microsoft SOAP Toolkit 2.0 SP2;Microsoft SOAP Toolkit 2.0 SP2;{36BEAD11-8577-49AD-
9250-E06A50AE87B0};;;1;Microsoft SOAP Toolkit 2.0 SP2;;;;
WMI Tools;WMI Tools;{25A13826-8E4A-4FBF-AD2B-776447FE9646};20020808000000.000000-
000;;5;WMI Tools;C:\WINDOWS\Installer\ad5d2b2.msi;;Microsoft
Corporation;1.50.1131.0001
Hunter Stone Web.Config Editor v1.2.1;Hunter Stone Web.Config Editor v1.2.1;
{F17A6BD6-D73F-41D1-85D8-8E9B058C37A1};;;1;Hunter Stone Web.Config Editor v1.2.1;;;;
Office XP Web Services Toolkit;Office XP Web Services Toolkit;{C4D90C1D-945F-11D5-
A54F-0090278A1BB8};;;1;Office XP Web Services Toolkit;;;;
```

Kapitel 12 **Universal-Scripting-Komponenten**

```
Management (WMI) Extensions for VS .NET Server Explorer;Management (WMI)
Extensions for VS .NET Server Explorer;{AF3F778F-9B8C-4F86-85B1-
92BD1EFF5EA5};;;1;Management (WMI) Extensions for VS .NET Server Explorer;;;;
Microsoft FxCop ;Microsoft FxCop ;{ECF010BF-233D-43FB-BC12-
A07321D959B7};20020809000000.000000-000;;5;Microsoft FxCop ;C:\WINDOWS\Installer\
519705a.msi;;Microsoft;1.0.0
```

Funktionen auflisten

Beispiel 2 Im zweiten Beispiel werden zusätzlich die einzelnen installierten Softwarefunktionen aufgelistet.

Listing 12.52
Installierte Teilprodukte auflisten [WMI_Installierte-Software-Details.wsf]

```
COMPUTER = "."
Dim s As SWbemObject
Set SoftwareListe = WMI_Query("SELECT * FROM Win32_Product", COMPUTER, "\root\
cimv2")
For Each s In SoftwareListe
    say s.name
    On Error Resume Next
    ' --- Features ermitteln
    Set FeatureListe = s.Associators_(, "Win32_SoftwareFeature")
    On Error GoTo 0
    For Each Feature In FeatureListe
      say "- " & Feature.name
    Next
Next
```

Installierte Hotfixes (Patches)

Patches Die Hotfixes gibt es über die Instanzen von Win32_QuickFixEngineering.

Listing 12.53
Liste der installierten Hotfixes [WMI_InstallierteHotfixes.wsf]

```
COMPUTER = "."
Set Fixes = WMI_Query("SELECT * FROM Win32_QuickFixEngineering", COMPUTER,
"\root\cimv2")
For Each objQuickFix In Fixes
    say "Computer: " & objQuickFix.CSName
    say "Description: " & objQuickFix.Description
    say "Hot Fix ID: " & objQuickFix.HotFixID
    say "Installation Date: " & objQuickFix.InstallDate
    say "Installed By: " & objQuickFix.InstalledBy
Next
```

Programme installieren

Install() Eine scriptbasierte Installation ist bei vielen Anwendungen möglich, allerdings ist die Vorgehensweise abhängig von der verwendeten Installationstechnologie. Microsoft liefert in WMI eine Installationsunterstützung für Installationspakete, die auf Windows Installer (Alias Microsoft Installer), abgekürzt MSI, basieren.

WMI erlaubt den Aufruf des Microsoft Installers, um ein beliebiges MSI-Paket zu installieren. Die Klasse Win32_Product bietet dazu die Methode Install() an. Die Methode erwartet drei Parameter:

- den Pfad zu dem MSI-Paket
- an das Paket zu übergebende Kommandozeilenparameter
- die Entscheidung, ob die Anwendung für alle Benutzer (True) oder nur den angemeldeten Benutzer (False) installiert werden soll

Zu beachten ist, dass die Install()-Methode eine statische Methode der Klasse Win32_Product ist. Eine Ferninstallation ist möglich unter Bezugnahme auf diese Klasse auf einem entfernten System.

```
Const ALLE_BENUTZER = True
Const KOMMANDOZEILE = ""
Const MSI = "d:\daten\msi\scriptingapp.msi"

say "Softwareinstallation:"
Dim objProdukt As SWbemObject
' --- Objekt holen
Set objServ = GetObject("winmgmts:")
Set objProdukt = objServ.Get("Win32_Product")
' --- Installation starten
Ergebnis = objProdukt.Install(MSI, KOMMANDOZEILE, ALLE_BENUTZER)

If Ergebnis = 0 Then
say "erfolgreich."
Else
say "Fehler: " & Ergebnis
End If
```

Listing 12.54
MSI-Paket installieren [WMI_MSI_Installation.wsf]

Programme deinstallieren

Die Klasse Win32_Product bietet auch eine Uninstall()-Methode ohne Parameter zur Deinstallation von MSI-Paketen. Zu beachten ist, dass zur Identifizierung der zu deinstallierenden Anwendung nicht der Name des Installationspakets, sondern der Anwendungsname (Name oder Caption) oder der GUID (IdentifyingNumber) anzugeben ist. Im Fall von *d:\daten\msi\scriptingapp.msi* ist der Name „Scripting-Buch".

Uninstall()

```
Const PaketName = "Scripting-Buch"
COMPUTER = "."
say "Deinstallieren von: " & PaketName
Set SoftwareListe = WMI_Query("SELECT * FROM Win32_Product Where Caption = 
'" & PaketName & "'", COMPUTER, "\root\cimv2")
If SoftwareListe.Count = 0 Then say "Nicht gefunden!"
For Each s In SoftwareListe
    say s.name & " wird deinstalliert..."
    Ergebnis = s.Uninstall
    say "Ergebnis: " & Ergebnis
Next
```

Listing 12.55
MSI-Paket deinstallieren [WMI_MSI_Uninstall.wsf]

Wenn kein Fehler auftritt, sehen die Ausgaben des Scripts so aus:

Ausgabe

```
Deinstallieren von: Scripting-Buch
Abfrage: SELECT * FROM Win32_Product Where Caption = 'Scripting-Buch'
Scripting-Buch wird deinstalliert...
Ergebnis: 0
```

Windows-Produktaktivierung (Windows Product Activation, WPA)

Mithilfe der Klasse Win32_WindowsProductActivation kann geprüft werden, ob die Windows-Produktaktivierung (WPA) bereits ausgeführt wurde. Mit der Methode ActivateOnline() kann die Online-Aktivierung gestartet werden.

Windows aktivieren

Listing 12.56
Ausführung der Online-Produktaktivierung für Windows [WMI_ProductAktivierung.wsf]

```
Const COMPUTER = "."
Dim WPA
Set WPA = WMI_GetFirstObject(COMPUTER, "\root\cimv2", "Win32_
WindowsProductActivation")

If WPA.ActivationRequired = 0 Then
    say "Dieses Produkt ist bereits aktiviert!"
Else
    say "Produkt wird aktiviert..."
    WPA.ActivateOnline
End If
```

12.2.6 Prozesse

WMI kennt für die Verwaltung von Windows-Prozessen die Klasse `Win32_Process`.

Prozesse auflisten

Durch die Abfrage `Select * from Win32_Process` in der WMI Query Language (WQL) kann man eine Liste der laufenden Prozesse auf dem Computer erhalten. Dabei kann man sich auch mit dem WMI-Dienst eines entfernten Systems verbinden. Ein Blick in den WMI Object Browser verrät, dass ein Win32_Process-Objekt zahlreiche sinnvolle Informationen über einen Prozess offenbart.

Listing 12.57
Liste der laufenden Prozesse

```
' === Ausgeben der Prozessliste
Dim process, Menge
Const COMPUTER = "XFilesServer01"

' --- WMI-Anfrage: Alle Prozesse
Set Menge = WMI_query("Select * from Win32_Process",COMPUTER,"/root/cimv2")
If Err.number <> 0 Then ' Fehler?
MsgBox Err.Description,vbOKOnly + vbError, "Fehler bei der Abfrage"
HoleProzessListe = Err.Description
On Error Goto 0
WScript.Quit
End If

For Each process In Menge
Say(Process.name & ";" & process.handle & ";" & process.workingsetsize)
Next

' ### Ausführen einer WQL-Anfrage
Function WMI_query(Query, COMPUTER, NAMESPACE)
Dim objServ ' As WbemScripting.SWbemServices
Dim Menge ' As WbemScripting.SWbemObjectSet
Set objServ = GetObject("winmgmts:\\" & COMPUTER & NAMESPACE)
Set Menge = objServ.ExecQuery(Query)
Set WMI_query = Menge
End Function
```

Prozess starten

Ein Prozess kann in WMI durch die `Create()`-Methode der Klasse `Win32_Process` gestartet werden. Als ersten Parameter erwartet die Methode `Create()` eine Zeichenkette, die das auszuführende Programm auf dem Zielrechner beschreibt. Zwei weitere Parameter

WMI im Einsatz

geben das Startverzeichnis und Startinformationen an; beide Angaben sind nicht zwingend vorgeschrieben und können auf „Nothing" gesetzt werden. Der vierte Parameter ist ein Referenzparameter und liefert beim Erfolg der `Create()`-Methode die Prozess-ID des neu erzeugten Prozesses. Der Erfolg der Methode kann durch einen Rückgabewert in Form einer Ganzzahl beurteilt werden. Sollte dieser Wert von 0 verschieden sein, so deutet das stets darauf hin, dass bei der Ausführung der Methode ein Fehler aufgetreten ist.

Der Vorteil gegenüber der Lösung mit der WSH Runtime Library besteht darin, dass die Klasse `WSH_Process` auf einem entfernten Computer instanziiert, also ein Prozess auch auf einem anderen Computer gestartet werden kann. Der Computername (oder die IP-Adresse) ist im WMI-Pfad bei `GetObject()` anzugeben. Ein Punkt („.") steht für den lokalen Computer. Außerdem kann man durch ein zusätzliches Objekt vom `Win32_ProcessStartup`, das man bei `Create()` als dritten Parameter angibt, bestimmen, wie das Prozessfenster aussehen soll.

```
Dim objWMIService, colProcessList, objProcess
Dim Computer, ProcessName, Error, ProcessID

Computer = "XFilesServer01"
ProcessName = "explorer.exe http://www.Windows-scripting.de"

Set objWMIService = GetObject("winmgmts:" &_
    "{impersonationLevel=impersonate}!\\" &_
    Computer & "\root\cimv2")

' Configure the Notepad process to show a window
Set objStartup = objWMIService.Get("Win32_ProcessStartup")
Set objConfig = objStartup.SpawnInstance_
objConfig.ShowWindow = 0 'SW_NORMAL
objConfig.X = 0
objConfig.Y = 0
objConfig.XSize = 200
objConfig.YSize = 200

Set objProcess = objWMIService.Get("Win32_Process")

Error = objProcess.Create(ProcessName, Null, objConfig, ProcessID)

If Error = 0 Then
    Say "Die Anwendung " & ProcessName & " wurde mit einer " &_
    "ProzessID " & ProcessID & " gestartet."
Else
    Say "Die Anwendung " & ProcessName & " konnte aufgrund " &_
    " eines Fehlers nicht gestartet werden. Fehlercode: " & Error & "."
End If
Const SW_NORMAL = 1
strComputer = "."
strCommand = "Notepad.exe"
Set objWMIService = GetObject("winmgmts:" _
    & "{impersonationLevel=impersonate}!\\" _
    & strComputer & "\root\cimv2")
```
Prozess mit WMI starten – mit vielen Details [WMI_NeuerProzess3.wsf]

Prozesse beenden

Über WMI kann man auch Prozesse beenden. Das nächste Listing zeigt, wie man auf einfache Weise alle Instanzen einer Anwendung beenden kann. In dem Script wird eine Liste aller Prozesse mit dem in der Variablen `ProcessName` spezifizierten Namen erzeugt. Die Auflistung wird durch eine `For Each`-Schleife durchlaufen und mithilfe der `Terminate()`-Methode des `Win32_Process`-Objekts beendet. Ein Rückgabewert ungleich 0 gibt an, dass die Methode `Terminate()` nicht erfolgreich war. In dem konkreten Beispiel werden alle Instanzen des Internet Explorers beendet.

Listing 12.58
Beenden aller Internet Explorer-Instanzen [WMI_Prozesse-loeschen3.wsf]

```
Dim objWMIService, colProcessList, objProcess
Dim Computer, ProcessName, Error

Computer = "XFilesServer01"
ProcessName = "iexplore.exe"

Set objWMIService = GetObject("winmgmts:" & _
    "{impersonationLevel=impersonate}!\\" & _
    Computer & "\root\cimv2")

Set colProcessList = objWMIService.ExecQuery _
    ("SELECT * FROM Win32_Process WHERE Name = """ &_
    ProcessName & """")

For Each objProcess In colProcessList
    Say "Die Anwendung " & ProcessName & " mit einer " & _
    "ProzessID " & objProcess.ProcessId & " wird beendet."
    Error = objProcess.Terminate()
    If Error = 0 Then
        Say "Die Anwendung wurde erfolgreich beendet."
    Else
        Say "Beim Beenden der Anwendung ist der Fehler " & _
        Error & " aufgetreten."
    End If
    Say ""
Next
```

12.2.7 Zeitplandienst

Ein Zeitplandienst (alias Task Scheduler oder Job Scheduler) ist ein wichtiger Baustein eines Betriebssystems zur regelmäßigen Ausführung wiederkehrender Aufgaben. Dieser Beitrag zeigt das Anlegen von Tasks in Windows mit Scripts.

Das Task Scheduling gehörte lange zu den vernachlässigten Bausteinen von Windows. Zu Zeiten von NT 4.0 gab es nur einen sehr einfachen Zeitplandienst (Schedule), implementiert in AtSvc.exe und steuerbar über das Kommandozeilenwerkzeug at.exe bzw. ein einfaches GUI winat.exe aus dem NT4-Resource Kit.

Inzwischen gibt es in Windows einen in die Systemsteuerung integrierten Windows Task Scheduler (WTS), der sich – je nach Windows-Version – „Geplante Vorgänge" oder „Geplante Tasks" nennt. Interessanterweise haben sich die „geplanten Vorgänge" mit dem Internet Explorer ab 4.0 installiert. Seit Windows ME bzw. 2000 ist der neue Task Scheduler dann fester Bestandteil des Betriebssystems als „Dienst Scheduler" (interner Name) bzw. „Task Scheduler" (Anzeigename), der über mstask.exe bzw. svchost.exe -k netsvcs gestartet wird.

Bild 12.26
Geplante Vorgänge in Windows Server 2003

Die Werkzeuge at.exe und winat.exe sind nur in geringem Umfang kompatibel mit dem neuen WTS. Mit at/winat angelegte Tasks werden im WTS-GUI angezeigt. Mit dem WTS angelegte Tasks können jedoch nicht von den beiden alten Werkzeugen dargestellt werden. Tasks, die mit at oder winat angelegt wurden, erscheinen zwar im WTS-UI, sind jedoch nicht voll nutzbar. Das Verhalten variiert hier zwischen Windows 2000 und späteren Versionen: In Windows 2000 können die mit at/winat angelegten Tasks modifiziert werden, verschwinden dann aber aus der Anzeige in at und winat, weil aus ihnen automatisch WTS-Tasks werden (Microsoft definiert dies in [Q220149] als korrektes Verhalten). Ab Windows Server 2003 kann man die at/winat-Tasks im WTS-GUI sehen, aber nicht mehr modifizieren.

WMI stellt als umfassenden Systemmanagementansatz auch eine Klasse Win32_ScheduledJob bereit. Leider ist Win32_ScheduledJob nur eine Kapselung des alten at/winat-Schedulers, sodass die Möglichkeiten von WTS-Tasks damit nicht genutzt werden können.

Auflisten der Aufgaben

Das erste Listing zeigt, wie man alle installierten Tasks auflisten kann, indem man die Instanzen der Klasse Win32_ScheduledJob holt.

```
COMPUTER = "." ' Punkt = lokaler Computer
Set WMI = GetObject("winmgmts:" _
& "{impersonationLevel=impersonate}!\\" & COMPUTER & "\root\cimv2")
Set JOBS = WMI.ExecQuery("Select * from Win32_ScheduledJob")
For Each JOB in JOBS
Wscript.Echo "Name: " & JOB.Name
Wscript.Echo "Beschriftung: " & JOB.Caption
Wscript.Echo "Job ID: " & JOB.JobID
Wscript.Echo "Beschreibung: " & JOB.Description
Wscript.Echo "Befehl: " & JOB.Command
Wscript.Echo "Wochentage: " & JOB.DaysOfWeek
Wscript.Echo "Vergangene Zeit: " & JOB.ElapsedTime
Wscript.Echo "Installationszeit: " & JOB.InstallDate
Wscript.Echo "Status: " & JOB.JobStatus
Wscript.Echo "Wiederholung: " & JOB.RunRepeatedly
Wscript.Echo "Startzeit: " & JOB.StartTime
WScript.Echo "----------------------"
Next
```

Listing 12.59
Auflisten aller Tasks mit WMI [Tasks_Liste.wsf]

Aufgabe anlegen

Das zweite Listing zeigt das Anlegen einer Aufgabe. Nach dem Zugriff auf den WMI-Server des betreffenden Computers mit GetObject() erfolgt ein Zugriff auf die Klasse Win32_ScheduledJob. In dieser Klasse wird dann die Methode Create() aufgerufen. Create() erwartet als ersten Parameter den auszuführenden Befehl (hier: „chkdsk c:"). Als zweiter Parameter ist die Startzeit als UTC-Zeit anzugeben in der Form:

YYYYMMDDHHMMSS.MMMMMM(+-)000

Dabei müssen YYYYMMDD durch Sternchen ersetzt werden. +-OOO ist die relative Zeit zu Greenwich. Diese ist für Deutschland +060.

Beispiel:

********121000.000000+060

Bedeutet: 12:10 Uhr

Im dritten Create()-Parameter ist anzugeben, ob der Task wiederholt ausgeführt werden soll (hier: true). Im vierten Parameter werden die Tage angegeben, an denen der Task starten soll: 1 = Montag, 2 = Dienstag, 4 = Mittwoch, 8 = Donnerstag, 16 = Freitag, 32 = Samstag, 64 = Sonntag. Die Verknüpfung 1 OR 4 OR 16 OR 64 bedeutet, dass der Task montags, mittwochs, freitags und sonntags starten soll. Im letzten Parameter liefert Create() die Nummer des neu angelegten Tasks zurück. Der direkte Rückgabewert von Create ist 0, wenn kein Fehler aufgetreten ist.

Listing 12.60
Anlegen eines Tasks mit WMI
[Task_Anlegen.wsf]

```
Dim JOBID, COMPUTER, JOB, ERGEBNIS
COMPUTER = "." ' Punkt = lokaler Computer
Set WMI = GetObject("winmgmts:" _
& "{impersonationLevel=impersonate}!\\" & COMPUTER & "\root\cimv2")
Set JOB = WMI.Get("Win32_ScheduledJob")
ERGEBNIS = JOB.Create _
("chkdsk c:", "********121000.000000+060", _
True , 1 OR 4 OR 16 Or 64, , , JOBID)
if ERGEBNIS = 0 Then
WScript.Echo("Task angelegt als 'AT' & JOBID & "'")
Else
WScript.Echo("Fehler Nr. " & ERGEBNIS & " beim Anlegen des Tasks!")
End if
```

12.2.8 Benutzer und Gruppen

Sicherheitskontenverwaltung

WMI bietet drei Klassen zur Repräsentation von Sicherheitsprinzipalen:

▷ Win32_UserAccount
▷ Win32_SystemAccount
▷ Win32_Group

Dabei verwaltet WMI nicht nur Instanzen für die lokalen Sicherheitsprinzipale, sondern auch die Konten in der Domäne. Die drei Klassen besitzen eine gemeinsame abstrakte Oberklasse Win32_Account. Eine Abfrage der Instanzen von Win32_Account liefert alle Instanzen der oben genannten Klassen.

Diese Klassen unterhalten wertvolle Assoziationen zu anderen Klassen. Die Assoziation Win32_AccountSID liefert Instanzen von Win32_SID mit dem Security Identifier. Win32_GroupUser stellt eine Verbindung zu Instanzen von Win32_Group her.

Win32_UserAccount enthält zudem Assoziationen zu Win32_LogonSession, Win32_Desktop (Einstellungen des Windows Desktops), Win32_NTDomain und Win32_NTLogEvent (Ereignisprotokolleinträge des Benutzers).

Wichtiger Hinweis Bitte beachten Sie, dass über Win32_User und Win32_Group nur die lokalen Benutzer und Gruppen erreichbar sind sowie die Benutzer und Gruppen, die der Domäne zugerechnet werden, zu der der Computer gehört. Also können nicht alle Benutzer/Gruppen des Active Directory erreicht werden. Beispiel: Die Gruppe „Administratoren" („Administrators") gehört nicht zum Active Directory, sondern zum Domänen-Controller. Diese Gruppe können Sie über Win32_User nicht über einen beliebigen Computer der Domäne erreichen, sondern nur durch einen WMI-Fernzugriff auf den Domänen-Controller.

Alle Benutzerkonten auflisten

Das nachfolgende Script listet alle Benutzerkonten und Benutzergruppen mit Ihrem Security Identifier auf. Leider dauert die Übermittlung der SID recht lang.

Konten auflisten

```
Dim konto ' As SWbemObject
Set Menge = WMI_PrintQuery("SELECT * FROM Win32_Account", ".", "/root/cimv2")
For Each konto In Menge

Set SIDs = konto.Associators_(, "Win32_SID", , , , , , 32)
For Each Sid In SIDs
  say konto.Domain & "\" & konto.name & ":" & konto.Path_.Class & ":" & Sid.Sid
Next
Next
```

Listing 12.61 Alle erreichbaren Benutzer auflisten [WMI_Benutzer.wsf]

Bild 12.27 Beziehungen der Klasse Win32_UserAccount und Win32_Group

```
Win32_UserAccount.Domain="IT-OBJECTS",Name="hs"
    Win32_AccountSID.Setting
        Win32_SID.SID="S-1-5-21-57989841-1993962763-1957994488-1109"
            Win32_DCOMApplicationAccessAllowedSetting.Element
            Win32_DCOMApplicationLaunchAllowedSetting.Element
    Win32_DiskQuota.QuotaVolume
    Win32_GroupUser.GroupComponent
        Win32_Group
            Win32_Group.Domain="IT-OBJECTS",Name="Domain Admins"
                Win32_AccountSID.Setting
                    Win32_SID.SID="S-1-5-21-57989841-1993962763-1957994488-512"
                Win32_GroupInDomain.GroupComponent
                    Win32_NTDomain.Name="Domain: IT-OBJECTS"
                Win32_GroupUser.GroupComponent
                    Win32_Group.Domain="BYFANG",Name="Administratoren"
                Win32_GroupUser.PartComponent
                    Win32_UserAccount
                        Win32_UserAccount.Domain="IT-OBJECTS",Name="Administrator"
                        Win32_UserAccount.Domain="IT-OBJECTS",Name="hs"
            Win32_Group.Domain="IT-OBJECTS",Name="Domain Users"
    Win32_LoggedOnUser.Dependent
        Win32_LogonSession.LogonId="50718"
    Win32_NTLogEventUser.Record
    Win32_SystemUsers.GroupComponent
        Win32_ComputerSystem.Name="BYFANG"
    Win32_UserDesktop.Setting
        Win32_Desktop.Name="IT-OBJECTS\\hs"
            Win32_SystemDesktop.Element
                Win32_ComputerSystem.Name="BYFANG"
    Win32_UserInDomain.GroupComponent
        Win32_NTDomain.Name="Domain: IT-OBJECTS"
```

Aktionen auf Benutzerkonten

Die Klassen `Win32_SystemAccount` und `Win32_Account` bieten keine Methoden an. Die Klassen `Win32_UserAccount` und `Win32_Group` bieten nur eine Methode an: `Rename()`. Für Aktionen auf Benutzerkonten ist also ADSI besser.

Besser mit ADSI

Benutzersitzungen

Über die Klasse `Win32_LogonSession` hat man Zugriff auf die Benutzersitzungen. Das folgende Script listet die laufenden Sitzungen mit dem zugehörigen Benutzerkonto (`Win32_Account`) und den von diesem Benutzer verbundenen Netzwerken (`Win32_Mapped Logical-Disk`) auf. Eine weitere interessante Assoziation dieser Klasse ist die Verbindung zu `Win32_Process`.

Sitzungen

Listing 12.62
Benutzer-sitzungen mit den verbundenen Laufwerken auflisten [WMI_Benut-zerSitzungen .wsf]
```
Dim sitzung As SWbemObject
Set sitzungen = WMI_PrintQuery("SELECT * FROM Win32_LogonSession", ".", "/root/cimv2")
' --- Schleife über die Sitzungen
For Each sitzung In sitzungen
    say sitzung.Logonid
    Set konten = sitzung.Associators_(, "Win32_Account", , , , , , 32)
    ' --- Schleife über das eine konto :-(
    For Each konto In konten
        say sitzung.Logonid & ":" & konto.Domain & "\" & konto.name
        ' --- Schleife über die verbundenen Laufwerk
        Set disks = sitzung.Associators_(, "Win32_MappedLogicalDisk", _
            , , , , , 32)
        For Each disk In disks
            say "- " & disk.deviceid
        Next
    Next
Next
```

Desktop-Einstellungen anzeigen

Das folgende Script listet die Desktop-Einstellung für alle auf dem Computer vorhandenen Benutzerprofile auf.

Listing 12.63
Ausgabe der Desktop-Einstellungen aller Benutzer [WMI_Desk-Top.wsf]
```
Set Desktops = WMI_Query("SELECT * FROM Win32_DeskTop", ".", _
"/root/cimv2")
For Each DT In Desktops
    say "Name: " & DT.name
    say "Screen Saver aktiv: " & DT.ScreenSaverActive
    say "Screen Saver Sicherheit: " & DT.ScreenSaverSecure
    say "Screen Saver Timeout: " & DT.ScreenSaverTimeout & " seconds"
    say "Cursor Blink Interval: " & DT.CursorBlinkRate & " milliseconds"
Next
```

12.2.9 Druckerverwaltung

Drucker und Druckaufträge verwalten

Die Klasse `Win32_Printer` repräsentiert einen Drucker. Schlüsselattribut ist `DeviceID`. `Win32_PrinterDriver` ist ein Treiber für einen Drucker. Die Klasse `Win32_PrintJob` repräsentiert einen einzelnen Druckauftrag. Die Klasse `Win32_PrintJob` verwendet als Schlüsselattribut `Name`, das den Namen des Druckers und, durch ein Komma getrennt, eine laufende Nummer enthält (z.B. „HP2100, 3").

Standarddrucker und Druckertest

Das folgende Script macht einen Drucker zum Standarddrucker und druckt auf ihm eine Testseite.

Listing 12.64
Setzen des Standarddruckers und Ausdruck einer Testseite [WMI_Standarddrucker .wsf]
```
Const COMPUTER = "F 172"
Const DRUCKER = "HP2100"
Set objDrucker = GetObject("winmgmts:\\" & COMPUTER & _
"\root\cimv2:Win32_Printer.DeviceID='" & DRUCKER & "'")
objDrucker.SetDefaultPrinter
say "Standarddrucker gesetzt!"
objDrucker.PrintTestPage
say "Testseite gedruckt!"
```

Druckerstatus

Den Status eines Druckers kann man über `DetectedErrorState` abfragen.

```
Const COMPUTER = "F 172"
Const DRUCKER = "HP2100"
Set objDrucker = GetObject("winmgmts:\\" & COMPUTER & _
"\root\cimv2:Win32_Printer.DeviceID='" & DRUCKER & "'")
say "Status von " & objDrucker.name & ": " & objDrucker.DetectedErrorState
```

Listing 12.65
Abfragen des Druckerstatus [WMI_DruckerStatus.wsf]

Rückgabewert	Bedeutung
0	Unbekannt
1	Sonstige Fehler
2	Kein Fehler
3	Wenig Papier
4	Kein Papier
5	Wenig Toner
6	Kein Toner
7	Gerät geöffnet
8	Papierstau
9	Offline
10	Angeforderter Dienst
11	Ausgabefach voll

Tabelle 12.25 Rückgabewerte für das Attribut DetectedErrorState

Druckaufträge verwalten

Zur Verwaltung der Druckaufträge stellt `Win32_Printer` drei Methoden bereit:

- `Pause()`: Anhalten des Druckers
- `Resume()`: Fortsetzen des Drucks
- `CancelAllJobs()`: Abbrechen aller Druckaufträge

Alle drei Methoden haben keine Parameter und geben entweder 0 (erfolgreich), 5 (Zugriff verweigert) oder einen Win32-Fehlercode zurück.

Win32_Printer

Die Klasse `Win32_PrintJob` stellt ebenfalls die Methoden

- `Pause()`: Anhalten des Druckers
- `Resume()`: Fortsetzen des Drucks

zur Verfügung, mit denen die Operation auf einen einzelnen Druckauftrag beschränkt ausgeführt wird. Vermissen Sie `Cancel()` für einen einzelnen Druckjob? Diese Funktion wird über das Löschen eines `Win32_PrintJob`-Objekts mittels der Methode `Delete_()` aus der Metaklasse `SWbemObject` abgebildet (siehe nachfolgendes Beispiel).

Win32_PrintJob

```
strComputer = "."
Set Menge = WMI_Query("SELECT * FROM Win32_PrintJob Where Document = 
""Testseite""", ".", "/root/cimv2")
For Each o In Menge
say "Lösche Auftrag: " & o.name
    o.Delete_
Next
```

Listing 12.66 Löscht alle Druckaufträge für den Druck der Testseite [WMI_Drucker_Auftraege-Loeschen.wsf]

Druckertreiber installieren

Treiber für Drucker installieren

Ein Treiber, der sich in der *drivers.cab*-Datei von Windows befindet, kann ohne Angabe von DriverPath und Infname installiert werden. Für alle anderen sind diese beiden Attribute Pflicht.

Listing 12.67
Installation eines Druckertreibers [WMI_DruckerTreiber-Installieren.wsf]

```
COMPUTER = "."
Set objWMIService = GetObject("winmgmts:" _
    & "{impersonationLevel=impersonate}!\\" & COMPUTER & "\root\cimv2")
Set objDriver = objWMIService.Get("Win32_PrinterDriver")
objDriver.name = "HP LaserJet 2100"
objDriver.SupportedPlatform = "Windows NT x86"
objDriver.Version = "3"
'objDriver.DriverPath = "C:\WINDOWS\System32\spool\DRIVERS\W32X86\3\UNIDRV.DLL"
'objDriver.Infname = "R:\HP2100.inf"
Ergebnis = objDriver.AddPrinterDriver(objDriver)

If Ergebnis = 0 Then
say "erfolgreich."
Else
say "Fehler: " & Ergebnis
End If
```

12.2.10 Systemdienste

Für das Scripting von Systemdiensten gibt es – wie so oft in der Windows Scripting-Welt – mehr als einen Ansatz. Sowohl die Windows Management Instrumentation (WMI) als auch das Active Directory Service Interface (ADSI) bieten Funktionen an. WMI ist der modernere und weiter reichende Ansatz.

Ein Windows-Systemdienst wird in WMI durch die Klasse Win32_Service repräsentiert. Wichtige Attribute und Methoden dieser Klasse listet die nachstehende Tabelle auf. Die Instanzen der Klasse können wie alle WMI-Klassen durch WQL-Abfragen ermittelt werden.

- SELECT * FROM Win32_Service

  ermittelt alle Dienste

- SELECT * FROM Win32_Service WHERE State="Running"

  nur die aktiven Dienste.

Attribut	Erläuterung
AcceptPause	Legt fest, ob der Dienst temporär angehalten werden kann.
AcceptStop	Legt fest, ob der Dienst ganz beendet werden kann.
Description	Beschreibungstext
DesktopInteract	Legt fest, ob der Dienst eine Benutzerschnittstelle anzeigen kann.
DisplayName	Angezeigter Name im Dienste-Manager
ErrorControl	Legt die Maßnahmen im Fehlerfall fest.
Name	Interner Name des Dienstes
PathName	Pfad zu der zugehörigen EXE-Datei mit Parametern
ProcessID	Prozessnummer, unter der die EXE-Datei des Dienstes ausgeführt wird

Tabelle 12.26: Wichtige Attribute und Methoden der Klasse Win32_Service

Attribut	Erläuterung
ServiceType	Repräsentiert die Art des Prozesses "Kernel Driver" "File System Driver" "Adapter" "Recognizer Driver" "Own Process" "Share Process" "Interactive Process"
Started	Zeigt an, ob der Dienst läuft.
Startmode	Legt den Zeitpunkt fest, zu dem der Dienst startet: "Boot" (nur für Treiber) "System" (nur für Treiber) "Auto" "Manual" "Disabled"
State	Aktueller Betriebszustand des Dienstes: "Stopped" "Start Pending" "Stop Pending" "Running" "Continue Pending" "Pause Pending" "Paused" "Unknown"

Tabelle 12.26: Wichtige Attribute und Methoden der Klasse Win32_Service (Forts.)

Methode	Erläuterung
StartService()	Starten des Dienstes
StopService()	Stoppen des Dienstes
PauseService()	Anhalten des Dienstes
ResumeService()	Fortsetzen des Dienstes
ChangeStartMode()	Setzen der Startart des Dienstes

Diensteliste ausgeben Das erste Listing zeigt die Ausführung einer WQL-Abfrage nach Systemdiensten. Für alle Dienste, auf die die angegebenen Kriterien zutreffen, werden Kurzname, langer Name, Zustand und Startart ausgegeben.

Listing 12.68
Auflisten von Windows-Systemdiensten
[WMI_Diensteliste.wsf]

```
' === Eingabedaten
Const Computername = "XFilesServer02"
Const Bedingung = "SELECT * FROM Win32_Service"
' === Variablen
Dim objWO       ' As WbemScripting.SWbemObject
Dim objServ     ' As WbemScripting.SWbemServices
Dim menge       ' As WbemScripting.SWbemObjectSet
Dim objLocator  ' As WbemScripting.SWbemLocator
' -- Verbindungsaufbau
Set objLocator = CreateObject("WbemScripting.SWbemLocator")
Set objServ = objLocator.ConnectServer(Computername)
 ' -- Liste der gefundenen Dienste
Set menge = objServ.ExecQuery(Bedingung)
say "Status aller Dienste:"
```

Kapitel 12 Universal-Scripting-Komponenten

```
For Each objWO In menge
    say   objWO.Name & " (" & objWO.Displayname & "): " & objWO.State & ",
Startmode: " & objWO.StartMode
Next
```

 Unter den Fallbeispielen finden Sie eine Lösung, die mehrere Computer abfragt.

Zustand wechseln Die Klasse Win32_Service stellt auch Methoden bereit, um den Zustand eines Dienstes zu ändern. Das Starten eines Dienstes erfolgt über die Start Service()-Methode des Win32_Service-Objekts. Zum Beenden des Dienstes ruft man Stop Service() auf. Das Script im zweiten Listing kehrt den Zustand eines Dienstes um: Ein gestarteter Dienst wird gestoppt, ein gestoppter Dienst gestartet (siehe auch Bild 12.28). Dieses Script ist nützlich, wenn man manche Dienste häufig kurzzeitig beenden muss (z.B. den DNS-Dienst, weil man gerade mit DNS-Einstellungen experimentiert).

Listing 12.69
Zustand eines
Windows-
Systemdienstes
umkehren

```
Option Explicit
' === Eingabedaten
Const Computername = "XFilesServer01"
Const Dienstname = "w3svc"
' === Variablen
Dim Dienst
Dim Vorher
' === Zugriff auf Dienst
Set Dienst = GetObject("winmgmts:\\" & Computername & "\root\CIMV2:Win32_
Service.Name=""" & Dienstname & """")
' === Daten des Dienstes
Say "Computer: " & Computername
Say "Interner Dienstname: " & Dienst.Name
Say "Langer Dienstname: " & Dienst.DisplayName
Say "Beschreibung: " & Dienst.Description
Say "Zustand des Dienstes vorher: " & Dienst.State
' === Zustand ändern
Vorher = Dienst.State
If Dienst.State = "Running" Then
Dienst.StopService()
Else
If Dienst.StartMode = "Disabled" Then Dienst.ChangeStartMode("Manual")
Dienst.StartService()
End If
' === Schleife, solange der Dienst seinen Zustand ändert
Do
Set Dienst = GetObject("winmgmts:\\" & Computername & "\root\CIMV2:Win32_
Service.Name=""" & Dienstname & """")
say(".")
Loop While (InStr(Dienst.State,"Pending") > 0)
say ""
' === Endzustand
Say "Zustand des Dienstes nachher: " & Dienst.State
If Vorher = Dienst.State Then
Say "Die Aktion war NICHT erfolgreich!"
Else
Say "Die Aktion war erfolgreich!"
End If
```

Zu beachten ist, dass ein deaktivierter Dienst ohne Änderung des Starttyps nicht gestartet werden kann. Ein direkter Zugriff auf das Attribut StartMode bleibt ohne Fehler, aber auch ohne Wirkung. Zum Ändern der StartMode-Eigenschaft muss der Scriptentwickler die Methode ChangeStartMode() verwenden. Zu beachten ist, dass dabei die Namen der Zustände etwas anders wirken: StartMode liefert u.a. den Wert „Auto" zurück. Sie müssen jedoch beim Aufruf von ChangeStartMode() die Zeichenkette „Automatic" übergeben. Dies ist eine sehr hässliche Inkonsistenz, die dazu führt, dass Sie sich bei der WMI-Programmierung nicht auf die Werte verlassen können, die Sie bei bestehenden Instanzen sehen.

```
Microsoft (R) Windows Script Host Version 5.6
Copyright (C) Microsoft Corporation 1996-2001. All rights reserved.

Computer: E01
Interner Dienstname: w3svc
Langer Dienstname: World Wide Web Publishing Service
Beschreibung: Provides Web connectivity and administration through the Internet Information Services Manager
Zustand des Dienstes vorher: Stopped
...
Zustand des Dienstes nachher: Running
Die Aktion war erfolgreich!
Exit code: 0 , 0000h
```

Bild 12.28
Ergebnis der Ausführung des Scripts

Zustand überwachen Zur Überwachung der Zustände von Systemdiensten gibt es viele Werkzeuge und Produkte; man kann sich leicht eine eigene Lösung basteln, die mit WSH und WMI arbeitet. Das Script zur Zustandsüberwachung von Diensten im folgenden Listing erzeugt durch Verwendung der Methode ExecNotificationQuery() eine Menge von WMI-Ereignisobjekten, deren Auswahl in der WQL-Anfrage genauer spezifiziert wird. Durch __InstanceModificationEvent werden alle Ereignisse überwacht, die die Veränderung eines WMI-Objekts bewirken und einen Win32_Service betreffen.

Die Angabe WITHIN 1 in der WQL-Abfrage bedeutet, dass jede Sekunde auf eine Veränderung der Dienstzustände hin geprüft wird. Durch die Endlosschleife Do...Loop wird ein neues Ereignis aus der mit der Methode ExecNotificationQuery() ermittelten Objektmenge ausgelesen. Sofern es sich bei dem neu eingetretenen Ereignis um eine Veränderung des Dienstzustands handelt, erzeugt das Script eine Meldung über die Art des Zustandswechsels (siehe Bild 12.29). Das Script wartet durch colServices.NextEvent() auf das nächste Ereignis und verbraucht – bedingt durch das WMI-Ereignissystem – in der Zwischenzeit kaum Rechenleistung.

```
' === Eingabedaten
Const Computername = "XFilesServer01"
' === Variablen
Dim objWMIService
Dim colServices
Dim objService

Say "Es wird gewartet auf Veränderungen an Diensten auf dem Computer " & Computername
' WMI-Dienst
Set objWMIService = GetObject("winmgmts:" _
    & "{impersonationLevel=impersonate}!\\" & _
    Computername & "\root\cimv2")
' Ereignisabfrage
Set colServices = objWMIService. _
    ExecNotificationQuery("SELECT * FROM __InstanceModificationEvent " _
        & "WITHIN 1 WHERE TargetInstance ISA 'Win32_Service'")
```

Listing 12.70
Zustandsänderung überwachen [WMI_Dienste_Ueberwachen.wsf]

Kapitel 12 Universal-Scripting-Komponenten

```
' Endlosschleife
Do
    Set objService = colServices.NextEvent
    If objService.TargetInstance.State <> _
       objService.PreviousInstance.State Then
       Say objService.TargetInstance.Name _
           & " Neuer Zustand: " & objService.TargetInstance.State _
           & " Alter Zustand: " & objService.PreviousInstance.State
    End If
Loop
```

Bild 12.29
Das Überwachungsscript dokumentiert zahlreiche Zustandsänderungen.

```
 1  Microsoft (R) Windows Script Host Version 5.6
 2  Copyright (C) Microsoft Corporation 1996-2001. All rights reserved.
 3
 4  Es wird gewartet auf Veränderungen an Diensten auf dem Computer E01
 5  18.03.2006 14:57:12: W32Time | Alter Zustand:   Stopped      | Neuer Zustand: Start Pending
 6  18.03.2006 14:57:17: W32Time | Alter Zustand:   Start Pending| Neuer Zustand: Running
 7  18.03.2006 14:57:32: AudioSrv | Alter Zustand:  Running      | Neuer Zustand: Stopped
 8  18.03.2006 14:57:35: AudioSrv | Alter Zustand:  Stopped      | Neuer Zustand: Running
 9  18.03.2006 14:57:41: Messenger | Alter Zustand: Running      | Neuer Zustand: Stop Pending
10  18.03.2006 14:58:38: MSMQ | Alter Zustand:      Running      | Neuer Zustand: Stopped
11
```

12.2.11 Netzwerkkonfiguration

Klassen zur Netzwerkkonfiguration

Zur Arbeit mit dem Netzwerk und der Netzwerkkonfiguration sind folgende WMI-Klassen wichtig:

- Win32_PingStatus
- Win32_NetworkAdapterConfiguration
- Win32_NetworkAdapter

Jeder Instanz von Win32_NetworkAdapterConfiguration ist eine Instanz von Win32_NetworkAdapter zugeordnet, die im Schlüsselattribut DeviceID eine Zahl besitzt, die Win32_NetworkAdapterConfiguration im Attribut Index hat.

Die Klasse Win32_NetworkAdapterConfiguration bietet zahlreiche Methoden, die aus Platzgründen hier nicht alle anhand von Beispielen dargestellt werden können. Die meisten Methoden sind aber selbst erklärend.

```
EnableDHCP(), RenewDHCPLease(), RenewDHCPLeaseAll(), ReleaseDHCPLease(),
ReleaseDHCPLeaseAll(), EnableStatic(), SetGateways(), EnableDNS(),
SetDNSDomain(), SetDNSServerSearchOrder(), SetDNSSuffixSearchOrder(),
SetDynamicDNSRegistration(), SetIPConnectionMetric(), SetWINSServer(),
EnableWINS(), SetTcpipNetbios(), EnableIPSec(), DisableIPSec(),
SetIPXVirtualNetworkNumber(), SetIPXFrameTypeNetworkPairs(), SetDatabasePath(),
SetIPUseZeroBroadcast(), SetArpAlwaysSourceRoute(), SetArpUseEtherSNAP(),
SetDefaultTOS(), SetDefaultTTL(), SetDeadGWDetect(), SetPMTUBHDetect(),
SetPMTUDiscovery(), SetForwardBufferMemory(), SetIGMPLevel(),
SetKeepAliveInterval(), SetKeepAliveTime(), SetMTU(), SetNumForwardPackets(),
SetTcpMaxConnectRetransmissions(), SetTcpMaxDataRetransmissions(),
SetTcpNumConnections(), SetTcpUseRFC1122UrgentPointer(), SetTcpWindowSize(),
EnableIPFilterSec()
```

Erreichbarkeit eines Computers prüfen

Ping Mit der Klasse Win32_PingStatus gibt es endlich eine Klasse zur Ausführung eines Ping (gemäß RFC 791) von Microsoft. Bisher musste man entweder auf Klassen anderer

Anbieter ausweichen oder aber auf die Konsolenanwendung *ping.exe* (vgl. Kapitel 10.1 zur WSH-Runtime) zurückgreifen.

```
Const COMPUTER = "XFilesServer01"
Dim objPing

Set objPing = GetObject("winmgmts:Win32_PingStatus.address='" & COMPUTER & "'")

If IsNull(objPing.StatusCode) Or objPing.StatusCode <> 0 Then
  say COMPUTER & " ist NICHT erreichbar!"
Else
  say COMPUTER & " ist erreichbar!"
End If
```

Listing 12.71 Ausführen eines Ping (Prüfen der Erreichbarkeit eines anderen Computers) [WMI_Ping.wsf]

Wert	Beschreibung
0	Erfolg
11002	Zielnetzwerk nicht erreichbar
11003	Zielhost nicht erreichbar
11004	Zielprotokoll nicht erreichbar
11005	Zielport nicht erreichbar
11006	Keine Ressourcen
11007	Unzulässige Option
11008	Hardwarefehler
11009	Zu großes Paket
11010	Anforderungszeitüberschreitung
11011	Unzulässige Anforderung
11012	Unzulässige Route
11013	TTL-Übertragungsüberschreitung
11016	Quelldrosselung
11032	IPSEC-Aushandlung
11050	Allgemeiner Fehler

Tabelle 12.27 Wichtige Rückgabecodes für Win32_PingStatus

Leider funktioniert obige Vorgehensweise nur mit Computern, auf denen WMI installiert ist. Wenn Sie einen beliebigen Computer (z.B. im Internet) anfragen wollen, hilft die Klasse `NetDiagnostics`, deren einzige Instanz Sie mit `NetDiagnostics=@` erreichen (NetDiagnostics ist eine sogenannte Singleton-Klasse). Dabei greift man sinnvollerweise immer auf die lokale Instanz zu.

Alternative

```
Const COMPUTER = "XFilesServer01"
Dim objPing
Set objPing = GetObject("winmgmts:\\./root/cimv2:NetDiagnostics=@")
say objPing.Ping("www.windows-scripting.de")
```

Listing 12.72 Ausführen eines Ping (Prüfen der Erreichbarkeit eines anderen Computers) [WMI_Ping2.wsf]

Konfigurierte IP-Adressen abfragen

IP-Adressen auflisten

In `Win32_NetworkAdapterConfiguration` sind die IP-Adressen als ein Array in `IpAddress` abgespeichert.

Listing 12.73
Abfrage der konfigurierten IP-Adressen per WQL-Query [WBEM_IPAdressen.wsf]

```
Dim objWO     ' As SWbemObject
Dim objServ   ' As WbemScripting.SWbemServices
Dim menge     ' As WbemScripting.SWbemObjectSet
Dim objprop   ' As WbemScripting.SWbemProperty
Set objServ = GetObject("winmgmts:")

Set menge = objServ.ExecQuery("SELECT IPAddress FROM Win32_
NetworkAdapterConfiguration where IPEnabled=TRUE")
 For Each objWO In menge
  If Not IsNull(objWO.IpAddress) Then say flat(objWO.IpAddress)
 Next
End Sub
```

IP-Adressen einstellen

IP-Adresse vergeben

Die Instanzen der Klasse `Win32_NetworkAdapterConfiguration` sind durchnummeriert. Schlüsselattribut ist `Index`. Im nächsten Script wird der erste Netzwerkadapter gebunden. Dies können Sie über die Konstante `ADAPTERINDEX` ändern. Auf welchem Rechner die Aktion ausgeführt werden soll, bestimmen Sie durch die Konstante `COMPUTER`.

EnableStatic()

Danach wird die Methode `EnableStatic()` aufgerufen, die im ersten Parameter ein Zeichenketten-Array der IP-Adressen und im zweiten Parameter ein Zeichenketten-Array für die zugehörigen Subnetzmasken erwartet.

Wichtig ist, dass

- immer ein Zeichenketten-Array übergeben werden muss, auch wenn nur eine IP-Adresse zu setzen ist;
- die Anzahl der Elemente in beiden Arrays immer gleich sein muss.

Rückgabewerte

Wenn `EnableStatic()` den Wert 0 zurückliefert, war die Operation erfolgreich. Andere Zahlen bedeuten, dass ein Fehler aufgetreten ist (z.B. 70 = fehlerhafte IP-Adresse; 90 = ungleiche Anzahl von Elementen in den beiden Arrays).

Listing 12.74
Statische IP-Adresse festlegen [WMI_StatischeIP_Lokal.wsf]

```
Dim IP, SubNetMask, Ergebnis
Dim objServ, objAdapter

Const COMPUTER = "."
Const ADAPTERINDEX = "1"

say "IP-Adresse einstellen:"

IP = Array("192.168.123.2", "192.168.123.40", "192.168.123.41")
SubNetMask = Array("255.255.255.0", "255.255.255.0", "255.255.255.0")

Set objServ = _
GetObject("winmgmts://" & COMPUTER)
Set objAdapter = objServ.Get _
    ("Win32_NetworkAdapterConfiguration.index=" & ADAPTERINDEX)

Ergebnis = objAdapter.EnableStatic(IP, SubNetMask)

If Ergebnis = 0 Then
    MsgBox "IP-Adresse(n) erfolgreich eingestellt."
```

```
Else
    MsgBox "Fehler: " & Ergebnis
End If
```

In Fall der Änderung der IP-Adresse eines entfernten Systems kommt es beim Aufruf von `EnableStatic()` immer zu einer Fehlermeldung. Dies ist das korrekte Verhalten, weil das Script von dem entfernten Rechner keine Rückmeldung mehr erhalten kann, da durch das Ändern der IP-Adresse die DCOM-Verbindung zwischen beiden Rechnern sofort verloren geht. Hier muss man mit einem `on error resume next` die Fehlerbehandlung ausschalten.

Listing 12.75
Statische IP-Adresse einstellen auf einem entfernten Computer [WMI_statischeIP_Remote.wsf]

```
Dim IP, SubNetMask, Ergebnis
Dim objServ, objAdapter

Const COMPUTER = "."
Const ADAPTERINDEX = "1"

Say "IP-Adresse einstellen:"
IP = Array("192.168.123.2", "192.168.123.40", "192.168.123.41")
SubNetMask = Array("255.255.255.0", "255.255.255.0", "255.255.255.0")

Set objServ = GetObject ("winmgmts://" & COMPUTER)
Set objAdapter = objServ.Get _
        ("Win32_NetworkAdapterConfiguration.index=" & ADAPTERINDEX)
on error resume next
objAdapter.EnableStatic IP, SubNetMask
' Leider kann man den Erfolg in diesem Fall nicht direkt ermitteln
say "Befehl übermittelt, Erfolg kann nicht automatisch festgestellt werden!"
```

Die WMI-Methode `EnableStatic()` funktioniert nur, wenn die Netzwerkkarte aktiviert ist.

Bei der scriptbasierten Konfiguration einer statischen IP-Adresse kann der Einrichtungsvorgang unter Umständen bis zu eine Minute in Anspruch nehmen. Ist das Rechnersystem auf den dynamischen Bezug einer IP-Adresse eingestellt, ist es notwendig, dass der Vorgang zur Anforderung einer IP-Adresse abgeschlossen wird, selbst wenn kein DHCP-Server vorhanden ist.

Standard-Gateway festlegen

Bei der Nutzung statischer IP-Adressen muss man auch ein Standard-Gateway festlegen. Die Script-Lösung liegt in der Methode `SetGateways()` der WMI-Klasse `Win32_NetworkAdapterConfiguration`, mit deren Hilfe eine Reihe von Gateways festgelegt werden können.

Die Methode `SetGateways()` erwartet zwei Zeichenketten-Arrays, wobei das erste die IP-Adressen der Router definiert und der zweite Parameter die Entfernungskosten angibt. Zur Verwendung eines Standard-Gateways sind die Kosten auf 1 zu setzen. Beim zweiten Parameter handelt es sich um einen optionalen Parameter, der erst ab Windows 2000 verfügbar ist, da nur diese neueren Betriebssysteme eine Konfiguration mit mehreren Gateways erlauben.

SetGateway()

Bei diesen ist es wichtig, dass

- immer ein Zeichenketten-Array übergeben werden muss, auch wenn nur ein Router zu setzen ist;
- die Anzahl der Elemente in beiden Arrays immer gleich sein muss.

Kapitel 12 Universal-Scripting-Komponenten

Rückgabe- Die Rückgabewerte der SetGateway()-Methode geben über die erfolgreiche Konfigura-
werte tion Auskunft. Durch einen von 0 verschiedenen Wert wird angezeigt, dass ein Fehler aufgetreten ist (z.B. 71 = fehlerhafte Gateway-Adresse; 90 = ungleiche Anzahl von Elementen in den beiden Arrays).

Das nachfolgende Script konfiguriert den lokalen Rechner mit einer IP-Adresse, einer Subnetzmaske und einem Standard-Gateway.

Listing 12.76
Gateway festlegen [WMI_Gateway.wsf]

```
Dim IP, SubNetMask, Gateway, Metric, Ergebnis
Dim objServ, objAdapter
Const COMPUTER = "." ' lokaler Computer
Const ADAPTERINDEX = "1"

Set objServ = _
GetObject("winmgmts://" & COMPUTER)
Set objAdapter = objServ.Get _
    ("Win32_NetworkAdapterConfiguration.index=" & ADAPTERINDEX)
IP = Array("192.168.0.1")
SubNetMask = Array("255.255.255.0")

Ergebnis = objAdapter.EnableStatic(IP, SubNetMask)

If Ergebnis = 0 Then
    Gateway = Array("192.168.0.254")
    Metric = Array("1")
    Ergebnis = objAdapter.SetGateway(Gateway, Metric)
    If Ergebnis = 0 Then
        say "IP-Adresse(n) und Gateway(s) erfolgreich eingestellt."
    Else
        MsgBox "Fehler bei der Einstellung des Gateways: " & Ergebnis
    End If
Else
    MsgBox "Fehler bei der Einstellung der IP-Adresse: " & Ergebnis
End If
```

DNS-Server festlegen

Zur Einrichtung eines oder mehrerer DNS-Server wird ebenfalls wieder WMI herangezogen. Durch die Methode EnableDNS() können umfassende Einstellungen an der DNS-Konfiguration eines Rechners vorgenommen werden. Allerdings ist es nicht immer notwendig, den Hostnamen oder die DNS-Domäne zu setzen. Die Konfiguration der Netzwerkkarte beschränkt sich daher auf das Setzen der Suchreihenfolge der DNS-Server mithilfe der Methode DNSServerSearchOrder().

DNSServer- Die Methode DNSServerSearchOrder() erwartet einen Parameter, der ein Zeichenketten-
Search- Array darstellt und die Liste der IP-Adressen der DNS-Server enthält. Wie bereits aus
Order() der Konfiguration der IP-Adresse und des Standard-Gateways bekannt ist, ist die Konstruktion eines aus Zeichenketten bestehenden Arrays selbst dann notwendig, wenn nur ein einziger DNS-Server gesetzt werden soll.

Rückgabe- Ist der von der Methode DNSServerSearchOrder() zurückgelieferte Rückgabewert von 0
werte verschieden, so ist dies ein Hinweis darauf, dass bei der Konfiguration der Liste der DNS-Server ein Fehler aufgetreten ist.

```
Dim DNSServer, Ergebnis
Dim objServ, objAdapter
Const COMPUTER = "." ' lokaler Computer
Const ADAPTERINDEX = "1"

Set objServ = _
GetObject("winmgmts://" & COMPUTER)
Set objAdapter = objServ.Get _
    ("Win32_NetworkAdapterConfiguration.index=" & ADAPTERINDEX)

DNSServer = Array("192.168.0.250", "192.168.0.254")

Ergebnis = objAdapter.SetDNSServerSearchOrder(DNSServer)

If Ergebnis = 0 Then
    MsgBox "DNS-Server erfolgreich eingestellt."
Else
    MsgBox "Fehler: " & Ergebnis
End If
```

Listing 12.77 DNS-Server festlegen [WMI_DNS.wsf]

WINS-Server festlegen

Auch wenn noch WINS zum Einsatz kommt, kann man die WMI-Klasse Win32_Network AdapterConfiguration verwenden. Neben der Möglichkeit, über WMI verschiedene Parameter bezüglich der Nutzung von WINS zu bestimmen, bietet die Methode SetWINSServer() die Option, im Rahmen der scriptbasierten TCP/IP-Konfiguration die WINS-Server zu setzen.

Durch die Methode SetWINSServer(), die zwei Parameter von Typ String erwartet, können für TCP/IP bis zu zwei WINS-Server eingerichtet werden. Entgegen der bisher besprochenen Methoden zum Konfigurieren des Netzwerkprotokolls werden hier keine Zeichenketten-Arrays zur Wertübergabe verwendet.

SetWINSServer()

Ist der von der Methode SetWINSServer() zurückgelieferte Rückgabewert von 0 verschieden, so ist das ein Hinweis darauf, dass bei der Konfiguration der WINS-Server ein Fehler aufgetreten ist.

Rückgabewert

```
Dim WINSServer1, WINSServer2, Ergebnis
Dim objServ, objAdapter

Const COMPUTER = "."
Const ADAPTERINDEX = "1"

Set objServ = _
GetObject("winmgmts://" & COMPUTER)
Set objAdapter = objServ.Get _
    ("Win32_NetworkAdapterConfiguration.index=" & ADAPTERINDEX)
WINSServer1 = "192.168.0.220"
WINSServer2 = ""
Ergebnis = objAdapter.SetWINSServer(WINSServer1, WINSServer2)
If Ergebnis = 0 Then
    MsgBox "WINS-Server erfolgreich eingestellt."
Else
    MsgBox "Fehler: " & Ergebnis
End If
```

Listing 12.78 WINS-Server festlegen [WMI_WINS.wsf]

DHCP aktivieren

Die Konfiguration eines Rechners wird durch die Verwendung des DHCP-Protokolls zur automatischen Einrichtung des TCP/IP-Protokolls erheblich vereinfacht, da hierbei lediglich eine Option – zur Nutzung von DHCP – gesetzt werden muss.

EnableDHCP() Durch den Aufruf der Methode EnableDHCP() in der Klasse Win32_NetworkAdapterConfiguration wird der Rechner angewiesen, eine IP-Adresse von einem DHCP-Server anzufordern. Diese Methode erwartet keine Parameter. Der Erfolg der Methode wird ebenfalls wieder durch Rückgabewerte signalisiert, wobei die Ausprägung der Werte exakt der der EnableStatic()-Methode entspricht.

Weitergehende Informationen Bei der Verwendung ist zu beachten, dass durch DHCP nicht nur die IP-Adresse, sondern auch weitere Einstellungen von TCP/IP wie Standard-Gateway, DNS- und WINS-Server vorgenommen werden können. Allerdings muss dies nicht der Fall sein. So ist durchaus ein Szenario denkbar, in dem die IP-Adresse von einem DHCP-Server bezogen wird, andere Einstellungen allerdings statisch erfolgen. Der scriptbasierte Wechsel von einer statischen zu einer dynamischen IP-Adresse durch die Enable DHCP()-Methode liefert das eben geschilderte Szenario, da durch die verwendete Methode EnableDHCP() weitere Einstellungen an der Netzwerkkonfiguration nicht modifiziert werden. Daher ist es notwendig, die Einstellungen an Gateway, DNS- und WINS-Servern vor einem Aufruf von EnableDHCP() zu entfernen, um eine umfassende automatische Konfiguration zu erreichen.

Listing 12.79 DHCP aktivieren [WMI_DHCP.wsf]

```
Dim DNSServer, WINSServer, Gateway, Ergebnis
Dim objServ, objAdapter
Const COMPUTER = "."
Const ADAPTERINDEX = "1"

Set objServ = GetObject("winmgmts://" & COMPUTER)
Set objAdapter = objServ.Get _
    ("Win32_NetworkAdapterConfiguration.index=" & ADAPTERINDEX)

Gateway = Array("")
Ergebnis = objAdapter.SetGateway(Gateway)

DNSServer = Array("")
Ergebnis = objAdapter.SetDNSServerSearchOrder(DNSServer)

WINSServer = ""
Ergebnis = objAdapter.SetWINSServer (WINSServer, WINSServer)

Ergebnis = objAdapter.EnableDHCP()
If Ergebnis = 0 Then
    MsgBox "DHCP erfolgreich eingestellt."
Else
    MsgBox "Fehler: " & Ergebnis
End If
```

12.2.12 Leistungsdaten

Leistungsdaten WMI ermöglicht über den *Performance Counters Provider* Zugriff auf zahlreiche Leistungsdaten des Windows-Systems. Die Klassen beginnen mit der Zeichenfolge Win32_PerfRawData. Wenn Sie diese Klassen nicht finden, starten Sie den WMI-Dienst einmalig manuell an der Kommandozeile mit Winmgmt /resyncperf.

```
Set OSet = GetObject("winmgmts://XFilesServer01\root\cimv2"). _
InstancesOf("Win32_PerfRawData_PerfProc_Process")
For Each p In OSet
    say p.Name & ": " & p.WorkingSet / 1024 & " KB"
Next
```

Listing 12.80: Speichernutzung der aktiven Prozesse [wmi_speichernutzung.wsf]

```
' === Verfügbarer Speicher
Sub WMI_Speicher()
Dim OSet, o
Set OSet = GetObject("winmgmts:{impersonationLevel=impersonate}!" & _
"\\XFilesServer01\root\cimv2").InstancesOf("Win32_PerfRawData_PerfOS_Memory")
For Each o In OSet
    say "Verfügbarer Speicher:" & o.AvailableBytes
Next
End Sub
```

Listing 12.81: Verfügbarer Speicher [wmi_speicher.wsf]

```
Set OSet = GetObject("winmgmts:\\XFilesServer01\root\cimv2"). _ InstancesOf("Win32_
PerfRawData_ASP_ActiveServerPages")
For Each o In OSet
    say "Anfragen Gesamt: " & o.Requeststotal
    say "davon erfolgreich: " & o.RequestsSucceeded
    say "Aktuelle Sitzungen: " & o.SessionsCurrent
    say "Abgelaufene Sitzungen: " & o.SessionsTimedOut
Next
```

Listing 12.82: Performance-Daten über Active Server Pages [WMI_ASP.wsf]

12.2.13 Terminaldienste

Ab Windows XP bietet WMI zahlreiche Klassen zur Konfiguration der Windows-Terminaldienste. Wichtige Klassen sind Win32_TSNetworkAdapterSetting, Win32_TSEnvironmentSetting und Win32_TSClientSetting.

Terminaldienste-Provider

Das erste Beispiel zeigt, wie Sie per Script die Anzahl der maximalen Terminalverbindungen setzen können.

```
Const COMPUTER = "."
Set objTNAS = WMI_GetFirstObjectFromWMIQuery("Select * from Win32_
TSNetworkAdapterSetting", COMPUTER, "\root\cimv2")
objTNAS.MaximumConnections = 40
objTNAS.Put_
say "OK!"
```

Listing 12.83: Setzen der maximalen Anzahl der Terminalverbindungen [WMI_Terminal_MaxVerbindungen.wsf]

Das zweite Beispiel zeigt, wie Sie per Script die Farbtiefe für die Terminalfenster vorgeben.

```
Const COMPUTER = "."
Dim obj
Set obj = WMI_GetFirstObjectFromWMIQuery("Select * from Win32_TSClientSetting",
COMPUTER, "\root\cimv2")
obj.SetColorDepth 1 ' 1 = 8 Bit, 3 = 16 Bit, 4 = 24 Bit
say "OK!"
```

Listing 12.84: Setzen der Farbtiefe für Client-Verbindungen [WMI_Terminal_FarbTiefe.wsf]

12.2.14 Ereignisprotokolle

WMI Event Log Provider

WMI erlaubt den Zugriff auf Ereignisprotokolle und Ereignisprotokolleinträge über folgende Klassen im WMI Event Log Provider:

- `Win32_NTEventlogFile` repräsentiert eine Ereignisprotokolldatei und damit auch ein komplettes Ereignisprotokoll.
- `Win32_NTLogEvent` repräsentiert einen Eintrag in einem Ereignisprotokoll.

Informationen über ein Ereignisprotokoll

Die folgende Hilfsroutine gibt die wichtigsten Informationen zu einem Ereignisprotokoll aus. `OverwriteOutdated` enthält das Verfallsdatum für Einträge in Tagen. Die Zahl –1 bedeutet „nie", und 0 steht für „bei Bedarf".

Listing 12.85 [WMI_Ereignisprotokoll_Funktionen.vbs]

```
' === Hilfsroutine: Informationen über ein Ereignisprotokoll
Sub WMI_Ereignisprotokoll_Info(objLOG)
Dim ueberschreiben
Select Case objLOG.OverwriteOutdated
 Case 0: ueberschreiben = "überschreiben bei Bedarf"
 Case -1: ueberschreiben = "nie überschreiben"
 Case Else: ueberschreiben = "überschreiben nach " & objLOG.OverwriteOutdated & " Tagen"
End Select
say "Name des Ereignisprotokolls: " & objLOG.LogFileName
say "Name der Protokolldatei: " & objLOG.NAME
say "Maximale Dateigröße: " & objLOG.MaxFileSize
say "Ereignisse " & ueberschreiben
say "Anzahl Einträge: " & objLOG.NumberOfRecords
say "-----------"
End Sub
```

Liste der Ereignisprotokolle

Das folgende Script gibt eine Liste aller auf einem Windows-System vorhandenen Ereignisprotokolle aus.

Listing 12.86 Liste aller Ereignisprotokolle mit ihren Einstellungen [WMI_Ereignisprotokolle_Liste.wsf]

```
Dim WQL, objLOG, objLogs
Const COMPUTER = "."
WQL = "Select * from Win32_NTEventLogFile"
Set objLogs = WMI_Query(WQL, COMPUTER, "root\cimv2")
For Each objLOG In objLogs
    WMI_Ereignisprotokoll_Info objLOG
Next
```

Protokolleinstellungen ändern

MaxFileSize, OverwriteOutdated

Das folgende Script setzt die Einstellungen für das Anwendungsprotokoll auf eine maximale Größe von 10 Megabyte und 21 Tage Verfallsdatum für Einträge.

```
Dim WQL, objLOG, objLogs
```

```
Const COMPUTER = "."
Const LOG = "Application"

WQL = "Select * from Win32_NTEventLogFile where LogFileName = '" & LOG & "'"
Set objLOG = WMI_GetFirstObjectFromWMIQuery(WQL, COMPUTER, "root\cimv2")

WMI_Ereignisprotokoll_Info objLOG

objLOG.MaxFileSize = 1000000000# ' 10 Megabytes
objLOG.OverwriteOutdated = 21 ' 21 Tage
objLOG.Put_
say "Einstellungen geändert..."

WMI_Ereignisprotokoll_Info objLOG
```

Listing 12.87
Einstellungen eines Ereignisprotokolls auslesen und ändern [WMI_Ereignisprotokoll_Aendern.wsf]

Einträge auslesen

Die WMI-Abfrage in dem folgenden Script liefert eine Liste aller Protokolleinträge aus dem Systemprotokoll, bei denen die Ereignisquelle „DCOM" ist.

```
Dim objLE, objLEs ' LogEntry
Set objLEs = WMI_Query("SELECT * FROM Win32_NTLogEvent where Logfile='System' and
SourceName = 'DCOM'", ".", "root\cimv2")
For Each objLE In objLEs
    say objLE.EventCode
    say objLE.Message
Next
```

Listing 12.88: Auflisten von Einträgen aus dem Windows-Anwendungsprotokoll [WMI_Protokolleintraege_auflisten.wsf]

Die zweite Abfrage listet alle Protokolleinträge der letzten Stunde auf. Dabei sind die unterschiedlichen Darstellungsformate für Datums-/Zeitangaben zu beachten. Hierbei kommen die bereits vorgestellten Hilfsfunktionen zum Einsatz. Der Name des Protokolls ist in diesem Fall aus dem Attribut LogFile auszulesen.

Alle Protokolleinträge der letzten Stunde

```
Dim objLE, objLEs ' LogEntry
' --- Datum festlegen
Dim Start
Start = DateAdd("h", -1, Now)
say "Alle Einträge seit " & Start
' --- Abfrage zusammensetzen
Dim WQL
WQL = "Select * from Win32_NTLogEvent Where TimeWritten >= '" & WMI_
VBDateToWMIDate(Start) & "'"
' --- Abfrage starten
Set objLEs = WMI_Query(WQL, ".", "root\cimv2")
' --- Ergebnis auflisten
For Each objLE In objLEs
    say objLE.LogFile & ":" & objLE.EventCode & ": " & _
        WMI_WMIDateToVBDate(objLE.TimeWritten)
Next
```

Listing 12.89
Auflisten aller Einträge der letzten Stunde [WMI_Protokolleintraege_auflisten2.wsf]

Ereignisprotokolle und Ereignisprotokolleinträge erzeugen

LogEvent() Es ist nicht möglich, per WMI Protokolle und Einträge zu erzeugen. Zum Erzeugen von Protokolleinträgen wird in Kapitel 10.1 zur WSH-Laufzeitbibliothek die Methode LogEvent() in der Klasse WSHShell beschrieben.

Registry Um ein neues Ereignisprotokoll zu generieren, müssen Sie lediglich die Registrierungsdatenbank manipulieren, indem Sie unter HKLM\System\CurrentControlSet\Services\ EventLog\ einen neuen Unterschlüssel anlegen.

```
LogName = "Scripting"
Set Shell = wscript.CreateObject("WScript.Shell")
Shell.RegWrite "HKLM\System\CurrentControlSet\Services\EventLog\" & LogName & "\", NO_VALUE
```

Listing 12.90: Erzeugen eines neuen Ereignisprotokolls [WMI_ProtokollErzeugen.wsf]

Sicherungskopie erstellen

Backup-EventLog() Das folgende Script erzeugt eine Sicherungskopie des Ereignisprotokolls des DNS-Servers in einer Datei. Die Klasse Win32_NTEventLogFile bietet dazu die Methode BackupEventLog() an.

Listing 12.91 Sicherungskopie eines Ereignisprotokolls erstellen [WMI_EreignisProtokoll_Backup.wsf]

```
Dim WQL, objLOG
Dim LogDate, LogTime, BackupFileName
Const COMPUTER = "."
Const LOG = "DNS Server"
' --- Zugriff auf Protokoll
WQL = "Select * from Win32_NTEventLogFile where LogFileName = '" & LOG & "'"
Set objLOG = WMI_GetFirstObjectFromWMIQuery(WQL, COMPUTER, "root\cimv2")
' --- Name für Ausgabedatei erzeugen
LogDate = Replace(FormatDateTime(Date, 0), ".", "")
LogTime = Replace(FormatDateTime(Time, 3), ":", "")
BackupFileName = "d:\" & LogName & "_" & LogDate & "_" & LogTime & ".evt"
' --- Sicherung starten
say "Das Ereignisprotokoll '" & objLOG.NAME & "' sichern in " & BackupFileName
errBackupLog = objLOG.BackupEventLog(BackupFileName)
' --- Ergebnis auswerten
If errBackupLog <> 0 Then
        say "Das Ereignisprotokoll konnte nicht gesichert werden."
Else
        say "Das Ereignisprotokoll wurde gesichert."
End If
End Sub
```

Protokoll leeren

ClearEventLog() Das folgende Script leert das Ereignisprotokoll des DNS-Servers. Die Klasse Win32_NTEvent LogFile bietet dazu die Methode ClearEventLog() an.

Listing 12.92 Ereignisprotokoll leeren [WMI_EreignisProtokoll_Leeren.wsf]

```
Dim WQL, objLOG
Const COMPUTER = "."
Const LOG = "DNS Server"
' --- Zugriff auf Protokoll
WQL = "Select * from Win32_NTEventLogFile where LogFileName = '" & LOG & "'"
Set objLOG = WMI_GetFirstObjectFromWMIQuery(WQL, COMPUTER, "root\cimv2")
' --- Sicherung starten
say "Das Ereignisprotokoll '" & objLOG.NAME & "' leeren..."
objLOG.ClearEventLog
say "OK!"
```

12.2.15 Exchange Server-Administration mit WMI

Ab Exchange Server 2000 hat Microsoft erstmals einen WMI-Provider mit einigen wenigen Klassen für den Zugriff auf den Webstore und andere Funktionen des Exchange Servers angeboten. Der Zugriff auf Postfächer, öffentliche Ordner und Warteschlangen ist aber erst seit Exchange Server 2003 möglich.

Exchange Server WMI Provider

Tabelle 12.28 WMI-Klassen zur Exchange Server-Verwaltung

Namensraum	Klasse	Eingeführt mit Version
Root\MicrosoftExchangeV2	Exchange_DSAccessDC	2000 SP2
Root\MicrosoftExchangeV2	Exchange_FolderTree	2003
Root\MicrosoftExchangeV2	Exchange_Logon	2003
Root\MicrosoftExchangeV2	Exchange_Mailbox	2003
ExchangeMessageTrackingProvider	Exchange_MessageTrackingEntry	2000 SP2
Root\MicrosoftExchangeV2	Exchange_PublicFolder	2003
Root\MicrosoftExchangeV2	Exchange_QueueCacheReloadEvent	2003
Root\MicrosoftExchangeV2	Exchange_QueuedSMTPMessage	2003
Root\MicrosoftExchangeV2	Exchange_QueuedX400Message	2003
Root\MicrosoftExchangeV2	Exchange_QueueSMTPVirtualServer	2003
Root\MicrosoftExchangeV2	Exchange_QueueX400VirtualServer	2003
Root\MicrosoftExchangeV2	Exchange_ScheduleInterval	2003
Root\MicrosoftExchangeV2	Exchange_Server	2003
Root\MicrosoftExchangeV2	Exchange_SMTPLink	2003
Root\MicrosoftExchangeV2	Exchange_SMTPQueue	2003
Root\MicrosoftExchangeV2	Exchange_X400Link	2003
Root\MicrosoftExchangeV2	Exchange_X400Queue	2003
Root\CIMV2\Applications\Exchange	ExchangeClusterResource	2000
Root\CIMV2\Applications\Exchange	ExchangeConnectorState	2000
Root\CIMV2\Applications/Exchange	ExchangeLink	2000
Root\CIMV2\Applications\Exchange	ExchangeQueue	2000
Root\CIMV2\Applications\Exchange	ExchangeServerState	2000

Verwaltung öffentlicher Ordner

Ein öffentlicher Ordner wird im WMI-Repository durch die Klasse Exchange_PublicFolder repräsentiert. Das Schlüsselattribut URL ist dabei leider sehr kompliziert aufgebaut: Die URL enthält nur den Servernamen und den Namen der Ordnerhierarchie in lesbarer Textform. Der Ordner selbst ist durch einen GUID verewigt (damit eine eindeutige Identifikation auch nach einem Verschieben des Ordners noch möglich ist).

```
\\XFilesServer\root\MicrosoftExchangeV2:Exchange_PublicFolder.Url='http://
XFilesServer/ExAdmin/Admin/FBI.net/Public%20Folders/-FlatUrlSpace-/
2432ee82a6f5c648b36538836e6f6309-20/'"
```

Beispiel

Kapitel 12 Universal-Scripting-Komponenten

 Wichtiger Hinweis Die GUIDs im Ordnernamen sind serverspezifisch. Sie müssen daher die Scripts in diesem Kapitel, die sich auf konkrete Ordner beziehen, zunächst auf Ihre eigenen Ordner-GUIDs anpassen. Wenn ein Ordner nicht gefunden werden kann, erhalten Sie von GetObject() leider nur die nichtssagende Fehlermeldung „Automationsfehler".

Ermittlung der URL Die URL eines öffentlichen Ordners ermitteln Sie auf folgenden Wegen:

- Nutzung des im Folgenden beschriebenen Scripts *WMIExchange_OrdnerListe.wsf*, das die Zuordnung zwischen URL und FriendlyUrl für alle Ordner ausgibt
- Suche mit einer WQL-Abfrage anhand des Namens, z.B. Select * from Exchange_Public Folder where Name = 'Besprechungen'. Leider unterstützt der Exchange Server WMI Provider nicht den Musteroperator like, sodass eine Suche über den FriendlyUrl ohne Kenntnis des kompletten Pfads nicht möglich ist.

WMI Exchange_OrdnerInfo()

Ordnerinformationen auslesen WMIExchange_OrdnerInfo() ist eine Hilfsroutine, die eine Instanz von Exchange_PublicFolder erwartet und verschiedene Daten über den Ordner ausgibt, z.B. die Anzahl der Nachrichten (MessageCount), die Gesamtgröße (TotalMessageSize) und den letzten Zugriffszeitpunkt (LastAccessTime). FriendlyUrl enthält im Gegensatz zu Url den kompletten Pfad in Textform.

Listing 12.93
Hilfsroutine für Ordnerinformationen [WMI_Exchange_Funktionen.vbs]

```
' ### Postfachinformationen ausgeben
Sub WMIExchange_OrdnerInfo(objOrdner)
say "Ordner: " & objOrdner.NAME
say " - URL mit GUID: " & objOrdner.Url
say " - URL mit Pfad: " & objOrdner.FriendlyUrl
say " - Letzter Zugriff: " & objOrdner.LastAccessTime
say " - Größe: " & objOrdner.TotalMessageSize & " Bytes"
say " - Anzahl Nachrichten: " & objOrdner.MessageCount
End Sub
```

Diese Hilfsroutine können Sie aufrufen, wenn Sie Informationen über einen speziellen Ordner benötigen oder wenn Sie in einer Schleife alle Ordner auslesen wollen.

Listing 12.94
Informationen über einen Ordner [WMI Exchange_OrdnerInfo_Testen.wsf]

```
Const PFAD = "\\XFilesServer\root\MicrosoftExchangeV2:Exchange_
PublicFolder.Url='http://XFilesServer/ExAdmin/Admin/FBI.net/Public%20Folders/-
FlatUrlSpace-/2432ee82a6f5c648b36538836e6f6309-20/'"
Dim objOrdner
Set objOrdner = GetObject("winmgmts:" & PFAD)
WMIExchange_OrdnerInfo objOrdner
```

Listing 12.95
Informationen über alle Ordner [WMIExchange_Ordner-Liste.wsf]

```
Const COMPUTER = "XFilesServer"
Dim colOrdner, objOrdner, WMIDienst
Set WMIDienst = GetObject("winmgmts:{impersonationLevel=impersonate}!//" & COMPUTER _
& "/root/MicrosoftExchangeV2")
Set colOrdner = WMIDienst.InstancesOf("Exchange_PublicFolder")
say "Anzahl öffentliche Ordner: " & colOrdner.Count
For Each objOrdner In colOrdner
        WMIExchange_OrdnerInfo objOrdner
Next
```

Ordner suchen Ein Beispiel zur Ordnersuche enthält das folgende Listing. Da das Attribut Name nur den relativen Ordnernamen enthält, kann die Suche mehrere Ergebnisse liefern.

WMI-Abfrage

```
Const SUCHORDNER = "Folge 01"
Dim objOrdner, colOrdner
Set colOrdner = (WMI_query("Select * from Exchange_PublicFolder where Name = '" &
SUCHORDNER & "' ", "XFilesServer", "root\MicrosoftExchangeV2"))
For Each objOrdner In colOrdner
       WMIExchange_OrdnerInfo objOrdner
Next
```

Listing 12.96
Suche nach einem Exchange-Ordner anhand seines Namens [WMIExchange_Ordner_Suchen.wsf]

Ordner anlegen Zum Anlegen eines Ordners müssen Sie eine Instanz der Klasse Exchange_PublicFolder erzeugen und die Pflichtattribute Name und ParentFriendlyUrl setzen. Zum Anlegen der Klasse können Sie die Methode SpawnInstance_() der Metaklasse SWbemObject nutzen. ParentFriendlyUrl erwartet den Textpfad zu dem Ordner, in dem der neue Ordner angelegt werden soll.

Spawn Instance_()

Das Script ist dabei tolerant: Fehler beim Anlegen (z.B. Ordner existiert schon) werden abgefangen. Leider sind die Fehlermeldungen wenig aussagekräftig: Man erhält unabhängig vom Grund des Fehlers einfach nur die Meldung „Method 'Put_' of object 'ISWbemObjectEx' failed".

```
' ### Ordner anlegen
Function WMIExchange_OrdnerAnlegen(COMPUTER, NAME, VATERORDNER, KOMMENTAR)
Dim objOrdner, WMIDienst
say "Ordner anlegen..." & NAME & " in " & VATERORDNER
' --- Zugriff auf Dienst
Set WMIDienst = GetObject("winmgmts:{impersonationLevel=impersonate}!//" & COMPUTER
 & "/root/MicrosoftExchangeV2")
' --- Klasse holen und Instanz erzeugen
Set objOrdner = WMIDienst.Get("Exchange_PublicFolder").SpawnInstance_()
' --- Attribute setzen
objOrdner.NAME = NAME
objOrdner.ParentFriendlyUrl = Replace(VATERORDNER, " ", "%20")
objOrdner.comment = KOMMENTAR
On Error Resume Next
' --- Änderungen speichern
objOrdner.Put_
If Err.Number <> 0 Then
    say "Ordner kann nicht angelegt werden!"
Else
    say "Ordner angelegt: " & NAME
End If
On Error GoTo 0
Set WMIExchange_OrdnerAnlegen = objOrdner
End Function
```

Listing 12.97 [WMI_Exchange-Server_Funktionen.vbs]

Das erste Beispiel legt einen öffentlichen Microsoft Exchange-Ordner für die Fernsehserie „Akte X" an.

Beispiel

Kapitel 12 **Universal-Scripting-Komponenten**

Listing 12.98
Ordner für die
AkteX-Fernsehserie anlegen
[WMI-
*Exchange_*
*OrdnerAnlegen_*
Testen.wsf]

```
Const WURZELORDNER = "http://XFilesServer/ExAdmin/Admin/FBI.net/Public%20Folders/"
Const COMPUTER = "XFilesServer"
Dim objNeuerOrdner
' --- Zugriff auf Wurzelordner
Set objNeuerOrdner = WMIExchange_OrdnerAnlegen(COMPUTER, "AkteX", WURZELORDNER,
"Ordner zu der Serie AkteX.")
```

Das folgende Beispiel legt einen öffentlichen Microsoft Exchange-Ordner für jede einzelne Folge der Fernsehserie „Akte X" an – gruppiert nach den neun Staffeln.

Listing 12.99
Ordnerhierarchie für die
AkteX-Fernsehserie anlegen
[WMI-
*Exchange_*
*OrdnerHierarchieAnlegen_*
Testen.wsf]

```
Const WURZELORDNER = "http://XFilesServer/ExAdmin/Admin/FBI.net/Public%20Folders/"
Const COMPUTER = "XFilesServer"
Dim Folgen, Staffel, Folge, objStaffelOrdner, objFolgeOrdner, objWurzelOrdner
' --- Anzahl der Folgen in jeder der neun Staffeln
Folgen = Array(23, 25, 24, 24, 20, 22, 22, 21, 20)
' --- Wurzelordner anlegen
Set objWurzelOrdner = WMIExchange_OrdnerAnlegen(COMPUTER, "AkteX", WURZELORDNER,
"Ordner zu den Staffeln von AkteX.")
' --- Schleife über alle Staffeln
For Staffel = 1 To 9
    Set objStaffelOrdner = WMIExchange_OrdnerAnlegen(COMPUTER, "Staffel " & Staffel,
WURZELORDNER & "AkteX/", "Beiträge zur " & Staffel & ". Staffel von AkteX.")
    ' --- Schleife über alle Folgen
    For Folge = 1 To Folgen(Staffel - 1)
        ' --- Ordner anlegen
        Set objFolgeOrdner = WMIExchange_OrdnerAnlegen(COMPUTER, "Folge " &
Format(Folge, "00"), WURZELORDNER & "AkteX/Staffel " & Staffel, "Beiträge zur " &
Folge & ". Folge")
    Next
Next
```

Bild 12.30
Inhalt der öffentlichen Ordner nach der Ausführung des Scripts

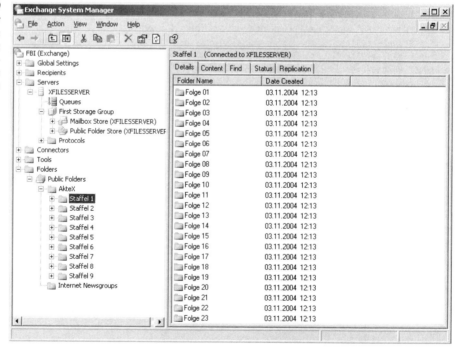

WMI im Einsatz

Ordner umbenennen Zum Umbenennen eines Ordners steht Ihnen die Methode `Rename()` zur Verfügung. In dem Beispiel wird an die erste Folge der ersten Staffel der Namenszusatz „(Pilotfilm)" gehängt.

Rename()

```
Const URL = "http://XFilesServer/ExAdmin/Admin/FBI.net/Public%20Folders/-
FlatUrlSpace-/2432ee82a6f5c648b36538836e6f6309-a940/"
Dim Pfad
Dim objOrdner ' As SWbemObject
' --- Pfad zusammenstellen
Pfad = "\\XFilesServer\root\MicrosoftExchangeV2:Exchange_PublicFolder.Url='" & URL & _
"'"
Set objOrdner = GetObject("winmgmts:" & Pfad)
say "Alter Name: " & objOrdner.NAME
objOrdner.Rename objOrdner.NAME + " (Pilotfilm)"
Set objOrdner = GetObject("winmgmts:" & Pfad)
say "Neuer Name: " & objOrdner.NAME
```

Listing 12.100 Umbenennen eines Exchange-Ordners [WMI-Exchange_OrdnerUm-benennen.wsf]

Ordner bewegen Mithilfe der `Move()`-Methode kann ein `Exchange_PublicFolder`-Objekt verschoben werden. Als Ziel der Operation muss ein Ordnerpfad angegeben werden. Das Beispiel verschiebt den Pilotfilm aus dem Unterordner „AkteX/Staffel 1" in den Hauptordner „AkteX".

Move()

```
Const URL = "http://XFilesServer/ExAdmin/Admin/FBI.net/Public%20Folders/-
FlatUrlSpace-/2432ee82a6f5c648b36538836e6f6309-a940/"
Dim Pfad
Dim objOrdner ' As SWbemObject
' --- Pfad zusammenstellen
Pfad = "\\XFilesServer\root\MicrosoftExchangeV2:Exchange_PublicFolder.Url='" & URL & _
"'"
Set objOrdner = GetObject("winmgmts:" & Pfad)
say "Alter Standort: " & objOrdner.FriendlyUrl
objOrdner.Move "http://XFilesServer/ExAdmin/Admin/FBI.net/Public%20Folders/AkteX"
Set objOrdner = GetObject("winmgmts:" & Pfad)
say "Neuer Standort: " & objOrdner.FriendlyUrl
```

Listing 12.101 Umbenennen eines Exchange-Ordners [WMI-Exchange_Ordner-Bewegen.wsf]

Ordner löschen Analog zur Verwendung von `SpawnInstance_()` zum Anlegen von Ordnern können Sie auf die Methode `Delete_()` in `SWbemObject` zurückgreifen, um einen Ordner zu löschen.

Das folgende Script löscht alle Ordner (mit Ausnahme des Standardordners „Internet Newsgroups"). Da zusammen mit einem Ordner auch alle Unterordner gelöscht werden, muss das Löschen fehlertolerant sein. Es ist möglich, dass ein Ordner, wenn er in der Schleife an der Reihe ist, bereits nicht mehr vorhanden ist, weil sein Vaterordner zuvor entfernt wurde.

```
Dim colOrdner, objOrdner
Set colOrdner = WMI_query("Select * From Exchange_PublicFolder", "XFilesServer", "\
root\MicrosoftExchangeV2")
' --- Schleife über alle Ordner
For Each objOrdner In colOrdner
        On Error Resume Next
        If objOrdner.Path <> "/Internet Newsgroups/" Then
        say "Ordner wird gelöscht: " & objOrdner.Path
        objOrdner.Delete_
        End If
Next
```

Listing 12.102 Löschen aller öffentlichen Ordner [WMI-Exchange_Ordner-Loeschen.wsf]

Verwaltung von Exchange-Postfächern Exchange-Postfächer bildet WMI durch Instanzen der Klasse `Exchange_Mailbox` ab. Diese Klasse ist Rekordhalter hinsichtlich der Anzahl von Schlüsselattributen:
- LegacyDN
- MailboxGUID
- ServerName
- StorageGroupName
- StoreName

Zur eindeutigen Identifikation eines Postfachs müssen alle fünf Attribute angegeben werden, z.B.:

```
LegacyDN='/O=FBI/OU=FIRST ADMINISTRATIVE GROUP/cn=RECIPIENTS/cn=FOXMULDER',
MailboxGUID='{A8DB2E3E-BE2E-4D4F-82D0-1C5C55671CAF}',
ServerName='XFilesServer',
StorageGroupName='First Storage Group',
StoreName='Mailbox Store (XFilesServer)'
```

Ein Postfach kann aber anhand seines Anzeigenamens gesucht werden, z.B.
```
SELECT *
FROM Exchange_Mailbox
WHERE MailboxDisplayName = 'Fox Mulder'
```

Informationen über ein Postfach

Postfachinformationen Typische Daten über ein Postfach liefert die Hilfsroutine `WMIExchange_PostfachInfo()`.

Listing 12.103 [WMI_Exchange_Funktionen.vbs]
```
' ### Postfachinformationen ausgeben
Sub WMIExchange_PostfachInfo(objMailbox)
say objMailbox.MailboxDisplayName
say " - Letzte Anmeldung: " & objMailbox.LastLogonTime
say " - Größe: " & objMailbox.Size & " Bytes"
say " - Anzahl Nachrichten: " & objMailbox.TotalItems
say " - Füllstand: " & objMailbox.StorageLimitInfo
End Sub
```

Tabelle 12.29 Bedeutung der Werte in StorageLimitInfo

Wert	Status
1	Below Limit
2	Issue Warning
4	Prohibit Send
8	No Checking
16	Mailbox Disabled

Die folgenden drei Scripts verwenden diese Hilfsroutine.

Listing 12.104 Informationen über ein einzelnes Postfach [WMIExchange_PostfachInfo_Testen.wsf]
```
Const Pfad = "\\XFilesServer\root\MicrosoftExchangeV2:Exchange_Mailbox.LegacyDN='/
O=FBI/OU=FIRST ADMINISTRATIVE GROUP/cn=RECIPIENTS/
cn=FOXMULDER',MailboxGUID='{A8DB2E3E-BE2E-4D4F-82D0-
1C5C55671CAF}',ServerName='XFilesServer',StorageGroupName='First Storage
Group',StoreName='Mailbox Store (XFilesServer)'"
Dim objMailbox
Set objMailbox = GetObject("winmgmts:" & Pfad)
WMIExchange_PostfachInfo objMailbox
```

```
Const COMPUTER = "XFilesServer"
Dim colOrdner, objOrdner, WMIDienst
Set WMIDienst = GetObject("winmgmts:{impersonationLevel=impersonate}!//" & COMPUTER
 & "/root/MicrosoftExchangeV2")
Set colPostfaecher = WMIDienst.InstancesOf("Exchange_Mailbox")
say "Anzahl Postfächer: " & colPostfaecher.Count

For Each objMailbox In colPostfaecher
    WMIExchange_PostfachInfo objMailbox
Next
```

Listing 12.105 Informationen über alle Postfächer [WMI-Exchange_Postfach-Liste.wsf]

```
Const POSTFACHNAME = "Fox Mulder"
Dim colPostfaecher, objPostfach
' --- Nutzung der Hilfsroutine WMI_Query
Set colPostfaecher = WMI_Query("Select * from Exchange_Mailbox WHERE
MailboxDisplayName = '" & POSTFACHNAME & "'", "XFilesServer", "root/
MicrosoftExchangeV2")
' --- Schleife über alle Ergebnisse
For Each objPostfach In colPostfaecher
    WMIExchange_PostfachInfo objPostfach
Next
```

Listing 12.106 Suche nach einem Postfach anhand des Anzeigenamens [WMI_Exchange_Postfach_Suchen.wsf]

12.2.16 IIS-Administration mit WMI

Die Verwaltung des IIS mit WMI anstelle von ADSI bringt kleine Vorteile (siehe folgende Tabelle).

	ADSI	WMI (Namensraum MicrosoftIISv2)
Unterstützung in	IIS ab Version 4.0	IIS ab Version 6.0
Empfohlenes API in	IIS 4.0, 5.x, 6.0	7.0, 7.5
Nutzung in Active Scripting und COM-Sprachen	Ja	Ja
Nutzung in .NET-Sprachen	Ja	Ja
Werkzeuge für Entwickler	ADSBrowser u.a.	WMIObjectBrowser u.a.
Suchanfragen	Nein	Ja (WQL)
Erweiterung des Metabase-Schema	Ja	Nein
Assoziationen zu anderen Systemobjekten	Nein	Ja

Tabelle 12.30 IIS-Verwaltung mit ADSI vs. WMI

12.2.17 Beispiel

Das Beispiel zeigt das Auslesen von Eigenschaften eines virtuellen Webservers.

```
Set providerObj = GetObject("winmgmts://XFilesServer01/root/MicrosoftIISv2")
Set IIsWebVirtualDirObj = providerObj.Get("IIsWebVirtualDir='W3SVC/1/ROOT'")
Set IIsWebVirtualDirSettingObj = providerObj.Get("IIsWebVirtualDirSetting='W3SVC/1/
ROOT'")
say "Eigenschaften von W3SVC/1/Root (nur Lesezugriff):"
For Each Property In IIsWebVirtualDirObj.Properties_
   say Property.name & " = " & Property.Value
Next
```

Listing 12.107 Auslesen von Eigenschaften eines virtuellen Webservers mit WMI [WMIIIS_Lesen.wsf]

```
say "Eigenschaften von W3SVC/1/Root (Lese- und Schreibzugriff):"
For Each Property In IIsWebVirtualDirSettingObj.Properties_
   say Property.name & " = " & flat(Property.Value)
Next
```

12.2.18 Informationen über WMI selbst

WMI stellt auch Klassen zur Verfügung, um Informationen über den WMI-Dienst oder das WMI-Repository selbst abzufragen.

__cimom-identification__

Ein einfaches Beispiel dafür ist die Abfrage von Informationen über die WMI-Installation (Versionsnummer, Installationszeitpunkt und Installationsort). Die Klasse __cimomidentification__ ist eine Singleton-Klasse (die Klasse kann nur eine Instanz besitzen). Daher ist anstelle des Schlüsselattributwerts ein @ zu verwenden.

Listing 12.108 Informationen über die WMI-Installation [WMI_InstallationsInformationen.wsf]

```
Dim objWO    ' As SWbemObject
Set objWO = GetObject("winmgmts:root\default:__cimomidentification=@")
say "WMI-Version: " & objWO.versionusedtocreatedb
say "Installiert am: " & objWO.SetUpdate
say "Installiert um: " & objWO.SetUpTime
say "Installiert in: " & objWO.WorkingDirectory
```

In Windows-Versionen, in denen WMI zum Kern des Betriebssystems gehört, entspricht das WMI-Installationsdatum dem Installationsdatum des Betriebssystems.

```
WMI-Version: 5.2.3790.0
Installiert am: Dienstag, 9. Dezember 2003 GMT
Installiert um: 23:40:14 GMT
Installiert in: %SystemRoot%\system32\WBEM
```

__Win32___
__WMISettings__

Weitere Informationen liefert die Klasse `Win32_WMISettings` im Namensraum /root/cimv2, z.B. die Pfade zu den Datendateien und den Standardnamensraum, der verwendet wird, wenn kein Namensraum in einem WMI-Pfad benannt wird.

```
Set o = WMI_GetFirstObject(".", "\root\cimv2", "Win32_WMISetting")
say "Standardnamensraum: " & o.ASPScriptDefaultNamespace
say "Verzeichnis für die WMI-Repository-Datendateien: " & o.DatabaseDirectory
say "Verzeichnis für WMI-Protokollierung: " & o.LoggingDirectory
```

Listing 12.109: Abfrage des aktuellen Standardnamensraum von WMI [WMI_StandardNamespace_abfragen.wsf]

__Hinweis__ Das „ASP" im Attribut `ASPScriptDefaultNamespace` bedeutet nicht, dass diese Einstellung nur für Active Server Pages gilt. Sie gilt vielmehr für alle Clients, auch für Nicht-Scripts – ein Fall von MINFU.

WMI-Provider

__Liste erstellen durch Abfrage von __Win32-Provider__

Eine Liste aller installierten Provider der Windows Management Instrumentation (WMI) lässt sich erstellen, indem man die Klasse ___Win32Provider__ abfragt. Da diese Klasse Instanzen in jedem einzelnen WMI-Namensraum haben kann, muss man zunächst über die Klasse ___NAMESPACE__ die verfügbaren WMI-Namensräume erfragen. Da Namensräume andere Namensräume enthalten können, ist eine rekursive Hilfsroutine notwendig. `WMI_Namespaces()` liefert eine durch Semikola getrennte Liste aller WMI-Namensräume auf einem Computer. Über diese Liste wird in `WMI_ProviderListe()` iteriert.

WMI im Einsatz

```
Const COMPUTER = "."
Dim NSListe
Dim Count
' --- Liste der Namensräume holen
NSString = WMI_Namespaces("\root", COMPUTER)
say NSString
NSListe = Split(NSString, ";")
' --- Schleife über alle Namensräume
For Each NS In NSListe
    Set Menge2 = WMI_Query("Select Name from __Win32Provider", COMPUTER, NS)
    For Each o2 In Menge2
        say o2.NAME
        Count = Count + 1
    Next
Next
say "Anzahl Namensräume " & UBound(NSListe)
say "Anzahl Provider: " & Count
```

Listing 12.110 Liste aller installierten WMI-Provider [WMI_ProviderListe.wsf]

```
' ### Liefert eine CSV-Liste aller WMI-Namensräume auf einem Computer
Function WMI_Namespaces(NAMESPACE, COMPUTER)
Set Menge = WMI_Query("Select Name from __Namespace", COMPUTER, NAMESPACE)
For Each o In Menge
    name = NAMESPACE & "\" & o.name
    'say "Namespace: " & Name
    WMI_Namespaces = CSVadd(WMI_Namespaces, name)
    s = WMI_Namespaces(name, COMPUTER)
    If s <> "" Then WMI_Namespaces = CSVadd(WMI_Namespaces, s)
Next
End Function
```

Listing 12.111 Hilfsroutine zur Ermittlung der Namensräume [WMI_Repository_Funktionen.vbs]

Das vierte Script schließlich erstellt eine Statistik über die Anzahl der Klassen in jedem WMI-Namensraum – und zeigt Ihnen damit an, wie viel Sie in WMI noch erforschen können.

WMI-Klassenstatistik

```
Const COMPUTER = "."
Dim NSListe
Dim CountKlassen, CountNS
Dim Menge
' --- Liste der Namensräume holen
NSString = WMI_Namespaces("\root", COMPUTER)
say NSString
NSListe = Split(NSString, ";")
' --- Schleife über alle Namensräume
For Each NS In NSListe
    Set Menge = WMI_query("select * from meta_class", COMPUTER, NS)
    CountNS = CountNS + 1
    CountKlassen = CountKlassen + 1
    CountKlassen = CountKlassen + Menge.Count
    say NS & ";" & Menge.Count
Next
say "Anzahl Namensräume " & CountNS
say "Anzahl Klassen: " & CountKlassen
```

Listing 12.112 Statistik der WMI-Klassen [WMI_Klassenstatistik.wsf]

Die Anzahl der Klassen ist natürlich abhängig von der verwendeten Windows-Version sowie den installierten Diensten und Anwendungen. Auf einem Testsystem mit Windows Server 2003 mit IIS, Active Directory, DNS, Terminal Services sowie Microsoft Office und Visual Studio .NET 2003 liegt die Klassenanzahl bei 8448.

Anzahl der Klassen

12.2.19 Ihre Expedition in die WMI

Hilfe zur Selbsthilfe Der Ausflug in die weite Welt von WMI ist hier leider zu Ende. Ihnen mitgegeben seien jedoch einige Tipps zur Selbsterforschung von WMI:

- Stöbern Sie im WMI Object Browser oder in CIM Studio nach der Klasse, die zu Ihrem Problem passt.
- Lesen Sie sich die Hilfe zu der Klasse durch, um zu überprüfen, ob die Klasse die von Ihnen gesuchten Fähigkeiten hat.
- Schauen Sie sich die bestehenden Instanzen dieser Klasse an. Überprüfen Sie, ob dort wirklich die Instanzen enthalten sind, die Sie erwarten.
- Betrachten Sie die Attribute der Instanzen, um mit den typischen Werten vertraut zu werden. Verwenden Sie das Hilfe-Symbol, um sich Details über die Attribute anzeigen zu lassen.
- Legen Sie mit dem Windows-GUI neue Instanzen an bzw. verändern Sie Werte in den bestehenden Instanzen. Betrachten Sie die Veränderungen in den WMI-Objekten.
- Schauen Sie sich die Methoden und Assoziationen an.
- Probieren Sie es aus!

Danach werden Sie in der Lage sein, Ihre Problemstellung mithilfe von WMI zu lösen.

12.3 Windows Remote Management (WinRM)

Windows Remote Management (WinRM) ist die Microsoft-Implementierung des Standard-*WS-Management*. WS-Management dient dem Austausch von Verwaltungsinformationen zwischen heterogenen Computersystemen. WS-Management ist ein Netzwerkprotokoll auf Basis von XML-Webservices unter Verwendung des *Simple Object Access Protocol (SOAP)*. WinRM ist das fehlende Glied, um Implementierungen des Web Based Enterprise Managements (WBEM) auf verschiedenen Plattformen miteinander kommunizieren zu lassen. Die Windows Management Instrumentation (WMI), die Redmonder Implementierung von WBEM, verwendet das Distributed Component Object Model (DCOM) zum Fernaufruf. Damit ist WMI weder plattformunabhängig noch Firewall-durchlässig.

WinRM kann als über einen Aufsatz (WMI-Plug-in, WsmWmiPl.dll) auf WMI zugreifen. WinRM liefert WMI-Objekte in XML-Form zurück.

WinRM ist die Grundlage für (die wesentlichen) Fernzugriffsfunktionen in Windows PowerShell 2.0.

Name und Abkürzung	WinRM Scripting Objects (WinRM Scripting API)
DLL	Wsmauto.dll
Name der Typbibliothek	WSManAutomation
Helpstring der Typbibliothek	Microsoft WSMAN Automation V1.0 Library
Hersteller	Microsoft
Besprochene Version	2.0
Windows NT 4.0	Nicht verfügbar

Tabelle 12.31: Schnellinfo WinRM

Name und Abkürzung	WinRM Scripting Objects (WinRM Scripting API)
Windows 9x/ME	Nicht verfügbar
Windows 2000	Nicht verfügbar
Windows XP	Nicht verfügbar
Windows Server 2003	Optional (ab Windows Server 2003 R2)
Windows Vista / Windows Server 2008	Version 1.0 enthalten (zum Redaktionsschluss dieses Buchs gab es nur eine sehr frühe Vorabversion von WinRM 2.0 für diese Betriebssysteme)
Windows 7 / Windows Server 2008 R2	Version 2.0 enthalten
Dokumentation	http://msdn.microsoft.com/en-us/library/aa384426(VS.85).aspx

Tabelle 12.31: Schnellinfo WinRM (Forts.)

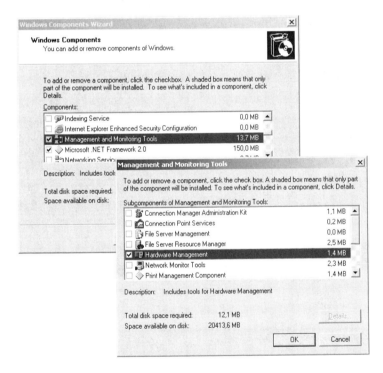

Bild 12.31
Nachträgliche Installation von WinRM (hier in Windows Server 2003 R2)

12.3.1 Nutzung von WinRM

WinRM kann auf drei Arten genutzt werden:
- Kommandozeilenwerkzeuge *Winrm.exe* und *Winrs.exe*
- WinRM Scripting Objects (WinRM Scripting API)
- WinRM C++ API

12.3.2 Objektmodell der WinRM Scripting Objects

Die wichtigste Klasse ist `Wsman.Automation`. Sie dient dazu, mit Hilfe der Methode `CreateSession()` eine Sitzung zum lokalen oder einen entfernten System aufzubauen.

Die Klasse `Session` bietet dann Methoden zum Abruf einzelner Objekte (`Get()`), von Objektmengen (`Enumerate()`), zum Speichern von Objekten (`Set()`) sowie zum Aufruf von Methoden (`Invoke()`).

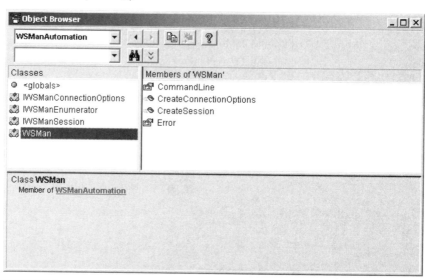

Bild 12.32 Klasse WsMan im Objektbrowser

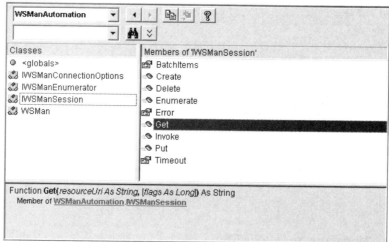

Bild 12.33 Klasse Session im Objektbrowser

12.3.3 Adressierung

In WRM werden Ressourcen durch HTTP-URLs angesprochen. Die URLs beginnen mit:

http://schemas.microsoft.com/wsman/2005/06

Für den Zugang zum WMI-Repository folgt danach der Begriff WMI und der WMI-Namensraum sowie die WMI-Klasse:

http://schemas.microsoft.com/wsman/2005/06/wmi/root/cimv2/Win32_Service

Zum Abschluss folgen optional die Schlüsselattribute der Instanz:

http://schemas.microsoft.com/wsman/2005/06/wmi/root/cimv2/Win32_Service?Name=Spooler

12.3.4 WinRM im Einsatz

Die folgenden Beispiele erläutern die Vorgehensweise in WinRM an typischen Fällen.

Grundsätzlich sind immer folgende einleitende Schritte zu vollziehen:

- Instanziierung der COM-Klasse Wsman.Automation
- Erzeugen einer Sitzung zu lokalen Systemen oder einem entfernten System mit CreateSession()
- Abruf einer einzelnen Instanz oder einer Menge von Instanzen mit Get() bzw. Enumerate()

```
' ### Hilfsroutine zum Abruf von einzelnen Objekten
Function WinRM_Get(URL)
say URL
Dim WSMan, Sitzung, Antwort
' --- WinRM instanziieren
Set WSMan = CreateObject("Wsman.Automation")
' --- Sitzung erzeugen
Set Sitzung = WSMan.CreateSession
Antwort = Sitzung.Get(URL)
' --- Rückgabe
WinRM_Get = Antwort
End Function
```

Listing 12.113
Hilfsroutine zum Abruf einzelner Instanzen via WinRM

Abruf einzelner Instanzen

Das folgende Beispiel zeigt den Abruf der Instanz „W3svc" der WMI-Klasse Win32_Service. Zum Abruf einer einzelnen Instanz verwendet man Get() unter Abgabe der URL.

```
' === Zugriff auf ein einzelnes WMI-Objekt via WinRM
Dim WSMan, Sitzung, Antwort
' --- WMI-Objekt festlegen
url = "http://schemas.microsoft.com/wsman/2005/06/wmi/root/cimv2/Win32_Service?Name=W3svc"
' --- WinRM instanziieren
Set WSMan = CreateObject("Wsman.Automation")
' --- Sitzung erzeugen
Set Sitzung = WSMan.CreateSession
Antwort = Sitzung.Get(url)
' --- Ausgabe
say Antwort
```

Listing 12.114
Zugriff auf ein einzelnes WMI-Objekt via WinRM [WinRM_Einzelobjekt.wsf]

Bild 12.34 *Ergebnis des WinRM-Abrufs einer WMI-Instanz*

```
-<p:Win32_Service xmlns:xsi="http://www.w3.org/2001/XMLSchema-instance"
    xmlns:p="http://schemas.microsoft.com/wbem/wsman/2005/06/wmi/root/cimv2/Win32_Service">
    <p:AcceptPause>true</p:AcceptPause>
    <p:AcceptStop>true</p:AcceptStop>
    <p:Caption>World Wide Web Publishing Service</p:Caption>
    <p:CheckPoint>0</p:CheckPoint>
    <p:CreationClassName>Win32_Service</p:CreationClassName>
    <p:Description>Provides Web connectivity and administration through the Internet Information Services
        Manager</p:Description>
    <p:DesktopInteract>false</p:DesktopInteract>
    <p:DisplayName>World Wide Web Publishing Service</p:DisplayName>
    <p:ErrorControl>Normal</p:ErrorControl>
    <p:ExitCode>0</p:ExitCode>
    <p:InstallDate xsi:nil="true" />
    <p:Name>W3svc</p:Name>
    <p:PathName>C:\WINDOWS\System32\svchost.exe -k iissvcs</p:PathName>
    <p:ProcessId>5160</p:ProcessId>
    <p:ServiceSpecificExitCode>0</p:ServiceSpecificExitCode>
    <p:ServiceType>Share Process</p:ServiceType>
    <p:Started>true</p:Started>
    <p:StartMode>Auto</p:StartMode>
    <p:StartName>LocalSystem</p:StartName>
    <p:State>Running</p:State>
    <p:Status>OK</p:Status>
    <p:SystemCreationClassName>Win32_ComputerSystem</p:SystemCreationClassName>
    <p:SystemName>E01</p:SystemName>
    <p:TagId>0</p:TagId>
    <p:WaitHint>0</p:WaitHint>
  -<cim:Location xmlns:cim="http://schemas.dmtf.org/wsman/2005/06/base">
      xmlns:a="http://schemas.xmlsoap.org/ws/2004/08/addressing"
      xmlns:w="http://schemas.xmlsoap.org/ws/2005/06/management">
      <a:Address>http://schemas.xmlsoap.org/ws/2004/08/addressing/role/anonymous</a:Address>
    -<a:ReferenceParameters>
        <w:ResourceURI>http://schemas.microsoft.com/wsman/2005/06/wmi/root/cimv2/Win32_Service</w:ResourceURI>
      -<w:SelectorSet>
          <w:Selector Name="Name">W3svc</w:Selector>
        </w:SelectorSet>
      </a:ReferenceParameters>
    </cim:Location>
</p:Win32_Service>
```

Abruf aller Instanzen

Um alle Instanzen einer WMI-Klasse abzurufen, gibt man in der URL keine Attribute an. Mit der Methode `Enumerate()` erhält man eine Menge von XML-Fragmenten, die die einzelnen WMI-Objekte beschreiben.

Listing 12.115 Abruf aller Instanzen einer WMI-Klasse via WinRM [WinRM_Liste.wsf]

```
' === Abruf aller Instanzen einer WMI-Klasse via WinRM
Dim WSMan, Sitzung, Antwort
' --- WMI-Klassen festlegen
url = "http://schemas.microsoft.com/wsman/2005/06/wmi/root/cimv2/Win32_Service"
' --- WinRM instanziieren
Set WSMan = CreateObject("Wsman.Automation")
' --- Sitzung erzeugen
Set Sitzung = WSMan.CreateSession
' --- Instanzen anfordern
Set Antwort = Sitzung.Enumerate(url)
' --- Instanzen auflisten
While Not Antwort.AtEndOfStream
    say Antwort.ReadItem
Wend
```

WQL-Abfragen

Auch WQL.Abfragen sind unterstützt.

Listing 12.116 Ausführung einer WQL-Abfrage via WinRM [WinRM_WQL.wsf]

```
' === Ausführung einer WQL-Abfrage via WinRM (nur Vista)
Dim URL, WQL, WSMan, Sitzung, Antwort
' --- WMI-Klassen festlegen
URL = "http://schemas.microsoft.com/wsman/2005/06/wmi/root/cimv2/*"
WQL = "select * form Win32_Service where state='running'"
sprache = "http://schemas.microsoft.com/wsman/2005/06/WQL"
' --- WinRM instanziieren
```

```
Set WSMan = CreateObject("Wsman.Automation")
' --- Sitzung erzeugen
Set Sitzung = WSMan.CreateSession
' --- Instanzen anfordern
Set Antwort = Sitzung.Enumerate(URL, WQL, sprache)
' --- Instanzen auflisten
While Not Antwort.AtEndOfStream
    say Antwort.ReadItem
Wend
```

Abruf von Metainformationen

```xml
- <cfg:Config xmlns:cfg="wsman:microsoft.com/wsman/2005/06/config.xsd">
    <cfg:MaxEnvelopeSizekb>50</cfg:MaxEnvelopeSizekb>
    <cfg:MaxTimeoutms>60000</cfg:MaxTimeoutms>
    <cfg:MaxBatchItems>20</cfg:MaxBatchItems>
    <cfg:SoapTraceEnabled>false</cfg:SoapTraceEnabled>
    <cfg:MaxProviderRequests>25</cfg:MaxProviderRequests>
  - <cfg:Client>
      <cfg:NetworkDelayms>5000</cfg:NetworkDelayms>
      <cfg:URLPrefix>wsman</cfg:URLPrefix>
    - <cfg:HTTP>
        <cfg:Port>80</cfg:Port>
      - <cfg:Unencrypted>
          <cfg:Basic>false</cfg:Basic>
          <cfg:Digest>false</cfg:Digest>
          <cfg:Negotiate>false</cfg:Negotiate>
        </cfg:Unencrypted>
      </cfg:HTTP>
    - <cfg:HTTPS>
        <cfg:Port>443</cfg:Port>
        <cfg:Basic>true</cfg:Basic>
        <cfg:Digest>true</cfg:Digest>
        <cfg:Negotiate>true</cfg:Negotiate>
      </cfg:HTTPS>
    </cfg:Client>
  - <cfg:Service>
      <cfg:RootSDDL>O:NSG:BAD:P(A;;GA;;;BA)S:P(AU;FA;GA;;;WD)(AU;SA;GWGX;;;WD)</cfg:RootSDDL>
      <cfg:MaxConcurrentOperations>100</cfg:MaxConcurrentOperations>
      <cfg:EnumerationTimeoutms>60000</cfg:EnumerationTimeoutms>
      <cfg:MaxClientCertInfoSize>16384</cfg:MaxClientCertInfoSize>
      <cfg:MaxConnections>5</cfg:MaxConnections>
    - <cfg:HTTP>
      - <cfg:Unencrypted>
          <cfg:Basic>false</cfg:Basic>
          <cfg:Negotiate>false</cfg:Negotiate>
        </cfg:Unencrypted>
      </cfg:HTTP>
    - <cfg:HTTPS>
        <cfg:Basic>true</cfg:Basic>
        <cfg:Negotiate>true</cfg:Negotiate>
      </cfg:HTTPS>
    </cfg:Service>
  </cfg:Config>
```

Bild 12.35
WinRM-Konfiguration

Metadaten über WinRM kann man abrufen über folgende URLs:
- Versionsnummer: *wsman:system/2005/06/this*
- Konfigurationsdaten (Windows Server 2003): *wsman:microsoft.com/wsman/2005/06/config*
- Konfigurationsdaten (Windows Vista): *wsman:microsoft.com/wsman/2005/12/config*

Fernaufrufe mit WinRM

Kernaufgabe von WinRM sollte der Fernaufruf sein. Leider ist es viel schwieriger als erwartet, mit WinRM Daten von einem entfernten System abzurufen, denn man muss auf der Serverseite selbst einen Host bereitstellen, der WinRM-Aufrufe entgegennimmt.

Mögliche Protokolle für den Fernabruf sind HTTP und HTTPS (HTTP over SSL). HTTPS ist im Standard aktiviert, setzt aber ein entsprechendes Serverzertifikat voraus. Man kann WinRM so konfigurieren, dass auch HTTP möglich ist. Hierbei ist aber zu beachten, dass die Daten dann unverschlüsselt übertragen werden.

Das folgende Script aktiviert HTTP und startet einen Endpunkt. Sofern der Endpunkt bereits existierte, wird er vorher gelöscht.

Listing 12.117 Start eines WinRM-Server-Endpunkts

```
Const COMPUTER = "XFilesServer02"
Const IP = "192.168.1.20"
Const PORT = "123"
Const PROTOKOLL = "HTTP"

Dim cResource

HTTPAktivieren
ListenerStarten
' Warten
WScript.echo "WinRM-Listener aktiv..."

Sub ListenerStarten

Set oWsman = CreateObject("WSMAN.Automation")
Set oSession = oWsman.CreateSession()
cSchema = "wsman:microsoft.com/wsman/2005/06/"
cResource = cSchema + "config/Listener?IP="+ IP + "+Port=" + PORT
cXML = "<cfg:Listener xmlns:cfg=""" + cSchema + "config/listener.xsd"">"
cXML = cXML + "<cfg:Hostname>" + COMPUTER + "</cfg:Hostname>"
cXML = cXML + "<cfg:Transport>" + PROTOKOLL + "</cfg:Transport>"
cXML = cXML + "</cfg:Listener>"

' --- Alle Endpunkte löschen
ListenerStoppen

' --- Neuen Endpunkt erstellen
cResponse = oSession.create(cResource, cXML)
WScript.echo("Endpunkt erzeugt: " + cResponse)

End Sub

Sub ListenerStoppen
On Error Resume Next
' --- Endpunkt löschen
Set oWsman = CreateObject("WSMAN.Automation")
Set oSession = oWsman.CreateSession()
cResponse = oSession.Delete(cResource)
WScript.echo("Endpunkt gelöscht: " + cResource)
On Error Goto 0
End Sub

Sub HTTPAktivieren
```

```
Dim xml
xml = "<cfg:Config xmlns:cfg=""wsman:microsoft.com/wsman/2005/06/config.xsd"">
<cfg:Service>         <cfg:HTTP>         <cfg:Unencrypted>
<cfg:Basic>true</cfg:Basic>         </cfg:Unencrypted>         </cfg:HTTP>
</cfg:Service></cfg:Config>"
WinRM_Put "wsman:microsoft.com/wsman/2005/06/config", xml
xml = "<cfg:Config xmlns:cfg=""wsman:microsoft.com/wsman/2005/06/config.xsd"">
<cfg:Client>         <cfg:HTTP>         <cfg:Unencrypted><cfg:Basic>true</
cfg:Basic></cfg:Unencrypted></cfg:HTTP></cfg:Client></cfg:Config>"
WinRM_Put "wsman:microsoft.com/wsman/2005/06/config", xml
End Sub

' ### Hilfsroutine zum Abruf von einzelnen Objekten
Function WinRM_Put(URL, xml)
WScript.Echo URL
Dim WSMan, Sitzung, Antwort
' --- WinRM instanziieren
Set WSMan = CreateObject("Wsman.Automation")
' --- Sitzung erzeugen
Set Sitzung = WSMan.CreateSession
Antwort = Sitzung.Put(URL, xml)
' --- Speichern
WScript.Echo "Daten gesendet!"
End Function
```

Der Client muss dann „nur noch" bei `CreateSession()` den Namen des entfernten Systems und geeignete Zugangsdaten angeben.

```
' === WinRM-Fernzugriff eines anderen Computers
Const WsmanFlagUseBasic = 262144
Const WsmanFlagCredUserNamePassword = 4096
Const WSManFlagUseNegotiate = 131072
Flags = WsmanFlagUseBasic Or WsmanFlagCredUserNamePassword
Dim WSMan ' As WSManAutomation.WSMan
Set WSMan = CreateObject("Wsman.Automation")
' --- Rechte
Set Options = WSMan.CreateConnectionOptions
Options.Username = "itv\hs"
Options.Password = "test"
' Verbindung
Set Session = WSMan.CreateSession("http://192.168.1.109", Flags, Options)
' --- Objektabruf
Response = Session.Get("http://schemas.microsoft.com/wsman/2005/06/wmi/root/cimv2/
Win32_Service?Name=W3svc")
say Response
```

Listing 12.118
WinRM-Fernzugriff eines anderen Computers [WinRM_Remote.wsf]

13 Benutzerschnittstelle

Für die Manipulation der Benutzeroberfläche ist in erster Linie die *WSH Runtime-Komponente* zuständig. Ergänzende Funktionen bieten die *Shell Objects*. Hilfreich ist oft der Einsatz der *Microsoft Internet Controls-Komponente* und der *MSHTML-Komponente*, die zusammen die Funktionalität des Internet Explorers verkörpern.

13.1 Microsoft Shell Objects

Die Microsoft Shell Objects-Komponente (in der MSDN-Entwicklerbibliothek auch *Scriptable Shell Objects* und *Shell Objects for Scripting and Visual Basic* genannt) ist eine COM-Komponente, die sich mit dem Internet Explorer (ab Version 4.0) auf einen Rechner schleicht. In den modernen Windows-Versionen (ab Windows 98 bzw. Windows 2000) gehört die Komponente daher natürlich zum Standard.

Shell Objects for Scripting

Die Shell Objects stellen Funktionen des Windows Explorers und der Windows-Taskleiste bereit und sind aus diesem Grunde eng verzahnt mit den *Microsoft Internet Controls* (*shdocvw.dll*), siehe nächstes Kapitel.

Name und Abkürzung	Microsoft Shell Objects
Name der Komponentendatei	SHELL32.DLL
Interner Name der Typbibliothek	Shell32
Helpstring der Typbibliothek	Microsoft Shell Controls And Automation
Abweichende ProgID	Shell
Hersteller	Microsoft
Lizenzierung	Teil des kostenlosen Internet Explorers
Besprochene Version	6.0.3663.0
NT 4 und Windows 9x	Installation Internet Explorer 6.0
Windows 2000	Installation Internet Explorer 6.0
Windows XP	Version 6.0.2600.0 enthalten
Windows Server 2003	Version 6.0.3663.0 enthalten
Position der Originaldokumentation in der MSDN-Library	User Interface Design and Development|Windows Shell|Shell Reference|Shell Objects for Scripting and Microsoft Visual Basic

Tabelle 13.1 Schnellinfo Microsoft Shell Objects

Funktionsüberblick Zentrale Funktionen der Shell Objects sind der Zugriff auf:

Funktionen

- Aktive Datei- und Internet Explorer-Fenster, inklusive der dargestellten Ordner und markierten Einträge
- Start von Datei- und Internet Explorer-Fenstern sowie Start von Standarddialogen des Explorers
- Funktionen der Taskleiste (Fenster anordnen, minimieren, Eigenschaftenfenster der Taskleiste etc.)

Kapitel 13 **Benutzerschnittstelle**

- Standarddialoge des Startmenüs (Ordner suchen, Ausführen, Windows beenden, Suche nach Dateien, Eigenschaften von Datum/Uhrzeit, Favoriten hinzufügen etc.)
- Start von Taskleistenanwendungen (.*cpl*-Dateien)
- Ordner und Dateien
- Kontextmenüs von Ordnern und Dateien (inklusive der Möglichkeit, die Einträge zu aktivieren)
- Erweiterte Dateiattribute
- Lesen und Bearbeiten von Dateiverknüpfungen (auch mit WSH-Objekten möglich). Im Gegensatz zu den WSH-Objekten besteht auch die Möglichkeit, nach dem Ziel einer gebrochenen Verknüpfung zu suchen.

Vergleich zu FSO Viele dieser Funktionen werden auch durch die File System Objects (FSO) aus der Scripting Runtime-Komponente bereitgestellt. Die Implementierungen sind jedoch keineswegs identisch oder kompatibel. Die Shell Objects bieten nicht alle Funktionen der FSO, gehen jedoch in anderen Aspekten über die FSO hinaus.

 Laut MSDN-Entwicklerbibliothek [MSDN: Shellcc.chm::/shellcc/Shell/Objects/Disk-QuotaControl/DiskQuotaControl.htm] sollen die Shell Objects in Version 5.0 auch zwei Klassen `DiskQuotaControl` und `DIDiskQuotaUser` zur Verwaltung des Quota-Managements besitzen. Diese Klassen sind jedoch in Wirklichkeit in der *Microsoft Disk Quota-Komponente* (*dskquota.dll*) implementiert.

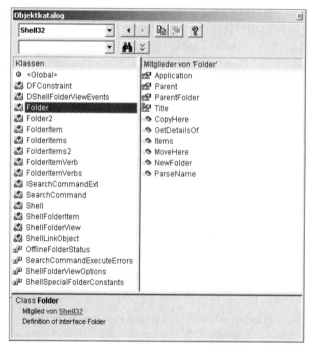

Bild 13.1 Ansicht der Klasse „Folder" im VB 6.0-Objektkatalog

13.1.1 Objektmodell der Shell Objects

Objektmodell Die nächsten Abbildungen zeigen das Objektmodell. Stammklasse ist `Shell32.Shell`, die in der Registrierungsdatenbank als `shell.application` registriert ist. Das Objektmodell spiegelt die enge Verzahnung mit den *Internet Explorer-Objekten* wider: Die `ShellWindows`-

Objektmenge, die durch die Methode Windows() (wirklich eine Methode und kein Attribut) erreicht wird, wird nicht durch die Shell Objects, sondern durch die *Microsoft Internet Controls* (*Shdocvw.dll*) implementiert, ebenso wie die Klasse WebBrowser (ein ShellWindows-Objekt enthält n WebBrowser-Objekte). Ein WebBrowser-Objekt stellt entweder eine HTML-Seite oder einen Verzeichnisbaum dar. Im ersten Fall verweist das Attribut Document auf ein HTMLDocument (das wiederum aus einer anderen Komponente, *MSHTML*, kommt). Im zweiten Fall führt der Weg zurück in die *Shell Objects*-Komponente und liefert ein ShellFolderView-Objekt. Das Objekt enthält einen Verweis auf den aktuell geöffneten Ordner und den aktuell markierten Eintrag.

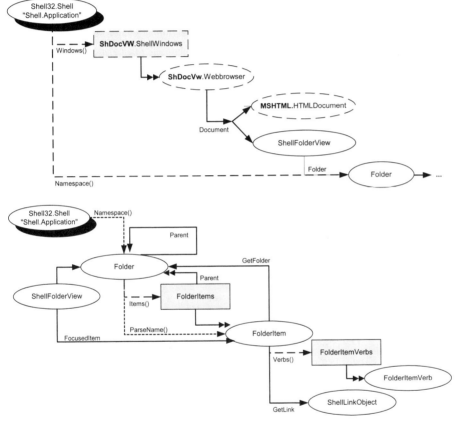

Bild 13.2
Teil 1 des Objektmodells der Shell Objects

Bild 13.3
Teil 2 des Objektmodells der Shell Objects

Der zuvor geschilderte Weg führt über die geöffneten Explorer-Fenster. Wer nur im Hintergrund unsichtbar auf Ordner zugreifen will, ist besser bedient, wenn er sich über die Namespace()-Methode der Shell-Klasse direkt einen Zeiger auf ein Folder-Objekt besorgt.

Folder und FolderItem

Darunter ist das Objektmodell dann wieder etwas geradliniger, wenn auch nicht bis ins Letzte konsequent. Ein Folder-Objekt enthält FolderItems, wobei ein FolderItem ein Ordner oder eine Datei sein kann.

Die Shell Objects vollziehen also nicht die strikte Trennung in eine File- und eine Folder-Klasse wie FSO. Wenn ein FolderItem ein Ordner ist, führt das Attribut GetFolder zu einem Folder-Objekt; falls eine Datei eine Dateiverknüpfung ist, wird dafür ein ShellLinkObject bereitgestellt. Ein FolderItem enthält die Menge der verfügbaren Kontextmenüeinträge in Form einer FolderItemVerbs-Objektmenge.

Kapitel 13 Benutzerschnittstelle

 Die Benennung der Attribute und Methoden in den Shell Objects ist zum Teil unglücklich gewählt, so dass ein intuitives Verständnis des Objektmodells nicht immer einfach ist.

13.1.2 Arbeit mit Explorer-Fenstern

Liste aller Explorer-Fenster Das erste Beispiel zeigt, wie Sie mit den *Shell Objects* in Zusammenarbeit mit den *Internet Explorer-Objekten* die geöffneten Explorer-Fenster (sowohl die Internet Explorer- als auch die Windows Explorer-Fenster, die ja im Zuge des Internet Explorers 4.0 miteinander verschmolzen sind) auflisten können. Die Unterscheidung ist anhand des Klassennamens des Objekts möglich, auf das das Document-Attribut des Webbrowsers verweist.

Listing 13.1
Liste aller geöffneten Web- und Windows Explorer-Fenster [shell_open-Windows.wsf]

```
Dim SH ' As Shell32.shell
Dim w ' As SHDocVw.WebBrowser_V1
Dim ww ' As SHDocVw.ShellWindows
Set SH = CreateObject("shell.application")
say "Liste der geöffneten Explorer-Fenster:"
' -- Zugriff auf alle geöffneten Explorer-Fenster
Set ww = SH.Windows
' -- Iteration über alle Fenster
For Each w In ww
    ' -- Unterscheiden nach Browser-Typ
    If TypeName(w.Document) = "HTMLDocument" Then
        say "IE: " & w.LocationURL
    Else
        say "Dateiexplorer: " & w.LocationURL & " (" & _
        w.Document.ViewOptions & ")"
    End If
Next
```

Die Ausgabe könnte so aussehen:

```
Liste der geöffneten Explorer-Fenster:
IE: http://XFilesServer01
Dateiexplorer: file:///D:/buch (131)
Dateiexplorer: file:///C:/ (131)
```

ViewOptions Die Zahlen in Klammern repräsentieren die ViewOptions, die sich aus den nachfolgenden Konstanten zusammensetzen. Die ViewOptions sind leider nicht beschreibbar.

Listing 13.2
Konstanten für ShellFolder-ViewOptions [CD:/konstantenlisten/komponenten/shell/viewoptions.txt]

```
CONST SFVVO_SHOWALLOBJECTS = 1
CONST SFVVO_SHOWEXTENSIONS = 2
CONST SFVVO_SHOWCOMPCOLOR = 8
CONST SFVVO_SHOWSYSFILES = 32
CONST SFVVO_WIN95CLASSIC = 64
CONST SFVVO_DOUBLECLICKINWEBVIEW = 128
CONST SFVVO_DESKTOPHTML = 512
```

Fensterln **Browser- und Explorer-Fenster öffnen** Natürlich ist es möglich, ein neues Browser-Fenster zu öffnen. Der Unterschied zwischen Open() und Explore() liegt darin, dass bei Open() die Ordnerleiste nicht geöffnet wird. Natürlich können (auf Grund der Verschmelzung von Internet Explorer und Windows Explorer) auch beliebige andere gültige (Internet-)Protokolle angegeben werden.

```
Dim SH ' As Shell32.shell
Set SH = CreateObject("shell.application")
' -- Explorer ohne Ordnerleiste
SH.Open "d:\buch"
' -- Explorer mit Ordnerleiste
SH.Explore "d:\buch"
' -- Explorer mit Webseite
SH.Open "http://XFilesServer01"
' -- Verzeichnisdienstbrowser
SH.Open "LDAP://XFilesServer01"
' - Netzwerkumgebung anzeigen
SH.Explore 18' Eine ShellSpecialFolder-Konstante
' -- Alle minimieren
SH.MinimizeAll
' -- Computer-Suchen Dialog
SH.FindComputer
```

Listing 13.3
Vielfältige Möglichkeiten für neue Explorer-Fenster [shell_new-Windows.wsf]

Die Shell-Klasse ist auch der Anbieter des Zugriffs auf die Taskleiste. Die folgende Tabelle zeigt alle Methoden dieser Klasse.

Shell-Klasse

Tabelle 13.2
Methoden der Shell-Klasse

Methode	Erläuterung
NameSpace(Verzeichnis)	Liefert ein Folder-Objekt auf das gewünschte Verzeichnis
BrowseForFolder (FensterHandle, Titel, Options, StartOrdner)	Zeigt den Standarddialog *Ordner suchen*. Dabei werden der angegebene Titel und der Startordner verwendet. Die anderen Parameter können auf 0 gesetzt werden.
Windows()	Liefert einen Zeiger auf eine ShellWindows-Objektmenge
Open(Verzeichnis)	Öffnet ein Explorer-Fenster ohne Ordneransicht
Explore(Verzeichnis)	Öffnet ein Explorer-Fenster mit Ordneransicht
MinimizeAll()	Minimiert alle Fenster
UndoMinimizeALL()	Entspricht *Alle minimieren rückgängig machen*
FileRun()	Standarddialog *Ausführen* aus dem Startmenü
CascadeWindows()	Überlappende Anordnung aller Fenster
TileVertically()	Anordnung *Untereinander* für alle Fenster
TileHorizontally()	Anordnung *Nebeneinander* für alle Fenster
ShutdownWindows()	Standarddialog *Windows beenden* aus dem Startmenü
Suspend()	Computer, die einen Suspend-Mode unterstützen, werden schlafen geschickt.
EjectPC()	Auswurf aus einer Docking-Station (sofern von der Hardware unterstützt)
SetTime()	Standarddialog *Eigenschaften von Datum/Uhrzeit* aus dem Startmenü
TrayProperties()	Eigenschaftendialog der Taskleiste zeigen
Help()	Windows-Hilfe

Kapitel 13 Benutzerschnittstelle

Methode	Erläuterung
FindFiles()	Standarddialog *Datei suchen* aus dem Startmenü
FindComputer()	Standarddialog *Computer suchen* aus dem Startmenü
RefreshMenu()	Neuaufbau des Startmenüs
ControlPanelItem (cpldatei)	Start einer Taskleistenanwendung

Sofern ein Verzeichnis als Parameter erwartet wird (z.B. bei Namespace(), Open(), Execute()) kann als Alternative zu einem Pfad auch eine Konstante für einen besonderen Ordner des Dateisystems angegeben werden. Sie finden diese umfangreiche Konstantenliste auf der CD in der Datei /konstantenlisten/Komponenten/Shell/Sonderordner.txt.

Die Methoden Namespace() und BrowseForFolder() erzeugen keine Fehlermeldungen:

- Namespace() liefert *Nothing* zurück, wenn der Ordner nicht existiert.
- BrowseForFolder() startet beim Arbeitsplatz, wenn der Startpfad nicht existiert.
- Wenn der Benutzer den *Ordner Öffnen*-Dialog abbricht, liefert BrowseForFolder() den Wert *Nothing* zurück.

Das Beispiel zeigt den letzten Punkt:

Listing 13.4
Den Benutzer zur Ordnerauswahl auffordern mit BrowseForFolder()
[shell_BrowseForFolder.wsf]

```
Dim SH ' As Shell32.Shell
Dim FO ' As Shell32.folder
Const start = "d:\buch"
Set SH = CreateObject("shell.application")
' -- Dialog "Ordner wählen"
Set FO = SH.BrowseForFolder(0, "Bitte Ordner wählen", 0, start)
' -- Auswertung des Rückgabewerts
If FO Is Nothing Then
    MsgBox "Kein Ordner gewählt!"
Else
    MsgBox "Installation startet in..." & start & FO.Title
End If
```

13.1.3 Arbeiten mit Ordnern und Dateien

Ordner und Dateien
Die nachfolgende Routine listet alle Dateien und Unterordner eines angegebenen Pfads auf. Dabei werden alle Dateiattribute und die Kontextmenüeinträge ebenfalls ausgegeben. Die Routine bedient sich zweier Unterprogramme, list_attribs() und list_verbs(), die im Anschluss erklärt werden. Die Trennung zwischen Ordnern, Dateien und Verknüpfungen erfolgt mit Hilfe der Attribute IsFolder und IsLink. Eine Dateiverknüpfung sind auch Dateien – selbst dann, wenn das Ziel der Verknüpfung ein Ordner ist.

Microsoft Shell Objects

```
Dim SH ' Shell32.Shell
Dim FO ' Shell32.Folder
Dim fi ' Shell32.FolderItem
Const strFO = "d:\buch "
Set SH = CreateObject("shell.application")
say "---- Inhalt des Ordners " & strFO
' -- Zugriff auf Ordner
Set FO = SH.NameSpace(strFO)
' Liefert im Fehlerfall Nothing!
If FO Is Nothing Then
    MsgBox "Pfad nicht gefunden!"
Else
    say "-- Ordner:"
    ' -- Iteration über alle Items (zuerst die Ordner!)
    For Each fi In FO.Items
        If fi.IsFolder Then
            say fi.Name
            list_attribs FO, fi
            list_verbs fi
        End If
    Next
    say "-- Dateien:"
    ' -- Iteration über alle Items
    For Each fi In FO.Items
        If Not fi.IsFolder Then
            ' -- Unterscheidung zwischen Dateien und Links
            If fi.IsLink Then
                say "Verknüpfung " & fi.Name
            Else
                say "Datei " & fi.Name
            End If
            list_attribs FO, fi
            list_verbs fi
        End If
    Next
End If
```

Listing 13.5
Dieses Script gibt alle Dateien und Unterverzeichnisse getrennt aus und liefert zudem detaillierte Informationen zu jedem Eintrag. [shell_ordner.wsf]

Zugriff auf Dateieigenschaften Die Methode `GetDetailsOf()` ist auf der Ebene der `Folder`-Klasse angesiedelt und übergibt ohne Angabe eines `FolderItem`-Objekts den Namen der Eigenschaft und unter Angabe eines entsprechenden Objektverweises den konkreten Wert der Eigenschaft für das angegebene Objekt. Leider können die Eigenschaften mit diesem Verfahren nicht über ihren Namen, sondern nur über die laufende Spaltennummer in der Standard-Ordneransicht angesprochen werden. Die übliche Belegung ist somit:

GetDetails Of()

```
Const DetailName = 0
Const DetailSize = 1
Const DetailType = 2
Const DetailLastMod = 3
Const DetailAttrib = 4
Const DetailTip = -1
```

Listing 13.6
Konstanten für Spaltennamen

Die Schleife in `list_attribs()`durchläuft daher die Werte von -1 bis 4. -1 ist der Inhalt des Tooltipps, der bei einigen Dateitypen (z.B. Microsoft Office-Dokumenten) angezeigt wird. Dadurch besteht z.B. Zugriff auf die Informationen Autor, Titel und Betreff.

Listing 13.7 list_attribs listet alle Attribute eines FolderItem-Objekts auf.

```
Sub list_attribs(fo, fi)
Dim i, eigenschaft, wert
' --- Alle fünf Attribute ausgeben
For i = -1 To 4
  eigenschaft = fo.GetDetailsOf(, i)
  wert = fo.GetDetailsOf(fi, i)
  say i & ": " & eigenschaft & "=" & wert
Next
End Sub
```

Verbs **Kontextmenüeinträge** Zugriff auf die Kontextmenüeinträge gibt die `Verbs`-Objektmenge. `list_verbs()` listet alle Kontextmenüeinträge eines übergebenen `FolderItem`-Objekts.

Listing 13.8 list_verb() listet alle Kontextmenüeinträge eines FolderItem-Objekts.

```
Sub list_verbs(fi)
Dim v ' As Shell32.FolderItemVerb
' -- Iteration über alle Kontextmenüeinträge
For Each v In fi.Verbs
  say "- " & v.Name
Next
End Sub
```

Leider gibt es in der Version 4.71 der Komponente einen Fehler in der `IDispatch`-Schnittstelle der `FolderItemVerb`-Klasse, so dass spätes Binden und damit die Verwendung in Scriptsprachen nicht möglich ist. Möglich ist in Scripts aber ein Aufruf mit der Methode `DoIt()` in der Klasse `FolterItemVerb` oder durch `InvokeVerb (verbname)` in der Klasse `FolderItem`. `InvokeVerb()` würde das Standard-Verb ausführen.

Das letzte Beispiel zeigt einen direkten Zugriff auf eine Word-Datei in einem Verzeichnis und das Ausführen des Kontextmenüeintrags *Drucken*.

Listing 13.9 Drucken einer Word-Datei über ein Verb [SHELL_InvokeVerb.wsf]

```
Dim SH ' Shell32.Shell
Dim FO ' Shell32.folder
Dim FI ' Shell32.FolderItem
Const strFO = "d:\buch\docs"
Set SH = CreateObject("shell.application")
' -- Zugriff auf Ordner
Set FO = SH.NameSpace(strFO) ' Liefert im Fehlerfall Nothing!
Set FI = FO.ParseName("test.doc")
say FI.Name & " wurde zuletzt geändert am " & FI.ModifyDate
' -- Standardeintrag ausführen
FI.InvokeVerb "&Drucken"
```

Inkompatibilität mit FSO „Scripting.Folder" versus „Shell32.Folder" Die Klasse `Folder` aus den *File System Objects* und die namensgleiche Klasse `Folder` aus den *Shell Objects* besitzen keine gemeinsame Schnittstelle. Eine direkte Zuweisung von Zeigern ist also nicht möglich. Die Synchronisation muss über den Pfadnamen erfolgen. Leider kann anhand eines konkreten Objekts nur auf Basis von Try&Error festgestellt werden, welche Klasse vorliegt, da `TypeName()` in beiden Fällen nur „Folder" liefert.

```
Set SH = CreateObject("Shell.Application")
Set FSO = CreateObject("Scripting.FileSystemObject")
' -- FO1 ist ein Scripting.Folder
Set fo1 = FSO.GetFolder("c:\")
say TypeName(fo1)     ' Ergibt "Folder"
' ...
' -- Abbildung auf einen Shell32.Folder
Set fo2 = SH.NameSpace(fo1.Path)
say TypeName(fo2)     ' Ergibt "Folder"
```

Listing 13.10
Vergleich der Folderobjekte [shell_ShellUndFSO.wsf]

13.2 Microsoft Internet Controls

Der Name *Microsoft Internet Controls* lässt vermuten, dass diese Komponente alle möglichen Funktionen für die Arbeit im Internet bereitstellt. Dem ist aber nicht so: Die Internet Controls beschränken sich auf Funktionen des Internet Explorer-Webbrowsers; in der MSDN-Entwicklerbibliothek heißt die Komponente daher auch *Webbrowser Control*. Der Begriff „Control" im Namen der Komponente erklärt sich damit, dass diese Komponente auch ein ActiveX-Steuerelement ist, nämlich genau jenes, mit dem man ein Internet Explorer-Fenster in eigene ActiveX-Container einbinden kann, also Anwendungen schreiben kann, die einen Webbrowser enthalten.

Internet ExplorerKomponente

Die Steuerelemente sind aber auch als nichtvisuelle Automatisierungskomponente nutzbar, um den Internet Explorer fernzusteuern. Dabei enthalten die Internet Controls nur das äußere Grundgerüst des Explorers. Die Hauptfunktionalität des IE und die Darstellung der Dokumente übernimmt die Komponente *MSHTML*. Die *Internet Controls-Komponente* ist aber nicht nur mit MSHTML, sondern auch mit der Komponente *Shell Objects* eng verzahnt (vgl. vorheriges Kapitel) – einmal mehr ein Beweis für die enge Verflechtung von Webbrowser und Windows-Benutzeroberfläche.

Verzahnung

Name und Abkürzung	Microsoft Internet Controls / Webbrowser Control
Name der Komponentendatei	SHDocVw.dll
Interner Name der Typbibliothek	SHDocVw
Helpstring der Typbibliothek	Microsoft Internet Controls
Abweichende ProgID	InternetExplorer.Application
Hersteller	Microsoft
Lizenzierung	Kostenloses Add-on
Besprochene Version	6.0.2462.0
NT 4.0 und Windows 9x	Installation Internet Explorer 6.0
Windows 2000	Installation Internet Explorer 6.0
Windows XP	Version 6.0.2716.1500 enthalten
Windows Server 2003	Version 6.0.3663.0 enthalten
Position der Original-Dokumentation in der MSDN-Library	Web Development|Programmierung and Reusing the Browser|Webbrowser Control|

Tabelle 13.3
Schnellinfo Microsoft Internet Controls

13.2.1 Objektmodell des Webbrowser Control

Die Microsoft Internet Controls enthalten nur ein minimales Objektmodell, das aus der Objektmenge ShellWindows mit Instanzen der Klasse Webbrowser besteht. Diese Beziehung ist grafisch bereits im Zusammenhang mit den Shell Objects dargestellt worden. Die Klasse Webbrowser existiert innerhalb der Komponente in verschiedenen Versionen. Weiterhin wird die hier nicht näher besprochene Klasse ShellUIHelper implementiert.

Bild 13.4
Ansicht der SHDocVw-Typbibliothek im VB 6.0-Objektkatalog

13.2.2 Anwendungsbeispiele

Objektmodell

Das folgende Script zeigt, wie ein Explorer-Fenster mit einem bestimmten Uniform Resource Locator (URL) angezeigt werden kann. Ein virtuelles Fenster wird bereits mit der Instanziierung erzeugt. Die Darstellung auf dem Bildschirm erfolgt aber erst durch das Setzen des Attributs visible.

Navigation

Listing 13.11
IE starten und Webseite anzeigen [ie_message.wsf]

```
Dim ie ' As SHDocVw.WebBrowser
Set ie = CreateObject("InternetExplorer.Application")
ie.navigate "http://XFilesServer01"
ie.MenuBar = False
ie.Visible = True
MsgBox "Gelesen?"
ie.Quit
```

Das Script schließt das Fenster wieder, nachdem der Anwender das Dialogfenster weggeklickt hat.

Der Internet Explorer als Ausgabefenster Der Internet Explorer eignet sich hervorragend dazu, als Ein- und Ausgabefenster für WSH-Scripts benutzt zu werden. Um ein leeres Dokument in den IE zu bekommen, gibt es einen Trick: Der Moniker *about:* stellt all das, was nach dem Doppelpunkt angegeben wird, auf einer leeren Seite im Browser dar. Da das komplette Leerlassen und Zeichenketten, die nur aus Leerzeichen bestehen, zu Problemen führen, sollten Sie nach dem Doppelpunkt irgendetwas angeben.

Ausgaben via IE-Fenster

```
Dim ie   ' As SHDocVw.WebBrowser
Dim doc  ' As MSHTML.HTMLDocument
Set ie = CreateObject("InternetExplorer.Application")
ie.Visible = True
ie.navigate "about:<HTML></HTML>"
' -- warten bis dargestellt
Do While ie.Busy
Loop
' -- Zugriff auf DOM
Set doc = ie.Document
doc.Write "<h2>Hallo!</h2>"
```

Listing 13.12 Verwendung des IEs als Bildschirmmaske [ie_about.wsf]

Nachdem Sie Zugriff auf das Document-Objekt des dargestellten *About*-Dokuments genommen haben, können Sie das Internet Explorer-Fenster dynamisch mit beliebigen HTML-Inhalten füttern. Die Möglichkeiten zur dynamischen Generierung von HTML-Inhalten mit Hilfe des Document Object Model (DOM) für HTML ist Thema in [SCH01c]

> Bitte beachten Sie die notwendige Schleife, die darauf wartet, dass das Attribut ie.busy den Wert *False* erhält. Wenn Sie zu früh auf ie.document zugreifen, werden Sie einen Fehler erhalten. Diese Fehlerursache ist tückisch, weil der Internet Explorer lokal verfügbare Seiten so schnell darstellt, dass der Fehler auch ohne die Abfrage von busy normalerweise nicht auftritt.

Ereignisse Das Webbrowser-Objekt definiert eine Reihe von Ereignissen, die Sie abfangen können. Wenn Sie den Browser zur Darstellung von Informationen nutzen, können Sie mit dem OnQuit-Ereignis feststellen, ob der Benutzer das Fenster schließt. Verhindern können Sie das Schließen des Fensters leider nicht. Ihr Script könnte aber den Benutzer darauf hinweisen und die Seite erneut darstellen.

Webbrowser-Ereignisse

```
' --- Ereignisbehandlung
ie_OnQuit()

Sub IE_OnQuit()
say "Internet Explorer wird geschlossen"
ende = true
End Sub

ie_documentcomplete()

Sub ie_documentcomplete(o,url)
say "Download beendet:" & url
End Sub
```

Listing 13.13 Ein WSH-Script, das auf Ereignisse aus dem IE-Fenster reagiert. Das Script wird erst beendet, wenn das Browser-Fenster geschlossen wird. [_ie_event.vbs]

```
ie_event()
' --- Hauptroutine
Dim ie, ende
Set ie = WScript.CreateObject("InternetExplorer.Application","IE_")
ie.navigate "http://1.1.1.21"
ie.MenuBar = False
ie.Visible = True
ende = False
do while not ende
    WScript.sleep 1
loop
say  "Programmende"
```

13.3 Microsoft Common Dialog Control

Standarddialoge Das Common Dialog Control ermöglicht den Zugriff auf Windows-Standarddialoge (Datei öffnen, Datei speichern, Druckerauswahl, Schriftartauswahl, Farbauswahl, Hilfe). Das Common Dialog Control (*comdlg32.ocx*) ist ein Satz von ActiveX-Steuerelementen, die den Zugriff auf die Betriebssystembibliothek *comdlg32.dll* kapseln. Im Gegensatz zu vielen anderen ActiveX-Steuerelementen besitzen die Common Dialogs ihre eigenen Fenster – sie benötigen also keinen Form-Container. Daher sind diese Standarddialoge auch aus Scriptumgebungen heraus nutzbar.

Ein Common Dialog stellt dem Benutzer lediglich eine Frage – er führt die Aktion jedoch nicht aus. Das aufrufende Programm erhält die Auswahl des Benutzers und kann diese weiterverarbeiten.

Name und Abkürzung	Microsoft Common Dialog Control
Name der Komponentendatei	COMDLG32.OCX
Interner Name der Typbibliothek	MSComDlg
Helpstring der Typbibliothek	Microsoft Standarddialog-Steuerelement 6.0
Hersteller	Microsoft
Lizenzierung	Teil der Microsoft Visual Basic 6.0 Common Controls (kostenlose Erweiterung; Bestandteil von Visual Studio 6.0 oder)
Besprochene Version	6.0.84.18
Installation auf allen Windows-Systemen	`regsvr32 COMDLG32.OCX`
Dokumentation	MSDN-Entwicklerbibliothek [MSL00]

13.3.1 Objektmodell

Einzige Klasse ist `MSComDlg.CommonDialog`.

Das Vorgehen ist wie folgt:
- Instanziieren der Klasse
- Festlegen der relevanten Attribute für den jeweiligen Standarddialog
- Anzeige der Dialoge durch Aufruf einer spezifischen Methode für jeden einzelnen Dialog
- Auslesen der durch den Dialog gesetzten Werte

Die Klasse `CommonDialog` stellt die in der nachfolgenden Tabelle genannten sechs Methoden für jeweils eine Art von Standarddialogen bereit. Die Methoden besitzen weder Parameter noch Rückgabewerte. Alle notwendigen Einstellungen müssen durch Zuweisung an die Attribute vorgenommen werden. Dabei hat jeder der sechs Standarddialoge eigene Attribute. Die Klasse `CommonDialog` speichert alle Rückgabewerte in Attributwerten, die nach der Rückkehr aus der Methode abgefragt werden können.

Methoden

Methode	Erläuterung
ShowOpen()	Zeigt das Dialogfenster „Öffnen" zur Auswahl einer Datei. Diese Methode kann ohne das vorherige Setzen von Attributwerten aufgerufen werden.
ShowSave()	Zeigt das Dialogfenster „Speichern" zur Auswahl eines Ordners und Dateinamens. Diese Methode kann ohne das vorherige Setzen von Attributwerten aufgerufen werden.
ShowColor()	Zeigt das Dialogfenster „Farbe" zur Druckerauswahl. Diese Methode kann ohne das vorherige Setzen von Attributwerten aufgerufen werden.

ShowFont()	Zeigt das Dialogfenster „Schriftart" zur Auswahl von Schriftart, Schriftschnitt und Schriftgröße an. Vor dem Aufruf muss im Attribut `Flags` festgelegt werden, ob nur Bildschirmschriftarten, nur Druckerschriftarten oder beide Arten angezeigt werden sollen.
	
	`CONST cdlCFScreenFonts = 1`
	`CONST cdlCFPrinterFonts = 2`
	`CONST cdlCFBoth = 3`
	
	Ohne diese Angabe erscheint ein Dialogfenster, die meldet, es seien keine Schriftarten installiert.

ShowPrinter()	Zeigt das Dialogfenster „Drucken" zur Druckerauswahl. Diese Methode kann ohne das vorherige Setzen von Attributwerten aufgerufen werden.
ShowHelp()	Zeigt eine Hilfedatei an. Es können nur die alten Windows-Hilfedateien (Erweiterung *.hlp*), nicht jedoch die neuen kompilierten HTML-Dateien (*.chm*) angezeigt werden. Es müssen vorher im Attribut `HelpFile` der Dateiname der Hilfedatei und im Attribut `HelpCommand` die Art der Anzeige näher spezifiziert werden. Ohne diese Angaben scheint nichts zu passieren. Die Anwendung *winhlp32.exe* wird jedoch im Hintergrund gestartet und bleibt als verwaister Prozess bestehen.

Tabelle 13.4
Methoden der Klasse „CommonDialog"

Bild 13.5
Anzeige der Klasse „CommonDialog" im VB 6.0-Objektkatalog

13.3.2 Einfaches Beispiel

Das nachfolgende Beispiel zeigt die jeweils schlichteste Form der Dialogfenster.

Listing 13.14
Aufruf minimal konfigurierter Dialogfenster

```
Set objDialog = CreateObject("MSComDlg.CommonDialog")
' --- Dialogfenster ohne weitere Angaben
objDialog.ShowOpen
objDialog.ShowSave
objDialog.ShowColor
objDialog.ShowPrinter
' --- Dialogfenster mit Voraussetzungen
' ----- Schriftarten wählen
objDialog.Flags = cdlCFBoth
objDialog.ShowFont
' ----- Hilfe zu Windows anzeigen
objDialog.HelpFile = "windows.hlp"
objDialog.HelpCommand = cdlHelpContents
objDialog.showHelp
```

Microsoft Common Dialog Control

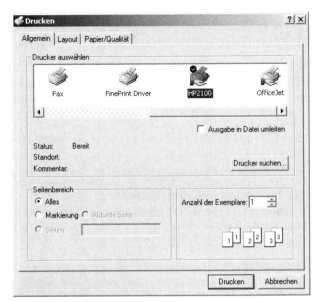

Bild 13.6
Drucker-
auswahl-
Dialog

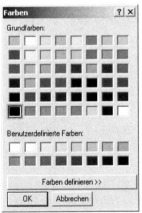

Bild 13.7
Farbauswahl-
Dialog

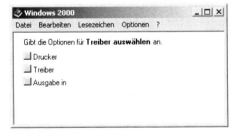

Bild 13.8
Windows-Hilfe

13.3.3 Öffnen-Dialog

Das nächste Listing zeigt den Öffnen-Dialog ausführlicher. Dabei werden folgende Werte festgelegt:

- Das Startverzeichnis im Attribut `InitDir`
- Zwei Dateitypfilter im Attribut `Filter`. Dafür gibt es eine spezielle Syntax. Zu jedem Filter gehören zwei Angaben: zum einen die Anzeige im Dialogfenster, davon mit einem vertikalen Strich „ | " abgetrennt als zweites das Filterkriterium. Sofern mehrere Erweiterungen gefiltert werden sollen, müssen diese durch ein Semikolon getrennt sein. Dateifilter werden untereinander wieder durch einen vertikalen Strich abgetrennt.
- Die maximale Länge des Dateinamens (`MaxFileSize`). Die Angabe dieses Attributs ist normalerweise bereits auf 255 Zeichen eingestellt. VBScript hat jedoch ein Problem mit dem Standardwert und verlangt eine explizite Zuweisung.
- Mit einer Zuweisung an das Attribut `Flags` wird die Mehrfachauswahl von Dateien zugelassen. Bitte beachten Sie, dass Windows in diesem Fall nicht den modernen Dateidialog im Windows32-Look&Feel, sondern einen Dialog älteren Typs hervorbringt.
- Da die `Show()`-Methoden der Klasse `CommonDialog` keine Rückgabewerte liefern und es auch kein Attribut gibt, das anzeigt, ob das Dialogfenster vom Anwender abgebrochen wurde, ist es etwas umständlich, den Abbruch festzustellen. Mit `objDialog.CancelError = True` wird das Control angewiesen, im Fall des Abbruchs einen Fehler Nummer 32755 zu erzeugen, der dann im Programm abgefangen werden muss.

Listing 13.15
Anzeige eines Öffnen-Dialogs [dialog_open.wsf]

```
' === Demonstration des Open-Dialogs
Sub Dialog_open()
Const cdlOFNAllowMultiselect = 512
Dim objdialog ' As MSComDlg.CommonDialog
Dim strfilter
' --- Instanziieren
Set objdialog = CreateObject("MSComDlg.CommonDialog")
' --- Festlegen des Dateifilters
strfilter = "Textdateien (*.txt;*.csv;*.asc)|*.txt;*.csv;*.asc|"
strfilter = strfilter & "Alle Dateien (*.*)|*.*"
objdialog.Filter = strfilter
' --- Startverzeichnis
objdialog.InitDir = "D:\buch"
' --- Maximale Dateilänge
objdialog.MaxFileSize = 200
' --- Mehrfachauswahl zulassen
objdialog.Flags = cdlOFNAllowMultiselect
' --- Wirkung von Abbruch festlegen
objdialog.CancelError = True
' --- Anzeigen
On Error Resume Next
objdialog.ShowOpen
say "Ausgewählt wurde: " & objdialog.FileName
' --- Fehlerabfrage
If Err.Number = 32755 Then
    say "Auswahl wurde abgebrochen!"
ElseIf Err.Number <> 0 Then
    say "Es ist folgender Fehler aufgetreten:" & Err.Description
Else
    say "Ausgewählt wurde: " & objdialog.FileName
End If

End Sub
```

Microsoft Common Dialog Control

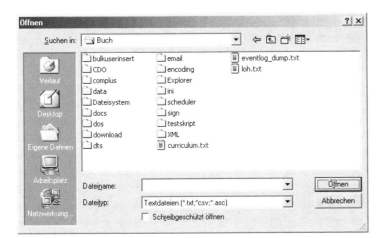

Bild 13.9
Öffnen-Dialog ohne Mehrfachauswahl

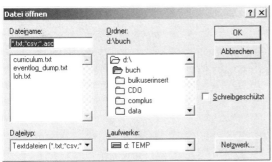

Bild 13.10
Öffnen-Dialog mit Mehrfachauswahl

Das Ergebnis der Auswahl steht nach der Rückkehr im Attribut `FileName`. Wenn der Benutzer eine Mehrfachauswahl hatte, dann stehen die Dateinamen alle in diesem Attribut, jeweils getrennt durch ein Leerzeichen. Dies führt natürlich dann zu einem Problem, wenn Dateinamen ausgewählt wurden, die Leerzeichen enthalten. Aus diesem Grund zeigt der „alte" Standarddialog mit Mehrfachauswahl zwar lange Dateinamen mit mehr als acht Zeichen korrekt an, jedoch nicht solche mit Leerzeichen. Diese werden durch die übliche Tilde ~ abgekürzt, die Sie kennen, wenn Sie mit alten Windows-16-Bit-Anwendungen auf einem Dateisystem eines 32-Bit-Betriebssystems arbeiten.

Rückgabewerte

Das Attribut `FileName` ist auch dann belegt, wenn der Benutzer zwar einen Dateinamen ausgewählt, dann aber auf Abbruch geklickt hat. Ein leeres `FileName`-Attribut ist also kein hinreichendes Kriterium für die Feststellung des Dialogabbruchs. Dies muss mit einem Test auf Fehler 32755 festgestellt werden.

Das Attribut `FileTitle` enthält den Namen der ausgewählten Datei ohne Pfad.

13.3.4 Speichern-Dialog

Das Beispiel des Speichern-Dialogs sieht sehr ähnlich wie die Anwendung des Öffnen-Dialogs aus. Neu ist das Attribut `FilterIndex`, das festlegt, welcher der angegebenen Dateifilter zu Beginn gewählt ist.

Datei speichern unter

Listing 13.16
Anzeige eines Speicher-Dialogs mit Filter [dialog_save.wsf]

```
Const intOverwritepstrPrompt = &H2&
Const intPathMustExist = &H800&
' -- Instanziieren
Set objDialog = CreateObject("MSComDlg.CommonDialog")
' -- Festlegen des Dateifilters
strfilter = "HTML (*.htm;*.html)|*.htm;*.html|"
strfilter = "ASP-Dateien (*.asp)|*.asp|"
strfilter = strfilter & "Alle Dateien (*.*)|*.*"
' Vorbereitung der Anzeige
With objDialog
' -- Startverzeichnis
.InitDir = "c:\"
' -- Flags
.Flags = intOverwritepstrPrompt + intPathMustExist
' -- Dateityp-Filter auf ersten Filter setzen
.Filter = strfilter
.FilterIndex = 1
' -- Namensvorschlag
.FileName = "neueDatei"
' -- Maximale Dateilänge
.MaxFileSize = 255
' -- Wirkung von Abbruch festlegen
.CancelError = True ' triggert einen Fehler im Fall des Abbruchs!
On Error Resume Next
' -- Anzeigen
.ShowSave
End With
' Auswertung des Ergebnisses
If Err.Number = 32755 Then
    MsgBox "Auswahl wurde abgebrochen!"
ElseIf Err.Number <> 0 Then
    MsgBox "Es ist folgender Fehler aufgetreten:" & Err.Description
Else
    MsgBox "Ausgewählt wurde: " & objDialog.FileName
End If
```

Bild 13.11 Speichern-Dialog

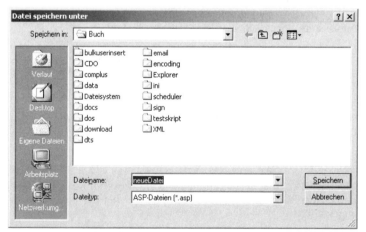

13.3.5 Schriftarten-Dialog

Da sich diese Beispiele sehr ähnlich waren, zeigt das letzte Beispiel den Schriftarten-Dialog, der zahlreiche, jedoch intuitiv verständliche Ein- und Ausgabeattribute hat.

Schriftart wählen

Listing 13.17
Anzeige des Schriftarten-Dialogs [dialog_font.wsf]

```
' *** FontsConstants
Const cdlCFScreenFonts = 1
Const cdlCFPrinterFonts = 2
Const cdlCFBoth = 3
Dim objdialog, strfilter
' -- Instanziieren
Set objdialog = CreateObject("MSComDlg.CommonDialog")
With objdialog
' -- Vorbereitung der Anzeige
.Flags = cdlCFBoth
.FontName = "Arial"
.FontSize = 12
.FontItalic = True
.FontStrikethru = True
On Error Resume Next
' -- Anzeige
.ShowFont
' Auswertung des Ergebnisses
If Err.Number = 32755 Then
    MsgBox "Auswahl wurde abgebrochen!"
ElseIf Err.Number <> 0 Then
    MsgBox "Es ist folgender Fehler aufgetreten:" & Err.Description
Else
    MsgBox "Ausgewählt wurde: " & .FontName & "(" & .FontSize _ & " Punkt)"
End If
End With
```

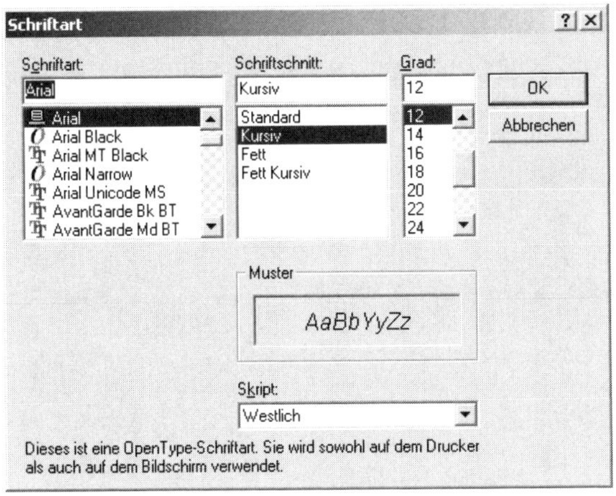

Bild 13.12
Schriftarten-Dialog

14 Daten und Dokumente

Im Dateisystem von Windows Vista kann man mit einem OLE DB-Provider (*OLE DB Provider for Windows Search – MSIDXS*) suchen.

Im .NET Framework findet man die Dateisystemzugriffe im Namensraum `System.IO` (siehe Kapitel 24 „PowerShell im Einsatz").

Die *ActiveX Data Objects (ADO)* sind die allgemeine Komponente für den Zugriff auf Datenquellen. Dazu gehören neben Datenbanken auch Textdateien und Verzeichnisdienste. Neben der ADO-Kernkomponente gibt es inzwischen zwei Erweiterungen: *Microsoft ADO Extensions for DDL and Security (ADOX)* und *ADO Multi Dimensional (ADOMD)* für die OLAP-Dienste.

Die *ActiveX Data Objects (ADO)* können auf strukturierte Textdateien zugreifen. XML-strukturierte Textdateien werden mit Hilfe der *MSXML-Komponente* verarbeitet (siehe COM-Komponenten-Handbuch). ADO kann Datenbanktabellen in XML-Dateien umwandeln. Das *Text Object Model (TOM)* für den Zugriff auf Rich-Text-Dateien wird in diesem Buch nicht vorgestellt.

Im .NET Framework findet man diese Funktionalität in den Namensräumen `System.Data` und `System.Xml`, siehe „Programmieren mit der .NET-Klassenbibliothek".

Microsoft Office Die Produkte der Microsoft Office-Produktfamilie sind heute das Vorzeigeobjekt hinsichtlich der Automatisierbarkeit durch COM-Komponenten. Nicht nur die großen Produkte wie

- Microsoft Excel,
- Microsoft Word,
- Microsoft PowerPoint,
- Microsoft Access,
- Microsoft Outlook und
- Microsoft FrontPage

können per COM gesteuert werden, sondern auch Hilfsanwendungen wie Microsoft Graph und der Microsoft Agent. Die Dokumentation der Automatisierungskomponenten von Microsoft Office füllt mehrere dicke Bücher, die bei verschiedenen Verlagen erhältlich sind. Die Automatisierbarkeit ist bereits seit Office 95 sehr ausgeprägt vorhanden.

Für die Steuerung von Microsoft Office aus dem .NET Framework heraus bietet Microsoft inzwischen die Visual Studio Tools for Office (VSTO) als Add-on an.

Office-Komponenten

Microsoft SQL Server Der Zugriff auf den Inhalt von Microsoft SQL Server-Datenbanken ist mit den *ActiveX Data Objects (ADO)* möglich (siehe COM-Komponenten-Handbuch). Die Konfiguration des SQL Servers und der Datenbanken selbst wird dagegen durch die *SQL Server Distributed Management Objects (SQL-DMO)* abgebildet. Für die Administration der OLAP-Dienste gibt es die *Decision Support Objects (DSO)*.

Ein weiterer abgeschlossener Bereich innerhalb des SQL Server ist der *Data Transformation Service (DTS)*. Dieser lässt sich über die *Microsoft DTSPackage Object Library* automatisieren.

DTS

SQL-DMO und DTS werden im COM-Komponenten-Handbuch behandelt.

SMO Der Microsoft SQL Server ab Version 2005 enthält eine neue, auf dem .NET Framework basierende Verwaltungskomponente mit Namen *SQL Management Objects (SMO)*, Namensraum `Microsoft.SqlServer.Management`.

SAP DCOM Connector **SAP R/3** Die Firma SAP bietet mit dem *SAP DCOM Connector* eine COM-Komponente an, die den Zugriff auf Daten und Transaktionen im SAP-System ermöglicht. Der SAP DCOM Connector ist naturgemäß eine sehr komplexe Komponente. Empfehlenswerte Lektüre zu diesem Thema ist das Buch [SAP99]. Für den Zugriff auf SAP aus einer .NET-Sprache heraus bietet SAP den *SAP .NET Connector* an [SAP04].

14.1 ActiveX Data Objects (ADO)

Datenbankzugriff Der Zugriff auf Datenbanken und andere Datenquellen ist eine wichtige Funktion im Rahmen der scriptbasierten Administration. Zum einen sind es teilweise die Datenbestände in Datenbanken selbst, die per Script verändert werden sollen, zum anderen sind Datenbanken oft die Speicher für von Scripts benötigte Informationen.

Microsofts aktuelle COM-Komponente für den Zugriff auf Datenbanken und andere Datenquellen sind die ActiveX Data Objects (ADO). Dabei ist ADO Teil des Redmonder Konzepts Universal Data Access (UDA). Zum besseren Verständnis von ADO ist zunächst eine Betrachtung der ADO zu Grunde liegenden OLE DB-Architektur notwendig.

14.1.1 Von ODBC zu OLE DB

DBMS Datenbankmanagementsysteme (DBMS) unterscheiden sich im Allgemeinen sehr stark hinsichtlich ihrer Programmierschnittstellen. Daraus resultiert das Streben nach einem Treiberkonzept für DBMS. Analog zu Treibern für Hardware wie Grafikkarten, Soundkarten, Drucker etc. soll jede Anwendung in der Lage sein, mit jeder Datenbank zusammenzuarbeiten. Einige von Ihnen mögen sich noch an die Zeit erinnern, als Treiber für Hardware in den Anwendungsprogrammen integriert waren. Jede Anwendung hatte ihre eigene Treibersammlung. Heute wird durch das Windows-Betriebssystem eine Abstraktionsschicht bereitgestellt. Im Idealfall wird für jeden Hardwarebaustein nur ein Treiber installiert. Die Anwendungen rufen Funktionen des Betriebssystems auf, die mit Hilfe des installierten Treibers auf die spezifischen Schnittstellen der einzelnen Geräte umgesetzt werden.

ODBC Ein Treiberkonzept mit einer derartigen Abstraktionsschicht gibt es in der Windows-Welt bereits seit langem unter dem Namen Open Database Connectivity (ODBC). Anwendungen nutzen für den Zugriff auf Datenbanken die ODBC-Programmierschnittstelle, ohne sich um die Charakteristika der einzelnen Datenbankmanagementsysteme sorgen zu müssen.

OLE DB **OLE DB** ODBC hat sich aber über die Jahre als zu langsam und zu unflexibel erwiesen. Die Ablösung für ODBC heißt OLE DB. DB steht für „Database" und OLE für „Object Linking and Embedding", was zunächst in diesem Zusammenhang verwunderlich ist. Der Name weist darauf hin, dass die Technik schon Mitte der 90er Jahre entwickelt wurde. Damals war OLE noch der aktuelle Marketingbegriff für Microsofts Komponententechnologie. Etwas später geboren hätte das Kind dann wohl den Namen „COM DB" bekommen. Aktuell in Mode wäre „ActiveX DB".

Mögliche Datenquellen OLE DB ist flexibler als ODBC und ermöglicht auch den Zugriff auf Datenquellen, die in relationaler Form angeordnet sind. Als OLE DB-Datenquellen kommen beispielsweise in Frage:

- serverbasierte Datenbankmanagementsysteme (z.B. Oracle, Informix, Microsoft SQL Server)
- Datenbankdateien (z.B. Access, DBase)
- Textdateien (z.B. CSV, HTML-Tabellen)
- Tabellenkalkulationen (z.B. Excel)
- Verzeichnisdienste (z.B. LDAP, WinNT, Novell Directory Service)
- Mail-Systeme (z.B. Microsoft Exchange, Lotus Notes)

Strukturierte versus semi-strukturierte Datenquellen OLE DB ist in der Lage, sowohl auf strukturierte als auch auf semi-strukturierte Datenquellen zuzugreifen. Während bei strukturierten Datenquellen ein einzelner Datensatz nicht von einer vorgegebenen Feldstruktur abweichen kann, verfügen bei semi-strukturierten Datenquellen nicht alle Datensätze über die gleichen Felder. Ein Beispiel für eine strukturierte Datenquelle ist eine relationale Datenbank, in der alle Datensätze einer Tabelle (Relation) die gleichen Felder besitzen. Beispiele für semi-strukturierte Datenquellen sind Message Stores und Verzeichnisdienste. Semi-strukturierte Datenquellen sind oft in Form von Objektmengen modelliert.

Strukturierte versus semi-strukturierte Datenquellen

OLE DB selbst verarbeitet Daten immer in Form einer strukturierten Relation. Beim Zugriff auf semi-strukturierte Datenquellen bleiben also Felder in der Ergebnistabelle leer.

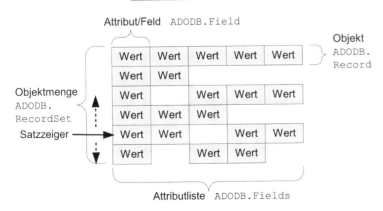

Bild 14.1
Strukturierte versus semi-strukturierte Datenquellen

Die in obiger Abbildung genannten Klassennamen (ADODB.xy) beziehen sich auf die in diesem Kapitel erläuterten ADO-Klassen.

OLE DB-Architektur ODBC und OLE DB haben gemein, dass ihre Programmierschnittstellen komplex und systemnah sind. Es besteht daher Bedarf nach einer einfachen, objektbasierten Programmierschnittstelle auf Basis der komplexen OLE DB-Schnittstellen. Dies ist die Rolle der ActiveX Data Objects (ADO).

Die Gesamtarchitektur zeigt die folgende Abbildung. Die Rolle der ODBC-Treiber haben OLE DB-Provider eingenommen.

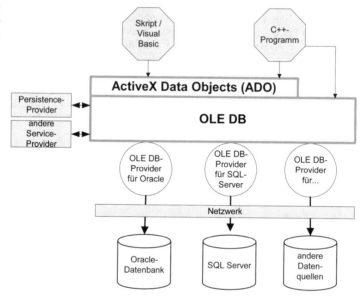

Bild 14.2 Architektur von OLE DB und ADO

OLE DB-Bausteine Die OLE DB-Architektur kennt folgende Bausteine:
- OLE DB Data Provider (Datenanbieter) implementieren den Zugriff auf Datenquellen.
- OLE DB Service Provider (Dienstanbieter) erweitern die Funktionalität von OLE DB.
- OLE DB Consumer (Konsumenten) sind Anwendungen, die OLE DB nutzen. Dabei ist aus der Sicht der OLE DB-Schicht auch ADO ein Konsument.

Verfügbare OLE DB Data Provider von Microsoft Microsoft liefert folgende Data Provider:

Data Provider von Microsoft
- Microsoft OLE DB Provider for ODBC: Zugriff auf ODBC-Treiber. Dieser Treiber wird auch „OLE DB-ODBC-Bridge" genannt.
- OLE DB Provider for Microsoft Jet: Zugriff auf JET-Datenbanken und ISAM-Treiber
- Microsoft OLE DB Provider for Oracle: Zugriff auf Oracle-Datenbanken
- Microsoft OLE DB Provider for SQL Server: Zugriff auf Microsoft SQL Server-Datenbanken
- Microsoft OLE DB Provider for Internet Publishing (MDAIPP): Zugriff auf Webordner und den Exchange Server-Webstore
- Microsoft OLE DB Provider for Microsoft Indexing Service: Zugriff auf das Dateisystem und den Index Server (nur Lesezugriff)

ActiveX Data Objects (ADO)

- Microsoft OLE DB Provider for Microsoft Active Directory Service: Zugriff auf Verzeichnisdienste. Beispiele dazu finden Sie im Kapitel 11 zu ADSI.
- SQL Server DTS Flat File OLE DB Provider: Zugriff auf Textdateien
- Microsoft OLE DB Provider for DTS Packages: Zugriff auf Pakete des Data Transformation Service
- Exchange OLE DB Provider: Zugriff auf den Exchange Server-Webstore

OLE DB-Provider für ODBC

Da noch nicht für alle Datenbankmanagementsysteme OLE DB-Provider zur Verfügung stehen, gibt es einen OLE DB-Provider für ODBC. Damit können auch Datenquellen verwendet werden, für die nur ein ODBC-Treiber vorhanden ist. Da die Daten auf diesem Wege viele Schichten durchqueren müssen, ist die Performance nicht gut. Suchen Sie also immer erst einen „native" OLE DB-Provider für Ihre Datenquelle, bevor Sie auf den Umweg über ODBC zurückgreifen.

Andere OLE DB Data Provider Da Microsoft die OLE DB-Architektur und die dafür definierten COM-Schnittstellen veröffentlicht hat, gibt es auch von anderen Anbietern OLE DB Data- und Service-Provider:

Provider von anderen Anbietern

- ACES [ACE00] bietet einen OLE DB-Provider für NT-Ereignisprotokolle.
- IBM bietet einen Provider für DB2/400 AS/400 an [IBM00].
- Die Firma DataDirect bietet Provider für Informix, Oracle, Sybase Adaptive Server, Sybase System 10/11, SAP R/3, XML und Lotus Notes an [DATDIR01].

Diese Liste erhebt keinen Anspruch auf Vollständigkeit, da es ständig neue Produkte gibt. Es gibt es eine „unabhängige" (von der Firma Merant gesponserte) OLE DB-Site [ODB00b].

Das Schreiben eigener OLE DB-Provider ist nicht schwer und auch mit Visual Basic 6 möglich, siehe MSDN-Entwicklerbibliothek.

14.1.2 Einführung in die ActiveX Data Objects (ADO)

RDO, DAO

Die Idee, auf Basis der eigentlichen Datenbankschnittstelle eine einfachere Programmierschnittstelle zur Verfügung zu stellen, ist nicht neu. Mit den Remote Data Objects (RDO) und den Data Access Objects (DAO) gab es einen solchen Ansatz auch schon für ODBC. ADO vereinheitlicht diese bestehenden Ansätze und ermöglicht die Nutzung spezifischer OLE DB-Funktionen. Aber auch der Zugriff auf ODBC ist weiterhin möglich.

ADO versus OLE DB

ADO ist eine automationsfähige COM-Komponente und daher insofern programmiersprachenunabhängig, als alle COM-fähigen Sprachen ADO nutzen können. Die COM-Schnittstellen von OLE DB sind dagegen nicht COM-automationsfähig und können auf Grund verschiedener komplexer Abläufe nur von C++ aus komplett genutzt werden. ADO besitzt aber Zugriff auf alle OLE DB-Funktionen. Es besteht also kein Grund, OLE DB lieber direkt programmieren zu wollen.

Name und Abkürzung	ActiveX Data Objects (ADO)
Name der Komponentendatei	msado15.dll
Interner Name der Typbibliothek	ADODB
Helpstring der Typbibliothek	Microsoft ActiveX Data Objects 2.5 Library

Tabelle 14.1: Schnellinfo ActiveX Data Objects (ADO)

Name und Abkürzung	ActiveX Data Objects (ADO)
Hersteller	Microsoft
Lizenzierung	Bestandteil diverser Produkte; auch als einzelnes kostenloses Add-on verfügbar
Besprochene Version	2.7
NT 4.0, Windows 95/98/ME, Windows ME und Windows 2000	Installation von MDAC [CD:/Install/komponenten/ADO] oder [ODB00a]
Windows XP/Windows Server 2003	Version 2.7 enthalten; Version 2.8 kann optional installiert werden
Windows Vista / Windows Server 2008	Version 6.0 enthalten
Windows 7 / Window Server 2008 R2	Version 6.1 enthalten
Dokumentation	siehe Microsoft MSDN-Entwicklerbibliothek [MSL00]

Tabelle 14.1: Schnellinfo ActiveX Data Objects (ADO) (Forts.)

MDAC Installation und Versionen Microsoft Data Access Components (MDAC) ist der Name des Installationspakets, mit dem OLE DB und ADO installiert werden. ADO wurde erstmalig mit den Active Server Pages im Internet Information Server 3.0 ausgeliefert mit dem Einsatzgebiet der datenbankbasierten Webanwendungen. Eine neuere Version von ADO wurde mit dem SQL Server 7.0 ausgeliefert. Microsoft hatte zahlreiche Probleme mit früheren Versionen. MDAC 1.5 war nur eingeschränkt Jahr-2000-kompatibel. Das „Jahr-2000-compliant-Release" MDAC 2.0 enthielt viele Fehler und wurde schnell durch zwei Service-Packs ergänzt und schließlich durch MDAC 2.1 abgelöst, die mit Office 2000 und dem Internet Explorer ausgeliefert wurden. Doch auch mit MDAC 2.1 gab es Probleme: So ist ADO 2.1 nicht kompatibel mit dem Active Directory Service Interface (ADSI) in der Version 2.0. ADO 2.1 benötigt ein Update auf ADSI 2.5.

Die in Windows Vista/Windows Server 2008 enthaltene Version 6.0 bzw. 6.1 in Windows 7/Windows Server 2008 R2 enthält keine Neuerungen; die Versionsnummer von ADO wurde lediglich an die Versionsnummer des Betriebssystems angepasst.

Sie finden das Installationspaket MDAC 2.8 auf der Buch-CD [CD:/install/komponenten/ado/mdac/].

Benutzen Sie für den Zugriff auf Access97-Datenbanken nicht den Provider Microsoft.Jet.oledb in Version 4.0, sondern die Vorgängerversion 3.51. Die Version 4.0 ist auf Access2000 ausgelegt und in Verbindung mit früheren Access-Versionen zu langsam. Da `Microsoft.Jet.OLE DB.3.51` seit MDAC 2.1 nicht mehr Bestandteil von MDAC ist, müssen Sie erst MDAC 2.0 und danach eine neuere Version installieren.

MDAC Component Checker **Ermittlung der MDAC-Versionen** Sie erkennen die installierte MDAC-Version an der Versionsnummer der *msdadc.dll*. Der MDAC Component Checker ist ein kostenloses Zusatzwerkzeug, das detaillierte Informationen über die installierte MDAC-Version zusammenstellt. Der Component Checker überprüft alle installierten MDAC-DLLs und liefert auf mehreren Auswertungsseiten Informationen über deren Versionsstand. Sie finden den MDAC Component Checker auf der Buch-CD-ROM im Verzeichnis /Install/ADO/ComponentChecker.

Mit Hilfe der in der eigenständigen COM-Komponente MDACVer implementierten Klasse Version können Sie die installierte MDAC-Version auch per Programmcode ermitteln. Diese Klasse in in ADO enthalten.

MDACVer-Komponente

```
' Komponente MDACVer.odbcconf.dll
' "Microsoft Data Access Components Installed Version"
Dim x 'As MDACVer.Version
Set x = CreateObject("MDACVer.Version")
say x.Major & "." & x.Minor & "." & x.Build
```

*Listing 14.1
Ermittlung der MDAC-Version per Programmcode*

ADO-Erweiterungen Für ADO sind inzwischen verschiedene Erweiterungen verfügbar:

- Remote Data Service (RDS)

  RDS ist ein Dienst zum Zugriff auf Datenbanken über das Hypertext Transfer Protocol (HTTP) und wurde geschaffen, um einen Datenaustausch zwischen Webserver und Webbrowser zu ermöglichen. Durch den Einsatz von RDS müssen Daten dem Browser nicht mehr in Form von auf dem Server generierten HTML-Seiten präsentiert werden, sondern die Daten können zum Browser übertragen und dort verarbeitet werden.

  RDS

- Microsoft ADO Extensions for Data Definition and Security (ADOX)

  ADOX ist eine Erweiterung von ADO, um ADO wieder auf die volle Funktionalität von DAO zu bringen. ADO wurde zunächst bewusst gegenüber DAO in der Funktionalität reduziert, da das Lesen und Schreiben von Daten im Vordergrund stand. Die Definition von Tabellen und deren Sicherheitseinstellungen kann bei Datenbankservern über die Ausführung von SQL Data Definition-Befehlen bzw. Stored Procedures ausgeführt werden. ADO bot zwar die Möglichkeit, diese Befehle auszuführen; Programmierer waren es jedoch aus DAO gewöhnt, dass auch das Objektmodell eigene Funktionalitäten dafür bereitstellte. Datendefinitionen und Sicherheitseinstellungen sind in ADO durch die Benutzung von ADOX optional.

  ADOX

- ADO Multi Dimensional (ADOMD)

  ADOMD ist eine Erweiterung zum Zugriff auf multidimensionale Daten. Diese Funktion wird für OLAP (Online Analytical Processing) benötigt. Die Komponente ist implementiert in msadomd.dll.

  ADOMD

14.1.3 Beschreibung von Datenverbindungen

Um eine Verbindung zu einer Datenquelle aufzubauen, werden zahlreiche Informationen benötigt. Dies sind insbesondere:

Informationen über Datenquellen

- Name des Treibers bzw. Providers
- Name des (Datenbank-)Servers oder Pfads zu der Datei, die die Daten enthält
- nähere Beschreibung des Aufbewahrungsorts der gewünschten Informationen (z.B. Name der Datenbank auf einem Datenbank-Server)
- Benutzername und Kennwort für die Herstellung der Verbindung
- Einstellungen für den Ablauf der Verbindung (Zugriffsmodus, Puffergrößen, Transaktionssteuerung, Timeout etc)

Anzahl und Art der benötigten Informationen sind stark vom Treiber bzw. Provider abhängig. Es liegt nahe, diese Verbindungsinformationen außerhalb der Anwendungen zu speichern, um sie zentral verwalten zu können.

ODBC und OLE DB gehen dabei ähnliche, aber dennoch verschiedene Wege.

- ODBC kennt drei Formen so genannter Data Source Names (DSNs), die in der Registry oder dem Dateisystem gespeichert werden.
- OLE DB verwendet so genannte Microsoft Datenlink-Dateien, die im Dateisystem gespeichert werden.

ODBC-Data Source Names (DSN)

DSNs ODBC-DSNs werden über die Systemsteuerung unter dem Symbol ODBC-Datenquelle (32-Bit) konfiguriert. Ab Windows 2000 befindet sich dieses Werkzeug unter Systemsteuerung/Verwaltung/Datenquellen (ODBC).

Bild 14.3
ODBC-Konfiguration

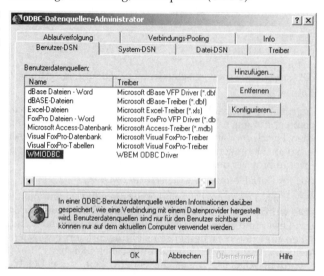

Es gibt drei Arten von DSNs:

Benutzer-DSN (User-DSN) ▷ Eine Benutzer-DSN steht nur einem bestimmten Benutzerkonto zur Verfügung. Die Verbindungsinformationen werden daher in der Registry benutzerbezogen gespeichert. Die Benutzer-DSNs des aktuell angemeldeten Benutzers befinden sich unter HKEY_CURRENT_USER\Software\odbc\odbc.ini.

System-DSN ▷ Datenquellen, die allen Benutzern eines Computers zur Verfügung stehen sollen, müssen als System-DSN abgespeichert werden. Diese Informationen liegen in der Registry unter HKEY_LOCAL_MACHINE\ Software\odbc\odbc.ini.

Datei-DSN (File-DSN) ▷ Eine Datei-DSN wird nicht in der Registry, sondern in Form von Dateien gespeichert. Diese Dateien haben die Extension .dsn und werden in einem zentralen Verzeichnis gespeichert. DSN-Dateien sind einfache ASCII-Textdateien mit der Struktur einer INI-Datei. Den Namen dieses Verzeichnisses finden Sie in der Registry unter HKEY_LOCAL_MACHINE\ Software\ODBC\odbc.ini\ODBC File DSN\DefaultDSNDir.

Ab Windows 2000 können Sie im ODBC-Datenquelle-Administrator (Systemsteuerung) mit Hilfe eines Dateidialogs den Pfad auswählen.

OLE DB Data Links

OLE DB Data Links Während ODBC-Verbindungen in der Windows-Systemsteuerung definiert wurden, können Verbindungen zu OLE DB-Datenquellen überall im Dateisystem in Form von so genannten Microsoft Datenlink-Dateien definiert werden. Datenlink-Dateien haben die Dateierweiterung .udl. Sie können mit Hilfe ihrer Dateieigenschaften verändert werden. Während es in manchen neueren Konfigurationen unter NT 4.0 und Windows 95/98/ME einen Standardeintrag Neue Data Link Datei im Kontextmenü des Dateibrowsers gab, fehlt ab Windows 2000 dieser Eintrag. Legen Sie hier einfach zunächst eine reine Textdatei an und ändern Sie dann für diese die Erweiterung in .udl.

ActiveX Data Objects (ADO)

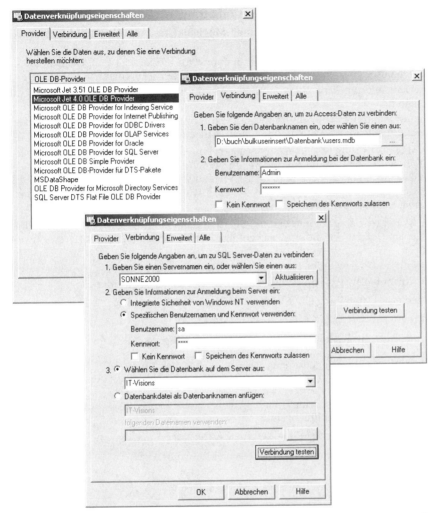

Bild 14.4
Auswahl des OLE DB-Providers in einer UDL-Datei und Spezifikation einer Verbindung zu einer Access- bzw. SQL Server-Datenbank

Die Speicherung erfolgt in Unicode-Textdateien, die auch direkt mit einem Unicode-fähigen Texteditor bearbeitet werden können. Eine UDL-Datei enthält die Spezifikation der Datenquelle in Form einer so genannten *Verbindungszeichenfolge* (Connection String).

```
[oledb]
; Everything after this line is an OLE DB initstring
Provider=Microsoft.Jet.OLEDB.3.51;Persist Security Info=False;User ID=admin;Data
Source=D:\buch\data\meier.mdb
```

Sie sollten eine UDL-Datei nur dann direkt mit einem Texteditor manipulieren, wenn Sie mit der Bedeutung der einzelnen Einstellungen gut vertraut sind. Sie müssen bei diesem Vorgehen auf die Konsistenz der Einstellungen selbst achten, was normalerweise das UDL-GUI für Sie erledigt.

In UDL- und DSN-Dateien gespeicherte Kennwörter werden nicht verschlüsselt!

Kapitel 14 **Daten und Dokumente**

Verbindungszeichenfolgen (Connection Strings)

Speicherung von Verbindungsinformationen in Anwendungen

Eine Anwendung hat grundsätzlich drei Möglichkeiten, die Verbindungsinformationen zu speichern:

1. Eine Anwendung kann auf die in Form von ODBC-DSNs oder OLE DB-Datenlink-Dateien gespeicherten Verbindungsinformationen zurückgreifen.
2. Eine Anwendung kann die kompletten Verbindungsinformationen im Quellcode enthalten.
3. Eine Anwendung kann die Verbindungsinformationen in einer anderen Quelle speichern (z.B. in der Registry oder einer INI-Datei).

Aus Sicht von ADO gibt es keinen Unterschied zwischen den Möglichkeiten 2 und 3. Der dritte Fall wird nicht durch besondere Funktionen unterstützt (warum auch, denn Möglichkeit 1 ist in der Regel ausreichend). Wenn der Programmierer von Möglichkeit 1 keinen Gebrauch macht, dann ist es ADO egal, woher er seine Verbindungsinformationen holt. Die erwartete Form ist die gleiche.

ADO erwartet eine so genannte Verbindungszeichenfolge (Connection String, auch Init String genannt). Eine Verbindungszeichenfolge ist eine Reihe von Attribut-Wert-Zuweisungen.

- Attribut und Wert werden durch ein Gleichheitszeichen getrennt.
- Ein Attribut-Wert-Paar muss mit einem Semikolon beendet werden.

Die allgemeine Darstellung einer Verbindungszeichenfolge ist also:

`"Attribut1=Wert1;Attribut2=Wert2;...;AttributN=WertN;"`

ADO unterstützt insgesamt vier Formen von Verbindungszeichenfolgen.

UDL **Verweise** Der einfachste Fall ist der Verweis auf eine UDL-Datei:

`"File Name=\pfad\datenlinkname.udl;"`

DSN Ähnlich ist der Verweis auf eine DSN bei ODBC, wobei hier seit ADO 2.1 die Angaben für UserID und Kennwort Pflicht sind:

`"Provider=MSDASQL;DSN=dsnname;UID=username;PWD=kennwort;"`

Datei-DSN Beim Verweis auf eine Datei-DSN muss das erste Attribut heißen:

`"Provider=MSDASQL;`
`FILEDSN=\pfad\dsndatei.dsn;UID=username;PWD=kennwort;"`

Dabei ist die Angabe `Provider=MSDASQL` optional, denn immer dann, wenn das Provider-Attribut nicht oder auf einen leere Zeichenfolge gesetzt wird, wird der OLE DB-Provider für ODBC verwendet.

Verbindungszeichenfolgen ohne ODBC-DSN oder OLE DB-Datalink

Attribute Die Verbindungszeichenfolge ohne Verweis auf eine ODBC-DSN oder eine OLE DB-Datalink-Datei (Möglichkeiten 2 und 3) sind natürlich wesentlich komplexer. In den Verbindungszeichenfolgen werden insbesondere folgende Attribute verwendet:

- `PROVIDER` enthält den Namen des OLE DB-Providers. Fehlt diese Angabe, wird der OLE DB-Provider für ODBC verwendet.
- `DRIVER` spezifiziert bei Verwendung des OLE DB-Providers für ODBC den ODBC-Treiber.
- `DATA SOURCE` enthält bei OLE DB den Namen des anzusprechenden Datenbankservers oder bei Datenbankdateien den Dateinamen. Bei ODBC steht an dieser Stelle `SERVER` (bei Datenbankservern) bzw. `DBQ` (bei Datenbankdateien).

- INITIAL CATALOG steht bei Datenbankservern für die gewünschte Datenbank. Bei ODBC heißt das Attribut DATABASE.
- USER ID (in ODBC: UID) und PASSWORD (in ODBC: PWD) enthalten Benutzername und Kennwort.

	zu Möglichkeit 1	zu Möglichkeiten 2+3
OLE DB	Die Verbindungszeichenfolge enthält lediglich einen Verweis auf eine UDL-Datei, in der die nötigen Informationen abgelegt sind.	OLE DB-Verbindungszeichenfolge, die alle nötigen Informationen enthält
ODBC	ODBC-Verbindungszeichenfolge, die auf einen Data Source Name (DSN)-Eintrag verweist	ODBC-Verbindungszeichenfolge, die alle nötigen Informationen enthält

Tabelle 14.2
Formen von Verbindungszeichenfolgen

Die nachfolgende Tabelle zeigt einige Beispiele für Verbindungszeichenfolgen.

Provider	Beispiel für eine Verbindungszeichenfolge
Microsoft Access	*Provider=Microsoft.Jet.OLE DB.4.0;* *User ID=hs;* *Password=egal;* *Persist Security Info=True;* *Data Source=D:\buch\data\katalog.mdb;*
Microsoft Access mit dezidierter Workgroup-Datei	*Provider=Microsoft.Jet.OLE DB.4.0;* *Persist Security Info=False;* *User ID=admin;* *Data Source=D:\buch\data\katalog.mdb;* *Jet OLE DB:System database=d:\buch\data\katalog.mda*
Excel-Datei	*Provider=Microsoft.Jet.OLE DB.4.0;* *Data Source=D:\buch\data\preise.xls;* *Extended Properties="Excel 8.0;HDR=Yes";*
Textdatei über ODBC	*Driver={Microsoft Text Driver (*.txt; *.csv)};* *Dbq=D:\buch\data\;* *Extensions=asc,csv,tab,txt;*
SQL Server über SQL Server-Sicherheit	*Provider=SQLOLE DB.1;* *User ID=sa;* *Password=egal;* *Initial Catalog=IT-Visions;* *Data Source=XFilesServer01;*
SQL Server über NT-Sicherheit	*Provider=SQLOLE DB.1;* *Integrated Security=SSPI;* *Initial Catalog=IT-Visions;* *Data Source=XFilesServer01;*
Oracle	*Provider=MSDAORA;* *Data Source=serverName;* *User ID=userName; Password=userPassword;*
Konfigurierte ODBC-DSN	*Provider=MSDASQL;* *DSN=dsnname;UID=username;PWD=kennwort;*

Tabelle 14.3: Beispiele für Verbindungszeichenfolgen für unterschiedliche Datenquellen und OLE DB-Provider

Provider	Beispiel für eine Verbindungszeichenfolge
Über einen ODBC-Treiber	*Provider=MSDASQL;DRIVER=driver; SERVER= server; DATABASE=database; UID=user; PWD= password";*
OLE DB-Provider für Active Directory	*Provider=ADsDSOObject; Password=ds9; User ID=administrator; Encrypt Password=False;*

Tabelle 14.3: *Beispiele für Verbindungszeichenfolgen für unterschiedliche Datenquellen und OLE DB-Provider (Forts.)*

An dieser Stelle sollen nur einige Beispiele gegeben werden, denn es ist nicht notwendig, die komplette Syntax zu kennen: Sie können die Systemsteuerung bzw. die grafische Benutzeroberfläche (GUI) zu den Datenlink-Dateien benutzen, um sich die Verbindungszeichenfolgen generieren zu lassen.

▶ Erstellen Sie eine UDL-Datei mit dem Windows Explorer, öffnen Sie die Datei anschließend in einem Unicode-fähigen Texteditor und kopieren Sie die dritte Zeile über die Zwischenablage in Ihren Quellcode.

▶ Bei ODBC ist es nur ein klein wenig mehr Arbeit: Erstellen Sie eine Datei-DSN und öffnen Sie diese in einem Texteditor. Verbinden Sie alle Attribut-Wert-Paare innerhalb der Sektion [ODBC] zu einer Zeile, indem Sie einfach den Zeilenumbruch durch ein Semikolon ersetzen. Wenn in einem Wert Leerzeichen vorkommen, dann setzen Sie den Wert in geschweifte Klammern.

14.1.4 Das ADO-Objektmodell

Das ADO-Objektmodell besitzt kein eindeutiges Stammobjekt, sondern sechs eigenständig instanziierbare Klassen mit einigen abhängigen Klassen.

Flexibilität und Erweiterbarkeit Der Vertragscharakter einer Schnittstelle wird bei ADO insofern verletzt, als nicht alle in den ADO-Schnittstellen definierten Methoden und Attribute von allen OLE DB-Providern auch wirklich unterstützt werden. Die Benutzung nicht im OLE DB-Provider vorhandener Attribute oder Methoden löst einen Fehler aus. Einige Provider unterstützen zusätzliche Attribute. ADO ist daher ein Metaobjektmodell auf Attributebene.

Bild 14.5 ADO-Objektmodell

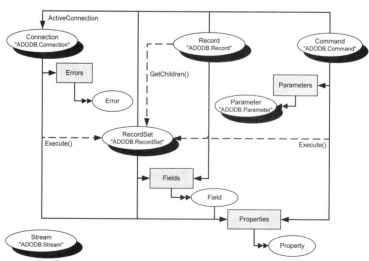

ActiveX Data Objects (ADO)

Connection	Connection repräsentiert eine Verbindung zu einer Datenquelle.
Errors Error	Eine Connection-Klasse enthält eine Objektmenge der möglicherweise aufgetretenen Fehler bei einer Datenverbindung.
Recordset	Recordset repräsentiert eine Menge von Datensätzen, also eine Tabelle. Recordset ist ein cursororientierter Zugriff: Dabei ist jeweils nur eine Zeile im direkten Zugriff.
Record	Die Record-Klasse ist ein einzelnes Datenelement. Allerdings ist die Record-Klasse nicht – wie viele glauben – über eine Assoziation mit der Recordset-Klasse verbunden. Record wird weniger für den Zugriff auf relationale Datenbanken (z.B. SQL Server) benutzt als für den Zugriff auf Objekte in semi-strukturierten Datenquellen, die einzeln identifizierbar sind (z.B. Exchange Server-Webstore).
Stream	Ein Stream-Objekt repräsentiert einen binären Datenstrom. Einzelne Datenelemente können in einen Datenstrom (engl. Stream) serialisiert werden, um sie persistent zu machen (z.B. im Dateisystem).
Fields Field	Diese Klasse enthält die einzelnen Felder (Spalten) einer Tabelle (in Verwendung mit Recordset) bzw. die Felder des Datenelements (in Verwendung mit Record).
Command	Command ist ein Befehl an die Datenquelle.
Parameters Parameter	Eine Command-Klasse enthält eine Parameters-Objektmenge mit Parameter-Objekten. Jedes Parameter-Objekt repräsentiert Argumente für eine parametrisierte Abfrage oder eine Stored Procedure. Dabei können Werte in beide Richtungen übergeben werden. Das Parameter-Objekt kann zwar eigenständig erzeugt, aber nur in Verbindung mit dem Command-Objekt eingesetzt werden.
Properties Property	Diese Klassen ermöglichen den Zugriff auf providerspezifische Attribute und bilden ein Metaobjektmodell auf Attributebene.

Es ist unter Programmierern üblich, die Elemente der Realwelt genauso zu bezeichnen wie die oben genannten Klassen, also von RecordSets, Records, Commands, Streams und Connections zu sprechen.

Recordset, Connection und Command Die wichtigsten Klassen, die von Anfang an zu ADO gehörten, sind Recordset, Connection und Command. Alle drei Klassen können eigenständig instanziiert werden. Es ist möglich, einen Recordset oder ein Command zu nutzen, ohne vorher explizit ein Connection-Objekt erzeugt zu haben. Recordset- und Command-Objekte sind selbst in der Lage, eine Verbindung zu einer Datenquelle zu erzeugen.

Metaobjektmodell auf Attributebene Viele der Klassen enthalten eine Objektmenge Properties. ADO unterscheidet zwischen so genannten eingebauten Attributen und providerspezifischen Attributen. — Properties-Objektmenge

Eingebaute Attribute (Built-In Properties) sind die in der Klasse definierten Attribute, die in der Regel von jedem Provider implementiert werden. Diese Attribute sind im direkten Zugriff. — Eingebaute Attribute

Darüber hinaus kann jeder Provider für die ADO-Hauptobjekte providerspezifische Attribute implementieren. Diese Attribute können nicht direkt angesprochen werden. Jedes providerspezifische Attribut wird durch ein Property-Objekt in der Properties-Objektmenge des zugehörigen Hauptobjekts repräsentiert. Das Property-Objekt stellt die Attribute Name, Type, Value und Attributes bereit, um auf ein dynamisches Attribut zuzu- — Providerspezifische Attribute

657

Kapitel 14 Daten und Dokumente

greifen (mit `Attributes` sind die Attribute eines Attributs gemeint). Das `Properties`-Attribut, das den Zugriff auf die `Properties`-Objektmenge liefert, ist in der allgemeinen Schnittstelle `_ADO` definiert, von der die meisten ADO-Schnittstellen abgeleitet sind.

Versionen 2.6 bis 2.8

ADO hat seit ADO 2.5 nur kleine Änderungen erfahren. Die größte Änderung in ADO 2.6 war die verbesserte Unterstützung für Streams: Das `Command`-Objekt kann in ADO 2.6 Streams sowohl als Eingabe verarbeiten als auch einen Stream statt eines Recordset (z.B. XML) als Ausgabe liefern. Außerdem kann mit der `Open()`-Methode des `Record`-Objekts ein Befehl gestartet werden, der aus einer Datenquelle einen einzigen Datensatz holt. Wenn der Befehl mehrere Datensätze zurückliefern würde, wird nur der erste in dem `Record`-Objekt gespeichert. Dies ist performanter als das Öffnen eines Recordsets. Neu in ADO 2.7 ist lediglich die Unterstützung für 64-Bit-Prozessoren.

14.1.5 Tabellenzugriff mit Recordsets

Recordset Die `Recordset`-Klasse ermöglicht den lesenden und schreibenden Zugriff auf Daten in Form einer relationalen Tabelle mit n Zeilen und m Spalten. Dabei spielt es keine Rolle, wie die Daten wirklich gespeichert sind. Mit einem RecordSet kann beispielsweise auch auf hierarchisch angeordnete Informationen eines Verzeichnisdienstes zugegriffen werden. Es ist die Aufgabe des OLE DB-Providers, die Daten in Tabellenform zu bringen und – sofern der OLE DB-Provider Änderungen zulässt – die von OLE DB-Konsumenten vorgenommenen Änderungen an der Tabelle wieder in die Speicherform der Datenquelle zu überführen.

Ein `Recordset`-Objekt bezieht sich zwar auf eine Tabelle, dennoch ist nach dem Cursor-Prinzip zu einem Zeitpunkt jeweils nur ein Datensatz zugreifbar. Die `Recordset`-Klasse stellt Methoden zur Bewegung des Cursors durch die Tabelle bereit.

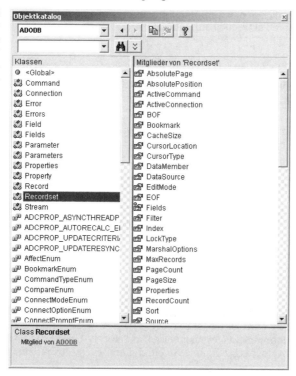

Bild 14.6 Ansicht der Klasse „Record-set" im VB 6.0-Objektkatalog

658

Lesezugriff auf Daten

Bei der Arbeit mit einem Recordset-Objekt sind folgende Schritte üblich:

Arbeit mit einem Recordset-Objekt

1. Instanziierung der Recordset-Klasse

   `Set rs = CreateObject("ADODB.Recordset")`

   Für Objektvariablen für die Klasse Recordset verwendet man nach der ungarischen Notation das Präfix rs. Wenn in einer Routine nur ein Recordset-Objekt verwendet wird, ist es durchaus üblich, die Objektvariable einfach rs zu nennen.

2. Aufruf der Methode Open() auf dem Recordset-Objekt. Dabei müssen ein Connection-String und ein SQL-Select-Befehl angegeben werden, die die gewünschten Daten liefern. Außerdem werden zwei Parameter benötigt, die die Art des Zugriffs spezifizieren. Statt eines kompletten Select-Befehls kann hier auch der Name einer Tabelle oder einer gespeicherten Abfrage angegeben werden, wenn eine Veränderung der Ergebnismenge nicht gewünscht ist.

   `rs.Open SQL, ConnectionString, CursorTyp, LockTyp, [Options]`

3. Danach steht der erste Datensatz der Tabelle über das Objekt rs zur Verfügung. Der Zugriff auf die Spalten erfolgt über die Fields-Objektmenge.

4. Nach Beendigung der Arbeit an der Tabelle muss das Recordset-Objekt durch Aufruf der Methode Close() aufgefordert werden, die geöffnete Verbindung zu schließen.

   `rs.Close`

Parameter beim Öffnen von Tabellen Die beim Öffnen des RecordSet angegebenen Parameter CursorTyp und LockTyp haben entscheidenden Einfluss auf die Arbeit mit den Daten.

Cursortypen

Der verwendete Cursortyp bestimmt die Möglichkeiten zur Navigation und zum Schreibzugriff auf eine Tabelle (vgl. nächste Tabelle). Ein dynamischer Cursor ist der mächtigste und langsamste Typ. Sie sollten daher immer prüfen, ob einer der anderen Typen in Ihrem Anwendungsfall reicht. Wenn dieser Parameter nicht angegeben wird, ist der Standard adOpenForwardOnly.

Die zur Verfügung stehenden Cursortypen hängen vom OLE DB-Provider ab. Nicht alle OLE DB-Provider unterstützen alle Cursortypen!

Cursortyp	Wert	Beschreibung
adOpenStatic	3	Ein statischer Cursor bedeutet, dass ADO eine statische Kopie aller Datensätze der Quelle anlegt. Es ist eine uneingeschränkte Bewegung durch die Datensätze möglich, jedoch können die Datensätze nicht geändert werden. Ein statischer Recordset gibt nur den Stand der Daten zum Zeitpunkt des Öffnens wieder.
adOpenForwardOnly	0	Ein Forward-Only-Cursor erzeugt ebenfalls einen statischen Recordset, aber mit einer weiteren Einschränkung gegenüber dem statischen Cursor: Eine Bewegung durch die Datensätze ist nur in eine Richtung, vom Anfang zum Ende, möglich. Ein Rücksprung zum Anfang der Tabelle führt zu einer erneuten Ausführung der Abfrage. Dieser Cursortyp ist der effizienteste Zugriff, wenn Daten nur gelesen und nur sequenziell ausgegeben werden sollen.

Tabelle 14.4: Cursortypen des Recordset-Objekts

Kapitel 14 Daten und Dokumente

Cursortyp	Wert	Beschreibung
adOpenDynamic	2	Ein dynamischer Cursor ist der mächtigste, aber auch langsamste Cursortyp. Datensätze können gelesen und geändert werden. Das Anlegen neuer Datensätze und das Löschen von Datensätzen ist möglich. Auch Änderungen, die von anderen Benutzern der Datenquelle nach dem Öffnen vorgenommen wurden, werden berücksichtigt.
adOpenKeyset	1	Ein Keyset-Cursor ist fast so mächtig wie ein dynamischer Cursor. Er unterliegt jedoch einer Einschränkung: Datensätze, die von anderen Benutzern nach dem Öffnen angelegt wurden, sind nicht sichtbar. Änderungen an bestehenden Datensätzen werden jedoch weiterhin berücksichtigt.

Tabelle 14.4: Cursortypen des Recordset-Objekts (Forts.)

Der Fehler 3251 „Die von der Anwendung angeforderte Operation wird von dem Provider nicht unterstützt" bedeutet nicht zwangsläufig, dass die Operation von dem OLE DB-Provider grundsätzlich nicht unterstützt wird. Dieser Fehler tritt leider auch dann auf, wenn Sie einen Recordset eines Typs verwenden, der die gewünschte Operation nicht unterstützt.

Sperrung Als zweiter Parameter kann die Art der Sperrung angegeben werden, die ausgeführt werden soll, um gleichzeitige Änderungen durch mehrere Clients zu verhindern. Wenn der Parameter fehlt, ist der Standard adLockReadOnly.

Tabelle 14.5 Sperrungsarten

Konstante	Wert	Erläuterung
adLockReadOnly	1	Daten können nur gelesen werden.
adLockPessimistic	2	Schreib- und Lesezugriff. Ein Lock auf einen Datensatz wird gesetzt, sobald ein Feld beschrieben wird.
adLockOptimistic	3	Schreib- und Lesezugriff. Ein Lock auf einen Datensatz wird erst gesetzt, wenn der Abschluss der Änderungen mit der Methode Update() angezeigt wird.
adLockBatchOptimistic	4	Schreib- und Lesezugriff. Alle Änderungen werden gesammelt und zu einem definierten Zeitpunkt mit der Methode UpdateBatch() übergeben. Daher wird die Datenquelle erst dann gesperrt.

Fields-Collection **Spaltenzugriff** Der Zugriff auf die einzelnen Spalten (Felder) der Tabelle erfolgt über die Fields-Objektmenge. Wie in Visual Basic üblich, also

rs.Fields.Item("feldname")

oder verkürzt in einer der folgenden synonymen Schreibweisen:

rs.Fields("feldname")
rs("feldname")

Nur in VB6/VBA, nicht aber in VBScript ist auch folgende Schreibweise möglich:
rs!feldname.

Bewegung durch die Tabelle Für die Bewegung zwischen den Zeilen (Datensätzen) der Tabelle stellt ADO eine Reihe von Methoden bereit, die jeweils mit dem Wort Move beginnen.

Move-Methoden

Tabelle 14.6
Die Move-Methoden

Methode	Beschreibung
MoveFirst	Springt zum ersten Datensatz der Tabelle
MoveLast	Springt zum letzten Datensatz der Tabelle
MoveNext	Springt zum nächsten Datensatz. Falls der Cursor zum Zeitpunkt des Aufrufs auf dem letzten Datensatz der Tabelle stand, wird kein Fehler erzeugt, sondern das Attribut EOF gesetzt. Wenn bei gesetztem EOF die Methode MoveNext aufgerufen wird, kommt es zu einem Fehler.
MovePrevious	Springt einen Datensatz zurück. Falls der Cursor zum Zeitpunkt des Aufrufs auf dem ersten Datensatz der Tabelle stand, wird kein Fehler erzeugt, sondern das Attribut BOF gesetzt. Wenn bei gesetztem BOF MovePrevious aufgerufen wird, kommt es zu einem Fehler.
Move Num Records, [Start]	Führt einen Sprung zu einem bestimmten Datensatz aus. Dabei kann dies sowohl ein relativer Sprung vom aktuellen Datensatz aus als auch ein absoluter Sprung vom Anfang oder Ende der Tabelle aus gesehen sein. NumRecords legt die Anzahl der zu überspringenden Datensätze fest. Eine negative Zahl ist eine Rückwärtsbewegung. Die Angabe der Startposition ist optional. Wenn hier nichts angegeben wird, wird ein relativer Sprung ausgeführt. Die Optionen für Start sind: • adBookmarkCurrent (0): beginnt beim aktuellen Datensatz • adBookmarkFirst (1): beginnt beim ersten Datensatz • adBookmarkLast (2): beginnt beim letzten Datensatz Hier kann auch ein Bookmark angegeben werden, das als Basis für den Sprung verwendet werden soll.

Feststellung der Recordset-Grenzen Mit den Attributen BOF und EOF kann festgestellt werden, ob die Enden der Tabelle erreicht sind.

BOF und EOF

▷ EOF ist wahr, wenn der Cursor den letzten Datensatz überschritten hat. Dies ist erst gegeben, nachdem ein MoveNext() auf dem letzten Datensatz ausgeführt wurde.

▷ BOF ist wahr, wenn der Cursor vor dem ersten Datensatz steht. Dies ist erst gegeben, nachdem ein MovePrevious() auf dem ersten Datensatz ausgeführt wurde.

Wenn ein Recordset-Objekt geöffnet wurde und Datensätze existieren, ist der erste Datensatz aktuell und die Eigenschaften BOF und EOF sind False. Sie sind True, wenn kein Datensatz in dem RecordSet enthalten ist. Mit Hilfe von EOF und MoveNext() ist ein sequenzieller Durchlauf durch alle Datensätze möglich.

```
Do While Not rs.EOF
   ... Aktionen ...
   rs.MoveNext
Loop
```

Machen Sie nicht den Fehler, den schon viele erfahrene Programmierer an dieser Stelle gemacht haben: Vergessen Sie nicht das MoveNext()! Ohne MoveNext() steckt das Script in einer Endlosschleife!

Kapitel 14 Daten und Dokumente

Produkte aus einer Produkttabelle

Beispiel Das folgende Beispiel zeigt den zuvor beschriebenen Ablauf. Dabei wird ein Standard-Recordset-Objekt (forward-only und read-only) erzeugt, das alle Datensätze aus der Tabelle Produkte aufnimmt. „Produkte" ist eine Tabelle aus der Access-Datenbank *katalog.mdb*, die Sie auf der CD finden. Um das Beispiel nutzen zu können, müssen Sie die ebenfalls enthaltene katalog.udl anpassen und in diesem Script den Pfad zu dieser UDL-Datei. Die Definition von Konstanten zu Beginn dient nur der Übersichtlichkeit.

Listing 14.2
Datenbank öffnen und alle Datensätze einer Tabelle ausgeben [ado_rs_lesen.wsf]

```
Dim rs    ' As ADODB.Recordset
Set rs = CreateObject("ADODB.Recordset")
' 0. --- Vorbereitungen
' - SQL-String: Welche Daten?
Const SQL = "SELECT * FROM Produkte where kategorie=23"
' - Connection-String bilden
Const CONNSTRING = "File Name=d:\buch\data\katalog.udl;"
'Const connString = "Provider=Microsoft.Jet.OLEDB.4.0;User
ID=hs;Password=egal;Persist Security Info=True;Data Source=D:\buch\data\
katalog.mdb;Jet OLEDB:System database=d:\buch\data\katalog.mda"
' 1. --- Datenbankzugriffsobjekt (ADO) erzeugen
Set rs = CreateObject("ADODB.Recordset")
' 2. --- Verbindung herstellen, SQL ausführen
rs.Open SQL, CONNSTRING
' 3. --- Ausgabe aller Datensätze
Do While Not rs.EOF
    say rs.fields.Item("Name") & " kostet " & _ FormatCurrency(rs("Preis"))
    rs.MoveNext
Loop
' 4.--- Schließen
rs.Close
```

 Vorsicht vor einem häufigen Fehler: Ohne den Befehl rs.movenext() kommt es zu einer Endlosschleife!

Feldzugriff

Ausgabe aller Felder Im obigen Beispiel wurden zwei bestimmte Felder aus einer Tabelle ausgegeben. In vielen Fällen möchte man jedoch entweder alle Felder ausgeben (z.B. wenn man testen möchte, ob die SQL-Abfrage überhaupt korrekt arbeitet) oder aber man kennt die Feldnamen gar nicht. In beiden Fällen hilft eine universelle Unterroutine list_table(). list_table() erwartet als einzigen Parameter ein geöffnetes Recordset-Objekt. Innerhalb der üblichen Iteration über alle Datensätze erfolgt eine Iteration durch die Fields-Objektmenge. Die Namen der einzelnen Felder werden dann verwendet, um die Werte aus dem Recordset-Objekt auszulesen.

Listing 14.3
Eine hilfreiche Routine zur Ausgabe eines beliebigen Recordset [list_table.wsf]

```
Dim a ' Ausgabe
' --- Iteration über alle Datensätze
Do While Not rs.EOF
    a = ""
    ' --- Iteration über alle Felder
    For Each f In rs.Fields
        ' --- Zusammensetzen der Ausgabe
        If a <> "" Then a = a & ";"
        If Not IsNull(rs(f.Name)) Then
              a = a & rs(f.Name)
        End If
    Next
    ' --- Ausgabe
```

```
say a
' --- nächster Datensatz
rs.MoveNext
Loop
```

Nachträgliche Veränderungen der Ergebnismenge Die Datensätze im RecordSet kön- — *Filter*
nen bei einigen Cursortypen auch nach Öffnen des RecordSet noch gefiltert oder neu
sortiert werden. Die Filterung erfolgt über die Zuweisung einer Bedingung an das
Attribut `Filter`.

```
rs.Filter = "Menge > 5 and KundenID >7"
```

Erlaubt sind alle SQL-Bedingungen. Ebenso in SQL-Form ist die nachträgliche Sortie- — *Sort*
rung möglich.

```
rs.Sort = "Menge ASC, KundenID ASC"
```

Auf- und Wiederfinden von Datensätzen Neben der sequenziellen Bewegung in einem — *Bookmark*
RecordSet sind folgende Bewegungen möglich:

- Suche nach einem bestimmten Datensatz mit Hilfe von `Find()`

  ```
  rs.Find "KundenID = 9"
  ```

- Die Verwendung von Lesezeichen. Damit kann auf einfache Weise zu einer
  bestimmten Position zurückgekehrt werden.

  ```
  ' Lesezeichen merken
  lesezeichen = rs.Bookmark
  ....
  ' Rückkehr an diese Stelle
  rs.Bookmark = lesezeichen
  ```

  In typisierten Umgebungen muss `lesezeichen` den Typ String haben. Bookmarks
  können als Ausgangspunkte für `Find()` und Move-Methoden dienen.

> Nicht alle Data Provider unterstützen Bookmarks.

Schreibzugriff auf Daten

Datensätze, die über ein `Recordset`-Objekt im Zugriff sind, können geändert und
gelöscht werden. Außerdem können Datensätze angefügt werden. Voraussetzung
dafür ist jedoch, dass

- der Provider die Operation grundsätzlich unterstützt, — *Voraussetzungen*
- der Recordset-Typ (vgl. Ausführungen im vorherigen Kapitel), zu dem das `Record-set`-Objekt gehört, die Operation erlaubt.

Datensätze ändern Die Änderung eines Datensatzes erfolgt auf Basis eines geöffneten — *Update()*
RecordSet in drei Schritten:

1. Navigation zum gewünschten Datensatz
2. Beschreiben der gewünschten Felder
3. Aufrufen der Methode `Update()`

```
rs("Name")= "Lienekogel"
rs("Vorname")= "Rolf"
rs.Update
```

*Listing 14.4
Änderung
eines Datensatzes*

Kapitel 14 Daten und Dokumente

AddNew() und Update() **Datensätze anfügen** AddNew() erzeugt einen neuen Datensatz in einem Recordset-Objekt. Nach dem Aufruf der AddNew()-Methode wird der neu einzufügende Datensatz zum aktuellen Datensatz, solange bis die Update()-Methode aufgerufen wird.

```
rs("Name")= "Schwichtenberg"
rs("Vorname")= "Holger"
rs.Update
```

Listing 14.5: rsDaten.AddNew Anfügen eines Datensatzes mit AddNew()

> Um sicherzustellen, dass ein Recordset-Objekt die AddNew()-Methode erlaubt, können Sie die Supports()-Methode mit dem Parameter adAddNew benutzen.

Wenn eine der Move-Methoden benutzt wurde und das Recordset-Objekt keine Lesezeichen unterstützt, kann nicht mehr zu dem neu erzeugten Datensatz zurückgekehrt werden.

Es kann notwendig sein, die Requery()-Methode aufzurufen, um den neuen Datensatz im RecordSet erscheinen zu lassen.

Delete() **Datensätze löschen** Zum Löschen von Datensätzen wird die Delete()-Methode benutzt.

```
Recordset.Delete [AffectRecords]
```

Der Parameter AffectRecords bestimmt, welche Datensätze vom Löschen betroffen sind.

- adAffectCurrent (1): Nur der aktuelle Datensatz wird gelöscht (Standardeinstellung).
- adAffectGroup (2): Alle Datensätze, die der aktuellen Filtereinstellung entsprechen, werden gelöscht.
- adAffectAll (3): Alle Datensätze im Recordset werden gelöscht.

```
rs.MoveLast
rs.Delete
```

Listing 14.6: Löschen des letzten Datensatzes

Veränderungen an der Produkttabelle **Beispiel** In diesem Beispiel wird wieder die Produkttabelle aus dem vorherigen Unterkapitel verwendet. Dieses Mal werden alle Datensätze der Tabelle „Produkte" in den RecordSet eingelesen. In einer Schleife werden alle Produkte der Produktkategorie 11 gelöscht und für alle anderen Produkte wird der Preis um 5% erhöht. Zum Schluss wird ein neues Produkt in die Tabelle eingefügt.

Listing 14.7 Löschen, Ändern und Anfügen mit einem Recordset [ado_rs_schreiben.wsf]

```
Dim rs      ' As ADODB.Recordset
Dim AlterPreis, NeuerPreis
' -- ADO Konstanten
Const adOpenDynamic = 2
Const adLockOptimistic = 3
' -- Eigene Konstanten
Const SQL = "SELECT * FROM Produkte"  ' Alle Datensätze!
Const CONNSTRING = "File Name=d:\buch\data\katalog.udl;"
' --- Datenbankzugriffsobjekt (ADO) erzeugen
Set rs = CreateObject("ADODB.Recordset")
' --- Verbindung herstellen, SQL ausführen
rs.Open SQL, CONNSTRING, adOpenDynamic, adLockOptimistic
' --- Ausführung von Änderungen
Do While Not rs.EOF
    If rs("Kategorie") = 11 Then    ' Produkt löschen!
        say "Produkt " & rs("Name") & " wird gelöscht!"
```

```
        rs.Delete
    Else              ' Preis erhöhen
        AlterPreis = rs("Preis")
        NeuerPreis = AlterPreis * 1.05
        rs("Preis") = NeuerPreis
        say rs("Name") & ": Preiserhöhung von " & _
        AlterPreis & " auf " & NeuerPreis
        rs.Update
    End If
    rs.MoveNext
Loop
' --- Anfügen eines neuen Datensatzes
rs.AddNew
rs("Name") = "Amiga500"
rs("Kategorie") = 23
rs("Preis") = 1000
rs.Update
say "Neues Produkt wurde eingetragen!"
' --- Schließen
rs.Close
```

Dynamische Recordsets im Speicher

Selbst vielen gestandenen ADO-Programmierern ist eine interessante Funktion von ADO nicht bekannt: ADO-RecordSets müssen keineswegs immer das Resultat einer Abfrage einer persistenten Datenquelle sein, sondern können auch eine beliebige dynamische Tabelle im Hauptspeicher sein. Sie können eine Instanz von `ADODB.Recordset` erzeugen und – ohne an eine Datenquelle zu binden – eine eigene Feldstruktur erzeugen, diese füllen und damit arbeiten wie mit einem „richtigen" RecordSet. Die Konstanten für Datentypen, die beim Aufruf von `rs.fields.append` anzugeben sind, entsprechen im Wesentlichen den Datentypkonstanten von Visual Basic.

Dynamische Recordsets haben keine Datenquelle

```
Dim rs     ' As ADODB.Recordset
Dim felder() ' As Variant
' -- Neues Recordset-Objekt
Set rs = CreateObject("ADODB.Recordset")
' -- Aufbau des dynamischen Recordsets
felder = Array("ComputerID", "Computername", "Aktiv")
rs.fields.Append "ComputerID", 3    ' 3 = adInteger
rs.fields.Append "ComputerName", 8, 50  ' 8 = adBSTR
rs.fields.Append "Aktiv", 11    ' 11 = adBoolean

' -- Füllen des Recordsets
rs.Open
rs.AddNew felder, Array(1, "XFilesServer01", True)
rs.Update
rs.AddNew felder, Array(2, "XFilesServer01", True)
rs.Update
rs.AddNew felder, Array(3, "XFilesServer02", False)
rs.Update
' -- Ausgabe zur Kontrolle
rs.MoveFirst
rs.Sort = "ComputerID DESC"
rs.Filter = "aktiv = true"
list_table rs
```

Listing 14.8
In diesem Beispiel wird eine aus drei Feldern bestehende Tabelle im Hauptspeicher erzeugt und probeweise mit einigen Werten gefüllt, bevor die Routine `list_table()` zur Ausgabe aufgerufen wird. [ado_dynrs.wsf]

Dynamische Recordsets eröffnen im Rahmen von Automatisierungsprojekten die Möglichkeit, Daten auf einfache Weise im Hauptspeicher zu verwalten.

Persistenz von Recordsets

Save() Ein RecordSet kann in zwei Formen persistent gespeichert werden:
- in einer Datei im Dateisystem
  ```
  rs.Save Datei, PersistentTyp
  ```
  Die durch einen gültigen Pfad spezifizierte Datei darf noch nicht existieren, sonst kommt es zu einem Fehler.
- in einem Stream (verfügbar ab ADO 2.5), wobei stm ein Objekt vom Typ ADODB.Stream ist.
  ```
  rs.Save stm, adPersistXML
  ```

Dabei verwendet OLE DB den Service-Provider „Microsoft OLE DB Persistence Provider".

ADTG und XML Formate Bei der Abspeicherung in einer Datei stehen folgende Formate zur Verfügung:
- Advanced Data Tablegram (ADTG) (Const adPersistADTG = 0)
- Extensible Markup Language (XML) (Const adPersistXML = 1)

XML hat dabei den Vorteil, dass zahlreiche Werkzeuge zur Verfügung stehen, um XML darzustellen bzw. weiterzuverarbeiten. ADTG-Dateien sind jedoch kleiner. Natürlich können auch binäre Informationen (z.B. Bitmaps) gespeichert werden.

Laden eines persistenten Recordset Eine persistente RecordSet-Datei kann auf unterschiedliche Art und Weise verwendet werden:
- Ein Recordset kann unter Angabe des Dateinamens geöffnet werden.
  ```
  ' --- Wiedereinlesen über rs.open
  Set rs = CreateObject("ADODB.Recordset")
  rs.Open "d:\buch\data\users.xml", "Provider=MSPersist"
  ```
- Der Dateiname kann auch der Execute()-Methode eines Connection-Objekts übergeben werden.
  ```
  ' --- Wiedereinlesen über conn.Execute
  Set conn = CreateObject("ADODB.Connection")
  conn.Open "Provider=MSPersist"
  Set rs = conn.Execute("d:\buch\data\users.xml")
  ```

 Bei der Speicherung als XML-Datei werden nicht nur die Daten selbst, sondern auch ein XML-Schema zur Beschreibung der Tabellenstruktur abgespeichert.

Streams Streams Neu seit ADO Version 2.5 ist die Klasse ADODB.Stream, die es ermöglicht, RecordSets im ADTG- oder XML-Format auch im Speicher zu halten. Ein RecordSet kann mit Save() in ein Stream-Objekt gespeichert werden:

```
Set st = CreateObject("ADODB.Stream")
rs.Save st, adPersistXML
say "Der Stream enthält: " & st.Type
```

Listing 14.9: Speichern eines Recordsets in ein Stream-Objekt

Ein Stream kann zwei Typen von Daten enthalten: binäre Daten (Type = 1) oder Textdaten (Type = 2). Ein binärer Stream entsteht durch die Speicherung eines RecordSet im ADTG-Form, ein Stream in Textform durch die Speicherung als XML. Ein Stream-Objekt bietet zahlreiche Möglichkeiten:

Arbeit mit dem Stream-Objekt

- Auslesen der Daten mit Read() bzw. ReadText()
- Prüfen auf Erreichen des Stream-Endes mit dem Attribut EOS (EOS steht für End of Stream)
- Beschreiben eines Stream mit Write(array_of_bytes) bzw. WriteText(string)
- Speichern eines Stream in eine Datei

  ```
  st.SaveToFile "d:\buch\data\users0.xml", 2
  '  2 = adSaveCreateOverWrite
  ```

- Einlesen eines Stream aus einer Datei

  ```
  st.LoadFromFile "d:\buch\data\users0.xml"
  ```

Aus einem Stream-Objekt kann sofort wieder ein RecordSet erzeugt werden, indem beim Öffnen eines RecordSet statt eines SQL-Befehls das Stream-Objekt übergeben wird.

```
rs.Open st
```

Andere Objekte mit IStream-Schnittstelle Die Stream-Klasse implementiert eine IStream-Schnittstelle. Es gibt aber auch andere Klassen, die diese Schnittstelle implementieren, z.B. das Eingebaute Objekt Response in ASP und die MSXML.DOMDocument-Klasse. Ein ADTG- oder XML-Stream kann direkt an Instanzen von Klassen, die IStream implementieren, übergeben werden. Der XML-Parser wird aber nicht glücklich sein, wenn Sie ihm einen ADTG-Stream übergeben.

IStream-Schnittstelle

```
Dim dom ' As MSXML.DOMDocument
Set dom = CreateObject("Microsoft.XMLDOM")
rs.Save dom, 1 'adPersistXML
```

Listing 14.10 Direktes Speichern eines Streams in den XML-Parser

Weitere Funktionen der Recordset-Klasse

Die Recordset-Klasse stellt eine Reihe von weiteren Funktionen zur Verfügung, die in diesem Buch jedoch nicht näher besprochen werden sollen, weil alle essenziellen Ausgaben auch ohne diese Funktionen erfüllt werden können:

- Recordsets können mit der Clone()-Methode dupliziert werden, so dass mit zwei Zeigern parallel auf die gleiche Ergebnismenge zugegriffen werden kann.

  Clone()

- Große Datensatzmengen, die nicht in einem Rutsch, sondern in bestimmten, gleich großen Teilen bearbeitet werden sollen (z.B. weil der Benutzer sie seitenweise betrachtet), können mit Hilfe der Eigenschaft PageSize in Blöcke zerlegt werden. Mit Hilfe von AbsolutePage können einzelne Blöcke direkt angesprochen werden.

  PageSize

- Mit einer Ausführung der Open()-Methode können mehrere SQL-Anfragen übergeben werden (Multiple Recordsets). ADO erhält dann mehrere Ergebnismengen, die mit NextRecordset() durchblättert werden können. Diese Recordsets sind immer forward-only.

  Multiple Recordsets

- Die Requery()-Methode aktualisiert die Daten des Recordset, indem die zu Grunde liegende Abfrage erneut ausgeführt wird.

  Requery()

- So genannte Disconnected Recordsets ermöglichen es, eine Datenmenge auf den Client zu laden, sie dort ohne weiteren Kontakt zum Server zu bearbeiten und zu einem gegebenen Zeitpunkt alle Änderungen zum Server zu übertragen.

  Disconnected Recordsets

Client-Side-Cursor Der Cursor eines Recordset wird normalerweise auf dem Server verwaltet. Für Provider, die dies (für manche Funktionen) nicht unterstützen, sowie für Disconnected Recordsets ist es möglich, die Cursorverwaltung auf den Client zu verlagern. Dies sollte jedoch bei großen Recordsets nicht erfolgen, da die Performance erheblich sinken wird (CursorLocation = 3 ' adUseClient).

14.1.6 Befehlsausführung mit der Command-Klasse

ADODB. Command Command ist die flexibelste ADO-Klasse, denn sie ermöglicht die Ausführung beliebiger Befehle auf einer Datenquelle. Befehle können sein:

- SQL-Befehle, die keine Ergebnismenge liefern (z.B. DELETE, INSERT, UPDATE)
- SQL-Abfragen mit SELECT, die eine Ergebnismenge liefern
- Stored Procedures, wobei Parameter übergeben und Rückgabewerte empfangen werden können
- Der Name einer Tabelle, die komplett zurückgegeben werden soll
- Der Name einer persistenten Recordset-Datei, die geöffnet werden soll
- HTTP-URLs, die eine Datenquelle spezifizieren (dabei wird der Microsoft OLE DB Provider for Internet Publishing verwendet)
- ADO-Streams (z.B. XML-Queries). Dieses Feature ist neu in ADO 2.6.

Der Ablauf bei Verwendung der Command-Klasse ist wie folgt:

1. Instanziierung der Command-Klasse

    Set rs = CreateObject("ADODB.Command")

2. Setzen der Verbindungszeichenfolge. Hier gibt es in Verbindung mit einem Connection-Objekt auch die Möglichkeit, eine bestehende Verbindung zu nutzen.

    objCmd.ActiveConnection = conString

3. Festlegen des Befehlstyps: Es gibt fünf Befehlstypen (vgl. nächste Tabelle). Dabei ist adCmdText der gebräuchlichste Typ.

    objCmd.CommandType = 1 'adCmdText

4. Festlegen des Befehls

    objCmd.CommandText = sql

5. Befehl ausführen mit der Execute()-Methode

    objCmd.Execute()

6. Objekt vernichten. Ein Command-Objekt muss nicht geschlossen werden. Die Verbindung wird von selbst sofort nach der Ausführung beendet.

    Set objCmd = Nothing

Tabelle 14.7
Befehlstypen für Execute()

Konstante für Befehlstyp	Wert	Erläuterung
adCmdText	1	Befehl ist ein SQL-Befehl oder eine Stored Procedure
adCmdTable	2	Befehl ist ein Tabellenname (wird in einen SQL-Befehl umgesetzt)
adCmdStoredProc	4	Befehl ist eine Stored Procedure
adCmdFile	256	Befehl ist der Dateiname eines persistenten Recordset
adCmdTableDirect	512	Befehl ist ein Tabellenname (wird direkt vom Provider geliefert)

In Zusammenarbeit mit einem Connection-Objekt kann ein Befehl mehrfach verwendet werden. Dabei erhält das Command-Objekt einen Namen, über den es im Folgenden von dem Connection-Objekt aus angesprochen werden kann.

Ausführung von SQL-Befehlen ohne Ergebnismenge In diesem Beispiel wird der SQL-Befehl DELETE ausgeführt, der keine Ergebnistabelle liefert.

Beispiel: Delete

```
' Deklarationen
Dim objCmd ' As ADODB.Command
' 0. --- Vorbereitungen
' - Befehl
Const sql = "Delete from Bestellungen"
' - Connection-String
Const conString = "File Name=d:\buch\data\katalog.udl;"
' 1. --- ADO-Command instanziieren
Set objCmd = CreateObject("ADODB.Command")
' 2. --- Verbindungsinformationen setzen
objCmd.ActiveConnection = conString
' 3. --- Festlegen des Befehlstyps
objCmd.CommandType = 1 'adCmdText
' 4. --- Befehl festlegen
objCmd.CommandText = sql
' 5. --- Befehl ausführen
objCmd.Execute
' 6.--- Objekt vernichten
Set objCmd = Nothing
```

Listing 14.11 Ausführung eines SQL-Befehls über ADODB.Command ohne Rückgabemenge [ado_cmd_1.wsf]

Ausführung von SQL-Befehlen mit Ergebnismenge Auch SELECT-Befehle und SQL-Stored-Procedures, die eine Tabelle als Ergebnis liefern, können mit der Command-Klasse ausgeführt werden. In diesem Fall liefert Execute() einen Zeiger auf ein Recordset-Objekt zurück.

Beispiel: Select

```
' Deklarationen
Dim objCmd ' As ADODB.Command
' 0. --- Vorbereitungen
' - Befehl
Const sql = "Select * from Bestellungen"
' - Connection-String
Const conString = "File Name=d:\buch\data\katalog.udl;"
' 1. --- ADO-Command instanziieren
Set objCmd = CreateObject("ADODB.Command")
' 2. --- Verbindungsinformationen setzen
objCmd.ActiveConnection = conString
' 3. --- Festlegen des Befehlstyps
objCmd.CommandType = 1 'adCmdText
' 4. --- Befehl festlegen
objCmd.CommandText = sql
' 5. --- Befehl ausführen
Set rs = objCmd.Execute
list_table rs
' 6.--- Objekt vernichten
Set objCmd = Nothing
```

Listing 14.12 Ausführung eines SQL-Befehls über ADODB.Command mit Rückgabemenge [ado_cmd_2.wsf]

Kapitel 14 Daten und Dokumente

Ein Recordset, das von Execute() zurückgeliefert wird, hat stets den Cursortyp forward-only und den Sperrmodus read-only. Falls ein anderer Cursortyp gewünscht wird, muss ein Recordset-Objekt mit CreateObject() und den entsprechenden Eigenschaften erzeugt werden.

adCmd-StoredProc **Ausführen von gespeicherten Prozeduren** Gespeicherte Prozeduren, die keine Parameter benötigen, werden ausgeführt wie SQL-Befehle. Sofern Parameter benötigt werden, muss der Befehlstyp adCmdStoredProc (=4) ausgeführt werden. Dabei werden die Parameter in Form von Parameter-Objekten übergeben. Der Erzeugung von Parametern dient die Methode CreateParameter():

Set objPara = objCMD.CreateParameter (Name, Type, Direction, [Size], [Value])

Das Parameter-Objekt muss anschließend noch mit der Methode Append() der Parameters-Objektmenge des jeweiligen Command-Objekts hinzugefügt werden.

Listing 14.13
Ausführung einer Stored Procedure auf der Northwind-Datenbank eines SQL Servers 7.0
[ado_cmdstoredproc.wsf]

```
Const CONSTRING = "Provider=SQLOLEDB.1;Data Source=XFilesServer01;Initial Catalog=Northwind;User ID=sa;Password=egal;"
Const STOREDPROC = "custOrderHist"
Const CUSTOMERID = "ALFKI"
Const adBSTR = 8
Const adParamInput = 1
Dim objcmd ' As adodb.command
' --- ADO-Command instanziieren
Set objcmd = CreateObject("ADODB.Command")
' --- Verbindungsinformationen setzen
objcmd.ActiveConnection = CONSTRING
' --- Kommandotyp und Kommandoname setzen
objcmd.CommandType = 4 ' = adCmdStoredProc
objcmd.CommandText = STOREDPROC
' -- Parameter anlegen
Set objPara = objcmd.CreateParameter("CustomerID", adBSTR, _ adParamInput, 5, CUSTOMERID)
objcmd.Parameters.Append objPara
' --- Befehl synchron ausführen
Set rs = objcmd.Execute
list_table rs
```

Achten Sie genau auf den in der Stored Procedure verwendeten Datentyp bzw. dessen Länge. Das obige Beispiel funktioniert nicht, wenn bei CreateParameter() die Länge 5 nicht genannt wird.

Execute() **Asynchrone Ausführung** Befehle können auch asynchron ausgeführt werden. Dabei wird bei der Ausführung ein spezieller Parameter angegeben. Mit Hilfe des Attributs state kann der aktuelle Zustand überprüft werden. Sofern eine Ergebnismenge erwartet wird, kann diese anschließend mit einem weiteren Execute(, , adAsyncFetch) abgeholt werden.

Listing 14.14
Asynchrone Ausführung einer Stored Procedure [ado_cmdasync.wsf]

```
...
' --- Befehl asynchron ausführen
Const adAsyncExecute = 16
Const adStateExecuting = 4
Const adAsyncFetch = 32
objcmd.Execute , , adAsyncExecute
' --- Warten auf Ende...
Do While (objcmd.state = adStateExecuting)
    say "Aufruf läuft..."
Loop
' --- Daten abholen und ausgeben
Set rs = objcmd.Execute(, , adAsyncFetch)
list_table rs
```

14.1.7 Dauerhafte Verbindungen mit der Connection-Klasse

Mit einem Connection-Objekt wird eine dauerhafte Verbindung (Sitzung) zu einer Datenquelle hergestellt. Im Rahmen dieser Sitzung können RecordSets geöffnet und Befehle ausgeführt werden. Dies hat den Vorteil, dass mehrere Anweisungen eine bestehende Verbindung nutzen können und nicht auf kostspielige Weise jeweils eine eigene Verbindung auf- und wieder abgebaut werden muss. Die Connection-Klasse wird wie folgt benutzt:

ADODB.Connection

1. Instanziierung der Connection-Klasse

   `Set con = CreateObject("ADODB.Connection")`

Vorgehensweise

2. Aufruf der Methode Open() aus dem Connection-Objekt. Dabei muss ein Connection-String angegeben werden. Die Angabe von Benutzername und Kennwort ist nur notwendig, wenn diese Angaben nicht in der Verbindungszeichenfolge spezifiziert sind.

   `objCon.Open conString [,benutzer, kennwort]`

3. Danach können mit der Methode Execute() beliebig viele SQL-Befehle auf der stehenden Verbindung ausgeführt werden. Sofern der mit Execute() übermittelte SQL-Befehl eine Ergebnismenge liefert, kann diese als Recordset-Objekt empfangen und verarbeitet werden.

   `objCon.Execute(sql)`

   oder

   `Set rs = objCon.Execute(sql)`

4. Nach Beendigung der Arbeit an der Tabelle muss das Connection-Objekt durch Aufruf der Methode Close() aufgefordert werden, die geöffnete Verbindung zu schließen. Sofern Recordsets verwendet wurden, sollten diese vorher geschlossen werden.

   `rs.Close`
   `objConn.Close`

Es ist empfehlenswert, ein Connection-Objekt zu erzeugen, wenn mehr als ein Recordset von einer Datenquelle geöffnet bzw. mehr als ein Befehl auf der Datenquelle ausgeführt werden soll. Dieses Vorgehen spart Ressourcen gegenüber einer impliziten Öffnung einer Verbindung bei jedem Recordset bzw. Command.

Beispiel Das Beispiel zeigt, wie nacheinander vier Aktionen auf einer Verbindung ausgeführt werden:

- Zuerst werden alle Bestellungen des Kunden mit der KundenID 100 gelöscht.
- Danach werden alle enthaltenen Datensätze angezeigt. Dazu wird ein Recordset-Objekt verwendet.
- Es wird für den Kunden 100 eine neue Bestellung für zehn Einheiten des Produkts 1234 eingefügt.
- Alle Datensätze werden erneut ausgegeben. Dabei muss die Methode Requery() auf dem noch geöffneten Recordset-Objekt angewendet werden, um die Inhalte zu aktualisieren. Alternativ wäre möglich, das Recordset neu zu öffnen. Diese Aktion wäre aber zeitaufwändiger.

Listing 14.15
Mehrfachverwendung einer Connection [ads_con_2.wsf]

```
Dim objCmd, objrs, objcon   ' Objekte
Dim i ' Zählvariable
' -------------- Connection-String definieren: Wo sind die Daten gespeichert?
conString = "File Name=d:\buch\data\katalog.udl;"
' --- Connection instanziieren und öffnen
Set objcon = CreateObject("ADODB.Connection")
objcon.Open conString, "hs", "egal"
' --- Command instanziieren und verbinden
Set objCmd = CreateObject("ADODB.Command")
objCmd.ActiveConnection = objcon
' --- Recordset instanziieren, verbinden und öffnen
Set objrs = CreateObject("ADODB.Recordset")
objrs.ActiveConnection = objcon
objrs.Open "Select * from Bestellungen", , adOpenDynamic, _ adLockReadOnly
' -- 1. Aktion
objCmd.CommandText = "Delete from Bestellungen where KundenID = 100"
objCmd.Execute
' -- 2. Aktion
list_table objrs
' -- 3. Aktion
sql1 = "Insert into Bestellungen(KundenID,PID,Menge) values(100,1234,10)"
objCmd.CommandText = sql1
objCmd.Execute
' --- 4. Aktion
objrs.Requery
list_table objrs
' --- Aufräumen
objrs.Close
objcon.Close
```

 Auch Connections können asynchron aufgebaut werden.

Recordset versus Command/ Connection **Mehrere Wege führen zum Ziel** Die folgende Tabelle zeigt die verschiedenen Möglichkeiten, SQL-Befehle auszuführen, noch einmal im Überblick.

ADO-Klasse	Befehle mit Ergebnistabelle	Befehle ohne Ergebnistabelle
Recordset-Klasse	lesend und schreibend	nein
Command-Klasse und Connection-Klasse	Execute() kann read-only-Recordset zurückliefern	mit Execute()

Tabelle 14.8 Unterschiede zwischen den ADO-Klassen

14.1.8 Zugriff auf einzelne Elemente mit der Record-Klasse

Die Klasse ADODB.Record dient bei ADO dem Zugriff auf nichtrelationale Quellen, in denen einzelne Elemente direkt ansprechbar sind. Dabei wird eine Instanz dieser Klasse über einen Moniker an einen Eintrag in der Datenquelle gebunden. Es ist aber nicht so, dass ein Recordset-Objekt eine Menge von Record-Objekten darstellt. Die Klasse Record wurde mit ADO Version 2.5 neu eingeführt.

Record

Die Klasse Record wird eingesetzt:

- in Verbindung mit dem OLE DB Provider for Internet Publishing (MDAIPP) für den Zugriff auf Webfolder und den Exchange Server-Webstore,
- in Verbindung mit dem EXOLE DB-Provider für den Zugriff auf den Exchange Server-Webstore.

Mitglieder Die Record-Klasse besitzt wie die Recordset-Klasse eine Fields-Objektmenge, die die Eigenschaften des angesprochenen Elements enthält. Je nach den Fähigkeiten der Datenquelle können Eigenschaften gelesen, geändert, angefügt und gelöscht werden. Die Klasse Record stellt im Gegensatz zu Recordset keine Update()-Methode bereit. Dazu muss die Update()-Methode der Fields-Objektmenge aufgerufen werden.

Felder

Da die Klasse keine Objektmenge darstellt, gibt es keine „Move"-Methoden zwischen verschiedenen Elementen, sondern nur eine MoveRecord()-Methode, um das ganze Element zu bewegen. Ebenso gibt es Methoden zum Löschen (DeleteRecord()) und Kopieren des Elements (CopyRecord()). GetChildren() liefert einen Zeiger auf ein Recordset-Objekt, wenn Record auf ein Element zeigt, das Unterelemente hat (z.B. ein Ordner im Dateisystem oder ein Ordner im Exchange Server-Webstore).

Bewegungen

```
Mitglieder von 'Record'
   ActiveConnection
   Fields
   Mode
   ParentURL
   Properties
   RecordType
   Source
   State
   Cancel
   Close
   CopyRecord
   DeleteRecord
   GetChildren
   MoveRecord
   Open
```

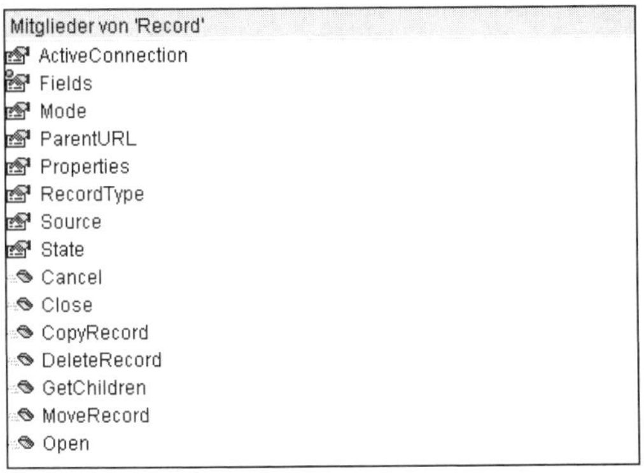

Bild 14.7 Liste der Mitglieder der Klasse ADODB. Record im VB 6.0-Objektkatalog

Open() Zentral in dieser Klasse ist die Methode Open(), die über zahlreiche Attribute verfügt.

Open Quelle, Verbindung, Verbindungsmodus, Erstellungsoptionen, Öffnungsoptionen

Kapitel 14 Daten und Dokumente

Parameter Quelle ist die URL eines Webstore-Elements. Verbindung ist optional eine Verbindungszeichenfolge oder `ADODB.Connection`-Objekt. Verbindungsmodus wählt den Schreib- und Lesemodus. Erstellungsoptionen legt fest, ob das Element neu erzeugt und ob gegebenenfalls ein unter diesem Namen vorhandenes Element überschrieben werden soll. Die Öffnungsoptionen ermöglichen das asynchrone Öffnen eines Elements.

Tabelle 14.9 Verbindungsmodi für „Open()"

Symbolische Konstante	Wert	Erläuterung
adModeRead	1	Nur lesend
adModeWrite	2	Nur schreibend
adModeReadWrite	3	Lesen und schreiben
adModeShareDenyNone	16	Keine Beschränkung für parallele Benutzer
adModeShareDenyRead	4	Verhindert, dass andere Benutzer parallel lesend zugreifen können
adModeShareDenyWrite	8	Verhindert, dass andere Benutzer parallel schreibend zugreifen können
adModeShareExclusive	12	Verhindert, dass andere Benutzer parallel überhaupt zugreifen können
adModeRecursive	0x400000	Legt fest, ob die vorgenannten Sperroptionen auch für eventuelle Unterelemente gelten. Möglich in Verbindung (OR-Verknüpfung) mit `adModeShareDenyNone`, `adModeShareDenyWrite` und `adModeShareDenyRead`.

Tabelle 14.10 Erstellungsoptionen für „Open()"

Symbolische Konstante	Wert	Erläuterung
adCreateCollection	8192	Erzeugt ein neues Element mit Unterelementen (z.B. einen Ordner im Exchange-Webstore oder ein Verzeichnis in einem Dateisystem)
adCreateNonCollection	0	Erzeugt ein neues Element ohne Unterelemente (z.B. eine Nachricht im Exchange-Webstore oder eine Datei in einem Dateisystem)
adCreateStructDoc	-21474 83648	Erzeugt ein neues COM-Structured Storage-Element
adCreateOverwrite	67108864	Überschreiben, wenn Element schon vorhanden. Möglich in Kombination (OR-Verknüpfung) mit `adCreateCollection`, `adCreateNonCollection` und `adCreateStructDoc`.
adFailIfNotExists	-1	Fehlermeldung, wenn Element schon vorhanden (Standardoption)
adOpenIfExists	33554432	Element nicht anlegen, sondern öffnen, wenn Element schon vorhanden. Möglich in Kombination (OR-Verknüpfung) mit `adCreateCollection`, `adCreateNonCollection` und `adCreateStructDoc`.

Beispiel Das Beispiel zeigt den lesenden und schreibenden Zugriff auf eine Eigenschaft eines Ordners im Exchange Server-Webstore. Weitere Anwendungsbeispiele der `Record`-Klasse finden Sie in Kapitel 15.2 zur Exchange-Programmierung.

```
' ### Ordnerattribute ändern (Ändern des Kommentars zu einem Ordner im Exchange
Server-Webstore)
Sub ADOEX2K_Ordner_AttributAenderungen()
Dim rec ' As ADODB.Record
Dim url ' As String
' --- Verbindungsaufbau
' Angaben zum Ordner
Const DOMAIN = "XFilesServer01.FBI.net"
Const wurzel = "public"
Const ORDNER = "Faelle/Staffel1/VTBDV1"
' URL zusammenbauen
url = "http://" & DOMAIN & "/" & wurzel & "/" & ORDNER
say "Zugriff auf Ordner: " & url
' Instanziierung der Klasse
Set rec = CreateObject("ADODB.Record")
' Öffnen des Records zum Lesen und Schreiben
Const adModeReadWrite = 3
rec.Open url, , adModeReadWrite
say "Ordner geöffnet: " & rec.ActiveConnection
' --- Attribut ändern
' Zugriff auf Attribut
Dim f ' As ADODB.Field
Set f = rec.fields("DAV:comment")
' Wert vorher
say "Alter Kommentar: " & f.Value
' Wert ändern
f.Value = "TEST " & Now
rec.fields.Update
' Wert nachher
say "Neuer Kommentar: " & f.Value
End Sub
```

*Listing 14.16
Ändern des Kommentars zu einem Ordner im Exchange Server-Webstore [CD:/code/komponenten/ADOEX2K/ADOEX2K_AttributAenderungen.wsf]*

14.1.9 Transaktionssteuerung

ADO unterstützt auch die Definition von Transaktionen. Transaktionen sind atomare Einheiten. Zu einer Transaktion gehören mehrere Befehle, die entweder alle komplett und korrekt ausgeführt werden oder aber von denen keiner ausgeführt wird. Es soll nicht zu einem inkonsistenten Zustand kommen, in dem ein Teil der Befehle ausgeführt wurde, ein anderer aber nicht. In diesem Fall wird ein so genannter Rollback ausgeführt.

Transaktionsmethoden

Nicht alle Provider unterstützen Transaktionen. Falls der Provider Transaktionen nicht unterstützt, erzeugt die Verwendung von Transaktionsmethoden einen Fehler.

Die Connection-Klasse besitzt drei Methoden für die Steuerung von Transaktionen:
- BeginTrans() markiert den Anfang einer Transaktion.
- CommitTrans() markiert das erfolgreiche Ende einer Transaktion.
- RollbackTrans() markiert den Fehlerfall, in dem alle seit Beginn der Transaktion vorgenommenen Änderungen rückgängig gemacht werden sollen.

Wenn eine ADO-Anwendung plan- oder außerplanmäßig (durch Absturz) beendet wird, so führt ADO automatisch ein Rollback aus.

Kapitel 14 Daten und Dokumente

Beispiel **Beispiel für den Einsatz von Transaktionen** Ein Beispiel zur Transaktionssteuerung ist naturgemäß etwas länger, weil eine Transaktion dann besonders eindrucksvoll ist, wenn mehrere Änderungsbefehle innerhalb einer Verbindung ausgeführt werden. Eine Tabelle wird zunächst gelöscht, dann werden zehn zufällige Datensätze eingefügt. Der Benutzer hat am Ende die Wahl: Wählt er die Rücknahme aller Änderungen, so kann diesem Wunsch durch einen einzigen Befehl entsprochen werden.

Listing 14.17
Transaktions-
steuerung mit
*ADO [ado_*
trans.wsf]

```
Dim objCmd, objrs, objcon    ' Objekte
Dim i ' Zählvariable
' -------------- Connection-String definieren: Wo sind die Daten gespeichert?
conString = "File Name=d:\buch\data\katalog.udl;"
' --- Connection instanziieren und öffnen
Set objcon = CreateObject("ADODB.Connection")
objcon.Open conString, "hs", "egal"
' --- Command instanziieren und verbinden
Set objCmd = CreateObject("ADODB.Command")
objCmd.ActiveConnection = objcon
' --- Recordset instanziieren, verbinden und öffnen
Set objrs = CreateObject("ADODB.Recordset")
objrs.ActiveConnection = objcon
objrs.Open "Select * from Bestellungen", , adOpenDynamic, _ adLockReadOnly
' --- Ausgabe des Anfangszustands
say "Inhalt vorher:"
list_table objrs
' --- Transaktion beginnen
objcon.BeginTrans
' --- Änderung 1
objCmd.CommandText = "Delete from Bestellungen"
objCmd.Execute
say "Inhalt nach Löschen aller Datensätze:"
list_table objrs
' -- Änderung 2
For i = 1 To 10
    sql1 = "Insert into Bestellungen(KundenID,PID,Menge) values(" & i _
        & "," & i & "," & Int(Rnd(Second(Now)) * 10) & ")"
    objCmd.CommandText = sql1
    objCmd.Execute
Next
objrs.Requery
say "Inhalt nach Einfügen neuer Datensätze:"
list_table objrs
' --- Ende der Transaktion
If MsgBox("Änderungen übernehmen?", vbYesNo) = vbYes Then
    objcon.CommitTrans
Else
    objcon.RollbackTrans
End If
' --- Ausgabe des Endzustands
objrs.Requery
say "Endzustand:"
list_table objrs
' --- Aufräumen
objrs.Close
objcon.Close
```

14.1.10 ADO-Fehlerbehandlung

Ein Error-Objekt enthält nähere Informationen zu den Fehlern, die beim Datenzugriff aufgetreten sind. Da bei einem Datenzugriff auch mehrere Fehler auftreten können, existiert die Errors-Auflistung, in der alle Fehler aufgelistet werden. Die aufrufende Anwendung zeigt dagegen jeweils nur den letzten aufgetretenen Fehler an. Außerdem erzeugt OLE DB auch Warnungen in dieser Objektmenge, die nicht zu einem kritischen Fehler in der Anwendung führen.

Fehler anzeigen

Die Errors-Auflistung existiert nur in einem Connection-Objekt. Für alle Aktionen, für die keine explizite Verbindung erzeugt wurde, gibt es keinen Zugriff auf die Fehlerliste.

Die Errors-Auflistung

Durch Zugriff auf die Count-Eigenschaft der Errors-Auflistung kann schnell festgestellt werden, ob ein OLE DB-Fehler aufgetreten ist. Mit der Clear()-Methode werden die Error-Objekte aus der Auflistung gelöscht, nachdem sie ausgewertet wurden.

Es bietet sich an, eine allgemeine Fehlerbehandlungsroutine für VB- und OLE DB-Fehler zu schreiben. Dies leistet eHandler(). Die Routine erwartet einen Zeiger auf das Visual Basic Err-Objekt und einen Zeiger auf eine geöffnete ADO-Connection. Ist der zweite Parameter Null, Nothing oder Empty, wird die Überprüfung der ADO-Connection nicht ausgeführt.

```
Sub ehandler(objErr, objCon)
' --- VB-Fehler?
If objErr.Number <> 0 Then
    say "### Es ist ein VB-Fehler aufgetreten:"
    say "Fehlernummer:        " & objErr.Number
    say "Beschreibung:        " & objErr.Description
    say "Source:              " & objErr.Source
    say Chr(13)
    objErr.Clear
End If
' --- OLEDB-Fehler?
If Not (objCon Is Nothing Or _
    IsNull(objCon) Or IsEmpty(objCon)) _
    And objCon.Errors.Count > 0 Then
    say "### Es gibt " & objCon.Errors.Count & " OLEDB-Meldung(en)"
    ' --- Iteration über alle Fehler
    For Each Fehler In objCon.Errors
        say "OLEDB-Fehler       #" & i & " von " & _
        objCon.Errors.Count
        say "Fehlernummer (Hex): " & Hex(Fehler.Number)
        say "Beschreibung:       " & Fehler.Description
        say "Quelle:             " & Fehler.Source
        say "NativeError:        " & Fehler.NativeError
        say "SQLState:           " & Fehler.SQLState
        say Chr(13)
    Next
End If
End Sub
```

Listing 14.18 Allgemeine Fehlerbehandlungsroutine für VB- und ADO-Fehler

Das folgende Beispiel zeigt den Einsatz von eHandler(). Nachdem der Anfang der Fehlerbehandlung mit On Error Resume Next aktiviert wurde, erfolgt an allen wichtigen Stellen der Aufruf von eHandler(). Testen Sie eHandler(), indem Sie in das SQL-Statement oder die Verbindungszeichenfolge einen Fehler einbauen!

Verwendung von eHandler()

Kapitel 14 Daten und Dokumente

Listing 14.19
Verwendung der Routine ehandler() [ado_error.wsf]

```
' Deklarationen
Dim objCmd, objCon
' Fehlerbehandlung ein
On Error Resume Next
' 0. --- Vorbereitungen
' - Befehl
Const sql = "Select * from Bestellungen"
' - Connection-String
Const conString = "File Name=d:\buch\data\katalog.udl;"
' 1. --- Instanziierungen
Set objCon = CreateObject("ADODB.Connection")
ehandler Err, objCon
Set objCmd = CreateObject("ADODB.Command")
ehandler Err, objCon
' 2. --- Verbindung öffnen
objCon.Open conString, "hs", "egal"
ehandler Err, objCon
' 3. --- Befehl ausführen
objCmd.ActiveConnection = objCon
objCmd.CommandType = 1 'adCmdText
objCmd.CommandText = sql
objCmd.Execute
ehandler Err, objCon
' 4.--- Verbindung schließen
objCon.Close
' 5. --- Objekte vernichten
```

14.2 SQL Server Distributed Management Objects (DMO)

SQL Server-Automatisierung
Die Komponente Distributed Management Objects (DMO) ist eine sehr mächtige COM-Komponente für die automatisierte Administration des Microsoft SQL Server. Sie bildet die Funktionen des SQL Enterprise Manager nach und stand auch schon in früheren Versionen des SQL Server zur Verfügung. DMO ist in weiten Teilen eine objektorientierte Sicht auf den Inhalt der SQL Server-Systemdatenbanken Master und MSDB.

DMO für SQL Server 7.0
DMO Version 7.0 DMO wurde für den SQL Server Version 7.0 stark erweitert. DMO Version 7.0 ist mit 60 Einzelklassen, 61 Objektmengenklassen, 155 Schnittstellen und stattlichen 97 Aufzählungstypen eine der umfangreichsten Automatisierungskomponenten unter den derzeit verfügbaren COM-Komponenten überhaupt. Auf Grund dieser großen Funktionsfülle kann im vorliegenden Buch nur ein kleiner Teil der Möglichkeiten besprochen werden, die DMO bietet.

DMO für SQL Server 2000
DMO Version 2000 Im SQL Server 2000 hat DMO einige kleinere Erweiterungen erfahren. In diesen Fall hat Microsoft die Erweiterungen konsequent in neuen Klassen abgebildet, die durch eine angehängte „2" gekennzeichnet sind, z.B. SQLServer2, StoredProcedure2, Database2, Column2. Diese neuen Klassen haben neue Attribute und Methoden, die nur beim SQL Server 2000 zur Verfügung stehen. Der SQL Server 2000 kann aber auch weiterhin mit den alten Klassennamen angesprochen werden; dann stehen lediglich die neuen Funktionen nicht zur Verfügung.

SQL Server Distributed Management Objects (DMO)

SMO

SQL Server Management Objects (SMO) ist Nachfolger der Distributed Management Object (DMO) zur Verwaltung des Microsoft SQL Server. SMO ist in Managed Code geschrieben und implementiert im Namensraum `Microsoft.SqlServer.Management` SMO löst in Microsoft ab SQL Server 2005 die Distributed Management Objects (SQL-DMO) ab. DMO kann aber auch in SQL Server 2005/2008 noch verwendet werden.

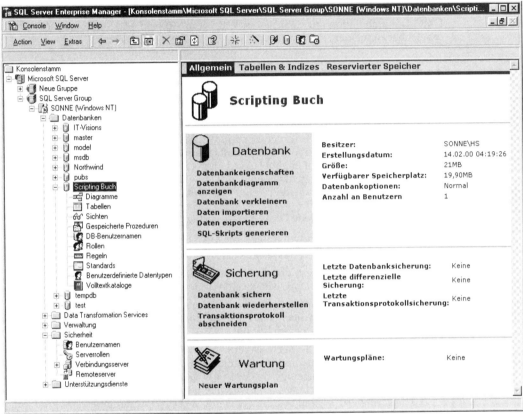

Bild 14.8: Der SQL Server Enterprise Manager

Name und Abkürzung	SQL Server Distributed Management Objects (SQL DMO)	*Tabelle 14.11* Schnellinfo SQL Server Distributed Management Objects (SQL-DMO)
Name der Komponentendatei	SQLDMO.DLL (Typbibliothek: SQLDMO.RLL)	
Interner Name der Typbibliothek	SQLDMO	
Helpstring der Typbibliothek	Microsoft SQLDMO Object Library	
Hersteller	Microsoft	
Lizenzierung	Bestandteil der Microsoft SQL Servers 2000	
Besprochene Version	2000.80.194.0	
Alle Windows-Versionen	Installation Microsoft SQL Server 2000 bzw. der zugehörigen Client-Werkzeuge	
Dokumentation	MSDN-Entwicklerbibliothek [MSL00]	

Kapitel 14 **Daten und Dokumente**

Dokumen- **Dokumentation in der MSDN-Entwicklerbibliothek** DMO ist in der MSDN-Entwick-
tation lerbibliothek gut dokumentiert. Zu jeder Klasse wird das Vorgehen bei typischen
Programmieraufgaben Schritt für Schritt beschrieben und es gibt sogar sowohl in
einem Gesamtmodell als auch in Ausschnitten zu jeder Klasse grafische Darstellungen
des Objektmodells. Unverständlicherweise hat Microsoft dann wieder daran gespart,
zu jedem der dargestellten Programmierabläufe auch den Programmcode mitzuliefern.
Die Anzahl der Programmierbeispiele ist eher spärlich. Schade, dabei war die SQL-
DMO-Dokumentation auf dem besten Weg, vom Autor dieses Buchs als vorbildhaft
bezeichnet zu werden.

14.2.1 DMO-Objektmodell

Objekt- Da das Objektmodell jedoch recht geradlinig ist und in vielen Bereichen der Ansicht
modell des SQL Server Enterprise Managers entspricht, ist die Selbsterforschung dieser Komponente einfach. DMO ist kein Metaobjektmodell und auch nicht dazu geeignet, andere
Anwendungen als den SQL Server zu administrieren, auch wenn der Name DMO dies
vielen suggeriert. Es gibt in der Typbibliothek erfreulicherweise zu jeder Einzelklasse
(nicht aber zu den Objektmengenklassen) auch eine Klassendefinition (in Form einer
CoClass). Die Objektmengenklassen sind lediglich über Schnittstellendefinitionen
beschrieben. Mehrfachschnittstellen sind eher selten.

Gemeinsame Mitglieder Jede DMO-Klasse verfügt über folgende Attribute:

Application ▸ `Application` ist ein Verweis auf das Stammobjekt der DMO.

Parent ▸ `Parent` ist ein Verweis auf das jeweils übergeordnete Objekt.

TypeOf ▸ `TypeOf` ist ein Zahlenwert, der die Klasse beschreibt. In der Konstantenliste `SQLDMO_OBJECT_TYPE` ist für jede DMO-Klasse eine eindeutige Zahl definiert.

UserData ▸ `UserData` ist ein Zahlenwert, der vom Programmierer frei belegt werden kann.
Microsoft schweigt darüber, warum ausgerechnet in diesem Objektmodell eine
solche Möglichkeit geschaffen wurde.

Property- ▸ Das Attribut `Properties` verweist auf eine `Property`-Objektmenge mit `Property`-
Collection Objekten. Jedes Attribut einer bestimmten Klasse (außer den oben genannten Standardattributen) ist hier eingetragen. Die `Property`-Klasse stellt die Attribute `Name`,
`Type`, `Get`, `Set` und `Value` bereit. `Type` enthält einen numerischen Wert, der den Datentyp repräsentiert. `Get` und `Set` dienen nicht wie die ADSI-Methoden `Get()` und `Put()`
der Veränderung des Attributs, sondern informieren darüber, wie das Attribut verwendet werden kann. `Set = False` bedeutet read-only, `Get = False` bedeutet writeonly. Mit `Value` kann das Attribut entsprechend der Einstellung von `Get`/`Set` gelesen
und/oder verändert werden.

> Laut MSDN-Dokumentation dient die `Properties`-Objektmenge dem Zugriff von
> Automation Clients und den Eingabehilfen der Entwicklungsumgebungen. Dies ist
> jedoch falsch, da COM-Automation Clients die `IDispatch`-Methoden der vorhandenen
> dualen Schnittstellen nutzen und Entwicklungsumgebungen auf Typbibliotheken
> zurückgreifen. Es ist aber eine interessante Vision, dass Entwicklungsumgebungen sich
> in Zukunft solcher Objektmengen bedienen, um in (Meta-)Objektmodellen Eingabehilfen anzubieten. So ist die `Properties`-Objektmenge zunächst nur ein Instrument der
> Erweiterbarkeit zur Laufzeit. Natürlich fehlt dann noch eine `Methods`-Objektmenge.
> Umgesetzt ist dies schon in WMI.

SQL Server Distributed Management Objects (DMO)

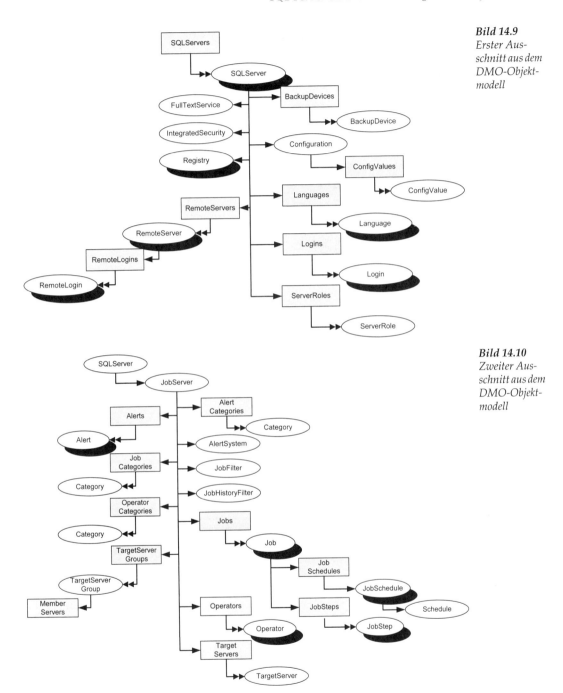

Bild 14.9
Erster Ausschnitt aus dem DMO-Objektmodell

Bild 14.10
Zweiter Ausschnitt aus dem DMO-Objektmodell

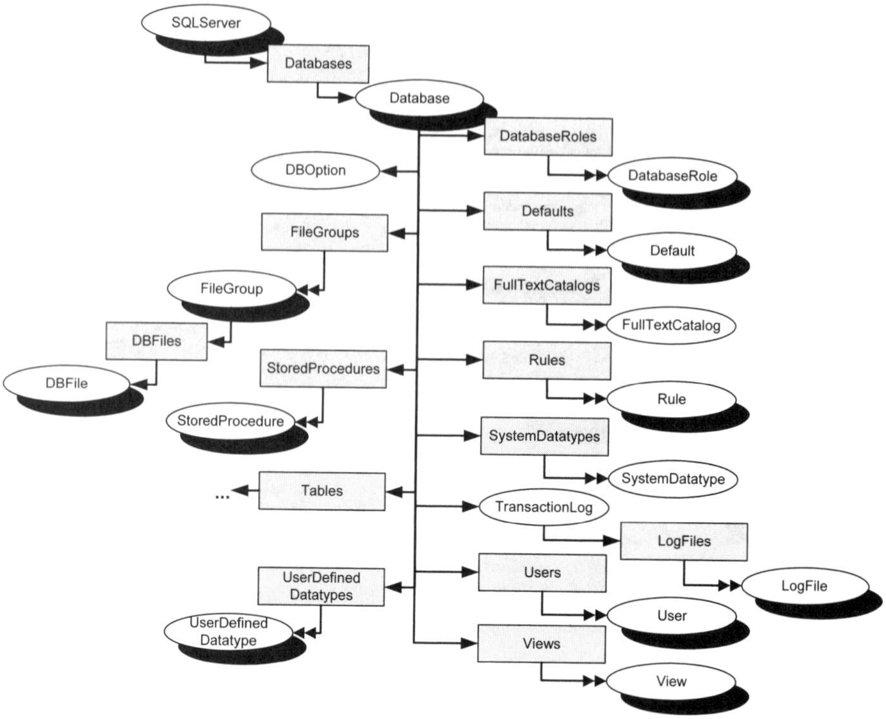

Kapitel 14 Daten und Dokumente

Bild 14.11
Dritter Ausschnitt aus dem DMO-Objektmodell

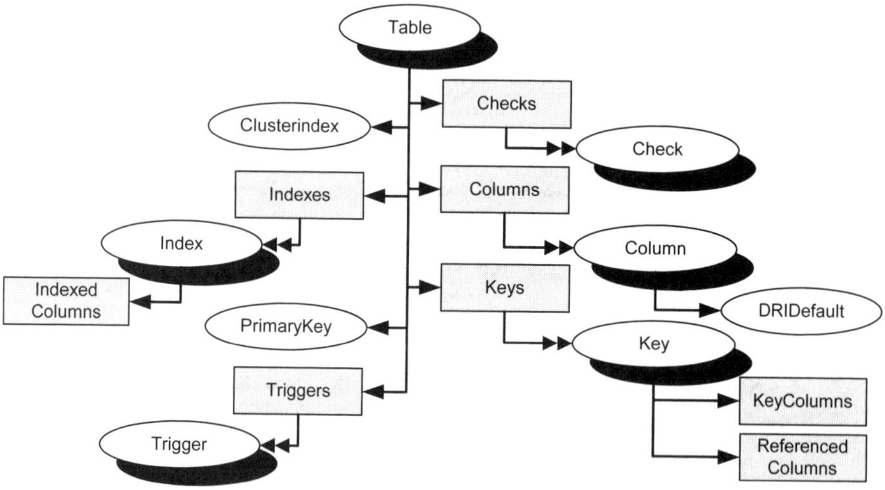

Bild 14.12
Vierter Ausschnitt aus dem DMO-Objektmodell

Optional, aber häufig vorkommend, sind folgende Mitglieder:

EViele Klassen (außer den Objektmengenklassen) verfügen über ein `ID`-Attribut, das ein Objekt innerhalb einer Objektmenge eindeutig identifizieren soll. Diese ID ist aber kein GUID und weder zwischen verschiedenen Objektmengen noch innerhalb einer Objektmenge über die Zeit eindeutig. Die ID startet in jeder Objektmenge bei 1. Ein neues Objekt erhält die kleinste Zahl >= 1, die gerade frei ist. Wird ein Objekt gelöscht und ein neues angelegt, erhält das neue Objekt die ID des alten. Dieser Mechanismus ist zweifelsohne sehr unbefriedigend. Da natürlich auch Namen wiederverwendet werden können, ist es unmöglich festzustellen, ob ein bestimmtes DMO-Objekt beim erneuten Aufruf dasselbe ist wie beim vorherigen Aufruf.	**ID-Attribut**
▸ Viele Objekte verfügen über eine `Refresh()`-Methode, um die Attributwerte des Objekts zu aktualisieren. Sie kennen diese Funktion aus dem Enterprise Manager, wo sie in den Kontextmenüs allgegenwärtig ist.	**Refresh()-Methode**
Objektmengenklassen verfügen daneben auch noch wie üblich über die Methode `item()` und das Attribut `count`, oft auch über `add()` und `remove()`. `Item()` unterstützt numerische Werte und in den meisten Fällen auch alphanumerische Namen. Die Unterobjekte sind innerhalb der Objektmenge anhand ihres Namens alphabetisch geordnet. `Item()` liefert bei der Angabe eines numerischen Werts n den Eintrag an der n-ten Position in dieser alphabetisch sortierten Liste. Da sich diese Position natürlich schnell ändern kann, bieten viele Objektmengen auch die Methode `ItemByID(id)` an. Bitte beachten Sie jedoch die obigen Ausführungen zur unzureichenden Eindeutigkeit dieser ID. Die Suche auf Basis der ID ist jedoch immer noch besser als die auf Basis der Position.	**Weitere Mitglieder in Objektmengen**
Externe Instanziierung durch den COM-Client Eine Besonderheit der DMO ist es, dass fast alle Objekte von außen direkt instanziierbar sind. Die Objekterzeugung erfolgt also nicht von einem übergeordneten DMO-Objekt aus, sondern wird vom COM-Client vorgenommen. Danach muss das extern instanziierte Objekt mit der `Add()`-Methode der jeweiligen Objektmenge in die Objektmenge aufgenommen werden, da sonst keine Bindung an das Objektmodell existiert. Die den Objekten entsprechenden Einträge im SQL Server werden auch erst mit Ausführung der `Add()`-Methode vorgenommen. Während die Instanziierung sehr schnell ist, benötigt die `Add()`-Methode also vergleichsweise viel Zeit. Wenn Sie den Aufruf von `Add()` vergessen, dann hat das zur Konsequenz, dass die von Ihnen erzeugten Objekte nur so lange leben wie die betreffenden Objektvariablen. Sie erzeugen jedoch keine Inkonsistenzen oder Speicherlecks.	**Viele instanziierbare Klassen**
Obige Ausführungen gelten für DMO-Klassen, die persistenten Einträgen im SQL Server entsprechen. Es gibt auch DMO-Klassen, deren Objekte nicht zu persistenten Einträgen im SQL Server werden (z.B. `Backup`, `Transfer`). Auch hier erfolgt die Instanziierung extern. Jedoch wird das instanziierte Objekt danach nicht einer Objektmenge hinzugefügt, sondern der Methode eines anderen Objekts als Parameter vorgeworfen (im Fall `Transfer`) oder aber es wird nach Ausführung eigener Methoden verworfen (im Fall `Backup`).	**Nicht persistente Klassen**

Kapitel 14 **Daten und Dokumente**

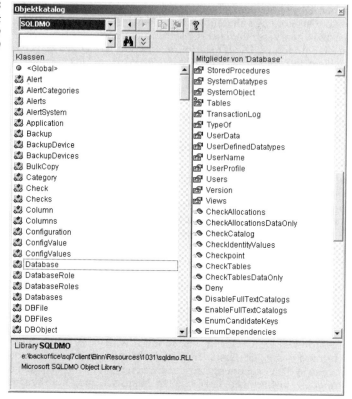

*Bild 14.13
Typbibliothek
von DMO
Version 7.0*

14.2.2 Application-Klasse

Application-
Klasse

Die Klasse `Application` bildet das Stammobjekt der DMO, ist aber keineswegs der alleinige Einstiegspunkt in das Objektmodell. In der Regel steigt der Programmierer über die Klasse `SQLServer` ein. Leider ist die Dokumentation dieser Klasse in der MSDN-Entwicklerbibliothek unvollständig. Jede DMO-Klasse implementiert einen Rückverweis auf das `Application`-Objekt. `Application` dient vor allem

- zur Ausgabe von Informationen über die DMO-Komponente (s. u.)
- zur Ermittlung aller verfügbaren SQL Server im Netz (Methode `ListAvailableSQL-Servers()`). Diese Funktion wird allerdings nur unter NT unterstützt.
- zur Pflege einer Liste aller SQL Server, die derzeit über DMO verwendet werden (Objektmenge `SQLServers`)
- zum Zugriff auf die in Servergruppen registrierten SQL Server. Dies bezieht sich auf die im Enterprise Manager angelegten Servergruppen und registrierten Server (Objektmenge `ServerGroups`). DMO sieht vor, dass `Servergroup`-Objekte selbst wieder eine `Servergroup`-Objektmenge enthalten. Es ist also möglich, registrierte Server in einer beliebigen Hierarchie zu verwalten.
- zum Beenden der Verbindung zu allen SQL Servern (Methode `Quit()`)
- zum Festlegen der Timeout-Zeit beim Setzen eines Lock auf ein Objekt

14.2.3 SQLServer-Klasse

Die `SQLServer`-Klasse stellt folgende Funktionalitäten bereit: **Klasse**

- Aufbau der Verbindung zu einem SQL Server (Methode `Connect()`)
- Zugriff auf Konfigurationsinformationen
- Zugriff auf die dem SQL Server untergeordneten Objekte (z.B. `Configuration`, `Replication`, `JobServer`) und Objektmengen (z.B. `Databases`, `BackupDevices`, `Logins`, `LinkedServers`, `ServerRoles`)
- Ausführung von Transact-SQL-Befehlen inklusive Empfang von Ergebnismengen und Transaktionssteuerung – das ist alternativ auch auf Datenbankebene möglich (Methoden `ExecuteImmediate()`, `ExecuteWithResults()`, `ExecuteWithResultsAndMessages()`)
- Starten und Stoppen des SQL Server-Dienstes (Attribut `Status`, Methoden `Start()`, `Stop()`, `Pause()`, `Continue()`)
- Abfangen von Server-Ereignissen

Verbindungsaufbau Entsprechend den zwei Sicherheitsmodi des Microsoft SQL Server bietet auch die Methode `Connect()` zwei Verfahren an. NT-Authentifizierung wird verwendet, wenn zuvor das Attribut `LoginSecure` auf *True* gesetzt wurde. Andernfalls erwartet `Connect()` die Übergabe eines Log-in und eines Kennworts für die SQL Server-Sicherheit. Wenn kein Servername angegeben wird, wird lokal ein SQL Server gesucht.   **Connect()**

`Connect( [ ServerName ] , [ Login ] , [ Password ] )`

Das Listing zeigt beide Formen.

```
Dim objServ ' As SQLDMO.SQLServer
Set objServ = CreateObject("SQLDMO.SQLServer")
' --- 1. Möglichkeit: SQL Server-Sicherheit
objServ.LoginSecure = True
objServ.Connect "XFilesServer02", "sa", "egal"
objServ.Disconnect
' -- 2. Möglichkeit: NT-Authentifizierung
objServ.LoginSecure = True
objServ.Connect "XFilesServer02"
say "Verbunden von " & objServ.HostName & " mit Server " & _ objServ.Name & " auf " & objServ.NetName
say "ServerVersion = " & objServ.VersionMajor & "." & _ objServ.VersionMinor
say "Status = " & objServ.Status
say "ProcessID: " & objServ.ProcessID
say "ConnectionID: " & objServ.ConnectionID
say "Issysadmin: " & objServ.Issysadmin
' -- Verbindung beenden
objServ.Disconnect
```

Listing 14.20 Verbindungsaufbau via NT- und SQL Server-Authentifizierung [dmo_connect.wsf]

Jede Verbindung sollte beendet werden, wenn sie nicht mehr gebraucht wird. Dazu dient `objServer.Disconnect()`.

Zugriff auf Unterobjekte Der Zugriff auf die Objektmengen unterhalb eines `SQLServer`-Objekts ist eine Routineaufgabe.

Kapitel 14 **Daten und Dokumente**

Listing 14.21
Liste der Datenbanken und Sicherungsmedien auf einem SQL Server [dmo_server.wsf]

```
Dim objDB ' As SQLDMO.Database
Dim objBackDev ' As SQLDMO.BackupDevice
Dim objServ ' As SQLDMO.SQLServer
' -- Verbindung aufbauen
Set objServ = CreateObject("SQLDMO.SQLServer")
objServ.LoginSecure = True
objServ.Connect "XFilesServer02", "sa", "egal"
' -- Unterobjekte auflisten
say "--- Liste der Datenbanken:"
For Each objDB In objServ.Databases
    say objDB.Name
Next
say "--- Liste der Sicherungsmedien:"
For Each objBackDev In objServ.BackupDevices
    say objBackDev.Name
Next
' usw.
' -- Verbindung beenden
objServ.Disconnect
```

14.2.4 Anlegen einer neuen Datenbank

SQLDMO. Database

DMO ist eine sehr aufmerksame Komponente, die – sofern der Benutzer keine Vorgaben macht – viele notwendige Schritte automatisch mit Standardwerten vornimmt. So ist das Minimalscript zur Erzeugung einer Datenbank (aufbauend auf einer bestehenden Verbindung) ein Dreizeiler:

- Erzeugung einer neuen Instanz der Klasse Database

  `Set oDB = CreateObject("SQLDMO.Database")`

- Vergabe eines Datenbanknamens (DMO denkt sich nicht selbst einen aus)

  `oDB.Name = DBNAME`

- Anfügen der Datenbank an die Databases-Objektmenge des gewünschten SQL Servers

  `oSQLServer.Databases.Add oDB`

Beim Aufruf der letzten Anweisung sorgt DMO dafür, dass automatisch eine Datenbankdatei und eine Transaktionsprotokolldatei mit jeweils der Größe 1 MB (mit unlimitiertem Wachstum in 10%-Schritten) angelegt werden.

> Wenn Sie Kontrolle darüber haben wollen, wie diese Dateien konfiguriert werden, dann müssen Sie vor dem Databases.Add() entsprechende Objekte erzeugen und an die passende Objektmenge des Database-Objekts übergeben. Das Vorgehen ist dabei analog: externe Instanziierung, Attribute setzen und dann mit Add() der Objektmenge hinzufügen.

Datenbankdatei

Beispiel zur Erzeugung einer neuen Datenbank Im nächsten Listing wird eine Datenbank mit folgenden Einstellungen angelegt:

- Es wird eine Datenbankdatei angelegt mit der Startgröße 10 MB und einem möglichen Wachstum bis auf 100 MB in Schritten zu je 5 MB.
- Diese Datenbankdatei wird der vom System angelegten Dateigruppe „PRIMARY" angefügt.

SQL Server Distributed Management Objects (DMO)

▸ Das Script legt dann eine Transaktionsprotokolldatei an mit der Startgröße fünf MB und ohne Wachstum (FileGrowth=0). **Transaktionsprotokolldatei**

▸ Da es keine Dateigruppen für Transaktionsprotokolldateien gibt, wird die Transaktionsprotokolldatei an die Objektmenge `TransactionLog.LogFiles` des Database-Objekts angefügt.

▸ Nun fügt das Script zunächst die Datenbank an die `Databases`-Objektmenge an und sorgt dabei für die Erzeugung der Datenbank- und Transaktionsprotokolldateien. Eine neue Dateigruppe kann erst erstellt werden, wenn die Datenbank schon physikalisch existiert. Diese Beschränkung verbirgt der SQL Enterprise Manager beim manuellen Anlegen. **DatabasesCollection**

▸ Eine neue Datengruppe entsteht auf Basis einer Instanz von `SQLDMO.FileGroup`, die an die `FileGroups`-Objektmenge der Datenbank angefügt wird. **Filegroup**

▸ Die zweite Datenbankdatei hat einen Startwert von 10 MB mit einem prozentualen Wachstum um jeweils 50%, das unbegrenzt ist.

```
Dim oDB            ' As SQLDMO.Database
Dim oDBFile        ' As SQLDMO.DBFile
Dim oLogFile       ' As SQLDMO.LogFile
Dim oSQLServer     ' As SQLDMO.SQLServer
Dim oFileGroup     ' As SQLDMO.FileGroup
Const DBNAME = "WindowsScripting"
Const SQLDATA_PATH = "e:\DATEN_SQL7_auf_w2k\"
' -- Verbindung aufbauen
Set oSQLServer = CreateObject("SQLDMO.SQLServer")
oSQLServer.Connect "XFilesServer02", "sa", "egal"
' -- Datenbank anlegen
Set oDB = CreateObject("SQLDMO.Database")
' -- Name vergeben
oDB.Name = DBNAME
' -- Erste Datenbankdatei anlegen
Set oDBFile = CreateObject("SQLDMO.DBFile")
oDBFile.Name = DBNAME & "_DB1"
oDBFile.PhysicalName = SQLDATA_PATH & DBNAME & "1.mdf"
oDBFile.PrimaryFile = True
oDBFile.Size = 10
oDBFile.FileGrowthType = 0 ' SQLDMOGrowth_MB
oDBFile.FileGrowth = 5
oDBFile.MaximumSize = 100
' -- Datenbankdatei anfügen
oDB.FileGroups("PRIMARY").DBFiles.Add oDBFile
' -- Transaktionsprotokolldatei anlegen
Set oLogFile = CreateObject("SQLDMO.LogFile")
oLogFile.Name = DBNAME & "_Log1"
oLogFile.PhysicalName = SQLDATA_PATH & DBNAME & ".ldf"
oLogFile.Size = 5
oLogFile.FileGrowth = 0
' -- Transaktionsprotokolldatei anfügen
oDB.TransactionLog.LogFiles.Add oLogFile
' -- Datenbank anfügen
say "Datenbank " & DBNAME & " wird angelegt..."
oSQLServer.Databases.Add oDB
say "Datenbank angelegt..."
' -- Dateigruppe für zweite Datenbankdatei anlegen
Set oFileGroup = CreateObject("SQLDMO.FileGroup")
oFileGroup.Name = "ZweiteGruppe"
' -- Dateigruppe anfügen
oDB.FileGroups.Add oFileGroup
' -- Zweite Datenbankdatei anlegen
Set oDBFile = CreateObject("SQLDMO.DBFile")
oDBFile.Name = DBNAME & "_DB2"
oDBFile.PhysicalName = "e:\DATEN_SQL7_auf_w2k\" & DBNAME & "2.mdf"
```

Listing 14.22 Erzeugung einer neuen Datenbank mit expliziter Erzeugung der Datenbank- und Transaktionsprotokolldatei [dmo_neuedb.wsf]

Kapitel 14 Daten und Dokumente

```
oDBFile.PrimaryFile = False
oDBFile.Size = 10
oDBFile.FileGrowthType = 1 'SQLDMOGrowth_Percent
oDBFile.FileGrowth = 50
oDBFile.MaximumSize = 0
' -- Datenbankdatei an "ZweiteGruppe" anfügen
oDB.FileGroups("ZweiteGruppe").DBFiles.Add oDBFile
say "Zweite DB-Datei angefügt."
```

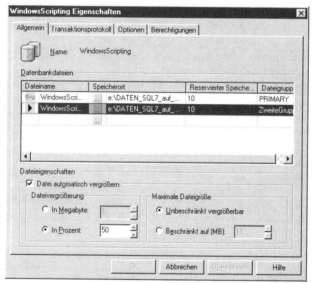

Bild 14.14
Die Arbeit des Script spiegelt sich im Eigenschaftenfenster der Datenbank „Windows-Scripting" wider.

Nach Erstellung der Datenbank können Sie Informationen über diese erhalten, z.B. die aktuelle Datenbankgröße.

Listing 14.23
Ausgabe von Informationen über die neue Datenbank [dmo_neue-db.wsf]

```
say "Festplattenspeicher: " & oDB.SpaceAvailableInMB & " MB" & _
" von " & oDB.Size & " MB"
say "Die Datenbank besteht aus folgenden Datenbankdateien:"
oDB.FileGroups.Refresh
For Each oFileGroup In oDB.FileGroups
    oFileGroup.DBFiles.Refresh
    For Each oDBFile In oFileGroup.DBFiles
        say " Datenbankdatei " & oDBFile.PhysicalName & " (" & _
        oDBFile.SizeInKB & " KB )"
    Next
Next
End
```

Der SQL Server zählt bei oDB.Size das Transaktionsprotokoll mit. Das Script sollte also bei obiger Konstellation sofort nach Erzeugung der Datenbank melden:

```
Festplattenspeicher: 23,80176 MB von 25 MB
Die Datenbank besteht aus folgenden Datenbankdateien:
Datenbankdatei e:\...\NeueDatenbank1.mdf (10240 KB )
Datenbankdatei e:\...\NeueDatenbank2.mdf (10240 KB )
```

Remove() **Löschen einer Datenbank** Das Löschen einer Datenbank geht sehr schnell. Sofern Sie den Namen kennen, benötigen Sie nur die folgende Zeile:

```
oSQLServer.Databases("DatenbankName").Remove
```

> Es gibt (natürlich) keine Sicherheitsabfrage. Beim Scripten haben Sie die volle Verantwortung.

Das folgende Beispiel löscht alle Datenbanken, die mit dem Wort „Test" beginnen – aber erst nach einer selbst programmierten Nachfrage.

*Listing 14.24
Selektives
Löschen von
Datenbanken
mit Nachfrage
[dmo_remove-db.wsf]*

```
Dim oDB            ' As SQLDMO.Database
Dim oSQLServer     ' As SQLDMO.SQLServer

' -- Verbindung aufbauen
Set oSQLServer = CreateObject("SQLDMO.SQLServer")
oSQLServer.Connect "XFilesServer02", "sa", "egal"

' -- Iteration über alle Datenbanken
For Each oDB In oSQLServer.Databases
    If Left(oDB.Name, 4) = "test" Then
        If MsgBox("Datenbank " & oDB.Name & " löschen?", vbYesNo, _
            "Nachfrage") = vbYes Then
            oSQLServer.Databases.Remove oDB.Name
        End If
    End If
Next
```

14.2.5 Anlegen einer neuen Tabelle

Das Anlegen einer Tabelle auf Basis einer bestehenden Verbindung zu einem Microsoft SQL Server vollzieht sich in folgenden Schritten:

Vorgehen beim Anlegen einer neuen Tabelle

- Instanziierung von SQLDMO.Table

  `Set oTabelle = CreateObject("SQLDMO.Table")`

- Festlegung des Namens der neuen Tabelle

  `oTabelle.Name = "ComputerListe"`

- Erzeugung mindestens eines Felds
- Instanziierung von SQLDMO.Column

  `Set oTabelle = CreateObject("SQLDMO.Table")`

- Festlegung von Name und Datentyp (dataType)

  `oSpalte.Name = "ComputerName"`

  `oSpalte.dataType = "varchar"`

- Festlegung der Länge (length) bei Datentypen mit variabler Länge

  `oSpalte.length = 15`

- Anfügen des Felds an das Tabellenobjekt

  `oTabelle.Columns.Add oSpalte`

- Anfügen des Table-Objekts an die Tables-Objektmenge der gewünschten Datenbank

  `oSQLServer.Databases("WindowsScripting").Tables.Add oTabelle`

Für jedes Feld der Tabelle gibt es – abhängig vom Datentyp – zahlreiche Einstellungsmöglichkeiten für die Spalten Genauigkeit (NumericPrecision), Dezimalstellen (NumericScale), Null zulassen (AllowNulls), Standardwert (Default), Identität (Identity), ID-Startwert (IdentitySeed), ID-Schrittweite (IdentityIncrement) und Ist RowGUID (IsRowGuidCol).

Feldeigenschaften

Kapitel 14 Daten und Dokumente

Tabelleneigenschaften

Beispiel Auch für die Tabelle selbst gibt es zahlreiche Einstellungsmöglichkeiten. Im folgenden Script wird beispielhaft die Textdateigruppe (das ist der Speicherort für die „großen" Datentypen image, ntext und text) auf eine andere Dateigruppe gesetzt als die übrigen Daten.

*Listing 14.25
Erzeugung
einer neuen
Tabelle via
DMO [dmo_
neue-
Tabelle.wsf]*

```
Dim oSQLServer    ' As SQLDMO.SQLServer
Dim oTabelle      ' As SQLDMO.table
Dim oSpalte       ' As SQLDMO.Column

' -- Verbindung aufbauen
say "Verbindungsaufbau..."
Set oSQLServer = CreateObject("SQLDMO.SQLServer")
oSQLServer.Connect "XFilesServer02", "sa", "egal"
' -- Tabelle erzeugen
say "Tabelle anlegen..."
Set oTabelle = CreateObject("SQLDMO.Table")
oTabelle.Name = "ComputerListe"
oTabelle.FileGroup = "PRIMARY"
oTabelle.TextFileGroup = "ZweiteGruppe"
say "Spalten anlegen..."

' -- Erzeugung des 1. Felds (Autowert)
Set oSpalte = CreateObject("SQLDMO.Column")
oSpalte.Name = "ComputerNr"
oSpalte.dataType = "int"
oSpalte.Identity = True
oSpalte.IdentityIncrement = 1
oSpalte.IdentitySeed = 1
oSpalte.NumericPrecision = 20
oSpalte.NumericScale = 21
oSpalte.AllowNulls = False
oTabelle.Columns.Add oSpalte

' -- Erzeugung des 2. Felds (String)
Set oSpalte = CreateObject("SQLDMO.Column")
oSpalte.Name = "ComputerName"
oSpalte.dataType = "varchar"
oSpalte.length = 15
oSpalte.AllowNulls = False
oTabelle.Columns.Add oSpalte

' -- Erzeugung des 3. Felds (Memo)
Set oSpalte = CreateObject("SQLDMO.Column")
oSpalte.Name = "Beschreibung"
oSpalte.dataType = "text"
oSpalte.AllowNulls = True
oTabelle.Columns.Add oSpalte

' -- Erzeugung des 4. Felds (Bild)
Set oSpalte = CreateObject("SQLDMO.Column")
oSpalte.Name = "Foto"
oSpalte.dataType = "image"
oSpalte.AllowNulls = True
oTabelle.Columns.Add oSpalte
' -- Anfügen der Tabelle an die gewünschte Datenbank
```

```
say "Anfügen der neuen Tabelle..."
oSQLServer.Databases("WindowsScripting").Tables.Add oTabelle
say "Tabelle wurde angefügt!"
' -- Verbindungsabbau
oSQLServer.Disconnect
```

Das Ergebnis des obigen Script ist die in der nächsten Abbildung dargestellte Tabelle.

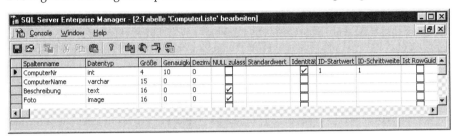

Bild 14.15
Die vom Script erzeugte Tabelle „ComputerListe" in der Entwurfsansicht im Enterprise Manager

So löschen Sie diese Tabelle wieder:

Tabelle löschen

```
oSQLServer.Databases("WindowsScripting").Tables.Remove "ComputerListe"
```

14.2.6 Datensicherung

Der Erstellung einer Datensicherung (Backup) dient die Klasse SQLDMO.Backup. Grundsätzlich kennt der SQL Server zwei mögliche Sicherungsziele (vgl. folgende Abbildung): eine Sicherungsdatei oder ein Sicherungsmedium.

Backups automatisieren

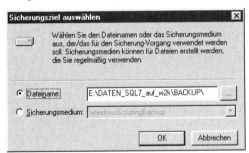

Bild 14.16
Dialog zur Auswahl der Sicherungsziele im Enterprise Manager

In beiden Fällen bietet der Enterprise Manager eine Mehrfachauswahl an, die DMO auch beim Scripts unterstützt.

Anlegen eines Sicherungsmediums Ein Sicherungsmedium muss vor dem Start der Datensicherung existieren. Das nächste Listing zeigt daher die scriptbasierte Erstellung eines Sicherungsmediums. Jedes Sicherungsmedium braucht als Minimaleigenschaften einen Namen, einen Typ (u.a. steht die Zahl 2 für eine Festplatte und 5 für ein Magnetband) sowie den Pfad und den Dateinamen, wo die Sicherungsdatei abgelegt werden soll.

SQLDMO. Backup-Device

```
say "Sicherungsmedium anlegen..."
Set oDevice = CreateObject("SQLDMO.BackupDevice")
oDevice.Name = "WindowsScriptingBackup"
oDevice.Type = 2 ' SQLDMODevice_DiskDump
oDevice.PhysicalLocation = SQLDATA_PATH & "BackupMedium1.bak"
oSQLServer.BackupDevices.Add oDevice
say "fertig!"
```

Listing 14.26
Erstellen eines Sicherungsmediums [neues_Sicherungsmedium.wsf]

Kapitel 14 Daten und Dokumente

Notwendige Attribute **Datensicherung definieren und ausführen** Ein `Backup`-Objekt benötigt Werte für das Attribut `Database` und zusätzlich entweder für das Attribut `Devices` oder das Attribut `Files`. Beide Attributnamen sind im Plural, was auf eine Mehrfachauswahl hindeutet. Die Attribute sind jedoch keine Objektmengen, sondern elementare Zeichenkettenattribute. Mehrfachangaben erfolgen in der Form „[Device1],[Device2],[Device3]" (analog für Dateien). Microsoft nennt dies eine „SQL-DMO-Multizeichenfolge".

SQLBackup() Die Datensicherung wird durch die Methode `oBackup.SQLBackup (oSQLServer)` unter Angabe eines Objekts vom Typ `SQLDMO.SQLServer` gestartet. Die `Backup`-Klasse definiert drei Ereignisse, die während des Programmablaufs abgefangen werden können:

- `Complete(Message as String)` wird ausgelöst, wenn das Backup abgeschlossen wurde.
- `PercentComplete(Message as String, Percent as Long)` wird während der Abarbeitung in bestimmten Intervallen ausgelöst. Das Intervall wird definiert durch das Attribut `PercentCompleteNotification`, angegeben in Prozentwerten (Standard ist 10%).
- `NextMedia(Message as String)` wird ausgelöst, wenn ein physikalisches Medium voll ist und gewechselt werden muss.

Listing 14.27 Erstellung eines Backups [dmo_backup.wsf]

```
' -- Sicherung definieren
say "Sicherung definieren..."
Set oBackup = CreateObject("SQLDMO.Backup")
' -- notwendige Attribute
oBackup.Database = "Northwind"
oBackup.Devices = "WindowsScriptingBackup"
' Alternative:
' oBackup.Files = "[e:\sql1.bak],[e:\sql2.bak]"
' -- zusätzliche Attribute
oBackup.Action = SQLDMOBackup_Database  ' vollständiges Backup
oBackup.BackupSetName = "WS_FullBackup"
oBackup.BackupSetDescription = "WS_FullBackup " & Now
' -- Backup ausführen
say "Backup wird gestartet..."
oBackup.SQLBackup oSQLServer
say "Backup fertig!"
```

Die Tabelle zeigt die möglichen Werte für das `Action`-Attribut. Standard ist die vollständige Datensicherung (`SQLDMOBackup_Database`).

Tabelle 14.12 Konstanten für Backup-Action

Symbolische Konstante	Wert	Erläuterung
SQLDMOBackup_Database	0	Vollständige Datensicherung
SQLDMOBackup_Differential	1	Sicherung der Änderungen seit der letzten vollständigen Datensicherung
SQLDMOBackup_Files	2	Sicherung bestimmter Dateien (spezifiziert durch `DatabaseFiles` bzw. `DatabaseFileGroups`)
SQLDMOBackup_Log	3	Sicherung des Transaktionsprotokolls

Die folgende Abbildung zeigt den Inhalt des Sicherungsmediums *WindowsScriptingBackup* nach zweimaliger Ausführung eines vollständigen Backup.

Bild 14.17
Inhaltsanzeige eines Sicherungsmediums im Enterprise Manager

14.3 DTS-Paketobjekte

Die DTS-Package-Komponente dient der programmgesteuerten Erzeugung, Bearbeitung und Ausführung von DTS-Paketen. Dieses Kapitel gibt nur einen sehr kurzen Abriss dieser umfangreichen Komponente. Grundlegende Informationen zum Data Transformation Service (DTS) finden Sie im Kapitel 9 „Scripting Host".

Name und Abkürzung	DTS-Package Objects
Name der Komponentendatei	dtspkg.dll (Typbibliothek: dtspkg.rll)
Interner Name der Typbibliothek	DTS
Helpstring der Typbibliothek	Microsoft DTSPackage Object Library
Hersteller	Microsoft
Lizenzierung	Teil des SQL Servers 7.0
Besprochene Version	7.00.623
Alle Windows-Versionen	Installation Microsoft SQL Server 7.0 bzw. der zugehörigen Client-Werkzeuge
Dokumentation	MSDN-Entwicklerbibliothek [MSL00]

Tabelle 14.13
Schnellinfo DTS-Package-Komponente

Das Objektmodell ist in der MSDN-Entwicklerbibliothek dokumentiert [MSL00]. **Objektmodell**

Das Beispiel zeigt die Ausführung eines in einer Datei gespeicherten Pakets. Zur Veranschaulichung werden zunächst einige Informationen über das Paket ausgegeben, bevor der Start mit Execute() erfolgt. Den Ausführungsstatus liefert das Objektmodell in Form von Ereignissen (onStart(), onProgress(), onFinish(), onError()) zurück. Leider führt jeder Versuch, die Ereignisse im WSH zu binden, zu einem Fehler. **Beispiel Paket starten**

Kapitel 14 Daten und Dokumente

Listing 14.28
Start eines DTS-Pakets
[dts_start.wsf]

```
Dim oPak   ' As DTS.Package
Dim oTask  ' As DTS.Task
' - COM-Objekt instanziieren
Set oPak = CreateObject("DTS.Package")
' --- Package laden
oPak.LoadFromStorageFile "d:\buch\dts\usercopy.dts", ""
say "Paket " & oPak.Name & ", erzeugt von " & _
oPak.CreatorName & " am " & oPak.CreationDate
say "Liste der Tasks:"
For Each oTask In oPak.Tasks
    say "- " & oTask.Description
Next
say "Starte Paket..."
' Package starten
oPak.Execute
say "Paket wurde ausgeführt"
```

Laden vom Server

Alternativ kann ein Paket auch von einem SQL Server geladen werden:

```
LoadFromSQLServer "XFilesServer01","sa","egal",,,,,"UserCopy"
```

Bild 14.18 DTSPackage-Typbibliothek im VB 6.0-Objektkatalog

14.4 Microsoft Office-Komponenten

Die Kernprodukte der Microsoft Office-Produktfamilie (Word, Excel, Access, PowerPoint, FrontPage, Outlook) sind komplett über COM-Komponenten automatisierbar. In Office gibt es insgesamt rund 600 Klassen. Diese Komponenten sind gut dokumentiert in [MSDN: ODEOMG.CHM::/html/deovrmicrosoftfrontpage2000.htm]. Die Dokumentation enthält auch grafische Darstellungen der Objektmodelle [MSDN: ODEOMG.CHM::/html/deovrobjectmodelguide.htm]. Sie erhalten auch Hilfe zu den Objektmodellen, wenn Sie innerhalb der VBA-Entwicklungsumgebung der jeweiligen Anwendung die Hilfe aufrufen.

```
Set wo = CreateObject("Word.Application")
wo.Visible = False
wo.Documents.Open "d:\buch\docs\test.doc"
wo.ActiveDocument.PrintOut
wo.Quit
```

Listing 14.29: *Dieses Script druckt ein Word-Dokument aus, ohne das Word-Fenster sichtbar zu machen. [office_word.wsf]*

> Die Microsoft Office-Komponenten sind implementiert in den jeweiligen *.exe*-Dateien der Anwendungen. Die Typbibliotheken sind jeweils extern gespeichert in Dateien mit der Erweiterung *.olb*, z.B. *msword.olb*, *msppt.olb*, *msoutl.olb*.

Implementierung und Typbibliotheken

14.5 Document Object Model (DOM)

Das Document Object Model (DOM) ist eine Programmierschnittstelle für HTML- und XML-Dokumente. DOM ist die Repräsentation eines HTML- oder XML-Dokuments in Form eines Objektmodells, das die logische Struktur des Dokuments wiedergibt. Das Document Object Model liegt in der Verantwortung der DOM Working Group des World Wide Web Consortiums (W3C).

Document Object Model

Mit DOM lassen sich per Programmcode u.a. folgende Funktionen ausführen:

- Navigation durch die Struktur und den Inhalt eines Dokuments
- Veränderung der Struktur durch Einfügen und Löschen von Elementen
- Veränderungen der Eigenschaften von Strukturelementen
- Veränderung der Inhalte
- Erstellung kompletter Dokumente von Grund auf

Aufbau der Spezifikation Die DOM-Spezifikation besteht aus zwei Teilen:

- DOM-Kern
- DOM für HTML

W3C DOM-Spezifikation

Der DOM-Kern ermöglicht allgemein die Beschreibung eines hierarchischen Dokuments, während DOM für HTML spezifische Schnittstellen für die in HTML erlaubten Tags definiert.

Der Kern wiederum besteht aus Basisschnittstellen und erweiterten Schnittstellen für XML. Letztere werden für den Zugriff auf HTML-Dokumente nicht benötigt. Eine Implementierung des DOM muss die Basisschnittstellen des DOM-Kerns implementieren und zusätzlich entweder

Kapitel 14 Daten und Dokumente

- die erweiterten Schnittstellen für XML (für den Zugriff auf XML-Dokumente) oder
- das DOM für HTML (für den Zugriff auf HTML-Dokumente) oder
- das komplette DOM Level 1 (für den Zugriff auf HTML- und XML-Dokumente).

MSHTML und MSXML Die Microsoft COM-Komponente MSHTML ist eine Implementierung des zweiten Typs, also für den Zugriff auf HTML-Dokumente. MSXML ist dagegen eine Implementierung des ersten Typs für den Zugriff auf XML-Dokumente.

DOM und COM

> DOM ist nicht COM und nicht DCOM: DOM wurde von Microsoft mit COM implementiert und kann auch mit DCOM genutzt werden, andere Hersteller haben aber andere Implementierungsarten gewählt.
>
> Dynamic HTML Object Model hieß bei Microsoft die Vorstufe der kompletten Implementierung von DOM, die es im Internet Explorer 4.0 gab. Der Internet Explorer ab Version 5.0 implementiert das vollständige DOM des W3C in Form der COM-Komponenten MSHTML und MSXML.

14.5.1 HTML Document Object Model (MSHTML)

MSHTML DOM MSHTML ist die COM-Komponente von Microsoft für den Zugriff auf HTML-Dokumente und die Steuerung des Browsers. MSHTML implementiert aus dem W3C-DOM die Basisschnittstellen des Kerns und das DOM für HTML. Die Komponente enthält darüber hinaus Klassen für den Zugriff auf den Browser, die nicht Teil des W3C-DOM sind.

MSHTML ist eine sehr mächtige Komponente mit 110 Klassen, 301 Schnittstellen und 100 Auszählungstypen. An der wesentlich größeren Anzahl der Schnittstellen im Vergleich zur Anzahl der Klassen können Sie bereits erkennen, dass MSHTML intensiv mit Mehrfachschnittstellen arbeitet.

Tabelle 14.14 Schnellinfo Document Object Model (DOM)

Name und Abkürzung	MSHTML
Name der Komponentendatei	MSHTML.DLL (Typbibliothek: MSHTML.TLB)
Interner Name der Typbibliothek	MSHTML
Helpstring der Typbibliothek	Microsoft HTML Object Library
Hersteller	Microsoft
Lizenzierung	Teil des kostenlosen Internet Explorers
Besprochene Version	6.0.2600.0
NT 4.0 und Windows 95/98/ME	Version 6.0 durch Installation Internet Explorer 6.0
Windows 2000	Version 6.0 durch Installation Internet Explorer 6.0
Windows XP/Windows Server 2003	Version 6.0 enthalten
Windows Vista	Version 7.0 enthalten
Dokumentation	siehe Microsoft MSDN-Entwicklerbibliothek [MSL00]

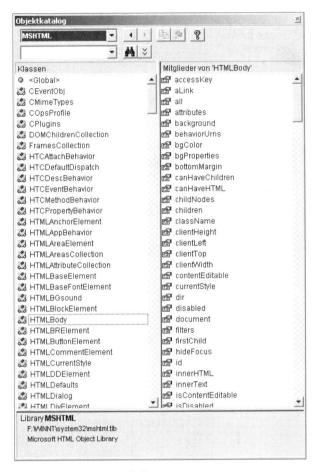

*Bild 14.19
MSHTML umfasst zahlreiche Klassen (VB 6.0-Objektkatalog)*

MSHTML-Objektmodell

Die nächste Abbildung zeigt die browserbezogenen Klassen der MSHTML-Komponente, deren Stammklasse `Window` ist. Das Objektmodell enthält an zwei Stellen eine Verbindung zum HTML-DOM: Einerseits gibt es ein `Document`-Objekt direkt unterhalb eines `Window`-Objekts, andererseits enthält die Objektmenge `Frames` eine beliebige Anzahl von `Document`-Objekten, wenn die dargestellte Seite ein Frameset ist.

Browser-Klassen

Die folgende Abbildung zeigt den Teil der MSHTML-Komponente, die das DOM implementiert. An der Spitze steht das `Document`-Objekt, das auf zahlreiche Objektmengen verweist. Die wichtigste Objektmenge ist die `All`-Objektmenge, die alle Elemente des Dokuments enthält. Daneben gibt es elementtypspezifische Objektmengen wie `Forms`, `Scripts` und `Images`.

DOM-Klassen

Eine HTML-Seite besteht aus Sicht des HTML-DOM aus COM-Objekten verschiedener Klassen. Im MSHTML haben all diese Klassen gemein, dass sie die Schnittstelle `IHTMLElement` implementieren. Zur Vereinfachung bildet das HTML-DOM diese Objekte in Listen ab, wobei die Listen Instanzen der Klasse `HTMLElementCollection` sind. Für einige Elementtypen gibt es spezielle Objektmengenklassenn (`HTMLFramesCollection` und `HTMLStyleSheetCollection`). Das `Document`-Objekt enthält in Form eines Attributs den Verweis auf neun „Element"-Objektmengen (`all`, `anchors`, `applets`, `embeds`, `forms`, `images`, `links`, `plugins`, `scripts`), die selbst erklärende Namen haben.

Objektmengen

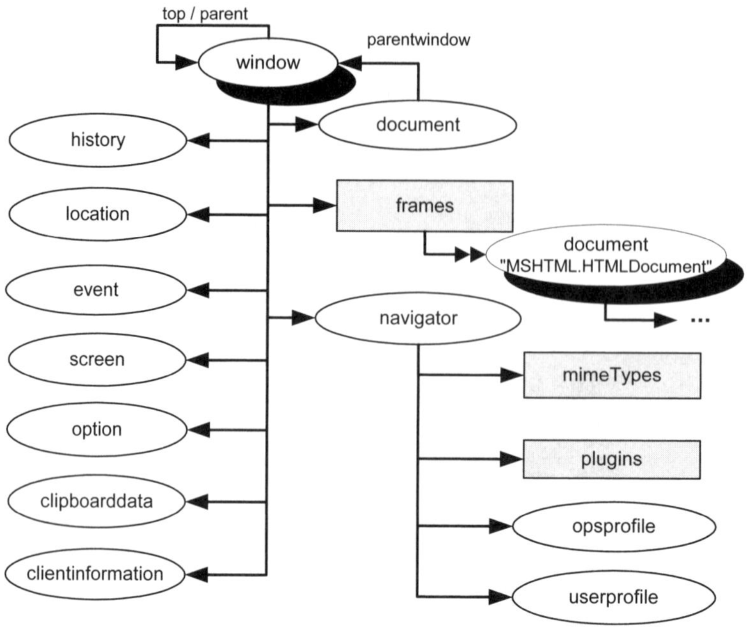

Kapitel 14 Daten und Dokumente

Bild 14.20
Browser-bezogene Klasse aus MSHTML

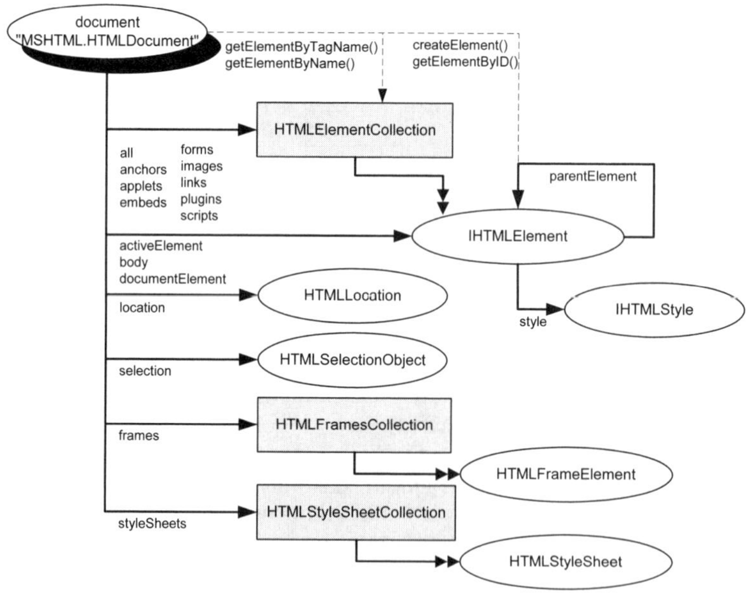

Bild 14.21
Das DOM in MSHTML

Zugriff auf ein einzelnes Element

Element-zugriff Instrumente zur Identifizierung eines Elements in einem HTML-Dokument sind die id-Attribute, die jedes Tag in HTML besitzen kann, z.B.

```
<h2 id="ueberschrift">Anmelde-Seite</h2>
<form id="login" action="next.htm">
<P id=feld1>Ihr Name
```

```
<INPUT id=benutzername name=benutzer value=HS>
</P><form>
<DIV id="ausgabebereich"> </DIV>
```

Listing 14.30: Eine Anmeldemaske als Beispiel zur Verwendung des ID-Attributs (Ausschnitt aus der Datei elementzugriff.htm auf der CD)

Für den Zugriff auf ein einzelnes Element gibt es auf Basis des ID-Attributs verschiedene Möglichkeiten:

Verwendung des ID-Attributs

- über die all-Objektmenge mit dem ID-Attribut

  `document.all.item("IDName")`

  Dies kann verkürzt werden, weil die Objektmengen für alle untergeordneten Objekte dynamisch ein Attribut anlegen:

  `document.all.IDName`

- über die Methode getElementById() der Document-Klasse

  `document.getElementById("id")`

- über eine spezielle Objektmenge, z.B. die Forms-Objektmenge

  `document.forms.item("id")`

  Auch hier ist eine Verkürzung möglich:

  `document.forms.id`

Innerhalb eines Browser-Script stehen alle mit einer ID versehenen Elemente auch als Eingebautes Objekt zur Verfügung, so dass die ID wie eine Objektvariable behandelt werden kann. Auf den Inhalt des Absatzes mit der ID „Ueberschrift" kann dann einfach über `ueberschrift.innertext` zugegriffen werden.

Eine Ausnahme gibt es aber leider für Eingabefelder innerhalb eines Formulars: Der Zugriff ist nur über das Formularobjekt möglich, also im obigen Beispiel `login.benutzername.value`.

Ein id-Attribut soll pro Dokument einmalig sein. Wenn Sie ein id-Attribut mehrfach vergeben, dann funktionieren die obigen Zugriffsmethoden nicht mehr, weil das Ergebnis kein Einzelobjekt mit IHTMLElement-Schnittstelle ist, sondern eine Objektmenge vom Typ HTMLElementCollection.

Es gibt im HTML-DOM für sehr viele Elementtypen eigene Klassen, die alle die Schnittstelle IHTMLElement unterstützen. Fast jedes Objekt, das Sie ansprechen, verfügt daher über die Mitglieder der Schnittstelle IHTMLElement, was die Arbeit sehr vereinfacht. Seit Version 5.0 implementieren die Elementklassen die zusätzliche Schnittstelle IHTMLElement2.

IHTMLElement

Attributname	Erläuterung
Id	Das id-Attribut des Elements
TagName	Tag-Name des Elements
className	Das class-Attribut eines Elements
parentElement	Ein Zeiger auf das übergeordnete Element im DOM-Baum
Style	Ein Zeiger auf ein Style-Objekt, das die Information aus dem zu diesem Objekt angegebenen Style-Attribut enthält

Tabelle 14.15: Ausgewählte Attribute der Schnittstelle IHTMLElement

Kapitel 14 **Daten und Dokumente**

Attributname	Erläuterung
Children	Ein Zeiger auf eine Objektmenge der direkten Unterknoten im Baum
All	Ein Zeiger auf eine Objektmenge aller Unterknoten im Baum (also auch die Unterknoten der Unterknoten etc.)
Document	Ein Zeiger auf das document-Objekt
innerHTML	Enthält den kompletten Inhalt des Elements einschließlich der untergeordneten Elemente. Bei einer Zuordnung an dieses Attribut wird übergebener Text geparst und entsprechend formatiert.
InnerText	Enthält den Inhalt des Elements, wobei alle untergeordneten HTML-Tags herausgefiltert werden. Bei einer Zuordnung an dieses Attribut wird übergebener Text NICHT geparst, Tags werden nach Umsetzung in die entsprechenden Sonderzeichen in Textform ausgegeben.
outerHTML	Enthält den kompletten Inhalt des HTML-Elements einschließlich der untergeordneten Elemente sowie das Tag des Elements selbst
Title	Enthält den Wert des title-Attributs (sofern das Element über dieses Attribut verfügt)
Language	Enthält den Wert des language-Attributs (sofern das Element über dieses Attribut verfügt)
onclick, ondblclick, onmouseover etc.	Inhalt der jeweiligen Ereignisattribute eines Elements

Tabelle 14.15: Ausgewählte Attribute der Schnittstelle IHTMLElement *(Forts.)*

Listing 14.31 Ausgewählte Methoden der Schnittstelle IHTMLElement

Methode	Erläuterung
setAttribute (attributname, name, flag)	Setzt ein Attribut auf einen Wert. Wenn das Attribut nicht existiert, wird es neu angelegt. Flag gibt an, ob die Groß-/Kleinschreibung des Attributnamens berücksichtigt werden soll (0 = Nein, 1 = Ja). Standard ist Ja.
getAttribute (attributname, flag)	Ermittelt den Wert eines Attributs. Wenn es mehrere Attribute gleichen Namens gibt, wird nur der letzte Wert zurückgegeben (Bedeutung von flag wie bei setAttribute()).
removeAttribute (attributname, flag)	Entfernt ein Attribut (Bedeutung von flag wie bei setAttribute())
insertAdjacentHTML (strOrt, strText)	Fügt dem Inhalt des Elements HTML-Inhalt hinzu, dabei wird der übergebene Text geparst. Das Attribut strOrt gibt an, an welcher Stelle der Text eingefügt werden soll: Erwartet wird keine symbolische Konstante, sondern eine der vier folgenden Zeichenketten: "beforeBegin", "afterBegin", "beforeEnd", "afterEnd".
insertAdjacentText (strOrt, strText)	Fügt dem Inhalt des Elements Text hinzu, dabei wird der übergebene Text nicht geparst. Das Attribut strOrt gibt an, wo der Text eingefügt werden soll (s.o.).
click	Simuliert einen Klick des Benutzers auf dieses Element, so dass das onclick-Ereignis ausgelöst wird.

Document Object Model (DOM)

Die Besprechung aller „Element"-Klassen und ihrer Schnittstellen würde den Rahmen dieses Buchs sprengen – diese Informationen füllen üblicherweise mehrere hundert Seiten starke Referenzhandbücher (z.B. [GOO07]). So besitzt allein die Klasse `HTMLInputElement` achtzehn Schnittstellen.

Hinweis auf Referenz

Sie können alle Daten eines Elements auf Grundlage der beschriebenen Attribute und Methoden (insbesondere `innerHTML`, `getAttribute()` und `setAttribute()`) lesen und verändern. Die Arbeit mit den anderen Schnittstellen bringt Ihnen nur noch den Vorteil, dass diese im direkten Zugriff auf die Punktnotation stehen. Beispielsweise verfügen die Klassen für Formularelemente über das `Value`-Attribut, das aber auch problemlos über `getAttribute()`/`setAttribute()` der `IHTMLElement`-Schnittstelle gelesen werden könnte. `IHTMLElement` spielt in MSHTML die gleiche Rolle wie `IADs` bei ADSI: Man kann alles mit dieser einen Schnittstelle machen, mit anderen Schnittstellen wird es nur noch etwas eleganter.

Beispiel

```
' --- Zugriff auf ein einzelnes Element
say "Überschrift: " & ueberschrift.innertext
say "Benutzer: " & loginform.benutzername.value
say "Benutzer: " & document.all("Benutzername").value
say "Benutzer: " & document.getElementById("benutzername").value
say "Der 14. Tag der Seite: " & document.all.item(13).value
say "Das 1. Eingabefeld des Formulars: " & _
document.forms("loginform").item(0).value
say "Das 1. Eingabefeld des Formulars: " & _ document.forms.loginform.item(0).value
say "Action-Attribut des Forms: " & _
document.forms.loginform.getAttribute("action")
```

Listing 14.32 Beispiele für Lesezugriff auf Elemente. Für den Zugriff auf das Eingabefeld Benutzername werden verschiedene Möglichkeiten gezeigt.

```
ueberschrift.innerText = "Neue Überschrift"
ueberschrift.setAttribute "align","center"
loginform.benutzername.value = "HolgerS"
```

Listing 14.33 Beispiele für Veränderungen an Elementen

Arbeit mit Objektmengen

Innerhalb einer `HTMLElementCollection` wird ein Element auf Basis seines ID-Attributs oder auf Grund seiner Position innerhalb der Objektmenge identifiziert. Es ist leider nicht möglich, über eine `HTMLElementCollection` per `For Each` zu iterieren. Die Iteration ist nur über eine `For...Next`-Schleife mit Hilfe der Attribute `length` und `item` möglich.

HTML-Element-Collection

Im folgenden Script wird die Objektmenge `Links` ausgegeben.

```
set col = document.links
For i = 0 To col.length - 1
 Set oEle =  col(i)
 say oEle.innerhtml & " -> " & oEle.href
Next
```

Listing 14.34 Ausgabe aller Links auf einer Seite

Kapitel 14 **Daten und Dokumente**

Es bietet sich an, zu Testzwecken eine universelle Ausgaberoutine für HTMLElementCollection-Objektmengen einzusetzen:

Listing 14.35
Universelle
Ausgabe einer
beliebigen
HTMLElement-
Collection

```
Sub saycol(col)
  For i = 0 To col.length - 1
   Set oEle =  col(i)
    say "<b>" & i & ": " & oEle.tagname & " (" & oEle.id & ")</b>"
  Next
End Sub
```

Listing 14.36
Test der Routine saycol()

```
' --- Ausgabe verschiedener Listen
say "<hr>Alle Tags:"
saycol(document.all)
say "<hr>Alle Input Tags:"
saycol(document.getElementsByTagName("INPUT"))
say "<hr>Alle Tags, die Benutzer heißen:"
saycol(document.getElementsByName("benutzer"))
```

Die Methoden getElementsByTagName() und getElementsByName() der Document-Klasse liefern immer Objektmengen, auch dann, wenn es nur ein Element dieses Namens gibt. getElementById() liefert normalerweise ein Einzelelement. Wenn Sie eine ID doppelt vergeben, liefert auch diese Methode bei Anfrage nach dieser ID eine Collection.

Bild 14.22
Ausschnitt aus der Seite elementzugriff.html nach der Ausführung der verschiedenen in diesem Kapitel besprochenen Scripts

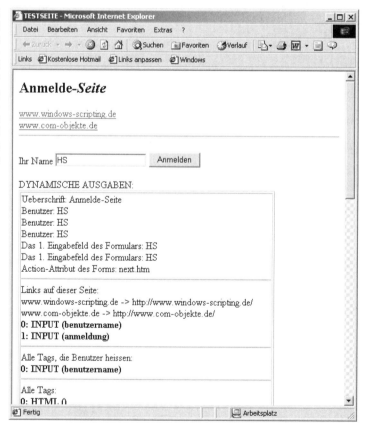

702

14.5.2 XML Document Object Model (MSXML)

Den Zugriff auf das Document Object Model (DOM) eines XML-Dokuments ermöglicht die Komponente MSXML. MSXML erweitert jedoch das standardisierte XML-DOM um zusätzliche Funktionalitäten zum Parsen des Dokuments und zum Laden eines Dokuments in den XML-Parser. Erst durch diese Erweiterungen wird es möglich, MSXML unabhängig vom Internet Explorer in eigene Anwendungen zu integrieren.

MSXML

Neben dem XML Document Object Model (XMLDOM) implementiert die MSXML-Komponente auch folgende Standards und Programmierschnittstellen, die hier nicht besprochen werden:

- Document Type Definition (DTD)
- XML Data Reduced (XDR)
- Simple API for XML (SAX) Version 2.0
- XML Schema (XSD) 1.0
- XPath 1.0
- XSLT 1.0

Name und Abkürzung	Microsoft XML
Name der Komponentendatei	Msxml3.dll
Interner Name der Typbibliothek	MSXML2 (kein Druckfehler im Buch, sondern wohl ein Fehler von Microsoft, dass es nicht MSXML3 heißt!)
Helpstring der Typbibliothek	Microsoft XML
Abweichende ProgID	Microsoft.XMLDOM
Hersteller	Microsoft
Lizenzierung	Kostenlose Erweiterung
Besprochene Version	6.0
NT 4.0 und Windows 95/98/ME sowie Windows 2000	Installation der Erweiterung http://www.microsoft.com/downloads/details.aspx?familyid=993c0bcf-3bcf-4009-be21-27e85e1857b1&displaylang=en
Windows XP/Windows Server 2003	Version 6.0 enthalten
Windows Vista	Version 6.0 enthalten
Dokumentation	siehe Microsoft MSDN-Entwicklerbibliothek [MSL00]

Tabelle 14.16
Schnellinfo
MSXML

Kapitel 14 **Daten und Dokumente**

Bild 14.23
Die Typbibliothek von MSXML Version 3.0 heißt MSXML2

Typbibliothek
Leider enthält die Typbibliothek – mit Ausnahme der Stammklasse DOM-Document – nicht die Klassendefinitionen, sondern nur die Definitionen der Standardschnittstellen. Wenigstens entsprechen diese den Konventionen: großes I + Klassenname. Sie müssen beim frühen Binden also IXMLDOMNode statt XMLDOMNode deklarieren.

MSXML-Objektmodell

Zwölf Knotentypen
XML kennt zwölf verschiedene Knotentypen (vgl. nächste Tabelle) und entsprechend zwölf verschiedene Klassen. Alle Knotenklassen erben von der Basisklasse XMLDOMNode, dazu gehört auch die Stammklasse DOMDocument. Die Unterklassen unterscheiden sich dadurch, dass sie neben der XMLDOMNode-Schnittstelle noch jeweils genau eine zusätzliche Schnittstelle implementieren. Die Schnittstelle IXMLDOMNode enthält den kleinsten gemeinsamen Nenner dieser zwöf Unterklassen. Auf die Attribute und Methoden, die bei allen Knotentypen vorhanden sind, kann somit auch über ein XMLDOMNode-Objekt polymorph zugegriffen werden. Für die zusätzlichen knotentypspezifischen Funktionen wird ein Zeiger auf eine der elf spezifischen Schnittstellen benötigt. Der Knotentyp wird über das Attribut nodeType angezeigt, wobei die in der nächsten Tabelle gezeigten Werte und 0 für ein ungültiges Element möglich sind.

Automation nicht beeinträchtigt
Ein Automation-Client erhält eine IDispatch-Schnittstelle, die alle Mitglieder beider benutzerdefinierter Schnittstellen umfasst. Daher stehen auch einem Script, das bekanntlich keine Schnittstellen wechseln kann, alle Funktionen zur Verfügung.

Ein COM-Client, der frühes Binden (VTBL Binding) benutzt, kann mit einem Zeiger des Typs `IXMLDOMNode` zwar den kompletten Baum durchlaufen. Für den Zugriff auf knotentypspezifische Funktionen muss er jedoch anhand des Knotentyps (Attribut `nodeType`) den Schnittstellenzeiger wechseln.

Hinweise für früh bindende Clients

Es gibt auch innerhalb der obigen knotentypspezifischen Klasse noch Vererbungsbeziehungen. So erbt etwa `XMLDOMCDATASection` von `XMLDOMText`. Außerdem gibt es eine weitere Schnittstelle, `XMLDOMCharacterData`, die Basisfunktionen für die Klassen `XMLDOMComment`, `XMLDOMCDATASection` und `XMLDOMText` bereitstellt. Ein VTBL Binding Client kann eine Instanz von `XMLDOMCharacterData` nutzen, um polymorph auf die erbenden Klassen zuzugreifen.

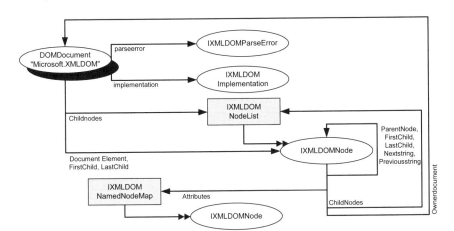

Bild 14.24
MSXML-DOM-Objektmodell

Klasse	Erläuterung
DOMDocument	Ein `DOMDocument` repräsentiert den im XML-Quelltext unsichtbaren Startknoten eines XML-Baums, der stets den Namen „document" und den gleichnamigen Knotentyp besitzt. Eine Umbenennung ist nicht möglich. `DOMDocument` stellt zahlreiche Basisfunktionen wie das Erzeugen neuer Knoten und das Laden und Speichern des Dokuments bereit. `DOMDocument` ist das Stammobjekt des Objektmodells und als einziges instanziierbar. Die Klasse besitzt die ProgID „Microsoft.XMLDOM". Jedes `DOMDocument` besitzt genau ein so genanntes `DocumentElement`, das nicht mit dem unsichtbaren Startknoten verwechselt werden darf. Das `DocumentElement` ist der sichtbare oberste Knoten eines XML-Dokuments.
XMLDOMParse Error	Ein Objekt dieser Klasse ist über das Attribut `parseError` des DOMDocument erreichbar. `XMLDOMParseError` enthält detaillierte Informationen über den letzten Fehler, der beim Parsen aufgetreten ist.
XMLDOMImplementation	Diese Klasse stellt lediglich eine Methode bereit: Mit `HasFeature(feature, version)` kann überprüft werden, ob der Parser bestimmte Funktionen unterstützt. In Version 1.0 unterstützt MSHTML die Funktionen „XML", „DOM" und „MS-DOM". `Version` erwartet die Versionsnummer als String oder NULL für eine versionsnummernunabhängige Prüfung. In der MSDN-Entwicklerbibliothek wird fälschlicherweise dargestellt, dass diese Klasse nicht per Script verwendet werden kann.

Tabelle 14.17: Die wichtigsten MSXML-Klassen

Klasse	Erläuterung
XMLDOMNodeList	Ist eine Objektmenge von XMLDOMNode-Objekten. Da diese Objektmenge sich an dem DOM-Standard des W3C orientiert, entspricht sie nicht einer Standard-COM-/VB-Objektmenge. • Die Methode Item() gestattet nur den Zugriff über einen numerischen Index. • Das Attribut zur Rückgabe der Anzahl der Elemente heißt length und nicht count. • Zur Iteration werden die Methoden nextNode() und reset() unterstützt (nur vorwärts, nicht rückwärts; reset() setzt den Zeiger auf das erste Element zurück). Die Iteration über For...Each ist jedoch möglich.
XMLDOMNamedNodeMap	Ist eine spezielle Objektmenge für Knoten des Typs XMLDOMAttribute, also für die Attribute von XML-Elementen. Unterstützt im Gegensatz zu XMLDOMNodeList den Zugriff auf enthaltene Attribute über ihren Namen (u.a. durch getNamedItem(name) und setNamedItem(name).
XMLDOMNode	Repräsentiert einen Knoten in einem XML-Baum. Dabei sind viel mehr Dinge ein Knoten als nur die Elemente (Tags). Auch der Inhalt der Tags, die Attribute und das Dokument selbst sind Knoten (vgl. Liste der Knotentypen in der nächsten Tabelle). Jedes Node-Objekt enthält zwei Objektmengen: childnodes ist eine XMLDOMNodeList-Objektmenge der untergeordneten Knoten. Attributes ist eine XMLDOMNamedNodeMap der Attribute des Knotens.

Tabelle 14.17: Die wichtigsten MSXML-Klassen (Forts.)

Tabelle 14.18 XML-Knotentypen für die XML-Elementtypen

Klasse	Symbolische Konstante	Wert
DOMDocument	NODE_DOCUMENT	8
XMLDOMAttribute	NODE_ATTRIBUTE	2
XMLDOMCDATASection	NODE_CDATA_SECTION	4
XMLDOMComment	NODE_COMMENT	9
XMLDOMDocumentFragment	NODE_DOCUMENT_FRAGMENT	11
XMLDOMDocumentType	NODE_DOCUMENT_TYPE	10
XMLDOMElement	NODE_ELEMENT	1
XMLDOMEntity	NODE_ENTITY	6
XMLDOMEntityReference	NODE_ENTITY_REFERENCE	5
XMLDOMNotation	NODE_NOTATION	12
XMLDOMProcessingInstruction	NODE_PROCESSING_INSTRUCTION	7
XMLDOMText	NODE_TEXT	3

XML-Dateien für die Scripts

Die Scripts in den nachfolgenden Kapiteln arbeiten mit zwei XML-Dateien, die auf der Buch-CD mitgeliefert werden [CD:/Daten/XML]:

- *internetdomain.xml*
- *ntdomain.xml*

Document Object Model (DOM)

Bild 14.25
internet-domain.xml

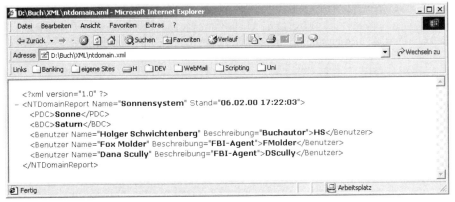

Bild 14.26
ntdomain.xml

Lesezugriff auf XML-Dokumente

Das erste Beispiel testet die Funktionen, die der XML-Parser unterstützt. Bitte beachten Sie, dass alle MSXML-Versionen die XML-Version 1.0 implementieren. Die Versionsnummer der Komponente hat nichts mit der Versionsnummer der XML-Sprache zu tun.

XML Feature-Test

```
Dim xdoc ' As MSXML.DOMDocument
Dim ximp 'As MSXML.IXMLDOMImplementation
Const VERSION = "1.0"
Set xdoc = CreateObject("Microsoft.XMLDOM")
Set ximp = xdoc.implementation
say "Unterstützte Eigenschaften:"
say "XML    : " & ximp.hasFeature("XML", VERSION)
say "DOM    : " & ximp.hasFeature("DOM", VERSION)
say "MS-DOM : " & ximp.hasFeature("MS-DOM", VERSION)
```

Listing 14.37
Test auf von XML unterstützte Funktionen [xml_test.wsf]

Die Ausgabe wird so aussehen:

```
Unterstützte Eigenschaften:

XML    : Wahr
DOM    : Wahr
MS-DOM : Wahr
```

Beim Test auf Version 2.0 und 3.0 wird in allen Fällen „Falsch" ausgegeben.

Kapitel 14 Daten und Dokumente

Load() und LoadXML() — **Laden und Parsen** Ein XML-Dokument kann auf drei Weisen in den Speicher geladen werden:

- aus einer externen Datei mit Hilfe der Methode Load()
- durch Übergabe von XML-Quelltextstrings an die Methode LoadXML()
- durch schrittweise Erzeugung des XML-Baums

Synchrones und asynchrones Laden Standard im XML-DOM ist das asynchrone Laden. Nach der Ausführung von Load() wird die Kontrolle direkt an den Aufrufer zurückgegeben. Mit Hilfe des Attributs readyState kann der Zustand des Ladevorgangs überwacht werden. ReadyState durchläuft die Werte von 0 bis 4. Der Wert 4 bedeutet, dass das Dokument komplett geladen wurde.

```
Do While xdoc.readyState < 4
    say "Warte..." & xdoc.readyState
Loop
```

Async Sie können dies vermeiden, indem Sie den Ladevorgang auf „synchron" setzen. Dazu müssen Sie dem Attribut async den Wert False zuweisen.

```
xdoc.async = False
```

Beispiel Das Beispiel zeigt Load() und LoadXML(). Der Parser wird automatisch gestartet, so dass eine Fehlerauswertung über das XMLDOMParseError-Objekt möglich ist. Diese Aufgabe übernimmt die Funktion xsayparseerror(). MSXML bricht das Parsen nach dem ersten Fehler ab, daher kann auch immer nur ein Fehler ermittelt werden.

> Bitte beachten Sie, dass im Fehlerfall das DOMDocument-Objekt keine Unterelemente enthält, auch dann nicht, wenn das documentElement erfolgreich geparst werden konnte. Die Fehlerausgabe kann daher im Fehlerfall nicht ermitteln, wie das Root-Element des Dokuments heißt.
>
> Wenn eine Datei nicht gefunden werden kann, kommt es nicht zu einem Laufzeitfehler, sondern ebenfalls nur zu einem ParseError!

xsayerror()
```
' ### Gibt Fehler beim Parsen eines XML-Dokuments aus
Function xsayerror(xdoc) 'As MSXML.DOMDocument
Dim xerr ' MSXML.IXMLDOMParseError
Set xerr = xdoc.parseError
If xerr.reason = "" Then      ' Kein Fehler
    say "Parsing '" & xdoc.documentElement.nodeName & "' OK!"
    xsayerror = 0
Else                          ' Fehler
    say "Parsing ERROR: " & xerr.errorCode & " (" & xerr.reason & ")"
    in " & xerr.Line
    xsayerror = xerr.errorCode
End If
End Function

' === Laden und Parsen eines XML-Dokuments
Dim xdoc ' As MSXML.DOMDocument
Set xdoc = CreateObject("Microsoft.XMLDOM")
xdoc.async = False ' synchrones Laden!
' -- Laden eines XML-Dokuments aus einer Datei
xdoc.Load ("file://d:\buch\xml\ntdomain.xml")
xsayerror xdoc
' -- Laden von Quelltext in den Parser
```

```
xdoc.loadXML (_
"<Internet><DomainName>www.windows-scripting.de</DomainName></Internet>")
xsayerror xdoc
' -- Speichern des Quelltexts
xdoc.Save "file://d:\buch\xml\internetdomain.xml"
' -- Laden von fehlerhaftem Quelltext in den Parser
xdoc.loadXML ("<Internet><Domainname>www.windows-scripting.de</DomainName></
Internet>")
xsayerror xdoc
```

Listing 14.38: Laden von XML-Quellcode in den XML-Parser [xml_load.wsf]

Die Ausgabe sollte folgendermaßen aussehen, denn XML ist sehr kleinlich.

```
Parsing 'dokument' OK!
Parsing 'NTDomain' OK!
Parsing ERROR: -1072896659 (Das Ende-Tag 'DomainName' stimmt nicht mit dem Start-Tag
'Domainname' überein.) in 1
```

*Listing 14.39
Ausgabe von
xml_load.wsf*

Speichern Mit der Methode `Save()` kann das aktuell im `DOMDocument` geladene XML-Dokument in Form von XML-Quelltext in eine Datei gespeichert werden.

Save()

```
xdoc.Save Dateiname
```

DOM-Ereignisse Das XML-DOM kennt zwei Ereignisse in der `DOMDocument`-Klasse:

DOM-Ereignisse

- `Ondataavailable()` wird ausgelöst, wenn das XML-Dokument komplett zur Verfügung steht.
- `Onreadystatechange()` wird ausgelöst, wenn sich die Eigenschaft `ReadyState` des DOM-Document-Objekts ändert.

Das folgende auf den WSH ausgelegte Beispiel zeigt die Verwendung:

```
' ### Eventhandler 1
Sub xdoc_onreadystatechange
msgbox "XML Readystate: " & xdoc.readystate
If xdoc.readystate = 4 Then WScript.Echo xdoc.documentElement.nodeName & " ist
fertig geladen!"
End Sub
' ### Eventhandler 2
Sub xdoc_ondataavailable
WScript.Echo "Data Available!"
End Sub
' === HAUPTPROGRAMM
' Laden und Parsen eines XML-Dokuments, Verbinden der Events
dim xdoc ' As MSXML.DOMDocument
Set xdoc = WScript.CreateObject("Microsoft.XMLDOM","XDOC_")
' -- Laden eines XML-Dokuments aus einer Datei
xdoc.async = False ' Synchrones Laden!
xdoc.Load ("file://d:\buch\xml\ntdomain.xml")
WScript.disconnectobject xdoc
Set xdoc = Nothing
msgbox "Ende"
```

*Listing 14.40
XML-DOM
Events im
WSH abfangen
[_xml-
events.vbs]*

Die XMLDOMNode-Klasse Die `XMLDOMNode`-Klasse ist die zentrale Basisklasse. Auch die Klasse `DOMDocument` ist davon abgeleitet, so dass die in den folgenden Tabellen genannten Attribute und Methoden auch auf das `DOMDocument` anwendbar sind.

XML-DOMNode

Kapitel 14 Daten und Dokumente

Tabelle 14.19
Attribute der
Node-Klasse

Attribut	Rückgabetyp	Erläuterung
nodeName	STRING	Name des Knotens
nodeValue	VARIANT	Daten des Knotens
nodeType	INTEGER	Knotentyp
nodeTypeString	STRING	Knotentyp in Stringform
parentNode	IXMLDOMNode	Zeiger auf Vaterknoten
childNodes	IXMLDOMNodeList	Objektmenge der Kinderknoten
firstChild	IXMLDOMNode	Erster Kinderknoten
lastChild	IXMLDOMNode	Letzter Kinderknoten
previousSibling	IXMLDOMNode	Vorhergehender Knoten
nextSibling	IXMLDOMNode	Nachfolgender Knoten
attributes	IXMLDOMNamedNodeMap	Objektmenge der Elementattribute
ownerDocument	IXMLDOMDocument	Zeiger auf das Dokument
text	STRING	Textliche Darstellung von Knoten und Inhalt
definition	IXMLDOMNode	Zeiger auf die Definition des Knotens in einer Document Type Definition (DTD) oder einem Schema
nodeTypedValue	VARIANT	Knotentyp
dataType	VARIANT	Datentyp des Knotens
xml	STRING	XML-Darstellung des Knotens und seiner Unterknoten
parsed	BOOLEAN	Zeigt an, ob der Teilbaum bereits geparst wurde
namespaceURI	STRING	Uniform Resource Identifier (URI) des Namensraums, aus dem der Knoten stammt
prefix	STRING	Präfix des Namensraums
baseName	STRING	Knotenname ohne das Namensraum-Präfix

Methode	Erläuterung
insertBefore (newChild As IXMLDOMNode, refChild As VARIANT) As IXMLDOMNode	Fügt einen Knoten als Kinderknoten vor einem bestimmten Knoten ein
replaceChild (newChild As IXMLDOMNode, oldChild As IXMLDOMNode) As IXMLDOMNode	Ersetzt einen Kinderknoten
removeChild (childNode As IXMLDOMNode) As IXMLDOMNode	Entfernt einen Kinderknoten
appendChild (newChild As IXML DOMNode) As IXMLDOMNode	Fügt einen Knoten als Kinderknoten am Ende an
hasChildNodes () As BOOLEAN	Informiert, ob der Knoten Kinderknoten hat

Tabelle 14.20: Methoden der Node-Klasse

Methode	Erläuterung
cloneNode (deep As BOOLEAN) As IXMLDOMNode	Erstellt eine Kopie des Knotens. Mit Deep=False wird das Kopieren der Kinderknoten verhindert.
transformNode (stylesheet As IXMLDOMNode) As STRING transformNodeToObject (stylesheet As IXMLDOMNode, output-Object As VARIANT) As VT_VOID	Anwendung eines Stylesheet auf den Knoten
selectNodes (queryString As STRING) As IXMLDOMNodeList selectSingleNode (queryString As STRING) As IXMLDOMNode	Führt unter den Kinderknoten eine Suche auf Basis eines XSL-Pattern aus

Tabelle 14.20: Methoden der Node-Klasse (Forts.)

Rekursiver Durchlauf Für die Ausgabe eines XML-Baums bietet es sich wieder an, eine rekursive Prozedur zu schreiben:

```
Sub x_Reklist(xVater, ebene)
'xVater As MSXML.IXMLDOMNode, ebene As Integer
Dim xSohn 'As MSXML.IXMLDOMNode
Dim s ' As String
s = Space(ebene) & xVater.nodeName & " (" & xVater.nodeTypeString & _ ")"
If xVater.nodeValue <> "" Then s = s & " = " & xVater.nodeValue
say s
' -- Enthält der Knoten Attribute?
If Not xVater.Attributes Is Nothing Then
    ' -- Iteration über alle Attribute
    For Each xSohn In xVater.Attributes
        x_Reklist xSohn, ebene + 1
    Next
End If

' -- Enthält der Knoten Unterknoten?
If xVater.childNodes.length > 0 Then
    ' -- Iteration über alle Söhne
    For Each xSohn In xVater.childNodes
        x_Reklist xSohn, ebene + 1
    Next
End If
End Sub
```

Listing 14.41 Hilfsroutine zur rekursiven Ausgabe eines XML-Dokuments

x_RekList() erwartet als Parameter einen Zeiger auf ein XMLNode-Objekt und einen Integer, der nur der Einrückung in den verschiedenen Rekursionsstufen dient. Das Attribut nodeTypeString enthält den Knotentyp in Zeichenkettenform, so dass dieses Objektmodell es dem Entwickler erspart, eine Konstante selbst rückwandeln zu müssen. Die Prozedur wird innerhalb der Iteration über die Attributes und childNodes rekursiv aufgerufen. Leider gibt es hier einige Inkonsistenzen (möglicherweise Bugs) zu dem in COM üblichen Vorgehen:

x_RekList()

- Knotentypen, die keine Attribute besitzen, haben keine Attributes-Objektmenge. Der Zeiger ist Nothing. Das muss vor der Iteration geprüft werden.
- Der Einstieg in eine leere childNodes-Objektmenge mit For...Each führt zu einem Fehler.

Inkonsistenzen

Kapitel 14 **Daten und Dokumente**

Listing 14.42
Laden und Ausgeben eines XML-Dokuments [xml_show.wsf]

```
' === Laden und Ausgeben eines XML-Dokuments
Dim xdoc ' As MSXML.DOMDocument
Dim ximp ' As MSXML.IXMLDOMImplementation
Set xdoc = CreateObject("Microsoft.XMLDOM")
' -- Laden eines XML-Dokuments aus einer Datei
xdoc.Load ("file://d:\buch\xml\ntdomain.xml")
' -- Rekursive Ausgabe wenn OK
If xsayerror(xdoc) = 0 Then
    say "Original-Quelltext:"
    say xdoc.xml
    say "Rekursiver Durchlauf:"
    x_Reklist xdoc, 0
End If
```

Dabei wird im Vergleich zu der Ausgabe von x_RekList() auch der über das Attribut xml zugreifbare XML-Quelltext ausgegeben.

Listing 14.43
Ausgabe von xml_show.wsf auf Basis des auf der CD mitgelieferten XML-Dokuments ntdomain.xml

```
-- Loading d:\buch\xml\ntdomain.xml
Parsing 'NTDomainReport' OK!
-- Original-Quelltext:
<?xml version="1.0"?>
<NTDomainReport Name="FBI" Stand="06.02.00 17:22:03">
    <PDC>XFilesServer01</PDC>
    <BDC>XFilesServer02</BDC>
    <Benutzer Name="Holger Schwichtenberg" Beschreibung="Buchautor">HS</Benutzer>
</NTDomainReport>
-- Rekursiver Durchlauf:
#document (document)
 xml (processinginstruction) = version="1.0"
  version (attribute) = 1.0
   #text (text) = 1.0
 NTDomainReport (element)
  Name (attribute) = FBI
   #text (text) = FBI
  Stand (attribute) = 06.02.00 17:22:03
   #text (text) = 06.02.00 17:22:03
  PDC (element)
   #text (text) = XFilesServer01
  BDC (element)
   #text (text) = XFilesServer02
  Benutzer (element)
   Name (attribute) = Holger Schwichtenberg
    #text (text) = Holger Schwichtenberg
   Beschreibung (attribute) = Buchautor
    #text (text) = Buchautor
   #text (text) = HS
```

Element-selektion   **Selektion einzelner Elemente** Natürlich wollen Sie nicht immer den kompletten Baum traversieren, um ein Element zu finden. Das DOMDocument-Objekt bietet daher mit SelectNodes() und SelectSingleNode() zwei Suchmethoden an. SelectNodes() findet alle Knoten, die einer bestimmten Pfadangabe entsprechen. SelectSingleNode() findet nur einen einzelnen Knoten. Gibt es mehrere Knoten, die der Pfadangabe entsprechen, so wird der erste genommen. Die Angabe des Pfads erfolgt in XSL Pattern Syntax (siehe [PAR00], S. 194ff.).

```
' === Knotenselektion
Sub xml_nodesel()
Dim xnode  ' As MSXML.IXMLDOMNode
Dim xnodes ' As MSXML.IXMLDOMNodeList
' --- Auswahl eines Knoten
Set xdoc = CreateObject("Microsoft.XMLDOM")
xdoc.async = False ' synchrones Laden!
' --- Laden eines XML-Dokuments aus einer Datei
xdoc.Load ("file://d:\buch\xml\ntdomain.xml")
' --- Auswahl eines einzelnen Knotens
Set xnode = xdoc.selectSingleNode("NTDomainReport/PDC")
say xnode.nodeName & " = " & xnode.childNodes(0).nodeValue
' --- Auswahl einer Knotenmenge
Set xnodes = xdoc.selectNodes("*/Benutzer")
For Each xnode In xnodes
    say xnode.nodeName & " = " & xnode.childNodes(0).nodeValueNext
End Sub
```

Listing 14.44
Knotenselektion [xml_nodesel.wsf]

```
PDC = XFilesServer01
Benutzer = HS
Benutzer = FMolder
Benutzer = DScully
```

Listing 14.45
Ausgabe von xml_nodesel.wsf

Erzeugen eines XML-Dokuments

Das Erzeugen eines Knotens innerhalb eines XML-Dokuments vollzieht sich in zwei Schritten, da die XMLDOMNodeList-Objektmenge keine Add()-Methode bereitstellt.

▷ Zunächst muss eine Instanz der entsprechenden Knotentypklasse erzeugt werden. Da die Knotentypklassen nicht von außen instanziierbar sind, kann dies nur über eine Methode der Stammklasse erfolgen. DOMDocument bietet Methoden der Form create{KnotentypName}() an, also z.B. CreateElement() und createProcessingInstruction(). **CreateElement()**

▷ Danach muss das Element an die gewünschte Stelle in den Baum eingehängt werden. Dafür stehen die Methoden AppendChild() und InsertBefore() in der Nodes-Klasse zur Verfügung. AppendChild() fügt den neuen Knoten am Ende der Liste der Kinderknoten an. Bei InsertBefore() kann ein Kinderknoten angegeben werden, von dem aus gesehen links der neue Knoten angefügt werden soll. **AppendChild(), InsertBefore()**

▷ x_add() dient der Erzeugung neuer Elemente in einem bestimmten Dokument am Ende der Kinder eines übergebenen Vaters. Bitte beachten Sie die Fallunterscheidung für das Root-Element: Dies kann nicht durch InsertBefore() oder AppendChild() angefügt werden, sondern nur durch direkte Zuweisung an das Attribut documentElement. **x_add()**

```
Function x_add(xdoc, xparent, name, value)
' xdoc As MSXML.DOMDocument
' xparent As MSXML.IXMLDOMElement
' name As String, value As Variant
Dim xele ' As MSXML.IXMLDOMElement
' -- Unterelement erzeugen
Set xele = xdoc.createElement(name)
' -- Wert setzen
xele.text = value
' -- Element anfügen
If xdoc.documentElement Is Nothing Then  ' root-Element?
    Set xdoc.documentElement = xele ' Ja
Else
    xparent.appendChild xele          ' Nein
```

Listing 14.46
Hilfsroutine zur Erzeugung neuer XML-Elemente

Kapitel 14 Daten und Dokumente

```
        End If
        Set x_add = xele
    End Function
```

Auf Basis von x_add() erzeugt das folgende Listing das XML-Dokument „NTDomain-Report", das Sie schon aus den vorherigen Beispielen kennen. Beachtung verdient nur noch die Erzeugung der Processing Instruction. Hier wird mit InsertBefore() sichergestellt, dass diese am Anfang des Dokuments steht.

Listing 14.47
Dynamische Erzeugung des XML-Dokuments NTDomainReport [xml_dynCreate.wsf]

```
Dim xdoc ' As MSXML.DOMDocument
Dim xparent ' As MSXML.IXMLDOMElement
Dim xchild ' As MSXML.IXMLDOMElement
Dim xpi ' As MSXML.IXMLDOMProcessingInstruction
Dim xele ' As MSXML.IXMLDOMElement
' -- Dokument erzeugen
Set xdoc = CreateObject("Microsoft.XMLDOM")
' -- Erzeuge ProcessingInstruction
Set pi = xdoc.createProcessingInstruction("xml", " version=""1.0""")
xdoc.InsertBefore pi, xdoc.childNodes.Item(0)
' -- Erzeuge Root-Element
Set xele = x_add(xdoc, xdoc, "NTDomainReport", "")
xele.setAttribute "Name", "FBI"
xele.setAttribute "Stand", Now
' -- Erzeuge Unterelemente
Set xparent = xele
Set xele = x_add(xdoc, xparent, "PDC", "XFilesServer01")
Set xele = x_add(xdoc, xparent, "BDC", "XFilesServer02")
Set xele = x_add(xdoc, xparent, "Benutzer", "HS")
xele.setAttribute "Name", "Holger Schwichtenberg"
xele.setAttribute "Beschreibung", "Buchautor"
say xdoc.xml
```

Bitte beachten Sie die Möglichkeit, mit Hilfe der ActiveX Data Objects beliebige Datenquellen in XML-Form umzuwandeln, zu speichern bzw. entsprechend strukturierte XML-Dateien in Form eines Recordsets zu laden (siehe Kapitel 8.1 „ADO").

Aufruf des XSLT-Processors in MSXML

XSLT-Transformationen ausführen

Auch der XSLT-Processor zur Verarbeitung von XSLT-Dokumenten, der sich innerhalb der MSXML-Komponente befindet, kann per Programmcode aufgerufen werden. Dazu sind zwei DOMDocument-Objekte notwendig. Ein Objekt enthält das XML-Dokument, ein anderes das XSLT-Dokument. Die Transformation wird gestartet, wenn auf einem mit einem XML-Dokument gefüllten DOMDocument-Objekt die Methode transformNode() unter Angabe des Zeigers auf das XSLT-Dokument aufgerufen wird. Dabei werden auch eventuell in der XSLT-Datei enthaltene Active Scripts ausgeführt.

Listing 14.48
Ausführung einer XSL-Transformation [xml_transform.wsf]

```
' === Ausführung einer XSL-Transformation
Sub xml_transform()
Dim xdoc ' As MSXML.DOMDocument
Dim xstyle ' As MSXML.DOMDocument
Dim ergebnis ' As String
' --- Eingabedateien
Const XMLFILE = "D:\buch\xml\test.xml"
Const XSLFILE = "D:\buch\xml\test.xsl"
' --- Laden des XML-Dokuments
Set xdoc = CreateObject("Microsoft.XMLDOM")
```

```
xdoc.async = False ' synchron laden!
xdoc.Load ("file://" & XMLFILE)
' --- Laden des XSL-Dokuments
Set xstyle = CreateObject("Microsoft.XMLDOM")
xstyle.async = False ' synchron laden!
xstyle.Load ("file://" & XSLFILE)
' --- Transformation ausführen
ergebnis = xdoc.transformNode(xstyle)
say "Transformation beendet!"
' --- Ergebnis ausgeben
say ergebnis
End Sub
```

Das obige Script verwendet die nachfolgende XML- und XSL-Datei.

Eingabedateien

```
<?xml version="1.0" ?>
<?xml:stylesheet type="text/xsl" href="test.xsl" ?>
<test>
</test>
```

Listing 14.49
Eingabedatei test.xml

```
<?xml version='1.0'?>
<xsl:stylesheet xmlns:xsl="http://www.w3.org/TR/WD-xsl">

<!-- Globales Script -->
<xsl:script xmlns:xsl="http://www.w3.org/TR/WD-xsl" language="VBScript">
<![CDATA[
start = now
function add(x,y)
add = x+y
end function
]]>
</xsl:script>

<!-- Transformation -->
<xsl:template match="/">
<HTML>
Dieses Dokument wurde transformiert am/um:
<xsl:eval language="vbscript">start</xsl:eval>
<hr/>
Eine einfache Rechnung:
Add(1,2) =
<xsl:eval language="vbscript">add(1,2)</xsl:eval>
</HTML>
</xsl:template>

</xsl:stylesheet>
```

XSL-Datei

Listing 14.50
Eingabedatei test.xsl

Ergebnis Das Ergebnis der Transformation sollte der folgende wohlgeformte HTML-Code sein:

Listing 14.51
Ausgabe von xml_transform.wsf
```
<HTML>
Dieses Dokument wurde transformiert am/um:
07.05.2001 13:12:20
<hr />
Eine einfache Rechnung:
Add(1,2) =
3
</HTML>
```

14.6 OLE File Property Reader 2.0 (DSOFile)

Die Komponente OLE File Property Reader ermöglicht den Zugriff auf erweiterte Dateieigenschaften (z.B. Autor, Firma, Titel, Schlüsselwörter, Kategorie).

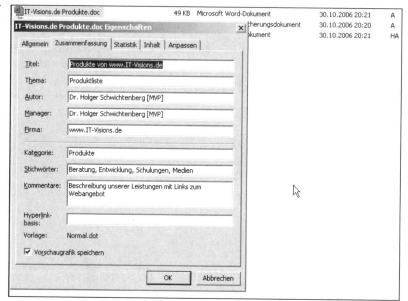

Bild 14.27 Erweiterte Eigenschaften eines Word-Dokuments

Der vollständige Name der Komponente ist *Microsoft Developer Support OLE File Property Reader 2.0 (DSOFile)*. Diese Softwarekomponente war von Microsoft eigentlich nur als Beispiel gedacht und der Name eher als ein Scherz zu verstehen. DSOFile leistet aber wertvolle Dienste, die sonst nur über die COM-Schnittstelle `IPropertyStorage` in C++ zur Verfügung stehen.

Name und Abkürzung	Microsoft Developer Support OLE File Property Reader 2.0 (DSOFile)
Name der Komponentendatei	dsofile.dll
Interner Name der Typbibliothek	DSOFile
Helpstring der Typbibliothek	DSO OLE Document Properties Reader 2.0
Hersteller	Microsoft

Tabelle 14.21: Schnellinfo CAPICOM

Lizenzierung	Kostenlose Erweiterung
Besprochene Version	2.0.1126.0
Alle Windows-Versionen (ab Windows 95)	Kostenlose Zusatzkomponenten
URL zur Komponente und zur Originaldokumentation	http://www.microsoft.com/downloads/details.aspx?FamilyID=9ba6fac6-520b-4a0a-878a-53ec8300c4c2&DisplayLang=en

Tabelle 14.21: Schnellinfo CAPICOM (Forts.)

14.6.1 Klassen

Die Komponente enthält vier Klassen:
- SummaryProperties
- OleDocumentProperties
- CustomProperty
- CustomProperties

Die instanziierbare Wurzelklasse ist `DSOFile.OleDocumentProperties`. Von dort aus sind die Instanzen von `SummaryProperties` (mit einzelnen Eigenschaften) und die Objektmenge `CustomProperties` (mit `CustomProperty`-Objekten) erreichbar.

Die interessanteste Klasse ist `SummaryProperties`. Hier stehen u.a. folgende Eigenschaften zur Verfügung:
- ApplicationName
- Author
- ByteCount
- Category
- CharacterCount
- CharacterCountWithSpaces
- Comments
- Company
- DateCreated
- DateLastPrinted
- DateLastSaved
- HiddenSlideCount
- Keywords
- LastSavedBy
- LineCount
- Manager
- MultimediaClipCount
- NoteCount
- PageCount
- ParagraphCount
- PresentationFormat
- RevisionNumber
- SharedDocument
- SlideCount

- Subject
- Template
- Title
- TotalEditTime
- Version
- WordCount

14.6.2 Daten auslesen

Das erste Beispiel zeigt das Auslesen der erweiterten Eigenschaft einer Microsoft Word-Datei.

Listing 14.52 Auslesen der Eigenschaften einer Word-Datei [DSO_Eigenschaften-Auslesen.wsf]

```
Dim objFile ' As DSOFile.OleDocumentProperties
Set objFile = CreateObject("DSOFile.OleDocumentProperties")
objFile.Open ("h:\demo\buch\IT-Visions.de Produkte.doc")
say "Eigenschaften der Datei: " & objFile.Path
say "-------------------------"
say "Application name: " & objFile.SummaryProperties.ApplicationName
say "Author: " & objFile.SummaryProperties.Author
say "Byte count: " & objFile.SummaryProperties.ByteCount
say "Category: " & objFile.SummaryProperties.Category
say "Character count: " & objFile.SummaryProperties.CharacterCount
say "Character count with spaces: " & _
objFile.SummaryProperties.CharacterCountWithSpaces
say "Comments: " & objFile.SummaryProperties.Comments
say "Company: " & objFile.SummaryProperties.Company
say "Date created: " & objFile.SummaryProperties.DateCreated
say "Date last printed: " & objFile.SummaryProperties.DateLastPrinted
say "Date last saved: " & objFile.SummaryProperties.DateLastSaved
say "Hidden slide count: " & objFile.SummaryProperties.HiddenSlideCount
say "Keywords: " & objFile.SummaryProperties.Keywords
say "Last saved by: " & objFile.SummaryProperties.LastSavedBy
say "Line count: " & objFile.SummaryProperties.LineCount
say "Manager: " & objFile.SummaryProperties.MANAGER
say "Multimedia clip count: " & objFile.SummaryProperties.MultimediaClipCount
say "Note count: " & objFile.SummaryProperties.NoteCount
say "Page count: " & objFile.SummaryProperties.PageCount
say "Paragraph count: " & objFile.SummaryProperties.ParagraphCount
say "Presentation format: " & objFile.SummaryProperties.PresentationFormat
say "Revision number: " & objFile.SummaryProperties.RevisionNumber
say "Shared document: " & objFile.SummaryProperties.SharedDocument
say "Slide count: " & objFile.SummaryProperties.SlideCount
say "Subject: " & objFile.SummaryProperties.Subject
say "Template: " & objFile.SummaryProperties.Template
say "Title: " & objFile.SummaryProperties.Title
say "Total edit time: " & objFile.SummaryProperties.TotalEditTime
say "Version: " & objFile.SummaryProperties.Version
say "Word count: " & objFile.SummaryProperties.WordCount
```

14.6.3 Daten ändern

Mit der DSOFile-Komponente kann man auch Dateieigenschaften verändern. Nicht alle Eigenschaften sind jedoch veränderbar. Zum Beipiel kann man `ByteCount` und `DateCreated` nicht verändern (dies würde auch keinen Sinn machen).

```
Dim objFile ' As DSOFile.OleDocumentProperties
Set objFile = CreateObject("DSOFile.OleDocumentProperties")
objFile.Open ("h:\demo\buch\IT-Visions.de Produkte.doc")
say "Eigenschaften der Datei: " & objFile.Path
say "Alter Titel: " & objFile.SummaryProperties.Title
objFile.SummaryProperties.Title = "Leistungskatalog von www.IT-Visions.de"
objFile.Save
say "Neuer Titel: " & objFile.SummaryProperties.Title
```

Listing 14.53
Ändern von Dateieigenschaften
[DSO_Eigenschaften-Aendern.wsf]

14.6.4 Selbst definierte Eigenschaften

Mit Hilfe der Klasse CustomProperties kann man eigene Eigenschaftsfelder definieren, befüllen und auslesen. Zu Beginn muss man eine selbst definierte Eigenschaft der Liste der Eigenschaften hinzufügen. Dies ist aber nur erlaubt, sofern es die Eigenschaft nicht schon gibt. Dann kann man über `CustomProperties.Item` die Eigenschaft mit einem Wert belegen oder auslesen. Mit einer For..Each-Schleife über die `CustomProperties` erhält man eine Menge von CustomProperty-Objekten mit allen Eigenschaften.

```
const msoPropertyTypeString = 4
Const msoPropertyTypeDate = 3
Const msoPropertyTypeBoolean = 2
Const msoPropertyTypeNumber = 1
Dim objFile As DSOFile.OleDocumentProperties
Set objFile = CreateObject("DSOFile.OleDocumentProperties")
objFile.Open ("h:\demo\buch\IT-Visions.de Produkte.doc")
say "Eigenschaften der Datei: " & objFile.Path
say "=== Anlegen der selbstdefinierten Eigenschaften"

On Error Resume Next ' Überspringen, wenn schon da
objFile.CustomProperties.Add "Buch-Auflage", msoPropertyTypeNumber
objFile.CustomProperties.Add "Erscheinungsdatum", msoPropertyTypeDate
On Error GoTo 0
say "=== Befüllen der selbstdefinierten Eigenschaften"
Set objProperty = objFile.CustomProperties.Item("Buch-Auflage")
objProperty.Value = 5
Set objProperty = objFile.CustomProperties.Item("Erscheinungsdatum")
objProperty.Value = Now
objFile.Save
say "=== Auslesen der selbstdefinierten Eigenschaften"
For Each objProperty In objFile.CustomProperties
    say objProperty.name & " = " & objProperty.Value
Next
```

Listing 14.54
Selbst definierte Dateieigenschaften erzeugen, befüllen und ausgeben
[DSO_Selbstdefinierte Eigenschaften.wsf]

Viele Office-Dokumente besitzen schon benutzerdefinierte Eigenschaften, z.B. ein Word-Dokument besitzt _PID_HLINKS und _PID_LINKBASE.

Kapitel 14 Daten und Dokumente

14.6.5 Selbst definierte Eigenschaften löschen

Das folgende Script löscht alle selbst definierten Eigenschaften mit Hilfe der `Remove()`-Methode. Diese Methode muss auf einer Instanz von `CustomProperty` aufgerufen werden, um die jeweilige Eigenschaft zu löschen.

Listing 14.55
Selbst definierte Dateieigenschaften löschen [DSO_Selbstdefinierte Eigenschaften-Loeschen.wsf]

```
Const msoPropertyTypeDate = 3
Const msoPropertyTypeBoolean = 2
Const msoPropertyTypeNumber = 1
Const msoPropertyTypeString = 4
Dim objFile As DSOFile.OleDocumentProperties
Set objFile = CreateObject("DSOFile.OleDocumentProperties")
objFile.Open ("h:\demo\buch\IT-Visions.de Produkte.doc")
say "=== Auslesen der selbstdefinierten Eigenschaften"
For Each objProperty In objFile.CustomProperties
    say objProperty.name & " wird gelöscht..."
    objProperty.Remove
Next
objFile.Save
say "Änderungen gespeichert!"
```

14.7 Microsoft Office-Komponenten

Die Kernprodukte der Microsoft Office-Produktfamilie (Word, Excel, Access, PowerPoint, FrontPage, Outlook, Visio etc.) sind komplett über COM-Komponenten automatisierbar. Es gibt mehrere hundert scripting-fähige COM-Klassen. Diese Klassen sind gut dokumentiert in der MSDN-Entwicklerbibliothek [MSL00]. Die Dokumentation enthält auch grafische Darstellungen der Objektmodelle. Sie erhalten auch Hilfe zu den Objektmodellen, wenn Sie innerhalb der VBA-Entwicklungsumgebung der jeweiligen Anwendung die Hilfe aufrufen.

Implementierung und Typbibliotheken

> Die MS Office-Komponenten sind implementiert in den jeweiligen .exe-Dateien der Anwendungen. Die Typbibliotheken sind in vielen Fällen extern gespeichert in Dateien mit der Extension .olb, z.B. *msword9olb, msacc.olb, msppt.olb, msoutl.olb*.

Beispiel Das folgende Beispiel zeigt ein Script zum Ausdruck eines Word-Dokuments. Dieses Script druckt ein Word-Dokument aus, ohne das Word-Fenster sichtbar zu machen.

Listing 14.56
Word-Scripting [office_word.wsf]

```
Set wo = CreateObject("Word.Application")
wo.Visible = False
wo.Documents.Open "h:\demo\buch\IT-Visions.de Produkte.doc"
wo.ActiveDocument.PrintOut
wo.Quit
```

15 Netzwerk und Kommunikation

In vielen Automatisierungsprojekten werden Kommunikationskomponenten benötigt, die in einem TCP/IP-Netz (sowohl Internet als auch LAN und WAN) Datenkommunikation ermöglichen.

TCP/IP-Kommunikation auf Transportebene ermöglicht die *Microsoft Winsock-Komponente*. Auf Anwendungsebene bietet Microsoft die *Internet Transfer-Komponente* zur HTTP- und FTP-Kommunikation. Gerade die Arbeit mit der Internet Transfer-Komponente ist oft umständlich. Andere Anbieter liefern da wesentlich einfacher zu programmierende Komponenten, z.B. *ASPInet*, *HTTP Download*, *Mabry FTPX* und die *OnePoint Utility Objects for Scripting*.

Für die Verarbeitung von elektronischen Nachrichten, insbesondere den Zugang zu Microsoft Exchange stellte Microsoft mit den *Collaboration Data Objects (CDO)* eine ganze Familie von Komponenten zur Verfügung. Ab Microsoft Exchange Server 2007 bietet es sich jedoch an, die mächtigen PowerShell-Commandlet einzusetzen, über die sich der gesamte Exchange Server sehr elegant verwalten lässt.

Es gibt auf dem Free- und Shareware-Markt zahlreiche Komponenten für das Handling von SMTP-Nachrichten (z. B. *JMAIL*). Einige CDO-Versionen beherrschen darüber hinaus aber die Nachrichtenkommunikation via MAPI. Auch die Firma IBM bietet mit den *Notes OLE Objects* (für Notes 4.x) und den *Domino Collaboration Objects* (DCO, für Notes 5.x) zwei COM-Komponenten für den Zugriff auf ihr Groupware-System an.

Im Gegensatz zu dem großen Bruder Microsoft Outlook kann keine bisher veröffentlichte Version von Outlook Express bzw. Windows Mail automatisiert werden, da es kein in einer COM-Komponente implementiertes Objektmodell dafür gibt.

Durch die Installation des Internet Explorer ab Version 7.0/ wird Windows mit der *Windows RSS Platform* („Microsoft Feeds, Version 1.0") ausgestattet, zum Zugriff auf Nachrichtenkanäle, die Really Simple Syndication (RSS) verwenden.

Die Konfiguration der Netzwerkkarten ermöglicht WMI. Für den Windows DHCP-Dienst bietet Microsoft mit den *DHCP Objects* (enthalten in den Resource Kits zu Windows) eine spezielle Lösung.

Die Steuerung der in Windows integrierten Firewall ermöglicht die Komponente *NETCon*. Auch die Virtualisierungssoftware Microsoft Virtual Server ist komplett scripting-fähig.

Im .NET Framework findet man Netzwerkfunktionalität im Namensraum `System.Net`, siehe „Programmieren mit der .NET-Klassenbibliothek". Ein Äquivalent zu CDO gibt es dort allerdings noch nicht.

15.1 Collaboration Data Objects (CDO)

Die Collaboration Data Objects (CDO) sind eine COM-Komponente für den Zugriff auf E-Mail- und Groupware-Systeme, die MAPI (Messaging Application Programming Interface) als Zugriffsschnittstelle unterstützen.

Mit CDO sind insbesondere folgende Funktionalitäten realisierbar:
- Zugriff auf die Nachrichten und andere Elemente wie Kontakte, Termine und Notizen in Exchange-Postfächern, öffentlichen Ordnern und PST-Dateien
- Veränderung der Ordnerstruktur in oben genannten Nachrichtenspeichern
- Zugriff auf den Exchange-Verzeichnisdienst und auf persönliche Adressbücher (PAB)

Kapitel 15 **Netzwerk und Kommunikation**

Aus Platzgründen wurde dieses Kapitel ab der fünften Auflage entfernt. Bitte greifen Sie auf die Auflagen 1 bis 4 dieses Buchs zurück, falls Sie Skripte mit CDO entwickeln möchten.

15.2 Komponenten für den Exchange Server 2000/2003/2007

Während die Exchange-Gemeinde beim Microsoft Exchange Server 5.5 auf einfache, COM-basierte Programmierschnittstellen lange warten musste, wartet der Exchange Server ab Version 2000 von Beginn an mit einer Vielfalt von Komponenten auf, die eng miteinander verzahnt sind. Zusammen bieten sie meist mehrere Wege, um zu einem Ziel zu kommen.

Bild 15.1
Überblick über die wichtigsten Komponenten zur Automatisierung von Exchange Server 2000/2003/2007

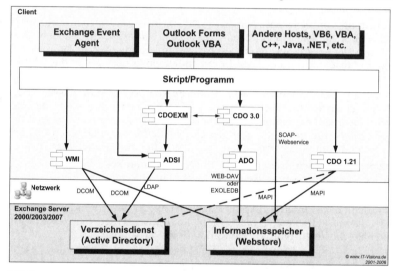

Aus Platzgründen wurde dieses Kapitel ab der fünften Auflage entfernt. Bitte greifen Sie auf die Auflagen 1 bis 4 dieses Buchs zurück, falls Sie Skripte mit den o.g. Komponenten entwickeln möchten.

15.3 SMTP-Mail-Komponenten

CDONTS und CDOSYS Eine Komponente für den Versand von E-Mails per Simple Mail Transport Protocol (SMTP) wird in vielen Anwendungen benötigt. Microsoft bot eine solche Komponente zunächst nur im Rahmen des Site Servers an, so dass viele Entwickler auf die kostengünstigeren Alternativen von anderen Anbietern auswichen. Mit dem NT 4.0-Option Pack stellte Microsoft erstmals eine eigene Mail-Komponente als kostenloses Add-on zur Verfügung. Diese Komponente heißt Collaboration Data Objects for NT Server, kurz CDONTS. Mit Windows 2000 wurde sie komplett überarbeitet und heißt nun Collaboration Data Objects for Windows 2000 bzw. CDOSYS.

IIS als SMTP- und NNTP-Server Der Microsoft Internet Information Server (IIS) ist nicht nur ein HTTP-Server, sondern auch ein einfacher SMTP- und NNTP-Server. Der SMTP-Server verwaltet im Gegensatz zum Exchange Server nur einen Posteingang für alle

Empfänger. Die Aufteilung der Nachrichten auf verschiedene Empfänger muss per eigener Software erfolgen.

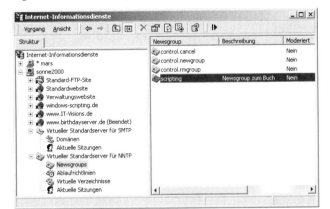

Bild 15.2
MMC des IIS

Diese Microsoft-Komponente unterstützt primär das Versenden von Nachrichten im Internetstandard SMTP. Außerdem können im Dateisystem in Form von .eml-Dateien gespeicherte E-Mails ausgelesen werden. Der Hintergrund für diese Funktionalität sind die SMTP-Dienste in NT 4.0 und Windows 2000. Diese Dienste nutzen ein so genanntes DropDirectory zur Anlage von Nachrichten im .eml-Format. **Drop/ Directories**

Beide Komponenten unterstützen im Gegensatz zu den großen Brüdern CDO 1.2 und CDO 3.0 nicht den Zugriff auf MAPI-Mailstores, also weder auf Postfächer noch auf öffentliche Ordner! **Kein MAPI**

In diesem Kapitel wird mit JMAIL auch eine Freeware-Alternative zu CDONTS vorgestellt. **JMAIL**

15.3.1 CDONTS für NT4

CDONTS ist eine Light-Version von CDO 1.21 und wird mit dem NT 4.0-Option-Pack mitgeliefert. Unterstützt werden nur SMTP-E-Mails und das Auslesen von in .eml-Dateien gespeicherten Nachrichten. Ab Windows 2000 wurde diese Komponente durch das neuere CDO 2.0 (CDOSYS) ersetzt. CDONTS benötigt als Voraussetzung eine Installation des Internet Explorers ab Version 4.0, da es keinen eigenen SMTP-Dienst mitbringt. Wie der Name schon suggeriert, empfiehlt Microsoft nur den Einsatz auf einem Windows Server. **CDONTS**

Name und Abkürzung	CDO for NT Server (CDONTS)
Name der Komponentendatei	cdonts.dll
Interner Name der Typbibliothek	CDONTS
Helpstring der Typbibliothek	Microsoft CDO for NTS 1.2 Library
Hersteller	Microsoft
Lizenzierung	Kostenloses Add-on
Besprochene Version	6.0.3939.0 (DLL-Version). Intern hält sich die Komponente für Version 1.2.

Tabelle 15.1: Schnellinfo über die Mail-Komponenten des Betriebssystems

Kapitel 15 Netzwerk und Kommunikation

Name und Abkürzung	CDO for NT Server (CDONTS)
NT 4.0	NT 4.0 Option Pack; alternativ ist die Einzelregistrierung möglich durch: `regsvr32 cdonts.dll`
Windows 95/98/ME	nicht unterstützt
Windows 2000, Windows XP/ Windows Server 2003	enthalten
Windows Vista/Windows 7/ Windows Server 2008	nicht enthalten
Dokumentation	MSDN-Entwicklerbibliothek [MSL00] „Messaging and Collaboration"

Tabelle 15.1: Schnellinfo über die Mail-Komponenten des Betriebssystems (Forts.)

Objektmodell Das Objektmodell von CDONTS erinnert stark an CDO 1.21. Die einzelnen Klassen sind jedoch weit weniger mächtig. Hinzugekommen ist die Klasse `NewMail`, die einen schnellen Versand von Nachrichten ermöglicht.

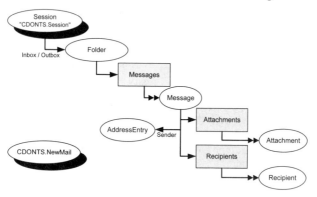

Bild 15.3 CDONTS-Objektmodell

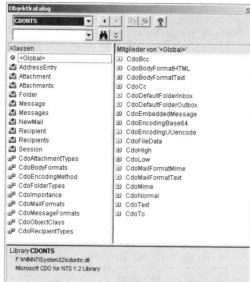

Bild 15.4 CDONTS-Typbibliothek

SMTP-Mail-Komponenten

Senden einer E-Mail Das Beispiel zeigt den schnellsten Weg, mit CDONTS eine SMTP-E-Mail zu versenden. Die Klasse hat noch weitere Eigenschaften (z.B. CC, BCC, Importance), die vor dem Senden gesetzt werden können.

```
Dim mailer ' As CDONTS.NewMail
Set mailer = CreateObject("CDONTS.NewMail")
mailer.AttachFile "d:\grafiken\hase.gif"
mailer.Send "FMulderFBI.net", "DScully@FBI.net", "Wichtige Nachricht", "Ich habe ein UFO gesehen…"
say "Gesendet mit CDONTS " & mailer.VERSION
```

Listing 15.1
Senden einer E-Mail mit CDONTS [cdonts_send-mail.wsf]

15.3.2 CDO for Windows 2000

Collaboration Data Objects for Windows 2000 ist eine Untermenge der Funktionalität von CDO 3.0 und Nachfolger von CDONTS. CDO for Windows 2000 (Kurzname CDOSYS) trägt die Versionsnummer CDO 2.0.

CDOSYS

CDO for Windows 2000 unterstützt neben dem Versand von SMTP-Nachrichten und der Aufnahme von .eml-Dateien auch den Versand von Newsgroup-Beiträgen wie NNTP (Network News Transport Protocol). Der NNTP-Server des IIS speichert die Newsgroup-Beiträge in Form von .nws-Dateien, die nicht über die DropDirectory-Funktionen gelesen werden können.

NNTP

Während unter NT 4.0 die Ein- und Ausgangsordner durch die Konfiguration des SMTP-Dienstes vorgegeben sind, kann unter Windows 2000 jedes beliebige Verzeichnis nach .eml-Dateien durchsucht werden. CDOSYS kann also auch für andere .eml-Dateien genutzt werden, die z.B. beim Export einer einzelnen Nachricht aus Outlook oder Outlook Express entstehen.

Name und Abkürzung	CDO for Windows 2000 (CDO 2.0)
Name der Komponentendatei	cdosys.dll
Interner Name der Typbibliothek	CDO
Helpstring der Typbibliothek	Microsoft CDO for Windows 2000 Library
Hersteller	Microsoft
Lizenzierung	Bestandteil von Windows 2000
Besprochene Version	6.0
NT 4.0, Windows 95/98/ME	nicht verfügbar
Windows 2000	enthalten
Windows XP/Windows Server 2003	enthalten
Windows Vista	enthalten
Dokumentation	MSDN-Entwicklerbibliothek [MSL00] „Messaging and Collaboration"

Tabelle 15.2
Schnellinfo CDO for Windows 2000 (CDO 2.0)

Objektmodell CDO für Windows 2000 unterstützt nur folgende Klassen aus CDO 3.0: BodyPart, BodyParts, Configuration, DropDirectory, Message und Messages. Dabei sind zwar die Schnittstellennamen, nicht aber die Schnittstellendefinitionen identisch. Beispielsweise besitzt IDataSource kein ActiveConnection-Attribut.

Objektmodell

Senden einer E-Mail mit CDOSYS Zum Senden einer E-Mail mit CDO 2.0 sind folgende Schritte notwendig:

E-Mail senden

725

Kapitel 15 Netzwerk und Kommunikation

- Instanziieren der Klassen CDO.Message und CDO.Configuration
- Setzen der Konfigurationsparameter (Mailserver, Benutzername, Kennwort etc.) über die Fields-Objektmenge des Configuration-Objekts
- Zuweisen des Configuration-Objekts an das Attribut Configuration der Message-Klasse
- Setzen der nachrichtenbezogenen Attribute (z.B. Absender, Empfänger, Betreff, Inhalt)
- Senden der Nachricht mit der Methode Send() auf dem Message-Objekt

Beiträge in Newsgroups Sie können mit CDO 2.0 auch Beiträge auf NNTP-Servern absetzen. Dazu beachten Sie bitte folgende Änderungen gegenüber dem SMTP-Versand in der Routine CDOSYS_send(). Weisen Sie dazu dem Attribut Newsgroups eine Liste der Newsgroup-Namen zu (oMsg.Newsgroups = AN) und rufen Sie Post() statt Send()auf.

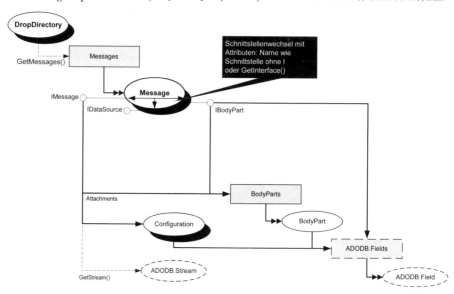

Bild 15.5 Objektmodell von CDO 2.0

CDOSYS_send()

Beispiel Die Routine CDOSYS_send() unterscheidet anhand der übergebenen Empfängeradresse zwischen einer E-Mail und einem News-Beitrag. Die Nachricht wird dann per NNTP versendet, wenn die übergebene Empfängerzeichenkette kein „@" enthält.

Listing 15.2 Senden einer E-Mail oder Veröffentlichen in einer Newsgroup mit CDO 2.0 [CDOSYS_send.wsf]

```
Sub CDOSYS_send(VON, AN, BETREFF, INHALT)
Const MAILSERVER = "XFilesServer01"
Const NEWSSERVER = "XFilesServer01"
Dim oConfig ' As CDO.Configuration
Dim oField ' As ADODB.Field
Dim oMsg    ' As CDO.Message
'Dim iBodyPart ' As CDO.iBodyPart
Dim News ' As Boolean
' -- E-Mail-Empfänger oder Newsgroup
News = (InStr(AN, "@") = 0)
' -- Instanziieren der notwendigen Klassen
Set oMsg = CreateObject("CDO.Message")
Set oConfig = CreateObject("CDO.Configuration")
' -- Setzen der Konfigurationsinformationen
With oConfig.fields
```

```
    .Item(cdoSMTPServer) = MAILSERVER
    .Item(cdoNNTPServer) = NEWSSERVER
    '.Item(cdoSendUserName) = "username"
    '.Item(cdoSendPassword) = "password"
    .Update
End With
' -- Setzen der Nachrichteneigenschaften
With oMsg
    ' -- Zuweisen der Konfiguration
    .Configuration = oConfig
    .From = VON
    If News Then
        .Newsgroups = AN
    Else
        .To = AN
    End If
    .Subject = BETREFF
    .TextBody = INHALT
    ' -- Versand
    If News Then
    .Post ' Senden per NNTP
    Else
    .Send ' Senden per SMTP
    End If
End With
' -- Kontrollausgabe
If News Then
    say "Newsgroup-Beitrag gesendet an " & AN
Else
    say "E-Mail gesendet an " & AN
End If
End Sub

' -- E-Mail
CDOSYS_send "FoxM@FBI.net", "DanaS@FBI.net", _ "Neue UFOs", _
"Hallo Dana, ..."

' -- News
CDOSYS_send "hs@windows-scripting.de", _
"Scripting-Diskussionsgruppe", "WSH 5.6", "..."
```

Listing 15.3 Demo-Verwendung von CDOSYS_send() [test_cdosys_send.wsf]

Attachments CDO 2.0 kann auch Anhänge versenden. Die Methode AddAttachment(), die auf der IMessage-Schnittstelle eines Message-Objekts aufzurufen ist, hängt die angegebene Datei an die Nachricht an und liefert eine IBodyPart-Schnittstelle zu diesem Anhang.

Anhänge

```
Dim iBodyPart ' As CDO.iBodyPart
Set iBodyPart = oMsg.AddAttachment("d:\buch\docs\test.doc")
iBodyPart.ContentMediaType = "text/html"
```

Listing 15.4: Anhängen eines Anhangs an eine Nachricht

Lesen von .eml-Dateien Den Zugriff auf in einem Dateisystemverzeichnis gespeicherte .eml-Dateien ermöglicht die Klasse DropDirectory (mit genau einer Schnittstelle: IDropDirectory). IDropDirectory implementiert nur eine Methode: GetMessages(dir) liefert eine CDO.Messages-Objektmenge aller in dem angegebenen Verzeichnis enthaltenen .eml-Dateien. Die Messages-Objektmenge kann mit For Each durchlaufen werden.

Drop-Directories

Listing 15.5
Auslesen der .eml-Dateien in einem Verzeichnis [CDOSYS_ get2.wsf]

```
Dim oDropDir ' As CDO.DropDirectory
Dim oMsgs ' As CDO.IMessages
Dim oMsg ' As CDO.Message
Dim a ' Zähler
' -- Name des Verzeichnisses
Const DIR = "\\XFilesServer01\c$\inetpub\mailroot\drop"
' -- Instanz zum Zugriff auf DropDir
Set oDropDir = CreateObject("CDO.DropDirectory")
' -- Zugriff auf Inhalt
Set oMsgs = oDropDir.GetMessages(DIR)
a = 1
If oMsgs.Count = 0 Then say "KEINE NACHRICHTEN!"
' -- Iteration über alle Nachrichten
For Each oMsg In oMsgs
    say "Nachricht " & a & " von " & oMsgs.Count
    say "von " & oMsg.From & " an " & oMsg.To
    say "Betreff: " & oMsg.Subject
    say oMsg.TextBody
Next
```

Verbindung zu ADO

Die `IMessage`-Schnittstelle kann über die Methode `GetStream()` die Nachricht auch in Form eines `ADODB.Stream`-Objekts liefern. Das `Stream`-Objekt enthält die komplette Nachricht inklusive aller Header.

```
Dim oStream 'As ADODB.Stream
Set oStream = oMsg.GetStream
```

Danach stehen alle Möglichkeiten der `Stream`-Klasse zur Verfügung, z.B.:

```
say oStream.ReadText(-1)
oStream.SaveToFile "d:\buch\mails" & a & ".txt"
```

15.3.3 JMAIL

JMAIL

JMAIL ist eine beliebte Freeware-Komponente für den Versand von SMTP-E-Mails. Im Gegensatz zu CDONTS kann sie problemlos auf einem Client eingesetzt werden. JMAIL verbindet sich mit einem beliebigen SMTP-Server. Dies kann CDOSYS auch, so dass JMAIL seine Daseinsberechtigung ab Windows 2000 verloren hat.

Java?

Das J in JMAIL steht keineswegs – wie viele denken – für Java, sondern für den Vornamen des Schöpfers dieser Komponente, Jonas Frost. JMAIL ist also weder in Java programmiert noch benötigt es Java.

Name und Abkürzung	JMAIL
Name der Komponentendatei	jmail.dll
Interner Name der Typbibliothek	jmail
Helpstring der Typbibliothek	jmail Library
Hersteller	Dimac, *http://www.dimac.net/*
Lizenzierung	Freeware

Tabelle 15.3: Schnellinfo JMAIL

Name und Abkürzung	JMAIL
Besprochene Version	3.7.0.510
Alle Windows-Versionen	Installationsroutine JMAIL.exe
Dokumentation	http://tech.dimac.net/

Tabelle 15.3: Schnellinfo JMAIL (Forts.)

Nur eine Klasse JMAIL implementiert nur die Klasse `SMTPMail`. Die in der Typbibliothek ebenfalls enthaltene Klasse `POP3Mail` ist laut Auskunft des Herstellers für kommende Versionen zur Implementierung vorgesehen. Die wichtigsten Mitglieder der Klasse `SMTPMail` erklären sich durch das folgende Beispiel von selbst. Die Bildschirmabbildung zeigt weitere Mitglieder.

 SMTPMail

Bild 15.6
JMAIL-
Typbibliothek

Beispiel Das folgende Script arbeitet analog zum Beispiel zu CDOSYS (vgl. Kapitel 15.1).

```
JMAIL_Send "FoxM@FBI.net", "DanaS@FBI.NET", _ "Neue UFOs", _
"Hallo Dana, ..."
```

Listing 15.6: Senden einer E-Mail mit JMAIL [test_jmail_send.wsf]

Kapitel 15 Netzwerk und Kommunikation

Listing 15.7
Senden einer
E-Mail mit
JMAIL

```
Sub JMAIL_Send(von, an, betreff, INHALT)
Dim JMAIL
Const MAILSERVER = "XFilesServer01"
Set JMAIL = CreateObject("JMail.SMTPMail")
' -- Attribute setzen
JMAIL.ServerAddress = MAILSERVER '(IP oder DNS-Name)
JMAIL.Sender = von
JMAIL.Subject = betreff
JMAIL.AddRecipient an
JMAIL.body = INHALT
JMAIL.Priority = 3 ' 1 bis 5, 1 = Höchste
'JMail.AddHeader "Zusatzinfo","TEST"
'JMail.AddAttachment "d:\Daten\ufobilder.doc"
' -- Absenden
JMAIL.Execute
say "Nachricht gesendet!"
End Sub
```

15.4 Microsoft WinSock-Komponente

TCP und UDP Die WinSock-Komponente ermöglicht den Zugriff auf die Transportschicht des TCP/IP-Protokollstacks (Schicht 4 im ISO/OSI-Referenzmodell) in Form der Protokolle TCP (Transmission Control Protocol) und UDP (User Datagram Protocol). Die Komponente besteht nur aus einer Klasse mit dem Namen WinSock. Die Klasse besitzt zwei Schnittstellen: IMSWinSockControl und DMSWinSockControlEvents. Die erste Schnittstelle definiert Attribute und Methoden, die zweite die Ereignisse der Klasse.

> Sie können mit Hilfe der WinSock-Komponente sowohl TCP/UDP-Server als auch TCP/UDP-Clients erstellen.

Tabelle 15.4
Schnellinfo
WinSock-Komponente

Name und Abkürzung	WinSock-Komponente
Name der Komponentendatei	MSWINSCK.ocx (Typbibliothek: MSWINSCK.oca)
Interner Name der Typbibliothek	MSWinSockLib
Helpstring der Typbibliothek	Microsoft WinSock-Steuerelement 6.0
Abweichende ProgID	MSWinSock.WinSock
Hersteller	Microsoft
Lizenzierung	Teil von Visual Basic 6.0
Besprochene Version	6.0
Alle Windows-Versionen	Installation von Visual Basic 6.0; alternativ ist die Einzelregistrierung möglich durch: regsvr32 MSWINSCK.ocx
Dokumentation	MSDN-Entwicklerbibliothek [MSL00]

Microsoft WinSock-Komponente

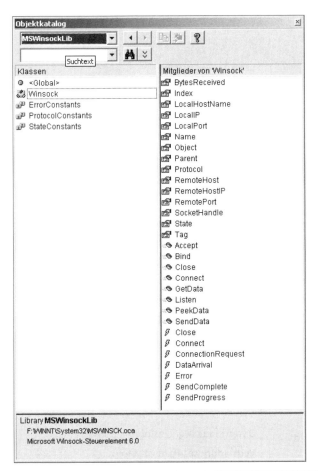

Bild 15.7
MSWinsock-Typbibliothek

Attribut	Erläuterung
Protocol	Auswahl zwischen TCP und UDP über eine Konstante: CONST sckTCPProtocol = 0 CONST sckUDPProtocol = 1
RemoteHost	Name des entfernten Rechners
RemoteHostIP	IP-Adresse des entfernten Rechners
RemotePort	Portnummer auf dem entfernten Rechner
LocalHostName	Name des lokalen Rechners
LocalIP	Lokale IP-Adresse
LocalPort	Portnummer auf dem lokalen Rechner
State	Zustand der Verbindung (Werte 0 bis 9)
BytesReceived	Empfangene Byte

Tabelle 15.5
Attribute der Schnittstelle IMSWinSock Control

Listing 15.8
Konstanten für den Zustand eines WinSock-Objekts

```
CONST sckClosed = 0
CONST sckOpen = 1
CONST sckListening = 2
CONST sckConnectionPending = 3
CONST sckResolvingHost = 4
CONST sckHostResolved = 5
CONST sckConnecting = 6
CONST sckConnected = 7
CONST sckClosing = 8
CONST sckError = 9
```

Tabelle 15.6 Methoden der Schnittstelle IMSWinSock Control

Methode	Erläuterung
Connect(RemoteHost, RemotePort)	Aufbau der Verbindung zu einem entfernten Rechner
Listen()	Warten auf eine eingehende Verbindung
Accept(requestID)	Akzeptieren einer eingehenden Verbindung
SendData(data)	Übertragung von Daten
GetData(data)	Empfang von Daten
Close()	Schließen einer Verbindung
Bind(LocalPort, LocalIP)	Binden eines TCP/UDP-Servers an eine bestimmte IP-Adresse und Portnummer

Tabelle 15.7 Ereignisse der Schnittstelle DMSWinSock ControlEvents

Ereignis	Erläuterung
Error(Number, Description, Scode, Source, HelpFile, HelpContext, CancelDisplay)	Es ist ein Fehler aufgetreten.
DataArrival(bytesTotal)	Daten sind eingetroffen.
Connect()	Verbindungsaufbau ist erfolgt.
ConnectionRequest (requestID)	Ein entfernter Client will eine Verbindung aufnehmen.
Close()	Verbindung wurde beendet.
SendProgress(bytesSent, bytesRemaining)	Fortschritt der Übertragung
SendComplete()	Datenübertragung wurde beendet.

Einfaches Beispiel

Ermittlung der TCP/IP-Konfiguration

Sie können die WinSock-Komponente dazu nutzen, den Namen des lokalen Computers und seine IP-Adresse zu ermitteln. Sofern ein Computer über mehrere IP-Adressen verfügt, liefert das Attribut LocalIP dennoch nur die primäre IP-Adresse.

```
Dim oWS ' As MSWinsockLib.Winsock
Set oWS = CreateObject("MSWinsock.Winsock")
say "TCP/IP-Konfiguration:"
say "IP-Adresse: " & oWS.LocalIP
say "Computername: " & oWS.LocalHostName
```

Listing 15.9: Ermittlung von Computername und IP-Adresse [TCPIP_winsock.wsf]

Portscanner

Das folgende Beispiel ist ein Portscanner, der überprüft, welche Ports auf einem Rechner abgehört werden („offen sind"). Da die WinSock-Komponente sehr stark ereignisorientiert arbeitet, ist der Portscanner hier als WSH-Script implementiert.

Portscanner

```
' === TCP-Portscanner (c) Holger Schwichtenberg 2000
Const UNTERGRENZE = 1
Const OBERGRENZE = 255
const REMOTEHOST = "XFilesServer01"
Dim oWS ' As MSWinSockLib.WinSock
Dim result ' Zeigt an, ob es ein Ergebnis von WinSock gab
Dim port ' zu scannender Port
' -- Instanziieren und für Events registrieren
Set oWS = WScript.CreateObject("MSWinSock.WinSock","oWS_")
oWS.aboutbox
say "Client: " & oWS.LocalHostName & "("& oWS.LocalIP & ")"
For port = UNTERGRENZE To OBERGRENZE
If oWS.State <> 0 Then oWS.Close ' Schließen, falls offen
say "Scanning Port " & Port & "..."
Result = False ' Flag zurücksetzen
oWS.Connect REMOTEHOST, port
' -- Warten, bis Flag gesetzt
Do While Not result
WScript.sleep(1)
Loop
Next
' -- Hilfsroutine
Sub say(s)
WScript.Echo s
End Sub
' --- Ereignis: Verbindungsaufbau erfolgreich
Sub oWS_Connect()
say "Mit Port " & oWS.remoteport & " verbunden!"
oWS.Close
result = True ' Flag setzen
End Sub
' --- Ereignis: Verbindungsaufbau nicht erfolgreich
Sub oWS_Error( Number , Description , Scode, Source , HelpFile , _ HelpContext ,
CancelDisplay )
say "Fehler bei Port " & a & ": " & Description
oWS.Close
Result = True ' Flag setzen
End Sub
```

*Listing 15.10
Ein Portscanner für den Windows Scripting Host [CD: /code/komponenten/ WinSock/_portscanner .vbs]*

15.5 Internet Transfer-Komponente

Die Internet Transfer-Komponente bietet die Funktion auf der Anwendungsschicht des TCP/IP-Protokollstack (Schichten 5–7 des ISO/OSI-Modells) an. Unterstützt werden aber im Wesentlichen nur die Protokolle HTTP (Hypertext Transfer Protocol), FTP (File Transfer Protocol) sowie HTTPS (HTTP over Secure Socket Layer).

HTTP, FTP, HTTPS

Tabelle 15.8
Schnellinfo Internet Transfer-Komponente

Name und Abkürzung	Internet Transfer-Komponente
Name der Komponentendatei	MSINET.ocx (Typbibliothek: MSINET.oca)
Interner Name der Typbibliothek	InetCtlsObjects
Helpstring der Typbibliothek	Microsoft Internet-Steuerelement 6.0
Abweichende ProgID	InetCtls.Inet
Hersteller	Microsoft
Lizenzierung	Teil von Visual Basic 6.0
Besprochene Version	6.0
Alle Windows-Versionen	Installation von Visual Basic 6.0; alternativ ist die Einzelregistrierung möglich durch: `regsvr32 MSINET.ocx`
Dokumentation	MSDN-Entwicklerbibliothek [MSL00]

Klassen

Auch diese Komponente enthält nur eine Klasse mit dem Namen `INet`, mit zwei Schnittstellen `IInet` (für Attribute und Methoden) und `DInetEvents` (für genau ein Ereignis).

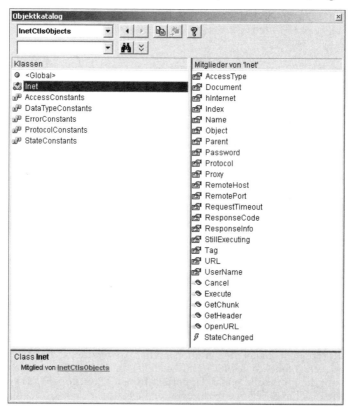

Bild 15.8
Klasse „INET" im VB 6.0-Objektkatalog

Attribut	Erläuterung
Protocol	Verwendetes Protokoll: CONST icUnknown = 0, CONST icDefault = 1, CONST icFTP = 2, CONST icGopher = 3, CONST icHTTP = 4, CONST icHTTPS = 5
RemoteHost	Entfernter Rechner
RemotePort	Port auf dem entfernten Rechner
ResponseCode	Fehlernummer
ResponseInfo	Fehlerbeschreibung
StillExecuting	Zeigt an, ob das Objekt mit einer Anfrage beschäftigt ist (True/False)
URL	URL der gewünschten Ressource
Proxy	Proxy Server
Document	Enthält das Dokument bzw. den Befehl, der mit der Execute()-Methode ausgeführt werden soll
AccessType	Gibt die Art der Internetverbindung an: CONST icUseDefault = 0, CONST icDirect = 1, CONST icNamedProxy = 2
UserName	Benutzername
Password	Kennwort
RequestTimeout	Anzahl der Sekunden, die eine Anfrage dauern darf

Tabelle 15.9
Attribute der Schnittstelle IInet

Methode	Erläuterung
OpenURL(URL, [DataType])	Lädt eine Ressource anhand einer URL. Der optionale Datentyp ist CONST ic String = 0 oder CONST icByteArray = 1.
Execute(URL, Operation, Data, InputHdrs)	Führt eine Operation aus
Cancel()	Hält die aktuelle Anfrage an
GetChunk(Size, [DataType])	Liest einen Block der angegebenen Größe aus dem Empfangspuffer
GetHeader(strHdrName)	Liefert die Informationen aus einem Header oder alle Header-Daten

Tabelle 15.10
Methoden der Schnittstelle IInet

Universelles Ereignis für Zustandsänderungen

Im Gegensatz zur WinSock-Komponente definiert die Internet Transfer-Komponente nicht verschiedene Ereignisse, sondern nur ein Ereignis, das bei allen Zustandsänderungen aufgerufen wird. Das Ereignis StateChanged(state) teilt über einen Parameter mit, was passiert ist.

StateChanged()

```
' *** StateConstants
CONST icNone = 0
CONST icResolvingHost = 1
CONST icHostResolved = 2
CONST icConnecting = 3
CONST icConnected = 4
CONST icRequesting = 5
CONST icRequestSent = 6
CONST icReceivingResponse = 7
```

Listing 15.11
Konstanten für mögliche Zustandsänderungen in der Internet Transfer-Komponente

```
CONST icResponseReceived = 8
CONST icDisconnecting = 9
CONST icDisconnected = 10
CONST icError = 11
CONST icResponseCompleted = 12
```

Synchrone Befehle

OpenURL() Mit der Internet Transfer-Komponente können Abrufe synchron mit OpenURL() oder asynchron mit Execute() erfolgen. OpenURL() ist dabei ein Sonderfall der Execute()-Methode, bei der nur eine URL angegeben werden muss. OpenURL() eignet sich zum Abruf von Ressourcen via HTTP.

Listing 15.12
Synchroner
Abruf einer
Seite per HTTP
[inet_sync.wsf]

```
Dim oIC 'As InetCtlsObjects.inet
Dim str 'As String
Set oIC = CreateObject("InetCtls.Inet")
str = oIC.OpenURL("http://www.windows-scripting.de/")
say str
```

GetHeader() OpenURL() liefert nur den Inhalt der abgerufenen Ressource. Die HTTP-Header können mit GetHeader() eingelesen werden.

Listing 15.13
Einlesen von
Header-Infor-
mationen im
Rahmen einer
HTTP-Anfrage
[inet_sync.wsf]

```
str = oIC.OpenURL("http://www.windows-scripting.de/")
' -- Einzelne Header-Informationen
say oIC.GetHeader("Server")
say oIC.GetHeader("Content-type")
say oIC.GetHeader("Content-length")
say oIC.GetHeader("Cache-control")
' -- Gesamter Header
say oIC.GetHeader()
```

Asynchrone Befehle

Execute() Bei der asynchronen Variante wird Execute() verwendet. Execute() gibt die Kontrolle sofort nach dem Aufruf an den aufrufenden COM-Client zurück. Jeder Versuch, die Daten sofort danach mit GetChunk() abzurufen, führt zu einem Fehler. Der Einbau einer Warteschleife ist keine gute Möglichkeit, denn die Zeit bis zum Eintreffen der Antwort ist nicht deterministisch. Es gibt zwei Möglichkeiten, den Zeitpunkt des Eintreffens der Daten zu ermitteln:

▸ darauf warten, dass StateChanged(state) mit dem Zustand icResponseCompleted (=12) ausgelöst wird

▸ darauf warten, dass das Attribut StillExecuting den Wert *False* erhält

In beiden Fällen muss mit dem Statement die Kontrolle zwischenzeitlich an die Umgebung zurückgegeben werden, da sonst die Zustandsänderung nicht eintreten kann. Hier wird die Routine wait() aus der *WS_vbWSH.lib* verwendet, die WScript.Sleep() (für WSH) bzw. DoEvents (für VB6/VBA) kapselt.

Listing 15.14
Asynchrone
Befehlsausfüh-
rung mit Exe-
*cute() [inet_*
async.wsf]

```
Dim str 'As String
Dim oIC 'As InetCtlsObjects.inet
Set oIC = CreateObject("InetCtls.Inet")
say "Verbindungsaufbau..."
' -- Anfrage absenden
oIC.Execute "http://1.1.1.21", ""
' -- Warten bis Antwort eingegangen
Do While oIC.StillExecuting
```

```
Wait      ' Erfordert die Einbindung der WS_vbWSH.lib!
Loop
' -- Daten blockweise einlesen
Do
   Block = oIC.GetChunk(1024, icString)
   str = str & Block
Loop While Not Len(Block) = 0
' -- Ausgabe
say str
```

Nachdem das Script so lange gewartet hat, bis alle Daten eingetroffen sind, können diese blockweise auf dem Empfangspuffer ausgelesen werden. GetChunk() liefert eine leere Zeichenkette zurück, wenn alle Daten empfangen wurden.

GetChunk()

Absenden von FTP-Befehlen

FTP-Befehle können nur mit Execute() ausgeführt werden, da neben der URL auch ein FTP-Befehl übergeben werden muss. Dieser nimmt bei Execute() den zweiten Platz in der Parameterliste ein. Übermittelt werden können alle gültigen FTP-Befehle (CD, CDUP, GET, PUT, MKDIR, DELETE etc.) inklusive der zugehörigen Parameter. Im folgenden Script wird die Hilfsroutine inet_doit() implementiert, die die Befehlsausführung und die anschließende Warteschleife kapselt. Ergebnisse von FTP-Befehlen wie DIR können wieder mit GetChunk() eingelesen werden.

FTP-Befehle

```
Const FTPSERVER = "ftp://1.1.1.20"
Dim str 'As String
Dim oIC 'As InetCtlsObjects.inet
Set oIC = CreateObject("InetCtls.Inet")
' http://www.FBI.net
' -- FTP Download
inet_doit oIC, FTPSERVER, "GET default.asp d:\buch\download\d.asp"
Do While oIC.StillExecuting
    Wait   ' Erfordert die Einbindung der WS_vbWSH.lib!
Loop
say "Datei wurde heruntergeladen..."
' -- FTP Upload
inet_doit oIC, FTPSERVER, _
"PUT d:\buch\download\d.asp kopie_default.asp"
say "Datei wurde heraufgeladen..."
inet_doit oIC, FTPSERVER, "CD skripte"
inet_doit oIC, FTPSERVER, "DIR"
' -- Daten blockweise einlesen
Do
   Block = oIC.GetChunk(1024, icString)
   str = str & Block
Loop While Not Len(Block) = 0
say str

' ### Ausführung eines Befehls und warten
Sub inet_doit(oIC, ByVal url, command)
oIC.Execute CStr(url), CStr(command)
Do While oIC.StillExecuting
    Wait    ' Erfordert die Einbindung der WS_vbWSH.lib!
Loop
End Sub
```

*Listing 15.15
Herunterladen einer Datei, Heraufladen unter neuem Namen, Verzeichniswechsel und das Anzeigen eines Verzeichnisinhalts mit FTP [inet_ftp.wsf]*

Kapitel 15 **Netzwerk und Kommunikation**

15.6 ASPInet (FTP)

Eine sehr schlanke und einfache FTP-Komponente ist ASPInet von Stephen Genusa. ASPInet basiert auf der Microsoft Internet Transfer-Komponente und ermöglicht nur den Up- bzw. Download einer Datei, deren Name bereits bekannt ist.

Tabelle 15.11 Schnellinfo TCP/IP-Kommunikationskomponenten

Name und Abkürzung	ASPInet
Name der Komponentendatei	ASPInet.DLL
Interner Name der Typbibliothek	AspInet
Helpstring der Typbibliothek	AspInet Library
Hersteller	Stephen Genusa (www.genusa.com)
Lizenzierung	Shareware
Besprochene Version	1.0
Alle Windows-Versionen	Einzelregistrierung der DLL: `regsvr32 ASPInet.DLL` [CD:/install/komponenten/aspinet]
Dokumentation	keine

Klassen

Die Komponente enthält nur eine Klasse FTP mit einem Attribut und zwei Methoden:

FTPGetFile() ▸ FTPGetFile(HostName, UserName, Password, RemoteFileName, LocalFileName, NotOverwrite, TransferType)

Diese Methode ermöglicht das Herunterladen einer Datei. `NotOverwrite = False` bedeutet, dass eine bestehende lokale Datei überschrieben würde. `NotOverwrite = True` bedeutet, dass es zu einem Fehler kommt, wenn es die lokale Datei bereits gibt. Der `TransferType` ist eine der folgenden Konstanten:

```
Const FTP_TRANSFER_TYPE_ASCII = 1
Const FTP_TRANSFER_TYPE_BINARY = 2
```

FTPPutFile() ▸ FTPPutFile(HostName, UserName, Password, RemoteFileName, LocalFileName, TransferType)

Mit dieser Methode können Sie eine lokale Datei zum FTP-Server senden.

GetLast-Error() Beide Methoden geben im Erfolgsfall True zurück, sonst False. Das Attribut `GetLastError()` liefert dann die Fehlernummer des letzten Fehlers. Diese ist 0, wenn `FTPGetFile()` daran gescheitert ist, dass die lokale Datei bereits existierte.

Bild 15.9 Die Komponente ASPInet hat insgesamt nur drei Mitglieder.

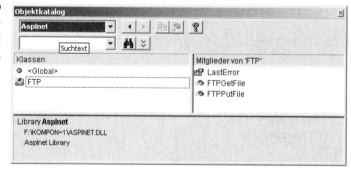

Beispiel zu ASPInet

Die Datei default.asp wird zunächst heruntergeladen und dann unter dem Namen default2.asp wieder zum Server hochgeladen.

Listing 15.16 Down- und Upload einer Datei mit ASPInet [ASPINET_test.wsf]

```
Const FTP_TRANSFER_TYPE_ASCII = 1
Const FTP_TRANSFER_TYPE_BINARY = 2
' -- Instanziierung
Set FtpConn = CreateObject("AspInet.FTP")
' -- Download
ergebnis = FtpConn.FTPGetFile("XFilesServer01", "hs", "egal", _
"default.asp", "d:\buch\download\default.asp", False, _ FTP_TRANSFER_TYPE_BINARY)
If ergebnis <> True Then
    say "Fehler: " & FtpConn.LastError
Else
    say "Download beendet!"
End If
' -- Upload
ergebnis = FtpConn.FTPPutFile("XFilesServer01", "hs", "egal", _ "default2.asp", "d:\
buch\download\default.asp", _ FTP_TRANSFER_TYPE_BINARY)
If ergebnis <> True Then
    say "Fehler: " & FtpConn.LastError
Else
    say "Upload beendet!"
End If
```

15.7 Mabry FTPX

Mabry FTPX ist eine sehr mächtige Komponente für den FTP-Datenaustausch. FTPX kapselt die FTP-Befehle in Methoden der Klasse FtpXObj. Die Klasse FtpXObj besteht aus zwei Schnittstellen IFtpXObj (mit Attributen und Methoden) und IFtpXObjEvents (mit Ereignissen). Die komplette Dokumentation dieser Komponente finden Sie auf der Buch-CD [CD:/install/komponenten/mabry_ftpx/mftpx.chm].

Mabry FTPX

> Besonderheit von FTPX ist, dass das Inhaltsverzeichnis eines FTP-Verzeichnisses in ein ADO-Recordset eingelesen werden kann, so dass ein schneller und komfortabler Zugriff darauf besteht. Dazu wird ein FTPRecordset OLE DB Provider mitgeliefert.

Name und Abkürzung	FTPX
Name der Komponentendatei	ftpx.dll
Interner Name der Typbibliothek	FtpXObjLib
Helpstring der Typbibliothek	Mabry FtpX COM Object
Abweichende ProgID	Mabry.FtpXObj
Hersteller	Mabry (Die Website war *www.mabry.com*; ist aber zum Redaktionsschluss dieses Buchs nicht mehr aktiv)
Lizenzierung	Kommerzielles Produkt
Besprochene Version	2.0.3.10

Tabelle 15.12: Schnellinfo TCP/IP-Kommunikationskomponenten

Kapitel 15 Netzwerk und Kommunikation

Name und Abkürzung	FTPX
Alle Windows-Versionen	Setup-Routine [CD:/install/komponenten/mabry_ftpx]
Dokumentation	Help-Datei [CD:/install/komponenten/mabry_ftpx/mftpx.chm]

Tabelle 15.12: Schnellinfo TCP/IP-Kommunikationskomponenten (Forts.)

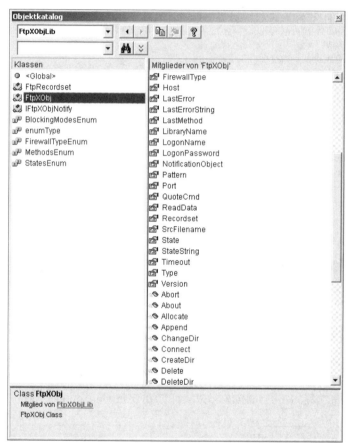

Bild 15.10 Einblick in die Typbibliothek der FTPX-Komponente

Beispiel

Das folgende Script erfüllt die gleiche Aufgabe wie das Script im nächsten Listing, dieses Mal jedoch komfortabler mit FTPX realisiert.

Listing 15.17 Demo zur Mabry FTP-Komponente [FTPX_test.wsf]

```
Dim ftpx ' As FtpXObj
Dim rs ' As ADODB.Recordset
Const MSFTP50Pattern = "dddddddddddddddd........ttt.sssssssss.N"
Const FTPSERVER = "1.1.1.20"
' -- Instanziierung
Set ftpx = CreateObject("Mabry.FtpXObj")
' -- Modus
```

```
ftpx.Blocking = True
ftpx.BlockingMode = FtpPseudoBlocking
ftpx.host = FTPSERVER
' -- Verbindungsaufbau
ftpx.Connect "HS", ""
ftpx.DirItemPattern = MSFTP50Pattern
' -- FTP Download
ftpx.GetFile "default.asp", "d:\buch\download\d2.asp"
say "Datei wurde heruntergeladen..."
' -- FTP Upload
ftpx.PutFile "d:\buch\download\d.asp", "Kopie2_default.asp"
say "Datei wurde heraufgeladen..."
' -- Verzeichnis listen
ftpx.ChangeDir "Scripte"
ftpx.GetDirList
Set rs = ftpx.Recordset
list_table rs
```

Formatbeschreibung von Verzeichnisinhalten

Da die Form der Ausgabe des Verzeichnisinhalts bei FTP-Servern nicht standardisiert ist, verfügt FTPX über eine Methode, die Form des Inhalts zu beschreiben, so dass das Einlesen der Daten in das RecordSet korrekt erfolgen kann. „dddddddddddddddd........ttt.ssssssss.N" ist das Muster für den Microsoft FTP Service 5.0 (Teil des IIS 5.0). Eine detaillierte Beschreibung der Muster finden Sie auf der Homepage des Herstellers [MAR00]. Das RecordSet selbst hat dann stets den gleichen Aufbau: Type, Permissions, Links, Owner, Group, Size, Date, Name (Namen der Spalten von links nach rechts).

DirItem-Pattern

15.8 HTTP-Download

HTTP-Download ist eine kleine Komponente, mit der man aus einem Script heraus Dateien von einem Webserver herunterladen kann. Alle Dateientypen (z.B. .htm, .gif, .jpeg, .pdf) sind möglich. Bei HTML-Dateien ist wichtig zu bedenken, dass für jedes referenzierte Element (z.B. .css, .gif, .jpeg) ein eigener Ladevorgang notwendig ist.

Name und Abkürzung	HTTP-Download
Name der Komponentendatei	*HTTP.dll*
Interner Name der Typbibliothek	HTTP v1.0
Autor	Ahmed Components, S.S. Ahmed (ss_ahmed1@hotmail.com)
Lizenzierung	Freeware
Besprochene Version	1.0.0.1
Alle Windows-Versionen	Einzelregistrierung der DLL: `regsvr32 http.dll` [CD:/install/komponenten/DynaCall]
Dokumentation	http://www.vbip.com/itc/itc-http-component-01.asp

Tabelle 15.13 Schnellinfo HTTP-Download

| Kapitel 15 **Netzwerk und Kommunikation** |

| Hintergrund | Die Komponente besteht aus nur einer Klasse (HTTP.Dload). Nach der Instanziierung der Klasse müssen Portnummer (in der Regel 80) und optional die Adresse eines Proxyservers angegeben werden. Danach kann die Methode DLoad() unter Angabe der URL des herunterzuladenden Objekts sowie des Ziels im lokalen Dateisystem aufgerufen werden. Nach Ende der Operation übergibt die Methode die Kontrolle zurück an das Script. Das Script kann über die Eigenschaft „Status" abfragen, ob der Vorgang erfolgreich war (File was downloaded successfully) oder ob es zu einem Fehler gekommen ist (URL not provided, Timed Out, Server not found, File not found). |

Beispiel Das nachstehende Beispiel zeigt das Herunterladen einer PDF-Datei vom Server des Autors.

Listing 15.18
Beispiel zum Einsatz von http-Download

```
Const URL = "http://www.FBI.net/produkte/Profil.pdf"
Const Ziel = "c:\ITVisions_Profil.pdf"
Say "Starte Download von: " & URL & " nach " & Ziel
Dim objHTTP
Set objHTTP = CreateObject("HTTP.Dload")
objHTTP.ProxyAddress = ""
objHTTP.RemotePort1 = 80
objHTTP.DLoad URL, ziel
Say "Ergebnis: " & objHTTP.Status
```

15.9 NETCon (Windows Firewall)

Ab Windows XP Service Pack 2 ist die in Windows enthaltene Firewall über eine COM-Komponente mit Namen *NETCon* steuerbar.

Tabelle 15.14
Schnellinfo HTTP-Download

Name und Abkürzung	NetCon
DLL	hnetcfg.dll
Name der Typbibliothek	NETCONLib
Helpstring der Typbibliothek	NetCon 1.0 Type Library
Hersteller	Microsoft
Besprochene Version	1.0
Windows NT 4.0	Nicht installierbar
Windows 9x/ME	Nicht installierbar
Windows 2000	Nicht installierbar
Windows XP	Enthalten ab Windows XP SP2
Windows Server 2003	Enthalten ab Windows XP SP1
Windows Vista	Enthalten
Windows Server 2008	Enthalten
Windows 7	Enthalten
Windows Server 2008 R2	Enthalten

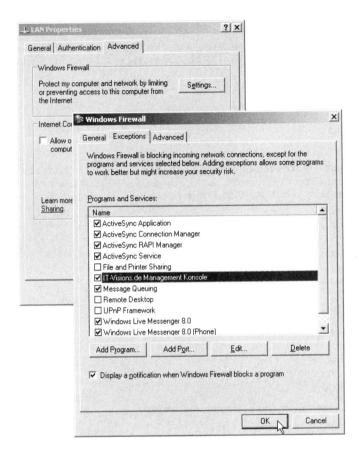

Bild 15.11
Konfiguration der Windows Firewall (hier in Windows Server 2003 R2)

15.9.1 Objektmodell

Die komplette Funktionalität ist in zwei öffentlichen Klassen implementiert:

Die Klasse ProgID HNetCfg.FwMgr realisiert die Firewall als solches.

Die Klasse HNetCfg.FwOpenPort stellt einen Port in der Ausnahmeliste dar.

Eine Ferninstanziierung dieser Klasse ist nicht implementiert, auch wenn eine Fernadministration der Firewall grundsätzlich möglich ist.

15.9.2 Beispiele

Die Komponente soll anhand der wichtigsten Anwendungsfälle erklärt werden.

Aktivieren und Deaktivieren der Firewall Die Firewall wird über das Attribut Firewall-Enabled aktiviert bzw. deaktiviert.

Kapitel 15 Netzwerk und Kommunikation

Listing 15.19
Das Script kehrt den Zustand der Firewall um [Firewall_Aktivieren.wsf]

```
' === Aktivieren der Windows Firewall
Set objFirewall = CreateObject("HNetCfg.FwMgr")
Set objPolicy = objFirewall.LocalPolicy.CurrentProfile
say "Aktueller Status der Firewall: " & objPolicy.FirewallEnabled
If objPolicy.FirewallEnabled Then
objPolicy.FirewallEnabled = False
say "Firewall deaktiviert!"
Else
objPolicy.FirewallEnabled = True
say "Firewall aktiviert!"
```

Einrichten einer Ausnahme (Freischalten eines Ports) Zum Freischalten eines Ports zum Empfang von Datenverkehr von Außen muss man eine Instanz von HNetCfg.FwOpenPort erzeugen und diese Instanz der Liste GloballyOpenPortsAdd in einer Instanz von HNetCfg.FwMgr hinzufügen.

Listing 15.20
Öffnen eines Ports in der Windows Firewall [Firewall_OpenPort.wsf]

```
' === Öffnen eines Ports in der Windows Firewall
Const PORT = 1234
' --- Firewall-Objekt erzeugen
Set objFirewall = CreateObject("HNetCfg.FwMgr")
Set objPolicy = objFirewall.LocalPolicy.CurrentProfile
' --- Port erstellen
Set objPort = CreateObject("HNetCfg.FwOpenPort")
objPort.PORT = PORT
objPort.name = "FBI.net Management Konsole"
objPort.Enabled = True
' --- Port anfügen
objPolicy.GloballyOpenPorts.Add objPort
say "Port " & PORT & " geöffnet!"
```

Den Port schließt man wieder durch das Entfernen aus der Liste.

Listing 15.21 Schließen eines Ports in der Windows Firewall

```
' === Schließen eines Ports in der Windows Firewall
Const PORT = 1234
Set objFirewall = CreateObject("HNetCfg.FwMgr")
Set objPolicy = objFirewall.LocalPolicy.CurrentProfile
objPolicy.GloballyOpenPorts.Remove PORT, 6
say "Port " & PORT & " geschlossen!"
```

Standardeinstellungen Mit dem folgenden Script setzt man die Firewall auf die Standardeinstellungen zurück. Damit werden alle offenen Ports gelöscht.

Listing 15.22
Wiederherstellen der Standardeinstellungen [Firewall_Standard.wsf]

```
' === Wiederherstellen der Standardeinstellungen
Set objFirewall = CreateObject("HNetCfg.FwMgr")
objFirewall.RestoreDefaults
say "Standard wiederhergestellt!"
```

16 Sicherheitskomponenten

In diesem Kapitel werden zwei Komponenten besprochen:
- *CAPICOM* bietet einen Zugriff auf die in Windows integrierten Funktionen zum Verschlüsseln, digitalen Signieren und Erzeugen von Hash-Werten.
- *Scripting Password Library* nimmt versteckte Eingaben an der Konsole entgegen.

16.1 CAPICOM

CAPICOM ermöglicht den Zugriff auf das Microsoft Cryptography Application Programming Interface (CAPI). Darin enthalten sind folgende Funktionen:
1. Erzeugen von Hash-Werten aus Daten
2. Verschlüsseln und Entschlüsseln von Daten
3. Digitales Signieren von Daten
4. Überprüfung von digitalen Signaturen

Name und Abkürzung	CAPICOM
Name der Komponentendatei	capicom.dll
Interner Name der Typbibliothek	CAPICOM
Helpstring der Typbibliothek	CAPICOM v2.1 Type Library
Hersteller	Microsoft
Lizenzierung	Bestandteil des Betriebssystems
Besprochene Version	2.1.0.1
Alle Windows-Versionen (ab Windows 95)	Kostenlose Zusatzkomponenten
Position der Originaldokumentation in der MSDN-Library	Keine Dokumentation

Tabelle 16.1 Schnellinfo CAPICOM

Klassen

CAPICOM enthält zahlreiche Klassen (siehe Abbildung). Drei wichtige Klassen sind:
1. EncryptedData zum Ver- und Entschlüsseln von Daten
2. HashedData zum Erzeugen von Hash-Werten
3. Utilities bieten Methoden zur Umwandlung zwischen Byte-Datenfeldern und Zeichenketten, zwischen Binär- und Hexadezimalwerten, zur Base64-Codierung und zur Erzeugung von Zufallszahlen.

16.1.1 Verschlüsselung

Das folgende Beispiel zeigt die Verschlüsselung eines Textes sowie die anschließende Entschlüsselung. In der Praxis würde man diese beiden Vorgänge in verschiedenen Scripts zu verschiedenen Zeitpunkten ausführen. Zum Einsatz kommt ein symmetrisches Verschlüsselungsverfahren (wahlweise RSA, DES oder Triple DES).

Kapitel 16 Sicherheitskomponenten

Listing 16.1
Versteckte
Kennwort-
eingabe
[_Verschlüs-
selung.vbs]

```
' Verfahren
Const CAPICOM_ENCRYPTION_ALGORITHM_RC2 = 0  '  RSA RC2 encryption.
Const CAPICOM_ENCRYPTION_ALGORITHM_RC4 = 1  '  RSA RC4 encryption.
Const CAPICOM_ENCRYPTION_ALGORITHM_DES = 2  '  DES encryption.
Const CAPICOM_ENCRYPTION_ALGORITHM_3DES = 3  '  Triple DES encryption.

' Schlüssel
Const GeheimerSchluessel = "Bz9i/uEfgg"

' Text
TextUnverschluesselt = "Dies ist die geheime Nachricht!"
say "Unverschlüsselter Text: " & TextUnverschluesselt

' --- Verschlüsseln
Set Encrypter = CreateObject("CAPICOM.EncryptedData")
Encrypter.Content = TextUnverschluesselt
Encrypter.SetSecret GeheimerSchluessel
Encrypter.Algorithm.Name = CAPICOM_ENCRYPTION_ALGORITHM_3DES
TextVerschluesselt = Encrypter.Encrypt()

say "Verschlüsselter Text: " & TextVerschluesselt

' --- Entschlüsseln
Set Encrypter = CreateObject("CAPICOM.EncryptedData")
Encrypter.SetSecret GeheimerSchluessel
Encrypter.Algorithm.Name = CAPICOM_ENCRYPTION_ALGORITHM_3DES
Encrypter.Decrypt(TextVerschluesselt)
TextEntschluesselt = Encrypter.Content

say "Entschlüsselter Text: " & TextEntschluesselt
```

16.1.2 Hashing

Hashing beschreibe ich im nächsten Kapitel im Zusammenhang mit der Kennworteingabe. Um Seiten zu sparen, wird hier auf eine doppelte Behandlung verzichtet.

16.2 Scripting Password-Komponente

Versteckte
Kennwort-
eingabe

Wenn Sie administrative Scripts schreiben, die eine Kennworteingabe verlangen (entweder weil eine Impersonifizierung für eine bestimmte Operation stattfinden oder weil ein Kennwort für das Script abgefragt werden soll), dann ist es geboten, das Kennwort bei der Eingabe unsichtbar zu machen.

ScriptPW.
Password

In DHTML- und HTA-Scripts können Sie dazu das HTML-Tag <Input type="hidden"> verwenden. Eine solche Option gibt es für den Visual Basic-Befehl InputBox() leider nicht. Für WSH-Scripts kann man aber die kleine Komponente SCRIPTPWLib verwenden, die eine versteckte Kennworteingabe im Kommandozeilenfenster ermöglicht.

Name und Abkürzung	Scripting Password Library
Name der Komponentendatei	ScriptPW.dll
Interner Name der Typbibliothek	ScriptPWLib

Tabelle 16.2: Schnellinfo Scripting Password Library

Scripting Password-Komponente

Name und Abkürzung	Scripting Password Library
Helpstring der Typbibliothek	ScriptPW 1.0 Type Library
Hersteller	Microsoft
Lizenzierung	Bestandteil des Betriebssystems
Besprochene Version	5.2
Windows XP	Version 1.0 enthalten
Windows Server 2003 inkl. R2	Version 5.2 enthalten
Windows Vista	Nicht enthalten (kann aber dorthin kopiert und manuell registriert werden)
Windows Server 2008 inkl. R2	Nicht enthalten (kann aber dorthin kopiert und manuell registriert werden)
Windows 7	Nicht enthalten (kann aber dorthin kopiert und manuell registriert werden)
Andere Windows-Versionen	Komponente kann manuell registriert werden
Position der Originaldokumentation in der MSDN-Library	Keine Dokumentation

Tabelle 16.2: Schnellinfo Scripting Password Library (Forts.)

Die SCRIPTPWLib wird leider nur mit Windows XP und Windows Server 2003 ausgeliefert. Sie können die Komponentendatei *ScriptPW.dll* aber dort „klauen" und auf anderen Betriebssystemen registrieren.

16.2.1 Klassen

Die *SCRIPTPWLib* bietet genau eine Klasse (ScriptPW.Password) mit genau einer Methode: GetPassword(). GetPassword() liest eine Zeile (die mit dem Druck auf die Return-Taste beendet werden muss) von der Standardeingabe ein. Die gedrückten Tasten werden dabei (anders als bei WScript.StdIn.Readline()) aber nicht ausgegeben.

Diese Komponente ist nur nutzbar, wenn das Script mit *cscript.exe* gestartet wurde.

16.2.2 Beispiel

Das folgende Script liest ein Kennwort ein und vergleicht es mit einem in dem Script gespeicherten Kennwort.

```
Set objPW = CreateObject("ScriptPW.Password")
wscript.StdOut.Write "Bitte geben Sie das Kennwort ein: (Die eingegebenen Tasten
werden nicht angezeigt. Beenden Sie die Eingabe mit RETURN)"
kennwort = objPW.GetPassword()
WScript.Echo chr(13)
if kennwort = "geheim" then
    WScript.Echo "Das Kennwort ist richtig!"
else
    WScript.Echo "Das Kennwort ist falsch!"
end if
```

Listing 16.2 Versteckte Kennworteingabe [_Versteckte-Passwort-Eingabe.vbs]

Kapitel 16 Sicherheitskomponenten

Kennwort als Hash Schlecht an dem obigen Anwendungsbeispiel ist, dass das Kennwort im Klartext im Script hinterlegt ist. Besser wäre es, ein nichtumkehrbares Hash-Verfahren einzusetzen. Dabei wird aus dem eingegebenen Kennwort ein Hash-Wert gebildet, der mit einem im Script gespeicherten Hash-Wert verglichen wird.

Zum Erstellen des Hash-Werts wird die COM-Komponente CAPICOM verwendet. CAPICOM bietet u.a. die Klasse CAPICOM.HashedData. Nach der Übergabe einer Konstante für das zu verwendende Hash-Verfahren (z.B. SHA1) kann man die Methode Hash() aufrufen. Danach steht der Hash-Wert in Value.

Der in dem Script hinterlegte Hash-Wert wurde zuvor mit WScript.Echo HashPassword ("AkteX") ermittelt.

Listing 16.3 Versteckte Kennworteingabe mit Prüfung gegen Hash-Wert [_Versteckte-Kennwort-EingabeMit-HashPruefung.vbs]

```
Dim pword
' Kennwort einlesen
pword = GetPassword()

' Kennwort vergleichen
If HashPassword(pword) = "231BCC1938A83EEA8704ED25FDCFF4B78A64B6E8" Then
    WScript.Echo "Das Kennwort ist richtig!"
Else
    WScript.Echo "Das Kennwort ist falsch!"
End If

' ### Holt einen Text mit versteckter Eingabe
Function GetPassword
Set objPW = CreateObject("ScriptPW.Password")
WScript.StdOut.Write "Please enter the Password: (the text will not be displayed)"
GetPassword = objPW.GetPassword()
WScript.Echo Chr(13)
End Function

' ### Erzeugen eines Hash mit SHA1
Function HashPassword(Text)
Const CAPICOM_HASH_ALGORITHM_SHA1 = 0
Set Hasher = CreateObject("CAPICOM.HashedData")
Hasher.Algorithm = CAPICOM_HASH_ALGORITHM_SHA1
Hasher.Hash Text
HashPassword = HashedData.Value
End Function
```

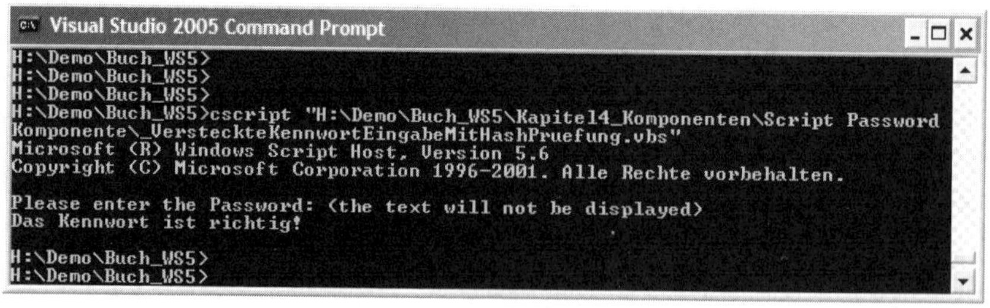

Bild 16.1 Ablauf der versteckten Kennworteingabe

17 Sonstige Scripting-Komponenten

Dieses Kapitel behandelt die Musterprüfung und den Musteraustausch mit regulären Ausdrücken, den Aufrufen von Windows 32-API-Funktionen mit DynaCall, die für dieses Buch entwickelte Scripting-Komponente (u.a. für den Zugriff auf CSV-Dateien).

17.1 Reguläre Ausdrücke mit RegExp

Ein Grund für die starke Verbreitung der Scriptsprache Perl in der Anwendungsentwicklung im Internet sind die mächtigen Funktionen für Reguläre Ausdrücke (RAs). Reguläre Ausdrücke sind eine formale Sprache für die Beschreibung von Mustern. Alphanumerische Zeichenketten können mit regulären Ausdrücken verglichen werden, um festzustellen, ob die Zeichenkette einem bestimmten Muster entspricht. Zur Theorie der regulären Ausdrücke siehe [AHO96], S. 703.

Reguläre Ausdrücke

Eine rudimentäre Form dieses Mustervergleichs kennt auch das Windows-Dateisystem mit den Platzhaltern „*" und „?". Ein Stern steht für beliebig viele Zeichen, ein Fragezeichen für ein einzelnes Zeichen. Beispiel: `dir a*.htm?`. Dieses DOS-Kommando listet alle Dateien auf, deren Name mit „a" beginnt und deren Erweiterung aus vier Zeichen besteht, wobei das letzte ein beliebiges Zeichen sein darf. Leider sind diese Platzhalter sehr beschränkt. Beispielsweise steht das Fragezeichen immer für genau ein Zeichen; es ist also nicht möglich, dass an dieser Stelle gar kein Zeichen steht. Das obige Kommando würde also keine Dateien mit der Erweiterung .htm finden.

Mustervergleich in MS-DOS

Den Bedarf nach regulären Ausdrücken hat auch Microsoft erkannt und liefert daher seit VBScript 5.1 drei Klassen (in VBScript 5.5 sind es vier) aus, mit denen reguläre Ausdrücke definiert und mit Zeichenketten verglichen werden können. Diese Klassen bilden keine eigenständige Komponente, sondern sind Bestandteil der VBScript.dll. Man könnte zwar nun vermuten, dass nur VBScript diese Klassen nutzen kann; das ist jedoch zum Glück nicht so: Alle Umgebungen können darauf zugreifen. Freilich ist die Voraussetzung immer, dass VBScript installiert ist. Bleibt die Frage, warum Microsoft für eine so mächtige Funktion keine eigene DLL übrig hatte.

Teil der VBScript.dll

Name und Abkürzung	RegExp
Name der Komponentendatei	VBSCRIPT.DLL
Interner Name der Typbibliothek	VBScript_RegExp
Helpstring der Typbibliothek	Microsoft VBScript Regular Expressions
Abweichende ProgID	VBScript.RegExp
Hersteller	Microsoft
Lizenzierung	Kostenloses Add-on
Besprochene Version	5.8
NT 4.0/Windows 2000/Windows 95/98/ME	Installation des WSH 5.6 [CD:/install/hsots/WSH]].
Windows XP/Windows Server 2003	Version 5.6 enthalten, Installation von 5.7 möglich

Tabelle 17.1: Schnellinfo RegExp

Kapitel 17 **Sonstige Scripting-Komponenten**

Name und Abkürzung	RegExp
Windows Vista/Windows Server 2008	Version 5.7 enthalten
Windows 7/Windows Server 2008 R2	Version 5.8 enthalten
Dokumentation	MSDN-Entwicklerbibliothek [MSL00]

Tabelle 17.1: Schnellinfo RegExp (Forts.)

17.1.1 RegExp-Objektmodell

Objektmodell Die *RegExp*-Komponente besteht aus drei Klassen. Stammobjekt und als einzige instanziierbar ist die Klasse RegExp. Nach der Instanziierung muss einem RegExp-Objekt über das Attribut Pattern ein Muster übergeben werden. Dies ist die Grundvoraussetzung. Weitere Optionen sind über die Attribute IgnoreCase und Global verfügbar.

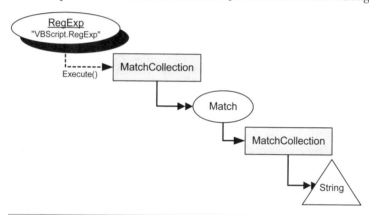

Bild 17.1
RegExp-Objektmodell

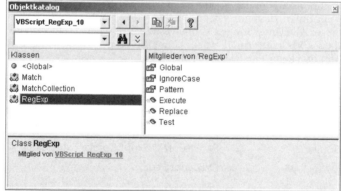

Bild 17.2
Die Klasse „RegExp" im VB 6.0-Objektkatalog

17.1.2 Klasse „RegExp"

Instanziierung Auf Grund der Tatsache, dass RegExp Teil der VBScript.dll ist, ist bei der Verwendung innerhalb von VBScript eine Angabe des Komponentennamens nicht notwendig und eine Instanziierung mit dem New-Statement möglich, was sonst für COM-Klassen nicht erlaubt ist.

```
Set objRA = new RegExp
```

Aus allen anderen Sprachen ist jedoch die übliche Form zu verwenden:
```
Set objRA = CreateObject("VBScript.RegExp")
```
Bitte beachten Sie, dass auch bei dieser Komponente die ProgID einen von der Typbibliothek abweichenden Komponentennamen enthält. Das große VB will es also so lesen:
```
Set objRA = new VBScript_RegExp.RegExp
```
Nach der Instanziierung der Klasse RegExp stehen drei Methoden und vier Attribute zur Verfügung (siehe folgende Tabellen).

Mitglieder

Tabelle 17.2
Methoden der Klasse RegExp

Methode	Erläuterung
Test(sourceString As STRING) As BOOLEAN	Ein einfacher Vergleich einer Zeichenkette mit dem Muster. Das Ergebnis ist True oder False.
Execute(sourceString As STRING) As Match Collection	Die Ausführung eines detaillierten Vergleichs, bei dem bei Übereinstimmung die Position, die Länge und der genaue Inhalt der Fundstelle festgehalten werden. Wahlweise wird nur die erste aller Fundstellen aufgezeichnet. Die Aufzeichnung erfolgt konsequenterweise in Form einer Objektmenge.
Replace(sourceString As STRING,replaceString As STRING) As STRING	Die Ersetzung einer Fundstelle (wahlweise aller Fundstellen) durch eine andere Zeichenkette. Zurückgegeben wird die modifizierte Zeichenkette.

Tabelle 17.3
Attribute der Klasse RegExp

Attributname	Erläuterung
Pattern	Der reguläre Ausdruck in Form einer Zeichenkette. Die Syntax der regulären Ausdrücke ist im nächsten Kapitel dokumentiert.
IgnoreCase	True bedeutet, dass zwischen Groß- und Kleinschreibung unterschieden wird. False ist die Standardeinstellung und macht diese Unterscheidung nicht.
Global	False (Grundeinstellung) bedeutet, dass nur das erste Vorkommen in die Matches-Objektmenge aufgenommen wird. True bedeutet, dass alle Vorkommen aufgezeichnet werden. Dieser Parameter hat daher nur Bedeutung in Zusammenhang mit der Methode Execute().

17.1.3 Einfacher Mustervergleich mit Test()

test()

Das erste Beispiel ist sehr einfach gehalten – so einfach, dass es dazu nicht einmal eines regulären Ausdrucks bedurft hätte: Die VBScript-Funktion InStr() hätte ausgereicht, denn das Muster enthält gar keinen Platzhalter.

```
' Enthält der String "Fox"?
Set objRA = CreateObject("VBScript.RegExp")
objRA.pattern = "Fox"
say objRA.test("Mein Name ist Fox W. Mulder")
```

Listing 17.1
Beispiel für die Test()*- Methode*
[RA_test1.wsf]

Im zweiten Beispiel wird jedoch der erste Platzhalter (das Dach „^") verwendet, um zu prüfen, ob die Zeichenkette mit einem bestimmten Muster beginnt. Der erste Test ist erfolgreich, der zweite nicht.

Kapitel 17 Sonstige Scripting-Komponenten

Listing 17.2
Beispiel für die Test()-Methode
[RA_test2.wsf]
```
' Beginnt der String mit LDAP:// ?
Set objRA = CreateObject("VBScript.RegExp")
objRA.pattern = "^LDAP://"
say objRA.test("LDAP://XFilesServer01")        ' ist Wahr
say objRA.test("LDAP-Beispiel: LDAP://XFilesServer01")' ist Falsch
```

RAtest()   **Funktion RAtest()** Für die weiteren Tests sollte man besser eine eigene Funktion verwenden, die einen prägnanteren Zugriff ermöglicht und einen booleschen Wert zurückliefert.

Listing 17.3
Hilfsroutine RAtest()
```
Function RAtest(str, pattern, ignorecase)  ' As BOOLEAN
  Set objRA = New RegExp
  objRA.pattern = pattern
  objRA.ignorecase = ignorecase
  RAtest = objRA.test(str)
End Function
```

Es folgen einige Anwendungsbeispiele. Die Konstante s steht dabei für die Eingabe "http://www.IT-Visions.de/Scripting/default.aspx".

Tabelle 17.4 Beispiele für Mustervergleiche [RA_test3.wsf]

Vergleich	Ergebnis	Erläuterung
RAtest(s, "^https://", True)	False	Die Zeichenkette enthält https statt http.
RAtest(s, "^http?://", True)	True	Das Fragezeichen steht bei regulären Ausdrücken nicht für ein Zeichen, sondern für das kein- oder einmalige Vorkommen des vorherigen Ausdrucks.
RAtest(s, "^HTTP?://", False)	False	Groß- und Kleinschreibung passen nicht.
RAtest(s, "^https?://(\w+\.)+\w+/\w+/\w+\.aspx$", True)	True	Dieser Ausdruck beschreibt die Eingabe ganz genau. \w steht für Buchstaben, der Backslash vor dem Punkt wird als Escape-Kennzeichen benötigt, da ein Punkt ein RA-Platzhalter ist. Die Klammer markiert einen Block, das Pluszeichen bedeutet, dass der vorhergehende Platzhalter bzw. Block ein- oder mehrmals vorkommen muss. $ markiert das Ende.

Noch nicht perfekt   Der letzte RA ist aber immer noch nicht perfekt, denn auch die folgende Überprüfung ist erfolgreich, obwohl derart kurze Domänennamen nicht gültig sind:

```
say RAtest("http://w.x.e/bla/x.htm", _
 "^https?://(\w+\.)+\w+/\w+/\w+\.htm$", True)
```

17.1.4 RA-Symbole

Symbole   Die nachfolgenden Tabellen erläutern alle verfügbaren Platzhalter in vier Gruppen: Platzhalter für Zeichen, Blockbildung und Alternativen, Wiederholungszeichen und Escape-Befehle, die die Bedeutung von Befehlszeichen außer Kraft setzen.

RA-Symbol	Erläuterung
[abc]	Die eckigen Klammern definieren eine Menge von Zeichen, von denen genau eines vorkommen muss. Dieses Symbol ist zeichenweise zu interpretieren: Zum Beispiel passt [XU]ML auf XML und UML, aber nicht auf XUML. Hinweis: Innerhalb einer solchen Menge können keine anderen RA-Symbole verwendet werden!

Tabelle 17.5: Platzhalter für Zeichen in regulären Ausdrücken

Reguläre Ausdrücke mit RegExp

RA-Symbol	Erläuterung
[^abc]	Definiert ebenso wie das vorherige Symbol eine Menge, allerdings ist durch die Verwendung des Dachs diese Zeichenmenge ausgeschlossen. Beispiel [^UX] passt auf AML, BML, CML etc., nicht aber auf UML und XML.
[a-z]	In einer Menge können auch Zeichenbereiche angegeben werden. Dabei können innerhalb einer eckigen Klammer mehrere Wertebereiche angegeben werden und auch einzelne Zeichen zusätzlich auftreten. Beispiel 1: [a-h0-9] passt auf das hexadezimale Alphabet. Beispiel 2: [a-k135] passt auf die Buchstaben a bis j und die Ziffern 1, 3 und 5.
[^m-z]	Auch Zeichenbereiche können mit dem Dach ausgeschlossen werden.
\d	Passt auf eine Ziffer und ist äquivalent zu [0-9] (siehe unten)
\D	Passt auf eine Nicht-Ziffer (an dieser Stelle darf keine Ziffer stehen). \D is äquivalent zu [^0-9] (siehe unten).
\w	Passt auf alle alphabetischen Zeichen einschließlich Unterstrich und ist äquivalent zu [A-Za-z0-9_].
\W	Ist das Gegenteil zu \w und passt daher auf alle Zeichen, auf die \w nicht passt
.	Passt auf alle Zeichen außer einem Zeilenumbruch
\f	Passt auf einen Seitenvorschub
\n	Passt auf einen Zeilenumbruch
\r	Passt auf einen Wagenrücklauf
\t	Passt auf einen Tabulator
\v	Passt auf einen vertikalen Tabulator
\s	Passt auf das Leerzeichen und andere Leerräume (Tabulator, Seitenvorschub usw.) und ist äquivalent zu [\f\n\r\t\v]
\S	Ist das Gegenteil zu /s und passt auf alle Nicht-Leerräume (entspricht daher [^ \f\n\r\t\v]
^	Passt auf den Anfang der Eingabe
$	Passt auf das Ende der Eingabe
\b	Passt auf eine Wortgrenze
\B	Passt auf alle Zeichen außer einer Wortgrenze

Tabelle 17.5: Platzhalter für Zeichen in regulären Ausdrücken (Forts.)

RA-Symbol	Erläuterung
(Muster)	Ermöglicht die Bildung von Blöcken aus Symbolen und Literalen. Dies ist für die Verwendung des ODER-Symbols (|) und der Wiederholungszeichen (*, +, ? sowie {}) wichtig. Mit Hilfe von Submatches können diese Blöcke jeweils einzeln extrahiert werden. Bei der Verwendung von Replace() kann mit $Zahl auf die einzelnen Blöcke Bezug genommen werden.
x|y	Entspricht entweder x oder y Beispiel: W(95)|(98)|(NT)|(2000) passt auf „W95", „W98", „WNT" und „W2000".
\Block Nummer	Rückbezug auf einen durch Klammern markierten Block. Damit kann ausgedrückt werden, dass ein zuvor gefundener Teilausdruck sich an dieser Stelle wiederholen muss.

Tabelle 17.6: Blockbildung und Alternativen in regulären Aus-drücken

Tabelle 17.7 Wiederholungszeichen in regulären Ausdrücken

RA-Symbol	Erläuterung
*	Das Zeichen, das Symbol oder der Block vor dem Stern kann mehrmals vorkommen, muss es aber nicht. Das Fehlen (keinmal) ist also auch erlaubt.
+	Das Zeichen, das Symbol oder der Block vor dem Plus muss mindestens einmal vorkommen. Das Fehlen (keinmal) ist also nicht erlaubt.
?	Das Zeichen, das Symbol oder der Block vor dem Fragezeichen darf höchstens einmal vorkommen. Das Fehlen (keinmal) ist erlaubt, die mehrmalige Wiederholung aber nicht.
{n}	Das Zeichen, das Symbol oder der Block vor der geöffneten geschweiften Klammer muss genau n-mal vorkommen.
{n,}	Das Zeichen, das Symbol oder der Block vor der geöffneten geschweiften Klammer muss mindestens n-mal vorkommen. Die Obergrenze kann also unendlich groß sein. {1,} ist äquivalent mit +. {0,} ist äquivalent mit *.
{n,m}	Das Zeichen, das Symbol oder der Block vor der geöffneten geschweiften Klammer muss zwischen n- und m-mal vorkommen.

Tabelle 17.8 Escape-Charaktere in regulären Ausdrücken

RA-Symbol	Erläuterung
\	Unterdrückt die Interpretation des folgenden Zeichens als ein RA-Symbol und gibt dem Zeichen damit seine literale Bedeutung zurück. Beispiele: • (x)? markiert eine Wiederholung von „x". • (x)\? entspricht dem Literal „x?". • \\ entspricht einem Backslash. • (x\) entspricht „(x)".
\n	Folgt dem Backslash eine Zahl, so wird diese als ein ASCII-Code interpretiert. Beispiel: \34 entspricht einem Anführungszeichen.
\xn	Folgt dem Backslash ein x, so wird die dem x folgende Zahl als Hexadezimaldarstellung eines ASCII-Codes interpretiert. Beispiel: \x22 entspricht einem Anführungszeichen.

17.1.5 Ausführlicher Mustervergleich mit Execute()

Execute() Für den ausführlichen Test mit Execute() stellt die RegExp-Komponente eine Liste der Fundstellen in Form einer Objektmenge bereit. Execute() liefert den Zeiger auf eine Matches-Objektmenge, die Match-Objekte enthält.

Tabelle 17.9 Attribute der Klasse Match

Attributname	Erläuterung
FirstIndex	Position des ersten Zeichens der Fundstelle in der Eingabezeichenkette. Das erste Zeichen hat den Index 0.
Length	Länge der Fundstelle in Form einer Zahl
Value	Exakter Inhalt der Fundstelle (Zeichenkette)

MatchesCollection Die Klasse MatchesCollection verfügt nur über die üblichen Attribute Item und Count. Add() und Remove() werden nicht unterstützt, da die Objektmenge vom Anwender nicht verändert werden soll. Die Herangehensweise ist intuitiv zu verstehen und im nachstehenden Beispiel dokumentiert.

Reguläre Ausdrücke mit RegExp

```
Dim objMatches, objM
' -- Beispiel
Const muster = "\.[a-z]{3,4}\b"
Const eingabe = ".htm  .... .wsf vbs .js .123 .html .zulang .ab1 .asp"
' -- Instanziierung und Wertübergabe
Set objRA = New RegExp
objRA.pattern = muster
objRA.Global = True
' Ausführung des ausführlichen Tests
Set objMatches = objRA.Execute(eingabe)
say "Anzahl der Fundstellen:" & objMatches.Count
' Rekursion über die Fundstellen
For Each objM In objMatches
    say objM.Value & " an Position " & objM.FirstIndex & _
 " Länge: " & objM.length
Next
```

*Listing 17.4
Beispiel zur Verwendung von Execute() und Matches-Collection [Sub RA_Exec1.wsf]*

Das Beispiel liefert als Ausgabe:

```
.htm an Position 0 Länge: 4
.wsf an Position 11 Länge: 4
.html an Position 29 Länge: 5
.asp an Position 48 Länge: 4
```

Der reguläre Ausdruck "\.[a-z]{3,4}\b" ist so zu verstehen:

\. :	Am Anfang des Teilausdrucks muss ein Punkt stehen. (Hier darf nicht das Dach „ ^ " verwendet werden, da ja ein Teilausdruck gesucht wird, der auch innerhalb der Eingabe vorkommen darf. Das Dach passt nur auf den absoluten Anfang der Eingabe.)
[a-z]{3,4}	Danach folgen mindestens drei, aber höchstens vier Buchstaben.
\b	Dann kommt eine Wortgrenze.

Folgende Teile der Eingabe passen daher nicht:
- „....": Nach dem Punkt folgt kein Buchstabe.
- „vbs": Es fehlt der Punkt am Anfang.
- „.js": Ausdruck besteht nicht aus mindestens drei Buchstaben.
- „.123": Die Erweiterung darf keine Zahlen enthalten.
- „.zulang": Die Erweiterung ist zu lang.
- „.ab1": Die Erweiterung darf keine Zahlen enthalten.

Funktion RAfilter() Sehr nützlich ist die nachstehende Funktion RAfilter(): Sie entnimmt alle passenden Muster aus einer Eingabe und erzeugt daraus wahlweise ein Array oder eine Zeichenkette, in dem alle Fundstellen mit einem bestimmten Trennzeichen getrennt sind. Sofern das Trennzeichen den Wert False enthält, wird ein Array erzeugt, sonst wird dieser Wert als Trennzeichen für die Zeichenkette benutzt.

RAfilter()

```
' Rückgabewert: String oder Array of String
Function RAfilter(eingabe, muster, trennzeichen)
Dim objRA, objMatches, objM    ' Objekte
Dim filter_array()             ' Array
Dim i                          ' Zähler
Set objRA = New RegExp
RAfilter = ""
```

*Listing 17.5
RAfilter() ist eine nützliche Funktion zum Extrahieren von passenden Teilausdrücken.*

Kapitel 17 Sonstige Scripting-Komponenten

```
        objRA.pattern = muster
        objRA.Global = True
        ' Ausführung des ausführlichen Tests
        Set objMatches = objRA.Execute(eingabe)
        If trennzeichen = False Then
            ' --- Rückgabe als Array
            i = 0
            ReDim filter_array(objMatches.Count - 1)
            For Each objM In objMatches
                filter_array(i) = objM.Value
                i = i + 1
            Next
            RAfilter = filter_array
        Else
            ' --- Rückgabe als String
            For Each objM In objMatches
                If RAfilter <> "" Then RAfilter = RAfilter & trennzeichen
                RAfilter = RAfilter & objM.Value
            Next
        End If
    End Function
```

Dynamischer Array als Rückgabewert

Ein Hinweis zur Implementierung: Die Erstellung des Rückgabewerts unterscheidet sich bei der Variante „Zeichenketten-Array" insofern von der Variante „String mit Trennzeichen", als es hier zwingend notwendig ist, eine lokale Variable `filter_array` anzulegen, in der das Ergebnis zwischengespeichert wird. Eine direkte Zuweisung an den Funktionsnamen wie in der zweiten Variante ist in Visual Basic nicht möglich, da ein `ReDim` auf einem Funktionsnamen verboten ist. Die spätere Zuweisung an den Funktionsnamen ist jedoch möglich und liefert dem Aufrufer auch das Array korrekt zurück.

Der folgende Code testet `RAfilter()`.

Listing 17.6 Testbeispiel für die Filter()-Funktion [RA_Exec2.wsf]

```
Dim ergebnis, i
' -- Beispiel 1
muster = "\.[a-z]{3,4}\b"
eingabe = ".htm  .... .wsf vbs .js .123 .html .zulang .ab1 .asp"
' -- Variante 1
say "Rückgabe als String mit Semikolon als Trenner"
say RAfilter(eingabe, muster, ";")
' -- Variante 2
say "Rückgabe als Array"
ergebnis = RAfilter(eingabe, muster, False)
For i = LBound(ergebnis) To UBound(ergebnis)
    say "Fund " & i + 1 & ":" & ergebnis(i)
Next
```

Die Ausgabe für dieses Beispiel ist:

```
Rückgabe als String mit Semikolon als Trenner
.htm;.wsf;.html;.asp
Rückgabe als Array
Fund 1:.htm
Fund 2:.wsf
Fund 3:.html
Fund 4:.asp
```

17.1.6 Submatches

Neu seit VBScript 5.5 gegenüber VBScript 5.1 ist die Unterstützung von Submatches. Submatches sind Teilmengen innerhalb einer Fundstelle. Diese werden durch runde Klammern „( )" abgegrenzt. Submatches sind sinnvoll, wenn ein Muster in verschiedene Teilmuster aufgespalten werden soll. Grundsätzlich lässt sich diese Aufgabe auch ohne Submatches erfüllen, indem zunächst das Gesamtmuster und dann die Fundstelle mit jedem Teilmuster einzeln geprüft wird; Submatches machen diese Aufgabe jedoch einfacher.

Submatches

Ein Match-Objekt enthält eine Objektmenge Submatches, die eine Menge von Zeichenketten enthält. Die Routine RA_submatch(eingabe, muster) liefert alle Teilausdrücke innerhalb der ersten Fundstelle eines Musters in einer Eingabe.

```
Sub RA_submatch(eingabe, muster)
Dim s, re, matches
Set objRA = New VBScript_RegExp_55.RegExp
' Muster für eine E-Mail-Adresse
objRA.pattern = muster
objRA.ignorecase = True    ' Ignoriert die Schreibweise.
objRA.Global = False       ' Mehrere Fundstellen zulassen.
Set objMatches = objRA.Execute(eingabe)
' --Prüfung
If objMatches.Count <> 1 Then
    say "Muster nicht oder mehr als einmal gefunden!"
    Exit Sub
End If
' -- Nur 1. Fundstelle betrachten...
Set objMatch = objMatches(0)
say "Fundstelle: " & objMatch.Value
say "Teilausdrücke: " & objMatch.SubMatches.Count
For i = 0 To objMatch.SubMatches.Count - 1
    say "- Teilausdruck #" & i & " = " & objMatch.SubMatches(i)
Next
End Sub
```

Listing 17.7
Liste aller Teilausdrücke in einem Muster (nur für die erste Fundstelle!)

Aufruf	Ausgabe
RA_submatch "hs@windows-scripting.de", "(\w+)@(\w+-?\w+).(\w+)"	Fundstelle: hs@windows-scripting.de Teilausdrücke: 3 - Teilausdruck #0 = hs - Teilausdruck #1 = windows-scripting - Teilausdruck #2 = de
RA_submatch "F.Mulder@Agenten.XFiles.FBI.net", "(\w+)@((\w+-?\w+\.)+)(\w+)"	Fundstelle: Mulder@Agenten.XFiles.FBI.net Teilausdrücke: 4 - Teilausdruck #0 = Mulder - Teilausdruck #1 = Agenten.XFiles.FBI. - Teilausdruck #2 = FBI. - Teilausdruck #3 = net

Tabelle 17.10
Beispiel für die Verwendung von RA_submatch()

Das zweite Beispiel zeigt bereits die Grenzen der Submatches: Bei Blöcken, die mit dem Wiederzeichen „+" versehen sind, wird nur der erste Teilausdruck, der auf (\w+-?\w+\.)+ passt, in die Submatches-Objektmenge aufgenommen. Da runde Klammern auch zur Blockbildung genutzt werden, erscheint zudem mit „Agenten.XFiles.FBI" ein Teilausdruck, den man eigentlich gar nicht in dieser Form haben wollte. Gegen diese Unzu-

Unzulänglichkeiten

17.1.7 Mustererersetzung mit Replace()

Replace() Ein einfacher Einsatz der Ersetzungsmethode Replace() aus der Klasse RegExp: Diese Aufgabe hätte auch die VB-Funktion Replace() erfüllen können.

Listing 17.8
Beispiele zur Verwendung der Replace()- Methoden [RA_ Replace1.wsf]

```
Dim s
s = "<HTML><b>Dies ist Fett</b>das nicht<b>Das ist auch Fett</b></html>"
Set objRA = New RegExp
objRA.Global = True
objRA.pattern = "<b>"
s = objRA.Replace(s, "<i>")
objRA.pattern = "</b>"
s = objRA.Replace(s, "</i>")
objRA.pattern = "Fett"
s = objRA.Replace(s, "Kursiv")
say s
```

Die Ausgabe lautet

```
<HTML><i>Dies ist Kursiv</i>das nicht<i>Das ist auch Kursiv</i></html>
```

Auf elegantere Weise aus Holger Schwichtenberg die Zeichenkette Schwichtenberg, Holger zu machen bleibt jedoch den regulären Ausdrücken vorbehalten:

Listing 17.9
Umformung eines Namens mit Replace() [RA_Replace3 .wsf]

```
s = "Holger Schwichtenberg"
Set objRA = New RegExp
objRA.pattern = "(\w+) (\w+)"
s = objRA.Replace(s, "$2, $1")
say s
```

Der Zauber ist schnell enthüllt: Zwar können in der Ersetzungszeichenkette nicht die üblichen RA-Platzhalter verwendet werden, dafür kann aber mit $Zahl auf einen im Muster mit runden Klammern umrandeten Block Bezug genommen werden.

RAClean() **Funktion RAClean()** Auch hierzu soll eine hilfreiche Funktion präsentiert werden: RAClean() löscht aus einer Eingabe alle passenden Teilausdrücke.

Listing 17.10
RAClean() löscht alle Vorkommen eines Musters in einem Ausdruck.

```
Function RAclean(eingabe, muster) ' As String
Dim objRA
Set objRA = New RegExp
objRA.pattern = muster
objRA.Global = True
RAclean = objRA.Replace(eingabe, "")
End Function
```

Listing 17.11
Beispiel für den Einsatz von RAClean(): Entferne alle HTML-Tags. [RA_Replace3 .wsf]

```
Function test_RAClean()
Const muster = "<[^>]+>"
Const eingabe = "<p align='center'><h2 class='buch'><b>Windows- und BackOffice-Scripting</h2></b></p>"
say RAclean(eingabe, muster)
End Function
```

17.2 WindowsScripting-Komponente

In diesem Buch darf natürlich auch eine eigene Komponente nicht fehlen. Diese Komponente stellt einige wesentliche nützliche Hilfsfunktionen in fünf Klassen bereit.

Komponente zu diesem Buch

Name und Abkürzung	WindowsScripting-Komponente
Name der Komponentendatei	WindowsScripting.dll
Interner Name der Typbibliothek	WindowsScripting
Helpstring der Typbibliothek	WindowsScripting Komponente
Hersteller	www.IT-Visions.de Dr. Holger Schwichtenberg
Lizenzierung	Freeware
Besprochene Version	2.0
Alle Windows-Versionen	Einzelregistrierung der DLL: regsvr32 Windows-Scripting.dll [CD:/install/komponenten/windows-scripting] Benötigt Visual Basic 6.0-Laufzeitumgebung
Dokumentation	Nur in diesem Buch

Tabelle 17.11 Schnellinfo Windows-Scripting-Komponente

Klassen Die WindowsScripting-Komponente besitzt kein zusammenhängendes Objektmodell, sondern besteht aus isoliert agierenden Klassen.

Klassen

Klassenname	Erläuterung
NTUser	Die Klasse ermöglicht die Arbeit mit Benutzerkonten unter NT 4.0. Sie kapselt Funktionen von ADSI. Diese Klasse dient eher Demonstrationszwecken und wird im Kapitel 19 „Fortgeschrittene Techniken" erläutert.
IniFile	Diese Klasse ermöglicht das Lesen und Setzen von Informationen in INI-Dateien.
CSV	Diese Klasse ermöglicht das Lesen von CSV-Dateien.
ADSI	Hilfsroutinen zur Arbeit mit der ADSI-Komponente
Util	Diese Klasse realisiert den Zugriff auf die in diesem Buch vorgestellten Standardroutinen.

Tabelle 17.12 Klassen der Komponente „Windows Scripting"

17.2.1 Klasse „IniFile"

Die Klasse `IniFile` bietet genau zwei Methoden zum Zugriff auf Textdateien im INI-Format an:

- `ReadFromIni(IniDat, Rubrik, Attribut)`: Auslesen eines einzelnen Werts in einer INI-Datei
- `WriteToIni(IniDat, Rubrik, Attribut, Wert)`: Schreiben eines einzelnen Werts in eine INI-Datei

> Dabei ist `IniDat` Pfad und Name einer INI-Datei, `Rubrik` eine in eckigen Klammern eingeschlossene Rubrik und `Attribut` der vor dem Gleichheitszeichen stehende Attributname. Nur beim Schreiben muss natürlich ein Wert angegeben werden.

Listing 17.12
Typischer Aufbau einer INI-Datei

```
[Autor]
Name=Dr. Holger Schwichtenberg
eMail=hs@windows-scripting.de
[Website]
URL=www.windows-scripting.com
```

Listing 17.13
Erzeugung und Auslesen der obigen INI-Datei [ws_ini File.wsf]

```
Const INIDAT = "d:\buch\docs\buch.ini"
Set o = CreateObject("WindowsScripting.IniFile")
o.WriteToIni "Autor", "Name", "Dr. Holger Schwichtenberg", INIDAT
o.WriteToIni "Autor", "eMail", "hs@windows-scripting.de", INIDAT
o.WriteToIni "Website", "URL", "www.windows-scripting.com", INIDAT
say o.ReadFromIni("Autor", "Name", INIDAT)
say o.ReadFromIni("Autor", "eMail", INIDAT)
say o.ReadFromIni("WebSite", "URL", INIDAT)
```

17.2.2 Klasse „WinNTUser"

Die Klasse `WinNTUser` kapselt das Anlegen und Löschen von Benutzerkonten via ADSI über den WinNT-Provider.

Tabelle 17.13 Methoden der COM-Klasse WinNTUser

Methode	Beschreibung
Function About() As String	Gibt Informationen über diese Komponente zurück
Function ExistsUser(UserName As String) As Boolean	Prüft, ob ein Benutzer in einer Domain existiert
Function CreateNTAccount(UserName As String, Password As String, Fullname As String, Description As String) As String	Anlegen eines Benutzers
Function DeleteNTAccount(UserName As String) As String	Löschen eines Benutzers
Function UserState(UserName As String, state As Boolean) As String	Ändern des Aktivierungszustands: `State=True` bedeutet, das Konto kann benutzt werden. `State=False` bedeutet, das Konto ist deaktiviert.
Function ChangePWD(UserName As String, password As String) As String	Änderung des Kennworts eines Benutzerkontos

Außerdem besitzt die Klasse `WinNTUser` ein Attribut mit dem Namen `Container`. In dieses Attribut muss zu Beginn der Arbeit mit der Klasse der Name der Domain bzw. des Computers geschrieben werden, auf den sich die nachfolgenden Operationen beziehen sollen. Das folgende Script zeigt, wie die Klasse verwendet werden soll:

```
Dim s ' As String
Dim u 'As WindowsScripting.WinNTUser
Set u = CreateObject("WindowsScripting.WinNTUser")
say u.About
u.Container = "XFilesServer01"
s = u.CreateNTAccount("D.Scully", "geheim", "Dana Scully", _
"FBI-Agentin")
say "Benutzer erzeugen: " & s
s = u.ExistsUser("D.Scully")
say "Existiert Benutzer?: " & s
s = u.ChangePWD("D.Scully", "bla")
say "Passwort ändern: " & s
s = u.UserState("D.Scully", False)
say "Benutzer deaktivieren: " & s
s = u.UserState("D.Scully", True)
say "Benutzer aktivieren: " & s
s = u.DeleteNTAccount("D.Scully")
say "Benutzer löschen: " & s
```

Listing 17.14
Verwendung der zu implementierenden Klasse WindowsScripting.WinNTUser *[ws_ntuser.wsf]*

17.2.3 Klasse „Util"

Die Klasse Util enthält die im Rahmen dieses Buchs besprochenen Standardroutinen.

Util

- Sub WriteTo(filepath, text) hängt eine Zeichenkette an eine Datei an.
- Function ExistsObject(moniker) prüft auf die Existenz einer COM-Instanz.
- Function CheckCreate(progid) testet, ob eine angegebene COM-Klasse mit CreateObject() instanziiert werden kann.
- Function GetCol(objcol As Object) liefert eine Zeichenkette mit einer durch Semikola getrennten Liste der Namen der Unterobjekte einer Objektmenge.
- Function Flat(var) macht eine Zeichenkette aus einem Array.
- Function CSVadd(s1, s2) fügt zwei Strings durch Semikolon getrennt zusammen.
- Function Get_From_Array(wert, feld) entnimmt aus einem zweidimensionalen Array einen passenden Wert (ermittelt Werte von Spalte1 anhand eines Werts aus Spalte2).
- Function Get_From_Array_mult(wert, feld) entnimmt aus einem zweidimensionalen Array alle passenden Werte (ermittelt Werte von Spalte1 anhand eines Werts aus Spalte2).

17.2.4 Klasse „ADSI"

Die Klasse ADSI enthält die Implementierung der nachfolgenden im ADSI-Kapitel vorgestellten Hilfsroutinen:

Klasse ADSI

- Function ADSIGet(Objekt, Attribut)
- Function ADSflat(var)
- Function HasChild(Container, Class, RDN)
- Function GetChild(Container, Class, RDN)
- Function BinGuidToSTR(guid)
- Function Int8ToDate(LargeInt)
- Function DateToInt8(Datum)
- Sub Clear(this)
- Sub DeleteThis(this)

Kapitel 17 **Sonstige Scripting-Komponenten**

17.2.5 Klasse „CSV"

Die Klasse CSV bietet Unterstützungsfunktionen beim Auslesen von Comma Separated Value (CSV)-Dateien an. Das Trennzeichen dabei kann aber ein beliebiges Zeichen sein.

CSV

> CSV steht für *Comma Separated Value*. Eine CSV-Datei speichert Datensätze in Form einer Textdatei ab. Jede Zeile ist ein Datensatz. Innerhalb eines Datensatzes gibt es einen eindeutigen Feldbegrenzer, in der Regel ein Semikolon („;").

Zwei Methoden, ein Attribut

- Die Methode GetField(strLine) liest aus einem übergebenen String alle Dateien bis zum nächsten Semikolon aus. Auf Basis eines Call by Reference wird die übergebene Variable so manipuliert, dass das ausgelesene Feld abgeschnitten ist.
- Die Methode Count(strLine) liefert die Anzahl der Felder.
- Mit dem Attribut Separator kann ein anderes Trennzeichen als das standardmäßige Semikolon festgelegt werden.

Listing 17.15
Testroutine für die CSV-Klasse [ws_csv.wsf]

```
s = "Holger:Schwichtenberg:Essen"
Set o = CreateObject("WindowsScripting.CSV")
o.Separator = ":"
say o.Count(s)
' -- Ausgabe aller Felder
Do While s <> ""
 say o.GetField(s)
Loop
```

Im Kapitel 19 „Fortgeschrittene Techniken" wird die Implementierung dieser Klasse gezeigt.

17.3 API-Funktionsaufrufe mit DynaCall

Scripting und API

Microsoft hat in der Active Scripting-Architektur nicht vorgesehen, dass Scripts Windows-32-API-Funktionen direkt aufrufen können. Scripts können lediglich automationsfähige COM-Klassen nutzen. Dies bedeutet, dass man für alle API-Funktionen, die aus Scripts aufgerufen werden sollen, eine Wrapper-Methode in einer COM-Klasse benötigt.

Brückenschlag zu den API-Funktionen

DynaCall ist der Ansatz, einen allgemeinen Wrapper für API-Funktionen zu schaffen, so dass jede beliebige API-Funktion aus einem Script heraus aufgerufen werden kann. Dabei muss für jede einzelne zu kapselnde API-Funktion neben dem Namen der Funktion und der implementierenden DLL genau angegeben werden, welche Parameter die Funktion erwartet und welchen Typ der Rückgabewert hat. Nach der Ausführung dieses Registrierungsvorgangs steht die API-Funktion als COM-Methode zur Verfügung.

Voraussetzung und Grenzen

Der Umgang mit DynaWrap erfordert Erfahrung mit API-Funktionen, deren Vermittlung den Rahmen dieses Buchs sprengen würde. Außerdem ist DynaWrap in der im Umlauf befindlichen Fassung keineswegs in der Lage, alle Arten von API-Funktionen aufzurufen. Der C++-Quellcode der Komponente ist jedoch auch frei verfügbar.

Name und Abkürzung	DynaCall (auch: DynaWrap)
Name der Komponentendatei	DynaWrap.dll
Interner Name der Typbibliothek	Keine Typbibliothek vorhanden
Autoren	Ton Plooy und Jeff Strong

Tabelle 17.14: Schnellinfo DynaCall

API-Funktionsaufrufe mit DynaCall

Name und Abkürzung	DynaCall (auch: DynaWrap)
Lizenzierung	Freeware
Besprochene Version	1.0
Alle Windows-NT-basierten Windows-Versionen	Einzelregistrierung der DLL: `regsvr32 DynaWrap.dll` [CD:/install/komponenten/DynaCall]
Windows 9x/ME	Eigene Version; wird ebenfalls durch Einzelregistrierung der DLL installiert [CD:/install/komponenten/DynaCall]
Dokumentation	Spärliche Readme-Datei: [CD:/install/komponenten/DynaCall/Readme.dll]; DynaCall-Infoseite im WWW bei [BOR00]

Tabelle 17.14: Schnellinfo DynaCall (Forts.)

Registrierung Die Komponente *DynaCall* implementiert genau eine Klasse (ProgID DynamicWrapper), die zunächst nur eine Methode bereitstellt: Register().

Register()

`Register DLLname, FunkName, Parameter, Typ, Rueckgabewert`

Dabei werden die letzten drei Parameter jeweils durch ein Attribut-Wert-Paar beschrieben.

▷ Parameter ist eine Zeichenkette der Form i=abcd..., wobei durch abcd... die Anzahl und der Typ der Parameter der API-Funktion festgelegt werden. Zur Beschreibung der Datentypen gibt es Kürzel (siehe nachstehende Tabelle).

▷ Typ ist eine Zeichenkette der Form f=x, wobei x entweder „s" oder „c" sein muss. „s" steht für eine API-Funktion vom Typ *_stdcall* (Microsoft C++) und „c" für eine API-Funktion vom Typ *_cdecl* (Borland C++).

▷ Rueckgabewert ist eine Zeichenkette der Form r=x, wobei x eines der Datentypkürzel ist.

Kürzel	Win32-API-Datentyp
A	IDispatch
C	signed char
D	8 byte real
f	4 byte real
K	IUnknown
H	HANDLE
L	long
P	pointer
R	string (Call by Reference)
S	string (Call by Value)
T	short
U	unsigned int
W	wide string

Tabelle 17.15 Kürzel für DynaCall-Datentypen

Aufruf **Aufruf der API-Funktion via Methodenaufruf** Mit dem Aufruf von Register() fügt die Klasse DynamicWrapper der eigenen IDispatch-Schnittstelle eine Methode hinzu, die genauso heißt wie die registrierte API-Funktion. Über spätes Binden ist diese Methode im direkten Zugriff über die Punktnotation. Bei einem Aufruf dieser Wrapper-Methode wird dieser Aufruf an die API-Funktion durchgereicht. Die Registrierung ist nicht auf eine API-Funktion beschränkt; die Klasse kann also gleichzeitig mehrere Wrapper-Methoden verwalten.

INI-Datei auslesen **Beispiel** Das Beispiel zeigt den Aufruf der API-Funktion GetPrivateProfileString() aus der *Kernel32.dll*. Diese API-Funktion kann aus einer INI-Datei einen bestimmten Wert auslesen. Bitte beachten Sie, dass GetPrivateProfileString() – wie viele andere API-Funktionen auch – den eigentlichen Wert nicht über den Rückgabewert, sondern über einen OUT-Parameter per Call by Reference liefert. Dafür muss der Aufrufer zunächst Speicherplatz reservieren. Der Beschreibung i=sssrls, f=s, r=l können Sie entnehmen, dass die Funktion GetPrivateProfileString() sechs Parameter erwartet und einen Rückgabewert vom Typ *Long* liefert, der die Länge des aus der INI-Datei ermittelten Zeichenketten enthält. Der vierte Parameter ist der OUT-Parameter: Hierfür muss vorher Speicherplatz reserviert werden, so dass die API-Funktion dort die aus der INI-Datei ausgelesene Zeichenkette ablegen kann.

Listing 17.16
DynaCall-Aufruf einer API-Funktion zum Auslesen von INI-Dateien
[DynaCall_test.wsf]

```
Dim oWrap
Const INIDatei = "d:\buch\ini\test.ini"
Const Key = "Autor"
Const Sektion = "Buch"
Dim Wert, Anz_Zeichen
Set oWrap = CreateObject("DynamicWrapper")
' -- Erzeugung der Wrapper-Methode für GetPrivateProfileStringA()
oWrap.Register "kernel32.DLL", "GetPrivateProfileString", _
"i=sssrls", "f=s", "r=l"
' -- Speicher für Ergebnis reservieren
Wert = String(128, "*")
Wert = CStr(Wert)
' -- Aufruf der API-Funktion via Wrapper-Methode
Anz_Zeichen = oWrap.GetPrivateProfileString(CStr(Sektion), _
CStr(Key), "", Wert, CLng(127), CStr(INIDatei))
' -- Ergebnis auswerten
If Anz_Zeichen > 1 Then
    Wert = Left(CStr(Wert), Anz_Zeichen)
    say "Anzahl Zeichen: " & Anz_Zeichen
    say "Wert: " & Wert
End If
```

18 Werkzeuge

Im Vergleich zur Werkzeugunterstützung beim „richtigen" Programmieren war die Werkzeugunterstützung für das Windows Scripting lange Zeit sehr schlecht. Gerade von Microsoft wurden und werden die Scripting-Werkzeuge stark vernachlässigt. Inzwischen gibt es erste annehmbare Entwicklungsumgebungen. Neben Scripteditoren und Scriptdebuggern stellt dieses Kapitel auch allgemeine COM-Werkzeuge sowie spezielle Werkzeuge für einzelne COM-Komponenten vor.

18.1 Editoren und Entwicklungsumgebungen

18.1.1 Microsoft Visual InterDev

Visual InterDev (Kurzname: *MSDEV*) Version 6.0 ist Microsofts Entwicklungsumgebung für die Scriptentwicklung im Internet, also für die Entwicklung von ASP- und DHTML-Scripts. Zwar vermarktet Microsoft InterDev als universelle Entwicklungsumgebung für Scriptentwicklung; dies ist jedoch nicht zutreffend, da die Unterstützung für andere Scripting Hosts lediglich auf einer Skala von schwach bis nicht vorhanden rangiert.

Microsoft Visual InterDev

> Visual InterDev gibt es seit Visual Studio 7.0 (erschienen im Jahr 2002) nicht mehr als eigenständiges Produkt. Verschiedene Funktionen aus Visual InterDev sind nun Teil der Visual Studio .NET-Entwicklungsumgebung. Visual InterDev als eigenständiges Produkt kann man heute nur noch gebraucht erwerben.

InterDev umfasst insbesondere folgende Funktionalitäten:
- HTML-Editor mit „What you see is what you get" (WYSIWYG)
- Website Management ähnlich wie Microsoft Frontpage
- DHTML- und ASP-Scripteditor mit Syntax Coloring (farbliche Unterscheidung verschiedener Sprachelemente)
- Active Scriptdebugger
- Scriptsprachen-Objektmodell (engl. Scripting Object Model)
- Entwurfszeit-Steuerelemente (engl. Design Time Controls)
- Datenbankzugriff über Datenumgebungen (Data Environments) wie Visual Basic 6.0
- Werkzeuge für das Projektmanagement

Funktionen konzentrieren sich auf das Web.

InterDev-Entwurfszeit-Steuerelement (DTCs) sind ActiveX-Steuerelemente, die nur zur Entwicklungszeit als solche erscheinen. Vor der Ausführung der Webseite werden diese Steuerelemente in HTML- und Scriptcode umgesetzt. Entwurfszeit-Steuerelemente basieren auf einer umfangreichen Scriptbibliothek (Scripting Object Model). Das Scripting Object Model kann aber auch außerhalb der Verwendung von DTCs benutzt werden.

DTC und Scripting Object Model

Der Scripteditor von InterDev ist keineswegs so komfortabel wie die Entwicklungsumgebung der VB-Vollversion. So bietet InterDev zwar grundsätzlich auch auf Typbibliotheken basierende Eingabehilfen wie *Attribute/Methoden auflisten* und eine *QuickInfo* an,

Eingabehilfen

Kapitel 18 **Werkzeuge**

jedoch nur für Objekte, die direkt mit `CreateObject()` instanziiert wurden. Für Objektzeiger, die das Ergebnis einer Operation auf einem anderen Objekt sind, bietet InterDev die Unterstützung nicht mehr an. Einige von Ihnen mögen an dieser Stelle einwenden, dass InterDev dies ja auch gar nicht leisten könne, da Variablen in VBS nicht deklariert würden – die Visual Basic IDE erkenne ja die Klasse auch nur an der Deklaration der Objektvariablen. Darauf sei jedoch erwidert, dass es auch einen anderen Weg gibt, den InterDev zwar beschreitet, dann aber nicht zu Ende geht: Auch die bei einem `CreateObject()` verwendete Objektvariable (`FSO` im folgenden Listing) wird ja nicht deklariert, sondern InterDev erkennt anhand der ProgID innerhalb des `CreateObject()` die Klasse. Ebenso könnte InterDev erkennen, welche Objekte die Methoden zurückliefern, und sich danach die Klassen der Objektvariablen merken (in dem vorliegenden Beispiel liefert die Methode `GetFolder()` eine Instanz der Klasse `Folder`, also sollte die Objektvariable (hier: `oFO`) der Klasse `Folder` zugerechnet werden). Der Editor `PrimalScript` beherrscht dies.

```
set FSO = CreateObject("Scripting.FileSystemObject")
set oFO = FSO.GetFolder("D:\buch")
oFO.
```

Listing 18.1: Bereits in der dritten Zeile dieses einfachen Scripts endet die Eingabeunterstützung von InterDev.

Visual InterDev-Projekte Das Bearbeiten von Dateien in Visual InterDev erfolgt stets in Form eines Projekts. Es gibt zwei grundsätzliche Formen von Projekten:

Webprojekte
1. **Webprojekte**
   Ein Webprojekt bearbeitet Dateien auf einem (entfernten) virtuellen Webserver mit Frontpage-Erweiterungen. Das Fenster „Projekt-Explorer" zeigt alle Dateien eines virtuellen Webservers ausgehend von dessen Wurzelverzeichnis.

Projektmappen
2. **Projektmappen (engl. Solutions)**
   Eine Projektmappe ist eine beliebige Zusammenstellung von Dateien und erfordert keinen Webserver. Die Dateien können an beliebigen Stellen im Dateisystem liegen. Die Projektmappe zeigt diese Datei im Projekt-Explorer zusammenhängend an.

   ASP- und DHTML-Scripts können in beiden Projekttypen, andere Scriptdateien dagegen nur in Projektmappen bearbeitet werden.

Wenn Sie eine einzelne Datei beliebigen Typs per Drag&Drop in eine leere InterDev-IDE ziehen, wird dafür automatisch eine Projektmappe geöffnet.

InterDev WSH-fähig machen
Editieren von WSH-Dateien Auch wenn InterDev von Microsoft als Werkzeug für die Scriptentwicklung allgemein vermarktet wird, so wird von Hause aus nur Unterstützung für ASP- und DHTML-Scripts geboten. Nur mit einem Registrierungsdatenbankeintrag und einem Trick lässt sich InterDev dazu bewegen, wenigstens auch WSH-Dateien zu editieren.

```
REGEDIT4
[HKEY_LOCAL_MACHINE\Software\Microsoft\VisualStudio\6.0\Editors\{C76D83F8-A489-11D0-8195-00A0C91BBEE3}\Erweiterungs]
"wsf"=dword:00000028
"vbs"=dword:00000028
"js"=dword:00000028
```

Listing 18.2: Diese Registrierungsdatenbankeinträge bewirken, dass die genannten Dateierweiterungen als Scriptdateien angesehen werden. [CD: /install/Werkzeuge/InterDev/WSH_mit_interdev_editieren.reg]

Editoren und Entwicklungsumgebungen

Wenn Sie die obigen Registrierungsdatenbankeinträge vorgenommen haben und eine .wsf-Datei in InterDev öffnen, werden Sie zwar an der farblichen Darstellung der XML-Elemente bemerken, dass InterDev diese Elemente nicht kennt, aber immerhin werden die enthaltenen Scriptblöcke als solche ausgemacht, da dafür in ASP-, IE- und WSF-Dateien ja gleichermaßen das Tag <SCRIPT> verwendet wird. Groß ist die Enttäuschung aber bei .vbs- und .js-Dateien: Diese dürfen kein <SCRIPT>-Tag enthalten, und InterDev erkennt folglich das Script nicht.

Es gibt aber einen Trick, InterDev zu überlisten: Schreiben Sie in die erste Zeile das ASP-Symbol für den Scriptstart in auskommentierter Form, also '<%. InterDev denkt ja in HTML-Seiten, sieht das Häkchen also als eine ganz normale Ausgabe an, stößt auf das <% und glaubt von nun an, der Rest der Seite sei ein Script (da Sie ja kein schließendes %> haben). InterDev bietet im Folgenden dann Syntax Highlighting und Eingabeunterstützung. Der WSH hingegen ignoriert die erste Zeile, die ja auskommentiert ist.

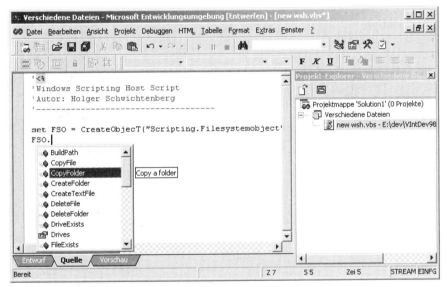

Bild 18.1
InterDev aufs Kreuz gelegt: Nach dem '<% glaubt Inter-Dev, es mit einem ASP-Script zu tun zu haben.

Sie können WSH-Dateien aus dem Projekt-Explorer der InterDev-Entwicklungsumgebung heraus über den Kontextmenüeintrag *Öffnen mit* starten, wenn Sie dort *WScript.exe* und/oder *CScript.exe* eintragen.

18.1.2 Scripteditor in Microsoft Office

In allen Microsoft Office-Produkten (ab Version 2000) ist neben der VBA-Entwicklungsumgebung auch ein Scripteditor enthalten, der eine Light-Version von Visual InterDev darstellt. Der Office Scripteditor ist hinsichtlich des Editierens von Nicht-Browser-Scripts nicht besser und nicht schlechter als Visual InterDev 6.0.

18.1.3 PrimalScript

Der Editor *PrimalScript* der Firma Sapien Technologies war unter den WSH-Scriptprogrammierern lange Zeit die einzige erst zu nehmende Wahl. Gegenüber Visual Inter-Dev zeichnet sich PrimalScript vor allem dadurch aus, dass er den Windows Scripting Host (WSH) und die Windows Script Components (WSCs) vollständig unterstützt. Pri-

PrimalScript im Vergleich zu Visual InterDev

Kapitel 18 Werkzeuge

malScript kann auch XML-strukturierte WSH-Dateien (.wsf) und WSC-Dateien erstellen und bearbeiten. Eine Demo-Version von PrimalScript 2009 finden Sie auf der Buch-CD im Verzeichnis [CD:/install/werkzeuge/editoren/Primalscript].

Außerdem sind die Eingabehilfen wesentlich besser: Auch für Objekte, die nicht direkt instanziiert werden, werden auf Basis der Typbibliotheksinformationen die Eingabehilfen *Attribute/Methoden auflisten* (vgl. Abbildung) und *QuickInfo* angeboten. Sapien nennt diese Technik *PrimalSENSE*.

Allerdings funktioniert PrimalSENSE in einigen Fällen nur, wenn die Objektvariable mit Dim deklariert wurde.

WSH-Dateien können direkt aus dem Editor gestartet werden. In .wsf-Dateien können einzelne Jobs direkt gestartet werden. Alle Ausgaben werden auf Wunsch in einem *Output*-Fenster eingefangen. Scripte können unterbrochen werden.

Sprachen **Sprachvielfalt**

PrimalScript unterstützt die farbliche Markierung der Sprachelemente (Syntax Coloring) für zahlreiche verschiedene Sprachen und Umgebungen, z.B. VBScript, JavaScript, KiXtart, ActionScript, AWK, DOS Batch, SQL, LotusScript, Perl, HTML, Python, REXX, Tcl, Java, C/C++, Robol, C#, VB.NET, PHP und Windows Batch.

Bild 18.2
Eingabehilfen in PrimalScript

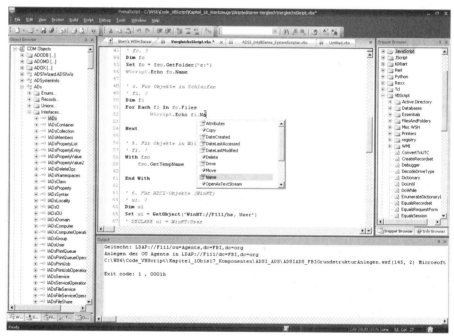

Zusatzfenster Neben dem Editor-Fenster bietet PrimalScript zahlreiche Zusatzfenster, z.B.:
- Projektansicht („Workspace Browser")
- Dateisystembrowser
- Datenbankbrowser

Editoren und Entwicklungsumgebungen

- Werkzeugleiste mit Zugriff auf MMC-Konsolen und andere Werkzeuge (konfigurierbar)
- Beispielskripte
- Code-Snippet-Bibliothek
- Browser für COM-Typbibliotheken, .NET-Bibliotheken, WMI-Repository und PowerShell-Befehle
- Aufgabenleiste

PrimalScript bietet drei Assistenten für WSH-Skripte: **Assistenten**

- Der ADSI-Assistent geniert eine Hilfsbibliothek zur Vereinfachung des Zugriffs auf Verzeichnisdienste per ADSI
- Der WMI-Assistent erzeugt Beispielcode zur Ausgabe einer ausgewählten WMI-Klassen
- Der Login-Skript-Assistent erzeugt ein Login-Skript, das gewünschte Laufwerke und Drucker verbindet und andere Aktionen ausführt (siehe Abbildung).

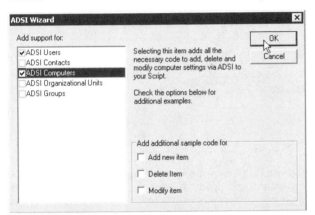

Bild 18.3
ADSI-Assistent

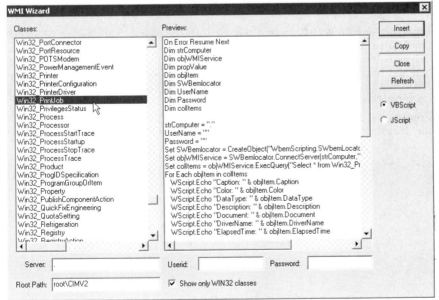

Bild 18.4
WMI-Assistent

769

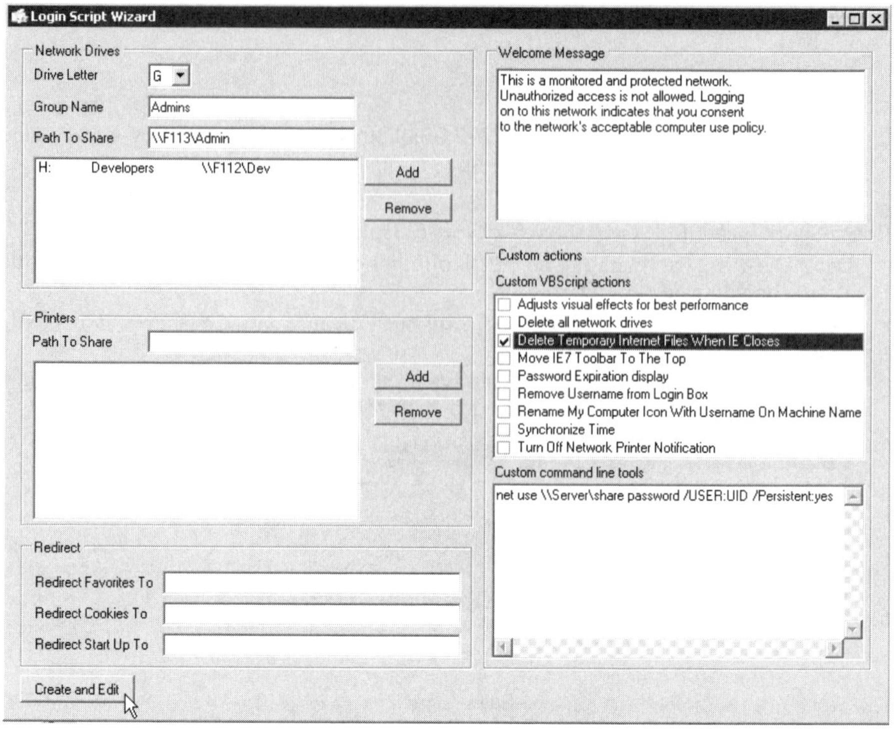

Bild 18.5
Login-Skript-Assistent

Weitere Funktionen Zu den weiteren Funktionen von PrimalScript zählen Makros und Lesezeichen. Makros können aufgezeichnet, gespeichert und später wieder abgerufen werden. Allerdings lassen sich bestehende Makros – anders als in Microsoft Office – nicht verändern. Leider gibt es auch keine Automatisierungskomponente, um PrimalScript per Active Script zu steuern. Der Nexus kann durch COM-Erweiterungen erweitert werden.

Unterstützung für WSF-Dateien PrimalScript bietet eine sehr komfortable Möglichkeit zur Bearbeitung von WSF-Dateien. Der „Workspace Browser" zeigt die Packages mit den enthaltenen Jobs an. Die einzelnen enthaltenen Skripte kann man direkt anspringen und im Editor verändern. In dem Baum des „Workspace Browsers" können die XML-Attribute komfortabel über Eigenschaftsfenster (Auswahl „Properties" im Kontextmenü) bearbeitet werden.

PrimalScript erweitert zum Teil die Syntax der XML-Elemente in WSF-Dateien. So wird durch das Attribut prompt im <JOB>-Element festgelegt, dass PrimalScript beim Start des Scripts ein Dialogfenster zur Eingabe von Parametern öffnet.

```
<job id="DemoScript" prompt="yes">
```

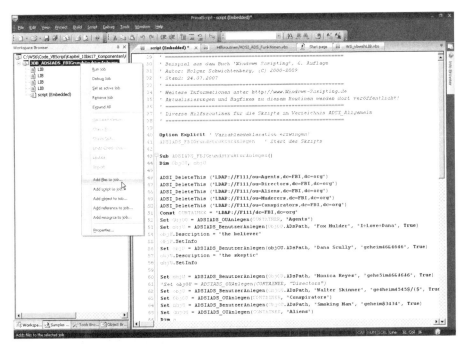

*Bild 18.6
Bearbeitung
von WSF-
Dateien in
PrimalScript
2009*

Scriptverpackung PrimalScript enthält in der Professional- und Enterprise-Edition eine Funktion zum Verpacken von Scripts in .EXE-Dateien. Diese Funktion wird „Evolved Script Packager (ESP)" genannt. Ein Paket kann folgende Bestandteile enthalten:

- Ein oder mehrere WSH-Scripte, die ausgeführt werden sollen
- COM-Komponenten, die vor der Ausführung registriert werden sollen
- Dateidateien (z.B. Textdateien, Datenbankdateien und XML-Dateien), die den Scripts zur Verfügung stehen sollen

Durch einen Klick auf die .EXE-Datei werden die Dateien ausgepackt, die Komponenten installiert und dann die Scripts ausgeführt. Beim Erstellen des Pakets kann man wählen, ob die Datendateien nach der Ausführung gelöscht werden oder weiterhin zur Verfügung stehen sollen.

Beim Anlegen des Pakets kann man außerdem wählen, dass die Scripts unter einer anderen Benutzeridentität ausgeführt werden sollen (vgl. *runas.exe*-Befehl).

Weitere Funktionen von PrimalScript PrimalScript bietet folgende weiteren Funktionen für den WSH:

- Debugging von Scripts (Menüpunkt SCRIPT/DEBUG SCRIPT)
- Fernausführung von Scripts (Remote Script Execution Engine – RSEE) über einen dedizierten Server, der mit dem Client über einen TCP-Port kommuniziert (Menüpunkt SCRIPT/RUN SCRIPT ON REMOTE COMPUTER)
- Signieren von Scripts (Menüpunkt SCRIPT/SIGN SCRIPT)
- Encoding von Scripts (Menüpunkt SCRIPT/SAVE SCRIPT ENCODED)
- Assistenten für WMI- und ADSI-Scripts (Menüpunkt SCRIPT/WIZARDS)

Kapitel 18 **Werkzeuge**

Bild 18.7
Assistent für
WMI-Scripts

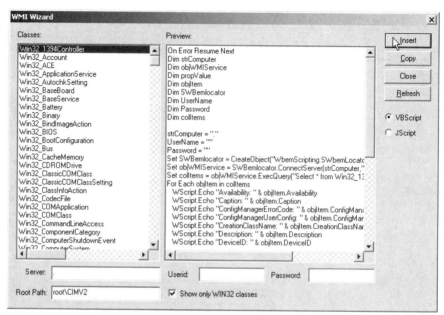

PrimalScript bietet folgende weiteren allgemeinen Editorfunktionen:
- Unterstützung von IntelliSense für das ASP- und das HTML-DOM-Objektmodell
- Quellcodeverwaltung für alle Werkzeuge, die das Microsoft Source Code Control Programming Interface (MS SCC API) unterstützen, z.B. Visual SourceSafe, Perforce, PVCS und StarTeam
- Automatische Korrektur der Groß-/Kleinschreibung

18.1.4 SystemScripter

Signaturen Hinsichtlich der IntelliSense-Funktionen weiterhin der beste Editor auf dem Markt ist SystemScripter aus der Feder des deutschen MVP Dr. Tobias Weltner. Der SystemScripter ist hervorgegangen aus dem Vorprodukt Scripting Spy. Die aktuelle Version trägt die Versionsnummer 6.0. Leider gab es seit 2006 keine neuen Funktionen mehr. Die letzte Aktualisierung mit Fehlerbehebungen ist im April 2008 erschienen.

Den SystemScripter können Sie auf der Website [SIN04] für 59 Euro (Privat) oder 139 Euro (Beruflich) erwerben. Auf der Buch-CD finden Sie eine Testversion [CD:/install/Werkzeuge/Editoren/SystemScripter].

Intellisense im SystemScripter Der SystemScripter bietet Intellisense-Funktionen auch für ADSI- und WMI-Klassen durch Nutzung spezieller Deklarationsanweisungen in Kommentarzeilen, die der Editor automatisch generieren kann.

Geben Sie Folgendes im SystemScripter ein:

```
' === Deklaration
Dim objUser
' === Zugriff auf ein Benutzer-Objekt
Set objUser= GetObject("LDAP://XFilesServer02/CN=FoxMulder,OU=Agents,DC=FBI,DC=org")
' DECLARE
```

Starten Sie dieses Script direkt im Editor. Der Editor ergänzt dann die letzte Zeile um den Datentyp, der durch `GetObject()` geliefert wird.

` DECLARE objUser = LDAP+user`

Nach dieser Zeile, die VBScript wegen des Kommentarzeichens ignoriert, steht für die Objektvariable `objUser` die IntelliSense-Funktion zur Verfügung.

Erstellung von Scripts per Drag&Drop Der SystemScripter enthält einen Browser für Systemobjekte (Dateisystem, Benutzerverwaltung, Dienste, Netzwerk und WMI). Beim Drag&Drop der Elemente auf dem Scripthintergrund erstellt der SystemScripter ein Script oder legt den Pfad zu dem Systemobjekt im Script ab.

Weitere Vorteile des SystemScripter Der SystemScripter bietet eine Zeilennummerierung und eine gute Farbunterscheidung zwischen VBScript-Sprachbefehlen, Bezeichnern, Operatoren und Literalen. Leider sind die Farben nicht konfigurierbar. In den sehr spärlichen Editoroptionen kann man nur die Schriftart und die Schriftgröße wählen.

Der SystemScripter unterscheidet sich in weiteren Punkten von PrimalScript:

- Erstellung von Deklarationsanweisungen für undeklarierte Variablen (AutoDim)
- Automatische Deklaration von Konstanten aus Typbibliotheken (AutoConstants)
- Vorschläge von vorher verwendeten Variablen
- Codeprüfung bereits während der Eingabe
- Laufzeitfehler werden als Tooltipps angezeigt
- Suchfunktion über alle Scripting-Komponenten
- Generator für ScriptCodebeispiele
- Encoding und Decoding von Scripts, um den Scriptcode für Menschen unleserlich zu machen
- Scriptdebugger mit Einzelschrittmodus

Fehlende Funktionen Im Vergleich zu PrimalScript existieren aber auch vier Einschränkungen beim SystemScripter:

- Der SystemScripter unterstützt nur VBScript und keine anderen Scriptsprachen.
- Der SystemScripter unterstützt nur den WSH und keine anderen Scriptumgebungen.
- Mit dem Scripteditor können nur einfache Scriptdateien (*.vbs*) bearbeitet werden. XML-basierte Scriptdateien mit der Dateierweiterung *.wsf* und Dokumentenformate wie HTML und XML sind nicht editierbar.
- SystemScripter besitzt keine Funktionen zum Verpacken von Scripts in EXE-Dateien sowie zur Fernausführung von Scripts.
- Eine große Schwachstelle des SystemScripter ist die fehlende Dokumentation: Zu dem Editor selbst wird keine Dokumentation mitgeliefert, es gibt nur einen Link auf die Homepage mit spärlichen Produktinformationen.

Das Fazit Ein professioneller Scriptentwickler braucht sowohl SystemScripter als auch PrimalScript.

Kapitel 18 Werkzeuge

Bild 18.8
IntelliSense im SystemScripter

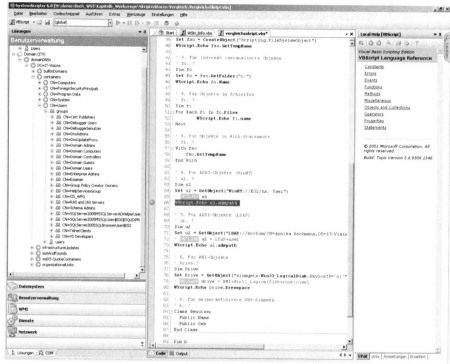

Bild 18.9
Automatisch erstellte Scripts durch Drag&Drop von Systemobjekten

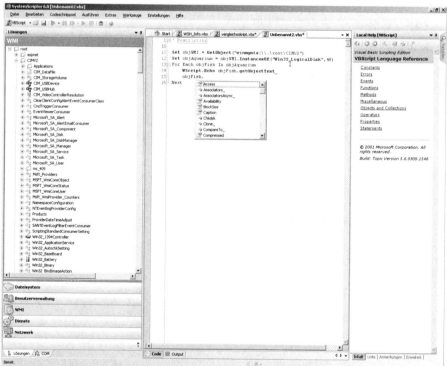

Installation und Einrichtung Die Setup-Datei ist 8 MB groß. Voraussetzung ist die Installation des .NET Framework 2.0. Der SystemScripter trägt sich mit dem Punkt MIT SYSTEMSCRIPTER ÖFFNEN in das Kontextmenü von *.vbs*-Dateien im Windows Explorer ein. Außerdem hängt er sich als Tooltipp für *.vbs*-Dateien in den Explorer ein und zeigt die ersten Zeilen des Quelltexts eines Scripts schon beim Überfahren mit der Maus.

Durch einen Klick auf den Startpfeil in der Symbolleiste oder über die Registerkarte *Skript ausführen* wird ein Script innerhalb des SystemScripter gestartet. Ausgaben, die eigentlich ins Konsolenfenster gehen würden, landen in der Registerkarte *Skript ausführen*. Fehler zeigt der SystemScripter direkt im Codefenster an – sehr elegant mithilfe von Tooltipps.

18.1.5 OnScript Editor

Der OnScript Editor der Schweizer Firma XLnow ist ein WSH-Editor, der im Oktober 2004 erschienen ist [ONS04]. Die aktuelle Version ist 2.1

OnScript unterstützt VBScript, JScript, PythonScript und PerlScript und sowohl einfache Scriptdateien als auch XML-strukturierte Scriptdateien sowie Windows Script Components. Als einziger Scripteditor kann man mit OnScript auch HTML-Anwendungen (*.hta*-Dateien) editieren.

Der mitgelieferte OnScript Host ist eine Erweiterung des WSH, der eine Interaktion von mehreren Scripts in einem Prozess erlaubt. Ein weiteres Merkmal ist die Fernausführung von Scripts auf Basis des OnScript Application Servers, die direkt aus dem Editor möglich ist. Auch die Ausgaben des ferngestarteten Scripts können direkt im OnScript Editor überwacht werden. Verfügbar ist die Fernausführung allerdings nur in der teureren Network-Version des Editors.

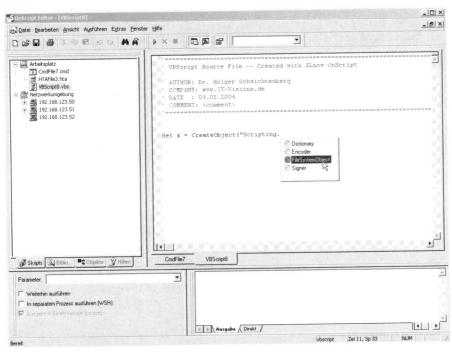

Bild 18.10
OnScript Editor

Die Autovervollständigen-Funktion arbeitet ähnlich wie PrimalScript, aber es gibt auch hier Eingabehilfen für VBScript-Befehle und einfache COM-Objekte, nicht aber für WMI- und ADSI-Objekte. Code-Generatoren werden nicht mitgeliefert; Werkzeuge wie die Microsoft Script-O-Matic lassen sich aber – genau wie bei PrimalScript – einbinden.

18.1.6 Visual Basic 6.0 und VB-IDE

Scripts editieren mit der VB-IDE
Die Entwicklungsumgebung (IDE) der Visual Basic-Vollversion besitzt zahlreiche Eingabehilfen, die man in Scripteditoren noch vermisst. Diese Eingabehilfen werden in Kapitel 19 ausführlich beschrieben.

Man kann die VB-IDE als Scripteditor nutzen, allerdings nur für rein in VBScript geschriebene Scripts für den Windows Scripting Host (WSH). Dabei ist das Ergebnis bei .wsf-Dateien unbefriedigend, da die VB-IDE aufgrund der vielen ihr unbekannten XML-Elemente die VB-Befehle nicht mehr farblich korrekt markiert. Das Editieren von .vbs-Dateien (WSH 1.0-Stil) ist für die VB-IDE grundsätzlich kein Problem.

Sie müssen allerdings beachten, dass die VB-IDE in jede Programmdatei beim Speichern am Anfang die Zeile `Attribute VB_Name = "ModulName"` einfügt. Diese Zeile müssen Sie vor dem Start im WSH auskommentieren. Diesen Vorgang können Sie leicht mit einem Script automatisieren, das über die Klasse `Scripting.TextStream` die Scriptdatei in eine andere Datei umkopiert und dabei alle mit Attributen beginnenden Zeilen mit einem führenden Hochkomma versieht.

Ebenso können Sie VBA-Entwicklungsumgebungen, wie sie z.B. in Microsoft Office ab Version 97 eingebaut sind, als Scripteditoren verwenden.

Microsoft bietet eine Light-Version des älteren Visual Basic 5.0 unter dem Namen „Visual Basic Control Creation Edition" (VBCCE) kostenlos an. VBCCE ist hinsichtlich des Editors nicht schlechter als die kostenpflichtigen Vollversionen. Allerdings können Sie damit keine ausführbaren Anwendungen, sondern nur Steuerelemente erstellen. Sie finden VBCCE auf der Buch-CD [CD:/install/vbcce].

In Kapitel 19 wird die Idee vorgestellt, die VB-Vollversion und VBA nicht nur als Editor, sondern auch als Prototypumgebung oder sogar als Plattform für Automatisierungslösungen zu nutzen.

18.1.7 Notepad und Notepad Plus

Geheiligt sei das Notepad!
Es ist unglaublich, dass es das Microsoft Notepad in seiner gewohnten primitiven Form bis zu Windows Server 2003 geschafft hat. Erst ab Windows Vista zeigt das Notepad Zeilennummern (in der Statusleiste), ermöglicht aber immer noch nicht das Öffnen mehrerer Fenster.

Dennoch werden Sie – wie alle anderen Windows-Nutzer auch – oft mit dem Notepad arbeiten. Denn dieser Editor ist auf jedem Rechner installiert, und Sie werden immer wieder an Rechnern arbeiten, an denen kein anderer Editor vorhanden ist. Und Sie werden feststellen, dass Anwendungen für bestimmte Darstellungen das Notepad aufrufen (z.B. für die Quelltextansicht im Internet Explorer).

Wissen Sie, woher das Notepad seinen Namen hat? Zur *Not* ist es ein gutes *Pad* ...

Sie können jedoch auch dagegen etwas tun: Ersetzen Sie die Datei *Notepad.exe* durch einen anderen Editor, den Sie in *Notepad.exe* umbenennen. Anwendungen wie der Internet Explorer starten das Notepad nämlich anhand des Dateinamens, und Sie können ihm daher leicht einen anderen Editor unterschieben.

Austausch des Notepad

Ein geeigneter Kandidat ist beispielsweise das Notepad++ [NOTPAD]. Auch dies ist kein umwerfender Editor, bietet aber wenigstens die Zeilennummernanzeige in der Statuszeile und eine Mehrfensterdarstellung.

Notepad Plus

18.1.8 Admin Script Editor (ASE)

Der Admin Script Editor (ASE) der Firma iTripoli versteht sich auf die Scriptsprachen VBScript (für WSH), KiXtart [KIX04] und AutoIt [AUT04]. Auf der Buch-CD finden Sie eine Demo-Version der aktuellen Version 3.5 [CD:/install/Werkzeuge/Editoren/Admin-Script-Editor].

Bei der Entwicklung von WSH-Scripts unterstützt der ASE durch folgende Funktionen:

- Hervorhebung der Sprachelemente (Syntax Highlighting)
- Tooltipps für Parameter von Befehlen und Methoden (Script Tips)
- Auswahl der Attribute und Methoden von COM-Objekten („Script Sence") und ADSI-Objekten, die mit dem WinNT-Provider instanziiert werden
- Zusammenklappbare Coderegionen wie in Visual Studio .NET
- COM-Browser, der dem Objektbrowser von Visual Studio .NET sehr ähnlich ist
- Assistent für die Generierung von WMI-Scripts (WMI Code Wizard)
- Markierung der zuletzt modifizierten Zeilen (Script Change Indicators, vgl. Visual Studio 2005)
- Scriptausführung aus dem Editor heraus
- Verpacken von Scripts in ausführbare Dateien mit der Option, das kompilierte Programm zu verschlüsseln und unter einem anderen Benutzerkonto auszuführen (Impersonifizierung)
- Unterstützung für WSF-Dateien, WSC-Komponenten und HTAs
- Unterstützung für VBScript, DOS-Batch, Kixtart und AutoIT

> Die Script Complete-Funktion zeigt Schwächen bei Schleifen und arbeitet für ADSI-Objekte nur für den WinNT-Provider. Script Complete für ADSI basiert auf der Angabe des Objekttyps im Pfad bei `GetObject()`. Da der LDAP-Provider diese Möglichkeit nicht vorsieht, funktioniert Script Complete bei LDAP-Pfaden nicht.

18.1.9 VBsEdit/JsEdit

VBsEdit und JsEdit der Firma Adersoft sind extrem leichtgewichtige Editoren: Das Setup ist nur 3,8 MB bzw. 0,8 MB groß. Viele Funktionen kann man auf so geringem Raum nicht erwarten. Es gibt:

- Getrennte Editoren für VBScript- und JScript-Dateien (.vbs und .js)
- Eine Hervorhebung der Sprachelemente (Syntax Highlighting)
- Eine Eingabehilfe für COM-Objekte
- Einen integrierter Debugger

Sie finden eine funktionsbeschränkte Version auf der Buch-CD [CD:/install/Werkzeuge/Editoren/VBEdit und JSEdit] oder unter [ADE04].

18.1.10 Vergleich der Editoren

Die folgende Tabelle vergleicht die drei wichtigsten WSH-Skripteditoren im Markt mit dem Funktionsumfang, den Microsoft mit Visual InterDev bietet.

Kriterium	Microsoft Visual InterDev (MSVI)	PrimalScript	OnScript	System-Scripter
Unterstützte Skriptsprache	VBScript und JScript/JavaScript	VBScript, JScript/JavaScript, Windows PowerShell (.ps1), C# Perl, ASP.NET, PowerShellASP, ColdFusion, CSS, Python, Tcl, ActionScript, LotusScript, Windows Batch, Rexx, KiXtart, C++ u.a.	VBScript, JScript, Windows Batch, PerlScript, PythonScript	Nur VBScript
Benutzerdefinierte Sprachen	Ja	Ja	Ja	Nein
Unterstützte Dokumentenformate	HTML	HTML, XML, XML Schema, ADM	HTML (HTA)	Keine
Unterstützte WSH-Scriptdateitypen	.vbs, .js	.vbs, .js, .wsf, .wsc	.vbs, .js, .wsf, .wsc, .pls, .py	.vbs, .vbe
Unterstützung für XML-strukturierte Scriptdateien	Nein	Ja	Ja	Nein
Unterstützung zur Erstellung von Windows Script Components (.wsc)	Nein	Ja	Ja	Ja
Farbunterscheidung im Quellcode	Ja (konfigurierbar)	Ja (konfigurierbar)	Ja (konfigurierbar)	Ja (nicht konfigurierbar)
Browsing durch Scripting-Komponenten	Ja (aber nur über vorher explizit eingebundene Komponenten)	Ja (Type Library Browser)	Ja (Type Library Browser)	Nein
Suchfunktion über Scripting-Komponenten	Ja (aber nur über vorher explizit eingebundene Komponenten)	Nein	Nein	Ja
Auto-vervollständigen für VBScript-Befehle	Ja	Ja	Ja	Ja
Auto-vervollständigen für Bezeichner	Nein	Ja	Ja	Ja
Auswahl von ProgIDs bei CreateObject	Nein	Ja	Ja	Ja
Klassenbrowser für selbst definierte VBScript-Klassen	Nein	Ja	Nein	Nein

Tabelle 18.1: Vergleich der Skripteditoren

Editoren und Entwicklungsumgebungen

Kriterium	Microsoft Visual InterDev (MSVI)	PrimalScript	OnScript	System-Scripter
IntelliSense für VBScript-Klassen	Nein	Ja	Ja	Ja
IntelliSense für WSH-Objekte	Ja	Ja (PrimalSense)	Ja	Ja
IntelliSense für andere COM-Objekte	Ja, aber nur direkt mit CreateObject() instanziierte Objekte	Ja	Ja	Ja
IntelliSense für WMI-Objekte	Nein	Nein	Nein	Ja
IntelliSense für ADSI-Objekte	Nein	Nein	Nein	Teilweise
Bibliothek mit Code-fragmenten	Nein	Ja	Nein	Ja
Assistent für .wsf-Dateien	Nein	Ja	Ja	Nein
Assistent für .wsc-Dateien	Nein	Ja	Ja	Nein
Code-Generator für ADSI-Code	Nein	Ja	Nein (Microsoft Script-O-Matic integrierbar)	Ja (Active Directory-Browser)
Code-Generator für WMI-Code	Nein	Ja	Nein (Microsoft Script-O-Matic integrierbar)	Ja
Sonstige Code-Generatoren	Keine	Login-Skripte, WSF-Dateien		
Codeprüfung während der Eingabe	Nein	Teilweise	Nein/span>	Ja
Debugging	Ja, integrierter Debugger	Zusatzprodukt Primal-Scope 2009	Microsoft Scriptdebugger kann integriert werdeno:p>	Microsoft Scriptdebugger kann integriert werden
WSH-Ausgaben in Editor-Fenster	Nein	Ja	Ja	Ja
Fernstart von Skripten	Nein	Nein	Ja (mit OnScript Network Edition)	Nein
Scriptsignierung	Nein	Ja	Nein	Ja
Scriptencoding	Nein	Ja	Neino:p>	Ja
Quellcodeverwaltung integrierbar	Ja, MS SCC API	Ja, MS SCC API	Nein	Nein

Tabelle 18.1: Vergleich der Skripteditoren (Forts.)

Kapitel 18 Werkzeuge

Kriterium	Microsoft Visual InterDev (MSVI)	PrimalScript	OnScript	System-Scripter
Hilfe	Microsoft Developer Network Library wird mitgeliefert	Microsoft Developer Network Library integrierbar. Andere Hilfedateien als Referenz integrierbar.	Microsoft Windows Script Documentation integrierbar für WSH- und Scripting-Sprachreferenz sowie für Hilfe bei Fehlermeldungen. Andere Hilfedateien als Referenz integrierbar.	Microsoft VBScript-Hilfe integrierbar
Sprachversionen	Deutsch | Englisch	Englisch	Deutsch|Englisch	Deutsch|Englisch
Deutschsprachiger Support	Ja	Ja	Ja	Ja
Hersteller	Microsoft Corp. (USA)	SAPIEN Technologies, Inc. (USA)	XLnow (Schweiz)	Dr. Tobias Weltner (Deutschland)
Aktuelle Version	6.0	2009 (5.0)	2.1	6.0
Preis	Wird von Microsoft nicht mehr neu verkauft	299 $	75$ bzw. 150$	59 Euro (Privat) 139 Euro (Professional 799 Euro (Team)
Kostenloser Support:p>	Nein	Ja	Ja	Ja
Kostenlose Updates	Produkt wird nicht weiterentwickelt	Ja (Unterversionen)	Ja (Unterversionen)	Ja (Unterversionen)
Website	http://msdn.microsoft.com/vinterdev/	http://www.sapien.com	http://www.onscript.com	http://www.scriptinternals.de

Tabelle 18.1: Vergleich der Skripteditoren (Forts.)

Eingabeunterstützung

Eine entscheidende Funktion für WSH-Scripteditoren ist die Eingabeunterstützung („IntelliSense") für die Objektmitglieder, also die Möglichkeit, die Attribute und Methoden bei Eingabe des Punkts hinter einem Objektnamen aus einer Liste auszuwählen. Bezüglich dieser wichtigen Editorfunktion sollen die hier vorgestellten speziellen WSH-Editoren verglichen werden. Der Vergleich soll anhand von sieben typischen Fällen in der Sprache VBScript durchgeführt werden. Diese Fälle sind in dem nachstehenden Script dokumentiert.

Listing 18.3
Testscript für Eingabeunterstützung in Scripteditoren [CD:/code/ Werkzeuge/ Scripteditoren-vergleich/Ver-gleichsScript .vbs]

```
' --- Vergleich der Eingabehilfen für Objekte

' 1. Für eingebaute Objekte
' wscript. ?
WScript.Echo "Scripteditoren-Vergleich: Vergleich der Eingabehilfen für Objekte"

' 2. Für direkt instanziierte Objekte
' fso. ?
Dim fso
Set fso = CreateObject("Scripting.FileSystemObject")
WScript.Echo fso.GetTempName

' 3. Für indirekt instanziierte Objekte
' fo. ?
Dim fo
Set fo = fso.GetFolder("c:")
WScript.Echo fo.Name

' 4. Für Objekte in Schleifen
' fi. ?
Dim fi
For Each fi In fo.Files
WScript.Echo fi.name
Next

' 5. Für Objekte in With-Statements
' fso. ?
With fso
fso.GetTempName
End With

' 6. Für ADSI-Objekte (WinNT)
' u1. ?
Dim u1
Set u1 = GetObject("WinNT://XFilesServer01/FoxMulder, User")
' DECLARE u1 = WinNT+User
WScript.Echo u1.adspath

' 7. Für ADSI-Objekte (LDAP)
' u2. ?
Dim u2
Set u2 = GetObject("LDAP://XFilesServer01/CN=FoxMulder,OU=Agents,DC=FBI,DC=ORG")
' DECLARE u2 = LDAP+user
WScript.Echo u2.adspath

' 8. Für WMI-Objekte
' Drive.?
Dim Drive
Set Drive = GetObject("winmgmts:Win32_LogicalDisk.DeviceID='c:'")
' DECLARE drive = WMI+Win32_LogicalDisk+root\cimv2
WScript.Echo Drive.freespace

' 9. für selbst definierte VBS-Klassen
' b. ?
```

```
Class Benutzer
  Public Name
  Public Geb
End Class

Dim b
Set b = New Benutzer
b.Name = "Dr. Holger Schwichtenberg"
b.geb = #1/8/1972#
```

Die nachfolgende Tabelle zeigt die Ergebnisse. Nicht unerwähnt bleiben soll, dass der SystemScripter sein hervorragendes Ergebnis nur durch die zusätzlichen Deklarationsanweisungen ('DECLARE ...) erreichen kann. Visual Basic 6.0 kann die gleichen Ergebnisse erzielen, wenn die Objektvariablen mit As typisiert werden.

Editor	Fall 1	Fall 2	Fall 3	Fall 4	Fall 5	Fall 6	Fall 7	Fall 8	Fall 9
Visual InterDev 6.0	tlw.	Ja	Nein	Nein	Nein	Nein	Nein	Nein	Nein
PrimalScript 2009	Ja	Ja	Ja	Ja	Ja	Nein	Nein	Nein	Ja
SystemScripter 6.0	Ja	Ja	Ja	Ja	Ja	Ja	Ja	Ja	Ja
OnScript 2.1	Ja	Ja	Ja	Ja	Ja	Nein	Nein	Nein	Ja
Admin Script Editor 2.4	Ja	Ja	Ja	Nein	Ja	Ja	Nein	Nein	Nein
VBsEdit 3.3	Ja	Ja	Ja	Nein	Nein	Nein	Nein	Nein	Nein

Tabelle 18.2: Vergleich der Eingabeunterstützung für Objekte in den verschiedenen Scripteditoren

PrimalScript 2009 hat sich gegenüber PrimalScript 4.1 (getestet für die 5. Auflage dieses Buchs) nicht verbessert.

18.2 Scriptdebugger

Dieses Kapitel beschreibt die Debugger, die für das Debugging von Scripts im Active Scripting-Modell verwendet werden können.

18.2.1 Microsoft Scriptdebugger

MS Script-debugger Der *Microsoft Scriptdebugger* (*msscrdbg.exe*) ist ein Debugging-Werkzeug, das zusammen mit dem Internet Explorer installiert wird. Mit dem Scriptdebugger können aber nicht nur DHTML-Scripte, sondern alle Arten von ActiveX-Scripts untersucht (neudeutsch: *gedebuggt*) werden.

Sofern auf Ihrem System der Scriptdebugger nicht existiert, können Sie ihn über die Systemsteuerung (Hinzufügen von Windows-Komponenten) oder die Setup-Dateien auf der Buch-CD-ROM installieren.

Der Scriptdebugger umfasst einen Großteil des Funktionsumfangs des Visual Basic 6.0 Debugger. Das größte Handicap des Scriptdebuggers ist, dass die Scripts nicht im Debugger modifiziert werden können. Es ist also nicht möglich, beim Auftreten eines Fehlers die beanstandete Zeile zu verändern und das Script dann weiterlaufen zu lassen. Das Script muss in der Originalquelle modifiziert und neu gestartet werden.

Editor

> Der Scriptdebugger besitzt zwar einen eingebauten, einfachen Scripteditor (Menü DATEI/NEU), jedoch können auch darin erstellte Scripts nicht innerhalb des Debuggers gestartet werden, sondern müssen extern aufgerufen werden und unterliegen damit den gleichen Beschränkungen wie andere Scripts auch.

Weitere Einschränkungen im Vergleich zum Debugger der Visual Basic-Vollversion sind:
- Es werden keine Tooltipps mit den Werten einer Variablen angezeigt.
- Es gibt kein Lokalfenster, das alle Variablen anzeigt.
- Es gibt keine Überwachungsausdrücke.
- Unterbrechungspunkte können nicht im Quelltext gesetzt werden, sondern erst, wenn sich das Script bereits im Debug-Modus befindet. Die Unterbrechungspunkte werden auch nicht zwischen Debug-Sitzungen gespeichert.

Alle anderen Funktionen (schrittweise Ausführung, Ausgabe und Veränderung von Werten in Direktfenstern, Aufrufliste) stehen jedoch zur Verfügung.

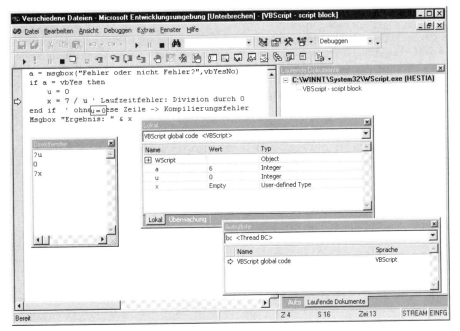

Bild 18.11
Ein Division-durch-Null-Fehler im Scriptdebugger

18.2.2 Visual InterDev-Debugger

Sofern Sie Visual InterDev installiert haben, können Sie dieses als Scriptdebugger für all Ihre ActiveX-Scripte verwenden. Setzen Sie dazu in InterDev unter EXTRAS/OPTIONEN die in Bild 18.12 gezeigten Optionen. Visual InterDev bietet etwas feinere Optionen im Einzelschrittmodus als der Microsoft Scriptdebugger.

InterDev als Debugger

Bild 18.12
Aktivierung von InterDev als Active Scriptdebugger

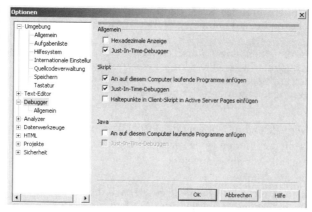

18.2.3 Visual Basic-Debugger

VB-Debugger
Die beste Art des Debuggings von Scripts ist und bleibt das Entwickeln eines Prototyps in der VB 6.0-IDE und die Migration zu einem VBS-Script zu einem möglichst späten Zeitpunkt. Die Funktionsvielfalt des VB-Debuggers, insbesondere die Veränderung des Programmcodes während des Debuggens, bietet Ihnen derzeit kein Scriptdebugger. Der VB 6.0-Debugger ist leider kein Active Scriptdebugger und kann daher nicht mit echten Scripts oder anderen Sprachen verwendet werden. Sie sind damit also auf die Scriptsprache VBS festgelegt. Weitere Informationen über die Funktionen des Visual Basic Debuggers erhalten Sie in Kapitel 19, „Fortgeschrittene Active Scripting-Techniken".

18.2.4 Andere Debugger

Auch die im Bereich „Entwicklungsumgebungen" beschriebenen Produkte PrimalScript und SystemScripter enthalten Scriptdebugger für Active Scripting.

18.3 COM-Werkzeuge

Werkzeuge für COM
Die nachfolgend vorgestellten Werkzeuge sind eine nützliche Hilfe für Systemadministratoren und Programmierer. Sie vereinfachen die Suche und die Veränderungen von COM-Informationen in der Windows-Registrierungsdatenbank. Leider gibt es kein allumfassendes COM-Werkzeug. Bei vielen Aufgaben ist ein Zusammenspiel verschiedener Werkzeuge notwendig. Dabei sind die unterschiedlichen Sichten und Möglichkeiten, die die verschiedenen Werkzeuge bieten, für den Nicht-COM-Profi sehr verwirrend. Dies werden Sie insbesondere am Beispiel der AppID im COM-Viewer und bei dem *DCOM Configuration Utility* sehen.

18.3.1 Microsoft Registrierungsdatenbank-Editoren

RegEdit und RegEdt32
Das einfachste Werkzeug für die Konfiguration von COM sind Registrierungsdatenbank-Editoren. Microsoft stellt mit jedem 32-Bit-Betriebssystem zwei verschiedene Registrierungsdatenbank-Editoren zur Verfügung:
- RegEdit *(regedit.exe)*
- RegEdt32 *(regedt32.exe)*

Vor Windows XP gab es zwei verschiedene Anwendungen mit unterschiedlichen Möglichkeiten. Ab Windows XP führen beide Befehle zum gleichen Werkzeug.

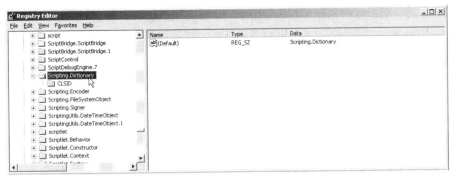

Bild 18.13
Eintrag für eine COM-Klasse in der Registrierungsdatenbank

Die Manipulation der Registrierungsdatenbank ist die direkteste, aber am schwierigsten zu beherrschende Form der COM-Konfiguration. Werkzeuge wie das DCOM-Konfigurationswerkzeug und der COM Viewer stellen eine höhere und einfachere Form der COM-Konfiguration dar.

Bewertung

Die Rechteverwaltung in RegEdt32 darf nicht mit der COM-Rechteverwaltung verwechselt werden! Die COM-Bibliothek speichert die Zugriffs- und Aktivierungsrechte für COM-Objekte in Form von Security-Deskriptoren in Registrierungsdatenbankeinträgen vom Datentyp String. Dagegen regeln die in RegEdt32 verwalteten Rechte den Zugriff auf die Registrierungsdatenbank-Schlüssel. Hier kann also festgelegt werden, wer die Rechte auf die COM-Objekte verwalten darf.

18.3.2 Registry Crawler

Der *Registry Crawler* der Firma 4Developers [DEV00] ermöglicht eine sehr viel schnellere Suche in der Registrierungsdatenbank als die Werkzeuge von Microsoft. Im Gegensatz zu RegEdit und RegEdt32 muss man damit nicht von Suchergebnis zu Suchergebnis springen, sondern man erhält eine übersichtliche Liste aller gefundenen Schlüssel und Einträge. Ein Doppelklick darauf öffnet RegEdit an der entsprechenden Stelle. Interessant ist auch die Funktion, Bookmarks auf Registrierungsschlüssel zu setzen und so schnell zu interessanten Fundstellen zurückzufinden.

Registry Crawler

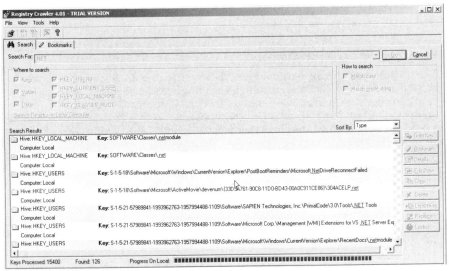

Bild 18.14
Suche nach dem Begriff „RPC" im Registry Crawler

18.3.3 Regsvr32, SWBregsvr und CliReg

regsvr32 Das Kommandozeilentool regsvr32 *(regsvr32.exe)* ermöglicht die Registrierung von COM-DLLs und Scriptlets. COM-EXE-Dateien registrieren sich beim Aufruf selbst bzw. über die Kommandozeilenparameter */RegServer* und */UnregServer*. Da prozessinterne Komponenten nicht eigenständig ausgeführt werden können, ist ein Hilfsprogramm zur Registrierung notwendig. Dieses heißt *regsvr32.exe* und wird bei allen 32-Bit-Windows-Betriebssystemen im Systemverzeichnis installiert.

```
regsvr32 [/u] [/s] [/i] [/n] dllname
```

Registrierung und Deregistrierung Eine COM-DLL, die im Systemverzeichnis (*System* bzw. *System32*) liegt, wird einfach mit `regsvr32 dllname.dll` registriert. Sofern die DLL in einem anderen Verzeichnis liegt, muss der Pfad angegeben werden:

```
regsvr32 Laufwerk:\pfad\dllname.dll
```

Dabei sollten keine UNC-Pfade, sondern lokale Pfade verwendet werden. Bei der Aufhebung einer Registrierung mit der Option /u werden alle zugehörigen Registrierungsdatenbankeinträge wieder gelöscht.

```
regsvr32.abc /u abc.dll
```

Normalerweise gibt regsvr32 modale Dialogboxen zur Bestätigung aus. Dies kann mit der Option /s unterdrückt werden.

regsvr32 registriert Typbibliotheken automatisch, sofern sie in die Komponentendateien (*.dll*, *.exe*, *.ocx*) eingebettet sind.

WSC-Registrierung **Registrierung von Windows Script Components** Auch Windows Script Components können mit regsvr32 registriert werden. Die Registrierung erfolgt jedoch nicht direkt, sondern über die *scrobj.dll*.

```
REGSVR32.EXE /n /i:scriptletname.wsc SCROBJ.DLL
```

Die Deregistrierung erfolgt analog mit der zusätzlichen Option /u.

```
REGSVR32.EXE /u /n /i:scriptletname.wsc SCROBJ.DLL
```

Mit der in Windows 2000 enthaltenen Version 5.0.2134.1 von *regsvr32.exe* ist eine direkte Registrierung von *.wsc*-Dateien möglich. Kurioserweise fehlt diese Funktion in Windows XP wieder.

```
REGSVR32.EXE scriptletname.wsc
```

> **Registrierung per Kontextmenü**
>
> Es wäre hilfreich, die Registrierung und Deregistrierung direkt über das Kontextmenü der Komponentendatei ausführen zu können. Leider bietet Windows im Standard derartige Kontextmenüeinträge nur für WSC-Dateien an, sofern die WSC-Runtime installiert ist. Für EXE- und DLL-Komponenten können Sie dies jedoch durch eine kleine Veränderung der Registrierungsdatenbank selber konfigurieren. Fügen Sie dazu die nachfolgende Registrierungsdatei in die Registrierungsdatenbank ein.

```
REGEDIT4
[HKEY_CLASSES_ROOT\.exe]
@="exefile"
[HKEY_CLASSES_ROOT\exefile\shell\Registrieren\command]
@="\"%1\" /regserver"
[HKEY_CLASSES_ROOT\exefile\shell\Registrierung aufheben\command]
@="\"%1\" /unregserver"
```

```
[HKEY_CLASSES_ROOT\.dll]
@="dllfile"
[HKEY_CLASSES_ROOT\dllfile\shell\Registrieren\command]
@="regsvr32 \"%1\""
[HKEY_CLASSES_ROOT\dllfile\shell\Registrierung aufheben\command]
@="regsvr32 /u \"%1\""
```

Listing 18.4: Registrierungsdatei zur Erweiterung der Kontextmenüs bei .dll- und .exe-Dateien [CD: /install/tools/regsvr32/kontextmenüregistrierung.reg]

SWBregsvr Auf der Buch-CD [CD:/install/Werkzeuge/SWBregsvr/] finden Sie das Werkzeug *SWBregsvr*, das ein kleines Anwendungsfenster bereitstellt, mit dem Sie per Drag&Drop Komponenten registrieren und deregistrieren können.

Registrierung per Drag&Drop

Bild 18.15 SWBregsvr

Registrierung von entfernten Visual Basic-Komponenten Komponenten, die nicht lokal, sondern ausschließlich entfernt ausgeführt werden, benötigen nur eine Minimalinstallation. Mit Visual Basic 6.0 Enterprise Edition erstellte Komponenten können mit dem Werkzeug *clireg.exe* für den Fernzugriff konfiguriert werden. *clireg.exe* erwartet als Steuerdatei ein Visual Basic Registration File (*.vbr*).

CliReg

18.3.4 COM Viewer

Der *COM Viewer* ist ein Werkzeug, das die Betrachtung und Bearbeitung der COM-Informationen in der Registrierungsdatenbank wesentlich vereinfacht. Der COM Viewer nennt sich vollständig ausgeschrieben *OLE/COM Object Viewer*. An einigen Stellen heißt er auch nur *OLE Viewer*. Er ist Bestandteil der Windows Resource Kits und Teil der Werkzeuge im Visual Studio-Produktpaket. Er ist auch auf der Buch-CD enthalten [CD:/install/Werkzeuge/COM Viewer] oder kann als Einzelanwendung von der Microsoft-Homepage geladen werden. Es gibt keine lokalisierte Version mit deutschen Menüs. Beim Setup der deutschen Version von Visual Studio wird lediglich der Startmenü-Link auf den deutschen Namen *OLE-Ansicht* umbenannt.

OLE/COM Object Viewer

In der Baumdarstellung stellt der COM Viewer links COM-Bausteine dar, während auf der rechten Seite die zugehörigen Konfigurationsoptionen gezeigt werden. Der COM Viewer kennt zwei Ansichtsarten: die Standardansicht und die Expertenansicht. In der Expertenansicht zeigt die Baumdarstellung in der linken Fensterhälfte die Oberpunkte *Object Classes*, *Application IDs*, *Type Libraries* und *Interfaces* an. Der erste Punkt enthält die folgenden Unterpunkte:

Anzeigenmodi

- *Grouped by Component Category*: Hier sind die COM-Klassen nach COM-Komponentenkategorien gruppiert aufgelistet.
- *OLE 1.0 Objects* sind alte Klassen aus OLE Version 1.0.
- *COM Library Objects* sind Klassen, die in der COM-Bibliothek selbst definiert sind.
- *All Objects* ist eine Liste aller registrierten Klassen.

In der Standardansicht werden in der Baumdarstellung nur COM-Komponentenkategorien und die für die jeweilige Kategorie registrierten Klassen angezeigt (also der Ast OBJECT CLASSES/GROUPED BY COMPONENT CATEGORY aus der Expertenansicht). Die Expertenansicht wird im Menü VIEW über den Menüpunkt EXPERT MODE aktiviert.

Standardansicht

Bild 18.16
Expertenansicht im COM Viewer

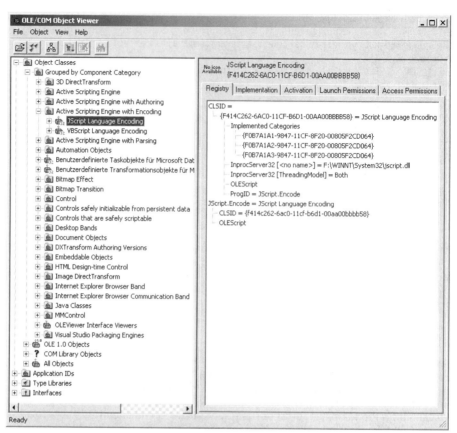

Klassennamen
Klassenansicht Der COM Viewer benutzt in der Auflistung der Klassen unterhalb von *Object Classes* den in der Registrierungsdatenbank unterhalb des CLSID-Schlüssels als Standardattribut hinterlegten Klassennamen (Friendly Class Name), nicht die ProgID. Dies macht es nicht immer einfach, die gesuchte Klasse zu finden. Es ist besonders schwierig, Klassen einer bestimmten Komponente zu finden, da der Friendly Class Name im Gegensatz zur ProgID in der Regel nicht mit dem Komponentennamen beginnt. Leider bietet der COM Viewer auch keine Suchfunktion. Im Zweifel müssen Sie also doch den Registrierungsdatenbank-Editor verwenden, um von der ProgID über die CLSID den Klassennamen zu ermitteln. Der COM-Explorer ist in diesem Punkt in der Darstellung besser konfigurierbar.

Schnittstellen
Bei einem Klick auf einen Klassennamen erzeugt der COM Viewer eine Instanz der Klasse. Links in der Baumdarstellung werden die Schnittstellen der Klasse angezeigt und rechts die Konfigurationsoptionen der Klasse. Wie in Kapitel 8 dargestellt gibt die IUnknown-Schnittstelle nur Auskunft darüber, ob eine bestimmte Schnittstelle unterstützt wird, liefert aber keine Liste aller unterstützten Schnittstellen. Der COM Viewer kann die Schnittstellen daher nur für die Klassen vollständig auflisten, für die es eine Typbibliothek gibt. Bei Klassen ohne Typbibliothek zeigt der COM Viewer nur die vorhandenen COM-Standardschnittstellen an, die er offensichtlich durch Aufruf von QueryInterface() austestet. Wünschenswert wäre eine Funktion, die eine Klasse gegen eine registrierte Schnittstelle testet, um die Schnittstellen auch bei Klassen ohne Typbibliothek zu ermitteln.

Beziehungen
Der große Vorteil gegenüber der Ansicht in der Registrierungsdatenbank ist, dass auch die Schlüssel, auf die die CLSID verweist (z.B. TypeLibID und ProgID), mit ihren Werten

dargestellt werden. Im Registrierungsdatenbank-Editor müssten Sie diese Informationen mühsam heraussuchen. Die weiteren Registerkarten bieten komfortable Eingabemasken für ausgewählte Einträge.

Bitte beachten Sie, dass jede Eingabe in eine der Eingabemasken sofort in die Registrierungsdatenbank geschrieben wird. Ein explizites Speichern oder ein Rückgängigmachen gibt es nicht.

Verwirrung mit den AppIDs Bei den vom COM Viewer angebotenen Eingabefeldern finden sich zu jeder Klasse unter den Registerkarten *Activation*, *Launch Permissions* und *Start Permission* auch Einstellungen, die zu einer COM-Anwendung gehören und unterhalb einer AppID gespeichert werden. Der COM Viewer ermöglicht also eine klassenweise Sicht auf eine COM-Anwendung, während das DCOM-Configuration Utility (DCOM-CNFG) eine anwendungsbezogene Sicht bietet.

COM Viewer versus DCOM CNFG

Dies ist für COM-Einsteiger sehr verwirrend, denn der COM Viewer suggeriert, dass Einstellungen wie die *Launch Permissions* auf Klassenebene gesetzt werden können. In Wirklichkeit wirkt sich jede Änderung auf alle zu der gleichen COM-Anwendung gehörenden Klassen aus. Kritik ist auch in einem weiteren Punkt angebracht. Der COM Viewer bietet nur die klassenbezogene Sicht, die anwendungsbezogene Sicht ist verkümmert: Unterhalb des *Application IDs*-Zweigs werden zwar die Registrierungsdatenbank-Schlüssel in Rohform angezeigt, es gibt jedoch enttäuschenderweise keinerlei Eingabemasken. Diese komfortablen Eingabemasken pro COM-Anwendung bietet nur das DCOM-Configuration Utility. Allerdings hat das den Wermutstropfen, dass dieses Werkzeug dafür nicht die Klassen anzeigen kann, die zu einer COM-Anwendung gehören.

Verwirrung

Übrigens kann auch der COM Viewer die Zugehörigkeit einer Klasse zu einer COM-Anwendung nur darstellen, nicht aber verändern. Wenn jedoch eine Klasse noch nicht zu einer COM-Anwendung gehört, dann wird bei der Eingabe eines Werts in eines der Eingabefelder, das sich auf eine COM-Anwendung bezieht, eine neue COM-Anwendung erzeugt. Leider sind diese Felder weder grau unterlegt, wenn keine Anwendungszuordnung existiert, noch gibt es beim Anlegen einer neuen Anwendung eine Nachfrage beim Benutzer.

Zuordnung von Klassen zu Anwendungen

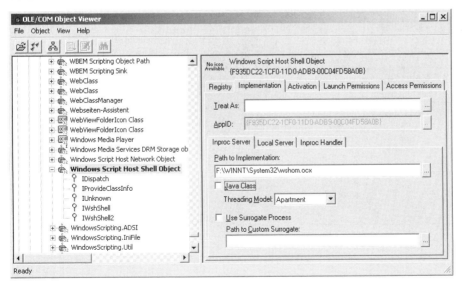

Bild 18.17
Anzeige der Klasse Windows Script Host Network Object (WScript.Network)

Kapitel 18 **Werkzeuge**

TypeInfo- **TypeInfo-Viewer** Durch einen Doppelklick auf ein Interface öffnet sich der TypeInfo-
Viewer Viewer, der ein Teil des COM Viewers ist. Im linken Teilfenster des TypeInfo-Viewer werden die enthaltenen Schnittstellen mit ihren Methoden angezeigt. Sofern die Schnittstellen von anderen Schnittstellen geerbt haben, werden die erbenden Schnittstellen als untergeordnete Äste angezeigt. Auf der rechten Seite wird die zugehörige IDL-Definition angezeigt. Die Schnittstelleninformationen können als Textdatei mit der Erweiterung *.idl* abgespeichert oder per Cut&Paste übernommen werden. Sie können also mit dem Type-Info-Viewer Typbibliotheken dekompilieren, um sie anschließend mit *Midl.exe* neu aufzubauen. Dies können Sie dazu nutzen, um eine Typbibliothek aus der DLL- oder EXE-Komponente zu extrahieren, wenn Sie die Schnittstellendefinitionen ohne die Implementierung weitergeben wollen.

Über das *File*-Menü des COM Viewers können Typbibliotheksdateien auch direkt geöffnet werden. Typbibliotheken können in folgenden Dateitypen enthalten sein: *.tlb, .dll, .exe, .olb, .ocx, .rll*.

Klassen **Schwäche des COM Viewer** Die wichtigste Komponentenkategorie für den Scriptpro-
werden grammierer stellen die Automation Objects dar. Leider hat der COM Viewer ausgerech-
übersehen. net hier ein Problem: Er zeigt nicht alle automationsfähigen Klassen an. Natürlich kann der COM Viewer höchstens die automationsfähigen Klassen anzeigen, für die es in der Registrierungsdatenbank eine CLSID gibt. Aber auch aus dieser Menge übersieht der COM Viewer einige, z.B. die Klasse ADODB.Recordset. Der im nächsten Kapitel vorgestellte COM-Explorer findet mehr, wenngleich nicht alle relevanten Klassen.

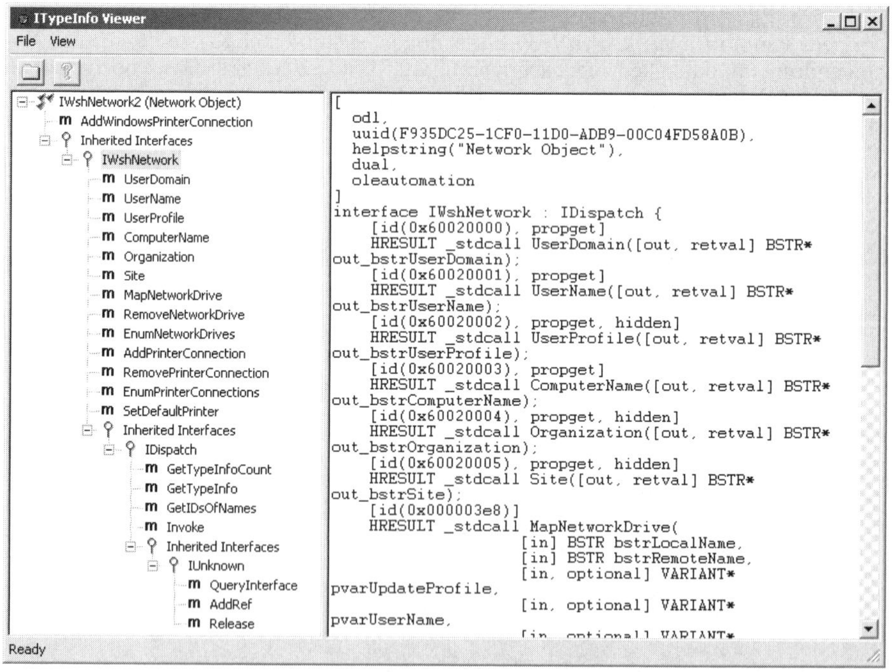

Bild 18.18
Der TypeInfo-Viewer zeigt die Schnittstelle IWSHNetwork2, *die von* IWSH-Network *abgeleitet ist.* IWSHNetwork *implementiert* IDispatch, *die pflichtgemäß von* IUnknown *abgeleitet ist.*

790

18.3.5 COM-Explorer

Der *COM-Explorer* ist ein Shareware-Werkzeug der Firma 4Developers [DEV00]. Er zeigt die auf einem System registrierten automationsfähigen Klassen, getrennt nach Steuerelementen, COM-DLLs und COM-EXEs. Zu jeder Klasse werden die Informationen über die entsprechende Komponente angezeigt. Dabei werden nicht nur die Informationen aus der Registrierungsdatenbank, sondern auch die aus der Komponentendatei selbst ausgelesen. In der Komponentendatei sind Beschreibungen sowie Informationen über die Version und den Hersteller abgelegt. Die Anzeige kann auch so umkonfiguriert werden, dass in der Listendarstellung die CLSID, der Typbibliotheksname oder die Dateiposition angezeigt wird. Alle Informationen können in Form einer CSV- oder HTML-Datei exportiert werden (Menü TOOLS/GENERATE REPORT). Die Registerkarte *Registry Entries* zeigt die für die Komponente relevanten Ausschnitte aus der Registrierungsdatenbank, allerdings ohne – anders als der COM Viewer – Eingabehilfen anzubieten.

Konfigurierbare Darstellung

Der Schwerpunkt des Werkzeugs liegt darauf, die Funktionsfähigkeit der Komponente auf der Grundlage ihrer Abhängigkeit zu überprüfen. Zu jeder Komponente werden die DLLs angezeigt, von denen die Komponente abhängig ist. Über eine Suchfunktion (Menü TOOLS/FIND MISSING DEPENDENCIES) können Komponenten mit Abhängigkeitsproblemen gezielt gesucht werden. Der COM-Explorer ergänzt das Kontextmenü von DLLs um die Punkte *Register*, *Unregister*, *Compare To* und *View DLL Details*.

Abhängigkeiten

Bild 18.19 Der COM-Explorer 2.0

Kapitel 18 **Werkzeuge**

18.3.6 Dependency Walker

Dependency Walker
Der *Dependency Walker* zeigt die Abhängigkeiten von DLLs und EXEs von anderen DLLs sowie die von DLLs exportierten bzw. importierten Funktionen an. Sie benötigen den Dependency Walker, um zu analysieren, welche DLLs eine Komponente braucht. Dies ist hilfreich, wenn die Registrierung fehlschlägt. Der Dependency Walker wird mit Visual Studio und den Windows Resource Kits ausgeliefert. Der COM-Explorer zeigt zwar auch die Abhängigkeiten, aber nur für solche Komponenten, die bereits erfolgreich registriert wurden. Für Komponenten, die Sie aufgrund fehlerhafter Abhängigkeitsbeziehungen nicht registrieren können, benötigen Sie den Dependency Walker.

Bild 18.20
Die CDO-Komponente im Dependency Walker

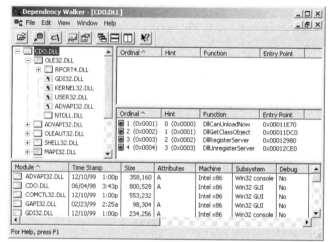

18.3.7 Objektkatalog

Objektkatalog
Der *Microsoft Objektkatalog* (engl. *Object Browser*) ist ein Werkzeug zur Darstellung von bzw. zur Suche in Typbibliotheken und vereinfacht die Darstellung sehr stark. Er unterscheidet nicht zwischen Klassen und Schnittstellen und stellt Schnittstellen als Klassen dar. Zudem werden Standardschnittstellen von Klassen verborgen. Insgesamt entsteht so eine Sicht auf die Komponenten, aus der der Entwickler nicht mehr erkennen kann, welche Schnittstellen in welchen Klassen bzw. in deren Instanzen vorhanden sind, obwohl genau dies eine wertvolle Information der Typbibliotheken ist. Eigentlich sollte der Objektkatalog besser Klassenbrowser heißen, da er die Objekte nicht in ihren Beziehungen zur Laufzeit zeigt. Dies leistet das Lokalfenster der Visual Basic-Entwicklungsumgebung.

Keine Einzelanwendung
Der Objektkatalog wird mit den Entwicklungsumgebungen von Visual Basic, Visual Basic for Applications und Visual InterDev ausgeliefert. Er bildet ein Fenster innerhalb dieser IDEs, das leider nicht separat gestartet werden kann.

Verweise
Im Objektkatalog werden nicht automatisch alle auf dem System verfügbaren Typbibliotheken angezeigt. Damit eine Komponente hier betrachtet werden kann, müssen Sie erst im *Verweise*-Dialog (PROJEKT/VERWEISE in VB 6.0 bzw. EXTRAS/VERWEISE in VBA/Office 2000) die Typbibliothek aktivieren. Die VERWEISE-Dialoge berücksichtigen jedoch keine ActiveX-Steuerelemente. Diese fügen Sie durch Aufnahme in die Werkzeugsammlung dem Projekt hinzu (Eintrag KOMPONENTEN im Kontextmenü der Werkzeugsammlung in VB 6.0; in VBA ist es an gleicher Stelle der Eintrag ZUSÄTZLICHE STEUERELEMENTE).

Bild 18.21
Der Objekt-
katalog in
Visual Basic
6.0 zeigt die
Klasse File *aus*
der Scripting
Runtime-
Komponente.

Objektkatalog in Visual InterDev 6.0 Der in Visual InterDev 6.0 enthaltene Objektkatalog unterscheidet sich etwas von seinen Kollegen: Anhand der konfigurierbaren Darstellung ist erkennbar, ob ein Eintrag eine Klasse oder eine Schnittstelle ist. Einiges hat sich allerdings gegenüber den anderen Versionen des Objektkatalogs nicht verbessert: Der Zusammenhang von Klassen und Schnittstellen wird nicht dargestellt, und Standardschnittstellen werden unterdrückt.

InterDev-Objektkatalog

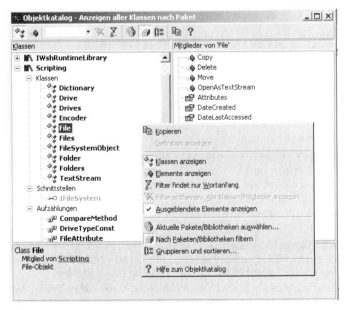

Bild 18.22
Objektkatalog
in Visual Inter-
Dev 6.0 (wieder
die Klasse
Scripting.
File)

Objektkatalog in Visual Studio .NET 2002/2003 und Visual Studio 2005 Der Objektkatalog in den .NET-basierten Visual Studio-Versionen basiert optisch auf dem Objektkatalog von Visual InterDev 6.0. Der Objektkatalog kann nicht nur .NET-Komponenten, sondern auch COM-Komponenten anzeigen.

VS.NET

*Listing 18.5
Der Objektkatalog zeigt eine COM-Komponente. Die anderen Komponenten in der Baumstruktur sind .NET-Komponenten.*

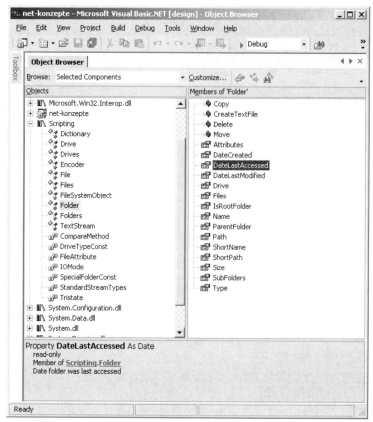

18.3.8 comTLBrowser

comTL-Browser Der *comTLBrowser* ist ein Abfallprodukt der Arbeit an diesem Buch. Er stellt ebenso wie der Objektkatalog eine Typbibliothek dar, jedoch unterscheidet er sich in einigen Funktionen stark von den Microsoft-Objektkatalogen:

- Der comTLBrowser ist eine eigenständige Anwendung (*comTLBrowser.exe*).
- Es wird klar zwischen Klassen und Schnittstellen getrennt, und es ist ersichtlich, welche Schnittstellen eine bestimmte Klasse unterstützt.
- Alle Informationen werden in Form von Listen dargestellt, die sich per Cut&Paste in anderen Umgebungen übernehmen lassen können.
- Der Umfang der Darstellung ist wählbar.
- Aus Attributdefinitionen kann in Visual Basic Code für Wertzuweisungen bzw. Lesezugriffe auf die Werte generiert werden. Diesen Code können Sie per Cut&Paste übernehmen. Das erspart viel Tipparbeit bei der Erforschung neuer Klassen.
- Konstantendefinitionen können als Const-Deklarationen oder als Array-Deklarationen ausgegeben werden. Die Const-Deklarationen sind in Umgebungen nützlich, die nicht auf die Typbibliothek zugreifen können. Im Microsoft-Objektkatalog können Sie jede Definition einer symbolischen Konstante nur einzeln per Cut&Paste übernehmen. Im comTLBrowser können Sie ganze Listen auf einmal übernehmen. Die Array-Deklarationen dienen als Eingabe für die in Kapitel 9 vorgestellten Hilfsfunktionen

get_from_array() und get_from_array_mult(). Sie ermöglichen es, vorhandene numerische Attributwerte in symbolische Konstantennamen zurückzuverwandeln.
* Die Deklarationen können alternativ auch in einer Textdatei abgespeichert werden.

Den comTLBrowser finden Sie auf der Buch-CD im Verzeichnis */install/Werkzeuge/ comTL-Browser*.

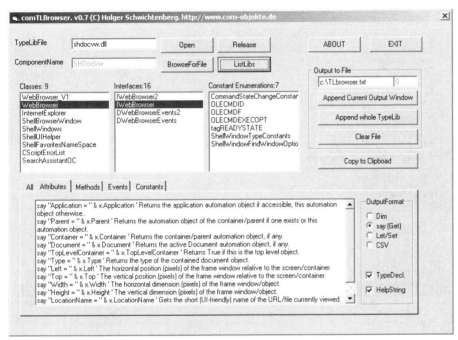

Bild 18.23 Anwendungsfenster des comTLBrowsers. Dargestellt werden hier die Attribute der Schnittstelle IWebBrowser, *die von der Klasse* WebBrowser *in* shdocvw.dll *implementiert wird.*

18.3.9 DCOM-Konfigurationswerkzeug

Das *DCOM-Configuration Utility* (kurz: DCOMCNFG) dient der Konfiguration von globalen DCOM-Einstellungen sowie von COM-Anwendungen. Der COM Viewer listet zwar die installierten COM-Anwendungen auf, bietet jedoch Konfigurationsmöglichkeiten für AppID-Werte nur aus der Sicht einer Klasse an. DCOMCNFG zeigt leider nicht an, welche Klassen zu einer COM-Anwendung gehören, und ermöglicht auch nicht die Anlage neuer COM-Anwendungen.

DCOMCNFG

Das DCOM-Configuration Utility gehört zum Installationsumfang von DCOM. Es wird in das Systemverzeichnis kopiert, ohne jedoch eine Verknüpfung im Startmenü herzustellen. Das Werkzeug hat den Dateinamen *dcomcnfg.exe*. Mit Windows 2000 wurde die Version 5.0.1447.1 ausgeliefert. Unter NT 4.0-Systemen mit älteren Service-Packs bzw. Windows 9x-Versionen mit älteren Internet Explorer-Versionen ist noch Version 4.x installiert, die Sie unbedingt auf die aktuelle Version bringen sollten, da Ihnen sonst einige wichtige Funktionen nicht zur Verfügung stehen.

Installation und Versionen

Ab Windows XP/Windows Server 2003/Windows Vista ist das DCOM-Konfigurationstool Teil des MMC-Snap-Ins „Komponentendienste". Der Aufruf von *dcomcnfg.exe* startet dieses Snap-In.

Kapitel 18 Werkzeuge

 DCOMCNFG kann unter Windows 9x/ME nur ausgeführt werden, wenn sich das Betriebssystem im Sicherheitsmodus *Zugriffskontrolle auf Benutzerebene* befindet, da die COM-Sicherheit nur in diesem Modus verfügbar ist.

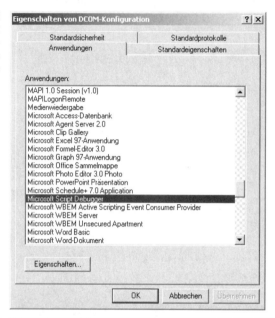

Bild 18.24
Hauptansicht des DCOM-Configuration Utilitys

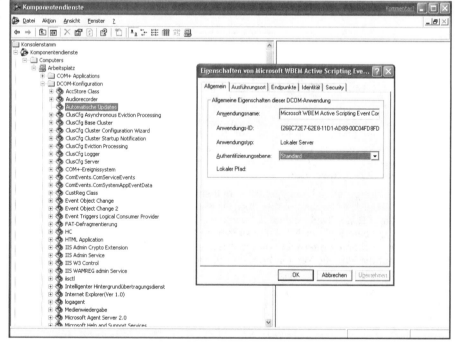

Bild 18.25
DCOMCnfg als Teil des MMC-Snap-Ins „Komponentendienste" in Windows XP und Windows Server 2003

Die Hauptansicht von DCOMCNFG bietet einerseits eine Liste der installierten COM-Anwendungen und andererseits den Zugriff auf die globalen DCOM-Einstellungen (*HKEY_LOCAL_MACHINE\SOFTWARE\Microsoft\Ole*) über weitere Registerkarten (vgl. Bild 18.25). **Hauptansicht**

- Unter den *Standardeigenschaften* können Sie DCOM und CIS grundsätzlich aktivieren bzw. deaktivieren sowie die Standardeinstellung für die Authentifizierung und die Impersonifizierung festlegen. **Standardwerte**
- *Standardsicherheit* ermöglicht die Konfiguration der Standardzugriffsrechte, der Standardstartberechtigungen und der Standardkonfigurationsberechtigungen, die für alle Komponenten gelten, für die es keine speziellen Sicherheitseinstellungen über eine COM-Anwendung gibt.
- *Standardprotokolle* legt die DCOM zur Verfügung stehender Transportprotokolle und deren Priorität fest.

Anwendungskonfiguration Der Schaltfläche *Eigenschaften* führt zu den AppID-Einstellungen der jeweiligen COM-Anwendung.

- Die Registerkarte *Allgemein* zeigt den Pfad zu der zugehörigen Implementierung. Einzige Einstellmöglichkeit ist die Authentifizierungsstufe. **Allgemein**
- Auf der Registerkarte *Standort* kann der Computer spezifiziert werden, auf dem die zugehörigen COM-Klassen instanziiert werden sollen. Diese Einstellungen beeinflussen die Schlüssel *AppID\RemoteServerName* und *AppID\ActivateAtStorage*. **Standort**
- Auf der Registerkarte *Sicherheit* können Start-, Zugriffs- und Konfigurationsberechtigungen gesetzt werden. Dabei besteht jeweils die Möglichkeit, die im Hauptmenü spezifizierten Standardeinstellungen zu übernehmen oder aber für die ausgewählte COM-Anwendung eigene Rechte zu vergeben. Vergeben werden können Start-, Zugriffs- und Konfigurationsberechtigungen. **Sicherheit**
- Auf der Registerkarte *Identität* kann die Impersonifizierungsart der einzelnen Komponente eingestellt werden, wodurch der Schlüssel *AppID\RunAs* beeinflusst wird. Die Auswahl „Benutzer, der die Anwendung startet" führt zu einem leeren Eintrag; „Interaktiver Benutzer" zum Eintrag „RunAs=Interactive User". **Identität**
- In der Registerkarte *Endpunkte* können individuelle Protokollpräferenzen mit den zugehörigen Endpunkten (Portnummer bzw. Pfad) für jede COM-Anwendung festgelegt werden. **Endpunkte**

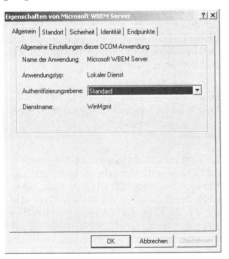

Bild 18.26
Anwendungskonfiguration der COM-Anwendung „Microsoft WBEM Server", die den WMI-Dienst repräsentiert

Kapitel 18 **Werkzeuge**

Bei COM-DLLs stellt *DCOMCNFG* lediglich die Registerkarten *Allgemein*, *Standort* und *Endpunkte* zur Verfügung.

18.3.10 MTS Explorer

MTS-Administration
Die Administration des *Microsoft Transaction Servers* (MTS) erfolgt unter NT 4.0 über ein Snap-In für die Microsoft Management Console (MMC) mit dem Namen Transaction Server Explorer.

Den MTS Explorer gibt es auch als Stand-alone-Anwendung (*mtxexp.exe*) für Windows 95/98 – allerdings mit anderer Oberfläche und eingeschränkten Möglichkeiten. Unter Windows 2000 und den Folgeversionen übernimmt die Aufgabe des MTS Explorers das MMC-Snap-In „Komponentendienste".

Der MTS Explorer wird beim Scripting benötigt, um den Fernaufruf einer COM-DLL zu ermöglichen (siehe Kapitel 19).

Computer und Packages
Paketverwaltung Der MTS Explorer stellt auf der obersten Ebene Computer dar. Ein Computer enthält Packages; ein Package ist unterhalb von Computern angeordnet und besteht aus Klassen. Jede Klasse implementiert Schnittstellen, die wiederum aus Methoden bestehen. Der MTS Explorer bietet auch statistische Informationen über die Anzahl der aktivierten Objekte sowie über den Zustand der Transaktionen an. Eigenschaftenfenster und Aktionen stehen jeweils im Kontextmenü des Eintrags zur Verfügung. Die wichtigste Eigenschaft ist dabei der Transaktionsmodus, der auf Klassenebene konfiguriert wird.

Pakete schnüren
Auf der Ebene des Package können neue Klassen hinzugefügt werden. Dabei hat der Administrator die Möglichkeit, aus den bereits auf dem Rechner installierten Klassen auszuwählen oder aber eine neue Inprocess-COM-DLL zu installieren. Im letzteren Fall werden alle Klassen der Komponente in das Package eingefügt. Die nachträgliche Entfernung einzelner Klassen ist aber möglich.

Exportieren von Packages
Der Kontextmenüeintrag *Export* bei einem Package verbindet zwei interessante Funktionen miteinander: Zum einen speichert *Export* eine Package-Definition in Form einer *.pak*-Datei zusammen mit allen zugehörigen Komponenten-DLLs in ein Verzeichnis ab und ermöglicht so die einfache Weitergabe von Packages an andere Server. Zum anderen legt *Export* auch eine Setup-Routine für den Client an, die alle benötigten Dateien und Konfigurationen enthält, damit ein Client auf das MTS-Package bzw. die COM+-Anwendungen zugreifen kann. Die auf einem Client notwendigen Installationen für den Zugriff auf die entfernten Komponenten heißen *application proxy*.

Das Installationspaket enthält den Namen des Servers, auf dem die Packages erzeugt wurden. Diese Standardeinstellung lässt sich jedoch im Snap-In verändern (Eigenschaften des Computereintrags).

Rollen
Rollenbasierte Sicherheit MTS erweitert die Konfigurationsmöglichkeiten von COM um ein Rollenkonzept und ermöglicht eine feiner granulierte Sicherheitseinstellung, als dies mit dem DCOM Configuration Utility (*DCOMCNFG*) möglich ist. Innerhalb eines Packkage sind Rollen definierbar. Jeder Rolle kann der Administrator NT-Benutzer und NT-Benutzergruppen zuordnen. Sofern dann für das Package die Sicherheit in den Package-Eigenschaften aktiviert wird, können nur noch NT-Benutzer die Klassen eines Packages nutzen, die entweder direkt oder über ihre NT-Gruppenzugehörigkeit einer der definier-

ten Rollen angehören. Für diese Funktionalität allein wäre es nicht notwendig gewesen, mehrere Rollen zu definieren. Rollen können dafür verwendet werden, die Zugriffsmöglichkeiten auch auf einzelne Schnittstellen einer Klasse festzulegen.

Rollenbasierte Sicherheit wird unter Windows 95/98 nicht unterstützt. Alle Zugriffe sind immer erlaubt.

18.3.11 Snap-In „Komponentendienste"

In Windows 2000 und den Folgeversionen wird ein Snap-In für die Microsoft Management Console (MMC) mitgeliefert, mit dem man COM-DLLs zu einer COM+-Anwendung zusammenfassen kann. Das Snap-In erfüllt die Funktion des MTS Explorers, den es für Windows NT 4.0 und Windows 95/98 gibt. Darüber hinaus gibt es noch COM+-spezifische Funktionen.

Die Aufnahme einer COM-DLL in eine COM+-Anwendung ermöglicht den Fernaufruf einer COM-DLL, da dann für diese DLL ein Surrogat-Prozess bereitgestellt wird.

COM+-Anwendungen konfigurieren In der folgenden Abbildung sehen Sie die COM+-Anwendung „Scripting-Buch", die mehrere Klassen enthält. Die Funktionen zum Hinzufügen von Bausteinen werden wie üblich über die Kontextmenüs bereitgestellt. Die Anzeige der Schnittstellen und deren Mitglieder unterhalb jeder Klasse wird über die Typbibliothek realisiert.

COM+-Anwendungen konfigurieren

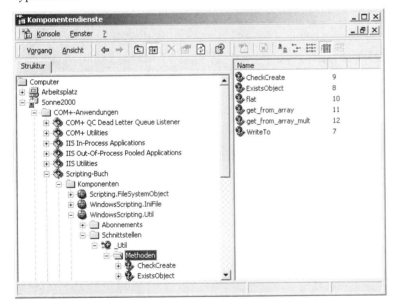

Bild 18.27 Konfiguration einer Klasse in einer COM+-Anwendung

DCOM-Konfiguration Ab Windows XP enthält das Snap-In „Komponentendienste" zusätzlich den Ast „DCOM-Konfiguration". Dahinter verbergen sich die Funktionen, die in früheren Windows-Versionen (einschließlich Windows 2000) durch das DCOM-Konfigurationswerkzeug *dcomcnfg.exe* bereitgestellt wurden.

Ersatz für dcom-cnfg.exe

Bild 18.28
DCOM-Konfiguration unter Windows XP

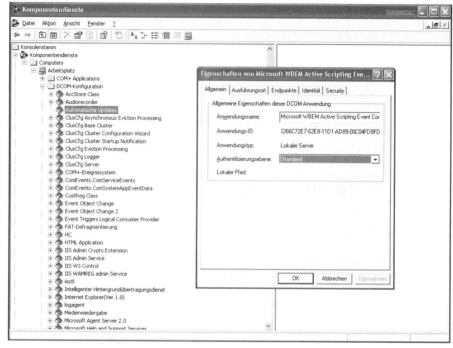

18.3.12 ROT-Viewer

Inhalt der ROT Der *ROT-Viewer* (*irotview.exe*) ist ein kleines Werkzeug, um die aktuellen Inhalte der Running Objects Table (ROT) anzuzeigen. Der ROT-Viewer wird mit Visual Studio ausgeliefert.

Bild 18.29
ROT-Viewer

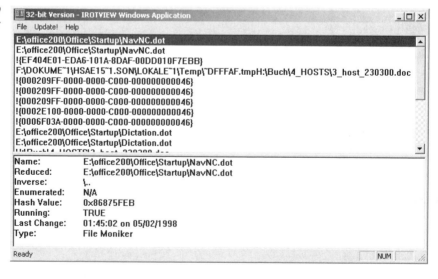

18.3.13 Scripting Spy 2.11

Der *Scripting Spy* ist ein von Dr. Tobias Weltner [WIN01] erstelltes Werkzeug, das verschiedene Informationen über COM-Komponenten, ADSI-Objekte und WMI-Klassen liefert. Der Scripting Spy 2.11 ist Shareware. Er ist auf der Buch-CD enthalten [CD:/install/tools/Scripting Spy 2.11] und muss über ein Setup-Programm installiert werden.

Spy Version 2.11

Der Scripting Spy 2.11 umfasst folgende Funktionen:
- Suche nach COM-automationsfähigen Komponenten (DLL, OCX, EXE etc.)

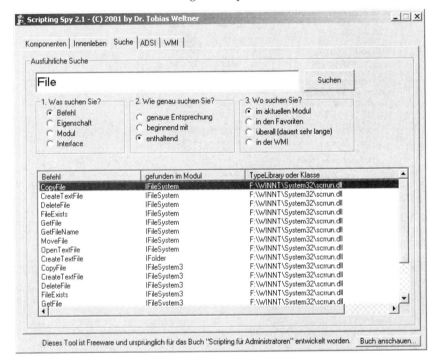

Bild 18.30
Liste der gefundenen COM-Komponenten sortiert nach Komponentenname

- Anzeige der gefundenen COM-Komponenten nach ProgID und Hersteller
- Anzeige der instanziierbaren Klassen der COM-Komponenten

Kapitel 18 Werkzeuge

Bild 18.31
Liste der gefundenen COM-Komponenten sortiert nach Hersteller

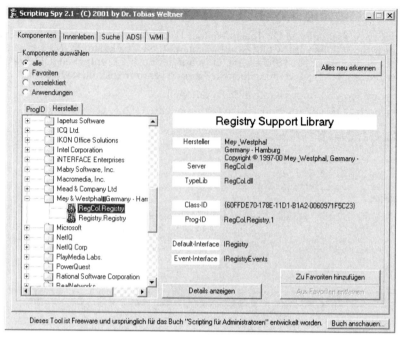

▸ Anzeige der Typbibliothek der Komponenten. Dabei wird zwischen Klassen und Schnittstellen differenziert.

Bild 18.32
Anzeige des Innenlebens einer COM-Typbibliothek

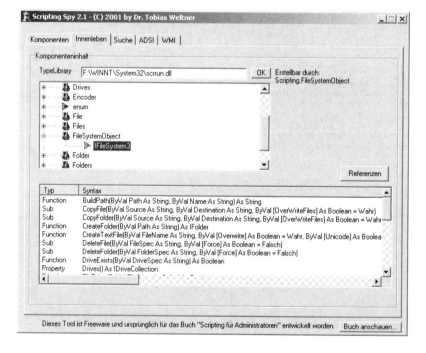

▸ Suche nach Klassen, Schnittstellen, Methoden und Attributen in einzelnen Komponenten, über alle auf dem System installierten Komponenten oder über eine vordefinierte Menge von Komponenten

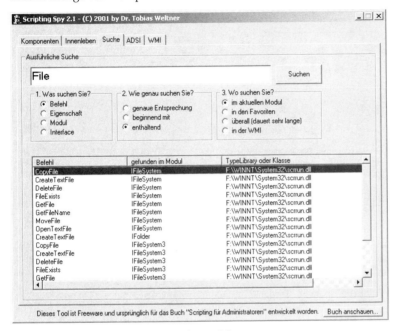

Bild 18.33
Suchfunktion im Scripting Spy

▸ Anzeige aller ADSI-Provider mit ihrem Schema

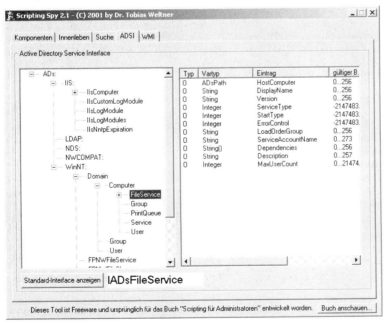

Bild 18.34
Browsen der verfügbaren ADSI-Provider

▸ Anzeige aller WMI-Namensraums mit ihrem Schema

Kapitel 18 **Werkzeuge**

*Bild 18.35
Browsen der
verfügbaren
WMI-Namens-
räume*

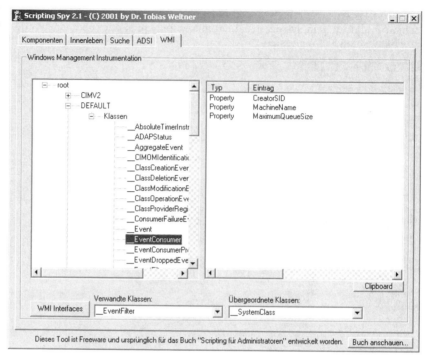

18.4 WMI-Werkzeuge

Microsoft liefert für die Windows Management Instrumentation (WMI) einige kostenlose Werkzeuge unter dem Titel „WMI Administrative Tools" [CD:/install/Werkzeuge/WMI/WMI Tools]. Die Werkzeuge *WBEMTest* und *MofCom* gehören hingegen zum WMI-Kern.

18.4.1 WMI Object Browser

Containment-Hierarchie in browser.htm
: Der *WMI Object Browser* ist eine clientseitige Webanwendung für die Darstellung des aktuellen Objektmodells. Die HTML-Datei heißt *browser.htm* und wird bei der Installation der „WMI Administrative Tools" in das Unterverzeichnis /Applications installiert. In einer Baumdarstellung (genannt *Object Explorer*) wird die aktuelle *Objekthierarchie* (vgl. Einführung in die Objektorientierung in Anhang A) abgebildet. In der rechten Fensterhälfte (dem Object Viewer) werden zu einer ausgewählten Instanz die Methoden, Attribute und Beziehungen dargestellt (vgl. Bild 18.36).

WMI Object Browser versus Object Browser
: Verwechseln Sie den WMI Object Browser nicht mit dem Objektkatalog, der in der englischen Version einiger Entwicklungsumgebungen Object Browser heißt. Während der WMI Object Browser ein spezielles Werkzeug zur Darstellung von WMI-Objekten ist, dient der allgemeine Object Browser der Anzeige von Typbibliotheken.

Implementierung
: Der WMI Object Browser besteht aus HTML-Seiten mit DHTML-Scripts und ActiveX-Steuerelementen, wobei die Hauptfunktionalität durch Letztere erbracht wird. Sie star-

ten den WMI Object Browser über die Datei *browser.htm* bzw. über eine bei der Installation der WMI Administrative Tools angelegte Verknüpfung in Ihrem Startmenü.

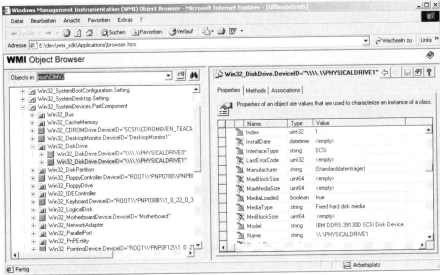

Bild 18.36
Der WMI Object Browser zeigt an, dass der Computer zwei Festplatten besitzt, wobei die angewählte zweite Festplatte eine IBM DDRS-Festplatte mit SCSI-Schnittstelle ist.

Tabelle 18.3
Symbole im Object Viewer

Symbol	Erläuterung
🖥	Markiert ein Systemattribut
🔑	Markiert ein Schlüsselattribut. Eine Instanz ist anhand dieses Attributs eindeutig identifizierbar.
↰ ↰	Der Pfeil markiert ein von einer Oberklasse geerbtes Attribut. Der rote Strich soll einen Stift darstellen und bedeutet, dass der Attributwert verändert werden kann.
▦ ▦	Dieses Attribut bezeichnet ein lokales (nicht geerbtes) Attribut. In der Fassung mit dem roten Strich ist das Attribut beschreibbar.
Array	Bedeutet, dass es sich um ein mehrwertiges Attribut handelt. Die Werte werden in einem separaten Fenster nach einem Klick auf dieses Symbol dargestellt.

Funktionsüberblick Der Object Viewer ermöglicht folgende Funktionen:

▷ Hilfe zu jeder WMI-Klasse (Fragezeichensymbol). Die Sprache ist abhängig vom gewählten Namensraum. *root\cimv2\ms_407* ist Deutsch, *root\ cimv2\ms_409* ist Englisch. Beim Zugriff auf den übergeordneten *root\cimv2* ist die Sprache abhängig von Ihren Computereinstellungen. — **Hilfe**

▷ Anzeige und Veränderung der Attribute. Veränderungen können direkt in der Attributtabelle vorgenommen werden. Änderungen müssen explizit persistent gemacht werden (Diskettensymbol). — **Attribute**

▷ Anzeige der Methoden (Registerkarte *Methods*) und ihrer Parameter (nach einem Doppelklick auf den Methodennamen). Über den Kontextmenüeintrag *Execute* können Methoden ausgeführt werden. Zur Eingabe der notwendigen Parameter erscheint ein Dialogfenster. — **Methoden**

▷ Darstellung der Beziehungen der Instanz zu anderen Instanzen in Form eines Graphen (Registerkarte *Associations*, vgl. Bild 18.37). — **Objektbeziehungen**

Kapitel 18 Werkzeuge

Bild 18.37
Die Registerkarte „Associations" im Object Viewer des WMI Object Browsers zeigt die WMI-Instanz einer Festplatte, die vier Partitionen enthält.

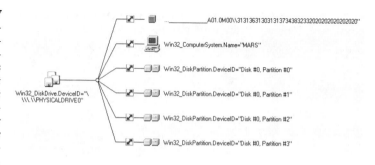

18.4.2 WMI CIM Studio

Vererbungshierarchie in studio.htm

Das WMI CIM Studio setzt im Gegensatz zum WMI Object Browser auf der Klassenebene an und stellt die Vererbungshierarchie der CIM-Klassen dar. Diese wird in der linken Fensterhälfte, dem Class Explorer, gezeigt. Die rechte Fensterhälfte (genannt Class Viewer) ähnelt der Ansicht des WMI Object Browsers: Hier werden die Attribute, Methoden und Beziehungen angezeigt.

> Das CIM Studio hat ebenso wie der WMI Object Browser den Dateinamen *studio.htm* innerhalb der WMI Administrative Tools.

Vergleich zum WMI Object Browser

Das CIM Studio umfasst auch einen Großteil der Funktionalität des WMI Object Browsers, da zu jeder Klasse eine Liste der vorhandenen Instanzen angezeigt werden kann. Zu jeder Instanz ist dann wiederum der Object Viewer mit der Anzeige der Attribute, Methoden und Beziehungen verfügbar. Nicht erreichbar im CIM Studio ist jedoch der Object Explorer (die linke Fensterhälfte aus dem WMI Object Browser).

Bild 18.38
Die Klasse Win32_DiskDrive im CIM Studio. Die Klasse ist eine Unterklasse von CIM_DiskDrive, die wiederum Unterklasse von CIM_MediaAccessDrive ist.

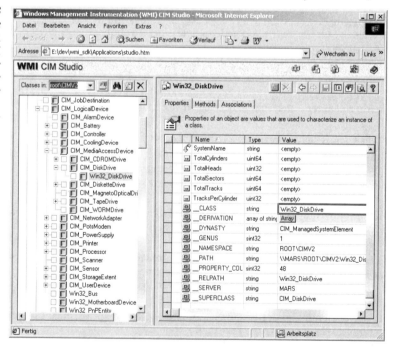

Funktionsüberblick Die Registerkarte *Properties* (vgl. Bild 18.39) zeigt natürlich nur die im Repository gespeicherten globalen Klasseneigenschaften an, die bei allen Instanzen der Klasse gleich sind (z.B. Klassenname, Namensraum, Oberklasse). Diese Eigenschaften sind an den beiden führenden Unterstrichen („__") erkennbar; für alle anderen Eigenschaften, die ja nur in einer konkreten Instanz belegt sind, wird „<EMPTY>" angezeigt.

Attribute

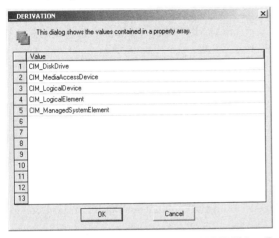

Bild 18.39
Vererbungs-
hierarchie der
Klasse Win32_
DiskDrive

Der Reiter *Methods* zeigt analog zum WMI Object Browser die durch die Klasse implementierten Methoden an. Dabei sind die statischen Methoden ausführbar, da hier ja keine Instanz vorhanden ist.

Methoden

Unter *Associations* erscheint ein Graph, der anzeigt, welche Unterklassen die Klasse enthalten kann.

Assoziationen

Symbol	Erläuterung
	Erzeugen neuer Instanzen dieser Klasse
	Zeigt die Instanzen dieser Klasse (Tabellensymbol)
	Erstellen, Testen und Speichern von WQL-Abfragen
	Zeigt die Hilfeinformationen zu dieser Klasse an

Tabelle 18.4
Die wichtigsten
Symbole im
Class Viewer

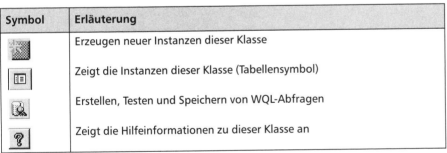

Bild 18.40
Listen der
Instanzen der
Klasse WIN32_
Process *in der*
Instanzenansicht des CIM
Studios

Kapitel 18 Werkzeuge

Instanzenansicht Über das Tabellensymbol in der Symbolleiste des Class Viewers gelangen Sie zur Darstellung der Instanzen dieser Klasse in Form einer Tabelle (vgl. Bild 18.40). Durch einen Doppelklick auf einen Eintrag der Tabelle erscheint der Object Viewer für diese Instanz mit den schon beim WMI Object Browser beschriebenen Fähigkeiten.

Weitere Funktionen des Class Viewers

Weitere Funktionen Weiterhin bietet der Class Viewer folgende Möglichkeiten:

- Ausführen von WQL-Abfragen (vgl. Bild 18.41). Abfragen können zur späteren Verwendung auch gespeichert werden.
- Erzeugen neuer Instanzen einer Klasse (blauer Kasten mit Stern in der Symbolleiste). Das Symbol ist nur aktiv, wenn eine Klasse ausgewählt wurde, die Instanzen haben kann. Das CIM Studio zeigt Ihnen daraufhin einen Object Viewer mit leeren Feldwerten. In vielen Fällen (z. B. bei WIN32_Process) sollten jedoch die entsprechenden Konstruktormethoden verwendet werden, anstatt mühsam zu versuchen, passende Werte in die neue Instanz einzutragen.
- Löschen bestehender Instanzen
- Hinzufügen neuer Klassen
- Ändern bestehender Klassen
- Löschen von Klassen
- Verschiedene Wizards zur Codegenerierung (z.B. Managed Object Format-Dateien; Framework-Code für WMI-Provider)

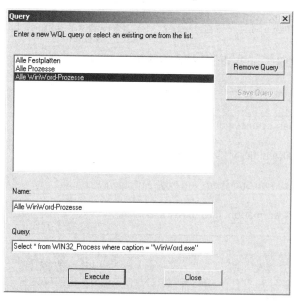

Bild 18.41 WQL-Abfrage nach den aktiven WinWord-Prozessen im Abfragefenster des CIMStudios

18.4.3 WMI Event Registration Tool

eventreg.htm

Das *WMI Event Registration Tool* (*eventreg.htm*) ist ein GUI zur Konfiguration von Ereigniskonsumenten. Um das Werkzeug einsetzen zu können, müssen Sie WQL Event Queries (vgl. WMI in 5.7) beherrschen.

Die Arbeit mit dem Registration Tool ist leider wenig intuitiv. Im Folgenden ist der Ablauf der Konfiguration der Ereignisüberwachung für den WMI Event Viewer dargestellt. Die zugehörige Ereigniskonsumentenklasse EventViewerConsumer ist im Namensraum /root/cimv2 registriert.

Beispiel

- Definieren Sie zunächst einen Consumer:
  - Wählen Sie erst in dem Drop-down-Menü in der Symbolleiste *Consumers*.
  - Klicken Sie bei der Klasse __EventConsumer auf das „+"-Zeichen, bis Sie die Unterklasse *EventViewerConsumer* sehen. Markieren Sie dann *EventViewer Consumer*, und wählen Sie im Kontextmenü *New Instance*.
  - Geben Sie in dem Dialogfenster einen beliebigen Namen und eine *Description* ein. Wenn das Ereignis auf einem entfernten System abgefangen werden soll, geben Sie den Namen oder die IP-Adresse des Rechners bei *MachineName* an.
  - Tragen Sie bei *Severity* einen Wert größer/gleich 0 ein; dabei ist der Fehler umso schwerer, je kleiner der Wert ist. Der Event Viewer betrachtet „0" als einen Fehler, den Wert „1" als eine Warnung und alles größer „1" als eine Information. Die Microsoft WMI-Dokumentation ist in diesem Punkt fehlerhaft.

Konsument definieren

- Definieren Sie dann einen Filter:
  - Wählen Sie erst in dem Drop-down-Menü in der Symbolleiste *Filters*.
  - Klicken Sie auf die Klasse __*EventFilter*, und wählen Sie im Kontextmenü *New Instance*.
  - Geben Sie in dem Dialogfenster einen beliebigen Namen und *QueryLanguage* „WQL" ein. Geben Sie unter *Query* eine gültige Event Query ein. Eine gültige Event Query ist z.B. SELECT * FROM __InstanceModificationEvent WITHIN 5 WHERE TargetInstance isa "Win32_Service" AND TargetInstance.State="Stopped", um ein Ereignis auszulösen, wenn ein Windows-Dienst stoppt.

Filter definieren

- Bindung des Consumers an einen Filter:
  - Ebenfalls in der *Filters*-Ansicht werden bei Auswahl eines zuvor angelegten Filters in der rechten Bildschirmhälfte die verfügbaren Consumer angezeigt. Wählen Sie den im ersten Schritt angelegten Consumer und dort im Kontextmenü *Register*. Das gleiche Ergebnis erreichen Sie auch aus der Ansicht *Consumer*. Dort stehen Ihnen die zuvor definierten Filter zur Auswahl.

Bindung des Konsumenten an einen Filter

Damit ist die Konfiguration abgeschlossen. Alle auftretenden Ereignisse werden dann im WMI Event Viewer angezeigt.

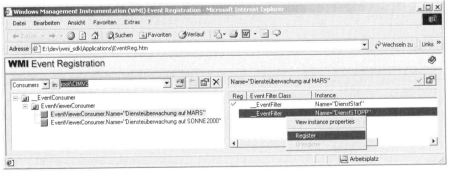

Bild 18.42
Bindung einer Instanz von __EventFilter an eine Instanz von EventViewerConsumer

18.4.4 WMI Event Viewer

wbemevent-viewer.exe

Der *WMI Event Viewer* ist das einzige unter den WMI Administrative Tools, das keine HTML-Anwendung, sondern eine ausführbare Datei (*wbemeventviewer.exe*) ist. Der Event Viewer ist ein permanenter WMI-Ereigniskonsument, der durch eine `__EventFilter`-Instanz definierte Ereignisse auf dem Bildschirm darstellt. Der Event Viewer wird über die WMI-Klasse `Event ViewerConsumer` konfiguriert. Diese Konfiguration können Sie über das WMI Event Registration Tool oder über den Event Viewer selbst durchführen.

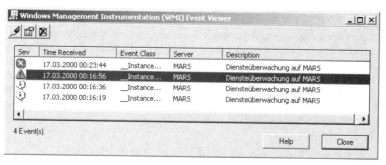

Bild 18.43 Anzeige eines Ereignisses im Event Viewer: Durch einen Doppelklick erhalten Sie Details zu dem Ereignis. Dabei sehen Sie auch alle Attributwerte des auslösenden MO.

18.4.5 WMI Command Line Utility (WMIC)

WMIC

WMIC (WMI Command Line Utility, *wmic.exe*) ist ein DOS-Kommandozeilenwerkzeug für den Zugriff auf Daten in WMI. WMIC erlaubt es, einzelne Instanzen oder ganze Objektmengen aufzulisten. Grundsätzlich besteht Zugriff auf alle WMI-Klassen, jedoch gibt es einige vordefinierte Aliase für häufig verwendete Klassen (z.B. *LogicalDisk* für `Win32_LogicalDisk` und *Share* für `Win32_Share`). WMIC bietet verschiedene Ausgabeformate, darunter CSV, HTML und XML. Auch die Ausführung von Aktionen (Instanzen erzeugen und löschen, Methoden aufrufen, Attribute ändern) ist möglich.

Wenn WMIC ohne Parameter gestartet wird, gelangt man in einen interaktiven Modus, in dem man Befehle ohne den vorangestellten Aufruf von *wmic.exe* ausführen kann.

Tabelle 18.5 WMIC-Beispiele

Beispiel (ohne vorangestelltes *wmic.exe*)	Bedeutung
`share`	Liste aller Freigaben
`service where (state="stopped") list brief`	Liste der wichtigsten Attribute der gestoppten Dienste
`path win32_processor`	Liste der Instanzen der Klasse `Win32_Processor`
`/output:d:\gruppen.xml group list brief /format:xml`	Erzeugt eine XML-Datei mit den Instanzen der Klasse `Win32_Group`
`/?`	Hilfe zu Parametern und definierten Aliasen

 WMIC ermöglicht die Nutzung von WMI ohne Programmierkenntnisse. WMIC wird mit Windows XP und Windows Server 2003 ausgeliefert.

18.4.6 WMI Scriptomatic

WMI Scriptomatic ist ein kleines Werkzeug der Firma Microsoft, das WSH-Scripte generiert, die WMI-Objekte ausgeben. Nach der Auswahl einer Klasse erzeugt Scriptomatic ein Script, das eine WMI-Abfrage "Select * from KLASSENNAME" absetzt und die Ergebnismenge in einer Schleife ausgibt. Das Werkzeug ist hilfreich, wenn man WMI-Objekte erforschen bzw. in einem Script sehr viele Attribute eines WMI-Objekts ausgeben will.

WMI Scriptomatic ist in Form einer HTML-Anwendung implementiert und muss daher nicht installiert werden, sondern kann durch einen Doppelklick direkt gestartet werden. Die Anwendung trägt kurioserweise noch „Windows .NET Server" im Titel; sie läuft aber auf allen Windows-Versionen mit ADSI. Auf der Buch-CD finden Sie WMI Scriptomatic unter [CD:/install/Werkzeuge/WMI/WMI Scriptomatic].

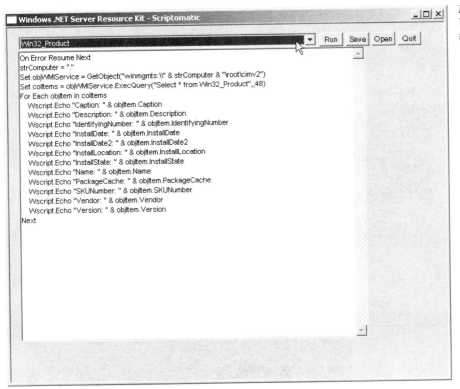

Bild 18.44
WMI Scriptomatic

Kapitel 18 Werkzeuge

18.4.7 WMI Code Creator

Der WMI Code Creator ist ein Code-Generator (Hersteller ist Microsoft), der Code zum Zugriff auf eine beliebige WMI-Klasse erzeugt. Der Code Creator kann drei Arten von Programmcode erzeugen:

1. Auslesen einzelner oder aller Attribute aller Instanzen einer Klasse durch eine WQL-Abfrage
2. Aufruf einer auswählbaren WMI-Methode in einer ausgewählten Instanz einer WMI-Klasse
3. Überwachen von WMI-Ereignissen

Das Werkzeug generiert den Code wahlweise in VBScript oder den .NET-Sprachen Visual Basic .NET oder C#. Der WMI Code Creator ist selbst in C# geschrieben. Microsoft stellt auch den Quellcode des Werkzeugs in C# zur Verfügung.

Auf der Buch-CD finden Sie den WMI Code Creator unter [CD:/install/Werkzeuge/ WMI/WMI Code Creator].

Bild 18.45
Einsatz des WMI Code Creators zur Erforschung der Klasse Win32_Battery

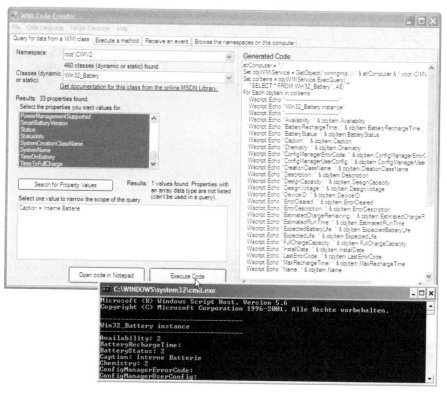

WMI-Werkzeuge

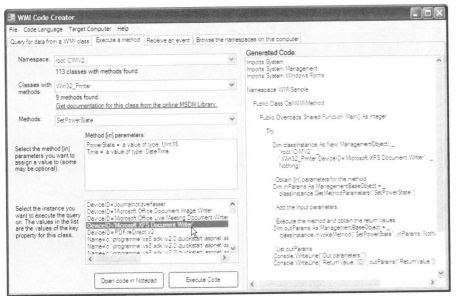

Bild 18.46
Generierung von VB.NET-Code zum Aufruf einer WMI-Methode in einer ausgewählten Instanz der Klasse Win32_Printer

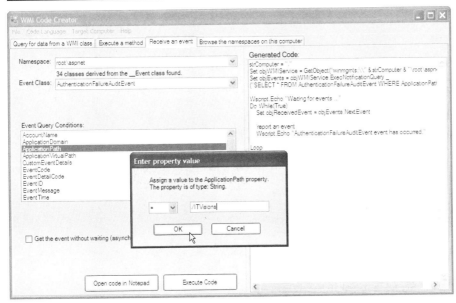

Bild 18.47
Generieren von VBScript-Code zum Überwachen von Ereignissen

18.4.8 VBInstance

Microsoft lieferte im WMI Software Development Kit (WMI-SDK) eine Visual Basic-Beispielanwendung, die sich als Werkzeug eignet. Das Beispiel VBInstance (Verzeichnis /Scripting/VB/VBInstance) im WMI-SDK liefert eine grafische Darstellung für ein beliebiges numerisches Attribut für die Instanzen einer beliebigen WMI-Klasse (siehe Bild 18.48). Da im SDK leider keine kompilierte Version mitgeliefert wurde, finden Sie eine solche auf der CD zu diesem Buch. Sie können damit auf einfache Art Grafiken wie z.B. den Vergleich der Größe aller verfügbaren Laufwerke erstellen.

VBInstance .vbp

Kapitel 18 Werkzeuge

Bild 18.48
VBInstance zeigt die Größe der verfügbaren Laufwerke an. Die Größe der Disketten in den Laufwerken A: und B: ist zu klein, als dass sie im Graph sichtbar würde.

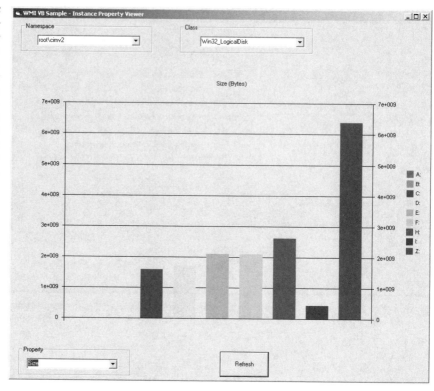

18.4.9 WMI-Testprogramm

WBEM-Test.exe
WBEMTest.exe gehört zum Standardinstallationsumfang (Verzeichnis *%System%/WBEM*) und bietet ein einfaches, wenig komfortables GUI zur Ausführung von Operationen auf dem Repository (s. Bild 18.49). Das Werkzeug eignet sich, wie der Name schon sagt, zum Testen von WMI. Alle Operationen von WBEMTest können auch mit dem CIM Studio ausgeführt werden.

Bild 18.49
WBEMTest.exe

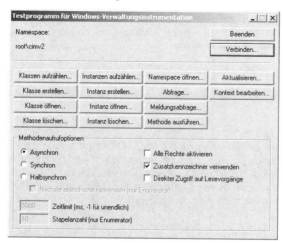

18.4.10 MOF Compiler

MOF-Dateien kompilieren

Der *MOF Compiler* (*mofcomp.exe*) ist ein Konsolenprogramm und dient der Aufnahme von Managed Object Format-Dateien in das Repository (vgl. Ausführungen zu MOF im WMI-Kapitel). Der MOF Compiler besitzt eine Reihe von Kommandozeilenoptionen, die Sie sehen, wenn Sie *mofcomp* ohne weitere Parameter an der Kommandozeile starten. Der Befehl `MofComp Datei.mof` übernimmt die angegebene MOF-Datei in das Repository.

18.5 ADSI-Werkzeuge

Dieses Kapitel stellt nützliche Werkzeuge für das Active Directory Service Interface (ADSI) vor.

18.5.1 MMC-Snap-In „Active Directory-Benutzer und -Computer"

Saved Queries

In der mit Windows 2000 ausgelieferten Fassung war das MMC-Snap-In „Active Directory-Benutzer und -Computer" wenig hilfreich für die Programmierung, mit Ausnahme der Möglichkeit, dort Werte zu setzen und dann die Veränderungen im Active Directory auf andere Weise (z.B. mit dem Active Directory Service Browser) zu überwachen. Ab Windows Server 2003 gibt es neben einigen Verbesserungen, die ausschließlich der manuellen Administration dienen (das Snap-in unterstützt nun Drag&Drop von Verzeichnisobjekten sowie die Mehrfachauswahl von Objekten), auch eine neue Funktion, über die sich die Scriptentwickler freuen: In einem neuen Ast „Saved Queries" kann man LDAP-Suchanfragen mit einem Wizard zusammenstellen und speichern. Da der Wizard in den meisten Fällen (außer wenn das aktuelle Datum zur Anfragezeichenfolge gehört) die zusammengeklickte LDAP-Such-Befehlsfolge anzeigt, kann man als Scriptentwickler sich hier komplexere Befehlsfolgen zusammenklicken und dann per Cut&Paste in das Script übernehmen.

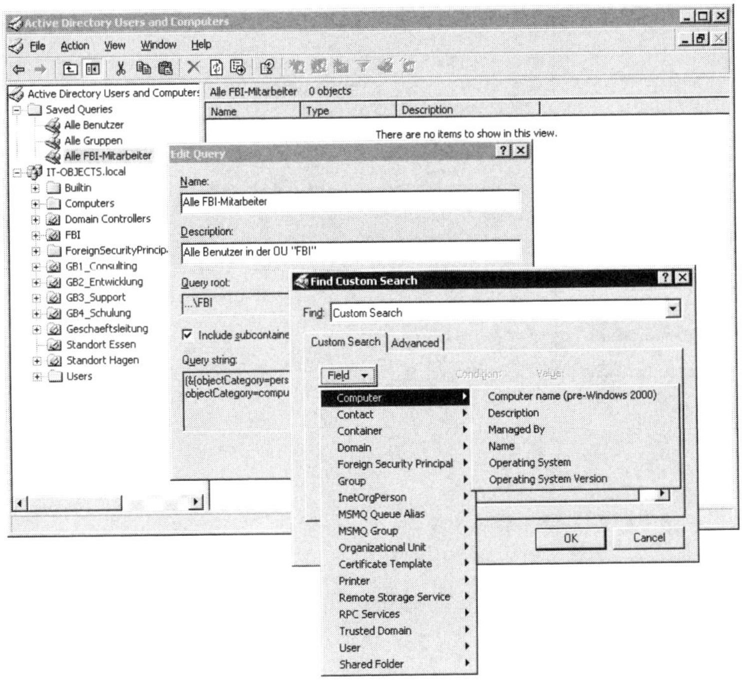

Bild 18.50
Wizard zur Definition von LDAP-Suchanfragen

18.5.2 Active Directory Service Browser (ADB)

Ein Browser für ADSI

Um die Objekthierarchie eines Verzeichnisdienstes zu erkunden, ist der *Microsoft Active Directory Service Browser* (ADB) ein zweckmäßiges Werkzeug (siehe Bild 18.51). Der ADB ist in den Installationspaketen zu ADSI enthalten und hat den Dateinamen *adsvw.exe* (Größe 242 KB). Der ADB sollte nicht verwechselt werden mit einer anderen im Umlauf befindlichen Programmdatei namens *Active Directory VB Browser* (*dbbbowse.exe*, 65 KB). Dabei handelt es sich um die kompilierte Version eines Microsoft-ADSI-Programmierbeispiels, die nicht die volle Funktionalität des ADB umfasst.

Der ADB in der Version 1.0.0.54 hat das Problem, dass er in seiner Baumdarstellung nicht mehr als 1006 Einträge darstellen kann. Das Active Directory hat jedoch in seinem Schema mehr Einträge, sodass die Liste bei der Darstellung des Schemas abgeschnitten wird.

Der ADB ermöglicht sowohl das Browsing durch einen Verzeichnisbaum als auch die Ausführung von ADSI-Queries. Wählen Sie dazu FILE/NEW/QUERY.

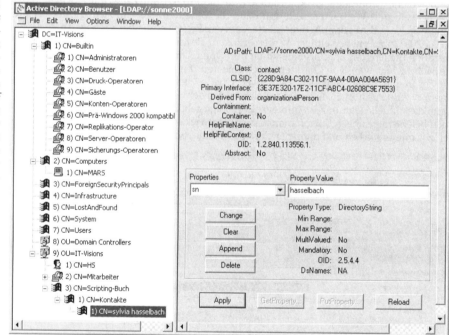

Bild 18.51 Ansicht eines Kontakteintrags in einem Active Directory. Verzichten muss man beim ADB auf schöne Symbole. Dafür hat man einen mächtigen Thin-Client für alle Verzeichnisdienste.

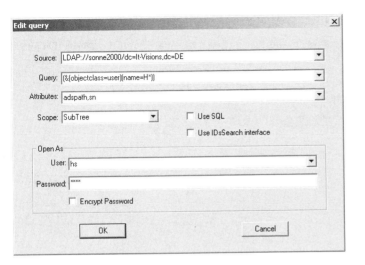

Bild 18.52
Eingabe einer ADSI-Query

18.5.3 ADSI Explorer

Das Betrachten eines beliebigen Verzeichnisdienstes ermöglicht auch das Freeware-Werkzeug *ADSI Explorer*. Anders als beim Active Directory Browser können Objektattribute nur gelesen, nicht aber geändert werden. Auch das Hinzufügen und Löschen von Verzeichnisobjekten ist nicht möglich.

Verzeichnisdienste erforschen

Der *ADSI Explorer* ist ein kostenloses Werkzeug der Firma InTouchSoftware, die aber wohl ihren Betrieb eingestellt hat . Auf der Buch-CD finden Sie das Werkzeug in der letzten erhältlichen Version unter [CD:/install/tools/ADSI/ADSI Explorer].

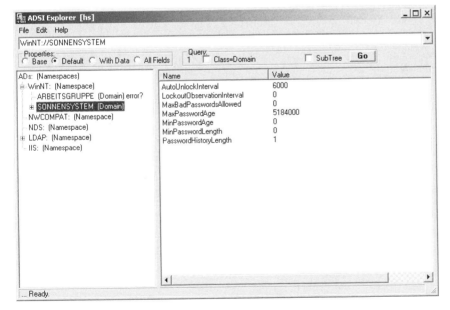

Bild 18.53
Ansicht einer NT-Domäne im ADSI Explorer

18.5.4 ADSI Edit

Weiteres MMC-Snap-In für AD

ADSI Edit ist ein MMC Snap-In, das einen Low-Level-Zugriff auf das Active Directory ermöglicht. Verzeichnisobjekte können angezeigt, erzeugt, geändert, gelöscht und verschoben werden. ADSI Edit wird in Windows Server 2008 (inkl. R2) mitgeliefert. Man muss dort die Rolle „Active Directory" aktivieren. In Windows 2000 Server und Windows Server 2003 war es in den „Support Tools" enthalten.

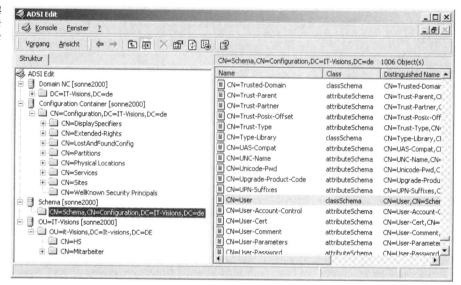

Bild 18.54 Schemaansicht in ADSI Edit

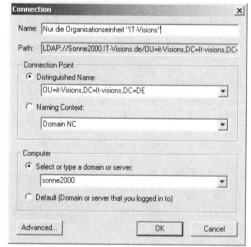

Bild 18.55 Flexibles Mapping in ADSI Edit

ADSI-Werkzeuge

Bild 18.56
Standardeigen-schaftenfenster in ADSI Edit

ADSI Edit bietet zwei große Vorteile gegenüber den Standard-AD-Snap-Ins:
- Es kann jeder beliebige Container in den Baum gemappt werden.
- Da nur ein Standardeigenschaftenfenster verwendet wird, können auch durch eine Schemamodifikation entstandene Klassen und Attribute betrachtet und modifiziert werden. In den Standard-Snap-Ins wird dazu stets die Registrierung eines Display-Specifier benötigt.

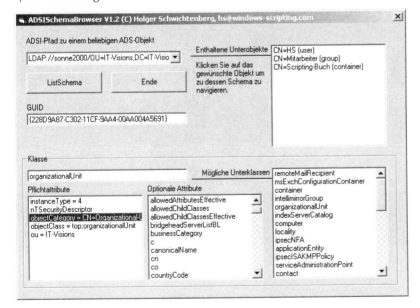

Bild 18.57
Der ADSI Schema Browser

18.5.5 ADSI Schema Browser

Der *ADSI Schema Browser* (*SchemaBrowser.exe*) ist ein einfaches Werkzeug zur Betrachtung von Schema und Objekthierarchie zur Laufzeit. Es ist in VB 6.0 geschrieben und liegt auf der Buch-CD in kompilierter Form und im Quellcode bei [CD:/install/Werkzeuge/ADSI/Schemabrowser/].

18.5.6 ADSI Scriptomatic

ADSI Scriptomatic ist ein kleines Werkzeug der Firma Microsoft, das WSH-Scripte für den Zugriff auf das Active Directory via ADSI generiert. In zwei Auswahlfeldern kann man die Aufgabe (Objekt lesen, Objekt erzeugen, Objekt löschen, Objekt ändern) und den Objekttyp (user, computer, contact, group, organizationalunit) auswählen. Scriptomatic erzeugt aus den Active Directory-Schema-Informationen ein entsprechendes Script. Beim Anlegen von Objekten werden dabei die Pflichtattribute berücksichtigt.

Scriptomatic ist in Form einer HTML-Anwendung implementiert und muss daher nicht installiert werden, sondern kann durch einen Doppelklick direkt gestartet werden. Sie finden ADSI Scriptomatic auf der Buch-CD [CD:/install/Werkzeuge/ADSI/ADSI Scriptomatic].

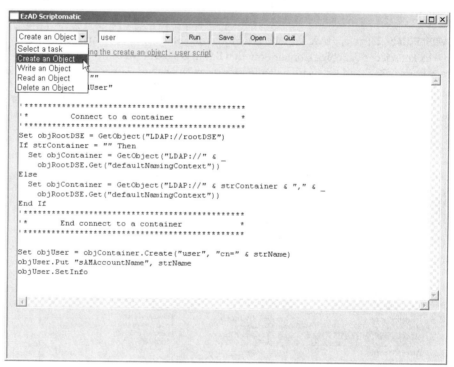

Bild 18.58
ADSI Scriptomatic

18.6 MAPI-/CDO-Werkzeuge

18.6.1 Script Director

Der *Script Director* der Firma Micro Eye Inc. ist ein praktisches Werkzeug zur Verwaltung von Exchange-Ereignisscripts. Ereignisscripts werden im Standard über Microsoft Outlook verwaltet. Jedoch ist die Arbeit mit Ereignisscripts auch in Outlook 2000 noch nicht besonders gut. So müssen Scripts in jedem Postfach bzw. Ordner einzeln installiert werden. Um ein Script einzurichten oder zu ändern, sind zahlreiche Mausklicks notwendig, ebenso um das Log eines Scripts einzusehen. Der Script Director verringert die Wege drastisch, indem er die installierten Scripts in einer Baumdarstellung unterhalb der jeweiligen Ordner anzeigt. Alle notwendigen Funktionen werden direkt über das Kontextmenü angeboten. Die rechte Bildschirmhälfte enthält einen einfachen Editor, mit dem das Script direkt manipuliert werden kann. Optional kann ein externer Scripteditor oder die Visual Basic-IDE aufgerufen werden.

Exchange Event Scripts

Scripts können per Drag&Drop zwischen Ordnern kopiert werden. Der Script Director bietet auch einen Wizard, um ein Script schnell in einer großen Anzahl von Ordnern zu installieren. Die Version 6.0 des Script Directors kann auch Outlook Forms verwalten.

Installation von Scripts

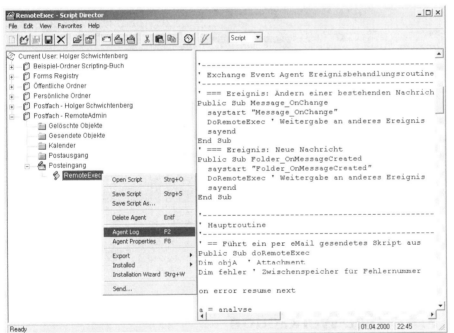

Bild 18.59
Eine Bildschirmabbildung aus Version 6.0 des Micro Eye Script Directors

Technisch basiert der Script Director auf der *CDO-Komponente* sowie auf der *Exchange Event Service Config-Komponente*. Die Baumdarstellung auf der linken Seite des Script Directory bezieht die Ordnerliste von einem installierten MAPI-Profil. Wenn ein bestimmtes Postfach bearbeitet werden soll, muss dieses zunächst dem MAPI-Profil hinzugefügt werden. Der Wizard ist nicht an die MAPI-Konfiguration gebunden und kann Scripts auf beliebige Postfächer verteilen. Voraussetzung ist lediglich, dass der Benutzer des Script Director als Postfachbesitzer in den betreffenden Postfächern eingetragen ist.

MAPI-Profile

Kapitel 18 **Werkzeuge**

Sie finden eine Evaluationsversion des Script Directory auf der Buch-CD im Verzeichnis /install/Werkzeuge/ScriptDirector/.

18.6.2 MAPI Explorer

MAPI Explorer Der *MAPI Explorer* ist ein Freeware-Werkzeug der Firma InTouchSoftware [ITS01], mit dem Sie das Objektmodell eines *Message Store Provider* oder eines *Address Book Provider* erforschen können. Der MAPI Explorer verwendet ein konfiguriertes MAPI-Profil. In der ersten Spalte werden die verfügbaren Information Stores und deren Ordnerhierarchie angezeigt. Die zweite Spalte zeigt die enthaltenen Nachrichten. Die dritte Spalte zeigt wahlweise alle Felder der Nachricht, des Information Stores, des Ordners oder des Empfängers an.

Auf der Buch-CD finden Sie den MAPI Explorer unter [CD:/install/tools/MAPI/MAPI Explorer].

Bild 18.60 Bildschirmabbildung des MAPI-Explorers Version 2.4.0

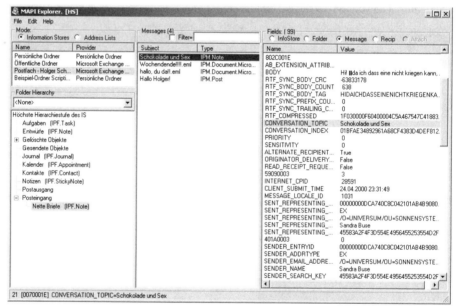

18.7 XML-Werkzeuge

Die in diesem Kapitel beschriebenen XML-Werkzeuge sind alle kostenlose Werkzeuge der Firma Microsoft. Sie finden Sie auf der Buch-CD im Verzeichnis /install/Werkzeuge/XML/.

18.7.1 XML Notepad 2007

Der XML Notepad ist ein einfacher, kostenloser XML-Editor von Microsoft. Version 1.0 **XML-Editor**
des *XML Notepad* hat Microsoft im Jahr 1999 in einer Beta 1-Version veröffentlicht, die
Entwicklung wurde jedoch nie fortgesetzt. Im Jahre 2006 ist dann kurioserweise plötzlich eine Version 2.0 unter dem Produktnamen „XML Notepad 2006" erschienen. XML
Notepad 2007 gibt es seit Juni 2007. Seitdem ist nichts mehr passiert.

Der XML-Notepad bietet
1. eine hierarchische Darstellung eines Dokuments,
2. Menüfunktionen zur Änderung eines Dokuments (z.B. Knoten einfügen, löschen und umsortieren),
3. Vergleich von zwei XML-Dokumenten und
4. Validierung von XML-Dokumenten mit XML-Schemata (XSD)

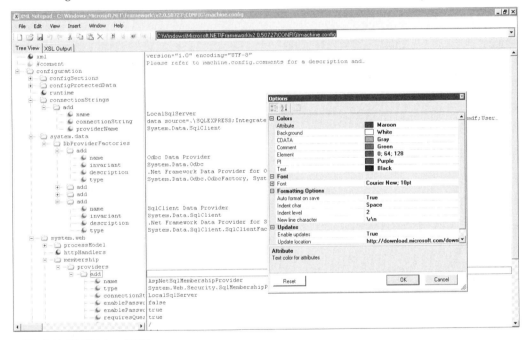

Bild 18.61: XMLNotepad2007

18.7.2 XLST-Transformationen mit MSXSL.EXE

msxsl.exe ist ein Kommandozeilentool, um XSLT-Transformationen einer XML-Datei **MSXSL.EXE**
auszuführen. Das Werkzeug in der Version 1.0 setzt MSXML 3.0 voraus.

Pflichtparameter sind die Angabe einer XML-Quelldatei und einer XLST-Datei.

```
MSXSL source stylesheet [options] [param=value...] [xmlns:prefix=uri...]
```

Kapitel 18 Werkzeuge

Bild 18.62
Ein XML-Dokument im XML Notepad 2006

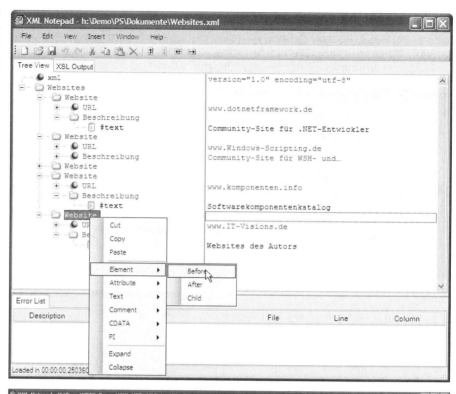

Bild 18.63
Validierung eines XML-Dokuments mit einem XSD-Schema

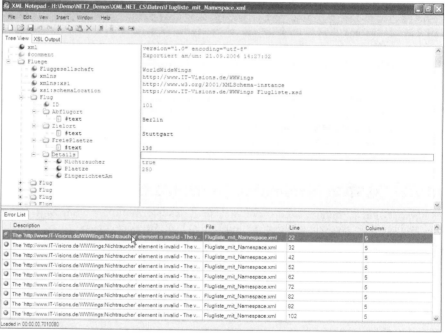

18.7.3 IE Tools for Validating XML and Viewing XSLT Output

Die *IE Tools for Validating XML and Viewing XSLT Output* erweitern das Kontextmenü des Browser-Fensters (rechte Maustaste irgendwo im Browser-Fenster) um zwei wichtige Funktionen:

▶ Validierung von XML-Dokumenten (Überprüfung auf Gültigkeit) **Validate XML**
  Normalerweise prüft der Internet Explorer nur die Wohlgeformtheit, nicht aber die Gültigkeit. Der Kontextmenüeintrag heißt „Validate XML".

▶ Anzeige des Ergebnisses einer Transformation **View XSL Output**
  Wenn der Internet Explorer eine Transformation ausführt, dann stellt er das Ergebnis der Transformation dar. Die Quelltextansicht zeigt aber stets das Ausgangs-XML-Dokument, nicht das Ergebnis der Transformation. Diese Funktion ist sehr wichtig für die Fehlersuche in XSL-Befehlen!
  Der Kontextmenüeintrag heißt „View XSL Output".

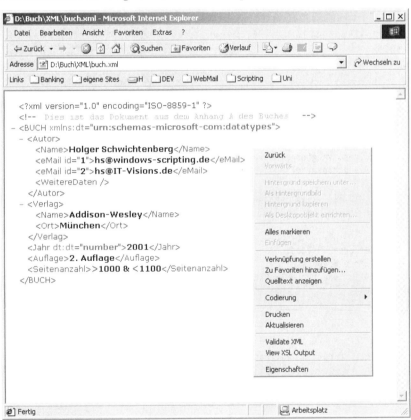

*Bild 18.64
Kontextmenü des Browser-Fensters mit zwei zusätzlichen Einträgen*

*Bild 18.65
Ausgabe nach erfolgreicher Validierung*

Kapitel 18 Werkzeuge

 Die beiden zusätzlichen Kontextmenüeinträge werden allerdings immer angezeigt; also auch bei Nicht-XML-Dokumenten, bei denen diese Einträge keinen Sinn machen.

JavaScript **Realisierung** Die „IE Tools for Validating XML and Viewing XSLT Output" sind in Form von JavaScript-Scripts implementiert, die den MSXML-Parser aufrufen. Die Scripts, die auf den folgenden Seiten abgedruckt sind, sind überraschend einfach und kurz. Um diese als Menüerweiterungen im Internet Explorer einbinden zu können, ist eine Kapselung in HTML-Seiten notwendig.

Listing 18.6
Quelltext von msxmlval.htm, das die Funktion „Validate XML" implementiert

```
<HTML>
<BODY>
<SCRIPT language="javascript" defer=true>
var win = external.menuArguments;
var doc = win.document;
var xmldoc = doc.XMLDocument;
if (!xmldoc)
{
    win.alert("Not XML Document.");
}
else
{
    try
    {
        var vdoc = xmldoc.cloneNode(false);
        vdoc.async = false;
        vdoc.validateOnParse=true;
        vdoc.resolveExternals=true;
        if ( vdoc.load(xmldoc))
        {
            win.alert("Validation Successful.\n"+xmldoc.url);
        }
        else
        {
            var error = vdoc.parseError;
win.alert("Parse Error at line " +
error.line+" in "+ error.url+ "\n" + "Source:"+ error.srcText+"\n\n"+
error.reason);
        }
        catch(e)
        {
            alert( "Error in 'Validate XML': "+e.description);
        }
}
</SCRIPT>
</BODY>
</HTML>
```

```
<HTML>
<TITLE>XSL Transformation Output:</TITLE>
<BODY>
<SCRIPT language="javascript" defer=true>
var win = external.menuArguments;
var doc = win.document;
var xmldoc = doc.XMLDocument;
var xsldoc = doc.XSLDocument;
if (!xmldoc)
{
    win.alert("Not XML Document.");
}
else
{
   try {
var srcwin = win.open("about:blank","",  "resizable=yes,Bildlaufleistes=yes");
       srcwin.document.write("<html><title>XSL Transformation Output</title><body style=\"font:x-small 'Verdana';\"><nobr id=x>working...</nobr></body></html>\n");
       srcwin.document.body.all("x").innerText = xmldoc.transformNode(xsldoc);
   } catch (e) {
       alert( "Error in 'View XSL Transform': "+e.description);
   }
}
</SCRIPT>
</BODY>
</HTML>
```

Listing 18.7
Quelltext von msxmlvw.htm, das die Funktion „View XSL Output" implementiert

Bezugsquelle und Installation Sie finden die „IE Tools for Validating XML and Viewing XSLT Output" auf der Buch-CD [CD:/install/Werkzeuge/XML/IETools] oder bei Microsoft. Nach dem Entpacken müssen *msxmlval.inf* und *msxmlvw.inf* installiert werden (den Punkt *Install* im Kontextmenü der Symbole im Windows Explorer auswählen).

Eine deutsche Version gibt es nicht: Diese lässt sich durch Anpassen der Scripts in *msxmlval.htm* und *msxmlvw.htm* sowie *msxmlval.inf* und *msxmlvw.inf* aber selbst schnell erzeugen. Danach ist eine erneute Installation der *.inf*-Dateien notwendig.

18.8 Sonstige Scripting-Assistenten

18.8.1 HTA Helpomatic

HTA Helpomatic ist eine Hilfe zur Erzeugung von HTML-Anwendungen (HTAs), die auch eingesetzt werden kann zur Erstellung anderer DHTML-Scripts [CD:/Install/Hosts/HTA/].

Eine Auswahlliste auf der linken Seite zeigt verschiedene DHTML- und HTA-typische Aufgaben. Durch die Auswahl wird rechts passender HTML- und/oder Scriptcode erzeugt. Der Code kann modifiziert und ausgeführt werden. HTA Helpomatic ist aber kein echter Scripteditor, sondern bietet nur die Möglichkeit, die erzeugten Fragmente über die Zwischenablage in einen richtigen Editor zu übernehmen. HTA Helpomatic ist nur eine Einstiegshilfe für Anfänger.

Kapitel 18 **Werkzeuge**

*Bild 18.66
Hilfe für
HTML und
DHTML mit
HTA Helpo-
matic*

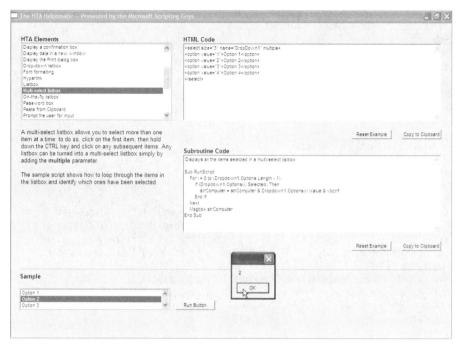

18.8.2 Do-It-Yourself Script Center Kit

Das Do-It-Yourself Script Center Kit von Microsoft [CD:/WeitereInformationen/DoItYourSelfScriptKit] ist eine Sammlung von Beispielscripten in einer Microsoft Access-Datenbank. Diese Sammlung entspricht dem Inhalt des Portable Scripter Center [CD:/WeitereInformationen/DoItYourSelfScriptKit]. Das Do-It-Yourself Script Center Kit enthält außerdem das Script, um aus der Datenbank eine kompilierte Hilfedatei zu erzeugen. Es ist das Werkzeug, das Microsoft eingesetzt hat, um das Portable Scripter Center zu erzeugen.

*Bild 18.67
Das Portable
Script Center
ist eine Script-
sammlung in
einer Hilfedatei*

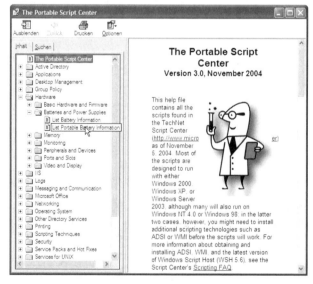

828

19 Fortgeschrittene Active Scripting-Techniken

Dieses Kapitel beschäftigt sich mit einigen fortgeschrittenen Techniken aus dem Bereich der Scriptprogrammierung. Dazu gehören:

- die Codierung des Quelltexts von Scripten,
- die Nutzung entfernter Komponenten,
- das Prototyping von Scripten in VB 6.0,
- die Entwicklung von Automatisierungslösungen mit VB 6.0 und VBA,
- die Selbsterstellung von COM-Komponenten auf Basis von Scriptlets und als kompilierte Visual Basic-Komponenten,
- die Programmierung eigener Scripting Hosts,
- die Suche nach geeigneten Komponenten,
- die Selbsterforschung von Komponenten, die nicht in diesem Buch besprochen werden konnten.

Überblick

19.1 Fehlersuche in Scripts (Debugging)

Das Debugging, also das Finden und Entfernen von Bugs (Programmfehlern) in Scripts, ist eine zentrale Aufgabe für den Scriptprogrammierer.

Die Windows Scripting-Architektur unterstützt den Einsatz von Debuggern. Active Scripting Debugger setzen auf speziellen Active Scripting-Schnittstellen auf.

19.1.1 Fehlerarten

Man muss beim Debugging drei Arten von Fehlern unterscheiden.

- **Kompilierungsfehler:** Der Begriff **Kompilierungsfehler** erscheint in einem Buch über Scripting auf den ersten Blick verwunderlich, da Scriptsprachen ja interpretiert werden. Eine Kompilierung im engeren Sinne findet beim Active Scripting auch nicht statt, doch wird das Script vor dem Start durch die Active Scripting Engine **geparst** und auf die syntaktische Gültigkeit hin überprüft. Bereits zu diesem Zeitpunkt kann die Vollständigkeit von Sprachkonstrukten überprüft werden. Ein Kompilierungsfehler entsteht beispielsweise, wenn Sie im nachfolgenden Listing die Zeile 5 (End If) weglassen. Sofern ein Kompilierungsfehler festgestellt wird, wird die Ausführung des Script gar nicht begonnen, selbst wenn die ersten Befehle des Script fehlerfrei wären.

Kompilierungsfehler

```
a = msgbox("Fehler oder nicht Fehler?",vbYesNo)
If a = vbYes then
u = 0
x = 7 / u ' Laufzeitfehler: Division durch 0
End If  ' ohne diese Zeile -> Kompilierungsfehler
Msgbox "Ergebnis: " & X
```

Listing 19.1
Demo-Script

Kapitel 19 Fortgeschrittene Active Scripting-Techniken

Bild 19.1
Anzeige eines Kompilierungsfehlers im WSH

Laufzeitfehler ▸ **Laufzeitfehler:** Der Parser findet jedoch nicht alle Fehler (z.B. nicht initialisierte Variablen oder nicht definierte Unterroutinen) und kann auch zahlreiche Fehler gar nicht finden (z.B. Division durch Null). Diese Fehler werden erst zur Laufzeit festgestellt, d.h., die Scriptausführung beginnt und wird beim Auftreten des Fehlers angehalten. Sofern die Programmzeile, in der sich der Fehler befindet, nicht durchlaufen wird, tritt der Fehler auch nicht auf. Wenn Sie im obigen Listing mit *Nein* antworten, tritt der „Division durch Null"-Fehler nicht auf.

Bild 19.2
Laufzeitfehler im WSH

Logische Fehler ▸ **Logische Fehler:** Das größte Problem sind logische Fehler: Sie werden nicht von der Scripting Engine festgestellt, sondern führen zu unerwarteten Ergebnissen bei der Ausführung.

19.1.2 Active Scripting-Debugger

Es gibt zwei Active Scripting-Debugger von Microsoft:
- Microsoft Scriptdebugger (*Msscrdbg.exe*, kostenlos)
- Visual InterDev 6.0 (*Mdm.exe*, kostenpflichtig)

Beide Debugger werden aus systematischen Gründen im Kapitel 18 „Werkzeuge" beschrieben.

 Wenn Sie Prototypen Ihrer Scripts mit Visual Basic 6.0 entwickeln (vgl. Kapitel 19.5 „Entwicklung von Automatisierungslösungen in Visual Basic 6"), dann haben Sie den Vorteil, dass Sie den weitaus besseren Debugger von Visual Basic 6.0 nutzen können.

19.1.3 Auswahl des Debugger

Debugger-Auswahl Sind mehrere Debugger installiert, bietet Windows einen Auswahldialog.

Der erste Eintrag ist dabei Visual Studio .NET Debugger, der jedoch nicht zum Debuggen von Active Scripts fähig ist.

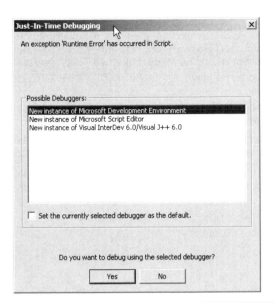

Bild 19.3
Auswahldialog für Active Scripting-Debugger

Der Standard-Debugger wird gespeichert unter
HKEY_CLASSES_ROOT\CLSID\{834128A2-51F4-11D0-8F20-00805F2CD064}\ LocalServer32

19.1.4 Aufruf des Debugger

Es gibt drei Möglichkeiten, ein Script in den Debug-Modus zu versetzen:
- Der Debugger startet erst bei einem Kompilierungs- oder Laufzeitfehler.
- Das Script wird durch eine Option des Scripting Host direkt von der ersten Programmzeile an im Debugger gestartet.
- Der Debugger startet durch einen speziellen Befehl an einer beliebigen Stelle im Programmcode (Stop (in VBS) bzw. Debugger (in JScript)).

Im Debugger der Entwicklungsumgebung der Visual Basic-Vollversion gibt es noch andere Möglichkeiten (z.B. Überwachungsausdrücke).

19.1.5 Aktivierung des Debugging

Das Verhalten der Active Scripting Hosts im Fehlerfall ist sehr unterschiedlich: Einige zeigen ein Dialogfenster, andere protokollieren still und heimlich in eine Datei. Anders als in der Visual Basic-Entwicklungsumgebung ist das Debugging beim Scripting eine Option, die nicht automatisch angeboten wird. Sie muss in jedem Scripting Host auf spezielle Weise aktiviert werden. Die separate Aktivierung des Debugger ist sinnvoll: Nicht für jeden ASP-Fehler soll auf dem Webserver der Debugger gestartet werden und auch im WSH soll der normale Benutzer lieber eine Fehlermeldung erhalten als ein Debug-Fenster.

Verhalten im Fehlerfall

Für den Windows Script Host (WSH) muss das Debugging grundsätzlich mit dem Schlüssel HKEY_LOCAL_MACHINE\SOFTWARE\Microsoft\Windows Script Host\Settings\ ActiveDebugging = 1 aktiviert sein. Für ein konkretes WSH-Script muss der Debugger zusätzlich aktiviert werden (im WSH 1.0 war diese Option nicht nötig). Dabei gibt es einen Unterschied zwischen .wsf-Dateien und den nicht-XML-strukturierten WSH-Dateien. In

WSH

.wsf-Dateien muss in der <?job>-Processing Instruction das Attribut debug auf True gesetzt werden (<?job debug="True"?>). Andere WSH-Dateien müssen zur Aktivierung des Debugger mit der Kommandozeilenoption //D (Debugger-Start bei Fehler oder Stop) oder //X (Start mit erstem Befehl) gestartet werden. Der WSH fragt trotz der gesetzten Kommandozeilenoption vor dem Start des Debugger noch einmal höflich nach, ob Sie wirklich debuggen wollen.

IE Im Internet Explorer finden Sie die Aktivierungsoption in Form des Kontrollkästchens *Scriptdebugging deaktivieren* unter den Internetoptionen in der Registerkarte *Erweitert*.

ASP Für die Active Server Pages (ASP) erfolgt die Aktivierung in der *Internetdiensteverwaltung* in den Eigenschaften des virtuellen Webs (Register *Basisverzeichnis/Anwendungseinstellungen*, Schaltfläche *Konfiguration*, Register *Debuggen der Anwendung*).

Bild 19.4 Debugging-Optionen für ASP

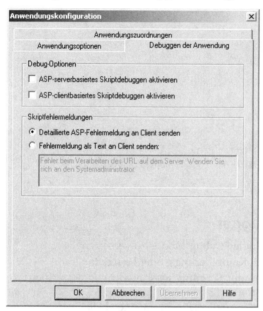

In ASP gibt es bei Verwendung von Visual InterDev 6.0 auch die Option des entfernten Debugging (*serverbasiertes Skriptdebuggen* oder *Remote Debugging* genannt). Allerdings ist in Entwicklerkreisen bekannt, dass dieses Funktion fehlerhaft und die Arbeit damit sehr mühselig ist. Das Remote Debugging in ASP.NET mit Visual Studio .NET funktioniert dagegen hervorragend.

Exchange Server/SQL Server 7.0/2000 Beim Exchange Event Service sowie bei den Scripting Hosts im SQL Server 7.0/2000 springt ein Script im Fehlerfall nie automatisch in den Debugger. Sie müssen also das Script mit einer speziellen Anweisung, die spezifisch für jede Scriptsprache ist (siehe oben) in den Debugger zwingen.

SQL Server 2000 Beim Data Transformation Service (DTS) im SQL Server 2000 gibt es in den Eigenschaften des Zweigs „Data Transformation Services" im SQL Server Enterprise Manager eine Option „Just-In-Time-Debuggen aktivieren".

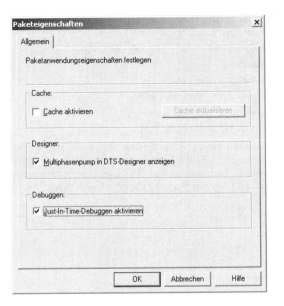

Bild 19.5
Aktivierung des Debugging im DTS 2000

19.2 Scriptcodierung mit dem Script Encoder

Ein strategischer Nachteil von Scripts ist, dass sie in Quelltextform vorliegen. Bei der Weitergabe an andere Personen können diese den Quelltext einsehen, verändern und wiederverwenden. Scripts sind daher grundsätzlich eine ungeeignete Form der Programmierung, wenn es entweder darum geht, das geistige Eigentum zu schützen, Inhalte des Script (z.B. Passwörter) vor dem Endanwender zu verbergen oder aber die Integrität des Programms sicherzustellen. Dieses Problem adressiert Microsoft mit dem *Script Encoder*. Der Script Encoder ist ein Werkzeug, um Windows ActiveX-Scripts so zu kodieren, dass man den Quelltext nicht mehr einsehen kann; dabei können die Scripts aber wie bisher ausgeführt werden. Seit Windows Script 5.5 wird der Script Encoder 2.0 ausgeliefert.

Codierung

Das Geheimnis dieser Technologie liegt in den Scripting Engines. Wenn eine Scripting Engine das Kodieren unterstützt, dann muss sie in der Lage sein, ein vom Script Encoder kodiertes Script entgegenzunehmen und vor der Ausführung zu dekodieren. Eine Scripting Engine zeigt diese Unterstützung durch eine Mitgliedschaft in der Component Category „Active Scripting Engine with Encoding" {F0B7A1A3-9847-11CF-8F20-00805F2CD064} an.

Es handelt sich beim Script Encoder um eine einfache Austauschcodierung, die durch versierte Benutzer unter Einsatz externer Werkzeuge umkehrbar ist. Auf der CD finden Sie ein solches Werkzeug von David Hammel [CD:/install/tools/encoding/decode.exe].

Wenn es „nur" darum geht, die Integrität des Script sicherzustellen, die Nicht-Einsehbarkeit des Codes aber unwichtig ist, dann ist das Script Signing (siehe nächstes Kapitel) das geeignete Instrument.

Kapitel 19 **Fortgeschrittene Active Scripting-Techniken**

Datei-
codierung

Script Encoding arbeitet auf Dateiebene. Scripting Hosts, die Scripte nicht in Dateien im Dateisystem ablegen, können auf dem derzeitigen Stand dieser Technologie noch nicht davon profitieren. Es ist aber möglich, Teile einer Scriptdatei zu kodieren.

Kodierbare
Dateierwei-
terungen

Folgende Dateitypen können kodiert werden:
- ASP-Dateien mit den Erweiterungen .asp, .asa und .cdx
- HTML-Dateien mit den Erweiterungen .htm, .html und .hta
- Scriptlets mit den Erweiterungen .wsc oder .sct
- WSH-Dateien mit den Erweiterungen .vbs, .js und .wsf

Beispiel

Bei den drei erstgenannten Scripttypen findet die Codierung für jeden einzelnen Scriptblock statt. Es wird nur der Inhalt zwischen <SCRIPT>-Tags kodiert (bei ASP wird die Kurzform <% %> auch erkannt und kodiert). Dabei wird das Scriptsprachenattribut im <SCRIPT>-Tag um das „.Encode" ergänzt. Es folgt ein Beispiel für eine Codierung:

Listing 19.2
Unkodierte
HTML-Datei
[CD: /code/
fortgeschrit-
tene/encoding/
test.htm]

```
<HTML>Erste Ausgabe...<p>
<SCRIPT language=VBScript>
Msgbox "Erste Dialogbox. (VBS)"
</SCRIPT>
Zweite Ausgabe...<p>
<SCRIPT language=JScript>
alert("Zweite Dialogbox. (JSCRIPT)");
</SCRIPT>
</HTML>
```

Listing 19.3
Kodierte
HTML-Datei

```
<HTML>Erste Ausgabe...<p>
<SCRIPT
language=VBScript.Encode>#@~^JwAAAA==@#@&HdT4K6Pr2MdYP9kmVGL(W6c~'jA?*E@#@&SAoAAA==^
#~@</SCRIPT>
Zweite Ausgabe...<p>
<SCRIPT language=JScript.Encode>#@~^LQAAAA==@#@&lsDD'J\
hrYP9kmVGL(W6c~'x?Z"(KK*J*i@#@&BQwAAA==^#~@</SCRIPT>
</HTML>
```

Ein kodierter Scriptblock darf niemals verändert werden, da auch die kleinste Änderung zur Zerstörung des kodierten Scripts führt.

WSH-Dateien

Anders sieht dies bei den WSH-Dateitypen .vbs und .js aus. Da diese Dateien kein <SCRIPT>-Tag enthalten, sondern aus reinem Programmcode bestehen, werden die ganzen Dateien kodiert. Zur Kennzeichnung der Codierung müssen WSH-Dateien eine neue Erweiterung erhalten. Diese lautet .vbe für VBScript-Dateien und .jse für JScript-Dateien. Nach der Codierung können die .vbe- und .jse-Dateien wie normale WSH-Scripts ausgeführt werden.

Es ist möglich, in einer WSH-Datei nur einen Teil der Datei zu kodieren. Markieren Sie dazu den Anfang des zu kodierenden Bereichs mit '**Start Encode**.

WSF-Dateien können nur mit einem Trick kodiert werden, da der im Umlauf befindliche Script Encoder die Erweiterung .wsf noch nicht kennt. Er kennt allerdings XML-Dateien mit Script schon aus der Zeit, da die Scriptlets noch die Erweiterung .sct hatten. Sie werden weiter unten das Beispiel sehen, wie Sie dem Encoder vorgaukeln, er habe es mit einer .sct-Datei zu tun.

```
WScript.Echo "Nicht kodiert!"
'**Start Encode**
WScript.Echo "Das soll kodiert werden!"
```

Listing 19.4
WSH-Datei mit teilweiser Codierung [CD: /code/ fortgeschrittene/encoding/ test.vbs]

Script Encoder Der Script Encoder kann auf zwei verschiedene Arten verwendet werden:
- über das Kommandozeilenwerkzeug *screnc.exe*
- über die Klasse `Scripting.Encoder` aus der Scripting Runtime Library (ab Version 5.0)

19.2.1 Codierung per Kommandozeile

Die Syntax für das Kommandozeilentool lautet:

`SCRENC  [/s] [/f] [/xl] [/l defLanguage ] [/e defErweiterung] inputfile outputfile`

Die Bedeutungen der Optionen zeigt die folgende Tabelle.

SCRENC.exe

Kommandozeilen-argument	Beschreibung
/s	Optional. Unterdrückt alle Ausgaben an der Kommandozeile. („s" steht für silent)
/f	Optional. Die Eingabedatei soll durch die kodierte Datei überschrieben werden. Ohne diesen Parameter ist die Angabe einer dezidierten Ausgabedatei notwendig.
/xl	Optional. Der Script Encoder fügt bei ASP-Dateien automatisch eine ASP-Sprachdirektive `<@language>` am Beginn der Datei an. Diese Option unterdrückt das Hinzufügen der Sprachdirektive.
/l sprachprogid	Optional. Mit dieser Option kann für Scriptblöcke, die keine explizite Sprachzuweisung besitzen, eine Sprache vorgegeben werden. Einige Scripting Hosts haben Standardsprachen (JScript im Internet Explorer, VBScript in ASP), die implizit verwendet werden, wenn das Attribut `language` im `<SCRIPT>`-Tag nicht gesetzt ist. Für das Script Encoding muss immer eine Sprache explizit angegeben werden. Der Script Encoder verwendet die Standardsprache entsprechend der Dateierweiterung. Mit dieser Option kann dies jedoch beeinflusst werden. Die Sprache muss in Form der ProgID (z.B. jscript, vbscript, perlscript) der Sprache angegeben werden.
/e Dateierweiterung	Optional. Normalerweise erkennt der Script Encoder den Scripttyp anhand der Dateierweiterung. Wenn unübliche Dateierweiterungen verwendet werden, kann mit dieser Option der unbekannten Erweiterung eine der bekannten Erweiterungen zuge-ordnet werden, so dass der Script Encoder das Script korrekt kodieren kann. Wird ein unbekannter Dateityp ohne diese Option verwendet, kann der Script Encoder nicht arbeiten. Die Erweiterung muss mit dem führenden Punkt (z.B. *.js* oder *.asp*) angegeben werden.
inputfile	Name der Eingabedatei. Es können mit Hilfe der Platzhalteroperatoren „*" und „?" auch Dateimengen angegeben werden.
outputfile	Name der Ausgabedatei. Sofern `inputfile` eine Dateimenge war, muss hier der Name eines Zielverzeichnisses angegeben werden.

Tabelle 19.1 Kommando-zeilenargumente für SCRENC.exe

Kapitel 19 Fortgeschrittene Active Scripting-Techniken

Beispiele für die Anwendung von SCRENC.exe

Codierung von Dateien

- Codierung einer HTML-Datei unter Verwendung eines neuen Namens:
  `screnc x.htm y.htm`
- Codierung einer HTML-Datei aus einem Verzeichnis in ein anderes Verzeichnis:
  `screnc d:\buch\unkodierte\*.htm d:\buch\kodierte`
- Codierung einer WSH-Datei und Speicherung unter der neuen Erweiterung:
  `screnc x.vbs x.vbe`
- Codierung einer WSH-Datei mit einer Nicht-Standarderweiterung:
  `E:\DEV\MICROS~1\SCRENC.EXE /e .vbs x.vbx x.vbe`
- Codierung einer WSF-Datei:
  `screnc /e .sct test.wsf test2.wsf`
- Codierung einer HTML-Datei und Speicherung unter dem gleichen Namen:
  `screnc /f x.htm`

> Durch die Option /f wird die vorhandene Quelldatei überschrieben. Microsoft stellt kein Instrument bereit, um die Codierung rückgängig zu machen. Wenn Sie keine anderen Werkzeuge haben, die diese Codierung rückgängig machen können, ist Ihr Quellcode verloren!

19.2.2 Codierung per Script mit der Klasse Scripting.Encoder

COM-Klasse Scripting.Encoder

Eine zweite Möglichkeit, die Scriptcodierung anzustoßen, stellt die Klasse `Encoder` dar, die seit Version 5.0 Teil der Scripting Runtime Library ist. Während das Kommandozeilentool *screnc.exe* auf Dateiebene arbeitet, wandelt die Klasse `Encoder` übergebene Zeichenketten um. Das ermöglicht mehr Flexibilität in der Anwendung. Die Methodendefinition lautet:

`kodiertes_Script = obj.Encoder.EncodeScriptFile (Erweiterung, Script, _Flags, Sprache)`.

Dabei erwartet die Methode vier Pflichtparameter:

- Im ersten Parameter eine Dateierweiterung: Damit wird nicht auf eine Datei zugegriffen, sondern es wird angezeigt, welche Art von Script übergeben wird. `EncodeScriptFile()` erwartet hier eine der zu Beginn dieses Kapitels genannten Dateierweiterungen – inklusive eines führenden Punkts!
- Der zweite Parameter ist die Zeichenkette, die das zu kodierende Script enthält.
- Im Parameter `Sprache` können Sie die ProgID einer Active Scripting Engine angeben, die als Standardsprache für Scriptblöcke verwendet werden soll, die keine Scriptsprache explizit angeben.

Codierung von Dateien

Sofern mit `EncodeScriptFile()` jedoch ganze Dateien kodiert werden sollen, ist etwas mehr Aufwand notwendig:

- Die gewünschte Datei muss mit FSO als ein `Textstream`-Objekt geöffnet werden.
- Der Inhalt muss komplett ausgelesen und in einer String-Variablen gespeichert werden.
- Dann kann der Inhalt an eine Instanz der `Encoder`-Klasse übergeben werden.
- Der kodierte Inhalt muss in die neue Datei geschrieben werden.

encode_script()

Diese Aufgabe löst die Prozedur `encode_script(von, nach, sprache)` allgemein und bildet – mit Ausnahme der Kommandozeilenparameter – die Funktion von *screnc.exe* nach. Dabei können von und nach den gleichen Dateinamen bezeichnen, wenn die Datei überschrieben werden soll. Die Prozedur bedient sich der FSO-Methode `GetExtension-Name()`, um die Erweiterung der Quelldatei zu ermitteln.

```
Sub encode_script(von, nach, sprache)
Dim objEnc, FSO, objTX ' Objekte
Dim inhalt, code_inhalt, Erweiterung ' Strings
Set objEnc = CreateObject("Scripting.Encoder")
Set FSO = CreateObject("Scripting.FileSystemObject")
' -- 1. Datei öffnen
Set objTX = FSO.OpenTextFile(von)
' -- 2. Kompletten Inhalt einlesen
inhalt = objTX.ReadAll
' -- 3. Datei schließen
objTX.Close
' -- 4. Kodieren
Erweiterung = "." & FSO.GetErweiterungName(von)
code_inhalt = objEnc.EncodeScriptFile(Erweiterung, inhalt, 0, sprache)
' -- 5. Ausgabedatei öffnen
Set objTX = FSO.OpenTextFile(nach, ForWriting, True)
' -- 6. Inhalt speichern
objTX.Write code_inhalt
' -- 3. Datei schließen
objTX.Close
End Sub
```

Listing 19.5
Die Funktion `encode_script()` *kodiert eine beliebige Datei. [CD: /code/fortgeschrittene/encoding/encoder.vbs]*

Ein Beispiel für den Aufruf dieser Prozedur wäre:

```
encode_script "d:\buch\encoding\x.htm", "d:\buch\encoding\z.htm", "JScript"
```

19.3 Digitale Signaturen für Scripts

Microsoft hat auf die massive Kritik, die dem Love-Letter-Virus folgte, reagiert: Die Version 5.6 des Windows Script Host (WSH) enthält eine Möglichkeit, die Authentizität und Integrität von Scripts mit Hilfe von digitalen Signaturen zu garantieren.

Kampf den bösen Liebesbriefen

> Das von Microsoft seit WSH 5.6 ausgelieferte Signatursystem ist konsistent zur Signierung von binären Programmdateien (*exe*, *dll*, *ocx*, *cab*).

19.3.1 Grundlagen digitaler Signaturen

Eine digitale Signatur ist eine Zeichenfolge, die an ein Dokument oder Programm (hier: ein Script) angehängt bzw. getrennt übermittelt wird. Die Signatur basiert auf einem Hash-Wert, einem Public-Key-Verfahren und einem digitalen Zertifikat. Der Hash (auch Digest genannt) ist eine Zeichenfolge fester Länge, die aus dem Quellcode des Scripts erzeugt wird. Diese Zeichenfolge identifiziert den Quellcode eindeutig. Jede kleinste Änderung im Quellcode führt zu einem anderen Hash-Wert. Der Empfänger eines Scripts kann also aus dem erhaltenen Scriptcode den Hash-Wert selbst bilden und mit dem übermittelten Hash-Wert vergleichen. Nur wenn die beiden Hash-Werte übereinstimmen, ist das Script unverändert übermittelt worden.

Hash-Wert

Der Hash-Wert allein stellt aber noch keine Sicherheit dar, denn er sagt weder aus, von wem er gebildet wurde, noch dass nicht zwischenzeitlich jemand das Script verändert und gleichzeitig den Hash-Wert neu erzeugt hat. Um Integrität und Authentizität des

Signierung mit privatem Schlüssel

Zertifikate Hash sicherzustellen, muss der Scriptautor den Hash mit seinem privaten Schlüssel verschlüsseln. Folglich kann der Hash nur mit dem öffentlichen Schlüssel des Absenders wieder korrekt entschlüsselt werden. Sofern also der Empfänger den öffentlichen Schlüssel des Scriptautors kennt, kann der Empfänger des Script eindeutig feststellen, ob der Hash verändert wurde.

Zertifikate Das Restproblem ist die Voraussetzung, dass der Empfänger den öffentlichen Schlüssel des Scriptautors kennen muss. Wenn nämlich der Autor des Script diesen einfach ohne weitere Maßnahmen zusammen mit dem Script übermittelt, dann beweist die Entschlüsselbarkeit des Hash nur, dass öffentlicher und privater Schlüssel zusammenpassen. Es kann aber sein, dass der Autor des Script gar nicht der ist, für den er sich ausgibt, oder dass bei der Übermittlung ein Dritter (Man-in-the-middle) das Script verändert und mit seinem eigenen privaten Schlüssel den Hash neu verschlüsselt hat.

Zertifizierungsstellen Um dies auszuschließen, wird der öffentliche Schlüssel durch ein digitales Zertifikat bestätigt, das der Autor ebenfalls an das Script anhängt. In dem Zertifikat bestätigt eine Zertifizierungsstelle, dass ein öffentlicher Schlüssel einer bestimmten Person gehört. Dazu bildet die Zertifizierungsstelle über den öffentlichen Schlüssel, den Namen, die E-Mail-Adresse und gegebenenfalls weitere personenbezogene Angaben einen Hash-Wert, den sie mit dem privaten Schlüssel der Zertifizierungsstelle verschlüsselt.

Vertrauen in die Zertifizierungsstelle Der Empfänger des Script kann mit dem öffentlichen Schlüssel der Zertifizierungsstelle sicherstellen, dass das Zertifikat authentisch ist. Natürlich bestehen auch hier Restunsicherheiten: Zum einen bleibt die Frage, ob der öffentliche Schlüssel der Zertifizierungsstelle authentisch ist, zum anderen bleibt zu hoffen, dass die Zertifizierungsstelle die Identität desjenigen, der ein Zertifikat beantragt, ausreichend geprüft hat. Allein das Vorzeigen eines Zertifikats ist eben kein Vertrauensbeweis, denn jede beliebige Person kann eine Zertifizierungsstelle betreiben.

Bild 19.6
Ablauf der digitalen Signierung für Scriptdateien

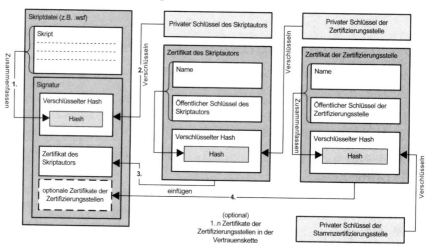

Vertrauen Letztlich ist für den Zertifikatsempfänger das Problem, beliebig vielen Scriptautoren zu trauen, reduziert worden; er muss nun (nur) noch einer bestimmten Menge von Zertifizierungsstellen trauen. Zudem können Zertifizierungsstellen andere Zertifizierungsstellen zertifizieren, so dass schließlich die Vertrauensfrage nur noch sehr wenigen Stammzertifizierungsstellen zu stellen ist. So entsteht eine Zertifizierungskette.

Certificate Server

Unternehmensintern ist die Vertrauensfrage leicht zu lösen, indem das Unternehmen eine eigene Zertifizierungsstelle betreibt. Microsoft bietet als Produkt dazu den Certificate Server an. Er ist sowohl für NT 4.0 Server (als Teil des Option Pack) als auch für Windows 2000 Server/Windows Server 2003 (als Option im Setup) kostenlos. Bei Scripts, die von außen kommen, muss der Anwender entscheiden, ob er der Zertifizierungsstelle vertraut. Über verschiedene Windows-Werkzeuge kann der Administrator festlegen, welchen Zertifizierungsstellen ein Benutzer vertrauen darf und welchen nicht. So könnte der Administrator grundsätzlich jedes andere als das unternehmenseigene Zertifikat ausschließen.

Übrigens könnte man auf das Hash-Verfahren auch verzichten und den ganzen Scriptcode verschlüsselt an das Dokument anhängen. Das würde aber die Dateien unnötig verlängern.

Geheimhaltung

Das vorgestellte Verfahren eignet sich natürlich nicht dazu, die Geheimhaltung des Scriptcodes zu gewährleisten, denn der öffentliche Schlüssel ist ja bekannt, so dass jeder die Verschlüsselung rückgängig machen könnte. Um die Geheimhaltung zu garantieren, benötigt auch der Empfänger ein Schlüsselpaar, so dass der Autor den öffentlichen Schlüssel des Empfängers zur Verschlüsselung nutzen kann. Dies kann dann nur der Empfänger mit seinem privaten Schlüssel wieder entschlüsseln.

19.3.2 Erstellen von Signaturen mit den CryptoAPI-Werkzeuge

Microsoft CryptoAPI-Werkzeuge

Um ein Script digital signieren zu können, benötigt der Scriptautor ein Schlüsselpaar und ein Zertifikat für den öffentlichen Schlüssel aus diesem Schlüsselpaar. Um diese auf ein Script anzuwenden, ist nicht nur die Installation des WSH ab Version 5.6 notwendig, sondern auch das Tool *signcode.exe*, das zu den Microsoft CryptoAPI-Werkzeuge gehört. Die CryptoAPI-Werkzeuge sind Teil des Internet Explorer Authenticode Add-ons [CD:/install/tools/authenticode50].

Die Crypto-Werkzeuge bestehen aus sieben Kommandozeilenwerkzeugen und einem GUI-Werkzeug; die wichtigsten unter ihnen sind:

- *signcode.exe* zum Signieren eines Script
- *makecert.exe* zum Erstellen eines Zertifikats
- *chktrust.exe* zum Prüfen einer Signatur
- *certmgr.exe* zum Verwalten der Zertifikate

Zertifikat erstellen

Mit dem folgenden Befehl erzeugt man ein Schlüsselpaar und ein Zertifikat. HSchwichtenberg.cer enthält nach der Ausführung das Zertifikat mit dem öffentlichen Schlüssel und HSchwichtenberg.pvk als den privaten Schlüssel.

```
makecert HSchwichtenberg.cer -n "CN=Dr. Holger Schwichtenberg" -sv HSchwichtenberg.pvk
```

Um mit diesem Testzertifikat arbeiten zu können, muss man auch das Vertrauen in die Testzertifizierungsstelle aktivieren:

```
setreg 1 TRUE
```

Der Signcode-Assistent

Signcode.exe *Signcode.exe* kann als Kommandozeilen-Tool arbeiten; es bietet für Benutzer, die die zahlreichen Optionen nicht kennen, aber auch ein ansprechendes GUI in Form eines Assistenten („Assistent für digitale Signaturen", siehe Bild 19.7). Der Assistent fragt zunächst nach der zu signierenden Datei. Das Auswahlfenster bietet nur die Optionen, die binären Dateitypen *.exe*, *.dll*, *.ocx* und *.cab* sowie Zertifikatsvertrauenslisten (*.slt*) und KataProtokolldateien (*.cat*) zu signieren. Wenn der WSH ab Version 5.6 installiert ist, funktioniert aber auch die Auswahl sämtlicher Scriptdateitypen (*.vbs*, *.vbe*, *.js*, *.jse*, *.wsf*).

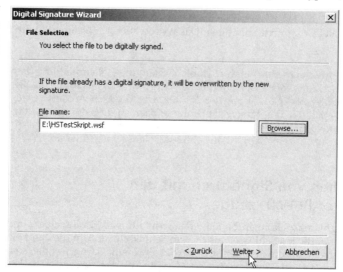

Bild 19.7
Auswahl des zu signierenden Script

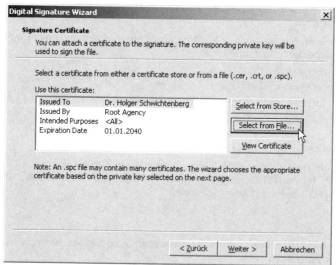

Bild 19.8
Auswahl der Zertifikate

Optionen Dann fragt der Assistent, ob man Standardoptionen verwenden will oder aber in die benutzerdefinierten Optionen verzweigen möchte. Im ersteren Fall benötigt der Assistent nur noch ein Zertifikat, einen optionalen Zeitstempel sowie optionale Beschreibungsinformationen, die der Empfänger beim Aufruf sehen soll. Diese Beschreibungsinformationen sollte man unbedingt mit dem Scriptnamen und seinem Zweck füllen, denn sonst erscheint bei den Rückmeldungen des CryptoAPI an den Benutzer nur eine etwas unsinnige Aussage über den Namen desjenigen, der das Script signiert hat. Im zweiten Fall erlaubt der Assistent feinere Einstellungen darüber, welcher private Schlüssel und welches Hash-Verfahren das CryptoAPI anwenden soll. Ebenso fragt er nach, ob auch die Zertifikate übergeordneter Zertifizierungsstellen in die Signatur aufgenommen werden sollen (siehe folgende Bild 19.9).

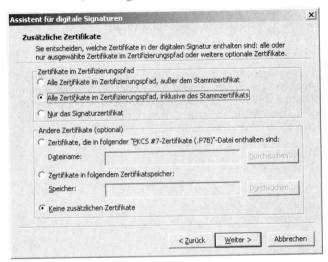

Bild 19.9
Aufnahme übergeordneter Zertifikate in „signcode.exe"

Der Assistent hängt nach Abschluss aller Einstellungen die Signatur an die Scriptdatei an. Das folgende Listing zeigt ein HelloWorld-Script in einer XML-strukturierten *.wsf*-Datei. Die digitale Signatur steckt in dem Element <signature>. Bei nicht-XML-strukturierten Scriptdateien ist die Signatur in Kommentarzeilen verborgen, so dass die Scriptspracheninterpreter nicht meckern.

Beispiel

Listing 19.6
Beispiel für ein signiertes WSH-Script

```
<package>
<comment>
Autor: Dr. Holger Schwichtenberg, hs@windows-scripting.de
</comment>
<job id="Job1">
<object id="FSO" progid="Scripting.FileSystemObject"/>
<script id="test2" language="VBScript">
msgbox "Hello World!"
</script>
</job>
<signature>
** SIG ** MIIV9QYJKoZIhvcNAQcCoIIV5jCCFeICAQExCzAJBgUr
** SIG ** DgMCGgUAMGcGCisGAQQBgjcCAQSgWTBXMDIGCisGAQQB
** SIG ** gjcCAR4wJAIBAQQQcAVhGs441BGiowAQS9NQkAIBAAIB
** SIG ** AAIBAAIBAAIBADAhMAkGBSsOAwIaBQAEFNGx8EDctBsa
** SIG ** OvQQZuURcN2POZIioIIT/jCCBOAwggPIoAMCAQICAx7W
** SIG ** OTANBgkqhkiG9w0BAQQFADCBoTELMAkGA1UEBhMCREUx
** SIG ** GjAYBgNVBAcTEUQtNzYyMjcgS2FybHNydWhlMRIwEAYD
...
** SIG ** I1dFQi5ERSBUcnVzdENlbnRlciBWb2xsLVplcnRpZmlr
** SIG ** YXR1MRswGQYJKoZIhvcNAQkBFgx0cnVzdEB3ZWIuZGUC
** SIG ** Ax7WOTAJBgUrDgMCGgUAoFIwEAYKKwYBBAGCNwIBDDEC
** SIG ** MAAwGQYJKoZIhvcNAQkDMQwGCisGAQQBgjcCAQQwIwYJ
```

```
** SIG ** KoZIhvcNAQkEMRYEFDehJNSS3qE+Fn22jJR4SsAIYa6n
** SIG ** MA0GCSqGSIb3DQEBAQUABEBC+t9hJLobenkmrHkzGiw2
** SIG ** hsZWeMW4t+xw42No8hY4d/8L0vn1eiqal0VZA3fIpVuo
** SIG ** /7KQ16Sk2cm1LgoiXp6C
</signature>
</package>
```

Ein signiertes Script erkennt man auch daran, dass im Windows Explorer eine neue Registerkarte in den Dateieigenschaften erscheint (siehe Bild 19.10).

Prüfen der Signaturen mit ChkTrust

ChkTrust.exe Der Start eines derart signierten Script bringt aber erstmal eine Enttäuschung: Windows führt das Script aus, egal wer das Script signiert hat. In der Standardeinstellung werden auch nach der Installation des WSH ab Version 5.6 unsignierte Scripts weiterhin ohne Nachfrage ausgeführt. Und sogar bei Scripts, deren Quelltext nach der Signierung verändert wurde, beschwert sich Windows nicht.

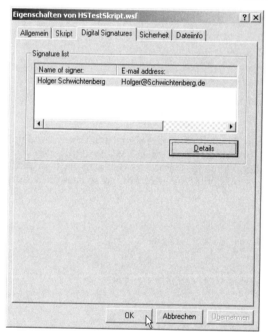

Bild 19.10
Eigenschaften-
fenster einer
signierten
Scriptdatei

Dass aber das Betriebssystem sich sehr wohl im Klaren über die Integritätsverletzung ist, beweist der Einsatz des Werkzeugs ChkTrust aus den oben bereits erwähnten CryptoAPI-Werkzeugen. Die Ausführung von *ChkTrust.exe test.wsf* testet die angegebene Scriptdatei *test.wsf*. Wenn die Integrität der Scriptdatei und das Zertifikat in Ordnung sind, meldet ChkTrust „test.wsf: Succeeded" zurück. Es gibt zahlreiche Fehlerfälle; die fünf wichtigsten sind:

1. Die Integrität der Datei wurde durch nachträgliche Änderung verletzt. Dann liefert ChkTrust das in Bild 19.11 dargestellte (etwas unscheinbare) Warnfenster.

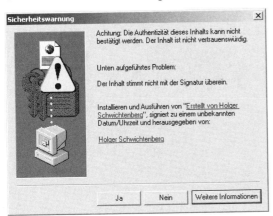

Bild 19.11
„ChkTrust.exe"
warnt vor
verletzter
Integrität

2. Die Integrität der Datei ist gewahrt, der Stammzertifizierungsstelle wird aber nicht vertraut (Bild 19.12).

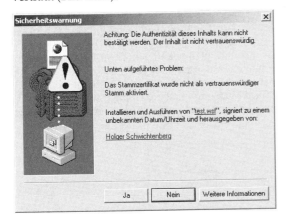

Bild 19.12
Nicht vertrau-
enswürdige
Stammzertifi-
zierungsstelle

3. Innerhalb der Zertifizierungskette gibt es eine Lücke (Bild 19.13).

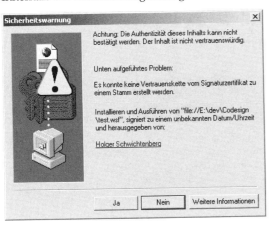

Bild 19.13
Warnmeldung
wegen einer
Lücke in der
Zertifizierungs-
kette

Bild 19.14
Eines der verwendeten Zertifikate ist nicht für die Codesignierung vorgesehen.

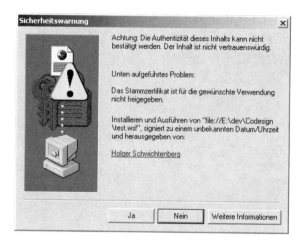

4. Die Zertifizierungskette stimmt, aber ein Zertifikat in der Kette ist nicht für den Zweck der Signierung von Programmcode vorgesehen (Bild 19.14). Zertifikate kann der Benutzer bei der Installation auf bestimmte Zwecke beschränken. Das ist wichtig, da man einer Zertifizierungsstelle, die Personen für den E-Mail-Austausch zertifiziert, wohl kaum zutrauen kann, dass alle diese Personen auch darauf eingeschworen wurden, keine bösartigen Scripts zu erzeugen. Signierte Scripts brauchen Zertifikate, die für den Zweck „Codesignatur" freigegeben sind.
5. Die Integrität der Datei ist gewahrt und allen beteiligten Zertifizierungsstellen vertraut das System; das verwendete Zertifikat gehört aber nicht zu den Zertifikaten, denen vertraut wird. ChkTrust liefert daraufhin die Bild 19.15. Der Benutzer hat nicht nur die Wahl, das Zertifikat abzulehnen, sondern auch für die Zukunft das präsentierte Zertifikat als vertrauenswürdig einzustufen. Dies ist der am wenigsten schwerwiegende Fehler.

Bild 19.15
Das Zertifikat des Scriptautors ist unbekannt.

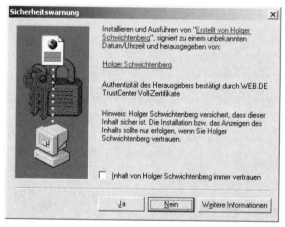

Wie die vorherigen Abbildungen zeigen, hat der Benutzer im Standardfall stets die Möglichkeit, das Script dennoch zu akzeptieren und damit ein „Succeeded" zu erzeugen. Nur wenn der Benutzer die Warnung des Systems nicht ignoriert, ist der Rückgabewert „test.wsf: Failed: The subject is not trusted for the specified action."

Zertifikate verwalten mit dem Zertifikatsmanager

Welchen Zertifizierungsstellen Vertrauen zu schenken ist, legt man mit dem Zertifikatsmanager (*certmgr.exe*, siehe Bild 19.16) fest. Den Zertifikatsmanager erreicht man auch im Internet Explorer über EXTRAS/INTERNETOPTIONEN und die Schaltfläche *Zertifikate* in der Registerkarte *Inhalt*.

certmgr.exe

Zertifikatsdateien (z.B. *.cer*, *.crt*, *.spc*, *.p7b*) lassen sich von dort oder auch direkt über ihr Kontextmenü importieren. Wichtig ist in jedem Fall die Festlegung des Zertifikatszwecks im Zertifikatsmanager (Bild 19.16). Der Weg zu diesem Fenster ist nicht ganz einfach: zunächst Doppelklick auf ein Zertifikat und dann die Registerkarte *Details* wählen. Dort muss man dann auf die Schaltfläche *Eigenschaften bearbeiten* klicken. Das Fenster, das hinter der Schaltfläche *Erweitert* in Bild 19.17 erscheint, sieht ähnlich aus, führt aber nicht zum Ziel.

Bild 19.16
Verwaltung der Zertifikate mit „certmgr.exe"

Unternehmen sollten Zertifikatsvertrauenslisten in Form von *.slt*-Dateien (Erstellung mit *makeclt.exe*) verwenden, die über Gruppenrichtlinien (siehe WINDOWS-EINSTELLUNGEN/SICHERHEITSEINSTELLUNGEN/RICHTLINIEN ÖFFENTLICHER SCHLÜSSEL/ORGANISATIONSVERTRAUEN im Management-Konsolen-Snap-in „Gruppenrichtlinien") an Computer oder Benutzer verbreitet werden.

Kapitel 19 **Fortgeschrittene Active Scripting-Techniken**

Bild 19.17
Festlegung des Verwendungszwecks für Zertifikate im Zertifikatsmanager

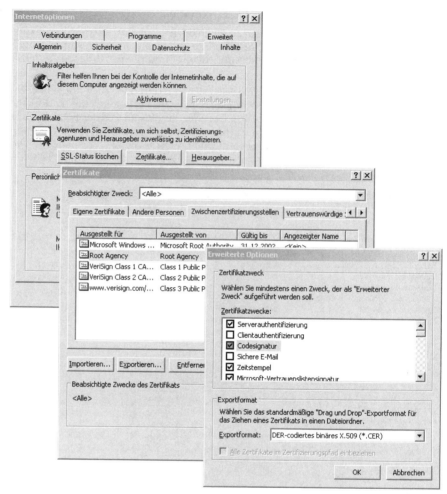

19.3.3 Aktivierung der automatischen Prüfung

Registrierungsdatenbank und Policies
Die Herausforderung liegt nun (nur noch) darin, dem Betriebssystem mitzuteilen, jedes Mal beim Start eines Script die CryptoAPI-Routine auszuführen, die auch *chktrust.exe* verwendet. Leider macht es Microsoft dem Administrator noch sehr schwer: Der passende Registrierungsdatenbankschlüssel ist nicht nur undokumentiert, sondern auf einigen Systemen auch mit dem falschen Datentyp belegt.

TrustPolicy
Der entscheidende Schlüssel ist „HKEY_LOCAL_MACHINE\Software\Microsoft\Windows Script Host\Settings". In diesem Schlüssel muss „TrustPolicy" auf 0, 1 oder 2 gesetzt werden.

Alle ▶ 0 bedeutet, dass alle Scripts (wie bisher) laufen. Es wird weder geprüft, ob das Script nach dem Signieren verändert wurde, noch ob das verwendete Zertifikat zugelassen ist.

Wahl ▶ 1 bedeutet, dass Windows alle nachträglich veränderten Scripts ablehnt und den Benutzer fragt, wenn ein Zertifikat verwendet wurde, dem nicht vertraut wird oder wenn das Script nicht signiert ist.

> Um grundsätzlich die Ausführung aller Scripts zu unterbinden, die unsigniert sind, deren Integrität verletzt ist oder bei denen es Unzulänglichkeiten hinsichtlich der Zertifizierungsstellen oder der Vertrauenskette gibt, ist 2 der richtige Wert. Diese Einstellung besagt also, dass der Benutzer sich der Vertrauenswürdigkeit der Zertifizierungsstellen ausliefert. Welche Zertifizierungsstelle man in die Liste der vertrauten Zwischen- und Stammzertifizierungsstellen (siehe Registerkarte im Zertifikatsmanager Bild 19.16) aufnimmt, sollte also gut überlegt sein.

Keine

	TrustPolicy = 0	TrustPolicy = 1	TrustPolicy = 2
Unsignierte Skripte	zugelassen	Nachfrage beim Benutzer	Gesperrt
Signierte Skripte mit Zertifikat, dem vertraut wird	zugelassen	zugelassen	zugelassen
Signierte Skripte mit Zertifikat, dem nicht vertraut wird	zugelassen	Nachfrage beim Benutzer	Gesperrt
Signierte Skripte, deren Inhalt verändert wurde	zugelassen	Gesperrt	Gesperrt

Tabelle 19.2 Wirkung der Trust-Policy-Einstellungen

Der Datentyp des Werts muss REG_DWORD sein. Ein Wert für TrustPolicy kann auch auf Benutzerebene, über „HKEY_CURRENT_USER\Software\Microsoft\Windows Script Host\Settings" festgelegt werden. Diese benutzerspezifische Einstellung hat aber nur einen Effekt, wenn „HKEY_LOCAL_MACHINE\SOFTWARE\Microsoft\Windows Script Host\Settings\ IgnoreUserSettings" auf 0 steht.

Bug in der Beta

Bis Windows 2000 war „0" die Standardeinstellung. Ab Windows XP ist die Standardeinstellung, dass diese Einstellungen gänzlich ignoriert werden und die Softwareeinschränkungen (WinSafer) gelten.

Systemrichtlinien

Eine Veränderung der Einstellung gilt sofort. Auf der Buch-CD-ROM finden Sie entsprechende .reg-Dateien. Diese Registrierungsdatenbankeinstellungen kann der Domänen-Administrator auch über NT 4.0-Systemrichtlinien oder unter ab Windows 2000 über Richtlinien (lokale Richtlinien oder Active Directory-Gruppenrichtlinien) im Windows-Netzwerk verbreiten.

Microsoft hat zwar in einem Beitrag [CLI01a] eine administrative Vorlage (.adm-Datei) angekündigt, diese aber niemals veröffentlicht. Auf der Buch-CD finden Sie eine *WindowsScript.adm* [CD:/Install/Fortgeschrittene/WSH56], die der französische Microsoft-Mitarbeiter Guillaume Cadet am 5.7.2002 in einer Newsgroup veröffentlicht hat und von der Funktionalität her der von Andrew Clinick in [CLI01a] vorgestellten Datei entsprechen soll.

Fehlende Werkzeuge Zum Zeitpunkt der Erstellung dieser Auflage des vorliegenden Buchs fehlen aber auch noch Werkzeuge, die es einem mit den Windows-Zertifikatsdiensten unerfahrenen Anwender oder Administrator ermöglichen, sein System schnell zu sichern. Die Registrierungsdatenbankoption, dem Benutzer die letzte Entscheidung über die Ausführung eines Script zu überlassen, ist ungeeignet, denn die Benutzer werden die komplexen Meldungen des CryptoAPI genauso ignorieren wie die Warnung, dass ausführbare Dateianhänge Viren enthalten können.

Verbesserungsbedarf

Es bleibt also nur die Option, die die Ausführung auf signierte Zertifikate ohne Benutzernachfrage beschränkt. Damit ist dann aber nicht nur jedes Script zwangsläufig zu signieren, sondern die entsprechende Zertifikatsinfrastruktur einzurichten und – um ganz sicherzugehen – auch eine eigene Zertifizierungsstelle zu gründen.

Und dann bleibt da noch ein offener Punkt: Im Standard enthält die Liste der vertrauten Zwischen- und Stammzertifizierungsstellen bereits eine Reihe von Zertifizierungsstellen, die für den Zweck „Codesignatur" freigegeben sind. Dabei ist natürlich fraglich, wer ein solches Zertifikat bekommen kann. Hier sollte man am besten nur die eigene Zertifizierungsstelle zulassen. Ein „Script-Security"-Assistent, der all diese Aufgaben übernimmt, wäre hilfreich.

19.3.4 Digitale Signaturen und Softwareeinschränkungen

Microsoft hat das oben geschilderte Zertifizierungsproblem erkannt und bietet ab Windows XP (bzw. ab Windows Server 2003) mit Softwareeinschränkungen (engl. Software Restriction Policies – SRPs) ein neues Verfahren an, um Scripts selektiv auf Basis des Zertifikats oder anderer Kriterien zu aktivieren oder zu deaktivieren. Softwareeinschränkungen wurden bereits im Kapitel zum WSH erläutert.

Zertifikatsregeln In einer lokalen Richtlinie oder einer Gruppenrichtlinie kann bei Softwareeinschränkungen festgelegt werden, dass nur mit bestimmten einzelnen Zertifikaten signierte Scripts (Anwendungen) erlaubt sein sollen.

Bild 19.18 Festlegung einer Zertifikatsregel für SRP (Windows Server 2003)

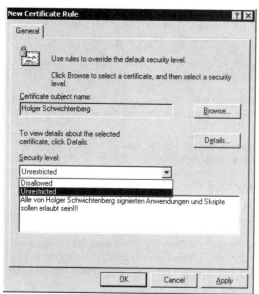

Zwar kann man Zertifikatsregeln auch so definieren, dass man die Ausführung von Programmcode mit bestimmten Zertifikaten verbietet, doch ist dies im Allgemeinen nicht sinnvoll, da man ja die Zertifikate von Angreifern nicht kennt. Sinnvoll ist es, die SRP-Grundeinstellung „Sicherheitsebene" auf „Alles nicht erlaubt" zu setzen und dann für einzelne Zertifikate den Zugriff zu ermöglichen.

Zertifikatssperrliste Eine Zertifikatsverbotsregel ergibt dann Sinn, wenn ein Zertifikat ungültig geworden ist und man verhindern möchte, dass mit diesem Zertifikat signierte Software weiterhin ausgeführt werden kann. Eine andere Alternative in diesem Fall ist die Verbreitung einer Zertifikatssperrliste (.crl) über den Windows-Zertifikats-Manager.

Digitale Signaturen für Scripts

Es gilt entweder die TrustPolicy (siehe vorheriges Kapitel) ODER die Softwareeinschränkung. Gesteuert wird dies über einen Eintrag in der Registrierungsdatenbank:

[HKEY_LOCAL_MACHINE\SOFTWARE\Microsoft\Windows Script Host\Settings]

"UseWINSAFER"="1"

1 bedeutet, dass Softwareeinschränkung gelten. (Dies ist die Standardkonfiguration ab Windows XP.)

0 bedeutet, dass die TrustPolicy gilt. (Dies ist die Standardkonfiguration bis Windows XP.)

Eine Veränderung der Einstellung gilt sofort. Auf der Buch-CD-ROM finden Sie entsprechende .reg-Dateien.

19.3.5 Digitale Signaturen und Scriptcodierung

Das Signieren und Kodieren von Scripts kann miteinander kombiniert werden. Dabei ist die Reihenfolge der beiden Aktionen beliebig.

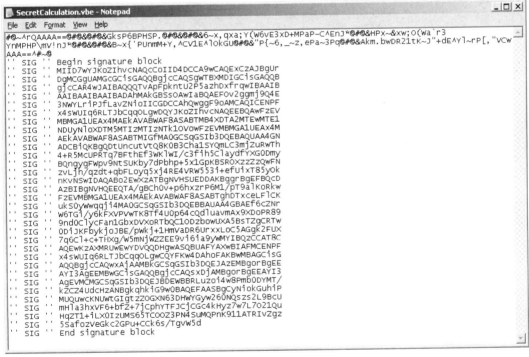

Bild 19.19: So sieht ein Script aus, das zuerst kodiert und dann signiert wurde

Kapitel 19 **Fortgeschrittene Active Scripting-Techniken**

Bild 19.20: So sieht ein Script aus, das zuerst signiert und dann kodiert wurde

19.4 Login- und Logoff-Scripts

Programm-ausführung bei der Anmeldung
Login-Scripts sind ein häufiges Anwendungsgebiet für die DOS-Batch-Programmierung gewesen. Heute kann ein Windows Script Host-Script diese Aufgabe wahrnehmen und die Login-Scripts wesentlich mächtiger machen. Voraussetzung ist natürlich, dass der WSH und alle Komponenten, die von dem Login-Script verwendet werden, auf allen Clients installiert sind.

NT 4.0
Sie haben verschiedene Möglichkeiten, ein Login-Script auszuführen. Unter Windows NT 4.0 können Sie im Benutzermanager ein Login-Script definieren. Sie erreichen eine Ausführung aber auch, indem Sie die Scriptdatei in das Autostart-Verzeichnis des Benutzers kopieren (besser dort eine Verknüpfung erstellen, um das Script zentral pflegen zu können). Wenn das Script nicht benutzer-, sondern rechnerbezogen ausgeführt werden soll, können Sie es in der Registrierungsdatenbank unter *HKEY_LOCAL_MACHINE\SOFTWARE\ Microsoft\Windows\ CurrentVersion\Run* eintragen.

Abmelde-scripts
Ab Windows 2000 kann man Anmeldescripts in lokalen Richtlinien oder Active-Directory-Gruppenrichtlinien für beliebige Teilmengen von Benutzern und/oder Computer definieren. Zusätzlich besteht die Möglichkeit, benutzer- oder computerbezogene Abmeldescripts zu definieren. Sie können jeweils mehrere An- und Abmeldescripts für eine beliebige Untermenge Ihrer Benutzer festlegen.

Login- und Logoff-Scripts

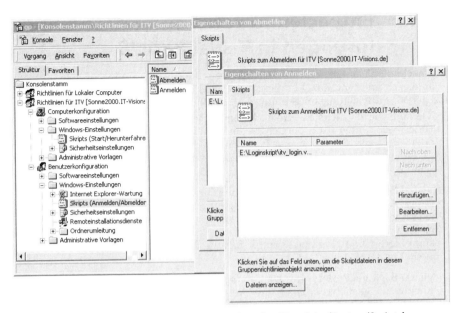

Bild 19.21
An- und
Abmeldescript-
konfiguration
in Active
Directory
Group Policies
in Windows
2000

In den Windows-Richtlinien unter */Administrative Templates/System/Script* kann man Einstellungen vornehmen, wie sich die An- bzw. Abmeldescripts verhalten sollen.

Script-optionen

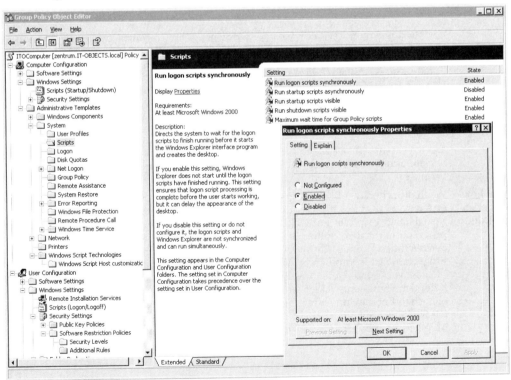

Bild 19.22: *Einstellung der Option für Login-Scripts in Active Directory-Gruppenrichtlinien (Windows Server 2003)*

19.5 Entwicklung von Automatisierungslösungen in Visual Basic 6

Was macht die Visual Basic-Vollversion in einem Buch über Scripting? Es gibt zwei gute Gründe, sich mit dem Sprachumfang von Visual Basic 6.0 (so geschehen in Kapitel 9) und der VB-Entwicklungsumgebung (die nun folgt) zu beschäftigen:

VB-EXE
> **Visual Basic als nächste Stufe nach dem Scripting**
> Unter bestimmten Bedingungen ist ein ausführbares, kompiliertes VB-Programm oder ein innerhalb der Visual Basic-Entwicklungsumgebung interpretiertes Programm eine bessere Automatisierungslösung als ein Script. Genau das wird in diesem Kapitel diskutiert und vorgestellt.

VB-Komponenten
> **Visual Basic als Entwicklungsumgebung für Komponenten**
> Einige Aufgaben lassen sich nicht komplett per Scriptcode lösen, weil die benötigten Programmierschnittstellen nicht per Script ansprechbar sind. Auch der Wunsch nach mehr Performance und Kapselung bringt viele Scriptentwickler dazu, eigene kompilierte COM-Komponenten für Teilaufgaben zu erstellen. Mehr dazu erfahren Sie in Kapitel 19.8.1.

Prototyping mit VB
> **Visual Basic als Prototyping-Umgebung für Skripts**
> Auch wenn Sie nicht vorhaben, Ihre Automatisierungslösungen zu kompilieren, ist Visual Basic 6 dennoch als eine komfortable Entwicklungsumgebung zur Entwicklung von Prototypen Ihrer Scripts interessant. Dieses Kapitel gibt Ihnen Hinweise dazu, was Sie beachten müssen, um in VB so zu programmieren, dass Ihr Prototyp ein evolutionärer Prototyp wird, den Sie leicht in ein Script umsetzen können.

> Für gestandene Programmierer sind diese Überlegungen naheliegend, während scriptende Administratoren an dieser Stelle üblicherweise abwinken und darauf verweisen, sie seien ja keine Programmierer und wollten sich für ihre kleinen Automatisierungsaufgaben nicht mit einer komplexen Programmiersprache abgeben müssen. Letztere Personengruppe wird nach der Lektüre dieses Kapitels überrascht sein, wie einfach die VB-Entwicklungsumgebung (engl. *Integrated Development Environment*, kurz: *IDE*) ist.

Übrigens wurden fast alle in diesem Buch abgedruckten Scripts in Visual Basic 6.0 entwickelt und später in ein Script transformiert. Die Transformation erfolgte natürlich per Script.

Know-how-Wiederverwendung
Wenn Sie schon in VB 6.0 programmiert haben, dann werden Sie nach der Lektüre der ersten sechs Kapitel dieses Buchs nun wissen, dass die Entwicklung von Scripts in Visual Basic Script der Entwicklung in VB 6.0 sehr ähnlich ist. Wenn Sie bisher nur VBS programmiert haben, sollten Sie unbedingt VB 6.0 ausprobieren. Sie werden feststellen, dass es Ihnen kaum Mühe bereiten wird, mit Ihrem Scripting-Wissen ein ausführbares Programm zu kompilieren. Viele Ihrer bestehenden Scripts werden nach einem „Cut&Paste" und kleinen Verschönerungen als eigenständige EXEs lauffähig sein. Zahlreiche Scriptentwickler sind nach kurzer Zeit bereits positiv überrascht von der einfachen Entwicklungsumgebung von VB 6.0, die viele Hilfen bei der Codierung bietet. Sie haben mit VB 6.0 nicht nur mehr Unterstützung, sondern natürlich auch mehr Möglichkeiten bei der Entwicklung von Automatisierungslösungen.

Ein Hinweis sei an dieser Stelle natürlich dennoch gegeben: Visual Basic 6 ist insgesamt ein sehr umfangreiches Produkt. Als Scriptentwickler können Sie VB-Programme erzeugen, der Weg zum wirklich professionellen VB-Programmierer ist jedoch nicht zu unterschätzen. Er führt auf jeden Fall über einige bekannte VB-Werke wie z.B. von Michael Kofler [KOF03]. **Der Weg zum VB-Profi**

Microsoft bietet eine Light-Version des älteren Visual Basic 5.0 unter dem Namen „Visual Basic Control Creation Edition" (VBCCE) kostenlos an. Sie finden VBCCE auf der Buch-CD [CD:/install/fortgeschrittene/vbcce]. Sie können mit der VBCCE keine EXE-Dateien kompilieren, sondern nur ActiveX-Steuerelemente erzeugen. Allerdings eignet sich die VBCCE als Prototypumgebung genauso wie die VB-Vollversion.

19.5.1 VB-EXE versus Scripting

Wenn Sie einmal die Vorzüge der Visual Basic-Entwicklungsumgebung kennen gelernt haben, werden Sie schnell zu der Erkenntnis kommen, dass ein vergleichbarer Komfort bei Codierung und Debugging bei keinem der am Markt verfügbaren Scripteditoren erreicht wird. Daran knüpft sich die Frage, warum man die Routinen anschließend überhaupt noch in ein Script überführen sollte und nicht direkt als VB-Programm laufen lassen kann. Der Vorstellung der IDE vorangestellt sei daher eine Diskussion über den Einsatz von VB 6.0 als Umgebung zur Erstellung von Automatisierungsroutinen. **Komfort**

Vorteile von VB 6.0 gegenüber dem Scripting Es gibt einige gute Gründe dafür, seine Automatisierungslösungen nicht nur nach dem Prinzip „VBS-Programmierung in VB 6.0-IDE" zu entwickeln, sondern echtes VB 6.0 zu programmieren und die Routine als VB-EXE statt als Script auszuliefern:

- **Mehr Sprachkonstrukte**
  Das Kapitel zu Visual Basic hat gezeigt, dass die Programmiersprache VB 6.0 gegenüber der Scriptsprache Visual Basic Script einige große Vorteile bietet. An dieser Stelle seien insbesondere noch einmal die größere Typsicherheit und die bessere Laufzeitfehlerbehandlung genannt. Wenn Sie beabsichtigen, eine in VB 6.0 entwickelte Routine später in ein Script zu transformieren, dann müssen Sie auf viele dieser zusätzlichen Möglichkeiten verzichten oder aber die nicht in VBS unterstützten Funktionen wieder „heraus" kodieren. **Sprachumfang**

- **Geschwindigkeit**
  VB-EXEs sind kompiliert und müssen nicht wie Scripts bei jeder Ausführung mühsam interpretiert werden. Der Geschwindigkeitsvorteil wird allerdings nur dann spürbar, wenn Sie innerhalb der Sprache selbst zeitaufwändige Routinen verwenden. Wenn Ihre Logik nur aus einer schnellen Abfolge von Methodenaufrufen in COM-Objekten besteht, ist allein die Implementierung der zugehörigen COM-Komponenten relevant. **Performance**

- **Schutz des Quellcodes**
  Ein großer Nachteil der Scripting-Technik ist, dass die Routinen im Quellcode weitergegeben werden. Ihre Nutzer oder Kunden können also genau sehen, was Ihre Scripts ausführen, und sie können diese Scripts verändern oder weiterverwenden. Ein kompiliertes Visual Basic-Programm enthält den Quellcode nicht mehr. Fairerweise muss man anmerken, dass mit dem Script Encoder (siehe Kapitel 19.2) mittlerweile auch eine Lösung zum Schutz von Scriptcode existiert, während es andererseits natürlich Software zum Dekompilieren von VB-Anwendungen gibt. **Kapselung**

Kapitel 19 **Fortgeschrittene Active Scripting-Techniken**

GUIs
> **Oberflächengestaltung**
> Mit VB 6.0 können komplexe Fenster und Dialoge gestaltet werden. Keine der verfügbaren WSH-Zusatzkomponenten (vgl. Kapitel 7) reicht an die Mächtigkeit der VB-Formulare (VB-Forms) heran.

Frühes Binden
> **IUnknown-Fähigkeit**
> Von einer Scriptsprache aus können Sie nur Komponenten nutzen, die COM-automationsfähig sind. Wenn Sie COM-Klassen nutzen wollen, die nicht über eine IDispatch-Schnittstelle bzw. über eine von IDispatch abgeleitete Schnittstelle verfügen oder die IDispatch nicht für ihre gesamte Funktionalität unterstützen, dann können Sie Ihre Automatisierungslösung nur als VB-EXE implementieren. VB 6.0 unterstützt auch die frühe Bindung mit IUnknown. Voraussetzung ist aber die Verfügbarkeit einer Typbibliothek zu der jeweiligen Komponente.

APIs
> **API-Nutzung**
> Mit VB 6.0 können Sie nicht nur nicht-automationsfähige COM-Komponenten, sondern auch andere Application Programming Interfaces (APIs) nutzen, die keine COM-Schnittstellen anbieten.

Nachteile von VB 6.0 gegenüber dem Scripting Es spricht also manches dafür, Automatisierungsroutinen als VB-EXEs zu entwickeln. Dagegen spricht aber auch einiges:

Immer eine eigenständige Anwendung
> **Umgebungen**
> Ein VB-Programm kann nur direkt als eigener Prozess ausgeführt werden, nicht jedoch im Rahmen eines Scripting Host. So ist eine VB-EXE zwar äquivalent zu einem Script, das im Windows Scripting Host ausgeführt wird, da alle Startmöglichkeiten eines WSH-Scripts auch einer VB-EXE offen stehen. In allen Fällen, in denen ein Scripting Host Teil einer größeren Anwendung (z.B. Exchange Event Scripting Agent, Outlook Forms) ist, ist dort allerdings in der Regel nicht vorgesehen, einen Prozess statt eines Script zu starten. Es muss also in diesen Fällen zumindest einen kurzen Scriptblock (hier *Brückenscript* genannt) geben, der das VB-Programm durch einen Kommandozeilenbefehl aufruft.

Eingebautes Objekt
> **Zugriff auf Eingebaute Objekte**
> Eine VB-EXE hat keinen Zugriff auf die Eingebauten Objekte des Scripting Host. Im Falle des WSH ist dies kein Problem, denn die Informationen, die der WSH über das Eingebaute Objekt WScript erhält, bekommt ein VB 6.0-Programm über ein eigenes Eingebautes Objekt namens App. Bei allen anderen Scripting Hosts ist dies jedoch problematisch, da Objektverweise nicht zwischen einem Script und einer eigenständigen Anwendung ausgetauscht werden können. Das *Brückenscript* kann Werte in Form der Kommandozeilenparameter übergeben, die EXE kann jedoch auf diesem Wege nur einen Wert zurückliefern. Eine Lösung ist die Implementierung als COM-EXE. Das *Brückenskript* würde die Komponente starten und über Attribute bzw. Methodenaufrufe die Verweise auf das Eingebaute Objekt übergeben.

Overhead
> **Overhead**
> Eine VB-EXE ist oft größer als ein vergleichbares Script. Dadurch, dass die EXE immer ein eigenständiger Prozess ist, entsteht in vielen Fällen zusätzlicher Aufwand bei der Erzeugung und Vernichtung des Prozesses.

Distribution
> **Verteilung der Anwendung**
> Eine VB-EXE kann nicht ohne die VB 6.0-Runtime Libraries ausgeführt werden. Auf allen Computern, auf denen VB 6.0-Programme ausgeführt werden sollen, müssen die Runtime Libraries installiert sein. Die VB 6.0-Runtime ist ein Setup-Programm mit der Größe von immerhin 1031 KB. Dies ist allenfalls für unternehmensinterne Anwendungen, nicht jedoch für Internetanwendungen tragbar.

Wartbarkeit
Eine VB-EXE kann nicht so schnell wie ein Script geändert werden, da stets eine Neukompilierung erforderlich ist.

Wartbarkeit

Sicherheit
Im Gegensatz zu einem Script hat eine VB 6.0-Routine Zugang zu den kompletten Betriebssystem-APIs. Ein Anwender traut einer *.exe*-Datei grundsätzlich weniger als einer Scriptdatei.

Sicherheit

Kosten
Zwar ist die Laufzeitumgebung von Visual Basic 6.0 kostenlos, jedoch ist jeweils eine Lizenz von Visual Basic 6.0 für alle relevanten Arbeitsplätze notwendig, an denen Anwendungen erstellt werden sollen. Dagegen ist der Windows Scripting Host komplett gratis; WSH-Scripts können mit kostenlos erhältlichen Texteditoren bearbeitet werden. Professionelle WSH-Editoren sind aber mit Lizenzgebühren verbunden.

Kosten

Das Fazit aus dieser Diskussion ist, dass ein VB 6.0-Programm in folgenden Fällen die bessere Alternative zum Script ist:

Fazit

- Es handelt sich um eine Aufgabe, die normalerweise im WSH ausgeführt würde.
- Sie entwickeln eine Automatisierungslösung für sich selbst, die Sie nicht verbreiten wollen. Sie können dann die Lösung sogar als interpretiertes Programm innerhalb der VB-IDE ablaufen lassen.
- Das Programm wird nur von einem kleinen, überschaubaren Kreis von Personen genutzt. Dies ist insbesondere dann der Fall, wenn es um zentralisierte administrative Vorgänge geht. Eine VB 6.0-Anwendung ist sicherlich nicht so gut für die Distribution geeignet wie ein Logon-Script.

Der Autor hat die Erfahrung gemacht, dass ein großer Teil der WSH-Scripts, die er selbst erstellt hat, in der Tat nicht nur äquivalent, sondern besser als VB 6.0-Programme realisierbar war.

19.5.2 Erstellung einer VB-EXE

Visual Basic 6 kennt als oberste Organisationseinheit *Projekte*. Ein Projekt ist eine Zusammenfassung aller zu einer Anwendung gehörenden Quellcode- und Binärdaten (z.B. Grafikdateien). Für jede Art von Projektdaten gibt es einen Dateityp; die wichtigsten drei sind:

VB-Projekte

- Formulare (Forms, Dateierweiterung *.frm*)
- Module (Modules, Dateierweiterung *.mod*)
- Klassenmodule (Class Modules, Dateierweiterung *.cls*)
- Eine Projektdatei (*.vbp*) ist der Klebstoff für die einzelnen Datendateien. Hier sind auch zentrale Informationen über das Projekt abgelegt.

Die Entwicklungsumgebung speichert Programmcode und Formularaufbau in einer reinen Textdatei, deren Syntax Sie auch mit einem beliebigen Texteditor nachbilden könnten.

Dateiformat ASCII

Projekttypen Visual Basic 6.0 begrüßt den Programmierer mit dem Dialog „Neues Projekt", in dem verschiedene Projekttypen aufgelistet sind. Mit Ausnahme des Grundtyps „Standard-EXE" (auf dem alle anderen Projekttypen basieren) sind diese Projekttypen im Verzeichnis *Template/Projects* einer VB-Installation definiert. Sie können ein beliebiges selbst erstelltes Projekt durch einfaches Kopieren in dieses Verzeichnis zur Projektvorlage machen.

Neues Projekt

Kapitel 19 Fortgeschrittene Active Scripting-Techniken

Standard-EXE Für die geplanten Zwecke ist die Standard-EXE die beste Basis, obwohl diese Anwendung in der Grundkonfiguration immer eine Fensteranwendung vorsieht. Sie können das Fenster auf dem im Folgenden beschriebenen Weg entfernen oder aber die auf der Buch-CD (*/Install/Hosts/VB6*) mitgelieferte Projektvorlage *Windowless Application.vpb* verwenden.

Fenster der Entwicklungsumgebung Die VB-IDE verfügt über so viele verschiedene Fenster, dass es VB-Programmierer ohne 21-Zoll-Monitor schwer haben. Visual Basic kennt zwei Arten von Fenstern: Bearbeitungsfenster und Werkzeugfenster.

Die wichtigsten Werkzeugfenster:

Werkzeugfenster
- Der *Projekt-Explorer* (Project Explorer) enthält, gegliedert nach Dateitypen, die zum Projekt gehörenden Dateien.
- Die *Werkzeugsammlung* (Toolbox) enthält ActiveX-Steuerelemente zur Gestaltung von Forms.
- Das *Eigenschaftenfenster* (Property Window) zeigt die Eigenschaften des mit der Maus markierten Elements. Dabei können sowohl Elemente aus dem Projekt-Explorer als auch solche aus einem Formularfenster angewählt werden. Leider werden nicht alle Eigenschaften aller Elemente hier angeboten. Elemente können über ihr Kontextmenü ein benutzerdefiniertes Eigenschaftenfenster anbieten.
- Das *Direktfenster* (Debug Window) dient zur Ausgabe von Texten während des Programmablaufs innerhalb der IDE. Hier können auch einzelne VB-Befehle direkt ausgeführt und somit bestimmte Unterroutinen getestet werden.
- Der *Objektkatalog* (Object Browser) ermöglicht die Betrachtung von Typbibliotheken, sofern diese vorher eingebunden wurden.
- Das *Lokal-Fenster* (Local Window) zeigt während des Debugging den Inhalt der Variablen.
- Das *Überwachungsfenster* (Watch Window) dient der Definition von Überwachungsausdrücken.

Fenster können in dem Menü *Ansicht* ein- bzw. ausgeblendet werden.

Für jeden Dateityp gibt es ein oder mehrere Bearbeitungsfenster, die wichtigsten sind:

Bearbeitungsfenster
- Das *Codefenster*: Es enthält den Programmcode eines Moduls, Klassenmoduls oder VB-Formulars.
- Das *Form Designer-Fenster*: Es enthält die Entwurfsansicht eines VB-Formulars.

Ein Bearbeitungsfenster wird durch einen Doppelklick auf eine Datei im Projekt-Explorer eingeblendet. Das *Fenster*-Menü zeigt die Liste der geöffneten Bearbeitungsfenster. Ein Formular, für das es zwei Ansichten (Code-Fenster und Form Designer) gibt, kann in beiden Ansichten gleichzeitig geöffnet sein.

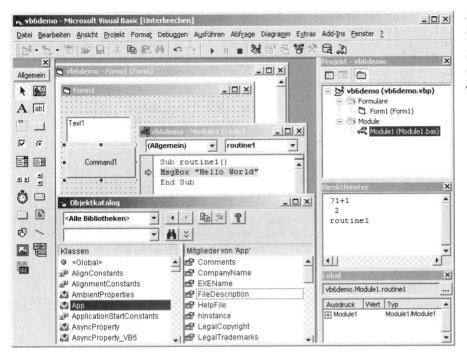

Bild 19.23
Fenster der Visual Basic 6.0-Entwicklungsumgebung

Ihr erstes VB-Programm Da fast alle Beispiele in diesem Kapitel ohne Formular arbeiten sollen, öffnen Sie entweder das benutzerdefinierte *Template Windowless Application.vpb* oder aber eine Standard-EXE. Führen Sie im zweiten Fall folgende Schritte durch, um den gleichen Stand wie die *Windowless Application.vpb* zu erreichen:

Hello World

▶ Entfernen Sie *Formular1* (Menüpunkt ENTFERNEN im Kontextmenü des Formulars im Projekt-Explorer).
▶ Fügen Sie ein Modul hinzu (Menüpunkt HINZUFÜGEN/MODUL im Kontextmenü des Projekt-Explorers). Sie erhalten ein neues *Modul1*.
▶ Aktivieren Sie das Codefenster des Moduls und geben Sie dort ein:

Sie sollten Ihrem Projekt und dem Modul über das Eigenschaftenfenster einen sinnvollen Namen zuweisen.

```
Sub Main()
MsgBox "Hello World"
End Sub
```

Listing 19.7
Hello World in VB [CD: /code/fortgeschrittene/VB 6.0/hello.vbp]

Interpretation des Programms Sie starten das Programm auf folgende Weise:

▶ Drücken Sie [F5] oder
▶ klicken Sie auf den Pfeil in der Symbolleiste oder
▶ wählen Sie den Menüpunkt RUN/START.

In allen drei Fällen wird das Programm innerhalb der Visual Basic-Entwicklungsumgebung interpretiert. Die Kompilierung ist ein getrennter Schritt, der im nächsten Abschnitt vorgestellt wird.

Kapitel 19 **Fortgeschrittene Active Scripting-Techniken**

Kompilie- **Erstellung der ausführbaren Datei** Die Erstellung der ausführbaren EXE ist sehr ein-
rung fach: Wählen Sie aus dem Menü DATEI den Eintrag „xy.exe erstellen..." wobei xy dem
Namen Ihres Projekts entspricht. Der Name der EXE-Datei kann von dem Projekt-
namen abweichen. Ändern Sie dazu in dem nach dem Aufruf von DATEI/ERSTELLEN
gezeigten Dialog den Dateinamen. Nach der Kompilierung der EXE können Sie diese
außerhalb der VB 6.0-IDE starten.

Sub Main() VB 6.0 beginnt die Ausführung des Programms entweder bei einer mit `Sub Main()`
und Unter- benannten Routine oder mit einem bestimmten Formular. Diese Einstellung können
routinen Sie im Eigenschaftenfenster des Projekts festlegen. Es darf nur ein `Sub Main()` pro Projekt geben!

Sie können leider nicht ohne weiteres eine bestimmte Unterroutine direkt starten,
indem Sie den Cursor in die Routine setzen und dann den Startbefehl geben (VBA in
Microsoft Office macht das so). Die einzige Möglichkeit, nicht bei `Sub Main()` oder
einem Form zu beginnen, besteht darin, di+e Unterroutine vom Direktfenster aus
aufzurufen. Bei einer Unterroutine ohne Parameter und Rückgabewerte geben Sie
einfach den Namen ein und drücken Return. In den anderen Fällen geben Sie bitte
die gewünschten Parameter mit an und stellen einen Auffangbehälter für den Rückgabewert bereit. Üblich ist die direkte Ausgabe, die mit einem Fragezeichen abgekürzt wird. `? berechne(10,20)` gibt den Rückgabewert der Funktion `berechne()` nach
Abarbeitung der Funktion im Direktfenster aus.

19.5.3 Eingabehilfen

Die VB 6.0-IDE bietet zahlreiche, sehr nützliche Eingabehilfen an, die Ihnen viel Tipparbeit ersparen. Bedenken Sie jedoch, dass Sie für all diese Eingabehilfen vorher die Typbibliothek einbinden müssen, die die betreffenden Klassen bzw. Konstanten definiert.

▶ **Vervollständigen**

„Ganzes Nach der Eingabe einiger Buchstaben werden alle Befehle in einer Liste angezeigt,
Wort" die mit dieser Buchstabenfolge beginnen. Sofern es nur einen Befehl gibt, wird die-
ser eingesetzt. Im Kontextmenü der deutschen Version nennt sich diese Funktion
„Ganzes Wort".

▶ **Eigenschaften/Methoden anzeigen**

Liste der Wird nach einem Objektbezeichner ein Punkt eingegeben, so werden die Attribute
Attribute und Methoden der Klasse, für die der Objektbezeichner deklariert wurde, aufgelistet.
und Bei der Deklaration einer Variablen werden alle verfügbaren Klassen angezeigt. Bei
Methoden der Verwendung des `New`-Operators werden alle verfügbaren instanzsiierbaren Klassen angezeigt. Diese sehr hilfreiche Funktion ist allerdings nur verfügbar, wenn die
Typbibliothek der entsprechenden Komponente eingebunden und die Objektvariable
mit `Dim obj As Klasse` für die richtige Klasse deklariert wurde.

Bild 19.24
Auflistung der
Attribute
(Hand mit
Karte) und
Methoden
(fliegende
Kästen) der
Klasse `File-`
`SystemObject`
in der
VB 6.0-IDE

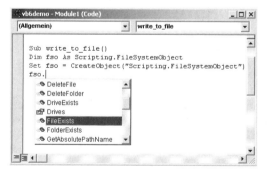

858

▷ **Quickinfo**
Das Quickinfo liefert die Syntaxbeschreibung zu eingebauten VB-Funktionen, Attributen und Methoden in Form eines kleinen Kastens unter der aktuellen Eingabezeile. Sie sehen, welche Parameter eine Unterroutine erwartet und welchen Datentyp ein Attribut hat. Bei der Eingabe von Parametern verfolgt das Quickinfo Ihre Position in der Parameterliste. Sofern unter *Option* konfiguriert erscheint das Quickinfo nach der vollständigen Eingabe eines Befehls automatisch.

Syntaxbeschreibung

▷ **Konstanten anzeigen**
Sofern ein Parameter oder ein Attribut eine Konstante erwartet, werden die symbolischen Namen der verfügbaren Konstanten zur Auswahl angezeigt – Sie brauchen also weder die Konstantenwerte noch die symbolischen Namen auswendig zu lernen. Voraussetzung ist nicht nur, dass in der Typbibliothek ein entsprechender Aufzählungstyp existiert, sondern auch, dass der Parameter bzw. das Attribut durch die IDL-Deklaration mit diesem Aufzählungstyp verbunden ist.

Verfügbare symbolische Konstanten

▷ **Groß- und Kleinschreibung**
VB setzt die Groß- und Kleinschreibung automatisch sofort nach Eingang für alle VB-Schlüsselwörter gemäß der offiziellen Schreibweise. Für alle definierten Variablen, Konstanten und Unterroutinen wird die Groß- und Kleinschreibung konstant gemäß der Deklaration gehalten.

Groß- und Kleinschreibung

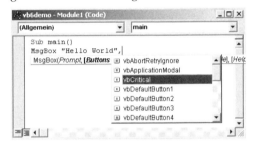

Bild 19.25
Quickinfo und Konstantenanzeige in der VB-IDE am Beispiel des Befehls MsgBox()

▷ **Automatische Syntaxprüfung**
Optional gibt es eine automatische Syntaxprüfung, die beim Verlassen einer eingegebenen Zeile diese parst und auf Syntaxfehler prüft. Leider ist die Warnung in Form eines Dialogfensters oft sehr störend, wenn der Entwickler beim Kodieren einer Zeile zwischendurch zu einem anderen Programmteil wechseln möchte, um dort etwas nachzuschlagen.

Automatische Syntaxprüfung

Abschaltung der Eingabehilfen Alle Eingabehilfen lassen sich unter EXTRAS/OPTIONEN/EDITOR abschalten.

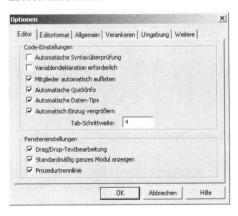

Bild 19.26
Abschaltung der Eingabehilfen in der VB 6.0-IDE

19.5.4 Einbindung von Typbibliotheken

COM-Typ-bibliotheken

Wenn Sie Komponenten benutzen, die über eine Typbibliothek verfügen, sollten Sie Letztere einbinden. Dies hat den Vorteil, dass

- die VB-IDE für alle deklarierten Objektvariablen die Eingabehilfen anbietet und
- Sie die Typbibliothek im Objektkatalog betrachten können.

Sie aktivieren Typbibliotheken über den Menüpunkt PROJEKT/VERWEISE. Der darunter liegende Punkt PROJEKT/KOMPONENTEN dient der Einbindung von ActiveX-Steuerelementen und ActiveX-Dokumenten in die Werkzeugleiste sowie der Aktivierung neuer ActiveX-Designer für das Projektfenster. Ein ActiveX-Designer ist ein Add-in für die Visual Basic IDE, um bestimmte Elemente (z.B. Datenumgebungen) innerhalb eines VB-Projekts zu definieren.

Objektvariablendeklaration

Nach der Einbindung einer Typbibliothek bietet die VB-IDE die Klassen der Komponente bei der Objektvariablendeklaration an. Eine Teilmenge davon, die instanziierbaren Klassen, steht bei Verwendung des New-Operators zur Auswahl. Für die deklarierten Objektvariablen werden die Attribute und Methoden nach Eingabe des trennenden Punkts aufgelistet.

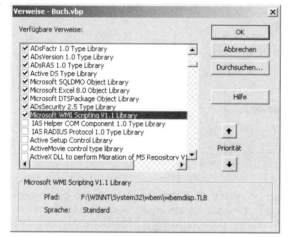

Bild 19.27
Mit dem Dialogfenster „Verweise" können die Typbibliotheken von COM-Komponenten in VB 6.0 eingebunden werden.

19.5.5 Debugging

Die Visual Basic-IDE stellt komfortable Debugging-Funktionen bereit, sofern ein Programm innerhalb der VB-IDE gestartet wird. Die Möglichkeiten von Visual Basic 6.0 sind vielfältiger als die jedes verfügbaren Active Scripting-Debugger, was einer der Hauptgründe ist, warum man Visual Basic 6.0 als Entwicklungsumgebung für Prototypen von Scripts nutzen sollte.

> Das Debugging ist nur beim Start innerhalb der Visual Basic 6.0-Entwicklungsumgebung möglich. Es können keine echten Scriptdateien oder beliebige EXE-Dateien auf diese Weise analysiert werden.

Visual Basic kennt mehrere Wege, um in den Debug-Modus zu gelangen:

Wege in den Debug-Modus

- Bei Auftreten eines Laufzeitfehlers
- Durch Setzen eines Haltepunkts (Taste F9 oder Menü DEBUGGEN/HALTEPUNKTE EIN/AUS). Das Programm wechselt bei Erreichen der markierten Programmzeile in den Debug-Modus.

- Durch Setzen eines Überwachungsausdrucks. Hier kann eine Bedingung für eine Variable eingegeben werden. Sobald diese Bedingung erreicht ist, wechselt das Programm in den Debug-Modus.
- Durch die Anweisung `Debug.Assert()`. Visual Basic wechselt in den Debug-Modus, wenn die hinter `Debug.Assert()` definierte Bedingung nicht erfüllt ist.
- Durch die Anweisung `Stop`

Im Debug-Modus markiert Visual Basic stets diejenige Zeile gelb, die als Nächstes ausgeführt werden soll. Das heißt, im Fehlerfall ist es die Zeile, die den Fehler verursacht hat und daher nicht ausgeführt werden konnte.

Im Debug-Modus stehen folgende Funktionen zur Verfügung:

Funktionen im Debug-Modus

- Betrachtung einzelner Variablenwerte in Form von Tooltips, die angezeigt werden, wenn der Mauszeiger über einem Variablennamen steht
- Betrachtung aller Variablenwerte innerhalb der aktuellen Unterroutine im Lokalfenster
- Ausgabe von Variablenwerten durch Befehle im Direktfenster
- Einzelschrittmodus. Durch Drücken der Taste [F8] gelangen Sie zum nächsten Befehl. [F5] setzt das Programm fort. Dabei ist es auch möglich, einzelne Befehle oder ganze Prozeduren zu überspringen.
- Sehr hilfreich ist die Möglichkeit, dass der Quellcode innerhalb des Debug-Modus editiert werden kann. Gerade bei seltenen Fehlern, auf die man lange warten muss, ist es nützlich, wenn man das Programm modifizieren kann, ohne es neu starten zu müssen. Allerdings sind nicht alle Veränderungen ohne Neustart möglich. So können keine Unterroutinen oder Variablendeklarationen ergänzt werden. Es ist aber möglich, sowohl nach als auch vor der aktuellen Zeile neue Befehlszeilen einzugeben.

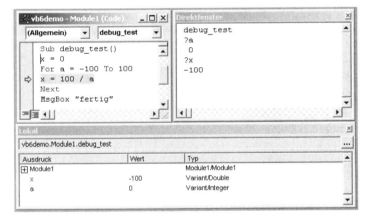

Bild 19.28
Debugging in der VB-IDE

19.5.6 Eingebaute Objekte (Intrinsic Objects)

Auch VB 6.0 verfügt über einige Eingebaute Objekte:

Eingebaute Objekte

- `Debug` repräsentiert das Direktfenster, das nur innerhalb der VB-IDE zur Verfügung steht. Im Kompilat werden alle Zugriffe auf `Debug` ignoriert.
- `App` liefert Informationen über das Programm (Name der EXE, aktueller Pfad, Erscheinen der Anwendung in der Taskleiste etc.).
- `Screen` liefert Informationen über den Bildschirm, das aktive Fenster, die installierten Schriftarten und ermöglicht die Veränderung des Mauszeigers.
- `Clipboard` ermöglicht das Füllen und Auslesen der Zwischenablage.

Kapitel 19 Fortgeschrittene Active Scripting-Techniken

- Printer ermöglicht den Zugriff auf den aktuellen Drucker.
- Printers ist eine Objektmenge von Printer-Objekten mit allen verfügbaren Druckern.
- Forms ist eine Objektmenge der in diesem Projekt definierten Forms.
- Command ist kein Objekt, sondern eine globale Systemvariable, die die übergebenen Befehlszeilenparameter enthält. Command liefert die übergebenen Kommandozeilenparameter in Form einer Zeichenkette zurück.

Debug-Objekt

Ausgaben und Annahmen Das Eingebaute Objekt Debug bietet zwei Methoden an:

- Mit Debug.Print() wird eine Ausgabe im Direktfenster erzeugt. Debug ist zur Entwicklungszeit die wichtigste Ausgabemöglichkeit von VB 6.0. Sie sollten daher say()in VB 6.0 so definieren:

```
Sub say(ausgabe)
Debug.Print ausgabe
End Sub
```

Debug.Print() erlaubt beliebig viele Parameter jedes beliebigen elementaren Datentyps. Die einzelnen übergebenen Werte werden durch einen Tabulator getrennt ausgegeben.

Innerhalb des Direktfensters ist das „?" ein Kürzel für Debug.Print.

- Debug.Assert() definiert eine Annahme, deren Nichterfüllung zum Wechsel in den Debug-Modus führt.

```
Debug.Assert a <= 10
```

An dieser Stelle stoppt das Programm, wenn die Variable a einen Wert größer als zehn hat.

App-Objekt

Informationen über die Umgebung Das folgende Script listet einige der Eigenschaften des App-Objekts auf:

Listing 19.8 Informationen aus dem Intrinsic Object App [CD: /code/fortgeschrittene/VB 6.0/hello.vbp]

```
say "Path = " & App.Path
say "EXEName = " & App.EXEName
say "Title = " & App.Title
say "Comments = " & App.Comments
say "CompanyName = " & App.CompanyName
say "FileDescription = " & App.FileDescription
```

App bietet nur zwei Methoden an: Mit LogEvent() wird ein Eintrag in das NT-Ereignisprotokoll oder in eine Protokolldatei vorgenommen. Mit StartLogging() wird die Art der Protokollierung konfiguriert.

command

Kommandozeilenparameter Einem Visual Basic-Programm können Befehlszeilenparameter übergeben werden. Dies ist auch beim Ablauf innerhalb der VB-IDE möglich. Die Parameter müssen hier in den Projekteigenschaften im Register *Erstellen* eingegeben werden. Zur Laufzeit enthält die globale Systemvariable command diese Parameter. InArgs() prüft, ob ein bestimmter Parameter übergeben wurde.

Listing 19.9 InArgs() für VB 6.0 inklusive Aufrufbeispiel [CD:/code/fortgeschrittene/VB 6.0/hello.vbp]

```
Function InArgs(s As String) As Boolean
InArgs = False
If InStr(UCase(Command), UCase(s)) Then InArgs = True
End Function
...
If InArgs("/sayhello") Then MsgBox "hello World"
...
```

19.5.7 Grafische Benutzeroberflächen mit VB-Forms

Die Erstellung von Bildschirmmasken ist nicht Thema dieses Buchs. Da dies aber eine der großen Stärken von Visual Basic ist, seien die VB-Forms zumindest kurz erwähnt.

VB-Formulare

> Es ist sehr einfach, in VB 6.0/A grafische Benutzeroberflächen zu entwickeln. Man baut so genannte Formulare (Forms) aus Steuerelementen (Controls) zusammen. Die Konstruktion eines Formulars erfolgt im Rahmen einer grafischen Benutzeroberfläche mit einem Formularfenster und einer Werkzeugleiste (Toolbox), aus der die verschiedenen Steuerelemente wie in einem Zeichenprogramm positioniert werden können. Formulare werden in Windows als Bildschirmfenster dargestellt.

Forms und Controls

Formulare werden im Form Designer-Fenster erzeugt. Wichtigste Hilfsmittel sind dabei die Werkzeugsammlung, mit der ActiveX-Steuerelemente in die Bildschirmmaske eingefügt werden können, und das Eigenschaftenfenster, um die Attribute der Steuerelemente zu belegen.

Form Designer

Erst durch Programmcode, der mit den Formularen gespeichert wird (so genannter *Code behind Forms*), erwacht ein Formular zum Leben. Jedes ActiveX-Steuerelement definiert eine Reihe von Ereignissen, die mit Ereignisbehandlungsroutinen abgefangen werden können.

Code behind Forms

Ein Formular ist wie eine Klasse: Es kann also mehrere Instanzen geben, die wie üblich gebildet werden. Danach kann ein Formular angezeigt, versteckt oder ganz entfernt werden. Der Aufrufer kann die Eigenschaften eines Formulars setzen.

Formularinstanzen

```
Sub showLogin()
Dim f As New frmLogin
f.Caption = "Login: Es ist jetzt " & Now
f.Show
'...
f.Hide
Unload f
End Sub
```

Listing 19.10
Steuerung von VB-Forms
[CD: /code/fortgeschrittene/VB 6.0/hello.vbp]

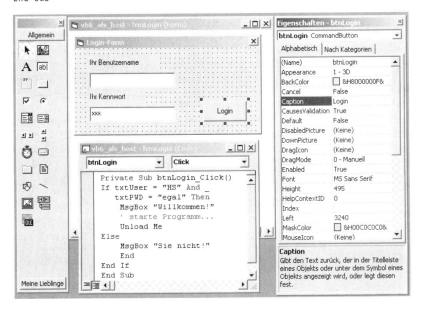

Bild 19.29
Gestaltung eines Login-Dialogs mit VB-Formularen

Kapitel 19 **Fortgeschrittene Active Scripting-Techniken**

VB-Forms können auch nur innerhalb von VB 6.0 verwendet werden. Trotz der großen Ähnlichkeit mit VBA-UserForms können die MS Office-Produkte VB-Forms nicht importieren. Es gibt jedoch einen Wiederverwendungsmechanismus für VB-Forms in Binärform: Mit Hilfe von VB-Forms können ActiveX Controls und ActiveX Documents gestaltet werden.

19.5.8 WSH-kompatible Programmierung in VB

Prototyping   Wie bereits erläutert, eignet sich Visual Basic 6 zur Entwicklung von Prototypen für Scripts. Natürlich können Sie den Prototyp später verwerfen und im Script von vorne beginnen. Sie können das Prototyping aber auch als evolutionären Prozess ansehen, bei dem Sie den Prototyp als Vorstufe für das Script verstehen. Zielsetzung ist es dann, mit geringem Aufwand das VB-Programm in ein Script umzuwandeln. Dafür sollten Sie einige Unterschiede im Hinterkopf behalten:

Unterschiede
- Die Eingebauten Objekte stehen innerhalb von VB nicht zur Verfügung.
- Die Aufnahme der Eingaben (z.B. Kommandozeilenparameter) ist anders.
- Sofern Sie nicht alle Ausgaben über Dialogboxen mit `MsgBox()` machen wollen, sind die Ausgabefunktionen anders.
- Sie müssen den anderen Sprachumfang beachten.
- Typisierte Deklaration und Schnittstellenwechsel auf Basis früher Bindung sind in VBS nicht möglich.

Innerhalb der VB-IDE werden Sie natürlich mit deklarierten und typisierten Variablen arbeiten wollen, um die Eingabehilfen ausnutzen zu können. Alle Datentypdeklarationen mit dem `As`-Schlüsselwort müssen Sie vor der Ausführung als Script natürlich auskommentieren. Das klappt aber sehr gut mit der *Suchen&Ersetzen*-Funktion (Suchen nach „ As „, ersetzen durch „ ' As „). Nicht so einfach geht dies mit typisierten Parametern in Unterroutinen. Dafür kann man aber ein Script auf der Basis regulärer Ausdrücke schreiben, das die Transformation automatisiert.

WSH-Prototyping   Am Beispiel der Erstellung von Windows Scripting Host-kompatiblen Scripts in VB 6.0 sei Ihnen gezeigt, wie Sie durch Kapselung zentraler Funktionen erreichen können, dass Ihre VB-Programme mit wenigen Handgriffen auch als WSH-Scripts laufen. Zentrale Idee ist es, innerhalb der gekapselten Funktionen stets zu überprüfen, ob die Routine im WSH läuft oder nicht. Im ersten Fall ruft die Routine WSH-spezifische Befehle auf, im zweiten Fall VB 6.0-spezifische. Das eigentliche Hauptprogramm muss sich dann um die Unterscheidung nicht mehr kümmern.

Abfrage der Umgebung   Den Test auf die Existenz des WSH können Sie mit `IsObject(WScript)` durchführen. Wenn dieser Ausdruck wahr ist, dann befindet sich die Routine in einem WSH-Script. Wenn Sie innerhalb von VB 6.0 mit `Option Explicit` arbeiten (und das sollten Sie!), dann müssen Sie allerdings für VB 6.0 eine leere Variable mit dem Namen `WScript` deklarieren, die Sie natürlich vor der Ausführung im WSH auskommentieren müssen. Es läuft also darauf hinaus, dass Sie auch ein Flag am Anfang Ihres Programms setzen (`WSHFlag = True|False`) und anhand dieses Flag an den relevanten Stellen die Fallunterscheidung durchführen können.

Die im Folgenden gezeigten Kapselungsfunktionen sind Teil der Funktionsbibliothek *WS_vbWSHLIB*. Diese Bibliothek ist auf die gemeinsame Nutzung in VB 6.0/A und im WSH ausgerichtet [CD:/code/hosts/WSH/WS_vbWSHLIB.vbs]. Sie können Sie in ein VB-Projekt als Modul einbinden und im WSH als externes Script.

Kapselungsroutinen Die Fallunterscheidung sei vorgestellt am Beispiel der bereits angesprochenen Hilfsroutinen say() und inargs() sowie der Funktion currentDir(), die das aktuelle Verzeichnis ermittelt. Wait() gibt die Kontrolle zurück zur Ereignisbehandlung. Die hier besprochenen Kapselungsfunktionen sind Teil der *WS_vbWSHLIB* [CD:code/hosts/WSH/ws_vbWSH LIB.vbs].

WS_vbWSHLIB

```
' ### Universelle Ausgabe eines elementaren Datentyps
Sub say(s)
If IsObject(WScript) Then
    WScript.echo s
Else
    Debug.Print s
End If
If SAYLOG <> "" Then WriteTo SAYLOG, s
End Sub
```

Standardausgabe say()

```
' ### Testet auf enthaltenen Kommandozeilenparameter
Function inArgs(s) ' As Boolean
Dim a
inargs = False
If IsObject(WScript) Then
    For a = 1 To WScript.Arguments.Count
        If UCase(WScript.Arguments(a - 1)) = UCase(s) Then _
            inArgs = True
    Next
Else
    If InStr(UCase(command), UCase(s)) Then inArgs = True
End If
End Function
```

Kommandozeilenparameter InArgs()

```
' ### Ermittelt das aktuelle Verzeichnis
Function currentDir()
Dim l
If IsObject(WScript) Then
    l = Len(WScript.scriptname)
    currentDir = Left(WScript.scriptfullname, _
    Len(WScript.scriptfullname) - l - 1)
Else
    currentDir = app.Path
End If
End Function
```

*Listing 19.11
Gekapselte
Routinen, die
in VB 6.0 und
im WSH gleichermaßen
funktionieren*

Aktuelles Verzeichnis CurrentDir()

```
' ### Marginales Warten für Ereignisbehandlung
Sub wait()
If IsObject(WScript) Then
    WScript.sleep
Else
    DoEvents
End If
End Sub
' === Marginales Warten für Ereignisbehandlung
Sub wait()
If IsObject(WScript) Then
    WScript.Sleep
Else
    DoEvents
End If
End Sub
```

Probleme mit eingebauten Funktionen und Statements Nicht so elegant geht es für die Kapselungsroutinen, bei denen die Fallunterscheidung nicht in Objektzugriffen, sondern in Statements bzw. Funktionen liegt, die zum Sprachumfang gehören.

Programmende

Dies betrifft beispielsweise die Anweisung zum Beenden des Programms: Im WSH geht das mit `WScript.Quit`, in VB über das VB-Statement `end`. Mit dem `End`-Statement ergibt sich das Problem, dass der VBS-Parser nur ein `End If` kennt und sich daher bei einem alleinstehenden `End` stets über ein fehlendes `If` beklagt. Es bleibt also nichts anderes übrig, als das `End`-Statement bei der Konvertierung von WSH nach VB manuell auszuklammern. Solche Sonderfälle gibt es zum Glück nicht viele.

Listing 19.12
Kapselungsfunktion für das Programmende

```
' ### Ende des Programms
Sub ende()
If IsObject(WScript) Then
    WScript.Quit
Else
    End ' Ausklammern für WSH!
End If
End Sub
```

Erzeugung einer Liste der Unterobjekte

Ein weiteres Beispiel ist die Routine `getcolex()`, die in Kapitel 9 vorgestellt wurde. Dieses Mal ist allerdings nicht VBS das Problem, sondern seine großen Brüder. VBS hat keine Probleme damit, dass die VB-Funktion `CallByName()` vorkommt. Allerdings meckern das große VB und VBA über die ihnen nicht bekannte `eval()`-Funktion, obwohl dieser Zweig der Fallunterscheidung ja gar nicht ausgeführt werden wird. Auch hier hilft nur Auskommentieren.

Listing 19.13
Kapselungsfunktion für das Erstellen einer Liste von Unterobjekten einer Objektmenge

```
Function getcolex(objcol, attribut)
Dim o ' As Object
If IsObject(WScript) Then
    For Each o In objcol
        Call CSVadd(getcolex, eval("o." & attribut))
    Next
Else
    For Each o In objcol
        Call CSVadd(getcolex, CallByName(o, attribut, VbGet))
    Next
End If
End Function
```

.vbs versus .bas

Dateiformat Die Visual Basic-IDE hat grundsätzlich kein Problem damit, eine Datei mit der Erweiterung *.vbs* statt *.bas* zu verwenden. Allerdings können Sie die Datei auch dann, wenn sie die Erweiterung *.vbs* hat, nicht direkt außerhalb der IDE im WSH starten, denn die VB-IDE fügt in jede Programmdatei am Anfang die Zeile `Attribute VB_Name = "ModulName"` ein. Diese Zeile müssen Sie für den WSH auskommentieren.

19.6 Die VBA-Hosts in Microsoft Office

VBA

Visual Basic for Applications (VBA) ist kein Active Scripting Host. Dennoch sind die VBA-fähigen Anwendungen eine überlegenswerte Plattform für Automatisierungslösungen, da diese weitestgehend kompatibel ist zu VBScript.

VBA-Host

Bei VBA nennt man die Anwendung, in der das VBA-Programm abläuft, einen VBA-Host. Beispiele für VBA-Hosts sind Microsoft Word, Excel, Powerpoint, Access und Visio. Auch wenn in Zusammenhang mit VBA von Kompilierung die Rede ist – mit VBA können keine eigenständig ausführbaren Anwendungen erstellt werden. Es ist immer ein

VBA-Host nötig, wobei es je nach Anwendungsfall mehr oder weniger schnell möglich ist, ein VBA-Programm von einem VBA-Host in einen anderen zu portieren.

Es gibt inzwischen zahlreiche VBA-Hosts. Dieses Buch wird sich jedoch auf die Microsoft Office-Produktfamilie beschränken.

Für die Portierung von Programmcode von VBA zu Scriptcode gelten die gleichen Regeln wie für die Portierung aus der Visual Basic-Vollversion. VBA und VB 6.0 sind sich viel ähnlicher als VBA und VBScript.

Die Entwicklung von Automatisierungslösungen innerhalb von Microsoft Office bietet folgende Vorteile:

VBA als Basis für Automatisierungslösungen

- Eine integrierte Entwicklungsumgebung (IDE) mit den gleichen hilfreichen Funktionen wie die VB-Vollversion
- Gestaltung von Bildschirmfenstern mit VBA-UserForms. VBA-UserForms ähneln den VB-Forms, sind jedoch nicht voll kompatibel.
- Die komplette Funktionalität der jeweiligen Host-Anwendung, die über Objektmodelle offengelegt ist
- Die einfache Weitergabe der Anwendung als eine Datei
- Die große Anzahl von vorhandenen MS Office-Installationen
- Bei Microsoft Access zusätzlich die Möglichkeit, mit Hilfe des Access Developer Toolkit eine Runtime-Version einer Datenbank zu erstellen, deren Programmcode geschützt ist

Beispiel

Die Buch-CD enthält eine Word-Datei, die die Arbeit mit VBA in Word an einigen kleinen Beispielen verdeutlicht [CD:/code/fortgeschrittene/vba/automatisierung_in_word.doc].

Heterogenität zwischen den Office-Anwendungen Leider ist die Anwendungsentwicklung auch innerhalb der Microsoft Office-Produkte nicht so homogen, wie sie laut Microsoft Marketing schon seit der Version 97 hätte sein sollen. Die gravierendsten Punkte sind:

Sonderlinge

- Es gibt drei Arten von Bildschirmformularen: VBA-UserForms, Access Forms und Outlook Forms, die absolut inkompatibel zueinander sind. Access und Outlook unterstützen erst seit Version 2000 in bestimmten Zusammenhängen die UserForms. Die anderen Formulartypen spielen aber weiterhin die Hauptrolle in diesen Anwendungen.
- Outlook Forms sind ein Active Scripting Host und keine VBA-Umgebung. VBA wird nur auf Anwendungsebene unterstützt. Man kann jetzt darüber streiten, ob das positiv (weil flexibler) oder negativ (weil inkompatibel und weniger gut durch Werkzeuge unterstützt) ist.
- Die IDE in Access 97 wich von der IDE der anderen Hosts ab.
- Outlook Forms haben gar keine IDE: Die Entwicklung basiert auf Notepad.

VBA-Projekte VBA arbeitet ebenso wie das große VB mit Projekten, die aus verschiedenen Elementen (Modulen, Formularen, Klassenmodulen) bestehen. Im Unterschied zu VB 6.0 werden jedoch die einzelnen Elemente nicht in getrennten Dateien, sondern allesamt innerhalb einer einzigen Dokumentendatei des jeweiligen VBA-Host gespeichert (beispielsweise in Microsoft Word in einer .doc- oder .dot-Datei). Ein VBA-Projekt entspricht also einer Dokumentendatei.

Eine Datei

Kapitel 19 Fortgeschrittene Active Scripting-Techniken

Die Elemente sind komplett in die Datei integriert und können von außen nicht einzeln angesprochen werden. Die VBA-IDE erlaubt jedoch den Export eines Elements in eine separate Datei, die hinsichtlich der Dateierweiterungen den Dateien in VB 6.0 entspricht (.*frm*, .*cls* und .*mod*).

> VBA verfügt seit Office 2000 auch über die Möglichkeit, komplette VBA-Projekte unabhängig von einer Office-Datei zu speichern. VBA-Projektdateien besitzen die Erweiterung .*vba*. Sie gehorchen einem gänzlich anderen Prinzip als VB 6.0-Projektdateien: Während ein VB 6.0-Projekt aus einer Textdatei für das Projekt sowie aus einer Textdatei für jedes enthaltene Formular bzw. Modul oder für jede enthaltene Klasse besteht, sind in einer VBA-Projektdatei alle Bausteine in einer binären Datei abgelegt.

19.6.1 Entwicklungsumgebung

VBA-IDE Die VBA-IDE ist der VB-IDE sehr ähnlich (vgl. Bild 19.30 und Bild 19.31). Bildschirmfenster und Menüs sind fast die gleichen. Der Projekt-Explorer zeigt allerdings nicht nur das aktuelle Projekt, sondern alle geöffneten Dokumentendateien. Dabei ist nicht nur ein einfacher Austausch von Programmcode per Cut&Paste möglich, sondern auch das Kopieren von ganzen Modulen oder Formularen per Drag&Drop.

Bild 19.30
VBA-Entwicklungsumgebung von Word 2000

	Start der IDE
Sie erreichen die VBA-Entwicklungsumgebung in Word, Excel und Powerpoint, indem Sie das Menü EXTRAS/MAKRO/VISUAL BASIC EDITOR anwählen oder aber unter EXTRAS/MAKRO/MAKROS ein bestehendes Makro bearbeiten.	

Die Host-Anwendung hat auf ein VBA-Projekt immer noch eine aus der früheren Makrowelt geprägte Sicht. Was Word & Co. als Makro bezeichnen, ist in Wirklichkeit eine öffentliche (also nicht mit Private deklarierte) Unterroutine.

	Unterschiede der IDEs
Bereits Office 97 sollte die VBA-Entwicklungsumgebungen der vier Office-Produkte komplett vereinheitlichen. Access ging aber einen Sonderweg. Seit Office 2000 ist positiv, dass die Entwicklungsumgebung von Access endlich auch der der anderen Office-Produkte entspricht – mit dem typischen Projekt-Explorer, der alle Codebestandteile anzeigt. Auch der in Formularen hinterlegte „Code behind Forms" (CBF) wird unter dem Oberbegriff „Microsoft Access Klassenobjekte" aufgelistet. Access hat innerhalb der Office-Produktfamilie hinsichtlich der Anwendungsentwicklung immer eine Sonderrolle gespielt und spielt diese auch mit Office 2000 noch.	

Makrorekorder Word, Excel und Powerpoint bieten einen Makrorekorder an, der sehr hilfreiche Dienste leistet: Sie können bestimmte Aktionen in den jeweiligen Anwendungen vormachen und der VBA-Host setzt die Aktionen dann in VBA-Befehle um. Diese sind zwar nicht optimal, aber eine hervorragende Referenz für den VBA-Programmierer. Ein Makro mit dem Makrorekorder aufzuzeichnen, führt wesentlich schneller zu den gewünschten Befehlen als die Suche in der Hilfe. Leider gibt es diesen Makrorekorder nicht in Access – auch nicht in Access 2000.
VBA-Programme aufzeichnen

19.6.2 Start einer VBA-Routine

Eine VBA-Routine kann auf folgenden Wegen gestartet werden:

- Innerhalb der VBA-Entwicklungsumgebung kann jede beliebige Unterroutine direkt gestartet werden, indem Sie einfach den Cursor in die Unterroutine setzen und dann F5 drücken oder äquivalent dazu die Schaltfläche *Sub/UserForm ausführen* in der Symbolleiste anklicken. Wenn der Cursor auf der Entwurfs- oder Codeansicht eines Formulars steht, wird dieses Formular geladen. Diesen Komfort bietet die VB-IDE leider nicht.   Manueller Start

Steht in VBA der Cursor beim Start nicht innerhalb einer Unterroutine, so erscheint ein Dialog, der um Auswahl der zu startenden Routine bittet. Eine Routine mit dem Namen Sub Main() hat keine Sonderbedeutung wie in VB 6.0.

- Sie können eine Routine ebenso wie in VB 6.0 auch starten, indem Sie im Direktfenster den Namen der Routine eingeben. Direktfenster
- Aus dem Dokumentenfenster heraus starten Sie eine Unterroutine, indem Sie unter EXTRAS/MAKRO/MAKROS ein Makro auswählen und dann auf AUSFÜHREN klicken. Makroverwaltung
- Unterroutinen mit besonderen Namen werden automatisch beim Eintritt bestimmter Ereignisse gestartet – natürlich nur, sofern es eine Unterroutine für dieses spezielle Ereignis gibt. So startet die Routine AutoExec beim Laden eines Dokuments. Tabelle 19.3 zeigt die Namen und deren Bedeutung. Es gibt auch die Alternative, einem Modul den Namen eines der Automakros zu geben. Dann wird innerhalb des Moduls Sub Main() gestartet. Diese Ereignisbehandlungsroutinen sind der Angriffspunkt für VBA-Makroviren. Ereignisse

Kapitel 19 Fortgeschrittene Active Scripting-Techniken

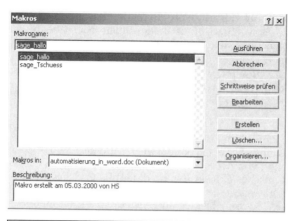

Bild 19.31
Verwaltung der Makros in Word 2000

Tabelle 19.3
Namen der Standardereignisroutinen in VBA

Name der Routine	Ausführungszeitpunkt
AutoExec	Beim Starten von Word oder Laden einer globalen Vorlage
AutoNew	Beim Erstellen eines neuen Dokuments
AutoOpen	Beim Öffnen eines vorhandenen Dokuments
AutoClose	Beim Schließen eines Dokuments
AutoExit	Beim Beenden von Word oder Entladen einer globalen Vorlage

19.6.3 Eingebautes Objekt

Host-spezifisches Eingebautes Objekt

Jeder VBA-Host besitzt Eingebaute Objekte, die aber immer von dem jeweiligen Host abhängig sind. Eines dieser Eingebauten Objekte ist in der Regel eine Instanz der Stammklasse des Objektmodells des VBA-Host (meist: Application).

19.6.4 VBA-UserForms

GUI in VBA

VBA-UserForms sind leider immer noch etwas anders als VB-Forms. Zwar unterstützen UserForms prinzipiell ähnliche Steuerelemente, jedoch werden diese Steuerelemente von einer anderen Komponente implementiert. Dabei ist der Formularentwurf an einigen Stellen sogar besser gelungen als in VB 6.0: In einem VB-Form kann eine Beschriftung im Designer-Fenster nur komplett überschrieben werden, da der Cursor nicht in die Beschriftung gesetzt werden kann. Ein richtiges Editieren ist nur im Eigenschaftenfenster möglich. Die VBA-UserForms erlauben auch, dass man den Text direkt im Form-Designer anwählen und vollständig editieren kann – so, wie man es sich wünscht. Auch UserForms unterstützen die Einbindung von ActiveX-Steuerelementen.

UserForms in Access

Auch bei den UserForms ist ein gesondertes Wort zu Access nötig: Vor Version 2000 unterstützte Access keine UserForms, sondern nur die eigenen Access Forms. Access 2000 kann nun wenigstens zusätzlich VBA-UserForms darstellen. Merkwürdigerweise kann Access 2000 zwar mit anderen VB-Produkten angelegte UserForms importieren, verändern und ausführen, jedoch keine neuen anlegen: Dazu fehlt dem VBA-Editor der Datenbank der Menüpunkt NEU USERFORM.

VBA und VB 6.0

Austausch zwischen VBA und VB 6.0 Sie können Module und Klassenmodule zwischen VBA und VB 6.0 beliebig austauschen, indem Sie die Import- bzw. Exportfunktionen der beiden Entwicklungsumgebungen nutzen. Leider sind die VB-Forms und

VBA UserForms auch in Office 2000 noch nicht voll kompatibel zueinander: Zwar öffnet VB 6.0 die VBA-UserForms, beim Versuch, ein VB-Formular in Office 2000 zu öffnen, erscheint aber der Hinweis, dass die darin enthaltene Formularklasse nicht unterstützt wird. Es hat sich auch nichts daran geändert, dass Access und Outlook jeweils einen weiteren Typus von Formularen verwenden, die inkompatibel mit den VB-Forms und VBA-UserForms sind.

19.6.5 Microsoft Office Developer Edition

Wenn Sie häufig mit VBA entwickeln, sollten Sie die Anschaffung der Office Developer Tools bzw. der Office Developer Edition, die diese Werkzeuge bereits enthält, in Erwägung ziehen. Die Developer Tools umfassen:

Entwicklerwerkzeuge

- Verschiedene Add-ins zur Unterstützung bei der Codeeingabe und -verwaltung (z.B. Zeichenfolgeeditor, Multicode-Import/Export, Fehlerbehandlungsroutine-Generator, Code-Commenter, Codebibliothekar, SourceSafe 6.0)
- Die Access Runtime-Version, die die lizenzkostenfreie Weitergabe von Access-Datenbankanwendungen ermöglicht
- Den aus VB 6.0 bekannten *OLEDB Data Environment Designer* zur einfachen Modellierung des Zugriffs auf Datenquellen
- Einen Designer zur Erzeugung neuer COM-Add-ins

Sowohl Add-in-Designer als auch Data Environment Designer erzeugen kompilierte DLL-Dateien. Dies beweist: VBA 6.0 in Office 2000 kann inzwischen DLLs kompilieren, die auch ohne einen VBA-Host lauffähig sind. Leider kann man dies jedoch nur nutzen, wenn man einen der obigen beiden Designer für ein Projekt aktiviert. Die Verweigerung der Erstellung eigener öffentlich instanziierbarer Klassen ist technisch nicht nachvollziehbar, sondern wohl der Regentschaft des Marketings bei Microsoft zuzuschreiben: Wer kauft noch die VB-Vollversion, wenn VBA ausführbare Dateien erstellen kann?

Kompilierung

19.7 Prototyping von Exchange Event Agents innerhalb der VB 6.0-IDE

Trotz der in Kapitel 7 dokumentierten Debugging-Tipps ist die Entwicklung von Exchange Server Event Agent-Scripts mühsam, da Exchange keine geeignete Entwicklungsumgebung zur Verfügung stellt. Dabei ist es durchaus möglich, die komfortable Entwicklungsumgebung von Visual Studio zu nutzen, um Agent-Scripts zu entwickeln und zu testen.

Scriptereignisse unterstützen sowohl der Microsoft Exchange Server 5.5 als auch die 2000er-Version.

Es gilt hier nur, einen grundsätzlichen Unterschied zu kapseln: Der Programmcode wird nicht durch eine eingehende E-Mail aufgerufen, sondern manuell durch einen Entwickler. Um eine Agent-Routine in der VB 6.0-Entwicklungsumgebung zu entwickeln und dieses dann 1:1 in den Event Agent zu übernehmen, ist es notwendig, die Eingebauten Objekte `EventDetails` und `Script` manuell zu erstellen.

Kapselung der Eingebauten Objekte

- `EventDetails` muss den Verweis auf eine gültige Nachricht beinhalten. Es liegt nahe, eine in einem Posteingang eines Postfachs existierende Nachricht zu nehmen und mit diesen Angaben ein „künstliches" Objekt `EventDetails` zu erzeugen.
- `Script` muss dafür sorgen, dass die Ausgaben an das Debug-Fenster der VB 6.0-IDE statt an das AgeWindows-Ereignisprotokoll gehen.

Kapitel 19 Fortgeschrittene Active Scripting-Techniken

VB 6.0-Projektvorlage **Exchange Script Agent Test Environment (ESATE)** Die Umsetzung dieser Anforderung ist das *Exchange Script Agent Test Environment (ESATE)*. ESATE sorgt dafür, dass ein Agent-Script das gleiche Umfeld antrifft, das auch beim Ablauf im Exchange Event Agent vorliegt. Der Unterschied ist lediglich, dass Sie eine Nachricht manuell erzeugen müssen, die ESATE dann dem Script zur Verarbeitung vorwirft.

> Die CD zu diesem Buch enthält eine VB 6.0-Projektvorlage [CD:/code/7_Fortgeschrittene/ESATE/VB 6.0-Projektvorlage] zum Prototyping von Agent-Scripts in VB 6.0.

Die Projektvorlage besteht aus folgenden Teilen:

- Die Funktionsbibliothek *WS_ExAgLib* (siehe Kapitel 9 zu Scripting Hosts) im gleichnamigen VB 6.0-Modul mit Hilfsroutinen für Exchange Agent-Scripts
- Die allgemeine Funktionsbibliothek *WS_Scriptlib* (siehe Kapitel 8 zu Visual Basic)
- Die Definition einer Klasse EventDetailsClass mit den Attributen Session, FolderID und MessageID
- Die Definition einer Klasse ScriptClass mit dem Attribut Response
- Das Modul Environment enthält Hauptroutinen, die dem Agent-Script vortäuschen, es laufe im Exchange Event Agent ab.
- Das Modul Agent soll das eigentliche Agent-Script enthalten. In ESATE stehen hier zunächst nur die Funktionsrümpfe für die vier Ereignisbehandlungsroutinen.

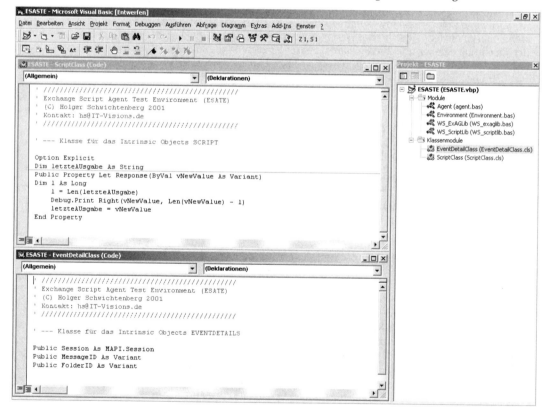

Bild 19.32: ESATE – Implementierung der Eingebauten Objekte

Prototyping von Exchange Event Agents innerhalb der VB 6.0-IDE

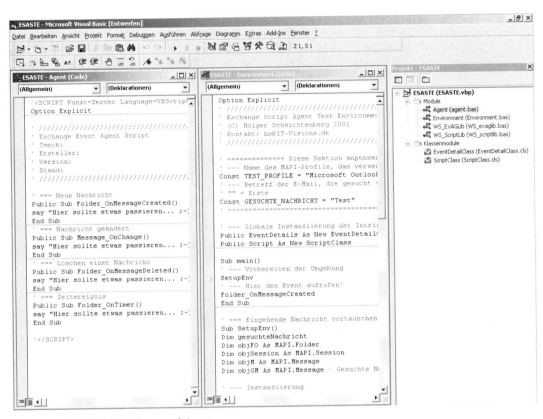

Bild 19.33: ESATE – Umgebung und Agent

Programmcode von ESATE Es folgt der Programmcode für ESATE, zunächst für die beiden Klassen, die die Eingebauten Objekte realisieren. EventDetailsClass besteht nur aus drei Attributdefinitionen. In der Klasse ScriptClass ist Response als eine Property Let-Routine implementiert, so dass alle zugewiesenen Zeichenketten an das Debug-Fenster der VB 6.0-Entwicklungsumgebung gesendet werden.

Klassen

Listing 19.14
Klasse für das Eingebaute-Objekt EVENT-DETAILS [EventDetails-Class.cls]

```
' //////////////////////////////////////////
' Exchange Script Agent Test Environment (ESATE)
' (C) Holger Schwichtenberg 2001
' Kontakt: hs@IT-Visions.de
' //////////////////////////////////////////

' --- Klasse für das Intrinsic Object EVENTDETAILS
Public Session As MAPI.Session
Public MessageID As Variant
Public FolderID As Variant
```

Listing 19.15
Klasse für das Eingebaute Objekt SCRIPT [Script-Class.cls]

```
' //////////////////////////////////////////
' Exchange Script Agent Test Environment (ESATE)
' (C) Holger Schwichtenberg 2001
' Kontakt: hs@IT-Visions.de
' //////////////////////////////////////////
```

```
' --- Klasse für das Intrinsic Object SCRIPT
Option Explicit
Dim letzteAusgabe As String
Public Property Let Response(ByVal vNewValue As Variant)
Dim l As Long
    l = Len(letzteAusgabe)
    Debug.Print Right(vNewValue, Len(vNewValue) - l)
    letzteAusgabe = vNewValue
End Property
```

Hauptmodul *Environment.bas* ist das Hauptmodul von ESATE. Als VB 6.0-Anwendung benötigt ESATE ein Sub main(). In Sub main() wird die Unterroutine SetEnv() aufgerufen. SetAgentEnv() greift auf den Posteingangs-Ordner eines bestimmten MAPI-Profils zu und sucht dort eine Nachricht mit einem bestimmten Betreff. Mit den Angaben der ersten Nachricht, die mit diesem Betreff gefunden wird, wird eine Instanz der Klasse EventDetailsClass in der globalen Objektvariablen EventDetails erzeugt. SetEnv() erzeugt eine Statusmeldung, die sich durch den Vorsatz „ESATE:" von den Ausgaben des eigentlichen Agent unterscheidet. Den Profilnamen und den Betreff der zu suchenden Nachricht erhält SetEnv() aus den am Anfang des Script zu setzenden Konstanten TEST_PROFILE und GESUCHTE_NACHRICHT.

Listing 19.16
Hauptmodul von ESATE [Environment.bas]

```
Option Explicit
' /////////////////////////////////////////////////
' Exchange Script Agent Test Environment (ESATE)
' (C) Holger Schwichtenberg 2001
' Kontakt: hs@IT-Visions.de
' /////////////////////////////////////////////////

' ============== Diese Sektion anpassen ==========
' --- Name des MAPI-Profils, das verwendet werden soll
Const TEST_PROFILE = "Microsoft Outlook"
' --- Betreff der E-Mail, die gesucht werden soll
' "" = Erste
Const GESUCHTE_NACHRICHT = "Test"
' ================================================


' --- Globale Instanziierung der Eingebautes Objekt
Public EventDetails As New EventDetailClass
Public Script As New ScriptClass

Sub main()
' --- Vorbereiten der Umgebung
SetupEnv
' --- Hier den Event aufrufen!
Folder_OnMessageCreated
End Sub

' === Eingehende Nachricht vortäuschen!
Sub SetupEnv()
Dim gesuchteNachricht
Dim objFO As MAPI.Folder
Dim objSession As MAPI.Session
Dim objM As MAPI.Message
Dim objGM As MAPI.Message  ' Gesuchte Nachricht
```

```vb
' --- Instanziierung
Set objSession = CreateObject("MAPI.Session")
' --- Sitzungsaufbau
objSession.Logon TEST_PROFILE
' --- Testen, ob Sitzung etabliert ist
If check_logon(objSession) Then
    Debug.Print "ESATE: Anmeldung war OK an Profil " _
    & TEST_PROFILE
Else
    Debug.Print "ESATE: Anmeldung ist fehlgeschlagen!"
    Exit Sub
End If

' --- Zugriff auf Inbox
Set objFO = objSession.Inbox
' --- Suche Nachricht
Debug.Print "ESATE: Suche Nachricht mit Betreff: " _
& GESUCHTE_NACHRICHT
For Each objM In objFO.Messages
    If UCase(objM.Subject) = UCase(GESUCHTE_NACHRICHT) _
    Or GESUCHTE_NACHRICHT = "" Then
        Set objGM = objM
        Exit For
    End If
Next
' --- Nachricht gefunden?
If objGM Is Nothing Then
    Debug.Print "ESATE: Nachricht nicht gefunden!"
    End
End If

' --- Aufbau des EventDetails-Objekts
Set EventDetails.Session = objSession
EventDetails.MessageID = objGM.ID
EventDetails.FolderID = objFO.ID
Debug.Print "ESATE: Umgebung ist eingerichtet!"
End Sub


' ### Überprüft, ob eine Sitzung aufgebaut ist
Function check_logon(objSes As MAPI.Session) As Boolean
Dim objIN As MAPI.Folder
On Error Resume Next
' --- Zugriff auf den Posteingang
Set objIN = objSes.Inbox
If Err.Number <> 0 Then
    check_logon = False
Else
    check_logon = True
End If
End Function
```

Agent.bas ist der Quelltext der üblichen Exchange Event Agent-Funktionsrümpfe. Zu beachten ist lediglich, dass die <SCRIPT>-Tags auskommentiert sind, weil die VB-Entwicklungsumgebung sich darüber beschweren würde.

Agent.bas

Kapitel 19 Fortgeschrittene Active Scripting-Techniken

Listing 19.17
Platzhalter für die Agent-Scripts [agent.bas]

```
'<SCRIPT RunAt=Server Language=VBScript>
Option Explicit
' /////////////////////////////////////////////
' Exchange Event Agent Script
' Zweck:
' Ersteller:
' Version:
' Stand:
' /////////////////////////////////////////////

' === Neue Nachricht
Public Sub Folder_OnMessageCreated()
say "Hier sollte etwas passieren... ;-) "
End Sub
' === Nachricht geändert
Public Sub Message_OnChange()
say "Hier sollte etwas passieren... ;-) "
End Sub
' === Löschen einer Nachricht
Public Sub Folder_OnMessageDeleted()
say "Hier sollte etwas passieren... ;-) "
End Sub
' === Zeitereignis
Public Sub Folder_OnTimer()
say "Hier sollte etwas passieren... ;-) "
End Sub

'</SCRIPT>
```

Vorbereitung von ESATE

Vorbereitung Um mit ESATE zu arbeiten zu können, gehen Sie wie folgt vor:

- Passen Sie die globale Konstante TEST_PROFILE an, wenn Sie nicht das Standardprofil „Microsoft Outlook" benutzen. Tragen Sie den Namen des Profils ein, nicht den Namen des Exchange-Postfachs!
- Erzeugen Sie im Posteingang des Profils eine Nachricht, indem Sie entweder eine Nachricht an sich selbst oder von einem anderen Postfach aus senden. Diese Nachricht muss einen Betreff haben, der von den anderen Nachrichten im Posteingang eindeutig unterscheidbar ist.
- Tragen Sie den Betreff in die Konstante GESUCHTE_NACHRICHT ein.
- Wählen Sie durch den Aufruf in Sub main(), welches Ereignis getestet werden soll.
- Tragen Sie Ihren Scriptcode in die passende Ereignisbehandlungsroutine in *Agent.bas* ein. Ihr Script kann alle beliebigen Aktionen ausführen, einschließlich der Neuerzeugung und Änderung von Nachrichten, da ja über EventDetails.Session Zugriff auf die MAPI-Session besteht.

Sie sind dabei nicht auf VBScript beschränkt, sondern können (wenn Sie es wünschen) auch VB 6.0-Code verwenden. Wenn Sie die Typbibliotheken der verwendeten Komponenten aktivieren (CDO ist bereits im Standard aktiviert), unterstützt die VB 6.0-IDE Sie mit allen ihren vorteilhaften Eingabehilfen.

Testen

Testen des Script in der VB 6.0-IDE Nun starten Sie ESATE, indem Sie das VB 6.0-Projekt in der Entwicklungsumgebung ausführen. VB 6.0 wird Sub main() aufrufen, das nach Abarbeitung der nötigen Vorbereitungen Ihr Script startet. Die VB 6.0-IDE stellt Ihnen dabei die vollen Debugging-Möglichkeiten für Ihr Script zur Verfügung.

Natürlich können Sie die Anwendung auch kompilieren, das bringt Ihnen aber keinen Vorteil, sondern nur den Nachteil, dass Sie sich ein anderes Protokollmedium als das Debug-Fenster suchen müssten.

Übernahme des Prototyps in den Exchange Event Agent Die Übernahme des fertig entwickelten Prototyps in den Exchange Event Agent ist denkbar einfach:

Vom Prototyp zum Script

- Stellen Sie sicher, dass Ihr Agent voll VBScript-kompatibel ist: Alles, was VB 6.0-Syntax ist, müssen Sie entfernen oder auskommentieren.
- Kopieren Sie den Inhalt des Moduls Agent mit Microsoft Outlook oder dem Micro Eye Script Director (siehe Kapitel 9 „Scripting Hosts") in den Event Agent.
- Entfernen Sie die Kommentarzeichen vor den <SCRIPT>-Tags.
- Kopieren Sie den Inhalt der Module WS_ExAgLib und WS_ScriptLib vor das </SCRIPT> in den Agent, damit diese Hilfsroutinen dort zur Verfügung stehen.
- Aktivieren Sie dann den Agent.

Mit einigen leichten Modifikationen wäre es auch möglich, in ESATE einen beliebigen anderen privaten oder öffentlichen Ordner als Standardort der Testnachricht zu spezifizieren. Details über den Zugriff auf Ordner erfahren Sie in [SCH01c].

19.8 Erzeugung eigener COM-Komponenten

Es gibt inzwischen viele Sprachen und Entwicklungsumgebungen, die die Erzeugung von COM-Komponenten unterstützen. Exemplarisch zeigt dieses Kapitel zwei Methoden, die auf den bisher in diesem Buch vorgestellten Techniken aufbauen: Dies ist zum einen die Entwicklung von Komponenten mit Visual Basic 6 und zum anderen die Erzeugung von Windows Script Components. Auch mit Visual Basic for Applications 6.0 (als Teil von Office 2000) können mit Einschränkungen COM-Komponenten erstellt werden.

Komponenten erstellen

	VB 6.0/ VB.NET ab 7.0	VBCCE	VBA 6.0	VBS 5.x
Sprachinterne Klassendefinition	Ja	Ja	Ja	Ja
Erzeugung von nichtvisuellen COM-Komponenten	Ja, DLL + EXE	Nein	tlw. DLL	Scriptlets
Erzeugung von ActiveX-Steuerelementen	Ja	Ja	Nein	Nein

Tabelle 19.4 Erzeugung von Klassen und COM-Komponenten in den verschiedenen VB-Dialekten und -Entwicklungsumgebungen

19.8.1 Erzeugung von Komponenten mit VB 6.0

Die Visual Basic-Entwicklungsumgebung bietet komfortable Möglichkeiten, verschiedenartige COM-Komponenten zu erstellen. Die Ausführungen basieren auf der Version 6.0 (als Teil der Visual Studio 98-Produktfamilie); die Funktionalitäten sind jedoch fast identisch auch in der Vorgängerversion 5.0 zu finden. Ab Version 7.0 gibt es zusätzliche Funktionen wie die Implementierungsvererbung, die die Erstellung von Komponenten weiter vereinfachen wird. Eine ausführliche Darstellung der Komponentenprogrammierung mit der VB-Vollversion erhalten Sie in [APP99].

Komponenten programmieren mit VB 6.0

Kapitel 19 Fortgeschrittene Active Scripting-Techniken

Projekttypen In der Visual Basic-Entwicklungsumgebung gibt es mehrere vorgefertigte Projekttypen für COM-Objekte: *ActiveX EXE, ActiveX DLL, ActiveX Control, ActiveX Document EXE, ActiveX Document DLL* und *Add-in*.

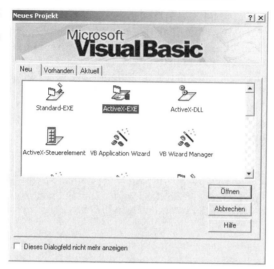

Bild 19.34
Projekttypen in Visual Basic 6.0

ActiveX EXE, Der Name *ActiveX* ist in Bezug auf die ersten beiden Projekttypen wieder einmal eine
ActiveX DLL Benennung, über die man streiten kann (vgl. Kapitel 8). Auf einen Punkt können Sie sich jedoch verlassen: Alle mit VB 6.0 erzeugten Komponenten unterstützen IDispatch und sind daher COM-automationsfähig. Die Erstellung von COM-Add-ins, ActiveX-Dokumenten und -Steuerelementen ist nicht Thema dieses Buchs.

In diesem Kapitel wird es ausschließlich um die Erstellung von In-process-Komponenten (in Form von *ActiveX DLLs*) und Out-process-Servern (in Form von *ActiveX EXEs*) gehen. Zur Vereinfachung wird in diesem Buch der Begriff Komponentenprojekt als Oberbegriff über alle oben genannten Projekttypen verwendet.

Klassen- **Komponenten und Klassen** Eine COM-Komponente entspricht einem Projekt in
module Visual Basic. Ein Komponentenprojekt kann ebenso wie ein normales VB-Projekt aus verschiedenen Elementen (Formularen, Modulen, verschiedenen Designern) bestehen. Die Klassen, aus denen die Komponente bestehen soll, werden in Form von Klassenmodulen angelegt. Ein Komponentenprojekt muss immer aus mindestens einem Klassenmodul bestehen, da jede Komponente aus mindestens einer Klasse bestehen muss.

Schnittstelle Jede Klasse hat in der Grundform genau eine Schnittstelle, die den Namen der Klasse mit einem vorangestellten Unterstrich „_" trägt. Die Definition der Schnittstelle dieser Klasse geht auf folgende Weise vor sich:

Attribute ▸ Globale Variablen werden zu Attributen.

Methoden ▸ Öffentliche Unterroutinen werden zu Methoden. Dabei werden – wie üblich in Visual Basic – Methoden mit Rückgabewert durch Function()...End Function deklariert, Methoden ohne Rückgabewert durch Sub()...End Sub.

Ereignisse ▸ Ereignisse werden durch das vorangestellte Schlüsselwort Event deklariert.

Unterschied
zu VBS Zum besseren Verständnis sei auf das Kapitel 9 verwiesen, in dem die Erzeugung von Klassen in VBScript erläutert wird: Der Hauptunterschied besteht darin, dass Klassen in VB 6.0 nicht durch das Schlüsselwort Class eingegrenzt werden, sondern durch die Grenzen des Klassenmoduls abgegrenzt sind.

Erzeugung eigener COM-Komponenten

Visual Basic automatisiert viele Dinge, die in anderen COM-Komponenten-Entwicklungsumgebungen (z.B. C++) in der freien Entscheidung des Programmierers liegen. In den nachstehend genannten Fällen ist es jedoch als positiv zu bewerten, den Programmierer in seiner Entscheidungsfreiheit einzuschränken:

Eingeschränkte Freiheiten

- Visual Basic legt immer eine Typbibliothek an, die in die Komponentendatei hineinkompiliert wird.
- Visual Basic legt immer duale Schnittstellen an. Für alle Klassen gibt es also IDispatch-Unterstützung.
- Die ProgID einer Klasse wird in der Form Projektname.Klassenname gebildet und ist stets konsistent zur Typbibliothek.

Beispiel Anhand eines einfachen Beispiels soll die Erzeugung einer Komponente schrittweise erläutert werden. Beispiel ist die Klasse CSV aus der Komponente *WindowsScripting* (vgl. Kapitel 18).

Windows-Scripting.CSV

Es handelt sich also um eine zustandsbehaftete Klasse, d.h., die einzelnen Operationen sind nicht unabhängig voneinander, sondern stehen in einem bestimmten Kontext (dem Trennzeichen). Sehr leicht hätte man diese Klasse auch zustandslos implementieren können: Dabei hätte bei jedem Methodenaufruf das Trennzeichen übergeben werden müssen. Um den Einsatz von Attributen zu demonstrieren und weil der Performance-Faktor bei dieser einfachen Logik kaum ins Gewicht fällt, wurde hier allerdings der zustandsbehaftete Ansatz gewählt. In Kapitel 8 wurde erläutert, dass der zustandslose Ansatz in Zusammenhang mit *MTS/COM+-Just in Time Activation* Performance-Vorteile bringt.

Die Klasse, die die ProgID WindowsScripting.CSV erhalten soll, soll Unterstützungsfunktionen beim Auslesen von Comma Separated Value (CSV)-Dateien anbieten:

- Die Methode GetField(strLine) liest aus einem übergebenen String alle Zeichen bis zum nächsten Semikolon aus. Auf Basis eines Call by Reference wird die übergebene Variable so manipuliert, dass das ausgelesene Feld abgeschnitten ist.
- Die Methode Count(strLine) liefert die Anzahl der Felder.
- Mit dem Attribut Separator kann ein anderes Trennzeichen als das standardmäßige Semikolon festgelegt werden.

Schrittweises Vorgehen Um diese Komponente mit Visual Basic zu erzeugen, gehen Sie wie folgt vor:

- Starten Sie die Visual Basic-Entwicklungsumgebung und entscheiden Sie sich im Auswahldialog für den passenden Komponentenprojekttyp. Sie können zwar nachträglich den Projekttyp noch ändern; dies kann jedoch zu Problemen führen, wenn Sie die Komponente bereits kompiliert haben. Normalerweise werden Sie eine *ActiveX DLL* erstellen.

Projekttypauswahl

- Sie erhalten ein Projekt mit dem Namen *Projekt1* und ein Klassenmodul mit dem Namen *Class1*. Nennen Sie das Projekt *WindowsScripting* und das Klassenmodul *CSV*. Tragen Sie im Projekteigenschaftenfenster unter Projektbeschreibung *WindowsScripting-Komponente* ein. Dieser Text wird zum Helpstring der Komponente.

Benennung

Vergeben Sie immer direkt am Anfang einen sprechenden Namen für das Projekt und die Klasse. Diese Entscheidung ist sehr wichtig, denn der Projektname wird zum Komponentennamen.

Kapitel 19 Fortgeschrittene Active Scripting-Techniken

▸ Stellen Sie sicher, dass die Instancing-Eigenschaft der Klasse auf „MultiUse" steht (vgl. Bild 19.35 und Tabelle 19.5).

Bild 19.35
Eigenschaften eines Klassenmoduls in einer ActiveX DLL

Tabelle 19.5
Instancing-Eigenschaften für Klassen in VB 6.0

Instancing-Typ	Erläuterung
Private (1)	COM-Clients können die Klasse nicht nutzen. Die Klasse kann nur von anderen Klassen innerhalb der Komponente genutzt werden. Es wird daher keine CoClass und keine ProgID für diese Klasse angelegt.
PublicNotCreatable (2)	COM-Clients können die Klasse zwar nutzen, aber keine neue Instanz dieser Klasse erzeugen. Eine neue Instanz kann nur von einer anderen Instanz innerhalb der Komponente erstellt werden. Es wird eine CoClass angelegt, diese ist aber als *noncreatable* markiert. Es wird auch eine ProgID angelegt, obwohl dies eigentlich überflüssig ist, da mit CreateObject() keine Instanz erzeugt werden kann. Eine Instanz kann innerhalb der Komponente selbst nur mit dem New-Operator erzeugt werden.
SingleUse (3)	Ein COM-Client kann eine Instanz erzeugen. Allerdings wird für jede Instanz der Klasse eine neue Instanz der Komponente erzeugt. Diese Einstellung ist nur bei COM-EXEs erlaubt.
MultiUse (5)	Ein COM-Client kann eine Instanz erzeugen. Innerhalb einer Instanz der Komponente können beliebig viele Instanzen dieser Klasse laufen.
GlobalSingleUse (4)	In Erweiterung der Eigenschaft *SingleUse* wird hier bei der Einbindung der Typbibliothek automatisch eine Instanz erzeugt. Die Attribute und Methoden der Klasse stehen wie globale Variablen bzw. Funktionen zur Verfügung. Dies ist ähnlich wie bei Eingebauten Objekten in Scripting Hosts. Diese Einstellung ist nur bei COM-EXEs erlaubt.
GlobalMultiUse (6)	Analog zu *GlobalSingleUse*, allerdings mit Mehrfachverwendung einer Komponenteninstanz (vgl. *MultiUse*)

Implementierung

▸ Definieren Sie innerhalb des Klassenmoduls die Attribute und privaten globalen Variablen.

```
Public separator As String
Private Const Standardseparator = ";"
```

> Attribute können alternativ auch in Form von Property Get/Let/Set-Routinen definiert werden.

▸ Definieren und implementieren Sie die Methoden und privaten Unterroutinen der Klasse (ausschnittsweise in Listing 19.18).

> Kompilieren Sie die Komponente mit dem Menüpunkt DATEI/WINDOWSSCRIPTING. DLL ERSTELLEN. Visual Basic führt dabei die Registrierung der Komponente auf dem lokalen System automatisch aus, so dass die Komponente direkt verwendet werden kann.

Kompilierung

```
' === Holt alles bis zum nächsten Trennzeichen aus einem String
Function GetField(strLine)
Dim pos
pos = InStr(strLine, separator)
If pos = 0 Then ' letztes Feld
    GetField = strLine
    strLine = ""
Else             ' noch nicht letztes Feld
    GetField = Left(strLine, pos - 1)
    strLine = Right(strLine, Len(strLine) - pos)
End If
End Function
' === Anzahl der Felder
Function Count(ByVal strLine)
Dim feld
Count = 0
Do While strLine <> ""
    feld = GetField(strLine)
    Count = Count + 1
Loop
End Function
' == Standardvorgaben in neuer Instanz setzen
Private Sub Class_Initialize()
separator = Standardseparator
End Sub
```

Listing 19.18 Implementierung der Klasse CSV [CD: / code/fortgeschrittene/ komponenten/ windowsscripting-komponente]

COM-Anwendungskennung Visual Basic legt für jede COM-Klasse eine eigene AppID an und nicht etwa – wie man vermuten könnte – eine AppID pro Komponente. Leider bekommt die AppID keinen Namen, sie erscheint im DCOM-Configuration Utility daher nur unter der AppID-GUID. Sie können aber einen sprechenden Namen vergeben, indem Sie mit einem Registrierungsdatenbankeditor in dem Standardwert eines AppID-Schlüssels einen Namen eintragen.

AppIDs

Mehrfachschnittstellen Jede Klasse besitzt im Standard nur eine Schnittstelle. Sofern die Klasse weitere Schnittstellen aufweisen soll, muss dies mit Hilfe des Statement Implements Schnittstellenname angezeigt werden. Dabei kann Schnittstellenname entweder eine in einer Typbibliothek definierte COM-Klasse oder COM-Schnittstelle oder eine in dem gleichen Projekt definierte VB-Klasse sein. Sofern als Schnittstellenname ein Klassenname angegeben wird, bezieht sich Implements auf die Standardschnittstelle. Mit Implements wird von einer Klasse verlangt, alle Member der angegebenen Schnittstelle zu reimplementieren. Visual Basic legt dann neben der Standardschnittstelle für die erbende Klasse als zusätzliche Schnittstelle eine mit dem Namen der vererbenden Schnittstelle an.

Implements

Vererbungsregeln Bitte beachten Sie, dass Implements nur eine Schnittstellenvererbung ist. Die erbende Klasse *muss* alle Attribute und Methoden der vererbenden Schnittstelle neu implementieren. Daher sind vererbende Schnittstellen in diesem Modell häufig abstrakte Basisklassen. Abstrakte Basisklassen können bewusst eingesetzt werden, um Schnittstellendefinitionen zu erzeugen. Alternativ können auch in IDL definierte und zu einer Typbibliothek kompilierte Schnittstellendefinitionen eingebunden werden.

Kapitel 19 Fortgeschrittene Active Scripting-Techniken

> Zu beachten sind drei Regeln:
> 1. Alle geerbten Attribute müssen durch `Property Let/Get/Set`-Prozeduren implementiert werden.
> 2. Alle auf Grund einer Schnittstellenvererbung implementierten Attribute und Methoden müssen vor ihrem Namen den Namen der Schnittstelle – getrennt durch einen Unterstrich – aufweisen.
> 3. Alle auf Grund einer Schnittstellenvererbung implementierten Attribute und Methoden müssen als `Private` deklariert werden. Sie sind dennoch öffentlich; das `Private` bezieht sich auf die Standardschnittstelle. An diesem Punkt merkt man deutlich, dass das Konzept der Mehrfachschnittstellen Visual Basic nachträglich aufgepfropft wurde, was einige Inkonsistenzen hervorruft.
>
> Erst Visual Basic .NET bietet Implementierungsvererbung mit Hilfe des Schlüsselworts `Inherits` an.

Beispiel **Beispielkomponente mit Mehrfachschnittstellen** Die folgenden Programmausschnitte zeigen ein Beispiel für Mehrfachschnittstellen. Behandelt wird das schon häufiger verwendete Mathematikbeispiel.

```
Function Mult(x, y)
End Function
Function Div(x, y)
End Function
```

Listing 19.19: Definition der Schnittstelle `IPunktrechnung` *durch eine abstrakte Basisklasse*

```
Function Sum(x, y)
End Function
Function SubTra(x, y)
End Function
```

Listing 19.20: Definition der Schnittstelle `IStrichrechnung` *durch eine abstrakte Basisklasse*

Listing 19.21 Definition der Klasse Grundrechenarten, die zwei Schnittstellen implementiert [CD: /code/ fortgeschrittene/komponenten/ Mehrfachschnittstellen]

```
' --- zu implementierende Schnittstellen
Implements IPunktrechnung
Implements IStrichrechnung
' --- Schnittstellen aus IPunktrechnung
Private Function IPunktrechnung_Mult(x, y)
IPunktrechnung_Mult = x * y
End Function
Private Function IPunktrechnung_Div(x, y)
IPunktrechnung_Div = x / y
End Function
' --- Schnittstellen aus IStrichrechnung
Private Function IStrichrechnung_Sum(x, y)
IStrichrechnung_Sum = x + y
End Function
Private Function IStrichrechnung_SubTra(x, y)
SubTra = x / y
End Function
' --- Methoden der Standardschnittstelle
Function About()
About = "Beispiel für Mehrfachschnittstellen"
End Function
```

19.8.2 Windows Script Components (WSCs)

Windows Script Components (WSC) sind COM-Komponenten, die aus Scriptcode bestehen. Sie werden im Quellcode weitergegeben und interpretiert. *Windows Script Components* sind White-Box-Komponenten im Gegensatz zu kompilierten Komponenten (Black-Box-Komponenten), die ihre Implementierung verbergen (vgl. [BÜC97]).

Quellcode-komponenten

Interpretierte Scriptlets sind natürlich viel langsamer als kompilierte COM-Objekte, eignen sich jedoch hervorragend für das Rapid Application Development (RAD), da eine Kompilierung in einer Entwicklungsumgebung nicht notwendig ist.

> **Scriptlet** Eine alternative Bezeichnung für Windows Script Components ist der Begriff *Scriptlet*. Es gibt aber neben den WSCs auch so genannte *DHTML-Scriptlets*. Diese Scriptlets bestehen aus HTML und Scriptcode. Die Implementierung beruht auf Java-Script. Ein DHTML-Scriptlet entspricht einer HTML-Seite. DHTML-Scriptlets sind keine COM-Komponenten. Sie wurden mit dem Internet Explorer 4.0 eingeführt. WSCs sind eine später als Add-on eingeführte Verallgemeinerung der DHTML-Scriptlets.
>
> Manchmal wird auch von *XML-Scriptlet* oder *COM-Scriptlet* synonym zum Begriff WSC gesprochen.

Struktur Eine WSC wird in Form einer XML-Datei implementiert, die Scriptcode enthält. Eine Windows Script Component ist eine Datei mit der Erweiterung *.wsc* (es gibt auch noch die ältere Erweiterung *.sct*, die aus der Zeit stammt, als eine Script Component noch Scriptlet hieß). Eine WSC-Datei ist XML-strukturiert. Sie kann mehrere Klassen enthalten, wobei diese Klassen ganz verschiedene ProgIDs haben können. Jede Klasse besteht aus genau einer Schnittstelle und einer beliebigen Anzahl von Methoden, Attributen und Ereignissen. Die Klasse besitzt eine CLSID und eine ProgID. Auch diese Informationen sind in XML-Form abgelegt.

Dateiformat

Script Component Runtime Windows Script Components sind ein COM-Zusatzdienst, der durch die *Script Component Runtime (ScrObj.dll)* bereitgestellt wird. Die Script Component Runtime ist selbst eine COM-Komponente, was für das Funktionieren von Windows Script Components auch zwingend notwendig ist.

COM-Zusatzdienst

Eine WSC-Datei wird nicht kompiliert. Die CLSID wird wie eine normale COM-Komponente registriert. Im Schlüssel *InprocServer32* wird jedoch nicht der Pfad zu der WSC-Datei, sondern der zu *ScrObj.dll* eingetragen. Die Script Component Runtime nimmt den Aktivierungsaufruf eines COM-Client für die Script Component entgegen und bildet den Scripting Host für die Scripts in der WSC-Datei. Dazu muss die Script Component Runtime natürlich wissen, wo die WSC-Datei liegt. Diese Information enthält der besondere Unterschlüssel *ScriptletURL* unterhalb des CLSID-Eintrags der Script Component. Anhand der XML-Informationen der WSC-Datei kann die Script Component Runtime die Methodenaufrufe an die entsprechenden Scriptblöcke der WSC-Datei weiterleiten. Da die Script Component Runtime ein In-process-Server ist, sind Script Components normalerweise In-process-Komponenten. Sie können jedoch genau wie die anderen COM-DLLs auch mit Hilfe des MTS bzw. COM+ als Out-process-Komponenten verwendet werden.

ScrObj.dll

> Die Erzeugung eigener Windows Script Components ist ausführlich in [SCH01c] beschrieben.

Hinweis

XML-Elemente Script Components sind durch XML strukturierte Scriptdateien (siehe auch Kapitel 8). Die Grundstruktur sieht dabei wie folgt aus:

Kapitel 19 Fortgeschrittene Active Scripting-Techniken

Grundstruktur einer WSC-Datei

```
<?xml version="1.0"?>
<component>
   <?component error="true" debug="true"?>
   <registration>   </registration>
   <public>
   <property name="A">
      <get/>
      <put/>
   </property>
   <method name="B">    </method>
   <event name="C">     </event>
   </public>
   <script language="VBScript">
   ' Hier steht das Script
   </script>
</component>
```

Neben diesen Elementen sind noch weitere, optionale Elemente verfügbar. Alle Elemente erklärt die nachfolgende Tabelle.

Element	Erläuterung
`<?XML version="version" stand alone="DTDflag" encoding="encname" ?>`	Allgemeine XML-Processing Instruction. Sofern angegeben muss dieses Element das erste in der WSC-Datei sein.
`<?component error="flag" debug="flag"?>`	Spezielle XML-Processing Instruction; für `error` und `debug` können jeweils die Werte *True* und *False* gesetzt werden, um zu bestimmen, ob ein Fehler innerhalb der Komponente angezeigt bzw. der Debugger gestartet werden soll.
`<package>`	Optionales Element, das als Top-Level-Element nur dann benötigt wird, wenn die Datei aus mehreren Klassen bestehen soll.
`<component id=componentid>`	Definiert eine COM-Klasse.
`<registration progid="progID" classid="GUID" description="text" version="version" [remotable=true|false]>`	Legt ProgID, CLSID, Helpstring (text) und Versionsnummer fest. Optional kann mit `remotable=True` bestimmt werden, dass die Komponente durch DCOM nutzbar ist. Jedes `<component>`-Element enthält genau ein `<registration>`-Element. Wenn ein Scriptlet via DCOM entfernt genutzt werden soll, muss `remotable=True` gesetzt werden.
`<comment>`	Definiert einen beliebigen Kommentar.
`<resource id="resourceID">`	Definiert eine globale Konstante innerhalb der WSC-Datei.
`<reference [object="progID"| guid="typelibGUID"] [version="version"]>`	Bindet eine Typbibliothek ein.

Tabelle 19.6: XML-Elemente in WSC-Dateien

Element	Erläuterung
`<implements type="COMHandlerName" [id="internalName"] [default=fAssumed]>`	Bindet einen bestimmten COM-Interface-Handler ein.
`<object id="objID" [classid="clsid:GUID" | progid="progID"]>`	Erzeugt eine Instanz einer Klasse, die innerhalb der WSC-Datei allen Scripts zur Verfügung steht.
`<public>`	Umschließt die aus Attributen, Methoden und Ereignissen bestehende Schnittstellendefinition.
`<method name="methodName" [internalName="functionName"] [dispid=dispID]>` `</method>`	Definiert eine Methode.
`[<parameter name="parameterID"/>]`	Definiert einen Parameter innerhalb einer Methode (optional).
`<property name="propertyName" [internalName="name"]>`	Definiert ein Attribut. Optional kann der Zugriff auf das Attribut durch Funktionen gekapselt werden.
`<get [internalName="getFunctionName"]>`	Definiert eine Methode, die den Wert des Attributs zurückgibt.
`<put [internalName="putFunctionName"]>`	Definiert eine Methode, die den Wert des Attributs setzt.
`<event name="name" [dispid="dispid"]>`	Definiert ein Ereignis.
`<script language="language">`	Enthält die Implementierung einer Methode.

Tabelle 19.6: XML-Elemente in WSC-Dateien (Forts.)

WSC-Assistent Zur Unterstützung der korrekten Erstellung von XML-Elementen liefert Microsoft einen Assistent, den *Windows Script Component Wizard*. Dieser ist auf der Buch-CD enthalten [CD_/install/fortgeschrittene/WSC]. Er unterstützt zwar nicht alle verfügbaren XML-Elemente, obige Grundstruktur lässt sich jedoch damit erzeugen. Der Assistent erstellt immer eine Script Component mit genau einer Klasse und genau einem Scriptblock. Er durchläuft fünf Schritte: **Assistent zur Erstellung von WSC-Dateien**

1. Im ersten Schritt erwartet der Assistent allgemeine Angaben, wie den Dateinamen, den Speicherort, die ProgID und die Versionsnummer der zu erstellenden Klasse. Der im Feld *Name* eingegebene Text wird zum Description-Attribut des `<registration>`-Elements. Die CLSID erzeugt der Assistent automatisch. **Namen**

2. Auf der nächsten Seite muss die Scriptsprache für den Scriptblock gewählt werden. Während der *Automation Interface Handler* immer hinzugefügt wird, können zusätzliche Interface Handler für DHTML Behaviours und ASP aktiviert werden. Außerdem sind die Optionen der `<?Component?>`-Processing Instruction einstellbar. **Sprache**

3. Im dritten Schritt können die zu implementierenden Attribute eingegeben werden. **Attribute**

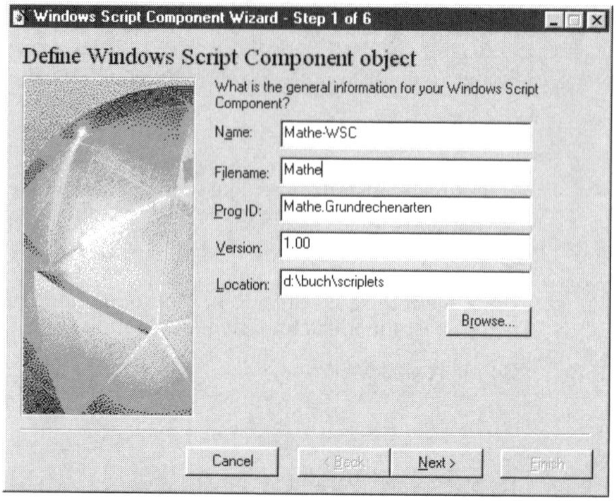

Kapitel 19 Fortgeschrittene Active Scripting-Techniken

Bild 19.36
Schritt 1 im
WSC-Assistent

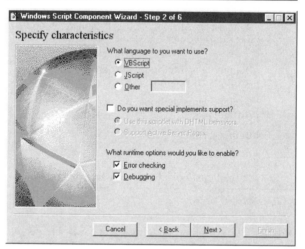

Bild 19.37
Allgemeine
Einstellungen
in Schritt 2

Bild 19.38
Definition der
Attribute

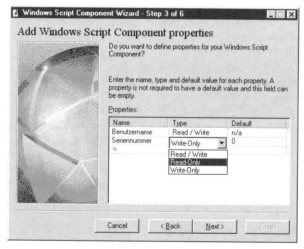

Erzeugung eigener COM-Komponenten

4. Im vierten Schritt können die Methoden gewählt werden.

Methoden

Bild 19.39
Definition der Methoden

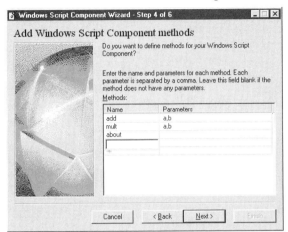

5. Im letzten Schritt kann man die Ereignisse der Script Component eingeben. Dabei sind keine weiteren Angaben außer dem Ereignisnamen notwendig.

Ereignisse

Vor der Erstellung der Komponente zeigt der Assistent eine Zusammenfassung der gewählten Optionen. Danach erstellt er die WSC-Datei mit Funktionsrümpfen für die Attribute und Methoden. Das folgende Listing zeigt die WSC-Datei, die der Assistent mit den oben dargestellten Eingaben erzeugt.

Leider hat der Assistent in der Version 1.011 einen Fehler: Die in Schritt 5 eingegebenen Ereignisse werden nicht berücksichtigt.

```
<?xml version="1.0"?>
<component>
<?component error="true" debug="true"?>
<registration
    description="Mathe-WSC"
    progid="Mathe.Grundrechenarten"
    version="1.00"
    classid="{13593dc0-da54-11d3-bf43-0000e85d90c6}">
</registration>
<public>
    <property name="Benutzername">
        <get/> <put/>
    </property>
    <property name="Seriennummer">
        <put/>
    </property>
    <method name="add">
        <PARAMETER name="x"/>
        <PARAMETER name="y"/>
    </method>
    <method name="mult">
        <PARAMETER name="x"/>
        <PARAMETER name="y"/>
    </method>
    <method name="about">
```

Listing 19.22
Scriptlet Component „Mathe" [CD:/code/fortgeschrittene/komponenten/mathe-script-component/mathe.wsc]

```
        </method>
    </public>
    <script language="VBScript">
    <![CDATA[
    dim Benutzername
    Benutzername = "n/a"
    dim Seriennummer
    Seriennummer = 0
    msgbox "Mathe-WSC von Dr. Holger Schwichtenberg!"

    Function get_Benutzername()
        get_Benutzername = Benutzername
    End Function
    Function put_Benutzername(newValue)
        Benutzername = newValue
    End Function
    Function put_Seriennummer(newValue)
        Seriennummer = newValue
    End Function
    Function add(x,y)
        add = "Temporary Value"
    End Function
    Function mult(x,y)
        mult = "Temporary Value"
    End Function
    Function about()
        about = "Temporary Value"
    End Function
    ]]>
    </script>
</component>
```

Sie können nun die Implementierung der Methoden einbauen.

Listing 19.23 Implementierung für WSC „Mathe" [CD:/ code/fortgeschrittene/ komponenten/ mathe-scriptcomponent/ mathe.wsc]

```
Function add(a,b)
    add = a + b
End Function
Function mult(a,b)
    mult = a * b
End Function
Function about()
    about = "Mathe-Grundrechenarten"
    about = about & " wird benutzt von " & Benutzername
End Function
```

Sie können auch Programmcode hinzufügen, der bei der Instanziierung der Klasse ausgeführt werden soll und damit analog zu dem `Class_Initialize`-Ereignis arbeitet. Schreiben Sie diesen Programmcode in den Scriptblock außerhalb einer Unterroutine. Der Assistent hat sich dieser Funktionen bereits für die Standardwerte bedient. Die Verwendung der `Mathe`-Komponente unterscheidet sich in keinster Weise von einer kompilierten Komponente.

GenerateTypeLib()

Typbibliotheken erzeugen Die *ScrObj.dll* bietet auch eine Funktion `GenerateTypeLib()`, um eine Typbibliothek für eine Script Component zu erzeugen. Sie nutzen diese Funktion über folgenden DOS-Befehl:

```
RUNDLL32.EXE SCROBJ.DLL,GenerateTypeLib scriptletname.wsc
```

Dieser Aufruf wird standardmäßig im Kontextmenü einer WSC-Datei angeboten. Dies ist eine sinnvolle Funktion, um die Script Component in früh bindenden Umgebungen zu verwenden. Leider kommen Sie mit diesem Kontextmenüeintrag nicht sehr weit, denn die durch obigen Befehl entstehende Typbibliothek hat immer den internen Namen `ScriptletTypeLib` mit der Klasse `ScriptletCoClass` und dem HelpString `Scriptlet Type Library` sowie den immer gleichen Dateinamen *scriptlet.tlb*. Auch eine Umbenennung des Dateinamens bringt eine Entwicklungsumgebung wie Visual Basic nicht dazu, einen Unterschied zwischen zwei auf diese Weise erzeugten Typbibliotheken zu erkennen, so dass immer höchstens eine WSC in einem Projekt verwendet werden kann.

Die Routine `GenerateTypeLib()` besitzt aber noch einige Optionen (siehe folgende Abbildung), die nur zu Tage treten, wenn Sie die Routine manuell und fehlerhaft aufrufen.

Optionen

Bild 19.40
Optionen der Routine GenerateTypeLib() aus der ScrObj.dll

Sie sollten also immer wenigstens die Optionen `Name`, `File` und `Doc` setzen. Für die auf der Buch-CD mitgelieferte Komponente *mathe.wsc* [CD:/code/fortgeschrittene/mathe-script-component/mathe.wsc] könnte das so aussehen:

```
RUNDLL32.EXE SCROBJ.DLL, GenerateTypeLib mathe.wsc -name:Mathe
-file:mathe.tlb -doc:MatheWSC
```

ProgID

> Bitte beachten Sie, dass Sie die ProgID auf diesem Wege nicht beeinflussen können. Diese ist in dem Quellcode der Komponenten im `<registration>`-Element verankert. `GenerateTypeLib()` nennt die in der WSC enthaltene Klasse leider immer `ScriptletCoClass`. Wenn Sie also Typbibliothek und ProgID konsistent halten wollen, müssen Sie den Klassenteil in der ProgID auch `ScriptletCoClass` nennen.

Scriptkomponenten registrieren Scriptkomponenten müssen auf dem Zielsystem als COM-Komponenten registriert werden. Dies geschieht mit dem Kommandozeilenbefehl *regsrv32.exe*, der auch für kompilierte COM-Komponenten verwendet wird. Die Syntax ist jedoch etwas anders, da auf die *scrobj.dll* zu verweisen ist:

```
regsvr32 scrobj.dll /n /i:H:\DEV\mathe.wsc
```

Verwendung einer WSC Das folgende Beispiel zeigt die Verwendung der obigen WSC.

```
' ---- Frühes Binden verboten: NUR ZUR Entwicklungszeit
' Dim m  As Mathe.ScriptletCoClass
Dim m ' Spätes Binden
Set m = CreateObject("Mathe.Grundrechenarten")
m.Benutzername = "Holger Schwichtenberg"
MsgBox m.about
MsgBox "450 + 150 = " & m.Add(450, 150)
```

Listing 19.24
Verwendung der Mathe-WSC [CD: /code/fortgeschrittene/ komponenten/ mathe-script-component/ mathetest.vbs]

Kapitel 19 Fortgeschrittene Active Scripting-Techniken

 Bitte beachten Sie, dass frühes Binden mit WSC-Komponenten nicht möglich ist. Wenn Sie in VB 6.0/A das frühe Binden versuchen, erhalten Sie die Meldung „Funktion oder Schnittstelle kann nur eingeschränkt verwendet werden oder verwendet einen Typ der Automation, der von Visual Basic nicht unterstützt wird.". Manchmal stürzt die VB-IDE auch einfach ab. Eine WSC-Typbibliothek ist dennoch sinnvoll, um Eingabehilfen zu erhalten.

Editor für Scriptlets **Editorenhilfe** Die im Kapitel 18 „Werkzeuge" vorgestellten Editoren PrimalScript, System-Scripter und OnScript bietet alle drei Hilfe bei der Erstellung von WSC-Dateien an.

Eingebaute Funktionen **Eingebaute Funktionen** Die Script Components stellen drei eingebaute Funktionen (Intrinsic Functions) bereit:

- createComponent() dient dazu, innerhalb einer Script Component, die mehrere Klassen enthält, eine Instanz einer in der gleichen Komponente enthaltenen Datei zu erzeugen. Als Parameter ist dabei nicht die ProgID, sondern der im <Component>-Element im Attribut id angegebene Wert zu verwenden.
  obj = createComponent(componentID)

- fireEvent() löst ein Ereignis aus. Das Ereignis muss mit dem <Event>-Element definiert sein. Parameter ist der in der Ereignisdefinition angegebene Name.
  fireEvent("Ereignisname")

- getResource() ermöglicht den Zugriff auf eine mit dem <Resource>-Element definierte globale Konstante.
  value = getResource(resourceID)

19.9 Ausführung entfernter Scripts

Entfernte Scriptausführung Eine wichtige Neuerung im Windows Script Host (WSH) Version 5.6 ist auch die Fähigkeit, Scripts auf entfernten Computern auszuführen. Diese Fähigkeit hatte bisher schon der alternative Scripting Host *System Scripting Host (SSH)* der Firma Netal [NET00]. Unter dem WSH 2.0 war die Ausführung entfernter Scripts mit Hilfe der Windows Management Instrumentation (WMI) möglich. Dazu konnte die WMI-Klasse win32_process verwendet werden.

Für die Webanwendungsentwicklung gibt es schon länger eine Technik unter dem Namen „Remote Scripting", die ebenfalls in diesem Kapitel kurz angesprochen wird.

19.9.1 Remote Scripting mit dem WSH

WSHController-Library Die Fernaufrufunterstützung im WSH 5.6 wird durch eine spezielle COM-Komponente, die *WSHController-Library*, bereitgestellt. Diese Komponente implementiert Klassen, mit denen es möglich ist, ein Script auf einen entfernten Computer hochzuladen, dort zu starten und die Ausführung des Script zu überwachen.

DCOM Die entfernte Ausführung basiert auf dem Distributed Component Object Model (DCOM) bzw. dem DCOM-Protocol, das wiederum den Standard Windows Remote Procedure Call (RPC) verwendet. Eine Unterstützung für das auf XML und HTTP basierende Simple Object Access Protocol (SOAP) ist bislang nicht implementiert. Die entfernte Scriptausführung ist Mitgliedern der Administratorengruppe vorbehalten. Windows 95/98/ME unterstützt auf Grund der mangelnden Unterstützung der DCOM-Sicherheit die entfernte Scriptausführung nicht.

Ausführung entfernter Scripts

Der WSH startet von einem entfernten System aufgerufene Scripts als Hintergrundprozess mit *WScript.exe*. *CScript.exe* kann nicht verwendet werden. Das aufgerufene Script darf keine Benutzerschnittstelle haben. Wenn das aufgerufene System ein Windows Terminal Server bzw. ein Windows 2000 Server/Windows Server 2003 mit installierten Terminal Services ist, dann sind die als Hintergrundprozesse gestarteten Instanzen von *WScript.exe* für die Terminalbenutzer nicht sichtbar.

Hintergrundprozess

Voraussetzungen

Für die entfernte Scriptausführung gelten folgende Voraussetzungen:
- WSH muss sowohl auf dem aufrufenden als auch auf dem aufgerufenen System installiert sein.
- Aktivierung der entfernten Scriptausführung in der Registrierungsdatenbank auf dem aufgerufenen System.

Aktivierung des Fernstarts in der Registrierungsdatenbank Microsoft hat die Standardeinstellungen klugerweise so gesetzt, dass das Hochladen und der Start eines Script von einem entfernten Computer aus nicht möglich ist. Das Remote Scripting ist also im Standard deaktiviert. Um es zu aktivieren, ist der Schlüssel *HKLM\ SOFTWARE\Microsoft\ Windows Script Host\Settings\Remote* mit dem DWORD-Wert 1 zu füllen. Wenn dieser Schlüssel auf 0 steht, kommt es auf dem entfernten Rechner, der ein Script starten will, zu einem „Objekterstellung durch ActiveX-Komponente nicht möglich"-Fehler.

Im WSH 5.6 gibt es einen Fehler bei den Registrierungsdatenbankeinstellungen. Alle Werte unterhalb von *HKEY_LOCAL_MACHINE\SOFTWARE\Microsoft\Windows Script Host\ Settings* sind als Strings (REG_SZ) angelegt. Der WSH erwartet aber Zahlen (REG_DWORD). In einigen Fällen werden die Schlüsselwerte daher ignoriert. Dies trifft auf den Eintrag *Remote* zu.

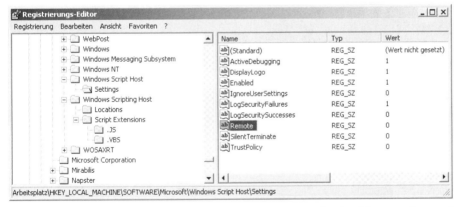

Bild 19.41 Der Wert „Remote" in der Registrierungsdatenbank nach der Ausführung des WSH5.6-Setup.

Um die Fernausführung von Scripts zu aktivieren, müssen Sie den Eintrag „Remote" zunächst löschen, dann als DWORD-Wert neu anlegen und schließlich mit einer „1" belegen.

Kapitel 19 Fortgeschrittene Active Scripting-Techniken

Bild 19.42
Nur als DWORD-Wert hat der Eintrag „Remote" eine Wirkung.

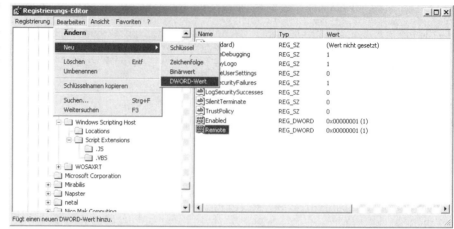

Objektmodell

Das Objektmodell der *WSHController-Library* besteht aus drei Klassen:

WSH-Controller
- Die Klasse `WSHController` besteht aus lediglich einer Methode: `CreateScript()`. Diese Methode lädt ein Script auf ein entferntes System hoch, ohne es jedoch zu starten. `CreateScript()` liefert ein Objekt vom Typ `WSHRemote` zurück.

WSHRemote Error
- Die Klasse `WSHRemote` bietet zwei Methoden zur Steuerung des entfernten Script (`Execute()` und `Terminate()`) sowie ein Attribut zur Überwachung des entfernten Script (`Error`). Ein zweites Attribut verweist auf ein Unterobjekt vom Typ `WSHRemote Error`. Außerdem kennt diese Klasse drei Ereignisse:
  - `Start()`
  - `End()`
  - `Error()`

WSHRemote Error
- Die Klasse `WSHRemoteError` übermittelt in den Attributen `Number`, `Description`, `Line`, `Character`, `Source` und `SourceText` die Fehlerinformationen des aufgerufenen Script.

Bild 19.43
Objektmodell der WSHController-Library

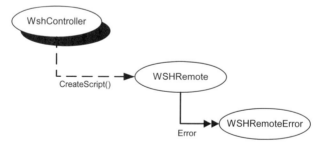

ProgID **Instanziierbare Klassen** Instanziiert werden kann nur die Klasse `WSHController`. Der Programmatic Identifier (ProgID) ist `WSHController`, nicht `WScript.WSHController`.

Typbibliothek In der Typbibliothek ist nur die Klasse `WSHController` definiert. Da die Klasse `WSHRemote` dort nicht definiert ist, können aus VB 6.0 heraus die Ereignisse nicht abgefangen werden, da VB 6.0 dafür eine Typbibliothek benötigen würde, in der die Ereignisse definiert sind.

Ausführung entfernter Scripts

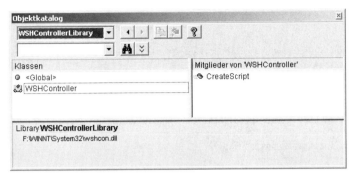

Bild 19.44
Typbibliothek der WSHController-Library

Beispiel

Die folgenden beiden Listings zeigen ein Beispiel für die Ausführung eines entfernten Script. Die folgende Grafik veranschaulicht den Vorgang.

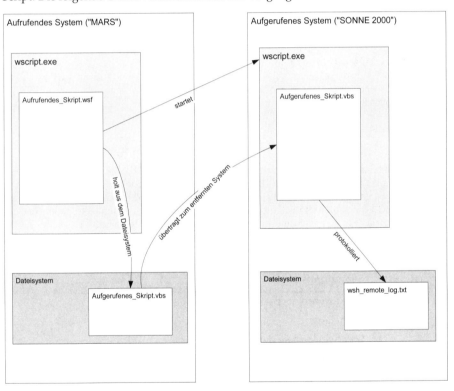

Bild 19.45
Ablauf der Fernausführung

Aufgerufenes Script Das Listing [*aufgerufenes_Skript.wsf*] ist ein Script, das einen Protokolleintrag in das Anwendungsereignisprotokoll und eine Textdatei schreibt. Dieses Script soll von einem entfernten Rechner aufgerufen werden.

Aufgerufenes Script

Kapitel 19 Fortgeschrittene Active Scripting-Techniken

Listing 19.25
Aufgerufenes Script [CD:/code/fortgeschrittene/ WSH-Remote/ aufgerufenes_ Script.wsf]

```
Const PROTOKOLLDATEI = "E:\WSH_Remote_log.txt"
Dim Shell
Dim fso ' As Scripting.FileSystemObject
Dim tx ' As Scripting.TextStream
Dim a
Dim Nachricht

Nachricht = "Script '" & WScript.scriptfullname & "' wurde gestartet am/um: " & now

' --- Protokollierung ins Anwendungsprotokoll
Set Shell = CreateObject("WScript.shell")
shell.logevent 0, Nachricht

' --- Warteschleife, um Scriptausführung zu verlängern
for a = 1 to 10000000
next

' --- Dialogboxen nicht erlaubt !!!
' msgbox Nachricht

' --- Protokollierung in eine Textdatei

Set fso = CreateObject("Scripting.FileSystemObject")
Const ForAppending = 8
Set tx = fso.OpenTextFile(PROTOKOLLDATEI, ForAppending, True)
tx.WriteLine Nachricht
tx.Close
```

Aufrufendes Script Das Script im folgenden Listing startet das obige Script auf einem entfernten Computer. Wichtig ist dabei, dass die Pfadangabe zu dem entfernt auszuführenden Script auf dem Rechner gültig sein muss, auf dem das aufrufende Script läuft. Der WSH lädt also die Scriptdatei mit `CreateScript()` auf den entfernten Rechner hoch, bevor das Script mit `Execute()` auf dem Fernsystem gestartet wird. Über COM-Ereignisse und das Attribut `Status` erfährt der aufrufende WSH den Zustand seines entfernten Kindes.

Tabelle 19.7 Werte für das Statusattribut

Wert	Bedeutung
0	Script wurde noch nicht gestartet
1	Script läuft
2	Script wurde beendet

```
<package>
<comment>
' WSH 5.6 Remoting-Beispiel
' (C) Dr. Holger Schwichtenberg
' www.windows-scripting.de
' ---------------------------------
</comment>
```

Listing 19.26
Aufrufendes Script [CD:/code/fortgeschrittene/WSH-Remote/aufrufendes_Script.wsf]

```vbscript
<job id="WSH_Entfernt">
<script language="VBScript">

' --- Konstanten
Const AufzurufendesScript = "D:\code\Kapitel6_Fortgeschrittene\Entfernt-WSH\aufgerufenes_Script.vbs"
Const ServerName = "XFilesServer02"

' --- Variablen
Dim objCon      ' As WSHController
Dim objRS       ' As WSHEntfernt
Dim objRE       ' As WSHRemoteError
Dim StartZeit   ' As Date
Dim Endzeit     ' As Date

' --- Controller instanziieren
say "Controller instanziieren..."
set Controller = WScript.CreateObject("WSHController")

' --- Entferntes Script festlegen
say "Entferntes Script festlegen..." & AufzurufendesScript & _
" auf Computer " & ServerName
set objRS = _
   Controller.CreateScript(AufzurufendesScript ,ServerName)
say "   Status: " & objRS.Status

' --- Ereignisbehandlungsroutinen binden
say "Ereignisbehandlungsroutinen binden..."
WScript.ConnectObject objRS, "objcon_"

' --- Script starten
say "Script starten..."
StartZeit = Now
objRS.Execute
say "   Status: " & objRS.Status

' --- Warteschleife
say "Warten, solange Script läuft..."

Do While objRS.Status <> 2
    WScript.Sleep 100
    say "   Status: " & objRS.Status
Loop
Endzeit = Now

' --- Informationen zur Scriptausführung
say "Scriptausführung wurde beendet."
say "Start: " & StartZeit & ", Ende:" & Endzeit
say "Dauer: " & DateDiff("s", StartZeit, Endzeit)


' === Ereignisbehandlung
Sub objCon_Start()
say "EREIGNIS: Script beginnt..."
```

```
End Sub

Sub objCon_End()
say "EREIGNIS: Script endet..."
EndeFlag = True
End Sub

Sub objCon_Error()
Set objRE = objRS.Error
say "EREIGNIS: Fehler in Zeile " & objRE.Line & chr(13) & _
"bei Zeichen " & objRE.Character & ": " & chr(13) & _
objRE.Description
End Sub

' === Ausgabe-Hilfsroutine
sub say(s)
WScript.echo s
end sub

</script>
</job>
</package>
```

Identitätseinstellungen

Benutzer-kontext festlegen Welche Aktionen ein von einem anderen System aus gestartetes Script ausführen kann, hängt von dem Benutzerkontext ab, unter dem das Script ausgeführt wird. Der Benutzerkontext ist abhängig von den DCOM-Identitätseinstellungen.

Für die Identität gibt es drei Möglichkeiten (siehe auch Kapitel 7 „COM"):

- **Interaktiver Benutzer:** Interaktiver Benutzer ist der Benutzer, der sich gerade an dem jeweiligen System angemeldet hat. Für das aufrufende Script ist also nicht determinierbar, unter welchem Benutzer die Komponente ausgeführt wird. Wenn sich kein Benutzer angemeldet hat, kann das Script nicht ausgeführt werden.

- **Benutzer, der die Anwendung startet:** Dies ist die Standardeinstellung. Das aufgerufene Script benutzt während der Ausführung den Benutzerkontext, unter dem auch das aufrufende Script ausgeführt wird.

- **Dezidierter Benutzer:** Das aufgerufene Script wird unter einem bestimmten Benutzerkonto ausgeführt, unabhängig davon, unter welchem Kontext das aufrufende Script läuft, und unabhängig davon, wer sich lokal an dem aufgerufenen System angemeldet hat.

AppID WSH Remote **DCOMCNFG** Die Identitätseinstellungen werden in dem DCOM-Konfigurationswerkzeug (*dcomcnfg.exe*) für die Klasse WSHRemote vorgenommen. Die *WSHController-Library* hat die AppID WSHRemote.

Ausführung entfernter Scripts

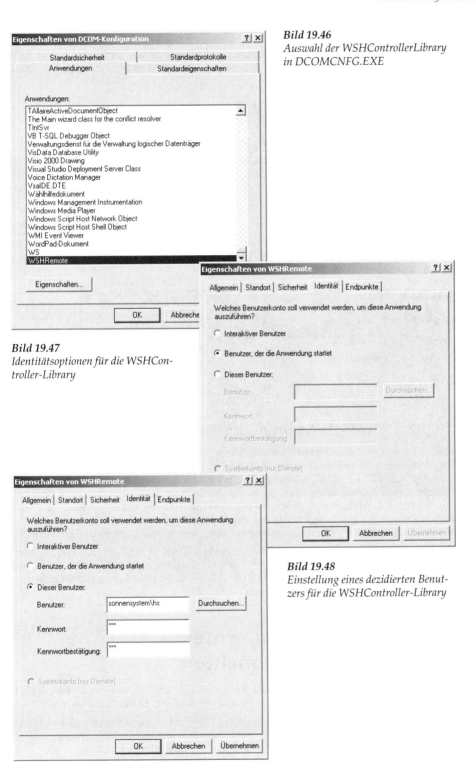

Bild 19.46
Auswahl der WSHControllerLibrary in DCOMCNFG.EXE

Bild 19.47
Identitätsoptionen für die WSHController-Library

Bild 19.48
Einstellung eines dezidierten Benutzers für die WSHController-Library

Kapitel 19 **Fortgeschrittene Active Scripting-Techniken**

Mögliche Fehler

Die entfernte Ausführung von Programmcode ist immer etwas fehleranfälliger als die lokale Ausführung. Dieses Kapitel beschreibt die wichtigsten Fehlerquellen beim Remote Scripting im WSH.

Script nicht gefunden Der Fehler „Can not find script file" bedeutet, dass das aufrufende Script die hochzuladende Script-Datei nicht finden konnte.

Dialogboxen **Aufgerufenes Script terminiert nicht** In entfernten Scripts dürfen keine Dialogboxen oder andere Benutzerschnittstellen gestartet werden. Der WSH startet von einem entfernten System aufgerufene Scripts als Hintergrundprozesse. Benutzerschnittstellen werden nicht angezeigt, aber leider auch nicht ignoriert. So kommt es zu verwaisten Instanzen von *WScript.exe* in der Prozessliste.

Identitätsprobleme Probleme mit der Identität meldet das aufrufende Script, wenn

▷ *Interaktiver Benutzer* gewählt wurde und kein Benutzer an der Konsole angemeldet ist,

▷ *Dezidierter Benutzer* gewählt wurde und der Benutzer entweder nicht existiert oder das Kennwort falsch ist.

*Bild 19.47
Fehlermeldung bei Identitätsproblemen*

19.9.2 Remote Scripting im Web

Entfernte Scriptprozeduraufrufen
Remote Scripting ist eine Technik, um aus einem DHTML-Browserscript heraus einzelne Scriptroutinen aufzurufen, die in einer ASP-Seite auf dem Server implementiert sind. Dies gibt einem DHTML-Script die Möglichkeit, Informationen vom Server zu beziehen oder Verarbeitungsprozesse anzustoßen, ohne dass der Browser die komplette HTML-Seite neu laden muss. Die Aufrufe können sowohl synchron als auch asynchron erfolgen. Technisch beruht Remote Scripting clientseitig auf einem Java-Applet und einer kleinen, in JScript geschriebenen Bibliothek und serverseitig aus einer komplementären JScript-Bibliothek.

Remote Scripting wurde 1999 von Microsoft veröffentlicht und seitdem nicht weiterentwickelt. (Die Produktzyklen der Scripting-Produkte aus dem Hause Microsoft waren in letzter Zeit immer sehr viel kürzer.) Weitere Informationen, die Dokumentation und Beispiele finden Sie unter [MSSC04A].

19.10 Nutzung entfernter COM-Komponenten

DCOM-Nutzung
Während im vorherigen Kapitel das Fernaufrufen von Scriptdateien besprochen wurde, behandelt dieses Kapitel den entfernten Aufruf von COM-Komponenten.

Die theoretischen Grundlagen zur Nutzung entfernter Komponenten wurden ausführlich in Kapitel 8 besprochen. An dieser Stelle folgt eine kleine Einführung in die praktische Umsetzung von Distributed COM und in den Einsatz beim Scripting.

Der Fernaufruf von COM-Komponenten lässt sich natürlich auf die Fernausführung von Scripts zurückführen: Sie können ein Script schreiben, das eine Komponente aufruft, und dieses Script von einem anderen Computer aus starten. Der direkte Fernaufruf einer Komponente ist aber effizienter.

19.10.1 Remote Scripting via DCOM

Die Funktion, eine entfernte Klasse via DCOM zu instanziieren, wird durch die COM-Bibliothek bereitgestellt und zum Teil innerhalb der verschiedenen Sprachen gekapselt. Visual Basic stellt dazu im Rahmen von CreateObject() einen optionalen zweiten Parameter für den Rechnernamen bereit. Seit Version 5.0 ist diese Option auch in VBScript verfügbar. Das folgende Script ermittelt die verfügbaren Laufwerksbuchstaben auf dem entfernten Rechner „XFilesServer02", indem die Klasse Scripting.FileSystemObject auf dem entfernten System instanziiert wird. Die auf den veränderten Instanziierungsbefehl folgende Verwendung der Klasse unterscheidet sich durch nichts von der Verwendung einer lokalen Instanz.

Create-Object() für entfernte Klassen

```
Set fso = CreateObject("Scripting.FileSystemObject", "\\XFilesServer02")
For Each oDrive In fso.Drives
    say "DriveLetter: " & oDrive.DriveLetter
Next
```

Listing 19.27: Beispiel für eine entfernte Instanziierung [CD: /code/fortgeschrittene/DCOM/ EntferntDrives.vbs]

Voraussetzung für das Funktionieren dieses Script ist jedoch, dass für die COM-Klasse (hier: Scripting.FileSystemObject) ein *Surrogat-Prozess* definiert wurde und die Zugriffsrechte ausreichen. Die einfachste Möglichkeit, einen Surrogat-Prozess zu definieren, ist die Aufnahme der Klasse in ein MTS-Package bzw. in eine COM+-Anwendung (vgl. Kapitel 7).

Surrogat-Prozess wird benötigt

Für COM-EXE-Komponenten, die immer Out-process-Komponenten sind, ist natürlich kein Surrogat-Prozess notwendig. COM-EXE-Komponenten können auch gar nicht im MTS bzw. in COM+ konfiguriert werden. Viele Komponenten (z.B. DMO, WMI, ADO) besitzen eine eingebaute Möglichkeit, sich mit entfernten Systemen bzw. Datenbeständen zu verbinden. Bei diesen Komponenten ist es nicht nötig, DCOM zur entfernten Instanziierung zu nutzen.

Andere Fälle

Auf der Buch-CD-ROM [CD:/code/fortgeschrittene/dcom/anwendung/scripting-app.msi] finden Sie ein MSI-Paket, das eine COM+-Anwendung mit dem Namen *Scripting-Buch* installiert. Die COM+-Anwendung besteht aus insgesamt elf COM-CoClasses aus den Komponenten *ScrRun.dll* (Microsoft Scripting Runtime Library), *Mathe.dll* und *WindowsScripting.dll*. Sie können diese COM+-Anwendung installieren, um den für die in diesem Kapitel gezeigten Beispiele notwendigen Surrogat-Prozess für Scripting.FileSystemObject zu konfigurieren.

Alternativ dazu können Sie die *Scripting-Buch*-Anwendung auch manuell anlegen:
- Legen im MMC-Snap-in „Komponenentendienst" im Ast „COM+ Application" eine neue „Serveranwendung" an.
- Setzen Sie im Assistenten die Identität, unter der die Anwendung laufen soll.
- Fügen Sie nach Abschluss der Installation die gewünschten COM-Komponenten dem Ast „Komponenten" hinzu.

In Kapitel 19.10.2 werden Sie dazu einige Bildschirmabbildungen sehen.

Kapitel 19 Fortgeschrittene Active Scripting-Techniken

Einsatz-beispiel

Beispiel: Entferntes Kopieren Eindrucksvoller als das Auslesen der entfernten Laufwerksbuchstaben (was man auch über WMI hätte realisieren können) gestaltet sich die entfernte Ausführung von Dateisystemoperationen. Wenn Sie eine große Datenmenge innerhalb eines entfernten Dateisystems oder zwischen zwei entfernten Dateisystemen kopieren wollen, dann ist normalerweise der Client, auf dem die Operation initiiert wurde, die Umschlagstelle für alle Daten. Dabei könnten das doch die beteiligten entfernten Rechner unter sich ausmachen. Mit DCOM ist das realisierbar, sofern auf einem der beiden Rechner für die Klasse `Scripting.FileSystemObject` ein Surrogat-Prozess definiert ist.

Die Routine `RemoteCopy()` instanziiert die Klasse `Scripting.FileSystemObject` auf einem bestimmten Computer und führt dort einen Kopiervorgang für einen Ordner aus. Der Zielordner wird vorher gelöscht, wenn er bereits existierte.

Listing 19.28
Testet entferntes Kopieren von Dateien [CD: /code/fortgeschrittene/DCOM/EntferntCopy.vbs]

```
Sub EntferntCOPY(server, quelle, ziel)
Dim fso       ' As Scripting.FileSystemObject
Dim oDrive    ' As Scripting.Drive
Dim start, ende
say "Kopieren auf " & server & " von " & quelle & " nach " & ziel
Set fso = CreateObject("Scripting.FileSystemObject", server)
If Not fso.FolderExists(quelle) Then
    say "Fehler: Quelle nicht vorhanden"
    Exit Sub
End If
If fso.FolderExists(ziel) Then
    say "Löschen des Zielordners..."
    start = Now
    fso.DeleteFolder ziel, True
    say "Löschen dauerte " & DateDiff("s", start, Now) & " Sekunden"
End If
say "Kopieren des Quellordners..."
start = Now
fso.CopyFolder quelle, ziel
say "Kopieren dauerte " & DateDiff("s", start, Now) & " Sekunden"
End Sub
```

Pfadangaben

Wenn Sie diese Routine benutzen wollen, dann müssen Sie beachten, dass die Pfadangaben für den Rechner gültig sein müssen, auf dem Sie FSO instanziieren. Beim folgenden Anwendungsbeispiel wird die gleiche Operation (Kopieren von Dateien innerhalb einer Festplatte) in zwei verschiedenen Weisen ausgeführt. Das Verzeichnis „Buch" befindet sich auf dem Rechner „XFilesServer02". Das Script wird auf dem Rechner „XFilesServer01" ausgeführt. Der erste Befehl verwendet eine lokale FSO-Instanz auf „XFilesServer01" und greift via Netzlaufwerk auf das entfernte Verzeichnis zu. Der zweite Befehl nutzt eine entfernte Instanz auf „XFilesServer02". Die Dateien sind für diese Instanz lokal.

```
EntferntCOPY "\\XFilesServer01", "t:\buch", "t:\buch_copy"
EntferntCOPY "\\XFilesServer02", "g:\buch", "g:\buch_copy"
```

Listing 19.29: Testet entferntes Kopieren von Dateien [CD: /code/fortgeschrittene/DCOM/EntferntCopy.vbs]

Zeitmessung

Die folgende Tabelle zeigt die Ergebnisse der in `RemoteCOPY()` eingebauten Zeitmessung. Die Bezeichnungen *lokal* und *remote* beziehen sich auf den Ausführungsort von FSO. Bei einer lokalen Ausführung müssen also alle Daten über das Netz transferiert werden, während eine Fernausführung von FSO bedeutet, dass die Daten auf dem entfernten Rechner lokal kopiert werden.

	Lokales FSO (Arbeit auf entferntem Netzlaufwerk)	Remote FSO (Arbeit auf lokaler Festplatte)
Löschen von 170 MB	11 Sekunden	1 Sekunde
Kopieren von 170 MB	810 Sekunden	138 Sekunden

Tabelle 19.8 Vergleich der Ausführungsgeschwindigkeit

Idee eines zentralen Kopierservers Natürlich können Sie mit dieser Methode auch Dateien zwischen zwei Rechnern kopieren, ohne dass der Rechner, auf dem FSO läuft, Quelle oder Ziel ist. Dahinter steht die Idee eines zentralen Kopierservers im Netz. Die Benutzer schicken – per Script – die Anforderung für einen Kopiervorgang dort hin; der Kopierserver führt dann die Aktion aus, ohne den Client des Anwenders zu belasten. Das Ganze könnte auch so verfeinert werden, dass der Kopierserver über UNC-Pfade und administrative Freigaben arbeitet, so dass der Benutzer immer die Pfade aus der Sicht des Quell- bzw. Zielservers verwenden kann und nicht die aus der Sicht des Kopierservers.

Eine weitere lohnende Idee wäre ein entferntes Komprimieren von Dateien (z.B. mit einer ZIP-Komponente). Gerade wenn man nur über eine langsame Verbindung auf ein Netz zugreifen kann, wäre es vorteilhaft, Dateien erst auf dem Server zu komprimieren, bevor sie übertragen werden.

Entferntes Zippen

Problematisch an diesem Szenario wären die Zugriffsrechte. Wenn Sie eine Klasse wie FSO in ein MTS-Paket bzw. eine COM+-Anwendung installieren, dann müssen Sie dem Paket bzw. der Anwendung eine Identität zuweisen. Alle Benutzer der so konfigurierten FSO-Klasse würden dann die Dateioperationen unter diesen Rechten ausführen. Um dennoch verschiedene Rechte abbilden zu können, müsste der FSO in eine andere Klasse gekapselt werden, die die Identität des Aufrufers ermittelt und dann entscheidet, welche Operationen an FSO weitergeleitet und welche auf Grund von Sicherheitsbeschränkungen zurückgewiesen werden.

Sicherheitsfragen

Datenmenge	170 MB in 728 Dateien in 122 Ordnern
Netzwerk	10 MB-Ethernet, ansonsten unbelastet
Client (Ausführungsort des Scripts)	Pentium 2, 400 MHz, Windows 2000 Professional
Server (Standort der Daten)	Pentium 3, 500 MHz, Windows 2000 Server

Tabelle 19.9 Informationen zur Testumgebung

19.10.2 Remote Scripting mit Windows Script Components (WSCs)

Bei den bereits in diesem Kapitel vorgestellten Windows Script Components (WSCs) gibt es einen Parameter `remotable`, mit dem man steuern kann, das eine Scriptkomponente von einem anderen Rechner aus aufgerufen werden kann. Auf dem lokalen System, das eine entfernte Scriptkomponente aufruft, muss die Komponente selbst nicht vorhanden sein. Dort muss aber in der Registrierungsdatenbank die Assoziation von der ProgID zur CLSID hinterlegt sein.

Die für die Registrierungsdatenbank notwendigen Informationen kann man nach der Registrierung einer WSC mit dem Registrierungsdatenbankeditor (regedit.exe) exportieren (Schlüssel */HKEY_CLASSES_ROOT/ProgIDderKomponente*) und auf dem Zielsystem die entstandene .reg-Datei mit Doppelklick in die Registrierungsdatenbank einfügen.

Kapitel 19 Fortgeschrittene Active Scripting-Techniken

Beispiel Das folgende Listing zeigt die Implementierung einer Scriptkomponente, die folgende Funktionen erfüllt:
- Rückgabe des Computernamens, auf dem die Komponente läuft
- Rückgabe der Identity, unter der die Komponente läuft
- Rückgabe des Füllstands eines beliebigen Laufwerks in Prozent
- Rücksetzen des Kennworts eines beliebigen Benutzers

Die ersten beiden Eigenschaften ermöglichen Ihnen den Test, ob die Komponente tatsächlich auf einem entfernten System aufgerufen wurde und wie die Sicherheitseinstellungen in der DCOM-Konfiguration gesetzt sind.

Listing 19.30 Beispiel für eine Remoting-fähige Scriptkomponente [ScriptingUitil.wsc] Die Komponente wurde mit Hilfe der WSC-Editors in PrimalScript erstellt.

```
<?xml version="1.0" ?>
<component id="ITVisionsScriptingUtil">
<?component error="true" debug="true" ?>
<registration progid="ITVisions.ScriptingUtil" classid="{FFDFCA21-11C3-4657-A34C-5085BABB74EC}" description="Library of Script Functions" remotable="yes" version="1.00">
</registration>
<public>
<property name="Identity">
<get/>
</property>
<property name="Computer">
<get/>
</property>
<method name="ResetPassword">
<parameter name="ObjectPath"/>
<parameter name="Password"/>
</method>


<method name="GetDriveSpace">
<parameter name="DriveLetter"/>
</method>
</public>
<script language="VBScript">
<![CDATA[
function ResetPassword(ObjectPath, Password)
Dim o
Set o = GetObject(ObjectPath)
o.SetPassword(Password)
ResetPassword = True
end Function


function get_Identity()
Set WSHNetwork = CreateObject("WScript.Network")
get_Identity = WSHNetwork.UserDomain & "\" & WSHNetwork.UserName
end Function

function GetDriveSpace(DriveLetter)
Dim fso      ' As Scripting.FileSystemObject
Dim oDrive   ' As Scripting.Drive
```

Nutzung entfernter COM-Komponenten

```
Set fso = CreateObject("Scripting.FileSystemObject")
Set oDrive = fso.GetDrive(DriveLetter)
GetDriveSpace = Fix((CDbl(oDrive.Freespace)/cdbl(oDrive.TotalSize))*100)
end Function

dim Computer
Computer = 0

function get_Computer()
Set WSHNetwork = CreateObject("WScript.Network")
get_Computer = WSHNetwork.ComputerName
end Function
]]>
</script>
</component>
```

Die Registrierung der Komponente erfolgt mit folgendem Befehl:

`regsvr32 scrobj.dll /n /i:H:\DEV\TechEd2006\HSchwichtenberg\ScriptingUtil.wsc`

Listing 19.31: *Registrierung der Scripting Util.wsc [reg.bat]*

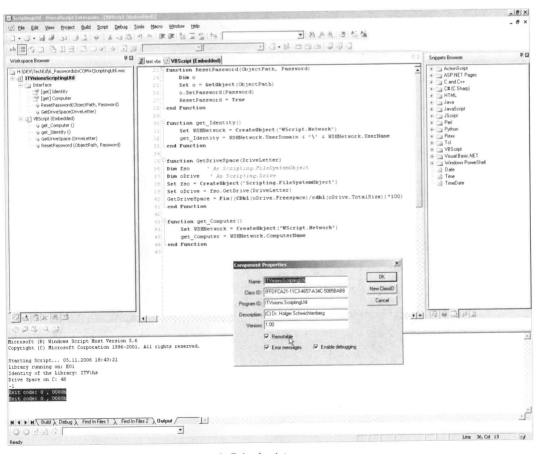

Bild 19.48: *Erstellung einer Scriptkomponente in Primalscript*

Kapitel 19 Fortgeschrittene Active Scripting-Techniken

Das folgende Listing enthält einen Testclient für diese Scriptkomponente.

```
' Testclient für ScriptingUtil.wsc
' (C) Dr. Holger Schwichtenberg 2006
Const Computer = "XFilesServer02"

Set WSHNetwork = CreateObject("WScript.Network")
WScript.Echo "Starting Test Client on Computer " & WSHNetwork.ComputerName & _
" with Identity: " & WSHNetwork.UserDomain & "\" & WSHNetwork.username
Set o = CreateObject("itvisions.scriptingutil", Computer)
wscript.Echo "Library running on: " + o.Computers
wscript.Echo "Identity of the Library: " + o.Identity
wscript.Echo "Drive Space on C: " & o.GetDriveSpace("C")
wscript.Echo "Password Reset OK?: " & Cbool(o.ResetPassword("WinNT://XFilesServer01/
test","/secret/1"))
WScript.Echo "Script finished!"
```

Listing 19.32 Testclient für ScriptingUtil.wsc [Test.vbs]

Die folgende Bildschirmabbildung zeigt die für den Fernaufruf zu exportierenden Registrierungsdatenbankdaten.

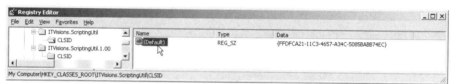

Bild 19.49 Zuordnung von ProgID und CLSID für ScriptingUtil.wsc

```
Windows Registrierungsdatenbank Editor Version 5.00
[HKEY_CLASSES_ROOT\ITVisions.ScriptingUtil]
@="Library of Script Functions"
[HKEY_CLASSES_ROOT\ITVisions.ScriptingUtil\CLSID]
@="{FFDFCA21-11C3-4657-A34C-5085BABB74EC}"
```

Listing 19.33: Exportierte Einstellungen für ScriptingUtil.wsc [ScriptingUtil.reg]

Bild 19.50 Aufruf des Testclients auf Computer E02 mit Ausführung der Scriptkomponente auf Rechner E01

```
C:\WINDOWS\system32\cmd.exe
Microsoft Windows [Version 5.2.3790]
(C) Copyright 1985-2003 Microsoft Corp.

C:\Documents and Settings\ho>"C:\Documents and Settings\ho\Desktop\test.vbs"
Microsoft (R) Windows Script Host Version 5.6
Copyright (C) Microsoft Corporation 1996-2001. All rights reserved.

Starting Test Client on Computer E02 with Identity: ITV\ho
Library running on: E01
Identity of the Library: \HO
Drive Space on C: 48
Password Reset OK?: True
Script finished!

C:\Documents and Settings\ho>
```

Nutzung entfernter COM-Komponenten

Sicherheitseinstellungen Im vorherigen Beispiel hat man gesehen, dass eine Scriptkomponente beim Fernaufruf im Standard unter der Identität des Aufrufs läuft. Umkonfigurieren kann man dies auf zwei Weisen:

- Änderung der DCOM-Identitätseinstellungen für die Scriptkomponente oder
- Aufnahme der Scriptkomponente in eine MTS-/COM+-Anwendung

Beide Aktionen sind auf dem aufgerufenen System zu erledigen, da die Komponente ja auf dem aufrufenden System gar nicht physikalisch, sondern nur in Form eines Registrierungsdatenbankeintrags existiert.

Beide Wege ermöglichen es auch, die Zugriffsrechte (wer darf die Komponente starten?) zu setzen.

Die folgenden Bildschirmabbildungen zeigen folgende Schritte:

- Aufnahme einer Scriptkomponente in eine COM+-Anwendung unter Windows Server 2003 Release 2
- Zuweisen der Identität „Administrator" an die COM+-Anwendung
- Hinzufügen der Benutzer, die berechtigt sind, die COM+-Anwendung aufzurufen
- Optional: Erhöhen der Sicherheitsvorkehrungen beim Aufruf

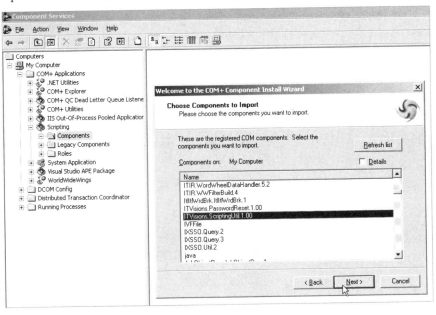

Bild 19.51
Aufnahme einer Scriptkomponente in eine COM+-Anwendung

Kapitel 19 **Fortgeschrittene Active Scripting-Techniken**

Bild 19.52
Setzen der Identität für die COM+-Anwendung mit der Scriptkomponente

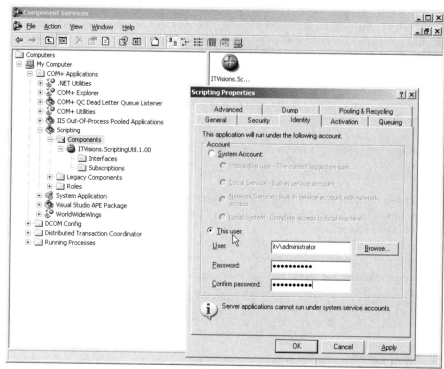

Bild 19.53
Setzen der Zugriffsrechte auf die COM+-Anwendung mit der Scriptkomponente

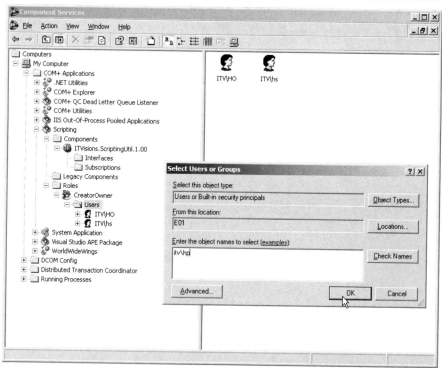

Nutzung entfernter COM-Komponenten

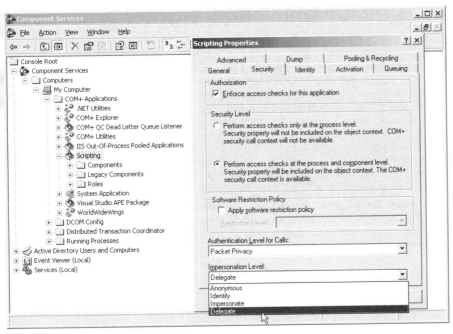

Bild 19.54
Setzen der Sicherheitsfunktionen bei der Authentifizierung und der Impersonifizierungsart

Nach dem Abschluss der obigen Konfigurationsarbeiten kann die Komponente von einem entfernten System mit einem der angelegten Benutzerkonten (*itv\hs, itv\ho* und *itv\hp*) aufgerufen werden und wechselt dann bei erfolgreicher Authentifizierung in den Benutzerkontext des Domänen-Administrators.

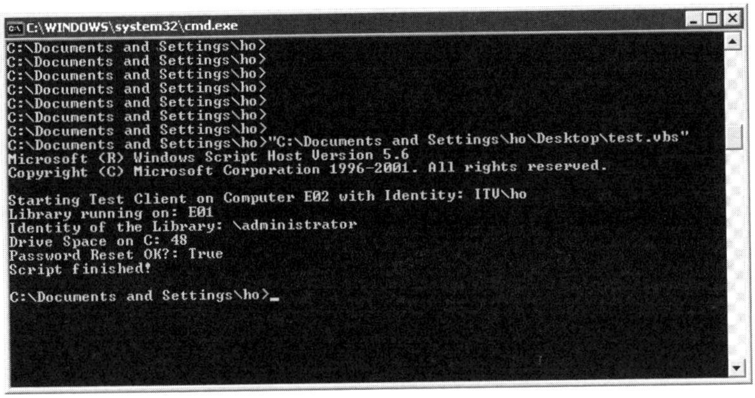

Bild 19.55
Aufruf des Testclients auf Computer E02 mit Ausführung der Scriptkomponente auf Rechner E01 mit Identitätswechsel

19.10.3 Remote Data Service (RDS)

RDS ist ein Dienst zum Zugriff auf Datenbanken über das Hypertext Transfer Protocol (HTTP) und wurde geschaffen, um einen direkten Datenaustausch zwischen Webbrowser und Webserver zu ermöglichen. Dabei werden die DCOM-Aufrufe durch HTTP-Tunneling an Firewalls vorbeigeschleust. Primäres Einsatzgebiet von RDS ist der entfernte Zugriff auf die ActiveX Data Objects. RDS kann aber auch für den Zugriff auf selbst entwickelte Komponenten via HTTP-Tunneling genutzt werden. Weitere Informationen dazu finden Sie unter [MSDN: ado210.chm::/htm/mdmscoverviewofEntferntdataservice.htm].

DCOM over HTTP

19.11 Programmierung eigener Scripting Hosts

Windows Script Interfaces

Natürlich können Sie einen Scripting Host von Grund auf neu programmieren, indem Sie in C++ die notwendigen COM-Schnittstellen implementieren. Die Implementierung der so genannten Active Scripting-Schnittstellen (*Windows Script Interfaces*) – z.B. IActiveScriptSite – ist jedoch nicht einfach und von Microsoft auch nicht gut dokumentiert. Wenn Sie sich daran versuchen möchten, dann sei Ihnen mit einem Verweis auf die MSDN-Entwicklerbibliothek [MSDN:iactivex.chm::/htm/scripting.htm], auf die Microsoft Scripting Website [MSSC04A] sowie auf das auf der CD mitgelieferte Active Scripting FAQ von Mark Baker [CD:/weitere informationen/fortgeschrittene/axf_faq.doc] dazu eine Hilfe gegeben. An dieser Stelle soll Ihnen ein viel schnellerer Weg zu Ihrem eigenen Scripting Host gezeigt werden.

Microsoft Script Control

Das *Microsoft Script Control* ist ein ActiveX-Steuerelement, mit dem eigene Anwendungen auf einfache Weise um einen eigenen Scripting Host erweitert werden können. Die Grundfunktion des Script Control besteht darin, ActiveX-Scriptcode zu empfangen und auszuführen.

> Das Script Control ist also kein fertiger Scripting Host, sondern ein Rahmenwerk für die Erstellung von beliebig vielen eigenen Scripting Hosts. Es gibt kommerzielle Produkte, z.B. das Text-Transformationswerkzeug TextPipe, deren Scripting Hosts auf dem Script Control basieren.

Das Script Control kann entweder als ActiveX-Steuerelement in einen ActiveX-Steuerelement-Container integriert oder aber als nichtvisuelle COM-Komponente angesprochen werden. Das Script Control ist auch bei der Verwendung als ActiveX-Steuerelement nur zur Entwicklungszeit sichtbar. Es ist also ein so genanntes *Design Time Control (DTC)*. Das Steuerelement stellt weder eine Eingabemaske noch Befehlsschaltflächen bereit. Diese können Sie nach Ihren Ansprüchen selbst gestalten.

Tabelle 19.10 Schnellinfo Microsoft Script Control

Name und Abkürzung	Microsoft Script Control
Name der Komponentendatei	*MSSCRIPT.ocx* (Typbibliothek: *MSSCRIPT.oca*)
Interner Name der Typbibliothek	MSScriptControlCtl
Helpstring der Typbibliothek	Microsoft Script Control 1.0
Abweichender Komponentenname in der Registrierungsdatenbank	MSScriptControl.ScriptControl
Hersteller	Microsoft
Lizenzierung	Kostenloses Add-on
Besprochene Version	1.0.0.4615
Alle Windows-Versionen 2000	regsvr32 MSSCRIPT.ocx Download von [MSSC04A] und auf der Buch-CD
Dokumentation	siehe [MSSC04A]

Objektmodell Das Objektmodell des Script Control ist einfach und intuitiv zu verstehen.

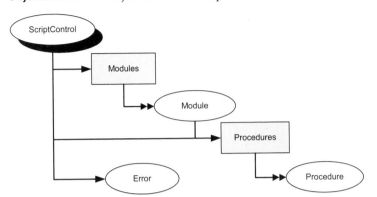

Bild 19.56
Objektmodell des Script Control

Bitte verwechseln Sie das Script Control-Objektmodell nicht mit den Eingebauten Objekten eines mit dem Script Control implementierten Scripting Host innerhalb des Control. Welche Eingebauten Objekte Ihr individueller Scripting Host besitzen muss, müssen Sie selbst definieren. Dazu benötigen Sie das Objektmodell des Script Control.

Die wichtigsten Funktionen stellt die Klasse `ScriptControl` selbst bereit:
- Mit dem Attribut `Language` setzen Sie die Active Scripting-Sprache.
- Mit `AddObject("Name", obj)` fügen Sie dem Host eine Instanz einer Klasse als Eingebautes Objekt unter dem angegebenen Namen hinzu.
- Mit `AddCode(text)` fügen Sie den übergebenen Programmcode in das Script Control ein.
- `Run(RoutineName)` startet das Script bei der angegebenen Unterroutine.

Mitglieder der Klasse Script-Control

Achtung: Wenn das Script Programmcode außerhalb von Unterroutinen enthält, dann startet es bereits bei der Ausführung von `AddCode()`. Dieses unangenehme Verhalten lässt sich das Script Control leider nicht ausreden.

Das Beispiel zeigt die Generierung eines VBScript-Script zur Laufzeit.

Beispiel

```
' === Laufzeit-Generierung von Scripten
Sub ScriptControl_Test()
Set sc = CreateObject("Scriptcontrol")
sc.language = "vbscript"

s = "Call Main" & vbCr
s = s & "Sub Main" & vbCr
s = s & "msgbox ""Hello World!""" & vbCr
s = s & "End Sub" & vbCr
sc.executestatement s
End Sub
```

Listing 19.34
Laufzeitgenerierung von Scripts [Script Control_Test.wsf]

Bitte beachten Sie, dass im Script Control die eingebauten Objekte des WSH (also insbesondere `WScript`) nicht automatisch zur Verfügung stehen. Wenn Sie `WScript` nutzen wollen, müssen Sie zunächst mit `AddObject()` einen Zeiger auf `WScript` an das Script Control übergeben.

WScript an das Script Control übergeben

Kapitel 19 **Fortgeschrittene Active Scripting-Techniken**

Listing 19.35
Das Script
Control
bekommt
Zugriff auf das
WScript-Objekt
[_Script-
*Control_Test_*
Mit_Wscript
.vbs]

```
Set sc = CreateObject("Scriptcontrol")
sc.Language = "vbscript"
sc.AddObject "WScript", wscript
s = "Call Main" & vbCr
s = s & "Sub Main" & vbCr
s = s & "WScript.echo ""Hello World!""" & vbCr
s = s & "End Sub" & vbCr
sc.ExecuteStatement s
```

Im Kapitel 20 „Fallbeispiele" wird Ihnen der *DemoHost* vorgestellt, ein Active Scripting Host, der aber auf Basis des Script Control erstellt wurde.

19.12 Komponentenerforschung

Hilfe zur Selbsthilfe
Dieses Buch hat Ihnen zahlreiche Komponenten vorgestellt. Aber wie bereits im Vorwort gesagt: Es werden täglich mehr, und die bestehenden Komponenten verändern sich ständig. Zwar haben Sie nach der Lektüre dieses Buchs ein fundiertes Grundwissen über verschiedene Komponententypen und verschiedene Objektmodelle, dieses Buch kann jedoch unmöglich eine vollständige Referenz aller Komponenten sein. Sie kommen also nicht umhin, in Zukunft selbst Komponenten zu erforschen. Dieses Kapitel stellt Ihnen ein Vorgehensmodell zur Suche nach und Analyse von Komponenten vor.

Hinweis zu .NET
Dieser Beitrag bezieht sich im Wesentlichen auf COM-Komponenten. Die Erforschung von .NET-Komponenten gestaltet sich zum Teil anders, z.B. weil dort die Metadaten verpflichtend sind, es dafür aber keine zentrale Registrierung der Komponenten gibt. Wenn eine .NET-Komponente nicht im Global Assembly Cache registriert ist, dann hilft nur die einzelne Betrachtung aller vorhandenen *.dll-* und *.exe-*Dateien, da man einer *.dll-* oder *.exe-*Datei von außen nicht ansieht, ob sie eine Assembly ist oder nicht. Da die Common Language Runtime alle Werkzeuge für die Laufzeitanalyse von Komponenten (Reflection) enthält, ist es nicht schwer, ein Tool zu schreiben, das die Festplatte durchsucht und bei allen relevanten Dateien versucht, Metadaten zu finden.

19.12.1 Suche nach Komponenten

Es ist falsch, sich erst auf die Suche nach einer Komponente zu begeben, wenn Sie vor einer konkreten Herausforderung stehen. Sowohl als Programmierer als auch als Administrator sollten Sie sich regelmäßig darüber informieren, was die bei Ihnen vorhandenen Systeme und der Markt insgesamt an Komponenten hergeben. Sie werden feststellen, dass Ihnen dabei Komponenten in die Hände fallen, die Ihre Arbeit an Stellen vereinfachen, an die Sie bisher gar nicht zu denken gewagt haben.

Suche auf Ihren eigenen Systemen
Schritt 1.1: Lokale Suche Der erste und wichtigste Ort, den Sie nach einer hilfreichen Komponente durchsuchen sollten, sind Ihre eigenen Windows-Installationen. Machen Sie sich damit vertraut, welche Komponenten auf Ihren Systemen installiert sind. Betrachten Sie keineswegs nur Ihre eigene lokale Workstation, sondern schauen Sie sich Ihre Server an, und gehen Sie zu anderen Arbeitsplätzen, auf denen andere Software installiert ist.

Leider gibt es noch kein umfassendes Komponenten-Repository, das Sie umfassend über die installierten Komponenten informiert. Sie müssen damit leben, die Kombination mehrerer Werkzeuge einzusetzen, um sich über die installierten Komponenten zu informieren.

Der erste Suchplatz ist der *Verweise*-Dialog einer Entwicklungsumgebung wie Visual Basic oder VBA. Dort erhalten Sie eine Liste der installierten Typbibliotheken anhand ihrer Helpstrings. Die Helpstrings vermitteln in der Regel einen recht guten Eindruck davon, welche Aufgaben eine Komponente erfüllt. Es gibt aber auch genügend Fälle, wo der Helpstring keinen für sich selbst sprechenden Text enthält (z.B. werden Sie auch Einträge wie „vs" oder „tom" finden).

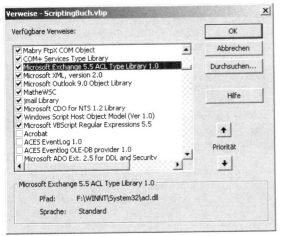

Bild 19.57
Dialog
„Verweise"
in der Visual
Basic 6.0-IDE

Der nächste Ansatzpunkt ist eine Liste der installierten automationsfähigen Klassen. Dafür sollten Sie sowohl den *Microsoft COM Viewer* (Komponentenkategorie *Automation Object*) als auch das Shareware-Werkzeug *COM-Explorer* zurate ziehen, da beide Auflistungen zwar unvollständig, aber keineswegs an den gleichen Stellen unvollständig sind. Im COM-Explorer sollten Sie auch die Möglichkeit nutzen, die Klassen nach Typbibliotheken sortieren zu lassen. Damit erhalten Sie wichtige Erkenntnisse über den Zusammenhang der Automationsklassen zu den im *Verweise*-Dialog gezeigten Typbibliotheken.

Automationsfähige Klassen

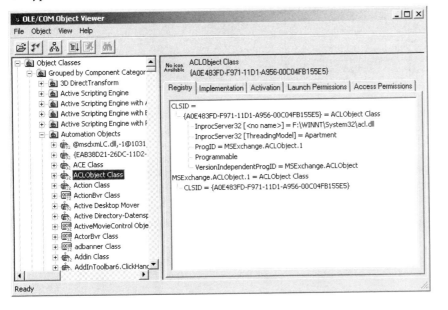

Bild 19.58
Automationsfähige Klassen
im COM
Viewer von
Microsoft

Kapitel 19 **Fortgeschrittene Active Scripting-Techniken**

Alle Klassen Da die Auflistung der automationsfähigen Klassen in beiden Werkzeugen unzureichend ist, sollten Sie im dritten Schritt die Liste *All Objects* im COM Viewer aufklappen. Schauen Sie sich unter den interessanten Funden aber zuerst die unterstützten Schnittstellen an. Wenn dort nicht IDispatch auftaucht, ist für Sie als Scriptentwickler der Spaß vorbei, bevor er richtig angefangen hat.

Registrierungsdatenbank Erst im vierten Schritt sollten Sie dann noch einmal auf der untersten Ebene ansetzen, der Registrierungsdatenbank selbst. Öffnen Sie den HKEY_CLASSES_ROOT mit *Reg-Edit.exe*, und durchsuchen Sie die ProgIDs. Wenn Sie interessante ProgIDs gefunden haben, versuchen Sie, diese im COM Viewer oder COM-Explorer wiederzufinden, um die Information über die IDispatch-Unterstützung zu erhalten.

Unterschiedliche Sichten Aus Bild 19.59, Bild 19.60 und Bild 19.61 wird deutlich, wie unterschiedlich die Sicht der verschiedenen Werkzeuge ist. In allen drei Abbildungen geht es um die *ACL-Komponente* aus dem Exchange Resource Kit:

- Der *Verweise*-Dialog zeigt den Helpstring der Typbibliothek der Komponente.
- Der COM Viewer ist dagegen klassenorientiert; der Fokus gilt hier der Klasse ACL-Object aus der *ACL-Komponente*. Angezeigt wird der Friendly Class Name dieser Klasse.
- In der Registrierungsdatenbank ist die Sicht ebenfalls klassenorientiert. Hier sind die Klassen allerdings anhand ihrer ProgIDs angeordnet. Der Friendly Class Name erscheint erst nach Auswahl einer Klasse in der rechten Fensterhälfte des Registrierungsdatenbankeditors.

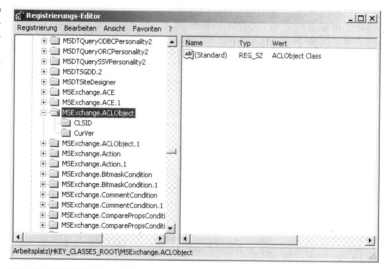

Bild 19.59 Ansicht der ProgID in der Registrierungsdatenbank

Achten Sie darauf, in welchem Verzeichnis die Komponente und die Typbibliothek gespeichert sind. Sofern sich die Komponente nicht in dem allgemeinen Verzeichnis System bzw. System32 befindet, kann Ihnen der Standort der Komponente wichtige Informationen darüber liefern, wie die Komponente auf Ihr System gekommen ist und mit welcher Anwendung sie in Verbindung steht.

Schritt 1.2: Suche bei Microsoft Wenn Sie die bei Ihnen vorhandenen Installationen ausgereizt haben, sollten Sie als Nächstes die Microsoft-Komponenten suchen, die noch nicht bei Ihnen installiert sind. Microsoft bietet auf seiner TechNet-Site inzwischen ein „Script Center" an, in dem sich zahlreiche Beispielscripts befinden [MSSC04]. Eine Gruppe von Microsoft-Mitarbeiter beantwortet unter dem Namen „Scripting Guys" hier in einer Kolumne auch Fragen, die an scripter@microsoft.com gerichtet wurden [MSSC04c]. Einen zweiten Scripting-Bereich gibt es auf der Entwickler-Site „Microsoft Developer Network (MSDN)" [MSSC04A], hier mit der Kolumne „Scripting Clinic" [MSSC04b], deren Name auf den früheren Scripting-Produktmanager Andre Clinick zurückzuführen ist.

Suche bei Microsoft

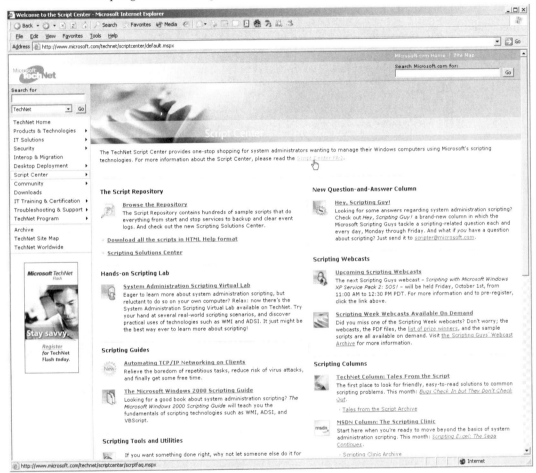

Bild 19.60: Microsoft Script Center

Das Script Center gibt es auch in einer „portablen" Version als kompilierte Hilfedatei (.chm) [CD:/Weitere_Informationen/PortableScriptCenter]. Allerdings ist diese Datei leider seit dem 5.11.2004 nicht mehr von Microsoft aktualisiert worden.

Stöbern können Sie auch in der MSDN-Entwicklerbibliothek (entweder auf der MSDN-Entwicklerbibliothek-CD/-DVD oder im WWW [MSL00]), der Knowledge Base, den Downloads und im Rest der Microsoft-Homepage unter den Stichwörtern, die Ihr Problem beschreiben. Immer wenn Sie die Begriffe COM, ActiveX oder Scripting lesen, sollten Sie aufmerksam sein.

Kapitel 19 **Fortgeschrittene Active Scripting-Techniken**

*Bild 19.61
Das Script
Center als
kompilierte
Hilfedatei zum
Mitnehmen*

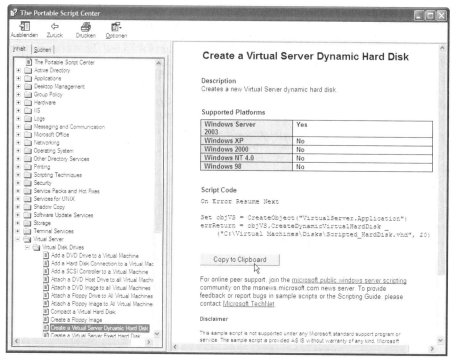

Andere **Schritt 1.3: Suche bei anderen Anbietern** Microsoft ist längst nicht mehr der einzige
Anbieter Anbieter von COM-Komponenten. Es gibt zahlreiche kommerzielle Anbieter (z.B.
[CMS00], [ACE00]), aber auch genügend Enthusiasten, die mit ihren selbst geschriebenen
Komponenten die Menschheit ohne Forderung einer monetären Gegenleistung erfreuen
(z.B. [WAR00], [BOR00]). Einige Sites (z. B. [CPS00], [CWA00], [SEC00]) führen Listen verfügbarer
COM-Komponenten (früher war diese Liste sehr viel länger. Viele Websites zum
WSH sind inzwischen eingestellt worden). Lassen Sie sich nicht abschrecken, wenn einige
Sites nur von ASP-Komponenten reden; die meisten dieser Komponenten lassen sich auch
von anderen Active Scripting Hosts aus nutzen.

 Der Zeitaufwand, sich regelmäßig intensiv mit diesen Scripting-Sites zu beschäftigen,
amortisiert sich spätestens dann, wenn Sie sich bei Ihrem nächsten Automatisierungsprojekt
die Arbeit mit dem Win32-API ersparen können.

Newsgroups **Schritt 1.4: Newsgroups** Für Scripting und COM-Komponenten gibt es inzwischen
einige spezielle Diskussionsgruppen (siehe Anhang). Diese Themen werden aber auch
in plattform- und anwendungsspezifischen Newsgroups besprochen. Das regelmäßige
Studium aller relevanten Newsgroups ist ein aufwendiger und von vielen gestressten
IT-Fachleuten kaum zu bewältigender Vorgang. Zumindest sollten Sie die Newsgroups
aber dann aktiv nutzen, wenn in Hinblick auf eine konkrete Herausforderung keiner
der ersten drei Schritte zum Erfolg geführt hat. Eine Suche in Newsgroup-Beiträgen aus
der Vergangenheit wird durch die begrenzte Speicherdauer auf den meisten News-Servern
erschwert. Am besten suchen Sie über den Internetdienst *Deja.com* [DEJ00], der

alle Beiträge in vielen Tausend Diskussionsgruppen auf unbestimmte Zeit archiviert. Wenn Sie nicht fündig werden, dann scheuen Sie sich nicht, und stellen Sie Ihre Frage in Form eines eigenen Beitrags. Achten Sie aber bitte darauf, dass Sie in der richtigen Newsgroup und nicht „off-topic" sind. Und in einer ruhigeren Phase in Ihrem Arbeitsalltag sollten Sie sich die Zeit nehmen, auch ohne konkretes Ziel in den Beiträgen der letzten Tage oder Wochen zu stöbern. Bei dieser Gelegenheit können Sie dann der Internetgemeinschaft Ihren Tribut zollen, indem Sie selbst die eine oder andere Frage eines Kollegen vom anderen Ende der Erdkugel beantworten.

Andere APIs

Wenn Sie trotz aller Bemühungen nicht fündig werden, dann sollten Sie einen Blick in die MSDN-Entwicklerbibliothek bzw. die Dokumentation der jeweiligen Anwendung werfen, um festzustellen, ob es überhaupt eine Programmierschnittstelle für die gewünschte Funktionalität gibt. Auch heute werden noch Anwendungen auf den Markt gebracht, die sich von der Außenwelt abschirmen und eine Integration in größere Lösungen verhindern. Wenn es eine nur API-basierte Programmierschnittstelle gibt, dann sollten Sie in Erwägung ziehen, dieses API selbst in eine Komponente zu kapseln. Einen groben Einblick darin erhalten Sie in Kapitel 13.8, „Erzeugung eigener COM-Komponenten".

19.12.2 Analyse von Komponenten

Wenn Sie (endlich) eine interessante oder gar die lang gesuchte Komponente gefunden haben, dann gilt es, ihre Funktionalität zu analysieren. Bei Komponenten, die Sie im Internet oder in einer Dokumentation wie der MSDN-Entwicklerbibliothek finden, werden Sie in der Regel schon bei der Suche wenigstens eine minimale Zusatzinformation über die Ziele der Komponente bekommen haben. Anders sieht dies bei den auf dem eigenen System gefundenen Komponenten aus. Dort hilft Ihnen nur die Aussagekraft des Helpstrings der Typbibliothek.

Analyse

Schritt 2.1: Installation Wenn Sie die Komponente nicht auf Ihrem lokalen System gefunden haben, dann müssen Sie sie nun installieren. Kommerzielle Produkte verfügen oft über eine Setup-Routine, viele Komponenten aus dem Free- und Sharewarebereich werden oft einfach durch *regsvr32.exe* installiert. Problematisch ist die Installation dann, wenn Sie die Komponente auf einem anderen System gefunden haben und nun woanders nachvollziehen wollen. Versuchen Sie zuerst die Einzelregistrierung der Komponente (siehe Erläuterungen zur Komponentenregistrierung in Kapitel 8). Wenn dies fehlschlägt, betrachten Sie mit dem Microsoft Dependency Walker, ob alle DLLs, von denen die Komponente abhängig ist, vorhanden sind. Viele Komponenten, gerade solche, die den Zugriff auf größere Anwendungen ermöglichen, funktionieren nur dann, wenn auch die komplette Anwendung installiert wird.

Installation

Schritt 2.2: Typbibliothek betrachten Es mag Sie überraschen, aber der erste Ansatzpunkt für Ihre Analyse sollte nicht unbedingt die Dokumentation der Komponente sein. In der Regel verstehen Sie die Dokumentation wesentlich besser, wenn Sie sich vorher einen ersten Überblick über die Klassen, Schnittstellen, Attribute, Methoden und Aufzählungstypen verschafft haben. Meistens haben diese Bausteine sprechende Namen, und Sie können bereits erkennen, ob die Komponente grundsätzlich die von Ihnen gesuchte Funktionalität bereitstellt. Der Microsoft-Objektkatalog ist für den ersten Eindruck besser geeignet als der comTLBrowser, da Letzterer Details offenbart, die Sie in diesem Stadium noch nicht benötigen.

Typbibliothek

Bild 19.62
Die Klasse ACL Object aus der ACL-Komponente im Objektkatalog von der VB 6.0-IDE

Wenn Sie die Komponente im *Verweise*-Dialog gefunden haben, dann brauchen Sie sie nur auszuwählen, um sie zur Betrachtung im Objektkatalog zu aktivieren. Haben Sie dagegen die Komponente im COMViewer oder COM-Explorer oder gar in der Registrierungsdatenbank gefunden, dann schauen Sie nach, mit welcher Typbibliothek diese Komponente verbunden ist. Nicht immer werden Sie den Namen der Typbibliothek im *Verweise*-Dialog finden. Verwenden Sie dann die *Durchsuchen*-Schaltfläche, um den *Verweise*-Dialog auf die Komponentendatei zu stoßen. Wenn dies mit der Meldung „Verweis auf die angegebene Datei kann nicht hinzugefügt werden." quittiert wird, dann enthält die Komponentendatei keine Typbibliothek. Suchen Sie in diesem Fall nach einer Datei mit dem gleichen Namen und der Dateinamenerweiterung .*tlb*, .*olb* oder .*rll* bzw. nach einer Datei mit einer dieser Erweiterungen im gleichen Verzeichnis. Allein durch die Registrierungsdatenbank bekommen Sie leider nicht heraus, welche Schnittstellen eine Klasse unterstützt.

Für die Erforschung von Komponenten mit Metaobjektmodellen (ADSI, WMI) brauchen Sie spezielle Werkzeuge, z.B. ADSI Edit, ADSI Scriptomatic, WMI Scriptomatic, WMI Object Browser und WMI Code Creator (siehe Kapitel 18, „Werkzeuge").

Schritt 2.3: Abschauen bei Microsoft Microsoft liefert inzwischen bei vielen Produkten (z.B. den Resource Kits zu den verschiedenen Windows-Versionen) zahlreiche Scripts mit. Es ist nicht verboten, sich dort Scripting-Lösungen abzuschauen.

Web User Interface
Ein sehr schönes Anschauungsobjekt ist die mit dem Windows Server 2003 mitgelieferte webbasierte Administrationsschnittstelle. Eine Installationsoption beim IIS 6.0 ist das „Web User Interface for Microsoft Windows Server", mit dem viele Bereiche des Windows-Betriebssystems aus dem Browser heraus administriert werden können.

Microsoft Server Appliance
Der interne Name der Gesamtanwendung ist *Microsoft Server Appliance*. Die Webanwendung (klassisches ASP, nicht ASP.NET) basiert auf WMI, ADSI, der DiskQuota-Komponente und einer Reihe spezieller Komponenten. WMI wird um einige Klassen erweitert (`Microsoft_SA_...`).

Einige Funktionen der Webschnittstelle (z.B. Festplattenverwaltung und Datensicherungssteuerung) sind jedoch nicht wirklich webbasiert, sondern der Hyperlink führt zu einem Terminal Server-Fenster, in dem das entsprechende MMC-Snap-In bzw. die entsprechende Anwendung gestartet wurde.

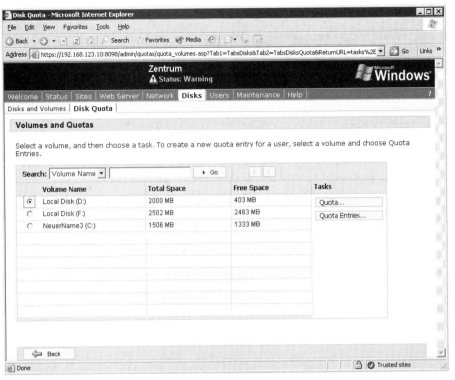

Bild 19.63
Webbasierte Administrationsschnittstelle im Windows Server 2003

Schritt 2.4: Dokumentation lesen Wenn Sie nun am liebsten direkt losprogrammieren möchten, anstatt Dokumentationen zu lesen, dann sind Sie keineswegs allein. Die Abneigung gegen das Dokumentationsstudium zieht sich durch alle Altersgruppen von Softwareentwicklern. Auch wenn es inzwischen eine starke Vereinheitlichung beim Aufbau und Vorgehen gibt, werden Sie doch in der Regel Zeit sparen, wenn Sie die Dokumentation zumindest überfliegen, bevor Sie die erste Zeile kodieren. Verschaffen Sie sich einen Überblick über den Aufbau der Dokumentation, und suchen Sie allgemeine Erläuterungen zur Arbeitsweise der Komponente. Wenn die Dokumentation Codebeispiele enthält, dann freuen Sie sich darüber, Ihre ersten Gehversuche mit diesen Beispielen bestreiten zu können. Bei Microsoft können Sie nach Codebeispielen im MSDN Code Center [MCC00] suchen.

Dokumentation

In einigen Fällen (gerade bei Funden auf der eigenen Festplatte) werden Sie keine Dokumentation zur Komponente zur Hand haben. Suchen Sie in diesem Fall zunächst nach einer Hilfedatei. Diese können Sie häufig anhand des Namens, des Standorts (im selben oder benachbarten Verzeichnis) oder anhand des Eintrags HELPDIR im Registrierungsdatenbankeintrag einer Typbibliothek lokalisieren. Oft ist aber gar keine Hilfedatei vorhanden. Schauen Sie dann in die MSDN-Entwicklerbibliothek, und suchen Sie auf der Microsoft Homepage.

Suche nach Hilfedateien

Manchmal werden Sie aber gar keine Dokumentation finden. Schöpfen Sie in diesem Fall das Internet als Quelle aus: Suchen Sie nicht nur in Newsgroups, sondern über das ganze Web. Nicht nur PC-Zeitschriften berichten über undokumentierte Komponenten, sondern auch eifrige Anwender stellen ihre Erkenntnisse in solchen schweren Fällen besonders gerne auf ihre Homepage.

Hilfe aus dem Internet

Kapitel 19 Fortgeschrittene Active Scripting-Techniken

Viele Komponenten werden Sie mit den in diesem Buch vorgestellten Werkzeugen und Vorgehensmodellen auch ohne Dokumentation zu einem befriedigenden Grad erkunden können. Manche Feinheiten und Tricks bleiben allerdings ohne eine gute Dokumentation verborgen.

Testcodierung

Schritt 2.5: Schrittweise Testcodierung Wenn Sie Beispielprogramme zur Hand haben, dann sollten Sie zuerst versuchen, diese zum Laufen zu bringen. Fangen Sie aber mit den einfacheren Beispielen an. Wenn Sie Code in den Beispielen nicht verstehen, dann sollten Sie – genau wie in diesem Buch an vielen Stellen vorgemacht – die Objekthierarchie einer Komponente schrittweise vom Stammobjekt herab erkunden. Geben Sie sich zuerst damit zufrieden, die Objekthierarchie anhand der Objektnamen auszugeben. Gehen Sie dann zu den weiteren Eigenschaften der Objekte über. Erst danach testen Sie die Methoden und die Möglichkeiten, die Objekthierarchie zu verändern. Gerade bei großen Objektmodellen, bei denen Sie auf bestimmte Äste der Objekthierarchie fokussieren müssen, sollten Sie Ihre konkrete Problemstellung bei der Auswahl Ihrer Testcodierungen im Hinterkopf behalten.

Zu einzelnen Attributen und Methoden einen kurzen Blick in die Dokumentation zu werfen, ist effizienter als das eigene Herumprobieren.

Studium der Dokumentation

Schritt 2.6: Ausführliches Studium der Dokumentation Nach einigen erfolgreichen und einigen sicherlich erfolglosen Gehversuchen mit den neuen Komponenten sollten Sie sich nun noch einmal viel Zeit nehmen, die Dokumentation (sofern vorhanden) intensiv zu lesen. Wenn keine Dokumentation vorhanden ist, recherchieren Sie im Interne,t und werfen Sie die Codebeispiele, die nicht funktionieren, in die Runde der passenden Newsgroups.

Unterschätzen Sie die Bedeutung dieser Phase für das Gelingen eines Automatisierungsprojekts nicht. Nachdem Sie erste Testcodierungen unternommen haben, werden Sie die Quellen mit ganz anderen Augen lesen.

Implementierung

Schritt 2.7: Implementierung Sofern Sie die bisherigen Schritte nicht nur aus allgemeinem Interesse, sondern aufgrund einer bestimmten Problemstellung durchlaufen haben, ist nun endlich der Zeitpunkt gekommen, mit der Codierung der Lösung zu beginnen.

Natürlich werden Sie in dieser Phase auch immer wieder auf die Dokumentation bzw. auf Internetquellen zurückgreifen müssen. Vielleicht sind Sie auch in der glücklichen Lage, einen Support-Vertrag mit dem Hersteller der Komponente zu haben, wobei diese Möglichkeit nicht immer schneller zum Ziel führt als eine Frage in der Internetgemeinde.

Schritt 2.8: Versionen prüfen Nicht nur mit jeder Version von Windows, sondern auch mit vielen Anwendungen wie Internet Explorer, Microsoft Office und Visual Studio/ Visual Studio .NET liefert Microsoft aktualisierte und zum Teil erweiterte Versionen von Komponenten aus. Wenn Sie ein Script entwickeln, das nicht auf einem zentralen Computer, sondern auf verschiedenen (dezentralen) Computern mit unterschiedlichen Softwareinstallationen (im klassischen Fall also alle Ihre Clients) laufen muss, dann sollten Sie sich informieren, welche Versionen der von Ihnen verwendeten Komponenten Sie dort erwarten dürfen.

Eine Hilfe dabei bietet die Microsoft DLL-Datenbank, die Sie im Internet unter [MSD02] **Microsoft**
finden. Dort können Sie den Namen einer DLL eingeben, und Sie erhalten eine Liste der **DLL-Daten-**
im Umlauf befindlichen Version der DLL. Ein Link führt zu Detailinformationen, zu **bank**
denen die enthaltenen COM-Klassen sowie eine Liste der Microsoft-Produkte gehören,
mit denen die DLL in der ausgewählten Version ausgeliefert wurde.

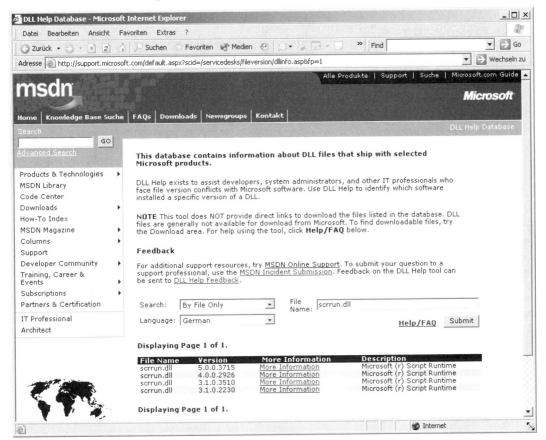

Bild 19.64: Liste der im Umlauf befindlichen Versionsnummern der scrrun.dll (Scripting Runtime-Komponente)

Leider nicht in der DLL-Datenbank gelistet werden Vorabversionen (Technical Previews, Beta-Versionen und Release Candidates).

HINWEIS: Leider muss der Autor dieses Buchs bei der Aktualisierung auf die 6. Auflage feststellen, dass Microsoft die DLL-Datenbank nicht mehr wartet. Enthalten sind weder Windows Server 2003 noch Vista, Windows 7 und Windows Server 2008. Damit ist die Datenbank inzwischen fast wertlos.

Wenn Sie genau wissen wollen, welche DLLs auf den einzelnen Systemen installiert sind, können Sie die Scripting Runtime-Komponente dazu nutzen, die einzelnen Computer zu scannen. (Die Methode `GetFileVersion()` liefert die Versionsnummer einer DLL, siehe Kapitel 10.2.2.)

Kapitel 19 Fortgeschrittene Active Scripting-Techniken

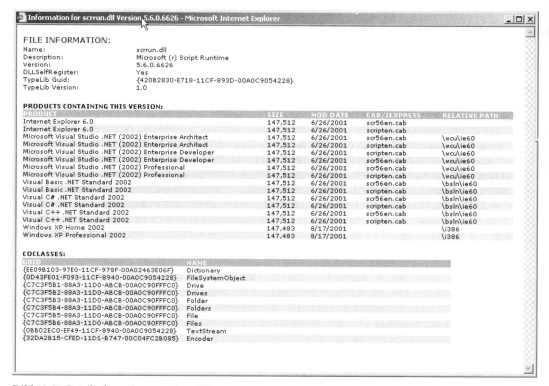

Bild 19.65: Detailinformationen zu einer DLL

20 Fallbeispiele

Dieses Kapitel liefert Ihnen einige ausführliche Beispiele zur Automatisierung administrativer Aufgaben auf Basis von Scripts und COM-Komponenten. Die vorgestellten Fallbeispiele zeichnen sich durch das Zusammenspiel mehrerer verschiedener COM-Komponenten aus. Während die ersten beiden Beispiele den WSH nutzen, finden Sie im Folgenden jeweils ein Beispiel für den Exchange Scripting Agent, ASP und den Internet Explorer. Fallbeispiel 10 skizziert die Entwicklung eines eigenen Scripting Host mit Visual Basic 6.

> Der – zum Teil umfangreiche – Scriptcode ist aus Platzgründen nur in Ausschnitten im Buch abgedruckt, aber komplett auf der Buch-CD-ROM im Verzeichnis /code/fallbeispiele enthalten.

20.1 ADS-Organisationsstrukturwerkzeug

20.1.1 Aufgabenstellung

Das Finden der „richtigen" Organisationsstruktur ist oftmals ein Politikum beim Aufbau einer Active Directory-Infrastruktur. Benötigt wird ein Instrument, mit dem man eine umfangreiche Hierarchie von Organisationseinheiten auf einfache Weise definieren und mit dessen Hilfe man die Organisationseinheiten nachher schnell implementieren kann.

```xml
OUStruktur.xml
1  <?xml version="1.0" encoding="utf-8" ?>
2  <OUStruktur>
3    <OU Name="Firma">
4     <OU Name="Europa">
5      <OU Name="Deutschland">
6       <OU Name="NRW">
7        <OU Name="Essen">
8        </OU>
9         <OU Name="Kleve">
10        </OU>
11      </OU>
12      <OU Name="Brandenburg">
13       <OU Name="Berlin">
14       </OU>
15      </OU>
16      <OU Name="Bayern">
17       <OU Name="München">
18       </OU>
19      </OU>
20     </OU>
21     <OU Name="Frankreich">
22     </OU>
23     <OU Name="Italien">
24     </OU>
25    </OU>
26    <OU Name="Asien">
27    </OU>
28    <OU Name="Afrika">
29    </OU>
30   </OU>
31  </OUStruktur>
```

Bild 20.1
Eine XML-Datei definiert eine Hierarchie von Organisationseinheiten

Kapitel 20 **Fallbeispiele**

Für hierarchische Daten hat sich der XML-Standard inzwischen durchgesetzt. Die nächste Abbildung zeigt, wie man eine Organisationsstruktur in XML-Form definieren könnte. XML-Werkzeuge, mit denen man XML-Dokumente schnell und einfach erstellen bzw. verändern kann, gibt es wie Sand am Meer.

Wenn man eine solche Hierarchie einmal definiert hat, liegt es nahe, ein Script zu verwenden, das diese Hierarchie automatisch in das Active Directory einfließen lässt.

20.1.2 Lösung

Das Script ist trotz seiner Mächtigkeit überschaubar. Neben dem Active Directory Service Interface kommt eine weitere Scripting-Komponente, das Microsoft XML Document Object Model (MSXML), zum Einsatz, um die XML-Datei zu lesen. Durch rekursive Programmierung (die Routine ParseXMLDokument() ruft sich immer wieder selbst auf, wenn es noch eine Unterebene gibt) kann man das Script sehr prägnant halten.

Listing 20.1
Anlegen einer hierarchischen OU-Struktur aus einer XML-Datei

```
Option Explicit

Const WURZEL = "LDAP://E03/dc=IT-Visions,dc=local"
Const DATEI = "h:\W2M_Scripting6_OU\Scripte\OUStruktur.xml"

' Deklaration der Variablen
Dim XMLDokument
Dim wurzelknoten

' Erzeugen des Verweises auf MSXML
Set XMLDokument = CreateObject("Msxml2.DOMDocument")
' Asynchrones Laden ausschalten
XMLDokument.async = False
' Datei laden
XMLDokument.load(DATEI)
WScript.Echo "Dokument geladen"
If XMLDokument.parseError.reason <> "" Then MsgBox XMLDokument.parseError.reason,
,"Fehler"
' Wurzel-Knoten auswählen
Set wurzelknoten = XMLDokument.selectSingleNode("OUStruktur")
' Durchlauf starten bei Wurzel
ParseXMLDokument 0, wurzelknoten, WURZEL


' --- Alle Kind-Knoten durchlaufen
Sub ParseXMLDokument(ByVal ebene, ByVal wurzelknoten, ByVal ouwurzel)
Dim OUKnoten, neuou
ebene = ebene + 1
For Each OUKnoten In wurzelknoten.Childnodes
WScript.echo "OU gefunden in XML-Datei: " & Space(ebene) &
OUKnoten.getAttribute("Name")
neuou = OUAnlegen(ouwurzel,OUKnoten.getAttribute("Name"))
ParseXMLDokument ebene, OUKnoten, neuou ' Rekursion
Next
End Sub

' --- OU anlegen
Function OUAnlegen(Vater,OUName)

Dim Domain, OrgEinheit
```

ADS-Organisationsstrukturwerkzeug

```
' Verweis auf die bestehende OU holen
Set Domain = GetObject(Vater)
' Neue OU anlegen
Set OrgEinheit = Domain.Create("organizationalUnit", "OU=" & OUName)
' Beschreibung setzen
OrgEinheit.Description = "Angelegt mit dem Script von Holger Schwichtenberg!"
' Werte festschreiben
OrgEinheit.SetInfo
' Ausgabe
WScript.Echo "OU wurde angelegt:" & OrgEinheit.ADsPath
OUAnlegen = OrgEinheit.ADsPath
End Function
```

Bild 20.2
Ablauf des Script

Bild 20.3
Das Ergebnis des Script im Active Directory

Kapitel 20 **Fallbeispiele**

20.2 Massenbenutzerimport

20.2.1 Aufgabenstellung

Windows ist „schön", wenn man einen Benutzer pro Woche einrichten muss. Aber Windows ist nicht „schön", wenn man 100 Benutzer pro Tag einrichten muss. Das ist fast schon ein klassisches Motivationsbeispiel für die Windows-Automatisierung. *BulkUserInsert* ist ein WSH-Script, das Benutzerkonten auf Basis einer Datenbanktabelle anlegt:

Funktionen
- Das Script arbeitet sowohl mit NT 4.0 und lokalen Windows 2000/XP/Vista/7/2008-Benutzern als auch im Active Directory.
- Sie können einstellen, ob ein vorhandener Benutzer gleichen Namens im Container vorher gelöscht werden soll.
- Das Script speichert, wann ein Benutzer angelegt wurde.

> Die Option, das vorhandene Konto vorher zu löschen, ist nützlich, um in Test- oder Übungsumgebungen regelmäßig „reinen Tisch" zu machen. Sie sollten diese Option aber keineswegs auf produktive Benutzerkonten anwenden, denn durch Löschen und Neuanlegen unter gleichem Namen ändert sich der Security Identifier (SID) des Benutzers. Dadurch verliert der Benutzer alle seine bestehenden Benutzerrechte auf Ressourcen.

Datenbank Die Datenbank (hier eine Access-Datenbank, aber dank der OLEDB-Provider-Technologie leicht durch eine andere Datenbank auswechselbar) enthält eine Tabelle *Users*, in der neben dem gewünschten Kontonamen auch benutzerbezogene Angaben wie Vor- und Nachname sowie eine Beschreibung gespeichert sind. Zu jedem Benutzer einzeln angegeben werden kann auch, in welchem Container der Benutzer angelegt werden soll. Sie können als Container sowohl einen WinNT-ADSI-Pfad als auch einen LDAP-ADSI-Pfad für ein Active Directory angeben. Im ersten Fall muss der Pfad immer ein Domänen- oder Computername sein. Im zweiten Fall ist jeder beliebige Container im Active Directory erlaubt.

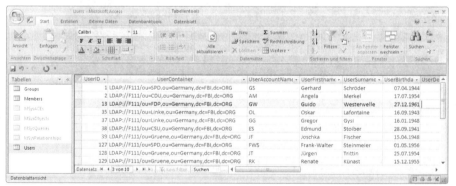

Bild 20.4 Bildschirmabbildung der Users-Tabelle aus der Users.mdb.

20.2.2 Lösung

BulkUserInsert ist ein Script für den Windows Script Host (WSH). Es verwendet folgende Komponenten:

Verwendete Techniken und Komponenten

- *ADO*: Lesen und Beschreiben der *Users*-Tabelle
- *ADSI*: Anlegen und Löschen von Benutzern
- *WindowsScripting*: ADSI-Hilfsroutinen und Schreiben der Protokolldatei

Dabei ist die Windows-Scripting-Komponente wieder von der *Scripting Runtime Library* abhängig.

Konfiguration Das Script besitzt einige Konstanten zur Konfiguration, die im Quelltext des Script gesetzt werden:

- Sie können dem Script über eine Konstante im Quellcode einen Standardcontainer mitgeben, in dem Benutzer ohne explizite Angabe eines Containers in der *Users*-Tabelle erstellt werden sollen.
  ```
  Const DEFAULT_CONTAINER = "LDAP://XFilesServer02/OU=test,dc=FBI, dc=org"
  ```
- Das Script benötigt den Pfad zur Datenbank.
  ```
  Const CONNSTRING = "Provider=Microsoft.Jet.OLEDB.4.0;Data Source=D:\buch\data\users.mdb;"
  ```
- Das Script benötigt ein SQL-Statement, das die *Users*-Tabelle ausliest.
  ```
  Const SQL = "SELECT * FROM users"
  ```
  Hierdurch können Sie die Benutzermenge einschränken und beispielsweise solche Benutzer ausnehmen, die bereits zu einem früheren Zeitpunkt angelegt wurden.
- Mit der Konstante OVERWRITE können Sie einstellen, ob vorhandene Benutzer gelöscht werden sollen.
  ```
  Const OVERWRITE = True
  ```
- Sie können einen Pfad zu einer Protokolldatei angeben.
  ```
  Const LOGFILE = "d:\buch\bulkinsertlog.txt"
  ```
- Für alle Benutzer, für die kein Kennw1ort in der Tabelle angegeben ist, können Sie ein Standardkennwort angeben.
  ```
  Const DEFAULT_PASSWORD = "egal"
  ```

Unterroutinen BulkUserInsert besitzt neben einigen kleinen Hilfsroutinen nur eine große Funktion: CreateUser() legt einen neuen Benutzer in einem angegebenen Container an. Dabei kann der Container sowohl ein WinNT-Container als auch ein Active Directory-Container sein. Die Routine liefert im Erfolgsfall einen Zeiger auf den angelegten Benutzer zurück, so dass weitere Eigenschaften gesetzt werden können.

Scriptablauf Das Script durchläuft folgende Schritte:

- Das Script erzeugt die notwendigen Instanzen der verwendeten COM-Klassen und baut die Datenbankverbindung auf.
- In einer Schleife werden alle Datensätze durchlaufen.
- Sofern in der Datenbank Werte für den Container und/oder das Passwort angegeben waren, werden die Standardwerte überschrieben.
- Für jeden anzulegenden Benutzer wird CreateUser() aufgerufen.
- Innerhalb von CreateUser() wird zunächst geprüft, ob der Benutzer bereits existiert. Wenn der Benutzer existiert und der Überschreibungsmodus eingeschaltet ist, wird der Benutzer gelöscht. Sonst liefert die Funktion *Nothing* an das Hauptprogramm

Kapitel 20 Fallbeispiele

zurück. Beim Anlegen eines vorher nicht vorhandenen oder gelöschten Benutzers unterscheidet die Funktion anhand der Protokollangabe im Moniker-Pfad zwischen WinNT und AD. Berücksichtigt werden muss insbesondere das AD-Pflichtattribut SAMAccountName.

- Die Hauptroutine setzt nach erfolgreicher Rückkehr das Kennwort.
- Danach werden die aktuelle Zeit und die SID des Benutzers in die Datenbank geschrieben.

> Alle Schritte werden mit Hilfe von WriteTo() aus der Klasse WindowsScripting.Util in einer Datei dokumentiert.

Code **Dokumentation des Scriptcodes** Der Programmcode ist – nach der Lektüre der ADSI-Beispiele in Kapitel 18 – unspektakulär. Hier abgedruckt ist nur der Teil, der zwischen den beiden Verzeichnisdiensten unterscheidet.

Listing 20.2
PutNoEmpty()
setzt einen Wert nur, wenn dieser nicht NULL ist.

```
' -- Bindung an Container
Set c = GetObject(container)
' -- Erzeugung des neuen Benutzers
Set u = c.Create("user", rdn)
If Err.Number <> 0 Then ehandler
' -- Attribute setzen
If Not WinNT Then u.Put "samAccountName", CStr(un)
PutNoEmpty u, "Description", desc
If WinNT Then
    PutNoEmpty u, "fullname", firstname & " " & surname
Else
    PutNoEmpty u, "Givenname", firstname
    PutNoEmpty u, "sn", surname
End If
u.SetInfo
Ausschnitt aus CreateUser()
Sub PutNoEmpty(obj, attr, wert)
If Not IsNull(wert) Then
    obj.Put attr, CStr(wert)
End If
End Sub
```

20.3 Login-Script

20.3.1 Aufgabenstellung

Aufgaben Das hier beschriebene Anmeldescript erfüllt folgende Aufgaben:
- Test, ob bestimmte COM-Klassen instanziierbar sind
- Installation von COM-Komponenten, die als einzelne DLLs vorliegen
- Leeren des *Temp*-Verzeichnisses
- Erstellung von Symbolen auf dem Desktop und im Startmenü
- Verbinden von Netzlaufwerken
- Verbinden eines Druckers
- Speicherung der Anmeldezeit in einer zentralen Datenbank

20.3.2 Lösung

Das Login-Script ist ein WSH-Script. Das Script verwendet folgende Komponenten:

- *ADO*: Speicherung der Anmeldezeiten in einer Datenbank
- *Scripting Runtime Library bzw. FSO*: Auslesen der Konfigurationsdateien, Protokollierung, Erstellung der Symbole, Leeren des *Temp*-Verzeichnisses
- *WSH Runtime Library*: Auslesen von Systeminformationen, Erstellung der Laufwerksverknüpfungen

COM-Komponenten

> Das Script verwendet die folgenden Funktionsbibliotheken:
> - WS_vbWSHLIB
> - WS_scriptLIB

Funktionsbibliotheken

Zur Registrierung der Komponenten wird *RegSvr32.exe* verwendet, das mit Hilfe der WSH Runtime gestartet wird.

regsvr32

Unterroutinen Protocol() schreibt das Anmeldeprotokoll in die Datenbank. Die Funktion DriveLetter Used(driveletter) testet, ob ein Laufwerksbuchstabe bereits in Benutzung ist. Die Routine MapTo(letter, pfad) verbindet ein Netzlaufwerk. In StartComChecker(pfad) werden die in der übergebenen Datei enthaltenen ProgIDs auf ihre Instanziierbarkeit hin überprüft. StartRegister(pfad) registriert alle in dem angegebenen Verzeichnis enthaltenen Komponentendateien einzeln mit Hilfe der Routine Register(Quelle,Ziel). Clear(strDir) löscht rekursiv alle Dateien und Unterordner eines Verzeichnisses. Dagegen stellt Remove(datei) sicher, dass die angegebene Datei nicht existiert. Dies wird verwendet, um die Protokolldatei zu Beginn zu löschen.

Konfiguration Im Script selbst soll nur ein Parameter gesetzt werden: der Pfad zu einer Datei, in die das Log geschrieben werden soll. Dies wird über die Konstante LOGDATEI im Script selbst festgelegt. Es ist vorgesehen, dass das Log in das Wurzelverzeichnis von Laufwerk *c:* geschrieben wird, da dies immer existieren sollte.

Protokolldatei

Alle weiteren Informationen soll das Script vom Anmeldeserver beziehen, um diese Daten zwischen verschiedenen Nutzergruppen variieren zu können. Der Anmeldeserver soll eine Freigabe *login* enthalten, in der folgende Daten gespeichert sind:

- Das Verzeichnis *cominstall* enthält die zu installierenden Komponenten.
- Die Verzeichnisse *desktop* und *startmenü* enthalten die Verknüpfungen, die in die Benutzeroberfläche eingetragen werden sollen.
- Die Datei *Klassen.txt* enthält die zu überprüfenden ProgIDs.
- Die Datenbank *login.mdb* dient als zentraler Speicher der Anmeldezeiten.

Konfigurationsdateien auf dem Anmeldeserver

Scriptablauf Das Hauptprogramm durchläuft folgende Schritte:

- Zunächst werden die notwendigen Instanzen von Scripting.FileSystemObject, WScript.Network und WScript.Shell erzeugt, ohne die das Script nicht arbeiten kann.
- Danach werden mit Hilfe von WSHShell der Anmeldeserver, das System-, das Startmenü- und das Desktop-Verzeichnis des angemeldeten Benutzers ermittelt. Auf dieser Basis werden die Pfade zu den Konfigurationsverzeichnissen und -dateien zusammengesetzt.
- Im Hauptteil werden zunächst nacheinander StartComChecker und StartRegister aufgerufen.
- Anschließend werden die Startmenü- und Desktop-Verzeichnisse vom Anmeldeserver kopiert, um die Existenz bestimmter Symbole sicherzustellen.
- Danach werden die Netzlaufwerke verbunden und das Verzeichnis *c:\temp* gelöscht.
- Zum Schluss wird der Eintrag in die Anmeldedatenbank durchgeführt.

Ablauf des Hauptprogramms des Login-Script

Kapitel 20 Fallbeispiele

Umgebungs-daten

Dokumentation des Scriptcodes Besonders interessant an diesem Script sind die Ermittlung der Daten über die Umgebung, in der eine Fallunterscheidung zwischen NT- und 9x-basierten Systemen stattfinden muss, die Registrierung der COM-Komponenten mit *RegSvr32.exe* sowie das Säubern des *Temp*-Verzeichnisses.

Listing 20.3
Ausschnitt aus der Hauptroutine des Login-Script

```
' --- Ermittlung der Umgebungsinformationen
Set WSHProcessEnvironment = WSHShell.Environment("Process")
LogonServer = WSHShell.ExpandEnvironmentStrings("%LOGONSERVER%")
Dir_Win = WSHProcessEnvironment("windir")
OS = WSHProcessEnvironment("OS")
Dir_Startmenu = WSHShell.SpecialFolders.Item("Favorites")
Dir_Desktop = WSHShell.SpecialFolders.Item("Desktop")
' -- Fallunterscheidung
If OS = "Windows_NT" Then
    Dir_System = Dir_Win & "\system32\"
Else
    Dir_System = Dir_Win & "\system\"
End If
'---Zusammensetzen der Pfade
NETDIR = LogonServer & "\daten\loginScript\"
CONNSTRING = "Provider=Microsoft.Jet.OLEDB.4.0;Data Source=" & _
NETDIR & "login.mdb;"
COMLISTE = NETDIR & "klassen.txt"
COMINSTALL = NETDIR & "cominstall\"
```

Komponenten registrieren

Register() prüft zunächst, ob die Komponentendatei nicht schon vorhanden ist. In diesem Fall geht das Script davon aus, dass die Komponente auch richtig registriert ist, und tut nichts weiter. Andernfalls wird die angegebene Quelldatei in das Ziel kopiert und durch den Aufruf von *RegSvr32.exe* registriert.

Listing 20.4
Diese Hilfsroutine kopiert und registriert Komponenten.

```
Sub Register(Quelle,Ziel)
If FSO.FileExists(Ziel) Then Exit Sub
If FSO.FileExists(Quelle) Then
    FSO.CopyFile Quelle, Ziel
    WSHShell.Run Dir_System & "regsvr32 /s " & Ziel, 0, True
    say "Komponente " & Ziel & " registriert!"
End If
End Sub
```

Verzeichnis leeren

Clear() leert ein Verzeichnis. Die Fehlertoleranz ist für den Fall eingebaut, dass Dateien in Benutzung sind und nicht entfernt werden können.

Listing 20.5
Rekursives, fehlertolerantes Löschen eines Verzeichnisses

```
Function clear(strDir)
Dim oF, oFO, oFO2
On Error Resume Next
Set oFO = FSO.GetFolder(strDir)
' Alle Dateien löschen
For Each oF In oFO.Files
   oF.Delete
Next
' Alle Unterordner löschen
For Each oFO2 In oFO.SubFolders
   clear oFO2.Path
   oFO2.Delete
Next
End Function
```

PowerShell

Im Buchteil C lernen Sie die Windows PowerShell kennen. Als Grundlage wird zunächst das Microsoft .NET Framework behandelt. Danach folgt die Vorstellung von PowerShell-Konzepten und -Werkzeugen. Die letzten beiden Kapitel enthalten Anwendungsbeispiele für die Systemadministration mit der PowerShell.

21	.NET Framework	931
22	PowerShell-Basiswissen	939
23	PowerShell-Aufbauwissen	1063
24	PowerShell im Einsatz	1147

21 .NET Framework

Die PowerShell ist angetreten, vom Administrator weniger Kenntnisse in Objektorientierung und Software-Komponenten zu verlangen, als dies der Vorgänger Windows Script Host (WSH) tat. Tatsächlich kann man in der PowerShell viel erreichen, ohne sich mit dem zugrunde liegenden .NET Framework zu beschäftigen. Dennoch: Wer alle Möglichkeiten der PowerShell nutzen will, braucht dann aber doch etwas Verständnis für objektorientiertes Programmieren und Erfahrung mit dem .NET Framework.

Das Microsoft .NET Framework ist ein extrem komplexes Gebilde. Zum Versionsstand 3.5 besteht es aus rund 10.000 Klassen, es gibt mehr als 40 Programmiersprachen und weit mehr als 1000 Werkzeuge und Erweiterungen von Drittanbietern. Die Dokumentation umfasst mehr als schätzungsweise 500.000 Seiten, und eine seriöse Schulung dauert mindestens sechs Wochen. Jeglicher Versuch, hier auf drei Seiten .NET erklären zu wollen, ist zum Scheitern verurteilt. Dieses Buch kann hier nur einige Begriffe in den Raum werfen, die Erinnerungen an bekannte Konzepte aus Java oder anderen objektorientierten Hochsprachen wecken.

10.000 Klassen

Eine kompakte Einführung in .NET auf rund 800 Seiten finden Sie vom gleichen Autor in [SCH07].

21.1 Was ist das .NET Framework?

Das .NET Framework ist eine plattformunabhängige und programmiersprachenunabhängige Softwareentwicklungsplattform mit Unterstützung für die Programmierparadigmen:

- Objektorientierung (OOP)
- Komponentenorientierung (COP)
- Serviceorientierung (SOA)

Plattformunabhängig bedeutet, dass .NET-Anwendungen ohne Neukompilierung auf jedem Prozessor und jedem Betriebssystem laufen können. .NET-Anwendungen liegen normalerweise nicht in Maschinencode, sondern in einem neutralen Zwischencode (Common Intermediate Language – CIL) vor. CIL wird erst zur Laufzeit durch den Just-In-Time-Compiler der .NET-Laufzeitumgebung (Common Language Runtime – CLR) in plattformspezifischen Maschinencode verwandelt.

Common Intermediate Language

Programmiersprachenunabhängig bedeutet, dass .NET-Anwendungen in einer Vielzahl verschiedener Programmiersprachen geschrieben werden können. Die Sprachcompiler müssen sich dazu lediglich an Regelwerke halten, die Common Type System (CTS) und Common Language Specification (CLS) heißen. Innerhalb einer Anwendung können verschiedene Programmiersprachen gemischt werden.

Common Type System

Kapitel 21 .NET Framework

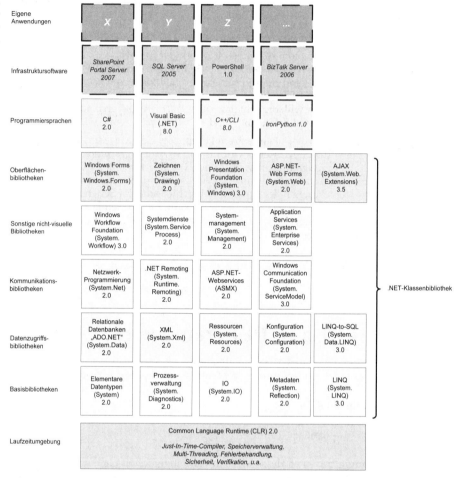

Bild 21.1 Wichtige Bausteine und Abstraktionsebenen des .NET Frameworks

- **Beliebige Anwendungstypen** — **Software-Entwicklungsplattform** bedeutet, dass .NET zur Entwicklung von Software eingesetzt wird. Mit .NET kann man fast alle Arten von Software (Konsolenanwendungen, grafische Desktop-Anwendungen, Webanwendungen, Dienste) entwickeln. Ausgenommen sind Betriebssystemtreiber.
- **Klassen und Objekte** — **Objektorientierung** bedeutet, dass das .NET Framework konsequent die Konzepte *Klasse*, *Objekt*, *Schnittstellen* und *Vererbung* einsetzt. Objekte sind Instanzen von Klassen. Klassen erben von anderen Klassen. Klassen haben Schnittstellen, die sie an ihre Instanzen weitergeben. Eine Klasse bzw. Schnittstelle besteht aus Attributen (Daten), Methoden (Operation) und Ereignissen.
- **Assembly** — **Komponentenorientierung** bedeutet, dass das .NET Framework die Zerlegung von Software in wiederverwendbare Bausteine unterstützt. Diese Bausteine heißen Assemblies und sind von außen betrachtet Bibliotheken (*.dll*) oder startbare Anwendungen (*.exe*).
- **Services** — **Serviceorientierung** bedeutet, dass das .NET Framework die Entwicklung verteilter Systeme (Verteilung von Programmcode auf mehrere Rechnersysteme) mit lose gekoppelten Diensten unterstützt.

Das .NET Framework ist der Nachfolger des Component Object Model (COM), wobei es mit diesem nicht mehr viel gemein hat. Das .NET Framework ist in weiten Teilen unter der Bezeichnung Common Language Infrastructure (CLI) bei der ECMA und der ISO standardisiert.

21.2 Weitere Eigenschaften des .NET Frameworks

Einige weitere Eigenschaften des .NET Frameworks sollen hier erwähnt werden:

Basiseigenschaften

- Die Ausführungsgeschwindigkeit von .NET-Anwendungen ist hoch trotz der Zwischensprache. Sie ist langsamer als in C++ geschriebene Anwendungen, aber weit schneller als Anwendungen, die mit Visual Basic 6.0 oder einer Skriptsprache wie VBScript geschrieben wurden.
- Mehrere Versionen des .NET Frameworks und mehrere Versionen einer in .NET geschriebenen Software können auf einem System (problemlos) koexistieren (Side-by-Side-Executing).
- Die Laufzeitumgebung entlastet den Programmierer, indem sie Routineaufgaben automatisch erledigt (z.B. Speicherbereinigung, Verifikation) bzw. mächtige Grundfunktionen bereitstellt (z.B. Multithreading, Fehlerbehandlung).
- Die .NET-Klassenbibliothek stellt viele Funktionen bereit und ist konsistenter aufgebaut als die bisherigen C++- und COM-basierten Bibliotheken.
- Das .NET Framework setzt XML-Dateien zur Konfiguration von Anwendungen ein. Der Einsatz der Registrierungsdatenbank ist verpönt.
- Viele .NET-Anwendungen können durch einfaches Kopieren der Programmdateien auf einem System betrieben („installiert") werden. Man spricht vom sogenannten *XCopy-Deployment*.
- Jede .NET-Assembly enthält zahlreiche Metadaten über die enthaltenen Klassen. Diese Metadaten können durch einen Mechanismus mit Namen *Reflection* ausgewertet werden.
- .NET-Anwendungen werden durch die Laufzeitumgebung in ihrem Wirken beschränkt (Sandkastenprinzip, vgl. Java). In vielen Fällen müssen zunächst explizite Sicherheitsfreigaben erfolgen.
- Schnittstellenverträge sind in .NET weniger streng, sodass Ergänzungen an Komponenten möglich sind und die Komponenten dadurch inkompatibel zu Software werden, die ältere Versionen einer Komponente verwendet.
- Das .NET Framework ist interoperabel zu anderen Plattformen: COM, C/C++ (Win32 API), XML-Webservices (Drittanbieter: Java, CORBA).

21.3 .NET-Klassen

Die PowerShell basiert auf .NET-Klassen. Ein Nutzer der PowerShell benötigt ein Grundwissen über den Aufbau von .NET-Klassen, wenn er die PowerShell optimal nutzen möchte.

21.3.1 Namensgebung von .NET-Klassen (Namensräume)

Namensräume
Klassen werden in .NET nicht mehr durch GUIDs, sondern durch Zeichenketten eindeutig benannt. Diese Zeichenketten sind hierarchische Namen (siehe Bild 21.1). Ein absoluter Klassenname besteht aus dem relativen Namen der Klasse und dem Namensraum (engl. Namespace). Ein Wurzelnamensraum (der Namensraum, der vorne steht im absoluten Klassennamen) kann auch Unternamensräume enthalten, sodass eine Namensraumhierarchie entsteht.

Bild 21.2 Beispiel für eine .NET-Klasse mit Namensraumhierarchie

Der relative Name muss nur innerhalb eines Namensraums eindeutig sein. Über alle Namensräume hinweg kann der Klassenname mehrfach vorkommen, denn der Namensraum ermöglicht im Zweifel die Unterscheidung. Dies ist vergleichbar mit Dateien und Ordnern in einem Dateisystem.

Wurzelnamensräume
Im .NET Framework können beliebig viele Namensraumhierarchien parallel existieren, denn es gibt nicht nur einen, sondern mehrere Wurzelnamensräume. Die .NET-Klassenbibliothek besitzt zwei Wurzelnamensräume: System und Microsoft. Die speziellen Klassen für die PowerShell befinden sich unterhalb von System.Management.Automation.

Im normalen Programmcode (C#, VB.NET etc.) wird eine Klasse über den absoluten Klassennamen oder – wenn der Namensraum vorher eingebunden wurde – über den relativen Klassennamen angesprochen. In der PowerShell muss immer der absolute Klassenname verwendet werden, da es keine Abkürzungsmöglichkeit gibt.

Da es keine zentrale Stelle gibt, die die Bezeichner für Namensräume vergibt, besteht grundsätzlich die Gefahr, dass es zu doppelten Typnamen kommt. Im Rahmen des CLI-Standards wurde deshalb folgende Notation festgelegt.

```
Firmenname.Technologiename
```

Beispiele:

```
Microsoft.Office
PowerSoft.PowerBuilder
Corel.CorelDraw
AddisonWesley.Scripting
```

Es ist auch üblich, den Internetdomänennamen in umgekehrter Reihenfolge zu verwenden, also z.B. com.Microsoft.Office oder de.AddisonWesley.Scripting.

Bild 21.3 Vergabe eines Namensraums

de.AddisonWesley.Scripting.Autor

(Namensraum / Klassenname)

Auch für die Namensgebung von Typen gibt es Regeln, die im CLI-Standard manifestiert sind. Für die Groß-/Kleinschreibung gilt grundsätzlich *PascalCasing*, d.h., ein Bezeichner beginnt grundsätzlich mit einem Großbuchstaben, und jedes weitere Wort innerhalb des Bezeichners beginnt ebenfalls wieder mit einem Großbuchstaben. Ausnahmen gibt es lediglich für Abkürzungen, die nur aus zwei Buchstaben bestehen. Diese dürfen komplett in Großbuchstaben geschrieben sein (z. B. UI und IO). Alle anderen Abkürzungen werden entgegen ihrer normalen Schreibweise in Groß-/Kleinschreibung geschrieben (z. B. Xml, Xsd und W3c).

Es gibt weitergehende Regeln, die aber weit über den Rahmen dieses Buchs hinausführen würden. Mehr erfahren Sie in [SCH07].

21.3.2 Namensräume und Software-Komponenten

Ein Namensraum ist eine Gruppierung von Klassen, die in Assemblies (Software-Komponenten) implementiert sind. Der Namensraum ist unabhängig von dem Namen der Assembly. Ein Namensraum kann in beliebig vielen Assemblies implementiert werden, ebenso wie jede Assembly Typen zu beliebig vielen verschiedenen Namensräumen beisteuern kann. In der nachstehenden Abbildung sind die vertikalen dreidimensionalen Kästen die Assemblies und die horizontalen flachen Kästen die Namensräume. Man sieht, dass System.IO in *System.dll* und *mscorlib.dll* implementiert ist, es also keine *System.IO.dll* gibt.

Hierarchien

Die Gruppierung, also die Auswahl der Typen, die zu einem Namensraum gehören, sollte nach logischen oder funktionellen Prinzipien erfolgen. Im Gegensatz dazu sollte die Zusammenfassung von Typen zu einer Assembly gemäß den Bedürfnissen zur Verbreitung der Klassen (engl. Deployment) erfolgen.

Ein Durchlaufen aller Namensräume auf einem System ist nicht ohne Weiteres möglich, weil es kein globales Verzeichnis aller Namensräume gibt. Dies würde eine Registrierung von Komponenten voraussetzen und daher dem Gedanken des *XCopy-Deployment* widersprechen. Möglich wäre aber die Suche nach *.dll-/.exe*-Dateien im Dateisystem und eine Einzelprüfung dieser DLLs darauf, ob sie Typen enthalten.

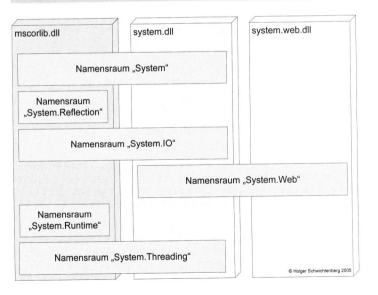

*Bild 21.4
Der Namensraum ist unabhängig vom Namen der Assembly.*

Kapitel 21 .NET Framework

Referenzierung Um die Klassen aus einem .NET-Namensraum nutzen zu können, muss die Assembly, die diesen Teil des Namensraums implementiert, in der Anwendung, die die Klasse nutzen möchte, eingebunden (referenziert) werden. Man erstellt Referenzen auf Assemblies, nicht auf Namensräume. Die PowerShell referenziert automatisch alle wichtigen Assemblies der .NET-Klassenbibliothek. Möchte man zusätzliche Assemblies (z.B. auch von Drittanbietern) nutzen, so muss man diese in die PowerShell einbinden. Im Zusammenhang mit der `System.Windows.Forms.dll` ist dies in Kapitel 24.18 gezeigt.

21.3.3 Bestandteile einer .NET-Klasse

Eine .NET-Klasse ist ein Typ im Sinne der objektorientierten Programmierung und besteht daher aus der Vereinigung von Daten und Operationen. Eine .NET-Klasse besteht aus fünf Arten von Mitgliedern: Attribute, Methoden, Ereignisse, Konstruktoren und maximal ein Destruktor.

Attribute ▷ Attribute

Attribute sind Datenmitglieder einer Klasse. Es gibt in .NET zwei Unterarten von Attributen: Felder (engl. Fields) und Eigenschaften (engl. Properties).

Field Fields sind Attribute, bei denen der Nutzer des Objekts direkt einen bestimmten Speicherplatz innerhalb des Objekts beschreibt. Er kann alle dem Datentyp des Feldes entsprechenden Werte in das Feld schreiben, ohne dass eine weitere Prüfung erfolgt.

Property Im Gegensatz dazu wird bei einer Property bei jedem Schreib- und Lesezugriff Programmcode ausgeführt, bei dem z.B. Prüfungen durchgeführt werden können. So kann der Gültigkeitsbereich auf beliebige Werte beschränkt werden. Zu einer Property gehört eine *Getter*-Methode (`Get`) und/oder eine *Setter*-Methode (`Set`). Wie und ob überhaupt die übergebenen Werte verarbeitet werden, ist in diesen Methoden zu implementieren. In der Regel gehört zu einem Property ein privates, also nur innerhalb des Objekts zugängliches Feld.

Indexer Aus der Sicht des Nutzers der Klasse gibt es fast keinen Unterschied zwischen Fields und Properties. Eine Property kann jedoch Parameter besitzen und wird dann *Indexer* (*indiziertes Attribut*) genannt. Der Lesezugriff sieht dann aus wie der Aufruf einer Methode:

```
element = collection.item(0)
```

Beim Schreibzugriff fällt allerdings schon auf, dass es sich nicht um eine Methode handelt, denn einer solchen könnte kein Wert zugewiesen werden:

```
collection.item(2) = "Guten Tag"
```

Ein Indexer kann als ein Array von Attributen betrachtet werden.

Methode ▷ Methoden

Methoden sind in Klassen implementierte Unterprogramme. Eine Klasse enthält in der Regel eine Implementierung zu den Methoden. Eine Klasse kann aber auch einzelne *abstrakte* Methoden (auch *virtuelle Methoden* genannt) besitzen oder aber komplett abstrakt (auch *rein virtuelle Klasse* genannt) sein. Eine abstrakte Klasse kann nicht instanziiert werden.

Ereignis ▷ Konstruktoren

Ein Konstruktor ist eine Unterroutine, die bei der Instanziierung der Klasse aufgerufen wird. Konstruktoren können Parameter haben, die bei der Instanziierung anzugeben sind.

▷ Destruktor
Jede Klasse kann einen Destruktor mit dem Namen `Finalize()` besitzen, der aufgerufen wird, bevor die automatische Speicherverwaltung die Instanz im Speicher freigibt.

▷ Ereignisse
Nutzer eines Objekts können ihr Interesse an von der Klasse definierten Ereignissen bekunden, indem sie dem Objekt einen Zeiger auf ein Unterprogramm übergeben, das das Objekt beim Eintritt bestimmter Bedingungen aufruft.

Destruktor

Mitglieder einer Klasse können den einzelnen Instanzen (Instanzmitglieder) und der Klasse selbst (Klassenmitglieder oder statische Mitglieder genannt) zugeordnet sein. Eine Klasse wird als statische Klasse bezeichnet, wenn sie nur statische Mitglieder besitzt. Statische Klassen und statische Mitglieder erfordern eine Sonderbehandlung in der PowerShell, die an gegebener Stelle erläutert werden wird.

Instanzmitglieder vs. Klassenmitglieder

21.3.4 Vererbung

.NET unterstützt (Einfach-)Vererbung zwischen Klassen, d.h., eine Klasse kann Mitglieder von maximal einer anderen Klasse übernehmen. Als Nutzer der PowerShell haben Sie zunächst wenig mit Vererbung zu tun, in der Dokumentation werden Sie aber auf Hinweise auf Vererbung stoßen.

21.3.5 Schnittstellen

.NET erlaubt die explizite Definition von Schnittstellen zur Entkopplung der Beschreibung der Mitglieder einer Klasse von der Implementierung dieser Mitglieder. Schnittstellen sind für den Nutzer der PowerShell nicht relevant. Wichtig ist nur, dass Sie wissen, dass man Schnittstellen nicht instanziieren kann mit dem PowerShell-Commandlet `New-Object`. Schnittstellen erkennt man an dem vorangestellten großen „I", z.B. IDataAdapter.

21.3.6 Dokumentation

Informationen zu den Klassen, mit denen die PowerShell arbeitet, finden Sie an folgenden Stellen:

▷ PowerShell-Dokumentation für den Namensraum `System.Management.Automation`
▷ .NET Framework Software Development Kit bzw. Windows Software Development Kit
▷ Produktspezifische Dokumentationen z.B. Exchange Server-Dokumentation

SDK

Die Dokumentation zeigt die verfügbaren Klassenmitglieder (Attribute, Methoden, Ereignisse, Konstruktoren) (siehe Bild 21.5). Destruktoren werden nicht dokumentiert.

Da die Dokumentation der .NET-Klassen für Entwickler geschrieben wurde, ist sie häufig zu detailliert für PowerShell-Entwickler. Leider ist derzeit noch keine für die Bedürfnisse von Administratoren angepasste Version absehbar.

Die englische Dokumentation ist der deutschen vorzuziehen, weil es in den deutschen Übersetzungen viele Übersetzungsfehler gibt, die das Verständnis erschweren.

Kapitel 21 .NET Framework

Die folgende Abbildung zeigt die Dokumentation der Klasse Process im Namensraum System.Diagnostics. In dem Baum links erkennt man die verschiedenen Arten von Mitgliedern: *Methoden* (Methods), *Eigenschaften* (Properties) und *Ereignisse* (Ereignisse).

*Bild 21.5
Ausschnitt aus der Dokumentation der .NET-Klasse System. Diagnostics. Process*

22 PowerShell-Basiswissen

Dieses Kapitel informiert über die Basiskonzepte der PowerShell, insbesondere Commandlets, Pipelines, Navigation und Skripte. Außerdem werden am Ende dieses Teils Werkzeuge vorgestellt.

22.1 Erste Schritte mit der Windows PowerShell

Das DOS-ähnliche Kommandozeilenfenster hat viele Windows-Versionen in beinahe unveränderter Form überlebt. Mit der Windows PowerShell (WPS) besitzt Microsoft nun endlich einen Nachfolger, der es mit den Unix-Shells aufnehmen kann und diese in Hinblick auf Eleganz und Robustheit in einigen Punkten auch überbieten kann. Die PowerShell ist eine Adaption des Konzepts von Unix-Shells auf Windows unter Verwendung des .NET Frameworks und mit Anbindung an die Windows Management Instrumentation (WMI).

22.1.1 Was ist die Windows PowerShell?

In einem Satz: Die Windows PowerShell (WPS) ist eine neue, .NET-basierte Umgebung für interaktive Systemadministration und Scripting auf der Windows-Plattform.

Die Kernfunktionen der PowerShell sind: *Kernfunktionen*

- Zahlreiche eingebaute Befehle, die „Commandlets" genannt werden.
- Zugang zu allen Systemobjekten, die durch COM-Bibliotheken, das .NET Framework und die Windows Management Instrumentation (WMI) bereitgestellt werden.
- Robuster Datenaustausch zwischen Commandlets durch Pipelines basierend auf typisierten Objekten.
- Ein einheitliches Navigationsparadigma für verschiedene Speicher (z.B. Dateisystem, Registrierungsdatenbank, Zertifikatsspeicher, Active Directory und Umgebungsvariablen).
- Eine einfach zu erlernende, aber mächtige Skriptsprache mit wahlweise schwacher oder starker Typisierung.
- Ein Sicherheitsmodell, das die Ausführung unerwünschter Skripte unterbindet.
- Integrierte Funktionen für Ablaufverfolgung und Debugging.
- Die PowerShell kann um eigene Befehle erweitert werden.
- Die PowerShell kann in eigene Anwendungen integriert werden (Hosting).

22.1.2 Geschichte

Das Active Scripting ist einigen Administratoren zu komplex, weil es viel Wissen über objektorientiertes Programmieren und das Component Object Model (COM) voraussetzt. Die vielen Ausnahmen und Ungereimtheiten im Active Scripting erschweren das Erlernen von Windows Script Host (WSH) und den zugehörigen Komponentenbibliotheken. *Von Active Scripting zu PowerShell*

Schon im Zuge der Entwicklung des Windows Server 2003 gab Microsoft zu, dass man Unix-Administratoren zum Interview über ihr tägliches Handwerkszeug gebeten hatte.

Kapitel 22 PowerShell-Basiswissen

Das kurzfristige Ergebnis war eine große Menge zusätzlicher Kommandozeilenwerkzeuge. Langfristig setzt Microsoft jedoch auf eine Ablösung des DOS-ähnlichen Konsolenfensters durch eine neue Scripting-Umgebung.

Mit dem Erscheinen des .NET Frameworks im Jahre 2002 wurde lange über einen WSH.NET spekuliert. Microsoft stellte jedoch die Neuentwicklung des WSH für das .NET Framework ein, als abzusehen war, dass die Verwendung von .NET-basierten Programmiersprachen wie C# und Visual Basic .NET dem Administrator nur noch mehr Kenntnisse über objektorientierte Softwareentwicklung abverlangen würde.

Microsoft beobachtete in der Unix-Welt eine hohe Zufriedenheit mit den dortigen Kommandozeilen-Shells und entschloss sich daher, das Konzept der Unix-Shells, insbesondere das Pipelining, mit dem .NET Framework zusammenzubringen und daraus eine .NET-basierte Windows Shell zu entwickeln. Diese ist so einfach wie eine Unix-Shell, aber kann so mächtig wie das .NET Framework sein.

In einer ersten Beta-Version wurde die neue Shell schon unter dem Codenamen „Monad" auf der Professional Developer Conference (PDC) im Oktober 2003 in Los Angeles vorgestellt. Nach den Zwischenstufen „Microsoft Shell (MSH)" und „Microsoft Command Shell" trägt die neue Skriptumgebung seit Mai 2006 den Namen „Windows PowerShell".

Erscheinungstermine
Die fertige Version der Windows PowerShell 1.0 ist am 14.11.2006 auf der TechEd Europe 2006 dem Markt übergeben worden. Die PowerShell 2.0 ist am 6.8.2009 als Bestandteil von Windows 7 und am 15.8.2009 als Bestandteil von Windows Server 2008 R2 erschienen. Zum Redaktionsschluss für dieses Buch gab es erst eine Vorabversion der PowerShell 2.0 für andere Betriebssysteme.

Der Reaktionsschluss für die Hauptteile dieses Buch war schon der 31.7.2009, sodass einige Buchteile die PowerShell-Version beschreiben, die in der letzten Vorabversion („Release Candidate") von Windows 7 und Windows Server 2008 R2 enthalten waren. Gegenüber der endgültigen Version sind kleine Änderungen möglich.

22.1.3 Eine Motivation

Softwareinventarisierung
Falls Sie eine Motivation brauchen, sich mit der PowerShell zu beschäftigen, wird dieses Kapitel eine liefern. Es stellt die Lösung für eine typische Scripting-Aufgabe sowohl in dem „alten" Windows Script Host (WSH) als auch in der „neuen" Windows PowerShell vor.

Zur Motivation, sich mit der Windows PowerShell zu beschäftigen, soll folgendes Beispiel aus der Praxis dienen. Es soll ein Inventarisierungsskript für Software erstellt werden, das die installierten MSI-Pakete mit Hilfe der Windows Management Instrumentation (WMI) von mehreren Computern ausliest und die Ergebnisse in einer CSV-Datei (*softwareinventar.csv*) zusammenfasst. Die Namen (oder IP-Adressen) der abzufragenden Computer sollen in einer Textdatei (*computernamen.txt*) stehen.

Die Lösung mit dem WSH benötigt 90 Codezeilen (inklusive Kommentare und Parametrisierungen). In der Windows PowerShell lässt sich das Gleiche in nur 13 Zeilen ausdrücken. Wenn man auf die Kommentare und die Parametrisierung verzichtet, dann reicht sogar genau eine Zeile.

```
' -----------------------------------
' Skriptname: Software_inventar.vbs
' Autor: Dr. Holger Schwichtenberg 2004-2007
' -----------------------------------
' Dieses Skript erstellt eine Liste
' der installierten Software
```

```vbscript
' Version 1.02 (28.1.2007)
' ----------------------------------------
Option Explicit

' --- Vorgabewerte
Const Trennzeichen = ";" ' Trennzeichen für Spalten in der Ausgabedatei
Const Eingabedateiname = "computernamen.txt"
Const Ausgabedateiname = "softwareinventar.csv"
Const Bedingung = "SELECT * FROM Win32_Product where not Vendor like '%Microsoft%'"

Dim objFSO' Dateisystem-Objekt
Dim objTX    ' Textdatei-Objekt für die Liste der zu durchsuchenden computer
Dim i  ' Zähler für Computer
Dim computer ' Name des aktuellen computers
Dim Eingabedatei' Name und Pfad der Eingabedatei
Dim Ausgabedatei' Name und Pfad der Ausgabedatei

' --- Startmeldung
WScript.Echo "Softwareinventar.vbs"
WScript.Echo "(C) Dr. Holger Schwichtenberg, http://www.Windows-Scripting.de"

' --- Global benötigtes Objekt
Set objFSO = CreateObject("Scripting.FileSystemObject")

' --- Ermittlung der Pfade
Eingabedatei = GetCurrentPfad & "\" & Eingabedateiname
Ausgabedatei = GetCurrentPfad & "\" & Ausgabedateiname

' --- Auslesen der computerliste
Set objTX = objFSO.OpenTextFile(Eingabedatei)

' --- Meldungen
WScript.Echo "Eingabedatei: " & Eingabedatei
WScript.Echo "Ausgabedatei: " & Ausgabedatei

' --- Überschriften einfügen
Ausgabe _
"computer" & Trennzeichen & _
"Name" & Trennzeichen & _
    "Beschreibung" & Trennzeichen & _
    "Identifikationsnummer" & Trennzeichen & _
    "Installationsdatum" & Trennzeichen & _
    "Installationsverzeichnis" & Trennzeichen & _
    "Zustand der Installation" & Trennzeichen & _
    "Paketzwischenspeicher" & Trennzeichen & _
    "SKU Nummer" & Trennzeichen & _
    "Hersteller" & Trennzeichen & _
    "Version"

' --- Schleife über alle computer
Do While Not objTX.AtEndOfStream
    computer = objTX.ReadLine
    i = i + 1
    WScript.Echo "=== Computer #" & i & ": " & computer

GetInventar computer
```

Kapitel 22 PowerShell-Basiswissen

```
      Loop

      ' --- Eingabedatei schließen
      objTX.Close
      ' --- Abschlußmeldung
      WScript.echo "Softwareinventarisierung beendet!"

' === Softwareliste für einen computer erstellen
Sub GetInventar(computer)

      Dim objProduktMenge
      Dim objProdukt
      Dim objWMIDienst

      ' --- Zugriff auf WMI
      Set objWMIDienst = GetObject("winmgmts:" &_
          "{impersonationLevel=impersonate}!\\" & computer &_
          "\root\cimv2")
      ' --- Liste anfordern
      Set objProduktMenge = objWMIDienst.ExecQuery _
          (Bedingung)
      ' --- Liste ausgeben
      WScript.echo "Auf " & computer & " sind " & _
      objProduktMenge.Count & " Produkte installiert."
      For Each objProdukt In objProduktMenge
          Ausgabe _
          computer & Trennzeichen & _
          objProdukt.Name & Trennzeichen & _
          objProdukt.Description & Trennzeichen & _
          objProdukt.IdentifyingNumber & Trennzeichen & _
          objProdukt.InstallDate & Trennzeichen & _
          objProdukt.InstallLocation & Trennzeichen & _
          objProdukt.InstallState & Trennzeichen & _
          objProdukt.PackageCache & Trennzeichen & _
          objProdukt.SKUNumber & Trennzeichen & _
          objProdukt.Vendor & Trennzeichen & _
          objProdukt.Version
      WScript.Echo     objProdukt.Name
      Next
End Sub

' === Ausgabe
Sub Ausgabe(s)
Dim objTextFile
' Ausgabedatei öffnen
Set objTextFile = objFSO.OpenTextFile(Ausgabedatei, 8, True)
objTextFile.WriteLine s
objTextFile.Close
'WScript.Echo s
End Sub

' === Pfad ermitteln, in dem das Skript liegt
Function GetCurrentPfad
GetCurrentPfad = objFSO.GetFile (WScript.ScriptFullName).ParentFolder
End Function
```

Listing 22.1: *Softwareinventarisierung – Lösung 1 mit dem WSH [Einsatzgebiete/Software/Software_Inverntory.vbs]*

Erste Schritte mit der Windows PowerShell

```
# Settings
$InputFileName = "computers.txt"
$OutputFileName = "softwareinventory.csv"
$Query = "SELECT * FROM Win32_Product where not Vendor like '%Microsoft%'"

# Read computer list
$Computers = Get-Content $InputFileName

# Loop over all computers and read WMI information
$Software = $Computers | foreach { Get-wmiobject -query $Query -computername $_ }
# Export to CSV
$Software | select Name, Description, IdentifyingNumber, InstallDate,
InstallLocation, InstallState, SKUNumber, Vendor, Version | export-csv
$OutputFileName -notypeinformation
```

Listing 22.2: Softwareinventarisierung – Lösung 2 als Windows PowerShell-Skript [Einsatzgebiete/Software/SoftwareInventory_WMI_PipelineAsScript.ps1]

```
Get-Content "computers.txt" | foreach {Get-wmiobject -computername $_ -query
"SELECT * FROM Win32_Product where not Vendor like '%Microsoft%'" } | export-csv
"Softwareinventory.csv" -notypeinformation
```

Listing 22.3: Softwareinventarisierung – Lösung 3 als Windows PowerShell-Pipeline-Befehl [Einsatzgebiete/Software/SoftwareInventory_WMI_Pipeline.ps1]

22.1.4 Betriebssysteme mit PowerShell

Die folgende Tabelle zeigt, in welchen Betriebssystemen die PowerShell mitgeliefert wird.

Betriebssystem	Mitgelieferte PowerShell	Nachträglich installierbare PowerShell
Windows 2000, Windows 9x, Windows NT 4.0	PowerShell nicht enthalten	Nachträgliche Installation nicht von Microsoft unterstützt.
Windows XP	PowerShell nicht enthalten	PowerShell 1.0 und PowerShell 2.0 (*1)
Windows Server 2003	PowerShell nicht enthalten	PowerShell 1.0 und PowerShell 2.0 (*1)
Windows Server 2003 R2	PowerShell nicht enthalten	PowerShell 1.0 und PowerShell 2.0 (*1)
Windows Vista	PowerShell nicht enthalten	PowerShell 1.0 und PowerShell 2.0 (*2)
Windows Vista ab Service Pack 1	PowerShell 1.0 enthalten	PowerShell 2.0 (*2)
Windows Server 2008	PowerShell 1.0 enthalten als optionales Features	PowerShell 2.0 (*2)
Windows Server 2008 ab Service Pack 1	PowerShell 1.0 enthalten	PowerShell 2.0 (*2)
Windows 7	PowerShell 2.0 enthalten	

Tabelle 22.1: Verfügbarkeit der Windows PowerShell auf verschiedenen Windows-Betriebssystemen

Betriebssystem	Mitgelieferte PowerShell	Nachträglich installierbare PowerShell
Windows Server 2008 R2	PowerShell 2.0 enthalten	
Windows Server 2008 Core	PowerShell nicht enthalten	Nicht verfügbar
Windows Server 2008 R2 Core	PowerShell 2.0 enthalten	

Tabelle 22.1: *Verfügbarkeit der Windows PowerShell auf verschiedenen Windows-Betriebssystemen (Forts.)*

22.1.5 PowerShell herunterladen und installieren

Für andere Betriebssysteme muss die PowerShell separat von der Microsoft-Homepage bezogen werden.

Bis zum Redaktionsschluss gab es ein solches Installationspaket aber erst als Vorabversion auf Microsoft Connect (connect.microsoft.com). Dort ist die PowerShell im Paket Windows Management Framework (WMF, 19,58 MB) enthalten. Diese Version finden Sie auf der Buch-CD.

Bis zum Erscheinen des Buchs sollte sich diese Situation aber geändert haben. Sie finden die dann gültige URL sicherlich schnell durch „Windows PowerShell 2.0 Download" in Google.

Installationsvoraussetzungen Die PowerShell 2.0 benötigt Microsoft .NET Framework 2.0 oder höher.

Notwendige Software Einige Funktionen in der PowerShell 2.0 haben allerdings zusätzliche Anforderungen:
- Windows Remote Management (WinRM) 2.0 wird für Fernaufrufe benötigt (enthalten im Paket „Windows Management Framework").
- `Get-WinEvent` braucht .NET Framework 3.5.
- `Out-Gridview` setzt .NET Framework 3.5 mit Service Pack 1 voraus.
- Windows PowerShell Integrated Scripting Environment (ISE) braucht .NET Framework 3.5 mit Service Pack 1.

Folgende .NET Versionen sind schon auf den Betriebssystemen vorhanden:
- Windows 7: .NET 3.5.1
- Windows Server 2008 R2: .NET 3.5.1
- Windows Server 2008: .NET 3.5
- Windows Vista: .NET 3.0
- Windows Server 2003 Release 2: .NET 2.0

Unter Windows XP und Windows Server müssen Sie jedoch zuerst .NET Framework 2.0, 3.0 oder 3.5 installieren (falls diese Versionen nicht ohnehin schon durch eine andere Anwendung installiert worden sind).

Auf 64-Bit-Systemen gibt es zusätzlich die 32-Bit-Version unter C:\windows\SysWOW64\WindowsPowerShell\v1.0. Der Start dieser Version kann erforderlich sein, um Komponenten zu verwenden, für die es keine 32-Bit-Version gibt (z.B. Treiber für Microsoft Access). Es handelt sich dabei nicht um einen Tippfehler: Die 64-Bit-Version ist in einem Verzeichnis, das „32" im Namen trägt, und die 32-Bit-Version in einem Verzeichnis mit „64" im Namen!

Die PowerShell 2.0 installiert sich in folgendes Verzeichnis: *%systemroot%\system32\ WindowsPowerShell\V1.0* (für 32-Bit-Systeme). Auf 64-Bit-Systemen gibt es die PowerShell 2.0 zweimal, einmal als 64-Bit-Version und als 32-Bit-Version. Letztere findet man unter *%systemroot%\Syswow64\WindowsPowerShell\V1.0*. Die 32-Bit-Version braucht man, wenn man eine Bibliothek nutzen will, für die es keine 64-Bit-Version gibt, z.B. den Zugriff auf Microsoft Access-Datenbanken.

Installationsordner

Sie sollten auch die erweiterte PowerShell-Dokumentation auf Ihrem Rechner haben, siehe */install/PowerShell/PowerShell Dokumentation* auf der Buch-CD bzw. [MS01] und [MS02].

Durch die Installation der PowerShell wird in Windows auch ein neues Ereignisprotokoll „PowerShell" angelegt, in dem die PowerShell wichtige Zustandsänderungen der PowerShell protokolliert.

Die PowerShell 1.0 verstand sich als ein Windows-Update und erfordert einen Neustart des Systems nach der Installation. Deshalb ist die PowerShell unter SOFTWARE der Systemsteuerung nicht als „Programm", sondern als „Update" namens „Hotfix for Windows (KB ...)" aufgeführt. Unter Windows 7 und Windows Server 2008 R2 lässt sich die im Standard installierte PowerShell nicht über die Systemsteuerung deinstallieren.

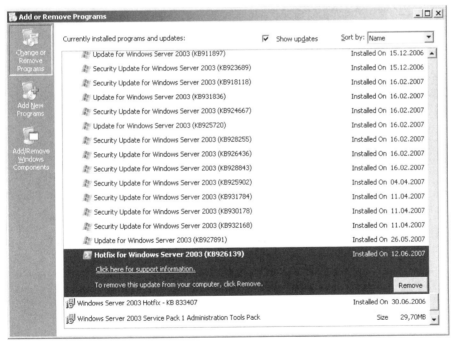

Bild 22.1
Die Option zur Deinstallation der Windows PowerShell ist schwer zu finden (hier: Windows Server 2003).

22.1.6 Die Windows PowerShell testen

Dieses Kapitel stellt einige Befehle vor, mit denen Sie PowerShell- Funktionalität ausprobieren können. Die PowerShell verfügt über zwei Modi (interaktiver Modus und Skriptmodus), die hier getrennt behandelt werden.

PowerShell im interaktiven Modus

Der erste Test verwendet die PowerShell im interaktiven Modus.

Starten Sie bitte die Windows PowerShell. Es erscheint ein leeres PowerShell-Konsolenfenster. Auf den ersten Blick ist kein großer Unterschied zur herkömmlichen Windows-Konsole zu erkennen. Allerdings steckt in der PowerShell mehr Kraft im wahrsten Sinne des Wortes.

```
Windows PowerShell
Copyright (C) 2009 Microsoft Corporation. All rights reserved.

PS C:\Users\HS> _
```

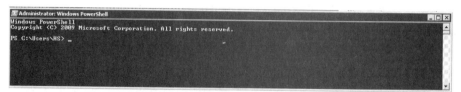

Bild 22.2 *Leeres PowerShell 2.0-Konsolenfenster*

Geben Sie an der Eingabeaufforderung „Get-Process" ein, und drücken Sie dann die [6]-Taste. Es erscheint eine Liste aller Prozesse, die auf dem lokalen Computer laufen. Dies war Ihre erste Verwendung eines einfachen PowerShell-Commandlets.

```
PS C:\Documents\hs> get-process

Handles  NPM(K)    PM(K)      WS(K) VM(M)   CPU(s)     Id ProcessName
-------  ------    -----      ----- -----   ------     -- -----------
     90       5     6504       7752    79     0,03   1336 Bildschirmpausenreminderdienst
    107       3     1236       1260    30     0,06   4232 cidaemon
     82       3     1260       1008    30     0,06   4712 cidaemon
     82       3     1336       1008    30     0,06   4892 cidaemon
    414       8     2764        636    43     0,95   1376 cisvc
   1002       9     2460       6360    29     5,41   1652 csrss
     69       3      496       2876    16     0,09   3936 ctfmon
     29       1      368       1612    16     0,00   1408 DefWatch
    214       4     2364       4088    44     0,16   1468 dlpsp
    130      10     1436       3088    30     0,02   2244 dlpwdnt
     57       2      668       2172    18     0,00   1416 dlsdbnt
     96     126     6532       6148   316     0,03   2420 exmgmt
    563      17    21588      19532   129    28,61   2276 explorer
    226      14    13120      20056    81    35,30   4004 FolderShare
    180       5     2832        672    65     0,08   2640 GoogleToolbarNotifier
    106       4     1732       5848    44     0,09   3804 GrooveMonitor
      0       0        0         28     0               0 Idle
    696      19    32596       6396   178     2,91   4724 iexplore
    643      63    17816      17040   118     0,69   1504 inetinfo
     63       3      528       2080    17     0,23   1524 ISRService
     33       2      864       3388    27     0,02   4072 Launcher
    712      26     9504      11588    57     1,52   1868 lsass
     55       3     3588       7404    34     0,27   3852 Matrox.PowerDesk SE
    304       9    24688      24204   156     1,59   3996 Matrox.PowerDesk.PDeskNet
     29       1      284       1500    14     0,02   1572 Matrox.PowerDesk.Services
     29       1      284       1500    14     0,00   1588 Matrox.PowerDesk.Services
     92       3     1048       3508    30     0,03   1604 mdm
    418       8     9484        600    74     0,19    816 MOMHost
    235       5     2996        460    44     0,41    856 MOMHost
    754       9     6148       8376    60     1,06   1684 MOMService
    251     131     4636       8088    47     0,13   2624 mqsvc
     51       2     1900       4040    24     0,39   5536 mscorsvw
    165      16     1752       4384    25     0,05   1148 msdtc
    281      15     9472        820    75     0,28   1076 ntfrs
     86       3     2228       4096    33     0,17   3688 NvMixerTray
     83       3     1132       4304    33     0,05   3640 nvraidservice
    232       6    29212      28372   133     3,33   5884 powershell
    136       5     2504       5080    44     0,09   3964 rapimgr
    329      10    25620      28608   110     0,63    444 Rtvscan
    465      13     2300       4592    73    22,88   1856 services
     18       1      164        504     4     0,06   1352 smss
    385      14    11544      11492   155     4,17   5284 SnagIt32
    287       9     6100       8612    54     0,36   1112 spoolsv
     61       3      716       2400    14     0,00   1632 sqlbrowser
    335       9    37472       1392  1493     0,38   1788 sqlservr
     70       2     1412       4048    20     0,00   1768 sqlwriter
    372      21     1748       4316    24     1,50    344 svchost
   1169      58    21616      29404   191    49,17    400 svchost
    156       7     3900       4684    41     0,03    456 svchost
    175       6     1184       3360    22     0,02    536 svchost
     39       1      300       1284     7     0,00   1332 svchost
     56       2      544       2120    16     0,00   1444 svchost
     85       3     1072       3220    21     0,09   2028 svchost
    158      11     2968       5980    39     0,11   2084 svchost
    122       4     3596       5180    26     0,05   2200 svchost
    155       7     4156       7028    35     0,06   2652 svchost
     77       3     2144       4052    19     0,02   2672 svchost
    163       5     2420       4448    56     0,08   3032 svchost
    221       8     2896       4004    32     0,09   3800 svchost
   2436       0        0        236     2    20,47      4 System
     35       2      656       2916    26     0,02   4620 TscHelp
     91       5    26972      29004    68    18,66   2460 TSVNCache
    106       4     3896       7344    38     0,89   2112 TTTvRc
     64       2     1876       3420    24     0,00   3896 unsecapp
    103       3     2324       4180    36     0,14   2476 VPTray
    251      18    24148      33600   346     5,61   5328 w3wp
    113       5     1352       4868    43     0,19   1860 wcescomm
    594      86     7568       3144    53     1,30   1740 winlogon
    589      22    50268      82920   400    18,36   4484 WINWORD
    115       3     1404       4344    25     0,05   2136 wmiprvse
    196       5     4212       6540    42     2,06   2464 wmiprvse
    200       5     2392       6996    43     1,95   2772 wmiprvse

PS C:\Documents\hs>
```

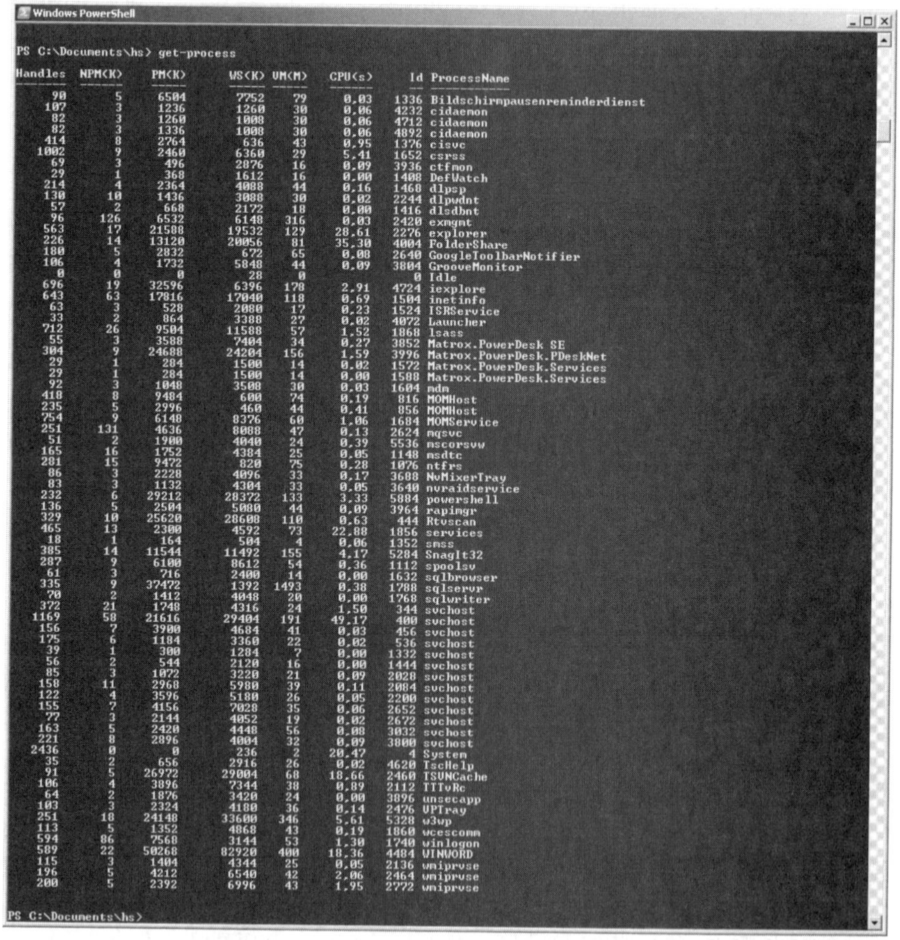

Bild 22.3 *Die Liste der Prozesse ist das Ergebnis nach Ausführung des Commandlets „Get-Process ".*

Erste Schritte mit der Windows PowerShell

Beachten Sie bitte, dass die Groß-/Kleinschreibung keine Rolle spielt, da PowerShell keine Unterschiede zwischen groß- und kleingeschriebenen Commandlet-Namen macht.

Geben Sie an der Eingabeaufforderung „Get-service i*" ein. Jetzt erscheint eine Liste aller installierten Dienste auf Ihrem Computer, deren Namen mit dem Buchstaben „i" beginnen. Hier haben Sie ein Commandlet mit Parametern verwendet.

Bild 22.4
Eine gefilterte Liste der Windows-Dienste

Geben Sie „Get-" ein, und drücken Sie dann mehrmals die ⇆-Taste. Die PowerShell zeigt nacheinander alle Commandlets an, die mit dem Verb „get" beginnen. Microsoft bezeichnet diese Funktionalität als „Tabulatorvervollständigung". Halten Sie bei „Get-Eventlog" an. Wenn Sie ↵ drücken, fordert die PowerShell einen Parameter namens „LogName" an. Bei „LogName" handelt es sich um einen erforderlichen Parameter (Pflichtparameter). Nachdem Sie „Application" eingetippt und die ↵-Taste gedrückt haben, erscheint eine lange Liste der aktuellen Einträge in Ihrem Anwendungsereignisprotokoll.

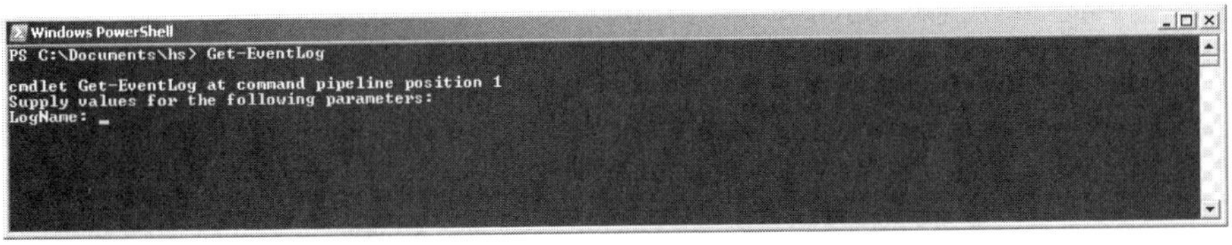

TAB-Taste

Bild 22.5
Die PowerShell fragt einen erforderlichen Parameter ab.

Der letzte Test bezieht sich auf die Pipeline-Funktionalität von der PowerShell. Auch geht es darum, die Listeneinträge aus dem Windows-Ereignisprotokoll auflisten, doch dieses Mal sind nur bestimmte Einträge interessant. Die Aufgabe besteht darin, die letzten zehn Ereignisse abzurufen, die sich auf das Drucken beziehen. Geben Sie den folgenden Befehl ein, der aus drei Commandlets besteht, die über Pipes miteinander verbunden sind:

Pipelining

```
Get-EventLog system | Where-Object { $_.source -eq "print" } | Select-Object -first 10
```

Die PowerShell scheint einige Sekunden zu hängen, nachdem die ersten zehn Einträge ausgegeben wurden. Dieses Verhalten ist korrekt, da das erste Commandlet (`Get-EventLog`) alle Einträge empfängt. Dieses Filtern geschieht durch aufeinanderfolgende Commandlets (`Where-Object` und `Select-Object`). Leider besitzt `Get-EventLog` keinen integrierten Filtermechanismus.

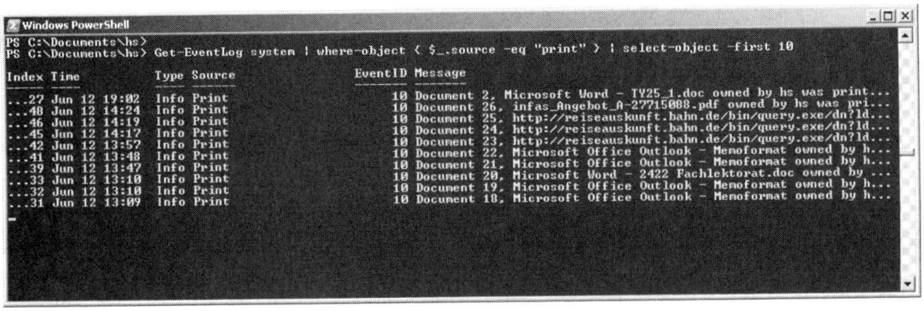

Bild 22.6
Die Einträge des Ereignisprotokolls filtern

Kapitel 22 PowerShell-Basiswissen

PowerShell im Skriptmodus

Skripte
Die zweite Serie von PowerShell-Beispielen beinhaltet ein PowerShell-Skript. Bei einem PowerShell-Skript handelt es sich um eine Textdatei, die Commandlets und/oder Elemente der PowerShell-Skriptsprache (PSL) umfasst. Das Skript erstellt ein neues Benutzerkonto auf Ihrem lokalen Computer.

Öffnen Sie den Windows-Editor „Notepad" (oder einen anderen Texteditor), und geben Sie die folgenden Skriptcodezeilen ein, die aus Kommentaren, Variablendeklarationen, COM-Bibliotheksaufrufen und Shell-Ausgabe bestehen:

Listing 22.4
Ein Benutzerkonto erstellen [Einsatzgebiete/Benutzer/LocalUser_Create.ps1]

```
### PowerShell-Script
### Create local User Acount

# Variables
$Name = "Dr. Holger Schwichtenberg"
$Accountname = "HolgerSchwichtenberg"
$Description = "Author of this book / Website: www.powershell24.com"
$Password = "secret+123"
$Computer = "localhost"

"Creating User on Computer $Computer"

# Access to Container using the COM library "Active Directory Service Interface"
$Container = [ADSI] "WinNT://$Computer"

# Create User
$objUser = $Container.Create("user", $Accountname)
$objUser.Put("Fullname", $Name)
$objUser.Put("Description", $Description)
# Set Password
$objUser.SetPassword($Password)
# Save Changes
$objUser.SetInfo()

"User created: $Name"
```

Speichern Sie die Textdatei unter dem Namen „createuser.ps1" im Ordner *c:\temp*. Beachten Sie, dass die Dateierweiterung „.ps1" lauten muss.

Starten Sie die Windows PowerShell. Versuchen Sie, das Skript zu starten. Geben Sie dazu „c:\temp\createuser.ps1" ein. (Für die Ordner- und Dateinamen können Sie die Tabulatorvervollständigung verwenden!) Der Versuch scheitert, da die Skriptausführung – standardmäßig – in der PowerShell nicht zulässig ist. Dies ist kein Fehler, sondern eine Sicherheits Funktionalität. (Denken Sie an den „Love Letter"-Wurm für den Windows Script Host!)

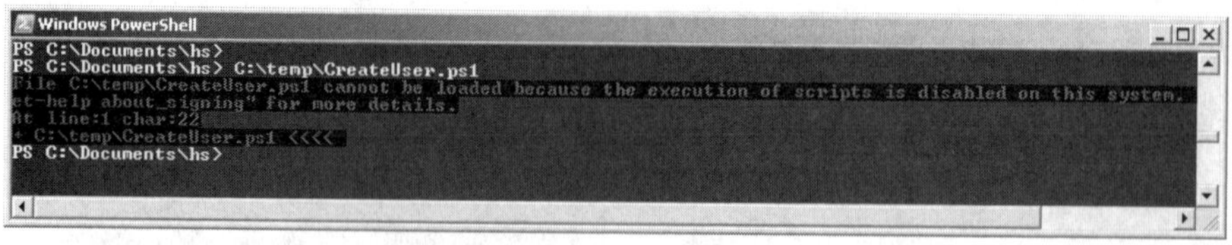

Bild 22.7
Die Skriptausführung ist standardmäßig verboten.

Für den ersten Test schwächen wir die Sicherheit ein wenig abgeschwächt. Aber wirklich nur ein wenig. Man lässt die Ausführung von Skripten zu, die sich auf dem lokalen System befinden. Allerdings braucht man für Skripte, die von Netzwerkressourcen (das Internet eingeschlossen) kommen, eine digitale Signatur von einem vertrauenswürdigen Skriptautor. Später in diesem Buch lernen Sie, wie Sie PowerShell-Skripte digital signieren. Außerdem erfahren Sie, wie Sie Ihr System auf Skripte einschränken, die Sie oder Ihre Kollegen signiert haben.

Um die Ausführung des Skripts zuzulassen, geben Sie folgenden Befehl ein:

```
Set-ExecutionPolicy remotesigned
```

Starten Sie nun das Skript erneut. Jetzt sollte die Nachricht erscheinen, dass das Benutzerkonto erstellt worden ist.

Bild 22.8
Führen Sie Ihr erstes Skript aus, um ein Benutzerkonto zu erstellen.

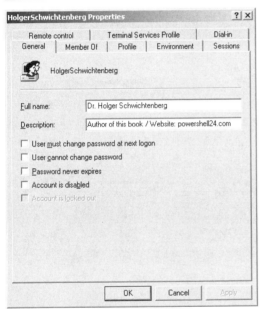

Bild 22.9
Das neu erstellte Benutzerkonto.

22.1.7 PowerShell Community Extensions herunterladen und installieren

PSCX

Windows PowerShell umfasste in der Version 1.0 nur 129 Commandlets. In PowerShell 2.0 sind es mehr, aber immer noch nur 236. Was heißt hier „nur", werden Sie fragen. Die wichtigsten Commandlets sind die, die mit den Verben „get" und „set" beginnen. Und die Anzahl dieser Commandlets ist sehr klein im Vergleich zu der riesigen Anzahl von Objekten, die das Windows-Betriebssystem zu bieten hat. Alle anderen Commandlets beziehen sich – mehr oder weniger – auf die PowerShell-Infrastruktur, z.B. Filtern, Formatieren und Exportieren.

Bei „PowerShell Community Extensions" (kurz PSCX) handelt es sich um ein Open-Source-Projekt, das zusätzliche Funktionalität mit Commandlets realisiert, wie zum Beispiel `Get-DhcpServer`, `Get-DomainController`, `Get-MountPoint`, `Get-TerminalSession`, `Ping-Host`, `Write-GZip` und viele weitere. Das Projekt steht unter Führung von Microsoft,

Kapitel 22 PowerShell-Basiswissen

aber jeder .NET-Softwareentwickler ist eingeladen, daran mitzuwirken. In regelmäßigen Abständen werden neue Versionen veröffentlicht. Mittlerweile ist die Version 1.1.1 als aktuelles stabiles Release erschienen.

> Die PowerShell Community Extensions finden Sie auf der CD-ROM zum Buch unter */install/PowerShell\Commandlets\PowerShell Community Extensions* oder unter [CODEPLEX01].

Die PowerShell Community Extensions werden als Setup-Routine bereitgestellt, die Sie installieren sollten, nachdem Sie die Windows PowerShell erfolgreich installiert haben.

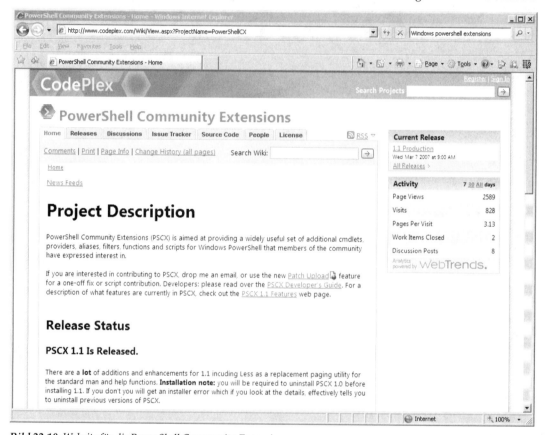

Bild 22.10: *Website für die PowerShell Community Extensions*

Profile.ps1   Teile der zusätzlichen Funktionalität von PSCX werden in die PowerShell mit Hilfe eines Profilskripts eingebunden (*profile.ps1*). Dieses Profilskript wird in Ihrem Ordner „Eigene Dateien/Windows PowerShell" kopiert, wenn Sie dies beim PSCX-Setup so festlegen. Als Einsteiger sollten Sie diese Option wählen.

Die Installation der PowerShell Community Extensions (PSCX) ändert die PowerShell-Konsole nur ein wenig. Anstelle des aktuellen Pfads enthält die Eingabeaufforderung nun einen Zähler. Der Pfad wird dagegen im Fenstertitel angezeigt.

Erste Schritte mit der Windows PowerShell

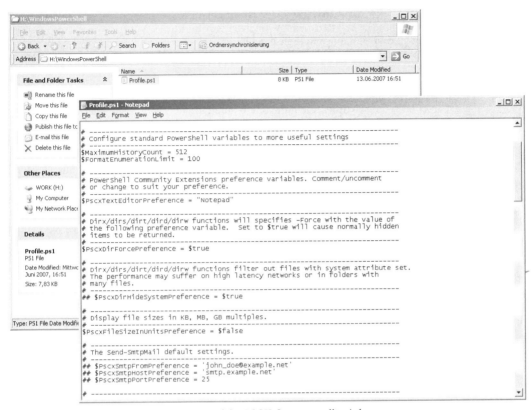

Bild 22.11: Das PSCX-Profilskript, das während des PSCX-Setups erstellt wird

Starten Sie die PowerShell, und geben Sie „Get-DomainController" ein (wenn Ihr Computer Mitglied eines Active Directory ist), oder testen Sie die PSCX mit dem Befehl „Ping-Host", der auf jedem Computer im Netzwerk funktioniert.

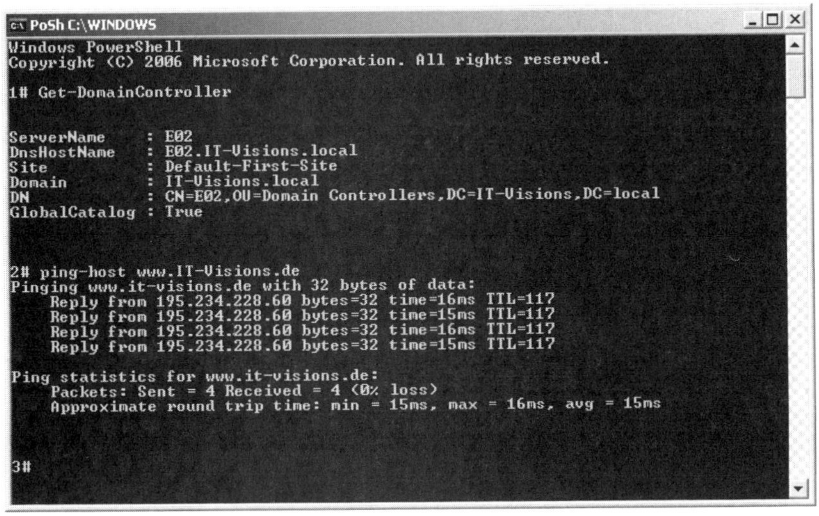

Get-Domain-Controller

Bild 22.12
Die Befehle Get-Domain-Controller und Ping-Host testen

Kapitel 22 PowerShell-Basiswissen

22.1.8 ISE verwenden

Power-Shell ISE Integrated Scripting Environment (ISE) ist der Name des (einfachen) Skripteditors, den Microsoft mit der PowerShell 2.0 mitliefert. Die ISE startet man, indem man in der PowerShell „ise" ausführt.

Die ISE verfügt – entsprechend der PowerShell-Konsole – über zwei Modi: einen interaktiven Modus und einen Skriptmodus. Nach dem Start der ISE zeigt die ISE drei Bereiche: Ganz oben einen Skripteditor, ganz unten einen interaktiven Eingabebereich und in der Mitte einen Ausgabebereich sowohl für Skripte als auch interaktive Ausgaben.

Geben Sie unten in der ISE ein:

```
Get-Process
```

Nachdem Sie mindestens einen Buchstaben eingegeben haben, können Sie die Eingabe mit der TABULATOR-Taste vervollständigen.

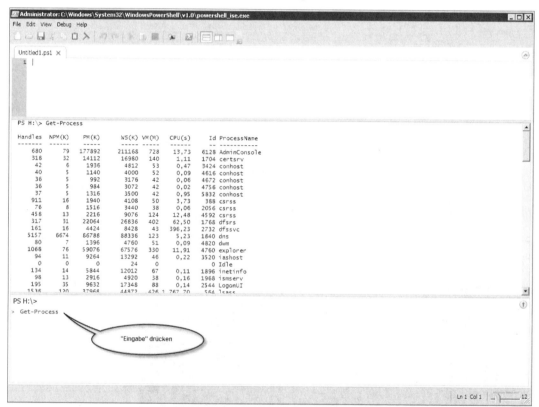

Bild 22.13: Zustand der der ISE nach Eingabe von "Get-Process" im interaktiven Bereich

Script Editor Um die ISE im Skriptmodus zu verwenden, erstellen Sie eine neue Skriptdatei (Menü „File/New") oder öffnen eine vorhandene *.ps1*-Datei (Menü „File/Open"). Öffnen Sie als Beispiel die Skriptdatei *CreateUser.ps1*, die Sie zuvor erstellt haben. Es sind Zeilennummern zu sehen. Die verschiedenen Bestandteile des Skripts sind in unterschiedlichen Farben dargestellt. Auch hier funktioniert Eingabeunterstützung mit der TABULATOR-Taste.

Erste Schritte mit der Windows PowerShell

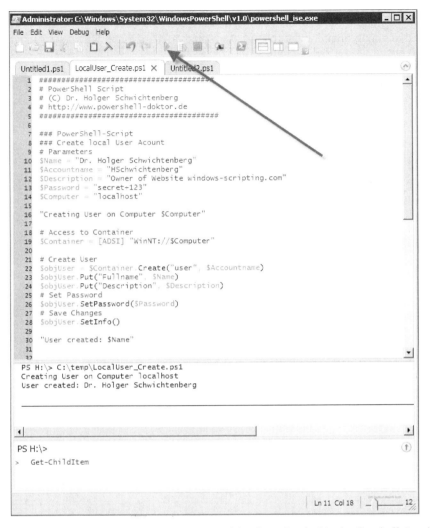

Bild 22.14
ISE im Skript-modus

Um das Skript auszuführen, klicken Sie auf das Start-Symbol in der Symbolleiste (siehe die Screenshots) oder Drücken Sie F5. Auch hier wird das Ergebnis im mittleren Bereich angezeigt. Stellen Sie sicher, dass das Benutzerkonto existiert, bevor Sie das Skript ausführen.

Ein interessantes Feature ist das Debugging. Setzen Sie den Cursor auf eine beliebige Zeile in Ihrem Skript, und tippen Sie dann auf F9 (oder wählen Sie „Toogle Breakpoint" im Kontextmenü oder im Menü „Debug"). Daraufhin erscheint die Zeile in Rot – ein so genannter „Haltepunkt". Starten Sie nun das Skript. Die ISE stoppt in der Zeile mit dem Haltepunkt. Im interaktiven Bereich können Sie nun den aktuellen Zustand der Variablen abfragen, indem Sie dort z.B. eingeben

Debugging

```
$Computer oder
$Container
```

Man kann auch Werte interaktiv ändern. Um das Skript fortzusetzen, drücken Sie wieder F5 . Über das Menü „Debug" sind weitere Steuerbefehle möglich.

Bild 22.15
Skript-Debugging mit der ISE

22.2 Architektur der Windows PowerShell

Die Windows PowerShell ist eine Symbiose aus:
- dem DOS-Kommandozeilenfenster,
- den bekannten Skript- und Shell-Sprachen wie Perl, Ruby, ksh und bash,
- dem .NET Framework 2.0 und
- der Windows Management Instrumentation (WMI).

Basis ist .NET 2.0 Die PowerShell ist implementiert auf dem .NET Framework Version 2.0. Sie ist jedoch kein .NET Runtime Host mit der Möglichkeit, Befehle der Common Intermediate Language (CIL) auf der Common Language Runtime (CLR) auszuführen.

Die PowerShell verwendet ein völlig anderes Host-Konzept mit Commandlets, Objekt-Pipelines und einer neuen Sprache, die von Microsoft als PowerShell Language (PSL) bezeichnet wird. Sie ist Perl, Ruby, C# und einigen Unix-Shell-Sprachen sehr ähnlich, aber mit keiner Unix-Shell kompatibel. Nutzer der WMI Command Shell (*wmic.exe*), die mit Windows XP eingeführt wurde, werden sich in der PowerShell schnell zurechtfinden.

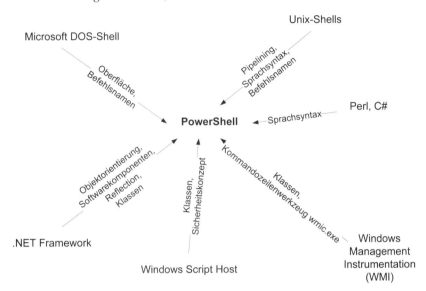

Bild 22.16
Einfluss-faktoren auf die Architektur und die Umsetzung der PowerShell 1.0

Die PowerShell ist angetreten, vom Administrator weniger Kenntnisse in Objektorientierung und über Softwarekomponenten zu verlangen, als dies der Vorgänger Windows Script Host (WSH) tat. Tatsächlich kann man in der PowerShell viel erreichen, ohne sich mit dem zu Grunde liegenden .NET Framework zu beschäftigen. Dennoch: Wer alle Möglichkeiten der PowerShell nutzen will, braucht dann aber doch etwas Verständnis für objektorientiertes Programmieren und Erfahrung mit dem .NET Framework.

Anbindung an Klassenbibliotheken

Die Version 1.0 der PowerShell enthält sehr viele Commandlets für die Pipelining-Infrastruktur, aber nur sehr wenige Befehle, die tatsächlich Bausteine des Betriebssystems in die Pipeline werfen. Prozesse, Systemdienste, Dateien, Zertifikate und Registrierungsdatenbankeinträge sind die magere Ausbeute beim ersten Blick in die Commandlet-Liste. Zwei Commandlets eröffnen der PowerShell aber neue Dimensionen: New-Object (für .NET- und COM-Objekte) und Get-Wmiobject (für WMI-Objekte).

Nutzung von Klassen

Die Option, nicht nur alle WMI-Klassen, sondern auch alle .NET-Klassen direkt benutzen zu können, ist Segen und Fluch zugleich. Ein Segen, weil dem Skriptentwickler damit mehr Möglichkeiten als jemals zuvor zur Verfügung stehen. Ein Fluch, weil nur der Skriptentwickler die PowerShell-Entwicklung richtig beherrschen kann, der auch das .NET Framework kennt. Um die Ausmaße von .NET zu beschreiben, sei die Menge der Klassen genannt. In .NET 2.0 waren es 5684, in .NET 3.5 sind es rund 10.000.

22.3 PowerShell versus WSH

Administratoren fragen sich oft, wie sich die PowerShell im Vergleich zum Windows Script Host (WSH) positioniert, womit man neue Scripting-Projekte beginnen sollte und ob der WSH bald aus Windows verschwinden wird. Die folgende Tabelle trägt Fakten zusammen und bewertet auch die beiden Scripting-Plattformen.

	Windows Script Host (WSH)	Windows PowerShell (WPS)
Erstmals Erschienen	1998	2006
Aktueller Versionsstand	5.8	2.0
Basisplattform	COM	.NET
Derzeitiger Funktionsumfang	Sehr umfangreich	Direkter Funktionsumfang in Form von Commandlets noch spärlich; über Interoperabilität zu COM und .NET sehr umfangreiche Funktionen; Zahl der Commandlets wächst aber rasch. Erst in einigen Jahren ist eine breite Unterstützung durch die Produkteams von Microsoft zu erwarten.
Weiterentwicklung der Laufzeitumgebung	Nein, nicht mehr geplant	Ja, Version 3.0 in Arbeit.
Weiterentwicklung der Bibliotheken	Ja, umfangreich (COM wird auch in Zukunft noch eine wichtige Rolle spielen)	Ja, zahlreiche Commandlet-Erweiterungen erscheinen mit kommenden Microsoft-Produkten.
Weiterentwicklung der Werkzeuge	Nein	Ja
Plattformen	Alle Windows-Betriebssysteme ab Windows 95/NT 4.0	Nur XP, 2003, Vista, Windows Server 2008, Windows 7
Basissyntax	Mächtig	Sehr mächtig
Direkte Scripting-Möglichkeiten	Alle COM-Komponenten mit IDispatch-Schnittstelle	Alle .NET-Komponenten, alle COM-Komponenten
Scripting-Möglichkeiten über Wrapper	Alle Betriebssystemfunktionen	Alle Betriebssystemfunktionen
Werkzeuge von Microsoft	Scriptgeneratoren, Debugger	Bislang keine (*)
Werkzeuge von Drittanbietern	Editoren, Debugger, Scriptgeneratoren	Editoren, Debugger, Scriptgeneratoren

Tabelle 22.2: Vergleich WSH und PowerShell

	Windows Script Host (WSH)	Windows PowerShell (WPS)
Erfahrung der Nutzer	Einige Administratoren kennen sich gut aus, es gibt aber immer noch viele, die jetzt erst mit WSH beginnen, was sich daran zeigt, dass der WSH immer noch ständig unter den 20 meistgeladenen Downloads bei MSDN ist.	Bisher kaum Erfahrung im Markt vorhanden.
Einarbeitungsaufwand	Hoch	Mittel bis hoch (je nach Art der PowerShell-Nutzung)
Migrationsoptionen	Gering	Keine
Informationsverfügbarkeit	Hoch zur Laufzeitumgeung, gering zu spezielleren Themen	Gering, aber wachsend
Zu erwartender Zeitraum mit breitem Einsatz des Produkts	ca. 2015	Mindestens 2030 (vgl. DOS-Shell)

Tabelle 22.2: Vergleich WSH und PowerShell (Forts.)

Hinweise zur Umstellung von WSH/VBScript auf die PowerShell finden Sie unter [TNET03].

22.4 Das .NET Framework als Grundlage der PowerShell

Die Windows PowerShell basiert auf dem Microsoft .NET Framework. Man kann wesentlich mehr Erfolg mit der PowerShell erzielen, wenn man Grundlagen des .NET Frameworks beherrscht.

.NET

Das Microsoft .NET Framework ist eine Laufzeitumgebung für Anwendungen, die mit einer so genannten .NET-fähigen Programmiersprache (z.B. C#, Visual Basic ab Version 7.0, J# etc.) entwickelt wurden.

Die aktuelle .NET-Version zum Erscheinen dieses Buchs ist Version 3.5 Service Pack 1. Von Version 4.0 existiert eine Vorabversion im Stadium Beta 1. Die Ausführungen beziehen sich alle auf .NET 3.5 Service Pack 1.

In Windows Vista und Windows Server 2008 R2 ist das .NET Framework in den Versionen 2.0 und 3.0 im Standardinstallationsumfang des Betriebssystems enthalten. In Windows 7 und Windows Server 2008 R2 inbegriffen ist .NET 3.5 Service Pack 1.

Bild 22.17
Ein Blick in den .NET Framework-Installationsordner

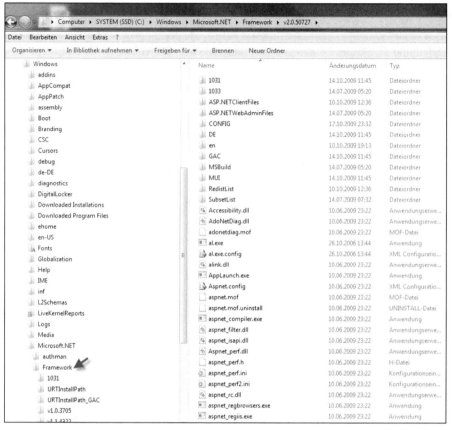

10.000 Klassen

Das Microsoft .NET Framework ist ein extrem komplexes Gebilde. Zum Versionsstand 3.5 besteht es aus rund 10000 öffentlichen Klassen (nicht zu verwechseln mit den rund 12000 WMI-Klassen), es gibt mehr als 40 Programmiersprachen und weit mehr als 1000 Werkzeuge und Erweiterungen von Drittanbietern. Die Dokumentation umfasst mehr als schätzungsweise 600.000 Seiten, und eine seriöse Schulung dauert mindestens zehn Wochen. Jeglicher Versuch, hier auf drei Seiten .NET komplett erklären zu wollen, ist zum Scheitern verurteilt. Dieses Buch kann hier nur einige Begriffe in den Raum werfen, die Erinnerungen an Ihnen bereits bekannte Konzepte aus Java oder anderen objektorientierten Hochsprachen wecken.

Eine kompakte Einführung in .NET auf rund 750 Seiten finden Sie vom gleichen Autor in [SCH07].

22.4.1 Was ist das .NET Framework?

Das .NET Framework ist eine plattformunabhängige und programmiersprachenunabhängige Softwareentwicklungsplattform mit Unterstützung für die Programmierparadigmen:
- Objektorientierung (OOP)
- Komponentenorientierung (COP)
- Serviceorientierung (SOA)

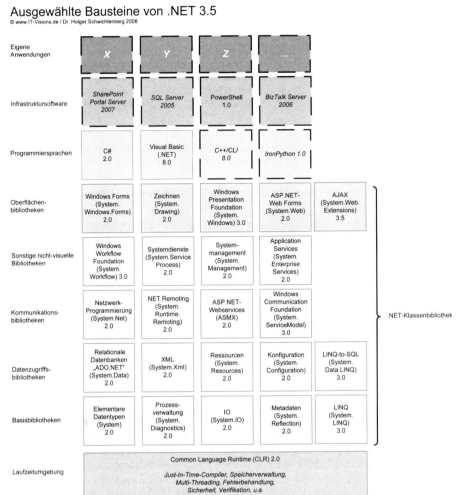

Bild 22.18
Wichtige Bausteine und Abstraktionsebenen des .NET Frameworks

Plattformunabhängig bedeutet, dass .NET-Anwendungen ohne Neukompilierung auf jedem Prozessor und jedem Betriebssystem laufen können. .NET-Anwendungen liegen normalerweise nicht in Maschinencode, sondern in einem neutralen Zwischencode (Common Intermediate Language – CIL) vor. CIL wird erst zur Laufzeit durch den Just-In-Time-Compiler der .NET-Laufzeitumgebung (Common Language Runtime – CLR) in plattformspezifischen Maschinencode verwandelt.

Common Intermediate Language

Programmiersprachenunabhängig bedeutet, dass .NET-Anwendungen in einer Vielzahl verschiedener Programmiersprachen geschrieben werden können. Die Sprachcompiler müssen sich dazu lediglich an Regelwerke halten, die Common Type System (CTS) und Common Language Specification (CLS) heißen. Innerhalb einer Anwendung können verschiedene Programmiersprachen gemischt werden.

Common Type System

Beliebige Anwendungstypen
: **Softwareentwicklungsplattform** bedeutet, dass .NET zur Entwicklung von Software eingesetzt wird. Mit .NET kann man fast alle Arten von Software (Konsolenanwendungen, grafische Desktop-Anwendungen, Webanwendungen, Dienste) entwickeln. Ausgenommen sind Betriebssystemtreiber.

Klassen und Objekte
: **Objektorientierung** bedeutet, dass das .NET Framework konsequent die Konzepte *Klasse, Objekt, Schnittstellen* und *Vererbung* einsetzt. Objekte sind Instanzen von Klassen. Klassen erben von anderen Klassen. Klassen haben Schnittstellen, die sie an ihre Instanzen weitergeben. Eine Klasse bzw. Schnittstelle besteht aus Attributen (Daten), Methoden (Operation) und Ereignissen.

Assembly
: **Komponentenorientierung** bedeutet, dass das .NET Framework die Zerlegung von Software in wiederverwendbare Bausteine unterstützt. Diese Bausteine heißen Assemblies und sind von außen betrachtet Bibliotheken (*.dll*) oder startbare Anwendungen (*.exe*).

Services
: **Serviceorientierung** bedeutet, dass das .NET Framework die Entwicklung verteilter Systeme (Verteilung von Programmcode auf mehrere Rechnersysteme) mit lose gekoppelten Diensten unterstützt.

Das .NET Framework ist der Nachfolger des Component Object Model (COM), wobei es mit diesem nicht mehr viel gemein hat. Das .NET Framework ist in weiten Teilen unter der Bezeichnung Common Language Infrastructure (CLI) bei der ECMA und der ISO standardisiert.

22.4.2 Eigenschaften des .NET Frameworks

Basiseigenschaften
: Einige weitere Eigenschaften des .NET Frameworks sollen hier erwähnt werden:

- Die Ausführungsgeschwindigkeit von .NET-Anwendungen ist hoch trotz der Zwischensprache. Sie ist langsamer als in C++ geschriebene Anwendungen, aber weit schneller als Anwendungen, die mit Visual Basic 6.0 oder einer Skriptsprache wie VBScript geschrieben wurden.
- Mehrere Versionen des .NET Frameworks und mehrere Versionen einer in .NET geschriebenen Software können auf einem System (problemlos) koexistieren (Side-by-Side Executing).
- Die Laufzeitumgebung entlastet den Programmierer, indem sie Routineaufgaben automatisch erledigt (z.B. Speicherbereinigung, Verifikation) bzw. mächtige Grundfunktionen bereitstellt (z.B. Multithreading, Fehlerbehandlung).
- Die .NET-Klassenbibliothek stellt viele Funktionen bereit und ist konsistenter aufgebaut als die bisherigen C++- und COM-basierten Bibliotheken.
- Das .NET Framework setzt XML-Dateien zur Konfiguration von Anwendungen ein. Der Einsatz der Registrierungsdatenbank ist verpönt.
- Viele .NET-Anwendungen können durch einfaches Kopieren der Programmdateien auf einem System betrieben („installiert") werden. Man spricht vom so genannten *XCopy-Deployment*.
- Jede .NET-Assembly enthält zahlreiche Metadaten über die enthaltenen Klassen. Diese Metadaten können durch einen Mechanismus mit Namen *Reflection* ausgewertet werden.
- .NET-Anwendungen werden durch die Laufzeitumgebung in ihrem Wirken beschränkt (Sandkastenprinzip, vgl. Java). In vielen Fällen müssen zunächst explizite Sicherheitsfreigaben erfolgen.
- Schnittstellenverträge sind in .NET weniger streng, so dass Ergänzungen an Komponenten möglich sind und die Komponenten dadurch inkompatibel zu Software werden, die ältere Versionen einer Komponente verwendet.
- Das .NET Framework ist interoperabel zu anderen Plattformen: COM, C/C++ (Win32API), XML-Webservices (Drittanbieter: Java, CORBA).

.NET für Unix, Linux und Mac OS

Mit dem Open-Source-Produkt **Novell Mono** [MON01] steht inzwischen eine kompatible Portierung des .NET Frameworks für andere Betriebssysteme zur Verfügung, so dass viele Anwendungen ohne Neukompilierung portiert werden können.

22.4.3 .NET-Klassen

Die PowerShell basiert auf .NET-Klassen. Ein Nutzer der PowerShell benötigt ein Grundwissen über den Aufbau von .NET-Klassen, wenn er die PowerShell optimal nutzen möchte.

Namensgebung von .NET-Klassen (Namensräume)

Klassen werden in .NET nicht mehr durch GUIDs, sondern durch Zeichenketten eindeutig benannt. Diese Zeichenketten sind hierarchische Namen (siehe Bild 22.19). Ein absoluter Klassenname besteht aus dem relativen Namen der Klasse und dem Namensraum (engl. Namespace). Ein Wurzelnamensraum (der Namensraum, der vorne steht im absoluten Klassennamen) kann auch Unternamensräume enthalten, so dass eine Namensraumhierarchie entsteht.

Namensräume

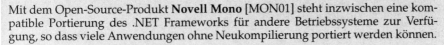

Bild 22.19 Beispiel für eine .NET-Klasse mit Namensraumhierarchie

Der relative Name muss nur innerhalb eines Namensraums eindeutig sein. Über alle Namensräume hinweg kann der Klassenname mehrfach vorkommen, denn der Namensraum ermöglicht im Zweifel die Unterscheidung. Dies ist vergleichbar mit Dateien und Ordnern in einem Dateisystem.

Im .NET Framework können beliebig viele Namensraumhierarchien parallel existieren, denn es gibt nicht nur einen, sondern mehrere Wurzelnamensräume. Die .NET-Klassenbibliothek besitzt zwei Wurzelnamensräume: `System` und `Microsoft`. Die speziellen Klassen für die PowerShell befinden sich unterhalb von `System.Management.Automation`.

Wurzelnamensräume

Im normalen Programmcode (C#, VB.NET etc.) wird eine Klasse über den absoluten Klassennamen oder – wenn der Namensraum vorher eingebunden wurde – über den relativen Klassennamen angesprochen. In der PowerShell muss immer der absolute Klassenname verwendet werden, da es keine Abkürzungsmöglichkeit gibt.

Da es keine zentrale Stelle gibt, welche die Bezeichner für Namensräume vergibt, besteht grundsätzlich die Gefahr, dass es zu doppelten Typnamen kommt. Im Rahmen des CLI-Standards wurde deshalb folgende Notation festgelegt:

```
Firmenname.Technologiename
```

Beispiele für Namensraum sind:
```
Microsoft.Office
PowerSoft.PowerBuilder
Corel.CorelDraw
AddisonWesley.Scripting
```

Es ist auch üblich, den Internetdomänennamen in umgekehrter Reihenfolge zu verwenden, also z.B. `com.Microsoft.Office` oder `de.AddisonWesley.Scripting`.

Bild 22.20
Vergabe eines Namensraums

```
        Namensraum
   ┌─────────┴─────────┐
de.AddisonWesley.Scripting.Autor
                           └─┬─┘
                        Klassenname
```

Auch für die Namensgebung von Typen gibt es Regeln, die im CLI-Standard manifestiert sind. Für die Groß-/Kleinschreibung gilt grundsätzlich *PascalCasing*, d.h., ein Bezeichner beginnt grundsätzlich mit einem Großbuchstaben, und jedes weitere Wort innerhalb des Bezeichners beginnt ebenfalls wieder mit einem Großbuchstaben. Ausnahmen gibt es lediglich für Abkürzungen, die nur aus zwei Buchstaben bestehen. Diese dürfen komplett in Großbuchstaben geschrieben sein (z. B. `UI` und `IO`). Alle anderen Abkürzungen werden entgegen ihrer normalen Schreibweise in Groß-/Kleinschreibung geschrieben (z. B. `Xml`, `Xsd` und `W3c`).

Es gibt weitergehende Regeln, die aber weit über den Rahmen dieses Buchs hinausführen würden.

Namensräume und Softwarekomponenten

Hierarchien   Ein Namensraum ist eine Gruppierung von Klassen, die in Assemblies (Softwarekomponenten) implementiert sind. Der Namensraum ist unabhängig von dem Namen der Assembly. Ein Namensraum kann in beliebig vielen Assemblies implementiert werden, ebenso wie jede Assembly Typen zu beliebig vielen verschiedenen Namensräumen beisteuern kann. In der nachstehenden Abbildung sind die vertikalen dreidimensionalen Kästen die Assemblies und die horizontalen flachen Kästen die Namensräume. Man sieht, dass `System.IO` in *System.dll* und *mscorlib.dll* implementiert ist, es also keine *System.IO.dll* gibt.

Die Gruppierung, also die Auswahl der Typen, die zu einem Namensraum gehören, sollte nach logischen oder funktionellen Prinzipien erfolgen. Im Gegensatz dazu sollte die Zusammenfassung von Typen zu einer Assembly gemäß den Bedürfnissen zur Verbreitung der Klassen (engl. Deployment) erfolgen.

Ein Durchlaufen aller Namensräume auf einem System ist nicht ohne Weiteres möglich, weil es kein globales Verzeichnis aller Namensräume gibt. Dies würde eine Registrierung von Komponenten voraussetzen und daher dem Gedanken des *XCopy-Deployment* widersprechen. Möglich wäre aber die Suche nach *.dll-/.exe*-Dateien im Dateisystem und eine Einzelprüfung dieser DLLs darauf, ob sie Typen enthalten.

Das .NET Framework als Grundlage der PowerShell

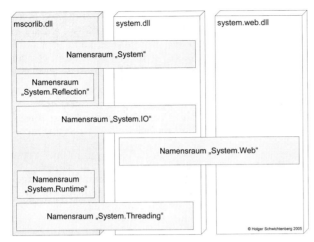

Bild 22.21
Der Namensraum ist unabhängig vom Namen der Assembly.

Um die Klassen aus einem .NET-Namensraum nutzen zu können, muss die Assembly, die diesen Teil des Namensraums implementiert, in der Anwendung, welche die Klasse nutzen möchte, eingebunden (referenziert) werden. Man erstellt Referenzen auf Assemblies, nicht auf Namensräume. Die PowerShell referenziert automatisch alle wichtigen Assemblies der .NET-Klassenbibliothek. Möchte man zusätzliche Assemblies (z.B. auch von Drittanbietern) nutzen, so muss man diese einbinden.

Referenzierung

Bestandteile einer .NET-Klasse

Eine .NET-Klasse ist ein Typ im Sinne der objektorientierten Programmierung und besteht daher aus der Vereinigung von Daten und Operationen. Eine .NET-Klasse besteht aus fünf Arten von Mitgliedern: Attribute, Methoden, Ereignisse, Konstruktoren und maximal ein Destruktor.

▶ Attribute

Attribute sind Datenmitglieder einer Klasse. Es gibt in .NET zwei Unterarten von Attributen: Felder (engl. Fields) und Eigenschaften (engl. Properties).

Attribute

Fields sind Attribute, bei denen der Nutzer des Objekts direkt einen bestimmten Speicherplatz innerhalb des Objekts beschreibt. Er kann alle dem Datentyp des Feldes entsprechenden Werte in das Feld schreiben, ohne dass eine weitere Prüfung erfolgt.

Field

Im Gegensatz dazu wird bei einer Property bei jedem Schreib- und Lesezugriff Programmcode ausgeführt, bei dem z.B. Prüfungen durchgeführt werden können. So kann der Gültigkeitsbereich auf beliebige Werte beschränkt werden. Zu einer Property gehört eine *Getter*-Methode (Get) und/oder eine *Setter*-Methode (Set). Wie und ob überhaupt die übergebenen Werte verarbeitet werden, ist in diesen Methoden zu implementieren. In der Regel gehört zu einem Property ein privates, also nur innerhalb des Objekts zugängliches Feld.

Property

Aus der Sicht des Nutzers der Klasse gibt es fast keinen Unterschied zwischen Fields und Properties. Eine Property kann jedoch Parameter besitzen und wird dann *Indexer* (*indiziertes Attribut*) genannt. Der Lesezugriff sieht dann aus wie der Aufruf einer Methode:

Indexer

```
element = collection.item(0)
```

Beim Schreibzugriff fällt allerdings schon auf, dass es sich nicht um eine Methode handelt, denn einer solchen könnte kein Wert zugewiesen werden:

```
collection.item(2) = "Guten Tag"
```

Ein Indexer kann als ein Array von Attributen betrachtet werden.

Methode ▸ Methoden

Methoden sind in Klassen implementierte Unterprogramme. Eine Klasse enthält in der Regel eine Implementierung zu den Methoden. Eine Klasse kann aber auch einzelne *abstrakte* Methoden (auch *virtuelle Methoden* genannt) besitzen oder aber komplett abstrakt (auch *rein virtuelle Klasse* genannt) sein. Eine abstrakte Klasse kann nicht instanziiert werden.

Konstruktor ▸ Konstruktoren

Ein Konstruktor ist eine Unterroutine, die bei der Instanziierung der Klasse aufgerufen wird. Konstruktoren können Parameter haben, die bei der Instanziierung anzugeben sind.

Destruktor ▸ Destruktor

Jede Klasse kann einen Destruktor mit dem Namen `Finalize()` besitzen, der aufgerufen wird, bevor die automatische Speicherverwaltung die Instanz im Speicher freigibt.

Ereignisse ▸ Ereignisse

Nutzer eines Objekts können ihr Interesse an von der Klasse definierten Ereignissen bekunden, indem sie dem Objekt einen Zeiger auf ein Unterprogramm übergeben, welches das Objekt beim Eintritt bestimmter Bedingungen aufruft.

Instanzmitglieder vs. Klassenmitglieder

Mitglieder einer Klasse können den einzelnen Instanzen (Instanzmitglieder) und der Klasse selbst (Klassenmitglieder oder statische Mitglieder genannt) zugeordnet sein. Eine Klasse wird als statische Klasse bezeichnet, wenn sie nur statische Mitglieder besitzt. Statische Klassen und statische Mitglieder erfordern eine Sonderbehandlung in der PowerShell, die an gegebener Stelle erläutert werden wird.

Vererbung

.NET unterstützt (Einfach-)Vererbung zwischen Klassen, d.h., eine Klasse kann Mitglieder von maximal einer anderen Klasse übernehmen. Als Nutzer der PowerShell haben Sie zunächst wenig mit Vererbung zu tun, in der Dokumentation werden Sie aber auf Hinweise auf Vererbung stoßen.

Schnittstellen

.NET erlaubt die explizite Definition von Schnittstellen zur Entkopplung der Beschreibung der Mitglieder einer Klasse von der Implementierung dieser Mitglieder. Schnittstellen sind für den Nutzer der PowerShell nicht relevant. Wichtig ist nur, dass Sie wissen, dass man Schnittstellen nicht instanziieren kann mit dem PowerShell-Commandlet `New-Object`. Schnittstellen erkennt man an dem vorangestellten großen „I", z.B. IDataAdapter.

22.5 Einzelbefehle der PowerShell

Die PowerShell kennt folgende Arten von Einzelbefehlen:
▸ Commandlets
▸ Aliase
▸ Ausdrücke
▸ Externe Befehle
▸ Dateinamen

22.5.1 Commandlets

Ein „normaler" PowerShell-Befehl heißt *Commandlet* (kurz: *Cmdlet*) oder *Funktion* (*Function*). Hier in diesem Kapitel geht es zunächst nur um Commandlets. Eine Funktion ist eine Möglichkeit, in der PowerShell selbst wieder einen Befehl zu erstellen, der funktioniert wie ein Commandlet. Da die Unterscheidung zwischen Commandlets und Funktionen aus Nutzersicht zum Teil akademischer Art ist, erfolgt hier zunächst keine Differenzierung.

Commandlet

Ein Commandlet besteht typischerweise aus drei Teilen:
- einem Verb,
- einem Substantiv und
- einer (optionalen) Parameterliste.

Verb und Substantiv werden durch einen Bindestrich „–" voneinander getrennt, die optionalen Parameter durch Leerzeichen. Daraus ergibt sich der folgende Aufbau:

```
Verb-Substantiv [-Parameterliste]
```

Die Groß- und Kleinschreibung ist bei den Commandlet-Namen nicht relevant.

Ein einfaches Beispiel ohne Parameter lautet:

```
Get-Process
```

Dieser Befehl holt eine Liste aller Prozesse.

> Die Tabulatorvervollständigung in der PowerShell-Konsole funktioniert bei Commandlets, wenn man das Verb und den Strich bereits eingegeben hat, z.B. Export-⇥. Auch Platzhalter kann man dabei verwenden. Die Eingabe Get-?e*⇥ liefert Get-Help⇥ Get-Member⇥ Get-Service.

Commandlet-Parameter

Durch Angabe eines Parameters werden nur diejenigen Prozesse angezeigt, deren Name auf das angegebene Muster zutrifft:

Parameter

```
Get-Process i*
```

Ein weiteres Beispiel für einen Befehl mit Parameter ist:

```
Get-ChildItem c:\daten
```

Get-ChildItem listet alle Unterobjekte des angegebenen Objekts (*c:\daten*) auf, also alle Dateien und Ordner unterhalb dieses Dateiordners.

Parameter werden als Zeichenkette aufgefasst – auch wenn sie nicht explizit in Anführungszeichen stehen. Die Anführungszeichen sind optional. Man muss Anführungszeichen nur verwenden, wenn Leerzeichen vorkommen, denn das Leerzeichen dient als Trennzeichen zwischen Parametern:

```
Get-ChildItem "C:\Program Files"
```

Alle Commandlets haben zahlreiche Parameter, die durch Namen voneinander unterschieden werden. Ohne die Verwendung von Parameternamen werden vordefinierte Standardattribute belegt, d.h., die Reihenfolge ist entscheidend.

```
Get-ChildItem C:\temp *.doc
```

bedeutet das Gleiche wie:

```
Get-ChildItem -Path C:\temp -Filter *.doc
```

Wenn ein Commandlet mehrere Parameter besitzt, ist die Reihenfolge der Parameter entscheidend, oder der Nutzer muss die Namen der Parameter mit angeben. Alle folgenden Befehle sind gleichbedeutend:

```
Get-ChildItem C:\temp *.doc
Get-ChildItem -Path C:\temp -Filter *.doc
Get-ChildItem -Filter *.doc -Path C:\temp
```

Bei der Angabe von Parameternamen kann man die Reihenfolge der Parameter ändern:

```
Get-ChildItem -Filter *.doc -Path C:\temp
```

Hingegen ist Folgendes falsch, weil die Parameter nicht benannt sind und die Reihenfolge falsch ist:

```
Get-ChildItem *.doc C:\temp
```

Schalter-Parameter Schalter-Parameter (engl. Switch) sind Parameter, die keinen Wert haben. Durch die Verwendung des Parameternamens wird die Funktion aktiviert, z.B. das rekursive Durchlaufen durch einen Dateisystembaum mit -recurse:

```
Get-ChildItem h:\demo\powershell -recurse
```

Berechnungen in Parametern Parameter können berechnet, d.h. aus Teilzeichenketten zusammengesetzt sein, die mit einem Pluszeichen verbunden werden. (Dies macht insbesondere Sinn in Zusammenhang mit Variablen, die aber erst später in diesem Buch eingeführt werden.)

Der folgende Ausdruck führt jedoch nicht zum gewünschten Ergebnis, da auch hier das Trennzeichen vor und nach dem + ein Parametertrenner ist.

```
Get-ChildItem "c:\" + "Windows" *.dll -Recurse
```

Auch ohne die beiden Leerzeichen vor und nach dem + geht es nicht. In diesem Fall muss man durch eine runde Klammer dafür sorgen, dass die Berechnung erst ausgeführt wird:

```
Get-ChildItem ("c:\" + "Windows") *.dll -Recurse
```

Es folgt dazu noch ein Beispiel, bei dem Zahlen berechnet werden. Der folgende Befehl liefert den Prozess mit der ID 2900:

```
Get-Process -id (2800+100)
```

Weitere Beispiele
```
Get-Service -exclude "[k-z]*"
```

zeigt nur diejenigen Systemdienste an, deren Name nicht mit den Buchstaben „k" bis „z" beginnt.

Auch mehrere Parameter können der Einschränkung dienen. Der folgende Befehl liefert nur die Benutzereinträge aus einem bestimmten Active Directory-Pfad. (Das Beispiel setzt die Installation der PSCX voraus.)

```
Get-ADObject -dis "LDAP://E02/ou=Geschäftsführung,OU=www.IT-Visions.de,dc=IT-Visions,dc=local" -class user
```

 Tabulatorvervollständigung klappt auch bei Parametern. Versuchen Sie einmal folgende Eingabe an der PowerShell-Konsole: Get-ChildItem -⇥

An vielen Stellen sind Platzhalter bei den Parameterwerten erlaubt. **Platzhalter**

Eine Liste aller Prozesse, die mit einem „i" anfangen, erhält man so:

`Get-Process i*`

Beachten Sie, dass bei den Commandlets das Substantiv im Singular steht, auch wenn **Weitere**
eine Menge von Objekten abgerufen wird. Das Ergebnis muss nicht immer eine Objekt- **Aspekte**
menge sein. Beispielsweise liefert **zu Com-**
mandlets
`Get-Location`

nur ein Objekt mit dem aktuellen Pfad.

Mit

`Set-Location c:\windows`

wechselt man den aktuellen Pfad. Diese Operation liefert gar kein Ergebnis.

> Die Groß- und Kleinschreibung der Commandlet-Namen und der Parameternamen ist irrelevant.

Gemäß der PowerShell-Konventionen soll es nur eine begrenzte Menge wiederkeh- **Verben**
render Verben geben: `Get, Set, Add, New, Remove, Clear, Push, Pop, Write, Export, Select, Sort, Update, Start, Stop, Invoke` usw. Außer diesen Basisoperationen gibt es auch Ausgabekommandos wie `Out` und `Format`. Auch Bedingungen werden durch diese Syntax abgebildet (`Where-Object`).

Die PowerShell erzeugt beim Start einen Prozess. In diesem Prozess laufen alle Com- **Prozess-**
mandlets. Dies ist ein Unterschied zum DOS-ähnlichen Windows-Kommandozeilen- **modell**
fenster, bei dem die ausführbaren Dateien (*.exe*) in eigenen Prozessen laufen.

22.5.2 Aliase

Durch so genannte Aliase kann die Eingabe von Commandlets verkürzt werden. So ist **Namens-**
`ps` als Alias für `Get-Process` oder `help` für `Get-Help` vordefiniert. Statt `Get-Process i*` **ersetzungen**
kann also auch geschrieben werden: `ps i*`.

Aliase auflisten

Durch `Get-Alias` (oder den entsprechenden Alias `aliases`) erhält man eine Liste aller vordefinierten Abkürzungen in Form von Instanzen der Klasse `System.Management.Automation.AliasInfo`.

Durch Angabe eines Namens bei `Get-Alias` erhält man die Bedeutung eines Alias:

`Get-Alias pgs`

Möchte man zu einem Commandlet alle Aliase wissen, muss man allerdings schreiben:

`Get-Alias | Where-Object { $_.definition -eq "Get-Process " }`

Dies erfordert schon den Einsatz einer Pipeline, die erst im nächsten Kapitel besprochen wird.

Kapitel 22 PowerShell-Basiswissen

Alias	Commandlet
%	ForEach-Object
?	Where-Object
ac	Add-Content
asnp	Add-PSSnapIn
cat	Get-Content
cd	Set-Location
chdir	Set-Location
clc	Clear-Content
clear	Clear-Host
clhy	Clear-History
cli	Clear-Item
clp	Clear-ItemProperty
cls	Clear-Host
clv	Clear-Variable
compare	Compare-Object
copy	Copy-Item
cp	Copy-Item
cpi	Copy-Item
cpp	Copy-ItemProperty
cvpa	Convert-Path
dbp	Disable-PSBreakpoint
del	Remove-Item
diff	Compare-Object
dir	Get-ChildItem
ebp	Enable-PSBreakpoint
echo	Write-Output
epal	Export-Alias
epcsv	Export-Csv
epsn	Export-PSSession
erase	Remove-Item
etsn	Enter-PSSession
exsn	Exit-PSSession
fc	Format-Custom
fl	Format-List
foreach	ForEach-Object
ft	Format-Table

Tabelle 22.3: Vordefinierte Aliase in der PowerShell 2.0

Einzelbefehle der PowerShell

Alias	Commandlet
fw	Format-Wide
gal	Get-Alias
gbp	Get-PSBreakpoint
gc	Get-Content
gci	Get-ChildItem
gcm	Get-Command
gcs	Get-PSCallStack
gdr	Get-PSDrive
ghy	Get-History
gi	Get-Item
gjb	Get-Job
gl	Get-Location
gm	Get-Member
gmo	Get-Module
gp	Get-ItemProperty
gps	Get-Process
group	Group-Object
gsn	Get-PSSession
gsnp	Get-PSSnapIn
gsv	Get-Service
gu	Get-Unique
gv	Get-Variable
gwmi	Get-WmiObject
h	Get-History
history	Get-History
icm	Invoke-Command
iex	Invoke-Expression
ihy	Invoke-History
ii	Invoke-Item
ipal	Import-Alias
ipcsv	Import-Csv
ipmo	Import-Module
ipsn	Import-PSSession
ise	powershell_ise.exe
iwmi	Invoke-WMIMethod
kill	Stop-Process

Tabelle 22.3: Vordefinierte Aliase in der PowerShell 2.0 (Forts.)

Alias	Commandlet
lp	Out-Printer
ls	Get-ChildItem
man	help
md	mkdir
measure	Measure-Object
mi	Move-Item
mount	New-PSDrive
move	Move-Item
mp	Move-ItemProperty
mv	Move-Item
nal	New-Alias
ndr	New-PSDrive
ni	New-Item
nmo	New-Module
nsn	New-PSSession
nv	New-Variable
ogv	Out-GridView
oh	Out-Host
popd	Pop-Location
ps	Get-Process
pushd	Push-Location
pwd	Get-Location
r	Invoke-History
rbp	Remove-PSBreakpoint
rcjb	Receive-Job
rd	Remove-Item
rdr	Remove-PSDrive
ren	Rename-Item
ri	Remove-Item
rjb	Remove-Job
rm	Remove-Item
rmdir	Remove-Item
rmo	Remove-Module
rni	Rename-Item
rnp	Rename-ItemProperty
rp	Remove-ItemProperty

Tabelle 22.3: Vordefinierte Aliase in der PowerShell 2.0 (Forts.)

Alias	Commandlet
rsn	Remove-PSSession
rsnp	Remove-PSSnapin
rv	Remove-Variable
rvpa	Resolve-Path
rwmi	Remove-WMIObject
sajb	Start-Job
sal	Set-Alias
saps	Start-Process
sasv	Start-Service
sbp	Set-PSBreakpoint
sc	Set-Content
select	Select-Object
set	Set-Variable
si	Set-Item
sl	Set-Location
sleep	Start-Sleep
sort	Sort-Object
sp	Set-ItemProperty
spjb	Stop-Job
spps	Stop-Process
spsv	Stop-Service
start	Start-Process
sv	Set-Variable
swmi	Set-WMIInstance
tee	Tee-Object
type	Get-Content
where	Where-Object
wjb	Wait-Job
write	Write-Output

Tabelle 22.3: Vordefinierte Aliase in der PowerShell 2.0 (Forts.)

Neue Aliase anlegen

Einen neuen Alias definiert der Nutzer mit Set-Alias oder New-Alias, z.B.:

Set-Alias, New-Aliase

```
Set-Alias procs Get-Process
New-Alias procs Get-Process
```

Der Unterschied zwischen Set-Alias und New-Alias ist marginal: New-Alias erstellt einen neuen Alias und liefert einen Fehler, wenn der zu vergebende Alias schon existiert. Set-Alias erstellt einen neuen Alias oder überschreibt einen Alias, wenn der zu vergebende Alias schon existiert. Mit dem Parameter -description kann man jeweils auch einen Beschreibungstext setzen.

Man kann Alias nicht nur für Commandlets, sondern auch für klassische Anwendungen vergeben, z.B.:

```
Set-Alias np notepad.exe
```

 Beim Anlegen eines Alias wird nicht geprüft, ob es das zugehörige Commandlet bzw. die Anwendung überhaupt gibt. Der Fehler würde erst beim Aufruf des Alias auftreten.

Man kann in Aliasdefinitionen keinen Parameter mit Werten vorbelegen. Möchten Sie zum Beispiel definieren, dass die Eingabe von „Temp" die Aktion „Get-ChildItem c:\Temp" ausführt, brauchen Sie dafür eine Funktion. Mit einem Alias geht das nicht.

```
Function Temp { Get-childitem c:\temp }
```

Funktionen werden später (siehe Kapitel „Skripte") noch ausführlich besprochen. Die Windows PowerShell enthält zahlreiche vordefinierte Funktionen, z.B. c:, d:, e: sowie mkdir und help.

Die neu definierten Aliase gelten jeweils nur für die aktuelle Instanz der PowerShell-Konsole. Man kann die eigenen Alias-Definitionen exportieren mit Export-Alias und später wieder importieren mit Import-Alias. Als Speicherformate stehen das CSV-Format und das PowerShell-Skriptdateiformat (.ps1 – siehe spätere Kapitel) zur Verfügung. Bei dem PS1-Format ist zum späteren Reimport der Datei das Skript mit dem Punkt-Operator (engl. „Dot Sourcing") aufzurufen.

	Dateiformat CSV	**Dateiformat .ps1**
Speichern	Export-Alias c:\meinealias.csv	Export-Alias c:\meinealias.ps1 -as script
Laden	Import-Alias c:\meinealias.csv	. c:\meinealias.ps1

Die Anzahl der Aliase ist im Standard auf 4096 beschränkt. Dies kann durch die Variable $MaximumAliasCount geändert werden.

Aliase für Eigenschaften

Aliase sind auch auf Ebene von Eigenschaften definiert. So kann man statt

```
Get-Process processname, workingset
```

auch schreiben:

```
Get-Process  name, ws
```

Diese Aliase der Attribute sind definiert in der Datei *types.ps1xml* im Installationsordner der PowerShell.

Bild 22.22
types.ps1xml

22.5.3 Ausdrücke

Ebenfalls als Einzelbefehl möglich sind (mathematische) Ausdrücke wie

Mathematik

`10* (8 + 6)`

oder

`"Hello "+ " " + "World"`

Microsoft spricht hier vom Expression Mode der PowerShell im Kontrast zum Command Mode, der verwendet wird, wenn man

Kapitel 22 PowerShell-Basiswissen

```
Write-Output 10* (8 + 6)
```
aufruft.

Command Mode versus Expression Mode Die PowerShell kennt zwei Verarbeitungsmodi für Befehle: einen Befehlsmodus (Command Mode) und einen Ausdrucksmodus (Expression Mode). Im Befehlsmodus werden alle Eingaben als Zeichenketten behandelt. Im Ausdrucksmodus werden Zahlen und Operationen verarbeitet. Befehls- und Ausdrucksmodus können gemischt werden.

In einem Befehl kann ein Ausdruck durch Klammern eingebaut werden. Außerdem kann eine Pipeline mit einem Ausdruck beginnen.

Tabelle 22.4 Ausdrücke in der Windows PowerShell

Beispiel	Bedeutung
2+3	Ist ein Ausdruck. Die PowerShell führt die Berechnung aus und liefert 5.
echo 2+3	Ist ein reiner Befehl. „2+3" wird als Zeichenkette angesehen und ohne Auswertung auf dem Bildschirm ausgegeben.
echo (2+3)	Ist ein Befehl mit integriertem Ausdruck. Auf dem Bildschirm erscheint 5.
2+3 | echo	Ist eine Pipeline, die mit einem Ausdruck beginnt. Auf dem Bildschirm erscheint 5.
echo 2+3 | 7+6	Ist eine unerlaubte Eingabe. Ausdrücke dürfen in der Pipeline nur als erstes Element auftauchen.
$a = Get-Process	Ist ein Ausdruck mit integriertem Befehl. Das Ergebnis wird einer Variablen zugewiesen.
$a | Get-Process	Ist eine Pipeline, die mit einem Ausdruck beginnt. Der Inhalt von $a wird als Parameter an Get-Process übergeben.
Get-Process | $a	Ist eine unerlaubte Eingabe. Ausdrücke dürfen in der Pipeline nur als erstes Element auftauchen.

22.5.4 Externe Befehle

Windows-Anwendungen, DOS-Befehle, WSH-Skripte Alle Eingaben, die nicht als Commandlets oder mathematische Formeln erkannt werden, werden als externe Anwendungen behandelt. Es können sowohl klassische Kommandozeilenbefehle (wie *ping.exe*, *ipconfig.exe* und *netstat.exe*) als auch Windows-Anwendungen ausgeführt werden.

Die Eingabe c:\Windows\Notepad.exe ist daher möglich, um den „beliebten" Windows-Editor zu starten. Auf gleiche Weise können auch WSH-Skripte aus der PowerShell heraus gestartet werden.

Die folgende Bildschirmabbildung zeigt den Aufruf von *netstat.exe*. Zuerst wird die Ausgabe nicht gefiltert. In dem zweiten Beispiel kommt zusätzlich das Commandlet Select-String zum Einsatz, das nur die Zeilen ausgibt, die das Wort „LDAP" enthalten.

Grundsätzlich könnte es passieren, dass ein interner Befehl der PowerShell (Commandlet, Alias oder Function) genauso heißt wie ein externer Befehl. Die PowerShell warnt in einem solchen Fall nicht vor der Doppeldeutigkeit, sondern die Ausführung erfolgt nach folgender Präferenzliste:
- Aliase
- Funktionen
- Commandlets
- Externe Befehle

Bild 22.23
Ausführung von netstat

22.5.5 Dateinamen

Beim direkten Aufruf von Datendateien (z.B. .doc-Dateien) wird entsprechend den Windows-Einstellungen in der Registrierungsdatenbank die Standardanwendung gestartet und damit das Dokument geladen.

Dateinamen und Ordnerpfade müssen nur in Anführungszeichen (einfache oder doppelte) gesetzt werden, wenn sie Leerzeichen enthalten.

Bild 22.24
Anführungszeichen bei Pfadangaben

Kapitel 22 PowerShell-Basiswissen

22.6 Hilfefunktionen

Dieses Kapitel beschreibt die Hilfefunktionen der Windows PowerShell.

22.6.1 TechNet-Dokumentation

Im Microsoft TechNet gibt es eine Dokumentation zur PowerShell 2.0, die aber leider auch zum Erscheinen der PowerShell 2.0 im Rahmen von Windows 7 und Windows Server 2008 R2 im August 2009 noch auf dem Stand der Vorabversionen von Mai 2009 war. Zu hoffen ist, dass Microsoft diese bis zur offiziellen Markteinführung von Windows 7 und Windows Server 2008 R2 im Oktober 2009 bzw. zum Erscheinen der PowerShell 2.0 für andere Betriebssysteme aktualisieren wird.

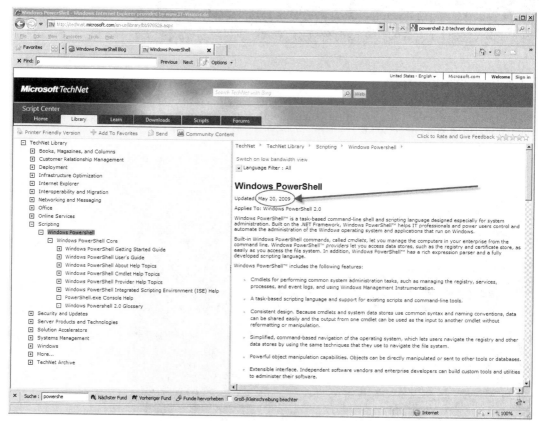

Bild 22.25: *TechNet-Dokumentation der PowerShell 2.0 (Bildschirmabbildung vom 9.9.2009)*

22.6.2 Verfügbare Befehle

Die Liste aller verfügbaren Commandlets erhält man in der PowerShell auch durch
`Get-Command`

Liste der Commandlets

Dabei sind auch Muster erlaubt.

- `Get-Command Get-*` liefert alle Befehle, die mit „get" anfangen.
- `Get-Command [gs]et-*` liefert alle Befehle, die mit „get" oder „set" anfangen.
- `Get-Command *-Service` liefert alle Befehle, die das Substantiv „Service" besitzen.
- `Get-Command -noun Service` liefert ebenfalls alle Befehle, die das Substantiv „Service" besitzen.

Das Commandlet `Get-Command` kann auch verwendet werden, um die Information zu erhalten, was die PowerShell unter einem Befehl versteht. `Get-Command` sucht an angegebenen Namen in Commandlets, Aliasen, Funktionen, Skriptdateien und ausführbaren Dateien (siehe Bildschirmabbildung).

Bild 22.26
Beispiele zum Einsatz von Get-Command

Gibt man nach `Get-Command` den Namen einer *.exe*-Datei an, zeigt die PowerShell, in welchem Pfad die ausführbare Datei gefunden werden kann. Gesucht wird dabei nur in den Pfaden gemäß der Umgebungsvariablen `%Path%`.

`Get-Command *.exe`

zeigt eine Liste aller direkt aufrufbaren ausführbaren Dateien.

Vergleich PowerShell 1.0 und 2.0 Die PowerShell 2.0 enthält in der Grundausstattung 236 Commandlets sowie 37 eingebaute Funktionen.

In Windows PowerShell 1.0 waren es 129 Commandlets und 34 eingebaute Funktionen.

Ermitteln kann man diese Zahlen mit:

(Get-Command) | group commandtype

Get-Command liefert unter Windows PowerShell 2.0 sowohl Commandlets als auch eingebaute Funktionen (deren Handhabung oft der von Commandlets entspricht, nur die Art der Implementierung ist anders). Unter PowerShell 1.0 muss man die Funktionen separat zählen mit:

(dir function:).count

22.6.3 Erläuterungen zu den Befehlen

Get-Help Einen Hilfetext zu einem Commandlet bekommt man über Get-Help commandletname, z.B.:

Get-Help Get-Process

Dabei kann man durch die Parameter -detailed und -full mehr Hilfe erhalten.

Hingegen listet Get-Help get alle Commandlets auf, die das Verb Get verwenden.

Die Hilfe erscheint abhängig von der installierten Sprachversion der Windows PowerShell. Der Autor dieses Buches verwendet jedoch primär englische Betriebssysteme und Anwendungen.

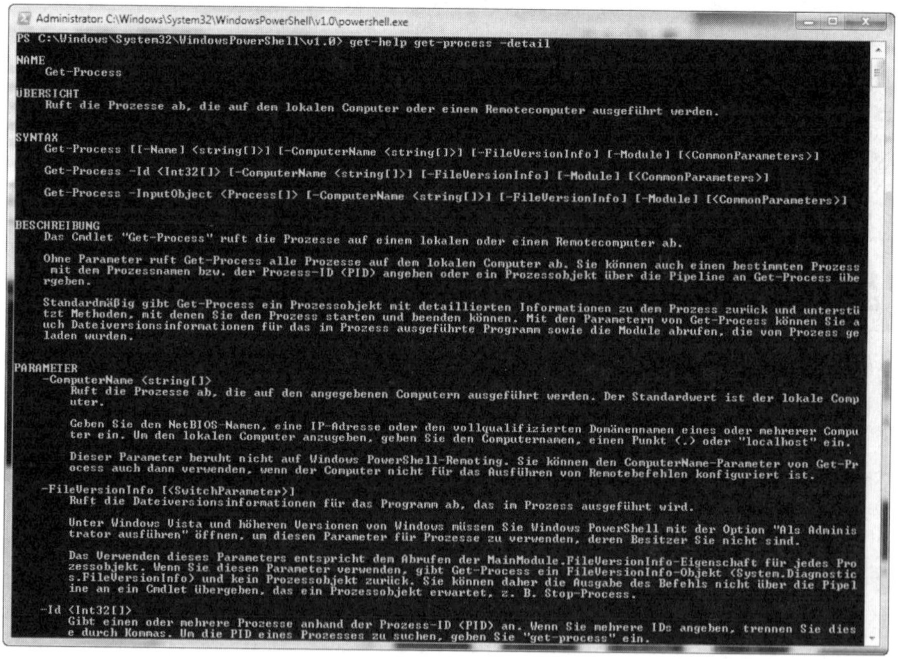

Bild 22.27 Ausschnitt aus dem Hilfetext zum Commandlet Get-Process

Hilfefunktionen

Alternativ zum Aufruf von `Get-Help` kann man auch den allgemeinen Parameter `-?` an das Commandlet anhängen, z.B. `Get-Process -?`. Dann erhält man die Kurzversion der Hilfe, hat aber keine Option für die ausführlicheren Versionen.

Eine grafische Hilfedatei im *.chm*-Dateiformat zur PowerShell gab es für die PowerShell 1.0 nur als Zusatz [MS01]. In PowerShell 2.0 ist die Hilfedatei direkt enthalten.

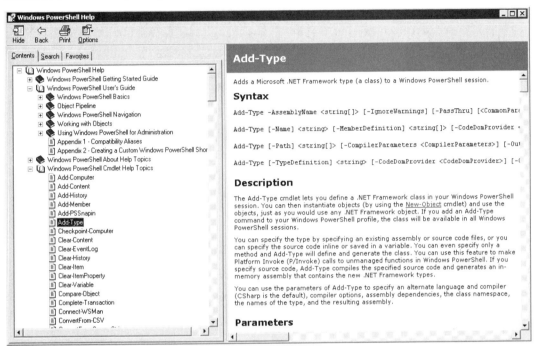

Bild 22.28: *Die Hilfedatei zur PowerShell enthält auch die Dokumentation aller Commandlets*

Die PowerShell 1.0-Hilfedatei [MS01]ist dennoch weiterhin relevant, denn sie enthält im Gegensatz zu Ihrem Nachfolger auch Hinweise zur manuellen Übersetzung von VBScript in Windows PowerShell.

Kapitel 22 **PowerShell-Basiswissen**

Bild 22.29
Hilfe zum Transfer von VBScript nach PowerShell

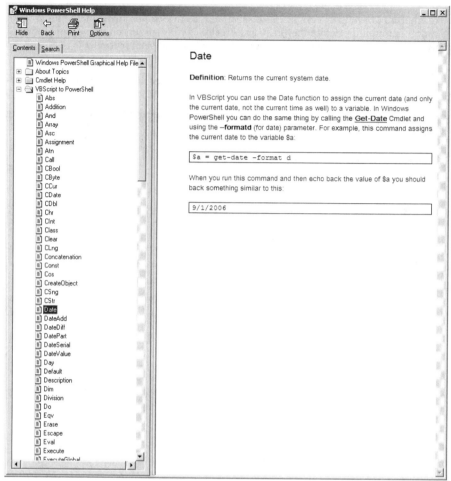

22.6.4 Dokumentation der .NET-Klassen

.NET-SDK Informationen zu den .NET-Klassen, mit denen die Windows PowerShell arbeitet, finden Sie an folgenden Stellen:

▸ PowerShell-Dokumentation für den Namensraum System.Management.Automation
▸ .NET Framework Software Development Kit bzw. Windows Software Development Kit für .NET 3.5
▸ Produktspezifische Dokumentationen, z.B. Exchange Server 2007/2010-Dokumentation

Die Dokumentation zeigt die verfügbaren Klassenmitglieder (Attribut, Methoden, Ereignisse, Konstruktoren) (siehe Bild 22.30). Destruktoren werden nicht dokumentiert.

Objektorientiertes Pipelining

Da die Dokumentation der .NET-Klassen für Entwickler geschrieben wurde, ist sie häufig zu detailliert für PowerShell-Entwickler. Leider ist derzeit noch keine für die Bedürfnisse von Administratoren angepasste Version absehbar.

Die englische Dokumentation ist der deutschen vorzuziehen, weil es in den deutschen Übersetzungen viele Übersetzungsfehler gibt, die das Verständnis erschweren.

Die folgende Abbildung zeigt die Dokumentation der Klasse Process im Namensraum System.Diagnostics. In dem Baum links erkennt man die verschiedenen Arten von Mitgliedern: *Methoden* (Methods), *Eigenschaften* (Properties) und *Ereignisse* (Events).

Bild 22.30 Ausschnitt aus der Dokumentation der .NET-Klasse System.Diagnostics.Process

22.7 Objektorientiertes Pipelining

Ihre Mächtigkeit entfaltet die PowerShell erst durch das Pipelining, also durch die Weitergabe von Daten von einem Commandlet zum anderen.

22.7.1 Grundlagen

Pipelines Für eine Pipeline wird – wie auch in Unix-Shells üblich und der normalen Windows-Konsole möglich – der vertikale Strich „ | " verwendet.

```
Get-Process | Format-List
```

bedeutet, dass das Ergebnis des Get-Process-Commandlets an Format-List weitergegeben werden soll. Die Standardausgabeform von Get-Process ist eine Tabelle. Durch Format-List werden die einzelnen Attribute der aufzulistenden Prozesse untereinander statt in Spalten ausgegeben.

22.7.2 Objektorientierung

Typisierte Objekte Objektorientierung ist die herausragende Eigenschaft der Windows PowerShell: Commandlets können durch Pipelines mit anderen Commandlets verbunden werden. Anders als Pipelines in Unix-Shells tauschen die Commandlets der PowerShell keine Zeichenketten, sondern typisierte .NET-Objekte aus. Das objektorientierte Pipelining ist im Gegensatz zum in den Unix-Shells und der normalen Windows-Shell (*cmd.exe*) verwendeten zeichenkettenbasierten Pipelining nicht abhängig von der Position der Informationen in der Pipeline.

In einer Pipeline wie

```
Get-Process | Where-Object { $_.name -eq "iexplore" } | Format-Table ProcessName, WorkingSet64
```

ist das dritte Commandlet daher nicht auf eine bestimmte Anordnung und Formatierung der Ausgabe von vorherigen Commandlets angewiesen, sondern es greift über den so genannten Reflection-Mechanismus (den eingebauten Komponentenerforschungsmechanismus des .NET Frameworks) direkt auf die Eigenschaften der Objekte in der Pipeline zu.

> Genau genommen bezeichnet Microsoft das Verfahren als „Extended Reflection" bzw. „Extended Type System (ETS)", weil die PowerShell in der Lage ist, Objekte um zusätzliche Eigenschaften anzureichern, die in der Klassendefinition gar nicht existieren.

Im obigen Beispiel legt Get-Process ein .NET-Objekt der Klasse System.Diagnostics.Process für jeden laufenden Prozess in die Pipeline. System.Diagnostics.Process ist eine Klasse aus der .NET-Klassenbibliothek. Commandlets können aber jedes beliebige .NET-Objekt in die Pipeline legen, also auch einfache Zahlen oder Zeichenketten, da es in .NET keine Unterscheidung zwischen elementaren Datentypen und Klassen gibt. Eine Zeichenkette in die Pipeline zu legen, wird aber in der PowerShell die Ausnahme bleiben, denn der typisierte Zugriff auf Objekte ist wesentlich robuster gegenüber möglichen Änderungen als die Zeichenkettenauswertung mit regulären Ausdrücken.

Deutlicher wird der objektorientierte Ansatz, wenn man als Attribut keine Zeichenkette heranzieht, sondern eine Zahl. WorkingSet64 ist ein 64-Bit langer Zahlenwert, der den aktuellen Speicherverbrauch eines Prozesses repräsentiert. Alle Prozesse, die aktuell mehr als 20 Megabyte verbrauchen, liefert der folgende Befehl:

```
Get-Process | Where-Object {$_.WorkingSet64 -gt 20*1024*1024 }
```

Anstelle von 20*1024*1024 hätte man auch das Kürzel „20MB" einsetzen können. Außerdem kann man Where-Object mit einem Fragezeichen abkürzen. Die kurze Variante des Befehls wäre dann also:

```
ps | ? {$_.ws -gt 20MB }
```

Wenn nur ein einziges Commandlet angegeben ist, dann wird das Ergebnis auf dem Bildschirm ausgegeben. Auch wenn mehrere Commandlets in einer Pipeline zusammengeschaltet sind, wird das Ergebnis des letzten Commandlets in der Pipeline ausgegeben. Wenn das letzte Commandlet keine Daten in die Pipeline wirft, erfolgt keine Ausgabe.

Zugriff auf einzelne Objekte

Die meisten Commandlets legen ganze Mengen von Objekten in die Pipeline (z.B. Get-Process eine Liste der Prozesse und Get-Service eine Liste der Dienste). Einige Commandlets legen aber nur einzelne Objekte in die Pipeline. Ein Beispiel dafür ist Get-Date, das ein einziges Objekt des Typs System.DateTime in die Pipeline legt. Ruf man Get-Date ohne Weiteres auf, werden das aktuelle Datum und die aktuelle Zeit ausgegeben.

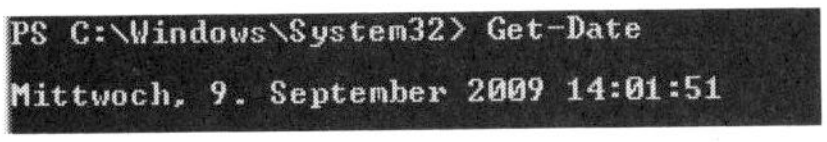
PS C:\Windows\System32> Get-Date
Mittwoch, 9. September 2009 14:01:51

Bild 22.31
Das aktuelle Datum mit Zeit

Bei einer Objektmenge kann man, wie oben bereits gezeigt, mit Where-Object filtern. Es ist aber auch möglich, gezielt einzelne Objekte anzusprechen über ihre Position in der Pipeline. Die Positionsangabe ist in eckige Klammern zu setzen, und die Zählung beginnt bei 0. Der Pipeline-Ausdruck ist in runde Klammern zu setzen.

Beispiele:

Der erste Prozess:

```
(Get-Process)[0]
```

Der dreizehnte Prozess:

```
(Get-Process)[0]
```

Der dreizehnte Prozess in der Liste der Prozesse, die mehr als 20 MB Hauptspeicher brauchen.

```
(Get-Process | where-object { $_.WorkingSet64 -gt 20mb } )[12]
```

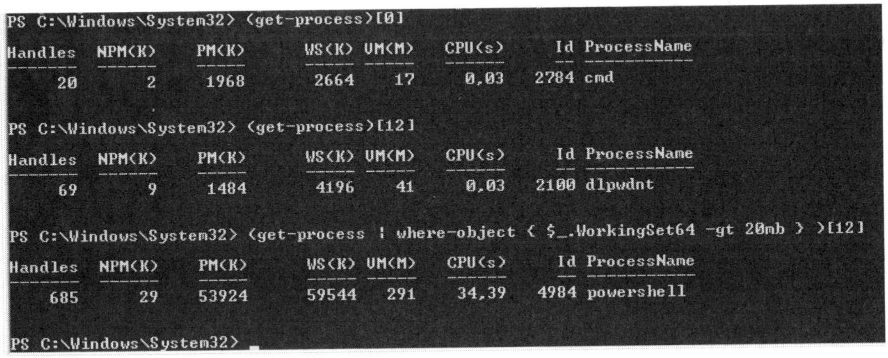
PS C:\Windows\System32> (get-process)[0]
Handles NPM(K) PM(K) WS(K) VM(M) CPU(s) Id ProcessName
20 2 1968 2664 17 0,03 2784 cmd
PS C:\Windows\System32> (get-process)[12]
Handles NPM(K) PM(K) WS(K) VM(M) CPU(s) Id ProcessName
69 9 1484 4196 41 0,03 2100 dlpwdnt
PS C:\Windows\System32> (get-process | where-object { $_.WorkingSet64 -gt 20mb })[12]
Handles NPM(K) PM(K) WS(K) VM(M) CPU(s) Id ProcessName
685 29 53924 59544 291 34,39 4984 powershell
PS C:\Windows\System32>

Bild 22.32
Zugriff auf einzelne Prozessobjekte

Zugriff auf einzelne Werte

Manchmal möchte man nicht ein komplettes Objekt bzw. eine komplette Objektmenge verarbeiten, sondern nur eine einzelne Eigenschaft.

Oben wurde bereits gezeigt, wie man mit Format-Table auf einzelne Eigenschaften zugreifen kann:

```
Get-Process | Format-Table ProcessName, WorkingSet64
```

Hat man nur ein einzelnes Objekt in Händen, geht das auch:

```
(Get-Process)[0] | Format-Table ProcessName, WorkingSet64
```

In diesem Fall kann man aber anstelle der tabellarischen Ausgabe auch direkt auf Eigenschaften zugreifen. Dafür verwendet man die in objektorientierten Sprachen übliche Punktnotation, d.h., man trennt das Objekt und die abzurufende Eigenschaft durch einen Punkt.

Beispiele:

(Get-Process)[0].Processname

Die Ausgabe ist eine einzelne Zeichenkette

(Get-Process)[0].WorkingSet64

Die Ausgabe ist eine einzelne Zahl.

Mit den Einzelwerten kann man weiterrechnen, z.B. errechnet man so die Speichernutzung in Megabyte:

(Get-Process)[0].WorkingSet64 / 1MB

Bild 22.33 Ausgabe zu den obigen Beispielen

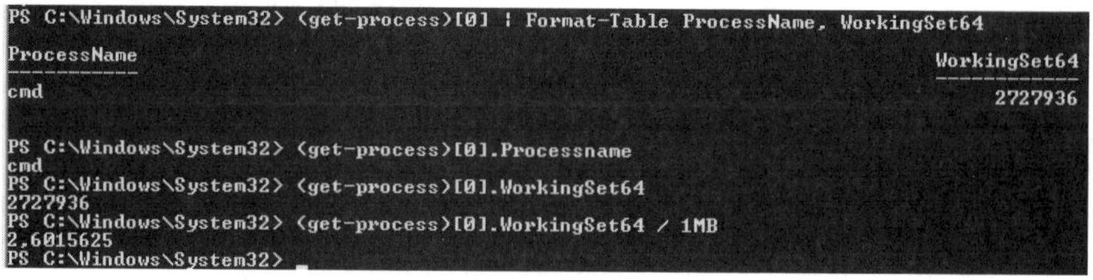

Weitere Anwendungsfälle seien am Beispiel Get-Date gezeigt (siehe Bild 22.34). Year, Day, Month, Hour und Minute sind einige der zahlreichen Eigenschaften der Klasse DateTime, die Get-Date liefert.

Bild 22.34 Zugriff auf einzelne Werte aus dem aktuellen Datum/ der aktuellen Zeit

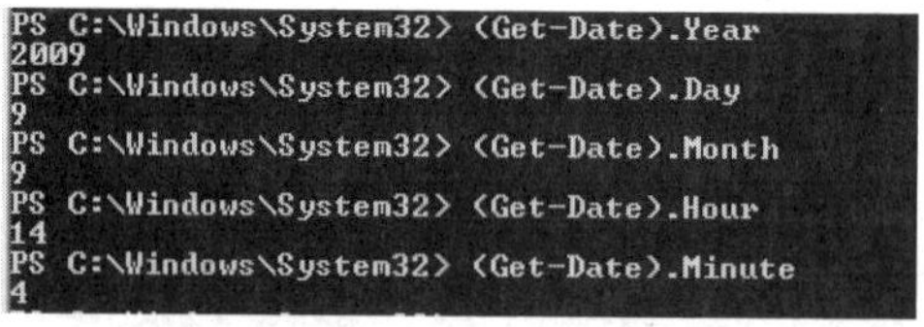

Für die Objektmenge in der Pipeline als Ganzes gesehen kann man in der Regel nur einen sinnvollen Wert abrufen: Count.

Beispiel: Wie viele Prozess gibt es, die mehr als 20 MB Speicher verbrauchen?

(Get-Process | where-object { $_.WorkingSet64 -gt 20mb }).Count

Bild 22.35 Aufruf von Count für eine Pipeline

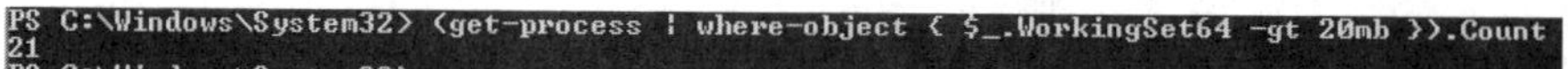

Methoden ausführen

Kill() Die Objekt-Pipeline der PowerShell hat noch weitere Möglichkeiten: Gemäß dem objektorientierten Paradigma haben .NET-Objekte nicht nur Attribute, sondern auch Methoden. In einer Pipeline kann der Administrator daher auch die Methoden der Objekte aufrufen. Objekte des Typs System.Diagnostics.Process besitzen zum Beispiel eine Methode Kill(). Der Aufruf dieser Methode ist in der PowerShell gekapselt in der Methode Stop-Process.

Stop-Process Der folgende PowerShell-Pipeline-Befehl beendet alle Instanzen des Internet Explorers auf dem lokalen System, indem das Commandlet Stop-Process die Instanzen des betreffenden Prozesses von Get-Process empfängt.

Get-Process iexplore | Stop-Process

Wer sich mit dem .NET Framework gut auskennt, könnte die Methode auch direkt aufrufen. Dann ist aber eine explizite ForEach-Schleife notwendig. Die Commandlets iterieren automatisch über alle Objekte der Pipeline, die Methodenaufrufe aber nicht.

```
Get-Process iexplore | Foreach-Object { $_.Kill() }
```

Durch den Einsatz eines Alias geht das auch kürzer:

```
ps | ? { $_.name -eq "iexplore" } | % { $_.Kill() }
```

Der Einsatz der Methode Kill() wurde hier nur zur Demonstration vorgenommen, dass die Pipeline tatsächlich Objekte befördert. Eigentlich ist die gleiche Aufgabe besser mit dem eingebauten Commandlet Stop-Process zu lösen.

Dies funktioniert aber nur dann gut, wenn es auch Instanzen des Internet Explorers gibt. Wenn alle beendet sind, meldet Get-Process einen Fehler. Dies kann das gewünschte Verhalten sein. Mit einer etwas anderen Pipeline wird dieser Fehler jedoch unterbunden:

```
Get-Process | Where-Object { $_.Name -eq "iexplore" } | Stop-Process
```

Die zweite Pipeline unterscheidet sich von der ersten dadurch, dass das Filtern der Prozesse aus der Prozessliste nun nicht mehr von Get-Process erledigt wird, sondern durch ein eigenes Commandlet mit Namen Where-Object in der Pipeline selbst durchgeführt wird. Where-Object ist toleranter als Get-Process in Hinblick auf die Möglichkeit, dass es kein passendes Objekt gibt.

ps ist ein Alias für Get-Process, Kill für Stop-Process. Außerdem hat Get-Process eine eingebaute Filterfunktion. Um alle Instanzen des Internet Explorers zu beenden, kann man also statt

```
Get-Process | Where-Object { $_.Name -eq "iexplore" } | Stop-Process
```

auch schreiben:

```
ps -p "iexplore" | Kill
```

Weitere Beispiele für die Aufrufe von Methoden seien am Beispiel von Get-Date gezeigt, das ja mir ein Objekt der Klasse DateTime liefert. Die Klasse DateTime bietet zahlreiche Methoden an, um Datum und Zeit auf bestimmte Weise darzustellen, z.B. GetShortDateString(), GetLongDateString(), GetShortTimeString() und GetLongTimeString(). Die Ausgaben zeigt die Bildschirmabbildung.

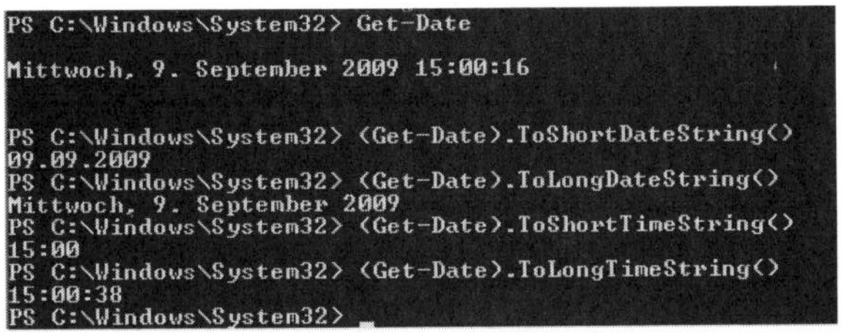

Bild 22.36
Ausgaben der Methoden der Klasse Date-Time

Pipelining von Parametern

Die Pipeline kann jegliche Art von Information befördern, auch einzelne elementare Daten. Einige Commandlets unterstützen es, dass auch die Parameter aus der Pipeline ausgelesen werden. Der folgende Pipeline-Befehl führt zu einer Auflistung aller Windows-Systemdienste, die mit dem Buchstaben „I" beginnen.

```
"i*" | Get-Service
```

Pipelining von klassischen Befehlen

Grundsätzlich dürfen auch klassische Kommandozeilenanwendungen in der PowerShell verwendet werden. Wenn man einen Befehl wie *netstat.exe* oder *ping.exe* ausführt, dann legen diese eine Menge von Zeichenketten in die Pipeline: Jede Ausgabezeile ist eine Zeichenkette.

Diese Zeichenketten kann man sehr gut mit dem Commandlet `Select-String` auswerten. `Select-String` lässt nur diejenigen Zeilen die Pipeline passieren, die auf den angegebenen regulären Ausdruck zutreffen.

In dem folgenden Beispiel werden nur diejenigen Zeilen der Ausgabe von *netstat.exe* gefiltert, die ein großes „E" gefolgt von zwei Ziffern enthalten.

> Die Syntax der regulären Ausdrücke in .NET wird in diesem Buch nicht näher besprochen. Sie finden eine gute Dokumentation dazu in [MSDN08].

Bild 22.37 Einsatz von Select-String zur Filterung von Ausgaben klassischer Kommandozeilenwerkzeuge

22.7.3 Pipeline Processor

PowerShell Pipeline Processor Für die Übergabe der .NET-Objekte an die Commandlets sorgt der *PowerShell Pipeline Processor* (siehe Bild 22.38). Die Commandlets selbst müssen sich weder um die Objektweitergabe noch um die Parameterauswertung kümmern.

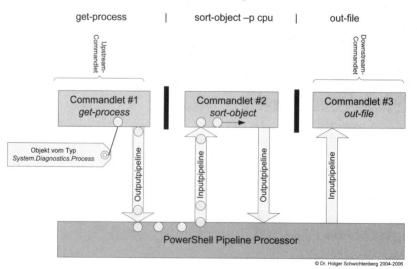

Bild 22.38 Der Pipeline Processor befördert die Objekte vom Downstream-Commandlet zum Upstream-Commandlet.

Wie das obige Bild schon zeigt, beginnt ein nachfolgendes Commandlet mit seiner Arbeit, sobald es ein erstes Objekt aus der Pipeline erhält. Es kann also sein, dass das erste Commandlet noch gar nicht alle Objekte erzeugt hat, bevor die folgenden Commandlets schon die ersten Objekte weiterverarbeiten. Ein Commandlet wird sofort aufgerufen, sobald das erste Objekt bereitsteht.

22.7.4 Komplexe Pipelines

Die Pipeline kann beliebig lang sein, d.h., die Anzahl der Befehle in einer einzigen Pipeline ist nicht begrenzt. Ein Beispiel für eine komplexere Pipeline lautet:

```
Get-ChildItem h:\daten -r -filter *.doc
| Where-Object { $_.Length -gt 40000 }
| Select-Object Name, Length
| Sort-Object Length
| Format-List
```

Get-ChildItem ermittelt alle Microsoft Word-Dateien im Ordner *h:\Daten* und in seinen Unterordnern. Durch das zweite Commandlet (Where-Object) wird die Ergebnismenge auf diejenigen Objekte beschränkt, bei denen das Attribut Length größer ist als 40000. Select-Object beschneidet alle Attribute aus Name und Length. Durch das vierte Commandlet in der Pipeline wird die Ausgabe nach dem Attribut Length sortiert. Das letzte Commandlet schließlich erzwingt eine Listendarstellung.

Die Reihenfolge der einzelnen Befehle in der Pipeline ist dabei nicht beliebig. Keineswegs kann man im obigen Befehl die Sortierung hinter die Formatierung setzen, weil nach dem Formatieren zwar noch ein Objekt existiert, dieses aber einen Textstrom repräsentiert. Where-Object und Sort-Object könnte man vertauschen; aus Gründen des Ressourcenverbrauchs sollte man aber erst einschränken und dann die verringerte Liste sortieren.

Ein Commandlet kann auf alle Attribute und Methoden der .NET-Objekte, die das vorhergehende Commandlet in die Pipeline gelegt hat, zugreifen. Die Mitglieder der Objekte können entweder durch Parameter der Commandlets (z.B. in Sort-Object Length) oder durch den expliziten Verweis auf das aktuelle Pipeline-Objekt ($_) in einer Schleife oder Bedingung (z.B. Where-Object { $_.Length -gt 40000 }) genutzt werden.

Nicht alle Aneinanderreihungen von Commandlets ergeben einen Sinn. Einige Aneinanderreihungen sind auch gar nicht erlaubt. Ein Commandlet kann erwarten, dass es bestimmte Arten von Eingabeobjekten gibt. Am besten sind aber Commandlets, die jede Art von Eingabeobjekt verarbeiten können.

22.7.5 Analyse des Pipeline-Inhalts

Eine der größten Herausforderungen bei der Arbeit mit der PowerShell besteht darin, die folgenden Fragen zu beantworten:
- Welchen Typ haben die Objekte, die ein Commandlet in die Pipeline legt?
- Welche Attribute und Methoden haben diese Objekte?

Die Hilfe der Commandlets ist hier nicht immer hilfreich. Bei Get-Service kann man lesen:

```
RETURN TYPE
   System.ServiceProcess.ServiceController
```

Aber bei `Get-Process` heißt es nur wenig hilfreich:
RETURN TYPE
  Object

In keinem Fall sind in der PowerShell-Benutzerdokumentation ([MS01] und [MS02]) die Attribute und die Methoden der resultierenden Objekte genannt. Diese findet man nur in der MSDN-Dokumentation des .NET Frameworks.

Im Folgenden werden zwei hilfreiche Commandlets sowie eine Methode aus dem .NET Framework vorgestellt, die im Alltag helfen zu erforschen, was man in der Pipeline hat:
- GetType()
- Get-PipelineInfo
- Get-Member

Methode GetType()

System.Type Da jede PowerShell-Variable eine Instanz einer .NET-Klasse ist, besitzt jedes Objekt in der Pipeline die Methode `GetType()`, die es von der Mutter aller .NET-Klassen (`System.Object`) erbt. `GetType()` liefert ein `System.Type`-Objekt mit zahlreichen Informationen. Meistens interessiert man sich nur für den Klassennamen, den man aus `Fullname` (mit Namensraum) oder `Name` (ohne Namensraum) auslesen kann. `GetType()` ist eine Methode, und daher muss der Pipeline-Inhalt in runden Klammern stehen.

Beispiele zeigt die folgende Bildschirmabbildung.

Bild 22.39 Einsatz von GetType()

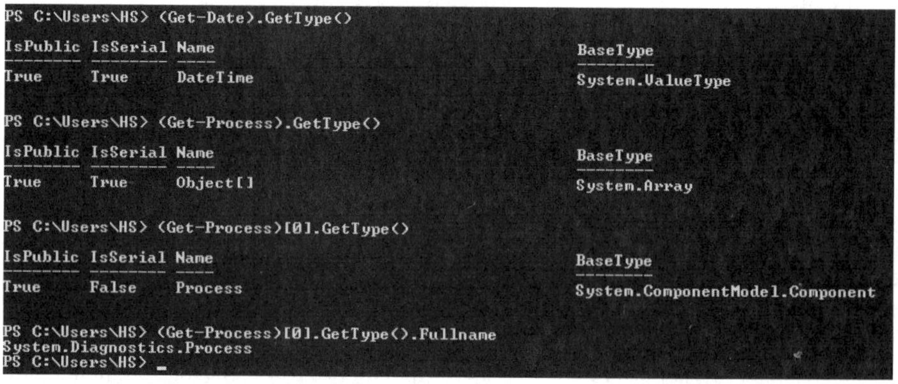

```
PS C:\Users\HS> (Get-Date).GetType()
IsPublic IsSerial Name                                     BaseType
-------- -------- ----                                     --------
True     True     DateTime                                 System.ValueType

PS C:\Users\HS> (Get-Process).GetType()
IsPublic IsSerial Name                                     BaseType
-------- -------- ----                                     --------
True     True     Object[]                                 System.Array

PS C:\Users\HS> (Get-Process)[0].GetType()
IsPublic IsSerial Name                                     BaseType
-------- -------- ----                                     --------
True     False    Process                                  System.ComponentModel.Component

PS C:\Users\HS> (Get-Process)[0].GetType().Fullname
System.Diagnostics.Process
PS C:\Users\HS>
```

Erläuterung: „Name" ist der Name der Klasse, zu denen die Objekte in der Pipeline gehören. „BaseType" ist der Name der Oberklasse. .NET unterstützt Vererbung, d.h., eine Klasse kann von einer anderen erben. Dies ist für die PowerShell meist aber irrelevant, und Sie können diese Information ignorieren.

Bei `Get-Date()` ist ein `DateTime`-Objekt in der Pipeline. Der zweite Aufruf liefert nur die Informationen, dass eine Menge von Objekten in der Pipeline ist. Bei der Anwendung von `GetType()` auf eine Objektmenge in der Pipeline kann man leider noch nicht den Typ erkennen. Hintergrund ist, dass in einer Pipeline Objekte verschiedener Klassen sein können. Der dritte Aufruf, bei dem gezielt ein Objekt (das erste) herausgenommen wird, zeigt dann wieder an, dass es sich um `Process`-Objekte handelt. Den ganzen Klassennamen inklusive des Namensraums bekommt man nur, wenn man explizit die Eigenschaft `FullName` abfragt.

Get-PipelineInfo

Das Commandlet Get-PipelineInfo aus den PowerShell Extensions von *www.IT-Visions.de* liefert drei wichtige Informationen über die Pipeline-Inhalte:

Get-Pipeline-Info

- Anzahl der Objekte in der Pipeline (die Objekte werden durchnummeriert)
- Typ der Objekte in der Pipeline (Ganzer Name der .NET-Klasse)
- Zeichenkettenrepräsentation der Objekte in der Pipeline

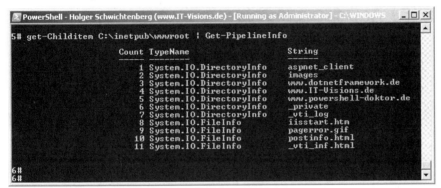

Bild 22.40 Get_Pipeline-Info liefert Informationen, dass sich in dem Dateisystemordner elf Objekte befinden. Davon sind sieben Unterordner (Klasse DirectoryInfo) und vier Dateien (Klasse FileInfo).

Das Stichwort Zeichenkettenrepräsentation (Spalte „String" in der Bildschirmabbildung) ist erklärungsbedürftig: Jedes .NET-Objekt besitzt eine Methode ToString(), die das Objekt in eine Zeichenkette umwandelt, denn ToString() ist in der „Mutter aller .NET-Klassen" System.Object implementiert und wird an alle .NET-Klassen und somit auch deren Instanzen weitergegeben. Ob ToString() eine sinnvolle Ausgabe liefert, hängt von der jeweiligen Klasse ab. Im Fall von System.Diagnostics.Process werden der Klassenname und der Prozessname ausgegeben. Dies kann man leicht mit gps | foreach { $_.ToString () } ermitteln (siehe Bild 22.35). Bei der Klasse System.ServiceProcess.ServiceController, deren Instanzen von Get-Service geliefert werden, ist die Konvertierung hingegen nicht so gut, denn die Zeichenkette enthält nur den Klassennamen, so dass die einzelnen Instanzen gar nicht unterschieden werden können.

Die Konvertierung in den Klassennamen ist das Standardverhalten, das von System.Object geerbt wird, und dieses Standardverhalten ist leider auch üblich, da sich die Entwickler der meisten .NET-Klassen bei Microsoft nicht die „Mühe" gemacht haben, eine sinnvolle Zeichenkettenrepräsentanz zu definieren.

ToString() ist üblicherweise keine Serialisierung des kompletten Objektinhalts, sondern spiegelt in der Regel nur den Primärschlüssel des Objekts wider.

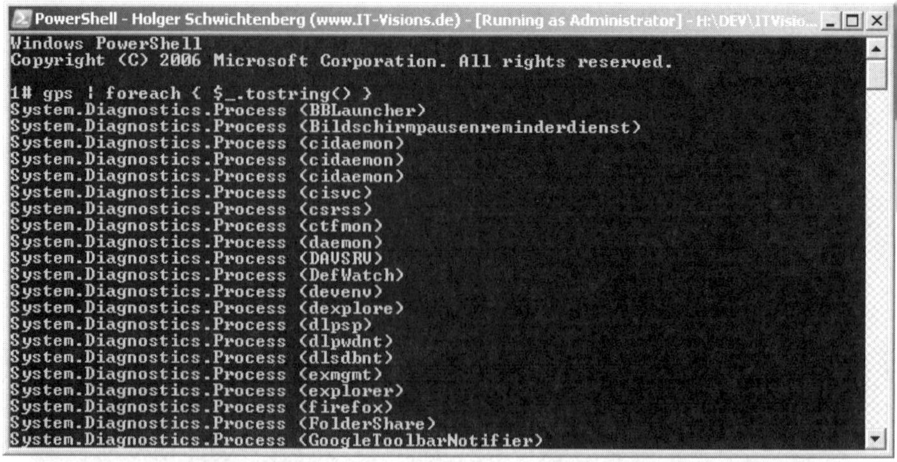

Kapitel 22 **PowerShell-Basiswissen**

Bild 22.41
Anwendung von ToString() auf Instanzen der Klasse System.Diagnostics.Process

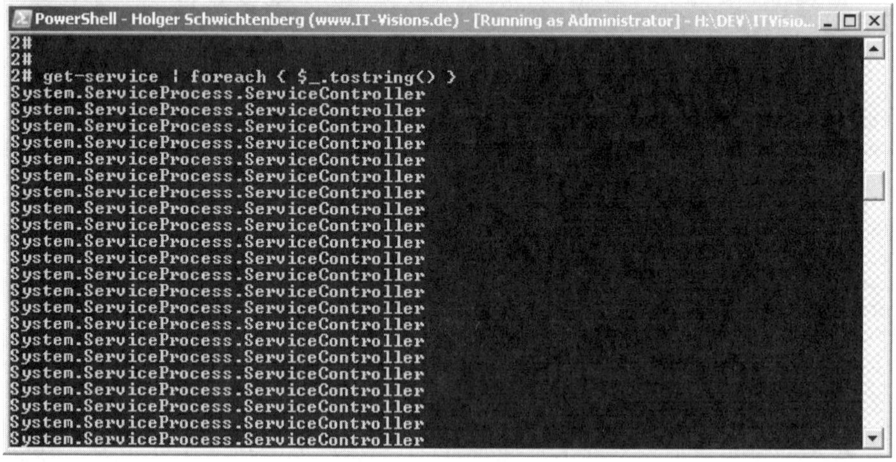

Bild 22.42
Anwendung von ToString() auf Instanzen der Klasse System.ServiceProcess.ServiceController

Get-Member

Get-Member Das Commandlet `Get-Member` (Alias: `gm`) ist hier hilfreich: Es zeigt den .NET-Klassennamen für die Objekte in der Pipeline sowie die Attribute und Methoden dieser Klasse. Für `Get-Process | Get-Member` ist die Ausgabe so lang, dass man dazu zwei Bildschirmabbildungen braucht.

Bild 22.43
Teil 1 der Ausgabe von Get-Process | Get-Member

Bild 22.44
Teil 2 der Ausgabe von Get-Process | Get-Member

Kapitel 22 PowerShell-Basiswissen

[Screenshot: PowerShell-Ausgabe mit Liste von Properties, ScriptProperties und PropertySets]

Wenn sich mehrere verschiedene Objekttypen in der Pipeline befinden, werden die Mitglieder aller Typen ausgegeben, gruppiert durch die Kopfsektion, die mit „Type-Name:" beginnt.

Die Ausgabe zeigt, dass aus der Sicht der PowerShell eine .NET-Klasse sechs Arten von Mitgliedern hat:

- Method (Methode)
- Property (Eigenschaft)
- PropertySet (Eigenschaftssatz)
- NoteProperty (Notizeigenschaft)
- ScriptProperty (Skripteigenschaft)
- CodeProperty (Codeeigenschaft)
- AliasProperty (Aliaseigenschaft)

Von den oben genannten Mitgliedsarten sind nur „Method" und „Property" tatsächliche Mitglieder der .NET-Klasse. Alle anderen Mitgliedsarten sind Zusätze, welche die PowerShell mittels des bereits erwähnten Extended Type System (ETS) dem .NET-Objekt hinzugefügt hat.

Method   Methoden (Mitgliedsart Method)

Methoden (Mitgliedsart Method) sind Operationen, die man auf dem Objekt aufrufen kann und die eine Aktion auslösen, z.B. `Kill()` beendet den Prozess. Methoden können aber auch Daten liefern oder Daten in dem Objekt verändern.

Beim Aufruf von Methoden sind immer runde Klammern anzugeben, auch wenn es keine Parameter gibt. Ohne die runden Klammern erhält man Informationen über die Methode, man ruft aber nicht die Methode selbst auf.

Eigenschaften (Mitgliedsart Property)

Property

Eigenschaften (Mitgliedsart Property) sind Datenelemente, die Informationen aus dem Objekt enthalten oder mit denen man Informationen an das Objekt übergeben kann, z.B. MaxWorkingSet.

Wichtig: In PowerShell 1.0 sah die Aussage von Get-Member noch etwas anders aus (siehe Bildschirmabbildung). Man sieht dort, dass es zu jedem Property zwei Methoden gibt, z.B. get_MaxWorkingSet() und set_MaxWorkingSet(). Die Ursache dafür liegt in den Interna des .NET Frameworks: Dort werden Properties (nicht aber sogenannte Fields, eine andere Art von Eigenschaften) durch ein Methodenpaar abgebildet: eine Methode zum Auslesen der Daten (genannt „Get-Methode" oder „Getter"), eine andere Methode zum Setzen der Daten (genannt „Set-Methode" oder „Setter"). Einige Anfänger störte die „Aufblähung" der Liste durch diese Optionen. Ab PowerShell 2.0 zeigte `Get-Member` die Getter-Methoden (get_) und Setter-Methoden (set_) nur noch an, wenn man den Parameter `-force` verwendet.

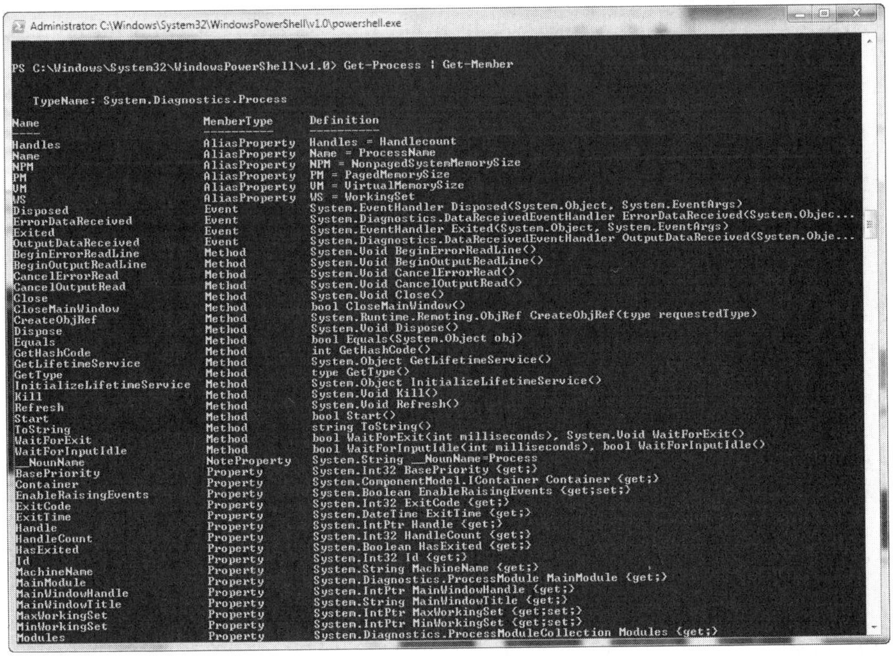

```
Administrator: C:\Windows\System32\WindowsPowerShell\v1.0\powershell.exe

PS C:\Windows\System32\WindowsPowerShell\v1.0> Get-Process | Get-Member

   TypeName: System.Diagnostics.Process

Name                       MemberType     Definition
----                       ----------     ----------
Handles                    AliasProperty  Handles = Handlecount
Name                       AliasProperty  Name = ProcessName
NPM                        AliasProperty  NPM = NonpagedSystemMemorySize
PM                         AliasProperty  PM = PagedMemorySize
VM                         AliasProperty  VM = VirtualMemorySize
WS                         AliasProperty  WS = WorkingSet
Disposed                   Event          System.EventHandler Disposed(System.Object, System.EventArgs)
ErrorDataReceived          Event          System.Diagnostics.DataReceivedEventHandler ErrorDataReceived(System.Objec...
Exited                     Event          System.EventHandler Exited(System.Object, System.EventArgs)
OutputDataReceived         Event          System.Diagnostics.DataReceivedEventHandler OutputDataReceived(System.Obje...
BeginErrorReadLine         Method         System.Void BeginErrorReadLine()
BeginOutputReadLine        Method         System.Void BeginOutputReadLine()
CancelErrorRead            Method         System.Void CancelErrorRead()
CancelOutputRead           Method         System.Void CancelOutputRead()
Close                      Method         System.Void Close()
CloseMainWindow            Method         bool CloseMainWindow()
CreateObjRef               Method         System.Runtime.Remoting.ObjRef CreateObjRef(type requestedType)
Dispose                    Method         System.Void Dispose()
Equals                     Method         bool Equals(System.Object obj)
GetHashCode                Method         int GetHashCode()
GetLifetimeService         Method         System.Object GetLifetimeService()
GetType                    Method         type GetType()
InitializeLifetimeService  Method         System.Object InitializeLifetimeService()
Kill                       Method         System.Void Kill()
Refresh                    Method         System.Void Refresh()
Start                      Method         bool Start()
ToString                   Method         string ToString()
WaitForExit                Method         bool WaitForExit(int milliseconds), System.Void WaitForExit()
WaitForInputIdle           Method         bool WaitForInputIdle(int milliseconds), bool WaitForInputIdle()
__NounName                 NoteProperty   System.String __NounName=Process
BasePriority               Property       System.Int32 BasePriority {get;}
Container                  Property       System.ComponentModel.IContainer Container {get;}
EnableRaisingEvents        Property       System.Boolean EnableRaisingEvents {get;set;}
ExitCode                   Property       System.Int32 ExitCode {get;}
ExitTime                   Property       System.DateTime ExitTime {get;}
Handle                     Property       System.IntPtr Handle {get;}
HandleCount                Property       System.Int32 HandleCount {get;}
HasExited                  Property       System.Boolean HasExited {get;}
Id                         Property       System.Int32 Id {get;}
MachineName                Property       System.String MachineName {get;}
MainModule                 Property       System.Diagnostics.ProcessModule MainModule {get;}
MainWindowHandle           Property       System.IntPtr MainWindowHandle {get;}
MainWindowTitle            Property       System.String MainWindowTitle {get;}
MaxWorkingSet              Property       System.IntPtr MaxWorkingSet {get;set;}
MinWorkingSet              Property       System.IntPtr MinWorkingSet {get;set;}
Modules                    Property       System.Diagnostics.ProcessModuleCollection Modules {get;}
```

Bild 22.45 *Anzeige der Getter und Setter in PowerShell 1.0*

Fortgeschrittene Benutzer mögen die Auflistung der Getter und Setter. Man kann erkennen, welche Aktionen auf einem Property möglich sind. Fehlt der Setter, kann die Eigenschaft nicht verändert werden (z.B. `StartTime` bei der Klasse `Process`). Fehlt der Getter, kann man die Eigenschaft nur setzen. Dafür gibt es kein Beispiel in der Klasse `Process`. Dieser Fall kommt auch viel seltener vor, wird aber z.B. bei Kennwörtern eingesetzt, die man nicht wiedergewinnen kann, weil sie nicht im Klartext, sondern nur als Hash-Wert abgespeichert werden.

Kapitel 22 PowerShell-Basiswissen

Für den PowerShell-Nutzer bedeutet die Existenz von Gettern und Settern, dass er zwei Möglichkeiten hat, Daten abzurufen. Über die Eigenschaft (Property):

```
Get-Process | Where-Object { $_.name -eq "iexplore" } |
Foreach-Object { $_.MaxWorkingSet }
```

oder die entsprechende "Get"-Methode:

```
Get-Process | Where-Object { $_.name -eq "iexplore" } |
Foreach-Object { $_.get_MaxWorkingSet() }
```

Analog gibt es für das Schreiben die Option über die Eigenschaft:

```
Get-Process | Where-Object { $_.name -eq "iexplore" } |
Foreach-Object { $_.MaxWorkingSet = 1413120 }
```

oder die entsprechende "Set"-Methode:

```
Get-Process | Where-Object { $_.name -eq "iexplore" } |
Foreach-Object { $_.set_MaxWorkingSet(1413120) }
```

Eigenschaftssätze (PropertySet)

PropertySet Eigenschaftssätze (PropertySet) sind eine Zusammenfassung einer Menge von Eigenschaften unter einem gemeinsamen Dach. Beispielsweise umfasst der Eigenschaftssatz psRessources alle Eigenschaften, die sich auf den Ressourcenverbrauch eines Prozesses beziehen. Dies ermöglicht es, dass man nicht alle Eigenschaften einzeln nennen muss, sondern schreiben kann:

```
Get-Process | Select-Object psRessources | Format-Table
```

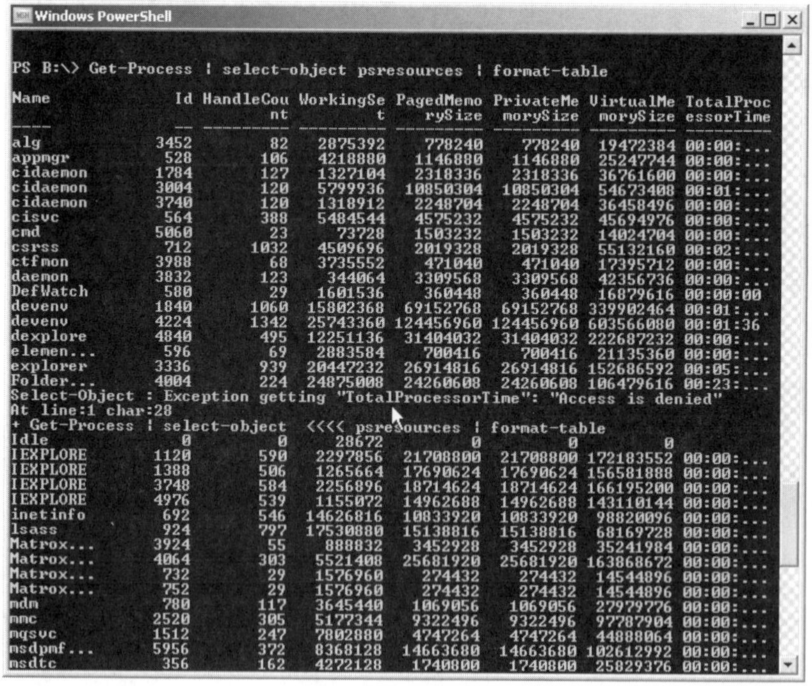

Bild 22.46
Die Power-Shell-Entwickler haben nicht an den Sonderstatus des Pseudoprozesses „Idle" gedacht.

Die Entwickler der PowerShell haben zwar an vieles gedacht, aber nicht an alles. Zum Beispiel führt der obige Befehl bei einem der Prozesse zu der Fehlermeldung „Access is denied", den Pseudoprozess „Idle" kann man nicht nach `TotalProcessorTime` fragen.

Die Eigenschaftssätze gibt es nicht im .NET Framework; sie sind eine Eigenart der PowerShell und definiert in der Datei *types.ps1xml* im Installationsordner der PowerShell.

```xml
<PropertySet>
    <Name>PSConfiguration</Name>
    <ReferencedProperties>
        <Name>Name</Name>
        <Name>Id</Name>
        <Name>PriorityClass</Name>
        <Name>FileVersion</Name>
    </ReferencedProperties>
</PropertySet>
<PropertySet>
    <Name>PSResources</Name>
    <ReferencedProperties>
        <Name>Name</Name>
        <Name>Id</Name>
        <Name>Handlecount</Name>
        <Name>WorkingSet</Name>
        <Name>NonPagedMemorySize</Name>
        <Name>PagedMemorySize</Name>
        <Name>PrivateMemorySize</Name>
        <Name>VirtualMemorySize</Name>
        <Name>Threads.Count</Name>
        <Name>TotalProcessorTime</Name>
    </ReferencedProperties>
</PropertySet>
```

Bild 22.47
Definition der Eigenschaftssätze für die Klasse System.Diagnostics.Process in types.ps1ml

Notizeigenschaften (NoteProperty)

Notizeigenschaften (NoteProperties) sind zusätzliche Datenelemente, die nicht der Datenquelle entstammen, sondern welche die PowerShell-Infrastruktur hinzugefügt hat. Im obigen Beispiel ist dies _NounName, der einen Kurznamen der Klasse liefert. Andere Klassen haben zahlreiche Notizeigenschaften. Notizeigenschaften gibt es nicht im .NET Framework; sie sind eine Eigenart der PowerShell.

Note-Properties

Skripteigenschaften (ScriptProperty)

Eine **Skripteigenschaft (ScriptProperty)** ist eine berechnete Eigenschaft, also eine Information, die nicht im Objekt selbst gespeichert ist. Dabei muss die Berechnung nicht notwendigerweise eine mathematische Berechnung sein; es kann sich auch um den Zugriff auf die Eigenschaften eines untergeordneten Objekts handeln. Der Befehl

Script-Property

```
Get-Process | Select-Object name, product
```

listet alle Prozesse mit den Produkten auf, zu denen der Prozess gehört (siehe Bild 22.48). Dies ist gut zu wissen, wenn man auf seinem System einen Prozess sieht, den man nicht kennt und von dem man befürchtet, dass es sich um einen Schädling handeln könnte.

Bild 22.48
Auflistung der berechneten Eigenschaft „Product"

Die Information über das Produkt steht nicht in dem Prozess (Windows listet diese Information im Taskmanager ja auch nicht auf), aber in der Datei, die den Programmcode für den Prozess enthält. Das .NET Framework bietet über die MainModule.FileVersionInfo.ProductName einen Zugang zu dieser Information. Anstelle des Befehls

Get-Process | Select-Object name, Mainmodule.FileVersionInfo.ProductName

bietet Microsoft durch die Skripteigenschaft eine Abkürzung an. Diese Abkürzung ist definiert in der Datei *types.ps1xml* im Installationsordner der PowerShell.

Bild 22.49
Definition einer Skripteigenschaft in der types.ps1xml

```
<ScriptProperty>
    <Name>Product</Name>
    <GetScriptBlock>$this.Mainmodule.FileVersionInfo.ProductName</GetScriptBlock>
</ScriptProperty>
```

Skripteigenschaften gibt es nicht im .NET Framework; sie sind eine Eigenart der PowerShell.

Codeeigenschaften (Code Property)

Code-Property Eine **Codeeigenschaft (CodeProperty)** entspricht einer Script Property, allerdings ist der Programmcode nicht als Skript in der PowerShell-Sprache, sondern als .NET-Programmcode hinterlegt.

Aliaseigenschaft (AliasProperty)

Alias-Property Eine **Aliaseigenschaft** (AliasProperty) ist eine verkürzte Schreibweise für ein Property. Dahinter steckt keine Berechnung, sondern nur eine Verkürzung des Namens. Beispielsweise ist WS eine Abkürzung für WorkingSet. Auch die Aliaseigenschaften sind in der Datei *types.ps1xml* im Installationsordner der PowerShell definiert. Aliaseigenschaften sind ebenfalls eine PowerShell-Eigenart.

Weitere Informationen zu Get-Member Die Ausgabe von Get-Member kann man verkürzen, indem man nur eine bestimmte Art von Mitgliedern ausgeben lässt. Diese erreicht man über den Parameter –Membertype (kurz: –m). Der folgende Befehl listet nur die Properties auf:

```
Get-Process  |  Get-Member -Membertype Properties
```
Außerdem ist eine Filterung beim Namen möglich:
```
Get-Process  |  Get-Member *set*
```
Der obige Befehl listet nur solche Mitglieder der Klasse Process auf, deren Name das Wort „set" enthält.

Die Aliaseigenschaften gibt es nicht im .NET Framework; sie sind eine Eigenart der PowerShell.

Hintergrundwissen: Extended Type System (ETS)

Wie bereits dargestellt, zeigt die PowerShell für viele .NET-Objekte mehr Mitglieder an, als eigentlich in der Klasse definiert sind. In einigen Fällen werden aber auch Mitglieder ausgeblendet. In beiden Fällen kommt das Extended Type System (ETS) zum Einsatz.

Die Ergänzung von Mitgliedern per ETS wird verwendet, um bei einigen .NET-Klassen, die Metaklassen für die eigentlichen Daten sind (z.B. ManagementObject für WMI-Objekte, ManagementClass für WMI-Klassen, DirectoryEntry für Einträge in Verzeichnisdiensten und DataRow für Datenbankzeile), die Daten direkt ohne Umweg dem PowerShell-Nutzer zur Verfügung zu stellen.

Mitglieder werden ausgeblendet, wenn sie in der PowerShell nicht nutzbar sind oder es bessere Alternativen durch die Ergänzungen gibt.

In der Dokumentation nimmt das PowerShell-Entwicklungsteam dazu wie folgt Stellung: „Some .NET Object members are inconsistently named, provide an insufficient set of public members, or provide insufficient capability. ETS resolves this issue by introducing the ability to extend the .NET object with additional members.". [MSDN04] Dies heißt im Klartext, dass das PowerShell-Team mit der Arbeit des Entwicklungsteams der .NET-Klassenbibliothek nicht ganz zufrieden ist.

Das Extended Type System (ETS) verpackt grundsätzlich jedes Objekt, das von einem Commandlet in die Pipeline gelegt wird, in ein PowerShell-Objekt des Typs PSObject. Die Implementierung der Klasse PSObject entscheidet dann, was für die folgenden Commandlets und Befehle sichtbar ist.

PSObject

Diese Entscheidung wird beeinflusst durch verschiedene Instrumente:
- PowerShell-Objektadapter, die für bestimmte Typen wie ManagementObject, ManagementClass, DirectoryEntry und DataRow implementiert wurden.
- die Deklarationen in der *types.ps1xml*-Datei.
- in den Commandlets hinzugefügte Mitglieder.
- die dem Commandlet Add-Member hinzugefügten Mitglieder.

22.7.6 Filtern

Nicht immer will man alle Objekte weiterverarbeiten, die ein Commandlet liefert. Einschränkungskriterien sind Bedingungen (z.B. nur Prozesse, bei denen der Speicherbedarf größer ist als 10000000 Byte) oder die Position (z.B. nur die fünf Prozesse mit dem größten Speicherbedarf). Zur Einschränkung verwendet man das Commandlet Where-Object (Alias where).

Where-Object

Einschränkungen über Bedingungen definiert man mit Where-Object:
```
Get-Process  |  Where-Object {$_.ws -gt 10000000 }
```

Kapitel 22 PowerShell-Basiswissen

Select-Object Einschränkungen über die Position definiert man mit dem `Select-Object` (in dem nachfolgenden Befehl für das oben genannte Beispiel ist zusätzlich noch eine Sortierung eingebaut, damit die Ausgabe einen Sinn ergibt):

```
Get-Process | Sort-Object ws -desc | Select-Object -first 5
```

Analog dazu sind die kleinsten Speicherfresser zu ermitteln mit:

```
Get-Process | Sort-Object ws -desc | Select-Object -last 5
```

Vergleiche Etwas gewöhnungsbedürftig ist die Schreibweise der Vergleichsoperatoren: Statt >= schreibt man -ge (siehe Tabelle). Die Nutzung regulärer Ausdrücke ist möglich mit dem Operator -Match.

Dazu zwei Beispiele:

1. Der folgende Ausdruck listet alle Systemdienste, deren Beschreibung aus zwei durch ein Leerzeichen getrennten Wörtern besteht.

```
Get-Service | Where-Object { $_.DisplayName -match "^\w* \w*$" }
```

Bild 22.50 Ausgabe zu obigem Beispiel

2. Der folgende Ausdruck listet alle Prozesse, die Namen mit einem "i" starten und danach aus drei Buchstaben bestehen.

```
Get-Process | Where-Object { $_.ProcessName -match "^i\w{3}$" }
```

Bild 22.51 Ausgabe zu obigem Beispiel

Tabelle 22.5
Vergleichsoperatoren in der PowerShell-Sprache

Vergleich unter Berücksichtigung der Groß-/Kleinschreibung	Vergleich unter Ignorierung der Groß-/Kleinschreibung	Bedeutung
-lt	-ilt	Kleiner
-le	-ile	Kleiner oder gleich
-gt	-igt	Größer
-ge	-ige	Größer oder gleich
-eq	-ieq	Gleich
-ne	-ine	Nicht gleich
-like	-ilike	Ähnlichkeit zwischen Zeichenketten, Einsatz von Platzhaltern (* und ?) möglich
-notlike	-inotlike	Keine Ähnlichkeit zwischen Zeichenketten, Einsatz von Platzhaltern (* und ?) möglich
-match		Vergleich mit regulärem Ausdruck
-notmatch		Stimmt nicht mit regulärem Ausdruck überein
-is		Typvergleich

Tabelle 22.6
Logische Operatoren in der PowerShell-Sprache

Logischer Operator	Bedeutung
-not oder !	Nicht
-and	Und
-or	Oder

22.7.7 Zusammenfassung von Pipeline-Inhalten

Die Menge der Objekte in der Pipeline kann heterogen sein. Dies ist zum Beispiel automatisch der Fall, wenn man `Get-ChildItem` im Dateisystem ausführt: Die Ergebnismenge enthält sowohl `FileInfo`- als auch `DirectoryInfo`-Objekte.

Man kann auch zwei Befehle, die beide Objekte in die Pipeline senden, zusammenfassen, so dass der Inhalt in einer Pipeline wie folgt aussieht:

`$( Get-Process ; Get-Service )`

Dies ist aber nur sinnvoll, wenn die nachfolgenden Befehle in der Pipeline korrekt mit heterogenen Pipeline-Inhalten umgehen können. Die Standardausgabe kann dies. In anderen Fällen bedingt der Typ des ersten Objekts in der Pipeline die Art der Weiterverarbeitung (z.B. bei `Export-Csv`).

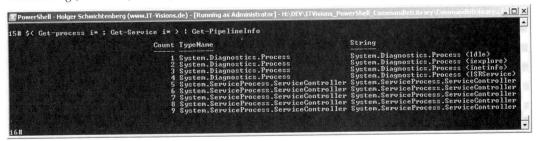

Bild 22.52: Anwendung von GetPipelineInfo auf eine heterogene Pipeline

22.7.8 Kastrierung von Objekten in der Pipeline

Die Analyse des Pipeline-Inhalts zeigt, dass es oftmals sehr viele Mitglieder in den Objekten in der Pipeline gibt. In der Regel braucht man aber nur wenige. Nicht nur aus Gründen der Leistung und Speicherschonung, sondern auch in Bezug auf die Übersichtlichkeit lohnt es sich, die Objekte in der Pipeline zu „kastrieren".

Select-Object Mit dem Befehl Select-Object (Alias: Select) kann ein Objekt in der Pipeline „kastriert" werden, d.h., (fast) alle Mitglieder des Objekts werden aus der Pipeline entfernt, mit Ausnahme der hinter Select-Object genannten Mitglieder.

Beispiel:

```
Get-Process | Select-Object processname, get_minworkingset, ws | Get-Member
```

lässt von den Process-Objekten in der Pipeline nur die Mitglieder processname (Eigenschaft), get_minworkingset (Methode) und workingset (Alias) übrig (siehe Bild 22.53). Wie die Abbildung zeigt, ist das „Kastrieren" mit drei Wermutstropfen verbunden:

- Get-Member zeigt nicht mehr den tatsächlichen Klassennamen an, sondern PSCustomObject, eine Klasse der PowerShell.
- Alle Mitglieder sind zu Notizeigenschaften degradiert.

Dass es neben den drei gewünschten Mitgliedern noch vier weitere in der Liste gibt, ist auch einfach erklärbar: Jedes, wirklich jedes .NET-Objekt hat diese vier Methoden, weil diese von der Basisklasse System.Object an jede .NET-Klasse vererbt und damit an jedes .NET-Objekt weitergegeben werden.

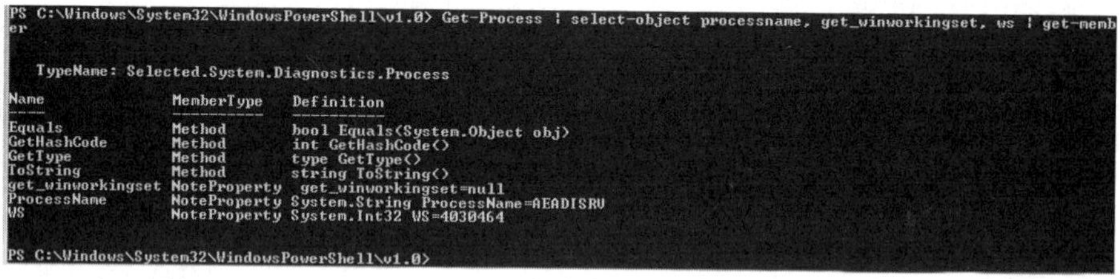

Bild 22.53 Wirkung der Anwendung von Select-Object

Mit dem Parameter -exclude kann man in Select-Object auch Mitglieder einzeln ausschließen.

22.7.9 Sortieren

Sort-Object Mit Sort-Object (Alias sort) sortiert man die Objekte in der Pipeline nach den anzugebenden Eigenschaften. Die Standardsortierrichtung ist aufsteigend.

Der folgende Befehl sortiert die Prozesse absteigend nach ihrem Speicherverbrauch:

```
Get-Process | sort ws -desc
```

22.7.10 Gruppierung

Group-Object Mit Group-Object kann man Objekte in der Pipeline nach Eigenschaften gruppieren.

Mit dem folgenden Befehl ermittelt man, wie viele Systemdienste laufen und wie viele gestoppt sind:

```
PS B:\Scripte> Get-Service | Group-Object status

Count Name                    Group
----- ----                    -----
   64 Running                 {AeLookupSvc, ALG, AppMgmt, appmgr...}
   54 Stopped                 {Alerter, aspnet_state, ClipSrv, clr_optimiz...
```

Das zweite Beispiel gruppiert die Dateien im *System32*-Verzeichnis nach Dateierweiterung und sortiert die Gruppierung dann absteigend nach Anzahl der Dateien in jeder Gruppe.

```
Get-ChildItem c:\windows\system32 | Group-Object extension |
Sort-Object count -desc
```

Bild 22.54
Einsatz von Group-Object und Sort-Object

Wenn es nur darum geht, die Gruppen zu ermitteln und nicht die Häufigkeit der Gruppenelemente, dann kann man auch Select-Object mit dem Parameter -unique zum Gruppieren einsetzen:

```
Get-ChildItem | Select-Object extension -Unique
```

22.7.11 Berechnungen

Measure-Object führt verschiedene Berechnungen (Anzahl, Durchschnitt, Summe, Minimum, Maximum) für Objekte in der Pipeline aus. Dabei sollte man die Eigenschaft nennen, über welche die Berechnung ausgeführt werden soll, da die erste Eigenschaft häufig ein Text ist, den man nicht mathematisch verarbeiten kann.

Beispiel: Informationen über die Dateien in *c:\Windows*

```
Get-ChildItem c:\windows | Measure-Object -Property length -min -max -average -sum
```

Bild 22.55
Beispiel für den Einsatz von Measure-Object

22.7.12 Zwischenschritte in der Pipeline

PowerShell-Variablen

Ein Befehl mit Pipeline kann beliebig lang und damit auch beliebig komplex werden. Wenn der Befehl unübersichtlich wird oder man Zwischenschritte genauer betrachten möchte, bietet es sich an, den Inhalt der Pipeline zwischenzuspeichern. Die PowerShell ermöglicht es, den Inhalt der Pipeline in Variablen abzulegen. Variablen werden durch ein vorangestelltes Dollarzeichen ($) gekennzeichnet. Anstelle von

```
Get-Process | Where-Object {$_.name -eq "iexplore"} | Foreach-Object { $_.ws }
```

kann man die folgenden Befehle nacheinander in getrennte Zeilen eingeben:

```
$x = Get-Process
$y = $x | Where-Object {$_.name -eq "iexplore"}
$y | Foreach-Object { $_.ws }
```

Das Ergebnis ist in beiden Fällen gleich.

Der Zugriff auf Variablen, die keinen Inhalt haben, führt so lange nicht zum Fehler, wie man später in der Pipeline keine Commandlets verwendet, die unbedingt Objekte in der Pipeline erwarten.

Bild 22.56
Zugriff auf Variablen ohne Inhalt

Eine befüllte Variable kann man wieder leeren mit dem Commandlet Clear-Variable. Dabei ist aber der Name der Variablen ohne $ anzugeben, z.B.:

```
Clear-Variable x
```

22.7.13 Verzweigungen in der Pipeline

Tee-Object

Manchmal möchte man innerhalb einer Pipeline das Ergebnis nicht nur in der Pipeline weiterreichen, sondern auch in einer Variablen oder im Dateisystem zwischenspeichern. Der Verzweigung innerhalb der Pipeline dient das Commandlet Tee-Object, wobei hier das „Tee" für „verzweigen" steht. Tee-Object reicht den Inhalt der Pipeline unverändert zum nächsten Commandlet weiter, bietet aber an, den Inhalt der Pipeline wahlweise zusätzlich in einer Variablen oder im Dateisystem abzulegen.

Der folgende Pipeline-Befehl verwendet Tee-Object gleich zweimal für beide Anwendungsfälle:

```
Get-Service | Tee-Object -var a | Where-Object { $_.Status -eq "Running" } |
    Tee-Object -filepath g:\dienste.txt
```

Nach der Ausführung des Befehls steht in der Variablen $a eine Liste aller Dienste und in der Textdatei *dienste.txt* eine Liste der laufenden Dienste.

> Bitte beachten Sie, dass man bei Tee-Object beim Parameter -variable den Namen der Variablen ohne den üblichen Variablenkennzeichner "$" angeben muss.

22.7.14 Vergleiche zwischen Objekten

Mit Compare-Object kann man den Inhalt von zwei Pipelines vergleichen.

Compare-Object

Mit der folgenden Befehlsfolge werden alle zwischenzeitlich neu gestarteten Prozesse ausgegeben:

```
$ProzesseVorher = Get-Process
# Hier einen Prozess starten
$ProzesseNacher = Get-Process
Compare-Object $ProzesseVorher $ProzesseNacher
```

Bild 22.57
Vergleich von zwei Pipelines

22.7.15 Beispiele

Dieses Kapitel enthält einige Beispiele für die Anwendung von Pipelining und Ausgabebefehlen.

- Beende alle Prozesse durch Aufruf der Methode Kill(), die „iexplore" heißen, wobei die Groß-/Kleinschreibung des Prozessnamens irrelevant ist.

  Pipelining-Beispiele

  ```
  Get-Process  | where { $_.processname -ieq "iexplore" } |
  foreach { $_.Kill() }
  ```

- Sortiere die Prozesse, die das Wort „iexplore" im Namen tragen, gemäß ihrer CPU-Nutzung und beende den Prozess, der in der aufsteigenden Liste der CPU-Nutzung am weitesten unten steht (also am meisten Rechenleistung verbraucht).

  ```
  Get-Process  | where { $_.processname -ilike "*iexplore*" } | Sort-Object -p cpu
  | Select-Object -last 1 | foreach { $_.Kill() }
  ```

- Gib die Summe der Speichernutzung aller Prozesse aus.

  ```
  ps | Measure-Object workingset
  ```

- Gruppiere die Einträge im System-Ereignisprotokoll nach Benutzernamen.

  ```
  Get-EventLog -logname system | Group-Object username
  ```

- Zeige die letzten zehn Einträge im System-Ereignisprotokoll.
  `Get-EventLog -logname system | Select-Object -last 10`
- Zeige für die letzten zehn Einträge im System-Ereignisprotokoll die Quelle an.
  `Get-EventLog -logname system | Select-Object -first 10 | Select-Object -p source`
- Importiere die Textdatei test.txt, wobei die Textdatei als eine CSV-Datei mit dem Semikolon als Trennzeichen zu interpretieren ist und die erste Zeile die Spaltennamen enthalten muss. Zeige daraus die Spalten *ID* und *Url*.
  `Import-Csv d:\_work\test.txt -delimiter ";" | Select-Object -p ID,Url`
- Ermittle aus dem Verzeichnis System32 alle Dateien, die mit dem Buchstaben „a" beginnen. Beschränke die Menge auf diejenigen Dateien, die größer als 40.000 Byte sind, und gruppiere die Ergebnismenge nach Dateinamenerweiterungen. Sortiere die gruppierte Menge nach dem Namen der Dateierweiterung.
  `Get-ChildItem c:\windows\system32 -filter a*.* | Where-Object {$_.Length -gt 40000} | Group-Object Extension | Sort-Object name | Format-Table`
- Ermittle aus dem Verzeichnis System32 alle Dateien, die mit dem Buchstaben „b" beginnen. Beschränke die Menge auf diejenigen Dateien, die größer als 40.000 Byte sind, und gruppiere die Ergebnismenge nach Dateinamenerweiterungen. Sortiere die Gruppen nach der Anzahl der Einträge absteigend und beschränke die Menge auf das oberste Element. Gib für alle Mitglieder dieser Gruppe die Attribute `Name` und `Length` aus.
  `Get-ChildItem c:\windows\system32 -filter b*.* | Where-Object {$_.Length -gt 40000} | Group-Object Extension | Sort-Object count -desc | Select-Object -first 1 | Select-Object group | foreach {$_.group} | Select-Object name,length | Format-Table`

22.8 Das PowerShell-Navigationsmodell

Get-PSDrive Neben dem Objekt-Pipelining wartet die PowerShell noch mit einem interessanten Administrationskonzept auf: dem einheitlichen Navigationsparadigma für alle Arten von Datenmengen. Beim Aufruf des Befehls Get-PSDrive zeigen sich nicht nur die erwarteten Laufwerke, sondern auch Umgebungsvariablen (env), die Registrierungsdatenbank (HKCU, HKLM), der Windows-Zertifikatsspeicher (cert) die PowerShell-Aliase (Alias), PowerShell-Variablen (Variable) und PowerShell-Funktionen (Function). Die PowerShell fasst auch diese Daten als Laufwerke auf. Konsequenterweise muss man beim Aufruf auch einen Doppelpunkt verwenden: `Get-ChildItem Alias:` listet genau wie `Get-Alias` alle definierten Aliase auf.

22.8.1 Navigation in der Registrierungsdatenbank

In der Registrierungsdatenbank kann der Administrator somit mit den gleichen Befehlen wie im Dateisystem arbeiten. Beispiele für gültige Registrierungsdatenbank-Befehle sind:

- Navigation zu *HKEY_LOCAL_MACHINE/Software*:
  `cd hklm:\software`

  Kurzform für:
  `Set-Location hklm:\software`

- Auflisten der Unterschlüssel des aktuellen Schlüssels:
  `Dir`

  Kurzform für:
  `Get-ChildItem`

- Erzeugen eines Unterschlüssels mit Namen „IT-Visions":
  md IT-Visions
- Erzeugen eines Unterschlüssels mit einem Standardwert:
  New-Item -Name "Website" -Value "www.IT-Visions.de" -type String

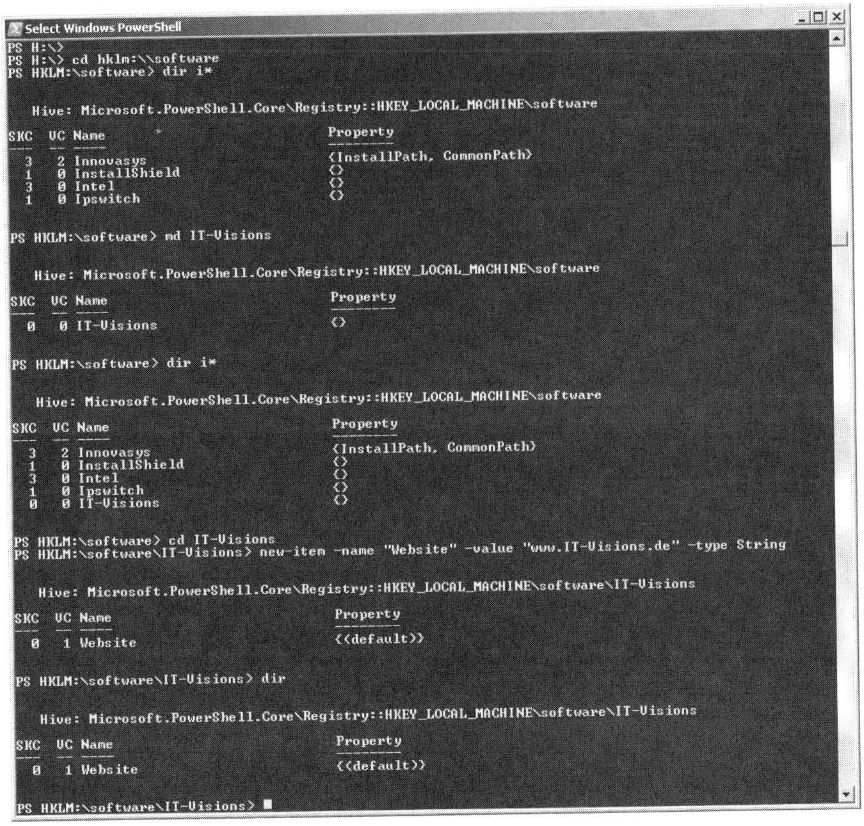

Bild 22.58
Navigation in und Manipulation der Registrierungsdatenbank

22.8.2 Provider und Laufwerke

Get-PSDrive zeigt an, dass es verschiedene „Laufwerk"-Provider gibt. Die Festplatten gehören zum Provider „FileSystem" (FS). Microsoft nennt die Provider „Navigation Provider" oder „Commandlet Provider" und will alle Datenmengen, egal ob flach oder hierarchisch, mit den gleichen Basisverben (Get, Set, New, Remove etc.) behandeln. Sowohl die Menge der Provider als auch die Menge der Laufwerke ist erweiterbar.

Provider

In der PowerShell 1.0 sind folgende Laufwerke enthalten:
- Windows-Dateisystem (A, B, C, D, E etc.)
- Windows-Registrierungsdatenbank (HKCU, HKLM)
- Windows-Umgebungsvariablen (env)
- Windows-Zertifikatsspeicher (cert)
- Funktionen der PowerShell (function)
- Variablen der PowerShell (variable)
- Aliase der PowerShell (alias)

Bild 22.59
Aus der Sicht der PowerShell sind Laufwerke auch die Umgebungsvariablen, die Aliase und die Registrierungsdatenbankeinträge.

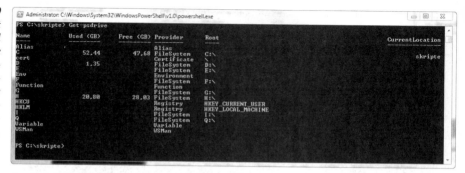

Auch das Active Directory kann man diesem Navigationsparadigma unterwerfen. In den frühen Beta-Versionen der PowerShell war ein Provider dafür auch enthalten; er hat es aber nicht in die endgültige Version geschafft. Der Active Directory-Provider ist jetzt aber als Teil der PowerShell Community Extensions (PCSX) [CODEPLEX01] verfügbar.

 Die installierten Provider sieht man mit Get-PSProvider.

Tabelle 22.7
Verfügbare PowerShell-Provider

Provider	Quelle	Laufwerke
Alias	PowerShell 1.0/2.0	Alias
Environment	PowerShell 1.0/2.0	Env
Filesystem	PowerShell 1.0/2.0	A, B, C, D etc.
Function	PowerShell 1.0/2.0	Function
Registry	PowerShell 1.0/2.0	HKLM, HKCU
Variable	PowerShell 1.0/2.0	Variable
Certificate	PowerShell 1.0/2.0	cert
RSS-Feedstore	PCSX 1.1.1 [CODEPLEX01]	Feed
Assemblycache	PCSX 1.1.1 [CODEPLEX01]	Gac
Directoryservices	PCSX 1.1.1 [CODEPLEX01]	(NT 4.0-kompatbiler Name der Domäne)
Active Directory	Active Directory-PowerShell-Modul in Windows Server 2008 R2 bzw. im Microsoft Remote Server Administration Tools (RSAT) für Windows 7	AD:
Internet Information Server	PowerShell-Modul »WebAdministration« in Windows Server 2008 R2 bzw. im Microsoft Remote Server Administration Tools (RSAT) für Windows 7	IIS :
Microsoft SQL Server	Microsoft SQL Server 2008	SQLSERVER:
Windows SharePoint Services oder SharePoint Portal Server	PowerShell SharePoint Provider [CODEPLEX02].	(Beliebiger Name)

22.8.3 Navigationsbefehle

Zur Navigation stehen folgende Befehle zur Verfügung:

Commandlet	Aliase	Beschreibung
Get-ChildItem	dir, ls	Auflisten der Elemente
Get-Cwd	cd, pwd	Wechsel des Standorts
Get-Content	type, cat	Abruf eines Elementinhalts
New-Item	mkdir	Erstellen eines Elements (Ast oder Blatt)
Get-Location		Abrufen des aktuellen Standorts
Set-Location	Cd	Festlegung des aktuellen Standorts

*Tabelle 22.8
Navigations-
befehle*

22.8.4 Pfadangaben

Pfadangaben in der PowerShell unterstützen verschiedene Platzhalter, insbesondere:
- Ein Punkt (.) steht für den aktuellen Ordner.
- Zwei Punkte (..) stehen für den übergeordnete Ordner.
- Die Tilde (~) steht für das Profilverzeichnis des aktuellen Benutzers (siehe Bild 22.60).
- Eine eckige Klammer steht für eins der Zeichen in der Klammer.

Beispiel: Der folgende Befehl listet alle Dateien aus dem Windows-Verzeichnis auf, die mit a, b, c oder w beginnen: `Get-ChildItem c:\windows\[abcw]*.*`

Alternativ kann man dies auch schreiben: `Get-ChildItem c:\windows\[a-cw]*.*`

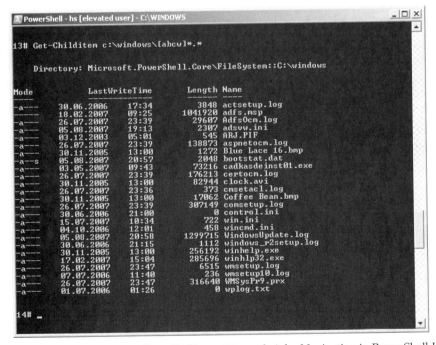

*Bild 22.60
Einsatz von
Platzhaltern*

Es gibt mehrere Commandlets, die Unterstützung bei der Navigation in PowerShell-Laufwerken bieten.

Kapitel 22 PowerShell-Basiswissen

Test-Path Test-Path prüft, ob es einen Pfad gibt. Das Ergebnis ist True oder False (System.Boolean).

```
Test-Path c:\temp
Test-Path HKLM:\software\IT-Visions
```

Resolve-Path Resolve-Path löst Platzhalter in Pfadangaben auf und gibt den resultierenden Pfad als ein Objekt vom Typ System.Management.Automation.PathInfo zurück.

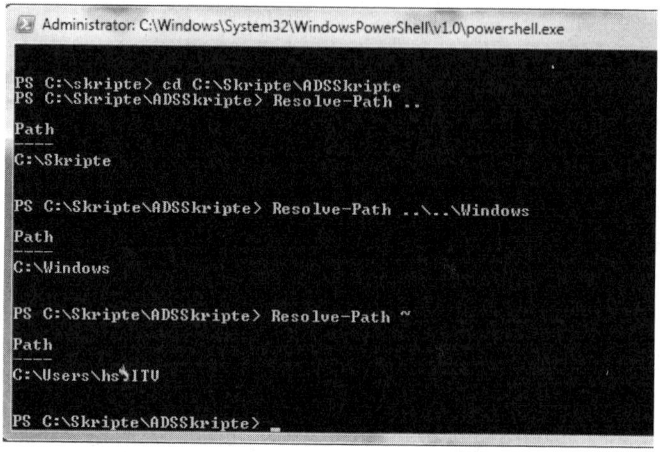

Bild 22.61
Einsatz von
Resolve-Path

Convert-Path Viele Commandlets geben Pfadangaben des Typs System.Management.Automation.PathInfo aus. Um dies in eine einfache Zeichenkette (die allerdings dann providerspezifisch ist) umzusetzen, steht das Commandlet Convert-Path zur Verfügung.

22.8.5 Eigene Laufwerke definieren

New-PSDrive Das Navigationsmodell der PowerShell erlaubt die Definition eigener Laufwerke, die dann als Abkürzung verwendet werden können.

Der folgende Befehl definiert ein neues Laufwerk „Skripte:" als Alias für einen Dateisystempfad:

```
New-PSDrive -Name Skripte -PSProvider FileSystem -Root "h:\Skripte\ps\"
```

Danach kann man mit

```
Dir Skripte:
```

auf den Pfad zugreifen.

Das neu definierte Laufwerk funktioniert nur innerhalb der PowerShell und ist nicht in sonstigen Windows-Anwendungen verfügbar. Genau genommen funktioniert das neue Laufwerk sogar nur innerhalb der aktuellen Instanz der PowerShell. Zwei PowerShell-Fenster teilen sich nicht solche Deklarationen!

Auch für die Registrierungsdatenbank kann man solche Abkürzungen definieren:

```
New-PSDrive -Name Software -PSProvider Registry -Root HKLM:\SOFTWARE\Microsoft\Windows\CurrentVersion\Uninstall
```

Die Anzahl der Laufwerke ist im Standard auf 4096 beschränkt. Dies kann durch die Variable $MaximumDriveCount geändert werden.

22.9 PowerShell-Skripte

Neben der Commandlet-Infrastruktur bietet die PowerShell auch eine eigene Skriptsprache zur Erstellung von Befehlsabfolgen im klassischen imperativen Programmierstil. Die PowerShell Language (PSL) kennt nicht nur Variablen, sondern auch übliche Programmkonstrukte wie Schleifen und Bedingungen. In der PSL kann man komplexe Befehlsabfolgen definieren und diese zu Skripten zusammenfassen.

PSL

Microsoft greift dabei nicht auf eine bestehende Skriptsprache zurück, sondern hat sich für die Neuschöpfung nach eigenen Worten „inspirieren lassen" von Unix-Shell-Sprachen, PERL, PHP, Python und C#. Folglich verwendet die Sprache geschweifte Klammern; Semikola braucht man jedoch als Befehlstrenner nicht.

Inspiration durch andere Sprachen

22.9.1 Hilfe zu der PowerShell-Skriptsprache

Die Sprachkonstrukte der PowerShell sind genauso wie die PowerShell-Commandlets in einfachen, rein textbasierten Hilfedokumenten erklärt, die mit der PowerShell installiert werden. Die Hilfedokumente zu den Sprachkonstrukten beginnen mit dem Wort „About", z.B. liefert der Befehl

Get-Help

```
Get-Help About_for
```

Hilfe zur for-Schleife.

Der Befehl

```
Get-Help About
```

zeigt eine Liste aller „About"-Dokumente.

22.9.2 Befehlstrennung

Jede Zeile ist ein Befehl. Ein Befehl kann aus mehreren Commandlets bestehen, die durch das „Pipe-Symbol" (|) getrennt sind. Man kann mehrere Befehle durch ein Semikolon (;) getrennt in eine Zeile setzen. Man kann Semikola auch wie in C++ und C# am Ende jeder Zeile verwenden – man muss es aber nicht.

Pipe und Semikolon

Wenn sich ein Befehl über mehrere Zeilen erstrecken soll, kann man am Ende einer Zeile mit einem Hochkomma (`) bewirken, dass die nächste Zeile mit zum Befehl hinzugerechnet wird.

```
gps | `
format-list
```

22.9.3 Kommentare

Kommentare werden durch ein # gekennzeichnet:

```
# Kommentar
```

22.9.4 Variablen

Variablen beginnen mit dem Variablenkennzeichner $. Variablenbezeichner (der Name der Variable) kann aus Buchstaben und Zahlen sowie einem Unterstrich bestehen. Nicht erlaubt sind Namen, die bereits vordefinierten Variablen zugewiesen wurden, insbesondere nicht der Name "$_".

Untypisierte Variablen

Typisierung

Variablen sind entweder untypisiert:

```
$a = 5
```

Typisierte Variablen oder typisiert auf einen PowerShell-Datentyp oder eine beliebige .NET-Klasse:

```
$a = [int] 5
$a = [System.DateTime] "1.8.1972"
```

Als Typbezeichner können alle .NET-Klassennamen verwendet werden sowie einige vordefinierte Typbezeichner der PowerShell. Beispielsweise sind [int], [System.Int32] und [int32] völlig gleichbedeutend. [int] ist der eingebaute PowerShell-Typbezeichner für Ganzzahlen mit 32 Bit Länge. Dieser Typ wird abgebildet auf die .NET-Klassen [System.Int32]. Dieser Name kann wiederum mit [int32] abgekürzt werden. Wie viel man tippen möchte, ist also Geschmackssache.

Das Voranstellen des Typnamens

```
[int] $a = 5
```

bewirkt, dass die Variable nur Daten dieses Typs aufnehmen kann, und entspricht damit der klassischen Typisierung in Hochsprachen wie C++, Java und C#.

Variablen müssen nicht explizit deklariert werden, und es besteht bei Schreibfehlern die Gefahr, dass es unerwünschte Effekte gibt. Mit der Anweisung Set-PSDebug -Strict können Sie erreichen, dass die PowerShell einen Fehler meldet, wenn man eine Variable ausliest, der man zuvor keinen Wert zugewiesen hat. Ab PowerShell 2.0 gibt es zusätzlich Set-StrictMode. Im Gegensatz zu „Set-PSDebug" wirkt sich Set-StrictMode nur auf den aktuellen Gültigkeitsbereich einschließlich der untergeordneten Bereiche aus und kann deshalb in einem Skript oder in einer Funktion verwendet werden, ohne globalen Einfluss zu haben.

Eine Variable wird durch eine Zuweisung auch direkt deklariert und gilt dann innerhalb des entsprechenden Gültigkeitsraums, in dem sie deklariert wurde (z.B. einem Block, einer Unterroutine oder dem ganzen Skript). Mit Remove-Variable kann man eine Variablendeklaration wieder aufheben.

In dem folgenden Beispiel meldet die PowerShell beim letzten Befehl einen Fehler, weil $y nur innerhalb des durch die geschweiften Klammern deklarierten Blocks gültig ist:

```
Set-PSDebug -Strict
$x = 5
{
$y = 5
$x
}
$y
```

Ermittlung des Typs Unabhängig davon, ob eine Variable typisiert wurde oder nicht, kann man den Datentyp jederzeit ermitteln. Bei untypisierten Variablen hat die Variable automatisch den Datentyp des zuletzt zugewiesen Typs.

Den Datentyp liefert die Methode `GetType()` in Form eines .NET-Objekts vom Typ `System.Type`. Da jede PowerShell-Variable eine Instanz einer .NET-Klasse ist, besitzt jede PowerShell-Variable die Methode `GetType()`, die jedes .NET-Objekt von der Mutter aller .NET-Klassen (`System.Object`) erbt. Meistens interessiert man sich nur für den Klassennamen, den man aus `Fullname` (mit Namensraum) oder `Name` (ohne Namensraum) auslesen kann.

```
$b = [System.DateTime] "1.8.1972"
"$b hat den Typ: " + $b.GetType().Fullname
```

Vordefinierte Variablen

Die PowerShell kennt zahlreiche vordefinierte Variablen (alias eingebaute Variablen alias interne Variablen). Die nachstehende Tabelle zeigt nur eine Auswahl dieser Variablen.

Tabelle 22.9 Vordefinierte PowerShell-Variablen (Auswahl)

Variable	Bedeutung
$true	Wert „wahr"
$false	Wert „falsch"
$OFS	Trennzeichen für die Ausgabe von Objektmengen
$Home	Heimatordner des angemeldeten Benutzers
$PSHome	Installationsordner des PowerShell-Hosts
$Args	Parameter (zur Verwendung in Funktionen)
$Input	Aktueller Inhalt der Pipeline (zur Verwendung in Funktionen)
$_	Aktuelles Objekt der Pipeline (zur Verwendung in Schleifen)
$StackTrace	Aktuelle Aufrufreihenfolge
$Host	Informationen über den PowerShell-Host
$LastExitCode	Rückgabewert der zuletzt ausgeführten externen Windows- oder Konsolenanwendung
$Error	Komplette Liste aller aufgetretenen Fehler seit Start der PowerShell (maximal gespeicherte Anzahl ist durch $MaximumErrorCount festgelegt)

Beispiel

Ein Beispiel zum Einsatz von `$OFS`:

Der Befehl

```
$OFS="/" ; [string] ("a","b","c")
```

liefert die Ausgabe:

```
a/b/c
```

Alle deklarierten Variablen, sowohl die eingebauten als auch die selbst definierten, erhält man durch den Befehl `Get-ChildItem Variable:` alias `Dir Variable:`.
`Dir Variable:p*` listet alle Variablen auf, die mit „p" oder „P" beginnen. `Get-Variable p*` hat den gleichen Effekt.

Konstanten

Einige der eingebauten Variablen können nicht geändert werden. Für eigene Variablen kann man diesen Zustand erreichen mit:

```
Set-Variable variablenname -Option readonly
```

Kapitel 22 PowerShell-Basiswissen

 Dabei ist der Variablenname ohne das Dollarzeichen zu verwenden!

Variablenauflösung Variablen werden nicht nur in Ausdrücken, sondern auch innerhalb von Zeichenketten aufgelöst.

Wenn deklariert sind

```
[int] $count = 1
[string] $Computer = "E01"
```

dann kann man statt

```
$count.ToString() +". Zugriff auf Computer " + $Computer
```

auch einfacher schreiben:

```
"$count. Zugriff auf Computer $Computer"
```

In beiden Fällen ist das Ergebnis gleich:

```
"1. Zugriff auf Computer E01"
```

Die Variablenauflösung funktioniert auch in Parametern von Commandlets. Auch die beiden folgenden Befehle sind gleichbedeutend, d.h., in beiden Fällen wird der Verzeichnispfad WinNT://E01 angesprochen:

```
Get-DirectoryEntry ("WinNT://" + $Computer)
Get-DirectoryEntry "WinNT://$Computer"
```

Die Variablenauflösung ist genau genommen keine Variablenauflösung, sondern eine Ausdruckauflösung. Das Dollarzeichen kann auch einen beliebigen Ausdruck einleiten, z.B.:

„1+3=$(1+3)"

```
"Aktuelle Uhrzeit: $((Get-Date).ToShortTimeString())"
```

Bild 22.62 Ausgabe der obigen Beispiele

 Eine Variablenauflösung findet nicht statt, wenn die Zeichenkette in einfachen Anführungszeichen steht:

```
'$count. Zugriff auf Computer $Computer'.
```

22.9.5 Zahlen

Zahlen können in der PowerShell entweder als einfache Zahlen, als Formeln oder als Wertebereiche angegeben werden. Hexadezimalzahlen können durch ein vorangestelltes 0x ausgedrückt (z.B. 0Xff = 255) und dann verwendet werden wie Dezimalzahlen (z.B. 0Xff+1 = 256).

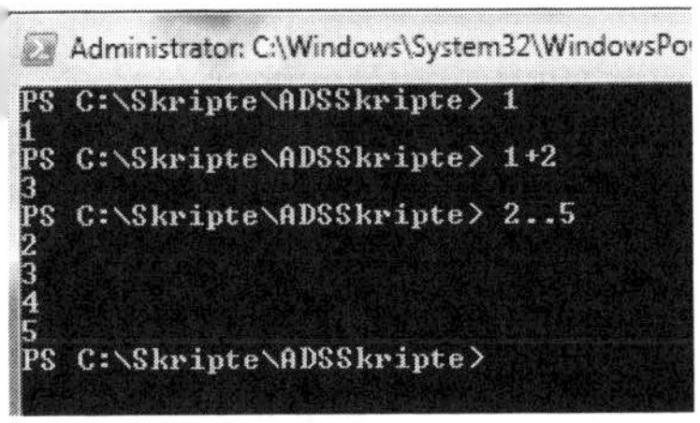

Bild 22.63
Zahlen in der PowerShell

Bei der Zuweisung eines Zahlenliterals zu einer ungetypten Variablen erzeugt die PowerShell im Standard eine Instanz des Typs System.Int32. Reicht der Wertebereich von Int32 nicht aus, werden Int64 oder Decimal erzeugt. Wenn das Zahlenliteral eine gebrochene Zahl ist (mit einem Punkt zur Trennung der Nachkommastellen), dann erzeugt die PowerShell Double oder Decimal.

Möchte man Kontrolle über den Datentyp der Variablen, muss man die Variable explizit typisieren, z.B. mit [Byte] oder [Decimal]. Für Decimal gibt es eine weitere Möglichkeit, indem man ein „d" an das Literal anhängt (z.B. 5.1d).

```
# Implicit Integer
$i = 5
$i.GetType().Name

# Implicit Long
$i = 5368888888888888
$i.GetType().Name

# Implicit Decimal
$i = 53688888888888888888888888888
$i.GetType().Name

# Explicit Long
[Int64] $l = 5
$l.GetType().Name

# Explicit Byte
[Byte] $b = 5
$b.GetType().Name

# Implicit Double
$d = 5.1
$d.GetType().Name

# Implicit Decimal
$d = 5.1d
$d.GetType().Name

# Explicit Decimal
[Decimal] $d = 5.1
$d.GetType().Name
```

Kapitel 22 PowerShell-Basiswissen

Beim expliziten Typisieren kann man wahlweise die PowerShell-Typen [int] und [long] oder die korrespondierenden .NET-Klassennamen [int32] und [int64] verwenden.

Mit den Kürzeln KB, MB und GB können die Maßeinheiten Kilobyte, Megabyte und Gigabyte zugewiesen werden, z.B. steht 5MB für die Zahl 5242880 (5 * 1024 * 1024).

> Diese Maßeinheiten gelten seit PowerShell 1.0 RC2. Vorher wurden die Kürzel M, K und G verwendet.

Zufallszahlen

Eine Zufallszahl kann man mit dem Commandlet Get-Random (ab PowerShell 2.0 oder in PowerShell 1.0 in den PowerShell Community Extensions [CODEPLEX01] erzeugen. Get-Random liefert eine Zahl zwischen 0 und 1. Mit den Parametern -Min und -Max kann man den Wertebereich beeinflussen (siehe Bild 22.64).

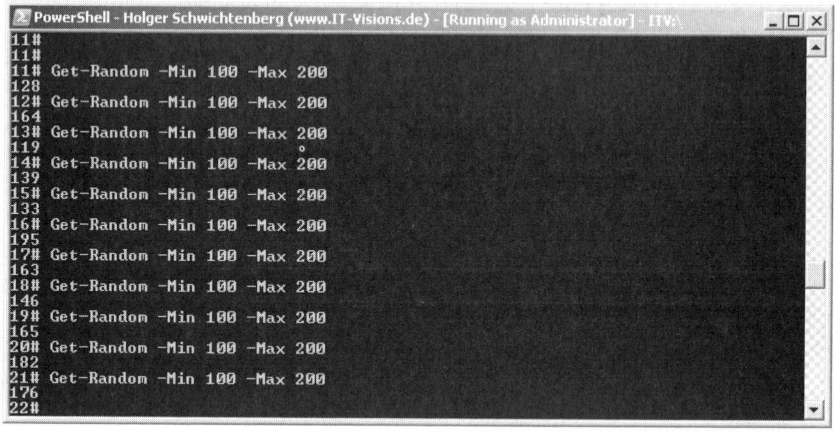

Bild 22.64 Einsatz von Get-Random zur Erzeugung von Zufallszahlen zwischen 100 und 200

22.9.6 Zeichenketten

Here-String

Zeichenketten sind in der PowerShell Instanzen der .NET-Klasse System.String. Sie werden begrenzt durch Anführungszeichen oder '@ @'. Die letzte Variante, die auch Zeilenumbrüche erlaubt, nennt Microsoft „Here-String".

Listing 22.5 Beispiel für einen Here-String [Basiswissen/ PowerShell Language/ strings.ps1]

```
#Here-String
@'
Eine lange Zeile
kann in spezielle
Begrenzer
verpackt werden
'@
```

In beiden Fällen dürfen die Zeichenketten Variablen enthalten, die automatisch aufgelöst werden.

```
$a = 10
$b= "Der aktuelle Wert ist $a!"
Write-Warn $b
```

Listing 22.6: *Beispiel für eine Variablenauflösung in einer Zeichenkette [Basiswissen/PowerShell Language/strings.ps1*

Bei der Parameterübergabe an Commandlets sind Zeichenketten nur in Anführungszeichen zu schreiben, wenn die Parameterabgrenzung sonst nicht mehr klar wäre, also wenn ein Leerzeichen darin vorkommt.

Bearbeitungsmöglichkeiten

Für Zeichenketten in der PowerShell stehen alle Bearbeitungsmöglichkeiten der Klasse System.String in der PowerShell zur Verfügung.

Folgende Methoden stehen zur Verfügung (siehe auch Bild 22.65):

Zeichenkettenbearbeitung

- Clone()
- CompareTo()
- Contains()
- CopyTo()
- EndsWith()
- Equals()
- IndexOf()
- IndexOfAny()
- Insert()
- LastIndexOf()
- LastIndexOfAny()
- Length()
- PadLeft()
- PadRight()
- Remove()
- Replace()
- Split()
- StartsWith()
- Substring()
- ToCharArray()
- ToLower()
- ToLowerInvariant()
- ToString()
- ToUpper()
- ToUpperInvariant()
- Trim()
- TrimEnd()
- TrimStart()

Kapitel 22 PowerShell-Basiswissen

Bild 22.65
Methoden der Klasse System.String

Beispiel Das folgende Beispiel zeigt folgende Zeichenkettenoperationen:
- Umwandlung in Großbuchstaben
- Einfügen eines Textes
- Extrahieren eines Textteils als einzelne Zeichen

Listing 22.7
Beispiel für die Veränderung von Zeichenketten
[Basiswissen/ PowerShell Language/ strings.ps1]

```
# Umwandlung in Großbuchstaben
$a = "Dr. Schwichtenberg"
$a.ToUpper()
$b

# Einfügen eines Textes
$a = $a.Insert(4, "Holger ")
$a

# Extrahieren eines Textteils
$c = $a[4..9]
$c
```

Bild 22.66
Ausgabe des obigen Skripts

```
PS J:\demo\Dokumente>
DR. SCHWICHTENBERG
Dr. Holger Schwichtenberg
H
o
l
g
e
r
```

Zeichenketten trennen und verbinden

Trennen Manchmal muss man eine Zeichenkette trennen, z.B.:

"Holger;Schwichtenberg;Essen;Germany;www.IT-Visions.de"

Das .NET Framework stellt dazu die Methode Split() in der Klasse System.String bereit.

```
[String] $CSVString = "Holger;Schwichtenberg;Essen;Germany;www.IT-Visions.de"
$CSVArray = $CSVString.Split(";")
$Surname = $CSVArray[1]
$Surname
```

Listing 22.8: Einsatz der Methode Split()[Basiswissen/PowerShell Language/Strings.ps1]

Alternativ kann man das Commandlet Split-String aus den PSCX verwenden. Das macht es ein wenig kürzer:

```
[String] $CSVString = "Holger;Schwichtenberg;Essen;Germany;www.IT-Visions.de"
$CSVArray = Split-String $CSVString -Separator ";"
$Surname = $CSVArray[1]
$Surname
```

Listing 22.9: Einsatz des Commandlets Split-String [Basiswissen/PowerShell Language/ Strings.ps1]

Das Gegenstück zum Verbinden von Zeichenketten sind die Methoden Join() und das Commandlet Join-String. Bei Join() ist zu beachten, dass dies eine statische Methode der Klasse System.String ist.

Verbinden

```
$Array = "Holger", "Schwichtenberg", "Essen", "Germany", "www.IT-Visions.de"
$CSVString = [System.String]::Join(";", $Array)
$CSVString
```

Listing 22.10: Einsatz der statischen Methode Join() [Basiswissen/PowerShell Language/ Strings.ps1]

```
$Array = "Holger", "Schwichtenberg", "Essen", "Germany", "www.IT-Visions.de"
$CSVString = Join-String $Array -Separator ";"
$CSVString
```

Listing 22.11: Einsatz des Commandlets Join-String [Basiswissen/PowerShell Language/ Strings.ps1]

22.9.7 Datum und Uhrzeit

Das Commandlet Get-Date liefert eine Instanz der .NET-Klasse System.DateTime, die das aktuelle Datum und die aktuelle Uhrzeit enthält.

Get-Date

```
Get-Date
```

Die Anzeige reduziert man wie folgt auf das Datum:

```
Get-Date -displayhint date
```

Die Anzeige reduziert man so auf die Zeit:

```
Get-Date -displayhint time
```

Get-Date kann auch dazu genutzt werden, ein spezielles Datum zu erzeugen und dieses in einer Variablen zu speichern:

```
$a = Get-Date "8/1/1972 12:11:10"
```

Die Differenz zwischen dem aktuellen Datum und einem in einer Variablen gespeicherten Datum errechnet man durch den Aufruf der Methode Subtract():

```
(Get-Date).Subtract((Get-Date "8/1/1972 12:11:10"))
```

oder durch die einfache Verwendung des Minuszeichens:

```
(Get-Date) - (Get-Date "8/1/1972 12:11:10")
```

Dies führt zu folgender Ausgabe:

```
Days         : 12662
Hours        : 11
Minutes      : 56
Seconds      : 57
Milliseconds : 927
```

```
Ticks              : 10940398179276185
TotalDays          : 12662,4978926808
TotalHours         : 303899,949424338
TotalMinutes       : 18233996,9654603
TotalSeconds       : 1094039817,92762
TotalMilliseconds  : 1094039817927,62
```

Intern verarbeitet die PowerShell Zeiträume als Instanzen der Klasse System.TimeSpan. Man kann auch selbst Zeiträume mit dem Commandlet New-TimeSpan anlegen und mit diesen rechnen, z.B.:

```
$Dauer = New-TimeSpan -Days 10 -hours 4 -minutes 3 -seconds 50
$jetzt = Get-Date
$zukunft = $jetzt + $Dauer
```

Bei New-TimeSpan kann man die Dauer nur in Tagen, Stunden, Minuten und Sekunden angeben. Eine Angabe in Monaten oder Jahren ist nicht möglich.

Die Zeit von einem entfernten System abfragen kann man nicht mit dem Commandlet Get-Date, sondern nur unter Zuhilfenahme der WMI-Klasse Win32_Currenttime.

```
Get-Wmiobject Win32_currenttime -computername E02
```

System. DateTime Das Ergebnis der Operation ist dann aber kein .NET-Objekt vom Typ System.DateTime, sondern ein .NET-Objekt vom Typ System.Management.ManagementObject, das ein WMI-Objekt vom Typ root\cimv2\Win32_LocalTime enthält.

Die aktuelle Systemzeit kann man mit Set-Date setzen.

22.9.8 Arrays und assoziative Arrays (Hashtable)

Datenfelder Ein Array deklariert man durch die Zuweisung einer durch Kommata getrennten Wertemenge:

```
$a = 01,08,72,13,04,76
```

Das Array kann auch explizit mit [array] deklariert werden:

```
[array] $b
$b = 1,2,3
```

Möchte man ein Array mit nur einem Element definieren, muss man die Liste mit einem Komma beginnen oder das Array explizit deklarieren:

```
$a = ,"Nur ein Element"
```

```
[Array] $a = "Nur ein Element"
```

Zum Auflisten eines Arrays ist Foreach-Object nicht zwingend notwendig. Wenn ein Array am Ende der Pipeline steht, wird das Array ausgegeben (siehe Bild 22.59). Das Attribut Count liefert die Anzahl der Elemente im Array.

```
[array] $b
$b = 1,2,3
$b.Count
```

Um auf die Elemente zuzugreifen, setzt man einen Index (bei 0 beginnend) oder einen Indexbereich in eckige Klammern. Der Indexbereich ist durch zwei Punkte zu trennen, z.B. $a[3..6]. Der Operator += ergänzt ein Element am Ende eines Arrays (siehe Bild 22.67). Das Entfernen von Elementen ist nicht möglich (nur das Umkopieren in ein anderes Array).

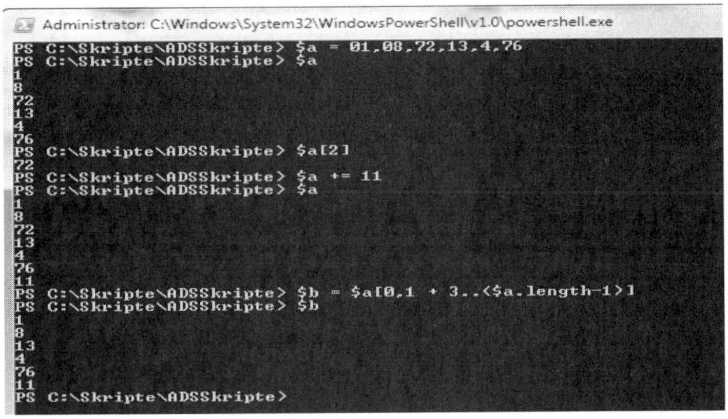

Bild 22.67
Ausgabe eines Arrays

Zwei Arrays kann man durch den Plus-Operator verbinden:

```
$DomainControllers = "E01", "E02", "E03"
$MemberServers = "E04", "E05", "E06"
$AllServers = $DomainControllers + $MemberServers
$AllServers.Count # Ergebnis: 6 !
```

Mehrdimensionale Arrays sind möglich, indem man die Elemente mit runden Klammern zusammenfasst. In dem folgenden Beispiel entsteht ein zweidimensionales Array. Die Elemente der ersten Dimension enthalten jeweils Arrays mit drei Elementen. Auch hier kann man mit dem Plus-Operator die Menge ergänzen.

```
$DomainControllers = ("E01", "192.168.1.10", "Building 1"), ("E02", "192.168.1.20", "Building 2"), ("E03", "192.168.1.30", "Building 3")
"Number of Computers: " + $DomainControllers.Count
"IP Address of Computer 2: " + $DomainControllers[1][1] # 192.168.1.20
"Building of Computer 2: " + $DomainControllers[1][2] # Building 3
$DomainControllers += ("E04", "192.168.1.40", "Building 4")
"Building of Computer 4: " + $DomainControllers[3][2] # Building 4
```

Neben den Arrays unterstützt die PowerShell auch benannte (assoziative) Elementmengen in Form so genannter Hashtables. In einer Hashtable werden die Elemente nicht durch die Position, sondern einen eindeutigen Bezeichner identifiziert. Dieses Konzept existiert auch in anderen Sprachen und wird dort oft „assoziatives Array" genannt. Das zu Grunde liegende Basiskonzept ist die .NET-Klasse System.Collections.Hashtable.

Assoziative Arrays (Hashtable)

Bei der Definition einer Hashtable ist das @-Zeichen zu verwenden, gefolgt von der Elementmenge in geschweiften Klammern. Die einzelnen Elemente sind durch Semikola zu trennen. Jedes Element besteht aus einem Elementnamen und einem Elementwert, wobei Elementname und Elementwert durch ein Gleichheitszeichen zu trennen sind. Der Elementname darf nicht in Anführungszeichen stehen. Möchte man den Datentyp explizit angeben, ist [Hashtable] zu verwenden.

```
# Implicit Hashtable
$Computers = @{ E01 = "192.168.1.10"; E02 = "192.168.1.20"; E03 = "192.168.1.30"; }

# Explicit Hashtable
[Hashtable] $Computers = @{ E01 = "192.168.1.10"; E02 = "192.168.1.20"; E03 = "192.168.1.30"; }
```

Auf eine solche Hashtable kann man nicht nur wie bei den einfachen Arrays über die Notation mit eckigen Klammern zugreifen, sondern auch direkt über den Punkt-Operator. Dies macht die Arbeit mit Hashtables sehr elegant:

```powershell
# Get IP Address of Computer E02
$Computers["E02"]
$Computers.E02
```

Man kann die Elemente auch direkt beschreiben.

```powershell
# Change on Element
$Computers.E02 = "192.168.1.21"
```

Sehr komfortabel ist, dass beim Beschreiben eines bisher nicht existierenden Elements das Element neu angelegt wird. Auf diese Weise kann man auch eine Hashtable schrittweise anlegen, d.h., mit einer leeren Liste starten. Eine leere Hashtable wird ausgedrückt durch @{ }.

```powershell
# Add a new Element
$Computers.E04 = "192.168.1.40"

# Start with an empty list
$MoreComputers = @{ }
$MoreComputers.E05 = "192.168.1.50"
$MoreComputers.E06 = "192.168.1.60"
$MoreComputers.Count # Result = 2
```

Zwei Hashtables kann man verbinden wie zwei Arrays. Dies funktioniert aber nur, wenn in beiden Listen zusammen jeder Elementname nur einmal vorkommt. Falls es Duplikate gibt, wird ein Fehler erzeugt, und das Ergebnis ist eine leere Menge.

```powershell
# Add two Hashtables
$AllComputers = $Computers + $MoreComputers
$AllComputers.Count # Result = 6
```

Hashtables kann man nicht nur für echte Listen, sondern auch zur einfachen Definition eigener Datenstrukturen verwenden, z.B. um Informationen über eine Person zu speichern.

```powershell
# Use a Hashtable as a custom data structure
$Author = @{ Name="Dr.Holger Schwichtenberg"; Age=35; Country="Germany" }
$Author.Name
$Author.Age
$Author.Country
```

22.9.9 Operatoren

Mathematische Operationen

Die Windows PowerShell unterstützt die elementaren arithmetischen Operatoren +, -, *, / und % (Modulo-Operation alias Divisionsrest). Das Pluszeichen verwendet man sowohl zur Addition von Zahlen als auch Verkettung von Zeichenketten. Sogar Mengen (Arrays, Hashtables) kann man verbinden. Auch der Stern (*) für die Multiplikation hat noch andere Bedeutung: Sowohl eine Zeichenkette als auch ein Array kann man damit multiplizieren. Dadurch werden die Zeichen bzw. Elemente so oft wiederholt wie angegeben. In der Natur einer Hashtable liegt, dass man die Elemente nicht vervielfachen kann, da dies zu doppelten Elementnamen führen würde, was nicht erlaubt ist.

```powershell
# Multiply a string
$String = "abcdefghijklmnopqrstuvwxyz"
$LongString = $String * 20
"Count: " + $LongString.Length # = 520

# Multiply an Array
$a = 1,2,3,4,5
$b = $a * 10
"Count: " + $b.Count # = 50
```

Als Zuweisungsoperator wird das Gleichheitszeichen verwendet. Interessant sind Kreuzzuweisungen, mit denen auf elegante Weise die Inhalte zweier Variablen vertauscht werden können. Normalerweise braucht man dafür eine Zwischenvariable. In der PowerShell kann man aber einfach schreiben $x, $y = $y, $x (siehe Bild 22.68).

=

Bild 22.68
Kreuzzuweisung zur Variableninhaltsvertauschung in der PowerShell

Ein interessanter Operator ist auch das kaufmännische Und. Damit kann man eine Zeichenkette als einen Befehl ausführen. Dies ist eine Möglichkeit, dynamischen und selbstmodifizierenden Programmcode zu schreiben. Dazu ein Beispiel:

&

```
$What = "Process"
& ("Get-"+$What)
```

Die obige Befehlsabfolge führt zur Ausführung des Commandlets `Get-Process `. Nun könnte man den Inhalt der Variablen $What auch aus einer anderen Quelle, z.B. einer Benutzereingabe, bekommen. Alternativ kann man statt des Operators & auch das Commandlet `Invoke-Expression` verwenden:

```
$What = "Process"
invoke-expression("Get-"+$What)
```

> Unbedingt zu beachten ist, dass dynamische Codeausführung ein Sicherheitsrisiko birgt, wenn man Benutzereingaben direkt in den Befehlen verarbeitet. Man könnte meinen, dass in dem obigen Beispiel das Risiko beschränkt ist, weil immer der „Get"-Befehl ausgeführt wird.
>
> ```
> $What = "Process; Get-Service"
> invoke-expression("Get-"+$What)
> ```

Bei der PowerShell-Skriptsprache gibt es nur kleine Neuerungen, z.B. die Operatoren –split und –join und die Fehlerbehandlung mit Try/Catch alternativ zum bisher vorhandenen Trap.

Zeichenketten trennen

22.9.10 Kontrollkonstrukte

Als Kontrollstrukturen kennt die PowerShell-Skriptsprache die folgenden Konstrukte:
- `if (Bedingung) {...} else {...}`
- `switch ($var) {Wert {...} Wert {...} default {..} } }`
- `while(Bedingung) { ... }`
- `do { ... } while (Bedingung)`
- `do { ... } until (Bedingung)`
- `foreach ($var in $menge) {...}`
- `function name {...}`
- `break`
- `continue`
- `return`
- `exit`
- `trap Fehlerklasse { ... } else { ... }`
- `throw "Fehlertext"`
- `throw Fehlerklasse`

Schleifen, Bedingungen und Unterroutinen

Kapitel 22 PowerShell-Basiswissen

 Details zu den Befehlen finden Sie in der Hilfe zur PowerShell. Hier wird zu Gunsten anderer Inhalte auf eine detaillierte Darstellung dieser Grundkonstrukte verzichtet – zumal ihre Funktionsweise anderen Programmiersprachen sehr ähnlich ist. Throw und Trap werden im Kapitel 22.9.16 „Fehlerbehandlung" separat behandelt.

Schleifen Das folgende Listing zeigt selbsterklärende Beispiele für die Konstrukte for, while und foreach.

```
# Schleifen von 1 bis 5
"for:"
for ($i = 1; $i -lt 6; $i++) { $i }


"While:"
$i = 0
while($i -lt 5)
{ $i++
$i
}


"Foreach:"
$i = 1,2,3,4,5
foreach ($z in $i) { $z }
```

Listing 22.12: Beispiele für Schleifen
[Basiswissen/PowerShell Language/Loop Conditions Functions.PS1]

Bedingungen Das folgende Listing zeigt selbsterklärende Beispiele für den Einsatz von if und switch.

Listing 22.13 Beispiele für Bedingungen [Basiswissen/ PowerShell Language/Loop Conditions Functions.PS1]
```
#Bedingungen
if ($i -lt 10)
{ "Kleiner als 10" }
else
{ "grösser als 10" }

switch ($i)
{
    1 {"eins"}
    5 {"fünf"}
    10 {"zehn"}
    default { "sonstiges" }
}
```

Unterroutinen (Funktionen) Das folgende Listing zeigt selbsterklärende Beispiele für Unterroutinen mit Parametern und Rückgabewert.

Listing 22.14 Beispiele für Unterroutinen [Basiswissen/ PowerShell Language/Loop Conditions Functions.PS1]
```
function UnbenannteParameter()
{
"Dieser Funktion wurde übergeben: $args[0] und $args[1]"
return  $args[0] + $args[1]
}

UnbenannteParameter 1 2
```

```
function BenannteParameter([int] $a, [int] $b)
{
"Dieser Funktion wurde übergeben: $a und $b"
return  $b + $a
}

UnbenannteParameter 1 4
```

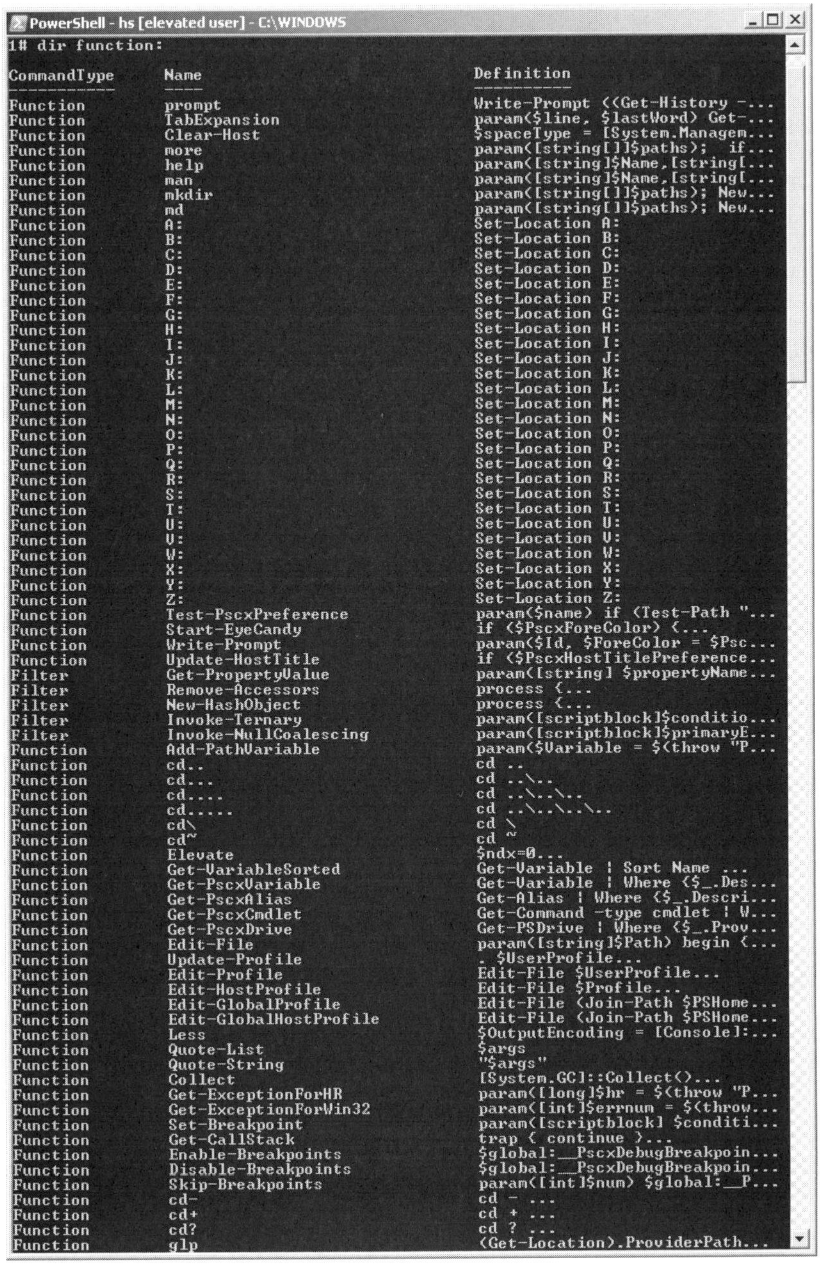

Bild 22.69
Liste der eingebauten Funktionen (inklusive PowerShell Community Extensions)

Die Windows PowerShell besitzt zahlreiche eingebaute Funktionen. Durch die Installation der PowerShell Community Extensions (PSCX) werden es noch mehr. Die Ausführung des Befehls `dir function:` listet alle Funktionen auf und zeigt, dass auch einige als Kompatibilität zur klassischen Windows-Konsole erhalten gebliebene Anweisungen wie C: und Dir als eingebaute Funktionen der PowerShell realisiert sind.

22.9.11 Skriptdateien

.ps1 Befehlsabfolgen können als PowerShell-Skripte im Dateisystem abgelegt und später (unbeaufsichtigt) ausgeführt werden. Diese Skripte sind reine Textdateien und haben die Dateinamenerweiterung *.ps1*. Die Zahl 1 steht dabei für die Version 1.0 der PowerShell. Microsoft hat in Hinblick auf die Langlebigkeit vieler Skripte vorgesehen, dass verschiedene Versionen der PowerShell auf einem System koexistieren können.

Beispiel Das nachstehende Listing zeigt ein Skript, das eine Hierarchie von Schlüsseln in der Registrierungsdatenbank ablegt. Dabei wird absichtlich die einfache Addition von Zahlen in eine Unterroutine gekapselt, um die Rückgabe von Werten an den Aufrufer mit der `return`-Anweisung zu zeigen. Literale und Ausdrücke, die ohne Commandlet im Skript enthalten sind, werden an der Konsole ausgegeben.

Listing 22.15 Ein PowerShell-Skript zur Manipulation der Registrierungsdatenbank [Einsatzgebiete/Registy/ Registry_Commandlets.ps1]

```
########################################
# PowerShell-Skript
# Das Skript legt eine Schlüsselhierarchie in der Registrierungsdatenbank an.
# (C) Dr. Holger Schwichtenberg
########################################

# === Unterroutine, die eine Addition ausführt
function Addition
{
return $args[0] + $args[1]
}

# === Unterroutine, die einen Schlüssel in der Registrierungsdatenbank anlegt
function CreateEntry
{
"Eintrag anlegen..."

New-Item  -Name ("Eintrag #{0}" -f $args[0]) -value $args[1] -type String

}

# === Hauptroutine
"PowerShell-Registrierungsdatenbank-Skript (C) Dr. Holger Schwichtenberg 2006"

# Navigation in die Registrierungsdatenbank
cd hklm:\software

# Prüfe, ob Eintrag \software\IT-Visions vorhanden
$b = Get-Item IT-Visions
if ($b.childName -eq "IT-Visions")
{ # Lösche vorhandenen Eintrag mit allen Unterschlüsseln
"Schluessel existiert bereits, loesche..."
cd hklm:\software
```

PowerShell-Skripte

```
del IT-Visions -force -recurse
}
# Erzeuge neuen Eintrag "IT-Visions"
"Erzeuge IT-Visions..."
md IT-Visions
cd IT-Visions

# Lege Unterschlüssel an
for($a=1;$a -lt 5;$a++)
{
$ergebnis = Addition $a $a
CreateEntry $a $ergebnis
}
```

22.9.12 Start eines Skripts

Jeffrey Snover, der maßgebliche Architekt der Windows PowerShell, nannte als „Top-Sicherheitsfunktion" der Windows PowerShell die Tatsache, dass man ein PowerShell-Skript nicht durch Doppelklick auf das Symbol in Windows starten kann. Grundsätzlich könnte man diese Startart definieren, sie ist aber nicht im Standardumfang der PowerShell-Installation enthalten. Ein PowerShell-Skript wird gestartet durch Eingabe des Namens mit oder ohne Dateierweiterung bzw. mit oder ohne ein vorangestelltes Commandlet in der PowerShell-Konsole:

Skriptaufruf

Softwareinventar oder

Softwareinventar.ps1 oder

&Softwareinventar.ps1 oder

Invoke-Expression Softwareinventar.ps1

Alternativ kann man ein PowerShell-Skript aus dem normalen Windows-Kommandozeilenfenster durch eine Verknüpfung aus dem Windows-Desktop oder als Anmeldeskript starten, indem man powershell.exe voranstellt:

powershell.exe Softwareinventar

> Für PowerShell-Skripte gelten hinsichtlich der Benutzerkontensteuerung ab Windows Vista (User Account Control – UAC) die gleichen Einschränkungen und Lösungen wie für WSH-Skripte. Bitte lesen Sie für weitere Informationen das Kapitel über den Windows Script Host (WSH).

22.9.13 Skripte einbinden

Als „Dot Sourcing" wird eine Möglichkeit bezeichnet, eine Skriptdatei aufzurufen und permanent in die aktuelle Instanz der PowerShell einzubinden. Der Unterschied zu den oben genannten Möglichkeiten ist, dass nach dem „Dot Sourcing" alle in dem Skript deklarierten Variablen und alle dort enthaltenen Funktionen der PowerShell-Konsole sowie alle nachfolgend aufgerufenen Skripte zur Verfügung stehen. „Dot Sourcing" ist also eine Möglichkeit, die Funktionalität der PowerShell zu erweitern.

Dot Sourcing

„Dot Sourcing" wird aktiviert durch einen vorangestellten Punkt mit Leerzeichen:

. Softwareinventar.ps1

Es kann ein relativer oder ein absoluter Pfad angegeben werden.

1025

Kapitel 22 PowerShell-Basiswissen

 Wenn in dem eingebundenen Skript „freie" Befehle enthalten sind, also Befehle, die nicht Teil einer Funktion sind, dann werden diese Befehle sofort ausgeführt. Deklarierte Funktionen werden nicht ausgeführt, stehen aber dem einbindenden Skript und den folgenden eingebundenen Skripten zur Verfügung.

Man kann mit dem „Dot Sourcing" auch Skripte in andere einbinden. Die Einbindung erfolgt auch hier mit dem Punkt-Operator (.).

```
# Demo User Management

. ("H:\demo\PowerShell\Benutzer\Localuser_Create.ps1")
. ("H:\demo\PowerShell\Benutzer\LocalGroup.ps1")
. ("H:\demo\PowerShell\Benutzer\Localuser_Delete.ps1")
```

Listing 22.16: *Beispiel für ein PowerShell-Skript, das nur besteht, um andere Skripte einzubinden und aufzurufen [Einsatzgebiete/Benutzer/Run Demos.ps1]*

22.9.14 Sicherheitsfunktionen für PowerShell-Skripte

Ausführungsrichtlinie

Die bisherige Active-Scripting-Architektur im Internet Explorer, in Outlook und im Windows Script Host (WSH) hatte mit Sicherheitsproblemen zu kämpfen. Laut der Dokumentation ist die PowerShell „in der Grundeinstellung eine sichere Umgebung" [MS02]. Dass nicht jedes beliebige Skript zur Ausführung gebracht werden kann, zeigt sich, wenn man versucht, die PowerShell-Konsole nicht nur interaktiv, sondern zum Start eines Skripts zu verwenden. Die Standardausführungsrichtlinie (Execution Policy) lässt überhaupt keine Skripte zu.

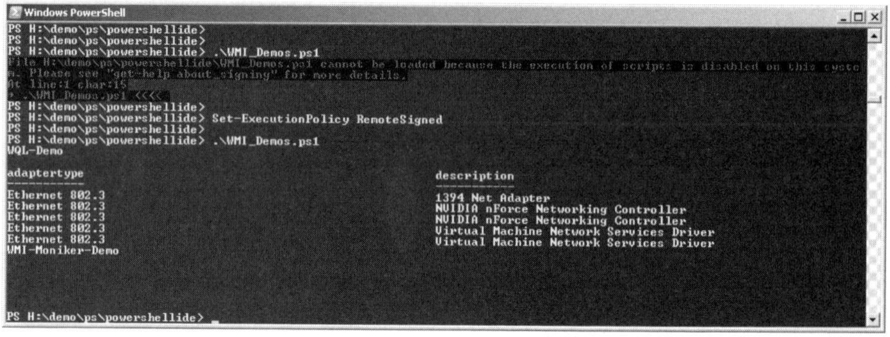

Bild 22.70 Die Skriptausführung muss man in der PowerShell erst explizit aktivieren.

Sicherheitsrichtlinien

Set-Executionpolicy

Ein Benutzer kann die Shell zunächst nur interaktiv verwenden, bis er die Ausführungsrichtlinie mit dem Commandlet `Set-Executionpolicy` auf eine niedrigere Sicherheitsstufe herabsetzt:

- Modus „AllSigned": Nur signierte Skripte starten und signierte Skripte von nichtvertrauten Quellen starten auf Nachfrage.
- Modus „RemoteSigned: Eine vertraute Signatur ist nur für Skripte aus dem Internet (via Browser, Outlook, Messenger) erforderlich; lokale Skripte starten auch ohne Signatur.
- Modus „Unrestricted": alle Skripte laufen.

„Unrestricted" sollte man nicht wählen, weil dies „bösen" Skripten, die z.B. als E-Mail-Anhänge übermittelt werden, die Tür öffnen würde. Wenn man sich nicht die Arbeit mit digitalen Signaturen machen will, ist die Option „RemoteSigned" ein Kompromiss. Noch vor dem endgültigen Erscheinen der PowerShell gab es die ersten angeblichen PowerShell-Viren. Diese waren aber nur eine Bedrohung, wenn man sie explizit gestartet hat (siehe [MSSec01]).

Die Sicherheitsrichtlinie wird in der Registrierungsdatenbank auf System- oder Benutzerebene abgespeichert im Schlüssel: *HKEY_CURRENT_USER\Software\Microsoft\PowerShell\ 1\ShellIds\Microsoft.PowerShell\ExceutionPolicy* bzw. *HKEY_LOCAL_MACHINE\SOFTWARE\Microsoft\PowerShell\1\ShellIds\Microsoft.PowerShell\ExceutionPolicy*.

Bitte beachten Sie, dass durch die Speicherung in der Registrierungsdatenbank die Sicherheitsrichtlinie mit aktivierter Benutzerkontensteuerung nur geändert werden kann, wenn die PowerShell-Konsole unter vollen Rechten läuft.

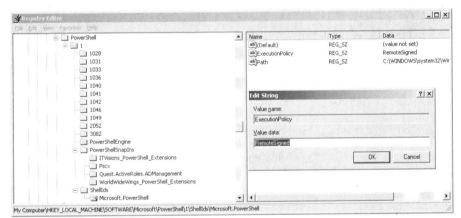

Bild 22.71
Persistierung der Sicherheitsrichtlinien in der Registrierungsdatenbank

Skripte signieren

Im Unternehmenseinsatz sollte man digitale Signaturen verwenden. Zum Signieren von Skripten bietet die Shell das Commandlet Set-AuthenticodeSignature. Um ein Skript zu signieren, müssen Sie die folgenden Schritte ausführen:

Set-Authenticode-Signature

- Wenn Sie kein digitales Zertifikat zum Signieren von Code besitzen, legen Sie sich ein Zertifikat an (z.B. mit dem Kommandozeilenwerkzeug *makecert.exe*).
- Lassen Sie sich Ihre eigenen Windows-Zertifikate in der PowerShell-Konsole auflisten:

  dir cert:/currentuser/my

- Ermitteln Sie die Position des Zertifikats, das Sie verwenden wollen, und speichern Sie dieses Zertifikat in einer Variablen (Achtung: Die Zählung beginnt bei 0!):

  $cert = @(dir "cert:/currentuser/my/")[1]

- Signieren Sie das Skript:

  Set-AuthenticodeSignature Softwareinventar3.ps1 $cert

Bild 22.72
Signieren eines
PowerShell-
Skripts

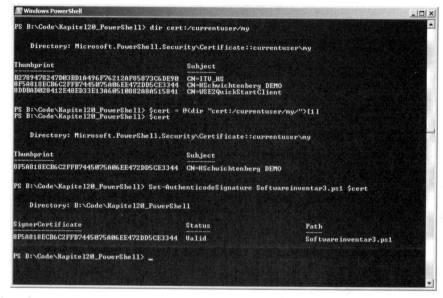

Wenn Sie nun `Set-AuthenticodeSignature AllSigned` eingeben, sollte das von Ihnen signierte PowerShell-Skript laufen, alle anderen Skripte aber nicht.

 Falls die PowerShell beim Start des Skripts noch einmal nachfragt, ob Sie das Skript wirklich laufen lassen wollen, dann bedeutet dies, dass das Skript zwar von jemandem signiert ist und Sie die Zertifizierungsstelle, die das Zertifikat ausgestellt hat, in Ihrer Stammzertifizierungsstelle kennen, aber dass Sie diesem Skriptautor noch nicht explizit vertrauen. Durch die Option *"Always Run"* würde der Skriptautor unter die „Vertrauenswürdigen Herausgeber" in die Zertifikatsverwaltung aufgenommen werden.

Bild 22.73
Nachfrage beim
Skriptstart

22.9.15 Commandlets für Skriptausführung

Start-Sleep Ein PowerShell-Skript kann man eine Zeit lang anhalten. Die Zeit bemisst sich in Millisekunden oder Sekunden.

So wartet das Skript 10 Millisekunden:".

```
Start-Sleep -m 10
```

So wartet das Skript 10 Sekunden:
Start-Sleep -s 10

22.9.16 Fehlerbehandlung

Die PowerShell 2.0 bietet zwei Arten der Fehlerbehandlung im Skriptcode:
- Trap (Seit powerShell 1.0)
- Try-Catch-Finally (seit PowerShell 2.0)

Fehlerbehandlung mit Trap

Die Windows PowerShell unterscheidet zwischen Fehlern, die unbedingt ein Ende der Ausführung des Befehls/des Skripts erfordern (Terminating Error), und Fehlern, die es erlauben, dass die Ausführung beim nächsten Befehl fortgesetzt wird (Non-Terminating Error). Abbrechende Fehler können durch Trap-Anweisungen abgefangen werden. Nichtabbrechende Fehler können zu abbrechenden Fehlern gemacht werden. **Trap**

Trap fängt aufgetretene abbrechende Fehler ab und führt den angegebenen Code aus. $_ enthält dann Informationen zu dem Fehler in Form einer Instanz von System.Management.Automation.ErrorRecord. Das Unterobjekt $_.Exception ist der eigentliche Fehler in Form einer Instanz einer Klasse, die von System.Exception erbt. Über $_.Exception.GetType().FullName erhält man den Fehlertyp, durch $_.Exception.Message den Fehlertext.

Break oder Continue entscheiden, ob das Skript nach dem Fehler fortgesetzt wird. Das Standardverhalten ist Continue. Mit Exit kann ein definitives sofortiges Skriptende herbeigeführt werden. **Break oder Continue**

Mit dem folgenden Beispiel können Sie selbst das Fehlerverhalten der PowerShell testen und mit den verschiedenen Reaktionsmöglichkeiten experimentieren. Der Fehler wird aufgelöst durch den Aufruf Copy-Item mit falschem Pfad (ein nichtabbrechender Fehler) und „Get-Dir" (das Commandlet gibt es nicht, ein abbrechender Fehler). **Beispiel**

```
# Beispiel zum Testen von Fehlerabfangen
trap {
Write-Host ("### ABGEFANGENER FEHLER: " + $_.Exception.Message)
#Write-Error ("Fehler: " + $_.Exception.Message)
#continue
#break
#exit
#throw "test"
}

"Beispiel zum Testen von Fehlerabfangen"
"Erst geht alles gut..."
copy g:\daten\lieferanten c:\temo\Daten
"Dann läuft es nicht mehr so gut (falscher Pfad)"
copy g:\daten\lieferanten k:\daten\lieferanten
"Und dann folgt Unsinn (falsches Commandlet)"
Get-Dir k:\daten\lieferanten
"Ende des Scripts"
```

Listing 22.17 Trap5_Copy.ps1 [Basiswissen/PowerShell Language/Trap5_Copy.ps1]

Trap	Reaktion
Nicht vorhanden	PowerShell zeigt Fehlermeldungen für Copy-Item („drive does not exists") und Get-Dir („not regognized as a cmdlet, function, program oder script file") und setzt die Ausführung bis zum Ende fort.
Vorhanden, nur mit Write-Host	Es erscheint für den abbrechenden Fehler zusätzlich zu der PowerShell-Fehlermeldung auch der eigene Fehlertext aus dem Trap-Block.
Vorhanden, mit continue	Er erscheint für den abbrechenden Fehler nur der eigene Fehlertext aus dem Trap-Block.
Vorhanden, mit break	Nach dem abbrechenden Fehler erscheinen der eigene Fehlertext und dann die Fehlermeldung der PowerShell. Danach bricht das Skript ab (d.h., die Ausgabe "Ende des Skripts" wird nicht mehr erzeugt).

Tabelle 22.10: Verhalten der PowerShell im Fehlerfall bei der Verwendung von Trap

PowerShell-Skripte

Trap	Reaktion
Vorhanden, mit exit	Nach dem abbrechenden Fehler erscheint der eigene Fehlertext. Dann bricht die Ausführung sofort ab.

Tabelle 22.10: Verhalten der PowerShell im Fehlerfall bei der Verwendung von Trap (Forts.)

Konfiguration des Fehlerverhaltens

Die Möglichkeiten werden noch vielfältiger, weil jedes einzelne Commandlet über den Parameter `-ErrorAction` (kurz `-ea`) zudem bestimmen kann, wie mit Fehlern umgegangen werden soll:

ErrorAction

- `Stop`: Der Fehler wird ausgegeben, und die Ausführung bricht ab. (Alle Non-Terminating-Fehler werden damit zu Terminating-Fehlern.)
- `Continue`: Der Fehler wird ausgegeben, und die Ausführung wird fortgesetzt.
- `SilentlyContinue`: Der Fehler wird nicht ausgegeben, und die Ausführung wird fortgesetzt.
- `Inquire`: Der Benutzer wird gefragt, ob er die Ausführung trotz des Fehlers fortsetzen möchte.

Alle möglichen Kombinationen von `-ErrorAction` und `Trap` durchzuspielen, würden den Raum dieses Buchs sprengen. Daher im Folgenden nur ausgewählte Fälle.

Die Anwendung von `-ErrorAction` hat nur Auswirkung auf existierende Commandlets. Das in dem Beispiel verwendete, nicht vorhandene Commandlet "Get-Dir" kann darauf nicht reagieren.

Trap	ErrorAction	Reaktion
Nicht vorhanden	`-ErrorAction silentlycontinue`	Es erscheint keine Fehlermeldung mehr für den Pfadfehler bei Copy-Item. Weiterhin wird das Problem mit Get-Dir gemeldet.

Tabelle 22.11: Verhalten der PowerShell im Fehlerfall bei der Verwendung von Trap und -ErrorAction

Trap	ErrorAction	Reaktion
Vorhanden, mit continue	-ErrorAction silentlycontinue	Er erscheinen überhaupt keine Standardfehlermeldungen der Power-Shell mehr, sondern nur noch die benutzerdefinierte Meldung aus dem Trap-Block für das nicht existierende Commandlet.
Nicht vorhanden	-ErrorAction stop	Die Ausführung bricht mit einer PowerShell-Fehlermeldung nach dem ersten nicht ausführbaren Copy-Befehl ab.
Vorhanden, mit continue	-ErrorAction stop	Für beide Fehler erscheint nur der eigene Fehlertext aus dem Trap-Block.

Tabelle 22.11: Verhalten der PowerShell im Fehlerfall bei der Verwendung von Trap und -ErrorAction (Forts.)

Weitere Möglichkeiten Das war aber immer noch nicht alles, was die PowerShell in Sachen Fehlerbehandlung zu bieten hat:

Variablen
- Über die globale eingebaute Variable $ErrorActionPreference kann man das Standardverhalten für -ErrorAction für alle Commandlets setzen. Dies ist in der Standardeinstellung „Continue".
- $Error enthält die gesamte Geschichte der aufgetretenen Fehler in Form von Objekten, die zu Fehlerklassen gehören, z.B. System.Management.Automation.CommandNotFoundException.

- Trap-Blöcke können durch Angabe eines Fehlertyps in eckigen Klammern (Fehler- **Fehler-**
klasse) auf bestimmte Fehlerarten beschränkt werden. Daher kann es mehrere Trap- **klassen**
Blöcke in einem Skript geben.
- Mit Throw kann man innerhalb und außerhalb von Trap-Blöcken beliebige eigene Feh- **Fehler**
ler erzeugen. Throw erzeugt einen abbrechenden Fehler der Klasse System.Manage- **auslösen**
ment.Automation.RuntimeException. Man kann aber auch eine andere Fehlerklasse in
eckigen Klammern angeben. Die angegebene Klasse muss von System.Exception abgeleitet sein.

```
throw "Fehlertext"
throw [System.ApplicationException] "Fehlertext"
```

Fehlerbehandlung mit Try-Catch-Finally

Die Trap-Anweisung fängt alle Fehler im aktuellen Gültigkeitsbereich ab. Eine Trap- **Vergleich**
Anweisung in einer Funktion gilt für den ganzen Programmcode in der Funktion. Eine **mit Trap**
Trap-Anweisung in globalem Programmcode gilt für den ganzen globalen Code. Es ist
unerheblich, wo die Trap-Anweisung steht (am Anfang, in der Mitte, am Ende), sie gilt
immer für den gesamten Gültigkeitsbereich.

In PowerShell 2.0 hat Microsoft das aus den .NET-Sprachen bekannte Try-Catch-Finally
als zweite Alternative der Fehlerbehandlung mit Trap eingeführt. Try enthält den
Codeblock, der fehlschlagen könnte. Catch behandelt auftretende Fehler, wobei der
erste abbrechende Fehler die Kontrolle in den Catch-Block verlagert. Finally (als optionaler Block) wird in jedem Fall am Ende ausgeführt.

Hinweis: Während man mit einer Trap-Anweisung alle Fehler in dem aktuellen Gültigkeitsbereich abfängt, bezieht sich Try-Catch immer nur auf Fehler in dem Try-Block. Die
Frage, ob man Trap oder Try-Catch bevorzugt, ist eine Geschmackssache.

Listing 22.18
Beispiel für den
Einsatz von
Try-Catch-
Finally
TODOListing

```
#######################################
# PowerShell-Skript
# (C) Dr. Holger Schwichtenberg
#######################################

# Beispiel zum Testen von Fehlerabfangen

try
{
"Beispiel zum Testen von Fehlerabfangen"
"Erst geht alles gut ..."
copy c:\data\projects c:\temp\Projects -Force
"Dann laeuft es nicht mehr so gut (falscher Pfad) (aber wir machen weiter:
continue)"
copy c:\data\customers c:\temp\customers -ea continue
Und dann folgt Unsinn: falsches Commandlet (da wird -continue ignoriert!)"

Get-Dir c:\temp\customers -ea continue
"Kopiervorgang abgeschlossen!"
}

catch
{
```

```
            $fehler = $_
            Write-Host ("### ABGEFANGENER FEHLER: " + $_.Exception.Message) -ForegroundColor
            yellow
            }
            finally
            {
            "Ende des Skripts"
            }
```

Fehlerklasse   Innerhalb des Catch-Blocks ist $_ eine Instanz der Klasse System.Management.Automation.ErrorRecord, wobei über das Attribut Exception zu der aus dem .NET Framework bekannten Instanz eine .NET-Fehlerklasse kommt. Detail über den Umfang der bereitgestellten Fehlerinformationen zeigt die nachstehende Bildschirmabbildung.

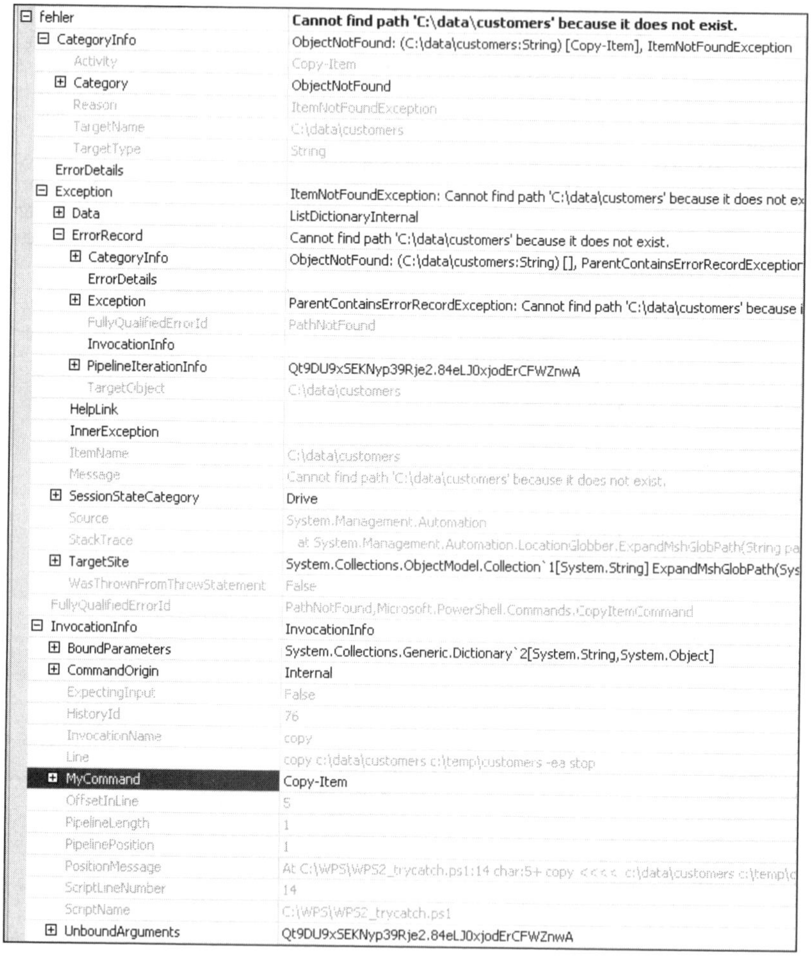

Bild 22.74
Inhalt eines
ErrorRecord-
Objekts

fehler	Cannot find path 'C:\data\customers' because it does not exist.
CategoryInfo	ObjectNotFound: (C:\data\customers:String) [Copy-Item], ItemNotFoundException
Activity	Copy-Item
Category	ObjectNotFound
Reason	ItemNotFoundException
TargetName	C:\data\customers
TargetType	String
ErrorDetails	
Exception	ItemNotFoundException: Cannot find path 'C:\data\customers' because it does not ex
Data	ListDictionaryInternal
ErrorRecord	Cannot find path 'C:\data\customers' because it does not exist.
CategoryInfo	ObjectNotFound: (C:\data\customers:String) [], ParentContainsErrorRecordException
ErrorDetails	
Exception	ParentContainsErrorRecordException: Cannot find path 'C:\data\customers' because i
FullyQualifiedErrorId	PathNotFound
InvocationInfo	
PipelineIterationInfo	Qt9DU9xSEKNyp39Rje2.84eLJ0xjodErCFWZnwA
TargetObject	C:\data\customers
HelpLink	
InnerException	
ItemName	C:\data\customers
Message	Cannot find path 'C:\data\customers' because it does not exist.
SessionStateCategory	Drive
Source	System.Management.Automation
StackTrace	at System.Management.Automation.LocationGlobber.ExpandMshGlobPath(String pa
TargetSite	System.Collections.ObjectModel.Collection`1[System.String] ExpandMshGlobPath(Sys
WasThrownFromThrowStatement	False
FullyQualifiedErrorId	PathNotFound,Microsoft.PowerShell.Commands.CopyItemCommand
InvocationInfo	InvocationInfo
BoundParameters	System.Collections.Generic.Dictionary`2[System.String,System.Object]
CommandOrigin	Internal
ExpectingInput	False
HistoryId	76
InvocationName	copy
Line	copy c:\data\customers c:\temp\customers -ea stop
MyCommand	Copy-Item
OffsetInLine	5
PipelineLength	1
PipelinePosition	1
PositionMessage	At C:\WPS\WPS2_trycatch.ps1:14 char:5+ copy <<<< c:\data\customers c:\temp\c
ScriptLineNumber	14
ScriptName	C:\WPS\WPS2_trycatch.ps1
UnboundArguments	Qt9DU9xSEKNyp39Rje2.84eLJ0xjodErCFWZnwA

22.10 Ausgabefunktionen

Commandlets mit Verben Out und Format

Ein normales Commandlet sollte keine eigene Bildschirmausgabe erzeugen, sondern allenfalls eine Menge von Objekten in die Pipeline legen. Es ist bestimmten Commandlets vorbehalten, eine Ausgabe zu erzeugen. Beispiele für diese Commandlets sind:

- Out-Default: Standardausgabe gemäß der PowerShell-Konfiguration (*DotNetTypes.Format.ps1xml*)
- Out-Host: wie Out-Default mit zusätzlicher Option zur seitenweisen Ausgabe
- Out-Null: Die Objekte der Pipeline werden nicht weitergegeben.
- Out-GridView: Ausgabe in grafischer Tabelle mit Such- und Filterfunktionen (ab PowerShell 2.0)
- Format-Wide: zweispaltige Liste
- Format-List: detaillierte Liste
- Format-Table: Tabelle

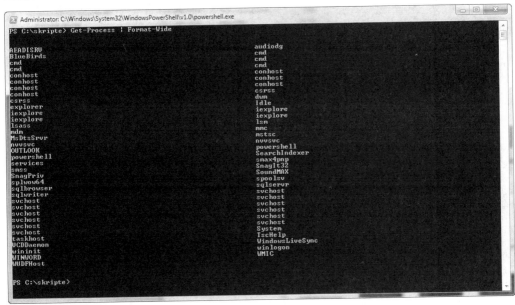

Bild 22.75: Ausgabe mit Format-Wide

Kapitel 22 PowerShell-Basiswissen

Bild 22.76: *Ausgabe mit Format-List*

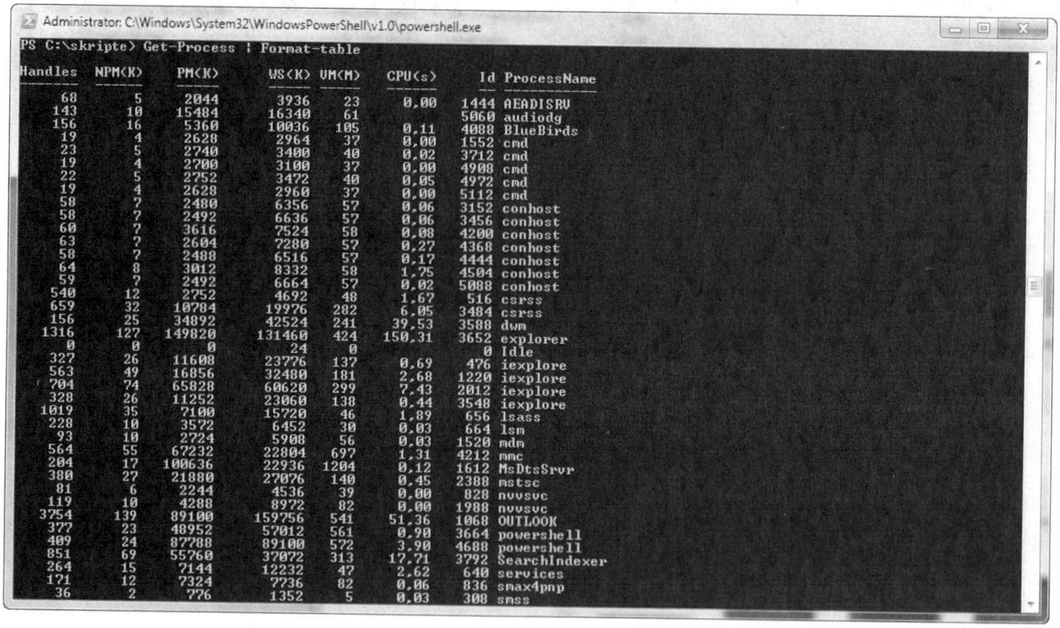

Bild 22.77: *Ausgabe mit Format-Table*

22.10.1 Standardausgabe

Standardausgabe

Wenn am Ende einer Pipeline keine Ausgabefunktion genannt ist, verwendet die PowerShell automatisch das Commandlet Out-Default. Out-Default bedient sich bei der Ausgabe einer Standardvorgabe, die in der Datei *DotNetTypes.Format.ps1xml* im Installationsordner der PowerShell abgelegt ist. Dort kann man beispielsweise für den Typ System.Diagnostics.Process nachlesen, dass die Ausgabe in einer achtspaltigen Tabelle erfolgen soll (siehe Bild 22.78).

*Bild 22.78
Ausschnitt aus der Beschreibung der Standardausgabe für den Typ System.Diagnostics.Process in DotNetTypes.Format.ps1xml*

22.10.2 Seitenweise Ausgabe

Out-Host Viele Ausgaben sind zu lang, um sie auf einer Bildschirmseite darstellen zu können. Manche Ausgaben sind sogar länger als der Puffer des PowerShell-Fensters (z.B. `Get-Command Get-Help`). Die seitenweise Ausgabe erzwingt man mit dem Parameter `-p` im `Out-Host`-Commandlet. Hierbei ist `Out-Host` explizit zu nennen.

`Get-Command Get-Help | Out-Host -p`

22.10.3 Einschränkung der Ausgabe

Die Ausgabebefehle erlauben die Spezifikation der Objektattribute, die ausgegeben werden sollen, z.B.:

`Get-Process | Format-Table -p id,processname,workingset`

erzeugt eine Tabelle der Prozesse mit Prozess-ID, Name des Prozesses und Speichernutzung. Attributnamen können dabei auch durch den Platzhalter * abgekürzt werden, z.B.:

`Get-Process | Format-Table -p id,processn*,working*`

> Die gleiche Ausgabe können Sie auch erzielen, wenn Sie `Select-Object` einsetzen:
> `Get-Process | Select-Object id, processname, workingset | Format-Table`

22.10.4 Ausgabe einzelner Werte

Write-Warn, Write-Error Um einen bestimmten Text oder den Inhalt einer Variablen auszugeben, muss man diesen nur an der Konsole eingeben (siehe Bild 22.79). Alternativ kann man die Commandlets `Write-Host`, `Write-Warn` und `Write-Error` verwenden. `Write-Warn` und `Write-Error` erzeugen die Ausgabe hervorgehoben.

Bei `Write-Host` kann man die Farben genau angeben:

`Write-Host "Hallo Holger" -foregroundcolor red -backgroundcolor white`

Bild 22.79 Ausgabe von Konstanten und Variablen

Verknüpfen vs. Einbetten Um in einer Ausgabe Literale und Variablen zu mischen, muss man diese entweder mit + verknüpfen:

`$a + " ist erreichbar unter " + $b + ". Diese Information hat den Stand: " + $c + "."`

oder aber die Variablen direkt in die Zeichenkette einbetten. Im Gegensatz zu anderen Sprachen wertet die PowerShell die Zeichenkette aus und sucht dort nach dem Zeichen $ (Variablenauflösung):

`"$a ist erreichbar unter $b. Diese Information hat den Stand: $c."`

Auch kann man die in .NET gebräuchlichen Platzhalter und Formatkennzeichner (z.B. d = Datum in Langform) verwenden. Dafür ist nach der Zeichenkette der Parameter -f zu benutzen. Diese Option ist aufgrund der Formatierungsmöglichkeiten die mächtigste:

"{0} ist erreichbar unter {1}. Diese Information hat den Stand: {2:d}." -f $a, $b, $c

Das folgende Listing fasst die drei äquivalenten Möglichkeiten zusammen.

Listing 22.19
Formatierte Ausgabe
[Ausgabe.ps1]

```
$a = "Holger Schwichtenberg"
$b = "hs@IT-Visions.de"
$c = Get-Date

# Möglichkeit 1
$a + " ist erreichbar unter " + $b + ". Diese Information hat den Stand: " + $c + "."

# Möglichkeit 2
"$a ist erreichbar unter $b. Diese Information hat den Stand: $c."

# Möglichkeit 3
"{0} ist erreichbar unter {1}. Diese Information hat den Stand: {2:D}." -f $a, $b, $c
```

Das obige Skript gibt Folgendes aus:

```
Holger Schwichtenberg ist erreichbar unter hs@IT-Visions.de. Diese Information hat
den Stand: 14.09.2006 16:53:13.
Holger Schwichtenberg ist erreichbar unter hs@IT-Visions.de. Diese Information hat
den Stand: 14.09.2006 16:53:13.
Holger Schwichtenberg ist erreichbar unter hs@IT-Visions.de. Diese Information hat
den Stand: Donnerstag, 14. September 2006.
```

22.10.5 Ausgabe von Methodenergebnissen und Unterobjekten

Manchmal bekommt man Daten nicht aus direkten Eigenschaften (Attributen), sondern aus Methoden eines Objekts oder aus Attributen eines Unterobjekts. Ein häufiger Fall ist GetType(), das Typinformationen über die .NET-Klasse in Form eines System.Type-Objekts liefert. Nun kann man in den Ausgabe-Commandlets aber eigentlich nur Attribute angeben.

GetType()

Die folgende Syntax ist nicht erlaubt:

```
Get-ChildItem c:\windows\w* | ft Name, GetType()
```

Stattdessen muss man etwas umständlicher den Aufruf von GetType() in einen Ausdruckblock verpacken und schreiben:

```
Get-ChildItem c:\windows\w* | ft Name, { $_.GetType() }
```

```
PS C:\Users\FoxMulder> Get-ChildItem c:\windows\w* | ft Name, { $_.GetType().Fullname }

Name                              $_.GetType().Fullname
Web                               System.IO.DirectoryInfo
winsxs                            System.IO.DirectoryInfo
win.ini                           System.IO.FileInfo
WindowsUpdate.log                 System.IO.FileInfo
winhlp32.exe                      System.IO.FileInfo
WMSysPr9.prx                      System.IO.FileInfo
write.exe                         System.IO.FileInfo

PS C:\Users\FoxMulder>
```

Bild 22.80
Aufruf von GetType() innerhalb von Format-Table (ft)

Ein weiteres Beispiel ist der Zugriff auf die Stundenzahl (Attribut Hours) im Attribut TotalProcessorTime der Process-Klasse.

Falsch:

```
Get-Process | ft ProcessName, .TotalProcessorTime.Hours
```

Richtig:

```
Get-Process | ft ProcessName, { $_.TotalProcessorTime.Hours }
```

22.10.6 Unterdrückung der Ausgabe

Out-Null, void

Die Existenz der Standardausgabe sorgt dafür, dass alle Rückgabewerte von Commandlet-Pipelines auch ausgegeben werden. Dies ist nicht immer erwünscht.

Es gibt drei Alternativen, die Ausgabe zu unterdrücken:

- Am Ende der Pipeline wird `Out-Null` verwendet.
  `Commandlet | Commandlet | Out-Null`
- Das Ergebnis der Pipeline wird einer Variablen zugewiesen:
  `$a = Commandlet | Commandlet`
- Das Ergebnis der Pipeline wird auf den Typ `[void]` konvertiert:
  `[void] (Commandlet | Commandlet)`

22.10.7 Out-GridView

Tabellenansicht

Das Commandlet `Out-GridView` gab es schon einmal in der Beta-Version der PowerShell 1.0, es schaffte es dann aber nicht in das endgültige Produkt. Ab PowerShell 2.0 kehrt es zurück. `Out-GridView` zeigt den aktuellen Inhalt der Pipeline in einem separaten Fenster in einer grafischen Tabelle an und bietet dort Filtermöglichkeiten.

Beispiel: `Out-process | Out-GridView`

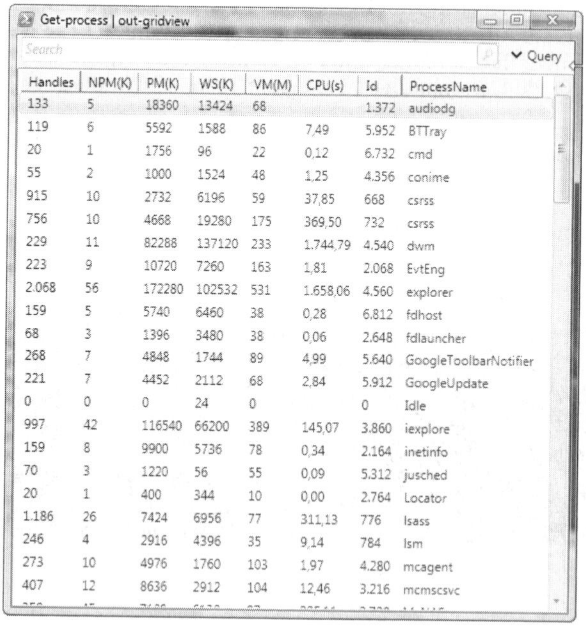

Handles	NPM(K)	PM(K)	WS(K)	VM(M)	CPU(s)	Id	ProcessName
133	5	18360	13424	68		1.372	audiodg
119	6	5592	1588	86	7,49	5.952	BTTray
20	1	1756	96	22	0,12	6.732	cmd
55	2	1000	1524	48	1,25	4.356	conime
915	10	2732	6196	59	37,85	668	csrss
756	10	4668	19280	175	369,50	732	csrss
229	11	82288	137120	233	1.744,79	4.540	dwm
223	9	10720	7260	163	1,81	2.068	EvtEng
2.068	56	172280	102532	531	1.658,06	4.560	explorer
159	5	5740	6460	38	0,28	6.812	fdhost
68	3	1396	3480	38	0,06	2.648	fdlauncher
268	7	4848	1744	89	4,99	5.640	GoogleToolbarNotifier
221	7	4452	2112	68	2,84	5.912	GoogleUpdate
0	0	0	24	0		0	Idle
997	42	116540	66200	389	145,07	3.860	iexplore
159	8	9900	5736	78	0,34	2.164	inetinfo
70	3	1220	56	55	0,09	5.312	jusched
20	1	400	344	10	0,00	2.764	Locator
1.186	26	7424	6956	77	311,13	776	lsass
246	4	2916	4396	35	9,14	784	lsm
273	10	4976	1760	103	1,97	4.280	mcagent
407	12	8636	2912	104	12,46	3.216	mcmscsvc

Bild 22.81 Anzeige der Prozessliste mit Out-GridView

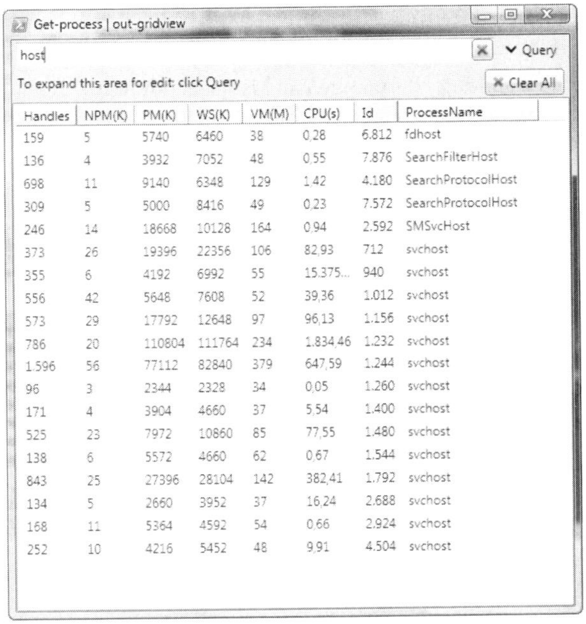

Handles	NPM(K)	PM(K)	WS(K)	VM(M)	CPU(s)	Id	ProcessName
159	5	5740	6460	38	0,28	6.812	fdhost
136	4	3932	7052	48	0,55	7.876	SearchFilterHost
698	11	9140	6348	129	1,42	4.180	SearchProtocolHost
309	5	5000	8416	49	0,23	7.572	SearchProtocolHost
246	14	18668	10128	164	0,94	2.592	SMSvcHost
373	26	19396	22356	106	82,93	712	svchost
355	6	4192	6992	55	15.375...	940	svchost
556	42	5648	7608	52	39,36	1.012	svchost
573	29	17792	12648	97	96,13	1.156	svchost
786	20	110804	111764	234	1.834,46	1.232	svchost
1.596	56	77112	82840	379	647,59	1.244	svchost
96	3	2344	2328	34	0,05	1.260	svchost
171	4	3904	4660	37	5,54	1.400	svchost
525	23	7972	10860	85	77,55	1.480	svchost
138	6	5572	4660	62	0,67	1.544	svchost
843	25	27396	28104	142	382,41	1.792	svchost
134	5	2660	3952	37	16,24	2.688	svchost
168	11	5364	4592	54	0,66	2.924	svchost
252	10	4216	5452	48	9,91	4.504	svchost

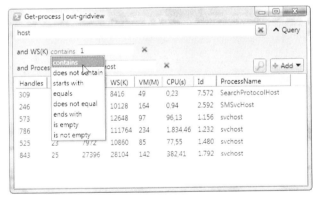

Bild 22.82 *Interaktive Suche in der Prozessliste mit Out-GridView*

Suchen

Search führt eine Volltextsuche über alle Spalten aus. Über die Funktion „Query" (oben rechts in der Ecke) kann man grundsätzlich auch komplexere Abfragen über einzelne Spalten definieren. Zumindest in der in diesem Test vorliegenden RC-Version gibt es aber nur Filterkriterien für Zeichenketten, nicht aber Vergleichoperationen wie größer und kleiner für Zahlen.

Bild 22.83 *Definition einer Abfrage im Out-Grid-View-Fenster*

22.10.8 Weitere Ausgabefunktionen

Die folgende Liste zeigt weitere Ausgabemöglichkeiten:

Out-Printer, Out-File

- Ausgaben zum Drucker sendet man mit dem Commandlet `Out-Printer`. Mit `Out-File` schreibt man den Inhalt in eine Datei.
- Ausgabe der Prozessliste auf den Standarddrucker:
  ```
  Get-Process | Out-Printer
  ```
- Ausgabe der Prozessliste auf einen bestimmten Drucker:
  ```
  Get-Process  | Out-Printer "HP LaserJet on E02"
  ```

Kapitel 22 **PowerShell-Basiswissen**

▸ Ausgabe der Prozessliste in eine Textdatei (mit Überschreiben des bisherigen Inhalts):
   `Get-Process | Out-File "c:\temp\prozessliste.txt"`
▸ Ausgabe der Prozessliste in eine Textdatei (Anhängen an bisherigen Inhalt):
   `Get-Process | Out-File "c:\temp\prozessliste.txt" -Append`

22.11 Eingabefunktionen

Read-Host Texteingaben vom Benutzer kann man durch `Read-Host` entgegennehmen.

```
PS C:\Documents\hs> $name = read-host "Bitte Benutzernamen eingeben"
Bitte Benutzernamen eingeben: HS
PS C:\Documents\hs> $kennwort = read-host -assecurestring "Bitte Kennwort eingeben"
Bitte Kennwort eingeben: ****
```

Grafischer Eingabedialog Ein einfaches Eingabefeld stellt die bereits aus Visual Basic/VBScript bekannte Funktion `InputBox()` dar. Diese Funktion existiert auch im .NET Framework noch in der Klasse `Microsoft.VisualBasic.Interaction`. Zur Nutzung der Funktion muss erst die Assembly *Microsoft.VisualBasic.dll* geladen werden.

```
[System.Reflection.Assembly]::LoadWithPartialName("Microsoft.Visual Basic")
$eingabe = [Microsoft.Visual Basic.Interaction]::InputBox("Bitte geben Sie Ihren Namen ein!")
"Hallo $Eingabe!"
```

Listing 22.20: Einfache grafische Dateneingabe in der PowerShell [Aufbauwissen/DOTNET/InputBox1.ps1]

Bild 22.84 Start des PowerShell-Skripts aus der PowerShell-IDE heraus

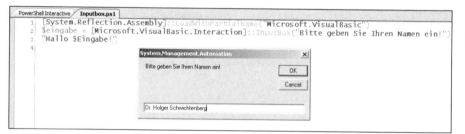

MessageBox Dialogfenster Für Dialogfenster kann man auf .NET-Klassen zurückgreifen. Das folgende Skript bittet den Anwender über ein Dialogfenster um eine Entscheidung (Ja/Nein):

Listing 22.21 Nutzung der Klasse MessageBox in der PowerShell [Aufbauwissen/DOTNET/MessageBox.ps1]

```
[System.Reflection.Assembly]::LoadWithPartialName("System.windows.forms")
[System.Console]::Beep(100, 50)
[System.Windows.Forms.MessageBox]::Show("Gleich kommt eine Frage","Vorwarnung",
[System.Windows.Forms.MessageBoxButtons]::OK)

$antwort = [System.Windows.Forms.MessageBox]::Show("Nachricht","Ueberschrift",
[System.Windows.Forms.MessageBoxButtons]::YesNo)
if ($antwort -eq "Yes")
{ "Sie haben zugestimmt!" }
else
{ "Sie haben abgelehnt!" }
```

Authentifizierungsdialog Einen Windows-Authentifizierungsdialog (siehe Bild 22.73) öffnet die PowerShell mit `Get-Credential`. Das Ergebnis ist eine Instanz von `System.Management.Automation.PSCredential` mit dem Benutzernamen im Klartext in `UserName` und dem Kennwort verschlüsselt in `Password`.

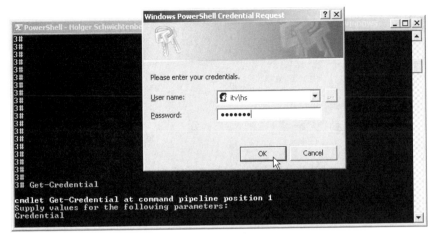

Bild 22.85
Einsatz von Get-Credential

Sie bekommen auch dann ein PSCredential-Objekt, wenn die Eingabe falsch war. Zur konkreten Nutzung der Daten zur Authentifizierung sind andere Verfahren notwendig. Insbesondere werden Commandlets und Klassen benötigt, welche die verschlüsselten Kennwörter verarbeiten können.

22.12 PowerShell-Werkzeuge

Dieses Kapitel bespricht die von Microsoft gelieferte PowerShell-Konsole sowie nützliche Werkzeuge anderer Anbieter. Microsoft liefert bisher keinen Editor für PowerShell-Skripte.

22.12.1 PowerShell-Konsole

Die PowerShell-Konsole basiert auf der normalen Windows-Konsole („Eingabeaufforderung"). Sie bietet etwas mehr Eingabeunterstützung als das Kommandozeilenfenster, vom Komfort eines Visual Studio ist die PowerShell-Konsole aber weit entfernt.

Eingabefenster

Funktionsumfang der Konsole

Die PowerShell-Konsole bietet folgende Funktionen:
- Größe und Aussehen des Fensters können über die Eigenschaften gesteuert werden (siehe Bild 22.74).
- Die Zwischenablage steht genauso umständlich wie zuvor nur über das Menü zur Verfügung (siehe Bild 22.74) bzw. den so genannten „Quick Edit Mode". Die Tastenkombinationen [STRG]+[C]/[X]/[V] funktionieren nicht.
- Befehls- und Pfadeingaben sowie Objektattribute können mit der [↹]-Taste vervollständigt werden.
- Ein Rücksprung zu den letzten 64 Befehlen (Anzahl änderbar) ist möglich.
- Die letzten Befehle werden durch die Taste [F7] angezeigt.
- Aufruf des letzten Befehls komplett durch die Taste [F3] bzw. zeichenweise durch [F1].
- Der Abbruch eines laufenden Befehls ist mit [STRG]+[C] möglich.

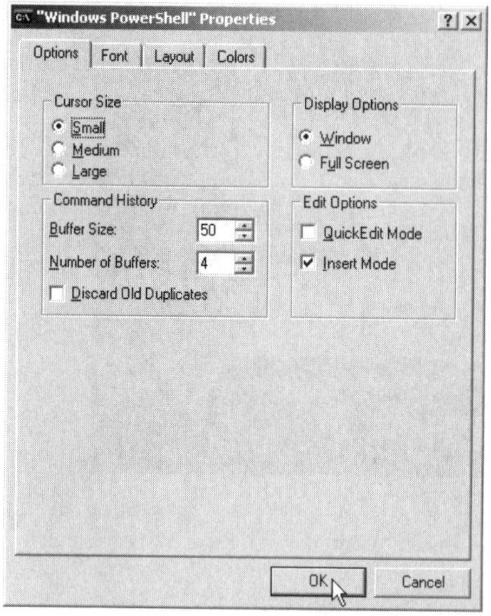

Kapitel 22 PowerShell-Basiswissen

Bild 22.86
Fenstereigenschaften für das PowerShell-Konsolenfenster

Bild 22.87
Nutzung der Zwischenablage im PowerShell-Konsolenfenster

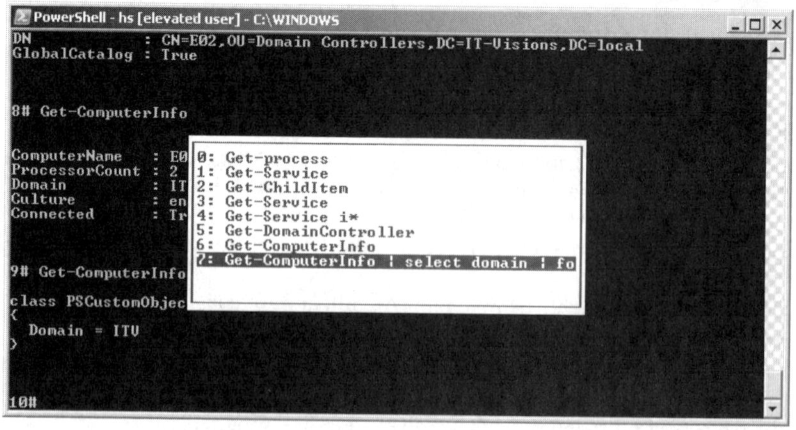

Bild 22.88
Anzeige der Befehlsgeschichte mit F7

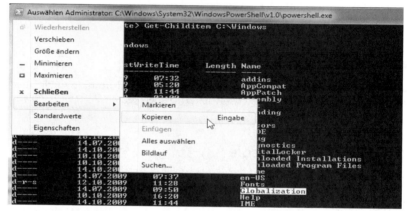

1044

Tabulatorvervollständigung

Die PowerShell kennt eine bereits im klassischen Kommandozeilenfenster verfügbare Funktion auch für Commandlets, Parameter und Objektattribute. Im DOS-Kommandozeilenfenster kann man nach Eingabe eines oder mehrerer Buchstaben die erreichbaren Dateien und Unterverzeichnisse mit der Tabulator-Taste [⇆] durchlaufen (in der Entwicklersprache „Tab Completion" genannt). In der PowerShell funktioniert das auch bei den Commandlets, deren Parameter und den Attributen von Objekten in der Pipeline (siehe Bild 22.89 ff.).

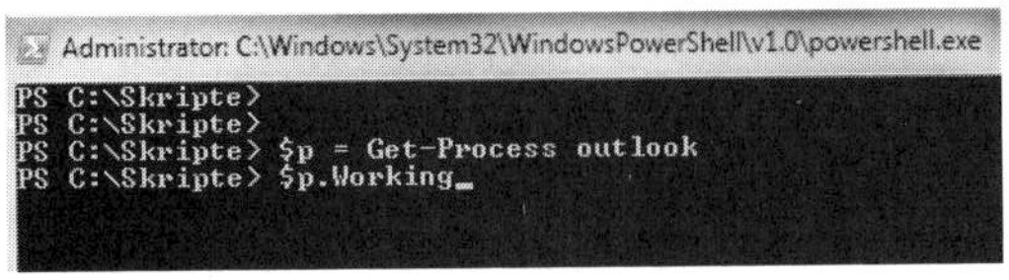

„Tab Completion"

Bild 22.89
Eingabe des Wortanfangs

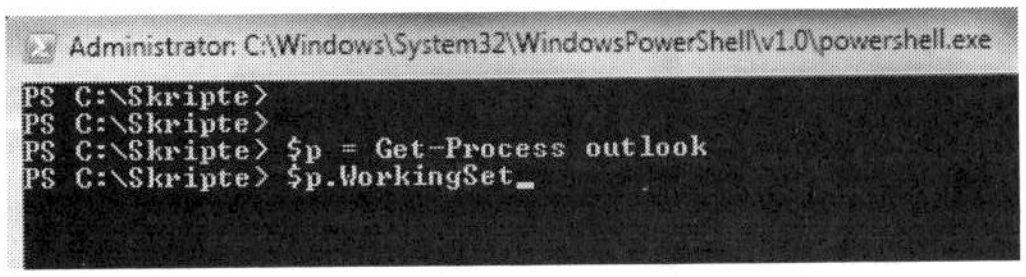

Bild 22.90
Nach dem Drücken der Tabulator-Taste erscheint die erste Alternative.

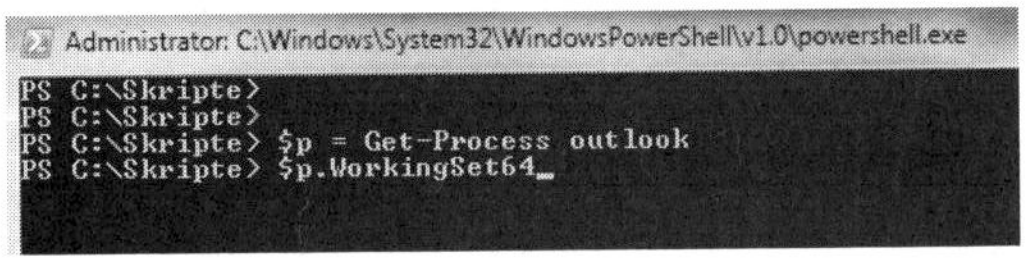

Bild 22.91
Nach nochmaligem Drücken erscheint die zweite Alternative.

Kommandomodus versus Interpretermodus

Normalerweise führt die Konsole alle Befehle nach dem Drücken der Taste [↵] sofort aus. Wenn man allerdings einen unvollständigen Befehl eingibt (z.B. einen Befehl, der auf dem Pipeline-Symbol | endet), dann geht die Konsole in den so genannten Interpretermodus, bei dem die Befehle nicht mehr sofort ausgeführt werden. Der Interpretermodus wird durch die Eingabeaufforderung >> (siehe Bild 22.92) angezeigt. Der Interpretermodus gilt so lange, bis man eine leere Eingabe macht. Dann wird der Befehl ausgeführt.

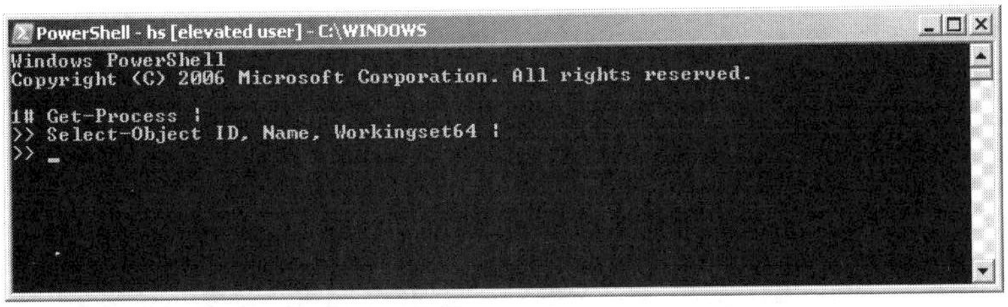

Bild 22.92
Die Konsole ist im Interpretermodus.

Bild 22.93
Der Interpretermodus wurde durch eine leere Eingabe wieder verlassen.

Benutzerkontensteuerung in Windows Vista/Windows 7/ Windows Server 2008

Die Windows PowerShell unterliegt wie alle anderen Anwendungen auch der Benutzerkontensteuerung in den neueren Windows-Versionen und wird daher unter eingeschränkten Rechten gestartet. Um die PowerShell mit vollen Rechten zu starten, können Sie im Kontextmenü die Funktion ALS ADMINISTRATOR AUSFÜHREN wählen. Danach werden das Windows Vista und Windows Server 2008 R2 um die Bestätigung der Rechteerhöhung bitten (siehe Bildschirmabbildung). Windows 7 und Windows Server 2008 R2 fragen bei den Standardeinstellungen der Benutzerkontensteuerung nicht nach.

Bild 22.94 Zustimmung zur Rechteerhöhung der PowerShell (hier in Windows Vista)

Anders als die normale Windows Shell zeigt die PowerShell danach nicht durch einen Eintrag in der Titelleiste an, dass sie nun unter administrativen Rechten läuft.

 Um in der Titelleiste der PowerShell-Konsole den Rechtestatus anzuzeigen und ggf. weitere Anpassungen der Anzeige vorzunehmen, wie man dies in der folgenden Bildschirmabbildung sieht, kann man sich ein PowerShell-Profilskript schreiben. Die Erstellung eines solchen Skripts und das Skript zur Anzeige des Rechtestatus in der Titelleiste finden Sie im Abschnitt „Profileinstellungen für die PowerShell-Konsole".

Bild 22.95 Zwei PowerShell-Instanzen mit verschiedenen Rechten

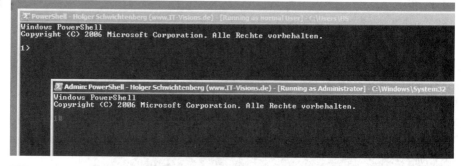

 Um bei einer laufenden Konsole ohne Titelanzeige festzustellen, welche Rechte diese besitzt, können Sie das in Windows mitgelieferte Kommandozeilenwerkzeug *whoami.exe* mit der Option /all verwenden.

22.12.2 PowerShell Integrated Scripting Environment (ISE)

Die PowerShell 1.0 bot als einziges Werkzeug zum Eingeben und Ausführen von PowerShell-Befehlen und -Skripten die klassische Windows-Konsole. Ein komfortabler Editor fehlt und rief Drittanbieter auf den Plan, z.B. PowerShellPlus und PowerGUI. Das PowerShell Integrated Scripting Environment (ISE), in den ersten Alpha-Versionen der PowerShell 2.0 noch „Graphical PowerShell" genannt, ist nun eine Windows-Anwendung, die einen Editor und eine Ausführungsumgebung für die PowerShell bereitstellt.

ISE

ISE bietet drei Bereiche:

Bereiche

- Eingabebereich für Skripte (Skripteditor mit Syntaxfarbhervorhebung und Tabulatorvervollständigung): Hier eingegebene Befehle werden erst ausgeführt, wenn das Skript explizit gestartet wird.
- Eingabebereich für Einzelbefehle (interaktiver Bereich mit Syntaxfarbhervorhebung und Tabulatorvervollständigung): Hier eingegeben Befehle werden nach Drücken auf die Eingabe-Taste sofort ausgeführt.
- Ausgabebereich, der von beiden Eingabereichen verwendet wird

Zum Start der ISE ruft man entweder das Symbol im Startmenü, die ausführbare Datei PowerShell_ise.exe oder in der PowerShell den Alias „ise" auf.

Im Standard startet ISE mit dem Ausgabebereich in der Mitte. Man kann aber durch das Menü „Anzeigen" Einfluss auf die Anordnung nehmen, z.B. den Skripteditor ausblenden und den interaktiven Eingabebereich nach oben setzen. Eine flexible Fensteranordnung wie in Visual Studio oder dem SQL Server Management Studio ist hier aber nicht möglich.

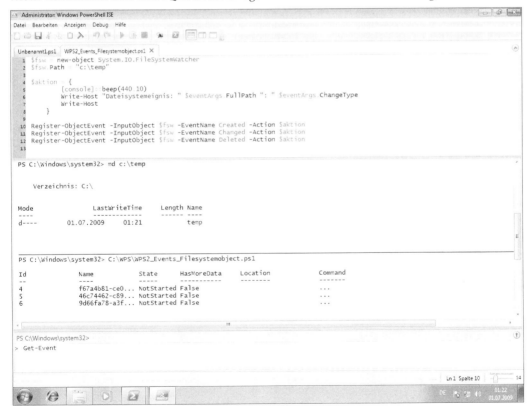

Bild 22.96: *Das ISE mit den drei Bereichen*

Kapitel 22 PowerShell-Basiswissen

Unterschiede zur normalen PowerShell-Konsole Es gibt ein paar Unterschiede zwischen ISE und der normalen PowerShell-Konsole.

Interaktive klassische Konsolenanwendungen wie ftp.exe werden durch die ISE nicht unterstützt. Kein Problem gibt es aber mit interaktiven PowerShell-Commandlets und -Skripten.

Das Blättern in Ausgaben mit „more" funktioniert nicht.

Man kann die Farbe der Konsole nicht über die .NET-Klasse [System.Console] setzen.

Nicht möglich ist also:

```
[console]::BackgroundColor = 'red'
```

Richtig ist stattdessen die Verwendung des Objektmodells der ISE, das man über $psISE erreicht:

```
$psISE.Options.ScriptPaneBackgroundColor = "red";
```

Auch der Zugang über $host.UI.RawUI ist eingeschränkt. Möglich ist hierüber aber z.B. die Veränderung des Titels:

```
$host.UI.RawUI.WindowTitle = "Holgers PowerShell IDE".
```

Die ISE hat ein eigenes Startprofilskript: Microsoft.PowerShellISE_profile.ps1

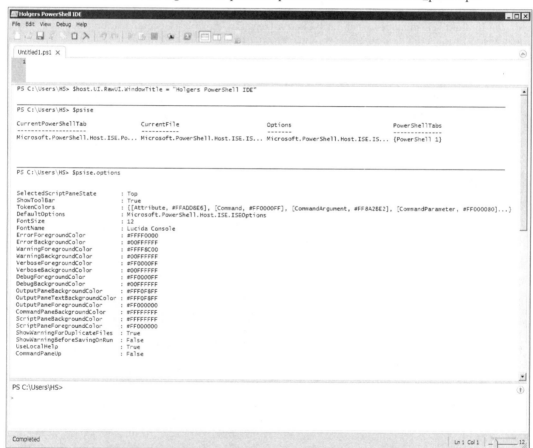

Bild 22.97: Inhalt der eingebauten Variablen $psISE

22.12.3 PowerShellPlus

Host und Editor

PowerShellPlus ist die kommerzielle Weiterentwicklung der früheren PowerShell IDE. PowerShellPlus besteht aus einer verbesserten PowerShell-Konsole (PowerShellPlus Host), die direkt IntelliSense unterstützt und einem damit verbundenen Editor (PowerShellPlus Editor).

PowerShellPlus	
Hersteller:	Idera
Preis:	145$
URL:	*http://www.idera.com/Products/PowerShell/PowerShell-Plus*
Enthalten auf Buch-CD?	Ja

Funktionen

Bemerkenswerte Funktionen sind:

- Die Konsole ist eine Weiterentwicklung der normalen Windows-Konsole und versteht daher alle Befehle, welche die von Microsoft gelieferte PowerShell-Konsole auch versteht.
- Die Konsole unterstützt im Gegensatz zur normalen Windows-Konsole Kopieren und Einfügen mit [STRG]+[C] und [STRG]+[V].
- Integration zwischen Editor und Konsole: Die Konsole und der Editor werden in zwei getrennten Fenstern angezeigt, beim Start eines Skripts wird das Skript jedoch in der Konsole angezeigt. Der schnelle Wechsel ist mit [STRG]+[W] möglich.
- IntelliSense sowohl in der Konsole als auch im Editor für Commandlet-Namen, Commandlet-Parameter, Variablennamen, Pfadangaben, .NET-Klassenname .NET-Klassenmitglieder
- Codeeditor mit Syntaxhervorhebung
- Debugging mit Einzelschrittmodus
- Verwendung und Verwalten von wieder verwendbaren Programmcodeausschnitten (Code-Snippets)
- Mitschneiden von Eingaben in der Konsole, die über Tastenkürzel wieder aufgerufen werden können.
- Anzeige aller aktuellen Variablen und Details zu ihren Inhalten
- Transparente Darstellung des Konsolenfensters möglich
- Direkter Zugriff auf PowerShell-Profilskripte

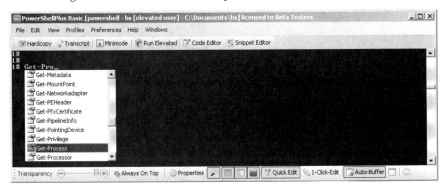

Bild 22.98
IntelliSense für Commandlet-Namen

Kapitel 22 PowerShell-Basiswissen

Bild 22.99
Eine Variante der IntelliSense für Commandlet-Namen

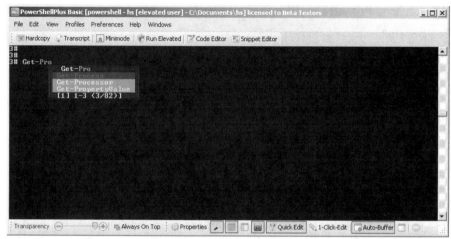

Bild 22.100
IntelliSense für Commandlet-Parameter

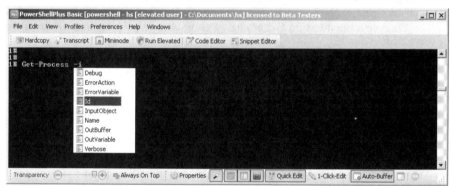

Bild 22.101
IntelliSense für Pfadangaben

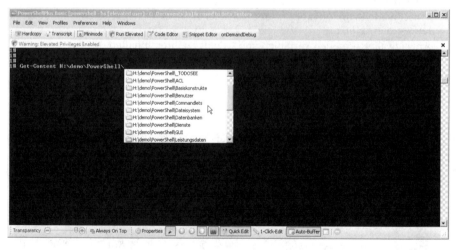

PowerShell-Werkzeuge

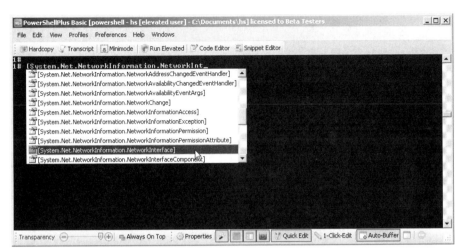

Bild 22.102
IntelliSense für
.NET-Klassen-
namen

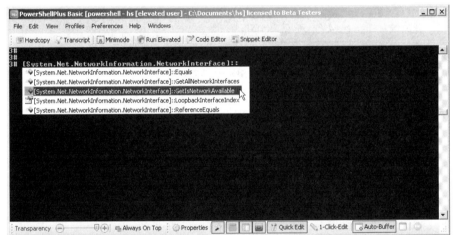

Bild 22.103
IntelliSense für
.NET-Klassen-
mitglieder

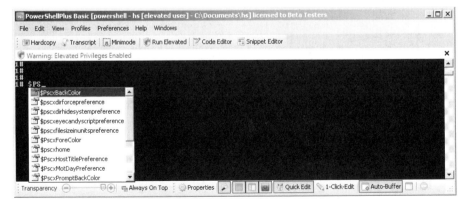

Bild 22.104
IntelliSense
für Variablen-
namen

Kapitel 22 PowerShell-Basiswissen

Bild 22.105
IntelliSense für Mitglieder der Variablen

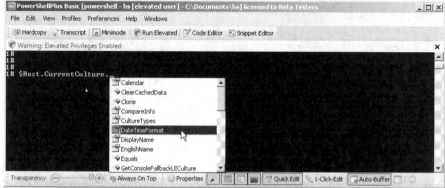

Bild 22.106
Debugging mit Einzelschrittmodus

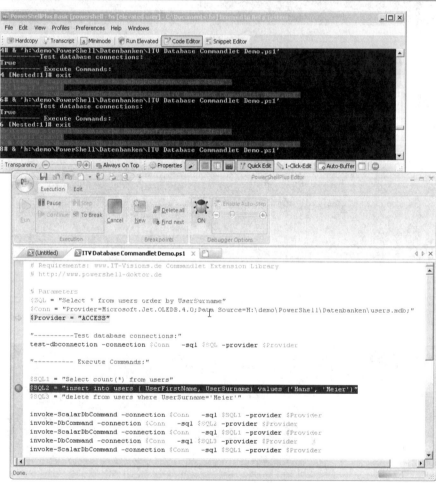

Das Debugging hat in dem PowerShellPlus-Editor nicht nur eine Funktion zur Fehlersuche, sondern auch für die IntelliSense. Da ein Commandlet nicht deklariert, welche Objekte es in die Pipeline gibt, und die Ausgabe eines Commandlets kontextabhängig sein kann, kann der Editor nicht wissen, welche Möglichkeiten zur Verfügung stehen, solange der Nutzer das Skript nicht bis zu der besagten Stelle hat laufen lassen.

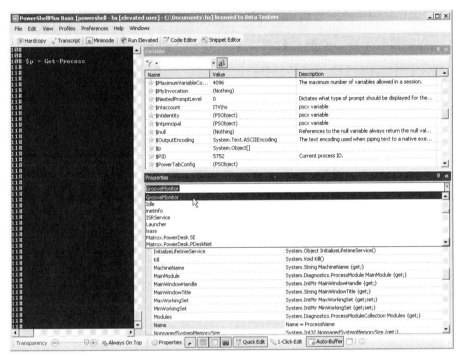

Bild 22.107
Anzeige aller aktuellen Variablen und Details zu ihren Inhalten

22.12.4 PoshConsole

PoshConsole ist eine grafische Konsole für die PowerShell, die mit Hilfe der neuen .NET-GUI-Technik „Windows Presentation Foundation" geschrieben ist. In der PoshConsole kann man direkt Grafiken ausgeben (siehe Bild 22.108).

Bild 22.108
Grafische Möglichkeiten der Posh-Console (Quelle: http://poshconsole.codeplex.com/)

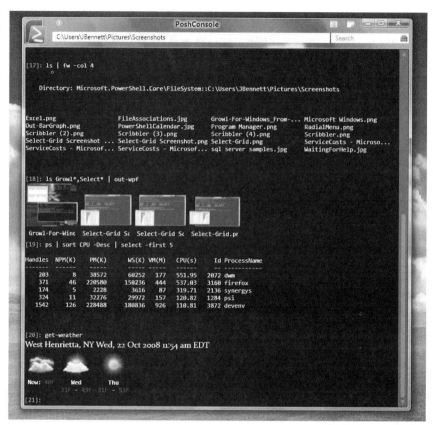

PoshConsole	
Hersteller:	Joel Bennett
Preis:	Kostenfrei
URL:	*http://poshconsole.codeplex.com/*
Enthalten auf Buch-CD?	Nein

22.12.5 PowerGUI

PowerGUI ist neben PowerShellPlus und PrimalScript der dritte bedeutende Editor für PowerShell.

PowerGUI	
Hersteller:	Quest Software
Preis:	Kostenfrei
URL:	*http://www.powergui.org*
Enthalten auf Buch-CD?	Nein

22.12.6 PowerShell Analyzer

Der PowerShell Analyzer von Karl Prosser bietet gegenüber der PowerShell IDE und dem PowerShellPlus noch drei zusätzliche Funktionen:
- Mehrere getrennte Ablaufumgebungen (so genannte Runspaces)
- Anzeige der Parameterlisten eines Commandlets als Werkzeugtipp
- Visualisierung der Objekte in der Pipeline in einer Tabelle (siehe Bild 22.109) oder einem Diagramm

Allerdings fehlen auch zwei wichtige Funktionen: die IntelliSense für Klassen und Klassenmitglieder (siehe Bild 22.109) sowie ein Debugger.

PowerShell Analyzer	
Hersteller:	Shell Tools, LLC
Preis:	Kostenfrei
URL:	*http://www.powershellanalyzer.com*
Enthalten auf Buch-CD?	Nein

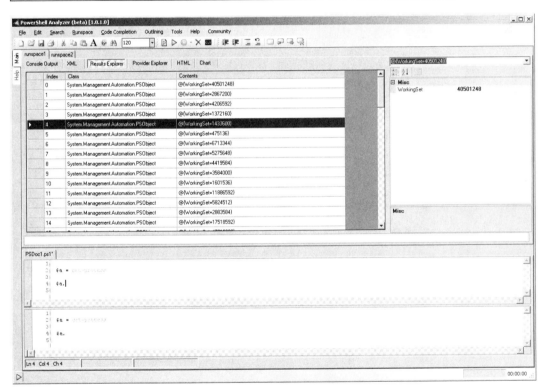

Bild 22.109: *PowerShell Analyzer*

Kapitel 22 PowerShell-Basiswissen

 Sowohl bei PowerShell Analyzer und PowerShellPlus als auch bei der PowerShell IDE ist zu beachten, dass die Werkzeuge ein eigenes Hosting der PowerShell implementieren. Dies bedeutet, dass die Entwicklungsumgebungen zwar den gleichen Funktionsumfang wie die PowerShell-Konsole haben, jedoch mit dieser keinen gemeinsamen Deklarationsbereich besitzen. Definitionen von Aliases, Laufwerken und neuen skriptbasierten Commandlets betreffen also nur die jeweils aktuelle Ablaufumgebung.

22.12.7 PrimalScript

Der Universaleditor PrimalScript enthält ab Version 4.1 Unterstützung für die Erfassung von PowerShell-Skripten.

PrimalScript	
Hersteller:	Sapien
Preis:	299 Dollar
URL:	*http://www.primalscript.com/*
Enthalten auf Buch-CD?	Ja, Demo-Version von PrimalScript 2009

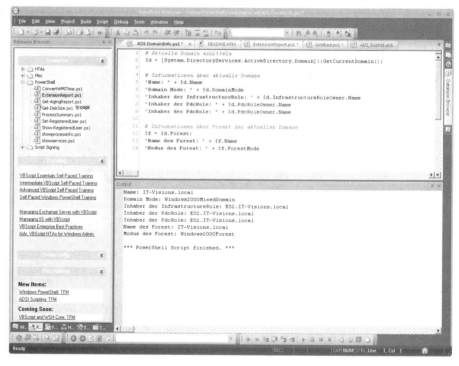

Bild 22.110
Ausgabe eines PowerShell-Skripts in PrimalScript

PowerShell-Werkzeuge

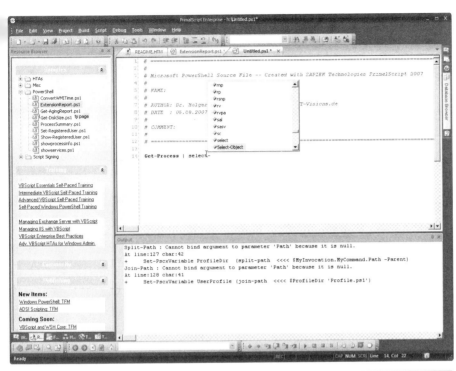

Bild 22.111
IntelliSense für Commandlets

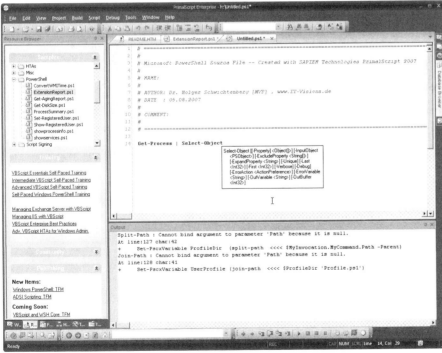

Bild 22.112
IntelliSense für Parameter

Kapitel 22 **PowerShell-Basiswissen**

Bild 22.113
IntelliSense für
Klassennamen

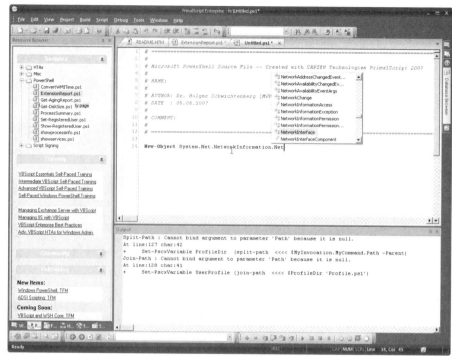

22.12.8 PowerShell Help

PowerShell Help ist ein einfaches Werkzeug zur Anzeige von Hilfetexten zu Commandlets.

PowerShell Help	
Hersteller:	Sapien
Preis:	kostenlos
URL:	*http://www.primaltools.com/downloads/communitytools/*
Enthalten auf Buch-CD?	Ja

1058

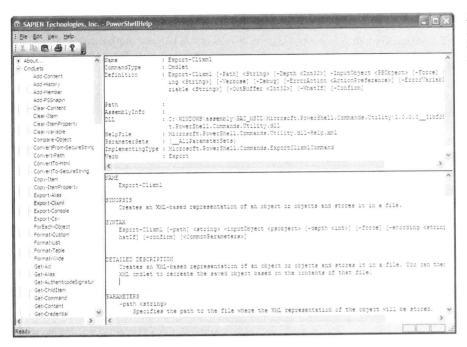

Bild 22.114
PowerShell
Help für
PowerShell 1.0

22.12.9 PowerShell Help Reader

PowerShell Help ist ein weiteres Werkzeug zur Anzeige von Hilfetexten zu Commandlets.

PowerShell Help Reader	
Hersteller:	PowerShellTools
Preis:	29,47 $
URL:	http://powershelltools.com
Enthalten auf Buch-CD?	Ja, Demo-Version

22.12.10 PowerTab

PowerTab erweitert die Fähigkeiten der PowerShell-Konsole, dem Benutzer Vorschläge für mögliche Befehle durch Drücken der Tabulator-Taste zu machen. Insbesondere liefert PowerTab Vorschläge für Mitglieder von .NET-Klassen.

PowerTab	
Hersteller:	Marc van Orsouw (der sich als "MoW" abkürzt)
Preis:	kostenlos
URL:	http://thepowershellguy.com/blogs/posh/pages/powertab.aspx
Enthalten auf Buch-CD?	Ja

22.12.11 VS Command Shell

VS Command Shell erweitert Visual Studio um ein Befehlsfenster, in dem man sowohl Windows-Konsolenbefehle (Befehle für cmd.exe) als auch PowerShell-Befehle ausführen kann.

Das Add-In läuft nur in den kommerziellen Versionen von Visual Studio, nicht in den Express-Varianten, da diese keine Erweiterungen unterstützen.

VS Command Shell	
Hersteller:	Microsoft/Open-Source-Community-Projekt
Preis:	kostenlos
URL:	*http://www.codeplex.com/VSCmdShell*
Enthalten auf Buch-CD?	Ja

22.12.12 PowerShell Remoting

PowerShell Remoting erlaubt die Verbindung mit einer entfernten Instanz der PowerShell 1.0 (d.h. einer Instanz auf einem anderen Computer), um dort Skripte auszuführen. Damit wird eine Begrenzung der PowerShell 1.0 überwunden, die Commandlets und Skripte nur lokal ausführen kann. Fernausführung ist in der PowerShell 1.0 sonst nur über WMI möglich.

Hinweis: In PowerShell 2.0 ist diese Erweiterung nicht mehr notwendig, da Fernausführung zum Standardumfang der PowerShell 2.0 gehört.

VS Command Shell	
Hersteller:	Microsoft/Open-Source-Community-Projekt
Preis:	kostenlos
URL:	*http://www.codeplex.com/powershellremoting*
Enthalten auf Buch-CD?	Ja

22.12.13 Vergleich der Skripteditoren

Die folgende Tabelle, die die vier wichtigsten Skripteditoren für PowerShell vergleicht, zeigt, dass PrimalScript inzwischen im Skripteditor einen ähnlichen Funktionsumfang wie PowerShellPlus anbietet. Der zentrale Unterschied ist, dass PowerShellPlus zusätzlich eine interaktive Konsole mit IntelliSense-Eingabeunterstützung bietet, während PrimalScript nur ein Skripteditor ist.

	ISE 1.0	PowerShell Plus 3.0	PrimalScript 2009	PowerGUI 1.9
Website	Keine	www.idera.com/Products/PowerShell/PowerShell-Plus	www.primalscript.com/	www.powergui.org
Preis	Kostenlos	145 US-Dollar	299 US-Dollar	Kostenlos
Konsole für interaktive Eingabe	Ja	Ja	Nein	Nein
Syntaxfarbhervorhebung	Ja	Ja	Ja	Ja
Skripteditor	Ja	Ja	Ja	Ja
IntelliSense für Commandlets	Nur Tabulatorvervollständigung	Ja	Ja	Ja
IntelliSense für Alias	Nur Tabulatorvervollständigung	Ja	Ja	Ja
IntelliSense für Parameter	Nur Tabulatorvervollständigung	Ja	Ja	Ja.
IntelliSense für Klassennamen (nach New-Object)	Nein	Ja	Ja	Ja
IntelliSense für Klassennamen (in eckigen Klammern)	Nein	Ja	Ja	Ja
IntelliSense für .NET-Klassenmitglieder	Nein	Ja	Ja (außer Mitglieder statischer Klassen)	Nein
IntelliSense für Variablennamen	Nein	Ja	Ja	Ja
IntelliSense für Mitglieder der Variablen	Nein	Ja, erfordert aber tw. vorherige Ausführung des Skriptes	Ja	Nein
IntelliSense für Pfadangaben	Nur Tabulatorvervollständigung	Ja	Nein	Ja
Variablenbrowser	Nein	Ja	Nein	Ja
Debugging	Ja	Ja	Ja	Ja
Skripte signieren	Nein	Ja	Nein	Nein
Bearbeitung anderer Codearten	Nein	C#, XML, VBScript, Batch, VB.NET, HTML	WSH, ActionScript, AWK, AutoIt, Batch, HTA, Kixtart, LotusScript, Perl, Python, Rebol, REXX, Ruby, SQL, Tcl, WinBatch, ASP, HTML, JSP, PHP, XML, XLST, XSD, C#, C++, VB, ColdFusion u.a.	Nein

Tabelle 22.12: Vergleich der wichtigsten PowerShell-Editoren

23 PowerShell-Aufbauwissen

Inhalt dieses Kapitels sind die erweiterten Möglichkeiten der PowerShell, insbesondere der Zugriff auf Klassenbibliotheken (.NET, COM und WMI) sowie die Einbindung von Commandlet-Erweiterungen (PowerShell Snap-Ins)

23.1 Verwendung von .NET-Klassen

New-Object

Mit dem Commandlet `New-Object` kann der Administrator jede beliebige Klasse aus der .NET-Klassenbibliothek (oder eine COM-Klasse, siehe nächstes Kapitel) instanziieren und sich von den Methoden dieser Klassen Objekte liefern lassen.

Ein fundamentaler Unterschied zwischen `Get-WmiObject` und `New-Object` ist, dass `Get-WmiObject` alle bestehenden Instanzen einer WMI-Klasse holt (z.B. alle Prozesse), während `New-Object` eine neue Instanz erzeugt. Die Semantik von `Get-WmiObject` ist für COM- und .NET-Objekte nicht möglich, da es dort jeweils kein zentrales Verzeichnis für Instanzen gibt. In WMI gibt es dafür das WMI-Repository. Wie man in COM- und .NET-Klassen eine Liste aller Instanzen erhält, ist vom Aufbau der jeweiligen Klassen abhängig und kann daher in der PowerShell nicht allgemein ausgedrückt werden.

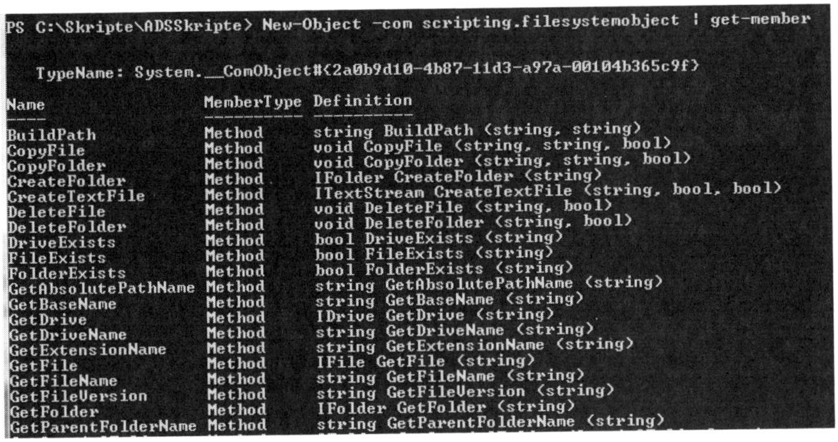

```
PS C:\Skripte\ADSSkripte> New-Object -com scripting.filesystemobject | get-member

   TypeName: System.__ComObject#{2a0b9d10-4b87-11d3-a97a-00104b365c9f}

Name                 MemberType Definition
----                 ---------- ----------
BuildPath            Method     string BuildPath (string, string)
CopyFile             Method     void CopyFile (string, string, bool)
CopyFolder           Method     void CopyFolder (string, string, bool)
CreateFolder         Method     IFolder CreateFolder (string)
CreateTextFile       Method     ITextStream CreateTextFile (string, bool, bool)
DeleteFile           Method     void DeleteFile (string, bool)
DeleteFolder         Method     void DeleteFolder (string, bool)
DriveExists          Method     bool DriveExists (string)
FileExists           Method     bool FileExists (string)
FolderExists         Method     bool FolderExists (string)
GetAbsolutePathName  Method     string GetAbsolutePathName (string)
GetBaseName          Method     string GetBaseName (string)
GetDrive             Method     IDrive GetDrive (string)
GetDriveName         Method     string GetDriveName (string)
GetExtensionName     Method     string GetExtensionName (string)
GetFile              Method     IFile GetFile (string)
GetFileName          Method     string GetFileName (string)
GetFileVersion       Method     string GetFileVersion (string)
GetFolder            Method     IFolder GetFolder (string)
GetParentFolderName  Method     string GetParentFolderName (string)
```

Bild 23.1 *Instanziierung eines COM-Objekts in der PowerShell*

Die PowerShell bietet eine besondere Behandlung für WMI (`System.Management`), ADSI (`System.DirectoryServices`) und ADO.NET (`System.Data`). Objekte aus diesen Bibliotheken werden über Objektadapter dem Nutzer vereinfacht dargestellt. Collaboration Data Objects (CDO) zum Zugriff auf Microsoft Exchange werden aber in PowerShell 1.0 noch nicht besonders unterstützt.

Bild 23.2
Die PowerShell-IDE bietet Eingabeunterstützung für .NET-Klassennamen nach New-Object

23.1.1 Parameterbehaftete Konstruktoren

Konstruktoren

Ein Konstruktor ist der Programmcode, der in der Klasse beim Instanziieren des Codes aufgerufen wird. .NET-Klassen können in den Konstruktoren Parameter erwarten. Diese kann man mit oder ohne runde Klammern nach dem Klassennamen angeben:

```
$o = New-Object System.Directoryservices.DirectoryEntry("LDAP://E02")
```

oder

```
$o = New-Object System.Directoryservices.DirectoryEntry "LDAP://E02"
```

23.1.2 Statische Mitglieder in .NET-Objekten/Statische .NET-Klassen

Statische Mitglieder und Klassen

.NET-Klassen besitzen das Konzept der statischen Mitglieder (Klassenmitglieder), die man aufrufen kann, ohne eine Instanz zu erzeugen. Einige dieser Klassen sind auch statische Klassen, d.h., sie haben nur statische Mitglieder. Solche Klassen besitzen keinen Konstruktor. Folglich kann man das Commandlet New-Object auf statische Klassen nicht anwenden.

```
# Das geht nicht:
#(New-Object System.Console).Beep(100,50)
```

Für diesen Fall gibt es in der PowerShell ein anderes Konstrukt, bei dem man den .NET-Klassennamen in eckige Klammern setzt und dann den Namen des Mitglieds mit zwei Doppelpunkten abtrennt. Der folgende Befehl nutzt die statische Methode Beep() in der statischen Klasse System.Console zur Ausgabe eines Tons:

```
[System.Console]::Beep(100, 50)
```

23.1.3 Laden von Assemblies

Assembly::LoadWithPartialName()

.NET-Klassen können über New-Object und die Notation in eckigen Klammern nur genutzt werden, wenn die Softwarekomponente (Assembly), in der sie sich befinden, auch geladen ist. Die PowerShell lädt einige Assemblies automatisch. In anderen Fällen muss man das Laden der Assembly über die Klasse System.Reflection.Assembly erst anstoßen. Um ein Dialogfenster auszugeben, muss man daher erst die *System.Windows.Forms.dll* laden. Da sich diese Assembly im so genannten Global Assembly Cache (GAC) von .NET befindet, muss man keinen Pfad dahin angeben.

```
[System.Reflection.Assembly]::LoadWithPartialName("System.Windows.Forms")
[System.Windows.Forms.MessageBox]::Show("Text","Ueberschrift",
[System.Windows.Forms.MessageBoxButtons]::OK)
```

 Das Laden einer Assembly gilt bis zum Beenden der Instanz der PowerShell-Konsole. Der Befehl ist daher ein guter Kandidat für die *profile.ps1*-Datei.

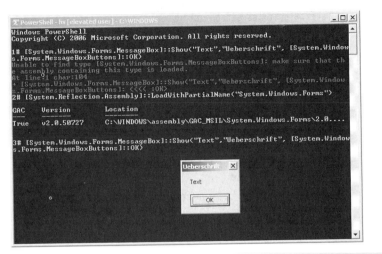

Bild 23.3
Die Nutzung der Klasse MessageBox ist erst erfolgreich, wenn die zugehörige Assembly geladen wurde.

Anstelle der Notation mit eckigen Klammern kann man auch den eingebauten PowerShell-Typ [Type] verwenden, der auf Basis einer Zeichenkette ein .NET-Typobjekt erzeugt. Damit kann man das obige Beispiel auch so schreiben:

```
([Type]
"System.Reflection.Assembly")::LoadWithPartialName("System.windows.forms")
[System.Windows.Forms.MessageBox]::Show("Text","Ueberschrift",
[System.Windows.Forms.MessageBoxButtons]::OK)
```

Eine weitere Vereinfachung ist möglich über das Commandlet Resolve-Assembly aus den PSCX, das eine Assembly findet und optional lädt, wenn -import angegeben ist:

```
resolve-assembly system.windows.forms -import
[System.Windows.Forms.MessageBox]::Show("Text","Ueberschrift",
[System.Windows.Forms.MessageBoxButtons]::OK)
```

Objektanalyse

Mit Hilfe des Commandlets Get-Member, das in einem Teil des Tutorials schon zur Analyse von Pipeline-Inhalten verwendet wurde, kann man übrigens auch den Inhalt einer Variablen analysieren, die eine Objektinstanz erhält. Zu beachten ist dabei nur, dass das Objekt entweder in einer Pipeline an Get-Member zu schicken ist (also $Variable | Get-Member) oder aber der Parametername -InputObject zu verwenden ist (Get-Member -InputObject $Variable). Nicht nur Get-Member, sondern den meisten Commandlets ist es egal, ob sich in der Pipeline eine Objektmenge oder ein einzelnes Objekt befindet.

Get-Member

23.2 Verwendung von COM-Klassen

Bei der Instanziierung von COM-Objekten kommt ebenfalls das Commandlet New-Object zum Einsatz. Dem Namen der COM-Klasse ist aber der Parameter –comobject (kurz: -com) voranzustellen. Als Name ist der Programmatic Identifier (ProgID) anzugeben. Die COM-Klasse muss auf dem lokalen System in der Registrierungsdatenbank verzeichnet sein. New-Object entspricht CreateObject() in Visual Basic/VBScript.

Das folgende Beispiel zeigt den Aufruf der Methode GetTempName() aus der COM-Klasse Scripting.FileSystemObject. Diese Methode liefert einen Namen für eine temporäre Datei.

Listing 23.1
[COM Create-
Object.ps1]
```
$fso = New-Object -com "scripting.filesystemobject"
$fso.GetTempName()
```

Mit dem zweiten Skript öffnet man den Internet Explorer mit einer bestimmten Seite:

Listing 23.2
[COM Create-
Object.ps1]
```
$ie = New-Object -com "InternetExplorer.Application"
$ie.Navigate("http://www.powershell-doktor.de")
$ie.visible = $true
```

Ein direktes Äquivalent für das GetObject() aus VB/VBScript, mit dem man ein bestehendes Objekt aktiviert, gibt es nicht. Hier gibt es nur die Möglichkeit, die Assembly für Visual Basic .NET zu laden und die dortige Methode GetObject() zu nutzen.

Das folgende Beispiel zeigt ein Word-Dokument in Microsoft Word auf dem Bildschirm an und schreibt einen Text in das Dokument:

Listing 23.3
[COM GetOb-
ject.ps1]
```
$doc = [microsoft.visualbasic.interaction]::GetObject("C:\temp\ManuScript.doc")
$doc.application.visible = $true
$doc.application.selection.typetext("Erfolgreicher Start von Word!")
```

23.3 Zugriff auf die Windows Management Instrumentation (WMI)

Get-Wmi-
object

Das Commandlet Get-WmiObject sowie die eingebauten PowerShell-Typen [WMI], [WMICLASS] und [WMISEARCHER] eröffnen die Welt der Windows Management Instrumentation (WMI), die in den modernen Windows-Betriebssystemen fast jeden Baustein des Betriebssystems objektorientiert anbietet.

23.3.1 WMI in der Windows PowerShell

Möglich-
keiten

Die Windows PowerShell bietet die Möglichkeit zum Zugriff auf das lokale WMI-Repository und auch WMI-Repositories auf entfernten Systemen.

Dafür bietet die PowerShell folgende Konstrukte:
- Die Commandlet Get-WmiObject (ab PowerShell 1.0), Remove-WmiObject, Set-WmiInstance und Invoke-WmiMethod (ab PowerShell 2.0)
- Die eingebauten PowerShell-Typen [WMI], [WMICLASS] und [WMISEARCHER]
- Den PowerShell-WMI-Objektadapter, der den Zugriff auf WMI-Objekte vereinfacht

23.3.2 Zugriff auf einzelne WMI-Objekte

Einzel-
objekte

Um auf ein bestimmtes WMI-Objekt gezielt zuzugreifen, gibt es drei Möglichkeiten:
- Verwendung des Commandlets Get-Wmiobject mit einem Filter und optional mit der Angabe eines Computernamens
- Verwendung der eingebauten PowerShell-Typen [WMI] und [WMIClass] mit WMI-Pfaden
- Direkte Instanziierung der Klassen System.Management.ManagementObject bzw. System.Management.ManagementClass jeweils unter Angabe eines WMI-Pfades im Konstruktor.

Klassen, von denen es sowieso nur immer eine Instanz geben kann, lassen sich ohne Filter aufrufen:
```
Get-Wmiobject win32_Computersystem
Get-Wmiobject win32_OperatingSystem
```

Zugriff auf die Windows Management Instrumentation (WMI)

	Get-WmiObject mit Filter	Eingebaute PowerShell-Typen	Direkte Instanziierung
WMI-Objekt aus einer WMI-Klasse mit einem Schlüsselattribut	`Get-WmiObject Win32_LogicalDisk -Filter "DeviceID='C:'"`	`[WMI] "\\.\root\cimv2:Win32_LogicalDisk.DeviceID='C:'"`	`New-Object System.Management.ManagementObject("\\.\root\cimv2:Win32_LogicalDisk.DeviceID='C:'")`
WMI-Objekt aus einer WMI-Klasse mit zwei Schlüsselattributen	`Get-Wmiobject Win32_Account -filter "name='hs' and domain='itv'"`	`[WMI] "\\.\root\cimv2:Win32_UserAccount.Domain='ITV',Name='hs'"`	`New-Object System.Management.ManagementObject("\\.\root\cimv2:Win32_UserAccount.Domain='ITV',Name='hs'")`
WMI-Objekt auf einem entfernten System	`Get-WmiObject Win32_LogicalDisk -Filter "DeviceID='C:'" -computer "E02"`	`WMI] "\\E02\root\cimv2:Win32_UserAccount.Domain='ITV', Name='hs'"`	`New-Object System.Management.ManagementObject("\\E02\root\cimv2:Win32_UserAccount.Domain='ITV',Name='hs'")`
WMI-Klasse	Nicht möglich	`[WMICLASS] "\\.\root\cimv2:Win32_UserAccount"`	`New-Object System.Management.ManagementClass("\\E01\root\cimv2:Win32_UserAccount")`

Tabelle 23.1: Beispiele zum Zugriff auf einzelne WMI-Objekte

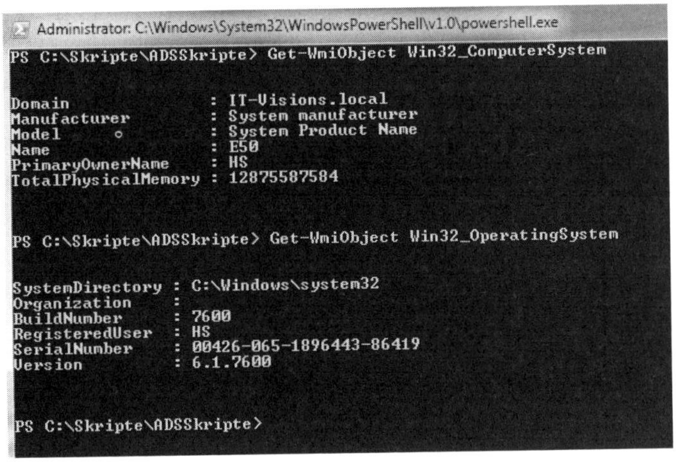

Bild 23.4
Win32_Computersystem und Win32_OperatingSystem gibt es sowieso immer nur einmal im WMI-Repository.

Bei der Verwendung der Typbezeichner [WMI] und [WMIClass] wird häufig übersehen, den Pfadnamen zu klammern, wenn dieser zusammengesetzt wird.

Falsch:
```
$Computer = "E01"
[WMI] "\\" + $Computer + "\root\cimv2:Win32_PingStatus.Address='E02'"
```

Richtig:
```
$Computer = "E01"
[WMI] ("\\" + $Computer + "\root\cimv2:Win32_PingStatus.Address='E02'")
```

23.3.3 Der PowerShell-WMI-Objektadapter

Kapselung der WMI-Metaklassen

Eigentlich ist der Zugriff auf WMI-Objekte über .NET nicht gerade „geschmeidig", weil immer umständlich die `PropertyDataCollection` anzusprechen ist. Hier bietet die Windows PowerShell auf Basis des Extended Type Systems (ETS) eine Vereinfachung, denn die PowerShell erstellt durch den eingebauten WMI-Objektadapter dynamisch wieder Objekte, die den WMI-Klassen entsprechen. Diesen komplexen Zusammenhang verschaulicht nachstehende Grafik.

Auf die Frage, wozu man als fortgeschrittener PowerShell-Nutzer diesen Mechanismus überhaupt kennen muss, wissen, was im Hintergrund passiert, gibt es drei Antworten:

▶ Damit Sie in der Lage sind, Codebeispiele, die mit dem WSH oder .NET arbeiten, auf die PowerShell zu übertragen.
▶ Damit Sie verstehen, in welcher Dokumentation Sie suchen müssen.
▶ Damit Sie auch verstehen, woran es liegen könnte, wenn etwas nicht funktioniert.

WMI ist nicht die einzige Komponente, für welche die PowerShell einen solchen PowerShell-Objektadapter bereitstellt. Der Zugriff auf Verzeichnisdienste, Datenbanken und XML-Dokumente funktioniert ähnlich.

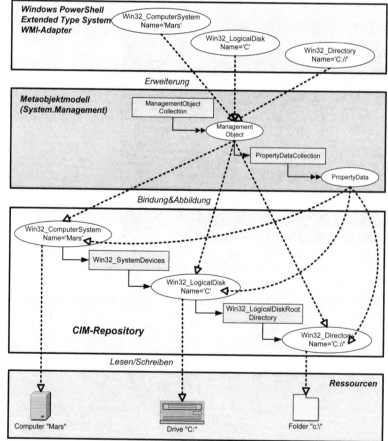

Bild 23.5 Abbildung von WMI-Objekten in der PowerShell

Die Windows PowerShell hat ihre eigene Art und Weise, die durch den WMI-Objektadapter erzeugten Klassen zu nennen. Sie verwendet den Namen der .NET-Metaklasse (System.Management.ManagementObject) und den Pfad der WMI-Klasse getrennt durch das Zeichen „#":

System.Management.ManagementObject#root\cimv2\Win32_LogicalDisk

In der nachstehenden Bildschirmabbildung sehen Sie, dass das Commandlet Get-Member solche Typnamen ausgibt.

Die von Get-Member angezeigten Attribute (Property) und Methoden (Method) sind keine Mitglieder der .NET-Klasse ManagementObject, sondern der WMI-Klasse Win32_LogicalDisk. Wenn Sie Hilfeinformationen zu den Objekten in der Pipeline suchen, müssen Sie also in die Dokumentation des WMI-Schemas [MSDN05] schauen, nicht in die Dokumentation von System.Management [MSDN06].

Bild 23.6
Auflisten des Pipeline-Inhalts mit Get-Member, wenn sich WMI-Objekte in der Pipeline befinden

23.3.4 Umgang mit Datumsangaben

ToDateTime() Datum und Uhrzeit werden in WMI als Zeichenkette der Form yyyymmddHHMMSS.mmmmmmsUUU gespeichert, wobei neben dem selbsterklärenden Kürzel anzumerken ist, dass mmmmmm die Anzahl der Millisekunden ist und UUU die Anzahl der Minuten, welche die lokale Zeit von der Universal Coordinated Time (UTC) abweicht. Das s ist das Vorzeichen. In Deutschland steht daher für UUU der Wert +060.

Zur Konvertierung eines WMI-Datumsformats in das normale Datumsformat der PowerShell (Klasse System.DateTime) steht die statische Methode ToDateTime() in der Klasse System.Management.ManagementDateTimeConverter zur Verfügung.

Listing 23.4 Umwandlung von WMI-Datumsformaten in System.DateTime [WMI_Date.PS1]

```
$cs = Get-WMIObject -Class Win32_OperatingSystem
"Startzeit des Systems in WMI-Format: " + $cs.LastBootUpTime
[System.DateTime] $startzeit =
[System.Management.ManagementDateTimeConverter]::ToDateTime($cs.LastBootUpTime)
"Startzeit des Systems in normalem Format: " + $startzeit
```

Wenn die PowerShell Community Extensions installiert sind, verfügt die Klasse ManagementObject über eine zusätzliche Methode ConvertToDateTime(), welche die Konvertierung erledigen kann:

```
$cs = Get-WMIObject -Class Win32_OperatingSystem -property LastBootUpTime
$cs.ConvertToDateTime($cs.LastBootUpTime)
```

23.3.5 Zugriff auf WMI-Objektmengen

Die Verwendung von Get-WmiObject ohne Angabe eines Filter in der Form

```
Get-Wmiobject WMIKlassenname
```

Get-WmiObject liefert alle Instanzen der angegebenen WMI-Klasse (sofern es die WMI-Klasse auf dem lokalen System gibt).

Beispiel:

```
# Name und Treiberdatei für alle Grafikkarten in diesem Computer
Get-Wmiobject Win32_VideoController
```

liefert alle installierten Grafikkarten.

Dies ist eine Kurzform für

```
Get-WmiObject -class Win32_VideoController
```

Sofern die Klasse nicht im Standardnamensraum "root\cimv2" liegt, muss man den Namensraum mit dem Parameter -Namenraum explizit benennen:

```
Get-WmiObject IISwebserver -Namespace root\microsoftIISv2
```

Auch hier kann man mit dem Parameter -Computer auf entfernte Systeme zugreifen:

```
Get-WmiObject -class Win32_VideoController -computer E02
```

23.3.6 Filtern und Abfragen

Wenn man nicht alle Instanzen, sondern nur ausgewählte Instanzen ermitteln möchte, die bestimmten Kriterien entsprechen, kann man folgende drei alternative Möglichkeiten nutzen:

Möglichkeiten

- Verwendung eines Filters im Commandlet `Get-WmiObject`
- Verwendung von WQL-Abfragen mit dem Parameter `-Query` im Commandlet `Get-WmiObject`
- Verwendung von WQL-Abfragen mit dem Typ `[WMISEARCHER]`
- Verwendung von WQL-Abfragen mit der .NET-Klasse `System.Management.`
- `ManagementObjectSearcher`

Filtern mit Get-WmiObject

Das Commandlet `Get-Wmiobject` bietet die Möglichkeit, schon beim Abruf die Objekte zu filtern. Der Filter ist nach dem Parameter `-Filter` in einer Zeichenkette anzugeben.

-Filter

Beispiele:

- Alle Benutzerkonten aus der Domäne „ITV":

```
Get-Wmiobject Win32_account -filter "domain='itv'"
```

- Alle Benutzerkonten aus der Domäne „ITV", deren Benutzerkontenname mit „H" beginnt:

```
Get-Wmiobject Win32_account -filter "domain='itv' and name like 'h%'"
```

WQL-Abfragen

Abfragen in der Windows Management Instrumentation Query Language (WQL) kann man in der PowerShell mit dem Parameter `-Query` im Commandlet `Get-WmiObject` oder mit dem eingebauten Typ `[WMISEARCHER]` ausführen.

SQL

Beispiel

Der folgende Befehl selektiert alle Netzwerkkarten, in denen die Zahlen „802" im Netzwerkkartentyp vorkommen.

-Query

```
Get-WmiObject -query "Select * from Win32_Networkadapter where adaptertype like '%802%'" | select adaptertype,description
```

Alternativ kann man auch diese Abfrage mit dem eingebauten PowerShell-Typ `[WMISEARCHER]` ausführen:

[WMI-Searcher]

```
([WMISEARCHER] "Select * from Win32_Networkadapter where adaptertype like '%802%'").get()| select adaptertype,description
```

Bild 23.7
Ausführung einer WMI-Abfrage

Bild 23.8
Objektmodell für Suchfunktionen über [WMISearcher] bzw. System. Management. ManagementObjectSearcher

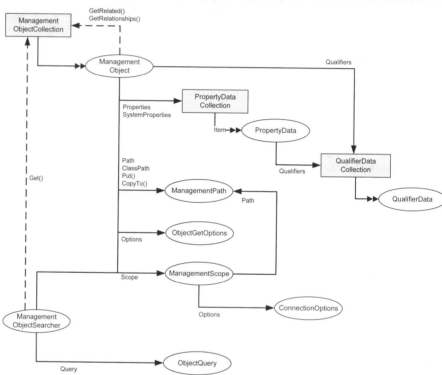

23.3.7 Zugriff auf Mitglieder von WMI-Klassen

Auf die Attribute und auch auf die Methoden von WMI-Klassen kann man zugreifen wie auf die Mitglieder von .NET-Klassen. Die PowerShell abstrahiert von der Metaobjektmodell-Implementierung in der .NET-Klasse System.Management.ManagementObject. Der komplizierte Zugriff auf das Attribut Properties und die Methode Invokemethod() ist daher nicht notwendig.

Sowohl beim Zugriff auf einzelne Objekte als auch Objektmengen erhält man eine lange Ausgabeliste. Im Standard wird mit Format-List die zahlreiche Eigenschaften der ermittelten WMI-Objekte ausgegeben (siehe Bild 23.9) am Beispiel Win32_Videocontroller).

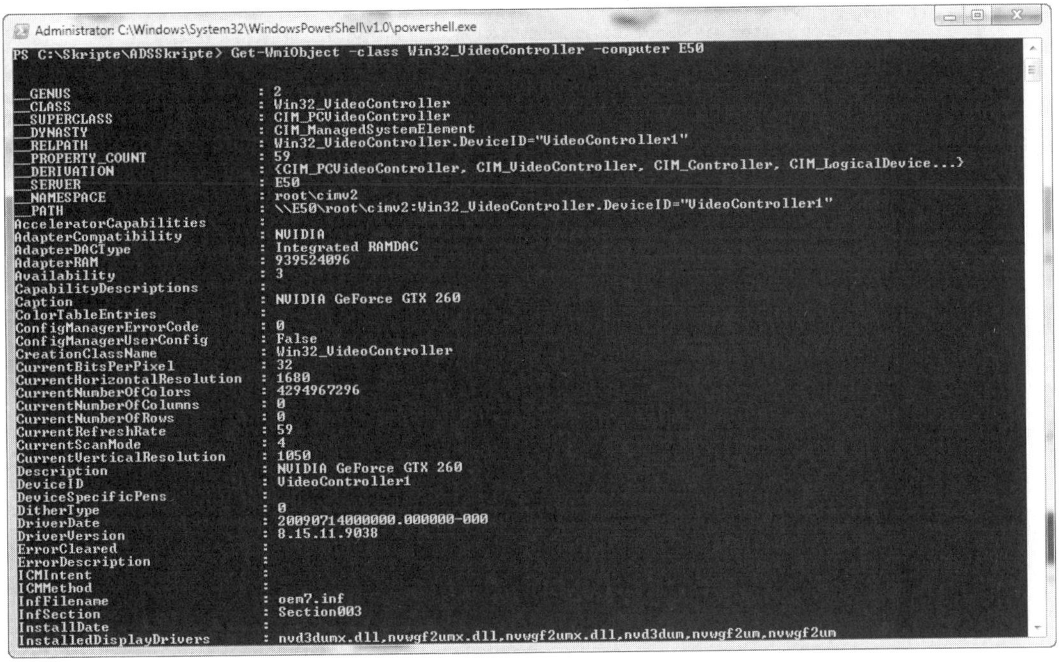

Zugriff auf die Windows Management Instrumentation (WMI)

Bild 23.9: Eigenschaften der Klasse Win32_VideoController

Auch eine Ausgabe mit dem Commandlet `Format-Table` hilft nicht. Dies macht die Ausgabe zwar kürzer, aber viel breiter. Gut wäre es, das resultierende Objekt mit `Select-Object` auf die interessanten Eigenschaften zu „beschneiden":

```
Get-Wmiobject Win32_VideoController |
Select-Object name,installeddisplaydrive
```

Auch für einige WMI-Klassen ist in der *types.ps1xml*-Datei festgelegt, welche Attribute ausgegeben werden. Für `Win32_Videocontroller` gibt es eine solche Festlegung nicht; daher werden alle Attribute ausgegeben. Die folgenden Bildschirmabbildungen zeigen aber die Wirkung der Deklarationen für `Win32_CDRomDrive`.

types.ps1xml

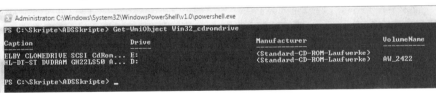

Bild 23.10
Standardausgabe des Befehls Get-Wmiobject Win32_CDRomDrive

Bild 23.11
Festlegung der auszugebenden Attribute für die WMI-Klasse Win32_CDRomDrive

```xml
<Type>
    <Name>System.Management.ManagementObject#root\cimv2\win32_CDROMDrive</Name>
    <Members>
        <PropertySet>
            <Name>PSStatus</Name>
            <ReferencedProperties>
                <Name>Availability</Name>
                <Name>Drive</Name>
                <Name>ErrorCleared</Name>
                <Name>MediaLoaded</Name>
                <Name>NeedsCleaning</Name>
                <Name>Status</Name>
                <Name>StatusInfo</Name>
            </ReferencedProperties>
        </PropertySet>
        <MemberSet>
            <Name>PSStandardMembers</Name>
            <Members>
                <PropertySet>
                    <Name>DefaultDisplayPropertySet</Name>
                    <ReferencedProperties>
                        <Name>Caption</Name>
                        <Name>Drive</Name>
                        <Name>Manufacturer</Name>
                        <Name>VolumeName</Name>
                    </ReferencedProperties>
                </PropertySet>
            </Members>
        </MemberSet>
    </Members>
</Type>
```

Das folgende Listing zeigt weitere Beispiele zum Einsatz von `Get-WmiObject` in Zusammenarbeit mit Commandlets zur Pipeline-Steuerung:

```
# Name und freie Bytes auf allen Laufwerken
Get-Wmiobject Win32_logicaldisk | Select-Object deviceid,freespace

# Name und Domain der Benutzerkonten, deren Kennwort niemals verfällt
Get-Wmiobject Win32_account | Where-Object {$_.Kennwortexpires -eq 0 } | Select-Object Name,Domain
```

Statische Klassenmitglieder Anders als bei .NET-Objekten macht die PowerShell bei WMI keine syntaktischen Unterschiede zwischen statischen Methoden und Instanzmethoden, d.h., es ist immer nur der einfache Punkt-Operator zu verwenden (in .NET-Objekten ist der doppelte Doppelpunkt für statische Methoden zu verwenden). Bei WMI zu beachten ist nur, dass mit dem PowerShell-Typ `[WMIClass]` auf den WMI-Pfad der WMI-Klasse, nicht einer konkreten Instanz verwiesen wird.

Beispiel:

```
[WMIClass] "Win32_Product").Install("c:\name.msi")
```

23.3.8 Werte setzen mit Set-WmiInstance

Mit dem Commandlet `Set-WmiInstance` kann man ab PowerShell 2.0 Werte in WMI-Objekten setzen:

Set-Wmi-Instance

Beispiel: Ändern des Namens des Laufwerks C auf dem Computer „F171":

```
Set-WmiInstance -path "\\F171\root\cimv2:Win32_LogicalDisk.DeviceID='c:'" -Arguments
@{ VolumeName="System" }
```

23.3.9 Methodenaufrufe mit *Invoke-WmiMethod*

Neu ab PowerShell 2.0 ist das Commandlet `Invoke-WmiMethod`, mit dem man WMI-Methoden direkt aufrufen kann.

Invoke-WmiMethod

Beispiel: Aufruf der Methode `Chkdsk()` in der WMI-Klasse `Win32_LogicalDisk` mit sechs Parametern (auf Computer F171):

Chkdsk()

```
Invoke-WmiMethod -Path "\\F171\root\cimv2:Win32_LogicalDisk.DeviceID='c:'" -Name
"Chkdsk" -ArgumentList false,false,false,false,false,false
```

23.3.10 Instanzen entfernen

Mit `Remove-WmiObject` (ab PowerShell 2.0) kann man ein WMI-Objekt löschen, z.B. einen Dateisystemordner auf einem entfernten System:

Invoke-WmiMethod

```
Remove-WmiObject  -path "\\F171\root\cimv2:Win32_Directory.Name='c:\\temp'"
```

Diesen obigen Befehl könnte man alternativ ausdrücken ohne Einsatz von WMI:

```
Invoke-Command -ComputerName F171 { Remove-Item "c:\temp" }
```

Der Unterschied ist: Der erste Befehl verwendet nur WMI-Klassen, die es auf jedem Windows-System (zumindest seit Windows 2000) gibt. Der zweite Befehl erfordert auf dem Zielsystem die PowerShell 2.0 und dort aktiviertes PowerShell-Remoting.

23.3.11 Ermittlung der Mitglieder des WMI-Objekts

Die Menge der verfügbaren Attribute und Methoden ermittelt man wie bei .NET-Objekten mit `Get-Member`. Obwohl die Mitglieder einer WMI-Klasse (z.B. `Win32_Videocontroller`) nicht auch gleichzeitig Mitglieder der die WMI-Klasse verpackenden .NET-Metaklasse (System.Management.ManagementObject) sind, listet `Get-Member` dennoch die Mitglieder aus beiden Abstraktionsebenen auf.

Get-Member

Für die Darstellung des Typnamens hat die PowerShell eine eigene Notation, bei der die Metaklasse durch die Raute (#) von der WMI-Klasse getrennt wird, z.B.:

```
System.Management.ManagementObject#root\cimv2\Win32_VideoController
```

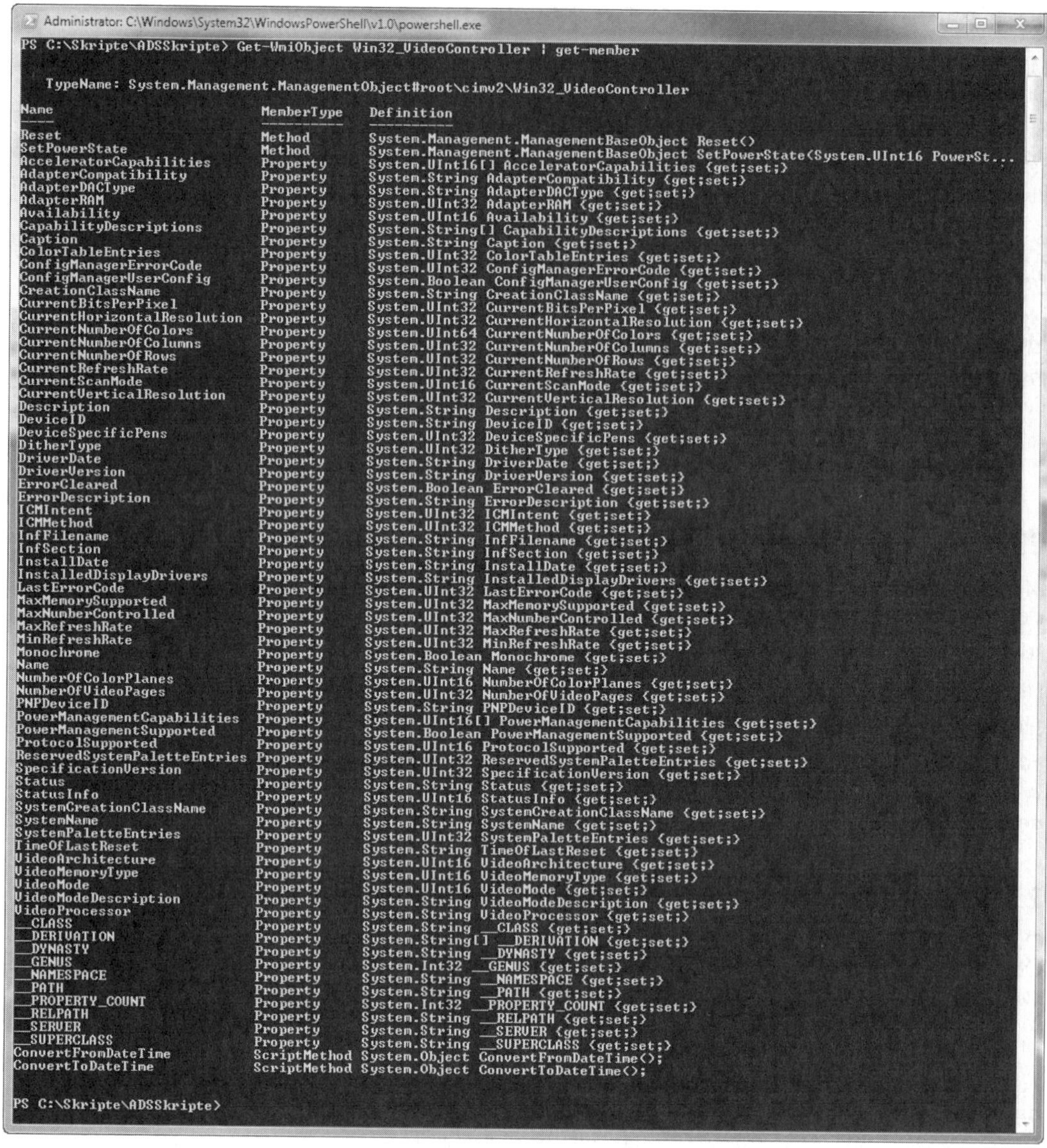

Kapitel 23 PowerShell-Aufbauwissen

Bild 23.12: *Ermittlung der Mitglieder einer WMI-Klasse*

23.3.12 Liste aller WMI-Klassen

Eine Liste aller verfügbaren WMI-Klassen auf einem System erhält man mit dem Parameter -List im Commandlet Get-WmiObject. Eine Klasse darf dabei nicht angegeben werden.

Zugriff auf das WMI-Repository

```
Get-Wmiobject -list
```

Wenn nichts angegeben wird, wird immer der Namensraum "root\cimv2" verwendet. Man kann einen Namensraum auch explizit angeben:

```
Get-Wmiobject -list -Namespace root/cimv2/Anwendungs/microsoftIE
```

Man kann auch auf das WMI-Repository eines bestimmten Computers zugreifen, da die Menge der Klassen vom Betriebssystem und von den installierten Anwendungen abhängig ist.

```
Get-Wmiobject -list -Computer E02
```

23.3.13 Instanziieren von WMI-Klassen

Viele WMI-Klassen sind so gestaltet, dass zum Anlegen neuer Systemelemente eine Instanz der Klasse erzeugt wird. Dafür werden auf Klassenebene statische Methoden angeboten mit Namen Create(), vgl. Bildschirmabbildung für die Klasse Win32_Share.

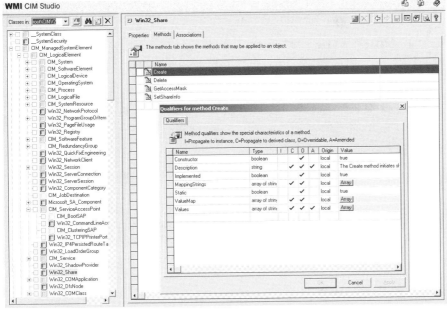

Bild 23.13 Methoden der Klasse Win32_Share

Das folgende Beispiel zeigt das Anlegen einer Freigabe mit Standardrechten. Die Vergabe von Rechten ist ein komplexeres Thema, das später noch behandelt wird.

Beispiel

```
# Create Win32_Share
$class = [WMIClass] "ROOT\CIMV2:Win32_Share"
$Access = $Null
$R = $class.Create($pfad, $Sharename, 0, 10, $Comment, "", $Access)
if ( $R.ReturnValue -ne 0) { Write-Error "Fehler beim Anlegen: "+ $R.ReturnValue;
Exit}
"Freigabe wurde angelegt!"
```

Listing 23.5 New-Share-WithoutPermissions.ps1

23.4 Einbinden von C# und VB.NET

Das ab PowerShell 2.0 neu eingeführte Commandlet Add-Type erlaubt die dynamische Kompilierung einer .NET-Klasse. Dabei kann der Quelltext in einer externen Datei liegen oder in ein PowerShell-Skript eingebettet sein. Erlaubte Programmiersprachen sind C# („cs"), Visual Basic .NET („VisualBasic") und JScript .NET („js").

In PowerShell 1.0 konnte man Programmcode aus einer der drei vorgenannten Sprachen nur verwenden, indem man den Programmcode statisch kompiliert und dann die entstandene Assembly in die PowerShell geladen hat. Mit Add-Type kann man nun mit den .NET-Sprachen umgehen wie mit Skriptsprachen.

Das folgende Listing zeigt am Beispiel einer „HelloWorld"-Anwendung verschiedene Möglichkeiten, C#-Programmcode aufzurufen.

Listing 23.6
Hello World in C#, eingebettet in ein Power Shell-Skript [WPS2_CSClass.ps1]

```
# CSharp-Code eingebettet in PowerShell-Skripte
$CSKlasseCode = @"
    // Statische Methode mit Parameter
    public static string Hallo1(string name)
    {
    return "Hallo " + name + "!";
    }

    // Instanz-Methode mit Parameter
        public string Hallo2(string name)
    {
    return "Hallo " + name + "!";
    }

    public string Name;

    // Instanz-Methode ohne Parameter
    public string Hallo3()
    {
    return "Hallo " + this.Name + "!";
    }

"@

# Dynamisches Kompilieren
$CSKlasse = Add-Type -MemberDefinition $CSKlasseCode -Name "Welt" -language csharp -UsingNamespace "System.Reflection","System.Diagnostics" -PassThru

# Testen
$CSKlasse::Hallo1("Holger")
$o = New-Object $CSKlasse
$o.Hallo2("Holger")
$o.Name = "Holger"
$o.Hallo3()
```

Listing 23.7
Hello World in Visual Basic .NET, eingebettet in ein PowerShell-Skript [WPS2_VBClass.ps1]

```
$MeineKlasse= @"
' Statische Methode mit Parameter
Public Shared Function Hallo1(ByVal name As String) As String
    Return "Hallo " & name & "!"
End Function

' Instanz-Methode mit Parameter
```

```
Public Function Hallo2(ByVal name As String) As String
    Return "Hallo " & name & "!"
End Function

Public _Name As String

' Instanz-Methode ohne Parameter
Public Function Hallo3() As String
    Return "Hallo " & Me._Name & "!"
End Function
"@

$myclass = Add-Type -MemberDefinition $MeineKlasse-Name "MeineKlasse" -language
VisualBasic -UsingNamespace "System.Reflection","System.Diagnostics" -PassThru

$myclass::Hallo1("Holger")

$o = New-Object $myclass
$o.Hallo2("Holger")

$o.Name = "Holger"
$o.Hallo3()
```

23.5 Win32-API-Aufrufe

Man kann aus der PowerShell heraus direkt auf .NET-Klassen, COM-Klassen und WMI-Klassen zugreifen. Es gibt aber keine unmittelbare Zugriffsmöglichkeit auf die Win32-API-Funktionen. Auch schon zu Zeiten von PowerShell 1.0 gab es einen Trick mit der FCL, um Win32-API-Aufrufe über den in das .NET Framework eingebauten Mechanismus „Plattform Invoke" (kurz: PInvoke) aufzurufen. In PowerShell 2.0 ist dies stark vereinfacht durch die Möglichkeit, C#- oder Visual Basic.NET-Code direkt in PowerShell-Skriptcode einzubetten. So kann man dort PInvoke in die Win32-API-Aufrufe kapseln.

Das Beispiel zeigt eine in ein PowerShell-Skript eingebettete C#-Klasse, die Zugriff auf die Bildschirmschonereinstellungen über die Win32-API-Methode SystemParametersInfo bietet.

Listing 23.8
Die in das PowerShell-Skript eingebettete Klasse "ScreenSaver" kapselt den Zugriff auf eine Win32-API-Funktion. [WPS2_Win32API._Screensaver.ps1]

```
$CSharpKlassenDefinition = @"

        [DllImport("user32.dll", CharSet = CharSet.Auto)]
        private static extern bool SystemParametersInfo(
            int uAction, int uParam, ref bool lpvParam,
            int flags);

private const int SPI_GETSCREENSAVERACTIVE = 16;
private const int SPI_SETSCREENSAVERACTIVE = 17;
private const int SPIF_SENDWININICHANGE = 2;
private const int SPI_GETSCREENSAVERTIMEOUT = 14;
        private const int SPI_SETSCREENSAVERTIMEOUT = 15;

  public static bool GetStatus()
        {
```

```
            bool isActive = false;

            SystemParametersInfo(SPI_GETSCREENSAVERACTIVE, 0,
                ref isActive, 0);

            return isActive;
        }


        public static void TurnOn()
        {
            int nullVar = 0;

            bool result = SystemParametersInfo(SPI_SETSCREENSAVERACTIVE,
                1, ref nullVar, SPIF_SENDWININICHANGE);

            if (!result)
            {
                throw new
System.ComponentModel.Win32Exception(Marshal.GetLastWin32Error());
            }
        }


        public static void TurnOff()
        {
            int nullVar = 0;

            bool result = SystemParametersInfo(SPI_SETSCREENSAVERACTIVE,
                0, ref nullVar, SPIF_SENDWININICHANGE);

            if (!result)
            {
                throw new
System.ComponentModel.Win32Exception(Marshal.GetLastWin32Error());
            }
        }

        public static Int32 GetTimeout()
        {
            Int32 value = 0;

            bool res = SystemParametersInfo(SPI_GETSCREENSAVERTIMEOUT, 0,
                ref value, 0);
            if (!res)
            {
                throw new
System.ComponentModel.Win32Exception(Marshal.GetLastWin32Error());
            }
            return value;
        }


        public static void SetTimeout(Int32 Value)
        {
            int nullVar = 0;
```

```
            bool res = SystemParametersInfo(SPI_SETSCREENSAVERTIMEOUT,
               Value, ref nullVar, SPIF_SENDWININICHANGE);
            if (!res)
            {
               throw new
System.ComponentModel.Win32Exception(Marshal.GetLastWin32Error());
            }

      }
   "@

$Klasse = Add-Type -MemberDefinition $CSharpKlassenDefinition -Name "ScreenSaver" -
UsingNamespace "System.Reflection","System.Diagnostics" -PassThru
$Klasse::GetStatus()
$Klasse::GetTimeout()
$Klasse::TurnOff()
$Klasse::GetStatus()
$Klasse::GetStatus()
$Klasse::SetTimeout(800)
$Klasse::GetStatus()
```

23.6 Fernausführung (Remoting)

Eine der schmerzlich vermissten Funktionen in der Windows PowerShell 1.0 war die generelle Unterstützung für Fernzugriffe auf andere Systeme. Mit Bordmitteln der PowerShell 1.0 konnte man im Wesentlichen nur über WMI via Distributed COM (DCOM) Daten von anderen Systemen abrufen. Eine generelle Möglichkeit zur Fernausführung von Commandlets und Skripten gab es nicht. Hier hat Microsoft nun in der Version 2.0 nachgebessert.

In PowerShell 2.0 gibt es über das Protokoll WS-Management (kurz: WS-Man) die Fernausführungsmöglichkeit („PowerShell Remoting") für einzelne Commandlets und ganze Skripte.

WS-Management ist ein Netzwerkprotokoll auf Basis von XML-Webservices unter Verwendung des Simple Object Access Protocols (SOAP). WS-Management dient dem Austausch von Verwaltungsinformationen zwischen (heterogenen) Computersystemen. WS-Management ist ein Standard der Desktop Management Task Force (DMTF), der im Jahr 2006 verabschiedet wurde.

Webservice

WS-Management bietet eine enge Verbindung zu dem Web Based Enterprise Management (WBEM) alias Windows Management Instrumentation (WMI).

Microsoft bietet eine Implementierung von WS-Management unter dem Namen „Windows Remote Management (WinRM)" für Windows XP, Window Server 2003, Vista, Windows 7 und Windows Server 2008.

In Vista und Windows Server 2008 ist die Version 1.1 der Implementierung enthalten. Windows 7 und Windows Server 2008 R2 enthalten Version 2.0. Für Windows Vista und Windows Server 2008 gibt es ein Add-On für WinRM v2 – zum Redaktionsschluss allerdings erst in einer frühen Vorabphase. Bis zum Redaktionsschluss dieses Buchs war WinRM 2.0 gar nicht für Windows XP und Windows Server 2003 (oder gar ältere Betriebssysteme verfügbar), sodass diese nicht die Fernaufruffunktionen von PowerShell nutzen können (weder als Aufrufer noch als Aufgerufener).

Für einen Fernaufruf müssen sowohl der lokale (der Aufrufer, der Client) als auch der entfernte Computer (der Aufgerufene, der Server) Windows Remote Management (WinRM) 2.0 unterstützen. Außerdem muss die PowerShell 2.0 auf beiden Systemen

WinRM

Kapitel 23 PowerShell-Aufbauwissen

installiert sein. WinRM benutzt (seit Version 2.0) im Standard die Ports 5985 (HTTP) und 5986 (HTTPS). Die Authentifizierung erfolgt im Normalfall über Kerberos, alternativ sind auch Basisauthentifizierung, Digest und NTLM möglich.

Die Verbindung zwischen Client und Server kann permanent oder temporär sein.

In PowerShell 2.0 ist nicht nur ein Fernaufruf eines Computers, sondern auch gleichzeitig mehrerer Computer möglich. So kann man z.B. ein Skript gleichzeitig auf mehreren entfernten Systemen starten.

23.6.1 Fernabfrage ohne WS-Management

RPC Einige Commandlets in der PowerShell 2.0 besitzen eingebaute Fernabfragemöglichkeiten abseits von WS-Management. Diese Commandlets haben einen Parameter „-Computername" und die Fernaufrufmöglichkeiten des Betriebssystems, die auf einem Remote Procedure Call (RPC) basieren.

Commandlets mit "Computername" Folgende Commandlets besitzen den Parameter „-Computername":

- Clear-EventLog
- Limit-EventLog
- Get-Counter
- New-EventLog
- Get-EventLog
- Remove-EventLog
- Get-HotFix
- Restart-Computer
- Get-Process
- Show-EventLog
- Get-Service
- Show-Service
- Get-WinEvent
- Stop-Computer
- Get-WmiObject (schon in PowerShell 1.0 vorhanden)
- Write-EventLog

Der Fernaufruf mit vorgenannten Commandlets funktioniert auch, wenn WS-Management nicht installiert und konfiguriert ist.

> Derartige Commandlets findet man mit:
> ```
> Get-Command | where { $_.parameters.keys -contains "ComputerName" -and $_
> .parameters.keys -notcontains "Session"}
> ```

Beispiel Der folgende Befehl ermittelt vom Computer "F170" alle Dienste, die mit dem Buchstaben "i" beginnen.

```
Get-Service -ComputerName F170 i*
```

Die Abfrage mehrerer Computer ist nur nacheinander durch Übergabe in der Pipeline möglich, da man bei diesen Commandlets bei Computername kein Array als solchen übergeben kann.

Falsch `Get-Service -ComputerName F173, F170 i*`

```
"F171", "F172", "F173" | % { Get-Service i* -ComputerName $_ }| ft Name, status,
machinename
```
Richtig

Über das Attribut `MachineName` kann man jeweils sehen, welcher der abgefragten Computer das Ergebnis geliefert hat.

Bild 23.14
Abfrage der Dienste auf zwei Computern

23.6.2 Anforderungen

Für einen Fernaufruf müssen sowohl der lokale (der Aufrufer, der Client) als auch der entfernte Computer (der Aufgerufene, der Server) folgende Voraussetzungen erfüllen:
- Microsoft .NET Framework 2.0 oder höher
- Windows PowerShell 2.0 oder höher
- Windows Remote Management (WinRM) 2.0

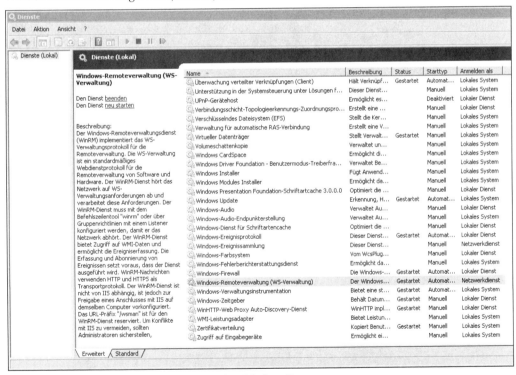

Bild 23.15: Der WinRM-Dienst in einem deutschen Windows 7

Kapitel 23 **PowerShell-Aufbauwissen**

23.6.3 Rechte für Fernaufrufe

Fernaufrufe sind sowohl domänenintern als auch domänenübergreifend (durch Vertrauensstellungen oder gleiche Benutzername-Kennwort-Kombination) möglich, im zweiten Fall allerdings nur unter expliziter Angabe von Benutzernamen und Kennwort, selbst wenn auf dem Zielsystem eine zu dem aufrufenden System identische Benutzername-Kennwort-Kombination existiert. Fernaufrufe können nur Benutzer ausführen, die auf dem Zielsystem zur Administratorengruppen gehören. Man kann das Recht zum Fernaufruf durch Änderung der sogenannten Sitzungskonfigurationen steuern.

Auch auf dem lokalen Computer werden Administratorrechte für einige Aktionen im Zusammenhang mit dem Fernaufruf benötigt. Dies sind insbesondere die Einrichtung von WS-Management und die Konfiguration von PowerShell-Sitzungen. Auch ein Fernaufruf gegen den eigenen Computer („Loopback-Aufruf") erfordert Administratorrechte.

23.6.4 Einrichten von WinRM

Enable-Psremoting
Im Auslieferungszustand der PowerShell sind PowerShell-Fernaufrufe deaktiviert. Mit Enable-PSRemoting konfiguriert man einen Computer zum Empfang von Fernaufrufen von anderen Rechnern. Dieser Befehl startet den WinRM-Systemdienst, konfiguriert die Windows PowerShell und trägt das Protokoll WS-Management als Ausnahme in der Windows Firewall ein. Enable-PSRemoting ist nicht notwendig auf Computern, die nur (!) PowerShell-Befehle an andere Rechner senden wollen. Zum Ausführen von Enable-PSRemoting muss man auf dem System Administrator sein.

Bild 23.16
Erstkonfiguration von PowerShell Remoting

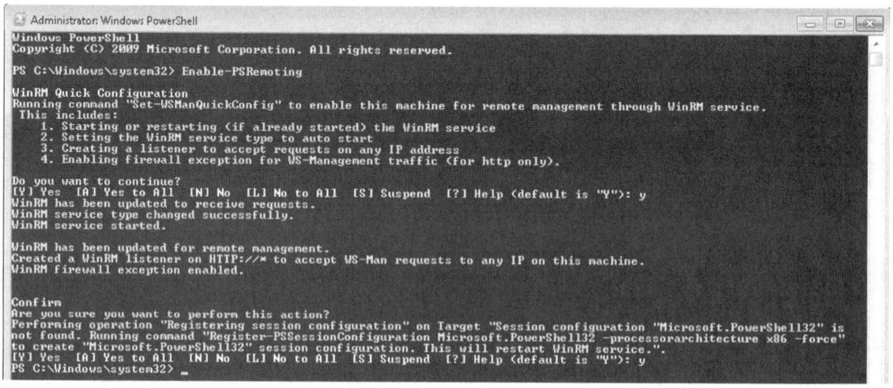

Zum Unterdrücken der Nachfragen geben Sie ein:
`Enable-Psremoting -force`

Zum Testen der Einrichtung geben Sie ein:
`New-PSSession`

Dann sollte das nachstehende Ergebnis erscheinen.

Bild 23.17
Testen der Fernverbindungskonfiguration mit New-PSSession

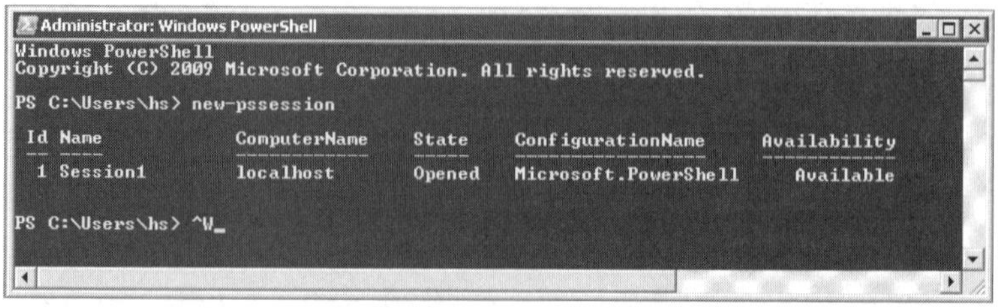

In Domänen kann WinRM über die Gruppenrichtlinie „Computer Configuration\Administrative Templates\Windows Components\Windows Remote Management (WinRM)\WinRM service" gesteuert werden.

Zum Deaktivieren des PowerShell Remoting gibt es das Commandlet:
`Disable-PSRemoting`

23.6.5 Überblick über die Commandlets

Die wichtigsten Commandlets für die Fernausführung sind:
- `Enter-PSSession`: Starten einer Fernausführungssitzung im Telnet-Stil
- `Invoke-Command`: Fernausführung eines einzelnen PowerShell-Commandlets oder eines Skripts
- `New-PSSession` : Erstellen einer permanenten Verbindung für die Fernausführung

Alle o.g. Commandlets bieten ein Attribut –Computername. Bei `Enter-PSSession` kann man nur einen Computer angeben, bei `Invoke-Command` und `New-PSSession` auch ein Array mehrerer Computer.

Wichtiger Hinweis: Im Standard vorgesehen ist die Angabe von Computernamen. IP-Adressen können alternativ verwendet werden, erfordern aber ein anderes Authentifizierungsverfahren, da das im Standard verwendete Kerberos keine IP-Adressen unterstützt (siehe Kapitel zu Sicherheit bei PowerShell Remoting).

23.6.6 Interaktive Fernverbindungen im Telnet-Stil

Mit dem Commandlet `Enter-PSSession` eröffnet man eine interaktive Sitzung zu einem entfernten System im Stil des Telnet-Protokolls. Anzugeben ist der Computername, z.B.

`Enter-PSSession -Computername F170`

Enter-PSSession

Nach erfolgreicher Ausführung des Befehls wird der Computername vor der PowerShell-Eingabeaufforderung angezeigt. Alle eingegebenen Befehle werden nun auf dem entfernten System ausgeführt. Alle Ausgaben landen auf dem lokalen System.

Testen kann man zum Beispiel, indem man mit `[System.Environment]::MachineName` den Computernamen abruft.

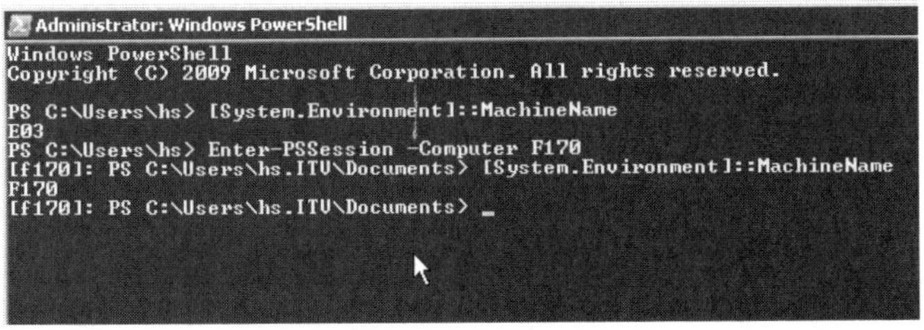

Bild 23.18
Aufbau einer interaktiven Fernsitzung

Man kann sich in einer interaktiven Sitzung immer nur mit genau einem entfernten System verbinden. Man kann aber auf einem System mehrere PowerShell-Fenster öffnen und sich darin mit jeweils einem anderen entfernten System verbinden.

Möglichkeiten einer Fernsitzung In einer Fernsitzung kann jegliche Form von Änderungen durchgeführt werden, sowohl durch Ausführung von Commandlets, z.B.

`(Get-service bITS) | start-service`

als auch durch den Aufruf von Methoden

```
(Get-service bITS).Start()
```

Man kann auch Windows-Prozesse starten. Zu beachten ist jedoch, dass man auf dem entfernten System Benutzeroberflächen von diesen Prozessen nicht sehen kann, selbst wenn man dort lokal angemeldet ist.

Exit-PSSession Zum Verlassen der Fernsitzung gibt man ein:

```
Exit-PSSession
```

23.6.7 Fernausführung von Befehlen

Invoke-Command Um einen einzelnen Befehl auf einem entfernten System auszuführen, kann man auch das Commandlet Invoke-Command mit dem Parameter –Computername verwenden. Beim Parameter –ScriptBlock kann man einen oder mehrere (durch Zeilenumbruch oder Semikolon getrennte) Befehle angeben und auch Pipelines nutzen. Nicht nur Commandlets, auch klassische Kommandozeilenbefehle sind möglich.

Beispiel 1 `Invoke-Command -ComputerName F170 -scriptblock { Get-Service b* }`

Beispiel 2 `Invoke-Command -ComputerName F170 -scriptblock { Get-Service | sort status | ft name, status }`

Beispiel 3 `Invoke-Command -computer F170 -Script { "Computername: " + [System.Environment]::MachineName ; "Zeit: " + [DateTime]::Now ; "Sprache: " + (Get-Culture) }`

Beispiel 4 `Invoke-Command -computer F170 -Script { ping www.it-visions.de }`

> Alle Commandlets oder Anwendungen, die in dem Skriptblock gestartet werden, müssen auf dem Zielsystem verfügbar sein.

Auch hier wird das Ergebnis auf dem lokalen System angezeigt, oft mit der zusätzlichen Spalte „PSComputerName", die den Namen des aufgerufenen Computers enthält.

Bild 23.19 Lokaler Aufruf versus entfernter Aufruf

```
Windows PowerShell
Copyright (C) 2009 Microsoft Corporation. All rights reserved.

PS C:\Users\hs> Get-Service b*

Status   Name               DisplayName
------   ----               -----------
Running  BFE                Basisfiltermodul
Running  BITS               Intelligenter Hintergrundübertragun...
Stopped  Browser            Computerbrowser


PS C:\Users\hs> Invoke-Command -ComputerName F170 -scriptblock { Get-Service b* }

Status   Name               DisplayName                          PSComputerName
------   ----               -----------                          --------------
Stopped  BDESVC             BitLocker Drive Encryption Service   f170
Running  BFE                Base Filtering Engine                f170
Stopped  BITS               Background Intelligent Transfer Ser... f170
Running  Browser            Computer Browser                     f170
Stopped  bthserv            Bluetooth Support Service            f170


PS C:\Users\hs> _
```

Fernausführung (Remoting)

Allerdings muss man beachten, dass die Ergebnismenge keineswegs die gleiche Struktur hat wie bei einem lokalen Aufruf. Die Objekte in der Pipeline sind nicht vom Typ `System.ServiceProcess.ServiceController`, sondern `Deserialized.System.ServiceProcess.ServiceController`. Zwischen den Rechnergrenzen hat für den Transport im Netzwerk eine Serialisierung/Deserialisierung der Objekte stattgefunden. Dabei sind die Methoden der Objekte „verloren" gegangen. Methodenaufrufe wie

Serialisierung/ Deserialisierung

`(Invoke-Command -ComputerName F170 -scriptblock { Get-Service bits }).Start()`

sind also nicht möglich!

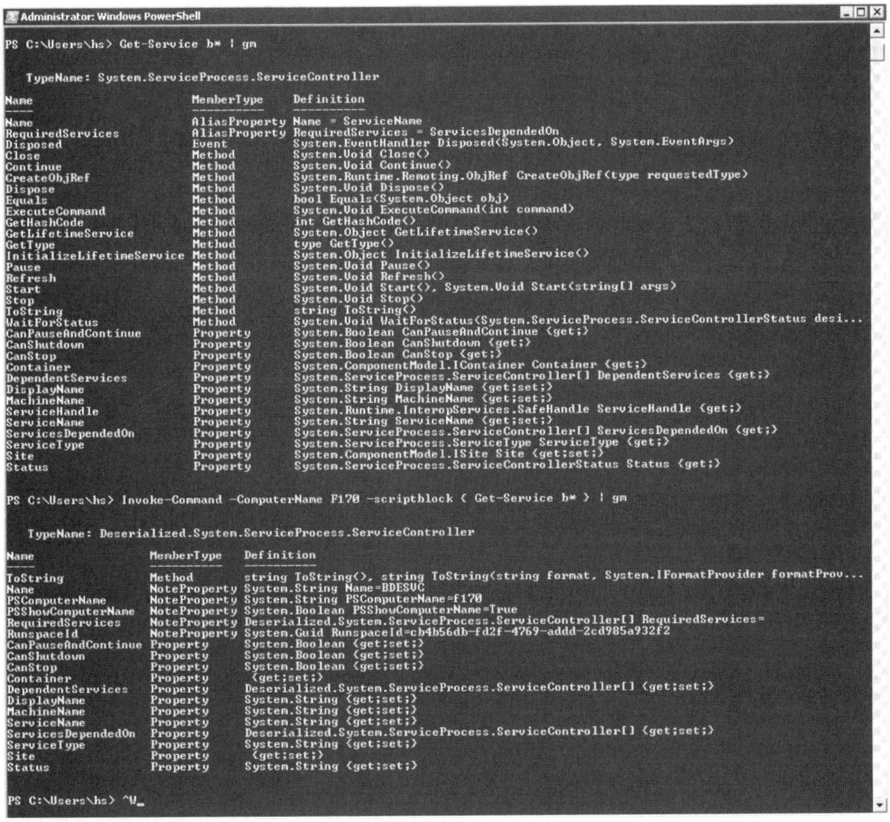

Bild 23.20 Get-Member nach einem lokalen und einem entfernten Aufruf von Get-Service

Beim Pipelining kann man in eine sehr tiefe Falle tappen. Ein Benutzer, der merkt, dass
`(Invoke-Command -ComputerName F170 -scriptblock { Get-Service Bits }).Start()`
nicht funktioniert, würde wohl auf
`(Invoke-Command -ComputerName F170 -scriptblock { Get-Service Bits }) | Start-Service`
ausweichen wollen.

Dieser Befehl würde ohne Fehlermeldung abgeschlossen – er hätte aber nicht getan, was gewünscht war. In diesem Fall würde der „BITS"-Dienst auf dem lokalen System, nicht auf dem entfernten System gestartet. Der Grund liegt darin, dass `Start-Service` das `PSComputerName`-Attribut ignoriert und nur den Namen des Dienstes berücksichtigt. Die folgende Bildschirmabbildung liefert den Beweis.

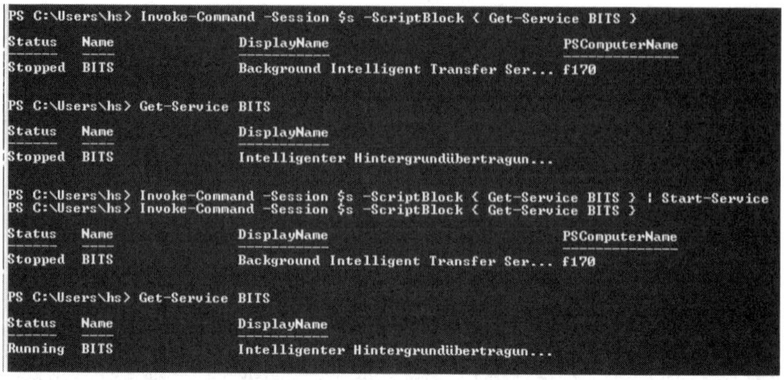

Bild 23.21
Unerwartetes Verhalten beim Fernaufruf

Viele Commandlets funktionieren so, auch weitreichende wie `Remove-Item`. Der folgende Befehl löscht also nicht Textdateien auf dem entfernten, sondern gleichnamige Dateien auf dem lokalen System!

```
Invoke-Command -ComputerName F170 -scriptblock { Get-Item d:\Daten\*.txt } | remove-Item
```

Richtig ist hier, den Befehl Remove-Item mit in den Skriptblock zu nehmen:

```
Invoke-Command -ComputerName F170 -scriptblock { Get-Item d:\Daten\*.txt | remove-Item }
```

Grund für diese Falle ist, dass die von Get-Item gelieferten Dateiobjekte zwar von der PowerShell um den Parameter PSComputername angereichert wurden, aber das Commandlet Remove-Item diese Zusatzinformation leider ignoriert.

Einige Commandlets in der PowerShell 2.0, darunter `Get-Process` und `Get-Service`, bieten auch noch einen kürzeren Weg für die Fernabfrage an. Bei diesen Commandlets kann man ein einzelnes entferntes System über den Parameter `-Computer` angeben, z.B. `Get-Process -Computer F111` (Details siehe Abschnitt „Fernabfrage ohne WS-Management").

Vorteil dieser Methode ist, dass man dafür nicht WS-Management braucht und also auch ältere Betriebssysteme abfragen kann, für die es kein WS-Management gibt. Nachteil ist, dass sich die Fernabfrage immer nur auf den einzelnen Befehl bezieht. Man kann weder Befehlsfolgen noch Skripte angeben. Außerdem kann man immer nur ein einzelnes entferntes System ansprechen.

23.6.8 Fernausführung von Skripten

Invoke-Command

Mit `Invoke-Command` kann man natürlich ein auf dem entfernten System vorhandenes Skript starten, z.B.:

```
Invoke-Command -computer F170 -scriptblock { d:\Skripte\WPS2_Computername.ps1 }
```

Voraussetzung ist natürlich, dass auf dem entfernten System die Skriptausführung erlaubt ist und alle für das Skript benötigen Dateien dort sind.

Bild 23.22
Fehlermeldung, wenn das Starten des Skripts auf einem entfernten System nicht erlaubt ist

Mit folgendem Befehl kann man die Skriptausführung auf einem entfernten System aktivieren:

```
Invoke-Command -computer F170 -scriptblock { Set-executionpolicy unrestricted }
```

Das folgende Listing zeigt ein Beispiel, bei dem man die Skriptausführung aktiviert, ein Skript kopiert, dann ausführt und anschließend das Skript löscht und die Skriptausführung wieder deaktiviert.

```
"Start Session..."
$a = New-PSSession  -ComputerName F170

"Enable Script Execution on remote System..."
Invoke-Command -Session $s -scriptblock { Set-executionpolicy unrestricted }

"Copy Script..."
Copy-Item H:\WPS2_Computername.ps1 \\f170\c$\temp\wps2_Computername.ps1

"Start Script..."
Invoke-Command -Session $s -scriptblock { c:\temp\WPS2_Computername.ps1 }

"Delete Script..."
Remove-Item \\f170\c$\temp\wps2_Computername.ps1

"Disable Script Execution on remote System..."
Invoke-Command -Session $s -scriptblock { Set-executionpolicy default }

"End Session!"
Remove-PSSession $s
```

*Listing 23.9
Entfernte Skriptausführung durch Skriptkopieren [Aufbauwissen/Remoting/WPS2_Remoting_Script.ps1]*

Das gleiche Ergebnis kann man aber auch viel einfacher haben, denn das Commandlet Invoke-Command bietet auch die Möglichkeit, ein lokales Skript auf den entfernten Computer zu übertragen und dort zu starten:

```
Invoke-Command -computer F170 -FilePath H:\WPS2_Computername.ps1
```

Dies funktioniert (zumindest in der Release Candidate-Version) auch ohne dass die Ausführungsrichtlinie (ExecutionPolicy) Skripte zulässt.

23.6.9 Ausführung auf mehreren Computern

Das Commandlet Invoke-Command bietet auch die Möglichkeit, mehrere Computer in Form eines Arrays (eine durch Komma getrennte Liste) anzugeben.

Beispiel 1: Setzen von Datum und Uhrzeit auf mehreren Computern

```
Invoke-Command -computer F170, F171, F172, F173 -Script { Set-date -date }
```

*Bild 23.23
Ausführen von Set-Date auf mehreren Computern*

Beispiel 2: Auslesen von c:\Temp auf mehreren Computern

```
$computer = F170, F171, F172, F173, F174
Invoke-Command -computer $computer { Get-childitem c:\temp }
```

Tipp: Für den lokalen Computer kann man „localhost" oder "." verwenden.

Das Ergebnis ist eine Gesamtliste der Ergebnisse von allen genannten Computern. Die Objekte in der Menge besitzen ein zusätzliches Attribut (NoteProperty) PSComputerName, das den Namen des Computers zeigt, der das Objekt geliefert hat. Dadurch ist ein Filtern/Sortieren/Gruppieren auf dem aufrufenden Computer möglich.

PSComputerName

Kapitel 23 PowerShell-Aufbauwissen

Die PowerShell fragt bei den einzelnen Computern in der Reihenfolge an, wie sie im Array angegeben sind. Die Reihenfolge der Ergebnisse ist jedoch abhängig davon, wann die Ergebnisse eintreffen.

Bild 23.24
Ergebnismenge eines Abrufs von Dienst-Objekten von drei Computern

Bei der Ausgabe von einigen Klassen (z.B. auch bei ServiceController) wird PSComputerName automatisch ausgegeben. Dies kann man durch -HideComputername unterdrücken.

```
Invoke-Command -Computer F170, F171 -ScriptBlock { Get-Service I* } -HideComputername
```

23.6.10 Abbrechen einen Fernbefehls

Zum Abbrechen eines entfernt ausgeführten Befehls kann man wie bei lokalen Befehlen die Tastenkombination STRG + C verwenden.

23.6.11 Sitzungen

Invoke-Command erzeugt im Standard eine temporäre Verbindung. Alle Definitionen (Variablen und Funktionen), die im Rahmen der Ausführung von Invoke-Command auf einem entfernten System erzeugt wurden, sind nach Ende des Befehls wieder ungültig.

PSSession Die Alternative ist eine permanente Verbindung (Sitzung). Eine Sitzung (engl. Session, alias „PSSession") ist Host für die PowerShell, in der die PowerShell Befehle ausführt. Aus der Sicht von Windows ist eine Session ein Prozess.

Eine Sitzung gestaltet man durch das Laden von Snap-Ins und Modulen sowie durch die Definition von Variablen, Funktionen und Aliasen. Alle diese Einstellungen leben so lange, wie die Sitzung dauert.

Beim Start der PowerShell durch PowerShell.exe wird automatisch eine Sitzung erzeugt (Default Session). Durch Commandlets kann man weitere Sitzungen auf dem lokalen Computer oder entfernten Computern erzeugen.

Alle Fernaufrufe der PowerShell erfolgen im Rahmen einer Sitzung. Die PowerShell unterscheidet temporäre Sitzungen (mit Invoke-Command unter Angabe eines Computernamens) und permanente Sitzungen (mit Invoke-Command unter Angabe eines Sitzungsobjekts, das vorher mit New-PSSession erzeugt wurde).

Commandlets zur Sitzungsverwaltung

Es folgt ein Überblick über die Commandlets zur Sitzungsverwaltung:

- New-PSSession: Erzeugen einer neuen Sitzung auf dem lokalen oder einem entfernten Computer.
- Get-PSSession: Liste aller Sitzungen, die aus der aktuellen Sitzung heraus gestartet wurden (zeigt aber nicht Sitzungen, die andere Computer auf dem lokalen Computer geöffnet haben)

- Remove-PSSession: Entfernt eine Session oder alle Sessions (Remove-PSSession *)
- Enter-PSSession: Start einer interaktiven Sitzung auf dem lokalen oder einem entfernten Computer.
- Exit-PSSession: Ende einer interaktiven Sitzung
- Disable-PSSessionConfiguration: Sperren einer/alle Sitzungskonfigurationen
- Enable-PSSessionConfiguration: Entsperren einer/alle Sitzungskonfigurationen
- Get-PSSessionConfiguration: Auflisten der Sitzungskonfigurationen
- Register-PSSessionConfiguration: Permanente Registrierung einer Sitzungskonfiguration
- Set-PSSessionConfiguration: Setzen von Eigenschaften einer Sitzungskonfiguration
- Unregister-PSSessionConfiguration: Löschen einer Sitzungskonfiguration

Sitzungen erstellen

Eine Sitzung erzeugt man über New-PSSession :   **New-PSSession**

```
$s = New-PSSession  -computername F171, F172
```

Auf diese offene Sitzung muss man dann im Commandlet Invoke-Command Bezug nehmen. Ein Computername ist dann nicht mehr erforderlich.

```
Invoke-Command -session $s -scriptblock {$p = Get-Process }
```

Man kann auch permanente Sitzungen zu mehreren Computern aufbauen, indem man bei New-PSSession mehrere Computer angibt:

```
$s = New-PSSession  -computername S1, S2, S3
Invoke-Command -session $s -scriptblock {Get-culture}
```

Alternativ kann man auch mehrere einzelne Sitzungen erstellen und diese bei Invoke-Command angeben.

```
"Sitzungen erstellen..."
$s1 = New-PSSession   -ComputerName F173
$s2 = New-PSSession   -ComputerName E04
$s3 = New-PSSession   -ComputerName E05

"Fernzugriff auf alle drei Rechner..."
Invoke-Command -Session $s1, $s2, $s3 -ScriptBlock { Get-Service spooler }
```

Die PowerShell-Profilskripte werden weder in temporären noch in permanenten Verbindungen automatisch auf dem entfernten System geladen. Bei Bedarf müssen sie explizit gestartet werden, z.B.:

```
Invoke-Command -session $s {. "$home\Documents\WindowsPowerShell\
Microsoft.PowerShell_profile.ps1"}
```

Schließen von Sitzungen

Sitzungen werden automatisch geschlossen, wenn die Sitzung (Elternsitzung) beendet wird, aus der heraus die Sitzung (Kindsitzung) gestartet wurde. Entfernte Sitzungen enden zudem automatisch, wenn entfernte Computer für vier Minuten lang nicht mehr erreichbar sind. Manuell kann man eine Sitzung mit Remove-PSSession schließen.   **Remove-PSSession**

Sitzungskonfigurationen

Eine Sitzungskonfiguration legt durch zahlreiche Einstellungen fest, wer eine Sitzung aufbauen darf und welche Befehle in der Sitzung zur Verfügung stehen. Typische Einstellungen sind:

- Benutzer, die sich mit dem Computer entfernt verbinden dürfen.
- Größe der Objekte, die die entfernten Benutzer übertragen dürfen.
- Festlegung der verfügbaren Commandlets und Funktionen.

 Die Konfiguration einer Sitzung ist nur möglich, wenn die PowerShell als Administrator gestartet wurde.

Die Standardkonfiguration trägt den Namen „Microsoft.PowerShell". Auf 64-Bit-Computern gibt es zusätzlich „Microsoft.PowerShell32". Auf Windows Server 2008 R2 gibt es außerdem „Microsoft.ServerManager".

Get-PSSessionconfiguration Die verfügbaren Konfigurationen mit zahlreichen Details zeigt:

```
Get-PSSessionconfiguration | fl
```

oder alternativ mit

```
dir wsman:localhost/plugin
```

Zugriffsrechte für Fernaufrufe

Im Standard können nur Administratoren Fernaufrufe ausführen. Man kann aber die Zugriffsrechteliste (Access Control List – ACL) der Sitzungskonfiguration ändern.

```
Set-PSSessionConfiguration Microsoft.PowerShell -ShowSecurityDescriptorUI
```

SDDL Etwas kurios für eine kommandozeilenbasierte Shell ist, dass sich dadurch ein Windows-Fenster öffnet, wie man es von den Zugriffsrechtelisten von Windows Explorer und der Windows Registrierungsdatenbank kennt. Rein kommandozeilenbasiert kann man arbeiten, indem man im Parameter SecurityDescriptorSDDL eine SDDL-Zeichenkette (SDDL = Security Descriptor Definition Language) übergibt.

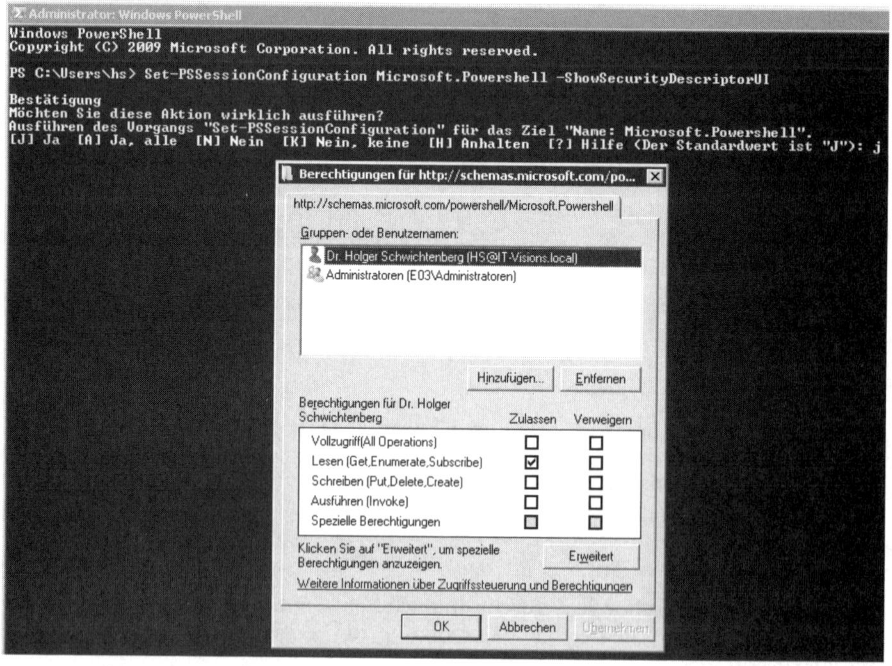

Bild 23.25 Ändern der ACL für das PowerShell

Hinweis: Das Commandlet disable-PSSessionConfiguration verändert die Zugriffsrechtelisten für eine oder alle vorhandenen Sitzungskonfigurationen so, dass kein Benutzer mehr Rechte für den Fernaufruf hat.

Beispiel:

`disable-PSSessionConfiguration -name Microsoft.PowerShell`

Die Blockade kann man rückgängig machen mit `Enable-PSSessionConfiguration`.

Mit `Register-PSSessionConfiguration` kann man eine neue Konfiguration erzeugen. Diese wird permanent auf dem Computer gespeichert. Der erforderliche Neustart des WS-Management-Dienstes wird auf Nachfrage ausgeführt.

Der folgende Befehl legt eine neue Konfiguration unter dem Namen „ITVConfig" an mit einer Erhöhung der Datenmenge auf 200 MB (Standard sind 50 MB) und einem Skript, das beim Starten der Sitzung ausgeführt werden soll.

Beispiel

```
register-PSSessionConfiguration -name ITVConfig
-MaximumReceivedDataSizePerCommandMB 200
-StartupScript h:\Skripte\WPS2_Remoting_SessionStartSkript.ps1
```

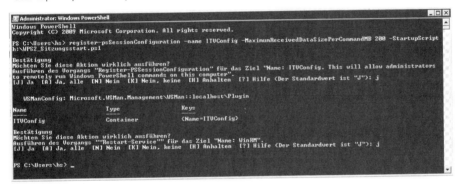

Bild 23.26
Ablauf der Registrierung einer Sitzungskonfiguration

Anschließend kann man eine Sitzung mit Bezug auf diese Konfiguration starten:

`$s = New-PSSession -ConfigurationName ITVConfig`

Auch Invoke-Command hat den Parameter –ConfigurationName:

`Invoke-Command -ConfigurationName "ITVConfig" -scriptblock { Start-Service BITS } -computer F173`

In `$PSSessionConfigurationName` ist der Name der Konfiguration abgelegt, die verwendet wird, wenn man den Parameter -ConfigurationName nicht angibt. Den Inhalt dieser Variablen kann man ändern.

Zum Löschen einer Konfiguration verwendet man:

`Unregister-PSSessionConfiguration -name ITVConfig`

Unregister-PSSession-Configuration

23.6.12 Zugriff auf entfernte Computer außerhalb der eigenen Domäne

Der Zugriff auf entfernte Computer außerhalb der eigenen bzw. einer vertrauenden Domäne ist möglich.

Grundsätzlich gibt es zwei Möglichkeiten für den domänenübergreifenden Zugriff:
- Expliziter Eintrag des Zielsystems in die Liste vertrauter Systeme
- Einrichten von Secure Socket Layer (SSL) für die HTTP-Kommunikation alias HTTPS

Herleitung des Problems

Authentifizierungsmethode

Wenn man einen domänenübergreifenden Aufruf versucht (z.B. Enter-PSSession F171), wird man auf folgende Fehler stoßen:

„Die Anforderung kann von WinRM nicht verarbeitet werden. Bei Verwendung der Kerberos-Authentifizierung ist der folgende Fehler aufgetreten: Der Netzwerkpfad wurde nicht gefunden. Mögliche Ursachen:

– Der angegebene Benutzername oder das angegebene Kennwort ist ungültig.

– Kerberos wird verwendet, wenn keine Authentifizierungsmethode und kein Benutzername angegeben werden.

– Kerberos akzeptiert Domänenbenutzernamen, aber keine lokalen Benutzernamen.

– Der Dienstprinzipalname (Service Principal Name, SPN) für den Remotecomputernamen und -port ist nicht vorhanden.

– Der Clientcomputer und der Remotecomputer befinden sich in unterschiedlichen Domänen, zwischen denen keine Vertrauensbeziehung besteht.

Wenn Sie die oben genannten Ursachen überprüft haben, probieren Sie folgende Aktionen aus:

– Suchen Sie in der Ereignisanzeige nach Ereignissen im Zusammenhang mit der Authentifizierung.

– Ändern Sie die Authentifizierungsmethode; fügen Sie den Zielcomputer der Konfigurationseinstellung "TrustedHosts" für WinRM hinzu, oder verwenden Sie den HTTPS-Transport. Beachten Sie, dass Computer in der TrustedHosts-Liste möglicherweise nicht authentifiziert sind."

Dieser ausführliche Fehlertext liefert schon recht genaue Hinweise auf das Problem: Die Authentifizierungsmethode Kerberos funktioniert nur in Domänen. Es ist also eine andere Authentifizierungsmethode zu wählen.

Verfügbare Standardauthentifizierungsmethoden sind Default (= Kerberos), Basic, Negotiate (= Aushandlung zwischen Client und Server mit dem **S**imple and **P**rotected GSSAPI **Nego**tiation Mechanism – SPNEGA), NegotiateWithImplicitCredential, Credssp, Digest, Kerberos.

Ein neuer Versuch könnte dann also Digest oder Basic sein, also:

```
Enter-PSSession F171 -Authentication Digest
```

oder

```
Enter-PSSession F171 -Authentication Basic
```

Nun ist in beiden Fällen der Fehlertext:

„Der WinRM-Client kann die Anforderung nicht verarbeiten. Wenn der Basic- oder Digest-Authentifizierungsmechanismus verwendet wird, müssen Anforderungen den Benutzernamen und das Kennwort enthalten. Fügen Sie den Benutzernamen oder das Kennwort hinzu, oder ändern Sie den Authentifizierungsmechanismus, und wiederholen Sie die Anforderung."

Dies bedeutet also, dass die Daten des am lokalen System angemeldeten Benutzers nicht automatisch übermittelt werden (selbst wenn es auf dem Zielsystem eine gleiche Kombination aus Benutzername und Kennwort gibt). **Expliziter Benutzername**

Nun ein dritter Versuch, wobei man Client und Server die Authentifizierung aushandeln lässt:

```
Enter-PSSession F171 -Authentication Negotiate -credential Get-credential
```

Die PowerShell zeigt den Authentifizierungsdialog ...

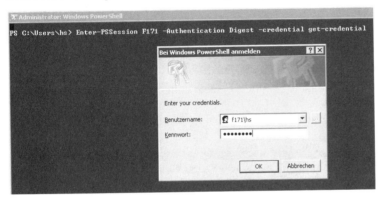

und dann wieder einen Fehler:

„Der WinRM-Client kann die Anforderung nicht verarbeiten. Wenn das Authentifizierungsschema nicht Kerberos ist oder der Clientcomputer nicht Mitglied einer Domäne ist, muss der HTTPS-Datentransport verwendet werden, oder der Zielcomputer muss der TrustedHosts-Konfigurationseinstellung hinzugefügt werden. Verwenden Sie „winrm.cmd", um Trusted-Hosts zu konfigurieren. Beachten Sie, dass Computer in der TrustedHosts-Liste möglicherweise nicht authentifiziert sind."

Auch hier ist die Anweisung klar: Entweder ist HTTPS zu verwenden oder aber ein Eintrag in TrustedHosts vorzunehmen. Letzteres ist einfacher.

Eintrag in die Liste vertrauter Systeme

Diesen Eintrag kann man über den WSMan-Navigationsprovider der PowerShell 2.0 recht elegant vornehmen: **TrustedHost**

```
cd WSMan:\localhost\Client
Set-Item trustedhosts "F170, F171, F172, F173, F174, F175" -force
Restart-Service winrm
```

Die Veränderungen der Eigenschaft „TrustedHost" erfordern eigentlich eine Rückbestätigung, daher das –force. TrustedHost ist eine Liste der zu vertrauenden Rechner (Rechnername oder IP-Adresse). Das Skript muss mit Administratorrechten gestartet werden.

Danach kann man dann mit einem Befehl wie folgt einen Fernzugriff ausführen, wobei die PowerShell explizit nach Benutzername und Kennwort fragen wird, selbst wenn auf dem Zielsystem die gleiche Benutzername-Kennwort-Kombination existiert.

```
Invoke-Command F175 { Get-ChildItem c:\ } -authentication negotiate -credential Get-Credential
```

Bild 23.27
Nachfrage der PowerShell beim Zugriff auf Computer, die nicht zur (vertrauten) Domäne gehören

Man kann auch eine dauerhafte Sitzung zu einem entfernten Computer, der nicht zur Domäne gehört, erstellen:

```
$s = New-PSSession  F175 -authentication negotiate -credential Get-Credential
```

Bild 23.28
Nachfrage der PowerShell beim Erstellen einer Sitzung zu einem Computer, die nicht zur (vertrauten) Domäne gehören

Die Anmeldedaten immer wieder eingeben zu müssen, kann man vermeiden, indem man sich die Anmeldedaten in einer Variablen merkt:

`$cred = Get-Credential` Tipp: Man muss die Anmeldedaten nicht pro Computer eingeben. Sofern Benutzername und Kennwort auf allen Systemen gleich sind, kann man auch schreiben:

```
$cred = Get-Credential
$s = New-PSSession  -auth negotiate -cred $cred -computer F170, F171, F171, F173, F174
Invoke-Command -Script { Set-date -date "24.6.2009 15:20:00" } -session $s
```

Listing 23.10: Setzen des Datums mit Set-Date auf mehreren Nicht-Domänencomputern, die die gleiche Benutzername-Kennwort-Kombination haben [WPS2_Remoting_MultiComputer_Set-Date.ps1

23.7 Fehlersuche

Zur Fehlersuche bieten die Commandlets einheitliche Parameter:

- Mit den Parametern `-Verbose` und `-Debug` erhält der Administrator mehr Ausgaben als normal.
- Mit `-Confirm` verlangt er, dass alle Änderungsaktionen per Nachfrage rückbestätigt werden müssen.
- Wer ganz sichergehen will, lässt mit `-WhatIf` die Aktion vor der tatsächlichen Ausführung simulieren.

Einheitliche Parameter

Die Parameter `-Confirm` und `-WhatIf` werden nicht von allen Commandlets unterstützt.

Bei der Verwendung von `-WhatIf` beim Commandlet `Stop-Service` listet die PowerShell detailliert auf, welche Dienste Windows aufgrund von Dienstabhängigkeiten tatsächlich anhält.

Hilfreich ist `-WhatIf` auch, wenn man einen Befehl mit Platzhalter absetzt. Die folgende Abbildung zeigt, welche Dienste stoppen würden, wenn man `Stop-Service a*` ausführen würde.

Bild 23.29: Operationen mit Platzhaltern können schlimme Konsequenzen haben – whatif zeigt, welche Dienste betroffen wären.

Detailinformationen

Detailinformationen über die Arbeit eines einzelnen Commandlets erhält man durch den Standardparameter `–verbose`. Das Gleiche für ganze Skripte erreicht man durch `Set-PsDebug -trace 1` oder `Set-PsDebug -trace 2`. Das nachfolgende Bild 23.30 zeigt die Ausgaben bei `-trace 1`. Bei `-trace 2` wäre die Ausgabe noch detaillierter.

Verbose und Debug

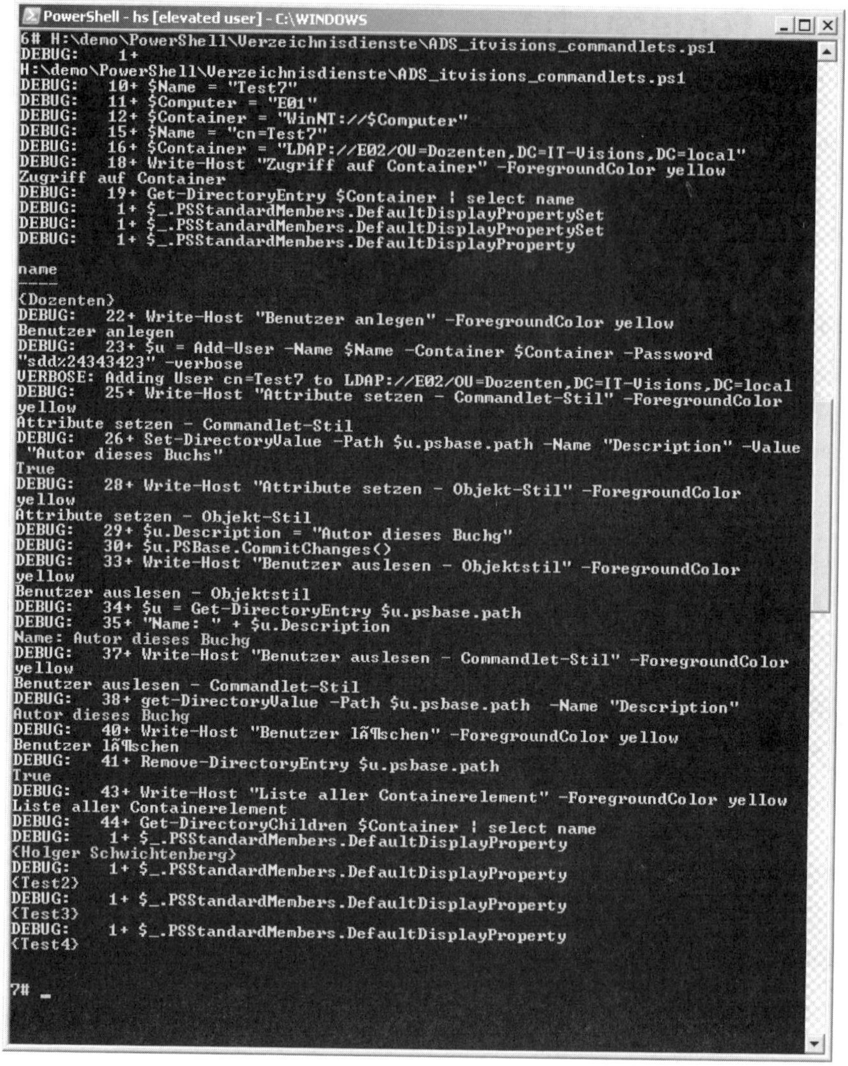

Bild 23.30
Protokollieren eines Skriptablaufs

Einzelschrittmodus

Set-PsDebug Mit dem Commandlet `Set-PsDebug -step` kann man Skripte schrittweise durchlaufen, d.h., die PowerShell gibt die Schritte nicht nur aus, sondern fragt auch nach jedem Schritt, ob die Ausführung fortgesetzt werden soll.

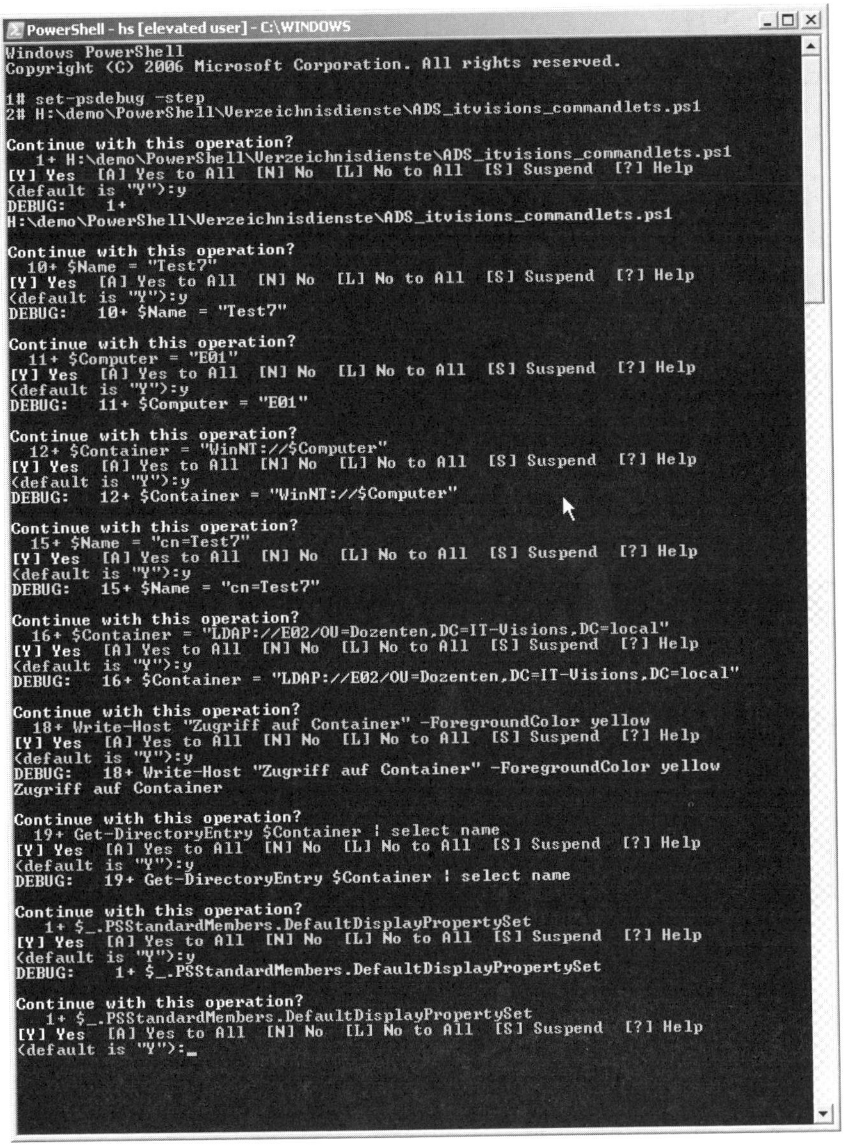

Bild 23.31
Durchlaufen eines Skripts in Einzelschritten

Zeitmessung

Das Commandlet `Measure-Command` liefert die Angabe, wie lange ein Befehl zur Ausführung braucht – in Form eines `TimeSpan`-Objekts.

Measure-Command

Beispiel:

```
Measure-Command { Get-Process | Foreach-Object { $_.ws } }
```

Kapitel 23 PowerShell-Aufbauwissen

Ablaufverfolgung

Set-Trace-Source Mit dem Commandlet `Set-TraceSource` kann man eine Ablaufverfolgung aktivieren, die detaillierte Informationen über jeden Verarbeitungsschritt liefert. `Get-TraceSource` listet alle überwachbaren Protokollquellen auf. Im Standard sind es 176. Damit wird die Komplexität des Themas deutlich, das den Rahmen dieses Buchs sprengen würde.

> Beim Experimentieren mit `Set-TraceSource` können Sie schnell zu einem Punkt kommen, wo Sie vor lauter Protokollausgaben die eigentlichen Aktionen nicht mehr sehen. Um die Protokollierung wieder zu deaktivieren, verwendet man `Set-TraceSource` mit dem Parameter `-RemoveListener`.

23.8 Transaktionen

Die PowerShell ab Version 2.0 unterstützt Transaktionen. Dies bedeutet, dass von einer Reihe von Befehlen entweder alle oder keiner ausgeführt werden. Ein Aufruf von Get-PSProvider zeigt in der Spalte Capabilities, welche PowerShell-Provider Transaktionen unterstützen. In der Basisausstattung der PowerShell 2.0 ist dies aber leider nur der Registry Provider.

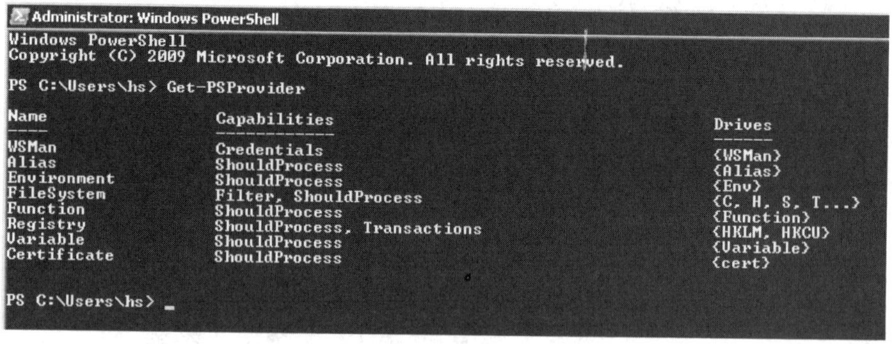

Bild 23.32 In PowerShell 2.0 unterstützt nur der Registrierungsdatenbankprovider die PowerShell-Transaktionen.

23.8.1 Commandlets für Transaktionen

Zur Transaktionssteuerung gibt es vier Commandlets:

- `Start-Transaction`: Beginn einer neuen Transaktion
- `Get-Transaction`: Zeigt den Status der laufenden Transaktion
- `Complete-Transaction`: Erfolgreiches Ende der Transaktion, d.h., alle Änderungen werden wirksam
- `Undo-Transaction`: Rücksetzen auf den Zustand vor der Transaktion

23.8.2 Start und Ende einer Transaktion

Transaktionssteuerung Eine Transaktion wird eingeleitet mit `Start-Transaction` und erfolgreich beendet mit `Complete-Transaction`. Parameter sind dabei keine notwendig.

Eine Transaktion darf beliebig viele Schritte enthalten. Alle Befehle, die Teil der Transaktion sein sollen, benötigen den Zusatzparameter –useTransaction. Man sieht nur ein Zwischenergebnis bei Lesebefehlen, die auch `-useTransaction` verwenden; alle Befehle ohne diesen Zusatz arbeiten auf dem Stand vor der Transaktion.

In dem folgenden Beispiel wird ein Registrierungsdatenbankschlüssel mit zwei Werten in einer Transaktion erzeugt.

Listing 23.11
Transaktionsbeispiel [Aufbauwissen/Transaktionen/WPS2_Transaktion__Registry.ps1]

```
# WPS2 / Transaktionen / Registry

$parent  = "HKCU:\Software\"
$keyname = "www.IT-Visions.de"
$key     = "HKCU:\Software\" + $keyname
$ErrorActionPreference = "continue"

if (Test-Path $key )
{ remove-Item $key  -Force }

"Transaktion starten..."
Start-Transaction

"Transaktionsstatus: " + (Get-Transaction).Status
Test-Path $key -usetransaction

New-Item -Path $parent -Name $keyname -UseTransaction -ItemType key

New-ItemProperty -path $key -name Name -value "www.IT-Visions.de -
Softwareentwicklung, Technologieberatung, Schulung" -useTransaction
New-ItemProperty -path $key -name Inhaber -value "Dr. Holger Schwichtenberg" -
useTransaction

# So sieht man den Schlüssel nicht
Test-Path $key
Get-Item $key #führt zu Fehler, der aber Transaktion nicht abbricht!
Get-ItemProperty $key "Inhaber" #führt zu Fehler, der aber Transaktion nicht
abbricht!

Unsinn #führt zu Fehler, der aber Transaktion nicht abbricht!

#Get-Item "HCCU:/Unsinn" -UseTransaction #würde zu Abbruch der Transaktion führen!

# So sieht man den Schlüssel!
Test-Path $key -UseTransaction
Get-Item $key -UseTransaction
Get-ItemProperty $key "Website"  -UseTransaction

"Transaktion abschließen..."
Complete-Transaction

# So sieht man den Schlüssel jetzt auch!
Test-Path $key
Get-Item $key
Get-ItemProperty $key "Inhaber"

"Transaktionsstatus: " + (Get-Transaction).Status
```

23.8.3 Zurücksetzen der Transaktion

Ende einer Transaktion

Ein Zurücksetzen auf den Ursprungszustand (Rollback, Abort, Undo) findet statt, wenn Undo-Transaction aufgerufen wird, die bei Start-Transaction im Parameter -TimeOut angegeben Zeit abgelaufen ist oder eins der an der Transaktion beteiligten Commandlets einen Fehler versucht. Mit dem Parameter -Rollbackpreference in Start-Transaction kann man das Verhalten im Fehlerfall aber ändern. Mögliche Zustände sind:

- Error: Rücksetzen der Transaktion bei jeder Art von Fehler in einer der Commandlets, die –ustransaction verwenden (Standardeinstellung)
- Terminating: Rücksetzen der Transaktion nur bei Fehlern, die zum Abbruch des Befehls führen („Terminating Errors")
- Never: Die Transaktion wird niemals automatisch zurückgesetzt

Wichtig: Bei der Frage, ob ein Fehler aufgetreten ist, geht es hier immer nur um die Commandlets, die -ustransaction verwenden. In dem folgenden Beispiel wird die Transaktion erfolgreich beendet, obwohl „unsinn" einen Fehler lieferte.

Listing 23.12
Beispiel für Fehler in Transaktionen [Aufbauwissen/ Transaktionen/ WPS2_ Transaktion_ Fehler.ps1]

```
$key = "HKCU:\Software\ix"

$parent = "HKCU:\Software\"
$keyname = "iX"
$key = "HKCU:\Software\" + $keyname

"Transaktion starten..."
Start-Transaction
if (Test-Path $key) { remove-Item $key -UseTransaction }
New-Item -Path $parent -Name $keyname -UseTransaction -ItemType key

New-ItemProperty -path $key -name Name -value "iX - Magazin für professionelle Informationstechnik" -useTransaction
New-ItemProperty -path $key -name Website -value "www.ix.de" -useTransaction

Unsinn #führt zu fehler

"Transaktion abschließen..."
Complete-Transaction
```

23.8.4 Mehrere Transaktionen

Mehrere Transaktionen

Man kann Start-Transaction mehrfach aufrufen, dies führt aber nicht zu unabhängigen Transaktionen. Vor Ende einer Transaktion gestartete Transaktionen sind Untertransaktionen (Teiltransaktionen, eingebettete Transaktionen) der übergeordneten Transaktion.

Die Anzahl der Ebenen sieht man bei Get-Transaction in der Anzahl „SubscriberCount".

Ein Aufruf von Complete-Transaction in einer Situation mit Untertransaktion führt zum erfolgreichen Ende der Untertransaktion. Ein Aufruf von Undo-Transaction in einer Situation mit Untertransaktion führt zum Abbruch der Gesamttransaktion (siehe Bildschirmabbildung).

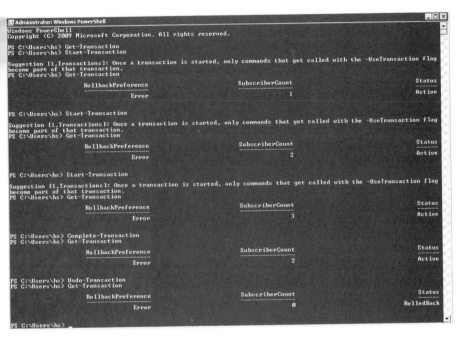

Bild 23.33
Beispiel mit mehreren Aufrufen von Start-Transaction

23.9 Verwaltung des WS-Management-Dienstes

In PowerShell 2.0 ist der WS-Management-Dienst (WS-Man) über einen PowerShell-Provider (mit Namen „WSMan") administrierbar. Im Standard erscheint in der Liste das Laufwerk „WSMan".

WSMan:

Bild 23.34
Liste der PowerShell-Provider in PowerShell 2.0

In diesem Laufwerk kann man wie bei anderen Providern mit den Standard-Navigations-Commandlets wie Get-ChildItem (dir) und Get-Item/Set-Item arbeiten.

Bild 23.35
Auflisten von WSMan:/localhost

Im Standard erscheint unterhalb der Laufwerkswurzel WSMan: nur „localhost". Durch das Commandlet Connect-WSMan unter Angabe eines Computernamens kann man hier aber weitere Computer integrieren und im Folgenden ansteuern.

Bild 23.36 Einsatz von Connect-WSMan

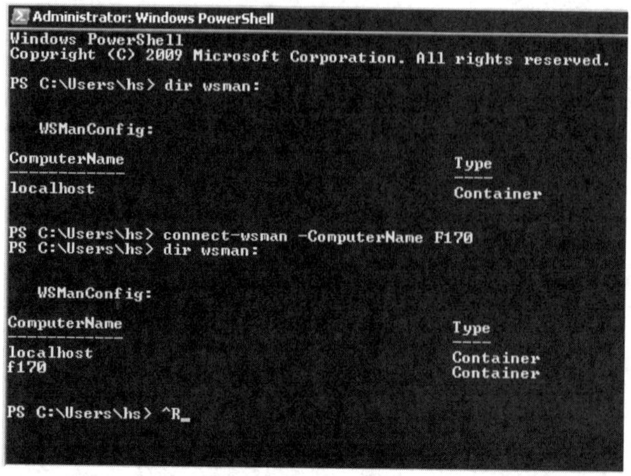

Beispiel Setzen der vertrauenswürdigen Computer, zu denen eine Authentifizierung mit Basisauthentifizierung oder Digest tolleriert werden soll.

```
cd WSMan:\localhost\Client
Set-Item trustedhosts "F170, F171, F172, F173, F174, F175" -force
Restart-Service winrm
```

23.10 Hintergrundaufträge ("Jobs")

Jobs Windows PowerShell bietet ab Version 2.0 die Möglichkeit, Befehl und Skripte im Hintergrund auszuführen, ohne dass es während der Ausführungszeit eine Interaktion mit der aktuellen PowerShell-Sitzung gibt. Hintergrundaufträge blockieren die aktuelle PowerShell-Sitzung nicht, d.h., der Benutzer kann währenddessen andere Befehle eingeben. Hintergrundaufträge bieten sich also insbesondere für lang dauernde Befehle und Skripte an.

Folgende Commandlets sind ab PowerShell 2.0 für die Handhabung der Hintergrundaufträge implementiert:

- `Start-Job`: Start eines Hintergrundauftrags
- `Get-Job`: Liste aller laufenden und abgeschlossenen Hintergrundaufträge
- `Receive-Job`: Zugriff auf das Ergebnis eines Hintergrundauftrags
- `Stop-Job`: Beenden eines Hintergrundauftrags
- `Wait-Job`: Warten auf das Ende eines Hintergrundauftrags
- `Remove-Job`: Entfernen eines Hintergrundauftrags

23.10.1 Voraussetzungen

Fernausführung Die Windows PowerShell muss für die Fernausführung konfiguriert sein, auch wenn die Hintergrundaufträge auf dem gleichen Rechner laufen. Hintergrund ist, dass die

Kommunikation zwischen Hauptprozess und den Hintergrundprozessen für die Hintergrundaufträge auch über WS-Management erfolgt.

Details lesen Sie bitte im Kapitel „Fernausführung".

23.10.2 Architektur

Jobs laufen grundsätzlich in einem eigenen Prozess (*PowerShell.exe*). Die Kommunikation zwischen aufrufendem PowerShell-Prozess und dem ausführenden PowerShell-Prozess erfolgt über WinRM (siehe Kapitel „Fernausführung"). Bei lokalen Hintergrundaufträgen erfolgt die Kommunikation zwischen aufrufendem PowerShell-Prozess und dem ausführenden PowerShell-Prozess durch den IPC-Kanal, im entfernten Fall über HTTP.

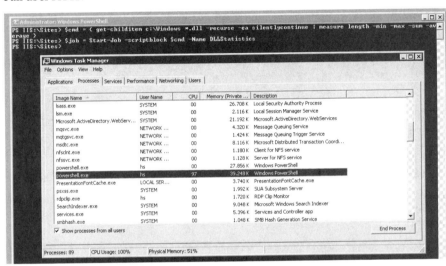

Bild 23.37
Durch den Start des Hintergrundauftrags wurde eine neue Instanz der PowerShell.exe gestartet.

23.10.3 Starten eines Hintergrundauftrags

Einen Hintergrundauftrag startet der Administrator über Start-Job oder Invoke-Command -AsJob.

Start-Job

```
start-job -scriptblock { Get-childitem c:\Windows -recurse}
```

Start-Job liefert als Ergebnis eine Instanz der Klasse System.Management.Automation.PSRemotingJob.

Beispiel:

Der folgende Befehl erstellt eine Statistik über alle DLLs im Windows-Installationsverzeichnis und dauert in der Regel mehrere Sekunden:

```
Get-childitem c:\Windows *.dll -recurse -ea silentlycontinue | measure length -min -max -sum -average
```

Es bietet sich an, diesen Befehl als Job zu starten:

```
$cmd = { Get-childitem c:\Windows *.dll -recurse -ea silentlycontinue | measure length -min -max -sum -average }
$job = Start-Job -scriptblock $cmd -Name DLLStatistics
```

23.10.4 Hintergrundaufträge abfragen

PSRemoting-Job Das von `Start-Job` gelieferte `PSRemotingJob`-Objekt dient der weiteren Nutzung des Auftrags.

```
$job
```

`Get-Job` liefert den Zustand aller Hintergrundaufträge. Es gibt die Status: Running, Failed, Stopped und Completed.

Receive-Job Das Ergebnis des Hintergrundauftrags, also den Inhalt der Pipeline nach der Ausführung, kann man abrufen über:

```
Receive-Job $job
```

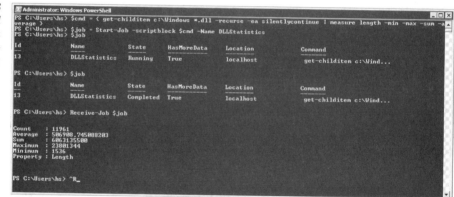

Bild 23.38 Ausführen und Auswerten eines Hintergrundauftrags

HINWEIS: Genau wie bei der Fernausführung findet auch bei Hintergrundaufträgen eine Serialisierung/Deserialisierung statt, sodass die Ergebnisobjekte keine Methoden mehr besitzen.

Bild 23.39 Inhalt der Pipeline nach Receive-Job

`Receive-Job` kann auch ausgeführt werden, wenn der Auftrag noch läuft. `Receive-Job` liefert dann alle bis dahin von dem Auftrag erzeugten Ergebnisobjekte. Bei weiteren Aufrufen von `Receive-Job` werden dann nur noch die verbliebenen Objekte geliefert.

Tipp: Mit dem Parameter -keep in `Receive-Job` kann man erreichen, dass bereits abgerufene Ergebnisse erneut abgerufen werden können.

23.10.5 Warten auf einen Hintergrundauftrag

Wait-Job Mit `Wait-Job` kann man auf die Fertigstellung eines Hintergrundauftrags warten. Dabei kann man optional angeben, wie lange man warten möchte (Timeout in Sekunden):

```
Wait-Job -ID 10 -timeout 60
```

23.10.6 Abbrechen und Löschen von Aufträgen

Einen Hintergrundauftrag kann man vorzeitig beenden mit Stop-Job:

Stop-Job

```
Stop-Job -id 23 # Abbrechen des Auftrags Nummer 23
Stop-Job $job # Abbrechen anhand des Auftragsobjekts
```

Der Auftrag wird dann in der Auftragsliste als „Stopped" angezeigt.

Mit Remove-Job kann man Aufträge aus der Auftragsliste löschen:

Remove-Job

```
Remove-Job -job 23
Remove-Job $job
```

Hinweis: Man kann Aufträge nur löschen, wenn diese im Status „Stopped" oder „Completed" sind.

23.10.7 Analyse von Fehlermeldungen

Den Ursache für einen fehlgeschlagenen Hintergrundauftrag kann man auslesen über:

JobStateInfo

```
$job.ChildJobs[0].JobStateInfo.Reason
```

In vielen Fällen sieht man den Fehler aber auch über Receive-Job.

23.10.8 Fernausführung von Hintergrundaufträgen

Auch Fernaufrufe kann man als Hintergrundaufträge starten. Gerade bei langsamen Verbindungen bzw. vielen abzufragenden Computern bietet sich dies an. Hier kommt Invoke-Command mit dem Parameter -AsJob (und optional -JobName) zum Einsatz.

–AsJob

```
Invoke-Command -computername F170 -scriptblock { Get-childitem c:\windows *.dll -recurse } -asjob -JobName "DLL_List"
```

Wahlweise kann man hier über -ComputerName eine temporäre Sitzung öffnen oder über Start-PSSession vorher eine permanente Sitzung.

Den Status den Hintergrundauftrag kann man wie bei lokalen Aufträgen über Get-Job abfragen. Das Attribut Location zeigt dann den entfernten Rechnernamen. Auch die Steuerung über Receive-Job, Stop-Job und Remove-Job und steht zur Verfügung.

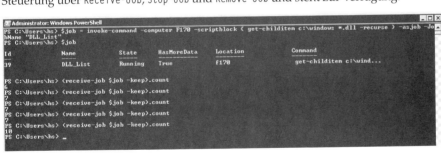

Bild 23.40
Fernausführung eines Hintergrundauftrags

23.11 Ereignissystem

In der Windows-(Programmier-)Welt gibt es verschiedene Form von Ereignissen. Es gibt Einträge im Windows-Ereignisprotokoll, .NET-Objekte können Ereignisse auslösen, und die Windows Management Instrumentation (WMI) kann Ereignisse auslösen. Auch die PowerShell kennt eigene Ereignisse.

Das Ereignissystem in PowerShell 2.0 bildet einen gemeinsamen Rahmen, in dem sich alle vier vorgenannten Ereignisarten behandeln lassen. Dabei werden die Windows-Ereignisprotokolle unter WMI-Ereignissen erfasst.

23.11.1 WMI-Ereignisse

Die Windows Managememt Instrumentation (WMI) bietet eine Ereignisinfrastruktur, die den Administrator über jegliche Veränderung im WMI-Repository (z.B. Erzeugen einer neuen Instanz, Löschen einer Instanz, Ändern des Wertes einer Instanz) informieren kann. Auf diese Weise kann sich ein Administrator über Änderungen informieren lassen, z.B. das Starten oder Enden eines Prozesses oder Dienstes, das Erzeugen einer neuen Datei in einem bestimmten Pfad oder das Hinzufügen eines USB-Gerätes. Den Ereignisauslöser spezifiziert man dabei durch eine sogenannte WMI-Ereignisabfrage.

23.11.2 WMI-Ereignisabfragen

WQL WMI-Ereignisabfrage sind genau wie normale WMI-Abfragen in der WMI Query Language (WQL) verfasst, die SQL ähnlich ist, aber Unterschiede aufweist.

Eine WMI-Ereignisabfrage bezieht sich immer auf eine WMI-Ereignisklasse. Mit der WHERE-Klausel werden das zu beobachtende Managed Object (MO) und die in dem MO zu beobachtenden Attribute definiert.

```
SELECT * FROM eventklasse WHERE bedingung
```

Alle Ereignisklassen sind Unterklassen eines Ereignistyps. Die Ereignistypen wiederum sind Unterklassen der Klasse __Event. Sie sind in der Regel an dem führenden doppelten Unterstrich und der Endung auf Event erkennbar. WMI unterscheidet vier Arten von Ereignissen (siehe Tabelle).

Tabelle 23.2 WMI-Ereignisklassen. Die Ereignistypen sind die Oberklassen zu den rechts genannten Ereignisklassen.

Ereignisart (Oberklasse)	Ereignisklasse
__ClassOperationEvent	__ClassCreationEvent __ClassDeletionEvent __ClassModificationEvent
__ExtrinsicEvent	__SystemEvent RegistryValueChangeEvent Win32_ComputerShutdownEvent Win32_ProcessStartTrace Win32_SystemConfigurationChangeEvent Win32_PowerManagementEvent u.a.
__InstanceOperationEvent	__InstanceCreationEvent __InstanceDeletionEvent __InstanceModificationEvent
__NamespaceOperationEvent	__NamespaceCreationEvent __NamespaceDeletionEvent __NamespaceModificationEvent

Bitte beachten Sie, dass das Ereignis __InstanceModificationEvent wirklich nur ausgeführt wird, wenn sich ein Attributwert ändert. Wenn Sie beispielsweise die Prozessorlast auf die Überschreitung der 80%-Grenze prüfen, dann bekommen Sie ein Ereignis beim Überschreiten der Grenze. Wenn danach der Wert konstant bei 100% liegt, bekommen Sie keine weiteren Ereignisse. Sie erhalten erst wieder ein Ereignis, wenn der Wert sich nochmals ändert (z.B. von 100% auf 99%).

Ereignisabfragen unterstützen als zusätzliche SQL-Schlüsselwörter WITHIN, GROUP BY und HAVING:

Zusätzliche Schlüsselwörter

- Dabei gibt WITHIN 10 das Abfrageintervall in Sekunden an (wird immer gebraucht, wenn es keinen speziellen Ereignissender gibt!).
- GROUP bündelt eine Anzahl von Einzelereignissen zu einem Gesamtereignis.
- HAVING dient der Definition einer Bedingung innerhalb der Gruppierung.

WQL	Erläuterung
Select * From __InstanceCreationEvent within 3 Where TargetInstance ISA 'Win32_Process'	Alle drei Sekunden wird geprüft, ob ein Prozess gestartet wurde.
Select * From __InstanceDeletionEvent within 2 Where TargetInstance ISA 'Win32_Process'	Alle zwei Sekunden wird geprüft, ob ein Prozess beendet wurde.
SELECT * FROM __InstanceCreationEvent WITHIN 30 WHERE TargetInstance ISA 'Win32_Process' AND TargetInstance.Name = 'notepad.exe'	Alle dreißig Sekunden wird geprüft, ob der Editor Notepad gestartet wurde.
SELECT * FROM __InstanceModificationEvent WITHIN 5 where TargetInstance ISA 'Win32_Service'	Alle fünf Sekunden wird geprüft, ob sich etwas an einem Systemdienst geändert hat.
SELECT * FROM __InstanceModificationEvent WITHIN 5 WHERE TargetInstance ISA "Win32_Service" AND TargetInstance.State="Stopped"	Alle fünf Sekunden wird geprüft, ob ein Systemdienst den Status *Stopped* bekommen hat.
SELECT * FROM __InstanceCreationEvent WHERE TargetInstance ISA "Win32_NTLogEvent" AND TargetInstance.Logfile="Application" OR TargetInstance.Logfile="System"	Jeder neue Eintrag in den Ereignisprotokollen *System* und *Application* löst ein Ereignis aus.
SELECT * from Win32_SystemConfiguration-ChangeEvent	Es wird ständig geprüft, ob sich die Systemkonfiguration ändert (z.B. Anstecken eines USB-Sticks)

Tabelle 23.3 Beispiele für WMI-Ereignisabfragen

23.11.3 WMI-Ereignisse mit PowerShell 1.0

Grundsätzlich war es schon in PowerShell 1.0 möglich, eine WMI-Ereignisabfrage zu nutzen über die .NET-Klasse System.Management.ManagementEventWatcher (siehe Listing).

ManagementEventWatcher

```
$scope = New-Object System.Management.ManagementScope("\\.\root\cimV2")
$query = "SELECT * FROM __InstanceModificationEvent WITHIN 5 where TargetInstance
ISA 'Win32_Service' AND TargetInstance.State='Stopped'"
$watcher = New-Object System.Management.ManagementEventWatcher($scope,$query)
do
 {
     $b = $watcher.WaitForNextEvent()
     "Ereignis: Dienst gestoppt: " + $b.TargetInstance.Name
 }
while ($true) # Endlosschleife
```

Listing 23.13 Skript zum Warten auf WMI-Ereignisse [Aufbauwissen/WMI/WMI_EventListener.wps]

23.11.4 Registrieren von WMI-Ereignisquellen

Ab PowerShell 2.0 ist die Unterstützung für WMI-Ereignisabfragen nun wesentlich komfortabler. Durch ein einziges Commandlet (Register-WMIEvent) kann der Administrator die WMI-Ereignisabfrage und die gewünschte Reaktion festlegen.

Register- Das Commandlet `Register-WMIEvent` erzeugt ein Ereignis-Abonnement für WMI-Ereig-
WMIEvent nisse. Parameter des Commandlets sind:
- `query`: Text der WMI-Ereignisabfage
- `computer`: System, auf dem die WMI-Ereignisabfrage ausgeführt werden soll. Standard ist das lokale System.
- `sourceIdentifier`: Name für das Abonnement. Dieser Name muss in der aktuellen PowerShell-Sitzung eindeutig sein.
- `messageData`: Text, der beim Auslösen des Ereignisses in die WMI-Ereignisliste geschrieben wird.
- `action`: Ausführende Aktion in Form eines PowerShell-Befehls

Es folgen einige Beispiele.

Beispiel 1: Beobachten, ob sich der Status eines Dienstes ändert:
```
Register-WMIEvent -query "SELECT * FROM __InstanceModificationEvent WITHIN 5 where
TargetInstance ISA 'Win32_Service'" -sourceIdentifier "Dienst:Status" -messageData
"Der Status eines Dienstes hat sich geändert!"
```

Beispiel 2: Beobachten, ob ein Prozess gestartet wird:
```
Register-WMIEvent -query "Select * From __InstanceCreationEvent within 3 Where
TargetInstance ISA 'Win32_Process'" -sourceIdentifier "Prozessende" -MessageData
"Ein neuer Prozess wurde gestartet!"
```

Beispiel 3: Beobachten, ob ein Prozess beendet wird:
```
Register-WMIEvent -query "Select * From __InstanceDeletionEvent within 3 Where
TargetInstance ISA 'Win32_Process'" -sourceIdentifier "Prozessstart" -messageData
"Ein Prozess wurde beendet!"
```

Es ist sehr einfach, ein entferntes System zu überwachen, sofern der Benutzer, der die Registrierung einleitet, dort Administrationsrechte hat. Da der Fernzugriff auf WMI basiert, ist PowerShell Remoting hier nicht erforderlich.
```
Register-WMIEvent -ComputerName F171 -query "Select * From __InstanceCreationEvent
within 1 Where TargetInstance ISA 'Win32_Process'" -sourceIdentifier "F171 Neuer
Prozess" -messageData "Ein neuer Prozess wurde gestartet auf F171"
```

Zum Anzeigen aller registrierten Abonnements führt man aus:
```
Get-EventSubscriber
```

Zum Löschen eines Abonnements mit Unregister-Event muss man Bezug auf den beim Erzeugen angegebenen Namen nehmen, z.B.:
```
Unregister-Event "Dienst:Status "
```

23.11.5 Auslesen der Ereignisliste

Get-Event Das Commandlet `Get-Event` listet alle aufgetretenen Ereignisse auf. Filtern ist möglich mit dem Parameter –SourceIdentifier oder natürlich mit dem Commandlet Where-Object. Jedes ausgelöste Ereignis hat einen eindeutigen EventIdentifier.

Beispiel 1:
```
Get-Event -sourceIdentifier "Dienst:Status"
```

Beispiel 2:
```
Get-Event | Where-Object {$_.MessageData -like "*Prozess*"}
```

Beispiel 3:
```
Get-event -eventidentifier 15
```

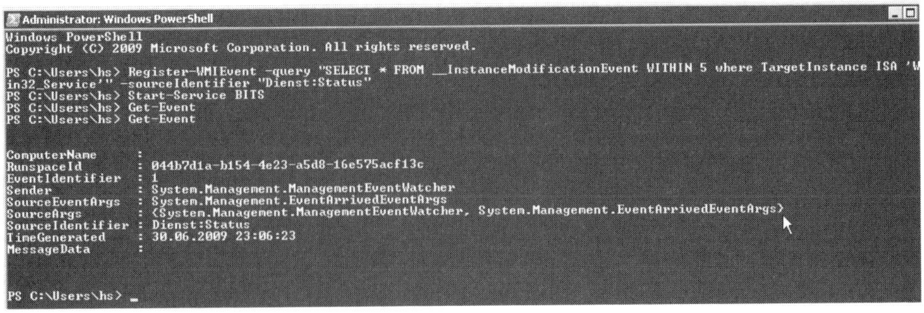

Ereignissystem

Bild 23.41
Registrieren eines Ereignisses und Auslesen der Ereignisliste

Um Details über das ausgelöste Ereignis zu erfahren, muss man das Attribut SourceEventArgs und dessen Unterattribute betrachten.

Der Zugriff auf SourceEventArgs.NewEvent liefert eine Instanz einer WMI-Ereignisklasse (z.B. root/CIMV2__InstanceCreationEvent), verpackt in das .NET-Objekt ManagementBaseObject.

```
(Get-event -eventidentifier 15).SourceEventArgs.NewEvent
```

Um zu erfahren, welches WMI-Objekt das Ereignis ausgelöst hat, greift man auf TargetInstance zu:

```
(Get-event -eventidentifier 1).SourceEventArgs.NewEvent.Targetinstance
```

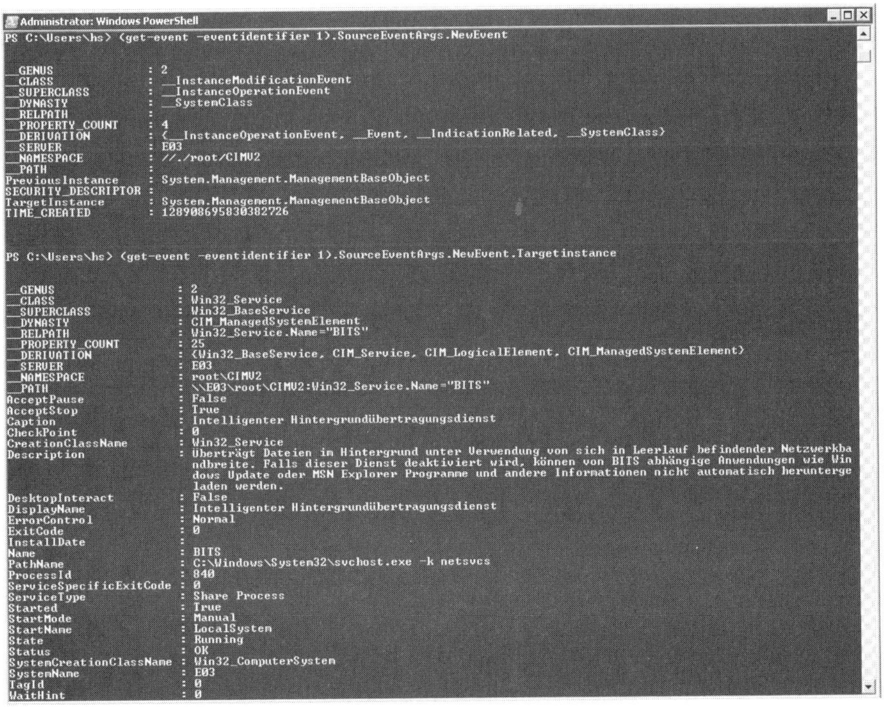

Bild 23.42
Ausgabe von Details zu einem Ereignis

Sie können nur aus der aktuellen PowerShell-Sitzung auf die Ereignisliste zugreifen. Ein Zugriff von einer zweiten Instanz der PowerShell ist nicht möglich!

Die Ereignisse verbleiben so lange in der Liste, bis sie explizit gelöscht werden oder die aktuelle PowerShell-Sitzung geschlossen wird.

Remove-Event Beispiel: Löschen des Ereignisses 123

```
Remove-Event -EventIdentifier 123
```

Beispiel: Löschen aller Ereignisse von der Ereignisquelle „Neuer Prozess"

```
Remove-Event -Source "Neuer Prozeß"
```

 Remove-Event ohne Angabe eines Parameters löscht die gesamte Ereignisliste.

23.11.6 Reagieren auf Ereignisse

Register-Event Mit dem Parameter -action kann man Register-Event auch eine direkte Vorgabe für eine Reaktion auf ein Ereignis in Form eines PowerShell-Skriptblocks mitgeben. In dem Skriptblock kann man über $eventArgs auf die gleichen Informationen zugreifen, die man bei Get-Event über SourceEventArgs erhält, z.B. bei einem WMI-Ereignis des Typs InstanceOperationEvent:

```
$eventArgs.NewEvent.TargetInstance.Name
```

Beispiel 1: Einfache Ausgabe, wenn ein Prozess gestartet wird:

```
Register-WMIEvent -query "Select * From __InstanceCreationEvent within 3 Where TargetInstance ISA 'Win32_Process'" -sourceIdentifier "Neuer Prozess mit Aktion" -messageData "Ein neuer Prozess wurde gestartet" -action { Write-Host "Neuer Prozes: " $eventArgs.NewEvent.TargetInstance.Name }
```

Beispiel 2: Einfache Ausgabe, wenn ein Dienst sich ändert:

```
Register-WMIEvent -query "SELECT * FROM __InstanceModificationEvent WITHIN 5 where TargetInstance ISA 'Win32_Service'" -sourceIdentifier "Dienst:Status:Aktion" -action { Write-Host  "Der Status des Dienstes" $eventArgs.NewEvent.TargetInstance.Name " hat sich geändert. Status ist jetzt: " $eventArgs.NewEvent.TargetInstance.State }
```

Beispiel 3: Einfache Ausgabe, wenn auf einem entfernten System ein Prozess startet:

```
Register-WMIEvent -ComputerName F171 -query "Select * From __InstanceCreationEvent within 1 Where TargetInstance ISA 'Win32_Process'" -sourceIdentifier "F171 Neuer Prozess: Aktion" -messageData "Ein neuer Prozess wurde gestartet auf F171" -action { Write-Host "Neuer Prozes auf F171: " $eventArgs.NewEvent.TargetInstance.Name }
```

Der Skriptblock kann aber auch komplexer sein.

Listing 23.14 Versuch, einen gestoppten Dienst neu zu starten [Aufbauwissen/ Events/WPS2_WMIEvents_Service_Restart.ps1]

```
$Aktion = {
[console]::beep(440,10)
$dienst = $eventArgs.NewEvent.TargetInstance
Write-Host  -ForegroundColor yellow
Write-Host "Dienst " $dienst.Name ": Der Status hat sich geändert. Status ist nun: " $dienst.State  "!"  -ForegroundColor yellow
if ($dienst.State -eq "Stopped")
{
Write-Host "Neustart des Dienstes..."   -ForegroundColor yellow
Start-Service $dienst.Name
}
}
Register-WMIEvent -query "SELECT * FROM __InstanceModificationEvent WITHIN 1 where TargetInstance ISA 'Win32_Service'" -sourceIdentifier "Dienst:Status:Aktion" -action $Aktion
```

Das obige Skript registriert bei Änderungen an Diensten einen Skriptblock, der prüft, ob ein Dienst nun beendet ist, und diesen dann neu startet. Wie die folgende Bildschirmabbildung zeigt, wird durch den Neustart ein weiteres Ereignis ausgelöst.

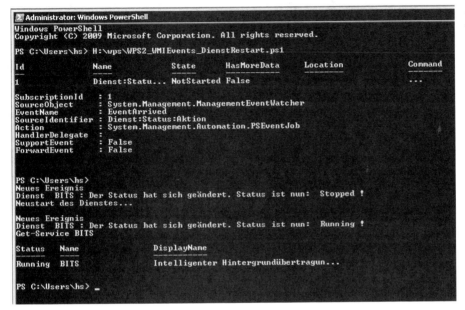

Bild 23.43
Ablauf des Skripts WPS2_WMIEvents_Dienst-Restart.ps1

23.11.7 Registrieren von .NET-Ereignissen

Auch viele .NET-Klassen besitzen Ereignisse, für die man sich in der PowerShell 2.0 registrieren kann. Das Beispiel zeigt die Registrierung für die Ereignisse Created, Changed und Deleted für die Klasse System.IO.FileSystemWatcher, mit der man Veränderungen im Dateisystem überwachen kann.

FileSystem-Watcher

```
$fsw = New-Object System.IO.FileSystemWatcher
$fsw.Path = "c:\temp"

$aktion = {
[console]::beep(440,10)
Write-Host "Dateisystemeignis: " $eventArgs.FullPath ": " $eventArgs.ChangeType
Write-Host
    }

Register-ObjectEvent -InputObject $fsw -EventName Created -Action $aktion
Register-ObjectEvent -InputObject $fsw -EventName Changed -Action $aktion
Register-ObjectEvent -InputObject $fsw -EventName Deleted -Action $aktion
```

Listing 23.15
Warten auf Ereignisse im Dateisystem [WPS2_DOTNETevents_Filesystem-object.ps1]

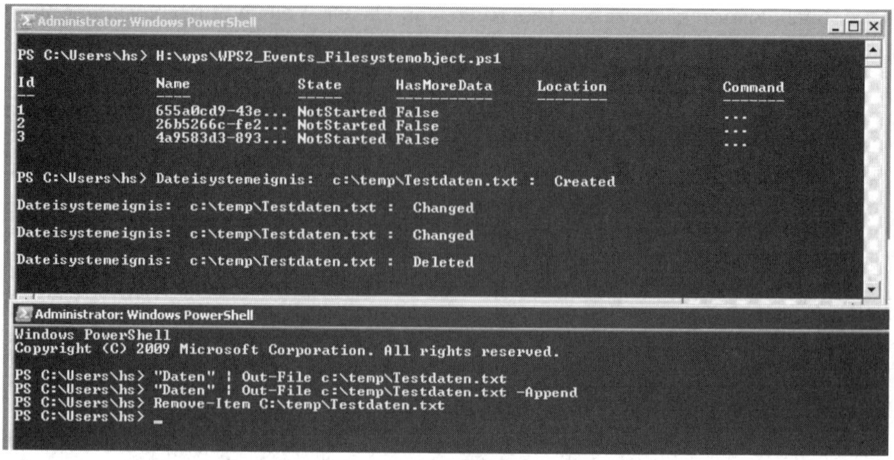

Bild 23.44
Einsatz des obigen Skripts zur Dateisystemüberwachung. Das obere PowerShell-Fenster registriert die Änderungen, die das untere am Dateisystem vornimmt.

23.11.8 Erzeugen von Ereignissen

New-Event Die Ereignisinfrastruktur der PowerShell kann man auch unabhängig von WMI verwenden. Die PowerShell 2.0 bietet hierfür das Commandlet `New-Event` zum Erzeugen eigenständiger Ereignisse.

```
New-Event -SourceIdentifier "Import beendet" -sender "Datenimportskript" -MessageData
"Der Datenimport ist beendet" -eventarguments "Anzahl: 23345", "Dauer: 12 sek"
```

Diese Ereignisse wandern auch in die Ereignisliste, die man mit `Get-Event` einsehen kann. Auch diese Ereignisse gelten aber nur für die aktuelle Sitzung.

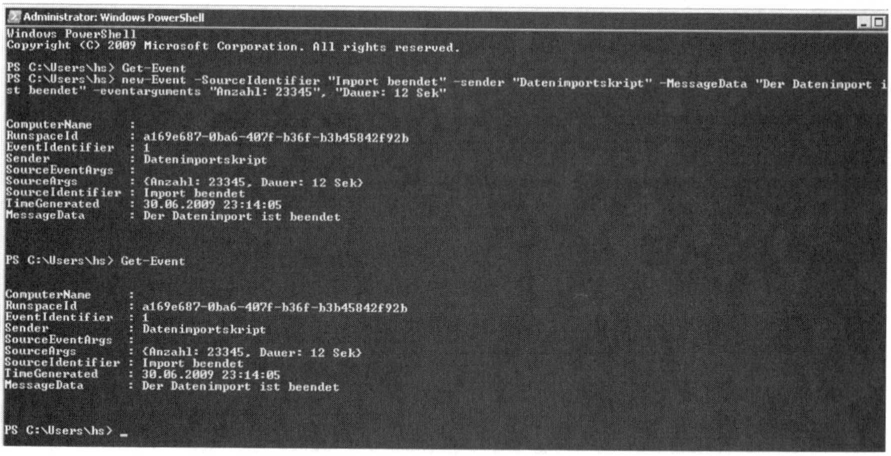

Bild 23.45
Erzeugen eigener Ereignisse

23.12 Datenbereiche und Datendateien

Windows PowerShell 2.0 unterstützt Datenbereiche in Skripten bzw. in externen Dateien, mit denen man Daten und Programmcode besser voneinander trennen kann. Die Daten können in mehreren Sprachen vorliegen, damit sich mehrsprachige Skripte einfacher erstellen lassen.

23.12.1 Datenbereiche

Das folgende Beispiel zeigt einen Datenbereich und seine Verwendung. Der Datenbereich hat den Namen $Texte und besitzt drei Elemente: Startmeldung, Fehlermeldung und Endemeldung. Die Anweisung „Data" in Verbindung mit ConvertFrom-StringData erzeugt ein Hashtable-Objekt. Im Programmcode kann man dann über $Datenbereichname.Elementname (z.B. $Texte.Startmeldung) auf die Texte zugreifen.

ConvertFrom-String-Data

Der Datenbereich darf Kommentare beinhalten (beginnend mit dem Zeichen "#", siehe Beispiel).

```
$Texte = Data {
ConvertFrom-StringData @'
# Standardmeldungen
Startmeldung = Skript beginnt
Endemeldung = Skript beendet!
'@}

$Fehlertexte = Data {
ConvertFrom-StringData @'
# Besondere Meldungen
Fehlermeldung = Es ist ein Fehler aufgetreten: Arbeiten Sie nicht nach 17 Uhr!
'@}

$Texte.Startmeldung

if ([DateTime]::Now.Hour -ge 17) { Write-Host $Fehlertexte.Fehlermeldung }
```

Listing 23.16
Beispiel für die Nutzung von Datenbereichen [Aufbauwissen/Data/ WPS2_ DataSection.ps1]

Hinweis: Jede Zeile in der Datensektion ist ein Element. Kommentare müssen in eigenen Zeilen stehen.

23.12.2 Datendateien

Ein Datenbereich kann in einer eigenständigen Datei mit der Dateinamenerweiterung .psd1 gespeichert werden. Ein Skript lädt automatisch zum Start des Skripts eine .psd1-Datei, die im gleichen Verzeichnis liegt und den gleichen Namen besitzt.

.psd1

```
$Texte = Data {
ConvertFrom-StringData @'
# Standardmeldungen
Startmeldung = Skript beginnt
Endemeldung = Skript beendet!
'@}

$Fehlertexte = Data {
ConvertFrom-StringData @'
# Besondere Meldungen
Fehlermeldung = Es ist ein Fehler aufgetreten: Arbeiten Sie nicht nach 17 Uhr!
```

Listing 23.17
[Aufbauwissen/Data/Data/ WPS_DataFile.psd1]

```
$PSUICulture
$Texte.Startmeldung
if ([DateTime]::Now.Hour -ge 17) { Write-Host $Fehlertexte.Fehlermeldung }
$Texte.Endemeldung
```

Listing 23.18
WPS_DataFile.ps1 [Aufbauwissen/ Data/ WPS2_ DataFile.ps1]

23.12.3 Mehrsprachigkeit/Lokalisierung

Die Windows PowerShell 2.0 unterstützt die Lokalisierung von Skripten durch das Anlegen von mehreren Datendateien für unterschiedliche Sprachregionen. Dabei verwendet die PowerShell ein Verfahren, das angelehnt ist an das im .NET Framework verwendete Verfahren, aber nicht ganz identisch ist.

Sprachkürzel Sprachen unterscheidet die PowerShell wie das .NET Framework mit Sprachkürzeln, z.B. „de" für die deutsche Sprache und „en" für die englische Sprache. Man kann auch genauer nach Regionen differenzieren, z.B. „de-DE" für die deutsche Sprache in Deutschland, „de-CH" für die deutsche Sprache in der Schweiz, „en-GB" für Englisch in England und „en-US" für Englisch in den USA.

Sofern im Skript keine andere Weisung erfolgt, orientiert die PowerShell sich an der für die Windows-Benutzeroberfläche eingestellten Anzeigesprache, die immer aus Sprache und Region besteht. Wird die Kombination (z.B. „de-DE") nicht gefunden, wird nur nach der Sprache (z.B. „de") gesucht. Wird auch diese nicht gefunden, sucht die PowerShell nach einer Standardsprache (neutrale Sprache).

Zunächst legt man für jedes Sprachkürzel ein Unterverzeichnis relativ zum Pfad des Skriptes an. Jedes Unterverzeichnis erhält eine sprachspezifische Kopie der .psd1-Datendatei.

Bild 23.46 Verzeichnisstruktur für Lokalisierung mit Deutsch, britischem Englisch und amerikanischem Englisch sowie einer "neutralen" Sprache

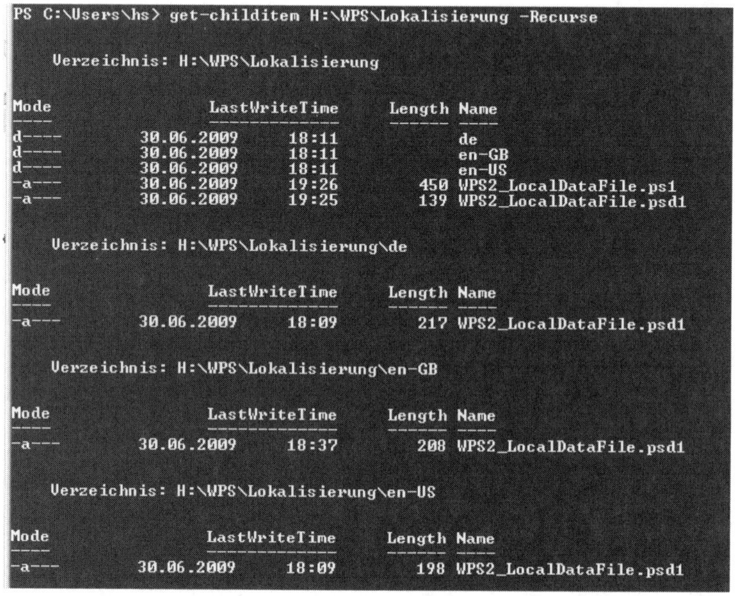

Die Datendateien müssen etwas anders aufgebaut sein; es darf hier keine Variablendeklaration geben.

Listing 23.19[Data/en-US/ WPS2_Local-DataFile.psd1]

```
ConvertFrom-StringData @'
# Standardmeldungen
Startmeldung = Script starts...
Endemeldung = Script finished!
# Besondere Meldungen
Fehlermeldung = An error occured: Don't work after 5 p.m.!
'@
```

Datenbereiche und Datendateien

```
ConvertFrom-StringData @'
# Standardmeldungen
Startmeldung = Script starts...
Endemeldung = Script finished!
# Besondere Meldungen
Fehlermeldung = An error occured: Don't work after 5 p.m., please!
'@
```

Listing 23.20: *[Data en-GB/WPS2_LocalDataFile.psd1] (etwas höflicher als im Amerikanischen)*

```
ConvertFrom-StringData @'
# Standardmeldungen
Startmeldung = Skript beginnt!
Endemeldung = Skript beendet!
# Besondere Meldungen
Fehlermeldung = Es ist ein Fehler aufgetreten: Arbeiten Sie nicht nach 17 Uhr!
'@
```

Listing 23.21: *[Data de-DE/WPS2_LocalDataFile.psd1]*

```
ConvertFrom-StringData @'
# Standardmeldungen
Startmeldung = START
Endemeldung = END
# Besondere Meldungen
Fehlermeldung = ERROR
'@
```

Listing 23.22: *[Data WPS2_LocalDataFile.psd1] – die "neutrale" Sprache*

Im Skript muss man explizit das Laden der sprachspezifischen Datendateien auslösen und einen Variablennamen zuordnen. Der folgende Befehl lädt die Datendatei gemäß der aktuellen Windows-Sprache und bindet die Elementnamen an den Variablennamen $Texte. **Import-LocalizedData**

```
Import-LocalizedData -Binding Texte
```

Danach kann man über $Texte auf die Texte zugreifen, ohne eine weitere Fallunterscheidung nach Sprachen durchführen zu müssen. Die Sprache richtet sich automatisch nach der aktuellen Anzeigesprache von Windows.

```
$Texte.Startmeldung
if ([DateTime]::Now.Hour -ge 17) { Write-Host $Texte.Fehlermeldung }
$Texte.Endemeldung
```

Die aktuelle Anzeigesprache kann man über die eingebaute Variable $PSUICulture abfragen. Leider kann man hier nicht schreibend zugreifen, wenn man die Sprache explizit setzen möchte. Hier gibt es zwei Möglichkeiten:

- Man kann in `Import-LocalizedData` die Sprache explizit angeben, z.B. `Import-Localized-Data -Binding Texte -UICulture en-US`.
- Man kann über die .NET-Klassenbibliothek die Sprache für den ganzen Thread ändern, z.B. `[System.Threading.Thread]::CurrentThread.CurrentUICulture = New-Object System.Globalization.CultureInfo("en-US")`.

Nach einem Ändern der Threadsprache muss man `Import-LocalizedData` erneut aufrufen!

Zum Test sei folgendes Skript mit den oben bereits dargestellten Dateidateien verwendet. **Beispiel**

```
Import-LocalizedData -Binding Texte
$PSUICulture
$Texte.Startmeldung
if ([DateTime]::Now.Hour -ge 17) { Write-Host $Texte.Fehlermeldung }
$Texte.Endemeldung
```

Bild 23.47: Beispielskript für Lokalisierung [WPS2_DataFile_Localized.ps1]

Bild 23.48 Ausgabe des Skripts auf einem Windows-System, auf dem die Anzeigesprache Deutsch ist

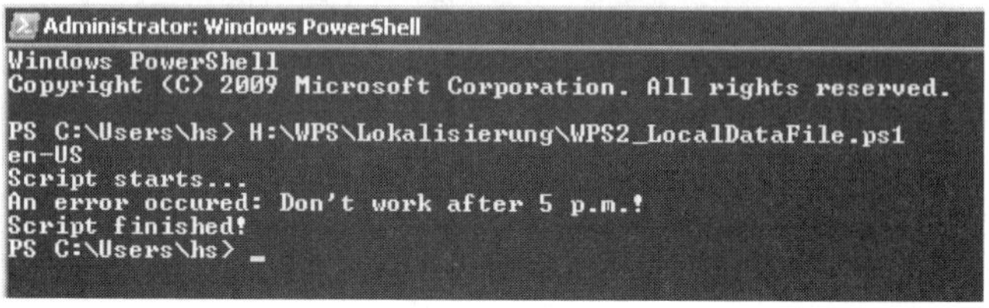

Bild 23.49 Ausgabe des Skripts auf einem Windows-System, auf dem die Anzeigesprache Englisch ist

$PSUICulture ist die eingestellte „Anzeigesprache". $PSCulture ist die „Formatsprache" für Datum, Uhrzeit und Währung.

23.13 Commandlet-Erweiterungen

Die Windows PowerShell besitzt keinen festen Satz von Commandlets. Zusätzliche Commandlets können beim Start der PowerShell oder jederzeit beim Betrieb hinzugefügt werden. Zusätzliche Commandlets sind entweder als Skriptdateien implementiert, die über das „Dot Sourcing" hinzugefügt werden (vgl. Abschnitt „Start eines Skripts") oder durch die Installation eines Snap-Ins (im Folgenden beschrieben).

23.13.1 Einbinden von Snap-Ins

Commandlet-Erweiterungen, die in Form einer Snap-In-DLL vorliegen, müssen in zwei Schritten in die PowerShell eingebunden werden:
- Registrieren der DLL (alias Assembly), welche die Commandlets enthält
- Hinzufügen des Snap-Ins zur PowerShell-Konsole

Registrieren der DLL

Das Registrieren der DLL erfolgt mit dem Kommandozeilenwerkzeug *installutil.exe*, das mit dem .NET Framework mitgeliefert wird. Das Werkzeug finden Sie im Installationsordner des .NET Frameworks (in der Regel *c:\Windows\Microsoft .NET\Framework\v x.y*). Die Windows PowerShell hat diesen Pfad automatisch als Suchpfad eingebunden.

Bei *installutil.exe* anzugeben ist der Dateiname zu der Erweiterungs-DLL, inklusive Pfad (sofern die PowerShell-Konsole genau diesen Pfad nicht schon als aktuellen Pfad hat).

```
installutil.exe G:\PowerShell_Commandlet_Library\bin\Debug\PowerShell_Command
```

Die folgende Bildschirmabbildung zeigt, wie das Werkzeug die erfolgreiche Installation quittiert.

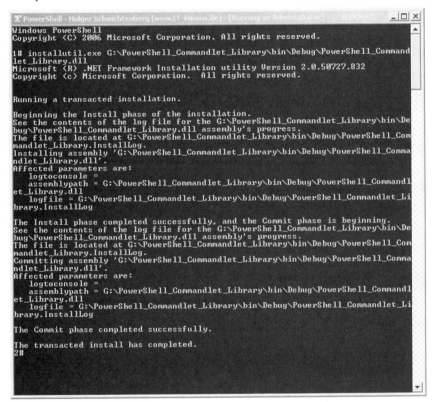

Bild 23.50
Ausgabe von InstallUtil.exe

Das Registrieren führt dazu, dass die DLL in der Registrierungsdatenbank unter *HKEY_LOCAL_MACHINE\SOFTWARE\Microsoft\PowerShell\1\PowerShellSnapIns* eingetragen wird.

Hinzufügen des Snap-Ins zur PowerShell-Konsole

Zum Aktivieren des Snap-Ins muss man in der PowerShell-Konsole das Commandlet Add-PSSnapin verwenden. Dieses Commandlet lädt die Erweiterung:

```
Add-PSSnapin PowerShell_Commandlet_Library
```

Kapitel 23 PowerShell-Aufbauwissen

Laden des Snap-Ins

Während das Registrieren der DLL nur einmal notwendig ist, verwirft die PowerShell-Konsole bei jedem Beenden alle geladenen Snap-Ins. Wenn man möchte, dass die PowerShell immer mit bestimmten Erweiterungen geladen wird, gibt es zwei Möglichkeiten:

▶ Aufnahmen der entsprechenden Add-PSSnapIn-Anweisungen in Ihre systemweite oder benutzerspezifische Profildatei (*Profile.ps1*, siehe auch Kapitel 23.6.4).

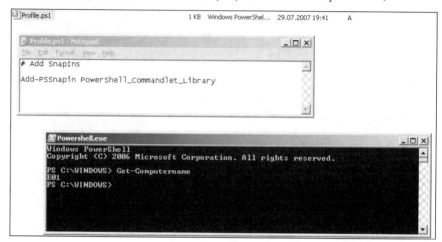

Bild 23.51
Laden eines Snap-Ins in der Profildatei

▶ Exportieren einer Konsolenkonfigurationsdatei mit Export-Console. Sie müssen allerdings vorher erst das Snap-In in der aktuellen Konsole hinzufügen und dann diese aktuelle Konsole exportieren. Dabei entsteht eine XML-Datei mit der Dateinamens-erweiterung *.psc1*. Diese *.psc1*-Datei muss dann beim Starten der PowerShell mit dem Kommandozeilenparameter –*PSConsoleFile* übergeben werden.

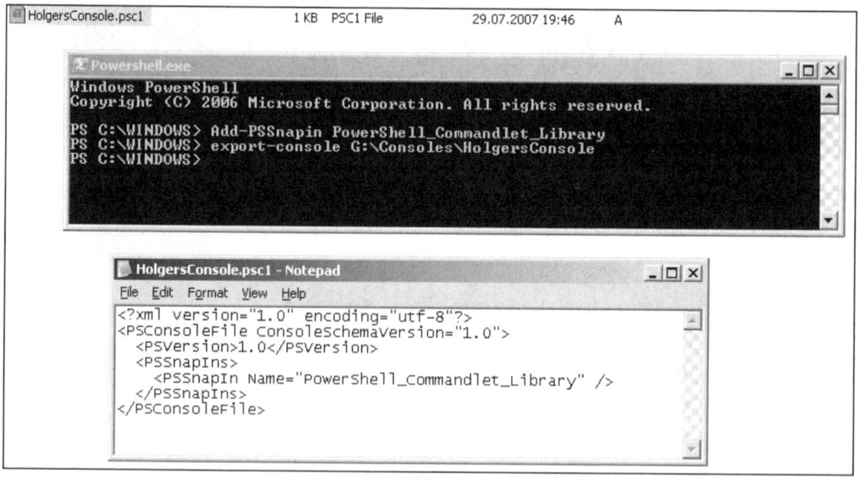

Bild 23.52
Exportieren einer Konsolen-konfigurations-datei

Commandlet-Erweiterungen

Am besten legt man sich eine Verknüpfung im Dateisystem mit folgendem Ziel an:

```
%SystemRoot%\system32\WindowsPowerShell\v1.0\powershell.exe -PSConsoleFile "G:\
Consoles\HolgersConsole.psc1"
```

Bild 23.53
Anlegen einer Verknüpfung zur Power-Shell-Konsole, die automatisch eine bestimmte Konsolenkonfigurationsdatei mitlädt

Liste der Snap-Ins

Das Commandlet `Get-PSSnapIn` listet im Normalfall nur die Snap-Ins auf, die bereits der PowerShell mit `Add-PSSnapIn` hinzugefügt wurden. Darunter findet man auch die Standard-Commandlet-Pakete, die mit `Microsoft.PowerShell.*` beginnen (siehe Bild 23.54).

Mit `Get-PSSnapin -registered` listet man hingegen alle registrierten Snap-Ins auf, unabhängig davon, ob diese in der aktuellen Konsole aktiv sind. In der folgenden Bildschirmabbildung sieht man die WorldWideWings_PowerShell_Extensions, die nicht in der Konsole aktiv sind (siehe Bild 23.55).

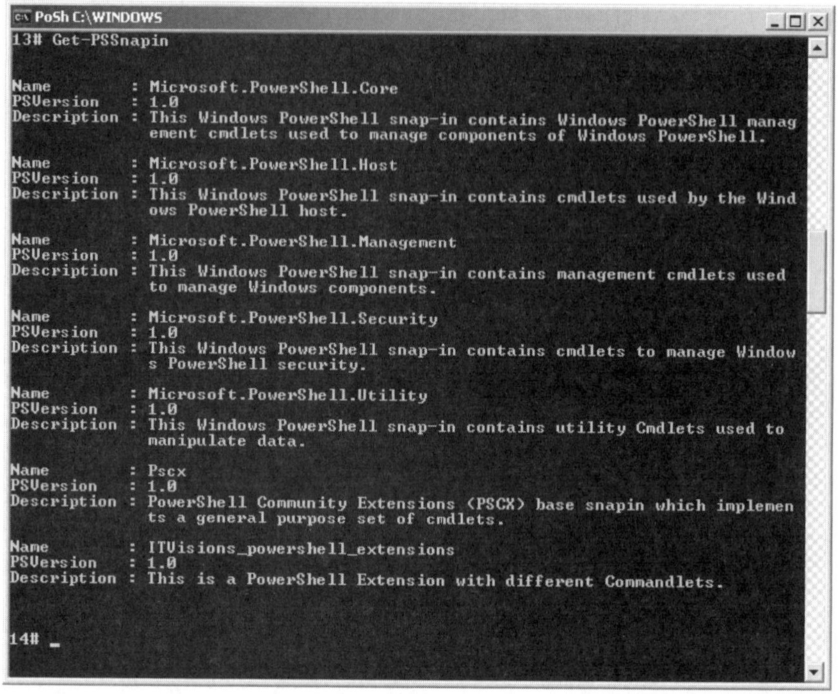

Kapitel 23 PowerShell-Aufbauwissen

Bild 23.54
Aktive Power-
Shell-Snap-Ins

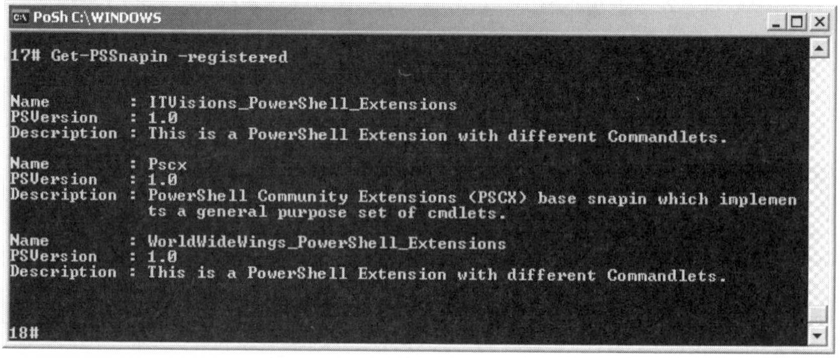

```
13# Get-PSSnapin

Name        : Microsoft.PowerShell.Core
PSVersion   : 1.0
Description : This Windows PowerShell snap-in contains Windows PowerShell manag
              ement cmdlets used to manage components of Windows PowerShell.

Name        : Microsoft.PowerShell.Host
PSVersion   : 1.0
Description : This Windows PowerShell snap-in contains cmdlets used by the Wind
              ows PowerShell host.

Name        : Microsoft.PowerShell.Management
PSVersion   : 1.0
Description : This Windows PowerShell snap-in contains management cmdlets used
              to manage Windows components.

Name        : Microsoft.PowerShell.Security
PSVersion   : 1.0
Description : This Windows PowerShell snap-in contains cmdlets to manage Window
              s PowerShell security.

Name        : Microsoft.PowerShell.Utility
PSVersion   : 1.0
Description : This Windows PowerShell snap-in contains utility Cmdlets used to
              manipulate data.

Name        : Pscx
PSVersion   : 1.0
Description : PowerShell Community Extensions (PSCX) base snapin which implemen
              ts a general purpose set of cmdlets.

Name        : ITVisions_powershell_extensions
PSVersion   : 1.0
Description : This is a PowerShell Extension with different Commandlets.

14#
```

Bild 23.55
Alle auf dem
System regis-
trierten
Commandlets

```
17# Get-PSSnapin -registered

Name        : ITVisions_PowerShell_Extensions
PSVersion   : 1.0
Description : This is a PowerShell Extension with different Commandlets.

Name        : Pscx
PSVersion   : 1.0
Description : PowerShell Community Extensions (PSCX) base snapin which implemen
              ts a general purpose set of cmdlets.

Name        : WorldWideWings_PowerShell_Extensions
PSVersion   : 1.0
Description : This is a PowerShell Extension with different Commandlets.

18#
```

23.13.2 Liste der Commandlets

Um sich alle Commandlets einer bestimmten Erweiterung auflisten zu lassen, können Sie nach dem Attribut PSSnapIn in der Klasse CmdletInfo filtern, z.B.:

Get-command | where { $_.pssnapin -like „Pscx" }

oder

Get-command | where { $_.pssnapin -like "ITVisions_PowerShell_Extensions" }

oder

Get-command | where { $_.pssnapin -like "quest.activeroles.admanagement" }

23.13.3 Doppeldeutige Namen

Es ist möglich, dass Sie verschiedene Commandlet-Erweiterungen aktivieren, die gleichnamige Commandlets definieren, denn es gibt keine zentrale Registrierungsstelle für Commandlets. Wenn Sie auf dieses Problem stoßen, wird die PowerShell einen Aufruf eines doppeldeutigen Commandlets mit einem Fehler quittieren (siehe Bild 23.56).

Bitte beachten Sie, dass der Fehler tatsächlich erst im Betrieb auftritt, nicht schon beim Start der PowerShell-Konsole.

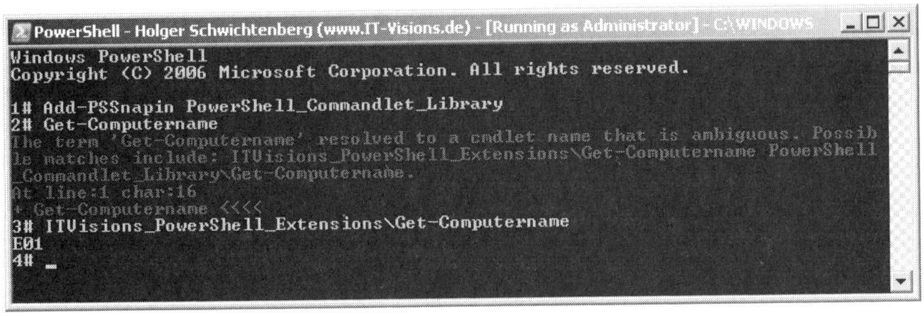

*Bild 23.56
Ein Commandlet-Name ist doppelt vergeben.*

Die Lösung zur Unterscheidung zwischen den beiden gleichnamigen Commandlets besteht darin, den Namen des Snap-Ins dem Commandlet voranzustellen (getrennt durch einen Schrägstrich), z.B.:

ITVisions_PowerShell_Extensions\Get-Computername

23.13.4 Verfügbare Commandlet-Erweiterungen

Einige wichtige am Markt verfügbaren kostenlose und kostenpflichte Commandlet-Erweiterungen sind:

1. PowerShell Community Extensions von Microsoft
2. PowerShell Extensions von *www.IT-Visions.de*
3. Quest bietet Commandlets zum Active Directory Scripting.
4. Gruppenrichtlinienverwaltung mit der PowerShell ermöglicht die Firma FullArmor.
5. Commandlets zum Netzwerkmanagement mit der PowerShell bietet die Firma /n Software.
6. Die Firma PowerGadget bietet unter dem gleichen Namen eine Sammlung von zusätzlichen Commandlets zur Visualisierung des Inhalts der PowerShell-Pipeline.

Windows PowerShell Community Extensions

Zusätzliche Commandlets und Provider für die PowerShell 1.0 findet man unter Windows PowerShell Community-Erweiterungen.

Die PowerShell Community Extensions (PSCX) gibt es zum Redaktionsschluss für dieses Buch immer noch in der Version 1.1.1 vom 22. Juni 2007. Die Version 1.2 mit neuen Funktionen ist allerdings in der Entwicklung und aktuell als eine frühe Beta-Version verfügbar.

Kapitel 23 PowerShell-Aufbauwissen

IT-Visions.de PowerShell Extensions	
Hersteller:	Microsoft/Open-Source-Community-Projekt
Preis:	Kostenlos
URL:	*http://www.codeplex.com/PowerShellCX*
Enthalten auf Buch-CD?	Ja, Version 1.1

PSCX 1.1.1 enthalten folgende Commandlets:
- ConvertFrom-Base64
- ConvertTo-Base64
- ConvertTo-MacOs9LineEnding
- ConvertTo-UnixLineEnding
- ConvertTo-WindowsLineEnding
- Convert-Xml
- Disconnect-TerminalSession
- Export-Bitmap
- Format-Byte
- Format-Hex
- Format-Xml
- Get-ADObject
- Get-Clipboard
- Get-DhcpServer
- Get-DomainController
- Get-FileVersionInfo
- Get-ForegroundWindow
- Get-Hash
- Get-MountPoint
- Get-PEHeader
- Get-Privilege
- Get-PSSnapinHelp
- Get-Random
- Get-ReparsePoint
- Get-ShortPath
- Get-TabExpansion
- Get-TerminalSession
- Import-Bitmap
- Join-String
- New-Hardlink
- New-Junction
- New-Shortcut
- New-Symlink
- Out-Clipboard
- Ping-Host
- Remove-MountPoint
- Remove-ReparsePoint

- Resize-Bitmap
- Resolve-Assembly
- Resolve-Host
- Select-Xml
- Send-SmtpMail
- Set-Clipboard
- Set-FileTime
- Set-ForegroundWindow
- Set-Privilege
- Set-VolumeLabel
- Split-String
- Start-Process
- Start-TabExpansion
- Stop-TerminalSession
- Test-Assembly
- Test-Xml
- Write-BZip2
- Write-Clipboard
- Write-GZip
- Write-Tar
- Write-Zip

In PSCX 1.2 sollen ergänzt werden:

- Arbeit mit Archivdateien: Expand-Archive, Read-Archive
- Datenbankzugriffe: Invoke-AdoCommand Get-AdoConnection, Get-AdoDataProvider
- Unterstützung für Microsoft Message Queing (MSMQ): Receive-MSMQMessage, Send-MSMQMessage, Test-MSMQueue Clear-MSMQueue, Get-MSMQueue New-MSMQueue
- Weitere Commandlets:

   ```
   Invoke-Apartment
   Get-DriveInfo
   Get-DiskUsage
   Push-EnvironmentBlock
   Pop-EnvironmentBlock
   New-GenericObject
   Get-HttpResource
   Skip-Object
   Get-OpticalDriveInfo
   Add-PathVariable
   Get-PathVariable
   Set-PathVariable
   Test-Scroll
   Scroll-Table
   Scroll-Text
   Test-UserGroupMembership
   ```

Installation der PSCX Die PowerShell Community Extensions besitzen eine eigene Installationsroutine. Während der Installation wird man gefragt, ob man eine Profildatei anlegen möchte, die das PSCX-Snap-In einbindet und zahlreiche Variablen und Funktionen anlegt. Wenn man dies nicht möchte (weil man bereits eine eigene Profildatei besitzt), muss man die PowerShell Community Extensions durch folgende Anweisung manuell in die eigene Profildatei einbinden oder bei jedem Start der Konsole ausführen:

```
Add-PSSnapin PSCX
```

PowerShell-Module für Windows 7 und Windows Server 2008 R2

Enthaltene Module Windows 7 und Windows Server 2008 Release 2 enthalten Erweiterungsmodule für die PowerShell, die Sammlungen von Commandlets für verschiedene Funktionsbereiche darstellen (vgl. allgemeine Einführung in PowerShell-Module in diesem Buch). In Windows Server 2008 Release 2 sind die Module zum Teil erst nach dem Installieren der entsprechenden Serverrollen bzw. Serverfeatures verfügbar.

Tabelle 23.4 PowerShell-Module in Windows 7 und Windows Server 2008 R2

PowerShell-Modul	Windows 7	Windows Server 2008 R2	In diesem Buch beschrieben in Kapitel ...
Active Directory	Durch Installation der Microsoft Remote Server Administration Tools (RSAT)	X	Verzeichnisdienste
ADRMS		X	
AppLocker	X	X	Softwareverwaltung
BestPractices		X	Optimierungen und Problemlösungen
BitsTransfer	X	X	
FailoverClusters		X	
GroupPolicy	Durch Installation der Microsoft Remote Server Administration Tools (RSAT)	X	Gruppenrichtlinien
NetworkLoadBalancing-Clusters		X	
PSDiagnostics	X	X	
RemoteDesktopServices		X	
ServerManager		X	Softwareverwaltung
TroubleshootingPack	X	X	Optimierungen und Problemlösungen
WebAdministration	X (nach Installieren des IIS 7.0 als optionales Windows-Feature)	X	Internet Information Services

Im Microsofts TechNet darüber hinaus Commandlets für folgende Rollen in Windows Server 2008 R2 angepriesen: DHCP, Server Migration und Server Backup.

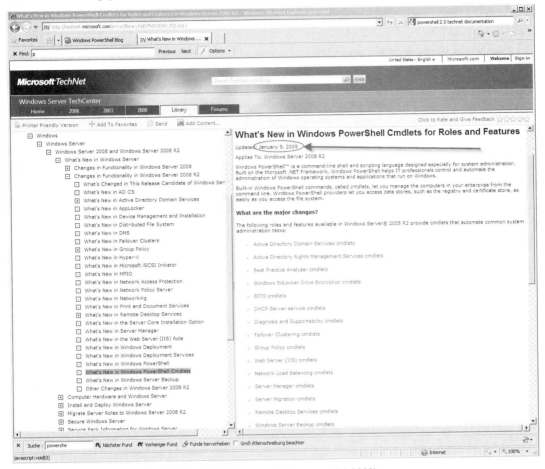

Bild 23.57: *Liste der Module laut TechNet (Bildschirammabbildung von 9.9.2009)*

Leider sind bis zum Redaktionsschluss dieses Buchs die meisten der dort verlinkten Seiten nur Platzhalter (siehe Bildschirmabbildung). Dies liegt wohl daran, dass die Dokumentation noch den Stand von Januar 2009 hat und die Entwicklung von Windows Server 2008 R2 zwischen Januar und August 2009 nicht reflektiert.

Fehlende Dokumentation

Kapitel 23 PowerShell-Aufbauwissen

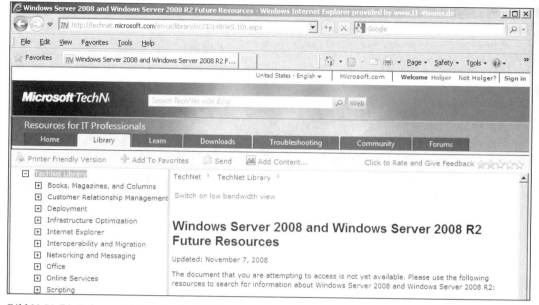

Bild 23.58: *Die Dokumentation zu den im TechNet angepriesenen Modulen war bis zum Redaktionsschluss (9.9.2009) immer noch nicht verfügbar.*

Es gibt hingegen Quellen, die die Vermutung des Autor unterstützen, dass diese Module nicht erscheinen werden (siehe nachstehendes Beispiel).

Bild 23.59 Quelle: http://msmvps.com/blogs/richard-siddaway/archive/2009/07/05/dhcp-cmdlets.aspx

Zu „Windows Server Backup" gibt es kein Modul, sondern ein Snap-In (Windows.ServerBackup).

Die Arbeit an diesem Kapitel wurde zudem dadurch erheblich erschwert, dass auch zu den im Release Candidate auffindbaren Modulen sehr wenig Dokumentation vorlag. Es gibt nur zu wenigen Modulen Überblicksdokumente („about_..."). Bei den meisten Modulen musste man mühselig die einzelnen Hilfedokumente zu den einzelnen Commandlets durcharbeiten. Eine TechNet-Dokumentation gab es noch nicht. Die Arbeit in diesem Buch basiert also zum Großteil auf mühseligen Selbsterforschungsarbeiten.

BITS-Transfer

Background Intelligent Transfer Service

Das Modul „BITSTransfer" in Windows 7 und Windows Server 2008 R2 unterstützt mit acht Commandlets das Herunterladen von Dateien über den Background Intelligent Transfer Service-(BITS-)Dienst, den es seit Windows XP gibt.

Hinweis: BITS transferiert Daten über HTTP und HTTPS in Zeiten, in denen es freie Netzwerkleitungskapazitäten gibt. Die Übertragung erfolgt asynchron, d.h. ohne Blockierung der den Download initiierenden Anwendung.

Die Commandlets in diesem Modul sind:
- `Add-BitsFile`
- `Complete-BitsTransfer`
- `Get-BitsTransfer`
- `Remove-BitsTransfer`
- `Resume-BitsTransfer`
- `Set-BitsTransfer`
- `Start-BitsTransfer`
- `Suspend-BitsTransfer`

Windows Server Backup

Die Unterstützung für Windows Server Backup ist nicht in Form eines Moduls, sondern eines Snap-Ins „Windows.Serverbackup" in Windows Server 2008 R2 enthalten. Dort gibt es folgende Commandlets:

Windows.Serverbackup

- `Add-WBBackupTarget`
- `Add-WBVolume`
- `Get-WBBackupTarget`
- `Get-WBDisk`
- `Get-WBPolicy`
- `Get-WBSchedule`
- `Get-WBSummary`
- `Get-WBVolume`
- `New-WBBackupTarget`
- `New-WBPolicy`
- `Remove-WBBackupTarget`
- `Remove-WBPolicy`
- `Remove-WBVolume`
- `Set-WBPolicy`
- `Set-WBSchedule`

Das Snap-In aktiviert man mit dem Befehl:

`Add-Pssnapin Windows.serverbackup`

Hinweis: In dem Commandlet werden die Backup-Aufträge kurioserweise als „Policy" bezeichnet. `WBPolicy` listet also die geplanten Aufträge.

PowerShell Diagnostics

Das Modul „PSDiagnostics" in Windows 7 und Windows Server 2008 R2 enthält Commandlets zur Ablaufverfolgung der internen Vorgänge der PowerShell.

- `Disable-PSTrace`
- `Disable-PSWSManCombinedTrace`
- `Disable-WSManTrace`
- `Enable-PSTrace`
- `Enable-PSWSManCombinedTrace`
- `Enable-WSManTrace`
- `Get-LogProperties`
- `Set-LogProperties`
- `Start-Trace`
- `Stop-Trace`

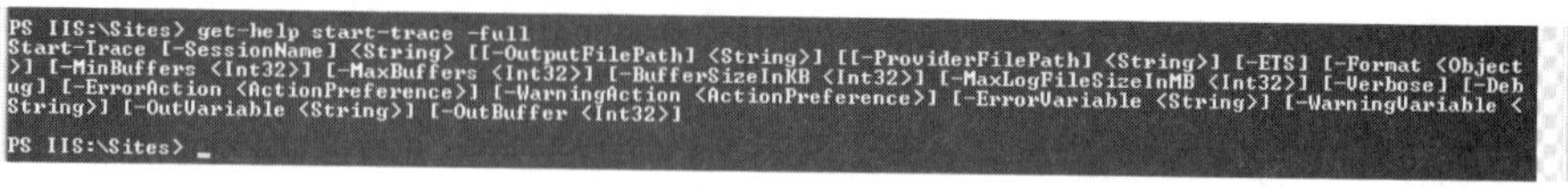

*Bild 23.60
Absolut keine
Hilfe verfügbar
für die
PSDiagnostics-
Commandlets*

Leider war zu diesen Commandlets in dem zum Redaktionsschluss vorliegenden RC1 von Windows 7 und Windows Server 2008 R2 keine Dokumentation verfügbar, auch nicht mit Get-Help (Beweis: Siehe nachstehende Bildschirmabbildung).

www.IT-Visions.de PowerShell Extensions

Die PowerShell-Erweiterungen, die von der Firma des Buchautors kostenlos bereitgestellt werden, bieten Funktionen aus den Bereichen

- Verzeichnisdienstverwaltung (Get-DirectoryEntry, Get-DirectoryChildren, Add-DirectoryEntry, Remove-DirectoryEntry ..)
- Hardwareinformationen (Get-Process or, Get-Memorydevice, Get-NetworkAdapter, Get-CDRomDrive, Get-Videocontroller, Get-USBController ..)
- Datenbankzugriff (Get-DBTable, Get-DBRow, Set-DBTable, Invoke-DBCommand, Get-DBConnection, ..)

www.IT-Visions.de PowerShell Extensions	
Hersteller:	www.IT-Visions.de
Preis:	Kostenlos
URL:	*http://www.dotnetframework.de/scripting/powershell/PowerShellCommandletExtensions.aspx*
Enthalten auf Buch-CD?	Ja, Version 2.0

Installation der www.IT-Visions.de PowerShell Extensions

Die Erweiterung muss manuell installiert werden mit installutil.exe:

```
installutil.exe ITVisions_PowerShell_Extensions.dll
```

Anschließend muss die Erweiterung in die Konsole geladen werden (dies am besten in Profil.ps1 eintragen):

```
Add-PSSnapin ITVisions_PowerShell_Extensions
```

Quest Management Shell for Active Directory

Die Firma Quest stellt Commandlets zur Active Directory-Verwaltung sowie eine angepasste PowerShell-Konsole (Quest Management Shell for Active Directory) zur Verfügung.

Quest Management Shell for Active Directory	
Hersteller:	Quest
Preis:	Beta-Version kostenlos
URL:	*http://www.quest.com/activeroles-server/arms.aspx*
Enthalten auf Buch-CD?	Ja, Beta-Version

Die Quest Commandlets können auch unabhängig von der Quest Management-Konsole in die normale PowerShell durch den Befehl Add-Pssnapin quest.activeroles.admanagement eingebunden werden.

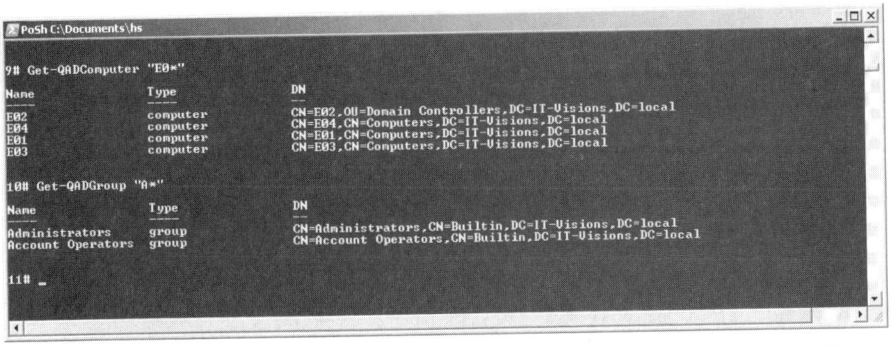

Bild 23.61
Quest Management Shell for Active Directory

Die Quest-Erweiterungen enthalten in der aktuellen Version folgende Commandlets:
- Add-QADGroupMember
- Connect-QADService
- Disconnect-QADService
- Get-QADComputer
- Get-QADGroup
- Get-QADGroupMember
- Get-QADObject
- Get-QADUser
- New-QADGroup
- New-QADObject
- New-QADUser
- Remove-QADGroupMember
- Set-QADObject
- Set-QADUser

Microsoft Exchange Server 2007

Der Microsoft Exchange Server 2007 war das erste Microsoft-Produkt, das die PowerShell zur Administration einsetzt. Die mit dem Exchange Server mitgelieferte Exchange Management Shell (eine angepasste Version der PowerShell) sowie zahlreiche zugehörige Commandlets ermöglichen es, alle administrativen Aufgaben des Exchange Servers von der Kommandozeile auszuführen.

U.a. folgende Commandlets werden dort bereitgestellt:
- Get-ExchangeServer
- Enable-Mailcontact
- Enable-Mailbox
- Disable-Mailbox
- Get-Mailbox
- Get-MailboxStatistics
- New-SystemMessage
- Get-Recipient
- Get-UMMailbox
- New-MailboxDatabase
- New-StorageGroup
- New-SendConnector

Kapitel 23 PowerShell-Aufbauwissen

- Suspend-Queue
- Resume-Queue
- Set-RecipientFilterConfig
- New-JournalRule

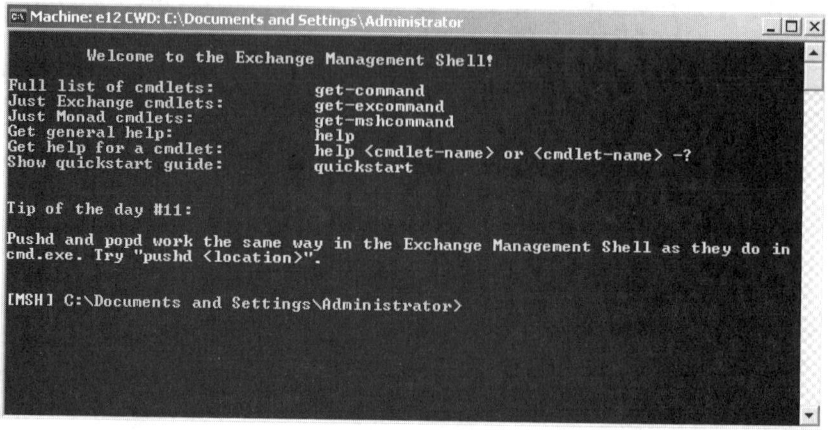

Bild 23.62
Exchange Server 2007 Management Shell

```
Machine: e12 CWD: C:\Documents and Settings\Administrator

           Welcome to the Exchange Management Shell!

Full list of cmdlets:        get-command
Just Exchange cmdlets:       get-excommand
Just Monad cmdlets:          get-mshcommand
Get general help:            help
Get help for a cmdlet:       help <cmdlet-name> or <cmdlet-name> -?
Show quickstart guide:       quickstart

Tip of the day #11:

Pushd and popd work the same way in the Exchange Management Shell as they do in
cmd.exe. Try "pushd <location>".

[MSH] C:\Documents and Settings\Administrator>
```

Weitere Informationen finden Sie unter [TNET01] und [TNET02].

System Center Virtual Machine Manager 2007

System Center Virtual Machine Manager (SCVMM) 2007 ist ein Verwaltungswerkzeug für virtuelle Systeme auf Basis von Virtual Server. Auch diese Verwaltungskonsole basiert im Hintergrund komplett auf PowerShell-Commandlets, sodass alle Aktionen des SCVMM auch per Skript ausgeführt werden können.

U.a. folgende Commandlets werden dort bereitgestellt:

- New-VirtualNetworkAdapter
- New-VirtualDVDDrive
- New-HardwareProfile
- Get-VirtualHardDisk
- Add-VirtualHardDisk
- New-VM
- Get-VMHost
- Get-FloppyDrive
- Get-DVDDrive
- u.a.

PowerShell Management Library for Hyper-V (pshyperv)

Diese bei Codeplex.com verfügbare Commandlets-Bibliothek beitet Commandlets zur Verwaltung von Virtuelle Maschinen (VM) im Virtualisierungsdienstes Hyper-V in Windows Server 2008.

PowerShell Management Library for Hyper-V (pshyperv)	
Hersteller:	Open Source-Projekt
Preis:	Kostenfrei
URL:	*http://www.primalscript.com/*
Enthalten auf Buch-CD?	Ja

Die folgende Liste zeigt die verfügbaren Commandlets (Quelle: *http://pshyperv.codeplex.com/*)
- Finding a VM
  - Get-VM, Choose-VM, Get-VMHost
- Connecting to a VM
  - New-VMConnectSession
- Discovering and manipulating Machine states
  - Get-VMState, Set-VMState, Convert-VmState,
  - Ping-VM, Test-VMHeartBeat, Shutdown-VM, Start-VM, Stop-VM, Suspend-VM
  - Get-VMKVP, Add-KVP, Remove-KVP, Get-VMJPEG
- Backing up, exporting and snapshotting VMs
  - Export-VM, Import-VM, Get-VMSnapshot, Choose-VMSnapshot, Apply-VMSnapshot, New-VMSnapshot ,Remove-VMSnapshot, Rename-VMSnapShot, Update-VMSnapshot, Get-VMSnapshotTree, Get-VmBackupScript
- Adding and removing VMs, configuring motherboard settings.
  - New-VM, Remove-VM, Set-VM, Get-VMCPUCount, Set-VMCPUCount, Get-VMMemory, Set-VMMemory, Set-VMSerialPort
- Manipulating Disk controllers, drives and disk images
  - Get-VMDiskController
  - Add-VMSCSIController, Remove-VMSCSIcontroller
  - Get-VMDriveByController, Add-VMDRIVE, Remove-VMdrive
  - Get-VMDiskByDrive, Add-VMDISK, Set-VMDisk, Get-VMDisk
  - Get-VMFloppyDisk, Add-VMFloppyDisk
  - Add-VMNewHardDisk
- Manipluating Network Interface Cards
  - Get-VMNic, List-VMNic, Choose-VMNIC, Add-VMNIC, Remove-VMNIC, Set-VMNICAddress, Set-VMNICConnection, Get-VMNicport,
  - Get-VMnicSwitch, Choose-VMSwitch, New-VMSwitchPort, Get-VMByMACaddress, Choose-VMExternalEthernet,
  - New-VMExternalSwitch, New-VMInternalSwitch,New-VmPrivateSwitch
- Working with VHD files
  - Get-VHDDefaultPath, Get-VHDInfo, New-VHD, Compact-VHD, Test-VHD, Convert-VHD,Merge-VHD,Mount-VHD, Unmount-VHD

Powershell Outlook Account Manager

Diese Erweiterung bietet drei Commandlets zur Verwaltung von E-Mail-Konten in Microsoft Outlook: `Get-MAPIProfile`, `Get-MAPIAccount`, `Set-MAPIAccount`. Gleichzeitig ist diese Erweiterung auch eine Klassenbibliothek für .NET (OutlookAccountManager.dll), die die Account Management API als .NET-Komponente verpackt.

Powershell Outlook Account Manager	
Hersteller:	Open Source-Projekt
Preis:	Kostenfrei
URL:	*http://psoutlookmanager.codeplex.com/*
Enthalten auf Buch-CD?	Ja

PowerShell Configurator (PSConfig)

PSConfig bietet eine Sammlung von Commandlets in Form eines PowerShell-Moduls für verschiedene Konfigurationsaufgaben in Windows. Die Bibliothek ist laut der Website insbesondere gedacht für die Verwaltung von Windows Server 2008 R2 Core-Installationen. Die Commandlets sind aber auch nützlich auf vollständigen Windows Server-Systemen.

- Software, Updates und Treiber
    - Add-Driver, Get-Driver
      Add-HotFix ,
      Add-InstalledProduct ,Get-InstalledProduct , , Remove-InstalledProduct,
      Add-WindowsFeature , Get-WindowsFeature, Remove-WindowsFeature
      Add-WindowsUpdate, Get-WindowsUpdateConfig , Set-WindowsUpdateConfig
- Windows Firewall
    - Get-FirewallConfig , Set-FirewallConfig, Get-FirewallProfile , Get-FireWallRule
- Netzwerkkonfiguration
    - Get-NetworkAdapter, Get-IpConfig , New-IpConfig , Remove-IpConfig, Set-IpConfig
- Lizensierung/Aktivierung
    - Get-Registration , Register-Computer
- Auslagerungsdatei (Page File)
    - Get-ShutDownTracker , Set-ShutDownTracker
- Remote Desktop
    - Get-RemoteDesktopConfig , Set-RemoteDesktop
- Sonstige
    - Get-WinRMConfig
      Rename-Computer
      Set-iSCSIConfig
      Set-RegionalConfig
      Out-Tree
      Test-Admin
      Get-FirstAvailableDriveLetter

PowerShell Configurator (PSConfig)	
Hersteller:	Microsoft / James O'Neill
Preis:	Kostenfrei
URL:	*http://psconfig.codeplex.com/*
Enthalten auf Buch-CD?	Ja

Weitere Erweiterungen

Die Tabelle listet einige weitere Commandlet-Bibliotheken.

Name	URL	Auf der Buch-CD
PowerShell Provider BizTalk	http://psbiztalk.codeplex.com/	Ja
PowerShell Cmdlets for Visual Studio Team System	http://pscmdlets4teamsystem.codeplex.com/	Ja
SharePoint PowerShell Module (SPoshMod)	http://sposhmod.codeplex.com/	Ja
PowerShell VMWare Toolkit	http://vmware.com/go/powershell	Nein

Tabelle 23.5
Commandlet-Erweiterungen

23.14 PowerShell-Module

Module sind Pakete, die PowerShell durch Funktionalität erweitern. Module können aus Navigationsprovidern, Commandlets, Funktionen, vordefinierten Variablen und Aliasen bestehen. Auch Typformatierungsdateien (ps1xml) und Dateidateien (z.B. Textdateien, XML-Datei, Datenbankdateien) können enthalten sein.

Durch Module können Entwickler bzw. Administratoren Funktionalität zur Wiederverwendung an andere Personen weitergeben. Der Empfänger muss das Modul importieren und kann die darin enthaltene Funktionalität dann nutzen wie die Kernfunktionalität der PowerShell.

Die bereits in PowerShell 1.0 eingeführten Snap-Ins sind .NET-Komponenten (Assemblies), die nur Navigationsprovider und Commandlets enthalten können. Module sind ein übergeordnetes Konzept, in dem neben Snap-Ins auch PowerShell-Skripte liegen können.

23.14.1 Überblick über die Commandlets

Folgende Commandlets sind bei PowerShell-Modulen wichtig:

- `Get-Module` liefert eine Liste der installierten bzw. importierten Module.
- `New-Module` erzeugt ein neues sogenanntes dynamisches Modul im Hauptspeicher.
- `Export-ModuleMember` legt innerhalb eines Moduls fest, welche Funktionen von außen verfügbar sein sollen.
- `Import-Module` lädt ein Modul in die aktuelle PowerShell-Sitzung. Nach dem Ende der Sitzung ist das Modul nicht mehr verfügbar. Das Commandlet kann im Profilskript verwendet werden.
- `Remove-Module` entfernt ein Modul aus der aktuellen Sitzung.

23.14.2 Modularchitektur

Ein Modul ist im installierten Zustand ein Dateisystemverzeichnis, das die Moduldateien enthält. Systemmodule werden vom Betriebssystem installiert unter \Windows\System32\WindowsPowerShell\v1.0\Modules. Benutzer können Module installieren unter $home\Documents\WindowsPowerShell\Modules.

Modulverzeichnisse

Tipp: Die Umgebungsvariable `PSModulePath` liefert den Pfad zu den Benutzermodulen. Man kann diesen Pfad ändern oder auch weitere Pfade hinzufügen, z.B.:

```
$env:psmodulepath = $env:psmodulepath + ";h:\WPSModules"
```

Bild 23.63
Systemmodul-verzeichnis und Inhalt des Moduls „Active-Directory" in Windows Server 2008

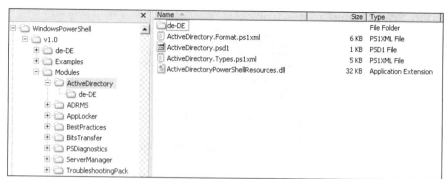

Ein Modul besitzt ein Modul-Manifest (.psd1-Datei), in dem die zu dem Modul gehörenden Dateien festgelegt sind.

Listing 23.23
Modul-Manifest für das Modul "ActiveDirectory"

```
@{
GUID="{43c15630-959c-49e4-a977-758c5cc93408}"
Author="Microsoft Corporation"
CompanyName="Microsoft"
ModuleVersion="1.0.0.0"
Description="Active Directory Module"
PowerShellVersion="2.0"
CLRVersion="2.0.50727"
NestedModules="Microsoft.ActiveDirectory.Management"
RequiredAssemblies="Microsoft.ActiveDirectory.Management"
TypesToProcess="ActiveDirectory.Types.ps1xml"
FormatsToProcess="ActiveDirectory.Format.ps1xml"
}
```

Mit dem Commandlet `Test-ModuleManifest` kann man prüfen, ob ein Manifest korrekt ist und alle dort genannten Dateien in dem Modulverzeichnis existieren.

Beispiel:

```
Test-ModuleManifest C:\windows\system32\WindowsPowerShell\v1.0\Modules\
ActiveDirectory\ActiveDirectory.psd1
```

Der in der PowerShell-Hilfe angegebene Link zum Artikel „Writing a Windows PowerShell Module" (*http://go.microsoft.com/fwlink/?LinkId=144916*) führt (bis zum Redaktionsschluss dieses Buchs) leider nicht zum gewünschten Ziel. Die Online-Hilfe ist noch nicht auf dem aktuellen Stand.

23.14.3 Module installieren

Zum Installieren eines PowerShell-Moduls kopiert man alle Dateien des Moduls in eines der PowerShell-Modulverzeichnisse. Wichtig ist, dass die Dateien nicht direkt in dem PowerShell-Modulverzeichnis liegen, sondern in einem seiner Unterordner.

Falsch:

```
C:\windows\system32\WindowsPowerShell\v1.0\Modules\ ActiveDirectory.psd1
```

Richtig:

```
C:\windows\system32\WindowsPowerShell\v1.0\Modules\ActiveDirectory\
ActiveDirectory.psd1
```

23.14.4 Importieren von Modulen

Der Befehl

Get-Module

```
Get-Module -listAvailable
```

zeigt alle auf dem System installierten Module. Zur Verwendung eines Moduls muss dieses aber nicht nur installiert, sondern auch in der aktuellen PowerShell-Sitzung importiert sein.

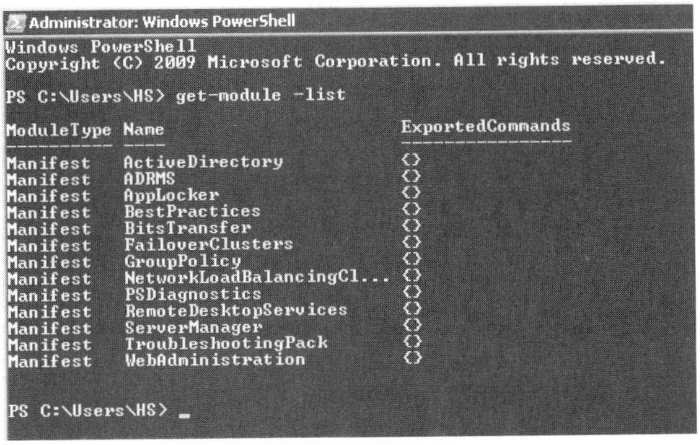

Bild 23.64
Liste der Module auf Windows Server 2008 R2 (abhängig von den gewählten Serverrollen und Serverfeatures)

Get-Module liefert eine Liste der aktuell importierten Module.

Zum Importieren eines Moduls nutzt man `import-module` gefolgt von dem Modulnamen (aus der Liste der installierten Module), z.B.:

```
Import-Module activedirectory
```

Danach hat sich die Anzahl der Commandlets von 236 auf 315 (Zahl abhängig von den installierten Rollen/Features) erhöht. Eine Liste der neuen Commandlets kann man auf einfache Weise erhalten, da der Typ `System.Management.Automation.CmdletInfo`, den Get-Command liefert, in PowerShell 2.0 ein neues Attribut `ModuleName` besitzt:

```
(Get-Command) | where { $_.ModuleName -eq "ActiveDirectory" } | ft name, modulename, pssnapin
```

Get-Command hat auch ein Filterattribut für Module, sodass man alternativ schreiben kann:

```
Get-Command -module ServerManager | ft name, modulename, pssnapin
```

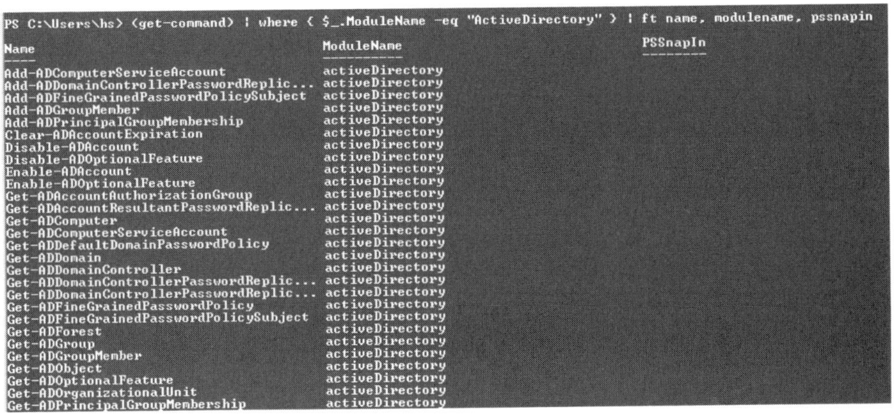

Bild 23.65
Eine Auswahl der Commandlets aus dem Active Directory-Module im Windows Server 2008 R2

Kapitel 23 PowerShell-Aufbauwissen

```
PS C:\Users\hs> import-module servermanager
PS C:\Users\hs> (get-command) | where { $_.ModuleName -eq "servermanager" } | ft name, modulename, pssnapin

Name                     ModuleName              PSSnapIn
----                     ----------              --------
Add-WindowsFeature       servermanager
Get-WindowsFeature       servermanager
Remove-WindowsFeature    servermanager
```

Bild 23.66: *Das Modul „ServerManager" umfasst nur drei Commandlets.*

Durch den Zusatz `-verbose` erhält man eine genaue Liste der Auswirkungen des Moduls.

Bild 23.67
Parameter –
verbose für
Import-Module

```
PS IIS:\Sites> import-module servermanager -verbose
VERBOSE: Loading module from path
'C:\Windows\system32\WindowsPowerShell\v1.0\Modules\servermanager\servermanager.psd1'.
VERBOSE: Loading 'FormatsToProcess' from path
'C:\Windows\system32\WindowsPowerShell\v1.0\Modules\servermanager\Feature.format.ps1xml'.
VERBOSE: Importing cmdlet 'Get-WindowsFeature'.
VERBOSE: Importing cmdlet 'Add-WindowsFeature'.
VERBOSE: Importing cmdlet 'Remove-WindowsFeature'.
VERBOSE: Exporting cmdlet 'Get-WindowsFeature'.
VERBOSE: Exporting cmdlet 'Add-WindowsFeature'.
VERBOSE: Exporting cmdlet 'Remove-WindowsFeature'.
VERBOSE: Importing cmdlet 'Add-WindowsFeature'.
VERBOSE: Importing cmdlet 'Get-WindowsFeature'.
VERBOSE: Importing cmdlet 'Remove-WindowsFeature'.
PS IIS:\Sites>
```

Ein Modul, das sich nicht in einem der Standardverzeichnisse befindet, muss man unter Angabe des ganzen Pfades importieren, z.B.:

Import-
Module

```
Import-Module c:\ITVModule\Basismodul
```

Einen Modulimport kann man auch beim Start der PowerShell an der Kommandozeile angeben, z.B.:

```
PowerShell.exe -noexit -command import-module ActiveDirectory
```

Man kann auch anordnen, alle Systemmodule zu laden:

```
PowerShell.exe -NoExit -ImportSystemModules
```

In Windows Server 2008 R2 gibt es in der Benutzerschnittstelle schon vorgefertigte Verknüpfungen im Startmenü, z.B. „Active Directory Module for Windows PowerShell" (lädt das Active Directory-Modul) und „Windows PowerShell Modules" (lädt alle Systemmodule). Letzterer Befehl ist auch über die Kontextmenüs in der neuen Taskleiste von Windows 7 und Windows Server 2008 R2 verfügbar.

Bild 23.68
Befehle der
Kontextmenüs
in der
Taskleiste in
Windows
Server 2008 R2

Tipps und Tricks zur PowerShell

Da die Namen für Commandlets nicht weltweit eindeutig vergeben werden, kann es doppelte Namen in zwei Modulen geben. PowerShell 2.0 verwendet dann immer das zuletzt importierte Commandlet. PowerShell 1.0 gab beim Import von Snap-Ins in dieser Situation einen Fehler aus. In PowerShell 2.0 ist auch dieses Verhalten geändert auf die Verwendung des zuletzt importierten.

23.14.5 Entfernen von Modulen

Zum Entfernen eines Moduls aus der aktuellen PowerShell-Sitzung kann man das Modul mit remove-module entfernen, z.B.:

```
Remove-Module activedirectory
```

Remove-Module

23.15 Tipps und Tricks zur PowerShell

23.15.1 Befehlsgeschichte

Die PowerShell-Konsole speichert im Standard die letzten 64 eingegebenen Befehle in einer Befehlsgeschichte (History). Diese lassen sich mit `Get-History` auflisten.

Get-History

Durch den Parameter `Count` kann man eine bestimmte Anzahl von Befehlen ansehen (jeweils die letzten n Befehlen werden gezeigt).

```
Get-History -count 10
```

Einen Befehl aus der Befehlsgeschichte kann man gezielt über die Position aufrufen:

Invoke-History

```
Invoke-History 9
```

Die Anzahl der gespeicherten Befehle kann durch die Variable `$MaximumHistoryCount` erhöht werden.

Die Befehlsgeschichte kann man exportieren, entweder als Skriptdatei oder als XML-Datei. Eine Skriptdatei verwendet man, wenn man die eingegebenen Befehle wieder automatisch in der Reihenfolge der Eingabe ablaufen lassen wird. Das XML-Dateiformat verwendet man, wenn man die Befehlsgeschichte einer früheren Sitzung wiederherstellen will, ohne die Befehle gleichzeitig auch alle auszuführen.

	Skriptdatei (.ps1)	XML-Format
Exportieren	`Get-History -Count 10 | format-table commandline -HideTableHeader | Out-file "c:\meinSkript.ps1"`	`Get-History | Export-CliXml "b:\Skripte\geschichte.xml"`
Importieren (bzw. Ausführen)	`. "c:\meinSkript.ps1"`	`Import-CliXml "b:\Skripte\geschichte.xml" | Add-History`

Mit `Clear-History` (ab PowerShell 2.0) kann man die Befehlsliste löschen.

23.15.2 System- und Hostinformationen

Get-Host Das Commandlet `Get-Host` und die eingebaute Variable `$Host` liefern Informationen über die aktuelle PowerShell-Umgebung. Sowohl das Commandlet als auch die Variable liefern die gleiche Instanz der Klasse `System.Management.Automation.Internal.Host.InternalHost`. InternalHost enthält Informationen und erlaubt über sein Unterobjekt `UI.RawUI` auch Modifikationen, z.B.:

$Host
- `$Host.Name`: Name des Hosts (damit ist eine Unterscheidung der Umgebung möglich, z.B. liefert hier der PowerShellPlus Host einen anderen Wert als die normale PowerShell-Konsole)
- `$Host.Version`: Versionsnummer der Ablaufumgebung
- `$Host.UI.RawUI.WindowTitle = "Titel"`: Setzen der Titelzeile des Fensters
- `$Host.UI.RawUI.ForeGroundColor = [System.ConsoleColor]::White`: Setzen der Textfarbe
- `$Host.UI.RawUI.BackgroundColor = [System.ConsoleColor]::DarkBlue`: Setzen der Texthintergrundfarbe

Beispiel Das folgende Beispiel erzeugt eine Kopfzeile, in der neben dem Namen des aktuellen Benutzers auch gezeigt wird, ob dieser ein Administrator ist oder nicht. Der Code eignet sich hervorragend zur Verwendung im Profilskript.

Listing 23.24
Beispiel für ein Profile-Skript für eine aussagekräftige Titelzeile [Aufbauwissen/Profile/Profile_Title.ps1]

```
# PowerShell Profile Script
# Holger Schwichtenberg 2007

# ------------ Window Title

$WI = [System.Security.Principal.WindowsIdentity]::GetCurrent()
$WP = New-Object System.Security.Principal.WindowsPrincipal($wi)
if ($WP.IsInRole([System.Security.Principal.WindowsBuiltInRole]::Administrator))
{
  $Status = "[elevated user]"
}
else
{
  $Status = "[normal User]"
}

$Host.UI.RawUI.WindowTitle  = "PowerShell - " + [System.Environment]::UserName + " " + $Status
```

Get-Culture `Get-Culture` (oder `$Host.CurrentCulture`) und `Get-UICulture` (oder `$Host.CurrentUICulture`) liefern die Informationen über die aktuelle Sprache auch einzeln in Form von Instanzen der .NET-Klasse `System.Globalization.CultureInfo`. `Get-Culture` bezieht sich auf die Ausgaben von Datum, Uhrzeit und Währungen (vgl. regionale Einstellungen der Windows-Systemsteuerung). `Get-UICulture` bezieht sich auf die Sprache der Benutzeroberfläche. In der Regel sind zwar beide Einstellungen gleich, ein Benutzer kann diese jedoch auch abweichend festlegen.

Tipps und Tricks zur PowerShell

```
PS C:\Skripte> Get-Host

Name             : ConsoleHost
Version          : 2.0
InstanceId       : 9fef623f-0a96-45ca-90b3-48f9dd5c0457
UI               : System.Management.Automation.Internal.Host.InternalHostUserInterface
CurrentCulture   : de-DE
CurrentUICulture : de-DE
PrivateData      : Microsoft.PowerShell.ConsoleHost+ConsoleColorProxy
IsRunspacePushed : False
Runspace         : System.Management.Automation.Runspaces.LocalRunspace

PS C:\Skripte>
```

Bild 23.69
Ausführung von Get-Host

23.15.3 Alle Anzeigen löschen

Clear-Host (Alias clear) löscht die Anzeige in der PowerShell-Konsole, löscht aber nicht die Befehlsgeschichte.

Clear-Host

23.15.4 Profileinstellungen für die PowerShell-Konsole

Beim Beenden der PowerShell-Konsole vergisst diese alle Einstellungen (z.B. geladene Snap-Ins, definierte Aliase, definierte Funktionen, eingebundene PowerShell-Provider und die Befehlsgeschichte). Mit Hilfe so genannter Profildateien kann man der PowerShell-Konsole beim Start ihr Gedächtnis zurückgeben. Profile sind PowerShell-Skripte mit dem Namen „Profile" und mit der Dateinamenserweiterung .ps1.

Profile.ps1

Eine *Profile.ps1* kann es geben auf zwei Ebenen:
- Global für alle Benutzer im PowerShell-Installationsordner
- (i.d.R. *C:\WINDOWS\system32\windowspowershell\v1.0*)
- Benutzerbezogen im Dateisystemverzeichnis (ab Windows Vista normalerweise in *c:\Benutzer\(Benutzername)\Dokumente\Windows PowerShell*, auf älteren Systemen unter *c:\Dokumente und Einstellungen\(Benutzername)\Eigene Dateien\WindowsPowerShell*)

Die PowerShell Extensions (PSCX) legen bei Ihrer Installation eine solche Profildatei mit zahlreichen Einstellungen benutzerbezogen ab, siehe nachfolgendes Listing.

```
# ----------------------------------------------------------------------
# Author: Keith Hill, jachymko
# Desc:   Simple global profile to get you going with PowerShell.
# Date:   Nov 18, 2006
# Site:   http://www.codeplex.com/PowerShellCX
# Usage:  Copy this file to your WindowsPowerShell directory e.g.:
#
#   Copy-Item "$Env:PscxHome\Profile\Profile.ps1" (Split-Path $Profile -Parent)
#
# ----------------------------------------------------------------------
# Angepasst von Holger Schwichtenberg, Juli 2007

# ----------------------------------------------------------------------
# Configure standard PowerShell variables to more useful settings
# ----------------------------------------------------------------------
$MaximumHistoryCount = 512
$FormatEnumerationLimit = 100

# ----------------------------------------------------------------------
```

Listing 23.25
Leicht angepasste Version der Profildatei aus den PowerShell Extensions (PSCX) [Aufbauwissen/Profile/Profile.ps1]

Kapitel 23 PowerShell-Aufbauwissen

```
# PowerShell Community Extensions preference variables. Comment/uncomment
# or change to suit your preference.
# ---------------------------------------------------------------------
$PscxTextEditorPreference = "Notepad"

# ---------------------------------------------------------------------
# Dirx/dirs/dirt/dird/dirw functions will specifies -Force with the value of
# the following preference variable.  Set to $true will cause normally hidden
# items to be returned.
# ---------------------------------------------------------------------
$PscxDirForcePreference = $true


# ---------------------------------------------------------------------
# Dirx/dirs/dirt/dird/dirw functions filter out files with system attribute set.
# The performance may suffer on high latency networks or in folders with
# many files.
# ---------------------------------------------------------------------
## $PscxDirHideSystemPreference = $true

# ---------------------------------------------------------------------
# Display file sizes in KB, MB, GB multiples.
# ---------------------------------------------------------------------
$PscxFileSizeInUnitsPreference = $false

# ---------------------------------------------------------------------
# The Send-SmtpMail default settings.
# ---------------------------------------------------------------------
## $PscxSmtpFromPreference = 'john_doe@example.net'
## $PscxSmtpHostPreference = 'smtp.example.net'
## $PscxSmtpPortPreference = 25

# ---------------------------------------------------------------------
# Uncomment this to create a transcript of the entire PowerShell session.
# ---------------------------------------------------------------------
## $PscxTranscribeSessionPreference = $true

# ---------------------------------------------------------------------
# You can modify every aspect of the PSCX prompt appearance by
# creating your own eye-candy script.
# ---------------------------------------------------------------------
## $PscxEyeCandyScriptPreference = '.\EyeCandy.Jachym.ps1'
$PscxEyeCandyScriptPreference = '.\EyeCandy.Keith.ps1'

# ---------------------------------------------------------------------
# The following functions are used during processing of the PSCX profile
# and are deleted at the end of loading this profile.
# !! Do not modify or remove the functions below !!
# ---------------------------------------------------------------------
function Set-PscxVariable($name, $value)
{
Set-Variable $name $value -Scope Global -Option AllScope,ReadOnly -Description "PSCX variable"
}
function Set-PscxAlias($name, $value, $type = 'cmdlet', [switch]$force)
{
```

```powershell
Set-Alias $name $value -Scope Global -Option AllScope -Force:$force -Description
"PSCX $type alias"
}

function Test-PscxPreference($name)
{
if (Test-Path "Variable:$name")
{
(Get-Variable $name).Value
}
else
{
$false
}
}
# -----------------------------------------------------------------------
# !! Do not modify or remove the functions above !!
# -----------------------------------------------------------------------

if (!(Test-Path Variable:__PscxProfileRanOnce))
{
# -----------------------------------------------------------------------
# This should only be run once per PowerShell session
# -----------------------------------------------------------------------
Add-PSSnapin Pscx
Start-TabExpansion

# -----------------------------------------------------------------------
# Load ps1xml files which override built-in PowerShell defaults.
# -----------------------------------------------------------------------
Update-FormatData -PrependPath "$Env:PscxHome\FormatData\FileSystem.ps1xml"
Update-FormatData -PrependPath "$Env:PscxHome\FormatData\Reflection.ps1xml"

# -----------------------------------------------------------------------
# Create $UserProfile to point to the user's non-host specific profile script
# -----------------------------------------------------------------------
Set-PscxVariable ProfileDir  (split-path $MyInvocation.MyCommand.Path -Parent)
Set-PscxVariable UserProfile (join-path $ProfileDir 'Profile.ps1')

# -----------------------------------------------------------------------
# Create PSCX convenience variables, identity variables used by EyeCandy.*.ps1
# -----------------------------------------------------------------------
Set-PscxVariable PscxHome    ($env:PscxHome)
Set-PscxVariable PscxVersion ([Version](Get-FileVersionInfo (Get-PSSnapin
Pscx).ModuleName).ProductVersion)
Set-PscxVariable Shell       (New-Object -com Shell.Application)
Set-PscxVariable NTIdentity  ([Security.Principal.WindowsIdentity]::GetCurrent())
Set-PscxVariable NTAccount
($NTIdentity.User.Translate([Security.Principal.NTAccount]))
Set-PscxVariable NTPrincipal (New-Object Security.Principal.WindowsPrincipal
$NTIdentity)
Set-PscxVariable IsAdmin
($NTPrincipal.IsInRole([Security.Principal.WindowsBuiltInRole]::Administrator))
}
else
```

```
{
# ------------------------------------------------------------
# This should be run every time you want apply changes to your type and format
# files.
# ------------------------------------------------------------
Update-FormatData
Update-TypeData
}

# ------------------------------------------------------------
# PowerShell Community Extensions utility functions and filters.
# Comment out or remove any dot sourced functionality that you don't want.
# ------------------------------------------------------------
Push-Location (Join-Path $Env:PscxHome 'Profile')
. '.\TabExpansion.ps1'
. '.\GenericAliases.ps1'
. '.\GenericFilters.ps1'
. '.\GenericFunctions.ps1'
. '.\PscxAliases.ps1'
. '.\Debug.ps1'
. '.\Environment.VirtualServer.ps1'
. '.\Environment.VisualStudio2005.ps1'
. '.\Cd.ps1'
. '.\Dir.ps1'
. '.\TranscribeSession.ps1'
. $PscxEyeCandyScriptPreference
Pop-Location

# ------------------------------------------------------------
# Add PSCX Scripts dir to Path environment variable to allow scripts to be executed.
# ------------------------------------------------------------
Add-PathVariable Path $env:PscxHome,$env:PscxHome\Scripts

# ------------------------------------------------------------
# Remove functions only required for the processing of the PSCX profile.
# ------------------------------------------------------------
Remove-Item Function:Set-PscxAlias
Remove-Item Function:Set-PscxVariable
# ------------------------------------------------------------
# Keep track of whether or not this profile has ran already and remove the
# temporary functions
# ------------------------------------------------------------
Set-Variable __PscxProfileRanOnce


# ------------------------------------------------------------
# Ergänzungen von Dr. Holger Schwichtenberg
# ------------------------------------------------------------

# Snap-Ins laden
Add-PSSnapin ITVisions_PowerShell_Extensions

# Title
$Wi = [System.Security.Principal.WindowsIdentity]::GetCurrent()
$wp = New-Object System.Security.Principal.WindowsPrincipal($wi)
```

```
if ($wp.IsInRole([System.Security.Principal.WindowsBuiltInRole]::Administrator))
{
 $Status = "[elevated user]"
}
else
{
 $Status = "[normal User]"
}
$PscxWindowTitlePrefix  = "PowerShell - " + [System.Environment]::UserName  + " " +
$Status + " - "
```

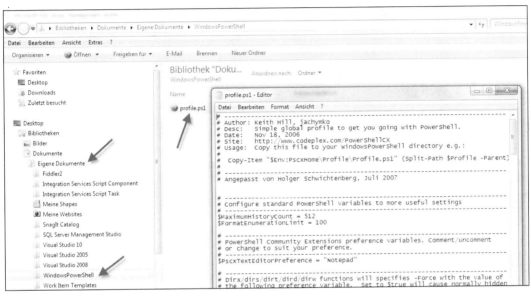

Bild 23.70: *Ablage der Profildatei (hier in Windows Vista)*

Um die Profildateien übersichtlicher zu gestalten, darf man sie auf mehrere Dateien aufteilen und die einzelnen Dateien dann mit dem Punkt-Operator über das so genannte „Dot Sourcing" aus dem Hauptskript (das immer *Profile.ps1* heißen muss) aufrufen.

23.15.5 Aufzählungen

Bei der Benutzung einiger .NET-Klassen, z.B. `FileSystemRights` für Rechte im Dateisystem, muss man verschiedene Flags durch ein binäres Oder miteinander verknüpfen. Wenn man bei jedem Flag den Namen der Aufzählung, in der das Flag definiert ist, wiederholen muss, werden die Fingerkuppen strapaziert.

Enumerationen

Die PowerShell ist in der Lage, aus einer Zeichenkette mit Kommatrennung die entsprechenden Flagwerte in der Enumeration zu suchen und miteinander durch binäres Oder zu verknüpfen. Anstelle von

```
$Rights= [System.Security.AccessControl.FileSystemRights]::Read `
-bor [System.Security.AccessControl.FileSystemRights]::ReadExtendedAttributes `
-bor [System.Security.AccessControl.FileSystemRights]::ReadAttributes `
-bor [System.Security.AccessControl.FileSystemRights]::ReadPermissions
```

kann man also verkürzt schreiben:

```
$Rights = [System.Security.AccessControl.FileSystemRights] "ReadData,
ReadExtendedAttributes, ReadAttributes, ReadPermissions"
```

24 PowerShell im Einsatz

Dieses Kapitel enthält zahlreiche praktische Anwendungsbeispiele für die Windows PowerShell.

24.1 Dateisystem

Das Dateisystem kann über das PowerShell-Navigationsmodell mit dem Navigation Provider „Filesystem" angesprochen werden.

PowerShell Commandlet	PowerShellAlias	Befehl Windows-Kommandozeile	Befehl Unix sh	Beschreibung
Clear-Item	cli	-	-	Inhalt leeren
Copy-Item	Cpi, cpp, cp, copy	copy	cp	Kopieren von Elementen
Get-Content	gc	type	cat	Holt den Inhalt
Get-Location	Gl, pwd	pwd	pwd	Holt das aktuelle Verzeichnis
Move-Item	Mi, move, mv, mi	move	mv	Bewegen von Elementen
New-Item	Ni (Funktion md)	-	-	Element anlegen
Remove-Item	Ri, rp, rm, rmdir, del, erase, rd	del, rd	rm, rmdir	Umbenennen von Elementen
Rename-Item	Rni, ren	rn	ren	Umbenennen eines Elements
Set-Content	sc	(Umleitungen >)	(Umleitungen >)	Festlegen des Inhalts
Set-Item	si	-	-	Inhalt festlegen
Set-Location	Sl, cd, chdir	cd, chdir	cd, chdir	Setzt das aktuelle Verzeichnis

Tabelle 24.1: Wichtige Commandlets für die Arbeit mit dem Dateisystem

24.1.1 Laufwerke

Zum Auflisten aller Laufwerke hat man vier Möglichkeiten:
- Verwendung des Commandlets Get-PSDrive (Commandlet der PowerShell 1.0)
- Verwendung des Commandlets Get-Disk (Commandlet von *www.IT-Visions.de*)
- Statische Methode GetDrives() der .NET-Klasse System.IO.DriveInfo
- Ermitteln der Instanzen der WMI-Klasse Win32_LogicalDisk.

Eine Liste der Dateisystemlaufwerke erhält man von Get-PSDrive durch Einschränkung auf den Provider „Filesystem":

Get-PSDrive

```
Get-PSDrive -psprovider filesystem
```

Kapitel 24 PowerShell im Einsatz

Das Ergebnis sind Objekte des Typs System.Management.Automation.PSDriveInfo. Zu den Eigenschaften dieser Klasse gehört auch Root, welches das Wurzelverzeichnis zu jedem Laufwerk enthält.

Die PowerShell-Klasse PSDriveInfo enthält keine Informationen über Größe und Füllstand der Laufwerke, da es sich um ein generisches Konzept für alle Arten von Mengen handelt und solche Werte für einige Laufwerke (z.B. Umgebungsvariablen) keinen Sinn machen würden.

Tabelle 24.2 Einsatz der Methode GetDrives()

```
32# [System.IO.DriveInfo]::GetDrives()

VolumeLabel      Name      UsedSpace           FreeSpace       TotalSize  %Free
Local Disk       A:\               0                               ()    ... %
DATEN            B:\      41.798.037.504      142.630.912      39,06 GB    0 %
SYSTEM           C:\      35.511.558.144    6.429.110.272      39,06 GB   15 %
Local Disk       D:\               0                               ()    ... %
Buch             G:\      33.978.740.736    7.961.927.680      39,06 GB   19 %
DATEN            H:\      41.798.037.504      142.630.912      39,06 GB    0 %
Install          I:\      93.895.868.416   10.959.966.208      97,655 GB  10 %
UM               J:\       8.127.950.848    9.646.845.952      16,554 GB  54 %
Local Disk       L:\               0                               ()    ... %
ARCHIV           M:\     104.412.012.544      443.822.080      97,655 GB   0 %
Sicherheit       S:\      66.515.734.528   38.340.100.096      97,655 GB  37 %
MEDIEN           U:\      29.233.065.984   12.707.602.432      39,06 GB   30 %
WEB.DE SmartDrive W:\      7.428.905.984    1.161.028.608           8 GB  14 %
```

Füllstand Um den Füllstand der Dateisystemlaufwerke auszugeben, hat man zwei Möglichkeiten:
- Attribut TotalFreeSpace in der .NET-Klasse System.IO.DriveInfo
- Attribut Freespace in der WMI-Klasse Win32_LogicalDisk
- Verwendung des Commandlets Get-Disk (Commandlet von *www.IT-Visions.de*), das intern WMI verwendet

```
$drive = New-Object System.IO.DriveInfo("C")
$drive.TotalFreeSpace
```
Listing 24.1: *Auslesen des Füllstandes von C unter Einsatz der .NET-Klasse System.IO.DriveInfo*

```
Get-Wmiobject Win32_logicaldisk -Filter "DeviceID = 'c:'" | Select FreeSpace
```
Listing 24.2: *Auslesen des Füllstandes von C unter Einsatz der WMI-Klasse Win32_LogicalDisk*

```
Get-Wmiobject Win32_logicaldisk | Select-Object deviceid,size,freespace
```
Listing 24.3: *Auslesen des Füllstandes aller Laufwerke unter Einsatz der WMI-Klasse Win32_LogicalDisk*

Das folgende Skript zeigt eine Möglichkeit, diese Daten besser formatiert auszugeben:

Listing 24.4 Ausgabe des Füllstands der Laufwerke [Freespace.ps1]
```
$Computer = "localhost"
$laufwerke = Get-wmiobject Win32_LogicalDisk -computer $computer
" Laufwerk       Groesse(MB)      Freier Platz(MB)"
ForEach ($laufwerk in $laufwerke)
{
"     {0}        {1,15:n}     {2,15:n}" -f $laufwerk.DeviceID,
    ($laufwerk.Size/1m), $($laufwerk.freespace/1m)
}
```

Der Einsatz der WMI-Klasse Win32_LocigalDisk bietet zwei Vorteile:
- Man kann auch unter PowerShell 1.0 entfernte Systeme abfragen (siehe Beispiel).
- Man kann auch gezielt mit Hilfe einer WQL-Abfrage filtern (siehe Beispiel).

```
Get-Wmiobject Win32_logicaldisk -Filter "DeviceID = 'c:'" -Computer E02 | Select
DeviceID, FreeSpace
```
Listing 24.5: Auslesen des Füllstandes von Laufwerk C von einem entfernten Computer unter Einsatz der WMI-Klasse Win32_LogicalDisk

```
([WMISearcher] "Select * from Win32_LogicalDisk where Freespace <
1000000000").Get()  | Select DeviceID, FreeSpace
```
Listing 24.6: Ermitteln der Laufwerke mit wenig freiem Speicherplatz unter Einsatz einer WQL-Abfrage über die WMI-Klasse Win32_LogicalDisk

Laufwerksbezeichnungen Zum Auslesen und Verändern der Laufwerksbezeichnungen kann man VolumeLabel aus der Klasse DriveInfo verwenden.

```
$drive = New-Object System.IO.DriveInfo("C")
"Alte Bezeichnung:"
$drive.VolumeLabel
"Neue Bezeichnung:"
$drive.VolumeLabel = "SYSTEM"
$drive.VolumeLabel
```
Listing 24.7 Ändern der Laufwerks-bezeichnung [ChangeVolumeLabel.ps1]

Alternativ kann man das Commandlet Set-VolumeLabel aus den PSCX einsetzen (wobei es noch kein Gegenstück „Get-VolumeLabel" gibt).

```
Set-VolumeLabel "c:" "Systemlaufwerk"
```

Informationen über die verbundenen Netzwerklaufwerke des angemeldeten Benutzers liefert die WMI-Klasse Win32_MappedLogicalDisk:

Netzlaufwerke

```
Get-Wmiobject Win32_MappedLogicalDisk | select caption, providername
```

24.1.2 Ordnerinhalte

Den Inhalt eines Dateisystemordners listet man mit Get-ChildItem (Alias: dir) auf.

Get-ChildItem

Ohne Parameter listet Get-ChildItem den aktuellen Pfad auf. Man kann auch einen Pfad explizit angeben:

```
Get-ChildItem c:\temp\Scripte
```

Die Ergebnismenge besteht aus .NET-Objekten der Typen System.IO.DirectoryInfo (für Unterverzeichnisse) und System.IO.FileInfo (für Dateien).

Der Parameter –Filter beschränkt die Ausgabemenge auf Dateien mit einem bestimmten Namensmuster:

```
Get-ChildItem c:\temp\Scripte -filter "*.ps1"
```

Alternativ kann man auch -include zum Filtern verwenden und dabei auch mehrere Dateiextensionen angeben:

```
Get-childitem c:\temp\Scripte -include *.ps1,*.vbs
```

Das Commandlet arbeitet normalerweise nur auf der angegebenen Ebene. Es kann auch rekursiv die Unterordner durchsuchen:

```
Get-ChildItem c:\temp\Scripte -filter "*.ps1" -recurse
```

Mit Measure-Object kann man Berechnungen über eine Objektmenge ausführen. Der folgende Befehl zeigt die Anzahl der Dateien in *c:\Windows* sowie die Gesamtgröße aller Dateien, die Größe der größten und kleinsten Datei sowie die Durchschnittsgröße.

```
Get-ChildItem c:\windows | Measure-Object -Property length -min -max -average -sum
```

Mit dem folgenden Befehl erzeugt man eine Liste von großen Word-Dateien auf dem Laufwerk „H" und seiner Unterverzeichnisse und exportiert eine Liste der Namen und Größe sortiert nach Größe in eine CSV-Datei:

```
Get-ChildItem h:\ -filter *.doc | Where-Object { $_.Length -gt 40000 } | Select-Object
Name, Length | Sort-Object Length  | export-csv p:\GrosseWordDateien.csv -notype
```

Das „-notype" am Ende sorgt dafür, dass der Name der .NET-Klasse nicht exportiert wird. Würde man den Namen exportieren, so könnte man später mit einem Import-CSV die Daten wieder als Objekt-Pipeline weiterverarbeiten.

Den Kurznamen einer Datei oder eines Ordners gemäß der alten 8+3-Notation kann man mit dem Commandlet Get-ShortPath aus den PSCX ermitteln.

24.1.3 Dateisystemoperationen

Copy, Move, Rename, Remove

Zum Kopieren von Dateien und Ordnern verwendet man Copy-Item (Aliase copy oder cp):

```
Copy-Item j:\demo\dokumente\profil.pdf c:\temp\profil_HSchwichtenberg.pdf
```

Zum Bewegen (Verschieben) von Dateisystemobjekten kommt Move-Item (Alias move) zum Einsatz:

```
Move-Item j:\demo\dokumente\profil.pdf c:\temp\profil_HSchwichtenberg.pdf
```

Das Commandlet Rename-Item (Alias Rename) benennt ein Dateisystemobjekt um:

```
Rename-Item profil.pdf profil_HS.pdf
```

Zum Löschen einer Datei verwendet man das Commandlet Remove-Item (Alias del):

```
Remove-Item j:\demo\profil_HSchwichtenberg.pdf
```

Für Remove-Item ist die Simulation des Verhaltens mit –whatif eine sehr nützliche Funktion.

Bild 24.1 Einsatz von –whatif bei Remove-Item

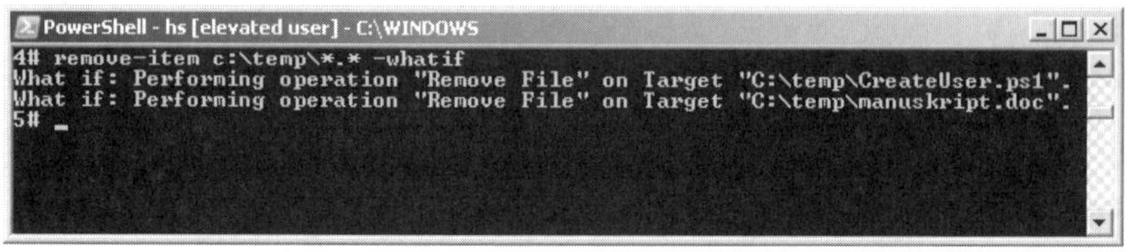

Der folgende Befehl löscht alle Dateien, die älter als 30 Tage sind:

```
Get-ChildItem c:\temp -recurse | Where-Object {($now - $_.LastWriteTime).
   Days -gt 30} | remove-Item
```

24.1.4 Dateieigenschaften lesen

Get-Item

Informationen über ein Dateisystemobjekt (z.B. Name, Größe, letzte Veränderung, Attribute) erhält man mit Get-Item:

```
Get-Item j:\demo\profil_HSchwichtenberg.pdf
```

Für eine Datei erhält man damit eine Instanz von System.IO.FileInfo.

Den gleichen Effekt hat auch
```
Get-ItemProperty j:\demo\profil_HSchwichtenberg.pdf
```

Einzelne Daten kann man so abfragen:
```
Get-ItemProperty daten.txt -name length
Get-ItemProperty daten.txt -name attributes
```

Get-Item-Property

24.1.5 Dateieigenschaften verändern

Zum Ändern von Eigenschaften von Dateisystemeinträgen kann man auf die Attribute der `FileInfo`- und `DirectoryInfo`-Objekte direkt schreibend zugreifen. Ein expliziter Speichervorgang ist nicht vorgesehen.

Set-Item-Property

Das folgende Beispiel zeigt, wie man das Erzeugungsdatum eines Dateisystemordners nachträglich ändert und nachher überprüft, ob es auch wirklich geändert wurde.

```
PS IIS:\sites> $v = Get-Item c:\data\projects
PS IIS:\sites> $v.CreationTime
Montag, 3. August 2009 19:17:20

PS IIS:\sites> $v.CreationTime = new-Object DateTime(2009,3,20)
PS IIS:\sites> $v.CreationTime
Freitag, 20. März 2009 00:00:00

PS IIS:\sites> $v = Get-Item c:\data\projects
PS IIS:\sites> $v.CreationTime
Freitag, 20. März 2009 00:00:00

PS IIS:\sites>
```

Bild 24.2
Beim Ändern von Attributen in Dateisystemobjekten werden die Änderungen sofort wirksam.

Eine Alternative ist die Veränderungen von Eigenschaften mit `Set-ItemProperty`. Mit dem folgenden Befehl werden die in `Attributes` gespeicherten Bitflags gesetzt. Die .NET-Klassenbibliothek definiert die möglichen Flags in der Aufzählung `System.IO.FileAttributes`. Wichtig ist, dass die Elemente der Aufzählung wie statische Mitglieder angesprochen (also mit dem ::-Operator) und mit einem binären exklusiven Oder (`-bxor`) verknüpft werden.

```
Set-ItemProperty daten.txt -name attributes -value
([System.IO.FileAttributes]::ReadOnly -bxor [System.IO.FileAttributes]::Archive)
```

Die `FileInfo`-Klasse bietet Informationen über das Erstellungsdatum und das Datum des letzten Zugriffs.

Zeiten

```
dir $dir | select name, creationtime, lastaccesstime, lastwritetime
```

Mit `Set-FileTime` (enthalten in den PSCX) kann man diese Daten manipulieren, z.B. wenn man nicht möchte, dass jemand sieht, wie alt eine Datei wirklich ist.

```
$dir = "c:\temp"
$time = [DateTime]::Now
dir $dir | Set-FileTime -Time $time -SetCreatedTime -SetModifiedTime
dir $dir | select name, creationtime, lastaccesstime, lastwritetime
```

Listing 24.8: Setzen aller Zeiten aller Dateien in einem Verzeichnis auf das aktuelle Datum und die aktuelle Uhrzeit [/Dateisystem/Filetime.ps1]

Eigenschaften ausführbarer Dateien

.EXE und .DLL Für ausführbare Dateien bieten die PSCX einige spezielle Commandlets an:

- Test-Assembly: liefert true, wenn die Datei eine .NET-Assembly ist (nur anwendbar auf Datei des Typs *.dll*)
- Get-FileVersionInfo: liefert Informationen über die Produkt- und Dateiversion
- Get-PEHeader: liefert die Kopfinformationen des Portable Executable Formats (PE) für beliebige ausführbare Dateien
- Get-ExportedType: liefert für eine .NET-Assembly die Liste der von außen instanziierbaren Klassen

Das folgende PowerShell-Skript ermittelt alle mit .NET geschriebenen ausführbaren DLLs im Windows-Verzeichnis und zeigt zu diesen DLLs die Versionsinformationen an.

Listing 24.9
Suche nach .NET-Assemblies [/Dateisystem/Assembly-Search.ps1]

```
"Suche .NET-Assemblies"

foreach ( $d in (Get-childitem c:\Windows\ -include "*.dll" -recurse))
{
$a = $d.Fullname | Test-assembly -ErrorAction SilentlyContinue
if ($a) { Get-FileVersionInfo $d.Fullname }
}
```

Das folgende Beispiel liefert die PE-Kopfinformationen über den Windows Editor:

```
Get-PEHeader  C:\windows\system32\notepad.exe
```

Bild 24.3 Ausgabe der PE-Kopfinformationen

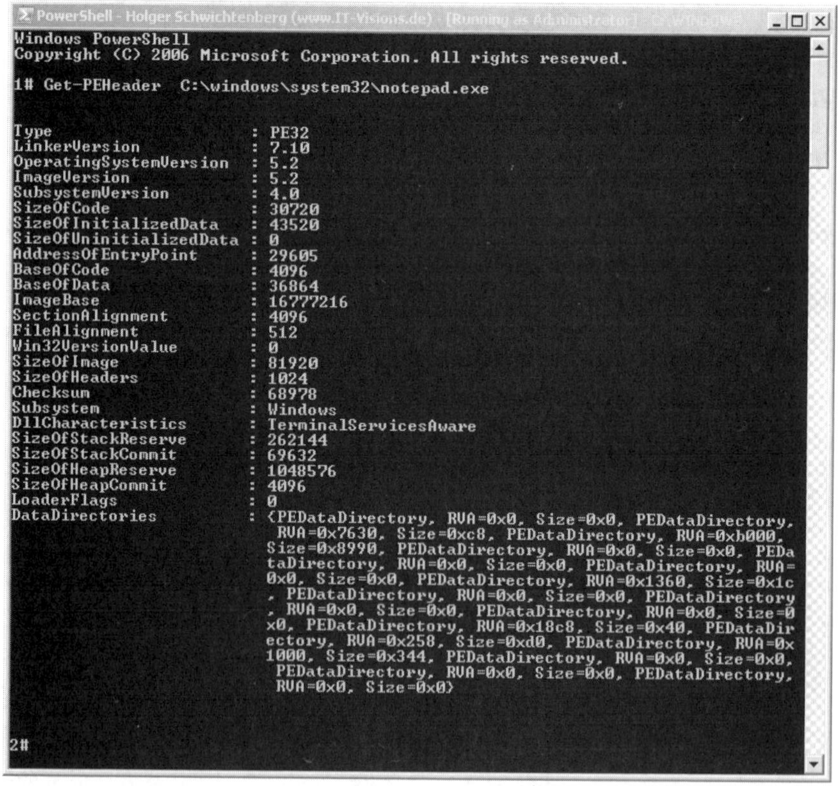

Mit dem Commandlet `Resolve-Assembly` kann man prüfen, welche Versionen einer .NET-Softwarekomponente vorliegen bzw. ob eine bestimmte Version vorliegt.

```
# Zeige alle Versionen dieser Assembly
Resolve-Assembly System.Windows.Forms
# Prüfe, ob Version 3.0 verfügbar ist
Resolve-Assembly System.Windows.Forms -Version 2.0.0.0
```

24.1.6 Verknüpfungen im Dateisystem

Commandlets zur Erstellung von Verknüpfungen findet man in den PSCX.

Explorer-Verknüpfungen

Seit Windows 95 unterstützt der Windows Explorer Verknüpfungen im Dateisystem durch *.lnk*-Dateien. *.lnk*-Dateien enthalten als Verknüpfungsziel entweder eine Datei oder ein Verzeichnis. Sie werden erstellt im Windows Explorer durch die Kontextmenü-Funktionen „Verknüpfung erstellen" oder „Neu/Verknüpfung". Windows zeigt die Dateinamenserweiterung von *.lnk*-Dateien nicht an. Stattdessen sieht man im Windows Explorer das Symbol des Zielobjekts mit einem Pfeil. Ein Doppelklick leitet den Windows Explorer oder einen Dateidialog, der *.lnk*-Dateien unterstützt, zum Ziel.

New-Shortcut

Diese Explorer-Verknüpfungen erstellt man mit dem Commandlet `New-Shortcut`, wobei der erste Parameter der Pfad zu der zu erstellenden .lnk-Datei ist und der zweite Parameter der Zielpfad ist:

```
New-Shortcut "c:\Kundendaten" "g:\Daten\Kunden"
```

Falls die Verknüpfung bereits existiert, wird sie ohne Vorwarnung überschrieben.

Leider gibt es drei gravierende Nachteile bei auf *.lnk*-Dateien basierenden Explorer-Verknüpfungen:

- Der Windows Explorer zeigt Verknüpfungen zu Ordnern nicht in der Ordnerhierarchie (links) an, sondern sortiert sie in die Dateiliste (rechts) ein.
- Die Verknüpfungen funktionieren nicht an der Kommandozeilenebene.
- Windows verfolgt das Ziel nicht beim Umbenennen/Verschieben, sondern sucht stets erst danach, wenn das Ziel nicht mehr auffindbar ist, wobei nicht immer das richtige Ziel gefunden wird.

Hardlinks

Nutzer von Unix kennen hingegen bessere Verknüpfungsarten in Form von Hardlinks und symbolischen Links (Symbolic Links/Symlinks). Unter Windows können Nutzer von NTFS-Dateisystemen ähnliche Konzepte nutzen. Das NTFS-Dateisystem unterstützt feste Verknüpfungen zu Dateien in Form so genannter Hardlinks und zu Ordnern in Form von Junction Points. Leider werden beide Funktionen nicht direkt im Windows Explorer, sondern nur durch Kommandozeilen- oder Drittanbieterwerkzeuge unterstützt.

New-Hardlink

Ein Hardlink ist eine feste Verknüpfung zu einer Datei. Microsoft liefert dazu in Windows XP und Windows Server 2003 das Kommandozeilenwerkzeug *fsutil.exe*. In den PowerShell Extensions findet man das Commandlet `New-Hardlink`.

Die Syntax zum Erstellen eines Hardlinks lautet:

```
New-Hardlink <neuer Dateiname> <vorhandener Dateiname>
```

Beispiel:

```
New-Hardlink "g:\Kunden.csv" "g:\Daten\Kunden\Kundenliste.csv"
```

Danach erscheint die Datei in beiden Verzeichnissen – ohne dass ein Verknüpfungspfeil angezeigt würde. Es handelt sich dennoch nicht um eine Kopie; beide Einträge im Verzeichnisbaum weisen auf die gleiche Stelle auf der Festplatte, und daher kann die Datei nun an beiden Stellen manipuliert werden. Ein Verschieben der Datei macht überhaupt keine Probleme. Der Dateiinhalt ist erst dann verloren, wenn beide Einträge im Verzeichnisbaum gelöscht wurden.

Zwei Wermutstropfen:
- Es können keine Ordnerverknüpfungen erstellt werden.
- Es können nur Verknüpfungen zu Dateien auf dem gleichen Laufwerk erstellt werden.

Einen Hardlink löscht man, indem man die Linkdatei entfernt. Die Zieldatei bleibt dabei unangetastet:

```
Remove-Item "g:\Kunden.csv"
```

Junction Points

New-Junction Junction Points sind das Äquivalent zu Hardlinks für Ordner. Im Gegensatz zu Hardlinks funktionieren Junction Points auch laufwerkübergreifend. Als Commandlet kommt hier das Commandlet New-Junction zum Einsatz, das jedoch leider nur mit den Ressource Kits der verschiedenen Windows-Versionen ausgeliefert wird. Bei *linkd.exe* ist im Gegensatz zu *fsutil.exe* erst die Quelle und dann das Ziel zu nennen.

Beispiel:

Die Anweisung

```
New-Junction "h:\Kunden" "g:\Daten\Kunden\"
```

erstellt folglich hier eine Verknüpfung, die das Verzeichnis *g:\Daten\Kunden* als Unterverzeichnis *Kunden* im Ordner *h:* einblendet. Junction Points funktionieren auch an der Kommandozeile. So zeigt der Befehl

```
dir c:\Kunden
```

den Inhalt von *g:\Daten\Kunden*.

Der Windows Explorer sortiert einen Junction Point wie einen Ordner in die Ordnerhierarchie auf der linken Seite ein.

Das Ziel eines Junction Points kann man mit dem Commandlet Get-ShortPath betrachten, z.B.:

```
Get-ReparsePoint c:\Kunden
```

Remove-ReparsePoint Zum Löschen eines Junction Points verwendet man:

```
Remove-ReparsePoint "c:\Kunden"
```

Wird der eigentliche Zielordner vor dem Junction Point gelöscht, entsteht ein verwaister Junction Point. Leider bemerkt Windows das Verschieben eines Ordners nicht, so dass auch in diesem Fall der Junction Point ins Nirwana führt.

Symbolische Verknüpfungen ab Windows Vista

New-Symlink Die neuen symbolischen Verknüpfungen (Symbolic Links), die Microsoft mit Windows Vista eingeführt hat, kann man mit den Commandlet New-Symlink erstellen.

24.1.7 Komprimierung

Commandlets zum Komprimieren von Dateien in Archive findet man in den PSCX. Hier gibt es Commandlets für vier verschiedene Komprimierungsformate (ZIP, GZIP, TAR und BZIP2):

ZIP, GZIP, TAR und BZIP2

- Write-Zip
- Write-GZip
- Write-Tar
- Write-BZip2

Im Folgenden finden Sie einige aussagekräftige Praxisbeispiele, welche die Syntax der Befehle erläutern. Alle Beispiele verwenden einheitlich das ZIP-Format. Alle anderen Formate funktionieren analog mit dem entsprechenden Commandlet.

Tabelle 24.3 Anwendungsbeispiele für Write-Zip

`Write-zip Kundenliste.csv`
Komprimiert die Datei Kundenliste.csv in das Archiv Kundenliste.csv.zip
`Write-zip Kundenliste.csv Kundenliste.zip`
Komprimiert die Datei Kundenliste.csv zu Kundenliste.zip
`"Kundenliste.csv", "Preisliste.doc", "Projektrichtlinien.doc"	Write-Zip`
Komprimiert die drei angegebenen Dateien einzeln in "Kundenliste.csv.zip", "Preisliste.doc.zip" und "Projektrichtlinien.doc.zip"
`"Kundenliste.csv", "Preisliste.doc", "Projektrichtlinien.doc"	Write-Zip -Outputpath G:\daten\kunden.zip`
Komprimiert die drei angegebenen Dateien zusammen in Kunden.zip
`Write-Zip g:\daten\kunden -Outputpath G:\daten\kunden.zip`
Komprimiert den ganzen Inhalt des Ordners g:\daten\kunden nach kunden.zip
`dir g:\daten -Filter *.doc -Recurse	Write-zip -Output g:\Daten\docs.zip`
Sucht im Ordner g:\Daten und allen seinen Unterordnern nach Microsoft Word-Dateien und komprimiert diese zusammen in g:\Daten\docs.zip

Wenn die Zieldatei bereits existiert, werden die neuen Dateien mit in das Archiv aufgenommen. Die bestehenden Dateien werden nicht gelöscht.

Die Komprimierungs-Commandlets besitzen noch einige interessante Optionen, von denen beispielhaft zu nennen sind:

- `RemoveOriginal`: Löschen der Originaldatei nach Aufnahme der Datei in das Archiv
- `Level`: Komprimierungsrate von 1 bis 9 (Standard ist 5)
- `FlattenPaths`: In dem Archiv werden keine Pfadinformationen gespeichert.

24.1.8 Dateisystemfreigaben

Der Zugriff auf Dateisystemfreigaben (engl. Shares) erfolgt über die WMI-Klasse `Win32_Share`. Wichtige Mitglieder der Klasse sind:

Win32_Share

- `Name`: Name der Freigabe
- `Path`: Pfad im Dateisystem, zu dem die Freigabe führt

Kapitel 24 PowerShell im Einsatz

- Description: Beschreibungstext zu der Freigabe
- MaximumAllowed: Maximalanzahl der gleichzeitigen Benutzer
- SetShareInfo(): Setzen der Eigenschaften Description, MaximumAllowed und der Berechtigungen für die Freigabe
- GetAccessMask(): Auslesen der Berechtigungen für die Freigabe
- Create(): Create ist eine statische Methode der Klasse Win32_Share zum Anlegen neuer Freigaben

Das Attribut AccessMask ist immer leer (siehe Bildschirmabbildung), weil es von Microsoft als „veraltert" deklariert wird. Das Setzen und Lesen der Berechtigungen erfolgt über die Methoden Create(), SetShareInfo() und GetAccessMask(). Diese Methoden legen entsprechende Assoziationen an.

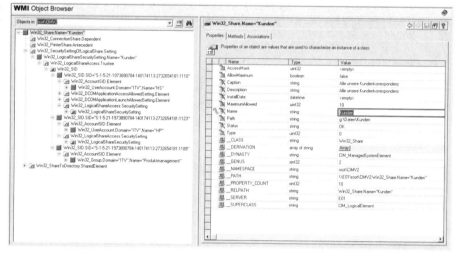

Bild 24.4 Darstellung einer Instanz der Klasse Win32_Share im WMI Object Browser

Bei den Freigaben sind die Berechtigungen der komplizierteste Teil, wie schon die Assoziationen im WMI Object Browser andeuten.

Freigaben auflisten

Win32_Share Zum Auflisten der Freigaben muss man auf die Instanzen der WMI-Klasse Win32_Share zurückgreifen:

```
Get-Wmiobject Win32_Share
```

Bild 24.5 Auflisten der freigegebenen Dateisystemverzeichnisse

Über den Namen der Freigabe kann man eine Freigabe (auch auf entfernten Systemen) gezielt ansprechen:

```
Get-WmiObject Win32_Share -Filter "Name='C$'" -computer E02 | Select Name, Path,
Description, MaximumAllows | Format-List
```

Freigaben anlegen

Das Anlegen einer Freigabe ist eine aufwendigere Angelegenheit – zumindest dann, wenn man auch die Zugriffsrechteliste setzen will. Leider kann man hier nicht auf die .NET-Klassen für die Berechtigungsvergabe zurückgreifen, sondern muss entsprechende WMI-Klassen verwenden.

Create()

Aus didaktischen Gründen folgt zunächst erst einmal ein Skript, bei dem die Berechtigungen nicht explizit gesetzt werden. Die Freigabe erhält dadurch die Standardrechte (Vollzugriff für jedermann). Zum Anlegen der Freigabe wird die statische Methode Create() der Klasse Win32_Share aufgerufen. Für AccessMask wird dabei $null übergeben. Das Skript prüft beim Start, ob es die Freigabe schon gibt, und löscht diese gegebenenfalls, damit eine Neuanlage möglich ist.

```
###########################################
# New-Share (without Permissions)
# (C) Dr. Holger Schwichtenberg
###########################################

# Parameters
$Computer = "."
$ShareName = "Kunden"
$Pfad = "g:\Daten\Kunden"
$Comment = "Alle unsere Kundenkorrespondenz"

# before
"Vorher:"
Get-WmiObject Win32_Share -Filter "Name='$ShareName'"

Get-WmiObject Win32_Share -Filter "Name='$ShareName'" | foreach-Object { $_.Delete()
}

# Win32_Share
$MC = [WMIClass] "ROOT\CIMV2:Win32_Share"
$Access = $Null
$R = $mc.Create($pfad, $Sharename, 0, 10, $Description, "", $Access)

if ( $R.ReturnValue -ne 0 ) { Write-Error "Fehler beim Anlegen: "+ $R.ReturnValue;
Exit}
"Freigabe wurde angelegt!"

# after
"Nachher:"
Get-WmiObject Win32_Share -Filter "Name='$ShareName'"
```

*Listing 24.10
Anlegen einer Freigabe mit Standardberechtigungen [New-Share-withoutPermissions.ps1]*

Bild 24.6
Eine mit Standardrechten angelegte Freigabe

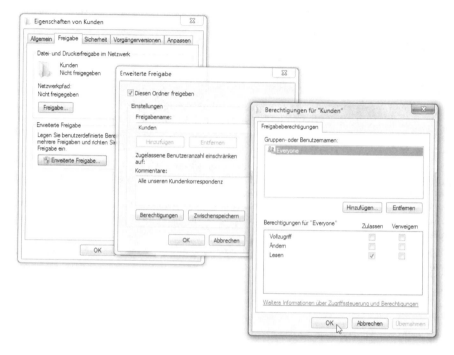

Berechtigungen auf Freigaben setzen Um beim Anlegen einer Dateisystemfreigabe die Zugriffsrechte zu setzen, sind folgende Schritte zusätzlich notwendig:

- Ermitteln des Security Identifiers für jeden Benutzer/jede Gruppe, die Rechte erhalten soll
- Erstellen einer Instanz von `Win32_Trustee` für jeden Benutzer/jede Gruppe, die Rechte erhalten soll
- Instanziieren der Klasse `Win32_ACE` für jeden Rechteeintrag
- Befüllen von `Win32_ACE` mit dem `Win32_Trustee`-Objekt, den Rechten und den Rechteeigenschaften
- Erstellen einer Instanz von `Win32_SecurityDescriptor`
- Befüllen des `Win32_SecurityDescriptor`-Objekts mit einer Discretionary Access Control List (DACL)
- Zusammenbauen der DACL aus einzelnen Rechteeinträgen (Access Control Entries – ACE), also Instanzen von `Win32_ACE`

Listing 24.11
Anlegen einer Freigabe mit expliziten Rechten [New-Share-with-Permission.ps]

```
################################################
# New-Share (with Permissions)
# (C) Dr. Holger Schwichtenberg
################################################

# Parameters
$Computer = "."
$ShareName = "Kunden"
$Pfad = "g:\Daten\Kunden"
$Comment = "Alle unsere Kundenkorrespondenz"

# Constants
$SHARE_READ = 1179817
$SHARE_CHANGE = 1245462
```

```
$SHARE_FULL = 2032127
$SHARE_NONE = 1

$ACETYPE_ACCESS_ALLOWED = 0
$ACETYPE_ACCESS_DENIED = 1
$ACETYPE_SYSTEM_AUDIT = 2

$ACEFLAG_INHERIT_ACE = 2
$ACEFLAG_NO_PROPAGATE_INHERIT_ACE = 4
$ACEFLAG_INHERIT_ONLY_ACE = 8
$ACEFLAG_INHERITED_ACE = 16
$ACEFLAG_VALID_INHERIT_FLAGS = 31
$ACEFLAG_SUCCESSFUL_ACCESS = 64
$ACEFLAG_FAILED_ACCESS = 128

# Get Trustee
function New-Trustee($Domain, $User)
{
$Account = New-Object system.security.principal.ntaccount("itv\hs")
$SID = $Account.Translate([system.security.principal.securityidentifier])
$useraccount = [ADSI] ("WinNT://" + $Domain + "/" + $User)
$mc = [WMIClass] "Win32_Trustee"
$t = $MC.CreateInstance()
$t.Domain = $Domain
$t.Name = $User
$t.SID = $useraccount.Get("ObjectSID")
return $t
}
# Create ACE
function New-ACE($Domain, $User, $Access, $Type, $Flags)
{
$mc = [WMIClass] "Win32_Ace"
$a = $MC.CreateInstance()
$a.AccessMask = $Access
$a.AceFlags = $Flags
$a.AceType = $Type
$a.Trustee = New-Trustee $Domain $User
return $a
}

# Create SD
function Get-SD
{
$mc = [WMIClass] "Win32_SecurityDescriptor"
$sd = $MC.CreateInstance()
$ACE1 = New-ACE "ITV" "HP" $SHARE_READ  $ACETYPE_ACCESS_ALLOWED $ACEFLAG_
INHERIT_ACE
$ACE2 = New-ACE "ITV" "HS" $SHARE_FULL $ACETYPE_ACCESS_ALLOWED $ACEFLAG_INHERIT_ACE
$ACE3 = New-ACE "ITV" "Produktmanagement" $SHARE_FULL $ACETYPE_ACCESS_ALLOWED
$ACEFLAG_INHERIT_ACE
[System.Management.ManagementObject[]] $DACL = $ACE1 , $ACE2, $ACE3

$sd.DACL = $DACL
return $sd
}

# before
"Vorher:"
Get-WmiObject Win32_Share -Filter "Name='$ShareName'"

Get-WmiObject Win32_Share -Filter "Name='$ShareName'" | foreach-Object { $_
.Delete() }

# Win32_Share anlegen
```

Kapitel 24 PowerShell im Einsatz

```
$MC = [WMIClass] "ROOT\CIMV2:Win32_Share"
$Access = Get-SD
$R = $mc.Create($pfad, $Sharename, 0, 10, $Comment, "", $Access)

if ( $R.ReturnValue -ne 0) { Write-Error "Fehler beim Anlegen: "+
$R.ReturnValue; Exit}
"Freigabe wurde angelegt!"

# after
"Nachher:"

Get-WmiObject Win32_Share -Filter "Name='$ShareName'" | foreach { $_
.GetAccessMask()  } | gm
```

Bild 24.7
Ergebnis des obigen Skripts zum Anlegen einer Freigabe mit expliziten Rechten

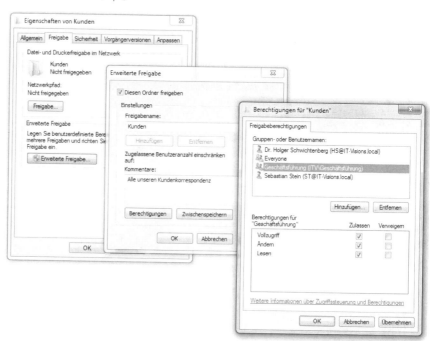

 Create() besitzt einige Fehlercodes, z.B. 22 = Freigabename existiert bereits oder 21 = Falsche Parameter.

24.2 Dokumente

Dieses Kapitel behandelt die Erstellung und Nutzung verschiedener Dokumententypen: Textdateien, Binärdateien, CSV-Dateien, XML-Dateien und XML-Dateien.

24.2.1 Textdateien

Zum Einlesen von Dateien stellt die PowerShell das Commandlet `Get-Content` zur Verfügung. `Get-Content` liest im Standard die gesamte Datei ein. — **Get-Content**

Das folgende Listing zeigt das Einlesen einer Textdatei und die zeilenweise Ausgabe:

```
$datei = Get-Content j:\demo\dokumente\benutzerliste.csv
$a = 0
$datei | Foreach-Object { $a++; "Zeile" + $a + ": " + $_ }
"Gesamtzahl der Zeilen: " + $a
```

Listing 24.12 Zeilenweises Einlesen einer Textdatei [Textfile_Read.ps1]

Wenn es nur darum geht, die Anzahl der Zeilen zu ermitteln, dann geht das auch kürzer:

```
Get-Content j:\demo\dokumente\benutzerliste.csv | Measure-Object
```

Das Beschreiben einer Textdatei im Dateisystem erfolgt mit `Set-Content` und `Add-Content`. `Set-Content` tauscht den Inhalt aus, `Add-Content` ergänzt Inhalte. — **Set-Content**

```
$datei = "j:\demo\dokumente\protokoll.txt"
"Neubeginn der Protokolldatei " | Set-Content $datei

"Neuer Eintrag " | Add-Content $datei
"Neuer Eintrag " | Add-Content $datei
"Neuer Eintrag " | Add-Content $datei

"Inhalt der Datei jetzt:"

Get-Content $datei
```

Listing 24.13 Erstellen und Ergänzen einer Textdatei [Textfile_Write.ps1]

`Clear-Content` löscht den Inhalt einer Datei, belässt die Datei aber leer im Dateisystem.

Eine andere Möglichkeit zum Erstellen einer Textdatei ist die Verwendung von `New-Item`: — **New-Item**

```
New-Item . -name Daten.txt -type "file" -value "Dies ist der Inhalt!" -force
```

In diesem Fall gibt es aber nur die Option, die Datei neu anzulegen (ohne `-force`) oder eine bestehende Datei zu überschreiben (mit `-force`).

Eine dritte Möglichkeit zum Beschreiben einer Datei ist das Commandlet `Out-File`.

Das Durchsuchen von Textdateien ist möglich mit dem Commandlet `Select-String`. Die folgende Anweisung liefert Informationen dazu, in welchen Skriptdateien in einer Verzeichnishierarchie das Wort „Where" vorkommt: — **Suche in Textdateien**

```
Get-ChildItem h:\demo\powershell -Filter *.ps1 -Recurse | Select-String "Where"
```

24.2.2 Binärdateien

Auch Binärdateien kann man mit `Get-Content` auslesen und mit `Set-Content` bzw. `Add-Content` beschreiben. Jeweils ist als Parameter `-encoding Byte` anzugeben.

```
# Binärdatei lesen
$a = Get-Content H:\demo\PowerShell\Registry\www.IT-Visions.de_Logo.jpg -encoding byte

# Binärdatei schreiben
$a | Set-Content "g:\Daten\Logo.jpg" -encoding byte
```

Listing 24.14 Lesen und Schreiben einer Binärdatei [BinaryFile_ReadWrite.ps1]

Kapitel 24 **PowerShell im Einsatz**

24.2.3 CSV-Dateien

Export, Import
Zum Importieren und Exportieren von Daten im CSV (Comma-Separated Values)-Format bietet die PowerShell die Commandlets Export-CSV und Import-CSV.

Beim Exportieren gibt es zwei Alternativen:

Man kann eine normale CSV-Datei ohne Metadaten erstellen lassen:

```
Get-Service | Where-Object {$_.status -eq "running"} | export-csv c:\temp\dienste.csv -NoTypeInformation
```

Alternativ dazu kann man eine CSV-Datei erzeugen, bei der in der ersten Zeile nach „#Type" hinterlegt ist, welche Objekttypen persistiert sind.

```
Get-Service | Where-Object {$_.status -eq "running"} | export-csv c:\temp\dienste.csv
```

Bild 24.8
Exportierte CSV mit Typinformationen in der ersten Zeile

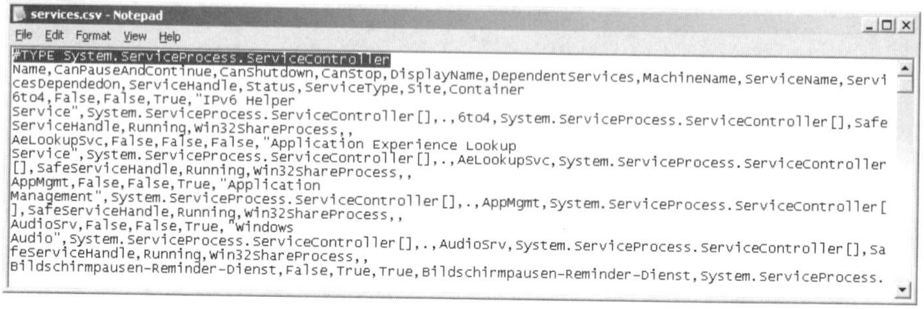

Beim Import einer CSV-Datei mit

```
Import-csv c:\temp\dienste.csv | where { $_.Status -eq "Running" }
```

entscheidet die Typinformation darüber, welcher Objekttyp konstruiert wird. Mit Typinformationen wird der entsprechende Typ erstellt, mit dem Zusatz „CSV" (siehe Bildschirmabbildung).

Das Exportieren/Importieren entspricht einer Serialisierung/Deserialisierung von Objekten. Die deserialisierten objekte haben zwar alle Attribute (also Daten) des Ursprungobjekts, nicht aber deren spezifische Methoden.

Bild 24.9
Deserialisierte Dienst-Objekte

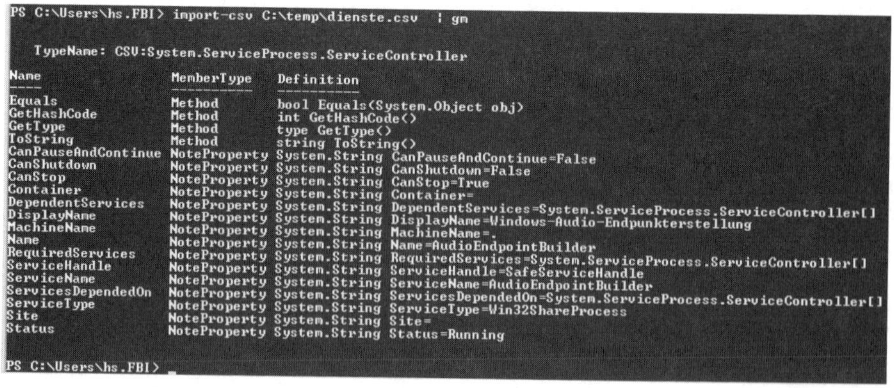

Ohne Typinformationen entstehen Instanzen der Klasse `System.Management.Automation.PSCustomObject`.

ConvertTo-CSV

`ConvertTo-CSV` (ab PowerShell 2.0) erzeugt genau wie `Export-CSV` ein CSV-Dokument (Comma-Separated Values) aus einer Objektmenge. Unterschied ist aber, dass `ConvertTo-CSV` die Ausgabe nicht in ein Dokument schreibt, sondern innerhalb der PowerShell als Zeichenkette zur Weiterverarbeitung anbietet.

Beispiel:

```
Get-Service I* | ConvertTo-Csv
```

Bild 24.10
Ausgabe von ConvertTo-CSV nach dem Befüttern mit Instanzen von System.Service Process.ServiceController

24.2.4 XML-Dateien

[Xml]

Die PowerShell bietet eine sehr komfortable Möglichkeit, XML-Dokumente auszuwerten, denn die XML-Elementnamen können wie Attribute eines .NET-Objekts angesprochen werden. Wenn `$doc` das in der nachstehenden Abbildung gezeigte XML-Dokument enthält, dann liefert `$doc.Websites.Website` die Menge von XML-Knoten, die *<Website>* heißen.

Bild 24.11
Beispiel für ein XML-Dokument

Das obige Dokument kann so ausgewertet werden:

```
$doc = [xml] (Get-Content -Path h:\demo\dokumente\websites.xml)
$Sites = $doc.Websites.Website
$Sites | select URL, Beschreibung
```

Listing 24.15: Auslesen einer XML-Datei [XML_Document.ps1]

Um die besondere XML-Unterstützung der PowerShell nutzen zu können, muss die PowerShell wissen, welche Variablen ein XML-Dokument enthält. Daher ist die Typkonvertierung mit [xml] in der ersten Zeile sehr wichtig.

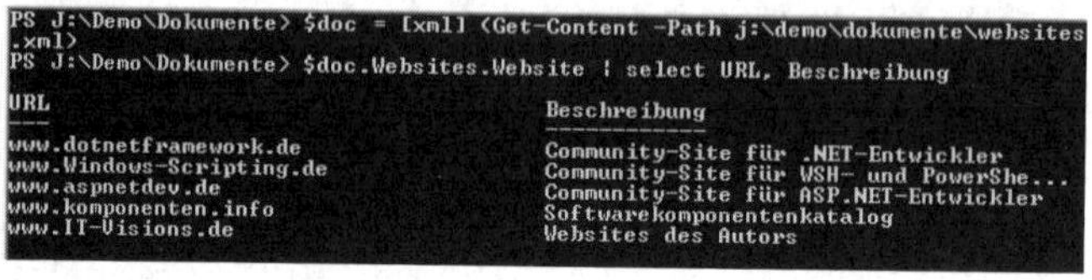

Bild 24.12
Ergebnis der Auswertung des XML-Dokuments

Prüfung von XML-Dokumenten

Test-Xml Den Versuch, ein nicht gültiges XML-Dokument (in dem z.B. ein schließendes Tag fehlt) in den Typ [Xml] zu konvertieren, quittiert die PowerShell mit einem Fehler (siehe Bild 24.13).

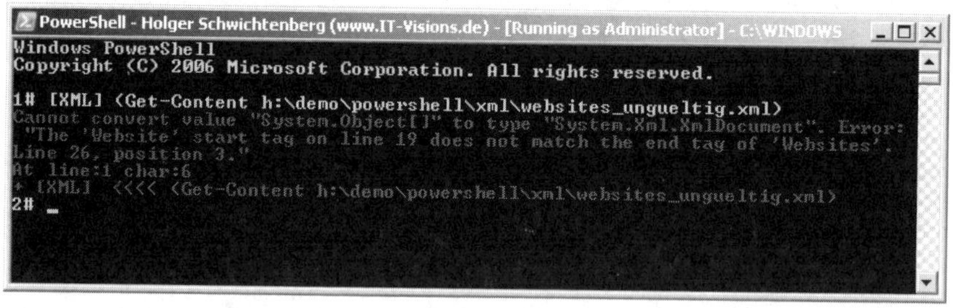

Bild 24.13
Fehlermeldung, wenn ein schließendes Tag fehlt

Mit dem Commandlet Test-Xml (aus den PSCX) kann man vorher prüfen, ob ein Dokument gültig ist. Test-Xml liefert True oder False.

```
Test-Xml h:\demo\powershell\xml\websites_ungueltig.xml
```

Test-Xml prüft im Standard nur die Gültigkeit. Optional ist eine Validierung gegen ein XML-Schema möglich. Hierbei ist nach -SchemaPath der Pfad zu der XML-Schema-Datei (*.xsd*) anzugeben. Alternativ kann dort auch ein Array mit mehreren Pfaden angegeben werden.

```
Test-Xml h:\demo\powershell\xml\websites.xml -SchemaPath h:\demo\powershell\xml\websites.xsd
```

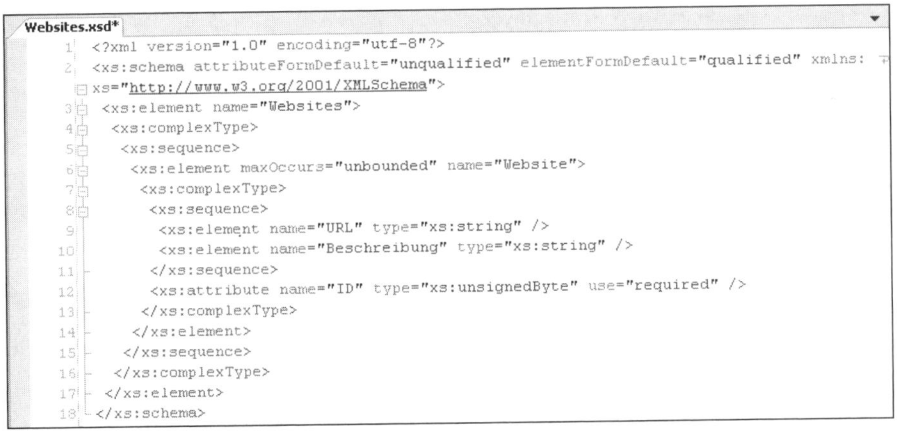

Bild 24.14
XML-Schema für die Websites-Datei

```
Websites.xsd*
 1  <?xml version="1.0" encoding="utf-8"?>
 2  <xs:schema attributeFormDefault="unqualified" elementFormDefault="qualified" xmlns:
    xs="http://www.w3.org/2001/XMLSchema">
 3    <xs:element name="Websites">
 4      <xs:complexType>
 5        <xs:sequence>
 6          <xs:element maxOccurs="unbounded" name="Website">
 7            <xs:complexType>
 8              <xs:sequence>
 9                <xs:element name="URL" type="xs:string" />
10                <xs:element name="Beschreibung" type="xs:string" />
11              </xs:sequence>
12              <xs:attribute name="ID" type="xs:unsignedByte" use="required" />
13            </xs:complexType>
14          </xs:element>
15        </xs:sequence>
16      </xs:complexType>
17    </xs:element>
18  </xs:schema>
```

Formatierte Ausgabe

XML-Dokumente müssen nicht formatiert sein, d.h., Einrückungen der XML-Elemente entsprechend der Ebene sind nicht notwendig. In den PSCX gibt es eine Möglichkeit, mit dem Commandlet `Format-Xml` nicht formatierte XML-Dokumente formatiert auszugeben bzw. die Formatierung der Ausgabe anzupassen.

Format-Xml

Der folgende Befehl liefert eine formatierte Ausgabe eines XML-Dokuments, bei der jede Ebene mit einem Punkt und vier Leerzeichen eingerückt wird (siehe Bild 24.15).

```
Format-Xml h:\demo\powershell\xml\websites.xml -IndentString ".    "
```

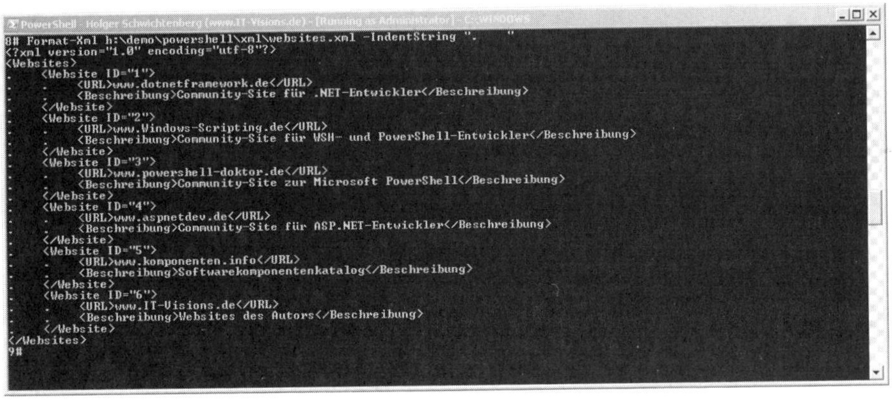

Bild 24.15
Einsatz von Format-Xml

XPath-Anweisungen

Zur Suche in XML-Dokumenten mit Hilfe von XPath (XPath ist ein W3C-Standard, siehe [W3C01]) unterstützt die Klasse `XmlDocument` die Methoden `SelectNodes()` und `SelectSingleNode()`. In den PSCX gibt es das Commandlet `Select-Xml`.

Select-Xml

`SelectNodes()` und `SelectSingleNode()` liefern Instanzen der Klassen `System.Xml.XmlElement` und `System.Xml.XmlAttribute`. `Select-Xml` hingegen liefert Instanzen von `MS.Internal.Xml.Cache.XPathDocumentNavigator`. Die Ausgabe ist daher sehr verschieden. Um bei beiden Befehlen zur gleichen Ausgabe zu kommen, muss man das Ergebnis von `Select-Xml` an `Select-Object InnerXml` senden (siehe Bild 24.16).

Kapitel 24 PowerShell im Einsatz

Bild 24.16
Ausgabe von SelectNodes() und Select-Xml im Vergleich

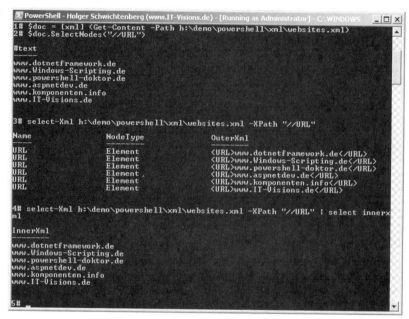

Es folgen einige Beispiele.

Tabelle 24.4 Beispiele zur Anwendung von XPath

`$doc.SelectNodes("//URL")`
Oder
`select-Xml h:\demo\powershell\xml\websites.xml -XPath "//URL" | select innerxml`
Liefert alle <URL>-Elemente
`$doc.SelectNodes("//Website/@ID")`
Oder
`select-Xml h:\demo\powershell\xml\websites.xml -XPath "//Website/@ID" | select innerxml`
Liefert alle ID-Attribute aller <Website>-Elemente
`$doc.SelectSingleNode("//Website[@ID=3]/URL")`
Oder
`select-Xml h:\demo\powershell\xml\websites.xml -XPath "//Website[@ID=3]/URL" | select innerxml`
Liefert das <URL>-Element des <Website>-Elements mit dem Attributwert 3 im Attribut ID

Select-Xml hat den Vorteil, dass dort auch eine einfache Unterstützung für XML-Namensräume geboten wird. Der folgende Befehl liest aus einer Visual Studio-Projektdatei die Namen aller eingebundenen C#-Quellcodedateien aus. Dabei muss Bezug genommen werden auf den entsprechenden Namensraum des Kommandozeilenwerkzeugs MSBuild, das für die Übersetzung der Projekte zuständig ist.

```
Select-Xml "H:\demo\PowerShell\_Eigene Commandlets\PowerShell_Commandlet_Library\
PowerShell_Commandlet_Library.csproj"  -Namespace 'dns=http://schemas.microsoft.com/
developer/msbuild/2003' -XPath "//dns:Compile/@Include"
```

Beispiel

```xml
<Project DefaultTargets="Build" xmlns="http://schemas.microsoft.com/developer/msbuild/2003">
...
  <ItemGroup>
    <Compile Include="Test-Dauer.cs" />
    <Compile Include="Get-Disk3.cs" />
    <Compile Include="Get-Computername.cs" />
    <None Include="Get-Disk2.cs" />
    <None Include="Get-Disk1.cs" />
    <Compile Include="Properties\AssemblyInfo.cs" />
    <Compile Include="PSSnapin.cs">
      <SubType>Component</SubType>
    </Compile>
  </ItemGroup>
...
</Project>
```

Bild 24.17
Dieses Fragment aus der Visual Studio-Projektdatei zeigt die zu selektierenden Elemente und deren Namensraumdeklaration.

XML-Dateien verändern Das nächste Skript ergänzt einen Eintrag in einer XML-Datei unter Verwendung der Methoden `CreateElement()` und `AppendChild()`. Dieses Beispiel zeigt, dass es aber auch Ecken in der PowerShell gibt, die etwas komplizierter sein können. Weil die Unterelemente eines XML-Knotens als Attribute der .NET-Klasse, welche die PowerShell verarbeitet, dargestellt werden, können – zur Vermeidung von Namenskonflikten – die Attribute der Metaklasse `System.Xml.Node` (bzw. abgeleiteter Klassen) nicht mehr direkt dargestellt werden. Diese Attribute sind nur über ihre Getter und Setter verfügbar. Dies bedeutet, dass man mit dem PowerShell-Skript den Inhalt eines Knotens nicht über `$knoten.Innertext = "xyz"` setzen kann, sondern etwas umständlicher über `$knoten._set_Innertext("xyz")` aufrufen muss.

```powershell
"Vorher"
$doc = [xml] (Get-Content -Path h:\demo\buch\websites.xml)
$doc.Websites.Website | select URL,Beschreibung
"Nachher"
$site = $doc.CreateElement("Website")
$url =  $doc.CreateElement("URL")
$url.set_Innertext("www.powershell-doktor.de")
$beschreibung = $doc.CreateElement("Beschreibung")
$beschreibung.set_Innertext("Community-Website zur PowerShell")
$site.AppendChild($url)
$site.AppendChild($Beschreibung)
$doc.Websites.AppendChild($site)
$doc.Websites.Website | select URL,Beschreibung
$doc.Save("h:\demo\buch\websites_neu.xml")
"Dokument gespeichert!"
```

Listing 24.16
Ergänzen einer XML-Datei [XML_Modify.ps1]

XML-Dateien aus Pipeline exportieren

Die PowerShell verwendet ein eigenes XML-Format („CLIXML"), mit dem die Objekt-Pipeline in XML-Form (durch `Export-CliXml`) persistiert (serialisiert) werden kann, so dass diese später wiederhergestellt werden kann. Der folgende Befehl speichert die Objektliste der laufenden Systemdienste. Die Abbildung zeigt das Ergebnis.

```powershell
Get-Service | Where-Object {$_.status -eq "running"} | Export-CliXml j:\demo\dokumente\dienste.xml
```

Export-Datei für PowerShell-Pipeline-Objekt in XML-Form (Export-CliXml)

Bild 24.18
Ausschnitt aus der Serialisierung einer PowerShell-Pipeline

```xml
- <Objs Version="1.1" xmlns="http://schemas.microsoft.com/powershell/2004/04">
  ⊞ <Obj RefId="RefId-0">
  + <Obj RefId="RefId-0">
  + <Obj RefId="RefId-0">
  + <Obj RefId="RefId-0">
  + <Obj RefId="RefId-0">
  - <Obj RefId="RefId-0">
      <TNRef RefId="RefId-0" />
    - <Props>
        <B N="CanPauseAndContinue">false</B>
        <B N="CanShutdown">true</B>
        <B N="CanStop">true</B>
        <S N="DisplayName">Background Intelligent Transfer Service</S>
      - <Obj N="DependentServices" RefId="RefId-1">
          <TNRef RefId="RefId-1" />
          <LST />
        </Obj>
        <S N="MachineName">.</S>
        <S N="ServiceName">BITS</S>
      - <Obj N="ServicesDependedOn" RefId="RefId-2">
          <TNRef RefId="RefId-1" />
        - <LST>
          - <Obj RefId="RefId-3">
              <TNRef RefId="RefId-0" />
            - <Props>
                <B N="CanPauseAndContinue">false</B>
                <B N="CanShutdown">false</B>
                <B N="CanStop">true</B>
                <S N="DisplayName">COM+ Event System</S>
              - <Obj N="DependentServices" RefId="RefId-4">
                  <TNRef RefId="RefId-1" />
                - <LST>
                    <S>System.ServiceProcess.ServiceController</S>
                    <S>System.ServiceProcess.ServiceController</S>
                    <S>System.ServiceProcess.ServiceController</S>
                    <S>System.ServiceProcess.ServiceController</S>
                  </LST>
                </Obj>
```

Das Gegenstück zur Wiederherstellung der Pipeline ist Import-CliXml.

`Import-CliXml j:\demo\dokumente\dienste.xml | Get-Member`

Bild 24.19
Deserialisierte Dienst-Objekte

```
Windows PowerShell
Copyright (C) 2006 Microsoft Corporation. All rights reserved.

H:\demo\WPS
1# Get-Service | Where-Object {$_.status -eq "running"} | Export-CliXml j:\admin
istration\services.xml
2# Import-CliXml j:\administration\services.xml | gm

   TypeName: Deserialized.System.ServiceProcess.ServiceController

Name                   MemberType   Definition
----                   ----------   ----------
CanPauseAndContinue    Property     System.Boolean {get;set;}
CanShutdown            Property     System.Boolean {get;set;}
CanStop                Property     System.Boolean {get;set;}
Container              Property     {get;set;}
DependentServices      Property     System.Management.Automation.PSObject {get;set;}
DisplayName            Property     System.String {get;set;}
MachineName            Property     System.String {get;set;}
ServiceHandle          Property     System.Management.Automation.PSObject {get;set;}
ServiceName            Property     System.String {get;set;}
ServicesDependedOn     Property     System.Management.Automation.PSObject {get;set;}
ServiceType            Property     System.Management.Automation.PSObject {get;set;}
Site                   Property     {get;set;}
Status                 Property     System.Management.Automation.PSObject {get;set;}

3#
```

Dokumente

Nach der Deserialisierung der Objekte können alle Attribute der Objekte wieder verwendet werden, nicht aber die Methoden der Objekte!

ConvertTo-XML (ab PowerShell 2.0) erzeugt genau wie Export-CliXml ein XML-Dokument aus einer Objektmenge. Der Unterschied ist aber, dass ConvertTo-XML die XML-Ausgabe nicht in ein Dokument schreibt, sondern innerhalb der PowerShell in drei Formen zur Weiterverarbeitung anbietet: Zeichenkette (-as string), Stream (-as stream) oder XML-Dokument (-as document) in Form einer Instanz von System.Xml.XmlDocument.

ConvertTo-XML

Hinweis: Im Test mit Windows 7 RC1 und Windows Server 2008 RC liefert die Angabe der Option „-as stream" immer das gleiche Ergebnis wie „-as string".

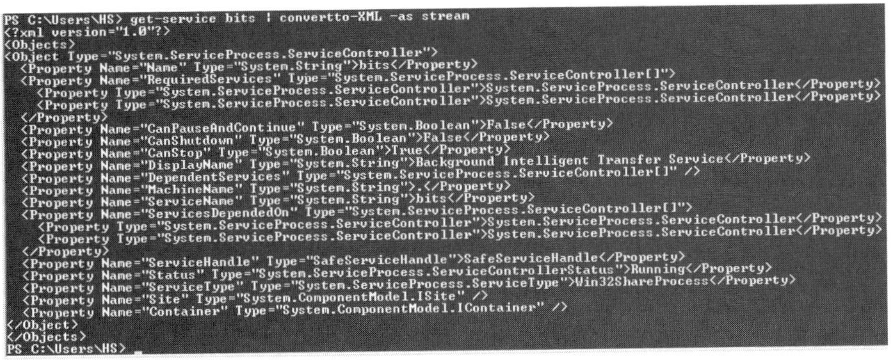

Bild 24.20
Ausgabe von ConvertTo-Xml bei Anwendung auf einer Instanz von System.Service Process.Service Controller

XML-Dateien transformieren

Für die Anwendung des W3C-Standards XSLT (XML Stylesheet Transformations) steht in den PSCX das Commandlet Convert-Xml zur Verfügung. Alternativ kann man die .NET-Klasse System.Xml.Xsl.XslCompiledTransform verwenden.

Das folgende Beispiel zeigt, wie man die XML-Datei *Websites.xml* mit Hilfe der in der Abbildung gezeigten XSLT-Datei in eine XHTML-Datei konvertieren kann. Das Ergebnis wird gespeichert als *Websites.html*.

```
Convert-Xml h:\demo\powershell\xml\websites.xml -XsltPath H:\DEV\ITVisions_
PowerShell_CommandletLibrary\CommandletLibrary\Daten\
   WebsitesToHTML.xslt | Set-Content h:\demo\powershell\xml\websites.html
```

Hilfe beim Entwickeln und Testen von XSLT-Dateien bieten Ihnen Visual Studio 2005/2008.

Bild 24.21
XSLT-Datei

```
WebsitesToHTML.xslt
 1  <?xml version="1.0" ?>
 2  <xsl:stylesheet xmlns:xsl="http://www.w3.org/1999/XSL/Transform" version="1.0">
 3  <!-- Transformation -->
 4  <xsl:template match="Websites">
 5    <HTML>
 6      <body>
 7        <h2>Websites von Dr. Holger Schwichtenberg</h2>
 8        <ul>
 9          <xsl:for-each select="/Websites/Website">
10            <li>
11              <xsl:value-of select='Beschreibung'/>
12              <br>
13              <a>
14                <xsl:attribute name="href">
15                  <xsl:value-of select="URL"/>
16                </xsl:attribute>
17                <xsl:value-of select="URL"/>
18              </a>
19              </br>
20            </li>
21          </xsl:for-each>
22        </ul>
23        <hr></hr>
24        Konvertiert aus XML
25      </body>
26    </HTML>
27  </xsl:template>
28  </xsl:stylesheet>
```

Bild 24.22
Diese HTML-Datei wurde aus der XML-Datei generiert.

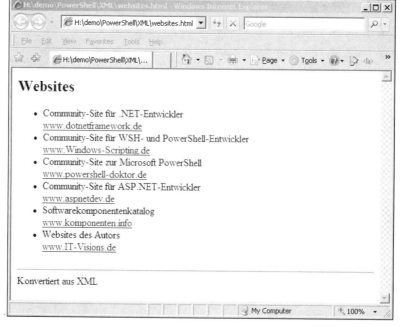

24.2.5 HTML-Dateien

Das Commandlet `Convert-Html` konvertiert die Objekte der Pipeline in eine HTML-Tabelle. **Convert-Html**
Der folgende Befehl speichert die Liste der Windows-Systemdienste als eine HTML-Datei.

```
Get-Service | ConvertTo-Html name,status -title "Diensteliste" -body "Liste der
Dienste" | Set-Content j:\demo\dokumente\dienste.htm
```

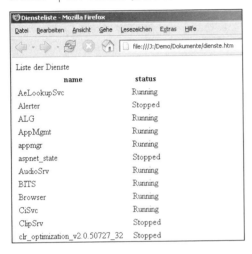

Bild 24.23
Ergebnis der Konvertierung in eine HTML-Tabelle

24.3 Datenbanken

Die PowerShell besitzt keine Commandlets für den Datenbankzugriff und auch keinen **ADO.NET**
Navigation Provider, obwohl es sich anbieten würde, auch Datenbanken ins Konzept der
Navigation Provider einzubeziehen. Zum Datenbankzugriff kann man in der PowerShell
auf ADO.NET zugreifen. Immerhin unterstützt die PowerShell beim Zugriff auf die einzelnen Tabellen, indem sie die Spaltennamen als Attribute des Tabellenobjekts anbietet
(hier findet eine ähnliche automatische Abbildung statt wie bei WMI-Objekten).

ADO.NET ist die Weiterentwicklung der COM-Komponente ActiveX Data Objects (ADO).

Im Folgenden werden zwei Wege gezeigt:
- Zuerst der direkte Zugriff auf ADO.NET
- Anschließend die Nutzung der Commandlets aus den *www.IT-Visions.de-PowerShell Extensions*, die den Zugriff kapseln

24.3.1 ADO.NET-Grundlagen

Dieses Kapitel vermittelt einige notwendige Grundlagen zu ADO.NET.

Providerarchitektur

Genauso wie die Vorgängerkonzepte ODBC und OLEDB verwendet ADO.NET auch **Provider**
datenquellenspezifische Treiber, die ADO.NET Data Provider, .NET Data Provider
oder Managed Provider genannt werden. Data Provider für OLEDB und ODBC stellen
dabei die Abwärtskompatibilität von ADO.NET für Datenquellen her, für die (noch)
keine spezifischen ADO.NET-Datenprovider existieren.

Kapitel 24 PowerShell im Einsatz

Datenprovider von Microsoft

Mitgelieferte Provider

ADO.NET 2.0 wird mit folgenden Datenprovidern (alias .NET Data Provider oder Managed Data Provider) ausgeliefert:

- System.Data.SqlClient (spezieller Treiber für Microsoft SQL Server 7.0/2000 und 2005; dieser Treiber wird auch innerhalb des SQL Server 2005 für Managed-Code-Anwendungen benutzt und löst System.Data.SqlServer der vorherigen Beta-Versionen ab)
- System.Data.SqlServerCe (spezieller Treiber für Microsoft SQL Server CE)
- System.Data.OracleClient (spezieller Treiber für Oracle-Datenbanken)
- System.Data.OLEDB (Brücke zu OLEDB-Providern)
- System.Data.Odbc (Brücke zu ODBC-Treibern)

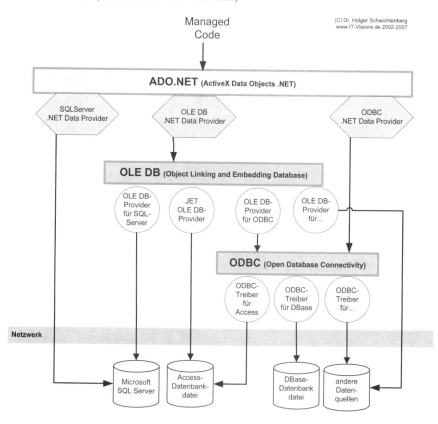

Bild 24.24 ADO.NET-Treiberarchitektur

Datenprovider von anderen Herstellern

Andere Anbieter

Weitere Provider (z.B. für MySQL, DB2, Sybase, Informix und Ingres) werden von anderen Herstellern geliefert, eine Liste finden Sie unter [DOTNET02].

Ermittlung der installierten Datenprovider

DbProviderFactories

Die auf einem System vorhandenen ADO.NET-Datenprovider können über die statische Methode System.Data.Common.DbProviderFactories.GetFactoryClasses() aufgelistet werden.

Der Zugriff in der PowerShell sieht so aus:

`[System.Data.Common.DbProviderFactories]::GetFactoryClasses()`

Die installierten Provider sind nicht in der Registrierungsdatenbank, sondern – wie es sich für eine .NET-Anwendung gehört – in der zentralen XML-Konfigurationsdatei des .NET Frameworks (machine.config) abgelegt (Sektion <system.data> <DbProviderFactories>).

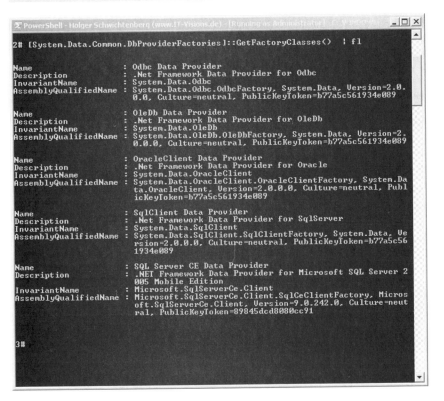

Bild 24.25
Auflisten der installierten ADO.NET-Treiber

Liste der verfügbaren SQL Server

Wenn Sie wissen wollen, welche Instanzen von Microsoft SQL Server in Ihrer Domäne in Betrieb sind, können Sie die .NET-Klasse `SqlDataSourceEnumerator` verwenden:

`[System.Data.Sql.SqlDataSourceEnumerator]::Instance.GetDataSources()`

SqlData-Source-Enumerator

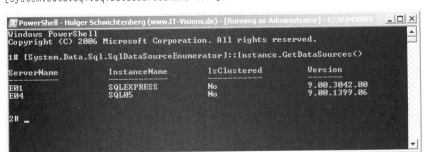

Bild 24.26
Liste der verfügbaren SQL Server

Datenwege

Architektur Die nachstehende Abbildung zeigt die möglichen Datenwege in ADO.NET 2.0 von einer Datenquelle zu einem Datenverbraucher. Alle Zugriffe auf eine Datenquelle laufen auf jeden Fall über ein `Command`-Objekt, das datenproviderspezifisch ist. Zum Auslesen von Daten bietet das Modell zwei Wege: Daten können über ein providerspezifisches `DataReader`-Objekt oder über ein providerunabhängiges `DataSet`-Objekt zum Datenverbraucher gelangen. Das `DataSet`-Objekt benötigt zur Beschaffung der Daten ein `DataAdapter`-Objekt (nicht zu verwechseln mit einem PowerShell-Objektadapter), das wiederum in jedem Datenprovider separat zu implementieren ist.

Ab .NET 2.0 existieren Möglichkeiten, nachträglich noch von einem in das andere Zugriffsmodell zu wechseln. Datenänderungen erfolgen, indem der Datenverbraucher direkt Befehle an ein `Command`-Objekt sendet.

Ab .NET 2.0 stellt .NET so genannte Datenquellensteuerelemente bereit, die dem Entwickler die Bindung von Daten an ein Steuerelement erleichtern. Diese Datenquellensteuerelemente sind Teil der Bibliotheken für grafische Benutzeroberflächen (Windows Forms und ASP.NET) und werden in diesem Buch nicht behandelt. Dazu sei auf [SCH07] verwiesen.

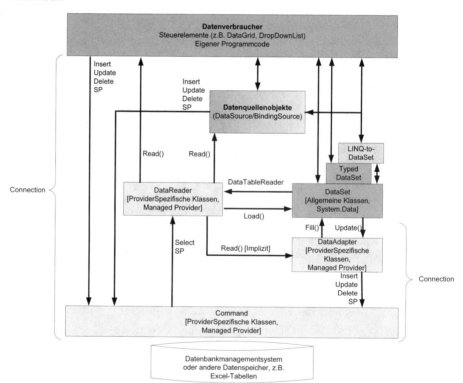

Bild 24.27
Datenwege in ADO.NET 2.0

Datenbanken

Es ist möglich, aber etwas aufwendiger, den Zugriff auf eine Datenquelle so zu programmieren, dass die Art der Datenbank ausgetauscht werden kann.

Datareader versus Dataset

Bei der Beschreibung der Datenwege wurde zwischen Datareader und Dataset unterschieden. Die folgende Tabelle und die Grafik vergleichen die beiden Zugriffsverfahren im Detail.

	Datareader	Dataset
Modell	Server Cursor	Client Cursor
Implementiert in	Jedem Datenprovider	System.Data
Basisklassen	DbDataReader MarshalByRefObject Object	MarshalByValueComponent Object
Schnittstellen	IDataReader, IDisposable, IDataRecord, IEnumerable	IListSource, IXmlSerializable, ISupportInitialize, ISerializable
Daten lesen	Ja	Ja
Daten vorwärts lesen	Ja	Ja
Daten rückwärts lesen	Nein	Ja
Direktzugriff auf beliebigen Datensatz	Nein	Ja
Direktzugriff auf beliebige Spalte in Datensatz	Ja	Ja
Daten verändern	Nein, nur über separate Command-Objekte	Ja (über Datenadapter)
Befehlserzeugung für Datenänderung	Komplett manuell	Teilweise automatisch (CommandBuilder)
Zwischenspeicher für Daten	Nein	Ja
Änderungshistorie	Nein	Ja
Speicherverbrauch	Niedrig	Hoch
Geeignet für Datentransport zwischen Schichten	Nein	Ja

Tabelle 24.5
Datareader vs. Dataset

Es gibt im .NET Framework (bisher) keinen schreibenden Cursor.

1175

Bild 24.28
Vergleich von Datareader und Dataset

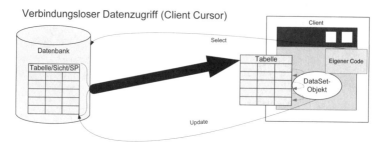

24.3.2 Beispieldatenbank

Benutzertabelle Die Beispieldatenbank ist aus dem Leben der Systemadministration gegriffen, denn sie enthält eine Liste von Benutzerkonten, die entweder aus einem Windows-System exportiert wurde oder die dazu dienen kann, eine Reihe von Benutzern per Skript anzulegen. Hinweis: Der Inhalte der Datenbank ist eine Liste von (zum Teil schon etwas „angestaubten") Politiker.

Bild 24.29
Datenbank mit Benutzerkonten

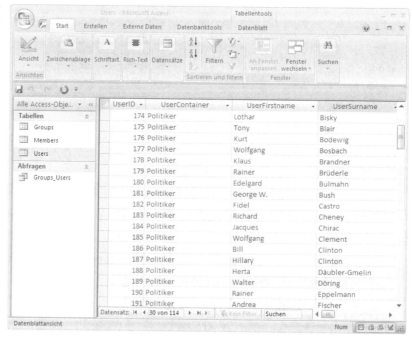

Da es keinen 64-Bit-Treiber für Access-Datenbanken gibt, müssen Sie alle PowerShell-Befehle, die auf Access-Datenbanken zugreifen, auf einem 64-Bit-System in der 32-Bit-Variante den PowerShell laufen lassen (siehe *%Systemroot\Syswow64\ WindowsPowerShell\V1.0*).

24.3.3 Datenzugriff mit den Bordmitteln der PowerShell 1.0

Zunächst wird die Herstellung einer Verbindung behandelt. Danach folgt der Datenzugriff.

Datenbankverbindungen (Connection)

Egal welche Datenzugriffsform gewählt wird und egal welche Aktion ausgeführt werden soll: Für die Kommunikation mit dem Datenbankmanagementsystem ist immer einer Verbindung notwendig.

Verbindungsobjekt

Jeder Datenprovider hat eine eigene Implementierung für die Verbindungsklasse: Sql-Connection, OracleConnection, OleDbConnection usw. Bei der Instanziierung dieser Objekte kann die Verbindungszeichenfolge übergeben werden. Danach erfolgt der Aufruf von Open(). Eine Verbindung muss geschlossen werden durch Close().

Die folgenden drei Beispiele zeigen jeweils den Verbindungsaufbau und -abbau zu drei verschiedenen Arten von Datenbanken:

Beispiele

- Microsoft Access-Datenbankdatei
- Statische eingebundene Microsoft SQL Server-Datenbank
- Microsoft SQL Server-Datenbankdatei (funktioniert nur mit Microsoft SQL Server Express).

```
# Eingabedaten
$Conn = "Provider=Microsoft.Jet.OLEDB.4.0;Data Source=H:\demo\PowerShell\
Datenbanken\users.mdb;"
$SQL = "Select * from users order by UserSurname"

# Datenbank oeffnen
"Oeffne die Datenbank..."
$conn = New-Object System.Data.OleDb.OleDbConnection($Conn)
$conn.open()
"Zustand der Datenbank: " + $conn.State

# Datenbank schließen
$Conn.Close()
"Zustand der Datenbank: " + $conn.State
```

Listing 24.17 Verbindung zu einer Microsoft Access-Datenbank aufbauen und schließen [Connection.ps1]

```
# Eingabedaten
$Connstring = "Data Source=.\SQLEXPRESS;Initial catalog=Users;Integrated
Security=True;"
$SQL = "Select * from users order by UserSurname"

# Datenbank oeffnen
"Oeffne die Datenbank..."
$conn = New-Object System.Data.SqlClient.SqlConnection($Connstring)
$conn.open()
"Zustand der Datenbank: " + $conn.State

# Datenbank schließen
$Conn.Close()
"Zustand der Datenbank: " + $conn.State
```

Listing 24.18 Verbindung zu einer statisch verbundenen Microsoft SQL Server-Datenbank aufbauen und schließen [Connection.ps1]

Kapitel 24 PowerShell im Einsatz

Listing 24.19
Verbindung zu einer dynamisch verbundenen Microsoft SQL Server Express-Datenbankdatei aufbauen und schließen [Connection.ps1]

```
# Eingabedaten
$Connstring = "Data Source=.\SQLEXPRESS;AttachDbFileName=H:\demo\PowerShell\
Datenbanken\users.mdf;Integrated Security=True;"
$SQL = "Select * from users order by UserSurname"

# Datenbank oeffnen
"Oeffne die Datenbank..."
$conn = New-Object System.Data.SqlClient.SqlConnection($Connstring)
$conn.open()
"Zustand der Datenbank: " + $conn.State

# Datenbank schließen
$Conn.Close()
"Zustand der Datenbank: " + $conn.State
```

Providerunabhängiger Zugriff

DbProvider-Factories

In den bisherigen Beispielen kamen verschiedene Klassen vor in Abhängigkeit davon, welcher Datenbankprovider (Microsoft Access oder Microsoft SQL Server) verwendet wurde. Dies ist unschön, wenn man auf verschiedene Datenbanken zugreifen muss oder die Datenbank später einmal wechseln möchte. ADO.NET unterstützt auch den providerunabhängigen Datenzugriff.

Beim providerunabhängigen Datenzugriff instanziiert man die Verbindungsklasse nicht direkt, sondern über eine so genannte Providerfabrik. Die Providerfabrik erhält man von der .NET-Klasse System.Data.Common.DbProviderFactories unter Angabe des so genannten „Provider Invariant Name" als Zeichenkette. Dieser ist:

- Für Microsoft Acess: „System.Data.OleDb"
- Für Microsoft SQL Server: „System.Data.SqlClient"
- Für Oracle: „System.Data.OracleClient"

Bei dem providerunabhängigen Datenzugriff findet keine Übersetzung von SQL-Befehlen statt. Wenn Sie datenbankmanagementsystem-spezifische Befehle nutzen, verlieren Sie die Providerunabhängigkeit.

Listing 24.20
Providerunabhängiger Verbindungsaufbau [/Datenbanken/Connection.ps1]

```
# Eingabedaten
$PROVIDER = "System.Data.SqlClient"
$CONNSTRING = "Data Source=.\SQLEXPRESS;AttachDbFileName=
   H:\demo\PowerShell\Datenbanken\users.mdf;Integrated Security=True;"
$SQL = "Select * from FL_Fluege"

# Fabrik erzeugen
$provider = [System.Data.Common.DbProviderFactories]::GetFactory($PROVIDER)

# Verbindungsobjekt erstellen und befüllen
$conn = $provider.CreateConnection()
$conn.ConnectionString = $CONNSTRING;

# Verbindung aufbauen
$conn.Open();
"Zustand der Datenbank: " + $conn.State

# Datenbank schließen
$Conn.Close()
"Zustand der Datenbank: " + $conn.State
```

1178

Befehle ausführen

Jeder Datenbankprovider stellt ein providerspezifisches Befehlsobjekt (SqlCommand, OracleCommand, OleDbCommand usw.) zur Verfügung. Darüber hinaus gibt es ein providerneutrales Befehlsobjekt vom Typ DbCommand.

Command

Das Befehlsobjekt bietet folgende Funktionen an:
- ExecuteNonQuery() zur Ausführung von DML- und DDL-Befehlen, die keine Datenmenge zurückliefern. Sofern die Befehle die Anzahl der betroffenen Zeilen zurückliefern, steht diese Zahl im Rückgabewert der Methode. Sonst ist der Wert –1.
- ExecuteRow() liefert die erste Zeile der Ergebnismenge in Form eines SqlRecord-Objekts (nur SQL Server).
- ExecuteScalar() liefert nur die erste Spalte der ersten Zeile der Ergebnismenge.
- ExecuteReader() liefert ein Datareader-Objekt (siehe nächster Abschnitt).

Über Providerfabriken kann mit dem Befehlsobjekt auch providerunabhängig gearbeitet werden, wie das nachstehende Beispiel zeigt. Hierbei ist das Befehlsobjekt von der Providerfabrik über CreateCommand() zu erzeugen.

In dem Beispiel wird erst die Anzahl der Benutzer gezählt, dann wird ein neuer Benutzer angelegt, dann wieder gezählt. Zum Schluss wird der angelegte Benutzer wieder gelöscht und erneut gezählt.

Beispiel

*Listing 24.21
Ausführung von Befehlen mit providerunabhängigen Befehlsobjekten [/Datenbanken/Command.ps1]*

```
# Parameters
$PROVIDER = "System.Data.SqlClient"
$CONNSTRING = "Data Source=.\SQLEXPRESS;AttachDbFileName=
H:\demo\PowerShell\Datenbanken\users.mdf;Integrated Security=True;"
$SQL1 = "Select count(*) from users"
$SQL2 = "insert into users ( UserFirstName, UserSurname) values ('Hans', 'Meier')"
$SQL3 = "delete from users where UserSurname='Meier'"

# Create factory
$provider = [System.Data.Common.DbProviderFactories]::GetFactory($PROVIDER)

# Create connection object
$conn = $provider.CreateConnection()
$conn.ConnectionString = $CONNSTRING

# Open connection
$conn.Open();
"Database Connection State: " + $conn.State

# create command #1
[System.Data.Common.DbCommand] $cmd1 = $provider.CreateCommand()
$cmd1.CommandText = $SQL1
$cmd1.Connection = $conn
# execute command #1
$e = $counter = $cmd1.ExecuteScalar()
"Count before insert: " + $Counter

# create command #2 (INSERT)
[System.Data.Common.DbCommand] $cmd2 = $provider.CreateCommand()
$cmd2.CommandText = $SQL2
$cmd2.Connection = $conn
# execute command #2
$e = $cmd2.ExecuteNonQuery()
```

```
# execute command #1
$counter = $cmd1.ExecuteScalar()
"Count after insert: " + $Counter

# create command #3 (DELETE)
[System.Data.Common.DbCommand] $cmd3 = $provider.CreateCommand()
$cmd3.CommandText = $SQL3
$cmd3.Connection = $conn
# execute command #2
$e = $cmd3.ExecuteNonQuery()

# execute command #1
$counter = $cmd1.ExecuteScalar()
"Count after delete: " + $Counter

# Datenbank schließen
$Conn.Close()
"Database Connection State: " + $conn.State
```

Bild 24.30
Ausführung des Skripts Command.ps1

```
Windows PowerShell
Copyright (C) 2006 Microsoft Corporation. All rights reserved.

PS C:\WINDOWS> h:
PS H:\> cd H:\demo\PowerShell
PS H:\demo\PowerShell> cd Datenbanken
PS H:\demo\PowerShell\Datenbanken> .\command.ps1
Zustand der Datenbank: Open
Count before insert: 25
Count after insert: 26
Count after delete: 25
Zustand der Datenbank: Closed
PS H:\demo\PowerShell\Datenbanken>
```

Datenzugriff mit dem Datareader

DataReader Bei einem DataReader-Objekt handelt es sich um einen serverseitigen Cursor, der unidirektionalen Lesezugriff (nur vorwärts) auf das Ergebnis einer SELECT-Anwendung (Resultset) erlaubt. Eine Veränderung der Daten ist nicht möglich. Im Gegensatz zum DataSet unterstützt der DataReader nur eine flache Darstellung der Daten. Die Datenrückgabe erfolgt immer zeilenweise, deshalb muss über die Ergebnismenge iteriert werden. Verglichen mit dem klassischen ADO entspricht ein ADO.NET-DataReader einem „read-only/forward-only Recordset" (zu Deutsch: „Vorwärtscursor").

Jeder ADO.NET-Datenprovider enthält seine eigene DataReader-Implementierung, so dass es zahlreiche verschiedene DataReader-Klassen im .NET Framework gibt (z. B. Sql-DataReader und OLEDBDataReader). Die DataReader-Klassen sind abgeleitet von System.Data.ProviderBase.DbDataReaderBase und implementieren System.Data.IDataReader.

Ein DataReader benötigt zur Beschaffung der Daten ein Command-Objekt, das ebenso providerspezifisch ist (z. B. SqlCommand und OLEDBCommand). Für die Verbindung zur Datenbank selbst wird ein providerspezifisches Connection-Objekt (z. B. SqlConnection oder OleDbConnection) benötigt. Die nachstehenden Abbildungen zeigen den Zusammenhang dieser Objekte am Beispiel der Datenprovider für OLEDB und SQL Server. Bei dem Provider für SQL Server (SqlClient) existiert ab .NET 2.0 eine zusätzliche Klasse SqlRecord, die einen einzigen Datensatz als Ergebnis eines Befehls repräsentiert.

Der DataReader kann auch providerunabhängig verwendet werden über eine Instanz der Klasse System.Data.Common.DbDataReader, die man aus einem providerunabhängigen Befehlsobjekt über ExecuteReader() gewinnt.

Das Beispiel liest alle Benutzer aus der Benutzertabelle aus.

Beispiel

Listing 24.22 Auslesen einer Datenbanktabelle mit einem providerunabhängigen Datareader [/Datenbanken/DataReader.ps1]

```
# Eingabedaten
$PROVIDER = "System.Data.SqlClient"
$CONNSTRING = "Data Source=.\SQLEXPRESS;AttachDbFileName=H:\demo\PowerShell\
Datenbanken\users.mdf;Integrated Security=True;"
$SQL = "Select * from users"

# Fabrik erzeugen
$provider = [System.Data.Common.DbProviderFactories]::GetFactory($PROVIDER)

# Verbindungobjekt erstellen und befüllen
$conn = $provider.CreateConnection()
$conn.ConnectionString = $CONNSTRING

# Verbindung aufbauen
$conn.Open();
"Zustand der Datenbank: " + $conn.State

# Befehl erzeugen
$cmd = $provider.CreateCommand()
$cmd.CommandText = $SQL
$cmd.Connection = $conn
# Befehl ausführen
$reader = $cmd.ExecuteReader()

# Schleife über alle Datensätze
while($reader.Read())
{
$reader.Item("UserID").ToString() + ": " + $reader.Item("UserFirstName") + " " +
$reader.Item("UserSurname")
}

# Datenbank schließen
$Conn.Close()
"Zustand der Datenbank: " + $conn.State
```

Datenzugriff mit dem Dataset

Ein DataSet enthält eine Sammlung von Datentabellen, die durch einzelne DataTable-Objekte dargestellt werden. Die DataTable-Objekte können aus beliebigen Datenquellen gefüllt werden, ohne dass eine Beziehung zwischen dem Objekt und der Datenquelle existiert; das DataTable-Objekt weiß nicht, woher die Daten kommen. Die DataTable-Objekte können auch ohne Programmcode zeilenweise mit Daten befüllt werden; eine Datenbank ist nicht notwendig. Ein DataSet bietet – im Gegensatz zum DataReader – alle Zugriffsarten, also auch das Hinzufügen, Löschen und Ändern von Datensätzen. Ebenfalls lassen sich hierarchische Beziehungen zwischen einzelnen Tabellen darstellen und im DataSet speichern. Dadurch ist eine Verarbeitung hierarchischer Datenmengen möglich. Im Untergrund verwendet ein DataSet übrigens einen DatenReader zum Einlesen der Daten.

DataSet

Ein Dataset ist ein clientseitiger Datenzwischenspeicher, der die Änderung mitprotokolliert. Das DataSet nimmt keine Sperrung von Datensätzen auf der Datenquelle vor, sondern verwendet immer das so genannte „optimistische Sperren", d. h., Änderungskonflikte treten erst auf, wenn man versucht, die Daten zurückzuschreiben. Das Konzept eines serverseitigen Cursors ist in ADO.NET nur durch die DataReader-Klasse realisiert. Einen serverseitigen Cursor mit Schreibfunktion und pessimistischem Sperren gibt es in ADO.NET bisher nicht.

Das Dataset verbraucht sehr viel mehr Speicher als eine selbst definierte Datenstruktur. Das Abholen von Daten mit einem Datareader, das Speichern in einer selbst definierten Datenstruktur und das Speichern von Änderungen mit direkten SQL-Befehlen machen zwar mehr Arbeit bei der Entwicklung, sind aber wesentlich effizienter bei der Ausführung. Dies ist insbesondere bei serverbasierten Anwendungen wichtig.

Objektmodell

DataSet-Objektmodell Ein `DataSet`-Objekt besteht aus einer Menge von `DataTable`-Objekten (`DataTable-Collection`). Jedes `DataTable`-Objekt besitzt über das Attribut `DataSet` einen Verweis auf das Dataset, zu dem es gehört.

Während die `DataTable`-Objekte in ADO.NET 1.x dem `DataSet`-Objekt noch völlig untergeordnet waren, besitzt die `DataTable`-Klasse in ADO.NET 2.0 viele der Import- und Exportmöglichkeiten, über die auch die `DataSet`-Klasse verfügt.

Das `DataTable`-Objekt besitzt eine `DataColumnCollection` mit `DataColumn`-Objekten für jede einzelne Spalte in der Tabelle und eine `DataRowCollection` mit `DataRow`-Objekten für jede Zeile. Innerhalb eines `DataRow`-Objekts kann man die Inhalte der Zellen durch das indizierte Attribut `Item` abrufen. `Item` erwartet alternativ den Spaltennamen, den Spaltenindex oder ein `DataColumn`-Objekt.

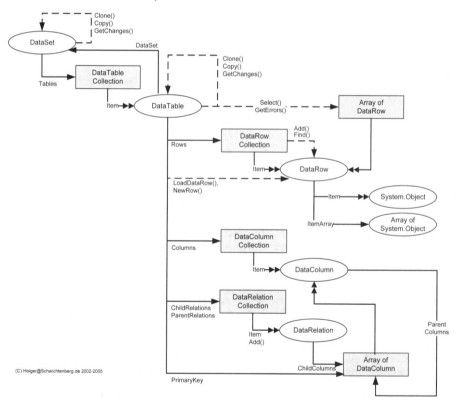

Bild 24.31 Objektmodell der DataSet-Klasse

Datenadapter

Ein Dataset benötigt zum Einlesen von Daten einen Datenadapter. Das Lesen von Daten mit einem `DataSet` läuft in folgenden Schritten ab:

- Aufbau einer Verbindung zu der Datenbank mit einem `Connection`-Objekt. Bei der Instanziierung dieses Objekts kann die Verbindungszeichenfolge übergeben werden.
- Instanziierung der Befehlsklasse und Bindung dieses Objekts an das `Connection`-Objekt über die Eigenschaft `Connection`
- Festlegung eines SQL-Befehls, der Daten liefert (also z. B. `SELECT` oder eine Stored Procedure), im `OLEDBCommand`-Objekt in der Eigenschaft `CommandText`
- Instanziierung des Datenadapters auf Basis des `Command`-Objekts
- Instanziierung des `DataSet`-Objekts (ohne Parameter)
- Die Ausführung der Methode `Fill()` in dem `DataSet`-Objekt kopiert die kompletten Daten in Form eines `DataTable`-Objekts in das `DataSet`. Als zweiter Parameter kann bei `Fill()` der Aliasname für das `DataTable`-Objekt innerhalb des `DataSet` angegeben werden. Ohne diese Angabe erhält das `DataTable`-Objekt den Namen Table.
- Optional können weitere Tabellen eingelesen und im `DataSet` miteinander verknüpft werden.
- Danach kann die Verbindung sofort geschlossen werden.

Providerspezifisches Beispiel

Das folgende PowerShell-Skript gibt aus einer Microsoft Access-Datenbanktabelle alle Datensätze sortiert aus. Zum Einsatz kommt dabei der OLEDB-Provider für ADO.NET, der im .NET Framework ab Version 1.0 enthalten ist. Die Implementierung ist providerspezifisch.

Das Skript besteht aus folgenden Schritten:
- Festlegung der Verbindungszeichenfolge und der auszuführenden SQL-Anweisung
- Instanziierung eines Verbindungsobjekts (`OleDbConnection`) mit Hilfe der Verbindungszeichenfolge und Öffnen der Verbindung zur Datenbank
- Erstellen eines Befehlsobjekts (`OleDbCommand`) unter Angabe des Verbindungsobjekts und des SQL-Befehls
- Erstellen eines Datenadapters (`OleDbDataAdapter`) für den Befehl
- Instanziieren eines leeren Datencontainers (`DataSet`) zur Aufnahme der Daten
- Befüllen des Datencontainers durch den Datenadapter mit Hilfe der Methode `Fill()`
- Zugriff auf die erste Tabelle in dem Datencontainer (Bitte beachten Sie, dass die Zählung bei 0 beginnt!)
- Ausgabe der Daten durch Pipelining der Tabelle

Es ist nicht möglich, analog zu XML-Dokumenten mit $Tabelle.Spaltenname auf die Inhalte der Tabelle zuzugreifen, weil gemäß dem ADO.NET-Objektmodell das `DataTable`-Objekt nicht direkt die Spalten enthält, sondern `DataRow`-Objekte. Die PowerShell enthält aber den Automatismus, beim Pipelining eines `DataTable`-Objekts dieses automatisch in Zeilen und Spalten zu zerlegen. Bei den einzelnen `DataRow`-Objekten funktioniert dann durch die automatische Abbildung der Zugriff auf die Spalten über Ihren Namen, z.B.:

```
$Tabelle | % { $_.Spaltenname }
```

Ebenfalls funktioniert

```
$Tabelle | % { $_["UserSurname"] }
$Tabelle | % { $_."UserSurname" }
```

Diese beiden Syntaxformen braucht man aber nur, falls der Spaltenname ein Leerzeichen enthalten sollte.

Listing 24.23
Datenbankzugriff mit einem Dataset über einen providerspezifischen Datenadapter auf eine Access-Datenbank [DataSet Access.ps1]

```
# Eingabedaten
$Conn = "Provider=Microsoft.Jet.OLEDB.4.0;Data Source=h:\demo\dokumente\users.mdb;"
$SQL = "Select * from users order by UserSurname"

# Datenbank öffnen
"Oeffne die Datenbank..."
$conn = New-Object System.Data.OleDb.OleDbConnection($Conn)
$conn.open()
"Zustand der Datenbank: " + $conn.State

# SQL-Befehl ausführen
"Befehl ausfuehren: " + $SQL
$cmd = New-Object System.Data.OleDb.OleDbCommand($sql,$conn)
$ada = New-Object System.Data.OleDb.OleDbDataAdapter($cmd)
$ds = New-Object System.Data.DataSet
$ada.Fill($ds, "Benutzer") | out-null

# Verbindung schließen
$conn.close

# Ausgabe
"Anzahl der Tabellen im Dataset: " + $ds.Tables.Count
"Anzahl der Datensätze in Tabelle 1: " + $ds.Tables[0].Rows.Count

"Ausgabe der Daten:"
$ds.Tables[0] | select-Object -first 15 | ft UserFirstName, UserSurname, userid
```

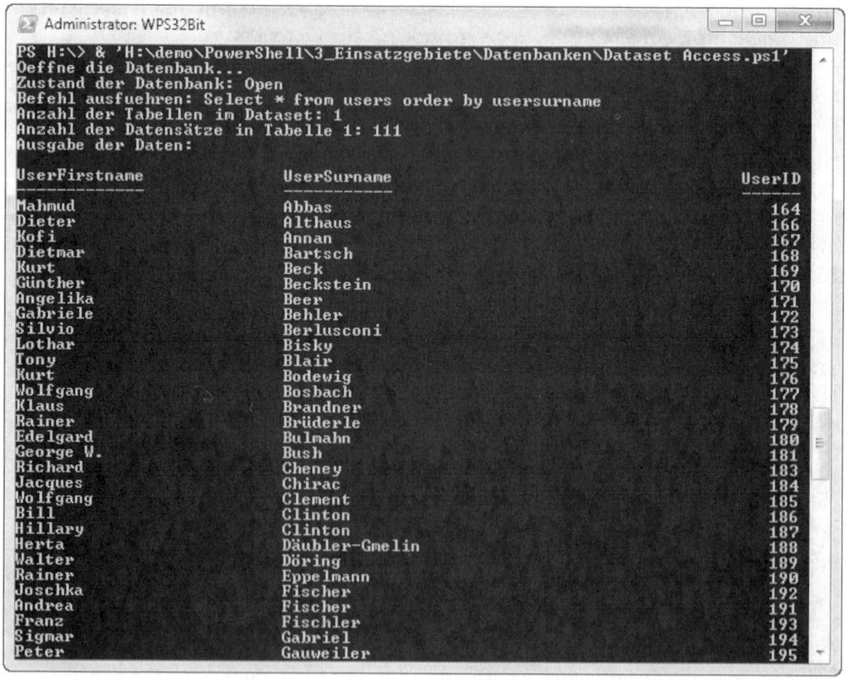

Bild 24.32
Ausgabe des Skripts

Providerneutrales Beispiel In dem zweiten Beispiel wird der Datenadapter von der Providerfabrik erzeugt.

*Listing 24.24
Datenbankzugriff mit einem Dataset über einen providerneutralen Datenadapter auf eine Microsoft SQL Server-Datenbank [DataSet SQL Server1.ps1]*

```
# Parameters
$PROVIDER = "System.Data.SqlClient"
$CONNSTRING = "Data Source=.\SQLEXPRESS;AttachDbFileName=H:\demo\PowerShell\
Datenbanken\users.mdf;Integrated Security=True;"
$SQL = "Select * from users"

# Create Factory
$provider = [System.Data.Common.DbProviderFactories]::GetFactory($PROVIDER)

# Create Connection
$conn = $provider.CreateConnection()
$conn.ConnectionString = $CONNSTRING

# Open Connection
$conn.Open();
"Zustand der Datenbank: " + $conn.State

# Create Command
$cmd = $provider.CreateCommand()
$cmd.CommandText = $SQL
$cmd.Connection = $conn

# Create Adapter
[System.Data.Common.DbDataAdapter] $ada = $provider.CreateDataAdapter()
$ada.SelectCommand = $cmd

# Create Dataset
$ds = New-Object System.Data.DataSet

# Retrieve data
$e = $ada.Fill($ds, "Benutzer")

# Datenbank schließen
$Conn.Close()
"Zustand der Datenbank: " + $conn.State

# Output
"Tabellenanzahl: " + $ds.Tables.Count
"Zeilenanzahl in Tabelle 1: " + $ds.Tables[0].Rows.Count

# Access table
$Tabelle = $ds.Tables[0]

# Print all rows
"Zeilen:"
$Tabelle | Select UserFirstName, UserSurname, userid
```

24.3.4 Datenzugriff mit den PowerShell-Erweiterungen

Die *www.IT-Visions.de-PowerShell-Erweiterungen* stellen folgende Commandlets zur Verfügung:

Commandlets

- Test-DBConnection: Zeigt an (True/False), ob ein Verbindungsaufbau möglich ist.
- Invoke-DBCommand: führt eine SQL-Anweisung auf der Datenquelle aus. Rückgabewert ist eine Zahl, die angibt, wie viele Zeilen betroffen waren.

Kapitel 24 PowerShell im Einsatz

- Get-DBTable. Liefert eine Datenmenge gemäß SQL-Anweisung aus einer Datenquelle in Form einer Menge von DataRow-Objekten.
- Get-DBRow: Liefert eine Zeile aus einer Datenquelle in Form eines ADO.NET DataRow-Objekts. Sofern die angegebene SQL-Anweisung mehr als eine Zeile zurückgibt, wird nur die erste Zeile geliefert.
- Set-DBTable: Speichert Änderungen in einem DataTable-Objekt in der Datenquelle.
- Set-DBRow: Speichert Änderungen in einem DataRow-Objekt in der Datenquelle.

Alle Commandlets basieren auf providerneutraler Programmierung. Sofern Commandlets eine Verbindungszeichenfolge erwartet, erlauben Sie auch die Angabe eines Providers (Parameter -Provider). Die Angabe des Providers ist optional, die Standardeinstellung ist „MSSQL". Andere mögliche Werte sind „OLEDB", „ODBC", „ORACLE" und „ACCESS". Bitte beachten Sie, dass diese Kürzel erwartet werden, nicht der vollständige „Provider Invariant Name".

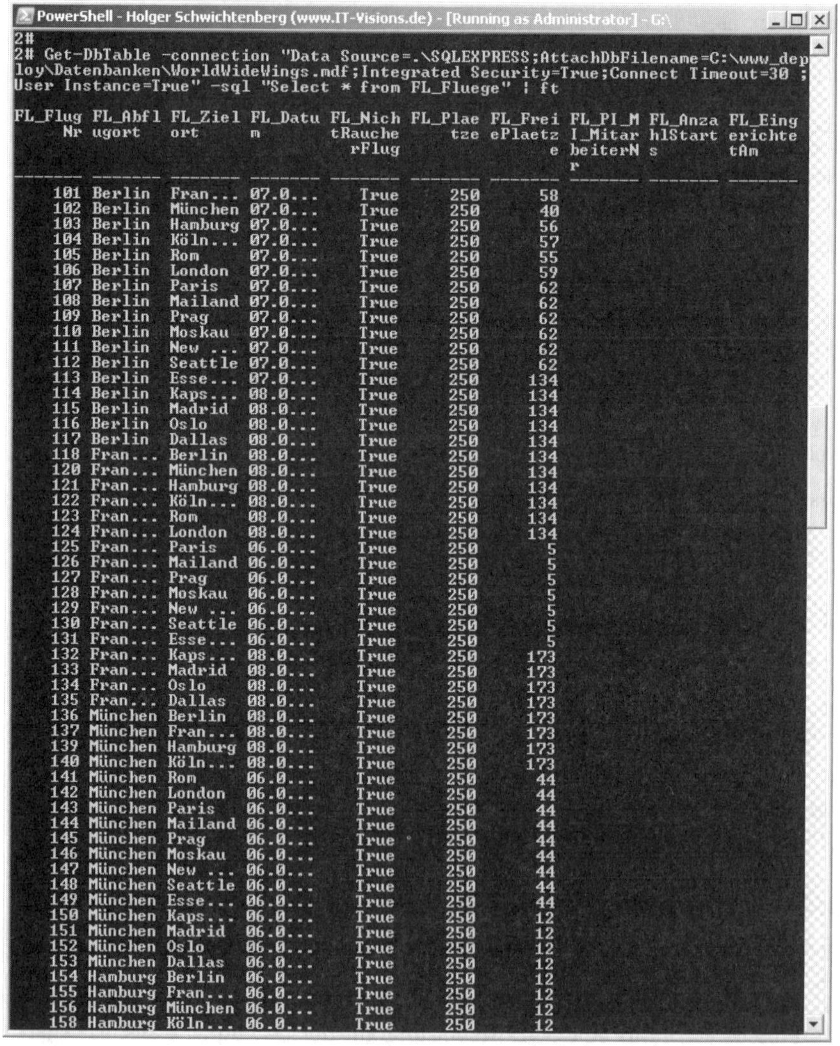

Bild 24.33 Einsatz von Get-DataTable zum Zugriff auf eine Microsoft SQL Server-Tabelle, die Flugdaten enthält

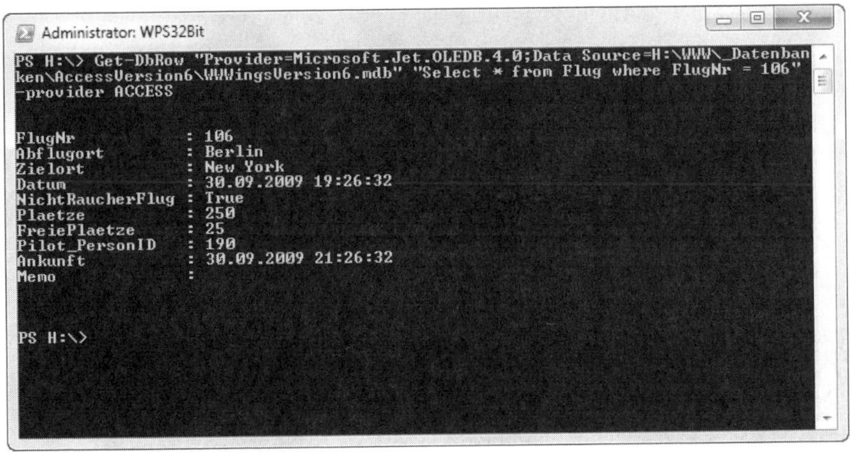

Datenbanken

Bild 24.34
Einsatz von Get-DataRow zum Zugriff auf den ersten Datensatz in einer Access-Tabelle

```
PS H:\> Get-DbRow "Provider=Microsoft.Jet.OLEDB.4.0;Data Source=H:\WWW_Datenban
ken\AccessVersion6\WWWingsVersion6.mdb" "Select * from Flug where FlugNr = 106"
-provider ACCESS

FlugNr          : 106
Abflugort       : Berlin
Zielort         : New York
Datum           : 30.09.2009 19:26:32
NichtRaucherFlug : True
Plaetze         : 250
FreiePlaetze    : 25
Pilot_PersonID  : 190
Ankunft         : 30.09.2009 21:26:32
Memo            :

PS H:\>
```

Das folgende Skript zeigt die o.g. Commandlets in Aktion. Das Skript erledigt alle Aufgaben der vorherigen Skripte – und das wesentlich prägnanter!

Beispiel

Listing 24.25
Datenbankzugriff mit den PowerShell Extensions von www.IT-Visions.de [/Datenbank/ ITV Database Commandlet Demo.ps1]

```
# Requirements: www.IT-Visions.de Commandlet Extension Library
# http://www.powershell-doktor.de

# Parameters
$SQL = "Select * from users order by UserSurname"
$Conn = "Provider=Microsoft.Jet.OLEDB.4.0;Data Source=H:\demo\PowerShell\
Datenbanken\users.mdb;"
$Provider = "ACCESS"

"---------Test database connections:"
test-dbconnection -connection $Conn   -sql $SQL -provider $Provider

"---------- Execute Commands:"

$SQL1 = "Select count(*) from users"
$SQL2 = "insert into users ( UserFirstName, UserSurname) values ('Hans', 'Meier')"
$SQL3 = "delete from users where UserSurname='Meier'"

invoke-ScalarDbCommand -connection $Conn   -sql $SQL1 -provider $Provider
invoke-DbCommand -connection $Conn   -sql $SQL2 -provider $Provider
invoke-ScalarDbCommand -connection $Conn   -sql $SQL1 -provider $Provider
invoke-DbCommand -connection $Conn   -sql $SQL3 -provider $Provider
invoke-ScalarDbCommand -connection $Conn   -sql $SQL1 -provider $Provider

"---------- Get Data "

$table = Get-DbTable -connection $Conn   -sql $SQL -provider  $Provider
$table | ft

"---------- Select Row "
$row = $table | where  { $_.usersurname -eq "Müller" }
$Row

"---------- Change Row "
```

Kapitel 24 PowerShell im Einsatz

```
$row.UsercreateDate = [DateTime] "14/10/2009"
$Row


"---------- Update Data "
$table | Set-DbTable -connection $Conn -sql $sql -provider  $Provider  -verbose

"---------- Get Row"
$SQL = "Select * from users where usersurname = 'Müller'"
$row = Get-DbRow $Conn $SQL $Provider
$row
```

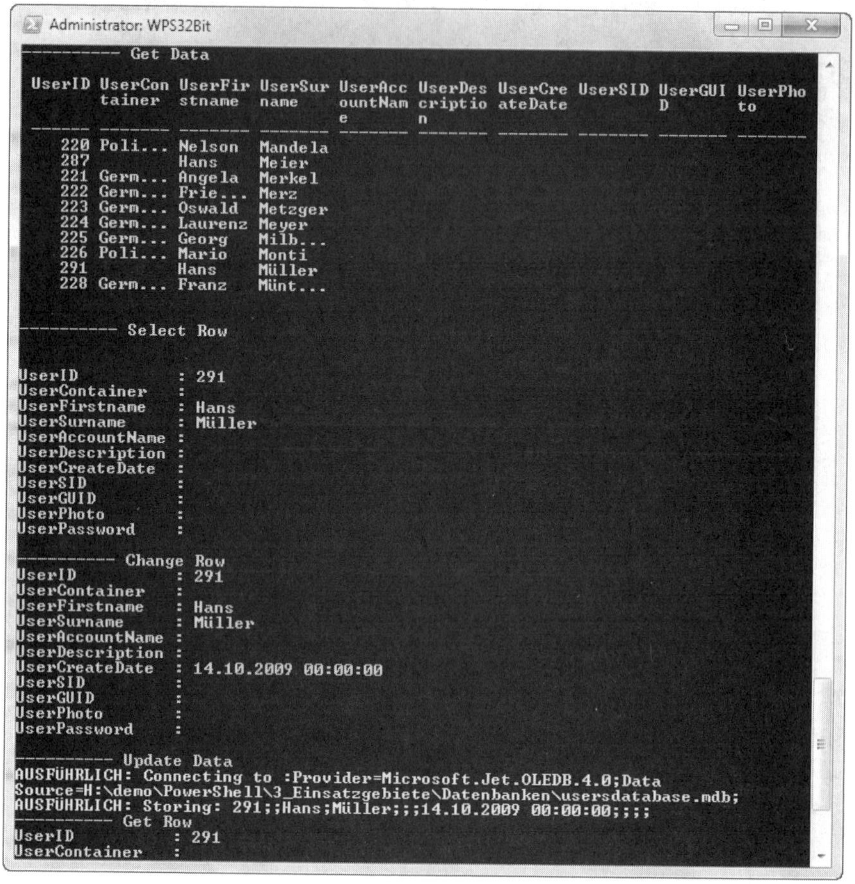

Bild 24.35
Ausgabe des obigen Skripts

```
---------- Get Data
UserID UserCon UserFir UserSur UserAcc UserDes UserCre UserSID UserGUI UserPho
       tainer  stname  name    ountNam criptio ateDate         D       to
                               e       n
------ ------- ------- ------- ------- ------- ------- ------- ------- -------
   220 Poli... Nelson  Mandela
   287         Hans    Meier
   221 Germ... Angela  Merkel
   222 Germ... Frie... Merz
   223 Germ... Oswald  Metzger
   224 Germ... Laurenz Meyer
   225 Germ... Georg   Milb...
   226 Poli... Mario   Monti
   291         Hans    Müller
   228 Germ... Franz   Münt...


---------- Select Row

UserID          : 291
UserContainer   :
UserFirstname   : Hans
UserSurname     : Müller
UserAccountName :
UserDescription :
UserCreateDate  :
UserSID         :
UserGUID        :
UserPhoto       :
UserPassword    :
---------- Change Row
UserID          : 291
UserContainer   :
UserFirstname   : Hans
UserSurname     : Müller
UserAccountName :
UserDescription :
UserCreateDate  : 14.10.2009 00:00:00
UserSID         :
UserGUID        :
UserPhoto       :
UserPassword    :
---------- Update Data
AUSFÜHRLICH: Connecting to :Provider=Microsoft.Jet.OLEDB.4.0;Data
Source=H:\demo\PowerShell\3_Einsatzgebiete\Datenbanken\usersdatabase.mdb;
AUSFÜHRLICH: Storing: 291;;Hans;Müller;;;14.10.2009 00:00:00;;;;
---------- Get Row
UserID          : 291
UserContainer   :
```

24.4 Registrierungsdatenbank (Registry)

Für die Windows-Registrierungsdatenbank (Registry) steht in der PowerShell ein PowerShell Provider zur Verfügung. Dies bedeutet, dass die Navigations-Commandlets (Set-Location, Get-ChildItem, New-Item, Get-ItemProperty etc.) in der Registrierungsdatenbank zur Verfügung stehen.

Registrierungsdatenbank-Navigation

24.4.1 Schlüssel auslesen

Die Unterschlüssel eines Registrierungsdatenbankschlüssels listet man auf mit:

`Get-ChildItem hklm:\software` (Alias: `dir hklm:\software`)

Man kann auch mit CD den aktuellen Pfad in die Registrierungsdatenbank verlegen

`Set-Location hklm:\software` (Alias: `cd hklm:\software`)

und dann einfach mit `Get-ChildItem` auflisten.

Zugriff auf einen einzelnen Schlüssel der Registrierungsdatenbank erhält man mit:

`Get-Item www.it-visions.de`

bzw. mit absolutem Pfad:

`Get-Item hklm:\software\www.it-visions.de`

Das Ergebnis sind .NET-Objekte des Typs `Microsoft.Win32.RegistryKey`. `Get-Item` liefert immer eine einzelne Instanz dieser Klasse. `Get-ChildItem` liefert keine, eine oder mehrere Instanzen.

In die Registrierungsdatenbank wechselt man mit dem Befehl:

`Cd hklm:\software\www.it-visions.de`

24.4.2 Schlüssel anlegen und löschen

Einen Schlüssel in der Registrierungsdatenbank erzeugt man mit:

`New-Item -path hklm:\software -name "www.IT-visions.de"`

oder

`md -path hklm:\software\www.IT-visions.de`

New-Item steht auch als md zur Verfügung. md ist jedoch kein Alias, sondern eine eingebaute Funktion.

Man kann ganze Schlüssel kopieren mit `Copy-Item`:

`Copy-Item hklm:\software\www.it-visions.de hklm:\software\www.IT-Visions.de_Backup`

Einen Schlüssel aus der Registrierungsdatenbank zusammen mit allen enthaltenen Werten löscht man mit:

`Remove-Item "hklm:\software\www.it-visions.de" -Recurse`

24.4.3 Laufwerke definieren

New-PSDrive Durch das Definieren eines neuen PowerShell-Laufwerks kann man eine Abkürzung zum schnellen Zugang zu Schlüsseln definieren:

```
New-PSDrive -Name ITV -PSProvider Registry -Root
    hklm:\software\www.it-visions.de
```

Danach kann man anstelle von

```
Get-Item hklm:\software\www.it-visions.de
```

auch schreiben:

```
Get-Item itv:
```

Zwei solcher Abkürzungen sind bereits vordefiniert (siehe Tabelle).

Tabelle 24.6 Definierte Abkürzungen für Registrierungsdatenbank-Hauptschlüssel

HKLM	HKEY_LOCAL_MACHINE
HKCU	HKEY_CURRENT_USER

24.4.4 Werte anlegen und löschen

New-Itemproperty Einen Zeichenkettenwert zu einem Schlüssel legt man an mit:

```
New-Itemproperty -path "hklm:\software\www.it-visions.de" -name "Inhaber" -value
    "Dr. Holger Schwichtenberg" -type string
```

Einen Zahlenwert zu einem Schlüssel legt man an mit:

```
New-Itemproperty -path "hklm:\software\www.it-visions.de" -name "Gruendungsjahr" -
    value 1996 -type DWord
```

Eine Mehrfachzeichenkette zu dem Schlüssel legt man an mit:

```
$Websites = "www.IT-Visions.de", "www.IT-Visionen.de", "hs.IT-Visions.de"
New-Itemproperty -path "www.IT-visions.de" -name "Websites" -value $Websites -type
    multistring
```

Einen Binärwert zu dem Schlüssel legt man an mit:

```
$Werte = Get-Content
    H:\demo\PowerShell\Registry\www.IT-Visions.de_Logo.jpg -encoding byte
New-Itemproperty -path "www.IT-visions.de" -name "Logo" -value $Werte
    -type binary
```

Bild 24.36 Ergebnis der Registrierungsdatenbankoperationen

Die folgende Tabelle zeigt alle möglichen Datentypen und deren Verwendung in der PowerShell.

Registrierungsdatenbank (Registry)

Tabelle 24.7 Datentypen in der Registrierungsdatenbank

Registry-Datentyp	Bedeutung	Typbezeichner	Verarbeitung in der PowerShell
REG_BINARY	Array von Byte	Binary	Byte[]
REG_DWORD	Zahl	DWord	Int
REG_EXPAND_SZ	Zeichenkette mit Platzhaltern	Multistring	String[]
REG_MULTI_SZ	Mehrere Zeichenketten	ExpandString	String
REG_SZ	Einfache Zeichenkette	String	String

Einen bestehenden Wert ändert man mit Set-ItemProperty:

```
# Wert verändern
$Websites = "www.IT-Visions.de", "www.IT-Visionen.de", "hs.IT-Visions.de",
   "IT-Visions.de"
Set-Itemproperty -path "www.IT-visions.de" -name "Websites" -value $Websites
   -type multistring
```

Einen Wert aus einem Registrierungsdatenbankschlüssel löscht man mit Remove-ItemProperty:

```
Remove-ItemProperty -path "hklm:\software\www.it-visions.de" -name "Inhaber"
```

24.4.5 Werte auslesen

Die vorhandenen Werte in einem Registrierungsdatenbankschlüssel listet man auf mit: **Get-ItemProperty**

```
Get-ItemProperty -Path "hklm:\software\www.it-visions.de"
```

Den Inhalt eines einzelnen Eintrags bekommt man durch:

```
(Get-Item "hklm:\software\www.it-visions.de").GetValue("Inhaber")
```

oder

```
(Get-ItemProperty  "hklm:/software/firmenname").Inhaber
```

24.4.6 Praxisbeispiel

Das folgende Skript speichert Daten über Website-Konfiguration in der Registrierungsdatenbank.

Bild 24.37 Eingabedaten

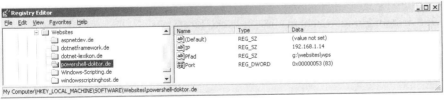

Bild 24.38 Ergebnis

Kapitel 24 PowerShell im Einsatz

Listing 24.26
Werte aus einer CSV-Datei in der Registrierungsdatenbank speichern [Einsatzgebiete/ Registry/ Registry_ CreateWebsitesKeys.ps1]

```
# Registry-Schlüssel anlegen aus CSV-Daten

$Pfad = "hklm:/software/Websites"

if (Test-Path $Pfad) { del $Pfad -recurse -force }
if (!(Test-Path $Pfad )) { md $Pfad }

$Websiteliste = Get-Content "H:\demo\PowerShell\Registry\webserver.txt"

foreach($Website in $WebsiteListe)
{
$WebsiteDaten = $Website.Split(";")
md ($Pfad + "\" + $WebsiteDaten[0])
New-Itemproperty -path ($Pfad + "\" + $WebsiteDaten[0]) -name "IP"
    -value $WebsiteDaten[1] -type String
New-Itemproperty -path ($Pfad + "\" + $WebsiteDaten[0]) -name "Port"
    -value $WebsiteDaten[2] -type dword
New-Itemproperty -path ($Pfad + "\" + $WebsiteDaten[0]) -name "Pfad"
    -value $WebsiteDaten[3] -type String
$WebsiteDaten[0] + " angelegt!"
}
```

24.5 Computerverwaltung

In PowerShell 1.0 wurde die Computerverwaltung nicht gut durch PowerShell Commandlets unterstützt. Neu ab PowerShell 2.0 ist die Unterstützung für Verwaltungsaufgaben rund um den Computer, die bisher nur aufwendiger über WMI möglich waren.

24.5.1 Computerinformationen

Win32_ Computersystem, Win32_ OperatingSystem

Für Informationen über den Computer gibt es kein eigenes Commandlet. Wichtige Informationen über den Computer und das installierte Betriebssystem erhält man mit den WMI-Klassen Win32_Computersystem und Win32_OperatingSystem.

```
Get-Wmiobject win32_computersystem
Get-Wmiobject win32_operatingSystem
```

Die Seriennummer des Betriebssystems erhält man mit:

```
Get-Wmiobject Win32_OperatingSystem | select serialnumber
```

Die Versionsnummer des Betriebssystems erhält man über das Attribut Version in der WMI-Klasse Win32_OperatingSystem oder über die .NET-Klasse System.Environment:

```
Get-Wmiobject Win32_OperatingSystem | select Version
System.Environment]::OSVersion
```

Informationen über das BIOS gewinnt man über die WMI-Klasse Win32_Bios:

```
Get-Wmiobject win32_bios
```

Die Startkonfiguration steht in Win32_BootConfiguration:

```
Get-Wmiobject Win32_BootConfiguration
```

Das Windows-Systemverzeichnis steht wieder in `System.Environment`:

`"Systemverzeichnis: "+ [System.Environment]::SystemDirectory`

Den Status der Windows-Produktaktivierung findet man hier:

`Get-Wmiobject Win32_WindowsProductActivation`

Es gibt auch Daten über die gewählten Wiederherstellungsoptionen des Windows-Betriebssystems:

`Get-Wmiobject Win32_OSRecoveryConfiguration`

Die Umgebungsvariablen erhält man über das PowerShell-Laufwerk „env":

`dir env:`

Die Information über eine einzelne Umgebungsvariable erhält man, indem man den Namen der Umgebungsvariablen an den Pfad anfügt, z.B.:

`dir env:/Path`

Möchte man nur den Inhalt einer Umgebungsvariablen wissen, verwendet man am besten `Get-Content`:

`Get-Content env:/Path`

Den Wert, den `Get-Content` zurückliefert, kann man in eine Variable speichern und diese weiterverwenden, z.B. zum Aufspalten der Path-Zeichenkette mit Hilfe der `Split()`-Methode aus der .NET-Klasse `System.String`:

`$Pfade = Get-Content env:/Path`

`$Pfade.Split(";")`

Wenn Sie wissen wollen, wie viele Dateien es in den Suchpfaden von Windows gibt, wäre folgender Befehl einzugeben:

`(Get-Content env:/Path).Split(";") | Get-ChildItem | measure-Object`

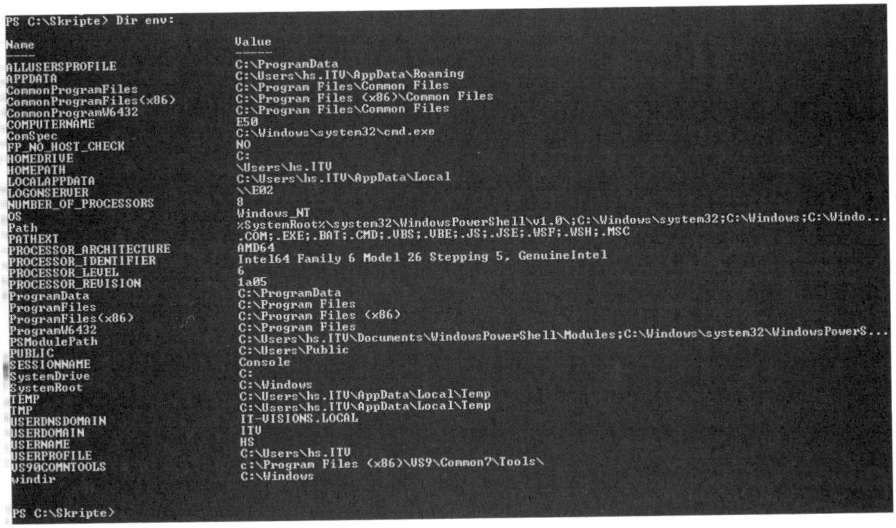

Bild 24.39
Auflisten der Umgebungsvariablen

24.5.2 Computername und Domäne

Umbenennen Zum Umbenennen eines Computers bietet PowerShell ab 2.0 den Befehl:
```
Rename-Computer -NewComputerName NeuerName
```
Unter Angabe von `-ComputerName` kann man die Aktion auch für ein entferntes System ausführen:
```
Rename-Computer -ComputerName AlterName -NewComputerName NeuerName
```

Zur Domäne hinzufügen Zum Hinzufügen des Computers zu einer Domäne oder Arbeitsgruppe steht zur Verfügung:
```
Add-Computer -DomainName fbi.org
```
Zusätzlich kann man mit `-Server` einen Domänencontroller und mit `-OU` einen Zielcontainer angeben. Alternativ kann man mit `-Workgroup` den Computer zu einer Arbeitsgruppe hinzufügen.

Auch das Entfernen aus einer Domäne ist möglich:
```
Remove-Computer
```

24.5.3 Herunterfahren und Neustarten

Das Herunterfahren und Neustarten eines Computers konnte in der PowerShell 1.0 nur über WMI erfolgen:
```
Restart-Computer
Stop-Computer
```
Bei beiden Commandlets kann man mit `-ComputerName` einen entfernten Computer festlegen und mit `-Credentials` ein Rechte-Objekt für den Wechsel der Identität angeben. Mit `-force` erzwingt man die Aktion, selbst wenn Benutzer angemeldet sind (siehe Bildschirmabbildung).

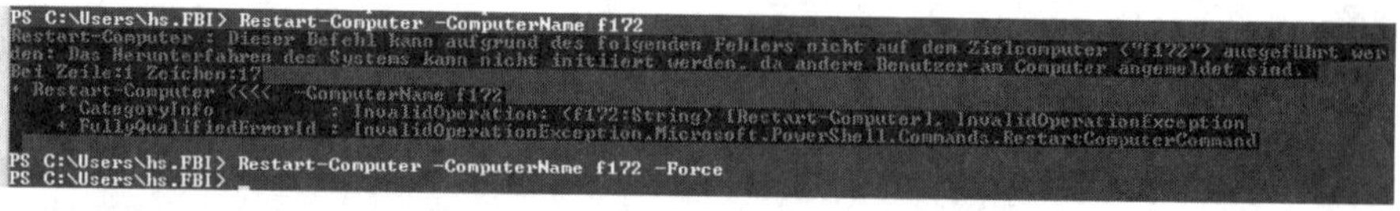

Bild 24.40 Herunterfahren eines entfernten Systems

24.5.4 Wiederherstellungspunkte verwalten

Systemwiederherstellung Für den Umgang mit Wiederherstellungspunkten bietet PowerShell 2.0:

`Checkpoint-Computer`: Wiederherstellungspunkt erstellen

`Disable-ComputerRestore`: Deaktiviert die Systemwiederherstellung auf einem Laufwerk (dieses Laufwerk wird bei einer Wiederherstellung nicht zurückgesetzt)

`Enable-ComputerRestore`: Aktiviert die Systemwiederherstellung für ein Laufwerk

`Get-ComputerRestorePoint`: Liste der verfügbaren Wiederherstellungspunkte

`Restore-Computer`: Zurücksetzen des Computers auf einen der Wiederherstellungspunkte

Hardwareverwaltung

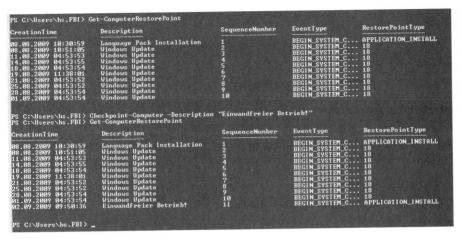

Bild 24.41
Erstellen eines Wiederherstellungspunktes und Auflisten der Wiederherstellungspunkte

24.6 Hardwareverwaltung

Für den Zugriff auf Hardwareinformationen bietet die PowerShell 1.0 keine Commandlets. Hier bleibt aber der Zugriff auf WMI. Alternativ kann man einige Funktionen über die PowerShell-Erweiterungen von *www.IT-Visions.de* erreichen.

24.6.1 Hardwarebausteine

Informationen über die installierte Hardware erhält man innerhalb der Windows PowerShell über WMI, also über die Verwendung des Commandlets Get-WmiObject zusammen mit der entsprechenden WMI-Klasse (siehe Tabelle).

Hardwarebaustein	PowerShell-Befehl (Standard)	www.IT-Visions.de PowerShell Extensions
Prozessoren	Get-Wmiobject Win32_Processor	Get-Process or
Hauptspeicher	Get-Wmiobject Win32_MemoryDevice	Get-MemoryDevice
Grafikkarte	Get-Wmiobject Win32_VideoController	Get-Videocontroller
Soundkarte	Get-Wmiobject Win32_SoundDevice	Get-SoundDevice
Festplatten	Get-Wmiobject Win32_Diskdrive	Get-Disk
Bandlaufwerke	Get-Wmiobject Win32_Tapedrive	Get-Tapedrive
Optische Laufwerke (CD/DVD)	Get-Wmiobject Win32_CDRomdrive	Get-CDRomdrive
Netzwerkkarten	Get-Wmiobject Win32_NetworkAdapter	Get-Networkadapter
USB-Controller	Get-Wmiobject Win32_USBController	Get-USBController
Tastatur	Get-Wmiobject Win32_Keyboard	Get-Keyboard
Maus	Get-Wmiobject Win32_PointingDevice	Get-PointingDevice

Tabelle 24.8
Abruf von Hardwareinformationen in der PowerShell

Die Anzahl der Prozessoren auf einem System erhält man auch über die .NET-Klasse System.Environment:

```
"Anzahl der Prozessoren: " + [System.Environment]::ProcessorCount
```

24.6.2 Druckerverwaltung

Win32_Printer

Der Befehl

```
Get-Wmiobject Win32_Printer
```

liefert eine Liste der verfügbaren Drucker.

Win32_Printjob

Mit

```
Get-Wmiobject Win32_Printjob
```

zeigt man alle aktuellen Druckaufträge.

Mit dem folgenden Befehl hält man alle Druckaufträge für einen bestimmten Drucker an:

```
Get-Wmiobject Win32_Printjob -Filter "Drivername='HP LaserJet 2100 PCL6'" | foreach-Object { $_.pause() }
```

Zum Ausgeben von Informationen zum Drucker verwendet man in der PowerShell Out-Printer. Dieses Commandlet wurde bereits vorher in diesem Buch besprochen (siehe Kapitel 22.10.8, Weitere Ausgabefunktionen).

Zum Löschen von Druckaufträgen ruft man die Delete()-Methode auf:

Listing 24.27 Löschen von Druckaufträgen [Drucker/CancelAll.ps1]

```
"Vorher:"
Get-Wmiobject Win32_Printjob -Filter "Drivername='Dell MFP Laser 3115cn PCL6'"
"Löschen aller Aufträge":
Get-Wmiobject Win32_Printjob -Filter "Drivername='Dell MFP Laser 3115cn PCL6'" |
Foreach-Object { $_.Delete() }
"Nachher:"
Get-Wmiobject Win32_Printjob -Filter "Drivername='Dell MFP Laser 3115cn PCL6'"
```

Mit Hilfe von WMI kann man auch Druckerports verwalten:

Listing 24.28 Anlegen eines TCP-Druckerports [Drucker/CreatePort.ps1]

```
$p = [WmiClass] 'Win32_TCPIPPrinterPort'
#oder: $p = New-Object system.management.managementclass Win32_TCPIPPrinterPort
$Port = $p.CreateInstance()
$Port.Name = "IP_192.168.1.224"
$Port.Protocol = 1
$Port.HostAddress = "192.168.1.224"
$Port.PortNumber = 1234
$Port.SNMPEnabled = $FALSE
$Port.Put()
```

24.7 Softwareverwaltung

Zum Bereich Softwareverwaltung gehören:
- Inventarisierung der installierten Anwendungen
- Installieren von Anwendungen
- Deinstallieren von Anwendungen

Für die Softwareverwaltung bietet die PowerShell keine eigenen Commandlets. Die WMI-Klasse `Win32_Product` mit Informationen über die installierten MSI-Pakete steht zur Verfügung, sofern der „WMI-Provider für Windows Installer" installiert ist. Unter Windows Server 2003 ist dieser Provider eine Installationsoption von Windows und nicht mehr Standardinstallationsumfang.

`Win32_Product` gilt aber nur für Anwendungen, die mit Windows Installer installiert wurden. Alle Anwendungen, die man in der Systemsteuerung sieht, bekommt man nur über den Schlüssel *HKLM:\SOFTWARE\Microsoft\Windows\CurrentVersion\Uninstall* der Registrierungsdatenbank.

24.7.1   Softwareinventarisierung

Die Klasse `Win32_Product` liefert die installierten MSI-Pakete:

Win32_ Products

```
Get-Wmiobject Win32_Product
```

Natürlich kann man filtern. Der folgende Befehl listet nur die MSI-Pakete, deren Namen mit a beginnen:

```
Get-Wmiobject Win32_Product | Where-Object { $_.name -like "a*" }
```

Der zweite Filter sortiert alle MSI-Pakete heraus, deren Hersteller Microsoft ist:

```
Get-Wmiobject Win32_Product | Where-Object { $_.vendor -like "microsoft*" }
```

Sie können auch gezielt feststellen, ob eine bestimmte Anwendung installiert ist:

```
function Get-IsInstall($Application, $Computer, $Version)
{
$a = (Get-WmiObject -Class Win32_Product -Filter "Name='$Application' and Version='$Version'" -computername $Computer)
return ($a -ne $null)
}
$e = Get-IsInstall "QuickTime" "E01" "7.2.0.240"
if ($e) { "Software is installed!" }
else { "Software is not installed!" }
```

Listing 24.29 Prüfen, ob eine Software installiert ist [Einsatzgebiete/Software/Install-Check.ps1]

In einem Pipeline-Befehl kann man auch eine komplette Inventarisierungslösung schreiben, die nacheinander mehrere Computer gemäß einer Liste in einer Textdatei abgefragt hat und die gefundenen Anwendungen in eine CSV-Datei exportiert.

```
Get-Content "computernamen.txt" |
foreach { Get-wmiobject win32_product -computername $_ } |
where { $_.vendor -like "*Microsoft*" } |
export-csv "Softwareinventar.csv" -notypeinformation
```

Noch etwas verfeinern kann man die Inventarisierungslösung, indem man vor dem Zugriff auf den Computer mit einem Ping prüft, ob der Computer überhaupt erreichbar ist, um die lange Timeout-Zeit von WMI zu vermeiden. Da hierzu dann ein Pipelining-Befehl nicht mehr ausreicht und man ein Skript braucht, kann man auch direkt die Lösung besser parametrisieren.

```
$Hersteller = "*Microsoft*"
$Eingabedateiname = "computernamen.txt"
$Ausgabedateiname = "Softwareinventar.csv"

# Import der Computernamen
$Computernamen = Get-Content "computernamen.txt"
$Computernamen | foreach {
```

```
if (Ping($_))
{
Write-Host "Inventarisiere Software für Computer $_ ..."
# Auslesen der installierten MSI-Pakete auf allen Computern
$Software = foreach { Get-wmiobject win32_product -computername $_ } |
  where { $_.vendor -like $Hersteller }

# Export in CSV
$Software | export-csv "Softwareinventar.csv" -notypeinformation
}
else
{
Write-Error "Computer nicht erreichbar!"
}
}
# Ping ausführen
function Ping
{
$status = Get-WmiObject Win32_PingStatus -filter "Address='$args[0]'" | select
StatusCode
return $status.Statuscode -eq 0
}
```

Listing 24.30: *Softwareinventarisierung per PowerShell-Skript [SoftwareInventory_WMI_With-Ping.ps1]*

Die Liste der installierten Softwareaktualisierungen (Patches, Hotfixes) erhält man mit:

`Get-Wmiobject Win32_Quickfixengineering`

Die installierten Audio-/Video-Codecs kann man sich so anzeigen lassen:

`Get-Wmiobject Win32_CodecFile | select group,name`

Win32_Product gilt aber nur für Anwendungen, die mit Windows Installer installiert wurden. Alle Anwendungen, die man in der Systemsteuerung sieht, bekommt man nur über den Schlüssel *HKLM:\SOFTWARE\Microsoft\Windows\CurrentVersion\Uninstall* der Registrierungsdatenbank heraus.

`Get-ChildItem HKLM:\SOFTWARE\Microsoft\Windows\CurrentVersion\Uninstall`

Vereinfachen kann man den Zugang dorthin, indem man ein neues PowerShell-Laufwerk definiert:

`New-PSDrive -Name Software -PSProvider Registrierungsdatenbank -Root HKLM:\SOFTWARE\Microsoft\Windows\CurrentVersion\Uninstall`

Danach kann man einfach schreiben:

`Get-ChildItem Software:`

Beim Filtern muss man in jedem Fall beachten, dass die Eigenschaften (z.B. `DisplayName`, `Comments` und `UninstallString`) keine Attribute des Objekts vom Typ `Microsoft.Win32.RegistryKey` sind, sondern Unterelemente dieses Objekts. Daher muss `GetValue()` verwendet werden für den Zugriff auf die Daten.

`Get-ChildItem Software: | Where-Object -FilterScript { $_.GetValue("DisplayName") -like "a*"} | ForEach-Object -Process {$_.GetValue("DisplayName") , $_.GetValue("Comments"), $_.GetValue("UninstallString") }`

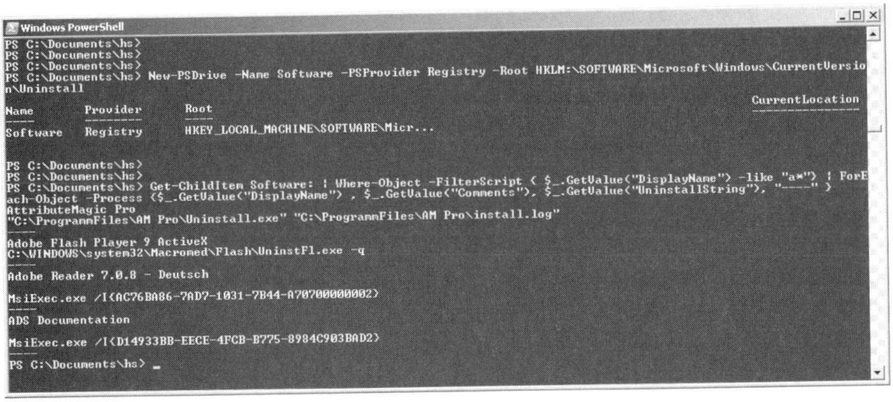

Bild 24.42
Auflisten der installierten Software, die mit „a" beginnt

Programme, die beim Systemstart automatisch gestartet werden, findet man in `Win32_StartupCommand`:

```
Get-Wmiobject Win32_StartupCommand
```

24.7.2 Installation von Anwendungen

Eine skriptbasierte Installation ist bei vielen Anwendungen möglich, allerdings ist die Vorgehensweise abhängig von der verwendeten Installationstechnologie. Microsoft liefert in WMI eine Installationsunterstützung für Installationspakete, die auf Windows Installer (alias Microsoft Installer), abgekürzt MSI, basieren.

Install()

WMI erlaubt den Aufruf des Microsoft Installers, um ein beliebiges MSI-Paket zu installieren. Die Klasse `Win32_Product` bietet dazu die Methode `Install()` an. Die Methode erwartet einen oder drei Parameter:

- den Pfad zu dem MSI-Paket,
- an das Paket zu übergebende Kommandozeilenparameter,
- die Entscheidung, ob die Anwendung für alle Benutzer (True) oder nur den angemeldeten Benutzer (False) installiert werden soll.

Zu beachten ist, dass die `Install()`-Methode eine statische Methode der WMI-Klasse `Win32_Product` ist. Eine Ferninstallation ist möglich unter Bezugnahme auf diese Klasse auf einem entfernten System.

```
$Anwendung = "H:\demo\PS\Setup_for_HelloWorld_VBNET.msi"
"Installiere Anwendung..." + $Anwendung
(Get-WmiObject -ComputerName E01 -List | Where-Object -FilterScript {$_.Name -eq "Win32_Product"}).Install($Anwendung)
"Fertig!"
```

Listing 24.31 Installation eines MSI-Pakets [Software_Installation.ps1]

24.7.3 Deinstallation von Anwendungen

Die WMI-Klasse `Win32_Product` bietet auch eine `Uninstall()`-Methode ohne Parameter zur Deinstallation von MSI-Paketen. Zu beachten ist, dass zur Identifizierung der zu deinstallierenden Anwendung nicht der Name des Installationspakets, sondern der Anwendungsname (Name oder Caption) oder der GUID (IdentifyingNumber) anzugeben ist. Im Fall von *Setup_for_HelloWorld_VBNET.msi* ist der Name „Hello World VB.NET".

Uninstall()

Kapitel 24 PowerShell im Einsatz

Listing 24.32
Deinstallation eines MSI-Pakets [Software_Installation.ps1]

```
$Name = "Hello World VB.NET"
"Starte Deinstallation..."
$Ergebnis = (Get-WmiObject -Class Win32_Product -Filter "Name='$Name'" -ComputerName E01).Uninstall().Returnvalue
if ($Ergebnis -ne 0) { Write-Error "Deinstallationsfehler: $Ergebnis"; Exit }
"Deinstallation beendet!"
```

Zu jeder Anwendung ist in der Registrierungsdatenbank ein so genannter Uninstall-String angegeben, der sagt, was man ausführen muss, um die Anwendung zu deinstallieren. Dies funktioniert auch für nicht MSI-basierte Anwendungen.

Der folgende Befehl listet die Deinstallationsanweisungen für alle Anwendungen auf, deren Name mit „a" beginnt.

Listing 24.33
Installationsdaten aus der Registrierungsdatenbank [Software-Inventory_Registry.ps1]

```
Get-ChildItem -Path HKLM:\SOFTWARE\Microsoft\Windows\CurrentVersion\Uninstall
 | Where-Object -FilterScript { $_.GetValue("DisplayName") -like "a*"} | ForEach-Object -Process {$_.GetValue("DisplayName"), $_.GetValue("UninstallString") }
```

24.7.4 Praxisbeispiel: Installationstest

Das folgende Skript installiert zum Test eine Anwendung und deinstalliert sie dann direkt wieder. Am Beginn, nach der Installation und am Ende wird jeweils geprüft, ob die Anwendung installiert ist.

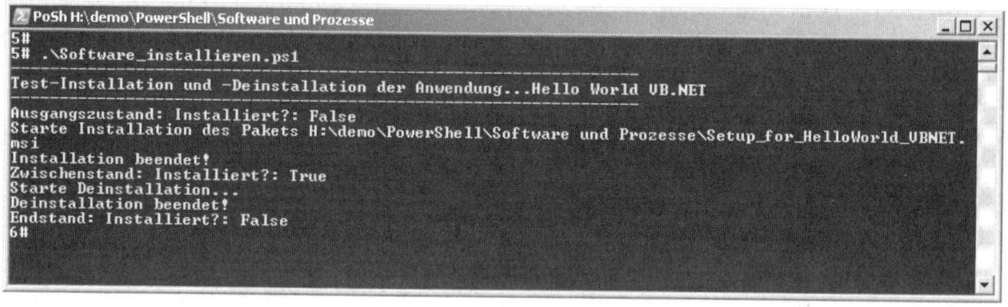

Bild 24.43
Ausgabe des Skripts

```
PoSh H:\demo\PowerShell\Software und Prozesse
5#
5# .\Software_installieren.ps1
Test-Installation und -Deinstallation der Anwendung...Hello World VB.NET
Ausgangszustand: Installiert?: False
Starte Installation des Pakets H:\demo\PowerShell\Software und Prozesse\Setup_for_HelloWorld_VBNET.msi
Installation beendet!
Zwischenstand: Installiert?: True
Starte Deinstallation...
Deinstallation beendet!
Endstand: Installiert?: False
6#
```

Listing 24.34
Testen einer Softwareinstallation [Software_Testinstallation.ps1]

```
function Get-IsInstall($Application, $Computer)
{
$a = (Get-WmiObject -Class Win32_Product -Filter "Name='$Application'" -Computer $Computer)
return ($a -ne $null)
}

$Name = "Hello World VB.NET"
$Computer = "E01"
$Paket = "H:\demo\PowerShell\Software und Prozesse\Setup_for_HelloWorld_VBNET.msi"

"-----------------------------------------------------------------"
"Testinstallation und -deinstallation der Anwendung..." + $Name
"-----------------------------------------------------------------"

"Ausgangszustand: Installiert?: " + (Get-IsInstall $Name $Computer)

"Starte Installation des Pakets " + $Paket
$Ergebnis = ([WMIClass] "Win32_Product").Install($Paket).Returnvalue
if ($Ergebnis -ne 0) { Write-Error "Installationsfehler: $Ergebnis"; Exit }
"Installation beendet!"
```

```
"Zwischenstand: Installiert?: " + (Get-IsInstall $Name $Computer)

"Starte Deinstallation..."
$Ergebnis = (Get-WmiObject -Class Win32_Product -Filter "Name='$Name'" -ComputerName
E01).Uninstall().Returnvalue
if ($Ergebnis -ne 0) { Write-Error "Deinstallationsfehler: $Ergebnis"; Exit }
"Deinstallation beendet!"

"Endstand: Installiert?: " + (Get-IsInstall $Name $Computer)
```

24.7.5 Versionsnummer ermitteln

Die Versionsnummer einer ausführbaren Datei ermittelt man über Get-FileVersionInfo aus den PSCX (siehe Bild 24.44). Das Commandlet liefert eine Instanz der .NET-Klasse System.Diagnostics.FileVersionInfo.

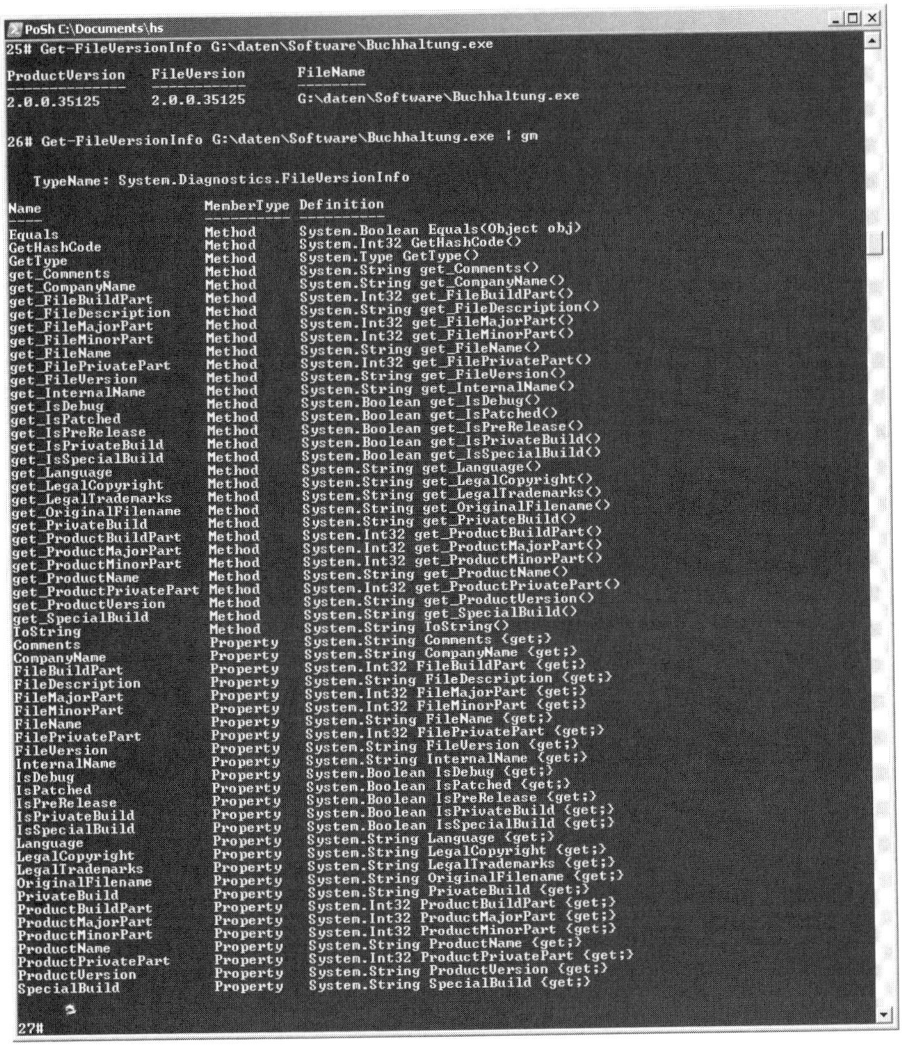

Get-File-VersionInfo

Bild 24.44
Get-FileVersionInfo

24.7.6 Servermanager

Das PowerShell-Modul „Servermanager", das in Windows Server 2008 R2 mitgeliefert wird, ergänzt die PowerShell nur um bescheidende drei Commandlets, die aber nützlich zur Einrichtung des Betriebssystems sind:

- Get-WindowsFeature
- Add-WindowsFeature
- Remove-WindowsFeature

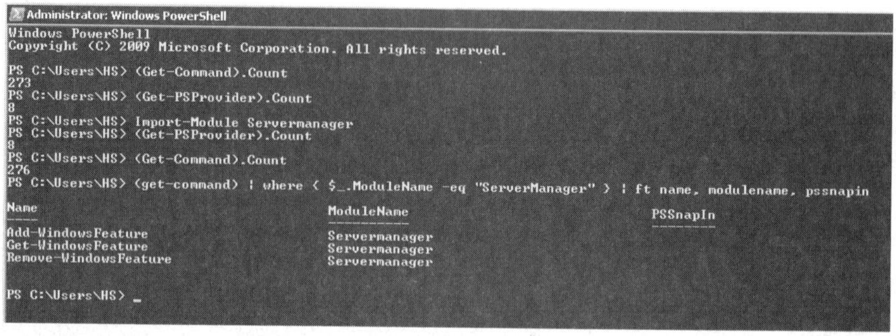

Bild 24.45
Importieren des Moduls "Server-Manager"

Get-WindowsFeature

Features auflisten

Get-WindowsFeature liefert eine sehr ausführliche Liste aller installierbaren Betriebssystemoptionen in Windows Server 2008 R2. Hierbei ist der Begriff „WindowsFeature" in der PowerShell leider nicht gleichzusetzen mit „Feature" aus der Sicht der Server Manager-Benutzerschnittstelle. „WindowsFeature" umfasst drei Konzepte der Benutzerschnittstelle:

- Rollen (Roles) sind zentrale Bereiche, z.B. Active Directory Rights Management Services.
- Rollendienste (Role Services) sind Teilbereiche von Rollen, z.B. „Identity Federation Support", innerhalb der Active Directory Rights Management Services.
- Features sind kleinere Funktionen bzw. Hilfsbausteine wie z.B. .NET Framework 3.5.1. Features sind zum Teil hierarchisch aufgebaut. Features können außerdem bei der Installation von Rollen erforderlich sein, z.B. .NET Framework 3.5.1 für die Rolle „Application Server".

Softwareverwaltung

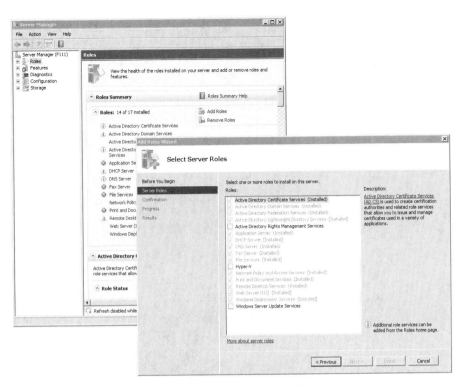

Bild 24.46
Rollen in
Windows
Server 2008 R2

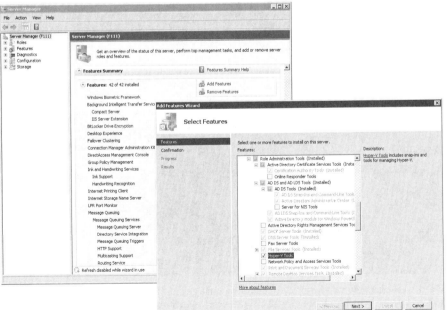

Bild 24.47
Features in
Windows
Server 2008 R2

`Get-WindowsFeature` zeigt alle installierbaren Rollen/Rollendienste/Features an – in einer hierarchischen Darstellung mit Markierung der installierten Teile.

Kapitel 24 PowerShell im Einsatz

Bild 24.48
Darstellung von Get-WindowsFeature

[Screenshot: PowerShell-Ausgabe von Get-WindowsFeature mit Liste von Windows-Rollen und -Features]

Man könnte glauben, Get-WindowsFeature würde diese formatierte Darstellung direkt erzeugen (was den PowerShell-Prinzipien widersprechen würde). Dem ist aber nicht so: Get-WindowsFeature liefert (wie es sich für ein „ordentliches" Commandlet gehört) nur Objekte des Typs „Microsoft.Windows.ServerManager.Commands.Feature".

Bild 24.49
Inhalt der Klasse Microsoft.Windows.ServerManager.Commands.Feature

[Screenshot: PowerShell-Ausgabe von Get-WindowsFeature | gm, zeigt Methoden und Properties der Feature-Klasse]

Die Darstellung wird durch die Standardvorlage Feature.format.ps1xml erzeugt, die man unter \Windows\System32\WindowsPowerShell\v1.0\Modules\ServerManager findet. Weil das Einrücken und die „Häkchen" für andere Fälle interessant sein könnten, sei diese Vorlage hier abgedruckt.

```
<View>
    <Name>Feature</Name>
    <ViewSelectedBy>
<TypeName>Microsoft.Windows.ServerManager.Commands.Feature</TypeName>
    </ViewSelectedBy>
    <TableControl>
<TableHeaders>
    <TableColumnHeader>
<Label>Display Name</Label>
<Width>55</Width>
<Alignment>left</Alignment>
    </TableColumnHeader>
    <TableColumnHeader>
<Label>Name</Label>
<Width>23</Width>
<Alignment>left</Alignment>
    </TableColumnHeader>
</TableHeaders>
<TableRowEntries>
    <TableRowEntry>
<TableColumnItems>
    <TableColumnItem>
                <ScriptBlock>
                $indent=""
for ($i=$_.Depth; $i -gt 1; $i--)
{
    $indent += "    "
}

                if ($_.Installed -eq $TRUE)
                {
                    $indent += "[X] "
                }
                else
                {
                    $indent += "[ ] "
                }

                $indent + $_.DisplayName
        </ScriptBlock>
    </TableColumnItem>
    <TableColumnItem>
    <PropertyName>Name</PropertyName>
    </TableColumnItem>
</TableColumnItems>
    </TableRowEntry>
</TableRowEntries>
    </TableControl>
</View>
```

Kapitel 24 PowerShell im Einsatz

Ausschnitt aus Feature.format.ps1xml

Wie immer steht es dem PowerShell-Nutzer frei, eine von der Standarddarstellung abweichende Darstellung zu erzwingen, z.B. eine einfache Tabelle.

```
Get-WindowsFeature | ft name, installed
```

Wenn durch eine Konfiguration ein Neustart des Systems aussteht, können Sie Get-WindowsFeature nicht aufrufen.

Bild 24.50: Get-WindowsFeature ist wegen eines ausstehenden Neustarts blokkiert.

Add-WindowsFeature

Features hinzufügen Mit `Add-WindowsFeature` kann man Rollen, Rollendienste und Features hinzufügen. Abhängigkeiten werden dabei automatisch berücksichtigt. Anzugeben ist dabei der „Name" (z.B. AS-NET-Framework), nicht der „DisplayName" (z.B. „.NET Framework 3.5.1"). Es können mehrere Features auf einmal installiert werden.

Der folgende Befehl installiert für die Internet Information Services (IIS) die Features Server Side Includes („Web-Includes") und WebDAV-Publishing („Web-DAV-Publishing").

```
Add-WindowsFeature Web-Includes, Web-DAV-Publishing
```

Bild 24.51 Während der Ausführung zeigt die PowerShell-Konsole eine Fortschrittsanzeige.

Bild 24.52 Ergebnis nach Abschluss von Add-WindowsFeature

Mit dem Parameter `-IncludeAllSubFeature` kann man alle Unterfeatures zu einem Feature auch installieren lassen.

Softwareverwaltung

Man kann Add-WindowsFeature nicht aufrufen, wenn währenddessen im Server Manager die Assistenten „Add/Remove Role" oder „Add/Remove Feature" gestartet sind. Gleiches gilt, wenn Add-WindowsFeature oder Remove-WindowsFeature schon in einer anderen Instanz der PowerShell laufen.

Bild 24.53: Add-WindowsFeature kann nicht arbeiten, weil parallel bereits einer der Server Manager-Assistenten gestartet ist.

Man kann durch den Zusatzparameter –concurrent erzwingen, dass das Commandlet auch arbeitet, wenn einer der Assistenten gestartet ist. Dies sollte man aber vermeiden, um Inkonsistenzen zu verhindern!

Remove-WindowsFeature

Mit Remove-WindowsFeature kann man Feature deinstallieren, z.B.:

Remove-WindowsFeature Web-Includes, Web-DAV-Publishing

Auch dabei sieht der PowerShell-Nutzer eine Fortschrittsanzeige.

Features entfernen

Umgang mit Neustarts

Add-WindowsFeature und Remove-WindowsFeature können nach Abschluss der Arbeiten einen Neustart erfordern. Das Beispiel zeigt, dass „Add-WindowsFeature Fax" keinen Neustart erfordert, aber „Remove-WindowsFeature Fax"! Dies wird durch eine Warnmeldung sowie die zurückgegebene Instanz der Klasse Microsoft.Windows.ServerManager.Commands.FeatureOperationResult angezeigt.

Bild 24.54
Das Entfernen eines Features erfordert einen Neustart.

Man kann einen Computer mit Restart-Computer dann neu starten. Man kann aber auch bei Add-WindowsFeature und Remove-WindowsFeature den Parameter -Restart angeben. Dann findet ein Neustart automatisch statt, sofern ein Neustart erforderlich ist.

24.7.7 Softwareeinschränkungen mit dem PowerShell-Modul „AppLocker"

Das AppLocker-Modul dient der Steuerung der Funktion Application Locker (AppLocker) (alias: „Application Control Policies") in Windows 7 (wirksam nur in Ultimate und Enterprise) und Windows Server 2008 R2, mit der man den Start von Anwendungen einschränken kann. AppLocker ist der Nachfolger der Software Restriction Policies (SRP).

Application Control Policies

Kapitel 24 PowerShell im Einsatz

AppLocker basiert wie SRP auf Regeln, die man in Gruppenrichtlinien hinterlegt (siehe Bildschirmabbildung). Es gibt dort Regeln für ausführbare Dateien (EXE), Bibliotheken (DLL), Windows Installer (MSI) und Skripte (Script). Regeln basieren wie bei SRP auf Kriterien (z.B. Standort, Datei-Hashwert, Hersteller). Anders als bei SRP kann es aber Ausnahmen von Regeln geben. Im Gruppenrichtlinieneditor kann man Standardregeln aktivieren, die verhindern, dass man sich selbst aussperrt. Außerdem kann man automatisch Regeln für Inhalte von Ordnern erstellen lassen („Automatically Generated Rules"). Regeln kann man als XML-Dateien importieren oder exportieren.

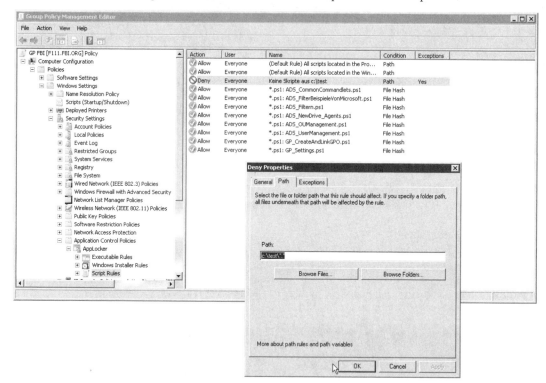

Bild 24.55: *Definition einer Einschränkungsregel für Skripte*

Regeln gelten erst, wenn die Regelart unter „Configure Rule Enforcement" auch aktiviert wurde.

DLL-Regeln sind im Standard nicht sichtbar. Diese muss man erst unter „Configure Rule Enforcement/Advanced" aktivieren.

Softwareverwaltung

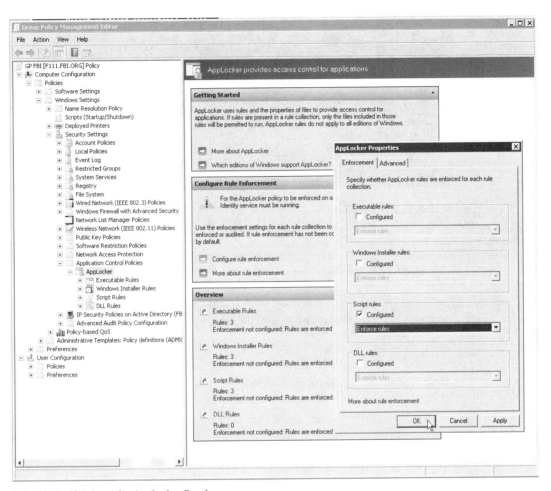

Bild 24.56: *Aktivieren der AppLocker-Regeln*

Das AppLocker-Modul enthält folgende Commandlets:

Commmandlets

- Get-AppLockerPolicy: Gibt eine Liste der AppLocker-Regeln aus, wahlweise den lokalen PC (-local) oder eine Gruppenrichtlinie (-domain zusammen mit -ldap). Man kann auch die aktuell wirkenden Regeln ausgeben (-effective).
- New-AppLockerPolicy: Erzeugt eine neue AppLocker-Regel.
- Get-AppLockerFileInformation: Liefert zu einer Datei ein Objekt des Typs Microsoft.Security.ApplicationId.PolicyManagement.PolicyModel.FileInformation, das dazu dienen kann, mit New-AppLockerPolicy eine neue Regel zu erstellen.
- Set-AppLockerPolicy: Legt eine AppLocker-Regel in einer Gruppenrichtlinie fest.
- Test-AppLockerPolicy: Prüft, wie sich Regeln auf bestimmte Dateien auswirken.

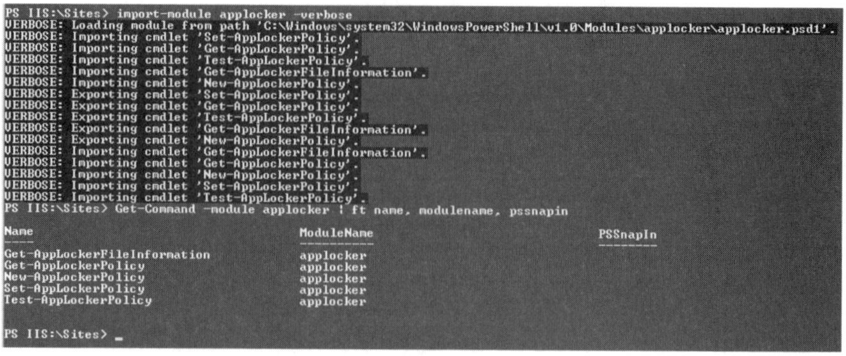

Bild 24.57
Inhalt des AppLocker-Moduls

Auflisten von Regeln

Get-App-LockerPolicy
Get-AppLockerPolicy liefert ein einzelnes Objekt vom Typ AppLockerPolicy aus dem Namensraum Microsoft.Security.ApplicationId.PolicyManagement.PolicyModel. Hier ist das Attribut RuleCollections vom Typ RuleCollection interessant. Es gibt jeweils ein Rule-Collection-Objekt für jede der vier Regelarten (EXE, DLL, MSI, Script). In dieser Rule-Collection sind dann die Regeln enthalten (FilePathRule, FilePublisherRule, FileHashRule).

Mit Get-AppLockerPolicy -local fragt man die lokale AppLocker-Einstellungen ab.

Mit dem Schalter -Domain kann man die AppLocker-Einstellungen aus einem einzelnen Gruppenrichtlinienobjekt abfragen, z.B.:
Get-AppLockerPolicy -Domain -LDAP "LDAP:// CN={685A9EAA-2CA5-4552-B553-92A027F9E2B6},CN=Policies,CN=System,DC=FBI,DC=ORG"

Die wirkenden AppLocker-Regeln kann man so ermitteln:
Get-AppLockerPolicy -Effective

Um die einzelnen Regeln auszugeben, muss man zumindest die RuleCollections-Menge mit Foreach-Object aufspalten:
foreach { $_.RuleCollections }

Oder man schreibt noch ausführlicher:
foreach { $_.RuleCollections } | foreach { $_ }

Dann hat man Zugriff auf die einzelnen Regel-Objekte.

Beispiel
Das folgende Beispiel listet die einzelnen Regeln in Form einer Tabelle auf, in der man die Regelart und die Regelbedingung (nicht aber die Ausnahmen) sehen kann.
Get-AppLockerPolicy -Effective | foreach { $_.RuleCollections.GetEnumerator() } | foreach { $_ } | sort name | ft Name, { $_.GetType().Name }, PathConditions, HashConditions, PublisherConditions

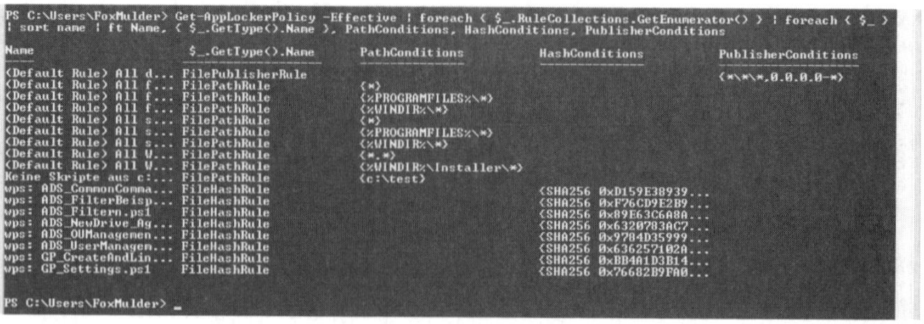

Bild 24.58
Ausgabe der wirksamen Regeln

Softwareverwaltung

Die folgende Bildschirmabbildung zeigt, wie sich durch Aktualisierung der Gruppenrichtlinien mit `gpupdate /force` die Anzahl der wirkenden Regeln verändern kann.

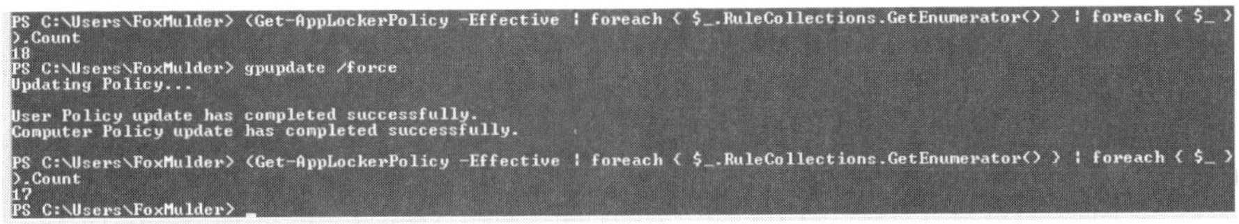

Bild 24.59: Nach dem Löschen einer Regel in einer der wirkenden Gruppenrichtlinien reduziert sich die Anzahl der Regeln von 18 auf 17.

Prüfen der Regelwirkung

Mit `Test-AppLockerPolicy` kann man prüfen, wie sich Regeln auf bestimmte Dateien auswirken. **Test-AppLockerPolicy**

Das Beispiel prüft, wie sich die wirksamen Regeln auf einen bestimmten Benutzer für die Skripte in c:\test auswirken. **Beispiel**

```
Get-AppLockerPolicy -Effective | Test-AppLockerPolicy -path C:\test\*.ps1 -user FBI\DanaScully
```

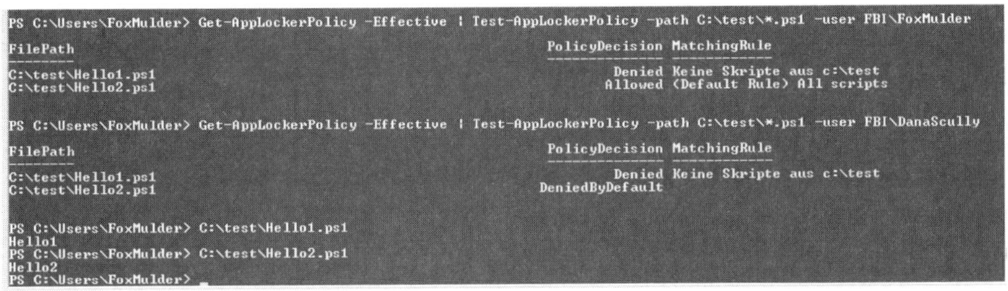

Bild 24.60 Testergebnisse für zwei verschiedene Benutzer

Wie die vorherige Bildschirmabbildung beweist, gibt es in Windows 7 RC noch einen Fehler: Obwohl das Skript „Hello1.ps1" für den Benutzer „FoxMulder" gesperrt ist, kann dieser es starten.

Erstellen neuer Regeln

Das Erstellen von Regeln kann aufwendig sein, wenn viele Anwendungen erlaubt sein sollen. Beim Erstellen von Regeln unterstützt die PowerShell. Mit `Get-AppLockerFileInformation` erhält man Informationen über Dateien in Form von Instanzen der Klasse `Microsoft.Security.ApplicationId.PolicyManagement.PolicyModel.FileInformation`. Diese Objekte enthalten zu der Datei den Path, Hash und Publisher. Aus den Instanzen der Klasse FileInformation kann man mit `New-AppLockerPolicy`-Regeln generieren lassen. Diese Regeln kann man anschließend mit `Set-AppLockerPolicy` in lokale Richtlinien oder Gruppenrichtlinien speichern.

Der folgende Befehl erstellt genau eine Hashregeln für alle Skripte in dem Ordner **Beispiel**
c:\wps und seinen Unterordnern. Die Regel wird in einer Gruppenrichtlinie gespeichert. Die bestehenden Regeln der Gruppenrichtlinie bleiben erhalten, was `-merge` bewirkt.

1211

Kapitel 24 PowerShell im Einsatz

```
Get-AppLockerFileInformation -Directory c:\Wps\ -recurse -filetype script |
New-AppLockerPolicy -RuleType Hash -User Everyone -optimize |
Set-AppLockerPolicy -merge
-LDAP:"LDAP://CN={685A9EAA-2CA5-4552-B553-
92A027F9E2B6},CN=Policies,CN=System,DC=FBI,DC=ORG"
```

Dass hier nur eine Regel insgesamt und nicht eine Regel pro Skript entsteht, liegt an dem Parameter –optimize.

Bild 24.61
Der obige Befehl mit Zwischenschritten: Erst werden nur die Dateiinformationen ausgegeben, dann die erzeugte Regel in XML-Form (Parameter – xml). Zum Schluss wird die Regel in die Gruppenrichtlinie gesetzt (hier ohne –xml!).

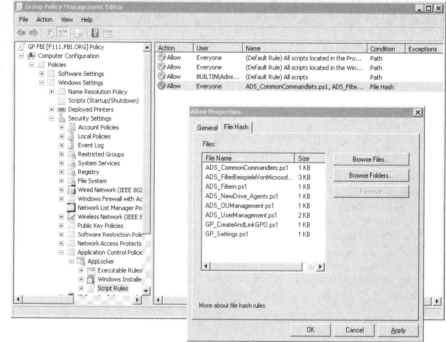

Bild 24.62
Ergebnis der Ausführung des Befehls zur Erzeugung von Regeln für die Skripte in c:\wps

1212

24.8 Prozessverwaltung

Das Commandlet `Get-Process` (Aliase `ps` oder `gps`) wurde schon im Kapitel mit der PowerShell-Einführung sehr häufig verwendet. Es liefert Instanzen der .NET-Klassen `System.Diagnostics.Process`.

Get-Process

Eine Liste aller Prozesse erhält man mit:

`Get-Process`

Liste der Prozesse

Informationen zu einem Prozess liefert der folgende Befehl: `Get-Process iexplore`

Eine Liste aller Prozesse, die mit einem „i" anfangen, erhält man so: `Get-Process i*`

Wenn man ein Commandlet oder eine Kommandozeilenanwendung in der PowerShell aufruft, dann starten diese im Prozess der PowerShell. Wenn man eine Windows-Anwendung (z.B. *Notepad.exe*) aufruft, dann startet diese in einem eigenen Prozess. In jedem Fall läuft der externe Prozess unter dem gleichen Benutzerkonto wie der aufrufende Prozess.

Prozesse starten

Mit `Start-Process` (Alias: saps) kann man ab PowerShell 2.0 Prozesse unter einer anderen Identität starten (vgl. runas.exe), d.h. mit anderen Rechten als denen des angemeldeten Benutzers. Man kann durch den Parameter -Credential ein Objekt vom Typ PSCredential mit anderen Anmeldedaten übergeben. Ein Objekt vom Typ PSCredential erhält man von Get-Credential.

Zum Starten eines zweiten PowerShell-Fensters unter einem anderen Benutzerkonto (als Administrator) gibt man also ein:

Beispiel

`Start-Process PowerShell.exe -credential Get-credential`

Dies dokumentieren die nachstehenden zwei Abbildungen.

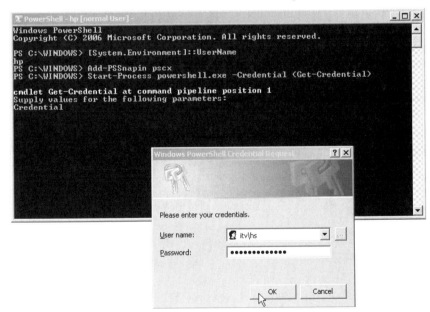

Bild 24.63
Aufruf von Start-Process durch einen normalen Benutzer

Bild 24.64
Nach Eingabe der Anmeldedaten erhält man ein zweites PowerShell-Fenster für einen Benutzer, der zur Administratoren-Gruppe gehört.

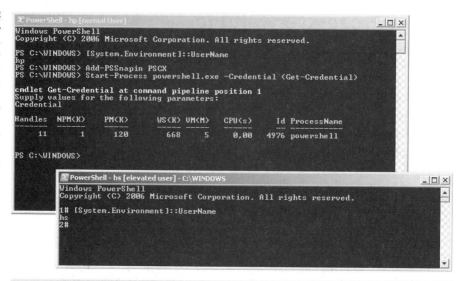

In PowerShell 1.0 konnte man Start-Process über die PowerShell Community Extensions nutzen.

Prozesse beenden Einen Prozess beenden kann man wahlweise durch Aufruf der Kill()-Methode:

```
Get-Process | Where-Object { $_.name -eq "iexplore" } | Foreach-Object { $_.Kill() }
```

oder prägnanter durch das Commandlet Stop-Process:

```
Stop-Process -name iexplore
```

Stop-Process Stop-Process erwartet als Parameter normalerweise die Prozessnummer. Wenn man den Prozessnamen angeben will, muss man den Parameter –name verwenden.

Weitere Beispiele:

- Beenden aller Prozesse, deren Name mit „P" anfängt:

    ```
    Get-Process p* | Stop-Process
    ```

- Beenden aller Prozesse, die mehr als 10 Megabyte RAM verbrauchen:

    ```
    Get-Process | where { $_.WS -gt 10M } | stop-process
    ```

WaitForExit() **Warten auf das Beenden einer Anwendung** Mit den folgenden Befehlen wartet die PowerShell darauf, dass Microsoft Outlook beendet wird:

Listing 24.35
Warten auf das Ende eines Prozesses [Einsatzgebiete/Prozessverwaltung /Waiting-ForOutlook.ps1]

```
$p = Get-Process outlook
if ($p)
{
$p.WaitForExit()
"Outlook wurde beendet!"
}
else
{
"Outlook war nicht gestartet!"
}
```

Dies kann man ab PowerShell 2.0 auch mit Wait-Process erreichen. Der Prozess wird durch seinen Namen, seine Prozess-ID oder ein Process-Objekt festgelegt.

Beispiele:
```
Wait-Process -id 4040
Wait-Process -name notepad
Wait-Process -name $p
```

Nicht vorhanden in der PowerShell 1.0 ist eine Prozessverwaltung für Hintergrundprozesse, wie man sie von Unix kennt. Dies kann der Administrator aber durch eigene Skripte erreichen, siehe [Truher01].

Hintergrundprozesse

24.9 Systemdienste

Eine Liste der Systemdienste in Form von Instanzen der .NET-Klasse System.Service-Process.ServiceController liefert das Commandlet Get-Service.

Get-Service

Die Liste der laufenden Systemdienste erhält man mit:
```
Get-Service | Where-Object {$_.status -eq "running"}
```

Die Liste der gestoppten Dienste liefert dementsprechend:
```
Get-Service | Where-Object {$_.status -eq "stopped"}
```

Man kann per Skript prüfen, ob ein Dienst installiert ist:
```
$service = Get-Service -name iisadmin
if ( ! $service ) { "IIS is not installed on this computer." }
else
{ "SQL Server is " + $service.Status }
```

Listing 24.36
Prüfung, ob der IIS installiert ist [Einsatzgebiete/Systemdienste/IsService installed.ps1]

Leider ist die Fernabfrage eines anderen Systems mit Get-Service ebenso wie mit den anderen eingebauten Commandlets der PowerShell nicht möglich. Dies ist sicherlich eine der größten Beschränkungen der PowerShell 1.0. Lediglich über den Umweg über die Windows Management Instrumentation (WMI) ist ein Zugang zu anderen Systemen möglich. Dafür steht das Commandlet Get-WmiObject zur Verfügung. Der folgende Befehl liest die laufenden Systemdienste von dem Computer mit Namen „ServerEssen04" aus:
```
Get-WmiObject Win32_Service -computer ServerEssen04 -filter "State='running'"
```

Zu beachten ist dabei, dass das Ergebnis der Operation nun mehr keine Instanzen von der .NET-Klasse System.ServiceProcess.ServiceController, sondern Instanzen der WMI-Klasse root\cimv2\Win32_Service sind, die in die .NET-Klasse System.Management. ManagementObject verpackt wurden. Das Commandlet Get-Member stellt diesen komplexen Typ wie folgt dar: "System.Management.ManagementObject verpackt # root\cimv2\ Win32_Service". Get-WmiObject hat eine andere Filter-Syntax (hier ist das Gleichheitszeichen anstelle von -eq zu verwenden), und außerdem steht der Zustand eines Dienstes in der WMI-Klasse im Attribut State und nicht wie mit der .NET-Klasse in Status. Einsteiger kommen hier schnell durcheinander.

Wenn man die abhängigen Dienste eines Dienstes ermitteln will, muss man auf die Eigenschaft DependentServices des .NET-Objekts System.ServiceProcess.ServiceController zugreifen:
```
Get-service iisadmin | % { $_.DependentServices }
```

Das Ergebnis für Windows Server 2003 Release 2 zeigt das Bild 24.65.

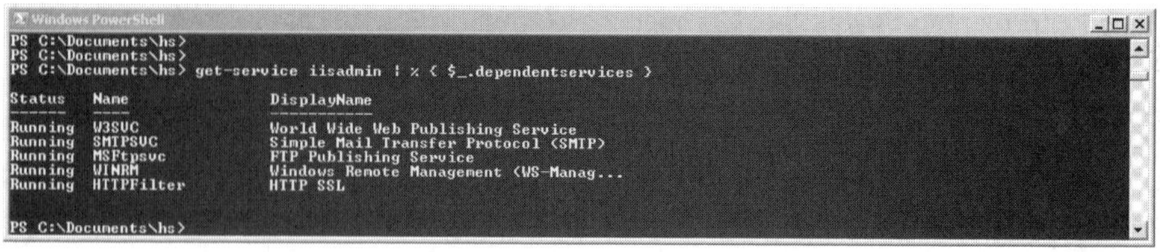

Kapitel 24 PowerShell im Einsatz

Bild 24.65
Die von IISAdmin abhängigen Dienste

Abhängige Systemdienste ermitteln

Die abhängigen Dienste eines Systemdienstes kann man alternativ auch in WMI ermitteln, durch die Methode `GetRelated()` in der Klasse `ManagementObject` in der .NET-Klassenbibliothek. Der folgende Befehl ermittelt die Dienste, die von dem Dienst "IISAdmin" abhängig sind.

```
(Get-wmiObject win32_service -filter "Name = 'iisadmin'").GetRelated($null,"Win32_
DependentService",$null,$null,$null,"Antecedent",$false,$null) | select name
```

Die gleiche Objektmenge erhält man auch über eine WQL-Abfrage mit Bezug auf den feststehenden Ausdruck `AssocClass`:

```
([wmiSearcher]"Associators of {Win32_Service.Name='iisadmin'} Where
AssocClass=Win32_DependentService Role=Antecedent").get()
```

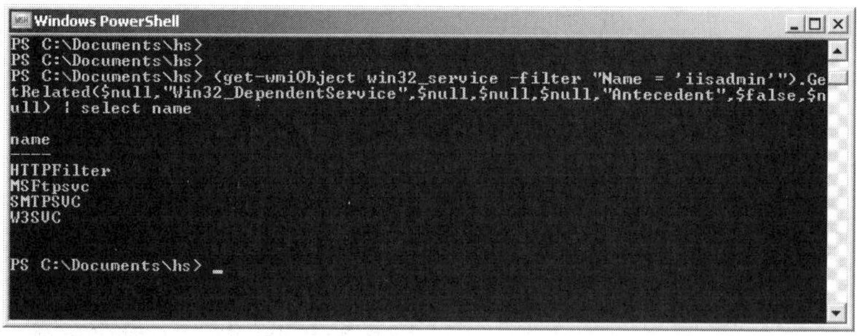

Bild 24.66
Ermitteln der abhängigen Dienste

Weitere Dienst-Commandlets

Zur Beeinflussung des Dienststatus stehen folgende Commandlets zur Verfügung:

```
Suspend-Service
```

Dabei ist jeweils der Dienstname als Parameter anzugeben.

Der folgende Befehl startet also den Dienst "IISAdmin":

```
Start-Service IISADMIN
```

Bei Systemdiensten, die abhängige Dienste besitzen, ist außerdem `-force` hinzuzufügen:

```
Start-Service IISADMIN -force
```

Da das Commandlet `Start-Service` nur für den lokalen Computer wirkt, muss man auf die WMI-Klasse `Win32_Service` zurückgreifen, um einen Dienst auf einem entfernten System zu starten.

Der folgende Befehl startet einen Systemdienst auf einem anderen Rechner:

```
Get-wmiobject -computer XY win32_service -filter "name='tlntsvr'" |
    foreach-Object {$_.startservice()}
```

> Das Commandlet `Restart-Service` führt einen Neustart eines Dienstes (erst stoppen, dann starten) durch. Wenn der Dienst nicht gestartet war, wird er gestartet.

Die Eigenschaften von Diensten, z.B. die Startart, beeinflusst man über `Set-Service`:

```
Set-Service IISADMIN -startuptype "manual"
```

24.10 Netzwerk

24.10.1 Ping

Einen „Ping" (Internet Control Message Protocol-/ICMP-Anfrage) zur Prüfung der Erreichbarkeit eines anderen Rechners (vgl. ping.exe) erzeugt man mit Win32_PingStatus oder Test-Connection.

Ping über WMI

Zur Prüfung der Erreichbarkeit eines Computers konnte man in man die WMI-Klasse Win32_PingStatus einsetzen:

Win32_PingStatus

```
Get-WmiObject Win32_PingStatus -filter "Address='www.Windows-Scripting.de'" | select protocoladdress, statuscode, responsetime
```

Die PowerShell Community Extensions (PSCX) bieten auch ein Commandlet Ping-Host, das eine Datenstruktur des Typs Pscx.Commands.Net.PingHostStatistics liefert:

```
Ping-Host 'www.Windows-Scripting.de'
```

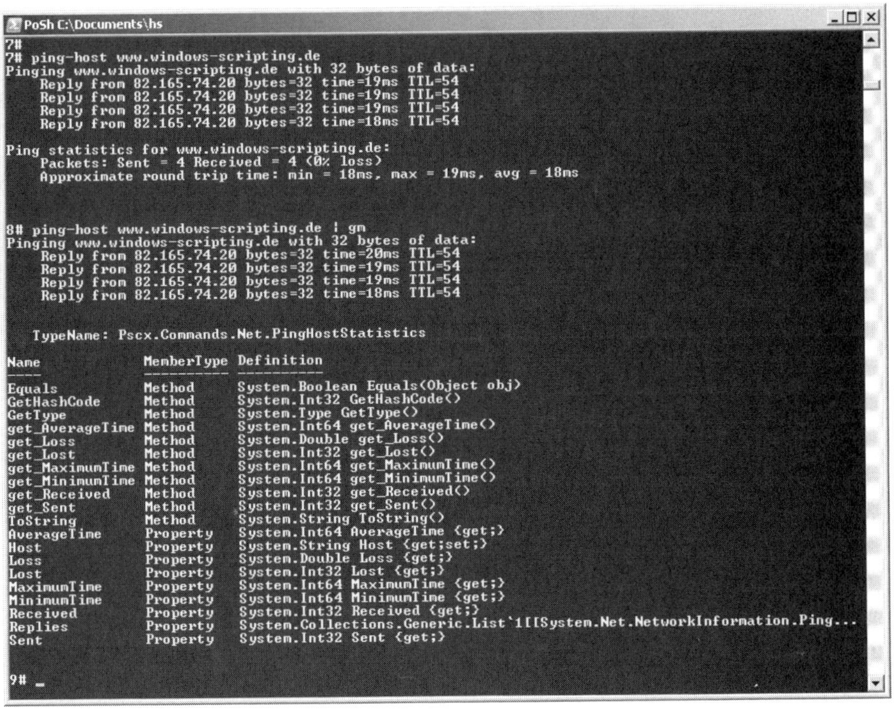

Bild 24.67
Anwendung von Ping-Host

Ping über Test-Connection

Ab PowerShell 2.0 gibt es ein eigenes Commandlet für „Ping". Test-Connection erwartet als Parameter mindestens einen Rechnernamen oder eine IP-Adresse. Beim Rückgabewert gibt es zwei Optionen: Entweder werden Instanzen der WMI-Klasse Win32_PingStatus geliefert oder aber nur ein Boolean-Wert (True oder False), wenn man dies mit -Quiet erzwingt.

Ping

Bild 24.68
Einsatz von Test-Connection

Mit Test-Connection kann man auch von einem oder mehreren dritten Computern einen Ping ausführen lassen. Der folgende Befehl führt jeweils zwei Pings von den drei Rechnern F171, F172 und F173 zu F111 aus.

```
Test-Connection -Source F171,F172,F173 -ComputerName F111 -count 2
```

Bild 24.69
Beispiel für einen entfernen "Multi-Ping"

Für die Fernausführung eines Pings muss PowerShell-Remoting nicht aktiviert sein.

24.10.2 Netzwerkkonfiguration

IP-Adressen auflisten

In Win32_NetworkAdapterConfiguration sind die IP-Adressen als ein Array in IpAddress abgespeichert.

```
Get-Wmiobject Win32_NetworkAdapterConfiguration -Filter "IPEnabled=true" | select Description,IPAddress
```

IP-Adresse vergeben

Die WMI-Klasse Win32_NetworkAdapterConfiguration ermöglicht auch zahlreiche Einstellungen für die Netzwerkkarten.

Das folgende PowerShell-Skript wechselt für eine Netzwerkkarte zwischen DHCP und statischer IP-Adresse.

Listing 24.37
Änderung der Netzwerkkonfiguration [Einsatzgebiete/Netzwerk/Switch_DHCP_StaticIP.ps1]

```
# Wechsel zwischen DHCP und statischer IP-Adresse
$config = Get-WmiObject Win32_NetworkadapterConfiguration -Filter "IPEnabled=true" |
where { $_.Description -like "*Controller #2*" }
"DHCP-Status Vorher: " + $Config.dhcpenabled
Get-WmiObject Win32_NetworkadapterconfigurAtion -Filter "IPEnabled=true" | select
Description,IPAddress
if (!$Config.dhcpenabled)
{
"Aktiviere DHCP..."
$Config.EnableDHCP()
}
else
{
"Aktiviere Statische IP-Addresse..."
[array] $ip =   "192.168.1.15"
[array] $subnet = "255.255.255.0"
$Config.EnableStatic($ip, $subnet)
}

$config = Get-WmiObject Win32_NetworkadapterConfiguration -Filter "IPEnabled=true" |
where { $_.Description -like "*Controller #2*" }
```

```
"DHCP-Status nachher: " + $Config.dhcpenabled
Get-WmiObject Win32_Networkadapterconfiguration -Filter "IPEnabled=true" | select
Description,IPAddress
```

Die WMI-Methode `EnableStatic()` funktioniert nur, wenn die Netzwerkkarte aktiviert ist.

Den aktuellen DHCP-Server ermitteln Sie durch das Commandlet `Get-DHCPServer` aus den PSCX.

Bild 24.70
Ausgabe des Beispiels bei zweimaligem Aufruf

24.10.3 Namensauflösung

Zur Unterstützung der Namensauflösung gibt es das Commandlet `Resolve-Host` in den PSCX. Das Ergebnis ist eine Instanz der .NET-Klasse `System.Net.IPHostEntry`. Das Ergebnis der folgenden drei Beispiele sehen Sie in der Bildschirmabbildung:

Resolve-Host

- `Resolve-Host E02`
- `Resolve-Host E02 | fl`
- `Resolve-Host www.IT-Visions.de`

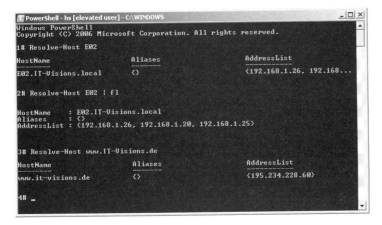

Bild 24.71
Einsatz von Resolve-Host

24.10.4 Abruf von Daten von einem HTTP-Server

System.Net.WebClient

Das folgende Skript zeigt, wie man eine HTML-Seite von einem Webserver abruft. Zum Einsatz kommt hier die Klasse System.Net.WebClient aus der .NET-Klassenbibliothek. Diese Klasse bietet eine Methode DownloadString() an, die den Inhalt der angegebenen URL in einer Zeichenkette liefert. Mit Hilfe des Commandlets Set-Content wird die Zeichenkette dann im lokalen Dateisystem abgelegt. Die letzten vier Zeilen sind die Fehlerbehandlung, die dafür sorgt, dass bei Fehlern in dem Skript eine Meldung ausgegeben wird.

Listing 24.38 Herunterladen einer Datei per HTTP [Einsatzgebiete/ Netzwerk/ HTTP-Download.ps1]

```
# Eingabeparameter
$Url = "http://www.powershell-doktor.de"
$Ziel = "c:\temp\hauptseite.htm"

# Skript
Write-Host "Lade Webseite " $url "..."
$html = (New-Object System.Net.WebClient).DownloadString($Url)
$html | Set-Content -Path $ziel
Write-host "Heruntergeladene Seite wurde gespeichert unter " $Ziel

trap [System.Exception]
 {
    Write-host "Fehler beim Laden die URL: `"$url`"" `n
    exit
 }
```

Das nächste Beispiel zeigt, wie man die Titel der letzten acht Nachrichten aus einem RSS-Feed (Weblog) abruft. Auch hier kommt wieder DownloadString() aus der Klasse System.Net.WebClient zum Einsatz. Da der Inhalt in XML-Form vorliegt, ist eine Auswertung über die direkte Notation $blog.RDF.item möglich.

Bild 24.72 Beispiel für ein RSS-Dokument

```
<?xml version="1.0" encoding="utf-8" ?>
- <rdf:RDF xmlns:rdf="http://www.w3.org/1999/02/22-rdf-syntax-ns#"
    xmlns="http://my.netscape.com/rdf/simple/0.9/">
- <channel>
    <title>iX Blog - Der Dotnet-Doktor</title>
    <link>http://www.heise.de/ix/blog/1/</link>
    <description>Aktuelle Artikel im iX-Blog</description>
  </channel>
- <item>
    <title>Fachbücher zu ASP.NET 2.0 erschienen</title>
    <link>http://www.heise.de/ix/blog/artikel/77803/from/rss09</link>
    <description>Mein Buch zu ASP.NET 2.0 gibt es jetzt sowohl in einer Variante
      mit Visual Basic 2005 als auch C# 2005.</description>
  </item>
- <item>
    <title>Release Candidate 1 für Windows Vista und das .NET Framework
      3.0</title>
    <link>http://www.heise.de/ix/blog/artikel/77660/from/rss09</link>
    <description>Microsoft hat einen "Release Candidate" für das neue
      Betriebssystem Vista und für das Microsoft .NET Framework 3.0
      veröffentlicht.</description>
  </item>
- <item>
    <title>Visual Studio 2005 für .NET 1.1 nutzen mit MSBee</title>
    <link>http://www.heise.de/ix/blog/artikel/77534/from/rss09</link>
    <description>Mit dem kostenlosen Add-On MSBuild Extras - Toolkit for .NET
      1.1 (MSBee) kann man mit Visual Studio 2005 Projekte auch in .NET-1.1-
      Code übersetzen lassen.</description>
  </item>
```

```
Write-Host "Aktuelle Nachrichten im Weblog von Dr. Holger Schwichtenberg:"
$Url = "http://www.heise.de/ix/blog/1/blog.rdf"
$blog = [xml](New-Object System.Net.WebClient).DownloadString($Url)
$blog.RDF.item | select title -first 8
```

*Listing 24.39
Laden und
Filtern eines
RSS-Feeds
[Einsatzge-
biete/Netzwerk/
RSS_Down-
load.ps1]*

24.10.5 E-Mail

Zum Versenden einer E-Mail über SMTP gibt es folgende Möglichkeiten:

- .NET-Klassen im Namensraum System.Net.Mail
- Send-SmtpMail aus den PSCX
- Send-MailMessage (ab PowerShell 2.0)

E-Mail senden mit System.Net.Mail

Zum Versenden einer E-Mail-Nachricht per SMTP können Sie die .NET-Klassen System.Net.Mail.MailMessage und System.Net.Mail.SmtpClient verwenden.

```
# Mail ohne Attachment
$client = New-Object System.Net.Mail.SmtpClient

$client.Host = "E01.IT-Visions.local"

$client.Send("hs@E01.IT-Visions.local","hp@E01.IT-Visions.local","Test2", "Test TEst")

# Mail mit Anhang
[System.Net.Mail.MailMessage] $message = New-Object System.Net.Mail.MailMessage(
            "hs@E01.IT-Visions.local",
            "hp@E01.IT-Visions.local",
            "Aktueller Auftragsbericht.",s
            "Siehe anliegender Bericht.")

$data = New-Object System.Net.Mail.Attachment("C:\TEMP\Auftragsbericht.txt")

$client.Send($message)
```

Send-SmtpMail

*Listing 24.40
Beispiel zum
Einsatz der
.NET-Klassen-
bibliothek zum
Senden einer
E-Mail
[Einsatzge-
biete/Netzwerk/
Email_
FCL.ps1]*

E-Mail senden mit Send-SmtpMail

Send-SmtpMail ist ein Commandlet aus den PowerShell Community Extensions.

```
# Parameters
$Subject = "PowerShell Skript"
$Body = "Your daily script executed succefully!"
$From = "script@E01.IT-Visions.local"
$To = "hs@E01.IT-Visions.local"
$MailHost = "E01.IT-Visions.local"

# Send Mail
Send-SmtpMail -SmtpHost $MailHost -To $To -From $from -Subject $subject   -Body $body
```

*Listing 24.41
Beispiel zum
Einsatz von
Send-Smtp-
Mail [Einsatz-
gebiete/
Netzwerk/
SendMail_
PSCX.ps1]*

> Wenn eine Authentifizierung notwendig ist, können Sie diese mit dem Parameter -Credential und dem Commandlet Get-Credential anfordern. Dann aber fragt Windows immer durch einen Anmeldedialog nach einem Benutzerkonto, und eine interaktionslose Ausführung ist nicht mehr möglich.

Kapitel 24 **PowerShell im Einsatz**

E-Mail senden mit Send-MailMessage

E-Mail   Mit Send-MailMessage (ab PowerShell 2.0) kann man eine E-Mail über SMTP senden. Die Parameter sind selbsterklärend. Auch hier gibt es den Parameter -Credential.

```
Send-Mailmessage -from "Alien Detection Skript <ADS@fbi.org>" -to "Fox Mulder
<fm@fbi.org>", "Dana Scully <ds@fbi.org>" -subject "New Alien detected" -body "Please
see attachment" -Attachment "c:\data\log.txt" -priority High -dno onSuccess,
onFailure -smtpServer smtp.FBI.org
```

24.10.6   Aufrufe von Webdiensten

Webdienste   New-WebServiceProxy (ab PowerShell 2.0) ist ein sehr mächtiges Commandlet zum Aufruf von XML-Webservices. New-WebServiceProxy ist in der Lage, einen Webservice-Proxy dynamisch zur Laufzeit zu erzeugen und der PowerShell als Objekt zur Verfügung zu stellen.

Als Beispiel soll hier der öffentliche Webservice *http://www.it-visions.de/Webservices/leser.asmx* verwendet werden, über den sich Leser dieses Buchs für das Leser-Portal und den Newsletter registrieren können. Der Webservice bietet zwei Methoden:

- RegisterReader(Buch, Name, Firma, E-Mail) erlaubt die Registrierung eines Lesers. Rückgabetyp ist eine Zeichenkette.
- GetBooks() liefert eine Liste aller Bücher, zu denen es im Leser-Portal Unterstützung gibt. Rückgabetyp ist eine Instanz der .NET-Klasse System.Data.DataTable.

Bild 24.73 HTML-Informationsseite zu dem Leser-Webservice

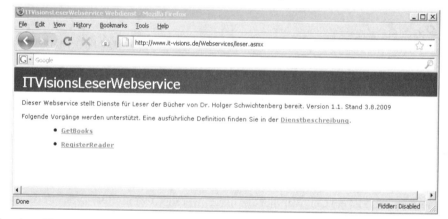

Um einen Proxy zu erzeugen, muss man lediglich die URL angeben, unter der man die Dienstbeschreibung in der Web Service Description Language (WSDL) findet.

`$ws = New-WebServiceProxy -URI http://www.IT-Visions.de/Webservices/leser.asmx?WSDL`

Hinweis: Bei einem .NET-basierten Webservice wie diesem dürfte man das ?WSDL am Ende auch weglassen.

Danach kann man sofort auf die von dem Webservice bereitgestellten Methoden zugreifen, z.B.:

```
$ws.RegisterReader("WS6","Holger Schwichtenberg","www.IT-Visions.de","hs@IT-
Visions.de")
```

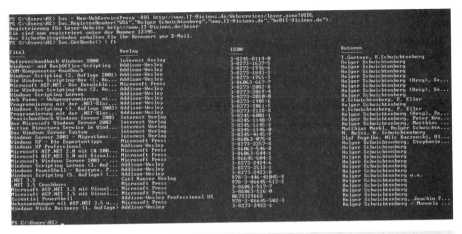

Bild 24.74
Ergebnis des Aufrufs der beiden Webservice-Methoden

Sie können sich gerne tatsächlich auf diesem Weg für das Leser-Portal registrieren. Ihr Kennwort erhalten Sie dann per E-Mail. Mit Ihrer E-Mail-Adresse und dem Kennwort können Sie sich dann unter *http://www.IT-Visions.de/leser* anmelden. „WS6" beschreibt in dem obigen Aufruf das vor Ihnen liegende Buch „Windows Scripting, 6. Auflage".

Weitere Möglichkeiten des Commandlets `New-WebserviceProxy`: Über `-UseDefaultCredential` können Sie Ihre aktuellen Windows-Anmeldedaten an den Webservice weitergeben, wenn dieser eine Authentifizierung verlangt. Über `-Credential Get-Credential` können Sie auch eine andere Identität übergeben.

24.11 Ereignisprotokolle

Für die Windows-Ereignisprotokolle gibt es ab PowerShell 2.0 zusätzlich zu dem `Get-EventLog` aus PowerShell 1.0 auch noch die Commandlets `New-EventLog`, `Remove-EventLog` und `Write-EventLog` sowie `Limit-EventLog`.

24.11.1 Protokolleinträge auslesen

Informationen über und aus Ereignisprotokollen stellt das Commandlet `Get-EventLog` bereit.

Get-EventLog

Eine Liste der auf dem System verfügbaren Ereignisprotokolle liefert:

`Get-EventLog -list`

Das Ergebnis sind Instanzen der Klasse `System.Diagnostics.EventLog`.

System.Diagnostics.Ereignisprotokoll

Ruft man hingegen das Commandlet `Get-EventLog` ohne den Parameter `-list` und stattdessen mit dem Namen eines Ereignisprotokolls auf, liefert das Commandlet alle Einträge in dem Ereignisprotokoll in Form von Objekten des Typs `System.Diagnostics.EventLogEntry`.

`Get-EventLog Application`

Hier ist eine Einschränkung sinnvoll, weil die Operation sonst sehr lange dauert. Das Commandlet besitzt eine eingebaute Filterfunktion:

`Get-EventLog Application -newest 30`

Kapitel 24 PowerShell im Einsatz

Ereignisprotokolleinträge des heutigen Tages

Mit einer kleinen Hilfsroutine ist es möglich, die Protokolleinträge auf die Einträge des heutigen Tages zu begrenzen:

```
function isToday ([datetime]$date)
{[datetime]::Now.Date -eq $date.Date}

Get-EventLog Application -newest 2048 |where {isToday $_.TimeWritten}
```

Listing 24.42: Protokolleinträge von heute [Einsatzgebiete/Ereignisprotokolle/ EventLog_Misc.ps1]

Oder alle Einträge der letzten drei Tage abzurufen:

```
function isWithin([int]$days, [datetime]$Date)
{
    [DateTime]::Now.AddDays($days).Date -le $Date.Date
}

Get-EventLog Application |where {isWithin -3 $_.TimeWritten}
```

Listing 24.43 Protokolleinträge der letzten drei Tage [Einsatzgebiete/Ereignisprotokolle/ EventLog_Misc.ps1]

Interessant ist es, die Einträge nach Ereignisnummer zu gruppieren, um wiederkehrende Probleme zu identifizieren:

```
Get-EventLog Application | Group-Object eventid | Sort-Object Count
```

Show-EventLog (ab PowerShell 2.0) ist ein außergewöhnliches Commandlet für eine konsolenbasierte Shell, weil es die grafische Benutzerschnittstelle der Windows-Ereignisanzeige öffnet.

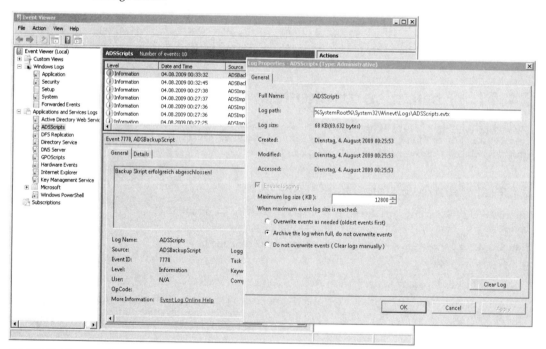

Bild 24.75: *Ein neues Ereignisprotokoll mit Einträgen*

24.11.2 Ereignisprotokolle erzeugen

Mit `New-EventLog` kann man ein neues Ereignisprotokoll mit einer Ereignisquelle in Windows anlegen:

`New-EventLog -LogName "ADSScripts" -Source "ADSImportScript"`

Um für ein bestehendes Ereignisprotokoll eine neue Quelle zu registrieren, wiederholt man den Befehl mit einer anderen Zeichenkette bei „-source":

`New-EventLog -LogName "GPOScripts" -Source "GPOBackupScript"`

New-Event-Log

24.11.3 Protokolleinträge erzeugen

Mit `Write-EventLog` kann man in das Ereignisprotokoll schreiben:

`Write-EventLog -LogName ADSScripts -Source ADSBackupScript -EventID 7778 -Message "Backup Skript erfolgreich abgeschlossen!" -EntryType Information`

Write-EventLog

24.11.4 Protokollgröße festlegen

Die Größe des Ereignisprotokolls kann man einschränken:

`Limit-EventLog -LogName ADSScripts -MaximumSize 256KB -OverFlowAction OverWriteAsNeeded`

Limit-Event-Log

24.11.5 Protokolleinträge löschen

`Clear-Eventlog` löscht alle Einträge aus einem Protokoll. Mit Remove-EventLog kann man das Ereignisprotokoll zusammen mit allen vorhandenen Einträgen löschen. Beide Commandlets haben im Standard keine Sicherheitsabfrage.

Clear-Eventlog

24.12 Leistungsdaten

Zum Zugriff auf Leistungsindikatoren gibt es zwei Möglichkeiten:
- Zugriff über WMI (ab PowerShell 1.0)
- Commandlets `Get-Counter` (ab PowerShell 2.0)

24.12.1 Zugriff auf Leistungsindikatoren über WMI

WMI ermöglicht über den *Performance Counters Provider* Zugriff auf zahlreiche Leistungsdaten des Windows-Systems. Die Klassen beginnen mit der Zeichenfolge `Win32_PerfRawData`. Wenn Sie diese Klassen nicht finden, starten Sie den WMI-Dienst einmalig manuell an der Kommandozeile mit `Winmgmt /resyncperf`.

Win32_Perf-RawData

Informationen über die Speichernutzung der laufenden Prozesse liefert:

`Get-Wmiobject Win32_PerfRawData_PerfProc_Process | select Name,Workingset`

Daten über den verfügbaren Hauptspeicher gibt es hier:

`Get-Wmiobject Win32_PerfRawData_PerfOS_Memory`

Die Auslastung des Prozessors kann man so auslesen:

`Get-Wmiobject Win32_PerfRawData_PerfOS_Processor`

Kapitel 24 PowerShell im Einsatz

Win32_PerfRawData ist die abstrakte Basisklasse über alle Leistungsdatenklassen. Den Befehl Get-WmiObject Win32_PerfRawData sollten Sie aber nicht ausführen, da Sie sonst sehr, sehr viele Objekte erhalten.

24.12.2 Get-Counter

Leistungsindikatoren

Get-Counter dient ab PowerShell 2.0 der Abfrage von Leistungsindikatoren (Performance Countern).

Get-Counter ohne Parameter liefert einige ausgewählte der vielen Leistungsindikatoren.

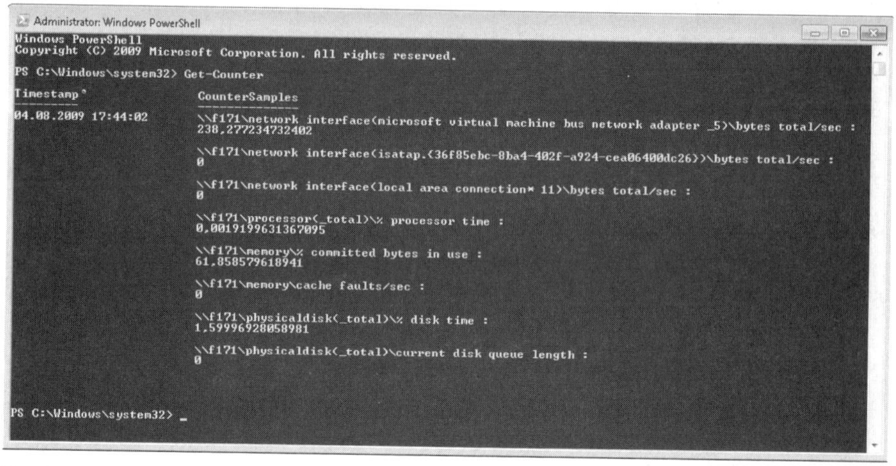

Bild 24.76 Standardausgabe von Get-Counter

Die Leistungsindikatoren sind in Mengen organisiert. Der Aufruf

```
Get-counter -listset *
```

liefert eine Liste der Mengen.

Eine Liste der einzelnen Leistungsindikatoren, die jeweils über einen Pfad adressiert werden, bekommt man über:

```
Get-counter -listset * | foreach { $_.Paths }
```

Unter Angabe des Pfades kann man gezielt einzelne Leistungsindikatoren abfragen:

```
Get-Counter "\processor(_total)\% processor time"
```

Auch Fernzugriffe sind möglich unter Angabe des Rechnernamens im Pfad oder im Parameter -computername

```
Get-counter "\\F111\processor(_total)\% processor time"
Get-counter "\processor(_total)\% processor time" -computername f111
```

Wenn man sowohl im Pfad als auch als Parameter einen Computernamen angibt, wird der Parameter ignoriert!

Durch die Angabe von -Continuous erhält man fortwährende Ergebnisse bis zum Abbrechen mit [STRG] + [C]. Das Intervall ist eine Sekunde. Dies kann man mit -sampleinterval ändern.

```
Get-Counter "\\F111\processor(_total)\% processor time" -Continuous -sampleinterval 2
```

Bild 24.77
Get-Counter mit gezielten Pfaden

Mit Export-Counter kann man Daten von Leistungsindikatoren exportieren als .blg-Datei (binäre Protokolldatei), .csv (Comma Separated Value) oder .tsv (Tabulator Separated Value). Diese Daten kann man später mit Import-Counter wieder importieren.

Sicherheitseinstellungen

Ressourcen wie Dateisystemobjekte und Registrierungsdatenbankeinträge werden durch Zugriffsrechtelisten (Access Control Lists – ACLs) geschützt. Die PowerShell bietet zwei eingebaute Commandlets für die Arbeit mit ACLs:

Get-Acl
Set-Acl

- Get-Acl
- Set-Acl

Diese erledigen die Grundfunktionen des Ladens und Speicherns einer Zugriffsrechteliste abhängig von dem abgegebenen Ressourcenpfad. Derzeit unterstützt werden aber nur das Dateisystem und die Registrierungsdatenbank.

Neben den o.g. Commandlets ist auch Wissen aus dem .NET-Namensraum System.Security.AccessControl erforderlich.

24.12.3 Grundlagen

Zum besseren Verständnis des Umgangs mit der Nutzung und Veränderungen von Sicherheitseinstellungen seien an dieser Stelle kurz die Grundlagen der Windows-Sicherheit dargestellt.

Security Identifier (SID) Jeder Benutzer und jede Benutzergruppe besitzen einen so **SID** genannten *Security Identifier* (kurz: *SID*), der den Benutzer bzw. die Gruppe eindeutig identifiziert. Ein SID ist ein Zahlenarray variabler Länge.

Security Descriptor (SD) Jedes Objekt (z.B. eine Datei, ein Dateiordner, ein Eintrag im **SD** Active Directory, ein Registrierungsschlüssel) besitzt zur Speicherung der Zugriffsrechte einen so genannten *Security Descriptor* (kurz: *SD*; dt. Sicherheitsbeschreiber). Ein SD besteht aus drei Teilen:

- Aus dem *Security Identifier (SID)* des Besitzers. Ein SID ist ein Zahlenarray variabler Länge.
- Aus einer *Discretionary ACL (DACL)*, welche die Zugriffsrechte beschreibt.
- Aus einer *System ACL (SACL)*, welche die Überwachungseinstellungen enthält.

ACE, ACL **Access Control List (ACL)** Eine *Access Control List (ACL)* (sowohl DACL als auch SACL) besteht aus *Access Control Entries (ACE)*. Eine ACE wiederum enthält folgende Informationen:

- **Identity** (alias **Trustee**): der SID des Benutzers bzw. der Benutzergruppe.
- **Access Mask**: Die Zugriffsmaske definiert die Rechte. Für jeden Objekttyp (z.B. Dateisystemeintrag, Registrierungsdatenbankeintrag, Active Directory-Eintrag) gibt es unterschiedliche Rechte. Jedes Recht ist dabei ein Bit bzw. eine Kombination von Bits in diesem Long-Wert. Eine Zugriffsmaske besteht in der Regel aus der Addition mehrerer einzelner Zugriffsrechte.
- **Access Control Type**: Der Typ ist entweder Zulassen (ALLOW) oder Verbieten (DENY).
- **Inheritance Flags**: Über die Inheritance Flags wird die Vererbung der Rechte nach unten im Baum gesteuert. `ObjectInherit` bedeutet, dass die ACE ihre Einstellung an untergeordnete Blatt-Objekte (z.B. Dateien im Dateisystem) vererbt. `ContainerInherit` bedeutet, dass die ACE ihre Einstellung an untergeordnete Container-Objekte (z.B. Ordner im Dateisystem) vererbt. `ObjectInherit` und `ContainerInherit` können miteinander kombiniert werden. Alternativ kann keine Vererbung (NONE) definiert werden.
- **Propagation Flags**: Über die Propagation Flags erfolgt eine weitere Steuerung der Vererbung. `InheritOnly` bedeutet, dass die ACE nur vererbt wird, aber nicht bei dem aktuellen Objekt selbst wirkt. `NoPropagateInherit` bedeutet, dass die ACE vererbt wird, aber nicht von den erbenden Objekten nochmals weitervererbt werden darf.

Zugriffs-masken Die folgende Liste enthält beispielhaft die möglichen Rechte für Einträge im Dateisystem.

Die folgende Tabelle wird aus der MSDN-Dokumentation unverändert zitiert [MSDN01]. Autor der Tabelle ist Microsoft.

Recht	Beschreibung
AppendData	Gibt die Berechtigung an, Daten an das Ende einer Datei anzufügen.
ChangePermissions	Gibt die Berechtigung an, die einer Datei zugeordneten Sicherheits- und Überwachungsregeln zu ändern.
CreateDirectories	Gibt die Berechtigung an, einen Ordner zu erstellen. Für diese Berechtigung ist der Synchronize-Wert erforderlich. Beachten Sie, dass der Synchronize-Wert beim Erstellen einer Datei oder eines Ordners automatisch festgelegt wird, wenn Sie den Synchronize-Wert nicht explizit festlegen.
CreateFiles	Gibt die Berechtigung an, eine Datei zu erstellen. Für diese Berechtigung ist der Synchronize-Wert erforderlich. Beachten Sie, dass der Synchronize-Wert beim Erstellen einer Datei oder eines Ordners automatisch festgelegt wird, wenn Sie den Synchronize-Wert nicht explizit festlegen.
Delete	Gibt die Berechtigung an, einen Ordner oder eine Datei zu löschen.
DeleteSubdirectoriesAndFiles	Gibt die Berechtigung an, einen Ordner und sämtliche in diesem Ordner enthaltenen Dateien zu löschen.
ExecuteFile	Gibt die Berechtigung an, eine Anwendungsdatei auszuführen.

Tabelle 24.9: Zugriffsrechte auf dem Windows-Dateisystem (Quelle: [MSDN01])

Recht	Beschreibung
FullControl	Gibt die Berechtigung für einen Vollzugriff auf eine Datei oder einen Ordner an sowie die Berechtigung, die Zugriffs- und Überwachungsregeln zu ändern. Dieser Wert stellt die Berechtigung dar, jede mögliche Aktion für diese Datei durchzuführen. Er ist eine Kombination aller Werte dieser Enumeration.
ListDirectory	Gibt die Berechtigung an, den Inhalt eines Verzeichnisses zu lesen.
Modify	Gibt die Berechtigung an, den Inhalt eines Ordners zu lesen, zu schreiben und aufzulisten, Dateien und Ordner zu löschen und Anwendungsdateien auszuführen. Diese Berechtigung schließt die Berechtigungen ReadAndExecute, Write und Delete ein.
Read	Gibt die Berechtigung an, Ordner oder Dateien schreibgeschützt zu öffnen und zu kopieren. Diese Berechtigung schließt die Berechtigungen ReadData, ReadExtendedAttributes, ReadAttributes und ReadPermissions ein.
ReadAndExecute	Gibt die Berechtigung an, Ordner oder Dateien schreibgeschützt zu öffnen und zu kopieren und Anwendungsdateien auszuführen. Diese Berechtigung schließt die Read-Berechtigung und die ExecuteFile-Berechtigung ein.
ReadAttributes	Gibt die Berechtigung an, Dateisystemattribute einer Datei oder eines Ordners zu öffnen und zu kopieren. Dieser Wert gibt z. B. die Berechtigung an, das Erstellungsdatum oder das Änderungsdatum einer Datei zu lesen. Dies schließt nicht die Berechtigung ein, Daten, erweiterte Dateisystemattribute oder Zugriffs- und Überwachungsregeln zu lesen.
ReadData	Gibt die Berechtigung an, eine Datei oder einen Ordner zu öffnen und zu kopieren. Dies schließt nicht die Berechtigung ein, Dateisystemattribute, erweiterte Dateisystemattribute oder Zugriffs- und Überwachungsregeln zu lesen.
ReadExtendedAttributes	Gibt die Berechtigung an, erweiterte Dateisystemattribute einer Datei oder eines Ordners zu öffnen und zu kopieren. Dieser Wert gibt zum Beispiel die Berechtigung an, den Autor oder Inhaltsinformationen anzuzeigen. Dies schließt nicht die Berechtigung ein, Daten, Dateisystemattribute oder Zugriffs- und Überwachungsregeln zu lesen.
ReadPermissions	Gibt die Berechtigung an, Zugriffs- und Überwachungsregeln für eine Datei oder einen Ordner zu öffnen und zu kopieren. Dies schließt nicht die Berechtigung ein, Daten, Dateisystemattribute oder erweiterte Dateisystemattribute zu lesen.
Synchronize	Gibt an, ob die Anwendung warten kann, bis ein Dateihandle mit dem Abschluss eines E/A-Vorgangs synchronisiert ist. Der Synchronize-Wert wird automatisch festgelegt, wenn der Zugriff gewährt wird, und automatisch ausgeschlossen, wenn der Zugriff verweigert wird. Für die Berechtigung, eine Datei oder einen Ordner zu erstellen, ist dieser Wert erforderlich. Beachten Sie, dass dieser Wert beim Erstellen einer Datei automatisch festgelegt wird, wenn Sie ihn nicht explizit festgelegen.

Tabelle 24.9: Zugriffsrechte auf dem Windows-Dateisystem (Quelle: [MSDN01] (Forts.)

Recht	Beschreibung
TakeOwnership	Gibt die Berechtigung an, den Besitzer eines Ordners oder einer Datei zu ändern. Beachten Sie, dass Besitzer einer Ressource über einen Vollzugriff auf diese Ressource verfügen.
Traverse	Gibt die Berechtigung an, den Inhalt eines Ordners aufzulisten und in diesem Ordner enthaltene Anwendungen auszuführen.
Write	Gibt die Berechtigung an, Ordner und Dateien zu erstellen, Dateien und Daten hinzuzufügen und Daten aus Dateien zu entfernen. Diese Berechtigung schließt die Berechtigungen WriteData, AppendData, WriteExtendedAttributes und WriteAttributes ein.
WriteAttributes	Gibt die Berechtigung an, Dateisystemattribute einer Datei oder eines Ordners zu öffnen und zu schreiben. Dies schließt nicht die Berechtigung ein, Daten, erweiterte Attribute oder Zugriffs- und Überwachungsregeln zu schreiben.
WriteData	Gibt die Berechtigung an, eine Datei oder einen Ordner zu öffnen und in die Datei bzw. den Ordner zu schreiben. Dies schließt nicht die Berechtigung ein, Dateisystemattribute, erweiterte Dateisystemattribute oder Zugriffs- und Überwachungsregeln zu öffnen und zu schreiben.
WriteExtendedAttributes	Gibt die Berechtigung an, erweiterte Dateisystemattribute einer Datei oder eines Ordners zu öffnen und zu schreiben. Dies schließt nicht die Berechtigung ein, Daten, Attribute oder Zugriffs- und Überwachungsregeln zu schreiben.

Tabelle 24.9: Zugriffsrechte auf dem Windows-Dateisystem (Quelle: [MSDN01]) (Forts.)

Programmierschnittstellen

System.Security.AccessControl Der Namensraum `System.Security.AccessControl` enthält zahlreiche Klassen zur Verwaltung von Berechtigungen (Access Control Lists, ACLs). Dieser Namensraum wird insbesondere von den Klassen `System.IO.File`, `System.IO.Directory`, `Microsoft.Win32.RegistryKey` und `System.Threading.Semaphore` verwendet. Für jede Art von Ressource, deren ACLs verwaltet werden können, bietet der Namensraum `AccessControl` eine Klasse an, die von `System.Security.AccessControl.ObjectSecurity` abgeleitet ist. Beispielsweise dient `System.Security.AccessControl.FileSecurity` dazu, die ACLs einer Datei im Dateisystem zu lesen und zu verarbeiten.

Die folgende Abbildung zeigt diese Klassen im Vererbungsbaum der .NET-Klassenbibliothek. Die anderen dort genannten Ressourcen (z.B. Active Directory) können derzeit noch nicht über `Get-Acl` abgefragt werden. Hier ist aber eine direkte Ansprache über die .NET-Klassenbibliothek möglich.

Über die gesamte .NET-Klassenbibliothek verteilt findet man Klassen, die eine Methode `GetAccessControl()` besitzen, die ein von der Klasse `ObjectSecurity` abgeleitetes Objekt liefert. Beispiele für solche Klassen sind:

- System.IO.File
- System.IO.Directory
- System.IO.FileInfo
- System.IO.DirectoryInfo
- Microsoft.Win32.RegistryKey
- System.Threading.Semaphore

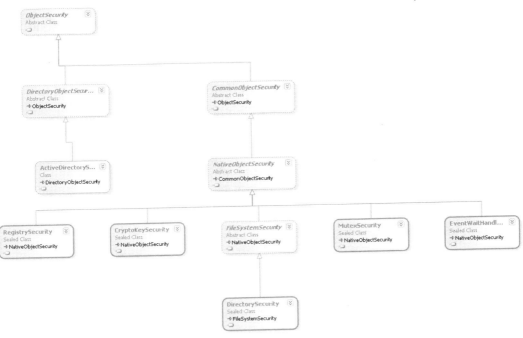

Bild 24.78: Vererbungshierarchie der Klassen zur ACL-Speicherung

Die Basisklasse `ObjectSecurity` vererbt u.a. folgende Mitglieder, so dass diese in allen untergeordneten Klassen zur Verfügung stehen:

- `GetOwner()`: Ermittelt den Besitzer des Objekts
- `SetOwner()`: Setzt den Besitzer
- `GetAccessRules()`: liefert eine Liste der Rechteeinträge (Acess Control Entry – ACE). Der Rückgabewert hat den Typ `AuthorizationRuleCollection`. Die enthaltenen Elemente sind vom Ressourcentyp abhängig (z.B. `FileSystemAccessRule` oder `RegistryAccessRule`).
- `GetAuditRules()`: liefert die Einträge der System-ACL (SACL).
- `IsSddlConversionSupported`: Zeigt an, ob die Zugriffsrechteliste in SDDL ausgedrückt werden kann.
- `GetSecurityDescriptorSddlForm()`: Liefert die Zugriffsrechteliste als SDDL-Zeichenkette.

Kontenname und SID

Der Namensraum `System.Security.AccessControl` verwendet Klassen aus `System.Security.Principal` zur Darstellung der Berechtigungsträger (Benutzer und Gruppen). `System.Security.Principal` unterstützt die beiden in Windows bekannten Bezeichner für Berechtigungsträger:

- Prinzipalname (z. B. „ITVisions\hs") durch die Klasse `System.Security.Principal.NTAccount`
- Security Identifier (z. B. `S-1-5-21-565061207-3232948068-1095265983-500`) durch die Klasse `System.Security.Principal.SecurityIdentifier`.

Jeder Benutzer und jede Benutzergruppe besitzen einen so genannten Security Identifier (kurz: SID), der den Benutzer bzw. die Gruppe eindeutig identifiziert. Ein SID ist ein Zahlen-Array variabler Länge. In Textform wird der SID mit einem beginnenden „S" dargestellt.

24.12.4 Zugriffsrechtelisten auslesen

Get-Acl Get-Acl liefert abhängig vom Ressourcentyp Instanzen folgender .NET-Klassen:
- System.Security.AccessControl.DirectorySecurity (für Verzeichnisse)
- System.Security.AccessControl.FileSecurity (für Dateien)
- System.Security.AccessControl.RegistrySecurity (für Registrierungsdatenbankschlüssel)

Get-Acl erwartet als Parameter den Pfad der Ressource, deren Zugriffsrechteliste ermittelt werden soll, z.B.:
- Get-Acl hklm:/software/www.IT-visions.de
- Get-Acl g:\daten\kunden
- Get-Acl g:\daten\kunden\Kundenliste.csv

Die Standardausgabe erfolgt mit Format-Table. Die Ausgabe mit Format-List bietet sich an, damit die Ausgabe besser lesbar ist.

Die folgende Abbildung zeigt die Anwendung von Get-Acl auf ein Verzeichnis im Dateisystem. Die Abbildung 24.80 zeigt die gleichen Zugriffsrechteliste im Windows Explorer.

Bild 24.79 Beispiel für das Auslesen einer ACL

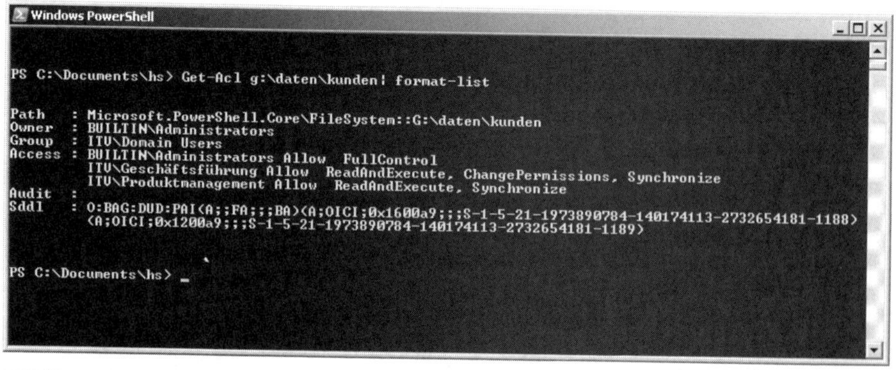

Access ist keine Eigenschaft der .NET-Klasse ObjectSecurity, sondern ein PowerShell Code Property, intern wird hier GetAccessRules() aufgerufen. Der Rückgabewert ist in beiden Fällen eine AuthorizationRuleCollection.

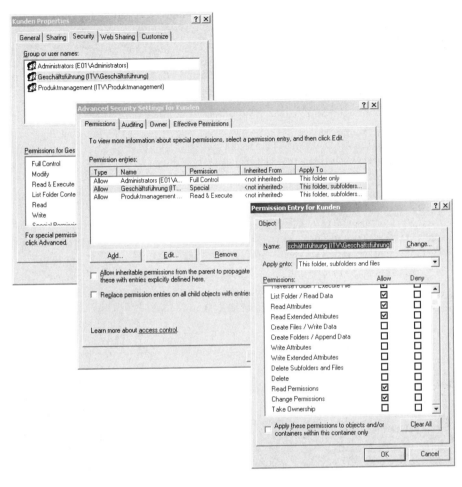

Bild 24.80
Tatsächliche
Einstellungen

24.12.5 Einzelne Rechteeinträge auslesen

Möchte man die einzelnen Rechteeinträge eines Systembausteins genauer betrachten, dann sollte man selbst über die Rechteliste iterieren. Die von Access bzw. `GetAccessRules()` gelieferte Liste des Typs `AuthorizationRuleCollection` enthält im Falle des Dateisystems Objekte vom Typ `FileSystemAccessRule`. Diese Objekte enthalten wiederum folgende Attribute:

GetAccessRules()

- `IdentityReference`: Subjekt (Benutzer oder Gruppe), das Rechte hat
- `FileSystemRights`: Rechte
- `AccessControlType`: Rechteart (erlaubt oder verboten)
- `IsInherited`: zeigt an, ob die Regel geerbt ist
- `InheritanceFlags`: zeigt die Art der Vererbung nach unten an

Benutzerkonten können in zwei Formen ausgedrückt werden: im Klartext oder durch Security Identifiers (SIDs). Bei der Verwendung von `GetAccessRules()` muss man angeben, wie man die Benutzer sehen will: [System.Security.Principal.NTAccount] (Klartext) oder [System.Security.Principal.SecurityIdentifier] (SID). Davor besitzt die Methode noch zwei Parameter, mit denen man steuern kann, welche Regeln man sehen will: die explizit auf dem Objekt gesetzten Regeln (erste Parameter) und/oder die vererbten Regeln (zweite Parameter). Die expliziten ACEs erscheinen immer zuerst in der Liste.

Der Zugriff auf das Code Property Access ist gleichbedeutend mit `GetAccessRules ($true, $true, [System.Security.Principal.NTAccount])`. Möchte man andere Informationen, muss man `GetAccessRules()` explizit nutzen. In dem folgenden Beispiel werden beim zweiten Ausgeben der Liste nur die geerbten Regeln in SID-Form aufgeführt.

Listing 24.44 Details aus ACEs auslesen [Einsatzgebiete/ Sicherheitseinstellungen/ Filesystem_ACL_Read.ps1]

```
$a = Get-Acl g:\daten\kunden

# Rechte als NT-Konten holen
$aces =$a.access
# entspricht: $aces =$a.GetAccessRules($true, $true,
[System.Security.Principal.NTAccount])

Write-Host "Alle Regeln:" -F yellow
foreach ($ace in $aces)
{
Write-host $ace.IdentityReference.ToString() "hat Zugang" $ACE.FileSystemRights
$ACE.AccessControlType "Vererbt?" $ACE.IsInherited
}


$aces =$a.GetAccessRules($true, $false,
[System.Security.Principal.SecurityIdentifier])

Write-Host "Nur die expliziten Regeln, in SID-Form:" -F yellow
foreach ($ace in $aces)
{
Write-host $ace.IdentityReference.ToString() "hat Zugang" $ACE.FileSystemRights
$ACE.AccessControlType "Vererbt?" $ACE.IsInherited
}
```

Bild 24.81 Ausgabe des obigen Skripts

```
PS H:\demo\PowerShell\ACL>
PS H:\demo\PowerShell\ACL>
PS H:\demo\PowerShell\ACL>
PS H:\demo\PowerShell\ACL> .\Dateisystem_ACL_Lesen.ps1
Alle Regeln:
BUILTIN\Administrators hat Zugang FullControl Allow Vererbt? False
ITV\Geschäftsführung hat Zugang ReadAndExecute, ChangePermissions, Synchronize Allow Vererbt? False
ITV\Produktmanagement hat Zugang ReadAndExecute, Synchronize Allow Vererbt? False
Nur die expliziten Regeln, in SID-Form:
S-1-5-32-544 hat Zugang FullControl Allow Vererbt? False
S-1-5-21-1973890784-140174113-2732654181-1188 hat Zugang ReadAndExecute, ChangePermissions, Synchronize Allow Vererbt? False
S-1-5-21-1973890784-140174113-2732654181-1189 hat Zugang ReadAndExecute, Synchronize Allow Vererbt? False
PS H:\demo\PowerShell\ACL>
```

24.12.6 Besitzer auslesen

GetOwner() Den Besitzer eines Systembausteins liest man über das Code Property `Owner` aus dem von `ObjectSecurity` abgeleiteten und von der PowerShell erweiterten Objekt aus, das `Get-Acl` zurückgibt. Alternativ kann man auch `GetOwner()` verwenden und hat dabei wieder die Wahl der Form. Zwischen den beiden Formen der Benutzerdarstellung kann man auch mit Hilfe der `Translate()`-Methode konvertieren.

```
"Besitzerinformationen:"
$a = Get-Acl g:\daten\kunden
$a.Owner
$a.GetOwner([System.Security.Principal.NTAccount]).Value
$a.GetOwner([System.Security.Principal.SecurityIdentifier]).Value

# Übersetzen zwischen Kontoname und SID
$konto = $a.GetOwner([System.Security.Principal.NTAccount])
$konto.Translate([system.security.principal.securityidentifier]).value

# Übersetzen zwischen SID und Kontoname
$konto = $a.GetOwner([System.Security.Principal.SecurityIdentifier])
$konto.Translate([system.security.principal.NTAccount]).value
```

Listing 24.45 Besitzerinformationen auslesen [Einsatzgebiete/Sicherheitseinstellungen/Filesystem_Owner.ps1]

24.12.7 Benutzer und SID

Möchte man für einen beliebigen Benutzer dessen SID ermitteln, kann man auch eine Instanz von `System.Security.Principal.NtAccount` unter Angabe des Benutzernamens in Textform erzeugen und dann `Translate()` aufrufen.

Translate()

Umwandeln zwischen Benutzername und SID

Das folgende Skript zeigt die Umwandlung eines Prinzipalnamens in einen SID und umgekehrt mit Hilfe der Methode `Translate()` in der Klasse `IdentityReference`, welche die Basisklasse für `NTAccount` und `SecurityIdentifier` ist.

```
# Umwandlung zwischen Kontoname und SID

# Hole Konto
$Account = New-Object system.security.principal.ntaccount("itv\hs")
# Übersetze in SID
$SID = $Account.Translate([system.security.principal.securityidentifier]).value
$SID

# Übersetze in Kontonamen
$Account = New-Object system.security.principal.securityidentifier("S-1-5-32-544")
$Name = $Account.Translate([system.security.principal.ntaccount]).value
$Name
```

Listing 24.46 SID ermitteln [Einsatzgebiete/Sicherheitseinstellungen/SID.ps1]

Well-Known Security Identifier verwenden

Neben Benutzern und Gruppen kennt Windows auch Pseudo-Gruppen wie „Jeder", „Interaktive Benutzer" und „System". Diese Gruppen werden *Well-Known Security Principals* genannt. Im Active Directory sind die *Well-Known Security Principals* im *ConfigurationNamingContext* im Container `cn=Well Known Security Principals` abgelegt. Sie finden diese Benutzer jedoch nicht im *DefaultNamingContext*.

Bekannte Benutzer

Verwechseln Sie die *Well-Known Security Principals* nicht mit den *BuiltIn-Konten* (z.B. Gäste, Administratoren, Benutzer). Letztere finden Sie in Active Directory im *DefaultNamingContext* in `cn=BuiltIn`.

Tabelle 24.10
SIDs der Well-Known Security Principals

Well-Known Security Principal	SID
Anonymous Logon	1;1;0;0;0;0;0;5;7;0;0;0
Authenticated Users	1;1;0;0;0;0;0;5;11;0;0;0
Batch	1;1;0;0;0;0;0;5;3;0;0;0
Creator Group	1;1;0;0;0;0;0;3;1;0;0;0
Creator Owner	1;1;0;0;0;0;0;3;0;0;0;0
Dialup	1;1;0;0;0;0;0;5;1;0;0;0
Enterprise Domain Controllers	1;1;0;0;0;0;0;5;9;0;0;0
Everyone	1;1;0;0;0;0;0;1;0;0;0;0
Interactive	1;1;0;0;0;0;0;5;4;0;0;0
Network	1;1;0;0;0;0;0;5;2;0;0;0
Proxy	1;1;0;0;0;0;0;5;8;0;0;0
Restricted	1;1;0;0;0;0;0;5;12;0;0;0
Self	1;1;0;0;0;0;0;5;10;0;0;0
Service	1;1;0;0;0;0;0;5;6;0;0;0
System	1;1;0;0;0;0;0;5;18;0;0;0
Terminal Server User	1;1;0;0;0;0;0;5;13;0;0;0

.NET 2.0 stellt eine Auflistung System.Security.Principal.WellKnownSidType bereit, die man zur Instanziierung der Klasse SecurityIdentifier einsetzen kann. Man umgeht damit die sprachspezifischen Unterschiede des Betriebssystems („Guests"/„Gäste").

Listing 24.47 Zugriff auf ein Konto über die SID [Einsatzgebiete/Sicherheitseinstellungen/Accounts_and_SID.ps1]

```
# Bekannte Konten
$SID = [System.Security.Principal.WellKnownSidType]::BuiltinAdministratorsSid
$Account = New-Object system.security.principal.securityidentifier($SID, $null)
$Name = $Account.Translate([system.security.principal.ntaccount]).value
$Name
```

Einige eingebaute Benutzer und Gruppen beinhalten den SID der Domäne in ihrem eigenen SID. In diesem Fall muss bei der Instanziierung der Klasse SecurityIdentifier der Domänen-SID mit angegeben werden. Leider schweigt sich die Dokumentation darüber aus, woher man den Domain-SID mit .NET-Methoden bekommt. Auch im WWW findet man noch kein Beispiel dafür.

SDDL verwenden

SDDL Eine andere Möglichkeit zum Zugriff auf eingebaute Benutzer und Gruppen besteht in der Verwendung der in der Security Descriptor Definition Language (SDDL) definierten Abkürzungen für die eingebauten Benutzer und Gruppen (siehe Tabelle 24.11).

```
# SDDL-Namen
$Account = New-Object System.Security.Principal.SecurityIdentifier("BA")
$Account.Value
```

Listing 24.48: Ermitteln einer SID aus einem SDDL-Kürzel [Einsatzgebiete/Sicherheitseinstellungen/SID.ps1]

SDDL-Abkürzung	Bedeutung
"AO"	Account operators
"AN"	Anonymous logon
"AU"	Authenticated users
"BA"	Built-in administrators
"BG"	Built-in guests
"BO"	Backup operators
"BU"	Built-in users
"CA"	Certificate server administrators
"CG"	Creator group
"CO"	Creator owner
"DA"	Domain administrators
"DC"	Domain computers
"DD"	Domain controllers
"DG"	Domain guests
"DU"	Domain users
"EA"	Enterprise administrators
"ED"	Enterprise domain controllers
"WD"	Everyone
"PA"	Group Policy administrators
"IU"	Interactively logged-on user
"LA"	Local administrator
"LG"	Local guest
"LS"	Local service account
"SY"	Local system
"NU"	Network logon user
"NO"	Network configuration operators
"NS"	Network service account
"PO"	Printer operators
"PS"	Personal self
"PU"	Power users
"RS"	RAS servers group
"RD"	Terminal server users
"RE"	Replicator
"RC"	Restricted code
"SA"	Schema administrators
"SO"	Server operators
"SU"	Service logon user

Tabelle 24.11
SDDL-Abkürzungen für eingebaute Benutzer und Gruppen

24.12.8 Hinzufügen eines Rechteeintrags zu einer Zugriffsrechteliste

FileSystem-AccessRule

Das folgende Skript zeigt das Ergänzen eines Rechteeintrags zu einer Rechteliste einer Datei im Dateisystem. Neue Rechteobjekte vom Typ `FileSystemAccessRule` benötigen fünf Angaben:

- Kontoobjekt (NTAccount-Objekte oder SecurityIdentifier-Objekte)
- Zu vergebende Rechte (Werte aus der `FileSystemRights`-Aufzählung)
- Ziele der Vererbung (Werte aus der `InheritanceFlags`-Aufzählung)
- Art der Vererbung (Werte aus der `PropagationFlags`-Aufzählung)
- Art der Regel: Erlauben oder Verbieten (Werte aus der `AccessControlType`-Aufzählung)

Das folgende Skript gewährt einem Benutzer Leserechte auf ein Verzeichnis:

Listing 24.49 ACE anfügen [Einsatzgebiete/ Sicherheitseinstellungen/ Filesystem_ACL_ Write.ps1]

```
# ACL schreiben: Lese- und Schreibrechte fuer einen Benutzer setzen

# Eingabedaten
$DIR = "g:\daten\kunden"
$BENUTZER = "HS"

# Hole ACL
$ACL = Get-Acl  $DIR

"ACL vorher:"
$acl | format-list

# ACE definieren
$Rights = [System.Security.AccessControl.FileSystemRights] "ReadData,
ReadExtendedAttributes, ReadAttributes, ReadPermissions"
$Access=[System.Security.AccessControl.AccessControlType]::Allow
$Inherit=[System.Security.AccessControl.InheritanceFlags]::ContainerInherit `
         -bor [System.Security.AccessControl.InheritanceFlags]::ObjectInherit
$Prop=[System.Security.AccessControl.PropagationFlags]::InheritOnly
$AccessRule = New-Object System.Security.AccessControl.FileSystemAccessRule `
($BENUTZER,$Rights,$Inherit,$Prop,$Access)

# ACE an ACL anfügen
$ACL.AddAccessRule($AccessRule)

# ACL speichern
Set-Acl -AclObject $ACL -Path $DIR

# Kontrolle
$ACL = Get-Acl  $DIR
"ACL nachher:"
$acl | format-list
```

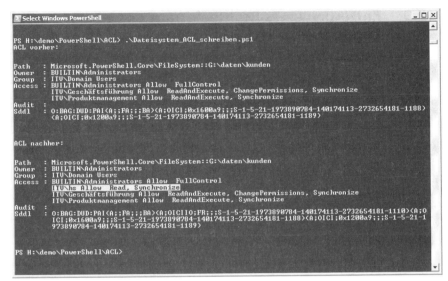

Bild 24.82
Ausführung des Skripts, das einem Benutzer Leserechte gewährt

Bild 24.83
Ansicht der Rechte im Windows Explorer

Wenn in einem Parameter mehrere Flags zu setzen sind, sind diese mit einem binären Oder zu verknüpfen (Operator -bor in der PowerShell-Sprache).

```
$Rights= [System.Security.AccessControl.FileSystemRights]::Read `
-bor [System.Security.AccessControl.FileSystemRights]::ReadExtendedAttributes `
-bor [System.Security.AccessControl.FileSystemRights]::ReadAttributes `
-bor [System.Security.AccessControl.FileSystemRights]::ReadPermissions
```

Prägnanter kann man die Aufzählungswerte auch in eine durch Kommata getrennte Zeichenkette schreiben.

```
$Rights = [System.Security.AccessControl.FileSystemRights] "ReadData,
ReadExtendedAttributes, ReadAttributes, ReadPermissions"
```

1239

24.12.9 Entfernen eines Rechteeintrags aus einer Zugriffsrechteliste

ACE Zum Entfernen eines Rechteeintrags (Access Control Entry – ACE) aus der Zugriffsrechteliste dient die Methode `RemoveAccessRule()`, die von `NativeObjectSecurity` an alle Rechteklassen vererbt wird. Die Methode erwartet als Parameter ein Objekt vom Typ `AccessContolEntry`.

Möchte man alle Einträge zu einem Benutzer entfernen, kann man `PurgeAccessRules()` unter Angabe eines Benutzerkontoobjekts (nicht des Kontonamens!) verwenden.

Beispiel 1 Das folgende Skript löscht aus einer Zugriffsrechteliste alle Rechteeinträge zu einem bestimmten Benutzer.

Listing 24.50 ACL schreiben: Alle ACEs eines Benutzers löschen [Einsatzgebiete/ Sicherheitseinstellungen/ Filesystem_ ACL_ Delete.ps1]

```
# ACL schreiben: Alle ACEs eines Benutzers loeschen

# Eingabedaten
$DIR = "g:\daten\kunden"
$BENUTZER = "itv\HS"
$Count = 0

# Kontrollausgabe
$acl = Get-Acl  $DIR
"ACL vorher:"
$acl | format-list

# ACL holen
$acl = Get-Acl g:\daten\kunden

$Account = New-Object system.security.principal.ntaccount("itv\hs")
$acl.PurgeAccessRules($Account)
Set-acl -AclObject $ACL -Path $DIR

# ACL speichern
Set-acl -AclObject $ACL -Path $DIR

# Kontrollausgabe
$acl = Get-Acl  $DIR
"ACL nachher:"
$acl | format-list
```

Beispiel 2 Das folgende Skript löscht aus einer Zugriffsrechteliste alle Rechteeinträge, in denen das Lese- und Ausführungsrecht (`"ReadAndExecute"`) vergeben wurde.

```
# ACL schreiben: Aus einer Zugriffsrechteliste alle Rechteeinträge löschen, in denen
  das Lese- und Ausführungsrecht ("ReadAndExecute") steht
# Eingabedaten
$DIR = "g:\daten\kunden"
$BENUTZER = "itv\HS"
$Count = 0

# Kontrollausgabe
$acl = Get-Acl  $DIR
"ACL vorher:"
$acl | format-list

# ACL holen
$acl = Get-Acl g:\daten\kunden
```

```
# Zugriff auf ACEs
$aces =$acl.GetAccessRules($true, $true, [System.Security.Principal.NTAccount])

# Schleife über alle ACEs
foreach ($ace in $aces)
{
Write-host $ace.IdentityReference.ToString() "hat Zugang" $ACE.FileSystemRights
$ACE.AccessControlType "Vererbt?"   $ACE.IsInherited
# Selektives Löschen
if ($ace.FileSystemRights.ToString() -match "ReadAndExecute")
 {
  "...wird entfernt!"
  $Ergebnis = $acl.RemoveAccessRule($ace)
if ($Ergebnis) { echo "Wurde entfernt!"; $Count++ }
 }
}

# ACL speichern
Set-acl -AclObject $ACL -Path $DIR

echo ($Count.ToString() + " ACEs wurden entfernt!")

# Kontrollausgabe
$acl = Get-Acl   $DIR
"ACL nachher:"
$acl | format-list
```

Listing 24.51: Aus einer Zugriffsrechteliste alle Rechteeinträge löschen, in denen das Lese- und Ausführungsrecht vergeben wurde ("ReadAndExecute") [Einsatzgebiete/Sicherheitseinstellungen/Filesystem_ACL_ReadAllReadAndExecute.ps1]

24.12.10   Zugriffsrechteliste übertragen

Durch die Kombination von Get-Acl und Set-Acl kann man auf einfache Weise eine Zugriffsrechteliste von einem Dateisystemobjekt auf ein anderes übertragen.

Get-Acl, Set-Acl

```
# Übertragen einer ACL von einer Datei auf eine andere
Get-Acl g:\daten\kunden | Set-Acl g:\daten\lieferanten

# Übertragen einer ACL von einer Datei auf eine Menge von Dateien
$acl = Get-Acl g:\Daten\kunden
Get-ChildItem g:\Daten | foreach-Object { Set-acl $_.Fullname $acl; "Übertragen auf $_" }
```

Listing 24.52 Übertragen einer ACL zwischen zwei Dateien [Einsatzgebiete/Sicherheitseinstellungen/Filesystem_ACL_Transfer.ps1]

24.12.11   Zugriffsrechteliste über SDDL setzen

Die Security Descriptor Definition Language (SDDL) ist ein Textformat zur Beschreibung von Access Control Lists (ACLs) mit einzelnen ACEs in Windows (eingeführt mit Windows 2000).

Ein Beispiel für eine SDDL-Zeichenkette ist:

```
O:BAG:DUD:PAI(A;;FA;;;BA)(A;OICI;0x1600a9;;;S-1-5-21-1973890784-140174113-
2732654181-1188)(A;OICI;0x1200a9;;;S-1-5-21-1973890784-140174113-2732654181-1189)
```

Beispiel

Das folgende Skript nutzt SDDL zur Übertragung einer Zugriffsrechteliste von einem Verzeichnis auf ein anderes. Zwischenzeitlich wird die Zugriffsrechteliste im Dateisystem gespeichert, so dass man Auslesen und Setzen zeitlich entkoppeln könnte.

Listing 24.53 Übertragen einer ACL zwischen zwei Dateien [Einsatzgebiete/Sicherheitseinstellungen/SDDL.ps1]

```
# Übertragen einer ACL via SDDL

$QUELLE = "g:\daten\kunden"
$ZIEL = "g:\daten\lieferanten"

function replace-acl
{
Param (
    $sObject,
    $sSDDL
)
    $acl = Get-Acl $sObject
    $acl.SetSecurityDescriptorSddlForm($sSDDL)

    Set-Acl -aclObject $acl $sObject
}

# SDDL lesen und in Textdatei speichern
(Get-Acl $QUELLE).SDDL > g:\Daten\acl.txt

# SDDL aus Textdatei lesen
$sddl = Get-Content g:\Daten\acl.txt
replace-acl $ZIEL $sddl

"Folgende Rechte wurden übertragen: " + $sddl
```

24.13 Verzeichnisdienste (insbes. Active Directory)

WPS 1.0 Die PowerShell Version 1.0 stellte keine Commandlets für den Zugriff auf die Windows-Benutzerdatenbank „SAM", das Active Directory oder andere Verzeichnisdienste bereit. In der Beta-Phase gab es einen Active Directory-Navigationsprovider, der wurde jedoch bis zur Version 1.0 entfernt.

PSCX Ein solcher Provider zur Navigation im Active Directory ist derzeit im Rahmen der PowerShell Community Extensions [CODEPLEX01] verfügbar. Dort gibt es auch das Commandlet Get-ADObject zur Suche im Active Directory.

.NET-Klassen Mit der PowerShell 1.0 (ohne PSCX) ist ein Zugriff auf Verzeichnisdienste nur mit klassischen Programmiertechniken möglich. Hier sind die .NET-Klassen aus dem Namensraum System.DirectoryServices der .NET-Klassenbibliothek und zum Teil auch die COM-Komponente Active Directory Service Interfaces (ADSI) zu verwenden. Wenige Funktionen stehen auch mit WMI zur Verfügung. Hier boten die der Active Directory-Erweiterungen von *www.IT-Visions.de* eine Verbesserung.

Verzeichnisdienste (insbes. Active Directory)

In Windows Server 2008 R2 und Windows 7 (mit RSAT) gibt es ein PowerShell 2.0-Modul für das Active Directory („ADPowerShell"). Zum Redaktionsschluss für dieses Buch war bei Microsoft in Arbeit, ADPowerShell auch für ältere Betriebssysteme bereitzustellen.

WPS 2.0

Wichtig: ADPowerShell ist die beste Möglichkeit, die Sie nutzen sollten, wenn Sie eine der von ADPowerShell unterstützten Betriebssysteme verwenden.

24.13.1 Fallbeispiel „FBI"

Dieses Kapitel verwendet als Fallbeispiel die Domänen „FBI.net" (Windows Server 2003) und „FBI.net" (Windows Server 2008).

Dieses Beispiel dreht sich komplett um das Active Directory für die Fernsehserie „Akte X" (engl. X-Files). Die Domänen heißen mit dem NETBIOS-Namen „FBI". Die Domänencontroller heißen „XFilesServer11" und „XFilesServer2". Die PCs sind mit „F171" bis „F179" benannt. Als Organisationseinheiten und Benutzer existieren bzw. werden im Rahmen dieses Kapitels angelegt:

System. Directory-Services

- Organisationseinheit „Agents" mit Benutzern wie „Fox Mulder", „Dana Scully", „John Doggett" und „Monica Reyes"
- Organisationseinheit „Directors" mit Benutzern wie „Walter Skinner" und „Alvin Kersh"
- Organisationseinheit „Conspirators" mit „Smoking Man" und „Deep Throat"
- Organisationseinheit „Aliens" mit zahlreichen Außerirdischen

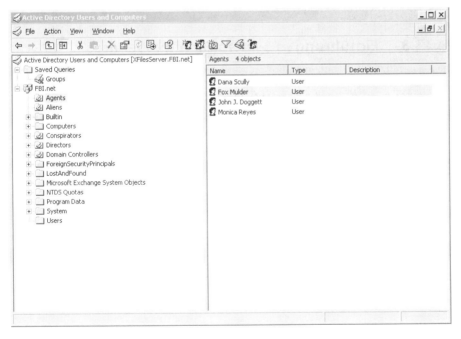

Bild 24.84
Das Active Directory für das "FBI"

24.13.2 Benutzer- und Gruppenverwaltung mit WMI

Die Möglichkeiten der Benutzerverwaltung mit WMI sind leider beschränkt. ADSI bzw. System.DirectoryServices bieten hier wesentlich mehr.

Win32_Account Der folgende Befehl liefert eine Objektliste der erreichbaren Benutzer und Gruppen:

```
Get-Wmiobject Win32_Account
```

Nur die Benutzerkonten erreicht man mit:

```
Get-Wmiobject Win32_UserAccount
```

Nur die Gruppen erreicht man mit:

```
Get-Wmiobject Win32_Group
```

Natürlich kann man damit gezielt Objekte herausfiltern:

```
# Name und Domain der Benutzerkonten, deren Kennwort niemals verfällt
Get-Wmiobject Win32_useraccount | Where-Object {$_.Kennwortexpires -eq 0 } | Select-Object Name,Domain
```

Dies kann man alternativ auch so ausdrücken:

```
Get-Wmiobject Win32_Useraccount -filter "Kennwortexpires='false'" | Select-Object Name,Domain
```

Win32_Desktop Die WMI-Klasse Win32_Desktop enthält Einstellungen der Benutzer. Mit dem folgenden Befehl bringt man in Erfahrung, ob der Benutzer „FBI\FoxMulder" einen Bildschirmschoner auf Computer „AgentPC04" aktiviert hat.

```
Get-Wmiobject Win32_Desktop -computer AgentPC04 | where { $_.Name -eq "DBI\FoxMulder" } | select screensaveractive
```

24.13.3 Einführung in System.DirectoryServices

Die Klassen des .NET-Namensraums System.DirectoryServices sind eine Kapselung des Active Directory Service Interface (ADSI). Leider sind in der .NET-Bibliothek nicht alle Funktionen gekapselt, sodass auch ADSI in der PowerShell eine Rolle spielt.

Die Klassen im Namensraum System.DirectoryServices funktionieren nur, wenn auch die ADSI-COM-Komponente installiert ist.

Auf die ADSI-COM-Komponente wird in diesem Buch mit dem Begriff „klassisches ADSI" Bezug genommen.

Architektur

Allgemeine Mechanismen Die Klassen im .NET-Namensraum System.DirectoryServices bieten nur sehr allgemeine Mechanismen für den Zugriff auf Verzeichnisdienste. Es gibt keine spezifischen Klassen mehr für einzelne Verzeichnisdienste, wie sie in der ADSI-COM-Komponente vorhanden sind. Bestimmte Operationen (z.B. Ändern des Kennworts in einem Benutzerobjekt) müssen daher direkt oder indirekt über die ADSI-COM-Komponente aufgerufen werden.

Verzeichnisdienste (insbes. Active Directory)

Die folgende Grafik zeigt die Architektur von ADSI unter .NET. Ein .NET-Programm (Managed Code) hat drei Möglichkeiten, auf einen Verzeichnisdienst zuzugreifen:

Zugriffsmöglichkeiten

1. Verwendung von Objekten im Namensraum System.DirectoryServices zur Ausführung von Verzeichnisdienstoperationen
2. Verwendung von Objekten im Namensraum System.DirectoryServices für den Aufruf von Operationen in der ADSI-COM-Komponente
3. Direkte Verwendung der ADSI-COM-Komponente via COM-Interoperabilität

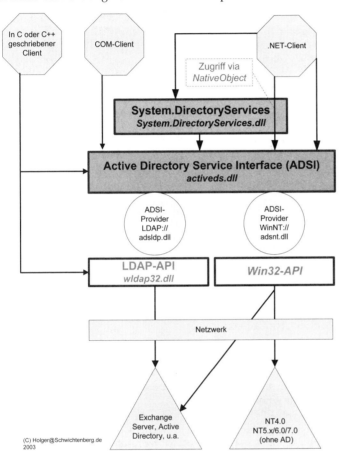

Bild 24.85
Programmierschnittstellen für das Active Directory

Weiterreichen an ADSI

Den Beweis dafür, dass alle Aufrufe in System.DirectoryServices in ADSI umgesetzt werden, liefern die Fehlermeldungen der .NET-Klassenbibliothek. Zum Beispiel liefert die Klasse DirectoryEntry beim Aufruf von CommitChanges() folgende Fehlermeldung, wenn das anzulegende Objekt bereits vorhanden ist:

Kapselung

```
System.Runtime.InteropServices.COMException (0x80071392):
Das Objekt ist bereits vorhanden.
   at System.DirectoryServices.Interop.IAds.SetInfo()
   at System.DirectoryServices.DirectoryEntry.CommitChanges()
```

| Eigen-
schaften-
zwischen-
speicher | Dies bedeutet nichts anderes, als dass der Aufruf CommitChanges() in der Klasse DirectoryEntry intern weitergereicht wurde an die Methode SetInfo() in der Schnittstelle System.DirectoryServices.Interop.IADs. Dabei ist SetInfo() die aus der klassischen ADSI-COM-Komponente bekannte Methode, um den Eigenschaftenzwischenspeicher (engl. Property Cache) an den Verzeichnisdienst zurückzuliefern und damit alle Änderungen persistent zu machen. |

> Der Namensraum System.DirectoryServices.Interop ist undokumentiert und im Objektkatalog von Visual Studio nicht sichtbar. In diesem Namensraum sind die aus dem klassischen ADSI bekannten Schnittstellen IADs, IADsContainer etc. definiert. Da in .NET eine Instanziierung von Schnittstellen nicht mehr möglich ist, mussten die Schnittstellen zu Klassen zusammengefasst werden.

Objektmodell

Die Klassen im Namensraum System.DirectoryServices lassen sich in zwei Gruppen einteilen:

- Allgemeine Klassen für den Zugriff auf Blätter und Container
- Klassen für die Ausführung von LDAP-Suchanfragen

Allgemeine Klassen

| Blätter und Container | Die beiden zentralen Klassen in diesem Namensraum sind DirectoryEntry und DirectoryEntries. |

Klasse „DirectoryEntry"

| Property Objekt-menge | Die Klasse DirectoryEntry repräsentiert einen beliebigen Verzeichniseintrag, egal ob es sich um ein Blatt oder einen Container handelt. Diese Klasse besitzt ein Attribut Children vom Typ DirectoryEntries. Diese Objektmenge ist nur dann gefüllt, wenn das Objekt ein Container ist, also Unterobjekte besitzt. Die Objektmenge existiert aber auch in einem Blattobjekt; sie ist dann allerdings leer. |
| Property-Collection | Die DirectoryEntry-Klasse besitzt im Attribut Property eine Objektmenge vom Typ PropertyCollection, welche die Menge der Verzeichnisattribute des Verzeichnisobjekts repräsentiert. Die PropertyCollection verfügt über drei untergeordnete Objektmengen: |

- PropertyNames zeigt auf ein KeysCollection-Objekt, das Zeichenketten mit den Namen aller Verzeichnisattribute enthält.
- Values zeigt auf eine ValuesCollection, die wiederum einzelne Objektmengen vom Typ PropertyValueCollection enthält. Dies ist notwendig, da jedes Verzeichnisattribut mehrere Werte haben kann. Die ValuesCollection repräsentiert die Menge der Werte aller Verzeichnisattribute, die PropertyValueCollection die einzelnen Werte eines Verzeichnisattributs.
- Das Attribut Item(ATTRIBUTNAME) liefert für einen als Parameter zu übergebenden Attributnamen die zugehörige PropertyValueCollection.

> Der Zugriff über das Attribut Values kommt in der Regel nicht vor, da man normalerweise die Werte ohne die Namen der Attribute benötigt. Der normale Weg ist entweder die direkte Verwendung von Item(), wenn der Attributname bekannt ist, oder aber die Iteration über PropertyNames und darauffolgend die Verwendung von Item(), wenn alle Attribute mit ihren Werten aufgelistet werden sollen.

Jedes DirectoryEntry-Objekt besitzt ein Attribut mit Namen NativeObject, das einen Verweis auf das zugehörige ADSI-COM-Objekt liefert. Damit ist ein schneller Wechsel zur klassischen ADSI-Programmierung möglich.

NativeObject

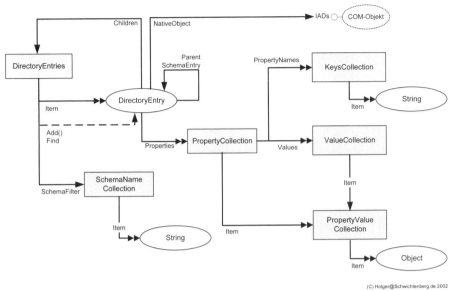

*Bild 24.86
Objektmodell der Klassen im Namensraum „System.DirectoryServices" – Teil 1*

Klasse „DirectoryEntries"

Die Klasse DirectoryEntries unterstützt die Schnittstelle IEnumerable und ermöglicht daher die Auflistung ihrer Mitglieder über eine foreach-Schleife. Die Menge kann gefiltert werden, indem über die SchemaNameCollection eine Menge von Verzeichnisdienstklassen spezifiziert wird, die berücksichtigt werden sollen. Die Methode Find() liefert ein DirectoryEntry-Objekt. Wenn das anhand des Namens spezifizierte Objekt nicht in diesem Container vorhanden ist, gibt es eine *InvalidOperationException*.

Containerobjekte

Die Klasse DirectoryEntries kann nicht instanziiert werden. Sie erhalten ein DirectoryEntries-Objekt immer nur über das Attribut Children eines DirectoryEntry-Objekts.

Klassen für die Ausführung von Suchanfragen

LDAP-Suchanfragen wurden in ADSI über die ActiveX Data Objects (ADO) bzw. einen OLEDB-Provider ausgeführt. In .NET gibt es nun eigene Klassen für die Ausführung von LDAP-Suchanfragen, die unabhängig von ADO.NET sind und direkt auf die LDAP-Implementierung von Windows zugreifen.

LDAP-Suchanfragen

Kapitel 24 PowerShell im Einsatz

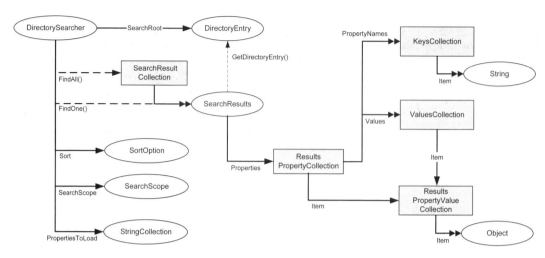

Bild 24.87: Objektmodell der Klassen im Namensraum „System.DirectoryServices" – Teil 2

Vergleich zwischen System.DirectoryServices und ADSI

Die folgende Tabelle zeigt, dass es für viele Schnittstellen aus der ADSI-COM-Komponente keine entsprechende spezifische Klasse im System.DirectoryServices mehr gibt.

Tabelle 24.12 System.DirectoryServices vs. ADSI

Verzeichniseintrag im Active Directory	ADSI in COM	ADSI in .NET (System.DirectoryServices)
Blatt	Schnittstelle IADs	Klasse DirectoryEntry
Container/Ast	Schnittstelle IADsContainer	Klasse DirectoryEntries
Klasse „User"	Schnittstelle IADsUser	--- (DirectoryEntry)
Klasse „Computer"	Schnittstelle IADsComputer	--- (DirectoryEntry)
Klasse „Group"	Schnittstelle IADsGroup	--- (DirectoryEntry)
LDAP-Suche	Klassen ADODB.Connection und ADODB.RecordSet	Klassen DirectorySearcher und SearchResultCollection

Unzulänglichkeiten der Implementierung

ADSI vs. System.DirectoryServices.DirectoryEntry

Leider hat Microsoft zwischen dem Release Candidate 1 und dem Release Candidate 2 der Windows PowerShell einen fundamentalen Richtungswechsel vollzogen, was die Unterstützung für Active Directory und andere Verzeichnisdienste angeht. Dieser Richtungswechsel kam nicht nur unerwartet, sondern führt nun auch in die falsche Richtung, weshalb an dieser Stelle massive Kritik an Microsoft angebracht ist.

Verzeichnisdienste (insbes. Active Directory)

Bis Release Candidate 1 musste man für diese Scripting-Aufgaben direkt die .NET-Klassen aus dem .NET-Namensraum System.DirectoryServices verwenden. Diese Klassen basieren intern auf COM-Schnittstellen des Active Directory Services Interface (ADSI), und in einigen Fällen musste man für das Scripting auf ADSI „durchgreifen".

Ab Release Candidate 2 hat Microsoft eine Vereinfachung einführen wollen mit dem eigenen PowerShell-Typ [ADSI]. Der Vorsatz ist gut, die Umsetzung jedoch eine absolute Katastrophe:

1. [ADSI] instanziiert den Typ System.DirectoryServices.DirectoryEntry, bietet aber nur Attribute und keine Methoden dieser Klasse an. Die Methoden werden über das Extended Type System (ETS) versteckt.
2. Das erzeugte PowerShell-Objekt bietet stattdessen die Methoden der zu Grunde liegenden ADSI-COM-Klasse an.
3. Das Analyse-Commandlet Get-Member zeigt weder die einen noch die anderen Methoden an.
4. Auch bei direkter Instanziierung von System.DirectoryServices.DirectoryEntry gilt das obige Methodenchaos.
5. Die Methoden der Klasse System.DirectoryServices.DirectoryEntry stehen über das Unterobjekt PSBase zur Verfügung.
6. DirectoryEntry-Objekte können in der PowerShell-Pipeline nicht mit den üblichen Commandlets Select-Object, Format-Table etc. weiterverarbeitet werden. Möglich ist nur der objektbasierte Stil.

Das ist eine sehr unlogische Implementierung. Schon im Windows Script Host (WSH) war das Verzeichnisdienst-Scripting nicht einfach, jetzt wird es noch schwieriger zu erlernen. Die folgende Abbildung dokumentiert noch einmal das konzeptionelle Chaos:

Konzeptionelles Chaos

▷ Ein Verzeichnisdienstobjekt in einem Verzeichnisdienst besitzt eigentlich nur Attribute.
▷ Verzeichnisdienstoperationen werden durch das jeweilige Protokoll (z.B. LDAP) bereitgestellt. Ein ADSI-COM-Objekt kapselt diese Operationen für jeweils ein Verzeichnisobjekt in Methoden.
▷ Ein .NET-Objekt des Typs DirectoryEntry kapselt das ADSI-COM-Objekt, bietet dabei aber andere Methoden an (die intern wieder auf ADSI aufsetzen). Das Objekt DirectoryEntry bietet über das Unterobjekt NativeObject einen direkten Zugang zu den ADSI-Methoden.
▷ Das PowerShell-Objekt, das wiederum eine Kapsel um das DirectoryEntry-Objekt darstellt, verwendet nun aber nicht die Methoden von DirectoryEntry, sondern die Methoden des inneren ADSI-Objekts.
▷ Das PowerShell-Objekt bietet über das Unterobjekt PSBase einen Zugang zu den Methoden des DirectoryEntry-Objekts.

Aruk Kumaravel, Windows PowerShell Development Manager bei Microsoft, gibt in [Kumaravel01] zu, dass es unklug war, Methoden zu verstecken: „In retrospect, maybe we should have exposed these."

Außerdem ist übrigens noch sehr kritisch anzumerken, dass Microsoft eine solch fundamentale Änderung zwischen einem RC1 und einem RC2 vornimmt. Alle bis dahin geschriebenen PowerShell-Skripte für das Active Directory konnte man damit über den Haufen werfen. Eine solche Änderung erwartet man in der Beta-Phase, nicht aber kurz vor dem Erscheinen.

Bild 24.88 Chaos bei den Verzeichnisdienstoperationen

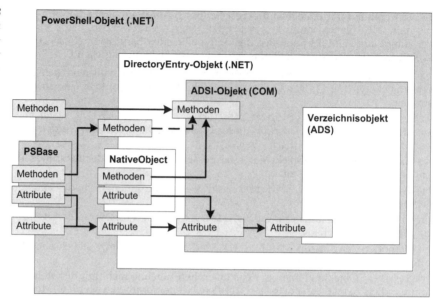

Objektidentifikation in Verzeichnisdiensten (Verzeichnisdienstpfade)

Zur Programmieren mit Verzeichnisdiensten ist es zwingend notwendig, die einzelnen Einträge im Verzeichnisdienst identifizieren zu können.

Verzeichnispfade ADSI bedient sich für Pfadangaben auch unter .NET der so genannten COM-Moniker (engl. für „Spitzname"), um einzelne Einträge in verschiedenen Verzeichnisdiensten anzusprechen und einen Zeiger auf das Stellvertreterobjekt zu erhalten. Der Moniker hat die Form

<Namenraum-ID>:<providerspezifischer Teil>

und wird in diesem Zusammenhang Verzeichnispfad (oder ADSI-Pfad) genannt.

 Bei der Namensraum-ID werden Groß- und Kleinschreibung berücksichtigt.

DN und RDN Der providerspezifische Teil des Verzeichnisdienstpfades enthält den Distinguished Name (DN) des Verzeichnisobjekts und dazu einen Servernamen (siehe folgende Tabelle).

Tabelle 24.13 Beispiele für ADSI-Pfade in verschiedenen Verzeichnisdiensten

Namensraum	Beispiele für Verzeichnispfade
Active Directory (via LDAP)	LDAP://server/cn=Agents,dc=FBI,dc=NET LDAP://XFilesServer101.FBI.net/cn=Fox Mulder, OU=Agents,dc=FBI,dc=NET
NT 4.0-Domänen und lokale Windows-Benutzerdatenbanken ("SAM"")	WinNT://Domaene/Computer/Benutzer WinNT://Computername/Gruppenname WinNT://domaene/benutzer
Novell 3.x	NWCOMPAT://NWServer/Druckername
Novell 4.x (NDS)	NDS://Server/O=FBI/OU=Washington/cn=Agents
Internet Information Services (IIS)	IIS://ComputerName/w3svc/1

Objektidentifikation im Active Directory

Für die Adressierung der Einträge in einem Active Directory werden Verzeichnispfade der Form *LDAP://server:port/DN* verwendet. Dabei sind alle Bestandteile optional:

Active Directory

- Ohne Servername wird der so genannte *Locator Service* verwendet. Beim serverlosen Binden sucht der Active Directory Locator Service mit Hilfe des Domain Name Service (DNS) den besten Domänencontroller für den angegebenen Verzeichniseintrag. Dabei erhalten Domain Controller, zu denen eine schnelle Verbindung besteht, den Vorzug.
- Ohne Portangabe wird der Standard-LDAP-Port 389 verwendet.
- Ohne DN wird der *DefaultNamingContext* in der aktuellen Domäne angesprochen.

Beim Active Directory sollten Sie immer den Namen des „nächstgelegenen" Domänencontrollers als Servernamen verwenden. Den Servernamen des Domänencontrollers ermitteln Sie über das Commandlet Get-DomainController (enthalten in den PSCX). Das Binden ohne Angabe eines Servers (serverloses Binden) ist möglich, aber aus Leistungsgesichtspunkten nicht empfehlenswert.

Bei der Adressierung über einen Textpfad besteht die Gefahr, dass Verzeichnisobjekte zwischenzeitlich umbenannt wurden. Active Directory ermöglicht daher die Bindung über einen GUID, der für ein Verzeichnisobjekt unveränderlich ist. Der GUID muss natürlich für ein Objekt bekannt sein.

Bindung über GUIDs

LDAP://XFilesServer1/<GUID=228D9A87C30211CF9AA400AA004A5691>

Für die Standardcontainer in einem Active Directory gibt es eine besondere Unterstützung. Für diese so genannten *Well-Known Objects* besteht ein vordefinierter GUID (Well-Known GUID), der in jedem Active Directory gleich ist.

Well-Known Objects

LDAP://<WKGUID=a9d1ca15768811d1aded00c04fd8d5cd,dc=fbi,dc=net>

Bitte beachten Sie, dass hierbei die Ansprache über WKGUID= erfolgt und der dahinter angegebene GUID nicht der wirkliche GUID des Objekts ist. Auch die Standardcontainer erhalten bei der Installation eines Active Directorys einen individuellen GUID; der WKGUID ist ein allgemeingültiger Alias.

Well-Known Object	GUID
cn=Deleted Objects	18E2EA80684F11D2B9AA00C04F79F805
cn=Infrastructure	2FBAC1870ADE11D297C400C04FD8D5CD
cn=LostAndFound	AB8153B7768811D1ADED00C04FD8D5CD
cn=System	AB1D30F3768811D1ADED00C04FD8D5CD
ou=Domain Controllers	A361B2FFFFD211D1AA4B00C04FD7D83A
cn=Computers	AA312825768811D1ADED00C04FD8D5CD
cn=Users	A9D1CA15768811D1ADED00C04FD8D5CD

Tabelle 24.14 Liste der Well-Known Objects

Überblick über die Programmiermechanismen

Dieses Kapitel dokumentiert die wichtigsten Mechanismen der Verzeichnisdienstprogrammierung mit System.DirectoryServices.

Bindung an einen Verzeichniseintrag

Instanziierung von DirectoryEntry

Voraussetzung für den Zugriff auf Objekte des Verzeichnisdienstes ist die Bindung eines ADSI-Objekts an einen Verzeichniseintrag. Während unter dem klassischen ADSI der Bindungsvorgang über die Methode GetObject() stattfand, wird dies in System.DirectoryServices über einen Parameter bei der Instanziierung der Klasse DirectoryEntry erledigt.

```
$o = New-Object system.directoryservices.directoryEntry("LDAP://XFilesServer1")
```

[ADSI]

Hierfür gibt es auch eine Kurzform über den integrierten PowerShell-Datentyp [ADSI]:

```
$o = [ADSI] "LDAP://XFilesServer1"
```

Nach dieser Operation enthält die Variable $o die Instanz der Klasse DirectoryEntry. Beim Zugriff auf $o erscheint an der Konsole der relative Pfad.

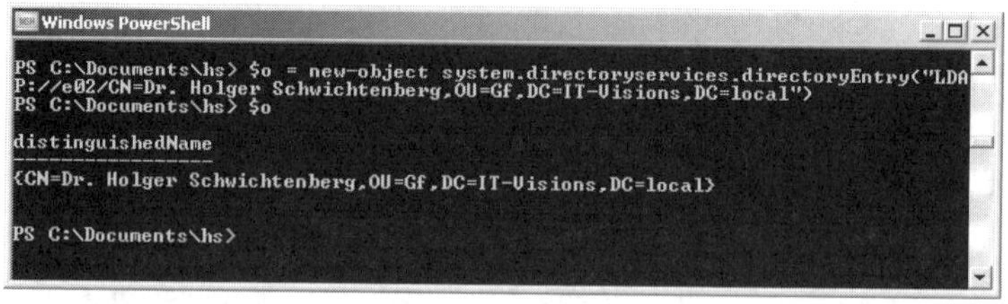

Bild 24.89 Zugriff auf einen Active Directory-Eintrag

Ohne Angabe eines LDAP-Pfads wird bei der Instanziierung von DirectoryEntry eine Verbindung zum Standardnamenskontext (Default Naming Context) des Active Directorys aufgebaut, zu dem der Computer gehört.

```
New-Object System.DirectoryServices.DirectoryEntry
```

Impersonifizierung

Wechsel des Benutzerkontextes

Im Standard meldet sich die Klasse DirectoryEntry unter dem Benutzerkonto beim Active Directory an, das den Befehl bzw. das Skript gestartet hat. Es ist aber möglich durch Impersonifizierung einen anderen Benutzer für die Kommunikation mit dem Active Directory zu verwenden, wenn der startende Benutzer nicht genug Rechte besitzt.

Die Klasse DirectoryEntry verwendet den ADSI-Impersonifizierungsmodus durch Angabe eines Benutzernamens und eines Kennworts bei der Instanziierung der Klasse DirectoryEntry als zweiten und dritten Parameter.

```
$o = New-Object system.directoryservices.directoryEntry("LDAP://XFilesServer1/CN=Fox Mulder,OU=Agents,DC=FBI,DC=net", "FoxMulder", "I+love+Scully")
```

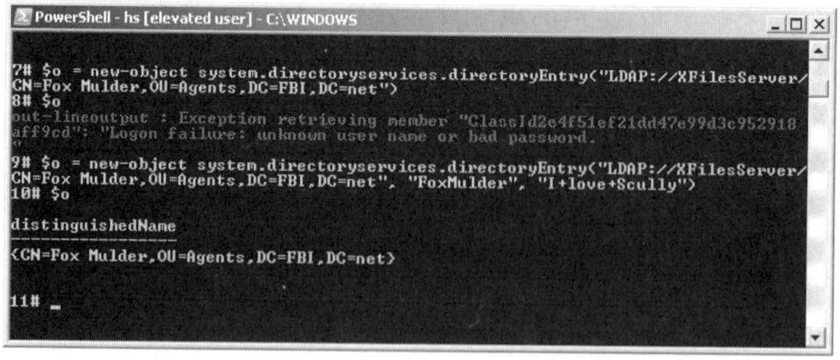

Bild 24.90 Zugriff ohne und mit Impersonifizierung

Prüfung auf Existenz eines Verzeichniseintrags

Exists()

Das klassische ADSI hatte keine eingebaute Methode, um die Existenz eines Verzeichnisobjekts zu überprüfen. Man war dort auf die (zeitaufwendige) Methode „Versuch und Irrtum" [WPE01] angewiesen. Unter .NET bietet die Klasse DirectoryEntry die sta-

Verzeichnisdienste (insbes. Active Directory)

tische Methode `Exists()` an, mit der sich prüfen lässt, ob ein anhand seines ADSI-Pfads spezifiziertes Verzeichnisobjekt existiert.
```
$janein = [system.directoryservices.directoryEntry]::Exists("LDAP://XFilesServer1/
CN=Fox Mulder,OU=Agents,DC=FBI,DC=net")
```

Dies kann man abkürzen mit:
```
$janein = [ADSI]::Exists("LDAP://XFilesServer1/CN=Fox
Mulder,OU=Agents,DC=FBI,DC=net")
```

Verzeichnisattribute lesen

Eigentlich ist das Objektmodell von `System.DirectoryServices` sehr kompliziert: In einem `DirectoryEntry`-Objekt sind die einzelnen Werte nur verschachtelt über die Mengen Properties und PropertyValueObjektmenge erreichbar. Die PowerShell kennt aber diesen Mechanismus und macht es dem Benutzer daher einfacher, er kann schreiben:
```
$xy = $obj.Attributname
```

Attribute lesen über die Properties-Objektmenge

Auch mehrwertige Attribute können so ausgelesen werden.

In dem folgenden Beispiel werden Daten über einen Benutzer ausgelesen:
```
New-Object system.directoryservices.directoryEntry("LDAP://XFilesServer1/CN=Fox
Mulder,OU=Agents,DC=FBI,DC=net")
"Name: "+ $o.sn
"Ort: " + $o.l
"Telefon: " +$o.Telephonenumber
"Weitere Rufnummern: " +$o.OtherTelephone
```

*Listing 24.54
Auslesen eines Verzeichnisobjekts
[ADS_Einzelobjekte.ps1]*

Der Zugriff auf ein Verzeichnisattribut, das es nicht gibt, führt nicht zum Fehler. Achten Sie also auf die genaue Schreibweise!

Zum Auslesen des Verzeichnispfades eines Verzeichniseintrags, auf den Sie bereits einen Verweis in der Form einer Variable besitzen, müssen Sie auf `.psbase.path` zugreifen, z.B. `$o.psbase.path`.

ADSI Property Cache

Da ADSI-Objekte nur Stellvertreter für Verzeichniseinträge sind, werden die Attributwerte in einem Eigenschaftenzwischenspeicher verwaltet. Beim ersten Zugriff auf ein Attribut lädt ADSI alle Attributwerte in den Eigenschaftenzwischenspeicher. Schreibzugriffe sind durch Zuweisungen an die Attribute möglich.

Zwischenspeicherung

Alle Schreibzugriffe müssen mit einem Aufruf der Methode `CommitChanges()` (`SetInfo()` unter klassischem ADSI) abgeschlossen werden. Erst dann wird der Eigenschaftenzwischenspeicher an den zu Grunde liegenden Verzeichnisdienst übergeben. Damit wird auch die Transaktionssicherheit gewährleistet: Entweder werden alle Änderungen ausgeführt oder keine. Auch für das Einlesen der Attribute in den Eigenschaftenzwischenspeicher gibt es eine Methode: `RefreshCache()` (entspricht `GetInfo()` unter klassischem ADSI). Das Programm sollte sie explizit aufrufen, wenn nicht sicher ist, ob die Werte im Eigenschaftenzwischenspeicher noch aktuell sind. Mit `RefreshCache()` können auch Änderungen verworfen werden, wenn zwischen den Änderungen und dem `RefreshCache()` kein `CommitChanges()` steht. Durch Angabe eines Arrays mit Attributnamen bei `RefreshCache(ARRAY_OF_STRING)` können vor einem ersten Attributzugriff gezielt einzelne Werte in den Eigenschaftenzwischenspeicher gelesen werden, um zur Verringerung der Netzwerklast die Übertragung aller Attribute zu vermeiden.

GetInfo(), SetInfo()

Abschalten des Property Caches

Im Gegensatz zu ADSI bietet System.DirectoryServices die Möglichkeit, den Eigenschaftenzwischenspeicher auszuschalten. Dazu ist nach der Instanziierung des DirectoryEntry-Objekts folgender Befehl notwendig:

```
$o.PSBase.UsePropertyCache = 0
```

Die Abschaltung des Eigenschaftenzwischenspeichers funktioniert nicht beim Anlegen von Verzeichnisobjekten von Verzeichnisklassen, die Pflichtattribute haben, da der Verzeichnisdienst den Eintrag erst erzeugt, wenn alle Pflichtattribute übergeben wurden.

Verzeichnisattribute schreiben

Attribute schreiben über die Properties-Objektmenge

Das Beschreiben eines Verzeichnisattributs ist ebenso einfach. Man weißt dem betreffenden Verzeichnisattribut entweder einen einfachen Wert oder ein Array von Werten (bei einem mehrwertigen Attribut) zu.

Wichtig ist nur, dass am Ende der Eigenschaftenzwischenspeicher (Property Cache) auch geschrieben wird. Hier gibt es aufgrund des Methodenchaos nun zwei Alternativen:

1. Aufruf der COM-Methode SetInfo()
2. Aufruf der .NET-Methode CommitChanges() über das Unterobjekt PSBase

Die Methode heißt in der .NET-Welt nicht SetInfo(), sondern CommitChanges().

Listing 24.55 Ändern eines Verzeichnisobjekts [ADS_Einzelobjekte.ps1]

```
$o.Telephonenumber = "+49 201 7490700"
$o.OtherTelephone = "+01 111 222222","+01 111 333333","+49 111 44444"
$o.SetInfo()
# oder:
$o.PSBase.CommitChanges()
```

24.13.4 Basiseigenschaften

Mitglieder der DirectoryEntry-Klasse

Die Metaklasse DirectoryEntry besitzt einige wenige Attribute, die Basiseigenschaften eines Verzeichnisdienstobjekts enthalten. Dies sind:

- Name: Relative Distinguished Name des Objekts
- Path: Distinguished Name des Objekts
- SchemaClassName: Name der Verzeichnisdienstklasse im Schema des Verzeichnisdienstes
- Guid: Global Unique Identifier (GUID) des Metaobjekts
- NativeGuid: der Global Unique Identifier (GUID) für das Verzeichnisdienstobjekt
- Children: Liste der untergeordneten Objekte
- UsePropertyCache: Flag, das anzeigt, ob der Eigenschaftenzwischenspeicher verwendet werden soll

In der aktuellen endgültigen Version der PowerShell kann man diese allgemeinen Attribute leider nicht direkt abrufen, sondern nur über PSBase.

```
$o = New-Object system.directoryservices.directoryEntry("LDAP://XFilesServer1/
CN=Fox Mulder,OU=Agents,DC=FBI,DC=net", "FoxMulder", "I+love+Scully")
"Klasse: " + $o.PSBase.SchemaClassName
"GUID: " + $o.PSBase.Guid
```

Listing 24.56 Zugriff auf Basiseigenschaften eines Verzeichnisobjekts [Einsatzgebiete\ VerzeichnisdiensteADS_User_Misc.ps1]

Zugriff auf Containerobjekte

Die Bindung an Containerobjekte und der Zugriff auf deren Verzeichnisattribute erfolgen vollkommen identisch zum Zugriff auf Blattobjekte, also über die Klasse DirectoryEntry. Sollen die Unterobjekte des Containers aufgelistet werden, muss jedoch das Unterobjekt Children angesprochen werden, das ein DirectoryEntries-Objekt liefert. Das DirectoryEntries-Objekt enthält eine Instanz der Klasse DirectoryEntry für jeden untergeordneten Verzeichniseintrag.

Containerobjekte

Wieder ist zu beachten, dass das Unterobjekt Children nicht direkt, sondern nur über die PSBase zur Verfügung steht.

```
$pfad= "LDAP://XFilesServer1/OU=Agents,DC=FBI,DC=net"
$con = New-Object system.directoryservices.directoryEntry($pfad)
$con.PSBase.Children
```

*Listing 24.57
Liste der Unterobjekte eines Containers [ADS_Container_List.ps1]*

Eigentlich besitzt die DirectoryEntries-Menge keinen numerischen Index. Die PowerShell macht jedoch mit einem Trick den Zugriff auf die Elemente der Liste möglich.

```
"Das zweite Element ist " + @($con.PSBase.Children)[1].distinguishedName
```

Alternativ kann man mit Find() auch ein Element in dem Container anhand seines CN suchen:

```
"Suche nach einem Element " + $con.PSBase.Children.find("cn=Dr. Holger Schwichtenberg").distinguishedName
```

Verzeichnisobjekt anlegen

Ein Verzeichnisobjekt wird über den übergeordneten Container angelegt, weil nur dieser weiß, ob er eine bestimmte Verzeichnisklasse als Unterobjekt überhaupt zu akzeptieren bereit ist. Die Methode Add() der .NET-Klasse DirectoryEntries erwartet im ersten Parameter den Relative Distinguished Name (RDN) des neuen Objekts und im zweiten Parameter den Namen der Verzeichnisdienstklasse, die als Schablone für das Objekt verwendet werden soll. Nach dem Setzen eventuell vorhandener Pflichtattribute muss noch CommitChanges() aufgerufen werden.

Add()

```
"Anlegen einer OU..."
$pfad= "LDAP://XFilesServer1/DC=FBI,DC=net"
$con = New-Object system.directoryservices.directoryEntry($pfad)
$ou = $con.PSBase.Children.Add("ou=Directors","organizationalUnit")
$ou.PSBase.CommitChanges()
$ou.Description = "FBI Directors"
$ou.PSBase.CommitChanges()
"OU wurde angelegt!"
```

*Listing 24.58
Anlegen einer Organisationseinheit [ADS_OU_DeleteAndCreate.ps1]*

Verzeichnisobjekt löschen

Ein Objekt wird entweder durch einen Methodenaufruf auf sich selbst (DeleteTree()) oder über die Ausführung von Remove() auf einem übergeordneten Containerobjekt gelöscht. Dabei ist als Parameter das DirectoryEntry-Objekt, welches das zu löschende Verzeichnisobjekt repräsentiert, anzugeben. Der Aufruf von CommitChanges() ist nicht nötig. DeleteTree() hat den Vorteil, dass es rekursiv auch alle Unterobjekte löscht.

Remove()

```
$oupfad= "LDAP://XFilesServer1/ou=Directors,DC=FBI,DC=net"
$ou = New-Object system.directoryservices.directoryEntry($oupfad)
if ([system.directoryservices.directoryEntry]::Exists($oupfad))
{
"OU existiert schon und wird jetzt erst gel?scht!"
$ou.PSBase.DeleteTree()
}
```

*Listing 24.59
Löschen einer Organisationseinheit [ADS_OU_DeleteAndCreate.ps1]*

24.13.5 Benutzer- und Gruppenverwaltung im Active Directory

Dieses Kapitel liefert Ihnen einige Beispiele zur Verwendung der Klassen des Namensraums `System.DirectoryServices` zum Zugriff auf das Microsoft Active Directory.

Die Active Directory-Verzeichnisklasse „user"

Ein Benutzerobjekt im Active Directory (AD-Klasse `"user"`) besitzt zahlreiche Verzeichnisattribute. Ein Pflichtattribut, das alle Benutzerobjekte besitzen, ist `SAMAccountName`, das den NT3.51/NT 4.0-kompatiblen Anmeldenamen enthält.

Die folgende Tabelle zeigt weitere Verzeichnisattribute eines Benutzerobjekts im Active Directory. Es gibt sowohl unglaublich kurze Namen, wie z.B. „l" für Stadt, als auch unglaublich lange Namen wie „physicalDeliveryOfficeName" für das Büro.

Name	Pflicht	Mehrwertig	Datentyp (Länge)
cn	Ja	Nein	DirectoryString (1–64)
nTSecurityDescriptor	Ja	Nein	ObjectSecurityDescriptor (0–132096)
objectCategory	Ja	Nein	DN
objectClass	Ja	Ja	OID
objectSid	Ja	Nein	OctetString (0–28)
sAMAccountName	Ja	Nein	DirectoryString (0–256)
accountExpires	Nein	Nein	INTEGER8
accountNameHistory	Nein	Ja	DirectoryString
badPwdCount	Nein	Nein	INTEGER
comment	Nein	Nein	DirectoryString
company	Nein	Nein	DirectoryString (1–64)
createTimeStamp	Nein	Nein	GeneralizedTime
department	Nein	Nein	DirectoryString (1–64)
description	Nein	Ja	DirectoryString (0–1024)
desktopProfile	Nein	Nein	DirectoryString
displayName	Nein	Nein	DirectoryString (0–256)
displayNamePrintable	Nein	Nein	PrintableString (1–256)
distinguishedName	Nein	Nein	DN
division	Nein	Nein	DirectoryString (0–256)
employeeID	Nein	Nein	DirectoryString (0–16)
employeeType	Nein	Nein	DirectoryString (1–256)
expirationTime	Nein	Nein	UTCTime
dacsimileTelephoneNumber	Nein	Nein	DirectoryString (1–64)
givenName	Nein	Nein	DirectoryString (1–64)

Tabelle 24.15: Ausgewählte Attribute der Active Directory-Klasse „user"

Name	Pflicht	Mehrwertig	Datentyp (Länge)
homeDirectory	Nein	Nein	DirectoryString
HomeDrive	Nein	Nein	DirectoryString
homeMDB	Nein	Nein	DN
initials	Nein	Nein	DirectoryString (1–6)
internationalISDNNumber	Nein	Ja	NumericString (1–16)
l	Nein	Nein	DirectoryString (1–128)
lastLogoff	Nein	Nein	INTEGER8
LastLogon	Nein	Nein	INTEGER8
logonCount	Nein	Nein	INTEGER
LogonHours	Nein	Nein	OctetString
logonWorkstation	Nein	Nein	OctetString
manager	Nein	Nein	DN
middleName	Nein	Nein	DirectoryString (0–64)
Mobile	Nein	Nein	DirectoryString (1–64)
name	Nein	Nein	DirectoryString (1–255)
objectGUID	Nein	Nein	OctetString (16–16)
objectVersion	Nein	Nein	INTEGER
otherFacsimileTelephoneNumber	Nein	Ja	DirectoryString (1–64)
OtherHomePhone	Nein	Ja	DirectoryString (1–64)
physicalDeliveryOfficeName	Nein	Nein	DirectoryString (1–128)
PostalAddress	Nein	Ja	DirectoryString (1–4096)
postalCode	Nein	Nein	DirectoryString (1–40)
postOfficeBox	Nein	Ja	DirectoryString (1–40)
profilePath	Nein	Nein	DirectoryString
sAMAccountType	Nein	Nein	INTEGER
scriptPath	Nein	Nein	DirectoryString
street	Nein	Nein	DirectoryString (1–1024)
streetAddress	Nein	Nein	DirectoryString (1–1024)
TelephoneNumber	Nein	Nein	DirectoryString (1–64)
title	Nein	Nein	DirectoryString (1–64)
userWorkstations	Nein	Nein	DirectoryString (0–1024)
whenChanged	Nein	Nein	GeneralizedTime
whenCreated	Nein	Nein	GeneralizedTime
wWWHomePage	Nein	Nein	DirectoryString (1–2048)

Tabelle 24.15: Ausgewählte Attribute der Active Directory-Klasse „user" (Forts.)

Kapitel 24 PowerShell im Einsatz

Einige mehrwertige Eingabefelder aus den Dialogen des MMC-Snap-Ins „Active Directory-Benutzer und -Computer" werden im Active Directory in mehr als einem Attribut gespeichert. Ein gutes Beispiel dafür ist die Liste der Telefonnummern. Die Haupttelefonnummer ist in dem einwertigen Attribut `telephoneNumber` gespeichert, während die weiteren Telefonnummern in dem mehrwertigen Attribut `otherTelephone` stehen. Andere Fälle dieser Art sind:

- `mobile/otherMobile`,
- `mail/otherMailbox` und
- `logonWorkstation/otherLoginWorkstations`.

Übrigens hat es sich bei den beiden letztgenannten Attributen nicht um Tippfehler des Buchautors (Login – Logon), sondern um Inkonsistenzen im Active Directory, für die man die Verantwortlichen in Redmond suchen muss.

Eine komplette Liste aller Verzeichnisattribute findet man in der Dokumentation des Active Directory-Schemas [MSDN09]. Dabei sind im Skript die LDAP-Namen der Eigenschaften zu verwenden, die in der Dokumentation als „LDAP-Display-Name" eingetragen sind (siehe Bildschirmabbildung).

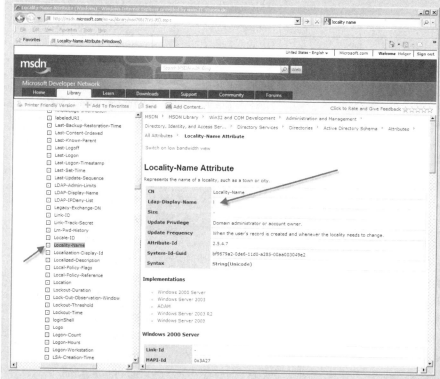

Bild 24.91 Dokumentation des Active Directory-Schemas

1258

Verzeichnisdienste (insbes. Active Directory)

Der LDAP-Eigenschaftsname ist leider zum Teil sehr weit entfernt von den Namen in der MMC-Konsole. Das Dokument „User Object User Interface Mapping" [MSDN10] hilft beim Auffinden der richtigen LDAP-Namen. Eine andere Möglichkeit ist, mit dem Werkzeug „ADSI Edit" aus den „Support Tools" für Windows Server direkt auf das „rohe" Verzeichnis zu blicken und dort die LDAP-Namen herauszusuchen.

Benutzerkonto anlegen

Da das Anlegen eines Objekts vom übergeordneten Container ausgeht, muss im ersten Schritt der Container an `DirectoryEntry` gebunden werden. Die Erzeugung eines neuen Objekts erfolgt mit `Add()`, wobei im ersten Parameter der RDN des neuen Objekts und im zweiten Parameter der AD-Klassenname `user` anzugeben sind. — „user"-Verzeichnisobjekt anlegen

Das Setzen der Eigenschaft `SAMAccountName` ist Pflicht. Sofern der Eigenschaftszwischenspeicher nicht ausgeschaltet wurde, muss nach dem Setzen aller Eigenschaften `CommitChanges()` ausgeführt werden, da sonst das Benutzerobjekt nicht angelegt wird. — CommitChanges()

Im Standard ist ein neues Benutzerkonto im Active Directory deaktiviert. Die einfachste Möglichkeit zur Aktivierung ist der Zugriff auf das Attribut `AccountDisabled` in der COM-Schnittstelle `IADsUser`.

In der folgenden Routine wird ein Benutzerkonto „Walter Skinner" mit dem Anmeldenamen „WalterSkinner" angelegt. Als optionales Attribut werden nur die Stadt (l) und die Beschreibung (Description) gesetzt. — Beispiel

```
# ADS-Benutzer anlegen
$pfad= "LDAP://XFilesServer1/OU=Directors,DC=FBI,DC=net"
$name = "Walter Skinner"
$NTname = "WalterSkinner"
$ou = New-Object DirectoryServices.DirectoryEntry($pfad)
$user = $ou.PSBase.Children.Add("CN=" + $name,'user')
$user.PSBase.CommitChanges()
$user.SAMAccountName = $NTname
$user.l = "Washington"
$user.Description = "FBI Director"
$user.PSBase.CommitChanges()

"Benutzer wurde angelegt: " + $user.PBase.Path
$user.SetPassword("secret-123")
"Kennwort wurde gesetzt"
$user.Accountdisabled = $false
"Benutzer wurde aktiviert!"
```

Listing 24.60 Anlegen eines User-Objekts im Active Directory [ADS_User_Create.ps1]

Kennwort des Benutzers setzen

Das Kennwort eines Benutzerkontos kann erst gesetzt werden, nachdem das Benutzerkonto im Verzeichnisdienst angelegt wurde. Auch bei dieser Operation ist unter .NET die Impersonifizierung notwendig. Hier kommt dem Nutzer nun einmal zugute, dass die PowerShell die ADSI-Methoden und nicht die COM-Methoden veröffentlicht, denn die Methode zum Setzen des Kennworts (`SetPassword()`) gibt es nicht in der .NET-Ebene. Als Parameter ist das neue Kennwort in Form einer Zeichenkette zu übergeben. Erst nach der Vergabe eines Kennworts sollte man den Benutzer aktivieren. — Kennwort festlegen mit SetKennwort()

Listing 24.61
Kennwort für ein AD-Benutzerkonto setzen [ADS_User_Create.ps1]
```
"Benutzer wurde angelegt: " + $user.PBase.Path
$user.SetKennwort("secret-123")
"Kennwort wurde gesetzt"
$user.userAccountControl = 512
$user.PSBase.CommitChanges()
```

Benutzerauthentifizierung

Benutzername und Kennwort überprüfen

Leider gibt es keine eingebaute Methode, die eine Authentifizierung mit Benutzername und Kennwort gegen das Active Directory ermöglicht. Um dies zu realisieren, bleibt nur die Versuch-und-Irrtum-Methode [WPE01]: Man versucht einen Zugriff auf das Active Directory unter Anwendung der Impersonifizierung mit den zu prüfenden Anmeldedaten. Ist ein Zugriff auf das Attribut NativeGuid möglich, dann stimmen die Daten. Wenn die Daten nicht stimmen, erhält man eine Fehlermeldung. Dies ist in der nachfolgenden Hilfsroutine Authenticate-User() realisiert.

Listing 24.62
Authentifizierung beim ADS [ADS_Authentication.ps1]
```
Function Authenticate-User {

trap [System.Exception] { "Fehler!"; return $false; }
"Versuche, Benutzer " + $args[1] + " mit dem Kennwort " + $args[2] + " zu
authentifizieren bei " + $args[0] + "..."
$o = New-Object system.directoryservices.directoryEntry([string]$args[0],
[String]$args[1], [String]$args[2])

$o.PSBase.NativeGUID
return $true
}

#$o = New-Object system.directoryservices.directoryEntry("LDAP://E02")
#$o.get_NativeGUID()
$e = Authenticate-User "LDAP://XFilesServer1" "fbi\foxmulder" "I+love+Scully"
$e
if ($e) { "Benutzer konnte authentifiziert werden!" }
else { "Benutzer konnte NICHT authentifiziert werden!" }
```

Benutzerkonto löschen

Um einen Benutzer zu löschen, kann man wieder DeleteTree() einsetzen, auch wenn ein Benutzer ein Blattobjekt ist, d.h., keine Unterobjekte besitzt.

Listing 24.63
Löschen eines Benutzers [ADS_User_Create.ps1]
```
$pfad= "LDAP://XFilesServer1/CN=Fox Mulder,OU=Agents,DC=FBI,DC=net"
$benutzer = New-Object system.directoryservices.directoryEntry($pfad)
if ([system.directoryservices.directoryEntry]::Exists($pfad))
{
"Benutzer existiert schon und wird jetzt erst gelöscht!"
$benutzer.PSBase.DeleteTree()
}
```

Benutzerkonto umbenennen

Rename()

Für das Umbenennen eines Verzeichnisdienstobjekts bietet die Klasse DirectoryEntry mit der Methode Rename() ein sehr einfaches Verfahren. Unter klassischem ADSI musste dazu die IADsContainer-Methode MoveHere() verwendet werden.

Im folgenden Beispiel wird das Benutzerkonto „Dana Scully" in „Dana Mulder" umbenannt (auch wenn es bisher weder in der Serie noch in den Filmen zu dieser Hochzeit kam).

Beispiel

```
# Benutzer umbenennen
$pfad = "LDAP://XFilesServer1/CN=Dana Scully,OU=Directors,DC=FBI,DC=net"
$user = New-Object system.directoryservices.directoryEntry($pfad)
$user.PSBase.Rename("cn=Dana Mulder")
"Benutzer wurde umbenannt!"
```

*Listing 24.64
Umbenennen eines AD-Benutzerkontos [ADS_User_Misc.ps1]*

Benutzerkonto verschieben

Als Äquivalent zur COM-Methode IADSContainer.MoveHere() gibt es in der FCL-Klasse DirectoryEntry die Methode MoveTo(). Sie verschiebt ein Verzeichnisobjekt in einen anderen Container. Der Zielcontainer ist in Form eines zweiten DirectoryEntry-Objekts als Parameter zu übergeben.

MoveTo()

In der folgenden Routine wird der Benutzer „Fox Mulder" aus der Organisationseinheit „Agents" in den Standardbenutzercontainer „Users" verschoben (Diese Degradierung kam in Serie tatsächlich vor).

Beispiel

```
# Benutzer verschieben
$pfad = "LDAP://XFilesServer1/CN=Walter Fox Mulder,OU=Agents,DC=FBI,DC=net"
$ziel = "LDAP://XFilesServer1/CN=Users,DC=FBI,DC=net "
$user = New-Object system.directoryservices.directoryEntry($pfad)
$user.PSBase.MoveTo($ziel)
"Objekt verschoben!"
```

*Listing 24.65
Verschieben eines AD-Benutzerkontos [ADS_User_Misc.ps1]*

Gruppenverwaltung

In einem Verzeichnisobjekt des Typs group existiert ein Attribut Member mit den LDAP-Pfaden zu den Gruppenmitgliedern. Zum Anzeigen der Mitglieder einer Gruppe braucht man daher nur einen Einzeiler. Der folgende Befehl zeigt die Mitglieder der Gruppe aller FBI-Agenten:

Member

```
(New-Object directoryservices.directoryentry
("LDAP://XFilesServer1/CN=All Agents,DC=FBI,DC=net")).member
```

Dieser Befehl liefert aber nur die direkten Mitglieder. Wenn eine Gruppe aber eine andere Gruppe enthält, dann gibt es auch indirekte Mitglieder. Die im folgenden Listing implementierte Funktion Get-Members liefert rekursiv alle direkten und indirekten Mitglieder einer Gruppe im Active Directory.

```
"Direct Group Members:"
$gruppe = New-Object directoryservices.directoryentry("LDAP://xfilesserver/CN=All
FBI Employees,DC=FBI,DC=net")
$gruppe.member

function Get-Members ($group){
  if ($group.objectclass[1] -eq 'group') {
    "-- Gruppe $($group.cn)"
    $Group.member | foreach-Object {
      $de = New-Object directoryservices.directoryentry("LDAP://xfilesserver/" + $_)

      if ($de.objectclass[1] -eq 'group') {
        Get-Members $de
      }
      Else {
```

*Listing 24.66
Auflisten indirekter Gruppenmitglieder [ADS_Group_Create.ps1]*

```
            $de.distinguishedName
        }
    }
}
Else {
    Throw "$group is not a group."
}
}
""
"All Members (including non-direct):"
Get-Members(New-Object directoryservices.directoryentry("LDAP://xfilesserver/CN=All
FBI Employees,DC=FBI,DC=net"))
```

Bild 24.92 Auflisten direkter und indirekter Gruppenmitglieder

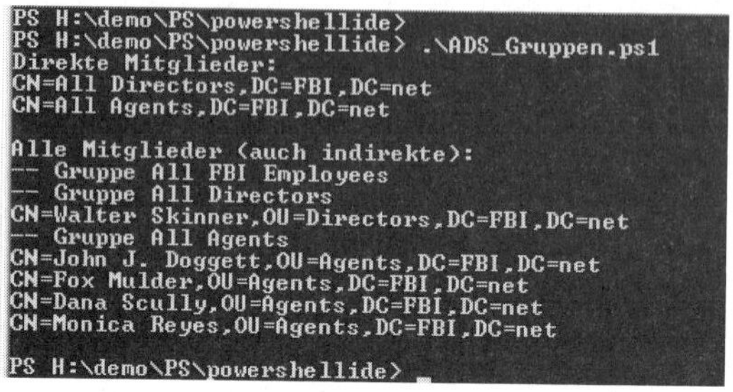

Anlegen und Befüllen einer Gruppe

Add() Das Anlegen einer Gruppe erfolgt analog zum Anlegen eines Benutzers.

Beachten Sie beim Anlegen von Gruppen im Vergleich zum Anlegen von Benutzern den anderen Klassennamen (group).

Listing 24.67 Gruppe anlegen [ADS_GruppeAnlegen.ps1]
```
"Anlegen einer Gruppe..."
$pfad= "LDAP://XFilesServer1/DC=FBI,DC=net"
$con = New-Object system.directoryservices.directoryEntry($pfad)
$ou = $con.PSBase.Children.Add("cn=All Directors","group")
$ou.PSBase.CommitChanges()
$ou.samaccountname = "AllDirectors"
$ou.Description = "Group for FBI Directors"
$ou.PSBase.CommitChanges()
"Gruppe wurde angelegt!"
```

Für die Zuordnung von Benutzern zu Gruppen gibt es in der Klasse DirectoryEntry keine spezifischen Methoden. Hier ermöglicht das PowerShell-Objekt wieder den Zugang zu den in der COM-Schnittstelle IADsGroup definierten Methoden Add() und Remove().

Listing 24.68 Hinzufügen von Benutzern in Gruppen [ADS_Group_Members.ps1]
```
# Hinzufuegen eines Gruppenmitglieds
$pfad= "LDAP://XFilesServer1/cn=All Directors,DC=FBI,DC=net"
$gr = New-Object system.directoryservices.directoryEntry($pfad)
$Benutzer = "LDAP://XFilesServer1/CN=Walter Skinner,OU=Directors,DC=FBI,DC=net"
$gr.Add($Benutzer)
"Benutzer " + $Benutzer + " wurde der Gruppe " + $gr + " hinzugefuegt"
```

Verzeichnisdienste (insbes. Active Directory)

```
# Entfernen eines Gruppenmitglieds
$pfad= "LDAP://XFilesServer1/cn=All Directors,DC=FBI,DC=net"
$gr = New-Object system.directoryservices.directoryEntry($pfad)
$Benutzer = "LDAP://XFilesServer1/CN=Walter Skinner,OU=Directors,DC=FBI,DC=net"
$gr.Remove($Benutzer)
"Benutzer " + $Benutzer + " wurde aus der Gruppe " + $gr + " entfernt!"
```

Listing 24.69
Entfernen von Benutzern aus Gruppen [ADS_Group_Members.ps1]

24.13.6 Verwaltung der Organisationseinheiten

Das Erstellen und Löschen von Organisationseinheiten (Verzeichnisdienstklasse `organizationalUnit`) wurde bereits innerhalb des Überblicks über die Programmiertechniken gezeigt.

organizationalUnit

Beachten Sie beim Anlegen von Organisationseinheiten im Vergleich zum Anlegen von Benutzern den anderen Klassennamen (`organizationalUnit`) im ersten Parameter und den anderen Attributnamen (`OU`) im ersten Parameter bei `Add()`.

```
# Skript zum Neuanlegen einer OU (Die OU wird geloescht, wenn sie schon existiert!)

$oupfad= "LDAP://XFilesServer1/ou=Directors,DC=FBI,DC=net"
$ou = New-Object system.directoryservices.directoryEntry($oupfad)
if ([system.directoryservices.directoryEntry]::Exists($oupfad))
{
"OU existiert schon und wird jetzt erst gel?scht!"
$ou.PSBase.DeleteTree()
}

"Anlegen einer OU..."
$pfad= "LDAP://XFilesServer1/DC=FBI,DC=net"
$con = New-Object system.directoryservices.directoryEntry($pfad)
$ou = $con.PSBase.Children.Add("ou=Directors","organizationalUnit")
$ou.PSBase.CommitChanges()
$ou.Description = "FBI Directors"
$ou.PSBase.CommitChanges()
"OU wurde angelegt!"
```

Listing 24.70
Skript zum Neuanlegen einer OU [ADS_OU_DeleteAndCreate.ps1]

24.13.7 Suche im Active Directory

Im Active Directory können – wie in anderen LDAP-basierten Verzeichnisdiensten auch – Einträge, die bestimmten Kriterien entsprechen, containerübergreifend gesucht werden.

Suche via LDAP

LDAP-Suchanfragen

Für LDAP-Suchanfragen existiert eine spezielle Syntax nach [RFC1960] und [RFC2254]. Dabei sind anzugeben:

- *Wurzel* ein LDAP-Pfad inkl. *LDAP://*. Der Pfad kann sowohl in Little Endian- als auch in Big Endian-Form angegeben werden.
  Beispiel: `LDAP://XFilesServer101/dc=FBI,dc=net`
- *Filter* eine Bedingung in umgekehrt polnischer Notation (UPN oder Postfix-Notation). Diese Notation zeichnet sich dadurch aus, dass die Operatoren am Anfang stehen. Erlaubte Operationen sind & (und), | (oder) und ! (nicht). Zum Vergleich stehen =, <= und >= zur Verfügung, nicht aber < und >.
  Beispiel: `(&(objectclass=user)(name=h*))`

Kapitel 24 PowerShell im Einsatz

- *Attribute* eine Attributliste der gewünschten Verzeichnisattribute, die in die Tabelle aufgenommen werden sollen. Diese Angabe ist nicht optional, der Sternoperator („*") wie bei SQL ist nicht erlaubt.
  Beispiel: `AdsPath,Name,SamAccountname`
- *Geltungsbereich* eine der in der folgenden Tabelle genannten Konstanten.

Konstante (LDAP-Syntax)	Erläuterung
BASE	Es wird nur auf der Ebene des angegebenen Eintrags gesucht. Die Ergebnismenge umfasst keinen oder einen Datensatz.
ONELEVEL	Es wird in den Einträgen gesucht, die dem angegebenen Eintrag untergeordnet sind.
SUBTREE	Es werden alle darunterliegenden Ebenen durchsucht.

Tabelle 24.16 Suchtiefen bei LDAP-Suchabfragen

EXKURS In dem Active Directory-MMC-Snap-In „Benutzer und Computer" gibt es ab Windows Server 2003 einen neuen Ast „Gespeicherte Abfragen", mit dem LDAP-Abfragen entworfen und ausgeführt werden können.

Programmierschnittstellen für die Suche

Im klassischen ADSI wurde die Suchfunktionalität durch einen OLEDB-Provider gekapselt. Dieser steht grundsätzlich auch in ADO.NET über den Managed Provider für OLEDB noch zur Verfügung. Allerdings bietet der Namensraum `System.Directory-Services` eine elegantere Möglichkeit zur Ausführung von LDAP-Suchanfragen.

Während der OLEDB-Provider für ADSI-Anfragen sowohl LDAP-Query-Syntax als auch SQL-Befehle unterstützt, können mit den in der .NET-Klassenbibliothek eingebauten Klassen nur LDAP-Query-Syntaxanfragen gestellt werden.

Ebenso wie mit dem OLEDB-Provider lassen sich auch mit den FCL-Klassen nur LDAP-fähige Verzeichnisdienste abfragen. Die LDAP-Query-Syntax ist ein Standard ([RFC1960] und [RFC2254]) und daher nicht anders als bei der COM-Implementierung.

Ausführung einer Abfrage in der PowerShell

Eine LDAP-Abfrage wird mit .NET-Klassen in folgenden Schritten ausgeführt:

Suche definieren
- Instanziierung der Klasse `DirectorySearcher`
- Festlegung des Ausgangspunkts der Anfrage durch Zuweisung eines Zeigers auf ein `DirectoryEntry`-Objekt, das an den Ausgangspunkt gebunden ist, an das Attribut `SearchRoot`
- Setzen des Filterteils der LDAP-Abfrage im Attribut `Filter`.
- Festlegung der Attribute durch Füllen der Objektmenge `PropertiesToLoad`
- Festlegung des Geltungsbereichs in dem Attribut `SearchScope`

Suche starten
- Starten der Anfrage durch die Methode `FindAll()`
- `FindAll()` liefert eine Objektmenge vom Typ `SearchResultCollection` zurück.

Verzeichnisdienste (insbes. Active Directory)

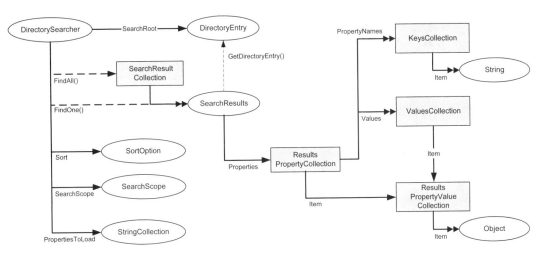

Bild 24.93: Objektmodell für LDAP-Suche

Ergebnis auswerten

- Die SearchResultCollection enthält einzelne SearchResult-Objekte.
- Von einem SearchResult-Objekt kann man entweder lesend auf die abgefragten Attribute zugreifen, oder aber man lässt sich von der Methode GetDirectoryEntry() ein DirectoryEntry-Objekt für den gefundenen Verzeichniseintrag liefern. Das so ermittelte DirectoryEntry-Objekt ermöglicht auch den Schreibzugriff.

Beispiel

Suchbeispiel

- Die SearchResultCollection enthält einzelne SearchResult-Objekte.
- Von einem SearchResult-Objekt kann man entweder lesend auf die abgefragten Attribute zugreifen, oder aber man lässt sich von der Methode GetDirectoryEntry() ein DirectoryEntry-Objekt für den gefundenen Verzeichniseintrag liefern. Das so ermittelte DirectoryEntry-Objekt ermöglicht auch den Schreibzugriff.

In dem folgenden Beispiel werden im ganzen Active Directory alle Benutzerkonten gesucht, deren Verzeichnisnamen mit dem Buchstaben „Alien" beginnen.

```
$Wurzel = New-Object system.directoryservices.directoryEntry("LDAP://XFilesServer1/
DC=FBI,DC=net", "FoxMulder", "I+love+Scully")
$Filter = "(&(objectclass=user)(name=alien*))"
$Attribute =
"CN","ObjectClass","ObjectCategory","distinguishedName","lastLogonTimestamp",
"description","department","displayname"

# Suche zusammenstellen
$Searcher = New-Object DirectoryServices.DirectorySearcher($Wurzel)
$searcher.PageSize = 900
$searcher.Filter = $Filter
$searcher.SearchScope = "subtree"
$Attribute | foreach {[void]$searcher.PropertiesToLoad.Add($_)}
# Suche ausf?hren
$ergebnis = $searcher.findAll()
"Anzahl der Ergebnisse: " + $ergebnis.Count
$ergebnis
```

*Listing 24.71
Ausführen einer LDAP-Suche im AD
[ADS_Search_NamePattern.ps1]*

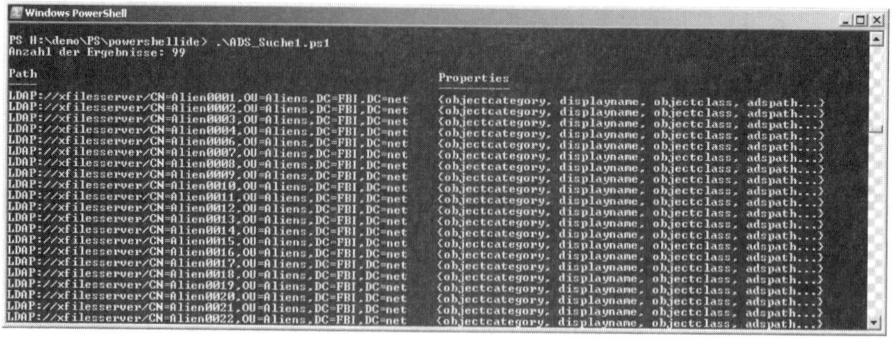

Kapitel 24 PowerShell im Einsatz

Bild 24.94
Suchergebnisse

Suche nach einem Benutzer mit seinem Anmeldenamen

LDAP-Pfad aus SAMAccountName ermitteln

Wenn für einen Benutzer dessen NT 4.0-kompatibler Anmeldename, aber nicht der Pfad des Verzeichnisdiensteintrags bekannt ist, dann hilft nur die Suche im Active Directory mit einer ADSI-Suchanfrage über das Attribut SAMAccountName. Wichtig ist dabei, dass hier nur der Benutzername, nicht auch der NT 4.0-kompatible Domänenname anzugeben ist.

Listing 24.72
Verzeichnisdiensteintrag zu einem Benutzer suchen, dessen SAMAccountName bekannt ist [ADS_Search_SamAccountName.ps1]

```
$Benutzername = "FoxMulder"
"Suche Benutzer " + $benutzername + "..."
$Wurzel = New-Object system.directoryservices.directoryEntry("LDAP://XFilesServer1/DC=FBI,DC=net", "FoxMulder", "I+love+Scully")
$Filter = "(SAMAccountName=" + $benutzername +")"
$Attribute =
"CN","ObjectClass","ObjectCategory","distinguishedName","lastLogonTimestamp",
"description","department","displayname"
# Suche zusammenstellen
$Searcher = New-Object DirectoryServices.DirectorySearcher $Wurzel
$searcher.PageSize = 900
$searcher.Filter = $Filter
$searcher.SearchScope = "subtree"
$Attribute | foreach {[void]$searcher.PropertiesToLoad.Add($_)}
# Suche ausführen
$searcher.findAll()
```

Tipps und Tricks zur Suche

Tipps Dieses Unterkapitel enthält Tipps und Tricks zur Suche im Active Directory.

Verwendung indizierter Attribute

Sie sollten möglichst viele indizierte Attribute in Suchanfragen verwenden. Welche Attribute indiziert sind, erfahren Sie in der Dokumentation des Active Directorys. Die folgende Abbildung zeigt, wo Sie die Dokumentation der Active Directory-Attribute im Active Directory-Schema in der MSDN-Bibliothek finden. Der Eintrag „Is Indexed: True" zeigt indizierte Attribute an.

Verzeichnisdienste (insbes. Active Directory)

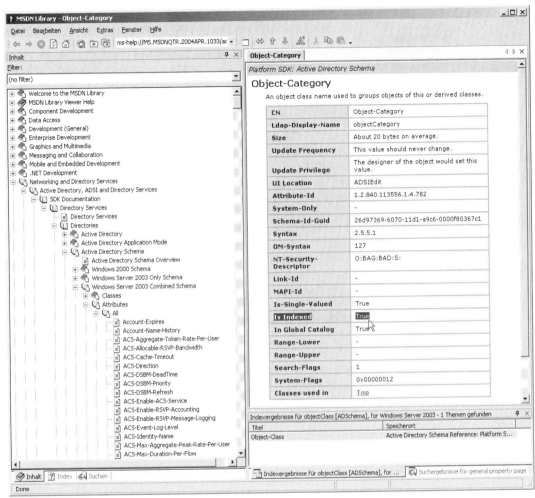

Bild 24.95: Dokumentation der AD-Attribute in der MSDN-Entwicklerbibliothek

Vermeidung mehrwertiger Attribute

Die Anfrage

`(&(objectClass=user)(name=f*))`

ist korrekt, aber aus Leistungsgründen nicht optimal. Besser ist:

`(objectCategory=person)(objectClass=user)(name=f*))`

Sie werden feststellen, dass die zweite, längere Abfrage wesentlich schneller ausgeführt wird. Dabei ist die Reihenfolge der Attribute in der Bedingung beliebig; das Active Directory optimiert selbst.

Auffällig in dieser modifizierten Anfrage ist, dass neben der `objectClass` auch ein Bezug auf das Attribut `objectCategory` in der Anfrage enthalten ist. Der Grund dafür liegt darin, dass `objectClass` ein mehrwertiges Attribut ist, das die komplette Vererbungshierarchie der Verzeichnisklasse abbildet. Beispielsweise ist dort für ein user-Objekt „top, person, organizationalPerson, user" abgelegt. Bei einem computer-Objekt erkennt man interessanterweise, dass ein Computer eine Spezialisierung eines Benutzers ist, weil objectClass für einen Computer enthält: „top, person, organizationalPerson, user, computer". Eine Suche über ein mehrwertiges Attribut ist sehr zeitaufwendig. Leider existiert im Active Directory kein Attribut, das den Klassennamen in einem einwertigen Attribut enthält.

object-Category Neben der Klasse existiert aber auch eine Kategorisierung der Verzeichnisobjekte. Kategorien sind person, group, computer und organizationalUnit. Person umfasst die Klassen user und contact. Die Kategorie eines Verzeichnisobjekts ist in objectCategory abgelegt, und objectCategory ist ein indiziertes Attribut, das eine sehr schnelle Suche ermöglicht. Aus diesem Grund ist es sinnvoll, sowohl objectClass als auch objectCategory in die Bedingungen aufzunehmen.

Die wichtigsten Bedingungen Die folgende Liste zeigt die korrekten Bedingungen für eine schnelle Suche für verschiedene Verzeichnisklassen:

- Kontakte: (&(objectclass=contact)(objectcategory=person)
- Benutzer: (&(objectclass=user)(objectcategory=person)
- Gruppen: (&(objectclass=group)(objectcategory=group)
- Organisationseinheiten: (&(objectclass=organizationalUnit)
- (objectcategory=organizationalUnit)
- Computer: (&(objectclass=user)(objectcategory=computer)

Vermeidung des Sternoperators Als weiteren Tipp zur Optimierung von Active Directory-Suchanfragen sollten Sie die Verwendung von Platzhaltern (Stern-Operator *) am Anfang einer Zeichenkette vermeiden.

Begrenzung für Suchanfragen Das Active Directory begrenzt in der Standardkonfiguration die Anzahl der Suchergebnisse auf 1000. Diese Einstellung können Sie in den Domänenrichtlinien ändern.

Listing 24.73 Änderung der Domänenrichtlinie für die Suchbegrenzung durch ntdsutil.exe

```
C:\> ntdsutil
ntdsutil: ldap policies
ldap policy: connections
server connections: connect to server SERVERNAME
Connected to SERVERNAME using credentials of locally logged on user
server connections: q
ldap policy: show values

Policy                          Current(New)

...MaxPageSize                  1000...
ldap policy: set maxpagesize to #### (for example, 50000)
ldap policy: commit changes
ldap policy: q
ntdsutil: q
Disconnecting from SERVERNAME ...
```

Verzeichnisdienste (insbes. Active Directory)

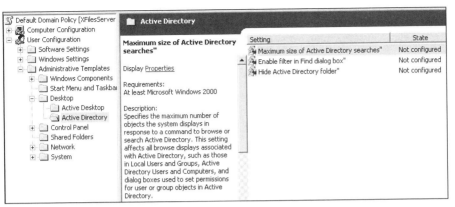

Bild 24.96
Änderung der Domänenrichtlinie für die Suchbegrenzung durch die MMC

Weitere Beispiele für LDAP-Suchanfragen

Die folgende Liste enthält weitere Beispiele für mögliche Filter bei der Suche nach Benutzerkonten:

- Alle Benutzer, deren Name mit s beginnt:

  `(&(objectCategory=person)(objectClass=user)(name=s*))`

- Alle Benutzer, für die es keine Beschreibung gibt:

  `(&(objectCategory=computer)(!description=*))`

- Alle Benutzer, die deaktiviert sind:

  `(&(objectCategory=person)(objectClass=user)(userAccountControl:1.2.840.113556.1.4.803:=2))`

  Die Herausforderung in diesem Fall besteht darin, dass die Deaktivierungsinformation in einem einzelnen Bit in `userAccountControl` abgelegt ist. Ein Vergleich auf einen bestimmten Wert nur mit dem Gleichheitszeichen würde nicht zum Ziel führen. Notwendig ist ein bitweises UND. Leider wird dies in LDAP kompliziert durch die Angabe „1.2.840.113556.1.4.803" ausgedrückt. Ein bitweises ODER wäre der Wert „1.2.840.113556.1.4.804".

- Alle Benutzer, bei denen „Kennwort läuft nie ab" gesetzt ist:

  `(&(objectCategory=person)(objectClass=user)`
  `(userAccountControl:1.2.840.113556.1.4.803:=65536))`

- Alle Benutzer, die nach dem 10.11.2004 angelegt wurden:

  `(&(objectCategory=person)(objectClass=user)`
  `(whenCreated>=20041110000000.0Z))`

Eine Abfrage, die nur aus der Bedingung `class=*` besteht, funktioniert nicht. Um alle Verzeichnisobjekte zurückzuliefern, muss der Sternoperator auf ein anderes Attribut angewendet werden.

Verwendung von Get-ADObject

Die PowerShell Community Extensions beinhalten das Commandlet `Get-ADObject`, mit dem man Einträge, die bestimmten Kriterien entsprechen, aus dem Active Directory filtern kann. Ausgabeobjekte sind vom Typ `System.DirectoryServices.DirectoryEntry`.

Tabelle 24.17 Beispiel für den Einsatz von Get-ADObject

`Get-ADObject -Class user`
Liefert alle Benutzerkonten (Instanzen der Verzeichnisdienstklasse "user")
`Get-ADObject -value "*domain*"`
Liefert alle Verzeichnisdienstobjekte, deren Name das Wort "Domain" enthält
`Get-ADObject -Filter "(&(objectCategory=person)(objectClass=user)(userAccountControl:1.2.840.113556.1.4.803:=2))"`
Liefert alle deaktivierten Benutzerkonten
`Get-ADObject -Server E02 -SizeLimit 10`
Liefert die ersten zehn Verzeichniseinträge von Domänencontroller E02
`Get-ADObject -Server E02 -Scope subtree -DistinguishedName "CN=Users,DC=IT-Visions,DC=local"`
Liefert alle Einträge in dem Container "Users" und seinen Untercontainern

24.13.8 Navigation im Active Directory mit den PowerShell Extensions

PowerShell Provider Durch Installation der PowerShell Community Extensions (PSCX) [CODEPLEX01] steht das Active Directory als Navigationscontainer (alias PowerShell Provider) bereit. Beim Start der PowerShell erzeugen die PSCX automatisch ein neues Laufwerk für das Active Directory, zu dem der Computer gehört. Das Laufwerk wird benannt wie der NT 4.0-kompatible Domänenname (also z.B. „FBI:" für die Domäne mit dem DNS-Namen „fbi.net").

Der folgende Befehl selektiert aus dem „users"-Container des Active Directorys alle Gruppen, die das Wort „Domain" im Namen tragen, und gibt diese Liste nach Namen sortiert aus.

```
dir FBI:/users | where { ($_.name -match "domain") -and ($_.Type -match "group") } | sort name
```

Um eine neue Organisationseinheit mit Namen „Directors" anzulegen, braucht man nur einen Befehl:

```
New-Item -path FBI://Directors -type organizationalunit
```

24.13.9 Verwendung der Active Directory-Erweiterungen von www.IT-Visions.de

Die Commandlet-Bibliothek von *www.IT-Visions.de* stellt einige Commandlets für die Verzeichnisdienstverwaltung bereit, welche die Arbeit wesentlich vereinfachen. Dort enthalten sind folgende Commandlets:

- `Get-DirectoryEntry`: Zugriff auf ein einzelnes Verzeichnisobjekt
- `Get-DirectoryChildren`: Zugriff auf den Inhalt eines Containerobjekts (listet die Unterelemente auf)
- `Add-User`: Anlegen eines Benutzerkontos mit Kennwort
- `Add-DirectoryObject`: Anlegen eines Verzeichnisobjekts, das kein Kennwort benötigt
- `Remove-DirectoryObject`: Löschen eines Verzeichnisobjekts
- `Get-DirectoryValue`: Auslesen eines Wertes für ein Verzeichnisattribut
- `Set-DirectoryValue`: Festlegen eines Wertes für ein Verzeichnisattribut

Verzeichnisdienste (insbes. Active Directory)

Die Commandlets unterstützen sowohl den Commandlet-basierten Programmierstil

```
Add-User -RDN $Name -Container ("WinNT://" + $Computer) -Password "geheim"
Set-DirectoryValue -Path ("WinNT://" + $Computer +"/" + $Name) -Name "Fullname" -
Value "Dr. Holger Schwichtenberg"
```

als auch den objektbasierten Stil, da die Commandlets die entsprechenden Objekte in die Pipeline legen:

```
$u = Add-User -Password "geheim" -RDN $Name -Container ("WinNT://" + $Computer)
$u.Fullname
$u.PSBase.CommitChanges()
```

Das folgende Beispiel zeigt die Anwendung der Commandlets – wahlweise für eine lokale Windows-Benutzerdatenbank (getestet auf einem Windows Server 2003-Mitgliedsserver) oder ein Active Directory (getestet auf einem Windows Server 2003-Domänencontroller).

Beispiel

Listing 24.74
Beispiel für verschiedene Verzeichnisdienstoperationen mit dem Win-NT-Provider unter Verwendung der www.IT-Visions.de-Commandlets [Einsatzgebiete\Benutzer\Local-User_IT-Visions_Commandlets.PS1]

```
##############################################
## Testskript für Verzeichnisdienstzugriff mit den
## www.IT-Visions.de PowerShell Commandlets
## Dr. Holger Schwichtenberg 2007
##############################################

# Parameter

# WinNT
$Name = "FoxMulder"
$Computer = "F171"
$Container = "WinNT://$Computer"


# LDAP (ADS)
$Name = "cn=FoxMulder"
$Container = "LDAP://XFilesServer1/OU=Agents,DC=FBI,DC=net"

Write-Host "Zugriff auf Container" -ForegroundColor yellow
Get-DirectoryEntry $Container | select name
# Alternative: Get-DirectoryEntry "WinNT://$Computer" | select name

Write-Host "Benutzer anlegen" -ForegroundColor yellow
$u = Add-User -Name $Name -Container $Container -Password "sdd%24343423" -verbose

Write-Host "Attribute setzen - Commandlet-Stil" -ForegroundColor yellow
Set-DirectoryValue -Path $u.psbase.path -Name "Description" -Value "Autor dieses Buchs"

Write-Host "Attribute setzen - Objektstil" -ForegroundColor yellow
$u.Description = "Autor dieses Buchs"
$u.PSBase.CommitChanges()
# Alternative: Set-DirectoryValue -Path ("WinNT://" + $Computer +"/" + $Name) -Name
"Fullname" -Value "Agent Fox Mulder"

Write-Host "Benutzer auslesen - Objektstil" -ForegroundColor yellow
$u = Get-DirectoryEntry $u.psbase.path
"Name: " + $u.Description
```

Kapitel 24 **PowerShell im Einsatz**

```
Write-Host "Benutzer auslesen - Commandlet-Stil" -ForegroundColor yellow
Get-DirectoryValue -Path $u.psbase.path  -Name "Description"

Write-Host "Benutzer löschen" -ForegroundColor yellow
Remove-DirectoryEntry $u.psbase.path

Write-Host "Liste aller Containerelement" -ForegroundColor yellow
Get-DirectoryChildren $Container | select name
```

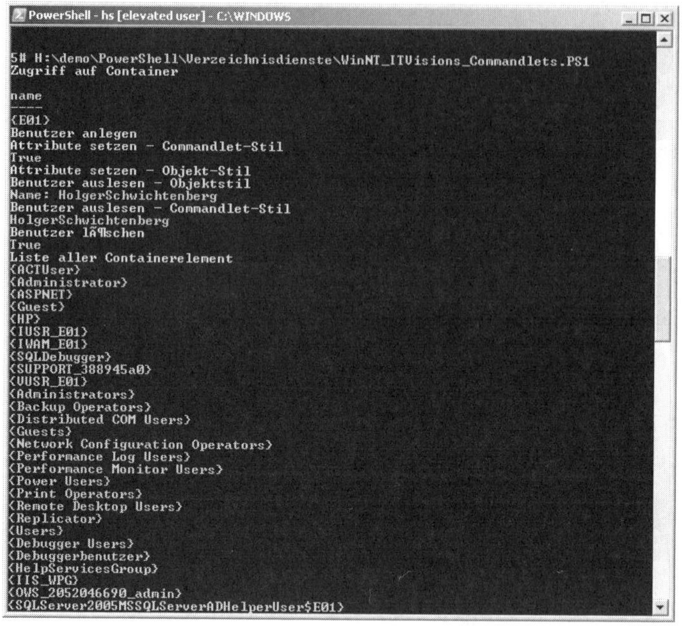

Bild 24.97
Ausschnitt aus der Ausgabe des obigen Skripts

24.13.10 PowerShell-Modul „Active Directory" (ADPowerShell)

ADPower-Shell
Windows Server 2008 Release 2 enthält ein Active Directory-PowerShell-Modul mit 76 Commandlets und einem Navigationsprovider. Das Modul wird bei Microsoft „Active Directory PowerShell" (kurz: ADPowerShell) genannt. Das Modul kann man im Rahmen von RSAT auch auf Windows 7 installieren.

Man kann auch Instanzen von Active Directory Lightweight Directory Services (AD LDS) mit dem Modul verwalten.

Das neue GUI-Werkzeug für das Active Directory in Windows Server 2008 R2, das Active Directory Administrative Center (ADAC), basiert komplett auf dem ADPowerShell-Modul.

Zu dem Active Directory-Modul gibt es ein eigenes Weblog: *http://blogs.msdn.com/adPowerShell/*.

Architektur und Installation

Das Active Directory-Modul nutzt für den Zugriff auf einen Domänencontroller nicht das LDAP-Protokoll, sondern Webservices. Voraussetzung ist daher, dass auf dem Domänencontroller die Active Directory Web Services (ADWS) installiert sind. ADWS wird automatisch auf einem Windows Server 2008 R2-Domänencontroller installiert. ADWS basieren auf der .NET-Kommunikationsinfrastruktur „Windows Communication Foundation (WCF)" und diversen W3C-Standards wie WS-Transfer sowie Microsoft-eigenen Erweiterungen (z.B. WS-Enumeration).

ADWS

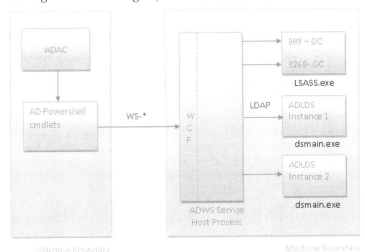

Bild 24.98: Das Schaubild zeigt den Weg vom Active Directory Administrative Center (ADAC) über die PowerShell und WCF bis zum Dienst lsass.exe (für Active Directory Domain Services) bzw. dsmain.exe (für Lightweight Directory Services). [Quelle: http://blogs.msdn.com/adPowerShell/archive/2009/04/06/active-directory-web-services-overview.aspx]

ADWS verwendet TCP-Port 9389 und ist implementiert im Windows-Systemdienst „ADWS" (Microsoft.ActiveDirectory.WebServices.exe). Das Installationsverzeichnis ist C:\Windows\ADWS. Die Konfiguration ist möglich über Microsoft.ActiveDirectory.WebServices.exe.config.

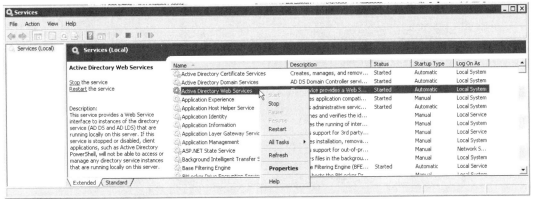

Bild 24.99: Der Systemdienst „Active Directory Web Services" (Microsoft.ActiveDirectory.WebServices.exe), der ADWS realisiert

Kapitel 24 **PowerShell im Einsatz**

 Beim Auftreten des Fehlers „Unable to find a default server with Active Directory Web Services running." Prüfen Sie, ob der ADWS-Dienst läuft und erreichbar ist.

ADMGS ADWS sind für Windows Server 2008 (mit SP1 oder SP2) sowie Windows Server 2003 R2 (mit SP2) als Zusatzkomponenten verfügbar. Dazu muss man dort den „Active Directory Management Gateway Service" (ADMGS) installieren. ADMGS basiert auf .NET Framework 3.5, das vorher installiert sein muss. Zum Redaktionsschluss dieses Buchs waren die ADMGS nur als Vorabversion über [CONNECT01] zu beziehen.

Hinweis: ADMGS entspricht hinsichtlich der Funktionalität ADWS unter Windows Server 2008 R2. Warum hier zwei Namen notwendig waren, bleibt schleierhaft.

Auf einem Windows Server 2008 R2, der nicht Domänencontroller ist, kann man das ADPowerShell-Modul einzeln installieren (RSAT steht hier für „Remote Server Administration Tools"):

```
import-module servermanager
Add-WindowsFeature -Name "RSAT-AD-PowerShell" -IncludeAllSubFeature
```

RSAT Unter Windows 7 kann man das AD-Modul ebenfalls nutzen (zum Zugriff auf entsprechend ausgestattete Domänenco7ntroller). Hier muss man die Microsoft Remote Server Administration Tools (RSAT) für Windows 7 installieren und danach unter den optionalen Features das „Active Directory Module for Windows PowerShell" aktivieren (siehe Bildschirmabbildung).

Bild 24.100
Aktivieren von ADPowerShell in Windows 7

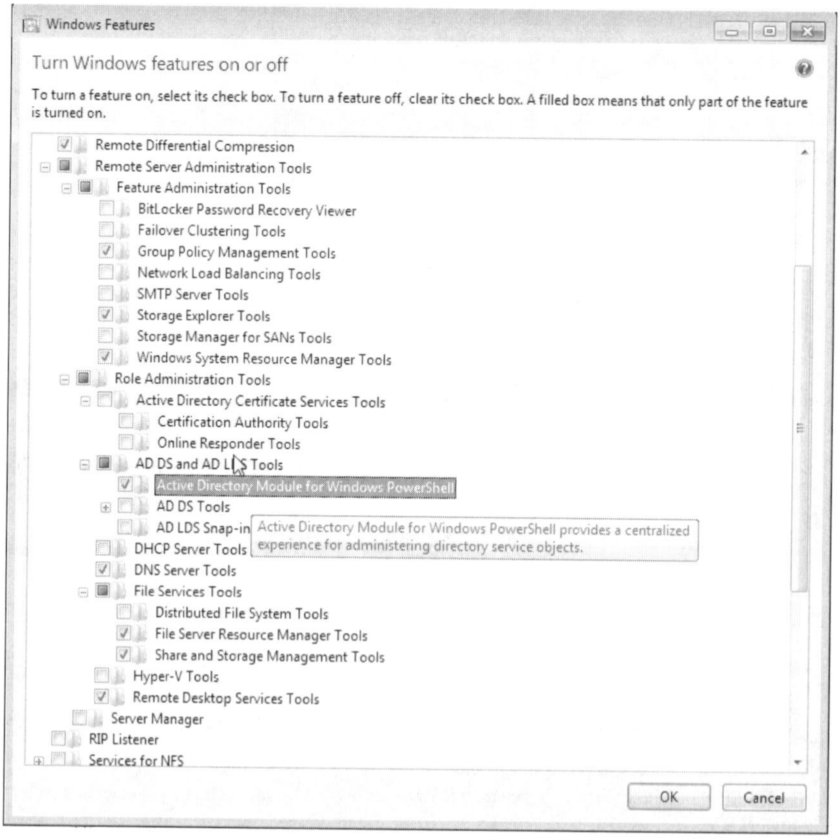

Aktivieren des Active Directory-Moduls

Das Active Directory-Modul ist im Standard nicht aktiv, wenn man die Windows PowerShell 2.0 auf Windows Server 2008 startet. Es gibt zwei Möglichkeiten:

- Start des Eintrags „Active Directory-Module für Windows PowerShell" unter „Administrative Tools" im Startmenü. Dies startet eine PowerShell-Konsole mit aktiviertem Active Directory-Modul.

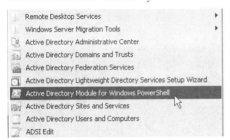

Bild 24.101 *Active Directory-Werkzeuge in Windows Server 2008 R2*

- Eingabe von „Import-Module ActiveDirectory" in einer normalen PowerShell-Konsole.

Wie die folgende Bildschirmabbildung zeigt, erhöht sich die Anzahl der Commandlets/ Funktionen um 76 und die Anzahl der Navigationsprovider um eins.

```
Administrator: Windows PowerShell
Windows PowerShell
Copyright (C) 2009 Microsoft Corporation. All rights reserved.

PS C:\Users\HS> (Get-Command).Count
273
PS C:\Users\HS> (Get-PSDrive).Count
11
PS C:\Users\HS> Import-Module activedirectory
PS C:\Users\HS> (Get-Command).Count
349
PS C:\Users\HS> (Get-PSDrive).Count
12
PS C:\Users\HS> _
```

Bild 24.102 *Veränderungen nach dem Import des Moduls*

Active Directory-Navigationsprovider

AD:

Der PowerShell-Navigationsprovider für das Active Directory trägt den Namen „ActiveDirectory". Auf einem Windows Server 2008 R2 Domänencontroller oder einem Windows 7-System mit aktiviertem ADPowerShell-Modul wird durch die Aktivierung des Active Directory-Moduls automatisch ein Laufwerk „AD:" eingerichtet, das zur Wurzel des Active Directory, dem Element „rootDSE", führt. Unter diesem existieren der DefaultNamingContext, der ConfigurationNamingContext und der SchemaNamingContext (vgl. Kapitel „Das Objektmodell des Active Directory").

```
PS C:\Users\HS> Dir ad:

Name              ObjectClass         DistinguishedName
----              -----------         -----------------
FBI               domainDNS           DC=FBI,DC=org
Configuration     configuration       CN=Configuration,DC=FBI,DC=org
Schema            dMD                 CN=Schema,CN=Configuration,DC=FBI,DC=org
DomainDnsZones    domainDNS           DC=DomainDnsZones,DC=FBI,DC=org
ForestDnsZones    domainDNS           DC=ForestDnsZones,DC=FBI,DC=org
```

Bild 24.103 *Ausführung von Dir AD*

Kapitel 24 PowerShell im Einsatz

Zu beachten ist, dass zur Navigation im Active Directory der Provider nicht den Namen, sondern den DN (Distinguished Name) verwendet. Falsch ist also:

Dir ad:\FBI

(auch wenn die Anzeige von DIR ad: dies suggeriert), sondern richtig ist:

Dir ad:\"dc=FBI,dc=org"

(mit den Anführungszeichen!)

Bild 24.104
Auflisten des Default-NamingContext im Active Directory „FBI.org"

Bild 24.105
Auflisten der Organisationseinheit „Agents" im Active Directory „FBI.org"

Man kann mit CD den aktuellen Pfad ins Active Directory setzen

cd ad:"ou=Agents,dc=FBI,dc=org"

oder einen neuen Laufwerksnamen definieren:

New-PSDrive -Name Agents -PSProvider ActiveDirectory -Root
AD:"ou=Agents,dc=FBI,dc=org"
Dir Agents:

Mit Get-Item kann man gezielt auf einzelne Active Directory-Einträge zugreifen. Allerdings stellt man schnell fest, dass man auf diesem Wege nur die Basisinformationen für einen Eintrag, nicht aber die spezifischen Attribute erreichen kann.

Bild 24.106
Einsatz von Get-Item

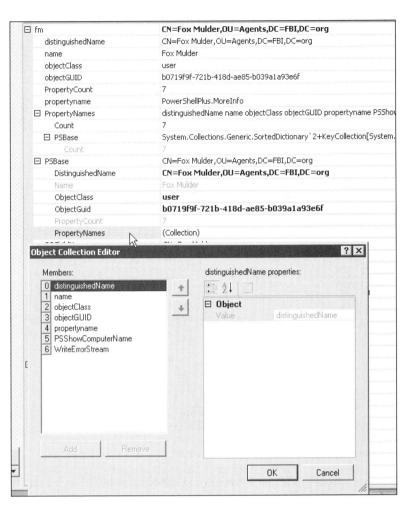

*Bild 24.107
PowerShell-
Plus offenbart,
dass es keine
spezifischen
Objektinforma-
tionen über den
Navigations-
provider gibt.*

Objektmodell

Die Commandlets des ADPowerShell-Moduls bieten mehr Möglichkeiten als der Provider. Die Commandlets verwenden ein eigenes Objektmodell zur Abbildung der ADS-Strukturen. Die Vererbungshierarchie der Datenklassen im Active Directory-Modul entspricht nicht der Vererbungshierarchie im Active Directory-Schema. Im AD-Schma ist z.B. „Computer" eine Spezialisierung von „User". Im ADPowerShell-Objektmodell sind `ADUser` und `ADComputer` auf gleicher Ebene Unterklassen von `ADAccount`.

Kapitel 24 PowerShell im Einsatz

Bild 24.108
Das Vererbungsmodell der Datenklassen im Active Directory-Modul (Quelle: Hilfe zum Modul „ADPowerShell")

```
ADEntity
  ADRootDSE
  ADObject
    ADFineGrainedPasswordPolicy
    ADOptionalFeature
    ADOrganizationalUnit
    ADPartition
      ADDomain
    ADPrincipal
      ADAccount
        ADComputer
        ADServiceAccount
        ADUser
      ADGroup
    ADDefaultDomainPasswordPolicy
    ADForest
    ADDirectoryServer
      ADDomainController
```

Bild 24.109
Im ADS-Schema ist „Computer" eine Unterklasse von „User" (hier angezeigt im Werkzeug ADSI Edit).

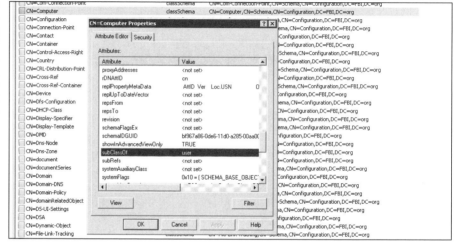

Die Datenklassen besitzen zwei Arten von Attributen:
- Direkt aus dem Active Directory stammende Attribute (z.B. `ObjectClass`, `City`, `GivenName`). Die Attribute haben zum Teil von den LDAP-Namen abweichende Bezeichnungen (z.B. „City" statt „l").
- Zusammengesetzte Attribute, die mehrere Daten aus dem Active Directory zusammenfassen. Ein Beispiel dafür ist ProtectedFromAccidentalDeletion. Dieser Boolean-Wert (Ja-/Nein-Wert) ergibt sich aus nTSecurityDescriptor, sdRightsEffective, instanceType und isDeleted.

Name des Attributs im AD-Modul	LDAP-Name
Name	name
ObjectClass	objectClass
ObjectGUID	objectGUID
CN	cn
DistinguishedName	distinguishedName
DisplayName	displayName

Tabelle 24.18: Abbildung von LDAP-Namen auf Namen im AD-Modul

Name des Attributs im AD-Modul	LDAP-Name
Description	description
Title	title
Surname	sn
GivenName	givenName
City	l
StreetAddress	street
Country	c
Office	physicalDeliveryOfficeName
Fax	facsimileTelephoneNumber
EmailAddress	mail
SamAccountName	sAMAccountName
HomeDrive	homeDrive
HomeDirectory	homeDirectory
ProfilePath	profilePath
ProtectedFromAccidentalDeletion	nTSecurityDescriptor, sdRightsEffective, instanceType, isDeleted

Tabelle 24.18: Abbildung von LDAP-Namen auf Namen im AD-Modul (Forts.)

Überblick über die Commandlets

Die beim Active Directory-PowerShell-Modul mitgelieferten Commandlets lassen sich in drei Gruppen unterteilen:

Arten von Commandlets im AD-PowerShell-Modul

- Allgemeine Verwaltungscommandlets
- Kontenverwaltung (Organisationseinheiten, Benutzer, Gruppen, Computer) mit den Untergruppen:
  Lebenszyklusverwaltung
  Kontoeigenschaftenverwaltung
  Dienstkontenverwaltung
  Gruppenmitgliedschaftsverwaltung
  Kennwortrichtlinienverwaltung
- Topologieverwaltung
  Verwaltung der Domänen und Wälder
  Verwaltung der Domänencontroller
  Verwaltung der optionalen Features
  Verwaltung der Replikationsrichtlinien

In dem folgenden Schaubild sind zusätzlich die allgemeinen PowerShell-Commandlets für die Providerverwaltung erwähnt.

Bild 24.110
Post der Commandlets aus dem Active Directory-PowerShell-Modul [Quelle: http://blogs.msdn.com/adPowerShell/archive/2009/03/05/active-directory-PowerShell-overview.aspx]

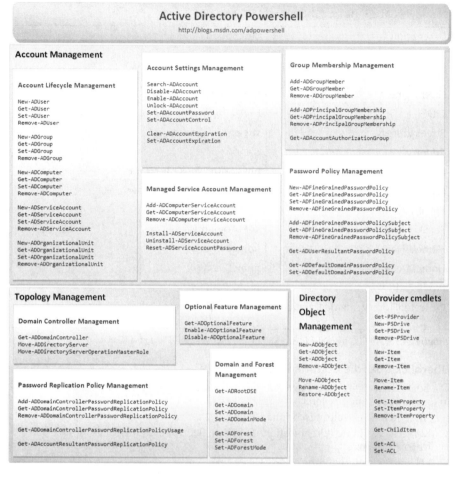

Allgemeine Verwaltungscommandlets

Das Active Directory-Modul stellt folgende allgemeine Commandlets bereit, mit denen sich Active Directory-Objekte unabhängig von der Verzeichnisdienstklasse verwalten lassen:

- `Get-ADObject`: Holt ein AD-Objekt
- `Set-ADObject`: Setzt Werte in einem AD-Objekt
- `New-ADObject`: Erzeugt ein neues AD-Objekt (unter Angabe des Klassennamens)
- `Remove-ADObject`: Löscht ein AD-Objekt
- `Rename-ADObject`: Umbennenen eines AD-Objekts
- `Move-ADObject`: Verschieben eines AD-Objekts
- `Restore-ADObject`: Wiederherstellen eines gelöschten AD-Objekts

Das folgende Listing zeigt ein Skript, das eine Organisationseinheit löscht, an einem anderen Ort unter anderem Namen wieder anlegt, dann verschiebt und umbenennt.

```
"Delete and Recreate an OU....."

$ou = Get-ADobject "ou=Agents,dc=FBI,dc=org"
$ou | fl

Set-adobject "ou=Agents,dc=FBI,dc=org" -protectedFromAccidentalDeletion $false
Remove-ADObject "ou=Agents,dc=FBI,dc=org" -confirm:$false -recursive

New-ADObject -type "OrganizationalUnit" -ProtectedFromAccidentalDeletion $false -
name "Alien-Agents" -Path "ou=Aliens,dc=FBI,dc=org"

"Move an OU..."

Move-ADObject -Identity "ou=Alien-Agents,ou=Aliens,dc=FBI,dc=org" -targetpath
"dc=FBI,dc=org"

Rename-ADobject "ou=Alien-Agents,dc=FBI,dc=org" -newname "Agents"

# Option #1
Set-ADObject "ou=Agents,dc=FBI,dc=org" -description "FBI Agents"
# Option #2
Set-ADObject "ou=Agents,dc=FBI,dc=org" -replace @{ManagedBy="cn=Walter
Skinner,ou=Directors,dc=fbi,dc=org"}
# Option #3
$newou = Get-ADObject "ou=Agents,dc=FBI,dc=org"
$newou.ManagedBy = "cn=Walter Skinner,ou=Directors,dc=fbi,dc=org"
Set-ADObject -instance $newou

"Ergebnis:"
$ou = Get-ADObject   "ou=Agents,dc=FBI,dc=org"
$ou | fl
```

Listing 24.75 Beispielskript für den Einsatz der allgemeinen AD-Commandlets [WPS2_ADS_CommonCommandlets.ps1]

Interessant im obigen Listing sind vor allem die drei Wege, auf denen `Set-ADObject` arbeitet:

- Option 1: Es gibt einige wenige AD-Attribute bzw. Attribute der AD-Modul-Klassen, die Parameter des Commandlets `Set-ADObject` sind (z.B. Description und ProtectedFromAccidentalDeletion). Diese können direkt gesetzt werden.
- Option 2: Andere Attribute können entweder unter Angabe im „Replace"-Parameter gesetzt werden (hier z.B. „Managedby„).
- Option 3: Oder diese Attribute können in objektorientierter Vorgehensweise in das Objekt geschrieben werden. `Set-ADObject` sorgt dann für die Übermittlung der Änderungen an das AD.

Wichtig: Das Commandlet `Remove-ADObject` bietet leider nicht den sonst üblichen Parameter –Force, mit dem man schreibgeschützte AD-Einträge („ProtectedFromAccidentalDeletion") einfach löschen kann. Daher muss man vorher ProtectedFromAccidentalDeletion = $false setzen, da sonst `Remove-ADObject` mit einem Fehler abbrechen könnte!

Filtern und Suchen

Mit `Get-ADObject` kann man Objekte suchen. Dabei bietet ADPowerShell wahlweise die LDAP-Filtersyntax (mit Präfix-Notation) oder eine vereinfachte Infix-Notation an, die an die PowerShell-Ausdruckssyntax angelehnt ist.

LDAP-Filtersyntax

Mit `-searchbase` legt man den Ausgangspunkt der Suche fest, z.B.:

```
-searchbase "ou=agents,dc=fbi,dc=org"
```

Mit –searchscope legt man die Tiefe der Suche fest. Erlaubt sind: Base, OneLevel und Sub-Tree, z.B.:

-SearchScope SubTree

Der folgende Befehl liefert aus dem aktuellen Active Directory-Pfad die ersten fünf Einträge, deren Name mit „F" beginnt.

Get-ADObject -Filter 'Name -like "f*"' -SearchScope SubTree -resultSetsize 5

Der folgende Befehl liefert alle Einträge, was durch $null bei resultSetsize anzugeben ist (im Standard würden sonst nur die ersten 1000 ausgegeben!).

Get-ADObject -Filter 'Name -like "f*"' -SearchScope SubTree -resultSetsize $null

Der folgende Befehl listet alle Einträge auf, in denen der Vorname mit „F" und der Nachname mit „M" beginnt.

Get-ADObject -Filter 'givenname -like "f*" -and sn -like "m*"' -SearchScope SubTree -resultSetsize $null

Wichtig: Man muss die LDAP-Attributnamen (z.B. „sn") verwenden, nicht die Attributnamen der PowerShell (wie „surname").

Anstelle der moduleigenen Filtersyntax kann man auch die LDAP-Suchsprache verwenden. Das folgende Beispiel sucht korrekt in allen Benutzerkonten, die mit „F" beginnen.

Get-ADObject -LDAPFilter '(&(objectCategory=person)(objectClass=user)(name=f*))' -SearchScope SubTree -resultSetsize $null

Die gleichzeitige Verwendung von objectCategory und objectClass in der Suchanfrage steigert die Leistung.

Die Tabelle zeigt die PowerShell-Filter und die äquivalenten LDAP-Filter.

Tabelle 24.19 Vergleich der Filtersprachen (Quelle: [MSBlog01])

PowerShell-Operator	LDAP Operator	Beschreibung
-eq	=	Gleich
-ne	! x = y	Ungleich
-like	=	Mustergleichheit
-notlike	! x = y	Musterungleichheit
-le	<=	Kleiner gleich
-lt	! x >= y	Kleiner
-ge	>=	Größer gleich
-gt	! x <= y	Größer
-and	&	Und
-or	|	Oder
-not	!	Nicht
-bor	:1.2.840.113556.1.4.804:=	Bitweise Oder
-band	:1.2.840.113556.1.4.803:=	Bitweise Und

Die PowerShell-Suchsyntax kann viel einfacher als die LDAP-Syntax sein, wie ein abschließendes Beispiel zeigt. Aufgabe ist es, alle Benutzer zu finden, die sich in den letzten fünf Tagen angemeldet haben.

$date = (Get-date) - (New-Timespan -days 5)
Get-ADUser -Filter { lastLogon -gt $date }

Mit der LDAP-Syntax wäre dies (die Zeitangabe erfolgt in Einheiten zu 100 Nanosekunden seit dem 1.1.1601):

```
Get-ADUser -LDAPFilter "(&(lastLogon>=128812906535515110)
(objectClass=user)(!(objectClass=computer)))"
```

Verwaltung von Organisationseinheiten

Zur Verwaltung von Organisationseinheiten stehen folgende spezielle Commandlets zur Verfügung: **OU**
- Get-ADOrganizationalUnit
- New-ADOrganizationalUnit
- Remove-ADOrganizationalUnit
- Set-ADOrganizationalUnit

Die Neufassung des Skripts aus dem Unterkapitel „Allgemeine Verwaltungscommandlets" unter Einsatz dieser Commandlets zeigt das folgende Listing. Die größten Unterschiede sind:
- Bei New-ADOrganizationalUnit muss man im Gegensatz zu New-ADObject keinen Klassennamen („Type") angeben.
- Mit Set-ADOrganizationalUnit kann man das Attribut ManagedBy direkt setzen.

```
"Delete and Recreate an OU....."

$ou = Get-ADObject "ou=Agents,dc=FBI,dc=org"
$ou | fl

Set-adobject "ou=Agents,dc=FBI,dc=org" -protectedFromAccidentalDeletion $false
Remove-ADOrganizationalUnit "ou=Agents,dc=FBI,dc=org" -confirm:$false -recursive

New-ADOrganizationalUnit -ProtectedFromAccidentalDeletion $false -name "Alien-
Agents" -Path "ou=Aliens,dc=FBI,dc=org"

"Move an OU..."

Move-ADObject -Identity "ou=Alien-Agents,ou=Aliens,dc=FBI,dc=org" -targetpath
"dc=FBI,dc=org"

Rename-ADObject "ou=Alien-Agents,dc=FBI,dc=org" -newname "Agents"

Set-ADOrganizationalUnit "ou=Agents,dc=FBI,dc=org" -ManagedBy "cn=Walter
Skinner,ou=Directors,dc=fbi,dc=org"

"Ergebnis:"
$ou = Get-ADObject   "ou=Agents,dc=FBI,dc=org"
$ou | fl
```

Listing 24.76
Beispielskript für den Einsatz der "OU"-Commandlets [WPS2_ADS_OUManagement.ps1]

Verwaltung von Benutzerkonten

Zur Verwaltung von Benutzerkonten stehen im PowerShell-AD-Modul die folgenden Commandlets zur Verfügung: **Konten**
- Get-ADUser: Benutzerkontenliste oder Daten eines Benutzerkontos
- New-ADUser: Benutzerkonto anlegen
- Remove-ADUser: Benutzerkonto löschen
- Set-ADUser: Eigenschaften eines Benutzers festlegen

Kapitel 24 PowerShell im Einsatz

Zugriff auf Benutzer Zugriff auf einzelne Benutzer oder Mengen von Benutzern ermöglicht Get-ADUser. Der folgende Befehl holt den Benutzer „FoxMulder":

```
Get-ADUser FoxMulder
```

Allerdings liefert Get-ADUser im Standard nur eine sehr kleine Teilmenge aller Attribute eines Benutzers (z.B. GivenName, Surname, SamAcccountname).

Bild 24.111 Standardattribute bei Get-ADUser

Möchte man mehr Attribute nutzen, muss man diese explizit angeben:

```
Get-ADUser FoxMulder -properties City, Company, Office
```

Bild 24.112 Zusätzliche Attribute bei Get-ADUser

TIPP: Alle Attribute bekommt man mit:

```
Get-ADUser FoxMulder -properties *
```

Man kann mit Get-ADUser auch Filter anwenden (vgl. Kapitel „Filtern und Suchen"). Der folgende Befehl liefert alle Benutzer in der Organisationseinheit „Agents", deren Anmeldename mit „F" beginnt:

```
Get-ADUser -searchbase "ou=agents,dc=fbi,dc=org" -Filter 'samaccountname -like "F*"'
```

Der folgende Befehl liefert alle Benutzer in der Organisationseinheit „Agents":

```
$oupath = "ou=Agents,dc=FBI,dc=org"
Get-ADUser -Searchbase $oupath -Filter "*"
```

New-ADUser **Benutzerkonto anlegen** Zum Anlegen von Benutzerkonten kommt New-ADUser zum Einsatz. Dabei kann man zahlreiche Kontoeigenschaften direkt setzen. Auf eine detaillierte Besprechung der Parameter wird hier zur Einsparung von Platz verzichtet, da diese größtenteils selbsterklärend sind.

```
$fm = New-ADUser -path $oupath -Name "Fox Mulder" -SamAccountName "FoxMulder" -
DisplayName "Fox Mulder" -Title "Agent" -Enabled $true -ChangePasswordAtLogon $false
-AccountPassword (ConvertTo-SecureString "I+love+Scully" -AsPlainText -force) -
PassThru -PasswordNeverExpires:$true -Description "FBI Agent" -HomePage
"www.xfiles.com" -Company "FBI"
```

Listing 24.77: Anlegen des Agenten „Fox Mulder" unter Angabe des Kennwort im Skripttext
[WPS2_ADS_UserManagement.ps1]

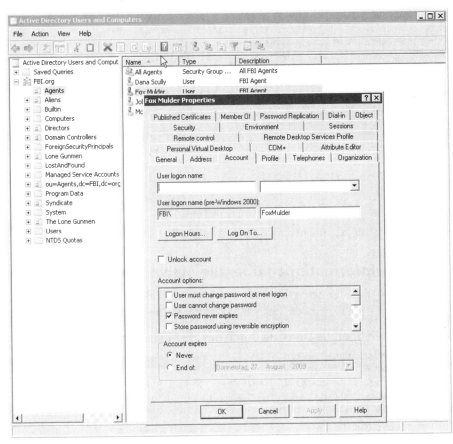

Bild 24.113
Ergebnis der
Ausführung
des o.g. Befehls

Verwaltung von Benutzergruppen

Zur Gruppenverwaltung gibt es acht Commandlets, davon beziehen sich vier auf die
Gruppen und vier auf die Gruppenmitgliedschaften:
- Get-ADGroup: Benutzergruppen auflisten
- New-ADGroup: Anlegen einer Benutzergruppe
- Set-ADGroup: Eigenschaften einer Benutzergruppe setzen
- Remove-ADGroup: Eine Benutzergruppe entfernen
- Get-ADGroupMember: Auflisten der Mitglieder einer Benutzergruppe

Kapitel 24 PowerShell im Einsatz

- `Get-ADPrincipalGroupMembership`: Auflisten der direkten Mitglieder einer Benutzergruppe
- `Add-ADGroupMember`: Hinzufügen eines Gruppenmitglieds
- `Remove-ADGroupMember`: Entfernen eines Gruppenmitglieds

Das folgende Listing erzeugt die Gruppe „All Agents" mit vier Agenten. Danach wird eine Agentin „entlassen" und daher aus der Gruppe entfernt.

Listing 24.78
Verwaltung von Benutzergruppen
[WPS2_ADS_UserManagement.ps1]

```
"--- Gruppe anlegen..."
New-ADGroup -path $oupath -Name "All Agents" -SamAccountName "AllAgents" -GroupScope
Global -GroupCategory Security -Description "All FBI Agents" -PassThru
"--- Mitglieder in die Gruppe aufnehmen..."
Add-ADGroupMember -Identity AllAgents -Members FoxMulder
Add-ADGroupMember -Identity AllAgents -Members DanaScully
Add-ADGroupMember -Identity AllAgents -Members JohnDoggett
Add-ADGroupMember -Identity AllAgents -Members MonicaReyes
"--- Gruppenmitglieder:"
Get-ADGroupMember -Identity AllAgents
"--- Mitglied entfernen…"
Remove-ADGroupMember -Identity AllAgents -Members MonicaReyes -Confirm:$false
"--- Gruppenmitglieder:"
Get-ADGroupMember -Identity AllAgents
```

Mit

`Get-ADPrincipalGroupMembership -Identity FoxMulder`

listet man alle Gruppen auf, in denen Fox Mulder direkt Mitglied ist.

24.13.11 Informationen über die Active Directory-Struktur

Informationen über die Active Directory-Struktur (z.B. Liste der Domänencontroller) gewinnt man über die .NET-Klassenbibliothek oder das ADPowerShell-Modul.

Informationen über die Domäne durch die .NET-Klassenbibliothek

System.DirectoryServices.ActiveDirectory

Zusätzlich zu dem Namensraum `System.DirectoryServices`, der allgemeine Klassen zur Verzeichnisdienstprogrammierung enthält, gibt es in .NET seit Version 2.0 den Unternamensraum `System.DirectoryServices.ActiveDirectory` (alias Active Directory Management Objects – ADMO). Dieser Namensraum implementiert einige Active Directory-spezifische Funktionen, die nicht auf andere Verzeichnisdienste anwendbar sind.

Insbesondere bietet dieser Namensraum Klassen zur Verwaltung der Gesamtstruktur eines Active Directorys, beispielsweise `Forest`, `Domain`, `ActiveDirectoryPartition`, `DomainController`, `GlobalCatalog` und `ActiveDirectorySubnet`. Auch einige spezielle Klassen für den Active Directory Application Mode (ADAM), eine funktionsreduzierte Version des Active Directorys zum Einsatz als Datenspeicher für eigene Anwendungen, werden mit Klassen wie `ADAMInstanceCollection` und `ADAMInstance` unterstützt.

Beispiel 1: Informationen über die Domäne und den Domänenwald

Das Beispiel liefert Informationen über die Domäne, zu welcher der aktuelle Computer gehört, und über den Domänenwald (Forest), zu dem diese Domäne gehört.

```
# Aktuelle Domain ermitteln
$d = [System.DirectoryServices.ActiveDirectory.Domain]::GetCurrentDomain();

# Informationen über aktuelle Domäne
"Name: " + $d.Name
"Domain Mode: " + $d.DomainMode
"Inhaber der InfrastructureRole: " + $d.InfrastructureRoleOwner.Name
"Inhaber der PdcRole: " + $d.PdcRoleOwner.Name
"Inhaber der PdcRole: " + $d.PdcRoleOwner.Name

# Informationen über Forest der aktuellen Domäne
$f = $d.Forest;
"Name des Waldes: " + $f.Name
"Modus des Waldes: " + $f.ForestMode
```

Listing 24.79 Informationen über die Domäne und den Forest [ADS_Domain_Info.ps1]

Beispiel 2: Liste der Domänencontroller und ihrer Rollen

Im zweiten Beispiel werden alle Domänencontroller (und deren Rollen) aus einer speziellen Domäne aufgelistet.

```
# Aktuelle Domain ermitteln
$d = [System.DirectoryServices.ActiveDirectory.Domain]::GetCurrentDomain()
$DCs = $d.DomainControllers
# Schleife über alle Domänencontroller
foreach ($DC in $DCs)
{
   "Name: " + $DC.Name
   "IP: " + $DC.IPAddress.ToString()
   "Zeit: " + $DC.CurrentTime.ToString()
    "Rollen:"
   # Schleife über alle Rollen des DC
   foreach ($R in $DC.Roles)
   {
     "- " + $R.ToString()
   }
}
```

Listing 24.80 Informationen über die Domänencontroller und ihre Rollen [ADS_Domaincontroller_Info.ps1]

Informationen über die Domäne durch das Modul ADPowerShell

Folgende Commandlets im PowerShell-AD-Modul liefern Daten über die Domäne:
- Get-ADDomain: Liefert Daten über die Domäne.
- Get-ADDomainController: Liefert Daten über die Domänencontroller.
- Get-ADForest: Liefert Informationen über den AD-Wald.
- Get-ADOptionalFeature: Liefert eine Liste der optionalen Features des Active Directory.
- Get-ADRootDSE: Liefert die Wurzel des Active Directory.

Domäneninformationen

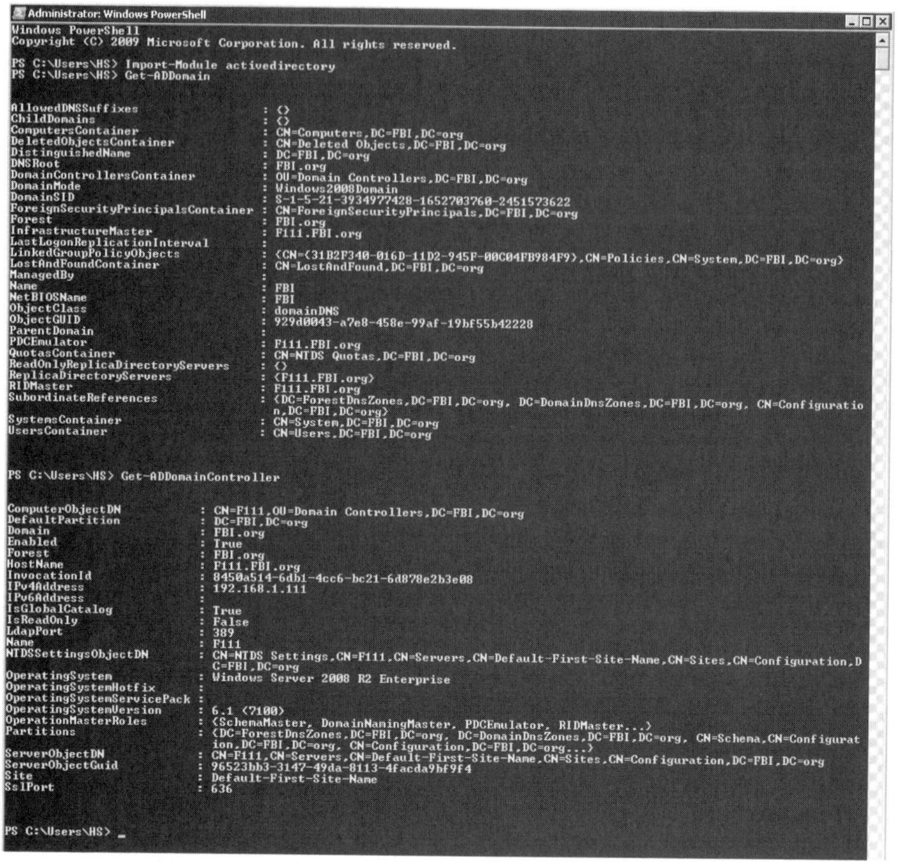

Kapitel 24 PowerShell im Einsatz

Bild 24.114
Ausgabe von Get-ADDomain und Get-ADDomainController in der Beispieldomäne FBI.org

24.14 Gruppenrichtlinien

GPMC Das PowerShell-Modul „Group Policy" (in Windows Server 2008 R2 und optional mit RSAT in Windows 7) bietet Commandlets, die den Funktionen der Gruppenrichtlinienverwaltungskonsole (GPMC) bzw. der zugehörigen COM-Komponente „GPM" entsprechen.

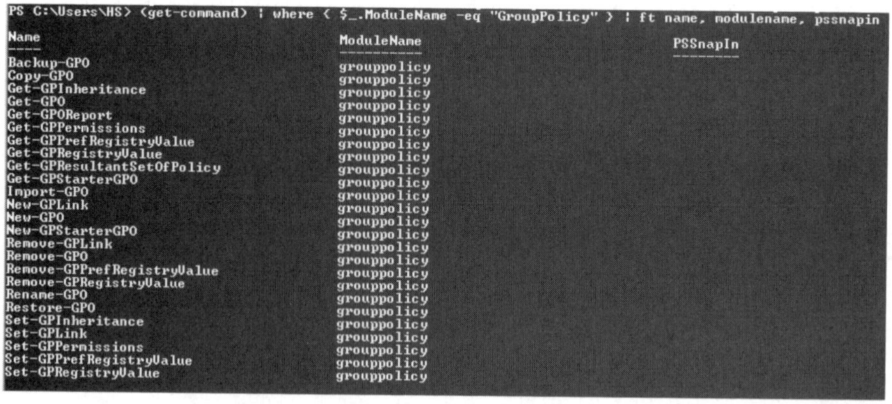

Bild 24.115
Übersicht über die Commandlets im Group Policy-Modul

> Anders als bei der „GPM"-COM-Komponente kann man mit den PowerShell-Commandlets auch Einstellungen innerhalb der Gruppenrichtlinien skriptbasiert erstellen.

24.14.1 Verwaltung der Gruppenrichtlinien

Commandlets

Folgende Commandlets dienen der Verwaltung der Gruppenrichtlinien:

- `Get-GPO`: Listet alle Gruppenrichtlinien bzw. Zugriff auf eine Gruppenrichtlinie.
- `New-GPO`: Erzeugt eine neue, leere Gruppenrichtlinie.
- `Remove-GPO`: Entfernt eine Gruppenrichtlinie sowohl aus dem Active Directory auch aus dem System Volume Folder (SysVol). Anders als bei der GPM-COM-Komponente werden dadurch auch alle Verknüpfungen entfernt.
- `Rename-GPO`: Umbenennen einer Gruppenrichtlinie.
- `Copy-GPO`: Kopieren einer Gruppenrichtlinie (auch zwischen Domänen in einem AD-Wald). Beim Kopieren zwischen Domänen kann man Einstellungen abändern lassen.
- `New-GPStarterGPO`: Erstellen einer neuen, auf andere Domains transferierbaren Gruppenrichtlinienvorlage („Starter GPO", vgl. Gruppenrichtlinienmanagementkonsole ab Version 2.0).
- `Get-GPStarterGPO`: Auflisten der Gruppenrichtlinienvorlagen.

Die Datenobjekte sind vom Typ `Microsoft.GroupPolicy.GPO` (siehe Bildschirmabbildung).

```
PS C:\Users\HS> Get-GPO -all | gm

   TypeName: Microsoft.GroupPolicy.Gpo

Name                 MemberType Definition
----                 ---------- ----------
Backup               Method     Microsoft.GroupPolicy.GpoBackup Backup(string directory, string comment), Micros...
CopyTo               Method     Microsoft.GroupPolicy.Gpo CopyTo(Microsoft.GroupPolicy.GPDomain targetDomain, st...
Delete               Method     System.Void Delete()
Equals               Method     bool Equals(Microsoft.GroupPolicy.Gpo other), bool Equals(System.Object obj)
GenerateReport       Method     string GenerateReport(Microsoft.GroupPolicy.ReportType reportType), string Gener...
GenerateReportToFile Method     System.Void GenerateReportToFile(Microsoft.GroupPolicy.ReportType reportType, st...
GetHashCode          Method     int GetHashCode()
GetSecurityInfo      Method     Microsoft.GroupPolicy.GPPermissionCollection GetSecurityInfo()
GetType              Method     type GetType()
Import               Method     Microsoft.GroupPolicy.Gpo Import(Microsoft.GroupPolicy.GpoBackup gpoBackup), Mic...
IsAclConsistent      Method     bool IsAclConsistent()
MakeAclConsistent    Method     System.Void MakeAclConsistent()
SetSecurityInfo      Method     System.Void SetSecurityInfo(Microsoft.GroupPolicy.GPPermissionCollection collect...
ToString             Method     string ToString()
Computer             Property   Microsoft.GroupPolicy.ComputerConfiguration Computer {get;}
CreationTime         Property   System.DateTime CreationTime {get;}
Description          Property   System.String Description {get;set;}
DisplayName          Property   System.String DisplayName {get;set;}
DomainName           Property   System.String DomainName {get;}
GpoStatus            Property   Microsoft.GroupPolicy.GpoStatus GpoStatus {get;set;}
Id                   Property   System.Guid Id {get;}
ModificationTime     Property   System.DateTime ModificationTime {get;}
Owner                Property   System.String Owner {get;}
Path                 Property   System.String Path {get;}
User                 Property   Microsoft.GroupPolicy.UserConfiguration User {get;}
WmiFilter            Property   Microsoft.GroupPolicy.WmiFilter WmiFilter {get;set;}
```

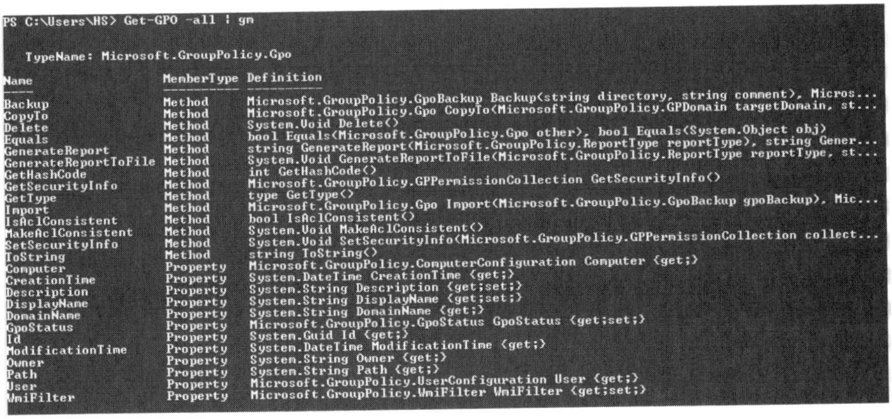

Bild 24.116 *Datenobjekte, die Get-GPO liefert*

Datensicherung und Wiederherstellung

Zur Datensicherung und Wiederherstellung von Gruppenrichtlinien gibt es: `Backup-GPO`, `Restore-GPO` und `Import-GPO`.

`Backup-GPO` erstellt eine Sicherung von einer oder mehreren Gruppenrichtlinien. Die Angabe einer Gruppenrichtlinie erfolgt durch `-Name` oder `-GUID`. Der Parameter `-All` liefert alle Gruppenrichtlinien. Man kann auch GPO-Objekte sichern, die in der Pipeline sind, z.B.:

```
# Datensicherung für alle bestehenden FBI-Gruppenrichtlinien
Get-GPO -all | where { $_.displayname -like "*FBI*" } | Backup-GPO -Path "c:\wps\
GPO_backups"
```

Bild 24.117
Ergebnis der Sicherung von drei Gruppenrichtlinien im Dateisystem

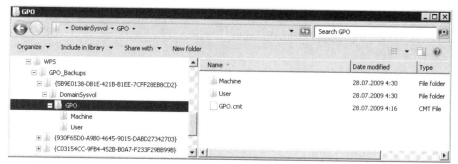

Die Wiederherstellung mit Restore-GPO erfolgt anhand des Namens, der GUID oder durch –all für alle gesicherten Gruppenrichtlinien.

```
Restore-GPO "GP FBI" -Path "c:\wps\GPO_backups"
Restore-GPO -all -Path "c:\wps\GPO_backups"
```

Import-GPO erlaubt durch –TargetName die Wiederherstellung unter einem anderen Namen.

24.14.2 Verknüpfung der Gruppenrichtlinien

GPLink Zur Verknüpfung der Gruppenrichtlinien mit Containern im Active Directory stehen zur Verfügung:

- New-GPLink: Verknüpft eine Gruppenrichtlinie mit einem Container (Site, Domäne oder Organisationseinheit).
- Remove-GPLink: Entfernt eine Verknüpfung zwischen Gruppenrichtlinie und Container, behält aber die Gruppenrichtlinie selbst.
- Set-GPLink: Setzt die Eigenschaften Enabled, Enforced und Order für eine Verknüpfung.

Beispiel Das folgende Skript legt drei leere Gruppenrichtlinien an und verlinkt diese mit zwei Organisationseinheiten. (Vorher wurden die Gruppenrichtlinien gelöscht, falls sie schon existierten.)

Listing 24.81
Beispiel zum Anlegen und Verlinken von Gruppenrichtlinien [WPS2_GP_CreateAndLinkGPO.ps1]

```
Import-Module grouppolicy

Remove-GPO "GP for FBI Agents"
Remove-GPO "GP FBI"
Remove-GPO "GP for FBI Directors"

New-gpo -name "GP FBI" -Comment "Standard Policy for all FBI Employees"
New-gpo -name "GP for FBI Directors" -Comment "Standard Policy for all FBI Directors"
New-gpo -name "GP for FBI Agents" -Comment "Standard Policy for all FBI Agents"

New-GPLink -name  "GP FBI" -target "dc=org" -Linkenabled Yes
New-GPLink -name  "GP for FBI Agents" -target "ou=agents,dc=fbi,dc=org" -Linkenabled Yes
New-GPLink -name  "GP for FBI Directors" -target "ou=directors,dc=fbi,dc=org" -Linkenabled Yes
```

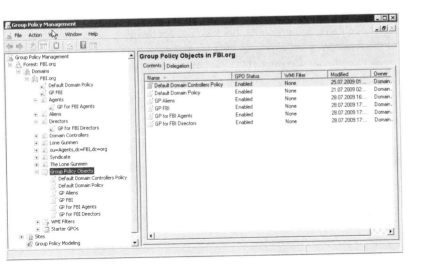

Bild 24.118
Zustand der Gruppenrichtlinien nach Ausführung des obigen Skripts

24.14.3 Berichte

`Get-GPOReport` erstellt einen Bericht über eine Gruppenrichtlinie inklusive ihrer Einstellungen und aller Verknüpfungen. Das Ausgabeformat ist wahlweise HTML oder XML.

`Get-GPOReport "GP FBI" -Reporttype html >c:\wps\go_report.htm`

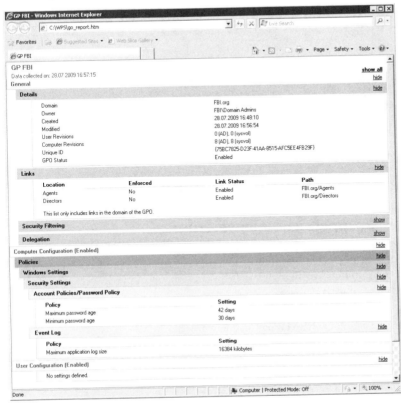

Bild 24.119
Gruppenrichtlinienbericht in HTML-Form

Kapitel 24 PowerShell im Einsatz

Richtlinien-ergebnisbericht
Ein Richtlinienergebnisbericht (engl. Resultant Set Of Policy) zeigt an, welche Gruppenrichtlinien auf einen Computer oder einen konkreten Benutzer eines Computers bei der Anmeldung an diesem Computer wirken.

Diesen Bericht erstellt das Commandlet `Get-GPResultantSetOfPolicy` in HTML- oder XML-Form.

Der folgende Befehl erstellt den Bericht für den Benutzer „Fox Mulder" auf dem Computer „F171":

```
Get-GPResultantSetOfPolicy -user "FoxMulder" -computer "F171" -ReportType HTML -path c:\wps\rsop.htm
```

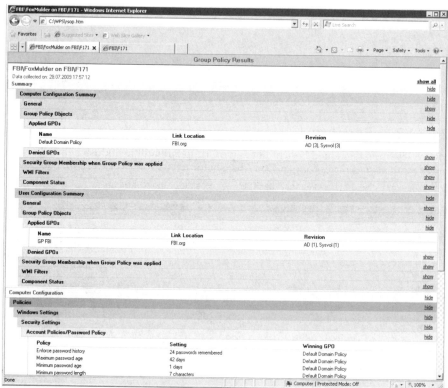

Bild 24.120 Richtlinienergebnisbericht in HTML-Form

24.14.4 Gruppenrichtlinienvererbung

Get-GP-Inheritance
Auf einen Container wirken Gruppenrichtlinien, die direkt verknüpft sind oder die geerbt werden. Mit `Get-GPInheritance` kann eine Liste aller wirkenden Gruppenrichtlinien für einen Container ermittelt werden.

```
Get-GPInheritance -target "ou=agents,dc=fbi,dc=org"
```

Die Bildschirmabbildung zeigt, dass „GP for FBI Agents" direkt verknüpft ist, während „GP FBI" und „Default Domain Policy" geerbt werden.

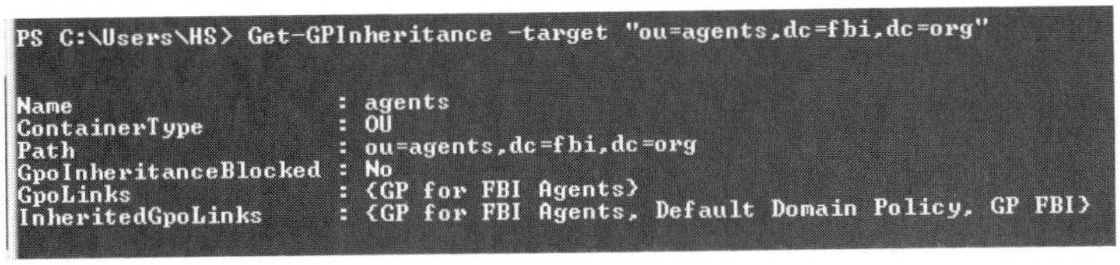

Gruppenrichtlinien

```
PS C:\Users\HS> Get-GPInheritance -target "ou=agents,dc=fbi,dc=org"

Name                   : agents
ContainerType          : OU
Path                   : ou=agents,dc=fbi,dc=org
GpoInheritanceBlocked  : No
GpoLinks               : {GP for FBI Agents}
InheritedGpoLinks      : {GP for FBI Agents, Default Domain Policy, GP FBI}
```

Bild 24.121
Ergebnis der Ausführung von Get-GP-Inheritance

Mit Set-GPInheritance kann man steuern, ob ein Container Gruppenrichtlinien von übergeordneten Containern erben soll.

Der folgende Befehle verhindern, dass die „Aliens" die Richtlinien „GP FBI" und „Default Domain Policy" erben:

Set-GPInheritance -target "ou=aliens,dc=fbi,dc=org" -isblocked no

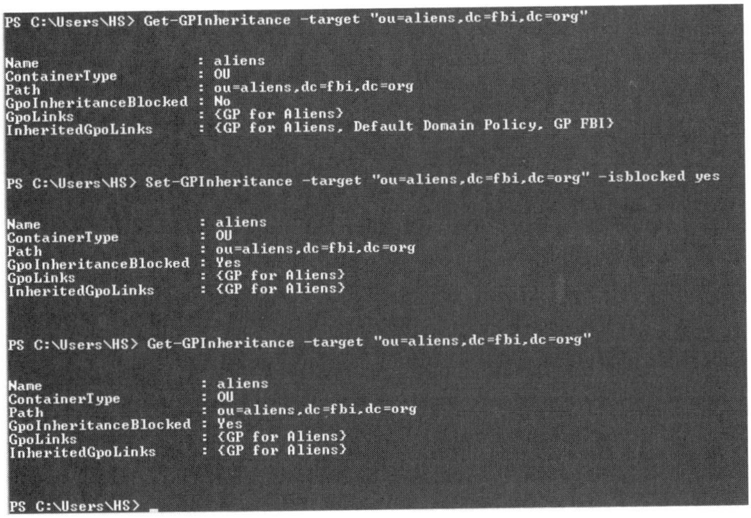

```
PS C:\Users\HS> Get-GPInheritance -target "ou=aliens,dc=fbi,dc=org"

Name                   : aliens
ContainerType          : OU
Path                   : ou=aliens,dc=fbi,dc=org
GpoInheritanceBlocked  : No
GpoLinks               : {GP for Aliens}
InheritedGpoLinks      : {GP for Aliens, Default Domain Policy, GP FBI}

PS C:\Users\HS> Set-GPInheritance -target "ou=aliens,dc=fbi,dc=org" -isblocked yes

Name                   : aliens
ContainerType          : OU
Path                   : ou=aliens,dc=fbi,dc=org
GpoInheritanceBlocked  : Yes
GpoLinks               : {GP for Aliens}
InheritedGpoLinks      : {GP for Aliens}

PS C:\Users\HS> Get-GPInheritance -target "ou=aliens,dc=fbi,dc=org"

Name                   : aliens
ContainerType          : OU
Path                   : ou=aliens,dc=fbi,dc=org
GpoInheritanceBlocked  : Yes
GpoLinks               : {GP for Aliens}
InheritedGpoLinks      : {GP for Aliens}

PS C:\Users\HS> _
```

Bild 24.122
Veränderte Vererbung durch Einsatz von Set-GP-Inheritance

24.14.5 Weitere Möglichkeiten

Mit den folgenden Commandlets kann man Einstellungen in den Gruppenrichtlinien vornehmen, lesen oder löschen:

- Set-GPRegistryValue
- Set-GPPrefRegistryValue
- Get-GPPrefRegistryValue
- Get-GPRegistryValue
- Set-GPPrefRegistryValue
- Set-GPRegistryValue
- Remove-GPPrefRegistryValue
- Remove-GPRegistryValue

Außerdem gibt es noch Commandlets zur Verwaltung der Zugriffsrechte auf Gruppenrichtlinien:
- `Set-GPPermissions`
- `Get-GPPermissions`

Eine Besprechung ist hier aufgrund der verlegerischen Seitenrestriktionen leider nicht möglich!

24.15   Internet Information Server (IIS)

IIS-Verwaltung Das Modul „WebAdministration" (in Windows Server 2008 R2 und Windows 7 nach Installieren von RST) dient der Verwaltung des in Windows Client und Windows Server integrierten Webservers „Internet Information Services" (IIS). Mit dem Modul lässt sich aber nur der IIS 7 verwalten, der ab Windows Vista bzw. Windows Server 2008 in Windows enthalten ist. Auch der in Windows Server 2008 R2 enthaltene IIS 7.5 lässt sich damit verwalten.

24.15.1   Überblick

Das Modul „WebAdministration" enthält einen gleichnamigen PowerShell-Navigationsprovider sowie zahlreiche Commandlets:
- `Add-WebConfiguration`
- `Add-WebConfigurationLock`
- `Add-WebConfigurationProperty`
- `Backup-WebConfiguration`
- `Clear-WebConfiguration`
- `Clear-WebRequestTracingSettings`
- `ConvertTo-WebApplication`
- `Disable-WebGlobalModule`
- `Disable-WebRequestTracing`
- `Enable-WebGlobalModule`
- `Enable-WebRequestTracing`
- `Get-WebAppDomain`
- `Get-WebApplication`
- `Get-WebAppPoolState`
- `Get-WebBinding`
- `Get-WebConfigFile`
- `Get-WebConfiguration`
- `Get-WebConfigurationBackup`
- `Get-WebConfigurationLocation`
- `Get-WebConfigurationLock`
- `Get-WebConfigurationProperty`
- `Get-WebFilePath`
- `Get-WebGlobalModule`
- `Get-WebHandler`
- `Get-WebItemState`
- `Get-WebManagedModule`
- `Get-WebRequest`
- `Get-Website`
- `Get-WebsiteState`
- `Get-WebURL`
- `Get-WebVirtualDirectory`
- `New-WebApplication`
- `New-WebAppPool`

- New-WebBinding
- New-WebFtpSite
- New-WebGlobalModule
- New-WebHandler
- New-WebManagedModule
- New-Website
- New-WebVirtualDirectory
- Remove-WebApplication
- Remove-WebAppPool
- Remove-WebBinding
- Remove-WebConfigurationBackup
- Remove-WebConfigurationLocation
- Remove-WebConfigurationLock
- Remove-WebConfigurationProperty
- Remove-WebGlobalModule
- Remove-WebHandler
- Remove-WebManagedModule
- Remove-Website
- Remove-WebVirtualDirectory
- Rename-WebConfigurationLocation
- Restart-WebAppPool
- Restart-WebItem
- Restore-WebConfiguration
- Select-WebConfiguration
- Set-WebBinding
- Set-WebConfiguration
- Set-WebConfigurationProperty
- Set-WebGlobalModule
- Set-WebHandler
- Set-WebManagedModule
- Start-WebAppPool
- Start-WebCommitDelay
- Start-WebItem
- Start-Website
- Stop-WebAppPool
- Stop-WebCommitDelay
- Stop-WebItem
- Stop-Website

24.15.2 Navigationsprovider

Das Modul „WebAdministration" legt beim Import für den Navigationsprovider „WebAdministration" ein „Laufwerk" „IIS:" an. Unterhalb des Wurzelordners gibt es die Unterordner: „AppPools", „Sites" und „SslBinding„. Sites enthält die HTTP-Websites (siehe Bildschirmabbildung).

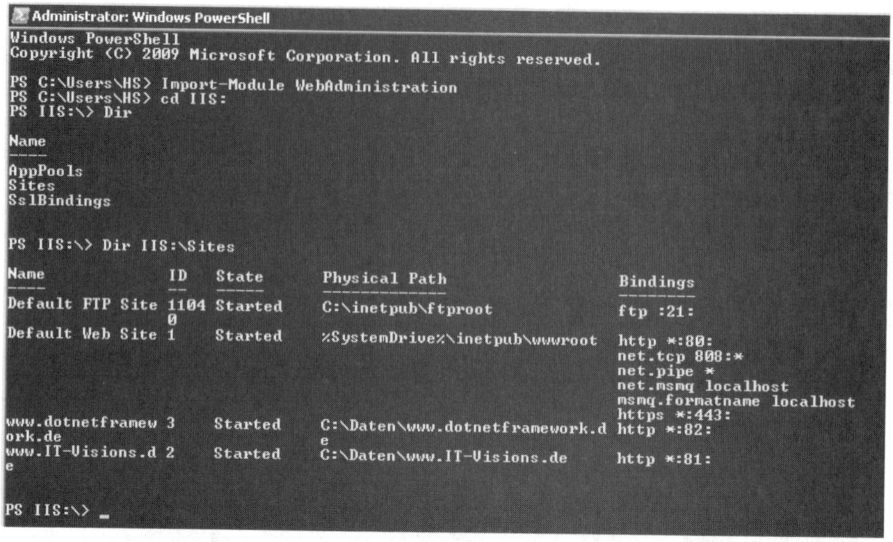

Kapitel 24 PowerShell im Einsatz

Bild 24.123
Auflisten der vorhandenen Websites

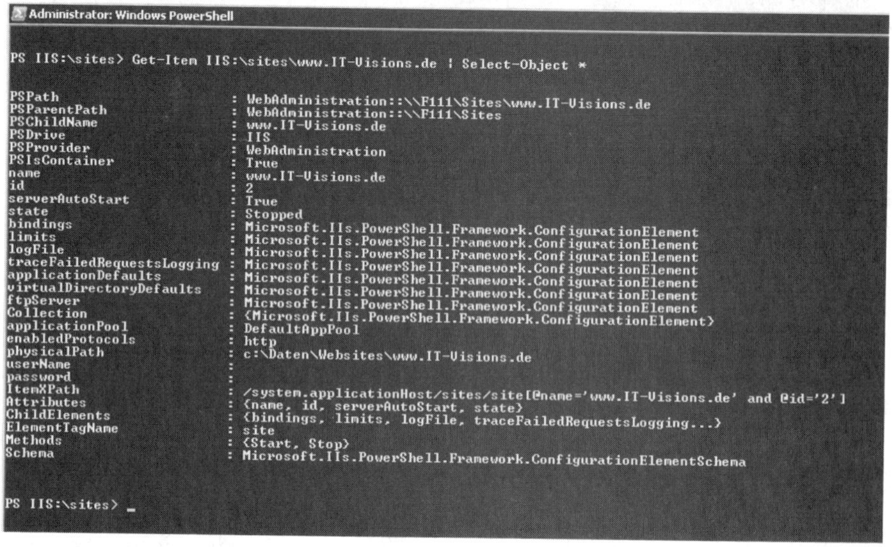

Bild 24.124
*Mit Get-Item | Select-Object * sieht man Details über eine Website.*

Get-Website Alternativ kann man zum Auflisten der Inhalte die Commandlets `Get-Website`, `Get-WebvirtualDirectory` und `Get-WebApplication` verwenden.

Achtung: Bei `Get-Website` ist zumindest in der zum Redaktionsschluss dieses Buches vorliegenden RC-Version ein Fehler. `Get-Website` ignoriert den Parameter `-Name` und liefert immer alle Websites, obwohl die Hilfedatei genau ein Beispiel zeigt, wie man mit `-Name` filtern könnte.

Internet Information Server (IIS)

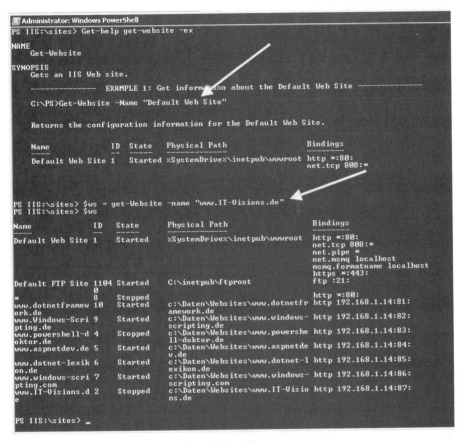

Bild 24.125
Get-Websites ignoriert den Parameter "-name".

Um dies zu umgehen, muss man Where-Object benutzen:

$ws = Get-Website | where { $_.name -eq "www.IT-Visions.de" }

Grundsätzlich kann man auch Get-Item verwenden:

$ws2 = Get-Item "iiS:\sites\ www.IT-Visions.de".

Der Unterschied ist nur, dass im ersten Fall die PowerShell den Pipeline-Inhalt als Instanzen „Microsoft.IIs.PowerShell.Framework.ConfigurationElement#site" identifiziert und im zweiten Fall die PowerShell dort lediglich „System.Object" erkennt, obwohl die Attribute, die Get-Member anzeigt, in beiden Fällen gleich sind.

24.15.3 Anlegen von Websites

Zum Anlegen eines virtuellen Webservers („Website") verwendet man New-Website, z.B.:   **New-Website**

New-Website -Name "www.PowerShell-Doktor.de" -PhysicalPath "c:\Daten\www.PowerShell-doktor.de" -Port 83

Bild 24.126
Vor- und nach dem Anlegen einer Website

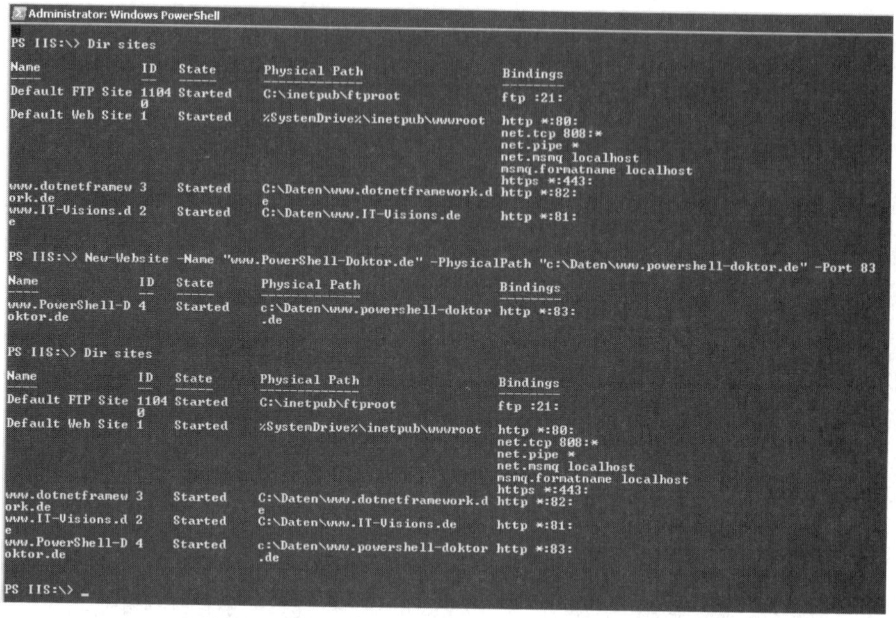

[Screenshot: PowerShell window showing `Dir sites` listing default FTP/Web sites and newly created www.PowerShell-Doktor.de site via `New-Website -Name "www.PowerShell-Doktor.de" -PhysicalPath "c:\Daten\www.powershell-doktor.de" -Port 83`]

Das angegebene Verzeichnis im Dateisystem muss vorher existieren!

24.15.4 Massenanlegen von Websites

Es sei folgende Textdatei gegeben, aus der virtuelle Webserver („Websites") erzeugt werden sollen.

Bild 24.127
Datei webserver.txt

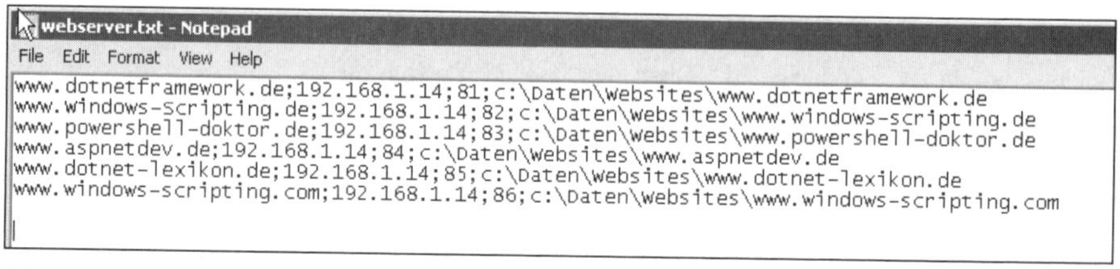

```
www.dotnetframework.de;192.168.1.14;81;c:\Daten\websites\www.dotnetframework.de
www.windows-scripting.de;192.168.1.14;82;c:\Daten\websites\www.windows-scripting.de
www.powershell-doktor.de;192.168.1.14;83;c:\Daten\websites\www.powershell-doktor.de
www.aspnetdev.de;192.168.1.14;84;c:\Daten\websites\www.aspnetdev.de
www.dotnet-lexikon.de;192.168.1.14;85;c:\Daten\websites\www.dotnet-lexikon.de
www.windows-scripting.com;192.168.1.14;86;c:\Daten\websites\www.windows-scripting.com
```

Ohne das WebAdministration-Modul müsste man das folgende Skript starten, das WMI verwendet.

Listing 24.82 Massenanlegen von Websites mit PowerShell ohne das WebAdministration-Modul [Einsatzgebiete\IIS\IIS_CreateSites.ps1]

```
# =====================
# IIS Script: Create Websites without WebAdministration Module
# (C) Dr. Holger Schwichtenberg
# =====================

# === Get WMI Object with DCOM encryption
Function Get-WMIObjectEx($Namespace, $Path)
{
#Write-Host $Namespace $Path
$connection = New-Object System.Management.ConnectionOptions
$connection.Authentication = [System.Management.AuthenticationLevel]::PacketPrivacy
$scope = New-Object System.Management.ManagementScope($Namespace, $connection)
```

```
$path = New-Object System.Management.ManagementPath($Path)
$GetOptions = New-Object System.Management.ObjectGetOptions
$WMI = New-Object System.Management.ManagementObject($scope,$path,$GetOptions)
return $WMI
}

# === Get WMI class with DCOM encryption
Function Get-WMIClassEx($Namespace, $Path)
{
Write-Host $Namespace $Path
$connection = New-Object System.Management.ConnectionOptions
$connection.Authentication = [System.Management.AuthenticationLevel]::PacketPrivacy
$scope = New-Object System.Management.ManagementScope($Namespace, $connection)
$path = New-Object System.Management.ManagementPath($Path)
$GetOptions = New-Object System.Management.ObjectGetOptions
return New-Object System.Management.ManagementClass($scope,$path,$GetOptions)
}

# === Create Site
function New-IISVirtWeb ([string]$Computer, [string]$Name, [string]$IP,
[string]$Port, [string]$Hostname, [string]$RootDir)
{
$Namespace = "\\"  + $Computer + "\root\MicrosoftIISv2"
$Path1 = $Namespace + ":ServerBinding"
$Path2 = $Namespace + ":IIsWebService='W3SVC'"


# Create Binding
$class = Get-WMIClassEx $Namespace $Path1
$binding = $class.CreateInstance()
$binding.IP = $IP
$binding.Port = $Port
$binding.Hostname = $Hostname
[array] $bindings = $binding

# Create Site
$Webservice = Get-WMIObjectEx $Namespace   $Path2
$Website = $Webservice.CreateNewSite($Name, $bindings, $RootDir)

Write-Host "Webserver" $Name "angelegt auf Computer" $Computer "!"
}


# --- Parameters
$InputFile = "H:\demo\WPS\B_IIS\webserver.txt"
$Computer = "F171"

# Read textfile and create a new webserver for each line
Get-Content $InputFile | Foreach-Object {
$a = $_.Split(";")
# Create directory if it does not exist!
mkdir  $a[3] -erroraction silentlycontinue
```

```
# Create Websitegm
New-IISVirtWeb $Computer  $a[0]  $a[1]  $a[2] ""  $a[3]
}
```

Mit dem WebAdministration-Modul ist diese Aufgabe wesentlich kürzer zu erfüllen.

Listing 24.83
Massenanlegen von Websites mit Power-Shell mit dem WebAdministration-Modul [WPS2_IIS-CreateWebsites_From_CSV.ps1]

```
# --- Parameters
$InputFile = "c:\wps\webserver.txt"
$Computer = "F111"

# --- Read textfile and create a new webserver for each line
Get-Content $InputFile | Foreach-Object {
$a = $_.Split(";")
# Create directory if it does not exist!
mkdir  $a[3] -erroraction silentlycontinue
# Create Website
New-Website -Name $a[0] -IPAddress  $a[1] -port $a[2] -PhysicalPath $a[3] -force
}
```

24.15.5 Ändern von Eigenschaften von Websites

Get-Website

Zum Ändern von Eigenschaften einer Website greift man auf die Website mit Get-Item (oder Get-Website) zu. Dann kann man auf die Attribute schreibend zugreifen. Nach dem Beschreiben sorgt man mit Set-Item für die Speicherung der Änderungen.

Achtung: Anders als der Dateisystemprovider der PowerShell speichert der WebAdministration-Provider erst nach einem expliziten Speichervorgang!

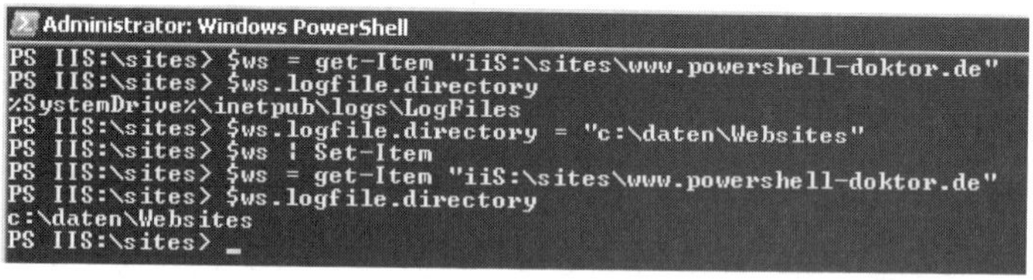

Bild 24.128
Verändern des Standorts für die Protokolldaten

```
PS IIS:\sites> $ws = get-Item "iiS:\sites\www.powershell-doktor.de"
PS IIS:\sites> $ws.logfile.directory
%SystemDrive%\inetpub\logs\LogFiles
PS IIS:\sites> $ws.logfile.directory = "c:\daten\Websites"
PS IIS:\sites> $ws | Set-Item
PS IIS:\sites> $ws = get-Item "iiS:\sites\www.powershell-doktor.de"
PS IIS:\sites> $ws.logfile.directory
c:\daten\Websites
PS IIS:\sites>
```

HINWEIS: Ohne den Neuabruf der Daten mit Get-Item nach dem Set-Item hätte man in dem obigen Beispiel keinen Beweis, dass die Änderung wirklich gespeichert wurde.

24.15.6 Anwendungspool anlegen

New-WebAppPool

Sofern man keinen Anwendungspool angibt, landet die neue Website im Standardpool. Alternativ kann man vorher mit New-WebAppPool einen Pool anlegen und bei New-Website den Namen des Pools im Parameter -ApplicationPool angeben:

```
$pool = New-WebAppPool -name "PowerShell-Doktor Pool"
$site = New-Website -Name "www.PowerShell-Doktor.de" -PhysicalPath "c:\Daten\www.PowerShell-doktor.de" -Port 83 -ApplicationPool $pool.name
```

Außerdem kann man die Identität des Anwendungspools setzen:

```
Set-ItemProperty "iis:\apppools\PowerShell-Doktor Pool" -name processModel -value @{userName="PSDoktor Pool User";password="Very!Secret!09";identitytype=3}
```

Internet Information Server (IIS)

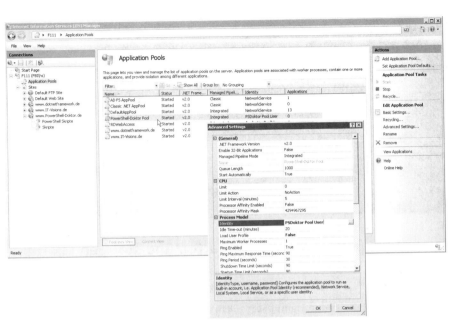

Bild 24.129
Nach dem Anlegen des Anwendungs-pools und dem Zuweisen der Identität

 Die PowerShell-Commandlets prüfen nicht, ob die angegebene Identität existiert.

24.15.7 Virtuelle Verzeichnisse und IIS-Anwendungen

Das Anlegen eines virtuellen Verzeichnisses ist ebenfalls sehr einfach:

```
New-WebVirtualDirectory -Site "www.PowerShell-doktor.de" -PhysicalPath "c:\Daten\WPSSkripte" -Name "Skripte"
```

New-WebVirtualDirectory

Aus einem virtuellen Verzeichnis kann man eine IIS-Anwendung erzeugen:

```
ConvertTo-WebApplication -PSPath "IIS:\sites\www.IT-Visions.de\Skripte"
```

Oder man kann direkt eine IIS-Anwendung anlegen:

```
New-WebApplication -Site "www.PowerShell-doktor.de" -Name "PowerShell Skripte" -PhysicalPath "C:\Daten\Skripte"
```

New-WebApplication

24.15.8 Website-Zustand ändern

Mit `Get-WebitemState` kann man abfragen, ob eine Website läuft oder gestoppt ist:

```
Get-WebitemState "IIS:\sites\www.PowerShell-doktor.de"
```

Starten und Stoppen

Mit `Start-Website` und `Stop-Website` kann man den Status einer IIS-Website ändern (siehe Beispiel in der Bildschirmabbildung).

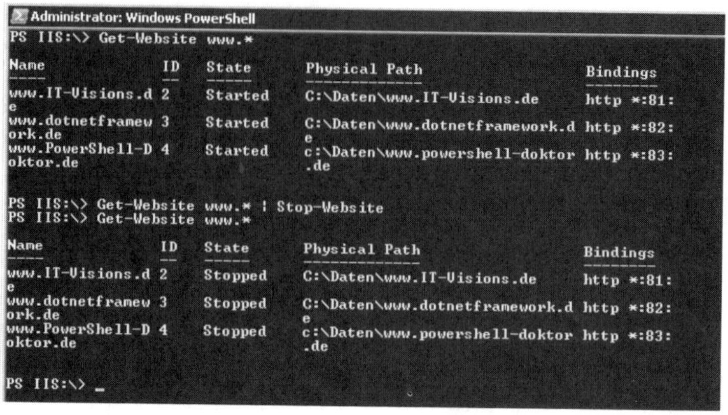

Bild 24.130
Anhalten einer Website, deren Namen mit „www." beginnt

24.15.9 Anwendungspools starten und stoppen

Get-Webitem-State

Mit Get-WebitemState kann man auch den Status von Anwendungspools abfragen:

Get-WebitemState "IIS:\Apppools\PowerShell-Doktor Pool"

Hier erfolgt die Statusänderung mit Start-Webitem und Stop-Webitem, z.B.:

Stop-Webitem "IIS:\Apppools\PowerShell-Doktor Pool"
Start-Webitem "IIS:\Apppools\PowerShell-Doktor Pool"

Will man einen laufenden Pool einfach neu starten, kann man auch Restart-Webitem verwenden:

Restart-Webitem "IIS:\Apppools\PowerShell-Doktor Pool"

Die Commandlets mit „Webitem" im Namen lassen sich auch auf Websites anwenden.

24.15.10 Löschen von Websites

Remove

Zum Löschen von Einträgen gibt es diverse Commandlets, z.B. Remove-Website, Remove-WebApplication, Remove-WebVirtualDirectory und Remove-WebAppPool.

Achtung: Die Commandlets arbeiten im Standard ohne Nachfrage. Der Befehl „Remove-WebSite www*" löscht alle Websites, deren Name mit „www" beginnt.

24.16 Microsoft Exchange Server 2007/2010

Nach dem Start der Exchange Management Shell erhält man mit dem Befehl

Get-ExCommand

eine Liste der Exchange Server-spezifischen Commandlets.

Daten abrufen

Datenabruf

Eine Liste aller Postfächer erhält man durch:

Get-Mailbox

Die Liste der Datenbanken liefert:

```
Get-Mailboxdatabase
```

Und die Speichergruppen bekommt man mit:

```
Get-Storagegroup
```

Die Funktionsfähigkeit eines Exchange Servers kann man testen mit:

```
Test-ServiceHealth
```

Postfächer verwalten

Eine Speichergruppe legt man an mit:

Postfach-
verwaltung

```
New-Storagegroup "Autorenspeichergruppe" -server "E12"
```

Eine Datenbank für Postfächer erstellt man mit:

```
New-Mailboxdatabase "Autorenpostfachdatenbank" -storagegroup "Autorenspeichergruppe"
```

Zum Erstellen eines Postfachs kann man folgenden Befehl verwenden:

```
New-Mailbox -alias "HSchwichtenberg" -name HolgerSchwichtenberg -userprincipalname
HS@IT-Visions.de -database "E12\First Storage Group\Mailbox Database" -org users
```

Wenn der Benutzer im Active Directory schon existiert, ist der Befehl kürzer:

```
Enable-Mailbox hs@IT-Visions.de -database "E12\First Storage Group\Mailbox Database"
```

Nach dem Anlegen kann man mit `Get-Mailbox` bzw. `Set-Mailbox` auf die Eigenschaften des Postfachs zugreifen. Das nachträgliche Ergänzen einer E-Mail-Adresse funktioniert durch Neusetzen der Eigenschaft `EMailAddresses` unter Berücksichtigung der bisherigen Adressen:

```
Set-Mailbox HS@IT-Visions.de -EmailAddresses ((Get-Mailbox hs@IT-
Visions.de).EmailAddresses + "HSchwichtenberg@IT-Visions.de ")
```

Das Postfach kann man zu einer Verteilerliste hinzufügen:

```
Add-DistributionGroupMember Autoren -Member "hs@IT-Visions.de"
```

Das Postfach kann man in eine andere Datenbank verlagern:

```
Move-Mailbox hs@IT-Visions.de -targetdatabase "Autorenpostfachdatenbank"
```

Oder den Speicherplatz begrenzen:

```
Get-Mailbox hs@IT-Visions.de | Set-Mailbox -UseDatabaseQuotaDefaults:$false -
ProhibitSendReceiveQuota 100MB -ProhibitSendQuota 90MB -IssueWarningQuota 80MB
```

Begrenzen kann man auch die Größe für eingehende E-Mails für eine Verteilerliste:

```
Set-DistributionGroup Autoren -MaxReceiveSize 5000KB
```

Auch zum Deaktivieren eines Postfachs gibt es ein Commandlet:

```
Disable-Mailbox hs@IT-Visions.de
```

Öffentliche Ordner verwalten

Eine Datenbank für öffentliche Ordner erstellt man mit:

Öffentliche
Ordner

```
New-PublicFolderDatabase "Autorenordnerdatenbank" -storagegroup
"Autorenspeichergruppe "
```

Einen öffentlichen Ordner legt man an mit:

```
New-PublicFolder "\Dokumente" -Path \pubfolders -Server "E12"
```

Rechte auf einen Ordner vergibt man mit:

Add-PublicFolderPermission "\ManuScripte" -User hs -AccessRights "CreateItems"

Die Speicherplatzgrenzen für einen öffentlichen Ordner setzt man mit:

Set-PublicFolder "\Dokumente" -PostStorageQuota 20MB -MaxItemSize 2MB

Weitere Informationen Weitere PowerShell-Skripte zur Exchange-Verwaltung finden Sie unter [TNET02].

24.17 Optimierungen und Problemlösungen

Windows 7 und Windows Server 2008 R2 bieten zwei Module, die dabei helfen das Betriebssystem optimal zu konfigurieren und Problem zu lösen.

24.17.1 PowerShell-Modul „TroubleShootingPack"

Windows Troubleshooting Platform Ein „Troubleshooting Pack" (Problemlösungspaket) ist ab Windows 7 und Windows Server 2008 R2 eine Möglichkeit für den Windows-Benutzer, Problemunterstützung zu erhalten. Man findet die Problemlöser als Benutzer in der Systemsteuerung. Microsoft spricht auch von der Windows Troubleshooting Platform (WTP).

Bild 24.131 Problemlösungsangebote in der Windows 7-Systemsteuerung

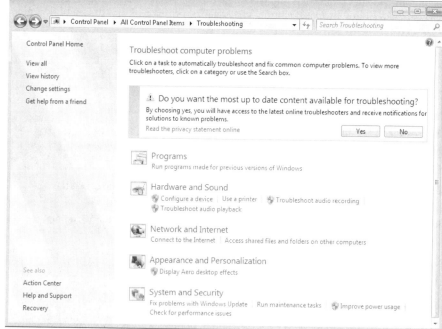

Optimierungen und Problemlösungen

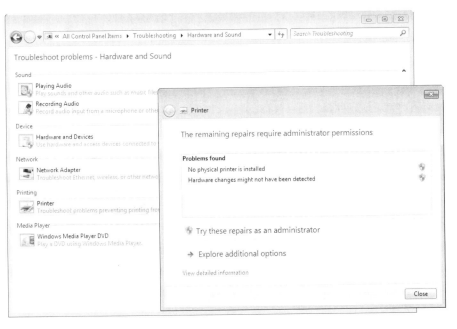

Bild 24.132
Der Problemlöser für den Drucker, der nicht gefunden wurde

Implementiert sind die Problemlöser in Form von DLLs und PowerShell-Skripten (die zum Teil wiederum aus C#-Programmcode bestehen, der ad hoc kompiliert wird). Die Problemlöser liegen unter *C:\Windows\Diagnostics*.

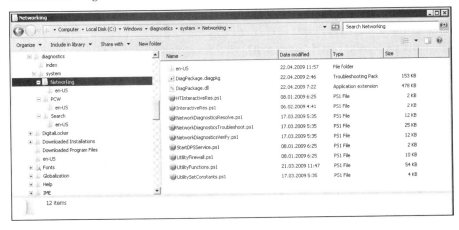

Bild 24.133
Troubleshooting Packs in Windows Server 2008 R2

Kapitel 24 PowerShell im Einsatz

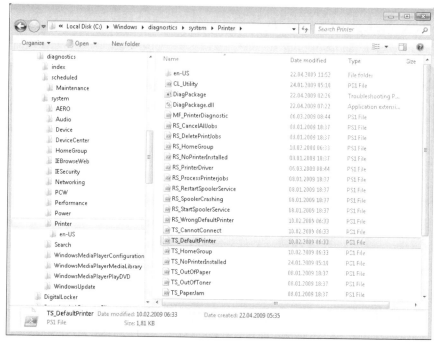

Bild 24.134
Troubleshooting Packs in Windows 7

Das Modul „TroubleShootingPack" in Windows 7 und Windows Server 2008 R2 enthält nur zwei Commandlets:

- Get-TroubleshootingPack
- Invoke-TroubleshootingPack

Mit dem Commandlet Get-TroubleshootingPack kann man Informationen über ein durch den Standort im Dateisystem spezifiziertes Problemlösungspaket abrufen, z.B.:

Get-TroubleshootingPack C:\Windows\diagnostics\system\printer

Rückgabeobjekt ist eine Instanz der Klasse Microsoft.Windows.Diagnosis.DiagPack.

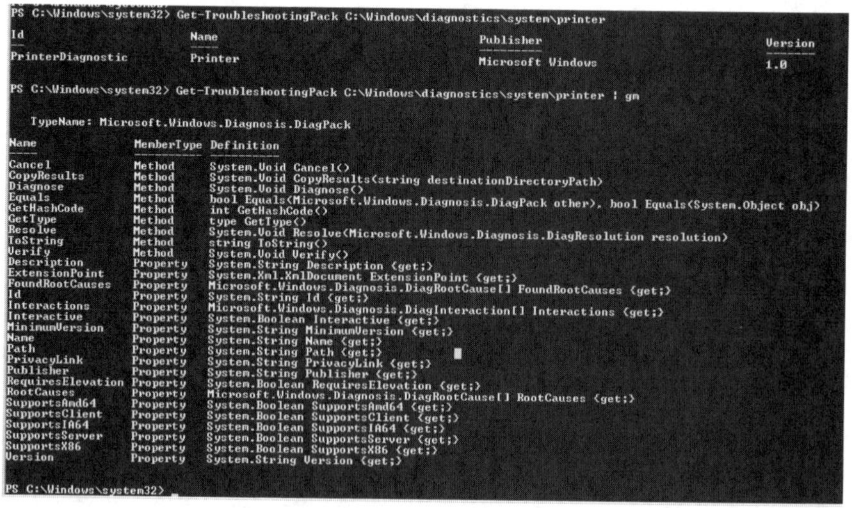

Bild 24.135
Aufruf von Get-TroubleshootingPack

Mit Invoke-TroubleshootingPack kann man ein zuvor mit Get-TroubleshootingPack geladenes Paket aufrufen, z.B.

`Get-TroubleshootingPack C:\Windows\diagnostics\system\printer | Invoke-TroubleshootingPack`

Die Interaktion ist dann kommandozeilenbasiert (siehe Bildschirmabbildungen).

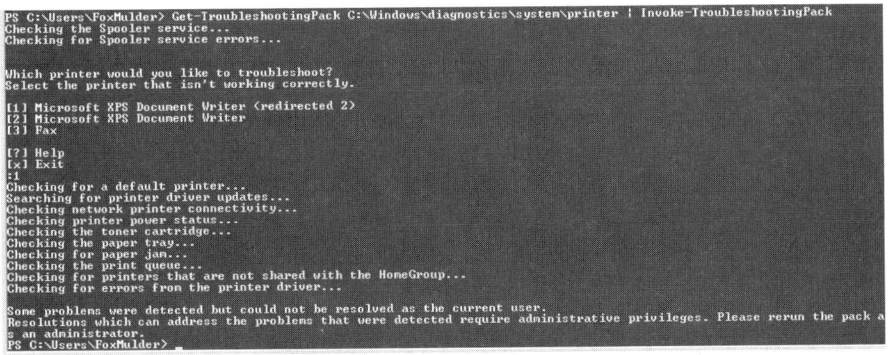

*Bild 24.136
Aufruf des
Problemlösers
für den Drucker
mit Administratorrechten*

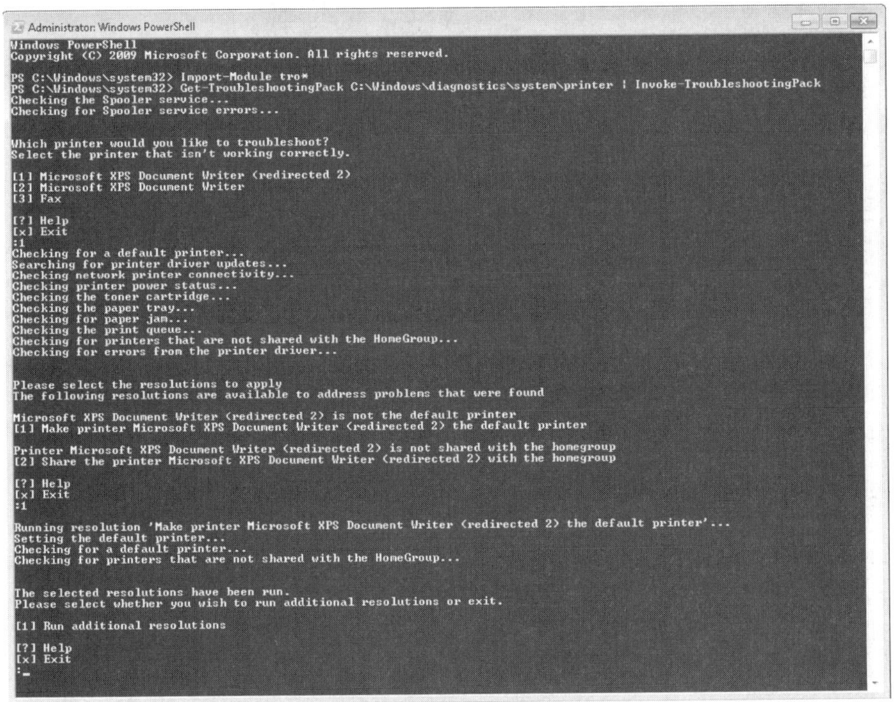

24.17.2 PowerShell-Modul „Best Practices"

Ein „Best Practices Anlayzer-Modell" (kurz: „BPA-Modell") ist in Windows Server 2008 R2 eine Prüfroutine, ob Windows-Funktionen gemäß den Richtlinien von Microsoft eingesetzt werden.

BPA-Modelle

Das Modul umfasst vier Commandlets:

- `Get-BPAModel`: Liste der installierten Best Practices-Modelle
- `Invoke-BPAModel`: Aufruf eines BPA-Modells
- `Get-BPAResult`: Anzeige der Prüfergebnisse eines BPA-Modells (es wird immer nur der letzte Prüfvorgang für das angegebene Modell gespeichert)
- `Set-BPAResult`: Dient dem Ausschluss von Ergebnissen aus der Liste der Prüfergebnisse, die Get-BPAResult liefert

`Get-BPAModel` zeigt auf einem Windows Server 2008 R2 mit nahezu allen installierten Rollen und Funktionen (Ausnahme: HyperV und Active Directory Rights Management Services) die in nachstehender Bildschirmabbildung dokumentierten BPA-Modelle.

Bild 24.137 Anzeige der installierten BPA-Modelle

```
PS C:\Users\HS> Get-BpaModel

Id                                          LastScanTime
--                                          ------------
Microsoft/Windows/CertificateServices       Never
Microsoft/Windows/DirectoryServices         Never
Microsoft/Windows/DNSServer                 Never
Microsoft/Windows/TerminalServices          Never
Microsoft/Windows/WebServer                 Never
```

Bild 24.138 Aufruf eines BPA-Modells

```
PS C:\Users\HS> Invoke-BpaModel Microsoft/Windows/Webserver

ModelId                     Success Detail
-------                     ------- ------
Microsoft/Windows/WebServer True    <InvokeBpaModelOutputDetail>
```

Bild 24.139 Aufruf der Prüfergebnisse mit Get-BPAResult

```
Administrator: Windows PowerShell
PS C:\Users\HS> Get-Bparesult Microsoft/Windows/Webserver

ResultNumber : 1
ModelId      : Microsoft/Windows/WebServer
RuleId       : 1
ResultId     : 1122680488
Severity     : Error
Category     : Security
Title        : Grant a handler execute/script or write permissions, but not both
Problem      : The attribute 'accessPolicy' in the handlers section under path 'MACHINE/WEBROOT/APPHOST' is set to allo
               w both Execute/Script and Write permissions.
Impact       : By allowing both Execute/Script and Write permissions, a handler can run malicious code on the target se
               rver.
Resolution   : Determine if the handler requires both Execute/Script and Write permissions, and revoke the one that is
               not needed.
Compliance   :
Help         : http://go.microsoft.com/fwlink/?LinkId=130708
Excluded     : False

ResultNumber : 2
ModelId      : Microsoft/Windows/WebServer
RuleId       : 1
ResultId     : 1122680488
Severity     : Error
Category     : Security
Title        : Grant a handler execute/script or write permissions, but not both
Problem      : The attribute 'accessPolicy' in the handlers section under path 'MACHINE/WEBROOT/APPHOST' is set to allo
               w both Execute/Script and Write permissions.
Impact       : By allowing both Execute/Script and Write permissions, a handler can run malicious code on the target se
               rver.
Resolution   : Determine if the handler requires both Execute/Script and Write permissions, and revoke the one that is
               not needed.
Compliance   :
Help         : http://go.microsoft.com/fwlink/?LinkId=130708
Excluded     : False

ResultNumber : 3
ModelId      : Microsoft/Windows/WebServer
RuleId       : 1
ResultId     : 1122680488
Severity     : Error
Category     : Security
Title        : Grant a handler execute/script or write permissions, but not both
Problem      : The attribute 'accessPolicy' in the handlers section under path 'MACHINE/WEBROOT/APPHOST' is set to allo
               w both Execute/Script and Write permissions.
Impact       : By allowing both Execute/Script and Write permissions, a handler can run malicious code on the target se
               rver.
Resolution   : Determine if the handler requires both Execute/Script and Write permissions, and revoke the one that is
               not needed.
Compliance   :
Help         : http://go.microsoft.com/fwlink/?LinkId=130708
Excluded     : False

ResultNumber : 4
ModelId      : Microsoft/Windows/WebServer
RuleId       : 2
ResultId     : 4106304391
Severity     : Information
Category     : Security
Title        : The configuration attribute 'notListedCgisAllowed' should be false
Problem      :
Impact       :
Resolution   :
Compliance   : The IIS Best Practices Analyzer scan has determined that you are in compliance with this best practice.
Help         :
Excluded     : False

ResultNumber : 5
ModelId      : Microsoft/Windows/WebServer
RuleId       : 3
ResultId     : 3312542137
Severity     : Information
Category     : Security
Title        : The configuration attribute 'notListedIsapisAllowed' should be false
Problem      :
```

Tipp: Mit Set-BPAResult kann man einzelne Teilergebnisse („Results") ausschließen. Der folgende Befehl schließt alle Ergebnisse mit einem bestimmten Titel aus:

```
Get-Bparesult Microsoft/Windows/Webserver | where { $_.Title -eq "Grant a handler
execute/script or write permissions, but not both" } | Set-BPAResult Microsoft/
Windows/Webserver -exclude $true
```

Die „Result"-Einträge werden dadurch nicht gelöscht, aber mit „Excluded: True" markiert. Anschließend kann man dann mit

```
Get-Bparesult Microsoft/Windows/Webserver | where { $_.excluded -eq $false }
```

auf die verbliebenen Ergebnisse zugreifen

`Set-BPAResult` ist sinnvoll, um bei einer großen Menge von Ergebnissen den Überblick zu behalten, was man schon bearbeitet/erledigt hat bzw. was man ignorieren möchte.

24.18 Grafische Benutzeroberflächen

Die Microsoft Shell besitzt keine eingebauten Commandlets zur Anzeige grafischer Benutzerschnittstellen. Es spricht aber nichts dagegen, die `System.Windows.Forms`-Bibliothek (kurz: Windows Forms oder WinForms) von .NET direkt zu nutzen. Auch die Windows Presentation Foundation (WPF) könnte man verwenden.

System.Windows.Forms

Für die ausführliche Erläuterung der Windows Forms-Bibliothek (einige Hundert Klassen!) ist in diesem Buch kein Raum. Zwei Beispiele sollen den Ansatz erläutern.

24.18.1 Eingabemasken

Das folgende Skript erzeugt eine Eingabemaske für drei Werte. Zur Vereinfachung gibt es folgende Einschränkungen:

▶ Die Eingabefelder werden automatisch angeordnet und nicht absolut positioniert („Flussgestaltung", vgl. HTML).
▶ Das Formular kann nur über das Kreuz in der Fensterzeile geschlossen werden. Es gibt keine zusätzliche Schaltfläche (weil es kompliziert ist, in einem Formular mit der PowerShell Programmcode zu hinterlegen).

Bild 24.140
Ein mit der PowerShell erzeugtes Eingabefenster

Das folgende PowerShell-Skript zeigt das Beispiel, in dem ein Formular (`Form`), ein Flussgestaltungsbereich (`FlowLayoutPanel`), drei Beschriftungsfelder (`Label`) und drei Eingabefelder (`Textbox`) zum Einsatz kommen. Wichtig ist, dass der Bereich das Formular ausfüllt (`[System.Windows.Forms.DockStyle]::Fill`) und man die Steuerelemente korrekt hintereinander verschachtelt (`Controls.Add()`).

Form

Listing 24.84
Eingabefenster anzeigen und auswerten
[Einsatzgebiete\GUI\ GUI_Form.ps1]

```
# Windows Forms laden
[System.Reflection.Assembly]::LoadWithPartialName("System.windows.forms")

# Fenster erzeugen
$form = New-Object "System.Windows.Forms.Form"
$form.Size = New-Object System.Drawing.Size @(200,200)
$form.topmost = $true
$form.text = "Eingabeformular"

# Bereich erzeugen
$Bereich = New-Object "System.Windows.Forms.FlowGestaltungBereich "
$Bereich.Dock = [System.Windows.Forms.DockStyle]::Fill
$form.Steuerelements.Add($Bereich)

# Textfelder erzeugen
$L1 = New-Object "System.Windows.Forms.Label"
$L2 = New-Object "System.Windows.Forms.Label"
$L3 = New-Object "System.Windows.Forms.Label"
$T1 = New-Object "System.Windows.Forms.Texteingabefeld"
$T2 = New-Object "System.Windows.Forms.Texteingabefeld"
$T3 = New-Object "System.Windows.Forms.Texteingabefeld"
$B1 = New-Object "System.Windows.Forms.Schaltfläche"

# Texte setzen
$L1.Text = "Name:"
$L2.Text = "E-Mail:"
$L3.Text = "Website:"

# Größen setzen
$T1.Width = 180
$T2.Width = 180
$T3.Width = 180

# Elemente zum Bereich hinzufügen
$Bereich.Steuerelements.Add($L1)
$Bereich.Steuerelements.Add($T1)
$Bereich.Steuerelements.Add($L2)
$Bereich.Steuerelements.Add($T2)
$Bereich.Steuerelements.Add($L3)
$Bereich.Steuerelements.Add($T3)

# Fenster anzeigen
$form.showdialog()

# Werte ausgeben
"Eingegeben wurden: " + $T1.Text + ";" + $T2.Text + ";" + $T3.Text
```

24.18.2 Universelle Objektdarstellung

PropertyGrid Wenn man ein Objekt mit vielen Eigenschaften darstellen möchte, ist die obige Vorgehensweise der einzelnen Erzeugung von Windows Forms-Elementen sehr aufwendig. Einfacher geht es mit dem in Windows Forms definierten Steuerelement PropertyGrid, an das man jedes beliebige .NET-Objekt binden kann und das erfolgte Änderungen auch an das Objekt weitergibt.

Grafische Benutzeroberflächen

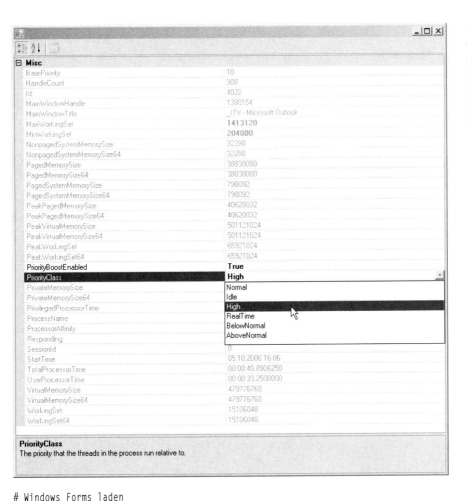

Bild 24.141
Anzeige und Änderung eines Process-Objekts mit einem Windows Forms Property-Grid

```
# Windows Forms laden
[System.Reflection.Assembly]::LoadWithPartialName("System.windows.forms")

# Fenster erzeugen
$form = New-Object "System.Windows.Forms.Form"
$form.Size = New-Object System.Drawing.Size @(700,800)
$form.topmost = $true

# PropertyGrid erzeugen
$PG = New-Object "System.Windows.Forms.PropertyGrid"
$PG.Dock = [System.Windows.Forms.DockStyle]::Fill
$form.Steuerelements.Add($PG)

# Inhalt an PropertyGrid zuweisen
$i = Get-Process  outlook
$PG.selectedobject = $i

# Fenster anzeigen
$form.showdialog()
```

Listing 24.85
Anzeige und Änderung eines Process-Objekts mit einem Windows Forms PropertyGrid [GUI_Propertygrid.ps1]

24.18.3 Zwischenablage

Zwischenablage Zur Befüllen und zum Auslesen der Zwischenablage gibt es in den PSCX die Commandlets:
- Write-Clipboard
- Set-Clipboard
- Get-Clipboard

Bild 24.142 Einsatz von Set-Clipboard

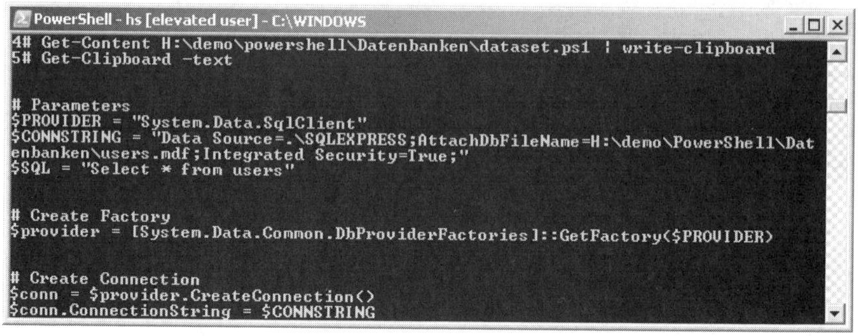

Bild 24.143 Einsatz von Write-Clipboard

Anhang

A	Grundlagen objektorientierter Komponentenarchitekturen	1317
B	Kurzeinführung in XML	1331
C	Visual Basic-Funktionen	1347
D	Literaturverzeichnis	1357
E	Abkürzungsverzeichnis	1369

A Grundlagen objektorientierter Komponentenarchitekturen

Das objektorientierte Paradigma hat sich bereits in vielen Bereichen der Softwareentwicklung etabliert. Der Komponentengedanke ist die konsequente Weiterentwicklung des Prinzips der Objektorientierung; er durchzieht auch immer mehr die Windows-Betriebssysteme. Dieser Anhang bietet Personen, die noch keine Kenntnisse über Objektorientierungen und Komponentenarchitekturen haben, einen kompakten Überblick über die zugehörige Begriffswelt.

A.1 Objektorientierung

EDV-Fachleute sind heute in der Regel bereits mit dem objektorientierten Paradigma vertraut. Da in diesem Buch die Objektorientierung eine zentrale Rolle spielt, soll dieses Kapitel eine gemeinsame Begriffswelt sicherstellen. Das vorliegende Buch kann aber keine umfassende Einführung in dieses weitreichende Thema geben. Daher sollen an dieser Stelle nur einige wesentliche Definitionen gegeben werden.

Das objektorientierte Paradigma

> Die Kürzel OO oder OOx sind Sammelbegriffe für die Nutzung objektorientierter Methoden und Techniken im Softwarelebenszyklus: Objektorientierte Analyse (OOA), Design (OOD), Programmierung (OOP) und Datenbank-Managementsysteme (OODBMS) (vgl. [QUI94], S. 264).

A.1.1 Objekte

„Ein Objekt ist ein Modell eines (meist sehr genau) definierten Teils der Realität, sei es nun in der Umgebung von Alltag und Umwelt oder derjenigen von Daten. Ein Objekt kann als individuelle, identifizierbare Einheit mit folgenden Eigenschaften bezeichnet werden: Die Einheit ist real oder abstrakt, die Grenzen der Einheit sind genau definiert und die Einheit verhält sich innerhalb dieser Grenzen nach genau definierten Regeln." ([BÖH96], S. 490)

Objekte

„Ein Objekt ist eine im laufenden System konkret vorhandene und agierende Einheit." ([OES97], S. 221)

Ein Objekt besteht aus Attributen und Methoden. Attribute enthalten Informationen (Daten) über das Objekt. Methoden sind Operationen, die das Verhalten eines Objekts bestimmen. Der Begriff Mitglied (Member) wird als Oberbegriff für Attribute und Methoden verwendet.

Attribute und Methoden

Bild A.1 Beispiel für ein Objekt mit vier Mitgliedern (jeweils zwei Attributen und zwei Methoden), das einen Drucker repräsentiert

Kapitel A Grundlagen objektorientierter Komponentenarchitekturen

Kapselung Ein wichtiges Prinzip der Objektorientierung ist das *Information Hiding* durch *Kapselung*: Daten und Programmcode bilden in einem Objekt eine geschlossene Einheit (Kapsel), die für die Außenwelt nur über voll definierte Schnittstellen zugänglich ist. Objekte kommunizieren untereinander über den gegenseitigen Aufruf von Methoden; man spricht in der Objektorientierung davon, dass Objekte über Botschaften (Nachrichten) miteinander kommunizieren. Die Methoden eines Objekts bestimmen, welche Nachrichten ein Objekt empfangen kann. Die Daten eines Objekts sind im Idealfall nicht direkt, sondern nur über den Aufruf von Methoden zugänglich.

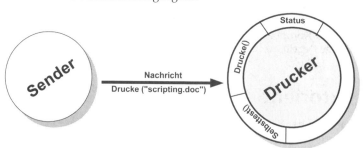

Bild A.2
Ein Client sendet einem Objekt, das einen Drucker repräsentiert, die Nachricht, eine Datei zu drucken.

Ereignisse Einige objektorientierte Sprachen (z.B. Visual Basic) verwenden darüber hinaus auch noch *Ereignisse*. Ein Ereignis ist eine Nachricht, die ein Objekt an einen Nutzer sendet, wenn bestimmte Bedingungen eingetreten sind. Im Gegensatz dazu ist eine Methode eine Routine, die der Nutzer in dem Objekt aufruft. Auf der Implementierungsebene steckt hinter einem Ereignis ein Methodenaufruf in umgekehrter Richtung, also von dem Objekt an seinen Nutzer. Dies setzt oft voraus, dass der Nutzer selbst ein Objekt ist.

Objektzugriff Objekte werden – ebenso wie elementare Datentypen – mit Hilfe von Variablen verwendet. Diese Variablen heißen oft auch *Objektvariablen*. Eine Objektvariable enthält entweder das Objekt oder stellt einen Zeiger auf den Speicherbereich dar, in dem das Objekt liegt. Die in diesem Buch vorgestellte Sprache Visual Basic kennt nur die letztere Form.

Client Als Nutzer eines Objekts wird in der Regel kein Mensch bezeichnet, sondern ein Programm, das ein Objekt über eine Objektvariable verwendet. Alternativ spricht man auch von *Client*.

A.1.2 Schnittstellen (Interfaces)

„Eine Schnittstelle umfasst die ausführbaren Dienste eines Objekts. In der Schnittstelle können der Typ eines formalen Parameters festgelegt und das Über-alles-Verhalten der Anfrage beschrieben sein." ([QUI94], S. 226)

Interfaces Bei einem Objekt unterscheidet man zwischen der Schnittstelle und der Implementierung. Eine Schnittstelle beschreibt eine Menge von Mitgliedern (also Attribute und Methoden) eines Objekts mit den zugehörigen Parametern und Rückgabewerten; wie diese Mitglieder implementiert sind, ist dabei ohne Bedeutung. Eine Schnittstelle repräsentiert die Tür zu der Funktionalität eines Objekts und ist eine Untermenge seiner Funktionalität. Eine Schnittstelle ist auch als Vertrag zwischen einem Objekt und seinem Benutzer zu interpretieren, durch den das Objekt zusichert, auf einen bestimmten Satz von Nachrichten (also Methodenaufrufen) reagieren zu können. Eine Möglichkeit zur formalen Beschreibung von Schnittstellen ist die Interface Definition Language (IDL); sie wird auch in COM eingesetzt.

Einfach- versus Mehrfachschnittstellen In Umgebungen, in denen jedes Objekt nur eine Schnittstelle haben darf, ist die Schnittstelle gleichzusetzen mit der Vereinigungsmenge aller Mitglieder des Objekts. Wenn ein Objekt Mehrfachschnittstellen haben kann, dann fasst eine Schnittstelle eine Menge von Mitgliedern eines Objekts zu einer Einheit zusammen. Jede dieser Schnittstellen repräsentiert eine Teilmenge der Funktionalität des Objekts. Bei Mehrfachschnittstellen können die Teilmengen nach beliebigen Kriterien gebildet werden; in der Regel erfolgt die Mengenbildung jedoch nach semantischen Gesichtspunkten.

> Mehrfachschnittstellen ermöglichen einen höheren Abstraktionsgrad als Einfachschnittstellen. Für einen Nutzer ist es sehr wichtig zu wissen, ob ein Objekt eine bestimmte Funktionalität bereitstellt. Im Fall der Mehrfachschnittstellen kann ein Nutzer das Objekt auf das Bestehen einer bestimmten Schnittstelle hin abfragen und sich im Falle einer positiven Antwort darauf verlassen, dass alle zugehörigen Methoden und Attribute angeboten werden. Im Fall von Einfachschnittstellen muss der Nutzer dagegen die Existenz jeder einzelnen Methode und jedes einzelnen Attributs bei dem Objekt erfragen. Durch Mehrfachschnittstellen wird der Aufruf einer Funktionalität von dem Test auf Bestehen der Funktionalität entkoppelt.

Vorteil von Mehrfachschnittstellen

A.1.3 Klassen

„Eine Klasse ist die Definition der Attribute, Operationen und der Semantik für eine Menge von Objekten. Alle Objekte einer Klasse entsprechen dieser Definition" ([OES97], S. 157).

Klassen dienen als Schablonen (auch: Templates, Vorlagen, Objektfabriken) für Objekte. Das Verhältnis von Objekt zu Klasse wird durch den Begriff *Instanz* beschrieben: Ein Objekt ist eine *Instanz* einer Klasse. Den Vorgang der Bildung von Instanzen nennt man *Instanziieren* (zum Teil auch *Instantiieren* geschrieben). Einige Autoren (vgl. z.B. [OES97], S. 221 und [BLA97], S. 421) weisen in diesem Zusammenhang darauf hin, dass die korrekte Übersetzung des englischen Begriffs *Instance* das deutsche Wort *Exemplar* ist. In der Fachsprache hat sich aber der Anglizismus *Instanz* durchgesetzt.

Instanzen und Instanziieren

Häufig wird eine Klasse auch als der *Typ* eines Objekts bezeichnet. Der feine Unterschied zwischen den Begriffen Klasse und Typ soll hier nicht näher diskutiert werden (vgl. dazu [UNL95], S. 34ff.).

Typ

Eine Klasse gibt vor, welche Attribute und Methoden jede Instanz der Klasse haben wird. Durch das Instanziieren einer Klasse entsteht ein Objekt mit genau diesen Attributen und Methoden. Das durch die Methoden definierte Verhalten ist bei allen Instanzen einer Klasse gleich; die durch die Attributwerte repräsentierten Daten ändern sich jedoch individuell für jedes Objekt.

Schablone

> Eine Klasse ist wie eine Form für Weihnachtsplätzchen. Man stanzt damit Objekte aus, wobei die grundlegende Form vorgegeben ist. Danach ist es aber immer noch möglich, den einzelnen Plätzchen unterschiedliche Zuckergüsse zu geben.

Unbenutzter Speicher — **Instanziierung** — **Fertige Instanz**

Bild A.3 Darstellung eines Instanziierungsvorgangs

Normalerweise besteht eine Klasse aus einer Schnittstellendefinition und einer Implementierung. Eine Klasse, die keine Implementierung liefert, heißt abstrakte Klasse. Eine abstrakte Klasse kann nicht instanziiert werden, sondern dient der Vererbung.

Abstrakte Klassen

Kapitel A Grundlagen objektorientierter Komponentenarchitekturen

Singleton — Eine Singleton-Klasse ist eine Klasse, von der es nur eine Instanz geben kann. Ein Konstruktor ist eine Methode einer Klasse, die beim Instanziieren eines Objekts aufgerufen wird und das Objekt initialisieren kann. Konstruktoren haben oft Parameter, die direkt bei der Instanziierung angegeben werden und so eine sehr elegante Programmierung ermöglichen. Ein Destruktor ist eine Methode einer Klasse, die beim Vernichten eines Objekts aufgerufen wird.

Gebäude in VBScript — **Beispiel** Das Konzept der Klasse sei an einer konkreten Realisierung einer Klasse in der Programmiersprache Visual Basic Script gezeigt. Bitte achten Sie auf das Grundprinzip der Definition einer Klasse, der Instanziierung und der Nutzung.

Listing A.1 Beispiel für eine Klassendefinition in VBScript [CD: /code/Anhang/OO/gebaeude.vbs]

```
' === Klassendefinition
Class Gebaeude
' --- Attribute der Gebäude-Klasse
Dim Name
Dim Strasse
Dim PLZ
Dim Ort
Dim Status einweihen
Dim Architekt
Dim Bezugsdatum
' --- Nicht öffentliche globale Variablen


Private AnzahlNutzer
' --- Methoden der Gebäude-Klasse
Sub Einweihung(Jahr)
Bezugsdatum = Jahr
Status = "Eingeweiht"
End Sub
Sub NeuerNutzer(Name)
AnzahlNutzer = AnzahlNutzer +1
' Weitere Implementierung...
End Sub
Function ErmittleAnzahlNutzer(Stand)
ErmittleAnzahlNutzer = AnzahlNutzer
End Function
Sub Abreissen()
Status = "nicht mehr existent"
End Sub
End Class
```

Im Folgenden werden zwei Instanzen dieser Klasse unter den Namen WBHaus und KAHaus erzeugt und verwendet.

Listing A.2 Beispiel für die Nutzung der zuvor definierten Klasse Gebaeude [CD: /code/Anhang/gebaeude.vbs]

```
' === Klassennutzung der Gebäude-Klasse
' --- Instanziierung!
Dim WBHaus
Set WBHaus = new Gebaeude
' --- Nutzung der Attribute
WBHaus.Name = "WillyBrandtHaus"
WBHaus.Strasse = "Wilhelmstraße 140"
WBHaus.PLZ = 10963
WBHaus.Ort = "Berlin"
WBHaus.Architekt = "Prof. Helge Bofinger"
' --- Nutzung der Methoden
```

```
WBHaus.Einweihung(1996)
WBHaus.NeuerNutzer("SPD")
WBHaus.NeuerNutzer("speedGroup")
Msgbox WBHaus.ErmittleAnzahlNutzer(#6/20/2000#)
' --- Instanziierung eines zweiten Gebäudes
Dim KAHaus
Set KAHaus = new Gebaeude
' --- Nutzung der Attribute
KAHaus.Name = "KonradAdenauerHaus"
KAHaus.Ort = "Bonn"
' usw.
' --- Objektvernichtung
KAHaus.Abreissen
Set KAHaus = Nothing
```

Objekt versus Klasse Ein Objekt ist eine Instanz einer Klasse. Objekte werden immer zur Laufzeit gebildet, während eine Klasse ein statisches Konzept repräsentiert, das zur Entwicklungszeit im Quellcode festgelegt wird.

Nicht immer ist es einfach, die Begriffe zu trennen und sich in einem konkreten Fall zwischen der Verwendung des Begriffs *Klasse* und des Begriffs *Objekt* zu entscheiden. Wenn man beispielsweise eine Methode beschreibt, soll man dann von der *„Methode der Klasse x"* oder der *„Methode des Objekts x"* sprechen? Grundsätzlich sind beide Ausdrücke richtig. Welchen Begriff Sie im konkreten Fall verwenden, sollten Sie vom Kontext abhängig machen. Verwenden Sie *Objekt* nur dann, wenn es um das Verhalten einer konkreten Instanz zur Laufzeit geht. Beschreiben Sie jedoch allgemein die bereitgestellten Funktionen, so verwenden Sie besser die *Klasse* als Bezugspunkt. Viele stellen den Begriff *Objekt* viel zu sehr in den Vordergrund und sprechen in der Beschreibung der Klassen meistens von Objekten.

A.1.4 Vererbung (Inheritance)

Unter Vererbung versteht man die Übernahme der Merkmale einer (Ober-)Klasse A in eine (Unter-)Klasse B. Die Unterklasse besitzt zusätzlich zu den eigenen Merkmalen auch alle Merkmale der Oberklasse. ([GOO97], S. 398)

Abgrenzungsschwierigkeiten

Vererbung bezeichnet die gemeinsame Verwendung von Attributen und Operationen durch verschiedene Klassen auf Basis einer hierarchischen Relation. Eine Klasse kann sehr allgemein definiert sein und dann in immer detaillierteren Unterklassen verfeinert werden. Jede Unterklasse übernimmt oder erbt alle Eigenschaften ihrer Oberklasse und fügt ihre eigenen, individuellen Eigenschaften hinzu. Die Eigenschaften der Oberklasse müssen nicht in jeder Unterklasse wiederholt werden. ([RUM93], S. 3f.)

Die Oberklasse wird auch Basisklasse, Superklasse oder Elternklasse, die Unterklasse abgeleitete Klasse, Subklasse oder Kinderklasse genannt. Vererbung ermöglicht es, Attribute und Methoden, die mehreren Klassen gemein sind, an einer zentralen Stelle zu definieren. Unterklassen können wiederum Oberklassen für andere Klassen sein. Daraus ergibt sich eine baumartige *Vererbungshierarchie* (auch Klassenhierarchie genannt).

Basisklassen und abgeleitete Klassen

Kapitel A Grundlagen objektorientierter Komponentenarchitekturen

Bild A.4
Beispiel für eine Vererbungshierarchie

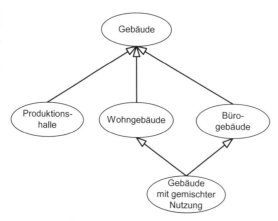

Implementierungsvererbung — Mit Vererbung ist in der Regel eine Implementierungsvererbung gemeint, d.h., die Unterklasse erbt den Code der Oberklasse. Wird in einer erbenden Unterklasse eine Methode aufgerufen, die von der Oberklasse geerbt wurde, so wird der in der Oberklasse implementierte Programmcode aufgerufen. Eine redundante Implementierung in der Unterklasse ist nicht notwendig. Gleichwohl kann eine Unterklasse eine neue Implementierung einer Methode der Oberklasse liefern. Man spricht dann von *Überschreibung* (*Overriding*).

Schnittstellenvererbung — Eine andere Form der Vererbung ist die Schnittstellenvererbung. Dabei erbt die Unterklasse nur die Schnittstellendefinitionen mit Namen und Typ der Attribute sowie Namen, Parameter und Rückgabewerte der Methoden. Die eigentliche Implementierung der Methoden wird nicht vererbt. Eine Unterklasse muss also für eine von der Oberklasse geerbte Methode eine eigene Implementierung bereitstellen.

> Die Erstellung einer Vererbungshierarchie ist eine Aufgabe im Rahmen der Entwicklung von objektorientierten Anwendungen und Komponenten. Als Nutzer von Softwarekomponenten haben Sie in der Regel mit der Vererbungshierarchie wenig zu tun. Bei einigen Softwarekomponenten (z.B. dem *Windows Management Instrumentarium*, kurz: *WMI*) erleichtert jedoch die Kenntnis der Vererbungshierarchie das Verständnis der Verwendung der Klassen.

A.1.5 Beziehungen zwischen Objekten und Klassen

Zwischen Klassen kann es zwei Arten von Beziehungen geben: Vererbungsbeziehungen und Nutzungsbeziehungen.

Klassenhierarchie — *Vererbungsbeziehungen* drücken aus, welche Klassen von anderen Klassen erben und sie sind ein Indikator für die Ähnlichkeit der Klassen. Aus den Vererbungsbeziehungen ergibt sich die Vererbungshierarchie (auch: Klassenhierarchie). Diese Beziehungsart wurde bereits in Anhang C.4 besprochen.

Objekthierarchie — *Nutzungsbeziehungen* (auch: Containment-Beziehungen) beziehen sich auf die möglichen Verbindungen der Instanzen zur Laufzeit. Eine Instanz kann entweder durch eine Aggregation oder durch eine Assoziation mit einem anderen Objekt verbunden sein.

Bei einer *Aggregation (Is-part-of-Beziehung)* ist ein Objekt Bestandteil eines anderen Objekts.

Bei einer *Assoziation* bestehen die Objekte unabhängig voneinander, es gibt jedoch einen Verweis von einem Objekt auf das andere. Aus den Nutzungsbeziehungen ergibt sich eine Objekthierarchie (auch: Containment-Hierarchie). Eine Objekthierarchie bildet ein Objektmodell.

Objektorientierung

Definitionen

Rauh und Stickel ([RAS97], S. 260ff.) weisen darauf hin, dass die Semantik der Beziehungsarten nicht in allen objektorientierten Ansätzen die gleiche ist. Dieses Buch orientiert sich an den in der COM-Welt üblichen Definitionen:

- „Eine Klassenhierarchie beschreibt die Vererbung. Dies bedeutet, dass die Klassenhierarchie zeigt, wie Objekte von einfacheren Objekten abgeleitet werden, indem sie ihr Verhalten erben." ([MIC98], S. 66)
- „Das Objektmodell definiert eine Objekthierarchie, die einem objektbasierten Programm seine Struktur gibt. Das Objektmodell legt die Beziehungen zwischen den Programmobjekten fest und organisiert die Objekte so, dass die Programmierung erleichtert wird." ([MIC98], S. 66)

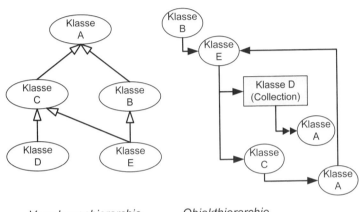

Bild A.5
Vererbungshierarchie versus Objekthierarchie

Vererbungshierarchie   *Objekthierarchie*

Kardinalität von Beziehungen zwischen Objekten Eine Nutzungsbeziehung besitzt eine Kardinalität. Ähnlich wie bei der Modellierung relationaler Datenbanken kann es auch zwischen Objekten 1-zu-1-, 1-zu-n- und n-zu-m-Beziehungen geben:

- Bei einer 1-zu-1-Beziehung nutzt eine Instanz einer Klasse genau eine (andere) Instanz einer (anderen) Klasse.   **1-zu-1**
- Bei einer 1-zu-n-Beziehung nutzt eine Instanz einer Klasse mindestens eine (andere) Instanz einer (anderen) Klasse.   **1-zu-n**
- Bei einer n-zu-m-Beziehung gibt es eine beidseitige 1-zu-n-Nutzungsbeziehung: Eine Instanz der Klasse A nutzt n Instanzen der Klasse B. Eine Instanz der Klasse B nutzt andererseits n Instanzen der Klasse A.   **n-zu-m**

Diese Bedingungen können weiter aufgefächert werden, wenn man zwischen einer Muss- und einer Kann-Beziehung unterscheidet. So kann zwischen einer 1-zu-1- und einer 1-zu-0/1-Beziehung unterschieden werden. Im ersten Fall muss eine Instanz der Klasse A mit einer Instanz der Klasse B verbunden sein. Im Fall der 1-zu-0/1-Beziehung ist die Nutzungsbeziehung eine optionale Beziehung. Entsprechend gibt es auch 1-zu-0/n-Beziehungen und 0/n-zu-0/m-Beziehungen.   **1-zu-0/1, 1-zu-0/n, 0/n-zu-0/m**

Objektmengen Eine 1-zu-1- oder 1-zu-0/1-Beziehung kann durch ein Mitglied (ein Attribut oder eine Methode) der Ausgangsklasse A, das einen Zeiger auf eine Instanz der Zielklasse B liefert, modelliert werden. Dies ist bei den anderen Beziehungsarten nicht möglich. Instanzen können daher zu *Objektmengen* zusammengefasst werden.

Kapitel A Grundlagen objektorientierter Komponentenarchitekturen

Eine Objektmenge (auch: Objektsammlung) fasst n Instanzen zusammen. Es gibt in der Objektorientierung zwei weit verbreitete Verfahren, eine Objektmenge zu realisieren:

Verkettete Listen
- Das erste Verfahren sind (doppelt) verkettete Listen. Dabei verweist ein Objekt der Objektmenge durch einen Zeiger auf das nächste Objekt. Bei einer doppelten Verkettung weist auch ein Objekt auf das vorherige Objekt. Eine Objektmenge wird dann über einen Zeiger auf das erste Objekt der verketteten Liste identifiziert. Der Nachteil dieses Verfahrens ist, dass die für die Verkettung notwendigen Attribute und Methoden (z.B. Next, Previous, AddNew(), Remove()) in den Klassen der in die Liste aufzunehmenden Objekte implementiert sein müssen. Eine Instanz einer Klasse, die diese Mitglieder nicht anbietet, kann nicht in die Liste aufgenommen werden. Um Implementierungsaufwand zu sparen, werden die für die Listenverwaltung notwendigen Funktionalitäten üblicherweise in einer Basisklasse implementiert, von der die Klassen erben, die in einer Liste aufgenommen werden sollen. Diese Form der Implementierung von Objektmengen ist in objektorientierten Programmiersprachen wie C++ und Java üblich.

Mengenverwaltungsklassen
- Das zweite Verfahren basiert auf einer separaten *Objektmengen-Verwaltungsklasse*. Diese Klasse implementiert eine Möglichkeit, Zeiger auf eine beliebige Menge von Instanzen zu speichern und zu verwalten. Zur Laufzeit wird eine Instanz einer Objektmengen-Verwaltungsklasse (*Verwaltungsobjekt*) erzeugt, die Zeiger auf Instanzen anderer Klassen aufnehmen kann. Die einzelnen Instanzen, die in die Objektmenge aufgenommen werden, müssen über keinerlei Verwaltungsfunktionen verfügen. Visual Basic verwendet dieses Verfahren zur Implementierung von Objektmengen. Zur Abgrenzung einer Objektmengen-Verwaltungsklasse sei eine normale Klasse, die nicht in der Lage ist, eine Objektmenge zu verwalten, eine *Einzelklasse* genannt. Diese Form der Implementierung von Objektmengen verwendet Visual Basic.

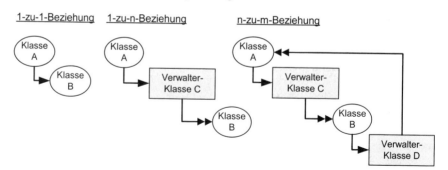

Bild A.6 Grafische Darstellung der verschiedenen Verfahren zur Implementierung von Objektmengen.

Modellierungen von mehrwertigen Nutzungsbeziehungen durch Objektmengen 1-zu-n- und n-zu-m-Beziehungen zwischen Objekten können durch die Verwendung von Objektmengen modelliert werden. Dabei ist der 1-zu-n-Fall einfacher. Ähnlich wie bei relationalen Datenbanken kann eine n-zu-m-Beziehung nicht direkt modelliert werden, sondern muss auf zwei 1-zu-n-Beziehungen zurückgeführt werden. Die folgende Tabelle unterscheidet die vier Fälle zur Modellierung mehrwertiger Nutzungsbeziehungen.

 Im Component Object Model (COM) werden fast ausschließlich Verwalterklassen eingesetzt.

Tabelle A.1
Fallunterscheidung bei der Modellierung mehrwertiger Nutzungsbeziehungen

	1-zu-n-Beziehung	n-zu-m-Beziehung
Verkettete Liste	Klasse A enthält einen Zeiger auf das erste Element einer verketteten Liste von Instanzen der Klasse B.	Klasse A enthält einen Zeiger auf das erste Element einer verketteten Liste von Instanzen der Klasse B; Klasse B enthält einen Zeiger auf das erste Element einer verketteten Liste von Instanzen der Klasse A.
Verwalter-klasse	Klasse A enthält einen Verweis auf eine Verwalterklasse C. Die Verwalterklasse C kann dann n Instanzen der Klasse B aufnehmen.	Klasse A enthält einen Verweis auf eine Verwalterklasse C. Die Verwalterklasse C kann dann n Instanzen der Klasse B aufnehmen; Klasse B enthält einen Verweis auf eine Verwalterklasse D. Die Verwalterklasse D kann dann n Instanzen der Klasse A aufnehmen.

Grafische Darstellung In der in diesem Buch verwendeten Notation (siehe Anhang B) werden Einzelobjekte durch Ovale und Objektmengen-Verwaltungsobjekte durch Rechtecke dargestellt. Ein einfacher Pfeil bedeutet eine 1-zu-1-Beziehung; ein doppelter Pfeil eine 1-zu-n-Beziehung. Die folgende Abbildung zeigt die Modellierung und grafische Darstellung der wichtigsten Beziehungstypen. Eine Unterscheidung zwischen Muss- und Kann-Beziehungen findet nicht statt. Die Beschriftung mit „Klasse xy" bedeutet, dass es sich um ein Objekt der Klasse xy handelt.

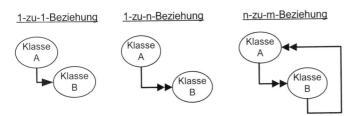

Bild A.7
Nutzungsbeziehungen auf Basis verketteter Listen

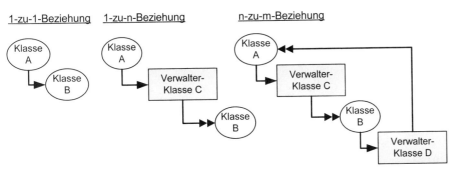

Bild A.8
Nutzungsbeziehungen auf Basis von Mengenverwaltungsklassen

Zusammensetzung von Objektmengen Ein weiteres Unterscheidungskriterium zwischen Objektmengen sind die Bedingungen an die Zusammensetzung der in der Menge enthaltenen Objekte. Man unterscheidet drei Typen:

- *Sets* dürfen nur Objekte einer Klasse und jedes konkrete Objekt jeweils nur einmal enthalten. **Set**
- *Bags* dürfen nur Objekte einer Klasse enthalten, Duplikate sind jedoch erlaubt. **Bag**
- *Collections* dürfen Objekte verschiedener Klassen enthalten. **Collection**

Sets und Bags sind homogene Objektmengen, während Collections heterogene Objektmengen darstellen. Als deutsche Übersetzung für den Begriff *Collection* findet man *Kollektion*.

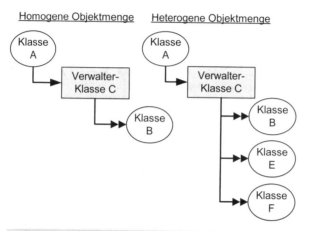

Bild A.9
Grafische Darstellung homogener und heterogener Objektmengen mit Verwalterklasse

COM

In COM wird die diskutierte Unterscheidung zwischen Set, Bag und Collection in der Regel nicht vorgenommen. In der COM-Welt werden Objektmengen unabhängig davon, ob die enthaltenen Instanzen homogen oder heterogen sind, Collections genannt.

A.1.6   Objektmodelle

Objektmodelle und Objektdiagramme

Im Rahmen der *Object Modelling Technique (OMT)* wird folgende Definition für Objektmodell verwendet: „Das Objektmodell beschreibt die statische Struktur der Objekte in einem System und ihre Relationen. Das Objektmodell enthält Objektdiagramme. Ein Objektdiagramm ist ein Graph, dessen Knoten Objektklassen sind und dessen Linien (Kanten) Relationen zwischen Klassen sind." ([RUM93], S. 7)

Objektmodelle werden eingesetzt, um den gewünschten Ausschnitt aus der Realwelt auf natürliche Weise zu modellieren. Die Realwelt kann aus der Sicht eines Objektmodells auch selbst wieder eine Software sein. Sofern Objektmodelle Programmierschnittstellen zu Anwendungen darstellen, spiegeln diese die Benutzeroberfläche und/oder das konzeptionelle Design der Anwendung wider. Während die Klassenhierarchie durch den Quellcode konkret vorgegeben ist, sind Objektmodelle zunächst abstrakt; sie werden erst zur Laufzeit realisiert und können sich zur Laufzeit verändern. Den Rahmen für die Veränderung bilden die durch den Quellcode vorgegebenen möglichen Nutzungsbeziehungen. Natürlich können die Vorgaben des Quellcodes so starr sein, dass es nur eine mögliche Anordnung der Instanzen gibt.

Ein Objektmodell kann aus beliebig vielen Klassen bestehen. Seine Struktur muss kein echter Baum sein, sondern kann auch Rekursionen enthalten. Dabei wird die Klasse, die den Einstieg in das Objektmodell darstellt, *Stammklasse* (auch: *Wurzelklasse*) genannt. In vielen Fällen sind auch Klassen, die in der Realwelt nicht in Beziehung zu anderen Klassen der Komponente stehen, so modelliert, dass sie über die Stammklasse erreichbar sind.

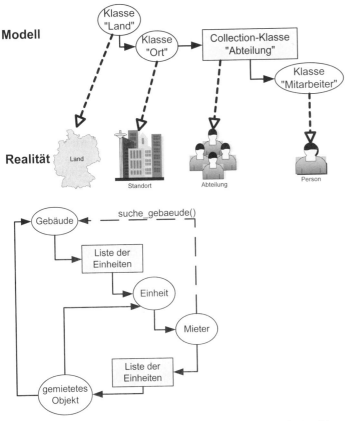

Bild A.10
Ein Objektmodell ist die Abbildung von Elementen und deren Beziehungen aus der Realwelt.

Bild A.11
Beispiel für ein durch ein Objektdiagramm verbildlichtes Objektmodell

Ein Objektmodell ermöglicht dem Nutzer ein wesentlich intuitiveres Verständnis der abgebildeten Funktionalität als eine Menge „frei im Raum schwebender" Objekte. Komponenten, die eine Menge von Klassen darstellen, enthalten daher in der Regel ein oder mehrere Objektmodelle. Die grafische Darstellung eines Objektmodells in Form eines Objektdiagramms ermöglicht einem Menschen die schnelle Erfassung des Objektmodells. Sie werden in diesem Buch zahlreiche Objektdiagramme zur Veranschaulichung der vorgestellten COM-Komponenten finden. Die dazu verwendete Notation ist in Anhang B beschrieben.

Mehrdeutigkeit des Begriffs Objektmodell

Objektmodell ist nicht gleich Objektmodell Der Begriff Objektmodell kommt in der Informatik auch noch in einer anderen Bedeutung vor. In der Modellierung wird ein Objektmodell als eine abstrakte Beschreibung der verfügbaren Elemente betrachtet. Ein *Objektmodell auf Modellierungsebene* beschreibt also, dass es Komponenten, Klassen, Objekte, Attribute, Methoden, Assoziationen etc. gibt und in welchen Beziehungen diese Elemente zueinander stehen können. Diese Definition von Objektmodell ist gemeint, wenn man von dem *Object Model der Object Management Group* oder dem *Component Object Model* spricht (vgl. z.B. [SHW97], S. 283ff.]). In Abgrenzung dazu kann man den Objektmodellbegriff, wie er von Komponentenherstellern verwendet wird, als ein *Objektmodell auf Anwendungsebene* bezeichnen. In der Begrifflichkeit von Microsoft besteht eine Inkonsistenz, weil die Verwendung des Begriffs Objektmodell im Begriff *Component Object Model* nicht zur Verwendung dieses Begriffs in den konkreten Microsoft-Komponenten passt.

Kapitel A Grundlagen objektorientierter Komponentenarchitekturen

A.1.7 Polymorphismus

Polymorphismus

„Polymorphie (Vielgestaltigkeit) ist die Eigenschaft einer Variablen, für Objekte verschiedener Klassen stehen zu können." ([BLA97], S. 425)

„Polymorphismus meint, dass sich die gleiche Operation in unterschiedlichen Klassen unterschiedlich verhalten kann." ([RUM93], S. 2)

Dabei kann die Variable auf all jene Nachrichten reagieren, die das Objekt, für das die Variable zu einem bestimmten Zeitpunkt steht, unterstützt. Die Implementierung, die durch eine konkrete Nachricht aufgerufen wird, ist über die Lebensdauer der Variablen nicht die gleiche; sie kann sich durch den Verweis auf ein anderes Objekt ändern.

Man nennt zwei Objekte polymorph hinsichtlich einer Nachricht, wenn sie beide auf diese Nachricht reagieren können. Sofern zwei Objekte die gleiche Schnittstelle besitzen, sind sie hinsichtlich aller zu dieser Schnittstelle gehörenden Mitglieder polymorph. Instanzen einer Unterklasse sind hinsichtlich aller geerbten Mitglieder zu den Instanzen der Oberklasse polymorph.

Beispiel 1 **Beispiele** Ein Beispiel aus dem Bereich der Gebäude wäre eine Methode NeuerMieter(), die sowohl in der Klasse Wohngebäude als auch in der Klasse Bürogebäude angeboten wird. Sofern eine Variable für ein Gebäude steht, wird in Abhängigkeit davon, um welchen Typ von Gebäude es sich handelt, entweder Wohngebäude::NeuerMieter() oder Geschäftsgebäude::Neuer Mieter() aufgerufen. Dieser Polymorphismus beruht auf der Existenz einer gemeinsamen Oberklasse Gebäude.

Beispiel 2 Ein Beispiel aus dem Bereich der Betriebssysteme wären zwei Klassen User und Group, die insofern polymorph sind, als sie beide eine Schnittstelle IGrunddaten anbieten. IGrunddaten definiert ein Attribut Name und eine Methode Deaktivieren(). Es ist somit möglich, in einer Schleife über alle Elemente der Benutzerdatenbank auf die Namen der einzelnen Einträge zuzugreifen, ohne dabei eine Fallunterscheidung durchzuführen, um welche Art von Objekt es sich handelt. Das würde in Visual Basic so aussehen:

```
For Each obj in BenutzerDatenbank
  obj.Deaktivieren()
  MsgBox obj.Name & " wurde deaktiviert!"
Next
```

A.1.8 Dynamische Bindung

Dynamisches versus statisches Binden

„Unter Bindung versteht man die Verknüpfung eines Prozedur- oder Methodenaufrufs mit dem aufrufenden Code. In nicht objektorientierten Sprachen kann diese Verknüpfung statisch vom Compiler oder Binder vorgenommen werden, so dass sich die Bindungen zur Laufzeit nicht mehr ändern. In objektorientierten Sprachen kann eine Variable wegen der Polymorphie für Objekte verschiedener Klassen stehen. Deshalb muss die Bindung dynamisch erfolgen, also zur Laufzeit. ([BLA97], S. 428)

Die dynamische Bindung ist die notwendige Voraussetzung für die Umsetzung des Polymorphismus.

A.2 Komponentenarchitekturen

„Components repräsentieren speziell im Hinblick auf Wiederverwendung entworfene und implementierte Softwarebausteine. Ein Baustein stellt eine Menge von öffentlichen Diensten (engl. public services) zur Nutzung bereit." ([EIC99], S. 363)

Komponentenarchitekturen

Betriebssysteme und Anwendungen waren bisher monolithisch aufgebaut. Mit dem Ansatz der *Componentware* werden sie in kleine(re) Einheiten (Komponenten) aufgeteilt, die einzeln oder in Zusammenarbeit mit anderen Komponenten einzelne Dienste erbringen. Das Prinzip der komponentenbasierten Softwareentwicklung besteht darin, Softwaresysteme aus voneinander unabhängigen Softwarebausteinen zusammenzusetzen. Diese Softwarebausteine können Produkte verschiedener Hersteller sein. Anwendungen werden somit nicht mehr von Grund auf neu entwickelt, sondern aus vorgefertigten Komponenten zu einem Endprodukt zusammengesetzt. Man spricht in diesem Zusammenhang auch von einem Plug&Play-Prinzip für Software. Componentware wird daher als Schlüssel zur „Industrialisierung" der Softwareentwicklung bezeichnet.

Componentware

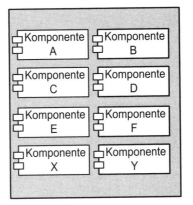

Bild A.12 Componentware vs. monolithische Software

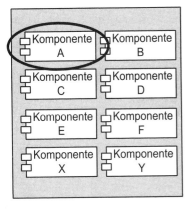
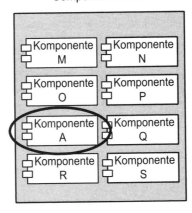

Bild A.13 Wiederverwendbarkeit bei Componentware

Der Begriff *Komponente* wird für sehr viele unterschiedliche Dinge verwendet. In diesem Buch ist mit *Komponente* stets ein Softwarebaustein im objektorientierten Sinne gemeint. Eine objektorientierte Komponente enthält Klassen und bildet zur Laufzeit die Umgebung für die Instanzen dieser Klassen. Man sagt, dass eine bestimmte COM-Komponente ein bestimmtes Objektmodell *implementiert* oder *realisiert*.

Kapitel A Grundlagen objektorientierter Komponentenarchitekturen

Softwarekomponentenarchitektur Eine Softwarekomponentenarchitektur (alias: Softwarekomponentenmodell) umfasst Regeln zur Erstellung und Nutzung von Softwarekomponenten und stellt eine entsprechende technische Infrastruktur (Laufzeitumgebung) bereit. In der Regel bietet die Laufzeitumgebung Dienste für Softwarekomponenten an (z.B. Transaktionen, Objektpersistenz, Sicherheitsfunktionen).

Abgrenzungen zu Objekten

> **Objekt versus Komponente** *Komponenten sind trotz zahlreicher Gemeinsamkeiten mit Objekten im Sinne der objektorientierten Programmierung von diesen erstens in Bezug auf die Größe abzugrenzen: Komponenten sind größere Bausteine, bestehen meist aus einer Menge von Objekten. Zweitens ist mit Komponenten und Objekten ein anderer Zweck verbunden; insbesondere sind Komponenten häufig in ihrer Funktionalität für den Anwender sichtbar. [...] Adressat von Objekten ist auf Grund ihrer feineren Granularität eher der Entwickler von Nicht-Standardlösungen. Schließlich muss drittens die Realisierung von Komponenten nicht notwendigerweise objektorientiert erfolgen, eine Komponente muss nur eine dem objektorientierten Paradigma folgende Schnittstelle besitzen.* ([EIC99], S. 363)

Die Grenzen von Plug&Play Plug&Play bedeutet nicht, dass es für den Nutzer von Softwarekomponenten nichts mehr zu tun gäbe. Drei Aufgaben sind – je nach Anwendungsfall in unterschiedlichem Ausmaß – weiterhin von ihm zu leisten:

Konfiguration
▸ **Installation und Konfiguration der Komponenten:** Nach der Installation muss das Umfeld der Komponente konfiguriert werden. Dazu gehören insbesondere die Zugriffsrechte auf die Komponente und die Ressourcen, die die Komponente verwenden darf.

Parametrisierung
▸ **Parametrisierung der Komponenten:** Ähnlich wie Standardsoftware wird in der Regel auch eine Sammlung von Standardkomponenten nicht allen individuellen Ansprüchen des Kunden genügen. Daher müssen die Komponenten mit Hilfe der bereitgestellten Schnittstellen parametrisiert werden. Insbesondere sind Standardwerte festzulegen.

Glue Code
▸ **Verbindung der Komponenten:** Die einzelnen Komponenten müssen durch verbindenden Programmcode (engl. Glue Code) integriert werden. Damit eine Integration von Komponenten unterschiedlicher Hersteller möglich ist, müssen Komponenten über eine standardisierte Schnittstelle verfügen. Wenn Softwarehersteller nicht nur einzelne Komponenten mit Teilfunktionalitäten, sondern ein komplettes Komponenten-Bundle für eine bestimmte Problemlösung vertreiben, liefern sie oft auch Glue Code mit. Aus der Sicht des Kunden ist die Bereitstellung einer Gesamtlösung aus Komponenten und mitgeliefertem Standard-Glue-Code zu begrüßen. Sie hat den Vorteil, dass ihm damit eine Test- und Lernumgebung für die Komponenten zur Verfügung steht. Immer häufiger werden dabei Skriptsprachen zur Verbindung von Komponenten eingesetzt. Diesem Trend folgt auch Microsoft mit der ActiveX Scripting-Architektur.

Bild A.14
Glue Code
verbindet
Komponenten

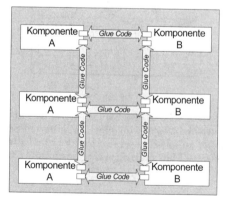

1328

Komponente versus Klasse Oft wird der Begriff *Komponente* mit dem Begriff *Klasse* gleichgesetzt. Jedoch sind diese Begriffe allenfalls dann gleichbedeutend, wenn eine Komponente nur eine Klasse enthält. Aber auch dann sollten Sie zwischen den beiden Konzepten sauber unterscheiden.

In der Regel besteht eine Komponente aus n Klassen. Eine Komponente ist zudem in der Regel die binäre Form einer Implementierung von Klassen. Verwirrung entsteht auch dadurch, dass manche von der Instanziierung von Komponenten sprechen und damit meinen, dass eine Komponente im Rahmen verschiedener Prozesse mehrfach in den Speicher geladen werden kann.

Leider macht Microsoft selbst in der Dokumentation und auch in Benutzer- sowie Programmierschnittstellen den Fehler, von Komponenten zu sprechen, wenn eigentlich von Klassen die Rede sein müsste. Das ist nicht nur aus theoretischer Sicht unbefriedigend, sondern bringt auch in der Praxis viel Verwirrung mit sich.

Schema einer Softwarekomponente Jede Softwarekomponente im objektorientierten Sinn besitzt ein Schema. Ein Schema ist die Definition der in der Komponente enthaltenen Klassen und der Beziehungen zwischen den Klassen. Auch eine Schnittstellendefinition ist Teil des Schemas einer Komponente. Im Gegensatz zu einer Schnittstellendefinition beschreibt ein Schema eine Komponente vollständig.

Ein Schema definiert ein oder mehrere Objektmodelle. Dies gilt nicht in den Sonderfällen, dass eine Komponente nur aus einer Klasse besteht oder es keine Nutzungsbeziehungen zwischen den Klassen der Komponente gibt. Der Begriff Objektmodell wird häufig auch mit dem Schema einer Komponente gleichgesetzt, obwohl das Objektmodell eigentlich auch nur ein Teil des Schemas ist.

Komponentenentwickler haben die Wahl, ob sie dem Komponentennutzer das Schema der Komponente (teilweise) offen legen oder aber es vollständig vor dem Benutzer verbergen. Im letzten Fall spricht man von einer Black-Box-Komponente. Eine Komponente, die ihr Schema offen legt und damit semantische Informationen über ihre Arbeit preisgibt, ist eine Grey-Box-Komponente. Sofern der komplette Quellcode der Komponente für den Nutzer einsehbar ist, handelt es sich um eine White-Box-Komponente (in Anlehnung an [BÜC97]). Die Offenlegung des Schemas ist jedoch nur eine Form der semantischen Beschreibung einer Grey-Box-Komponente. Ein transparentes Schema wird zweckmäßigerweise in der Regel selbst wieder objektorientiert in Form einer Objekthierarchie abgebildet.

Transparenz des Schemas

Komponententypen Komponenten lassen sich grundsätzlich in visuelle und nicht visuelle Komponenten einteilen. Ein Beispiel für eine visuelle Komponente ist eine Schaltfläche in einer Windows-Anwendung.

Visuelle Komponenten werden auch als *Steuerelemente* bezeichnet. Ein Beispiel für eine nicht visuelle Komponente ist eine Kundenkomponente. Neben geschäftsprozessnahen Komponenten wie einer Kundenkomponente gibt es auch systemnahe nicht visuelle Komponenten (z.B. eine Datenbankschnittstelle).

Nicht visuelle Komponenten können zur Entwicklungszeit eine visuelle Repräsentation haben, um ihre Nutzung in einer Entwicklungsumgebung zu vereinfachen. Man spricht dann von Entwurfszeit-Steuerelementen.

Kapitel A **Grundlagen objektorientierter Komponentenarchitekturen**

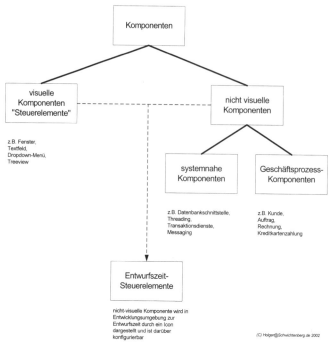

Bild A.15
Verschiedene Typen von Komponenten

Verteilungs-
plattform
Middleware Eine Middleware (auch: Verteilungsplattform, Verteilungsinfrastruktur) ist eine Architektur zur Überbrückung von Rechnergrenzen und zum Aufbau eines verteilten Systems. Die wichtigste Anforderung an eine Middleware ist die (Verteilungs-)Transparenz. Ein Benutzer (egal ob Mensch oder Anwendung) soll entfernte Ressourcen auf die gleiche Weise benutzen können wie lokale. Dazu muss die Middleware von den komplexen internen Aufgaben abschirmen, die nötig sind, um Verteiltheit zu überwinden. Middleware soll auch die Interaktion zwischen Anwendungskomponenten auf heterogenen Systemen unterstützen. In dieser Definition wurde bewusst der allgemeine Begriff „Ressource" verwendet, um von der Frage zu abstrahieren, ob es sich dabei um Objekte oder Komponenten oder nur um einfache Programmroutinen oder Daten handelt.

Definition
Heute verfügen alle wichtigen Komponentenarchitekturen auch über eine Middleware und sind daher zum Aufbau verteilter Systeme geeignet.

Österle definiert Middleware folgendermaßen: „*Zusammenfassend gesagt ist Middleware eine Softwareschicht, welche auf Basis standardisierter Schnittstellen und Protokolle Dienste für eine transparente Kommunikation verteilter Anwendungen bereitstellt. Middlewaredienste stellen eine Infrastruktur für die Integration von Anwendungen und Daten in einem heterogenen und verteilten Umfeld zur Verfügung.* ([ÖST96], S. 28). „*Middleware ist im Rahmen des ISO/OSI-Referenzmodells für Rechnerkommunikation in offenen Systemen den anwendungsorientierten Schichten (Ebene 5-7) zuzuordnen.*" ([ÖST96], S. 27)

Client und
Server
Eine Komponente wird im Bereich der Componentware auch als Server bezeichnet, da sie einen bestimmten Dienst bereitstellt. Analog dazu ist der Nutzer einer Komponente ein Client. Diese Bezeichnungen sind unabhängig davon, ob die Komponenten sich auf demselben oder auf verschiedenen Computern befinden, und abhängig davon, welche Rolle der Computer in einem Client-Server-Netzwerk besitzt. So kann auch auf einer Windows NT-Workstation eine Komponente ein Server für eine Komponente auf einem NT-Server sein.

B Kurzeinführung in XML

XML ist eines der aktuellen Hype-Wörter. Die *Extensible Markup Language (XML)* ist eine Metasprache zur Definition von Auszeichnungssprachen. XML gilt als die neue Universallösung für die Darstellung von Daten.

Extensible Markup Language

Dieses Buch enthält aus drei Gründen einen XML-Schnellkurs:

Motivation

- XML ist als Datenaustauschformat für alle Typen von Anwendungen sehr interessant.
- XML wird zunehmend in Konfigurationsdateien als Ersatz für Windows-INI-Dateien verwendet. (Das ganze .NET Framework benutzt nur XML-strukturierte Konfigurationsdateien.)
- WSH-Skriptdateien können per XML strukturiert werden.

Die Extensible Markup Language ist eine Untermenge der Standard Generalized Markup Language (SGML). SGML ist ein ISO-Standard aus dem Jahre 1986; XML ist ein W3C-Standard seit 1998. Aktuell ist die XML-Version 1.0 (XML Recommendation 1.0). XML und die inzwischen daraus und darum herum gewachsenen Technologien sind sehr umfangreich. Ein Blick in ein spezielles XML-Buch (z.B. [BEH99] oder [PAR00]) lohnt sich.

SGML

XML verfügt über vier wesentliche Vorteile gegenüber HTML:

XML versus HTML

- HTML ist eine konkrete Auszeichnungssprache. XML ist eine Metasprache zur Definition beliebiger Auszeichnungssprachen.
- Im Gegensatz zu HTML trennt XML die Struktur eines Dokuments von der Darstellung. XML enthält keinerlei Formatierungsbefehle. Die Formatierung muss in XML durch ein Style Sheet definiert werden.
- In XML können beliebige Strukturen auf Basis eigener Elemente mit eigenen Attributen definiert werden.
- Die Struktur kann von einem XML-Parser auf Korrektheit überprüft werden.

B.1 Elemente und Attribute

XML ist kein Binärformat, sondern wird in Form von druckbaren Zeichenketten („im Quellcode") gespeichert. Wie die – ebenfalls auf SGML basierende – Hypertext Markup Language (HTML) besteht auch XML aus Tags mit Attributen und Informationen zwischen diesen Tags. In XML spricht man allerdings von Elementen und nicht von Tags. Elemente werden wie Tags in HTML mit „<" und „>" begrenzt. Attributwerte stehen in einfachen oder doppelten Anführungszeichen. Die Syntax eines Elements mit einem Attribut sieht so aus:

```
<element attributname="wert">Information</element>
```

Ein Element, das keinen Inhalt hat (ein so genanntes *leeres Element*), kann statt durch `<element></element>` auch durch die Kurzform `<element/>` geschlossen werden. Dies ist in HTML nicht möglich.

Leere Elemente

Kapitel B Kurzeinführung in XML

Informationsspeicherung

Informationsspeicherung In XML können Informationen auf drei verschiedene Weisen abgelegt werden:

- in einem Elementattribut
  `<element attribut=wert></element>`
- eingeschlossen zwischen dem Anfang und dem Ende des Elements
  `<element>wert</element>`
- Schließlich kann auch die Anordnung der Elemente selbst Träger der Information sein.
  `<element><hatkeinenwert/></element>`

Alle drei Vorgehensweisen können innerhalb eines Dokuments beliebig miteinander kombiniert werden.

Binärdaten

Obwohl XML ein Textformat ist, können natürlich auch binäre Daten in XML gespeichert werden. Die Binärdaten werden dazu kodiert, z.B. durch Hexadezimalzahlen oder Base64-Codierung.

Kommentare

Kommentare Wie auch in HTML können in XML Kommentare mit dem Element `<!-- ... -->` eingefügt werden, z.B.

`<!-- Dies ist das Dokument aus Anhang A des Buches -->`

B.2 Processing Instructions (PIs)

Processing Instructions

Neben den regulären XML-Elementen gibt es eine besondere Form von XML-Elementen, die nicht Träger der eigentlichen Informationen sind, sondern Anweisungen an den XML-Parser oder eine andere XML-verarbeitende Anwendung enthalten. Diese Anweisungen werden *Processing Instructions (PIs)* genannt und sind in den besonderen Begrenzern `<?...?>` eingeschlossen.

Die am häufigsten verwendete PI ist `<?xml?>`. Sie muss stets die erste Textzeile in einem XML-Dokument bilden. Sie legt die XML-Version und den Zeichensatz fest.

`<?xml version="1.0" encoding="ISO-8859-1" ?>`

Über eine PI werden auch Style Sheets eingebunden.

`<?xml:stylesheet type="text/css" href="name.css"?>`

Prolog

Die Processing Instructions bilden den Prolog eines XML-Dokuments.

B.3 Wohlgeformtheit und Gültigkeit

Parser

Ein XML-Parser ist eine Anwendung, die in der Lage ist, ein XML-Dokument hinsichtlich der *Wohlgeformtheit* und der *Gültigkeit* zu überprüfen. Beide Konzepte werden im Folgenden angesprochen.

Der Microsoft XML-Parser heißt MSXML (MSXML.DLL). Er wird mit dem Internet Explorer installiert, kann aber auch getrennt installiert werden. Aktuell ist die Version 8.0 im Internet Explorer 8.0.

Wohlgeformtheit und Gültigkeit

Wohlgeformtheit Anders als HTML erwartet XML jedoch eine Wohlgeformtheit (*wellformedness*) der Dokumente. Die XML-Parser sind in der Regel so eingestellt, dass ein Verstoß gegen die Regeln der Wohlgeformtheit zu einem Fehler führt. Die Wohlgeformtheit umfasst die in der folgenden Tabelle genannten Regeln.

Regeln für wohlgeformte Dokumente

Tabelle B.1 XML-Wohlgeformtheit versus HTML

XML-Regel	Zum Vergleich: HTML
Jedes Element muss geschlossen werden. Die Auslassung des schließenden Tags führt zu einem Fehler.	In HTML gibt es auch einige Tags, die geschlossen werden müssen. Die Auslassung des schließenden Tags führt jedoch nicht zu einem Fehler.
Elementnamen sind case-sensitive.	Zwischen Groß- und Kleinschreibung wird in HTML nicht unterschieden.
Elementnamen dürfen keine Leerzeichen enthalten.	Gilt auch in HTML
Elemente dürfen sich nicht kreuzweise überlappen.	Das sollte auch in HTML nicht vorkommen, führt aber allenfalls zu einer unerwünschten Darstellung, nicht zu einem Fehler.
Die Anführungszeichen um Attributwerte sind verpflichtend.	Dies ist in HTML nur dann verpflichtend, wenn der Attributwert Leerzeichen enthält.
Jeder Attributname darf pro Element nur einmal vorkommen. Allerdings darf jedes Element mehrfach das gleiche Unterelement besitzen.	Gilt auch in HTML
Jedes XML-Dokument besitzt genau einen obersten Knoten, dem alle anderen Knoten untergeordnet sein müssen. Der oberste Knoten heißt in XML *Document Element*.	In HTML sollte ein Dokument mit <HTML> beginnen und mit </HTML> enden, eine Verletzung ist aber kein Fehlergrund.

Strukturdefinition und Gültigkeit Darüber hinaus gibt es gültige Dokumente. Ein gültiges Dokument entspricht einer bestimmten Struktur. Eine Strukturdefinition gibt vor:

- aus welchen Elementen ein Dokument bestehen darf,
- welche Attribute diese Elemente haben dürfen,
- wie die Elemente ineinander verschachtelt sein dürfen (d. h. welche Elemente Unterelemente anderer Elemente sein dürfen).

Der Vorgang der Prüfung auf Gültigkeit wird *Validierung* genannt. Der Microsoft-Parser MSXML kann validieren, der Internet Explorer führt im Standard aber nur eine Prüfung auf Wohlgeformtheit, aber keine Validierung aus. Auch besitzt er keine Funktion, um die Validierung manuell aufzurufen. Der Internet Explorer kann aber durch die „IE Tools for Validating XML and Viewing XSLT Output" [CD:/install/....] um die Validierungsfunktion erweitert werden.

Zusätzliche Regeln für gültige Dokumente

Eine Strukturdefinition wird oft auch *Vokabular* genannt. Die XML-Syntax ist zunächst eine abstrakte Sprache. Erst durch ein Vokabular entsteht eine konkrete Sprache, die zwei Partner zum Datenaustausch verwenden können. Sofern zwei Partner verschiedene Vokabularien verwenden, ist ein korrekter Datenaustausch nicht ohne Konvertierungen möglich. Es gibt inzwischen schon zahlreiche Vokabularien für XML. Beispiele dafür sind:

- Channel Definition Format (CDF)
- Simple Object Access Protocol (SOAP)
- Resource Description Framework (RDF)

Sprachen und Vokabularien

Kapitel B Kurzeinführung in XML

- Vector Markup Language (VML)
- Synchronized Multimedia Integration Language (SMIL)
- X3D, der Nachfolger der Virtual Reality Modelling Language (VRML)
- Commercial XML (cXML)
- Microsoft BizTalk Framework
- Chemical Markup Language (CML)
- Mathematical Markup Language (MathML)
- Auch ein gültiges Dokument ohne eine explizite formale Strukturdefinition besitzt ein *implizites Vokabular*. Allerdings kann die Korrektheit des Dokuments nur mit einem *expliziten Vokabular* von einer Maschine geprüft werden.

Zur expliziten Definition einer formalen Struktur gibt es derzeit mehrere Ansätze:

DTD
- **Document Type Definitions (DTDs):** Eine DTD wird durch die PI <!DOCTYPE> im Rahmen des Prologs definiert oder als externe Datei eingebunden, z.B.

  `<!DOCTYPE windowsscripting SYSTEM "ws.dtd">`

  DTDs sind Bestandteil der XML-Version 1.0. DTDs haben aber Defizite bei der Typisierung von Elementen.

Schemata
- **XML Schema Definition Language (XSD):** Eine Strukturdefinition auf Basis eines Schemas befindet sich innerhalb des Elements <Schema>.
- XML-Data bzw. XML-Data Reduced
- Schema for Object-Oriented XML (SOX)

Wohlgeformte Dokumente erfüllen die Syntaxregeln des XML-Standards; gültige Dokumente erfüllen zusätzlich die in einer DTD oder einem Schema definierten Regeln.

Intern versus extern Eine Strukturdefinition kann in dem XML-Dokument enthalten sein (internes DTD/internes Schema) oder in einer separaten Datei vorliegen (externe DTD/externes Schema).

B.4 Zeichensätze

Der Standardzeichensatz für XML ist UTF-8. Dieser Zeichensatz entspricht den ersten 128 Zeichen des ASCII-Zeichensatzes. Zur Darstellung von Umlauten und anderen Sonderzeichen muss ein entsprechender Zeichensatz festgelegt werden. Verwendet werden können alle Standard-ISO-Zeichensätze. Für Westeuropa (einschließlich Deutschland) gilt der Standard ISO-8859-1, der auch ISO-Latin-1 heißt.

Ohne die Angabe des Zeichensatzes wird der Parser beim Auftreten eines Sonderzeichens die Fehlermeldung „Es wurde ein ungültiges Zeichen im Text gefunden." auswerfen.

Der Zeichensatz ist in einer Processing Instruction am Anfang des Dokuments festzulegen.

`<?xml version="1.0" encoding="ISO-8859-1" ?>`

Die alternativen Namen können nicht in der Processing Instruction verwendet werden! Erlaubt ist aber die Angabe *UTF-8*.

Tabelle B.2 ISO-Zeichensätze

Zeichensatz	Alternativer Name	Gebiet/Sprache
ISO-8859-1	Latin-1	Westeuropa, Lateinamerika
ISO-8859-2	Latin-2	Osteuropa
ISO-8859-3	Latin-3	Südeuropa, restliche europäische Sprachen
ISO-8859-4	Latin-4	Skandinavien, Baltikum
ISO-8859-5		Kyrillisch
ISO-8859-6		Arabisch
ISO-8859-7		Griechisch
ISO-8859-8		Hebräisch
ISO-8859-9		Türkisch

Umschreibungen und CDATA-Sektionen Wenn der Inhalt eines Elements Zeichen enthält, die in XML eine besondere Bedeutung haben (insbesondere „&", „<" und „>"), dann müssen diese besonders ausgezeichnet werden. Einzelne Zeichen können durch die auch in HTML gebräuchlichen Umschreibungen (siehe Tabelle B.2) eingefügt werden. Mit Hilfe einer so genannten *CDATA-Sektion* kann ein Bereich eingeschlossen werden, der vom XML-Parser ignoriert werden soll, also nicht geparst wird. Eine CDATA-Sektion beginnt mit <![CDATA[und endet mit]]>.

Behandlung von Sonderzeichen

```
<inhalt>
<![CDATA[
Wenn a > b, dann ist e < f...
]]>
</inhalt>
```

Einsatz einer CDATA-Sektion

Listing B.1: Beispiel für eine CDATA-Sektion in einem XML-Dokument

Sonderzeichen	Umschreibung
<	&lt;
>	&gt;
&	&amp;
'	&apos;
"	&qout;

Tabelle B.3 Umschreibungen für Sonderzeichen in XML

B.5 XML-Namensräume

Es ist leicht möglich, dass verschiedene Autoren von XML-Dokumenten gleichlautende XML-Elemente für unterschiedliche Zwecke verwenden. Namensräume (Namespaces) sind eine Möglichkeit, universell eindeutige Element- und Attributnamen zu schaffen. Ein *qualifizierter Name* besteht in XML aus dem Namen des Namensraums und einem lokalen Teil. Ein Namensraumname ist ein Uniform Resource Identifier (URI), der zur einfacheren Verwendung innerhalb eines Dokuments mit einem Alias belegt werden kann. Da dieser Alias dem Elementnamen durch einen Doppelpunkt vorangestellt wird, heißt er auch *Namensraumpräfix*. Das Namensraumpräfix ist von Fall zu Fall frei wählbar. Ein Namensraumpräfix darf aber nur verwendet werden, wenn das Präfix vorher auch definiert wurde. Sonst kommt es zum Fehler „Referenz auf nicht deklarierten Namespace-Präfix".

Namensräume

```
<?xml:namespace ns="http://www.it-visions.de/ns" prefix="it"?>
<it:Thema> </it:Thema>
```

 Ein URI kann die Form einer HTTP-URL haben (wie im voranstehenden Beispiel). Dies bedeutet jedoch nicht, dass diese Adresse über das HTTP-Protokoll erreichbar ist.

B.6 Datentypen

Datentypen XML-Elementen können Datentypen zugewiesen werden. Diese werden als Attribut mit dem Namen dt aus einem bestimmten Namensraum definiert. Diesem Namensraum wird in der Regel das Präfix dt gegeben, so dass der Datentyp also dem qualifizierten Attributnamen dt:dt zugewiesen wird.

```
<BUCH xmlns:dt="urn:schemas-microsoft-com:datatypes">
<Jahr dt:dt="number">2001</Jahr>
```

Prüfung im IE Die Prüfung der Datentypen erfolgt nicht im Rahmen der Prüfung auf Wohlgeformtheit, sondern im Rahmen der Prüfung auf Gültigkeit (Validierung).

Nach der Installation der „IE Tools for Validating XML and Viewing XSLT Output" prüft der Internet Explorer auch die Datentypen. So führt die Zeile

```
<Jahr dt:dt="number">hier sollte eigentlich eine Zahl stehen, was beim Validieren zu
einem Fehler führt!</Jahr>
```

zu dem in Bild B.1 gezeigten Fehler.

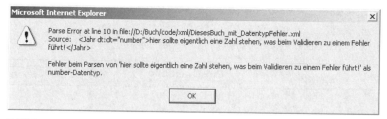

Bild B.1: Fehlermeldung nach dem Ausführen von „Validate XML", wenn ein Text statt einer Zahl in einem mit dem Datentyp „Number" ausgezeichneten Element steht.

Tabelle B.4 XML-Datentypen

Datentyp	Beschreibung
bin.base64	Binärdaten (Binary Large Object – BLOB), Base64-kodiert
bin.hex	Binärdaten, durch Hexadezimalzahlen kodiert
boolean	0 oder 1 (wobei 0 falsch und 1 wahr bedeutet)
char	ein Zeichen
date	Datum im Format „jjjj-mm-tt" (gemäß ISO 8601)
dateTime	Datum und – optional – Zeit im Format „jjjj-mm-ttThh:mm:ss" (gemäß ISO 8601). Datum und Zeit werden durch ein großes T getrennt. Die Trennung durch ein Leerzeichen ist nicht erlaubt.
dateTime.tz	Datum und – optional – Zeit im Format „jjjj-mm-ttThh:mm:ss" (gemäß ISO 8601). Datum und Zeit werden durch ein großes T getrennt. Die Trennung durch ein Leerzeichen ist nicht erlaubt. Optional Angabe der Zeitzone (gemäß ISO 8601).

Datentyp	Beschreibung
time	Zeit im Format „jjjj-mm-ttThh:mm:ss" (gemäß ISO 8601)
time.tz	Zeit im Format „jjjj-mm-ttThh:mm:ss" (gemäß ISO 8601). Optional Angabe der Zeitzone.
fixed.14.4	Zahl mit maximal 14 Stellen vor dem Dezimaltrennzeichen und vier Stellen hinter dem Dezimaltrennzeichen
float	Zahl mit Punkt als Dezimaltrennzeichen, optionales Exponentzeichen E. Bereich: 1.7976931348623157E+308 bis 2.2250738585072014E-308
int	Ganzzahl (ohne Dezimalstellen und ohne Exponent)
number	Zahl mit Punkt als Dezimaltrennzeichen, optionales Exponentzeichen E. Bereich: 1.7976931348623157E+308 bis 2.2250738585072014E-308
i1	Ganzzahl mit Länge 1 Byte (0 bis 255 oder -128 bis +127)
i2	Ganzzahl mit Länge 2 Byte (auch negative Werte möglich)
i4	Ganzzahl mit Länge 4 Byte (auch negative Werte möglich)
r4	Fließkommazahl mit Punkt als Dezimaltrennzeichen optionales Exponentzeichen Bereich: 3.40282347E+38F bis 1.17549435E-38F
r8	Zahl mit Punkt als Dezimaltrennzeichen, optionales Exponentzeichen E. Bereich: 1.7976931348623157E+308 bis 2.2250738585072014E-308
ui1	Positive Ganzzahl mit Länge 1 Byte
ui2	Positive Ganzzahl mit Länge 2 Byte
ui4	Positive Ganzzahl mit Länge 3 Byte
uri	Universal Resource Identifier (URI), z.B. http://www.windows-scripting.de
uuid	Universal Unique Identifier (UUID)

B.7 XML-Beispiele

Das folgende Beispiel zeigt ein wohlgeformtes XML-Dokument zur Beschreibung einer früheren Auflage dieses Buchs.

Beispiel 1

```xml
<?xml version="1.0" encoding="ISO-8859-1" ?>
<!-- Dies ist das Dokument aus dem Anhang A des Buches -->
<BUCH xmlns:dt="urn:schemas-microsoft-com:datatypes">
<Autor>
<Name>Holger Schwichtenberg</Name>
<eMail id="1">hs@windows-scripting.de</eMail>
<eMail id="2">hs@IT-Visions.de</eMail>
<WeitereDaten/>
</Autor>
<Verlag>
<Name>Addison-Wesley</Name>
<Ort>München</Ort>
</Verlag>
<Jahr dt:dt="number">2001</Jahr>
<Auflage>2. Auflage</Auflage>
<Seitenanzahl> &gt;1000 &amp; &lt;1100</Seitenanzahl>
</BUCH>
```

*Listing B.2
Wohlgeformtes XML-Dokument [CD:/code/einfuehrung/xml/DiesesBuch.xml]*

Kapitel B Kurzeinführung in XML

Bild B.2
DOM-Baum-
darstellung
des Beispiels

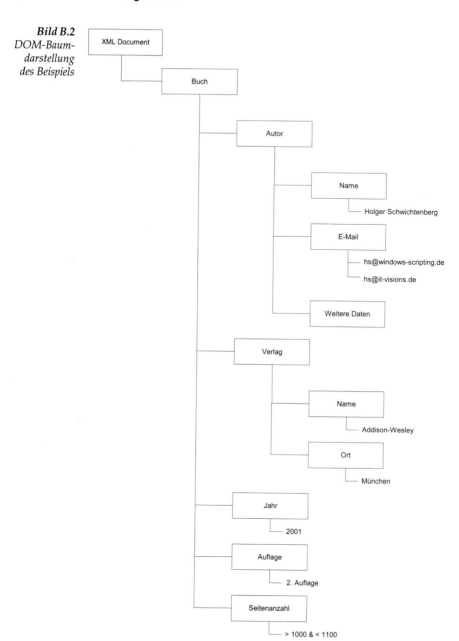

XML-Beispiele

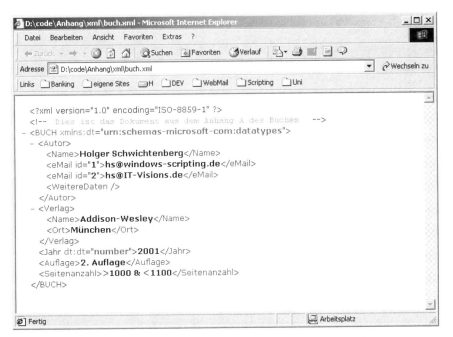

Bild B.3
Darstellung des Beispiel-XML-Dokuments im Internet Explorer

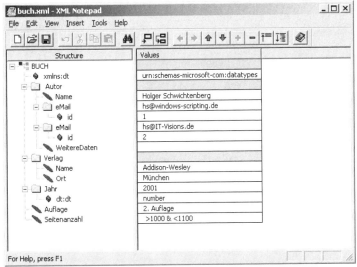

Bild B.4
Darstellung des Beispiels im XML Notepad

Der Internet Explorer stellt XML-Dokumente, die nicht mit einem Style Sheet verbunden sind, in seiner Baumstruktur dar. Es finden lediglich farbliche Hervorhebungen einzelner Elementtypen statt. So werden Elementnamen rot, PIs sowie die Delimiter („<" und „>") blau, Kommentartexte grau, Datentypen grün und die Daten in schwarz dargestellt.

Farbgebung im IE

Kapitel B **Kurzeinführung in XML**

Beispiel 2 Das folgende Beispiel zeigt verschiedene XML-Datentypen.

Listing B.3
[CD:/code/
einfuehrung/
xml/daten-
typen.xml]

```xml
<?xml version="1.0" encoding="ISO-8859-1" ?>
<!-- Datentypen-Beispiel -->
<TEST xmlns:dt="urn:schemas-microsoft-com:datatypes">
<WERT dt:dt="string">Holger Schwichtenberg</WERT>
<WERT dt:dt="number">28</WERT>
<WERT dt:dt="date">1972-08-01</WERT>
<WERT dt:dt="time">21:03:15</WERT>
<WERT dt:dt="char">M</WERT>
<WERT dt:dt="boolean">1</WERT>
<WERT dt:dt="DateTime">1972-08-01T21:03:15</WERT>
<WERT dt:dt="fixed.14.4">12345678901234.1234</WERT>
<WERT dt:dt="uri">http://www.HolgerSchwichtenberg.de</WERT>
</TEST>
```

B.8 Darstellung von XML-Dokumenten

Die Darstellung von XML-Dokumenten in einer Baumstruktur ist für einen Menschen unbefriedigend. Es besteht daher der Bedarf, XML mit Gestaltungsinformationen zu verbinden, um zu einer ansprechenden Darstellung zu gelangen. Dazu gibt es zwei Wege:

CSS und XSL
- Verbindung des Dokuments mit einem Cascading Style Sheet (CSS). CSS wird in Zusammenhang mit XML genauso eingesetzt wie in HTML.
- Transformation des XML-Dokuments in ein HTML-Dokument. Dazu kann die im Folgenden beschriebene Sprache XSL eingesetzt werden. Der Grund für die Transformation nach HTML ist in der Regel der Bedarf, das Dokument in einem Browser darzustellen, der eine direkte Formatierung mit CSS nicht ermöglicht.

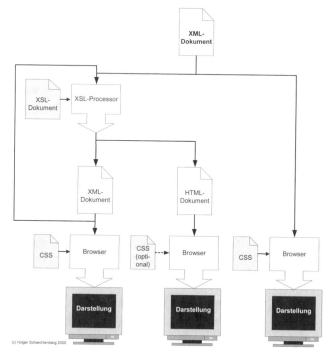

Bild B.5
Möglichkeiten für ein XML-Dokument, eine ansprechende Bildschirmdarstellung zu erreichen

Darstellung von XML-Dokumenten

Extensible Stylesheet Language for Transformations (XSLT) XSLT ist eine XML-basierte Sprache zur Transformation eines XML-Dokuments. Ziel einer solchen Transformation kann ein anderes XML-Dokument oder ein HTML-Dokument sein. Der Grund für die Transformation nach HTML ist die Darstellung für den Menschen. Die Gründe, ein XML-Dokument in ein anderes zu transformieren, liegen darin, dass ein anderes System (oder ein Mensch) eine andere Strukturierung der Daten wünscht. Eine XSL-Transformation wird ausgeführt von einem *XSLT-Processor*. Die Microsoft-Komponente MSXML enthält neben einem XML-Parser auch einen XSLT-Processor.

XSLT

Bei der Transformation in ein HTML-Dokument muss auch das daraus resultierende HTML den Wohlgeformtheitsregeln von XML entsprechen.

Standarddarstellung im Internet Explorer Die Standarddarstellung in einer Baumstruktur erzeugt der Internet Explorer mit Hilfe einer eingebauten XSL-Datei, die eine HTML-Datei mit CSS-Vorlage sowie einigen JavaScript-Routinen erzeugt. Das Script ist dabei für das Aufklappen und Kollabieren der Teilbäume zuständig.

Das nachfolgende Listing zeigt für die Datei XMLTEXT.XML das Ergebnis der Transformation einschließlich CSS- und JavaScript-Befehlen.

```
<HTML><HEAD>
<STYLE>BODY{font:x-small 'Verdana';margin-right:1.5em}
.c{cursor:hand}
.b{color:red;font-family:'Courier New';font-weight:bold;text-decoration:none}
.e{margin-left:1em;text-indent:-1em;margin-right:1em}
.k{margin-left:1em;text-indent:-1em;margin-right:1em}
.t{color:#990000}
.xt{color:#990099}
.ns{color:red}
.dt{color:green}
.m{color:blue}
.tx{font-weight:bold}
.db{text-indent:0px;margin-left:1em;margin-top:0px;margin-bottom:0px;padding-
left:.3em;border-left:1px solid #CCCCCC;font:small Courier}
.di{font:small Courier}
.d{color:blue}
.pi{color:blue}
.cb{text-indent:0px;margin-left:1em;margin-top:0px;margin-bottom:0px;padding-
left:.3em;font:small Courier;color:#888888}
.ci{font:small Courier;color:#888888}
PRE{margin:0px;display:inline}</STYLE>
<SCRIPT><!--
function f(e){
if (e.className=="ci"){if (e.children(0).innerText.indexOf("\n")>0) fix(e,"cb");}
if (e.className=="di"){if (e.children(0).innerText.indexOf("\n")>0) fix(e,"db");}
e.id="";
}
function fix(e,cl){
e.className=cl;
e.style.display="block";
j=e.parentElement.children(0);
j.className="c";
k=j.children(0);
k.style.visibility="visible";
k.href="#";
```

*Listing B.4
Jede XML-Datei, für die keine Darstellung via CSS oder XSL-Transformation definiert ist, wird auf diese Weise vom Internet Explorer dargestellt. [xmltest_Standarddarstellung.htm]*

```
}
function ch(e){
mark=e.children(0).children(0);
if (mark.innerText=="+"){
mark.innerText="-";
for (var i=1;i<e.children.length;i++)
e.children(i).style.display="block";
}
else if (mark.innerText=="-"){
mark.innerText="+";
for (var i=1;i<e.children.length;i++)
e.children(i).style.display="none";
}}
function ch2(e){
mark=e.children(0).children(0);
contents=e.children(1);
if (mark.innerText=="+"){
mark.innerText="-";
if (contents.className=="db"||contents.className=="cb")
contents.style.display="block";
else contents.style.display="inline";
}
else if (mark.innerText=="-"){
mark.innerText="+";
contents.style.display="none";
}}
function cl(){
e=window.event.srcElement;
if (e.className!="c"){e=e.parentElement;if (e.className!="c"){return;}}
e=e.parentElement;
if (e.className=="e") ch(e);
if (e.className=="k") ch2(e);
}
function ex(){}
function h(){window.status=" ";}
document.onclick=cl;
--></SCRIPT>
</HEAD>
<BODY class="st"><DIV class="e">
<SPAN class="b"> </SPAN>
<SPAN class="m">&lt;?</SPAN><SPAN class="pi">xml version="1.0" encoding="UTF-8" </
SPAN><SPAN class="m">?&gt;</SPAN>
</DIV>
<DIV class="k">
<SPAN><A class="b" onclick="return false" onfocus="h()" STYLE="visibility:hidden">-
</A>
<SPAN class="m">&lt;!--</SPAN></SPAN>
<SPAN id="clean" class="ci"><PRE> Dies ist das Dokument aus Anhang B des Buches </
PRE></SPAN>
<SPAN class="b"> </SPAN>
<SPAN class="m">--&gt;</SPAN>
<SCRIPT>f(clean);</SCRIPT></DIV>
<DIV class="e">
<DIV class="c" STYLE="margin-left:1em;text-indent:-2em"><A href="#" onclick="return
false" onfocus="h()" class="b">-</A>
```

```
<SPAN class="m">&lt;</SPAN><SPAN class="t">BUCH</SPAN><SPAN class="ns">
xmlns:dt</SPAN><SPAN class="m">="</SPAN><B class="ns">urn:schemas-microsoft-
com:datatypes</B><SPAN class="m">"</SPAN><SPAN class="m">&gt;</SPAN></DIV>
<DIV><DIV class="e">
<DIV class="c" STYLE="margin-left:1em;text-indent:-2em"><A href="#" onclick="return
false" onfocus="h()" class="b">-</A>
<SPAN class="m">&lt;</SPAN><SPAN class="t">Autor</SPAN><SPAN class="m">&gt;</SPAN></
DIV>
<DIV><DIV class="e"><DIV STYLE="margin-left:1em;text-indent:-2em">
<SPAN class="b"> </SPAN>
<SPAN class="m">&lt;</SPAN><SPAN class="t">Name</SPAN><SPAN class="m">&gt;</
SPAN><SPAN class="tx">Holger Schwichtenberg</SPAN><SPAN class="m">&lt;/</SPAN><SPAN
class="t">Name</SPAN><SPAN class="m">&gt;</SPAN>
</DIV></DIV>
<DIV class="e"><DIV STYLE="margin-left:1em;text-indent:-2em">
<SPAN class="b"> </SPAN>
<SPAN class="m">&lt;</SPAN><SPAN class="t">eMail</SPAN><SPAN class="m">&gt;</
SPAN><SPAN class="tx">hs@windows-scripting.de</SPAN><SPAN class="m">&lt;/</
SPAN><SPAN class="t">eMail</SPAN><SPAN class="m">&gt;</SPAN>
</DIV></DIV>
<DIV class="e"><DIV STYLE="margin-left:1em;text-indent:-2em">
<SPAN class="b"> </SPAN>
<SPAN class="m">&lt;</SPAN><SPAN class="t">WeitereDaten</SPAN>
<SPAN class="m"> /&gt;</SPAN>
</DIV></DIV>
<DIV><SPAN class="b"> </SPAN>
<SPAN class="m">&lt;/</SPAN><SPAN class="t">Autor</SPAN><SPAN class="m">&gt;</
SPAN></DIV>
</DIV></DIV>
<DIV class="e"><DIV STYLE="margin-left:1em;text-indent:-2em">
<SPAN class="b"> </SPAN>
<SPAN class="m">&lt;</SPAN><SPAN class="t">Verlag</SPAN><SPAN class="t"> Ort</
SPAN><SPAN class="m">="</SPAN><B>Muenchen</B><SPAN class="m">"</SPAN><SPAN
class="m">&gt;</SPAN><SPAN class="tx">Addison-Wesley</SPAN><SPAN class="m">&lt;/</
SPAN><SPAN class="t">Verlag</SPAN><SPAN class="m">&gt;</SPAN>
</DIV></DIV>
<DIV class="e"><DIV STYLE="margin-left:1em;text-indent:-2em">
<SPAN class="b"> </SPAN>
<SPAN class="m">&lt;</SPAN><SPAN class="t">Jahr</SPAN><SPAN class="dt">
dt:dt</SPAN><SPAN class="m">="</SPAN><B class="dt">number</B><SPAN class="m">"</
SPAN><SPAN class="m">&gt;</SPAN><SPAN class="tx">2000</SPAN><SPAN class="m">&lt;/</
SPAN><SPAN class="t">Jahr</SPAN><SPAN class="m">&gt;</SPAN>
</DIV></DIV>
<DIV class="e"><DIV STYLE="margin-left:1em;text-indent:-2em">
<SPAN class="b"> </SPAN>
<SPAN class="m">&lt;</SPAN><SPAN class="t">Seitenanzahl</SPAN><SPAN class="m">&gt;
</SPAN><SPAN class="tx">&gt;800 &amp; &lt;900</SPAN><SPAN class="m">&lt;/
</SPAN><SPAN class="t">Seitenanzahl</SPAN><SPAN class="m">&gt;</SPAN>
</DIV></DIV>
<DIV><SPAN class="b"> </SPAN>
<SPAN class="m">&lt;/</SPAN><SPAN class="t">BUCH</SPAN><SPAN class="m">&gt;</SPAN>
</DIV>
</DIV></DIV>
</BODY>
</HTML>
```

Sobald ein eigenes Style Sheet definiert ist, wird die Standard-XSL-Transformation nicht mehr ausgeführt. Dabei kann man den Browser austricksen, indem man ein Style-Sheet-Tag in das XML-Dokument einbaut, ohne aber wirklich eine CSS-Datei einzubinden. Sobald der Browser das nachfolgende Tag liest, wird die Baumdarstellung nicht mehr aktiviert:

```
<?xml-stylesheet type="text/css"?>
```

Auf der CD ist ein Beispiel unter dem Namen [unterdrueckte_baumdarstellung.xml].

HTML in XML Innerhalb eines XML-Dokuments können HTML-Tags verwendet werden. Der Browser wird diese unter folgenden Voraussetzungen korrekt formatieren:

1. Die Standardbaumdarstellung wird unterdrückt, indem ein Stylesheet-Tag (egal ob mit oder ohne Angabe einer Stylesheet-Datei) im Dokument steht.
   ```
   <?xml-stylesheet type="text/css"?>
   ```
2. Es wird ein Namensraum mit dem Präfix „html" definiert. Dabei ist der URI des Namensraums unerheblich. Ebenso ist unerheblich, ob Sie das Namensraumpräfix groß oder klein schreiben.
   ```
   <GemischteSeite xmlns:html="HTTP://www.w3.org/TR/REC-html40">
   ```
3. Für jedes HTML-Tag wird Bezug auf den Namensraum genommen, z.B.
   ```
   <html:B>Fetter Text</html:B>
   ```

Es folgt ein Beispiel.

Listing B.5 HTML in XML eingebettet [CD:/code/Anhang/xml/XML_HTML.xml]

```
<?xml version="1.0" encoding="ISO-8859-1"?>
<?xml-stylesheet type="text/css"?>
<GemischteSeite xmlns:html="HTTP://www.w3.org/TR/REC-html40">

<IRGENDWAS>Unformatiertes XML</IRGENDWAS>

<!-- html-Insel -->
       <html:HR/>
       <html:h1>Jetzt kommt formatiertes html</html:h1>
       <html:U>Unterstrichener Text</html:U>
       <html:BR/>
       <html:B>Fetter Text</html:B>
       <html:BR/>
       <html:I>kursiver Text</html:I>
       <html:P/>
       <html:HR/>
<!-- Ende der html-Insel -->

<BUCH xmlns:dt="urn:schemas-microsoft-com:datatypes">
Das folgende pure XML wird nicht formatiert!
<Autor>
<Name>Holger Schwichtenberg</Name>
<eMail>hs@windows-scripting.de</eMail>
<WeitereDaten/>
</Autor>
</BUCH>

</GemischteSeite>
```

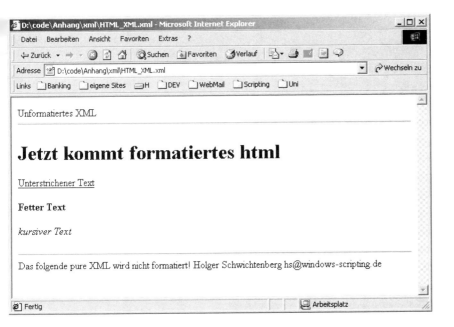

Bild B.6
Darstellung der Datei „XML_HTML.xml" im Internet Explorer 5.5

B.9 XML und Scripting

In diesem Buch bekommen Sie es an verschiedenen Stellen mit XML zu tun:

- Dateien des Windows Script Host (WSH) können XML-strukturiert sein. Diese Funktion gibt es seit WSH Version 2.0.
- Windows Script Components (WSC) müssen XML-strukturiert sein.
- Da jedes HTML-Tag in ein XML-Dokument eingebunden werden kann, können Sie mit dem <SCRIPT>-Tag auch Scripts in XML-Dateien einbauen – das funktioniert genauso wie das in im Kapitel 9 „Scripting Hosts" beschriebene Dynamic HTML Scripting. Ebenso können Sie aus einer XML-Datei mit Hilfe von XSLT eine HTML-Ausgabe mit Scripts erzeugen.
- Im Kapitel 9 „Scripting Hosts" finden Sie einen knappen Einstieg in den Scripting Host, der in den XSLT-Processor des MSXML-Parsers integriert ist.
- Mit den ActiveX Data Objects (ADO) kann man Daten in XML-Form persistent machen.
- Mit dem Document Object Model (DOM) für XML kann man per Programmcode XML-Dokumente erstellen, parsen, transformieren und bearbeiten.

XML-Scripting und XML beim Scripting

Visual Basic-Funktionen

Dieser Anhang listet alle eingebauten Funktionen von Visual Basic auf. Funktionen, die in der zweiten Spalte mit einem *V* markiert sind, sind nur im VB-Vollprodukt in der Version 6.0 sowie in VBA 6.0 verfügbar. Ein *S* bedeutet, dass diese Funktion nur in Visual Basic Script verfügbar ist.

Erläuterung der Kürzel

Diese Auflistung beschränkt sich auf die eingebauten Funktionen. Sprachkonstrukte und Operatoren werden im Kapitel 8 „Visual Basic" vorgestellt. Detailliertere Informationen zu den Parametern erhalten Sie in der Datei VBSCRIP5.CHM [CD:/weitere Informationen/Sprachen/VBScrip5.chm].

C.1 Numerische Funktionen

Syntax		Beschreibung
Abs(Zahl)		Absolutwert einer Zahl (d.h. ohne Vorzeichen)
Atn(Zahl)		Arkustangens einer Zahl
Cos(Zahl)		Berechnet den Kosinus eines Winkels
Exp(Zahl)		Gibt e (die Basis des natürlichen Logarithmus) potenziert mit einer Zahl zurück
Fix(Zahl)		Gibt den ganzzahligen Anteil einer Zahl zurück. Auch bei negativen Zahlen wird der gebrochene Anteil abgeschnitten
Int(Zahl)		Gibt den ganzzahligen Anteil einer Zahl zurück. Im Gegensatz zu Fix() rundet Int() bei negativen gebrochenen Zahlen zur nächst kleineren ganzen negativen Zahl ab.
Log(Zahl)		Gibt den natürlichen Logarithmus einer Zahl zurück
Partition(number, start, stop, interval)	V	Gibt einen Wert vom Typ *String* zurück, der anzeigt, an welcher Stelle innerhalb einer berechneten Folge von Bereichen eine Zahl auftritt
Rnd[(Zahl)]		Gibt eine Zufallszahl >= 0 und < 1 zurück
Round(Ausdruck[, AnzDezimalstellen])		Gibt eine auf die angegebene Anzahl von Dezimalstellen gerundete Zahl zurück
Sgn(Zahl)		Gibt einen Wert zurück, der das Vorzeichen einer Zahl repräsentiert: -1 bedeutet kleiner 0, 0 bedeutet 0, 1 bedeutet größer 0.
Sin(Zahl)		Berechnet den Sinus eines Winkels
Sqr(Zahl)		Quadratwurzel einer Zahl
Tan(Zahl)		Berechnet den Tangens eines Winkels

Kapitel C **Visual Basic-Funktionen**

C.2 Finanzmathematische Funktionen

Syntax		Beschreibung
DDB(cost, salvage, life, period[, factor])	V	Gibt einen Wert vom Typ *Double* zurück, der die Abschreibung eines Vermögenswerts über einen bestimmten Zeitraum mit Hilfe der geometrisch degressiven Abschreibungsmethode oder einer von Ihnen ausgewählten Methode angibt
FV(rate, nper, pmt [, pv[, type]])	V	Gibt einen Wert vom Typ *Double* zurück, der den zukünftigen Wert einer Annuität bei regelmäßigen, konstanten Zahlungsausgängen und einem konstanten Zinssatz angibt
IPmt(rate, per, nper, pv[, fv[, type]])	V	Gibt einen Wert vom Typ *Double* zurück, der die Zinszahlung für einen bestimmten Zeitraum einer Annuität bei regelmäßigen, konstanten Zahlungen und einem konstanten Zinssatz angibt
IRR(values()[, guess])	V	Gibt einen Wert vom Typ *Double* zurück, der den internen Ertragssatz für eine Folge regelmäßiger Cash Flows (Aus- und Einzahlungen) angibt
MIRR(values(), finance_rate, reinvest_rate)	V	Gibt einen Wert vom Typ *Double* zurück, der den modifizierten internen Ertragssatz für eine Folge regelmäßiger Cash Flows (Aus- und Einzahlungen) angibt
NPer(rate, pmt, pv [, fv[, type]])	V	Gibt einen Wert vom Typ *Double* zurück, der die Anzahl der Zeiträume für eine Annuität bei regelmäßigen, konstanten Zahlungen und einem konstanten Zinssatz angibt
NPV(rate, values())	V	Gibt einen Wert vom Typ *Double* zurück, der den Netto-Barwert einer Investition bei regelmäßigen Cash Flows (Aus- und Einzahlungen) und einem Diskontsatz angibt
Pmt(rate, nper, pv [, fv[, type]])	V	Gibt einen Wert vom Typ *Double* zurück, der die Auszahlung für eine Annuität bei regelmäßigen konstanten Zahlungsausgängen und konstantem Zinssatz angibt
PPmt(rate, per, nper, pv[, fv[, type]])	V	Gibt einen Wert vom Typ *Double* zurück, der den Kapitalanteil einer Auszahlung für einen bestimmten Zeitraum einer Annuität bei regelmäßigen konstanten Auszahlungen und einem konstanten Zinssatz angibt
PV(rate, nper, pmt [, fv[, type]])	V	Gibt einen Wert vom Typ *Double* zurück, der den Barwert einer Annuität bei zukünftig regelmäßig und konstant zu leistenden Zahlungsausgängen und einem konstanten Zinssatz angibt
Rate(nper, pmt, pv [, fv[, type[, guess]]])	V	Gibt einen Wert vom Typ *Double* zurück, der den Zinssatz einer Annuität pro Zeitraum angibt
SLN(cost, salvage, life)	V	Gibt einen Wert vom Typ *Double* zurück, der die arithmetische Abschreibung eines Vermögenswerts über einen bestimmten Zeitraum angibt
SYD(cost, salvage, life, period)	V	Gibt einen Wert vom Typ *Double* zurück, der die Jahresabschreibung eines Vermögenswerts über einen bestimmten Zeitraum angibt

C.3 Formatierungsfunktionen

Syntax		Beschreibung
Format(Ausdruck[, Format [, firstdayofweek[, first weekofyear]]])	V	Gibt einen Wert vom Typ *String* zurück, der einen entsprechend den Anweisungen in einem Formatausdruck formatierten Ausdruck enthält
FormatPercent(Ausdruck[,AnzDezimalstellen [,FührendeNull [,KlammernFürNegativeWerte [,Ziffern Gruppieren]]]])		Gibt einen Ausdruck als Prozentangabe (multipliziert mit 100) und mit einem abschließenden Prozentzeichen („%") zurück
FormatDateTime (Datum[,Formatname])		Gibt einen Ausdruck im Datums- oder Zeitformat zurück
FormatNumber(Ausdruck[,AnzDezimalstellen [,FührendeNull [,KlammernFürNegativeWerte [,Ziffern Gruppieren]]]])		Gibt einen als Zahl formatierten Ausdruck zurück
FormatCurrency (Ausdruck [,AnzDezimal stellen [,FührendeNull [,Klammern FürNegativeWerte [,Ziffern Gruppieren]]]])		Gibt einen Ausdruck als Währungsbetrag zurück, der mit dem in der Systemsteuerung festgelegten Währungssymbol formatiert ist

C.4 String-Funktionen

Syntax	Beschreibung
Asc(Zeichenfolge)	Gibt den Zeichencode zurück, der dem ersten Buchstaben in einer Zeichenfolge entspricht
Chr(Zeichencode)	Gibt das Zeichen mit dem angegebenen ANSI-Zeichencode zurück
InStr([Start,]Zeichenfolge1, Zeichenfolge2[, Vergleich])	Gibt die Position des ersten Auftretens einer Zeichenfolge innerhalb einer anderen Zeichenfolge zurück
InStrRev(Zeichenfolge1, Zeichenfolge2[, Start [, Vergleich]])	Gibt die Position des Vorkommens einer Zeichenfolge in einer anderen Zeichenfolge zurück, wobei vom Ende der Zeichenfolge aus gezählt wird
Join(Liste[, Trennzeichen])	Gibt eine Zeichenfolge zurück, die durch Verbinden mehrerer Teilzeichenfolgen in einem Datenfeld erstellt wurde
LCase(Zeichenfolge)	Gibt eine Zeichenfolge zurück, in der alle Buchstaben in Kleinbuchstaben umgewandelt wurden
UCase(Zeichenfolge)	Gibt eine Zeichenfolge zurück, die in Großbuchstaben umgewandelt wurde
Left(Zeichenfolge, Länge)	Gibt eine bestimmte Anzahl von Zeichen ab dem ersten (linken) Zeichen einer Zeichenfolge zurück
Len(Zeichenfolge | Variablenname)	Gibt die Anzahl der Zeichen in einer Zeichenfolge oder die zum Speichern einer Variablen erforderlichen Bytes zurück
Ltrim(Zeichenfolge)	Gibt eine Kopie einer Zeichenfolge ohne vorangestellte Leerzeichen zurück

Kapitel C Visual Basic-Funktionen

Syntax	Beschreibung
Mid(Zeichenfolge, Start[, Länge])	Gibt eine bestimmte Anzahl von Zeichen aus einer Zeichenfolge zurück
Replace(Ausdruck, SuchZF, ErsetzenDurch[, Start[, Anzahl[, Vergleich]]])	Gibt eine Zeichenfolge zurück, in der eine bestimmte Zeichenfolge durch eine andere Zeichenfolge so oft wie angegeben ersetzt wurde
Right(Zeichenfolge, Länge)	Gibt einen Wert vom Typ *String* zurück, der eine bestimmte Anzahl von Zeichen von der rechten Seite (dem Ende) einer Zeichenfolge enthält
Rtrim(Zeichenfolge)	Gibt die Kopie einer Zeichenfolge ohne nachfolgende Leerzeichen zurück
Space(Zahl)	Gibt eine Zeichenfolge mit einer bestimmten Anzahl an Leerzeichen zurück
Split(Ausdruck[, Trennzeichen[, Anzahl[, Vergleich]]])	Gibt ein nullbasiertes eindimensionales Datenfeld zurück, das eine bestimmte Anzahl von Teilzeichenfolgen enthält
StrComp(Zeichenfolge1, Zeichenfolge2[, Vergleich])	Gibt einen Wert zurück, der das Ergebnis eines Zeichenfolgenvergleichs angibt
String(Zahl, Zeichen)	Gibt eine Zeichenfolge der angegebenen Länge mit einem sich wiederholenden Zeichen zurück
StrReverse(Zeichenfolge1)	Gibt eine Zeichenfolge zurück, in der die Reihenfolge der Zeichen der angegebenen Zeichenfolge umgekehrt wurde
Trim(Zeichenfolge)	Gibt die Kopie einer Zeichenfolge ohne vorangestellte oder nachfolgende Leerzeichen zurück

C.5 Datum/Uhrzeit

Syntax	Beschreibung
Date()	Gibt das aktuelle Systemdatum zurück
DateAdd(Intervall, Anzahl, Datum)	Gibt ein Datum, zu dem ein angegebenes Zeitintervall addiert wurde, zurück
DateDiff(Intervall, Datum1, Datum2 [,Erster Wochentag[, Erste WocheimJahr]])	Gibt den Zeitraum zwischen zwei Datumsangaben zurück
DatePart(Intervall, Datum [,ErsterWochen tag[, Erste Wocheim Jahr]])	Gibt den angegebenen Teil eines Datums zurück
DateSerial(Jahr, Monat, Tag)	Setzt ein Datum (Datentyp *Date*) aus Einzelangabe für Jahr, Monat und Tag zusammen.
DateValue(Datum)	Extrahiert ein Datum (Datentyp *Date*) aus einem String.
Day(Datum)	Gibt den Tag des Monats als ganze Zahl im Bereich von 1 bis 31 zurück
Hour(Uhrzeit)	Gibt eine ganze Zahl im Bereich von 0 bis 23 zurück, die die Stunde des Tags darstellt

Syntax	Beschreibung
Minute(Uhrzeit)	Gibt eine ganze Zahl im Bereich von 0 bis 59 zurück, die die Minute in der Stunde darstellt
Month(Datum)	Gibt eine ganze Zahl im Bereich von 1 bis 12 zurück, die den Monat im Jahr darstellt
MonthName(Monat[, Abkürzung])	Gibt eine Zeichenfolge für den angegebenen Monat zurück. Abkürzung = *True*|*False*.
Now()	Gibt das aktuelle Datum und die aktuelle Zeit aus den Einstellungen für das Systemdatum und die Systemzeit auf Ihrem Computer zurück
Second(Uhrzeit)	Gibt eine ganze Zahl im Bereich von 0 bis 59 zurück, die die Sekunde in der Minute darstellt
SetLocale(lcid)	Legt das globale Gebietsschema fest und gibt das vorherige Gebietsschema zurück
Time	Gibt einen Wert vom Typ Date zurück, der die aktuelle Systemzeit angibt
Timer	Gibt die Anzahl der seit 24:00 Uhr (Mitternacht) vergangenen Sekunden an
TimeSerial(Stunde, Minute, Sekunde)	Setzt eine Uhrzeit (Datentyp *Date*) aus Einzelangaben für Stunde, Minute und Sekunde zusammen.
TimeValue(Uhrzeit)	Extrahiert eine Uhrzeit (Datentyp *Date*) aus einem String.
Weekday(Datum, [ErsterWochentag])	Gibt den Wochentag als ganze Zahl zurück
WeekdayName(Wochentag, Abkürzen, ErsterWochentag)	Gibt eine Zeichenfolge mit dem angegebenen Wochentag zurück
Year(Datum)	Gibt das Jahr als ganze Zahl zurück

C.6 Array-Funktionen

Syntax	Beschreibung
Array(Argumentliste)	Gibt einen *Variant*-Wert zurück, der ein Datenfeld enthält
UBound(Datenfeldname [, Dimension])	Gibt den größten verfügbaren Index für die angegebene Dimension eines Datenfelds zurück
LBound(Datenfeldname [, Dimension]))	Gibt den kleinsten verfügbaren Index für die angegebene Dimension eines Datenfelds zurück

C.7 Funktionen zur Arbeit mit COM

Syntax		Beschreibung
`CreateObject(Servername.Klassenname [, Computer])`		Instanziiert eine COM-Klasse auf einem bestimmten Computer und liefert einen Zeiger auf die neu erstellte Instanz
`GetAutoServerSettings([progid], [clsid])`	V	Gibt Informationen über den Status der ActiveX-Komponentenregistrierung zurück
`GetObject([Moniker] [, Klasse])`		Aktiviert eine bestehende Instanz einer COM-Klasse auf Basis des übergebenen COM-Monikers oder erstellt eine neue Instanz
`GetRef(ProzName)`	S	Gibt einen Zeiger auf eine Unterroutine zurück. Dieser Zeiger dient zur Bindung an Ereignisse, insbesondere bei der Arbeit mit dem DOM

C.8 Systemfunktionen und Ein-/Ausgabe

Syntax		Beschreibung
`CallByName(object, procname, calltype, [args()])`		Setzt oder liest eine Objekteigenschaft aus oder führt eine Methode zur Laufzeit aus
`Command`	V	Gibt den Argumentabschnitt der Befehlszeile zurück, die verwendet wird, um Microsoft Visual Basic oder ein ausführbares Programm aufzurufen, das mit Visual Basic entwickelt wurde. Diese Funktion steht nur in der VB-Vollversion zur Verfügung.
`CurDir[(Laufwerk)]`	V	Gibt einen Wert vom Typ *String* zurück, der den aktuellen Pfad darstellt
`Dir[(Pfadname[, Attribute])]`	V	Gibt eine Zeichenfolge zurück, die den Namen einer Datei, eines Verzeichnisses oder eines Ordners darstellt, der mit einem bestimmten Suchmuster, einem Dateiattribut oder mit der angegebenen Datenträger- bzw. Laufwerksbezeichnung übereinstimmt
`DoEvents( )`	V	Übergibt die Steuerung an das Betriebssystem, damit es andere Ereignisse verarbeiten kann
`Environ({envstring | number})`	V	Gibt die mit einer Betriebssystem-Umgebungsvariablen verbundene Zeichenfolge (String) zurück
`EOF(Dateinummer)`	V	Gibt einen Wert vom Typ *Integer* zurück, der den *Boolean*-Wert True enthält, wenn das Ende einer Datei, die im Zugriffsmodus Random oder Input geöffnet wurde, erreicht worden ist
`FileAttr(filenumber, returntype)`	V	Gibt einen Wert vom Typ *Long* zurück, der den Zugriffsmodus für mit der Open-Anweisung geöffnete Dateien darstellt
`FileDateTime(Pfadname)`	V	Gibt einen Wert vom Typ *Date* zurück, der den Tag und die Uhrzeit der Erstellung bzw. der letzten Änderung der Datei anzeigt

Systemfunktionen und Ein-/Ausgabe

Syntax		Beschreibung
FileLen(Pfadname)	V	Gibt einen Wert vom Typ *Long* zurück, der die Länge einer Datei in Bytes angibt
FreeFile[(Bereichsnummer)]	V	Gibt einen Wert vom Typ *Integer* zurück, der die nächste verfügbare Dateinummer darstellt, die die Open-Anweisung zum Öffnen einer Datei verwenden kann
GetAllSettings(appname, section)	V	Gibt eine Liste von Schlüsseleinstellungen zusammen mit den zugehörigen Werten (die ursprünglich mit SaveSetting erstellt wurden) für den Eintrag einer Anwendung in der Windows-Registrierungsdatenbank zurück
GetAttr(Pfadname)	V	Gibt einen Wert vom Typ *Integer* zurück, der die Attribute einer Datei, eines Verzeichnisses oder eines Ordners darstellt
GetLocale()	V	Gibt den aktuellen Gebietsschema-ID-Wert zurück
GetSetting(appname, section, key[, default])	V	Gibt einen Wert einer Schlüsseleinstellung aus dem Eintrag einer Anwendung in der Windows-Registrierungsdatenbank zurück
InputBox(Eingabeaufforderung [, Titel][, Standard] [, xpos] [, ypos][, Hilfedatei, Kontext])		Zeigt in einem Dialogfeld eine Eingabeaufforderung an, wartet auf eine Texteingabe oder die Auswahl einer Schaltfläche durch den Benutzer und gibt den Inhalt des Textfelds zurück
LoadPicture(Bildname)		Lädt ein Bild in den Speicher und liefert einen Zeiger auf ein Objekt der eingebauten Klasse Picture. Folgende Grafikformate werden akzeptiert: .BMP, .ICO, .RLE, .WMF, .EMF, .GIF und .JPG.
LoadResData(Index, Format)	V	Lädt Daten aus mehreren möglichen Typen von Ressourcedateien (.RES) und gibt ein Byte-Datenfeld zurück
LoadResPicture(Index, Format)	V	Lädt eine Bitmap, ein Symbol oder einen Cursor aus einer Ressourcedatei (.RES)
LoadResString(Index)	V	Lädt eine Zeichenfolge aus einer Ressourcedatei (.RES)
Loc(Dateinummer)	V	Gibt einen Wert vom Typ *Long* zurück, der die aktuelle Schreib-/Leseposition innerhalb einer geöffneten Datei angibt
LOF(Dateinummer)	V	Gibt einen Wert vom Typ *Long* zurück, der die Größe einer mit der Open-Anweisung geöffneten Datei in Byte angibt
MsgBox(Eingabeaufforderung [, Schaltflächen] [, Titel][, Hilfedatei, Kontext])		Zeigt eine Meldung in einem Dialogfeld an, wartet darauf, dass der Benutzer auf eine Schaltfläche klickt, und gibt einen Wert zurück, der anzeigt, auf welche Schaltfläche geklickt wurde
ScriptEngine	S	Gibt eine Zeichenfolge mit der gerade verwendeten Scriptsprache zurück
ScriptEngineBuildVersion	S	Gibt die Build-Versionsnummer des verwendeten Scriptmoduls zurück
ScriptEngineMajorVersion	S	Gibt die Hauptversionsnummer des verwendeten Scriptmoduls zurück

Syntax		Beschreibung
ScriptEngineMinorVersion	S	Gibt die Nebenversionsnummer des verwendeten Scriptmoduls zurück
Seek(Dateinummer)	V	Gibt einen Wert vom Typ *Long* zurück, der die aktuelle Schreib-/Leseposition in einer Datei festlegt, die mit der Open-Anweisung geöffnet wurde

C.9 Typprüfung und -umwandlung

Syntax		Beschreibung
CBool(Ausdruck)		Umwandlung des übergebenen Ausdrucks in einen Wert vom Typ *Boolean*
Cbyte(Ausdruck)		Umwandlung des übergebenen Ausdrucks in einen Wert vom Typ *Byte*
CCur(Ausdruck)		Umwandlung des übergebenen Ausdrucks in einen Wert vom Typ *Currency*
CDate(Datum)		Umwandlung des übergebenen Ausdrucks in einen Wert vom Typ *Date*
CDbl(Ausdruck)		Umwandlung des übergebenen Ausdrucks in einen Wert vom Typ *Double*
CInt(Ausdruck)		Umwandlung des übergebenen Ausdrucks in einen Wert vom Typ *Integer*
CLng(Ausdruck)		Umwandlung des übergebenen Ausdrucks in einen Wert vom Typ *Long*
CSng(Ausdruck)		Umwandlung des übergebenen Ausdrucks in einen Wert vom Typ *Single*
CStr(Ausdruck)		Umwandlung des übergebenen Ausdrucks in einen Wert vom Typ *String*
Hex(Zahl)		Gibt eine Zeichenfolge mit der Hexadezimaldarstellung einer Zahl zurück
IsArray(VarName)		Gibt einen *Boolean*-Wert zurück, der angibt, ob es sich bei einer Variablen um ein Datenfeld handelt
IsDate(Ausdruck)		Gibt einen *Boolean*-Wert zurück, der angibt, ob ein Ausdruck in ein Datum konvertiert werden kann
IsEmpty(Ausdruck)		Gibt einen *Boolean*-Wert zurück, der angibt, ob eine Variable initialisiert wurde
IsError(Ausdruck)	V	Gibt einen Wert vom Typ *Boolean* zurück, der angibt, ob ein Ausdruck ein Fehlerwert ist
IsMissing(ArgName)	V	Gibt einen Wert vom Typ *Boolean* zurück, der angibt, ob einer Prozedur ein optionales Argument vom Typ Variant übergeben wurde
IsNull(Ausdruck)		Gibt einen *Boolean*-Wert zurück, der angibt, ob ein Ausdruck ungültige Daten (Null) enthält
IsNumeric(Ausdruck)		Gibt einen *Boolean*-Wert zurück, der angibt, ob ein Ausdruck als Zahl ausgewertet werden kann

Syntax		Beschreibung
IsObject(Ausdruck)		Gibt einen *Boolean*-Wert zurück, der angibt, ob ein Ausdruck auf ein gültiges Automatisierungsobjekt verweist
Oct(Zahl)		Gibt eine Zeichenfolge mit der Oktaldarstellung einer Zahl zurück
Str(Zahl)	V	Gibt einen Wert vom Typ *String* zurück, der eine Zahl darstellt
StrConv(string, conversion, LCID)	V	Gibt einen Wert vom Typ *String* zurück, der wie angegeben umgewandelt wurde
TypeName(VarName)		Gibt eine Zeichenfolge zurück, die den Datentyp einer Variablen in Form einer *String*-Konstante enthält
Val(Zeichenfolge)	V	Gibt die in einer Zeichenfolge enthaltenen Zahlen als einen numerischen Wert eines geeigneten Typs zurück
VarType(VarName)		Gibt eine Zeichenfolge zurück, die den Datentyp einer Variablen in Form einer numerischen Konstante enthält.

C.10 Sonstige Funktionen

Syntax		Beschreibung
Eval(Ausdruck)	S	Wertet einen Ausdruck aus und gibt das Ergebnis zurück
Execute(Code)	S	Ausführung des in Form einer Zeichenkette übergebenen Programmcodes
ExecuteGlobal(Code)	S	Ausführung des in Form einer Zeichenkette übergebenen Programmcodes. ExecuteGlobal() führt die übergebenen Befehle im Gegensatz zu Execute() im globalen Namespace aus.
Choose(Index, Auswahl 1 [, Auswahl-2, ... [, Auswahl-n]])	V	Wählt einen Wert aus einer Liste von Argumenten aus und gibt ihn zurück
CVErr(Fehlernummer)	V	Gibt einen Wert vom Typ *Error* zurück, der eine vom Benutzer festgelegte Fehlernummer enthält
Error[(Fehlernummer)]	V	Gibt die Fehlermeldung zu einer bestimmten Fehlernummer zurück
Filter(Zeichenfolgen, Wert [, Einschließen[, Vergleich]])		Gibt ein nullbasiertes Datenfeld zurück, das anhand bestimmter Filterkriterien einen Teilbereich eines Zeichenfolgendatenfelds enthält
IIf(expr, truepart, falsepart)	V	Gibt einen von zwei Teilen zurück, abhängig von der Auswertung eines Ausdrucks
QBColor(Farbe)	V	Gibt einen Wert vom Typ *Long* zurück, der dem RGB-Farbcode einer bestimmten Farbnummer entspricht
RGB(Rot, Grün, Blau)		Gibt eine Zahl zurück, die einen RGB-Farbwert darstellt
Switch(Ausdr-1, Wert-1 [, Ausdr-2, Wert-2 ... [, Ausdr-n,Wert-n]])	V	Wertet eine Liste von Ausdrücken aus und gibt einen Wert vom Typ *Variant* oder einen Ausdruck zurück, der dem ersten Ausdruck in der Liste zugeordnet ist, der *True* ergibt

D Literaturverzeichnis

D.1 Gedruckte Literatur

[AHO96] Aho, A.; Ullman, J.D.: Informatik – Datenstrukturen und Konzepte der Abstraktion. Bonn: International Thomson Publishing, 1996.

[BLA97] Blaschek, G.: Objektorientierte Programmierung. In: Rechenberg, G.; Pomberger, P.: Informatikhandbuch. Wien: Hanser, 1997.

[BÖH96] Böhm, R., et al.: Systementwicklung in der Wirtschaftsinformatik. Zürich: vdf-Verlag, 1996.

[BOX98] Box, D.: COM: Microsofts Technologie für komponentenbasierte Softwareentwicklung. Bonn: Addison Wesley Longman, 1998.

[BÜC97] Büchi, M.; Weck, W.: A Plea for Grey-Box Components. TUCS Technical Report No. 122, 1997.

[CHA96] Chadwick, D.: Understanding X.500 – The Directory. Chapman & Hal, 1996.

[CHA97] Chappell, D.: ActiveX Demistified. In: Byte, September 1997, S. 56-64

[CWO99] o.V.: Visual Basic ist beliebt. In: Computerwoche, Ausgabe vom 27.10.99.

[EDD00] Eddon, G.; Eddon, H.: Inside COM+. Unterschleißheim: MS Press, 2000.

[EIC99] Eicker, S.; Nietsch, M.: Standards zum objektorientierten Paradigma, Wirtschaftsinformatik, Heft 4/99.

[FIS99] Fischbach, R.: Schwierige Abgrenzungen. Von den Job Control Languages bis Perl und Python. In: iX 12/99. S. 60.

[GOO97] Goos, G.; Zimmermann, W.: Programmiersprachen. In: Rechenberg, G.; Pomberger, P.: Informatikhandbuch. Wien: Hanser, 1997.

[GOO07] Goodman, D.: Dynamic HTML. The Definite Reference. Sebastopol: O'Reilly, 2007.

[GRU00] Gruhn, V.; Thiel, A: Komponentenmodelle. München: Addison-Wesley, 2000.

[HAH98] Hahn, S.: ADSI ASP Programmer's Reference. Birmingham: Wrox Press, 1998.

[HOM99] Homer, A. et al.: Professional Active Server Pages 3.0. Birmingham: Wrox Press, 1999.

[KIR98] Kirtland M.: COM+: Eine neue Umgebung für Komponenten. In: Microsoft System Journal 2/1998. S. 24 ff.

[KOF03] Kofler, M.: Visual Basic 6.0. München: Addison-Wesley, 2003.

[MIC98] o.V. (Hrsg: Microsoft Corporation): Microsoft Visual Basic 6.0 Komponentenhandbuch. Unterschleißheim: MS Press, 1998.

[OES97] Oesterreich, B.: Objektorientierte Softwareentwicklung. München, Wien: R. Oldenburg Verlag, 1997.

[ÖST96] Österle, H.: Integration: Schlüssel zur Informationsgesellschaft, in: Österle, H. et al.: Middleware. Braunschweig: Vieweg, 1996.

[PAR00] Pardi, J.W.: XML in Action. Redmond: MS Press, 2000.

[PLA99] Platt, D.S.: COM+ verstehen. München: MS Press, 1999.

Kapitel D Literaturverzeichnis

[QUI94] Quibeldey-Cirkel, K.: Das Objekt-Paradigma in der Informatik. Stuttgart: Teubner, 1994.

[RAS97] Rauh, O.; Stickel, E.: Konzeptuale Datenmodellierung. Stuttgart: Teubner, 1997.

[RED97] Redmond, F.E.: DCOM. Foster City: IDG Books, 1997.

[RUM93] Rumbaugh, J.: Objektorientiertes Modellieren und Entwerfen. München, Wien: Carl Hanser, 1993.

[SCH00b] Schwichtenberg, H.: Verzeichnisdienste verwalten mit ADSI. In: basicpro 1/00. S. 10.

[SCH00c] Schwichtenberg, H.: Gefährliche Liebesgrüße: Windows Scripting-Viren: Inside LoveLetter. In: iX 6/00. S. 16ff.

[SCH00d] Schwichtenberg, H.: Gezielter Zugriff: Skriptsteuerung des Windows 2000-Verzeichnisdienstes. In: iX 9/00. S. 110 ff.

[SCH00e] Schwichtenberg, H.: Neuester Stand: Neuerungen in VBScript und JScript 5.x. In: iX 10/00, S. 118 ff.

[SCH00g] Schwichtenberg, H.: Radikale Emanzipation: Visual Basic .NET Preview. In: iX 12/00. S. 120.

[SCH01a] Schwichtenberg, H.: Fingerabdruck: Signierte Skripte im WSH 5.6. In: iX 2/01. S. 108ff.

[SCH01b] Schwichtenberg, H.: Nachrichtenkontrolle: Exchange-2000-Webstore-Programmierung. In: iX 6/01. S. 124ff.

[SCH01c] Schwichtenberg, H: COM-Komponenten-Handbuch, Addison-Wesley, 2001.

[SCH02a] Schwichtenberg, H.; Eller, F.: Programmierung mit der .NET-Klassenbibliothek, Addison-Wesley, 2002.

[SCH02b] Schwichtenberg, H. et al.: Microsoft ASP.NET – Das Entwicklerbuch, Microsoft Press, 2002.

[SCH02c] Schwichtenberg, H.: Web Forms – Webprogrammierung mit ASP.NET, Addison-Wesley, 2002.

[SCH03] Schwichtenberg, H.; Eller, F.: Programmierung mit der .NET-Klassenbibliothek, 2. Auflage, Addison-Wesley, 2004.

[SCH04] Schwichtenberg, H. et al.: Windows Scripting Lernen, 2. Auflage, Addison-Wesley, 2004.

[SCH07] Schwichtenberg, H: .NET 3.5 Crashkurs, Microsoft Press, 2008.

[SCH09] Schwichtenberg, H: ASP.NET 3.5 mit Visual Basic 2008, Microsoft Press, 2008.

[SCH10]} Schwichtenberg, H: ASP.NET 3.5 mit C# 2008, Microsoft Press, 2008.

[SCH11a] Schwichtenberg, H.: Objekte im Zugriff: ADSI-Programmierung. In: iX 2/99. S. 136.

[SCH11b] Schwichtenberg, H.: Postfächer einrichten: Stapelverarbeitung für Exchange. In: iX 3/99. S. 138.

[SCH11c] Schwichtenberg, H.: Druckkontrolle: Webbasierter Druckmanager. In: iX 7/99. S. 138.

[SCH11d] Schwichtenberg, H.: Daten-Modellierung: Microsofts Data Transformation Service. In: iX 10/99. S. 137.

[SCH11e] Schwichtenberg, H.: Bausteine: COM als Basic für NT-Scripts. In: iX 12/99. S. 66. [SCH00a] Schwichtenberg, H.: Mit MTS zu COM+: Komponentendienste in NT4 und Windows 2000. In: iX 02/00. S. 124.

[SHW97] Schwarze, J.: Einführung in die Wirtschaftsinformatik. Berlin, Herne: Verlag Neue Wirtschafts-Briefe, 1997.

[STA93] Stallings, W.: SNMP, SNMPv2 und CMIP. The Practical Guide to Network-Management Standards. Bonn: Addison Wesley Longman, 1993.

[STA93] Stallings, W.: SNMP, SNMPv2 und CMIP. The Practical Guide to Network-Management Standards. Bonn: Addison Wesley Longman, 1993.

[UNL95] Unland, R.: Objektorientierte Datenbanken – Konzepte und Modelle. Bonn: International Thomson Publishing, 1995.

[WEG89] Wegner, P.: Learning the Language, 1989.

[WEG90] Wegner, P.: Concepts and Paradigms of object-oriented programming. In: ACM OOPS Messenger, Band 1, Nr. 1, S. 7-87, 1990.

[WES99a] Westphal, R.: Typelib-Konstanten auf der Spur. In: basicpro 5/99. S. 48.

[WES99b] Westphal, R.: Set..=Nothing oder nicht? In: basicpro 6/99. S. 21.

[WES99c] Westphal, R.: COM-Interface Casting. In: basicpro 6/99. S. 60.

D.2 Quellen im Internet

Diese Verweise ins Internet finden Sie auf der Buch-CD-ROM in Form einer HTML-Datei, in der Sie die Links nur anklicken müssen [CD:/weitere Informationen/links/quellen.htm].

Kürzel	URL	Erläuterung
[ACE00]	http://www.digt.com/aces	Die Firma ACES liefert das im Buch besprochene ACES WinNT Automation Kit.
[ACT00]	http://www.activestate.com	ActiveState ist der Hersteller von PerlScript.
[ADE04]	http://www.vbsedit.com/	Editoren VBsEdit und JsEdit der Firma Adersoft
[ADS00]	http://www.microsoft.com/germany/technet/datenbank/articles/600323.mspx	Microsoft-ADSI-Site
[AGR00]	http://www.activex.org	Homepage der Active Group
[ASP02]	http://www.aspnetdev.de	Deutsche Website zu ASP.NET
[ASP04]	http://www.asp.net/downloads/archived/web-matrix/	Bezugsquelle für den ASP.NET-Editor WebMatrix
[ATX00]	http://www.opengroup.org/comsource/techref2/TITLE.HTM	ActiveX Core Technology Reference der Open Group
[AUT04]	http://www.autoitscript.com	AutoIt: Basic-ähnliche Skriptsprache für die Windows-Automatisierung (Open Source)
[BAK04]	http://www.mindspring.com/~mark_baker/forthscript.zip	Skriptsprache ForthSkript
[BAN02]	http://www.oreillynet.com/pub/a/dotnet/2002/07/01/rotorlinux.html	Shaun Bangay: Rotor Comes to Linux

Kapitel D Literaturverzeichnis

Kürzel	URL	Erläuterung
[BOR00]	http://www.borncity.de	WSH-Bazar von Günther Born
[CAW01]	http://www2.hursley.ibm.com/rexx/	Homepage des Erfinders von Rexx, Mike F. Cawlishaw, mit Links zu allem, was mit Rexx zu tun hat, auch Object Rexx
[CDO00]	http://www.cdolive.com	Site zur Exchange- und Outlook-Programmierung
[CHI00]	http://www.chilisoft.com	Anbieter eines Active Server Pages-kompatiblen Scripting Host „Chili-ASP" für andere Webserver (auch Nicht-Windows-Plattformen)
[ClassicVB01]	http://www.classicvb.org/	Petition für den Erhalt von Visual Basic 6.0
[CLI01a]	http://msdn.microsoft.com/voices/scripting11132000.asp	Artikel zum WSH 5.6 von Andrew Clinick in seiner „Scripting Clinic"
[CMS00]	http://www.componentsource.com	Sehr großer kommerzieller Anbieter von Komponenten
[CODEPLEX01]	http://www.codeplex.com/PowerShellCX/	PowerShell Community Extensions
[CODEPLEX02]	http://www.codeplex.com/PSSharePoint	PowerShell SharePoint Provider
[COM00]	http://www.com-objekte.de	Deutsches Komponentenverzeichnis
[CONNECT01]	http://connect.microsoft.com/ADWS/	Active Directory Management Gateway Service Beta Programm
[COS00]	http://www.opengroup.org/comsource/	COMSource: COM-Referenzportierung der Open Group für Solaris und True64UNIX
[CRY01]	http://support.microsoft.com/kb/q247257/	Informationen über die CryptoAPI-Tools
[CUT00]	http://www.cutter.com/consortium/research/2000/crb001219.html	Harmon, P.: What Types of Components are Companies using?
[CWA00]	http://cwashington.netreach.net	Umfangreiche Scripting-Site von Clarence Washington, viele Komponenten
[CYGW04]	http://www.cygwin.com/	Cygwin ist eine Linux-ähnliche Umgebung für Windows mit Programmierschnittstellen und Werkzeugen.
[DAR00]	http://www.winscripter.com	Scripting-Site von Daren Thiel
[DATDIR01]	http://www.datadirect.com	Hersteller von OLE DB-Providern
[DEJ00]	http://groups.google.com/	Suchservice für (weit) zurückliegende Beiträge in Newsgroups

Quellen im Internet

Kürzel	URL	Erläuterung
[DEV00]	http://www.4developers.com	Hersteller von Tools für die COM-Programmierung (u. a. Registry Crawler und COM-Explorer)
[DNF04]	http://www.dotnetframework.de/tools.aspx	Liste von Werkzeugen für das .NET Framework
[DOM00]	http://www.w3.org/dom/	Informationen zum Document Object Model
[DOT01a]	http://www.microsoft.com/net	Offizielle .NET-Site von Microsoft
[DOT02a]	http://www.dotnetframework.de	Deutsche Website zum .NET Framework mit einem ausführlichen Glossar
[DOT02b]	http://www.dotnetexperts.com/ecma/	Dokumente zu den ECMA-Standards „CLI" und „C#"
[DOTNET01]	http://www.dotnetframework.de	.NET Framework Community Website
[DOTNET02]	http://www.dotnetframework.de/tools.aspx	.NET-Werkzeugliste
[DU00]	http://www.dundas.com	Hersteller des HyperHost
[DVX01a]	http://www.devx.com/dotnet/	DevX .NET Center
[ECM02]	http://www.ecma-international.org/memento/TC39.htm	ECMA-Homepage zu CLI
[EYE00]	http://www.microeye.com	Micro Eye Inc. ist Hersteller des Script Director für Exchange.
[FAY01]	http://www.wassimfayed.com/PowerShell/CmdletHelpEditor.zip	PowerShell Help Editor
[FullArmor]	http://www.fullarmor.com/	Gruppenrichtlinienverwaltung mit der PowerShell (Firma FullArmor)
[GNU02]	http://www.dotGNU.org	DOTGNU-Projekt (CLI auf Unix/Linux)
[GNUW04]	http://gnuwin32.sourceforge.net/	Portierung von Unix-Werkzeugen für Windows
[Gotdotnet01]	http://www.codeplex.com/powershellremoting	PowerShell Remoting
[HAL00]	http://www.halcyonsoft.com	Anbieter des Active Server Pages-kompatiblen Scripting Hosts „InstantASP"
[HAS00]	http://haskell.cs.yale.edu/haskellscript	Site zur Skriptsprache Haskell-Script
[IBM00]	http://www-03.ibm.com/systems/i/software/access/	OLE DB-Provider für DB2/400
[IBM01]	http://www-01.ibm.com/software/awdtools/rexx/ /	Object REXX Homepage

Kapitel D Literaturverzeichnis

Kürzel	URL	Erläuterung
[ISO04]	http://www.iso.org/iso/iso_catalogue/catalogue_tc/catalogue_detail.htm?csnumber=36769	ISO-Standard „CLI"
[KIX04]	http://www.kixtart.org/	Scriptsprache KiXtart für Windows
[Kumaravel01]	http://groups.google.de/group/microsoft.public.windows.powershell/browse_thread/thread/7cf4b1bb774d fb90/17ad75cae89a341d?lnk=st&q=%22Folks%2C+I+know+that+many+of%22&rnum=6&hl=de#17ad75cae89a341d	Arul Kumaravel: AD access change/break in RC2
[LDA00a]	http://www.openldap.org/	Kostenlose LDAP-Implementierungen
[LUA01a]	http://www.lua.org	Offizielle Homepage der Sprache LUA
[MAR00]	http://www.mabry.com	Anbieter von COM-Komponenten
[MCC00]	http://code.msdn.microsoft.com/	MSDN Code Center, Verzeichnis von Beispielcode
[MCO00]	http://www.microsoft.com/com/default.mspx	Microsoft COM-Site
[MER01]	http://www.cs.mu.oz.au/research/mercury/	Informationen über die Sprache Mercury
[MKS00]	http://www.mkssoftware.com/	Perl-Implementierung von MKS
[MOM01]	http://www.microsoft.com/systemcenter/operationsmanager/en/us/default.aspx	Microsoft-Site zum Microsoft Operations Manager
[MON01]	http://www.mono-project.com	Novell Mono
[MS01]	http://www.microsoft.com/downloads/details.aspx?familyid=3b3f7ce4-43ea-4a21-90cc-966a7fc6c6e8&displaylang=en	Windows PowerShell Graphical Help File
[MS01]	http://www.microsoft.com/windowsserver2003/technologies/management/powershell/download.mspx	PowerShell 1.0-Download
[MS02]	http://www.microsoft.com/downloads/details.aspx?familyid=B4720B00-9A66-430F-BD56-EC48BFCA154F&displaylang=en	Bennutzerdokumentation zur PowerShell
[MS88]	http://www.microsoft.com/downloads/details.aspx?familyid=B4720B00-9A66-430F-BD56-EC48BFCA154F&displaylang=en	Dokumentation zur PowerShell

Quellen im Internet

Kürzel	URL	Erläuterung
[MSBlog01]	http://blogs.msdn.com/adpower-shell/archive/2009/04/14/active-directory-powershell-advanced-filter-part-ii.aspx	Active Directory Powershell – Advanced Filter
[MSD02]	http://support.microsoft.com/dllhelp/	Microsoft DLL-Datenbank
[MSDN01]	http://msdn2.microsoft.com/de-de/library/system.security.accesscontrol.filesystemrights(VS.80).aspx	.NET Framework-Klassenbibliothek FileSystemRights-Enumeration
[MSDN02]	http://msdn2.microsoft.com/en-us/library/aa965353.aspx	How to Write Cmdlet Help
[MSDN03]	http://msdn2.microsoft.com/en-us/library/aa139691.aspx	PowerShell Software Development Kit (SDK)
[MSDN04]	http://msdn2.microsoft.com/en-us/library/ms714419.aspx	Windows PowerShell Extended Type System (ETS)
[MSDN05]	http://msdn2.microsoft.com/en-us/library/Aa394554.aspx	WMI Schema Class Reference
[MSDN06]	http://msdn2.microsoft.com/en-us/library/system.management.aspx	Dokumentation zum .NET-Namensraum System.Management
[MSDN07]	http://msdn2.microsoft.com/en-us/library/ms714657.aspx	Cmdlet Development Guidelines
[MSDN08]	http://msdn2.microsoft.com/en-us/library/hs600312(VS.80).aspx	.NET Framework Regular Expressions
[MSDN09]	http://msdn.microsoft.com/library/en-us/adschema/adschema/active_directory_schema.aspx	Active Directory-Schema
[MSDN10]	http://msdn.microsoft.com/library/default.asp?url=/library/en-us/ad/ad/user_object_user_interface_mapping.aspx	User Object User Interface Mapping
[MSDN56]	http://gallery.technet.microsoft.com/ScriptCenter/en-us/	The Script Center Goes Multilingual
[MSDN65]	http://msdn.microsoft.com/en-us/library/ms677980(VS.85).aspx	User Object User Interface Mapping
[MSGAD01]	http://microsoftgadgets.com/	http://www.microsoft.com/windows/windows-vista/features/sidebar-gadgets.aspx
[MSL00]	http://msdn.microsoft.com/library	Kostenlose Online-Fassung der MSDN Library
[MSR01]	http://research.microsoft.com	Homepage von Microsoft Research (MSR)
[MSSC04a]	http://technet.microsoft.com/de-de/scriptcenter/default(en-us).aspx	Microsoft TechNet Script Center

Kapitel D Literaturverzeichnis

Kürzel	URL	Erläuterung
[MSSC04b]	http://msdn.microsoft.com/columns/clinic.aspx	Kolumne "Scripting Clinic"
[MSSC04c]	http://blogs.technet.com/heyscriptingguy/	Kolumne der TechNet Scripting Guys
[MSSec01]	http://www.microsoft.com/security/encyclopedia/details.aspx?name=Worm:MSH/Cibyz.A	Malicious Software Encyclopedia: Worm:MSH/Cibyz.A
[MSU00]	http://support.microsoft.com/support/activescript	Microsoft Support-Site für Active Scripting
[NIQ01]	http://www.netiq.com	Homepage der Firma NetIQ, dem ursprünglichen Hersteller des Microsoft Operations Manager (MOM)
[NSoftware]	http://www.nsoftware.com/powershell/	Commandlets zum Netzwerkmanagement mit der PowerShell (Firmen-Software)
[ODB00a]	http://msdn.microsoft.com/en-us/data/default.aspx	Microsoft-Site zum Thema Datenzugriff
[ONS04]	http://www.onscript.com	OnScript Editor und OnScript Host
[PowerGadgets]	http://www.softwarefx.com/sfxSqlProducts/powergadgets/	Visualisierung von PowerShell-Pipeline-Inhalten
[Prosser]	http://www.shelltools.net/	Karl Prosser: PowerShell Analyzer
[PYT00a]	http://www.python.org/	PythonScript
[PYT00b]	http://starship.python.net/crew/mhammond	Site von Mark Hammond, dem Schöpfer der ActiveX Scripting Version von PythonScript
[Quest]	http://www.questsoftware.de/	Active Directory-Scripting mit der PowerShell (Firma Quest)
[RFC1960]	http://www.ietf.org/rfc/rfc1960.txt	A String Representation of LDAP Search Filters
[RFC2254]	http://www.rfc-editor.org/rfc/rfc2254.txt	The String Representation of LDAP Search Filters
[ROG00]	http://notepad-plus.sourceforge.net/de/site.htm	NotePad++
[ROL00]	http://www.rollthunder.com	Homepage des Buchautors David S. Platt (COM, .NET, XML)
[RUB01b]	http://www.ruby-lang.org/en/	Offizielle Homepage der objektorientierten Skriptsprache „Ruby"
[Sapien01]	http://www.primaltools.com/products/info.asp?p=PrimalScript	PrimalScript 4.1
[SCA04]	http://www.scriptinganswers.com/	Scripting-Website von Don Jones

Quellen im Internet

Kürzel	URL	Erläuterung
[SEC00]	http://www.15seconds.com	Developer-Community, insbesondere zu ASP; viel Beispielcode und zahlreiche Komponenten und Tools
[SHD04]	http://www.icsharpcode.net/OpenSource/SD/	.NET-Entwicklungsumgebung SharpDevelop (Open Source)
[SIN04]	http://www.scriptinternals.de	Editor SystemScripter
[SOA01b]	http://www.w3.org/TR/SOAP/	SOAP-Spezifikation auf dem W3C-Webserver
[TCL04]	http://tclscript.sourceforge.net	Skriptsprache TclScript
[TechNet01]	http://technet.microsoft.com/en-us/systemcenter/cc462790.aspx	MOM Management Pack Catalog
[TNET01]	http://technet.microsoft.com/en-us/library/bb124413.aspx	Dokumentation der Exchange Management Shell
[TNET02]	http://gallery.technet.microsoft.com/ScriptCenter/en-us/site/search?f%5B0%5D.Type=RootCategory&f%5B0%5D.Value=messaging	Exchange Server-Skripte für die PowerShell
[TNET03]	http://www.microsoft.com/technet/scriptcenter/topics/winpsh/convert/default.mspx	Converting VBScript Commands to Windows PowerShell Commands
[TOP00]	http://www.toptensoftware.com/quickprompts	TopTenSoftware ist der Hersteller der Komponente QuickPrompts.
[Truher01]	http://jtruher.spaces.live.com/blog/cns!7143DA6E51A2628D!130.entry?_c11_blogpart_blogpart=blogview&_c=blogpart#permalink	J. Truher: Background "jobs" and PowerShell
[Truher01]	http://jtruher.spaces.live.com/blog/cns!7143DA6E51A2628D!130.entry?_c11_blogpart_blogpart=blogview&_c=blogpart#permalink	J. Truher: Background "jobs" and PowerShell
[VBA01]	http://msdn.microsoft.com/en-us/isv/bb190538.aspx	Website zu VBA
[W3C01]	http://www.w3.org/TR/xpath	XML Path Language (XPath) Version 1.0 W3C Recommendation 16 November 1999
[WAR00]	http://home.att.net/~wshvbs/index.htm	Scripting-Site von J. Warrington
[WCR04]	http://www.it-visions.de/Scripting/wmireferenz.asp	WMI-Klassenreferenz
[WIN01]	http://www.scriptinternals.de	Website von Dr. Tobias Weltner
[WINB04]	http://www.winbatch.com	Automatisierungslösung WinBatch der Firma Wilson WindowsWare

Kürzel	URL	Erläuterung
[WINR04]	http://www.winrobots.de	Automatisierungslösung Win-Robots der Firma Delphin Software Bruchsal
[WPE01]	http://de.wikipedia.org/wiki/Versuch_und_Irrtum	Versuch und Irrtum (englisch Trial and Error)
[WSS00]	http://www.windows-scripting.de	Deutsche Windows Scripting-Site
[XLN00]	http://www.xlnow.ch	Hersteller des OnScript Hosts und des OnScript Editors
[XML01]	http://msdn.microsoft.com/de-de/xml/default(en-us).aspx	Microsoft XML Developer Center
[XRP00]	http://www.xml-rpc.com	Site zum Thema XML RPC

D.3 Requests for Comment (RFCs)

RFCs [RFC1738] Berners-Lee, T.: Uniform Resource Locators (URL): Dezember 1994.

[RFC1777] Yeong, W.; Howes, T.; Kille, S.: Lightweight Directory Access Protocol: März 1995.

[RFC1778] Yeong, W.; Howes, T.; Kille, S.: The String Representation of Standard Attribute Syntaxes: März 1995.

[RFC1779] Kille, S.: A String Representation of Distinguished Names: März 1995.

[RFC1798] Young, A.: Connection-less Lightweight X.500 Directory Access Protocol: Juni 1995.

[RFC1959] Howes, T.: The LDAP URL Definition: Juni 1996.

[RFC1960] Howes, T.: The String Representation of LDAP Search Filters: Juni 1996.

[RFC1823] Howes, T.; Smith, M.: The LDAP Application Program Interface: August 1995.

[RFC2254] Howes, T.: The String Representation of LDAP Search Filters: Dezember 1997.

[RFC2255] Howes, T.; Smith, M.: The LDAP URL Format: Dezember 1997.

[RFC2256] Wahl, M.: A Summary of the X.500(96) User Schema for use with LDAPv3: Dezember 1997.

D.4 Newsgroups

Scripting

```
news://microsoft.public.de.german.scripting.wsh
news://microsoft.public.active.directory.interfaces
news://microsoft.public.inetexplorer.scripting
news://microsoft.public.scripting.debugger
news://microsoft.public.scripting.hosting
news://microsoft.public.scripting.jscript
news://microsoft.public.scripting.remote
news://microsoft.public.scripting.scriptlets
news://microsoft.public.scripting.vbscript
news://microsoft.public.scripting.wsh
news://microsoft.public.Windows.powershell
news://microsoft.public.opsmgr.powershell
news://microsoft.public.scripting.virus.discussion
news://microsoft.public.windows.inetexplorer.ie5.programming.dhtml.scripting
```

COM-Programmierung allgemein

```
news://microsoft.public.vb.ole
news://microsoft.public.vb.ole.servers
news://microsoft.public.vb.ole.automation
news://microsoft.public.windna.components
news://microsoft.public.platformsdk.com_ole
news://microsoft.public.platformsdk.complus_mts
news://microsoft.public.platformsdk.component_svcs
```

DOTNET (Auswahl)

```
news://microsoft.public.dotnet.general
news://microsoft.public.dotnet.framework
news://microsoft.public.dotnet.languages.vb
news://microsoft.public.de.german.entwickler.dotnet.framework
news://microsoft.public.de.german.entwickler.dotnet.vb
```

Spezielle Komponenten

```
news://microsoft.public.adsi.general
news://microsoft.public.wbem
news://microsoft.public.vb.database.ado
news://microsoft.public.data.ado
```

D.5 Websites zur PowerShell

- PowerShell-Community-Website des Buchautors: *http://www.powershell-doktor.de*
- Sammlung von PowerShell-Skripten: *http://www.microsoft.com/technet/scriptcenter/scripts/msh/default.mspx*
- PowerShell-Website: *http://www.microsoft.com/technet/scriptcenter/hubs/msh.mspx*
- Website mit Skripten: *http://www.reskit.net/Monad/samplescripts.htm*
- Link-Liste von PowerShell-Ressourcen: *http://delicious.com/powershell*

D.6 Weblogs zur PowerShell

- Offizielles Weblog des PowerShell-Teams: *http://blogs.msdn.com/PowerShell/*
- James Truher (Microsoft): *http://jtruher.spaces.live.com/blog/*
- Arul Kumaravel (Microsoft): *http://blogs.msdn.com/arulk*
- Lee Holmes: *http://www.leeholmes.com/blog/*
- Keith Hill: *http://keithhill.spaces.live.com/*
- Marc van Orsouw: *http://thepowershellguy.com/blogs/posh/*
- Karl Prosser: *http://www.karlprosser.com/coder/?cat=8*

D.7 Andere Quellenangaben

Verweise auf Knowledge Base-Artikel [Qxxxxx]

Knowledge Base Diese Quellenangabe nimmt Bezug auf einen Beitrag aus der Microsoft Knowledge Base mit der Nummer xxxx. Sie finden die Knowledge Base im Internet unter HTTP://SUPPORT.MICROSOFT.COM/DEFAULT.ASPX.

Verweise auf die MSDN Library

[MSDN: dateiname.chm::/pfad/datei.htm]

MSDN Library Diese Quellenangabe nimmt Bezug auf die CD-ROM-Fassung der Microsoft Developer Network Library (MSDN Library), die in Form von kompilierten HTML-Dateien vorliegt. Auch kompilierte HTML-Dateien verfügen über eine URL. Sie können diese URL innerhalb des HTML-Hilfe-Werkzeugs mit der Funktion URL aus dem Menü WECHSELN ZU direkt anspringen.

Die Angaben beziehen sich auf die englische Ausgabe der MSDN Library. Die Internetfassung der MSDN Library finden Sie unter HTTP://MSDN.MICROSOFT.COM/LIBRARY.

Verweise auf die Buch-CD-ROM

[CD:/pfad/] oder [CD:/pfad/datei.extension]

Buch-CD Auch Verweise auf Dateien auf der Buch-CD sind im Stil eines Monikers angegeben. Unter vielen Listings sehen Sie allerdings nur die Kurzform ohne Pfadangaben, z.B. [ADSI_WINNT_neuerBenutzer.wsf]. In diesem Fall finden Sie den Programmcode anhand des Kapitelnamens, da das Verzeichnis /CODE auf der CD genauso strukturiert ist wie das Buch.

E Abkürzungsverzeichnis

Abkürzung	Bedeutung
ABO	Admin Base Objects
ACE	Access Control Entry
ACL	Access Control List
AD	Active Directory
ADB	Active Directory Browser
ADO	ActiveX Data Objects
ADO.NET	ActiveX Data Objects .NET
ADODB	ActiveX Data Objects Database
ADOMD	ActiveX Data Objects Multi Dimensional
ADOX	ActiveX Data Objects Extensions
ADS	Active Directory Service
ADSI	Active Directory Service Interface
ADTG	Advanced Data Tablegram
AKM	Active Knowledge Module
ANSI	American National Standards Institute
API	Application Programming Interface
AppDomain	Application Domain
APPID	Application Identifier
ASCII	American Standard Code for Information Interchange
ASP	Active Server Pages
ASP.NET	Active Server Pages .NET
AssemblyRef	Assembly Reference
ATL	Active Template Library
AUO	Active User Objects
BCL	Base Class Library
BIOS	Basic Input/Output System
BLOB	Binary Large Object
BOF	Begin Of File
C#	Csharp
CAPI	Cryptography Application Programming Interface
CAS	Code Access Security
CATID	Category Identifier

Kapitel E Abkürzungsverzeichnis

Abkürzung	Bedeutung
CBF	Code Behind Forms
CCM	Change and Configuration Management
CCW	COM Callable Wrapper
CD	Compact Disc
CDO	Collaboration Data Objects
CDOEX	CDO 3.0 for Exchange 2000
CDOEXM	CDO for Exchange Management
CDONTS	CDO for NT Server
CDOSYS	CDO System (CDO 2.0 for Windows 2000)
CDOW2K	CDO 2.0 for Windows 2000
CDOWF	CDO Workflow Objects for Microsoft Exchange
CIM	Common Information Model
CIS	COM Internet Services
CLB	Component Load Balancing
CLI	Common Language Infrastructure
CLR	Common Language Runtime
CLS	Common Language Specification
CLSID	Class Identifier
CMIP	Common Management Information Protocol
CN	Common Name
COM	Component Object Model
COM+	Component Object Model Plus
CORBA	Common Object Request Broker Architecture
CR/LF	Carriage Return / Line Feed
CSV	Comma Separated Value
CTS	Common Type System
DACL	Discretionary Access Control List
DAO	Data Access Object
DAP	Directory Access Protocol
DAV	Distributed Authoring and Versioning
DB	Datenbank / Database
DBMS	Datenbank-Managementsystem
DC	Domain Controller oder Domain Component
DCE	Distributed Computing Environment
DCO	Domino Collaboration Objects
DCOM	Distributed Component Object Model

Abkürzung	Bedeutung
DFS	Distributed File System
DFSR	Distributed File System Replication
DHCP	Dynamic Host Configuration Protocol
DHTML	Dynamic Hypertext Markup Language
DISPID	Dispatch Identifier
DLL	Dynamic Link Library
DML	Data Manipulation Language
DMO	Distributed Management Objects
DMTF	Desktop Management Task Force
DN	Distinguished Name
DNA	Distributed interNet Application Architecture
DNS	Domain Name Service
DOM	Document Object Model
DOS	Disc Operating System
DSN	Data Source Name
DSO	Decision Support Objects
DTC	Design Time Controls oder Distributed Transaction Coordinator
DTD	Document Type Definition
DTS	Data Transformation Service
ECMA	European Computer Manufacturers Association
EJB	Enterprise Java Beans
EOF	End Of File
EOS	End of Stream
ESATE	Exchange Script Agent Test Environment
EXE	Executable (ausführbare Datei)
FCL	.NET Framework Class Library
FMTID	Format Identifier
FQDN	Fully Qualified Distinguished Name
FSMO	Flexible Single Master Operation
FSO	File System Object
FTP	File Transfer Protocol
GAC	Global Assembly Cache
GAL	Global Address List
GC	Garbage Collector oder Global Catalogue
GDI	Graphics Device Interface
GPMC	Group Policy Management Console

Kapitel E Abkürzungsverzeichnis

Abkürzung	Bedeutung
GPO	Group Policy Objects
GUI	Graphical User Interface
GUID	Global Unique Identifier
HTA	HTML Application
HTML	Hypertext Markup Language
HTTP	Hypertext Transfer Protocol
HTTPS	HTTP over SSL
ICMP	Internet Control Message Protocol
ID	Identifier
IDE	Integrated Development Environment
IDL	Interface Definition Language
IE	Internet Explorer
IID	Interface Identifier
IIS	Internet Information Server
IL	Intermediation Language
IMDB	In-Memory Database
IO	Input/Output
IP	Internet Protocol
IPC	Interprocess Communication
IPID	Interface Pointer Identifier
IPM	Interpersonal Message
IPX	Internet Packet eXchange
IrdA	Infrared Data Association
IS	Information Store
ISO	International Organization for Standardization
IV	Initialisierungsvektor
J#	Jsharp
JUMP	Java User Migration Path to Microsoft .NET
JVM	Java Virtual Machine
LCID	Locale Country Identifier
LDAP	Lightweight Directory Access Protocol
LIBID	Library Identifier
LPC	Local Procedure Call
LRPC	Lightweight Remote Procedure Call
MAPI	Messaging Application Programming Interface
MDAC	Microsoft Data Access Components

Abkürzung	Bedeutung
MDAIPP	OLE DB Provider for Internet Publishing
MFA	Multi File Assembly
MIDL	Microsoft Interface Definition Language
MIME	Multipurpose Internet Mail Extensions
MINFU	Microsoft Nomenclature Foul-Up
MIT	Mobile Internet Toolkit
MMC	Microsoft Management Console
MMIT	Microsoft Mobile Internet Toolkit
MO	Managed Object
MOF	Managed Object Format
MOM	Microsoft Operations Manager
MS	Microsoft
MSDN	Microsoft Developer Network
MSDTC	Microsoft Distributed Transaction Coordinator
MSIL	Microsoft Intermediation Language
MTS	Microsoft Transaction Server
NAP	Network Access Protection
NDR	Network Data Representation
NDS	Novell Directory Service
NetBIOS	NetETwork Basic Input/Output System
NGWS	Next Generation Windows Service
NLB	Network Load Balancing
NNTP	Network News Transfer Protocol
NT	Windows New Technology
NT4	Windows NT Version 4.0
NTFS	New Technology File System
NTLM	NT LAN-Manager
O	Organisation
OAEP	Optimal Asymmetric Encryption Padding
ODBC	Open Database Connectivity
OLAP	On-Line Analytical Processing
OLE	Object Linking and Embedding
OLE DB	Object Linking and Embedding Database
OM	Operations Management
OMG	Object Management Group
OMT	Object Modelling Technique

Kapitel E **Abkürzungsverzeichnis**

Abkürzung	Bedeutung
OO	Objektorientierung / objektorientiert
OO4O	Oracle Objects for OLE
OpCodes	Operation Codes
ORPC	Object Remote Procedure Call
OSI	Open Systems Interconnection
OU	Organizational Unit
PAB	Personal Addressbook
PC	Personal Computer
PDB	Program Database
PDC	Primary Domain Control
PE	Portable Executable
PERL	Practical Extraction and Reporting Language
PGP	Pretty Good Privacy
PHP	Personal Home Page Tools
PICS	Platform for Internet Content Selection
ProgID	Programmatic Identifier
QFE	Quick Fix Engineering
RA	Regulärer Ausdruck
RAD	Rapid Application Development
RAS	Remote Access Service
RCW	Runtime Callable Wrapper
RDN	Relative Distinguished Name
RDO	Remote Data Objects
RDS	Remote Data Service
RFC	Request for Comment
RGB	Rot-Grün-Blau-Farbschema
ROT	Running Objects Table
RPC	Remote Procedure Call
RRAS	Routing and Remote Access Service
RSoP	Resultant Set of Policies
SACL	System Access Control List
SCE	Security Configuration Editor
SCM	Service Control Manager
SD	Security Descriptor
SDDL	Security Descriptor Definition Language
SDK	Software Development Kit

Abkürzung	Bedeutung
SFA	Single File Assembly
SID	Security Identifier
SMO	SQL Server Management Objects
SMS	Systems Management Server
SMTP	Simple Mail Transfer Protocol
SNA	Strongly Named Assembly
SNMP	Simple Network Management Protocol
SOAP	Simple Object Access Protocol
SP	Service Pack
SPX	Sequenced Packet eXchange
SQL	Structured Query Language
SSH	System Scripting Host
SSL	Secure Socket Layer
SSP	Security Support Provider
TCL	Tool Command Language
TCP	Transfer Control Protocol
TDL	Template Definition Language
TOM	Text Object Model
T-SQL	Transaction SQL
TypeLib	Typbibliothek
UAC	User Account Control
UAP	User Account Protection
UCS	Universal Character Set („Unicode")
UDA	Universal Data Access
UDDI	Universal Description, Discovery and Integration
UDL	Universal Data Link
UDP	User Datagram Protocol
UMI	Universal Management Interface
UML	Unified Markup Language
UNC	Universal Naming Convention
UPN	Umgekehrt polnische Notation oder User Principal Name
URI	Uniform Resource Identifier
URL	Uniform Resource Locator
URN	Uniform Resource Name
UserID	User Identifier
UTC	Universal Coordinated Time

Kapitel E Abkürzungsverzeichnis

Abkürzung	Bedeutung
UTF	UCS Transformation Format
UUID	Universal Unique Identifier
VB	Visual Basic
VB.NET	Visual Basic .NET
VB6	Visual Basic Version 6.0
VB7	Visual Basic Version 7.0 und 7.1
VB8	Visual Basic Version 8.0
VB9	Visual Basic Version 9.0
VB 10	Visual Basic Version 10
VBA	Visual Basic for Applications
VBS	Visual Basic Script
VBScript	Visual Basic Script
VES	Virtual Execution System
VOS	Virtual Object System
VSA	Visual Studio for Applications
VTBL	Virtual Table
W3C	World Wide Web Consortium
W3SVC	Webservice
WBEM	Web Based Enterprise Management
WCF	Windows Communication Foundation
WDM	Win32 Driver Model
WF	Windows Workflow Foundation
WINS	Windows Internet Naming Service
WinSAT	Windows System Assement Tool
WKGUID	Well Known Global Unique Identifier
WMI	Windows Management Instrumentation
WML	Wireless Markup Language
WPF	Windows Presentation Foundation
WQL	WMI Query Language
WSC	Windows Script Component
WSDL	Web Services Description Language
WSF	Windows Scripting File
WSH	Windows Scripting Host / Windows Script Host
WPS	Windows PowerShell
WWW	World Wide Web
WYSIWYG	What You See Is What You Get

Abkürzung	Bedeutung
XDR	XML-Data Reduced
XML	Extensible Markup Language
XMLDOM	Extensible Markup Language Document Object Model
XMP	Extended Management Packs
XPATH	XML Path Language
XSD	XML Schema Definition
XSL	Extensible Stylesheet Language
XSLT	XSL Transformation
VS	Visual Studio

Stichwortverzeichnis

Symbols
.NET 68, 113, 144, 939, 957, 982, 989, 1011, 1018, 1042, 1064, 1309
   2.0 427
   Enterprise Services 127
   Framework 9, 103
   Klasse 933, 961, 1063
   Runtime Host 954
   Software Development Kit 937, 980
   Version 2.0 954
.NET Code Wise Community 4
.NET Data Provider 1171–1172
.NET Enterprise Server 46
.NET Framework 43, 63, 103, 321, 931, 934, 957–958, 961, 1083, 1118, 1202
   Scripting 50
   Version 2.0 54
   Version 3.5 54
   versus COM 138
.ps1 972
$_ 1011
$Args 1011
$Error 1011, 1032
$ErrorActionPreference 1032
$false 1011
$Home 1011
$Host 1140
$Input 1011
$LastExitCode 1011
$MaximumErrorCount 1011
$OFS 1011
$PSHome 1011
$PSHost 1011
$StackTrace 1011
$true 1011

A
Ablaufverfolgung 939, 1100
Abmelden 566
Abmeldeskript 851
ABO 372
About 1009
AbsoluteTimerInstruction 531
Absturz 42
Access 142, 695, 720
Access Control Entry 385, 388, 474, 481, 1228
Access Control List 119, 385, 398, 447, 473–474, 571, 1228, 1238
Access Control Type 1228
Access Mask 1228
AccessControl 1227, 1231
AccessMask 474, 1156
Account Manager 1133
AccountDisabled 1259
AccountExpirationDate 445
AcctCrt 372
AceFlags 474, 1228
AceType 474
ACL 1230, 1241
ACL-Komponente 372
Active Directory 127, 377, 381, 390, 404, 420, 438, 485, 494–495, 508–509, 818, 939, 1006, 1123, 1126, 1130, 1242, 1250, 1256, 1260, 1272, 1286
   Benutzerverwaltung 924
   Datentyp 435
   Namespaces Container 405
   Objektmodell 427
   PowerShell 1272
   Programmierung 426
   Rechte 473
   Schema 458
   Schnellstart 57
   Scripting 426
   Struktur 1286
   Suche 1263, 1281
   SystemInfo 467
Active Directory Administrative Center 424
Active Directory Application Mode 1286
Active Directory Certificate Service 423
Active Directory Domain Services 423
Active Directory Lightweight Directory Services 423, 425
Active Directory Management Objects 1286
Active Directory Metadirectory Services 423
Active Directory Service Interface 132, 321, 371–372, 374, 381–382, 391, 468, 649
   .NET 1242
   Active Directory-Administration 420
   ADO-Query 401, 441
   ADSI-Browser 378, 815–816
   ADSI-Edit 818
   Architektur 379

Stichwortverzeichnis

Bindung 390
Client 380
Container 394
Extension 415, 447
Fallbeispiel 925
IIS-Provider 459
Impersonifizierung 252, 397
Installation 381
Instanzenverwaltung 396
Internet Information Server 459
Klasse ADSI 761
LDAP-Provider 394, 421
Metaobjektmodell 134, 382, 385
Namespace Extension 380, 471, 568
Pfad 390
Programmierung 390
Provider 380, 383
Query 816
Resource Kit 468
SchemaBrowser 820
SDK 382, 468
Sicherheit 397
Standardschnittstelle 385
Werkzeug 815
WinNT-Provider 407, 422
WMI-Integration 568
Zusatzkomponente 468
Active Group 135
Active Script 45
Active Scripting 43, 45, 86
Interface 908
versus VBA 50
Active Server Pages 123, 274, 765, 832, 916
Ausgabe 285
Bewertung 281
Einbinden von Skripten 305
Ereignis 302
Fehler 308
Installation 281
Intrinsic Object 287
Kennwortspeicherung 252
Remote Scripting 898
say() 212
Seite 284
Sicherheitseinstellung 309
Statisches Objekt 304
Transaktion 310
Vergleich 281
Active Template Library 65
ActiveScriptEventConsumer 533, 560–561
Active-Scripting 1026
ActiveScriptRuby 48

ActiveX 45, 135, 878
Dokument 71, 860
sicheres Steuerelement 262
Steuerelement 71, 263, 860
Steuerelement erzeugen 877
ActiveX Data Objects 132, 307, 401–402, 645–646, 648–649, 656, 1171, 1180, 1247
Extension 645
Fallbeispiel 925, 927
Meta-Objektmodell 134
Multi Dimensional 645
XML 1345
ActiveX Scripting
Engine 829
Schnittstelle 829
ActiveXObject() 104
ActiveX-Steuerelement 142, 636, 792
ADAccount 1277
ADAM 426
ADComputer 1277
Add 191
Add-ADGroupMember 1286
Add-Computer 1194
Add-Content 1161
Add-DirectoryEntry 1130
Add-DistributionGroupMember 1303
Add-LDAPObject 1270
Add-Member 997
AddRef() 96
Add-Type 1078
Add-VirtualHardDisk 1132
Add-WindowsFeature 1202, 1206–1207
Admin Script Editor 777
Administrative Center 424
Administrator 41, 253, 255
ADO.NET 1171, 1178, 1247, 1264
ADODB.Connection 1248
ADOMD 651
ADOX 651
ADPowerShell 1272, 1277
ADRMS 1126
ADsError 469
ADsFactory 470
ADSI 321, 371, 426, 1244, 1249, 1252, 1254
.NET 1244, 1248
Bindung 1250–1251
COM 1248, 1253
Container 1255
Explorer 817
Pfad 1250
Scriptomatic 820
Suchanfrage 432

Stichwortverzeichnis

ADSI Edit 431
AdsPath 1264
ADsRas 471
ADsSecurity 321, 372, 398, 473, 571
    Klasse 477
ADsSID 478
ADsVersion 468
ADSystemInfo 467
ADUser 1277
Advanced Data Tablegram 666
ADWS 1274
Agent
    Exchange Server 319
AgentPC 1244
Aggregation 181
    Definition 1320
Akte X 609
Aktivierung 1134
Aktivierungsfehler 107
Aktivierungsort 104
Aktualisierungsintervall 489
Alert 311
Alias 964, 967, 1004–1005, 1147
Aliaseigenschaft 992, 996
AliasInfo 967
AllSigned 1026
ALP 42
Alvin Kersh 34, 1243
Änderungshistorie 1175
Anmeldedialog 271
Anmeldung
    Active Directory 448
Anonymer Zugriff 309
Anpassbarkeit 41
ANSI 222
Anwender 41
Anwendung 41
Anwendungspool 1300, 1302
Anzeigesprache 1116
AppendChild(). 1167
AppID 108, 789, 795, 881
AppleScript 42
Application Control Policies siehe AppLocker
Application Control Policy
Application Level Programming 42
Application Locker siehe AppLocker
Application Programming Interface 44, 48, 142, 854
    Aufruf einer API-Funktion 762
    Webserver 280
Application-Objekt 299
Application-Variable 300

AppLocker 247
AppLocker siehe Application Control Policy
AppLockerPolicy 1209–1210
Arbeitsgruppe 330, 375
Arbeitsplatz 261, 630
Arbeitsverzeichnis 332
Args 1011
Array 160, 598, 936, 963, 1018–1020
    Redimensionierung 161
Aruk Kumaravel 1249
AS/400 649
ASCII 366
ASE 777
AsJob 1105
ASP.NET 509, 916, 1359
ASPInet 721
Assembly 68, 112, 136, 1064, 1118, 1135
    Private 112
    Public 112–113
    Shared 112–113
    verbreiten 935, 962
AssocClass 1216
associators 557
Assoziation 181, 513
    Definition 1320
    WMI 513, 518
Attachment
    CDOSYS 727
Attribut 129, 936, 963
    Definition 1315
    indiziert 936, 963
    mehrwertig 389
    Notation 26
    Verzeichnisdienst 375–376, 388
    XML 1333
Attribut-Wert-Paar 379
    Querystring 276
Attributzugriff 183
Aufruf
    Methodenaufruf 547
Auftrag
    SQL Server 311
Aufzählung 1145
Ausdrucksauflösung 1012
Ausdrucksmodus 974
Ausführungsrichtlinie 1026
Ausgabe 1035
Ausgabefunktion 1035
Auslagerungsdatei 1134
Authentifizierung 448, 1260
AuthorizationRuleCollection 1232–1233
AutoExec 869

Stichwortverzeichnis

AutoIt 43, 777
Automation
    Definition 22
Automation Client 94
Automation Interface Handler 885
Automation Server 94
Automationsfehler 608
Automatisierbar 42
Automatisierung 49
    Active Directory 371, 420, 473
    Bedarf 41
    Benutzer 588
    Benutzerverwaltung 411, 760
    Computerverwaltung 543, 562
    Dateisystem 473, 547, 570
    Datenbank 646
    Definition 22
    Domänenverwaltung 409
    DOS-Batch 44
    Drucker 330, 420, 590
    DTS 693
    Ereignisprotokoll 336, 604
    Exchange Server 473, 607
    Exchange Server 2000 373, 722
    Exchange Server 5.5 372
    Explorer 628
    FTP 737, 739
    Gruppe 588
    Hardware 580
    IIS 283, 459
    Leistungsdaten 602
    Microsoft Office 645, 695, 720
    Netzwerk 330
    Netzwerkkonfiguration 596
    NT-Dienst 417, 548
    Outlook 319
    Prozess 584
    Rechteverwaltung 473
    Registry 334, 473, 576
    SAP R/3 646
    SMTP 722
    Softwareverwaltung 580
    SQL Server 310, 678
    Systemdienst 592
    Terminaldienst 603
    XML 703
Autor 716
Avalon 53

B

Background Intelligent Transfer Service 1128
BackOffice 46
Backup 1129
    erstellen 691
    Metabase 466
Backup-GPO 1289
Bag 129, 1323–1324
Bandlaufwerk 580
Banyan Vines 375
BAS-Datei 866
BASE 1264
Base 1282
Base64-Kodierung 745
Bash 43–44
Basisauthentifizierung 1082
Basisklasse 1175
Basisverzeichnis 282
Batchsprache 42–44
Bedingte Programmausführung 165
Beep() 1064
Befehl
    Extern 964, 974
Befehlsgeschichte 1139
Befehlsmodus 974
Befehlsobjekt 1179
Benachrichtigung
    SQL Server 311, 314
Benennung von Variablen 149
Benutzer 330, 374, 387, 409, 411, 433, 508, 588, 1268
    aktueller Benutzer 330
    anlegen 413, 442, 924, 1259–1261
    anlegen (ADSI) 760
    auflisten 413, 589
    authentifizieren 448
    deaktivieren 415, 760
    entsperren 446
    im Active Directory 428, 437
    Kontoeigenschaften 445
    löschen 415, 760, 1260
    Name 467
    Passwort ändern 760
    umbenennen 414
    verschieben 1261
Benutzeranmeldung
    Active Directory 448
Benutzerauthentifizierung 448
Benutzerdaten lesen 1283
Benutzergruppe 1285

Benutzerkennwort 1259
Benutzerkontensteuerung 253, 257, 1025, 1046
Benutzerkonto 1283, 1363
Benutzername 1042
Benutzeroberfläche
    VBA 863, 870
Benutzerrechte 415
Berechnung 1001
Best Practice 1126, 1307
Betriebssystem 41
Bezeichner 934, 962
Beziehung
    0/n-zu-0/m 1321
    1-zu-0/1 1321
    1-zu-0/n 1321
    1-zu-1 26, 1321
    1-zu-m 1321
    1-zu-n 26, 1321–1322
    Is-part-of 1320
    Kann-Beziehung 24, 1321, 1323
    Muss-Beziehung 24, 1321, 1323
    n-zu-m 129
    n-zu-n 1322
    zwischen Klassen 1320
    zwischen Objekten 1320
Bibliothek 960
Big Endian 379, 402, 1263
Bildschirmschoner 1079, 1244
Binärdatei 1161
Binärstandard 63, 83
Binden
    Definition 1326
    dynamisch 94, 97, 1326
    früh 94, 181, 199
    serverlos 391, 428
    spät 94, 97, 181, 199
    statisch 94–95
    über eine GUID 391
Bindung
    ADSI 390, 1250
    ADsSecurity 478
    IIS 462
    in Meta-Objektmodellen 132
    Managed Object 535
    serverlos 1251
BIOS 508
BITS siehe Background Intelligent Transfer Service
BizTalk Server 47
Blatt 1248
Boolean 150
Boot-Konfiguration 508

Borland
    C++ 763
Bourne-Shell 44
break 1021, 1029
Browser-Fenster 628
Browser-Technologie 258
Browser-Unabhängigkeit 274
Bug 829
Bullet-and-Stick 86
Byte 1013
Byte (Datentyp) 150
Byte, Array 437
BZIP2 1155

C

C# 43, 812, 957, 1009, 1078–1079
C++ 63, 83–84, 88, 105, 427, 649, 762–763, 933, 960, 1322
cab 837
Cache 389
Caching
    ASP 293
Call by Reference 176, 577
Call by Value 176
CallByName() 210
CAPICOM 745
CAPICOM.HashedData 748
Cascading Style Sheets 259, 1340
CATID 113
CDATA-Sektion 225, 1335
CDO for Exchange Management 373
CDO Workflow Objects 373
CDONTS 722
CDOSYS 722–723, 725
Channel Definition Format 1333
Check() 208
CheckCreate() 209, 761
Checkpoint-Computer 1194
Children 1247
ChiliASP 281
CIM Studio 806
CIM_DataFile 557, 570, 573
CIM_LogicalFile 570
City 1278–1279
Class 179
Class Factory 75, 105
Class Store 127
Class_Initialize 192
Class_Terminate 192
ClassCreationEvent 1108
ClassDeletionEvent 1108
ClassFactory-Objekt 105

Stichwortverzeichnis

ClassModificationEvent 1108
Clear-Content 1161
Clear-EventLog 1082
Clear-Eventlog 1225
Clear-History 1139
Clear-Host 1141
Clear-Item 1147
Client 1316
    Definition 1316, 1330
Client-/Server-Architektur 257
CliReg 787
CLIXML 1167
CLSID 103, 108, 788, 791
    Definition 79
cmd.exe 982
CMD-Datei 44
cn 1256
CoClass 79, 85, 680
CoCreateInstance() 103
Code behind Forms 863
Codeeigenschaft 992, 996
Code-Generator 812
Codegenerierung 177
Code-Region 777
CodeZone 4
Codezone 3
Codezone Premier Site 4
CoGetInstanceFromFile() 107
Collaboration Data Objects 84, 201, 372, 721, 821, 1063
    CDONTS 723
    Version 1.21 372, 721, 723–724
    Version 2.0 725
    Version 3.0 373
    Werkzeug 821
Collection 87, 129, 190, 348, 385, 396, 1323–1324
    ASP 288
    DHTML 701
    WSH 326
COM 45, 99, 197, 696, 933, 960, 1065, 1322
    Anwendung 68, 108, 789
    ASP 281
    Automation 48, 85, 94, 97, 380
    Client 68, 84
    Dienst 70, 95
    DLL 74, 108, 125, 380, 786
    EXE 108, 786, 899
    Identität 797
    Internet Service 101
    Kategorie 113
    Klasse 67, 78, 179, 787, 792, 878
    Komponente 45, 48–49, 508, 878
    Komponentendatei 80
    Komponenteninstallation 915, 926
    Laufzeitumgebung 127
    Moniker 390, 1250
    Namensdienst 106
    Objekt 200
    Schnittstelle 82, 792
    Scripting 46
    Server 68
    Sicherheit 115, 263, 531, 789, 797–798
    Standardschnittstelle 95
    Statischer Aufruf 93
    UNIX 135
    Werkzeug 784
COM+ 125, 899
    Catalog 126
    Event Service 127
COM+-Anwendung 799
COM-DLL 798–799
COM-Explorer 791–792, 911
COM-Kategorie 113
    auflisten 557
    Internet-Sicherheitskonfiguration 262
COM-Komponente
    Erforschung 616
    erzeugen 877
    im Internet Explorer 262, 270
    im SQL Server 317
    im WSH 243
    in ASP 296
Comma Separated Value 762
Command
    ADO 657, 668
Command Line Event Consumer 533
Command Line Interface 41
Command Mode 974
Commandlet 939, 964–965, 974, 977, 987, 1024, 1028
    Erweiterung 1063, 1118
    Provider 1005
CommandNotFoundException 1032
Comma-Separated Values 1163
Commerce Server 47
CommitChanges() 1259
CommitChanges() 1246, 1253–1254
Common Dialog Control 636
Common Gateway Interface 280, 284
Common Information Model 507
Common Intermediate Language 959
Common Language Runtime 959
Common Language Specification 959

Common Management Information
    Protocol 508
Common Name 378–379
Common Object Request Broker
    Architecture 70, 281
Common Type System 959, 1286
Compare-Object 1003
Compensating Resource Manager 127
Compiler 1326
Complete-Transaction 1100, 1102
Componentware 1330
    Definition 1327
Compound Document 106
Compound File 114
Computer 330, 374, 387, 409, 411, 433, 569, 1268
    aktivieren 457
    Computerverwaltung 411
    deaktivieren 457
    Domäne beitreten 567
    im Active Directory 428
    Name 330, 467
    Neustart 566
    Rolle 563
    umbenennen 567
Computerklasse
    WinNT-Provider 383
Computerkonto
    anlegen 456
Computername 330, 1194
Computerverwaltung 1192
COMSource 135
comTLBrowser 794
COM-Viewer 77, 80, 91, 109, 114, 787, 911
ConfigurationNamingContext 1275
Confirm 1097
Connection 657, 1177
    ADO 657
Connection Point 87, 127
Connection Pooling 124
Connection String 654
Const 154
Consumer 648
Container 347, 375, 382, 394, 1255, 1290
    im Active Directory 428
Container-Klasse 1248
Containment-Hierarchie 804
    ADSI 376
    Definition 1320
    WMI 513
Continue 1021, 1029, 1031
ConvertFrom-StringData 1115

Convert-Html 1171
Convert-Path 1008
ConvertTo-CSV 1163
ConvertTo-WebApplication 1301
ConvertTo-XML 1169
Convert-Xml 1169
Cookie 277, 280
    lesen 290
    setzen 293
copy 1150
Copy-GPO 1289
CopyHere() 390, 444
Copy-Item 1029, 1147, 1150, 1189
CORBA 933, 960
Count 191, 984, 1018
Country 378, 1279
CPU 1003
Create 584–585
Create() 1157
CreateCommand() 1179
CreateElement() 1167
CreateInstance() 1196
CreateObject()
    ADSI 405
    ASP 296
    checkCreate() 209
    CoCreateInstance() 104
    Eingabehilfe 766
    Fernaktivierung 899
    Internet Explorer 270
    Kapselung für GetObject() 470
    Syntax 198
    versus GetObject() 107
CreationDate 435
Cryptography Application Programming
    Interface 745, 1369
CSCRIPT.EXE 219
    Ausgabe 238
C-Shell 44
CSV 972, 1162
CSV siehe Comma-Separated Values
CSVadd() 205, 761
CSV-Datei 762, 1004
CurrentDir() 865
CurrentDirectory 332
Cursor 1175
Cursor-Typ 659
Custom Marshaller 74
Cygwin 43

Stichwortverzeichnis

D

Dana Scully 34, 1243
Data Access Components 650
    Component Checker 650
Data Access Objects 649
Data Link 652
Data Provider 648
Data Source Name 652
Data Transformation Service 123, 318, 645
    Automatisierung 693
    Paket 693
    say() 213
DataReader 1174–1175, 1179–1181
DataRow 997
DataSet 1174–1175, 1180–1183
DataTable 1182
Date (Datentyp) 150
Datei 350, 509, 570, 626, 630
    Anzahl ermitteln 571
    Eigenschaft 356, 358, 626, 631, 1150–1151
    kopieren 359, 365, 1150
    löschen 359
    Rechte 473, 509
    suchen 360
    Verknüpfung 626
    verschieben 359, 1150
    Version 359
Dateieigenschaft
    erweitert 716
Dateigruppe
    anlegen 687
Dateiname 964
Dateinamenerweiterung 1004, 1024
Dateisystem 350, 352, 387, 570, 900, 935, 939, 962, 1005, 1147, 1230
    Sicherheit 351
    suchen 360
Dateisystemfreigabe 1155
Dateisystemoperation 359–360
Dateisystemstruktur 352
Datenabfrage 556
Datenaustauschformat 1331
Datenbank 1130, 1171
    anlegen 686
    löschen 688
    relational 646
    semistrukturiert 401, 647
    strukturiert 647
Datenbankdatei 647
    anlegen 687
Datenbankmanagementsystem 646–647, 1177
Datenbankverbindung 1177

Datenbankzeile 997
Datenbankzugriff 1171
Datenbereich 1114
Datendatei 1114
Datenmenge 1004
Datenquellensteuerelement 1174
Datensatz 661
Datentyp 32, 150, 202, 963, 1010–1011, 1019, 1252
    .NET 982
    Active Directory 435
    ADSI 394
    PowerShell 1010
    VB6/VBA 151
    VBScript 150
    WMI 518
Datenverbindungen 651
Datenzugriff 1178
DateTime 984–985, 988
DateToInt8() 450
Datum 1017
Day 984
DB2/400 649
DbCommand 1179
DbDataReader 1180
DbProviderFactories 1173
DCOM 99, 197, 696
    im Internet 101
    Installation 101
    Konfiguration 101, 508
    Nutzung beim Scripting 898
    Nutzung in VB 197
    Protokoll 100, 797
DCOMCNFG 102, 109, 115, 119, 789, 795, 798
    Vorstellung 795
DCOM-Konfiguration 799
debug 1097
Debug.Print 862
Debugger 50, 765, 829
    Microsoft Scriptdebugger 782
    Visual Basic 784
    Visual InterDev 783
Debugging 832, 860, 939, 1053
Decimal 1013
Decision Support Objects 645
Deep Throat 34, 1243
Default Domain Controllers Policy 495
Default Domain Policy 495, 1293
DefaultNamingContext 1275
Deinstallation 1199–1200
Dekomprimierung 570
Delphi 47

Demarshalling 73
Dependency Walker 78, 792
Deployment 935, 962
DES 745
Description 1256, 1279
Deserialisierung 1087
Design Time Control 765
Desktop 508, 590
Desktop-Anwendungen 960
Destruktor 193, 937, 964, 1318
Dezimalzahl 1012
DHCP 596, 599, 602, 1218–1219
DHCP Objects 721
Dialogbox 146, 333
Dialogfenster 637, 1042
Dictionary 347
Dienst 321, 409, 508, 1316, 1326
    ADSI 374, 417
    auflisten 557
    IADsService 387
    IADsServiceOperations 387
    starten/stoppen 418, 548
Digest 1082
DirectoryInfo 989
Directory 1230
Directory Access Protocol 377
Directory Management Objects 1286
Directory System Agent 374
Directory User Agent 374
DirectoryEntry 997, 1064, 1246–1249, 1252, 1254–1255, 1259, 1261
DirectoryInfo 999, 1151, 1230
DirectorySearcher 1264
DirectorySecurity 1232
DirectoryString 1256
Disable-ComputerRestore 1194
Disable-Mailbox 1303
Disable-PSSessionConfiguration 1091
DispID 98
    Definition 97
DisplayName 1278
Distinguished Name 379, 390, 1250, 1254, 1256, 1276, 1278
Distributed COM 1081
Distributed Component Object Model
    Remote Scripting 890
Distributed Computing Environment 68, 100
Distributed File System 509
Distributed File System Replication 510
Distributed InterNet Applications
    Architecture 123

Distributed Management Objects 312, 645, 678
    Meta-Objektmodell 134
Distributed Transaction Coordinator 1373
DLL 837
    Versionsinformation 351
DllCanUnloadNow 75
DLL-Datei 74
DllGetClassObject 75
DLL-Hölle 109, 136
DLLHost 105
    COM+ 126
DllRegisterServer 75
DllUnregisterServer 75
DN siehe Distinguished Name
DNS 600, 602, 606
DNS-Server 509
DNSServerSearchOrder 600
do 1021
Do...Loop 171
Document Object Model 259, 268, 635, 695–696, 703
Document Type Definition 703, 710, 1334
Dokument 695, 1160
    HTML 697
    XML 707
Dokumentation
    .NET 937, 980
    Active Directory 1258
Dokumentenmanagementsystem 274
Dollarzeichen 1002
Domain Name Service 372, 485
Domäne 330, 375, 387, 409, 413, 1194, 1250, 1287
    Computer aufnehmen 567
    hinzufügen 1194
    im Active Directory 422
Domänen-Controller 421, 456–457, 467, 488
Domänenwald 1287
DOS 43–44, 219, 749
DOS-Batch 43–44
Dot Sourcing 972, 1025–1026, 1118, 1145
dotnetpro 3
DotNetTypes.Format.ps1xml 1035, 1037
Double 150, 1013
DownloadString() 1220
DropDirectory
    CDO 2.0 725
    CDOSYS 727
    SMTP-E-Mail 723
Druckauftrag 388, 508, 590, 1196
    löschen 1196

Stichwortverzeichnis

Drucker 330, 374, 409, 420, 508, 1041
    Druckertreiber 592
    im Active Directory 428
    Status 591
    Test 590
    verwalten 1196
Druckerauswahl-Dialog 639
Druckerport 1196
Druckerverbindung 330
Druckerverwaltung 1196
Druckerwarteschlange 509
DSOFile 716
DTS 318
DWORD 577
DynaCall 762
Dynamic Data Exchange 94
Dynamic Host Configuration Protocol 1371
Dynamic HTML 257–258, 765, 782
    Object Model 696
    Remote Scripting 898
    Scripting 257
Dynamic Method Invocation 93
Dynamic Object Interface 386
DynamicWrapper 763
DynaWrap 762

E

E 745
echo 974
ECMA 47
ECMAScript 47
Editor 50, 765, 776, 821
Eigenschaft 992–993
Eigenschaftenzwischenspeicher 1246
Eigenschaftssatz 992, 994
Eingabe 1042
Eingabehilfe 97, 765, 768, 776, 858
Eingabemaske 1309
Eingabeunterstützung 780
Einzelschrittmodus 1098
Element
    XML 1333
E-Mail 721, 1222–1223
    senden (CDONTS) 725
    senden (CDOSYS) 725
    senden (JMAIL) 729
EmailAddress 1279
Embedded Visual Basic 143
EML-Datei 723, 725
    lesen (CDOSYS) 727
Empty 153–154
Enable-ComputerRestore 1194

EnableDHCP 602
EnableDNS 600
Enable-PSRemoting 1084
Enable-PSSessionConfiguration 1091, 1093
Enable-PSTrace 1129
EnableStatic 598, 602
Encoder 836
Enterprise Manager 310
Enter-PSSession 1085, 1091, 1094
EntireX 135
Entity-Relationship-Diagramm 66
Entwicklungsumgebung 765, 776, 792, 856, 867
Enum 155
Enumeration 1145
Ereignis 86–87, 129, 192, 937, 964, 1316
    .NET 1113
    Definition 1316
    im WSH 243
    in ASP 302
    Internet Explorer 265, 271, 635
    PowerShell 1107, 1114
    VBA 869
    VB-Formular 863
    WMI 531, 1108
    WSH-Ereignisbehandlung 865
Ereignisabfrage 558
Ereignisbehandlungsroutine 87, 146
Ereigniskonsument 532–533
Ereignisprotokoll 508, 520, 533, 556, 649, 1003, 1223
    anlegen 606
    Benutzer 588
    Eintrag anlegen 606
    leeren 606
    LogEvent() 862
    mit WMI verwalten 604
    Remote Scripting 893
    sichern 606
    Überwachung 559–560, 1109
Ereignisprovider 532
Ereignisquelle 605
Ereignisskript 821
Ereignissystem 1107
Err-Objekt 203
ErrorAction 1031–1032
ErrorRecord 1029, 1034
Erweiterbarkeit 41
ESConfig-Komponente 373
Eval() 178, 210
eVB 143
Event Agent 123
Event Aggregation 554

Event Consumer 809
   permanent 532, 560
   temporär 532, 553
Event Correlation 509, 554
Event Filter 809
Event Log Provider 604
Event Publisher 87
Event Registration Tool 808
Event Scripting
   say() 212
Event Scripting Agent 46
Event Service 821, 832
   Config-Komponente 821
Event Sink 87
Event Subscriber 87, 192
Event Viewer 810
Event-Publisher 192
EventViewerConsumer 533
Evolved Script Packager 771
Excel 142, 695, 720
Exception 1029, 1033–1034
Exchange
   Ordner 607, 821
   Postfach 612
Exchange Management Shell 1131, 1302
Exchange Server 46, 374, 377, 404, 426, 509, 1302
   2000 607, 722
   2003 607
   2007 937
   Automatisierung (Version 5.5) 721
   mit WMI verwalten 607
   Rechte 473
   Version 2000 373, 390, 520, 648
   Version 2007 980
   Version 5.5 372
   WMI Provider 607
Exchange Server 319
Exchange_Mailbox 607, 612
Exchange_PublicFolder 607–609, 611
exe 837
Execute() 178
ExecuteGlobal() 178, 205
ExecuteNonQuery() 1179
ExecuteReader() 1179–1180
ExecuteRow() 1179
ExecuteScalar() 1179
EXE-Datei 74
Exists() 1253
ExistsObject() 209, 391, 761
exit 1021
Exit-PSSession 1086, 1091

Explorer-Fenster 628
Export-Alias 972
Export-CliXml 1167
Export-Console 1120
Export-Counter 1227
Export-CSV 1163
Export-Csv 999, 1162
Export-ModuleMember 1135
Expression Mode 974
Extended Reflection 982
Extended Type System 982, 992, 997, 1068, 1249
Extended WQL 556
Extensible Markup Language 666, 695
   Programmierung 703
Extensible Style Sheet Language 545
   Scripting 319, 1345
Extrinsic Event 532

F

facsimileTelephoneNumber 1279
Failover Cluster 1126
Fallbeispiel
   BulkUserInsert 924
   Login-Skript 926
Fallunterscheidung 165
false 1011
Farbauswahl-Dialog 639
Fax 1279
FBI 1243, 1261
FBI.net 33
FCL 540
Feature 1202
FeatureOperationResult 1207
Fehler
   ADO 677
   ADODB 657
   ASP 308
   Fehlerbehandlung 202
   Fehlernummer 157, 203, 308, 469, 553, 591, 1355
   Fehlersuche 50
   Kompilierungsfehler 829
   Laufzeitfehler 830
   Logischer Fehler 830
Fehlerbehandlung 933, 960, 1029
Fehlerklasse 1021, 1034
Fehlersuche 1097
Fehlertext 1021
Feld
   ADODB 657
   Datenbank 660

Stichwortverzeichnis

Fenster 625
Fernaufruf 99, 1082
Fernausführung 771, 1081
　　Hintergrundauftrag 1107
Fernstart 891
Fernsteuerbar 42
Fernsteuerung 341
Fernzugriff 1081
Festplatte 580
Field 186, 993
File 1230
File System Objects 321, 347, 350, 360, 626, 900
　　Dateisystem 350
File Transfer Protocol 733
FileInfo 989
File_System_Objects 766
FileInfo 999, 1151, 1230
FileInformation 1211
FileSecurity 1230, 1232
Fileservice 387, 417
Filesystem 1147
FileSystemAccessRule 1233
FileSystemObject 321, 347
FileSystemRights 1145
FileSystemWatcher 1113
FileVersionInfo 1201
Filter 663
Find() 1247
Firewall 103, 743, 1134
Firma 716
Flag 445
Flat() 205, 761
Flexible Single Master Operations 421, 457
for 1022
For Each 586
For Each...Next 170, 191
For...Next 168, 191
foreach 985, 1003–1004, 1021–1022, 1247
Foreach-Object 985, 1002, 1018, 1099, 1161
Forest 422, 467, 1287
Formatkennzeichner 1039
Format-List 982, 987, 1035, 1232
Format-Table 994, 1004, 1035, 1038–1039, 1232
Format-Wide 1035
Format-Xml 1165
Formular
　　VB 863
　　VBA 870
　　Web 276
Formulardesigner
　　VB 856
　　VBA 870

Fox Mulder 34, 1243
Frameset 305
Freigabe 387, 409, 418
　　anlegen 419, 575
　　auflisten 575
　　Rechte 575
Friendly Class Name 79–80, 788
FrontPage 258, 695, 720
FSMO 457
　　Flexible Single Master Operations 457
FTP Service 741
FTPX 721, 739
FullArmor 1123
function 965, 1004, 1021–1022
Funktion 965, 1004–1005, 1022, 1024
　　eingebaute 202
　　Syntax 175
Funktionsbibliothek 213
Funktionsebene 424
Funktionsoffset 83

G

Garbage Collection 100
Gateway 599–600, 602
GeneralizedTime 1256
GET 276
Get_From_Array() 206, 761
Get() 389
GetAccessRules() 1232–1234
Get-Acl 1227, 1230, 1232, 1241
Get-ADDomain 1287
Get-ADDomainController 1287
Get-ADForest 1287
Get-ADGroup 1285
Get-ADGroupMember 1285
Get-ADObject 966, 1242, 1269, 1280–1282
Get-ADOptionalFeature 1287
Get-ADOrganizationalUnit 1283
Get-ADPrincipalGroupMembership 1286
Get-ADRootDSE 1287
Get-ADUser 1283–1284
Get-Alias 967
Get-AppLockerFileInformation 1209
Get-AppLockerPolicy 1209–1210
Get-BPAModel 1308
Get-BPAResult 1308
Get-Bparesult 1309
Get-CDRomDrive 1130
Get-CDRomdrive 1195
Get-ChildItem 965–966, 987, 999, 1001, 1004, 1007, 1149, 1189, 1198
Get-ChildItem, 1189

Stichwortverzeichnis

Get-Clipboard 1312
GetCol() 209, 761
GetColEX() 210
Get-Command 967, 977–978, 1137
Get-ComputerRestorePoint 1194
Get-Content 1007, 1147, 1161, 1197
Get-Counter 1082, 1225–1226
Get-Credential 1096, 1213, 1221
Get-Cwd 1007
Get-DataRow 1130, 1186
Get-DataTable 1130, 1186
Get-Date 985, 1017–1018
Get-DHCPServer 1219
Get-DhcpServer 949
Get-DirectoryChildren 1130
Get-DirectoryEntry 1012, 1130
Get-Disk 1147–1148, 1195
Get-DomainController 949, 1251
Get-DVDDrive 1132
Get-Event 1110
Get-EventLog 947, 1003–1004, 1082, 1223–1224
GetEx() 389
Get-ExCommand 1302
Get-ExportedType 1152
GetFactoryClasses() 1173
Get-FileVersionInfo 1152, 1201
Get-FloppyDrive 1132
Get-GPInheritance 1292
Get-GPO 1289
Get-GPOReport 1291
Get-GPPermissions 1294
Get-GPPrefRegistryValue 1293
Get-GPRegistryValue 1293
Get-GPResultantSetOfPolicy 1292
Get-GPStarterGPO 1289
Get-Help 978–979, 1009
Get-History 1139
Get-Host 1140
Get-HotFix 1082
GetIDsOfNames() 97
GetInfo() 389
GetInfoEx() 389
Get-Item 1150, 1189, 1300
GetItem() 210
Get-ItemProperty 1151, 1189
Get-Job 1104, 1106
Get-Keyboard 1195
Get-LDAPChildren 1270
Get-LDAPObject 1270
Get-Location 967, 1007, 1147
GetLongDateString() 985
GetLongTimeString() 985

Get-Mailbox 1302–1303
Get-Mailboxdatabase 1303
Get-Member 988, 990, 993, 996–997, 1000, 1065, 1069, 1075, 1249
Get-Members 1261
Get-MemoryDevice 1195
Get-Memorydevice 1130
Get-Methode 993
Get-Module 1135, 1137
Get-MountPoint 949
Get-NetworkAdapter 1130
Get-Networkadapter 1195
GetObject() 209, 1066
    ADsFactory 470
    ADSI 405
    Aktivierung aus Datei 106
    Internet Explorer 270
    Syntax 200
    versus CreateObject() 107
Get-PipelineInfo 988–989
Get-PointingDevice 1195
Get-Process 965–967, 972, 982, 984–985, 990, 997, 999–1000, 1002–1003, 1038, 1041, 1082, 1099, 1213
Get-Processor 1130, 1195
Get-PSDrive 1147
Get-PSProvider 1006
Get-PSSession 1090
Get-PSSessionConfiguration 1091
Get-pssessionconfiguration 1092
Get-PSSnapIn 1121
Get-Random 1014
GetRelated() 1216
Get-Service 987, 999, 1002, 1082, 1215
GetShortDateString() 985
Get-ShortPath 1150, 1154
GetShortTimeString() 985
Get-SoundDevice 1195
Get-Storagegroup 1303
Get-Tapedrive 1195
GetTempName() 1065
Getter 186, 936, 963, 993
Get-TerminalSession 949
Get-TraceSource 1100
Get-Transaction 1100, 1102
GetType() 988, 1011, 1039
GetTypeInfo() 97
GetTypeInfoCount() 97
Get-USBController 1130, 1195
Get-Variable 1011
Get-Videocontroller 1130, 1195
Get-VirtualHardDisk 1132

1391

Stichwortverzeichnis

Get-VMHost 1132
Get-WebApplication 1296
Get-WebitemState 1301–1302
Get-Website 1296, 1300
Get-WebvirtualDirectory 1296
Get-WindowsFeature 1202, 1204, 1206
Get-WinEvent 944, 1082
Get-WmiObject 1063
Get-WmiObject 955, 1063, 1066, 1071, 1082, 1149, 1197, 1215–1216, 1218, 1225–1226, 1244
Get-Wmiobject 1195
Gigabyte 1014
GivenName 1278–1279
Gleichheitszeichen 158, 1021
Global Assembly Cache 1064
Global Unique Identifier 68, 109, 494, 498–499, 607, 934, 961, 1254
Global.asa 302
Glue Code 42, 1328
GnuWin32 43
GoTo 204
GPM 490, 494
GPMBackup 491, 505
GPMBackupCollection 491
GPMBackupDir 491, 504
GPMC 485, 488, 503, 1288
    Komponente 487
GPMConstants 491
GPMDomain 490–491, 493, 495, 505
GPMGPO 490–491, 494–495, 501, 503
GPMGPOCollection 491, 494
GPMGPOLink 491, 495, 499, 501
GPMGPOLinksCollection 491, 495, 499
GPMSearchCriteria 491, 504
GPMSOM 490–491
GPMSOMCollection 491
GPO 458, 494
gpupdate.exe 488
Grafikkarte 508, 580, 1070
Graph 645
Graphical User Interface 41, 508, 616, 863
Green-Screen 257
GridView 1040
Group 451, 1248
GROUP BY 1109
Group Policy 485
Group Policy Management Console 371
Group Policy Objects 458
Group-Object 1000, 1003, 1224
Gruppe 387, 409, 416, 433, 588, 1268
    anlegen 416, 451, 1262
    auflisten 416, 452, 1261

    im Active Directory 428
    Mitglied aufnehmen 416, 452, 1262
Gruppenrichtlinie 458, 485, 487–488, 501, 505, 1123, 1126, 1288–1289, 1292
    Editor 487
    erstellen 371, 458
    Skript-Optionen 851
    Vererbung 1292
    zuordnen 371
Gruppenrichtlinieneinstellung 489
Gruppenrichtlinienobjekt 494
Gruppenrichtlinienverwaltung 458, 486
Gruppierung 1000
GUID 499
GUIDGEN 69
Gullivers Reisen 379
Gültigkeitsbereich 149
GZIP 1155

H

Hardlink 1153
Hardware 42, 508, 580, 1130
Hardwareverwaltung 1195
Hash 250
Hashing 746
Hashtable 1019–1020
Hashwert 748
HaskellScript 47
HAVING 1109
Heimatordner 1011
Herausgeber 1028
Here-String 1014
Herunterfahren 566, 1194
Hexadezimalwert 745
Hexadezimalzahl 437, 1012
Hilfe 976
Hintergrundauftrag 1104
Hintergrundprozess 1215
History 1139
HKCU 1004
HKEY_CLASSES_ROOT 71
HKEY_CURRENT_USER 577, 1190
HKEY_LOCAL_MACHINE 577, 1190
HKLM 1004
Home 1011
HomeDirectory 1279
HomeDrive 1279
Host 1011
Hotfix 508, 582
HTML 1171, 1309
HTML Application 271
    Editor 775

Stichwortverzeichnis

HTTP 622, 1082
HTTPS 622, 733, 1082
HTTP-Server 1220
Hypertext Markup Language 258, 260, 695–696, 1331
    Editor 765
Hypertext Transfer Protocol 275, 277, 284, 733
    Header 275
    Request 275
    Response 275
    Zustandslosigkeit 279
Hyperthreading 564
Hyper-V 1132

I

IActiveScript 121
IActiveScriptParse 121
IActiveScriptSite 122
IADs 383, 387–388, 408, 430, 1246, 1248
IADsAccessControlEntry 388
IADsAccessControlList 388
IADsClass 388
IADsCollection 387
IADsComputer 387, 430, 1248
IADsComputerOperations 387
IADsContainer 383, 387–388, 408, 430, 1246, 1248
IADsDomain 387
IADsFileservice 387
IADsFileserviceOperations 387
IADsFileShare 387
IADsGroup 387, 430, 1248
IADsLocality 387
IADsMembers 387
IADsO 387
IADsOpenDSObject 388, 448
IADsOU 387
IADsPrintJob 388
IADsPrintJobOperations 388
IADsPrintQueue 387
IADsPrintQueueOperations 387
IADsProperty 388
IADsPropertyEntry 388
IADsPropertyList 388
IADsPropertyValue 388
IADsResource 388
IADsSecurityDescriptor 388
IADsService 387
IADsServiceOperations 387
IADsSession 388
IADsSyntax 388
IADsTools 442, 484

IADsUser 387, 430, 1248, 1259
IBM 47
IClientSecurity 119
Identität 117, 1300
    WSH-Skript 251
Identity 1228
IdentityReference 1235
IDispatch 74, 85, 94, 98, 104, 201, 392, 704, 854, 878–879
    Definition 97
    dynamische Erweiterung 764
IDispatchEx 99
IE Tools for Validating XML and Viewing XSLT Output 825
IEnumerable 1247
if 1021–1022
If...Then 165
IHost 237
IID 103
    Definition 83
IIS 1250
IIS Admin Objects 372
IIS Resource Kit 372
IIS siehe Internet Information Services
IISAdmin-Objekte 459
IIS-Anwendung 1301
IISwebserver 1070
Impersonifizierung 118, 309, 398, 777, 1252
    ADSI 388, 397
    WMI 531
    WSH 252
    WSH-Skript 252
Implementierung
    einer Klasse 1317
Implements 194, 881
Import-Alias 972
Import-CliXml 1139, 1168
Import-Counter 1227
Import-Csv 1004, 1150, 1162
Import-GPO 1289
Import-LocalizedData 1117
Import-Module 1135, 1137
InArgs() 865
Include() 205
    ASP 305
    WSH 235
Indexer 936, 963
Indigo 53
Information Store 373
Informationssystem 274
Inheritance Flags 1228
INI-Datei 759, 764

Stichwortverzeichnis

Innertext 1167
In-process-Komponente 72
InprocServer32 883
Input 1011
InputBox() 148, 252, 398, 449, 746, 1042
    im Scripting Host 213
InputObject 1065
Inquire 1031
Installation 1199
Installationsordner 945, 996, 1011
Installationstechnologie 582, 1199
InstanceCreationEvent 1108–1109, 1111
InstanceDeletionEvent 531, 1108
InstanceModificationEvent 531, 1108
InstantASP 281
Instanz 1317
Instanziierung 182–183
    VBS, VBA, VB6 182
Instanzmitglied 937, 964
int 1010
Int32 1010
Int64 1013
INTEGER 1256
Integer 150
INTEGER8 435, 450
Integrated Scripting Environment 944, 1047
IntelliSense 780
Interactive Window-Session 117
Interception 124, 126
Interface Casting 85
Interface Definition Language 89, 529, 790, 1316
InternalHost 1140
International .NET Association 3
Internet 257, 261, 321
    Sicherheitseinstellung 261
Internet Control Message Protocol 1217
Internet Controls 258, 625, 633
Internet Database Connector 281–282
Internet Engineering Task Force 377
Internet Explorer 377, 470, 832
    Ausgabe ins Dokument 268
    Automatisierung 625, 633
    COM-Ereignis 271
    Cookie-Konfiguration 277
    DOM-Ereignis 265
    Erstes Beispiel 56
    Intrinsic Object 267
    say() 212
    Schnellstart 56
    Sicherheit 247
    Sicherheitseinstellung 260
    Skriptcode einbinden 259
    Statisches Objekt 270
Internet Information Server 46, 274, 381, 459, 509
    5.1 460
    Administration 459
    Automatisierung 283
    Metabase 466
    Resource Kit 459
    Versionen 281
    WMI-Provider 460
Internet Information Services 487, 1250, 1294
Internet Transfer-Komponente 721, 733, 738
Internetdiensteverwaltung 832
Interpretation 857
Interpreter 45, 829
Interpretermodus 1045
IntervallTimerInstruction 531
Intranet 261
Intrinsic Event 531
Intrinsic Object 123, 854
    ASP 287
    Internet Explorer 267
    SQL Server 317
    VB6 861
    VBA 870
InvalidOperationException 1247
Invoke() 97
Invoke-BPAModel 1308
Invoke-Command 1085–1089, 1091, 1096, 1105
Invoke-DbCommand 1185
Invoke-Expression 1021
Invoke-History 1139
Invoke-SqlCommand 1130
Invoke-WmiMethod 1066, 1075
IP
    Adresse 557, 598, 732, 1218
    Konfiguration 507, 557
    Routing 509
ipconfig 974
IPersist 115
IPHostEntry 1219
IPropertyStorage 716
IP-Routing siehe 509
IRQ 508
ISAM 648
ISE siehe Integrated Scripting Environment
IServerSecurity 119
ISO Management Framework 508
ISO/OSI-Referenzmodell 101, 275, 730, 733
ISPSignup 252
ISPSignup-Komponente 372

IStream 115, 667
Item 87, 130
Item() 1246
ItemIndex() 544
IUnknown 75, 81, 98, 854
    Definition 95
iX 3

J

J++ 74
Java 74, 84, 898, 933, 960, 1322
    Applets 258
    Beans 281
    Enterprise Beans 1371
    Servlets 281
JavaScript 42, 47, 142, 257
JavaScript Server Pages 281
Jeffrey Snover 1025
JET 648
JMAIL 721, 723, 728
Job
    SQL Server 311
Job Scripting
    say() 212, 317
    SQL Server 315
    SQL Server Job Agent 310
Job siehe Hintergrundauftrag
John Doggett 34, 1243
Join 1021
Join() 1017
JoinDomainOrWorkGroup() 567
Join-String 1017
JScript 42, 47, 122, 257, 898
    Sicherheit 261
JScript .NET 1078
JS-Datei 223
JsEdit 777, 1359
Junction Point 1153–1154
Just-in-Time-Activation 124
Just-In-Time-Compiler 959

K

Kante
    Objektdiagramm 26
Kapselung 179, 1316
Kardinalität 26, 129, 1321
Kategorie 716
Keep-Alive 279
Kennwort 748, 1042, 1244, 1259
    ändern 413
        Änderung erzwingen 446–447

        Änderung verbieten 447
    ASP 252
    im Skriptquelltext 449
    versteckt 746
    WSH 252
Kennworteingabe
    offen 449
    verdeckt 449
Kerberos 115, 531, 1082
Kill() 984–985
Kilobyte 1014
KiXtart 43, 777
Klasse 83, 129, 936, 963, 1010, 1064, 1319
    .NET 933, 961–962
    abstrakt 1317
    Active Directory 428
    COM 67, 878, 1063, 1065
    Definition 1317
    gruppieren 935
    Klassenereignis 192
    Klassenmodul 181, 856
    Meta-Klasse 131
    Mitglieder 86
    Notation 25
    Oberklasse 1319, 1326
    Objektmengenverwaltungsklasse 1322
    Script Component 883
    Singleton 1318
    Unterklasse 1319, 1326
    VB6/VBA 181
    VB-Klasse 878
    VBS 179
    Verzeichnisdienst 375–376, 388
    WinNT 408
    WMI 517, 535
Klassenhierarchie 1319, 1321
    Definition 1320
Klassenmitglied 937, 964, 1064
Klassenmodul 879
Klassenname 1064
Knoten 375
    Objektdiagramm 25
    XML 704
Knowledge Base 1368
Kodierung 833
    URL 277
Kommandomodus 1045
Kommandozeilenbefehl 974
Kommandozeilenparameter 862
Kommentar 1009
Kompilierung 829, 858, 866

Stichwortverzeichnis

Komponente 67
    Definition 1326–1327
    entfernte 72
    Grey-Box 1329
    Installation 1328
    Konfiguration 1328
    lokal 72
    Parametrisierung 1328
    prozessextern 72
    prozessintern 72
    Quellcode 883
    White-Box 1329
Komponentenarchitektur 1315, 1328
Komponentendienste 798–799
Komponentenerforschung 910
    Analyse 915
    Dokumentation 917–918
    Implementierung 918
    Installation 915
    Newsgroup 914
    Suche 910
    Test 918
    Typbibliothek 915
Komponentenmodell 1328
Komponentenorientierung 931–932, 958, 960
Komprimierung 570, 901, 1155
Konfiguration
    CDOSYS 726
Konfigurationsdatei 31
Konsolenanwendung 341
Konstante
    benannt 92, 153–154
    Definition 794
    Eingabehilfe 859
    Gebrauchshinweis 32
    Konstantenliste 92
    symbolisch 92, 153–154
    vordefiniert 156
Konstantenliste 307
Konstruktor 193, 936, 964, 1318
Kontakt 433, 1268
    im Active Directory 428
Kontext 124
Kontextmenü 627, 632
Kontoeigenschaft 447
Kontorichtlinie 410
Kontrollkonstrukte 1021
Konvention
    Formatierung 23
    Komponenten-Schnellinfo 36
    Nutzungsbeziehung 26
    Objektdiagramm 24
    Sprache 22

Kopierserver 901
Korn-Shell 44
Kreuzzuweisung 1021

L

LAN 721
LargeInteger 435
LastExitCode 1011
Late Binding siehe Binden, spät 94
Laufwerk 350, 352, 547, 580, 899, 1004–1005, 1008, 1147, 1190
    Laufwerksbezeichnung 547
Laufzeitumgebung 65
LDAP 492, 494, 1249–1250, 1263
    Suchanfrage 1246–1247, 1263
    Suche 1269
LDAP over SSL 377
LDAP-Query 1264
Leaf 375, 382, 394, 1255
Leistung 1225
Leistungsdaten 602, 1225
Leistungsindikator 322, 1226
Lesezeichen 663
Lightweight Directory Access Protocol 372, 375
    Namen 378
    öffentlicher Server 450
    Query-Syntax 402
    Suchanfrage 402, 815
Lightweight RPC 73
like 608
Limit-EventLog 1082, 1223, 1225
Lisp 48
Liste
    verkettete 1322
Literal 153, 1038
Little Endian 379, 402, 1263
Lizensierung 1134
Lizenz 78
Local Procedure Call 73
Log File Event Consumer 533
LogEvent 606
Login-Skript 926
Lokale Richtlinie 253
Lokalisierung 516, 536, 1116
Long 150
Loopback 1084
Lotus Notes 377, 649
Love-Letter-Virus 246, 837
LUA 48
LUAScript 48

M

Mabry 739
Machine.config 1173
MachineName 1083
Mailkomponente 722
MailMessage 1221
Mailserver
    CDOSYS 726
Mailstore 721
Makro 770, 869
Makrosprache 42
Makrovirus 869
Managed Code 1245
Managed Object 508
Managed Object Format 529, 808, 815
    Compiler 815
Managed Provider 1171, 1264
ManagementClass 997
ManagementEventWatcher 1109
ManagementObject 997, 1069–1070, 1216
ManagementObjectSearcher 1071
ManagementScope 1109
Manifest 68, 1136
Marshalling 73–74
Maschinencode 959
Maschinensprache 42
Master Property 466
Match 998
Maus 580
MaximumDriveCount 1008
MDAC Component Checker 650
Measure-Command 1099
Measure-Object 1001, 1003, 1161
Medium 353
Megabyte 1014
Mehrfachschnittstelle 128, 194, 196, 201, 881–882, 1316
Mehrsprachigkeit 226, 1116
Member siehe Mitglied 1315
Message 1029
Message Queue Service 509
Message Store 647
MessageBox 1042
Messaging Application Programming Interface 721
    MAPI-Explorer 822
    MAPI-Profil 821–822
    Werkzeug 821
Metabase 459
    sichern 466
Meta-Directory 377
Meta-Klasse 131, 390
    WMI 537

Metaobjekt 1254
Metaobjektmodell
    ADO 656–657
    ADSI 374, 379, 382
    Definition 131
    WMI 533
Metaschnittstelle 383
Methode 129, 936, 964, 992
    Definition 1315
    Getter 936, 963
    Notation 27
    Setter 936, 963
Methodenaufruf 183
Micro Eye 877
Microsoft 86
Microsoft Access 645, 1183
Microsoft Agent 645
Microsoft BizTalk Server 47
Microsoft Certified Solution Developer 4
Microsoft Commerce Server 47
Microsoft Developer Support OLE File Property Reader 716
Microsoft Excel 645
Microsoft Exchange Server 319, 1131, 1302
Microsoft Foundation Classes 111
Microsoft FrontPage 645
Microsoft Gadgets 53
Microsoft Graph 645
Microsoft Message Queing 1125
Microsoft Message Queue Service 509
Microsoft Office 632, 645, 695, 720, 866
Microsoft Operations Manager 47, 318, 507
Microsoft Outlook 50, 645, 877, 1214
Microsoft Outlook Forms
    say() 212
Microsoft PowerPoint 645
Microsoft Script Control 908
Microsoft Server Appliance 916
Microsoft SQL Server 318, 1172
Microsoft SQL Server 2005 646
Microsoft Transaction Server 105, 123, 198, 798
Microsoft Virtual Server 721
Microsoft Word 645, 1066
Microsoft.GroupPolicy 1289
Microsoft.SqlServer.Management 679
Microsoft.VisualBasic.Interaction 1042
Microsoft.Web.Management 460
Microsoft.Web.Management.Client 372
Microsoft.Web.Management.Host 372
Microsoft.Web.Management.Server 372
Microsoft.Win32 1198
Microsoft.Win32.RegistryKey 1189

Stichwortverzeichnis

Middleware 1330
    Definition 1330
    Webanwendung 275
Migrationstabelle 506
MINFU 98, 113, 533
Minute 984
Mitglied
    .NET 963
    Definition 1315
    statisch 937, 964
    WMI 1072
MMC 512, 815
Modellierung 129, 131, 137, 1321–1325
Modul 145, 1135–1136
Modulo 1020
Monad 940
Monica Reyes 34, 1243
Moniker 70, 107, 390, 406, 635, 1250
Mono 961
Month 984
Most Valuable Professional 4
move 1150
Move-ADObject 1280
MoveHere() 390, 444
Move-Item 1147, 1150
Move-Mailbox 1303
MSCL 955
mscorlib.dll 962
MSDB 678
MSDN 913
MSDN Library 680, 913, 1368
MsgBox 146
MsgBox()
    im Scripting Host 213
MSH 43
MSHTML 625, 627, 633, 696
    Programmierung 696
MSI 126, 582–583, 1199
    WMI-Provider 580
MSMQ siehe Microsoft Message Queing
MSXML 645, 696, 703
MSXML-Parser 1345
MSXSL.EXE 823
MTS 123, 126, 899
    Katalog 125
    Package 125
MTS Explorer 798
Multi-Document-Interface 106
Multinationale Unternehmen 341
Multithreading 933, 960
Musterersetzung 758
Mustervergleich 749, 751

N

Nachfragedialog 253
Nachricht 721, 1316
    senden 721
Name 1278
Namensauflösung 1219
Namensraum 515, 934, 961, 1230, 1286
    .NET 961–962
    ADSI 1250
Namensraumhierarchie 934, 961
Namespace 385, 627, 934
    ADSI 397, 406
    Verzeichnisdienst 375
    WMI 512–513, 515
    XML 1335
NamespaceCreationEvent 1108
NamespaceDeletionEvent 1108
Namespace-ID 1250
NamespaceModificationEvent 1108
NativeObject 1247, 1249
Navigation 1004
Navigation Provider 1005
Navigationsbefehl 1007
Navigationsmodell 1147
Navigationsparadigma 1004
Navigationsprovider 1242, 1275, 1295
NDS 390
NET Framework
    Version 3.0 54
Net Send 314
NetDiagnostics 597
Netscape
    Communicator 377
    Directory Server 377
netstat 974
Netware Directory Service 375
Network Access Protection 510
Network Data Representation 73
Network Load Balancing 509
Network News Transport Protocol 725
Netzlaufwerk 331, 508
Netzwerkkarte 508, 557, 580, 721, 1218
Netzwerkkonfiguration 596, 721, 1134, 1218
Netzwerkmanagement 507, 1123
Netzwerknachricht 485
Netzwerkverbindung 330, 509
Neustart 1207
Neustarten 1194
New
    Instanziierung COM-Klasse 199
    Instanziierung VB-Klasse 182

Klasse RegExp 750
    Vergleich zu CreateObject() 198
New-ADGroup 1285
New-ADObject 1280
New-ADOrganizationalUnit 1283
New-ADUser 1283–1284
New-AppLockerPolicy 1209, 1211
New-Event 1114
New-EventLog 1082, 1223, 1225
New-GPLink 1290
New-GPO 1289
New-GPStarterGPO 1289
New-Hardlink 1153–1154
New-HardwareProfile 1132
New-Item 1005, 1007, 1147, 1161, 1189
New-Itemproperty 1190
New-Junction 1154
New-Mailbox 1303
New-Mailboxdatabase 1303
New-Module 1135
New-Object 937, 964, 1063–1065
New-PSDrive 1008, 1190, 1198, 1276
New-PSSession 1084–1085, 1089–1091, 1093, 1096
Newsgroup 914
    CDOSYS 725–726
New-Shortcut 1153
New-Storagegroup 1303
New-Symlink 1154
New-TimeSpan 1018
New-VirtualDVDDrive 1132
New-VirtualNetworkAdapter 1132
New-VM 1132
New-WebApplication 1301
New-WebAppPool 1300
New-WebServiceProxy 1222
New-WebserviceProxy 1223
New-Website 1297
New-WebVirtualDirectory 1301
Node 1167
Non-Terminating Error 1029
Notation
    Objektmodell 1323
    umgekehrt polnische 402, 1263
    ungarische 149
Notepad 776
Nothing 185, 190
    SQL Server 316
Notification 311
Notizeigenschaft 992, 995, 1000
Novell 374–375, 381, 1250
Novell Directory Service 390

NT Event Log Event Consumer 533
NTAccount 1231, 1233, 1235
NtAccount 1235
NT-Dienst 76
NTFS 309, 321, 521, 570
ntlanmanserver 418
NTLM 1082
NTRights.EXE 415
NTSecurityDescriptor 1256
Null 154, 585
NumberOfLogicalProcessors 564
NumberOfProcessors 564
Nutzer
    Definition 1316
Nutzungsbeziehung 1320
    Notation 26

O

Object (Datentyp) 150, 185
Object Construction String 127
Object Linking and Embedding 94
Object Linking and Embedding Database 1180
Object Modelling Technique 1324
Object Pooling 127
Object REXX 47
Object RPC 100
Object Trader 103
Object_(Datentyp) 200
ObjectCategory 1256, 1282
objectCategory 432–433, 1267–1268
ObjectClass 1256, 1278, 1282
objectClass 432–433, 1267–1268
ObjectGUID 1257, 1278
ObjectSecurity 1230
ObjectSecurityDescriptor 1256
ObjectSid 1256
ObjectVersion 1257
Objekt 179, 1315, 1319, 1328
    .NET 1310
    ADSI 390
    Definition 1315
    eingebaut 123
    Notation 25
    Verzeichnisdienst 375
    WMI 536
Objektadapter 997, 1068, 1174
Objektbasierte Programmierung 179
Objektcontainer 114
Objektdiagramm 1325
    Definition 1324
    Notation 24
Objektfabrik 1317

Stichwortverzeichnis

Objekthierarchie 1321, 1329
    Definition 1320
    Verzeichnisdienst 376
Objektidentifikation
    ADSI 390, 1250–1251
    LDAP 379
    Verzeichnisdienste 376
Objektkatalog 82, 93, 131, 792, 794, 804
Objektkontext 124–126, 198, 287
Objektmenge 26, 87, 129, 190, 647, 1149, 1324
    heterogen 1324
    homogen 1324
Objektmodell 127, 136, 1321
    Active Directory 427
    ADO 656
    ADSI 382
    auf Anwendungsebene 1325
    auf Modellierungsebene 131, 1325
    CDO 2.0 725
    CDONTS 724
    Definition 1320, 1324
    DMO 680
    DOM 267, 695
    DTS 693
    Erforschung 918
    FSO 351
    IIS 461
    Internet Controls 634
    Meta-Objektmodell 131
    Microsoft Office 695, 720
    MSHTML 697
    MSXML 704
    Notation 1323
    RegExp 750
    Script Control 909
    Shell Objects 626
    VBA-Host 867, 870
    Webbrowser 267
    Windows Scripting 759
    WinNT 408
    WMI 537
    WScript 237
    WSH Runtime 323
    WSHController 892
Objektorientierung 135, 179, 508, 931–932, 958, 960, 982, 1315
    Definition 1315
Objektpersistenz 114
Objekt-Pipeline 1150
Objektsammlung siehe Collection 1324

Objektvariable 181, 1316
    Definition 1316
Objektvernichtung 190
    SQL Server 316
Objektzeiger 84
OctetArray 393
OctetString 437
OctetToHex 393, 437
OCX 74, 837
ODBC 1171–1172
Öffentlicher Ordner 373, 607
Office 1279
Office 2000 530, 877
    Developer Edition 871
Öffnen-Dialog 640
OFS 1011
OLE 646
OLE DB 401, 646–647, 656
    Architektur 648
    Fallbeispiel 924
    Provider 648, 660
OLE DB-Provider
    für FTP-Verzeichnisse 739
    Internet Publishing 648, 673
OLE File Property Reader 716
OLEDB 1171–1172, 1180, 1247
    Provider 1247, 1264
OLEDB Provider 53
OleDbCommand 1179, 1183
OleDbConnection 1177, 1180, 1183
OleDbDataAdapter 1183
OLEDB-Provider 1183
On Error 203
ONELEVEL 1264
OneLevel 1282
Online Analytical Processing 651
OnScript Editor 272, 775
Open Database Connectivity 561, 646, 648
    Einstellung 509
Open Group 135, 1360
Open Software Foundation 68, 100
Open() 1177
OpenASP 281
OpenDSObject() 448
Operator 156, 999, 1018, 1020
    SQL Server 311
Option Explicit 148
Option Pack 282, 722
    NT4.0 123
Oracle 648, 1172
OracleCommand 1179
OracleConnection 1177

Ordner 900, 965, 975, 1007, 1149–1150
    Dateisystem 350, 509, 570
    Eigenschaft 356
    erstellen 359
    Exchange 607, 610
    FSO 632
    komprimieren 570
    kopieren 359
    löschen 359
    Rechte 473
    Shell Objects 626, 630, 632
    suchen 360
    umbenennen 570
    verschieben 359
Organisation
    ADSI-Schnittstelle 387
    LDAP 378
Organisationseinheit 387, 433, 455, 1268
    anlegen 455, 1262–1263
    im Active Directory 428, 455
Organizational Unit 378
Out-Default 1035, 1037
Out-File 1042
Out-GridView 1035, 1040
Out-Gridview 944
Out-Host 1035, 1038
Outlook 47, 258, 695, 720, 877, 1133
    Sicherheitseinstellung 261
Outlook 2000 821
Outlook Express 258, 377, 721
    Sicherheitseinstellung 261
Out-Null 1035, 1040
Out-Printer 1041, 1196
Out-process-Komponente 72

P

Page File 1134
Parameter 173, 175, 177, 965
Parser 830
PascalCasing 962
Password 252, 746
Patch 109, 580, 582
PCSystemType 564
PDC 467
PerfCheck 322
Performance Counter Provider 602, 1225
Performance Counter siehe Leistungsindikator
Performance Monitor 508, 520
PERL 347, 1009
Perl 42–43
PerlScript 47
Persistenz 114

Personal Web Server 282
Pfad
    ADSI 390, 1250
    ASP 298
    LDAP 379
    Verzeichnisdienst 1250
    WMI 535
Pfadangabe 1007
Pflichtparameter 947
PHP 42, 47, 281, 1009
Physical Packaging 74
PhysicalDeliveryOfficeName 1257, 1279
Ping 509, 596–597, 974, 1217
Ping-Host 949, 1217
PInvoke siehe Plattform Invoke
Pipeline 939, 955, 982, 987–988, 1001, 1040, 1074
Pipeline Processor 986
Pipelining 981, 1004
Plattform Invoke 1079
Plattformunabhängigkeit 931, 959
Platzhalter 1039
Plug&Play 46, 1327
Polymorphismus 94, 128, 1326
    Definition 1326
Popup 333
Port
    öffnen 744
    schließen 744
Portscanner 733
PoshConsole 1053
POST 276
Postfach 721, 1303
    Exchange 612
Postfix-Notation 402, 1263
Power Management 521
PowerGadget 1123
PowerPoint 142, 695, 720
PowerShell 43, 51, 53, 460, 939, 967, 981
    Editor 1043
    Extension 1130
    Hosting 939
    Konsole 1043
    Laufwerk 1004, 1008, 1190
    Modul 54
    Protokollierung 1098
    Remoting 1060
    Schnellstart 59
    Sicherheit 1026
    Skriptsprache 1009
    Version 2.0 5, 54
    Vorteile 52
    PowerShell Analyzer 1055

Stichwortverzeichnis

PowerShell Community Extensions 1024, 1123, 1242
PowerShell Plus 1049
PowerShell.exe 1138
PowerShellPlus 1047, 1049, 1061
PowerTab 1059
PrimalScript 767, 1056, 1061
PrimalSENSE 768
Principal 116, 1231
Private 179, 194
Privileg 531
Process 1000
Processing Instruction 1332
    WSH 224
Produktkatalog 274
Professional Developer Conference 940
profile.ps1 950, 1064
ProfilePath 1279
Profiling 274
Profilskript 1046
ProgID 79–80, 788, 879, 889
    Moniker 70
Programm
    auflisten 581
    deinstallieren 583
    installieren 582
    verwalten 580
Programmierbar 42
Programmiersprache 42
    Active Scripting-fähig 47
    COM-fähig 47
Programmiersprachen-unabhängigkeit 931, 959
Projekt
    VB 855, 878
Projekt-Explorer 856
Projekttypen 855
Propagation Flags 1228
Property 186, 936, 963, 993
    ADODB 657
Property Cache 393, 1253
PropertyCollection 1246
PropertyDataCollection 1068
PropertyGrid 1310
Property-Methoden 882
PropertyNames 1246
Property-Routine 186, 194
PropertyValueCollection 1246, 1253
ProtectedFromAccidentalDeletion 1279, 1281
Protokolldatei 533
Prototyping 784, 852

Provider 1006
    ADO.NET 1171
    ADSI 380–381
    Dateisystem 1147
    OLE DB 648
    OLEDB 1247
    PowerShell 1005
    Verzeichnisdienst 1242
    WMI 520
Proxy 73–74, 1222
Prozedur 173
Prozess 508, 585, 1003
    auflisten 554, 584, 1041, 1213
    beenden 548, 586, 1214
    starten 548, 584
Prozessor 580
PSBase 1249, 1254–1255
PSComputerName 1089
PSCredential 1042–1043, 1213
PScript 47
PSCustomObject 1000
psd1 1115–1116
PSDiagnostics 1126, 1129
PSDriveInfo 1148
PSHome 1011
PSModulePath 1135
PSObject 997
PSRemotingJob 1105
PSSession 1090
Public 179
Put_ 609
Put() 389
PutEx() 389
pwdLastSet 446
Python 42, 1009
PythonScript 47

Q

Quellcodekomponente 883
Quellcodeverwaltung 772
QueryInterface() 81, 84, 96, 105, 113, 201, 788
Querystring 276, 280, 288
Quest 1123, 1130
Queued Component 127
QuickInfo 765, 768, 859
QuickPrompts 246
Quota-Management 626

R

Rapid Application Development 258, 883
RDN 444
Read-Host 1042

Receive-Job 1104, 1106
Rechenleistung 1003
Rechte
    Dateisystem 571, 573
    Freigabe 575
Record
    ADODB 657
Recordset 404, 657–658, 667
    dynamisch 665
    Persistenz 666
    Typen 659
recurse 966
Redirect 293
Referenzzählung 75
RefreshCache() 1253
RegCol 321
RegEdit 784–785, 912
RegEdt32 119, 784
Regel 1208
RegExp 202, 749
Register-Event 1112
Register-PSSessionConfiguration 1091, 1093
register-psSessionConfiguration 1093
Register-WMIEvent 1110
Registrierung 786
Registrierungsdatenbank 939, 1004–1005, 1008, 1024, 1189
    Schlüssel 1189
Registry 75, 78, 80, 85, 93, 334, 382, 471, 521, 766, 1189
    COM 109
    Editor 784, 789
    Rechte 473
    Registry Crawler 785
    Remote Scripting 891
    sicheres Steuerelement 263
    Suche 785
RegistryKey 1198, 1230
RegistrySecurity 1232
RegistryValueChangeEvent 532, 1108
RegSvr32 78, 786, 928
Regulärer Ausdruck 749
Rekursion 395
Relation 647
Relative Distinguished Name 376, 379, 1254–1255
Release() 96
Remote Access Service 471
Remote Data Objects 649
Remote Data Service 102, 651, 907
Remote Debugging 832
Remote Desktop Service 1126

Remote Procedure Call 69, 100, 890, 1082
Remote Script Execution Engine 771
Remote Scripting 898
    ASP 898
    DHTML 898
    Web 898
    WSH 890
Remote Server Administration Tools 1126, 1274
RemoteServerName 104
Remoting 99, 547
Remoting siehe Fernausführung
Remove() 192
Remove-ADGroup 1285
Remove-ADGroupMember 1286
Remove-ADObject 1280–1281
Remove-ADOrganizationalUnit 1283
Remove-ADUser 1283
Remove-Computer 1194
Remove-DirectoryEntry 1130
Remove-Event 1112
Remove-EventLog 1082, 1223
Remove-GPLink 1290
Remove-GPO 1289
Remove-GPPrefRegistryValue 1293
Remove-GPRegistryValue 1293
Remove-Item 1147, 1150, 1189
Remove-ItemProperty 1191
Remove-Job 1104, 1107
Remove-LDAPObject 1270
Remove-Module 1135, 1139
Remove-PSSession 1089, 1091
Remove-Variable 1010
Remove-WebApplication 1302
Remove-WebAppPool 1302
Remove-Website 1302
Remove-WebVirtualDirectory 1302
Remove-WindowsFeature 1202, 1207
Remove-WmiObject 1066, 1075
Rename() 567
Rename-ADObject 1280
Rename-Computer 1194
Rename-GPO 1289
Rename-Item 1150
Replikation 422, 485, 508
Repository 514
Request for Comment 1366
Request-Objekt 288
Resolve-Assembly 1065
Resolve-Host 1219
Resolve-Path 1008
Resource Description Framework 1333

Stichwortverzeichnis

Resource Kit
   ADSI 382, 419, 468
   IIS 459
   NT4 415
   Windows 2000 415
Response-Objekt 292
   ASP 285
Ressource 374, 388, 419
Restart-Computer 1082, 1194, 1207
Restart-Service 1095, 1104, 1216
Restore-ADObject 1280
Restore-Computer 1194
Restore-GPO 1289
Resultant Set of Policies 486
Resultant Set Of Policy siehe
   Richtlinienergebnisbericht
Resume 204
Resume-Service 1216
return 1021, 1024
REXX 42–43, 47
Richtlinienergebnisbericht 1292
Rolle 1202
Rollendienst 1202
Root 375
root/appserver 460
root/microsoftiis 460
rootDSE 427
Router 599
Routing and Remote Access Service 1374
RPC siehe Remote Procedure Call
RSA 745
RSAT siehe Remote Server Administration
   Tools
RSS 53, 1220
Ruby 48
Rückruf 473
RuleCollection 1210
Rule-Komponente 373
Running Objects Table 106
   Nutzung in VB 198
   ROT Viewer 800
Runspace 1055
RuntimeException 1033

S

SAM 1250
SAMAccountName 1256, 1259, 1264, 1279
SAP
   DCOM Connector 646
   R/3 646
SAP .NET Connector 646
SAP R/3 649

Sapien 1056, 1058–1059, 1133–1134
Saved Query 815
say() 32, 207, 212, 865
   ASP 286
   DTS 317
   Internet Explorer 268
   Job_Scripting 317
saycol() 209
saydebug() 207
sayerror() 207
sayex() 207
saynb() 212, 268
   Windows Script Host 238
Schalter 966
Schema 458, 1254, 1277, 1329
   Active Directory 428, 1258
   Modifikation 376
   Verzeichnisdienst 376, 398
   WinNT 409
   WMI 535, 551
   XML 710, 1334
Schemaabfrage 558
SchemaNameCollection 1247
SchemaNamingContext 1275
Schleife 168
   Endlosschleife 172
   fußgeprüft 172
   kopfgeprüft 171
   mittengeprüft 172
Schlüssel 71, 1004
   löschen 579
   Registry 70, 80–81, 87, 109, 321, 334
Schlüsselattribut 379
   WMI 517
Schnittstelle 83–84, 1175
   .NET 937, 964
   Definition 1316
   dual 98
   Wechsel 85
Schnittstellenvererbung 194
Schnittstellenwechsel 84
Schriftartendialog 643
SCOM siehe System Center Operations
   Manager
Scope 149
Screen Scraping 341
SCRENC 835
Script Center 913
Script Complete 777
Script Component Runtime 883
Script Component Wizard 885
Script Control 47, 122

Script Director 821, 877
Script Encoder 833
scriptable 42
Scripting 41–42
   .NET Framework 50
   AD-Schema 458
   versus VB-Programmierung 853
Scripting Clinic 913
Scripting Engine 45, 47, 833
Scripting Host 45–46, 93, 834, 854
   Andere Anbieter 319
   Überblick 211
   Unterscheidungskriterium 211
Scripting Object Model 765
Scripting Password Library 745–746
Scripting Runtime Library 138, 307, 347, 836
   Fallbeispiel 927
   Sicherheitskonfiguration 263
Scripting.FileSystemObject 1065
Scripting-Architektur 45, 120
Scripting-Spy
   Version 2.11 801
Scriptlet 74, 877, 883
   DHTML 259
Scriptomatic 811, 820
Scriptor Component 47
ScriptPW 746
SCRIPTPWLib 747
ScriptPWLib 716, 745, 747
ScrObj 786
SCT 74, 78, 883
SDDL 1241
SDDL siehe Security Descriptor Definition Language
SearchResultCollection 1248
SearchScope 1282
secedit.exe 488
Secure Socket Layer 377, 733
Security Descriptor 388, 474, 479, 571, 1227
Security Descriptor Definition Language 1092
Security Identifier 414, 437, 474, 924, 1227, 1231–1233, 1235
Security Service Provider 115, 531
SecurityDescriptor 385
SELECT 1108
Select
   PowerShell 1000
SELECT (SQL) 555
Select...Case 166
SelectNodes() 1165
Select-Object 947, 987, 994, 998, 1000–1001, 1004, 1038, 1073, 1165

SelectSingleNode() 1165
Select-String 974, 986, 1161
Select-Xml 1165
Semaphore 1230
Semikolon 1004
Sendepuffer
   ASP 294
SendKeys 341
Send-MailMessage 1221–1222
Send-SmtpMail 1221
Serialisierung 989, 1087
Seriennummer 1192
Server
   Definition 1330
Server Appliance 916
Server Side Includes 281–282, 305
Server.Transfer() 299
Server-Objekt 296
Server-Side-Programmierung 274
Service Control Manager 103
Service Provider 648
ServiceController 1087
Serviceorientierung 931–932, 958, 960
Session siehe Sitzung
Session-ID
   ASP 300
Session-Objekt 299
Session-Variable 299
Set 129, 1323–1324
Set-Acl 1227, 1238, 1241
Set-ADGroup 1285
Set-ADObject 1280–1281
Set-ADOrganizationalUnit 1283
Set-ADUser 1283
Set-Alias 971
Set-AppLockerPolicy 1209
Set-AuthenticodeSignature 1027
Set-BPAResult 1308
Set-Clipboard 1312
Set-Content 1147, 1161, 1220
Set-DataRow 1186
Set-DataTable 1130, 1186
Set-Date 1018
Set-DistributionGroup 1303
Set-Executionpolicy 1026
Set-FileTime 1151
SetGateway 599–600
Set-GPInheritance 1293
Set-GPLink 1290
Set-GPPermissions 1294
Set-GPPrefRegistryValue 1293
Set-GPRegistryValue 1293

Stichwortverzeichnis

SetInfo() 389, 547, 1246, 1253–1254
Set-Item 1095, 1147
Set-ItemProperty 1151, 1191
Set-Location 967, 1004, 1007, 1147, 1189
Set-Mailbox 1303
Set-Methode 993
Set-PSDebug 1010, 1097–1098
Set-PSSessionConfiguration 1091
Set-Service 1216
Set-StrictMode 1010
Setter 186, 936, 963, 993
Set-TraceSource 1100
Set-Variable 1011
SetWINSServer 601
Set-WmiInstance 1066, 1075
SHA1 748
Shared Property Manager 124
Shell 46, 939, 982
Shell Objects 129, 625, 633
Show-EventLog 1082, 1224
Show-Service 1082
Sicherheit 474
   Active Directory 473
   ADSI 386, 397
   ADsSecurity 473
   ASP 309
   COM 115, 531
   Cookie 278
   Dateisystem 351, 473, 509, 521
   Datenbank 651
   DCOM 901
   Exchange 473
   Internet Explorer 247, 260, 471
   PowerShell 1026
   Registry 473
   Script Encoding 833
   SQL Server 685
   Überblick 474
   VB-EXE 855
   WMI 512, 531, 537, 539
   WMI-Pfad 535
   WSH 246
Sicherheitsbeschreibung 1227
Sicherheitseinstellung 1227
Sicherheitsgruppe 451
Sicherheitsmodell 939
Sicherheitsprinzipal 455, 588
Sicherheitsrichtlinie 1027
Sicherheitsstufe 261
Sicherheitszone 261
Sicherungskopie 504, 606

Sicherungsmedium
   anlegen 691
SID 1227
Side-by-Side Executing 960
Side-by-Side-Executing 933
Side-by-Side-Execution 109
Signatur 112, 173
SilentlyContinue 1031
Simple Mail Transport Protocol 721–722
Simple Network Management 508, 521
Simple Object Access Protocol 102, 616, 1081
SimpleIISAdmin 466
Single 150
Singleton 536, 614, 1318
Site 467
Site Server 321, 377, 722
Sitzung 387–388, 419, 589, 671, 1090–1091
Skript 145, 1009, 1024–1025
   Fernausführung
   PowerShell 1024
   Verschlüsselung 347
Skriptdatei 1024
Skripteigenschaft 992, 995–996
Skriptkodierung 833
Skriptsprache 41–42, 85, 104
Skriptverpackung 771
SMO 646
Smoking Man 34, 1243
SMTP 1221–1222
SmtpClient 1221
SNA Server 521
Snap-In 1063, 1135, 1139
Snippet 1049
SOAP siehe Simple Object Access Protocols
Software 508, 1134
   auflisten 581
   deinstallieren 1199
   Features auflisten 582
   installieren 582, 1199
   inventarisieren 1197
   verwalten 580, 1196
Software Restriction Policy 218, 247, 848, 1207
Softwareanbieter 41
Softwareeinschränkung 848
Softwareentwicklung
   komponentenbasiert 1327
Software-Entwicklungsplattform 932
Softwareentwicklungsplattform 960
Softwarekomponentenarchitektur 1328
Softwareprodukt 41
Solaris 135, 1360

SOM 491–492, 495
Sonderordner
    FSO 350
    Shell Objects 630
    WSH 344
Sonderzeichen 367
Sortieren 1000
Sort-Object 987, 998, 1000–1001, 1004
Soundkarte 580
Speicher 580, 984
Speicherbereinigung 933, 960
Speichern-Dialog 641
Speicherverbrauch 1175
Spitzname 70
Split 1021
Split-String 1017
Sprache 341, 1116
    objektorientiert 1316
Sprachkürzel 1116
SQL 402, 531, 555, 659, 668, 671
SQL Management Objects siehe SMO
SQL Server 46, 50, 318, 648, 650
    2005 646
    Agent 310
    Automatisierung 678
    Data Transformation Service 310
    Intrinsic Object 317
    Job Scripting 310
SQL Server Integration Services 318
SQL Server Management Objects 679
SqlCommand 1179
SqlConnection 1177, 1180
SqlDataSourceEnumerator 1173
SqlServerCe 1172
SRP 250
SSIS 318
StackTrace 1011
Stammklasse 130, 1324
Stammzertifizierungsstelle 1028
Standard Generalized Markup Language 1331
Standard Marshalling 74
Standardausgabe 347, 366
Standarddialog 636
Standarddrucker 590, 1041
Standardeingabe 347, 366
Standardnamespace 555
Standardschnittstelle 82
Standort
    Active Directory 485
Start-Job 1104–1106
Startmenü 626
Start-Process 1213

Start-PSSession 1107
Start-Service 1087, 1216
Start-Sleep 1028
Start-Trace 1129
Start-Transaction 1100, 1102
Start-Webitem 1302
Start-Website 1301
State Management 279
    ASP 299
Static Method Invocation 93
StdRegProv 576
STMAdmin 321
Stop 1031
Stop-Computer 1082, 1194
Stop-Job 1104, 1107
Stop-Process 984, 1214
Stop-Service 1216
Stop-Trace 1129
Stop-Webitem 1302
Stop-Website 1301
Storage 114
Stored Procedure 1183
Stream 368
    ADO 657, 666
    Structured Storage 114
StreetAddress 1279
String 150
    Funktion 1349
Structured Storage 71, 114
Stub 73–74, 124
Sub 173
Submatch 757
Subnetzmaske 598, 600
SUBTREE 1264
SubTree 1282
Subtyp 150
    VBScript 150
Suchanfrage 491
Suche
    Active Directory 1263
    Assembly 1152
    LDAP 1247
    Textdatei 1161
    Verzeichniseintrag 1255
    XML 1165
SummaryProperties 717
Support Tools 468, 484
Surname 1279
Surrogat-Prozess 76, 105, 799, 899
Suspend-Service 1216
SWbemLastError 538
SWbemLocator 538

Stichwortverzeichnis

SWbemNamedValueSet 538
SWbemObject 538, 540, 591, 609, 611
SWbemObjectPath 538
SWbemObjectSet 538, 548, 550
SWbemServices 538, 542
SWbemSink 538
SWbRegSvr 787
switch 1021–1022
Symbolic Link 1153–1154
Synchronized Multimedia Integration
    Language 1334
Syntax
    Visual Basic 144
Syntax Coloring 765, 768
Syntax Highligting 777
Syntaxbeschreibung 388
System 934–935, 961–962
System ACL 1231
System Center Operations Manager 507
System Center Virtual Machine Manager 1132
System Management Server 216, 521
System Script Host 87, 890
System.ApplicationException 1033
System.Boolean 1008
System.Collections.Hashtable 1019
System.Console 1064
System.Data 1063
System.Data.Odbc 1172
System.Data.OLEDB 1172
System.Data.OleDb 1172, 1178
System.Data.OracleClient 1172, 1178
System.Data.SqlClient 1172, 1178
System.Data.SqlServerCe 1172
System.DateTime 1010, 1017
System.Diagnostics.EventLog 1223
System.Diagnostics.Process 982, 984, 989, 1037, 1213
System.DirectoryServices 427, 1063, 1242–1244, 1246, 1249, 1251, 1256, 1259, 1264, 1286
System.DirectoryServices.
    ActiveDirectory 1286
System.dll 962
System.Environment 1085, 1192
System.Exception 1033
System.Globalization.CultureInfo 1140
System.Int32 1010, 1013
System.IO.Directory 1230
System.IO.DirectoryInfo 1149
System.IO.DriveInfo 1147–1148
System.IO.File 1230
System.IO.FileInfo 1149–1150
System.Management 540, 1063

System.Management.Automation 937, 980
System.Management.Automation.PathInfo 1008
System.Management.Automation.
    PSCustomObject 1163
System.Management.Automation.
    PSDriveInfo 1148
System.Management.ManagementObject 1018, 1072
System.Net.WebClient 1220
System.Object 989
System.Reflection 1064
System.Security 1231
System.Security.AccessControl 1230
System.ServiceProcess.ServiceController 989, 1215
System.String 1014–1015
System.TimeSpan 1018
System.Type 988, 1011, 1039
System.Windows.Forms 1064–1065, 1309
System.Xml.Node 1167
System32 1004
Systemattribut
    WMI 520
Systemdienst 508, 985, 1215
SystemEvent 1108
Systemklassen
    WMI 518
Systemmanagement 507
SystemParametersInfo 1079
Systems Management Server 507, 556
Systemwiederherstellung 1194
SYSVOL 499

T

Tab Completion 1045
Tabelle 658
    anlegen 689
    löschen 691
Tabellenkalkulation 647
Tabulatorvervollständigung 1045
Tag 1331
    HTML 260
TAR 1155
Task Scheduler 311, 321, 508, 586
    Impersonifizierung 251
    Version 2.0 53
Taskleiste 625
Task-Manager 103
    Skript beenden 220
Tastatur 580
TCL 48

TCP/IP 377, 602, 721
tcsh 44
TechNet 913, 976, 1127
Tee-Object 1002–1003
Telnet 1085
Terminaldienst 447, 603
Terminaldienstprofil 447
Terminalserver 415, 447–448, 509
Terminate 586
Terminating Error 1029
Terminplan
    SQL Server 311, 313
Test-AppLockerPolicy 1209, 1211
Test-Assembly 1152
Test-Connection 1217–1218
Test-DbConnection 1185
Test-ModuleManifest 1136
Test-Path 1008
Test-ServiceHealth 1303
Test-Xml 1164
Text Object Model 645
Textdatei 347, 366–367, 647, 1004, 1161
Textstream 366, 836
throw 1021–1022, 1033
Timeout
    ASP 299
TimeSpan 1099
Titel 716
TLB-Datei 91
Ton 1064
Tools 50
Tooltip 632
ToString() 989
TotalProcessorTime 995, 1040
Trader 113
Trading 103
Transaktion 123, 676, 1100
    ASP 310
    COM+ 125
    MTS 123
    Programmierung 125
Transaktionsprotokolldatei
    anlegen 687
Translate() 1235
Transparenz 1330
Trap 1029, 1033
trap 1021, 1029, 1033
Tree 422
Treiber 646, 1134
Trigger 310
Triple DES 745
Troubleshooting Pack 1126, 1304

true 1011
True64UNIX 135
Trusted Host 1095
Trustee 474, 1228
Try-Catch-Finally 1029, 1033
TSUserEx.dll 415, 447
Typ 935, 962, 1317
    Namensgebung 935, 962
Typbezeichner 1010
Typbibliothek 67, 91, 138, 156, 307, 539, 790, 860, 879, 915
    DMO 680
    WSH 235
TypeInfo-Viewer 790
TypeName 150, 163, 185, 200
TypeOf 185, 201
types.ps1xml 972–973, 996–997, 1073
Typinformation 85, 87, 150, 185
Typisierung 150, 1010
Typkonvertierung 158
TypLib Marshalling 74
Typüberprüfung 185

U
UDL 653, 662
UDP 730
Uhrzeit 1017
Umgebungsvariable 508, 1005
    Webserver 278
UMI siehe Universal Management Interface 509
und 1047
Undo-Transaction 1100, 1102
Unicode 222, 366, 653
Uniform Resource Identifier
    XML 710, 1335
Uniform Resource Locator 70, 140, 379, 634
    ASP 284
    Kodierung 277, 297
    WWW 274
    XML 1336
Universal Coordinated Time 519, 1070
Universal Data Access 380, 646
Universal Management Interface 509, 1375
Universal Marshaler 74
Unix 42–44, 46, 135, 939, 982, 1009, 1147, 1153
Unregister-PSSessionConfiguration 1091, 1093
Unrestricted 1026
Unternamensraum 934, 961
Unterobjekt 26, 180, 183, 391
Unterordner 989, 1149
Unterroutine 173

Stichwortverzeichnis

Unterschlüssel 1005
until 1021
Updates 1134
USB-Controller 580
UsePropertyCache 1254
User 432, 438, 1248, 1256, 1268
User Account Control 219, 445
User Account Protection 219, 253
User Datagram Protocol 730
user32.dll 1079
UserDomain 330
UserName 330
UseTransaction 1100
uSNCreated 435

V

Validating XML 825
ValuesCollection 1246
Variable 148, 988, 1002–1005, 1009, 1011, 1038
    Auflösung 1012
    Deklaration 32
Variablenauflösung 1012, 1038
Variablenkennzeichner 1003, 1009
Variant 150, 394
    ADSI 394
VB Runtime 65
VB.NET 141
VB6/7/A
    Definition 22
VBA 141
VBA-Host 141
VBCCE 877
VBInstance 813
VB-Klassen 179
VBScript 42, 47, 122, 139, 141–142, 812, 866–867
    eingebaute Klasse 749
    Komponente erzeugen 877
    Sicherheit 261
    Syntax 144
    Versionsermittlung 143
    versus VB.NET 144
VBS-Datei 223
VBsEdit 777, 1359
VB-Vollversion
    Definition 22
Vector Markup Language 1334
Verbindung 671
Verbindungspunkt 87, 127
Verbindungszeichenfolge 1177, 1183
Verbose 1097

Vererbung 128, 140, 194, 513, 881, 937, 964, 1317
    Definition 1319
    Implementierungsvererbung 1320
    Schnittstellenvererbung 1320
Vererbungsbeziehung 1320
Vererbungshierarchie 806, 1277, 1319
    Definition 1320
    Verzeichnisdienst 376
    WMI 513
Vergleich 185, 1003
Vergleichsoperator 158, 998–999
Verifikation 933, 960
Verkettung
    Objektverkettung 1322
Verknüpfung 630, 1153
    Dateisystem 344
    URL 346
Verschlüsselung 745
Versionierung 128
Versionsermittlung 143, 650
    ADSI 468
Verteilergruppe 451
Verteilungsinfrastruktur 1330
Vertrauensstellung 485
Verwaltungsklasse 1322
Verwaltungsobjekt 1322–1323
Verweise-Dialog 792, 911
Verzeichnisattribut 1253
Verzeichnisbaum 354–355, 374
Verzeichnisdienst 371, 374, 407, 420, 520, 647, 997, 1130, 1254, 1264
    Exchange 721
Verzeichnisdienstklasse 1254
Verzeichnisobjekt 390, 1252, 1255
Verzweigung 1002
Viewing XSLT 825
Viper 123
Virtual Server 721
Virtuelle Maschine 1132
Virus 246, 1027
    Love-Letter 261
    Melissa 261
    VBA-Makrovirus 869
Visio 86
Vista 219, 249, 253, 257, 544, 562, 564
    Sicherheit 253, 257
Visual Basic 84, 139, 957, 1078
    Anwendung 855
    Beispiel 140
    Control Creation Edition 776, 853
    Definition 22
    Ein- und Ausgabefunktionen 146

Einführung 139
Embedded 143
Entwicklungsumgebung 821, 852
EXE 853
Formular 863
Funktionsliste 1347
Geschwindigkeit 853
Klasse erzeugen 877
Komponente erzeugen 877
Objektmenge 1322
say() 213
Sprachfamilie 140
Sprachumfang 853
Syntax 144
Version 6.0 140
Version 7.0 141
versus VB.NET 144
Vollversion 852, 867
Visual Basic .NET 43, 144, 812
Visual Basic 6.0 933, 960
Visual Basic for Applications 47, 139, 759, 766, 866
   Host 866
   Komponente erzeugen 877
   UserForm 864, 870
   versus Scripting 50
   versus VB.NET 144
Visual InterDev 50, 258, 367, 765, 783, 793
Visual J++ 74
Visual Studio 88, 636, 787
Visual Studio .NET 777
   Debugger 830
Visual Studio 2005 777
Visual Studio Tools for Microsoft Office 142
Visual Studio Tools for Office 645
VM siehe Virtuelle Maschine
void 1040
Vokabular
   XML 1333
Vorgehensmodell 910
VS Command Shell 1060
VSTO 142, 645
vTable 83, 96, 98–99
   Binding 94, 98, 705

W

W3Svc 461
Wait() 865
Wait-Job 1104, 1106
Wait-Process 1215
Wald 1287
Walter Skinner 34, 444, 1243

WAN 721
Warenkorbsystem 274
Warnung
   SQL Server 311, 313
Warteschlange 420
WBEM 507
wbemErrInvalidClass 581
Web Administration 1126
Web Based Enterprise Management 507
Web Service Description Language 1222
Web User Interface 916
Webanwendung 960
   clientseitig 257
   serverseitig 274
Webbrowser 627, 697
Webhoster 426
Weblog 1220, 1368
Webprogrammierung 258
Webseite 257, 341
Webserver 274, 463, 1298
   anlegen 464
   Konfiguration 282
   löschen 465
Webservices 1222
Website 1298, 1302
   zu diesem Buch 28
Webstore 648
Well Known Security Principal 476, 571
Well-Known GUID 1251
Well-Known Object 429, 1251
Well-Known Security Principal 1235
WellKnownSidType 1236
Werkzeug 50, 1043
   ADSI 815
   CDO/MAPI 821
   COM 784
   Debugger 829
   Editor 765
Wert 600
Wertemenge 1018
Wertzuweisung 184
WhatIf 1097, 1150
Where-Object 967, 982, 985, 987, 997, 1002, 1004, 1215
while 1021–1022
Whistler 68, 511, 515–516
Wiederherstellungspunkt 1194
Win32 43, 591
Win32_Account 571, 589, 1244
Win32_AccountSID 588
Win32_ACE 571, 573, 1158
Win32_Bios 1192

Stichwortverzeichnis

Win32_BootConfiguration 1192
Win32_CDRomDrive 1073
Win32_CDRomdrive 580, 1195
Win32_CodecFile 1198
Win32_ComponentCategory 557
Win32_ComputerShutdownEvent 532, 1108
Win32_ComputerSystem 544, 562, 564
Win32_Computersystem 534, 543, 547, 562–563, 567–569, 1192
Win32_Currenttime 1018
Win32_currenttime 1018
Win32_Desktop 588, 1244
Win32_Directory 570, 573–574
Win32_DiskDrive 580
Win32_Diskdrive 580, 1195
Win32_Group 588, 1244
Win32_Keyboard 580, 1195
Win32_LocalTime 1018
Win32_LocigalDisk 1148
Win32_LogicalDisk 534, 551, 810, 1069, 1147–1148
Win32_LogicalFileSecuritySetting 575
Win32_LogonSession 588
Win32_MappedLogicalDisk 589, 1149
Win32_MemoryDevice 580, 1195
Win32_NetworkAdapter 580, 596, 1195
Win32_NetworkAdapterConfiguration 557, 596, 598–599, 601–602, 1218
Win32_NTDomain 588
Win32_NTEventLogFile 606
Win32_NTEventlogFile 604
Win32_NTLogEvent 557, 559, 588, 604–605, 1109
Win32_OperatingSystem 562, 566–567, 1192
Win32_OperatingSystem) 544
Win32_OSRecoveryConfiguration 1193
Win32_PerfRawData 602, 1225–1226
Win32_PerfRawData_PerfOS_Processor 1225
Win32_PerfRawData_PerfProc_Process 1225
Win32_PingStatus 596, 1217
Win32_PointingDevice 580, 1195
Win32_PowerManagementEvent 1108
Win32_Printer 590, 1196
Win32_PrinterDriver 590
Win32_PrinterJob 591
Win32_PrintJob 590
Win32_Printjob 1196
Win32_Process 548, 584, 586, 589, 1109
Win32_Processor 580, 1195
Win32_ProcessStartTrace 1108
Win32_Product 580–583, 1197, 1199
Win32_ProductSoftwareFeature 581

Win32_QuickFixEngineering 580, 582
Win32_Quickfixengineering 1198
Win32_SecurityDescriptor 573, 1158
Win32_Service 487, 557, 559, 1109
Win32_Service. 619
Win32_Share 575, 810, 1155–1157
Win32_SID 571, 588
Win32_SoftwareFeature 580–581
Win32_SoundDevice 580, 1195
Win32_SystemAccount 588–589
Win32_SystemConfigurationChange
  Event 532, 1108
Win32_TapeDrive 580
Win32_Tapedrive 580, 1195
Win32_TCPIPPrinterPort 1196
Win32_Trustee 571, 1158
Win32_TSClientSetting 603
Win32_TSEnvironmentSetting 603
Win32_TSNetworkAdapterSetting 603
Win32_USBController 580, 1195
Win32_UserAccount 588, 1244
Win32_VideoController 580, 1070, 1195
Win32_Videocontroller 580, 1073
Win32_WindowsProductActivation 583, 1193
Win32_WinSAT 562, 566
Win32_WMISettings 555
Win32-API 448, 1079
Win32Provider 614
WinBatch 43
Windows
  aktivieren 583
  Sicherheit 474
Windows 2000 109, 511, 515–516
  Server 485
Windows 7 33, 54, 59, 215, 247, 940, 1126
  Sicherheit 257
Windows 95 799
Windows 98 511, 799
Windows 9x 22, 101–102, 120, 336, 412, 511, 796
Windows Cardspaces 53
Windows CE 143
Windows Communication Foundation 53, 509
Windows Driver Model 521
Windows Firewall 1134
Windows Forms 1309–1310
Windows Installer 47, 126, 520, 580, 1208
Windows Installer Provider 580
Windows Management Instrumentation 116, 321, 507, 804, 900
  ADSI-Integration 568
  asynchroner Aufruf 553
  CIM Studio 806

Class Explorer 806
COM-Komponente 533
Command Line Utility 810
Data Query 556
entfernter Zugriff 547
Ereignis 531, 535, 808
Erforschen 804
Event Query 533, 558
Event Viewer 810
Impersonifizierung 252
Instanz 806, 808
Kernel 511
Klasse 517, 805–806
Konfiguration 512
lokaler Zugriff 542
Meta-Objektmodell 134
Namespace 515, 517, 805
Object Browser 616, 804, 806
Object Explorer 806
Objektmodell 537
ODBC-Treiber 561
Provider 516, 520, 614
Provider für Terminal Service 448
Query Language 512, 531, 533, 808
Remote Scripting 890
Repository 532
Schema 513, 551, 558
Schema-Query 558
Scripting API 533
SDK 512
semisynchroner Aufruf 559
Testprogramm 814
Versionsnummern 511
Werkzeug 513
Werteänderung 547
Windows ME 101–102
Windows NT 374
Windows PowerShell 939
Windows PowerShell Community Extensions 1123
Windows Presentation Foundation 53, 1309
Windows Remote Management 53, 103, 616, 944, 1081, 1083–1085, 1105
Windows Remote Management siehe WinRM
Windows RSS Platform 53
Windows Script Component 49, 74, 786, 877, 883
  XML 1345
Windows Script Host 43, 87, 108, 123, 213, 322, 766–767, 776, 831, 956, 1025–1026
  Ausgabe 333, 635
  Ausgabe an Drucker 238

Bildschirmmaske 245
Dateiextension 223
Debugging 222
Digitale Signatur 837
Erstes Beispiel 55
Fallbeispiel 924
Identität 251
Impersonifizierung 252
Installation 215
Intrinsic Object 236
Kennwortspeicherung 252
Kommandozeilenoption 221, 230
Kommentar 227
Prototyping in VB6 864
Remote Scripting 890
say() 212
Schnellstart 55
Sicherheit 837
Skript einbinden 234
Skriptdatei 223
Skriptsprache 223
Skriptstart 229
Statisches Objekt 235
Timeout 222
Typbibliothek 235
VB-Beispiele 140
Version 1.0 223
Version 2.0 214
Version 5.6 215
Version 5.7 215
Version 5.8 54, 215
Versionen 214
WSF-Datei 223
XML 224, 1345
Zugriffsrecht 246
Windows Search 53
Windows Server 33
Windows Server 2003 33, 68, 371, 415, 424, 426, 448, 511, 515–516, 539, 554, 615, 747, 795, 939, 944, 1264
Windows Server 2008 423, 944
Windows Server 2008 R2 54, 59, 215, 247, 424, 940, 1126
  Sicherheit 257
Windows Server Backup 1128–1129
Windows Server System 46
Windows System Assessment Tool 510, 564
Windows Troubleshooting Platform 1304
Windows Vista 53–54, 944, 957, 1046, 1154
Windows Workflow Foundation 53
Windows XP 68, 111, 136, 426, 511, 515–516, 533, 539, 554, 603, 747, 795, 955

Stichwortverzeichnis

Windows-Explorer
    Automatisierung 625
Windows-Hilfe 639
WindowsScripting-Komponente 759, 879
Windows-Sicherheit 474
WinMgmt.exe 511
WinNTSystemInfo 467
WinRM Scripting API 616
WinRM Scripting Objects 616
WinRobots 43
WINS 601–602
WinSafer 218, 247
WinSock-Komponente 721, 730
Wish 214
With 184
WITHIN 1109
WKGUID 429, 1251
WMI 604, 607, 939, 1018, 1066, 1081
    Command Line Utility 810
    Command Shell 955
    Filter 487
    Query Language 1071
    Repository 607, 614, 1063, 1077
    Scriptomatic 811
WMI Code Creator 812
WMI Query Language 555, 1108
    Extended WQL 556
WMI_GetFirstObject() 563
WMI_PrintMenge() 550, 556
WMI_PrintObject() 550
WMI_PrintQuery() 556
WMI_PrintQuery2() 556
WMI_Query() 556
WMIC 810
WMICLASS 1066
WMIClass 1066
WMISEARCHER 1066, 1071
Wohlgeformtheit 1333
Word 142, 695, 720
WorkingSet 996
WorkingSet64 982
World Wide Web Consortium 259, 695, 1331
WOW64 944
WPA 583
WPF siehe Windows Presentation Foundation
WQL
    Extended 556
Write-BZip2 1155
Write-Clipboard 1312
Write-Error 1038
Write-EventLog 1082, 1223, 1225
Write-GZip 949, 1155
Write-Host 1038
Write-Tar 1155
WriteTo() 208, 761
Write-Warn 1038
Write-Zip 1155
WS_aspLIB 212
WS_ExAgLIB 212
WS_ieLIB 212
WS_scriptLIB 204, 213
WS_vbwshLIB 212–213, 864
    Fallbeispiel 927
WSC
    Assistent 885
WScript 909
WSCRIPT.EXE 219
    Ausgabe 238
WScript-Objekt 236
    Arguments 240
    Attribut 239
    CreateObject() 243
    DisconnectObject() 245
    Echo() 219, 237
    GetObject() 245
    Quit() 240
    Sleep() 240
    StdIn 240
    StdOut 240
WSDL siehe Web Service Description Language
WSF-Datei 223, 767–768, 832, 834
WSH 1249
WSH Runtime Library 136, 238, 321–322, 625
    Fallbeispiel 927
WSHController 890
WSHForm 246
wshLiteWeightForm 246
WSHNetwork 330
WSHRemote 892
WSHShell 332
WSMan 616, 618, 1103
Wsman.Automation 618
WS-Management 616, 1081–1082, 1084, 1103
WSManAutomation 616
WTP siehe Windows Troubleshooting Platform
Wurzelnamensraum 934, 961
Wurzelverzeichnis 282, 305
www.IT-Visions.de 1123, 1130, 1147, 1185
WWW-Dienst 461

X

X.500 374, 377
XCopy 933
XCopy-Deployment 112, 935, 960, 962
XFilesServer 33, 1243
XLST-Transformationen 823
XML 834, 1120, 1163, 1167, 1169, 1331
    CDATA-Sektion 1335
    Darstellung 1340
    Datentyp 1336
    Document Type Definition 1334
    Formatierung 1340
    Gültigkeit 1333
    Informationsspeicherung 1332
    Kommentar 1332
    leeres Element 1331
    Namespace 1335
    Parser 1332
    Processing Instruction 1332
    Schema 1334
    Scripting 1345
    Strukturdefinition 1333
    Werkzeuge 822
    WSH 224, 767–768, 776
Xml 1164
XML Notepad 823
XML Schema Definition 1377
XmlAttribute 1165
XML-Data Reduced 703, 1371–1372
XmlDocument 1169
XML-Editor 823
XmlElement 1165
XML-Schema 1164
XML-Webservice 933, 960, 1222
XML-Werkzeuge 822
XPathDocumentNavigator 1165
XslCompiledTransform 1169
XSLT-Processor 1345

Y

Year 984

Z

Zahl 1012
Zahlenliteral 1013
Zeichenkette 1012, 1014–1015, 1017, 1039
    Operation 1016
    Registry 577
    trennen 1016
    verbinden 1017
Zeiger 181
Zeitmessung 1099
Zeitplandienst 586
Zeitzone 508
Zertifikat 251, 848, 1027
Zertifikatsspeicher 939, 1004–1005
Zertifikatssperrliste 848
Zertifikatsverwaltung 1028
ZIP 1155
Zirkuläre Referenz 129
Zufallszahl 745, 1014
Zugriffsrechteliste 1227, 1232
Zuweisungsoperator 158, 1021
Zwischenablage 1312
Zwischencode 959
Zwischenschritt 1002
Zwischenspeicher 1175

informit.de, Partner von
Addison-Wesley, bietet aktuelles
Fachwissen rund um die Uhr.

www.informit.de

In Zusammenarbeit mit den Top-Autoren von
Addison-Wesley, absoluten Spezialisten ihres
Fachgebiets, bieten wir Ihnen ständig
hochinteressante, brandaktuelle deutsch- und
englischsprachige Bücher, Softwareprodukte,
Video-Trainings sowie eBooks.

wenn Sie mehr wissen wollen ...

www.informit.de

THE SIGN OF EXCELLENCE

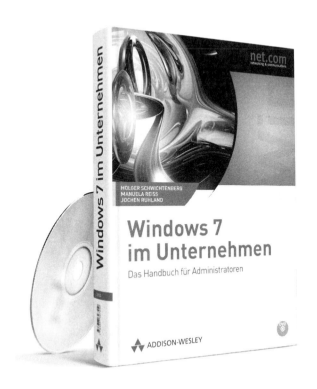

Fortgeschrittene Anwender und Administratoren erhalten hier fundierte Informationen für den Einsatz von Windows 7 im Unternehmen. Die Autoren beschreiben die Benutzeroberfläche und deren Konfigurationsmöglichkeiten ebenso, wie Konzeption und Einrichtung von Benutzer- und Systemverwaltung im Netzwerk sowie Sicherheitsaspekte. Weitere neue und wichtige Themen sind u.a. der Remote-Zugriff aufs Netzwerk, die Zweigstellenverwaltung und die Automatisierung mit PowerShell 2.0.

Holger Schwichtenberg; Manuela Reiss; Jochen Ruhland
ISBN 978-3-8273-2886-1
59.80 EUR [D]

www.addison-wesley.de